CODE MONÉGASQUE
2016

LexisNexis

CODE MONÉGASQUE

CODES ET LOIS DE LA PRINCIPAUTÉ DE MONACO

CODE MONÉGASQUE
2016

SIXIÈME ÉDITION

LexisNexis
LexisNexis SA
141, Rue de Javel – 75015 Paris

Textes à jour au 25 octobre 2015

Siège social : 141, rue de Javel - 75015 Paris

ISBN 978-2-7110-2420-9
ISSN 0248-580X

TEXTES À JOUR AU 25 OCTOBRE 2015

Le Code monégasque LexisNexis est réalisé en partenariat avec le **JurisClasseur CODES et LOIS MONACO**.

Pour vous informer sur nos parutions et bénéficier de l'actualité et des **mises à jour gratuites** des codes LexisNexis, rendez-vous sur :

http ://boutique.lexisnexis.fr

PRÉFACE

Depuis juin 1959, les Éditions Techniques, devenues Éditions du JurisClasseur, et aujourd'hui LexisNexis se sont, à la demande du Gouvernement Princier, fidèlement attachées à la diffusion des Codes et Lois de Monaco ainsi que de la jurisprudence monégasque.

Cette collaboration, pour ancienne qu'elle soit, n'a pas manqué d'intégrer les nouvelles technologies tout d'abord au moyen de la commercialisation d'un CD-Rom recelant la collection complète des Codes et Lois ainsi que les recueils de décisions des diverses juridictions puis de la mise en place du site Internet *Legimonaco*, accessible gratuitement et actualisé en permanence.

La Principauté, État de droit, dispose en effet d'un ordonnancement juridique qui lui est propre et qui mérite d'être connu, en particulier des juristes formés à l'école du droit français avec lequel le droit monégasque a tant de parenté.

De fait, tout juriste qui s'intéresse au droit monégasque se doit, par nécessité, d'être comparatiste en ayant constamment à l'esprit l'intérêt que présentent le droit et la jurisprudence français mais en s'interrogeant toujours sur leur transposabilité dans le contexte juridique de la Principauté compte tenu de la similitude - ou de la différence - des bases légales.

Il est en effet des hypothèses où le particularisme du droit monégasque, y compris quant à son substrat institutionnel, peut entraîner des différences de solution tant en matière de procédure qu'en matière de forme ou de fond du droit et ce, dans la plupart des disciplines.

Mon propos n'est évidemment pas d'évoquer dans le détail les spécificités de l'ordre juridique de la Principauté mais parmi celles-ci, il en est une que je voudrais particulièrement évoquer : le Tribunal suprême. Considéré, selon les mots mêmes de l'un de ses éminents présidents, feu le professeur Roland Drago, comme la plus ancienne juridiction constitutionnelle du monde, le Tribunal suprême peut en effet être directement saisi par tout justiciable d'une demande d'annulation de la loi au motif d'une méconnaissance des droits et libertés constitutionnels.

Une telle voie de recours, compte tenu de sa longévité de surcroît, me semble effectivement remarquable à l'heure où la protection en justice des droits fondamentaux est plus que jamais d'actualité et ce, bien entendu, sans préjudice des compétences de la haute juridiction en matière administrative.

Sur un plan plus général, je voudrais également souligner la qualité de la loi monégasque à laquelle Son Altesse Sérénissime le Prince Souverain a publiquement déclaré Son attachement. C'est ainsi que, sous Son autorité, le Gouvernement continuera à poursuivre, en accord avec le Conseil national, l'œuvre de modernisation législative que requièrent les exigences et les défis de notre temps.

Aux fins de contribuer encore plus à la connaissance de notre droit, LexisNexis a souhaité éditer ce nouveau Code monégasque qui procède à la publication de la Constitution, de tous les textes codifiés ainsi que d'une vaste sélection de lois et de règlements. Nul doute que le format retenu est de nature à assurer une accessibilité accrue à la loi monégasque.

Aussi, me tient-il particulièrement à cœur de saluer cette heureuse initiative et d'en féliciter chaleureusement les promoteurs.

Michel ROGER
Ministre d'État de la Principauté de Monaco

Table des matières

PARTIE PRÉLIMINAIRE

LES SPÉCIFICITÉS DU DROIT MONÉGASQUE

INTRODUCTION

1. Le juriste de droit monégasque se voit souvent – trop souvent diront certains – poser la question de savoir si Monaco est doté d'un droit spécifique ou bien si ce sont les lois françaises qui s'y appliquent purement et simplement.

2. Cette question n'est toutefois pas totalement dénuée de bon sens, à tout le moins au regard de considérations historiques.

En effet, il est une période de son histoire, la seule d'ailleurs, où la Principauté, dont le territoire englobait alors celui des villes voisines de Roquebrune-Cap-Martin et de Menton, perdit son indépendance, savoir durant la Révolution française et plus précisément entre 1793 et 1816. Elle fut alors annexée à la France et devint une commune du département des Alpes-Maritimes. Les codes français, promulgués sous le Ier Empire, y furent appliqués et, après le congrès de Vienne qui permit à la Principauté de recouvrer son indépendance, ils furent temporairement maintenus en vigueur.

Cependant, la législation française n'apparaissant pas toujours bien adaptée aux besoins locaux, des codes spécifiquement monégasques furent promulgués : le Code de commerce, le 5 novembre 1867, le Code pénal le 19 décembre 1874 et le Code civil, le 21 décembre 1880.

3. Plus tard, à l'initiative du Prince Albert Ier (1848-1922), deux nouveaux codes dont la rédaction fut confiée à un remarquable magistrat français, le Baron H. de Rolland, furent adoptés : le Code de procédure civile, le 19 décembre 1896 et le Code de procédure pénale, le 25 octobre 1904. Ces cinq codes constituèrent l'essentiel des sources du droit monégasque jusqu'au début des années 1960 et ne subirent d'autres modifications que quelques retouches ponctuelles (1).

4. Mais ce ne fut pas là la seule contribution de ce Souverain humaniste (2) à l'édifice juridique monégasque, loin s'en faut. En effet, le Prince Albert Ier dota pour la première fois la Principauté d'une Constitution, la Constitution du 5 janvier 1911, transformant ainsi Monaco, et ce de manière irréversible, en État de droit (3).

L'un des traits remarquables de la Constitution de 1911 tient notamment à l'institution d'une haute juridiction, le Tribunal suprême, chargée de veiller au respect de droits et libertés expressément mentionnés dans un titre du texte constitutionnel (cf. *infra* n° 87) et qui est regardée comme la plus ancienne véritable juridiction constitutionnelle du monde (4).

---

(1) Cf. N. François, *De quelques remarques sur la spécificité du droit monégasque* : *Revue de droit monégasque* n° 1, 1999, p. 9-28.

(2) Le nom du Prince Albert Ier est surtout resté dans l'histoire en raison de sa contribution à la science océanographique dont il fut un pionnier. En la matière, sa marque est toujours visible à ce jour au travers de l'institut océanographique et du musée, de renommées planétaires, qui portent son nom. Il s'engagea également dans diverses causes telle la défense du capitaine Dreyfus.

(3) Pour être précis, il importe de souligner qu'un précédent Souverain, le Prince Florestan Ier (1785-1856), avait également octroyé à ses sujets une charte constitutionnelle, le 25 février 1848. Ce texte, d'essence libérale et fort moderne pour son temps, assurait la séparation des pouvoirs, proclamait des droits et libertés publiques, instituait une assemblée élue ayant compétence pour voter les lois, le budget de l'État et consentir aux impositions de toute nature et garantissait l'indépendance de la justice. Il n'entra cependant jamais en vigueur pour des raisons historiques qui aboutirent au rattachement à la France des communes de Roquebrune-Cap-Martin et de Menton par le traité du 2 février 1861. Le texte intégral de la constitution de 1848 est publié *in* L. Frolla, *Notions d'histoire de Monaco*, ministère d'État, Monaco, 1973, p. 212. V. également l'analyse de L. Aureglia sur la « Constitution mort-née » in *Contribution à l'histoire constitutionnelle de Monaco*, Imprimeries réunies de Chambéry, 1960, p. 9-12 et surtout J.-B. D'Onorio *Monaco, Monarchie et démocratie*, Presses universitaires d'Aix-Marseille, 2014, pp. 46-50. Cet ouvrage constitue désormais une référence pour l'ensemble de l'histoire constitutionnelle monégasque.

(4) En termes d'ancienneté, on pourrait croire que la priorité revient à la Cour suprême des États-Unis depuis la célèbre affaire *Marbury c/ Madison* jugée en 1803. Mais la Cour suprême américaine ne peut apprécier la constitutionnalité d'une loi que par voie d'exception, dans le cadre d'un procès, alors qu'une juridiction constitutionnelle au sens plein du terme, tel le Tribunal suprême, peut de surcroît connaître de recours directement dirigés à l'encontre d'une loi et retirer ses dispositions inconstitutionnelles de l'ordonnancement juridique (cf. R. Drago, *Le Tribunal suprême de la Principauté de Monaco* : *Revue de droit monégasque* n° 1, *op. cit.*, p. 29 et s. ; et *Éloge du droit public*, discours à l'audience solennelle de la rentrée de la Cour d'appel de Monaco du 1er octobre 1999 ; B. Cotte, *Notice sur la vie et les travaux de R. Drago : Annonces Seine* 23 août 2012, p. 6-7).

Cela étant, après plus d'un demi-siècle d'existence, la Constitution de 1911 fut remplacée par la Constitution du 17 décembre 1962, octroyée par le Prince Rainier III (1949-2005), lequel en confia la rédaction à un collège d'éminents juristes composé du doyen G. Vedel et des professeurs P. Weil et M. Bridel (1).

5. Les deux premiers articles de cette Constitution permettent de comprendre aisément le substrat du *corpus juris monégasque*. Ils énoncent en effet, d'une part, que Monaco est un État souverain et indépendant dans le cadre des principes généraux du droit international ainsi que des conventions particulières avec la France et, d'autre part, que, sur la base du principe de la monarchie héréditaire et constitutionnelle, la Principauté est un **État de droit** attaché au respect des libertés et droits fondamentaux.

De la confirmation de l'érection de la Principauté en État de droit découlent nombre de conséquences, savoir notamment que les compétences des autorités publiques, y compris celles du Prince Souverain, sont exercées en conformité avec les dispositions de la Constitution et des lois. De même, existent des voies de droit destinées à annuler ou à priver d'effets les actes publics ou privés illicites ainsi qu'à en réparer, le cas échéant, les dommages qui en résultent.

6. Mais à la notion d'État de droit est surtout consubstantielle celle de hiérarchie des normes et de ce point de vue, la Principauté n'échappe bien évidemment pas à la règle (2). Elle l'a proclamé à l'occasion de la ratification de la Convention européenne de sauvegarde des droits de l'homme et des libertés fondamentales en ces termes : « *La Principauté reconnaît le principe de la hiérarchie des normes, garantie essentielle de l'État de droit* » (3).

De manière fort classique, cette hiérarchie se décline selon l'ordre suivant :

1. la Constitution et les normes à valeur constitutionnelle (4) ;
2. les traités et accords internationaux ;
3. les lois et les normes à valeur législative ;
4. les principes généraux du droit ;
5. les ordonnances souveraines nécessaires à l'exécution de la loi ;
6. les arrêtés du Ministre d'État et du Directeur des services judiciaires ;
7. les actes de l'autorité communale ;
8. les autres décisions administratives.

Il est rappelé qu'en vertu du principe de la hiérarchie des normes, théorisée au siècle dernier par le juriste autrichien H. Kelsen, en cas de contradiction entre deux dispositions, celle issue de la norme la plus élevée doit recevoir application.

7. À Monaco, le principe de la primauté de **la Constitution** sur les autres actes juridiques résulte de la Constitution elle-même. Ainsi, de son article 90-A 2°) découle l'annulation, par le Tribunal suprême, des lois portant atteinte aux droits et libertés consacrés par la Constitution, en son titre III. S'agissant des actes administratifs, et notamment les ordonnances souveraines, ils doivent être conformes à l'ensemble des dispositions constitutionnelles, qu'elles figurent, ou non, sous le titre III (5).

---

(1) Ce texte n'a subi qu'une modification, par la loi constitutionnelle n° 1.249 du 2 avril 2002, en vue de l'adhésion de la Principauté au Conseil de l'Europe (cf. J. Basso, *Le processus d'adhésion de la Principauté de Monaco au Conseil de l'Europe, essai sommaire d'analyse interprétative des relations entre l'ordre juridique interne et l'ordre juridique international*, in *Liber amicorum Jean-Claude Escarras, La communicabilité entre les systèmes juridiques*, Bruylant, 2005, p. 4 et s. ; et *L'État monégasque : modeste essai d'analyse et de réflexion sur la Principauté de Monaco à la veille de son adhésion au Conseil de l'Europe*, in *Hommage à J.-M. Rainaud, Les métamorphoses du droit*, L'Harmattan, 2009, p. 61 et s. ; L. Balmond, *Le contexte de la révision constitutionnelle à Monaco : Revue de droit monégasque* n° 5, p. 45 à 58).

(2) Cf. p. ex. D. Chagnollaud, *Droit constitutionnel contemporain – t. 1 Les régimes étrangers*, Dalloz, 2009, p. 35 et sur Monaco p. 326-327.

(3) Cf. annexe à l'Ordonnance Souveraine n° 408 du 15 février 2006 rendant exécutoire la Convention européenne de sauvegarde des droits de l'homme et des libertés fondamentales, ouverte à la signature le 4 novembre 1950 et telle qu'amendée par le protocole n° 1 (*Journal de Monaco* n° 7745 du 3 mars 2006 – annexe p. 12).

(4) Les normes à valeur constitutionnelle consistent dans les conventions particulières avec la France, les principes généraux du droit international public relatifs à l'indépendance et à la souveraineté des États ainsi que dans les statuts de la famille souveraine édictés par ordonnance souveraine conformément à l'article 10 de la Constitution (cf. annexe à l'Ordonnance Souveraine n° 408 du 15 février 2006, *op. cit.*). Il paraît logique d'y ajouter les autres ordonnances souveraines que l'on pourrait qualifier d'organiques, savoir celles dont le principe est également inscrit dans la Constitution, pour son application, comme celle portant organisation et fonctionnement du Conseil d'État (Const. art. 52 – Ordonnance Souveraine n° 3.191 du 29 mai 1964) ou du Tribunal suprême (Const. art. 92 – Ordonnance Souveraine n° 2.984 du 16 avril 1963).

(5) Tribunal suprême, 20 juin 1979, *Assoc. syndicale des fonctionnaires*, note P. Weil. En droit monégasque, comme en droit français, l'existence de principes juridiques supra-constitutionnels est inconcevable (cf. B. Mathieu, *La supra-constitutionnalité existe-t-elle ? Réflexion sur un mythe et quelques réalités : LPA* 8 mars 1995, p. 18).

8. Les **conventions internationales** occupent quant à elles la seconde place dans la hiérarchie des normes monégasques (1).

Il est à noter que le système monégasque d'entrée en vigueur de la norme conventionnelle internationale en droit interne est un système dualiste qui, en sus de la signature et de la ratification de l'accord ou du traité, requiert une ordonnance souveraine assurant sa publicité et le rendant exécutoire (2).

Du point de vue normatif, la Cour de révision, plus haute juridiction de l'ordre judiciaire, a, dans un arrêt du 21 avril 1980, jugé que les conventions internationales priment les lois internes, mêmes postérieures (3). Cette décision de principe a été confirmée à maintes reprises par la Cour d'appel.

Parmi les accords ou conventions en cause, le Pacte international sur les droits civils et politiques a été très souvent invoqué par les plaideurs (4).

Mais l'admission, le 5 octobre 2004, de la Principauté au Conseil de l'Europe et son adhésion consécutive à la Convention européenne des droits de l'homme permettent désormais aux parties aux instances d'y trouver une source substantielle de moyens, notamment au regard du droit au procès équitable garanti par l'article 6 de la convention (5).

Le considérant ci-après reproduit d'un arrêt d'appel rendu le 14 décembre 2005 est sans équivoque : « *Considérant que cette convention, désormais incorporée dans l'ordre juridique monégasque, impose ainsi aux juridictions de la Principauté d'assurer la sanction des droits qu'elle garantit, au moyen d'une application du droit interne fondée sur les stipulations qu'elle comporte.* »

De ce fait, dans le contentieux de l'annulation des actes administratifs, le Tribunal suprême contrôle la conventionnalité des décisions qui lui sont déférées sur la base de l'article 90-B de la Constitution, c'est-à-dire par la voie du recours pour excès de pouvoir (6).

La question de l'effet, en droit interne, des dispositions du droit conventionnel international est plus particulièrement développée ci-après au titre des droits de l'homme et des libertés fondamentales (cf. *infra* n°s 112 et s.).

Du point de vue de la hiérarchie normative, il est du reste à noter que la procédure ayant abouti à l'entrée de Monaco au Conseil de l'Europe s'est caractérisée par la modification, préalable et ultérieure à l'adhésion, de la législation en vigueur et même de la Constitution (7). Un tel renversement de perspective n'a rien de

---

(1) « *Les traités et accords internationaux régulièrement signés et ratifiés par le Prince ont une autorité supérieure à celle des lois. Par conséquent, la Convention européenne des droits de l'homme a une force infra-constitutionnelle mais supra-législative.* » Cf. annexe à l'Ordonnance Souveraine n° 408 du 15 février 2006, *op. cit.* Ce principe ne vaut pas si le traité ou l'accord a valeur constitutionnelle (cf. *supra* n° 7).

(2) Selon les théories dualistes, il importe, pour qu'un traité soit exécutoire en droit interne, qu'il soit introduit dans l'ordonnancement juridique national par un acte propre procédant à sa réception (cf. N. Quoc Dihn, *Droit international public*, LGDJ, 1992, n°s 120 et s. ; J. Dehaussy et M. Salem, *Sources du droit international – Les traités : JCl. Droit international*, Fasc. 12-2, n° 3).

(3) Cour de révision, 21 avr. 1980, *Dame Maier, Vve N. Smith c/ Dame Quere, Vve Priol.*

(4) Cour d'appel, 30 août 2001, *C. Süss et F. Hohenberger* c/ *Ministère public* ; 21 janv. 2003, *Sté Romeo Royal Gallery c/ Sieur E. Khawan* ; 17 mai 2004 (chambre du conseil), *W. Hobbs Fogwell*.

(5) Cour de révision, 10 juill. 2007, *M.* c/ *SCI Fontaine Palace* ; Cour d'appel, 28 juin 2005, *M.* c/ *SCI Fontaine Palace* ; Cour d'appel (chambre du conseil), 14 déc. 2005, *T...D.* c/ *T...P. et L.* ; Cour d'appel, 15 janv. 2007, *G.* c/ *Ministre d'État, A., N.*, en présence de l'association syndicale autonome du personnel de la police d'État de Monaco ; Cour d'appel, 9 févr. 2007, *Cts R.* c/ *Ministère public* ; Cour d'appel, 13 déc. 2007, *J.P.B.* en présence du Ministère public.

(6) Tribunal suprême, 6 nov. 2001, *Assoc. des locataires de Monaco* ; 16 avr. 2012, *Sieur D. Anastasi*, pour le Pacte international sur les droits économiques, sociaux et culturels ; pour le Pacte international sur les droits civils et politiques et la Convention européenne de sauvegarde des droits de l'homme, V. Tribunal suprême, 27 juin 2007, *Dame O. Kim divorcée Nekritz* (refoulement du territoire monégasque) ; 28 juin 2007, *Sieur G. Katri* (retrait de la carte de résident monégasque) ; 5 déc. 2007, *Sieur J.-C. Moroni* (rejet de demande d'abrogation d'une mesure de refoulement).

(7) Nombre de ces modifications avaient été préconisées par MM. G. Ress et A. Pastor-Ridruejo, juges à la Cour européenne des droits de l'homme dans leur « *Rapport sur la conformité de l'ordre juridique de la Principauté de Monaco avec les principes fondamentaux du Conseil de l'Europe* » (AS/Bur/Monaco (1999) 1 rev. 2 [4]). Les modifications législatives intervenues portent notamment sur la loi électorale (loi n° 1.250 du 9 avril 2002 modifiant la loi n° 839 du 23 février 1968 sur les élections nationales et communales), sur l'égalité entre homme et femme et entre enfants (loi n° 1.278 du 29 décembre 2003 modifiant le Code civil, le Code de procédure civile et le Code de commerce), sur la liberté de la presse et de la communication (loi n° 1.299 du 15 juillet 2005 sur la liberté d'expression publique), sur la liberté d'association (loi n° 1.355 du 23 décembre 2008 concernant les associations et les fédérations d'associations) ainsi que sur la relation entre l'administration et l'administré (loi n° 1.312 du 29 juin 2006 relative à la motivation des actes administratifs).

choquant dès lors qu'il est destiné à assurer la cohésion du *corpus juris monégasque*, en considération d'une volonté politique déterminée des pouvoirs publics : faire de la Principauté un État membre de l'organisation européenne (cf. *infra* n°s 119 et s.).

9. La loi vient quant à elle en troisième place dans la hiérarchie des normes. La primauté de l'acte du législateur sur les actes de l'administration et, au premier chef, les ordonnances souveraines (1), résulte de la notion même d'exécution des lois, mentionnée à l'article 68 de la Constitution. Il s'en induit en effet un rapport logique et nécessaire de subordination. Mais ne sont là bien entendu visées que les ordonnances souveraines nécessaires à l'exécution de la loi. En effet, il en est d'autres qui sont prises par le Prince soit directement en application de la Constitution, soit en vue de l'exécution d'un engagement international de la Principauté, soit au titre de Son pouvoir réglementaire autonome (2). Ces textes n'ont naturellement pas de valeur infra-législative.

Par ailleurs, le *corpus juris monégasque* comporte des textes anciens pris sous la forme d'actes princiers unilatéraux dans des domaines aujourd'hui constitutionnellement réservés à la loi. Lesdits textes étant de valeur législative, leur modification nécessite évidemment le recours au législateur. De même, lorsque dans certaines dispositions, il est fait référence à « *la loi* », en visant l'acte du législateur au sens générique, ces ordonnances anciennes doivent être considérées comme telles.

La place élevée de la loi dans la hiérarchie des normes justifie en outre que le législateur monégasque soit particulièrement attentif à se garder d'y introduire des dispositions non normatives (3) dont les effets préjudiciables à la qualité des textes sont désormais clairement identifiés (4), tant il est vrai que « *quand le droit bavarde, le citoyen ne lui prête plus une oreille attentive* » (5).

10. Les **principes généraux du droit** se distinguent des normes précédemment évoquées dès lors qu'ils ne sont pas l'aboutissement d'une procédure formalisée mais sont reconnus par le juge, à l'occasion d'un contentieux, soit qu'il s'agisse de la généralisation d'une règle formulée par un texte au-delà de son champ d'application *stricto sensu*, soit que le principe se dégage de l'esprit d'un texte ou d'une institution ou encore d'une éthique générale (6).

Le concept du principe général du droit a été utilisé pour la première fois par le Conseil d'État français en 1945 (7) et le Tribunal suprême y a adhéré, notamment pour ce qui est du principe des droits de la défense (8). Le principe général du droit ne trouve évidemment pas à s'appliquer si la loi l'exclut expressément, étant précisé que ne saurait être écarté par le législateur un principe trouvant sa source dans la Constitution.

---

(1) Actes réglementaires du Prince comparables, *mutatis mutandis*, aux décrets français.

(2) Le libellé de l'article 68 de la Constitution, selon lequel : « *Le Prince rend les ordonnances nécessaires pour l'exécution des lois et pour l'application des traités ou accords internationaux* », ne vise en effet que deux types possibles d'ordonnances souveraines. Il en existe d'autres : ordonnances souveraines prises pour l'exécution directe de la Constitution (cf. *supra* n° 7), ordonnances souveraines dispensées de délibération en Conseil de Gouvernement (Const. art. 46), portant nomination des membres du Conseil de la Couronne, fixant les statuts des ordres princiers, accordant la naturalisation, etc.). Ainsi, l'article 68 de la Constitution ne saurait être lu comme faisant obstacle à ce que le Prince prenne des ordonnances souveraines ayant un objet autre que la mise en œuvre des lois et des conventions internationales, dans des domaines qui ne sont pas réservés à la loi par la Constitution. Il conserve bien entendu la possibilité, dans lesdits domaines, d'opter pour le dépôt d'un projet de loi mais l'ordonnance demeure l'autre branche de l'alternative qui lui est ouverte. Cela est pleinement conforme à la théorie générale de la monarchie constitutionnelle telle que l'a exprimée R. Carré de Malberg notamment en ces termes : « *Le monarque, titulaire primordial de tous les pouvoirs d'État, conserve le libre usage de ceux de ces pouvoirs dont il ne s'est pas dépouillé ou dont il n'a pas limité l'exercice entre ses mains par la Constitution* » (cf. *La loi expression de la volonté générale*, Economica, 1984 – réédition –, p. 7).

(3) Cf. A. Hamon, *La qualité de la loi et le système législatif monégasque* : *Revue de droit monégasque* n° 9, 2007, p. 51-92.

(4) Cf. B. Mathieu, *La loi*, 3e éd., Dalloz, 2010, p. 95 et 118-119.

(5) Rapport du Conseil d'État français, EDCE, 1991, p. 20. En France, les dispositions non normatives sont désormais annulées par le Conseil constitutionnel depuis sa décision n° 2005-512 DC du 21 avril 2005 (cf. B. Mathieu, *Le Conseil constitutionnel censure les lois trop « verbeuses »* : *JCP* G 2005, act., p. 879-880). Le Conseil constitutionnel rejoint ainsi une doctrine quasi univoque qui dénonçait l'incidence de telles dispositions sur la qualité de la loi (cf. P. Mazeaud, *Discours de vœux du Conseil constitutionnel au Président de la République, 3 janvier 2005* : *Cah. Cons. const.*, n° 18, 2005, p. 2 ; *La confection de la loi*, PUF, coll. « Cahiers des sciences morales et politiques », 2005, sous la direction de R. Drago).

(6) Cf. R. Odent, *Contentieux administratif*, Les cours du droit 1976-1981, p. 1888-1889 ; Y. Gaudemet, *Traité de droit administratif*, t. 1, LGDJ, 2001, n°s 1199 et s. ; J.-F. Lachaume, H. Pauliat et S. Braconnier, C. Deffigier, *Droit administratif « Les grandes décisions de la jurisprudence »*, PUF, 2010, p. 123-152.

(7) Conseil d'État, 26 oct. 1945, *Aramu* : *Rec.*, p. 213 ; *S.* 1946, III, I, concl. Odent ; *D.* 1946, 158, note Morange ; *EDCE* 1947, 48, concl. Odent.

(8) Tribunal suprême, 4 déc. 1974, *Barral* ; 24 juin 1980, *Banque de financement Industriel* ; 19 déc. 1989, *Deville*.

11. Pour ce qui est des **ordonnances souveraines** (1), prises par le Prince, et des **arrêtés**, qui émanent du Ministre d'État, du Directeur des services judiciaires, savoir les plus hautes autorités au plan gouvernemental ou de l'administration judiciaire, leur rapport hiérarchique, dans le sillage de la loi, se déduit, non seulement de l'article 68 de la Constitution précité, mais aussi de l'article 48 qui énonce que sauf dispositions législatives contraires, la répartition des matières entre les ordonnances souveraines et les arrêtés ministériels est opérée par ordonnance souveraine.

12. Les **actes de l'autorité communale**, savoir les arrêtés du maire et les délibérations du conseil communal dont le fondement réside dans la loi n° 959 du 24 juillet 1974 sur l'organisation communale, suivent naturellement.

13. En ce qui concerne enfin les **autres décisions administratives**, savoir celles qui ne prennent ni la forme d'une ordonnance souveraine, ni celle d'un arrêté et dont l'existence est attestée par la loi n° 884 du 29 mai 1970 sur l'entrée en vigueur et l'opposabilité des ordonnances souveraines, arrêtés ministériels et autres décisions administratives, leur position subordonnée par rapport aux normes qui précèdent résulte principalement du fait qu'elles doivent être conformes aux règles à caractère général et/ou impersonnel prescrites par la loi ou les actes d'exercice du pouvoir réglementaire.

14. Il est donc clair, pour revenir à la question posée *ab initio*, que le droit monégasque dispose de sources qui lui sont propres. À ce stade, trois tempéraments s'imposent toutefois.

Il importe en effet, en premier lieu, de souligner qu'il demeure fortement imprégné du droit français, ce qui s'explique par les liens séculaires de toute nature unissant, de manière étroite, les deux pays (2). Cette proximité est d'un grand intérêt en ce qu'elle facilite le raisonnement juridique en permettant la transposition de solutions prétoriennes ou doctrinales françaises à Monaco dès lors que, sur un cas d'espèce donné, les bases légales sont identiques des deux côtés de la frontière. Le juriste monégasque est donc comparatiste par nécessité et ce, jusqu'au législateur dont le travail consiste dans bien des cas à adapter aux spécificités de la Principauté des dispositions éprouvées dans le pays voisin (3).

Il doit, en deuxième lieu, être noté que des conventions particulières conclues avec la France ont pour conséquence de rendre applicables sur le territoire monégasque des dispositions de nature législative ou réglementaire françaises, soit purement et simplement comme en matière bancaire (4) et douanière (5), soit par le truchement d'un acte juridique monégasque réitérant, avec plus ou moins de latitude selon les cas, les prescriptions concernées, comme en matière d'assurance (6) ou de police des étrangers (7).

---

(1) Il est à noter que le Prince, dans les domaines qui ne sont pas réservés à l'ordonnance souveraine par la Constitution ou par la loi, peut prendre des décisions souveraines, par exemple pour le règlement des comptes budgétaires (loi n° 841 du 1er mars 1968 relative aux lois de budget, art. 17). Ces décisions ont une valeur normative comparable à celle des ordonnances souveraines.

(2) Cf. N. François, *op. cit.*, p. 9. La Principauté est notamment le principal bassin d'emploi de l'extrême sud-est de l'hexagone, et sa population active est très majoritairement composée de salariés résidant dans le département des Alpes-Maritimes.

(3) Il doit être cependant noté que les études de droit comparé se généralisent désormais et intègrent des éléments issus d'autres systèmes juridiques. Tel a été le cas de la loi n° 1.312 du 29 juin 2006 relative à la motivation des actes administratifs dont les travaux préparatoires ont pris en compte des textes non seulement français, mais belges, suisses, luxembourgeois et andorrans. De même, la loi n° 1.253 du 12 juillet 2002 modifiant la loi n° 1.162 du 7 juillet 1993 relative à la participation des organismes financiers à la lutte contre le blanchiment de capitaux est fortement inspirée de la loi belge correspondante, ainsi que la loi n° 1.362 du 3 août 2009 relative à la lutte contre le blanchiment de capitaux, le financement du terrorisme et la corruption.

(4) Aux termes de plusieurs conventions, la réglementation bancaire française est rendue applicable à Monaco : convention du 14 avril 1945 relative au contrôle des changes, promulguée par l'Ordonnance Souveraine n° 3.066 du 25 juillet 1945 ; convention sous forme d'échange de lettres en date des 24 et 26 décembre 2001, rendue exécutoire par l'Ordonnance Souveraine n° 15.185 du 14 janvier 2002, remplacée par l'Ordonnance Souveraine n° 3.559 du 05 décembre 2011 rendant exécutoire l'Accord monétaire entre l'Union européenne et la Principauté de Monaco, accord sous forme d'échange de lettres relatives à la garantie des investisseurs conclu le 8 novembre 2005, rendu exécutoire par l'Ordonnance Souveraine n° 2.365 du 10 septembre 2009.

(5) Convention douanière du 18 mai 1963 rendue exécutoire par l'Ordonnance Souveraine n° 3.038 du 19 août 1963 rendant applicables dans la Principauté de Monaco le Code des douanes, les tarifs des droits de douanes d'importation et d'exportation, ainsi que les autres lois et règlements douaniers de la République française.

(6) Convention franco-monégasque relative à la réglementation des assurances du 18 mai 1963, rendue exécutoire par l'Ordonnance Souveraine n° 3.041 du 19 août 1963 ; Ordonnance Souveraine n° 4.178 du 12 décembre 1968 portant institution du contrôle de l'État sur les entreprises d'assurance de toute nature et de capitalisation et tendant à l'organisation de l'industrie des assurances.

(7) La convention de voisinage du 18 mai 1963 rendue exécutoire par l'Ordonnance Souveraine n° 3.039 du 19 août 1963, modifiée par l'échange de lettres du 15 décembre 1997 rendu exécutoire par l'Ordonnance Souveraine n° 14.512 du 20 juin 2000, engage le Gouvernement Princier à maintenir sa législation sur l'entrée, le séjour et l'établissement des étrangers, en harmonie avec la législation française en la matière.

On relèvera en troisième lieu que l'intégration européenne de la Principauté, non seulement en qualité d'État membre du Conseil de l'Europe, mais aussi en raison d'accords particuliers conclus avec l'Union européenne, entraîne la transposition, dans son droit interne, de données résultant en particulier du droit communautaire. Ainsi, par exemple, l'adoption de l'euro comme devise monégasque a amené celle de dispositions législatives en matière de fausse monnaie d'un niveau comparable à celles des États membres de l'Union (1).

De même, dans le domaine de la protection des données personnelles, la Principauté est dotée d'un texte tendant à assurer le « *niveau de protection adéquat* » exigible au sens des standards européens (2).

15. Cela étant, nonobstant les altérations que le droit international ou européen, voire les exigences de la vie économique et sociale contemporaine, font subir à la *summa divisio* des disciplines juridiques, savoir celle les scindant entre droit public et droit privé, le célèbre diptyque d'Ulpien (3) offre encore un prisme permettant une présentation opératoire et pédagogique du droit monégasque.

Le **droit public** de la Principauté, on l'a vu, se caractérise, depuis l'origine du mouvement constitutionnel monégasque, par une progression vers les standards de l'État de droit dans le cadre d'une monarchie constitutionnelle *sui generis*. Mais un tel régime, s'il entend garantir à tous les libertés et droits fondamentaux, se veut également apte à offrir aux sujets du Prince de même qu'à ceux qui ont choisi de résider, de travailler ou d'entreprendre à Monaco, les conditions effectives du bien-être et du bien-vivre. Tel est aussi l'objet du **droit privé** monégasque, celui d'une cité-État moderne.

Les développements qui suivent emprunteront donc ces deux voies, étant précisé que leur seule ambition est non pas de présenter l'ensemble de l'ordonnancement juridique de la Principauté mais plus modestement de permettre au lecteur, et en particulier à celui qui a été formé à l'école du droit français, d'approcher les spécificités d'un système par trop méconnu (4).

******

(1) Ordonnance Souveraine n° 634 du 10 août 2006 fixant les modalités d'application de la loi n° 1.274 du 25 novembre 2003 modifiant les dispositions du Code pénal et du Code de procédure pénale relatives à la fausse monnaie.

(2) Loi n° 1.165 du 23 décembre 1993 relative à la protection des informations nominatives, modifiée notamment par la loi n° 1.353 du 4 décembre 2008 ; convention STCE n° 108 du Conseil de l'Europe du 28 janvier 1981 pour la protection des personnes à l'égard du traitement automatisé des données à caractère personnel ; Directive 95/46/CE du Parlement européen et du Conseil du 24 octobre 1995 relative à la protection des personnes physiques à l'égard du traitement des données à caractère personnel et à la libre circulation des données (cf. *infra* n°s 125-126).

(3) *Hujus studii duœ sunt positiones : publicum et privatum. Publicum jus est quod ad statum rei romanœ spectat ; privatum, quod ad singulorum utilitatem* (« L'étude du droit présente deux aspects : le public et le privé. Le droit public concerne l'état de la chose commune aux Romains ; le droit privé l'utilité des particuliers ») (Institutes de Justinien, L. I, t. I, *De Justitia et Jure*, IV).

(4) Pour une présentation générale, cf. J. Billon, *La Principauté de Monaco ; ses institutions, son environnement juridique* : *Gaz. Pal.* 17-18 oct. 1990, p. 4 et s.

I. – LE DROIT PUBLIC D'UNE MONARCHIE CONSTITUTIONNELLE ET D'UN ÉTAT DE DROIT

16. À l'effet d'aborder les spécificités du droit public monégasque, sera en premier lieu présentée l'organisation des pouvoirs publics (1) puis, en second lieu, le système de protection des droits des administrés.

A. – DES POUVOIRS PUBLICS ORGANISÉS EN FONCTION DES BESOINS DE LA PRINCIPAUTÉ

17. Monaco est un État dont la totalité du territoire, soit environ 2 km², constitue une seule ville. De ce fait, on aurait pu imaginer un système d'organisation des pouvoirs publics ne comprenant qu'une structure étatique. Il n'en est rien. La Principauté connaît en effet la décentralisation, territoriale et fonctionnelle, qui, si elle rappelle un temps où deux autres villes étaient monégasques (cf. *supra* n° 2), permet également d'assurer une saine diversité tant de la représentation démocratique des nationaux que de la gestion des services publics.

1. – L'ÉTAT

18. La personne morale de droit public que constitue l'État comprend plusieurs organes distincts. Cette pluralité est la projection concrète de la séparation des fonctions exécutives, législatives et judiciaires, à l'heure où des exigences d'origine notamment internationale ou européenne favorisent l'émergence d'un nouveau type d'administration : les autorités administratives indépendantes. Dans ce sillon, a été institué en 2014 un organe « *sui generis* » de l'appareil d'État : le Haut-Commissariat à la Protection des Droits, des Libertés et à la Médiation (cf. *infra* n° 39).

a) Le Gouvernement Princier et les services exécutifs

19. Le gouvernement est exercé sous la Haute Autorité du Prince par un Ministre d'État assisté d'un conseil, dont il est le chef (2), et qui comprend cinq autres membres, appelés conseillers de gouvernement. Compte tenu de la séparation des fonctions mise en place par la Constitution, le Ministre d'État et les conseillers de gouvernement ne peuvent être renversés par le Conseil national, assemblée législative et budgétaire élue par les Monégasques. Les membres du gouvernement ne sont en effet responsables de l'administration de la Principauté que devant le Prince seul (3).

20. Le Ministre d'État et chaque conseiller sont à la tête d'un département ministériel aux attributions élargies. Cette organisation administrative résulte de l'Ordonnance Souveraine n° 16.605 du 10 janvier 2005, laquelle a créé les trois derniers départements cités ci-dessous :

– *ministère d'État* : secrétariat général du gouvernement, inspection générale de l'administration (4), affaires juridiques, contrôle des dépenses publiques, fonction publique et ressources humaines, archives centrales et

(1) Pour une présentation générale, cf. G. Grinda, *La Principauté de Monaco – L'État, son statut international, ses institutions*, éditions Pedone, 2009 ; J. Pillon, J.-F. Vilotte, *Les institutions politiques de la Principauté de Monaco : RDP* 1982, p. 355 et s. ; P. Costanzo, *La costituzione del Principato di Monaco*, G. Giappichelli editore, 2006 ; *Principato di Monaco ; Piccolo Stato, Costituzione e connessioni internazionali*, G. Giappichelli editore, 2003, p. 35 et s.

(2) Il le préside avec voix prépondérante (Constitution 17 déc. 1962, art. 44, p. 96).

(3) Constitution 17 déc. 1962, art. 50, p. 97.

(4) Créée par Ordonnance Souveraine n° 3.410 du 16 août 2011 portant création de l'Inspection Générale de l'Administration (*Journal de Monaco* du 2 septembre 2011).

documentation administrative (1), relations avec la presse et information des administrés, informatique, statistiques et études économiques ;

– *département de l'intérieur* : police et sécurité civile, cultes, éducation nationale, jeunesse et sports, culture, relations avec la commune ;

– *département des finances et de l'économie* : budget et trésor, fiscalité et douanes, domaine de l'État et logement, commerce et industrie, contrôle des jeux et des circuits financiers, tabacs, timbres, tourisme, innovation et nouvelles technologies ;

– *département de l'équipement, de l'environnement et de l'urbanisme* : grands travaux, urbanisme, environnement, affaires maritimes, poste et télécommunications, concessions de services publics, circulation, aviation civile ;

– *département des affaires sociales et de la santé* : inspection du travail, relations entre partenaires sociaux, sécurité sociale, politique de santé et d'hygiène publiques, emploi, action sociale, famille, personnes âgées et personnes handicapées, médecine du travail ;

– *département des relations extérieures* : suivi des dossiers internationaux, participation aux organisations internationales, affaires diplomatiques et consulaires, coopération internationale.

21. Le conseil de gouvernement délibère collégialement sur les projets de loi qui sont présentés au Prince en vue de leur dépôt au Conseil national, sur les projets d'ordonnance souveraine auxquels la signature du Prince donne force exécutoire ainsi que sur les arrêtés ministériels.

Le Conseil de Gouvernement est une instance délibérative et non décisionnelle (2). Ses délibérations, même après avoir reçu la Haute Approbation Souveraine, ne sont soumises à aucune formalités de publicité (3) ce qui fait obstacle à leur effet direct et *erga omnes*. Elles revêtent en fait un caractère préparatoire à la formalisation de décisions pour la prise desquelles la compétence est en principe celle d'une autorité administrative non collégiale (4). Ces actes de finalisation, qu'ils soient réglementaires ou individuels, peuvent être expressément prévus par la Constitution – ordonnances souveraines (art. 45), arrêtés ministériels (art. 47) – ou bien par des textes légaux ou réglementaires. Il en est ainsi afin de respecter le *continuum* du pouvoir décisionnel dans la sphère exécutive tel qu'il s'évince des articles 43 et 44 de la Constitution et qui procède de la Haute Autorité du Prince relayée par le Ministre d'État (5).

22. Le **Ministre d'État** exerce, quant à lui, personnellement la direction des services exécutifs afin d'assurer l'exécution des lois, le fonctionnement des services publics ainsi que le maintien de l'ordre public en vue duquel il dispose de la force publique. Un texte ancien, l'ordonnance du 6 juin 1867, lui confère, sur tout le territoire de la Principauté, le pouvoir de police administrative générale, à savoir le pouvoir d'édicter toutes mesures en

(1) Le dispositif monégasque d'accès aux documents administratifs a été mis en place par l'Ordonnance Souveraine n° 3.413 du 29 août 2011, précitée. Sans instituer d'organe comparable à la C.A.D.A. française, car ne correspondant ni aux besoins des administrés, ni à la taille de l'Administration monégasque, le texte, qui s'inspire néanmoins en certaines de ses dispositions de la loi française du 17 juillet 1978, notamment pour ce qui est des motifs de la non-communication d'un document, fait intervenir le conseiller en charge des recours et de la médiation en cas de différend entre l'Administration et un demandeur. La même ordonnance fixe de surcroît le régime des archives de l'État en instituant le Service central d'archives et de documentation administrative ainsi que la Commission consultative des archives de l'État.

(2) En France, la solution est semblable pour ce qui est des délibérations du conseil des ministres (CE, 25 nov. 1977, *Cie des architectes en chef des bâtiments civils et des palais nationaux : Rec. CE*, p. 463).

(3) Elles sont du reste soumises au principe du secret (cf. Ordonnance Souveraine, 29 août 2011, n° 3.413 portant diverses mesures relatives à la relation entre l'Administration et l'administré, art. 24, a).

(4) Il n'existe donc pas de commission ou de comité décisionnel au sein des services de l'État monégasque relevant de la fonction exécutive, à de très rares exceptions près comme, par exemple, la commission paritaire appelée à se prononcer sur le licenciement des délégués du personnel en vertu de l'article 16 de la loi n° 459 du 19 juillet 1947.

(5) Il n'existe en fait que deux exceptions à ce principe, l'une prétorienne, l'autre législative. La première, dite du « pouvoir réglementaire de secours », selon l'expression du doyen Vedel, résulte d'arrêts du Tribunal Suprême qui ont reconnu la légalité d'une délibération ayant fixé les conditions de recrutement d'enseignants, alors qu'aux termes de la loi, cette mesure aurait dû être prise par ordonnance souveraine. Il a été considéré qu'eu égard à cette carence, il appartenait au conseil de gouvernement « de prendre, sous le contrôle du juge, les dispositions propres à assurer le bon fonctionnement du service public de l'enseignement » (31 mai 1976, Dame R. M. Porasso et 30 juin 1976, Sieur R. Giordano, note Vedel). Il s'agit en fait d'une hypothèse où l'application du principe de continuité du service public habilite une autorité à prendre une décision pour laquelle elle est normalement incompétente. La seconde résulte de la loi n° 975 du 12 juillet 1975 portant statut des fonctionnaires de l'État qui, en matière de sanctions disciplinaires, prévoit (art. 42) que « l'exclusion temporaire de fonction pour une durée de trois mois au plus, l'abaissement de classe ou d'échelon et la rétrogradation, lorsque ces mesures n'impliquent pas une modification de l'ordonnance souveraine de nomination, sont décidés par le conseil de gouvernement après consultation du conseil de discipline [...] ».

vue de la sauvegarde de la sécurité, de la salubrité et de la tranquillité publiques. Cette compétence est confirmée par des textes plus récents comme l'Ordonnance Souveraine n° 1.691 du 17 décembre 1957 portant Code de la route qui dispose en son article 206 :

« *Le Ministre d'État peut, lorsque l'intérêt de la sécurité ou de l'ordre public l'exige, prendre des mesures plus rigoureuses que celles édictées par la présente ordonnance, dont il est chargé de préciser les mesures d'application.* »

Dans ce sillon, le Ministre d'État détient également un pouvoir réglementaire autonome lui permettant, indépendamment de toute délégation législative ou d'habilitation souveraine conférée en vertu de l'article 48 de la Constitution, d'édicter, dans certains cas, par arrêté, les mesures à caractère général et impersonnel que nécessite l'administration quotidienne du pays. Ainsi, en matière de finances publiques, la légalité de cet exercice a été reconnue par le Tribunal suprême qui a simplement précisé que ne doivent, à cette occasion, être enfreintes ni les compétences constitutionnellement réservées au législateur, ni les limites des autorisations budgétaires (1). En d'autres matières, le Tribunal suprême a pu juger que la décision en cause doit intervenir dans des circonstances exceptionnelles et être justifiée par un état de nécessité ou d'urgence dûment constaté (2).

Le Ministre d'État est en outre le supérieur hiérarchique des fonctionnaires et agents publics de l'État (3), dans le respect de leur statut fixé par la loi n° 975 du 12 juillet 1975. Il délivre nombre d'autorisations administratives (4), conclut les marchés publics et représente l'État en demande comme en défense dans tous les litiges le mettant en cause (5).

b) Le Conseil national et les services législatifs

23. Aux termes de l'article 4 de la Constitution, le pouvoir législatif est exercé par le Prince et par le Conseil national, assemblée comprenant une chambre unique de 24 membres élus au suffrage universel direct par les nationaux (6).

24. La procédure législative, telle que définie à l'article 67 de la Constitution, est initiée par un projet de loi délibéré en conseil de gouvernement puis approuvé par le Prince Souverain en vue de son dépôt sur le bureau du Conseil national. Le texte est généralement préparé par les services exécutifs mais il peut également résulter d'une proposition de loi de l'assemblée reprise sous la forme d'un projet de loi. En effet, l'initiative des lois appartient tant au Prince qu'au Conseil national. Pour les textes présentant une complexité juridique, le Conseil d'État peut être préalablement saisi, pour avis, par le Prince (7). Une fois le projet déposé, le projet est confié à une commission de l'assemblée qui établit un rapport préconisant – ou non – le vote du texte, amendé s'il y a lieu (8). Le travail de la commission comporte généralement un volet de discussion avec le membre du gouvernement et les services techniques exécutifs concernés. Au terme de ces échanges et dès lors qu'un accord

(1) Tribunal suprême, 21 mars 2006, *SCI Esperanza et autres*.

(2) Tribunal suprême, 19 mars 1980, *Dame Salvagni, épse Jahlan*.

(3) À l'exception de ceux relevant de l'autorité du Directeur des services judiciaires et du Conseil National. *A fortiori*, il n'est pas le supérieur hiérarchique des agents de la commune et des établissements publics.

(4) Cf. L. Anselmi, *Le droit public économique monégasque ; un aperçu au travers de quelques lois récentes* : *Revue de droit monégasque* n° 2, 2000, p. 95 et s.

(5) À l'exception de ceux concernant le service public de la justice pour lesquels l'article 139 du Code de procédure civile réserve la compétence au Directeur des services judiciaires.

(6) L'assemblée dispose de services à la tête desquels se trouve un secrétaire général et dont le personnel relève du statut général de la fonction publique de l'État. Cf. loi n° 771 du 25 juillet 1964 sur l'organisation et le fonctionnement du Conseil national, art. 8 et 9 ; loi n° 975 du 12 juillet 1975 portant statut des fonctionnaires de l'État, art. 74.

(7) Aux termes de l'article 52 de la Constitution, le Conseil d'État a pour mission de « *donner son avis sur les projets de loi et d'ordonnances souveraines soumis par le Prince* » ou « *sur tous autres projets* ». Présidé par le Directeur des services judiciaires mais dénué de compétence contentieuse, le Conseil d'État dispose de pouvoirs consultatifs comparables à ceux de son homologue français si ce n'est qu'il n'est pas saisi de tout projet de loi. La mission d'harmonisation textuelle systématiquement assurée, en France, au Palais-Royal est, à Monaco, le fait d'une administration centrale dépendant directement de l'autorité du Ministre d'État : la direction des affaires juridiques (service des affaires législatives).

(8) Le Conseil national a toute latitude pour amender un texte. La seule limite de l'exercice consiste dans la dénaturation d'un projet. Dans ce cas, fidèlement à une doctrine exposée dès les travaux préparatoires de la réforme constitutionnelle de 2002, le gouvernement est déterminé à interrompre la procédure législative en retirant le projet de loi dénaturé par les amendements (cf. déclaration de M. P. Leclercq, Ministre d'État, débats du Conseil national, séance publique du 28 mars 2002, annexe au *Journal de Monaco* du 24 mai 2002, p. 1484). Le Prince Souverain, dans une allocution du 23 juin 2006, s'est expressément référé à cette doctrine en évoquant les hypothèses de dénaturation. Cela étant, les amendements, tout comme les propositions de loi, sont, selon les instructions du Prince Souverain données dans la même allocution, étudiés « *dans un esprit constructif* » par le gouvernement (*Journal de Monaco* du 30 juin 2006, p. 1083 et s.).

s'est fait jour, le projet de loi est inscrit à l'ordre du jour d'une séance publique. S'il est voté, sa promulgation par le Prince lui donne force obligatoire (1). Ainsi, comme l'indique l'article 66 de la Constitution, la loi exprime « *l'accord des volontés du Prince et du Conseil national* ». La loi est ensuite publiée au *Journal de Monaco*, organe officiel de la Principauté.

À cet égard, il est à noter que l'assemblée a la totale maîtrise de son ordre du jour en session ordinaire et que le Gouvernement Princier ne dispose, en retour, d'aucun instrument de parlementarisme rationalisé contraignant, comparable à l'article 49-3 de la Constitution française, pour obtenir le vote d'une loi. Ainsi est-il amené à composer avec le Conseil national dans la logique consensuelle du « *pas vers l'autre* ». Celle-ci est à la base des institutions monégasques, ainsi que l'a relevé le Prince Souverain dans une allocution prononcée le 23 juin 2006 devant l'assemblée (2).

Par ailleurs, il convient de souligner que les dispositions de la loi n° 771 du 25 juillet 1964 sur l'organisation et le fonctionnement du Conseil National ont été modifiées en 2015 (3), en vue tout d'abord de mettre ce texte législatif en conformité avec la révision constitutionnelle de 2002, laquelle a notamment procédé à la modification des dates des sessions ordinaires du Conseil National et à l'allongement de leur durée, ainsi qu'à la modification de la procédure législative et à l'extension du droit d'amendement de l'assemblée.

Cette modification législative a également répondu aux aspirations du Conseil National en ce qui concerne la modernisation de son action et le souhait de disposer d'une plus grande autonomie de fonctionnement.

À cette fin ont été institutionnalisés des groupes politiques reflétant les différentes sensibilités des élus. En outre, les conseillers nationaux peuvent désormais recourir aux services d'assistants, tandis que le Président peut disposer d'une petite équipe de collaborateurs personnels constituant son cabinet.

En ce qui concerne l'autonomie de fonctionnement de l'assemblée, diverses dispositions sont destinées à lui donner plus de latitude dans la gestion de ses agents et, surtout, à lui garantir une certaine autonomie budgétaire et financière.

Par ailleurs, les règles relatives aux délais de transmission des rapports des commissions et des réponses du Gouvernement ont été précisées.

Cette modification de la loi n° 771 du 25 juillet 1964 a constitué la première étape de la rénovation des règles d'organisation et de fonctionnement du Conseil National, la refonte de son règlement intérieur. Ayant été accomplie par la suite.

25. C'est également ici le lieu de remarquer qu'à Monaco, les matières devant obligatoirement faire l'objet d'une loi ne sont pas récapitulées en un seul article de la Constitution, tel l'article 34 de la Constitution française du 4 octobre 1958, mais résultent de dispositions éparses du texte constitutionnel.

À ce titre, peuvent être cités : la ratification des traités lorsque ceux-ci affectent l'organisation constitutionnelle, entraînent la modification de dispositions législatives existantes, ou emportent adhésion de la Principauté à une organisation internationale dont le fonctionnement implique la participation de membres du Conseil national ainsi que ceux dont l'exécution a pour effet de créer une charge budgétaire relative à des dépenses dont la nature ou la destination n'est pas prévue par la loi de budget (4), les modes d'acquisition et de perte de la nationalité (5), la définition des incriminations et des peines (6), les règles relatives aux visites domiciliaires (7),

(1) De manière générale, la promulgation de la loi par le chef de l'État atteste du bon accomplissement de la procédure législative, certifie l'existence de la norme et en authentifie le texte pour ouvrir la période d'exécution. Mais en monarchie constitutionnelle, la promulgation est de surcroît un acte spécifique de puissance législative. Par sa sanction, le monarque transforme en effet un texte élaboré dans un but législatif en prescription pourvue d'effets créateurs d'obligations (cf. G. Grinda, *op. cit.*, p. 118 ; R. Carré de Malberg, *La loi expression de la volonté générale*, Economica, 1984, [réédition], p. 142 et s. ; Y. Gaudemet, *Promulgation et publication des lois* : *JCl. Civil*, Fasc. 10, n° 81 ; Ph. Lauvaux, *La sanction royale* : Mélanges J. Velu, 1992, pp. 616 et s.). Ainsi n'y a-t-il à Monaco aucune contradiction entre la formule princière de promulgation (« *Avons sanctionné et sanctionnons la loi dont la teneur suit, que le Conseil national a adoptée dans sa séance du* [...]. *La présente loi est promulguée et sera exécutée comme loi de l'État* ») et l'article premier du Code civil selon lequel : « *Les lois acquièrent force obligatoire du fait de leur promulgation par le Prince* » (*a contrario*, cf. R. Carré de Malberg, *op. cit.*, p. 145). L'on ne connaît toutefois pas d'exemple de refus de promulgation, par le Prince, d'un texte voté par le Conseil National, même si la possibilité d'un tel acte existe théoriquement. Il y a à cela une raison pratique qui tient au fait qu'en l'absence d'accord politique sur un texte lors des travaux préparatoires, le Gouvernement peut retirer le projet de loi à tout moment y compris en séance publique (Cf. D. Chagnollaud, *Quel est le régime de Monaco*, Commentaire 2014, n° 147, pp. 622-624).

(2) *Op. cit.*

(3) Loi n° 1.415 du 22 juin 2015 modifiant la loi n° 771 du 25 juillet 1964 sur l'organisation et le fonctionnement du Conseil National.

(4) V. Constitution 17 déc. 1962, art. 14, p. 94.

(5) V. Constitution 17 déc. 1962, art. 18, p. 94.

(6) V. Constitution 17 déc. 1962, art. 19 et 20, p. 95.

(7) V. Constitution 17 déc. 1962, art. 21, p. 95.

celles régissant l'expropriation (1), la liberté du travail et le droit de grève (2), les prestations sociales envers les Monégasques (3), l'exercice du droit de réunion des Monégasques (4), le domaine de l'État (5), de même que l'organisation judiciaire et le statut des juges (6), les obligations, droits et garanties des fonctionnaires ainsi que les règles relatives à leur responsabilité civile et pénale (7), les causes de privation du droit de vote et d'inéligibilité ainsi que le contrôle de la régularité des élections par les tribunaux (8), sans oublier bien entendu les finances publiques et l'impôt (9).

Ces matières doivent, de manière générale, être entendues strictement. La tradition constitutionnelle monégasque y inclut toutefois en principe les règles fondamentales du droit civil (personnes, biens, successions, obligations, responsabilité), les limitations de toute nature apportées au droit de propriété (servitudes publiques, urbanisme, préemption...) et l'organisation des professions, libérales notamment. Pour le reste, doivent être interprétées avec une rigueur particulière les dispositions de l'article 14 de la Constitution qui subordonnent la ratification de certains traités ou accords internationaux à l'adoption d'une loi. En effet, le principe demeure l'exclusivité du pouvoir princier pour tout ce qui concerne la politique étrangère de la Principauté (10).

26. S'agissant plus particulièrement de la domanialité publique, il convient de souligner que les principes la gouvernant sont fixés par le titre IV de la Constitution, laquelle pose notamment le principe d'inaliénabilité et d'imprescriptibilité du domaine public (11), tandis que le Code civil et deux lois de 1930 en définissent la consistance (12). Le particularisme territorial monégasque rend fréquentes les lois de désaffectation, souvent indispensables pour la réalisation d'opérations immobilières ou d'aménagement public. Conformément à la Constitution, la désaffectation d'un bien du domaine public ne peut en effet être prononcée que par une loi, laquelle fait entrer le bien désaffecté, selon le cas, dans le domaine privé de l'État ou de la commune (11). Le juge, quant à lui, veille au respect du caractère précaire et révocable des occupations domaniales, lequel fait obstacle à l'application du régime du bail commercial (13).

27. Pour le reste, les matières qui ne figurent pas sur la liste ci-dessus peuvent faire l'objet de dispositions réglementaires ou législatives, selon l'option retenue par le Prince Souverain, lequel dispose donc d'un pouvoir réglementaire autonome (cf. *supra* n° 9, note 18) (14), étant de surcroît précisé que le Tribunal suprême a reconnu la constitutionnalité de la pratique consistant, pour le législateur, à habiliter le pouvoir réglementaire à intervenir dans des domaines où la compétence lui a été exclusivement attribuée par la Constitution (15).

28. Le pouvoir réglementaire peut bien entendu également être dérivé, ainsi que le prévoit l'article 68 de la Constitution qui énonce : « *Le Prince rend les ordonnances nécessaires pour l'exécution des lois et pour l'application des traités ou accords internationaux.* » À ce titre, doivent être rappelées les considérations ci-avant exposées relatives à la hiérarchie des normes.

Le Souverain peut ainsi, sans enfreindre l'article 20 de la Constitution, selon lequel : « *Nulle peine ne peut être établie ni appliquée qu'en vertu de la loi* », édicter par voie d'ordonnance souveraine des dispositions pénales dès lors qu'elles sont directement nécessaires à l'application d'une convention internationale (16). Ce dispositif n'enfreint pas plus l'article 7 de la Convention européenne des droits de l'homme qui stipule : « *Nul ne peut être condamné pour une action ou une omission qui, au moment où elle a été commise, ne constituait pas une infraction d'après le droit national ou international.* » Au sens de ce texte, le « *droit national* » désigne en

(1) V. Constitution 17 déc. 1962, art. 24, p. 95.
(2) V. Constitution 17 déc. 1962, art. 25, p. 95 et art. 28, p. 95.
(3) V. Constitution 17 déc. 1962, art. 26, p. 95.
(4) V. Constitution 17 déc. 1962, art. 29, p. 95.
(5) V. Constitution 17 déc. 1962, art. 33, p. 96 et art. 35, p. 96.
(6) V. Constitution 17 déc. 1962, art. 88, p. 101.
(7) V. Constitution 17 déc. 1962, art. 51, p. 97.
(8) V. Constitution 17 déc. 1962, art. 53, 54, 55, p. 97 et art. 79, p. 100.
(9) V. Constitution 17 déc. 1962, art. 39, 40, 41, p. 96, art. 70, p. 100 et art. 72, p. 100.
(10) Cf. débats du Conseil national, séance publique du 25 juin 2001, annexe au *Journal de Monaco* n° 7.505 du 27 juillet 2001, p. 1097 et 1484 ; M. Torrelli, *La révision de la Constitution et les relations internationales* : *Revue de droit monégasque* n° 5, 2003, p. 103 et s.
(11) V. Constitution 17 déc. 1962, art. 33, p. 96.
(12) C. civ., art. 432 et s., p. 207 ; loi n° 124 du 15 janvier 1930 sur la délimitation du domaine et loi n° 125 du 15 janvier 1930 constituant le domaine public et privé de l'État et de la commune.
(13) Cour d'appel, 21 févr. 2012 : *SCS Rambaud et Cie c/ S.A.M. d'exploitation du Grimaldi Forum* ; 17 juin 2014 : *SCS Petrini et Cie c/ État de Monaco*.
(14) cf. également J.-B. D'Onorio, *op. cit.*, pp. 124-125.
(15) Tribunal suprême, 20 juin 1979, *Association syndicale autonome des fonctionnaires*, note P. Weil. Une autre extension du pouvoir réglementaire résulte de l'article 73 de la Constitution selon lequel les services votés peuvent être approuvés par ordonnance souveraine au cas où la loi de finances n'est pas adoptée avant le 31 décembre.
(16) Tribunal suprême, 31 janv. 1975, *Sieur Ph. Corruble*, note G. Vedel.

effet la loi matérielle, savoir « *l'ensemble du droit en vigueur, qu'il soit législatif, réglementaire ou jurisprudentiel* » (1). Cette possibilité est très exceptionnelle toutefois ; elle est en général usitée en cas d'urgence, la règle en matière de droit pénal demeurant bien entendu très largement le recours au législateur.

c) La justice et les services judiciaires

29. Pour ce qui est du pouvoir judiciaire, l'article 88 de la Constitution spécifie que conformément au principe monarchique, le Prince est source de la justice et détenteur originaire du pouvoir de juger. Il en délègue toutefois le plein exercice aux cours et tribunaux, conformément à la théorie dite de la « justice déléguée » selon laquelle le monarque s'abstient, dans le domaine de la justice, de toute intervention directe ou indirecte, par un procédé quelconque, tel celui de l'évocation ou du « *lit de justice* » que connaissait l'ancien droit français.

Le Prince détient en revanche les pouvoirs judiciaires régaliens que sont les droits de grâce et d'amnistie (2). Il statue également sur les demandes d'extradition après avis de la Cour d'appel.

30. L'organisation juridictionnelle de la Principauté se caractérise par une dualité de compétences exercées, d'une part, par le Tribunal suprême précité et, d'autre part, par les juridictions de droit commun. Le premier statue essentiellement en matière d'inconstitutionnalité des lois et d'excès de pouvoir des décisions administratives ; les secondes connaissent de tous les autres litiges, y compris ceux ayant trait à la responsabilité de la puissance publique ou au contentieux des contrats publics (cf. *infra* n°s 147 et s.). Les juridictions judiciaires comprennent notamment un Tribunal de première instance, une Cour d'appel et une Cour de révision.

Cette dernière joue un rôle comparable à celui de la Cour de cassation française, avec cependant une caractéristique remarquable. En effet, la Cour de révision n'est pas, en principe, un troisième degré de juridiction. Elle le devient toutefois, eu égard à la spécificité de l'organisation judiciaire monégasque qui ne comprend qu'une Cour d'appel, lorsque, après cassation d'une décision des juges du fond, elle renvoie l'affaire devant elle – autrement composée – pour la rejuger définitivement en fait et en droit (3).

31. Le statut des magistrats du corps judiciaire a été fixé par une loi récente : la loi n° 1.364 du 16 novembre 2009. Inspiré des principes français, ce texte a institué le *Haut Conseil de la magistrature*, organe comparable au Conseil supérieur de la magistrature français.

32. L'administration de la justice est, quant à elle, confiée au Directeur des services judiciaires, ainsi que cela résulte de la loi récemment adoptée n° 1.398 du 24 juin 2013 relative à l'administration et à l'organisation judiciaire, ce texte ayant eu pour effet de consacrer l'ensemble des principes et des règles afférant à l'administration de la justice, qui résultaient jusqu'alors de textes épars et parfois anciens. C'est ainsi que la loi affirme désormais explicitement la compétence générale du Directeur des services judiciaires pour prendre des arrêtés pour l'accomplissement de sa mission dans le cadre de l'administration de la justice. Mais conformément au principe de la séparation des fonctions tel qu'appliqué à Monaco, le Directeur des services judiciaires ne siège pas au conseil de gouvernement et, au même titre que le ministre d'État, il n'est responsable de sa charge que devant le Prince.

De même, en application de l'article 46 de la Constitution, les ordonnances souveraines concernant la justice sont signées par le Prince en l'absence de délibération gouvernementale mais sur le rapport des services judiciaires.

En outre, la loi n° 1.398 du 24 juin 2013 établit, dans un but de clarification, la liste des services sur lesquels le Directeur des services judiciaires exerce son autorité, savoir le secrétariat général de la direction, les services du greffe général et du parquet général, ainsi que la maison d'arrêt, étant précisé que l'autorité du directeur ne s'exerce que dans le seul domaine administratif. La direction des services judiciaires gère également des procédures non contentieuses comme les naturalisations monégasques ou les adoptions internationales (4).

S'agissant par ailleurs de l'action publique, la loi confirme le principe fondamental de procédure pénale, selon lequel le directeur des services judiciaire dirige l'action publique, sans pouvoir ni l'exercer lui-même, ni en arrêter ou en suspendre le cours, celui-ci étant ainsi investi des attributions relevant, dans d'autres pays, des gardes des sceaux ou des ministres de la Justice. La mission d'exercer l'action publique est quant à elle dévolue à

---

(1) Cf. F. Sudre, *Droit européen et international des droits de l'homme*, PUF, 1989, n° 150, p. 205 et les références à la jurisprudence du Conseil d'État français ; P. Rolland : Article 7 in *Convention européenne des droits de l'homme ; commentaire article par article*, Economica, 1999, p. 294-295.

(2) V. Constitution 17 déc. 1962, art. 15, p. 94.

(3) V. la présentation détaillée des juridictions sur www.gouv.mc « *la justice* ».

(4) La direction des services judiciaires est autorité centrale monégasque au sens de la convention de La Haye du 29 mai 1993 sur la protection des enfants et la coopération en matière d'adoption internationale.

un magistrat, le procureur général (1), placé à la tête du parquet général. On relèvera enfin qu'a été supprimé le lien de dépendance entre le parquet et le pouvoir gouvernemental jusqu'alors fondé sur l'ordonnance du 9 mars 1918 organisant la direction des services judiciaires.

d) Les autorités administratives indépendantes

33. *De jure*, l'autorité administrative indépendante se définit, à tout le moins en droit français, par la conjonction de trois critères à remplir par la loi qui l'institue :
- avoir reçu compétence d'agir par la voie d'actes administratifs unilatéraux ;
- être instituée au sein d'une personne publique existante, le plus souvent l'État, et normalement dénuée de personnalité juridique propre ;
- être soustraite au pouvoir hiérarchique des organes gouvernementaux (2).

34. Pendant longtemps, le paysage institutionnel de la Principauté a été exempt de telles autorités et ce, pour des raisons d'ordre institutionnel. En effet, le pouvoir gouvernemental est, à Monaco, concentré, sous la haute autorité du Prince, entre les mains du Ministre d'État sans que soit, en principe, possible la délégation ou la distribution de compétences décisionnelles ou de sanction à des autorités échappant à la hiérarchie ministérielle. Cette analyse se fonde sur la lecture combinée des articles 3, 43, 44, 45, 47, 48 et 50 de la Constitution (3).

35. Toutefois, l'action des États est aujourd'hui de plus en plus déterminée par des obligations résultant du droit international conventionnel auxquelles ils se doivent de souscrire pour d'impérieuses nécessités d'ordre éthique ou économique notamment. Et il advient que parmi ces obligations, figure celle de créer une autorité administrative indépendante en charge de la régulation du domaine objet de la convention internationale dont s'agit.

Deux domaines se sont ainsi trouvés plus particulièrement concernés, en l'occurrence celui de la protection des données personnelles faisant l'objet de traitements, automatisés ou non, d'une part, et celui du contrôle des marchés financiers, d'autre part.

36. Plus précisément, le gouvernement monégasque a été amené à envisager d'adhérer à la Convention du 28 janvier 1981 du Conseil de l'Europe pour la protection des personnes à l'égard du traitement automatisé des données à caractère personnel et à son protocole additionnel du 8 novembre 2001. Il s'agissait ce faisant d'assurer un « *niveau de protection adéquat* » des données afin de permettre les transferts par voie électronique indispensables aux opérateurs publics et privés de la place, ce qui nécessitait le respect de standards européens, protecteur de la vie privée, résultant également de la directive européenne du 24 octobre 1995 (n° 95/46/CE). Or, la loi n° 1.165 du 23 décembre 1993 réglementant les traitements d'informations nominatives, texte pourtant assez largement inspiré de la loi française du 6 janvier 1978 dite « *informatique et liberté* », ne les respectait pas totalement notamment en ce que la commission de contrôle des informations nominatives (C.C.I.N.), équivalent monégasque de la commission nationale informatique et libertés (C.N.I.L.) française, n'était pas une autorité administrative indépendante, ce qui était requis par le protocole précité.

De même, en matière de régulation des marchés financiers, un accord devait être conclu avec la France et dans le cadre d'organisations telle l'Organisation Internationale des Commissions de Valeur (O.I.C.V.) emportant obligation d'instituer une autorité de contrôle des activités financières dotée de pouvoirs d'investigation et de décision exercés sans autre contrôle que juridictionnel.

37. Afin d'ériger de telles autorités administratives indépendantes, le gouvernement, après avoir rappelé le principe d'inconstitutionnalité précité, a estimé que la création de telles autorités pouvait être exceptionnellement admise « *dans la mesure où elle répond à la nécessité de satisfaire aux engagements internationaux de la Principauté et à leur effectivité* ».

---

(1) Le procureur général peut remplacer le Directeur des services judiciaires en vertu d'une délégation temporaire.

(2) Cf. Y. Gaudemet, *Traité de droit administratif*, 16e éd., LGDJ, 2001, t. 1, nos 137 et s.

(3) Le même motif conduit à écarter la possibilité de lier une décision d'une autorité administrative relevant de la fonction exécutive à l'avis d'un quelconque organe dès lors que l'avis conforme aboutirait ainsi à priver le Prince ou le Ministre d'État de la plénitude du pouvoir qu'ils tiennent de la Constitution. Tel n'est *a contrario* pas le cas dans la sphère de la fonction judiciaire. (Cf. exposé des motifs de la loi n° 1.364 du 16 novembre 2009 portant statut de la magistrature – annexe au *Journal de Monaco* n° 7.957 du 26 mars 2010, p. 5488).

Le fondement d'une telle exception réside dans l'article premier de la Constitution qui requiert le respect des principes généraux du droit international, dont celui de l'effet obligatoire des conventions « *pacta sunt servanda* » (1) dès lors que celles-ci sont porteuses d'engagements clairs et incontestables.

38. Ainsi, en vertu de l'article 10 de la loi n° 1.138 du 7 septembre 2007 sur les activités financières, la commission de contrôle des activités financières (2) accomplit-elle sa mission « *en toute indépendance et sous l'autorité de son président* ». L'article 2 de la loi n° 1.165 du 23 décembre 1993 modifiée recèle une disposition comparable s'agissant de la commission de contrôle des informations nominatives.

Telles sont, à ce jour, les deux seules autorités administratives indépendantes monégasques.

Celles-ci sont soumises, dans l'exercice de leur pouvoir de décision, de sanction et de contrôle au respect des droits de la défense, du caractère contradictoire de la procédure et du devoir d'impartialité (3).

e) Le Haut Commissariat à la Protection des Droits, des Libertés et à la Médiation

39. Le Haut Commissariat à la Protection des Droits, des Libertés et à la Médiation est une entité publique et indépendante de médiation institutionnelle (4). Cet organe « *sui generis* », institué par l'Ordonnance Souveraine n° 4.524 du 30 octobre 2013, s'apparente aux « Ombudsmans » existant dans la plupart des pays européens.

40. Appelé à exercer ses attributions avec neutralité et impartialité, le Haut Commissaire ne reçoit, de la part des pouvoirs publics, aucun ordre, instruction ou directive de nature à influer sur l'accomplissement de ses missions.

41. L'Ordonnance Souveraine n° 4.524 confie au Haut Commissariat deux missions principales : la protection des droits et des libertés de l'administré dans le cadre de ses relations avec l'Administration et la lutte contre les discriminations injustifiées.

En ce qui concerne la première de ces compétences : peut saisir le Haut-Commissaire toute personne physique ou morale qui estime que ses droits ou libertés ont été méconnus par le Ministre d'Etat, le Président du Conseil National, le Directeur des Services judiciaires, le Maire, de même que les établissements publics, ou par le fonctionnement d'un service administratif relevant d'une de ces autorités ou d'un établissement public.

Le Haut Commissariat peut également connaître de réclamations émanant de personnes physiques ou morales estimant avoir, dans la Principauté, été victimes de discriminations injustifiées (article 28).

Au terme de l'instruction des requêtes dont il est saisi, le Haut-Commissaire, si la situation le permet, peut tenter de procéder à un règlement informel du différend en cause. Il peut aussi formuler à l'adresse des autorités précitées, des recommandations fondées sur l'analyse des faits, du droit et de l'équité.

Les autorités concernées sont tenues de collaborer avec le Haut Commissariat et de faire connaître les suites données à ses recommandations.

Dans le cadre de ses pouvoirs spécifiques en matière de lutte contre les discriminations, le Haut Commissariat a de surcroît la faculté, lorsqu'il le juge opportun, de rendre publiques ses recommandations ou d'établir un rapport spécial à l'attention du Prince, si sa recommandation n'est pas suivie d'effet.

Enfin, lorsqu'à l'occasion de l'instruction d'un dossier, il acquiert la connaissance d'infractions pénales ou de faits justifiant des sanctions disciplinaires, le Haut Commissariat est habilité à saisir les autorités judiciaires compétentes.

---

(1) Cf. travaux préparatoires de la loi n° 1.338 du 7 septembre 2007 sur les activités financières (Débats du Conseil national, séance publique du 4 septembre 2007, Annexe au *Journal de Monaco* n° 7.831 du 26 octobre 2007, p. 3515) ; travaux préparatoires de la loi n° 1.353 du 4 décembre 2008 ayant modifié la loi n° 1.165 du 23 décembre 1993 relative à la protection des informations nominatives (Débats du Conseil national, séance publique du 26 novembre 2008, Annexe au *Journal de Monaco* n° 7933 du 9 octobre 2009, p. 4648-4649).

(2) Cette commission est la résultante de la fusion de deux institutions préexistantes : la commission de contrôle de la gestion de portefeuilles et des activités boursières assimilées, d'une part, et la commission de contrôle des organismes de placement collectif en valeurs mobilières, d'autre part.

(3) Tribunal Suprême, 25 oct. 2013, *Monaco Télécom c/ Commission de Contrôle des Informations Nominatives (C.C.I.N.).*

(4) Sa création en octobre 2013, est l'aboutissement d'un long processus débuté vingt ans plus tôt, lorsqu'en 1993, l'administration gouvernementale fait le choix de désigner en son sein un fonctionnaire plus particulièrement chargé de la médiation avec les administrés. En 2011, l'Ordonnance Souveraine n° 3.413 du 29 août 2011 portant diverses mesures relatives à la relation entre l'Administration et l'administré est venue officialiser cette fonction en instituant formellement un Conseiller en charge des Recours et de la Médiation doté, au sein du Ministère d'Etat, d'un statut particulier encadré par diverses garanties d'autonomie fonctionnelle. L'instauration, deux ans plus tard, du Haut Commissariat marque le passage d'une médiation interne à une médiation indépendante et l'extension du champ de compétence de cette médiation à l'ensemble des institutions de l'Etat, en ce compris l'Administration judiciaire, le Conseil National, la Mairie ainsi que les établissements publics de la Principauté.

2. – LES AUTRES PERSONNES PUBLIQUES

42. Outre l'État, le droit monégasque connaît deux autres types de personnes morales de droit public : la commune et l'établissement public.

a) La commune

43. Aux termes du titre IX de la Constitution (articles 78 à 87), le territoire de la Principauté forme une seule commune (1). Celle-ci est administrée par une municipalité composée d'un maire et d'adjoints, désignés par une assemblée délibérante, le conseil communal. Celui-ci est composé de quinze membres élus pour quatre ans au suffrage universel direct par les Monégasques.

Les délibérations du conseil communal sont exécutoires quinze jours après leur communication au Ministre d'État, sauf opposition motivée par arrêté ministériel. Il est à noter que la réforme constitutionnelle de 2002 a accordé à la commune une plus large autonomie sur le plan financier.

44. Pour le reste, la loi n° 959 du 24 juillet 1974 a fixé le détail des règles d'organisation et de fonctionnement de la Commune. Elle détermine notamment les attributions du conseil communal et ceux du maire qui peut agir au nom de l'État dans certains domaines, la police par exemple, ou bien comme exécutif communal. À ce titre, il prend notamment des arrêtés municipaux, à caractère individuel ou réglementaire, notamment pour ce qui est de la réglementation du stationnement (2), et accomplit tous actes d'administration, dont ceux relatifs au personnel communal dont le statut est fixé par la loi n° 1.096 du 7 août 1986.

Les attributions de la municipalité sont plus limitées que celles des communes françaises, ce qui s'explique en raison de son emprise territoriale identique à celle de l'État. Elle est notamment responsable de la tenue de l'état civil, du sommier de la nationalité monégasque (3) et de la délivrance des cartes d'identité aux nationaux, de la liste électorale et de l'organisation des élections, des halles et marchés et plus généralement de l'animation de la ville sur le plan culturel, sportif et des loisirs.

45. Les fonctionnaires municipaux relèvent d'un statut spécifique fixé par la loi n° 1.096 du 7 août 1986 offrant aux intéressés des garanties comparables à celles accordées aux fonctionnaires de l'État. Le régime applicable aux marchés publics de la commune est régi quant à lui par l'Ordonnance Souveraine n° 11.519 du 4 avril 1995 réglementant les marchés de la commune, modifiée.

46. Il convient de souligner que les dispositions législatives relatives à la commune ont été modifiées en 2006 (4) en vue de mettre concrètement en œuvre le principe d'autonomie budgétaire communale arrêté par le constituant et d'accorder également plus d'autonomie à la Commune sur le plan administratif, ce qui s'est traduit par un allègement significatif de la tutelle de l'État. En particulier, l'autorité ministérielle n'apprécie plus l'opportunité des décisions communales, le contrôle de l'État se limitant désormais à la seule légalité, savoir la conformité aux règles de droit en vigueur (5).

La commune représente enfin la Principauté au congrès des pouvoirs locaux et régionaux du Conseil de l'Europe dès lors que la Principauté a signé et ratifié, le 10 janvier 2013 la Charte européenne de l'autonomie locale (6).

b) Les établissements publics

47. Un autre texte législatif – la loi n° 918 du 27 décembre 1971 – a introduit l'établissement public à Monaco (7). Il s'agit d'une formule proche de celle de l'établissement public administratif français (8).

48. Dotés de l'autonomie de gestion administrative et financière et investis, sous le contrôle de l'État, d'une mission spécialisée d'intérêt général de caractère national ou international, les établissements publics, personnes juridiques de droit public, ne peuvent être créés que par la loi, laquelle délimite leur mission.

---

(1) Cf. A. Sangiorgio, *Les institutions communales de la Principauté* : *Revue de droit monégasque* n° 2, 2000, p. 61 à 76.

(2) En cas d'urgence, le directeur de la sûreté publique peut toutefois édicter des interdictions de stationnement aux lieu et place du maire (Tribunal suprême, 4 déc. 1979, *Stefanelli*, note Weil).

(3) Le sommier de la nationalité monégasque est un document administratif recensant tous les nationaux, institué par l'ordonnance du 27 février 1929.

(4) Loi n° 1.316 du 29 juin 2006 modifiant la loi n° 959 du 24 juillet 1974 sur l'organisation communale et la loi n° 841 du 1er mars 1968 relative aux lois de budget.

(5) Préalablement à la mise en œuvre de ce régime, il a pu advenir que la commune intente des recours pour excès de pouvoir à l'encontre de décisions administratives de l'autorité de tutelle relatives au classement indiciaire de fonctionnaires communaux (Tribunal suprême, 12 mars 2003, 11 juin 2003 [deux décisions], *Commune de Monaco*).

(6) Ordonnance Souveraine n° 4.322 du 27 mai 2013 rendant exécutoire la Charte européenne de l'autonomie locale ouverte à la signature à Strasbourg le 15 octobre 1985.

(7) Cf. également l'Ordonnance Souveraine n° 5.055 du 8 décembre 1972 sur les conditions d'administration et de gestion administrative et comptable des établissements publics, modifiée.

L'administration des établissements publics est assurée selon les règles du droit public. Il en est de même pour la gestion administrative et la gestion comptable, lesquelles sont respectivement assurées par un directeur et un agent comptable qui, lorsqu'ils n'ont pas la qualité de fonctionnaire, ont celle d'agent public (1).

Les agents des établissements publics sont régis par un statut de droit public, à l'exception de ceux qui ne participent pas d'une manière directe à l'exécution même du service public dont est chargé l'établissement, lesquels sont alors placés sous le régime du droit privé.

Par ailleurs, les décisions prises par les personnes chargées de l'administration, de la gestion administrative et de la gestion comptable des établissements publics ont le caractère de décisions administratives, donc susceptibles, en application de l'article 90-B de la Constitution, d'être déférées pour annulation devant le Tribunal suprême par la voie du recours pour excès de pouvoir (2).

Il convient également de relever que le régime applicable aux marchés publics de ces établissements est régi par l'Ordonnance Souveraine n° 11.520 du 4 avril 1995 réglementant les marchés des établissements publics, modifiée.

Parmi les établissements publics, peuvent notamment être cités le Centre Hospitalier Princesse Grace (3), le musée national (4), le centre scientifique de Monaco (5) ou l'office de protection sociale (6).

3. – LES PERSONNES MORALES DE DROIT PRIVÉ INVESTIES DE MISSIONS DE SERVICE PUBLIC OU D'INTÉRÊT GÉNÉRAL

49. À l'instar du droit administratif français, celui de la Principauté connaît la personne morale de droit privé investie d'une mission de service public ou d'intérêt général.

50. Une telle identification peut résulter – de manière expresse – d'une convention conclue avec l'État, telle une concession, voire de la lettre même de la loi. Ainsi, diverses sociétés anonymes monégasques sont concessionnaires d'un service public (7). Le législateur peut par ailleurs directement confier la gestion d'un tel service à une personne morale de droit privé. Tel est le cas de la Société d'exploitation des ports de Monaco (S.E.P.M.) qui, selon la loi n° 1.303 du 20 juillet 2005, est constituée sous la forme juridique d'une société anonyme monégasque et chargée, dans le cadre d'une délégation de service public, d'une mission d'intérêt général consistant dans l'exploitation des ports de Monaco dont elle détient le monopole (8).

51. Pour le reste, il est connu qu'en France, la reconnaissance, sur un plan plus général, de tels organismes remonte à l'un des grands arrêts du Conseil d'État rendu, au sujet des caisses d'assurances sociales, le 13 mai

(8) Un projet gouvernemental visant à instituer un établissement public à caractère industriel et commercial pour la gestion des ports a finalement été abandonné au bénéfice de la concession de service public.

(1) Cette solution n'est pas sans rappeler celles dégagées, pour les personnels des services publics industriels et commerciaux, par le Conseil d'État français (CE, 26 janv. 1923, *De Robert Lafrégeyre, Les grands arrêts de la jurisprudence administrative*, Sirey, 2009, n° 38, p. 229 et s. ; CE, 8 mars 1957, *Jalenques de Labeau* : *Rec.*, p. 158).

(2) Tribunal suprême, 17 juin 2008, *Sieur O. Ciquet c/ CHPG* ; 1er déc. 2008, *Dame A. Cunha Da Costa c/ CHPG*.

(3) Loi n° 127 du 15 janvier 1930 constituant l'hôpital en établissement public autonome ; Ordonnance Souveraine n° 5.095 du 14 février 1973 sur l'organisation et le fonctionnement du Centre Hospitalier Princesse Grace, modifiée ; Ordonnance Souveraine n° 7.464 du 28 juillet 1982 portant statut du personnel de service du Centre Hospitalier Princesse Grace, modifiée ; Ordonnance Souveraine n° 7.928 du 6 mars 1984 portant statut du personnel médical et assimilé du Centre Hospitalier Princesse Grace, modifiée.

(4) Loi n° 922 du 29 mai 1972 créant un établissement public dit « musée national » ; Ordonnance Souveraine n° 642 du 10 août 2006 sur l'organisation et le fonctionnement de l'établissement public dit « musée national ».

(5) Ordonnance-loi n° 690 du 23 mai 1960 créant un office dit « centre scientifique de Monaco », modifiée ; Ordonnance Souveraine n° 5.100 du 15 février 1973 sur l'organisation et le fonctionnement du « centre scientifique de Monaco », modifiée.

(6) Loi n° 335 du 19 décembre 1941 portant création d'un office d'assistance sociale, modifiée.

(7) « *Monaco Telecom* », concessionnaire des services publics de télécommunications (Ordonnance Souveraine n° 3.560 du 6 décembre 2011, *Journal de Monaco* n° 8.046 du 9 décembre 2011) ; société monégasque d'électricité et du gaz (S.M.E.G.), concessionnaire du service public de la distribution de l'énergie électrique et du gaz naturel sur le territoire de la Principauté (Ordonnance Souveraine n° 2.578 du 13 janvier 2010, *Journal de Monaco* n° 7951 du 12 février 2010) ; société monégasque d'assainissement (S.M.A.) concessionnaire du service public de nettoiement des voies publiques de la Principauté (Ordonnance Souveraine n° 2.579 du 13 janvier 2010, *Journal de Monaco* n° 7.951 du 12 février 2010) ; société monégasque des eaux (SMEaux), concessionnaire du service public de distribution d'eau et d'exploitation de l'usine de traitement des eaux résiduaires (Ordonnance Souveraine n° 12.129 du 23 décembre 1996, *Journal de Monaco* n° 7.267 du 3 janvier 1997).

(8) Il peut être relevé de manière incidente que d'autres types de contrats administratifs permettent de recourir aux services des entreprises privées, en application de l'Ordonnance Souveraine n° 2.097 du 23 octobre 1959 réglementant les marchés de l'État.

1938 dans l'affaire *Caisse primaire « Aide et Protection »* (1). Dans ce sillon, le Conseil d'État, statuant en matière d'excès de pouvoir, a rendu nombre d'arrêts reconnaissant le caractère d'acte administratif à une catégorie de décisions qui, bien qu'émanant formellement de personnes privées, ont été regardées comme procédant d'organismes chargés de missions de service public, notamment au titre de l'encadrement de professions ou de la régulation économique (2).

À Monaco, peuvent être regardées comme ayant une telle qualification les quatre caisses sociales en charge des prestations de sécurité sociale et des pensions de retraite des salariés et des travailleurs indépendants, savoir la Caisse de Compensation des Services Sociaux (C.C.S.S.) créée par l'ordonnance-loi n° 397 du 27 septembre 1944, la Caisse Autonome des Retraites (C.A.R.) créée par la loi n° 455 du 27 juin 1947 (3), la Caisse d'Assurance Maladie des Travailleurs Indépendants créée par la loi n° 1.048 du 28 juillet 1982 (C.A.M.T.I.) et la Caisse Autonome des Retraites des Travailleurs Indépendants (C.A.R.T.I.) créée par la loi n° 644 du 17 janvier 1958. Celles-ci (4) constituent, de par la volonté du législateur, des organismes autonomes de droit privé dotés de la personnalité juridique (5). Il s'agit donc de personnes morales de droit privé *sui generis* mais dont la mission d'intérêt général, décrite avec précision dans les textes qui les instituent et ceux pris pour leur application, ne fait pas de doute.

52. Il importe enfin d'évoquer, dans ce cadre, les ordres professionnels. La Principauté connaît, comme la France ou d'autres pays, telle la Belgique par exemple, ce type d'organismes d'intervention professionnelle ayant pour objet l'encadrement de certaines activités libérales (6), lesquels ont, tout comme les caisses primaires, donné lieu à une jurisprudence historique du Conseil d'État (7).

Dans la Principauté, existent plus précisément les ordres professionnels suivants :

- Ordre des médecins (8) ;
- Ordre des architectes (9) ;
- Ordre des avocats-défenseurs et avocats (10) ;
- Ordre des experts-comptables (11).

La personnalité morale n'a été explicitement reconnue qu'aux derniers de ces ordres (12). S'agissant de l'ordre des architectes, le Tribunal suprême s'est prononcé en reconnaissant au Conseil de l'Ordre des architectes la qualité de juridiction disciplinaire (13), s'alignant ainsi sur la jurisprudence administrative française (14).

---

(1) *Les grands arrêts de la jurisprudence administrative, op. cit.*, n° 52, p. 319 et s.

(2) CE, ass., 31 juill. 1942, *Monpeurt, Les grands arrêts de la jurisprudence administrative, op. cit.*, n° 53. – 13 janv. 1961, *Magnier : Rec. CE*, p. 33 ; *RDP* 1961, p. 155, concl. Fournier. – 6 oct. 1961, *Fédération nationale des huileries : Rec. CE*, p. 544 ; *AJDA* 1961, chron. 610. – 13 juill. 1968, *Capus : D.* 1968, p. 674, concl. Bertrand ; *AJDA* 1968, p. 577, note J.D.M. – 22 nov. 1974, *Fédération des industries françaises d'articles de sport : Rec. CE*, p. 577, concl. Thery), la solution a ensuite été étendue aux actes émanant de personnes privées gestionnaires d'un service public industriel et commercial (T. confl., 15 janv. 1968, *Cie Air France c/ Épx Barbier : RDP* 1969, p. 142, concl. Kahn et 1968, p. 893, note M. Waline), aux associations de chasse (CE, 7 juill. 1978, *Min. qualité de la vie c/ De Vauxmoret : AJDA* 1979, n° 6, p. 36, concl. Rougevin-Baville), aux fédérations sportives (T. confl., 7 juill. 1980, *Peschaud c/ Groupement du football professionnel : D.* 1981, inf. rap. p. 42. – 13 janv. 1992, *Préfet de la Région Aquitaine c/ Assoc. nationale des Girondins de Bordeaux : AJDA* 1992, p. 451, note J.-P. Theron), à la compagnie des conseils en brevets (CE, 27 juill. 1984, *Kessler et a. : AJDA* 1984, p. 632, concl. J.-M. Pauti).

(3) S'agissant de cette caisse, il est à noter que la loi n° 455 du 27 juin 1947 a institué une Commission administrative contentieuse compétente pour trancher en dernier ressort des décisions du directeur appréciant les périodes d'activités à l'appui de demande de liquidation de pensions. Cette commission pourrait sans doute être regardée comme une « *juridiction administrative statuant en dernier ressort* » au sens de l'article 90-B 2°) de la Constitution, justiciable de recours en cassation devant le Tribunal suprême.

(4) Auxquelles il importe vraisemblablement d'associer la Caisse de congés payés du bâtiment créée par l'Ordonnance Souveraine n° 3.364 du 27 juillet 1965.

(5) Tels sont les termes de l'article 3 de la loi n° 1.048 du 28 juillet 1982 instituant un régime de prestations sociales en faveur des travailleurs indépendants.

(6) Cf. D. Linotte et R. Romi, *Droit public économique*, LexisNexis, 2012, 7e éd., p. 160.

(7) CE, ass., 2 avr. 1943, *Bouguen, Recueil des arrêts du Conseil d'État*, p. 86. *Les grands arrêts de la jurisprudence administrative, op. cit.*, n° 53.

(8) Ordonnance-loi n° 327 du 30 août 1941.

(9) Ordonnance-loi n° 341 du 24 mars 1942.

(10) Loi n° 1.047 du 28 juillet 1982.

(11) Loi n° 1.231 du 12 juillet 2000.

(12) Loi n° 1.047 du 28 juillet 1982 sur l'exercice des professions d'avocat-défenseur et d'avocat ; loi n° 1.231 du 12 juillet 2000 relative aux professions d'expert-comptable et comptable agréé.

(13) Tribunal suprême, décision du 1er novembre 2008, *F. Notari c/ Conseil de l'Ordre des Architectes*.

(14) CE, 5 janv. 1951, *Dame Faure : RDP* 1951, p. 935 ; 7 févr. 1947 : *D'Aillères : RDP* 1947, p. 68, concl. Odent, note Waline.

53. S'agissant du régime contentieux général des décisions prises par les personnes morales de droit privé dans le cadre des missions de service public ou d'intérêt général dont elles sont investies, la question a pu être posée de savoir si elles peuvent être regardées comme des décisions émanant d'« *autorités administratives* » au sens de l'article 90-B, 1°, de la Constitution. Selon ce texte, seules ces décisions ainsi que les ordonnances souveraines prises pour l'application des lois sont sujettes à recours pour excès de pouvoir devant le Tribunal suprême. Une réponse clairement affirmative à cette question a pu être donnée en 1990 (1). La position doctrinale est aujourd'hui plus nuancée (2).

À l'inverse, les organismes de droit privé concessionnaires de services publics sont recevables à exercer, devant le Tribunal Suprême, le recours en annulation pour excès de pouvoir à l'encontre de décisions administratives leur faisant grief, y compris lorsqu'elles émanent d'autorités administratives indépendantes (3).

B. – DES ADMINISTRÉS DOTÉS DE DROITS OPPOSABLES AUX POUVOIRS PUBLICS

54. Si l'administré est effectivement doté de droits, il importe tout d'abord de les identifier. Mais la réalité de l'État de droit requiert qu'ils ne demeurent pas lettre morte. Des moyens juridiques doivent de ce fait être à la disposition de l'administré, quitte à ce qu'il devienne justiciable, pour lui permettre de les exercer effectivement (4).

1. – LES DROITS DE L'HOMME ET LES LIBERTÉS FONDAMENTALES

55. Le thème de la classification de ces droits et libertés a fait couler beaucoup d'encre, aucun des systèmes de classement envisagés n'étant unanimement reconnu comme satisfaisant par la doctrine (5). Si l'on retient la méthode historique, on distingue traditionnellement, en la matière, les libertés publiques de type classique, ou droits de la première génération, des droits économiques et sociaux, ou droits de la deuxième génération.

56. Les libertés de type classique sont issues de divers courants de pensée, notamment une relecture du Christianisme initiée par la Réforme protestante et les réflexions des philosophes du XVIIIe siècle, en particulier Hobbes, Locke, Rousseau, Montesquieu, qui ont prôné une société de liberté en réaction aux diverses formes de l'absolutisme. Ces philosophies ont inspiré la Déclaration française des droits de l'homme et du citoyen du 26 août 1789 qui annonce des droits de nature plutôt abstraite et dont l'objet est globalement de défendre l'individu face au pouvoir d'État (6). On les qualifie parfois de libertés-autonomie, libertés-participation ou droits-résistance (7). Ils consistent essentiellement en des droits de faire quelque chose à l'abri des interventions de l'État, qu'il s'agisse de libertés civiles (penser, s'exprimer, jouir et disposer de ses biens), de droits fondamentaux en matière de procédure pénale (n'être privé de liberté que dans les cas prévus par la loi et

(1) Cf. G.-H. George, *Le Tribunal suprême*, Précis, 1990, n° 23.

(2) « *On remarquera enfin que le Tribunal suprême n'a pas encore eu l'occasion de se prononcer sur sa compétence éventuelle à l'égard de décisions prises par des organismes privés investis d'une mission de service public et dotés de prérogatives de puissance publique. S'il retient un jour sa compétence en cette matière, ce serait une confirmation claire de ce que le critère d'identification des décisions administratives qu'il a adopté est bien un critère matériel et non un critère organique* » (cf. G.-H. George et J.-M. Lemoyne de Forges, *Le Tribunal suprême*, Précis, LexisNexis SA, 2007, n° 58).

(3) Pour un différend portant sur les pouvoirs d'investigation et de contrôle de la Commission de Contrôle des Informations Nominatives (C.C.I.N.) à l'égard de Monaco Télécom, cf. Tribunal Suprême, 25 oct. 2013 : *Monaco Télécom c/ C.C.I.N., op. cit.*

(4) Pour un point de vue global, cf. B. Gérard, *Administration et liberté en Principauté de Monaco* : *Revue administrative* 1990, p. 361-363.

(5) Cf. F. Sudre, *Droit européen et international des droits de l'homme*, PUF, 10e éd., 2011, n° 179 ; H. Oberdorff, *Droits de l'homme et libertés fondamentales*, LGDJ, 3e éd., 2011, p. 49-53.

(6) Cf. J. Morange, *La philosophie des droits de l'homme*, in *Droits de l'homme et libertés publiques*, PUF, 2000, p. 29 à 78.

(7) Cf. H. Oberdorff, *op. cit.*, p. 50.

sur ordre d'un juge) ou de gestion des affaires publiques (désigner par le suffrage des représentants qui voteront les lois et autoriseront la recette et la dépense publiques). D'aucuns avancent que l'appellation « *droits de l'homme* » devait être exclusivement réservée à ces droits (1).

57. À partir du XIXe siècle, l'évolution de la réflexion politique et des rapports sociaux a conduit à prendre en compte les intérêts non plus de l'individu isolé face à l'État, mais de l'individu situé dans la société. A alors émergé une deuxième génération de droits plus concrets, qualifiés d'économiques et sociaux : action syndicale, droit de grève, droit à l'instruction, sécurité sociale, etc.

58. La fin du XXe siècle et le début du XXIe ont quant à eux vu l'avènement d'une troisième, voire même d'une quatrième, génération de droits, caractérisant, selon H. Oberdorff, un phénomène d'« *inflation des proclamations de nouveaux droits de l'homme* » (2).

Ces droits sont plus particulièrement liés :

– soit à des « évolutions sociétales » comme le droit à un environnement sain (pureté de l'air, protection contre le bruit (3), ...), le droit au (ou du) développement durable, le droit à la santé (4) et celui des malades, le droit au logement ainsi que les droits afférents à la relation entre l'administration et l'administré (accès aux documents administratifs, à la connaissance des motifs des décisions des administrations, etc.) ;

– soit à des évolutions technologiques en matière de communication comme le droit au respect de la vie privée ou au secret de la correspondance face à l'informatique ;

– soit à des évolutions des techniques ou des pratiques dans le domaine de la médecine et de la biologie comme les droits tenant à la protection des personnes en matière de recherche biomédicale, à la protection du patrimoine génétique, à l'inviolabilité du corps humain, à la bioéthique en général (5).

59. L'ensemble de ces droits a progressivement pris sa place dans l'ordonnancement juridique des nations occidentales et tout d'abord dans leurs droits internes, en s'enracinant dans les constitutions, déclarations de droits et textes à valeur constitutionnelle ainsi que dans les lois et règlements.

Ultérieurement, divers facteurs, dont les affres du premier – et surtout du second – conflit mondial, ont favorisé l'organisation de la communauté internationale, au plan mondial et régional, et donné lieu à l'essor d'un droit international des droits de l'homme, essentiellement conventionnel et multilatéral. A ainsi vu le jour une nouvelle problématique liée à l'effectivité, dans l'ordre interne, de ces nouvelles règles opposables désormais à la fois aux sujets traditionnels du droit international – les États – mais également invocables par les individus.

60. La Principauté, comme tout État de droit, n'a pas échappé à ce double mouvement et sera donc logiquement abordée distinctement, ci-après, la protection des libertés et droits fondamentaux à Monaco en fonction de la source interne ou internationale de la norme qui les porte.

a) Une préoccupation au cœur du droit interne monégasque

61. Les dispositions constitutionnelles relatives aux droits de l'homme et aux libertés fondamentales sont anciennes dans la Principauté puisqu'elles remontent à la Constitution « mort-née » de 1848 (6).

La Constitution de 1911 comportait également un titre consacré aux droits publics qui énonçait déjà sept droits fondamentaux, de type classique :

1. la liberté individuelle, c'est-à-dire l'interdiction d'arrêter quelqu'un hors les cas prévus par la loi ; sauf flagrant délit, l'arrestation n'est possible que sur décision motivée d'un juge ;
2. la légalité des crimes, des délits et des peines, c'est-à-dire le fait qu'ils doivent avoir été institués par la loi, et donc connus de tous, avant de pouvoir être la base juridique de poursuites pénales à l'encontre d'une personne (principe dit de non-rétroactivité de la loi pénale) ;
3. l'inviolabilité du domicile ;
4. l'inviolabilité du droit de propriété ;

(1) Cf. A.-M. Le Pourhiet, *Droit constitutionnel*, Economica, 2012, 4e éd., p. 139.

(2) Cf. H. Oberdorff, *op. cit.*, p. 32.

(3) À noter l'émergence de la protection juridique du calme (cf. M. Molinier-Dubost, *Réflexions environnementalistes sur la protection juridique du calme : RDP* 2012, n° 4, p. 1145 et s.).

(4) Sur la nature du droit à la santé, droit-créance ou droit-liberté, cf. Ch. Sauvat, *Réflexion sur le droit à la santé*, Presses universitaires d'Aix-Marseille, 2004, p. 79-81 s.

(5) Cf. H. Oberdorff, *op. cit.*, p. 32 et 50-51. Pour une lecture critique, cf. A.-M. Le Pourhiet, *op. cit.*, p. 141-144.

(6) Il existe deux méthodes pour consacrer des droits fondamentaux dans un texte constitutionnel : soit les exposer dans un préambule à titre de « *credo philosophique* », soit les énoncer dans le corps du texte constitutionnel au même titre que les règles d'organisation et de fonctionnement de l'État, de manière à permettre leur invocabilité par le sujet de droit devant les autorités administratives et judiciaires (cf. A.-M. Le Pourhiet, *op. cit.*, p. 138). Le constituant monégasque a, dès l'origine, opté pour le second *modus operandi* qui tend vers plus d'efficacité normative (*op. cit.*).

5. la liberté d'opinion et des cultes, dans le respect de l'ordre public (1) ;
6. la liberté de réunion, paisible et sans armes ;
7. le droit de pétition, à adresser aux autorités publiques.

Un Tribunal suprême était en outre, comme indiqué précédemment, créé par le texte constitutionnel afin de garantir le respect de ces droits fondamentaux, au besoin par l'annulation des lois ou des actes de l'Administration publique qui les méconnaissaient (cf. *supra* n° 4). Ce tribunal a rendu une trentaine de décisions entre 1911 et 1962.

62. Le système actuel de protection des libertés et droits fondamentaux à Monaco est toutefois fondé sur la Constitution en vigueur, laquelle, dès son article 2, proclame son attachement aux libertés et droits fondamentaux. Comme celle de 1911, elle comporte un titre qui leur est consacré, en l'occurrence le titre III (art. 17 à 32). Ceux-ci consistent soit en des libertés publiques de type classique, soit en des droits économiques et sociaux.

Avant d'en aborder la teneur, il apparaît hautement utile, au titre de l'objet de la présente étude, de mettre en exergue la situation particulière de la répartition opérée, par le *corpus juris* monégasque, entre les droits des nationaux et ceux des étrangers (2).

63. Comme le relève le professeur P. Lagarde, la nationalité « *n'a d'intérêt juridique que par l'existence de différences entre le national et l'étranger* » (3). C'est ainsi qu'un certain nombre de dispositions constitutionnelles ne concernent que les personnes de nationalité monégasque et, en premier lieu, l'article 17 qui pose le principe de l'égalité entre Monégasques. Le Tribunal suprême veille scrupuleusement, lorsqu'il est saisi, au respect de ce principe qu'il entend d'ailleurs *lato sensu*.

64. Par ailleurs, le titre III de la Constitution reconnaît un certain nombre d'autres droits exclusivement au bénéfice des Monégasques, dont la priorité d'accès aux emplois publics et privés (art. 25).

65. Pour ce qui est des emplois publics, cette priorité est garantie aux nationaux par un texte bien antérieur à l'actuelle Constitution, mais de moindre valeur normative puisqu'il s'agit de la loi du 18 juillet 1934. Ce texte implique que pour tout recrutement dans un emploi public effectué, à titre permanent ou contractuel, par l'État ou une autre personne morale de droit public, une préférence soit donnée, à aptitude égale, au candidat de nationalité monégasque. Son article 2 énonce : « *Un avis inséré au Journal de Monaco indiquera les emplois vacants dans les services publics et les conditions d'admission* », ce de manière à permettre aux candidatures de se manifester et, partant, à la priorité nationale de jouer.

En pratique, la loi n° 975 du 12 juillet 1975 portant statut des fonctionnaires de l'État, dont les dispositions s'inspirent du droit français, ne fait pas présentement de la nationalité monégasque une condition de la titularisation dans un emploi permanent. Telle est toutefois la réalité *in concreto*. Effectivement, les étrangers, qui constituent peu ou prou la moitié des effectifs de l'administration d'État, sont, à l'exception des emplois liés à la sécurité publique, généralement recrutés sur la base de contrats à durée déterminée.

Une réforme de ce texte est cependant en cours d'étude afin essentiellement de consacrer le principe du lien entre l'appartenance nationale et le statut de fonctionnaire titulaire (4) d'une part, et de conforter corrélativement la position des personnels non fonctionnaires en consacrant leur droit, au terme de plusieurs renouvellements, à un engagement à durée indéterminée, d'autre part.

66. La priorité des Monégasques aux emplois privés est, quant à elle, assurée par loi n° 629 du 17 juillet 1957 tendant à réglementer les conditions d'embauchage et de licenciement en Principauté (5). Ce texte instaure un permis de travail pour les salariés étrangers et soumet les employeurs privés désireux d'en recruter à une autorisation d'embauchage au terme d'une procédure initiée par une déclaration des offres d'emplois auprès d'un service administratif, la Direction du travail, en charge, en l'espèce, de veiller au respect de la priorité nationale.

---

(1) La liberté de la presse, qui est une forme de la liberté d'opinion, avait, quant à elle, été préalablement consacrée à Monaco par une ordonnance du 3 juin 1910. Celle-ci a été abrogée et remplacée par la loi n° 1.299 du 15 juillet 2005 sur la liberté d'expression publique.

(2) On entend par Monégasques, les personnes de nationalité monégasque, lesquelles peuvent seules se prévaloir de la qualité de sujets du Prince.

(3) Cf. P. Lagarde, *Nationalité*, in *Dictionnaire de la culture juridique*, PUF, 2003, p. 1052.

(4) L'exception tenant aux emplois de sécurité publique devrait cependant être maintenue et concerner les fonctionnaires de police, les sapeurs-pompiers et l'administration pénitentiaire. Les magistrats et greffiers ne relèvent pas, quant à eux, de la loi n° 975 du 12 juillet 1975 mais de textes législatifs particuliers, savoir respectivement la loi n° 1.364 du 16 novembre 2009 et la loi n° 1.228 du 10 juillet 2000.

(5) Une autre loi du 18 juillet 1934 prévoyait une proportion, fixée par voie réglementaire par catégorie d'activité, de main-d'œuvre étrangère à employer dans les entreprises de plus de dix salariés, ce qui serait clairement irréalisable aujourd'hui pour des raisons matérielles notamment (cf. *Journal de Monaco* 2 août 1934).

La même loi prévoit en outre, en cas de licenciement économique, et par catégorie professionnelle, l'ordre spécifique suivant :

1° étrangers domiciliés hors de Monaco et des communes limitrophes ;

2° étrangers domiciliés dans les communes limitrophes ;

3° étrangers domiciliés à Monaco ;

4° étrangers mariés à un(e) Monégasque ayant conservé sa nationalité et non légalement séparés et étrangers nés d'un auteur direct monégasque ;

5° Monégasques.

67. Parmi les autres droits exclusivement reconnus aux Monégasques par le Titre III de la Constitution figurent par ailleurs le droit à des prestations relevant de l'assistance sociale (art. 26) ainsi que le droit à l'instruction gratuite, primaire et secondaire (art. 27).

En contrepartie, il pose le principe selon lequel l'étranger jouit dans la Principauté de tous les droits publics et privés qui ne sont pas formellement réservés aux nationaux (art. 32).

Plusieurs remarques s'imposent à ce stade.

68. Force est tout d'abord de constater que la Constitution pose le principe de la réservation de droits de toute nature, y compris économique et sociale, autres que ceux qu'elle consacre expressément elle-même, sur la base du critère exclusif de nationalité. Cette solution ne se retrouve pas dans tous les pays et elle est désormais illicite notamment dans ceux où les Protocoles premier et/ou 12 à la Convention européenne des droits de l'homme sont en vigueur (1).

S'agissant de ces droits réservés aux nationaux, la Constitution indique qu'ils doivent l'être « *formellement* », c'est-à-dire que leur reconnaissance doit prendre une forme juridique connue, comme par exemple une loi, une ordonnance souveraine ou un arrêté ministériel. À ce titre, peut être citée la loi n° 799 du 18 février 1966 portant organisation de l'aide à la famille monégasque qui ouvre droit à un « *prêt à la famille* » ayant pour objet de permettre l'installation des jeunes ménages et dont l'article 2 énonce : « *Le prêt à la famille n'est accordé que si l'un au moins des époux est de nationalité monégasque.* » Autre exemple, l'Arrêté Ministériel n° 2008-87 du 15 février 2008 qui institue une aide nationale au logement (ANL) en faveur de personnes de nationalité monégasque remplissant en outre diverses conditions (ressources, loyers, besoins de logement...) (2).

69. On peut par ailleurs être surpris qu'un texte constitutionnel attache autant d'importance à la répartition des droits entre ses nationaux et les étrangers vivant sur son sol. Mais ce particularisme s'explique par le fait que les Monégasques sont numériquement minoritaires à Monaco. Aussi, des mesures d'équilibre sont-elles nécessaires afin, d'une part, de préserver les intérêts légitimes de la communauté nationale et, d'autre part, de donner aux étrangers des garanties rendant la vie dans la Principauté attractive. Ainsi, les résidents étrangers de la Principauté, voire même dans certains cas ceux des communes limitrophes, se voient-ils reconnaître par

---

(1) Au travers du « *droit au respect des biens* », le Protocole avait initialement vocation à ne protéger que le droit de propriété des meubles, immeubles et droits réels y afférents. Mais la Cour de Strasbourg a, au titre de la « *perméabilité* » de la Convention européenne des droits de l'homme aux droits sociaux, procédé, grâce à son interprétation « *évolutive* » ou « *dynamique* » (cf. G. Di Stefano, *L'interprétation évolutive de la norme internationale : RGDI publ.* 2011, n° 2, p. 380-381 ; S. Touzé et F. Tulkens, *Les techniques interprétatives des organes de protection des droits de l'homme, idem*, p. 517-540), à une « *socialisation de la notion de bien* ». Plus précisément, il s'est agi pour le juge européen d'étendre cette notion très au-delà de son sens traditionnel pour y inclure l'ensemble des avantages patrimoniaux contribuant à l'existence, savoir les prestations sociales de toute nature : pensions de retraite, de réversion, allocations familiales, allocations vieillesse, allocations d'adulte handicapé, de congé parental, rentes d'invalidité, droits consentis au titre d'autorisations administratives d'exercice professionnel, etc. (Cf. notamment J.-F. Renucci, *Traité de droit européen des droits de l'homme*, LGDJ, 2e éd., 2012, p. 620 et s. ; J.-L. Charrier, *Code la Convention européenne des droits de l'homme*, Litec, 2002, p. 190 ; V. surtout F. Sudre, J.-P. Marguénaud, J. Andriantsimbazovina, A. Gouttenoire et M. Levinet, *Les grands arrêts de la Cour européenne des Droits de l'Homme*, PUF, coll. « Thémis », 2003, p. 739-743). Compte tenu de la combinaison de cette disposition avec le principe de non-discrimination posé par l'article 14 de la Convention, il n'est dès lors plus possible de réserver la jouissance de ces droits sur la base d'un critère de nationalité, ce qui a notamment amené la Cour européenne à condamner la France dans son arrêt *Koua Poirrez* du 30 septembre 2003. Cette interprétation est depuis lors en principe celle adoptée par les juridictions françaises (cf. par ex. CE, 23 déc. 2011, *Sieur E. José Kanyrine de Brito Paiva*, concl. J. Boucher, note D. Alland : *RFDA* 2012, n° 1, p. 26, pour la condition de nationalité française mise à la recevabilité des demandes d'indemnisation forfaitaire présentées par les titulaires d'emprunts russes). Quant au Protocole n° 12, il est à cet égard encore plus expéditif puisqu'il abolit toute possibilité de traitement différencié de cette nature, y compris dans des droits non consacrés par le texte conventionnel.

(2) Bien entendu, ces actes juridiques opérant « réservation » de droits en faveur des Monégasques ne peuvent méconnaître la hiérarchie des normes (cf. G. Vedel, note sous Tribunal suprême, 1er févr. 1994, *Assoc. des propriétaires de Monaco : Rec.*, p. 9).

la loi monégasque divers avantages ou priorités en matière d'emploi ou de logement notamment, dans ce dernier cas sur la base de critères d'enracinement à Monaco (durée de résidence, liens familiaux, activité professionnelle...) (1).

Le Tribunal suprême a du reste jugé que nonobstant les dispositions de l'article 32 de la Constitution, « *il est loisible au législateur de ne pas traiter tous les étrangers de la même manière dès lors qu'ils ne se trouvent pas tous dans la même situation au regard de l'objet direct des dispositions qu'il adopte* » (2).

70. Il doit, en dernier lieu, être relevé que le fait qu'un droit ne soit reconnu par la Constitution qu'au bénéfice des seuls Monégasques ne fait nullement obstacle à ce que, dans la pratique ou par la loi, il soit étendu par les pouvoirs publics aux étrangers. Tel est, par exemple, le cas du droit à l'instruction publique. En effet, l'article 3 de la loi n° 1.334 du 12 juillet 2007 sur l'éducation dispose que l'enseignement est obligatoire de six ans à seize ans pour tout enfant de nationalité monégasque ou de nationalité étrangère dont les parents, le représentant légal ou la personne en assumant effectivement la garde résident ou sont établis régulièrement à Monaco.

71. Pour ce qui est enfin de l'installation des étrangers à Monaco, l'Ordonnance Souveraine n° 3.153 du 19 mars 1964 en fixe le régime. À ce titre, les étrangers qui souhaitent demeurer dans la Principauté plus de trois mois doivent pouvoir établir qu'ils sont en mesure de résider légalement en France et notamment dans le département des Alpes-Maritimes. Ils doivent en outre obtenir, de la part des services de police monégasques, une carte de séjour délivrée sur la base d'informations tenant à leur moralité, leur activité professionnelle, leurs moyens d'existence, leur logement, etc. Afin d'exercer une activité professionnelle, les étrangers doivent également être titulaires d'autorisations administratives diverses et notamment d'un permis de travail pour les salariés ou d'une autorisation ministérielle pour les activités commerciales ou économiques exercées à titre indépendant, ce en vertu de la loi n° 1.144 du 26 juillet 1991 (3).

72. Il est également possible à un étranger de demander asile à Monaco. Cette procédure résulte de la ratification, par la Principauté, de la Convention de Genève du 28 juillet 1951 relative au statut des réfugiés (cf. *infra* n° 107) (4). Elle est ouverte aux personnes qui, se trouvant hors du pays dont elles sont ressortissantes ou bien hors de celui où elles ont leur résidence habituelle, craignent avec raison d'y être persécutées.

La demande doit être adressée au Ministre d'État, lequel, conformément à un accord bilatéral de coopération administrative, consulte l'Office français de protection des réfugiés et apatrides (OFPRA) (5). Au vu de l'avis technique de l'OFPRA, la décision sur la demande d'asile est ensuite prise par le Ministre d'État. En cas de décision favorable, la Principauté accorde alors sa protection au demandeur en lui délivrant notamment un titre de voyage ainsi que le stipule l'article 28 de la convention.

73. En matière de police des étrangers, une mention particulière doit être faite des mesures d'éloignement du territoire.

Celles-ci consistent principalement dans l'expulsion ou le refoulement. Une mention particulière sera en outre faite de l'extradition.

---

(1) Il s'agit d'un faisceau de droits distincts, ouverts à des catégories d'étrangers en fonction de liens diversement identifiés avec la Principauté, variables selon les matières (emploi ou logement en particulier), qui n'aboutit toutefois nullement à « *déconstruire* » le concept de nationalité en le contrebalançant par un statut concurrent de « *quasi-national* » (cf. S. Touzé, *La « quasi-nationalité » : réflexions générales sur une notion hybride : RGDI publ.* 2011-1, p. 5 et s.).

(2) Tribunal suprême, 6 nov. 2001, *Assoc. des locataires de Monaco, op. cit.* On retrouve ce type de raisonnement en droit français où le Conseil d'État permet au pouvoir réglementaire de traiter différemment des étrangers sans méconnaître le principe d'égalité dès lors que la différence de traitement est en rapport direct avec l'objet de la norme qui l'établit et n'est pas manifestement disproportionnée au regard des motifs susceptibles de la justifier. À l'arrivée, les solutions contentieuses peuvent toutefois substantiellement différer de ce qu'elles seraient à Monaco compte tenu notamment de l'incidence d'engagements internationaux contractés par la République et exécutoires en droit interne (cf. CE, ass., 11 avr. 2012, *Groupe d'information et de soutien des immigrés (GISTI) et Fédération des associations pour la promotion et l'insertion par le logement (FAPIL) : RFDA* 2012, p. 547 et s., concl. G. Dumortier, note M. Gautier).

(3) Cf. L. Anselmi, *Le droit public économique monégasque ; Un aperçu au travers de quelques lois récentes*, op. cit.

(4) La question du droit d'asile est traitée ici pour la cohérence de la présentation du droit des étrangers à Monaco même si la place de ces développements serait normalement dans la seconde partie de la présente étude consacrée au droit international.

(5) Au moment de la ratification de la convention, il est en effet apparu inopportun de créer à Monaco, eu égard au nombre potentiel de demandes, un service spécialisé alors que la France en dispose d'un, lequel peut notamment s'assurer de la qualité de réfugié du demandeur au sens conventionnel et compte tenu de la situation personnelle de l'intéressé dans son pays.

Un texte ancien mais dont nombre de dispositions sont toujours en vigueur, l'ordonnance du 6 juin 1867 sur la police générale, disposait en son article 12 :

« *Tout étranger troublant ou pouvant troubler, par sa présence, la sûreté ou la tranquillité publique ou privée, sera dirigé hors du territoire de la Principauté par l'ordre du gouverneur général* (1). *Il lui sera interdit d'y rentrer sans une autorisation spéciale du gouverneur général.* »

Le principe porté par ce texte a été confirmé par l'article 22 de l'Ordonnance Souveraine n° 3.153 du 19 mars 1964 relative aux conditions d'entrée et de séjour des étrangers dans la Principauté selon lequel :

« *Le Ministre d'État pourra, par mesure de police, ou en prenant un arrêté d'expulsion, enjoindre à tout étranger de quitter immédiatement le territoire monégasque ou lui interdire d'y pénétrer.* »

Outre qu'ils font l'objet de supports juridiques distincts, l'arrêté d'expulsion et le refoulement par mesure de police diffèrent également en leurs effets, tels qu'ils résultent de la Convention franco-monégasque de voisinage du 18 mai 1963 rendue exécutoire à Monaco par l'Ordonnance Souveraine n° 3.039 du 19 août 1963. Celle-ci, en son article 13, permet en effet au Gouvernement Princier d'obtenir des autorités françaises l'interdiction de séjour dans les départements des Alpes-Maritimes, du Var et des Alpes-de-Haute-Provence de tout individu non français expulsé de la Principauté. Cette possibilité n'existe en revanche pas en cas de refoulement par mesure de police.

Par ailleurs, l'Ordonnance Souveraine du 19 mars 1964 précitée dispose également, en son article 17, que l'étranger auquel la carte de séjour a été refusée ou retirée doit obligatoirement quitter le territoire de la Principauté dans le délai qui lui est imparti.

La présence à Monaco de personnes ayant fait l'objet de décisions d'éloignement du territoire est pénalement sanctionnée (2).

74. Pour le reste, ces décisions donnent également lieu à un contentieux administratif non négligeable dès lors que, comme toute décision d'autorités administratives faisant grief, elles peuvent être déférées au Tribunal suprême pour annulation, par la voie du recours pour excès de pouvoir (3).

75. En la matière, la jurisprudence du haut tribunal a largement évolué depuis un arrêt de principe du 20 octobre 1949 dans lequel il jugeait que « *le Ministre d'État chargé de la sécurité de la Principauté, a pouvoir pour éloigner du territoire monégasque les étrangers dont la présence lui paraît constituer un danger pour l'ordre ou la tranquillité publics, qu'il n'a pas à donner les motifs de sa décision, et que le Tribunal suprême n'a pas à en apprécier l'opportunité ou le bien-fondé* » (4).

76. À ce jour, ces décisions doivent être motivées, conformément à la loi n° 1.312 du 29 juin 2006 relative à la motivation des actes administratifs qui le prévoit, à peine de nullité, pour ce qui est notamment des décisions qui restreignent l'exercice des libertés publiques, constituent une mesure de police, infligent une sanction administrative ou encore retirent ou abrogent une décision créatrice de droits. En cas d'absence ou d'insuffisance de motivation, par exemple lorsqu'elle est formulée en termes trop généraux ou imprécis, la décision ministérielle est désormais annulée (5).

77. Dans l'état du droit antérieur à ce texte, si l'absence ou l'insuffisance de motivation ne constituait pas un vice de la légalité externe entachant de nullité la décision querellée, le Tribunal suprême se réservait

(1) « *Gouverneur général* » est l'ancienne appellation du Ministre d'État.

(2) Article 23 de l'Ordonnance Souveraine n° 3.153 du 19 mars 1964 : « *Tout individu qui se sera soustrait à l'exécution des mesures énoncées à l'article précédent ou qui, après avoir quitté la Principauté, y entrera sans autorisation sera condamné à un emprisonnement de six mois à trois ans et à une amende de 500 à 5 000 francs ou à l'une de ces deux peines seulement. À l'expiration de sa peine, il sera conduit hors du territoire monégasque.* »

(3) Il est à noter qu'en pratique, ces requêtes contentieuses visent tant les décisions d'éloignement du territoire initiales, lesquelles sont le plus souvent des refoulements, que les refus opposés à des demandes en vue de les abroger. En effet, il advient qu'au terme de périodes plus ou moins longues, des personnes expulsées ou refoulées sollicitent du Ministre d'État qu'il reconsidère sa position dès lors qu'elles estiment ne plus présenter de menace pour l'ordre public. Il peut également s'agir de retraits ou de neutralisations de cartes de séjour, le Tribunal suprême ayant jugé que « *les autorités peuvent, au titre de leurs pouvoirs de police, procéder au retrait de la carte de séjour d'un résident étranger dès lors que le comportement de celui-ci le justifie* » (cf. Tribunal suprême, 18 févr. 2008, *Sieur N. Bizzio*).

(4) Tribunal suprême, 20 oct. 1949, *Sieur Thomas* ; jurisprudence confirmée : 28 juin 1977, *Dame J. Ten Hoopen, épse Manus* ; 10 févr. 1982, *Sieur E. Fischer* ; 10 févr. 1982, *Dame D. Chohler, épse Fischer* ; 24 mars 1980, *Sieur F. Schreiben*.

(5) Tribunal suprême, 5 déc. 2007, *Sieur S. Gozes* ; 8 févr. 2010, *Sieur L. Di Martino* ; 8 févr. 2010, *Sieur M. Menegatto*. L'article 5 de la loi du 29 juin 2006 permet toutefois à l'Administration de ne pas motiver ses actes « *lorsque des raisons de sécurité intérieure ou extérieure de l'État s'y opposent* ». Tel est le cas, en matière de police des étrangers, si une mesure est liée aux « *exigences de la lutte contre la mafia* » (Tribunal suprême, 17 juin 2008, *Sieur L. Tscherepow et Dame L. Kaïl*).

néanmoins le droit de demander, par la voie d'une mesure d'instruction, à l'État quels en étaient les mobiles (1) et, le cas échéant, de l'annuler si, au vu de la réponse fournie, il estimait la mesure administrative non justifiée après avoir exercé un contrôle minimum portant essentiellement sur les faits et sur l'erreur manifeste d'appréciation.

Mais même en l'absence de telles mesures préalables, il pouvait procéder à des annulations, comme il le fit en 2005 dans un arrêt dont le considérant ci-après est révélateur :

« *Considérant qu'il ressort de documents établis par le procureur de la République près le tribunal de Sanremo qu'à la date du 10 mars 2004, M. De Carli avait un casier judiciaire vierge et ne faisait l'objet d'aucune poursuite ; que le Ministre d'État ne fournit aucun élément de nature à établir que le requérant se serait livré depuis son expulsion à des pratiques de nature à justifier légalement le refus d'abroger cette mesure ; [...] ; qu'en estimant que la présence de M. De Carli sur le territoire de Monaco, après en avoir été éloigné pendant plus de neuf ans, constituerait encore une menace pour l'ordre public, le Ministre d'État a commis une erreur manifeste d'appréciation ; que, dès lors, M. De Carli est fondé à soutenir qu'en tant qu'elle refuse d'abroger l'arrêté d'expulsion du 22 mai 1995, la décision attaquée est entachée d'excès de pouvoir* » (2).

78. L'adoption de la loi n° 1.312 du 29 juin 2006 relative à la motivation des actes administratifs n'a du reste fort logiquement pas influé sur la jurisprudence relative à la légalité interne des décisions prises en matière de police des étrangers.

Pour ce qui est des annulations, elles interviennent généralement pour des raisons tenant aux faits et à la preuve, soit que ceux-là sont matériellement inexacts (3) ; soit que celle-ci n'est carrément pas rapportée par l'Administration (4).

Mais le Tribunal suprême valide également des décisions d'éloignement du territoire, estimant le Ministre d'État fondé à les prendre sur la base de faits matériellement incontestables tels que notamment :

– la remise de fonds d'origine frauduleuse destinés à couvrir une dette de jeu (5) ;

– l'ouverture d'une information à l'étranger pour des faits, même non poursuivis *in fine*, de contrebande en bande organisée (6), ou à Monaco des chefs d'association de malfaiteurs et de blanchiment de capitaux en lien avec le crime organisé russe (7) ;

– la tentative de dissimulation d'identité au moyen d'alias lors de démarches visant à obtenir des titres de séjour (8) ;

– une inculpation en Suisse du chef de dissimulation de produits de corruption (9), ou en Italie du chef d'infractions à caractère économique et financier (10) ; ou au Royaume-Uni du fait d'une fraude et d'une escroquerie d'envergure (11) ;

– une condamnation prononcée dans la Principauté pour des faits de délinquance financière outre l'implication de l'intéressé dans des affaires de blanchiment de capitaux, eu égard à « *l'importance qu'a une telle question dans le cas particulier de Monaco* » (12) ;

– une condamnation prononcée dans la Principauté pour des faits de faux et usage de faux en écriture privée, de commerce et de banque (même annulée par la Cour d'appel postérieurement à la décision de refoulement) (13) ;

– un « *ensemble de faits précis et concordants* », révélés par diverses procédures : faux en écritures, usage de faux, blanchiment de capitaux, participation à une organisation criminelle en Belgique, exercice à Monaco d'une activité de gestion de portefeuille sans autorisation, recel d'abus de confiance (14).

---

(1) Tribunal suprême, 13 mars 2002, *Sieur I. Isley* ; 12 mars 2003, *Sieur L. Battifoglio* ; 19 janv. 2006, *Sieur J. Fiyaz* ; 22 mars 2006 ; 6 déc. 2006, *Dame M. Sinayina, épse Guberman* ; 22 mars 2006 ; 6 déc. 2006, *Sieur V. Guberman*.

(2) Tribunal suprême, 8 mars 2005, *Sieur P. A. de Carli*.

(3) Tribunal suprême, 6 déc. 2006, *Dame K. Rink, ép. Woschalik*. En l'espèce, l'erreur de fait paraît improprement qualifiée d'erreur manifeste d'appréciation (il s'agissait de faits judiciaires supposés survenus en Allemagne, ce qui s'est révélé faux ainsi que l'a attesté une note du Parquet de Hambourg produite par la requérante).

(4) Tribunal suprême, 15 avr. 2011, *Sieur L. Sabine*.

(5) Tribunal suprême, 13 juin 2006, *Sieur D. Dalla Corte*.

(6) Tribunal suprême, 6 déc. 2006, *Sieur R. Woschalik*.

(7) Tribunal suprême, 16 févr. 2009, *Sieur M. Nekrich*.

(8) Tribunal suprême, 20 mars 2007, *Dame M. Sinayina, épse Guberman* ; 20 mars 2007, *Sieur V. Guberman*.

(9) Tribunal suprême, 29 juin 2007, *Sieur G. Katri*.

(10) Tribunal suprême, 18 févr. 2008, *Sieur N. Bizzio*.

(11) Tribunal suprême, 15 avr. 2011, *Sieur M. Rybak*.

(12) Tribunal suprême, 3 juin 2008 ; 17 juin 2008, *Sieur F. Iagher*.

(13) Tribunal suprême, 1er déc. 2008 ; 15 juin 2009, *Sieur L. Di Martino*.

(14) Tribunal suprême, 17 juin 2011, *Sieur T. Meganck*.

79. Le haut tribunal a pu également estimer que parallèlement à des mesures de refoulement, l'autorité administrative peut légalement abroger un permis de travail dès lors que le salarié qui en est titulaire fait l'objet de renseignements de police défavorables avérés et qui le justifient (1).

80. Il y a lieu enfin d'évoquer le dernier type de mesure d'éloignement du territoire, lequel ne ressort pas littéralement à la police administrative des étrangers, en l'occurrence l'extradition.

Celle-ci, on le sait, se définit comme un instrument d'entraide judiciaire internationale par laquelle un État (l'État requis) accepte de remettre un individu qui se trouve sur son territoire à un autre État (l'État requérant), lequel lui en fait la demande dans le but de pouvoir traduire l'intéressé en justice (2).

81. À Monaco, la matière est régie par la loi n° 1.222 du 28 décembre 1999. Dès son article premier, ce texte affirme le principe, qui se retrouve dans nombre d'autres systèmes juridiques (3), de subsidiarité de la loi interne, en ces termes :

« *Les formes et conditions de l'extradition sont régies par les traités conclus entre la Principauté et les puissances étrangères. En l'absence de ceux-ci ou dans leur silence, il est fait application des dispositions de la présente loi.* »

82. De fait, la Principauté a conclu des conventions d'extradition, parfois fort anciennes (4), avec nombre de pays tels que l'Allemagne, l'Australie, l'Autriche, la Belgique, le Danemark, l'Espagne, les États-Unis d'Amérique, la France, l'Italie, le Liberia, les Pays-Bas, le Royaume-Uni, la Russie, la Suisse et l'ex-Tchécoslovaquie. Elle a également ratifié la Convention européenne d'extradition du 13 décembre 1957 (5) dont les stipulations ne sont en rien contrariées par les dispositions de la loi du 28 décembre 1999.

83. Cette loi égrène plus précisément divers principes relatifs à la personne extradable et aux infractions qui lui sont imputées.

À ce titre, peut être cité celui selon lequel la Principauté n'extrade pas ses nationaux. À noter également la règle de la double incrimination, savoir que les faits motivant la demande d'extradition doivent être punis, à Monaco et dans l'État requérant, comme crimes ou délits, et de surcroît sanctionnés de peines minimales conséquentes (6). La loi énonce par ailleurs divers cas de refus d'extradition tenant à la nature de l'infraction qui a suscité la requête : infraction politique ou purement militaire, faits susceptibles d'aboutir au prononcé de la peine capitale, faits couverts par la prescription, demande motivée par des considérations discriminantes (race, origine ethnique, religion, nationalité, opinions politiques) ou attentatoires à la dignité de la personne extradable.

La loi fixe ensuite la procédure d'extradition dont on peut retenir que :

– la requête doit être transmise aux autorités monégasques par la voie diplomatique ;

– la requête peut, en cas d'urgence, être précédée d'une demande d'arrestation provisoire, laquelle, s'il lui est donné suite, prend fin au bout de vingt jours en l'absence de réception d'une requête formalisée ;

– la personne extradable est déférée à un juge d'instruction qui procède à son interrogatoire ;

– la Cour d'appel, statuant en chambre du conseil, émet un avis sur la suite à réserver à la requête ;

– au vu de cet avis qui Lui est transmis par le Directeur des services judiciaires, le Prince statue souverainement sur la requête d'extradition (7) ;

– la décision souveraine est communiquée à l'État requérant par la voie diplomatique et il en est donné connaissance à l'intéressé qui en cas de refus de l'extradition est aussitôt remis en liberté.

84. Quant à son régime contentieux, le Tribunal suprême, dans une instance certes antérieure à l'adoption de la loi du 28 décembre 1999, a jugé :

« *Considérant que l'extradition est un acte de souveraineté dont les conditions ne font pas l'objet d'une législation spécifique à Monaco où elles sont régies par les diverses conventions internationales conclues avec*

(1) Tribunal suprême, 23 janv. 2002, *Sieur K. Bensaoucha* ; 15 juin 2009, *Sieur L. Di Martino*.

(2) Cf. M. Poelemans de Lara, *Extradition*, in *Dictionnaire des droits de l'homme*, PUF, 2008, p. 418.

(3) En France, l'article premier de la loi du 10 mars 1927 relative à l'extradition des étrangers dispose : « *En l'absence de traité, les conditions, la procédure et les effets de l'extradition sont déterminés par les dispositions de la présente loi. La présente loi s'applique également aux points qui n'auraient pas été réglementés par les traités.* » Cf. également M. Poelemans de Lara, *op. cit.*

(4) Cf. la convention du 5 septembre 1883 avec la Russie, rendue exécutoire par l'ordonnance du 10 février 1884.

(5) Convention rendue exécutoire par l'Ordonnance Souveraine n° 2.120 du 23 mars 2009.

(6) En cas de poursuite, d'une peine d'emprisonnement d'au moins un an ; en cas de condamnation, d'une peine privative de liberté prononcée ou restant à purger d'au moins quatre mois.

(7) Il est à noter qu'en pratique, l'avis de la Cour d'appel est systématiquement suivi par le Prince Souverain.

les gouvernements étrangers ; qu'il s'agit d'une procédure diplomatique et exclusive des formes judiciaires qui concerne les rapports d'État à État et échappe, de ce fait, au contrôle du Tribunal suprême, sauf si, en raison de ses caractères, elle apparaît comme détachable des nécessités d'une pratique normale de l'extradition » (1).

En France, il est à noter qu'un recours pour excès de pouvoir dirigé contre un décret d'extradition est, depuis un arrêt de 1937 (2), recevable devant le Conseil d'État, lequel, ayant ultérieurement admis le contrôle de la qualification juridique des faits (3), a élaboré, en la matière, une jurisprudence originale qui s'efforce de concilier l'obligation d'extrader incombant à l'État en vertu des stipulations impératives des conventions d'extradition et la sauvegarde des droits reconnus aux personnes réclamées tels qu'ils résultent notamment des principes fondamentaux reconnus par les lois de la République ou de la Convention européenne des droits de l'homme (4).

À Monaco, à ce jour, il s'avère néanmoins vraisemblable de considérer que la jurisprudence susmentionnée reste d'actualité dès lors, d'une part, que la loi du 28 décembre 1999 ne paraît pas avoir altéré la nature juridique de l'extradition en tant qu'acte de souveraineté s'inscrivant dans le cadre des relations interétatiques et, d'autre part, que le recours contentieux reste possible dans le cas d'un excès de pouvoir manifeste s'apparentant, dans son concept, à l'abus de droit ou au détournement de procédure.

85. On précisera enfin, s'agissant de l'hypothèse de concomitance d'une demande d'extradition et d'une demande d'asile, que la Principauté n'est pas dotée d'un texte comparable à la loi fédérale helvétique du 1er octobre 2010 sur la coordination entre la procédure d'asile et la procédure d'extradition (5). Dans le cas où la question se poserait, il est probable que les autorités monégasques s'inspireraient, *mutatis mutandis*, de la pratique française selon laquelle l'éventuelle remise à l'État requérant de la personne extradable est suspendue dans l'attente de la position de l'OFPRA et tenue en échec dans le cas où le statut de réfugié est accordé (6).

86. Cela étant, et par-delà le traitement de la thématique Monégasques-étrangers, le régime général des droits de l'homme et des libertés fondamentales à Monaco se décline selon l'échelle générationnelle bien connue (cf. *supra* nos 55 et s.).

Plusieurs générations de droits de l'homme sont en effet bien présentes à Monaco.

87. S'agissant des libertés publiques de type classique, lesquelles bénéficient à toute personne, il est à noter que l'actuelle Constitution confirme les sept droits et libertés affirmés en 1911, mais qu'elle les complète de manière substantielle.

En ce qui concerne tout d'abord la liberté et la sûreté individuelle, elle ajoute le principe selon lequel toute détention doit être précédée d'un interrogatoire (art. 19).

Par ailleurs, pour ce qui est de la légalité des crimes, des délits et des peines, elle précise (art. 20) :

- que la peine de mort est abolie ;
- que nul ne peut être soumis à des traitements cruels, inhumains ou dégradants ;
- que les lois pénales ne peuvent avoir d'effet rétroactif (ce qui était implicite dans la Constitution de 1911 mais pas expressément affirmé).

88. De plus, le principe général du droit au respect de la vie privée et familiale et au secret de la correspondance vient s'ajouter à la protection du domicile (art. 20 et 21). La garantie de ces différents droits est assurée par diverses lois d'application, notamment le Code civil, sur la vie privée et familiale (art. 22 à 24), le Code pénal, sur le secret de la correspondance (art. 308-2 à 308-5, art. 341 et s. : emprisonnement et/ou amende).

Le Tribunal suprême, de son coté, considère que l'inviolabilité du domicile, protégée par l'article 21 de la Constitution, s'applique, dans certaines circonstances, aux locaux professionnels, ce qui l'a amené à déclarer l'inconstitutionnalité des dispositions de l'article 18 de la loi n° 1.165 du 23 décembre 1993 relative à la protection des informations nominatives dès lors que celles-ci n'offrent pas de garanties suffisantes en cas de contrôle sur place des investigateurs de la C.C.I.N. (7).

---

(1) Tribunal suprême, 28 juin 1986, *Sieur M. Van Troyes*.

(2) CE, ass., 28 mai 1937, *Decerf : S.* 1937, 3.73, note P. Laroque.

(3) CE, ass., 24 juin 1977, *A. Calleja : D.* 1977, p. 695, concl. Genevois.

(4) CE, 3 juill. 1996, *Koné :Recueil des décisions du Conseil d'État, p.* 255, Dalloz, 2011, 18e éd., p. 700-707. Le Conseil d'État admet également les recours à l'encontre des demandes d'extradition adressées par le Gouvernement français à des États étrangers ainsi que des décisions dudit Gouvernement rejetant des demandes d'extradition formulées par des Gouvernements étrangers (cf. P. Weil, M. Long, G. Braibant, P. Delvolvé et B. Genevois, *Les grands arrêts de la jurisprudence administrative : D.* 2009, nos 3-9 et la jurisprudence citée).

(5) Cf. http ://www.admin.ch/ch/f/as/2011/925.pdf.

(6) Cf. réponses au questionnaire du Comité d'experts du Conseil de l'Europe sur le fonctionnement des conventions européennes sur la coopération dans le domaine pénal (CDPC), sur les relations entre les procédures d'asile et les procédures d'extradition du 28 octobre 2008.

(7) Tribunal Suprême, 25 oct. 2013, *Monaco Télécom c/ C.C.I.N., op. cit., Monaco Télécom c/ C.C.I.N., op. cit.* ; *Sieur Dario Cassano c/ C.C.I.N.*

89. Dernière liberté publique de type classique confirmée par la Constitution de 1962 : le droit de propriété. La rédaction de son article 24, proche de celle de l'article 17 de la Déclaration des droits française de 1789, est la suivante :

« *La propriété est inviolable. Nul ne peut être privé de sa propriété que pour cause d'utilité publique légalement constatée et moyennant une juste indemnité, établie et versée dans les conditions prévues par la loi.* »

90. En application de cet article, a été adoptée la loi n° 502 du 6 avril 1949 qui fixe le régime de l'expropriation. Ce texte permet à l'État de prendre possession d'un bien même sans le consentement de son propriétaire. Pour cela, il importe tout d'abord que les travaux ou l'opération qui justifient l'expropriation soient déclarés d'utilité publique par une loi. Ceci suppose, concrètement, que sur son projet, le Gouvernement suscite l'adhésion du Conseil national, ce qui n'est pas forcément acquis.

Une fois la loi votée, débute, sur la base d'expertises, une procédure d'évaluation du bien devant le Tribunal de première instance. Au terme de cette procédure judiciaire, l'indemnité est versée au propriétaire par l'État. Si les biens expropriés ne reçoivent pas la destination d'utilité publique validée par la loi dans les quinze ans suivant le jugement du tribunal, l'administration, si elle en est requise, est tenue de remettre le bien à ses anciens propriétaires. En pratique, ce texte a été très rarement appliqué car l'administration procède le plus souvent à ses acquisitions immobilières par la voie amiable.

91. Autre limitation du droit de propriété consacrée par la loi monégasque : le droit de préemption. Ce droit a été consenti à l'État par la loi n° 1.235 du 28 décembre 2000, afin de le mettre à même d'être préféré à tout acquéreur en cas de vente d'appartements ou d'immeubles anciens (construits avant 1947) par des propriétaires privés. La loi fait ainsi obligation au vendeur d'informer l'administration de son intention de céder son bien. Le Ministre d'État dispose alors d'un mois pour faire connaître sa décision d'acquérir. S'il est resté silencieux au terme de ce délai, la transaction peut se faire librement. Dans le cas contraire, l'État est tenu d'acheter le bien au prix déclaré par le propriétaire, sans possibilité de discussion. Ce dispositif a été instauré dans le but de donner au Gouvernement les moyens d'une politique publique du logement, et de l'équipement public.

92. Une troisième limitation du droit de propriété doit enfin être signalée ; il s'agit du dispositif dit du secteur protégé, savoir le régime locatif de l'habitat ancien, en l'occurrence des immeubles construits avant le 1er septembre 1947. Codifiant une pléthore de textes antérieurs, l'ordonnance-loi n° 669 du 17 septembre 1959 est venue strictement limiter le montant des loyers au moyen du système dit de la surface corrigée et contraindre les propriétaires à louer leurs biens à des personnes classées en fonction de rangs de priorité – les Monégasques et les étrangers ayant des attaches anciennes à Monaco (1) – en rendant difficile aux bailleurs la récupération de leurs locaux (droits dits de reprise ou de rétention). Le niveau des restrictions au droit de propriété dans ce parc immobilier, lesquelles ne sont pas sans rappeler celles de la loi française du 1er septembre 1948 ayant le même objet, était alors justifié par le caractère provisoire de cette législation, l'objectif alors publiquement annoncé étant, à terme, le retour progressif à la liberté des conventions (2).

Le régime s'assouplit ainsi progressivement avec notamment la liberté de fixation des loyers pour les immeubles anciens de meilleur standing (3) mais le cœur du système demeurait et sa constitutionnalité, au regard du droit de propriété, était reconnue à plusieurs reprises par le Tribunal suprême, lequel jugeait, à l'aune du principe de proportionnalité, que ce droit constitutionnel devait être concilié « *avec les autres règles et principes de valeur constitutionnelle applicables dans l'État monégasque* » parmi lesquelles les « *exigences résultant des caractères géographiques particuliers du territoire de l'État* » (4).

À la demande de la majorité issue des élections au Conseil national de 2003, fut votée, pour des raisons tenant à la volonté de stabilisation d'une population enracinée à Monaco, la loi n° 1.291 du 21 décembre 2004 modifiant la loi n° 1.235 du 28 décembre 2000. En vertu de ce texte, le propriétaire se retrouvait à nouveau contraint de louer sans possibilité de laisser son local vacant et dépourvu de la faculté tant de contracter avec un locataire de son choix, les prioritaires étant imposés, que de fixer librement la durée du bail, toujours arrêtée par la loi à six ans reconductibles de plein droit, ou le montant des loyers également plafonné par la loi. La loi de 2004 supprimait enfin toute perspective d'évolution vers un retour à la liberté des conventions, laquelle demeure la règle pour les locations consenties dans les immeubles édifiés postérieurement à 1947 (secteur

(1) Communément appelés « *enfants du pays* ».

(2) Cf. l'allocution de feu le Prince Rainier III du 31 décembre 1959 et la conférence de presse du 26 mai 1960 de M. É. Pelletier, Ministre d'État (extraits cités in *Les lois à Monaco*, mai-juin 1961, nos 5 et 6, p. 23).

(3) Cf. notamment les lois nos 887 et 888 du 25 juin 1970.

(4) Tribunal suprême, 20 juin 1989, *Assoc. des propriétaires de Monaco* ; 1er févr. 1994, *Assoc. des propriétaires de Monaco*, note Vedel (et la critique du caractère « *énigmatique* » de ce motif de la décision tout comme de la nature de règle ou de principe à valeur constitutionnelle attribuée à ces « *exigences* » : *Rec.*, p. 6).

libre) dans le respect du Code civil. Le Tribunal suprême, saisi de plusieurs recours fondés en particulier sur la méconnaissance du principe de proportionnalité (1) et la rupture d'égalité entre propriétaires, jugea néanmoins le dispositif constitutionnel (2).

93. Une dernière pierre à cet édifice controversé a été apportée par la loi n° 1.377 du 18 mai 2011 dont l'objectif, pour le Gouvernement, à l'origine de ce texte, visait explicitement à éclaircir des zones d'ombre ou à aplanir des difficultés techniques d'application. Fortement amendé en faveur des locataires, par le Conseil national, le Tribunal suprême, saisi en annulation par plusieurs requérants, a, par décision du 16 avril 2012 (3), censuré tout ou partie de certaines dispositions et émis une réserve d'interprétation (4), estimant notamment que celles-ci « *portent à l'exercice du droit de propriété une atteinte excédant celle qui peut lui être apportée au regard des règles et principes constitutionnels applicables dans l'État monégasque* ».

On retiendra de ce dernier état de la jurisprudence que le haut tribunal, appliquant la méthode décrite par le doyen G. Vedel dans un magistral commentaire d'une décision rendue au sujet du secteur protégé le 1er février 1994, a pratiqué une « *pesée* » entre des exigences antagonistes, considérant *in fine* que la mesure de proportionnalité des « *sacrifices* » admissibles de la part des titulaires du droit de propriété avait été dépassée. En d'autres termes, et pour reprendre la métaphore vedelienne, les dernières dispositions législatives annulées ont constitué la « *fameuse goutte d'eau* » qui a fait « *déborder le vase* » (5).

94. Cela étant, le Tribunal suprême a, en 1967, dans de toutes autres circonstances, « pesé » différemment, jugeant alors qu'une loi ayant assuré à l'État une participation dans la Société des Bains de Mer, entreprise privée gérant les casinos et nombre d'établissements hôteliers monégasques de haute qualité, était conforme à la Constitution car inspirée par des « *motifs légitimes présentant un caractère d'intérêt général* » dès lors que cette société « *est un élément essentiel à la Principauté en raison des missions qu'elle a reçues et qui sont indispensables à la vie de la Principauté* » (6).

95. Ceci nous conduit naturellement vers les droits économiques et sociaux que la Constitution de 1962, se distinguant ainsi de celle de 1911, consacre. Tel est le cas de la liberté d'association (art. 30), du droit d'action syndicale (art. 28), de la liberté du travail (art. 25) et du droit de grève (art. 28).

96. Depuis la modification constitutionnelle d'avril 2002, la liberté d'association n'est plus exclusivement réservée aux Monégasques, ce afin d'assurer sa conformité avec les articles 11 et 14 de la Convention européenne des droits de l'homme. Ainsi a été adoptée la loi n° 1.355 du 23 décembre 2008 concernant les associations et les fédérations d'associations, laquelle a étendu, y compris aux associations constituées entre étrangers, un régime déclaratif comparable à celui de la célèbre loi française de 1901 jusque-là réservé aux seuls nationaux.

97. Le droit d'action syndicale est quant à lui expressément consacré à Monaco par divers textes édictés dès le lendemain de la seconde guerre mondiale et ultérieurement. Ces textes permettent la création de syndicats et garantissent l'exercice du droit syndical dans l'entreprise (7). Il en est de même pour les fonctionnaires (8) et pour les magistrats (9). La loi régit également la création d'organisations patronales (10).

98. Quelques développements particuliers s'imposent par ailleurs au sujet de la liberté du travail et du droit de grève, respectivement affirmés par les articles 25 et 28 de la Constitution qui prévoient une loi d'application en la matière. Ce texte, la loi n° 1.025 du 1er juillet 1980, qui n'est pas applicable aux fonctionnaires et agents publics, prévoit notamment les conditions de la légalité de la grève :

- la grève doit avoir pour objet exclusif la défense des intérêts professionnels des salariés qui y ont recours ;
- elle doit trouver son motif dans les rapports sociaux internes de la Principauté ;

---

(1) *Idem.*

(2) Tribunal suprême, 16 janv. 2006, *Dame M. Romiti, Vve Bellone et autres*, chron. P. Gaia : *RFD const.* avr. 2008, n° 74, p. 391 et s.

(3) Tribunal suprême, 16 avr. 2012, *M. A. Fabre et assoc. des propriétaires de Monaco*.

(4) Concernant en l'occurrence l'article 14 de la loi, en ce sens que le droit au relogement du locataire évincé consécutivement à l'exercice du droit de reprise doit être limité à la durée du bail restant à courir.

(5) Cf. G. Vedel, note sous Tribunal suprême, 1er févr. 1994, *Assoc. des propriétaires de Monaco, préc. : Rec.*, p. 6.

(6) Tribunal suprême, 6 mars 1967, *Sieur d'Estienne d'Orves* ; *Sieur Rieber* ; *Sieur Onassis* ; *Sté Condor Financiera Panama*, note Weil.

(7) Ordonnance-loi n° 399 du 6 octobre 1944 autorisant la création de syndicats professionnels ; Ordonnance Souveraine n° 2.942 du 4 décembre 1944 portant règlement de la formation et du fonctionnement des syndicats ; loi n° 417 du 7 juin 1945 sur la protection du droit syndical ; loi n° 957 du 18 juillet 1974 relative à l'exercice du droit syndical dans les entreprises.

(8) L. n° 975, 12 juill. 1975, art. 16, p. 1064.

(9) L. n° 1.364, 16 nov. 2009, art. 15, p. 948.

(10) Loi n° 403 du 28 novembre 1944.

- elle doit débuter et se terminer le même jour et à la même heure pour tous les salariés qui y participent ;
- elle doit être faite hors de l'établissement.

La loi assure, en contrepartie, la liberté du travail des salariés qui ne veulent pas prendre part au mouvement de grève. Elle fixe également des obligations de service minimum, pour les salariés grévistes d'entreprises privées assurant des missions d'intérêt général (distribution d'eau potable et d'énergie électrique, assainissement, transport public, radio-télévision). Des sanctions pénales sont prévues pour les faits d'entrave soit au droit de grève, soit à la liberté du travail. Il est à noter que le Tribunal suprême, saisi par l'union des syndicats de Monaco, a, par décision du 8 juillet 1981, annulé plusieurs articles de cette loi.

99. Au titre des droits économiques et sociaux, doit enfin être signalé le dispositif institué par la loi n° 1.357 du 19 février 2009 définissant le contrat « *habitation-capitalisation* » dans le secteur domanial. Celle-ci organise une nouvelle relation contractuelle entre l'État et les locataires de ses appartements relevant de son domaine privé dans le but de permettre aux Monégasques d'acquérir un droit d'habitation transmissible à leur descendance et entrant dans leur patrimoine (1).

Le législateur a ainsi créé le contrat « *habitation-capitalisation* », convention de droit privé dont l'appellation résume quasiment à elle seule son économie générale : le souscripteur se voit reconnaître pour une longue durée (75 ans) l'attribution d'un droit personnel d'habitation d'un appartement domanial assorti d'un droit à ce que les sommes qu'il a investies en contrepartie forment un capital qui lui sera versé, ou à ses descendants, au jour où prendra fin sa relation contractuelle avec l'État, le mode de calcul et de versement du prix du contrat étant fixé par la loi.

Ce dispositif est néanmoins encadré par un certain nombre de principes directeurs tels que la préservation d'un patrimoine immobilier de l'État propre à sauvegarder un parc suffisant d'appartements sociaux disponibles à la location de droit commun ou l'interdiction de la spéculation foncière.

100. Mais nous voilà ainsi aux confins de ces droits de « *nouvelles générations* » propres aux « *évolutions sociétales* » de notre temps (2).

101. À ce titre, s'agissant des menaces susceptibles de résulter des nouvelles technologies, il peut être noté que la Principauté est dotée d'une législation assurant le respect de la vie privée au regard du traitement de données nominatives, notamment par des moyens informatiques. Tel est l'objet de la loi n° 1.165 du 23 décembre 1993, modifiée notamment par la loi n° 1.353 du 4 décembre 2008, qui contraint les personnes et entreprises privées comme les administrations publiques à déclarer leurs traitements à une autorité administrative indépendante, la Commission de contrôle des informations nominatives (cf. *supra* n° 36). En outre, cette loi, dans le respect des impératifs de sécurité publique, accorde aux intéressés divers droits dont ceux :

- de s'opposer à ce que des informations les concernant figurent dans un traitement ;
- d'accéder aux informations les concernant ;
- d'obtenir la correction ou la suppression de ces informations.

Les infractions à cette loi sont également punies d'amendes et/ou d'emprisonnement.

Le Tribunal Suprême a toutefois considéré que les pouvoirs de contrôle et de visite des locaux professionnels conférés à la C.C.I.N. par la loi n° 1.165 ne s'exercent pas dans des conditions garantissant le respect du principe constitutionnel de l'inviolabilité du domicile (3), ce qui devrait rapidement conduire à une modification législative propre à assurer un équilibre entre les divers droits fondamentaux en cause.

102. Mais loin de ne constituer que des menaces, ces nouvelles technologies peuvent être également mises au service du sujet de droit comme, par exemple, dans le cadre de l'administration électronique dont les règles sont fixées par l'Ordonnance Souveraine n° 3.413 du 29 août 2011 portant diverses mesures relatives à la relation entre l'Administration et l'administré.

Celle-ci permet désormais à l'usager, qu'il soit personne physique ou personne morale, de s'informer, d'être orienté et de réaliser des démarches administratives au moyen de services de communication électronique. Elle donne également aux autorités administratives la possibilité de s'adresser à l'usager au moyen des mêmes services. Elle consacre en outre le principe de la signature électronique des actes administratifs et instaure un référentiel général de sécurité destiné à définir les fonctions d'identification, de signature, de confidentialité et d'horodatage des téléservices, ce expressément afin « *de garantir à l'usager un niveau de protection adéquat des données* ».

(1) D'aucuns évoquent un « *droit de propriété aménagé* ».

(2) Cf. H. Oberdorff, *op. cit.*

(3) Tribunal Suprême, 25 oct. 2013 : *Monaco Télécom c/ C.C.I.N., op. cit., Monaco Télécom c/ C.C.I.N., op. cit.* ; *Sieur Dario Cassano c/ C.C.I.N.*

103. L'ensemble des dispositions de cette ordonnance (1) peut, du reste, être regardé comme ressortissant à cette « *nouvelle génération* » de droits.

En effet, en sus de l'administration électronique, elle traite notamment de l'accès aux documents administratifs et des archives publiques ainsi que d'obligations déontologiques des fonctionnaires en lien avec les standards internationaux anti-corruption. Se rattache également à la matière la loi n° 1.312 du 29 juin 2006 relative à la motivation des actes administratifs, laquelle se situe dans le sillage de la loi française n° 79-587 du 11 juillet 1979 et à d'autres législations européennes de finalité similaire (2).

104. En matière d'environnement, les droits ouverts par le droit monégasque ne sont pas véritablement nouveaux puisque la sauvegarde de la faune, de la flore et de leurs habitats a fait partie dès le début du XIXe siècle d'actions réglementaires entreprises par les Souverains successifs. Mais c'est sous l'impulsion du Prince Rainier III qu'une véritable politique de l'environnement a été mise en place. Sur le plan législatif, celle-ci s'est notamment traduite par l'adoption de la loi n° 834 du 8 décembre 1967 visant à limiter et diminuer l'intensité du bruit et à réprimer les bruits troublant la tranquillité publique, ainsi que de la loi n° 954 du 19 avril 1974 concernant la lutte contre la pollution de l'eau et de l'air. Ces textes posent des principes protecteurs d'un « *droit du citadin* » en donnant mission à l'autorité administrative de les mettre en œuvre, tant au plan réglementaire qu'au plan opérationnel, et en assortissant les transgressions de sanctions pénales.

Cette politique législative a pris une dimension nouvelle sous le règne du Prince Albert II avec le dépôt, sur le bureau du Conseil national, du projet de loi n° 860 portant Code de l'environnement (3). Ce dispositif volumineux, très largement nourri par les stipulations des différentes conventions internationales auxquelles la Principauté a adhéré en ce domaine, consacre un certain nombre de principes dont celui du pollueur-payeur (art. L. 120-5). À noter également des dispositions innovantes en matière de nuisances, en particulier de nuisances sonores et vibratoires (art. L. 452-1 à L. 452-11; art. L. 453-1 à L. 453-3).

105. À l'exception de l'article 12 du Pacte international du 16 décembre 1966 relatif aux droits économiques, sociaux et culturels (4) qui stipule que les États parties « *reconnaissent le droit qu'a toute personne de jouir du meilleur état de santé physique et mentale qu'elle soit capable d'atteindre* », l'ordonnancement juridique monégasque ne contient pas de dispositions générales consacrant expressément le droit à la santé (5). Cependant, la finalité de ce droit n'en imprègne pas moins chaque branche du droit monégasque, les textes en vigueur s'assurant, lorsque cela s'avère nécessaire, du respect de la protection de la santé. Par exemple, l'article 2 de la loi n° 1.266 du 23 décembre 2002 relative aux produits cosmétiques énonce comme principe directeur que « *les produits cosmétiques mis sur le marché ne doivent pas nuire à la santé* ».

Plus largement, en matière de bioéthique, la législation monégasque ne contient pas encore de dispositions générales en fixant distinctement les grands principes généraux. Ainsi, si le droit pénal garantit le respect du principe d'inviolabilité du corps humain en érigeant en infractions les atteintes à l'intégrité physique de la personne, aucune disposition civile équivalente à celle de l'article 16-1 du Code civil français (6) ne le consacre explicitement.

De même, aucun texte général ne prévoit, à l'instar de l'article 16-3 dudit code français, qu'un acte médical ne peut être pratiqué sur une personne sans son consentement préalable. Naturellement, cette absence de texte n'a pas empêché la reconnaissance de ce principe par la jurisprudence, ni celle de l'obligation d'information du patient (7). Le Gouvernement Princier devrait néanmoins déposer dans un proche avenir un projet de loi relative au consentement et à l'information en matière médicale.

Cela étant, certains de ces principes généraux ont très tôt été expressément affirmés dans des lois régissant des domaines particuliers, tel le don de sang, d'organes et de tissus du corps humain.

Ainsi, la loi n° 972 du 10 juin 1975 sur l'utilisation thérapeutique du sang humain, de son plasma et de leurs dérivés, aujourd'hui remplacée par la loi n° 1.263 du 23 décembre 2002 a consacré le principe du consentement préalable du donneur et celui de l'anonymat du don, sans omettre sa gratuité, évoquant ainsi

(1) Voir notamment le rapport de présentation de l'ordonnance souveraine (Annexe au *Journal de Monaco* n° 8.034 du 16 septembre 2011).

(2) Cf. également L. Anselmi, *Les relations entre l'Administration et l'administré en Principauté de Monaco, à la lumière de l'Ordonnance Souveraine n° 3.413 du 29 août 2011*, in *La diversité du droit*, Mélanges offerts à M. Jerry Sainte-Rose, Bruylant, 2012, p. 131 et s.

(3) Texte disponible sur le site du Conseil national www.conseil-national.mc.

(4) Rendu exécutoire dans la Principauté par l'Ordonnance Souveraine n° 13.330 du 12 février 1998.

(5) Sur la nature du droit à la santé, droit-créance ou droit-liberté, cf. Ch. Sauvat, *Réflexion sur le droit à la santé*, Presses universitaires d'Aix-Marseille, 2004, p. 79-81 s.

(6) « *Chacun a droit au respect de son corps. Le corps humain est inviolable. Le corps humain, ses éléments et ses produits ne peuvent faire l'objet d'un droit patrimonial.* »

(7) Pour un exemple récent, cf. Tribunal de première instance, 12 mars 2009, *Cts P. c/ CHPG, D., H., A.*

le principe de non-patrimonialité du corps humain, de ses éléments et de ses produits. Ces mêmes principes sont repris dans la loi n° 1.073 du 27 juin 1984 concernant les prélèvements susceptibles d'être effectués sur le corps humain à des fins thérapeutiques, savoir les organes et les tissus.

Plus récemment, la loi n° 1.265 du 23 décembre 2002 est venue encadrer la recherche médicale sur la personne humaine dans le respect des grands principes généraux de la bioéthique.

106. Mais ce panorama du droit interne monégasque tenant aux droits de l'homme et aux libertés fondamentales ne saurait occulter le fait que ces droits et libertés sont également, à Monaco, désormais sous la protection du droit international et européen.

b) Une protection internationale assumée

107. La Principauté a de longue date manifesté son intérêt pour le droit international des droits de l'homme en adhérant aux premiers instruments multilatéraux majeurs en la matière, savoir :

– l'Arrangement international du 18 mai 1904 en vue d'assurer une protection efficace contre le trafic criminel connu sous le nom « Traite des blanches » (adhésion le 2 juillet 1921) ;

– la Convention internationale du 4 mai 1910 sur la « Traite des blanches » (adhésion le 2 juillet 1921) ;

– la Convention du 25 septembre 1926 relative à la suppression de l'esclavage (adhésion le 12 janvier 1928) ;

– la Convention internationale du 30 septembre 1921 pour la répression de la traite des femmes et des enfants (adhésion le 18 juillet 1931) ;

– la Convention de New York du 9 décembre 1948 pour la prévention et la répression du crime de génocide (adhésion le 30 mars 1950) ;

– la Convention de Genève du 28 juillet 1951 relative au statut des réfugiés (adhésion le 18 mai 1954) ;

– la Convention internationale du 7 mars 1966 sur l'élimination de toutes les formes de discrimination raciale (adhésion le 27 septembre 1995) ;

– le Pacte international du 16 décembre 1966 relatif aux droits civils et politiques (ratification le 28 août 1997) ;

– le Pacte international du 16 décembre 1966 relatif aux droits économiques, sociaux et culturels (ratification le 28 août 1997) ;

– la Convention de New York du 18 décembre 1979 sur l'élimination de toutes les formes de discrimination à l'égard des femmes (adhésion le 18 mars 2005) ;

– la Convention de New York du 10 décembre 1984 contre la torture et autres peines ou traitements cruels, inhumains ou dégradants (adhésion le 6 décembre 1991) ;

– la Convention de New York du 20 novembre 1989 relative aux droits de l'enfant (adhésion le 21 juin 1993).

108. Globalement, l'adhésion à ce type de convention ou de traité international emporte trois types de conséquences :

– des obligations de nature administrative ou procédurale auprès des organismes qui en assurent le secrétariat ;

– la soumission à des examens sur pièces ou sur place de la part des organismes qui veillent à leur application ;

– l'opposabilité au plan interne, devant les autorités administratives et judiciaires, des stipulations conventionnelles.

109. Les premières n'appellent pas d'observation particulière. Elles comprennent notamment le versement de cotisations ou la participation à des assemblées générales ainsi qu'à des commissions, comités et autres groupes de travail.

110. Les secondes procèdent du mécanisme de suivi établi dans le cadre global du système des Nations Unies pour la promotion et la protection des droits de l'homme.

Concrètement, ce mécanisme consiste en la préparation, la remise et, la plupart du temps, en la soutenance de rapports nationaux devant des organes institués par des traités ou des conventions internationales en matière de droits de l'homme, savoir généralement des comités d'experts indépendants, qui veillent à leur bonne application par les États Parties.

Ainsi par exemple, l'article 28 du Pacte international du 16 décembre 1966 relatif aux droits civils et politiques institue-t-il un Comité des droits de l'homme (C.C.P.R.). Et l'article 40 du même Pacte de poursuivre en stipulant obligation aux États parties de présenter au Comité, par l'entremise du secrétaire général de l'Organisation des Nations Unies, des rapports sur les mesures qu'ils auront arrêtées pour donner effet aux droits qui y sont reconnus et sur « *les progrès réalisés dans la jouissance de ces droits* » (1).

(1) Ce dans un délai d'un an à compter de l'entrée en vigueur du Pacte puis des rapports complémentaires « *chaque fois que le Comité en fera la demande* ».

Tel est également le cas du Comité des droits de l'enfant qui surveille l'application, par les États parties, de la Convention relative aux droits de l'enfant (1) ainsi que la mise en œuvre des trois Protocoles facultatifs à ladite Convention, le premier concernant l'implication d'enfants dans les conflits armés (2), le deuxième la vente d'enfants, la prostitution des enfants et la pornographie mettant en scène des enfants (3), et le troisième établissant une procédure de présentation de communications (4).

Un dispositif identique figure aux articles 17 et 19 de la Convention de New York du 10 décembre 1984 contre la torture et autres peines ou traitements cruels, inhumains ou dégradants qui instituent le Comité contre la torture dont les membres appartiennent généralement aussi au Comité des droits de l'homme.

L'on peut enfin citer le cas unique de « l'Examen Périodique Universel » (E.P.U.), mis en œuvre par le Conseil des Droits de l'Homme des Nations Unies – seul organe de suivi rattaché, non pas à un traité, mais à la charte des Nations Unies elle-même – et consistant à passer en revue l'ensemble des réalisations de chaque État membre de l'O.N.U. dans le domaine des droits de l'homme.

Quels qu'en soient les domaines respectifs, ces mécanismes, auxquels la Principauté se prête régulièrement, sont emblématiques du contrôle continu auquel se soumettent les États qui adhèrent à ce type d'instruments internationaux.

111. Mais le juriste praticien est quant à lui encore plus intéressé par la projection de la norme internationale en droit interne, et plus particulièrement lorsqu'elle est invoquée par un ressortissant devant les autorités nationales de son propre État.

Comme l'indique un auteur, le droit international qui, jadis, évoluait « *entre le boudoir de l'ambassadrice et le champ de bataille* [...] *a ainsi perdu de sa solennité et de sa gravité pour devenir une affaire du quotidien, celle de l'agriculteur comme celle du citoyen* » (5). Et de fait, c'est plus particulièrement l'apanage du droit international des droits de l'homme que d'être non pas principalement le droit de la relation entre États mais un droit revendicable par les particuliers, personnes physiques ou morales.

En dépit de tentatives méritoires, comme par exemple la Convention du 17 juillet 1998 (Statut de Rome) portant statut de la Cour pénale internationale ou le protocole relatif à la Charte Africaine des droits de l'homme et des peuples portant création de la Cour Africaine des droits de l'homme (6), il n'existe pas hors d'Europe de juridiction intégrée offrant un niveau de performance comparable à la Cour européenne des droits de l'homme, nonobstant l'intérêt que peut présenter, du point de vue des droits fondamentaux de la personne, dans certaines circonstances, le recours devant la Cour internationale de Justice, saisie sur la base de la protection diplomatique garantie par la Convention de Vienne de 1963 sur les relations consulaires (7).

112. À Monaco, le Tribunal suprême, s'il n'est pas juge de la conventionnalité de la loi puisque l'article 90 de la Constitution ne lui permet, en matière constitutionnelle, de se prononcer que sur la méconnaissance éventuelle, par le législateur, de droits reconnus par le Titre III de la Constitution, considère en revanche normalement, lorsqu'il statue en matière administrative, que les actes du droit international conventionnel font partie du bloc de légalité des décisions administratives, y compris des actes réglementaires pris pour l'exécution des lois (8).

---

(1) *Monaco* a adhéré le 21 juin 1993 à la Convention des Nations unies relative aux droits de l'enfant. Ce texte est entré en vigueur à l'égard de Monaco le 21 juillet 1993.

(2) La Principauté a signé le Protocole facultatif à la Convention relative aux droits de l'enfant, concernant l'implication d'enfants dans les conflits armés, le 26 juin 2000, lequel a été ratifié le 13 novembre 2001.

(3) La Principauté a signé le Protocole facultatif à la Convention relative aux droits de l'enfant, concernant la vente d'enfants, la prostitution des enfants et la pornographie mettant en scène des enfants, le 26 juin 2000 ; ce protocole est entré en vigueur à son égard le 24 septembre 2008.

(4) La Principauté a adhéré au Protocole facultatif à la Convention relative aux droits de l'enfant établissant une procédure de présentation de communications le 24 septembre 2014.

(5) C. Le Bris, *Le droit de regard du parlement français sur la norme supranationale en formation : RDP* 2012, n° 4, p. 949.

(6) Adopté en juin 1998, cet instrument international n'est entré en vigueur que le 25 janvier 2004. Cf. Joseph Kazadi Mpiana, *La saisine du juge africain des droits de l'homme par les individus et les ONG : Revue de droit international et de droit comparé*, 2013, n° 3, p. 315 et s.

(7) Cf. Cour internationale de Justice, 30 nov. 2010, *République de Guinée c/ République Démocratique du Congo (Affaire A. Sadio Diallo)*. Cf. O. de Frouville, *« Affaire A. Sadio Diallo – République de Guinée c/ République Démocratique du Congo, exceptions préliminaires, le roman inachevé de la protection diplomatique » : AFDI* 2007, L III ; S. El Boudouhi, *« Affaire A. Sadio Diallo – République de Guinée c/ République Démocratique du Congo, La CIJ est-elle devenue une juridiction de protection des droits de l'homme ? » : AFDI* 2010, L VI, p. 278 et s. ; M. Ubéda-Saillard, *« La diversité dans l'unité : l'arrêt rendu par la Cour internationale de Justice le 30 novembre 2010 dans l'Affaire A. Sadio Diallo » : RGDI publ.* 2011, p. 897 et s.

(8) Ainsi, une loi contrevenant à une convention internationale, non directement annulable pour ce seul motif, peut voir son effectivité paralysée en raison de l'annulation des ordonnances souveraines ou des arrêtés pris pour son application.

113. C'est ainsi que le Pacte international relatif aux droits économiques, sociaux et culturels a pu, *via* le Tribunal suprême, jouer un rôle dans la « *bataille du secteur protégé* » où propriétaires et locataires sont tour à tour aux prises avec l'État (cf. *supra* n°s 92-93). Plus précisément, à l'appui de recours en annulation dirigés à l'encontre d'une loi et de son ordonnance souveraine d'application qu'elle estimait par trop limitatives à l'égard des droits de ses membres, l'Association des locataires de Monaco invoquait les dispositions de l'article 11-1 de ce Pacte qui stipule :

« *Les États parties au présent Pacte reconnaissent le droit de toute personne à un niveau de vie suffisant pour elle-même et sa famille, y compris une nourriture, un vêtement et un logement suffisants, ainsi qu'à une amélioration constante de ses conditions d'existence. Les États parties prendront des mesures appropriées pour assurer la réalisation de ce droit et ils reconnaissent à cet effet l'importance essentielle d'une coopération internationale librement consentie.* »

En réponse, le haut tribunal, statuant en matière constitutionnelle, a, conformément à l'article 90-A de la Constitution, jugé que le droit au logement reconnu par le pacte ne peut être utilement invoqué à l'encontre d'une loi. Mais statuant en matière administrative, il a en revanche décidé qu'une ordonnance souveraine prise pour l'exécution d'une loi régissant les loyers doit prendre en compte ledit droit, ce dans les termes suivants :

« *Considérant que le droit au logement reconnu par l'article 11-1 du Pacte international sur les droits économiques, sociaux et culturels susvisé doit être concilié avec le droit de propriété proclamé par l'article 24 de la Constitution ;*

Considérant que la fixation des loyers de référence servant au calcul de l'allocation différentielle de loyer n'est pas entachée d'erreur manifeste d'appréciation et n'a pas méconnu le droit au logement ; [...] » (1).

De fait, dans le cas d'espèce, le Tribunal suprême a retenu que le droit au logement n'avait pas été méconnu sans pour autant donner d'indication quant à la teneur de ce droit. Il n'empêche que le droit au logement fait désormais partie du paysage juridique monégasque. À titre de comparaison, on relèvera qu'en France, État également partie au Pacte, la reconnaissance d'un droit au logement opposable a requis l'intervention du législateur (2).

Le Tribunal suprême a réitéré sa lecture de ce pacte dans une décision récente s'agissant en l'occurrence de son article 6 qui garantit le droit au travail sans discrimination (3).

114. La situation du droit monégasque diffère, de ce point de vue, du droit français. En effet, dans un arrêt rendu en 2000 sur un recours pour excès de pouvoir dirigé contre un décret portant revalorisation du revenu minimum d'insertion (RMI), le Conseil d'État a considéré que les stipulations du même article 11-1 précité « *qui ne produisent pas d'effet direct à l'égard des particuliers, ne peuvent être utilement invoquées à l'appui de conclusions tendant à l'annulation d'une décision individuelle ou réglementaire* » (4).

On relèvera cependant, s'agissant en l'occurrence du Pacte international sur les droits civils et politiques, la précaution particulière prise par le Tribunal suprême pour donner effet aux réserves et déclarations interprétatives émises par la Principauté au moment de la ratification (5).

115. Pour ce qui est des juridictions judiciaires, la Cour de révision, qui en est la plus haute, a, dans un arrêt du 21 avril 1980, jugé que les conventions internationales priment les lois internes, mêmes postérieures (6). Cette jurisprudence, confirmée à maintes reprises par la Cour d'appel et qui a précédé l'expression de la doctrine officielle de l'État monégasque lors de son adhésion à la Convention européenne des droits de l'homme en 2006, a bien évidemment ouvert des perspectives aux plaideurs. Plus précisément, la ratification du Pacte des Nations unies sur les droits civils et politiques a, bien avant l'accession de la Principauté au Conseil de l'Europe et sa qualité consécutive de justiciable de la Cour de Strasbourg, offert des armes aux justiciables devant le juge monégasque, lequel n'a pas hésité à s'en emparer.

---

(1) Tribunal suprême, 6 nov. 2001, *Assoc. des locataires de Monaco (2 espèces)*.

(2) Loi n° 2007-290 du 5 mars 2007 instituant le droit au logement opposable et portant diverses mesures en faveur de la cohésion sociale.

(3) Tribunal suprême, 16 avr. 2012, *Sieur D. Anastasi*. Le requérant, qui déférait une décision ayant rejeté une demande d'autorisation d'exercice de la profession de conseil juridique, invoquait cette stipulation du Pacte en alléguant que ladite décision avait été prise dans un but protectionniste en faveur des « *professionnels déjà installés* ». Le tribunal a admis la recevabilité du moyen mais a considéré qu'il manquait en fait.

(4) CE, 5 mai 2000, n° 205043, *M. Gilles X*. La solution est la même pour les autres articles du Pacte dont l'article 12-1 (« *Les États parties au présent Pacte reconnaissent le droit qu'a toute personne de jouir du meilleur état de santé physique et mentale qu'elle soit capable d'atteindre* ») parfois invoqué à l'encontre de mesures de reconduite à la frontière (CE, 5 nov. 2003, n° 241505, *M. Dilbagh X.* ; 19 mars 2008, [anonyme] n° 297954).

(5) Tribunal suprême, 11 mars 2003, *Sieur P. Osuch* pour une application en matière de police des étrangers.

(6) Cour de révision, 21 avr. 1980, *Dame Maier, Vve Naneau Smith* c/ *Dame Quere, Vve Priol*.

116. À cet égard, les considérants d'un arrêt de la Cour d'appel du 30 août 2001 rendu dans une affaire pénale, méritent d'être reproduits :

« *Considérant qu'aux termes de l'Ordonnance Souveraine n° 13.330 du 12 février 1998, le pacte international relatif aux droits civils et politiques, fait à New York le 16 décembre 1966, est en vigueur à Monaco ;*

Que ce pacte, qui institue un contrôle international des normes conventionnelles relatives aux droits de l'homme, comporte en lui-même des normes directement applicables, en tant qu'elles apparaissent suffisamment précises, à la fois en leur objet et en leur forme, pour être mises en œuvre dans l'ordre juridique interne des États, sans mesures complémentaires d'exécution ;

Que les justiciables doivent être ainsi admis à invoquer utilement ces normes devant les juridictions de chaque État, à l'encontre des dispositions de leur droit interne ; que ces juridictions doivent alors se prononcer sur l'application de ces normes nécessairement tenues pour supérieures aux dispositions internes qui leur seraient contraires ;

Qu'il doit être à cet égard rappelé, en effet, qu'ainsi que l'a retenu la Cour de révision aux termes d'un arrêt rendu le 21 avril 1980, les conventions internationales priment les lois internes même postérieures des pays contractants ;

Considérant que le pacte international de New York du 16 décembre 1966, stipule, en son article 14, § 5, que « toute personne déclarée coupable d'une infraction a le droit de faire examiner par une juridiction supérieure la déclaration de culpabilité et la condamnation, conformément à la loi », tandis que par déclaration annexée audit pacte le Gouvernement Princier a indiqué qu'il convenait d'interpréter ce texte comme posant un principe général auquel la loi peut apporter des exceptions limitées ;

Qu'il s'ensuit que ce principe d'application directe en droit monégasque ne peut être restreint que par une disposition légale. »

En l'espèce, la cour en a déduit qu'un prévenu, contre qui a été décerné un mandat d'arrêt, peut charger son conseil d'interjeter appel en ses lieu et place (1).

Un autre considérant figurant dans un arrêt de 2003 mérite également d'être cité, s'agissant en l'occurrence de l'encadrement de la détention préventive :

« *Considérant, par ailleurs, qu'aux termes de l'article 9, § 1 du Pacte international relatif aux droits civils et politiques du 16 décembre 1966, exécutoire à Monaco selon Ordonnance Souveraine n° 13330 du 12 février 1998, nul ne peut être privé de sa liberté si ce n'est pour des motifs et conformément à la procédure prévue par la loi ;*

Qu'ainsi, et s'agissant de la détention avant jugement, celle-ci doit être non la règle mais l'exception, comme l'a retenu le Comité des droits de l'homme institué par les articles 28 et suivants du Pacte international précité (aff. 526/1993) ; » (2).

117. Ultérieurement, la cour a sur la même base reconnu :

- le droit de toute personne accusée d'une infraction pénale de se faire représenter au procès par son conseil, sauf cas particulier où la présence effective de la personne poursuivie est nécessaire au respect du contradictoire, notamment lorsqu'une confrontation doit être envisagée (3) ;
- le droit de l'inculpé, au nom du principe d'égalité entre les parties tel qu'il s'évince de l'article 14, § 1 du Pacte (4), de disposer, au regard de la régularité des actes d'instruction, de droits identiques à ceux du juge d'instruction ou du procureur général (5) ;
- le droit de l'étranger sous écrou extraditionnel à Monaco, demandé par un autre État en exécution d'une convention d'extradition, de bénéficier des dispositions de l'article 14, § 1 du Pacte, lesquelles sont regardées comme posant un principe général et d'ordre public, inhérent au respect des droits de la défense et s'imposant en la matière, bien que non spécialement inscrit dans la loi n° 1.222 du 28 décembre 1999 sur l'extradition (6) ;

(1) Ce qu'elle déduisait auparavant des « *principes généraux du Code de procédure pénale* » (Cour d'appel, 30 août 2001, *C. Süss et F. Hohenberger c/ Ministère public*).

(2) Cour d'appel, 22 août 2003, *Ministère public c/ F. K.*

(3) Cour d'appel, 30 août 2001, *S. H. c/ Ministère public.*

(4) « *Tous sont égaux devant les tribunaux et les cours de justice. Toute personne a droit à ce que sa cause soit entendue équitablement et publiquement par un tribunal compétent, indépendant et impartial, établi par la loi, qui décidera soit du bien-fondé de toute accusation en matière pénale dirigée contre elle, soit des contestations sur ses droits et obligations de caractère civil.* »

(5) Cour d'appel (chambre du conseil), 17 mai 2004, *W. Hobbs Fogwell* ; 14 déc. 2005, *T.D. c/ T.P. et L.* ; 29 juin 2007, *P. N. et SCI T.* en présence du Ministère public.

(6) Cour d'appel, 27 mai 2005, *G. G. M.* en présence du Ministère public.

– les principes de prévisibilité et de précision de la loi pénale en se fondant sur les interprétations du Comité des droits de l'homme (1).

118. De fait, avant la ratification, par la Principauté, de la Convention européenne des droits de l'homme, le Pacte international sur les droits civils et politiques a joué, en matière pénale tout particulièrement, un rôle comparable à cette convention, le juge ayant même pris la précaution, à compter de sa signature et même après sa ratification, de relever expressément la convergence entre les deux textes (2).

Mais depuis l'adhésion de la Principauté au Conseil de l'Europe, le justiciable monégasque dispose dorénavant de nouveaux instruments pour assurer le respect de ses droits fondamentaux puisque parmi lesquels, ce n'est pas le moindre, le prétoire de la Cour européenne des droits de l'homme.

119. La Principauté de Monaco est devenue membre du Conseil de l'Europe le 5 octobre 2004 (3).

120. Depuis son adhésion, Monaco a signé et ratifié quarante-cinq traités ou conventions du Conseil de l'Europe. Parmi ces instruments, peuvent notamment être cités :

– la Convention européenne des droits de l'homme et dix de ses protocoles dont ceux consacrant l'abolition de la peine de mort en toute circonstance et ceux ayant validé les nouvelles procédures conséquemment à la Conférence d'Interlaken sur l'avenir de la Cour de Strasbourg, de même que l'Accord européen concernant les personnes participant aux procédures devant la Cour européenne des droits de l'homme ;

– la Convention européenne d'extradition (cf. *supra* n° 82) ;

– la Convention européenne pour la prévention de la torture et des peines ou traitements inhumains ou dégradants ;

– la Convention pour la protection des personnes à l'égard du traitement automatisé des données à caractère personnel et son protocole concernant les flux transfrontière de données ;

– la Convention sur la protection des enfants contre l'exploitation et les abus sexuels ;

– la Convention sur la prévention et la lutte contre la violence à l'égard des femmes et la violence domestique.

121. Parallèlement, il est à noter que les organes du Conseil de l'Europe sont aussi producteurs de « *soft law* » à l'intention des États membres sous la forme de recommandations ou de « *guides* » par exemple, ou encore au travers de préconisations émises par différents comités ou structures de travail *ad hoc*. Parmi ces derniers, figurent, entre autres, des entités chargées de fonctions d'observation, en particulier dans le cadre soit de la procédure dite de suivi de l'adhésion des États membres mise en œuvre par l'Assemblée parlementaire (4), soit de conventions particulières comme la Convention européenne pour la prévention de la torture susmentionnée qui, à l'instar de l'instrument équivalent des Nations unies (cf. *supra* n° 107), a, en son article premier, institué un Comité qui, au moyen de visites dans les divers États parties, « *examine le traitement des personnes privées de liberté en vue de renforcer, le cas échéant, leur protection contre la torture et les peines ou traitements inhumains ou dégradants* ».

122. Le Comité européen pour la Prévention de la Torture (CPT) a effectué une visite en Principauté du 28 au 31 mars 2006 et a rendu un rapport globalement favorable à la Principauté (5).

Il a en outre émis diverses recommandations ayant trait à l'introduction de dispositions complémentaires dans la législation ou la réglementation monégasque dont nombre ont été prises en compte dans le cadre de l'Ordonnance Souveraine n° 3.782 du 16 mai 2012 portant organisation de l'administration pénitentiaire et de la

(1) Cour d'appel, 6 mars 2006, *J. c/ Ministère public*.

(2) Cour d'appel, 27 mai 2005, 14 déc. 2005, préc.

(3) Créé le 5 mai 1949 par dix États fondateurs, le Conseil de l'Europe a pour objectif de favoriser en Europe la promotion de l'État de droit, de la démocratie et des droits de l'homme. Le Conseil de l'Europe, dont le siège est à Strasbourg, regroupe aujourd'hui, avec ses quarante-sept États membres, la quasi-totalité du continent européen, y compris la Turquie. Il diffère en cela notamment de l'Union européenne alors même qu'il n'a pas vocation à l'érection d'un espace économique et budgétaire – voire politique – intégré. L'une de ses principales actions est d'être un creuset où se forgent des conventions multilatérales dont la plus emblématique, la Convention européenne des droits de l'homme. Ce *corpus* conventionnel constitue « *les fondations d'une Europe sans clivage* » unie autour de principes et d'idéaux communs qui mettent l'homme au centre des préoccupation des États. Sur le plan institutionnel, le Conseil de l'Europe comprend trois grands organes qui reflètent, au plan de l'organisation, le principe de la séparation des pouvoirs : le Comité des ministres, l'Assemblée parlementaire et la Cour européenne des droits de l'homme. Cette dernière, dans laquelle chaque État membre dispose d'un juge, est plus particulièrement chargée de veiller à l'application de la Convention précitée.

(4) Cf. J. Malenowsky, *Suivi des engagements des États membres du Conseil de l'Europe par son assemblée parlementaire : une course difficile entre droit et politique : AFDI* 1997, p. 633 et s.

(5) Ce rapport énonce en son paragraphe 9 : « *Lors de sa visite, la délégation du CPT n'a entendu aucune allégation de torture ou de mauvais traitements physiques graves de la part de personnes qui ont été récemment détenues par la police et n'a recueilli aucun autre indice en ce sens. Les informations récoltées auprès d'autres sources – notamment auprès de magistrats, d'avocats, et de membres du corps médical – viennent confirmer, s'il en était besoin, cette impression positive de la délégation* » (http ://www.cpt.coe.int/documents/mco/2007-20-inf-fra.htm).

détention. Tel est, par exemple, le cas des visites effectuées par les proches des détenus. Ainsi, avant l'adoption de ce texte, celles-ci avaient lieu dans des parloirs vitrés. Le CPT ayant estimé que « les visites "à table" devraient être la règle, et les visites avec dispositif de séparation, l'exception » (1), l'article 83 de l'ordonnance souveraine précitée énonce désormais : « *Les visites des personnes détenues s'effectuent dans un parloir sans dispositif de séparation. Ces visites se déroulent sous le contrôle d'un membre du personnel de surveillance.* »

D'autres recommandations, qui tiennent essentiellement aux droits des personnes faisant l'objet de procédures conduisant à leur arrestation par les forces de police (droit d'informer un proche ou un tiers, droit à l'accès à un avocat, droit à l'accès à un médecin) (2), trouvent par ailleurs écho dans diverses dispositions de la loi n° 1.399 du 25 juin 2013 portant réforme du Code de procédure pénale en matière de garde à vue (3) et intègrent pour l'essentiel les « *standards* » résultant de la jurisprudence de la Cour de Strasbourg. Il pourrait de surcroît être donné suite à l'invitation du CPT en vue de l'incrimination du crime de torture dans le Code pénal monégasque.

123. Toujours au titre des suites données à des éléments de « *soft law* », doit être citée la loi n° 1.382 du 20 juillet 2011 relative à la prévention et à la répression des violences particulières. Ce texte affiche son ambition dès son article premier qui énonce :

« *La présente loi a pour objet la prévention et la répression de violences nécessitant ou justifiant des modes de répression ou de réparation spécifiques ou bien des sanctions aggravées ou adaptées, ce à raison de la vulnérabilité particulière des personnes qui en sont les victimes ou des situations dans lesquelles lesdites violences sont perpétrées.*

Il en est notamment ainsi de toute forme de violence ou de menaces de violence, physique, psychologique, sexuelle ou économique exercée par des personnes partageant ou ayant partagé une communauté de toit avec la victime. »

Pour bâtir ce texte, définir son champ d'application et arrêter la teneur de ses dispositions, le Gouvernement, saisi d'une proposition de loi qui abordait partiellement la matière (4), a entendu se référer expressément aux travaux du Comité *ad hoc* pour prévenir et combattre la violence à l'égard des femmes et la violence domestique (CAHVIO) (5) de même qu'à la Recommandation (2002) 5 du Comité des ministres sur la protection des femmes contre la violence (6).

Ainsi, les faits ciblés par le projet, qui modifie à cette fin les Codes pénal, civil et de procédure pénale, tiennent aux violences domestiques – entendues comme celles perpétrées entre conjoints ou entre personnes vivant ensemble sous le même toit ou y ayant vécu durablement – y compris le viol conjugal, aux « *crimes d'honneur* » (7) ; aux mutilations sexuelles féminines ainsi qu'aux mariages forcés.

Le texte s'attache également à la protection des victimes en prévoyant notamment la possibilité, pour le juge, d'enjoindre à l'auteur de violences l'interdiction, pour une durée déterminée, d'entrer, par quelque moyen que ce soit, y compris les communications électroniques, en relation avec les victimes (8).

Il est à noter qu'à cette fin, le président du Tribunal de première instance, s'il peut être saisi par le procureur général, peut également l'être par la victime ou, avec son accord, par une association ayant statutairement vocation à la défendre. Du reste sur un plan plus général, le texte a introduit avec la création de l'article 2-1 du Code de procédure pénale, une innovation notable dans le droit monégasque : la possibilité pour une association régulièrement déclarée et dont l'objet statutaire le permet, de se substituer à la victime pour l'exercice de ses droits. Cette disposition répond au paragraphe 38 de la recommandation (2002) 5, précitée, qui incite les États membres « *à assurer la possibilité d'ester en justice à toutes les victimes de violences ainsi que, le cas échéant, aux organisations publiques ou privées de défense des victimes, dotées de la personnalité juridique, soit conjointement, soit à leur place* ».

---

(1) *Op. cit.*, § 52.

(2) *Op. cit.*, § 18 à 26.

(3) La loi n° 1.399 du 25 juin 2013 portant réforme du Code de procédure pénale en matière de garde à vue fait présentement l'objet d'un recours pendant devant le Tribunal suprême.

(4) Proposition de loi n° 190 et relative à la lutte contre les violences domestiques.

(5) Travaillant sous l'égide de la Direction générale des droits de l'homme et des affaires juridiques du Conseil de l'Europe, ce comité a rendu un premier rapport, le 27 mai 2009, consacré à la détermination d'éléments pour le contenu de futurs instruments internationaux destinés à servir de référence aux législations internes des États. http ://www.coe.int/t/dghl/standardsetting/violence/CAHVIO%20 2009 31 %20FR.pdf.

(6) Cf. Annexe du *Journal de Monaco* du 12 décembre 2008, n° 7.890, 684e Séance, Séance publique du lundi 28 avril 2008, p. 4281 à 4304.

(7) Les crimes dits d'honneur sont également l'objet d'une politique active de lutte de la part de l'Assemblée générale des Nations unies qui a adopté, le 31 janvier 2001, une résolution 55/66 intitulée « *Mesures à prendre en vue d'éliminer les crimes d'honneur commis contre les femmes* », ces crimes ayant également été mis en cause dans un rapport de l'ONU publié le 20 juillet 2009.

(8) C. civ., art. 24-1, p. 150.

La loi du 20 juillet 2011 égrène enfin des dispositions procédurales spécifiques aux mineurs et aux majeurs incapables et insère, à cette fin, au sein d'un nouveau titre VIII du Livre premier du Code de procédure pénale, un train de mesures novatrices comme, par exemple, l'assistance obligatoire de la victime par un avocat lors de son audition par le juge d'instruction. Dans ce rôle plutôt inhabituel dès lors que le défenseur assiste généralement l'inculpé ou le prévenu, l'avocat est appelé à exercer une mission de conseil et de protection à l'égard de justiciables qui, plus que d'autres, en ont particulièrement besoin en raison de leur vulnérabilité (1).

124. Forte des dispositions de cette loi, la Principauté a tout récemment ratifié la Convention du Conseil de l'Europe sur la prévention et la lutte contre la violence à l'égard des femmes et la violence domestique (2), elle-même inspirée des travaux du CAHVIO.

125. Il importe également mettre en lumière la très récente ratification de la Convention du Conseil de l'Europe dite « *de Lanzarote* sur la protection des enfants contre l'exploitation et les abus sexuels ». À ce jour, ce texte figure parmi les instruments répertoriés par le Conseil de l'Europe comme « *conventions clés* », ou « *emblématiques* », savoir appartenant à un des domaines au cœur des valeurs de l'Organisation ou considérés comme importants par ses instances supérieures.

La Principauté a très tôt manifesté son intérêt pour cette Convention, puisque ses travaux préparatoires avaient déjà pu constituer une source d'inspiration féconde pour l'élaboration de la loi n° 1.344 du 26 décembre 2007 relative au renforcement de la répression des crimes et délits contre l'enfant (3).

Autre convention importante : la Convention pour la protection des personnes à l'égard du traitement automatisé des données à caractère personnel, souvent dénommée « *Convention 108* » (4).

L'adhésion à cette convention entraîne pour les États l'obligation de prendre les mesures nécessaires en droit interne pour en appliquer les principes afin d'assurer, sur leur territoire, le respect des droits fondamentaux de la personne humaine au regard de l'application de la protection des données.

Devant l'évolution constante de la matière, il a été nécessaire de renforcer la protection des données personnelles et de la vie privée en complétant la Convention par un Protocole additionnel, ouvert à la signature le 8 novembre 2001.

Ledit protocole impose aux États signataires, d'une part, la mise en place d'autorités de contrôle chargées d'assurer, en toute indépendance, le respect des lois et règlements ayant trait à la protection des informations nominatives et, d'autre part, avec l'accroissement des échanges de données personnelles à travers les frontières nationales, la nécessité d'assurer notamment la protection effective du droit à la vie privée par rapport à de tels échanges, en n'autorisant le transfert des données que vers des États ou organisations internationales qui présentent un niveau de protection adéquat.

126. Monaco, qui disposait d'ores et déjà d'une législation en la matière, avec la loi n° 1.165 du 23 décembre 1993 relative à la protection des informations nominatives (cf. *supra* n° 59), a ratifié la Convention 108 ainsi que son protocole additionnel le 24 décembre 2008 (5).

---

(1) CPP, art. 268-2, p. 565.

(2) STCE n° 210.

(3) Cf. F. Pardo, *L'enfant, le temps et l'espace de la procédure pénale – Contribution de la Loi n° 1.344 du 26 décembre 2007 relative à la protection pénale de l'intérêt supérieur de l'enfant : Revue de Droit Monégasque* 2008, n° 10, pp. 67-77.

(4) STCE n° 108. Ouverte à la signature des États le 28 janvier 1981, elle fut le premier instrument juridique international contraignant dans le domaine de la protection des données. Elle a pour objet, d'une part, de protéger les personnes contre l'usage abusif qui peut être fait des traitements automatisés des données à caractère personnel et, d'autre part, de réglementer les flux transfrontaliers de ces mêmes données. S'agissant, en premier lieu, de la protection des personnes, elle interdit le traitement des données dites sensibles, savoir notamment celles relatives à l'origine raciale, aux opinions politiques, à la santé, à la religion, à la vie sexuelle et aux condamnations pénales en l'absence de garanties offertes par le droit interne des États. Pour être complet, la Convention garantit également le droit des personnes concernées par les traitements, de connaître les informations stockées à leur sujet et d'exiger, le cas échéant, leur rectification ou retrait. Une seule restriction à ce droit est admise lorsque les intérêts majeurs de l'État, notamment la sécurité publique et la défense, sont en jeu. Concernant en second lieu la réglementation des flux transfrontaliers, la Convention impose des restrictions à la libre circulation des données dans des États où n'existe aucune protection équivalente.

(5) Il est à noter qu'un processus de modernisation de la Convention a donc débuté au printemps 2011, avec la mise en place de consultations publiques ainsi que des discussions menées lors des réunions du comité consultatif de la Convention 108 en 2011 et 2012. Ce processus poursuit deux objectifs majeurs savoir, d'une part, tenir compte des atteintes à la vie privée rendues possibles par les nouvelles technologies de l'information et de la communication (NTIC) et, d'autre part, renforcer le mécanisme de suivi de la Convention, tout en maintenant une neutralité technique et une approche généraliste. Parallèlement, un règlement européen est en cours d'élaboration pour remplacer la directive 95/46 à des fins comparables.

Cette ratification a entraîné la modification du droit interne de la Principauté avec l'adoption de la loi n° 3.353 du 4 décembre 2008, modifiant la loi du 23 décembre 1993 précitée et érigeant, tel que recommandé par la Convention, la Commission de Contrôle des Informations Nominatives en véritable autorité administrative indépendante, conformément à la doctrine constitutionnelle susmentionnée (cf. *supra* n° 7).

Cette commission veille donc, à Monaco, au respect des libertés et droits fondamentaux des personnes dans le domaine de l'utilisation de leurs données personnelles et coopère avec l'ensemble des autorités de contrôle de la protection des données des autres États, parties à la Convention.

127. Il importe de souligner que la Directive 95/46/CE du Parlement européen et du Conseil du 24 octobre 1995 relative à la protection des personnes physiques à l'égard du traitement des données à caractère personnel et à la libre circulation de ces données prohibe en principe les transferts d'informations nominatives vers des pays non membres de l'Union européenne.

La Principauté n'étant pas membre de la Communauté européenne, un responsable de traitement ne peut transférer des données personnelles vers la Principauté et inversement que si celle-ci, aux termes de la combinaison des articles 12 de la Convention précitée, 2 du protocole additionnel et 25 de la Directive 95/46/CE précitée, assure un niveau de protection adéquat ou suffisant de la vie privée et des libertés et droits fondamentaux des personnes à l'égard du traitement dont ces données font l'objet ou peuvent faire l'objet.

128. L'existence dans le droit positif monégasque d'une législation moderne et respectueuse des droits de la personne en matière de recueil et de traitement d'informations nominatives a permis à Monaco de pouvoir prétendre obtenir, en tant qu'État tiers à l'Union européenne, la reconnaissance du niveau de protection adéquat en ce qui concerne le transfert de flux transfrontaliers. Les démarches ont été entamées dès 2008 auprès du groupe de travail « *Article 29* », institué par l'article 29 de la Directive 95/46/CE. À la suite de l'avis favorable rendu par ce groupe le 19 juillet 2012 (1), il appartient maintenant à la Commission européenne, qui elle seule a le pouvoir de reconnaître, dans l'espace communautaire, qu'un pays accorde une protection adéquate ou suffisante, de rendre officiellement une « *décision d'adéquation* » de la Principauté.

129. Pour le reste et comme indiqué ci-avant, l'adhésion de la Principauté au Conseil de l'Europe s'est accompagnée de la signature de la Convention européenne des droits de l'homme et des libertés fondamentales.

Celle-ci institue un dispositif intégré original de protection de droits et de libertés garantis par cette convention ainsi que par ses protocoles additionnels. Parmi ceux-ci peuvent être cités :

- le droit à la vie (lequel entraîne l'abolition de la peine de mort) ;
- la protection contre l'esclavage, la servitude ou le travail forcé ;
- le droit à la liberté et à la sûreté ;
- le droit à un procès équitable ;
- la légalité des crimes, des délits et des peines ;
- le droit au respect de la vie privée et familiale ;
- la liberté de pensée, de conscience et de religion ;
- la liberté d'expression et d'opinion ;
- la liberté de réunion pacifique et d'association ainsi que la liberté syndicale ;
- le droit de se marier et de fonder une famille (2).

La Convention européenne des droits de l'homme ayant été rendue exécutoire à Monaco par l'Ordonnance Souveraine n° 408 du 15 février 2006, elle est donc désormais invocable devant les juridictions monégasques, le Tribunal suprême comme tous les autres cours et tribunaux. Les juridictions nationales des États membres du Conseil de l'Europe sont en effet les juges appelés à appliquer au premier chef les stipulations de la convention dans le contentieux interne ; et ce n'est qu'à titre subsidiaire que la Cour européenne des droits de l'homme peut être saisie. Si le recours est recevable, elle se prononce sur le respect des stipulations conventionnelles au regard du cas d'espèce qui lui est soumis par le demandeur, ce qui peut induire la mise en cause de dispositions du droit interne de l'État défendeur.

130. Devant le Tribunal suprême, la Convention européenne des droits de l'homme, et notamment les stipulations de ses protocoles n° 4 relatif à la liberté de circulation et n° 7 relatif aux garanties en cas d'expulsion d'étrangers sont tout d'abord invoqués à l'appui de recours pour excès de pouvoir à l'encontre de mesures d'éloignement du territoire : refoulement, refus d'abrogation de mesures de refoulement, abrogation de titres de séjour (cf. *supra* n°s 73 et s.). Aucun de ces moyens n'a cependant abouti, pour le moment, à une annulation (3).

(1) Avis n° 01446/12/EN WP 198.
(2) Cf. J.-F. Renucci, *Traité de droit européen des droits de l'homme, op. cit.*, n°s 65 et s.
(3) Tribunal suprême, 29 nov. 2010, *Sieur I. Traber* ; 17 juin 2011, *Sieur T. Meganck* ; *Sieur L. Reijtenbagh* ; 15 avr. 2011, *Sieur M. Rybak*.

131. Devant les juridictions judiciaires, et plus particulièrement en matière de procédure pénale, la jurisprudence monégasque rendue en application de la convention est en train de se stabiliser. Ainsi, par exemple, la Cour de révision a considéré qu'un délai d'un peu plus de quatre jours entre l'arrestation d'une personne gardée à vue et sa présentation devant le Tribunal de première instance était excessive au regard de l'article 5, § 3, de la convention (1), ce qui a entraîné la nullité des poursuites (2).

2. – LES RECOURS À L'ENCONTRE DE L'AUTORITÉ PUBLIQUE

132. Comme indiqué ci-avant, les recours dirigés contre l'État ou les personnes publiques peuvent, le cas échéant après intervention du Haut-Commissariat à la Protection des Droits, des Libertés et à la Médiation (3), être portés soit devant le Tribunal suprême, soit devant le juge judiciaire, sans préjudice de l'ultime instance devant la Cour de Strasbourg.

a) Les recours devant le Tribunal suprême

133. La compétence du Tribunal suprême est définie par l'article 90 de la Constitution. Les articles 89 et 91 déterminent quant à eux les modalités de nomination des juges et de composition de la juridiction, le reste des règles d'organisation et de fonctionnement étant renvoyé à l'ordonnance souveraine par l'article 92 (4). Tel est l'objet de l'Ordonnance Souveraine n° 2.984 du 16 avril 1963, modifiée (5), laquelle peut ainsi être regardée comme organique, même si le concept n'existe pas officiellement en droit monégasque (cf. *supra* n° 6, note n° 8).

Une analyse détaillée du tribunal et de sa jurisprudence a été faite dans le précis de Me G.-H. George, révisé et remis à jour par le professeur J.-M. Lemoyne de Forges (6) auquel il convient de se référer utilement. Les développements qui suivent auront donc uniquement pour objet de mettre en exergue les spécificités de cette juridiction typiquement monégasque.

À cet égard, parmi les différentes compétences du haut tribunal, seront plus particulièrement abordées les voies de recours les plus usitées par le justiciable, savoir celle contre la loi et celle contre l'acte administratif (7). La procédure, écrite et inquisitoire, est commune à ces deux contentieux. Comparable à celle en vigueur devant

(1) « *Toute personne arrêtée ou détenue, dans les conditions prévues au paragraphe 1. c du présent article, doit être aussitôt traduite devant un juge ou un autre magistrat habilité par la loi à exercer des fonctions judiciaires et a le droit d'être jugée dans un délai raisonnable, ou libérée pendant la procédure. La mise en liberté peut être subordonnée à une garantie assurant la comparution de l'intéressé à l'audience.* »

(2) Cour de révision, 7 juill. et 14 oct. 2011, *G. Mosashvili c/ Ministère public*.

(3) Cf. supra n° 39 à 41.

(4) Ainsi, tout ce qui touche au Tribunal suprême échappe à la compétence du législateur puisque relevant du constituant, soit directement, soit par le biais d'une ordonnance souveraine prise en application de la Constitution. Doit donc être considérée comme une anomalie la procédure fixée par l'article 9 de la loi n° 839 du 23 février 1963 qui attribue au Tribunal suprême le contentieux du tableau de révision de la liste électorale (cf. G.-H. George, J.-M. Lemoyne de Forges, *Le Tribunal suprême*, Partie « Précis », JurisClasseur – Monaco – Décisions du Tribunal suprême, LexisNexis SA, 2007, n° 58). Le gouvernement est désormais très attentif à ce qu'aucun amendement ne vienne introduire dans la loi des dispositions relatives à la compétence ou à la procédure devant le haut tribunal.

(5) Cf. Ordonnance Souveraine n° 5.371 du 19 juin 2015, modifiant l'Ordonnance Souveraine n° 2.984 du 16 avril 1963 sur l'organisation et le fonctionnement du Tribunal suprême.

(6) Ce précis est publié en introduction du recueil des décisions du Tribunal suprême (*op. cit.*).

(7) Il convient de relever que le Tribunal suprême est également compétent, en vertu de l'article 90-B-2° de la Constitution, pour connaître des **recours en cassation** formés contre les décisions des juridictions administratives rendues en dernier ressort. Si aucun texte n'a expressément créé de juridiction administrative spécifique, le Tribunal suprême a néanmoins considéré que lorsque le conseil de l'ordre des architectes prononce des peines en vertu de l'ordonnance-loi n° 341 du 24 mars 1942 réglementant le titre et la profession d'architecte et instituant l'ordre des architectes dans la Principauté, « *il a le caractère d'une juridiction administrative statuant en dernier ressort* » et s'est dès lors déclaré compétent pour statuer sur un recours en cassation dirigé contre une décision de l'ordre des architectes infligeant un blâme à l'un de ses membres (4 déc. 2006, *Sieur F. Notari*). Par ailleurs, le Tribunal suprême a également considéré que la proposition de sanction adressée au Ministre d'État par la chambre de discipline de l'ordre des pharmaciens constituait une « *décision de nature purement administrative insusceptible d'être contestée par la voie du recours en cassation* » (11 févr. 2009, *Sieur E. Molina c/ Ordre des pharmaciens*).

le juge administratif français, elle en diffère essentiellement par la limitation des échanges d'écritures entre les parties (1), fixée à deux, sauf exception, par l'Ordonnance Souveraine n° 2.984 du 16 avril 1963, modifiée, ce qui garantit une durée d'instance inférieure à un an (2).

– Le recours contre la loi

134. La loi peut être déférée au Tribunal suprême par toute personne physique ou morale, monégasque ou non, résidant à Monaco ou non, à la seule condition de justifier de sa capacité et d'un intérêt à agir. Elle peut l'être par voie d'action ou par voie d'exception.

Dans le premier cas, un **recours en annulation** doit être déposé au greffe général dans les deux mois qui suivent la publication de la loi au *Journal de Monaco*. Dans le second cas, un **recours en appréciation de validité** est introduit à l'occasion d'une instance devant une autre juridiction afin de trancher une contestation relative à la constitutionnalité de dispositions d'une loi applicable au différend soumis au juge de droit commun.

135. Dans l'un comme dans l'autre cas, le Tribunal suprême n'exerce toutefois pas un contrôle général de constitutionnalité de la loi. En effet, la Constitution circonscrit sa mission aux atteintes aux droits et libertés consacrés par le titre III (cf. *supra* n° 4, note 4 ; n° 110). Conçu pour être essentiellement, en matière constitutionnelle, un garant du respect des libertés et des droits fondamentaux (3), le Tribunal suprême ne peut donc connaître de moyens invoquant, à l'encontre d'une loi, des dispositions constitutionnelles extérieures à ce titre, ni *a fortiori* des stipulations d'une convention internationale (4). Ainsi, et comme exposé ci-avant, la haute juridiction a eu à se prononcer sur le respect du droit de propriété par les dispositions régissant le parc locatif ancien (secteur protégé) ou du droit de grève, en prononçant des annulations le cas échéant.

Il importe toutefois de relever que la circonscription de son contrôle au titre III de la Constitution n'empêche pas le Tribunal suprême d'exercer un contrôle pour le moins étendu. De fait, lorsqu'il s'agit d'apprécier la violation du droit de propriété dans le cadre de la relation bailleur-locataire, le Tribunal suprême juge-t-il que nonobstant l'absence, dans le texte constitutionnel, de paramètres d'atténuation de ce droit, il doit être concilié avec d'autres « *règles et principes de valeur constitutionnelles* » qui sont, à cette fin, « *applicables dans l'État monégasque* » (5).

À ce titre, un premier paramètre est dégagé *ex nihilo*, en l'occurrence les « *exigences résultant des caractères géographiques particuliers du territoire de l'État* » et un second *praeter legem*, savoir « *le principe accordant une priorité aux citoyens monégasques, consacré notamment par l'article 25 de la Constitution* » (6). Ce second principe pourrait, par référence à la jurisprudence du Conseil constitutionnel français, s'analyser comme un « *principe fondamental reconnu par les lois de la Principauté* » dès lors que l'article 25 de la Constitution n'évoque que la priorité aux emplois publics et privés. Le même raisonnement est suivi par le Tribunal suprême au sujet du principe général d'égalité déduit de l'application combinée des articles 17 et 32 de la Constitution (7).

L'absence de réel ancrage constitutionnel de cette démarche amène la doctrine à la qualifier « *d'auto-affranchissement du juge du cadre fixé par la Constitution relativement à la spécificité des paramètres de référence mobilisables* » (8), ce d'autant plus qu'en sus du contrôle de proportionnalité, le haut tribunal entend également désormais apprécier l'erreur manifeste d'appréciation du législateur (9), à l'instar du Conseil constitutionnel français (10).

136. La Constitution lui permet en revanche expressément de connaître des **recours en indemnisation** de dommages résultant de dispositions législatives méconnaissant le titre III.

137. En conclusion, il est à noter que les justiciables ne font pas de cette voie de recours, qui constitue l'une des caractéristiques majeures de l'État de droit monégasque, un usage immodéré, y compris même par voie

---

(1) Cf. G.-H. George, J.-M. Lemoyne de Forges, *op. cit.*, n° 59.

(2) On note toutefois une tendance à l'augmentation des autorisations de triplique accordées par le Président du Tribunal suprême, ce sur le fondement de l'article 22 de l'Ordonnance Souveraine n° 2.984 du 16 avril 1963, modifiée, précitée.

(3) Cf. G.-H. George, J.-M. Lemoyne de Forges, *op. cit.*, n° 35.

(4) Le bloc de légalité de l'acte administratif inclut en revanche l'ensemble des dispositions constitutionnelles, de même que le droit international conventionnel (Tribunal suprême, 6 nov. 2001, *Assoc. des locataires de Monaco*, 2 décisions).

(5) Tribunal suprême, 20 juin 1989, *Assoc. des propriétaires de la Principauté de Monaco*.

(6) Tribunal suprême, 16 janv. 2006, *Dame M. Romiti, Vve Bellone*.

(7) Tribunal suprême, 6 nov. 2001, *Assoc. des locataires de Monaco* ; et. G.-H. George, J.-M. Lemoyne de Forges, *op. cit.*, n° 238, p. 37.

(8) Cf. P. Gaia, *op. cit.*, p. 398.

(9) Tribunal suprême, 16 janv. 2006, *op. cit.*

(10) Cf. L. Favoreu, L. Philip, *Les grandes décisions du Conseil constitutionnel*, Dalloz 2003, décisions des 16 janvier et 11 février 1982, n° 31 (nationalisations).

d'exception. De fait, outre les décisions précitées, ont été récemment déférées au Tribunal suprême une loi ayant modifié la loi n° 839 sur les élections nationales et communales afin d'y introduire la représentation proportionnelle (1) une loi ayant amendé le dispositif de lutte contre le blanchiment d'argent (2), une loi sur la fiscalité immobilière (3), ainsi qu'une loi portant réforme du Code de procédure pénale en matière de garde à vue (4).

– Le recours contre l'acte administratif

138. Tout comme le droit français, le droit monégasque distingue le **recours administratif préalable** du **recours contentieux.** Le critère de la distinction tient au fait que le premier est porté devant une autorité administrative et aboutit à l'édiction d'un acte administratif tandis que le second est porté devant un juge et aboutit à une décision de justice.

139. Les recours administratifs sont de deux ordres : les **recours gracieux** et les **recours hiérarchiques.** Si l'autorité saisie est l'auteur de la décision, le recours est gracieux ; s'il s'agit du supérieur de cet auteur, le recours est hiérarchique (5).

À Monaco, le régime des recours administratifs est fixé par l'Ordonnance Souveraine n° 2.984 du 16 avril 1963 sur l'organisation et le fonctionnement du Tribunal suprême dès lors qu'ils s'analysent comme des actes précontentieux. Il a été complété par l'Ordonnance Souveraine n° 3.413 du 29 août 2011 portant diverses mesures relatives à la relation entre l'Administration et l'administré. Les règles ainsi posées s'inspirent grandement des principes du droit français et notamment celui selon lequel le délai de recours est de deux mois à compter de l'accomplissement des formalités de publicité, savoir principalement la notification ou la publication de l'acte, ou bien du jour où le fait motivant l'acte litigieux a pu être connu de l'intéressé. Le recours est recevable dès lors qu'il est introduit par une personne justifiant d'un intérêt pour agir à l'encontre d'un acte lui faisant grief. L'autorité saisie du recours peut réformer la décision litigieuse, la retirer ou l'abroger, ou encore bien entendu rejeter le recours. Son silence pendant quatre mois vaut décision de rejet. Une telle décision, qu'elle soit expresse ou tacite, est à son tour sujette à recours contentieux dans un délai de deux mois.

La pratique des recours administratifs est très courante à Monaco, ce qui s'explique dès lors que les spécificités de la Principauté font de l'administration monégasque une administration de proximité (6).

140. Les recours contentieux sont essentiellement des **recours en annulation pour excès de pouvoir.** Il advient cependant qu'au cours d'une instance portée devant une juridiction judiciaire, se pose une question tenant à la légalité d'un acte administratif pour laquelle le juge de droit commun est incompétent. À la demande de la partie la plus diligente, le Tribunal suprême est alors saisi d'un **recours en appréciation de validité** d'un tel acte et le juge judiciaire sursoit à statuer dans l'attente de la décision déclarative (7).

Le recours pour excès de pouvoir, dont G. Jèze disait en 1929 qu'il est « *l'arme la plus efficace, la plus pratique et la plus économique qui existe au monde pour défendre les libertés* », est quant à lui défini, à Monaco, exactement de la même manière qu'en droit administratif français, savoir un recours tendant à l'annulation d'un acte administratif et fondé sur la violation, par cette décision, d'une règle de droit.

141. Le délai de recours dont dispose l'administré pour former sa requête introductive d'instance à l'encontre d'un acte administratif est de deux mois à compter de l'accomplissement des formalités de publicité. Ce délai est exceptionnellement de quinze jours en matière de recours contre les refus d'agrément d'assurances (8).

(1) Tribunal suprême, 3 déc. 2002, *Sieur R. Giordano et autres* (cf. L. Anselmi, *Le Tribunal suprême de Monaco et la loi électorale*, in *Le rôle et le fonctionnement des cours constitutionnelles en période électorale*, ACCPUF, Bull n° 5, mai 2005). Il s'agissait là encore d'une mesure prise en vue de l'adhésion de la Principauté au Conseil de l'Europe, (cf. J. Basso, *La réforme du scrutin électoral du Conseil national et ses corrélations avec la demande d'adhésion au Conseil de l'Europe* : *Revue de droit monégasque* n° 5, 2003, p. 71 et s.).

(2) Requête de l'ordre des avocats de Monaco en cours d'instance.

(3) Tribunal suprême, 4 juill. 2012, *SAM Centre Immobilier Pastor et autres*. L'annulation d'une disposition de ce texte a amené le législateur à le compléter par une nouvelle loi votée le 8 octobre 2012.

(4) Tribunal suprême, 16 juin 2014, *Sieur J.-P. Licari.*

(5) Cf. J.-M. Auby, R. Drago, *Traité de contentieux administratif*, LGDJ, 1984, n°s 33 et s. En droit monégasque, la définition des deux types de recours est désormais fixée à l'article 2 de l'Ordonnance Souveraine n° 3.413 du 29 août 2011 portant diverses mesures relatives à la relation entre l'Administration et l'administré.

(6) Ainsi, un haut fonctionnaire ayant le titre de conseiller en charge des recours et de la médiation est-il plus particulièrement chargé, auprès du Ministre d'État, de l'instruction des recours gracieux ou hiérarchiques qui lui sont adressés (cf. *supra*).

(7) Tribunal suprême, 6 nov. 2002, *Sté Héli Air Monaco.*

(8) Ordonnance Souveraine n° 4.178 du 12 décembre 1968, art. 9.

142. Les conditions de recevabilité des recours, tant en ce qui concerne l'acte que la capacité d'ester en justice ou l'intérêt pour agir du requérant, sont globalement comparables à celles retenues dans le pays voisin (1).

Ainsi, l'acte susceptible de recours doit être une décision unilatérale émanant d'une autorité administrative monégasque et faisant grief. En sont ainsi exclus les actes qualifiés d'actes de gouvernement, savoir les actes du pouvoir exécutif intervenus dans ses rapports avec le pouvoir législatif – par exemple la décision du Prince convoquant le Conseil national en session extraordinaire (2) ou promulguant une loi (3) – ainsi que les actes du pouvoir exécutif intervenus dans ses rapports avec un pouvoir étranger – par exemple l'ordonnance souveraine prise en exécution d'un traité ou d'un accord international (4). N'est en revanche pas considéré comme tel l'acte du Prince s'opposant à l'acquisition de la nationalité monégasque du conjoint de l'un de ses sujets au terme de 10 années de vie commune ainsi que le prévoit la loi (cf. *infra* n° 171). Cette ordonnance souveraine est en effet susceptible de recours pour excès de pouvoir mais le contrôle du juge se borne dans ce cas au seul respect de la forme et de la procédure (5).

Ne sont pas non plus considérés comme des décisions administratives les actes se rattachant à l'exercice de la fonction judiciaire qui sont soumis à un régime propre notamment pour ce qui est des voies de recours. Le domaine ainsi soustrait à la compétence du Tribunal suprême recouvre les décisions juridictionnelles, les actes dressés dans le cadre de procédures judiciaires (6) ainsi que les prérogatives judiciaires du Prince (grâce, amnistie, extradition) (7).

143. Les cas d'ouverture du recours pour excès de pouvoir, savoir les vices que le requérant peut invoquer afin de convaincre le Tribunal suprême d'annuler la décision d'une autorité administrative, sont, comme en droit français, au nombre de quatre : l'incompétence, le vice de forme (vices de la légalité externe), le détournement de pouvoir et la violation de la loi (vices de la légalité interne).

Quant à l'incompétence, la jurisprudence monégasque s'apparente grandement à celle des juridictions administratives françaises (8) avec quelques différences toutefois (9).

144. Pour ce qui est du vice de forme, une nouveauté a été récemment introduite par la loi n° 1.312 du 29 juin 2006 relative à la motivation des actes administratifs.

Pendant longtemps, le droit monégasque ne connut en effet aucun principe général imposant à l'administration de communiquer à l'administré intéressé les motifs d'une décision défavorable (10). La motivation de certains actes était toutefois prescrite par des textes déterminés, en matière d'urbanisme ou d'activités économiques par exemple. Dans le sillon de l'adhésion de la Principauté au Conseil de l'Europe – mais en l'absence de toute contrainte conventionnelle –, le législateur est venu ordonner, à peine de nullité, la motivation obligatoire des décisions qui :

- restreignent l'exercice des libertés publiques ou constituent une mesure de police ;
- infligent une sanction ;
- refusent une autorisation ou un agrément ;
- subordonnent l'octroi d'une autorisation à des conditions restrictives ou imposent des sujétions ;
- retirent ou abrogent une décision créatrice de droits ;
- opposent une prescription, une forclusion ou une déchéance ;
- refusent un avantage dont l'attribution constitue un droit pour les personnes qui remplissent les conditions légales pour l'obtenir ;
- accordent une dérogation, conformément à des dispositions législatives ou réglementaires en vigueur.

(1) Cf. G.-H. George, J.-M. Lemoyne de Forges, *op. cit.*
(2) V. Constitution 17 déc. 1962, art. 59, p. 98.
(3) V. Constitution 17 déc. 1962, art. 66, p. 99.
(4) V. Constitution 17 déc. 1962, art. 68, p. 99.
(5) Tribunal suprême, 7 avr. 2014, *Sieur S. Gozes*.
(6) À titre d'exemple, la décision par laquelle le Directeur des Services Judiciaires invite le Procureur Général à procéder à l'exécution d'une demande d'entraide judiciaire internationale n'est pas détachable des mesures judiciaires qu'elle permet. Cf. Tribunal suprême, 9 juin 2015 *Orah Placements SA et Sté Fontabel Trading SA*.
(7) Il en est du reste de même des décisions souveraines prises en matière de naturalisation ou de réintégration dans la nationalité monégasque (loi n° 1.312 du 29 juin 2006, art. 7 et les explications données dans l'exposé des motifs : cf. débats du Conseil national, séance publique du 26 juin 2006, annexe au *Journal de Monaco* du 16 février 2007, p. 2542).
(8) Tribunal suprême, 19 mars 1980, *Dame Salvagni épse Jahlan* (théorie des circonstances exceptionnelles).
(9) Tribunal suprême, 4 déc. 1979, *Stefanelli*, note Weil (l'urgence peut conduire à reconnaître comme légale une mesure à caractère temporaire prise par une autorité normalement incompétente).
(10) Une proposition de loi avait toutefois été déposée en ce sens en 1993 par MM. H. Fissore, G. Magnan et Henry Rey, conseillers nationaux (cf. annexe au *Journal de Monaco* du 15 octobre 1993, p. 70).

Avant cette loi, le Tribunal suprême, saisi d'un recours, pouvait requérir de l'administration qu'elle lui fasse connaître les motifs de la décision querellée afin qu'il puisse exercer son contrôle de légalité (1). Aujourd'hui, la méconnaissance de l'obligation légale de motivation constitue désormais un vice de forme entraînant l'annulation de la décision qu'il entache (2).

145. En matière de vice de la légalité interne, le détournement de pouvoir, difficile à établir et à prouver, est rarement invoqué devant le Tribunal suprême qui n'a jamais prononcé d'annulation pour ce motif (3).

Pour ce qui est de la violation de la loi, elle peut résulter de deux situations, la première étant la méconnaissance par l'auteur de la décision des règles de fond qui s'imposent à lui, notamment en vertu de dispositions ayant une valeur normative supérieure à l'acte qu'il doit prendre (cf. *supra* n°s 6 et s.). On dit alors que l'acte est entaché d'erreur de droit ou de défaut de base légale. La violation de la loi peut aussi résulter d'une appréciation erronée des motifs de fait justifiant la décision querellée.

Informé des motifs de fait retenus par l'administration, le Tribunal suprême s'attache à vérifier leur exactitude matérielle. Si tel n'est pas le cas, il annule la décision. Il l'a par exemple fait en 1986, s'agissant d'un titre fiscal refusé à une personne au prétexte qu'elle ne résidait pas habituellement à Monaco, ce qui n'était pas établi (4).

Le tribunal s'assure enfin de ce que l'administration, dans sa décision, a donné aux faits une qualification juridique conforme à la loi. À ce titre, lorsque est, par exemple, en cause la légalité d'une autorisation de construire, il peut avoir à vérifier si un projet de construction est de nature à porter atteinte à un site (5). Dans certains domaines très techniques ou bien dans lesquels l'appréciation est très délicate, le tribunal vérifie uniquement si l'administration n'a pas commis d'erreur manifeste d'appréciation des faits, c'est-à-dire une erreur grossière qui apparaîtrait même aux yeux d'un non-spécialiste.

Ainsi, dans une récente affaire, un permis de travail avait été refusé à une personne défavorablement connue des services de police. L'intéressé avait contesté ce refus devant le Tribunal suprême qui a considéré que la décision n'était fondée ni sur des faits inexacts, ni sur une erreur de droit, ni sur une erreur manifeste d'appréciation (6).

146. Le Tribunal suprême juge ces affaires en général en moins d'un an, ce qui constitue un avantage notoire pour le justiciable à l'heure où la durée des instances est une composante éminente du droit au procès équitable. Il statue en premier et dernier ressort, c'est-à-dire sans appel. Il peut allouer une indemnité au requérant, en réparation du préjudice causé par l'illégalité de la décision qu'il a annulée. La demande d'indemnité ne peut être formée qu'à l'occasion d'un recours pour excès de pouvoir. Ceci constitue là encore une spécificité monégasque (7).

b) Les recours devant le juge judiciaire

147. Les recours en responsabilité à l'encontre de l'autorité administrative, autrement dit le contentieux de la responsabilité de la puissance publique, qu'il revête une dimension contractuelle ou délictuelle, comme la réparation d'un dommage causé par le fonctionnement défectueux d'un service public relève, en droit monégasque, de la compétence des tribunaux judiciaires, statuant alors en matière administrative (8).

Ainsi aux termes du deuxième paragraphe de l'article 21 du Code de procédure civile, tel que modifié par la loi n° 1.135 du 16 juillet 1990 :

« *Le Tribunal de première instance connaît encore, comme juge de droit commun en matière administrative, en premier ressort, de tous les litiges autres que ceux dont la connaissance est expressément attribuée par la Constitution ou la loi au Tribunal suprême ou à une autre juridiction.* »

Cette disposition est la reprise de celle qui figurait à l'article 12 de la loi n° 783 du 15 juillet 1965 portant organisation judiciaire.

148. Le droit de la responsabilité de la puissance publique à Monaco est donc avant tout le fait de la jurisprudence mais il est à noter que le législateur est intervenu en la matière par une loi n° 983 du 26 mai

(1) Tribunal suprême, 13 mars 2002, *Sieur I. Isley*, pour une décision de refoulement d'un étranger du territoire monégasque.

(2) Tribunal suprême, 26 janv. 2010, *Sieur M. Menegatto*.

(3) Cf. G.-H. George, J.-M. Lemoyne de Forges, *op. cit.*, n° 234, p. 35.

(4) Tribunal suprême, 19 déc. 1986, *Sieur L. Tocant*.

(5) Tribunal suprême, 19 avr. 1967, *Sieur Lamuraglia et autres* ; 20 févr. 1969, *Hoirs Aureglia et autres*.

(6) Tribunal suprême, 23 janv. 2002, *Sieur K. Bensaoucha*.

(7) La demande d'indemnité trouvant son fondement dans l'annulation d'un acte administratif doit être portée devant le Tribunal Suprême concommitament au recours pour excès de pouvoir ; Il n'est pas possible de saisir ultérieurement le juge de droit commun d'une telle demande (Cour de révision, 26 mars 2014, *Épx Stanley c/ État*)

(8) Sur l'ensemble de la question, cf. J.-B. Aubert, *La responsabilité de la puissance publique en droit monégasque*, mémoire master II, Paris II, 2009, Cujas, 24. 421, 2009-106.

1976 sur la responsabilité civile des agents publics (1) notamment afin de donner des différents types de faute des définitions synthétisant en fait la teneur de l'abondante jurisprudence française, notamment pour ce qui est de distinguer la faute personnelle et la faute de service. L'article 10 de la loi n° 771 du 25 juillet 1964 sur l'organisation et le fonctionnement du Conseil national dispose quant à lui que : « *L'État est responsable conformément à la loi des dommages de toute nature causés par les services administratifs du Conseil national.* »

149. Quant à la jurisprudence, un arrêt du 28 avril 1951 de la Cour d'appel a confirmé un jugement du Tribunal de première instance du 16 novembre 1950 (2), dans lequel il avait été indiqué (à propos d'une action initiée du fait de l'explosion d'un navire dans le port de Monaco, à la suite des faits de guerre) : « *que tout en faisant application des articles 1229 et 1231 du Code civil (article 1382 et 1384 français), le tribunal doit prendre en considération les différences fondamentales qui séparent la personne publique des personnes privées... qu'en résumé, la recherche, soit du fait du préposé, soit de la responsabilité consécutive à la garde ne saurait être conduite... sans une très large appréciation des diverses circonstances de la cause, lesquelles dépassent nettement le cadre ordinaire des actions en responsabilité* ».

L'autonomie et la spécificité de la responsabilité de la puissance publique ont été plus clairement affirmées en 1974 par la Cour d'appel qui a jugé qu'« *en raison des différences fondamentales qui séparent la puissance publique des personnes privées, notamment quant à la nature de leurs activités, la variété de leurs moyens et la finalité de leur action, il doit être tenu compte pour apprécier les fautes pouvant avoir été commises dans l'exécution d'un service public, tant des circonstances particulières que des nécessités du service considéré.* [...] *Que dès lors, c'est à tort que les premiers juges ont estimé que la responsabilité de l'Administration devait être appréciée selon les seuls principes du droit privé* » (3).

150. Encore faut-il préciser que la responsabilité de l'État se combine avec celle des agents publics dès lors qu'il peut être rapporté que le dommage causé est imputable à une faute personnelle non dépourvue de tout lien avec le service ou à une faute de service ayant concouru avec la faute personnelle de l'agent public à la production du dommage. Dans ces cas, le tiers victime pourra soit demander réparation en totalité à l'administration, soit engager un recours à l'encontre d'un agent fautif ou des deux concomitamment.

L'administration et l'agent sont alors tenus *in solidum*.

En revanche, en cas de faute personnelle, dépourvue de tout lien avec le service ou se détachant « *de celui-ci en raison de son anormale gravité ou de l'intention de nuire ou de l'intérêt personnel dont elle procède* (4) », seule la responsabilité civile de l'agent public pourra être recherchée.

151. Dans le domaine spécifique de l'activité éducative, la loi n° 1.334 du 12 juillet 2007 sur l'éducation prévoit par ailleurs, en son article 61-1 (5), que :

« *Tout enseignant est responsable du dommage causé ou subi par ses élèves, du fait de sa faute, pendant le temps qu'ils sont sous sa surveillance en raison de ses fonctions.*

Toutefois, lorsque l'enseignant exerce dans un établissement d'enseignement public ou privé sous contrat, la responsabilité de l'État est substituée à la sienne. S'il exerce dans un établissement d'enseignement privé hors contrat, la responsabilité de ce dernier est substituée à la sienne. Dans ces deux cas, l'enseignant ne peut jamais être mis en cause devant les juridictions par la victime, ses représentants ou ses ayants droit. Il demeure néanmoins tenu de sa responsabilité pénale.

Le demandeur doit prouver la faute de l'enseignant conformément au droit commun.

L'action récursoire peut être exercée par l'État ou l'établissement d'enseignement privé hors contrat soit contre l'enseignant, soit contre les tiers, conformément au droit commun. »

L'article 61-2 précise que :

« *L'action en responsabilité intentée par la victime, ses représentants ou ses ayants droit contre l'État, représenté conformément au premier alinéa de l'article 139 du Code de procédure civile, est portée devant le Tribunal de première instance statuant en matière administrative.*

---

(1) L'article premier de cette loi en précise le champ d'application, savoir les agents de l'État, de la commune ou d'un établissement public. En sont exclus les magistrats du siège et du parquet, les officiers ministériels et les membres du clergé.

(2) Cour d'appel, 28 avril 1951, *Dame Sosso-Quenin c/ État monégasque*.

(3) Cour d'appel, 25 juin 1974, *Ministère d'État, administrateur des domaines et trésorier général des finances c/ Mathyssens et dame Bureau-Sénac*.

(4) Loi n° 983 du 26 mai 1976.

(5) Rédaction issue de la loi n° 1.372 du 5 juillet 2010.

Celle intentée contre l'établissement d'enseignement privé hors contrat est portée devant le Tribunal de première instance statuant en matière civile. »

152. Les illustrations, dont certaines font au demeurant état de lourdes condamnations de la puissance publique, en sont nombreuses.

Ainsi, en matière de contentieux contractuel, il est de principe, à l'instar du droit privé, que la responsabilité contractuelle demeure exclusive de tout autre régime de responsabilité, tel que délictuel ou quasi-délictuel (1).

153. La faute commise par l'autorité administrative, quant à elle, fondement traditionnel de toute action, revêt divers aspects, découlant soit du non-respect de dispositions contractuelles expresses, soit d'obligations tacitement créées par les parties (2).

S'agissant de l'appréciation de la faute, la spécificité du droit administratif est garantie par le juge. Tel est, par exemple, le cas en matière de responsabilité des établissements d'hospitalisation. Ainsi a-t-il été jugé qu'il est sans intérêt de rechercher si une obligation de moyens ou de résultat au sens des principes du droit privé de la responsabilité civile, incombe au centre hospitalier. En effet, en sa qualité d'établissement public, il ne saurait être tenu que d'une faute de service, dont le degré de gravité requis est apprécié différemment en matière de responsabilité médicale, selon la nature du fait dommageable. À cet égard, la preuve d'une faute lourde doit être exigée lorsque le dommage résulte d'un acte médical ou chirurgical, au sens strict, alors qu'une faute simple suffit quand il s'agit de soins ou du fonctionnement du service, par référence aux notions de surveillance des malades et d'application matérielle des traitements (3).

Plus encore, la jurisprudence, confrontée à l'hypothèse d'une modification unilatérale d'un contrat administratif du fait, non fautif, de l'Administration, s'est vue amenée à consacrer une responsabilité contractuelle sans faute de celle-ci, dite du fait du Prince (4).

154. En matière délictuelle, le juge a également, au fil de ses décisions, affirmé l'autonomie de la responsabilité de la puissance publique par rapport au droit de la responsabilité des particuliers, rappelant que les règles gouvernant ce type de litige ne sauraient être tirées des textes du Code civil, plus particulièrement de ses articles 1229 et 1230 (5).

Concrètement, la jurisprudence distingue un régime de **responsabilité pour faute**, et **un régime de responsabilité sans faute.**

155. Dans le premier cas, « *la faute de l'administration vis-à-vis des particuliers dont les intérêts auraient été lésés, requiert notamment la constatation de faits que n'auraient pas commandé les nécessités du service public ou des circonstances particulières de l'espèce* » (6).

À ce titre, il est des cas dans lesquels une faute simple suffit à engager la responsabilité de l'administration (7), d'autres dans lesquels une faute grave doit être établie (8).

156. Par ailleurs, peut être reconnue une responsabilité de plein droit du fait du préjudice causé. Le juge a ainsi considéré qu'une responsabilité sans faute de l'autorité administrative, destinée à réparer le préjudice excédant les charges que son activité peut imposer à chaque personne dans l'intérêt général, est un principe dont il doit être fait application à Monaco (9).

Il en va de la sorte dans l'hypothèse d'un refus de concours de la force publique (10), de même qu'en matière de travaux publics à l'origine d'un trouble excédant les inconvénients normaux de voisinage (11), le juge posant alors clairement le principe d'une responsabilité de plein droit :

« *Les travaux de percement ferroviaire effectués pour le compte de l'État, maître de l'ouvrage, ont le caractère de travaux publics, en sorte qu'ils sont susceptibles d'engager sa responsabilité en raison des dommages accidentels causés à des personnes ou à des biens, dès lors qu'est établie la preuve d'un lien direct de causalité*

(1) Tribunal de première instance, 28 juill. 1989, *Dame Braguzzi-Laura c/ État de Monaco.*

(2) Tribunal de première instance, *ibid.*

(3) Tribunal de première instance, 18 avr. 1991, *Neffati c/ CHPG* ; Tribunal de première instance, 25 juill. 2006, *B. c/ CHPG.*

(4) Cour de révision, 28 avr. 1983, *Ministre d'État c/ Demoiselle Faletti et autres*, commentaire G.-H. George.

(5) Cour d'appel, 28 mai 1985, *Dame de Castellane c/ État* : à noter que tel n'a pas toujours été le cas : « *L'article 1229 est applicable à l'Administration* », Tribunal de première instance, 20 juin 1974, *Dame Vve Mathyssens c/ Administrateur des domaines et trésorier général des finances.*

(6) Tribunal de première instance, 31 oct. 1985, *SCI Elise c/ État de Monaco.*

(7) Tribunal de première instance, 15 févr. 1996, *Keogh-Noonan c/ Commune de Monaco – UAP.*

(8) Tribunal de première instance, 20 janv. 1994, *Melinelli c/ Office d'Assistance Sociale.*

(9) Cour d'appel, 20 déc. 1977, *Ministre d'État c/ Dame Barberis Vve Mascarello.*

(10) Cour de révision, 13 oct. 1978, *État c/ Dame Vve Rosendhal.*

(11) Cour d'appel, 5 janv. 1999, *État de Monaco c/ Hornstein.*

entre les dommages subis et l'exécution desdits travaux, comportant des tirs de mines, et sans qu'il y ait lieu d'établir l'existence d'une faute, s'agissant d'une responsabilité de l'État fondée sur les troubles anormaux de voisinage. »

157. À relever le cas particulier du dommage causé par un **ouvrage public** à un usager, lequel repose sur la notion de faute présumée, le juge énonçant clairement qu'« *au regard des principes gouvernant la responsabilité administrative du fait du défaut d'entretien d'une voie ouverte à la circulation publique, il appartient au demandeur de prouver son préjudice et le lien de cause à effet entre celui-ci et l'ouvrage incriminé, sauf à l'État à s'exonérer de sa responsabilité en établissant que l'ouvrage était normalement entretenu ou que l'accident est imputable à une faute de la victime* » (1).

158. Il est enfin à noter que la responsabilité de la puissance publique ne peut être engagée du fait de dommages éventuels causés par le **service public de la justice** en matière juridictionnelle. À la différence du contentieux relatif à l'organisation judiciaire, il est de principe que, sauf texte spécial, l'État ne répond pas des dommages causés par les décisions prises par un magistrat dans le cadre de son activité juridictionnelle et comme cela a été jugé par le Tribunal de première instance le 2 décembre 2004 et confirmé par la Cour d'appel le 13 juin 2006 (2).

Dans le commentaire annexé à l'arrêt susvisé, lequel laissait néanmoins présager une évolution du droit monégasque, le doyen J.-M. Rainaud énonçait la nécessité à court terme d'un revirement de jurisprudence ou mieux encore l'intervention du législateur.

En effet, sous l'influence notamment de la Convention européenne des droits de l'homme, les fondements traditionnels du principe d'irresponsabilité de la fonction judiciaire s'étiolent. C'est pourquoi le droit monégasque a instauré un régime d'indemnisation obligatoire du dommage résultant d'une détention provisoire injustifiée par la loi n° 1.343 du 26 décembre 2007 « justice et liberté » portant modification de certaines dispositions du Code de procédure pénale en y insérant notamment les articles 202 à 202-4.

En vertu de ces dispositions, il est désormais possible d'introduire une requête en indemnisation devant une commission juridictionnelle spécialement instituée à cet effet. Ainsi, face à ce qui peut être considéré comme un fonctionnement défectueux de la justice dès lors qu'une personne a été privée de liberté sans être *in fine* condamnée par un juge, la puissance publique assume sa responsabilité en réparant pécuniairement le dommage résultant de l'emprisonnement indu (3). Mais le justiciable monégasque dispose d'une autre voie de droit pour assurer le respect de ses droits fondamentaux puisque lui est dorénavant accessible le prétoire de la Cour européenne des droits de l'homme.

c) Le recours devant la Cour européenne des droits de l'homme

159. Comme indiqué ci-avant, l'adhésion de la Principauté au Conseil de l'Europe s'est accompagnée de la ratification de la Convention européenne des droits de l'homme et des libertés fondamentales et de divers de ses protocoles additionnels. Celle-ci institue un dispositif intégré original de protection de droits et de libertés qu'elle garantit au moyen d'une juridiction internationale y dédiée : la Cour européenne des droits de l'homme.

Elle peut être saisie de violations des droits qui y sont stipulés par toute personne physique ou morale justifiant d'un intérêt et dont le recours est jugé recevable dans un délai de six mois après épuisement des voies de recours nationales. Si elle reconnaît la violation, la Cour peut condamner l'État à en réparer les conséquences ; cette « *satisfaction équitable* » prend généralement la forme d'une réparation pécuniaire indemnisant la victime de la violation de ses droits (4).

160. De manière générale, la Principauté est très attentive au sort réservé à d'autres États par la Cour européenne des droits de l'homme et tout particulièrement la France compte tenu de la proximité des deux pays et de leurs systèmes juridiques. Celle-ci a, par exemple, été amenée à modifier sa législation et sa réglementation en raison de l'appréhension, par la Cour de Strasbourg, de la position du commissaire du Gouvernement dans la procédure administrative contentieuse.

---

(1) Tribunal de première instance, 17 févr. 1994, *Dame Jellinek c/ État de Monaco et commune de Monaco, Tribunal de première instance* ; 9 juill. 1998, *Glories c/ État de Monaco.*

(2) Tribunal de première instance, 2 déc. 2004, *Cts Piave c/ État de Monaco* ; Cour d'appel, 13 juin 2006, *Cts Piave c/ État de Monaco*, note Rainaud : *Revue de droit monégasque* n° 8, p. 89.

(3) Dans ce sillon, un projet de loi a été déposé au Conseil national par le Gouvernement afin d'instaurer un régime de responsabilité de la puissance publique du fait du fonctionnement de la justice (cf. projet de loi n° 879 portant diverses mesures en matière de responsabilité de l'État et de voies de recours ; www.conseil-national.mc).

(4) Cf. J.-F. Renucci, *Traité de droit européen des droits de l'homme*, op. cit., n° 1093.

La participation du commissaire du Gouvernement au délibéré des juridictions administratives a plus particulièrement incliné les juges à voir une méconnaissance de la règle du procès équitable (article 6, § 1 de la Convention), y compris au regard de la théorie des apparences (1). Cela a conduit à la substitution de la dénomination de « *rapporteur public* » à celle de commissaire du Gouvernement (2).

Cette jurisprudence ne devrait pas avoir d'impact à Monaco dès lors que les fonctions comparables à celles de commissaire du Gouvernement ou de rapporteur public devant le Tribunal suprême sont confiées au Procureur général (3), lequel ne participe pas au délibéré. En outre, la récente modification de l'Ordonnance Souveraine n° 2.984 du 16 avril 1963, précitée, prévoit que le Président invite les conseils de parties à prendre la parole, s'ils le souhaitent, après le Procureur Général à l'effet de présenter d'ultimes observations.

161. L'on ne saurait non plus, à ce stade, omettre d'évoquer les célèbres affaires *Medvedyev c/ France* et *Moulin c/ France* dans lesquelles la Cour européenne des droits de l'homme, par arrêts du 10 juillet 2008 et du 29 mars 2010 pour la première affaire (4), puis du 23 novembre 2010 dans la seconde (5), a jugé que les membres du Ministère public, parce qu'ils dépendent tous d'un supérieur hiérarchique commun, le ministre de la Justice, « *qui est membre du gouvernement et donc du pouvoir exécutif* », et sont tenus de prendre des réquisitions écrites conformes aux instructions qui leur sont ainsi données, ne remplissent pas les garanties d'indépendance exigées par la jurisprudence pour être qualifiés, au sens de l'article 5, § 3, de la convention (6) comme « *juge ou* [...] *autre magistrat habilité par la loi à exercer des fonctions judiciaires* ».

La question ne se pose *a priori* pas dans les mêmes termes à Monaco dès lors que, comme indiqué précédemment, le Gouvernement Princier ne comprend pas de ministre de la Justice et que la fonction *mutatis mutandis* équivalente – celle de Directeur des services judiciaires – est dénuée de tout lien avec l'exécutif à la tête duquel se trouve le Ministre d'État (cf. *supra* n° 32). Ce système qui trouve son fondement dans la

---

(1) « *La Cour conçoit en outre qu'un plaideur puisse éprouver un sentiment d'inégalité si, après avoir entendu les conclusions du commissaire dans un sens défavorable à sa thèse à l'issue de l'audience publique, il le voit se retirer avec les juges de la formation de jugement afin d'assister au délibéré dans le secret de la chambre du conseil.* » CEDH, 7 juin 2001, n° 39594/98, *Kress c/ France* (*D.* 2001, jurispr. p. 2619, note R. Drago ; *RTDH* 2002, p. 223, obs. L. Sermet ; *LPA* 3 oct. 2001, p. 13, note J.-F. Flauss ; *AJDA* 2001, p. 675, note F. Rollin ; *Dr. et proc.* 2001, p. 374, obs. J.-P. Marguenaud ; *Procédures* 2001, n° 223, obs. S. Deygas ; *RDP* 2001, p. 983, obs. X. Pretot ; JCP 2001, I, 368, n° 1, obs. Boiteau ; *RTDE* 2001, p. 727, obs. Fl. Benoît-Rohmer ; *RDP* 2002, p. 684, obs. G. Gonzales ; Semaine juridique, 2001-II-10578, note F. Sudre ; *JDI* 2002, p. 255, obs. M. Eudes). Cette décision a été confirmée le 12 avril 2006 dans l'affaire *Martinie c/ France*, n° 58675/00, § 53 (*JDI* 2007, p. 707, obs. M. Eudes ; Semaine juridique, 2005-I-109, n° 5, obs. F. Sudre ; *RFDA* 2006, p. 305, obs. F. Sudre ; *Procédures* 2006, comm. 144, obs. S. Deygas ; *AJDA* 2006, p. 986, obs. F. Rolin, et p. 1711, obs. J.-F. Flauss). Dans ce dernier arrêt, la Cour a en outre constaté une autre violation de l'article 6, § 1, de la Convention tenant à l'absence de débats publics devant la Cour des comptes.

(2) Elle a été introduite à titre expérimental par le décret n° 2009-14 du 7 janvier 2009, le décret n° 2011-1950 du 23 décembre 2011 l'ayant ultérieurement consacrée au sein de l'article R. 732-1 du Code de justice administrative.

(3) Ordonnance Souveraine n° 2.984 du 16 avril 1963 sur l'organisation et le fonctionnement du Tribunal suprême, art. 31.

(4) CEDH, 10 juill. 2008, n° 3394/03, *Medvedyev c/ France*, § 61 : *D.* 2009, jurispr. p. 600, note J.-F. Renucci ; *D.* 2008, jurispr. p. 3055, note P. Hennion-Jacquet ; *Procédures* 2008, n° 12, comm. 343, obs. J. Buisson ; Semaine juridique, 2009-I-104, n° 5, obs. F. Sudre ; *Rev. sc. crim.* 2009, p. 176, obs. J.-P. Marguenaud ; *AJP* 2008, p. 469, obs. Cl. Saas ; *Dr. pén.* 2009, p. 20, obs. E. Dreyer ; *Dr. pén.* 2009, n° 9, comm. 28, obs. V. Lesclous. La grande chambre a ensuite été saisie de cette affaire : CEDH, gde ch., 29 mars 2010, n° 3394/03, *Medvedyev c/ France : D.* 2010, p. 1386, note J.-F. Renucci, p. 898, obs. S. Lavric, p. 952, entretien P. Spinosi, p. 970, point de vue D. Rebut, et p. 1390, note P. Hennion-Jacquet ; *Gaz. Pal.* 25-27 avr. 2010, p. 15, note H. Matsopoulou ; *Dr. pén.* 2010, n° 12, obs. J.-B. Thierry ; *Rev. sc. crim.* 2010, p. 685, obs. J.-P. Marguenaud ; *JDI* 2012, n° 4, chron. 12, comm. 1, obs. O. Bachelet et P. Tavernier ; *Dr. pén.* 2011, n° 4, chron. 3, comm. 10, obs. E. Dreyer, et n° 9, chron. 6, comm. 4, obs. V. Lesclous.

(5) CEDH, 23 nov. 2010, n° 31104/06, *Moulin c/ France : D.* 2010, Edito F. Rome, et Actu. p. 2776, obs. S. Lavric ; *D.* 2011, p. 26, point de vue, F. Fourment, p. 277, note J.-F. Renucci, et p. 338, note J. Pradel ; Semaine juridique 2011, 94, p. 183, n° 5, obs. F. Sudre ; *Procédures* 2011, comm. 30, note A.-S. Chavent-Leclere ; *Rev. sc. crim.* 2011, p. 208, obs. D. Roets ; *Dr. pén.* 2011, comm. 26, obs. A. Maron et M. Haas ; *Gaz. Pal.* 8-9 déc. 2010, p. 6, note O. Bachelet ; *Dr. pén.* 2011, n° 4, chron. 3, comm. 14, obs. E. Dreyer et n° 9, chron. 6, comm. 12, obs. V. Lesclous ; *AJDA* 2011, p. 889, obs. L. Burgorgue-Larsen ; *Dr. pén.* 2012, n° 1, chron. 1, comm. 19, obs. V. Georget.

Requêtes n°s 3394/03 et 37104/06.

(6) « *Toute personne arrêtée ou détenue, dans les conditions prévues au paragraphe 1 c) du présent article, doit être aussitôt traduite devant un juge ou un autre magistrat habilité par la loi à exercer des fonctions judiciaires et a le droit d'être jugée dans un délai raisonnable, ou libérée pendant la procédure. La mise en liberté peut être subordonnée à une garantie assurant la comparution de l'intéressé à l'audience.* »

Constitution de 1911 et dans l'ordonnance du 9 mars 1918 est en passe d'être substantiellement modernisé par le projet de loi n° 778 présentement déposé sur le bureau du Conseil national (1), mais sans altération de son concept.

162. Plus précisément, les autorités monégasques s'attachent à prévenir ce type de contentieux européen en tentant d'anticiper de telles condamnations lorsqu'il apparaît acquis que les règles de droit interne ne sont pas conformes aux exigences résultant de la jurisprudence de la Cour. Tel a été notamment le cas en matière de liberté d'association (cf. *supra* n° 96), de liberté d'expression (2) ou encore en procédure pénale pour les privations de libertés et les écoutes téléphoniques (3) avec, notamment, la création d'un juge des libertés ; et en matière de garde à vue (4).

163. Et de fait, la Principauté n'a, à ce jour, été condamnée qu'à deux reprises par la Cour de Strasbourg. Une première condamnation, intervenue au terme d'une instance pénale, a été en fait véritablement *a minima*, uniquement pour la méconnaissance d'un droit qui n'est pas un droit substantiel, mais un simple droit procédural.

Le faible montant de la somme octroyée (6 000 €) au titre de la *satisfaction équitable* est d'ailleurs significatif de la portée de la décision (5), laquelle a été prise pour des faits antérieurs à l'instauration du dispositif d'indemnisation des détentions préventives indues dans le Code de procédure pénale (cf. *supra* n° 158).

En revanche, la seconde condamnation, intervenue, en 2013, n'a alloué aucune somme aux requérants au titre de la satisfaction équitable. Ainsi, si la Cour de Strasbourg a constaté une atteinte aux prescriptions de l'article 6 de la Convention à l'époque des faits, elle a reconnu – ce qui n'est pas anodin – que depuis cette période, des mesures adéquates ont été prises par les autorités monégasques (6). En effet, C'est ainsi que le 30 mai 2011, le Procureur général avait adressé une instruction écrite aux officiers de police judiciaire afin d'instaurer immédiatement dans la pratique la notification à toute personne gardée à vue de son droit à garder le silence et la possibilité de se faire assister par un avocat dès le début de la garde à vue. Par la suite, la loi n° 1.399 du 25 juin 2013 portant réforme du Code de procédure pénale en matière de garde à vue a été adoptée mettant ainsi la Principauté en conformité avec les exigences européennes. Pour le reste, Monaco n'a fait l'objet d'aucune autre condamnation. C'est ainsi qu'une requête sur fond de litige relatif au droit de visite et d'hébergement d'enfants de parents divorcés a été rejetée par radiation du rôle (7). Auparavant, une requête avait été déclarée irrecevable (8) et un arrêt particulièrement important a été rendu dans l'affaire *Fogwell c/ Monaco* puisque les juges européens ont validé la procédure devant la Cour de révision en précisant que l'absence d'audience publique et de débats devant la haute juridiction monégasque n'est pas contraire au droit à un procès équitable garanti par l'article 6 de la Convention européenne des droits de l'homme (9).

De même, la Cour européenne des droits de l'homme a déclaré irrecevable la requête faite par l'Ordre des Avocats concernant l'obligation déclarative de soupçon mise à la charge de ses membres au motif qu'il n'a pas la qualité de victime au sens de l'article 34 de la Convention (cf. *infra* n° 282) (10).

À l'heure actuelle, la Cour est saisie de deux recours à l'encontre de la Principauté en matière pénale.

---

(1) À ce sujet, le Groupe d'États contre la corruption (G.R.E.C.O.), dans son rapport d'évaluation de la Principauté du 1er octobre 2010, a reconnu le caractère satisfaisant de ce dispositif au regard des standards européens anti-corruption (G.R.E.C.O. RC-I/II (2010) 3F, § 38).

(2) Loi n° 1.299 du 15 juillet 2005 sur la liberté d'expression publique.

(3) Loi n° 1.343 du 26 décembre 2007, « *Justice et liberté* », portant modification de certaines dispositions du Code de procédure pénale.

(4) Loi n° 1.399 du 25 juin 2013 portant réforme du Code de procédure pénale en matière de garde à vue faisant présentement l'objet d'un recours devant le Tribunal suprême.

(5) CEDH, 16 juill. 2009, n° 43376/06, *Prencipe c/ Monaco*. La Cour a été saisie en vertu de l'article 34 de la Convention. La requérante alléguait la méconnaissance des articles 3 (interdiction des tortures et des traitements inhumains et dégradants) et 5, § 3 (droit d'être jugé dans un délai raisonnable), au soutien d'une requête fondée sur la durée excessive d'une détention provisoire en sus de la dénonciation de l'incompatibilité de l'état de santé physique et mental de la requérante avec son maintien en détention. La Cour a condamné partiellement la Principauté en concluant, d'une part, à la violation de l'article 5, § 3, considérant comme « déraisonnable » la durée de la détention préventive – presque quatre ans en l'espèce – et, d'autre part, à la non-violation de l'article 3, l'attitude des autorités monégasques ayant été reconnue irréprochable.

(6) CEDH, 24 oct. 2013, nos 62880/11, 62892/11 et 62899/11, *Navone et a. c/ Monaco*.

(7) CEDH, 10 juill. 2012, n° 11122/10, *F. de Baets c/ Monaco*.

(8) CEDH, 23 juin 2009, n° 48093/07, *Lynnik-Lorenzi c/ Monaco*.

(9) CEDH, 15 juin 2010, n° 14157/08, *Fogwell c/ Monaco*.

(10) CEDH, 21 mai 2013, n° 34118/11, *Ordre des Avocats-défenseurs et avocats près la cour d'Appel de Monaco c/ Monaco*.

II. – LE DROIT PRIVÉ D'UNE CITÉ-ÉTAT MODERNE

164. À l'instar du droit public, il serait faux de croire que le droit privé monégasque se confond avec le droit français. Les deux systèmes entretiennent cependant des liens de parenté – et donc d'analogie – tenant au fait que l'un et l'autre demeurent fondamentalement fidèles aux principes posés par le Code civil de 1804 et procèdent d'un ordre économique libéral. Mais l'analogie n'est pas l'identité.

Le droit monégasque se nourrit en effet de sa propre culture, historique, sociale et juridique (1). Ce qui le caractérise, c'est qu'il se propose de satisfaire à deux aspirations :

– celle, d'abord, à la fidélité globale au modèle classique traditionnellement offert par le Code civil français et qui consacre la famille, le contrat et la propriété en tant qu'institutions fondatrices de ce modèle ;

– celle, ensuite, de répondre aux exigences du développement économique et social d'une cité-État moderne particulièrement inscrit dans les relations internationales.

Les développements qui suivent n'ont pas pour objet d'être exhaustifs sur les particularismes et les traits spécifiques du droit privé monégasque, mais uniquement d'en offrir quelques illustrations significatives.

A. – LES PERSONNES

165. Sans doute et classiquement, le droit monégasque connaît-il des personnes physiques et des personnes morales. Mais chacun sait que leur régime ne participe pas d'une même nature. La personnalité juridique des personnes morales ne peut être assimilée à celle des personnes physiques. Cette dernière est indivisible dès lors qu'elle est l'image de l'homme projeté dans l'ordre juridique. C'est de cette finalité qu'elle tire son unité qui a une valeur philosophique autant que politique ; elle garantit l'égalité de tous devant la loi. La personnalité juridique des personnes morales est en revanche fonctionnelle, en ce sens qu'elle ne se voit attribuer de prérogatives qu'autant qu'elles répondent aux nécessités de son objet.

Telle est la raison pour laquelle l'évocation, ci-après, de la problématique générale de la reconnaissance de la personnalité morale aux groupements de personnes ou de biens à Monaco sera distincte de celle des particularités du régime et du mode de fonctionnement de certains d'entre eux, lesquelles ne seront examinées qu'au cours des développements relatifs au droit des activités économiques.

1. – DES PERSONNES PHYSIQUES ET DU PATRIMOINE FAMILIAL

166. Cette question est traitée dans le détail dans la présentation du droit monégasque figurant au Juris-Classeur *Droit comparé* auquel il convient de se référer utilement (2). Là encore, l'objectif des paragraphes ci-dessous est plus modestement de mettre en exergue divers particularismes remarquables du droit monégasque.

a) La nationalité

167. Le droit monégasque de la nationalité s'est construit selon un double mouvement qui a vu, d'une part, le principe du droit du sang (*jus sanguinis*) supplanter celui du droit du sol (*jus soli*) et, d'autre part, le régime de la transmission de la nationalité monégasque par les mères (*jus sanguinis a matre*) se rapprocher

(1) Cf. N. François, *De quelques remarques sur la spécificité du droit monégasque, op. cit.*

(2) Cf. G. Damy, O. Marquet, *Monaco, Incapacités, mariage, nationalité*, Fasc. 1 ; *Filiation, adoption, régimes matrimoniaux, successions*, Fasc. 2 ; *JCl. Droit comparé*, LexisNexis, 2008.

progressivement de celui de la transmission de la nationalité par filiation paternelle (*jus sanguinis a patre*) (1). C'est d'ailleurs au nom de l'égalité entre les hommes et les femmes qu'a été déconstitutionnalisée, à l'occasion de la réforme constitutionnelle de 2002, la règle selon laquelle est monégasque tout individu né, dans la Principauté ou à l'étranger, d'un père monégasque, rendant ainsi au domaine de la loi la définition de l'ensemble des modes d'acquisition de la nationalité.

Il reste que, d'une manière générale, les hypothèses d'acquisition de la nationalité sont limitées par la loi tant en raison de l'exiguïté du territoire que du caractère communautaire de la nation qui s'identifie et s'incarne dans la personne du Souverain sur le socle d'un lien personnel établi avec ses sujets au travers des âges.

168. D'origine coutumière, les premières dispositions textuelles du droit de la nationalité remontent à la promulgation du Code civil monégasque en 1818.

Les règles relatives à l'acquisition de la nationalité ont été pour la première fois édictées en dehors du Code civil par la loi n° 572 du 18 novembre 1952, laquelle marque également le début d'un long processus législatif vers l'instauration de l'égalité entre les hommes et les femmes dans la transmission de la nationalité monégasque par filiation, notamment en introduisant dans la législation la notion de « *naissance de trois générations successives à Monaco* » (2) ou en recourant à des dispositifs spécifiques, dits de rattrapage, propres à certaines catégories de personnes.

169. Si la communauté monégasque connaît alors un nouvel essor à la suite des nombreuses modifications législatives adoptées entre 1953 et 1990, celles-ci débouchent cependant, au plan juridique, sur un ensemble de textes, complexes et épars, dont la cohérence ne sera finalement retrouvée qu'avec la réforme la plus importante à ce jour du droit de la nationalité et sur laquelle repose la législation actuelle, savoir celle issue de la loi n° 1.155 du 18 décembre 1992 relative à la nationalité.

Aux termes de cette loi, la nationalité monégasque s'acquiert par filiation, déclaration ou naturalisation. La perte de la nationalité monégasque s'opère par déchéance automatique, notamment en cas d'acquisition volontaire d'une autre nationalité ou bien d'un service illégitimement accompli dans une armée étrangère, ou par répudiation volontaire. Sous certaines conditions, la réintégration dans la nationalité monégasque est prévue par la loi.

170. En ce qui concerne l'acquisition de la nationalité par filiation, l'article premier de la loi de 1992 distingue la filiation paternelle de la filiation maternelle. Ainsi, si pour être Monégasque, il importe d'être né d'un parent monégasque, des conditions supplémentaires sont toutefois exigées pour la transmission par la mère (3).

171. L'acquisition de la nationalité par déclaration est régie par les articles 2 et 3 de la loi de 1992. Elle se caractérise par le fait que dès lors que les conditions prescrites par la loi sont réunies, l'autorité compétente ne peut s'y opposer. *A contrario*, celle-ci a toute latitude pour accepter ou refuser les demandes de naturalisation.

L'acquisition de la nationalité par déclaration a été très récemment réformée par la loi n° 1.387 du 19 décembre 2011. Jusqu'à l'adoption de ce texte, si elle concernait les enfants mineurs qui font l'objet d'une adoption simple par un Monégasque, ce qui est toujours le cas, la voie de la déclaration n'était ouverte qu'à l'étrangère ayant épousé un Monégasque remplissant différentes conditions et en particulier une durée de vie maritale effective de cinq ans. L'homme étranger marié à une ressortissante monégasque, s'il souhaitait acquérir la nationalité de son épouse, devait quant à lui former une demande de naturalisation dans les conditions du droit commun.

En résultait une différence de traitement, sur le seul critère du sexe, entre personnes se trouvant, au regard de la règle de droit applicable, dans une catégorie identique, en l'occurrence celle de conjoint étranger de Monégasques. La constitutionnalité de ce dispositif se trouvait donc discutable, le Tribunal suprême de Monaco ayant, sur la base d'un principe général d'égalité, déduit des articles 17 et 32 de la Constitution (4) une jurisprudence comparable à celle du Conseil constitutionnel ou du Conseil d'État français.

Le Conseil national et le Gouvernement ayant partagé ce constat et convenu de la nécessité de rétablir une situation conforme à l'ordre constitutionnel, la loi n° 1.387 du 19 décembre 2011 est venue ouvrir la faculté déclarative indifféremment aux époux des deux sexes mais en portant de cinq à dix ans la durée de vie maritale effective nécessaire pour que la déclaration soit recevable. Contrairement aux naturalisés, les personnes

---

(1) Sur l'histoire du droit de la nationalité, cf. A. Sangiorgio, *L'évolution du droit de la nationalité monégasque : Revue de droit monégasque* n° 3, 2001, p. 141 à 186.

(2) Cette voie d'accès à la nationalité monégasque, dernière résurgence du *jus soli*, résultait de l'article 3 de la loi n° 572 du 18 novembre 1952. Elle a été abrogée par l'ordonnance-loi n° 672 du 2 octobre 1959.

(3) Double naissance monégasque dans cette branche, possession de la nationalité au moment de la naissance, acquisition de cette nationalité par naturalisation, par réintégration ou par déclaration hormis le cas du mariage.

(4) Art. 17 : « *Les Monégasques sont égaux devant la loi. Il n'y a pas entre eux de privilèges.* » Art. 32 : « *L'étranger jouit dans la Principauté de tous les droits publics et privés qui ne sont pas formellement réservés aux nationaux.* » cf. par exemple, Tribunal suprême, 6 nov. 2001, *Assoc. des locataires de Monaco*.

acquérant la nationalité monégasque par déclaration ne sont pas tenues de renoncer à leur(s) nationalité(s) antérieure(s) mais ne peuvent, en cas de dissolution du lien matrimonial, transmettre la nationalité monégasque aux enfants nés d'un autre lit (1). Sont ainsi évités les cas d'éventuelle apatridie (2), sans pour autant que le statut de sujet du Prince puisse résulter de naissances survenant hors du sein de la communauté monégasque proprement dite.

172. La voie de la naturalisation est, quant à elle, réglée par les articles 5 et 6 de la loi de 1992. En vertu de l'article 15 de la Constitution monégasque, après consultation du Conseil de la Couronne (3), le Prince exerce seul le droit de naturalisation et de réintégration dans la nationalité. Il procède à cet égard par ordonnance souveraine qui, prise en vertu d'un pouvoir régalien, n'est pas une décision administrative de droit commun. Ainsi, le refus de naturaliser échappe à l'exigence légale de motivation (4).

Après enquête sur la moralité et la situation du postulant, la naturalisation peut être octroyée à toute personne de plus de 18 ans ayant résidé au moins dix ans à Monaco, le Prince ayant toutefois la possibilité de déroger à cette condition au bénéfice de l'étranger qu'il juge digne de cette faveur. Lorsqu'elle est accordée, la naturalisation emporte obligation, pour son bénéficiaire, de renoncer à sa (ou ses) nationalité(s) antérieure(s). Au titre de l'effet dit collectif de la naturalisation, la loi étend automatiquement aux enfants mineurs du père ou de la mère naturalisé le bénéfice de la nationalité monégasque en vue d'assurer l'unité de nationalité au sein d'une famille.

b) Le droit de la famille

173. Seront à ce titre successivement abordés le mariage, la filiation, l'autorité parentale, les régimes matrimoniaux et les successions.

– Le mariage

174. Les règles qui régissent le mariage sont prévues par les articles 116 et suivants du Code civil et sont d'inspiration très proche de celles du droit français, tout en présentant toutefois une autonomie incontestable. C'est ainsi que le mariage obéit à des conditions de formation proches du droit français. Il en va de même des sanctions qui leur sont attachées. La proximité du droit monégasque avec le droit français est également manifeste au regard des effets du mariage.

175. S'agissant des principales **conditions de formation du mariage,** il peut tout d'abord être indiqué que pour qu'un mariage soit célébré sur le territoire de la Principauté, l'un des futurs époux doit y être domicilié ou y séjourner depuis plus d'un mois, sauf la possibilité pour le procureur général d'abréger ce délai (5).

---

(1) L'exposé des motifs de la loi n° 1.387 du 19 décembre 2011 prend la précaution d'expliciter la constitutionnalité de cette différence de traitement entre personnes de nationalité monégasque en précisant que, pour le législateur, naturalisés et déclarants ne se trouvent pas dans des catégories identiques : « [...] *la naturalisation a la nature juridique d'un acte de Souveraineté du Chef de l'État exerçant l'une des prérogatives régaliennes prévues par l'article 15 de la Constitution. Ainsi, pour le naturalisé, tout se passe comme s'il avait reçu la nationalité à sa naissance si ce n'est que pour garantir son "arrimage" à la communauté des sujets du Prince, la loi l'oblige à se défaire de sa ou de ses précédentes appartenances nationales mais en lui permettant corrélativement de transmettre la nationalité monégasque à ses enfants mineurs.* Mutatis mutandis, *le traitement des adoptés est, pour des motifs du même ordre, similaire à celui des naturalisés. La faculté, pour les épouses ou époux de Monégasques, d'opter pour la nationalité monégasque par déclaration a, en revanche, une nature juridique éminemment distincte de celle de la naturalisation. Effectivement, loin de résulter d'un acte de Souveraineté, l'entrée en possession de la nationalité monégasque ne procède, dans ce cas, que de l'effet attaché par la loi à un accord de volonté entre deux personnes privées, en l'occurrence le contrat de mariage. Il y a donc bien là deux catégories susceptibles d'être régies différemment par la loi au regard de la transmission de la nationalité dès lors que, depuis toujours, la législation de la Principauté en ce domaine a eu pour objectif la maîtrise du nombre de Monégasques, la cohésion de la communauté nationale ainsi que la préservation de son identité.* »

(2) D'autant que la loi (art. 21-1) fait, sous peine de sanctions pénales, interdiction au conjoint devenu Monégasque par déclaration de renoncer à sa ou ses nationalités antérieures.

(3) Le Conseil de la Couronne est un organe consultatif institué par le titre VIII de la Constitution. Composé de sept membres de nationalité monégasque, il est obligatoirement consulté sur divers sujets parmi lesquels les demandes de naturalisation et de réintégration.

(4) Loi n° 1.312 du 29 juin 2006, art. 7 et travaux préparatoires (cf. débats du Conseil national, séance publique du 6 juin 2006, annexe au *Journal de Monaco* n° 7.795 du 16 février 2007, p. 2542).

(5) C. civ., art. 139, p. 165.

L'officier d'état civil interpelle les futurs époux sur l'existence d'un contrat de mariage, à défaut duquel le régime légal s'applique, savoir la séparation de biens (1), ce qui distingue le droit monégasque du droit français où le régime légal est la communauté d'acquêts (2).

Le mariage célébré à l'étranger entre Monégasques ou entre un Monégasque et un étranger est valable à la double condition que la publication en mairie de Monaco prescrite à l'article 51 du Code civil ait été effectuée, d'une part, et que l'époux monégasque n'ait point contrevenu à l'une des prescriptions prévues à peine de nullité par le Code civil, d'autre part.

À l'instar du droit français, le Code civil affirme le principe selon lequel il n'y a point de mariage sans consentement (3). En revanche, le mariage entre deux personnes de même sexe est expressément exclu par le code au titre des causes de nullité du mariage (4), ce qui constitue également une singularité au regard du pays voisin où, avant la loi n° 2013-404 du 17 mai 2013 la jurisprudence avait dû préciser, en l'absence de dispositions expresses du Code civil que le mariage ne pouvait être célébré qu'entre personnes de sexe différent (5), et où, depuis ladite loi, le mariage est désormais ouvert aux conjoints de même sexe.

Pour pouvoir se marier, **avant la loi n° 1.382 du 20 juillet 2011 relative à la prévention et à la répression des violences particulières** (6), l'homme devait avoir 18 ans et la femme 15 ans au moins, le Prince pouvant accorder des dispenses d'âge pour motifs graves. Cette loi est venue modifier l'article 116 du Code civil afin de relever, pour la femme, l'âge minimum légal du mariage et de le porter à 18 ans, comme le fit la France avec la loi n° 2006-399 du 4 avril 2006. Il s'agit en fait là de satisfaire à des recommandations européennes et internationales visant à prévenir les pratiques de mariage forcé (7). Dans cette optique, la loi du 20 juillet 2011 a également complété l'article 51 du Code civil pour octroyer à l'officier de l'état civil la possibilité d'auditionner, s'il l'estime nécessaire, les futurs époux en vue de s'assurer de l'existence et de l'intégrité de leur consentement à se marier ensemble. En présence d'indices sérieux laissant présumer que le mariage envisagé pourrait être annulé soit pour absence de consentement d'au moins l'un des futurs époux, soit pour violence viciant le consentement d'au moins l'un d'entre eux, l'officier d'état civil a désormais l'obligation de refuser de procéder à la publication des bans ou à la célébration du mariage. Le nouvel article 136-1 du Code civil, introduit par la loi susmentionnée, prévoit alors la procédure à suivre.

Le Code civil affirme le caractère monogamique du mariage en disposant qu'un nouveau mariage ne peut être célébré avant la dissolution du précédent (8).

Un délai de viduité de trois cent dix jours, qui n'existe plus en droit français, est imposé à la veuve, à la femme divorcée, ainsi qu'à la femme dont le mariage a été annulé. Toutefois ce délai prend fin en cas d'accouchement de la femme, puisque cette mesure a pour objet de laisser aux éventuels enfants du premier mari le temps de naître sous la seule présomption de sa paternité (9).

Le Code civil prohibe le mariage incestueux, entre parents et alliés légitimes ou naturels en ligne directe à tous les degrés, et en ligne collatérale jusqu'au quatrième degré (10).

176. Quant à la **sanction des conditions de formation du mariage**, les juges du fond ont un pouvoir souverain pour apprécier si la méconnaissance des dispositions relatives à la célébration du mariage justifie la nullité du mariage (11).

Tel n'est en revanche pas le cas des exigences relatives aux conditions tenant au consentement, aux conditions d'âge et aux causes d'empêchement posées aux articles 116 à 122, 124, 125, 130 et 131 du Code Civil, lesquelles sont prescrites à peine de nullité, à l'instar de celle proscrivant le mariage entre personnes du même

(1) C. civ., art. 141, p. 165.

(2) C. civ. français, art. 1401, p. 280.

(3) C. civ., art. 116, p. 163.

(4) C. civ., art. 147, p. 166.

(5) Cass. 1re civ., 13 mars 2007, note M. Avazant : *Dr. famille* n° 4, avr. 2007, comm. 76.

(6) *Journal de Monaco* du 29 juillet 2011. Ce texte vise à renforcer la prévention et la répression des actes de violences commis notamment dans le cadre familial, à l'encontre du conjoint ou des enfants, et tend plus largement à la protection de toutes personnes vulnérables (cf. *supra*).

(7) Ces recommandations ont notamment émané du comité *ad hoc* pour prévenir et combattre les violences à l'égard des femmes et les violences domestiques (CAHVIO) du Conseil de l'Europe, lequel a élaboré la Convention européenne sur la prévention et la lutte contre la violence à l'égard des femmes et la violence domestique (STCE n° 210) signée par la Principauté en septembre 2012.

(8) C. civ., art. 125, p. 163.

(9) C. civ., art. 126, p. 163 à art. 129, p. 164.

(10) C. civ., art. 130 et 131, p. 164.

(11) C. civ., art. 152, p. 166.

sexe (1). Depuis la loi n° 1.382 du 20 juillet 2011 susmentionnée, la contrainte résultant d'une crainte révérencielle envers autrui, et notamment un ascendant, entraîne la nullité du mariage, l'objectif étant, à nouveau, de protéger les victimes de mariage forcé.

177. Pour ce qui est des **effets du mariage**, l'analyse révèle qu'ils restent traditionnellement semblables en droit français et en droit monégasque.

Ainsi, par le seul effet du mariage, les époux contractent ensemble l'obligation de nourrir, entretenir et élever leurs enfants (2).

Les enfants doivent des aliments à leurs père et mère ainsi qu'à tous autres ascendants dans le besoin. De même la succession de l'époux décédé doit des aliments à l'époux survivant. L'obligation alimentaire pèse également sur les gendre et belle-fille à l'égard de leurs belle-mère et beau-père, mais seulement jusqu'au remariage éventuel ou jusqu'au décès de celui des époux qui produisait l'affinité et des enfants issus de son union (3).

178. Pour le reste, les dispositions du chapitre VI du Code civil relatif aux **droits et devoirs respectifs des époux** sont applicables quel que soit le régime matrimonial des époux (4). Ainsi, les époux se doivent mutuellement fidélité, secours et assistance (5). Ils assurent ensemble la direction morale et matérielle de la famille et contribuent à son entretien. Ils pourvoient à l'éducation des enfants et préparent leur avenir (6).

Chaque époux a pleine capacité de passer seul les contrats nécessaires à l'entretien du ménage et à l'entretien des enfants. Sauf disposition contraire du contrat de mariage, les époux contribuent aux charges du mariage en proportion de leurs facultés respectives, en tenant compte éventuellement de l'activité au sein du foyer ou de l'aide apportée à la profession du conjoint (7).

Les époux s'obligent à une communauté de vie. En cas de désaccord ou en cas de danger moral ou physique, le juge tutélaire peut fixer la résidence ou autoriser les époux à avoir des domiciles distincts. Les époux ne peuvent, l'un sans l'autre, disposer des biens par lesquels est assuré le logement familial, ni des meubles meublants dont il est garni, à peine de nullité de l'acte de disposition (8).

Chacun des époux perçoit seul ses gains et salaire, peut en disposer librement après s'être acquitté de sa contribution aux charges du ménage, et peut se faire ouvrir seul un compte de dépôt ou de titres (9).

En cas de manquement grave d'un époux à ses devoirs mettant en péril les intérêts de la famille, le juge tutélaire prescrit par ordonnance toute mesure urgente (10).

179. En ce qui concerne la **dissolution du mariage** et à l'instar là encore du droit français, elle ne peut intervenir que par la mort de l'un des époux ou par le divorce (11), hormis le relâchement du lien conjugal permis par la séparation de corps (12).

180. En matière de **divorce**, le Tribunal de première instance est compétent lorsque le défendeur a son domicile à Monaco. Il en est de même lorsque le domicile conjugal est en dehors de la Principauté mais que l'un des époux au moins est de nationalité monégasque (13). Toutefois, le défendeur peut décliner la compétence de la juridiction monégasque s'il rapporte la preuve qu'il a son domicile de fait et de droit à l'étranger (14) à condition de soulever l'incompétence *in limine litis* (15).

Le divorce par consentement mutuel des époux est une évolution récente de la législation monégasque (16), qui connaît six cas de divorce énoncés aux articles 197 à 199 du Code civil, savoir :

- pour faute ;
- pour rupture de la vie commune, lorsque les époux vivent séparés de fait depuis trois ans lors de la présentation de la requête en divorce ;

(1) C. civ., art. 147 et s., p. 166. Cette différence est désormais caractérisée avec le droit français qui, depuis la loi n° 2013-404 du 17 mai 2013 reconnaît le mariage entre personnes de même sexe.
(2) C. civ., art. 172, p. 167.
(3) C. civ., art. 174 et 175, p. 167.
(4) C. civ., art. 195, p. 169.
(5) C. civ., art. 181, p. 167.
(6) C. civ., art. 182, p. 168.
(7) C. civ., art. 185, p. 168.
(8) C. civ., art. 187, p. 168.
(9) C. civ., art. 189, p. 168 et art. 194, p. 169.
(10) C. civ., art. 191, p. 168 à art. 193, p. 169.
(11) C. civ., art. 196, p. 169.
(12) C. civ., art. 206-1, p. 175 à art. 206-12, p. 176.
(13) C. civ., art. 1er, p. 145 à art. 5, p. 145.
(14) CPC, art. 4, p. 355.
(15) CPC, art. 262, p. 379.
(16) Loi n° 1.336 du 12 juillet 2007 ; cf. B. Beignier, *Monaco, le droit des Princes* : *Dr. famille* 2007, repère 8 ; S. Ben Hadj Yahia, *Le nouveau droit du divorce dans la Principauté de Monaco* : *Dr. famille* 2007, étude 29.

– pour condamnation pénale du conjoint sanctionnant une infraction qui rend intolérable le maintien du lien conjugal, à moins que l'époux demandeur n'ait connu l'infraction avant le mariage ;

– pour maladie du conjoint dont la gravité et la durée sont de nature à compromettre dangereusement l'équilibre de la famille ;

– à la demande de l'un des époux, sans considération des faits à l'origine de la rupture lorsque le principe de celle-ci est accepté par les deux époux ;

– à la demande conjointe des époux lorsqu'ils consentent d'un commun accord au divorce.

– La filiation

181. Le droit monégasque de la filiation figure aux articles 207 à 239-8 du Code civil et a été modifié lors de réformes intervenues avec les lois n° 1.089 du 21 novembre 1985 et n° 1.278 du 29 décembre 2003. Il a notamment été mis fin, par ce dernier texte, aux inégalités qui existaient jusqu'alors au détriment des enfants adultérins ou incestueux (1).

Les actions relatives à la filiation sont de la compétence exclusive du Tribunal de première instance (2).

182. En matière de **filiation légitime**, le Code civil institue une présomption de paternité du mari de la mère, au profit de l'enfant conçu pendant le mariage et de celui qui est né avant le cent-quatre-vingtième jour du mariage (3). Toutefois, le mari peut combattre cette présomption par l'action en désaveu (4). De même, la mère peut contester la présomption de paternité du mari mais seulement aux fins de légitimation (5).

La filiation d'un enfant légitime se prouve par son acte de naissance, et à défaut par la possession d'état d'enfant légitime, à condition qu'elle rattache l'enfant de manière indivisible à ses père et mère (6).

183. Au sujet de la **filiation hors mariage**, depuis la loi n° 1.278 du 29 décembre 2003, le Code civil affirme désormais que dans ses rapports non patrimoniaux avec ses père et mère, l'enfant né hors mariage a les mêmes droits et les mêmes devoirs que l'enfant légitime (7). La filiation est ainsi établie soit par reconnaissance volontaire, soit par décision de justice à la suite d'une action en recherche de paternité ou de maternité (8).

184. Et la **légitimation** peut bénéficier à tous les enfants nés hors mariage, pourvu que leur filiation ait été établie à l'égard de leurs deux auteurs par reconnaissance volontaire ou par jugement (9).

– L'autorité parentale

185. De ce point de vue, la loi n° 1.278 du 29 décembre 2003 précitée a modifié en profondeur le régime applicable. Ce sont désormais les père et mère qui exercent en commun et à égalité l'autorité parentale sur leur enfant mineur, jusqu'à l'âge de dix-huit ans (10).

Il convient d'ailleurs de souligner que l'âge de la majorité, jusqu'alors établi à vingt et un ans, a été fixé à dix-huit ans par la loi n° 1.278 du 29 décembre 2003.

Depuis la loi n° 1.382 du 20 juillet 2011 relative à la prévention et à la répression des violences particulières, il est désormais expressément prévu que l'exercice du droit de visite et d'hébergement ne peut être refusé à l'un des père et mère que s'il existe des motifs graves destinés à préserver l'intérêt de l'enfant. Toutefois, lorsque la continuité et l'effectivité des liens de l'enfant avec ce parent le nécessitent, un droit de visite dans un espace de rencontre peut être organisé par le juge (11).

---

(1) Par cette réforme, la Principauté a également anticipé une possible condamnation par la Cour européenne des droits de l'homme qui considère qu'il n'existe « *aucun motif de nature à justifier une discrimination fondée sur la naissance hors mariage. En tout état de cause, l'enfant adultérin ne saurait se voir reprocher des faits qui ne lui sont pas imputables* » ; CEDH, 1er févr. 2000, *Mazurek c/ France*. Tirant les conséquences de cette décision, la France abrogea toutes les dispositions constituant une discrimination à l'égard des enfants adultérins par la loi n° 2001-1135 du 3 décembre 2001.

(2) C. civ., art. 210, p. 181.

(3) C. civ., art. 215 et 216, p. 181.

(4) C. civ., art. 216, p. 181 à art. 224, p. 182.

(5) C. civ., art. 225, p. 182.

(6) C. civ., art. 226 et 226-1, p. 182.

(7) C. civ., art. 227, p. 184.

(8) C. civ., art. 232, p. 184 à art. 239-5, p. 185.

(9) C. civ., art. 226-9, p. 183 à art. 226-14, p. 184.

(10) C. civ., art. 298 et s., p. 191.

(11) C. civ., art. 204-7, p. 175.

La loi prévoit des mesures d'assistance éducative à l'égard de tout mineur dont la santé, la sécurité, la moralité ou l'éducation sont compromises (1) et envisage les cas où les parents peuvent se voir retirer totalement ou partiellement l'autorité parentale (2). Ainsi, par exemple, celle-ci peut être retirée aux parents lorsqu'ils compromettent la santé, la sécurité, la moralité ou l'éducation d'un de leurs enfants ou lorsqu'ils sont condamnés en raison d'un crime ou d'un délit commis sur la personne d'un de leurs enfants (3).

186. Dans le même ordre d'idées et à l'instar de la loi française n° 2010-769 du 9 juillet 2010 relative aux violences faites spécifiquement aux femmes, aux violences au sein des couples et aux incidences de ces dernières sur les enfants, la loi n° 1.382 du 20 juillet 2011, précitée (cf. *supra* n° 123), crée l'ordonnance de protection (4) qui vise à protéger la victime d'actes de violence. Cette ordonnance, rendue par le président du Tribunal de première instance dans les vingt-quatre heures de sa saisine, permet notamment d'interdire à l'auteur des violences d'entrer par quelque moyen que ce soit en relation avec la victime. Surtout, elle permet, lorsque la victime habite avec l'auteur des violences, de lui attribuer la jouissance du logement.

– Les régimes matrimoniaux

187. Avec la loi n° 886 du 25 juin 1970, le régime légal de la séparation de biens remplace celui de la communauté de meubles et acquêts (5), le droit monégasque se distinguant à cet égard nettement du droit français. Le principe affirmé est celui de la liberté des conventions, sous réserve d'être passées par acte notarié (6), et n'être ni contraires aux bonnes mœurs, ni aux règles concernant l'autorité parentale, ni celles intéressant l'administration légale ou la tutelle ainsi que celles qui déterminent l'ordre successoral (7).

En outre, le principe de la mutabilité des conventions matrimoniales a été admis dans l'intérêt de la famille (8). C'est ainsi que lorsque l'intérêt de la famille le justifie, les époux peuvent par acte notarié modifier les conventions matrimoniales qu'ils avaient passées, ou remplacer le régime légal qu'ils avaient adopté pour un nouveau régime contractuel. Toutefois, le juge exerce un contrôle rigoureux, lors de la procédure d'homologation prévue par la loi (9), afin d'empêcher toute fraude aux droits des descendants ou à la poursuite de créanciers.

– Les successions

188. La spécificité du droit monégasque est manifeste en ce qui concerne le droit des successions. S'il est proche du droit français notamment du fait de l'existence de la réserve héréditaire destinée à protéger les intérêts des enfants du défunt, les règles de la dévolution successorale ne sont toutefois pas identiques à celles du droit français.

189. En l'absence de dispositions de dernières volontés, les règles de **dévolution successorale** figurent aux articles 614 à 649 du Code civil. Le principe est celui d'une dévolution au profit des descendants du défunt, de ses ascendants, de ses collatéraux et de son conjoint contre qui n'a pas été prononcée une décision irrévocable de séparation de corps. Il est à noter que le conjoint survivant qui vient en concours avec un ou des descendants du défunt recueille une part égale à celle d'un enfant sans que cette part puisse être inférieure au quart de la succession (10).

En outre, le conjoint survivant recueille l'intégralité de la succession du défunt dans tous les cas où il ne vient pas en concours avec soit des descendants, soit des ascendants, soit des frères ou sœurs ou descendants de ceux-ci (11).

Enfin, une succession en déshérence est acquise au domaine privé de l'État (12).

190. Le principe selon lequel nul ne peut être contraint de demeurer dans l'indivision perdure (13) et permet à tous les cohéritiers de solliciter le partage à l'amiable par acte authentique ou sous seing privé, ou, à défaut, judiciairement (14).

(1) C. civ., art. 317, p. 193.
(2) C. civ., art. 323 et s., p. 193.
(3) C. civ., art. 323 et 323-1, p. 193.
(4) C. civ., art. 24-1, p. 150.
(5) C. civ., art. 1235, p. 277.
(6) C. civ., art. 1240 et 1241, p. 278.
(7) C. civ., art. 1236, p. 277.
(8) C. civ., art. 1243, p. 278.
(9) CPC, art. 819, p. 444 à art. 829, p. 445.
(10) C. civ., art. 640 et 641, p. 224.
(11) C. civ., art. 649, p. 224.
(12) C. civ., art. 435, p. 207.
(13) C. civ., art. 696, p. 231.
(14) CPC, art. 913 et s., p. 454.

191. Le droit des successions ne distingue désormais plus entre les enfants légitimes et naturels pour le calcul de la réserve héréditaire (1). La quotité disponible est définie aux articles 780 à 783 du Code civil.

192. Comme en droit français, les **libéralités** ne peuvent excéder la moitié des biens si le disposant laisse un seul enfant, le tiers s'il en laisse deux, le quart s'il en laisse trois ou un plus grand nombre (2).

En revanche, subsiste une disposition abrogée en droit français selon laquelle les libéralités ne peuvent excéder la moitié des biens si, à défaut d'enfants, le défunt laisse un ou plusieurs ascendants dans chacune des lignes paternelle et maternelle, et les trois quarts s'il ne laisse d'ascendants que dans une seule ligne (3). Le droit monégasque conserve ainsi une réserve au profit des ascendants.

À défaut d'ascendants et de descendants, les libéralités peuvent épuiser la totalité des biens.

L'époux peut, soit par contrat de mariage, soit pendant le mariage, en l'absence de descendants, disposer en faveur de son conjoint, en propriété, de tout ce dont il peut disposer en faveur d'un étranger et, en outre, de la nue-propriété de la portion réservée aux ascendants par l'article 781 (4).

Il importe de souligner que les donations entre époux sont toujours révocables (5).

193. Des règles de forme particulières sont exigées à peine de nullité en ce qui concerne les donations (6) et les testaments (7).

194. La loi monégasque en matière successorale (8) recèle enfin une particularité notable avec la possibilité pour les personnes qui, en vertu de leur loi nationale, ont la faculté de régler le sort de leurs biens par donation ou par testament suivant un système de trust, d'utiliser cette technique sur le territoire de la Principauté. Le trust doit être établi par acte authentique.

c) Le trust

195. Le droit positif monégasque reconnaît donc, depuis l'entre-deux-guerres, la validité et les effets d'un trust sur le territoire de la Principauté, « *pour les personnes qui en vertu de leur statut personnel ont la faculté de régler le sort de leurs biens de leur vivant ou après leur mort suivant un régime par elles choisi de trust* » (9). Cette terminologie désigne principalement les personnes dont le statut personnel est celui de la *common law*, issu de l'ancien droit britannique.

La Principauté a en outre adhéré à la Convention conclue à La Haye le 1er juillet 1985 relative à la loi applicable au trust et à sa reconnaissance (10), qui a pour objet de régler les conflits de lois applicables aux trusts.

Il s'avère par conséquent possible, principalement pour des ressortissants de pays anglo-saxons, de constituer un trust sur le territoire de la Principauté, sous réserve de respecter les conditions de forme imposées à peine de nullité par la loi monégasque, savoir pour les trusts testamentaires, suivre les règles de formes imposées pour les testaments par acte public ou mystique (11) et pour les trusts *inter vivos*, faire application des règles de forme prévues pour les donations entre vifs (12) qui exigent un acte notarié.

Ne peuvent agir en qualité de trustee que les personnes morales et, à titre de co-trustee ou de représentant local, les personnes physiques figurant sur une liste spéciale dressée et mise à jour par le premier président de la Cour d'appel sur proposition du procureur général.

Les contestations relatives à la constitution, au transfert de trusts dans la Principauté ou au fonctionnement de ceux-ci sont de la compétence des tribunaux monégasques qui font alors application de la loi étrangère régissant le trust.

Des droits d'enregistrement proportionnels sont dus lors de la constitution ou du transfert des trusts dans la Principauté (13).

---

(1) Loi n° 1.278 du 29 décembre 2003.
(2) C. civ., art. 780, p. 238.
(3) C. civ., art. 781, p. 238.
(4) C. civ., art. 949, p. 253.
(5) C. civ., art. 951, p. 253.
(6) C. civ., art. 798 et s., p. 241.
(7) C. civ., art. 833 et s., p. 244.
(8) Loi n° 214 du 27 février 1936 portant révision de la loi n° 207 du 12 juillet 1935 sur les trusts.
(9) *Idem* ; sur l'ensemble de la question, cf. P.-J. Douvier, *Monaco, juridique, fiscal, social, comptable*, dossiers internationaux, Francis Lefebvre, 4e éd., 2003, n° 72, p. 35.
(10) Ordonnance Souveraine n° 1.755 du 1er août 2008 rendant exécutoire la Convention relative à la loi applicable au trust et à sa reconnaissance adoptée à La Haye le 1er juillet 1985.
(11) C. civ., art. 837, p. 244 à art. 847, p. 245.
(12) C. civ., art. 798, p. 241.
(13) Loi n° 214 du 27 février 1936, art. 6 à 9.

196. Il est à noter qu'une loi n° 1.373 du 5 juillet 2010 est venue modifier la loi n° 56 du 29 janvier 1922 qui fixe le régime des fondations (cf. *infra* n° 202) afin de prévoir que leur création peut désormais résulter d'une volonté testamentaire (1).

Un projet de loi relative au droit international privé a été déposé devant le Conseil National. Celui-ci vient clarifier et compléter l'état des règles applicables en matière de conflits de juridictions et de conflits de lois, en ce qui concerne le droit des personnes et de la famille, y compris le droit des successions, le droit des obligations contractuelles et extracontractuelles, ainsi que le droit des biens et des trusts (2).

2. – DES GROUPEMENTS DE DROIT PRIVÉ ET DE LEUR PERSONNALITÉ MORALE

197. Monaco connaît de nombreux groupements de personnes ou de biens (a), mais la question qui retiendra particulièrement l'intérêt ici est celle de savoir s'ils sont, ou non, dotés de la personnalité juridique et, dans l'affirmative, à quel moment de leur constitution ils l'acquièrent (b).

a) Les groupements de droit privé

Les sociétés

198. Quelques traits spécifiques aux sociétés monégasques méritent d'être soulignés.

L'article 1670 du Code civil dispose tout d'abord que : « *La société est un contrat par lequel deux ou plusieurs personnes conviennent de mettre quelque chose en commun, dans la vue de partager le bénéfice qui pourra en résulter.* » Il s'agit d'une définition traditionnelle qui caractérise la société par la recherche « *d'un gain pécuniaire ou matériel qui ajouterait à la fortune de l'associé* » et qui du même coup n'inclue pas, en principe, dans son champ les groupements dont les membres cherchent « *à profiter de l'économie qui pourrait résulter de l'entreprise commune* ». C'est ainsi que si la société civile de moyen n'est pas une forme consacrée par les textes, la législation est cependant suffisamment souple pour en permettre l'existence en pratique.

C'est encore un trait spécifique de la loi monégasque que de reconnaître la société universelle (3), contrat par lequel : « *les parties mettent en commun tous les biens meubles et immeubles qu'elles possèdent actuellement... et les profits qu'elles pourront en tirer...* ».

Dans le principe, les sociétés sont civiles ou commerciales, non pas à raison de leur forme, mais de leur objet. Ainsi, une société anonyme monégasque (4) à objet civil relève d'un statut de droit civil et échappe de la sorte aux procédures collectives réservées aux commerçants (5). Une exception cependant : la société à responsabilité limitée introduite à Monaco par la loi n° 1331 du 8 janvier 2007 (6) qui sans être littéralement commerciale par la forme, ne peut avoir d'objet social que commercial. De même que les sociétés en nom collectif sont nécessairement commerciales, puisqu'elles ont pour objet légal « de faire le commerce » (7) ; il en est également ainsi des « associations commerciales en participation » (8). Cette dernière forme sociétale, disparue dans le droit du pays voisin par suite de son remplacement par la société en participation avec la loi du 24 juillet 1966, a pour trait caractéristique principal de n'exister qu'entre les associés et de ne pas être dotée de la personnalité morale.

Les associations

199. Le statut des associations a été réformé par la loi n° 1.355 du 23 décembre 2008. Cette loi a abrogé la loi n° 1.072 du 27 juin 1984, laquelle était elle-même consécutive à plusieurs autres textes dont les plus anciens remontaient au début du XXe siècle. Le principe directeur de la loi nouvelle est d'assurer la conformité du droit monégasque à la Convention européenne des droits de l'homme (cf. *supra* n° 96) en libéralisant les conditions de constitution des associations tout en instaurant un agrément administratif générateur de droits et d'obligations.

---

(1) Loi n° 1.373, 5 juill. 2010 : *Journal de Monaco*, 9 juill. 2010.
(2) Projet de loi n° 912 relative au droit international privé (www.conseil-national.mc).
(3) C. civ., art. 1674 et s., p. 312.
(4) Ordonnance du 5 mars 1895 sur les sociétés anonymes et en commandite par actions.
(5) C. com., art. 408 et s., p. 629.
(6) C. com., art. 35-1, p. 608 à art. 35-5, p. 609.
(7) C. com., art. 27, p. 607.
(8) C. com., art. 54, p. 613 à art. 57, p. 613.

L'association est classiquement définie comme une convention par laquelle deux ou plusieurs personnes décident de mettre en commun de façon permanente leurs activités ou leurs connaissances dans un but autre que de partager des bénéfices.

Les statuts doivent respecter les conditions suivantes (1) :

- le siège social doit être établi à Monaco. Il ne peut être transféré hors de la Principauté ;
- les activités de l'association doivent être principalement exercées à Monaco, à moins qu'elles doivent, en raison de leur nature, être nécessairement exercées hors de la Principauté ;
- l'assemblée générale des sociétaires doit être investie des pouvoirs suprêmes et, à ce titre, elle doit élire l'organe d'administration ou approuver les nominations en cas de cooptation ;
- les administrateurs doivent être majeurs et jouir de leurs droits civils ;
- la majorité des administrateurs doit être domiciliée dans la Principauté ;
- en cas de dissolution de l'association et quel que soit le mode de dévolution de son patrimoine, les sociétaires ne peuvent se voir attribuer une part quelconque des biens de l'association en dehors de la reprise des apports.

Des exceptions aux conditions énoncées sont prévues lorsque l'association est de nature à contribuer au prestige et au rayonnement de la Principauté (2).

Les associations se forment librement sans autorisation ni déclaration préalable. Toutefois, est nulle et de nul effet toute association dont l'objet est contraire à la loi, porte atteinte à l'indépendance ou aux institutions de la Principauté, aux libertés et droits fondamentaux, à l'ordre public ou aux bonnes mœurs ou qui revêt un caractère sectaire (3).

Pour l'acquisition de la personnalité morale et de la capacité juridique, l'association doit procéder aux formalités légales de déclaration auprès du Ministre d'État et de publication au *Journal de Monaco* (4).

200. Un agrément peut être accordé aux associations à l'issue d'une période de trois ans, ou lorsqu'elles ont pour objet la défense des intérêts de victimes ou de consommateurs, lorsque l'activité poursuit un but d'intérêt général, concourt à une mission de service public ou permet une participation à des manifestations internationales (5). L'agrément permet de pouvoir bénéficier de l'allocation de subventions et confère la possibilité d'agir en justice (6).

201. Enfin, la législation monégasque organise les **fédérations** d'associations qui sont soumises aux mêmes règles que les associations, sous réserve de se soumettre à une déclaration particulière (7) et d'accepter l'adhésion des associations qui entrent dans leur domaine d'activité (8).

Les fondations

202. Les fondations ne sont rien d'autre qu'une forme d'affectation patrimoniale. La loi n° 56 du 29 janvier 1922 sur les fondations prévoit que par simple déclaration de volonté notariée, une personne de son vivant peut constituer une fondation dont le patrimoine est administré de façon autonome dans le respect des articles 13 et suivants de ladite loi. En outre, une fondation peut aussi être constituée par voie testamentaire.

Comme précédemment indiqué, les fondations ont fait l'objet d'une récente réforme avec la loi n° 1.373 du 5 juillet 2010 qui a eu pour objet de renforcer le contrôle des fonds dont les fondations ont la charge et la disposition.

203. Elles sont soumises à autorisation (9) délivrée par ordonnance souveraine, après avis du conseil communal, du Conseil d'État et de la commission de surveillance des fondations. Cette commission est un organe administratif *ad hoc* institué par la loi n° 56 du 29 janvier 1922.

Pour être autorisée, une fondation doit :

- poursuivre un but conforme à l'ordre public et aux bonnes mœurs ;
- répondre à un besoin d'intérêt général ;
- disposer d'une dotation suffisante par rapport au but proposé.

---

(1) Loi n° 1.355 du 23 déc. 2008, art. 3, p. 1222.
(2) Loi n° 1.355 du 23 déc. 2008, art. 4, p. 1222.
(3) Loi n° 1.355 du 23 déc. 2008, art. 6, p. 1222.
(4) Loi n° 1.355 du 23 déc. 2008, art. 7, p. 1222.
(5) Loi n° 1.355 du 23 déc. 2008, art. 14 à 20, p. 1224.
(6) Loi n° 1.355 du 23 déc. 2008, art. 16, p. 1224.
(7) Loi n° 1.355 du 23 déc. 2008, art. 25, p. 1225.
(8) Loi n° 1.355 du 23 déc. 2008, art. 27, p. 1225.
(9) Loi n° 56, 29 janv. 1922, art. 4, p. 1217.

Les fondations autorisées jouissent, à dater de la publication au *Journal de Monaco* de l'ordonnance souveraine d'autorisation, de la personnalité civile et de la capacité juridique (1).

Les autres groupements

204. La loi n° 879 du 26 février 1970 relative aux groupements d'intérêt économique (GIE) a introduit à Monaco la possibilité pour deux ou plusieurs personnes physiques ou morales de constituer entre elles un tel groupement dont la finalité est de mettre en œuvre tous les moyens propres à faciliter ou à développer l'activité économique de ses membres, sans que la réalisation et le partage de bénéfices ne puisse en être l'objet directement recherché, même si un tel partage demeure toutefois possible.

On relèvera que le GIE jouit de la personnalité morale à dater de son immatriculation au répertoire du commerce et de l'industrie, ses membres étant tenus des dettes sur leur patrimoine propre.

L'on doit enfin considérer que l'objectif de cette structure juridique est de rassembler l'activité de plusieurs entités économiques en vue d'en améliorer et d'en faciliter les résultats (2).

Signalons enfin, et par ailleurs, que les créanciers d'une procédure collective sont réunis en une masse (3) tandis que les copropriétaires d'immeubles bâtis le sont en un syndicat (4).

b) L'attribution de la personnalité morale

Les groupements de droit privé sont-ils tous dotés de la personnalité juridique ?

205. Pour certains, la réponse ne fait pas difficulté : le législateur l'énonce expressément. Il en est ainsi des associations (5), des fondations (6), du syndicat des copropriétaires (7) et de la masse de la faillite (8).

Pour d'autres, rien n'est expressément indiqué, ce qui renvoie à la casuistique classique de la reconnaissance de la personnalité morale aux entités de droit privé.

Sans doute, les groupements qui demeurent fondamentalement contractuels dans leur constitution et dans leur fonctionnement et qui échappent à toute formalité spécifique sont-ils privés de cette personnalité. Tel est le cas de l'« association en participation commerciale » (9). Mais pour les autres, les tribunaux ont fait leur la démarche du juge français caractérisant des critères d'autonomie patrimoniale ou d'organisation collective à partir desquelles la personnalité morale peut ou non être reconnue.

En pratique cependant, il est malaisé, s'agissant, tant des sociétés civiles, que des sociétés commerciales, d'identifier l'acte de la procédure constitutive à partir duquel elles jouissent de la personnalité morale, et au-delà, de fixer le sort et le régime des actes accomplis par les fondateurs pour le compte de la société en formation.

Il est toutefois communément admis, en application de l'article 1681 du Code civil, que la naissance de la personnalité morale des sociétés civiles coïncide avec la date de signature des statuts, alors que pour les sociétés commerciales, c'est la date de réception de l'autorisation administrative préalable qui est prise en considération, la simple signature des statuts demeurant insuffisante en l'absence d'autorisation d'exercer des associés et gérants. Les sociétés anonymes sont quant à elles soumises à un régime particulier, l'Ordonnance du 5 mars 1895 sur les sociétés anonymes et en commandite par actions, modifiée, fixant la constitution définitive de la société à l'issue de la première assemblée générale.

Mais eu égard aux difficultés susceptibles de s'élever à l'occasion des actes passés pour le compte de la société en formation, il est proposé, dans un projet de loi de modernisation du droit économique récemment déposé devant le Conseil National, d'unifier la naissance de la personnalité morale pour toutes les formes de sociétés et de la fixer désormais à la date d'immatriculation (10).

(1) Loi n° 56, 29 janv. 1922, art. 12, p. 1217.
(2) Loi n° 879 du 26 février 1970.
(3) C. com., art. 505, p. 640.
(4) Loi n° 1.329 du 8 janv. 2007 relative à la copropriété des immeubles bâtis, art. 5, p. 1425.
(5) Loi n° 1.355 du 23 déc. 2008, art. 5, p. 1222.
(6) Loi n° 56 du 29 janv. 1922, art. 1er, p. 1216.
(7) Loi n° 1.329 du 8 janv. 2007, art. 5, p. 1425.
(8) C. com., art. 451, p. 634.
(9) C. com., art. 54, p. 613 à art. 57, p. 613.
(10) Projet de loi n° 914 relatif à la modernisation du droit économique (première partie) (www.conseil-national.mc).

B. – LES BIENS ET LA THÉORIE DU CONTRAT

206. Comme indiqué ci-avant (cf. *supra* n° 164), le droit privé de la Principauté participe d'une même philosophie politique que celle que porte le Code civil français de 1804 (1). Il reconnaît la propriété (2), l'autonomie de la volonté (3), le consensualisme (4), de même que la responsabilité individuelle de chacun. En dépit de textes spéciaux, nombreux et récents, dont l'existence même du présent code atteste, le droit monégasque demeure néanmoins globalement respectueux de ces principes directeurs.

– La propriété

207. Il est acquis que l'exercice de la propriété doit composer avec les règles d'intérêt général, spécialement des règles d'urbanisme ou celles encadrant la relation bailleur-locataire, d'autant plus contraignantes compte tenu de la taille du territoire national (cf. *supra* n°s 92 et s.), mais la propriété en elle-même ne connaît que des démembrements classiques : nue-propriété, usufruit, jouissance. Elle n'est pas, en l'état, envisagée comme sûreté. La Principauté ne connaît pas de disposition propre à la réserve de propriété, ni même au transfert provisoire de la propriété au profit d'un créancier ou d'un mandataire pas plus que le crédit-bail mobilier ou immobilier.

– Le contrat

208. Une observation de même nature peut être formulée à l'endroit de la théorie générale des contrats. Le Code civil monégasque reste attaché à l'approche consensualiste (5) du contrat qui est ici envisagé comme le libre-échange de la volonté de deux parties égales entre elles (3), qui crée, à la charge de l'une ou l'autre des obligations ayant force de loi.

On relèvera cependant une exception intéressante au principe consensualiste. En effet, en matière de vente immobilière, les effets de la vente sont différés au « moment où elle est constatée par acte authentique... ». L'accord préalable des parties sur la chose et sur le prix n'emporte pas par lui-même transfert de propriété du bien (6).

209. Il est encore à souligner que la Principauté n'a pas, à ce jour, adopté un droit de la consommation autonome, sauf en matière de commerce électronique (7). Toutefois, les juges disposent de moyens qui se révèlent généralement suffisants à pallier ce *vacuum juris*, en se fondant tout d'abord sur les termes de l'article 1444 du Code civil selon lesquels « *le vendeur est tenu d'expliquer clairement ce à quoi il s'oblige. Tout pacte obscur ou ambigu s'interprète contre le vendeur* ». Une interprétation raisonnable de ce texte, qui contient une obligation de loyauté renforcée, autorise le juge à sanctionner les vendeurs professionnels qui auraient manqué à cette obligation d'information. On ajoutera à cet égard que l'Arrêté Ministériel n° 88-015 du 14 janvier 1988, relatif à l'information du consommateur sur les prix, impose au vendeur ou au prestataire de service une information détaillée sur « *les prix de produit ou de services* [...] *quel que soit le support utilisé* [...] » (8).

La jurisprudence monégasque fait de surcroît en sorte de rendre efficaces dans la Principauté des dispositifs étrangers protecteurs du consommateur, dès lors que les mesures ressortissant à ces dispositifs issues de lois non monégasques sont visées au contrat liant les parties. Dans ces conditions, le juge en appelle à « *la recherche de l'intention des parties contractantes pour appliquer à Monaco, des dispositions légales d'un pays étranger* ». Ainsi, a-t-il été jugé que dès lors qu'un contrat de prêt fait référence à la loi française n° 7.822 du 10 janvier 1978, dite loi « Scrivener », les dispositions de cette loi sont applicables, puisque les parties ont entendu s'y soumettre (9).

Encore qu'il appartient aux seules parties de soulever le moyen de la loi étrangère ; ces dispositions n'étant pas d'ordre public à Monaco, le juge ne peut pas les invoquer d'office. Il importe cependant de souligner que

(1) Cf. Y. Gaudemet, *Le Code civil, constitution civile de la France*, in *1804-2004 : Le Code civil, un passé, un présent, un avenir*, Dalloz, 2004, p. 297 et s.

(2) C. civ., art. 431, p. 207 ; cet article n'a toutefois pas la même force recognitive que l'article 24 de la Constitution.

(3) C. civ., art. 956, p. 254.

(4) C. civ., art. 993, p. 257.

(5) *Idem.*

(6) C. civ., art. 1426, al. 2, p. 294.

(7) Loi n° 1.383 du 2 août 2011, p. 1291, sur l'économie numérique, Titre II.

(8) *Journal de Monaco* n° 6.800 du 22 janvier 1988.

(9) Tribunal de première instance de Monaco, 12 janvier 1995, Cour d'appel, 24 juin 1997, Cour de révision, 30 mars 1998, Cour de révision, 25 mai 1999 ; V. *Revue de droit monégasque* 2000, p. 193 et s., obs. F. Derrida.

le projet de loi n° 212 relative au droit international privé, contient des dispositions destinées à renforcer les devoirs du juge à cet égard. C'est ainsi que l'article 22 pose le principe de l'obligation pour le juge d'appliquer d'office la règle de conflit de lois prescrivant, le cas échéant, l'application de la loi étrangère.

C. – LES ACTIVITÉS ÉCONOMIQUES ET SOCIALES

210. Il peut paraître surprenant de traiter, dans la partie de la présente étude consacrée au droit privé, de thématiques ressortissant plutôt au droit public économique. Une telle approche s'impose néanmoins comme une nécessité eu égard au caractère mixte du droit des affaires contemporain. Ainsi, en la matière, le droit monégasque, comme nombre d'autres systèmes juridiques du monde occidental, subordonne l'exercice des activités économiques à une police administrative destinée à préserver l'ordre public et, plus largement, l'intérêt général (1). À l'instar de la *lex mercatoria*, les normes dont s'agit concernent néanmoins au premier chef les personnes et entreprises privées. Aussi, avant d'appeler l'attention sur quelques illustrations du particularisme monégasque en droit des affaires, est-il nécessaire d'identifier les obligations administratives auxquelles les acteurs de l'économie doivent satisfaire.

1. – LA POLICE ADMINISTRATIVE DES ACTIVITÉS ÉCONOMIQUES

211. Seront examinées ci-dessous respectivement l'utilisation des instruments légaux que sont l'autorisation administrative préalable et la déclaration d'exercice d'activité, puis les modalités de contrôle et de sanction.

a) L'autorisation administrative préalable

212. Le système de l'autorisation préalable existe de longue date à Monaco. Ainsi, l'article 11 de l'ordonnance du 6 juin 1867 sur la police générale soumettait à autorisation administrative préalable tout étranger désireux de se livrer à une industrie quelconque à Monaco.

213. Cette disposition a été abrogée par la loi n° 1.144 du 26 juillet 1991 concernant l'exercice de certaines activités économiques et juridiques, laquelle est venue organiser un système de contrôle de l'activité économique des personnes physiques sur le territoire de la Principauté en soumettant à autorisation préalable, sous la forme d'une décision du Ministre d'État, l'exercice à titre indépendant, par des personnes physiques de nationalité étrangère, de toutes activités artisanales, commerciales, industrielles ou professionnelles.

L'obtention de cette autorisation est également imposée aux :

- associés étrangers d'une société civile ne revêtant pas la forme anonyme (2) dont l'objet est l'exercice d'une activité professionnelle ;
- associés étrangers d'une société en nom collectif ou en commandite simple dont l'objet est l'exercice d'une activité commerciale, industrielle ou professionnelle ;
- associés et gérants étrangers d'une société à responsabilité limitée ;
- locataires gérants de nationalité étrangère ;
- entreprises ou sociétés dont le siège est à l'étranger pour l'ouverture ou l'exploitation d'une agence, d'une succursale ou d'un bureau administratif ou de représentation.

214. La même autorisation préalable est imposée aux Monégasques qui entendent exercer, à titre onéreux, des activités quelle qu'en soit la forme, de banque ou de crédit, de change manuel de devises, de transmission de fonds, de conseil ou d'assistance dans les domaines juridique, fiscal, financier ou boursier ainsi que de courtage ou de gestion de portefeuilles ou de gestion de patrimoines avec pouvoir de disposition, de même que les personnes qui sont associées dans une société civile ne revêtant pas la forme anonyme, dans une société en nom collectif ou en commandite simple, ou enfin, celles qui sont associées ou gérants dans une société à responsabilité limitée, dont l'objet est l'exercice de ces mêmes activités.

---

(1) Cf. L. Anselmi, *Le droit public économique monégasque ; un aperçu au travers de quelques lois récentes, op. cit.*

(2) À Monaco, la société anonyme n'est pas commerciale par la forme (cf. *infra*).

L'exposé des motifs de la loi justifie ces obligations imposées aux Monégasques par « *la nature et le caractère fréquemment international des activités en cause ainsi que par la nécessité d'éviter que des opérateurs ne présentant pas toutes garanties de fiabilité puissent intervenir dans la vie économique de la Principauté* » (1).

215. Les dispositions relatives à la procédure de délivrance des autorisations ont été réformées en 2007 afin d'assurer notamment un traitement plus rapide des demandes par l'introduction du principe de délivrance tacite en l'absence de réponse de l'administration au terme d'un délai de trois mois (2).

216. Les refus d'autorisations d'exercice d'activités économiques sont désormais des actes que l'administration se doit de motiver, en application de la loi n° 1.312 du 29 juin 2006 précitée relative à la motivation des actes administratifs (cf. *supra* n° 78). Le motif doit en outre être légal sur le fond et le Tribunal suprême a, à ce sujet, notamment circonscrit les limites de l'application du principe d'égalité comme suit :

« *Considérant que la circonstance que d'autres étrangers auraient bénéficié d'une autorisation est sans incidence sur la légalité de la décision attaquée ; que, dès lors, le requérant n'est pas fondé à soutenir que cette décision méconnaît le principe d'égalité devant la loi* » (3).

217. Il doit être enfin relevé que la loi n° 1.144 du 26 juillet 1991 est une « loi-filet » qui s'applique à défaut d'autres textes imposant une autorisation administrative préalable pour l'exercice d'activités économiques spécifiques. À ce titre, peuvent être citées à titre d'exemples d'activités réglementées, la profession d'agent immobilier (4), celle d'artisan-taxi (5) ou encore les professions dites réglementées comme les auxiliaires de justice et les professions médicales (6) ou bien encore les entreprises de sécurité (7).

218. Pour ce qui est des personnes morales à vocation économique et aux termes de l'ordonnance du 5 mars 1895, une société anonyme monégasque ou une société en commandite par actions ne peut être valablement constituée qu'autant qu'elle a obtenu une autorisation administrative, après approbation des statuts. Cette autorisation **prend la forme d'un arrêté ministériel.**

b) La déclaration d'exercice d'activité

219. Antérieurement à la loi n° 1.144 du 26 juillet 1991, sous l'empire de l'article 11 de l'ordonnance du 6 juin 1867 sur la police générale qui ne visait que les étrangers, l'usage s'était instauré, pour les Monégasques, de déclarer à l'administration les activités économiques qu'ils entendaient exercer lorsque celles-ci n'étaient pas régies par des normes plus contraignantes, imposant notamment une autorisation.

Avec le dispositif de la « *déclaration monégasque* », la loi n° 1.144 est venue consacrer « *la liberté dont bénéficient les Monégasques pour exercer les activités indépendantes de leur choix, non soumises à réglementation ; ils ne sont astreints qu'à une obligation de déclaration préalable de cette activité afin qu'elle soit connue* » (8).

La loi distingue ainsi en fonction de la nationalité de l'intéressé. Ainsi, si l'étranger est de manière générale soumis au régime de l'autorisation préalable, le Monégasque désireux d'exercer une activité artisanale, commerciale, industrielle ou professionnelle à titre indépendant doit seulement, sauf exception prévue par une loi spécifique (cf. *supra* n° 217), souscrire une déclaration préalable auprès du Ministre d'État. Il en va de même pour les personnes physiques monégasques, locataires gérant d'un fonds de commerce, ainsi que pour celles qui sont associées d'une société civile ne revêtant pas la forme anonyme dont l'objet est l'exercice d'une activité professionnelle, d'une société en nom collectif ou en commandite simple dont l'objet est l'exercice d'une activité commerciale, industrielle ou professionnelle ainsi, enfin, que pour les associées et gérantes d'une société à responsabilité limitée.

---

(1) Cf. débats du Conseil national, séance publique du 15 juillet 1991, annexe au *Journal de Monaco* n° 6.986 du 16 août 1991, p. 855.

(2) Loi n° 1.331 du 8 janvier 2007.

(3) Tribunal suprême, 14 juin 2006, *Sieur D. Anastasi*.

(4) Loi n° 1.252 du 12 juillet 2002 sur les conditions d'exercice des activités relatives à certaines opérations portant sur les immeubles et les fonds de commerce.

(5) Ordonnance Souveraine n° 1.720 du 4 juillet 2008 relative à la réglementation des taxis, des véhicules de remise et des véhicules de service de ville.

(6) Notaires : ordonnance du 4 mars 1886 ; architectes : ordonnance-loi n° 341 du 24 mars 1942 ; chirurgiens-dentistes : ordonnance-loi n° 363 du 24 mai 1943 ; médecins : ordonnance-loi n° 327 du 30 août 1941 ; huissiers de justice : loi n° 783 du 15 juillet 1965 ; pharmaciens : loi n° 1.029 du 16 juillet 1980 ; avocats : Loi n° 1.047, 28 juill. 1982, p. 936 ; experts-comptables : loi n° 1.231 du 12 juillet 2000.

(7) Loi n° 1.264 du 23 décembre 2002 relative aux activités privées des personnes et des biens.

(8) Loi n° 1.331 du 8 janvier 2007.

c) Le contrôle et les sanctions

220. Pour assurer l'effectivité de ses dispositions, la loi n° 1.144 du 26 juillet 1991 a créé un nouveau service administratif de l'État, le service des enquêtes économiques et financières. Ce service a du reste en charge le contrôle du respect de polices économiques spéciales comme, par exemple, la réglementation de la profession d'agent immobilier (1). Les conditions et les limites de l'intervention des agents sont strictement définies (2).

Ce contrôle porte non seulement sur l'activité économique elle-même, mais également sur la bonne moralité du déclarant ou du titulaire de l'autorisation administrative, ainsi que sur le respect des prescriptions légales et réglementaires applicables à l'exercice de l'activité considérée.

221. Peut en résulter le prononcé de **mesures de sauvegarde** par le Ministre d'État comme la fermeture de l'établissement et la saisie de documents ou du matériel d'exploitation. Une voie de recours à l'encontre de ces mesures est ouverte devant le président du Tribunal de première instance qui, saisi et statuant comme en matière de référé, peut en ordonner la levée.

222. Mais le contrôle peut également aboutir à des **sanctions administratives**. En effet, il est prévu que la déclaration peut être privée d'effets ou suspendue et l'autorisation suspendue ou révoquée dans les cas suivants :

- si les activités exercées en fait ne respectent pas les énonciations de la déclaration, si elles sont déployées hors des limites de l'autorisation ou enfreignent les conditions qui y sont mentionnées ou si elles sont effectuées en violation de l'objet de la société ;
- si l'auteur de la déclaration, le titulaire de l'autorisation ou la société ne dispose plus de locaux adaptés à l'exercice de ses activités ;
- s'il est resté, sans motif légitime, plus de six mois sans exercer ;
- si, sauf le cas de location-gérance, il s'est substitué d'autres personnes dans l'exercice de ses activités ;
- s'il advient qu'il ne présente plus toutes les garanties de moralité ;
- si, sous quelque forme et à quelque titre que ce soit, il a admis que soient exercées ou domiciliées dans ses locaux des activités ou des entreprises non déclarées ou non autorisées ou les a sciemment laissées s'exercer ou y être domiciliées ;
- si, dans l'exercice de son activité, autorisée ou déclarée, il a méconnu les prescriptions légales ou réglementaires qui lui sont applicables.

223. Cependant, ces prérogatives doivent être exercées dans le respect de règles de procédure directement inspirées de la théorie des droits de la défense, principe général du droit monégasque comme du droit français (3). Ainsi, les sanctions ci-dessus ne peuvent être prises avant que l'agent économique intéressé ait été entendu en ses explications, assisté d'un conseil s'il le souhaite, devant une commission administrative.

224. Pour ce qui est des sociétés anonymes et des sociétés en commandite par actions, conformément à la loi n° 767 du 8 juillet 1964, l'autorisation de constitution est révocable lorsque :

- la société ne s'est pas livrée sans motif légitime à une activité notable, conforme à ses statuts, depuis plus de deux ans ;
- la société ne dispose pas, sur le territoire monégasque, d'une installation et d'un personnel permettant la poursuite normale de l'objet social statutaire autorisé ;
- la société, après avoir été déclarée en état de cessation des paiements ou admise au bénéfice du règlement judiciaire, n'a pas obtenu le concordat ou lorsque ce concordat a été annulé ou résolu par une décision passée en force de chose jugée ;
- la société ne se livre pas à une activité conforme à ses statuts ;
- la société a admis que soient exercées ou domiciliées dans ses locaux des activités non déclarées ou non autorisées.

(1) Loi n° 1.252 du 12 juillet 2002, art. 23.

(2) Munis de leur commission d'emploi faisant état de leur prestation de serment, ils peuvent accéder à tous locaux ou moyens de transport à usage professionnel et procéder, sur pièces ou sur place, à toutes opérations de vérification qu'ils jugent nécessaires. Ils peuvent, pour ce faire, demander la communication des livres, factures et tous autres documents professionnels, et en prendre copie, ainsi que recueillir auprès de toute personne, sur convocation ou sur place, tous renseignements ou justifications utiles. Hormis les cas de flagrance, la visite des locaux ou des moyens de transport et les opérations de vérification sur place ne peuvent avoir lieu qu'entre 6 heures et 21 heures et en présence de l'occupant des lieux, du propriétaire ou de l'utilisateur des moyens de transport, ou de leur représentant ou, à défaut, d'un officier de police judiciaire requis à la demande des agents. L'occupant des lieux, le propriétaire ou l'utilisateur des moyens de transport, ou leur représentant, peuvent se faire assister par un conseil de leur choix. Les opérations de vérification ne peuvent excéder trois mois. À l'issue de la visite et des opérations, un compte rendu est dressé et signé par les agents, dont un exemplaire est remis aux intéressés.

(3) CE, sect., 5 mai 1944, *Dame Vve Trompier-Gravier, Les grands arrêts de la jurisprudence administrative, op. cit.*, n° 5, p. 342 et s.

225. S'agissant d'une sanction administrative, la révocation de l'autorisation de constitution de société anonyme doit, à l'instar des autres types d'autorisation d'exercice d'activités économiques, être motivée (cf. *supra* n° 76) et elle est également sujette à l'exercice préalable des droits de la défense. Ainsi, les dirigeants doivent-ils préalablement être entendus en leurs explications par une commission administrative, laquelle rend un avis motivé (1).

L'arrêté ministériel de révocation constitue bien entendu une décision administrative sujette à recours pour excès de pouvoir (2).

226. Il doit enfin être précisé que de manière générale, l'exercice non autorisé ou non déclaré d'activités économiques est sujet à des poursuites pénales, lesquelles peuvent aboutir à des peines d'amendes, susceptibles d'atteindre le montant du profit éventuellement réalisé, ainsi que de fermeture d'établissement et de confiscation.

2. – LES ACTEURS DE LA VIE ÉCONOMIQUE

227. Seront successivement examinées ici la typologie de ces acteurs, savoir plus précisément les commerçants et les divers types de sociétés, puis leur intervention dans la vie économique au travers de moyens contractuels ou autres, de même que les procédures collectives.

a) Les commerçants

228. Sont commerçants dans la Principauté : « *ceux qui exercent des actes de commerce et en font leur profession habituelle* ». Ainsi en dispose l'article 1er, les articles 2 et 3 du Code de commerce établissant en outre la liste des actes de commerce.

229. Il est à observer que s'agissant de l'achat en vue de la revente des immeubles, la Principauté a repris, par une loi du 26 décembre 1977, la solution retenue en France dès 1967 en qualifiant de commerciales les activités de marchand de biens, mais non celles de promoteur.

b) Les sociétés

230. L'article 26 du Code de commerce dispose que la loi reconnaît quatre espèces de sociétés, la société en nom collectif, la société en commandite, la société à responsabilité limitée, introduite par la loi n° 1.331 du 8 janvier 2007 (3) et la société anonyme.

Il est important de relever à ce stade que si les sociétés de personnes, et spécialement les sociétés en nom collectif, obéissent à un régime comparable à celui des sociétés en nom collectif de droit français, en revanche et à sa différence, les sociétés de capitaux ont, à Monaco une nature qui reste fondamentalement contractuelle. Leur fonctionnement demeure très largement sous l'emprise des dispositions statutaires adoptées par les associés.

– Les sociétés de personnes

231. On en rencontre deux sortes : la société en nom collectif et la société en commandite simple.

La société en nom collectif de droit monégasque est comparable à celle de droit français. Les associés indiqués dans l'acte de société étant solidaires pour tous les engagements de la société.

La société en commandite simple se contracte quant à elle entre un ou plusieurs associés responsables et solidaires, les commandités, et un ou plusieurs associés simples bailleurs de fonds, nommés commanditaires ou associés en commandite.

Le principe est celui de la liberté contractuelle (4) en ce qui concerne le fonctionnement de la société, puisqu'il appartient aux statuts de fixer les conditions dans lesquelles la société est dirigée, les attributions de l'assemblée ainsi que les règles de convocation, de tenue et de majorité, sous réserve de respecter notamment la règle selon laquelle chaque associé dispose d'un nombre égal de voix à celui des parts sociales qu'il possède. Les

(1) Loi n° 767 du 8 juill. 1964, art. 2 à 4, p. 1243 et L. Anselmi, *Le droit public économique monégasque ; un aperçu au travers de quelques lois récentes, op. cit.*

(2) Tribunal suprême, 24 juin 1980, *Banque de financement industriel* ; 28 juin 2007, *SAM Sodiamo.*

(3) C. com., art. 26 et 35-1, p. 607 à art. 35-5, p. 609.

(4) C. com., art. 47, p. 610.

décisions relatives au changement de nationalité, à la transformation d'une société en société en nom collectif, en commandite simple ou par actions, ou à la dissolution anticipée de la société doivent être prises à l'unanimité (1).

– La société anonyme monégasque et en commandite par actions

232. Instituée par une ordonnance du 5 mars 1895, la société anonyme monégasque, qui relève d'une nature principalement contractuelle, se démarque sensiblement du modèle français.

233. L'actionnaire reçoit, en contrepartie de son apport, des actions qui ne peuvent revêtir que la forme nominative depuis la modification par la loi n° 1.385 du 15 décembre 2011, des dispositions des articles 42 et 43 du Code de commerce ainsi que de l'article 8 de l'ordonnance du 5 mars 1895, et ce, même dans le cas d'une société admise aux négociations sur un marché réglementé. En outre, lorsque la société anonyme a un objet commercial, la responsabilité de l'actionnaire est limitée au montant de son apport (2). En revanche, dans l'hypothèse d'une société anonyme à objet civil, la jurisprudence déduit de la nature civile de la société que les actionnaires sont indéfiniment tenus à l'égard des tiers, sur le fondement des articles 1700 à 1702 du Code civil, dans la limite de leur part dans le capital social (3). Mais pour le reste, l'emprise de la logique contractuelle s'exerce non seulement sur la constitution de la société, les rapports entre associés, les décisions collectives, mais encore et surtout sur le fondement de la responsabilité des mandataires sociaux.

234. Les statuts sont établis par acte notarié et – sous réserve de ce qui a été exposé ci-dessus relativement à l'autorisation administrative – la société anonyme n'est constituée qu'après :

– la constatation par l'officier ministériel de la souscription du capital ainsi que du versement d'au moins un quart de son montant ;

– la tenue d'une assemblée des associés, convoquée par les fondateurs, pour prendre acte de ce que le capital est entièrement souscrit et approuver les statuts. La personnalité morale n'est acquise qu'à la suite de la tenue de cette première assemblée.

235. C'est l'acte de société qui arrête les règles de majorité. La loi pose uniquement que : « *dans toutes les assemblées générales, les délibérations sont prises à la majorité des voix* » (4) étant ici souligné que : « *les statuts déterminent... le nombre de voix appartenant à chaque actionnaire, eu égard au nombre d'actions dont il est porteur...* » (5), ce qui laisse la possibilité de dissocier la détention du capital des voix attribuées.

Ainsi, il n'existe pas légalement de différence de majorité entre les assemblées ayant ou non pour objet de modifier les statuts, et au-delà entre assemblées générales ordinaires et assemblées générales extraordinaires. Il appartient donc aux seuls associés, s'ils entendent le faire, d'arrêter, par des stipulations statutaires, des règles de majorité différenciées suivant l'importance des décisions à adopter.

236. Des règles particulières de quorum pour la tenue des assemblées sont en revanche prévues dans diverses hypothèses.

C'est ainsi que pour délibérer valablement, l'assemblée annuelle doit réunir un nombre d'actionnaires représentant le quart au moins du capital social. À défaut, une deuxième assemblée devra être convoquée dans les formes et délais prévus aux statuts, celle-ci pouvant alors délibérer sans condition de quorum. En ce qui concerne par ailleurs les deux premières assemblées générales portant, notamment, sur la vérification des apports et la nomination des premiers administrateurs, celles-ci doivent comprendre un nombre d'actionnaires représentant la moitié au moins du capital social ; à défaut, les résolutions votées devront être soumises à une nouvelle assemblée réunissant, cette fois, des actionnaires représentant le cinquième au moins du capital social. Enfin, une assemblée amenée à se prononcer sur une modification statutaire ou une émission d'obligation ne peut se tenir faute du quorum légalement exigé, savoir en présence d'actionnaires représentant la moitié au moins du capital social. Dans ce cas, une seconde assemblée pourra adopter la résolution proposée à la majorité des trois quarts des titres représentés quel qu'en soit le nombre (6).

237. Enfin, ce sont toujours les statuts qui « *déterminent le nombre d'actions qu'il est nécessaire de posséder... pour être admis dans l'assemblée générale* » (5), ce qui autorise les fondateurs, rédacteurs des statuts de la société, à organiser par anticipation la non-participation aux assemblées de minoritaires. Cette règle générale est toutefois corrigée par le quorum légalement requis pour l'adoption régulière des résolutions (25 % du capital

(1) C. com., art. 51-5, p. 611.
(2) C. com., art. 40, p. 609.
(3) Cour d'appel, 6 avr. 1993, *SAM École Internationale d'Accueil Tunon* c/ *Ministère public*.
(4) Ordonnance du 5 mars 1895, art. 12, p. 1200.
(5) Ordonnance du 5 mars 1895, art. 11, p. 1200.
(6) Ordonnance du 5 mars 1895, art. 16, al. 1 dans sa rédaction issue du 3 janvier 1924.

pour les décisions ordinaires, 50 % du capital lorsque l'assemblée se prononce sur des modifications statutaires ou sur l'émission d'obligations) et par le fait que les actionnaires ont la faculté de se grouper de manière à réunir le nombre d'actions requis par les statuts et déléguer l'un d'entre eux à l'assemblée générale.

238. Il reste que c'est le statut des dirigeants sociaux qui caractérise le mieux le particularisme contractuel de la société anonyme monégasque.

Suivant l'article 10 de l'ordonnance du 5 mars 1895, la société anonyme est administrée par des mandataires à temps révocables, salariés ou gratuits, pris parmi les actionnaires. Les mandataires, réunis en conseil d'administration, disposent du pouvoir de représenter la société. Mais ils ne sont pas investis de pouvoirs propres qu'ils tiendraient de la loi. Ils sont moins les mandataires de la société que des associés. L'un d'entre eux peut se voir déléguer, par le conseil d'administration, les pouvoirs les plus étendus de gestion de la société ; ainsi la Principauté connaît-elle la pratique de « l'administrateur délégué ». Mais les administrateurs qui « *ne contractent à raison de leur gestion, aucune obligation personnelle, ni solidaire relativement aux engagements de la société* » (1) ne sont responsables, à l'égard des associés, que de l'exécution du mandat qu'ils ont reçu (2).

239. On voit par là que le conseil d'administration n'est pas à proprement parler un organe légal de la société anonyme, doté de prérogatives autonomes, mais qu'il se limite à réunir des mandataires tenus d'exécuter le mandat qui leur a été donné, dans les termes mêmes de ce mandat.

240. Ce principe contractuel emporte d'importantes conséquences.

Ainsi, le droit monégasque des sociétés anonyme ne connaît ni la théorie des « *conventions réglementées* », ni le délit d'abus de biens sociaux.

On sait qu'en droit français, les conventions liant une société à l'un de ses dirigeants sociaux ou à une autre entité, dans laquelle ce dernier détient directement ou indirectement des intérêts, donnent lieu à une procédure spécifique destinée à prévenir toute atteinte illicite au patrimoine de la société qu'il dirige. Cette procédure est ignorée du droit monégasque des sociétés. Tout au plus, l'article 23 de l'ordonnance du 5 mars 1895 subordonne-t-il à l'autorisation de l'assemblée générale *la prise ou la conservation par un administrateur* d'un intérêt direct ou indirect dans une entreprise ou dans un marché fait avec la société ou pour son compte, ce qui ne vise que des contrats inscrits dans la durée et à exécution successive.

De même, le délit d'abus de biens sociaux n'existe pas en droit monégasque des sociétés. On sait qu'il réprime les agissements des dirigeants qui, envisagés en tant qu'organe social autonome, ont porté atteinte aux actifs sociaux. Les administrateurs monégasques sont mandataires ; ils ne peuvent être poursuivis dans l'éventualité d'un détournement ou d'une dissipation de ces actifs, que du chef d'abus de confiance (3).

241. Néanmoins, la tendance est au renforcement du contrôle des sociétés anonymes ou en commandite par actions. C'est la raison pour laquelle, dans toutes ces sociétés, un ou deux commissaires aux comptes doivent être désignés, avec une mission générale et permanente de surveillance portant sur la régularité des opérations et des comptes de la société ainsi que sur l'observation des dispositions légales et statutaires régissant son fonctionnement. Ils sont nommés pour trois exercices et ne peuvent être révoqués que pour faute grave. Ils doivent être choisis parmi les experts-comptables (4), inscrits au tableau de l'ordre de la Principauté. Dans le mois suivant l'assemblée générale annuelle, le ou les commissaires aux comptes délivrent aux administrateurs ou aux gérants une attestation qui mentionne, notamment, si la certification des comptes a été donnée, refusée ou assortie de réserves. Cette attestation doit être adressée au Ministre d'État par les administrateurs ou les gérants dans les trois mois de l'assemblée annuelle. Ces prescriptions sont requises à peine de sanctions pénales tant à l'encontre des administrateurs ou des gérants qu'à l'encontre des commissaires aux comptes (5).

– Société à responsabilité limitée (S.A.R.L.)

242. La S.A.R.L. est de création récente en droit monégasque. Elle y a en effet été introduite par la loi n° 1.331 du 8 janvier 2007, dont les dispositions la concernant ont été intégrées aux articles 26 et 35-1 à 35-5 du Code de commerce.

Ceux-ci disposent que la S.A.R.L. est constituée entre deux ou plusieurs personnes qui ne supportent les pertes qu'à concurrence de leur apport. Les associés et le gérant n'ont pas la qualité de commerçant. Mais seule une société exerçant une activité commerciale peut revêtir la forme d'une société à responsabilité limitée. Le capital

(1) V. C. com., art. 39, al. 2, p. 609.
(2) V. C. com., art. 39, al. 1, p. 609.
(3) C. pén., art. 337, p. 508.
(4) Loi n° 1.231 du 12 juillet 2000 relative aux professions d'expert-comptable et de comptables agréé.
(5) Loi n° 408 du 20 janv. 1945, p. 1211, complétant l'ordonnance sur les sociétés anonymes et en commandite par actions, du 5 mars 1985, notamment en ce qui concerne la nomination, les attributions et la responsabilité des commissaires.

minimum d'une S.A.R.L. est fixé à quinze mille euros (1). Sous réserve d'une disposition des statuts prévoyant une majorité plus élevée, les décisions sont adoptées par les associés représentant plus de la moitié du capital social. À défaut d'atteindre ce quorum, sauf stipulation contraire des statuts, les associés sont convoqués une deuxième fois, et les décisions sont prises à la majorité des votes émis, sauf en ce qui concerne celles relatives à la modification des statuts (2).

243. Il est intéressant de relever que bien qu'inspirée du modèle français, la S.A.R.L. monégasque demeure attachée à une logique plus contractuelle que son modèle. En effet, les décisions collectives sont dans le principe adoptées par les associés représentant la moitié du capital, sans distinguer entre les décisions ordinaires et celles emportant modification statutaire. En revanche, les statuts peuvent prévoir des majorités différenciées. Il est enfin rappelé que les gérants et associés de S.A.R.L. sont soumis à déclaration ou à autorisation sur le fondement de la loi n° 1.144 du 26 juillet 1991, modifiée.

c) Contrats commerciaux, instruments de crédit, procédures collectives

244. S'agissant des contrats commerciaux, le Code de commerce ne fixe le régime que de quelques-uns d'entre eux : le gage (3), la commission (4) et le transport (5). Mais il est à remarquer qu'il comportait, jusqu'à la loi du 27 mars 1998, un corps de dispositions (6) ayant pour objet le commerce maritime.

Depuis cette loi, les dispositions, au demeurant réformées pour certaines d'entre elles, sont intégrées au Code de la mer.

245. L'importance de ce code est moins d'instituer des règles applicables à l'activité maritime en elle-même, que de consacrer un ensemble de mesures propres à faire échec à la pollution (7), à favoriser la protection du milieu marin (8) et à contrôler l'exploration et l'exploitation du milieu marin, du fond de la mer, et de son sous-sol (9). Ainsi, en se dotant, bien avant d'autres États, des instruments nécessaires à la sauvegarde du milieu naturel, la Principauté atteste de l'importance qu'elle accorde à sa politique environnementale.

246. Pour ce qui est des instruments de crédit, le droit commercial monégasque connaît naturellement de la lettre de change (10), du billet à ordre (11) et du chèque dont le régime est fixé par l'ordonnance n° 1.876 du 13 mai 1936.

247. Pour autant, la Principauté ne s'est pas dotée d'autres instruments de mobilisation de créance que l'escompte autorisant les entreprises à se financer tout en donnant des créances acquises en garantie. La loi monégasque ne reconnaît ni la *cession de créance professionnelle* ni l'affacturage.

En revanche, elle a adopté une forme tout à fait nouvelle du gage, qui vient en pratique pallier cette carence. C'est le gage sur valeur mobilière, introduit par la loi n° 1.224 du 28 décembre 1999 sur le gage commercial, le gage de monnaie et le gage de valeurs mobilières (12). L'article 59-1 du Code de commerce dispose ainsi : « *Par dérogation à l'article 984 du Code civil, les parties peuvent convenir que pour garantir les engagements présents ou futurs du débiteur, les avoirs en monnaie ou en instruments financiers appartenant ou venant à appartenir au constituant du gage, et dont le créancier ou un tiers identifié d'un commun accord des parties, sont ou seront détenteurs, sont ou seront soumis à ce gage sans qu'il soit nécessaire de les spécifier.*

Sauf convention contraire, les capitaux et, s'il y a lieu, les fruits et les produits des biens gagés contribuent à augmenter l'assiette du gage ». La loi monégasque a ainsi institué un gage « *flottant* », c'est-à-dire « *le gage dont l'objet est indéterminé dans son contenu et seulement désigné dans son contenant* » (13).

Ce gage est d'autant plus efficace que « *l'exercice des droits du créancier n'est suspendu ni par la cessation des paiements, ni par le règlement judiciaire, ni par la liquidation des biens, ni par le décès de la personne qui a fourni le gage* » (14). L'opposabilité du droit acquis au créancier au titre de ce gage est absolue.

(1) Ordonnance Souveraine n° 993 du 16 février 2007 portant application de la loi n° 1.331 du 8 janvier 2007, relative aux sociétés, art. 1er.

(2) C. com., art. 35-5, p. 609 et art. 51-5, p. 611.

(3) C. com., art. 59 et s., p. 613.

(4) C. com., art. 62 et s., p. 615.

(5) C. com., art. 64 et s., p. 615.

(6) C. com., art. 153, p. 629 à art. 407, p. 629.

(7) C. mer, art. L. 221-1, p. 657 à art. L. 224-6, p. 662.

(8) C. mer, art. L. 230-1, p. 662 à art. L. 230-3, p. 663.

(9) C. mer, art. L. 241-1, p. 663 à art. L. 244-10, p. 668.

(10) C. com., art. 75 et s., p. 617.

(11) C. com., art. 148 et s., p. 628.

(12) C. com., art. 59-1, p. 613.

(13) Cf. D. Vidal, *La réforme du droit monégasque du gage financier : Revue de droit monégasque* 2001, p. 17 et s.

(14) C. com., art. 61-1, 4°.

248. Lorsqu'elle n'est pas couronnée de succès, l'action des opérateurs économiques monégasques peut aboutir à des procédures collectives de règlement du passif.

Le régime juridique de ces procédures est fixé par la loi n° 1.002 du 26 décembre 1977, qui s'inspire largement de la procédure de droit français antérieure à la réforme opérée en 1985 et à celles qui lui ont succédé. Il en résulte des différences notables entre les règles applicables sur le territoire de la Principauté et celles actuellement en vigueur dans le pays voisin.

249. Cependant, il importe d'évoquer, à titre liminaire, une convention intervenue le 13 septembre 1950, entre la France et la Principauté, qui règle les difficultés relatives aux procédures visant des commerçants ou des sociétés commerciales ayant des biens dans les deux pays (1).

Cette convention résout la question des conflits de compétence en désignant le tribunal du principal établissement pour les personnes physiques, et celui du siège social pour les personnes morales, ou à défaut de siège situé en France ou à Monaco, celui du principal établissement.

La convention étend, d'une part, les pouvoirs du ou des syndics désignés dans les deux pays pour l'exercice de toutes les mesures conservatoires ou provisoires utiles. En revanche, une décision d'exequatur reste nécessaire pour les mesures d'exécution des jugements de faillite ou de liquidation judiciaire.

La masse (2) de la faillite ou de la liquidation judiciaire est déclarée une et indivisible, ce qui implique un règlement de la procédure commun aux deux pays.

La convention règle, d'autre part, les conflits de lois en la matière en stipulant que :

- la production et la vérification des créances sont soumises à la loi du tribunal qui a prononcé la faillite ou la liquidation ;
- les déchéances, interdictions et incapacités de chaque pays s'appliquent ;
- toutes les publications relatives à la faillite ou à la liquidation judiciaire sont assurées dans chaque pays conformément à la législation en vigueur dans chacun d'eux.

250. Le droit monégasque des procédures collectives figure dans le Code de commerce aux articles 408 à 611 et se distingue du droit français à plusieurs égards. C'est ainsi que ne peuvent être concernées que des personnes physiques ou morales, ou un groupement d'intérêt économique exerçant même en fait une activité commerciale, alors que la législation française a étendu les procédures existantes aux personnes physiques exerçant une activité professionnelle indépendante.

En outre, à Monaco, la procédure collective ne s'envisage qu'à compter de la cessation des paiements (3), contrairement au droit français qui, avec la loi du 26 juillet 2005, a instauré une procédure de sauvegarde, dont l'objectif est à la fois préventif et curatif, en ce que la procédure de sauvegarde est ouverte aux entreprises qui ne sont pas encore en cessation des paiements, mais qui justifient de difficultés qu'elles ne sont pas en mesure de surmonter.

251. Au demeurant, si la législation monégasque ne définit pas la notion de cessation des paiements, la jurisprudence monégasque (4) a adopté la même définition que celle du Code de commerce français, lequel avait fait sienne celle de la jurisprudence antérieure, savoir l'impossibilité manifeste de faire face au passif exigible avec l'actif disponible.

252. C'est au Tribunal de première instance qu'il revient de constater l'état de cessation des paiements, et ce, sur déclaration du débiteur, ou bien sur assignation d'un créancier, voire même d'office. En ce qui concerne les organes de la procédure, le juge-commissaire et un ou plusieurs syndics sont nommés par un même jugement (5).

À cet égard, il convient de noter que ce sont les experts-comptables et les comptables agréés peuvent être désignés en qualité de syndic à condition d'y avoir été habilités par arrêté ministériel (6), une incompatibilité frappant de ce chef les parents ou alliés du débiteur jusqu'au quatrième degré.

Quant à la mission du syndic, celui-ci est chargé, sous le contrôle du juge-commissaire, de conduire la procédure, d'assister ou de représenter le débiteur et d'agir au nom et pour le compte de la masse des créanciers (7), étant observé que cette dualité dans le rôle dévolu au syndic n'existe plus en droit français.

(1) Ordonnance Souveraine n° 692 du 9 janvier 1953 rendant exécutoire la convention relative à la faillite et à la liquidation judiciaire.

(2) La masse désigne le groupement obligatoire et automatique dans lequel les créanciers sont réunis et qui assure la défense de leurs intérêts (cf. G. Ripert et R. Roblot, *Traité de droit commercial*, LGDJ, 12e éd., 1990, p. 904). Cette notion de masse des créanciers a disparu en droit français avec la réforme intervenue en 1985.

(3) C. com., art. 408, p. 629.

(4) Tribunal de première instance, 1er juin 2006, *C.B* c/ *Entreprise M.R.*

(5) C. com., art. 414, p. 630.

(6) Loi n° 1.231 du 12 juillet 2000, art. 2.

(7) C. com., art. 421, p. 631.

Si le jugement constatant la cessation des paiements emporte de plein droit assistance obligatoire du débiteur par le syndic pour tous les actes concernant l'administration et la disposition de ses biens (1) la continuation de l'activité de l'entreprise peut être autorisée par le juge-commissaire pour une durée maximale de trois mois ; une autorisation du tribunal étant nécessaire pour la continuation de l'exploitation pour d'une durée supérieure (2).

S'agissant des créanciers dont le droit est antérieur au jugement constatant la cessation des paiements, ceux-ci sont constitués en une masse, dotée de la personnalité morale, et qui représentée par le syndic (3).

Il importe de relever que le jugement a pour effet, d'une part, d'emporter hypothèque légale au profit de la masse, dont le syndic doit demander l'inscription sur les immeubles du débiteur (4)et d'autre part, d'arrêter le cours des intérêts à l'égard de la masse, de toute créance non garantie par une sûreté spéciale (5).

De plus, certains actes accomplis par le débiteur postérieurement à la date de cessation des paiements sont inopposables à la masse des créanciers (6). Seul demeure opposable à la masse le privilège du Trésor et des organismes de services sociaux.

253. Le jugement a également pour effet de suspendre les poursuites individuelles des créanciers non munis d'une sûreté réelle spéciale.

En outre, les créanciers sont appelés à produire leur créance dans le délai de quinze jours suivant le jugement de cessation des paiements ; à défaut, ceux-ci sont exclus de la procédure, sauf le cas d'un relevé de forclusion (7). Par suite, le syndic procède alors à la vérification des créances et dresse un état de celles-ci. C'est ensuite au juge-commissaire qu'il appartient d'arrêter l'état des créances, le tribunal statuant quant à lui sur celles pour lesquelles une réclamation a été formée (8).

Pour autant, il convient de souligner qu'une situation particulière est réservée aux créances de salaire qui doivent être payées par le syndic dans les dix jours du jugement de cessation des paiements, à condition de disposer de fonds suffisants, et ce, dans la limite des dispositions fixées par la loi (9).

Il échet aussi de signaler que le privilège du bailleur garantit les loyers des deux dernières années de location avant le jugement, ainsi que les loyers en cours (10).

254. L'état des créances arrêté, le tribunal dispose alors d'une option : il prononce le règlement judiciaire s'il lui apparaît que le débiteur est en mesure de proposer un concordat de nature à favoriser le redressement de l'entreprise et le règlement au moins partiel des créanciers chirographaires, et, dans le cas contraire, il prononce la liquidation des biens (11).

Les propositions concordataires du débiteur sont soumises au vote des créanciers, le concordat devant être validé par le tribunal qui statue par un jugement d'homologation (12).

Toutefois, le jugement qui annule ou résout le concordat, convertit alors le règlement judiciaire en liquidation des biens (13).

L'ouverture de la procédure de liquidation a pour conséquence de dessaisir le débiteur et de constituer les créanciers en état d'union (14), les biens du débiteur devant être vendus aux enchères publiques. En outre, les créanciers privilégiés ou hypothécaires qui ne sont pas intégralement payés sur le prix des biens grevés de leurs sûretés concourent avec les créanciers chirographaires pour ce qui leur reste dû (15).

À tout moment, le tribunal peut ordonner la suspension des opérations pour défaut d'actif (16). De même, lorsqu'il n'existe plus de passif exigible, le tribunal clôt la procédure à toute époque dès l'arrêté des créances (17).

Il est à noter que le tribunal peut décider, lorsque l'actif est insuffisant pour faire face au passif, que les dettes de la personne morale seront supportées en tout ou partie, avec ou sans solidarité, par les dirigeants. En outre,

(1) C. com., art. 441, p. 633.
(2) C. com., art. 443 et 444, p. 633.
(3) C. com., art. 451, p. 634.
(4) C. com., art. 452, p. 634.
(5) C. com., art. 453, p. 634.
(6) C. com., art. 456, p. 634 à art. 458, p. 635.
(7) C. com., art. 462, p. 635 à art. 464, p. 635.
(8) C. com., art. 466, p. 635 à art. 472, p. 636.
(9) C. com., art. 475, p. 637.
(10) C. com., art. 479, p. 637.
(11) C. com., art. 494, p. 639.
(12) C. com., art. 497, p. 639 à art. 513, p. 641.
(13) C. com., art. 523, p. 642 à art. 529, p. 643.
(14) C. com., art. 530, p. 643 et art. 533, p. 643.
(15) C. com., art. 539, p. 644.
(16) C. com., art. 544, p. 644.
(17) C. com., art. 547, p. 645.

la liquidation des biens est prononcée contre tout dirigeant qui, sous le couvert de la personne morale, a, masquant ses agissements, fait des actes de commerce dans un intérêt personnel ou, pour le compte d'un tiers, disposé des biens de la personne morale comme des siens propres ou encore poursuivi abusivement une exploitation déficitaire qui ne pouvait conduire qu'à la cessation des paiements (1).

255. Il convient encore de souligner que la faillite personnelle peut être prononcée à l'encontre de toute personne physique commerçante, ou dirigeant de personne morale dans les cas prévus par la loi, cette condamnation ayant pour effet d'emporter l'interdiction d'occuper toutes fonctions de direction, d'administration ou de contrôle des personnes morales visées à l'article 408 du Code de commerce, outre l'interdiction d'exercer toutes fonctions publiques électives (2).

3. – LA RELATION DE TRAVAIL (3)

256. Comme ci-avant indiqué, la Constitution de la Principauté, en son article 25, garantit la liberté du travail et affirme que la priorité est assurée aux Monégasques pour l'accession aux emplois publics et privés (cf. *supra* n° 64). Elle précise également que la loi réglemente l'exercice de la liberté du travail.

257. La législation concernant les relations individuelles du travail à Monaco figure essentiellement dans les cinq textes suivants :
- loi n° 729 du 16 mars 1963 concernant le contrat de travail ;
- loi n° 739 du 16 mars 1963 sur le salaire ;
- loi n° 845 du 27 juin 1968 sur les indemnités de congédiement et de licenciement en faveur des salariés ;
- ordonnance-loi n° 677 du 2 décembre 1959 sur la durée du travail ;
- loi n° 629 du 17 juillet 1957 tendant à réglementer les conditions d'embauchage et de licenciement en Principauté (4).

258. Tout étranger doit obtenir un permis de travail pour occuper un emploi privé (5). Cet acte administratif est délivré par le directeur du travail. Son refus doit être motivé, conformément aux dispositions de la loi n° 1.312 du 29 juin 2006 précitée. Sur le fond, a été jugé légal par le Tribunal suprême le motif d'un refus de permis de travail tenant à des renseignements de police relatifs à la moralité du salarié (6).

La législation monégasque affirme et défend par ailleurs le principe de l'égalité des salaires entre les hommes et les femmes reconnu par l'article 11 de la Convention du 18 décembre 1979 sur l'élimination de toutes les formes de discriminations à l'égard des femmes, rendue exécutoire dans la Principauté par l'Ordonnance Souveraine n° 96 du 16 juin 2005 (7). En application de la loi n° 739 du 16 mars 1963 précitée, les montants minimaux des salaires sont fixés par arrêtés ministériels et par référence à ceux en vigueur en France. En effet, ceux-ci doivent être « *au moins égaux à ceux pratiqués en vertu de la réglementation ou de conventions collectives, pour les conditions de travail identiques, dans les mêmes professions, commerces ou industries de la région économique voisine* » (8). La Cour de révision a précisé, dans deux arrêts en date des 25 novembre 2010 et 14 octobre 2011 (9), que l'existence de ces « conditions de travail identiques » est une condition d'application du principe de parité des salaires et non une modalité d'application. Dans l'espèce qui a fait l'objet de ces deux arrêts, la Cour a fait le constat que non seulement les conditions de travail n'étaient plus identiques à Monaco et en France, mais que, de surcroît, les dispositifs d'accompagnement, sous forme d'aides diverses, et notamment financières, accordées aux employeurs français, rendaient impossible l'application des minima français à Monaco, en l'état de la législation actuelle.

259. S'agissant de la durée du travail (10), celle-ci est fixée à 39 heures par semaine. L'employeur a la possibilité de prolonger la durée contractuelle jusqu'à 47 heures, en majorant le taux horaire. Des conditions exceptionnelles peuvent permettre une durée de travail supérieure, avec autorisation de l'Inspecteur du Travail.

---

(1) C. com., art. 560, p. 646 et art. 565, p. 647.
(2) C. com., art. 573 et s., p. 648.
(3) Sur l'ensemble de la question, cf. N. François, *De quelques remarques sur la spécificité du droit monégasque*, *op. cit.*, p. 25 et s. ; et P.-J. Douvier, *Monaco, juridique, fiscal, social, comptable*, *op. cit.*, n°s 1005 et s.
(4) Cf. M. Gramaglia, *La législation monégasque du travail, 2005-2006.*
(5) Loi n° 629 du 17 juillet 1957, art. 1er. Parallèlement, l'employeur désireux d'employer un étranger doit obtenir une autorisation d'embauche (*idem*, art. 4).
(6) Tribunal suprême, 23 janv. 2002, *Sieur K. Bensaoucha*, préc.
(7) Loi n° 739 du 16 mars 1963, art. 2-1 à 2-3, p. 1339.
(8) Loi n° 739 du 16 mars 1963, art. 11, p. 1341.
(9) Cour de révision, 25 nov. 2010 et 14 oct. 2011, *Ferrara c/ Monte-Carlo Protection*.
(10) Ordonnance-loi n° 677 du 2 déc. 1959, p. 1335.

Les congés payés annuels (1) sont acquis à raison de deux jours et demi ouvrables par mois de travail, avec un maximum de 30 jours par an, disponibles à partir du 1er mai de chaque année pour les droits ainsi acquis. Le maximum de 30 jours est augmenté en fonction de l'ancienneté du salarié chez son employeur.

Les professions du bâtiment sont soumises aux mêmes règles mais, pour tenir compte de la mobilité dans ce secteur d'activité, les congés payés sont servis par une caisse de congés payés du bâtiment propre à cette profession (2).

260. Comme en droit français, le contrat de travail implique un lien de subordination juridique entre la personne engagée et celle au profit de laquelle le travail est exécuté contre le paiement d'un salaire. La loi déclare en ce sens que le travailleur est placé « *sous l'autorité* » d'un employeur (3).

La rédaction du contrat de travail est soumise au principe de la liberté contractuelle. Même en l'absence de stipulation expresse, une période d'essai destinée à mettre à l'épreuve le travailleur engagé est légalement prévue (4).

Conformément à l'article 6 de la loi n° 729 du 16 mars 1963, précitée, le contrat de travail à durée indéterminée peut toujours cesser par la volonté de l'une des parties. La loi fixe les règles en matière de préavis, selon la partie qui a pris l'initiative de la rupture.

Sauf faute grave de l'employé, force majeure ou accord des parties, le contrat prend fin à l'issue du préavis, dont la durée légale est fixée à un mois si l'ancienneté du salarié est supérieure à six mois et à deux mois ou un mois et une indemnité, si l'ancienneté du salarié est supérieure à deux ans.

Toute clause d'un contrat de travail, d'un règlement intérieur ou d'une convention collective prévoyant des conditions moins favorables est nulle de plein droit.

La jurisprudence retient comme un usage généralisé le délai de trois mois de préavis pour un salarié ayant le statut de cadre (5).

Pour permettre au salarié de pouvoir saisir toute opportunité d'évolution de sa carrière, ce dernier n'est tenu de respecter que la moitié du délai de préavis ci-dessus. La résiliation du contrat de travail doit intervenir par lettre recommandée avec accusé de réception, la date de présentation étant le point de départ du délai de préavis. La jurisprudence admet toutefois la remise de la notification en main propre si la mention manuscrite de la date de remise est portée par le salarié récipiendaire. La rupture du contrat de travail à durée indéterminée, en méconnaissance des règles concernant le préavis, emporte obligation pour la partie responsable de verser à l'autre une indemnité, sauf en cas d'accord des parties, de faute grave ou de force majeure.

Une indemnité dite de congédiement est due à tout salarié licencié ayant au moins deux ans d'ancienneté, sauf en cas de faute grave (6). Pour le calcul du montant de l'indemnité, la loi renvoie, pour la définition du minimum, aux dispositions en vigueur dans la même profession dans la région voisine.

La jurisprudence a établi que ce minimum ne pouvait résulter que du calcul fixé par la loi applicable dans ladite région voisine, à l'exception de toute disposition conventionnelle (7). De même, si le montant minimum devait augmenter comme la loi française l'a prescrit, la durée minimale d'ancienneté pour en bénéficier demeure celle posée par la loi monégasque, nonobstant une durée minimale revue à la baisse en France (8).

En cas de licenciement sans motif jugé valable, l'employeur est tenu au paiement d'une indemnité de licenciement (9) égale à autant de journées de salaire que le travailleur compte de mois de service, sans que l'indemnité puisse excéder six mois de salaire. Toutefois, cette indemnité n'est pas due si le salarié a atteint l'âge lui donnant le droit de percevoir une pension de retraite.

En outre, ces deux indemnités ne sont pas cumulables, le montant de l'indemnité de congédiement étant déduit, le cas échéant, de celui de l'indemnité pour rupture sans motif valable (10). En d'autres termes, lorsque l'indemnité de licenciement est due, le montant le plus élevé des deux indemnités est versé au salarié.

Enfin, la rupture abusive du contrat de travail peut donner lieu à des dommages-intérêts (11), qui sont distincts de l'indemnité pour inobservation du préavis et de l'indemnité de licenciement.

---

(1) Loi n° 619 du 26 juillet 1956.

(2) Ordonnance n° 3.364 du 27 juillet 1965 créant une caisse de congés payés, dans les professions du bâtiment et des travaux publics.

(3) Loi n° 729 du 16 mars 1963, art. 1er, p. 1338 ; Loi n° 739, 16 mars 1963, art. 1er, p. 1339.

(4) Loi n° 729 du 16 mars 1963, art. 4, p. 1338.

(5) Tribunal du travail, 30 mars 2004, *Vermeil c/ LTP*.

(6) Loi n° 845 du 27 juin 1968, art. 1er.

(7) Cour de révision, 23 mars 1998, *Ivaldi c/ EDIMO*.

(8) Tribunal du travail, 3 févr. 2011, *Negro c/ SME*.

(9) Loi n° 845 du 27 juin 1968, art. 2.

(10) Loi n° 845 du 27 juin 1968, art. 3.

(11) Loi n° 729 du 16 mars 1963, art. 13, p. 1339.

a) La protection sociale

261. En matière de protection sociale, le droit monégasque a institué, au profit des salariés et des travailleurs indépendants, des régimes distincts, lesquels constituent une autre spécificité remarquable de la Principauté.

Ceux-ci sont assurés par le biais de quatre organismes autonomes, créés par la loi et ayant la qualité de personne morale de droit privé, communément dénommés « caisses sociales » (cf. *supra* n° 51). Il s'agit respectivement de la caisse de compensation des services sociaux (C.C.S.S.) (1), de la caisse autonome des retraites (C.A.R.) (2), de la caisse d'assurance maladie, accident et maternité des travailleurs indépendants (C.A.M.T.I.) (3) et enfin de la caisse autonome des retraites des travailleurs indépendants (C.A.R.T.I.) (4).

Ils disposent de services communs à la tête desquels se trouve un directeur assisté d'un agent comptable. Leur gestion est assurée par un comité de contrôle et un comité financier, respectivement présidés par le Conseiller de Gouvernement pour les Affaires Sociales et la Santé et le Conseiller de Gouvernement pour les Finances et l'Économie. Y siègent de manière paritaire des représentants des assurés sociaux et des employeurs désignés par le Gouvernement sur proposition des syndicats d'employeurs et de salariés, ainsi que des représentants du Gouvernement, tandis que le comité financier est composé de personnalités qualifiées (5).

b) La protection des salariés

262. L'ordonnance-loi n° 397 du 27 septembre 1944 a créé la caisse de compensation des services sociaux (C.C.S.S.) qui a pour mission d'assurer le service des allocations pour charges de famille et des prestations diverses dues pour maternité, maladie, accidents – à l'exclusion des accidents du travail (cf. *infra* n° 267) –, invalidité et décès, auxquelles peuvent prétendre les salariés travaillant à Monaco, quelle que soit leur nationalité (6).

L'ensemble des employeurs occupant des salariés dans une profession industrielle, commerciale, financière, libérale ou employant des gens de maison ont l'obligation de s'affilier à cette caisse en vue de répartir entre eux les charges résultant des prestations de toute nature dues, en vertu de la loi, aux salariés, à leur conjoint et à leurs enfants.

De fait, les ayants droit (conjoint, enfant à charge) qui ne peuvent se prévaloir d'un droit direct auprès d'un autre régime et résidant dans la Principauté ou en France (ou sur le territoire italien pour les ressortissants monégasques ou italiens) bénéficient également de la couverture de leurs dépenses au titre de la maladie ou de la maternité.

Les nomenclatures d'actes déterminant les remboursements de prestations médicales, chirurgicales, dentaires ou pharmaceutiques font l'objet d'arrêtés ministériels réitérant généralement les dispositifs français équivalents.

263. Les allocations familiales et prénatales sont quant à elles soumises à des dispositions particulières issues de la loi n° 595 du 15 juillet 1954 et la C.C.S.S. assure le service des prestations familiales et prénatales, étant souligné qu'à Monaco, les allocations familiales sont versées dès le premier enfant.

264. Quant aux retraites, elles sont régies par la loi n° 455 du 27 juin 1947 qui a créé la caisse autonome des retraites (C.A.R.).

Les pensions versées à ce titre sont proportionnelles aux salaires plafonnés perçus pour les années postérieures au 1er août 1947. Une retraite « uniforme » est versée, au titre de la répartition et de la solidarité entre actifs et retraités, pour les périodes accomplies avant cette date, le mode de calcul et le montant des pensions étant fixés par voie législative et réglementaire. Les retraites uniformes disparaîtront au fur et à mesure de l'extinction des bénéficiaires ayant travaillé sans cotiser avant 1947.

À ce jour, le régime fonctionne sur le principe de la répartition par points, savoir que l'assuré est crédité chaque mois d'un nombre de points obtenu en divisant le salaire brut déclaré par une unité de compte, le salaire de base, dont le montant est fixé par arrêté ministériel, ce dans la limite d'un plafond correspondant à quatre fois le salaire de base.

Le montant de la retraite résultant de ce mode d'acquisition de points est favorable au salarié, notamment dans la mesure où il n'y a pas de lissage sur une moyenne de la carrière, mais bien une attribution continue de points directement proportionnels aux salaires déclarés et aux cotisations versées. Le législateur, en 1947,

(1) Ordonnance-loi n° 397 du 27 septembre 1944 portant création d'une caisse de compensation des services sociaux de la Principauté de Monaco.

(2) Loi n° 455 du 27 juin 1947.

(3) Loi n° 1.048 du 28 juillet 1982.

(4) Loi n° 644 du 17 janvier 1958.

(5) Cf. www.caisses-sociales.mc.

(6) Ce régime exclut les fonctionnaires et agents de l'État et de la commune dont la protection sociale est directement assurée par l'administration dont un service, le service des prestations médicales de l'État, tient lieu de caisse primaire.

a veillé à ce que les engagements futurs, en matière de service de la retraite des salariés, soient pour partie provisionnés. À cet effet, la C.A.R. a mis à profit les excédents dégagés au cours de périodes de forte croissance des effectifs pour constituer des réserves composées actuellement pour moitié d'un patrimoine foncier, ces biens immobiliers garantissant le paiement des retraites. En outre, ces investissements immobiliers ont permis une politique du logement en faveur des salariés de Monaco.

Le régime a récemment fait l'objet d'aménagements techniques ayant pour but d'en assurer la pérennité, notamment pour tenir compte de l'évolution du ratio entre actifs et retraités, qui s'est fortement modifié avec l'allongement de la durée de vie (1).

Ainsi, outre l'introduction d'une évolution différenciée de la valeur du point et du salaire de base, le taux de cotisation à la charge de l'employeur et du salarié a fait l'objet d'une augmentation modérée et pourra chaque année, dans les limites fixées par la loi, être ajusté en fonction des besoins. Auparavant, le montant de la cotisation était déterminé par application, pour l'employeur, d'un taux de base et d'un taux additionnel variable et, pour le salarié, par application d'un taux de base. Les aménagements ont consisté à subdiviser le taux de base en deux taux, savoir un taux fixe de 6,15 % de la rémunération du salarié - dont le montant correspond à l'ancien taux de base - et un taux d'ajustement. Ce dernier taux pourra être modifié chaque année par arrêté ministériel pris après avis du Comité de Contrôle et du Comité Financier de la C.A.R. Cependant, la valeur ainsi fixée ne pourra être inférieure à 0,80 % de la rémunération du salarié pour l'employeur et à 0,40 % pour le salarié, ni être supérieure à 1,30 % pour l'employeur et à 0,70 % pour le salarié (2).

c) La protection des travailleurs indépendants

265. En ce qui concerne cette catégorie de travailleurs, un premier régime, s'appliquant aux retraites, a été instauré par la loi n° 644 du 17 janvier 1958. Il ne concerne évidemment que les personnes ayant exercé à Monaco une activité n'ouvrant pas droit à une pension de retraite accordée par la caisse autonome des retraites, c'est-à-dire une activité professionnelle artisanale, industrielle, commerciale ou libérale. Toute personne ainsi définie est tenue de s'affilier à la caisse autonome des retraites des travailleurs indépendants (C.A.R.T.I.) (cf. *supra* n° 51).

Cet organisme perçoit les cotisations obligatoires et verse en compensation, à partir de 65 ans, âge légal de départ à la retraite, une pension qui comprend, comme pour les travailleurs salariés, une partie proportionnelle à compter du 17 janvier 1958 et une partie uniforme pour la période antérieure à cette date (cette partie devant également disparaître par voie d'extinction des bénéficiaires). Le mode de calcul et le montant des pensions sont fixés par voie réglementaire (3).

266. Par ailleurs, la loi n° 1.048 du 28 juillet 1982 a institué un régime de prestations sociales couvrant les risques maladie, accidents et maternité des travailleurs indépendants. La caisse d'assurance maladie des travailleurs indépendants (C.A.M.T.I.) a été créée à cette fin, caisse à laquelle les intéressés sont tenus de s'affilier.

Son financement est assuré par une cotisation forfaitaire due pour chaque mois civil et payable trimestriellement à terme anticipé. Les prestations sont également servies aux ayants droit, à condition qu'ils ne puissent se prévaloir d'un droit direct auprès d'un autre régime, ainsi qu'aux retraités d'un régime monégasque ou français de travailleurs indépendants résidant dans la Principauté.

d) La réparation des accidents du travail

267. En la matière, Monaco continue à appliquer une législation très voisine de celle qui existait en France avant l'instauration de la sécurité sociale et qui, imposant aux employeurs de contracter avec une compagnie d'assurance, faisait garantir par celle-ci la réparation des accidents du travail dont leurs préposés pouvaient être victimes, c'est-à-dire indemnités, rentes, pension ou capital, selon les cas prévus par la loi.

La législation monégasque présente toutefois une particularité assez remarquable dans la mesure où la loi n° 636 du 11 janvier 1958 codifiant la législation sur la déclaration, la réparation et l'assurance des accidents

(1) Loi n° 1.392 du 28 septembre 2012 modifiant la loi n° 455 du 27 juin 1947 sur les retraites des salariés, modifiée.

(2) Loi n° 455 du 27 juin 1947, art. 9.

(3) Il s'agit en fait d'un régime d'assurance vieillesse de répartition par points. De un à quatre points peuvent être acquis chaque mois en fonction de la classe à laquelle l'adhérent cotise. Les cotisations versées trimestriellement, à terme échu, sont affectées d'une majoration non génératrice de droit dont le taux est fixé par ordonnance souveraine. Le montant de la pension de retraite directe annuelle est déterminé en multipliant le nombre de points acquis par la valeur du point.

du travail, telle que modifiée par la loi n° 790 du 18 août 1965, investit un juge spécialisé, dénommé « juge des accidents du travail », de pouvoirs très particuliers qui en font « une sorte de juge d'instruction civil » (1), dans une matière d'une grande importance sociale. Outre le rôle de conciliateur dont il est investi à tout moment de la procédure, il peut prendre toutes dispositions nécessaires pour que la victime puisse obtenir, dans les plus brefs délais, réparation du préjudice qu'elle a subi.

La loi n° 636 du 11 janvier 1958 précitée comporte en outre une disposition particulière en ce qui concerne les victimes qui ont été non pas guéries, mais déclarées consolidées tout en demeurant atteintes d'une incapacité permanente de travail. Leur est en effet ouvert le droit à une rente calculée en fonction du taux de cette incapacité et du salaire qu'elles percevaient lors de l'accident qui les a frappées (2).

Une commission « de capacité résiduelle de gains » peut corriger le montant de la rente, pouvant déroger au barème d'invalidité, pour tenir compte de ce que la victime peut obtenir pour salaire en travaillant, du fait de son infirmité.

L'assureur est tenu au versement viager de la rente. La Principauté lève, sur les polices d'assurance accident du travail, une taxe destinée à alimenter un fonds de revalorisation des rentes. Cette revalorisation s'ajoute à la valeur constante de la rente à la charge de l'assureur.

Ce dispositif est étendu aux maladies professionnelles reconnues.

268. Traitant de la situation des salariés devenus inaptes à l'exécution de leur travail, la loi n° 1.348 du 25 juin 2008 relative au reclassement des salariés déclarés inaptes par le médecin du travail vise également à assurer la reconversion des intéressés au sein de l'entreprise ou, à défaut, leur licenciement dans les conditions légales (3).

Ces dispositions s'appliquent sans distinction aux victimes d'accidents du travail, comme à ceux touchés par la maladie ou l'accident civil.

269. Cela étant, si le droit social de la Principauté présente de fortes spécificités, celles de son droit pénal n'en sont pas pour autant moins remarquables.

D. – LE DROIT PÉNAL

270. Le Code pénal de la Principauté est issu d'une loi du 28 septembre 1967. Il a fait depuis, l'objet de plusieurs réformes (lois du 8 décembre 1972, du 4 juillet 1978 et plus récemment lois du 25 juin 2008 et du 3 août 2009). Il en résulte que Monaco est doté d'un droit pénal qui entend répondre tout à la fois aux aspirations d'un État de droit et à la nécessité de sanctionner les formes nouvelles de criminalité.

271. Les principes de la légalité des délits et des peines (4), de la non-rétroactivité des lois répressives (5) et celui de la responsabilité individuelle (6) sont naturellement consacrés. Mais à côté de ce socle que la Principauté partage avec les autres États de droit, la loi monégasque offre des illustrations de son adaptation à la délinquance contemporaine. Ainsi, les personnes morales n'échappent pas à la sanction pénale. Par ailleurs, la Principauté a adopté des dispositifs de répression très avancés en matière d'abus sur les personnes vulnérables et de délits financiers spécialement à l'égard du blanchiment.

a) La responsabilité pénale des personnes morales

272. Si, au cours du xxe siècle, la responsabilité pénale des personnes morales a, en France, donné lieu à un débat passionné, la controverse a été tranchée par le législateur qui a consacré cette responsabilité dans le nouveau Code pénal promulgué le 22 juillet 1992.

---

(1) Cf. N. François, n° 172, *De quelques remarques sur la spécificité du droit monégasque, op. cit.*, p. 27.

(2) Loi n° 636 du 11 janvier 1958, modifiée, art. 23 *bis*.

(3) L'origine de ce texte était une proposition de loi du Conseil national (proposition de loi n° 172 de MM. J.-P. Licari, J.-L. Nigioni et J. Rit, instituant un droit à reclassement pour les salariés déclarés inaptes par le médecin du travail [cf. www.conseil-national.mc]).

(4) C. pén., art. 4, p. 461 ; cet article n'a toutefois pas la même force recognitive que l'article 20 de la Constitution.

(5) Constitution 17 déc. 1962, art. 20, p. 95, incidemment C. pén., art. 4, al. 2, p. 461.

(6) C. pén., art. 4-1, p. 461.

Le droit pénal monégasque (1) est quant à lui resté plus longtemps fidèle à la règle « *societas delinquere non potest* ». À partir des années 1990, il a toutefois commencé à évoluer vers un état permettant de frapperle patrimoine de personnes morales pour des motifs liés à leur implication dans des infractions à caractère économique.

273. En effet, à cette époque, a été donnée au juge la possibilité de décider que, lorsque le dirigeant d'une personne morale, coupable d'une infraction économique, est condamné à une amende, cette personne est tenue à son paiement solidairement avec son représentant (2). Ces dispositions visaient à permettre aux juridictions répressives d'atteindre les personnes morales dans leurs avoirs dès lors que l'implication de la structure sociale dans la consommation de l'infraction était acquise.

De surcroît, le juge monégasque s'est vu investi du pouvoir de prononcer d'autres peines, éventuellement confirmatives de sanctions administratives préalables, comme la saisie et la confiscation, voire la mise en conformité ou la destruction des matériels et installations ayant servi à commettre l'infraction (3) ; la saisie et la confiscation des capitaux, produits de l'infraction ainsi que des biens meubles ou immeubles acquis grâce à ces capitaux (4) ; la fermeture définitive de l'établissement (5) ; l'interdiction de la poursuite de l'activité ou de la possibilité de l'exercer à nouveau et la dissolution d'une société (6).

274. Le régime des pénalités applicables aux personnes morales a également été conditionné par le droit issu des engagements internationaux de la Principauté.

Celui-ci rend possible l'incrimination de personnes morales responsables d'infractions liées au financement du terrorisme (7). Sont ainsi prévues des dispositions sanctionnant pénalement les personnes morales en raison d'acte de terrorisme commis, pour leur compte, par leurs organes ou représentants (8).

Au même titre, en application de la convention monétaire conclue par l'échange de lettres en date du 24 décembre 2001, avec la France, agissant au nom de la Communauté européenne, remplacée depuis par l'accord monétaire entre la Principauté de Monaco et l'Union européenne du 29 novembre 2011 rendues exécutoires dans la Principauté (9), est désormais possible la mise en cause de la responsabilité pénale des personnes morales en matière de faux monnayage ainsi que leur condamnation à une amende, à une interdiction professionnelle ou à une exclusion des marchés publics (10).

275. Nonobstant l'existence et l'efficience de ces moyens juridiques, il est cependant apparu qu'à l'instar de nombre de systèmes étrangers et suivant les recommandations de diverses organisations internationales, la reconnaissance du principe d'une responsabilité pénale effective de la personne morale, en sus de celle, personnelle, de ses représentants, constituait une garantie supplémentaire, notamment dans le cas d'une insolvabilité, parfois organisée, des intéressés.

Aussi, par la loi n° 1.349 du 25 juin 2008, le livre premier du Code pénal a-t-il été modifié en particulier par l'introduction d'un article 4-4, lequel énonce que « *toute personne morale* [...] *est pénalement responsable* [...] *de tout crime, délit ou contravention lorsqu'ils ont été commis pour son compte, par l'un de ses organes ou représentants* ».

Il s'évince de cette disposition que c'est à l'encontre de la ou des personnes physiques, organes ou représentants, que doivent être caractérisés les éléments constitutifs de l'infraction. En cela, la responsabilité pénale des personnes morales est indirecte ou « par ricochet », puisque seule une personne physique, en sa qualité d'organe ou de représentant, peut faire un acte matériel qui constituera la faute reprochée à la personne morale. Mais il importe de souligner qu'il ne s'agit pas pour autant d'une responsabilité du fait d'autrui.

(1) Sur les spécificités du droit pénal monégasque en général, cf. N. François, *De quelques remarques sur la spécificité du droit monégasque, op. cit.*, p. 21 et s. ; et *La répression de la délinquance organisée, idem.* p. 75 et s.

(2) Loi n° 1.144 du 26 juillet 1991, art. 13-3 et 23 ; loi n° 1.165 du 23 décembre 1993, modifiée, art. 23 ; loi n° 1.194 du 9 juillet 1997, art. 27.

(3) C. mer, art. L. 243-11, p. 665.

(4) C. pén., art. 219, p. 487 et CPP, art. 596-1, p. 595.

(5) Loi n° 1.144 du 26 juill. 1991, art. 12, p. 1196.

(6) Loi n° 890 du 1er juillet 1970, modifiée, art. 6 et 7, loi n° 1.338 du 7 septembre 2007, art. 50.

(7) Convention des Nations unies du 9 décembre 1999 pour la répression du financement du terrorisme rendue exécutoire par l'Ordonnance Souveraine n° 15.320 du 8 avril 2002 ; Convention du Conseil de l'Europe du 8 novembre 1990 relative au blanchiment, au dépistage, à la saisie et à la confiscation des produits du crime, rendue exécutoire par l'Ordonnance Souveraine n° 14.452 du 8 août 2002, STCE n° 141.

(8) Loi n° 1.318, art. 2 ; C. pén., art. 391-9.

(9) Ordonnances Souveraines n° 15.185 du 14 février 2002 et n° 3.559 du 5 décembre 2011.

(10) Loi n° 1.274 du 25 novembre 2003, art. 1er insérant les articles 83-6 et 83-7 du Code pénal.

En effet, *de facto*, lorsque la personne physique agit en tant qu'organe ou représentant de la personne morale, elle est la personne morale. Cette dernière est donc responsable de son propre fait. La conscience et la volonté de la personne morale nécessaire à la responsabilité pénale sont celles de la personne physique par assimilation de cette dernière et de la personne morale.

S'agissant de la qualité de personne morale, il est à noter que sa typologie, tout en étant sensiblement identique à celle retenue en droit français, n'en est pas moins plus restreinte, certaines personnes morales n'existant pas à Monaco, telles, par exemple, les collectivités territoriales autres que la commune (1).

Concernant le régime propre aux personnes morales de droit public, l'article 121-2 du Code pénal français précise que l'État ne peut faire l'objet de poursuites en qualité de personne morale. Il a en effet été jugé inconcevable que l'État, qui détient le monopole du droit de punir, se sanctionne lui-même. Plus largement, le droit monégasque limite la responsabilité de la personne morale aux personnes de droit privé, en excluant également celle de la commune et des établissements publics monégasques et ce, en parfaite cohérence avec la loi n° 1.318 du 29 juin 2006 sur le terrorisme, qui dispose de même (2).

276. Le principe général de la responsabilité des personnes morales étant acquis, le fait qu'elles puissent avoir une activité pénalement répréhensible a entraîné l'introduction, aux articles 29-1 à 29-8 du Code pénal, de peines criminelles, correctionnelles et contraventionnelles spécifiques, notamment l'amende, la dissolution et le placement sous surveillance judiciaire de la personne morale.

L'introduction de la peine d'amende en matière criminelle a *de facto* entraîné l'admission des circonstances atténuantes en la matière (3) et l'application de la circonstance aggravante de bande organisée (4).

b) Abus sur personnes vulnérables

277. Un texte législatif important portant réforme du Code pénal, la loi n° 1.382 du 20 juillet 2011 relative à la prévention et à la répression des violences particulières (cf. *supra* n° 123), a institué de nouveaux délits qui caractérisent la répression d'agissements à l'égard des personnes vulnérables (5) et ce, au sein même du cercle familial. Le législateur entend ici préserver l'enfant, le conjoint, victimes de menaces ou de violences au sein même du foyer. Le même texte organise une aide aux victimes de violence (6).

c) Le dispositif de lutte contre le blanchiment

278. Depuis de nombreuses années, la Principauté s'est engagée dans la lutte contre le blanchiment de capitaux, principal fléau déstabilisateur du monde des affaires (7). La pierre angulaire de cette action a sans nul doute été la loi n° 1.162 du 7 juillet 1993 relative à la participation des organismes financiers à la lutte contre le blanchiment de capitaux, laquelle a notamment institué une cellule de renseignements financiers, le service d'information et de contrôle des circuits financiers (S.I.C.C.F.I.N.), dont les missions sont comparables notamment à celles de son homologue français (TRACFIN).

279. Cette préoccupation d'ordre public a en outre amené le législateur monégasque à insérer, d'une part, par la loi n° 1.161 du 7 juillet 1993, dans le Code pénal, une nouvelle section VII au chapitre III consacré aux crimes et délits contre la paix publique du titre I du livre III, intitulée « *Blanchiment du produit d'une infraction* », et, d'autre part, dans le Code de procédure pénale, à créer un titre X au livre IV consacrant les dispositions nécessaires à la poursuite de ces infractions.

280. Comme pour les autres aspects de la criminalité transnationale, le blanchiment d'argent, qui en est au cœur, fait l'objet de dispositifs mis en place au plan international et européen. La Principauté n'y est bien entendu pas restée étrangère et a souhaité volontairement se soumettre à l'évaluation du comité d'experts du Conseil

---

(1) Ainsi en droit français sont considérées comme personnes morales : celles créées par la volonté de personnes physiques ou d'autres personnes morales, celles résultant de la loi et les personnes de droit public telles que l'État, les collectivités territoriales et leurs groupements et les établissements publics.

(2) C. pén., art. 391-9, p. 517. *Cf.* F. Pardo, *La loi n° 1.318 du 29 juin 2006 sur le terrorisme – Présentation et commentaires : Revue de droit monégasque* n° 8.2006 pp. 43-62.

(3) C. pén., art. 392-1, p. 518.

(4) C. pén., art. 392-2, p. 519.

(5) C. pén., art. 236-1 et s., p. 489.

(6) Loi n° 1.382 du 20 juillet 2011, art. 45.

(7) Cf. L. Anselmi, *Le droit public économique monégasque ; un aperçu au travers de quelques lois récentes, op. cit.* ; N. François, *La répression de la délinquance organisée, op. cit.*, p. 75 et s.

de l'Europe sur l'évaluation des mesures de lutte contre le blanchiment des capitaux et le financement du terrorisme, plus communément appelé MONEYVAL (1). Le rapport d'évaluation est intervenu en décembre 2007 (2) et a conclu que « *la Principauté dispose d'un cadre juridique satisfaisant* ».

Ce rapport préconisait en outre de nouvelles dispositions permettant d'adapter la législation de la Principauté à l'évolution de la criminalité sur la base des recommandations du groupe d'action financière (G.A.F.I.), principal organisme international de lutte contre le blanchiment de capitaux et le financement du terrorisme (3). Il était ainsi conseillé aux autorités monégasques de donner une définition du blanchiment qui recouvre toutes les catégories d'infractions retenues par le G.A.F.I. dans le glossaire de ses quarante recommandations (4).

281. Les définitions des infractions de blanchiment de capitaux, visées à l'article 218 du Code pénal, ont donc été modifiées par la loi n° 1.362 du 3 août 2009, afin de mieux détailler les comportements pénalement répréhensibles. Cet article précise que sera puni d'un emprisonnement de cinq à dix ans notamment, « *quiconque aura acquis sciemment, sous quelque forme que ce soit, pour lui-même ou pour le compte d'autrui, des biens meubles ou immeubles en utilisant directement ou indirectement des biens et capitaux d'origine illicite ou aura sciemment détenu ou utilisé ces mêmes biens* », et « *quiconque aura sciemment participé à la dissimulation ou au déguisement de la nature véritable, de l'origine, de l'emplacement, de la disposition, du mouvement ou de la propriété de biens ou des droits y relatifs dont l'auteur sait qu'ils sont des biens ou capitaux d'origine illicite* » (5).

L'article 218-1 du Code pénal soumet également à une peine identique celui qui aura tenté de commettre les infractions visées à l'article 218 du même Code ou celui qui se sera entendu ou associé avec d'autres en vue de les commettre. Pour l'application de l'article 218 susmentionné, depuis la modification de la loi intervenue en 2006, est qualifié de biens ou de capitaux d'origine illicite le produit des infractions punies en droit monégasque d'une peine d'emprisonnement supérieure à trois ans ainsi que le produit de certaines autres infractions passibles de peines inférieures.

Les infractions visées à l'article 218 du Code pénal « sont constituées alors même que l'infraction génératrice des fonds blanchis a été commise à l'étranger si elle est punissable en Principauté et dans l'État où elle a été perpétrée » (6).

Le droit monégasque reconnaît comme circonstance aggravante – et punit en conséquence d'une peine alourdie – le fait que l'auteur du blanchiment agisse comme membre d'une organisation criminelle, participe à d'autres activités criminelles organisées internationales, assume une charge publique qui l'aide à commettre l'infraction, participe à d'autres activités illégales facilitées par la commission de l'infraction, implique des personnes mineures ou a été condamné par une juridiction étrangère pour une infraction de blanchiment.

---

(1) MONEYVAL a pour objectif d'assurer que les États membres du Conseil de l'Europe soient effectivement dotés d'un système efficace pour contrer le blanchiment et le financement du terrorisme et qu'ils respectent les normes internationales pertinentes (recommandations du Groupe d'Action Financière (G.A.F.I.), convention des Nations unies contre le trafic illicite de stupéfiants et de substances psychotropes de 1988, convention des Nations unies contre la criminalité transnationale organisée, directives pertinentes de l'Union européenne sur la prévention de l'utilisation du système financier aux fins du blanchiment de capitaux, convention du Conseil de l'Europe relative au blanchiment, au dépistage, à la saisie et à la confiscation des produits du crime). MONEYVAL met en place un mécanisme d'évaluation paritaire mutuelle conclu par des rapports qui contiennent des recommandations très détaillées sur les moyens de renforcer l'efficacité des dispositifs nationaux ainsi que sur la capacité des États de coopérer au plan international dans ces domaines.

(2) MONEYVAL (2007) 28, *Rapport d'évaluation détaillé de troisième cycle sur la Principauté de Monaco*, 25e réunion plénière (3-6 déc. 2007).

(3) Le G.A.F.I. est un organisme intergouvernemental qui a pour objectif de concevoir et de promouvoir des politiques de lutte contre le blanchiment de capitaux et le financement du terrorisme à l'échelon aussi bien national qu'international.

(4) Les quarante recommandations offrent un ensemble complet de contre-mesures couvrant le système de justice pénale et l'application des lois, le système financier et sa réglementation ainsi que la coopération internationale. Elles ont été reconnues, ratifiées ou adoptées par de nombreux organismes internationaux. Les recommandations fixent des principes d'action et laissent aux pays une certaine marge de manœuvre dans l'application de ces principes en fonction de leurs circonstances particulières et de leur cadre constitutionnel. Bien qu'il ne s'agisse pas d'une convention internationale contraignante, beaucoup de pays se sont engagés à lutter contre le blanchiment de capitaux en appliquant les quarante recommandations.

(5) L'article 218 du Code pénal prévoit également qu'est pénalement sanctionné au titre de l'infraction de blanchiment : « *quiconque aura sciemment acquis, détenu ou utilisé des biens ou capitaux dont il sait, au moment où il les reçoit, qu'ils sont des biens ou capitaux d'origine illicite, sans préjudice des dispositions relatives au recel ; quiconque aura sciemment participé à l'une des infractions établies conformément au présent article ou à toute autre association, entente, tentative ou complicité par fourniture d'une assistance, d'une aide ou de conseils en vue de sa commission* [...] ».

(6) C. pén., art. 218-1, p. 487.

Par ailleurs, est pénalement sanctionné « quiconque aura, par méconnaissance de ses obligations professionnelles, apporté son concours à toute opération de transfert, de placement, de dissimulation ou de conversion de biens et capitaux d'origine illicite » (1).

La confiscation des biens et capitaux d'origine illicite est prévue par l'article 219 du Code pénal qui en fixe les modalités, et deux alinéas supplémentaires ont été ajoutés à ce même article (2) afin de donner, en matière de confiscation de biens et de capitaux d'origine illicite, plus de moyens au juge, en lui permettant de saisir « *l'argent là où il est* », savoir des biens ou capitaux d'une valeur équivalente à ceux d'origine illicite ou encore détenus par un tiers au courant d'une telle origine.

282. Suivant les recommandations de MONEYVAL et aux fins de mettre la législation monégasque au niveau des standards européens et internationaux, la loi n° 1.162 du 7 juillet 1993 a été remplacée par la loi n° 1.362 du 3 août 2009 (3), dont le texte d'application est l'Ordonnance Souveraine n° 2.318 du 3 août 2009.

Est ainsi énoncée une nouvelle liste de personnes et de catégories professionnelles assujetties au dispositif de lutte anti-blanchiment, subséquemment tenues à une obligation de vigilance et à une obligation de déclaration.

Sont ainsi notamment concernés les établissements bancaires et autres organismes financiers comme les sociétés de gestion de portefeuilles, mais aussi les entreprises d'assurance et, de manière générale, toute personne physique ou morale dont l'activité professionnelle, même non financière, entraîne des mouvements de capitaux (4). De nouvelles catégories de professions particulières, tels les experts-comptables et les auxiliaires de justice, sont introduites dans le corps de la loi (5).

De plus, aux fins de tenir compte des particularismes de la profession d'avocat, l'application à cette dernière du dispositif légal est limitée à deux cas (6) :

- l'assistance au client dans la préparation et la réalisation de transactions immobilières ou commerciales, y compris en qualité de fiduciaire ;
- la participation, au nom et pour le compte du client, à toute transaction financière ou immobilière.

Il résulte de ces dispositions que, hors de ces hypothèses spécifiques, les avocats sont exonérés des obligations de vigilance ou de déclaration, c'est-à-dire dès lors que leur activité se rattache à une procédure juridictionnelle ou à l'activité de conseil juridique. Sur ce point, une requête en annulation de la loi n° 1.362, précitée, a néanmoins été déposée par l'Ordre des avocats devant le Tribunal suprême, mais a été rejetée (7). Après avoir épuisé les voies de recours nationales, l'Ordre a saisi la Cour européenne des droits de l'homme d'une requête laquelle a été déclarée irrecevable au motif pris que l'Ordre des avocats ne pouvait « avoir la qualité de victime au sens de l'article 34 de la convention » (8) (cf. *supra* n° 163).

283. Les obligations de vigilance s'articulent autour de deux axes principaux : l'identification du client, le cas échéant avant l'entrée en relations d'affaires, d'une part, et le recueil d'informations pertinentes sur le client, l'objet et la nature de la relation, d'autre part (9).

À cet égard, le système mis en place à Monaco repose, conformément aux recommandations du G.A.F.I., sur les modalités d'analyse des risques par l'identification du niveau de risque associé au type de clientèle, en tenant compte conjointement du profil du client, de la constitution de son patrimoine, de l'origine de ses fonds, au regard des activités, des opérations et des produits envisagés dans la relation d'affaires (10). On relèvera que, si la mise en œuvre des vérifications d'identification et de l'examen du profil de risques n'est pas possible, la relation d'affaires ne peut être légalement nouée ou poursuivie (11).

---

(1) C. pén., art. 218-2, p. 487.
(2) Loi n° 1.362 du 3 août 2009, art. 46, p. 1393.
(3) Loi relative à la lutte contre le blanchiment de capitaux, le financement du terrorisme et la corruption, laquelle a abrogé la loi n° 1.162 du 7 juillet 1993 relative à la participation des organismes financiers à la lutte contre le blanchiment de capitaux et le financement du terrorisme.
(4) Loi n° 1.362 du 3 août 2009, art. 1er, p. 1383.
(5) Ces professions étaient jusqu'alors uniquement visées par l'ordonnance d'application n° 14.466 du 22 avril 2000.
(6) Loi n° 1.362 du 3 août 2009, art. 2 à 4, p. 1384.
(7) Tribunal suprême, 4 oct. 2010, Ordre des Avocats-Défenseurs et Avocats près la Cour d'Appel.
(8) CEDH, 21 mai 2013, n° 34118/11, *Ordre des Avocats-défenseurs et avocats près la cour d'Appel de Monaco c/ Monaco*.
(9) Loi n° 1.362 du 3 août 2009, art. 4 à 6, p. 1385.
(10) L'examen doit inclure notamment la recherche des bénéficiaires effectifs de l'opération.
(11) Loi n° 1.362 du 3 août 2009, art. 5, p. 1385.

La loi du 3 août 2009 fixe avec plus de précision le rôle et la mission du S.I.C.C.F.I.N., appelé à recueillir, analyser et traiter les déclarations avant, le cas échéant, de les communiquer à la justice (1).

Les organismes et personnes soumis à la loi anti-blanchiment doivent donc effectuer une déclaration auprès du S.I.C.C.F.I.N. avant de réaliser l'opération ou la transaction dont ils soupçonnent qu'elle pourrait participer au blanchiment de capitaux ou au financement du terrorisme ou relever des faits de corruption (2). Hors toute transaction effective, ils peuvent également saisir le S.I.C.C.F.I.N. notamment de faits dont ils ont connaissance et qui seraient susceptibles de constituer ce type d'infractions (3). Il est toutefois prévu que, dans des circonstances particulières (4), la déclaration puisse s'effectuer après la réalisation de l'opération.

Pour mener à bien sa mission, le S.I.C.C.F.I.N. dispose de larges pouvoirs d'investigation (5) et collabore sur le plan international avec les cellules de renseignements financiers étrangères ou autorités de supervision, sous réserve de la réciprocité des règles de secret professionnel (6).

La méconnaissance des obligations imposées par le dispositif de lutte contre le blanchiment est, à l'instar de la plupart des lois structurantes du droit économique monégasque, sanctionnée administrativement (7) et pénalement.

Les sanctions pénales visent notamment la mise d'obstacles au contrôle du S.I.C.C.F.I.N. (8), l'absence de déclaration de soupçon portant sur des opérations qui le justifient (9) ou encore la collusion entre l'organisme financier et le client faisant l'objet d'une procédure (10).

284. Dans un domaine voisin et connexe, celui de la lutte contre la corruption et le trafic d'influence, une loi a été votée le 8 octobre 2012 afin, là aussi, d'élever la législation monégasque à la hauteur des standards européens et internationaux tels que notamment définis par le groupe d'États contre la corruption (G.R.E.C.O.), autre organisme d'évaluation du Conseil de l'Europe. Ce texte élargit l'éventail des personnes susceptibles d'être incriminées (agent public national, agent public étranger ou international et agent privé), étend le champ de certains délits existants (prise illégale d'intérêts, corruption) et érige en infraction autonome le trafic d'influence. En outre, sont introduites, avec les garanties tenant aux droits fondamentaux qui s'imposent, de nouvelles techniques spéciales d'enquête, telles la sonorisation et la fixation d'images de certains lieux ou véhicules, la procédure d'infiltration et le témoignage anonyme.

Sur le plan administratif, l'Arrêté Ministériel n° 2011-468 du 29 août 2011 portant application de l'Ordonnance Souveraine n° 3.413 du 29 août 2011, précitée, comporte, suivant les recommandations du G.R.E.C.O., diverses sujétions pour les agents publics afin de prévenir, sur un plan administratif et disciplinaire, des faits susceptibles de caractériser de la corruption.

E. – LE DROIT PROCÉDURAL

285. Il est rappelé que la Principauté a adhéré au Conseil de l'Europe, ce qui la rend justiciable de la Convention européenne des droits de l'homme rendue exécutoire dans la Principauté par l'Ordonnance Souveraine n° 408 du 15 décembre 2006 (cf. *supra* n°s 129 et s.).

---

(1) Loi n° 1.362 du 3 août 2009, art. 16 et 17, p. 1388. Pour un contentieux consécutif à une déclaration de soupçon : Tribunal de première instance, 2 déc. 2004, *Consorts Piave c/ État de Monaco* ; Cour d'appel, 13 juin 2006, *Cts Piave c/ État de Monaco*, note Rainaud : *Revue de droit monégasque* n° 8, p. 89.

(2) Loi n° 1.362 du 3 août 2009, art. 19, p. 1388.

(3) Loi n° 1.362 du 3 août 2009, art. 23, p. 1389.

(4) Tel est le cas notamment lorsque le soupçon est apparu postérieurement ou lorsqu'il est impossible de surseoir à l'exécution de l'opération, que ce soit pour des motifs juridiques ou techniques, ou encore si le report est susceptible de faire obstacle à des investigations concernant le bénéficiaire d'une opération suspectée de blanchiment, de financement du terrorisme ou de corruption.

(5) Il dispose de ces pouvoirs tant auprès des acteurs de la société civile, que des services de l'État, agrémentés d'un droit de communication des pièces conservées par les déclarants.

(6) Articles 28 et 29 de la loi préc.

(7) Elles peuvent être de l'ordre de l'avertissement, du blâme, de l'interdiction d'effectuer une ou plusieurs opérations, ou encore de la suspension ou révocation de l'autorisation administrative d'exercer.

(8) Loi n° 1.362 du 3 août 2009, art. 41, p. 1393.

(9) Loi n° 1.362 du 3 août 2009, art. 42, p. 1393.

(10) Loi n° 1.362 du 3 août 2009, art. 45, p. 1393.

286. Les règles de procédure devant les juridictions monégasques doivent donc répondre aux exigences du procès équitable fixé par l'article 6 de la Convention, sachant que « *les traités internationaux ont une autorité supérieure à la loi* » (cf. *supra* n°s 8, 116).

Aussi, les justiciables se voient-ils accorder des garanties qui découlent de la définition du procès équitable (indépendance du juge, principe du contradictoire, double degré de juridiction) tant dans la procédure civile (a), que dans la procédure pénale (b).

a) Procédure civile

287. À Monaco, le procès demeure avant tout la chose des parties ; elles sont maîtres de l'introduction de la cause (1), de l'organisation de la défense, mais encore et surtout du déroulement de l'instance.

Le procès civil relève fondamentalement d'une logique accusatoire.

288. Dans le principe, le procès monégasque est un mélange de procédure écrite et orale. Ainsi, le premier alinéa de l'article 175 du Code de procédure civile dispose que « *les parties ou leurs avocats-défenseurs liront leurs conclusions, les signeront et les remettront au président, qui les paraphera et les fera classer au greffe. Il en sera de même pour celles qui seraient prises en cours d'instance.* Son second alinéa précise toutefois que « les parties qui comparaîtront en personne pourront prendre leurs conclusions verbalement, auquel cas le greffier les écrira sous la dictée du président. » Tandis que l'article 176 du même code dispose que « *Les plaidoiries suivront immédiatement à moins que le tribunal n'en décide autrement.* » Néanmoins en pratique il est souvent fait application de l'article 177 dudit Code qui prévoit que les parties se communiqueront réciproquement avant les plaidoiries des écritures préparatoires ainsi que les pièces dont elles entendront faire usage.

289. Dans le cadre de la procédure ordinaire devant le Tribunal de première instance et devant la Cour d'appel, il n'existe pas de magistrat de la mise en état investi de pouvoirs propres.

290. L'instruction du dossier est le fait des parties et du tribunal qui dispose d'un pouvoir assez étendu d'ordonner des mesures utiles à éclairer la cause (2). Mais dans cette phase de l'instance, la mission du tribunal est de veiller à l'échange régulier des écritures des parties (3) et au respect du calendrier. Dès lors que le tribunal constate qu'il n'a pas été satisfait à ces participations, il dispose de la faculté de renvoyer la cause à une audience ultérieure (4).

291. Il est piquant de relever que les parties ont la faculté de plaider elles-mêmes (5) sauf à estimer pour le tribunal que la « *passion* » ou « *l'inexpérience* » leur interdit de discuter leur cause avec « *la décence convenable* » ou « *la clarté nécessaire* » (6). Dans cette hypothèse, le tribunal fait injonction à la partie intéressée de se faire assister par un avocat-défenseur.

292. Le président du Tribunal de première instance dispose de pouvoirs propres circonscrits. À ce titre, il peut, dans le strict respect des prescriptions légales, rendre des ordonnances sur requête (autorisation d'assigner à bref délai (7), autorisation de mesures conservatoires (8), ou en matière de divorce (9)...) Mais il n'a pas légalement de pouvoir général d'ordonner sous cette forme des mesures *in futurum*.

Le président, ou son remplaçant, peut être saisi comme juge des référés. Sa compétence matérielle est dans ce cas néanmoins limitée :

- d'une part, il ne peut statuer qu'en cas d'urgence et n'ordonner que des mesures qui ne préjudicient pas au fond (10). On voit par là que la Principauté ne connaît pas du référé provision ;
- d'autre part, il est juge de l'exécution, puisqu'aux termes de l'article 415 du Code de procédure civile, il est saisi « *sur les difficultés d'exécution d'une décision judiciaire ou d'un titre exécutoire...* ».

(1) CPC, art. 163, p. 368.
(2) CPC, art. 300 et s., p. 383.
(3) CPC, art. 181, p. 370.
(4) CPC, art. 180, p. 370.
(5) CPC, art. 182 et s., p. 370.
(6) CPC, art. 182, al. 2, p. 370.
(7) CPC, art. 160, p. 368.
(8) CPC, art. 759 et s., p. 437.
(9) C. civ., art. 200-1, p. 170.
(10) CPC, art. 414, p. 398.

b) Procédure pénale

293. La procédure pénale monégasque est inspirée en ses principes de la procédure pénale française. Ainsi, c'est la gravité des infractions et de la sanction encourue qui détermine la compétence des juridictions répressives (juge de police, tribunal correctionnel, tribunal criminel (1)). Il est à relever cependant :

– qu'outre sa compétence ordinaire, le tribunal correctionnel est aussi juge d'appel du juge de police (2) ;

– que le tribunal criminel est une juridiction paritaire, composée de six membres, trois magistrats de la Cour d'appel et trois jurés (3).

294. La phase préparatoire au procès pénal résulte, soit d'une enquête conduite sous l'autorité du procureur général, soit d'une information ouverte sur réquisition du procureur général ou sur plainte avec constitution de partie civile (4).

295. Quoi qu'il en soit, peut être ordonnée une mesure de garde à vue qui se déroulera sous le contrôle, selon le cas, du procureur général ou du juge d'instruction (5). Sa durée est de vingt-quatre heures, susceptible d'être prolongée du même délai, sous réserve pour le procureur général ou juge d'instruction, d'obtenir l'autorisation du juge des libertés (6).

S'agissant de blanchiment, d'infraction à la législation sur les stupéfiants, d'infraction contre la sûreté de l'État ou encore d'actes de terrorisme, les délais peuvent cependant être portés à quarante-huit heures supplémentaires sous la même condition.

296. La loi n° 1.399 du 25 juin 2013 portant réforme du Code de procédure pénale en matière de garde à vue est venu renforcer les droits de la personne gardée à vue en consacrant le droit d'être assisté par un avocat tout au long des auditions en vue de la manifestation de la vérité (7).

Enfin, les auditions font l'objet d'un enregistrement audiovisuel qui ne peut être consulté que s'il y a contestation du contenu des procès-verbaux d'audition (8).

297. L'information se déroule sous l'autorité du juge d'instruction. On retiendra ici qu'il dispose des pouvoirs les plus étendus, utiles à la manifestation de la vérité, étant observé qu'à la différence du procureur général qui peut lui demander d'accomplir tout acte propre à faire progresser l'information (9), les autres parties – inculpé et partie civile – ne peuvent solliciter du juge que certaines mesures, limitativement énumérées par la loi (10).

De la même façon, si le procureur général peut relever appel de toutes les ordonnances du juge d'instruction (11), en revanche, l'inculpé ou la partie civile n'est recevable à exercer cette voie de recours qu'à l'égard de certaines d'entre elles (12).

298. Devant les juridictions de jugement, les débats sont publics, sauf prescription spéciale de la loi, et la procédure est contradictoire dans le respect des principes fondamentaux du procès équitable.

Plus remarquables, en revanche, sont les dispositions relatives aux arrêts rendus par le tribunal criminel :

– d'une part, il s'agit, on l'a vu, d'une juridiction paritaire (13) ; aussi, en cas de partage des voix « l'avis favorable à l'accusé prévaut » (14) ;

– d'autre part et surtout, l'arrêt est motivé (15) nonobstant la part qui demeure celle de l'intime conviction (16).

299. Il doit enfin être signalé que le Conseil national est saisi d'un projet de loi ayant à titre principal pour objet de permettre la réouverture d'un procès en matière pénale lorsque la Cour de Strasbourg aura conclu à une violation, par l'État monégasque, de la Convention européenne des droits de l'homme ou de ses protocoles additionnels (17).

---

(1) CPP, art. 22 et s., p. 528.
(2) CPP, art. 23, al. 2, p. 528.
(3) CPP, art. 269, p. 566.
(4) CPP, art. 82, p. 541.
(5) CPP, art. 60-2, p. 533.
(6) CPP, art. 60-9 *ter*, p. 535.
(7) CPP, art. 60-9 *bis*, p. 534.
(8) CPP, art. 60-10, p. 535.
(9) CPP, art. 91, p. 541.
(10) CPP, art. 91-1, p. 541.
(11) CPC, art. 227, p. 374.
(12) CPP, art. 228, p. 560 et 229.
(13) CPP, art. 269, p. 566.
(14) CPP, art. 342 *in fine*, p. 572.
(15) CPP, art. 361, p. 574.
(16) CPC, art. 290, p. 382.
(17) Projet de loi n° 879 portant diverses mesures en matière de responsabilité de l'État et de voies de recours (cf. www.conseil-national.mc).

******

CONCLUSION

300. Ainsi s'achève cet exposé consacré aux spécificités du droit monégasque. Par définition, l'exercice ne pouvait prétendre à l'exhaustivité et subsistent à l'évidence nombre de spécificités remarquables dans des domaines qui n'ont pas été abordés (1).

Cela étant, il est clair que le droit monégasque dispose de qualités, voire d'atouts. Il est sans doute non moins exact qu'il souffre d'un déficit de textes, notamment législatifs, ce qui, diront certains, ménage au juriste et au juge un espace de liberté de réflexion et de construction, ailleurs limité par une profusion de lois incontrôlées (2).

Le nombre et la variété des projets de loi déposés au Conseil national par le Gouvernement Princier attestent toutefois de la volonté, au plus haut niveau de l'État, de réelles avancées en la matière. L'œuvre de modernisation se poursuit en effet tant dans le domaine institutionnel, avec l'adoption de la loi n° 1.415 du 22 juin 2015 modifiant la loi n° 771 du 25 juillet 1964 sur l'organisation et le fonctionnement du Conseil National, que dans celui des droits fondamentaux, avec le vote de la loi n° 1.382 du 20 juillet 2011 relative à la prévention et à la répression des violences particulières.

D'autres projets de loi emblématiques concernent la protection de l'environnement (3), le domaine du droit économique et des affaires ainsi que les modes alternatifs de règlement des différends, lesquels sont déposés sur le bureau du Conseil National (4). Devrait en outre prochainement parvenir sur le bureau de la haute assemblée un projet de loi concernant le droit du sport (5).

Ce dynamisme est d'autant plus tangible que les deux institutions, partenaires dans l'exercice de la fonction législative, sont déterminées à mettre en place des modalités de travail en commun propres à permettre une amélioration significative du rythme de la production normative, dans l'esprit de concertation voulu par le Prince Souverain et le maintien de la qualité de la loi à laquelle Il a publiquement exprimé Son attachement.

Sur un plan plus général, peut du reste, en guise de conclusion, être citée celle d'un récent article du Professeur Dominique Chagnollaud, qui (6), après avoir rappelé les sept principes identifiés par l'Assemblée Générale des Nations-Unies comme étant les *« éléments essentiels de la démocratie »* (7) déclarait *« De tous ces points de vue, on aimerait bien être monégasque ».*

Le juriste monégasque a donc de réels motifs d'être optimiste. *Sursum corda !*

Laurent Anselmi
Délégué aux Affaires Juridiques auprès du Gouvernement Princier
Jean-Pierre Gastaud
Professeur agrégé de droit privé
Vice-Président du Comité Supérieur d'Études Juridiques de la Principauté de Monaco (8) (*)

Bibliographie : *Ouvrages.* Aubry J-M., Drago R., *Traité de contentieux administratif*, LGDJ, 1984, n°s 33 et s. • Aureglia L., *Contribution à l'histoire constitutionnelle de Monaco*, Imprimeries réunies de Chambéry, 1960. • Braconnier S. Deffigier C, Pauliat H, *Droit administratif « Les grandes décisions de la jurisprudence »*, PUF, 2010. • Carre de Malberg R., *La loi expression de la volonté générale*, Economica, 1984, réédition. • Chagnollaud D., *Droit constitutionnel contemporain, tome I, Les régimes étrangers*, Dalloz, 2009. • Charrier J-L., *Code la Convention européenne des droits de l'homme*, Litec, 2002. • Costanzo P., *La costituzione del Principato di Monaco, G. Giappichelli editore, 2006 ; Principato di Monaco ; Piccolo Stato, Costituzione e connessioni internazionali*, G. Giappichelli editore, 2003. • D'Onorio Joël-Benoît, *Monaco, Monarchie et démocratie*, Presses

(1) Tel est, par exemple, le cas du droit fiscal pour lequel toutefois existent des ouvrages de référence. Cf. P.-J. Douvier, *Monaco, juridique, fiscal, social, comptable, op. cit.* ; P. Fontaneau, *Fiscalité européenne – Monaco*, tomes I et II, Les Cahiers fiscaux européens.

(2) Cf. B. Mathieu, *La loi, op. cit.*, p. 74-78. A. Lambert et J.-C. Boulard, *Rapport de la mission de lutte contre l'inflation normative*, Ministère de la Réforme de l'État de la décentralisation et de la Fonction Publique, 26 mars 2013.

(3) Projet de loi n° 869 relative à la lutte et à la prévention des violences particulières ; projet de loi n° 860 portant Code de l'environnement (cf. www.conseil-national.mc).

(4) Projet de loi n° 914 relatif à la modernisation du droit économique (première partie), projet de loi n° 915 relatif à la modernisation du droit économique (deuxième partie) (www.conseil-national.mc).

(5) Le Gouvernement Princier considère en effet que l'élaboration d'un grand texte relatif à l'encadrement des activités sportives à Monaco, en toutes leurs dimensions, constitue désormais une priorité législative.

(6) Cf. D. Chagnollaud, *Quel est le régime de Monaco*, op. cit.

(7) Séparation et équilibre des pouvoirs (1), indépendance du pouvoir judiciaire (2), pluralisme politique (3), respect de l'État de droit (4), obligation de rendre compte pour les autorités publiques (5), transparence (6), indépendance, liberté et pluralisme des media (7).

(8) (*) Les auteurs remercient les fonctionnaires et agents de la direction des affaires juridiques du ministère d'État qui ont apporté leur concours à la préparation de cet article ainsi que M. Jean Billon, Conseil juridique.

universitaires d'Aix-Marseille, 2014. • Douvier P-J., *Monaco, juridique, fiscal, social, comptable*, dossiers internationaux, Francis Lefebvre, 4e éd., 2003, n° 72. • Favoreu L., Philip L. *Les grandes décisions du Conseil constitutionnel*, Dalloz 2003. • Fontaneau P., *Fiscalité européenne - Monaco*, tomes I et II, Les Cahiers fiscaux européens. • Frolla L. *Notions d'histoire de Monaco*, Ministère d'État, Monaco, 1973. • Gaudemet Y., *Traité de droit administratif*, 16e éd., LGDJ, 2001. • George G.-H., *Le Tribunal suprême*, Précis, Ed. du Jurisclasseur, 1990. • Gramaglia M., *La législation monégasque du travail*, 2005-2006. • Grinda G., *La Principauté de Monaco - L'État, son statut international, ses institutions*, éditions Pedone, 2009. • Lagarde P., *Dictionnaire de la culture juridique*, PUF, 2003. • Lemoyne de Forges, George J.-M., G.-H., *Le Tribunal suprême*, Partie Précis, JurisClasseur - *Monaco* - Décisions du Tribunal suprême, LexisNexis SA, 2007. • Le Pourhiet A.-M., *Droit constitutionnel*, Economica, 4e éd, 2012. • Linotte D. et Romi R., *Droit public économique*, LexisNexis, 7e éd., 2012. • Mathieu B., *La Loi*, 3e éd., Dalloz, 2010. • Morange, J. *Droits de l'homme et libertés publiques*, PUF, 2000. • Oberdorff H., *Droits de l'homme et libertés fondamentales*, LGDJ, 3e éd., 2011. • Odent R., *Contentieux Administratif*, Les cours du droit 1976-1981. • Poelemans de Lara M., *Dictionnaire des droits de l'homme*, PUF, 2008. • Quoc Dihn N., *Droit international public*, LGDJ, 1992. • Renucci J.-F., *Traité de droit européen des droits de l'homme*, LGDJ, 2e éd., 2012. • Rolland P., *Convention européenne des droits de l'homme ; commentaire article par article*, Economica, 1999. • Sauvat Ch., *Réflexion sur le droit à la santé*, Presses universitaires d'Aix-Marseille, 2004. • Sudre F., *Droit européen et international des droits de l'homme*, PUF, 10e éd., 2011, n° 179. • Sudre F., *Droit européen et international des droits de l'homme*, PUF, 1989, n° 150. • Sudre F., Marguenaud J.-P., Andriantsimbazovina J., Gouttenoire A. et Levinet M., *Les grands arrêts de la Cour européenne des Droits de l'Homme*, PUF, coll. « Thémis », 2003. • Weil P., Long M., Braibant G., Delvolve P. et Genevois B., *Les grands arrêts de la jurisprudence administrative : D.* 2009.

Rapports, Chroniques et Articles. Anselmi L., *Le droit public économique monégasque ; un aperçu au travers de quelques lois récentes : Revue de droit monégasque* n° 2, 2000, p. 95 et s. • Anselmi L., *Le Tribunal suprême de Monaco et la loi électorale*, in *Le rôle et le fonctionnement des cours constitutionnelles en période électorale*, ACCPUF, Bull n° 5, mai 2005. • Anselmi L., *Les relations entre l'Administration et l'administré en Principauté de Monaco, à la lumière de l'Ordonnance Souveraine n° 3.413 du 29 août 2011*, in *La diversité du droit*, Mélanges offerts à M. Jerry Sainte-Rose, Bruylant, 2012, p. 131 et s. • Aubert J-B., *La responsabilité de la puissance publique en droit monégasque*, mémoire master II, Paris II, 2009, Cujas, 24. 421, 2009-106. • Balmond L., *Le contexte de la révision constitutionnelle à Monaco : Revue de droit monégasque* n° 5, p. 45 à 58 • Basso J., *Le processus d'adhésion de la Principauté de Monaco au Conseil de l'Europe, essai sommaire d'analyse interprétative des relations entre l'ordre juridique interne et l'ordre juridique international*, in *Liber amicorum Jean-Claude Escarras, La communicabilité entre les systèmes juridiques*, Bruylant, 2005. • Basso J., *L'État monégasque : modeste essai d'analyse et de réflexion sur la Principauté de Monaco à la veille de son adhésion au Conseil de l'Europe*, in *Hommage à J.-M. Rainaud, Les métamorphoses du droit*, L'Harmattan, 2009, p. 61 et s. • Billon J., *La Principauté de Monaco ; ses institutions, son environnement juridique : Gaz. Pal.* 17-18 oct. 1990, p. 4 et s. • Chagnollaud D. *Quel est le régime de Monaco*, Commentaire 2014, n° 147, pp. 622-624. • Dehaussy J. et M. Salem, *Sources du droit international - Les traités : JCl. Droit international*, Fasc. 12-2, n° 3. • Di Stefano G., *L'interprétation évolutive de la norme internationale : RGDI publ.* 2011, n° 2, p. 380-381 • Drago R., *Le Tribunal suprême de la Principauté de Monaco : Revue de droit monégasque* n° 1. ; et *Éloge du droit public*, discours à l'audience solennelle de la rentrée de la Cour d'appel de Monaco du 1er octobre 1999. • Drago R. *La confection de la loi*, PUF, coll. « *Cahiers des sciences morales et politiques* », 2005. • François N., *De quelques remarques sur la spécificité du droit monégasque : Revue de droit monégasque* n° 1, 1999, p. 9-28. • François N., *La répression de la délinquance organisée : Revue de droit monégasque* n° 1, 1999, p. 75 et s. • Gaudemet Y., 1804-2004 : *Le Code civil, un passé, un présent, un avenir*, Dalloz, 2004. • Gaudemet Y., *Promulgation et publication des lois : JCl. Civil*, Fasc. 10, n° 81. • Gerard B., *Administration et liberté en Principauté de Monaco : Rev. adm.* 1990, p. 361-363. • Hamon A., *La qualité de la loi et le système législatif monégasque : Revue de droit monégasque* n° 9, 2007, p. 51-92. • Kazadi Mpiana J., *La saisine du juge africain des droits de l'homme par les individus et les ONG : Revue de droit international et de droit comparé*, 2013, n° 3, p. 315 et s. • Lambert A. et Boulard J.-C., *Rapport de la mission de lutte contre l'inflation normative*, Ministère de la Réforme de l'État de la décentralisation et de la Fonction Publique, 26 mars 2013. • Lauvaux Ph., *La sanction royale : Mél. J. Velu*, 1992. • Le Bris C., *Le droit de regard du parlement français sur la norme supranationale en formation : RDP* 2012, n° 4, p. 949. • Malenowsky J., *Suivi des engagements des États membres du Conseil de l'Europe par son assemblée parlementaire : une course difficile entre droit et politique : AFDI*, 1997, p. 633. • Mathieu B., *La supra-constitutionnalité existe-t-elle ? Réflexion sur un mythe et quelques réalités, LPA* 8 mars 1995, p. 18. • Mathieu B., *Le Conseil constitutionnel censure les lois trop « verbeuses » : JCP* G 2005, act., p. 879-880. • Mazeaud P., *Discours de vœux du Conseil constitutionnel au Président de la République, 3 janvier 2005 : Cah. Cons. const.* 2005, n° 18, p. 2. • Molinier-Dubost M., *Réflexions environnementalistes sur la protection juridique du calme : RDP* 2012, n° 4, p. 1145 et s. • Pardo F., *L'enfant, le temps et l'espace de la procédure pénale ; Contribution de la loi n° 1.344 du 26 décembre 2007 relative à la protection pénale de l'intérêt supérieur de l'enfant : Revue de Droit Monégasque* n° 10, 2008, pp. 67-77. • Pastor-Ridruejo A., Ress G., *Rapport sur la conformité de l'ordre juridique de la Principauté de Monaco avec les principes fondamentaux du Conseil de l'Europe* (AS/Bur/Monaco (1999) 1 rev. 2). • Pillon J., Vilotte J.-F., *Les institutions politiques de la Principauté de Monaco : RDP* 1982 • Ripert G. et Roblot R., *Traité de droit commercial, LGDJ*, 12e éd., 1990. • Sangiorgio A., *Les institutions communales de la Principauté : Revue de droit monégasque* n° 2, 2000, p. 61 à 76. • Sangiorgio A., *L'évolution du droit de la nationalité monégasque : Revue de droit monégasque* n° 3, 2001, p. 141 à 186. • Touze S. et F. Tulkens, *Les techniques interprétatives des organes de protection des droits de l'homme : RGDI publ.* 2011, n° 2, p. 517-540. • Touze S., *La « quasi-nationalité » :*

réflexions générales sur une notion hybride : RGDI publ., 2011-1, p. 5 et s. • Ubeda-Saillard M., *La diversité dans l'unité : l'arrêt rendu par la Cour internationale de Justice le 30 novembre 2010 dans l'Affaire A. Sadio Diallo » : RGDI publ.* 2011, p. 897 et s. • Vidal D., *La réforme du droit monégasque du gage financier : Revue de droit monégasque* 2001, p. 17 et s.

Notes de Jurisprudence. Alland D. note sous CE, 23 déc. 2011, *Sieur E. José Kanyrine de Brito Paiva*, concl. J. Boucher, *RFDA*, 2012, n° 1, p. 26. • Bachelet O. et Tavernier P. observations sous de CEDH, Gde ch., 29 mars 2010, n° 3394/03, *JDI*, 2012, n° 4, chron. 12, comm. 1. • Bachelet O. observations sous CEDH, gde ch., 29 mars 2010, n° 3394/03, *Medvedyev c/ France Gaz. Pal.* 8-9 déc. 2010, p. 6. • Benoit-Rohmer F., observations sous de CEDH, 7 juin 2001, n° 39594/98, *Kress c/ France : RTDE* 2001, p. 727. • Boiteau, observations sous CEDH, 7 juin 2001, n° 39594/98, *Kress c/ France JCP* 2001, I, 368, n° 1. • Boucher J. conclusions sous CE, 23 déc. 2011, *Sieur E. José Kanyrine de Brito Paiva : RFDA*, 2012, n° 1, p. 26. • Buisson J., observations sous CEDH, 10 juill. 2008, n° 3394/03, *Medvedyev c/ France : Procédures* 2008, n° 12, comm. 343. • Burgorgue-Larsen L., observations sous CEDH, 23 nov. 2010, n° 31104/06, *Moulin c/ France : AJDA* 2011, p. 889. • Chavent-Leclere A.-S. note sous CEDH, 23 nov. 2010, n° 31104/06, *Moulin c/ France : Procédures* 2011, comm. 30. • De Frouville O., « *Affaire A. Sadio Diallo – République de Guinée c/ République Démocratique du Congo, exceptions préliminaires, le roman inachevé de la protection diplomatique* » : *AFDI* 2007, L III. • Deygas S. observations sous CEDH, 7 juin 2001, n° 39594/98, *Kress c/ France : Procédures* 2001, n° 223. • Deygas S. observations sous CEDH, 12 avr. 2006 *Martinie c/ France*, n° 58675/00, *Procédures* 2006, comm. 144. • Drago R., note sous CEDH, 7 juin 2001, n° 39594/98, *Kress c/ France : D.* 2001, jurispr. p. 2619. • Dreyer E., observations sous CEDH, 10 juill. 2008, n° 3394/03, *Medvedyev c/ France : Dr. pén.* 2009, p. 20. • Dreyer E., observations sous CEDH, Gde ch., 29 mars 2010, n° 3394/03, *Medvedyev c/ France : Dr. pén.* 2011, n° 4, chron. 3, comm. 10. • Dumortier G. ? Conclusions sous CE, ass., 11 avr. 2012, *Groupe d'information et de soutien des immigrés (GISTI) et Fédération des associations pour la promotion et l'insertion par le logement (FAPIL) : RFDA* 2012, p. 547 et s. • El Boudouhi S., « *Affaire A. Sadio Diallo – République de Guinée c/ République Démocratique du Congo, La CIJ est-elle devenue une juridiction de protection des droits de l'homme ?* » : *AFDI*, 2010, L VI, p. 278 et s. • Eudes M., observations sous CEDH, 7 juin 2001, n° 39594/98, *Kress c/ France, JDI* 2002, p. 255. • Eudes M., observations sous CEDH, 12 avr. 2006, *Martinie c/ France*, n° 58675/00, § 53, *JDI* 2007, p. 707. • Flauss J.-F. observations sous CEDH, 12 avr. 2006, *Martinie c/ France*, n° 58675/00, *AJDA* 2006, p. 1711. • Flauss J.-F., note sous CEDH, 7 juin 2001, n° 39594/98, *Kress c/ France*, LPA 3 oct. 2001, p. 13. • Gaia P. chronique sous Tribunal suprême, 16 janv. 2006, *Dame M. Romiti, Vve Bellone et autres : RFD const.* avr. 2008, n° 74, p. 391 et s. • Gautier M. note sous CE, ass., 11 avr. 2012, *Groupe d'information et de soutien des immigrés (GISTI) et Fédération des associations pour la promotion et l'insertion par le logement (FAPIL) : RFDA* 2012, p. 547 et s. • George G.-H., Commentaire *Cour de révision, 28 avr. 1983, Ministre d'État c/ Demoiselle Faletti et autres.* • Georget V., observations sous CEDH, 23 nov. 2010, n° 31104/06, *Moulin c/ France : Dr. pén.* 2012, n° 1, chron. 1, comm. 19. • Gonzales G., observations sous CEDH, 7 juin 2001, n° 39594/98, *Kress c/ France : RDP* 2002, p. 684. • Hennion-Jacquet P., note sous CEDH, 10 juill. 2008, n° 3394/03, *Medvedyev c/ France : D.* 2008, jurispr. p. 3055. • Laroque P. note sous CE, ass., 28 mai 1937, *Decerf* : S. 1937, 3.73 LESCLOUS V., observations sous CEDH, 10 juill. 2008, n° 3394/03, *Medvedyev c/ France : Dr. pén.* 2009, n° 9, comm. 28. • Lesclous V., observations sous CEDH, gde ch., 29 mars 2010, n° 3394/03, *Medvedyev c/ France : Dr. pén.* 2011, n° 9, chron. 6, comm. 4 et s. • Marguenaud J.-P., observations sous CEDH, 10 juill. 2008, n° 3394/03, *Medvedyev c/ France : Rev. sc. crim.* 2009, p. 176. • Marguenaud J.-P., observations sous CEDH, gde ch., 29 mars 2010, n° 3394/03, *Medvedyev c/ France : Rev. sc. crim.* 2010, p. 685. • Marguenaud J.-P., observations sous CEDH, 7 juin 2001, n° 39594/98, *Kress c/ France : Dr. et proc.* 2001, p. 374. • Maron a. et M. Haas, observations sous CEDH, 23 nov. 2010, n° 31104/06, *Moulin c/ France : Dr. pén.* 2011, comm. 26. • Matsopoulou H., note sous CEDH, gde ch., 29 mars 2010, n° 3394/03, *Medvedyev c/ France : Gaz. Pal.* 25-27 avr. 2010, p. 15. • Odent R., conclusions sous CE, 5 janv. 1951, *Dame Faure : RDP* 1951, p. 935 ; 7 févr. 1947 : *D'Aillères : RDP* 1947, p. 68. • Pretot X., observations sous CEDH, 7 juin 2001, n° 39594/98, *Kress c/ France : RDP* 2001, p. 983. • Rainaud J.-M., note sous Cour d'appel, 13 juin 2006, *Cts Piave c/ État de Monaco : Revue de droit monégasque* n° 8, p. 89. • Renucci J.-F., note sous CEDH, 10 juill. 2008, n° 3394/03, *Medvedyev c/ France*, § 61, *D.* 2009, jurispr. p. 600 • Renucci J.-F., note sous CEDH, gde ch., 29 mars 2010, n° 3394/03, *Medvedyev c/ France : D.* 2010, p. 1386, p. 898. • Roets D., observations sous CEDH, 23 nov. 2010, n° 31104/06, *Moulin c/ France : Rev. sc. crim.* 2011, p. 208. • Rollin F., note sous CEDH, 7 juin 2001, n° 39594/98, *Kress c/ France : AJDA* 2001, p. 675. • Rollin F., note sous CEDH, 12 avr. 2006, *Martinie c/ France*, n° 58675/00, *AJDA* 2006, p. 986. • Renucci J.-F., note sous CEDH, 23 nov. 2010, n° 31104/06, *Moulin c/ France : D.* 2010 p. 338. • Saas Cl., observations sous CEDH, 10 juill. 2008, n° 3394/03, *Medvedyev c/ France*, § 61, *AJP* 2008, p. 469. • Sermet L., observations sous CEDH, 7 juin 2001, n° 39594/98, *Kress c/ France : RTDH* 2002, p. 223. • Sudre F., observations sous CEDH, 12 avr. 2006, n° 58675/00, *Martinie c/ France : RFDA* 2006, p. 305. • Sudre F., observations sous CEDH, 23 nov. 2010, n° 31104/06, *Moulin c/ France*, Semaine juridique 2011, 94, p. 183, n° 5. • Sudre F., note sous CEDH, 7 juin 2001, n° 39594/98, *Kress c/ France*, Semaine juridique, 2001-II-10578. • Sudre F., observations sous CEDH, 12 avr. 2006, *Martinie c/ France*, n° 58675/00, Semaine juridique, 2005-I-109, n° 5. • Sudre F., observations sous CEDH, 10 juill. 2008, n° 3394/03, *Medvedyev c/ France*, Semaine juridique, 2009-I-104, n° 5. • Thierry J.-B., observations sous CEDH, gde ch., 29 mars 2010, n° 3394/03, *Medvedyev c/ France : Dr. pén.* 2010, n° 12. • Vedel G., note sous Tribunal suprême, 1er févr. 1994, *Assoc. des propriétaires de Monaco : Rec.*, p. 9. • Vedel G., note sous Tribunal suprême, 31 janv. 1975, Sieur Ph. Corruble. • Waline M., note sous CE, 5 janv. 1951, *Dame Faure : RDP* 1951, p. 935 ; 7 févr. 1947 : *D'Aillères : RDP* 1947, p. 68. • Weil P., note sous Tribunal suprême, 4 déc. 1979, Stefanelli. • Weil P., note sous Tribunal suprême, 6 mars 1967, Sieur d'Estienne d'Orves ; Sieur Rieber ; Sieur Onassis ; Sté Condor Financiera Panama. • Weil P., note sous Tribunal suprême, 20 juin 1979, Association syndicale autonome des fonctionnaires.

Index alphabétique

PREMIÈRE PARTIE

INSTITUTIONS

Constitution de la Principauté du 17 décembre 1962

Considérant que les institutions de la Principauté doivent être perfectionnées, aussi bien pour répondre aux nécessités d'une bonne administration du pays que pour satisfaire les besoins nouveaux suscités par l'évolution sociale de sa population.

Nous avons résolu de doter l'État d'une nouvelle Constitution, laquelle, de par Notre volonté souveraine, sera désormais considérée comme loi fondamentale de l'État et ne pourra être modifiée que dans les termes que Nous avons arrêtés.

TITRE I. – LA PRINCIPAUTÉ – LES POUVOIRS PUBLICS

Art. 1er. – La Principauté de Monaco est un État souverain et indépendant dans le cadre des principes généraux du droit international et des conventions particulières avec la France.

Le territoire de la Principauté est inaliénable.

Art. 2. – Le principe du gouvernement est la monarchie héréditaire et constitutionnelle.

La Principauté est un État de droit attaché au respect des libertés et droits fondamentaux.

Art. 3. – Le pouvoir exécutif relève de la haute autorité du Prince.

La personne du Prince est inviolable.

Art. 4. – Le pouvoir législatif est exercé par le Prince et le Conseil National.

Art. 5. – Le pouvoir judiciaire est exercé par les cours et tribunaux.

Art. 6. – La séparation des fonctions administrative, législative et judiciaire est assurée.

Art. 7. – Le pavillon princier se compose des armes de la Maison des Grimaldi sur fond blanc.

Le pavillon national se compose de deux bandes horizontales égales de couleur rouge et blanc, la rouge à la partie supérieure, la blanche à la partie inférieure.

L'utilisation desdits pavillons demeure régie par les dispositions de l'Ordonnance Souveraine du 4 avril 1881.

Art. 8. – La langue française est la langue officielle de l'État.

Art. 9. – La religion catholique, apostolique et romaine est religion d'État.

TITRE II. – LE PRINCE, LA DÉVOLUTION DE LA COURONNE

Art. 10 *(L. n° 1.249, 2 avr. 2002)*. **– La succession au Trône, ouverte par suite de décès ou d'abdication, s'opère dans la descendance directe et légitime du Prince régnant, par ordre de primogéniture avec priorité masculine au même degré de parenté.**

À défaut de descendance directe et légitime, la succession s'opère au profit des frères et sœurs du Prince régnant et de leurs descendants directs et légitimes, par ordre de primogéniture avec priorité masculine au même degré de parenté.

Si l'héritier qui aurait été appelé à monter sur le Trône en vertu des alinéas précédents est décédé ou a renoncé avant l'ouverture de la succession, la dévolution s'opère au profit de ses propres descendants directs et légitimes, selon l'ordre de primogéniture avec priorité masculine au même degré de parenté.

Si l'application des paragraphes ci-dessus ne permet pas de pourvoir à la vacance du Trône, la succession s'opère au profit d'un collatéral désigné par le Conseil de la Couronne sur avis conforme du Conseil de régence. Les pouvoirs princiers sont provisoirement exercés par le Conseil de régence.

La succession au Trône ne peut s'opérer qu'au profit d'une personne ayant la nationalité monégasque au jour de l'ouverture de la succession.

Les modalités d'application du présent article sont fixées, en tant que de besoin, par les statuts de la Famille Souveraine, pris par ordonnance souveraine.

Rédaction antérieure. Art. 10 *(Rédaction antérieure à la loi n° 1.249 du 2 avril 2002).* – La succession au Trône, ouverte par suite de décès ou d'abdication, s'opère dans la descendance directe et légitime du Prince régnant, par ordre de primogéniture avec priorité des descendants mâles au même degré de parenté.

À défaut de descendant légitime, l'enfant adoptif ou ses propres descendants légitimes sont habiles à succéder.

Art. 11 *(L. n° 1.249, 2 avr. 2002).* – **Pour l'exercice des pouvoirs souverains, l'âge de la majorité est fixé à dix-huit ans.**

L'organisation et les conditions d'exercice de la Régence pendant la minorité du Prince ou en cas d'impossibilité pour lui d'exercer ses fonctions sont fixées par les statuts de la Famille Souveraine.

Rédaction antérieure. Art. 11 *(Rédaction antérieure à la loi n° 1.249 du 2 avril 2002).* – Pour l'exercice des pouvoirs souverains, l'âge de la majorité est fixé à vingt-et-un ans.

L'organisation et les conditions d'exercice de la Régence pendant la minorité du Prince ou en cas d'impossibilité pour lui d'exercer ses fonctions sont fixées par les statuts de la Famille Souveraine.

Art. 12. – **Le Prince exerce son autorité souveraine en conformité avec les dispositions de la Constitution et des lois.**

Art. 13. – **Le Prince représente la Principauté dans ses rapports avec les puissances étrangères.**

Art. 14 *(L. n° 1.249, 2 avr. 2002).* – **Après consultation du Conseil de la Couronne, le Prince signe et ratifie les traités et accords internationaux. Il les communique au Conseil National, par l'intermédiaire du Ministre d'État, avant leur ratification.**

Toutefois, ne peuvent être ratifiés qu'en vertu d'une loi :

1° les traités et accords internationaux affectant l'organisation constitutionnelle ;

2° les traités et accords internationaux dont la ratification entraîne la modification de dispositions législatives existantes ;

3° les traités et accords internationaux qui emportent adhésion de la Principauté à une organisation internationale dont le fonctionnement implique la participation de membres du Conseil National ;

4° les traités et accords internationaux dont l'exécution a pour effet de créer une charge budgétaire relative à des dépenses dont la nature ou la destination n'est pas prévue par la loi de budget.

La politique extérieure de la Principauté fait l'objet d'un rapport annuel préparé par le Gouvernement et communiqué au Conseil National.

Rédaction antérieure. Art. 14 *(Rédaction antérieure à la loi n° 1.249 du 2 avril 2002).* – Après consultation du Conseil de la Couronne, le Prince signe et ratifie les traités et les porte à la connaissance du Conseil National. Toutefois, les traités affectant l'organisation constitutionnelle ne peuvent être ratifiés qu'en vertu d'une loi.

Art. 15. – **Après consultation du Conseil de la Couronne, le Prince exerce le droit de grâce et d'amnistie, ainsi que le droit de naturalisation et de réintégration dans la nationalité.**

Art. 16. – **Le Prince confère les ordres, titres et autres distinctions.**

TITRE III. – LES LIBERTÉS ET DROITS FONDAMENTAUX

Art. 17. – **Les Monégasques sont égaux devant la loi. Il n'y a pas entre eux de privilèges.**

Art. 18 *(L. n° 1.249, 2 avr. 2002).* – **La loi règle les modes d'acquisition de la nationalité. La loi règle les conditions dans lesquelles la nationalité acquise par naturalisation peut être retirée.**

La perte de la nationalité monégasque dans tous les autres cas ne peut être prévue par la loi qu'en raison de l'acquisition volontaire d'une autre nationalité ou du service illégitimement accompli dans une armée étrangère.

Rédaction antérieure. Art. 18 *(Rédaction antérieure à la loi n° 1.249 du 2 avril 2002).* – Sont monégasques tous individus nés, à Monaco ou à l'étranger, d'un père monégasque.

La loi règle les autres modes d'acquisition de la nationalité.
La loi règle les conditions dans lesquelles la nationalité acquise par naturalisation peut être retirée.
La perte de la nationalité monégasque dans tous les autres cas ne peut être prévue par la loi qu'en raison de l'acquisition volontaire d'une autre nationalité ou du service illégitimement accompli dans une armée étrangère.

Art. 19. – **La liberté et la sûreté individuelles sont garanties. Nul ne peut être poursuivi que dans les cas prévus par la loi, devant les juges qu'elle désigne et dans la forme qu'elle prescrit.**

Hors le cas de flagrant délit, nul ne peut être arrêté qu'en vertu de l'ordonnance motivée du juge, laquelle doit être signifiée au moment de l'arrestation ou, au plus tard, dans les vingt-quatre heures. Toute détention doit être précédée d'un interrogatoire.

Art. 20. – **Nulle peine ne peut être établie ni appliquée qu'en vertu de la loi.**

Les lois pénales doivent assurer le respect de la personnalité et de la dignité humaine. Nul ne peut être soumis à des traitements cruels, inhumains ou dégradants.

La peine de mort est abolie.

Les lois pénales ne peuvent avoir d'effet rétroactif.

Art. 21. – **Le domicile est inviolable. Aucune visite domiciliaire ne peut avoir lieu que dans les cas prévus par la loi et dans les conditions qu'elle prescrit.**

Art. 22. – **Toute personne a droit au respect de sa vie privée et familiale et au secret de sa correspondance.**

Art. 23. – **La liberté des cultes, celle de leur exercice public, ainsi que la liberté de manifester ses opinions en toutes matières sont garanties, sauf la répression des délits commis à l'occasion de l'usage de ces libertés.**

Nul ne peut être contraint de concourir aux actes et aux cérémonies d'un culte ni d'en observer les jours de repos.

Art. 24. – **La propriété est inviolable. Nul ne peut être privé de sa propriété que pour cause d'utilité publique légalement constatée et moyennant une juste indemnité, établie et versée dans les conditions prévues par la loi.**

Art. 25. – **La liberté du travail est garantie. Son exercice est réglementé par la loi.**

La priorité est assurée aux Monégasques pour l'accession aux emplois publics et privés, dans les conditions prévues par la loi ou les conventions internationales.

Art. 26. – **Les Monégasques ont droit à l'aide de l'État en cas d'indigence, chômage, maladie, invalidité, vieillesse et maternité, dans les conditions et formes prévues par la loi.**

Art. 27. – **Les Monégasques ont droit à l'instruction gratuite, primaire et secondaire.**

Art. 28. – **Toute personne peut défendre les droits et intérêts de sa profession ou de sa fonction par l'action syndicale.**

Le droit de grève est reconnu, dans le cadre des lois qui le réglementent.

Art. 29. – **Les Monégasques ont le droit de se réunir paisiblement et sans arme, en se conformant aux lois qui peuvent régler l'exercice de ce droit sans le soumettre à une autorisation préalable. Cette liberté ne s'étend pas aux rassemblements de plein air, qui restent soumis aux lois de police.**

Art. 30 *(L. n° 1.249, 2 avr. 2002)*. – **La liberté d'association est garantie dans le cadre des lois qui la réglementent.**

Rédaction antérieure. Art. 30 et 30 *(Rédaction antérieure à la loi n° 1.249 du 2 avril 2002)*. – Les Monégasques ont le droit de s'associer librement dans le respect des règles constitutionnelles.

Art. 31. – **Chacun peut adresser des pétitions aux autorités publiques.**

Art. 32. – **L'étranger jouit dans la Principauté de tous les droits publics et privés qui ne sont pas formellement réservés aux nationaux.**

TITRE IV. – LE DOMAINE PUBLIC, LES FINANCES PUBLIQUES

Art. 33. – Le domaine public est inaliénable et imprescriptible. La désaffectation d'un bien du domaine public ne peut être prononcée que par une loi. Elle fait entrer le bien désaffecté dans le domaine privé de l'État ou de la Commune, selon le cas.

La consistance et le régime du domaine public sont déterminés par la loi.

Art. 34. – Les biens de la Couronne sont affectés à l'exercice de la Souveraineté.

Ils sont inaliénables et imprescriptibles.

Leur consistance et leur régime sont déterminés par les statuts de la Famille souveraine.

Art. 35 *(L. n° 1.249, 2 avr. 2002)*. **– Les biens et droits immobiliers relevant du domaine privé de l'État ne sont aliénables que conformément à la loi.**

Toute cession d'une fraction du capital social d'une entreprise dont l'État détient au moins cinquante pour cent et qui a pour effet de transférer la majorité de ce capital à une ou plusieurs personnes physiques ou morales de droit privé est autorisée par une loi.

Rédaction antérieure. Art. 35 *(Rédaction antérieure à la loi n° 1.249 du 2 avril 2002).* – Les biens et droits immobiliers relevant du domaine privé de l'État ne sont aliénables que conformément à la loi.

Art. 36. – Les biens vacants et sans maître sont du domaine privé de l'État.

Art. 37. – Le budget national comprend toutes les recettes et toutes les dépenses publiques de la Principauté.

Art. 38. – Le budget national exprime la politique économique et financière de la Principauté.

Art. 39. – Le budget fait l'objet d'un projet de loi. Il est voté et promulgué en forme de loi.

Art. 40. – Les dépenses de la Maison Souveraine et celles du Palais Princier sont fixées par la loi de budget et prélevées par priorité sur les recettes générales du budget.

Art. 41. – L'excédent des recettes sur les dépenses, constaté après l'exécution du budget et la clôture des comptes, est versé à un fonds de réserve constitutionnel. L'excédent des dépenses sur les recettes est couvert par un prélèvement sur le même compte, décidé par une loi.

Art. 42. – (1) **Le contrôle de la gestion financière est assuré par une Commission Supérieure des Comptes.**

TITRE V. – LE GOUVERNEMENT

Art. 43. – Le Gouvernement est exercé, sous la haute autorité du Prince, par un Ministre d'État, assisté d'un Conseil de Gouvernement.

Art. 44. – Le Ministre d'État représente le Prince. Il exerce la direction des services exécutifs. Il dispose de la force publique. Il préside avec voix prépondérante le Conseil de Gouvernement.

Art. 45. – Les ordonnances souveraines sont délibérées en Conseil de Gouvernement. Elles sont présentées au Prince sous la signature du Ministre d'État ; elles font mention des délibérations auxquelles elles se rapportent. Elles sont signées par le Prince ; la signature du Prince leur donne force exécutoire.

Art. 46 *(L. n° 1.249, 2 avr. 2002)*. **– Sont dispensées de la délibération en Conseil de Gouvernement et de la présentation par le Ministre d'État, les ordonnances souveraines :**

– relatives aux statuts de la Famille Souveraine ainsi que celles concernant ses membres ;

– concernant les affaires relevant de la Direction des Services Judiciaires ;

– portant nomination des membres de la Maison souveraine, de ceux des corps diplomatique et consulaire, du Ministre d'État, des Conseillers de Gouvernement et fonctionnaires assimilés, des magistrats de l'ordre judiciaire ;

(1) V. Ord. n° 1.707, 2 juill. 2008.

– accordant l'exequatur aux consuls ;
– portant dissolution du Conseil National ;
– conférant les distinctions honorifiques.

Rédaction antérieure. Art. 46 *(Rédaction antérieure à la loi n° 1.249 du 2 avril 2002).* – Sont dispensées de la délibération en Conseil de Gouvernement et de la présentation par le Ministre d'État, les ordonnances souveraines :
- concernant les affaires relevant de la direction des services judiciaires ;
- portant nomination des membres de la Maison Souveraine, de ceux des corps diplomatique et consulaire, du Ministre d'État, des Conseillers de Gouvernement et fonctionnaires assimilés, des magistrats de l'ordre judiciaire ;
- accordant l'exequatur aux consuls ;
- portant dissolution du Conseil national ;
- conférant les distinctions honorifiques.

Art. 47. – Les arrêtés ministériels sont délibérés en Conseil de Gouvernement et signés par le Ministre d'État ; ils font mention des délibérations auxquelles ils se rapportent. Ils sont transmis au Prince dans les vingt-quatre heures de leur signature et ne deviennent exécutoires qu'en l'absence d'opposition expresse du Prince dans les dix jours qui suivent la transmission faite par le Ministre d'État.

Toutefois le Prince peut faire savoir au Ministre d'État qu'il n'entend pas faire usage de son droit d'opposition pour certains arrêtés ou catégories d'arrêtés. Ceux-ci prennent alors force exécutoire dès leur signature par le Ministre d'État.

Art. 48. – Sauf dispositions législatives contraires, la répartition des matières entre les ordonnances souveraines et les arrêtés ministériels est opérée par ordonnance souveraine.

Art. 49. – Les délibérations du Conseil de Gouvernement font l'objet de procès-verbaux consignés sur un registre spécial et signés, à la suite du vote, par les membres présents. Le procès-verbal mentionne le vote de chaque membre. Il est transmis dans les cinq jours à compter de la réunion au Prince, qui peut faire opposition dans les conditions prévues à l'article 47 ci-dessus.

Art. 50. – Le Ministre d'État et les Conseillers de Gouvernement sont responsables envers le Prince de l'administration de la Principauté.

Art. 51. – Les obligations, droits et garanties fondamentaux des fonctionnaires, ainsi que leur responsabilité civile et pénale, sont fixés par la loi.

TITRE VI. – LE CONSEIL D'ÉTAT

Art. 52. – Le Conseil d'État est chargé de donner son avis sur les projets de lois et d'ordonnances soumis à son examen par le Prince.

Il peut être également consulté sur tous autres projets.

Son organisation et son fonctionnement sont fixés par ordonnance souveraine.

TITRE VII. – LE CONSEIL NATIONAL

Art. 53 ***(L. n° 1.249, 2 avr. 2002).*** **– Le Conseil National comprend vingt-quatre membres élus pour cinq ans au suffrage universel direct et au scrutin de liste dans les conditions prévues par la loi.**

Sont électeurs, dans les conditions fixées par la loi, les citoyens de nationalité monégasque de l'un ou de l'autre sexe âgés de dix-huit ans au moins, à l'exception de ceux qui sont privés du droit de vote pour l'une des causes prévues par la loi.

Rédaction antérieure. Art. 53 *(Rédaction antérieure à la loi du 2 avril 2002).* – Le Conseil National comprend dix-huit membres, élus pour cinq ans au suffrage universel direct et au scrutin de liste.

Sont électeurs les citoyens de l'un ou de l'autre sexe âgés de vingt et un ans au moins et possédant la nationalité monégasque depuis au moins cinq ans à l'exception de ceux qui sont privés du droit de vote pour l'une des causes prévues par la loi.

Art. 54 ***(L. n° 1.249, 2 avr. 2002).*** **– Sont éligibles les électeurs de nationalité monégasque de l'un ou de l'autre sexe, âgés de vingt-cinq ans révolus, possédant la nationalité monégasque depuis cinq ans au moins et qui ne sont pas privés de l'éligibilité pour une des causes prévues par la loi.**

La loi détermine les fonctions dont l'exercice est incompatible avec le mandat de Conseiller National.

Rédaction antérieure. Art. 54 *(Rédaction antérieure à la loi n° 1.249 du 2 avril 2002).* – Sont éligibles les électeurs monégasques de l'un ou de l'autre sexe âgés de vingt-cinq ans au moins et qui ne sont pas privés de l'éligibilité pour l'une des causes prévues par la loi.

Sont incompatibles avec le mandat de Conseiller National, les fonctions de membre de la Maison Souveraine, de Conseiller de Gouvernement, d'agent diplomatique ou consulaire, de magistrat de l'ordre judiciaire.

La même incompatibilité concerne :

- le commissaire général au département des travaux publics et des affaires sociales,
- le contrôleur général des dépenses,
- le commissaire général à la santé,
- le directeur du budget et du trésor,
- l'administrateur des domaines,
- l'ingénieur en chef des travaux publics,
- le commissaire du Gouvernement près les sociétés à monopole,
- le trésorier général des finances,
- le secrétaire général de la direction des services judiciaires,
- le secrétaire particulier du Ministre d'État,
- le secrétaire en chef de la mairie,
- les fonctionnaires des services législatifs de l'État,
- les fonctionnaires assumant le secrétariat des départements ministériels,
- les membres de la Commission Supérieure des Comptes,
- les agents de la force et de la sûreté publiques.

Art. 55. – Le contrôle de la régularité des élections est confié aux tribunaux, dans les conditions prévues par la loi.

Art. 56. – Les membres du Conseil National n'encourent aucune responsabilité civile ou pénale en raison des opinions ou des votes émis par eux dans l'exercice de leur mandat.

Ils ne peuvent, sans l'autorisation du Conseil, être poursuivis ni arrêtés au cours d'une session en raison d'une infraction criminelle ou correctionnelle, sauf le cas de flagrant délit.

Art. 57. – Le Conseil National nouvellement élu se réunit le onzième jour après les élections pour élire son bureau. Le Conseiller National le plus âgé préside cette séance.

Sous réserve de l'article 74, les pouvoirs du précédent Conseil National expirent le jour où se réunit le nouveau.

Art. 58 *(L. n° 1.249, 2 avr. 2002).* **– Le Conseil National se réunit de plein droit chaque année en deux sessions ordinaires.**

La première session s'ouvre le premier jour ouvrable du mois d'avril.

La seconde session s'ouvre le premier jour ouvrable du mois d'octobre.

La durée de chaque session ne peut excéder trois mois. La clôture en est prononcée par le Président.

Rédaction antérieure. Art. 58 *(Rédaction antérieure à la loi n° 1.249 du 2 avril 2002).* – Le Conseil National se réunit de plein droit chaque année en deux sessions ordinaires, le premier jour ouvrable des mois de mai et de novembre.

La durée des sessions ne peut excéder deux mois. La clôture en est prononcée par le président.

Art. 59. – Le Conseil National se réunit en session extraordinaire, soit sur convocation du Prince, soit, à la demande des deux tiers au moins des membres sur convocation de son président.

Art. 60. – Le bureau du Conseil National comprend un président et un vice-président élus chaque année par l'assemblée parmi ses membres.

Les fonctions de maire sont incompatibles avec celles de président et de vice-président du Conseil National.

Art. 61. – Sous réserve des dispositions constitutionnelles et, le cas échéant, législatives, l'organisation et le fonctionnement du Conseil National sont déterminés par le règlement intérieur arrêté par le Conseil.

Ce règlement doit, avant sa mise en application, être soumis au Tribunal Suprême, qui se prononce sur sa conformité aux dispositions constitutionnelles et, le cas échéant, législatives.

Art. 62. – Le Conseil National arrête son ordre du jour. Celui-ci est communiqué au Ministre d'État au moins trois jours à l'avance. À la demande du Gouvernement, une séance sur deux au moins doit être consacrée à la discussion des projets de lois déposés par le Prince.

Toutefois l'ordre du jour des sessions extraordinaires convoquées par le Prince est fixé dans la convocation.

Art. 63. – Les séances du Conseil National sont publiques.

Toutefois le Conseil peut décider, à la majorité des deux tiers des membres présents, de siéger à huis clos.

Le compte rendu des séances publiques est imprimé dans le « *Journal de Monaco* ».

Art. 64. – Le Prince communique avec le Conseil National par des messages qui sont lus par le Ministre d'État.

Art. 65. – Le Ministre d'État et les Conseillers de Gouvernement ont leurs entrées et leurs places réservées aux séances du Conseil National.

Ils doivent être entendus quand ils le demandent.

Art. 66. – La loi implique l'accord des volontés du Prince et du Conseil National.

L'initiative des lois appartient au Prince.

La délibération et le vote des lois appartiennent au Conseil National.

La sanction des lois appartient au Prince, qui leur confère force obligatoire par la promulgation.

Art. 67 *(L. n° 1.249, 2 avr. 2002)*. – Le Prince signe les projets de loi. Ces projets lui sont présentés par le Conseil de Gouvernement sous la signature du Ministre d'État. Après approbation du Prince, le Ministre d'État les dépose sur le bureau du Conseil National.

Le Conseil National a la faculté de faire des propositions de loi. Dans le délai de six mois à compter de la date de réception de la proposition de loi par le Ministre d'État, celui-ci fait connaître au Conseil National :

a) soit sa décision de transformer la proposition de loi, éventuellement amendée, en un projet de loi qui suit la procédure prévue à l'alinéa 1er. Dans ce cas, le projet est déposé dans un délai d'un an à compter de l'expiration du délai de six mois ;

b) soit sa décision d'interrompre la procédure législative. Cette décision est explicitée par une déclaration inscrite de droit à l'ordre du jour d'une séance publique de la session ordinaire prévue dans ce délai. Cette déclaration peut être suivie d'un débat.

Dans l'hypothèse où, à l'expiration du délai de six mois, le Gouvernement n'a pas fait connaître la suite réservée à la proposition de loi, celle-ci est, conformément à la procédure prévue à l'alinéa 1er, transformée de plein droit en projet de loi.

La même procédure est applicable dans l'hypothèse où le Gouvernement n'a pas transmis le projet de loi dans le délai d'un an visé à l'alinéa 2, *a)*.

Le Conseil National dispose du droit d'amendement. À ce titre, il peut proposer des adjonctions, des substitutions ou des suppressions dans le projet de loi. Ne sont admis que les amendements qui ont un lien direct avec les autres dispositions du projet de loi auquel ils se rapportent. Le vote intervient sur le projet de loi éventuellement amendé, sauf la faculté pour le Gouvernement de retirer le projet de loi avant le vote final.

Toutefois, les dispositions de l'alinéa précédent ne sont applicables ni aux projets de loi d'autorisation de ratification, ni aux projets de loi de budget.

Au début de chaque session ordinaire, le Conseil National fait connaître, lors d'une séance publique, l'état d'examen de tous les projets de loi déposés par le Gouvernement, quelle que soit la date du dépôt.

> **Rédaction antérieure.** Art. 67 *(Rédaction antérieure à la loi n° 1.249 du 2 avril 2002)*. – Le Prince signe les projets de lois. Ces projets lui sont présentés par le Conseil de Gouvernement sous la signature du Ministre d'État.
>
> Le Conseil National a la faculté de faire des propositions de lois, qui suivent, le cas échéant, la procédure prévue à l'alinéa précédent.

Art. 68. – Le Prince rend les ordonnances nécessaires pour l'exécution des lois et pour l'application des traités ou accords internationaux.

Art. 69. – Les lois et ordonnances souveraines ne sont opposables aux tiers qu'à compter du lendemain de leur publication au *Journal de Monaco*.

Art. 70 *(L. n° 1.249, 2 avr. 2002)*. – Le Conseil National vote le budget.

Aucune contribution directe ou indirecte ne peut être établie que par une loi.

Tout traité ou accord international ayant pour effet l'établissement d'une telle contribution ne peut être ratifié qu'en vertu d'une loi.

> **Rédaction antérieure.** Art. 70 *(Rédaction antérieure à la loi n° 1.249 du 2 avril 2002)*. – Le Conseil National vote le budget.
> Aucune contribution directe ne peut être établie que sur le vœu ou avec l'assentiment du Conseil National.
> Aucune contribution indirecte ne peut être établie que par une loi, sous réserve toutefois de celles découlant d'un traité international.

Art. 71 *(L. n° 1.249, 2 avr. 2002)*. – Le projet de budget est présenté au Conseil National avant le 30 septembre.

La loi de budget est votée au cours de la session d'octobre du Conseil National.

> **Rédaction antérieure.** Art. 71 *(Rédaction antérieure à la loi n° 1.249 du 2 avril 2002)*. – Le projet de budget est présenté au Conseil National avant le 31 octobre.
> La loi de budget est votée au cours de la session de novembre du Conseil National.

Art. 72. – Le budget est voté chapitre par chapitre. Les virements d'un chapitre à l'autre sont interdits, sauf dans les cas autorisés par la loi.

Le budget comprend notamment, en dépenses, les sommes qui sont mises à la disposition du Conseil communal pour l'exercice à venir, conformément à l'article 87.

Art. 73. – Dans le cas où le vote des crédits demandés par le Gouvernement conformément à l'article 71 ne serait pas intervenu avant le 31 décembre, les crédits correspondant aux services votés peuvent être ouverts par ordonnance souveraine, le Conseil d'État entendu.

Il en est de même pour les recettes et dépenses résultant des traités internationaux.

Art. 74. – Le Prince peut, après avoir pris l'avis du Conseil de la Couronne, prononcer la dissolution du Conseil National. Dans ce cas, il est procédé à de nouvelles élections dans le délai de trois mois.

TITRE VIII. – LE CONSEIL DE LA COURONNE

Art. 75. – Le Conseil de la Couronne comprend sept membres de nationalité monégasque, nommés pour une durée de trois ans par le Prince.

Le Président et trois autres membres sont librement désignés par le Prince.

Trois membres sont nommés sur présentation du Conseil National et hors de son sein.

Les fonctions de Ministre d'État et de Conseiller de Gouvernement sont incompatibles avec celles de président ou de membre du Conseil de la Couronne.

Art. 76. – Le Conseil de la Couronne se réunit au moins deux fois par an sur la convocation du Prince. Le Prince peut, en outre, le convoquer toutes les fois qu'il le juge nécessaire, soit de sa propre initiative, soit sur la suggestion du président du Conseil de la Couronne.

Art. 77. – Le Conseil de la Couronne peut être consulté par le Prince sur les questions touchant aux intérêts supérieurs de l'État. Il peut présenter au Prince des suggestions.

Il est obligatoirement consulté sur les objets suivants : traités internationaux, dissolution du Conseil National, demandes de naturalisation et de réintégration, grâce et amnistie.

TITRE IX.– LA COMMUNE

Art. 78. – Le territoire de la Principauté forme une seule commune.

Art. 79 *(L. n° 1.249, 2 avr. 2002)*. – La Commune est administrée par une municipalité composée d'un maire et d'adjoints, désignés par le Conseil communal parmi ses membres.

Sont électeurs dans les conditions fixées par la loi, les citoyens de nationalité monégasque de l'un ou de l'autre sexe âgés de dix-huit ans révolus, à l'exception de ceux qui sont privés du droit de vote pour l'une des causes prévues par la loi.

Sont éligibles les électeurs de nationalité monégasque de l'un ou de l'autre sexe âgés de vingt et un ans révolus, possédant la nationalité monégasque depuis cinq ans au moins et qui ne sont pas privés de l'éligibilité pour une des causes prévues par la loi.

Rédaction antérieure. Art. 79 ***(Rédaction antérieure à la loi n° 1.249 du 2 avril 2002).*** – La Commune est administrée par une municipalité composée d'un maire et d'adjoints, désignés par le Conseil communal parmi ses membres.
Sont électeurs et éligibles les citoyens de l'un ou de l'autre sexe âgés de vingt et un ans au moins et possédant la nationalité monégasque depuis au moins cinq ans, à l'exception de ceux qui sont privés du droit de vote pour l'une des causes prévues par la loi.

Art. 80. – Le Conseil communal comprend quinze membres, élus pour quatre ans au suffrage universel direct et au scrutin de liste.

Il n'existe aucune incompatibilité entre le mandat de Conseiller communal et celui de Conseiller National.

Art. 81. – Le Conseil communal se réunit tous les trois mois en session ordinaire. La durée de chaque session ne peut excéder quinze jours.

Art. 82. – Des sessions extraordinaires peuvent être tenues à la demande ou avec l'autorisation du Ministre d'État, pour des objets déterminés.

Art. 83. – Le Conseil communal peut être dissous par arrêté ministériel motivé, après avis du Conseil d'État.

Art. 84. – En cas de dissolution ou de démission de tous les membres du Conseil communal, une délégation spéciale est chargée, par arrêté ministériel, d'en remplir les fonctions jusqu'à l'élection d'un nouveau Conseil. Il est procédé à cette élection dans les trois mois.

Art. 85. – Le Conseil communal est présidé par le maire ou, à défaut, par l'adjoint ou le conseiller qui le remplace, suivant l'ordre du tableau.

Art. 86. – Le Conseil communal délibère en séance publique sur les affaires de la commune. Ses délibérations sont exécutoires quinze jours après communication au Ministre d'État, sauf opposition motivée en forme d'arrêté ministériel.

Art. 87 ***(L. n° 1.249, 2 avr. 2002).*** **– Le budget communal est alimenté par le produit des propriétés communales, les ressources ordinaires de la Commune et la dotation budgétaire inscrite dans la loi de budget primitif de l'année.**

Rédaction antérieure. Art. 87 ***(Rédaction antérieure à la loi n° 1.249 du 2 avril 2002).*** – Le budget communal est alimenté par le produit des propriétés communales et les ressources ordinaires de la commune. En cas d'excédent des dépenses, le Conseil National est appelé, chaque année au vu du budget présenté par le Conseil communal, à délibérer sur les crédits à mettre à la disposition de la commune.

TITRE X. – LA JUSTICE

Art. 88. – Le pouvoir judiciaire appartient au Prince qui par la présente Constitution, en délègue le plein exercice aux cours et tribunaux. Les tribunaux rendent la justice au nom du Prince.

L'indépendance des juges est garantie.

L'organisation, la compétence et le fonctionnement des tribunaux, ainsi que le statut des juges, sont fixés par la loi.

Art. 89. – Le Tribunal Suprême est composé de cinq membres titulaires et de deux membres suppléants.

Les membres du Tribunal Suprême sont nommés par le Prince, savoir :

– un membre titulaire et un membre suppléant présentés par le Conseil national hors de son sein ;
– un membre titulaire et un membre suppléant présentés par le Conseil d'État hors de son sein ;
– un membre titulaire présenté par le Conseil de la Couronne hors de son sein ;
– un membre titulaire présenté par la Cour d'appel hors de son sein ;
– un membre titulaire présenté par le Tribunal civil de première instance hors de son sein.

Ces présentations sont faites par chacun des corps ci-dessus désignés à raison de deux pour un siège.

Si le Prince n'agrée par ces présentations, il lui est loisible d'en demander de nouvelles.

Le président du Tribunal Suprême est nommé par le Prince.

Art. 90. – A. – En matière constitutionnelle, le Tribunal Suprême statue souverainement :

1° Sur la conformité du règlement intérieur du Conseil National aux dispositions constitutionnelles et, le cas échéant, législatives, dans les conditions prévues à l'article 61 ;

2° Sur les recours en annulation, en appréciation de validité et en indemnité ayant pour objet une atteinte aux libertés et droits consacrés par le Titre III de la Constitution et qui ne sont pas visés au paragraphe B du présent article.

B. – En matière administrative, le Tribunal Suprême statue souverainement :

1° Sur les recours en annulation pour excès de pouvoir formés contre les décisions des diverses autorités administratives et les ordonnances souveraines prises pour l'exécution des lois, ainsi que sur l'octroi des indemnités qui en résultent ;

2° Sur les recours en cassation formés contre les décisions des juridictions administratives statuant en dernier ressort ;

3° Sur les recours en interprétation et les recours en appréciation de validité des décisions des diverses autorités administratives et des ordonnances souveraines prises pour l'exécution des lois.

C. – Le Tribunal Suprême statue sur les conflits de compétence juridictionnelle.

Art. 91. – Le Tribunal Suprême délibère, soit en assemblée plénière de cinq membres, soit en section administrative de trois membres.

Il siège et délibère en assemblée plénière :

1° En matière constitutionnelle ;

2° Comme juge des conflits de compétence ;

3° En matière administrative sur renvoi ordonné par le président du Tribunal Suprême ou décidé par la section administrative. Il siège et délibère en section administrative dans tous les autres cas.

Art. 92. – Une ordonnance souveraine fixe l'organisation et le fonctionnement du Tribunal Suprême notamment les conditions d'aptitude requises de ses membres, les incompatibilités les concernant ainsi que leur statut, le roulement des membres de la section administrative, la procédure à suivre devant le Tribunal, les effets des recours et des décisions, la procédure et les effets des conflits de compétence, ainsi que les mesures transitoires nécessaires.

TITRE XI. – RÉVISION DE LA CONSTITUTION

Art. 93. – La Constitution ne peut faire l'objet d'aucune mesure de suspension.

Art. 94. – La révision totale ou partielle de la présente Constitution est subordonnée au commun accord du Prince et du Conseil National.

Art. 95. – En cas d'initiative du Conseil National, la délibération doit être prise à la majorité des deux tiers de l'effectif normal des membres de l'assemblée.

TITRE XII. – DISPOSITIONS FINALES

Art. 96. – Les dispositions constitutionnelles antérieures sont abrogées.

La présente Constitution entre immédiatement en vigueur.

Le renouvellement du Conseil National et du Conseil communal aura lieu dans les trois mois.

Art. 97. – Les lois et règlements actuellement en vigueur demeurent applicables dans la mesure où ils ne sont pas incompatibles avec la présente Constitution. Ils doivent, le cas échéant, être mis en harmonie, aussitôt que possible, avec cette dernière.

Ordonnance Souveraine n° 16.605 du 10 janvier 2005

portant organisation des Départements ministériels

Vu la Constitution ;

Art. 1er *(Rempl., Ord. n° 4.666, 15 janv. 2014).* **– Les Départements ministériels portent les dénominations suivantes à compter du 1er janvier 2014 :**

1- Département des Relations Extérieures et de la Coopération,

2- Département des Finances et de l'Économie,

3- Département de l'Intérieur,

4- Département des Affaires Sociales et de la Santé,

5- Département de l'Équipement, de l'Environnement et de l'Urbanisme.

Art. 2 *(Mod., Ord. n° 4.666, 15 janv. 2014).* **– Les attributions des départements se répartissent comme suit :**

1. Département des Relations extérieures et de la Coopération (1) **:**

***a)* Immunités, gestion diplomatique et affaires consulaires,**

***b)* Affaires européennes,**

***c)* Affaires internationales et multilatérales,**

***d)* Environnement international.**

2. Département des Finances et de l'Économie (2) **:**

***a)* Budget,**

***b)* Trésorerie,**

***c)* Économie et Commerce,**

***d)* Tourisme,**

***e)* Logement,**

***f)* Domaine de l'État,**

***g)* Contrôle des jeux,**

***h)* Contrôle des circuits financiers,**

***i)* Innovation et nouvelles technologies,**

***j)* Services à caractère commercial.**

3. Département de l'Intérieur :

***a)* Sécurité intérieure,**

***b)* Sécurité civile,**

***c)* Éducation nationale,**

***d)* Jeunesse et sports,**

***e)* Culture,**

***f)* Cultes,**

***g)* Relations avec la Commune.**

4. Département des Affaires sociales et de la Santé (3) **:**

***a)* Emploi,**

***b)* Relations du travail,**

***c)* Santé publique,**

***d)* Sécurité sociale (secteurs public et privé),**

***e)* Action sociale,**

***f)* Famille, personnes âgées et personnes handicapées,**

---

(1) V. Ord. n° 980, 16 févr. 2007 (création de la direction de la Coopération internationale. – Mod., Ord. n° 4.666, 15 janv. 2014) ; Ord. n° 981, 16 févr. 2007 (création de la direction des Affaires internationales. – Mod., Ord. n° 4.666, 15 janv. 2014) ; Ord. n° 982, 16 févr. 2007 (création de la direction des Relations diplomatiques et consulaires. – Mod., Ord. n° 4.666, 15 janv. 2014).

(2) V. Ord. n° 16.610, 10 janv. 2005 (création de la direction du budget et du trésor), mod., Ord. n° 1.332, 21 sept. 2007 ; Ord. n° 11.986, 2 juill. 1996 (création de la direction de l'Expansion économique), mod., Ord. n° 3.095, 24 janv. 2011, Ord. n° 3.188, 17 mars 2011 et Ord. n° 4.530, 30 oct. 2013.

(3) V. Ord. n° 16.675, 18 févr. 2005 (création de la direction du Travail), mod., Ord.n° 3.870, 12 juill. 2012.

g) Médecine du travail.

5. Département de l'Équipement, de l'Environnement et de l'Urbanisme (1) :

a) Équipement public,

b) Développement urbain,

c) Construction immobilière,

d) Environnement, espaces verts et cadre de vie,

e) Entretien du domaine de l'État,

f) Transports terrestres, maritimes, aériens,

g) Services publics destinés à la collectivité.

Art. 3. – Demeurent sous l'autorité directe du Ministre d'État les domaines suivants (2) :

a) Contrôle des finances publiques,

b) Gestion du personnel de l'État,

c) Affaires législatives et contentieuses,

d) Informatique,

e) Information et communication,

f) Archives centrales,

g) *(Ord. n° 3.095, 24 janv. 2011)* Institut Monégasque de la Statistique et des Études Économiques,

h) *(Ord. n° 3.410, 16 août 2011)* Inspection Générale de l'Administration.

Art. 4 *(Mod., Ord. n° 4.666, 15 janv. 2014)*. – Dans les matières énoncées aux articles qui précèdent, les attributions précédemment dévolues par les textes en vigueur au Conseiller de Gouvernement pour l'Intérieur, au Département de l'Intérieur, au Conseiller de Gouvernement pour les Travaux Publics et les Affaires Sociales, au Département des Travaux Publics et des Affaires Sociales, et à la direction des Relations Extérieures et de la Coopération sont désormais exercées, conformément aux dispositions des articles 1er, 2 et 3, respectivement par le Conseiller de Gouvernement pour l'Équipement, l'Environnement et l'Urbanisme, le Département de l'Équipement, de l'Environnement et de l'Urbanisme, le Conseiller de Gouvernement pour les Affaires Sociales et la Santé, le Département des Affaires Sociales et de la Santé, et le Département des Relations Extérieures et de la Coopération.

Art. 5. – Des ordonnances souveraines préciseront pour chaque Département les services, établissements et organismes relevant de leur autorité.

Loi n° 839 du 23 février 1968

sur les élections nationales et communales (3)

Chapitre I. – De l'électorat

Section 1. – Des électeurs

Art. 1er *(L. n° 1.250, 9 avr. 2002)*. – Sont électeurs les Monégasques de l'un ou de l'autre sexe âgés de dix-huit ans révolus, à l'exception de ceux qui sont privés du droit de vote pour l'une des causes prévues par la loi.

---

(1) V. Ord. n° 1.463, 7 janv. 2008 (création de la direction de la Prospective, de l'Urbanisme et de la mobilité), mod., Ord. n° 2.557, 11 janv. 2010, Ord. n° 3.745, 13 avr. 2012, Ord. n° 4.201, 20 févr. 2013 et Ord. n° 4.329, 3 juin 2013 ; Ord. n° 1.464, 7 janv. 2008 (création de la direction de l'Environnement) , mod., Ord. n° 4.666, 15 janv. 2014 ; Ord. n° 2.555, 11 janv. 2010 (création de la direction des Communications électroniques), mod., Ord. n° 3.103, 26 janv. 2011 ; Ord. n° 2.556, 11 janv. 2010 (création de la direction de l'Aménagement urbain).

(2) V. Ord. n° 117, 19 juill. 2005 (création de la direction des Affaires juridiques), mod., Ord. n° 4.025, 9 nov. 2012 ; Ord. n° 1.635, 30 avr. 2008 (création de la direction des Ressources humaines et de la Formation de la Fonction publique) ; Ord. n° 3.121, 11 févr. 2011 (création de la Direction de l'Administration Électronique et de l'Information aux Usagers) ; Ord. n° 3.122, 11 févr. 2011 (création de la Direction Informatique).

(3) Sur le financement des campagnes électorales : V. L. n° 1.389, 2 juill. 2012.

Art. 2 *(L. n° 1.250, 9 avr. 2002).* – Sont privés du droit de vote :

1° les individus condamnés pour crime ;

2° ceux condamnés à une peine d'emprisonnement sans sursis d'une durée supérieure à cinq jours ou à une peine d'emprisonnement avec sursis d'une durée supérieure à trois mois pour vol, escroquerie, abus de confiance, délit puni d'une des peines prévues pour ces mêmes infractions, soustraction commise par les dépositaires de deniers publics, faux témoignage, faux commis dans les passeports et les certificats, attentats aux mœurs, corruption de fonctionnaires publics ou d'employés d'entreprises privées ;

3° ceux condamnés à plus de trois mois d'emprisonnement sans sursis ou à une peine d'emprisonnement avec sursis d'une durée supérieure à six mois pour un délit autre que ceux énumérés au chiffre 2°, sauf exceptions ci-après :

– délit d'imprudence, hors le cas le délit de fuite concomitant ;

– délit dont la répression n'est pas subordonnée à la preuve de la mauvaise foi de l'auteur, hors les infractions aux lois sur les sociétés ;

4° *(4° abr., L. n° 1.409, 22 oct. 2014)* ;

5° les faillis non réhabilités dont la faillite a été prononcée soit à Monaco, soit à l'étranger par un jugement exécutoire à Monaco ;

6° les greffiers, notaires et tous autres officiers ministériels destitués en vertu de jugements ou de décisions disciplinaires ;

7° les interdits et les incapables majeurs ;

8° les individus à qui les tribunaux ont interdit le droit de vote par application des lois qui prévoient cette interdiction.

Art. 3 *(Mod., L. n° 1.409, 22 oct. 2014).* – Le droit de vote est suspendu pour les contumax.

Art. 4. – Les condamnations définitives visées à l'article 2, qui frappent un monégasque sont, sans délai, notifiées au Maire par le greffier en chef.

Section 2. – De la liste électorale

Art. 5 *(L. n° 1.250, 9 avr. 2002 ; mod., L. n° 1.269, 23 déc. 2002 ; mod., L. n° 1.409, 22 oct. 2014).* – La liste électorale comprend tous les électeurs qui ne sont pas privés du droit de vote. À cet effet, le Maire peut se référer aux informations résultant des actes de l'état civil et du sommier de la nationalité monégasque.

La liste électorale mentionne, par ordre alphabétique :

– le nom patronymique et les prénoms de l'électeur et, le cas échéant, le nom d'usage,

– le lieu et la date de naissance,

– l'indication de son domicile.

Sans préjudice de l'application des dispositions de l'article 7, il appartient aux intéressés de demander leur inscription sur la liste électorale.

Art. 6 *(L. n° 1.250, 9 avr. 2002 ; mod., L. n° 1.269, 23 déc. 2002 ; mod., L. n° 1.409, 22 oct. 2014).* – La liste électorale est permanente. Elle ne peut faire l'objet que d'une révision annuelle opérée par une commission dont la composition est la suivante :

– le Maire, Président, qui en cas d'absence ou d'empêchement peut se faire remplacer par un adjoint ou, à défaut, par un Conseiller Communal en suivant l'ordre du tableau,

– un représentant du Ministre d'État ou son suppléant désigné, à cette occasion, par arrêté ministériel,

– deux membres du Conseil Communal choisis par cette Assemblée.

Toute personne de nationalité monégasque peut, à tout moment, prendre communication et obtenir sans frais copie de la liste électorale, sur support papier ou sous format électronique, à la condition de s'engager à ne pas en faire un usage contraire aux dispositions de l'article 80 *bis*.

À cet effet, le demandeur signe une déclaration sur l'honneur par laquelle il s'engage à respecter les dispositions de l'article 80 *bis*.

Le Maire établit une liste des personnes qui ont sollicité la délivrance d'une copie de la liste électorale.

La liste électorale et le tableau de révision annuelle sont conservés aux archives de la Mairie.

Toute personne de nationalité monégasque peut obtenir sans frais copie de la liste électorale.

Art. 7 *(Mod., L. n° 1.269, 23 déc. 2002)*. – La Commission se réunit chaque année à partir du 15 octobre.

Elle ajoute le nom :

1) des personnes qui remplissent les conditions exigées pour être électeur ;

2) des personnes qui rempliront les conditions exigées pour être électeur pendant la période de douze mois qui suit la date de clôture définitive des opérations de révision fixée au premier alinéa de l'article 12, en mentionnant la date à laquelle elles pourront exercer leur droit de vote ;

3) des personnes qui ont été irrégulièrement omises.

Elle supprime le nom des personnes :

1) décédées ;

2) judiciairement radiées ou qui ne remplissent plus les conditions exigées par la loi ;

3) irrégulièrement inscrites, même dans le cas où leur inscription n'a pas été contestée.

L'électeur dont le nom est supprimé de la liste électorale en est immédiatement avisé par le Maire ; il peut présenter des observations dans les délais qui lui sont fixés dans la notification ; ce délai ne peut être inférieur à trois jours.

La Commission tient un registre dans lequel sont inscrites toutes ses décisions avec mention de leurs motifs et des pièces à l'appui ; elle dresse un tableau, signé par tous ses membres, contenant les additions et suppressions opérées.

Art. 8 *(Rempl., L. n° 1.337, 12 juill. 2007)*. – Le tableau de révision de la liste électorale est déposé au secrétariat de la mairie au plus tard le 10 janvier ; le maire en adresse aussitôt une copie au ministre d'État.

Avis du dépôt est donné le jour même par affiche apposée à la porte de la mairie et par insertion au *Journal de Monaco* dont la publication suit immédiatement la date du dépôt.

Art. 9 *(Rempl., L. n° 1.337, 12 juill. 2007)*. – Si le tableau de révision n'a pas été dressé conformément aux articles précédents, le ministre d'État peut, dans les dix jours qui suivent la réception de ce tableau, déférer au tribunal suprême les opérations de la commission.

Le tribunal statue dans les formes et conditions particulières qui seront prévues par ordonnance souveraine (1).

Art. 10 *(Mod., L. n° 1.409, 22 oct. 2014)*. – Tout électeur dont le nom a été omis sur la liste électorale peut adresser au maire une réclamation écrite, accompagnée de pièces justificatives, dans les quinze jours, à peine de déchéance, de la publication au *Journal de Monaco* de l'avis de dépôt du tableau de révision.

Tout électeur inscrit sur la liste électorale peut, dans les formes et conditions prévues ci-dessus, demander l'inscription d'une personne qui a été omise ou la radiation d'une personne qui a été irrégulièrement inscrite.

Le même droit appartient au Ministre d'État.

Les réclamations sont inscrites par ordre de date ; il en est donné aussitôt récépissé.

L'électeur dont l'inscription est contestée est immédiatement avisé par le maire et peut présenter des observations dans le délai qui lui est fixé dans la notification. Ce délai ne pourra être inférieur à trois jours.

Art. 11 *(Mod., L. n° 1.409, 22 oct. 2014)*. – La commission de révision de la liste électorale statue sur les réclamations en inscription ou en radiation dans les sept jours qui suivent l'expiration du délai prévu pour formuler ces réclamations.

Les décisions de la commission sont notifiées par le maire dans les quarante-huit heures de leur date.

Dans les huit jours de leur notification, ces décisions peuvent être déférées, par voie de requête, au tribunal de première instance, qui, dans le mois, statue conformément aux dispositions de l'article 850 du Code de procédure civile.

Appel de la décision peut être relevé dans les dix jours de son prononcé ; l'appel est, dans le mois, instruit et jugé comme indiqué à l'alinéa précédent.

Le recours en révision, considéré comme affaire urgente, ne peut être formé que dans les dix jours du prononcé de l'arrêt d'appel.

La copie des jugements et arrêts est, à la diligence du greffier en chef, immédiatement notifiée sans frais au Ministre d'État et au maire, ainsi qu'aux parties intéressées.

---

(1) V. *infra* Ord. n° 4.386, 22 déc. 1969.

Art. 12 *(Mod., L. n° 1.269, 23 déc. 2002 ; L. n° 1.409, 22 oct. 2014)*. – Les opérations de révision de la liste électorale sont clôturées définitivement au 31 décembre de chaque année civile. La minute de la liste électorale est déposée aux archives de la Mairie et une copie est adressée par le Maire au Ministre d'État.

La liste électorale révisée reste jusqu'au 31 décembre de l'année suivante telle qu'elle a été clôturée. Elle sert seule de base aux élections qui ont lieu entre le 1er janvier et le 31 mars de l'année suivante.

Toutefois lorsque des élections ont lieu entre le 1er avril et le 31 décembre de l'année suivante, la Commission de révision procède alors aux opérations de révision de la liste électorale qui doivent être achevées un mois avant la date du scrutin.

Ces opérations comportent l'inscription du nom :

- des personnes qui remplissent les conditions exigées pour être électeur,
- des personnes qui ont été irrégulièrement omises.

Ces opérations comportent également la suppression du nom des personnes :

- décédées,
- judiciairement radiées ou ne remplissant plus les conditions exigées par la loi,
- irrégulièrement inscrites, même dans le cas où leur inscription n'a pas été contestée.

Les dispositions des alinéas 4 et 5 de l'article 7 sont applicables.

Dans ce cas, le tableau de révision de la liste électorale est déposé au secrétariat de la Mairie dans les huit jours qui suivent la clôture des opérations de révision.

Le Maire en adresse aussitôt une copie au Ministre d'État. Avis de dépôt est donné le jour même par affiche apposée à la porte de la Mairie et par insertion au « Journal de Monaco » dont la publication suit immédiatement la date de dépôt.

Les inscriptions et les radiations résultant d'un ordre de justice définitif et la suppression du nom d'inscrits décédés sont opérées d'office par le Maire sur la liste électorale dans les quinze jours de la notification de l'événement adressé au Maire. Elles sont définitivement enregistrées au cours de la prochaine réunion de la Commission de révision.

Chapitre II. – De l'éligibilité et des incompatibilités

Section 1. – Du Conseil National

Art. 13 *(L. n° 1.250, 9 avr. 2002 ; mod., L. n° 1.409, 22 oct. 2014)*. – Sous réserve des dispositions de l'article 14, sont éligibles au Conseil National les électeurs âgés de vingt-cinq ans révolus au jour du scrutin et possédant la nationalité monégasque depuis au moins cinq ans.

Le délai de cinq ans est compté à partir du jour qui suit la date soit de la publication de l'ordonnance souveraine de naturalisation ou de réintégration dans la nationalité monégasque, soit de l'acquisition de cette nationalité par voie de déclaration.

Art. 14. – Sont inéligibles au Conseil National :

- les conseillers de la Couronne ;
- les membres du Tribunal Suprême ;
- les conseillers d'État ;
- les électeurs qui., par l'effet d'une autre nationalité, exerceraient des fonctions publiques ou électives dans un pays étranger.

Art. 15 *(L. n° 1.250, 9 avr. 2002)*. – Sont incompatibles avec le mandat de conseiller national, les fonctions de membre de la Maison Souveraine, de conseiller de Gouvernement, d'agent diplomatique ou consulaire, de magistrat de l'ordre judiciaire ainsi que de membre de la Commission Supérieure des Comptes.

La même incompatibilité concerne les collaborateurs directs du Ministre d'État ou d'un Conseiller de Gouvernement, les Commissaires Généraux, le Secrétaire Général du Ministère d'État, le Contrôleur Général des Dépenses, l'Inspecteur Général de l'Administration, l'Administrateur des Domaines, le Directeur des Travaux Publics, le Directeur du Budget et du Trésor, le Directeur du Travail et des Affaires Sociales, le Secrétaire Général de la Direction des Relations Extérieures. le Trésorier ou le Trésorier Général des Finances, le Directeur de la Sûreté Publique et les Commissaires de Police, le Secrétaire Général de la Direction des Services Judiciaires, le Secrétaire Général du Conseil National, le Secrétaire Général de la Mairie, les fonctionnaires des services législatifs de l'État, les agents de la Force Publique, de la Sûreté Publique et de la Police Municipale.

Section 2. – Du conseil communal

Art. 16 *(L. n° 1.250, 9 avr. 2002)*. – Sous réserve des dispositions de l'article 18, sont éligibles au Conseil Communal les électeurs âgés de vingt et un ans révolus au jour du scrutin et possédant la nationalité monégasque depuis au moins cinq ans.

Le délai de cinq ans est compté à partir du jour qui suit la date soit de la publication de l'ordonnance souveraine de naturalisation ou de réintégration dans la nationalité monégasque, soit de l'acquisition de cette nationalité par voie de déclaration.

Art. 17 *(L. n° 1.250, 9 avr. 2002)*. – Sont incompatibles avec le mandat de conseiller communal, les fonctions énumérées aux articles 14 et 15.

La même incompatibilité concerne ceux qui remplissent un emploi ou ont la direction d'un service placé sous la surveillance ou la dépendance de l'autorité communale.

Section 3. – Du règlement des cas d'incompatibilité et d'inéligibilité

Art. 18. – Tout conseiller national ou tout conseiller communal qui, lors de son élection, se trouve dans un cas d'incompatibilité doit, avant l'expiration des trente jours qui suivent l'élection ou, s'il y a contestation, de la décision définitive de justice, soit se démettre des fonctions incompatibles avec son mandat, soit avoir été placé dans la position prévue par son statut s'il remplit un emploi public ; à défaut, il est déclaré démissionnaire d'office de son mandat.

Tout conseiller national ou conseiller communal qui, pour une cause survenue postérieurement à son élection, se trouve dans un cas d'inéligibilité ou d'incompatibilité ou privé du droit de vote, est tenu, à l'expiration d'un délai de huit jours, soit de se démettre de son mandat électif, soit de renoncer à la fonction cause de l'inéligibilité ou de l'incompatibilité ; à défaut, il est déclaré démissionnaire d'office de son mandat.

Art. 19. – La démission d'office est, le cas échéant, prononcée par le tribunal de première instance saisi, sur requête déposée au greffe général, soit par tout électeur, tout conseiller national ou conseiller communal intéressé, soit par le Ministre d'État ou le procureur général.

Il est, dans le mois, statué conformément aux dispositions de l'article 850 du Code de procédure civile.

Appel de la décision peut être relevé dans les dix jours de son prononcé ; l'appel est, dans le mois instruit et jugé comme indiqué à l'alinéa précédent.

Le recours en révision, considéré comme affaire urgente, ne peut être formé que dans les dix jours du prononcé de l'arrêt d'appel.

La copie des jugements et arrêts est, à la diligence du greffier en chef, immédiatement notifiée sans frais au Ministre d'État et, selon le cas, au président du Conseil National ou au maire, ainsi qu'aux parties intéressées.

Chapitre III

Section 1. – De la composition, du mode et des conditions d'élection et de la durée des pouvoirs des assemblées

Art. 20 *(L. n° 1.250, 9 avr. 2002)*. – Le Conseil National comprend vingt-quatre membres élus pour cinq ans.

Le Conseil Communal comprend quinze membres élus pour quatre ans.

Le suffrage est universel et direct.

Les élections du Conseil National se font au scrutin de liste, plurinominal, à un tour, avec possibilité de panachage et sans vote préférentiel. Les listes en présence doivent comporter un nombre de candidats au moins égal à celui correspondant au chiffre de la majorité absolue au sein de cette assemblée soit treize, classés par ordre alphabétique.

Les élections au Conseil Communal se font au scrutin plurinominal, majoritaire à deux tours, avec possibilité de panachage et sans vote préférentiel.

Le scrutin est secret. Aucune incompatibilité n'existe entre le mandat de Conseiller Communal et celui de Conseiller National.

Art. 20-1 *(L. n° 1.250, 9 avr. 2002)*. – Les deux tiers des sièges au Conseil National sont attribués au scrutin majoritaire. Le tiers restant est attribué au scrutin proportionnel. Sont tout d'abord élus les seize candidats ayant obtenu le plus grand nombre de voix. En cas d'égalité des suffrages, le plus âgés des candidats est proclamé élu.

Les huit sièges restants sont attribués aux listes en présence, ayant obtenu au moins cinq pour cent des suffrages valablement exprimés, selon les modalités de la représentation proportionnelle.

Chaque liste obtient un nombre de sièges égal au nombre de fois où le quotient électoral est contenu dans le total des suffrages valablement exprimés en faveur de l'ensemble de ses candidats.

Le quotient électoral est obtenu en divisant le nombre total de suffrages valablement exprimés par le nombre de sièges à pourvoir à la proportionnelle.

Les sièges éventuellement restants sont attribués par application de la règle de la plus forte moyenne.

La moyenne est déterminée pour chaque liste en ajoutant, chaque fois qu'il y a un siège restant, un siège fictif au nombre de sièges qui lui sont attribués au scrutin proportionnel et en divisant le total des voix qu'elle a obtenues par le nombre de sièges, y compris le siège fictif ajouté.

Au sein de chaque liste, les sièges obtenus sont attribués aux candidats dans l'ordre du nombre de suffrages qu'ils ont obtenus. En cas d'égalité du nombre de suffrages, le plus âgés des candidats est élu.

Art. 21 *(L. n° 1.250, 9 avr. 2002)*. – Nul ne peut être élu Conseiller Communal au premier tour de scrutin s'il ne réunit :

1° la majorité absolue des suffrages exprimés ;

2° un nombre de suffrages égal au quart du nombre des électeurs inscrits.

Au second tour la majorité relative suffit, quel que soit le nombre de votants. En cas d'égalité de suffrages, le plus âgé des candidats est élu.

Art. 22 *(L. n° 1.110, 16 déc. 1987 ; mod., L. n° 1.269, 23 déc. 2002)*. – Sous réserve des dispositions de l'article 23 et de l'article 23-1, le Conseil National et le Conseil Communal se renouvellent intégralement suivant les règles prévues aux articles 34-1 à 34-4.

Art. 23 *(L. n° 1.250, 9 avr. 2002)*. – Si par l'effet de vacances, le Conseil Communal se trouve privé de trois de ses membres, au moins, il est procédé, dans les trois mois à dater de la dernière vacance, à des élections complémentaires pour le temps qui reste à courir avant le renouvellement de l'assemblée.

Dans les six mois qui précèdent ce renouvellement, les élections complémentaires ne sont obligatoires que si l'assemblée est réduite de plus de la moitié de ses membres.

Art. 23-1 *(L. n° 1.250, 9 avr. 2002)*. – Si par l'effet de vacances le Conseil National se trouve privé de quatre de ses membres. au moins, il est procédé, dans les trois mois à dater de la dernière vacance, à des élections complémentaires pour le temps qui reste à courir avant le renouvellement de l'assemblée.

Dans le cas où quatre à treize postes seraient laissés vacants, les listes en présence doivent comporter autant de candidats qu'il y a de sièges à pourvoir. Au-delà de treize postes vacants, les listes en présence doivent comporter un nombre de candidats au moins égal à celui correspondant au chiffre de la majorité absolue au sein de cette assemblée soit treize, classés par ordre alphabétique.

Les deux tiers des sièges sont attribués au scrutin majoritaire, le tiers restant est attribué au scrutin proportionnel. Le cas échéant, le nombre de sièges à pourvoir au scrutin majoritaire d'une part, et au scrutin proportionnel d'autre part, est calculé en arrondissant le résultat de la répartition au plus proche nombre entier par excès ou par défaut.

Dans les six mois qui précèdent ce renouvellement, les élections complémentaires ne sont obligatoires que si l'assemblée est réduite de plus de la moitié de ses membres.

Art. 24. – En cas de dissolution de l'une ou l'autre des assemblées, il est procédé à des élections dans les trois mois suivant la dissolution.

Section 2. – De la déclaration de candidatures

Art. 25 *(L. n° 1.250, 9 avr. 2002 ; mod., L. n° 1.269, 23 déc. 2002 ; L. n° 1.389, 2 juill. 2012 ; L. n° 1.409, 22 oct. 2014)*. – Tout candidat aux élections est tenu, seize jours au moins et vingt jours au plus avant le jour du scrutin, de déposer auprès du Secrétariat général de la Mairie, pendant les heures d'ouverture des bureaux, une déclaration individuelle de candidature établie de manière manuscrite sur un formulaire préétabli, disponible sur le site internet de la Mairie ou dans ses bureaux, revêtue de sa signature et mentionnant ses nom, prénoms, ses date et lieu de naissance, son domicile et sa profession, son mandataire financier et la date de désignation de celui-ci ainsi que pour les élections nationales et, le cas échéant, pour les élections communales, sa liste d'appartenance. Le Maire demande la délivrance du bulletin numéro deux du casier judiciaire du candidat.

La déclaration est inscrite dans l'ordre chronologique des dépôts, sur un registre spécial ; le Maire en délivre récépissé dans les vingt-quatre heures.

Le lendemain du jour limite fixé pour le dépôt des candidatures aux élections nationales, le Maire fixe, par arrêté, les listes en présence comportant au moins treize noms.

Toutefois, demeurent valables sans modification les listes portant le nom d'un ou plusieurs candidats décédés postérieurement à la date limite de dépôt des candidatures. Ces dispositions sont également applicables pour les élections communales.

Pour les élections communales, en cas de second tour de scrutin, la déclaration de candidature doit être déposée au plus tard le mardi qui suit le premier tour, dans les formes et conditions prévues au premier alinéa du présent article.

Art. 25 *bis* *(L. n° 1.409, 22 oct. 2014)*. – Toute liste de candidats à l'élection doit être déposée, dans le délai prévu au premier alinéa de l'article 25, sous une dénomination propre et distinctive, par une personne majeure de nationalité monégasque jouissant de ses droits civils et politiques et justifiant d'un mandat donné à cet effet par chaque candidat de la liste.

Nonobstant le dépôt de la liste, chaque candidat de celle-ci doit déclarer individuellement sa candidature dans les conditions établies au premier alinéa de l'article 25.

Ne peuvent donner lieu à enregistrement et délivrance d'un récépissé les déclarations de candidature des personnes ayant déclaré appartenir à une liste sans y figurer. Lorsque de telles déclarations de candidature ont d'ores et déjà donné lieu à enregistrement et délivrance d'un récépissé, ceux-ci sont annulés y compris quand elles se rapportent à une liste d'appartenance non déposée avant l'expiration du délai prévu au premier alinéa de l'article 25, modifiée ou retirée. En cas de retrait de la liste, sont en outre annulés les enregistrements et délivrances de récépissé afférents aux déclarations de candidature des personnes figurant sur la liste retirée.

Toute liste de candidats déposée peut être modifiée ou retirée, jusqu'à l'expiration du délai prévu au premier alinéa de l'article 25, par une personne majeure de nationalité monégasque jouissant de ses droits civils et politiques et ayant reçu mandat à cet effet.

Cette personne doit en outre justifier, en cas de modification de la liste, d'un mandat donné à cet effet par chaque candidat de la nouvelle liste et, en cas de retrait de la liste ou de modification portant sur la totalité des candidats de la liste, d'un mandat donné à cet effet par chaque candidat de la liste retirée ou de l'ancienne liste.

Art. 26 *(Rempl., L. n° 1.409, 22 oct. 2014)*. – Tout candidat peut, jusqu'au jour qui précède le jour limite fixé pour le dépôt des candidatures, faire connaître formellement auprès du Secrétariat général de la Mairie qu'il se désiste de sa candidature à l'élection ou qu'il se retire de sa liste d'appartenance.

Au cas où cette liste aurait déjà été déposée dans les conditions prévues au premier alinéa de l'article 25 *bis*, le Maire notifie ce retrait ou ce désistement à la personne ayant reçu mandat pour le dépôt de la liste.

La déclaration de candidature du nouveau candidat s'effectue dans les conditions prescrites à l'article 25 ; au cas où il serait déjà candidat par l'effet d'une précédente déclaration de candidature, il doit préalablement procéder à son retrait.

Art. 27. – Toute déclaration de candidature non conforme aux dispositions précédentes ainsi que toute déclaration déposée par une personne inéligible ne peut donner lieu à enregistrement et à délivrance d'un récépissé.

Le refus d'enregistrement est notifié par le maire dans les vingt-quatre heures du dépôt de la déclaration ; dans un délai de même durée l'intéressé peut saisir, par requête déposée au greffe général, le président du tribunal de première instance qui statue dans les quarante-huit heures.

La copie de l'ordonnance du président du tribunal est, à la diligence du greffier en chef, immédiatement notifiée sans frais au Ministre d'État et au maire, ainsi qu'à la partie intéressée.

Cette ordonnance ne peut être contestée que par réclamation formulée contre les opérations électorales.

Art. 27 *bis* *(L. n° 1.409, 22 oct. 2014)*. – Dans les cas de dépôt, de modification ou de retrait de la liste, visés au troisième alinéa de l'article 25 *bis*, l'annulation de l'enregistrement et de la délivrance d'un récépissé est notifiée par le Maire dans les vingt-quatre heures du dépôt, de la modification ou du retrait ; dans un délai de même durée, l'intéressé peut saisir, par requête, déposée au greffe général, le président du tribunal de première instance qui statue dans les quarante-huit heures.

Les dispositions des troisième et dernier alinéas de l'article 27 sont applicables.

Art. 27 *ter* *(L. n° 1.409, 22 oct. 2014)*. – Dans le cas de l'absence de dépôt, visée au troisième alinéa de l'article 25 *bis*, l'annulation de l'enregistrement et de la délivrance d'un récépissé est notifiée par le Maire dans les vingt-quatre heures de l'expiration du délai prévu au premier alinéa de l'article 25 ; dans un délai également de vingt-quatre heures, l'intéressé peut saisir, par requête, déposée au greffe général, le président du tribunal de première instance qui statue dans les quarante-huit heures.

Les dispositions des troisième et dernier alinéas de l'article 27 sont applicables.

Art. 28 *(Mod., L. n° 1.269, 23 déc. 2002)*. – Le Maire fait afficher à la porte de la Mairie, vingt-quatre heures au moins avant la date du scrutin, les nom et prénoms des candidats ; cet affichage est maintenu jusqu'à l'expiration des délais de réclamation contre les opérations électorales.

Il fait également afficher à la porte de la Mairie, dans les mêmes conditions, les nom et prénoms du ou des candidats décédés postérieurement à la date limite de dépôt des candidatures.

L'affichage des nom et prénoms des candidats ainsi que des nom et prénoms du ou des candidats décédés postérieurement à la date limite du dépôt des candidatures est également effectué au sein du bureau de vote le jour du scrutin.

Art. 29 *(Rempl., L. n° 1.409, 22 oct. 2014)*. – Les heures d'ouverture des bureaux de la Mairie seront publiées au *Journal de Monaco* dans le mois précédant la période de déclaration des candidatures et au plus tard dix jours avant le début de celle-ci.

Section 3. – De la campagne électorale officielle

(Intitulé mod., L. n° 1.389, 2 juill. 2012)

Art. 30 *(L. n° 1.250, 9 avr. 2002)*. – Le maire détermine, par arrêté, le lendemain du jour limite fixé pour le dépôt des candidatures, les emplacements réservés pour l'apposition des affiches électorales. Cet arrêté est affiché sans délai à la porte de la mairie. À compter de ce jour, débute la période de la campagne électorale officielle.

Sur chacun de ces emplacements, une surface égale et numérotée est attribuée par tirage au sort à chaque candidat ou à chaque liste de candidats pour les élections communales et à chaque liste de candidats pour les élections nationales.

Les affiches électorales sont exemptes de tout visa administratif préalable et de tout droit de timbre.

Art. 31. – Tout affichage relatif aux élections, même par affiches timbrées, est interdit en dehors de ces emplacements ou sur des emplacements attribués à d'autres candidats ; il est de même interdit de lacérer ou de recouvrir des affiches électorales apposées conformément aux prescriptions de l'article 30.

Aucune affiche ne peut être apposée après zéro heure le jour du scrutin.

Art. 32 *(L. n° 1.250, 9 avr. 2002 ; mod., L. n° 1.409, 22 oct. 2014)*. – Les réunions électorales demeurent soumises aux dispositions de la loi sur la liberté de réunion. Aucune réunion électorale ne peut toutefois être tenue dans les vingt-quatre heures qui précèdent le jour du scrutin.

Le Maire, au besoin avec le concours de l'État, met gracieusement à la disposition de chaque candidat ou de chaque liste de candidats une salle permettant de tenir deux réunions électorales pour les élections nationales et, pour les élections communales, une réunion électorale par tour de scrutin. Le Maire veille au respect de l'équité dans les conditions matérielles de mise à disposition de la salle et fixe les jours où la salle est mise à disposition. Pour chaque mise à disposition, l'ordre d'attribution de la salle à chaque candidat ou liste de candidats est déterminé par tirage au sort. Les réunions électorales sont placées sous la responsabilité des candidats.

Art. 33 *(L. n° 1.250, 9 avr. 2002 ; mod., L. n° 1.269, 23 déc. 2002 ; rempl., L. n° 1.337, 12 juill. 2007 ; mod., L. n° 1.389, 2 juill. 2012)*. – L'autorité municipale fournit, sans frais, à chaque candidat ou liste de candidats, au moment de la déclaration écrite de candidature et indépendamment de l'application des dispositions prévues à l'article 27 :

– une copie de la liste électorale ;

– et trois jeux d'enveloppes portant l'adresse de chaque électeur inscrit, mentionnant l'élection concernée et la date du scrutin.

Chaque candidat ou liste de candidats restitue au maire les enveloppes ou les jeux d'enveloppes inutilisés.

Section 4. – Des opérations de vote

Art. 34 *(L. n° 1.250, 9 avr. 2002)*. – Les élections ont lieu un dimanche ; le scrutin ne dure qu'un seul jour ; il reste ouvert, sans interruption, pendant une durée d'au moins neuf heures.

Il est procédé, s'il y a lieu, au second tour de scrutin des élections communales le dimanche suivant le premier tour.

Art. 34-1 *(L. n° 1.110, 16 déc. 1987 ; L. n° 1.250, 9 avr. 2002)*. – Les élections au Conseil National ont lieu le dimanche correspondant ou succédant au onzième jour précédant l'expiration du mandat du Conseil en exercice.

Le premier tour des élections au Conseil Communal a lieu le dimanche correspondant ou succédant au trentième jour précédant l'expiration du mandat du conseil en exercice.

Art. 34-2 *(L. n° 1.110, 16 déc. 1987)*. – Lorsque, par l'effet des dispositions de l'article précédent, il se trouve que le quinzième jour précédant la date à fixer pour le premier tour des élections se situe avant la date d'expiration de la durée maximale d'une session, la date du premier tour est reportée de quatorze jours.

Art. 34-3 *(L. n° 1.110, 16 déc. 1987 ; mod., L. n° 1.337, 12 juill. 2007)*. – Lorsqu'un jour férié légal se situe dans les deux jours qui précèdent ou qui suivent la date à fixer pour le premier ou pour le second tour des élections, la date du premier tour peut être reportée de sept ou de quatorze jours.

Lorsque la date à fixer pour les élections se situe durant une période susceptible d'altérer la préparation ou le déroulement des opérations de vote, elle peut être déplacée au dimanche précédant ou suivant la période considérée.

Art. 34-4 *(L. n° 1.250, 9 avr. 2002)*. – Lorsque les élections nationales et communales ont lieu la même année, le délai entre les deux scrutins ne peut être inférieur à vingt et un jours.

Art. 35. – Le collège électoral est convoqué par un arrêté ministériel qui fixe la date et les heures d'ouverture et de clôture du scrutin, ainsi que le lieu ou, s'il y échet, les lieux où se dérouleront les opérations de vote ; en cas d'élections complémentaires le même arrêté détermine le nombre de sièges à pourvoir.

L'arrêté est affiché à la porte de la mairie et publié au *Journal de Monaco* vingt jours au moins avant la date du scrutin.

Le collège électoral est informé qu'un second tour de scrutin est nécessaire par un avis du Ministre d'État affiché à la porte de la mairie le lendemain de la proclamation des résultats du premier tour de scrutin.

Art. 36 *(L. n° 1.250, 9 avr. 2002)*. – Tout bureau de vote est composé du maire ou d'un adjoint, d'au moins deux membres du Conseil Communal et, comme assesseurs, des électeurs, non candidats ayant la qualité de fonctionnaire de l'État ou de la commune. Ces derniers sont désignés par le maire le lendemain du jour limite fixé pour le dépôt des candidatures. Le bureau se complète par un secrétaire de son choix avec voix consultative.

Le bureau est présidé par le maire ou par un adjoint et, à défaut, par un Conseiller Communal suivant l'ordre du tableau.

Trois membres du bureau au moins, le secrétaire non compris, doivent être présents pendant toute la durée du scrutin.

Le secrétaire est tenu de dresser, immédiatement après le dépouillement du scrutin, le procès-verbal des opérations de vote, lequel est signé, en public, par lui, par le président et par tous les membres du bureau.

Art. 37. – Le président du bureau de vote est tenu de constater publiquement et de faire mentionner au procès-verbal des opérations de vote l'heure d'ouverture et l'heure de clôture du scrutin.

Aucun vote ne peut être reçu après la déclaration de clôture ; toutefois, l'électeur qui a pénétré dans la salle de vote avant cette déclaration peut, dans les quelques instants qui suivent immédiatement la clôture du scrutin, déposer son bulletin dans l'urne.

Le bureau de vote juge provisoirement les difficultés qui s'élèvent sur les opérations électorales ; ses décisions sont motivées.

Toutes les réclamations et décisions sont inscrites au procès-verbal, les pièces qui s'y rapportent y sont annexées après avoir été paraphées par trois membres au moins du bureau.

Art. 38 *(L. n° 1.250, 9 avr. 2002 ; rempl., L. n° 1.337, 12 juill. 2007)*. – Seuls sont admis dans la ou les salles de vote pendant le déroulement du scrutin :

– les membres du bureau de vote ;

– les personnes qualifiées pour assurer le service de surveillance ;

– les électeurs exerçant leur droit de vote ;

– deux délégués de chaque candidat ou de chaque liste de candidats, nominativement désignés par leur mandant ;

– les enfants de l'électeur âgés de moins de douze ans ;

– les personnes dont la présence est jugée appropriée par le Maire, statuant sur la requête dont il est saisi à cet effet dans les formes et délais prévus par ordonnance souveraine.

Toute discussion ou réunion est interdite à l'intérieur de la ou des salles de vote, où nul ne peut pénétrer porteur d'une arme même autorisée. Le président du bureau de vote a seul la police de la salle.

Art. 39 *(Rempl., L. n° 1.409, 22 oct. 2014 ; mod., L. n° 1.411, 2 déc.2014)*. – Tout candidat ou les candidats d'une même liste peuvent faire déposer, préalablement à l'ouverture du scrutin, des bulletins de vote sur un emplacement spécialement réservé à cet effet par les soins du Maire dans la salle de vote et les adresser par voie postale aux électeurs.

Lorsqu'ils se rapportent à une liste de candidats, ces bulletins comportent exclusivement, à peine de nullité, l'indication de la dénomination de la liste puis, par ordre alphabétique, celle des noms des candidats suivis de leurs prénoms, tels que mentionnés lors de l'enregistrement de la déclaration de candidature.

Lorsque le candidat se présente en son nom personnel à une élection communale, ces bulletins comportent exclusivement, à peine de nullité, l'indication de son nom et de ses prénoms tels que mentionnés lors de l'enregistrement de sa déclaration de candidature.

Art. 40. – Tout électeur doit, pour exprimer son vote, placer son bulletin sous enveloppe ; celle-ci est fournie, le jour du scrutin, par un agent de l'autorité municipale.

Toutes les enveloppes sont d'un même modèle ; elles sont opaques et frappées du timbre de la mairie.

Art. 40-1 *(L. n° 1.409, 22 oct. 2014)*. – Toutefois, les opérations de vote peuvent avoir lieu au moyen d'un système électronique, y compris via le support d'internet, suivant les modalités prévues par ordonnance souveraine.

Art. 41 *(L. n° 1.250, 9 avr. 2002)*. – Chaque salle de vote dispose d'une urne électorale transparente.

L'urne électorale comporte une seule ouverture destinée à laisser passer l'enveloppe contenant le bulletin de vote ; avant le commencement du scrutin, elle est fermée à deux serrures dissemblables dont les clefs restent, l'une entre les mains du président du bureau de vote, l'autre entre celles du membre du bureau le plus âgé.

Si, au moment de la clôture du scrutin, le président n'a pas les deux clefs à sa disposition, il prend toutes les mesures nécessaires pour procéder immédiatement à l'ouverture de l'urne.

Art. 42. – Une copie de la liste électorale, certifiée conforme par le maire, reste déposée pendant toute la durée du scrutin sur la table autour de laquelle siège le bureau de vote.

Art. 43 *(Mod., L. n° 1.269, 23 déc. 2002 ; L. n° 1.409, 22 oct. 2014)*. – Peuvent exercer, sur leur demande, leur droit de vote par procuration, lorsqu'ils sont admis à voter au sens de l'article précédent, les électeurs qui établissent :

1° soit résider de manière permanente ou à des fins d'études ou de formation à l'étranger, hors le département français limitrophe et la province italienne la plus proche ;

2° soit être empêchés de se rendre au bureau de vote le jour du scrutin en raison de leur détention, d'un handicap, de leur état de santé ou d'obligations professionnelles ou sportives qu'ils doivent assumer personnellement.

Sont toutefois admis à voter, bien que non inscrits, les électeurs porteurs d'une décision de justice définitive ordonnant leur inscription.

Ne sont pas admis à voter :

– les électeurs inscrits en vertu des dispositions de l'article 7, alinéa 2, chiffre 2, mais dont la capacité ne peut encore s'exercer ;

– les électeurs inscrits, privés du droit de vote par décision passée en force de chose jugée ou ceux dont l'exercice de ce droit est suspendu en application de l'article 3.

Art. 43 *bis* *(L. n° 1.321, 6 nov. 2006)*. – Peuvent exercer, sur leur demande, leur droit de vote par procuration, lorsqu'ils sont admis à voter au sens de l'article précédent, les électeurs qui établissent :

1° soit résider de manière permanente ou à des fins d'études ou de formation à l'étranger, hors le département français limitrophe et la province italienne la plus proche ;

2° soit être empêchés de se rendre au bureau de vote le jour du scrutin en raison d'un handicap, de leur état de santé ou d'obligations professionnelles impératives.

La procuration est établie dans les formes et délais fixés par ordonnance souveraine. Sa validité est limitée à un seul scrutin et s'étend, le cas échéant, au second tour. Le mandataire au profit duquel la procuration est dressée doit jouir de ses droits électoraux et être inscrit sur la liste électorale.

Aucun mandataire ne peut disposer de plus de deux procurations. Si cette limite n'est pas respectée, les procurations qui ont été reçues les premières sont seules valables ; la ou les autres sont nulles de plein droit.

Toute procuration valablement consentie est irrévocable. Toutefois, un électeur ayant donné procuration peut voter personnellement s'il se présente au bureau de vote avant que son mandataire ait exercé ses pouvoirs.

Voir aussi : Ord. n° 927, 23 janv. 2007 *(mod., Ord. n° 1.286, 14 sept. 2007)* concernant le vote par procuration.

Art. 44 *(L. n° 1.250, 9 avr. 2002)*. – Tout électeur est tenu, à son entrée dans la salle de vote, d'établir son identité par la présentation de sa carte d'électeur et d'une carte d'identité ou d'un passeport en cours de validité. Il reçoit l'enveloppe destinée à contenir le bulletin de vote ; il est tenu, pour placer son bulletin de vote dans l'enveloppe, de se rendre dans la partie de la salle de vote aménagée pour l'isoler des regards.

De retour, il affirme son vote sur la copie de la liste électorale et en marge de son nom par sa signature. Un signe distinctif est apposé sur la carte d'électeur par l'un des membres du bureau.

Tout électeur atteint d'infirmités certaines le mettant dans l'impossibilité d'introduire son bulletin dans l'enveloppe et de glisser celle-ci dans l'urne est autorisé à se faire assister par un électeur de son choix exerçant simultanément son droit de vote. De même, s'il ne peut affirmer son vote par la signature, ce vote est affirmé par un membre du bureau de vote.

Art. 44 *bis* *(L. n° 1.321, 6 nov. 2006)*. – Tout électeur agissant en qualité de mandataire est tenu, pour chacune des procurations dont il est titulaire, à son entrée dans la salle de vote, d'établir son identité par la présentation d'une carte d'identité ou d'un passeport en cours de validité.

Après avoir fait constater l'existence et la validité de son mandat de vote par procuration dans les conditions fixées par ordonnance souveraine, il reçoit l'enveloppe destinée à contenir le bulletin de vote.

Il participe au scrutin dans les conditions fixées à l'article précédent, hormis le fait que son vote est constaté, au titre de la procuration qu'il détient, par sa signature apposée sur la copie de la liste électorale en marge du nom du mandant et qu'un signe distinctif est apposé sur la procuration par l'un des membres du bureau.

Art. 45. – Le dépouillement du scrutin suit immédiatement sa clôture ; il doit être conduit sans désemparer jusqu'à son achèvement intégral.

Lorsque le dépouillement ne peut avoir lieu le même jour, l'urne électorale est scellée et déposée dans une salle de la mairie sur les ouvertures de laquelle seront également apposés les scellés.

Le maire prend toutes autres mesures utiles pour la garde de l'urne.

Art. 46 *(L. n° 1.250, 9 avr. 2002)*. – Le dépouillement se fait en public, sous la surveillance du bureau de vote. Il est procédé de la manière suivante :

L'urne est ouverte par le président du bureau de vote. Le nombre des enveloppes est vérifié par ce bureau ; si ce nombre est supérieur ou inférieur à celui des émargements, il en est fait mention au procès-verbal.

Le président du bureau de vote forme plusieurs tables de dépouillement. À chacune d'elles, prennent place un membre du bureau de vote en qualité de président de table et trois scrutateurs désignés parmi les électeurs par le président du bureau de vote. À cette fin, les candidats ou les listes de candidats peuvent proposer une liste de noms d'électeurs, qui, pour chaque liste en présence, doit être jointe à la déclaration de candidature de l'un des candidats de ladite liste.

Les enveloppes sont réparties entre les diverses tables par le président du bureau de vote qui surveille l'ensemble du dépouillement.

Le président de table extrait le bulletin de l'enveloppe, le lit intégralement à haute voix et le passe à un scrutateur ; les noms portés sur les bulletins sont relevés par deux scrutateurs désignés par le président de table sur des listes de pointage préparées à cet effet.

Les tables sur lesquelles s'opère le dépouillement sont disposées de telle sorte que les électeurs puissent circuler à l'entour.

Art. 47 *(L. n° 1.250, 9 avr. 2002 ; mod., L. n° 1.409, 22 oct. 2014 ; rempl., L. n° 1.411, 2 déc.2014)*. – Le vote est nul si l'enveloppe ne contient aucun bulletin.

Sont nuls :

– les bulletins non conformes aux prescriptions de l'article 39 ; toutefois, aucune nullité n'est encourue par les bulletins du seul fait d'une modification qui leur serait apportée par l'électeur pour l'expression de son vote ; aucune nullité n'est également encourue par le bulletin que l'électeur aurait rédigé lui-même pour l'expression de son vote du seul fait qu'il n'aurait pas observé les conditions de forme prévues à l'article 39 ;

– les bulletins multiples contenus dans la même enveloppe lorsqu'ils sont constitués par des listes différentes ;

– les bulletins multiples qui comportent les mêmes listes identiquement panachées ;

– les bulletins illisibles, ceux qui ne contiennent pas une désignation suffisante ou dans lesquels les votants se sont fait connaître, ceux qui sont trouvés dans l'urne sans enveloppe ou dans des enveloppes non réglementaires, ceux qui portent ou dont les enveloppes portent des signes intérieurs ou extérieurs de reconnaissance ou des mentions injurieuses pour les candidats ou pour des tiers ;

– les bulletins comportant le nom d'un candidat dont la déclaration de candidature n'a pas été enregistrée ;

– les bulletins comportant plus de noms que de sièges à pourvoir ;

– les bulletins comportant une mention au verso.

Ne sont pas valables les bulletins blancs ; toutefois, ces bulletins sont considérés comme suffrages exprimés pour le calcul de la majorité absolue.

Sont valables les bulletins qui portent moins de noms que de sièges à pourvoir.

Les bulletins multiples ne comptent que pour un seul lorsqu'ils désignent les mêmes listes sans panachage ou le même candidat.

Les bulletins nuls ou non valables et les enveloppes vides ou non réglementaires ou celles portant des signes ou des annotations ainsi que les listes de pointage sont paraphés par un membre du bureau de vote et annexés au procès-verbal des opérations de vote.

Art. 48. – Le président du bureau de vote proclame publiquement le résultat du scrutin immédiatement après le dépouillement et le fait afficher aussitôt à la porte de la mairie.

Les bulletins et les enveloppes autres que ceux à annexer au procès-verbal des opérations de vote sont détruits en présence des électeurs.

Art. 49. – Lorsqu'il y a pluralité de bureaux de vote, le dépouillement du scrutin est opéré par chacun d'eux dans les conditions prévues ci-dessus ; il est procédé sur-le-champ à l'affichage des résultats dans la salle de vote et le procès-verbal des opérations, en double exemplaire, est, avec les pièces annexes, immédiatement remis au premier bureau de vote ; celui-ci qui ne peut en aucun cas modifier ni les résultats partiels ni les pièces annexes, établit un procès-verbal récapitulatif signé de son président et de son secrétaire, ainsi que des présidents des autres bureaux.

Le résultat général est proclamé et affiché comme indiqué à l'article précédent.

Art. 50. – Le résultat du scrutin est adressé sans délai par les soins du maire au Ministre d'État qui en donne récépissé et fait procéder à sa publication au plus prochain *Journal de Monaco*.

Art. 51. – Tout électeur peut, jusqu'à l'expiration des délais prévus pour contester les élections, prendre connaissance au secrétariat de la mairie, des procès-verbaux des opérations de vote et des pièces annexes, ainsi que des listes d'émargement.

Section 5. – Du contentieux électoral

Art. 52. – Tout électeur a le droit d'arguer de nullité les élections auprès du tribunal de première instance.

S'il estime que les conditions et les formes légalement prescrites n'ont pas été observées, le Ministre d'État peut également déférer ces élections audit tribunal.

Dans tous les cas, le tribunal peut, s'il ne rejette pas la réclamation, soit réformer la proclamation visée à l'article 48, soit annuler tout ou partie des opérations électorales.

Art. 53. – La réclamation de tout électeur doit être, à peine de déchéance, soit consignée au procès-verbal des opérations de vote, soit déposée dans les cinq jours qui suivent le jour de l'élection, au secrétariat de la mairie, lequel en délivre récépissé sur-le-champ. La réclamation n'est recevable que si elle contient l'exposé sommaire des griefs ; le réclamant peut, en outre, demander à être entendu dans ses observations orales par les juridictions compétentes.

Le maire informe aussitôt le Ministre d'État de la réclamation et l'adresse sans délai au greffier en chef qui lui en donne récépissé.

Le recours motivé du Ministre d'État doit, également à peine de déchéance, être déposé au greffe général dans les huit jours qui suivent le jour de réception du procès-verbal des opérations électorales.

Art. 54. – Dès réception d'une réclamation ou d'un recours, le greffier en chef procède à son inscription sur un registre spécial ; il notifie immédiatement cette contestation à chaque conseiller national ou communal intéressé en l'avisant qu'il peut, dans les cinq jours qui suivent, prendre connaissance du dossier au greffe général et, à peine d'irrecevabilité, déposer un mémoire en défense dans lequel il mentionnera s'il demande ou non à être entendu dans ses observations orales par les juridictions compétentes.

À l'expiration de ce délai, le greffier en chef adresse le dossier au président du tribunal de première instance.

Art. 55. – Un juge rapporteur est aussitôt commis par ordonnance du président du tribunal qui fixe également les jour et heure de l'audience et prescrit la communication du dossier au procureur général dont l'avis doit être donné par écrit.

Il est statué d'urgence et conformément aux dispositions de l'article 850 du Code de procédure civile ; toutefois avant de se prononcer le tribunal peut ordonner toutes mesures utiles à l'instruction de la réclamation ou du recours.

Lorsque des observations orales doivent être présentées, les intéressés dûment avisés, à la diligence du greffier en chef, du jour et de l'heure de l'audience sont entendus après le juge rapporteur soit en personne, soit par l'organe d'un avocat. En aucun cas, le défaut de comparution ne donne ouverture à opposition.

Appel de la décision peut être relevé dans les dix jours de son prononcé ; l'appel est, dans le mois, instruit et jugé comme indiqué aux alinéas précédents.

Le recours en révision, considéré comme affaire urgente ne peut être formé que dans les dix jours du prononcé de l'arrêt d'appel.

La copie des jugements et arrêts est, à la diligence du greffier en chef, immédiatement notifiée sans frais au Ministre d'État et, selon le cas, au président du Conseil National ou au maire, ainsi qu'aux parties intéressées.

Art. 56. – Les juridictions compétentes ne peuvent connaître que des griefs relevés dans les réclamations ; les moyens d'ordre public peuvent être produits ou relevés d'office en tout état de cause.

Art. 57. – Le conseiller national ou le conseiller communal dont l'élection est contestée reste en fonction jusqu'à ce qu'il ait été statué définitivement sur la réclamation ou le recours.

Art. 58 *(Mod., L. n° 1.269, 23 déc. 2002)*. – En cas d'annulation de tout ou partie des élections, et sous réserve des dispositions de l'article 23 et de l'article 23-1, il est procédé à de nouvelles élections ou à des élections complémentaires dans les trois mois qui suivent le jugement ou l'arrêt définitif.

Chapitre IV. – Dispositions pénales

Art. 59. – Quiconque se fera inscrire sur la liste électorale sous de faux noms ou de fausses qualités ou aura, en se faisant inscrire, dissimulé une incapacité prévue par la loi ou aura tenté, à l'aide de déclarations frauduleuses ou de faux certificats, de se faire inscrire indûment, sera puni d'un emprisonnement de trois mois à un an et de l'amende prévue au chiffre 1 de l'article 26 du Code pénal, ou de l'une de ces deux peines seulement.

Art. 60. – La même peine sera encourue par celui qui, à l'aide des moyens indiqués à l'article précédent, aura fait inscrire ou rayer, tenté de faire inscrire ou rayer indûment une personne.

Art. 61. – Le candidat qui utilisera ou permettra d'utiliser l'emplacement qui lui est attribué sur les panneaux d'affichage dans un dessein autre que la présentation et la défense de sa candidature et de son programme, le remerciement des électeurs ou l'annonce de son désistement sera puni de l'amende prévue au chiffre 1 de l'article 26 du Code pénal.

Sera puni de la même peine le candidat qui cédera à tout autre candidat ou à un tiers son emplacement d'affichage.

Art. 62. – La même peine sera encourue par celui qui aura apposé ou fait apposer des affiches même timbrées, soit en dehors des emplacements désignés ou sur les emplacements réservés aux autres candidats, soit après zéro heure le jour du scrutin.

Art. 63. – Celui qui, déchu du droit de vote, soit par suite d'une condamnation judiciaire, soit par suite d'une faillite non suivie de réhabilitation, aura voté, soit en vertu d'une inscription sur la liste électorale antérieure à sa déchéance, soit en vertu d'une inscription postérieure, mais opérée sans sa participation, sera puni d'un emprisonnement d'un mois à six mois et de l'amende prévue au chiffre 1 de l'article 26 du Code pénal, ou de l'une de ces deux peines seulement.

Art. 64. – Quiconque aura voté, soit en vertu d'une inscription obtenue dans les deux premiers cas prévus par l'article précédent, soit en prenant faussement les noms et qualités d'un électeur inscrit, sera puni d'un emprisonnement de six mois à trois ans et de l'amende prévue au chiffre 2 de l'article 26 du Code pénal.

Art. 65. – Sera puni de la même peine tout électeur qui aura voté plus d'une fois, soit en profitant d'une inscription multiple soit par tout autre moyen.

Art. 66. – Quiconque étant chargé, dans un scrutin, de recevoir, compter ou dépouiller les bulletins contenant les suffrages des électeurs, aura soustrait, altéré ou ajouté des bulletins ou lu un nom autre que celui inscrit, sera puni d'un emprisonnement d'un an à cinq ans et de l'amende prévue au chiffre 3 de l'article 26 du Code pénal.

Art. 67. – La même peine sera appliquée à tout individu qui, chargé par un électeur d'écrire son suffrage, aura inscrit sur le bulletin un nom autre que celui qui lui était désigné.

Art. 68. – La violation de l'interdiction d'entrer dans l'enceinte du scrutin avec des armes sera passible d'un emprisonnement d'un mois à six mois et de l'amende prévue au chiffre 1 de l'article 26 du Code pénal, ou de l'une de ces deux peines seulement.

Art. 69. – Quiconque aura donné, remis ou reçu des deniers, effets ou valeurs quelconques sous la condition soit de donner ou de procurer un suffrage, soit de s'abstenir de voter, sera puni d'un emprisonnement de trois mois à un an et de l'amende prévue au chiffre 2 de l'article 26 du Code pénal ou de l'une de ces deux peines seulement.

Seront punis des mêmes peines, ceux qui sous les mêmes conditions auront fait ou accepté l'offre ou la promesse d'emplois publics ou privés.

Si le coupable est fonctionnaire public, la peine sera du double.

Art. 70. – Ceux qui, par voies de fait, violences ou menaces contre un électeur, soit en lui faisant craindre de perdre son emploi ou d'exposer à un dommage sa personne, sa famille ou sa fortune, l'auront déterminé ou auront tenté de le déterminer à s'abstenir de voter ou auront soit influencé soit tenté d'influencer son vote, seront punis d'un emprisonnement de six mois à trois ans et de l'amende prévue au chiffre 2 de l'article 26 du Code pénal.

Si le coupable est fonctionnaire public la peine sera du double.

Art. 71 *(Rempl., L. n° 1.409, 22 oct. 2014)*. – Ceux qui, à l'aide de fausses nouvelles, bruits calomnieux visant notamment un candidat déclaré à l'élection nationale ou communale ou autres manœuvres frauduleuses auront surpris ou détourné, tenté de surprendre ou de détourner des suffrages, déterminé ou tenté de déterminer un ou plusieurs électeurs à s'abstenir de voter seront punis d'un emprisonnement de trois mois à deux ans et de l'amende prévue au chiffre 4 de l'article 26 du Code pénal ou de l'une de ces deux peines seulement.

Art. 72. – Lorsque par attroupements, clameurs ou démonstrations menaçantes on aura troublé les opérations du collège électoral, porté atteinte à l'exercice du droit électoral ou à la liberté de vote, les coupables seront punis d'un emprisonnement de six mois à trois ans et de l'amende prévue au chiffre 2 de l'article 26 du Code pénal.

Art. 73. – Toute irruption dans une salle de scrutin consommée ou tentée avec violence, en vue d'empêcher un choix, sera punie d'un emprisonnement d'un an à cinq ans et de l'amende prévue au chiffre 3 de l'article 26 du Code pénal.

Art. 74. – Si les coupables étaient porteur d'armes ou si le scrutin a été violé, la peine sera celle de la réclusion de cinq à dix ans.

Art. 75. – La peine de réclusion sera de dix à vingt ans, si le crime a été commis par suite d'un plan concerté.

Art. 76. – Toute personne qui, pendant la réunion, se sera rendue coupable d'outrages ou de violences soit envers le bureau, soit envers l'un de ses membres ou qui, par voies de fait ou menaces, aura retardé ou empêché les opérations électorales, sera punie d'un emprisonnement de trois mois à un an et de l'amende prévue au chiffre 1 de l'article 26 du Code pénal ou de l'une de ces deux peines seulement.

Si le scrutin a été violé, l'emprisonnement sera d'un an à cinq ans et l'amende, celle prévue au chiffre 2 de l'article 26 du Code pénal.

Art. 77. – L'enlèvement de l'urne contenant les suffrages émis et non encore dépouillés, sera puni d'un emprisonnement d'un an à cinq ans et de l'amende prévue au chiffre 1 de l'article 26 du Code pénal.

Si cet enlèvement a été effectué en réunion ou avec violence, la peine sera la réclusion de cinq à dix ans.

Art. 78. – La violation du scrutin faite, soit par les membres du bureau, soit par les agents de l'autorité préposés à la garde des bulletins non encore dépouillés sera punie de la réclusion de cinq à dix ans.

Art. 79. – La condamnation ne pourra, en aucun cas, avoir pour effet d'annuler l'élection déclarée valide par les pouvoirs compétents, ou dûment définitive en l'absence de toute protestation régulièrement formée dans les délais prévus par la présente loi.

Art. 80. – L'action publique et l'action civile seront prescrites après six mois à partir du jour de la proclamation du résultat de l'élection.

Art. 80 *bis* *(L. n° 1.250, 9 avr. 2002 ; rempl., L. n° 1.409, 22 oct. 2014)*. – L'utilisation d'une ou plusieurs indications nominatives extraites de la liste électorale n'est autorisée qu'aux seules fins de communication politique, électorale ou institutionnelle ou encore en application d'une disposition législative ou réglementaire, y compris en dehors des périodes de campagne électorale telles que définies par la loi n° 1.391 du 2 juillet 2012 relative au financement des campagnes électorales, ainsi qu'au profit d'une association ou groupement à caractère politique.

Quiconque fait usage d'une ou plusieurs indications nominatives extraites de la liste électorale à d'autres fins est puni de l'amende prévue au chiffre 3 de l'article 29 du Code pénal. L'amende peut être prononcée autant de fois qu'il y a d'irrégularités.

Lorsqu'il est procédé à l'envoi de tout document, courrier, imprimé, bulletin d'information, message quels qu'en soient la forme et le support, ou à la réalisation d'enquêtes, les destinataires de ces envois et enquêtes sont informés de l'origine des informations ayant permis de les contacter, de l'identité de la personne pour le compte de laquelle la communication est réalisée et de leur possibilité de s'opposer, sans frais hormis ceux liés à la transmission de l'opposition, à l'utilisation de leurs informations nominatives ainsi que celle de se faire radier, sans frais, des traitements automatisés ou non d'informations nominatives qui ont été constitués à partir des renseignements contenus dans la liste électorale.

Les dispositions du présent article s'appliquent sans préjudice de celles prévues par la loi n° 1.165 du 23 décembre 1993 relative à la protection des informations nominatives, modifiée.

Art. 80 ter *(L. n° 1.321, 6 nov. 2006)*. – Toute manœuvre frauduleuse ayant pour but d'enfreindre les dispositions des articles 43 *bis* et 44 *bis* est punie des peines prévues à l'article 64.

Chapitre V. – Dispositions générales

Art. 81. – Les notifications à effectuer en vertu des dispositions de la présente loi, soit par le maire, soit par le greffier en chef, seront faites par lettre recommandée à la poste, avec demande d'un accusé de réception, ou par l'entremise d'un agent public assermenté qui en rapporte récépissé ou, en cas d'impossibilité, dresse procès-verbal de l'opération.

Art. 82. – Toutes réclamations en matière électorale sont jugées sans frais.

Les actes judiciaires y relatifs sont dispensés du timbre et enregistrés gratis.

Les témoins ne peuvent requérir taxe.

Les extraits des actes de naissance nécessaires pour établir l'âge et la filiation des électeurs sont délivrés gratuitement sur papier libre à tout réclamant. Ils portent en tête de leur texte l'énonciation de leur destination spéciale et ne peuvent servir à d'autres fins.

Art. 83. – Les articles 4 et 91 et le chapitre premier du titre II de la loi n° 30 du 3 mai 1920, la loi n° 413 du 7 juin 1945, la loi n° 555 du 28 février 1952, ainsi que toutes dispositions contraires à la présente loi sont et demeurent abrogés.

DISPOSITIONS TRANSITOIRES

Art. 84. – À titre transitoire et jusqu'au 15 octobre 1968, la commission de révision de la liste électorale reste composée ainsi que prévu à l'article 13 de la loi n° 30 du 3 mai 1920. Elle procédera :

1° À l'inscription sur la liste arrêtée au 31 mai 1967 des personnes qui remplissent à la date de publication de la présente loi ou qui rempliront avant le 31 mai 1968 les conditions prévues pour être électeur. Le tableau contenant ces inscriptions devra être déposé au secrétariat de la mairie dans les quinze jours de la publication de la présente loi.

2° À l'inscription sur la liste en cours de révision à la date de la publication de la présente loi des personnes qui rempliront les conditions prévues pour être électeur entre le 1er juin 1968 et le 31 mai 1969. Le tableau contenant ces inscriptions devra être déposé au secrétariat de la mairie avant le 30 avril 1968.

Il est fait application des dispositions prévues aux articles 10 et 11 en cas d'omission, de refus, ou de contestation d'inscription, les délais étant décomptés à partir de la publication au *Journal de Monaco*, de l'avis de dépôt au secrétariat de la mairie, des tableaux de révision établis en vertu des dispositions ci-dessus.

Seul le refus d'inscription opposé par la commission de révision de la liste électorale a pour effet d'empêcher l'intéressé de participer à un scrutin jusqu'à décision définitive statuant sur son recours.

Loi n° 1.389 du 2 juillet 2012
relative au financement des campagnes électorales

Chapitre Ier. – Définitions

Section 1. – Les listes de candidats

Art. 1er. – Au sens de la présente loi, les « listes de candidats » sont des unions de personnes physiques comprenant exclusivement des candidats déclarés se présentant à une élection nationale ou communale.

Art. 2. – Bien que dépourvues de la personnalité juridique, les listes de candidats peuvent obtenir, dans les conditions prévues par la présente loi, le remboursement d'une partie de leurs dépenses électorales.

Section 2. – La campagne électorale

Art. 3 *(Rempl., L.n° 1.409, 22 oct. 2014)*. – Au sens de la présente loi, la campagne électorale comprend trois périodes : la période de campagne préalable, la période de déclaration des candidatures et la période de campagne officielle.

La période de campagne préalable débute le 75ème jour et s'achève le 21ème jour précédant le jour du scrutin sauf lorsque les élections ont lieu en application des articles 74 ou 84 de la Constitution ou en application des articles 23, 23-1 ou 58 de la loi n° 839 du 23 février 1968, modifiée. Pour ces élections, la période de campagne préalable débute, selon les cas, le lendemain :

1°) de la publication de l'ordonnance souveraine prévue à l'article 74 de la Constitution ;

2°) de la publication de l'arrêté ministériel prévu à l'article 84 de la Constitution ;

3°) du jugement ou de l'arrêt définitif prévu à l'article 58 de la loi n° 839 du 23 février 1968, modifiée ;

4°) de l'une des dernières vacances prévues par les articles 23 et 23-1 de la loi n° 839 du 23 février 1968, modifiée. Dans tous les cas, la campagne préalable s'achève le 21ème jour précédant le jour du scrutin.

La période de déclaration des candidatures telle que prévue aux articles 25 et suivants de la loi n° 839 du 23 février 1968, modifiée, débute le 20ème jour et s'achève le 16ème jour précédant le jour du scrutin.

La période de campagne officielle telle que prévue aux articles 30 et suivants de la loi n° 839 du 23 février 1968 sur les élections nationales et communales, modifiée, débute le 15ème jour précédant le scrutin et s'achève à zéro heure le jour du scrutin ; elle se prolonge du mardi jusqu'à zéro heure le jour du scrutin du 2ème tour lors d'élections communales.

Section 3. – Les dépenses électorales

Art. 4. – Constituent des dépenses électorales les dépenses engagées par chaque candidat ou chaque liste de candidats, ou par des tiers pour leur compte, en vue d'une élection nationale ou communale, et qui ont trait à des prestations ou services réalisés durant la campagne électorale.

Ne constituent pas des dépenses électorales, au sens de la présente loi :

1° les dépenses qui ne sont pas directement liées à la campagne électorale ;

2° les dépenses de communication prises en charge par l'État et la Commune, notamment celles exposées au titre de la fourniture aux candidats ou aux listes de candidats d'une copie de la liste électorale ou des jeux d'étiquettes personnalisées ;

3° les dépenses concernant l'acquisition de biens d'équipement, sous réserve des dispositions du premier alinéa de l'article 14.

Les dépenses qui ne constituent pas des dépenses électorales n'entrent pas dans le calcul du plafond des dépenses électorales fixé à l'article 5 et n'ouvrent droit à aucun remboursement.

Chapitre II. – Plafonnement des dépenses électorales

Art. 5. – Un plafond des dépenses électorales, pour les élections nationales, est fixé par liste de candidats.

Un plafond des dépenses électorales, pour les élections communales, est fixé, par liste de candidats ou par candidat déclaré sans liste d'appartenance.

Un arrêté ministériel fixe le montant des plafonds prévus aux alinéas précédents (1).

Art. 6. – Les dépenses engagées durant la campagne électorale par des candidats ayant fait campagne séparément ou de manière groupée avant de se déclarer sur une même liste sont totalisées et décomptées comme faites au profit de cette liste.

Lorsque les candidats ayant fait campagne ne se déclarent pas, le mandataire financier, prévu à l'article 9, de chaque liste déclarée détermine, sous le contrôle de la Commission de vérification des comptes de campagne instituée par l'article 16, si leurs dépenses sont des dépenses électorales engagées pour le compte de la liste.

Art. 7. – Lorsque le candidat s'est déclaré avec une liste d'appartenance et qu'il se retire avant le jour limite fixé pour le dépôt des candidatures, les dépenses engagées à son profit sont considérées comme ayant été faites pour le compte de cette liste.

Art. 8. – Une dépense électorale engagée par un tiers, personne physique ou morale, au profit d'un candidat est réputée faite avec l'accord du candidat si celui-ci ne l'a pas déniée au plus tard 5 jours après qu'il en a eu connaissance.

Le candidat peut apporter, par tout moyen, la preuve de sa dénégation.

Chapitre III. – Du mandataire financier

Art. 9. – Tout candidat à une élection est tenu d'avoir et de déclarer un mandataire financier.

Le candidat déclare son mandataire financier et en précise l'identité lors du dépôt de sa déclaration de candidature. Il indique également la date à laquelle il a désigné le mandataire financier en cette qualité.

Art. 10. – Peut être désignée mandataire financier toute personne majeure de nationalité monégasque jouissant de ses droits civils et politiques.

Un mandataire financier peut être commun à plusieurs candidats.

Art. 11. – À compter de sa désignation, le mandataire financier a pour mission de tenir la comptabilité de toutes les dépenses électorales engagées par le candidat, ou pour son compte, dès le début de la campagne électorale.

S'il est désigné après le début de cette campagne, il lui appartient aussi de rechercher, d'identifier et de comptabiliser les dépenses électorales engagées par le candidat ou par des tiers antérieurement à sa désignation.

Dès qu'il est désigné, le mandataire financier ouvre un compte bancaire de campagne au nom du ou des candidats et peut s'acquitter des dépenses électorales pour le compte de celui-ci ou de ceux-ci.

Art. 12. – Durant la campagne électorale, un candidat ne peut avoir qu'un seul mandataire financier.

Celui-ci peut être cependant remplacé. En ce cas, les comptes établis par le mandataire remplacé sont par lui transmis, sous sa responsabilité, au mandataire nouvellement désigné par le candidat.

Art. 13. – Lorsqu'elle dépose son compte de campagne, la liste de candidats ne déclare qu'un seul mandataire financier.

Si celui-ci n'est pas le mandataire financier de tous les candidats de la liste, il lui appartient de recueillir des autres mandataires financiers les éléments de comptabilité devant être intégrés au compte de campagne des dépenses électorales de la liste.

Chapitre IV. – Du compte de campagne

Art. 14. – Le compte de campagne contient un état détaillé de toutes les dépenses électorales engagées au profit du candidat ou de la liste et indique les modalités d'engagement de chaque dépense. Il mentionne

(1) V. A. min. n° 2012-488, 6 août 2012.

également la valeur de l'utilisation durant la campagne électorale des biens d'équipement, calculée selon les règles comptables d'amortissement.

À cet effet, le mandataire financier tient une main courante qui retrace les dépenses payées ou engagées, au jour le jour durant la campagne électorale, identifiées par le numéro des factures et les références des moyens de paiement, les bénéficiaires des règlements, les dates, les montants réglés, l'auteur des paiements.

Le compte de campagne fait mention des dépenses qui ont été directement payées par le candidat, de celles acquittées par le mandataire financier et de celles payées par des personnes physiques ou morales apportant leur soutien au candidat ou à la liste.

Sont annexées au compte de campagne toutes les pièces justificatives des dépenses électorales.

Art. 15. – Le compte de campagne est adressé par le mandataire financier à la Commission de vérification des comptes de campagne dans les deux mois de la publication des résultats définitifs de l'élection et selon les conditions de forme suivantes :

– le compte de campagne est daté, signé et certifié exact par le candidat ou tous les candidats de la liste avant son dépôt auprès de la Commission de vérification des comptes de campagne ;

– il est visé par un expert-comptable ou un comptable agréé n'ayant pas ou n'ayant pas eu la qualité de mandataire financier de la liste ou d'un candidat ;

– il est accompagné de ses annexes ;

– il est envoyé, par lettre recommandée avec demande d'avis de réception postal, au Président de la Commission de vérification des comptes de campagne, ou remis en main propre au secrétariat de la Commission de vérification des comptes de campagne qui en donne récépissé.

Chapitre V. – De la commission de vérification des comptes de campagne

Art. 16. – Il est institué, pour chaque élection nationale ou communale, un organe consultatif autonome dénommé Commission de vérification des comptes de campagne.

Cette commission, non permanente, siège après chaque élection et comprend sept membres :

– le Président de la Commission Supérieure des Comptes, président ;

– un conseiller d'État, désigné par le président du Conseil d'État ;

– deux membres de la Commission Supérieure des Comptes désignés par le président de cette commission ;

– un conseiller à la Cour d'appel, désigné par le premier président de cette cour ;

– une personnalité désignée par le Conseil de la Couronne, hors de son sein ;

– une personnalité désignée par le Ministre d'État, hors du Conseil de Gouvernement.

Le secrétariat de la Commission de vérification des comptes de campagne est assuré par le secrétariat général de la Commission Supérieure des Comptes.

En même temps que la publication des résultats définitifs de l'élection, un avis est publié au *Journal de Monaco*, à l'initiative du Président de la Commission de vérification des comptes de campagne, qui donne la composition de celle-ci et rappelle les modalités du dépôt du compte de campagne par les candidats ou les listes de candidats.

Art. 17. – La Commission de vérification des comptes de campagne est chargée d'établir un rapport sur le compte de campagne de chaque liste de candidats ou de chaque candidat sans liste d'appartenance.

Le rapport a pour objet de constater un éventuel dépassement du plafond des dépenses électorales ou de relever d'autres irrégularités telles notamment :

– l'absence de dépôt du compte de campagne dans le délai ou dans les formes prescrites à l'article 15 ;

– une omission de déclaration de dépenses ;

– l'absence ou l'insuffisance de pièces justificatives des dépenses électorales ;

– la présence, dans le compte de campagne, de dépenses n'ayant pas le caractère de dépenses électorales ;

– des faits de nature à caractériser des infractions pénales.

Art. 18. – À compter du dépôt du compte de campagne, ou à défaut à l'expiration du délai prévu à l'article 15, la Commission de vérification des comptes de campagne établit, dans le délai d'un mois, un rapport préalable sur ce compte.

Le rapport préalable est communiqué au mandataire financier du candidat ou de la liste de candidats.

Ceux-ci adressent à la Commission de vérification des comptes de campagne leurs éventuelles observations dans le délai de quinze jours.

À l'expiration de ce délai, la Commission de vérification des comptes de campagne établit, dans le délai de quinze jours, son rapport définitif sur le compte de campagne.

Art. 19. – Toute personne physique ou morale ayant engagé une dépense électorale, pour son compte ou pour le compte d'autrui, est tenue de communiquer à la Commission de vérification des comptes de campagne, lorsque celle-ci le demande, tous documents, informations, pièces ou renseignements utiles correspondant à cette dépense.

Art. 20. – Le rapport définitif sur le compte de campagne du candidat ou de la liste de candidats est publié par extrait au *Journal de Monaco*.

À compter de cette publication, et durant un délai de 15 jours, tout électeur peut obtenir, à ses frais, une copie de la version complète du rapport.

Art. 21. – Le Président de la Commission de vérification des comptes de campagne transmet le rapport sur le compte de campagne du candidat ou de la liste de candidats au Ministre d'État.

Dans le cas où la Commission de vérification des comptes de campagne a constaté des faits de nature à caractériser des infractions pénales, le Président transmet le rapport également au Procureur général.

Chapitre VI. – Du remboursement des dépenses électorales

Art. 22. – Pour les élections nationales, toute liste ayant obtenu cinq pour cent au moins des suffrages valablement exprimés au sens de l'article 20-1 de la loi n° 839 du 23 février 1968, modifiée, sur les élections nationales et communales, ou toute liste dont l'un des candidats a obtenu un nombre de suffrages égal au moins au quart du nombre de votants peut obtenir le remboursement d'une partie de ses dépenses électorales dont le montant maximal est fixé par arrêté ministériel (1).

La décision de remboursement est prise par le Ministre d'État sur le rapport de la Commission de vérification des comptes de campagne et après avis du Contrôleur Général des Dépenses.

Art. 23. – Pour les élections communales, tout candidat ou toute liste dont l'un des candidats a obtenu cinq pour cent au moins des suffrages exprimés au sens de l'article 21 de la loi n° 839 du 23 février 1968, modifiée, sur les élections nationales et communales, peut obtenir le remboursement d'une partie de ses dépenses électorales dont le montant maximal est fixé par arrêté ministériel. (1)

Le second alinéa de l'article précédent est applicable.

Chapitre VII. – Des sanctions

Art. 24. – Lorsque le rapport de la Commission de vérification des comptes de campagne constate un dépassement du plafond légal des dépenses électorales par un candidat ou une liste de candidats ou fait état d'autres irrégularités, le Ministre d'État peut, après avis du Contrôleur Général des Dépenses, refuser d'accorder, en tout ou en partie, le remboursement demandé au titre des dépenses électorales.

Art. 25. – Dans les huit jours de la publication du rapport, et si celui-ci constate un dépassement du plafond légal des dépenses électorales par un candidat ou une liste de candidats ou l'absence de dépôt de leur compte de campagne, tout candidat déclaré peut, pour ces motifs, arguer de nullité l'élection de ce candidat ou des candidats de cette liste auprès du tribunal de première instance.

Le Ministre d'État peut, dans les mêmes conditions, déférer ces élections audit tribunal.

Les articles 54 à 58 de la loi n° 839 du 23 février 1968, modifiée, sur les élections nationales et communales, sont applicables.

L'annulation partielle ou totale des élections est prononcée par le tribunal de première instance lorsque le dépassement du plafond légal des dépenses électorales a eu pour objet ou pour effet de rompre l'égalité entre les candidats et de porter atteinte à la sincérité du scrutin ou que l'absence de dépôt du compte de campagne a eu pour but de faire obstacle au contrôle de la Commission de vérification des comptes de campagne.

(1) V. A. min. n° 2012-488, 6 août 2012.

Art. 26. – Est puni des peines prévues à l'article 103 du Code pénal tout candidat à une élection dont le compte de campagne fait état d'éléments comptables sciemment minorés ou fondés sur des faits matériellement inexacts pour que le compte n'excède pas le plafond prévu à l'article 5 ou permette indûment un remboursement des frais de campagne.

Art. 27. – Dans le cas visé à l'article précédent, l'inéligibilité du candidat pour une durée de un à six ans peut, en outre, être prononcée par le tribunal de première instance.

Art. 28. – Est puni des peines prévues à l'article 26 quiconque a, pour le compte d'un candidat ou d'une liste de candidats, sans agir sur leur demande ou sans avoir recueilli leur accord, effectué une dépense électorale.

Art. 29. – Est puni des peines prévues à l'article 26 le mandataire financier qui a concouru à la réalisation des infractions visées aux articles 26 et 28.

Chapitre VIII. – Dispositions finales

Art. 30 à 32 *(V. L. n° 839, 23 févr. 1968, art. 25, chap. III, sect. III : intitulé et art. 33).*

Loi n° 959 du 24 juillet 1974

sur l'organisation communale

Art. 1er *(Rempl., L. n° 1.316, 29 juin 2006).* – Le territoire de la Principauté forme une seule commune dotée de la personnalité juridique. Elle s'administre librement, par un Conseil élu, dans les conditions fixées par la Constitution et par la loi.

Chapitre I. – Du domaine de la commune

Art. 2. – Les biens dont est propriétaire la commune composent soit son domaine public, soit son domaine privé.

Le domaine public est inaliénable et imprescriptible ; il comprend ceux des biens de la commune mis à la disposition directe du public usager ou à celle d'un service public communal, ainsi que les biens incorporés à ce domaine par la loi.

Le domaine privé est aliénable et prescriptible ; il comprend tous les biens de la commune qui n'ont pas reçu la destination visée ci-dessus ou qui n'ont pas été incorporés par la loi à son domaine public.

Art. 3. – L'incorporation de biens au domaine public résulte soit de la loi, soit, pour les immeubles, de l'affectation de fait à l'un des objets indiqués au deuxième alinéa de l'article précédent, soit pour les meubles, d'une décision comportant une telle affectation.

L'affectation peut être, pour les immeubles, constatée par un arrêté municipal qui n'a qu'un effet déclaratif ; elle est donnée, pour les meubles, par un arrêté municipal qui a un effet attributif.

La désaffectation des biens du domaine public ne peut être prononcée que par une loi. Elle fait entrer les biens désaffectés dans le domaine privé de la commune.

Le transfert de biens du domaine public communal au domaine public ou privé de l'État ne peut être opéré que par la loi ; il en est de même pour le transfert au domaine public ou privé de la commune de biens du domaine public de l'État.

Le Conseil communal doit formuler ses propositions ou être consulté par le Ministre d'État préalablement à l'incorporation de biens par la loi au domaine public de la commune, à la désaffectation de ces biens ou à leur transfert au domaine de l'État.

Art. 4 *(Rempl., L. n° 1.316, 29 juin 2006).* – Les dépendances du domaine public peuvent faire l'objet d'autorisations ou de conventions permettant leur occupation par des particuliers à la condition que cette occupation soit compatible avec leur affectation.

Les autorisations d'occupation privative sont toujours accordées à titre précaire et révocable ; elles comportent le paiement d'une redevance, à moins qu'elles ne procurent un avantage à la commune ; elles sont délivrées par un arrêté municipal.

Les conditions de leur publicité sont fixées par ordonnance souveraine.

Les conventions d'occupation privative sont des contrats de nature administrative ; elles sont conclues par le Maire après autorisation délivrée par délibération du Conseil communal, conformément au 12° de l'article 25 ; elles peuvent être dénoncées à tout moment, sauf à indemniser, le cas échéant, le cocontractant si la cause de la dénonciation ne lui est pas imputable ; chaque convention doit mettre à la charge de l'occupant une redevance fixée soit en application d'un tarif général, soit en vertu de stipulations contractuelles tenant compte tant de la valeur d'usage de la dépendance considérée que du bénéfice susceptible d'être retiré par l'occupant.

Art. 5. – La commune peut être admise, en vertu de conventions spéciales, à occuper ou à gérer des biens du domaine public de l'État ; dans ce dernier cas, l'autorité communale est compétente, dans les limites éventuellement fixées par ces conventions, pour accorder les autorisations ou consentir les contrats d'occupation privative.

Chapitre II. – Du conseil communal

Section 1. – De la formation du Conseil communal

Art. 6. – Le Conseil communal comprend quinze membres élus pour quatre ans au suffrage universel direct et au scrutin de liste, plurinominal à deux tours avec possibilité de panachage et sans vote préférentiel. Le scrutin est secret.

Art. 7. – Le Conseil communal se réunit le trentième jour après les élections pour élire parmi ses membres un Maire et des adjoints qui constituent la municipalité.

Les pouvoirs du précédent Conseil expirent le jour où se réunit le nouveau.

Art. 8. – L'électorat, l'éligibilité, les élections, les cas d'incompatibilité et leur règlement, ainsi que les effets des vacances survenues au sein du Conseil communal sont régis par les dispositions du titre IX de la Constitution et par celles de la loi n° 839 du 23 février 1968 sur les élections nationales et communales.

Section 2. – Du fonctionnement du Conseil communal

Art. 9 *(Rempl., L. n° 1.316, 29 juin 2006)*. – Le Conseil communal siège à la mairie et, sauf impossibilité constatée par le Maire, ne peut se réunir en dehors de celle-ci.

Il délibère en séance publique au cours de sessions ordinaires ou extraordinaires.

Le Conseil peut, à la demande du Maire ou de cinq conseillers au moins, décider, à la majorité de ses membres présents, de se former et de siéger en commission plénière.

Art. 10. – Le Conseil communal, sur convocation écrite du Maire, se réunit tous les trois mois en session ordinaire. La durée de chaque session ne peut excéder quinze jours.

La convocation mentionne l'ordre du jour. Elle est adressée au domicile des conseillers trois jours au moins avant la date de la première des réunions prévues.

En cas d'urgence, le Maire peut abréger le délai, sans que celui-ci puisse toutefois être inférieur à un jour.

La convocation est rendue publique par insertion au *Journal de Monaco* ou, sauf impossibilité en cas d'urgence, par voie d'affichage à la porte de la mairie ; elle est mentionnée au procès-verbal des délibérations du Conseil communal.

Art. 11 *(Rempl., L. n° 1.316, 29 juin 2006)*. – Le Conseil communal peut se réunir en session extraordinaire pour des objets déterminés sur la demande du Maire ou sur la demande écrite et adressée au Maire du tiers au moins des conseillers en exercice. La durée de la session ne peut excéder dix jours.

Le Maire transmet la demande au Ministre d'État pour autorisation, accompagnée de l'ordre du jour ainsi que de la date d'ouverture de la session.

Le Ministre d'État dispose d'un délai de huit jours à compter de la réception de la demande du Maire pour donner son autorisation ou l'informer de son refus. À l'expiration de ce délai, le silence gardé vaut autorisation. En cas de refus, le Ministre d'État en informe le Maire par lettre motivée.

La convocation du Conseil communal est soumise aux dispositions des alinéas 2 à 4 de l'article précédent.

Le procès-verbal des délibérations de la séance d'ouverture de la session mentionne, en outre, l'autorisation du Ministre d'État.

Art. 12. – Le Conseil communal est tenu de se réunir en session extraordinaire à la demande du Ministre d'État, qui fixe la date d'ouverture, la durée et l'ordre du jour de la session.

La convocation du Conseil communal est soumise aux dispositions des alinéas 2 à 4 de l'article 10.

Le procès-verbal des délibérations de la séance d'ouverture mentionne, en outre, la demande du Ministre d'État.

Art. 13. – La clôture des sessions ordinaires ou extraordinaires du Conseil communal est prononcée par le Maire au terme légal de la session ou lorsque l'ordre du jour est épuisé.

Art. 14 *(Rempl., L. n° 1.316, 29 juin 2006)*. – Le Conseil communal est présidé par le Maire ou, à défaut, par l'adjoint ou le conseiller qui le remplace suivant l'ordre du tableau. Toutefois, lorsque le Conseil délibère sur les comptes d'administration du Maire, il est présidé par le premier adjoint ou en son absence par l'adjoint suivant dans l'ordre du tableau ; le Maire assiste à la discussion, mais se retire au moment du vote.

Art. 15. – Au sein du Conseil communal, les conseillers prennent rang selon l'ordre du tableau, après le Maire et les adjoints.

L'ordre du tableau est déterminé :

1° par la date la plus ancienne d'élection depuis le dernier renouvellement intégral de l'assemblée ;

2° par le plus grand nombre de suffrages obtenus, lorsque les conseillers ont été élus le même jour ;

3° par la priorité d'âge, lorsqu'il y a égalité de suffrages obtenus.

Les adjoints prennent rang immédiatement après le Maire et leur ordre est déterminé au moment de leur élection.

Un exemplaire du tableau, dressé comme indiqué ci-dessus, est affiché a la mairie ; il y demeure avec, le cas échéant, les modifications nécessaires, jusqu'à l'expiration des pouvoirs du Conseil communal en exercice.

Art. 16. – Le Maire ou son remplaçant dirige les débats en veillant à l'observation des lois et règlements et assure la police de l'assemblée ; il peut faire expulser de la salle ou faire arrêter toute personne qui trouble l'ordre.

En cas de crime ou de délit, il dresse procès-verbal et saisit immédiatement le procureur général.

Ceux qui auront volontairement, par des troubles ou désordres, causé dans la salle des séances, ses dépendances ou aux abords, soit empêché, retardé ou interrompu, soit tenté d'empêcher, de retarder ou d'interrompre les libres délibérations du Conseil communal seront punis d'un emprisonnement de trois mois à un an et de la peine d'amende prévue au chiffre 2 de l'article 26 du Code pénal.

Art. 17 *(Rempl., L. n° 1.316, 29 juin 2006)*. – Le Conseil communal peut former en son sein des commissions permanentes ainsi que des commissions spéciales pour l'étude de questions déterminées. Ces commissions font rapport de leurs travaux au Conseil communal.

Ces commissions peuvent être réunies dans l'intervalle des sessions. Elles sont convoquées par le Maire qui en est le président de droit. En cas d'absence ou d'empêchement, le Maire peut se faire remplacer par un adjoint.

Art. 18. – Le Conseil communal ne peut délibérer que lorsque la majorité de ses membres en exercice assiste à la séance.

Quand, après deux convocations successives, ce quorum n'est pas atteint, la séance peut être tenue quel que soit le nombre des membres présents. Il en sera fait mention au procès-verbal de la séance.

Art. 19. – Les délibérations sont prises à la majorité absolue des suffrages exprimés ; les abstentions ne sont, en aucun cas, décomptées comme suffrages exprimés.

Les votes qu'impliquent ces délibérations ont lieu soit à main levée, soit par appel nominal, soit au scrutin secret ; sauf dans ce dernier cas, la voix du président est prépondérante s'il y a partage égal des voix.

Sous réserve des dispositions du dernier alinéa du présent article, le vote à main levée est de droit dans tous les domaines, à moins que la loi n'en dispose autrement ou que le Maire ou trois conseillers au moins demandent qu'il soit procédé par appel nominal ou au scrutin secret.

Le vote par appel nominal donne lieu à mention au procès-verbal des délibérations du nom des votants et de l'indication de leur vote.

Le vote au scrutin secret est toujours exigé en matière d'élection du Maire et des adjoints ; si après deux tours de scrutin, aucun candidat n'a obtenu la majorité absolue, il est procédé à un troisième tour ; l'élection a lieu, en ce cas, à la majorité relative ; s'il y a égalité de suffrages, le candidat qui en a recueilli le plus grand nombre au premier tour de scrutin de l'élection communale est déclaré élu.

Art. 20 *(Rempl., L. n° 1.316, 29 juin 2006)*. – Les délibérations du Conseil communal sont, pour chaque séance, rapportées dans un procès-verbal folioté et paraphé par le Maire et signé par lui et par le secrétaire de séance.

La copie, certifiée conforme par le Maire, de ce procès-verbal, lequel comportera un exposé analytique des affaires examinées suivi des résultats des votes intervenus et de la décision prise, est adressée au Ministre d'État, quinze jours au plus tard après la date de clôture de la session.

Les procès-verbaux des séances sont reliés en un registre conservé à la mairie.

Art. 21 *(Rempl., L. n° 1.316, 29 juin 2006)*. – Tout électeur ou toute personne régulièrement domiciliée à Monaco a le droit de demander communication sur place et de prendre copie totale ou partielle des procès-verbaux des séances tenues en session ordinaire et extraordinaire du Conseil communal et des arrêtés municipaux.

Art. 22. – La démission de Conseiller communal est adressée par écrit au Maire qui en donne connaissance au Conseil et la transmet au Ministre d'État qui doit en accuser réception. Elle devient définitive après un délai de quinze jours à compter de son envoi.

Art. 23. – Tout conseiller communal qui, sans motif reconnu légitime par l'Assemblée, a manqué plus de trois séances successives peut, après avoir été invité à présenter ses explications, être considéré comme démissionnaire. Cette démission est prononcée par arrêté ministériel.

Art. 24. – Le Conseil communal peut être dissous par arrêté ministériel motivé, après avis du Conseil d'État.

Section 3. – Des attributions du Conseil communal

Art. 25 *(Rempl., L. n° 1.316, 29 juin 2006)*. – Le Conseil communal règle par ses délibérations les affaires de la commune ; ces délibérations portent notamment sur :

1° le budget ainsi que les comptes d'administration du Maire et les comptes de gestion du receveur municipal ;

2° le tarif des droits à percevoir ou des vacations à allouer en vertu des lois et des règlements ou en rémunération des services rendus ;

3° l'acquisition, la construction, l'échange, le partage, l'aliénation des biens immeubles communaux et la constitution de droits réels les grevant ou la passation de baux ;

4° l'acceptation définitive, sous réserve des intentions des donateurs, des dons et legs à la commune ;

5° la création, la gestion en régie ou la mise en concession et l'organisation des services communaux, leur translation ou leur suppression ;

6° l'établissement ou la modification de l'organigramme des services communaux, lequel détermine, par catégories de personnels, l'affectation de ceux-ci dans les services de la commune, compte tenu, le cas échéant, des dispositions prévues au second alinéa de l'article 53 ;

7° l'organisation des manifestations municipales et l'animation de la ville ;

8° l'action sociale et de loisirs, notamment la petite enfance, le maintien à domicile des personnes âgées et les activités du troisième âge ;

9° la répartition des subventions dans le domaine récréatif et culturel ;

10° l'action culturelle et artistique des établissements communaux, notamment de l'Ecole supérieure d'Arts plastiques de la Ville de Monaco, l'Académie de musique Fondation Prince Rainier III, la bibliothèque Louis Notari, la sonothèque José Notari, la Vidéothèque municipale, le Fonds régional ;

11° la dénomination des voies publiques ;

12° les termes et conditions des conventions d'occupation privative des dépendances du domaine public ;

13° la création, l'aménagement ou la suppression de promenades, zones vertes ou jardins publics communaux ;

14° la création, l'aménagement ou la translation de cimetières ou de leurs dépendances ;

15° les transactions ;

16° les recours juridictionnels, sous réserve des actes conservatoires ou interruptifs de déchéance ;

17° l'affichage sur les voies publiques y compris dans les passages publics souterrains.

Le Conseil communal peut, en outre, exprimer des vœux sur toutes les matières d'intérêt communal. Il ne peut publier des proclamations ou adresses, ni émettre des vœux à caractère politique.

La commune de Monaco, sur délibération du Conseil communal, peut se mettre en relation et conclure des accords avec des collectivités territoriales étrangères et leurs groupements dans la limite de ses compétences et dans le respect des engagements internationaux de la Principauté, sous réserve d'en tenir informé le Ministre d'État.

Art. 26 *(Mod., L. n° 1.111, 16 déc. 1987 ; rempl., L n° 1.316, 29 juin 2006).* – Le Conseil communal est obligatoirement consulté par le Ministre d'État :

1° sur les projets importants de travaux publics et les projets de construction d'immeubles par l'État ;

2° sur les projets de construction d'immeubles par des particuliers dans les cas suivants :

– dans le secteur des ensembles ordonnancés : lorsque le volume bâti, au-dessus du terrain naturel, excède 15 000 m³ ;

– dans le secteur des opérations urbanisées : lorsque le volume bâti, au-dessus du terrain naturel excède 7 500 m³

– dans le secteur réservé : sur tous les projets ;

3° sur les projets de construction d'immeubles par l'État ou par des particuliers dans le quartier de Monaco-Ville, ainsi que sur les projets de travaux publics à entreprendre dans ce quartier ;

4° sur les projets de création ou de suppression de promenades, zones vertes ou jardins publics.

5° sur les projets de planification urbaine et de réglementation d'urbanisme applicables aux différents secteurs et zones de la Principauté ;

6° sur les projets de construction, de démolition ou de reconstruction susceptibles de modifier l'aspect ou l'esthétique de la ville ou la circulation urbaine.

Lorsqu'il est saisi de l'un des projets visés au précédent alinéa, le Conseil communal doit émettre son avis dans les dix jours ouvrés. À cet effet et à la demande du Maire, les services administratifs présentent au Conseil communal les aspects du ou des projets et lui apportent toutes précisions utiles. Le Conseil communal est réuni sans délai, s'il y a lieu en session extraordinaire et, le cas échéant, selon la procédure d'urgence prévue à l'article 10.

Si le Ministre d'État entend passer outre à un avis défavorable dûment motivé, il est tenu de provoquer une seconde délibération du Conseil communal. Le second avis doit être formulé dans les conditions mentionnées au précédent alinéa. Il ne peut être passé outre à un nouvel avis défavorable que par arrêté ministériel motivé.

Art. 26-1 *(L. n° 1.316, 29 juin 2006).* – Le Conseil communal est obligatoirement consulté par le Ministre d'État sur les modifications de ses attributions et sur les dispositions du statut des fonctionnaires de la commune énumérées notamment à l'article 53.

Lorsqu'il est consulté en vertu du précédent alinéa, le Conseil communal doit émettre son avis dans les trente jours ouvrés. Ce délai peut être prorogé, en accord avec le Ministre d'État, dans les cas où la loi impose au Conseil communal la consultation d'organes spécifiques.

Si le Ministre d'État entend passer outre à un avis défavorable dûment motivé, il est tenu de provoquer une seconde délibération du Conseil communal. Le second avis doit être formulé dans les conditions mentionnées au précédent alinéa. Il ne peut être passé outre à un nouvel avis défavorable que par arrêté ministériel motivé.

Art. 27. – Lorsque le Conseil communal est consulté en application des lois et règlements ou en vertu d'une demande du Ministre d'État, il peut être passé outre si le Conseil néglige ou refuse de donner son avis dans le délai imparti.

Art. 28 *(Rempl., L. n° 1.316, 29 juin 2006)*. – Les délibérations du Conseil communal sont soumises au contrôle de légalité du Ministre d'État et sont exécutoires quinze jours après la date de leur communication au Ministre d'État, sauf opposition motivée en forme d'arrêté ministériel.

Art. 29 *(Rempl., L. n° 1.316, 29 juin 2006)*. – Les délibérations du Conseil communal sont nulles de plein droit :

1° lorsqu'elles portent sur un objet étranger aux attributions du Conseil ;

2° lorsqu'elles sont prises hors des sessions ou en dehors de la mairie, sous réserve, dans ce dernier cas, des dispositions de l'article 9 ;

La nullité peut être constatée par arrêté ministériel motivé, soit d'office, soit à la demande de tout intéressé.

Art. 30. – Les délibérations du Conseil communal sont annulables lorsque des conseillers intéressés en leur nom ou comme mandataires à l'affaire qui en fait l'objet ont participé à ces délibérations.

L'annulation peut être prononcée d'office par arrêté ministériel motivé dans les quinze jours suivant leur communication au Ministre d'État.

Section 4. – De l'institution d'une délégation spéciale

Art. 31 *(Rempl., L. n° 1.316, 29 juin 2006)*. – En cas de dissolution du Conseil communal ou de démission de tous ses membres, une délégation spéciale est chargée, par arrêté ministériel, d'en remplir les fonctions jusqu'à l'élection d'un nouveau Conseil. Cette dernière doit intervenir dans les trois mois.

Une délégation spéciale est également désignée au cas d'annulation des élections ou d'impossibilité de constituer le Conseil communal.

Cette délégation, composée de sept membres, dont le président, est nommée dans les huit jours qui suivent la dissolution, la démission, l'annulation des élections ou la constatation de l'impossibilité de former l'assemblée communale.

Les pouvoirs de la délégation spéciale sont limités aux actes de pure administration conservatoire et urgente.

Elle ne peut notamment engager les finances municipales au-delà des ressources disponibles de l'exercice courant ni prendre des décisions ayant une incidence sur l'organisation communale et les textes régissant son personnel.

Le président de la délégation spéciale remplit les fonctions dévolues par les textes au Maire.

Les pouvoirs de la délégation spéciale expirent de plein droit dès l'élection du nouveau Conseil.

Celui-ci doit, par dérogation aux dispositions de l'article 7, se réunir au plus tôt ; en attendant, et pour expédier les affaires courantes, les fonctions du Maire et celles des adjoints sont exercées par les conseillers suivant l'ordre du tableau.

Chapitre III. – Du maire et des adjoints

Section 1. – Désignation et statut

Art. 32. – Le Maire et les adjoints ont pour mission d'assurer, conformément aux dispositions de la présente loi, l'administration de la commune.

Art. 33 *(Rempl., L. n° 1.316, 29 juin 2006)*. – Le Maire et les adjoints sont élus, pour la même durée que le Conseil communal, dans les conditions fixées aux articles 7 et 19.

La séance au cours de laquelle il est procédé à leur élection est présidée par le plus âgé des conseillers présents.

Les désignations intervenues sont immédiatement notifiées au Ministre d'État et rendues publiques par voie d'affichage à la porte de la mairie et par insertion au *Journal de Monaco*.

Art. 34. – L'élection du Maire comme celle d'un ou de plusieurs des adjoints peut être arguée de nullité dans les conditions, formes et délais prescrits en matière de contentieux électoral par la loi n° 839 du 23 février 1968.

Art. 35. – La démission du Maire ou celle d'un ou de plusieurs adjoints est adressée par écrit au Conseil communal. Elle est transmise au Ministre d État qui doit en accuser réception. Elle n'est définitive qu'après cet accusé de réception.

Sauf les dispositions de l'article suivant, le Maire et les adjoints démissionnaires continuent l'exercice de leurs fonctions jusqu'à l'installation de leurs successeurs.

Art. 36. – Après avoir été entendus ou invités à fournir des explications écrites sur les faits qui leur sont reprochés, le Maire et les adjoints peuvent être, par arrêté ministériel motivé, soit suspendus pour une durée de deux mois, soit révoqués après avis du Conseil d'État.

En cas de révocation, ils cessent de faire partie du Conseil communal.

Art. 37. – Lorsque l'élection est annulée ou que, pour toute autre cause, le Maire ou les adjoints ont cessé leurs fonctions, il est procédé par le Conseil communal à une nouvelle élection dans les quinze jours qui suivent.

Section 2. – Des attributions du Maire et des adjoints

Art. 38 *(Rempl., L. n° 1.316, 29 juin 2006)*. – Le Maire, agent et représentant de la commune, est chargé, sous le contrôle du Conseil communal :

1° d'exécuter les décisions du Conseil communal ;

2° de représenter la commune en justice, soit en demandant, soit en défendant ;

3° de conserver et d'administrer les biens de la commune, de gérer ses revenus et de faire les actes conservatoires de ses droits ;

4° de préparer et de proposer le budget et ordonnancer les dépenses ;

5° de surveiller la comptabilité communale ;

6° de passer, dans les conditions déterminées par ordonnance souveraine, après adjudication, appel d'offres ou de gré à gré, les marchés de travaux, de fournitures ou de services ;

7° de passer les actes concernant les acquisitions, les ventes et échanges, les partages, les baux, les acceptations de dons et legs à titre provisoire et conservatoire, les transactions, lorsque ces actes ont été autorisés conformément aux lois et règlements ;

8° de procéder au recensement de la population à la date et dans les conditions fixées par les lois et règlements ;

9° d'accorder, conformément aux lois et règlements :

– les autorisations d'occupation privative sans emprise des voies publiques ;

– les autorisations d'occupation privative des établissements de restauration et commerces, avec emprise des voies publiques, après accord préalable du Ministre d'État conformément aux dispositions de l'article premier de l'ordonnance-loi n° 674 du 3 novembre 1959 concernant l'urbanisme, la construction et la voirie ;

– les autorisations ou concessions d'occupation de places ou d'installations spéciales dans les marchés ;

– les concessions et les autorisations de construire dans le cimetière.

Les autorisations visées aux deux premiers alinéas du chiffre 9°) du présent article font l'objet d'une publicité dans les mêmes formes et conditions que celles prévues à l'article 4. Le Maire est tenu de suspendre ou d'abroger ces autorisations à la demande dûment motivée du Ministre d'État.

Le Maire dispose des services communaux, dont la liste est établie par arrêté municipal.

Art. 39 *(Rempl., L. n° 1.316, 29 juin 2006)*. – Le Maire, agent de l'Administration, est chargé sous la surveillance du Ministre d'État :

1° de veiller à l'exécution des lois et règlements ;

2° d'exercer, dans les conditions fixées par les lois et règlements, les pouvoirs de police municipale, notamment ceux concernant la réglementation de la circulation sur les places et voies affectées à l'usage public ;

3° de gérer le sommier de la nationalité monégasque et d'établir la liste électorale conformément aux lois et règlements ;

4° de délivrer les cartes d'identité et documents administratifs relatifs à la nationalité monégasque conformément aux lois et règlements.

Les pouvoirs qui lui appartiennent en matière de police municipale ne font pas obstacle au droit du Ministre d'État de prendre par décision motivée toutes mesures utiles. Celles-ci ne pourront toutefois être prises que si une mise en demeure adressée au Maire et lui fixant un délai pour agir n'a pas été suivie d'effet.

Art. 40. – Le Maire est tenu de mettre à la disposition du Ministre d'État, sur sa demande, le service de la police municipale en vue de l'accomplissement de missions temporaires.

Art. 41. – Le Maire légalise la signature apposée, en sa présence, par toute personne connue de lui ou accompagnée de deux témoins connus.

Il délivre tous les actes dont l'établissement relève des attributions de la commune en vertu des lois et règlements.

Art. 42. – Le Maire donne son avis motivé sur toutes les demandes de naturalisation ou de réintégration dans la nationalité monégasque.

Art. 43 *(Rempl., L. n° 1.316, 29 juin 2006).* – Le Maire assure, sous la surveillance du procureur général, les fonctions d'officier d'état civil ; à ce titre :

1° il dresse les actes de naissance, de mariage, de décès et autres y relatifs selon des procédés manuels ou automatisés ; toutefois la signature des actes doit être manuscrite ;

2° il tient les registres prescrits à cet effet par la loi ; ceux-ci pourront être composés de feuilles mobiles, numérotées, réunies dans un classeur provisoire puis reliées en registre ;

3° il délivre les permis d'inhumer dans les formes et conditions prévues par les lois et règlements ;

4° il reçoit les déclarations de personnes qui, aux termes de la loi, veulent soit réclamer, soit décliner la nationalité monégasque.

Art. 43-1 *(L. n° 1.089, 21 nov. 1985 ; rempl., L. n° 1.316, 29 juin 2006).* – Le Maire peut déléguer par arrêté, à un ou plusieurs fonctionnaires communaux qualifiés, les pouvoirs qu'il exerce en tant qu'officier de l'état civil pour recevoir et dresser, à l'exception de l'acte de mariage, tout acte de l'état civil, signer les fiches individuelles ou familiales d'état civil ainsi que les extraits et copies certifiées conformes à l'original. Les actes ainsi dressés comportent la signature de ce fonctionnaire.

L'arrêté portant délégation est transmis au procureur général et au Ministre d'État.

La délégation est exercée sous le contrôle et la responsabilité du Maire.

Art. 44. – Le Maire et les adjoints sont investis, sous l'autorité et la surveillance du procureur général, des fonctions de police judiciaire qu'ils exercent conformément aux dispositions des articles 42 et suivants du Code de procédure pénale.

Art. 45. – Dans le cas où le Maire refuserait ou négligerait de faire un des actes prescrits par la loi, le Ministre d'État peut, après l'en avoir requis, y procéder d'office par lui-même ou par un délégué spécial.

Art. 46. – Le Maire prend par voie d'arrêtés réglementaires ou individuels les mesures nécessaires dans les matières relevant de sa compétence en application des lois et règlements.

Art. 47 *(Rempl., L. n° 1.316, 29 juin 2006).* – Les arrêtés municipaux de caractère réglementaire sont publiés et exécutés après l'expiration d'un délai de dix jours à compter de la remise de leur ampliation au Ministre d'État, sauf autorisation spéciale délivrée, en cas d'urgence sur la demande du Maire, par le Ministre d'État.

À l'expiration de ce délai, la publication et l'exécution de ces arrêtés sont de droit, sauf opposition motivée en forme d'arrêté ministériel si le Ministre d'État les estime contraires à la légalité.

Art. 48. – Les arrêtés de caractère réglementaire sont opposables aux tiers à compter du lendemain de leur publication au *Journal de Monaco*. En cas d'urgence dûment constatée dans l'arrêté municipal, celui-ci est opposable aux tiers dès le lendemain de son affichage à la porte de la mairie.

Les ampliations des arrêtés doivent, à peine d'inopposabilité, mentionner la date de l'affichage.

Art. 49. – Les arrêtés de caractère individuel sont exécutoires et peuvent être publiés ou notifiés aussitôt après la remise de leur ampliation au Ministre d'État.

Ils sont opposables à leurs destinataires à compter du jour où ils en ont reçu notification soit par lettre recommandée, soit par voie administrative. Ils sont opposables aux autres personnes à partir du jour où elles en ont eu connaissance.

Art. 50 *(Rempl., L. n° 1.316, 29 juin 2006).* – Le Maire peut, sous sa surveillance et sa responsabilité, donner par arrêté délégation de pouvoirs à l'un ou à plusieurs de ses adjoints et, en l'absence ou en cas d'empêchement des adjoints ou, dès lors que ceux-ci sont tous titulaires d'une délégation, à un ou plusieurs conseillers communaux ; ces délégations subsistent tant qu'elles n'ont pas été rapportées.

Le Maire peut, dans les conditions fixées au précédent alinéa, donner délégation de signature :

1° à un ou plusieurs conseillers communaux ;

2° au secrétaire général de la mairie ;

3° au secrétaire de mairie.

En cas d'absence ou d'empêchement, le Maire est remplacé dans ses fonctions par un adjoint désigné par arrêté municipal ou, à défaut, par l'un des adjoints selon l'ordre de nomination ou, en cas d'impossibilité, par un conseiller communal selon l'ordre du tableau.

Art. 51. – Lorsque, en raison de ses intérêts privés, le Maire ne peut agir ou si ces intérêts sont en opposition avec ceux de la commune, le Conseil communal désigne un autre de ses membres pour le représenter soit en justice, soit dans les contrats.

Chapitre IV. – Des fonctionnaires et agents communaux

Art. 52 *(Rempl., L. n° 1.316, 29 juin 2006).* – Les fonctionnaires et agents de la police municipale, préalablement commissionnés et assermentés à cet effet, sont habilités à constater les infractions aux arrêtés municipaux ainsi que celles consistant en l'exercice non autorisé d'activités légalement soumises à autorisation du Maire, de même qu'en la méconnaissance des conditions fixées par une telle autorisation. Les dispositions des articles 58, 59 premier alinéa et 60 du Code de procédure pénale sont applicables auxdits fonctionnaires et agents.

Art. 53 *(Rempl., L. n° 1.316, 29 juin 2006).* – Le Conseil communal est obligatoirement consulté sur le statut des fonctionnaires de la commune, les dispositions applicables notamment à l'engagement, à la discipline, au licenciement ou à la retraite des agents communaux, ainsi que sur le classement hiérarchique des grades ou emplois de ces fonctionnaires ou agents et la détermination des échelles indiciaires des traitements afférents auxdits grades ou emplois, dans les conditions fixées à l'article 26-1.

Le Conseil communal présente au Ministre d'État ses propositions sur la fixation du nombre maximal des emplois permanents, par catégorie d'emplois, à attribuer, par ordonnance souveraine, à chacun des services de la commune.

Chapitre V. – Des finances communales

Section 1. – De la gestion financière

Voir aussi : Ord. 27 mars 1922 sur les finances communales.

Art. 54. – Le Maire fait, lors de son élection par le Conseil communal ou, au plus tard, au cours de la première session ordinaire du Conseil qui suit son élection, une déclaration publique pour faire connaître l'action qu'il entend entreprendre en matière de gestion financière pour la durée de son mandat. Le Conseil communal est appelé à se prononcer sur cette déclaration.

Section 2. – Du budget

Art. 55. – Le budget communal prévoit et autorise, pour chaque année civile, l'ensemble des recettes et des dépenses en déterminant leur nature, leur montant et, en ce qui concerne les dépenses, leur affectation.

Les recettes sont prises en compte au titre du budget de l'année au cours de laquelle elles sont encaissées.

Les dépenses sont imputées au budget de l'exercice au cours duquel elles ont été engagées et réalisées ; elles peuvent, toutefois, être ordonnées pendant un délai supplémentaire de deux mois à compter de l'expiration dudit exercice et leur paiement effectué au cours du troisième mois suivant.

Il est fait recette du montant intégral des produits sans contraction entre les recettes et les dépenses.

Art. 56 *(Rempl., L. n° 1.316, 29 juin 2006).* – Le budget communal comporte les dépenses suivantes, réparties en deux sections :

a) la section I comprend les dépenses ordinaires ci-après déterminées :

1° les dépenses de personnel afférentes aux emplois publics communaux dont le nombre est, par catégorie et pour chacun des services, déterminé conformément aux dispositions des articles 25 et 53 : traitements, salaires, indemnités et charges sociales ;

2° les dépenses de gestion inhérentes au fonctionnement des services publics communaux, notamment : fournitures de bureau, consommation d'eau, de gaz, d'électricité, frais de téléphone, de chauffage, primes d'assurances, travaux d'entretien des biens meubles et immeubles ;

3° les frais de représentation des membres de la municipalité et du Conseil communal ;

4° les subventions dans le domaine récréatif et culturel ;

5° les dépenses relatives à l'action sociale communale ;

6° les dépenses afférentes à l'organisation des manifestations municipales de toute nature ;

b) la section II comprend les dépenses d'équipement et d'interventions pour le compte de l'État.

Au projet de budget est annexé un programme qui mentionne les opérations en capital destinées à des investissements en équipement public à réaliser au cours des trois années à venir, et répartit sur chacune de ces années les dépenses afférentes à ces opérations.

Le programme est accompagné d'un échéancier des travaux.

Art. 57 *(Rempl., L. n° 1.316, 29 juin 2006).* – Le budget communal comporte en recettes :

a) le produit des propriétés communales : revenus des biens du domaine public et du domaine privé ; prix de l'aliénation de ceux relevant du domaine privé ;

b) les ressources ordinaires de la commune :

1° les droits d'affichage, les droits de place dans les halles et marchés et les fêtes foraines, ceux de pesage, de mesurage, ou d'introduction des viandes, les redevances d'occupation privative des voies publiques, les droits de permis de stationnement ou de dépôt temporaire sur les voies publiques et, généralement, tous les droits que la loi autorise la commune à percevoir ou qui constituent la rémunération d'un service rendu ;

2° les droits de délivrance de tous les actes établis conformément aux lois et règlements ;

3° les droits de concession dans les cimetières, ceux d'inhumation, exhumation, réinhumation, translation de corps ;

4° les redevances des concessions de services publics communaux ;

5° d'une manière générale, les recettes occasionnelles à différents titres ;

L'éventuelle diminution ou suppression des recettes propres et l'éventuelle augmentation des dépenses de la commune du fait d'une décision de l'État conduisent à une compensation financière par ce dernier.

c) la dotation budgétaire mise à la disposition de la commune en vertu de l'article 87 de la Constitution et selon les règles fixées par l'article 7 de la loi n° 841 du 1er mars 1968. La dotation budgétaire communale est intégralement versée avant le 20 janvier de l'année considérée, à moins qu'il n'ait été procédé à la mise en œuvre des services votés, prévus par l'article 73 de la Constitution, auquel cas la dotation est versée à la commune vingt jours après la publication de l'ordonnance souveraine correspondante. Dans ce cas, le montant de la dotation inscrite et versée est égal à celui de la dotation de l'exercice précédent ;

d) les prélèvements effectués sur les disponibilités du fonds financier communal.

Art. 58 *(Rempl., L. n° 1.316, 29 juin 2006).* – Les projets de dépenses de la section II du budget communal font l'objet d'un examen entre le Maire et le Ministre d'État avant le 1er juillet de chaque année afin de déterminer le montant de la dotation d'équipement et d'interventions pour le compte de l'État. Cette dernière est arrêtée notamment selon les modalités du septième alinéa de l'article 7 de la loi du 1er mars 1968 relative aux lois de budget.

Le Maire soumet au Conseil communal le projet de budget au vu du montant des crédits dont le gouvernement lui aura fait connaître l'inscription au projet de budget de l'État.

Le budget est voté par le Conseil communal au cours d'une session ordinaire ; le vote intervient par chapitre.

Le Maire adresse le budget au Ministre d'État ; il y joint les procès-verbaux des délibérations du Conseil communal relatives audit budget.

Art. 59 *(Rempl., L. n° 1.316, 29 juin 2006).* – Il est créé un fonds financier communal dont les règles de fonctionnement et les modalités de gestion sont déterminées par ordonnance souveraine.

La dotation forfaitaire de fonctionnement reste acquise à la commune. L'éventuel excédent de recettes constaté à la clôture des comptes après l'exécution de la section I est reversé au fonds financier communal.

La fraction de la dotation d'équipement et d'interventions pour le compte de l'État qui ne serait pas utilisée par la commune après l'exécution de la section II est reversée à l'État à la clôture des comptes de l'exercice.

Les prélèvements effectués sur le fonds financier communal sont décidés par délibération du Conseil communal.

Ils ne peuvent être utilisés pour réaliser une dépense présentant un caractère récurrent ni avoir pour effet de rendre le montant du fonds négatif.

La commune ne peut contracter des emprunts.

Voir : Ord. n° 688, 11 sept. 2006 fixant les règles de fonctionnement et les modalités de gestion du fonds financier communal.

Art. 60 *(Rempl., L. n° 1.316, 29 juin 2006)*. – Le Ministre d'État notifie au Maire le montant de la dotation budgétaire communale fixée par la loi de budget primitif ; au cas où ce montant n'est pas celui mentionné au deuxième alinéa de l'article 58, le budget de la commune est réglé en équilibre par une délibération du Conseil communal prise au cours d'une session extraordinaire. À défaut, il est réglé par arrêté ministériel.

Art. 61 *(Rempl., L. n° 1.316, 29 juin 2006)*. – Le Conseil communal peut adopter des budgets modificatifs qui ont pour but soit d'adapter les inscriptions de crédits primitives aux nécessités impérieuses de dépenses auxquelles il doit être fait face avant la fin de l'exercice, soit d'ouvrir les crédits nouveaux pour la couverture de besoins normalement imprévisibles à satisfaire dans le même délai.

Art. 62 *(Rempl., L. n° 1.316, 29 juin 2006)*. – La répartition des crédits au sein d'un même article du budget de la commune peut être modifiée par décision du Maire.

La répartition des dotations entre deux articles d'un même chapitre budgétaire peut être modifiée par délibération du Conseil communal.

La répartition des crédits entre les articles de deux chapitres budgétaires peut être modifiée par arrêté municipal, opérant virement de crédits, pris après délibération du Conseil communal.

Il ne peut être procédé à des virements de crédits entre les sections I et II du budget communal.

Il ne peut être procédé à des virements de crédits entre les chapitres budgétaires de la section II.

Aucun virement de crédits ne peut avoir pour effet de couvrir des dépenses concernant des organismes ou des services nouveaux ou des dépenses dont la nature ou la destination n'est pas prévue au budget.

Section 3. – De la comptabilité

Art. 63. – Le Maire est chargé, sous le contrôle du Conseil communal, d'ordonnancer les dépenses de la commune.

S'il refuse d'ordonnancer une dépense régulièrement autorisée et liquidée, le Ministre d'État, après mise en demeure adressée au Maire et non suivie d'effet dans un délai de huit jours, peut prendre un arrêté ministériel qui tient lieu de mandat.

Art. 64 *(Rempl., L. n° 1.316, 29 juin 2006)*. – Le receveur municipal est nommé par ordonnance souveraine, sur proposition du Conseil communal.

Il est chargé sous sa responsabilité propre :

1° de la tenue de la comptabilité de la commune conformément aux règles de la comptabilité publique ;

2° de la prise en charge et du recouvrement des recettes, notamment de la subvention visée à l'article 60 ; celle-ci, après avoir été mandatée selon les règles régissant l'exécution du budget de l'État, est versée en début d'année au compte de la commune ouvert auprès de la Trésorerie générale des finances, à la disposition du receveur municipal pour l'exécution du budget communal ;

3° du paiement régulier des dépenses ainsi que de la suite à donner aux oppositions et autres significations ;

4° du maniement, de la garde et de la conservation des pièces justificatives des opérations et des documents de comptabilité.

Il est personnellement responsable de la sincérité des écritures comptables.

Le receveur municipal effectue les opérations qui lui incombent sous l'autorité du Maire et selon des modalités de contrôle indépendantes de l'autorité communale. Un rapport sur ces opérations est adressé chaque année au Maire et transmis pour contrôle à la Commission supérieure des comptes.

Les modalités d'application du présent article sont fixées par ordonnance souveraine.

Art. 65. – Le compte d'administration du Maire et le compte de gestion du receveur municipal pour l'exercice précédent sont présentés conjointement au Conseil communal, avant le vote du budget de l'exercice à venir.

Le Conseil délibère dans les conditions fixées à l'article 14 et établit un projet de règlement du budget de l'exercice précédent et un projet d'arrêt de compte de gestion du receveur municipal, qui sont transmis au Ministre d'État.

Art. 66. – Le contrôle de la gestion financière de la commune est assuré par la commission supérieure des comptes qui, à cet effet, est saisie par le Ministre d'État des projets de règlement du budget et d'arrêt de compte de gestion, visés au second alinéa de l'article précédent, ainsi que du rapport sur les opérations budgétaires prévu au dernier alinéa de l'article 64.

La clôture du compte de résultats de la commune et l'arrêt du compte de gestion du receveur municipal sont prononcés dans les conditions prévues à l'article 17 de la loi n° 841 du 1er mars 1968 relative aux lois de budget.

Art. 66-1 *(L. n° 1.316, 29 juin 2006)*. – Il est créé un Comité des finances locales saisi, à la demande du Ministre d'État ou du Maire, de toute difficulté de mise en œuvre des dispositions budgétaires ou financières de la présente loi.

La composition de ce Comité, qui comprend obligatoirement des membres du Conseil national, du Conseil communal et des représentants de l'administration de l'État, et ses modalités de fonctionnement sont déterminées par arrêté ministériel.

Aucune des trois institutions représentées ne peut détenir, au sein de ce comité, la majorité absolue.

Voir : A. min. n° 2006-490, 22 sept. 2006.

Art. 66-2 *(L. n° 1.316, 29 juin 2006)*. – Le Comité prend connaissance du compte d'administration du Maire et du compte de gestion du receveur municipal rendus à la clôture des comptes de l'exercice considéré.

Il est consulté sur le montant des compensations financières à mettre en œuvre en cas de transfert de mission de l'État ou de la commune, visé à l'article 7 modifié de la loi n° 841 du 1er mars 1968.

Il est également consulté sur le réexamen du montant de la dotation budgétaire en cas de survenance d'un événement extérieur exceptionnel qui déséquilibrerait la structure du budget communal, visé à l'article 7 modifié de la loi n° 841 du 1er mars 1968.

Art. 67. – Les règles de la comptabilité communale sont fixées par ordonnance souveraine.

Chapitre VI. – Des prestations effectuées par les services de l'État

Art. 68. – Pour les besoins de l'administration de la commune, le Maire aura la possibilité d'avoir recours à des services de l'État dans les conditions qui seront fixées par arrêté ministériel.

Chapitre VII. – Dispositions générales

Art. 69. – La loi n° 9 du 14 août 1918, les articles 1, 2, 3 et 5, 76 à 90 et 92 à 94, le chapitre III du titre II, les titres III et IV de la loi n° 30 du 3 mai 1920, ainsi que les modifications et additions apportées à celle-ci par les lois n° 64 et n° 505 du 3 janvier 1923 et 19 juillet 1949, par l'ordonnance-loi n° 670 du 19 septembre 1959 et par la loi n° 717 du 27 décembre 1961, de même que toutes dispositions contraires sont et demeurent abrogés.

Loi n° 771 du 25 juillet 1964

sur l'organisation et le fonctionnement du Conseil National

Art. 1er. – Le Conseil national siège dans les locaux qui lui sont spécialement affectés et hors desquels il ne peut se réunir.

Art. 2. – Le bureau du Conseil national comprend un président et un vice-président désignés par l'assemblée parmi ses membres. Il est élu au cours de la séance publique qui se tient le onzième jour après l'élection du Conseil national et renouvelé l'année suivante et chaque année, à la séance d'ouverture de la session ordinaire du mois de mai.

Le Conseil national peut désigner un ou plusieurs de ses membres pour assister le bureau dans les conditions prévues par le règlement intérieur.

Art. 3. – Le président et le vice-président du Conseil national sont élus au scrutin secret et à la majorité absolue des membres en exercice ; si la majorité requise n'est pas obtenue, l'élection a lieu, au second tour de scrutin, à la majorité relative ; en cas d'égalité de suffrages, le candidat le plus âgé est déclaré élu.

Art. 4. – Le président du Conseil national dirige les débats ; il veille à l'observation du règlement de l'assemblée et à la sécurité intérieure de celle-ci.

Le président peut, à cet effet, requérir tous officiers de police judiciaire relevant des services de sûreté.

Art. 5. – Les démissions du président, du vice-président ou des membres du Conseil national sont communiquées, selon les cas, par le président, le vice-président ou le doyen d'âge, au Ministre d'État pour être portées à la connaissance du Prince.

Art. 6. – En cas d'empêchement ou de démission du président du Conseil national, ses pouvoirs sont exercés par le vice-président.

Si le président et le vice-président sont empêchés ou ont démissionné, les pouvoirs sont provisoirement exercés par le doyen d'âge de l'assemblée ; en cas de démission, il est pourvu au remplacement du bureau au plus tard à l'ouverture de la plus prochaine session.

Art. 7. – Les conditions dans lesquelles le Conseil national peut autoriser la poursuite et l'arrestation au cours d'une session, d'un de ses membres en raison d'une infraction criminelle ou correctionnelle, sauf le cas de flagrant délit, sont déterminées par le règlement intérieur de l'assemblée.

Art. 8. – Les services administratifs du Conseil national sont dirigés par un secrétaire général placé sous l'autorité du président de l'assemblée.

Art. 9. – Le secrétaire général et les fonctionnaires ou agents des services administratifs de l'assemblée sont, sous les réserves ci-après, régis par les dispositions du statut général des fonctionnaires

L'application des règles statutaires est assurée, sous l'autorité du président de l'assemblée, par le secrétaire général.

Les nominations, détachements, mises en disponibilités, mutations, promotions de grade et avancements de classe, du personnel du Conseil national interviennent en accord avec le président.

En matière disciplinaire, les attributions exercées aux termes du statut général des fonctionnaires par le Ministre d'État ou le chef d'un département ministériel, le Conseil de Gouvernement et le chef de service, sont respectivement dévolues au président, au bureau de l'assemblée et au secrétaire général.

La comparution devant le conseil de discipline est ordonnée par décision du président du Conseil national ; la composition du conseil de discipline est fixée par le règlement intérieur.

Art. 10. – L'État est responsable conformément à la loi des dommages de toute nature causés par les services administratifs du Conseil national.

Art. 11. – Les demandes d'inscriptions budgétaires relatives au fonctionnement du Conseil national sont présentées au Ministre d'État par le président de l'assemblée avant le 1er septembre de chaque année.

Art. 12. – Le Conseil national se réunit de plein droit chaque année en deux sessions ordinaires, le premier jour ouvrable des mois de mai et de novembre ; la durée des sessions ne peut excéder deux mois.

Art. 13. – Lorsque le Conseil national se réunit en session extraordinaire sur la convocation du Prince, l'ordonnance de convocation fixe l'ordre du jour, la date d'ouverture et la durée de la session. Les dates et l'ordre du jour des séances sont fixés par le Ministre d'État après consultation du président du Conseil national. L'ordre du jour est communiqué à l'assemblée au moins trois jours à l'avance. La clôture de la session est prononcée par le Ministre d'État au terme de la session ou lorsque l'ordre du jour est épuisé.

Art. 14. – Le président réunit le Conseil national en session extraordinaire lorsque les deux tiers au moins des membres en exercice lui ont adressé à cet effet une demande écrite et motivée. La lettre de convocation du président indique l'ordre du jour et la durée de la session, qui ne peut excéder vingt jours, ainsi que la date de la première séance. Il en donne connaissance au Ministre d'État.

Le nombre des sessions extraordinaires n'est pas limité, sans toutefois que le Conseil national puisse siéger de façon permanente.

Art. 15. – La clôture des sessions ordinaires et des sessions extraordinaires convoquées par le président est prononcée par lui au terme de la session ou lorsque l'ordre du jour est épuisé.

Art. 16. – Le Conseil national ne peut délibérer que si les conseillers présents forment la majorité des membres en exercice.

Quand, après deux convocations successives, à trois jours au moins d'intervalle, le quorum n'est pas atteint, les délibérations et votes intervenus sur la troisième convocation sont valables quel que soit le nombre des membres présents.

En cas d'urgence, le président du Conseil national, en accord avec le Ministre d'État, a la faculté d'abréger les délais de convocation.

Art. 17. – Sous réserve de l'application des articles 63, second alinéa, et 95 de la Constitution, les délibérations et votes du Conseil national interviennent à la majorité des suffrages exprimés ; en cas d'égalité de suffrages, le texte mis aux voix est rejeté.

Les abstentions ne sont, en aucun cas, décomptées comme suffrages exprimés.

Art. 18. – Le Conseil national peut décider de siéger à huis clos, soit à la demande du Ministre d'État, soit de son initiative, dans les conditions prévues par l'article 63, alinéa 2 de la Constitution.

Art. 19. – Devant le Conseil national, le Gouvernement peut se faire assister de commissaires désignés à cet effet.

Art. 20. – L'ordre du jour des séances de l'assemblée est établi, dans le cadre de ses attributions constitutionnelles et sous réserve de l'article 13, par le bureau du Conseil national, le Ministre d'État entendu ; il comporte l'indication détaillée des questions inscrites.

L'ordre du jour est communiqué par le président aux membres de l'assemblée et au Ministre d'État au moins trois jours à l'avance, accompagné, s'il y a lieu, des rapports des commissions intéressées ; il ne peut, ensuite, être modifié qu'en accord avec le Ministre d'État.

Art. 21. – À la demande du Ministre d'État, une séance sur deux au moins doit être consacrée à la discussion des projets de loi déposés par le Prince.

Lorsque le dépôt d'un projet de loi est accompagné d'une déclaration d'urgence, ce projet doit être inscrit par priorité à l'ordre du jour des séances consacrées à la discussion des projets de loi ; la première de ces séances doit intervenir dans les six jours de l'ouverture de la session ou du dépôt du projet s'il intervient en cours de session.

Lorsque plusieurs projets de loi sont accompagnés d'une déclaration d'urgence, ils sont inscrits dans l'ordre de priorité déterminé par le Ministre d'État.

Art. 22. – Le Ministre d'État et les conseillers de gouvernement doivent être entendus quand ils le demandent.

Art. 23. – Après la clôture de la discussion générale le Ministre d'État peut demander le renvoi de l'ensemble du projet de loi à la commission saisie au fond.

Il en est de même pour le renvoi d'un article au cours de la discussion par article.

Art. 24. – Lorsque, au cours de la discussion d'un projet de loi, une proposition d'amendement est présentée, soit par une commission saisie au fond ou pour avis, soit par un ou plusieurs conseillers nationaux, le Ministre d'État peut demander l'ajournement de la discussion. Cet ajournement est alors de droit.

Art. 25. – Les projets de loi peuvent être retirés par le Ministre d'État tant qu'ils n'ont pas été adoptés par l'assemblée.

Art. 26. – Lorsque le Conseil national a adopté un projet de loi, la présidence en dresse la minute, en deux exemplaires, dont l'un est communiqué au Prince par l'intermédiaire du Ministre d'État.

Art. 27. – Sous réserve des dispositions du premier alinéa de l'article 57 de la Constitution, le Conseil national ne peut tenir aucune séance en dehors des sessions ordinaires ou extraordinaires ; toutefois, pendant l'intervalle des sessions, les projets ou propositions de loi dont l'assemblée est saisie peuvent être étudiés dans les commissions visées à l'article 28.

Art. 28. – Le règlement intérieur du Conseil national fixe les conditions dans lesquelles l'assemblée constitue ses commissions et l'époque de leur renouvellement.

Art. 29. – La date et l'ordre du jour des réunions des commissions saisies de projets de loi sont portés à la connaissance du Ministre d'Etat.

Art. 30. – Le Ministre d'État peut demander la convocation des commissions prévues à l'article 28.

Art. 31. – Le Ministre d'État et les conseillers de gouvernement sont entendus par les commissions quand ils le demandent.

Les commissions peuvent demander l'audition d'un membre du gouvernement. La demande formulée à cette fin est portée à la connaissance du Ministre d'État par le président du Conseil national.

Le gouvernement peut se faire assister par des fonctionnaires ou experts de son choix.

Art. 32. – Dans les cas prévus à l'article précédent, le procès-verbal des séances est communiqué au Ministre d'État par le président du Conseil national.

Art. 33. – Par l'intermédiaire du président, chaque commission peut, pour son information, demander au Ministre d'État communication de la documentation se rapportant aux textes soumis à son examen.

Art. 34. – L'assemblée ne peut faire, ni publier de proclamation ou d'adresse à la population.

Art. 35. – Les pétitions destinées au Conseil national doivent être formulées par écrit et adressées au président du Conseil national dans les conditions fixées par le règlement intérieur de l'assemblée. Elles ne peuvent être déposées au cours d'une séance publique.

Toute infraction aux dispositions de l'alinéa précédent, toute provocation à un rassemblement sur la voie publique ayant pour objet la discussion, la rédaction ou l'apport au Conseil national de pétitions, déclarations ou adresses – que la provocation ait été ou non suivie d'effet – sera punie des peines édictées à l'article 36.

Il n'est en rien dérogé par les présentes dispositions aux articles 169 à 174 du Code pénal.

Art. 36. – Ceux qui auront volontairement, par des troubles ou désordres causés dans la salle des séances, ses dépendances ou son voisinage, soit empêché, retardé ou interrompu, soit tenté d'empêcher, retarder ou interrompre les libres délibérations du Conseil national seront punis d'un emprisonnement d'un mois à un an et d'une amende de mille francs à vingt mille francs, ou de l'une de ces deux peines seulement.

Art. 37. – Toutes dispositions contraires à celles de la présente loi sont abrogées.

Ordonnance Souveraine n° 3.191 du 29 mai 1964

sur l'organisation et le fonctionnement du Conseil d'État

Vu l'article 52 de la Constitution du 17 décembre 1962 ;

I. – ATTRIBUTIONS

Art. 1er *(Rempl., Ord. n° 1.572, 5 mars 2008).* – Le Conseil d'État est chargé d'examiner les projets de lois ou d'ordonnances souveraines soumis à son appréciation par le Prince ou, sur son ordre, par le Ministre d'État ou le Directeur des services judiciaires ainsi que de formuler un avis motivé sur leur ensemble et sur chacune de leurs dispositions.

Il est entendu dans les cas prévus aux articles 73 et 83 de la Constitution.

Il peut en outre être consulté sur toutes les questions qui lui sont soumises dans les conditions mentionnées au premier alinéa ou en vertu de la loi

Art. 2 *(Abr., Ord. n° 1.572, 5 mars 2008).*

II. – COMPOSITION

Art. 3 *(Rempl., Ord. n° 1.572, 5 mars 2008).* – Le Conseil d'État est, de droit, présidé par le Directeur des services judiciaires.

Les autres membres du Conseil d'État sont au nombre maximum de douze.

Les conseillers d'État sont nommés par ordonnance pour une durée de trois ans, renouvelable, après avis du Ministre d'État et du Directeur des services judiciaires.

Le Ministre d'État et les Conseillers de Gouvernement ne peuvent être membres du Conseil d'État

Art. 4 *(Rempl., Ord. n° 1.572, 5 mars 2008).* – En cas d'absence ou d'empêchement du Président, le Conseil d'État est présidé par un Vice-Président. Celui-ci est nommé parmi les conseillers d'État, dans les conditions fixées au troisième alinéa de l'article précédent. Le Vice-Président exerce toutes les compétences du Président pendant tout le temps de l'absence ou de l'empêchement de celui-ci.

Art. 5 *(Rempl., Ord. n° 1.572, 5 mars 2008).* – Le secrétaire du Conseil d'État, choisi en dehors de l'assemblée parmi les magistrats du corps judiciaire, est nommé par ordonnance souveraine pour une durée de trois ans, renouvelable, sur présentation du Président.

En cas d'absence ou d'empêchement du secrétaire, ses fonctions sont assurées par le secrétaire général de la Direction des services judiciaires.

Dispositions d'application. En vertu de l'article 9 de l'ordonnance n° 1.572 du 5 mars 2008, les dispositions des articles 4 et 5 relatives à la durée des nominations s'appliquent, à compter de la date de publication de la présente ordonnance, aux membres et au secrétaire du Conseil d'État en fonctions (*Journal de Monaco* du 14 mars 2008).

III. – FONCTIONNEMENT

Art. 6. – Le Conseil d'État se réunit, soit sur la convocation du Prince, soit sur celle de son président, et, en cas d'empêchement de ce dernier, sur celle de son vice-président.

Il se réunira également, dans des circonstances graves et urgentes, sur la demande signée de deux conseillers, adressée au président ou au vice-président, qui sera tenu de convoquer l'assemblée sans délai.

Art. 7 *(Rempl., Ord. n° 1.572, 5 mars 2008).* – Les délibérations sont valablement prises si la moitié au moins des membres assiste à la séance et à la majorité des voix. En cas de partage, celle du président est prépondérante.

Art. 8 *(Rempl., Ord. n° 1.572, 5 mars 2008).* – Les dossiers des affaires soumises au Conseil d'État sont adressés au Président par les autorités et dans les conditions mentionnées au premier alinéa de l'article premier. Le Président les transmet aux rapporteurs par lui désignés.

Un exemplaire des rapports ainsi que, s'il y a lieu, des projets de textes législatifs ou réglementaires est, sauf urgence, adressé à chaque conseiller dans un délai d'au moins quinze jours avant la date prévue pour la séance lors de laquelle ils doivent être examinés.

Dans ce même délai sauf urgence, les dossiers comprenant l'ensemble des pièces adressées au Président sont déposés au secrétariat et tenus à la disposition des membres du Conseil d'État.

Art. 9. – Les Conseillers d'État peuvent, avec l'autorisation, suivant le cas, du Ministre d'État ou du directeur des services judiciaires, obtenir des services publics tous renseignements et communications de pièces nécessaires à la préparation des rapports dont ils sont chargés.

Le Conseil d'État peut, en outre, entendre tous fonctionnaires et, d'une manière générale, toute personne dont la compétence technique serait utile à ses travaux.

Art. 10 *(Mod., Ord. n° 1.572, 5 mars 2008).* – Le secrétaire dresse un procès-verbal des séances, qui est conservé aux archives du Conseil d'État.

Ce procès-verbal énonce les noms et prénoms des conseillers présents, un résumé des opinions émises sur les affaires qui leur sont soumises et les termes précis de la délibération qui conclut à l'avis motivé mentionné au premier alinéa de l'article premier. Le procès-verbal est signé par le Président et par le secrétaire.

Un double en est adressé au Prince par le président qui en communique en même temps une copie au Ministre d'État.

Les décisions du Prince sur les délibérations du Conseil sont transmises au président et au Ministre d'État.

Art. 11. – Les séances du Conseil d'État ne sont pas publiques.

Toutefois, il pourra être inséré au *Journal de Monaco* un compte rendu des délibérations approuvées par le Prince ; en outre, le Conseil d'État pourra, avec l'autorisation du Prince, faire publier ceux de ses travaux dont la divulgation sera jugée utile aux intérêts généraux de la Principauté.

Art. 12. – Sont et demeurent abrogées toutes dispositions contraires à la présente ordonnance et notamment les ordonnances des 15 mars 1857, 20 avril 1858, 12 août 1909, 14 avril 1911, 3 juin 1922, 18 mars 1928, ainsi que les articles 2, 3, 4, 6 et 7 de l'ordonnance du 10 juillet 1909.

Ordonnance Souveraine n° 1.707 du 2 juillet 2008

abrogeant l'Ordonnance Souveraine n° 3.980 du 29 février 1968
sur la Commission Supérieure des Comptes, modifiée

(Journal de Monaco, 11 juill. 2008)

Vu l'ordonnance souveraine n° 3.980 du 29 février 1968 sur la Commission Supérieure des Comptes, modifiée ;

Art. 1er. – La Commission supérieure des comptes instituée par l'article 42 de la Constitution, modifiée, assure le contrôle des comptes et de la gestion budgétaire et financière de l'État, de la commune et des établissements publics.

La Commission peut également à la demande du Prince ou de sa propre initiative, pour le contrôle de la gestion financière de l'État, exercer celui :

- des organismes bénéficiaires d'un concours financier de l'État qui assurent, en tout ou en partie, la gestion d'un régime légalement obligatoire de retraite, d'assurances sociales ou de prestations familiales ;
- de tous autres organismes qui bénéficient d'une subvention de l'État ou d'une autre personne morale de droit public ;
- des sociétés de droit privé, non cotées en bourse, dont l'État détient plus de la moitié du capital.

La Commission peut être chargée par le Prince de toute mission d'étude ou d'information relevant de sa compétence.

Art. 2. – La Commission supérieure des comptes, composée de six membres, ne peut délibérer que si trois d'entre eux assistent à la séance.

Les membres de la Commission, désignés en raison de leur compétence en matière de finances publiques, sont nommés pour cinq ans par ordonnance souveraine.

Le Prince désigne, parmi les membres de la Commission, un président et un vice-président.

Les membres de la Commission prêtent serment devant le Prince de remplir avec zèle, impartialité et en toute indépendance la mission qui leur est confiée.

Art. 3. – Il y a incompatibilité entre la qualité de membre de la Commission supérieure des comptes et celle de fonctionnaire ou agent en activité de l'État, de la commune ou d'un établissement public.

Art. 4. – La Commission supérieure des comptes peut recourir, pour les besoins de ses enquêtes, à l'assistance d'experts nommés sur proposition de son président par le Ministre d'État. Les experts remplissent leur mission en liaison avec un membre de la Commission délégué, désigné dans la lettre de service du président de la Commission qui précise la mission et les pouvoirs d'investigation de l'expert. Les experts sont tenus à l'obligation du secret professionnel.

Art. 5. – Le secrétariat général de la Commission est constitué par prélèvement sur les effectifs de l'administration. Il est mis à la disposition du président de la Commission par le Ministre d'État et est placé, pour l'accomplissement de ses missions, sous l'autorité dudit président.

Les frais de fonctionnement de la Commission s'inscrivent, au budget général de l'État, à un chapitre ouvert à la section « Assemblée et corps constitués ».

Art. 6. – Pour assurer le contrôle des comptes et de la gestion budgétaire et financière de l'État, la Commission est saisie chaque année du projet du compte annuel des opérations budgétaires.

Le rapport annuel du Contrôleur général des dépenses sur ces mêmes opérations lui est également transmis.

À l'issue de l'examen des opérations de l'année écoulée la Commission arrête, dans les conditions prévues à l'article 10, son rapport qu'elle communique au Ministre d'État, qui dispose d'un délai d'un mois pour présenter ou transmettre tous éclaircissements en réponse aux observations contenues dans ledit rapport.

Dès réception des réponses du Ministre d'État, et au plus tard à l'expiration du délai ci-dessus, la Commission adresse au Prince le rapport et les réponses éventuelles. Le projet du compte annuel des opérations budgétaires de l'exercice est joint à cette transmission.

Un exemplaire des documents visés à l'alinéa précédent est adressé également au Conseil National.

La clôture des comptes budgétaires de l'exercice est prononcée par le Prince, au plus tôt un mois à compter de l'envoi du rapport de la Commission.

Art. 7. – La Commission est saisie chaque année des comptes de la Commune et des établissements publics, sur lesquels elle présente des rapports qui peuvent porter sur plusieurs exercices.

Ces rapports sont adressés par la Commission au Prince et au Conseil National, accompagnés, le cas échéant, des réponses que le Ministre d'État, d'une part, le Maire ou le président du Conseil d'Administration de l'établissement public, d'autre part, ont été invités à présenter dans le délai d'un mois.

Art. 8. – Les contrôles engagés par la Commission en application du second alinéa de l'article premier font l'objet d'une notification adressée par le Président de la Commission au président de l'organisme concerné. Quand la Commission engage un contrôle de sa propre initiative, elle en informe également le Ministre d'État.

La notification précise le nom du membre de la Commission chargé de la vérification, les exercices sur lesquels celle-ci portera et, s'il y a lieu, son ou ses objets particuliers.

Les rapports arrêtés par la Commission sont adressés au Prince, accompagnés le cas échéant des réponses que le Ministre d'État et le président de l'organisme concerné sont invités à présenter dans le délai d'un mois.

Art. 9. – Pour assurer les contrôles prévus par la présente ordonnance, les membres de la Commission peuvent se faire communiquer tous documents administratifs et toutes pièces comptables utiles à l'accomplissement de leur mission. Ils peuvent demander à tous fonctionnaires ou agents des services et organismes contrôlés de leur fournir, par écrit ou en procédant à leur audition, toutes explications susceptibles de les éclairer.

Art. 10. – Les rapports mentionnés aux articles précédents sont délibérés et arrêtés par la Commission après communication du projet du rapport au Ministre d'État et, le cas échéant, du projet dudit rapport ou des observations les concernant aux présidents ou dirigeants des assemblées, corps, collectivités et organismes autonomes, qui peuvent présenter, dans le délai d'un mois, les explications et justifications qu'ils jugent utiles.

Art. 11. – Indépendamment de ses autres rapports, la Commission adresse chaque année au Prince un rapport d'activité dans lequel elle expose notamment les principales constatations et observations auxquelles ont donné lieu les contrôles exercés par elle sur les comptes et la gestion de l'État et des organismes publics au cours de l'année écoulée.

Ce rapport est publié au *Journal de Monaco*. Il est accompagné, le cas échéant, des réponses que le Ministre d'État peut formuler dans le délai d'un mois.

Art. 12. – Sont abrogées l'ordonnance souveraine n° 3.980 du 29 février 1968, modifiée, susvisée, ainsi que toutes dispositions contraires à la présente ordonnance.

DEUXIÈME PARTIE

TEXTES CODIFIÉS

CODE CIVIL

TITRE PRÉLIMINAIRE. – DE L'ENTRÉE EN VIGUEUR, DES EFFETS ET DE L'APPLICATION DES LOIS EN GÉNÉRAL

(Décrété le 21 déc. 1880 et déclaré exécutoire à dater du 1er janv. 1881)

Art. 1er *(L. n° 803, 10 juin 1966)*. – **Les lois acquièrent force obligatoire du fait de leur promulgation par le Prince ; elles sont enregistrées par le tribunal de première instance siégeant en audience publique.**

Elles sont opposables aux tiers dans les conditions fixées par la Constitution.

Rédaction antérieure. Art. 1er *(L. 12 mars 1913)*. – Les lois sont exécutoires dans la Principauté en vertu de la promulgation qui en est faite par ordre du Prince et dès le lendemain de cette promulgation.

La promulgation résulte de l'enregistrement que le tribunal de première instance est tenu de faire des lois à la première audience qui suit leur réception au greffe général.

Art. 2. – **La loi ne dispose que pour l'avenir ; elle n'a point d'effet rétroactif.**

Art. 3. – **Les lois de police et de sûreté obligent tous ceux qui habitent le territoire de la Principauté.**

Les immeubles, mêmes ceux possédés par des étrangers, sont régis par les lois de la Principauté.

Les lois concernant l'état et la capacité des personnes régissent les sujets monégasques, même résidant en pays étranger.

Art. 4. – **Le juge qui refusera de juger, sous prétexte du silence, de l'obscurité ou de l'insuffisance de la loi, pourra être poursuivi comme coupable de déni de justice.**

Art. 5. – **Il est défendu aux juges de prononcer par voie de disposition générale et de règlement sur les causes qui leur sont soumises.**

Art. 6. – **On ne peut déroger, par des conventions particulières, aux lois qui intéressent l'ordre public et les bonnes mœurs.**

LIVRE I. – DES PERSONNES

(Décrété le 21 déc. 1880 et déclaré exécutoire à dater du 1er janv. 1881)

TITRE Ier. – DE LA JOUISSANCE ET DE LA PRIVATION DES DROITS CIVILS ET DE LA PROTECTION DE LA VIE PRIVÉE ET FAMILIALE

(Intitulé mod., L. n° 1.109, 16 déc. 1987)

Chapitre I. – De la jouissance des droits civils

Art. 7. – **Tout sujet monégasque jouira des droits civils.**

Rédaction antérieure. Art. 7 *(C. civ. 1818)*. – L'exercice des droits civils est indépendant de la qualité d'habitant de la Principauté, laquelle ne s'acquiert et ne se conserve que conformément à la loi.

Art. 8 *(Abr., L. n° 1.155, 18 déc. 1992).*

Rédaction antérieure. Art. 8. – *(C. civ. 1818 ; mod., Ord. 26 juin 1900 ; Ord. 13 avr. 1911 ; L. n° 869, 11 juill. 1969)* Tout habitant de la Principauté jouira des droits civils.

Tout individu né dans la Principauté d'un étranger pourra, dans l'année qui suivra l'époque de sa majorité, acquérir la qualité de sujet monégasque ; pourvu que, dans le cas où il résiderait dans la Principauté, il déclare que son intention est d'y fixer son domicile, et que, dans le cas où il résiderait en pays étranger, il fasse sa soumission de fixer son domicile dans la Principauté, et qu'il l'y établisse dans l'année, à compter de l'acte de soumission.

Est sujet monégasque tout individu né dans la Principauté d'un étranger qui lui-même y est né, à moins que, dans l'année qui suivra l'époque de sa majorité telle qu'elle est fixée par le présent code, il ne réclame la qualité d étranger, par une déclaration faite devant l'autorité municipale. Ses enfants seront nécessairement sujets monégasques.

Sont sujets monégasques :

1° Tout individu né, dans la Principauté ou à l'étranger, d'un sujet monégasque ;

2° Tout individu né dans la Principauté de parents inconnus ou dont la nationalité est inconnue.

L'enfant naturel dont la filiation est établie pendant sa minorité, par reconnaissance ou par jugement, suit la nationalité de celui de ses parents à l'égard duquel elle a été d'abord constatée. Si elle résulte à l'égard du père et de la mère d'actes ou jugements concomitants, l'enfant suit la nationalité du père.

Sont Monégasques :

1° Tout individu, né dans le Principauté ou à l'étranger, d'un père monégasque.

L'enfant naturel dont la filiation est établie pendant sa minorité, par reconnaissance ou par jugement, suit la nationalité de celui de ses parents à l'égard duquel elle a été d'abord constatée. Si elle résulte, à l'égard du père et de la mère, d'actes ou de jugements concomitants, l'enfant suit la nationalité du père ;

2° Tout individu né dans la Principauté de parents inconnus ou dont la nationalité est inconnue.

Sont monégasques :

1° Tous individus nés à Monaco ou à l'étranger d'un père monégasque ;

2° Tous individus nés à Monaco ou à l'étranger d'une mère née monégasque qui possédait encore cette nationalité au jour de leur naissance et d'un père inconnu ;

3° Tous individus nés à Monaco de parents inconnus.

Art. 9 *(Abr., L. n° 1.155, 18 déc. 1992).*

Rédaction antérieure. Art. 9. – *(C. civ. 1818 ; mod., Ord. 8 juill. 1877 ; C. civ. 1880 ; Ord. 26 juin 1900 ; Ord. 20 mai 1909 ; Ord. 13 avr. 1911)* Tout individu né dans la Principauté d'un étranger, pourra, dans l'année qui suivra l'époque de sa majorité, réclamer la qualité d'habitant de la Principauté, pourvu que, dans le cas où il résiderait dans la Principauté, il déclare que son intention est d'y fixer son domicile, et que, dans le cas où il résiderait en pays étranger, il fasse sa soumission de fixer dans la Principauté son domicile, et qu'il l'y établisse dans l'année, à compter de l'acte de soumission.

Est sujet du Prince tout individu né dans la Principauté d'un étranger qui lui-même y est né, à moins que, dans l'année qui suivra l'époque de sa majorité telle qu'elle est fixée par le Code civil, il ne réclame la qualité d'étranger, par une déclaration faite devant l'autorité municipale ; ses enfants seront nécessairement sujets du Prince.

Tous individus qui, après leur majorité, ont leur domicile dans la Principauté depuis six années, sont admis à solliciter la qualité de sujets monégasques, et pourront l'obtenir par ordonnance souveraine.

Toutefois la naturalisation sera accordée sans condition à toute personne que le Prince jugera digne de cette faveur.

La qualité du sujet monégasque s'acquiert par la naturalisation.

La naturalisation est concédée par ordonnance souveraine après enquête sur la moralité et la situation de l'étranger.

Sont admis à demander la naturalisation :

1° L'étranger qui justifie d'une résidence continue de dix années dans la Principauté après l'âge de vingt et un an accomplis ;

2° L'étranger qui a épousé une Monégasque, après trois années de résidence dans les conditions susdites ;

3° L'étranger qui a obtenu du Prince l'autorisation d'établir son domicile dans la Principauté, conformément à l'article 13, après une année de domicile à dater de la promulgation de l'ordonnance d'autorisation.

Peuvent en outre être naturalisés, sans condition de stage :

1° Les étrangers que le Prince juge dignes de cette faveur à raison des services par eux rendus à la Principauté ;

2° L'étranger né dans la Principauté de parents étrangers après l'âge de vingt et un ans accomplis ;

3° La femme mariée à un étranger qui sollicite la naturalisation ou l'a déjà obtenue ;

4° Les enfants majeurs de cet étranger, pourvu qu'ils résident dans la Principauté.

Les enfants mineurs d'un père ou d'une mère survivante qui obtiennent la naturalisation, deviennent sujets monégasques, à moins que dans l'année qui suivra leur majorité, telle qu'elle est réglée par le présent code, ils ne déclinent cette qualité par une déclaration faite devant l'officier de l'état civil qui devra l'enregistrer sur-le-champ.

La qualité de sujet monégasque s'acquiert par la naturalisation.

La naturalisation est concédée par ordonnance souveraine, après enquête sur la moralité et la situation de l'étranger.

Sont admis à demander la naturalisation :

1° L'étranger qui justifie d'une résidence continue de dix années dans la Principauté après l'âge de vingt et un ans accomplis.

2° L'étranger qui a épousé une Monégasque :

Celui qui est né dans la Principauté de parents étrangers dont l'un y est né également ;

Celui qui est né dans la Principauté ou à l'étranger de parents dont l'un a perdu la qualité de Monégasque, sauf le cas prévu au deuxième paragraphe de l'article 19, après trois années de résidence dans les conditions déterminées par le paragraphe précédent ;

3° L'étranger qui a obtenu du Prince l'autorisation d'établir son domicile dans la Principauté, conformément à l'article 13, après une année de domicile à dater de la promulgation de l'ordonnance d'autorisation.

Peuvent, en outre, être naturalisés sans condition de stage :

1° Les étrangers que le Prince juge dignes de cette faveur à raison des services par eux rendus à la Principauté ;

2° La femme mariée à un étranger qui sollicite la naturalisation ou l'a déjà obtenue ;

3° Les enfants majeurs de cet étranger, pourvu qu'ils résident dans la Principauté.

Les enfants mineurs d'un père ou d'une mère survivante qui obtiennent la naturalisation, deviennent sujets monégasques, à moins que dans l'année qui suivra leur majorité, telle qu'elle est réglée par le présent code, ils ne déclinent cette qualité par une déclaration faite devant l'officier de l'état civil qui devra l'enregistrer sur-le-champ.

La qualité de Monégasque s'acquiert par la naturalisation.

La naturalisation est accordée par l'ordonnance souveraine, après enquête sur la moralité et la situation du postulant et justification qu'elle lui ferait perdre sa nationalité antérieure et l'exonérerait définitivement des obligations du service militaire à l'étranger.

Sont admis à demander la naturalisation :

1° L'étranger qui justifie d'une résidence de dix années dans la Principauté, après qu'il a atteint l'âge de vingt et un ans accomplis ;

2° L'étranger qui a obtenu du Prince l'autorisation d'établir son domicile dans la Principauté, conformément à l'article 13 du Code civil, après trois ans de domicile à dater de la promulgation de l'ordonnance d'autorisation.

Art. 10 *(Abr., L. n° 1.155, 18 déc. 1992).*

Rédaction antérieure. Art. 10. – *(C. civ. 1818 ; mod., C. civ. 1880 ; Ord. 26 juin 1900 ; Ord. 13 avr. 1911)* Tout enfant né d'un habitant de la Principauté en pays étranger, est habitant de la Principauté.

Tout enfant né en pays étranger d'un habitant de la Principauté qui en aurait perdu la qualité, pourra toujours recouvrer cette qualité, en remplissant les formalités prescrites par l'article 9.

Tout enfant né, soit dans la Principauté, soit à l'étranger, d'un sujet monégasque est sujet monégasque.

Tout enfant né, en pays étranger, d'un sujet monégasque qui aurait perdu cette qualité, pourra toujours la recouvrer, en remplissant les formalités prescrites par l'article 8.

Tout individu né dans la Principauté ou à l'étranger, de parents dont l'un a perdu la qualité de Monégasque, pourra réclamer cette qualité, à toute époque après l'âge de vingt et un ans accomplis, par une déclaration faite en la forme prescrite par l'article précédent, pourvu qu'il réside dans la Principauté.

Peuvent, en outre, être naturalisés sans condition de stage :

1° L'étranger que le Prince juge digne de cette faveur ;

2° La femme mariée à un étranger, dont le mari sollicite la naturalisation ou l'a déjà obtenue ;

3° Les enfants majeurs de cet étranger, pourvu qu'ils résident dans la Principauté.

Les enfants mineurs d'un père ou d'une mère survivante qui obtiennent la naturalisation, deviennent sujets monégasques, à moins que dans l'année qui suivra leur majorité telle qu'elle est réglée par le présent code, ils ne déclinent cette qualité par une déclaration faite devant l'officier de l'état civil, qui devra l'enregistrer sur-le-champ.

Art. 10 *bis* *(Abr., L. n° 1.155, 18 déc. 1992).*

Rédaction antérieure. Art. 10 *bis*. – *(Ord.- L. n° 692, 4 juill. 1960 ; mod., L. n° 707, 5 juin 1961)* L'étranger adopté par un sujet monégasque peut réclamer cette qualité pourvu qu'il justifie de la perte de sa nationalité antérieure et qu'il ait fixé, depuis dix ans au moins, son domicile ou sa résidence habituelle dans la Principauté.

L'étranger adopté par un sujet monégasque pourra acquérir cette qualité par une déclaration faite devant l'officier de l'état civil, à condition qu'il justifie de la perte de sa nationalité antérieure et qu'il ait fixé son domicile ou sa résidence habituelle à Monaco depuis dix ans au moins. Le représentant légal agit au nom du mineur qui remplit les conditions ci-dessus.

En cas de refus d'enregistrement de cette déclaration l'intéressé pourra se pourvoir devant le tribunal de première instance, siégeant en chambre du conseil, lequel se prononcera conformément aux dispositions des articles 849 et 850 du Code de procédure civile.

Toutefois, l'adopté mineur dont le consentement n'a pas été requis en application de l'article 245 du présent code aura la faculté de répudier la nationalité que lui confèrent les dispositions précédentes, ce par déclaration faite devant l'officier de l'état civil, dans l'année qui suivra sa majorité.

Le sujet monégasque adopté par un étranger conserve sa nationalité s'il n'acquiert pas celle de l'adoptant.

Art. 11. – L'étranger jouira dans la Principauté des mêmes droits civils que ceux qui sont ou seront accordés aux sujets monégasques par les lois de la nation à laquelle cet étranger appartiendra.

Art. 12 ***(Abr., L. n° 1.155, 18 déc. 1992).***

Rédaction antérieure. Art. 12. – L'étrangère qui aura épousé un sujet monégasque suivra la condition de son mari.

Art. 13. – L'étranger qui aura été admis par le Prince à établir son domicile dans la Principauté y jouira de tous les droits civils tant qu'il continuera à y rester.

Art. 14 ***(L. 12 mars 1913 ; abr., L. n° 911, 18 juin 1971).***

Rédaction antérieure. Art. 14. – *(L. 12 mars 1913)* L'étranger, même non résidant dans la Principauté, pourra être cité devant les tribunaux monégasques dans les cas spécifiés par le Code de procédure civile.

Art. 15 ***(L. 12 mars 1913 ; abr., L. n° 911, 18 juin 1971).***

Rédaction antérieure. Art. 15. – *(L. 12 mars 1913)* Les sujets monégasques domiciliés dans la Principauté pourront être traduits devant les tribunaux monégasques pour des obligations par eux contractées en pays étranger, même avec un étranger.

Les dispositions de cet article et du précédent seront applicables aux sociétés comme aux individus.

Art. 16 ***(L. 12 mars 1913 ; abr., L. n° 911, 18 juin 1971).***

Rédaction antérieure. Art. 16 ***(L. 12 mars 1913).*** – Hormis les exceptions prévues par le Code de procédure civile, l'étranger qui sera demandeur donnera caution, conformément aux dispositions dudit code, pour le paiement des frais et dommages-intérêts résultant du procès.

Chapitre II. – De la privation des droits civils

Section I

Art. 17 ***(Abr., L. n° 1.155, 18 déc. 1992).***

Rédaction antérieure. Art. 17. – *(C. civ. 1818 ; mod., C. civ. 1880 ; Ord. 26 juin 1900 ; Ord. 13 avr. 1911 ; L. n° 869, 11 juill. 1969)* La qualité d'habitant de la Principauté se perdra :

1° par la naturalisation acquise en pays étranger ;

2° par l'acceptation, non autorisée par le gouvernement, de fonctions publiques conférées par un gouvernement étranger ;

3° par l'affiliation à toute corporation étrangère qui exigera des distinctions de naissance ;

4° enfin, par tout établissement fait en pays étranger sans esprit de retour.

Les établissements de commerce ne pourront jamais être considérés comme ayant été faits sans esprit de retour.

Ces dispositions ne sont pas applicables à la naturalisation acquise, aux fonctions conférées et aux établissements faits par des sujets de la Principauté, soit en France, soit dans les États du roy de Sardaigne.

La qualité de sujet monégasque se perdra :

1° Par la naturalisation acquise en pays étranger ;

2° Par l'acceptation non autorisée par le gouvernement de fonctions publiques conférées par un gouvernement étranger ;

3° Enfin par tout établissement fait en pays étranger, sans esprit de retour.

Les établissements de commerce ne pourront jamais être considérés comme ayant été faits sans esprit de retour.

Perdent la qualité de sujet monégasque :

1° Celui qui se fait naturaliser à l'étranger ou qui acquiert, sur sa demande, la nationalité étrangère par l'effet de la loi ;

2° Celui qui décline la nationalité monégasque dans les cas prévus au dernier alinéa des articles 9 et 18 ;

3° Celui qui, ayant accepté des fonctions publiques conférées par un gouvernement étranger, les conserve nonobstant l'injonction du gouvernement monégasque de les résigner dans un délai déterminé ;

4° Celui qui, sans autorisation du gouvernement, prend du service militaire à l'étranger.

Perdent la qualité de sujet monégasque :

1° Celui qui se fait naturaliser à l'étranger ou qui acquiert, sur sa demande, la nationalité étrangère par l'effet de la loi ;

2° Celui qui décline la nationalité monégasque dans les cas prévus au dernier alinéa des articles 10 et 18 ;

3° Celui qui, ayant accepté des fonctions publiques conférées par un gouvernement étranger, les conserve nonobstant l'injonction du gouvernement monégasque de les résigner dans un délai déterminé ;

4° Celui qui, sans autorisation du gouvernement, prend du service militaire à l'étranger.

Perd la nationalité monégasque :

1° Celui qui se fait naturaliser à l'étranger ou qui acquiert sur sa demande une nationalité étrangère par l'effet de la loi ;

2° Celui qui décline la nationalité monégasque dans les cas prévus par la loi ;

3° Celui qui, volontairement et sans autorisation du gouvernement, prend du service dans une armée étrangère.

Art. 18 *(Abr., L. n° 1.155, 18 déc. 1992).*

Rédaction antérieure. Art. 18 ***(C. civ. 1818 ; mod., C. civ. 1880 ; Ord. 26 juin 1900 ; Ord. 13 avr. 1911 ; L. 18 nov. 1952).*** – L'habitant ou sujet de la Principauté qui en aura perdu la qualité, pourra toujours la recouvrer en rentrant dans la Principauté avec l'autorisation du Souverain et en déclarant qu'il veut s'y fixer.

Le sujet monégasque qui aura perdu cette qualité, pourra toujours la recouvrer en rentrant dans la Principauté avec l'autorisation du Prince et en déclarant qu'il veut s'y fixer.

Le sujet monégasque qui aura perdu cette qualité pourra la recouvrer, pourvu qu'il réside dans la Principauté, en obtenant sa réintégration par ordonnance souveraine.

La qualité de Monégasque pourra être accordée, par la même ordonnance, à la femme et aux enfants majeurs, s'ils en font la demande.

Les enfants mineurs du père ou de la mère réintégrés deviendront Monégasques, a moins que, dans l'année qui suivra leur majorité, ils ne déclinent cette qualité par une déclaration devant l'officier de l'état civil, comme il est dit à l'article 9.

Le sujet monégasque qui aura perdu cette qualité pourra la recouvrer pourvu qu'il réside dans la Principauté, en obtenant sa réintégration par ordonnance souveraine.

La qualité de Monégasque pourra être accordée, par la même ordonnance, à la femme et aux enfants majeurs, s'ils en font la demande.

Les enfants mineurs du père ou de la mère réintégrés deviendront Monégasques, a moins que, dans l'année qui suivra leur majorité, ils ne déclinent cette qualité par une déclaration devant l'officier de l'état civil, comme il est dit à l'article 10.

Le sujet monégasque qui aura perdu cette qualité pourra la recouvrer, en obtenant sa réintégration par ordonnance souveraine.

La qualité de monégasque pourra être accordée par la même ordonnance, à la femme et aux enfants majeurs, s'ils en font la demande.

Art. 19 *(Abr., L. n° 1.155, 18 déc. 1992).*

Rédaction antérieure. Art. 19 ***(C. civ. 1818 ; mod., C. civ. 1880 ; Ord. 26 juin 1900 ; Ord. 20 mai 1909 ; L. 7 juin 1945).*** – Une femme de la Principauté qui épousera un étranger suivra la condition de son mari.

Si elle devient veuve, elle recouvrera la qualité perdue, pourvu qu'elle réside dans la Principauté, ou qu'elle y rentre avec l'autorisation du Prince et en déclarant qu'elle veut s'y fixer.

La femme monégasque qui épousera un étranger suivra la condition de son mari.

Si elle devient veuve, elle recouvrera la qualité perdue, pourvu qu'elle réside dans la Principauté, ou qu'elle y rentre avec l'autorisation du Prince, et en déclarant qu'elle vient s'y fixer.

La femme monégasque qui épousera un étranger prendra la nationalité de son mari, à moins que son mariage n'ait pas pour effet de la lui conférer, auquel cas elle restera Monégasque.

La femme monégasque qui épousera un étranger prendra la nationalité de son mari, à moins que son mariage n'ait pas pour effet de la lui conférer, auquel cas elle restera Monégasque.

Néanmoins, ses enfants pourront réclamer la qualité de Monégasque à toute époque après l'âge de vingt et un ans accomplis, par une déclaration faite en la forme prescrite par l'article 10, pourvu qu'ils résident dans la Principauté.

La femme monégasque qui épouse un étranger conserve la nationalité monégasque à moins qu'elle ne déclare expressément vouloir acquérir, en conformité des dispositions de la loi nationale du mari, la nationalité de ce dernier.

Cette déclaration devra être faite, à peine de nullité, au moment de la célébration du mariage et sur l'interpellation de l'officier d'état civil ; elle sera mentionnée dans l'acte de mariage.

Toutefois, la déclaration restera sans effet si la femme justifie ultérieurement qu'elle n'a pas pu obtenir la nationalité de son mari ; mention de cette justification sera faite en marge de l'acte de mariage.

Si le mariage est célébré à l'étranger, la déclaration ci-dessus devra être faite, à peine de nullité, avant la célébration du mariage, devant un représentant diplomatique ou consulaire de la Principauté.

Art. 20 *(Abr., L. n° 1.155, 18 déc. 1992).*

Rédaction antérieure. Art. 20 *(C. civ. 1818 ; mod., C. civ. 1880 ; Ord. 26 juin 1900 ; Ord. 13 avr. 1911 ; L. 7 juin 1945).* – Les individus qui recouvreront la qualité de sujets et habitants de la Principauté dans les cas prévus par les articles 10, 18 et 19, ne pourront s'en prévaloir qu'après avoir rempli les conditions qui leur sont imposées par ces articles, et seulement pour l'exercice des droits ouverts à leur profit depuis cette époque.

Les individus qui recouvreront la qualité de sujets monégasques, dans les cas prévus par les articles 10, 18 et 19, ne pourront s'en prévaloir qu'après avoir rempli les conditions qui leur sont imposées par ces articles, et seulement pour l'exercice des droits ouverts à leur profit depuis cette époque.

Si la femme monégasque mariée à un étranger devient veuve elle pourra recouvrer la qualité de Monégasque aux conditions indiquées par le paragraphe premier de l'article 18.

Les autres dispositions du même article seront applicables aux enfants majeurs et mineurs nés du mariage dissous.

Si la femme monégasque mariée à un étranger devient veuve ou divorcée, elle pourra recouvrer la qualité de Monégasque aux conditions indiquées par le paragraphe premier de l'article 18.

Les autres dispositions du même article seront applicables aux enfants majeurs et mineurs nés du mariage dissous.

La femme d'origine monégasque qui a perdu sa nationalité par l'effet du mariage pourra recouvrer la qualité monégasque aux conditions indiquées par le paragraphe premier de l'article 18.

Les autres dispositions du même article seront applicables aux enfants majeurs ou mineurs nés du mariage.

Art. 21 *(Abr., L. n° 1.155, 18 déc. 1992).*

Rédaction antérieure. Art. 21. – *(C. civ. 1818 ; mod., C. civ. 1880 ; Ord. 26 juin 1900)* L'habitant ou sujet de la Principauté qui, sans autorisation du Souverain, prendrait du service militaire chez l'étranger, excepté néanmoins en France, ou dans les États du roy de Sardaigne, ou s'affilierait à une corporation militaire étrangère, perdra sa qualité de sujet de la Principauté.

Il ne pourra rentrer dans la Principauté qu'avec la permission du gouvernement et recouvrer la qualité de sujet de la Principauté qu'en remplissant les conditions imposées à l'étranger pour devenir sujet ou habitant de la Principauté, le tout sans préjudice des peines prononcées par la loi criminelle contre les sujets de la Principauté qui auraient porté les armes contre leur patrie.

Le sujet monégasque qui, sans autorisation du Prince, prendrait du service militaire chez l'étranger, ou s'affilierait à une corporation militaire étrangère, perdra sa qualité de sujet monégasque.

Il ne pourra rentrer dans la Principauté qu'avec la permission du gouvernement, et recouvrer la qualité de sujet monégasque qu'en remplissant les conditions imposées à l'étranger pour devenir sujet du Prince ; le tout sans préjudice des peines prononcées par la loi criminelle contre les sujets de la Principauté qui auraient porté les armes contre la patrie.

Les individus qui acquerront ou recouvreront la qualité de sujets monégasques dans les cas prévus par les articles 9, 10, 18, 19 et 20, ne pourront s'en prévaloir que pour les droits ouverts à leur profit depuis cette époque.

Section II. – De la privation des droits civils par suite de condamnations judiciaires

Art. 22 à 24 anciens *(Abr., L. n° 930, 8 déc. 1972).*

Chapitre III. – De la protection de la vie privée et familiale

(L. n° 1.109, 16 déc. 1987)

Art. 22. – **Le droit au respect de la vie privée et familiale garanti par l'article 22 de la Constitution est protégé pour toute personne vivante ou décédée.**

Art. 23. – **La personne victime d'une atteinte au droit visé à l'article précédent peut demander en justice qu'il y soit mis fin et réclamer des dommages-intérêts, en raison du préjudice subi.**

L'action peut, de son vivant, être exercée par son représentant légal et, après sa mort, par ses ayants droit.

Art. 24. – **Le tribunal saisi peut, sans préjudice de la réparation du dommage subi, prescrire toutes mesures telles que séquestre ou saisie, propres à empêcher ou à faire cesser l'atteinte.**

Ces mesures peuvent, s'il y a urgence, être prescrites, à titre provisoire, soit par le président du tribunal de première instance statuant en référé ou sur requête à charge de référé, soit par le président du tribunal correctionnel saisi sur requête.

Art. 24-1 *(L. n° 1.382, 20 juill. 2011).* – **Dans les vingt-quatre heures de sa saisine, le président du tribunal de première instance peut rendre une ordonnance de protection interdisant à l'auteur des faits mentionnés aux articles 230 à 234-1, 236, 236-1, 237 à 239, 243 à 245, 247 et 262 du Code pénal, d'entrer, par quelque**

moyen que ce soit, y compris les communications électroniques, en relation avec la victime desdits faits ou de paraître ou résider en certains lieux.

Le président du tribunal de première instance ne peut être saisi que par la victime, par le procureur général lorsqu'il est saisi conformément à l'article 37-1 du Code de procédure pénale ou, avec l'accord de la victime, par une association de défense des victimes de violences.

Dans cette ordonnance, le juge peut, le cas échéant, autoriser la résidence séparée des époux. Il peut aussi attribuer la jouissance du logement à la victime de l'une des infractions visées à l'alinéa premier et préciser les modalités de prise en charge des frais afférents à ce logement, sauf si des dispositions législatives ou réglementaires ressortissant à des régimes particuliers de location y font obstacle.

Le juge se prononce, s'il y a lieu, sur les modalités d'exercice de l'autorité parentale et sur la contribution aux charges du mariage.

L'ordonnance de protection est valable deux mois et peut être prorogée pour la même durée à la demande de l'une des personnes visées au deuxième alinéa. Elle est exécutoire à titre provisoire et susceptible d'appel dans les conditions prévues à l'article 420 du Code de procédure civile.

Le juge peut, à tout moment, à la demande du procureur général, de l'une des parties ou d'office, après avoir fait procéder à toute mesure d'instruction utile et après avoir invité les parties à présenter leurs observations, supprimer ou modifier tout ou partie des mesures énoncées dans l'ordonnance de protection, en décider de nouvelles, accorder une dispense temporaire pour certaines d'entre elles ou rapporter ladite ordonnance.

TITRE II. – DES ACTES DE L'ÉTAT CIVIL

(L. n° 1.089, 21 nov. 1985, à compter du 1er janv. 1986)

Chapitre I. – Dispositions générales

(L. n° 1.089, 21 nov. 1985, à compter du 1er janv. 1986)

Art. 25 *(Rempl., L. n° 1.284, 7 juin 2004)*. – L'acte de l'état civil ne doit porter que les mentions prescrites par la loi.

Art. 26 *(Rempl., L. n° 1.284, 7 juin 2004)*. – L'établissement, la conservation, la mise à jour et la délivrance des actes de l'état civil sont assurés par l'officier de l'état civil selon des procédés manuels ou automatisés. Toutefois, la signature de ces actes prescrite à l'article 31 doit, dans tous les cas, être manuscrite.

Art. 27 *(Rempl., L. n° 1.284, 7 juin 2004)*. – Tout acte de l'état civil énonce le mois, le jour et l'heure où il est reçu, les prénoms et le nom de l'officier d'état civil, les prénoms, nom, profession, domicile et, si possible, les dates et lieux de naissance de tous ceux qui y sont dénommés.

Art. 28 *(Mod., L. n° 1.278, 29 déc. 2003 ; rempl., L. n° 1.284, 7 juin 2004)*. – Lorsque les parties ne sont pas obligées de comparaître en personne, elles peuvent se faire représenter par un fondé de procuration spéciale et authentique.

Art. 29 *(Rempl., L. n° 1.284, 7 juin 2004)*. – Les témoins aux actes de l'état civil doivent être âgés d'au moins dix-huit ans.

Art. 30 *(Rempl., L. n° 1.284, 7 juin 2004)*. – L'officier de l'état civil donne lecture de l'acte aux comparants et aux témoins. Il est fait mention dans l'acte de l'accomplissement de cette formalité.

Art. 31 *(Rempl., L. n° 1.284, 7 juin 2004)*. – L'acte est signé par l'officier de l'état civil qui l'a reçu, par les comparants et par les témoins ou bien mention est faite de la cause qui empêche les comparants et les témoins de signer.

Art. 32 *(Rempl., L. n° 1.284, 7 juin 2004)*. – Les actes de l'état civil sont inscrits sur un ou plusieurs registres tenus, chacun, en deux exemplaires.

Les registres sont cotés de leur première à leur dernière feuille et paraphés, sur chaque feuille, par un juge du tribunal de première instance.

Les actes de l'état civil peuvent également être dressés, en double exemplaire, sur des feuilles mobiles cotées et paraphées dans les conditions fixées au précédent alinéa. Dès que ces feuilles sont remplies, elles sont placées dans un classeur provisoire. Il est en outre porté mention, sur un cahier spécial, dès l'établissement de chaque acte de l'état civil sur des feuilles mobiles, du numéro et de la nature de l'acte, du nom et du premier prénom des parties ainsi que du numéro de la page sur laquelle il a été dressé. En fin d'année civile, les registres sont clos et arrêtés par l'officier d'état civil. En début de chaque année civile, les feuilles sur lesquelles ont été inscrits les actes de l'année précédente sont reliées en registre, suivant leur numérotation et l'ordre chronologique des actes.

Un exemplaire de chaque registre est alors déposé respectivement aux archives de la Mairie et au Greffe général.

Art. 33. – Les actes sont dressés, sur-le-champ, à la suite les uns des autres. Des marges suffisantes sont réservées pour l'apposition ultérieure des mentions.

Les ratures et les renvois sont approuvés et signés de la même manière que le corps de l'acte.

Il n'est rien écrit par abréviation. Les dates sont écrites en lettres.

Art. 34. – Après avoir été paraphées par celui qui les a produites et l'officier de l'état civil, les procurations et autres pièces qui doivent demeurer annexées à l'acte de l'état civil sont déposées au greffe général, avec l'exemplaire des registres.

Art. 35. – Les actes de l'état civil font foi jusqu'à inscription de faux de ce que l'officier de l'état civil a personnellement fait ou constaté, et seulement jusqu'à preuve contraire de l'exactitude des déclarations reçues par lui.

Il en est de même pour les copies intégrales et extraits de ces actes pourvu qu'ils soient revêtus de la signature et du sceau de l'officier qui les délivre.

Les décisions de justice irrévocables rendues en matière d'état civil sont opposables à tous, dans les mêmes conditions que les actes qu'elles concernent ou qu'elles rectifient.

Art. 36. – Tout acte de l'état civil dressé en pays étranger fait foi s'il a été reçu dans les formes usitées dans ce pays.

Art. 37 *(Mod., L. n° 1.302, 15 juill. 2005)*. – Tout acte de l'état civil concernant un Monégasque en pays étranger fait également foi, s'il a été reçu, conformément aux lois de la Principauté, par un représentant diplomatique ou consulaire de Monaco.

À réception de chacun des actes, il en est dressé une expédition aux fins de transmission au service de l'état civil de la Mairie qui procède à sa transcription.

Art. 37-1 *(L. n° 1.302, 15 juill. 2005)*. – Tout acte de l'état civil d'une personne de nationalité monégasque dressé dans un pays étranger, conformément aux articles 36 ou 37, est transcrit, à Monaco, par l'officier d'état civil, soit d'office, soit à la réception de l'expédition prévue à l'article précédent, soit encore à la requête de l'intéressé.

La transcription est effectuée dans l'un des registres de naissance, de mariage ou de décès, spécifiquement tenus à cet effet par le service de l'état civil de la Mairie, dans les meilleurs délais si elle intervient d'office ou au moment de la réception en cas d'expédition ou de requête. Elle figure sur lesdits registres à la date de son intervention.

Un arrêté ministériel fixe les modalités de la transcription ainsi que celles de la conservation des actes étrangers mentionnés au premier alinéa (1).

Art. 37-2 *(L. n° 1.302, 15 juill. 2005)*. – L'acte de l'état civil établi par une autorité étrangère ne pourra être transcrit que s'il a été préalablement légalisé, sauf conventions internationales plus favorables. S'il est établi en langue étrangère, il devra préalablement être traduit en langue française, soit par un traducteur agréé

(1) V. A. min. n° 2005-492, 30 sept. 2005.

par l'autorité judiciaire, soit par l'agent diplomatique ou le consul de Monaco qui exerce les fonctions d'officier de l'état civil dans le pays où l'acte a été dressé, soit par un consul ou un agent diplomatique étranger à Monaco lorsque la traduction concerne un acte dressé par une autorité du pays qui l'a régulièrement accrédité.

Art. 37-3 *(L. n° 1.302, 15 juill. 2005)*. – L'officier d'état civil assure la garde des registres mentionnés à l'article 37-1 et en délivre des extraits revêtus d'une force probante équivalente à celle attribuée aux extraits d'actes de l'état civil des registres mentionnés à l'article 32.

Chaque registre est tenu dans l'ordre chronologique et peut présenter un caractère pluriannuel. Il est coté et paraphé comme indiqué au deuxième alinéa de l'article 32. Un nouveau registre est ouvert lorsque le précédent est entièrement rempli.

Les actes de l'état civil mentionnés à l'article 37-1 peuvent également être transcrits sur des feuilles mobiles, dans le respect des règles énoncées au précédent alinéa. Il est en outre porté mention, sur un cahier spécial, dès transcription de l'acte d'état civil sur feuilles mobiles, du numéro et de la nature de l'acte, du nom et du premier prénom des parties ainsi que du numéro de la page sur laquelle il a été transcrit. Les feuilles remplies sont placées dans un classeur provisoire relié en registre toutes les cent pages.

Ces registres font l'objet des formalités prescrites au dernier alinéa de l'article 32.

Art. 38. – Dans tous les cas où la mention d'un acte ou d'un jugement relatif à l'état civil doit avoir lieu en marge d'un acte inscrit, elle est faite d'office.

L'officier de l'état civil qui dresse ou transcrit l'acte donnant lieu à mention effectue cette dernière sur les registres qu'il détient, dans les trois jours de la rédaction ou de la transcription de l'acte.

La décision irrévocable donnant lieu à mention est transmise sans délai par le greffe général à l'officier de l'état civil qui effectue la mention, dans les trois jours de la réception, sur les registres qu'il détient.

Si le double du registre où la mention doit être effectuée se trouve au greffe général, l'officier de l'état civil adresse un avis au procureur général qui s'assure que la mention est faite d'une manière identique sur les registres existant aux archives de la mairie et au greffe général.

Art. 39. – Tout dépositaire des registres est responsable des altérations qui y surviennent, sauf son recours, s'il y a lieu, contre les auteurs de ces altérations.

Art. 40. – Le procureur général contrôle la tenue des registres de l'état civil. Il vérifie ces registres dans l'année du dépôt au greffe général, dresse de la vérification un procès-verbal sommaire et y relève toutes irrégularités commises par l'officier de l'état civil.

Art. 41 *(Mod., L. n° 1.284, 7 juin 2004)*. – En cas d'inexistence, de perte ou de détérioration des registres ou, avant leur reliure, des feuilles mobiles prévues à l'article 32, ou bien lorsque ces registres ou feuilles mobiles présentent des lacunes, les faits ou actes intéressant l'état civil peuvent être prouvés par tous moyens.

La demande est formée contre le ministère public.

La décision est transcrite à sa date sur les registres de l'état civil. Au cas où les registres ont été tenus mais présentent des lacunes, mention en est faite sur le registre, à la date de l'acte omis.

Art. 42 *(Mod., L. n° 1.247, 21 déc. 2001)*. – Toute contravention aux dispositions du présent titre ou à celles prises pour leur application, commise par les agents chargés de la tenue ou de la conservation des registres, est punie d'une amende civile ne pouvant excéder 300 €, sans préjudice des dommages-intérêts aux personnes lésées.

Art. 43. – L'état civil de la Famille Souveraine est régi par des dispositions spéciales.

Chapitre II. – Des actes de naissance

(L. n° 1.089, 21 nov. 1985, à compter du 1er janv. 1986)

Art. 44. – La déclaration de naissance est faite à l'officier de l'état civil dans les quatre jours suivant l'accouchement. L'acte de naissance est rédigé immédiatement.

Art. 45. – La naissance de l'enfant est déclarée par le père, à défaut, par les personnes ayant assisté à la naissance ou par la personne chez qui la mère est accouchée.

Art. 46. – L'acte de naissance énonce la date, l'heure et le lieu de la naissance, le sexe de l'enfant et les prénoms qui lui sont donnés, les prénoms, nom, date et lieu de naissance, profession et domicile des père et mère et, s'il y a lieu, les prénoms, nom, profession et domicile du déclarant.

Si les père et mère de l'enfant naturel, ou l'un d'eux, ne sont pas désignés à l'officier de l'état civil, il n'est fait sur les registres aucune mention à ce sujet.

Tout acte de naissance d'un enfant naturel est porté par l'officier de l'état civil à la connaissance du juge tutélaire dans les trois jours de sa rédaction.

Art. 47. – Toute personne qui trouve un enfant nouveau-né doit en faire la déclaration sans délai à l'officier de l'état civil. Elle lui remet les vêtements et autres effets trouvés avec l'enfant.

Il est dressé un procès-verbal détaillé qui, outre les indications prévues à l'article 25, énonce la date, l'heure, le lieu et les circonstances de la découverte, l'âge apparent et le sexe de l'enfant ainsi que toute particularité pouvant contribuer à son identification. À cette fin, l'officier de l'état civil peut se faire assister d'un médecin. Ce procès-verbal est inscrit à sa date sur les registres de l'état civil.

Pareil procès-verbal doit être établi, sur déclaration des services de l'assistance à l'enfance, pour les enfants trouvés ou abandonnés placés sous leur garde et dépourvus d'acte de naissance connu ou pour lesquels le secret de la naissance a été réclamé.

À la suite et séparément du procès-verbal, l'officier de l'état civil établit un acte tenant lieu d'acte de naissance. Cet acte énonce le sexe de l'enfant, ainsi que les prénoms et le nom qui lui sont donnés par l'officier de l'état civil. Il fixe, si elle est inconnue, une date de naissance pouvant correspondre à l'âge apparent. Mention sommaire est faite en marge de l'acte de naissance le plus proche en date de celle qui est présumée pour la naissance.

Cet acte de naissance est immédiatement porté à la connaissance du juge tutélaire par l'officier de l'état civil.

Si l'acte de naissance de l'enfant est retrouvé ou si sa naissance est judiciairement déclarée, le procès-verbal de découverte et l'acte de naissance en résultant sont annulés par ordonnance du président du tribunal de première instance, rendue sur requête.

Art. 48. – Sous réserve des dispositions de l'article précédent, si la naissance n'a pas été déclarée dans le délai légal, l'officier de l'état civil ne peut la relater qu'en transcrivant un jugement du tribunal de première instance contenant, dans la mesure où elles auront pu être établies ou présumées, les différentes énonciations prévues à l'article 46. Mention sommaire est faite en marge de 1 acte de naissance le plus proche en date de celle que le jugement a établie ou présumée pour la naissance.

Art. 49. – L'acte de reconnaissance d'un enfant est inscrit sur les registres à sa date ; il en est fait mention en marge de l'acte de naissance, s'il en existe un et il en est donné avis, dans les trois jours, au juge tutélaire.

Les dispositions de l'article suivant sont applicables au cas de reconnaissance reçue pendant un voyage maritime ou un transport aérien.

Art. 50. – Si un enfant naît pendant le voyage d'un navire battant pavillon monégasque, l'acte de naissance est rédigé dans les trois jours et inscrit à la suite du rôle de l'équipage, par le capitaine, maître ou patron du navire, en présence du père ou, à défaut, de deux témoins pris parmi les officiers du bâtiment ou les hommes de l'équipage.

Au premier port où le bâtiment aborde :

– s'il existe un représentant diplomatique ou consulaire de Monaco, le capitaine, maître ou patron dépose, entre ses mains, une expédition authentique des actes de naissance qu'il aura rédigés ;

– s'il n'en existe pas, une expédition authentique, visée par le représentant de l'autorité locale, est envoyée au Ministre d'État.

Au retour du navire, le chef du service de la marine relève sur les rôles d'équipage tout acte de naissance dressé pendant le voyage et le communique à l'officier de l'état civil qui le transcrit sur ses registres si cela n'a déjà été fait. Mention sommaire est faite en marge de l'acte de naissance portant la date la plus proche de la date de la naissance survenue en mer.

Si un enfant est né à bord d'un aéronef qui atterrit à Monaco, l'officier de l'état civil est compétent pour dresser l'acte de naissance et le transcrire sur ses registres.

Chapitre III. – Des actes de mariage (1)

(L. n° 1.089, 21 nov. 1985, à compter du 1er janv. 1986)

Art. 51 *(Mod., L. n° 1.382, 20 juill. 2011)*. – Avant la célébration du mariage, l'officier de l'état civil fait une publication par voie d'affiche apposée à la porte de la mairie. Cette publication énonce les prénoms, nom, date de naissance, profession, domicile ou résidence des futurs époux, ainsi que le lieu où le mariage doit être célébré.

Si l'un des époux est domicilié ou réside dans un pays étranger, il doit justifier de l'accomplissement de la même formalité au lieu de son domicile ou de sa résidence si cette publicité est prescrite par la législation de ce pays.

La publication prévue au premier alinéa ou, en cas de dispense de publication accordée conformément aux dispositions de l'article 54, la célébration du mariage est subordonnée :

– à la remise des pièces exigées par l'article 55 et à la justification de l'identité de chacun des époux au moyen d'une pièce délivrée par une autorité publique ;

– à l'indication des prénoms, nom, profession, âge et domicile des témoins ;

– à l'audition commune des futurs époux, hors la présence de toute autre personne, par l'officier de l'état civil s'il l'estime nécessaire ; cette audition peut avoir lieu séparément, tel devant être le cas si l'un des futurs époux est mineur.

Art. 52. – L'affiche restera apposée pendant dix jours. Le mariage ne peut être célébré qu'à l'expiration de ce délai.

Art. 53. – Si le mariage n'est pas célébré dans l'année de la publication, il ne peut plus l'être qu'après une nouvelle publication.

Art. 54. – Le procureur général peut, pour causes graves, dispenser de la publication et de tout délai ou de l'affichage seulement.

Art. 55. – Chacun des futurs époux remet à l'officier de l'état civil une copie de son acte de naissance datant de trois mois au plus au jour du mariage.

Si l'un des futurs époux est dans l'impossibilité de se procurer cette copie, il y supplée par un acte de notoriété, dressé par le juge de paix.

Cet acte contient la déclaration, faite par deux témoins, des prénoms, nom, profession et domicile du futur époux et de ceux de ses père et mère s'ils sont connus, le lieu et, autant que possible, l'époque de sa naissance et les causes qui empêchent de rapporter copie de l'acte. Les témoins signent l'acte de notoriété et, s'il en est qui ne peuvent ou ne savent signer, il en est fait mention.

L'acte de notoriété est présenté pour homologation au tribunal de première instance, qui statue en chambre du conseil et dont la décision est sans recours.

Art. 56. – Chacun des futurs époux doit remettre à l'officier de l'état civil, avant la célébration du mariage, toutes autres pièces permettant de prouver que les conditions du mariage sont réunies.

Art. 57. – L'acte authentique du consentement des père et mère ou des ascendants du degré le plus proche de chaque ligne dans le cas visé à l'article 119 ou, à leur défaut, du conseil de famille, contient les prénoms, nom, profession, domicile ou résidence des futurs époux et de tous ceux qui concourent à l'acte, ainsi que leur degré de parenté.

Cet acte de consentement est dressé soit par un notaire, soit par l'officier de l'état civil, soit à l'étranger, par le représentant diplomatique ou consulaire de Monaco.

Art. 58. – L'acte de mariage énonce :

1° les prénoms, nom, profession, date et lieu de naissance, nationalité, domicile ou résidence de chacun des époux ;

2° les prénoms, nom, profession et domicile des pères et mères ;

(1) V. aussi Ord. 22 mai 1891 sur le mariage des indigents.

3° le consentement, dans le cas où il est requis, des pères et mères, des ascendants du degré le plus proche de chaque ligne ou du conseil de famille ;

4° la déclaration des contractants de se prendre pour époux et le prononcé de leur union par l'officier de l'état civil ;

5° les prénoms, nom, profession, âge et domicile des témoins ;

6° la déclaration, faite sur l'interpellation prescrite par le premier alinéa de l'article 141, qu'il a été fait un contrat de mariage et, dans l'affirmative, sa date ainsi que les nom et résidence du notaire qui l'a reçu ;

7° la déclaration, s'il y a lieu, faite sur l'interpellation prescrite par le deuxième alinéa de l'article 141.

Art. 59. – Il est fait mention en marge de l'acte de naissance de chaque époux de la date et du lieu de son mariage et des prénoms, nom, date et lieu de naissance du conjoint.

Chapitre IV. – Des actes de décès

(L. n° 1.089, 21 nov. 1985, à compter du 1er janv. 1986)

Art. 60. – L'acte de décès est dressé sur la déclaration de toute personne informée du décès.

Art. 61. – L'acte de décès énonce autant qu'on pourra le savoir :

1° le jour, l'heure et le lieu du décès ;

2° les prénoms, nom, date et lieu de naissance, profession et domicile de la personne décédée ;

3° les prénoms, nom, profession et domicile de ses père et mère ;

4° les prénoms, nom, profession et domicile du conjoint si la personne décédée était mariée, veuve ou divorcée ;

5° les prénoms, nom, âge, profession et domicile du déclarant et, s'il y a lieu, son degré de parenté avec la personne décédée.

Il n'est donné sur les registres aucune indication des causes de la mort.

Art. 62. – Il est fait mention du décès en marge de l'acte de naissance de la personne décédée.

Art. 63. – Il ne peut être procédé à aucune inhumation sans une autorisation délivrée par l'officier de l'état civil sur production d'un certificat de décès établi par un médecin et attestant le décès.

Hors les cas prévus par les règlements de police, l'inhumation n'a lieu que vingt-quatre heures après le décès.

Voir : Ord. n° 3.186, 11 mai 1964 (certificats de décès).

Art. 64. – Lorsque le décès d'un enfant dont la naissance n'a pas encore été enregistrée, est déclaré à l'officier de l'état civil, celui-ci établit un acte unique mentionnant à la fois la naissance et le décès et contenant les indications prévues pour les actes de naissance et les actes de décès.

Art. 65. – En cas de décès pendant le voyage d'un navire battant pavillon monégasque, l'acte de décès est rédigé dans les vingt-quatre heures et inscrit à la suite du rôle de l'équipage, par le capitaine, maître ou patron du navire, en présence d'un membre de la famille de la personne décédée ou, à défaut, de deux témoins pris parmi les officiers du bâtiment ou les hommes de l'équipage.

L'acte sera porté à la connaissance de l'officier de l'état civil et transcrit sur les registres dans les conditions prévues à l'article 50.

En cas de décès survenu à bord d'un aéronef qui atterrit à Monaco, l'officier de l'état civil est compétent pour dresser l'acte de décès et le transcrire sur ses registres.

Chapitre V. – De la publicité des actes de l'état civil

(L. n° 1.089, 21 nov. 1985, à compter du 1er janv. 1986)

Art. 66. – La publicité des actes de l'état civil est assurée par la délivrance de copies intégrales ou d'extraits.

Art. 67. – Toute personne, majeure ou émancipée, peut obtenir copie intégrale de son acte de naissance, de reconnaissance ou de mariage. Peuvent également obtenir cette copie, les ascendants, descendants ou héritiers de la personne que l'acte concerne, sont conjoint, son représentant légal et le procureur général.

Les autres personnes ne peuvent obtenir copie intégrale des mêmes actes qu'en vertu d'une autorisation du procureur général.

Les copies d'acte de décès peuvent être délivrées à toute personne, majeure ou émancipée.

Art. 68. – L'officier de l'état civil délivre des extraits des actes de naissance et de mariage aux requérants intéressés.

Les extraits d'acte de naissance n'indiquent que l'année, le jour, l'heure et le lieu de naissance, le sexe, les prénoms et nom de la personne concernée, tels qu'ils résultent des énonciations de l'acte de naissance ou des mentions portées en marge de cet acte et, éventuellement, les mentions d'adoption simple, de mariage, de divorce, de séparation de corps et de décès.

Les extraits d'actes de mariage indiquent l'année et le jour du mariage, les prénoms et nom, date et lieu de naissance des époux, tels qu'ils résultent des énonciations de l'acte de mariage ou des mentions portées en marge de cet acte et les énonciations et mentions relatives au régime matrimonial ainsi que les mentions de divorce et de séparation de corps.

Art. 69. – En cas d'adoption légitimante ou d'adoption simple, il est fait application des articles 293 à 295.

Art. 70. – Les registres de l'état civil datant de moins de cent ans ne peuvent être directement consultés que par l'officier de l'état civil et les personnes munies d'une autorisation écrite du procureur général.

Chapitre VI. – De la rectification des actes de l'état civil

(L. n° 1.089, 21 nov. 1985, à compter du 1er janv. 1986)

Art. 71. – Hors le cas où l'état de la personne est mis en cause, la rectification d'un acte de l'état civil est ordonnée par le président du tribunal de première instance statuant sur requête. Lorsque celle-ci n'émane pas du procureur général elle doit lui être communiquée. L'ordonnance est susceptible d'appel.

Art. 72. – Les ordonnances ou arrêts de rectification devenus irrévocables sont transmis sans délai par le procureur général à l'officier de l'état civil.

Leur dispositif est transcrit sur les registres et mention en est faite en marge de l'acte rectifié ainsi que, s'il y a lieu, de l'acte de naissance.

Art. 73. – Le procureur général peut faire procéder administrativement à la rectification des erreurs et omissions purement matérielles des actes de l'état civil.

Art. 74. – Toute rectification judiciaire ou administrative d'un acte, d'une ordonnance ou d'un arrêt relatif à l'état civil est opposable à tous.

TITRE II *BIS*. – DU NOM

(L. n° 1.089, 21 nov. 1985, à compter du 1er janv. 1986)

Chapitre I. – Dispositions générales

(L. n° 1.089, 21 nov. 1985, à compter du 1er janv. 1986)

Art. 75. – Toute personne a un nom, ainsi qu'un ou plusieurs prénoms.

Elle peut aussi utiliser un surnom ou un pseudonyme. Le nom patronymique est immuable sauf autorisation du Prince.

Le nom ne se perd pas par non-usage.

Voir : Ord. 25 avr. 1929 concernant les demandes de changement de nom.

Art. 76. – Toute convention portant sur le nom ou le prénom d'une personne est nulle, à moins qu'elle ne soit expressément autorisée par la loi.

Chapitre II. – Du nom patronymique

(L. n° 1.089, 21 nov. 1985, à compter du 1er janv.1986)

Section I. – De l'attribution du nom patronymique

Art. 77. – L'enfant légitime porte le nom de son père.

Art. 77-1. – L'enfant désavoué prend le nom de sa mère.

Art. 77-2. – Le nom de l'enfant né hors du mariage est déterminé par les articles 228 à 231.

Art. 77-3. – S'il ne l'a déjà, l'enfant légitimé prend le nom de son père.

Art. 77-4. – L'enfant naturel dont la filiation n'est pas établie et, si son identité n'est pas connue, l'enfant trouvé ou abandonné dont l'identité n'est pas connue, reçoivent de l'officier de l'état civil un nom patronymique.

Art. 77-5. – L'adoption légitimante confère à l'enfant le nom du mari. Lorsque l'adoption légitimante porte sur l'enfant du mari, l'enfant conserve le nom de son père.

Art. 77-6. – En cas d'adoption simple, l'article 274 est applicable.

Section II. – De la protection du nom

Art. 77-7. – Toute personne dont le nom serait usurpé et qui se prévaut d'un intérêt légitime peut contester l'usage de son nom par celui qui le porte indûment.

Après son décès, l'action peut être exercée, sous les mêmes conditions, par son conjoint, ses ascendants, ses descendants légitimes, ses enfants naturels ou adoptifs, son légataire universel, son exécuteur testamentaire, ainsi que par le ministère public.

Des dommages-intérêts sont alloués s'il est justifié d'un préjudice.

Voir aussi : L. n° 1.056, 27 mai 1983.

Chapitre III. – Des prénoms

(L. n° 1.089, 21 nov. 1985, à compter du 1er janv. 1986)

Art. 77-8. – La personne qui déclare à l'état civil la naissance d'un enfant qui donne un ou plusieurs prénoms choisis parmi les noms bibliques, historiques ou légendaires, dans les différents calendriers ou, compte tenu de sa nationalité, parmi ceux consacrés par l'usage.

Le nom d'un membre de la famille, même vivant mais sans postérité, peut être choisi comme prénom.

À défaut par le déclarant de choisir un prénom, l'officier d'état civil en attribue un d'office au nouveau-né.

Art. 77-9. – Toute difficulté relative à l'application de l'article précédent est résolue par le président du tribunal de première instance statuant par ordonnance sur requête non susceptible d'appel, le ministère public entendu.

Art. 77-10. – Dans les cas visés à l'article 77-4 l'officier de l'état civil attribue un ou plusieurs prénoms à l'enfant.

Art. 77-11. – Le prénom est immuable.

Pour de justes motifs, un ou plusieurs prénoms peuvent, à la demande de l'intéressé lui-même, de son représentant légal et, en cas de reconnaissance d'enfant naturel, à la demande de son auteur, être modifiés, ajoutés ou supprimés par jugement du tribunal de première instance, statuant en chambre du conseil.

Le dispositif de la décision est transcrit sur les registres de l'état civil et mentionné en marge des actes concernant l'intéressé.

Chapitre IV. – Du surnom et du pseudonyme

(L. n° 1.089, 21 nov. 1985, à compter du 1er janv. 1986)

Art. 77-12. – Le surnom et le pseudonyme appartiennent à ceux qui en ont fait un usage prolongé et notoire ; ils sont incessibles et intransmissibles.

Leur titulaire et, après le décès de celui-ci, son conjoint, ses ascendants, ses descendants légitimes, ses enfants naturels ou adoptifs, son légataire universel, son exécuteur testamentaire peuvent faire défense à toute personne d'en faire un usage qui provoquerait une confusion.

En cas de préjudice, ils peuvent également en obtenir réparation.

Art. 77-13. – Le surnom et le pseudonyme ne sont pas inscrits sur les actes d'état civil. Ils peuvent être ajoutés au nom patronymique et aux prénoms de l'intéressé dans les actes juridiques, même authentiques.

TITRE III. – DU DOMICILE

(L. n° 1.089, 21 nov. 1985, à compter du 1er janv. 1986)

Art. 78 *(Mod., L. n° 1.278, 29 déc. 2003)*. – Le domicile d'une personne, au point de vue de l'exercice de ses droits civils, est au lieu où elle a son principal établissement.

Le mineur non émancipé est domicilié chez ses père et mère. Si les père et mère ont des domiciles distincts, il est domicilié chez celui des deux chez qui il a sa résidence habituelle.

Le domicile du majeur en tutelle est celui de son tuteur.

Art. 79. – Tout Monégasque est réputé domicilié dans la Principauté à moins qu'il n'établisse avoir son domicile dans un autre pays.

Art. 80. – La personne frappée d'une peine privative de liberté conserve son domicile pendant son incarcération.

Art. 81. – Le changement de domicile s'opère par le fait d'une habitation réelle dans un autre lieu, joint à l'intention d'y fixer son principal établissement.

Art. 82. – Pour l'exécution d'un acte juridique ou l'exercice d'un droit en justice, il peut être fait élection de domicile en un lieu quelconque.

Art. 83. – Le lieu où la succession s'ouvre est celui du domicile du défunt.

Voir aussi : Ord. n° 8.566, 28 mars 1986 relative au certificat de résidence

TITRE IV. – DES ABSENTS

(L. n° 908, 23 mars 1971)

Chapitre I. – De la présomption d'absence

Art. 84. – Peut être présumée absente toute personne qui, sans avoir laissé de procureur fondé, a cessé de paraître à son domicile ou à sa résidence à Monaco et ne donne plus de nouvelles.

Le tribunal de première instance, statuant en chambre du conseil, peut, à la requête de tout intéressé, décider qu'il y a présomption d'absence.

Il désigne à cette personne un ou plusieurs curateurs dont il fixe la mission et éventuellement la rémunération et qu'il peut révoquer ou remplacer dans les mêmes formes. Il détermine les sûretés que le curateur peut être astreint à fournir en garantie de sa gestion.

Art. 85. – Dans le délai qui lui est imparti par le jugement qui le nomme, le curateur doit faire dresser un inventaire des biens meubles ; il peut faire constater l'état des immeubles par un expert nommé par ordonnance sur requête du président du tribunal de première instance, si le tribunal n'a pas procédé à sa désignation.

Il doit, dans les trois mois de leur perception, faire emploi des revenus et des capitaux disponibles.

Art. 86. – Le curateur ne peut accomplir d'acte de disposition, ni participer à un partage amiable sans l'autorisation spéciale du tribunal.

Art. 87. – Le tribunal détermine, à la requête de tout intéressé, par quels prélèvements sur les revenus, ou éventuellement sur les biens du présumé absent, il sera pourvu aux obligations dont celui-ci était tenu envers son conjoint, ses parents ou alliés, ainsi qu'à l'établissement de ses enfants.

Art. 88. – Si le présumé absent est appelé à recueillir une succession ou une libéralité, ses intérêts y sont représentés par le curateur ou un mandataire spécial.

La part lui revenant est administrée par le curateur ou le mandataire spécial, dans les conditions fixées par les articles précédents, jusqu'à la déclaration d'absence ou de décès.

Art. 89. – Si le présumé absent reparaît ou donne de ses nouvelles, la mission du curateur cesse de plein droit par l'effet du retour ou la désignation d'un procureur fondé.

Art. 90. – Le curateur rend compte de sa gestion aux personnes y ayant droit.

Les sûretés qu'il a fournies disparaissent un an après la reddition définitive des comptes.

Art. 91. – Les actes régulièrement accomplis par le curateur lient le présumé absent et ses ayants droit.

Chapitre II. – De la déclaration d'absence

Art. 92. – Deux ans après qu'une personne domiciliée ou résidant à Monaco aura cessé de paraître à son domicile ou à sa résidence et de donner de ses nouvelles, tout intéressé peut demander au tribunal de première instance, statuant en chambre du conseil, de déclarer son absence.

La requête est l'objet de deux insertions au « *Journal de Monaco* », la deuxième devant être faite trente jours au moins et quarante-cinq jours au plus après la première.

Art. 93. – Le tribunal peut ordonner toute mesure d'instruction utile partout où besoin sera et notamment prescrire que des avis de presse seront publiés soit à Monaco, soit à l'étranger.

Le tribunal ne peut déclarer l'absence qu'un an au moins après la deuxième insertion prévue au dernier alinéa de l'article précédent.

Art. 94. – Cette décision ordonne l'ouverture du testament qu'aurait laissé l'absent.

Art. 95. – Le tribunal de première instance, statuant en chambre du conseil, envoie les héritiers présomptifs au jour des dernières nouvelles et les légataires en possession provisoire des biens de l'absent.

La décision peut astreindre les bénéficiaires à constituer, préalablement à leur entrée en jouissance et pour la durée de celle-ci, une sûreté personnelle ou réelle garantissant les restitutions auxquelles ils pourraient être éventuellement tenus.

Cependant si, l'absent étant marié sous un régime de communauté, le conjoint en demande la continuation, il n'y a pas lieu à envoi en possession. Ce conjoint prend ou conserve par préférence l'administration des biens de l'absent. Il peut à tout moment renoncer à la continuation de la communauté.

Art. 96. – Les pouvoirs du curateur, qui aurait pu être désigné en vertu de l'article 84 ci-dessus, cessent dès la prise de possession effective des biens par les ayants droit.

L'article 90 reçoit alors application.

Art. 97. – Le conjoint et tout autre bénéficiaire de l'envoi en possession doivent jouir en bon père de famille.

Ils doivent faire emploi des capitaux disponibles dans les trois mois de leur perception.

Ils ne peuvent aliéner à titre gratuit, sauf pour l'établissement des enfants de l'absent.

Art. 98. – La déclaration d'absence est une cause facultative de divorce.

Art. 99. – Après la déclaration d'absence, toute action contre l'absent ne peut être exercée qu'à l'encontre du conjoint ou des bénéficiaires de l'envoi en possession provisoire.

Art. 100. – La déclaration d'absence du père ou de la mère d'un enfant légitime donne ouverture au régime de l'administration légale sous contrôle du juge tutélaire ; celle des père et mère entraîne ouverture de la tutelle.

Art. 101. – La déclaration d'absence intervenue, la part de l'absent, dans une succession à laquelle il aurait été appelé, est répartie entre les ayants droit à l'envoi en possession, s'il est établi qu'il vivait encore lors de l'ouverture de la succession ou, si cette preuve n'est pas rapportée, entre les ayants droit à la succession dont s'agit.

Art. 102. – Si l'absent reparaît ou si son décès est établi, les effets de la déclaration d'absence cessent de plein droit.

Lui ou ses héritiers recouvrent ses biens dans l'état où ceux-ci se trouvent, ou leur prix s'ils ont été aliénés, ainsi que les biens acquis en emploi de ses capitaux ou en emploi des revenus échus à son profit avant l'envoi en possession.

Art. 103. – Les dispositions des deux articles précédents n'empêcheront pas l'absent ou ses représentants et ayants cause d'exercer durant le laps de temps établi pour la prescription, les actions en pétition d'hérédité et autres droits dont ils pourraient se prévaloir à l'encontre des détenteurs des biens successoraux répartis conformément à l'article 101.

Chapitre III. – De la déclaration de décès après absence

Art. 104. – Lorsque, pendant cinq ans, une personne n'aura plus donné de ses nouvelles et n'aura plus reparu à son domicile ou à sa résidence à Monaco, le tribunal, statuant en chambre du conseil, à la requête de tout intéressé, peut en déclarer le décès. Il en fixera le jour.

Le décès sera présumé avoir eu lieu à la fin de ce jour.

Art. 105. – Lorsqu'il n'y aura pas eu de déclaration d'absence, la requête en déclaration de décès est publiée, comme il est dit au second alinéa de l'article 92.

La décision ne peut intervenir qu'un mois après la deuxième publication.

Art. 106. – Avant de se prononcer sur le fond, le tribunal peut ordonner toute mesure d'instruction utile.

S'il estime que la demande de déclaration de décès est prématurée, il surseoit à statuer, par jugement susceptible d'appel, pendant un délai qui ne peut excéder cinq ans.

En cas de sursis, les articles 94 à 100 sont applicables.

Art. 107. – Le jugement déclaratif de décès est transcrit sur le registre d'état civil et mentionné en marge dans les conditions prévues par la loi.

Art. 108. – L'article 101 est applicable en cas de déclaration judiciaire de décès.

Art. 109. – La succession de l'absent déclaré décédé s'ouvre à jour fixé par le tribunal pour le décès, au profit des successibles existant à cette date.

À l'exception des fruits, les bénéficiaires de l'envoi en possession provisoire ou le conjoint sont tenus de restituer les biens de l'absent à ses héritiers conformément à l'article 102.

Art. 110. – Si celui dont le décès a été judiciairement déclaré reparaît, ou si son existence est prouvée, l'annulation de la décision déclarative de décès peut être poursuivie par tout intéressé ou par le ministère public.

Il est procédé conformément aux articles 814 et 815 du Code de procédure civile.

La décision définitive d'annulation est transcrite sur les registres d'état civil. Elle est mentionnée en marge du jugement ou de l'arrêt déclaratif de décès ainsi qu'en marge de la transcription et de la mention qui en ont été faites en vertu de l'article 107.

Art. 111. – La personne qui reparaît recouvre tous ses droits.

Elle prend possession de ses biens dans l'état où ils se trouvent à la date de son retour ; elle recouvre le prix de ceux qui ont été aliénés ; elle peut revendiquer les biens acquis en emploi des capitaux ou des revenus échus à son profit.

Les obligations alimentaires dont elle serait créancière ou débitrice reprennent leurs effets à la date de la décision d'annulation.

Si le conjoint a contracté un nouveau mariage depuis la déclaration de décès, le mariage précédent reste dissous.

Si le conjoint ne s'est pas remarié, le régime matrimonial auquel le jugement déclaratif avait mis fin reprend son cours. S'il avait été procédé à une liquidation des droits des époux devenue définitive, le rétablissement du régime matrimonial ne portera pas atteinte aux droits acquis, sur le fondement de la situation apparente, par des personnes autres que le conjoint, les héritiers, légataires ou titulaires quelconques de droits dont l'acquisition était définitive au jour de la déclaration de décès du disparu.

Art. 112. – S'il est prouvé que la date du décès est autre que celle fixée par la décision judiciaire, les droits prévus à l'article précédent seront dévolus à ceux qui, à cette date, auraient été les héritiers ou les légataires du disparu.

TITRE IV *BIS*. – DES DISPARUS

(L. n° 908, 23 mars 1971)

Art. 113. – Le décès d'une personne de nationalité monégasque, celui d'une personne domiciliée ou résidant à Monaco, peuvent être déclarés judiciairement, à la requête de tout intéressé ou du ministère public, lorsque cette personne est disparue dans des circonstances qui rendent sa mort vraisemblable.

Cette disposition s'applique à la disparition de toute personne survenue à Monaco dans les mêmes conditions.

Le tribunal statue en chambre du conseil.

Art. 114. – Le jugement déclaratif fixe le jour et l'heure du décès en fonction des circonstances de la cause ; si ces circonstances ne le permettent pas, le décès est présumé avoir eu lieu le jour de la disparition, à la fin de ce jour.

Art. 115. – Le jugement déclaratif de décès tient lieu d'acte de décès ; il est opposable aux tiers qui peuvent seulement en obtenir la rectification conformément à l'article 814 du Code de procédure civile.

La décision définitive est transcrite sur le registre d'état civil ; il en est fait mention à la date du décès.

Art. 115-1. – Le décès déclaré produit, à sa date, les effets de la mort constatée.

Art. 115-2. – Entre la disparition et la déclaration de décès, il est pourvu aux intérêts du disparu conformément aux règles de l'absence.

Art. 115-3. – Dans les trois mois de la décision déclarative de décès, il est dressé inventaire par acte authentique de la succession du disparu, s'il n'a déjà été établi.

Il est procédé de même pour les successions auxquelles le disparu aurait été appelé.

Les dispositions des articles 674 à 691 du Code civil restent applicables à ces successions.

Art. 115-4. – Si celui dont le décès a été judiciairement déclaré reparaît ou s'il est prouvé que la date du décès est autre que celle fixée par la décision judiciaire, il est fait application des dispositions des articles 111 et 112.

TITRE IV *TER*. – DISPOSITIONS GÉNÉRALES

(L. n° 908, 23 mars 1971)

Art. 115-5. – Le Ministère public veille aux intérêts des présumés absents, des absents et des personnes disparues ; il peut requérir d'office l'application, la modification ou la suppression des mesures les concernant.

Il assure la publication, aux conditions ordonnées par le juge, de toutes décisions intervenues en la matière.

TITRE V. – DU MARIAGE

Chapitre I. – Des conditions du mariage

(L. n° 1.089, 21 nov. 1985, à compter du 1er janv. 1986)

Art. 116 *(Rempl., L. n° 1.382, 20 juill. 2011)*. – L'homme et la femme ne peuvent se marier avant dix-huit ans.

Néanmoins, il est loisible au Prince d'accorder les dispenses d'âge pour motifs graves si le mineur a au moins seize ans.

Art. 117 *(Rempl., L. n° 1.382, 20 juill. 2011)*. – Il n'y a point de mariage sans consentement.

Le mariage d'un Monégasque, même contracté à l'étranger, requiert sa présence.

Art. 118. – L'enfant légitime mineur peut se marier avec le consentement de son père ou de sa mère.

Art. 119. – Si le père ou la mère sont décédés, déchus de la puissance paternelle ou se trouvent dans l'impossibilité d'exprimer leur volonté, le consentement est donné par l'un des ascendants du degré le plus proche.

Si tous les ascendants sont décédés, déchus de la puissance paternelle ou se trouvent dans l'impossibilité d'exprimer leur volonté, le consentement est donné par le conseil de famille.

Art. 120. – L'enfant naturel mineur reconnu par son père et par sa mère peut se marier dans les conditions prévues pour l'enfant légitime.

S'il a été reconnu par un seul de ses auteurs, le consentement de ce dernier suffit.

Si son père et sa mère sont décédés, déchus de la puissance paternelle ou dans l'impossibilité d'exprimer leur volonté, il ne peut se marier qu'avec l'autorisation du juge tutélaire qui prend l'avis du conseil de famille.

Art. 121. – L'enfant naturel mineur non reconnu ne peut se marier qu'avec l'autorisation du juge tutélaire qui prend l'avis du conseil de famille.

Art. 122. – L'enfant mineur qui a bénéficié d'une adoption simple ne peut se marier qu'avec le consentement de l'adoptant ; lorsque l'adoption a été réalisée par deux époux, leur désaccord emporte consentement.

Art. 123. – Le consentement des ascendants est donné avant la célébration du mariage, soit devant l'officier de l'état civil, soit devant notaire.

Lorsque la personne qui consent se trouve en pays étranger, l'acte de consentement peut être dressé par le représentant diplomatique ou consulaire de Monaco ou peut être remplacé par un acte passé en la forme en usage dans ce pays.

Le consentement du conseil de famille résulte du procès-verbal de la délibération.

Art. 124. – Le mariage du majeur à l'égard duquel a été prise une des mesures prévues aux articles 410-10, 410-18 et 410-19, doit être autorisé par le conseil de famille, au besoin spécialement constitué à cet effet, après audition des futurs conjoints et avis du médecin traitant.

Art. 125. – Un nouveau mariage ne peut être célébré avant la dissolution du précédent.

Art. 126. – La femme veuve ne peut se remarier avant l'expiration d'un délai de trois cent dix jours à compter du décès de son mari.

Lorsque le mari décède au cours de l'instance en divorce ou en séparation de corps, la femme peut se remarier dès qu'il s'est écoulé un délai de trois cent dix jours depuis la décision autorisant la résidence séparée.

Art. 127. – La femme divorcée ne peut se remarier avant l'expiration d'un délai de trois cent dix jours à compter de la décision autorisant la résidence séparée.

La nouvelle union ne peut être célébrée avant transcription de la décision qui a prononcé le divorce.

Lorsque le divorce a été consécutif à une conversion de séparation de corps, la femme peut se remarier dès que la transcription de la décision le prononçant est intervenue.

Art. 128. – La femme dont le mariage a été déclaré nul ne peut se remarier avant l'expiration d'un délai de trois cent dix jours à compter de la date à laquelle la décision est devenue irrévocable.

Art. 129. – Le délai de trois cent dix jours prévu aux trois articles précédents prend fin en cas d'accouchement.

Il peut être abrégé par ordonnance du juge tutélaire statuant sur requête de la femme, le Ministère public entendu, lorsque des époux divorcés, ou dont le mariage est annulé se remarient ensemble ou lorsqu'il n'est pas possible que la femme soit enceinte des œuvres de son mari.

Art. 130. – Entre parents et alliés légitimes ou naturels, le mariage est prohibé :

1° en ligne directe, à tous les degrés ;

2° en ligne collatérale, jusqu'au quatrième degré. Toutefois, le mariage est permis entre cousins germains ainsi qu'entre beau-frère et belle-sœur lorsque le mariage qui produisait l'alliance est dissous par décès.

Il est loisible au Prince d'autoriser, pour cause grave, le mariage entre oncle et nièce, ou tante et neveu, lorsque la personne qui avait créé l'alliance est décédée.

Art. 131. – En cas d'adoption simple, le mariage est prohibé :

1° entre l'adoptant et l'adopté ou les descendants de ce dernier ;

2° entre l'adopté et le conjoint de l'adoptant ; entre l'adoptant et le conjoint de l'adopté ;

3° entre l'adopté et les enfants de l'adoptant ;

4° entre les enfants adoptifs d'une même personne.

Cependant, ces deux dernières prohibitions peuvent être levées avec l'autorisation du Prince.

Chapitre II. – De l'opposition à mariage

(L. n° 1.089, 21 nov. 1985, à compter du 1er janv. 1986)

Art. 132. – Le droit de former opposition à la célébration du mariage appartient à la personne déjà mariée avec l'un des deux futurs époux ainsi qu'à tout parent du premier mari à l'égard de la veuve qui enfreint la prohibition de l'article 126.

Art. 133. – Le père ou la mère et, à leur défaut, les ascendants peuvent former opposition à la célébration du mariage de leur enfant ou descendant, même devenu majeur, dans les cas où leur consentement était requis.

Art. 134. – Les collatéraux jusqu'au quatrième degré peuvent, s'ils sont majeurs, former opposition lorsque le consentement du conseil de famille requis par le dernier alinéa de l'article 119 n'a pas été obtenu.

Art. 135. – Les ascendants, à leur défaut le frère ou la sœur majeur, à leur défaut les collatéraux jusqu'au quatrième degré s'ils sont majeurs, peuvent former opposition lorsque l'autorisation prévue à l'article 124 n'a pas été obtenue.

Art. 136. – Le droit de former opposition à la célébration du mariage appartient également dans tous les cas au procureur général.

Art. 136-1 *(L. n° 1.382, 20 juill. 2011)*. – Lorsqu'il existe des indices sérieux laissant présumer, notamment au vu de l'audition prévue par l'article 51, que le mariage envisagé est susceptible d'être annulé au titre du premier alinéa des articles 117 ou 148, l'officier de l'état civil doit refuser de procéder à la publication prévue par l'article 51 ou, le cas échéant, à la célébration du mariage. Il notifie sans délai, par lettre recommandée avec demande d'avis de réception postal, son refus motivé aux intéressés. Il en informe sans délai le procureur général.

L'un ou l'autre des intéressés, même mineur, peut saisir le tribunal de première instance dans le mois suivant la présentation de ladite lettre.

Dans le mois suivant sa saisine, le tribunal de première instance doit statuer, en chambre du conseil, sur la demande. La décision du tribunal de première instance est immédiatement notifiée à l'officier d'état civil par le greffe général. Passé ce délai, l'officier de l'état civil doit procéder au mariage.

L'officier de l'état civil qui ne se conforme pas aux prescriptions des alinéas précédents encourt la sanction prévue à l'article 42.

Art. 137. – L'opposition est adressée à l'officier de l'état civil, sous forme de notification administrative quand elle émane du Parquet général, et par acte extrajudiciaire dans les autres cas. Elle doit énoncer la qualité de l'opposant qui est tenu de procéder à élection de domicile à Monaco et de préciser les motifs de son opposition.

L'officier de l'état civil informe sans délai les futurs époux.

Ceux-ci peuvent se pourvoir en mainlevée d'opposition devant le tribunal de première instance statuant en chambre du conseil.

En prononçant la mainlevée, le tribunal peut allouer des dommages-intérêts aux futurs époux.

Art. 138. – Après mainlevée judiciaire d'une opposition, aucune nouvelle opposition n'est recevable, sauf celle du procureur général.

Chapitre III. – De la célébration et de la preuve du mariage

(L. n° 1.089, 21 nov. 1985, à compter du 1er janv. 1986)

Art. 139. – Le mariage ne peut être célébré que si, à la date de la publication prévue à l'article 51, l'un des futurs époux au moins est domicilié ou séjourne à Monaco de manière continue depuis plus d'un mois.

Le procureur général peut abréger ce délai.

Art. 140. – Le délai de publication expiré, l'officier de l'état civil célèbre le mariage publiquement, en la mairie, en présence de deux témoins au moins, au jour désigné par les futurs époux.

En cas d'empêchement grave de l'un des futurs époux, le procureur général peut autoriser l'officier de l'état civil à se transporter au domicile ou à la résidence de l'un des futurs époux pour y célébrer le mariage. S'il y a péril imminent de mort de l'un d'eux, l'officier de l'état civil peut s'y transporter avant toute autorisation du procureur général, sauf à lui en rendre compte sans délai. Mention de l'autorisation, s'il y a lieu, et du transport est faite dans l'acte.

Art. 141. – Sur l'interpellation de l'officier de l'état civil, les futurs époux et les personnes qui autorisent le mariage, présentes à la célébration, déclarent s'il a été fait un contrat de mariage. Dans l'affirmative, les déclarants indiquent la date de ce contrat ainsi que les nom et résidence du notaire qui l'a reçu.

Lorsque les futurs époux ou l'un d'eux sont étrangers et déclarent n'avoir pas fait de contrat de mariage, le régime légal s'applique, à moins que sur interpellation de l'officier de l'état civil, ils n'aient déclaré se soumettre au régime légal du pays dont ils ont, ou dont l'un d'eux, a la nationalité.

Art. 142. – L'officier de l'état civil donne lecture aux futurs époux des pièces relatives à leur état et aux formalités du mariage, ainsi que des articles 181, 182, 185 et 187, alinéa 1.

Il reçoit de chaque futur époux, l'un après l'autre, la déclaration qu'ils veulent se prendre pour mari et femme. Il prononce, au nom de la loi, qu'ils sont unis par le mariage et en dresse acte sur-le-champ.

Art. 143 *(Mod., L. n° 1.302, 15 juill. 2005).* – Le mariage célébré à l'étranger dans les formes locales, entre Monégasques ou entre un Monégasque et un étranger, est valable à la double condition :

1° que la publication prescrite à l'article 51 ait été effectuée à Monaco ;

2° que l'époux monégasque n'ait point contrevenu à l'une des prescriptions prévues à peine de nullité par le présent code.

Lorsque la publication prévue au chiffre premier du précédent alinéa n'a pas eu lieu, le service de l'état civil ne peut transcrire l'acte de mariage, qu'après autorisation du Procureur général, formulée par notification administrative.

Art. 144 *(Abr., L. n° 1.302, 15 juill. 2005).*

Art. 145. – L'officier de l'état civil qui procède à la célébration d'un mariage alors que les pièces produites, ou qui auraient dû l'être, révélaient ou auraient révélé un empêchement, encourt la sanction prévue à l'article 42.

Art. 146. – Sauf le cas prévu à l'article 36, le mariage ne peut être prouvé que par la production d'une copie ou d'un extrait de l'acte de célébration.

La possession d'état d'époux ne peut être invoquée que pour éviter l'annulation de l'acte de mariage irrégulier.

S'il existe des enfants issus de deux personnes qui ont vécu publiquement comme mari et femme et sont toutes deux décédées, la légitimité des enfants ne peut être contestée sous le seul motif que la célébration du mariage n'est pas prouvée par un acte officiel, pourvu que cette légitimité résulte d'une possession d'état non contredite par l'acte de naissance.

Chapitre IV. – De la nullité du mariage

(L. n° 1.089, 21 nov. 1985, à compter du 1er janv. 1986)

Section I. – Des causes de nullité et de l'action en nullité

Art. 147. – Est nul le mariage célébré en violation des articles 116 à 122, 124, 125, 130 et 131.

Est également nul le mariage entre personnes du même sexe.

L'action en nullité ne peut être exercée que dans les conditions prévues ci-après.

Art. 148 *(Rempl., L. n° 1.382, 20 juill. 2011).* – Lorsque le consentement au mariage n'a pas été donné librement, mais a été vicié par violence, y compris la contrainte résultant d'une crainte révérencielle envers autrui, l'action en nullité ne peut être exercée que par l'époux victime de ce vice ou par le procureur général.

Lorsque le consentement au mariage a été vicié par une erreur dans la personne ou sur des qualités essentielles de la personne, l'action en nullité ne peut être exercée que par l'époux victime de ce vice.

Dans les situations visées aux deux précédents alinéas, l'action n'est plus recevable à l'issue d'un délai de cinq ans à compter du mariage ou depuis que l'époux a recouvré sa pleine liberté ou qu'il a eu connaissance de son erreur.

Art. 149 *(Abr., L. n° 1.382, 20 juill. 2011).*

Art. 150 *(Mod., L. n° 1.382, 20 juill. 2011).* – Le mariage contracté en violation des articles 118 à 122 et 124 ne peut être annulé par le tribunal de première instance qu'à la demande de l'incapable, des personnes dont le consentement était requis ou du conseil de famille.

L'action n'est plus recevable lorsque le mariage a été expressément ou tacitement approuvé par ceux dont le consentement était nécessaire ou lorsqu'il s'est écoulé cinq années depuis qu'ils ont eu connaissance du mariage ou depuis que l'incapable a pu agir par lui-même.

Art. 151 *(Mod., L. n° 1.382, 20 juill. 2011).* – L'action en nullité du mariage fondée sur les articles 116, 117, 125, 130, 131 et 147, alinéa 2, peut être exercée, dans un délai de trente ans à compter de sa célébration, par l'un des époux, par toute personne intéressée ou par le procureur général.

Dans le cas de l'article 125, il est statué au préalable sur la validité du premier mariage.

Lorsque la nullité est demandée en vertu des articles 130 et 131, le tribunal peut refuser de la prononcer dans les cas où le Prince aurait pu autoriser le mariage.

Art. 152. – En cas de violation grave des dispositions des articles 139 à 142, la nullité peut être prononcée à la demande des époux, des père et mère ou, à leur défaut, des ascendants des époux et, du vivant de ces derniers, du procureur général.

L'action n'est pas recevable lorsqu'il y a eu possession d'état continue et que l'acte de mariage est produit en copie ou en extrait.

Art. 153. – L'action en nullité est soumise au tribunal de première instance ; les débats ont lieu hors la présence du public.

La nullité ne produit effet qu'après décision irrévocable.

Art. 154. – Lorsque l'action en nullité n'est pas exercée par un époux, elle n'est recevable que si les deux époux ou leurs héritiers sont appelés en cause.

Art. 155. – La décision d'annulation possède l'autorité de la chose jugée à l'égard de tous.

Le dispositif est transcrit sur les registres de l'état civil ; il est mentionné en marge de l'acte de mariage et de l'acte de naissance de chaque époux.

Section II. – Des effets de la nullité

Art. 156. – Sous réserve de l'application, s'il y a lieu, de l'article 157, l'annulation entraîne la dissolution du mariage pour l'avenir.

En ce qui concerne les biens, la dissolution rétroagit, quant à ses effets entre époux, au jour de la demande ; au regard des tiers, elle opère seulement à compter de la transcription prévue à l'article précédent.

Art. 157. – L'annulation rétroagit au jour du mariage à l'égard de l'époux de mauvaise foi.

Cependant, les enfants légitimes ou légitimés conservent la qualité que leur avait conférée le mariage déclaré nul, sans que 1 époux de mauvaise foi puisse se prévaloir de cette qualité à leur encontre.

La décision qui prononce l'annulation statue également sur le droit de garde des enfants, ainsi que sur les droits de visite et de pension alimentaire corrélatifs à ce droit de garde.

Art. 158 à 171 *(Abr. à compter du 1er janv. 1986, L. n° 1.089, 21 nov. 1985).*

Chapitre V. – Des obligations qui naissent du mariage

Art. 172. – Les époux contractent ensemble, par l'effet seul du mariage, l'obligation de nourrir, entretenir et élever leurs enfants.

Art. 173. – L'enfant n'a pas d'action contre ses père et mère pour un établissement par mariage ou autrement.

Art. 174 *(L. 12 mars 1913).* – Les enfants doivent des aliments à leurs père et mère ou aux autres ascendants qui sont dans le besoin. La succession de l'époux prédécédé en doit, dans le même cas, à l'époux survivant. Le délai pour les réclamer est d'un an à partir du décès et se prolonge, en cas de partage, jusqu'à son achèvement.

La pension alimentaire est prélevée sur l'hérédité. Elle est supportée par tous les héritiers et, en cas d'insuffisance, par tous les légataires particuliers, proportionnellement à leur émolument.

Toutefois, si le défunt a expressément déclaré que tel legs sera acquitté de préférence aux autres, il sera fait application de l'article 794 du Code civil.

Art. 175. – Les gendres et belles-filles doivent également, et dans les mêmes circonstances, des aliments à leurs beau-père et belle-mère ; mais cette obligation cesse :

1° Lorsque la belle-mère a convolé en secondes noces ;

2° Lorsque celui des époux qui produisait l'affinité et les enfants issus de son union avec l'autre époux sont décédés.

Art. 176. – Les obligations résultant de ces dispositions sont réciproques.

Art. 177. – Les aliments ne sont accordés que dans la proportion du besoin de celui qui les réclame, et de la fortune de celui qui les doit.

Art. 178. – Lorsque celui qui fournit ou celui qui reçoit des aliments est replacé dans un état tel, que l'un ne puisse plus en donner, ou que l'autre n'en ait plus besoin, en tout ou en partie, la décharge ou réduction peut en être demandée.

Art. 179. – Si la personne qui doit fournir les aliments justifie qu'elle ne peut payer la pension alimentaire, le tribunal pourra, en connaissance de cause, ordonner qu'elle recevra dans sa demeure, qu'elle nourrira et entretiendra celui auquel elle devra des aliments.

Art. 180. – Le tribunal prononcera également si le père ou la mère qui offrira de recevoir, nourrir et entretenir dans sa demeure, l'enfant à qui il devra des aliments, devra, dans ce cas, être dispensé de payer la pension alimentaire.

Chapitre VI. – Des droits et des devoirs respectifs des époux

(L. n° 886, 25 juin 1970)

Art. 181. – Les époux se doivent mutuellement fidélité, secours et assistance.

Art. 182 *(Mod., L. n° 1.278, 29 déc. 2003).* – Les époux assurent ensemble la direction morale et matérielle de la famille et contribuent à son entretien. Ils pourvoient à l'éducation des enfants et préparent leur avenir.

Art. 183. – Chaque époux a la pleine capacité. Ses pouvoirs sont limités par les règles du régime matrimonial et les dispositions de la loi.

Art. 184. – Chaque époux a le pouvoir de passer seul les contrats nécessaires à l'entretien du ménage et à l'éducation des enfants ; toute dette ainsi contractée oblige le conjoint solidairement à l'égard des tiers de bonne foi.

Art. 185. – À défaut de dispositions particulières de leur contrat, les époux contribuent aux charges du mariage en proportion de leurs facultés respectives ; il est éventuellement tenu compte, dans la contribution de chacun d'eux, de son activité au foyer et de son aide à l'exercice de la profession de son conjoint.

Art. 186. – L'époux qui ne contribue pas aux charges du mariage y sera contraint dans les formes de l'article 817 du Code de procédure civile.

Art. 187 *(Mod., L. n° 1.278, 29 déc. 2003).* – Les époux s'obligent mutuellement à une communauté de vie.

La résidence de la famille est au lieu que les époux choisissent d'un commun accord ; elle constitue leur principal établissement.

En cas de désaccord, ou si la résidence choisie présente pour la famille des dangers d'ordre moral ou physique, le juge tutélaire peut, même d'office si l'intérêt de l'enfant le commande, fixer cette résidence en un lieu qu'il précise, ou même autoriser les époux à avoir des domiciles distincts.

Les époux ne peuvent l'un sans l'autre disposer des biens par lesquels est assuré le logement de la famille, ni des meubles meublants dont il est garni. Celui des deux qui n'a pas donné son consentement à l'acte peut en demander l'annulation. L'action en nullité lui est ouverte dans l'année du jour où il a eu connaissance de l'acte, sans pouvoir jamais être intentée plus d'un an après que le régime matrimonial s'est dissous.

Art. 188 *(Abr., L. n° 1.278, 29 déc. 2003).*

Art. 189. – Chacun des époux perçoit seul ses gains et salaires ; il peut en disposer librement après s'être acquitté de sa contribution aux charges du ménage.

Art. 190. – Lorsqu'un époux est hors d'état de manifester sa volonté de façon durable, son conjoint peut se faire habiliter par justice à le représenter dans l'exercice des pouvoirs résultant du régime matrimonial ; le tribunal fixe l'étendue et les modalités de cette représentation.

Le tribunal peut autoriser un époux à accomplir seul un acte qui n'aurait pu l'être qu'avec le concours ou le consentement de son conjoint.

Art. 191. – Si, en manquant gravement à ses devoirs l'un des époux met en péril les intérêts de la famille, le juge tutélaire prescrit toute mesure urgente que requiert la protection de ces intérêts et dont la durée ne peut dépasser trois ans. Il peut notamment interdire à cet époux de faire, sans le consentement de son conjoint, des actes d'administration ou de disposition sur les biens personnels ou sur les biens communs ; il peut aussi interdire le déplacement des meubles, sauf à préciser éventuellement ceux dont il attribue l'usage personnel à l'un ou l'autre des époux.

Art. 192. – L'ordonnance portant interdiction de disposer d'un bien est mentionnée, à la diligence de l'époux requérant, dans les mêmes conditions que serait inscrite une sûreté qui grèverait ce bien. La mention est radiée sur ordonnance du juge tutélaire et, en tout cas, d'office à l'expiration du délai fixé.

Lorsque l'ordonnance porte interdiction de disposer de meubles corporels ou de les déplacer, elle est signifiée par le requérant à son conjoint ; cette signification rend le conjoint gardien des meubles dans les mêmes conditions qu'une saisie. Toute destruction, tout détournement, toute tentative de destruction ou de détournement sont réprimés dans les termes de l'article 324 du Code pénal.

Le tiers qui a connaissance de la mesure ordonnée ne peut plus se prévaloir de la présomption de bonne foi.

Art. 193. – Les actes accomplis en violation de l'ordonnance prévue à l'article 191 sont annulables à la demande de l'époux requérant, lorsqu'ils sont passés avec un tiers de mauvaise foi.

Dans l'hypothèse prévue à l'alinéa premier de l'article précédent, l'annulation est possible si ces actes sont postérieurs à la mention visée à ce texte.

À peine d'irrecevabilité, l'action est exercée dans l'année de la connaissance de l'acte, ou, pour les biens visés à l'alinéa précédent, dans l'année de la mention.

Art. 194. – Chaque époux peut se faire ouvrir, sans le consentement de son conjoint, tout compte de dépôt ou de titres. Il a, à l'égard du dépositaire, la libre disposition des fonds. et titres en dépôt.

L'époux qui détient un bien meuble a, à l'égard des tiers de bonne foi, le pouvoir d'accomplir seul sur ce bien tout acte d'administration, de jouissance ou de disposition.

Art. 195. – Les dispositions du présent chapitre sont applicables quel que soit le régime matrimonial des époux.

Chapitre VII. – De la dissolution du mariage

(L. n° 886, 25 juin 1970)

Art. 196. – Le mariage est dissous :

1° par la mort de l'un des époux ;

2° par le divorce.

Chapitre VIII. – Des seconds mariages

(Abr. à compter du 1er janv. 1986, L. n° 1.089, 21 nov. 1985)

TITRE VI. – DU DIVORCE ET DE LA SÉPARATION DE CORPS

(L. n° 1.089, 21 nov. 1985 ; mod., L. n° 1.278, 29 déc. 2003 ; rempl. à compter du 20 sept. 2007, L. n° 1.136, 12 juill. 2007)

Chapitre I. – Du divorce

Section I. – Des causes du divorce

Art. 197 *(Rempl., L. n° 1.336, 12 juill. 2007)*. – Le divorce peut être prononcé à la demande de l'un des époux :

1° pour faute, lorsque les faits imputés au conjoint constituent une violation grave ou renouvelée des devoirs et obligations du mariage rendant intolérable le maintien de la vie commune ;

2° pour rupture de la vie commune, lorsque les époux vivent séparés de fait depuis trois ans lors de la présentation de la requête en divorce ;

3° pour condamnation pénale du conjoint sanctionnant une infraction qui rend intolérable le maintien du lien conjugal, à moins que l'époux demandeur n'ait connu l'infraction avant le mariage ;

4° pour maladie du conjoint dont la gravité et la durée sont de nature à compromettre dangereusement l'équilibre de la famille.

Art. 198 *(Rempl., L. n° 1.336, 12 juill. 2007)*. – Le divorce peut également être prononcé à la demande de l'un des époux, lorsque lui-même et son conjoint acceptent le principe de la rupture du mariage sans considération des faits à l'origine de celle-ci.

Art. 199 *(Rempl., L. n° 1.336, 12 juill. 2007)*. – Le divorce peut être prononcé à la demande conjointe des époux lorsqu'ils consentent d'un commun accord au divorce.

Section II. – De la procédure du divorce

§ 1. – De la procédure sur requête d'un des époux

Art. 200-1 *(L. n° 1.336, 12 juill. 2007).* – L'époux demandeur en divorce présente en personne au président du tribunal de première instance une requête. En cas d'empêchement, le président se transporte, pour recevoir la requête, à la résidence de l'époux demandeur.

L'époux demandeur qui entend solliciter l'autorisation de résider seul au domicile conjugal doit exposer les motifs justifiant sa demande.

Art. 200-2 *(L. n° 1.336, 12 juill. 2007).* – Après avoir entendu l'époux demandeur et lui avoir fait les observations qu'il croit convenables, le président du tribunal de première instance ordonne, à la suite de la requête, que les parties comparaîtront devant lui aux fins de conciliation, aux jour et heure qu'il indique.

Par la même ordonnance, le président du tribunal de première instance peut, sous réserve de référé, autoriser l'époux demandeur à avoir une résidence séparée ou à résider seul au domicile conjugal, le cas échéant avec ses enfants mineurs.

S'il apparaît que l'époux qui n'a pas formé la demande est atteint d'une maladie mentale ou se trouve hors d'état de manifester sa volonté, le président du tribunal de première instance, en l'absence de tutelle organisée, désigne d'office un curateur chargé d'assister l'époux défendeur.

Art. 200-3 *(L. n° 1.336, 12 juill. 2007).* – Dès l'ordonnance prévue à l'article précédent, chaque époux peut obtenir du président du tribunal de première instance, statuant sur requête, toutes mesures conservatoires, notamment l'apposition des scellés sur les biens de la communauté, les biens indivis ou les biens personnels du conjoint.

Les scellés sont levés à la requête de la partie la plus diligente ; les objets et valeurs sont inventoriés. L'époux qui est en possession est constitué gardien judiciaire, sauf décision contraire.

Art. 200-4 *(L. n° 1.336, 12 juill. 2007).* – La requête et l'ordonnance sont signifiées par huissier, en tête de la citation délivrée à l'époux défendeur ; le délai fixé pour la comparution des parties est de huit jours au moins à compter de la citation qui précise que l'époux défendeur doit comparaître en personne ; le tout à peine de nullité de la citation.

Art. 200-5 *(L. n° 1.336, 12 juill. 2007).* – Au jour indiqué, les parties sont tenues de comparaître en personne.

Si l'une d'elles se trouve dans l'impossibilité de se rendre auprès du président du tribunal de première instance, celui-ci détermine le lieu où sera tentée la conciliation.

Lorsque le président du tribunal de première instance cherche à concilier les époux, il doit s'entretenir personnellement avec chacun d'eux séparément avant de les réunir en sa présence. Il entend ensuite le ou les avocats, lorsque les parties sont assistées.

Art. 200-6 *(L. n° 1.336, 12 juill. 2007).* – En l'absence de réconciliation ou en cas de défaut, le président du tribunal de première instance rend une ordonnance qui constate le maintien de la demande en divorce et autorise l'époux demandeur à assigner devant le tribunal de première instance.

Par la même ordonnance, sauf à renvoyer à date fixe les parties devant le tribunal de première instance, il statue sur les mesures provisoires prévues à l'article 202-1.

La décision sur ces mesures est exécutoire par provision ; elle n'est pas susceptible d'opposition ; elle peut être frappée d'appel dans les quinze jours de sa signification.

Lorsqu'il existe des enfants mineurs, le greffier en chef transmet copie de la décision au juge tutélaire.

Art. 200-7 *(L. n° 1.336, 12 juill. 2007).* – Avant d'autoriser l'époux demandeur à assigner, le président du tribunal de première instance peut, s'il estime nécessaire de donner aux parties un temps de réflexion supplémentaire, ajourner les parties à une date qui n'excède pas six mois.

Le président du tribunal de première instance ordonne, s'il y a lieu, les mesures provisoires nécessaires.

Art. 200-8 *(L. n° 1.336, 12 juill. 2007).* – L'époux demandeur qui n'assigne pas dans le mois de l'ordonnance constatant le maintien de la demande en divorce est forclos et les mesures provisoires cessent de plein droit.

Art. 200-9 *(L. n° 1.336, 12 juill. 2007)*. – Les époux peuvent, à tout moment de la procédure, sauf dans le cas prévu à l'article 200-12, demander à la juridiction saisie de constater leur accord pour voir prononcer le divorce sur le fondement de l'article 198.

L'acceptation des époux n'est pas susceptible de rétractation.

Art. 200-10 *(L. n° 1.336, 12 juill. 2007)*. – Il ne peut être fait grief à un époux d'avoir introduit ou accepté une demande en divorce sur le fondement de l'article 198.

Art. 200-11 *(L. n° 1.336, 12 juill. 2007)*. – Une demande reconventionnelle en divorce ou en séparation de corps peut être introduite par simples conclusions.

Lorsque la demande principale en divorce est fondée sur la rupture de la vie commune, la demande reconventionnelle ne peut tendre qu'au divorce.

Lorsqu'une demande en divorce pour faute et une demande en divorce pour rupture de la vie commune sont concurremment présentées, le tribunal de première instance examine en premier lieu la demande pour faute. S'il rejette celle-ci, il statue sur la demande en divorce concurrente.

Les parties peuvent, en tout état de cause, transformer leur demande en divorce en demande en séparation de corps.

Art. 200-12 *(L. n° 1.336, 12 juill. 2007)*. – Lorsque l'un des époux est placé sous tutelle en application de l'article 410-10, le divorce ne peut être prononcé que sur le fondement de l'article 197.

Art. 200-13 *(L. n° 1.336, 12 juill. 2007)*. – Lorsque l'époux demandeur est placé sous tutelle en application de l'article 410-10 ou lorsqu'il est légalement interdit conformément aux dispositions de l'article 16 du Code pénal, il accomplit lui-même les actes de procédure, assisté de son tuteur ou de son administrateur de tutelle.

Si la tutelle est exercée par le conjoint, le conseil de famille désigne un nouveau tuteur.

Art. 200-14 *(L. n° 1.336, 12 juill. 2007)*. – Lorsque le divorce est demandé contre un majeur en tutelle ou un interdit légal, son tuteur ou son administrateur de tutelle est mis en cause.

Si le tuteur est le conjoint de ce majeur, le subrogé tuteur est mis en cause.

Art. 200-15 *(L. n° 1.336, 12 juill. 2007)*. – Lorsqu'il y a lieu à enquête toute personne peut être entendue. Toutefois, les enfants ne peuvent jamais être entendus sur les griefs invoqués par les époux.

Art. 200-16 *(L. n° 1.336, 12 juill. 2007)*. – L'action en divorce s'éteint par la réconciliation des époux survenue soit depuis les faits allégués dans la demande, soit depuis cette demande.

Dans l'un et l'autre cas, l'époux demandeur est déclaré non recevable dans son action ; il peut néanmoins en intenter une nouvelle pour des faits survenus ou découverts depuis la réconciliation et se prévaloir des anciens faits à l'appui de sa nouvelle demande.

§ 2. – De la procédure sur requête conjointe

Art. 201-1 *(L. n° 1.336, 12 juill. 2007)*. – Les époux qui forment conjointement une demande en divorce présentent au président du tribunal de première instance une requête dans laquelle ils sollicitent le prononcé du divorce sur le fondement de l'article 199.

La requête, qui n'indique pas les faits à l'origine de la demande, comprend les demandes formées au titre des mesures provisoires nécessaires pour assurer l'existence des époux et des enfants durant l'instance ainsi que, chaque fois que possible, une convention réglant les conséquences du divorce.

Cette requête est irrecevable durant les six premiers mois du mariage.

Art. 201-2 *(L. n° 1.336, 12 juill. 2007)*. – Lorsque les conditions prévues à l'article précédent sont réunies, le président du tribunal de première instance ordonne que les parties comparaîtront devant lui, aux jour et heure qu'il indique.

Art. 201-3 *(L. n° 1.336, 12 juill. 2007)*. – Au jour indiqué, le président du tribunal de première instance examine la demande avec chacun des époux séparément, avant de les réunir. Il appelle ensuite, le cas échéant, le ou les avocats.

Si les époux persistent dans leur demande, le président du tribunal de première instance rend une ordonnance qui constate le maintien de la demande en divorce et qui renvoie la cause devant le tribunal de première instance en invitant les époux à soumettre à cette juridiction une convention réglant les conséquences du divorce. Par dérogation aux articles 163 et suivants du Code de procédure civile, l'inscription de la cause est effectuée par le greffe. La date fixée pour l'audience au fond ne peut être antérieure à un mois suivant le prononcé de l'ordonnance.

Par la même ordonnance, le président du tribunal de première instance statue sur les mesures provisoires prévues à l'article 202-1. Dans l'intérêt des enfants et de chacun des époux, il peut apporter toute modification aux mesures provisoires proposées par les époux.

La décision sur ces mesures est exécutoire par provision ; elle peut être frappée d'appel par les époux dans les quinze jours de la notification à parties faite par le greffe par lettre recommandée avec demande d'avis de réception postal.

Art. 201-4 *(L. n° 1.336, 12 juill. 2007)*. – À l'audience du tribunal de première instance, les époux sont invités à conclure sur leur demande et à produire la convention mentionnée à l'article précédent. Ils peuvent, d'un commun accord, solliciter le renvoi de la cause s'ils estiment nécessaire de disposer d'un délai de réflexion.

Ce délai de réflexion ne peut excéder un an suivant la date de la première audience.

§ 3. – Dispositions générales

Art. 202-1 *(L. n° 1.336, 12 juill. 2007)*. – Les mesures provisoires concernent notamment :

1° les modalités de la résidence des époux pendant l'instance ;

2° la remise des effets personnels ;

3° les demandes de provision pour les frais d'instance ;

4° les demandes d'aliments ;

5° la désignation de tout professionnel qualifié en vue de dresser un inventaire estimatif du patrimoine des époux ;

6° en cas de résidence séparée, les modalités de l'exercice de l'autorité parentale, la fixation de la résidence habituelle, le droit de visite et d'hébergement ainsi que la contribution due pour l'entretien et l'éducation des enfants par le parent qui n'exerce pas l'autorité parentale ou chez lequel ils ne résident pas habituellement.

Art. 202-2 *(L. n° 1.336, 12 juill. 2007)*. – Le tribunal de première instance peut prendre des mesures provisoires autres que celles énumérées à l'article 202-1 ou modifier toutes mesures.

Il peut également désigner un notaire en vue d'élaborer un projet de liquidation du régime matrimonial et de formation des lots à partager.

Art. 202-3 *(L. n° 1.336, 12 juill. 2007)*. – Le tribunal de première instance peut entendre ou faire recueillir par une tierce personne les sentiments exprimés par les enfants mineurs. Ceux-ci peuvent être entendus seuls ou, si leur intérêt le commande, avec une personne désignée à cet effet par le tribunal de première instance.

L'audition des enfants mineurs ne leur confère pas la qualité de partie à la procédure.

Art. 202-4 *(L. n° 1.336, 12 juill. 2007)*. – À tout moment de la procédure, il peut être proposé ou enjoint aux époux de se soumettre à une mesure de médiation familiale.

Art. 202-5 *(L. n° 1.336, 12 juill. 2007)*. – Sans préjudice de l'application de l'article 201-4, les époux peuvent, à tout moment de la procédure, soumettre à la juridiction compétente une convention réglant tout ou partie des conséquences du divorce.

Art. 202-6 *(L. n° 1.336, 12 juill. 2007)*. – La cause est débattue hors la présence du public.

La reproduction des débats est interdite sous peine de l'amende prévue au chiffre 4 de l'article 26 du Code pénal.

Art. 202-7 *(L. n° 1.336, 12 juill. 2007)*. – L'appel d'une décision du tribunal de première instance prononçant le divorce sur le fondement de l'article 198 ou 199 ne peut jamais tendre à l'infirmation du divorce ou au prononcé du divorce sur un autre fondement. Aucun appel ne peut être formé à l'encontre d'une décision du tribunal de première instance qui homologue la convention des époux.

Art. 202-8 *(L. n° 1.336, 12 juill. 2007)*. – Les demandes reconventionnelles peuvent être formées en appel sans être considérées comme des demandes nouvelles.

Art. 202-9 *(L. n° 1.336, 12 juill. 2007)*. – Le pourvoi en révision formé contre l'arrêt prononçant le divorce et le délai de ce pourvoi sont suspensifs.

Art. 202-10 *(L. n° 1.336, 12 juill. 2007)*. – Le décès de l'un des époux survenu en cours d'instance entraîne l'extinction de l'action.

Si le décès survient après le prononcé du divorce mais avant que la décision soit devenue irrévocable, celle-ci est non avenue.

Mention en est portée sur la minute de la décision par le greffier en chef à la requête du procureur général.

Section III. – Du prononcé du divorce

Art. 203-1 *(L. n° 1.336, 12 juill. 2007)*. – Lorsque le divorce est demandé sur le fondement de l'article 197, le tribunal de première instance prononce le divorce s'il constate que les circonstances invoquées pour le justifier sont avérées. Le tribunal de première instance statue sur les conséquences du divorce.

Lorsque le divorce est demandé sur le fondement de l'article 198 ou 199, le tribunal de première instance prononce le divorce s'il a acquis la conviction que la volonté des époux est réelle ou que leur acceptation est libre et éclairée.

Il homologue la convention soumise par les époux conformément aux articles 201-4 et 202-5, sous réserve qu'elle soit conforme à leur intérêt et celui des enfants.

Le prononcé du divorce sur le fondement de l'article 199 est subordonné à l'homologation de la convention. Toutefois, à défaut d'une telle convention, et sur les conclusions de la partie la plus diligente, les dispositions de l'article 200-9 sont applicables.

Art. 203-2 *(L. n° 1.336, 12 juill. 2007)*. – Le dispositif de la décision qui prononce le divorce énonce, le cas échéant, la date de la décision ayant autorisé les époux à résider séparément. Cette date doit alors figurer dans les mentions en marge et dans la transcription faites en application de l'article 203-4.

Art. 203-3 *(L. n° 1.336, 12 juill. 2007)*. – Lorsque le divorce a été prononcé par défaut, si la décision a été signifiée à personne, l'opposition est faite dans le mois, à peine d'irrecevabilité.

Si la décision n'a pas été signifiée à personne, le président du tribunal de première instance ordonne, sur requête, qu'un extrait soit publié au *Journal de Monaco* et affiché à la mairie. L'opposition est recevable dans les six mois de la dernière mesure de publicité.

Art. 203-4 *(L. n° 1.336, 12 juill. 2007)*. – Dès que la décision est devenue irrévocable son dispositif est, à la requête de la partie la plus diligente, transcrit sur les registres de l'état civil et mentionné en marge de l'acte de mariage et de l'acte de naissance de chacun des époux.

Section IV. – Des conséquences du divorce

§ 1. – Dispositions générales

Art. 204-1 *(L. n° 1.336, 12 juill. 2007)*. – Le divorce rompt le lien conjugal. Entre les époux et sauf convention contraire de leur part, le divorce produit effet, quant à leurs biens, au jour où est rendue l'ordonnance constatant le maintien de la demande en divorce. Il n'est opposable aux tiers qu'à compter de la transcription sur les registres de l'état civil conformément aux dispositions de l'article 203-4.

Art. 204-2 *(L. n° 1.336, 12 juill. 2007)*. – Toute obligation contractée par un époux à la charge de la communauté, toute aliénation de biens communs par lui faite dans la limite de ses pouvoirs, postérieurement à l'ordonnance constatant le maintien de la demande en divorce, est inopposable au conjoint si le tiers n'a pas été complice de la fraude ; en cas de complicité, l'acte est nul.

Art. 204-3 *(L. n° 1.336, 12 juill. 2007)*. – Par l'effet du divorce, chaque époux cesse d'avoir l'usage du nom de son conjoint, sauf convention contraire ou autorisation judiciaire si l'époux qui souhaite conserver l'usage du nom de l'autre justifie d'un intérêt pour lui ou pour les enfants.

Art. 204-4 *(L. n° 1.336, 12 juill. 2007).* – Le tribunal de première instance ordonne la liquidation et le partage des intérêts patrimoniaux communs ayant pu exister entre les époux et commet un notaire pour y procéder.

Il peut également accorder à l'un des époux ou aux deux une avance sur sa part de communauté ou de biens indivis.

En cas de difficultés rencontrées lors des opérations de liquidation et de partage, le notaire désigné dresse, d'office ou à la demande de l'une des parties, un procès-verbal de difficultés. Le tribunal de première instance, saisi à la demande de la partie la plus diligente, statue sur les contestations subsistant entre les parties au vu du procès-verbal de difficultés et les renvoie devant notaire afin d'établir l'état liquidatif.

Art. 204-5 *(L. n° 1.336, 12 juill. 2007).* – Sauf lorsqu'il est prononcé pour maladie, le divorce met fin au devoir de secours prévu par l'article 181.

L'un des époux peut être tenu de verser à l'autre une prestation destinée à compenser, autant qu'il est possible, la disparité que la rupture du mariage crée dans les conditions de vie respectives. Cette prestation a un caractère forfaitaire et définitif. Elle prend la forme d'un capital dont le montant est fixé en fonction des besoins de l'époux à qui elle est versée et des ressources de l'autre en tenant compte de la situation au moment du divorce et de l'évolution prévisible de celle-ci.

À cet effet, sont notamment pris en considération :

– la durée du mariage ;

– l'âge et l'état de santé des époux ;

– leur qualification et leur situation professionnelles ;

– les conséquences des choix professionnels faits par l'un des époux pendant la vie commune pour l'éducation des enfants et du temps qu'il faudra encore y consacrer ou pour favoriser la carrière du conjoint au détriment de la sienne ;

– le patrimoine estimé ou prévisible des époux, tant en capital qu'en revenu, après la liquidation du régime matrimonial ;

– leurs droits existants et prévisibles notamment en matière de couverture sociale et de pension de retraite.

Le tribunal de première instance décide des modalités selon lesquelles s'effectuera la prestation compensatoire, en totalité ou en partie, par versement d'une somme d'argent en un maximum de cinq annuités ou par attribution de biens en propriété ou d'un droit temporaire d'usage, d'habitation ou d'usufruit. Dans ces derniers cas, la décision prononçant le divorce opère cession forcée en faveur du conjoint créancier. Toutefois, l'accord de l'époux débiteur est exigé pour l'attribution en propriété de biens qu'il a reçus par succession ou donation.

Lorsque le débiteur n'est pas en mesure de verser le capital dans les conditions prévues à l'alinéa précédent, le tribunal de première instance détermine les modalités de paiement du capital, dans la limite d'un nombre d'années fixé au regard des moyens du débiteur, sous forme de versements mensuels ou annuels indexés selon les règles applicables aux pensions alimentaires.

Le débiteur peut demander la révision de ces modalités de paiement en cas de changement important de sa situation. À titre exceptionnel, le juge peut alors, par décision spéciale et motivée, autoriser le versement du capital sur une durée supérieure à celle initialement fixée.

À la mort de l'époux débiteur, la charge du solde du capital est transférée à ses héritiers. Les héritiers peuvent demander la révision des modalités de paiement dans les conditions prévues au précédent alinéa.

Le débiteur ou ses héritiers peuvent se libérer à tout moment du solde du capital indexé.

Après la liquidation du régime matrimonial, le créancier de la prestation compensatoire peut saisir le juge d'une demande en paiement du solde du capital.

La décision prononçant le divorce peut ordonner la constitution de garanties au service de la prestation compensatoire.

Art. 204-6 *(L. n° 1.336, 12 juill. 2007).* – Lorsque le divorce est prononcé sur le fondement du chiffre 4 de l'article 197, le tribunal de première instance décide s'il convient de mettre à la charge de l'époux demandeur une pension destinée à l'époux malade ; il détermine de quelle manière il est pourvu à l'entretien de celui-ci.

Art. 204-7 *(L. n° 1.336, 12 juill. 2007 ; mod., L n° 1.382, 20 juill. 2011).* – Les père et mère conservent l'exercice conjoint de l'autorité parentale.

Le tribunal de première instance peut également confier l'exercice de l'autorité parentale à un seul des père et mère, si l'intérêt des enfants le commande.

À défaut de convention homologuée, il détermine le droit de visite et d'hébergement ainsi que la part contributive à leur entretien et éducation et désigne celui des père et mère auprès duquel les enfants auront leur résidence habituelle.

L'exercice du droit de visite et d'hébergement ne peut être refusé à l'un des père et mère que pour des motifs graves et conformes à l'intérêt de l'enfant.

Lorsque la continuité et l'effectivité des liens de l'enfant avec ce parent l'exigent, le tribunal de première instance peut suspendre l'exercice du droit d'hébergement et organiser le droit de visite dans un espace de rencontre désigné à cet effet où toutes les mesures de soutien psychologique et de sécurité nécessaires seront prises.

Le tribunal de première instance peut, cependant, fixer la résidence des enfants auprès d'une autre personne ou institution qui accomplit à leur égard tous les actes usuels relatifs à leur surveillance et à leur éducation.

Quelle que soit la décision rendue, le père et la mère conservent le droit de surveiller l'entretien et l'éducation de leurs enfants et sont tenus d'y participer en fonction de leurs ressources.

§ 2. – Dispositions propres au divorce pour faute

Art. 205-1 *(L. n° 1.336, 12 juill. 2007).* – Le divorce est prononcé contre un époux s'il a lieu à ses torts exclusifs.

L'époux contre lequel le divorce est prononcé perd tous les avantages que son conjoint lui avait consentis par contrat de mariage ou autrement.

L'autre époux conserve les avantages accordés par son conjoint, même si ces derniers avaient été stipulés réciproques.

Art. 205-2 *(L. n° 1.336, 12 juill. 2007).* – L'époux contre lequel le divorce a été prononcé n'a droit à aucune prestation compensatoire.

Toutefois, il peut obtenir une indemnité à titre exceptionnel si, compte tenu de la durée de la vie commune et des choix professionnels qu'il a faits pendant celle-ci pour l'éducation des enfants ou pour favoriser la carrière de son conjoint au détriment de la sienne, il apparaît manifestement contraire à l'équité de lui refuser toute compensation pécuniaire à la suite du divorce.

Art. 205-3 *(L. n° 1.336, 12 juill. 2007).* – Indépendamment de toutes autres compensations dues par lui au titre de l'application des articles précédents, l'époux contre lequel le divorce a été prononcé peut être condamné à des dommages-intérêts en réparation du préjudice que fait subir à son conjoint la dissolution du mariage.

Chapitre II. – De la séparation de corps

Art. 206-1 *(Rempl., L. n° 1.336, 12 juill. 2007).* – La séparation de corps peut être prononcée dans les mêmes cas et aux mêmes conditions que le divorce.

Art. 206-2 *(Rempl., L. n° 1.336, 12 juill. 2007).* – Un époux ne peut transformer une demande en séparation de corps en demande en divorce.

Art. 206-3 *(Rempl., L. n° 1.336, 12 juill. 2007).* – Une demande reconventionnelle en séparation de corps ou en divorce peut être introduite par simples conclusions.

Lorsqu'une demande en divorce et une demande en séparation de corps sont concurremment présentées, le tribunal de première instance examine en premier lieu la demande en divorce. Il prononce le divorce si les conditions en sont réunies. À défaut, il statue sur la demande en séparation de corps. Toutefois, lorsque ces demandes sont fondées sur la faute, le tribunal de première instance les examine simultanément et, s'il les accueille, prononce à l'égard des deux conjoints le divorce aux torts partagés.

Art. 206-4 *(Rempl., L. n° 1.336, 12 juill. 2007)*. – La séparation de corps supprime le devoir de cohabitation. Elle met fin aux pouvoirs résultant des articles 182 et 184.

Elle laisse subsister les devoirs de fidélité, de secours et d'assistance.

Art. 206-5 *(Rempl., L. n° 1.336, 12 juill. 2007)*. – À la demande de l'un des époux, la décision de séparation de corps ou une décision postérieure peut, compte tenu des intérêts respectifs des époux, interdire à l'un l'usage du nom de l'autre.

Si la demande donne lieu à une décision particulière, celle-ci est transcrite conformément aux dispositions de l'article 203-4.

Art. 206-6 *(Rempl., L. n° 1.336, 12 juill. 2007)*. – La séparation de corps emporte séparation de biens.

La date à laquelle la séparation de corps produit ses effets, quant aux biens des époux, est déterminée conformément aux dispositions de l'article 204-1.

Art. 206-7 *(Rempl., L. n° 1.336, 12 juill. 2007)*. – La décision qui prononce la séparation de corps ou une décision postérieure fixe la pension alimentaire qui est due à l'époux dans le besoin. Cette pension est soumise aux règles des obligations alimentaires.

L'époux contre lequel la séparation de corps a été prononcée ne peut prétendre à pension, sauf à titre exceptionnel si, compte tenu de la durée de la vie commune et des choix professionnels qu'il a faits pendant celle-ci pour l'éducation des enfants ou pour favoriser la carrière de son conjoint au détriment de la sienne, il apparaît manifestement contraire à l'équité de lui refuser tout secours à la suite de la séparation de corps.

Art. 206-8 *(Rempl., L. n° 1.336, 12 juill. 2007)*. – Sous réserve des dispositions du présent chapitre, les conséquences de la séparation de corps obéissent aux mêmes règles que les conséquences du divorce énoncées au chapitre I ci-dessus.

Art. 206-9 *(Rempl., L. n° 1.336, 12 juill. 2007)*. – Si la séparation de corps prend fin par la réconciliation des époux, ceux-ci demeurent soumis à la séparation de biens, sauf application de l'article 1243.

La réconciliation n'est opposable aux tiers que si la reprise de la vie commune a donné lieu à une déclaration devant notaire transcrite conformément aux dispositions de l'article 203-4.

Art. 206-10 *(Rempl., L. n° 1.336, 12 juill. 2007)*. – Lorsqu'elle a duré deux ans, la séparation de corps est, à la demande d'un époux, convertie de droit en divorce.

Cette demande, introduite en la forme ordinaire, peut être portée devant le tribunal de première instance lorsque la séparation de corps a été prononcée à Monaco. Elle est débattue hors la présence du public.

Lorsqu'elle est devenue irrévocable, la décision de conversion est transcrite conformément aux dispositions de l'article 203-4 ; elle est, en outre, mentionnée en marge de la décision ayant prononcé la séparation.

Art. 206-11 *(Rempl., L. n° 1.336, 12 juill. 2007)*. – En cas de conversion de la séparation de corps en divorce, la cause de la séparation de corps devient la cause du divorce ; l'attribution des torts n'est pas modifiée.

Le tribunal de première instance fixe les conséquences du divorce et statue sur la charge des dépens relatifs à la conversion de la séparation de corps en divorce. Les prestations et pensions entre époux sont déterminées selon les règles propres au divorce.

Art. 206-12 *(Rempl., L. n° 1.336, 12 juill. 2007)*. – Les règles contenues aux sections II et III du chapitre I ci-dessus, à l'exception du quatrième alinéa de l'article 200-11, sont applicables à la séparation de corps

Art. 206-13 à 206-36 *(Implicitement abr., L. n° 1.336, 12 juill. 2007)*.

TITRE VI (VERSION ANTÉRIEURE). – DU DIVORCE ET DE LA SÉPARATION DE CORPS

(L. n° 1.089, 21 nov. 1985, à compter du 1er janv. 1986)

Chapitre I (version antérieure). – Du divorce

(L. n° 1.089, 21 nov. 1985, à compter du 1er janv. 1986)

Section I (version antérieure). – Des causes du divorce

Rédaction antérieure. Art. 197. – Le divorce peut être prononcé à la demande de l'un des époux :

1° pour adultère du conjoint ;

2° pour excès, sévices ou injures graves ;

3° pour condamnation pénale du conjoint sanctionnant une infraction qui rend intolérable le maintien du lien conjugal, à moins que le demandeur n'ait connu l'infraction avant le mariage.

Rédaction antérieure. Art. 198. – Le divorce peut, de même façon, être prononcé lorsque l'un des époux est atteint d'une maladie dont la gravité et la durée sont de nature à compromettre dangereusement la sécurité ou la santé du conjoint ou des enfants nés ou à naître.

Section II (version antérieure). – De la procédure du divorce

Rédaction antérieure. Art. 199. – L'époux demandeur en divorce présente en personne au président du tribunal de première instance une requête exposant les faits qui la justifient.

En cas d'empêchement, le président se transporte, pour recevoir la requête, à la résidence de l'époux demandeur.

Rédaction antérieure. Art. 200. – Après avoir entendu le demandeur et lui avoir fait les observations qu'il croit convenables, le président ordonne, à la suite de la requête, que les parties comparaîtront devant lui aux fins de conciliation, aux jour et heure qu'il indique.

Par la même ordonnance, le président peut, sous réserve de référé, autoriser l'époux demandeur à avoir une résidence séparée ou à résider seul au domicile conjugal.

Lorsque la demande est fondée sur l'article 198 et que la maladie invoquée est une maladie mentale, le président, en l'absence de tutelle organisée, désigne d'office un curateur chargé d'assister l'époux défendeur.

Rédaction antérieure. Art. 201. – Dès l'ordonnance prévue à l'article précédent, chaque époux peut obtenir du président du tribunal de première instance, statuant sur requête, toutes mesures conservatoires, notamment l'apposition des scellés sur les biens de la communauté ou sur les biens personnels du conjoint.

Les scellés sont levés à la requête de la partie la plus diligente ; les objets et valeurs sont inventoriés. L'époux qui est en possession est constitué gardien judiciaire, sauf décision contraire.

Rédaction antérieure. Art. 202. – La requête et l'ordonnance sont signifiées par huissier, en tête de la citation délivrée à l'époux défendeur ; le délai fixé pour la comparution est de huit jours au moins à compter de la citation qui précise que l'époux défendeur doit comparaître en personne ; le tout à peine de nullité de la citation.

Rédaction antérieure. Art. 203. – Au jour indiqué, les parties sont tenues de comparaître en personne hors la présence de leur conseil.

Si l'une d'elles se trouve dans l'impossibilité de se rendre auprès du magistrat, celui-ci détermine le lieu où sera tentée la conciliation.

Lorsque le juge cherche à concilier les époux, il doit s'entretenir personnellement avec chacun d'eux séparément avant de les réunir en sa présence.

En cas de non-conciliation ou de défaut, il rend une ordonnance qui constate la non-conciliation ou le défaut et autorise le demandeur à assigner devant le tribunal.

Par la même ordonnance, sauf à renvoyer à date fixe les parties devant le tribunal, il statue, après avoir entendu les conseils des parties, si celles-ci le demandent, sur la résidence des époux durant l'instance, la remise des effets personnels, les demandes de provision pour les frais de l'instance et les demandes d'aliments, ainsi que sur la garde provisoire, le droit de visite et les conditions d'éducation des enfants.

La décision sur ces mesures est exécutoire par provision ; elle n'est pas susceptible d'opposition ; elle peut être frappée d'appel dans les huit jours de sa signification.

Lorsqu'il existe des enfants mineurs, le greffier en chef transmet copie de la décision au juge tutélaire.

Rédaction antérieure. Art. 204. – Avant d'autoriser le demandeur à assigner, le président peut, sauf à ordonner les mesures provisoires nécessaires, ajourner les parties à une date qui n'excède pas six mois.

Rédaction antérieure. Art. 205. – L'époux demandeur qui n'assigne pas dans le mois de l'ordonnance de non-conciliation est forclos et les mesures provisoires cessent de plein droit.

Rédaction antérieure. Art. 206. – Toute obligation contractée par un époux à la charge de la communauté, toute aliénation de biens communs par lui faite dans la limite de ses pouvoirs, postérieurement à l'ordonnance rendue en vertu de l'article 200, est inopposable au conjoint si le tiers n'a pas été complice de la fraude ; en cas de complicité, l'acte est nul.

Rédaction antérieure. Art. 206-1. – Lorsque l'assignation n'a pas été délivrée au défendeur en personne, si celui-ci fait défaut, le tribunal peut, avant de prononcer le jugement sur le fond, ordonner telle mesure de publicité qu'il estimera nécessaire, invitant le défendeur à se présenter au greffe général où il lui sera donné connaissance de la demande formée contre lui.

Rédaction antérieure. Art. 206-2. – Lorsque le tribunal est saisi au fond il peut prendre toutes mesures provisoires ou les modifier.

Rédaction antérieure. Art. 206-3. – La cause est débattue hors la présence du public.

La reproduction des débats par voie de presse est interdite, sous peine de l'amende prévue au chiffre 4 de l'article 26 du Code pénal.

Rédaction antérieure. Art. 206-4. – Le demandeur peut, en tout état de cause, transformer sa demande en divorce en demande en séparation de corps.

Rédaction antérieure. Art. 206-5. – Une demande reconventionnelle en divorce ou en séparation de corps peut être introduite par simples conclusions.

Rédaction antérieure. Art. 206-6. – Lorsqu'il y a lieu à enquête, les parents, à l'exception des descendants, peuvent être entendus.

Rédaction antérieure. Art. 206-7. – L'action en divorce s'éteint par la réconciliation des époux survenue soit depuis les faits allégués dans la demande, soit depuis cette demande.

Dans l'un et l'autre cas, le demandeur est déclaré non recevable dans son action ; il peut néanmoins en intenter une nouvelle pour cause survenue ou découverte depuis la réconciliation et se prévaloir des anciennes causes à l'appui de sa nouvelle demande.

Rédaction antérieure. Art. 206-8. – Le décès de l'un des époux en cours d'instance entraîne extinction de l'action.

Si le décès survient après le prononcé du divorce mais avant que la décision soit devenue irrévocable, celle-ci est non avenue.

Mention en est portée sur la minute de la décision par le greffier en chef à la requête du procureur général.

Rédaction antérieure. Art. 206-9. – S'il estime qu'une réconciliation est possible, le tribunal peut, à tout moment de la procédure, suspendre le cours de celle-ci pendant un délai qui ne peut excéder une année.

À l'audience que le tribunal a fixée, si les époux ne se sont pas réconciliés, ils comparaissent à nouveau, sans nouvelle citation, et la procédure reprend son cours.

La faculté réservée au tribunal ne peut être utilisée qu'une fois.

Rédaction antérieure. Art. 206-10. – Le dispositif de la décision qui prononce le divorce énonce, le cas échéant, la date de la décision ayant autorisé les époux à résider séparément. Cette date doit alors figurer dans les mentions en marge et dans la transcription faites en application de l'article 206-18.

Rédaction antérieure. Art. 206-11. – Lorsque le divorce a été prononcé par défaut, si la décision a été signifiée à personne, l'opposition est faite dans le mois, à peine d'irrecevabilité.

Si la décision n'a pas été signifiée à personne, le président du tribunal de première instance ordonne, sur requête, qu'un extrait sera publié au « *Journal de Monaco* » et affiché à la mairie. L'opposition est recevable dans les six mois de la dernière mesure de publicité.

Rédaction antérieure. Art. 206-12. – En appel, la cause est débattue hors la présence du public.

Rédaction antérieure. Art. 206-13. – Les demandes reconventionnelles peuvent être formées en appel sans être considérées comme demandes nouvelles.

Rédaction antérieure. Art. 206-14. – Lorsque l'époux demandeur est placé sous tutelle en application de l'article 410-10 ou lorsqu'il est légalement interdit conformément aux dispositions de l'article 18 du Code pénal, il accomplit lui-même les actes de la procédure, assisté de son tuteur,

Si la tutelle est exercée par le conjoint, le conseil de famille désigne un nouveau tuteur.

Rédaction antérieure. Art. 206-15. – Lorsque le divorce est demandé contre un majeur en tutelle ou un interdit légal, son tuteur est mis en cause.

Si le tuteur est le conjoint de ce majeur, le subrogé tuteur est mis en cause.

Rédaction antérieure. Art. 206-16. – Le pourvoi en révision formé contre l'arrêt prononçant le divorce et le délai de ce pourvoi sont suspensifs.

Rédaction antérieure. Art. 206-17. – La décision prononçant le divorce n'est pas susceptible d'acquiescement.

Rédaction antérieure. Art. 206-18. – Dès que la décision est devenue irrévocable, son dispositif est, à la requête de la partie la plus diligente, transcrit sur les registres de l'état civil et mentionné en marge de l'acte de mariage et de l'acte de naissance de chacun des époux.

Section III (version antérieure). – Des effets du divorce

Rédaction antérieure. Art. 206-19. – Le divorce rompt le lien conjugal. Entre époux, le divorce produit effet, quant à leurs biens, au jour de la demande. Il n'est opposable aux tiers qu'à compter de la transcription.

Rédaction antérieure. Art. 206-20 ***(Mod., L. n° 1.278, 29 déc. 2003).*** – Les père et mère conservent l'exercice conjoint de l'autorité parentale.

Le tribunal peut également confier l'exercice de l'autorité parentale à un seul des père et mère, si l'intérêt des enfants le commande. Il détermine le droit de visite et la part contributive à leur entretien et éducation.

À défaut d'accord amiable des époux ou si cet accord apparaît contraire à l'intérêt des enfants, le tribunal désigne celui des père et mère auprès duquel les enfants auront leur résidence habituelle.

Le tribunal peut cependant fixer la résidence des enfants auprès d'une autre personne ou institution qui accomplit à leur égard tous les actes usuels relatifs à leur surveillance et à leur éducation.

Quelle que soit la décision rendue, le père et la mère conservent le droit de surveiller l'entretien et l'éducation de leurs enfants et sont tenus d'y participer en fonction de leurs ressources.

Rédaction antérieure. Art. 206-21. – Par l'effet du divorce, chaque époux cesse d'avoir l'usage du nom de son conjoint sauf convention contraire.

Rédaction antérieure. Art. 206-22. – L'époux contre qui le divorce est prononcé perd tous les avantages que son conjoint lui avait consentis par contrat de mariage ou autrement.

L'époux au profit de qui le divorce est prononcé conserve les avantages consentis par son conjoint, même si ces derniers avaient été stipulés réciproques.

Rédaction antérieure. Art. 206-23. – À défaut d'avantages matrimoniaux suffisant à assurer sa subsistance, l'époux au profit de qui le divorce a été prononcé peut obtenir à la charge de son conjoint une pension alimentaire.

Rédaction antérieure. Art. 206-24. – Indépendamment de toutes autres réparations dues par l'époux contre qui le divorce a été prononcé, le tribunal peut accorder au conjoint qui obtient le divorce des dommages-intérêts pour le préjudice matériel ou moral à lui causé par la dissolution du mariage.

Rédaction antérieure. Art. 206-25. – Lorsque le divorce est prononcé sur le fondement de l'article 198, le tribunal décide s'il convient de mettre à la charge du conjoint une pension destinée à l'époux malade ; il détermine de quelle manière il sera pourvu à l'entretien de celui-ci.

Il décide également, selon qu'il y a eu faute ou non de l'époux malade, s'il convient de retirer ou de maintenir à celui-ci les avantages faits par son conjoint.

Rédaction antérieure. Art. 206-25 ***bis.*** – Lorsque le tribunal saisi d'une demande en divorce et d'une demande en séparation de corps, prononce le divorce, le lien conjugal se trouve rompu à l'égard des deux époux, le cas échéant, aux torts réciproques.

Chapitre II (version antérieure). – De la séparation de corps

(L. n° 1.089, 21 nov. 1985, à compter du 1er janv. 1986)

Rédaction antérieure. Art. 206-26. – La séparation de corps peut être prononcée pour les mêmes causes que le divorce.

Rédaction antérieure. Art. 206-27. – Un époux ne peut transformer une demande en séparation de corps en demande en divorce.

Rédaction antérieure. Art. 206-28. – Une demande reconventionnelle en séparation de corps peut être introduite par simples conclusions.

La demande reconventionnelle en divorce est irrecevable.

Rédaction antérieure. Art. 206-29. – La séparation de corps supprime le devoir de cohabitation.

Elle met fin aux pouvoirs résultant des articles 182 et 184.

Elle laisse subsister les devoirs de fidélité, de secours et d'assistance.

Rédaction antérieure. Art. 206-30. – À la demande du conjoint, le tribunal peut interdire à l'époux contre qui la séparation a été prononcée, soit de faire usage du nom de l'autre, soit de l'adjoindre à son propre nom.

Si la demande donne lieu à un jugement particulier, celui-ci est publié conformément à l'article 206-18.

Rédaction antérieure. Art. 206-31. – La séparation de corps emporte séparation de biens.

Rédaction antérieure. Art. 206-32. – Si la séparation de corps prend fin par la réconciliation des époux, ceux-ci demeurent soumis à la séparation de biens, sauf application de l'article 1243.

La réconciliation n'est opposable aux tiers que si la reprise de vie commune a donné lieu à une déclaration devant notaire publiée conformément aux dispositions de l'article 206-18.

Rédaction antérieure. Art. 206-33. – Lorsqu'elle a duré trois ans, la séparation de corps est, à la demande d'un époux, convertie de droit en divorce.

Cette demande, introduite en la forme ordinaire, peut être portée devant le tribunal de première instance lorsque la séparation de corps a été prononcée à Monaco. Elle est débattue hors la présence du public.

La décision de conversion est susceptible d'acquiescement.

Lorsqu'elle est devenue irrévocable, la décision de conversion est publiée conformément aux dispositions de l'article 206-18 ; elle est, en outre, mentionnée en marge de la décision ayant prononcé la séparation.

Rédaction antérieure. Art. 206-34. – Les dépens relatifs à la conversion de la séparation de corps en divorce sont à la charge de l'époux contre qui la séparation a été prononcée. Ils sont mis pour moitié à la charge de chacun des époux si la séparation a été prononcée contre eux à leurs torts réciproques.

Rédaction antérieure. Art. 206-35. – En cas de conversion de la séparation de corps en divorce, seul l'époux au profit de qui la séparation avait été prononcée conserve le droit à pension alimentaire.

Rédaction antérieure. Art. 206-36. – Les articles 199 à 203, 205 à 206-3, 206-6 à 206-8, 206-10 à 206-16, 206-19 et 206-20, 206-22, 206-23 et 206-25 sont applicables à la séparation de corps.

TITRE VII. – DE LA FILIATION

(L. n° 1.089, 21 nov. 1985, à compter du 1er janv. 1986)

Chapitre I. – Dispositions générales

(L. n° 1.089, 21 nov. 1985, à compter du 1er janv. 1986)

Section I. – Des présomptions de filiation

Art. 207. – L'enfant est présumé avoir été conçu pendant la période qui s'étend du trois cent dixième au cent quatre-vingtième jour inclusivement, avant la date de la naissance.

La conception est présumée avoir eu lieu à un moment quelconque de cette période, suivant ce qui est demandé dans l'intérêt de l'enfant.

La preuve contraire est recevable pour combattre ces présomptions.

Art. 208. – La possession d'état s'établit par une réunion suffisante de faits qui indique le rapport de filiation et de parenté entre un individu et la famille a laquelle il est dit appartenir.

Art. 209. – Ces faits peuvent être notamment les suivants :

1° l'enfant a toujours porté le nom de ceux dont on le dit issu ;

2° ces derniers l'ont traité comme leur enfant et il les a traités comme ses père et mère ;

3° ils ont, en cette qualité, pourvu à son éducation, à son entretien et à son établissement ;

4° l'enfant est reconnu pour tel dans la société et par la famille ;

5° l'autorité publique le considère comme tel.

La possession d'état doit être continue.

Section II. – Des actions relatives à la filiation

Art. 210. – Le tribunal de première instance statuant en matière civile est seul compétent pour connaître des actions relatives à la filiation.

Les débats ont lieu hors la présence du public.

Art. 211. – En cas d'infraction portant atteinte à une filiation, il ne peut être statué sur l'action pénale qu'après décision irrévocable sur cette filiation.

Art. 212. – Lorsqu'elles ne sont pas soumises à des délais plus brefs, les actions relatives à la filiation se prescrivent par trente ans à compter du jour où est survenu le fait, a été accompli l'acte ou acquise la situation qui a donné naissance au droit.

Art. 213. – L'action appartenant à une personne quant à sa filiation ne peut être exercée par ses héritiers que si elle est décédée pendant sa minorité ou dans les cinq années suivant sa majorité ou son émancipation.

Ses héritiers peuvent aussi poursuivre l'action qu'elle avait déjà engagée, à moins qu'il n'y ait eu désistement ou péremption d'instance.

Art. 214. – Les actions relatives à la filiation sont indisponibles.

Art. 214-1. – Les décisions rendues en matière de filiation sont opposables même aux personnes qui n'y ont point été parties, sauf le droit de former tierce opposition.

Le juge peut, même d'office, ordonner que soient mis en cause tous les intéressés à qui il estime que la décision doit être rendue commune.

Section III. – Du droit de visite de certaines personnes

Art. 214-2. – Les personnes qui ont élevé un enfant mineur peuvent, dans l'intérêt de celui-ci, se voir reconnaître un droit de visite.

Ce droit leur est reconnu et les conditions sont fixées soit par le tribunal à l'occasion de l'action relative à la filiation, soit postérieurement à celle-ci par le juge tutélaire.

Chapitre II. – De la filiation légitime

(L. n° 1.089, 21 nov. 1985, à compter du 1er janv. 1986)

Section I. – De la présomption de paternité

Art. 215. – L'enfant conçu pendant le mariage a pour père le mari.

Néanmoins, celui-ci peut désavouer l'enfant en justice, s'il justifie de faits propres à démontrer qu'il ne peut en être le père.

Art. 216. – L'enfant né avant le cent quatre-vingtième jour du mariage est légitime et réputé l'avoir été dès sa conception.

Le mari peut, néanmoins, le désavouer aux conditions de l'article 215.

Il peut même le désavouer sur la seule preuve de la date de l'accouchement, à moins qu'il n'ait connu la grossesse avant le mariage ou qu'il ne se soit, après la naissance, comporté comme le père.

Art. 217. – En cas de demande de séparation de corps ou de divorce, la présomption de paternité ne s'applique pas à l'enfant né plus de trois cent dix jours après l'ordonnance autorisant les époux à résider séparément et moins de cent quatre-vingts jours depuis le rejet définitif de la demande ou depuis la réconciliation.

Toutefois, la présomption de paternité s'applique de plein droit si l'enfant a la possession d'état d'enfant légitime à l'égard des époux.

Art. 218. – La présomption de paternité est écartée lorsque l'enfant a été inscrit sur les registres de l'état civil sans l'indication du nom du mari et n'a de possession d'état qu'à l'égard de la mère.

Art. 219. – Lorsque la présomption de paternité est écartée dans les conditions prévues aux articles précédents, la filiation de l'enfant n'est établie qu'à l'égard de la mère comme s'il y avait eu désaveu admis en justice.

Chaque époux peut demander que les effets de la présomption de paternité soient rétablis, en justifiant que, dans la période légale de la conception, une réunion de fait a eu lieu entre eux.

Art. 220. – La présomption de paternité n'est pas applicable à l'enfant né plus de trois cent dix jours après la dissolution du mariage, ni, en cas d'absence déclarée du mari, à celui qui est né plus de trois cent dix jours après la disparition.

Art. 221. – Le mari doit exercer l'action en désaveu dans les six mois de la naissance, lorsqu'il se trouve sur les lieux.

S'il n'est pas sur les lieux, dans les six mois de son retour.

Si la naissance de l'enfant lui a été cachée, dans les six mois qui suivent la découverte de celle-ci.

Art. 222. – Après le décès du mari, ses héritiers peuvent poursuivre l'action en désaveu engagée par lui.

Ils peuvent de même former une demande en désaveu de sa paternité si, le délai utile pour le faire ayant commencé à courir, le mari est décédé sans avoir exercé l'action, mais avant l'expiration de ce délai ; dans ce cas, la demande des héritiers n'est recevable que si elle est formée dans les six mois du décès du mari.

Si le mari est décédé sans avoir eu connaissance de la naissance de l'enfant, ses héritiers ne peuvent former une demande en désaveu de sa paternité, sauf fraude établie à son égard ; dans ce cas, la demande est recevable dans les six mois de la découverte de la fraude.

Art. 223. – Tout acte extrajudiciaire contenant désaveu de la part du mari ou contestation de légitimité de la part des héritiers est non avenu s'il n'a été suivi d'une demande en justice dans le délai de six mois.

Art. 224. – L'action en désaveu est dirigée en présence de la mère, contre l'enfant ou, si celui-ci est mineur, contre un tuteur *ad hoc* désigné par le juge tutélaire.

Art. 225. – Même à défaut de désaveu, la mère peut contester la paternité du mari, mais seulement aux fins de légitimation, quand, après dissolution du mariage, elle s'est remariée avec l'auteur de l'enfant.

À peine d'irrecevabilité, l'action dirigée contre le mari ou ses héritiers est jointe à une demande de légitimation formée dans les termes de l'article 226-11.

Elle doit être exercée par la mère et son nouveau conjoint dans les six mois de leur mariage et, sauf dispense du Prince, avant que l'enfant n'ait atteint l'âge de sept ans.

Il est statué sur les deux demandes par un seul et même jugement qui ne peut accueillir la contestation de paternité que si la légitimation est admise.

Section II. – Des preuves de la filiation légitime

Art. 226. – La filiation de l'enfant légitime se prouve par l'acte de naissance.

À défaut de ce titre, la possession d'état d'enfant légitime suffit.

Art. 226-1. – Il n'y a de possession d'état d'enfant légitime qu'autant qu'elle rattache l'enfant indivisiblement à ses père et mère.

Art. 226-2. – Nul ne peut réclamer un état contraire à celui que lui donnent son titre de naissance et la possession d'état conforme à ce titre.

Nul ne peut contester l'état de celui qui a une possession d'état conforme à son titre de naissance.

Toutefois, s'il est prétendu qu'il y a eu supposition d'enfant ou substitution, même involontaire, avant ou après la rédaction de l'acte de naissance, la preuve est recevable et peut se faire par tout moyen.

Art. 226-3. – À défaut de titre et de possession d'état, ou si l'enfant a été inscrit sous un faux nom, ou sans indication du nom de la mère, la preuve de la filiation peut se faire par témoins.

Cette preuve n'est cependant admise que s'il existe un commencement de preuve par écrit ou des présomptions ou indices susceptibles d'en déterminer l'admission.

Art. 226-4. – Le commencement de preuve par écrit résulte des titres de famille, des registres et papiers domestiques, ainsi que de tous autres écrits publics ou privés émanant d'une partie engagée dans la contestation ou qui y aurait intérêt si elle était vivante.

Art. 226-5. – La preuve contraire peut se faire par tous les moyens propres à établir que le réclamant n'est pas l'enfant de la mère qu'il prétend avoir ou même, la maternité prouvée, qu'il n'est pas l'enfant du mari de la mère.

Si le mari n'a pas été mis en cause dans l'instance en réclamation d'état, il peut contester sa paternité dans un délai de six mois à compter du jour où il a connaissance de la décision irrévocable accueillant la demande de l'enfant.

Art. 226-6. – Sans attendre qu'une réclamation d'état soit intentée par l'enfant, le mari peut, par tout moyen, contester sa paternité dans un délai de six mois à compter du jour où il a connu la naissance.

Art. 226-7. – Après le décès du mari, ses héritiers peuvent poursuivre la contestation engagée par lui.

Ils peuvent aussi, en défense à une action en réclamation, contester sa paternité.

Ils peuvent de même former une demande en contestation de sa paternité si, le délai utile pour le faire ayant commencé à courir, le mari est décédé sans avoir exercé l'action, mais avant l'expiration de ce délai ; dans ce cas, la demande des héritiers n'est recevable que si elle est formée dans les six mois du décès du mari.

Si le mari est décédé sans avoir eu connaissance de la décision visée à l'article 226-5, alinéa 2, ou de la naissance de l'enfant, ses héritiers ne peuvent former une demande en contestation de sa paternité, sauf fraude établie à son égard ; dans ce cas, la demande est recevable dans les six mois de la découverte de la fraude.

Art. 226-8. – Les époux peuvent, en rapportant la preuve prévue à l'article 226-3, réclamer un enfant comme étant le leur ; mais si celui-ci a déjà une autre filiation établie, ils doivent préalablement en démontrer l'inexactitude, à condition que cette démonstration soit admise.

Section III. – De la légitimation

Art. 226-9. – La légitimation peut bénéficier à tous les enfants nés hors du mariage pourvu que, par reconnaissance volontaire ou par jugement, leur filiation ait été légalement établie à l'égard de leurs deux auteurs.

Art. 226-10. – La légitimation de l'enfant intervient de plein droit par le mariage subséquent de ses père et mère si, hors de la célébration de celui-ci, la filiation de l'enfant est déjà établie.

Si elle n'est pas déjà établie, l'enfant fait l'objet d'une reconnaissance au moment du mariage. En ce cas, l'officier de l'état civil qui procède à la célébration constate la reconnaissance et la légitimation par acte séparé.

Art. 226-11. – Quand la filiation d'un enfant n'est établie, à l'égard de ses père et mère ou de l'un d'eux, qu'après leur mariage, la légitimation est prononcée par jugement rendu, soit à la requête des père et mère ou de l'un d'eux, soit à celle de l'enfant ou de ses héritiers.

La légitimation ne peut intervenir que si l'enfant a eu depuis la célébration du mariage, la possession d'état d'enfant commun.

Art. 226-12. – La légitimation est mentionnée en marge de l'acte de naissance de l'enfant.

L'extrait d'acte doit, sans aucune référence à la légitimation, indiquer que l'enfant est légitime.

Art. 226-13. – La légitimation peut intervenir après le décès de l'enfant s'il a laissé des descendants ; elle leur profite.

Art. 226-14. – La légitimation confère à l'enfant légitimé les droits et les devoirs de l'enfant légitime. Elle prend effet à la date du mariage.

Chapitre III. – De la filiation hors du mariage

(L. n° 1.089, 21 nov. 1985, à compter du 1er janv. 1986)

Art. 227 *(Mod., L. n° 1.278, 29 déc. 2003)*. – L'enfant né hors mariage a, dans ses rapports non patrimoniaux avec ses père et mère, les mêmes droits et devoirs que l'enfant légitime.

Section I. – Du nom de l'enfant né hors du mariage

Art. 228. – L'enfant né hors du mariage porte le nom de celui de ses auteurs à l'égard de qui sa filiation est établie en premier lieu ; le nom de son père, si sa filiation est établie simultanément à l'égard de l'un et de l'autre.

Art. 229. – Lorsque sa filiation n'est établie qu'en second lieu à l'égard de son père, l'enfant né hors du mariage prend le nom de celui-ci par substitution si, pendant sa minorité, ses parents font une déclaration conjointe devant le juge tutélaire.

Si l'enfant a plus de quinze ans son consentement est nécessaire.

Art. 230. – Hors les cas prévus à l'article précédent, le changement de nom de l'enfant né hors du mariage suit les règles du droit commun.

L'action est ouverte pendant la minorité de l'enfant et dans les deux années qui suivent sa majorité ou une modification de son état.

Art. 231. – La substitution de nom s'étend de plein droit aux enfants mineurs de l'intéressé. Elle ne s'étend à ses enfants majeurs qu'avec leur consentement.

Section II. – De l'établissement de la filiation naturelle

Art. 232. – La filiation naturelle est établie, soit par reconnaissance volontaire, soit par décision de justice à la suite d'une action en recherche de paternité ou de maternité.

La filiation maternelle est également établie du seul fait de la naissance ou par l'indication du nom de la mère dans l'acte de naissance.

Art. 233. – Toute reconnaissance est nulle, toute demande en recherche est irrecevable quand l'enfant a une filiation légitime déjà établie par la possession d'état.

§ 1. – De la reconnaissance des enfants naturels

Art. 234. – Si elle n'a pas été effectuée dans l'acte de naissance, la reconnaissance d'un enfant naturel se fait par acte authentique.

Art. 235. – La reconnaissance du père sans l'indication et l'aveu de la mère, n'a d'effet qu'à l'égard du père.

Art. 236. – Tant qu'elle n'a pas été écartée en justice, une reconnaissance rend irrecevable l'établissement d'une autre filiation naturelle qui la contredirait.

Art. 237. – La reconnaissance peut être contestée par toute personne y ayant intérêt, même par son auteur.

Lorsqu'une possession d'état conforme à la reconnaissance a durée dix ans au moins depuis celle-ci, la contestation n'est recevable que de la part de l'autre parent, de l'enfant lui-même ou de ceux qui se prétendent les parents véritables.

§ 2. – **Des actions en recherche de paternité et de maternité naturelles**

Art. 238. – La paternité hors du mariage peut être judiciairement recherchée :

1° dans le cas d'enlèvement ou de viol, lorsque l'époque des faits se rapporte à celle de la conception ;

2° dans le cas de séduction, accomplie à l'aide de manœuvres dolosives, abus d'autorité, promesse de mariage ;

3° dans le cas où il existe un écrit émanant du père prétendu, propre à établir la paternité d'une manière non équivoque ;

4° dans le cas où le père prétendu et la mère ont vécu pendant la période légale de la conception en état de concubinage impliquant, à défaut de communauté de vie, des relations stables et continues ;

5° dans le cas où le père prétendu a pourvu ou participé, en qualité de père, à l'entretien, à l'éducation ou à l'établissement de l'enfant.

Art. 239. – La demande en recherche de paternité naturelle n'est pas recevable :

1° s'il est établi que, pendant la période légale de la conception, la mère était d'une inconduite notoire ou qu'elle a eu commerce avec un autre individu, à moins qu'il ne résulte d'un examen des sangs ou de toute autre méthode scientifique probante que cet individu ne peut être le père ;

2° si le père prétendu était, pendant la même période, par suite d'éloignement ou par l'effet de quelque accident, dans l'impossibilité physique d'être le père ;

3° si le père prétendu établit, par un examen des sangs ou par toute autre méthode scientifique probante, qu'il ne peut être le père de l'enfant.

Art. 239-1. – L'action n'appartient qu'à l'enfant.

Pendant la minorité de l'enfant, la mère, même mineure, a seule qualité pour l'exercer.

Si la mère n'a pas reconnu l'enfant, si elle est décédée ou si elle se trouve dans l'impossibilité de manifester sa volonté, l'action est intentée conformément aux dispositions de l'article 389.

Art. 239-2. – L'action en recherche de paternité naturelle est exercée contre le père prétendu ou contre ses héritiers ; si les héritiers ont renoncé à la succession, contre le Ministère public.

Art. 239-3. – L'action prévue aux deux derniers alinéas de l'article 239-1 doit, à peine de déchéance, être exercée dans les deux années qui suivent la naissance.

Dans les deux derniers cas visés à l'article 238, cette action peut être exercée durant la minorité de l'enfant jusqu'à l'expiration des deux années qui suivent la cessation, soit du concubinage, soit des actes de participation à l'entretien et à l'éducation de l'enfant.

Si l'action n'a pas été exercée pendant la minorité de l'enfant, celui-ci peut encore l'exercer pendant les deux années suivant sa majorité.

Art. 239-4. – Lorsqu'il fait droit à la demande, le tribunal peut condamner le père à rembourser tout ou partie des frais de maternité, sans préjudice de l'application des articles 1229 et 1230.

Art. 239-5. – L'enfant qui exerce l'action en recherche de maternité naturelle doit prouver qu'il est celui dont la mère prétendue est accouchée.

Cette preuve résulte de la possession d'état d'enfant naturel.

À défaut de celle-ci, la preuve est rapportée comme il est dit aux articles 226-3 et 226-4.

L'action en recherche de maternité naturelle est exercée contre la mère prétendue ou contre ses héritiers ; si les héritiers ont renoncé à la succession, contre le Ministère public.

Section III. – De l'établissement de la filiation des enfants adultérins ou incestueux

(Section mod., L. n° 1.278, 29 déc. 2003)

Art. 239-6 *(Mod., L. n° 1.278, 29 déc. 2003)*. – S'il existe entre les père et mère de l'enfant un empêchement à mariage pour cause de parenté ou d'alliance qui ne peut être levé par une dispense, la filiation ne peut être établie qu'à l'égard d'un seul auteur de l'enfant.

Art. 239-7 et 239-8 *(Abr., L. n° 1.278, 29 déc. 2003)*.

TITRE VIII. – DE LA FILIATION ADOPTIVE

(L. n° 892, 21 juill. 1970)

Chapitre I. – Dispositions générales

Art. 240. – L'adoption a lieu sous la forme, soit d'adoption légitimante soit d'adoption simple.

Elle doit être justifiée, avant tout, par l'intérêt de l'adopté.

Art. 241. – Toute personne ou toute œuvre qui, sans l'accord de celui qui en avait la garde, recueille un mineur non émancipé afin qu'en soient assurés l'entretien et l'éducation doit, dans les cinq jours, en faire la déclaration au juge tutélaire.

Celui-ci, par une ordonnance, donne acte de cette déclaration ; il prescrit une enquête psychologique, médicale et sociale sur la situation de l'enfant et, le cas échéant, sur celle de toutes personnes intéressées.

Copie de l'ordonnance est adressée par lettre recommandée avec accusé de réception, s'ils sont connus, au père et à la mère de l'enfant, et, éventuellement, à la personne qui en avait la garde.

Le juge prend toutes les mesures conformes à l'intérêt de l'enfant aussi longtemps que n'est pas intervenue l'adoption.

Chapitre II. – L'adoption légitimante

Section I. – Conditions requises

Art. 242 *(Mod., L. n° 1.183, 27 déc. 1995)*. – L'adoption légitimante ne peut être demandée que conjointement, après cinq ans de mariage, par deux époux non séparés de corps, dont l'un au moins est âgé de trente ans.

Elle peut cependant être demandée par un seul époux, lorsqu'elle concerne un enfant de son conjoint ; ce dernier doit y consentir. Si le lien de filiation est établi, l'autre auteur de l'enfant ou, en cas de décès, ses ascendants légitimes doivent également y consentir, sous réserve des dispositions de l'article 256.

Art. 243. – L'adoption légitimante peut être demandée, avec autorisation du Prince, par deux époux, lorsque les conditions posées par l'article 246 ou 247 sont remplies à l'égard d'un seul.

Art. 244. – Sauf autorisation du Prince, l'adoption légitimante n'a lieu qu'en l'absence de descendants légitimes vivants.

L'existence d'enfants légitimés par adoption ne met pas obstacle à l'adoption légitimante, non plus que la naissance d'un ou plusieurs descendants légitimes après la date à laquelle l'enfant a été recueilli.

Art. 245. – Quelle que soit la nationalité de l'enfant, l'adoption légitimante est permise aux étrangers qui justifient de dix ans de résidence habituelle à Monaco, au jour de la demande. Il est loisible au Prince d'abréger ce délai.

Art. 246. – Seul peut bénéficier de l'adoption légitimante, pendant sa minorité, ou au-delà sur autorisation préalable du Prince, l'enfant qui a été recueilli par les adoptants dans les conditions de l'article 241, avant l'âge de six ans révolus et qui a vécu avant cet âge à leur foyer pendant un an au moins.

Art. 247. – L'adoption légitimante est toutefois permise en faveur de la personne qui a bénéficié d'une adoption simple, à condition qu'elle ait passé trois ans au foyer des adoptants, en vertu de la décision prévue à l'article 277.

Art. 248. – Un enfant ne peut bénéficier d'une nouvelle adoption légitimante qu'après que les adoptants l'auront abandonné ou seront décédés. Toutefois, en cas de décès de l'un d'eux, le deuxième alinéa de l'article 242 est applicable.

Art. 249. – S'il a atteint l'âge de 15 ans au jour de la demande, le bénéficiaire de l'adoption légitimante doit consentir personnellement à cette adoption.

Art. 250. – Lorsque la filiation de l'enfant mineur est établie à l'égard de ses auteurs, chacun d'eux doit consentir à l'adoption légitimante.

Si l'un d'eux est décédé, dans l'impossibilité permanente de manifester sa volonté ou s'il a perdu les droits de puissance paternelle, l'approbation du juge tutélaire est requise.

Art. 251. – Lorsque la filiation de l'enfant mineur n'est établie qu'à l'égard d'un de ses auteurs, l'approbation du juge tutélaire est en outre requise.

Art. 252. – Lorsque les père et mère sont décédés, dans l'impossibilité permanente de manifester leur volonté ou s'ils ont perdu les droits de puissance paternelle, le consentement à l'adoption légitimante doit être donné par le conseil de famille, après avis de la personne ou des dirigeants de l'œuvre qui, en fait, prend soin de l'enfant.

Art. 253. – Les père et mère ou le conseil de famille peuvent consentir à l'adoption légitimante en faisant le choix des adoptants à l'œuvre qui a recueilli l'enfant à l'effet de pourvoir à son adoption.

Art. 254. – Le consentement est donné par déclaration devant le juge tutélaire ou devant notaire, qui recevront séparément chacun des déclarants. Ils les informeront que, passé le délai de six mois sans rétractation, l'acte sera irrévocable.

Cette rétractation résulte d'une manifestation non équivoque de volonté portée à la connaissance du juge ou du notaire, avant l'expiration de ce délai.

Art. 255. – Dans tous les cas où la filiation n'est pas établie, l'adoption légitimante ne peut intervenir que si le tribunal de première instance a, à la requête du Ministère public ou à la demande de tout intéressé, déclaré l'enfant en état d'abandon.

Art. 256. – L'enfant dont la filiation est établie peut également être déclaré en état d'abandon en vue de l'adoption légitimante lorsque, sans excuse, ses auteurs s'en sont désintéressés au point de l'exposer à un grave danger physique ou moral, et ont été déchus de la puissance paternelle.

Art. 257. – L'affaire est instruite et la décision rendue en chambre du conseil.

Le Ministère public appelle en cause les auteurs de l'enfant, s'ils sont connus, et toute autre personne susceptible de s'intéresser à l'enfant.

Art. 258. – La décision qui déclare l'enfant en état d'abandon délègue les droits de puissance paternelle à l'œuvre ou à la personne qui prend soin de l'enfant.

Art. 259. – La rétractation de la décision intervenue en vertu de l'article 255 peut être demandée dans les six mois de son prononcé, par le ou les auteurs de l'enfant, à condition qu'ils justifient avoir reconnu l'enfant, ou engagé une action tendant à l'établissement de sa filiation. Ils doivent donner toute garantie de s'intéresser à lui. Le tribunal peut fixer un délai d'épreuve d'un an, qui ne pourra être renouvelé qu'une fois.

L'article 257 est applicable à l'instance en rétractation.

Art. 260. – Hors les cas de fraude ou de substitution même involontaire d'enfant, la tierce-personne n'est recevable que dans l'année du prononcé de la décision.

Section II. – Effets de l'adoption légitimante

Art. 261. – L'adoption légitimante confère à l'enfant une filiation qui se substitue à sa filiation d'origine ; il cesse d'appartenir a sa famille, sous réserve des prohibitions au mariage visées aux articles 127, 128 et 129 du Code civil.

Cependant, en cas d'adoption légitimante de l'enfant du conjoint dans les termes du deuxième alinéa de l'article 242, la filiation d'origine subsiste entre l'enfant et le conjoint de l'adoptant.

Art. 262. – L'enfant a, dans la famille des adoptants, la situation d'enfant légitime.

Art. 263. – L'adoption légitimante ne peut être révoquée.

Chapitre III. – L'adoption simple

Section I. – Conditions

Art. 264 *(Mod., L. n° 1.223, 28 déc. 1999)*. – L'adoption simple peut être demandée par toute personne âgée d'au moins trente ans qui, sauf dispense du Prince, n'a, au jour de la requête, ni descendant légitime, ni enfant naturel.

Art. 265. – Les clercs des ordres majeurs et les religieux de l'Église catholique romaine ne peuvent adopter ni être adoptés sans l'autorisation de leur propre ordinaire.

Art. 266. – Sauf autorisation du Prince, l'adoptant doit avoir quinze ans de plus que l'adopté, cette différence étant réduite à dix ans lorsque l'adopté est l'enfant du conjoint de l'adoptant.

Art. 267. – Nul époux ne peut adopter ni être adopté sans le consentement de son conjoint non séparé de corps, sauf le cas où celui-ci est dans l'impossibilité permanente de manifester sa volonté.

Art. 268. – L'adoption simple est permise quel que soit l'âge de l'adopté.

Art. 269. – Nul ne peut être adopté par plusieurs personnes, si ce n'est par deux époux ; mais en cas de décès de l'adoptant, d'un ou des deux époux adoptants, une nouvelle adoption est possible.

Art. 270. – Un mineur ne peut être adopté sans le consentement de ses père et mère.

Si l'un d'eux est décédé, dans l'impossibilité permanente de manifester sa volonté ou déchu de la puissance paternelle, le consentement de l'autre suffit.

Si tous deux sont décédés, dans l'impossibilité permanente de manifester leur volonté ou déchus de la puissance paternelle, ou si la filiation de l'enfant n'est pas établie, le consentement est donné par le conseil de famille.

En cas de divorce ou de séparation de corps des parents, le consentement est donné par le parent qui a la garde de l'enfant, avec l'autorisation du juge tutélaire qui demandera, au préalable, les observations du conjoint.

Art. 271. – L'adopté âgé de quinze ans au jour de la demande doit consentir personnellement à l'adoption.

Art. 272. – Le juge tutélaire qui estime abusif le refus de consentement opposé par les père et mère ou par l'un d'eux, alors que, sans excuse, ils se sont désintéressés de l'enfant au point de l'exposer à un grave danger physique ou moral, peut donner le consentement nécessaire à l'adoption.

Il en est de même en cas de refus abusif de ce consentement par le conseil de famille.

Art. 273. – Les consentements requis sont donnés par déclaration devant le juge tutélaire ou devant notaire, qui recevront séparément chacun des déclarants.

Les père et mère du mineur peuvent ne pas comparaître, s'ils ont donné leur consentement par acte authentique.

Section II. – Effets de l'adoption simple

Art. 274. – L'adopté qui a personnellement consenti à l'adoption porte le nom de l'adoptant, en l'ajoutant au sien.

L'adopté qui avait moins de quinze ans au moment de la requête porte le nom de l'adoptant.

La décision qui prononce l'adoption peut déroger aux dispositions des deux alinéas précédents.

Elle peut également ordonner une modification des prénoms de l'adopté, si l'adoptant en avait fait la demande dans sa requête.

Art. 275 *(Mod., L. n° 1.278, 29 déc. 2003)*. – L'adoptant est investi des attributs de l'autorité parentale à l'égard de l'adopté. Il consent à son mariage ; lorsque l'adoption a été réalisée par deux époux, leur désaccord emporte consentement.

En cas d'adoption de son enfant par son conjoint, le père ou la mère de l'adopté exerce l'autorité parentale conjointement avec l'adoptant.

Art. 276. – Toutefois l'adopté reste dans sa famille d'origine ; il y conserve tous ses droits.

Cependant, il ne peut exiger d'aliments de ses ascendants que lorsque l'adoptant n'est pas en mesure de les lui fournir.

Art. 277. – La décision d'adoption peut confier à l'adoptant la garde de l'adopté. À tout moment, le tribunal peut, à la requête de la partie la plus diligente ou du Ministère public, modifier l'attribution du droit de garde.

En cas de difficulté, le droit de visite de l'adoptant ou celui des ascendants d'origine est réglé par le juge tutélaire.

Art. 278 *(Mod., L. n° 1.278, 29 déc. 2003).* – Les règles concernant l'autorité parentale, l'administration légale et la tutelle de l'enfant légitime s'appliquent à l'enfant adopté ; cependant le conseil de famille comprendra, sauf décision contraire du juge tutélaire, les père et mère de l'adopté.

Art. 279. – Le lien de parenté découlant de l'adoption s'étend aux descendants légitimes de l'adopté.

Art. 280 *(Abr., L. n° 1.089, 21 nov. 1985).*

> **Rédaction antérieure. Art. 280.** – Le mariage est prohibé :
> 1° entre l'adoptant et l'adopté ou les descendants de ce dernier ;
> 2° entre l'adopté et le conjoint de l'adoptant ; entre l'adoptant et le conjoint de l'adopté ;
> 3° entre l'adopté et les enfants de l'adoptant ;
> 4° entre les enfants adoptifs de la même personne.
> Cependant, ces deux dernières prohibitions peuvent être levées avec l'autorisation du Prince.

Art. 281. – L'adoptant et l'adopté se doivent réciproquement des aliments, conformément aux dispositions des articles 172 à 180 du Code civil.

Art. 282. – L'adopté a, dans la succession de l'adoptant, les mêmes droits qu'un enfant légitime.

Il n'acquiert aucun droit dans la succession des ascendants ou des collatéraux de l'adoptant.

Art. 283. – L'adoptant n'acquiert aucun droit dans la succession de l'adopté.

Cependant, lorsque l'adopté meurt sans descendant, les biens donnés par l'adoptant ou recueillis dans sa succession, s'ils existent encore en nature dans le patrimoine de l'adopté, retournent à l'adoptant ou aux descendants de ce dernier.

Ce droit de retour ne peut être exercé que sous réserve des droits des tiers.

Il comporte l'obligation de contribuer aux dettes successorales.

Le conjoint survivant de l'adoptant, s'il a consenti à l'adoption, a l'usufruit des biens soumis au droit de retour.

Section III. – Révocation de l'adoption simple

Art. 284. – Si le comportement de l'adopté ou celui de l'adoptant suscite de graves motifs de mécontentements, l'adoption peut être révoquée judiciairement, à la requête de l'adoptant, de l'adopté, et si celui-ci est mineur non émancipé, de ses père et mère. Le Ministère public peut également saisir le tribunal.

La demande de révocation présentée par l'adoptant n'est recevable que si l'adopté est âgé de plus de quinze ans.

Art. 285. – L'instance en révocation est soumise aux règles de la procédure ordinaire mais les débats ont lieu en chambre du conseil, le Ministère public et le juge tutélaire entendus.

Le jugement dûment motivé est rendu en chambre du conseil.

Le dispositif de la décision, lorsqu'elle est devenue irrévocable, est mentionné conformément à l'article 295.

Art. 286. – L'adoption prend fin à compter du jour où la décision est devenue irrévocable.

Celle-ci n'est opposable aux tiers que du jour de la mention visée à l'article précédent.

Art. 287. – Par dérogation à l'alinéa premier de l'article précédent, l'adoptant ou ses descendants conservent leur droit de retour légal sur les biens donnés à l'adopté.

Chapitre IV. – Dispositions communes

Art. 288. – Lorsque les consentements et autorisations requis ont été obtenus ou, pour l'adoption légitimante, lorsque la décision d'abandon est devenue irrévocable, le ou les adoptants saisissent le tribunal de première instance par voie de requête.

En cas d'adoption légitimante, si l'un ou les deux époux décèdent, la requête peut être présentée respectivement par le survivant ou par tout héritier.

Art. 289. – En cas d'adoption simple, le tribunal statue malgré le décès de l'adoptant après le dépôt de la requête, mais tout héritier peut s'opposer à l'adoption en intervenant à l'instance par voie de requête dans les trois mois du décès.

Art. 290. – L'affaire est instruite et la décision rendue en chambre du conseil.

Le tribunal peut ordonner la mise en cause de toute personne dont la présence lui apparaîtrait utile. Cette mise en cause interviendra à la diligence du Ministère public. La décision, exécutoire sur minute, n'est pas susceptible de voie de recours.

Le tribunal, sur rapport éventuel du juge tutélaire et le Ministère public entendu, se prononce sur l'adoption ; il statue éventuellement sur la modification des prénoms sollicitée par l'adoptant.

Cette décision n'est pas motivée en fait.

Art. 291. – Lorsque les conditions de l'adoption légitimante ne sont pas réunies, ou lorsque l'intérêt de l'enfant le commande, le tribunal peut, avec l'assentiment des requérants, ne prononcer que l'adoption simple.

Art. 292. – L'appel et le pourvoi en révision sont régis par les règles du droit commun.

La cour d'appel statue en chambre du conseil dans les conditions prévues à l'article 290.

Le pourvoi en révision est jugé comme affaire urgente et sur pièces.

Les voies de recours et leurs délais sont suspensifs.

Art. 293. – Dans les quinze jours de la date à laquelle elle est devenue irrévocable, la décision est transcrite sur le registre d'état civil à la diligence du Ministère public.

Art. 294. – En cas d'adoption légitimante, la transcription énonce la date, l'heure, le lieu de naissance et le sexe de l'enfant, ses prénoms tels qu'ils ressortent de la décision, les noms, prénoms, date et lieu de naissance et domicile des adoptants.

Elle ne doit contenir aucune indication relative à la filiation d'origine de l'enfant.

Cette transcription tient lieu d'acte de naissance.

Les extraits d'acte devront, sans aucune référence au jugement d'adoption légitimante, indiquer les adoptants comme père et mère de l'enfant.

L'acte de naissance qui aurait été antérieurement établi à Monaco, est, à la diligence du Ministère public, revêtu de la mention « adoption légitimante » ; aucun extrait ou copie ne peut plus en être délivré.

Art. 295. – En cas d'adoption simple, la décision est, à la diligence du Ministère public, mentionnée en marge de l'acte de naissance de l'adopté ou de tout autre acte d'état civil le concernant.

Art. 296. – Lorsque la décision d'adoption légitimante est devenue irrévocable, la filiation de l'enfant ne peut donner lieu à réclamation, ni à contestation.

L'adoption simple est maintenue, nonobstant l'établissement ultérieur d'un lien de filiation.

Art. 297. – L'adoption légitimante et l'adoption simple produisent effet du jour où la décision qui les prononce est devenue irrévocable. Cependant, dans l'hypothèse prévue à l'article 289, l'adoption simple produit effet du jour du décès.

TITRE IX. – DE LA MINORITÉ, DE L'AUTORITÉ PARENTALE, DE LA TUTELLE ET DE L'ÉMANCIPATION

(L. n° 1.278, 29 déc. 2003)

Chapitre I. – Dispositions générales

Art. 298 ***(L. n° 1.261, 23 déc. 2002).*** **– Est mineure, la personne qui n'a pas atteint l'âge de dix-huit ans.**

Art. 299. – À tout âge l'enfant doit honneur et respect à ses père et mère.

Chapitre II. – De l'autorité parentale

(L. n° 1.278, 29 déc. 2003)

Section I. – Des attributs de l'autorité parentale

(L. n° 1.278, 29 déc. 2003)

Art. 300 ***(L. n° 1.278, 29 déc. 2003).*** **– Jusqu'à sa majorité ou son émancipation, l'enfant est placé sous l'autorité de ses père et mère qui ont envers lui droit et devoir de garde, de surveillance et d'éducation, pour le protéger dans sa sécurité, sa santé, sa moralité et pour permettre son développement, dans le respect dû à sa personne.**

Chacun des parents contribue à l'entretien et à l'éducation des enfants à proportion de ses ressources, de celles de l'autre parent, ainsi que des besoins de l'enfant.

Cette obligation ne cesse pas de plein droit lorsque l'enfant est majeur.

Il ne peut, sans motifs graves, être fait obstacle aux relations personnelles de l'enfant avec ses ascendants. En cas de difficulté, les modalités de ces relations sont réglées par le juge tutélaire. Le juge tutélaire peut, dans l'intérêt de l'enfant, accorder également un droit de correspondance ou de visite à d'autres personnes.

Le juge tutélaire statue conformément aux règles prévues par les articles 839 et suivants du Code de procédure civile.

Art. 301 ***(L. n° 1.278, 29 déc. 2003).*** **– L'autorité parentale est exercée en commun par les père et mère.**

Toutefois, lorsque la filiation est établie à l'égard de l'un d'entre eux plus de deux ans après la naissance d'un enfant dont la filiation est déjà établie à l'égard de l'autre, celui-ci reste seul investi de l'exercice de l'autorité parentale. Il en est de même lorsque la filiation est judiciairement déclarée à l'égard du second parent de l'enfant.

L'autorité parentale peut néanmoins être exercée en commun en cas de déclaration conjointe des père et mère devant le juge tutélaire ou sur décision de celui-ci.

À l'égard des tiers de bonne foi, chacun des père et mère est réputé accomplir avec l'accord de l'autre les actes usuels relevant de l'autorité parentale relativement à la personne de l'enfant.

Art. 302 ***(L. n° 1.278, 29 déc. 2003).*** **– À défaut de tutelle ouverte, l'autorité parentale sur les enfants non reconnus est exercée par la personne ou l'établissement qui en la garde.**

Art. 303 ***(L. n° 1.278, 29 déc. 2003 ; mod., L. n° 1.336, 12 juill. 2007).*** **– À la demande du père, de la mère, de tout intéressé ou du ministère public, le juge tutélaire statue sur les conditions d'exercice de l'autorité parentale ou les difficultés qu'elles soulèvent, en fonction de l'intérêt de l'enfant.**

À l'effet de faciliter la recherche par les parents d'un exercice consensuel de l'autorité parentale, le juge tutélaire peut leur proposer ou leur enjoindre de se soumettre à une mesure de médiation familiale.

Art. 303-1 ***(L. n° 1.278, 29 déc. 2003).*** **– Perd l'exercice de l'autorité parentale ou en est provisoirement privé, le père ou la mère qui, en raison de son incapacité, de son absence, de son éloignement ou de toute autre cause, est hors d'état de manifester sa volonté.**

En ces cas, comme dans celui de décès de l'un des père ou mère, l'exercice antérieurement commun de l'autorité parentale est dévolu en entier à l'autre.

Art. 304 *(L. n° 1.278, 29 déc. 2003).* – Le mineur ne peut quitter la résidence familiale, ou celle qui lui a été assignée, sans la permission de ses pères et mère, ou l'autorisation du juge tutélaire.

Art. 305 *(L. n° 1.278, 29 déc. 2003).* – Lorsque les père et mère exercent en commun l'autorité parentale, ils administrent les biens du mineur non émancipé.

Dans les autres cas, l'administration légale appartient à celui des deux qui exerce l'autorité parentale.

Art. 306 *(L. n° 1.278, 29 déc. 2003).* – L'administration légale est placée sous le contrôle du juge tutélaire lorsque l'un des père et mère est décédé, ou se trouve dans l'un des cas prévus aux articles 303-1, 323 et 323-1.

Elle l'est également, à moins qu'ils n'exercent en commun l'autorité parentale, lorsque les père et mère sont divorcés ou séparés de corps, ou encore lorsque le mineur est un enfant naturel.

Art. 307 *(L. n° 1.278, 29 déc. 2003).* – L'administrateur légal représente le mineur dans tous les actes civils, sauf les cas dans lesquels la loi ou, pour les besoins de la vie courante, l'usage autorise les mineurs à agir eux-mêmes.

Quand ses intérêts sont en opposition avec ceux du mineur, il doit faire nommer un administrateur *ad hoc* par le juge tutélaire.

Art. 308 *(L. n° 1.278, 29 déc. 2003).* – Les biens du mineur sont soumis à l'administration légale, hormis ceux qui lui ont été donnés ou légués à la condition qu'ils soient administrés par un tiers. Si les pouvoirs de ce dernier n'ont pas été définis par la donation ou le testament, ils sont ceux d'un administrateur légal sous contrôle du juge tutélaire.

Art. 309 *(L. n° 1.278, 29 déc. 2003).* – Dans l'administration légale des biens de leur enfant mineur non émancipé, les père et mère accomplissent ensemble les actes qu'un tuteur ne pourrait faire qu'avec l'autorisation du conseil de famille.

Par leur accord, les père et mère engagent solidairement leur responsabilité à l'égard du mineur.

À défaut d'accord des père et mère, l'acte est autorisé par le juge tutélaire.

Art. 310 *(L. n° 1.278, 29 déc. 2003).* – Dans l'administration légale pure et simple, chacun des parents est réputé, à l'égard des tiers, avoir reçu de l'autre le pouvoir de faire seul les actes pour lesquels un tuteur n'aurait besoin d'aucune autorisation.

Art. 311 *(L. n° 1.278, 29 déc. 2003).* – Outre l'accord des père et mère, l'autorisation du juge tutélaire est requise pour :

1° disposer à titre onéreux d'un immeuble ou d'un fonds de commerce,

2° emprunter,

3° renoncer à un droit,

4° délivrer ou accepter congé en matière locative,

5° demander le partage, hormis le cas d'une requête collective,

6° procéder à un partage amiable.

L'état liquidatif, en matière de partage, doit en plus, être homologué dans les conditions précisées à l'article 390.

Art. 312 *(L. n° 1.278, 29 déc. 2003).* – En matière d'administration légale sous contrôle du juge tutélaire, l'autorisation du conseil de famille, prévue dans la tutelle, est remplacée par l'autorisation de ce magistrat.

Art. 313 *(L. n° 1.278, 29 déc. 2003).* – Les règles de la tutelle sont, pour le surplus, applicables à l'administration légale, hormis celles qui concernent le conseil de famille et le subrogé tuteur.

Art. 314 *(L. n° 1.278, 29 déc. 2003).* – La jouissance des biens du mineur est attachée à l'administration légale.

Hors le cas d'émancipation par mariage, elle appartient soit aux père et mère conjointement, soit à celui des deux qui a la charge de l'administration.

Est privé de cette jouissance, jusqu'au jour de l'inventaire des biens échus au mineur, le parent survivant qui a omis d'entreprendre cette formalité dans le délai légal.

Art. 315 *(L. n° 1.278, 29 déc. 2003)*. – La jouissance ne s'étend pas aux biens que l'enfant a acquis par un travail séparé, ni à ceux qui lui sont donnés ou légués sous la condition expresse que les père et père n'en jouiront point.

Art. 316 *(L. n° 1.278, 29 déc. 2003)*. – Les charges de cette jouissance sont :

1° les charges incombant à l'usufruitier,

2° la nourriture, l'entretien et l'éducation de l'enfant, selon sa situation de fortune,

3° le paiement des arrérages ou intérêts des capitaux,

4° les frais funéraires et ceux de dernière maladie.

Section II. – Des mesures d'assistance éducative

Art. 317. – Une mesure de surveillance ou d'assistance éducative peut être prise dans les conditions fixées aux articles 318 à 321 ci-après et aux articles 833 à 836 du Code de procédure civile, à l'égard de tout mineur dont la santé, la sécurité, la moralité ou l'éducation sont compromises.

Art. 318. – Dès sa saisine, le juge tutélaire peut prescrire une enquête sur la personnalité du mineur, son milieu familial, et ordonner toutes autres mesures d'information qui lui paraîtraient utiles.

Pendant l'enquête, il peut, par ordonnance, prendre à l'égard du mineur toute mesure de protection que requiert sa situation.

Si l'intérêt du mineur l'exige, cette mesure peut être modifiée ou rapportée à tout moment.

Art. 319. – En application de l'article 317 ci-dessus, et après avoir recherché l'adhésion des père et père à une mesure de protection, le juge tutélaire peut décider la remise du mineur :

1° à celui des père et mère qui n'avait pas antérieurement l'exercice du droit de garde. Il fixe alors le montant de la pension alimentaire,

2° à un autre parent ou à une personne digne de confiance,

3° à un établissement de prévention, de soins, de cure, d'enseignement, d'éducation ou de rééducation ou à toute autre institution appropriée.

Il peut organiser le droit de visite qu'il accorderait éventuellement au père, à la mère ou à toute autre personne portant intérêt au mineur.

Dans tous les cas où le mineur est laissé ou remis à ses parents ou à un gardien, le juge peut ordonner une mesure de surveillance éducative.

La personne chargée de cette mission doit notamment aider de ses conseils les parents ou le gardien ; elle remet au juge, qui en a fixé la périodicité, un rapport sur la situation du mineur.

Art. 320. – S'il échet, le juge tutélaire peut, à tout moment, modifier ou supprimer la mesure d'assistance ou de surveillance éducative qui aura été prise en application de l'article précédent.

Art. 321. – Les frais d'entretien ou d'éducation du mineur incombent à ses père et mère.

Lorsque ceux-ci ne peuvent y subvenir totalement, la décision fixe le montant de leur contribution ; dans ce cas, l'État prend en charge le complément, sauf son recours éventuel contre les personnes débitrices d'aliments à l'égard du mineur.

Art. 322. – Lorsqu'un mineur est élevé dans des conditions d'alimentation, de logement, d'hygiène ou d'instruction manifestement défectueuses ou lorsque les prestations légales ou aides sociales servies de son chef ne sont pas utilisées dans son intérêt exclusif, le juge tutélaire peut en ordonner le versement en totalité ou en partie à une personne qu'il désigne avec mission d'en affecter l'emploi aux seuls besoins du mineur.

Section III. – Du retrait total ou partiel de l'autorité parentale

(L. n° 1.278, 29 déc. 2003)

Art. 323 *(L. n° 1.278, 29 déc. 2003 ; rempl., L. n° 1.359, 20 avr. 2009)*. – Peuvent se voir retirer totalement ou partiellement l'autorité parentale, par une disposition expresse du jugement pénal, les père et mère investis de tout ou partie de cette autorité, dans les cas suivants :

1) s'ils sont condamnés comme auteurs, coauteurs, ou complices d'un crime,

2) s'ils sont condamnés comme auteurs, coauteurs, ou complices d'un délit commis sur la personne d'un de leurs enfants,

3) s'ils sont condamnés comme coauteurs ou complices d'un crime ou d'un délit commis par un de leurs enfants,

4) s'ils sont condamnés comme auteurs, coauteurs, ou complices des infractions prévues aux articles 243 à 246, 260 à 269, 280, 284 à 292, 295 du Code pénal.

Art. 323-1 *(L. n° 1.278, 29 déc. 2003).* – Peuvent se voir retirer totalement ou partiellement l'autorité parentale, en dehors de toute condamnation pénale, les père et père investis de tout ou partie de cette autorité, s'ils compromettent la santé, la sécurité, la moralité ou l'éducation d'un de leurs enfants.

Peuvent pareillement se voir retirer totalement ou partiellement l'autorité parentale, les père et mère investis de tout ou partie de cette autorité qui, pendant plus de deux ans, se sont volontairement abstenus d'exercer les droits et de remplir les devoirs qu'ils avaient à l'égard de l'enfant.

Art. 324 *(L. n° 1.278, 29 déc. 2003).* – Le tribunal de première instance est dans tous les cas, compétent pour prononcer le retrait total ou partiel de l'autorité parentale sur requête du ministère public, d'un membre de la famille du mineur ou de toute autre personne physique ou morale.

L'article 850 du Code de procédure civile est applicable.

Art. 325 *(L. n° 1.278, 29 déc. 2003).* – Le ministère public fait procéder à une enquête sociale sur la situation du mineur et sur celle de sa famille.

Le tribunal peut faire citer toute personne dont l'audition lui apparaît utile conformément aux dispositions du deuxième alinéa de l'article 290. Tout intéressé peut être admis à lui présenter des observations.

Le rapport est fait par le juge tutélaire et le ministère public est entendu dans ses conclusions.

Il est statué en chambre du conseil par jugement qui peut être déclaré exécutoire sur minute nonobstant opposition ou appel.

Art. 326 *(L. n° 1.278, 29 déc. 2003).* – Lorsque les deux parents sont privés totalement de l'autorité parentale, la tutelle est constituée dans les termes du droit commun.

Lorsque certains des attributs de l'autorité sont retirés à l'un des parents et que l'autre parent ne peut les exercer, le tribunal, s'il estime n'y avoir lieu à tutelle, désigne les personnes auxquelles l'exercice de ces attributs est confié.

Dans les deux cas, le tribunal fixe la part contributive à l'entretien de l'enfant, que les père et père devront supporter.

Art. 327 *(L. n° 1.278, 29 déc. 2003).* – Sauf décision contraire, lorsque les parents sont privés totalement de l'autorité parentale, le droit de consentir au mariage, à l'adoption et à l'émancipation est dévolu à la personne qui l'eût exercé s'ils étaient décédés.

Il en est de même en cas de retrait partiel des attributs de l'autorité parentale.

Art. 328 *(L. n° 1.278, 29 déc. 2003).* – Tout retrait total ou partiel de l'autorité parentale est sans délai porté par le ministère public à la connaissance du juge tutélaire qui prend les mesures prévues par la loi.

Art. 329 *(L. n° 1.278, 29 déc. 2003).* – La personne à qui l'autorité parentale a été totalement ou partiellement retirée ne peut être tuteur, subrogé tuteur, curateur ou membre d'un conseil de famille.

Art. 330 *(L. n° 1.278, 29 déc. 2003).* – Les père et mère qui ont fait l'objet d'un retrait total ou partiel de l'autorité parentale peuvent former une demande en restitution des attributs qui leur ont été retirés. Cette demande est introduite par requête et instruite dans les formes prévues aux articles 324 et 325.

Elle est notifiée par exploit d'huissier au tuteur ou à la personne à qui ont été délégués les droits retirés. Le tuteur ou cette personne présente ses observations. Si la tutelle a été organisée, le conseil de famille donne son avis.

Art. 331 *(L. n° 1.278, 29 déc. 2003).* – Après décision de rejet d'une demande, une nouvelle demande ne peut être introduite avant deux ans à compter du jour où cette décision est devenue irrévocable, sauf élément nouveau relatif à l'intérêt de l'enfant.

Art. 332 *(L. n° 1.278, 29 déc. 2003).* – Toute demande en restitution est irrecevable, à compter du jour où, en application de l'article 254, le consentement à l'adoption légitimante est devenu irrévocable.

Chapitre III. – De la tutelle

Section I. – Des cas où il y a lieu à la tutelle

Art. 333. – À l'égard de l'enfant légitime, la tutelle s'ouvre d'office :

1° lorsque ses père et mère sont décédés,

2° dans le cas prévu à l'article 326, alinéa 1er.

Le tribunal décide s'il convient d'ouvrir la tutelle dans le cas prévu à l'article 326, alinéa 2.

Art. 334. – À l'égard de l'enfant naturel, la tutelle s'ouvre d'office :

1° si aucun de ses auteurs ne l'a volontairement reconnu,

2° en cas de reconnaissance volontaire, si son ou ses auteurs sont décédés ou déchus de la puissance paternelle.

Art. 335. – Dans tous les cas d'administration légale, le juge tutélaire peut, à tout moment, pour cause grave, décider d'ouvrir la tutelle.

Il statue, soit d'office, soit à la requête du ministère public ou d'un membre de la famille du mineur, l'administrateur légal entendu ou appelé. La tutelle ouverte, le conseil de famille est convoqué et peut désigner comme tuteur, soit l'administrateur légal, soit toute autre personne.

À partir de la notification qui lui est faite par le juge tutélaire et jusqu'à décision définitive, l'administrateur légal ne peut faire aucun acte qui eût requis, en cas de tutelle, l'autorisation du conseil de famille.

Art. 336. – Lorsqu'un enfant naturel est reconnu après ouverture de la tutelle, le juge tutélaire peut convertir celle-ci en administration légale sous son contrôle.

Section II. – De l'organisation de la tutelle

§ 1. – Du tuteur

Art. 337. – Le survivant des père et mère peut seul choisir un tuteur si, au jour de son décès, il exerce encore l'administration légale ou la tutelle.

Cette élection ne peut être faite que par testament ou déclaration devant notaire.

Le tuteur élu n'est pas tenu d'accepter la tutelle.

Art. 338. – À défaut de tuteur élu, la tutelle de l'enfant légitime est déférée à celui des ascendants du degré le plus rapproché.

En cas de concours entre ascendants du même degré, le conseil de famille désigne celui d'entre eux qui sera tuteur.

Art. 339. – En l'absence d'ascendant, le tuteur est nommé par le conseil de famille.

Celui-ci est convoqué par le juge tutélaire, d'office, sur réquisition du ministère public ou à la demande de toute personne intéressée.

Lorsque la tutelle concerne un étranger, la demande peut être formée par le consul du pays d'origine de l'enfant.

Art. 340. – Le tuteur est désigné pour la durée de la tutelle.

Le conseil de famille peut néanmoins pourvoir à son remplacement en cours de tutelle, si des circonstances graves le requièrent, sans préjudice des cas d'excuse, d'incapacité ou de destitution.

Art. 341. – L'âge, la maladie, l'éloignement, les occupations professionnelles ou familiales, la charge d'une autre tutelle peuvent dispenser ou décharger de la tutelle.

Le père ou la père ne peut être dispensé, ni déchargé de la tutelle.

Art. 342. – Celui qui n'est ni parent, ni allié du père ou de la mère peut refuser la tutelle.

Art. 343. – Les excuses tendant à dispenser de tutelle doivent être proposées au conseil de famille, sur le champ, si le tuteur assiste à la délibération qui le désigne et, s'il est absent, dans les huit jours de la notification de sa nomination.

Le conseil de famille, au besoin spécialement convoqué, délibère sur ces excuses. En cas de rejet, le tuteur peut recourir contre cette décision devant la cour d'appel qui est saisie et statue comme il est dit aux articles 844 et suivants du Code de procédure civile. Cependant jusqu'à décision irrévocable, le tuteur est tenu de remplir ses fonctions.

Art. 344. – La tutelle est une charge personnelle.

Elle ne se communique point au conjoint du tuteur.

Toutefois, le conjoint qui s'immiscerait dans la gestion du patrimoine pupillaire serait solidairement responsable avec le tuteur de la gestion postérieure à son immixtion.

Art. 345. – La tutelle ne passe point aux héritiers du tuteur, cependant, s'ils sont majeurs, ils devront la continuer jusqu'à la nomination du nouveau tuteur.

Art. 346. – Si la tutelle reste vacante, le juge tutélaire la défère à l'État.

§ 2. – Du conseil de famille

Art. 347. – Le conseil de famille est composé de quatre à six membres outre le juge tutélaire qui le préside. Le tuteur n'en fait pas partie.

Ces membres sont choisis par le juge qui pourvoit d'office à leur remplacement lorsqu'ils sont hors d'état de remplir leurs fonctions.

Art. 348. – Le juge tutélaire choisit les membres du conseil de famille parmi les parents, les alliés ou les amis du père ou de la mère ou toute autre personne, en tenant compte de la proximité du degré, de la résidence, de l'âge, des aptitudes et de l'intérêt porté à l'enfant. Il s'efforce de ne laisser aucune ligne sans représentation.

Art. 349. – Le conseil de famille est convoqué par le juge tutélaire. Il doit l'être si la convocation est requise par deux de ses membres, le tuteur, le subrogé tuteur, ou le mineur âgé de dix-huit ans.

Le greffier adresse la convocation par lettre recommandée avec demande d'avis de réception huit jours au moins avant la réunion.

Art. 350. – Les membres du conseil de famille sont tenus d'assister à la réunion. Chacun d'eux peut se faire représenter par un parent ou un allié du père ou de la mère, si ce représentant n'est lui-même membre du conseil de famille. Le mari peut représenter la femme et réciproquement.

Ceux qui, sans excuse légitime, ne seront ni présents, ni régulièrement représentés, encourront l'amende civile prévue à l'article 837 du Code de procédure civile.

Art. 351. – Les séances du conseil de famille ne sont pas publiques.

Les tiers ne peuvent obtenir expédition des procès-verbaux qu'avec l'autorisation du juge tutélaire.

Art. 352. – Si le juge tutélaire estime que la décision peut être prise sans que le conseil se réunisse, il communique à chacun des membres le texte de la décision à prendre en y joignant ses observations.

Chacun des membres émet son vote par lettre recommandée avec demande d'avis de réception, dans le délai que le juge impartit, faute de quoi il encourt l'amende prévue à l'article 837 du Code de procédure civile.

Art. 353. – Le conseil de famille ne peut délibérer que si la moitié au moins de ses membres sont présents ou représentés. À défaut, le juge tutélaire peut, soit ajourner la séance, soit, en cas d'urgence, prendre lui-même la décision.

Art. 354. – Les délibérations du conseil de famille sont toujours motivées et à défaut d'unanimité l'avis de chacun des membres est mentionné dans le procès-verbal. En cas de partage, le juge tutélaire a voix prépondérante.

Art. 355 *(Mod., L. n° 1.261, 23 déc. 2002)*. – Le tuteur assiste à la séance. Il peut cependant s'y faire représenter avec l'autorisation du juge tutélaire. Il y est entendu mais ne vote pas, non plus que le subrogé tuteur dans les cas où il remplace le tuteur.

Le mineur âgé de quinze ans peut, si le juge tutélaire l'estime utile, y être présenté.

Art. 356 *(L. n° 1.261, 23 déc. 2002)*. – Hormis le cas de l'article 390, les délibérations du conseil de famille sont exécutoires par elles-mêmes.

Elles peuvent néanmoins faire l'objet d'un recours de la part du tuteur, des membres du conseil de famille, y compris son président, lors même que ces derniers auraient voté la délibération.

Le recours est porté devant la cour d'appel qui est saisie par déclaration au greffe général ou par lettre recommandée avec demande d'avis de réception adressée au greffier en chef. Quand le recours est formé par le juge tutélaire, la cour est saisie par un rapport écrit de ce magistrat.

Le recours doit être formé dans les huit jours de la délibération. Toutefois, dans le cas prévu à l'article 352, ce délai ne court qu'à compter de la notification de cette délibération aux membres du conseil de famille.

Sauf exécution immédiate de la délibération ordonnée par le conseil de famille, le recours et le délai pour l'exercer sont suspensifs.

Art. 357. – Les recours contre les délibérations du conseil de famille sont instruits et jugés selon les règles établies aux articles 845 et suivants du Code de procédure civile.

La cour peut, même d'office, substituer une décision nouvelle à la délibération du conseil de famille.

Art. 358. – Les délibérations du conseil de famille sont nulles lorsqu'elles ont été surprises par dol ou fraude, ou que des formalités substantielles ont été omises.

La nullité est couverte par une nouvelle délibération valant confirmation, selon l'article 1185 du Code civil.

L'action en nullité est exercée devant le tribunal de première instance par le tuteur, le subrogé tuteur, les membres du conseil de famille ou le ministère public, dans les deux années de la délibération, ainsi que par le pupille devenu majeur ou émancipé, dans les deux années de sa majorité ou de son émancipation. La prescription ne court pas s'il y a eu dol ou fraude, jusqu'à ce que le fait ait été découvert.

Les actes accomplis en vertu d'une délibération annulée sont eux-mêmes annulables ; l'action en nullité est soumise aux dispositions de l'alinéa précédent ; toutefois le délai de prescription courra à compter de l'acte et non de la délibération.

§ 3. – Des autres organes de la tutelle

Art. 359. – Le conseil de famille peut diviser la tutelle entre un tuteur à la personne et un tuteur aux biens ou confier à un tuteur adjoint, la gestion de biens spécifiés.

Les tuteurs ainsi nommés seront indépendants et non responsables l'un envers l'autre, dans leurs fonctions respectives, à moins qu'il n'en ait été autrement ordonné par le conseil de famille.

Art. 360. – Le conseil de famille désigne parmi ses membres un subrogé tuteur.

Si le tuteur n'est parent ou allié du mineur que dans une ligne, le subrogé tuteur est pris, autant que possible, dans l'autre ligne.

Art. 361. – Le subrogé tuteur contrôle la gestion du tuteur.

S'il y relève une faute, il en informe sans délai le juge tutélaire, sous sa responsabilité.

Art. 362. – Le subrogé tuteur remplace le tuteur lorsque les intérêts de celui-ci sont en opposition avec ceux du mineur.

En cas de décès ou d'incapacité du tuteur ou si ce dernier abandonne la tutelle, le subrogé tuteur en informe sans délai le juge tutélaire sous sa responsabilité.

Art. 363. – Si le tuteur s'est ingéré dans la gestion avant la nomination du subrogé tuteur, il pourra, s'il y a eu fraude de sa part, être destitué de la tutelle, sans préjudice de dommages-intérêts dus au mineur.

Art. 364. – La charge du subrogé tuteur cesse à la même époque que celle du tuteur.

§ 4. – Dispositions générales

Art. 365. – Le subrogé tuteur et les autres membres du conseil de famille peuvent être dispensés ou déchargés de leurs fonctions, pour des motifs identiques à ceux prévus à l'article 341 pour le tuteur.

Art. 366. – Le conseil de famille statue sur les excuses du tuteur et du subrogé tuteur ; le juge tutélaire sur les excuses proposées par les membres du conseil de famille.

Art. 367. – Les différentes charges tutélaires peuvent être remplies par toute personne, sous réserve des causes d'incapacité, exclusion, destination ou récusation exprimées ci-dessous.

Art. 368. – Sont incapables de remplir les différentes charges de tutelle :

1° les mineurs, hormis le père ou la mère ;

2° les majeurs en tutelle ou en curatelle.

Art. 369. – Sont exclus ou destitués de plein droit des différentes charges de la tutelle :

1° ceux qui ont été condamnés à une peine criminelle ou à qui l'exercice des charges tutélaires a été interdit conformément à l'article 27 du Code pénal ;

2° ceux qui ont été déchus totalement de la puissance paternelle.

Art. 370. – Peuvent être exclues ou destituées les personnes dont l'inconduite est notoire ou dont le défaut de probité, la négligence habituelle ou l'inaptitude à gérer leurs affaires, aura été constaté.

Art. 371. – Peuvent être récusées des différentes charges de la tutelle, lorsqu'elles ne sont pas elles-mêmes déportées, les personnes qui sont ou dont les ascendant ou descendants sont en litige avec le mineur.

Art. 372. – Si un membre du conseil de famille est passible d'exclusion, de destitution ou de récusation, le juge tutélaire statue, soit d'office, soit à la requête du tuteur, du subrogé tuteur ou du ministère public.

Art. 373. – Si la cause d'exclusion, de destitution ou de récusation concerne le tuteur ou le subrogé tuteur, le conseil de famille décide. Il sera convoqué par le juge tutélaire, soit d'office, soit à la requête des personnes mentionnées à l'article 349 ou du ministère public.

Art. 374. – Le tuteur ou le subrogé tuteur ne peut être exclu, destitué ou récusé qu'après avoir été entendu ou appelé.

S'il adhère à la délibération, mention en sera faite au procès-verbal ; le nouveau tuteur ou subrogé tuteur entrera aussitôt en fonctions.

S'il n'y adhère pas, il peut se pourvoir contre cette décision.

Le recours est formé, instruit et jugé selon les règles établies aux articles 356 et 357.

Le jute peut, en cas d'urgence, prescrire toute mesure provisoire justifiée par l'intérêt de l'enfant.

Section III. – Fonctionnement de la tutelle

Art. 375. – Le conseil de famille règle les conditions générales de l'entretien et de l'éducation de l'enfant, eu égard autant que possible à la volonté exprimée par les père et mère.

Art. 376. – Le tuteur prend soin de la personne du mineur et le représente dans tous les actes civils, sauf les cas dans lesquels la loi, ou pour les besoins de la vie courante, l'usage autorise le mineur à agir seul.

Il administre ses biens en bon père de famille.

Il ne peut acquérir les biens du mineur ni, sauf autorisation du conseil de famille, les prendre en location. Il ne peut accepter la cession d'un droit ou d'une créance contre son pupille.

Art. 377. – Le tuteur exerce ses fonctions du jour de sa nomination, si elle a été faite en sa présence ; sinon du jour où elle lui a été notifiée conformément à l'article 841 du Code de procédure civile.

Dans les dix jours qui suivent et après avoir, le cas échéant, requis la levée des scellés, il fait procéder immédiatement à l'inventaire des meubles du mineur, en présence du subrogé tuteur. Il peut faire constater l'état des immeubles. Expédition de ces actes est transmise au juge tutélaire.

À défaut d'inventaire dans le délai prescrit, le subrogé tuteur saisit le juge tutélaire à l'effet d'y faire procéder, à peine d'être solidairement responsable avec le tuteur de toutes les condamnations qui pourraient être prononcées au profit du pupille. Le défaut d'inventaire autorise le pupille à faire la preuve de la consistance et de la valeur de ses biens par tous les moyens y compris la commune renommée.

Sous peine de déchéance de ses droits, le tuteur devra déclarer dans l'inventaire les créances qu'il a sur le mineur. Le notaire rédacteur de l'acte interpelle le tuteur sur ce point et en fait mention au procès-verbal.

Art. 378. – Dans les trois mois qui suivent l'ouverture de la tutelle, le tuteur convertit en titres nominatifs, ou dépose à un compte ouvert au nom du mineur et portant mention de sa minorité chez un dépositaire agréé pour recevoir les fonds et valeurs pupillaires, tous les titres au porteur appartenant au mineur, à moins qu'il ne soit autorisé à les aliéner conformément aux articles 383 et 393.

La disposition ci-dessus s'applique aux titres qui adviendront au mineur en cours de tutelle.

Le tuteur ne pourra retirer les titres au porteur qui auraient été déposés conformément aux précédents alinéas, ni convertir en titres au porteur des titres nominatifs, à moins que la conversion ne soit opérée par l'intermédiaire d'un dépositaire agréé.

Le conseil de famille peut, s'il est nécessaire, fixer un terme plus long pour l'accomplissement de ces opérations.

Art. 379. – Le tuteur ne peut donner quittance des capitaux qu'il reçoit pour le compte du pupille qu'avec le contre-seing du subrogé tuteur.

Ces capitaux sont déposés par lui à un compte ouvert au nom du mineur, et portant mention de sa minorité, chez un dépositaire agréé pour recevoir les fonds et valeurs pupillaires.

Le dépôt est fait dans le mois de la réception des capitaux ; passé ce délai, le tuteur est, de plein droit, débiteur des intérêts.

Art. 380. – À l'ouverture de la tutelle, et, s'il y a lieu, en cours d'exercice, le conseil de famille règle, par aperçu, et selon l'importance des biens régis, la somme annuellement nécessaire à l'entretien et l'éducation du pupille et l'administration de ses biens, ainsi que les indemnités qui pourraient être allouées au tuteur.

Le conseil de famille peut autoriser le tuteur à se faire assister, sous sa propre responsabilité, par des administrateurs particuliers dont les salaires sont portés au compte de la tutelle.

Il peut aussi autoriser le tuteur à passer avec un tiers qu'il désigne, pour la gestion des biens du pupille, un contrat dont il spécifie les clauses.

Nonobstant toute disposition contraire, la convention peut, à tout moment, être résiliée au nom du mineur.

Art. 381. – Le conseil de famille détermine la somme à partir de laquelle le tuteur aura l'obligation d'employer les capitaux liquides du mineur, ainsi que l'excédent de ses revenus. Cet emploi devra être fait dans le délai de six mois sauf prorogation accordée par le conseil de famille. Passé ce délai, le tuteur est, de plein droit, comptable des intérêts.

La nature des biens qui peuvent être acquis en emploi est déterminée par le conseil de famille, soit d'avance, soit à l'occasion de chaque opération.

En aucun cas, les tiers ne seront garants de l'emploi.

Art. 382. – Le tuteur accomplit seul les actes d'administration. Il peut ainsi aliéner à titre onéreux, les meubles d'usage courant et les biens ayant le caractère de fruits.

Nonobstant toutes dispositions légales ou conventionnelles contraires, les baux consentis par le tuteur ne confèrent au preneur, à l'encontre du pupille émancipé ou devenu majeur, aucun droit de renouvellement ni aucun droit à se maintenir dans les lieux. Toutefois, cette règle n'est pas applicable aux baux consentis avant l'ouverture de la tutelle et renouvelés par le tuteur.

Art. 383. – Les actes de disposition à titre onéreux sont soumis à l'autorisation du conseil de famille.

Cette autorisation est notamment nécessaire pour emprunter, aliéner ou grever de sûretés les immeubles, fonds de commerce, valeurs mobilières et autres droits incorporels, et les meubles qui ne sont pas d'usage courant.

Il en est de même pour la conclusion d'un bail nouveau comportant droit au renouvellement ou au maintien dans les lieux.

Art. 384. – Le conseil de famille peut assortir son autorisation de toutes mesures qu'il estime utiles, en particulier quant au remploi des fonds.

Art. 385. – La vente des immeubles et des fonds de commerce appartenant à un mineur se fera publiquement aux enchères, en présence du subrogé tuteur, dans les conditions prévues aux articles 897 et suivants du Code de procédure civile.

Le conseil de famille peut, toutefois, autoriser la vente à l'amiable, soit par adjudication devant notaire, sur la mise à prix qu'il fixe, soit de gré à gré, aux prix et conditions qu'il détermine. En cas d'adjudication, il peut toujours être fait surenchère du dixième.

L'apport en société d'un immeuble ou d'un fonds de commerce a lieu de gré à gré.

Les valeurs mobilières qui sont inscrites à une cote officielle sont vendues par le ministère d'un agent de change.

Les autres valeurs mobilières sont vendues aux enchères par le ministère d'un agent de change ou d'un notaire désigné dans la délibération qui autorise la vente ; le conseil de famille peut, néanmoins, en autoriser la vente de gré à gré, aux prix et conditions qu'il détermine.

Art. 386. – L'autorisation du conseil de famille n'est pas exigée en cas de licitation judiciaire sur demande d'un indivisaire autre que le mineur.

Art. 387. – Le tuteur ne peut accepter une succession échue au mineur que sous bénéfice d'inventaire. Toutefois, le conseil de famille peut, par une délibération spéciale, l'autoriser à accepter purement et simplement, lorsque l'actif dépasse manifestement le passif.

Le tuteur ne peut répudier une succession échue au mineur sans une autorisation du conseil de famille.

Lorsque la succession répudiée au nom du mineur n'a pas été acceptée par un autre successible, elle pourra l'être, soit par le tuteur autorisé à cet effet par une nouvelle délibération du conseil de famille, soit par le pupille émancipé ou devenu majeur. Elle sera recueillie dans l'état où elle se trouve sans que puissent être contestés les actes légalement faits durant la vacance.

Art. 388. – Le tuteur peut accepter sans autorisation les donations et les legs particuliers advenus au pupille, à moins qu'ils ne soient grevés de charges.

Art. 389. – Le tuteur doit obtenir l'autorisation du conseil de famille pour introduire une action au nom du mineur, se désister de l'instance engagée ou faire des offres aux fins de désistement. Sauf urgence, l'action qu'il engagerait seul est irrecevable ; cette fin de non-recevoir peut être soulevée, même d'office en tout état de cause.

Il défend seul à une demande introduite contre le mineur, mais il ne peut y acquiescer qu'avec l'autorisation du conseil de famille.

Il peut, sans autorisation, se joindre à une requête collective à fin de partage, présentée par les co-indivisaires du mineur.

Art. 390. – Tout partage mettant en cause les biens d'un mineur est fait en justice.

Toutefois, le conseil de famille peut autoriser le partage, même partiel, à l'amiable. En ce cas, il désigne un notaire pour y procéder.

L'état liquidatif approuvé par les parties est déposé au greffe général. Par lettre recommandée avec demande d'accusé de réception, le notaire en adresse une expédition à chacun des membres du conseil de famille ; celui-ci en délibère.

L'état liquidatif auquel est joint le procès-verbal de cette délibération est soumis à l'homologation du tribunal, à la diligence du tuteur ou de toute autre partie intéressée au partage.

Les membres du conseil de famille peuvent s'opposer à cette homologation en intervenant à l'instance. Le même droit appartient au juge tutélaire, par la voie d'un rapport écrit au tribunal.

Art. 391. – Tout autre partage n'est que provisionnel.

Art. 392. – Le tuteur ne peut transiger au nom du mineur qu'après avoir fait approuver par le conseil de famille les clauses de la transaction.

Art. 393 *(Mod., L. n° 1.247, 21 déc. 2001)*. – Le juge tutélaire peut substituer son autorisation à celle du conseil de famille lorsque l'acte dont s'agit porte sur des biens dont la valeur en capital est inférieure à 7 600 €.

Il peut aussi, à la requête du tuteur, autoriser une vente de valeurs mobilières s'il y a péril en la demeure, à charge pour le tuteur d'en rendre compte, sans délai, au conseil de famille qui décidera du remploi.

Art. 394. – Les biens du mineur ne peuvent être l'objet d'une donation que par contrat de mariage.

Art. 395. – Il ne peut être compromis sur les intérêts du mineur.

Section IV. – Des comptes de la tutelle et des responsabilités

Art. 396. – Le tuteur est comptable de sa gestion.

Art. 397. – Il remet chaque année au subrogé tuteur un compte de gestion.

Le subrogé tuteur transmet ce compte avec ses observations au juge tutélaire, lequel convoque le conseil de famille pour en délibérer.

Art. 398. – Dans les trois mois qui suivent la fin de la tutelle, le compte définitif est rendu, soit au pupille lui-même émancipé ou devenu majeur, soit à ses héritiers. Le tuteur avance les frais.

Sont remboursées au tuteur toutes dépenses justifiées dont l'objet aura été utile.

Si le tuteur cesse ses fonctions avant la fin de la tutelle, compte récapitulatif de sa gestion sera rendu au nouveau tuteur ; celui-ci ne pourra l'accepter qu'avec l'autorisation du conseil de famille, le subrogé tuteur entendu.

Art. 399. – Après son émancipation ou sa majorité, le pupille ne peut approuver le compte de tutelle qu'un mois après que le tuteur le lui aura remis contre récépissé, avec les pièces justificatives. Toute approbation est nulle, si elle est donnée avant la fin du délai.

Est également nulle toute convention passée entre le pupille émancipé ou devenu majeur et le tuteur, si elle a pour effet de soustraire celui-ci, en tout ou en partie, à son obligation de rendre compte.

Art. 400. – L'approbation du compte ne peut constituer une fin de non recevoir des actions en responsabilité appartenant au pupille contre le tuteur, le subrogé tuteur ou les membres du conseil de famille.

L'État est responsable à l'égard du pupille du dommage résultant d'une faute commise par l'administrateur public chargé d'une tutelle vacante en vertu de l'article 346.

Art. 401. – Le reliquat à la charge du tuteur porte de plein droit intérêts à compter de l'approbation des comptes et au plus tard, trois mois après la cessation de la tutelle.

Le reliquat à la charge du mineur ne porte intérêt que de la sommation de payer, postérieure à l'approbation des comptes.

Art. 402. – Toute action du pupille relative aux faits de la tutelle et exercée contre le tuteur, le subrogé tuteur, les membres du conseil de famille et l'État se prescrit par cinq ans, à compter de la majorité, lors même qu'il y aurait eu émancipation.

Chapitre IV. – De l'émancipation

Art. 403. – Le mineur est émancipé de plein droit par le mariage.

Art. 404 à 407 *(Abr., L. n° 1.261, 23 déc. 2002)*.

Art. 408. – Le compte de l'administration ou de la tutelle est rendu au mineur émancipé dans les conditions prévues par les articles 396 et suivants.

Art. 409. – Le mineur émancipé cesse d'être sous l'autorité de ses père et mère. Le 2e alinéa de l'article 1231 du Code civil n'est plus applicable.

Art. 410 *(Mod., L. n° 1.261, 23 déc. 2002)*. – Le mineur émancipé a la capacité du majeur pour tous les actes de la vie civile.

TITRE X. – DE LA MAJORITÉ ET DES INCAPABLES MAJEURS

(L. n° 892, 21 juill. 1970)

Chapitre I. – De la majorité

Art. 410-1° *(L. n° 1.261, 23 déc. 2002)*. – La majorité est fixée à dix-huit ans ; à cet âge, on est capable de tous les actes de la vie civile.

Chapitre II. – Des incapables majeurs

Section I. – Dispositions générales

Art. 410-2°. – Un acte juridique ne peut être valablement accompli par celui qui s'y est déterminé sous l'empire d'un trouble mental.

La personne qui en demande la nullité doit établir l'existence de ce trouble au moment de l'acte.

De son vivant, la nullité ne peut être demandée que par l'auteur lui-même, le tuteur ou le curateur qui lui aurait été nommé.

Après son décès, elle ne pourra l'être par ses héritiers que dans l'un des cas suivants :

- si la preuve du trouble mental résulte de l'acte même ;
- si une instance tendant à prendre une mesure de protection était en cours au moment du décès ;
- si l'acte attaqué est une donation entre vifs ou un testament.

Art. 410-3°. – Celui qui, sous l'empire d'un trouble mental a causé un préjudice à autrui doit le réparer.

Art. 410-4°. – Lorsque les facultés mentales d'un majeur sont altérées par la maladie, par une infirmité naturelle ou accidentelle ou par l'âge, il est pourvu à la gestion de ses intérêts par l'un des régimes de protections prévus aux articles 410-9° à 410-35° ci-après.

Il en est de même lorsque l'altération des facultés corporelles empêche l'expression de la volonté.

L'altération des facultés mentales ou corporelles est attestée par le rapport d'un médecin, désigné par le juge tutélaire sur simple requête ou d'office.

Art. 410-5°. – Le régime applicable aux intérêts civils est indépendant des modalités du traitement médical.

Cependant, les décisions par lesquelles est organisée la protection des intérêts civils sont précédées de l'avis d'un médecin judiciairement commis.

Le juge tutélaire ou les magistrats du ministère public peuvent visiter ou faire visiter les majeurs protégés, quel que soit le régime de protection applicable.

Art. 410-6°. – Dès qu'il est informé que les biens d'un majeur soumis aux dispositions du présent titre peuvent être mis en péril, le ministère public a qualité pour provoquer d'urgence toutes mesures conservatoires utiles, notamment l'apposition des scellés.

Art. 410-7°. – Quel que soit le régime de protection applicable, la personne chargée de la protection des intérêts du majeur incapable ne peut disposer du logement de celui-ci, ni du mobilier le garnissant.

Sauf décision du juge tutélaire et application des articles 410-13° et 410-32°, ces biens ne peuvent être l'objet que de conventions de jouissance précaire qui, nonobstant toute prescription légale contraire, prendront fin dès le retour de l'intéressé.

Les souvenirs et autres objets de caractère personnel ne peuvent être vendus qu'avec l'autorisation du juge tutélaire. Ils seront conservés au besoin par l'établissement de traitement à la disposition de la personne protégée.

Art. 410-8°. – Les décisions restreignant la capacité d'un majeur sont mentionnées à la requête du ministère public, sur un registre *ad hoc* tenu au greffe général. Hors le cas où ils en auraient eu personnellement connaissance, ces décisions ne sont opposables aux tiers que deux mois après leur mention sur ce registre.

Sur simple demande, le greffier en chef délivre à tout requérant un certificat indiquant qu'il existe ou non une décision relative à la capacité d'un majeur.

Art. 410-9°. – Celui qui exerce une fonction ou occupe un emploi dans un établissement hébergeant des personnes âgées ou infirmes ou dispensant des soins psychiatriques ne peut, sauf autorisation du juge tutélaire, contracter avec l'une de ces personnes.

La même interdiction s'applique à leur médecin traitant.

Pour l'application des deux alinéas précédents sont réputées personnes interposées, le conjoint, les ascendants, les descendants des personnes soumises à cette interdiction.

Section II. – Des majeurs en tutelle

Art. 410-10°. – Lorsque, pour l'une des causes énoncées à l'article 410-4°, un majeur doit être représenté de manière continue dans les actes de la vie civile, la tutelle est ouverte par décision du tribunal de première instance, à la requête du majeur, de son conjoint, de ses ascendants, de ses descendants, de ses frères ou sœurs, du curateur ainsi que du ministère public.

Le tribunal peut aussi se saisir d'office.

Il entend le majeur ou le fait entendre par un juge commis, en présence du ministère public. Il statue en chambre du conseil.

Il peut prendre l'avis du conseil de famille, spécialement réuni à cet effet ; cet avis n'est susceptible d'aucun recours.

Art. 410-11°. – La décision peut être prise à l'égard d'un mineur non émancipé dans la dernière année de sa minorité ; mais elle ne recevra application qu'à compter de la majorité.

Art. 410-12°. – À l'exception des jugements rendus en vertu des articles 410-21° et 410-28° qui sont toujours notifiés au majeur, le tribunal peut, par une disposition motivée, décider qu'il n'y aura pas lieu de signifier à la personne protégée le jugement prononçant l'ouverture de la tutelle ; dans ce cas, il indique à quelle autre personne la décision sera notifiée.

Art. 410-13°. – Les règles de la tutelle des mineurs à l'exception de celles relatives à l'éducation, sont applicables aux majeurs, sous réserve des dispositions des articles 410-14° à 410-28°.

Art. 410-14°. – Le tribunal désigne le tuteur qui peut être une personne morale.

Art. 410-15°. – Nul, à l'exception du conjoint, des descendants et des personnes morales, n'est tenu de conserver la tutelle au-delà de cinq ans ; à l'expiration de ce délai, le tuteur qui le demande sera remplacé.

Art. 410-16°. – Le médecin traitant ne peut être tuteur.

La tutelle ne peut davantage être déférée à l'établissement de traitement, ni à une personne y occupant un emploi rémunéré, à moins que celui-ci n'ait qualité pour demander l'ouverture de la tutelle.

Art. 410-17°. – Le médecin traitant ne peut être membre du conseil de famille, ni assister à ses délibérations.

Art. 410-18°. – Le tribunal peut ne pas ouvrir la tutelle et confier la gestion du patrimoine du majeur, soit au conjoint, soit à un ascendant, un descendant ou un frère ou une sœur, aptes à gérer ses biens.

Ces pouvoirs de gestion sont ceux qui appartiennent à l'administrateur légal soumis au contrôle du juge tutélaire.

Art. 410-19°. – Lorsqu'il n'apparaît pas nécessaire d'organiser la tutelle, le tribunal peut désigner seulement un administrateur.

Cet administrateur perçoit les revenus du majeur et les emploie aux besoins de celui-ci, ainsi qu'à l'exécution des obligations alimentaires dont ce dernier est tenu ; l'excédent est versé à un compte ouvert chez un des dépositaires agréés visés à l'article 378.

Le tribunal peut conférer à l'administrateur d'autres pouvoirs qu'il détermine. Il fixe, le cas échéant, la rémunération à laquelle celui-ci peut prétendre.

Chaque année, l'administrateur rend compte de sa gestion au juge tutélaire.

Art. 410-20°. – Le tribunal peut, à tout moment, décider d'ouvrir ou d'organiser la tutelle.

Art. 410-21°. – Par dérogation aux règles ci-dessus définies le tribunal peut permettre au majeur en tutelle, d'accomplir seul ou avec l'assistance du tuteur ou de l'administrateur les actes qu'il énumère spécialement.

Art. 410-22°. – Le conseil de famille peut autoriser le tuteur à consentir une donation entre vifs au nom du majeur :

– au profit des descendants, en avancement d'hoirie seulement,

– au profit du futur conjoint, dans le contrat de mariage,

– au profit du conjoint, en pleine propriété lorsqu'il y a des enfants communs, mais en usufruit seulement dans le cas contraire.

Art. 410-23°. – Sous réserve des prescriptions de l'article 410-8°, les actes passés en violation des dispositions précédentes sont nuls de plein droit.

Art. 410-24°. – Les actes passés avant que le jugement ne soit devenu opposable peuvent être annulés si la situation qui a motivé la mesure existait notoirement à l'époque où ils ont été accomplis.

Art. 410-25° *(Abr., L. n° 1.089, 21 nov. 1985).*

Rédaction antérieure. Art. 410-25°. – Le mariage d'un majeur à l'égard duquel a été prise une des mesures prévues aux articles 410-10°, 410-18° et 410-19° doit être autorisé par le conseil de famille, au besoin spécialement constitué à cet effet, après audition des futurs conjoints et avis du médecin traitant.

La nullité du mariage célébré en violation des dispositions de l'alinéa précédent est soumise aux articles 151 et 152 du Code civil.

Art. 410-26° *(Abr., L. n° 1.089, 21 nov. 1985).*

Rédaction antérieure. Art. 410-26°. – Lorsque le majeur en tutelle est partie à une instance en divorce ou en séparation de corps, son tuteur doit intervenir ou être mis en cause, à peine d'irrecevabilité de l'action.

Art. 410-27°. – Le majeur en tutelle ne peut tester que dans le moment où il est en état d'exprimer une volonté consciente et libre, et en la forme authentique.

Il ne peut révoquer ou modifier son testament que sous la même condition et dans la même forme.

Le notaire demande au testateur s'il est placé sous tutelle et consigne la réponse dans l'acte.

Art. 410-28°. – Le tribunal prononce la mainlevée de la tutelle lorsqu'a disparu la situation qui en avait provoqué l'ouverture.

Le jugement est rendu dans les conditions prévues à l'article 410-10° ; il est mentionné sur le registre *ad hoc* prévu par l'article 410-8°.

Les certificats délivrés par le greffier en chef en vertu de l'article 410-8° ne feront plus mention, sauf autorisation motivée du juge tutélaire, des inscriptions antérieures figurant sur ledit registre.

Le majeur recouvre l'exercice de ses droits dès que la décision est devenue irrévocable.

Section III. – Des majeurs en curatelle

Art. 410-29°. – Le majeur qui, pour l'une des causes prévues à l'article 410-4°, a seulement besoin d'être assisté dans les actes de la vie civile, peut être placé sous un régime de curatelle.

Il en est de même pour celui qui, par sa faiblesse d'esprit ou sa prodigalité, compromet l'exécution de ses obligations familiales.

Art. 410-30°. – La curatelle est ouverte et prend fin de la même manière que la tutelle des majeurs.

Le tribunal saisi d'une demande d'ouverture de tutelle peut décider de n'ouvrir que la curatelle.

Art. 410-31°. – Le tribunal désigne le curateur ; celui-ci est soumis aux règles applicables au tuteur du majeur.

Aucun autre organe n'intervient dans le fonctionnement de la curatelle.

Art. 410-32°. – Sans l'assistance de son curateur, le majeur ne peut faire aucun acte qui, sous le régime de la tutelle des majeurs, requerrait une autorisation du conseil de famille.

Il ne peut non plus, sans cette assistance, recevoir des capitaux ni en faire emploi.

Si le curateur refuse son assistance, le majeur peut demander au juge tutélaire l'autorisation d'agir. Cette autorisation ne peut lui être accordée qu'après audition du curateur ou celui-ci dûment convoqué.

Art. 410-33°. – Par dérogation aux règles ci-dessus définies, le tribunal peut permettre au majeur en curatelle d'accomplir seul certains actes qu'il énumère spécialement.

Art. 410-34°. – Le majeur en curatelle ne peut faire de donation entre vifs qu'avec l'assistance de son curateur.

Mais il peut tester librement.

Art. 410-35°. – Sous réserve des dispositions de l'article 410-8°, est nul l'acte pour lequel l'assistance du curateur était requise et qui a été accompli par le majeur en curatelle seul.

Si le curateur ne l'a pas ultérieurement approuvé, la nullité peut en être demandée par le majeur ou par le curateur ; elle doit l'être dans le délai prévu à l'article 1152 du Code civil.

Art. 410-36°. – L'article 410-24° est applicable en matière de curatelle.

LIVRE II. – DES BIENS ET DES DIFFÉRENTES MODIFICATIONS DE LA PROPRIÉTÉ

(Décrété le 15 nov. 1881 et déclaré exécutoire à dater du 1er janv. 1882)

TITRE I. – DE LA DISTINCTION DES BIENS

Art. 411. – Tous les biens sont meubles ou immeubles.

Chapitre I. – Des immeubles

Art. 412. – Les biens sont immeubles ou par leur nature, ou par leur destination, ou par l'objet auquel ils s'appliquent.

Art. 413. – Les fonds de terre et les bâtiments, alors même que ces bâtiments seraient édifiés sur le terrain d'autrui, sont immeubles par leur nature.

Art. 414. – Les moulins à vent ou à eau, fixés sur piliers, ou faisant partie du bâtiment, sont aussi immeubles par leur nature.

Art. 415. – Les récoltes pendantes par leurs racines, et les fruits des arbres non encore recueillis, sont pareillement immeubles.

Dès que les grains sont coupés et les fruits détachés, quoique non enlevés, ils sont meubles.

Si une partie seulement de la récolte est coupée, cette partie seule est meuble.

Art. 416. – Les coupes ordinaires des bois taillis ou de futaies mises en coupes réglées ne deviennent meubles qu'au fur et à mesure que les arbres sont abattus.

Art. 417. – Les animaux que le propriétaire du fonds livre au fermier ou au métayer pour la culture, estimés ou non, sont censés immeubles tant qu'ils demeurent attachés au fond par l'effet de la convention.

Ceux qu'il donne à cheptel à d'autres qu'au fermier ou métayer sont meubles.

Art. 418. – Sont immeubles les sources, réservoirs, cours d'eau et conduites d'eau ou de gaz.

Art. 419. – Les objets que le propriétaire d'un fonds y a placés pour le service et l'exploitation de ce fonds sont immeubles par destination.

Ainsi sont immeubles par destination, quand ils ont été placés par le propriétaire pour le service et l'exploitation du fonds :

Les animaux attachés à la culture ;

Les ustensiles aratoires ;

Les semences données aux fermiers ou colons partiaires ;

Les pigeons des colombiers ;

Les lapins de garenne ;

Les ruches à miel ;

Les poissons des étangs ou réservoirs ;

Les pressoirs, chaudières, alambics, cuves et tonnes ;

Les machines, agrès ou ustensiles nécessaires à l'exploitation des sources ou des usines ;

Les pailles et engrais.

Sont aussi immeubles par destination tous effets mobiliers que le propriétaire a attachés au fonds à perpétuelle demeure.

Art. 420. – Le propriétaire est censé avoir attaché à son fonds des effets mobiliers à perpétuelle demeure, quand ils y sont scellés à plâtre, ou à chaux, ou à ciment ou lorsqu'ils ne peuvent être détachés sans être fracturés et détériorés, ou sans briser ou détériorer la partie du fonds à laquelle ils sont attachés.

Art. 421. – Sont immeubles, par l'objet auquel ils s'appliquent :

L'usufruit des choses immobilières ;

Les servitudes ou services fonciers ;

Les actions qui tendent à revendiquer un immeuble.

Chapitre II. – Des meubles

Art. 422. – Les biens sont meubles par leur nature, ou par la détermination de la loi.

Art. 423. – Sont meubles par leur nature, les corps qui peuvent se transporter d'un lieu à un autre, soit qu'ils se meuvent par eux-mêmes, comme les animaux, soit qu'ils ne puissent changer de place que par l'effet d'une force étrangère, comme les choses inanimées.

Art. 424. – Sont meubles par la détermination de la loi, les obligations et actions qui ont pour objet des sommes exigibles ou des effets mobiliers, les actions ou intérêts dans les compagnies financières, commerciales ou industrielles, encore que des immeubles dépendant de ces entreprises appartiennent aux compagnies. Ces actions ou intérêts sont réputés meubles, à l'égard de chaque associé seulement, tant que dure la société.

Sont aussi meubles par la détermination de la loi, les rentes perpétuelles ou viagères.

Art. 425. – Toute rente établie à perpétuité, pour le prix de la vente d'un immeuble, ou comme condition de la cession à titre onéreux ou gratuit d'un fonds immobilier, est essentiellement rachetable.

Il est néanmoins permis au créancier de régler les clauses et conditions du rachat.

Il lui est aussi permis de stipuler que la rente ne pourra lui être remboursée qu'après un certain terme, lequel ne peut jamais excéder trente ans.

Toute stipulation contraire est nulle.

Art. 426. – Les bateaux, bacs, navires, moulins et bains sur bateaux, et généralement toutes les usines non fixées sur des piliers et ne faisant point partie de la maison, sont meubles. La saisie de quelques-uns de ces objets peut cependant, à cause de leur importance, être soumise à des formes particulières, ainsi qu'il sera expliqué dans le Code de procédure civile.

Les matériaux provenant de la démolition d'un édifice, ceux assemblés pour en construire de nouveaux, sont meubles jusqu'à ce qu'ils soient employés par l'ouvrier dans une construction.

Art. 427. – Le mot meuble, employé seul dans les dispositions de la loi ou de l'homme, sans autre addition ni désignation, ne comprend pas l'argent comptant, les pierreries, les dettes actives, les livres, les médailles, les instruments de sciences, des arts et métiers, le linge de corps, les chevaux, les équipages, armes, grains, vins, foins et autres denrées ; il ne comprend pas non plus ce qui fait l'objet d'un commerce.

Art. 428. – Les mots meubles meublants ne comprennent que les meubles destinés à l'usage et à l'ornement des appartements, comme tapisseries, lits, sièges, glaces dont le parquet ne fait pas corps avec la boiserie, pendules, tables, porcelaines et autres objets de cette nature.

Les tableaux et les statues qui font partie du meuble d'un appartement y sont aussi compris, mais non les collections de tableaux qui peuvent être dans les galeries ou pièces particulières.

Il en est de même des porcelaines : celles seulement qui font partie de la décoration d'un appartement sont comprises sous la dénomination de meubles meublants.

Art. 429. – L'expression biens meubles, celle de mobilier ou d'effets mobiliers, comprennent généralement tout ce qui est censé meuble d'après les règles ci-dessus établies.

La vente ou le don d'une maison meublée ne comprend que les meubles meublants.

Art. 430. – La vente ou le don d'un maison, avec tout ce qui s'y trouve, ne comprend pas l'argent comptant, ni les bijoux ou pierreries, ni les dettes actives et autres droits dont les titres peuvent être déposés dans la maison. Tous les autres effets mobiliers y sont compris.

Chapitre III. – Des biens dans leur rapport avec ceux qui les possèdent

Art. 431. – Les particuliers ont la libre disposition des biens qui leur appartiennent, sous les modifications établies par les lois.

Les biens qui n'appartiennent pas à des particuliers sont administrés et ne peuvent être aliénés que dans les formes et suivant les règles qui leur sont spéciales.

Art. 432 *(Ord. 2 avr. 1911)*. – Les rues, places, routes, chemins à la charge de l'État, les rivages de la mer, les ports, les havres, le lit des torrents et des cours d'eau et généralement toutes les portions du territoire de la Principauté qui ne sont pas susceptibles de propriété privée, font partie du domaine public et sont, à ce titre, imprescriptibles et inaliénables.

Art. 433 *(Ord. 2 avr. 1911)*. – Par exception, les rues et chemins qui sont le prolongement des routes françaises font partie du domaine privé du Prince.

Art. 434 *(Ord. 2 avr. 1911)*. – La cathédrale, les églises paroissiales, le palais du gouvernement, le palais de justice, les mairies font partie du domaine public.

Art. 435 *(L. 18 juill. 1928)*. – Tous les biens vacants et sans maître et ceux des personnes qui décèdent sans héritier, ou dont les successions sont abandonnées, appartiennent au domaine de l'État.

Art. 436 *(Ord. 2 avr. 1911)*. – Les voies déclassées, les terrains des fortifications et remparts, appartiennent au domaine privé du Prince.

Art. 437. – On peut avoir sur les biens, ou un droit de propriété ou un simple droit de jouissance, ou seulement des services fonciers à prétendre.

TITRE II. – DE LA PROPRIÉTÉ

Art. 438. – La propriété est le droit de jouir et disposer des choses de la manière la plus absolue, pourvu qu'on n'en fasse pas un usage prohibé par les lois ou par les règlements.

Art. 439. – Nul ne peut être contraint de céder sa propriété, si ce n'est pour cause d'utilité publique, et moyennant une juste et préalable indemnité.

Art. 440. – La propriété d'une chose, soit mobilière, soit immobilière, donne droit sur tout ce qu'elle produit et sur tout ce qui s'y unit accessoirement, soit naturellement, soit artificiellement.

Ce droit s'appelle droit d'accession.

Chapitre I. – Du droit d'accession sur ce qui est produit par la chose

Art. 441. – Les fruits naturels ou industriels de la terre ;

Les fruits civils ;

Le croît des animaux ;

Appartiennent aux propriétaires par droit d'accession.

Art. 442. – Les fruits produits par la chose n'appartiennent au propriétaire qu'à la charge de rembourser les frais de labours, travaux et semences faits par des tiers.

Art. 443. – Le simple possesseur ne fait les fruits siens que dans le cas où il possède de bonne foi ; dans le cas contraire, il est tenu de rendre les produits avec la chose au propriétaire qui la revendique.

Art. 444. – Le possesseur est de bonne foi quand il possède comme propriétaire, en vertu d'un titre translatif de propriété dont il ignore les vices.

Il cesse d'être de bonne foi du moment où ces vices lui sont connus.

Chapitre II. – Du droit d'accession sur ce qui s'unit et s'incorpore à la chose

Art. 445. – Tout ce qui s'unit et s'incorpore à la chose appartient au propriétaire, suivant les règles qui seront ci-après établies.

Section I. – Du droit d'accession relativement aux choses immobilières

Art. 446. – La propriété du sol emporte la propriété du dessus et du dessous.

Le propriétaire peut faire au-dessus toutes les plantations et constructions qu'il jugera à propos, sauf les exceptions établies au titre *Des servitudes ou services fonciers*.

Il peut faire au-dessous toutes les constructions et fouilles qu'il jugera à propos, et tirer de ces fouilles tous les produits qu'elles peuvent fournir.

Sauf, dans tous les cas, les modifications résultant des lois et règlements spéciaux.

Art. 447. – Toutes constructions, plantations, et ouvrages sur un terrain ou dans l'intérieur, sont présumés faits par le propriétaire à ses frais, et lui appartenir, si le contraire n'est prouvé ; sans préjudice de la propriété qu'un tiers pourrait avoir acquise ou pourrait acquérir par prescription, soit d'un souterrain sous le bâtiment d autrui, soit de toute autre partie du bâtiment.

Art. 448. – Le propriétaire du sol qui a fait des constructions, plantations et ouvrages avec des matériaux qui ne lui appartenaient pas, doit en payer la valeur ; il peut aussi être condamné à des dommages et intérêts, s'il y a lieu ; mais le propriétaire des matériaux n'a pas le droit de les enlever.

Art. 449. – Lorsque les plantations, constructions et ouvrages ont été faits par un tiers et avec ses matériaux, le propriétaire du fonds a droit ou de les retenir, ou d'obliger ce tiers à les enlever.

Si le propriétaire du fonds demande la suppression des plantations et constructions, elle est aux frais de celui qui les a faites, sans aucune indemnité pour lui. Il peut même être condamné à des dommages et intérêts, s'il y a lieu, pour le préjudice que peut avoir éprouvé le propriétaire du fonds.

Si le propriétaire préfère conserver ces plantations et constructions, il doit le remboursement de la valeur des matériaux et du prix de la main-d'œuvre, sans égard à la plus ou moins grande augmentation de la valeur que le fonds à pu recevoir. Néanmoins, si les plantations, constructions et ouvrages ont été faits par un tiers évincé qui n'avait pas été condamné à la restitution des fruits, attendu sa bonne foi, le propriétaire ne pourra demander la suppression desdits ouvrages, plantations et constructions ; mais il aura le choix, ou de rembourser la valeur des matériaux et du prix de la main-d'œuvre, ou de rembourser une somme égale à celle dont le fonds a augmenté de valeur.

Art. 450. – Les pigeons, lapins ou poissons, qui passent dans un autre colombier, garenne ou réservoir appartiennent au propriétaire de ces objets, pourvu qu'ils n'y aient point été attirés par fraude ou artifice.

Section II. – Du droit d'accession relativement aux choses mobilières

Art. 451. – Le droit d'accession, quand il a pour objet deux choses mobilières appartenant à deux maîtres différents, est subordonné aux principes de l'équité naturelle.

Les règles suivantes serviront d'exemple au juge pour se déterminer dans les cas non prévus, suivant les circonstances particulières.

Art. 452. – Lorsque deux choses appartiennent à différents maîtres, qui ont été unies de manière à former un tout, sont néanmoins séparables, en sorte que l'une puisse subsister sans l'autre, le tout appartient au maître de la chose qui forme la partie principale, à la charge de payer à l'autre la valeur de la chose qui a été unie.

Art. 453. – Est réputée partie principale celle à laquelle l'autre n'a été unie que pour l'usage, l'ornement ou le complément de la première.

Art. 454. – Néanmoins, quand la chose unie est beaucoup plus précieuse que la chose principale, et quand elle a été employée à l'insu du propriétaire, celui-ci peut demander que la chose unie soit séparée pour lui être rendue, même quand il pourrait en résulter quelque dégradation de la chose à laquelle elle a été jointe.

Art. 455. – Si, de deux choses unies pour former un seul tout, l'une ne peut point être regardée comme l'accessoire de l'autre, celle-la est réputée principale qui est la plus considérable en valeur, ou en volume, si les valeurs sont à peu près égales.

Art. 456. – Si un artisan ou une personne quelconque a employé une matière qui ne lui appartenait pas a former une chose d'une nouvelle espèce, soit que la matière puisse ou non reprendre sa première forme, celui qui en était le propriétaire a le droit de réclamer la chose qui en a été formée, en remboursant le prix de la main-d'œuvre.

Art. 457. – Si cependant la main-d'œuvre était tellement importante qu'elle surpassât de beaucoup la valeur de la matière employée, l'industrie serait alors réputée la partie principale, et l'ouvrier aurait le droit de retenir la chose travaillée, en remboursant le prix de la matière au propriétaire.

Art. 458. – Lorsqu'une personne a employé en partie la matière lui appartenant et en partie une matière ne lui appartenant pas à former une chose d'une espèce nouvelle, sans que ni l'une ni l'autre des deux matières soit entièrement détruite, mais de manière qu'elles ne puissent pas se séparer sans inconvénient, la chose est commune aux deux propriétaires, en raison, quant à l'un de la matière qui lui appartenait ; quant à l'autre, en raison à la fois et de la matière qui lui appartenait et du prix de sa main-d'œuvre.

Art. 459. – Lorsqu'une chose a été formée par le mélange de plusieurs matières appartenant à différents propriétaires, mais dont aucune ne peut être regardée comme la matière principale, si les matières peuvent être séparées, celui à l'insu duquel les matières ont été mélangées peut en demander la division.

Si les matières ne peuvent plus être séparées sans inconvénient, ils en acquièrent en commun la propriété, dans la proportion de la quantité, de la qualité et de la valeur des matières appartenant à chacun d'eux.

Art. 460. – Si la matière appartenant à l'un des propriétaires était de beaucoup supérieure à l'autre par la quantité et le prix, en ce cas le propriétaire de la matière supérieure en valeur pourrait réclamer la chose provenue du mélange, en remboursant à l'autre la valeur de sa matière.

Art. 461. – Lorsque la chose reste en commun entre les propriétaires des matières dont elle a été formée, elle doit être licitée au profit commun.

Art. 462. – Dans tous les cas où le propriétaire, dont la matière a été employée, à son insu, à former une chose d'une autre espèce, peut réclamer la propriété de cette chose, il a le choix de demander la restitution de sa matière en même nature, quantité, poids, mesure et bonté, ou sa valeur.

Art. 463. – Ceux qui auront employé des matières appartenant à autrui et à l'insu du propriétaire pourront aussi être condamnés à des dommages et intérêts, s'il y a lieu, sans préjudice des poursuites par voie extraordinaire, si le cas y échet.

TITRE III. – DE L'USUFRUIT, DE L'USAGE ET DE L'HABITATION

Chapitre I. – De l'usufruit

Art. 464. – L'usufruit est le droit de jouir des choses dont un autre a la propriété, comme le propriétaire lui-même, mais à la charge d'en conserver la substance.

Art. 465. – L'usufruit est établi par la loi ou par la volonté de l'homme.

Art. 466. – L'usufruit peut être établi, ou purement, ou à certain jour, ou à condition.

Art. 467. – Il peut être établi sur toute espèce de biens meubles ou immeubles.

Section I. – Des droits de l'usufruitier

Art. 468. – L'usufruitier a le droit de jouir de toute espèce de fruits, soit naturels, soit industriels, soit civils, que peut produire l'objet dont il a l'usufruit.

Art. 469. – Les fruits naturels sont ceux qui sont le produit spontané de la terre. Le produit et le croît des animaux sont aussi des fruits naturels.

Les fruits industriels d'un fonds sont ceux qu'on obtient par la culture.

Art. 470. – Les fruits civils sont les loyers des maisons, les intérêts des sommes exigibles, les arrérages des rentes.

Les prix des baux à ferme sont aussi rangés dans la classe des fruits civils.

Art. 471. – Les fruits naturels et industriels, pendant par branches ou par racines au moment où l'usufruit est ouvert, appartiennent à l'usufruitier.

Ceux qui sont dans le même état au moment où finit l'usufruit appartiennent au propriétaire, sans récompense de part ni d'autre des labours et des semences, mais aussi sans préjudice de la portion des fruits qui pourrait être acquise au colon partiaire, s'il en existait un au commencement ou à la cessation de l'usufruit.

Art. 472. – Les fruits civils sont réputés s'acquérir jour par jour, et appartiennent à l'usufruitier, a proportion de la durée de son usufruit. Cette règle s'applique aux prix des baux à ferme, comme aux loyers des maisons et aux autres fruits civils.

Art. 473. – Si l'usufruit comprend des choses dont on ne peut faire usage sans les consommer, comme l'argent, les grains, les liqueurs, l'usufruitier a le droit de s'en servir, mais à la charge d en rendre de pareilles quantité et valeur, ou leur estimation à la fin de l'usufruit.

Art. 474. – L'usufruit d'une rente viagère donne aussi à l'usufruitier, pendant la durée de son usufruit, le droit de percevoir les arrérages, sans être tenu à aucune restitution.

Art. 475. – Si l'usufruit comprend des choses qui, sans se consommer de suite, se détériorent peu à peu par l'usage, comme du linge, des meubles meublants, l'usufruitier a le droit de s'en servir pour l'usage auquel elles sont destinées, et n'est obligé de les rendre, à la fin de l'usufruit, que dans l'état où elles se trouvent, non détériorées par son dol ou par sa faute.

Art. 476. – Si l'usufruit comprend des bois taillis, l'usufruitier est tenu d'observer l'ordre et la quotité des coupes, conformément à l'aménagement ou à l'usage constant des propriétaires, sans indemnité toutefois en faveur de l'usufruitier ou de ses héritiers, pour les coupes ordinaires, soit de taillis, soit de baliveau, soit de futaie, qu'il n'aurait pas faites pendant sa jouissance.

Les arbres qu'on peut tirer d'une pépinière, sans la dégrader, ne font aussi partie de l'usufruit qu'à la charge, par l'usufruitier, de se conformer aux usage des lieux pour le remplacement.

Art. 477. – L'usufruitier profite encore, toujours en se conformant aux époques et a l'usage des anciens propriétaires, des parties de bois de haute futaie qui ont été mises en coupes réglées, soit que ces coupes se fassent périodiquement sur une certaine étendue de terrain, soit qu'elles se fassent d'une certaine quantité d'arbres pris indistinctement sur toute la surface du domaine.

Art. 478. – Dans tous les autres cas, l'usufruitier ne peut toucher aux arbres de haute futaie ; il peut seulement employer, pour faire les réparations dont il est tenu les arbres arrachés ou brisés par accident ; il peut même pour cet objet, en faire abattre s'il est nécessaire, mais à la charge d'en faire constater la nécessité avec le propriétaire.

Art. 479. – L'usufruitier peut prendre, dans les bois, des échalas pour les vignes ; il peut aussi prendre, sur les arbres, des produits annuels ou périodiques ; le tout suivant l'usage du pays ou la coutume des propriétaires.

Art. 480. – Les arbres fruitiers qui meurent, ceux mêmes qui sont arrachés ou brisés par accident, appartiennent à 1 usufruitier, à la charge de les remplacer par d'autres.

Art. 481. – L'usufruitier peut jouir par lui-même, donner à ferme à un autre, ou même vendre ou céder son droit à titre gratuit. S'il donne à ferme, il doit se conformer, pour les époques où les baux doivent être renouvelés et pour leur durée, aux règles établies pour le mari à l'égard des biens de la femme, au titre *Du contrat de mariage et des droits respectifs des époux.*

Art. 482. – L'usufruitier jouit des droits de servitude et généralement de tous les droits dont le propriétaire peut jouir, et il en jouit comme le propriétaire lui-même.

Art. 483. – Il jouit aussi, de la même manière que le propriétaire, des mines, des carrières qui sont en exploitation à l'ouverture de l'usufruit ; et néanmoins, s'il s'agit d'une exploitation qui ne puisse être faite sans une concession, l'usufruitier ne pourra en jouir qu'après en avoir obtenu la permission du gouvernement

Il n'a aucun droit, à moins de stipulation contraire dans l'acte constitutif, aux mines et aux carrières non encore ouvertes, ni aux tourbières dont l'exploitation n'est point encore commencée, ni au trésor qui pourrait être découvert pendant la durée de l'usufruit.

Art. 484. – Le propriétaire ne peut, par son fait, ni de quelque manière que ce soit, nuire aux droits de l'usufruitier.

De son côté, l'usufruitier ne peut, à la cessation de l'usufruit, réclamer aucune indemnité pour les améliorations qu'il prétendrait avoir faites, encore que la valeur de la chose en fût augmentée.

Il peut cependant, ou ses héritiers, enlever les glaces, tableaux et autres ornements qu'il aurait fait placer, mais à la charge de rétablir les lieux dans leur premier état.

Section II. – Des obligations de l'usufruitier

Art. 485. – L'usufruitier prend les choses dans l'état où elles sont ; mais il ne peut entrer en jouissance qu'après avoir fait dresser, en présence du propriétaire ou lui dûment appelé, un inventaire des meubles et un état des immeubles sujets à l'usufruit.

Art. 486. – Il donne caution de jouir en bon père de famille, s'il n'en est dispensé par l'acte constitutif de l'usufruit. Cependant les père et mère ayant l'usufruit légal du bien de leurs enfants, le vendeur ou le donateur sous réserve d'usufruit, ne sont pas tenus de donner caution.

Art. 487. – Si l'usufruitier ne trouve pas de caution, les immeubles sont donnés à ferme ou mis en séquestre ;

Les sommes comprises dans l'usufruit sont placées ;

Les denrées sont vendues, et le prix en provenant est pareillement placé ;

Les intérêts de ces sommes et les prix des fermes appartiennent, dans ce cas, à l'usufruitier.

Art. 488. – À défaut d'une caution de la part de l'usufruitier, le propriétaire peut exiger que les meubles qui dépérissent par l'usage soient vendus, pour le prix en être placé comme celui des denrées, et alors l'usufruitier jouit de l'intérêt pendant son usufruit. Cependant l'usufruitier pourra demander, et les juges peuvent ordonner, suivant les circonstances, qu'une partie des meubles nécessaires pour son usage lui soit délaissée, sous sa simple caution juratoire et à la charge de les représenter à l'extinction de l'usufruit.

Art. 489. – Le retard de donner caution ne prive pas l'usufruitier des fruits auxquels il peut avoir droit ; ils lui sont dus du moment où l'usufruit a été ouvert.

Art. 490. – L'usufruitier n'est tenu qu'aux réparations d'entretien.

Les grosses réparations demeurent à la charge du propriétaire, à moins qu'elles n'aient été occasionnées par le défaut de réparations d'entretien depuis l'ouverture de l'usufruit ; auquel cas, l'usufruitier en est aussi tenu.

Art. 491. – Les grosses réparations sont celles des gros murs et des voûtes, le rétablissement des poutres et des couvertures entières ;

Celui des digues et des murs de soutènement et de clôture, aussi en entier, si ces digues et murs sont en maçonnerie.

Toutes les autres réparations et même les reconstructions des digues, murs de clôture et de soutènement à sec, ne sont que d'entretien.

Art. 492. – Ni le propriétaire, ni l'usufruitier ne sont tenus de rebâtir ce qui est tombé de vétusté, ou ce qui a été détruit par cas fortuit.

Art. 493. – L'usufruitier est tenu, pendant sa jouissance, de toutes les charges annuelles de l'héritage, telles que les contributions et autres qui, dans l'usage, sont censées charges des fruits.

Art. 494. – À l'égard des charges qui peuvent être imposées sur la propriété pendant la durée de l'usufruit, l'usufruitier et le propriétaire y contribuent ainsi qu'il suit :

Le propriétaire est obligé de les payer, et l'usufruitier doit lui tenir compte des intérêts.

Si elles sont avancées par l'usufruitier, il a la répétition du capital à la fin de l'usufruit.

Art. 495. – Le legs, fait par un testateur, d'une rente viagère ou pension alimentaire, doit être acquitté, par le légataire universel de l'usufruit, dans son intégrité, et par le légataire à titre universel de l'usufruit, dans la proportion de sa jouissance, sans aucune répétition de leur part.

Art. 496. – L'usufruitier à titre particulier n'est pas tenu des dettes auxquelles le fonds est hypothéqué ; s'il est forcé de les payer, il a son recours contre le propriétaire, sauf ce qui est dit à l'article 873, au titre *Des donations entre vifs et des testaments*.

Art. 497. – L'usufruitier, ou universel, ou à titre universel, doit contribuer, avec le propriétaire, au paiement des dettes, ainsi qu'il suit :

On estime la valeur du fonds sujet à usufruit ; on fixe ensuite la contribution aux dettes à raison de cette valeur.

Si l'usufruitier veut avancer la somme pour laquelle le fonds doit contribuer, le capital lui en est restitué à la fin de l'usufruit, sans aucun intérêt.

Si l'usufruitier ne veut pas faire cette avance, le propriétaire a le choix ou de payer cette somme, et, dans ce cas, l'usufruitier lui tient compte de l'intérêt pendant la durée de l'usufruit, ou de faire vendre jusqu'à due concurrence une portion des biens soumis à l'usufruit.

Art. 498. – L'usufruitier n'est tenu que des frais des procès qui concernent la jouissance et des autres condamnations auxquelles ces procès pourraient donner lieu.

…e l'usufruit, un tiers commet quelque usurpation sur le fonds, ou attente …étaire, l'usufruitier est tenu de le dénoncer à celui-ci ; faute de ce, il est …mmage qui peut en résulter pour le propriétaire, comme il le serait de dégradations …me.

…Si l'usufruit n'est établi que sur un animal qui vient à périr sans la faute de l'usufruitier, celui-ci … tenu d'en rendre un autre ni d'en payer l'estimation.

…rt. 501. – Si un troupeau sur lequel l'usufruit a été établi périt entièrement par accident ou par maladie, et sans la faute de l'usufruitier, celui-ci n'est tenu envers le propriétaire que de lui rendre compte des cuirs ou de leur valeur.

Si le troupeau ne périt pas entièrement, l'usufruitier est tenu de remplacer, jusqu'à concurrence du croît, les têtes des animaux qui ont péri.

Section III. – Comment l'usufruit prend fin

Art. 502. – L'usufruit s'éteint :

Par la mort de l'usufruitier ;

Par l'expiration du temps pour lequel il a été accordé ;

Par la consolidation ou la réunion sur la même tête des deux qualités d'usufruitier et de propriétaire ;

Par le non-usage du droit pendant trente ans ;

Par la perte totale de la chose sur laquelle l'usufruit est établi.

Art. 503. – L'usufruit peut aussi cesser par l'abus que l'usufruitier fait de sa jouissance, soit en commettant des dégradations sur le fonds, soit en le laissant dépérir, faute d'entretien.

Les créanciers de l'usufruitier peuvent intervenir dans les contestations, pour la conservation de leurs droits ; ils peuvent offrir la réparation des dégradations commises et des garanties pour l'avenir.

Les juges peuvent, suivant la gravité des circonstances, ou prononcer l'extinction absolue de l'usufruit ou n'ordonner la rentrée du propriétaire dans la jouissance de l'objet qui en est grevé, que sous la charge de payer annuellement à l'usufruitier ou à ses ayants cause une somme déterminée, jusqu'à l'instant où l'usufruit aurait dû cesser.

Art. 504. – L'usufruit qui n'est pas accordé à des particuliers ne dure que trente ans.

Art. 505. – L'usufruit accordé jusqu'à ce qu'un tiers ait atteint un âge fixe, dure jusqu'à cette époque, encore que le tiers soit mort avant l'âge fixe, sauf les dispositions de l'article 281.

Art. 506. – La vente de la chose sujette à l'usufruit ne fait aucun changement dans le droit de l'usufruitier ; il continue de jouir de son usufruit, s'il n'y a pas formellement renoncé.

Art. 507. – Les créanciers de l'usufruitier peuvent faire annuler la renonciation qu'il aurait faite à leur préjudice.

Art. 508. – Si une partie seulement de la chose soumise à l'usufruit est détruite, l'usufruit se conserve sur ce qui reste.

Art. 509. – Si l'usufruit n'est établi que sur un bâtiment, et que ce bâtiment soit détruit par un incendie ou autre accident, ou qu'il s'écroule de vétusté, l'usufruitier n'aura le droit de jouir ni du sol ni des matériaux, à moins qu'il ne reconstruise le bâtiment à ses frais, et sans prétendre au remboursement de la dépense.

Si l'usufruit était établi sur un domaine dont le bâtiment faisait partie, l'usufruitier jouirait du sol et des matériaux.

Chapitre II. – De l'usage et de l'habitation

Art. 510. – Les droits d'usage et d'habitation s'établissent et se perdent de la même manière que l'usufruit.

Art. 511. – On ne peut en jouir, comme dans le cas de l'usufruit, sans donner préalablement caution, et sans faire des états et inventaires.

Art. 512. – L'usager, et celui qui a un droit d'habitation, doivent jouir en bons pères de

Art. 513. – Les droits d'usage et d'habitation se règlent par le titre qui les a établis et reçoivent, d'après ses dispositions, plus ou moins d'étendue.

Art. 514. – Si le titre ne s'explique pas sur l'étendue de ces droits, ils sont réglés ainsi qu'il suit.

Art. 515. – Celui qui a l'usage des fruits d'un fond ne peut en exiger qu'autant qu'il lui en faut pour ses besoins et ceux de sa famille.

Il peut en exiger pour les besoins même des enfants qui lui sont survenus depuis la concession de l'usage.

Art. 516. – L'usager ne peut céder ni louer son droit à un autre.

Art. 517. – Celui qui a un droit d'habitation dans une maison peut y demeurer avec sa famille, quand même il n'aurait pas été marié à l'époque où ce droit lui a été donné.

Art. 518. – Le droit d'habitation se restreint à ce qui est nécessaire à l'habitation de celui à qui ce droit est concédé et de sa famille.

Art. 519. – Le droit d'habitation ne peut être ni cédé ni loué.

Art. 520. – Si l'usager absorbe tous les fruits du fonds, ou s'il occupe la totalité de la maison, il est assujetti aux frais de culture, aux réparations d'entretien et au paiement des contributions comme l'usufruitier.

S'il ne prend qu'une partie des fruits, ou s'il n'occupe qu'une partie de la maison, il contribue au prorata de ce dont il jouit.

Art. 521. – L'usage des bois et forêts est réglé par des lois particulières.

TITRE IV. – DES SERVITUDES OU SERVICES FONCIERS

Art. 522. – Une servitude est une charge imposée sur un héritage pour l'usage et l'utilité d'un héritage appartenant à un autre propriétaire.

Art. 523. – La servitude n'établit aucune prééminence d'un héritage sur l'autre.

Art. 524. – Elle dérive ou de la situation naturelle des lieux, ou des obligations imposées par la loi, ou des conventions entre les propriétaires.

Chapitre I. – Des servitudes qui dérivent de la situation des lieux

Art. 525. – Les fonds inférieurs sont assujettis, envers ceux qui sont plus élevés, à recevoir les eaux qui en découlent naturellement, sans que la main de l'homme y ait contribué.

Le propriétaire inférieur ne peut point élever de digue qui empêche cet écoulement.

Le propriétaire supérieur ne peut rien faire qui aggrave la servitude du fonds inférieur.

Art. 526. – Tout propriétaire qui voudra se servir, pour l'irrigation de ses propriétés, des eaux dont il a le droit de disposer, pourra obtenir le passage de ces eaux sur les fonds intermédiaires, à la charge d'une juste et préalable indemnité.

Les propriétaires des fonds inférieurs devront recevoir les eaux s'écoulant des terrains ainsi arrosés, sauf l'indemnité qui pourra leur être due.

La même faculté de passage sur fonds intermédiaires pourra être accordée, jusqu'à la voie d'écoulement, au propriétaire d'un terrain submergé en tout ou en partie, à l'effet de procurer leur écoulement aux eaux nuisibles.

Art. 527. – Tout propriétaire qui, pour user de son droit d'irrigation, serait obligé d'appuyer les ouvrages d'art de la prise d'eau sur la propriété du riverain opposé, en aura la faculté, moyennant une juste et préalable indemnité.

…ins ou traversés ont la faculté de se servir des travaux faits en vertu des …s supportent, dans ce cas :

…nnelle dans la valeur des travaux dont ils profitent ;

…résultant des modifications que peut rendre nécessaires l'exercice de cette faculté ;

… contributive dans l'entretien des travaux communs.

…528 *(L. 12 mars 1913)*. – Tout propriétaire a le droit d'user et de disposer des eaux pluviales qui …ombent sur son fonds.

Si l'usage de ces eaux ou la direction qui leur est donnée aggrave la servitude naturelle d'écoulement établie par l'article 525, une indemnité est due au propriétaire du fonds inférieur.

La même disposition sera applicable aux eaux de sources nées sur un fonds.

Art. 529 *(L. 12 mars 1913)*. – Lorsque par des soudages ou des travaux souterrains, un propriétaire fera surgir des eaux dans son fonds, les propriétaires des fonds inférieurs devront les recevoir ; mais ils auront droit à une indemnité en cas de dommages résultant de leur écoulement.

Art. 530 *(L. 12 mars 1913)*. – Sont exceptés des servitudes établies par les articles 526 et 527, ainsi que des aggravations de la servitude d'écoulement prévues par les articles 528 et 529, les maisons, cours, jardins et enclos attenant aux habitations.

Art. 531 *(L. 12 mars 1913)*. – Celui qui a une source dans son fonds peut toujours user des eaux à sa volonté, dans les limites et pour les besoins de son héritage.

Le propriétaire d'une source ne peut en user au préjudice des propriétaires des fonds inférieurs qui, depuis plus de trente ans, ont fait et terminé, sur le fonds où jaillit la source, des ouvrages apparents et permanents destinés à utiliser les eaux ou à en faciliter le passage dans leur propriété.

Il ne peut pas non plus en user de manière à enlever aux habitants d'un quartier de la Principauté l'eau qui leur est nécessaire ; mais, si les habitants n'en ont pas acquis ou prescrit l'usage, le propriétaire peut réclamer une indemnité, laquelle est réglée par experts.

Art. 532. – Celui dont la propriété borde une eau courante, qui n'appartient à personne, peut s'en servir à son passage pour l'irrigation de ses propriétés.

Celui dont cette eau traverse l'héritage peut même en user dans l'intervalle qu'elle y parcourt, mais à la charge de la rendre, à la sortie de ses fonds, à son cours ordinaire.

Art. 533. – S'il s'élève une contestation entre les propriétaires auxquels ces eaux peuvent être utiles, les tribunaux, en prononçant, doivent concilier l'intérêt de l'agriculture avec le respect dû à la propriété ; et, dans tous les cas, les règlements particuliers et locaux sur le cours et l'usage des eaux doivent être observés.

Art. 534. – Tout propriétaire peut obliger son voisin au bornage de leurs propriétés contiguës. Le bornage se fait à frais communs.

Art. 535. – Tout propriétaire peut clore son héritage, sauf l'exception portée à l'article 567 ci-après.

Chapitre II. – Des servitudes établies par la loi

Art. 536. – Les servitudes établies par la loi ont pour objet l'utilité publique ou l'utilité des particuliers.

Art. 537. – Tout ce qui concerne les servitudes établies pour l'utilité publique est déterminé par des lois ou des règlements particuliers.

Art. 538. – La loi assujettit les propriétaires à différentes obligations l'un à l'égard de l'autre, indépendamment de toute convention.

Art. 539. – Partie de ces obligations est réglée par les lois sur la police rurale. Les autres sont relatives au mur et au fossé mitoyens, aux cas où il y a lieu à contremur, aux vues sur la propriété du voisin, à l'égout des toits, au droit de passage.

Section I. – Du mur et du fossé mitoyens

Art. 540. – Dans la Principauté tout mur servant de séparation entre bâtiments jusqu'à l'héberge, ou entre cours et jardins, et même entre enclos dans les champs, est présumé mitoyen, s'il n'y a titre ou marque du contraire.

Art. 541. – Il y a marque de non-mitoyenneté lorsque la sommité du mur est droite et à plomb de son parement d'un côté, et présente de l'autre un plan incliné ;

Lors encore qu'il n'y a que d'un côté ou un chaperon, ou des filets et corbeaux de pierre, qui y auraient été mis en bâtissant le mur.

Dans ces cas, le mur est censé appartenir exclusivement au propriétaire du côté duquel sont l'égout ou les corbeaux et filets de pierre.

Art. 542. – La réparation et la reconstruction d'un mur mitoyen sont à la charge de tous ceux qui y ont droit, et proportionnellement au droit de chacun.

Les frais de la démolition et de la reconstruction d'un mur mitoyen, effectués par l'un des copropriétaires doivent rester en entier à sa charge, si le mur, bien que défectueux et trop faible pour supporter les constructions projetées, était suffisant pour sa destination actuelle, sauf l'obligation pour le voisin, si plus tard il veut lui-même appuyer de nouveaux bâtiments sur le mur reconstruit, de payer alors la plus-value résultant de la reconstruction.

Art. 543. – Cependant, tout copropriétaire d'un mur mitoyen peut se dispenser de contribuer aux réparations et reconstructions, en abandonnant le droit de mitoyenneté, pourvu que le mur mitoyen ne soutienne pas un bâtiment qui lui appartienne.

Art. 544. – Tout copropriétaire peut faire bâtir contre un mur mitoyen et y faire placer des poutres ou solives dans toute l'épaisseur du mur, à cinquante-quatre millimètres près, sans préjudice du droit qu'a le voisin de faire réduire à l'ébauchoir la poutre jusqu'à la moitié du mur, dans le cas où il voudrait lui-même asseoir des poutres dans les mêmes lieux ou y adosser une cheminée.

Art. 545. – Tout copropriétaire peut faire exhausser le mur mitoyen ; mais il doit payer seul la dépense de l'exhaussement, les réparations d'entretien au-dessus de la hauteur de la clôture commune, et, en outre, l'indemnité de la charge, en raison de l'exhaussement et suivant la valeur.

Art. 546. – Si le mur mitoyen n'est pas en état de supporter l'exhaussement, celui qui veut l'exhausser doit le faire reconstruire en entier à ses frais, et l'excédent d'épaisseur doit se prendre de son côté.

Art. 547. – Le voisin qui n'a pas contribué à l'exhaussement peut en acquérir la mitoyenneté, en payant la moitié de la dépense qu'il a coûté, et la valeur de la moitié du sol fourni pour l'excédent d'épaisseur, s'il y en a.

Art. 548. – Tout propriétaire joignant un mur a de même la faculté de le rendre mitoyen en tout ou en partie, en remboursant au maître du mur la moitié de sa valeur, ou la moitié de la valeur de la portion qu'il veut rendre mitoyenne, et moitié de la valeur du sol sur lequel le mur est bâti.

Art. 549. – L'un des voisins ne peut pratiquer dans le corps d'un mur mitoyen aucun enfoncement, ni y appliquer ou appuyer aucun ouvrage sans le consentement de l'autre, ou sans avoir, à son refus, fait régler par experts les moyens nécessaires pour que le nouvel ouvrage ne soit pas nuisible aux droits de l'autre.

Art. 550. – Chacun peut contraindre son voisin à contribuer aux constructions et réparations de la clôture faisant séparation de leurs maisons, cours et jardins.

La hauteur de la clôture sera fixée, pour le passé, suivant les règlements particuliers ou les usages constants et reconnus.

À défaut de conventions contraires, tout mur de séparation entre voisins, qui sera construit ou rétabli à l'avenir, doit avoir deux mètres de hauteur, compris le chaperon, à partir du sol le plus élevé.

Art. 551 *(Abr., Ord.-L. n° 662, 23 mai 1959).*

Art. 552. – Lorsqu'on reconstruit un mur mitoyen ou une maison, les servitudes actives et passives se continuent à l'égard du nouveau mur ou de la nouvelle maison, sans toutefois qu'elles puissent être aggravées, et pourvu que la reconstruction se fasse avant que la prescription soit acquise.

Art. 553. – Tous fossés entre deux héritages sont présumés mitoyens, s'il n'y a titre ou marque du contraire.

Art. 554. – Il y a marque de non-mitoyenneté lorsque la levée ou le rejet de la terre se trouve d'un côté seulement du fossé.

Art. 555. – Le fossé est censé appartenir exclusivement à celui du côté duquel le rejet se trouve.

Art. 556. – Le fossé mitoyen doit être entretenu à frais communs.

Art. 557. – Toute haie qui sépare des héritages est réputée mitoyenne, à moins qu'il n'y ait qu'un seul des héritages en état de clôture, ou s'il n'y a titre ou possession suffisante du contraire.

Art. 558. – Il n'est permis de planter des arbres dans sa propriété qu'en observant les distances suivantes, savoir :

En plaine, on ne peut planter les oliviers, les caroubiers et autres arbres forestiers qu'à deux mètres et demi de la ligne de séparation de la propriété du voisin ; les figuiers et roseaux, qu'à trois mètres et demi de la même ligne ; les citronniers, orangers et autres arbres fruitiers, qu'à deux mètres de la même ligne.

Et, pour les terrains qui sont en planches, avec murs de soutènement, on ne peut planter qu'à moitié de la distance ci-dessus prescrite ; ainsi les oliviers, caroubiers et autres arbres forestiers, ne pourront être plantés qu'à un mètre vingt-cinq centimètres de la base du mur de soutènement de la propriété supérieure, ou du haut du mur de la propriété inférieure, et ainsi de suite.

En aucun cas, on ne pourra forcer le voisin à couper les branches qui débordent sa propriété. Seulement chacun pourra couper, dans son terrain, les racines des arbres de ses voisins ; mais, pour les branches qui débordent sur la propriété d'autrui, on ne pourra s'introduire sur la propriété du voisin pour recueillir les fruits de ces branches, sans en avoir prévenu le voisin.

Section II. – De la distance et des ouvrages intermédiaires requis pour certaines constructions

Art. 559. – Celui qui fait creuser un puits ou une fosse d'aisances près d'un mur séparatif, mitoyen ou non ;

Celui qui veut y construire cheminée ou âtre, forge, four ou fourneau ;

Y adosser une étable, ou établir contre ce mur un magasin de sel ou amas de matières corrosives ;

Est obligé de laisser la distance d'un mètre entre le mur et le nouvel ouvrage, ou de faire un contre-mur d'un demi-mètre d'épaisseur, pour éviter de nuire au voisin.

Cependant, à l'égard des fours publics, fourneaux, forges et autres établissements de cette nature, nul ne pourra les construire, même avec les précautions ci-dessus, sans en avoir obtenu la permission du gouvernement.

Section III. – Des vues sur la propriété de son voisin

Art. 560. – L'un des voisins ne peut, sans le consentement de l'autre, pratiquer dans le mur mitoyen aucune fenêtre ou ouverture en quelque manière que ce soit, même à verre dormant.

Art. 561. – Le propriétaire d'un mur non mitoyen joignant immédiatement l'héritage d'autrui, peut pratiquer dans ce mur des jours ou fenêtres à fer maillé et verre dormant. Ces fenêtres doivent être garnies d'un treillis de fer, dont les mailles auront un décimètre d'ouverture au plus, et d'un châssis à verre dormant.

Art. 562. – Ces fenêtres ou jours ne peuvent être établis qu'à deux mètres au-dessus du plancher ou sol de la chambre qu'on veut éclairer, si c'est au rez-de-chaussée, et à un mètre quatre-vingt-dix centimètres au-dessus du plancher, pour les étages supérieurs.

Art. 563. – On ne peut avoir des vues droites ou fenêtres d'aspect, ni balcons ou autres semblables saillies sur l'héritage clos ou non clos de son voisin, s'il n'y a un mètre quatre-vingt-dix centimètres de distance entre le mur où on les pratique et ledit héritage.

Art. 564. – On ne peut avoir des vues par côté ou obliques sur le même héritage s'il n'y a soixante centimètres de distance.

Art. 565. – La distance, dont il est parlé dans les deux articles précédents, se compte depuis le parement extérieur du mur où l'ouverture se fait ; et, s'il y a balcons ou autres semblables saillies, depuis leur ligne extérieure jusqu'à la ligne de séparation des deux propriétés.

Toutefois ces distances ne sont pas observées au bord des voies publiques, lors même que les maisons y sont précédées d'un petit jardin.

Section IV. – De l'égout des toits

Art. 566. – Tout propriétaire doit établir des toits de manière que les eaux pluviales s'écoulent sur son terrain ou sur la voie publique. Il ne peut les faire verser sur le fonds de son voisin.

Section V. – Du droit de passage

Art. 567. – Le propriétaire dont les fonds sont enclavés, et qui n'a aucune issue sur la voie publique, peut réclamer un passage sur les fonds de ses voisins pour l'exploitation de son héritage, à la charge d'une indemnité proportionnée au dommage qu'il peut occasionner.

Art. 568. – Le passage doit régulièrement être pris du côté où le trajet est le plus court du fonds enclavé à la voie publique.

Art. 569. – Néanmoins, il doit être fixé dans l'endroit le moins dommageable à celui sur le fonds duquel il est accordé.

Art. 570. – L'action en indemnité dans le cas prévu par l'article 567 est prescriptible, et le passage doit être continué, quoique l'action en indemnité ne soit plus recevable.

Chapitre III. – Des servitudes établies par le fait de l'homme

Section I. – Des diverses espèces de servitudes qui peuvent être établies sur les biens

Art. 571. – Il est permis aux propriétaires d'établir sur leurs propriétés ou en faveur de leurs propriétés, telles servitudes que bon leur semble, pourvu néanmoins que les services établis ne soient imposes ni à la personne, ni en faveur de la personne, mais seulement à un fonds et pour un fonds, et pourvu que ces services n'aient, d'ailleurs, rien de contraire à l'ordre public.

L'usage et l'étendue des servitudes ainsi établies se règlent par les titres qui les constituent ; à défaut de titre, par les règles ci-après.

Art. 572. – Les servitudes sont établies ou pour l'usage des bâtiments ou pour celui des fonds de terre. Celles de la première espèce s'appellent urbaines, que les bâtiments auxquels elles sont dues soient situés à la ville ou à la campagne.

Celles de la seconde espèce se nomment rurales.

Art. 573. – Les servitudes sont continues ou discontinues.

Les servitudes continues sont celles dont l'usage est ou peut être continuel sans avoir besoin du fait actuel de l'homme ; telles sont : les conduites d'eau, les égouts, les vues et autres de cette espèce.

Les servitudes discontinues sont celles qui ont besoin du fait actuel de l'homme pour être exercées ; tels sont les droits de passage, puisage, pacage et autres semblables.

Art. 574. – Les servitudes sont apparentes ou non apparentes.

Les servitudes apparentes sont celles qui s'annoncent par des ouvrages extérieurs, tels qu'une porte, une fenêtre, un aqueduc.

Les servitudes non apparentes sont celles qui n'ont pas de signes extérieurs de leur existence, comme, par exemple, la prohibition de bâtir sur un fonds, ou de ne bâtir qu'à une hauteur déterminée.

Section II. – Comment s'établissent les servitudes

Art. 575. – Les servitudes continues et apparentes s'acquièrent par titre ou par la possession de trente ans.

Art. 576. – Les servitudes continues, non apparentes et les servitudes discontinues, apparentes ou non apparentes, ne peuvent s'établir que par titres.

La possession même immémoriale ne suffit pas pour les établir, sans cependant qu'on puisse attaquer aujourd'hui les servitudes de cette nature déjà acquises par la possession.

Art. 577. – La destination du père de famille vaut titre à l'égard des servitudes continues et apparentes.

Art. 578. – Il n'y a destination du père de famille que lorsqu'il est prouvé que les deux fonds actuellement divisés ont appartenu au même propriétaire et que c'est par lui que les choses ont été mises dans l'état duquel résulte la servitude.

Art. 579. – Si le propriétaire de deux héritages, entre lesquels il existe un signe apparent de servitude, dispose de l'un des héritages sans que le contrat contienne aucune convention relative à la servitude, elle continue d'exister activement ou passivement en faveur du fonds aliéné ou sur le fonds aliéné.

Art. 580. – Le titre constitutif de la servitude, à l'égard de celles qui ne peuvent s'acquérir par la prescription, ne peut être remplacé que par un titre récognitif de la servitude et émané du propriétaire du fonds asservi.

Art. 581. – Quand on établit une servitude, on est censé accorder tout ce qui est nécessaire pour en user.

Ainsi la servitude de puiser de l'eau à la fontaine d'autrui emporte nécessairement le droit de passage.

Section III. – Des droits du propriétaire du fonds auquel la servitude est due

Art. 582. – Celui auquel est due une servitude a droit de faire tous les ouvrages nécessaires pour en user et pour la conserver.

Art. 583. – Ces ouvrages sont à ses frais, et non à ceux du propriétaire du fonds assujetti, à moins que le titre d'établissement de la servitude ne dise le contraire.

Art. 584. – Dans le cas même où le propriétaire du fonds assujetti est chargé par le titre de faire à ses frais les ouvrages nécessaires pour l'usage ou la conservation de la servitude, il peut toujours s'affranchir de la charge, en abandonnant le fonds assujetti au propriétaire du fonds auquel la servitude est due.

Art. 585. – Si l'héritage pour lequel la servitude a été établie vient à être divisé, la servitude reste due pour chaque portion, sans néanmoins que la condition du fonds assujetti soit aggravée.

Art. 586 *(L. 12 mars 1913)*. – Le propriétaire du fonds débiteur de la servitude ne peut rien faire qui tende à en diminuer l'usage ou à le rendre plus incommode.

Ainsi, il ne peut changer l'état des lieux, ni transporter l'exercice de la servitude dans un endroit différent de celui où elle a été primitivement assignée.

Mais cependant, si cette assignation primitive était devenue plus onéreuse au propriétaire du fonds assujetti, ou si elle l'empêchait d'y faire des réparations avantageuses, il pourrait offrir au propriétaire de l'autre fonds un endroit aussi commode pour l'exercice de ses droits, et celui-ci ne pourrait pas le refuser.

De son côté, celui qui a un droit de servitude ne peut en user que suivant son titre, sans pouvoir faire, ni dans le fonds qui doit la servitude, ni dans le fonds à qui elle est due, de changement qui aggrave la condition du premier.

Section IV. – Comment s'éteignent les servitudes ?

Art. 587. – Les servitudes cessent, lorsque les choses se trouvent en tel état qu'on ne peut plus en user.

Art. 588. – Elles revivent si les choses sont établies de manière qu'on puisse en user, à moins qu'il ne se soit déjà écoulé un espace de temps suffisant pour faire présumer l'extinction de la servitude.

Art. 589. – Toute servitude est éteinte lorsque le fonds à qui elle est due, et celui qui la doit, sont réunis dans la même main.

Art. 590. – La servitude est éteinte par le non usage pendant trente ans.

Art. 591. – Les trente ans commencent à courir, selon les diverses espèces de servitudes ou du jour où l'on a cessé d'en jouir, lorsqu'il s'agit de servitudes discontinues, ou du jour où il a été fait un acte contraire à la servitude, lorsqu'il s'agit de servitudes continues.

Art. 592. – Le mode de la servitude peut se prescrire comme la servitude même et de la même manière.

Art. 593. – Si l'héritage en faveur duquel la servitude est établie appartient à plusieurs par indivis, la jouissance de l'un empêche la prescription à l'égard de tous.

Art. 594. – Si parmi les copropriétaires il s'en trouve un contre lequel la prescription n'ait pu courir, comme un mineur, il aura conservé le droit de tous les autres.

LIVRE III. – DES DIFFÉRENTES MANIÈRES DONT ON ACQUIERT LA PROPRIÉTÉ

(Décrété le 25 oct. 1884 et déclaré exécutoire à dater du 1er janv. 1885)

DISPOSITIONS GÉNÉRALES

Art. 595. – La propriété des biens s'acquiert et se transmet par succession, par donation entre vifs ou testamentaire, et par l'effet des obligations.

Art. 596. – La propriété s'acquiert aussi par accession, par incorporation et par prescription.

Art. 597. – Les biens qui n'ont pas de maître font partie du domaine du Prince.

Art. 598. – Il est des choses qui n'appartiennent à personne et dont l'usage est commun à tous.

Des lois de police règlent la manière d'en jouir.

Art. 599. – La faculté de chasser ou de pêcher est également réglée par des lois particulières.

Art. 600. – La propriété d'un trésor appartient à celui qui le trouve dans son propre fonds. Si le trésor est trouvé dans le fonds d'autrui, il appartient pour moitié à celui qui l'a découvert, et pour l'autre moitié au propriétaire du fonds.

Le trésor est toute chose cachée ou enfouie, sur laquelle personne ne peut justifier sa propriété, et qui est découverte par le pur effet du hasard.

Art. 601. – À moins de dispositions contraires résultant des lois spéciales, les produits naturels de la mer appartiennent au premier occupant.

Les produits de l'industrie humaine que la mer recèle ou rejette ne cessent pas d'appartenir à leur légitime propriétaire, s'il est connu.

Les épaves doivent être consignées à l'administration publique qui, selon les cas, peut les abandonner, en tout ou en partie, à 1 inventeur, après en avoir recherché sans succès le propriétaire.

Il en est de même des objets trouvés à terre et dont le maître est inconnu.

Dans tous les cas, le propriétaire des choses perdues ou jetées à la mer n'en peut recouvrer la possession qu'en justifiant de son droit, et à charge de rembourser les frais occasionnés par leur garde ou leur sauvetage.

TITRE I. – DES SUCCESSIONS

Chapitre I. – De l'ouverture des successions et de la saisine des héritiers

Art. 602. – Les successions s'ouvrent au moment de la mort.

Art. 603. – Si plusieurs personnes, respectivement appelées à la succession l'une de l'autre, périssent dans un même événement, sans qu'on puisse reconnaître laquelle est décédée la première, la présomption de survie est déterminée par les circonstances du fait, et, à leur défaut, par la force de l'âge ou du sexe.

Art. 604. – **Si ceux qui ont péri ensemble avaient moins de quinze ans, le plus âgé sera présumé avoir survécu.**

S'ils étaient tous au-dessus de soixante ans, le moins âgé sera présumé avoir survécu.

Si les uns avaient moins de quinze ans, et les autres plus de soixante, les premiers seront présumés avoir survécu.

Art. 605. – **Si ceux qui ont péri ensemble avaient quinze ans accomplis et moins de soixante ans, le mâle est toujours présumé avoir survécu, lorsqu'il y a égalité d'âge, ou si la différence qui existe n'excède pas une année.**

S'ils étaient du même sexe, la présomption de survie, qui donne ouverture à la succession dans l'ordre de la nature, doit être admise : ainsi le plus jeune est présumé avoir survécu au plus âgé.

Art. 606 *(L. n° 917, 27 déc. 1971 ; abr., L. n° 1.089, 21 nov. 1985).*

Rédaction antérieure. Art. 606 *(L. n° 917, 27 déc. 1971).* – La loi règle l'ordre de succéder entre les héritiers légitimes, les héritiers naturels et le conjoint survivant.

À défaut d'héritier, les biens du défunt échoient au domaine privé de l'État.

Art. 607 *(L. n° 917, 27 déc. 1971 ; mod., L. n° 1.089, 21 nov. 1985, à compter du 1er janv. 1986).* – **Les héritiers sont saisis des biens du défunt sous l'obligation d'exécuter les charges de la succession et d'en payer les dettes dans les conditions prévues à la section III du chapitre VI du présent titre.**

Rédaction antérieure. Art. 607 *(L. n° 917, 27 déc. 1971).* – Les héritiers légitimes, les héritiers naturels et le conjoint survivant sont saisis des biens du défunt, sous l'obligation d'acquitter toutes les charges de la succession.

Chapitre II. – Des qualités requises pour succéder

Art. 608. – **Pour succéder, il faut nécessairement exister à l'instant de l'ouverture de la succession. Ainsi, sont incapables de succéder :**

1° Celui qui n'est pas encore conçu ;

2° L'enfant qui n'est pas né viable.

Art. 609 *(L. 12 mars 1913).* – **L'étranger a le droit de succéder comme le Monégasque aux biens que son parent, étranger ou Monégasque, possède dans la Principauté.**

Dans le cas de partage d'une même succession entre des cohéritiers étrangers et monégasques, ceux-ci prélèveront sur les biens situés dans la Principauté une valeur égale à la valeur des biens situés en pays étrangers dont ils seraient exclus, à quelque titre que ce soit, en vertu des lois et coutumes locales.

Art. 610. – **Sont indignes de succéder, et, comme tels, exclus des successions :**

1° Celui qui aurait volontairement donné ou tenté de donner la mort au défunt ;

2° Celui qui a porté contre le défunt une accusation capitale jugée calomnieuse ;

3° L'héritier majeur qui, instruit du meurtre du défunt, ne l'aura pas dénoncé à la justice.

Art. 611. – **Le défaut de dénonciation ne peut être opposé aux ascendants et descendants du meurtrier, ni à ses alliés dans les mêmes lignes, ni à son époux ou à son épouse, ni à ses frères ou sœurs, ni à ses oncles et tantes, ni à ses neveux et nièces.**

Art. 612. – **L'héritier exclu de la succession pour cause d'indignité, est tenu de rendre tous les fruits et revenus dont il a eu la jouissance depuis l'ouverture de la succession.**

Art. 613. – **Les enfants de l'indigne, venant à la succession de leur chef, et sans le secours de la représentation, ne sont pas exclus pour la faute de leur père ; mais celui-ci ne peut en aucun cas réclamer, sur les biens de cette succession, l'usufruit que la loi accorde aux pères et mères sur les biens de leurs enfants.**

Chapitre III. – Des divers ordres de succession

(L. n° 1. 089, 21 nov. 1985, à compter du 1er janv. 1986)

Section I. – Dispositions générales

Art. 614. – Les successions sont déférées aux descendants du défunt, à ses ascendants et à ses collatéraux, ainsi qu'à son conjoint, suivant les règles ci-après.

À défaut d'héritiers, il est fait application des dispositions de l'article 435.

Art. 615. – La filiation ne crée de droits successoraux que si elle est légalement établie.

Art. 616. – Toute succession échue à des ascendants ou à des collatéraux se divise en deux parts égales, l'une pour les parents de la ligne paternelle, l'autre pour les parents de la ligne maternelle.

Les parents utérins ou consanguins ne sont pas exclus par les germains, mais ils ne prennent part que dans leur ligne, sauf ce qui est dit au dernier alinéa de l'article 637 ; les germains prennent part dans les deux lignes.

À défaut de parents au degré successible dans une ligne et de conjoint survivant, les parents de l'autre ligne succèdent pour le tout.

Art. 617. – Cette première division opérée entre les lignes paternelle et maternelle, il ne se fait plus de division entre les diverses branches ; mais la moitié dévolue à chaque ligne appartient à l'héritier ou aux héritiers les plus proches en degré, sauf le cas de la représentation, ainsi qu'il est dit ci-après.

Art. 618. – La proximité de parenté s'établit par le nombre de générations. Chaque génération correspond à un degré.

Art. 619. – La suite des degrés forme la ligne. On appelle ligne directe la suite des degrés entre personnes qui descendent l'une de l'autre ; ligne collatérale, la suite des degrés entre personnes qui ne descendent pas les unes des autres, mais d'un auteur commun.

En ligne directe, on distingue la ligne descendante et la ligne ascendante.

La première est celle qui lie l'auteur avec ceux qui descendent de lui ; la deuxième est celle qui lie une personne avec ceux dont elle descend.

Art. 620. – En ligne directe, on compte autant de degrés qu'il y a de générations entre les personnes ; ainsi le fils est, à l'égard du père, au premier degré, le petit-fils au second ; et réciproquement du père et de l'aïeul à l'égard des fils et petit-fils.

Art. 621. – En ligne collatérale, les degrés se comptent depuis l'un des parents jusqu'à l'auteur commun, et depuis celui-ci jusqu'à l'autre parent.

Ainsi deux frères sont au deuxième degré ; l'oncle et le neveu sont au troisième degré ; les cousins germains au quatrième et ainsi de suite.

Art. 622. – Lorsque les héritiers sont appelés de leur chef, ils partagent par tête ; lorsqu'ils viennent par représentation, le partage s'opère par souche.

Section II. – De la représentation

(Mod., L. n° 1.278, 29 déc. 2003)

Art. 624 *(Mod., L. n° 1.278, 29 déc. 2003)*. – La représentation a lieu à l'infini en ligne directe descendante.

La représentation n'a pas lieu en faveur des ascendants.

Art. 625 *(Mod., L. n° 1.278, 29 déc. 2003)*. – La représentation est admise en ligne collatérale en faveur des descendants des frères et sœurs du défunt.

Art. 626 *(Mod., L. n° 1.278, 29 déc. 2003)*. – On peut représenter celui à la succession duquel on a renoncé.

Section III. – Des droits successoraux en l'absence de conjoint survivant

(Mod., L. n° 1.278, 29 déc. 2003)

§ 1. – Des droits successoraux des descendants

Art. 627 ***(Mod., L. n° 1.278, 29 déc. 2003).*** **– Les descendants succèdent à leurs ascendants, par égales portions, quand ils sont appelés de leur chef.**

Art. 628 à 631 ***(Abr., L. n° 1.278, 29 déc. 2003).***

§ 2. – Des droits successoraux des ascendants

Art. 632 ***(Mod., L. n° 1.278, 29 déc. 2003).*** **– La succession de l'enfant décédé sans laisser ni postérité, ni frères ou sœurs ou descendants de ceux-ci, est dévolue par moitié aux ascendants de la ligne paternelle et à ceux de la ligne maternelle.**

L'ascendant au degré le plus proche recueille la moitié dévolue à sa ligne.

Art. 633 ***(Mod., L. n° 1.278, 29 déc. 2003).*** **– La succession de l'enfant décédé sans laisser ni postérité, ni frères ou sœurs ou descendants de ceux-ci, ni ascendants dans une ligne, est, en présence de collatéraux dans cette ligne, dévolue pour moitié aux ascendants survivants du degré le plus proche de l'autre ligne ; l'autre moitié est dévolue conformément aux dispositions de l'article 638.**

Le père ou la mère survivant a, en outre, l'usufruit du tiers des biens auxquels il ne succède pas en propriété.

Art. 634 ***(Mod., L. n° 1.278, 29 déc. 2003).*** **– Chacun des père et mère d'une personne décédée sans laisser de postérité et venant en concours avec des frères et sœurs du défunt ou descendants de ceux-ci, recueille le quart de la succession ; le reliquat est dévolu conformément aux dispositions du deuxième alinéa de l'article 637.**

Art. 635 ***(Abr., L. n° 1.278, 29 déc. 2003).***

§ 3. – Des droits successoraux des collatéraux

Art. 636 ***(Mod., L. n° 1.278, 29 déc. 2003).*** **– La succession d'une personne décédée sans laisser ni postérité, ni père ou mère, est dévolue aux frères et sœurs, ou descendants de ceux-ci, à l'exclusion des autres ascendants et collatéraux.**

Art. 637 ***(Mod., L. n° 1.278, 29 déc. 2003).*** **– Si les père et mère d'une personne décédée sans laisser de postérité lui survivent, ses frères et sœurs ou descendants de ceux-ci ne sont appelés qu'à la moitié de la succession ; si seul le père ou la mère survit, ils sont appelés à recueillir les trois quarts.**

Le partage de la moitié ou des trois quarts ainsi dévolus s'opère par égales portions, si les frères et sœurs sont du même lit. Dans les autres cas, le partage se fait par moitié entre les lignes paternelle et maternelle ; les frères et sœurs germains prennent part dans les deux lignes, les utérins ou consanguins dans une seule.

S'il n'y a de frères ou sœurs ou de descendants de ceux-ci que dans une ligne, ils recueillent la totalité des biens dévolus aux collatéraux.

Art. 638 ***(Mod., L. n° 1.278, 29 déc. 2003).*** **– La succession de l'enfant décédé sans laisser ni postérité, ni frères ou sœurs ou descendants de ceux-ci, ni ascendants dans une ligne, est dévolue pour moitié aux collatéraux du degré le plus proche dans l'autre ligne qui, le cas échéant, partagent par tête. L'autre moitié est dévolue conformément aux dispositions de l'article 633.**

Art. 639 ***(Mod., L. n° 1.278, 29 déc. 2003).*** **– Les collatéraux au-delà du sixième degré ne succèdent pas, à l'exception des descendants des frères ou sœurs du défunt. Toutefois, les collatéraux succèdent jusqu'au douzième degré lorsque le défunt n'était pas capable de tester.**

Section IV. – Des droits successoraux du conjoint survivant

(Sect. mod., L. n° 1.278, 29 déc. 2003)

Art. 640 *(Mod., L. n° 1.278, 29 déc. 2003).* – Le conjoint survivant contre qui n'a pas été prononcée une décision devenue irrévocable de séparation de corps est appelé à la succession de son époux dans les conditions fixées par les articles suivants.

La part revenant au conjoint survivant se fixe d'après l'état des vocations héréditaires au jour du décès, nonobstant toutes renonciations.

Art. 641 *(Mod., L. n° 1.278, 29 déc. 2003).* – Le conjoint survivant qui vient en concours avec un ou des descendants du défunt, recueille une part égale à celle d'un enfant sans que cette part puisse être inférieure au quart de la succession.

Art. 642 *(Abr., L. n° 1.278, 29 déc. 2003).*

Art. 643 *(Mod., L. n° 1.278, 29 déc. 2003).* – Lorsque le conjoint survivant vient en concours avec les père et mère du défunt, ou l'un d'eux, la succession est dévolue pour un quart à chacun des père et mère, pour le surplus au conjoint survivant.

Art. 644 *(Abr., L. n° 1.278, 29 déc. 2003).*

Art. 645 *(Mod., L. n° 1.278, 29 déc. 2003).* – Le conjoint survivant, qui vient en concours avec le père ou la mère du défunt et, dans l'autre ligne, avec d'autres ascendants de celui-ci, recueille la moitié des biens en pleine propriété et le quart en nue-propriété ; le père ou la mère du défunt recueille le quart en pleine propriété ; les ascendants de l'autre ligne recueillent le quart en usufruit.

Art. 646 *(Mod., L. n° 1.278, 29 déc. 2003).* – Le conjoint survivant qui vient en concours dans les deux lignes, avec des ascendants du défunt autres que les père et mère, recueille une moitié de la succession en pleine propriété et l'autre en nue-propriété ; la moitié en usufruit est dévolue aux ascendants.

S'il ne vient en concours que dans une seule ligne, le conjoint survivant recueille les trois quarts de la succession en pleine propriété et le quart restant en nue-propriété ; l'usufruit de ce quart est dévolu aux ascendants.

Art. 647 *(Mod., L. n° 1.278, 29 déc. 2003).* – Le conjoint survivant qui vient en concours avec le père et la mère du défunt ou l'un d'eux, et les frères ou sœurs de celui-ci ou leurs descendants, recueille la moitié de la succession ; l'autre moitié est dévolue aux père et mère du défunt si les deux survivent ou, si un seul survit, elle est partagée conformément aux dispositions de l'article 634.

Art. 648 *(Mod., L. n° 1.278, 29 déc. 2003).* – Le conjoint survivant qui vient en concours avec des frères ou sœurs du défunt ou des descendants de ceux-ci recueille la moitié de la succession. Le reliquat dévolu aux frères ou sœurs est partagé conformément aux dispositions des articles 636 et 637.

Art. 649 *(Mod., L. n° 1.278, 29 déc. 2003).* – Le conjoint survivant recueille l'intégralité de la succession du défunt dans tous les cas où il ne vient pas en concours avec soit des descendants, soit des ascendants, soit des frères ou sœurs ou descendants de ceux-ci.

Art. 650 à 654-4 *(Abr. à compter du 1er janv. 1986, L. n° 1.089, 21 nov. 1985).*

Chapitre III (version antérieure). – Des divers ordres de successions

(Rédaction antérieure à la loi n° 1.089 du 21 nov. 1985)

Section I (version antérieure). – Dispositions générales

Rédaction antérieure. Art. 614 *(L. n° 917, 27 déc. 1971).* – Les successions sont déférées aux descendants du défunt, à son conjoint, à ses ascendants et à ses collatéraux, dans l'ordre et suivant les règles ci-après déterminées.

Rédaction antérieure. Art. 615. – La loi ne considère ni la nature ni l'origine des biens pour en régler la succession.

Rédaction antérieure. Art. 616. – Toute succession échue à des ascendants ou à des collatéraux se divise en deux parts égales, l'une pour les parents de la ligne paternelle, l'autre pour les parents de la ligne maternelle.

Les parents utérins ou consanguins ne sont pas exclus par les germains, mais ils ne prennent part que dans leur ligne, sauf ce qui sera dit à l'article 634 ; les germains prennent part dans les deux lignes.

Il ne se fait aucune dévolution d'une ligne à l'autre que lorsqu'il ne se trouve aucun ascendant ni collatéral de l'une des deux lignes.

Rédaction antérieure. Art. 617. – Cette première division opérée entre les lignes paternelle et maternelle, il ne se fait plus de division entre les diverses branches ; mais la moitié dévolue à chaque ligne appartient à l'héritier ou aux héritiers les plus proches en degrés, sauf le cas de la représentation, ainsi qu'il sera dit ci-après.

Rédaction antérieure. Art. 618. – La proximité de parenté s'établit par le nombre de générations. Chaque génération s'appelle un degré.

Rédaction antérieure. Art. 619. – La suite des degrés forme la ligne. On appelle ligne directe la suite des degrés entre personnes qui descendent l'une de l'autre ; ligne collatérale, la suite des degrés entre personnes qui ne descendent pas les unes des autres, mais qui descendent d'un auteur commun.

On distingue la ligne directe en ligne directe descendante et ligne directe ascendante.

La première est celle qui lie le chef avec ceux qui descendent de lui ; la deuxième est celle qui lie une personne avec ceux dont elle descend.

Rédaction antérieure. Art. 620. – En ligne directe, on compte autant de degrés qu'il y a de générations entre les personnes ; ainsi le fils est, à l'égard du père, au premier degré ; le petit-fils au second ; et réciproquement du père et de l'aïeul à l'égard des fils et petits-fils.

Rédaction antérieure. Art. 621. – En ligne collatérale, les degrés se comptent par les générations, depuis l'un des parents jusques et non compris l'auteur commun, et depuis celui-ci jusqu'à l'autre parent.

Ainsi deux frères sont au deuxième degré ; l'oncle et le neveu sont au troisième degré ; les cousins germains au quatrième et ainsi de suite.

Section II (version antérieure). – De la représentation

Rédaction antérieure. Art. 622. – La représentation est une fiction de la loi, dont l'effet est de faire entrer les représentants dans la place, dans le degré et dans les droits du représenté.

Rédaction antérieure. Art. 623. – La représentation a lieu à l'infini dans la ligne directe descendante.

Elle est admise dans tous les cas, soit que les enfants du défunt encourent avec les descendants d un enfant prédécédé, soit que tous les enfants du défunt étant morts avant lui, les descendants desdits enfants se trouvent entre eux en degrés égaux ou inégaux.

Rédaction antérieure. Art. 624. – La représentation n'a pas lieu en faveur des ascendants ; le plus proche, dans chacune des deux lignes, exclut toujours le plus éloigné.

Rédaction antérieure. Art. 625. – En ligne collatérale, la représentation est admise en faveur des enfants et descendants de frères ou sœurs du défunt, soit qu'ils viennent à sa succession concurremment avec des oncles ou tantes, soit que tous les frères et sœurs du défunt étant prédécédés, la succession se trouve dévolue à leurs descendants en degrés égaux ou inégaux.

Rédaction antérieure. Art. 626. – Dans tous les cas où la représentation est admise, le partage s'opère par souche ; si une même souche a produit plusieurs branches, la subdivision se fait aussi par souche dans chaque branche, et les membres de la même branche partagent entre eux par tête.

Rédaction antérieure. Art. 627 *(L. 12 mars 1913)*. – On ne représente pas les personnes vivantes, mais seulement celles qui sont mortes.

On peut représenter celui à la succession duquel on a renoncé.

Section III (version antérieure). – Des successions déférées aux descendants

Rédaction antérieure. Art. 628. – Les enfants ou leurs descendants succèdent à leurs père et mère, aïeuls aïeules, ou autres ascendants, sans distinction de sexe ni de primogéniture, et encore qu'ils soient issus de différents manages. Ils succèdent par égales portions et par tête, quand ils sont tous au premier degré et appelés de leur chef ; ils succèdent par souche, lorsqu'ils viennent tous ou en partie par représentation.

Section IV (version antérieure). – Des successions déférées aux ascendants

Rédaction antérieure. Art. 629. – *(L. 12 mars 1913)* Si le défunt n'a laissé ni postérité, ni frère, ni sœur, ni descendant d'eux, la succession se divise par moitié entre les ascendants de la ligne paternelle et les ascendants de la ligne maternelle.

L'ascendant qui se trouve au degré le plus proche recueille la moitié affectée à sa ligne, à l'exclusion de tous autres.
Les ascendants au même degré succèdent par tête.

Rédaction antérieure. Art. 630. – Les ascendants succèdent, à l'exclusion de tous autres, aux choses par eux données à leurs enfants ou descendants décédés sans postérité, lorsque les objets donnés se retrouvent en nature dans la succession.

Si les objets ont été aliénés, les ascendants recueillent le prix qui peut en être dû ; ils succèdent aussi à l'action en reprise que pourrait avoir le donataire.

Rédaction antérieure. Art. 631. – Lorsque les père et mère d'une personne morte sans postérité lui ont survécu, si elle laissé des frères, sœurs ou des descendants d'eux, la succession se divise en deux portions égales, dont moitié seulement est déférée au père et à la mère, qui la partagent entre eux également.

L'autre moitié appartient aux frères, sœurs ou descendants d'eux, ainsi qu'il sera expliqué dans la section V du présent chapitre.

Section V (version antérieure). – Des successions collatérales

Rédaction antérieure. Art. 632. – En cas de prédécès des père et mère d'une personne morte sans postérité, ses frères, sœurs, ou leurs descendants, sont appelés à la succession, à l'exclusion des ascendants et des autres collatéraux.

Ils succèdent, ou de leur chef, ou par représentation, ainsi qu'il a été réglé en la section II du présent chapitre.

Rédaction antérieure. Art. 633. – Si les père et mère de la personne morte sans postérité lui ont survécu, ses frères et sœurs ou leurs descendants ne sont appelés qu'à la moitié de la succession. Si le père ou la mère seulement a survécu, ils sont appelés à recueillir les trois quarts.

Rédaction antérieure. Art. 634. – Le partage de la moitié ou des trois quarts dévolus aux frères ou sœurs, aux termes de l'article précédent, s'opère entre eux par égales portions, s'ils sont tous du même lit ; s'ils sont de lits différents, la division se fait par moitié entre les deux lignes paternelle et maternelle du défunt. Les germains prennent part dans les deux lignes, et les utérins et consanguins chacun dans leur ligne seulement. S'il n'y a de frères ou sœurs que d'un côté, ils succèdent à la totalité, à l'exclusion de tous autres parents de l'autre ligne.

Rédaction antérieure. Art. 635 *(L. 12 mars 1913)*. – À défaut de frères ou sœurs ou de descendants d'eux, et à défaut d'ascendants dans l'une ou l'autre ligne, la succession est déférée pour moitié aux ascendants survivants ; et pour l'autre moitié, aux parents les plus proches de l'autre ligne.

S'il y a concours de parents collatéraux au même degré, ils partagent par tête.

Rédaction antérieure. Art. 636 *(L. 12 mars 1913)*. – Dans le cas de l'article précédent, le père ou la mère survivant a l'usufruit du tiers des biens auxquels il ne succède pas en propriété.

Rédaction antérieure. Art. 637 *(L. n° 917, 27 déc. 1971)*. – Les collatéraux au-delà du sixième degré ne succèdent pas, à l'exception des descendants des frères et sœurs du défunt.

Toutefois, les collatéraux succèdent jusqu'au douzième degré lorsque le défunt n'était pas capable de tester.

À défaut de parent au degré successible dans une ligne et de conjoint survivant habile a succéder, les parents de l'autre ligne succèdent pour le tout.

Section VI (version antérieure). – Des successions déférées aux enfants naturels légalement reconnus et des droits de leur père et mère dans leur succession

(Ord. 3 juill. 1907)

Rédaction antérieure. Art. 638. – La loi n'accorde de droits aux enfants naturels sur les biens de leurs père et mère que lorsqu'ils ont été légalement reconnus. Les enfants naturels légalement reconnus sont appelés en qualité d'héritiers à la succession de leur père ou de leur mère décédés.

Rédaction antérieure. Art. 639. – La loi n'accorde aucun droit aux enfants naturels sur les biens des parents de leur père ou de leur mère.

Rédaction antérieure. Art. 640. – Le droit héréditaire de l'enfant naturel dans la succession de ses père et mère est fixé ainsi qu'il suit :

Si le père ou la mère a laissé des descendants légitimes, ce droit est de la moitié de la portion héréditaire qu'il aurait eue s'il eût été légitime.

Rédaction antérieure. Art. 641. – Le droit est des trois quarts, lorsque les père ou mère ne laissent pas de descendants, mais bien des ascendants, ou des frères ou sœurs, ou des descendants légitimes de frères ou sœurs.

Rédaction antérieure. Art. 642. – L'enfant naturel a droit à la totalité des biens lorsque ses père ou mère ne laissent ni descendants, ni ascendants, ni frères ou sœurs, ni descendants légitimes de frères ou sœurs.

Rédaction antérieure. Art. 643. – En cas de prédécès des enfants naturels, leurs enfants ou descendants peuvent réclamer les droits fixés par les articles précédents.

Rédaction antérieure. Art. 644. – Les dispositions des articles 638, 640, 641 et 642 ne sont pas applicables aux enfants adultérins ou incestueux. La loi ne leur accorde que des aliments.

Rédaction antérieure. Art. 645. – Ces aliments sont réglés eu égard aux facultés du père et de la mère, au nombre et à la qualité des héritiers légitimes.

Rédaction antérieure. Art. 646. – Lorsque le père ou la mère de l'enfant adultérin ou incestueux lui auront fait apprendre un art mécanique, ou lorsque l'un d'eux lui aura assuré des aliments de son vivant, l'enfant ne pourra élever aucune réclamation contre leur succession.

Rédaction antérieure. Art. 647. – La succession de l'enfant naturel décédé sans postérité est dévolue au père ou à la mère qui l'a reconnu, ou, par moitié, à tous les deux, s'il a été reconnu par les deux.

Section VII (version antérieure). – Des droits des frères et sœurs sur les biens des enfants naturels

(L. n° 917, 27 déc. 1971)

Rédaction antérieure. Art. 648. – En cas de prédécès des père et mère de l'enfant naturel décédé sans postérité, les biens qu'il en avait reçus passent aux frères et sœurs légitimes, s'ils se retrouvent en nature dans la succession ; les actions en reprise, s'il en existe, ou le prix de biens aliénés, s'il en est encore dû, retournent également aux frères et sœurs légitimes. Tous les autres biens passent aux frères et sœurs naturels ou à leurs descendants.

Section VIII (version antérieure). – Des droits du conjoint survivant

(L. n° 917, 27 déc. 1971)

Rédaction antérieure. Art. 649. – Le conjoint survivant contre qui n'a pas été prononcée une décision devenue irrévocable de séparation de corps, est appelé à la succession de son époux dans les conditions fixées par les articles ci-dessous.

Rédaction antérieure. Art. 650 ***(Abr., à compter du 1er janv. 1986, L. n° 1.089, 21 nov. 1985).*** – Le conjoint survivant qui vient en concours avec des descendants légitimes, reçoit la part d'un enfant légitime sans que sa part soit inférieure au quart de la succession.

Rédaction antérieure. Art. 651 ***(Abr., à compter du 1er janv. 1986, L. n° 1.089, 21 nov. 1985).*** – Lorsque le conjoint survivant vient en concours avec les père et mère légitimes du défunt ou l'un d'eux, la succession est dévolue pour un quart à chacun des père et mère et, pour le surplus, au conjoint survivant.

Rédaction antérieure. Art. 652 ***(Abr., à compter du 1er janv. 1986, L. n° 1.089, 21 nov. 1985).*** – Le conjoint qui vient en concours avec les autres ascendants du défunt, recueille une moitié de la succession en pleine propriété et l'autre moitié en nue propriété ; la moitié en usufruit est dévolue aux ascendants.

Rédaction antérieure. Art. 653 ***(Abr., à compter du 1er janv. 1986, L. n° 1.089, 21 nov. 1985).*** – Le conjoint survivant qui vient en concours avec des frères et sœurs du défunt ou leurs descendants, recueille la moitié de la succession.

Il exclut les autres collatéraux.

Rédaction antérieure. Art. 654 ***(Abr., à compter du 1er janv. 1986, L. n° 1.089, 21 nov. 1985).*** – Le conjoint survivant qui vient en concours avec un ou plusieurs enfants naturels recueille la moitié de la succession.

Rédaction antérieure. Art. 654-1 *(Abr., à compter du 1er janv. 1986, L. n° 1.089, 21 nov. 1985).* – Le conjoint survivant qui vient en concours avec des descendants légitimes et un ou plusieurs enfants naturels du défunt, recueille une part égale à celle de l'enfant légitime le moins prenant, sans que cette part puisse être inférieure au quart.

Rédaction antérieure. Art. 654-2 *(Abr., à compter du 1er janv. 1986, L. n° 1.089, 21 nov. 1985).* – Le conjoint survivant qui vient en concours avec un ou des enfants naturels du défunt et les père et mère de celui-ci ou l'un d'eux, recueille la moitié de la succession. Le surplus est attribué par parts égales, à chacun des deux autres ordres même s'il existe des collatéraux privilégiés.

Rédaction antérieure. Art. 654-3 *(Abr., à compter du 1er janv. 1986, L. n° 1.089, 21 nov. 1985).* – Le conjoint survivant qui vient en concours avec un ou des enfants naturels du défunt et des collatéraux privilégiés de celui-ci, recueille la moitié de la succession.

Le surplus est dévolu aux enfants naturels et aux collatéraux privilégiés dans les proportions fixées à l'article 640.

Chapitre IV (version antérieure). – Droits de l'État

(Abr. à compter du 1er janv. 1986, L. n° 1.089, 21 nov. 1985).

Rédaction antérieure. Art. 654-4. – L'Administration des Domaines qui revendique les biens du défunt est tenue de faire apposer les scellés et de faire dresser inventaire dans les formes prescrites pour l'acceptation des successions sous bénéfice d'inventaire.

Elle doit demander l'envoi en possession au tribunal de première instance.

Le tout, sous peine de dommages-intérêts, envers les héritiers s'il s'en présente.

Chapitre V. – De l'acceptation et de la répudiation des successions

Section I. – De l'acceptation

Art. 655. – **Une succession peut être acceptée purement et simplement, ou sous bénéfice d'inventaire.**

Art. 656. – **Nul n'est tenu d'accepter une succession qui lui est échue.**

Art. 657 *(Mod., L. n° 886, 25 juin 1970).* – **Les successions échues aux personnes en tutelle ne peuvent être valablement acceptées que dans les conditions prévues à l'article 387.**

Art. 658. – **L'effet de l'acceptation remonte au jour de l'ouverture de la succession.**

Art. 659. – **L'acceptation peut être expresse ou tacite ; elle est expresse, quand on prend le titre ou la qualité d'héritier dans un acte authentique ou privé ; elle est tacite, quand l'héritier fait un acte qui suppose nécessairement son intention d'accepter, et qu'il n'aurait droit de faire qu'en sa qualité d'héritier.**

Art. 660. – **Les actes purement conservatoires de surveillance et d'administration provisoire ne sont pas des actes d'addition d'hérédité, si l'on n'y a pas pris le titre ou la qualité d'héritier.**

Art. 661. – **La donation, vente ou transport, que fait de ses droits successifs un des cohéritiers, soit à un étranger, soit à tous les cohéritiers, soit à quelques-uns d'eux, emporte de sa part acceptation de la succession.**

Il en est de même :

1° De la renonciation, même gratuite, que fait un des héritiers, au profit d'un ou de plusieurs de ses cohéritiers ;

2° De la renonciation qu'il fait, même au profit de tous ses cohéritiers indistinctement, lorsqu'il reçoit le prix de sa renonciation.

Art. 662. – **Lorsque celui à qui une succession est échue est décédé sans l'avoir répudiée, ou sans l'avoir acceptée expressément ou tacitement, ses héritiers peuvent l'accepter ou la répudier de son chef.**

Art. 663. – **Si ces héritiers ne sont pas d'accord pour accepter ou répudier la succession, elle doit être acceptée sous bénéfice d'inventaire.**

Art. 664. – Le majeur ne peut attaquer l'acceptation expresse ou tacite qu'il a faite d une succession, que dans le cas où cette acceptation aurait été la suite d'un dol pratiqué envers lui ; il ne peut jamais réclamer sous prétexte de lésion, excepté seulement dans le cas où la succession se trouverait absorbée ou deviendrait onéreuse par la découverte d'un testament inconnu au moment de l'acceptation.

Section II. – De la renonciation aux successions

Art. 665. – La renonciation à une succession ne se présume pas ; elle ne peut plus être faite qu'au *greffe général*, sur un registre tenu a cet effet.

Art. 666. – L'héritier qui renonce est censé n'avoir jamais été héritier.

Art. 667. – La part du renonçant accroît à ses cohéritiers selon les distinctions précédemment établies ; s'il est seul, elle est dévolue au degré subséquent.

Art. 668. – On ne vient jamais par représentation d'un héritier vivant qui a renoncé. Si le renonçant est seul héritier de son degré, ou si tous ses cohéritiers renoncent, les enfants viennent de leur chef et succèdent par tête.

Art. 669. – Les créanciers de celui qui renonce au préjudice de leurs droits peuvent se faire autoriser en justice à accepter la succession du chef de leur débiteur, en son lieu et place.

Dans ce cas, la renonciation n'est annulée qu'en faveur des créanciers, et jusqu'à concurrence seulement de leurs créances ; elle ne l'est pas au profit de l'héritier qui a renoncé.

Art. 670. – La faculté d'accepter une succession se prescrit par le laps de trente ans.

Art. 671. – Tant que la prescription du droit d'accepter n'est pas acquise contre les héritiers qui ont renoncé, ils ont la faculté d'accepter encore la succession, si elle n'a pas été déjà acceptée par d'autres héritiers ; sans préjudice néanmoins des droits qui peuvent être acquis à des tiers sur les biens de la succession, soit par prescription, soit par actes valablement faits avec le curateur à la succession vacante.

Art. 672. – On ne peut, même par contrat de mariage, renoncer à la succession d'une personne vivante, ni aliéner les droits éventuels qu'on peut avoir à cette succession.

Art. 673. – Les héritiers qui auraient diverti ou recelé des effets d'une succession sont déchus de la faculté d'y renoncer ; ils demeurent héritiers purs et simples, nonobstant leur renonciation, sans pouvoir prétendre aucune part dans les objets divertis ou recelés.

Section III. – Du bénéfice d'inventaire, de ses effets et des obligations de l'héritier bénéficiaire

Art. 674. – La déclaration d'un héritier, qu'il entend ne prendre cette qualité que sous bénéfice d'inventaire, doit être faite au greffe général ; elle doit être inscrite sur le registre destiné à recevoir les actes de renonciation.

Art. 675. – Cette déclaration n'a d'effet qu'autant qu'elle est précédée ou suivie d'un inventaire fidèle et exact des biens de la succession, dans les formes réglées par les lois sur la procédure, et dans les délais ci-après déterminés.

Art. 676. – L'héritier a trois mois pour faire inventaire, à compter du jour de l'ouverture de la succession.

Il a de plus, pour délibérer sur son acceptation ou sur sa renonciation, un délai de quarante jours, qui commence à courir du jour de l'expiration des trois mois donnés pour l'inventaire, ou du jour de la clôture de l'inventaire, s'il a été terminé avant les trois mois.

Art. 677. – Si cependant il existe dans la succession des objets susceptibles de dépérir ou dispendieux à conserver, l'héritier peut, en sa qualité d'habile à succéder, et sans qu'on puisse en induire de sa part une acceptation, se faire autoriser par justice à procéder à la vente de ces effets.

Cette vente doit être faite par officier public, après les affiches et publication réglées par les lois sur la procédure.

Art. 678. – Pendant la durée des délais pour faire inventaire et pour délibérer, l'héritier ne peut être contraint à prendre qualité, et il ne peut être obtenu contre lui de condamnation ; s'il renonce lorsque les délais sont expirés ou avant, les frais par lui faits légitimement jusqu'à cette époque sont à la charge de la succession.

Art. 679. – Après l'expiration des délais ci-dessus, l'héritier, en cas de poursuites dirigées contre lui, peut demander un nouveau délai, que le tribunal saisi de la contestation accorde ou refuse suivant les circonstances.

Art. 680. – Les frais de poursuites, dans le cas de l'article précédent, sont à la charge de la succession, si l'héritier justifie, ou qu'il n'avait pas eu connaissance du décès, ou que les délais ont été insuffisants, soit à raison de la situation des biens, soit à raison des contestations survenues. S'il n'en justifie pas, les frais restent à sa charge personnelle.

Art. 681. – L'héritier conserve néanmoins, après l'expiration des délais accordés par l'article 676, même de ceux donnés par le juge conformément à l'article 679, la faculté de faire encore inventaire et de se porter héritier bénéficiaire, s'il n'a pas fait d'ailleurs acte d'héritier, ou s'il n'existe pas contre lui de jugement passé en force de chose jugée qui le condamne en qualité d'héritier pur et simple.

Art. 682. – L'héritier qui s'est rendu coupable de recel, ou qui a omis, sciemment ou de mauvaise foi, de comprendre dans l'inventaire des effets de la succession, est déchu du bénéfice d'inventaire.

Art. 683. – L'effet du bénéfice d'inventaire est de donner à l'héritier l'avantage :

1° De n'être tenu du paiement des dettes de la succession que jusqu'à concurrence de la valeur des biens qu'il a recueillis, même de pouvoir se décharger du paiement des dettes en abandonnant tous les biens de la succession aux créanciers et aux légataires ;

2° De ne pas confondre ses biens personnels avec ceux de la succession, et de conserver contre elle le droit de réclamer le paiement de ses créances.

Art. 684. – L'héritier bénéficiaire est chargé d'administrer les biens de la succession, et doit rendre compte de son administration aux créanciers et aux légataires.

Il ne peut être contraint sur ses biens personnels qu'après avoir été mis en demeure de présenter son compte, et faute d'avoir satisfait à cette obligation.

Après l'apurement du compte, il ne peut être contraint sur ses biens personnels que jusqu'à concurrence seulement des sommes dont il se trouve reliquataire.

Art. 685. – Il n'est tenu que des fautes graves dans l'administration dont il est chargé.

Art. 686. – Il ne peut vendre les meubles de la succession que conformément aux lois sur la procédure.

S'il les représente en nature, il n'est tenu que de la dépréciation ou de la détérioration causée par sa négligence.

Art. 687. – Il ne peut vendre les immeubles que dans les formes prescrites par les lois sur la procédure ; il est tenu d'en déléguer le prix aux créanciers suivant l'ordre tracé, pour les privilèges et hypothèques, au titre XVIII du présent livre.

Art. 688. – Il est tenu, si les créanciers ou autres personnes intéressées l'exigent, de donner caution bonne et solvable de la valeur du mobilier compris dans l'inventaire, et de la portion du prix des immeubles non déléguée aux créanciers hypothécaires.

Faute par lui de fournir cette caution, les meubles sont vendus, et leur prix est déposé, ainsi que la portion non déléguée du prix des immeubles, pour être employés à l'acquit des charges de la succession.

Art. 689. – S'il y a des créanciers opposants, l'héritier bénéficiaire ne peut payer que dans l'ordre et de la manière réglés par le juge.

S'il n'y a pas de créanciers opposants, il paye les créanciers et légataires à mesure qu'ils se présentent.

Art. 690. – Les créanciers non opposants qui ne se présentent qu'après l'apurement du compte et le payement du reliquat, n'ont de recours à exercer que contre les légataires.

Dans ce cas, le recours se prescrit par le laps de trois ans, à compter du jour de l'apurement du compte et du paiement du reliquat.

Art. 691. – Les frais de scellés, s'il en a été apposé, d'inventaire et de compte, sont à la charge de la succession.

Section IV. – Des successions vacantes

Art. 692. – Lorsque, après l'expiration des délais pour faire inventaire et pour délibérer, il ne se présente personne qui réclame une succession, qu'il n'y a pas d'héritier connu, ou que les héritiers connus y ont renoncé, cette succession est réputée vacante.

Art. 693. – Le tribunal de première instance nomme un curateur sur la demande des personnes intéressées, ou sur la réquisition du procureur général.

Art. 694. – Le curateur à une succession vacante est tenu, avant tout, d'en faire constater l'état par un inventaire ; il en exerce et poursuit les droits, il répond aux demandes formées contre elle ; il administre, sous la charge de faire verser le numéraire qui se trouve dans la succession, ainsi que les deniers provenant du prix des meubles ou immeubles vendus, dans la Caisse des dépôts et consignations, pour la conservation des droits, et à la charge de rendre compte à qui il appartiendra.

Art. 695. – Les dispositions de la section III du présent chapitre, sur les formes de l'inventaire, sur le mode d administration et sur les comptes à rendre de la part de l'héritier bénéficiaire, sont au surplus communes aux curateurs des successions vacantes.

Chapitre VI. – Du partage et des rapports

Section I. – De l'action en partage et de sa forme

Art. 696. – Nul ne peut être contraint à demeurer dans l'indivision, et le partage peut être toujours provoqué, nonobstant prohibitions et conventions contraires.

On peut cependant convenir de suspendre le partage pendant un temps limité. Cette convention ne peut être obligatoire au-delà de cinq ans ; mais elle peut être renouvelée.

Art. 697. – Le partage peut être demandé, même quand l'un des cohéritiers aurait joui séparément de partie des biens de la succession, s'il n'y a eu un acte de partage, ou possession suffisante pour acquérir la prescription.

Art. 698. – L'action en partage, à l'égard des cohéritiers mineurs ou interdits, peut être exercée par leurs tuteurs, spécialement autorisés par un conseil de famille.

À l'égard des cohéritiers absents, l'action appartient aux parents envoyés en possession.

Art. 699. – Le mari peut, sans le concours de sa femme, provoquer le partage des objets meubles ou immeubles à elle échus qui tombent dans la communauté ; à l'égard des objets qui ne tombent pas en communauté, le mari ne peut en provoquer le partage sans le concours de sa femme ; il peut seulement, s'il a le droit de jouir de ses biens, demander un partage provisionnel.

Les cohéritiers de la femme ne peuvent provoquer le partage définitif qu'en mettant en cause le mari et la femme.

Art. 700. – Si tous les héritiers sont présents et majeurs, l'apposition des scellés sur les effets de la succession n'est pas nécessaire, et le partage peut être fait dans la forme et par tel acte que les parties jugent convenable.

Si tous les héritiers ne sont pas présents, s'il y a parmi eux des mineurs ou des interdits, le scellé doit être apposé dans le plus bref délai, soit à la requête des héritiers, soit à la diligence du *procureur général*, soit d'office par le juge de paix.

La forme des partages est réglée par les lois sur la procédure.

Art. 701. – Les créanciers peuvent aussi requérir l'apposition des scellés, en vertu d'un titre exécutoire ou d'une permission du juge.

Art. 702. – Lorsque le scellé a été apposé, tous créanciers peuvent y former opposition, encore qu'ils n'aient ni titre exécutoire, ni permission du juge.

Les formalités pour la levée des scellés et la confection de l'inventaire sont réglées par les lois sur la procédure.

Art. 703. – Chacun des cohéritiers peut demander sa part en nature des meubles et immeubles de la succession. Néanmoins, s'il y a des créanciers saisissants ou opposants, ou si la majorité des cohéritiers juge la vente nécessaire pour l'acquit des dettes et charges de la succession, les meubles sont vendus publiquement en la forme ordinaire.

Art. 704. – Si les immeubles ne peuvent pas se partager commodément, il doit être procédé à la vente par licitation, soit devant le tribunal de première instance, s'il y a des incapables, soit devant un notaire, si toutes les parties majeures et jouissant de leurs droits s'accordent pour en désigner un.

Art. 705. – Après l'estimation des meubles et des immeubles, et leur vente, s'il y a lieu, on procède aux comptes que les copartageants peuvent se devoir, à la composition des lots et à leur attribution.

Art. 706. – Chaque cohéritier fait rapport à la masse, suivant les règles ci-après établies, des dons qui lui ont été faits et des sommes dont il est débiteur.

Si le rapport n'est pas fait en nature, les cohéritiers à qui il est dû prélèvent une portion égale sur la masse de la succession.

Les prélèvements se font, autant que possible, en objets de même nature, qualité et bonté que les objets non rapportés en nature.

Art. 707. – Après ces prélèvements, il est procédé, sur ce qui reste dans la masse, à la composition d'autant de lots égaux qu'il y a d'héritiers copartageants ou de souches copartageantes.

Art. 708. – Dans la formation et composition des lots, on doit éviter, autant que possible, de morceler les héritages et de diviser les exploitations ; il convient de faire entrer dans chaque lot, s'il se peut, la même quantité de meubles, d'immeubles, de droits ou de créances de même nature et valeur.

Art. 709. – L'inégalité des lots en nature se compense par un retour ou soulte, soit en rente, soit en argent ou valeurs mobilières.

Art. 710. – Toute personne, même parente du défunt, qui n'est pas son successible et à laquelle un cohéritier aurait cédé son droit à la succession, peut être écartée du partage, soit par tous les cohéritiers, soit par un seul, en lui remboursant le prix de la cession.

Art. 711. – Après le partage, remise doit être faite à chacun des copartageants, des titres particuliers aux objets qui lui seront échus.

Les titres d'une propriété divisée restent à celui qui a la plus grande part, à la charge d'en aider ceux de ses copartageants qui y auront intérêt, quand il en sera requis.

Les titres communs à toute l'hérédité sont remis à celui que tous les héritiers ont choisi pour en être le dépositaire, à la charge d'en aider les copartageants, à toute réquisition ; s'il y a difficulté sur le choix, elle est tranchée par le juge.

Section II. – Des rapports

Art. 712 *(L. 12 mars 1913 ; mod., L. n° 1.100, 12 juin 1987)*. – Tout héritier, même bénéficiaire, venant à une succession, doit rapporter à ses cohéritiers tout ce qu'il a reçu du défunt par donations entre vifs, directement ou indirectement ; il ne peut retenir les dons à lui faits par le défunt, à moins qu'ils ne lui aient été faits expressément par préciput et hors part ou avec dispense de rapport.

Les legs faits à un héritier sont réputés faits par préciput et hors part, à moins que le testateur n'ait exprimé la volonté contraire.

Rédaction antérieure. Art. 712. – *(L. 12 mars 1913)* Tout héritier, même bénéficiaire, venant à une succession, doit rapporter à ses cohéritiers tout ce qu'il a reçu du défunt par donation entre vifs, directement ou indirectement ; il ne peut retenir les dons à lui faits par le défunt, à moins qu'ils ne lui aient été faits expressément par préciput et hors part, ou avec dispense de rapport.

Les legs faits à un héritier sont réputés faits par préciput et hors part, à moins que le testateur n'ait exprimé la volonté contraire, auquel cas le légataire ne peut réclamer son legs qu'en moins prenant.

Art. 713 ***(L. 12 mars 1913 ; mod., L. n° 1.100, 12 juin 1987).*** **– Les dons faits par préciput ou avec dispense de rapport ne peuvent être retenus ni les legs réclamés par l'héritier venant à partage que jusqu'à concurrence de la quotité disponible ; l'excédent est sujet à réduction.**

Rédaction antérieure. Art. 713 *(L. 12 mars 1913).* – Les dons faits par préciput ou avec dispense de rapport ne peuvent être retenus ni les legs réclamés par l'héritier venant à partager que jusqu'à concurrence de la quotité disponible : l'excédent est sujet à rapport.

Art. 714. – L'héritier qui renonce à la succession peut cependant retenir le don entre vifs, ou réclamer le legs à lui fait, jusqu'à concurrence de la portion disponible.

Art. 715. – Le donataire qui n'était pas héritier présomptif lors de la donation, mais qui se trouve successible au jour de l'ouverture de la succession, doit également le rapport, à moins que le donateur ne l'en ait dispensé.

Art. 716. – Les dons et legs faits au fils de celui qui se trouve successible à l'époque de l'ouverture de la succession, sont toujours réputés faits avec dispense de rapport.

Le père venant à la succession du donateur n'est pas tenu de les rapporter.

Art. 717. – Pareillement, le fils venant de son chef à la succession du donateur, n'est pas tenu de rapporter les dons faits à son père, même quand il aurait accepté la succession de celui-ci ; mais si le fils ne vient que par représentation, il doit rapporter ce qui avait été donné à son père, même dans le cas où il aurait répudié sa succession.

Art. 718 ***(L. 12 mars 1913).*** **– Les dons et legs faits au conjoint d'un époux successible sont réputés faits avec dispense de rapport.**

Si les dons sont faits conjointement à deux époux dont l'un seulement est successible, celui-ci en rapporte la moitié ; si les dons sont faits à l'époux successible, il les rapporte en entier.

Art. 719. – Le rapport ne se fait qu'à la succession du donateur.

Art. 720. – Le rapport est dû de ce qui a été employé pour l'établissement d'un des cohéritiers, ou pour le paiement de ses dettes.

Art. 721. – Les frais de nourriture, d'entretien, d'éducation, d'apprentissage, les frais ordinaires d'équipement, ceux de noces et présents d'usage, ne doivent pas être rapportés.

Art. 722. – Il en est de même des profits que l'héritier a pu retirer des conventions passées avec le défunt, si ces conventions ne présentaient aucun avantage indirect lorsqu'elles ont été faites.

Art. 723. – Pareillement, il n'est pas dû de rapport pour les associations faites sans fraude entre le défunt et l'un de ses héritiers, lorsque les conditions en ont été réglées par un acte authentique.

Art. 724 ***(L. n° 1.100, 12 juin 1987).*** **– Si le bien a péri sans la faute du donataire, le rapport n'est pas dû. L'indemnité perçue en raison de sa perte doit être rapportée.**

Toutefois, lorsque le bien a été reconstitué ou remplacé par un autre au moyen de cette indemnité, le donataire doit la rapporter dans la proportion où elle a servi à la reconstitution du bien ou à son remplacement par un autre bien.

Rédaction antérieure. Art. 724. – L'immeuble qui a péri par cas fortuit et sans la faute du donataire n'est pas sujet à rapport.

Art. 725 ***(L. n° 1.100, 12 juin 1987).*** **– Les fruits et les intérêts des biens sujets à rapport ne sont dus qu'à compter du jour de l'ouverture de la succession.**

Rédaction antérieure. Art. 725. – Les fruits et les intérêts des choses sujettes à rapport ne sont dus qu'à compter du jour de l'ouverture de la succession.

Art. 726. – **Le rapport n'est dû que par le cohéritier à son cohéritier ; il n'est pas dû aux légataires ni aux créanciers de la succession.**

Art. 727 *(L. n° 1.100, 12 juin 1987).* – **Le rapport se fait en moins prenant.**

Rédaction antérieure. Art. 727. – Le rapport se fait en nature ou en moins prenant.

Art. 728 *(L. n° 1.100, 12 juin 1987).* – **L'acte de donation peut cependant stipuler le rapport en nature, le donateur pouvant toujours y renoncer par la suite.**

L'héritier a aussi la faculté de rapporter en nature le bien donné qui lui appartient encore sous la condition que ce bien soit libre de toute charge ou occupation dont il n'aurait pas déjà été grevé au jour de la donation.

Rédaction antérieure. Art. 728. – Il peut être exigé en nature, à l'égard des immeubles, toutes les fois que l'immeuble donné n'a pas été aliéné par le donataire, et qu'il n'y a pas dans la succession d'immeubles de même nature, valeur et bonté, dont on puisse former des lots à peu près égaux pour les autres cohéritiers.

Art. 729 *(L. 12 mars 1913 ; mod., L. n° 1.100, 12 juin 1987).* – **Sauf stipulation contraire dans l'acte de donation, le rapport est dû de la valeur du bien donné à la date de l'ouverture de la succession d'après son état au jour de la donation, le donataire bénéficiant des améliorations et répondant des dégradations imputables à son fait.**

Si le bien a été aliéné avant la date de l'ouverture de la succession, on tiendra compte de la valeur qu'il avait au jour de l'aliénation.

Rédaction antérieure. Art. 729 *(L. 12 mars 1913).* – Le rapport n'a lieu qu'en moins prenant, quand le donataire a aliéné l'immeuble avant l'ouverture de la succession : il est dû de la valeur de l'immeuble à l'époque de l'ouverture.

Art. 730 *(L. 12 mars 1913 ; mod., L. n° 1.100, 12 juin 1987).* – **Lorsque le rapport se fait en nature et que l'état des biens donnés a été amélioré par le fait du donataire, il doit lui en être tenu compte, eu égard à ce dont leur valeur se trouve augmentée à la date de l'ouverture de la succession.**

Il doit être pareillement tenu compte au donataire des impenses nécessaires qu'il a faites pour la conservation du bien, encore qu'elles ne l'aient point amélioré.

Art. 730 *(L. 12 mars 1913).* – **Dans tous les cas, il doit être tenu compte au donataire des impenses qui ont amélioré la chose, eu égard à ce dont sa valeur se trouve augmentée au moment de l'ouverture de la succession.**

Il doit être pareillement tenu compte au donataire des impenses nécessaires qu'il a faites pour la conservation de la chose, encore qu'elles n'aient point amélioré le fonds.

Art. 731 *(L. 12 mars 1913 ; mod., L. n° 1.100, 12 juin 1987).* – **Le cohéritier qui fait le rapport en nature peut retenir la possession du bien donné jusqu'au remboursement effectif des sommes qui lui sont dues pour impenses ou améliorations.**

Rédaction antérieure. Art. 731 *(L. 12 mars 1913).* – Le donataire, de son côté, doit tenir compte des dégradations et détériorations qui ont diminué la valeur de l'immeuble, par son fait ou par sa faute et négligence.

Art. 732 *(L. 12 mars 1913 ; mod., L. n° 1.100, 12 juin 1987).* – **Le donataire doit, en cas de rapport en nature, tenir compte des dégradations et détériorations qui ont diminué la valeur du bien donné par son fait.**

Rédaction antérieure. Art. 732 *(L. 12 mars 1913).* – Dans le cas où l'immeuble a été aliéné par le donataire, les améliorations ou dégradations faites par l'acquéreur doivent être imputées conformément aux deux articles précédents.

Art. 733 *(L. n° 1.100, 12 juin 1987).* – **Le rapport d'une somme d'argent est égal à son montant. Toutefois, si elle a servi à acquérir un bien, le rapport est dû de la valeur de ce bien dans les conditions prévues à l'article 729.**

Rédaction antérieure. Art. 733. – Lorsque le rapport se fait en nature, les biens se réunissent à la masse de la succession francs et quittes de toutes charges créées par le donataire ; mais les créanciers ayant hypothèque peuvent intervenir au partage, pour s'opposer à ce que le rapport se fasse en fraude de leurs droits.

Art. 734 à 737 *(Abr., L. n° 1.100, 12 juin 1987).*

Rédaction antérieure. Art. 734. – Lorsque le don d'un immeuble fait à un successible avec dispense de rapport excède la portion disponible, le rapport de l'excédent se fait en nature, si le retranchement de cet excédent peut s'opérer commodément.

Dans le cas contraire, si l'excédent est de plus de la moitié de la valeur de l'immeuble, le donataire doit rapporter l'immeuble en totalité, sauf à prélever sur la masse la valeur de la portion disponible ; si cette portion excède la moitié de la valeur de l'immeuble, le donataire peut retenir l'immeuble en totalité, sauf à moins prendre et a récompenser ses cohéritiers en argent ou autrement.

Rédaction antérieure. Art. 735. – Le cohéritier qui fait le rapport en nature d'un immeuble peut en retenir la possession jusqu'au remboursement effectif des sommes qui lui sont dues pour impenses ou améliorations.

Rédaction antérieure. Art. 736. – Le rapport du mobilier ne se fait qu'en moins prenant ; il se fait sur le pied de la valeur du mobilier lors de la donation, d'après l'état estimatif annexé à l'acte ; et, à défaut de cet état, d'après une estimation par expert, à juste prix et sans crue.

Rédaction antérieure. Art. 737. – Le rapport de l'argent donné se fait en moins prenant dans le numéraire de la succession.

En cas d'insuffisance, le donataire peut se dispenser de rapporter du numéraire, en abandonnant jusqu'à due concurrence du mobilier, et, à défaut de mobilier, des immeubles de la succession.

Section III. – Du paiement des dettes

Art. 738. – Les cohéritiers contribuent entre eux au paiement des dettes et charges de la succession, chacun dans la proportion de ce qu'il y prend.

Art. 739. – Le légataire à titre universel contribue avec les héritiers, au prorata de son émolument ; mais le légataire particulier n'est pas tenu des dettes et charges, sauf toutefois l'action hypothécaire sur l'immeuble légué.

Art. 740. – Lorsque des immeubles d'une succession sont grevés de rentes par hypothèque spéciale, chacun des cohéritiers peut exiger que les rentes soient remboursées, et les immeubles rendus libres, avant qu'il soit procédé à la formation des lots.

Si les cohéritiers partagent la succession dans l'état où elle se trouve, l'immeuble grevé doit être estimé au même taux que les autres immeubles ; il est fait déduction du capital de la rente sur le prix total ; l'héritier dans le lot duquel tombe cet immeuble demeure seul chargé du service de la rente, et il doit en garantir ses cohéritiers.

Art. 741. – Les héritiers sont tenus des dettes et charges de la succession, personnellement pour leur part et portion héréditaire, et hypothécairement pour le tout ; sauf leur recours, soit contre leurs cohéritiers, soit contre les légataires universels, à raison de la part pour laquelle ils doivent y contribuer.

Art. 742. – Le légataire particulier qui a acquitté la dette dont l'immeuble légué était grevé, demeure subrogé aux droits du créancier contre les héritiers et successeurs à titre universel.

Art. 743. – Le cohéritier ou successeur à titre universel qui, par effet de l'hypothèque, a payé au-delà de sa part de la dette commune, n'a de recours contre les autres cohéritiers ou successeurs à titre universel, que pour la part que chacun d'eux doit personnellement en supporter, quoiqu'il soit de plein droit subrogé aux droits des créanciers ; sans préjudice néanmoins des droits d'un cohéritier qui, par l'effet du bénéfice d'inventaire, aurait conservé la faculté de réclamer le paiement de sa créance personnelle comme tout autre créancier.

Art. 744. – En cas d'insolvabilité d'un des cohéritiers ou successeurs à titre universel, sa part dans la dette hypothécaire est répartie sur tous les autres, au marc le franc.

Art. 745. – Les titres exécutoires contre le défunt sont également exécutoires contre l'héritier personnellement ; et néanmoins les créanciers ne pourront en poursuivre l'exécution que huit jours après la signification à la personne ou au domicile de l'héritier.

Art. 746. – Ils peuvent demander, dans tous les cas, et contre tout créancier, la séparation du patrimoine du défunt d'avec le patrimoine de l'héritier.

Art. 747. – Ce droit ne peut cependant plus être exercé, lorsqu'il y a novation dans la créance contre le défunt, par l'acceptation de l'héritier pour débiteur.

Art. 748. – Il se prescrit, relativement aux meubles, par le laps de trois ans.

À l'égard des immeubles, l'action peut être exercée tant qu'ils existent dans la main de l'héritier.

Art. 749. – Les créanciers de l'héritier ne sont point admis à demander la séparation des patrimoines contre les créanciers de la succession.

Art. 750. – Les créanciers d'un copartageant, pour éviter que le partage ne soit fait en fraude de leurs droits, peuvent s'opposer à ce qu'il y soit procédé hors de leur présence : ils ont le droit d'y intervenir à leurs frais ; mais ils ne peuvent attaquer un partage consommé, à moins toutefois qu'il n'y ait été procédé sans eux et au préjudice d'une opposition qu'ils auraient formée.

Section IV. – Des effets du partage et de la garantie des lots

Art. 751. – Chaque cohéritier est censé avoir succédé seul et immédiatement à tous les effets compris dans son lot, ou à lui échus sur licitation, et n'avoir jamais eu la propriété des autres effets de la succession.

Art. 752. – Les cohéritiers demeurent respectivement garants les uns envers les autres des troubles et évictions qui procèdent d'une cause antérieure au partage.

La garantie n'a pas lieu, si l'espèce d'éviction soufferte a été exceptée par une clause particulière et expresse de l'acte de partage ; elle cesse, si c'est par sa faute que le cohéritier souffre l'éviction.

Art. 753. – Chacun des cohéritiers est personnellement obligé, en proportion de sa part héréditaire, d'indemniser son cohéritier de la perte que lui a causée l'éviction.

Si l'un des cohéritiers se trouve insolvable, la portion dont il est tenu doit être également répartie entre le garanti et tous les héritiers solvables.

Art. 754. – La garantie de la solvabilité du débiteur d'une rente ne peut être exercée que dans les cinq ans qui suivent le partage. Il n'y pas lieu à garantie à raison de l'insolvabilité du débiteur, quand elle n'est survenue que depuis le partage consommé.

Section V. – De la rescision en matière de partage

Art. 755. – Les partages peuvent être rescindés pour cause de violence ou de dol.

Il peut aussi y avoir lieu à rescision, lorsque l'un des cohéritiers établit, à son préjudice, une lésion de plus du quart. La simple omission d'un objet de la succession ne donne pas ouverture à l'action en rescision, mais seulement à un supplément à l'acte de partage.

Art. 756. – L'action en rescision est admise contre tout acte qui a pour objet de faire cesser l'indivision entre cohéritiers, encore qu'il fût qualifié de vente, d'échange et de transaction ou de toute autre manière.

Mais, après le partage ou l'acte qui en tient lieu, l'action en rescision n'est plus admissible contre la transaction faite sur les difficultés réelles que présentait le premier acte, même quand il n'y aurait pas eu à ce sujet de procès commencé.

Art. 757. – L'action n'est pas admise contre une vente de droits successifs, faite sans fraude à l'un des cohéritiers, à ses risques et périls, par ses autres cohéritiers ou par l'un d'eux.

Art. 758. – Pour juger s'il y a eu lésion, on estime les objets suivant leur valeur à l'époque du partage.

Art. 759. – Le défendeur à la demande en rescision, peut en arrêter le cours et empêcher un nouveau partage, en offrant et en fournissant au demandeur le supplément de sa portion héréditaire, soit en numéraire, soit en nature.

Art. 760. – Le cohéritier qui a aliéné son lot en tout ou en partie, n'est plus recevable à intenter l'action en rescision pour dol ou violence, si l'aliénation qu'il a faite est postérieure à la découverte du dol, ou à la cessation de la violence.

TITRE II. – DES DONATIONS ENTRE VIFS ET DES TESTAMENTS

Chapitre I. – Dispositions générales

Art. 761. – On ne pourra disposer de ses biens à titre gratuit, que par donation entre vifs ou par testament, dans les formes ci-après établies.

Art. 762. – La donation entre vifs est un acte par lequel le donateur se dépouille actuellement et irrévocablement de la chose donnée, en faveur du donataire qui l'accepte.

Art. 763. – Le testament est un acte par lequel le testateur dispose, pour le temps où il n'existera plus, de tout ou partie de ses biens, et qu'il peut révoquer.

Art. 764. – Les substitutions sont prohibées.

Toute disposition par laquelle le donateur, l'héritier institué, ou le légataire, sera chargé de conserver et de rendre à un tiers, sera nulle et considérée comme une simple attribution d'usufruit à l'égard du donataire, de l'héritier institué ou du légataire.

Art. 765. – Sont exceptées de l'article précédent les dispositions permises aux pères et mères et aux frères et sœurs au chapitre VI du présent titre.

Art. 766. – La disposition par laquelle un tiers serait appelé à recueillir le don, l'hérédité ou le legs, dans le cas où le donataire, l'héritier institué ou le légataire, ne le recueillerait pas, ne sera plus regardée comme une substitution, et sera valable.

Art. 767. – Il en sera de même de la disposition entre vifs ou testamentaire par laquelle l'usufruit sera donné à l'un, et la nue-propriété à l'autre.

Art. 768. – Dans toute disposition entre vifs ou testamentaire, les conditions impossibles, celles qui seront contraires aux lois et aux mœurs, seront réputées non écrites.

Chapitre II. – De la capacité de disposer ou de recevoir par donation entre vifs ou par testament

Art. 769. – Pour faire une donation entre vifs ou un testament il faut être sain d'esprit.

Art. 770. – Toute personne autre que celles qui en sont déclarées incapables par la loi, peut disposer ou recevoir, soit par donation entre vifs soit par testament.

Art. 771. – Le mineur âgé de moins de seize ans ne pourra disposer, sauf ce qui est réglé au chapitre IX du présent titre.

Art. 772. – Le mineur parvenu à l'âge de seize ans ne pourra disposer que par testament, et jusqu'à concurrence seulement de la moitié des biens dont la loi permet au majeur de disposer.

Art. 773 *(Abr., L. n° 886, 25 juin 1970).*

Art. 774. – Pour être capable de recevoir entre vifs, il suffit d'être conçu au moment de la donation.

Pour être capable de recevoir par testament, il suffit d'être conçu à l'époque du décès du testateur. Néanmoins la donation ou le testament n'auront leur effet qu'autant que l'enfant sera né viable.

Art. 775. – Le mineur quoique parvenu à l'âge de seize ans, ne pourra, même par testament, disposer, au profit de son tuteur.

Le mineur, devenu majeur, ne pourra disposer, soit par donation entre vifs, soit par testament, au profit de celui qui aura été son tuteur, si le compte définitif de la tutelle n'a été préalablement rendu et apuré.

Sont exceptés, dans les deux cas ci-dessus, les ascendants des mineurs qui sont ou qui ont été leurs tuteurs.

Art. 776 *(Ord. 3 juill. 1907 ; abr. à compter du 1er janv. 1986, L. n° 1.089, 21 nov. 1985).*

> **Rédaction antérieure. Art.** 776 *(Ord. 3 juill. 1907).* – Les enfants naturels légalement reconnus ne pourront rien recevoir par donation entre vifs au-delà de ce qui leur est accordé au titre *Des successions*. Cette incapacité ne pourra être invoquée que par les descendants du donateur, par ses ascendants, par ses frères et sœurs et les descendants légitimes de ses frères et sœurs.
>
> Le père ou la mère qui les ont reconnus pourront leur léguer tout ou partie de la quotité disponible, sans toutefois qu'en aucun cas, lorsqu'ils se trouvent en concours avec les descendants légitimes, un enfant naturel puisse recevoir plus qu'une part d'enfant légitime le moins prenant.
>
> Les enfants adultérins ou incestueux ne pourront rien recevoir par donation entre vifs ou par testament au-delà de ce qui leur est accordé par les articles 644, 645 et 646.

Art. 777. – Les médecins ou les pharmaciens qui auront traité une personne pendant la maladie dont elle meurt, ne pourront profiter des dispositions entre vifs ou testamentaires qu'elle aurait faites en leur faveur pendant le cours de cette maladie.

Sont exceptées :

1° Les dispositions rémunératoires faites à titre particulier, eu égard aux facultés du disposant et aux services rendus ;

2° Les dispositions universelles, dans le cas de parenté jusqu'au quatrième degré exclusivement, pourvu toutefois que le décédé n'ait pas d'héritiers en ligne directe, ou que celui au profit de qui la disposition a été faite, soit lui-même du nombre de ces héritiers.

Les mêmes règles seront observées à l'égard du ministre du culte.

Art. 778. – Les dispositions entre vifs ou par testament au profit des hospices, des pauvres ou d'établissements d'utilité publique, n'auront leur effet qu'autant qu'elles seront autorisées par le Prince.

Art. 779. – Toute disposition au profit d'un incapable sera nulle, soit qu'on la déguise sous la forme d'un contrat onéreux, soit qu'on la fasse sous le nom de personnes interposées.

Seront réputés personnes interposées, les père et mère, les enfants et descendants, et l'époux de la personne incapable.

Chapitre III. – De la portion de biens disponible et de la réduction

Section I. – De la portion de biens disponible

Art. 780 *(Mod., Ord. 3 juill. 1907 ; L. n° 1.089, 21 nov. 1985 ; L. n° 1.278, 29 déc. 2003).* – Lorsque le disposant laisse à son décès des enfants, les libéralités ne peuvent excéder la moitié de ses biens s'il n'y a qu'un enfant, le tiers s'il y en a deux, le quart s'il y en a trois ou un plus grand nombre.

> **Rédaction antérieure. Art.** 780 *(Mod., Ord. 3 juill. 1907 ; L. n° 1.089, 21 nov. 1985).* – Lorsque le disposant ne laisse à son décès que des enfants légitimes ou naturels, les libéralités ne peuvent excéder la moitié de ses biens s'il n'y a qu'un enfant, le tiers s'il y en a deux, le quart s'il y en a trois ou un plus grand nombre.
>
> Toutefois, la quotité disponible est de la moitié s'il en est disposé en faveur d'un ou de plusieurs descendants légitimes.

Art. 781 *(Mod., Ord. 3 juill. 1907 ; L. n° 1.089, 21 nov. 1985 ; L. n° 1.278, 29 déc. 2003).* – Les libéralités ne peuvent excéder la moitié des biens si, à défaut d'enfants, le défunt laisse un ou plusieurs ascendants dans chacune des lignes paternelle et maternelle, et les trois quarts s'il ne laisse d'ascendants que dans une seule ligne.

Les ascendants autres que les père et mère n'ont droit à la réserve résultant de l'alinéa précédent qu'en l'absence de frères et sœurs du défunt ou de descendants de ceux-ci, venant à la succession.

Rédaction antérieure. Art. 781 *(Mod., Ord. 3 juill. 1907 ; L. n° 1.089, 21 nov. 1985).* – Les libéralités ne peuvent excéder la moitié des biens si, à défaut d'enfants légitimes ou naturels, le défunt laisse un ou plusieurs ascendants dans chacune des lignes paternelle et maternelle, et les trois quarts s'il ne laisse d'ascendants que dans une seule ligne.

Les ascendants autres que les père et mère n'ont droit à la réserve résultant de l'alinéa précédent qu'en l'absence de frères et sœurs légitimes ou naturels du défunt ou de descendants légitimes de ceux-ci, venant à la succession.

Art. 782 ***(Mod., Ord. 3 juill. 1907 ; L. n° 1.089, 21 nov. 1985 ; abr., L. n° 1.278, 29 déc. 2003).***

Rédaction antérieure. Art. 782 *(Mod., Ord. 3 juill. 1907 ; L. n° 1.089, 21 nov. 1985).* – Lorsque des enfants adultérins ou incestueux sont appelés à la succession de leur auteur en concours avec des enfants légitimes ou naturels de celui-ci, ils comptent par leur présence pour le calcul de la quotité disponible. La réserve globale est calculée comme si tous les enfants du défunt étaient légitimes ou naturels et elle est attribuée à raison de deux parts à chaque enfant légitime ou naturel et d'une seule à chaque enfants adultérin ou incestueux.

Art. 782-1 ***(L. n° 1.089, 21 nov. 1985 ; abr., L. n° 1.278, 29 déc. 2003).***

Rédaction antérieure. Art. 782-1 *(L. n° 1.089, 21 nov. 1985, à compter du 1er janv. 1986).* – Lorsque, à défaut d'enfants légitimes ou naturels, le défunt laisse a la fois un ou plusieurs enfants adultérins ou incestueux et des ascendants dans les deux lignes ou dans une seule, les libéralités ne peuvent, sans préjudice des dispositions de l'article 949-3, excéder la quotité des biens dont il aurait pu disposer si ces enfants étaient légitimes ou naturels.

La réserve résultant de l'alinéa précédent profite aux ascendants pour un seizième de la succession dans chaque ligne et pour le surplus aux enfants adultérins ou incestueux.

Art. 782-2 ***(L. n° 1.089, 21 nov. 1985 ; abr., L. n° 1.278, 29 déc. 2003).***

Rédaction antérieure. Art. 782-2 *(L. n° 1.089, 21 nov. 1985).* – Lorsque le défunt ne laisse que des enfants adultérins ou incestueux, les libéralités ne peuvent, sous réserve des dispositions des deux premiers alinéas de l'article 949-2, excéder les quotités fixées au premier alinéa de l'article 780.

Art. 783 ***(L. n° 1.089, 21 nov. 1985, à compter du 1er janv. 1986).*** **– Pour le calcul de la quotité de biens dont il peut être disposé par acte entre vifs ou par testament, il est tenu compte de tous les descendants vivants ou représentés du défunt ou de tous ses ascendants vivants.**

À défaut d'ascendants et de descendants, les libéralités peuvent épuiser la totalité des biens.

Rédaction antérieure. Art. 783 *(C. civ. 1880).* – À défaut d'ascendants et de descendants les libéralités par acte entre vifs ou testamentaire pourront épuiser la totalité des biens.

Art. 784. – Si la disposition par acte entre vifs ou par testament est d'un usufruit ou d'une rente viagère dont la valeur excède la quotité disponible, les héritiers au profit desquels la loi fait une réserve, auront l'option ou d'exécuter cette disposition, ou de faire l'abandon de la propriété de la quotité disponible.

Art. 785. – La valeur en pleine propriété des biens aliénés, soit à charge de rente viagère, soit à fonds perdu, ou avec réserve d'usufruit, à l'un des successibles en ligne directe, sera imputée sur la portion disponible et l'excédent, s'il y en a, sera rapporté à la masse. Cette imputation et ce rapport ne pourront être demandés par ceux des autres successibles en ligne directe qui auraient consenti à ces aliénations, ni, dans aucun des cas, par les successibles en ligne collatérale.

Art. 786 ***(L. 12 mars 1913).*** **– La quotité disponible pourra être donnée en tout ou en partie, soit par acte entre vifs, soit par testament, aux enfants ou aux autres successibles du donateur, sans être sujette au rapport par le donataire ou le légataire venant à la succession pourvu qu'en ce qui touche les dons, la disposition ait été faite expressément à titre de préciput et hors part.**

La déclaration que le don est à titre de préciput et hors part pourra être faite, soit par l'acte qui contiendra la disposition, soit postérieurement dans la forme des dispositions entre vifs ou testamentaires.

Section II. – De la réduction des donations et legs

Art. 787. – Les dispositions, soit entre vifs, soit à cause de mort, qui excèderont la quotité disponible, seront réductibles à cette quotité lors de l'ouverture de la succession.

Art. 788. – La réduction des dispositions entre vifs et des legs ne pourra être demandée que par ceux au profit desquels la loi fait une réserve, par leurs héritiers ou ayants cause ; les donataires, les légataires, ni les créanciers du défunt, ne pourront demander cette réduction, ni en profiter.

Art. 789 *(L. n° 1.100, 12 juin 1987)*. – La réduction se détermine en formant une masse de tous les biens existant au décès du donateur ou du testateur.

On y réunit fictivement, après en avoir déduit les dettes, ceux dont il a été disposé par donation entre vifs d'après leur état au jour de la donation et leur valeur à la date de l'ouverture de la succession.

Rédaction antérieure. Art. 789. – La réduction se détermine en formant une masse de tous les biens existant au décès du donateur ou testateur ; on y réunit fictivement ceux dont il a été disposé par donations entre vifs, d'après leur état à l'époque des donations et leur valeur au temps du décès du donateur. On calcule sur tous ces biens, après en avoir déduit les dettes, quelle est, eu égard à la qualité des héritiers qu'il laisse, la quotité dont il a pu disposer.

Art. 790. – Il n'y aura jamais lieu de réduire les donations entre vifs, qu'après avoir épuisé la valeur de tous les biens compris dans les dispositions testamentaires ; et lorsqu'il y aura lieu à cette réduction, elle se fera en commençant par la dernière donation, et ensuite en remontant des dernières aux plus anciennes.

Art. 791 *(L. n° 1.133, 16 juill. 1990)*. – La réduction des legs s'opère en nature ; le légataire peut cependant se faire attribuer le bien légué à charge de rapporter la valeur de ce qui excède la quotité disponible.

La réduction des dons s'opère en valeur ; le donataire peut cependant rapporter en nature le bien donné sous les conditions prévues aux articles 728, alinéa 2, et 730 à 732.

Rédaction antérieure. Art. 791. – Si la donation entre vifs réductible a été faite à l'un des successibles, il pourra retenir, sur les biens donnés, la valeur de la portion qui lui appartiendrait, comme héritier, dans les biens non disponibles, s'ils sont de la même nature.

Art. 792. – Lorsque la valeur des donations entre vifs excédera ou égalera la quotité disponible, toutes les dispositions testamentaires seront caduques.

Art. 793. – Lorsque les dispositions testamentaires excéderont, soit la quotité disponible, soit la portion de cette quotité qui resterait après en avoir déduit la valeur des donations entre vifs, la réduction sera faite au marc le franc, sans aucune distinction entre les legs universels et les legs particuliers.

Art. 794. – Néanmoins, dans tous les cas où le testateur aura expressément déclaré qu'il entend que tel legs soit acquitté de préférence aux autres, cette préférence aura lieu, et le legs qui en sera l'objet ne sera réduit qu'autant que la valeur des autres ne remplirait pas la réserve légale.

Art. 795. – Le donataire restituera les fruits de ce qui excédera la portion disponible, à compter du jour du décès du donateur, si la demande en réduction a été faite dans l'année ; sinon, du jour de la demande.

Art. 796 *(L. n° 1.133, 16 juill. 1990)*. – La réduction en valeur donne lieu à récompense au profit des héritiers réservataires, à concurrence de la portion de libéralité qui excède la quotité disponible.

Le montant de la récompense est calculé d'après la valeur des biens donnés ou légués au jour de l'ouverture de la succession et, pour les biens donnés, d'après leur état au jour de la donation, le donataire bénéficiant des améliorations et répondant des dégradations imputables à son fait.

Rédaction antérieure. Art. 796. – Les immeubles à recouvrer par l'effet de la réduction, le seront sans charge de dettes ou hypothèques créées par le donataire.

Art. 797 *(L. n° 1.133, 16 juill. 1990)*. – Le règlement de la récompense prévue à l'article précédent s'effectue en moins prenant, à concurrence des droits du débiteur dans la réserve et à la condition que son montant soit inférieur à ces droits ; il s'effectue en argent dans tous les autres cas.

Si des délais de paiement ont été accordés, la vente du bien par le donataire rend exigibles les sommes restant dues.

Rédaction antérieure. Art. 797. – L'action en réduction ou revendication pourra être exercée par les héritiers contre les tiers détenteurs des immeubles faisant partie des donations et aliénés par les donataires, de la même manière et dans le même ordre que contre les donataires eux-mêmes, et discussion préalablement faite de leurs biens. Cette action devra être exercée suivant l'ordre des dates des aliénations, en commençant par la plus récente.

Chapitre IV. – Des donations entre vifs

Section I. – De la forme des donations entre vifs

Art. 798. – Tout acte de donation entre vifs devra être passé par devant notaire, et il en sera dressé minute, à peine de nullité.

Art. 799. – La donation entre vifs n'engagera le donateur, et ne produira aucun effet, que du jour qu'elle aura été acceptée en termes exprès.

L'acceptation pourra être faite du vivant du donateur par un acte postérieur et authentique, dont il restera minute ; mais alors la donation n'aura effet, à l'égard du donateur, que du jour où l'acte qui constatera cette acceptation lui aura été notifié.

Art. 800. – Si le donataire est majeur, l'acceptation doit être faite par lui, ou en son nom, par la personne fondée de sa procuration, portant pouvoir d accepter la donation faite, ou pouvoir général d'accepter les donations qui auraient été ou qui pourraient être faites.

Cette procuration devra être passée devant notaire, et une expédition devra en être annexée à la minute de la donation, ou à la minute de l'acceptation qui serait faite par acte séparé.

Art. 801 *(Abr., L. n° 886, 25 juin 1970).*

Art. 802. – La donation faite à un mineur non émancipé ou à un interdit devra être acceptée par son tuteur, conformément aux articles 358 et 403, au titre *De la minorité, de la tutelle et de l'émancipation*.

Le mineur émancipé pourra accepter avec l'assistance de son curateur.

Néanmoins, le père et la mère du mineur émancipé ou non émancipé ou les autres ascendants, même du vivant du père et de la mère, quoiqu'ils ne soient ni tuteurs ni curateurs du mineur, pourront accepter pour lui.

Art. 803. – Le sourd-muet qui saura écrire pourra accepter lui-même ou par un fondé de pouvoir.

S'il ne sait pas écrire, l'acceptation doit être faite par un curateur nommé à cet effet, suivant les règles établies au titre *De la minorité, de la tutelle et de l'émancipation*.

Art. 804. – Les donations faites au profit des pauvres, d'hospices, ou d'établissements publics, seront acceptées par les administrateurs des établissements dispensateurs ou donataires, après qu'ils y auront été autorisés par le Prince.

Art. 805. – La donation dûment acceptée sera parfaite par le seul consentement des parties, et la propriété des objets donnés sera transférée au donataire, sans qu'il soit besoin d'autre tradition.

Art. 806. – Lorsqu'il y aura donation de biens susceptibles d'hypothèques, la transcription des actes contenant la donation et l'acceptation, ainsi que la notification de l'acceptation qui aurait eu lieu par acte séparé, devra être faite au bureau des hypothèques de la Principauté.

Art. 807. – Cette transcription sera faite à la diligence du mari, lorsque les biens auront été donnés à sa femme ; et si le mari ne remplit pas cette formalité, la femme pourra y procéder sans autorisation.

Lorsque la donation sera faite à des mineurs, à des interdits, ou à des établissements publics, la transcription sera faite à la diligence des tuteurs, curateurs ou administrateurs.

Art. 808. – Le défaut de transcription pourra être opposé par toutes personnes ayant intérêt, excepté toutefois par celles qui sont chargées de faire faire la transcription ou leurs ayants cause, et le donateur.

Art. 809. – Les mineurs, les interdits, les femmes mariées, ne seront point restitués contre le défaut d'acceptation ou de transcription des donations ; sauf leur recours contre leurs tuteurs ou leurs maris, s'il y échet, et sans que la restitution puisse avoir lieu, dans le cas même où lesdits tuteurs et maris se trouveraient insolvables.

Art. 810. – La donation entre vifs ne pourra comprendre que les biens présents du donateur ; si elle comprend des biens à venir, elle sera nulle à cet égard.

Art. 811. – Toute donation entre vifs faite sous des conditions dont l'exécution dépend de la seule volonté du donateur, sera nulle.

Art. 812. – Elle sera pareillement nulle, si elle a été faite sous la condition d'acquitter d'autres dettes ou charges que celles qui existaient à l'époque de la donation, ou qui seraient exprimées, soit dans l'acte de la donation, soit dans l'état qui devrait y être annexé.

Art. 813. – En cas que le donateur se soit réservé la liberté de disposer d'un effet compris dans la donation, ou d'une somme fixe sur les biens donnés, s'il meurt sans en avoir disposé, ledit effet ou ladite somme appartiendra aux héritiers du donateur, nonobstant toutes clauses et stipulations à ce contraires.

Art. 814. – Les quatre articles précédents ne s'appliquent point aux donations mentionnées aux chapitres VIII et IX du présent titre.

Art. 815. – Tout acte de donation d'effets mobiliers ne sera valable que pour les effets dont un état estimatif, signé du donateur et du donataire ou de ceux qui acceptent pour lui, aura été annexé à la minute de la donation.

Art. 816. – Il est permis au donateur de faire la réserve à son profit, ou de disposer au profit d'un autre, de la jouissance ou de l'usufruit des biens meubles ou immeubles donnés.

Art. 817. – Lorsque la donation d'effets mobiliers aura été faite avec réserve d'usufruit, le donataire sera tenu, à l'expiration de l'usufruit, de prendre les effets donnés qui se trouveront en nature, dans l'état où ils seront ; et il aura action contre le donateur ou ses héritiers pour raison des objets non existants, jusqu'à concurrence de la valeur qui leur aura été donnée dans l'état estimatif.

Art. 818. – Le donateur pourra stipuler le droit de retour des objets donnés, soit pour le cas du prédécès du donataire seul, soit pour le cas du prédécès du donataire et de ses descendants. Ce droit ne pourra être stipulé qu'au profit du donateur seul.

Art. 819. – L'effet du droit de retour sera de résoudre toutes les aliénations des biens donnés, et de faire revenir ces biens au donateur, francs et quittes de toutes charges et hypothèques, sauf néanmoins l'hypothèque de la dot et des conventions matrimoniales, si les autres biens de l'époux donataire ne suffisent pas, et dans le cas seulement où la donation lui aura été faite par le même contrat de mariage duquel résultent ces droits et hypothèques.

Section II. – Des exceptions à la règle de l'irrévocabilité des donations entre vifs

Art. 820. – La donation entre vifs ne pourra être révoquée que pour cause d'inexécution des conditions sous lesquelles elle aura été faite, pour cause d'ingratitude, ou pour cause de survenance d'enfants ;

Art. 821. – Dans le cas de la révocation pour cause d'inexécution des conditions, les biens rentreront dans les mains du donateur, libres de toutes charges et hypothèques du chef du donataire ; et le donateur aura, contre les tiers détenteurs des immeubles donnés, tous les droits qu'il aurait contre le donataire lui-même.

Art. 822. – La donation entre vifs ne pourra être révoquée pour cause d'ingratitude que dans les cas suivants :

1° Si le donataire a attenté à la vie du donateur ;

2° S'il s'est rendu coupable envers lui de sévices, délits ou injures graves ;

3° S'il lui refuse des aliments.

Art. 823. – La révocation pour cause d'inexécution des conditions, ou pour cause d'ingratitude, n'aura jamais lieu de plein droit.

Art. 824. – La demande en révocation pour cause d'ingratitude devra être formée dans l'année, à partir du jour du délit imputé par le donateur au donataire, ou du jour où le délit aura pu être connu par le donateur.

Cette révocation ne pourra être demandée par le donateur contre les héritiers du donataire, ni par les héritiers du donateur contre le donataire, à moins que, dans ce dernier cas, l'action n'ait été intentée par le donateur, ou qu'il ne soit décédé dans l'année du délit.

Art. 825. – La révocation pour cause d'ingratitude ne préjudiciera ni aux aliénations faites par le donataire, ni aux hypothèques ou autres charges réelles qu'il aura pu imposer sur l'objet de la donation, pourvu que le tout soit antérieur à l'inscription qui aurait été faite de l'extrait de la demande en révocation, en marge de la transcription prescrite par l'article 806.

Dans le cas de révocation, le donataire sera condamné à restituer la valeur des objets aliénés, eu égard au temps de la demande, et les fruits à compter du jour de cette demande.

Art. 826. – Les donations faites par des tiers en faveur de mariage ne seront pas révocables pour cause d'ingratitude.

Art. 827. – Toutes donations entre vifs faites par des personnes qui n'avaient point d'enfants ou de descendants actuellement vivants dans le temps de la donation, de quelque valeur que ces donations puissent être, et à quelque titre qu'elles aient été faites, et encore qu'elles fussent mutuelles ou rémunératoires, même celles qui auraient été faites en faveur de mariage par d'autres que les ascendants aux conjoints, ou par les conjoints l'un a l'autre, demeureront révoquées de plein droit par la survenance d'un enfant légitime du donateur, même d'un posthume, ou par la légitimation d'un enfant naturel par un mariage subséquent, s'il est né depuis la donation.

Art. 828. – Cette révocation aura lieu, encore que l'enfant du donateur ou de la donatrice fût conçu au temps de la donation.

Art. 829. – La donation demeurera pareillement révoquée, lors même que le donataire serait entré en possession des biens donnés, et qu'il y aurait été laissé par le donateur depuis la survenance de l'enfant ; sans néanmoins que le donataire soit tenu de restituer les fruits par lui perçus, de quelque nature qu'ils soient, si ce n'est du jour que la naissance de l'enfant ou sa légitimation par mariage subséquent lui aura été notifiée par exploit ou par autre acte en bonne forme ; et ce, quand même la demande pour rentrer dans les biens donnés n'aurait été formée que postérieurement à cette notification.

Art. 830. – Les biens compris dans la donation révoquée de plein droit rentreront dans le patrimoine du donateur, libres de toutes charges et hypothèques du chef du donataire, sans qu'ils puissent demeurer affectés, même subsidiairement, à la restitution de la dot de la femme de ce donataire, de ses reprises ou autres conventions matrimoniales ; ce qui aura lieu quand même la donation aurait été faite en faveur du mariage du donataire et insérée dans le contrat, et que le donateur se serait obligé comme caution, par la donation, à l'exécution du contrat de mariage.

Art. 831. – Toute clause ou convention par laquelle le donateur aurait renoncé à la révocation de la donation pour cause de survenance d'enfant, sera regardée comme nulle et ne pourra produire aucun effet.

Art. 832. – Lorsque dix ans se seront écoulés depuis la naissance du dernier enfant du donateur, le donataire, ses héritiers ou ayants cause et autres détenteurs des choses données, pourront opposer la prescription à l'action en nullité qui leur serait intentée, en vertu des articles précédents, pour cause de survenance d'enfant au donateur.

En cas de mort de cet enfant, l'action serait éteinte.

Chapitre V. – Des dispositions testamentaires

Section I. – Des règles générales sur la forme des testaments

Art. 833. – Toute personne pourra disposer par testament, soit sous le titre d'institution d'héritier, soit sous le titre de legs, soit sous toute autre dénomination propre à manifester sa volonté.

Art. 834. – Un testament ne pourra être fait dans le même acte par deux ou plusieurs personnes, soit au profit d'un tiers, soit à titre de disposition réciproque et mutuelle.

Art. 835. – Un testament pourra être olographe, ou fait par acte public ou dans la forme mystique.

Art. 836. – Le testament olographe ne sera point valable, s'il n'est écrit en entier, daté et signé de la main du testateur ; il n'est assujetti à aucune autre forme.

Art. 837. – Le testament par acte public est celui qui est reçu par deux notaires, en présence de deux témoins, ou par un seul notaire, en présence de quatre témoins.

Art. 838 *(L. n° 880, 29 mai 1970)*. – Le testateur, en présence des notaires, ou du notaire et des témoins, exprimera sa volonté, qui sera écrite par un notaire, ou que celui-ci fera écrire à la main ou par un moyen mécanique.

Dans tous ces cas, il doit être donné lecture du testament au testateur, en présence des témoins et du second notaire, s'il y en a un.

Il sera fait mention expresse de l'accomplissement de cette formalité.

Art. 839. – Ce testament doit être signé par le testateur. S'il déclare qu'il ne sait ou ne peut signer, il sera fait dans l'acte mention expresse de sa déclaration, ainsi que de la cause qui l'empêche de signer.

Art. 840. – Le testament devra être signé par les notaires et les témoins. Néanmoins, si tous ces derniers n'étaient pas en état de le faire, il suffirait de la signature des deux notaires et d'un témoin ou de celles du notaire et de deux témoins.

Art. 841. – Ne pourront être pris pour témoins du testament par acte public, ni les légataires à quelque titre qu'ils soient, ni leurs parents jusqu'au troisième degré inclusivement, ni les clercs, ni les domestiques des notaires par lesquels les actes seront reçus.

Art. 842. – Le testament mystique peut être écrit soit par le testateur, soit par une autre personne. S'il est écrit par le testateur, il doit aussi être signé par lui à la fin des dispositions. S'il est écrit par une autre personne, il doit être signé par le testateur à chaque feuillet.

Art. 843. – Le papier sur lequel est écrit le testament mystique, ou celui qui l'enveloppe, doit être scellé d'une empreinte quelconque, de telle façon qu'il ne soit pas possible d'ouvrir le pli et de lire le testament sans rompre le cachet.

Le testateur, en présence de quatre témoins, remettra au notaire le pli clos et scellé, ou le fera clore et sceller en leur présence, en déclarant que le contenu de ce pli est son testament signé de sa main.

Sur ce pli même, le notaire écrira l'acte de remise, dans lequel il énoncera :

1° le fait, la date de la remise, et la déclaration du testateur ;

2° le nombre et l'empreinte des sceaux ;

3° l'assistance du notaire et des témoins à toutes les formalités ci-dessus énumérées.

L'acte sera signé par le testateur, le notaire et les témoins. En cas d'empêchement, il sera procédé conformément aux articles 838 et 840 ci-dessus. Tout cela sera fait de suite et sans divertir à d'autres actes.

Art. 844. – Le testateur qui sait lire, mais qui ne sait pas écrire, ou qui n'a pu signer ses dispositions, devra déclarer qu'il les a lues et faire connaître la cause qui l'a empêché de signer. Il en sera fait mention dans l'acte de remise.

Art. 845. – Ceux qui ne savent ou ne peuvent lire ne pourront faire des dispositions dans la forme du testament mystique.

Art. 846. – En cas que le testateur ne puisse parler, mais qu'il puisse écrire, il pourra faire un testament mystique, à la charge que le testament sera entièrement écrit, daté et signé de sa main, qu'il le présentera au notaire et aux témoins et qu'au haut de l'acte de suscription il écrira en leur présence que le papier qu'il présente est son testament. Après quoi, le notaire écrira l'acte de suscription, dans lequel il sera fait mention que le testateur a écrit ces mots en présence du notaire et des témoins ; et sera au surplus observé tout ce qui est prescrit par l'article 843.

Art. 847 *(L. 12 mars 1913)*. – Les témoins appelés pour être présents aux testaments doivent être majeurs, sujets monégasques ou résidant dans la Principauté depuis trois mois, et n'avoir pas été privé de l'exercice de leurs droits civils. Toutefois le mari et la femme ne pourront être témoins ensemble dans le même testament.

Section II. – Des règles particulières sur la forme de certains testaments

Art. 848. – Les testaments faits dans un lieu avec lequel toute communication sera interceptée, à cause de la peste ou autre maladie contagieuse, pourront être reçus par le juge de paix ou par un des officiers municipaux, en présence de deux témoins.

Art. 849. – Cette disposition aura son effet, tant à l'égard de ceux qui seraient attaqués de maladie contagieuse, que de ceux qui se trouveraient dans les lieux qui en sont infectés, encore qu'ils ne fussent pas actuellement malades.

Art. 850. – Les testaments mentionnés aux deux précédents articles deviendront nuls six mois après que les communications auront été rétablies dans le lieu où le testateur se trouve, ou six mois après qu'il aura passé dans un lieu où elles ne seront point interrompues.

Art. 851. – Les testaments faits sur mer, dans le cours d'un voyage, pourront être reçus à bord, par le capitaine, maître ou patron, ou par ceux qui les remplacent, et, pour les testaments de ces derniers, par ceux qui viennent après eux dans l'ordre du service.

Ces testaments doivent être reçus en présence de deux témoins, en double original.

Les dispositions ci-dessus seront communes aux testaments faits par les simples passagers, qui ne feront point partie de l'équipage.

Art. 852. – Les testaments reçus durant le voyage seront conservés avec les papiers du bord les plus importants, et il en sera fait mention tant sur le journal du bord que sur le rôle d'équipage.

À l'arrivée du bâtiment dans le premier port étranger où se trouvera un agent diplomatique ou consulaire du Prince, un original cacheté de ces testaments et copie de la mention prescrite ci-dessus seront déposés par le capitaine, maître ou patron, à la chancellerie diplomatique ou consulaire. Il sera dressé acte du dépôt ; le testament, ainsi qu'une expédition de l'acte de dépôt, seront adressés immédiatement, par l'agent qui aura reçu cet acte, au ministre d'État de la Principauté, et transmis par les soins de ce dernier au greffe du tribunal de première instance.

Au retour du bâtiment dans la Principauté, le capitaine, maître ou patron, remettra au capitaine du port, avec son journal de bord et son rôle d'équipage, le second exemplaire des testaments reçus à son bord en cours de voyage. Le dépôt en sera effectué immédiatement au greffe général, et le tout sera mentionné sur le rôle d'équipage.

Art. 853. – Le testament fait sur mer, en la forme prescrite par l'article 851, ne sera valable qu'autant que le testateur mourra en mer, ou dans les trois mois après qu'il sera descendu à terre, et dans un lieu où il aura pu le refaire dans les formes ordinaires.

Art. 854. – Le testament fait sur mer ne pourra contenir aucune disposition au profit des officiers du vaisseau, s'ils ne sont parents du testateur.

Art. 855. – Les testaments compris dans les articles ci-dessus de la présente section, seront signés par le testateur et par ceux qui les auront reçus.

Si le testateur déclare qu'il ne sait ou ne peut signer, il sera fait mention de sa déclaration, ainsi que de la cause qui l'empêche de signer.

Dans les cas où la présence de deux témoins est requise, le testament sera signé au moins par l'un d'eux, et il sera fait mention de la cause pour laquelle l'autre n'aura pas signé.

Art. 856. – Les sujets monégasques, qui se trouvent en pays étranger, peuvent y faire leurs dispositions testamentaires, soit par acte sous signature privée, conformément à l'article 835, soit par acte authentique reçu par un agent diplomatique ou consulaire du Prince, soit dans les formes usitées dans le pays pour les actes de dernière volonté.

Le dépôt des testaments mystiques sera également reçu dans les chancelleries diplomatiques et consulaires.

Art. 857. – Les formalités auxquelles les testaments sont assujettis par les dispositions de la présente section et de la précédente, doivent être observées sous peine de nullité.

Art. 858. – Tout testament olographe sera, avant d'être mis à exécution, présenté au président du *tribunal de première instance* ; ce testament sera ouvert s'il est cacheté. Le président dressera procès-verbal de la présentation, de l'ouverture et de l'état du testament, dont il ordonnera le dépôt entre les mains du notaire par lui commis.

Si le testament est dans la forme mystique, sa présentation, son ouverture, sa description et son dépôt, seront faits de la même manière ; mais l'ouverture ne pourra se faire qu'en présence de ceux des notaires et des témoins signataires de l'acte de suscription qui se trouveront sur les lieux, ou eux appelés, sauf le cas où les actes auraient été reçus à l'étranger.

Section III. – Des institutions d'héritier et des legs en général

Art. 859. – Les dispositions testamentaires sont ou universelles, ou à titre universel, ou à titre particulier.

Chacune de ces dispositions, soit qu'elle ait été faite sous la dénomination d'institution d'héritier, soit qu'elle ait été faite sous la dénomination de legs, produira son effet suivant les règles ci-après établies pour les legs universels, pour les legs à titre universel, et pour les legs particuliers.

Section IV. – Du legs universel

Art. 860. – Le legs universel est la disposition testamentaire par laquelle le testateur donne, à une ou plusieurs personnes, l'universalité des biens qu'il laissera à son décès.

Art. 861. – Lorsque, au décès du testateur, il y a des héritiers auxquels une quotité de ses biens est réservée par la loi, ces héritiers sont saisis de plein droit, par sa mort, de tous les biens de la succession, et le légataire universel est tenu de leur demander la délivrance des biens compris dans le testament.

Art. 862. – Néanmoins, dans les mêmes cas, le légataire universel aura la jouissance des biens compris dans le testament, à compter du jour du décès, si la demande en délivrance a été faite dans l'année depuis cette époque ; sinon, la jouissance ne commencera que du jour de la demande formée en justice, ou du jour de la délivrance aurait été volontairement consentie.

Art. 863. – Lorsque, au décès du testateur, il n'y aura pas d'héritiers auxquels une quotité de ses biens soit réservée par la loi, le légataire universel sera saisi de plein droit par la mort du testateur, sans être tenu de demander la délivrance.

Art. 864. – Dans le cas de l'article précédent, si le testament est olographe ou mystique, le légataire universel sera tenu de se faire envoyer en possession par une ordonnance du président du *tribunal de première instance*, mise au bas d'une requête à laquelle sera joint l'acte de dépôt.

Art. 865. – Le légataire universel qui sera en concours avec un héritier auquel la loi réserve une quotité des biens, sera tenu des dettes et charges de la succession du testateur, personnellement pour sa part et portion, et hypothécairement pour le tout, et il sera tenu d'acquitter tous les legs, sauf le cas de réduction, ainsi qu'il est expliqué aux articles 793 et 794.

Section V. – Du legs à titre universel

Art. 866. – Le legs à titre universel est celui par lequel le testateur lègue une quote-part des biens dont la loi lui permet de disposer, telle qu'une moitié, un tiers, ou tous ses immeubles, ou tout son mobilier, ou une quotité fixe de tous ses immeubles ou de tout son mobilier.

Tout autre legs ne forme qu'une disposition à titre particulier.

Art. 867. – Les légataires à titre universel sont tenus de demander la délivrance aux héritiers auxquels une quotité des biens est réservée par la loi ; à leur défaut, aux légataires universels ; et, à défaut de ceux-ci, aux héritiers appelés dans l'ordre établi au titre *Des successions*.

Le légataire à titre universel est tenu, comme le légataire universel, des dettes et charges de la succession du testateur, personnellement pour sa part et portion, et hypothécairement pour le tout.

Art. 868. – Lorsque le testateur n'aura disposé que d'une quotité de la portion disponible, et qu'il l'aura fait à titre universel, ce légataire sera tenu d'acquitter les legs particuliers par contribution avec les héritiers naturels.

Section VI. – Des legs particuliers

Art. 869. – Tout legs pur et simple donnera au légataire, du jour du décès du testateur, un droit à la chose léguée, droit transmissible à ses héritiers ou ayants cause.

Néanmoins le légataire particulier ne pourra se mettre en possession de la chose léguée, ni en prétendre les fruits ou intérêts, qu'à dater du jour de sa demande en délivrance, formée suivant l'ordre établi par l'article 867, ou du jour auquel cette délivrance lui aura été volontairement consentie.

Art. 870. – Les intérêts ou fruits de la chose légués courront au profit du légataire, dès le jour du décès, et sans qu'il ait formé sa demande en justice :

1° lorsque le testateur aura expressément déclaré sa volonté, à cet égard, dans le testament ;

2° lorsqu'une rente viagère ou une pension aura été léguée à titre d'aliments.

Art. 871. – Les frais de la demande en délivrance seront à la charge de la succession, sans néanmoins qu'il puisse en résulter de réduction de la réserve légale.

Les droits d'enregistrement seront dus par le légataire.

Le tout, s'il n'en a été autrement ordonné par le testament.

Chaque legs pourra être enregistré séparément, sans que cet enregistrement puisse profiter à aucun autre qu'au légataire ou à ses ayants cause.

Art. 872. – Les héritiers du testateur, ou autres débiteurs d'un legs, seront personnellement tenus de l'acquitter, chacun au prorata de la part et portion dont ils profiteront dans la succession.

Ils en seront tenus hypothécairement pour le tout, jusqu'à concurrence de la valeur des immeubles de la succession dont ils seront détenteurs.

Art. 873. – La chose léguée sera délivrée avec les accessoires nécessaires, et dans l'état où elle se trouvera au jour du décès du donateur.

Art. 874. – Lorsque celui qui a légué la propriété d'un immeuble l'a ensuite augmentée par des acquisitions, ces acquisitions, fussent-elles contiguës, ne seront pas censées, sans une nouvelle disposition, faire partie du legs.

Il en sera autrement des embellissements, ou des constructions nouvelles faites sur le fonds légué, ou d'un enclos dont le testateur aurait augmenté l'enceinte.

Art. 875. – Si, avant le testament ou depuis, la chose léguée a été hypothéquée pour une dette de la succession, ou même pour la dette d'un tiers, ou si elle est grevée d'un usufruit, celui qui doit acquitter le legs n'est point tenu de la dégager, à moins qu'il n'ait été chargé de le faire par une disposition expresse du testateur.

Art. 876. – Lorsque le testateur aura légué la chose d'autrui, le legs sera nul, soit que le testateur ait connu ou non qu'elle ne lui appartenait pas.

Art. 877. – Lorsque le legs sera d'une chose indéterminée, l'héritier ne sera pas obligé de la donner de la meilleure qualité, et il ne pourra l'offrir de la plus mauvaise.

Art. 878. – Le legs fait au créancier ne sera pas censé en compensation de sa créance, ni le legs fait au domestique, en compensation de ses gages.

Art. 879. – Le légataire à titre particulier ne sera point tenu des dettes de la succession, sauf la réduction du legs ainsi qu'il est dit ci-dessus, et sauf l'action hypothécaire des créanciers.

Section VII. – Des exécuteurs testamentaires

Art. 880. – Le testateur pourra nommer un ou plusieurs exécuteurs testamentaires.

Art. 881. – Il pourra leur donner la saisine du tout, ou seulement d'une partie de son mobilier ; mais la saisine ne pourra durer au-delà de l'an et jour à compter de son décès.

S'il ne la leur a pas donnée, ils ne pourront pas l'exiger.

Art. 882. – L'héritier pourra faire cesser la saisine, en offrant de remettre aux exécuteurs testamentaires somme suffisante pour le paiement des legs mobiliers, ou en justifiant de ce paiement.

Art. 883. – Celui qui ne peut s'obliger ne peut pas être exécuteur testamentaire.

Art. 884 *(Abr., L. n° 886, 25 juin 1970).*

Art. 885. – Le mineur ne pourra être exécuteur testamentaire, même avec l'autorisation de son tuteur ou curateur.

Art. 886. – Les exécuteurs testamentaires feront apposer les scellés, s'il y a des héritiers mineurs, interdits ou absents.

Ils feront faire, en présence de l'héritier présomptif, ou lui dûment appelé, l'inventaire des biens de la succession.

Ils provoqueront la vente du mobilier, à défaut de deniers suffisants pour acquitter les legs.

Ils veilleront à ce que le testament soit exécuté, et ils pourront, en cas de contestation sur son exécution, intervenir pour en soutenir la validité.

Ils devront, à l'expiration de l'année du décès du testateur, rendre compte de leur gestion.

Art. 887. – Les pouvoirs de l'exécuteur testamentaire ne passeront point à ses héritiers.

Art. 888. – S'il y a plusieurs exécuteurs testamentaires qui aient accepté, un seul pourra agir au défaut des autres, et ils seront solidairement responsables du compte du mobilier qui leur a été confié, à moins que le testateur n'ait divisé leurs fonctions, et que chacun d'eux ne se soit renfermé dans celle qui lui était attribuée.

Art. 889. – Les frais faits par l'exécuteur testamentaire pour l'apposition des scellés, l'inventaire, le compte et les autres frais relatifs à ses fonctions, seront à la charge de la succession.

Section VIII. – De la révocation des testaments et de leur caducité

Art. 890. – Les testaments ne pourront être révoqués, en tout ou en partie, que par un testament postérieur, ou par un acte devant un notaire, assisté de deux témoins, portant déclaration du changement de volonté.

Art. 891. – Les testaments postérieurs qui ne révoqueront pas d'une manière expresse les précédents, n'annuleront, dans ceux-ci, que celles des dispositions y contenues qui se trouveront incompatibles avec les nouvelles, ou qui y seront contraires.

Art. 892. – La révocation faite dans un testament postérieur aura tout son effet quoique ce nouvel acte reste sans exécution par l'incapacité de l'héritier institué ou du légataire, ou par leur refus de recueillir.

La révocation, dans un testament postérieur déclaré nul, aura néanmoins son effet, pourvu que l'intention du testateur de révoquer le testament précédent soit constatée.

Art. 893. – Toute aliénation, celle même par vente avec faculté de rachat ou par échange, que le testateur fera du tout ou d'une partie de la chose léguée, emportera la révocation du legs pour tout ce qui a été aliéné, encore que l'aliénation postérieure soit nulle, et que l'objet soit rentré dans la main du testateur.

Art. 894. – Toute disposition testamentaire sera caduque, si celui en faveur de qui elle est faite n'a pas survécu au testateur.

Art. 895. – Toute disposition testamentaire faite sous une condition dépendant d'un événement incertain, et telle que, dans l'intention du testateur, cette disposition ne doive être exécutée qu'autant que l'événement arrivera ou n'arrivera pas, sera caduque, si l'héritier institué ou le légataire décède avant l'accomplissement de la condition.

Art. 896. – La condition qui, dans l'intention du testateur, ne fait que suspendre l'exécution de la disposition, n'empêchera pas l'héritier institué ou le légataire d'avoir un droit acquis et transmissible à ses héritiers.

Art. 897. – Le legs sera caduc, si la chose léguée a totalement péri pendant la vie du testateur.

Il en sera de même, si elle a péri depuis sa mort, sans le fait et la faute de l'héritier, quoique celui-ci ait été mis en retard de la délivrer, lorsqu'elle eut également dû périr entre les mains du légataire.

Art. 898. – La disposition testamentaire sera caduque, lorsque l'héritier institué ou le légataire la répudiera, ou se trouvera incapable de la recueillir.

Art. 899. – Il y aura lieu à accroissement au profit des légataires, dans le cas où le legs sera fait à plusieurs conjointement.

Le legs sera réputé fait conjointement, lorsqu'il le sera par une seule et même disposition, et que le testateur n'aura pas assigné la part de chacun des colégataires dans la chose léguée.

Art. 900. – Il sera encore réputé fait conjointement, quand une chose qui n'est pas susceptible d'être divisée sans détérioration, aura été donnée par le même acte à plusieurs personnes, même séparément.

Art. 901. – Les mêmes causes qui, suivant l'article 820 et les deux premières dispositions de l'article 822, autoriseront la demande en révocation de la donation entre vifs, seront admises pour la demande en révocation des dispositions testamentaires.

Art. 902. – Si cette demande est fondée sur une injure grave faite à la mémoire du testateur, elle doit être intentée dans l'année, à compter du jour du délit.

Chapitre VI. – Des dispositions permises en faveur des petits-enfants du donateur ou du testateur ou des enfants de ses frères et sœurs

Art. 903. – Les biens dont les pères et mères ont la faculté de disposer, pourront être par eux donnés, en tout ou en partie, à un ou plusieurs de leurs enfants, par actes entre vifs ou testamentaires, avec la charge de rendre ces biens aux enfants nés et à naître, au premier degré seulement, desdits donataires.

Art. 904. – Sera valable, en cas de mort sans enfant, la disposition que le défunt aura faite par acte entre vifs ou testamentaire, au profit d'un ou de plusieurs de ses frères ou sœurs, de tout ou partie des biens qui ne sont pas réservés par la loi dans sa succession, avec charge de rendre ces biens aux enfants nés et à naître, au premier degré seulement, desdits frères ou sœurs donataires.

Art. 905. – Les dispositions permises par les deux articles précédents, ne seront valables qu'autant que la charge de restitution sera au profit de tous les enfants nés et à naître du grevé, sans exception ni préférence d'âge ou de sexe.

Art. 906. – Si, dans les cas ci-dessus, le grevé de restitution au profit de ses enfants, meurt laissant des enfants au premier degré et des descendants d'un enfant prédécédé, ces derniers recueilleront par représentation la portion de l'enfant prédécédé.

Art. 907. – Si l'enfant, le frère ou la sœur auxquels des biens auraient été donnés par acte entre vifs, sans charge de restitution, acceptent une nouvelle libéralité faite par acte entre vifs ou testamentaire, sous la condition que les biens précédemment donnés demeureront grevés de cette charge, il ne leur est plus permis de diviser les deux dispositions faites à leur profit, et de renoncer à la seconde pour s'en tenir à la première, quand même ils offriraient de rendre les biens compris dans la seconde disposition.

Art. 908. – Les droits des appelés seront ouverts à l'époque où, par quelque cause que ce soit, la jouissance de l'enfant, du frère ou de la sœur, grevés de restitution, cessera. L'abandon anticipé de la jouissance au profit des appelés, ne pourra préjudicier aux créanciers du grevé antérieurs à l'abandon.

Art. 909. – Les femmes des grevés ne pourront avoir, sur les biens à rendre, de recours subsidiaire, en cas d'insuffisance des biens libres, que pour le capital des deniers dotaux, et dans le cas seulement où le testateur l'aurait expressément ordonné.

Art. 910. – Celui qui fera les dispositions autorisées par les articles précédents pourra, par le même acte, ou par un acte postérieur, en forme authentique, nommer un tuteur chargé de l'exécution de ces dispositions. Ce tuteur ne pourra être dispensé que pour une des causes exprimées à la section VI du chapitre II, au titre *De la minorité, de la tutelle et de l'émancipation* (livre I).

Art. 911. – À défaut de ce tuteur, il en sera nommé un à la diligence du grevé, ou de son tuteur s'il est mineur, dans le délai d'un mois, à compter du jour du décès du donateur ou testateur, ou du jour que, depuis cette mort, l'acte contenant la disposition aura été connu.

Art. 912. – Le grevé qui n'aura pas satisfait à l'article précédent, sera déchu du bénéfice de la disposition ; et, dans ce cas, le droit pourra être déclaré ouvert au profit des appelés, à la diligence soit des appelés, s'ils sont majeurs, soit de leur tuteur ou curateur, s'ils sont mineurs ou interdits, soit de tout parent des appelés majeurs, mineurs ou interdits, ou même d'office, à la diligence du *procureur général*.

Art. 913. – Après le décès de celui qui aura disposé à la charge de restitution, il sera procédé dans les formes ordinaires, à l'inventaire de tous les biens et effets qui composeront sa succession, excepté néanmoins le cas où il ne s'agirait que d'un legs particulier. Cet inventaire contiendra la prise à juste prix des meubles et effets mobiliers.

Art. 914. – Il sera fait à la requête du grevé de restitution, et dans le délai fixé au titre *Des successions*, en présence du tuteur nommé pour l'exécution. Les frais seront pris sur les biens compris dans la disposition.

Art. 915. – Si l'inventaire n'a pas été fait à la requête du grevé dans le délai ci-dessus, il y sera procédé dans le mois suivant, à la diligence du tuteur nommé pour l'exécution, en présence du grevé ou de son tuteur.

Art. 916. – S'il n'a point été satisfait aux deux articles précédents, il sera procédé au même inventaire, à la diligence des personnes désignées en l'article 912, en y appelant le grevé ou son tuteur, et le tuteur nommé pour l'exécution.

Art. 917. – Le grevé de restitution sera tenu de faire procéder à la vente, par affiches et enchères, de tous les meubles et effets compris dans la disposition, à l'exception néanmoins de ceux dont il est mention dans les deux articles suivants.

Art. 918. – Les meubles meublants et autres choses mobilières qui auraient été compris dans la disposition, à la condition expresse de les conserver en nature, seront rendus dans l'état où ils se trouveront lors de la restitution.

Art. 919. – Les bestiaux et ustensiles servant à faire valoir les terres, seront censés compris dans les donations entre vifs ou testamentaires desdites terres, et le grevé sera seulement tenu de les faire priser et estimer, pour en rendre une égale valeur lors de la restitution.

Art. 920. – Il sera fait par le grevé, dans le délai de six mois, à compter du jour de la clôture de l'inventaire, un emploi des deniers comptants, de ceux provenant du prix des meubles et effets qui auront été vendus, et de ce qui aura été reçu des effets actifs.

Ce délai pourra être prolongé, s'il y a lieu.

Art. 921. – Le grevé sera pareillement tenu de faire emploi des deniers provenant des effets actifs qui seront recouvrés et des remboursements de rentes, et ce, dans trois mois au plus tard après qu'il aura reçu ces deniers.

Art. 922. – Cet emploi sera fait conformément à ce qui aura été ordonné par l'auteur de la disposition, s'il a désigné la nature des effets dans lesquels l'emploi doit être fait ; sinon, il ne pourra l'être qu'en immeubles ou avec privilège sur des immeubles.

Art. 923. – L'emploi ordonné par les articles précédents sera fait en présence et à la diligence du tuteur nommé pour l'exécution.

Art. 924. – Les dispositions par acte entre vifs ou testamentaire, à charge de restitution, seront, à la diligence, soit du grevé, soit du tuteur nommé pour l'exécution, rendues publiques, savoir : quant aux immeubles, par la transcription des actes sur les registres du bureau des hypothèques du lieu de la situation ; et quant aux sommes colloquées avec privilège sur des immeubles, par l'inscription sur les biens affectés au privilège.

Art. 925. – Le défaut de transcription de l'acte contenant la disposition pourra être opposé, par les créanciers et tiers acquéreurs, même aux mineurs ou interdits, sauf leur recours contre le grevé et contre le tuteur à l'exécution, et sans que les mineurs ou interdits puissent être restitués contre ce défaut de transcription, quand même le tuteur et le grevé se trouveraient insolvables.

Art. 926. – Le défaut de transcription ne pourra être suppléé, ni regardé comme couvert, par la connaissance que les créanciers ou les tiers acquéreurs pourraient avoir eu de la disposition par d'autre voie que celle de la transcription.

Art. 927. – Les donataires, les légataires, ni même les héritiers légitimes de celui qui aura fait la disposition, ni pareillement leurs donataires, légataires ou héritiers, ne pourront, en aucun cas, opposer aux appelés le défaut de transcription ou d'inscription.

Art. 928. – Le tuteur nommé pour l'exécution sera personnellement responsable, s'il ne l'est pas, en tout point, conformé aux règles ci-dessus établies, pour constater les biens, pour la vente du mobilier, pour l'emploi des deniers, pour la transcription et l'inscription, et, en général, s'il n'a pas fait toutes les diligences nécessaires pour que la charge de restitution soit bien et fidèlement exécutée.

Art. 929. – Si le grevé est mineur, il ne pourra, dans le cas même de l'insolvabilité de son tuteur, être restitué contre l'inexécution des règles qui lui sont prescrites par les articles du présent chapitre.

Chapitre VII. – Des partages faits par père, mère, ou autres ascendants, entre leurs descendants

Art. 930. – Le père, la mère, et autres ascendants pourront faire, entre leurs enfants et descendants, la distribution et le partage de leurs biens.

Art. 931. – Ces partages pourront être faits par actes entre vifs ou testamentaires, avec les formalités, conditions et règles prescrites pour les donations entre vifs et testaments.

Les partages faits par actes entre vifs ne pourront avoir pour objet que les biens présents.

Art. 932. – Si tous les biens que l'ascendant laissera au jour de son décès n'ont pas été compris dans le partage, ceux de ses biens qui n'y auront pas été compris, seront partagés conformément à la loi.

Art. 933. – Si le partage n'est pas fait entre tous les enfants qui existeront à l'époque du décès et les descendants de ceux prédécédés, le partage sera nul pour le tout. Il en pourra être provoqué un nouveau dans la forme légale, soit par les enfants ou descendants qui n'y auront reçu aucune part, soit même par ceux entre qui le partage aurait été fait.

Art. 934. – Le partage fait par l'ascendant pourra être attaqué pour cause de lésion de plus du quart ; il pourra l'être aussi dans le cas où il résulterait du partage et des dispositions faites par préciput, que l'un des copartagés aurait un avantage plus grand que la loi ne le permet.

Art. 935. – L'enfant qui, pour une des causes exprimées en l'article précédent, attaquera le partage fait par l'ascendant, devra faire l'avance des frais de l'estimation ; et il les supportera en définitive, ainsi que les dépens de la contestation, si la réclamation n'est pas fondée.

Chapitre VIII. – Des donations faites par contrat de mariage aux époux et aux enfants à naître du mariage

Art. 936. – Toute donation entre vifs de biens présents, quoique faite par contrat de mariage aux époux ou à l'un d'eux, sera soumise aux règles générales prescrites pour les donations faites à ce titre.

Elle ne pourra avoir lieu au profit des enfants à naître, si ce n'est dans les cas énoncés au chapitre VI du présent titre.

Art. 937. – Les père et mère et autres ascendants, les parents collatéraux des époux, et même les étrangers, pourront, par contrat de mariage, disposer de tout ou partie des biens qu'ils laisseront au jour de leur décès, tant au profit desdits époux, qu'au profit des enfants à naître de leur manage, dans le cas où le donateur survivrait à l'époux donataire.

Pareille donation, quoique faite seulement au profit des époux ou de l'un d'eux, sera toujours, dans ledit cas de survie du donateur, présumée faite au profit des enfants et descendants à naître du mariage.

Art. 938. – La donation, dans la forme portée au précédent article, sera irrévocable, en ce sens seulement que le donateur ne pourra plus disposer à titre gratuit des objets compris dans la donation, si ce n'est pour sommes modiques, à titre de récompense ou autrement.

Art. 939. – La donation par contrat de mariage pourra être faite cumulativement des biens présents et à venir, en tout ou en partie, à la charge qu'il sera annexé à l'acte un état des dettes et charges du donateur existantes au jour de la donation ; en ce cas, il sera libre au donataire, lors du décès du donateur, de s'en tenir aux biens présents, en renonçant au surplus des biens du donateur.

Art. 940. – Si l'état dont il est mention au précédent article n'a point été annexé à l'acte contenant donation des biens présents et à venir, le donataire sera obligé d'accepter ou de répudier cette donation pour le tout. En cas d'acceptation, il ne pourra réclamer que les biens qui se trouveront existants au jour du décès du donateur, et il sera commis au paiement de toutes les dettes et charges de la succession.

Art. 941. – La donation par contrat de mariage en faveur des époux et des enfants à naître de leur mariage, pourra encore être faite à condition de payer indistinctement toutes les dettes et charges de la succession du donateur, ou sous d'autres conditions dont l'exécution dépendrait de sa volonté, par quelque personne que la donation soit faite ; le donataire sera tenu d'accomplir ces conditions, s'il n'aime mieux renoncer à la donation ; et en cas que le donateur, par contrat de mariage, se soit réservé la liberté de disposer d'un effet compris dans la donation de ses biens présents, ou d'une somme fixe à prendre sur ces mêmes biens, l'effet ou la somme, s'il meurt sans en avoir disposé, seront censés compris dans la donation, et appartiendront au donataire ou à ses héritiers.

Art. 942. – Les donations faites par contrat de mariage ne pourront être attaquées ni déclarées nulles, sous prétexte de défaut d'acceptation.

Art. 943. – Toute donation faite en faveur du mariage sera caduque, si le mariage ne s'ensuit pas.

Art. 944. – Les donations faites à l'un des époux, dans les termes des articles 937, 939 et 941 ci-dessus, deviendront caduques, si le donateur survit à l'époux donataire et à sa postérité.

Art. 945. – Toute donation faite aux époux par leur contrat de mariage sera, lors de l'ouverture de la succession du donateur, réductible à la portion dont la loi lui permettait de disposer.

Chapitre IX. – Des dispositions entre époux, soit par contrat de mariage, soit pendant le mariage

Art. 946. – Les époux pourront, par contrat de mariage, se faire réciproquement, ou l'un des deux à l'autre, telle donation qu'ils jugeront à propos, sous les modifications ci-après exprimées.

Art. 947. – Toute donation entre vifs de biens présents, faite entre époux par contrat de mariage, ne sera point censée faite sous la condition de survie du donataire, si cette condition n'est formellement exprimée ; et elle sera soumise à toutes les règles et formes ci-dessus prescrites pour ces sortes de donations.

Art. 948. – La donation de biens à venir ou de biens présents et à venir, faite entre époux par contrat de mariage, soit simple, soit réciproque, sera soumise aux règles établies par le chapitre précédent, à l'égard des donations pareilles qui leur seront faites par un tiers, sauf qu'elle ne sera point transmissible aux enfants issus du mariage, en cas de décès de l'époux donataire avant l'époux donateur.

Art. 949 *(L. n° 917, 27 déc. 1971 ; L. n° 1.089, 21 nov. 1985)*. – L'époux peut, soit par contrat de mariage, soit pendant le mariage, en l'absence de descendants, disposer en faveur de son conjoint, en propriété, de tout ce dont il peut disposer en faveur d'un étranger et, en outre, de la nue-propriété de la portion réservée aux ascendants par l'article 781.

> **Rédaction antérieure. Art. 949** *(L. n° 917, 27 déc. 1971)*. – L'époux peut, par contrat de mariage ou autrement, pour le cas où il ne laisserait pas de descendant, disposer en faveur de son conjoint, en propriété, de tout ce dont il pourrait disposer en faveur d'un étranger et, en outre, de la nue-propriété de la portion réservée aux ascendants par l'article 781 du présent code.
>
> L'époux qui laisse des descendants communs peut disposer en faveur de son conjoint, soit de tout ce dont il pourrait disposer en faveur d'un étranger, soit de la totalité de la succession en usufruit. Sauf disposition contraire, le montant de la libéralité s'impute sur la part successorale « *ab intestat* » du conjoint.
>
> Lorsque les libéralités ont été faites au conjoint survivant en usufruit, chacun des descendants peut obtenir leur conversion totale ou partielle en rente viagère. S'il prononce la conversion, le tribunal apprécie les sûretés offertes en garantie et s'assure du maintien de l'équivalence entre l'usufruit et la rente viagère.

Art. 949-1 *(Mod., L. n° 1.089, 21 nov. 1985 ; L. n° 1.278, 29 déc. 2003)*. – Si l'époux laisse des enfants, il peut disposer en faveur de son conjoint, soit de tout ce dont il peut disposer en faveur d'un étranger, soit de la totalité de ses biens en usufruit. Toutefois, en présence d'enfants issus d'un précédent mariage venant ou non en concours avec des enfants communs ou d'autres enfants, l'époux ne peut disposer en faveur de son conjoint que de tout ce dont il peut disposer en faveur d'un étranger.

Art. 949-2 et 949-3 *(Abr., L. n° 1.278, 29 déc. 2003)*.

Art. 949-4 *(L. n° 1.089, 21 nov. 1985)*. – Lorsque les libéralités ont été faites au conjoint survivant en usufruit, chacun des descendants légitimes ou naturels peut demander leur conversion totale ou partielle en rente viagère, sauf manifestation de volonté contraire de la part du disposant. S'il prononce la conversion, le tribunal apprécie les sûretés offertes en garantie et s'assure du maintien de l'équivalence entre l'usufruit et la rente viagère.

Toutefois, cette conversion ne peut intervenir lorsque la libéralité porte sur le local d'habitation où le conjoint gratifié avait sa résidence principale à l'époque du décès ou des meubles meublants garnissant ce local.

Art. 950. – Le mineur ne pourra, par contrat de mariage, donner à l'autre époux, soit par donation simple, soit par donation réciproque, qu'avec le consentement et l'assistance de ceux dont le consentement est requis pour la validité de son mariage, et, avec ce consentement, il pourra donner tout ce que la loi permet à l'époux majeur de donner à l'autre conjoint.

Art. 951 *(L. n° 886, 25 juin 1970)*. – Toute donation faite entre époux pendant le mariage, quoique qualifiée entre vifs, sera toujours révocable.

Cette donation ne sera point révoquée par la survenance d'enfants.

Art. 952. – Les époux ne pourront, pendant le mariage, se faire, ni par acte entre vifs, ni par testament, aucune donation mutuelle et réciproque par un seul et même acte.

Art. 953 *(Abr. à compter du 1er janv. 1986, L. n° 1.089, 21 nov. 1985)*.

> **Rédaction antérieure. Art. 953** *(L. n° 945, 19 avr. 1974)*. – En présence d'un ou de plusieurs enfants d'un précédent mariage du défunt, le conjoint survivant ne peut recevoir que ce que pourrait recevoir un étranger.

Art. 954. – Les époux ne pourront se donner indirectement au-delà de ce qui leur est permis par les dispositions ci-dessus.

Toute donation, ou déguisée, ou faite à des personnes interposées, sera nulle.

Art. 955. – Seront réputées faites à personnes interposées, les donations de l'un des époux aux enfants ou à l'un des enfants de l'autre époux, issus d'un autre mariage, et celles faites par le donateur aux parents dont l'autre époux sera héritier présomptif au jour de la donation, encore que ce dernier n'ait point survécu à son parent donataire.

TITRE III. – DES CONTRATS OU DES OBLIGATIONS CONVENTIONNELLES EN GÉNÉRAL

Chapitre I. – Dispositions préliminaires

Art. 956. – Le contrat est une convention par laquelle une ou plusieurs personnes s'obligent, envers une ou plusieurs autres, à donner, à faire ou à ne pas faire quelque chose.

Art. 957. – Le contrat est synallagmatique ou bilatéral, lorsque les contractants s'obligent réciproquement les uns envers lés autres.

Art. 958. – Il est unilatéral, lorsqu'une ou plusieurs personnes sont obligées envers une ou plusieurs autres, sans que de la part de ces dernières il y ait engagement.

Art. 959. – Il est commutatif, lorsque chacune des parties s'engage à donner ou à faire une chose qui est regardée comme l'équivalent de ce qu'on lui donne, ou de ce qu'on fait pour elle.

Lorsque l'équivalent consiste dans la chance de gain ou de perte pour chacune des parties, d'après un événement incertain, le contrat est aléatoire.

Art. 960. – Le contrat de bienfaisance est celui dans lequel l'une des parties procure à l'autre un avantage purement gratuit.

Art. 961. – Le contrat à titre onéreux est celui qui assujettit chacune des parties à donner ou à faire quelque chose.

Art. 962. – Les contrats, soit qu'ils aient une dénomination propre, soit qu'ils n'en aient pas, sont soumis à des règles générales, qui sont l'objet du présent titre.

Les règles particulières à certains contrats sont établies sous les titres relatifs à chacun d'eux, et les règles particulières aux transactions commerciales sont établies par les lois relatives au commerce.

Chapitre II. – Des conditions essentielles pour la validité des conventions

Art. 963. – Quatre conditions sont essentielles pour la validité d'une convention :
- le consentement de la partie qui s'oblige ;
- la capacité de contracter ;
- un objet certain qui forme la matière de l'engagement ;
- une cause licite dans l'obligation.

Art. 963-1 *(L. n° 1.383, 2 août 2011)*. – Lorsqu'un écrit est exigé pour la validité d'un acte juridique, il peut être établi et conservé sous forme électronique dans les conditions prévues aux articles 1163-1 et 1163-3 et, lorsqu'un acte authentique est requis, au second alinéa de l'article 1164.

Lorsqu'une mention écrite est exigée de la main même de celui qui s'oblige, ce dernier peut l'apposer sous forme électronique si les conditions de cette apposition sont de nature à garantir qu'elle ne peut être effectuée que par lui-même.

Art. 963-2 *(L. n° 1.383, 2 août 2011)*. – Il est fait exception aux dispositions de l'article 963-1 pour :

1° les actes sous seing privé relatifs au droit de la famille et des successions ;

2° les actes sous seing privé relatifs à des sûretés personnelles ou réelles, de nature civile ou commerciale, souscrits par des personnes agissant à des fins qui n'entrent pas dans le cadre de leur activité professionnelle ou commerciale.

Section I. – Du consentement

Art. 964. – Il n'y a point de consentement valable, si le consentement n'a été donné que par erreur, ou s'il a été extorqué par violence ou surpris par dol.

Art. 965. – L'erreur n'est une cause de nullité de la convention que lorsqu'elle tombe sur la substance même de la chose qui en est l'objet.

Elle n'est point une cause de nullité, lorsqu'elle ne tombe que sur la personne avec laquelle on a intention de contracter, à moins que la considération de cette personne ne soit la cause principale de la convention.

Art. 966. – La violence exercée contre celui qui a contracté l'obligation est une cause de nullité, encore qu'elle ait été exercée par un tiers autre que celui au profit duquel la convention a été faite.

Art. 967. – Il y a violence, lorsqu'elle est de nature à faire impression sur une personne raisonnable, et qu'elle peut lui inspirer la crainte d'exposer sa personne ou sa fortune à un mal considérable et présent.

On a égard, en cette matière, à l'âge, au sexe et à la condition des personnes.

Art. 968. – La violence est une cause de nullité du contrat, non seulement lorsqu'elle a été exercée sur la partie contractante, mais encore lorsqu'elle l'a été sur son époux ou sur son épouse, sur ses descendants ou ascendants.

S'il s'agit d'une autre personne, il appartient au juge de statuer sur la nullité, selon les circonstances.

Art. 969. – La seule crainte révérentielle, sans violence exercée, ne suffit point pour annuler le contrat.

Art. 970. – Un contrat ne peut plus être attaqué pour cause de violence, si, depuis que la violence a cessé, ce contrat a été approuvé, soit expressément, soit tacitement, soit en laissant passer le temps de la restitution fixé par la loi.

Art. 971. – Le dol est une cause de nullité de la convention, lorsque les manœuvres pratiquées par l'une des parties sont telles qu'il est évident que, sans ces manœuvres, l'autre partie n'aurait pas contracté.

Il ne se présume pas et doit être prouvé.

Art. 972. – La convention contractée par erreur, violence ou dol, n'est point nulle de plein droit ; elle donne seulement lieu à une action en nullité ou en rescision, dans le cas et de la manière expliqués à la section II du chapitre V du présent titre.

Art. 973. – La lésion ne vicie les conventions que dans certains contrats ou à l'égard de certaines personnes, ainsi qu'il sera expliqué en la même section.

Art. 974. – On ne peut, en général, s'engager, ni stipuler en son propre nom, que pour soi-même.

Art. 975. – Néanmoins on peut se porter fort pour un tiers, en promettant le fait de celui-ci ; sauf l'indemnité contre celui qui s'est porté fort ou qui a promis de faire ratifier, si le tiers refuse de tenir l'engagement.

Art. 976. – On peut pareillement stipuler au profit d'un tiers, lorsque telle est la condition d'une stipulation que l'on fait pour soi-même ou d'une donation que l'on fait à un autre.

Celui qui a fait cette stipulation ne peut plus la révoquer, si le tiers a déclaré vouloir en profiter.

Art. 977. – On est censé avoir stipulé pour soi et pour ses héritiers et ayants cause, à moins que le contraire ne soit exprimé ou ne résulte de la nature de la convention.

Section II. – De la capacité des parties contractantes

Art. 978. – Toute personne peut contracter, si elle n'est pas déclarée incapable par la loi.

Art. 979 *(L. n° 886, 25 juin 1970)*. – Les personnes incapables de contracter sont :
1° les mineurs ;
2° les majeurs en tutelle ;
3° tous ceux à qui la loi interdit certains contrats.

Art. 980 *(L. n° 886, 25 juin 1970)*. – Les personnes capables de s'engager ne peuvent se prévaloir de l'incapacité de leur cocontractant.

Section III. – De l'objet et de la matière des contrats

Art. 981. – Tout contrat a pour objet une chose qu'une partie s'oblige à donner, ou qu'une partie s'oblige à faire ou à ne pas faire.

Art. 982. – Le simple usage ou la simple possession d'une chose peut être, comme la chose même, l'objet du contrat.

Art. 983. – Il n'y a que les choses qui sont dans le commerce qui puissent être l'objet des conventions.

Art. 984. – Il faut que l'obligation ait pour objet une chose au moins déterminée quant à son espèce.
La quotité de la chose peut être incertaine, pourvu qu'elle puisse être déterminée.

Art. 985. – Les choses futures peuvent être l'objet d'une obligation.
On ne peut cependant renoncer à une succession non ouverte, ni faire aucune stipulation sur une pareille succession, même avec le consentement de celui de la succession duquel il s'agit.

Section IV. – De la cause

Art. 986. – L'obligation sans cause, ou sur une fausse cause, ou sur une cause illicite, ne peut avoir aucun effet.

Art. 987. – La convention n'est pas moins valable, quoique la cause n'en soit pas exprimée.

Art. 988. – La cause est illicite, quand elle est prohibée par la loi, quand elle est contraire aux bonnes mœurs ou à l'ordre public.

Chapitre III. – De l'effet des obligations

Section I. – Dispositions générales

Art. 989. – Les conventions légalement formées tiennent lieu de loi à ceux qui les ont faites.
Elles ne peuvent être révoquées que de leur consentement mutuel, ou pour les causes que la loi autorise.
Elles doivent être exécutées de bonne foi.

Art. 990. – Les conventions obligent non seulement à ce qui y est exprimé, mais encore à toutes les suites que l'équité, l'usage ou la loi donnent à l'obligation d'après sa nature.

Section II. – De l'obligation de donner

Art. 991. – L'obligation de donner emporte celle de livrer la chose et de la conserver jusqu'à la livraison, à peine de dommages-intérêts envers le créancier.

Art. 992. – L'obligation de veiller à la conservation de la chose, soit que la convention n'ait pour objet que l'utilité de l'une des parties, soit qu'elle ait pour objet leur utilité commune, soumet celui qui en est chargé à y apporter tous les soins d'un bon père de famille.
Cette obligation est plus ou moins étendue relativement à certains contrats, dont les effets à cet égard sont expliqués sous les titres qui les concernent.

Art. 993. – L'obligation de livrer la chose est parfaite par le seul consentement des parties contractantes.

Elle rend le créancier propriétaire et met la chose à ses risques dès l'instant où elle a dû être livrée, encore que la tradition n'en ait point été faite, à moins que le débiteur ne soit en demeure de la livrer, auquel cas la chose reste aux risques de ce dernier.

Art. 994. – Le débiteur est constitué en demeure, soit par une sommation ou par autre acte équivalent, soit par l'effet de la convention, lorsqu'elle porte que, sans qu'il soit besoin d'acte et par la seule échéance du terme, le débiteur sera en demeure.

Art. 995. – Les effets de l'obligation de donner ou de livrer un immeuble sont réglés au titre *De la vente* et au titre *Des privilèges et hypothèques.*

Art. 996. – Si la chose qu'on s'est obligé de donner ou de livrer à deux personnes successivement est purement mobilière, celle des deux qui en a été mise en possession réelle est préférée et en demeure propriétaire, encore que son titre soit postérieur en date, pourvu toutefois que la possession soit de bonne foi.

Section III. – De l'obligation de faire ou de ne pas faire

Art. 997. – Toute obligation de faire ou de ne pas faire se résout en dommages et intérêts, en cas d'inexécution de la part du débiteur.

Art. 998. – Néanmoins le créancier a le droit de demander que ce qui aurait été fait par contravention à l'engagement, soit détruit ; et il peut se faire autoriser à le détruire aux dépens du débiteur, sans préjudice des dommages et intérêts, s'il y a lieu.

Art. 999. – Le créancier peut aussi, en cas d'inexécution, être autorisé à faire exécuter lui-même l'obligation aux dépens du débiteur.

Art. 1000. – Si l'obligation est de ne pas faire, celui qui y contrevient doit les dommages et intérêts par le seul fait de la contravention.

Section IV. – Des dommages et intérêts résultant de l'inexécution de l'obligation

Art. 1001. – Les dommages et intérêts ne sont dus que lorsque le débiteur est en demeure de remplir son obligation, excepté néanmoins lorsque la chose que le débiteur s'était obligé de donner ou de faire ne pouvait être donnée ou faite que dans un certain temps qu'il a laissé passer.

Art. 1002. – Le débiteur est condamné, s'il y a lieu, au paiement des dommages et intérêts, soit à raison de l'inexécution de l'obligation, soit à raison du retard dans l'exécution, toutes les fois qu'il ne justifie pas que l'inexécution provient d'une cause étrangère qui ne peut lui être imputée, encore qu'il n'y ait aucune mauvaise foi de sa part.

Art. 1003. – Il n'y a lieu à aucuns dommages et intérêts, lorsque, par suite d'une force majeure où d'un cas fortuit, le débiteur a été empêché de donner ou de faire ce à quoi il s'était obligé, ou a fait ce qui lui était interdit.

Art. 1004. – Les dommages et intérêts dus au créancier sont, en général, de la perte qu'il a faite et du gain dont il a été privé, sauf les exceptions et modifications ci-après.

Art. 1005. – Le débiteur n'est tenu que des dommages et intérêts qui ont été prévus ou qu'on a pu prévoir lors du contrat, lorsque ce n'est point par son dol que l'obligation n'est point exécutée.

Art. 1006. – Dans le cas même où l'inexécution de la convention résulte du dol du débiteur, les dommages et intérêts ne doivent comprendre, à l'égard de la perte éprouvée par le créancier et du gain dont il a été privé, que ce qui est une suite immédiate et directe de l'inexécution de la convention.

Art. 1007. – Lorsque la convention porte que celui qui manquera de l'exécuter payera une certaine somme à titre de dommages et intérêts, il ne peut être alloué à l'autre partie une somme plus forte ni moindre.

Art. 1008 *(L. 12 mars 1913 ; mod., L. n° 990, 30 nov. 1976)*. – Dans les obligations qui se bornent au paiement d'une certaine somme, les dommages et intérêts résultant du retard dans l'exécution ne consistent jamais que dans la condamnation aux intérêts au taux légal, sauf les règles particulières au commerce et au cautionnement.

Ces dommages et intérêts sont dus sans que le créancier soit tenu de justifier d'aucune perte.

Ils ne sont dus que du jour de la sommation de payer, excepté dans les cas où la loi les fait courir de plein droit.

Le créancier auquel son débiteur en retard a causé par sa mauvaise foi un préjudice indépendant du retard, peut obtenir des dommages et intérêts distincts des intérêts moratoires de la créance.

Art. 1009. – Les intérêts échus des capitaux peuvent produire des intérêts, ou par une demande judiciaire, ou par une convention spéciale.

Art. 1010. – Les revenus échus, tels que fermages, loyers, arrérages de rentes perpétuelles ou viagères, produisent intérêts du jour de la demande ou de la convention.

La même règle s'applique aux restitutions de fruits et aux intérêts payés par un tiers au créancier en acquit du débiteur.

Section V. – De l'interprétation des conventions

Art. 1011. – On doit rechercher dans les conventions quelle a été la commune intention des parties contractantes, plutôt que de s'arrêter au sens littéral des termes.

Art. 1012. – Lorsqu'une clause est susceptible de deux sens, on doit plutôt l'entendre dans celui avec lequel elle peut avoir quelque effet, que dans le sens avec lequel elle n'en pourrait produire aucun.

Art. 1013. – Les termes susceptibles de deux sens doivent être pris dans le sens qui convient le mieux à la matière du contrat.

Art. 1014. – Ce qui est ambigu s'interprète par ce qui est d'usage dans le pays où le contrat est passé.

Art. 1015. – On doit suppléer dans le contrat les clauses qui y sont d'usage, quoiqu'elles n'y soient pas exprimées.

Art. 1016. – Toutes les clauses des conventions s'interprètent les unes par les autres, en donnant à chacune le sens qui résulte de l'acte entier.

Art. 1017. – Dans le doute, la convention s'interprète contre celui qui a stipulé, et en faveur de celui qui a contracté l'obligation.

Art. 1018. – Quelque généraux que soient les termes dans lesquels une convention est conçue, elle ne comprend que les choses sur lesquelles il paraît que les parties se sont proposé de contracter.

Art. 1019. – Lorsque, dans un contrat, on a exprimé un cas pour l'explication de l'obligation, on n'est pas censé avoir voulu par là restreindre l'étendue que l'engagement reçoit de droit aux cas non exprimés.

Section VI. – De l'effet des conventions à l'égard des tiers

Art. 1020. – Les conventions n'ont d'effet qu'entre les parties contractantes ; elles ne nuisent point au tiers, et elles ne lui profitent que dans le cas prévu par l'article 976.

Art. 1021. – Néanmoins les créanciers peuvent exercer tous les droits et actions de leur débiteur, à l'exception de ceux qui sont exclusivement attachés à la personne.

Art. 1022. – Ils peuvent aussi, en leur nom personnel, attaquer les actes faits par leur débiteur en fraude de leurs droits.

Ils doivent néanmoins, quant à leurs droits énoncés au titre *Des successions*, et au titre *Du contrat de mariage et des droits respectifs des époux*, se conformer aux règles qui y sont prescrites.

Chapitre IV. – Des diverses espèces d'obligations

Section I. – Des obligations conditionnelles

§ 1. – De la condition en général et de ses diverses espèces

Art. 1023. – L'obligation est conditionnelle lorsqu'on la fait dépendre d'un événement futur et incertain, soit en la suspendant jusqu'à ce que l'événement arrive, soit en la résiliant, selon que l'événement arrivera ou n'arrivera pas.

Art. 1024. – La condition casuelle est celle qui dépend du hasard, et qui n'est nullement au pouvoir du créancier ni du débiteur.

Art. 1025. – La condition potestative est celle qui fait dépendre l'exécution de la convention d'un événement qu'il est au pouvoir de l'une ou de l'autre des parties contractantes de faire arriver ou d'empêcher.

Art. 1026. – La condition mixte est celle qui dépend tout à la fois de la volonté d'une des parties contractantes, et de la volonté d'un tiers.

Art. 1027. – Toute condition d'une chose impossible, ou contraire aux bonnes mœurs, ou prohibée par la loi, est nulle, et rend nulle la convention qui en dépend.

Art. 1028. – La condition de ne pas faire une chose impossible ne rend pas nulle l'obligation contractée sous cette condition.

Art. 1029. – Toute obligation est nulle, lorsqu'elle a été contractée sous une condition potestative de la part de celui qui s'oblige.

Art. 1030. – Toute condition doit être accomplie de la manière que les parties ont vraisemblablement voulu et entendre qu'elle le fût.

Art. 1031. – Lorsqu'une obligation est contractée sous la condition qu'un événement arrivera dans un temps fixe, cette condition est censée défaillante, lorsque le temps est expiré sans que l'événement soit arrivé. S'il n'y a point de temps fixe, la condition peut toujours être accomplie ; et elle n'est censée défaillie que lorsqu'il est devenu certain que l'événement n'arrivera pas.

Art. 1032. – Lorsqu'une obligation est contractée sous la condition qu'un événement n'arrivera pas dans un temps fixe, cette condition est accomplie lorsque ce temps est expiré sans que l'événement soit arrivé ; elle l'est également si, avant le terme, il est certain que l'événement n'arrivera pas ; et, s'il n'y a pas de temps déterminé, elle n'est accomplie que lorsqu'il est certain que l'événement n'arrivera pas.

Art. 1033. – La condition est réputée accomplie lorsque c'est le débiteur, obligé sous cette condition, qui en a empêché l'accomplissement.

Art. 1034. – La condition accomplie a un effet rétroactif au jour où l'engagement a été contracté. Si le créancier est mort avant l'accomplissement de la condition, ses droits passent à son héritier.

Art. 1035. – Le créancier peut, avant que la condition soit accomplie, exercer tous les actes conservatoires de son droit.

§ 2. – De la condition suspensive

Art. 1036. – L'obligation contractée sous une condition suspensive est celle qui dépend ou d'un événement futur et incertain, ou d'un événement actuellement arrivé, mais encore inconnu des parties.

Dans le premier cas, l'obligation ne peut être exécutée qu'après l'événement ; dans le second cas, l'obligation a son effet du jour où elle a été contractée.

Art. 1037. – Lorsque l'obligation a été contractée sous une condition suspensive, la chose qui fait l'objet de la convention demeure aux risques du débiteur, en attendant l'événement de la condition.

Si la chose a entièrement péri sans la faute du débiteur, l'obligation est éteinte.

Si la chose a entièrement péri par la faute du débiteur, celui-ci est tenu à des dommages-intérêts envers le créancier.

Si la chose est détériorée sans la faute du débiteur, le créancier doit la recevoir sans diminution de prix.

Si la chose est détériorée par la faute du débiteur, le créancier a le droit ou de résoudre l'obligation, ou d'exiger la chose dans l'état où elle se trouve, avec des dommages et intérêts.

§ 3. – De la condition résolutoire

Art. 1038. – La condition résolutoire est celle qui, lorsqu'elle s'accomplit, opère la révocation de l'obligation, et qui remet les choses au même état que si l'obligation n'avait pas existé.

Elle ne suspend point l'exécution de l'obligation ; elle oblige seulement le créancier à restituer ce qu'il a reçu, dans le cas où l'événement prévu par la condition arrive.

Art. 1039. – La condition résolutoire est toujours sous-entendue dans les contrats synallagmatiques, pour le cas où l'une des deux parties ne satisfera point à son engagement.

Dans ce cas, le contrat n'est point résolu de plein droit ; la partie envers laquelle l'engagement n'a point été exécuté a le choix, ou de forcer l'autre à l'exécution de la convention lorsqu'elle est possible, ou d'en demander la résolution avec dommages-intérêts.

La résolution doit être demandée en justice, et il peut être accordé au défendeur un délai selon les circonstances.

Section II. – Des obligations à terme

Art. 1040. – Le terme diffère de la condition, en ce qu'il ne suspend point l'engagement, dont il retarde seulement l'exécution.

Lorsqu'un terme n'est pas formellement stipulé, l'exécution doit être immédiate.

Art. 1041. – Ce qui n'est dû qu'à terme ne peut être exigé avant l'échéance du terme ; mais ce qui a été payé d'avance ne peut être répété.

Art. 1042. – Le terme est toujours présumé stipulé en faveur du débiteur, à moins qu'il ne résulte de la stipulation ou des circonstances qu'il a été aussi convenu en faveur du créancier.

Art. 1043. – Le débiteur ne peut plus réclamer le bénéfice du terme lorsqu'il a fait faillite, ou lorsque, par son fait, il a diminué les sûretés qu'il avait données par le contrat à son créancier.

Section III. – Des obligations alternatives

Art. 1044. – Le débiteur d'une obligation alternative est libéré par la délivrance de l'une des deux choses qui étaient comprises dans l'obligation.

Art. 1045. – Le choix appartient au débiteur, s'il n'a point été expressément accordé au créancier.

Art. 1046. – Le débiteur peut se libérer en délivrant l'une des deux choses promises ; mais il ne peut pas forcer le créancier à recevoir une partie de l'une et une partie de l'autre.

Art. 1047. – L'obligation est pure et simple, quoique contractée d'une manière alternative, si l'une des deux choses promises ne pouvait être le sujet de l'obligation.

Art. 1048. – L'obligation alternative devient pure et simple, si l'une des choses promises périt et ne peut plus être livrée, même par la faute du débiteur. Le prix de cette chose ne peut pas être offert à sa place.

Si toutes deux ont péri, et que le débiteur soit en faute à l'égard de l'une d'elles, il doit payer le prix de celle qui a péri la dernière.

Art. 1049. – Lorsque, dans les cas prévus par l'article précédent, le choix avait été déféré par la convention au créancier,

Ou l'une des choses seulement a péri ; et alors, si c'est sans la faute du débiteur, le créancier doit avoir celle qui reste ; si c'est par la faute du débiteur, le créancier peut demander celle qui reste, ou le prix de celle qui a péri ;

Ou les deux choses ont péri, et alors, si le débiteur est en faute à l'égard des deux, ou même à l'égard de l'une d'elles seulement, le créancier peut demander le prix de l'une ou de l'autre, à son choix.

Art. 1050. – Si les deux choses ont péri sans la faute du débiteur, et avant qu'il soit en demeure, l'obligation est éteinte conformément à l'article 1150.

Art. 1051. – Les mêmes principes s'appliquent au cas où il y a plus de deux choses comprises dans l'obligation alternative.

Section IV. – Des obligations solidaires

§ 1. – De la solidarité entre les créanciers

Art. 1052. – L'obligation est solidaire entre plusieurs créanciers lorsque le titre donne expressément à chacun d'eux le droit de demander le paiement du total de la créance, et que le paiement fait à l'un d'eux libère le débiteur, encore que le bénéfice de l'obligation soit partageable et divisible entre les divers créanciers.

Art. 1053. – Il est au choix du débiteur de payer à l'un ou à l'autre des créanciers solidaires, tant qu'il n'a pas été prévenu par les poursuites de l'un d'eux.

Néanmoins la remise qui n'est faite que par l'un des créanciers solidaires ne libère le débiteur que pour la part de ce créancier.

Art. 1054. – Tout acte qui interrompt la prescription à l'égard de l'un des créanciers solidaires, profite aux autres créanciers.

§ 2. – De la solidarité de la part des débiteurs

Art. 1055. – Il y a solidarité de la part des débiteurs, lorsqu'ils sont obligés à une même chose, de manière que chacun puisse être contraint pour la totalité, et que le paiement fait par un seul libère les autres envers le créancier.

Art. 1056. – L'obligation peut être solidaire, quoique l'un des débiteurs soit obligé différemment de l'autre au paiement de la même chose. Par exemple, si l'un n'est obligé que conditionnellement, tandis que l'engagement de l'autre est pur et simple, ou si l'un a pris un terme qui n'est point accordé à l'autre.

Art. 1057. – La solidarité ne se présume point ; il faut qu'elle soit expressément stipulée.

Cette règle ne cesse que dans les cas où la solidarité a lieu de plein droit, en vertu d'une disposition de la loi.

Art. 1058. – Le créancier d'une obligation contractée solidairement peut s'adresser à celui des débiteurs qu'il veut choisir, sans que celui-ci puisse lui opposer le bénéfice de division.

Art. 1059. – Les poursuites faites contre l'un des débiteurs n'empêchent pas le créancier d'en exercer de pareilles contre les autres.

Art. 1060. – Si la chose due a péri par la faute ou pendant la demeure de l'un ou de plusieurs des débiteurs solidaires, les autres codébiteurs ne sont point déchargés de l'obligation de payer le prix de la chose ; mais ceux-ci ne sont point tenus des dommages-intérêts.

Le créancier peut seulement répéter les dommages et intérêts tant contre le débiteurs par la faute desquels la chose a péri, que contre ceux qui étaient en demeure.

Art. 1061. – Les poursuites faites contre l'un des débiteurs solidaires interrompent la prescription à l'égard de tous.

Art. 1062. – La demande d'intérêts formée contre l'un des débiteurs solidaires fait courir les intérêts à l'égard de tous.

Art. 1063. – Le débiteur solidaire poursuivi par le créancier peut opposer toutes les exceptions qui résultent de la nature de l'obligation, et toutes celles qui lui sont personnelles, ainsi que celles qui sont communes à tous les codébiteurs.

Il ne peut opposer les exceptions qui sont purement personnelles à quelques-uns des autres codébiteurs.

Art. 1064. – Lorsque l'un des débiteurs devient héritier unique du créancier, ou lorsque le créancier devient l'unique héritier de l'un des débiteurs, la confusion n'éteint la créance solidaire que pour la part et portion du créancier ou du débiteur.

Art. 1065. – Le créancier qui consent à la division de la dette à l'égard de l'un des codébiteurs, conserve son action solidaire contre les autres, mais sous la déduction de la part du débiteur qu'il a déchargé de la solidarité.

Art. 1066. – Le créancier qui reçoit divisément la part de l'un des débiteurs, sans réserver dans la quittance la solidarité ou ses droits en général, ne renonce à la solidarité qu'à l'égard de ce débiteur.

Le créancier n'est pas censé remettre la solidarité au débiteur, lorsqu'il reçoit de lui une somme égale à la portion dont il est tenu, si la quittance ne porte pas que c'est pour sa part.

Il en est de même de la simple demande formée contre l'un des codébiteurs pour sa part, si celui-ci n'a pas acquiescé à la demande, ou s'il n'est pas intervenu un jugement de condamnation.

Art. 1067. – Le créancier qui reçoit divisément et sans réserve la portion de l'un des codébiteurs dans les arrérages ou intérêts de la dette, ne perd la solidarité que pour les arrérages ou intérêts échus, et non pour ceux à échoir, ni pour le capital, à moins que le paiement divisé n'ait été continué pendant dix ans consécutifs.

Art. 1068. – L'obligation contractée solidairement envers le créancier se divise de plein droit entre les débiteurs, qui n'en sont tenus entre eux que chacun pour sa part et portion.

Art. 1069. – Le codébiteur d'une dette solidaire, qui l'a payée en entier, ne peut répéter contre les autres que les parts et portion de chacun d'eux.

Si l'un d'eux se trouve insolvable, la perte qu'occasionne son insolvabilité se répartit, par contribution, entre tous les autres codébiteurs solvables et celui qui a fait le paiement.

Art. 1070. – Dans le cas où le créancier a renoncé à l'action solidaire envers l'un des débiteurs, si l'un ou plusieurs des autres codébiteurs deviennent insolvables, la portion des insolvables sera contributoirement répartie entre tous les débiteurs, même entre ceux précédemment déchargés de la solidarité par le créancier.

Art. 1071. – Si l'affaire pour laquelle la dette a été contractée solidairement ne concernait que l'un des coobligés solidaires, celui-ci serait tenu de toute la dette vis-à-vis des autres codébiteurs, qui ne seraient considérés par rapport à lui que comme ses cautions.

Section V. – Des obligations divisibles et indivisibles

Art. 1072. – L'obligation est divisible ou indivisible selon qu'elle a pour objet ou une chose qui dans sa livraison, ou un fait qui dans l'exécution, est ou n'est pas susceptible de division, soit matérielle, soit intellectuelle.

Art. 1073. – L'obligation est indivisible, quoique la chose ou le fait qui en est l'objet soit divisible par sa nature, si le rapport sous lequel elle est considérée dans l'obligation ne la rend pas susceptible d'exécution partielle.

Art. 1074. – La solidarité. stipulée ne donne point à l'obligation le caractère d'indivisibilité.

§ 1. – Des effets de l'obligation divisible

Art. 1075. – L'obligation qui est susceptible de division, doit être exécutée entre le créancier et le débiteur comme si elle était indivisible.

La divisibilité n'a d'application qu'à l'égard de leurs héritiers, qui ne peuvent demander la dette ou qui ne sont tenus de la payer que pour les parts dont ils sont saisis ou dont ils sont tenus comme représentant le créancier ou le débiteur.

Art. 1076. – Le principe établi dans l'article précédent reçoit exception à l'égard des héritiers du débiteur :

1° Dans le cas où la dette est hypothécaire ;

2° Lorsqu'elle est d'un corps certain ;

3° Lorsqu'il s'agit de la dette alternative de chose au choix du créancier, dont l'une est indivisible ;

4° Lorsqu'un des héritiers est chargé seul, par le titre, de l'exécution de l'obligation ;

5° Lorsqu'il résulte, soit de la nature de l'engagement, soit de la chose qui en fait l'objet, soit de la fin qu'on s'est proposée dans le contrat, que l'intention des contractants a été que la dette ne pût s'acquitter partiellement.

Dans les trois premiers cas, l'héritier qui possède la chose due ou le fonds hypothéqué à la dette, peut être poursuivi pour le tout sur la chose due ou sur le fonds hypothéqué, sauf le recours contre ses cohéritiers. Dans le quatrième cas, l'héritier est seul chargé de la dette, et, dans le cinquième cas, chaque héritier, peut aussi être poursuivi pour le tout, sauf son recours contre ses cohéritiers.

§ 2. - Des effets de l'obligation indivisible

Art. 1077. – Chacun de ceux qui ont contracté conjointement une dette indivisible, en est tenu pour le total, encore que l'obligation n'ait pas été contractée solidairement.

Art. 1078. – Il en est de même à l'égard des héritiers de celui qui a contracté une pareille obligation.

Art. 1079. – Chaque héritier du créancier peut exiger en totalité l'exécution de l'obligation indivisible.

Il ne peut seul faire la remise de la totalité de la dette ; il ne peut recevoir seul le prix au lieu de la chose. Si l'un des héritiers a seul remis la dette ou reçu le prix de la chose, son cohéritier ne peut demander la chose indivisible qu'en tenant compte de la portion du cohéritier qui a fait la remise ou reçu le prix.

Art. 1080. – L'héritier du débiteur, assigné pour la totalité de l'obligation, peut demander un délai pour mettre en cause ses cohéritiers, à moins que la dette ne soit de nature à ne pouvoir être acquittée que par l'héritier assigné, qui peut alors être condamné seul, sauf son recours en indemnité contre ses cohéritiers.

Section VI. - Des obligations avec clauses pénales

Art. 1081. – La clause pénale est celle par laquelle une personne, pour assurer l'exécution d'une convention, s'engage à quelque chose en cas d'inexécution.

Art. 1082. – La nullité de l'obligation principale entraîne celle de la clause pénale.

La nullité de celle-ci n'entraîne point celle de l'obligation principale.

Art. 1083. – Le créancier, au lieu de demander la peine stipulée contre le débiteur qui est en demeure, peut poursuivre l'exécution de l'obligation principale.

Art. 1084. – La clause pénale est la compensation des dommages et intérêts que le créancier souffre de l'inexécution de l'obligation principale.

Il ne peut demander en même temps le principal et la peine, à moins qu'elle n'ait été stipulée pour le simple retard.

Art. 1085. – Soit que l'obligation primitive contienne, soit qu'elle ne contienne pas un terme dans lequel elle doit être accomplie, la peine n'est encourue que lorsque celui qui s'est obligé soit à livrer, soit à prendre, soit à faire, est en demeure.

Art. 1086. – La peine peut être modifiée par le juge, lorsque l'obligation principale a été exécutée en partie.

Art. 1087. – Lorsque l'obligation primitive contractée avec une clause pénale est d'une chose indivisible, la peine est encourue par la contravention d'un seul des héritiers du débiteur, et elle peut être demandée, soit en totalité contre celui qui a fait la contravention, soit contre chacun des cohéritiers pour leur part et portion, et hypothécairement pour le tout, sauf leur recours contre celui qui a fait encourir la peine.

Art. 1088. – Lorsque l'obligation primitive contractée sous une peine est divisible, la peine n'est encourue que par celui des héritiers du débiteur qui contrevient à cette obligation, et pour la part seulement dont il était tenu dans l'obligation principale, sans qu'il y ait d'action contre ceux qui l'ont exécutée.

Cette règle reçoit exception lorsque la clause pénale ayant été ajoutée dans l'intention que le paiement ne peut se faire partiellement, un cohéritier a empêché l'exécution de l'obligation pour la totalité. En ce cas, la peine entière peut être exigée contre lui, et contre les autres cohéritiers pour leur portion seulement, sauf leur recours.

Chapitre V. – De l'extinction des obligations

Art. 1089. – Les obligations s'éteignent :

Par le paiement,
Par la novation,
Par la remise volontaire,
Par la compensation,
Par la confusion,
Par la perte de la chose,
Par la nullité ou la rescision,
Par l'effet de la condition résolutoire, qui a été expliquée au chapitre précédent,
Et par la prescription, qui fera l'objet d'un titre particulier.

Section 1. – Du paiement

§ 1. – Du paiement en général

Art. 1090. – Tout paiement suppose une dette ; ce qui a été payé sans être dû est sujet à répétition.

La répétition n'est pas admise à l'égard des obligations naturelles qui ont été volontairement acquittées.

Art. 1091. – Une obligation peut être acquittée par toute personne qui y est intéressée, telle qu'un coobligé ou une caution.

L'obligation peut même être acquittée par un tiers qui n'y est point intéressé, pourvu que ce tiers agisse au nom et en l'acquit du débiteur, ou que, s'il agit en son nom propre, il ne soit pas subrogé aux droits du créancier.

Art. 1092. – L'obligation de faire ne peut être acquittée par un tiers contre le gré d'un créancier, lorsque ce dernier a intérêt qu'elle soit remplie par le débiteur lui-même.

Art. 1093. – Pour payer valablement, il faut être propriétaire de la chose donnée en paiement, et être capable de l'aliéner.

Néanmoins le paiement d'une somme en argent ou autre chose qui se consomme par l'usage, ne peut être répété contre le créancier qui l'a consommée de bonne foi, quoique le paiement en ait été fait par celui qui n'en était pas propriétaire ou qui n'était pas capable de l'aliéner.

Art. 1094. – Le paiement doit être fait au créancier ou à quelqu'un ayant pouvoir de lui, ou qui soit autorisé par la justice ou par la loi à recevoir pour lui.

Le paiement fait à celui qui n'aurait pas pouvoir de recevoir pour le créancier, est valable, si celui-ci le ratifie, ou s'il en a profité.

Art. 1095. – Le paiement fait de bonne foi à celui qui est en possession de la créance, est valable, encore que le possesseur en soit par la suite évincé.

Art. 1096. – Le paiement fait au créancier n'est point valable s'il était incapable de le recevoir, à moins que le débiteur ne prouve que la chose payée a tourné au profit du créancier.

Art. 1097. – Le paiement fait par le débiteur à son créancier au préjudice d'une saisie ou d'une opposition, n'est pas valable à l'égard des créanciers saisissants ou opposants.

Ceux-ci peuvent, selon leur droit, le contraindre à payer de nouveau, sauf, en ce cas seulement, son recours contre le créancier.

Art. 1098. – Le créancier ne peut être contraint de recevoir une autre chose que celle qui lui est due, quoique la valeur de la chose offerte soit égale ou même plus grande.

Art. 1099. – Le débiteur ne peut point forcer le créancier à recevoir en partie le paiement d'une dette, même divisible.

Les juges peuvent néanmoins, en considération de la position du débiteur, et en usant de ce pouvoir avec une grande réserve, accorder des délais modérés pour le paiement, et surseoir à l'exécution des poursuites, toutes choses demeurant en état.

Art. 1100. – Le débiteur d'un corps certain et déterminé est libéré par la remise de la chose en l'état où elle se trouve lors de la livraison, pourvu que les détériorations qui y sont survenues ne viennent point de son fait ou de sa faute, ni de celle des personnes dont il est responsable, ou qu'avant ces détériorations il ne fût pas en demeure.

Art. 1101. – Si la dette est d'une chose qui ne soit déterminée que par son espèce, le débiteur ne sera pas tenu, pour être libéré, de la donner de la meilleure espèce ; mais il ne pourra l'offrir de la plus mauvaise.

Art. 1102. – Le paiement doit être exécuté dans le lieu désigné par la convention. Si le lieu n'y est pas désigné, le paiement, lorsqu'il s'agit d'un corps certain et déterminé, doit être fait dans le lieu où était, au temps de l'obligation, la chose qui en fait l'objet.

Hors ces deux cas, le paiement doit être fait au domicile du débiteur.

Art. 1103. – Les frais du paiement sont à la charge du débiteur.

§ 2. – Du paiement avec subrogation

Art. 1104. – La subrogation dans les droits du créancier au profit d'une tierce personne qui le paie, est ou conventionnelle ou légale.

Art. 1105. – Cette subrogation est conventionnelle :

1° Lorsque le créancier recevant son paiement d'une tierce personne, la subroge dans ses droits, actions, privilèges ou hypothèques contre le débiteur.

Cette subrogation doit être expresse et faite en même temps que le paiement.

2° Lorsque le débiteur emprunte une somme à l'effet de payer sa dette et de subroger le prêteur dans les droits du créancier. Il faut, pour que cette subrogation soit valable, que l'acte d'emprunt et la quittance soient passés devant notaire ; que dans l'acte d'emprunt il soit déclaré que la somme a été empruntée pour faire le paiement, et que dans la quittance il soit déclaré que le paiement a été fait des deniers fournis à cet effet par le nouveau créancier. Cette subrogation s'opère sans le concours de la volonté du créancier.

Art. 1106. – La subrogation a lieu de plein droit :

1° Au profit de celui qui, étant lui-même créancier, paie un autre créancier qui lui est préférable à raison de ses privilèges ou hypothèques ;

2° Au profit de l'acquéreur d'un immeuble, qui emploie le prix de son acquisition au paiement des créanciers auxquels cet héritage était hypothéqué ;

3° Au profit de celui qui, étant tenu avec d'autres ou pour d'autres au paiement de la dette, avait intérêt de l'acquitter ;

4° Au profit de l'héritier bénéficiaire qui a payé de ses deniers les dettes de la succession.

Art. 1107. – La subrogation établie par les articles précédents a lieu tant contre les cautions que contre les débiteurs ; elle ne peut nuire au créancier lorsqu'il n'a été payé qu'en partie ; en ce cas, il peut exercer ses droits, pour ce qui lui reste dû, par préférence à celui dont il n'a reçu qu'un paiement partiel.

§ 3. – De l'imputation des paiements

Art. 1108. – Le débiteur de plusieurs dettes a le droit de déclarer, lorsqu'il paie, quelle dette il entend acquitter.

Art. 1109. – Le débiteur d'une dette qui porte intérêt ou produit des arrérages, ne peut point, sans le consentement du créancier, imputer le paiement qu'il fait sur le capital par préférence aux arrérages ou intérêts. Le paiement fait sur le capital et les intérêts, mais qui n'est point intégral, s'impute d'abord sur les intérêts.

Art. 1110. – Lorsque le débiteur de diverses dettes a accepté une quittance par laquelle le créancier a imputé ce qu'il a reçu sur une de ces dettes spécialement, le débiteur ne peut plus demander l'imputation sur une dette différente, à moins qu'il n'y ait eu dol ou surprise de la part du créancier.

Art. 1111. – Lorsque la quittance ne porte aucune imputation, le paiement doit être imputé sur la dette que le débiteur avait pour lors le plus d'intérêt à acquitter entre celles qui sont pareillement échues ; sinon, sur la dette échue, quoique moins onéreuse que celles qui ne le sont point.

Si les dettes sont d'égale nature, l'imputation se fait sur la plus ancienne. Toutes choses égales, elle se fait proportionnellement.

§ 4. – Des offres de paiement et de la consignation

Art. 1112. – Lorsque le créancier refuse de recevoir son paiement, le débiteur peut lui faire des offres réelles, et, au refus du créancier de les accepter, consigner la somme ou la chose offerte.

Les offres réelles suivies d'une consignation libèrent le débiteur ; elles tiennent lieu à son égard de paiement, lorsqu'elles sont valablement faites, et la chose ainsi consignée demeure aux risques du créancier.

Art. 1113. – Pour que les offres réelles soient valables, il faut :

1° Qu'elles soient faites au créancier ayant la capacité de recevoir, ou à celui qui a pouvoir de recevoir pour lui ;

2° Qu'elles soient faites par une personne capable de payer ;

3° Qu'elles soient de la totalité de la somme exigible, des arrérages ou intérêts, des frais liquidés, et d'une somme pour les frais non liquidés, sauf à la parfaire ;

4° Que le terme soit échu, s'il a été stipulé en faveur du créancier ;

5° Que la condition sous laquelle la dette a été contractée soit arrivée ;

6° Que les offres soient faites au lieu dont on est convenu pour le paiement, et que, s'il n'y a pas de convention spéciale sur le lieu du paiement, elles soient faites ou à la personne du créancier, ou à son domicile, ou au domicile élu pour l'exécution de la convention ;

7° Que les offres soient faites par un officier public ayant qualité.

Art. 1114. – Les modes et formes à suivre pour les offres de paiement et de la consignation, sont réglés par les lois sur la procédure.

Art. 1115. – Si la chose due est un corps certain qui doit être livré au lieu où il se trouve, le débiteur doit faire sommation au créancier de l'enlever, par acte notifié à sa personne ou à son domicile, ou au domicile élu pour l'exécution de la convention. Cette sommation faite, si le créancier n'enlève pas la chose, et que le débiteur ait besoin du lieu dans lequel elle est placée, celui-ci pourra obtenir de la justice la permission de la mettre dans quelque autre lieu.

§ 5. – De la cession de biens

Art. 1116 *(L. 12 mars 1913)*. – La cession de biens est l'abandon qu'un débiteur fait de tous ses biens à ses créanciers, lorsqu'il se trouve hors d'état de payer ses dettes.

Elle est volontaire ou judiciaire.

Art. 1117 *(L. 12 mars 1913)*. – La cession de biens volontaire est celle que les créanciers acceptent volontairement et qui n'a d'effet que celui résultant des stipulations du contrat passé entre les créanciers qui l'acceptent et le débiteur.

Art. 1118 *(L. 12 mars 1913)*. – La cession judiciaire est un bénéfice que la loi accorde au débiteur malheureux et de bonne foi, auquel il est permis, pour avoir la liberté de sa personne, de faire en justice l'abandon de tous ses biens à ses créanciers, nonobstant toute stipulation contraire.

Cette cession ne confère point la propriété aux créanciers ; elle leur donne seulement le droit de faire vendre les biens à leur profit, et d'en percevoir les revenus jusqu'à la vente.

Les créanciers ne peuvent refuser la cession judiciaire, si ce n'est dans les cas exceptés par la loi.

Elle opère la décharge de la contrainte par corps.

Au surplus, elle ne libère le débiteur que jusqu'à concurrence de la valeur des biens abandonnés ; et dans le cas où ils auraient été insuffisants, s'il lui en survient d'autres, il est obligé de les abandonner jusqu'à parfait paiement.

Section II. – De la novation

Art. 1119. – La novation s'opère de trois manières :

1° Lorsque le débiteur contracte envers son créancier une nouvelle dette qui est substituée à l'ancienne, laquelle est éteinte ;

2° Lorsqu'un nouveau débiteur est substitué à l'ancien qui est déchargé par le créancier ;

3° Lorsque, par l'effet d'un nouvel engagement, un nouveau créancier est substitué à l'ancien, envers lequel le débiteur se trouve déchargé.

Art. 1120. – La novation ne peut s'opérer qu'entre personnes capables de contracter.

Art. 1121. – La novation ne se présume point ; il faut que la volonté de l'opérer résulte clairement de l'acte.

Art. 1122. – La novation par la substitution d'un nouveau débiteur, peut s'opérer sans le concours du premier débiteur.

Art. 1123. – La délégation par laquelle un débiteur donne au créancier un autre débiteur qui s'oblige envers le créancier, n'opère point de novation, si le créancier n'a pas expressément déclaré qu'il entendait décharger son débiteur qui a fait la délégation.

Art. 1124. – Le créancier qui a déchargé le débiteur par qui a été faite la délégation, n'a point de recours contre ce débiteur, si le délégué devient insolvable, à moins que l'acte n'en contienne une réserve expresse, ou que le délégué ne fût déjà en faillite ouverte ou tombé en déconfiture au moment de la délégation.

Art. 1125. – La simple indication, faite par le débiteur, d'une personne qui doit payer à sa place, n'opère point novation.

Il en est de même de la simple indication, faite par le créancier, d'une personne qui doit recevoir pour lui.

Art. 1126. – Les privilèges et hypothèques de l'ancienne créance ne passent point à celle qui lui est substituée, à moins que le créancier ne les ait expressément réservés.

Art. 1127. – Lorsque la novation s'opère par la substitution d'un nouveau débiteur, les privilèges et hypothèques primitifs de la créance ne passent point sur les biens du nouveau débiteur.

Art. 1128. – Lorsque la novation s'opère entre le créancier et l'un des débiteurs solidaires, les privilèges et hypothèques de l'ancienne créance ne peuvent être réservés que sur les biens de celui qui contracte la nouvelle dette.

Art. 1129. – Par la novation faite entre le créancier et l'un des débiteurs solidaires, les codébiteurs sont libérés.

La novation opérée à l'égard du débiteur principal libère les cautions.

Néanmoins, si le créancier a exigé, dans le premier cas, l'accession des codébiteurs, ou, dans le second, celle des cautions, l'ancienne créance subsiste si les codébiteurs ou les cautions refusent d'accéder au nouvel arrangement.

Section III. – De la remise de la dette

Art. 1130. – La remise volontaire du titre original sous signature privée, par le créancier au débiteur, fait preuve de la libération.

Art. 1131. – La remise volontaire de la grosse du titre authentique fait présumer la remise de la dette ou le paiement, sans préjudice de la preuve contraire.

Art. 1132. – La remise du titre original sous signature privée, ou de la grosse du titre authentique, à l'un des débiteurs solidaires, a le même effet au profit de ses codébiteurs.

Art. 1133. – La remise ou décharge conventionnelle au profit de l'un des codébiteurs solidaires, libère tous les autres, à moins que le créancier n'ait expressément réservé ses droits contre ces derniers.

Dans ce dernier cas, il ne peut plus répéter la dette que déduction faite de la part de celui auquel il a fait la remise.

Art. 1134. – La remise de la chose donnée en nantissement ne suffit point pour faire présumer la remise de la dette.

Art. 1135. – La remise ou décharge conventionnelle accordée au débiteur principal libère les cautions ;

Celle accordée à la caution ne libère pas le débiteur principal ;

Celle accordée à l'une des cautions ne libère pas les autres.

Art. 1136. – Ce que le créancier a reçu d'une caution pour la décharge de son cautionnement, doit être imputé sur la dette et tourner à la décharge du débiteur principal et des autres cautions.

Section IV. – De la compensation

Art. 1137. – Lorsque deux personnes se trouvent débitrices l'une envers l'autre, il s'opère entre elles une compensation qui éteint les deux dettes, de la manière et dans les cas ci-après exprimés.

Art. 1138. – La compensation s'opère de plein droit par la seule force de la loi, même à l'insu des débiteurs ; les deux dettes s'éteignent réciproquement, à l'instant où elles se trouvent exister à la fois, jusqu'à concurrence de leurs quotités respectives.

Art. 1139. – La compensation n'a lieu qu'entre deux dettes qui ont également pour objet une somme d'argent, ou une certaine quantité de choses fongibles de la même espèce et qui sont également liquides et exigibles.

Les prestations en grains ou denrées, non contestées, et dont le prix est réglé par les mercuriales, peuvent se compenser avec des sommes liquides et exigibles.

Art. 1140. – Le terme de grâce n'est point un obstacle à la compensation.

Art. 1141. – La compensation a lieu, quelles que soient les causes de l'une ou de l'autre des dettes, excepté dans le cas :

1° De la demande en restitution d'une chose dont le propriétaire a été injustement dépouillé ;

2° De la demande en restitution d'un dépôt et du prêt à usage ;

3° D'une dette qui a pour cause des aliments insaisissables.

Art. 1142. – La caution peut opposer la compensation de ce que le créancier doit au débiteur principal.

Mais le débiteur principal ne peut opposer la compensation de ce que le créancier doit à la caution.

Le débiteur solidaire ne peut pareillement opposer la compensation de ce que le créancier doit à son codébiteur.

Art. 1143. – Le débiteur qui a accepté purement et simplement la cession qu'un créancier a faite de ses droits à un tiers, ne peut plus opposer au cessionnaire la compensation qu'il eût pu, avant l'acceptation, opposer au cédant.

À l'égard de la cession qui n'a point été acceptée par le débiteur, mais qui lui a été signifiée, elle n'empêche que la compensation des créances postérieures à cette notification.

Art. 1144. – Lorsque les deux dettes ne sont pas payables au même lieu, on n'en peut opposer la compensation qu'en faisant raison des frais de la remise.

Art. 1145. – Lorsqu'il y a plusieurs dettes compensables dues par la même personne, on suit, pour la compensation, les règles établies pour l'imputation par l'article 1111.

Art. 1146. – La compensation n'a pas lieu au préjudice des droits acquis à un tiers. Ainsi celui qui, étant débiteur, est devenu créancier depuis la saisie-arrêt faite par un tiers entre ses mains, ne peut, au préjudice du saisissant, opposer la compensation.

Art. 1147. – Celui qui a payé une dette qui était, de droit, éteinte par la compensation, ne peut plus, en exerçant la créance dont il n'a point opposé la compensation, se prévaloir, au préjudice des tiers, des privilèges ou hypothèques qui y étaient attachés, à moins qu'il n'ait eu une juste cause d'ignorer la créance qui devait compenser sa dette.

Section V. – De la confusion

Art. 1148. – Lorsque les qualités de créancier et de débiteur se réunissent dans la même personne, il se fait une confusion de droit qui éteint les deux créances.

Art. 1149. – La confusion qui s'opère dans la personne du débiteur principal profite à ses cautions.

Celle qui s'opère dans la personne de la caution n'entraîne point l'extinction de l'obligation principale.

Celle qui s'opère dans la personne du créancier, ne profite à ses codébiteurs solidaires que pour la portion dont il était débiteur.

Section VI. – De la perte de la chose due

Art. 1150. – Lorsque le corps certain et déterminé qui était l'objet de l'obligation, vient à périr, est mis hors du commerce, ou se perd de manière qu'on en ignore absolument l'existence, l'obligation est éteinte si la chose a péri ou a été perdue sans la faute du débiteur, et avant qu'il fût en demeure.

Lors même que le débiteur est en demeure, et s'il ne s'est pas chargé des cas fortuits, l'obligation est éteinte dans le cas où la chose eût également péri chez le créancier si elle lui eût été livrée.

Le débiteur est tenu de prouver le cas fortuit qu'il allègue.

De quelque manière que la chose volée ait péri ou ait été perdue, sa perte ne dispense pas celui qui l'a soustraite, de la restitution du prix.

Art. 1151. – Lorsque la chose a péri, est mise hors du commerce ou perdue, sans la faute du débiteur, il est tenu, s'il y a quelques droits ou actions en indemnité par rapport à cette chose, de les céder à son créancier.

Section VII. – De l'action en nullité ou en rescision des conventions

Art. 1152 *(L. n° 886, 25 juin 1970)*. – Dans tous les cas où l'action en nullité ou en rescision d'une convention n'est pas limitée à un moindre temps par une loi particulière, cette action dure cinq ans.

Ce temps ne court, dans le cas de violence que du jour où celle-ci a cessé ; dans le cas d'erreur ou de dol, que du jour où ceux-ci ont été découverts.

En cas d'incapacité, il court :

- contre l'incapable, du jour où, ayant acquis ou recouvré sa pleine capacité, il a eu connaissance de l'acte ;
- contre les héritiers de l'incapable, à compter du décès, s'il n'a commencé à courir auparavant.

Art. 1153. – La simple lésion donne lieu à la rescision en faveur du mineur non émancipé, contre toutes sortes de conventions ; et, en faveur du mineur émancipé, contre toutes conventions qui excèdent les bornes de sa capacité, ainsi qu'elle est déterminée au titre *De la minorité, de la tutelle et de l'émancipation*.

Art. 1154. – Le mineur n'est pas restituable pour cause de lésion, lorsque cette lésion ne résulte que d'un événement casuel et imprévu.

Art. 1155. – La simple déclaration de majorité, faite par le mineur, ne fait point obstacle à sa restitution.

Art. 1156. – Le mineur commerçant, banquier ou artisan, n'est point restituable contre les engagements qu'il a pris à raison de son commerce ou de son art.

Art. 1157. – Le mineur n'est point restituable contre les conventions portées en son contrat de mariage, lorsqu'elles ont été faites avec le consentement et l'assistance de ceux dont le consentement est requis pour la validité de son mariage.

Art. 1158. – Il n'est point restituable contre les obligations résultant de son délit ou quasi-délit.

Il n'est plus recevable à revenir contre l'engagement qu'il avait souscrit en minorité, lorsqu'il l'a ratifié en majorité, soit que cet engagement fût nul en sa forme, soit qu'il fût seulement sujet à restitution.

Art. 1159 *(L. n° 886, 25 juin 1970).* – Lorsqu'un incapable est admis, en cette qualité, à se faire restituer contre ses engagements, il ne sera pas soumis à répétition de ce qu'il aura perçu, sauf pour ce qui aura tourné à son profit.

Art. 1160. – Les majeurs ne sont restitués pour cause de lésion que dans les cas et sous les conditions spécialement exprimés dans le présent code.

Art. 1161. – Lorsque les formalités requises à l'égard des mineurs ou des interdits, soit pour aliénation d'immeubles, soit dans un partage de succession, ont été remplies, ils sont, relativement à ces actes, considérés comme s'ils les avaient faits en majorité ou avant l'interdiction.

Chapitre VI. – De la preuve des obligations et de celle du paiement

Section I. – De la preuve littérale

§ 1. – Des dispositions générales
(L. n° 1.383, 2 août 2011)

Art. 1162 *(Transféré au présent §, L. n° 1.383, 2 août 2011).* – Celui qui réclame l'exécution d'une obligation doit la prouver.

Réciproquement, celui qui se prétend libéré doit justifier le paiement ou le fait qui a produit l'extinction de son obligation.

Art. 1163 *(Transféré au présent § et rempl., L. n° 1.383, 2 août 2011).* – La preuve littérale, ou preuve par écrit, résulte d'une suite lisible de lettres, de caractères, de chiffres ou de tous autres signes ou symboles dotés d'une signification intelligible quels que soient leur support ou leurs modalités de transmission.

Art. 1163-1 *(L. n° 1.383, 2 août 2011).* – L'écrit sous forme électronique est admis en preuve au même titre et avec la même force probante que l'écrit sur support papier, sous réserve que puisse être dûment identifiée la personne dont il émane et qu'il soit établi et conservé dans des conditions de nature à en garantir l'intégrité.

Art. 1163-2 *(L. n° 1.383, 2 août 2011).* – Lorsque la loi n'a pas fixé d'autres principes et à défaut de convention valable entre les parties, le juge règle les conflits de preuve littérale en déterminant par tous moyens le titre le plus vraisemblable quel qu'en soit le support.

Art. 1163-3 *(L. n° 1.383, 2 août 2011).* – La signature nécessaire à la perfection d'un acte juridique identifie son auteur et manifeste son consentement aux obligations qui découlent de cet acte. Quand elle est apposée par un officier public, elle confère l'authenticité à l'acte.

Elle peut être manuscrite ou électronique.

La signature électronique est une signature qui consiste en l'usage d'un procédé fiable d'identification et garantissant son lien avec l'acte auquel elle s'attache.

Le procédé est présumé fiable, jusqu'à preuve contraire, lorsqu'il garantit l'identité du signataire et l'intégrité de l'acte dans les conditions définies par ordonnance souveraine.

§ 2. **Du titre authentique**
(Anc. § 1 dénum., L. n° 1.383, 2 août 2011)

Art. 1164 *(Mod., L. n° 1.383, 2 août 2011)*. – L'acte authentique est celui qui a été reçu par officiers publics ayant le droit d'instrumenter dans le lieu où l'acte a été rédigé, et avec les solennités requises.

L'acte authentique peut être dressé sur support électronique s'il est établi et conservé dans des conditions fixées par ordonnance souveraine.

Art. 1165. – L'acte qui n'est point authentique par l'incompétence ou l'incapacité de l'officier, ou par un défaut de forme, vaut comme écriture privée, s'il a été signé des parties.

Art. 1166. – L'acte authentique fait pleine foi de la convention qu'il renferme entre les parties contractantes et leurs héritiers ou ayants cause.

Néanmoins, en cas de plaintes en faux principal, l'exécution de l'acte argué de faux sera suspendue par la mise en accusation ; et, en cas d'inscription de faux faite incidemment, les tribunaux pourront, suivant les circonstances, suspendre provisoirement l'exécution de l'acte.

Art. 1167. – L'acte, soit authentique, soit sous seing privé, fait foi entre les parties, même de ce qui n'y est exprimé qu'en termes énonciatifs, pourvu que l'énonciation ait un rapport direct à la disposition. Les énonciations étrangères à la disposition ne peuvent servir que d'un commencement de preuve.

Art. 1168. – Les contre-lettres ne peuvent avoir leur effet qu'entre les parties contractantes. Elles n'ont point d'effet contre les tiers.

§ 3. – **De l'acte sous seing privé**
(Anc. § 2 dénum., L. n° 1.383, 2 août 2011)

Art. 1169. – L'acte sous seing privé reconnu par celui auquel on l'oppose, ou légalement tenu pour reconnu, a, entre ceux qui l'ont souscrit et entre leurs héritiers et ayants cause, la même foi que l'acte authentique.

Art. 1170. – Celui auquel on oppose un acte sous seing privé est obligé d'avouer ou de désavouer formellement son écriture ou sa signature.

Ses héritiers ou ayants cause peuvent se contenter de déclarer qu'ils ne connaissent point l'écriture ou la signature de leur auteur.

Art. 1171. – Dans le cas où la partie désavoue son écriture ou sa signature, et dans le cas où ses héritiers ou ayants cause déclarent ne les point connaître, la vérification en est ordonnée en justice.

Art. 1172 *(Mod., L. n° 1.383, 2 août 2011)*. – Les actes sous seing privé qui contiennent des conventions synallagmatiques, ne sont valables qu'autant qu'ils ont été faits en autant d'originaux qu'il y a de parties ayant un intérêt distinct.

Il suffit d'un original pour toutes les personnes ayant le même intérêt.

Chaque original doit contenir la mention du nombre des originaux qui en ont été faits.

Néanmoins le défaut de mention que les originaux ont été faits doubles, triples, etc., ne peut être opposé par celui qui a exécuté de sa part la convention portée dans l'acte.

L'exigence d'une pluralité d'originaux est réputée satisfaite pour les écrits sous forme électronique lorsque l'acte est établi et conservé conformément aux articles 1163-1 et 1163-3 et que le procédé permet à chaque partie de disposer d'un exemplaire ou d'y avoir accès.

Art. 1173 *(Rempl., L. n° 1.383, 2 août 2011)*. – Le billet ou la promesse sous seing privé par lequel une seule partie s'engage envers l'autre à lui payer une somme d'argent ou une chose appréciable doit être écrit en entier par celui qui le souscrit, ou du moins, il faut qu'outre sa signature, il ait écrit par lui-même un bon ou un approuvé, portant en toutes lettres la somme ou la quantité de la chose.

Art. 1174. – Lorsque la somme exprimée au corps de l'acte est différente de celle exprimée au *bon*, l'obligation est présumée n'être que de la somme moindre, lors même que l'acte ainsi que le *bon* sont écrits en entier de la main de celui qui s'est obligé, à moins qu'il ne soit prouvé de quel côté est l'erreur.

Art. 1175. – Les actes sous seing privé n'ont de date contre les tiers que du jour où ils ont été enregistrés, du jour de la mort de celui ou de l'un de ceux qui les ont souscrits, ou du jour où leur substance est constatée dans des actes dressés par des officiers publics, tels que procès-verbaux de scellés ou d'inventaires.

Art. 1176. – Les registres des marchands ne font point, contre les personnes non marchandes, preuve des fournitures qui y sont portées.

Art. 1177. – Les livres des marchands font preuve contre eux ; mais celui qui veut en tirer avantage ne peut les diviser en ce qu'ils contiennent de contraire à sa prétention.

Art. 1178. – Les registres et papiers domestiques ne font point un titre pour celui qui les a écrits. Ils font foi contre lui :

1° Dans tous les cas où ils énoncent formellement un paiement reçu ;

2° Lorsqu'ils contiennent la mention expresse que la note a été faite pour suppléer le défaut du titre en faveur de celui au profit duquel ils énoncent une obligation.

Art. 1179. – L'écriture mise par le créancier à la suite, en marge ou au dos d'un titre qui est toujours resté en sa possession, fait foi, quoique non signée ni datée par lui, lorsqu'elle tend à établir la libération du débiteur.

Il en est de même de l'écriture mise par le créancier au dos, ou en marge, ou à la suite, du double d'un titre ou d'une quittance, pourvu que ce double soit entre les mains du débiteur.

§ 4. - Des tailles

(Anc. § 3 dénum., L. n° 1.383, 2 août 2011)

Art. 1180. – Les tailles corrélatives à leurs échantillons font foi entre les personnes qui sont dans l'usage de constater ainsi les fournitures qu'elles font ou reçoivent en détail.

§ 5. Des copies des titres

(Anc. § 4 dénum., L. n° 1.383, 2 août 2011)

Art. 1181. – Les copies, lorsque le titre original subsiste, ne font foi que de ce qui contenu au titre, dont la représentation peut toujours être exigée.

Art. 1182. – Lorsque le titre original n'existe plus, les copies font foi d'après les distinctions suivantes :

1° Les grosses ou premières expéditions font la même foi que l'original. Il en est de même des copies qui ont été tirées par l'autorité du magistrat, parties présentes ou dûment appelées, ou de celles qui ont été tirées en présence des parties et de leur consentement réciproque.

2° Les copies qui, sans l'autorité du magistrat, ou sans le consentement des parties, et depuis la délivrance des grosses ou premières expéditions, auront été tirées sur la minute de l'acte par le notaire qui l'a reçu, ou par l'un de ses successeurs, ou par officiers publics qui, en cette qualité, sont dépositaires des minutes, peuvent, en cas de perte de l'original, faire foi quand elles sont anciennes.

Elles sont considérées comme anciennes quand elles ont plus de trente ans.

Si elles ont moins de trente ans, elles ne peuvent servir que de commencement de preuve par écrit.

3° Lorsque les copies tirées sur la minute d'un acte ne l'auront pas été par le notaire qui l'a reçu, ou par l'un de ses successeurs, ou par officiers publics qui, en cette qualité, sont dépositaires des minutes, elles ne pourront servir, quelle que soit leur ancienneté, que de commencement de preuve par écrit.

4° Les copies de copies pourront, suivant les circonstances, être considérées comme simples renseignements.

Art. 1183. – La transcription d'un acte sur les registres publics ne pourra servir que de commencement de preuve par écrit ; et il faudra même pour cela :

1° Qu'il soit constant que toutes les minutes du notaire, de l'année dans laquelle l'acte paraît avoir été fait, soient perdues, ou que l'on prouve que la perte de la minute de cet acte a été faite par un accident particulier ;

2° Qu'il existe un répertoire en règle du notaire, qui constate que l'acte a été fait à la même date.

Lorsque, au moyen du concours de ces deux circonstances, la preuve par témoins sera admise, il sera nécessaire que ceux qui ont été témoins de l'acte, s'ils existent encore, soient entendus.

§ 6. – Des actes récognitifs et confirmatifs
(Anc. § 5 dénum., L. n° 1.383, 2 août 2011)

Art. 1184. – Les actes récognitifs ne dispensent point de la représentation du titre primordial, à moins que sa teneur n'y soit spécialement relatée.

Ce qu'ils contiennent de plus que le titre primordial, ou ce qui s'y trouve de différent, n'a aucun effet.

Néanmoins, s'il y avait plusieurs reconnaissances conformes, soutenues de la possession, et dont l'une eût trente ans de date, le créancier pourrait être dispensé de représenter le titre primordial.

Art. 1185. – L'acte de confirmation ou ratification d'une obligation contre laquelle la loi admet l'action en nullité ou en rescision, n'est valable que lorsqu'on y trouve la substance de cette obligation, la mention du motif de l'action en rescision, et l'intention de réparer le vice sur lequel cette action est fondée.

À défaut d'acte de confirmation ou ratification, il suffit que l'obligation soit exécutée volontairement après l'époque à laquelle l'obligation pouvait être valablement confirmée ou ratifiée.

La confirmation, ratification, ou exécution volontaire dans les formes et à l'époque déterminées par la loi, emporte la renonciation aux moyens et exceptions que l'on pouvait opposer contre cet acte, sans préjudice néanmoins du droit des tiers.

Art. 1186. – Le donateur ne peut réparer par aucun acte confirmatif les vices d'une donation entre vifs : nulle en la forme, il faut qu'elle soit refaite en la forme légale.

Art. 1187. – La confirmation ou ratification, ou exécution volontaire d'une donation par les héritiers ou ayants cause du donateur, après sont décès, emporte leur renonciation à opposer soit les vices de forme, soit toute autre exception.

Section II. – De la preuve testimoniale

Art. 1188 *(L. 2 avr. 1949 ; mod., L. n° 1.101, 12 juin 1987 ; L. n° 1.247, 21 déc. 2001).* – Il doit être passé acte devant notaire ou sous signature privée de toutes choses excédant la somme ou valeur de 1 140 €, même pour dépôts volontaires et il n'est reçu aucune preuve par témoins contre et outre le contenu aux actes ni sur ce qui serait allégué avoir été dit avant, lors ou depuis les actes, encore qu'il s'agisse d'une somme ou valeur moindre de 1 140 €. Le tout sans préjudice de ce qui est prescrit dans les lois relatives au commerce.

Art. 1189 *(L. 2 avr. 1949 ; mod., L. n° 1.133, 16 juill. 1990).* – La règle ci-dessus s'applique au cas où l'action contient, outre la demande du capital, une demande d'intérêts qui, réunis au capital, excède la somme portée à l'article précédent.

Art. 1190 *(L. 2 avr. 1949 ; mod., L. n° 1.133, 16 juill. 1990).* – Celui qui a formé une demande excédant la somme mentionnée à l'article 1188 ne peut plus être admis à la preuve testimoniale même en restreignant sa demande primitive.

Art. 1191 *(L. 2 avr. 1949 ; mod., L. n° 1.247, 21 déc. 2001).* – La preuve testimoniale sur la demande d'une somme même moindre de 760 € ne peut être admise lorsque cette somme est déclarée être le restant ou faire partie d'une créance plus forte qui n'est point prouvée par écrit.

Art. 1192 *(L. 2 avr. 1949 ; mod., L. n° 1.247, 21 déc. 2001).* – Si, dans la même instance, une partie fait plusieurs demandes dont il n'y ait point de titre par écrit et que, jointes ensemble, elles excèdent la somme de 760 €, la preuve par témoins n'en peut être admise, encore que la partie allègue que ces créances proviennent de différentes causes et qu'elles se soient formées en différents temps, si ce n'était que ces droits procédassent par succession, donation ou autrement, de personnes différentes.

Art. 1193. – Toutes les demandes, à quelque titre que ce soit, qui ne seront pas entièrement justifiées par écrit, seront formées par un même exploit, après lequel les autres demandes dont il n'y aura point de preuves par écrit ne seront pas reçues.

Art. 1194. – Les règles ci-dessus reçoivent exception lorsqu'il existe un commencement de preuve par écrit.

On appelle ainsi tout acte par écrit qui est émané de celui contre lequel la demande est formée ou de celui qu'il représente, et qui rend vraisemblable le fait allégué.

Art. 1195 *(Mod., L. n° 1.244, 6 nov. 2001)*. – Elles reçoivent encore exception toutes les fois qu'il n'a pas été possible au créancier de se procurer une preuve littérale de l'obligation qui a été contractée envers lui.

Cette seconde exception s'applique :

1° Aux obligations qui naissent des quasi-contrats et des délits ou quasi-délits ;

2° Aux dépôts nécessaires faits en cas d'incendie, ruine, tumulte ou naufrage, et à ceux faits par les voyageurs en logeant dans une hôtellerie, le tout suivant la qualité des personnes et les circonstances du fait ;

3° Aux obligations contractées en cas d'accidents imprévus, où l'on ne pourrait pas avoir fait des actes par écrit ;

4° Au cas où le créancier a perdu le titre qui lui servait de preuve littérale, par suite d'un cas fortuit, imprévu et résultant d'une force majeure.

Une troisième exception s'applique lorsqu'une partie ou le dépositaire n'a pas conservé le titre original et présente une copie qui en est la reproduction, non seulement fidèle, mais aussi durable. Est réputée durable toute reproduction indélébile de l'original qui entraîne une modification irréversible du support. La preuve de la destruction de l'original est présumée en cas d'archivage.

Section III. – Des présomptions

Art. 1196. – Les présomptions sont des conséquences que la loi ou le magistrat tire d'un fait connu à un fait inconnu.

§ 1. – Des présomptions établies par la loi

Art. 1197. – La présomption légale est celle qui est attachée par une loi spéciale à certains actes ou à certains faits ; tels sont :

1° Les actes que la loi déclare nuls, comme présumés faits en fraudes de ses dispositions, d'après leur seule qualité ;

2° Les cas dans lesquels la loi déclare la propriété ou la libération résulter de certaines circonstances déterminées ;

3° L'autorité que la loi attribue à la chose jugée ;

4° La force que la loi attache à l'aveu de la partie ou à son serment.

Art. 1198. – L'autorité de la chose jugée n'a lieu qu'à l'égard de ce qui a fait l'objet du jugement. Il faut que la chose demandée soit la même ; que la demande soit fondée sur la même cause ; que la demande soit entre les mêmes parties, et formée par elles et contre elles en la même qualité.

Art. 1199. – La présomption légale dispense de toute preuve celui au profit duquel elle existe.

Nulle preuve n'est admise contre la présomption de la loi, lorsque, sur le fondement de cette présomption, elle annule certains actes ou dénie l'action en justice, à moins qu'elle n'ait réservé la preuve contraire, et sauf ce qui sera dit sur le serment et l'aveu judiciaires.

§ 2. – Des présomptions qui ne sont point établies par la loi

Art. 1200. – Les présomptions qui ne sont point établies par la loi, sont abandonnées aux lumières et à la prudence du magistrat, qui ne doit admettre que des présomptions graves, précises et concordantes, et dans les cas seulement où la loi admet les preuves testimoniales, à moins que l'acte ne soit attaqué pour cause de fraude ou de dol.

Section IV. – De l'aveu de la partie

Art. 1201. – L'aveu qui est opposé à une partie est ou extra-judiciaire ou judiciaire.

Art. 1202. – L'allégation d'un aveu extra-judiciaire purement verbal est inutile toutes les fois qu'il s'agit d'une demande dont la preuve testimoniale ne serait point admissible.

Art. 1203. – L'aveu judiciaire est la déclaration que fait en justice la partie ou son fondé de pouvoir spécial.

Il fait pleine foi contre celui qui l'a fait.

Il ne peut être divisé contre lui.

Il ne peut être révoqué, à moins qu'on ne prouve qu'il a été la suite d'une erreur de fait. Il ne pourrait être révoqué sous prétexte d'une erreur de droit.

Section V. – Du serment

Art. 1204. – Le serment judiciaire est de deux espèces :

1° Celui qu'une partie défère à l'autre pour en faire dépendre le jugement de la cause : il est appelé décisoire ;

2° Celui qui est déféré d'office par le juge à l'une ou à l'autre des parties.

§ 1. – Du serment décisoire

Art. 1205. – Le serment décisoire peut être déféré sur quelque espèce de contestation que ce soit.

Art. 1206. – Il ne peut être déféré que sur un fait personnel à la partie à laquelle on le défère.

Art. 1207. – Il peut être déféré en tout état de cause, et encore qu'il n'existe aucun commencement de preuve de la demande ou de l'exception sur laquelle il est provoqué.

Art. 1208. – Celui auquel le serment est déféré, qui le refuse ou ne consent pas à le référer à son adversaire, ou l'adversaire à qui il a été référé et qui le refuse, doit succomber dans sa demande ou dans son exception.

Art. 1209. – Le serment ne peut être référé quand le fait qui en est l'objet n'est point celui des deux parties, mais est purement personnel à celui auquel le serment avait été déféré.

Art. 1210. – Lorsque le serment déféré ou référé a été fait, l'adversaire n'est point recevable à en prouver la fausseté.

Art. 1211. – La partie qui a déféré ou référé le serment ne peut plus se rétracter, lorsque l'adversaire a déclaré qu'il est prêt à faire ce serment.

Art. 1212. – Le serment fait ne forme preuve qu'au profit de celui qui l'a déféré ou contre lui, et au profit de ses héritiers et ayants cause ou contre eux.

Néanmoins le serment déféré par l'un des créanciers solidaires au débiteur ne libère celui-ci que pour la part de ce créancier.

Le serment déféré au débiteur principal libère également les cautions.

Celui déféré à l'un des débiteurs solidaires profite aux codébiteurs.

Et celui déféré à la caution profite au débiteur principal.

Dans ces deux derniers cas, le serment du codébiteur solidaire ou de la caution ne profite aux autres codébiteurs ou au débiteur principal que lorsqu'il a été déféré sur la dette, et non sur le fait de la solidarité ou du cautionnement.

§ 2. – Du serment déféré d'office

Art. 1213. – Le juge peut déférer à l'une des parties le serment, ou pour en faire dépendre la décision de la cause, ou seulement pour déterminer le montant de la condamnation.

Art. 1214. – Le juge ne peut déférer d'office le serment, soit sur la demande, soit sur l'exception qui y est opposée, que sous les deux conditions suivantes :

1° Il faut que la demande ou l'exception ne soit pas pleinement justifiée ;

2° Il faut qu'elle ne soit pas totalement dénuée de preuves.

Hors ces deux cas, le juge doit ou adjuger ou rejeter purement et simplement la demande.

Art. 1215. – Le serment déféré d'office par le juge à l'une des parties, ne peut être par elle référé à l'autre.

Art. 1216. – Le serment sur la valeur de la chose demandée ne peut être déféré par le juge au demandeur que lorsqu'il est d'ailleurs impossible de constater autrement cette valeur.

Le juge doit même, en ce cas, déterminer la somme jusqu'à concurrence de laquelle le demandeur en sera cru sur son serment.

TITRE IV. – DES ENGAGEMENTS QUI SE FORMENT SANS CONVENTION

Art. 1217. – Certains engagements se forment sans qu'il intervienne aucune convention, ni de la part de celui qui s'oblige, ni de la part de celui envers lequel il est obligé.

Les uns résultent de l'autorité seule de la loi ; les autres naissent d'un fait personnel à celui qui se trouve obligé.

Les premiers sont les engagements formés involontairement, tels que ceux entre propriétaires voisins, ou ceux des tuteurs et des autres administrateurs qui ne peuvent refuser la fonction qui leur est déférée.

Les engagements qui naissent d'un fait personnel à celui qui se trouve obligé, résultent ou des quasi-contrats, ou des délits ou quasi-délits ; ils font la matière du présent titre.

Chapitre I. – Des quasi-contrats

Art. 1218. – Les quasi-contrats sont les faits purement volontaires de l'homme, dont il résulte un engagement quelconque envers un tiers, et quelquefois un engagement réciproque des deux parties.

Art. 1219. – Lorsque volontairement on gère l'affaire d'autrui, soit que le propriétaire connaisse la gestion, soit qu'il l'ignore, celui qui gère contracte l'engagement tacite de continuer la gestion qu'il a commencée, et de l'achever jusqu'à ce que le propriétaire soit en état d'y pourvoir lui-même ; il doit se charger également de toutes les dépendances de cette même affaire.

Il se soumet à toutes les obligations qui résulteraient d'un mandat exprès que lui aurait donné le propriétaire.

Art. 1220. – Il est obligé de continuer sa gestion, encore que le maître vienne à mourir avant que l'affaire soit consommée, jusqu'à ce que l'héritier ait pu en prendre la direction.

Art. 1221. – Il est tenu d'apporter à la gestion de l'affaire tous les soins d'un bon père de famille.

Néanmoins les circonstances qui l'ont conduit à se charger de l'affaire, peuvent autoriser le juge à modérer les dommages et intérêts qui résulteraient des fautes ou de la négligence du gérant.

Art. 1222. – Le maître dont l'affaire a été bien administrée, doit remplir les engagements que le gérant a contractés en son nom, l'indemniser de tous les engagements personnels qu'il a pris, et lui rembourser toutes les dépenses utiles ou nécessaires qu'il a faites.

Art. 1223. – Celui qui reçoit par erreur ou sciemment ce qui ne lui est pas dû, s'oblige à le restituer à celui de qui il l'a indûment reçu.

Art. 1224. – Lorsqu'une personne qui, par erreur, se croyait débitrice, a acquitté une dette, elle a le droit de répétition contre le créancier.

Néanmoins ce droit cesse dans le cas où le créancier a supprimé son titre par suite du paiement, sauf le recours de celui qui a payé contre le véritable débiteur.

Art. 1225. – S'il y a eu mauvaise foi de la part de celui qui a reçu, il est tenu de restituer, tant le capital que les intérêts ou les fruits, du jour du paiement.

Art. 1226. – Si la chose indûment reçue est un immeuble ou un meuble corporel, celui qui l'a reçue s'oblige à la restituer en nature, si elle existe, ou sa valeur si elle est périe ou détériorée par sa faute ; il est même garant de sa perte par cas fortuit, s'il l'a reçue de mauvaise foi.

Art. 1227. – Si celui qui a reçu de bonne foi a vendu la chose, il ne doit restituer que le prix de la vente.

Art. 1228. – Celui auquel la chose est restituée doit tenir compte, même au possesseur de mauvaise foi, de toutes les dépenses nécessaires et utiles qui ont été faites pour la conservation de la chose.

Chapitre II. – Des délits et des quasi-délits

Art. 1229. – Tout fait quelconque de l'homme qui cause à autrui un dommage, oblige celui par la faute duquel il est arrivé, à le réparer.

Art. 1230. – Chacun est responsable du dommage qu'il a causé, non seulement par son fait, mais encore par sa négligence ou par son imprudence.

Art. 1231 *(Mod., L. n° 1.278, 29 déc. 2003 ; L. n° 1.372, 5 juill. 2010)*. – On est responsable non seulement du dommage que l'on cause par son propre fait, mais encore de celui qui est causé par le fait des personnes dont on doit répondre, ou des choses que l'on a sous sa garde.

Le père et la mère en tant qu'ils exercent le droit de garde, sont solidairement responsables du dommage causé par leurs enfants mineurs habitant avec eux.

Le tuteur est responsable du dommage causé par son pupille habitant avec lui.

Les maîtres et les commettants sont responsables du dommage causé par leurs domestiques et préposés dans les fonctions auxquelles ils les ont employés.

Les artisans, du dommage causé par leurs apprentis pendant le temps qu'ils sont sous leur surveillance.

La responsabilité ci-dessus a lieu, à moins que les père et mère, tuteur et artisans ne prouvent qu'ils n'ont pu empêcher le fait qui donne lieu à cette responsabilité.

Art. 1232. – Le propriétaire d'un animal, ou celui qui s'en sert, pendant qu'il est à son usage, est responsable du dommage que l'animal a causé, soit que l'animal fût sous sa garde, soit qu'il fût égaré ou échappé.

Art. 1233. – Le propriétaire d'un bâtiment est responsable du dommage causé par sa ruine, lorsqu'elle est arrivée par suite du défaut d'entretien, ou par le vice de sa construction.

Art. 1234. – Les auteurs et les personnes responsables d'un délit ou quasi-délit, d'après les règles ci-dessus, peuvent être condamnés solidairement, s'il y a lieu, à la réparation du dommage.

TITRE V. – DU CONTRAT DE MARIAGE ET DES RÉGIMES MATRIMONIAUX

(L. n° 886, 25 juin 1970)

Chapitre I. – Dispositions générales

Art. 1235. – La loi ne régit l'association conjugale quant aux biens qu'à défaut de conventions spéciales.

Les époux qui n'ont pas fait de contrat sont soumis au régime de la séparation de biens prévu au chapitre II du présent titre.

Art. 1236. – Les époux peuvent faire leurs conventions matrimoniales comme ils le jugent à propos.

Toutefois, ils ne peuvent déroger aux règles qui intéressent l'ordre public et les bonnes mœurs, notamment aux droits et devoirs qui résultent pour eux du mariage, aux règles qui concernent la puissance paternelle, l'administration légale ou la tutelle et, sous réserve des exceptions prévues au présent code, aux règles qui déterminent l'ordre légal des successions.

Art. 1237. – Le contrat de mariage peut cependant stipuler qu'à la dissolution du mariage par décès, l'époux survivant aura la faculté d'acquérir ou, le cas échéant, de se faire attribuer dans le partage certains biens personnels du prémourant, à charge d'en verser la valeur à la succession.

Le contrat détermine les biens auxquels s'applique la faculté précitée, les bases d'évaluation et les modalités de paiement sauf, en cas d'avantage indirect, réduction au profit des héritiers réservataires.

En l'absence de dispositions conventionnelles et à défaut d'accord entre les parties, la valeur des biens sera fixée par le tribunal de première instance au jour où la faculté est exercée.

Art. 1238. – La faculté accordée par l'article précédent au conjoint survivant doit être exercée, à peine de caducité, par notification faite aux héritiers de l'époux prédécédé, au plus tard dans le mois d'une mise en demeure de prendre parti que ceux-ci lui auront adressée. Est nulle la mise en demeure qui serait faite avant l'expiration des délais fixés à l'article 676 du Code civil.

Effectuée dans le délai légal, la notification forme vente au jour où elle est signifiée, ou, le cas échéant, constitue une opération de partage.

Art. 1239. – Tout incapable peut, par contrat de mariage, passer les conventions et faire les libéralités que ce contrat peut comporter, pourvu qu'il soit assisté des personnes qui consentent au mariage.

La nullité du contrat conclu sans cette assistance doit, pour le mineur, être demandée dans l'année de sa majorité au plus tard, et, pour les autres incapables, dans l'année du mariage ; l'action ne peut être exercée que par l'incapable, son représentant légal ou les personnes dont le consentement était requis.

Art. 1240. – Les conventions matrimoniales doivent être rédigées avant la célébration du mariage ; elles ne prennent effet qu'au jour de cette célébration.

Art. 1241 *(Mod., L. n° 1.133, 16 juill. 1990)*. – Toutes conventions matrimoniales sont rédigées par acte notarié.

Le notaire donne connaissance aux parties des dispositions des alinéas 3 et 4 du présent article ; mention en est faite dans le contrat.

Au moment de la signature du contrat, le notaire délivre un certificat sur papier libre et sans frais, énonçant ses nom et qualités, les noms, prénoms, qualités et demeures des futurs époux ainsi que la date du contrat ; ce certificat indique qu'il doit être remis à l'officier de l'état civil avant la célébration du mariage.

Si l'un des époux est commerçant lors du mariage ou le devient ultérieurement, le contrat de mariage doit être publié dans les conditions et sous les sanctions prévues par la loi.

Art. 1242. – Tout changement qui serait apporté aux conventions matrimoniales avant la célébration du mariage est, à peine de nullité, rédigé en la même forme que le contrat de mariage. Il sera inopposable aux tiers s'il n'a été rédigé à la suite du contrat de mariage. Le notaire ne pourra délivrer ni grosse, ni expédition de cet acte qui ne comporterait le texte du changement.

Art. 1243. – Lorsque l'intérêt de la famille le justifie, les époux peuvent, par acte notarié, modifier le régime matrimonial ou les conventions matrimoniales qui s'appliqueraient à leur union. L'acte modificatif est soumis à l'homologation du tribunal de première instance.

La demande et la décision d'homologation sont publiées conformément aux dispositions des articles 819 à 823 du Code de procédure civile.

Le changement homologué produit effet entre les parties, lorsque la décision d'homologation est devenue irrévocable.

Il n'est pas opposable aux tiers dont le droit est né antérieurement à la publication prévue à l'article 821 du Code de procédure civile.

Le changement de régime matrimonial ou de conventions matrimoniales régissant l'union des époux étrangers obéit aux prescriptions précédentes, lorsque le mariage a été célébré à Monaco ou lorsque le régime matrimonial ou les conventions matrimoniales sont soumis au droit monégasque.

Chapitre II. – Du régime de la séparation de biens

Art. 1244. – Sous le régime de la séparation de biens, chaque époux a la libre administration, jouissance et disposition de ses biens.

Art. 1245. – Sous réserve des dispositions de l'article 184, chaque époux supporte seul les dettes nées de son chef.

Art. 1246. – Chaque époux est présumé propriétaire des habits, effets, linges et bijoux servant à son usage personnel.

Sauf preuve contraire rapportée par tout moyen, les autres objets mobiliers, y compris les deniers et titres au porteur, se trouvant au domicile conjugal ou dans les diverses résidences des époux, leur appartiennent par indivis, sans qu'il y ait lieu de tenir compte, à cet égard, du fait que l'un des conjoints est seul titulaire du droit au local où les époux ont établi leur domicile ou leur résidence.

Art. 1247. – Lorsqu'un époux confère à son conjoint mandat exprès de gérer ses biens, le mandataire est dispensé de rendre compte des fruits, sauf convention contraire.

Art. 1248. – L'époux qui gère les biens de son conjoint, au su mais sans opposition de celui-ci, est investi d'un mandat tacite à l'effet d'accomplir des actes d'administration et de jouissance, à l'exclusion de tout acte de disposition.

Il est comptable, pour les cinq années précédant la reddition des comptes, des fruits existants et de ceux qu'il aurait négligé de percevoir.

Il est toujours comptable des fruits qu'il a perçus ou consommés frauduleusement.

Art. 1249. – L'époux qui s'immisce dans la gestion des biens de son conjoint, au mépris d'une opposition de celui-ci formulée par acte extrajudiciaire, est comptable de tous les fruits consommés ou non, sans préjudice des autres conséquences dommageables de son immixtion.

Chapitre III. – Des dispositions relatives aux régimes de communauté

Section I. – Dispositions générales

Art. 1250 *(Mod., L. n° 1.278, 29 déc. 2003)*. – Chacun des époux a le pouvoir d'administrer seul les biens communs et d'en disposer, sauf à répondre des fautes qu'il aurait commises dans sa gestion. Les actes accomplis sans fraude par un conjoint sont opposables à l'autre.

L'époux qui exerce une profession séparée a seul le pouvoir d'accomplir les actes d'administration et de disposition nécessaires à celle-ci.

Le tout sous réserve des dispositions de l'article 1251.

Art. 1251 *(Mod., L. n° 1.278, 29 déc. 2003)*. – Les époux ne peuvent, l'un sans l'autre :

1° disposer entre vifs, à titre gratuit, des biens de la communauté,

2° aliéner ou grever de droits réels les immeubles, fonds de commerce et exploitations dépendant de la communauté, non plus que des droits sociaux non négociables et les meubles corporels dont l'aliénation est soumise à publicité ; ils ne peuvent sans leur conjoint, percevoir les capitaux provenant de telles opérations,

3° donner à bail un fonds rural ou un immeuble à usage commercial, industriel ou artisanal dépendant de la communauté ; les autres baux sur les biens communs peuvent être passés par un seul conjoint et sont soumis aux règles prévues pour les baux passés par l'usufruitier,

4° engager les biens de la communauté par un cautionnement ou un emprunt, à moins que ceux-ci n'aient été contractés avec le consentement exprès des deux époux.

Art. 1252. – Si l'un des époux est inapte à exercer les pouvoirs qui lui appartiennent sur les biens communs ou sur ses biens propres, ou s'il les exerce en fraude des droits de son conjoint, celui-ci peut demander en justice à lui être substitué dans l'exercice de tout ou partie de ses pouvoirs.

Le conjoint ainsi habilité a les mêmes pouvoirs que l'époux qu'il remplace, mais il passe avec l'autorisation du juge tutélaire les actes pour lesquels le consentement des deux époux eût été requis.

L'époux privé de ses pouvoirs pourra en demander la restitution au tribunal, en prouvant que le transfert à son conjoint n'est plus justifié.

Art. 1253. – Les actes de disposition passés sur les biens communs par un époux au-delà de ses pouvoirs sont annulés à la demande de son conjoint. L'action est ouverte pendant deux ans à compter du jour où celui-ci a eu connaissance de l'acte, sans pouvoir jamais être intentée deux ans après la dissolution de la communauté.

Art. 1254. – Si, par la faute de l'un des époux, toute cohabitation et collaboration avaient pris fin entre eux dès avant que la communauté fut légalement dissoute, l'autre conjoint pourrait demander que, dans leurs rapports mutuels, l'effet de la dissolution fût reporté à la date où ils avaient cessé de cohabiter et de collaborer.

Art. 1255. – Chaque époux peut demander en justice la séparation de biens, lorsque ses intérêts patrimoniaux sont mis en péril et que le désordre des affaires de son conjoint compromet ses reprises.

Art. 1256. – Toute séparation de biens doit, avant son exécution, être publiée conformément aux prescriptions du Code de procédure civile et ce, à peine de nullité de l'exécution.

Le jugement qui prononce la séparation de biens remonte, quant à ses effets, au jour de la demande.

Il n'est pas opposable aux tiers dont le droit est né antérieurement à la publication prévue à l'article 819, alinéa 2 du Code de procédure civile.

Art. 1257. – La séparation de biens judiciaire est caduque, si l'exécution n'a pas commencé dans les trois mois du jour où la décision est devenue irrévocable et si le règlement définitif n'est pas intervenu, sauf prorogation par le juge tutélaire, dans l'année de l'ouverture des opérations de liquidation.

Art. 1258. – Les créanciers personnels d'un époux ne peuvent, sans son consentement, demander la séparation de biens.

Néanmoins, en cas de faillite ou de déconfiture du conjoint, ils peuvent exercer les droits de leur débiteur jusqu'à concurrence du montant de leur créance.

Art. 1259. – Les créanciers du conjoint défendeur peuvent intervenir à l'instance pour sauvegarder leurs droits ; en cas de fraude, ils peuvent, par voie de tierce-opposition et dans les conditions prévues au Code de procédure civile, contester la séparation de biens judiciaire prononcée ou même exécutée.

Art. 1260. – Les époux séparés judiciairement de biens sont soumis aux dispositions des articles 1244 à 1249 du présent code.

Section II. – Disposition particulière à la communauté lorsque l'un ou les deux époux ont des enfants d'un précédent mariage

Art. 1261. – Lorsqu'un époux a des enfants d'un précédent mariage, toute convention qui aurait pour résultat de donner à son conjoint au-delà de la portion réglée par l'article 953 au titre des donations entre vifs et des testaments, sera sans effet pour tout l'excédent de cette portion ; mais les simples bénéfices résultant de travaux communs et les économies faites sur les revenus respectifs, quoique inégaux, des époux, ne constituent pas des avantages acquis au préjudice des enfants d'un mariage précédent.

Art. 1262 à 1424 *(Abr., L. n° 886, 25 juin 1970).*

TITRE V (VERSION ANTÉRIEURE). – DU CONTRAT DE MARIAGE ET DES DROITS RESPECTIFS DES ÉPOUX

(Chap. II et III : rédaction antérieure à la loi n° 886 du 25 juin 1970)

Chapitre II (version antérieure). – Du régime de communauté

Rédaction antérieure. Art. 1246. – La communauté, soit légale, soit conventionnelle, commence du jour du mariage contracté devant l'officier de l'état civil ; on ne peut stipuler qu'elle commencera à une autre époque.

De la communauté légale

Rédaction antérieure. Art. 1247. – La communauté qui s'établit par la simple déclaration qu'on se marie sous le régime de la communauté, ou à défaut de contrat, est soumise aux règles expliquées dans les six sections qui suivent.

Rédaction antérieure. Art. 1248. – La communauté se compose activement :

1° De tout le mobilier que les époux possédaient au jour de la célébration du mariage, ensemble de tout le mobilier qui leur échoit pendant le mariage à titre de succession ou même de donation, si le donateur n'a exprimé le contraire ;

2° De tous les fruits, revenus, intérêts et arrérages, de quelque nature qu'ils soient, échus ou perçus pendant le mariage, et provenant des biens qui appartenaient aux époux lors de sa célébration, ou de ceux qui leur sont échus pendant le mariage, à quelque titre que ce soit ;

3° De tous les immeubles qui sont acquis pendant le mariage.

Rédaction antérieure. Art. 1249. – Tout immeuble est réputé acquêt de communauté, s'il n'est prouvé que l'un des époux en avait la propriété ou possession légale antérieurement au mariage, ou qu'il lui est échu depuis à titre de succession ou donation.

Rédaction antérieure. Art. 1250. – Les coupes de bois et les produits des carrières et mines tombent dans la communauté, pour tout ce qui en est considéré comme usufruit d'après les règles expliquées au titre *De l'usufruit, de l'usage et de l'habitation*.

Si les coupes de bois qui, en suivant ces règles, pouvaient être faites durant la communauté, ne l'ont point été, il en sera dû récompense à l'époux non propriétaire du fonds ou à ses héritiers.

Si les carrières et mines ont été ouvertes pendant le mariage, les produits n'en tombent dans la communauté que sauf récompense ou indemnité à celui des époux à qui elle pourra être due.

Rédaction antérieure. Art. 1251. – Les immeubles que les époux possèdent au jour de la célébration du mariage, ou qui leur échoient pendant son cours à titre de succession, n'entrent point en communauté.

Néanmoins, si l'un des époux avait acquis un immeuble depuis le contrat de mariage contenant stipulation de communauté, et avant la célébration du mariage, l'immeuble acquis dans cet intervalle entrera, dans la communauté, à moins que l'acquisition n'ait été faite en exécution de quelque clause du contrat de mariage, auquel cas elle serait réglée suivant la convention.

Rédaction antérieure. Art. 1252. – Les donations d'immeubles qui ne sont faites pendant le mariage qu'à l'un des deux époux, ne tombent point en communauté, et appartiennent au donataire seul, à moins que la donation ne contienne expressément que la chose donnée appartiendra à la communauté.

Rédaction antérieure. Art. 1253. – L'immeuble abandonné ou cédé par père, mère ou autre ascendant, à l'un des deux époux, soit pour le remplir de ce qu'il lui doit, soit à la charge de payer les dettes du donateur à des étrangers, n'entre point en communauté, sauf récompense ou indemnité.

Rédaction antérieure. Art. 1254. – L'immeuble acquis pendant le mariage à titre d'échange contre l'immeuble appartenant à l'un des deux époux, n'entre point en communauté, et est subrogé aux lieu et place de celui qui a été aliéné, sauf la récompense s'il y a soulte.

Rédaction antérieure. Art. 1255. – L'acquisition faite pendant le mariage, dont l'un des époux était propriétaire par indivis, ne forme point un conquêt ; sauf à indemniser la communauté de la somme qu'elle a fournie pour cette acquisition.

Dans le cas où le mari deviendrait seul, et en son nom personnel, acquéreur ou adjudicataire de portion ou de la totalité d'un immeuble appartenant par indivis à la femme, celle-ci, lors de la dissolution de la communauté, a le choix ou d'abandonner l'effet à la communauté, laquelle devient alors débitrice envers la femme de la portion appartenant à celle-ci dans le prix, ou de retirer l'immeuble, en remboursant à la communauté le prix de l'acquisition.

Rédaction antérieure. Art. 1256. – La communauté se compose passivement :

1° De toutes les dettes mobilières dont les époux étaient grevés au jour de la célébration de leur mariage, ou dont se trouvent chargées les successions qui leur échoient durant le mariage, sauf la récompense pour celles relatives aux immeubles propres à l'un ou à l'autre des époux ;

2° Des dettes, tant en capitaux qu'arrérages ou intérêts, contractées par le mari pendant la communauté, ou par la femme du consentement du mari, sauf la récompense dans les cas où elle à lieu ;

3° Des arrérages et intérêts seulement des rentes ou dettes passives qui sont personnelles aux deux époux ;

4° Des réparations usufructuaires des immeubles qui n'entrent point en communauté ;

5° Des aliments des époux, de l'éducation et entretien des enfants, et de toute autre charge du mariage.

Rédaction antérieure. Art. 1257. – La communauté n'est tenue des dettes mobilières contractées avant le mariage par la femme, qu'autant qu'elles résultent d'un acte authentique antérieur au mariage, ou ayant reçu avant la même époque une date certaine, soit par l'enregistrement, soit par le décès d'un ou de plusieurs signataires dudit acte.

Le créancier de la femme, en vertu d'un acte n'ayant pas de date certaine avant le mariage, ne peut en poursuivre contre elle le paiement que sur la nue-propriété de ses immeubles personnels.

Le mari qui prétendrait avoir payé pour sa femme une dette de cette nature, n'en peut demander la récompense ni à sa femme, ni à ses héritiers.

Rédaction antérieure. Art. 1258. – Les dettes des successions purement mobilières qui sont échues aux époux pendant le mariage, sont pour le tout à la charge de la communauté.

Rédaction antérieure. Art. 1259. – Les dettes d'une succession purement immobilière qui échoit à l'un des époux pendant le mariage, ne sont point à la charge de la communauté, sauf le droit qu'ont les créanciers de poursuivre leur paiement sur les immeubles de ladite succession.

Néanmoins, si la succession est échue au mari, les créanciers de la succession peuvent poursuivre leur paiement, soit sur tous les biens propres au mari, soit même sur ceux de la communauté ; sauf, dans ce second cas, la récompense due à la femme ou à ses héritiers.

Rédaction antérieure. Art. 1260. – Si la succession purement immobilière est échue à la femme, et si celle-ci l'a acceptée du consentement de son mari, les créanciers de la succession peuvent poursuivre leur paiement sur tous les biens personnels de la femme ; mais si la succession n'a été acceptée par la femme que comme autorisée en justice au refus du mari, les créanciers, en cas d'insuffisance des immeubles de la succession, ne peuvent se pourvoir que sur la nue-propriété des autres biens personnels de la femme.

Rédaction antérieure. Art. 1261. – Lorsque la succession échue à l'un des époux est en partie mobilière et en partie immobilière, les dettes dont elle est grevée ne sont à la charge de la communauté que jusqu'à concurrence de la portion contributoire du mobilier dans les dettes, eu égard à la valeur de ce mobilier, comparée à celle des immeubles.

Cette portion contributoire se règle d'après l'inventaire auquel le mari doit faire procéder, soit de son chef, si la succession le concerne personnellement, soit comme dirigeant et autorisant les actions de sa femme, s'il s'agit d'une succession à elle échue.

Rédaction antérieure. Art. 1262. – À défaut d'inventaire, et dans tous les cas où ce défaut préjudicie à la femme, elle ou ses héritiers peuvent, lors de la dissolution de la communauté, poursuivre les récompenses de droit, et même faire preuve, tant par titres et papiers domestiques que par témoins, et au besoin par la commune renommée, de la consistance et valeur du mobilier non inventorié.

Le mari n'est jamais recevable à faire cette preuve.

Rédaction antérieure. Art. 1263. – Les dispositions de l'article 1261 ne font point obstacle à ce que les créanciers d'une succession en partie mobilière et en partie immobilière poursuivent leur paiement sur les biens de la communauté, soit que la succession soit échue au mari, soit qu'elle soit échue à la femme, lorsque celle-ci l'a acceptée du consentement de son mari ; le tout sauf les récompenses respectives.

Il en est de même si la succession n'a été acceptée par la femme que comme autorisée en justice, et que néanmoins le mobilier en ait été confondu dans celui de la communauté sans un inventaire préalable.

Rédaction antérieure. Art. 1264. – Si la succession n'a été acceptée par la femme que comme autorisée en justice au refus du mari, et s'il y a eu inventaire, les créanciers ne peuvent poursuivre leur paiement que sur les biens tant mobiliers qu'immobiliers de ladite succession, et, en cas d'insuffisance, sur la nue-propriété des autres biens personnels de la femme.

Rédaction antérieure. Art. 1265. – Les règles établies par les articles 1258 et suivants régissent les dettes dépendant d'une donation, comme celles résultant d'une succession.

Rédaction antérieure. Art. 1266. – Les créanciers peuvent poursuivre le paiement des dettes que la femme a contractées avec le consentement du mari, tant sur tous les biens de la communauté que sur ceux du mari ou de la femme ; sauf la récompense due à la communauté, ou l'indemnité due au mari.

Rédaction antérieure. Art. 1267. – Toute dette qui n'est contractée par la femme qu'en vertu de la procuration générale ou spéciale du mari, est à la charge de la communauté ; et le créancier n'en peut poursuivre le paiement ni contre la femme, ni sur ses biens personnels.

Rédaction antérieure. Art. 1268. – Le mari administre seul les biens de la communauté.

Il peut les vendre, aliéner ou hypothéquer sans le concours de la femme.

Rédaction antérieure. Art. 1269. – Il ne peut, sans ce concours, disposer entre vifs, à titre gratuit, des immeubles de la communauté, ni de l'universalité ou d'une quotité du mobilier, si ce n'est pour l'établissement des enfants communs.

Il peut néanmoins disposer des effets mobiliers à titre gratuit et particulier, au profit de toutes personnes, pourvu qu'il ne s'en réserve pas l'usufruit.

Rédaction antérieure. Art. 1270. – La donation testamentaire faite par le mari ne peut excéder sa part dans la communauté.

S'il a donné en cette forme un effet de la communauté, le donataire ne peut le réclamer en nature, qu'autant que l'effet par l'événement du partage, tombe au lot des héritiers du mari ; si l'effet ne tombe point au lot de ces héritiers, le légataire a la récompense de la valeur totale de l'effet donné, sur la part des héritiers du mari dans la communauté et sur les biens personnels de ce dernier.

Rédaction antérieure. Art. 1271. – Le montant des condamnations pénales encourues par le mari peut se poursuivre sur les biens de la communauté, sauf la récompense due à la femme ; les condamnations encourues par la femme ne peuvent s'exécuter que sur la nue-propriété de ses biens personnels, tant que dure la communauté.

Rédaction antérieure. Art. 1272. – Les actes faits par la femme sans le consentement du mari, et même avec l'autorisation de la justice, n'engagent point les biens de la communauté, si ce n'est lorsqu'elle contracte comme marchande publique et pour le fait de son commerce.

Rédaction antérieure. Art. 1273. – La femme ne peut s'obliger ni engager les biens de la communauté, même pour tirer son mari de prison, ou pour l'établissement de ses enfants en cas d'absence du mari, qu'après y avoir été autorisée par justice.

Rédaction antérieure. Art. 1274. – Le mari a l'administration de tous les biens personnels de sa femme.

Il peut exercer seul toutes les actions mobilières et possessoires qui appartiennent à sa femme.

Il ne peut aliéner, sans le consentement de sa femme, les immeubles personnels de celle-ci, ni les titres nominatifs des valeurs mobilières qui lui appartiennent en propre.

Il est responsable de tout périssement des biens personnels de sa femme, causé par défaut d'actes conservatoires.

Rédaction antérieure. Art. 1275. – Les baux que le mari seul a faits des biens de sa femme pour un temps qui excède neuf ans, ne sont en cas de dissolution de la communauté, obligatoires vis-à-vis de la femme ou de ses héritiers, que pour le temps qui reste à courir, soit de la première période de neuf ans, si les parties s'y trouvent encore, soit de la seconde, et ainsi de suite, de manière que le fermier n'ait que le droit d'achever la jouissance de la période de neuf ans où il se trouve.

Rédaction antérieure. Art. 1276. – Les baux de neuf ans ou au-dessous que le mari seul a passés ou renouvelés des biens de sa femme, plus de trois ans avant l'expiration du bail courant s'il s'agit de biens ruraux, et plus de deux ans avant la même époque s'il s'agit de maisons, sont sans effet, à moins que leur exécution n'ait commencé avant la dissolution de la communauté.

Rédaction antérieure. Art. 1277. – La femme qui s'oblige solidairement avec son mari pour les affaires de la communauté ou du mari, n'est réputée, à l'égard de celui-ci, s'être obligée que comme caution ; elle doit être indemnisée de l'obligation qu'elle a contractée.

Rédaction antérieure. Art. 1278. – Le mari qui garantit solidairement ou autrement la vente que sa femme a faite d'un immeuble personnel, a pareillement un recours contre elle, soit sur sa part dans la communauté, soit sur ses biens personnels, s'il est inquiété.

Rédaction antérieure. Art. 1279. – S'il est vendu un immeuble appartenant à l'un des époux, de même que si l'on s'est rédimé en argent de services fonciers dus à des héritages propres à l'un d'eux, et que le prix en ait été versé dans la communauté, le tout sans remploi, il y a lieu au prélèvement de ce prix sur la communauté, au profit de l'époux qui était propriétaire, soit de l'immeuble vendu, soit des services rachetés.

Rédaction antérieure. Art. 1280. – Le remploi est censé fait à l'égard du mari, toutes les fois que, lors d'une acquisition, il a déclaré qu'elle était faite des deniers provenus de l'aliénation de l'immeuble qui lui était personnel, et pour lui tenir lieu de remploi.

Rédaction antérieure. Art. 1281. – La déclaration du mari que l'acquisition est faite des deniers provenus de l'immeuble vendu par la femme et pour lui servir de remploi, ne suffit point, si ce remploi n'a été formellement accepté par la femme ; si elle ne l'a pas accepté, elle a simplement droit, lors de la dissolution de la communauté, à la récompense du prix de son immeuble vendu.

Rédaction antérieure. Art. 1282. – La récompense du prix de l'immeuble appartenant au mari ne s'exerce que sur la masse de la communauté ; celle du prix de l'immeuble appartenant à la femme s'exerce sur les biens personnels du mari, en cas d'insuffisance des biens de la communauté. Dans tous les cas, la récompense n'a lieu que sur le pied de la vente, quelque allégation qui soit faite touchant la valeur de l'immeuble aliéné.

Rédaction antérieure. Art. 1283. – Toutes les fois qu'il est pris sur la communauté une somme, soit pour acquitter les dettes ou charges personnelles à l'un des époux, telles que le prix ou partie du prix d'un immeuble à lui propre ou le rachat de services fonciers, soit pour le recouvrement, la conservation ou l'amélioration de ses biens personnels, et généralement toutes les fois que l'un des deux époux a tiré un profit personnel des biens de la communauté, il en doit la récompense.

Rédaction antérieure. Art. 1284. – Si le père et la mère ont doté conjointement l'enfant commun, sans exprimer la portion pour laquelle ils entendaient y contribuer, ils sont censés avoir doté chacun pour moitié, soit que la dot ait été fournie ou promise en effets de la communauté, soit qu'elle l'ait été en biens personnels à l'un des deux époux.

Au second cas, l'époux dont l'immeuble ou l'effet personnel a été constitué en dot, a, sur les biens de l'autre, une action en indemnité pour la moitié de ladite dot, eu égard à la valeur de l'effet donné, au temps de la donation.

Rédaction antérieure. Art. 1285. – La dot constituée par le mari seul à l'enfant commun, en effets de la communauté, est à la charge de la communauté ; et, dans le cas où la communauté est acceptée par la femme, celle-ci doit supporter la moitié de la dot, à moins que le mari n'ait déclaré expressément qu'il s'en chargeait pour le tout, ou pour une portion plus forte que la moitié.

Rédaction antérieure. Art. 1286. – La garantie de la dot est due par toute personne qui l'a constituée ; et ses intérêts courent du jour du mariage, encore qu'il y ait terme pour le paiement, s'il n'y a stipulation contraire.

Rédaction antérieure. Art. 1287. – La communauté se dissout :
1° Par la mort ;
2° Par la séparation de corps ;
3° Par la séparation de biens.

Rédaction antérieure. Art. 1288. – Le défaut d'inventaire, après la mort de l'un des époux, ne donne pas lieu à la continuation de la communauté ; sauf les poursuites des parties intéressées relativement à la consistance des biens et effets communs, dont la preuve pourra être faite tant par titres que par la commune renommée.

S'il y a des enfants mineurs, le défaut d'inventaire fait perdre en outre à l'époux survivant la jouissance de leurs revenus ; et le subrogé tuteur qui ne l'a point obligé à faire inventaire, est solidairement tenu avec lui de toutes les condamnations qui peuvent être prononcées au profit des mineurs.

Rédaction antérieure. Art. 1289. – La séparation des biens ne peut être poursuivie qu'en justice par la femme dont la dot est mise en péril, et lorsque le désordre des affaires du mari donne lieu de craindre que les biens de celui-ci ne soient pas suffisants pour remplir les droits et reprises de la femme.

Toute séparation volontaire est nulle.

Rédaction antérieure. Art. 1290. – La séparation de biens, quoique prononcée en justice, est nulle si elle n'a point été exécutée par le paiement réel des droits et reprises de la femme, effectué par acte authentique, jusqu'à concurrence des biens du mari, ou au moins par des poursuites commencées dans la quinzaine qui a suivi le jugement, et non interrompues depuis.

Rédaction antérieure. Art. 1291 ***(Ord. 11 juill. 1905).*** – Toute séparation de biens doit, avant son exécution, être rendue publique conformément aux prescriptions du Code de procédure civile, et ce à peine de nullité de l'exécution.

Le jugement qui prononce la séparation de biens remonte, quant à ses effets, au jour de la demande.

Rédaction antérieure. Art. 1292. – Les créanciers personnels de la femme ne peuvent, sans son consentement, demander la séparation de biens.

Néanmoins, en cas de faillite ou de déconfiture du mari, ils peuvent exercer les droits de leur débitrice jusqu'à concurrence du montant de leurs créances.

Rédaction antérieure. Art. 1293. – Les créanciers du mari peuvent se pourvoir contre la séparation de biens prononcée et même exécutée en fraude de leurs droits ; ils peuvent même intervenir dans l'instance sur la demande en séparation pour la contester.

Rédaction antérieure. Art. 1294. – La femme qui a obtenu la séparation de biens, doit contribuer, proportionnellement à ses facultés et à celles du mari, tant aux frais du ménage qu'à ceux d'éducation des enfants communs.

Elle doit supporter entièrement ces frais, s'il ne reste rien au mari.

Rédaction antérieure. Art. 1295 ***(Ord. 11 juill. 1905).*** – La femme séparée de biens en reprend la libre administration.

Elle peut disposer de son mobilier et l'aliéner.

Elle ne peut aliéner ses immeubles sans le consentement du mari, ou sans être autorisée en justice à son refus.

Rédaction antérieure. Art. 1296. – Le mari n'est point garant du défaut d'emploi ou de remploi du prix de l'immeuble que la femme séparée a aliéné avec l'autorisation de la justice, à moins qu'il n'ait concouru au contrat, ou qu'il ne soit prouvé que les deniers ont été reçus par lui, ou ont tourné à son profit.

Il est garant du défaut d'emploi ou de remploi, si la vente a été faite en sa présence et de son consentement ; il ne l'est point de l'utilité de cet emploi.

Rédaction antérieure. Art. 1297 ***(Ord. 11 juill. 1905).*** – La communauté dissoute par la séparation de biens peut être rétablie du consentement des deux parties.

Elle ne peut l'être que par un acte passé devant notaire et avec minute, dont un extrait doit être publié dans les formes indiquées à l'article 1291.

En ce cas, la communauté rétablie reprend son effet du jour du mariage ; les choses sont remises au même état que s'il n'y avait point eu de séparation, sans préjudice néanmoins de l'exécution des actes qui, dans cet intervalle, ont pu être faits par la femme, en conformité de l'article 1295.

Toute convention par laquelle les époux rétabliraient leur communauté sous des conditions différentes de celles qui la réglaient antérieurement, est nulle.

Rédaction antérieure. Art. 1298 *(Ord. 11 juill. 1905)*. – La dissolution de la communauté opérée par la séparation de biens ne donne pas ouverture aux droits de survie de la femme ; mais celle-ci conserve la faculté de les exercer lors de la mort de son mari.

Rédaction antérieure. Art. 1299. – Après la dissolution de la communauté, la femme ou ses héritiers et ayants cause ont la faculté de l'accepter ou d'y renoncer ; toute convention contraire est nulle.

Rédaction antérieure. Art. 1300. – La femme qui s'est immiscée dans les biens de la communauté ne peut y renoncer.

Les actes purement administratifs ou conservatoires n'emportent point immixtion.

Rédaction antérieure. Art. 1301. – La femme majeure qui a pris dans un acte la qualité de commune, ne peut plus y renoncer ni se faire restituer contre cette qualité, quand même elle l'aurait prise avant d'avoir fait inventaire, s'il n'y a eu dol de la part des héritiers du mari.

Rédaction antérieure. Art. 1302. – La femme survivante qui veut conserver la faculté de renoncer à la communauté, doit, dans les trois mois du jour du décès du mari, faire dresser un inventaire fidèle et exact de tous les biens de la communauté, contradictoirement avec les héritiers du mari ou eux dûment appelés.

Cet inventaire doit être par elle affirmé sincère et véritable lors de sa clôture, devant l'officier public qui l'a reçu.

Rédaction antérieure. Art. 1303. – Dans les trois mois et quarante jours après le décès du mari, la femme survivante doit faire sa renonciation au *greffe général*. Cet acte doit être inscrit sur le registre établi pour recevoir les renonciations à successions.

Rédaction antérieure. Art. 1304. – La veuve peut, suivant les circonstances, demander au tribunal une prorogation du délai prescrit par l'article précédent pour sa renonciation ; cette prorogation est, s'il y a lieu, prononcée contradictoirement avec les héritiers du mari, ou eux dûment appelés.

Rédaction antérieure. Art. 1305. – La veuve qui n'a point fait sa renonciation dans le délai ci-dessus prescrit, n'est pas déchue de la faculté de renoncer, si elle ne s'est point immiscée et qu'elle ait fait inventaire ; elle peut seulement être poursuivie comme commune jusqu'à ce qu'elle ait renoncé, et elle doit les frais faits contre elle jusqu'à sa renonciation.

Elle peut également être poursuivie après l'expiration des quarante jours depuis la clôture de l'inventaire, s'il a été clos avant les trois mois.

Rédaction antérieure. Art. 1306. – La veuve qui a diverti ou recelé quelques effets de la communauté, est déclarée commune, nonobstant sa renonciation ; il en est de même à l'égard de ses héritiers.

Rédaction antérieure. Art. 1307. – Si la veuve meurt avant l'expiration des trois mois sans avoir fait ou terminé l'inventaire, les héritiers auront, pour faire ou pour terminer l'inventaire, un nouveau délai de trois mois, à compter du décès de la veuve, et de quarante jours pour délibérer, après la clôture de l'inventaire.

Si la veuve meurt ayant terminé l'inventaire, ses héritiers auront, pour délibérer, un nouveau délai de quarante jours à compter de son décès.

Ils peuvent, au surplus, renoncer à la communauté dans les formes établies ci-dessus ; et les articles 1304 et 1305 leur sont applicables.

Rédaction antérieure. Art. 1308 *(Ord. 3 juill. 1907)*. – La femme divorcée ou séparée de corps, qui n'a pas, dans les trois mois et quarante jours après le divorce ou la séparation définitivement prononcés, accepté la communauté, est censée y avoir renoncé, à moins qu'étant encore dans le délai, elle n'en ait obtenu la prorogation en justice, contradictoirement avec le mari, ou lui dûment appelé.

Rédaction antérieure. Art. 1309. – Les créanciers de la femme peuvent attaquer la renonciation qui aurait été faite par elle ou par ses héritiers en fraude de leurs créances, et accepter la communauté de leur chef.

Rédaction antérieure. Art. 1310. – La veuve, soit qu'elle accepte, soit qu'elle renonce, à droit, pendant les trois mois et quarante jours qui lui sont accordés pour faire inventaire et délibérer, de prendre sa nourriture et celle de ses domestiques sur les provisions existantes, et, à défaut, par emprunt au compte de la masse commune, à la charge d'en user modérément.

Elle ne doit aucun loyer à raison de l'habitation qu'elle a pu faire, pendant ces délais, dans une maison dépendante de la communauté ou appartenant aux héritiers du mari ; et si la maison qu'habitaient les époux à l'époque de la dissolution de la communauté était tenue par eux à titre de loyer, la femme ne contribuera point, pendant les mêmes délais, au paiement dudit loyer, lequel sera pris sur la masse.

Rédaction antérieure. Art. 1311. – Dans le cas de dissolution de la communauté par la mort de la femme, ses héritiers peuvent renoncer à la communauté dans les délais et dans les formes que la loi prescrit à la femme survivante.

Rédaction antérieure. Art. 1312. – Après l'acceptation de la communauté par la femme ou ses héritiers, l'actif se partage, et le passif est supporté de la manière ci-après déterminée.

Rédaction antérieure. Art. 1313. – Les époux ou leurs héritiers rapportent à la masse des biens existants, tout ce dont ils sont débiteurs envers la communauté, à titre de récompense ou d'indemnité, d'après les règles ci-dessus prescrites, à la section II de la première partie du présent chapitre.

Rédaction antérieure. Art. 1314. – Chaque époux ou son héritier rapporte également les sommes qui ont été tirées de la communauté, ou la valeur des biens que l'époux y a pris pour doter un enfant d'un autre lit, ou pour doter personnellement l'enfant commun.

Rédaction antérieure. Art. 1315. – Sur la masse des biens, chaque époux ou son héritier prélève :

1° Ses biens personnels qui ne sont point entrés en communauté, s'ils existent en nature, ou ceux qui ont été acquis en remploi ;

2° Le prix de ses immeubles qui ont été aliénés pendant la communauté, et dont il n'a point été fait remploi ;

3° Les indemnités qui lui sont dues par la communauté.

Rédaction antérieure. Art. 1316. – Les prélèvements de la femme s'exercent avant ceux du mari.

Ils s'exercent pour les biens qui n'existent plus en nature, d'abord sur l'argent comptant, ensuite sur le mobilier, et subsidiairement sur les immeubles de la communauté ; dans ce dernier cas, le choix des immeubles est déféré à la femme et à ses héritiers.

Rédaction antérieure. Art. 1317. – Le mari ne peut exercer ses reprises que sur les biens de la communauté.

La femme et ses héritiers, en cas d'insuffisance de la communauté, exercent leurs reprises sur les biens personnels du mari.

Rédaction antérieure. Art. 1318. – Les remplois et récompenses dus par la communauté aux époux, et les récompenses et indemnités par eux dues à la communauté, emportent les intérêts de plein droit du jour de la dissolution de la communauté.

Rédaction antérieure. Art. 1319. – Après que tous les prélèvements des deux époux ont été exécutés sur la masse, le surplus se partage par moitié entre les époux ou ceux qui les représentent.

Rédaction antérieure. Art. 1320. – Si les héritiers de la femme sont divisés, en sorte que l'un ait accepté la communauté à laquelle l'autre a renoncé, celui qui a accepté ne peut prendre que sa portion virile et héréditaire dans les biens qui échoient au lot de la femme.

Le surplus reste au mari, qui demeure chargé, envers l'héritier renonçant, des droits que la femme aurait pu exercer en cas de renonciation, mais jusqu'à concurrence seulement de la portion virile héréditaire du renonçant.

Rédaction antérieure. Art. 1321. – Au surplus, le partage de la communauté pour tout ce qui concerne ses formes, la licitation des immeubles quand il y a lieu, les effets du partage, la garantie qui en résulte, et les soultes, est soumis à toutes les règles qui sont établies au titre *Des successions* pour les partages entre cohéritiers.

Rédaction antérieure. Art. 1322. – Celui des époux qui aurait diverti ou recelé quelques effets de la communauté, est privé de sa portion dans lesdits effets.

Rédaction antérieure. Art. 1323. – Après le partage consommé, si l'un des deux époux est créancier personnel de l'autre, comme lorsque le prix de son bien a été employé à payer une dette personnelle de l'autre époux, ou pour toute autre cause, il exerce sa créance sur la part qui est échue à celui-ci dans la communauté ou sur ses biens personnels.

Rédaction antérieure. Art. 1324. – Les créances personnelles que les époux ont à exercer l'un contre l'autre, ne portent intérêt que du jour de la demande en justice.

Rédaction antérieure. Art. 1325. – Les donations que l'un des époux a pu faire à l'autre, ne s'exécutent que sur la part du donateur dans la communauté et sur ses biens personnels.

Rédaction antérieure. Art. 1326. – Le deuil de la femme est aux frais des héritiers du mari prédécédé.
La valeur de ce deuil est réglée selon la fortune du mari.
Il est dû même à la femme qui renonce à la communauté.

Rédaction antérieure. Art. 1327. – Les dettes de la communauté sont pour moitié à la charge de chacun des époux ou de leurs héritiers. Les frais de scellés, inventaire, vente de mobilier, liquidation, licitation et partage, font partie de ces dettes.

Rédaction antérieure. Art. 1328. – La femme n'est tenue des dettes de la communauté, soit à l'égard du mari, soit à l'égard des créanciers, que jusqu'à concurrence de son émolument, pourvu qu'il y ait eu bon et fidèle inventaire, et en rendant compte tant du contenu de cet inventaire que de ce qui lui est échu par le partage.

Rédaction antérieure. Art. 1329. – Le mari est tenu, pour la totalité, des dettes de la communauté par lui contractées, sauf son recours contre la femme ou ses héritiers pour la moitié desdites dettes.

Rédaction antérieure. Art. 1330. – Il n'est tenu que pour moitié, de celles personnelles à la femme et qui étaient tombées à la charge de la communauté.

Rédaction antérieure. Art. 1331. – La femme peut être poursuivie pour la totalité des dettes qui procèdent de son chef et étaient entrées dans la communauté, sauf son recours contre le mari ou son héritier pour la moitié desdites dettes.

Rédaction antérieure. Art. 1332. – La femme, même personnellement obligée pour une dette de communauté, ne peut être poursuivie que pour la moitié de cette dette, à moins que l'obligation ne soit solidaire.

Rédaction antérieure. Art. 1333. – La femme qui a payé une dette de la communauté au-delà de sa moitié, n'a point de répétition contre le créancier pour l'excédent, à moins que la quittance n'exprime que ce qu'elle a payé était pour sa moitié.

Rédaction antérieure. Art. 1334. – Celui des deux époux qui, par l'effet de l'hypothèque exercée sur l'immeuble à lui échu en partage, se trouve poursuivi pour la totalité d'une dette de communauté, a de droit son recours pour la moitié de cette dette contre l'autre époux ou ses héritiers.

Rédaction antérieure. Art. 1335. – Les dispositions précédentes ne font point obstacle à ce que, par le partage, l'un ou l'autre des copartageants soit chargé de payer une quotité de dettes autre que la moitié, même de les acquitter entièrement.
Toutes les fois que l'un des copartageants a payé des dettes de la communauté au-delà de la portion dont il était tenu, il y a lieu au recours de celui qui a trop payé contre l'autre.

Rédaction antérieure. Art. 1336. – Tout ce qui est dit ci-dessus à l'égard du mari ou de la femme, a lieu à l'égard des héritiers de l'un ou de l'autre ; et ces héritiers exercent les mêmes droits et sont soumis aux mêmes actions que le conjoint qu'ils représentent.

Rédaction antérieure. Art. 1337. – La femme qui renonce, perd toute espèce de droit sur les biens de la communauté, et même sur le mobilier qui y est entré de son chef.
Elle retire seulement les linges et hardes à son usage.

Rédaction antérieure. Art. 1338. – La femme renonçante a le droit de reprendre :
1° Les immeubles à elle appartenant, lorsqu'ils existent en nature, ou l'immeuble qui a été acquis en remploi ;
2° Le prix de ses immeubles aliénés dont le remploi n'a pas été fait et accepté comme il est dit ci-dessus ;
3° Toutes les indemnités qui peuvent lui être dues par la communauté.

Rédaction antérieure. Art. 1339. – La femme renonçante est déchargée de toute contribution aux dettes de la communauté, tant à l'égard du mari, qu'à l'égard des créanciers. Elle reste néanmoins tenue envers ceux-ci lorsqu'elle s'est obligée conjointement avec son mari, ou lorsque la dette, devenue dette de la communauté, provenait originairement de son chef, le tout sauf son recours contre le mari ou ses héritiers.

Rédaction antérieure. Art. 1340. – Elle peut exercer toutes les actions et reprises ci-dessus détaillées, tant sur les biens de la communauté que sur les biens personnels du mari.
Ses héritiers le peuvent de même, sauf en ce qui concerne le prélèvement des linges et hardes, ainsi que le logement et la nourriture pendant le délai donné pour faire inventaire et délibérer ; lesquels droits sont purement personnels à la femme survivante.

Rédaction antérieure. Art. 1341. – Tout ce qui est dit ci-dessus sera observé, même lorsque l'un des époux ou tous deux auront des enfants de précédents mariages.

Si toutefois la confusion du mobilier et des dettes opérait, au profit de l'un des époux, un avantage supérieur à celui qui est autorisé par l'article 953 au titre *Des donations entre vifs et des testaments*, les enfants du premier lit de l'autre époux auront l'action en retranchement.

De la communauté conventionnelle et des conventions qui peuvent modifier ou même exclure la communauté légale

Rédaction antérieure. Art. 1342. – Les époux peuvent modifier la communauté légale par toute espèce de conventions non contraires aux articles 1235, 1236, 1237 et 1238.

Les principales modifications sont celles qui ont lieu en stipulant de l'une ou de l'autre des manières qui suivent, savoir :

1° Que la communauté n'embrassera que les acquêts ;

2° Que le mobilier présent ou futur n'entrera point en communauté, ou n'y entrera que pour une partie ;

3° Qu'on y comprendra tout ou partie des immeubles présents ou futurs, par la voie de l'ameublissement ;

4° Que les époux paieront séparément leurs dettes antérieures au mariage ;

5° Qu'en cas de renonciation, la femme pourra reprendre ses apports francs et quittes ;

6° Que le survivant aura un préciput ;

7° Que les époux auront des parts inégales ;

8° Qu'il y aura entre eux communauté à titre universel.

Rédaction antérieure. Art. 1343. – Lorsque les époux stipulent qu'il n'y aura entre eux qu'une communauté d'acquêts, ils sont censés exclure de la communauté, et les dettes de chacun d'eux actuelles et futures, et leur mobilier respectif présent et futur.

En ce cas, et après que chacun des époux a prélevé ses apports dûment justifiés, le partage se borne aux acquêts faits par les époux ensemble ou séparément durant le mariage, et provenant tant de l'industrie commune, que des économies faites sur les fruits et revenus des biens des deux époux.

Rédaction antérieure. Art. 1344. – Si le mobilier existant lors du mariage ou échu depuis n'a pas été constaté par inventaire ou état en bonne forme, il est réputé acquêt.

Rédaction antérieure. Art. 1345. – Les époux peuvent exclure de leur communauté tout leur mobilier présent et futur.

Lorsqu'ils stipulent qu'ils en mettront réciproquement dans la communauté jusqu'à concurrence d'une somme ou d'une valeur déterminée, ils sont, par cela seul, censés se réserver le surplus.

Rédaction antérieure. Art. 1346. – Cette clause rend l'époux débiteur envers la communauté de la somme qu'il a promis d'y mettre et l'oblige à justifier de cet apport.

Rédaction antérieure. Art. 1347. – L'apport est suffisamment justifié, quant au mari, par la déclaration portée au contrat de mariage que son mobilier est de telle valeur.

Il est suffisamment justifié, à l'égard de la femme, par la quittance que le mari lui donne, ou à ceux qui l'ont dotée.

Rédaction antérieure. Art. 1348. – Chaque époux a le droit de reprendre et de prélever, lors de la dissolution de la communauté, la valeur de ce dont le mobilier qu'il a apporté lors du mariage, ou qui lui est échu depuis, excédait sa mise en communauté.

Rédaction antérieure. Art. 1349. – Le mobilier qui échoit à chacun des époux pendant le mariage, doit être constaté par un inventaire.

À défaut d'inventaire du mobilier échu au mari, ou d'un titre propre à justifier de sa consistance et valeur, déduction faite des dettes, le mari ne peut en exercer la reprise.

Si le défaut d'inventaire porte sur un mobilier échu à la femme, celle-ci ou ses héritiers sont admis à faire preuve, soit par titres, soit par témoins, soit même par commune renommée, de la valeur de ce mobilier.

Rédaction antérieure. Art. 1350. – Lorsque les époux ou l'un d'eux font entrer en communauté tout ou partie de leurs immeubles présents ou futurs, cette clause s'appelle *ameublissement*.

Rédaction antérieure. Art. 1351. – L'ameublissement peut être déterminé ou indéterminé.

Il est déterminé quand l'époux a déclaré ameublir et mettre en communauté un tel immeuble en tout ou jusqu'à concurrence d'une certaine somme.

Il est déterminé quand l'époux a simplement déclaré apporter en communauté ses immeubles, jusqu'à concurrence d'une certaine somme.

Rédaction antérieure. Art. 1352. – L'effet de l'ameublissement déterminé est de rendre l'immeuble ou les immeubles qui en sont frappés, biens de la communauté, comme les meubles mêmes.

Lorsque l'immeuble ou les immeubles de la femme sont ameublis en totalité, le mari en peut disposer comme des autres effets de la communauté, et les aliéner en totalité.

Si l'immeuble n'est ameubli que pour une certaine somme, le mari ne peut l'aliéner qu'avec le consentement de la femme ; mais il peut l'hypothéquer sans son consentement, jusqu'à concurrence seulement de la portion ameublie.

Rédaction antérieure. Art. 1353. – L'ameublissement indéterminé ne rend point la communauté propriétaire des immeubles qui en sont frappés ; son effet se réduit à obliger l'époux qui l'a consenti, à comprendre dans la masse, lors de la dissolution de la communauté, quelques-uns de ses immeubles jusqu'à concurrence de la somme par lui promise.

Le mari ne peut, comme en l'article précédent, aliéner en tout ou en partie, sans le consentement de sa femme, les immeubles sur lesquels est établi l'ameublissement indéterminé. Mais il peut les hypothéquer jusqu'à concurrence de cet ameublissement.

Rédaction antérieure. Art. 1354. – L'époux qui ameubli un héritage, a, lors du partage, la faculté de le retenir en le précomptant sur sa part pour le prix qu'il vaut alors ; et ses héritiers ont le même droit.

Rédaction antérieure. Art. 1355. – La clause par laquelle les époux stipulent qu'ils paieront séparément leurs dettes personnelles, les oblige à se faire, lors de la dissolution de la communauté, respectivement raison des dettes qui sont justifiées avoir été acquittées par la communauté, à la décharge de celui des époux qui en était débiteur.

Cette obligation est la même, soit qu'il y ait eu inventaire ou non ; mais si le mobilier apporté par les époux n'a pas été constaté par un inventaire ou état authentique antérieur au mariage, les créanciers de l'un et de l'autre des époux peuvent, sans avoir égard à aucune des distinctions qui seraient réclamées, poursuivre leur paiement sur le mobilier non inventorié, comme sur tous les autres biens de la communauté.

Les créanciers ont le même droit sur le mobilier qui sera échu aux époux pendant la communauté, s'il n'a pas été pareillement constaté par un inventaire ou état authentique.

Rédaction antérieure. Art. 1356. – Lorsque les époux apportent dans la communauté une somme certaine, ou un corps certain, un tel apport emporte la convention tacite qu'il n'est point grevé de dettes antérieures au mariage ; et il doit être fait raison par l'époux débiteur à l'autre, de toutes celles qui diminueraient l'apport promis.

Rédaction antérieure. Art. 1357. – La clause de séparation des dettes n'empêche point que la communauté ne soit chargée des intérêts et arrérages qui ont couru depuis le mariage.

Rédaction antérieure. Art. 1358. – Lorsque la communauté est poursuivie pour les dettes de l'un des époux, déclaré, par contrat, franc et quitte de toutes dettes antérieures au mariage, le conjoint a droit à une indemnité qui se prend, soit sur la part de la communauté revenant à l'époux débiteur, soit sur les biens personnels dudit époux ; et, en cas d'insuffisance, cette indemnité peut être poursuivie par voie de garantie contre le père, la mère, l'ascendant ou le tuteur qui l'aurait déclaré franc et quitte.

Cette garantie peut même être exercée par le mari durant la communauté, si la dette provient du chef de la femme, sauf, en ce cas, le remboursement dû par la femme ou ses héritiers aux garants, après la dissolution de la communauté.

Rédaction antérieure. Art. 1359. – La femme peut stipuler qu'en cas de renonciation à la communauté, elle reprendra tout ou partie de ce qu'elle y aura apporté, soit lors du mariage, soit depuis ; mais cette stipulation ne peut s'étendre au-delà des choses formellement exprimées, ni au profit de personnes autres que celles désignées.

Ainsi la faculté de reprendre le mobilier que la femme a apporté lors du mariage, ne s'étend point à celui qui serait échu pendant le mariage.

Ainsi la faculté accordée à la femme ne s'étend point aux enfants ; celle accordée à la femme et aux enfants ne s'étend point aux héritiers ascendants ou collatéraux.

Dans tous les cas, les apports ne peuvent être repris que déduction faite des dettes personnelles à la femme, et que la communauté aurait acquittées.

Rédaction antérieure. Art. 1360. – La clause par laquelle l'époux survivant est autorisé à prélever, avant tout partage, une certaine somme ou une certaine quantité d'effets mobiliers en nature, ne donne droit à ce prélèvement, au profit de la femme survivante, que lorsqu'elle accepte la communauté, à moins que le contrat de mariage ne lui ait réservé ce droit, même en renonçant.

Hors le cas de cette réserve, le préciput ne s'exerce que sur la masse partageable, et non sur les biens personnels de l'époux prédécédé.

Rédaction antérieure. Art. 1361. – Le préciput n'est point regardé comme un avantage sujet aux formalités des donations, mais comme une convention de mariage.

La mort donne ouverture au préciput.

Rédaction antérieure. Art. 1362 ***(Ord. 3 juill. 1907).*** – Lorsque la dissolution de la communauté s'opère par le divorce ou par la séparation de corps, il n'y a pas lieu à la délivrance actuelle du préciput ; mais l'époux qui a obtenu soit le divorce, soit la séparation de corps, conserve ses droits au préciput en cas de survie. Si c'est la femme, la somme ou la chose qui constitue le préciput reste toujours provisoirement au mari, à la charge de donner caution.

Rédaction antérieure. Art. 1363. – Les créanciers de la communauté ont toujours le droit de faire vendre les effets compris dans le préciput, sauf le recours de l'époux, conformément à l'article 1360.

Rédaction antérieure. Art. 1364. – Les époux peuvent déroger au partage égal établi par la loi, soit en ne donnant à l'époux survivant ou à ses héritiers, dans la communauté, qu'une part moindre que la moitié, soit en ne lui donnant qu'une somme fixe pour tout droit de communauté, soit en stipulant que la communauté entière, en certains cas, appartiendra à l'époux survivant, ou à l'un d'eux seulement.

Rédaction antérieure. Art. 1365. – Lorsqu'il a été stipulé que l'époux ou ses héritiers n'auront qu'une certaine part dans la communauté, comme le tiers ou le quart, l'époux ainsi réduit ou ses héritiers ne supportent les dettes de la communauté que proportionnellement à la part qu'ils prennent dans l'actif.

La convention est nulle si elle oblige l'époux ainsi réduit ou ses héritiers à supporter une plus forte part, ou si elle les dispense de supporter une part dans les dettes égale à celle qu'ils prennent dans l'actif.

Rédaction antérieure. Art. 1366. – Lorsqu'il est stipulé que l'un des époux ou ses héritiers ne pourront prétendre qu'une certaine somme pour tout droit de communauté, la clause est un forfait qui oblige l'autre époux ou ses héritiers à payer la somme convenue, soit que la communauté soit bonne ou mauvaise, suffisante ou non, pour acquitter la somme.

Rédaction antérieure. Art. 1367. – Si la clause n'établit le forfait qu'à l'égard des héritiers de l'époux, celui-ci, dans le cas où il survit, a droit au partage légal par moitié.

Rédaction antérieure. Art. 1368. – Le mari ou ses héritiers qui retiennent, en vertu de la clause énoncée en l'article 1364, la totalité de la communauté, sont obligés d'en acquitter toutes les dettes.

Les créanciers n'ont, en ce cas, aucune action contre la femme ni contre ses héritiers.

Si c'est la femme survivante qui a, moyennant une somme convenue, le droit de retenir toute la communauté contre les héritiers du mari, elle a le choix ou de leur payer cette somme, en demeurant obligée à toutes les dettes, ou de renoncer à la communauté, et d'en abandonner aux héritiers du mari les biens et les charges.

Rédaction antérieure. Art. 1369. – Il est permis aux époux de stipuler que la totalité de la communauté appartiendra au survivant, ou à l'un d'eux seulement, sauf aux héritiers de l'autre à faire la reprise des apports et capitaux tombés dans la communauté, du chef de leur auteur.

Cette stipulation n'est point réputée un avantage sujet aux règles relatives aux formations, soit quant au fond, soit quant à la forme, mais simplement une convention de mariage et entre associés.

Rédaction antérieure. Art. 1370. – Les époux peuvent établir, par leur contrat de mariage, une communauté universelle de leurs biens tant meubles qu'immeubles, présents et à venir, ou de tous leurs biens présents seulement, ou de tous leurs biens à venir seulement.

Rédaction antérieure. Art. 1371. – Ce qui est dit aux huit sections ci-dessus, ne limite pas à leurs dispositions précises les stipulations dont est susceptible la communauté conventionnelle.

Les époux peuvent faire toutes autres conventions, ainsi qu'il est dit en l'article 1235 et sauf les modifications portées par les articles 1236, 1237 et 1238.

Néanmoins, dans le cas où il y aurait des enfants d'un précédent mariage, toute convention qui tendrait dans ses effets à donner à l'un des époux au-delà de la portion réglée par l'article 953, au titre *Des donations entre vifs et des testaments*, sera sans effet pour tout l'excédent de cette portion ; mais les simples bénéfices résultant des travaux communs et des économies faites sur les revenus respectifs, quoique inégaux, des deux époux, ne sont pas considérés comme un avantage fait au préjudice des enfants du premier lit.

Rédaction antérieure. Art. 1372. – La communauté conventionnelle reste soumise aux règles de la communauté légale, pour tous les cas auxquels il n'y a pas été dérogé implicitement ou explicitement par le contrat.

Rédaction antérieure. Art. 1373. – Lorsque, sans se soumettre au régime dotal, les époux déclarent qu'ils se marient sans communauté, ou qu'ils seront séparés de biens, les effets de cette stipulation sont réglés comme il suit.

Rédaction antérieure. Art. 1374. – La clause portant que les époux se marient sans communauté ne donne point à la femme le droit d'administrer ses biens, ni d'en percevoir les fruits ; ces fruits sont censés apportés au mari pour soutenir les charges du mariage.

Rédaction antérieure. Art. 1375. – Le mari conserve l'administration des biens meubles et immeubles de la femme, et, par suite, le droit de percevoir tout le mobilier qu'elle apporte en dot ou qui lui échoit pendant le mariage, sauf la restitution qu'il en doit faire après la dissolution du mariage, ou après la séparation de biens qui serait prononcée par justice.

Rédaction antérieure. Art. 1376. – Si, dans le mobilier apporté en dot par la femme ou qui lui échoit pendant le mariage, il y a des choses dont on ne peut faire usage sans les consommer, il en doit être joint un état estimatif au contrat de mariage, ou il en doit être fait inventaire lors de l'échéance, et le mari en doit rendre le prix d'après l'estimation.

Rédaction antérieure. Art. 1377. – Le mari est tenu de toutes les charges de l'usufruit.

Rédaction antérieure. Art. 1378. – La clause énoncée au présent paragraphe ne fait point obstacle à ce qu'il soit convenu que la femme touchera annuellement, sur ses seules quittances, certaines portions de ses revenus pour son entretien et ses besoins personnels.

Rédaction antérieure. Art. 1379. – Les immeubles constitués en dot, dans le cas du présent paragraphe, ne sont point inaliénables.

Néanmoins ils ne peuvent être aliénés sans le consentement du mari, et, à son refus, sans l'autorisation de la justice.

Rédaction antérieure. Art. 1380. – Lorsque les époux ont stipulé, par leur contrat de mariage, qu'ils seraient séparés de biens, la femme conserve l'entière administration de ses biens meubles et immeubles et la jouissance libre de ses revenus.

Rédaction antérieure. Art. 1381. – Chacun des époux contribue aux charges du mariage, suivant les conventions contenues en leur contrat ; et, s'il n'en existe point à cet égard, la femme contribue à ces charges jusqu'à concurrence du tiers de ses revenus.

Rédaction antérieure. Art. 1382. – Dans aucun cas, ni à la faveur d'aucune stipulation, la femme ne peut aliéner ses immeubles sans le consentement spécial de son mari, ou, à son refus, sans être autorisée par justice.

Toute autorisation générale d'aliéner les immeubles donnée à la femme, soit par contrat de mariage, soit depuis, est nulle.

Rédaction antérieure. Art. 1383. – Lorsque la femme séparée a laissé la jouissance de ses biens à son mari, celui-ci n'est tenu, soit sur la demande que sa femme pourrait lui faire, soit à la dissolution du mariage, qu'à la représentation des fruits existants, et il n'est point comptable de ceux qui ont été consommés jusqu'alors.

Chapitre III (version antérieure). – Du régime dotal

Rédaction antérieure. Art. 1384. – La dot, sous ce régime comme sous celui du chapitre II, est le bien que la femme apporte au mari, pour supporter les charges du mariage.

Rédaction antérieure. Art. 1385. – Tout ce que la femme se constitue, ou qui lui est donné en contrat de mariage, est dotal, s'il n'y a stipulation contraire.

Rédaction antérieure. Art. 1386. – La constitution de dot peut frapper tous les biens présents et à venir de la femme, ou tous ses biens présents seulement, ou une partie de ses biens présents et à venir, ou même un objet individuel.

La constitution, en termes généraux, de tous les biens de la femme, ne comprend pas les biens à venir.

Rédaction antérieure. Art. 1387. – La dot ne peut être constituée ni même augmentée pendant le mariage.

Rédaction antérieure. Art. 1388. – Si les père et mère constituent conjointement une dot, sans distinguer la part de chacun, elle sera censée constituée par portions égales.

Si la dot est constituée par le père seul pour droits paternels et maternels, la mère, quoique présente au contrat, ne sera point engagée, et la dot demeurera en entier à la charge du père.

Rédaction antérieure. Art. 1389. – Si le survivant des père ou mère constitue une dot pour biens paternels et maternels, sans spécifier les portions, la dot se prendra d'abord sur les droits du futur époux dans les biens du conjoint prédécédé, et le surplus sur les biens du constituant.

Rédaction antérieure. Art. 1390. – Quoique la fille dotée par ses père et mère ait des biens à elle propres dont ils jouissent, la dot sera prise sur les biens des constituants, s'il n'y a stipulation contraire.

Rédaction antérieure. Art. 1391. – Ceux qui constituent une dot sont tenus à la garantie des objets constitués.

Rédaction antérieure. Art. 1392. – Les intérêts de la dot courent de plein droit du jour du mariage, contre ceux qui l'ont promise, encore qu'il y ait terme pour le paiement, s'il n'y a stipulation contraire.

Rédaction antérieure. Art. 1393. – Le mari seul a l'administration des biens dotaux pendant le mariage.

Il a seul le droit d'en poursuivre les débiteurs et détenteurs, d'en percevoir les fruits et les intérêts, et de recevoir le remboursement des capitaux.

Cependant il peut être convenu, par le contrat de mariage, que la femme touchera annuellement, sur ses seules quittances, une partie de ses revenus pour son entretien et ses besoins personnels.

Rédaction antérieure. Art. 1394. – Le mari n'est pas tenu de fournir caution pour la réception de la dot, s'il n'y a pas été assujetti par le contrat de mariage.

Rédaction antérieure. Art. 1395. – Si la dot ou partie de la dot consiste en objets mobiliers mis à prix par le contrat, sans déclaration que l'estimation n'en fait pas vente, le mari en devient propriétaire, et n'est débiteur que du prix donné au mobilier.

Rédaction antérieure. Art. 1396. – L'estimation donnée à l'immeuble constitué en dot n'en transporte point la propriété au mari, s'il n'y en a déclaration expresse.

Rédaction antérieure. Art. 1397. – L'immeuble acquis des deniers dotaux n'est pas dotal, si la condition de l'emploi n'a été stipulée par le contrat de mariage.

Il en est de même de l'immeuble donné en paiement de la dot constituée en argent.

Rédaction antérieure. Art. 1398. – Les immeubles constitués en dot ne peuvent être aliénés ou hypothéqués pendant le mariage, ni par le mari, ni par la femme, ni par les deux conjointement, sauf les exceptions qui suivent.

Rédaction antérieure. Art. 1399. – La femme peut, avec l'autorisation de son mari, ou, sur son refus, avec permission de justice, donner ses biens dotaux pour l'établissement des enfants qu'elle aurait d'un mariage antérieur ; mais, si elle n'est autorisée que par justice, elle doit réserver la jouissance à son mari.

Rédaction antérieure. Art. 1400. – Elle peut aussi, avec l'autorisation de son mari, donner ses biens dotaux pour l'établissement de leurs enfants communs.

Rédaction antérieure. Art. 1401. – L'immeuble dotal peut être aliéné lorsque l'aliénation en a été permise par le contrat de mariage.

Rédaction antérieure. Art. 1402. – L'immeuble dotal peut encore être aliéné avec permission de justice, et aux enchères, après trois affiches :

Pour tirer de prison le mari ou la femme ;

Pour fournir des aliments à la famille, dans les cas prévus par les articles 172, 174, 175 et 181 au titre *Du mariage* ;

Pour payer les dettes de la femme ou de ceux qui ont constitué la dot, lorsque ces dettes ont une date certaine antérieure au contrat de mariage ;

Pour faire de grosses réparations indispensables pour la conservation de l'immeuble dotal ;

Enfin, lorsque cet immeuble se trouve indivis avec des tiers, et qu'il est reconnu impartageable.

Dans tous les cas, l'excédent du prix de la vente au dessus des besoins reconnus restera dotal, et il en sera fait emploi comme tel au profit de la femme.

Rédaction antérieure. Art. 1403. – L'immeuble dotal peut être échangé, mais avec le consentement de la femme, contre un autre immeuble de même valeur, pour les quatre cinquièmes au moins, en justifiant de l'utilité de l'échange, en obtenant l'autorisation en justice, et d'après une estimation par experts nommés d'office par le tribunal.

Dans ce cas, l'immeuble reçu en échange sera dotal ; l'excédant du prix, s'il y en a, le sera aussi, et il en sera fait emploi comme tel au profit de la femme.

Rédaction antérieure. Art. 1404. – Si, hors les cas d'exception qui viennent d'être expliqués, la femme ou le mari, ou tous les deux conjointement, aliènent le fonds dotal, la femme ou ses héritiers pourront faire révoquer l'aliénation après la dissolution du mariage, sans qu'on puisse leur opposer aucune prescription pendant sa durée. La femme aura le même droit après la séparation de biens.

Le mari lui-même pourra faire révoquer l'aliénation pendant le mariage, en demeurant néanmoins sujet aux dommages et intérêts de l'acheteur, s'il n'a pas déclaré dans le contrat que le bien vendu était dotal.

Rédaction antérieure. Art. 1405. – Les immeubles dotaux non déclarés aliénables par le contrat de mariage sont imprescriptibles pendant le mariage, à moins que la prescription n'ait commencé auparavant.

Ils deviennent néanmoins prescriptibles après la séparation de biens, quelle que soit l'époque à laquelle la prescription a commencé.

Rédaction antérieure. Art. 1406. – Le mari est tenu, à l'égard des biens dotaux, de toutes les obligations de l'usufruitier. Il est responsable de toutes prescriptions acquises et détériorations survenues par sa négligence.

Rédaction antérieure. Art. 1407. – Si la dot est mise en péril, la femme peut poursuivre la séparation de biens, ainsi qu'il est dit aux articles 1289 et suivants.

Rédaction antérieure. Art. 1408. – Si la dot consiste en immeubles, ou en meubles non estimés par le contrat de mariage, ou bien mis à prix avec déclaration que l'estimation n'en ôte pas la propriété à la femme, le mari ou ses héritiers peuvent être contraints de la restituer sans délai, après la dissolution du mariage.

Rédaction antérieure. Art. 1409. – Si elle consiste en une somme d'argent, ou en meubles mis à prix par le contrat, sans déclaration que l'estimation n'en rend pas le man propriétaire, la restitution n'en peut être exigée qu'un an après la dissolution.

Rédaction antérieure. Art. 1410. – Si les meubles dont la propriété reste à la femme ont dépéri par l'usage et sans la faute du man, il ne sera tenu de rendre que ceux qui resteront et dans l'état où ils se trouveront.

Et néanmoins la femme pourra, dans tous les cas, retirer les linges et hardes à son usage actuel, sauf à précompter leur valeur lorsque ces linges et hardes auront été primitivement constitués avec estimation.

Rédaction antérieure. Art. 1411. – Si la dot comprend des obligations ou constitutions de rentes qui ont péri, ou souffert des retranchements qu'on ne puisse imputer à la négligence du mari, il n'en sera point tenu, et il en sera quitte en restituant les contrats.

Rédaction antérieure. Art. 1412. – Si un usufruit a été constitué en dot, le mari ou ses héritiers ne sont obligés, à la dissolution du mariage, que de restituer le droit d'usufruit, et non les fruits échus durant le mariage.

Rédaction antérieure. Art. 1413. – Si le mariage est dissous par la mort de la femme, l'intérêt et les fruits de la dot à restituer courent de plein droit au profit de ses héritiers depuis le jour de la dissolution.

Si c'est par la mort du mari, la femme a le choix d'exiger les intérêts de sa dot pendant l'an du deuil, ou de se faire fournir des aliments pendant ledit temps aux dépens de la succession du mari ; mais, dans les deux cas, l'habitation durant cette année, et les habits de deuil doivent lui être fournis sur la succession, et sans imputation sur les intérêts à elle dus.

Rédaction antérieure. Art. 1414. – À la dissolution du mariage, les fruits des immeubles dotaux se partagent entre le mari et la femme ou leurs héritiers, à proportion du temps qu'il a duré, pendant la dernière année.

L'année commence à partir du jour où le mariage a été célébré.

Rédaction antérieure. Art. 1415. – La femme et ses héritiers n'ont point de privilège, pour la répétition de la dot, sur les créanciers antérieurs à elle en hypothèque.

Rédaction antérieure. Art. 1416. – Si le mari était déjà insolvable, et n'avait ni art ni profession lorsque le père a constitué une dot à sa fille, celle-ci ne sera tenue de rapporter à la succession du père que l'action qu'elle a contre celle de son mari, pour s'en faire rembourser.

Mais si le mari n'est devenu insolvable que depuis le mariage, ou s'il avait un métier ou une profession qui lui tenait lieu de bien, la perte de la dot tombe uniquement sur la femme.

Rédaction antérieure. Art. 1417 *(Ord. 9 juill. 1877)*. – Tous les biens de la femme qui n'ont pas été constitués en dot sont paraphernaux.

Rédaction antérieure. Art. 1418. – Si tous les biens de la femme sont paraphernaux, et s'il n'y a pas de convention dans le contrat pour lui faire supporter une portion des charges du mariage, la femme y contribue jusqu'à concurrence de la moitié de ses revenus.

Rédaction antérieure. Art. 1419. – La femme a l'administration et la jouissance de ses biens paraphernaux ; mais elle ne peut les aliéner, ni paraître en jugement, à raison desdits biens, sans l'autorisation de son mari, ou, à son refus, sans la permission de la justice.

Rédaction antérieure. Art. 1420. – Si la femme donne sa procuration au mari pour administrer ses biens paraphernaux, avec charge de lui rendre compte des fruits, il est tenu vis-à-vis d'elle, comme tout mandataire.

Rédaction antérieure. Art. 1421. – Si le mari a joui des biens paraphernaux de la femme, sans mandat, et néanmoins sans opposition de sa part, il n'est tenu, à la dissolution du mariage, ou à la première demande de la femme, qu'à la représentation des fruits existants, et il n'est point comptable de ceux qui ont été consommés jusqu'alors.

Rédaction antérieure. Art. 1422. – Si le mari a joui des biens paraphernaux malgré l'opposition constatée de la femme, il est comptable envers elle de tous les fruits tant existants que consommés.

Rédaction antérieure. Art. 1423. – Le mari qui jouit des biens paraphernaux est tenu de toutes les obligations de l'usufruitier.

Rédaction antérieure. Art. 1424. – En se soumettant au régime dotal, les époux peuvent stipuler une société d'acquêts, et les effets de cette société sont réglés comme il est dit aux articles 1343 et 1344.

TITRE VI. – DE LA VENTE

Chapitre I. – De la nature et de la forme de la vente

Art. 1425 ***(Ord. 4 juill. 1903).*** **– La vente est une convention par laquelle l'un s'oblige à livrer une chose et l'autre à la payer.**

Art. 1426 ***(Mod., Ord. 4 juill. 1903 ; L. n° 1.247, 21 déc. 2001).*** **– Elle est parfaite entre les parties et la propriété est acquise de droit à l'acheteur à l'égard du vendeur, dès qu'on est convenu de la chose et du prix, quoique la chose n'ait pas encore été livrée ou le prix payé.**

Toutefois, lorsque la convention a pour objet un immeuble situé dans la Principauté d'une valeur supérieure à 23 euros, elle ne produit ses effets qu'à partir du moment où elle est constatée par acte authentique passé devant un notaire monégasque.

En cas de refus d'une des parties contractantes de passer ledit acte, l'autre peut, à son choix, soit, si la propriété n'a pas été transférée à un tiers par un acte de vente authentique régulièrement transcrit, faire ordonner par justice qu'elle sera tenue de la passer et que, faute de ce faire, le jugement en tiendra lieu, soit réclamer des dommages-intérêts.

La vente judiciaire d'un immeuble situé dans la Principauté et d'une valeur supérieure à 23 € n'est valable que si elle a eu lieu devant le tribunal de première instance.

Art. 1427. – La vente peut être faire purement et simplement, ou sous une condition, soit suspensive, soit résolutoire.

Elle peut avoir aussi pour objet deux ou plusieurs choses alternatives.

Dans tous les cas, son effet est réglé par les principes généraux des conventions.

Art. 1428. – Lorsque des marchandises ne sont pas vendues en bloc, mais au poids, au compte ou à la mesure, la vente n'est point parfaite, en ce sens que les choses vendues sont au risque du vendeur jusqu'à ce qu'elles soient pesées, comptées ou mesurées ; mais l'acheteur peut en demander ou la délivrance ou des dommages-intérêts s'il y a lieu, en cas d'inexécution de l'engagement.

Art. 1429. – Si, au contraire, les marchandises ont été vendues en bloc, la vente est parfaite, quoique les marchandises n'aient pas encore été pesées, comptées ou mesurées.

Art. 1430. – À l'égard du vin, de l'huile et des autres choses que l'on est dans l'usage de goûter avant d'en faire l'achat, il n'y pas de vente tant que l'acheteur ne les a point goûtées et agréées.

Art. 1431. – La vente faite à l'essai est toujours présumée faite sous une condition suspensive.

Art. 1432 ***(Ord. 4 juill. 1903 ; mod., L. n° 1.247, 21 déc. 2001).*** **– La promesse synallagmatique de vente vaut vente entre les parties, lorsqu'il y a consentement réciproque des deux parties sur la chose et sur le prix.**

Lorsque la promesse synallagmatique a pour objet un immeuble situe dans la Principauté d'une valeur supérieure à 23 €, elle ne vaut vente qu'à partir du moment où elle est constatée ou réalisée par un acte authentique dressé conformément au paragraphe deuxième de l'article 1426.

La disposition du paragraphe troisième de l'article 1426 est applicable à la promesse synallagmatique.

Art. 1433. – Si la promesse de vente a été faite avec des arrhes, chacun des contractants est maître de s'en départir : celui qui a donné les arrhes, en les perdant, et celui qui les a. reçues, en restituant le double.

Art. 1434. – Le prix de la vente doit être déterminé et désigné par les parties.

Il peut cependant être laissé à l'arbitrage d'un tiers ; si le tiers ne veut ou ne peut faire l'estimation, il n'y a point de vente.

Art. 1435. – Les frais d'actes et autres accessoires à la vente sont à la charge de l'acheteur.

Chapitre II. – Qui peut acheter ou vendre

Art. 1436. – Tous ceux auxquels la loi ne l'interdit pas peuvent acheter ou vendre.

Art. 1437 *(Abr., L. n° 891, 6 juill. 1970).*

Art. 1438. – Ne peuvent se rendre adjudicataires, sous peine de nullité, ni par eux-mêmes ni par personnes interposées :

Les tuteurs, des biens de ceux dont ils ont la tutelle ;

Les mandataires, des biens qu'ils sont chargés de vendre ;

Les administrateurs, des biens des établissements publics confiés à leurs soins.

Art. 1439. – Les juges, leurs suppléants, le *procureur général*, les substituts, les greffiers, les huissiers, avocats, défenseurs et notaires ne peuvent devenir cessionnaires des procès, droits et actions litigieux qui sont de la compétence des tribunaux de la Principauté, à peine de nullité, et des dépens, dommages et intérêts.

Chapitre III. – Des choses qui peuvent être vendues

Art. 1440. – Tout ce qui est dans le commerce peut être vendu, lorsque des lois particulières n'en ont pas prohibé l'aliénation.

Art. 1441. – La vente de la chose d'autrui est nulle ; elle peut donner lieu à des dommages-intérêts, lorsque l'acheteur a ignoré que la chose fût à autrui. La nullité établie par cet article ne peut être invoquée par le vendeur.

Art. 1442. – On ne peut vendre la succession d'une personne vivante, même de son consentement.

Art. 1443. – Si, au moment de la vente, la chose vendue avait péri en totalité, la vente serait nulle.

Si une partie seulement de la chose a péri, il est au choix de l'acquéreur d'abandonner la vente, ou de demander la partie conservée, en faisant déterminer le prix par la ventilation.

Chapitre IV. – Des obligations du vendeur

Section I. – Dispositions générales

Art. 1444. – Le vendeur est tenu d'expliquer clairement ce à quoi il s'oblige. Tout pacte obscur ou ambigu s'interprète contre le vendeur.

Art. 1445. – Il a deux obligations principales : celle de délivrer et celle de garantir la chose qu'il vend.

Section II. – De la délivrance

Art. 1446. – La délivrance est le transport de la chose vendue en la puissance et possession de l'acheteur.

Art. 1447. – L'obligation de délivrer les immeubles est remplie, de la part du vendeur, lorsqu'il a remis les titres de propriété, et, s'il s'agit d'un bâtiment, lorsqu'il a remis les clés.

Art. 1448. – La délivrance des effets mobiliers s'opère :

Ou par la tradition réelle ;

Ou par la remise des clés des bâtiments qui les contiennent ;

Ou même par le seul consentement des parties, si le transport ne peut pas s'en faire au moment de la vente, ou si l'acheteur les avait déjà en son pouvoir à un autre titre.

Art. 1449. – La tradition des droits incorporels se fait, ou par la remise des titres, ou par l'usage que l'acquéreur en fait du consentement du vendeur.

Art. 1450. – Les frais de la délivrance sont à la charge du vendeur, et ceux de l'enlèvement à la charge de l'acheteur, s'il n'y a eu stipulation contraire.

Art. 1451. – La délivrance doit se faire au lieu où était au temps de la vente, la chose qui en a fait l'objet, s'il n'en a été autrement convenu.

Art. 1452. – Si le vendeur manque à faire la délivrance dans le temps convenu entre les parties, l'acquéreur pourra, à son choix, demander la résolution de la vente ou sa mise en possession, si le retard ne vient que du fait du vendeur.

Art. 1453. – Dans tous les cas, le vendeur doit être condamné aux dommages et intérêts, s'il résulte un préjudice, pour l'acquéreur, du défaut de délivrance au terme convenu.

Art. 1454. – Le vendeur n'est pas tenu de délivrer la chose, si l'acheteur n'en paye pas le prix, et que le vendeur ne lui ait pas accordé un délai pour le paiement.

Art. 1455. – Il ne sera pas non plus obligé à la délivrance, quand même il aurait accordé un délai pour le paiement, si depuis la vente, l'acheteur est tombé en faillite ou en état de déconfiture, en sorte que le vendeur se trouve en danger imminent de perdre le prix, à moins que l'acheteur ne lui donne caution de payer au terme.

Art. 1456. – La chose doit être délivrée en l'état où elle se trouve au moment de la vente. Depuis ce jour, tous les fruits appartiennent à l'acquéreur.

Art. 1457. – L'obligation de délivrer la chose comprend ses accessoires et tout ce qui a été destiné à son usage perpétuel.

Art. 1458. – Le vendeur est tenu de délivrer la contenance telle qu'elle est portée au contrat, sous les modifications ci-après exprimées.

Art. 1459. – Si la vente d'un immeuble a été faite avec indication de la contenance, à raison de tant la mesure, le vendeur est obligé de délivrer à l'acquéreur, s'il l'exige, la quantité indiquée au contrat.

Et si la chose ne lui est pas possible ou si l'acquéreur ne l'exige pas, le vendeur est obligé de souffrir une diminution proportionnelle du prix.

Art. 1460. – Si, au contraire, dans le cas de l'article précédent, il se trouve une contenance plus grande que celle exprimée au contrat, l'acquéreur a le choix de fournir le supplément du prix, ou de se désister du contrat, si l'excédent est d'un vingtième au-dessus de la contenance déclarée.

Art. 1461. – Dans tous les autres cas :

Soit que la vente soit faite d'un corps certain et limité ;

Soit qu'elle ait pour objet des fonds distincts et séparés ;

Soit qu'elle commence par la mesure ou par la désignation de l'objet vendu suivie de la mesure.

L'expression de cette mesure ne donne lieu à aucun supplément de prix, en faveur du vendeur pour l'excédent de mesure, ni en faveur de l'acquéreur à aucune diminution du prix pour moindre mesure, qu'autant que la différence de la mesure réelle à celle exprimée au contrat est d'un vingtième en plus ou en moins, eu égard à la valeur de la totalité des objets vendus, s'il n'y a stipulation contraire.

Art. 1462. – Dans le cas où, suivant l'article précédent, il y a lieu à augmentation de prix pour excédent de mesure, l'acquéreur a le choix ou de se désister du contrat ou de fournir le supplément du prix, et ce avec les intérêts, s'il a gardé l'immeuble.

Art. 1463. – Dans tous les cas où l'acquéreur a le droit de se désister du contrat, le vendeur est tenu de lui restituer, outre le prix, s'il la reçu, les frais de ce contrat.

Art. 1464. – L'action en supplément de prix de la part du vendeur et celle en diminution du prix ou en résiliation du contrat de la part de l'acquéreur, doivent être intentées dans l'année, à compter du jour du contrat, à peine de déchéance.

Art. 1465. – S'il a été vendu deux fonds par le même contrat et pour un seul et même prix, avec désignation de la mesure de chacun, et qu'il se trouve moins de contenance en l'un et plus en l'autre, on fait compensation jusqu'à due concurrence, et l'action soit en supplément soit en diminution du prix, n'a lieu que suivant les règles ci-dessus établies.

Art. 1466. – La question de savoir sur lesquels, du vendeur ou de l'acquéreur, doit tomber la perte ou la détérioration de la chose vendue avant la livraison, est jugée d'après les règles prescrites au titre *Des contrats ou des obligations conventionnelles en général*.

Section III. – De la garantie

Art. 1467. – La garantie que le vendeur doit à l'acquéreur a deux objets : le premier est la possession paisible de la chose vendue ; le second, les défauts cachés de cette chose ou les vices rédhibitoires.

§ 1. – De la garantie en cas d'éviction

Art. 1468. – Quoique lors de la vente il n'ait été fait aucune stipulation sur la garantie, le vendeur est obligé de droit à garantir l'acquéreur de l'éviction qu'il souffre dans la totalité ou partie de l'objet vendu, ou des charges prétendues sur cet objet, et non déclarées lors de la vente.

Art. 1469. – Les parties peuvent, par des conventions particulières, ajouter à cette obligation de droit ou en diminuer l'effet ; elles peuvent même convenir que le vendeur ne sera soumis à aucune garantie.

Art. 1470. – Quoiqu'il soit dit que le vendeur ne sera soumis à aucune garantie, il demeure cependant tenu de celle qui résulte d'un fait qui lui est personnel : toute convention contraire est nulle.

Art. 1471. – Dans le même cas de stipulation de non garantie, le vendeur, en cas d'éviction, est tenu à la restitution du prix, à moins que l'acquéreur n'ait connu, lors de la vente, le danger de l'éviction, ou qu'il n'ait acheté à ses périls et risques.

Art. 1472. – Lorsque la garantie a été promise, ou qu'il n'a rien été stipulé à ce sujet, si l'acquéreur est évincé, il a droit de demander contre le vendeur :

1° La restitution du prix ;
2° Celle des fruits, lorsqu'il est obligé de les rendre au propriétaire qui l'évince ;
3° Les frais faits sur la demande en garantie de l'acheteur, et ceux faits par le demandeur originaire ;
4° Enfin les dommages et intérêts, ainsi que les frais et loyaux coûts du contrat.

Art. 1473. – Lorsqu'à l'époque de l'éviction, la chose vendue se trouve diminuée de valeur ou considérablement détériorée, soit par la négligence de l'acheteur, soit par des accidents de force majeure, le vendeur n'en est pas moins tenu de restituer la totalité du prix.

Art. 1474. – Mais si l'acquéreur a tiré profit des dégradations par lui faites le vendeur a droit de retenir, sur le prix, une somme égale à ce profit.

Art. 1475. – Si la chose vendue se trouve avoir augmenté de prix à l'époque de l'éviction, indépendamment même du fait de l'acquéreur, le vendeur est tenu de lui payer ce qu'elle vaut au-dessus du prix de vente.

Art. 1476. – Le vendeur est tenu de rembourser ou de faire rembourser à l'acquéreur, par celui qui l'évince, toutes les réparations et améliorations utiles qu'il aura faites au fonds.

Art. 1477. – Si le vendeur a vendu de mauvaise foi le fonds d'autrui, il sera obligé de rembourser à l'acquéreur toutes les dépenses, même voluptuaires ou d'agrément, que celui-ci aura faites au fonds.

Art. 1478. – Si l'acquéreur n'est évincé que d'une partie de la chose, et qu'elle soit de telle conséquence, relativement au tout que l'acquéreur n'eût point acheté sans la partie dont il a été évincé, il peut faire résilier la vente.

Art. 1479. – Si, dans le cas de l'éviction d'une partie du fonds vendu, la vente n'est pas résiliée, la valeur de la partie dont l'acquéreur se trouve évincé, lui est remboursée suivant l'estimation à l'époque de l'éviction, et non proportionnellement au prix total de la vente, soit que la chose vendue ait augmenté ou diminué de valeur.

Art. 1480. – Si l'héritage vendu se trouve grevé, sans qu'il en ait été fait de déclaration, de servitudes non apparentes, et qu'elles soient, de telle importance qu'il y ait lieu de présumer que l'acquéreur n'aurait pas acheté s'il en avait été instruit, il peut demander la résiliation du contrat, si mieux il n'aime se contenter d'une indemnité.

Art. 1481. – La garantie pour cause d'éviction cesse lorsque l'acquéreur s'est laissé condamner par un jugement définitif, sans appeler son vendeur, si celui-ci prouve qu'il existait des moyens suffisants pour faire rejeter la demande.

Art. 1482. – Les autres questions auxquelles peuvent donner lieu les dommages et intérêts, résultant pour l'acquéreur de l'inexécution de la vente, doivent être décidées suivant les règles générales établies au titre *Des contrats ou des obligations conventionnelles en général*.

§ 2. – De la garantie des défauts de la chose vendue

Art. 1483. – Le vendeur est tenu de la garantie à raison des défauts cachés de la chose vendue qui la rendent impropre à l'usage auquel on la destine, ou qui diminuent tellement cet usage, que l'acheteur ne l'aurait pas acquise ou n'en aurait donné qu'un moindre prix, s'il les avait connus.

Art. 1484. – Le vendeur n'est pas tenu des vices apparents et dont l'acheteur a pu se convaincre lui-même.

Art. 1485. – Il est tenu des vices cachés, quand même il ne les aurait pas connus, à moins que, dans ce cas, il n'ait stipulé qu'il ne sera obligé à aucune garantie.

Art. 1486. – Dans le cas des articles 1483 et 1485, l'acheteur a le choix de rendre la chose et de se faire restituer le prix, ou de garder la chose et de se faire rendre une partie du prix, telle qu'elle sera arbitrée par experts.

Art. 1487. – Si le vendeur connaissait les vices de la chose, il sera tenu, outre la restitution du prix qu'il en a reçu, de tous les dommages et intérêts envers l'acheteur.

Art. 1488. – Si le vendeur ignorait les vices de la chose, il ne sera tenu qu'à la restitution du prix et à rembourser à l'acquéreur les frais occasionnés par la vente.

Art. 1489. – Si la chose qui avait des vices, a péri par suite de mauvaise qualité, la perte est pour le vendeur qui sera tenu envers l'acheteur, à la restitution du prix et aux autres dédommagements expliqués dans les deux articles précédents.

Mais la perte arrivée par cas fortuit sera pour le compte de l'acheteur.

Art. 1490 *(Rempl., L. n° 1.401, 5 déc. 2013)* (1). **– En matière mobilière, l'action résultant des vices rédhibitoires doit être intentée par l'acquéreur dans un délai de six mois à compter de la découverte du vice.**

Néanmoins, ce délai est de quarante jours pour les animaux domestiques.

Rédaction antérieure. Art. 1490. – L'action résultant des vices rédhibitoires de la chose doit être intentée par l'acquéreur :

S'il s'agit d'animaux domestiques, dans le délai de quarante jours ;

S'il s'agit d'autres effets mobiliers, dans le délai de trois mois, à moins que des usages anciens et reconnus n'aient établi d'autres termes.

Art. 1491. – Cette action n'a pas lieu dans les ventes faites par autorité de justice, ni dans celles faites aux enchères publiques.

Chapitre V. – Des obligations de l'acheteur

Art. 1492. – La principale obligation de l'acheteur est de payer le prix au jour et au lieu réglés par la vente.

Art. 1493. – S'il n'a rien été réglé à cet égard lors de la vente, l'acheteur doit payer au lieu et dans le temps où doit se faire la délivrance.

Art. 1494. – L'acheteur doit l'intérêt du prix de la vente jusqu'au paiement du capital, dans les trois cas suivants :

S'il a été ainsi convenu lors de la vente ;

Si la chose vendue et livrée produit des fruits ou autres revenus ;

Si l'acheteur a été sommé de payer.

Dans ce dernier cas, l'intérêt ne court que depuis la sommation.

Art. 1495. – Si l'acheteur est troublé ou a juste sujet de craindre d'être troublé par une action, soit hypothécaire, soit en revendication, il peut suspendre le paiement du prix jusqu'à ce que le vendeur ait fait cesser le trouble, si mieux n'aime celui-ci donner caution, ou à moins qu'il n'ait été stipulé que, nonobstant le trouble, l'acheteur payera.

Art. 1496. – Si l'acheteur ne paye pas le prix, le vendeur peut demander la résolution de la vente.

Art. 1497. – La résolution de la vente d'immeubles est prononcée de suite, si le vendeur est en danger de perdre la chose et le prix.

Si ce danger n'existe pas, le juge peut accorder à l'acquéreur un délai plus ou moins long, suivant les circonstances.

Ce délai passé sans que l'acquéreur ait payé, la résolution de la vente sera prononcée.

Art. 1498. – S'il a été stipulé, lors de la vente d'immeubles que, faute de paiement du prix dans le terme convenu, la vente serait résolue de plein droit, l'acquéreur peut néanmoins payer après l'expiration du délai, tant qu'il n'a pas été mis en demeure par une sommation ; mais, après cette sommation, le juge ne peut pas lui accorder de délai.

Art. 1499. – En matière de vente de denrées et effets mobiliers, la résolution de la vente aura lieu de plein droit et sans sommation, au profit du vendeur, après l'expiration du terme convenu pour le retirement.

(1) L. n° 1.401, 5 déc. 2013, art. 11 : « Les dispositions de la présente loi qui allongent la durée d'une prescription s'appliquent lorsque le délai de prescription n'était pas expiré à la date de son entrée en vigueur. Il est alors tenu compte du délai déjà écoulé. Les dispositions de la présente loi qui réduisent la durée de la prescription s'appliquent aux prescriptions à compter du jour de l'entrée en vigueur de la présente loi, sans que la durée totale puisse excéder la durée prévue par la loi antérieure. Pour les prescriptions dont le délai n'était pas encore expiré à la date d'entrée en vigueur de la présente loi, les dispositions de celle-ci relatives à la suspension ou à l'interruption de la prescription ne s'appliquent qu'aux faits postérieurs à son entrée en vigueur, ceux antérieurs restant soumis à la loi ancienne. Si ces faits sont en cours à cette date, les dispositions de la présente loi sont applicables à compter de cette date. Les dispositions de la présente loi relatives à l'aménagement conventionnel de la prescription s'appliquent aux conventions relatives à la prescription en cours d'exécution à la date d'entrée en vigueur de la présente loi. »

Chapitre VI. – De la nullité et de la résolution de la vente

Art. 1500. – Indépendamment des causes de nullité ou de résolution déjà expliquées dans ce titre, et de celles qui sont communes à toutes les conventions, le contrat de vente peut être résolu par l'exercice de la faculté de rachat et pour cause de la vileté du prix.

Section I. – De la faculté de rachat

Art. 1501. – La faculté de rachat ou de réméré est un pacte par lequel le vendeur se réserve de reprendre la chose vendue, moyennant la restitution du prix principal, et le remboursement dont il est parlé à l'article 1515.

Art. 1502. – La faculté de rachat ne peut être stipulée pour un terme excédant cinq années. Si elle a été stipulée pour un terme plus long, elle est réduite à ce terme.

Art. 1503. – Le terme fixé est de rigueur, et ne peut être prolongé par le juge.

Art. 1504. – Faute par le vendeur d'avoir exercé son action de réméré dans le terme prescrit, l'acquéreur demeure propriétaire irrévocable.

Art. 1505. – Le délai court contre toutes personnes, même contre le mineur, sauf, s'il y a lieu, le recours contre qui de droit.

Art. 1506. – Le vendeur à pacte de rachat peut exercer son action contre un second acquéreur, quand même la faculté de réméré n'aurait pas été déclarée dans le second contrat.

Art. 1507. – L'acquéreur à pacte de rachat exerce tous les droits de son vendeur ; il peut prescrire tant contre le véritable maître, que contre ceux qui prétendraient des droits ou hypothèques sur la chose vendue.

Art. 1508. – Il peut opposer le bénéfice de la discussion aux créanciers de son vendeur.

Art. 1509. – Si l'acquéreur à pacte de réméré d'une partie indivise d'un héritage s'est rendu adjudicataire de la totalité sur une licitation provoquée contre lui, il peut obliger le vendeur à retirer le tout lorsque celui-ci veut user du pacte.

Art. 1510. – Si plusieurs ont vendu conjointement, et par un seul contrat, un héritage commun entre eux, chacun ne peut exercer l'action en réméré que pour la part qu'il y avait.

Art. 1511. – Il en est de même, si celui qui a vendu seul un héritage a laissé plusieurs héritiers. Chacun de ces cohéritiers ne peut user de la faculté de rachat que pour la part qu'il prend dans la succession.

Art. 1512. – Mais, dans le cas des deux articles précédents, l'acquéreur peut exiger que tous les covendeurs ou tous les cohéritiers soient mis en cause, afin de se concilier entre eux pour la reprise de l'héritage entier ; et, s'ils ne se concilient pas, il sera renvoyé de la demande.

Toutefois, si plusieurs des cohéritiers ou des covendeurs, ou l'un d'eux, ne veulent pas se prévaloir du pacte de rachat, les autres, et même un seul d'entre eux, pourront l'exercer pour le tout à leur profit particulier.

Art. 1513. – Si la vente d'un héritage appartenant à plusieurs n'a pas été faite conjointement et de tout l'héritage ensemble, et que chacun n'ait vendu que la part qu'il y avait, ils peuvent exercer séparément l'action en réméré sur la portion qui leur appartenait ;

Et l'acquéreur ne peut forcer celui qui l'excercera de cette manière à retirer le tout.

Art. 1514. – Si l'acquéreur a laissé plusieurs héritiers, l'action en réméré ne peut être exercée contre chacun d'eux que pour sa part, dans le cas où elle est encore indivise, et dans celui où la chose vendue a été partagée entre eux.

Mais s'il y a eu partage de l'hérédité et que la chose vendue soit échue au lot de l'un des héritiers, l'action en réméré peut être intentée contre lui pour le tout.

Art. 1515. – Le vendeur qui use du pacte de rachat doit rembourser non seulement le prix principal, mais encore les frais et loyaux coûts de la vente, les réparations nécessaires, et celles qui ont augmenté la valeur du fonds, jusqu'à concurrence de cette augmentation. Il ne peut entrer en possession qu'après avoir satisfait à toutes ces obligations.

Lorsque le vendeur rentre dans son héritage par l'effet du pacte de rachat, il le reprend exempt de toutes les charges et hypothèques dont l'acquéreur l'aurait grevé ; il est tenu d'exécuter les baux faits sans fraude par l'acquéreur, pourvu qu'ils n'excèdent pas le terme de trois ans.

Section II. – De la rescision de la vente pour cause de lésion

Art. 1516. – Si le vendeur a été lésé de plus de sept douzième dans le prix d'un immeuble il a le droit de demander la rescision de la vente, alors même qu'il aurait expressément renoncé, dans le contrat, à la faculté de demander cette rescision, et qu'il aurait déclaré donner la plus-value.

Art. 1517. – Pour savoir s'il y a lésion de plus de sept douzièmes, il faut estimer l'immeuble suivant son état et sa valeur au moment de la vente.

Art. 1518. – La demande n'est plus recevable après l'expiration de deux années, à compter du jour de la vente.

Ce délai court contre les femmes mariées et contre les absents, les interdits et les mineurs venant du chef d'un majeur qui a vendu.

Ce délai court aussi et n'est pas suspendu pendant la durée du temps stipulé pour le pacte de rachat.

Art. 1519. – La preuve de la lésion ne pourra être admise que par jugement, et dans le cas seulement où les faits articulés seraient assez vraisemblables et assez graves pour faire présumer la lésion.

Art. 1520. – Cette preuve pourra se faire par expertise, ou par tel autre moyen que le tribunal appréciera.

Art. 1521. – Dans le cas où l'action en rescision est admise, l'acquéreur a le choix ou de rendre la chose en retirant le prix qu'il en a payé, ou de garder le fonds en payant le supplément du juste prix, sous la déduction du dixième du prix total.

Le tiers possesseur a le même droit, sauf sa garantie contre son vendeur.

Art. 1522. – Si l'acquéreur préfère garder la chose en fournissant le supplément réglé par l'article précédent, il doit l'intérêt du supplément du jour de la demande en rescision.

S'il préfère la rendre et recevoir le prix, il rend les fruits du jour de la demande.

L'intérêt du prix qu'il a payé lui est aussi compté du jour de la même demande, ou du jour du paiement, s'il n'a touché aucun fruit.

Art. 1523. – La rescision pour lésion n'a pas lieu en faveur de l'acheteur.

Art. 1524. – Elle n'a pas lieu en toutes ventes qui, d'après la loi, ne peuvent être faites que d'autorité de justice.

Art. 1525. – Les règles expliquées dans la section précédente pour les cas où plusieurs ont vendu séparément ou conjointement, et pour celui où le vendeur ou l'acheteur a laissé plusieurs héritiers, sont pareillement observées pour l'exercice de l'action en rescision.

Chapitre VII. – De la licitation

Art. 1526. – Si une chose commune à plusieurs ne peut être partagée commodément et sans perte,

Ou si dans un partage fait de gré à gré de biens communs, il s'en trouve quelques-uns qu'aucun des copartageants ne puisse ou ne veuille prendre,

La vente s'en fait aux enchères, et le prix en est partagé entre les copropriétaires.

Art. 1527. – Chacun des copropriétaires est le maître de demander que les étrangers soient appelés à la licitation ; ils sont nécessairement appelés lorsque l'un des propriétaires est mineur.

Art. 1528. – Le mode et les formalités à observer pour la licitation sont expliqués au titre *Des successions* et au Code de procédure civile.

Chapitre VIII. – Du transport des créances et autres droits incorporels

Art. 1529. – Dans le transport d'une créance, d'un droit ou d'une action sur un tiers, la délivrance s'opère entre le cédant et le cessionnaire par la remise du titre.

Art. 1530. – Le cessionnaire n'est saisi, à l'égard des tiers, que par la signification du transport faite au débiteur.

Néanmoins, le cessionnaire peut être également saisi par l'acceptation du transport faite par le débiteur dans un acte authentique.

Art. 1531. – Si, avant que le cédant ou le cessionnaire eût signifié le transport au débiteur, celui-ci avait payé le cédant, il sera valablement libéré.

Art. 1532. – La vente ou cession d'une créance comprend les accessoires de la créance, tels que caution, privilège et hypothèque.

Art. 1533. – Celui qui vend une créance ou autre droit incorporel doit en garantir l'existence au temps du transport, quoiqu'il soit fait sans garantie.

Art. 1534. – Il ne répond de la solvabilité du débiteur que lorsqu'il s'y est engagé et jusqu'à concurrence seulement du prix qu'il a retiré de la créance.

Art. 1535. – Lorsqu'il a promis la garantie de la solvabilité du débiteur, cette promesse ne s'entend que de la solvabilité actuelle, et ne s'étend pas au temps à venir, si le cédant ne l'a expressément stipulé.

Art. 1536. – Celui qui vend une hérédité sans en spécifier en détail les objets n'est tenu de garantir que sa qualité d'héritier.

Art. 1537. – S'il avait déjà profité des fruits de quelque fonds ou reçu le montant de quelque créance appartenant à cette hérédité, ou vendu quelques effets de la succession, il est tenu de les rembourser à l'acquéreur, s'il ne les a expressément réservés lors de la vente.

Art. 1538. – L'acquéreur doit, de son côté, rembourser au vendeur ce que celui-ci a payé pour les dettes et charges de la succession et lui faire raison de tout ce dont il était créancier, s'il n'y a stipulation contraire.

Art. 1539. – Celui contre lequel on a cédé un droit litigieux peut s'en faire tenir quitte par le cessionnaire en lui remboursant le prix réel de la cession avec les frais et loyaux coûts, et avec les intérêts à compter du jour où le cessionnaire a payé le prix de la cession à lui faite.

Art. 1540. – La chose est censée litigieuse dès qu'il y a procès et contestation sur le fond du droit.

Art. 1541. – La disposition portée en l'article 1539 cesse :

1° Dans le cas où la cession a été faite à un cohéritier ou copropriétaire du droit cédé ;

2° Lorsqu'elle a été faite à un créancier en paiement de ce qui lui est dû ;

3° Lorsqu'elle a été faite au possesseur de l'héritage sujet au droit litigieux.

TITRE VII. – DE L'ÉCHANGE

Art. 1542. – L'échange est un contrat par lequel les parties se donnent respectivement une chose pour une autre.

Art. 1543. – L'échange s'opère par le seul consentement, de la même manière que la vente.

Art. 1544. – Si l'un des copermutants a déjà reçu la chose à lui donnée en échange, et qu'il prouve ensuite que l'autre contractant n'est pas propriétaire de cette chose, il ne peut pas être forcé de livrer celle qu'il a promise en contre-échange, mais seulement de rendre celle qu'il a reçue.

Art. 1545. – Le copermutant qui est évincé de la chose qu'il a reçue en échange a le choix de conclure à des dommages et intérêts, ou de répéter sa chose, si elle est encore dans les mains de son copermutant, et sauf l'effet des hypothèques légales.

Art. 1546. – La rescision pour cause de lésion n'a pas lieu dans le contrat d'échange.

Art. 1547. – Toutes les autres règles prescrites pour le contrat de vente s'appliquent d'ailleurs à l'échange.

TITRE VIII. – DU CONTRAT DE LOUAGE

Chapitre I. – Dispositions générales

Art. 1548. – Il y a deux sortes de contrats de louage :
Celui des choses, et celui d'ouvrage.

Art. 1549. – Le louage des choses est un contrat par lequel l'une des parties s'oblige à faire jouir l'autre d'une chose pendant un certain temps et moyennant un certain prix que celle-ci s'oblige à lui payer.

Art. 1550. – Le louage d'ouvrage est un contrat par lequel l'une des parties s'engage à faire quelque chose pour l'autre, moyennant un prix convenu entre elles.

Art. 1551. – Ces deux genres de louage se subdivisent encore en plusieurs espèces particulières. On appelle :

Bail à loyer, le louage des maisons et celui des meubles ;
Bail à ferme, celui des héritages ruraux ;
Loyer, le louage du travail ou du service ;
Bail à cheptel, celui des animaux dont le profit se partage entre le propriétaire et celui à qui il les confie.

Les devis, marché ou prix fait, pour l'entreprise d'un ouvrage moyennant un prix déterminé, sont aussi un louage, lorsque la matière est fournie par celui pour qui l'ouvrage se fait.

Ces trois dernières espèces ont des règles particulières.

Art. 1552. – Les baux des biens du domaine public et des établissements publics sont soumis à des règlements particuliers.

Chapitre II. – Du louage des choses

Art. 1553. – On peut louer toutes sortes de biens meubles ou immeubles.

Section I. – Des règles communes aux baux des maisons et des biens ruraux

Art. 1554. – On peut louer ou par écrit, ou verbalement.

Art. 1555. – Si le bail fait sans écrit n'a encore reçu aucune exécution, et que l'une des parties le nie, la preuve ne peut être reçue par témoins, quelque modique qu'en soit le prix, et quoiqu'on allègue qu'if y a eu des arrhes données. Le serment peut seulement être déféré à celui qui nie le bail.

Art. 1556. – Lorsqu'il y aura contestation sur le prix du bail verbal dont l'exécution a commencé et qu'il n'existe point de quittance, le propriétaire en sera cru sur son serment, si mieux n'aime le locataire demander l'estimation par experts ; auquel cas les frais de l'expertise restent à sa charge, si l'estimation excède le prix qu'il a déclaré.

Art. 1557. – Le preneur a le droit de sous-louer, et même de céder son bail à un autre, si cette faculté ne lui a pas été interdite.

Elle peut être interdite pour le tout ou pour partie.

Cette clause est toujours de rigueur.

Art. 1558. – Les baux qui excèdent le terme de neuf ans ne sont pas permis à ceux qui ne peuvent faire que les actes de simple administration.

Art. 1559. – Le bailleur est obligé, par la nature du contrat, et sans qu'il soit besoin d'aucune stipulation particulière :

1° De délivrer au preneur la chose louée ;

2° D'entretenir cette chose en état de servir à l'usage pour lequel elle a été louée ;

3° D'en faire jouir paisiblement le preneur pendant la durée du bail.

Art. 1560. – Le bailleur est tenu de délivrer la chose en bon état de réparations de toute espèce.

Il doit y faire, pendant la durée du bail, toutes les réparation qui peuvent devenir nécessaires, autres que les locatives.

Art. 1561. – Il est dû garantie au preneur pour tous les vices ou défauts de la chose louée qui en empêchent l'usage, quand même le bailleur ne les aurait pas connus lors du bail.

S'il résulte de ces vices ou défauts quelque perte pour le preneur, le bailleur est tenu de l'indemniser.

Art. 1562. – Si, pendant la durée du bail, la chose louée est détruite en totalité par cas fortuit, le bail est résilié de plein droit ; si elle n'est détruite qu'en partie, le preneur peut, suivant les circonstances, demander ou une diminution du prix, ou la résiliation même du bail.

Dans l'un et l'autre cas il n'y a lieu à aucun dédommagement.

Art. 1563. – Le bailleur ne peut, pendant la durée du bail, changer la forme de la chose louée.

Art. 1564. – Si, durant le bail, la chose louée a besoin de réparations urgentes et qui ne puissent être différées jusqu'à sa fin, le preneur doit les souffrir, quelque incommodité qu'elles lui causent, et quoiqu'il soit privé, pendant qu'elles se font, d'une partie de la chose louée.

Mais, si ces réparations durent plus d'un mois, le prix du bail sera diminué à proportion du temps et de la partie de la chose louée dont il aura été privé.

Si les réparations sont de telle nature qu'elles rendent inhabitable ce qui est nécessaire au logement du preneur et de sa famille, celui-ci pourra faire résilier le bail.

Art. 1565. – Le bailleur n'est pas tenu de garantir le preneur du trouble que des tiers apportent par voies de fait à sa jouissance, sans prétendre d'ailleurs aucun droit sur la chose louée, sauf au preneur à les poursuivre en son nom personnel.

Art. 1566. – Si, au contraire, le locataire ou le fermier ont été troublés dans leur jouissance, par suite d'une action concernant la propriété du fonds, ils ont droit à une diminution proportionnée sur le prix du bal à loyer ou à ferme, pourvu que le trouble et l'empêchement aient été dénoncés au propriétaire.

Art. 1567. – Si ceux qui ont commis les voies de fait prétendent avoir quelque droit sur la chose louée, ou si le preneur est lui-même cité en justice pour se voir condamner au délaissement de la totalité ou de partie de cette chose, ou à souffrir l'exercice de quelque servitude, il doit appeler le bailleur en garantie, et doit être mis hors d'instance, s'il l'exige, en nommant le bailleur pour lequel il possède.

Art. 1568. – Le preneur est tenu de deux obligations principales :

1° D'user de la chose louée en bon père de famille, et suivant la destination qui lui a été donnée par le bail, ou suivant celle présumée d'après les circonstances, à défaut de convention ;

2° De payer le prix du bail aux termes convenus.

Art. 1569. – Si le preneur emploie la chose louée à un autre usage que celui auquel elle a été destinée, ou dont il puisse résulter un dommage pour le bailleur, celui-ci peut, suivant les circonstances, faire résilier le bail.

Art. 1570. – S'il a été fait un état des lieux entre le bailleur et le preneur, celui-ci doit rendre la chose telle qu'il l'a reçue, suivant cet état, excepté ce qui a péri ou a été dégradé par vétusté ou force majeure.

Art. 1571. – S'il n'a pas été fait d'état des lieux, le preneur est présumé les avoir reçus en bon état de réparations locatives et doit les rendre tels, sauf la preuve contraire.

Art. 1572. – Il répond des dégradations ou des pertes qui arrivent pendant sa jouissance, à moins qu'il ne prouve qu'elles ont eu lieu sans sa faute.

Art. 1573. – Il répond de l'incendie, à moins qu'il ne prouve :

Que l'incendie est arrivé par cas fortuit ou force majeure ou par vice de construction ;

Ou que le feu a été communiqué par une maison voisine.

Art. 1574. – Si une maison est habitée par plusieurs locataires, tous sont responsables de l'incendie, ainsi que le bailleur, s'il habite le même corps de logis, chacun proportionnellement à la valeur de la portion qu'il occupe ;

À moins qu'ils ne prouvent que l'incendie a commencé dans l'habitation de l'un d'eux, auquel cas celui-là seul en est tenu ;

Ou que quelques-uns ne prouvent que l'incendie n'a pu commencer chez eux, auquel cas ceux-là n'en sont pas tenus.

Art. 1575. – Le preneur est tenu des dégradations et des pertes qui arrivent par le fait des personnes de sa maison ou de ses sous-locataires.

Art. 1576. – S'il s'agit de maison d'habitation, d'appartement, de boutique ou de magasin, non meublés, le bail, fait sans écrit, est censé conclu au mois, à la saison ou à l'année, selon que le prix en est convenu à tant par mois, tant pour la saison ou tant par an.

Si la durée convenue ne peut être établie, le bail est censé fait pour un an.

Les locations faites pour la saison d'hiver, à moins de conventions particulières, commencent au premier octobre, pour finir de plein droit au trente avril suivant.

Art. 1577. – Le bail cesse de plein droit à l'expiration du terme fixé, lorsqu'il a été fait par écrit, sans qu'il soit nécessaire de donner congé.

Art. 1578. – Si, à l'expiration des baux écrits, le preneur reste et est laissé en possession, il s'opère un nouveau bail dont l'effet est réglé par l'article relatif aux locations faites sans écrit.

Art. 1579. – Lorsqu'il y a un congé signifié, le preneur, quoiqu'il ait continué sa jouissance, ne peut invoquer la tacite reconduction.

L'une des parties ne peut d'ailleurs donner congé à l'autre qu'en observant les délais ci-après, avant l'expiration du bail ou de l'une de ses périodes, si la date en peut être établie ; sinon, avant le premier octobre de chaque année, savoir :

Trois mois, pour les baux d'un an ou plus ;

Un mois, pour les locations de moindre durée ;

Quinze jours, pour les locations au mois.

Art. 1580. – Dans le cas des deux articles précédents, la caution donnée pour le bail ne s'étend pas aux obligations résultant de la prolongation.

Art. 1581. – Le contrat de louage se résout par la perte de la chose louée, et par le défaut respectif du bailleur et du preneur de remplir leurs engagements.

Art. 1582. – Le contrat de louage n'est point résolu par la mort du bailleur, ni par celle du preneur.

Art. 1583. – Si le bailleur vend la chose louée, l'acquéreur ne peut expulser le fermier ou le locataire qui a un bail authentique ou dont la date est certaine, à moins qu'il ne se soit réservé ce droit par le contrat de bail.

Art. 1584. – S'il a été convenu, lors du bail, qu'en cas de vente l'acquéreur pourrait expulser le fermier ou locataire, et qu'il n'ait été fait aucune stipulation sur les dommages et intérêts, le bailleur est tenu d'indemniser le fermier ou le locataire de la manière suivante.

Art. 1585. – S'il s'agit d'une maison, appartement ou boutique, le bailleur paie, à titre de dommages et intérêts, au locataire évincé, une somme égale au prix du loyer, pendant le temps qui, suivant l'article 1579, est accordé entre le congé et la sortie.

Art. 1586. – S'il s'agit de biens ruraux, l'indemnité que le bailleur doit payer au fermier est du tiers du prix du bail, pour tout le temps qui reste à courir.

Art. 1587. – L'indemnité se réglera par experts, s'il s'agit de manufactures, usines ou autres établissements qui exigent de grandes avances.

Art. 1588. – L'acquéreur qui veut user de la faculté réservée par le bail d'expulser le fermier ou locataire en cas de vente est, en outre, tenu d'avertir le locataire ou fermier dans le délai prescrit par l'article 1579.

Art. 1589. – Les fermiers ou locataires ne peuvent être expulsés qu'ils ne soient payés par le bailleur ou, à son défaut, par le nouvel acquéreur, des dommages et intérêts ci-dessus expliqués.

Art. 1590. – Si le bail n'est pas fait par acte authentique, ou n'a point de date certaine, l'acquéreur n'est tenu d'aucuns dommages et intérêts.

Art. 1591. – L'acquéreur à pacte de rachat ne peut user de la faculté d'expulser le preneur jusqu'à ce que, par l'expiration du délai fixé pour le réméré, il devienne propriétaire incommutable.

Section II. – Des règles particulières aux baux à loyer

Art. 1592. – Le locataire qui ne garnit pas la maison de meubles suffisants peut être expulsé, à moins qu'il ne donne des sûretés capables de répondre du loyer.

Art. 1593. – Le sous-locataire n'est tenu envers le propriétaire que jusqu'à concurrence du prix de sa sous-location dont il peut être débiteur au moment de la saisie, et sans qu'il puisse opposer des paiements faits par anticipation.

Les paiements faits par le sous-locataire en vertu d'une stipulation portée en son bail, ne sont pas réputés faits par anticipation.

Art. 1594. – Les réparations locatives ou de menu entretien dont le locataire est tenu, s'il n'y a clause contraire, sont celles désignées dans le présent article :

Aux âtres, contre-cœurs, chambranles et tablettes de cheminées ;

Aux recrépiement du bas des murailles des appartements et autres lieux d'habitation, à la hauteur d'un mètre ;

Aux pavés et carreaux des chambres, lorsqu'il y en a seulement quelques-uns de cassés ;

Aux vitres, à moins qu'elles ne soient cassées par la grêle ou autres accidents extraordinaires et de force majeure, dont le locataire ne peut être tenu ;

Aux portes, croisées, planches de cloison ou de fermeture de boutique, gonds, targettes et serrures.

Aucune des réparations réputées locatives n'est à la charge des locataires, quand elles ne sont occasionnées que par vétusté ou force majeure.

Art. 1595. – Le curement des puits et celui des fosses d'aisances sont à la charge du bailleur, s'il n'y a clause contraire.

Art. 1596. – Le bail d'un appartement meublé est censé fait à l'année, quand il a été fait à tant par an ; à la saison, quand il a été fait à tant pour la saison ; au mois, quand il a été fait à tant par mois ; au jour, s'il a été fait à tant par jour.

Si rien ne constate que le bail d'un appartement meublé soit fait à tant par an, pour la saison, par mois ou par jour, la location est censée faite au mois.

Art. 1597. – À moins de conventions expresses, le bail des meubles fournis pour garnir une maison entière, un corps de logis entier, une boutique ou tout autre appartement, est censé fait pour la durée ordinaire des baux, suivant ce qui a été dit à l'article 1576.

Art. 1598. – Si le locataire d'une maison ou d'un appartement continue sa jouissance après l'expiration du bail par écrit, sans opposition de la part du bailleur, il sera censé les occuper aux mêmes conditions ; on suivra, pour les congés, les règles établies par l'article 1579.

Art. 1599. – En cas de résiliation par la faute du locataire, celui-ci est tenu de payer le prix du bail pendant le temps nécessaire à la relocation, sans préjudice des dommages et intérêts qui ont pu résulter de l'abus.

Art. 1600. – Le bailleur ne peut résoudre la location, encore qu'il déclare vouloir occuper par lui-même la maison louée, s'il n'y a eu convention contraire.

Art. 1601. – S'il a été convenu, dans le contrat de louage, que le bailleur pourrait venir occuper la maison, il est tenu de signifier d'avance un congé aux époques déterminées par l'article 1579.

Section III. – Des règles particulières aux baux à ferme

Art. 1602. – Celui qui cultive sous la condition d'un partage de fruits avec le bailleur ne peut ni sous-louer ni céder, si la faculté ne lui en a été expressément accordée par le bail.

Art. 1603. – En cas de contravention, le propriétaire a le droit de rentrer en jouissance et le preneur est condamné aux dommages et intérêts résultant de l'inexécution du bail.

Art. 1604. – Si, dans un bail à ferme, on donne aux fonds une contenance moindre ou plus grande que celle qu'ils ont réellement, il n'y a lieu à augmentation ou diminution du prix pour le fermier que dans les cas et suivant les règles exprimés au titre *De la vente*.

Art. 1605. – Si le preneur d'un héritage rural ne le garnit pas des bestiaux et des ustensiles nécessaires à son exploitation, s'il abandonne la culture, s'il ne cultive pas en bon père de famille, s'il emploie la chose louée à un autre usage que celui auquel elle a été destinée, ou, en général, s'il n'exécute pas les clauses du bail, et qu'il en résulte un dommage pour le bailleur, celui-ci peut, suivant les circonstances, faire résilier le bail.

En cas de résiliation provenant du fait du preneur, celui-ci est tenu des dommages et intérêt, ainsi qu'il est dit en l'article 1603.

Art. 1606. – Le preneur d'un bien rural est tenu, sous peine de tous dépens et dommages et intérêts, d'avertir le propriétaire des usurpations qui peuvent être commises sur les fonds.

Cet avertissement doit être donné dans les cinq jours de l'usurpation.

Art. 1607. – Si le bail est fait pour plusieurs années, et que, pendant la durée du bail, la totalité ou la moitié d'une récolte au moins soit enlevée par des cas fortuits, le fermier peut demander une remise du prix de sa location, à moins qu'il ne soit indemnisé par les récoltes précédentes.

S'il n'est pas indemnisé, l'estimation de la remise ne peut avoir lieu qu'à la fin du bail, auquel temps il se fait une compensation de toutes les années de jouissance ; et cependant le juge peut provisoirement dispenser le preneur de payer une partie du prix, en raison de la perte soufferte.

Art. 1608. – Si le bail n'est que d'une année et que la perte soit de la totalité des fruits ou au moins de la moitié, le preneur sera déchargé d'une partie proportionnelle du prix de la location.

Il ne pourra prétendre aucune remise, si la perte est moindre de moitié.

Art. 1609. – Le fermier ne peut obtenir de remise lorsque la perte des fruits arrive après qu'ils sont séparés de la terre, à moins que le bail ne donne au propriétaire une quotité de la récolte en nature ; auquel cas le propriétaire doit supporter sa part de la perte, pourvu que le preneur ne fût pas en demeure de lui délivrer sa portion de récolte.

Le fermier ne peut également demander une remise lorsque la cause du dommage était existante et connue à l'époque où le bail a été passé.

Art. 1610. – Le preneur peut être chargé des cas fortuits par une stipulation expresse.

Art. 1611. – Cette stipulation ne s'entend que des cas fortuits ordinaires, tels que grêle, feu du ciel, gelée ou coulure.

Elle ne s'entend point des cas fortuits extraordinaires, tels que les ravages de la guerre ou une inondation, auxquels le pays n'est pas ordinairement sujet, à moins que le preneur n'ait été chargé de tous les cas fortuits prévus ou imprévus.

Art. 1612. – Le bail, sans écrit, d'un fonds rural est censé fait pour le temps qui est nécessaire afin que le preneur recueille tous les fruits de l'héritage affermé.

Ainsi, le bail d'un pré, d'une vigne et de tous autres fonds, dont les fruits se recueillent en entier dans le cours de l'année, est censé fait pour un an.

S'il n'y a à la fois des oliviers et d'autres arbres, le bail ne sera censé fait pour deux ans qu'autant que les oliviers composeront la moitié au moins de la plantation.

Art. 1613. – Le bail des héritages ruraux, quoique fait sans écrit, cesse de plein droit à l'expiration du temps pour lequel il est censé fait, selon l'article précédent.

Art. 1614. – Si, à l'expiration des baux ruraux écrits, le preneur reste et est laissé en possession, il s'opère un nouveau bail dont l'effet est réglé par l'article 1612.

Celle des parties qui voudrait donner congé à l'autre doit le faire six mois avant l'expiration du bail, ou de l'une de ses périodes.

À moins de stipulation contraires, le bail rural commence au premier octobre.

Art. 1615. – Le fermier sortant doit laisser à celui qui lui succède dans la culture les logements convenables et autres facilités pour les travaux de l'année suivante ; et réciproquement, le fermier entrant doit procurer à celui qui sort les logements convenables et autres facilités pour la consommation des fourrages et pour les récoltes restant à faire.

Art. 1616. – Le fermier sortant doit aussi laisser les pailles et engrais de l'année, s'il les a reçus lors de son entrée en jouissance ; et quand même il ne les aurait pas reçus, le propriétaire pourra les retenir suivant l'estimation.

Chapitre III. – Du louage d'ouvrage et d'industrie

Art. 1617. – Il y a trois espèces principales de louage d'ouvrage et d'industrie :

1° Le louage des gens de travail qui s'engagent au service de quelqu'un ;

2° Celui des voituriers, tant par terre que par eau, qui se chargent du transport des personnes ou des choses ;

3° Celui des entrepreneurs d'ouvrages par suite de devis ou marchés.

Section I. – Du louage des domestiques et ouvriers

Art. 1618. – On ne peut engager les services qu'à temps ou pour une entreprise déterminée.

Art. 1619. – *(L. 12 mars 1913)* Le louage de services fait sans détermination de durée peut toujours cesser par la volonté d'une des parties contractantes.

Néanmoins la résiliation du contrat, par la volonté d'un seul des contractants, peut donner lieu à des dommages intérêts.

Pour la fixation de l'indemnité à allouer, le cas échéant, il est tenu compte des usages, de la nature des services engagés, du temps écoulé, des retenues opérées et des versements effectués en vue d'une pension de retraite et, en général, de toutes les circonstances qui peuvent justifier l'existence et déterminer l'étendue du préjudice causé.

Les parties ne peuvent renoncer à l'avance au droit éventuel de demander des dommages-intérêts en vertu des dispositions ci-dessus.

Les contestations auxquelles pourra donner lieu l'application des dispositions précédentes seront jugées d'urgence. Devant la cour d'appel, les parties seront dispensées de l'observation des délais impartis pour la notification réciproque des conclusions.

Section II. – Des voituriers par terre et par eau

Art. 1620. – Les voituriers par terre et par eau sont assujettis, pour la garde et la conservation des choses qui leur sont confiées aux mêmes obligations que les aubergistes dont il est parlé au titre *Du dépôt et du séquestre*.

Art. 1621. – Ils répondent non seulement de ce qu'ils ont déjà reçu dans leur bâtiment ou voiture, mais encore de ce qui leur a été remis sur le port ou dans l'entrepôt, pour être placé dans leur bâtiment ou voiture.

Art. 1622. – Ils sont responsables de la perte et des avaries des choses qui leur sont confiées, à moins qu'ils ne prouvent qu'elles ont été perdues ou avariées par cas fortuit ou force majeure.

Art. 1623. – Les entrepreneurs de transport par terre et par eau doivent tenir registre de l'argent, des effets et des paquets dont ils se chargent.

Art. 1624. – Les entrepreneurs et directeurs de voitures et roulages publics, les maîtres ou patrons de barques et navires sont, en outre, assujettis à des règlements particuliers qui font loi entre eux et ceux qui les emploient, ainsi qu'aux dispositions du Code de commerce les concernant.

Section III. – Des devis et des marchés

Art. 1625. – Lorsqu'on charge quelqu'un de faire un ouvrage, on peut convenir qu'il fournira seulement son travail ou son industrie, ou bien qu'il fournira aussi la matière.

Art. 1626. – Si, dans le cas où l'ouvrier fournit la matière, la chose vient à périr, de quelque manière que ce soit, avant d'être livrée, la perte en est pour l'ouvrier, à moins que le maître ne fût en demeure de recevoir la chose.

Art. 1627. – Dans le cas où l'ouvrier fournit seulement son travail ou son industrie, si la chose vient à périr, l'ouvrier n'est tenu que de sa faute.

Art. 1628. – Si, dans le cas de l'article précédent, la chose vient à périr, quoique sans aucune faute de la part de l'ouvrier, avant que l'ouvrage ait été reçu et sans que le maître fût en demeure de le vérifier, l'ouvrier n'a point de salaire à réclamer, à moins que la chose n'ait péri par le vice de la matière.

Art. 1629. – S'il s'agit d'un ouvrage à plusieurs pièces ou à la mesure, la vérification peut s'en faire par partie ; elle est censée faite pour toutes les parties payées, si le maître paye l'ouvrier en proportion de l'ouvrage fait.

Art. 1630. – Si l'édifice construit à prix fait, périt en tout ou en partie par le vice de la construction, même par le vice du sol, les architectes et entrepreneurs en sont responsables pendant dix ans.

Art. 1631. – Lorsqu'un architecte ou un entrepreneur s'est chargé de la construction à forfait d'un bâtiment, d'après un plan arrêté et convenu avec le propriétaire du sol, il ne peut demander aucune augmentation de prix, ni sous le prétexte d'augmentation de la main-d'œuvre ou des matériaux, ni sous celui de changements ou d'augmentations faits sur ce plan, si ces changements ou augmentations n'ont pas été autorisés par écrit, et le prix convenu avec le propriétaire.

Art. 1632. – Le maître peut résilier, par sa seule volonté, le marché à forfait, quoique l'ouvrage soit déjà commencé, en dédommageant l'entrepreneur de toutes ses dépenses, de tous ses travaux et de tout ce qu'il aurait pu gagner dans cette entreprise.

Art. 1633. – Le contrat de louage d'ouvrage est dissous par la mort de l'ouvrier, de l'architecte ou de l'entrepreneur.

Art. 1634. – Mais le propriétaire est tenu de payer en proportion du prix porté par la convention, à leur succession, la valeur des ouvrages faits et celle des matériaux préparés, lors seulement que ces travaux ou ces matériaux peuvent lui être utiles pour l'exécution du contrat.

Art. 1635. – L'entrepreneur répond du fait des personnes qu'il emploie.

Art. 1636. – Les maçons, charpentiers et autres ouvriers qui ont été employés à la construction d'un bâtiment ou d'autres ouvrages faits à l'entreprise, n'ont d'action contre celui pour lequel les ouvrages ont été faits que jusqu'à concurrence de ce dont il se trouve débiteur envers l'entrepreneur, au moment où leur action est intentée.

Art. 1637. – Les maçons, charpentiers, serruriers et autres ouvriers qui font directement des marchés à prix fait, sont astreints aux règles prescrites dans la présente section : ils sont entrepreneurs dans la partie qu'ils traitent.

Chapitre IV. – Du bail à cheptel

Section I. – Dispositions générales

Art. 1638. – Le bail à cheptel est un contrat par lequel l'une des parties donne à l'autre un fonds de bétail, pour le garder, le nourrir et le soigner, sous les conditions convenues entre elles.

Art. 1639. – Il y a plusieurs sortes de cheptels :

Le cheptel simple ou ordinaire ;

Le cheptel à moitié ;

Le cheptel donné au fermier ou au colon partiaire.

Il y a encore une quatrième espèce de contrat improprement appelé cheptel.

Art. 1640. – On peut donner à cheptel toute espèce d'animaux susceptibles de croît ou de profit pour l'agriculture ou le commerce.

Art. 1641. – À défaut de conventions particulières, ces contrats se règlent par les principes qui suivent.

Section II. – Du cheptel simple

Art. 1642. – Le bail à cheptel simple est un contrat par lequel on donne à un autre des bestiaux à garder, nourrir et soigner, à condition que le preneur profitera de la moitié du croit et qu'il supportera aussi la moitié de la perte.

Art. 1643. – L'estimation donnée au cheptel dans le bail n'en transporte pas la propriété au preneur ; elle n'a d'autre objet que de fixer la perte ou le profit qui pourra se trouver à l'expiration du bail.

Art. 1644. – Le preneur doit les soins d'un bon père de famille à la conservation du cheptel.

Art. 1645. – Il n'est tenu des cas fortuits que lorsqu'ils ont été précédés de quelque faute de sa part, sans laquelle la perte ne serait pas arrivée.

Art. 1646. – En cas de contestation, le preneur est tenu de prouver le cas fortuit, et le bailleur est tenu de prouver la faute qu'il impute au preneur.

Art. 1647. – Le preneur qui est déchargé par le cas fortuit, est toujours tenu de rendre compte des peaux des bêtes.

Art. 1648. – Si le cheptel périt en entier sans la faute du preneur, la perte en est pour le bailleur. S'il n'en périt qu'une partie, la perte est supportée en commun, d'après le prix de l'estimation originaire et celui de l'estimation à l'expiration du cheptel.

Art. 1649. – On ne peut stipuler que le preneur supportera la perte totale du cheptel, quoique arrivée par cas fortuit et sans sa faute.

Ou qu'il supportera, dans la perte, une part plus grande que dans le profit ;

Ou que le bailleur prélèvera, à la fin du bail, quelque chose de plus que le cheptel qu'il a fourni.

Toute convention semblable est nulle.

Le preneur profite seul des laitages, du fumier et du travail des animaux donnés à cheptel.

La laine et le croît se partagent.

Art. 1650. – Le preneur ne peut disposer d'aucune bête du troupeau, soit du fonds, soit du croît, sans le consentement du bailleur, qui ne peut lui-même en disposer sans le consentement du preneur.

Art. 1651. – Lorsque le cheptel est donné au fermier d'autrui, il doit être notifié au propriétaire de qui ce fermier tient, sans quoi celui-ci peut le saisir et le faire vendre pour ce que son fermier lui doit.

Art. 1652. – Le preneur ne pourra tondre sans en prévenir le bailleur.

Art. 1653. – S'il n'y a pas de temps fixé par la convention pour la durée du cheptel, il est censé fait pour trois ans.

Art. 1654. – Le bailleur peut en demander plus tôt la résolution, si le preneur ne remplit pas ses obligations.

Art. 1655. – À la fin du bail, ou lors de sa résolution, il se fait une nouvelle estimation du cheptel.

Le bailleur peut prélever des bêtes de chaque espèce, jusqu'à concurrence de la première estimation ; l'excédent se partage.

S'il n'existe pas assez de bêtes pour remplir la première estimation, le bailleur prend ce qui reste, et les parties se font raison de la perte.

Section III. – Du cheptel à moitié

Art. 1656. – Le cheptel à moitié est une société dans laquelle chacun des contractants fournit la moitié des bestiaux, qui demeurent communs pour le profit ou pour la perte.

Art. 1657. – Le preneur profite seul, comme dans le cheptel simple, des laitages, du fumier et des travaux des bêtes.

Le bailleur n'a droit qu'à la moitié des laines et du croît.

Toute convention contraire est nulle, à moins que le bailleur ne soit propriétaire de la métairie dont le preneur est fermier ou colon partiaire.

Art. 1658. – Toutes les autres règles du cheptel simple s'appliquent au cheptel à moitié.

Section IV. – Du cheptel donné par le propriétaire à son fermier ou colon partiaire

§ 1. – Du cheptel donné au fermier

Art. 1659. – Ce cheptel (aussi appelé cheptel de fer) est celui par lequel le propriétaire d'une métairie la donne à ferme, à la charge qu'à l'expiration du bail le fermier laissera des bestiaux d'une valeur égale au prix de l'estimation de ceux qu'il aura reçus.

Art. 1660. – L'estimation du cheptel donné au fermier ne lui en transfère pas la propriété, mais néanmoins le met à ses risques.

Art. 1661. – Tous les profits appartiennent au fermier pendant la durée de son bail, s'il n'y a convention contraire.

Art. 1662. – Dans les cheptels donnés au fermier, le fumier n'est point dans les profits personnels des preneurs, mais appartient à la métairie, à l'exploitation de laquelle il doit être uniquement employé.

Art. 1663. – La perte, même totale et par cas fortuits, est en entier pour le fermier, s'il n'y a convention contraire.

Art. 1664. – À la fin du bail, le fermier ne peut retenir le cheptel en en payant l'estimation originaire ; il doit en laisser un de valeur pareille à celui qu'il a reçu.

S'il y a du déficit, il doit le payer, et c'est seulement l'excédent qui lui appartient.

§ 2. – Du cheptel donné au colon partiaire

Art. 1665. – Si le cheptel périt en entier sans la faute du colon, la perte est pour le bailleur.

Art. 1666. – On peut stipuler que le colon délaissera au bailleur sa part de la toison à un prix inférieur à la valeur ordinaire ;

Que le bailleur aura une plus grande part du profit ;

Qu'il aura la moitié des laitages ;

Mais on ne peut stipuler que le colon sera tenu de toute la perte.

Art. 1667. – Ce cheptel finit avec le bail à métairie.

Art. 1668. – Il est d'ailleurs soumis à toutes les règles du cheptel simple.

Section V. – Du contrat improprement appelé cheptel

Art. 1669. – Lorsqu'une ou plusieurs vaches sont données pour les loger et les nourrir, le bailleur en conserve la propriété ; il a seulement le profit des veaux qui en naissent.

TITRE IX. – DU CONTRAT DE SOCIÉTÉ

Chapitre I. – Dispositions générales

Art. 1670. – La société est un contrat par lequel deux ou plusieurs personnes conviennent de mettre quelque chose en commun, dans la vue de partager le bénéfice qui pourra en résulter.

Art. 1671 *(Mod., L. n° 1.331, 8 janv. 2007)*. – Toute société doit avoir un objet licite, et être contractée pour l'intérêt commun des parties.

Chaque associé doit y apporter ou de l'argent, ou d'autres biens, ou son industrie.

Même s'ils n'emploient que des biens de communauté pour les apports à une société ou pour l'acquisition de parts sociales, deux époux, seuls ou avec d'autres personnes, peuvent être associés dans une même société et participer, ensemble ou non, à la gestion sociale.

Les avantages et libéralités résultant d'un contrat de société entre époux ne peuvent être annulés parce qu'ils constitueraient des donations déguisées, lorsque les conditions en ont été réglées par acte authentique.

Art. 1672 *(L. 2 avr. 1949 ; mod., L. n° 1.247, 21 déc. 2001)*. – Tout contrat de société doit être rédigé par écrit, lorsque son objet est d'une valeur de plus de 760 €.

La preuve testimoniale n'est point admise contre et outre le contenu en l'acte de société, ni sur ce qui serait allégué avoir été dit avant, lors ou depuis cet acte, encore qu'il s'agisse d'une somme ou valeur moindre de 760 €.

Chapitre II. – Des diverses espèces de société

Art. 1673. – Les sociétés sont universelles ou particulières.

Section I. – Des sociétés universelles

Art. 1674. – On distingue deux sortes de sociétés universelles, la société de tous biens présents, et la société universelle de gains.

Art. 1675. – La société de tous biens présents est celle par laquelle les parties mettent en commun tous les biens meubles et immeubles qu'elles possèdent actuellement, et les profits qu'elles pourront en tirer.

Elles peuvent aussi y comprendre toute autre espèce de gains ; mais les biens qui pourraient leur advenir par succession, donations ou legs, n'entrent dans cette société que pour la jouissance ; toute stipulation tendant à y faire entrer la propriété de ces biens est prohibée, sauf entre époux et conformément à ce qui est réglé à leur égard.

Art. 1676. – La société universelle de gains renferme tout ce que les parties acquerront par leur industrie, à quelque titre que ce soit, pendant le cours de la société ; les meubles que chacun des associés possède au temps du contrat, y sont aussi compris ; mais leurs immeubles personnels n'y entrent que pour la jouissance seulement.

Art. 1677. – La simple convention de société universelle, faite sans autre explication, n'emporte que la société universelle de gains.

Art. 1678. – Nulle société universelle ne peut avoir lieu qu'entre personnes respectivement capables de se donner ou de recevoir l'une de l'autre, et auxquelles il n'est point défendu de s'avantager au préjudice d'autres personnes.

Section II. – De la société particulière

Art. 1679. – La société particulière est celle qui ne s'applique qu'à certaines choses déterminées, ou à leur usage, ou aux fruits à en percevoir.

Art. 1680. – Le contrat par lequel plusieurs personnes s'associent, soit pour une entreprise désignée, soit pour l'exercice de quelque métier ou profession, est aussi une société particulière.

Chapitre III. – Des engagements des associés entre eux et à l'égard des tiers

Section I. – Des engagements des associés entre eux

Art. 1681. – La société commence à l'instant même du contrat, s'il ne désigne une autre époque.

Art. 1682 *(Rempl., L. n° 1.331, 8 janv. 2007)*. – Le contrat de société précise la durée de la société qui ne peut, sous réserve des dispositions de l'article 1704, excéder quatre-vingt-dix-neuf ans.

Art. 1683. – Chaque associé est débiteur envers la société de tout ce qu'il a promis d'y apporter.

Lorsque cet apport consiste en un corps certain, et que la société en est évincée, l'associé en est garant envers la société, de la même manière qu'un vendeur l'est envers son acheteur.

Art. 1684. – L'associé qui devait apporter une somme dans la société, et qui ne l'a point fait, devient de plein droit, et sans demande, débiteur des intérêts de cette somme, à compter du jour où elle devait être payée.

Il en est de même à l'égard des sommes qu'il a prises dans la caisse sociale, à compter du jour où il les en a tirées pour son profit particulier.

Le tout sans préjudice de plus amples dommages-intérêts, s'il y a lieu.

Art. 1685. – Les associés qui se sont soumis à apporter leur industrie à la société, lui doivent compte de tous les gains qu'ils ont faits par l'espèce d'industrie qui est l'objet de cette société.

Art. 1686. – Lorsque l'un des associés est, pour son compte particulier, créancier d'une somme exigible envers une personne qui se trouve aussi devoir à la société une somme également exigible, l'imputation de ce qu'il reçoit de ce débiteur doit se faire sur la créance de la société et sur la sienne, dans la proportion des deux créances, encore qu'il eût par sa quittance dirigé l'imputation intégrale sur sa créance particulière ; mais s'il a exprimé dans sa quittance que l'imputation serait faite en entier sur la créance de la société, cette stipulation sera exécutée.

Art. 1687. – Lorsqu'un des associés a reçu sa part entière de la créance commune, et que le débiteur est depuis devenu insolvable, cet associé est tenu de rapporter à la masse commune ce qu'il a reçu, encore qu'il eût spécialement donné quittance pour sa part.

Art. 1688. – Chaque associé est tenu envers la société des dommages qu'il lui a causés par sa faute, sans pouvoir compenser avec ces dommages les profits que son industrie lui aurait procurés dans d'autres affaires.

Art. 1689. – Si les choses dont la jouissance seulement a été mise dans la société sont des corps certains et déterminés, qui ne se consomment point par l'usage, elles sont aux risques de l'associé propriétaire.

Si ces choses se consomment, si elles se détériorent en les gardant, si elles ont été destinées à être vendues, ou si elles ont été mises dans la société sur une estimation portée par un inventaire, elles sont aux risques de la société.

Si la chose a été estimée, l'associé ne peut répéter que le montant de son estimation.

Art. 1690. – Un associé a action contre la société, non seulement à raison des sommes qu'il a déboursées pour elle, mais encore à raison des obligations qu'il a contractées de bonne foi pour les affaires de la société, et des risques inséparables de sa gestion.

Art. 1691. – Lorsque l'acte de société ne détermine point la part de chaque associé dans les bénéfices ou pertes, la part de chacun est en proportion de sa mise dans le fonds de la société.

À l'égard de celui qui n'a apporté que son industrie, sa part dans les bénéfices ou dans les pertes est réglée comme si sa mise eût été égale à celle de l'associé qui a le moins apporté.

Art. 1692. – Si les associés sont convenus de s'en rapporter à l'un d'eux ou à un tiers pour le règlement des parts, ce règlement ne peut être attaqué, s'il n'est évidemment contraire à l'équité.

Nulle réclamation n'est admise à ce sujet, s'il s'est écoulé plus de trois mois depuis que la partie qui se prétend lésée a eu connaissance du règlement, ou si ce règlement a reçu de sa part un commencement d'exécution.

Art. 1693. – La convention qui donnerait à l'un des associés la totalité des bénéfices est nulle.

Il en est de même de la stipulation qui affranchirait de toute contribution aux pertes les sommes ou effets mis dans le fonds de la société par un ou plusieurs des associés.

Art. 1694. – L'associé chargé de l'administration par une clause spéciale du contrat de société, peut faire, nonobstant l'opposition des autres associés, tous les actes qui dépendent de son administration, pourvu que ce soit sans fraude.

Ce pouvoir ne peut être révoqué sans cause légitime, tant que la société dure ; mais s'il n'a été donné que par acte postérieur au contrat de société, il est révocable comme un simple mandat.

Art. 1695. – Lorsque plusieurs associés sont chargés d'administrer, sans que leurs fonctions soient déterminées, ou sans qu'il ait été exprimé que l'un ne pourrait agir sans l'autre, ils peuvent faire chacun séparément tous les actes de cette administration.

Art. 1696. – S'il a été stipulé que l'un des administrateurs ne pourra rien faire sans l'autre, un seul ne peut, sans une nouvelle convention, agir en l'absence de l'autre, lors même que celui-ci serait dans l'impossibilité actuelle de concourir aux actes d'administration.

Art. 1697. – À défaut de stipulations spéciales sur le mode d'administration, l'on suit les règles suivantes :

1° Les associés sont censés s'être donné réciproquement le pouvoir d'administrer l'un pour l'autre : ce que chacun fait est valable, même pour la part de ses associés, sans qu'il ait pris leur consentement ; sauf le droit qu'ont ces derniers, ou l'un d'eux, de s'opposer à l'opération avant qu'elle soit conclue.

2° Chaque associé peut se servir des choses appartenant à la société, pourvu qu'il les emploie à leur destination fixée par l'usage, et qu'il ne s'en serve pas contre l'intérêt de la société, ou de manière à empêcher ses associés d'en user selon leur droit.

3° Chaque associé a le droit d'obliger ses associés à faire avec lui les dépenses qui sont nécessaires pour la conservation des choses de la société.

4° L'un des associés ne peut faire d'innovations sur les immeubles dépendant de la société, même quand il les soutiendrait avantageuses à cette société, si les autres associés n'y consentent.

Art. 1698. – L'associé qui n'est point administrateur ne peut aliéner ni engager les choses, même mobilières, qui dépendent de la société.

Art. 1699. – Chaque associé peut, sans le consentement de ses associés, s'associer une tierce personne relativement à la part qu'il a dans la société ; il ne peut pas, sans ce consentement, l'associer à la société, lors même qu'il en aurait l'administration.

Section II. – Des engagements des associés à l'égard des tiers

Art. 1700. – Dans les sociétés autres que celles de commerce, les associés ne sont pas tenus solidairement des dettes sociales, et l'un des associés ne peut obliger les autres, si ceux-ci ne lui en ont conféré le pouvoir.

Art. 1701 *(Rempl., L. n° 1.331, 8 janv. 2007).* – À l'égard des tiers, les associés répondent indéfiniment des dettes sociales à proportion de leur part dans le capital social à la date de l'exigibilité ou au jour de la cessation des paiements.

Art. 1702. – La stipulation que l'obligation est contractée pour le compte de la société, ne lie que l'associé contractant et non les autres, à moins que ceux-ci ne lui aient donné pouvoir, ou que la chose n'ait tourné au profit de la société.

Chapitre IV. – De la dissolution ou de la transformation d'une société

(Intitulé rempl., L. n° 1.331, 8 janv. 2007)

Art. 1703 *(Rempl., L. n° 1.331, 8 janv. 2007)*. – La société prend fin :

1° par l'expiration du temps pour lequel elle a été contractée sauf prorogation décidée par les associés dans les conditions fixées à l'article 1704 ;

2° par la réalisation ou l'extinction de son objet ;

3° par la dissolution anticipée décidée par les associés ;

4° par l'effet d'une décision judiciaire définitive prononçant la dissolution anticipée à la demande d'un associé pour justes motifs, notamment en cas d'inexécution de ses obligations par un associé ou de mésentente entre associés paralysant le fonctionnement de la société ;

5° par l'effet d'une décision judiciaire définitive prononçant l'annulation du contrat de société ou la dissolution anticipée de celle-ci dans le cas prévu à l'article 1703-I ;

6° par l'effet d'une décision judiciaire définitive ordonnant la liquidation judiciaire de la société ou la cession totale des actifs ;

7° pour toute autre cause prévue par le contrat de société.

Art. 1703-I *(L. n° 1.331, 8 janv. 2007)*. – En cas de réunion de toutes les parts ou actions en une seule main, la société doit régulariser sa situation dans le délai d'un an, sauf prorogation judiciaire accordée pour la durée maximale d'une année. A défaut, la société est dissoute de plein droit à l'expiration de ce délai.

L'appartenance de l'usufruit de toutes les parts sociales à la même personne est sans conséquence sur l'existence de la société.

En cas de dissolution, celle-ci entraîne la transmission universelle du patrimoine de la société à l'associé unique, sans qu'il y ait lieu à liquidation. Lorsque l'associé unique est une personne physique, la transmission universelle n'intervient que dans le cas de sociétés en état de solvabilité.

Art. 1704 *(Rempl., L. n° 1.331, 8 janv. 2007)*. – Sauf stipulation contraire, la prorogation de la société est décidée à l'unanimité des associés qui, un an avant la date d'expiration, doivent être consultés à cet effet. À défaut, tout associé peut demander au Président du Tribunal de Première Instance, statuant sur requête, la désignation d'un mandataire de justice chargé de convoquer l'assemblée générale des associés.

Art. 1705. – Lorsque l'un des associés a promis de mettre en commun la propriété d'un corps certain, la perte survenue avant que la mise en soit effectuée, opère la dissolution de la société par rapport à tous les associés.

La société est également dissoute dans tous les cas par la perte du corps certain, lorsque la jouissance seule a été mise en commun, et que la propriété en est restée dans la main de l'associé.

Mais la société n'est pas rompue par la perte du corps certain dont la tradition a déjà été faite à la société.

Art. 1706. – S'il a été stipulé qu'en cas de mort de l'un des associés, la société continuerait avec son héritier ou seulement entre les associés survivants, ces dispositions seront suivies ; au second cas, l'héritier du décédé n'a droit qu'au partage de la société, eu égard à la situation de cette société hors du décès et ne participe aux droits ultérieurs qu'autant qu'ils sont une suite nécessaire de ce qui s'est fait avant la mort de l'associé auquel il succède.

Art. 1707 *(Rempl., L. n° 1.331, 8 janv. 2007)*. – Les actions en nullité de la société ou d'actes ou délibérations postérieures à sa constitution se prescrivent par trois ans du jour où la nullité est encourue.

Lorsque la nullité est encourue, elle met fin, sans rétroactivité, à l'exécution du contrat. A l'égard de la personne morale qui a pu prendre naissance, elle produit les effets d'une dissolution prononcée par décision judiciaire.

Ni la société, ni les associés ne peuvent se prévaloir d'une nullité à l'égard des tiers de bonne foi. La nullité résultant de l'incapacité ou de l'un des vices du consentement est opposable même aux tiers par l'incapable ou ses représentants légaux ou par l'associé dont le consentement a été surpris par erreur, dol ou violence.

Les dispositions du précédent alinéa ne sont pas applicables à la nullité prévue à l'article 9 de la loi n° 797 du 18 février 1966 sur les sociétés civiles.

Art. 1708 *(Rempl., L. n° 1.331, 8 janv. 2007).* – La transformation régulière d'une société en une société d'une autre forme n'entraîne pas la création d'une personne morale nouvelle.

Il en est de même de la prorogation ou de toute autre modification statutaire.

Art. 1709 *(Rempl., L. n° 1.331, 8 janv. 2007).* – Une société même en liquidation peut être absorbée par une autre société ou participer à la constitution d'une société nouvelle, par voie de fusion. Elle peut aussi transmettre son patrimoine par voie de scission à des sociétés existantes ou à des sociétés nouvelles.

Ces opérations peuvent intervenir entre des sociétés de forme différente. Elles sont décidées, pour chacune des sociétés intéressées, dans les conditions requises pour la modification du contrat de société.

Si l'opération comporte la création de sociétés nouvelles, chacune de celles-ci est constituée selon les règles propres à la forme de société adoptée.

Lorsqu'une ou plusieurs sociétés sont dissoutes du fait d'opérations prévues aux précédents alinéas, leur dissolution n'entraîne pas leur liquidation.

Art. 1710. – Les règles concernant le partage des successions, la forme de ce partage, et les obligations qui en résultent entre les cohéritiers, s'appliquent aux partages entre associés.

Disposition relative aux sociétés de commerce

Art. 1711 *(Rempl., L. n° 1.331, 8 janv. 2007).* – Les dispositions du présent titre ne s'appliquent aux sociétés de commerce que dans les points qui n'ont rien de contraire aux dispositions légales ou réglementaires applicables par ailleurs à ces types de sociétés.

TITRE X. – DU PRÊT

Art. 1712. – Il y a deux sortes de prêt :

Celui des choses dont on peut user sans les détruire,

Et celui des choses qui se consomment par l'usage qu'on en fait.

La première espèce s'appelle prêt à usage ou commodat.

La deuxième s'appelle simplement prêt.

Chapitre I. – Du prêt à usage ou commodat

Section I. – De la nature du prêt à usage

Art. 1713. – Le prêt à usage ou commodat est un contrat par lequel l'une des parties livre une chose à l'autre pour s'en servir, à la charge par le preneur de la rendre après s'en être servi.

Art. 1714. – Ce prêt est essentiellement gratuit.

Art. 1715. – Le prêteur demeure propriétaire de la chose prêtée.

Art. 1716. – Tout ce qui est dans le commerce, et qui ne se consomme pas par l'usage, peut être l'objet de cette convention.

Art. 1717. – Les engagements qui se forment par le commodat, passent aux héritiers de celui qui prête et aux héritiers de celui qui emprunte.

Mais si l'on n'a prêté qu'en considération de l'emprunteur et à lui personnellement, alors ses héritiers ne peuvent continuer de jouir de la chose prêtée.

Section II. – Des engagements de l'emprunteur

Art. 1718. – L'emprunteur est tenu de veiller, en bon père de famille, à la garde et à la conservation de la chose prêtée. Il ne peut s'en servir qu'à l'usage déterminé par sa nature ou par la convention ; le tout à peine de dommages-intérêts, s'il y a lieu.

Art. 1719. – Si l'emprunteur emploie la chose à un autre usage, ou pour un temps plus long qu'il ne le devait, il sera tenu de la perte arrivée, même par cas fortuit.

Art. 1720. – Si la chose prêtée périt par cas fortuit dont l'emprunteur aurait pu la garantir en employant la sienne propre, ou si, ne pouvant conserver que l'une des deux, il a préféré la sienne, il est tenu de la perte de l'autre.

Art. 1721. – Si la chose a été estimée en la prêtant, la perte qui arrive, même par cas fortuit, est pour l'emprunteur, s'il n'y a convention contraire.

Art. 1722. – Si la chose se détériore par le seul effet de l'usage pour lequel elle a été empruntée, et sans aucune faute de la part de l'emprunteur, il n'est pas tenu de la détérioration.

Art. 1723. – L'emprunteur ne peut pas retenir la chose par compensation de ce que le prêteur lui doit.

Art. 1724. – Si, pour user de la chose, l'emprunteur a fait quelque dépense, il ne peut la répéter.

Art. 1725. – Si plusieurs ont conjointement emprunté la même chose, ils en sont solidairement responsables envers le prêteur.

Section III. – Des engagements de celui qui prête à usage

Art. 1726. – Le prêteur ne peut retirer la chose prêtée qu'après le terme convenu, ou, à défaut de convention, qu'après qu'elle a servi à l'usage pour lequel elle a été empruntée.

Art. 1727. – Néanmoins, si, pendant ce délai, ou avant que le besoin de l'emprunteur ait cessé, il survient au prêteur un besoin pressant et imprévu de sa chose, le juge peut, suivant les circonstances, obliger l'emprunteur à la lui rendre.

Art. 1728. – Si, pendant la durée du prêt, l'emprunteur a été obligé, pour la conservation de la chose, à quelque dépense extraordinaire, nécessaire et tellement urgente qu'il n'ait pas pu en prévenir le prêteur, celui-ci sera tenu de la lui rembourser.

Art. 1729. – Lorsque la chose prêtée a des défauts tels qu'elle puisse causer du préjudice à celui qui s'en sert, le prêteur est responsable, s'il connaissait les défauts et n'en a pas averti l'emprunteur.

Chapitre II. – Du simple prêt

Section I. – De la nature du simple prêt

Art. 1730. – Le simple prêt est un contrat par lequel l'une des parties livre à l'autre une certaine quantité de choses, à la charge par cette dernière de lui en rendre autant de mêmes espèces et qualité.

Art. 1731. – Par l'effet de ce prêt, l'emprunteur devient le propriétaire de la chose prêtée, et c'est pour lui qu'elle périt, de quelque manière que cette perte arrive.

Art. 1732. – On ne peut pas donner, à titre de simple prêt, des choses qui, quoique de même espèce, diffèrent dans l'individu, comme les animaux. Alors, c'est un prêt à usage.

Art. 1733. – L'obligation qui résulte d'un prêt en argent, n'est toujours que de la somme numérique énoncée au contrat.

S'il y a eu augmentation ou diminution d'espèces avant l'époque du paiement, le débiteur doit rendre la somme numérique prêtée, et ne doit rendre que cette somme dans les espèces ayant cours au moment du paiement.

Art. 1734. – La règle portée en l'article précédent n'a pas lieu si le prêt a été fait en lingots.

Art. 1735. – Si ce sont des lingots ou des denrées qui ont été portés, quelle que soit l'augmentation ou la diminution de leur prix, le débiteur doit toujours rendre la même quantité et qualité, et ne doit rendre que cela.

Section II. – Des obligations du prêteur

Art. 1736. – Dans le simple prêt, le prêteur est tenu de la responsabilité établie en l'article 1729 pour le prêt à usage.

Art. 1737. – Le prêteur ne peut pas redemander les choses prêtées, avant le terme convenu.

Art. 1738. – S'il n'a pas été fixé de terme pour la restitution, le juge peut accorder à l'emprunteur un délai suivant les circonstances.

Art. 1739. – S'il a été seulement convenu que l'emprunteur paierait quand il le pourrait, ou quand il en aurait les moyens, le juge lui fixera un terme de paiement, suivant les circonstances.

Section III. – Des engagements de l'emprunteur

Art. 1740. – L'emprunteur est tenu de rendre les choses prêtées, en mêmes quantité et qualité, et au terme convenu.

Art. 1741. – S'il est dans l'impossibilité d'y satisfaire, il est tenu d'en payer la valeur, eu égard au temps et au lieu où la chose devait être rendue d'après la convention.

Si ce temps et ce lieu n'ont pas été réglés, le paiement se fait au prix du temps et du lieu où l'emprunt a été fait.

Art. 1742 *(L. 12 mars 1913)*. – Si l'emprunteur ne rend pas les choses prêtées ou leur valeur au terme convenu, il en doit l'intérêt du jour de la sommation ou de la demande en justice.

Chapitre III. – Du prêt à intérêt

Art. 1743. – Il est permis de stipuler des intérêts pour simple prêt, soit d'argent, soit de denrées ou autres choses mobilières.

Art. 1744. – L'emprunteur qui a payé des intérêts qui n'étaient pas stipulés, ne peut ni les répéter, ni l103es imputer sur le capital.

Art. 1745 *(L. 12 mars 1913 ; mod., L. n° 3, 14 août 1918 ; L. n° 990, 30 nov. 1976)*. – L'intérêt est légal ou conventionnel.

Le taux de l'intérêt légal est fixé par ordonnance souveraine et s'applique en toute matière. En cas de condamnation, le taux en vigueur à la date de celle-ci est majoré de cinq points à l'expiration d'un délai de deux mois à compter du jour où la décision de justice est devenue exécutoire, fût-ce par provision.

Le taux de l'intérêt conventionnel doit être fixé par écrit.

Voir : Ord. n° 2.123, 23 mars 2009 (à compter du 1er avr. 2009) ; Ord. n° 2.705, 31 mars 2010 (à compter du 1er mai 2010) ; Ord. n° 3.192, 25 mars 2011 (à compter du 1er avr. 2011) ; Ord. n° 3.728, 2 avr. 2012 (à compter du 1er mai 2012) ; Ord. n° 4.258, 8 avr. 2013 (à compter du 1er mai 2013) ; Ord. n° 5.444, 6 août 2015 (à compter du 1er septembre 2015).

Art. 1746 *(Abr., L. n° 990, 30 nov. 1976)*.

Art. 1747. – La quittance du capital donné sans réserve des intérêts en fait présumer le payement et en opère la libération.

Art. 1748. – On peut stipuler un intérêt moyennant un capital que le prêteur s'interdit d'exiger.

Dans ce cas, le prêt prend le nom de constitution de rente.

Art. 1749. – Cette rente peut être constituée de deux manières, en perpétuel ou en viager.

Art. 1750. – La rente constituée en perpétuel est essentiellement rachetable.

Les parties peuvent seulement convenir que le rachat ne sera pas fait avant un délai qui ne pourra excéder dix ans, ou sans avoir averti le créancier au terme d'avance qu'elles auront déterminé.

Art. 1751. – Le débiteur d'une rente constituée en perpétuel peut être contraint au rachat :
1° S'il cesse de remplir ses obligations pendant deux années ;
2° S'il manque à fournir au prêteur les sûretés promises par le contrat.

Art. 1752. – Le capital de la rente constituée en perpétuel devient aussi exigible en cas de faillite ou de déconfiture du débiteur.

Art. 1753. – Les règles concernant les rentes viagères sont établies au titre *Des contrats aléatoires*.

TITRE XI. – DU DÉPÔT ET DU SÉQUESTRE

Chapitre I. – Du dépôt en général et de ses diverses espèces

Art. 1754. – Le dépôt, en général, est un acte par lequel on reçoit la chose d'autrui, à la charge de la garder et de la restituer en nature.

Art. 1755. – Il y a deux espèces de dépôts : le dépôt proprement dit, et le séquestre.

Chapitre II. – Du dépôt proprement dit

Section I. – De la nature et de l'essence du contrat de dépôt

Art. 1756. – Le dépôt proprement dit est un contrat essentiellement gratuit.

Art. 1757. – Il ne peut avoir pour objet que des choses mobilières.

Art. 1758. – Il n'est parfait que par la tradition réelle ou feinte de la chose déposée.

La tradition feinte suffit, quand le dépositaire se trouve déjà nanti, à quelque autre titre, de la chose que l'on consent à lui laisser à titre de dépôt.

Art. 1759. – Le dépôt est volontaire ou nécessaire.

Section II. – Du dépôt volontaire

Art. 1760. – Le dépôt volontaire se forme par le consentement réciproque de la personne qui fait le dépôt et de celle qui le reçoit.

Art. 1761. – Le dépôt volontaire ne peut régulièrement être fait que par le propriétaire de la chose déposée, ou de son consentement exprès ou tacite.

Art. 1762 *(L. 2 avr. 1949)*. – Le dépôt volontaire doit être prouvé par écrit. La preuve testimoniale n'en est point reçue pour valeur excédant cinq mille francs (1).

Art. 1763 *(L. 2 avr. 1949 ; mod., L. n° 1.247, 21 déc. 2001)*. – Lorsque le dépôt étant au-dessus de 760 € n'est point prouvé par écrit, celui qui est attaqué comme dépositaire en est cru sur sa déclaration, soit pour le fait même du dépôt, soit pour la chose qui en faisait l'objet, soit pour le fait de sa restitution.

Art. 1764. – Le dépôt volontaire ne peut avoir lieu qu'entre personnes capables de contracter.

Néanmoins, si une personne capable de contracter accepte le dépôt fait par une personne incapable, elle est tenue de toutes les obligations d'un véritable dépositaire ; elle peut être poursuivie par le tuteur ou administrateur de la personne qui a fait le dépôt.

Art. 1765. – Si le dépôt a été fait par une personne capable à une personne qui ne l'est pas, la personne qui a fait le dépôt n'a que l'action en revendication de la chose déposée, tant qu'elle existe dans la main du dépositaire, ou une action en restitution jusqu'à concurrence de ce qui a tourné au profit de ce dernier.

(1) Conversion en euros : V. Ord. n° 13.827, 15 déc. 1998 (*Journal de Monaco*, 18 déc. 1998).

Section III. – Des obligations du dépositaire

Art. 1766. – Le dépositaire doit apporter, dans la garde de la chose déposée, les mêmes soins qu'il apporte dans la garde des choses qui lui appartiennent.

Art. 1767. – La disposition de l'article précédent doit être appliquée avec le plus de rigueur :

1° Si le dépositaire s'est offert lui-même pour recevoir le dépôt ;

2° S'il a stipulé un salaire pour la garde du dépôt ;

3° Si le dépôt a été fait uniquement pour l'intérêt du dépositaire ;

4° S'il a été convenu expressément que le dépositaire répondrait de toute espèce de faute.

Art. 1768. – Le dépositaire n'est tenu, en aucun cas, des accidents de force majeure, à moins qu'il n'ait été mis en demeure de restituer la chose déposée.

Art. 1769. – Il ne peut se servir de la chose déposée sans la permission expresse ou présumée du déposant.

Art. 1770. – Il ne doit point chercher à connaître quelles sont les choses qui lui ont été déposées, si elles lui ont été confiées dans un coffre fermé ou sous une enveloppe cachetée.

Art. 1771. – Le dépositaire doit rendre identiquement la chose même qu'il a reçue.

Ainsi le dépôt des sommes monnayées doit être rendu dans les mêmes espèces qu'il a été fait, soit dans le cas d'augmentation, soit dans le cas de diminution de leur valeur.

Art. 1772. – Le dépositaire n'est tenu de rendre la chose déposée que dans l'état où elle se trouve au moment de la restitution. Les détériorations qui ne sont pas survenues par son fait, sont à la charge du déposant.

Art. 1773. – Le dépositaire auquel la chose a été enlevée par une force majeure, et qui a reçu un prix ou quelque chose à la place, doit restituer ce qu'il a reçu en échange.

Art. 1774. – L'héritier du dépositaire, qui a vendu de bonne foi la chose dont il ignorait le dépôt, n'est tenu que de rendre le prix qu'il a reçu, ou de céder son action contre l'acheteur, s'il n'a pas touché le prix.

Art. 1775. – Si la chose déposée a produit des fruits qui aient été perçus par le dépositaire, il est obligé de les restituer. Il ne doit aucun intérêt de l'argent déposé, si ce n'est du jour où il a été mis en demeure de faire la restitution.

Art. 1776. – Le dépositaire ne doit restituer la chose déposée qu'à celui qui la lui a confiée, ou à celui au nom duquel le dépôt a été fait, ou à celui qui a été indiqué pour le recevoir.

Art. 1777. – Le dépositaire ne peut pas exiger de celui qui a fait le dépôt, la preuve que ce dernier était propriétaire de la chose déposée.

Néanmoins, s'il découvre que la chose a été volée, et quel en est le véritable propriétaire, il doit dénoncer à celui-ci le dépôt qui lui a été fait, avec sommation de le réclamer dans un délai déterminé et suffisant. Si celui auquel la dénonciation a été faite, néglige de réclamer le dépôt, le dépositaire est valablement déchargé par la tradition qu'il en fait à celui duquel il l'a reçu.

Art. 1778. – En cas de mort de la personne qui a fait le dépôt, la chose déposée ne peut être rendue qu'à son héritier.

S'il y a plusieurs héritiers, elle doit être rendue à chacun d'eux pour leur part et portion.

Si la chose déposée est indivisible, les héritiers doivent s'accorder entre eux pour la recevoir.

Art. 1779 *(L. n° 886, 25 juin 1970)*. – Si le déposant a changé d'état, notamment si la femme s'est mariée sous un régime de communauté conférant au mari l'administration du bien déposé, ou si le majeur est frappé d'incapacité, le dépôt ne peut être restitué qu'à celui qui a l'administration des biens du déposant.

Art. 1780. – Si le dépôt a été fait par un tuteur, par un mari ou par un administrateur, dans l'une de ces qualités, il ne peut être restitué qu'à la personne que ce tuteur, ce mari ou cet administrateur représentaient, si leur gestion ou leur administration est finie.

Art. 1781. – Si le contrat de dépôt désigne le lieu dans lequel la restitution doit être faite, le dépositaire est tenu d'y porter la chose déposée ; s'il y a des frais de transport, ils sont à la charge du déposant.

Art. 1782. – Si le contrat ne désigne point le lieu de la restitution, elle doit être faite dans le lieu même du dépôt.

Art. 1783. – Le dépôt doit être remis au déposant aussitôt qu'il le réclame, lors même que le contrat aurait fixé un délai déterminé pour la restitution ; à moins qu'il n'existe entre les mains du dépositaire, une saisie-arrêt, ou une opposition à la restitution et au déplacement de la chose déposée.

Art. 1784. – Le dépositaire infidèle n'est point admis au bénéfice de cession.

Art. 1785. – Toutes les obligations du dépositaire cessent, s'il vient à découvrir et à prouver qu'il est lui-même propriétaire de la chose déposée.

Section IV. – Des obligations de la personne par laquelle le dépôt a été fait

Art. 1786. – La personne qui a fait le dépôt est tenue de rembourser au dépositaire les dépenses qu'il a faites pour la conservation de la chose déposée, et de l'indemniser de toutes les pertes que le dépôt peut lui avoir occasionnées.

Art. 1787. – Le dépositaire peut retenir le dépôt jusqu'à l'entier paiement de ce qui lui est dû à raison du dépôt.

Section V. – Du dépôt nécessaire

Art. 1788. – Le dépôt nécessaire est celui qui a été forcé par quelque accident, tel qu'un incendie, une ruine, un pillage, un naufrage, ou autre événement imprévu.

Art. 1789 *(L. 2 avr. 1949 ; mod., L. n° 1.101, 12 juin 1987).* – La preuve par témoins peut être reçue pour le dépôt nécessaire, même quand il s'agit d'une valeur supérieure à la valeur déterminée à l'article 1188.

Art. 1790. – Le dépôt nécessaire est d'ailleurs régi par toutes les règles précédemment énoncées.

Art. 1791 *(L. n° 1.101, 12 juin 1987).* – L'hôtelier est responsable, comme dépositaire nécessaire, et sans limitation, du vol des vêtements, bagages et objets divers apportés par le voyageur qui loge dans l'établissement, ainsi que du dommage causé à ceux-ci, quel que soit l'auteur du vol ou du dommage.

Art. 1792 *(L. 12 mars 1913 ; mod., L. n° 1.101, 12 juin 1987).* – Toutefois, cette responsabilité est limitée :

1° pour les espèces monnayées, les valeurs ou titres, les bijoux et objets précieux non réellement déposés entre les mains de l'hôtelier, à cinquante fois le prix de location du logement par journée ;

2° pour les autres objets non déposés comme il est dit au chiffre 1° ci-dessus, à cent fois le prix de location du logement par journée.

Ces limitations ne s'appliquent pas lorsque l'hôtelier a refusé le dépôt réel sans motif légitime ou si le voyageur établit que le préjudice qu'il a subi résulte d'une faute de l'hôtelier ou des personnes dont celui-ci est responsable.

Art. 1793 *(L. n° 1.101, 12 juin 1987).* – Toute clause contraire aux dispositions des deux articles précédents est réputée non écrite.

Chapitre III. – Du séquestre

Section I. – Des diverses espèces de séquestre

Art. 1794. – Le séquestre est ou conventionnel ou judiciaire.

Section II. – Du séquestre conventionnel

Art. 1795. – le;&-0.1mLe séquestre conventionnel est le dépôt fait par une ou plusieurs personnes, d'une chose contentieuse, entre les mains d'un tiers qui s'oblige à la rendre, après la contestation terminée, à la personne qui sera jugée devoir l'obtenir.

Art. 1796. – Le séquestre peut n'être pas gratuit.

Art. 1797. – Lorsqu'il est gratuit, il est soumis aux règles du dépôt proprement dit, sauf les différences ci-après énoncées.

Art. 1798. – Le séquestre peut avoir pour objet, non seulement des effets mobiliers, mais même des immeubles.

Art. 1799. – Le dépositaire chargé du séquestre ne peut être déchargé avant la contestation terminée, que du consentement de toutes les parties intéressées, ou pour une cause jugée légitime.

Section III. – Du séquestre ou dépôt judiciaire

Art. 1800. – La justice peut ordonner le séquestre :

1° des meubles saisis sur un débiteur ;

2° d'un immeuble ou d'une chose mobilière dont la propriété ou la possession est litigieuse entre deux ou plusieurs personnes ;

3° des choses qu'un débiteur offre pour sa libération.

Art. 1801. – L'établissement d'un gardien judiciaire produit, entre le saisissant et le gardien, des obligations réciproques. Le gardien doit apporter, pour la conservation des effets saisis, les soins d'un bon père de famille.

Il doit les représenter, soit à la décharge du saisissant pour la vente, soit à la partie contre laquelle les exécutions ont été faites, en cas de mainlevée de la saisie.

L'obligation du saisissant consiste à payer au gardien le salaire fixé par la loi.

Art. 1802. – Le séquestre judiciaire est donné, soit à une personne dont les parties intéressées sont convenues entre elles, soit à une personne nommée d'office par le juge.

Dans l'un et l'autre cas, celui auquel la chose a été confiée, est soumis à toutes les obligations qu'emporte le séquestre conventionnel.

TITRE XII. – DES CONTRATS ALÉATOIRES

Art. 1803. – Le contrat aléatoire est une convention réciproque dont les effets, quant aux avantages et aux pertes, soit pour toutes les parties, soit pour l'une ou plusieurs d'entre elles, dépendent d'un événement incertain.

Tels sont :

Le contrat d'assurance ;

Le prêt à grosse aventure ;

Le jeu et le pari ;

Le contrat de rente viagère ;

Les deux premiers sont régis par les lois du commerce.

Chapitre I. – Du jeu et du pari

Art. 1804. – La loi n'accorde aucune action pour une dette de jeu ou pour le paiement d'un pari.

Art. 1805. – Les jeux propres à exercer au fait des armes, les courses à pied ou à cheval, les courses de chariot, le jeu de paume et autres jeux de même nature, qui tiennent à l'adresse et à l'exercice du corps, sont exceptés de la disposition précédente.

Néanmoins le tribunal peut rejeter la demande, quand la somme lui paraît excessive.

Art. 1806. – Dans aucun cas, le perdant ne peut répéter ce qu'il a volontairement payé, à moins qu'il n'y ait eu, de la part du gagnant, dol, supercherie ou escroquerie.

Chapitre II. – Du contrat de rente viagère

Section I. – Des conditions requises pour la validité du contrat

Art. 1807. – La rente viagère peut être constituée à titre onéreux, moyennant une somme d'argent, ou pour une chose mobilière appréciable, ou pour un immeuble.

Art. 1808. – Elle peut aussi être constituée à titre purement gratuit, par donation entre vifs ou par testament. Elle doit être alors revêtue des formes requises par la loi.

Art. 1809. – Dans le cas de l'article précédent, la rente viagère est réductible, si elle excède ce dont il est permis de disposer ; elle est nulle, si elle est au profit d'une personne incapable de recevoir.

Art. 1810. – La rente viagère peut être constituée, soit sur la tête de celui qui en fournit le prix, soit sur la tête d'un tiers, qui n'a aucun droit d'en jouir.

Art. 1811. – Elle peut être constituée sur une ou plusieurs têtes.

Art. 1812. – Elle peut être constituée au profit d'un tiers, quoique le prix en soit fourni par une autre personne.

Dans ce dernier cas, quoiqu'elle ait les caractères d'une libéralité, elle n'est point assujettie aux formes requises pour les donations, sauf les cas de réduction et de nullité énoncés dans l'article 1809.

Art. 1813. – Tout contrat de rente viagère créé sur la tête d'une personne qui était morte au jour du contrat, ne produit aucun effet.

Art. 1814. – Il en est de même du contrat par lequel la rente a été créée sur la tête d'une personne atteinte de la maladie dont elle est décédée dans les vingt jours de la date du contrat.

Art. 1815. – La rente viagère peut être constituée au taux qu'il plaît aux parties contractantes de fixer.

Section II. – Des effets du contrat entre les parties contractantes

Art. 1816. – Celui au profit duquel la rente viagère a été constituée moyennant un prix, peut demander la résiliation du contrat, si le constituant ne lui donne pas les sûretés stipulées pour son exécution.

Art. 1817. – Le seul défaut de paiement des arrérages de rente n'autorise point celui en faveur de qui elle est constituée, à demander le remboursement du capital, ou à rentrer dans le fonds par lui aliéné. Il n'a que le droit de saisir et de faire vendre les biens de son débiteur, et de faire ordonner ou consentir, sur le produit de la vente, l'emploi d'une somme suffisante pour le service des arrérages.

Art. 1818. – Le constituant ne peut se libérer du paiement de la rente, en offrant de rembourser le capital, et en renonçant à la répétition des arrérages payés ; il est tenu de servir la rente pendant toute la vie de la personne ou des personnes sur la tête desquelles la rente a été constituée, quelle que soit la durée de la vie de ces personnes, et quelque onéreux qu'ait pu devenir le service de la rente.

Art. 1819. – La rente viagère n'est acquise au propriétaire que dans la proportion du nombre de jours qu'il a vécu.

Néanmoins, s'il a été convenu qu'elle serait payée d'avance, le terme qui a dû être payé est acquis du jour où le paiement a dû en être fait.

Art. 1820. – La rente viagère ne peut être stipulée insaisissable que lorsqu'elle a été constituée à titre gratuit.

Art. 1821. – La rente viagère n'est pas éteinte par le décès du rentier, lorsque le débiteur de la rente a été condamné comme lui ayant donné criminellement la mort. En ce cas, il y a lieu à la résolution du contrat, et au remboursement du capital, sans répétition pour la portion des arrérages payés, qui excéderaient le taux légal.

Art. 1822. – Le propriétaire d'une rente viagère n'en peut demander les arrérages qu'en justifiant de son existence, ou de celle de la personne sur la tête de laquelle elle a été constituée.

TITRE XIII. – DU MANDAT

Chapitre I. – De la nature et de la forme du mandat

Art. 1823. – Le mandat ou procuration est un acte par lequel une personne donne à une autre le pouvoir de faire quelque chose pour le mandant et en son nom.

Le contrat ne se forme que par l'acceptation du mandataire.

Art. 1824. – Le mandat peut être donné ou par acte public, ou par écrit sous seing privé, même par lettre. Il peut aussi être donné verbalement ; mais la preuve testimoniale n'en est reçue que conformément au titre *Des contrats ou des obligations conventionnelles en général.*

L'acceptation du mandat peut n'être que tacite, et résulter de l'exécution qui lui a été donnée par le mandataire.

Art. 1825. – Le mandat est gratuit, s'il n'y a convention contraire.

Art. 1826. – Il est ou spécial et pour une affaire ou certaines affaires seulement, ou général et pour toutes les affaires du mandant.

Art. 1827. – Le mandat conçu en termes généraux n'embrasse que les actes d'administration ; s'il s'agit d'aliéner ou d'hypothéquer, ou de quelque autre acte de propriété, le mandat doit être exprès.

Art. 1828. – Le mandataire ne peut rien faire au-delà de ce qui est porté dans son mandat ; le pouvoir de transiger ne renferme pas celui de compromettre.

Art. 1829. – Les femmes et les mineurs émancipés peuvent être choisis pour mandataires ; mais le mandant n'a d'action contre le mandataire mineur que d'après les règles générales relatives aux obligations des mineurs, et contre la femme mariée et qui a accepté le mandat sans autorisation de son mari, que d'après les règles établies au titre *Du contrat de mariage et des droits respectifs des époux.*

Chapitre II. – Des obligations du mandataire

Art. 1830. – Le mandataire est tenu d'accomplir le mandat tant qu'il en demeure chargé, et répond des dommages-intérêts qui pourraient résulter de son inexécution.

Il est tenu de même d'achever la chose commencée au décès du mandant, s'il y a péril en la demeure.

Art. 1831. – Le mandataire répond non seulement du dol, mais encore des fautes qu'il commet dans sa gestion.

Néanmoins la responsabilité relative aux fautes est appliquée moins rigoureusement à celui dont le mandat est gratuit qu'à celui qui reçoit un salaire.

Art. 1832. – Tout mandataire est tenu de rendre compte de sa gestion, et de faire raison au mandant de tout ce qu'il a reçu en vertu de sa procuration, quand même ce qu'il aurait reçu n'eût point été dû au mandant.

Art. 1833. – Le mandataire répond de celui qu'il s'est substitué dans la gestion :

1° Quand il n'a pas reçu le pouvoir de se substituer quelqu'un ;

2° Quand ce pouvoir lui a été conféré sans désignation d'une personne, et que celle dont il a fait choix était notoirement incapable ou insolvable.

Dans tous les cas, le mandant peut agir directement contre la personne que le mandataire s'est substituée.

Art. 1834. – Quand il y a plusieurs fondés de pouvoir ou mandataires établis par le même acte, il n'y a de solidarité entre eux qu'autant qu'elle est exprimée.

Art. 1835. – Le mandataire doit l'intérêt des sommes qu'il a employées à son usage, à dater de cet emploi, et de celles dont il est reliquataire, à compter du jour qu'il est mis en demeure.

Art. 1836. – Le mandataire qui a donné à la partie avec laquelle il contracte en cette qualité, une suffisante connaissance de ses pouvoirs, n'est tenu d'aucune garantie pour ce qui a été fait au-delà, s'il ne s'y est personnellement soumis.

Chapitre III. – Des obligations du mandant

Art. 1837. – Le mandant est tenu d'exécuter les engagements contractés par le mandataire, conformément au pouvoir qui lui a été donné.

Il n'est tenu de ce qui a pu être fait au-delà, qu'autant qu'il l'a ratifié expressément ou tacitement.

Art. 1838. – Le mandant doit rembourser au mandataire les avances et frais que celui-ci a faits pour l'exécution du mandat, et lui payer ses salaires lorsqu'il en a été promis.

S'il n'y a aucune faute imputable au mandataire, le mandant ne peut se dispenser de faire ces remboursement et paiement, lors même que l'affaire n'aurait pas réussi, ni faire réduire le montant des frais et avances, sous le prétexte qu'ils pouvaient être moindres.

Art. 1839. – Le mandant doit aussi indemniser le mandataire des pertes que celui-ci a essuyées à l'occasion de sa gestion, sans imprudence qui lui soit imputable.

Art. 1840. – L'intérêt des avances faites par le mandataire lui est dû par le mandant, à dater du jour des avances constatées.

Art. 1841. – Lorsque le mandataire a été constitué par plusieurs personnes pour une affaire commune, chacune d'elles est tenue solidairement envers lui de tous les effets du mandat.

Chapitre IV. – Des différentes manières dont le mandat finit

Art. 1842. – Le mandat finit :

Par la révocation du mandataire ;

Par la renonciation de celui-ci au mandat ;

Par la mort, l'interdiction ou la déconfiture, soit du mandant, soit du mandataire.

Art. 1843. – Le mandant peut révoquer sa procuration quand bon lui semble, et contraindre, s'il y a lieu, le mandataire à lui remettre, soit l'écrit sous seing privé qui la contient, soit l'original de la procuration, si elle a été délivrée en brevet, soit l'expédition, s'il en a été gardé minute.

Art. 1844. – La révocation notifiée au seul mandataire ne peut être opposée aux tiers qui ont traité dans l'ignorance de cette révocation, sauf au mandant son recours contre le mandataire.

Art. 1845. – La constitution d'un nouveau mandataire pour la même affaire vaut révocation du premier, à compter du jour où elle a été notifiée à celui-ci.

Art. 1846. – Le mandataire peut renoncer au mandat, en notifiant au mandant sa renonciation.

Néanmoins, si cette renonciation préjudicie au mandant, il devra en être indemnisé par le mandataire, à moins que celui-ci ne se trouve dans l'impossibilité de continuer le mandat sans en éprouver lui-même un préjudice considérable.

Art. 1847. – Si le mandataire ignore la mort du mandant, ou l'une des autres causes qui font cesser le mandat, ce qu'il a fait dans cette ignorance est valide.

Art. 1848. – Dans les cas ci-dessus, les engagements du mandataire sont exécutés à l'égard des tiers qui sont de bonne foi.

Art. 1849. – En cas de mort du mandataire, ses héritiers doivent en donner avis au mandant, et pourvoir, en attendant, à ce que les circonstances exigent pour l'intérêt de celui-ci.

TITRE XIV. – DU CAUTIONNEMENT

Chapitre I. – De la nature et de l'étendue du cautionnement

Art. 1850. – Celui qui se rend caution d'une obligation se soumet, envers le créancier, à satisfaire à cette obligation, si le débiteur n'y satisfait pas lui-même.

Art. 1851. – Le cautionnement ne peut exister que sur une obligation valable.

On peut néanmoins cautionner une obligation, encore qu'elle pût être annulée par une exception purement personnelle à l'obligé : par exemple, dans le cas de minorité.

Art. 1852. – Le cautionnement ne peut excéder ce qui est dû par le débiteur, ni être contracté sous des conditions plus onéreuses.

Il peut être contracté pour une partie de la dette seulement et sous des conditions moins onéreuses.

Le cautionnement qui excède la dette, ou qui est contracté sous des conditions plus onéreuses, n'est point nul ; il est seulement réductible à la mesure de l'obligation principale.

Art. 1853. – On peut se rendre caution sans ordre de celui pour lequel on s'oblige, et même à son insu.

On peut aussi se rendre caution, non seulement du débiteur principal, mais encore de celui qui l'a cautionné.

Art. 1854. – Le cautionnement ne se présume point ; il doit être exprès, et on ne peut pas l'étendre au-delà des limites dans lesquelles il a été contracté.

Art. 1855. – Le cautionnement indéfini d'une obligation principale s'étend à tous les accessoires de la dette, même aux frais de la première demande, et à tous ceux postérieurs à la dénonciation qui en est faite à la caution.

Art. 1856. – Les engagements des cautions passent à leurs héritiers, si l'engagement était tel que la caution y fût obligée.

Art. 1857. – Le débiteur, obligé à fournir une caution, doit en présenter une qui ait la capacité de contracter, qui ait un bien suffisant pour répondre de l'objet de l'obligation et qui ait son domicile dans la Principauté.

Art. 1858. – La solvabilité d'une caution ne s'estime qu'eu égard à ses propriétés foncières, excepté en matière de commerce, ou lorsque la dette est modique.

On n'a point égard aux immeubles litigieux.

Art. 1859. – Lorsque la caution reçue par le créancier, volontairement ou en justice, est ensuite devenue insolvable, il doit en être donné une autre.

Cette règle reçoit exception dans le cas seulement où la caution n'a été donnée qu'en vertu d'une convention par laquelle le créancier a exigé une telle personne pour caution.

Chapitre II. – De l'effet du cautionnement

Section I. – De l'effet du cautionnement entre le créancier et la caution

Art. 1860. – La caution n'est obligée envers le créancier à le payer qu'à défaut du débiteur, qui doit être préalablement discuté dans ses biens, à moins que la caution n'ait renoncé au bénéfice de discussion, ou à moins qu'elle ne soit obligée solidairement avec le débiteur ; auquel cas l'effet de son engagement se règle par les principes qui ont été établis pour les dettes solidaires.

Art. 1861. – Le créancier n'est obligé de discuter le débiteur principal que lorsque la caution le requiert, sur les premières poursuites dirigées contre elle.

Art. 1862. – La caution qui requiert la discussion, doit indiquer au créancier les biens du débiteur principal, et avancer les deniers suffisants pour faire la discussion.

Elle ne doit indiquer ni des biens du débiteur principal situés hors de la Principauté, ni des biens litigieux, ni ceux hypothéqués à la dette qui ne sont plus en la possession du débiteur.

Art. 1863. – Toutes les fois que la caution a fait l'indication de biens autorisés par l'article précédent, et qu'elle a fourni les deniers suffisants pour la discussion, le créancier est, jusqu'à concurrence des biens indiqués, responsable, à l'égard de la caution, de l'insolvabilité du débiteur principal survenue par le défaut de poursuites.

Art. 1864. – Lorsque plusieurs personnes se sont rendues caution d'un même débiteur pour une même dette, elles sont obligées chacune à toute la dette.

Art. 1865. – Néanmoins chacune d'elles peut, à moins qu'elle n'ait renoncé au bénéfice de division, exiger que le créancier divise préalablement son action, et la réduise à la part et portion de chaque caution.

Lorsque, dans le temps où une des cautions a fait prononcer la division, il y en avait d'insolvables, cette caution est tenue proportionnellement de ces insolvabilités ; mais elle ne peut plus être recherchée à raison des insolvabilités survenues depuis la division.

Art. 1866. – Si le créancier a divisé lui-même et volontairement son action, il ne peut revenir contre cette division, quoiqu'il y eût, même antérieurement au temps où il l'a ainsi consentie, des cautions insolvables.

Section II. – De l'effet du cautionnement entre le débiteur et la caution

Art. 1867. – La caution qui a payé, a son recours contre le débiteur principal, soit que le cautionnement ait été donné au su ou à l'insu du débiteur.

Ce recours a lieu tant pour le principal que pour les intérêts et les frais. Néanmoins la caution n'a de recours que pour les frais par elle faits depuis qu'elle a dénoncé au débiteur principal les poursuites dirigées contre elle.

Elle a aussi recours pour les dommages et intérêts, s'il y a lieu.

Art. 1868. – La caution qui a payé la dette est subrogée à tous les droits qu'avait le créancier contre le débiteur.

Art. 1869. – Lorsqu'il y avait plusieurs débiteurs principaux solidaires d'une même dette, la caution qui les a tous cautionnés a, contre chacun d'eux, le recours pour la répétition du total de ce qu'elle a payé.

Art. 1870. – La caution qui a payé une première fois, n'a point de recours contre le débiteur principal qui a payé une seconde fois, lorsqu'elle ne l'a point averti du paiement par elle fait ; sauf son action en répétition contre le créancier.

Lorsque la caution aura payé sans être poursuivie et sans avoir averti le débiteur principal, elle n'aura point de recours contre lui dans le cas où, au moment du paiement, ce débiteur aurait eu des moyens pour faire déclarer la dette éteinte ; sauf son action en répétition contre le créancier.

Art. 1871. – La caution, même avant d'avoir payé, peut agir contre le débiteur, pour être par lui indemnisée :

1° Lorsqu'elle est poursuivie en justice pour le paiement ;

2° Lorsque le débiteur a fait faillite ou est en déconfiture ;

3° Lorsque le débiteur s'est obligé de lui rapporter sa décharge dans un certain temps ;

4° Lorsque la dette est devenue exigible par l'échéance du terme sous lequel elle avait été contractée ;

5° Au bout de dix années, lorsque l'obligation principale n'a point de terme fixe d'échéance, à moins que l'obligation principale, telle qu'une tutelle, ne soit pas de nature à pouvoir être éteinte avant un temps déterminé.

Section III. – De l'effet du cautionnement entre les cofidéjusseurs

Art. 1872. – Lorsque plusieurs personnes ont cautionné un même débiteur pour une même dette, la caution qui a acquitté la dette a recours contre les autres cautions, chacune pour sa part et portion.

Mais ce recours n'a lieu que lorsque la caution a payé dans l'un des cas énoncés en l'article précédent.

Chapitre III. – De l'extinction du cautionnement

Art. 1873. – L'obligation qui résulte du cautionnement s'éteint par les mêmes causes que les autres obligations.

Art. 1874. – La confusion qui s'opère dans la personne du débiteur principal et de sa caution, lorsqu'ils deviennent héritiers l'un et l'autre, n'éteint point l'action du créancier contre celui qui s'est rendu caution de la caution.

Art. 1875. – La caution peut opposer au créancier toutes les exceptions qui appartiennent au débiteur principal, et qui sont inhérentes à la dette ; mais elle ne peut opposer les exceptions qui sont purement personnelles au débiteur.

Art. 1876. – La caution est déchargée, lorsque la subrogation au droits, hypothèques et privilèges du créancier, ne peut plus, par le fait de ce créancier, s'opérer en faveur de la caution.

Art. 1877. – L'acceptation volontaire que le créancier a faite d'un immeuble ou d'un effet quelconque en paiement de la dette principale, décharge la caution, encore que le créancier vienne à en être évincé.

Art. 1878. – La simple prorogation du terme, accordée par le créancier au débiteur principal, ne décharge point la caution, qui peut, en ce cas, poursuivre le débiteur pour le forcer au paiement.

Chapitre IV. – De la caution légale et de la caution judiciaire

Art. 1879. – Toutes les fois qu'une personne est obligée, par la loi ou par une condamnation, à fournir une caution, la caution offerte doit remplir les conditions prescrites par les articles 1857 et 1858.

Art. 1880. – Celui qui ne peut pas trouver une caution, est reçu à donner à sa place un gage en nantissement suffisant.

Art. 1881. – La caution judiciaire ne peut point demander la discussion du débiteur principal.

Art. 1882. – Celui qui a simplement cautionné la caution judiciaire, ne peut demander la discussion du débiteur principal de la caution.

TITRE XV. – DES TRANSACTIONS

Art. 1883. – La transaction est un contrat par lequel les parties terminent une contestation née, ou préviennent une contestation à naître.

Ce contrat doit être rédigé par écrit.

Art. 1884. – Pour transiger, il faut avoir la capacité de disposer des objets compris dans la transaction.

Le tuteur ne peut transiger pour le mineur ou l'interdit, que conformément à l'article 362, au titre *De la minorité, de la tutelle et de l'émancipation*, et il ne peut transiger avec le mineur devenu majeur, sur le compte de tutelle, que conformément à l'article 367, au même titre.

Les établissements publics ne peuvent transiger qu'avec l'autorisation expresse du Prince.

Art. 1885. – On peut transiger sur l'intérêt civil qui résulte d'un délit.

La transaction n'empêche pas la poursuite du ministère public.

Art. 1886. – On peut ajouter à une transaction la stipulation d'une peine contre celui qui manquera de l'exécuter.

Art. 1887. – Les transactions se renferment dans leur objet ; la renonciation qui y est faite à tous droits, actions et prétentions, ne s'entend que de ce qui est relatif au différend qui y a donné lieu.

Art. 1888. – Les transactions ne règlent que les différends qui s'y trouvent compris, soit que les parties aient manifesté leur intention par des expressions spéciales ou générales, soit que l'on reconnaisse cette intention par une suite nécessaire de ce qui est exprimé.

Art. 1889. – Si celui qui avait transigé sur un droit qu'il avait de son chef, acquiert ensuite un droit semblable du chef d'une autre personne, il n'est point, quant au droit nouvellement acquis, lié par la transaction antérieure.

Art. 1890. – La transaction faite par l'un des intéressés ne lie point les autres intéressés, et ne peut être opposée par eux.

Art. 1891. – Les transactions ont, entre les parties, l'autorité de la chose jugée en dernier ressort.

Elles ne peuvent être attaquées pour cause d'erreur de droit, ni pour cause de lésion.

Art. 1892. – Néanmoins une transaction peut être rescindée, lorsqu'il y a erreur dans la personne, ou sur l'objet de contestation.

Elle peut l'être dans tous les cas où il y a dol ou violence.

Art. 1893. – Il y a également lieu à l'action en rescision contre une transaction, lorsqu'elle a été faite en exécution d'un titre nul, à moins que les parties n'aient expressément traité sur la nullité.

Art. 1894. – La transaction faite sur pièces qui depuis ont été reconnues fausses, est entièrement nulle.

Art. 1895. – La transaction sur un procès terminé par un jugement passé en force de chose jugée, dont les parties ou l'une d'elles n'avaient point connaissance, est nulle.

Si le jugement ignoré des parties était susceptible d'appel, la transaction serait valable.

Art. 1896. – Lorsque les parties ont transigé généralement sur toutes les affaires qu'elles pouvaient avoir ensemble, les titres qui leur étaient alors inconnus, et qui auraient été postérieurement découverts, ne sont point une cause de rescision, à moins qu'ils n'aient été retenus par le fait de l'une des parties.

Mais la transaction serait nulle si elle n'avait qu'un objet sur lequel il serait constaté, par des titres nouvellement découverts, que l'une des parties n'avait aucun droit.

Art. 1897. – L'erreur de calcul dans une transaction doit être réparée.

TITRE XVI. – DE LA TRANSCRIPTION

Art. 1898 *(Mod., L. n° 1.381, 29 juin 2011)*. – Sont transcrits au bureau des hypothèques de Monaco :

1° Tout acte à titre gratuit ou onéreux et toute décision judiciaire portant ou constatant entre vifs mutation ou constitution de droits réels immobiliers autres que les privilèges et hypothèques qui sont conservés suivant les modalités prévues aux articles 1986 à 1995 ;

2° Tout acte portant renonciation à ces mêmes droits ;

3° Tout jugement qui déclare l'existence d'une convention verbale de la nature ci-dessus exprimée ;

4° Tout jugement d'adjudication y compris celui rendu sur licitation au profit d'un cohéritier ou copartageant portant ou constatant une mutation de droits réels immobiliers.

Art. 1899 *(Mod., L. n° 1.381, 29 juin 2011)*. – Sont également transcrits :

1° Tout acte constitutif d'antichrèse, de servitude, d'usufruit, d'usage et autres droits réels non susceptibles d'hypothèque ;

2° Tout acte portant renonciation à ces mêmes droits ;

3° Tout jugement qui en déclare l'existence, en vertu d'une convention verbale ;

4° Tout acte constatant des apports immobiliers dans une société ;

5° Tout bail d'une durée de plus de neuf ans ;

6° Tout acte portant cession desdits baux ;

7° Tout acte ou jugement constatant, même pour bail de moindre durée, quittance ou cession d'une somme équivalente à trois années de loyer ou fermage non échu ;

8° Les attestations ou déclarations établies par les notaires en vue de constater la transmission ou la constitution par décès de droits réels immobiliers ;

9° Tout acte et décision judiciaire contenant ou constatant le changement ou la modification du nom ou des prénoms des personnes physiques, ainsi que les changements de dénomination, de forme juridique ou de siège des personnes morales, lorsque ces changements intéressent des personnes physiques ou morales titulaires de droits ayant fait l'objet d'une formalité de publicité à la Conservation des hypothèques.

Art. 1900 *(Ord. 4 juill. 1903)*. – Pour opérer la transcription, l'acte ou une expédition de l'acte ou du jugement est présenté au bureau de la conservation des hypothèques. Le conservateur transcrit cet acte ou cette expédition sur le registre à ce destiné, en se conformant aux dispositions des articles 2031 et 2033 du présent code.

Art. 1901. – Jusqu'à la transcription, les droits résultant des actes ou jugements énoncés aux articles 1898 et 1899 ci-dessus ne peuvent être opposés aux tiers qui ont des droits sur l'immeuble, et qui les conservent en se conformant aux lois.

Les baux qui n'ont point été transcrits ne peuvent jamais leur être opposés pour une durée de plus de neuf ans.

Art. 1902. – Tout jugement prononçant, en tout ou en partie, la résolution, nullité, ou rescision d'un acte, à titre gratuit ou onéreux, transcrit, doit, dans le mois à dater du jour où il a acquis l'autorité de la chose jugée, être mentionné en marge de la transcription faite sur le registre.

Égale mention doit être opérée de tout jugement qui, sur la demande de créanciers frustrés, révoquera une aliénation faite par leur débiteur.

Art. 1903 *(L. n° 1.247, 21 déc. 2001)*. – Le défenseur, qui a obtenu un jugement de l'espèce mentionné à l'article précédent, est tenu, sous peine d'une amende de 7,50 à 15 €, de faire opérer cette mention dans le délai susdit, en présentant l'expédition du jugement et en remettant un bordereau, sur papier timbré, signé par lui, au conservateur, qui lui en donne récépissé.

Cette obligation incombe, sous la même peine, à la partie qui a obtenu le jugement, si elle n'a pas été représentée par un défenseur.

Le bordereau devra énoncer les nom, prénoms, le domicile ou la demeure des parties, la désignation exacte de l'immeuble, la date et un résumé précis du dispositif.

La mention, en marge de la transcription, devra reproduire toutes les énonciations du bordereau déposé.

Art. 1904. – Le conservateur, lorsqu'il en est requis, délivre, sous sa responsabilité, l'état spécial ou général des transcriptions et mentions prescrites par les articles 1898, 1899 et 1902.

Il pourra aussi délivrer, sur la demande expresse des parties intéressées, des certificats contenant un relevé sommaire desdites transcriptions et mentions.

Les réquisitions doivent être faites par écrit et sur papier timbré.

Si le requérant ne sait pas signer, le conservateur écrit, en tête des états ou certificats délivrés, les termes dans lesquels la réquisition ou demande lui a été faite verbalement ; il énonce sur un registre que le requérant a déclaré ne savoir signer.

Art. 1905. – À partir de la transcription, tous créanciers privilégiés ou ayant hypothèque aux termes des articles 1961, 1955 et 1966 du présent code, ne peuvent utilement prendre inscription sur le précédent propriétaire.

Néanmoins, le vendeur, pour la totalité ou partie du prix qui lui est due ; le cohéritier ou copartageant, pour la garantie des partages, les soultes ou retours de lots et pour le prix de la licitation ; les architectes, entrepreneurs, maçons et autres ouvriers, pour les constructions, reconstructions ou réparations par eux faites, peuvent utilement inscrire, dans les quarante jours de la transcription, les privilèges à eux conférés par l'article 1940 du présent code.

Art. 1906. – L'action résolutoire établie par les articles 1496, 1497 et 1498 du présent code ne peut être exercée, après l'extinction du privilège du vendeur, au préjudice des tiers qui ont acquis des droits sur l'immeuble du chef de l'acquéreur, et qui se sont conformés aux lois pour les conserver.

TITRE XVII. – DU NANTISSEMENT

Art. 1907. – Le nantissement est un contrat par lequel un débiteur remet une chose à son créancier pour sûreté de la dette.

Art. 1908. – Le nantissement d'une chose mobilière s'appelle gage ; celui d'une chose immobilière s'appelle antichrèse.

Chapitre I. – Du gage

Art. 1909. – Le gage confère au créancier le droit de se faire payer sur la chose qui en est l'objet, par privilège et préférence aux autres créanciers.

Art. 1910 *(L. 2 avr. 1949 ; mod., L. n° 1.247, 21 déc. 2001 ; L. n° 1.371, 5 juill. 2010)*. – Ce privilège n'a lieu qu'autant qu'il y a un acte public ou sous seing privé, dûment enregistré, contenant la déclaration de la somme due ainsi que l'espèce et la nature des choses remises en gage, ou un état annexé de leurs qualités, poids et mesures.

La rédaction de l'acte par écrit et son enregistrement ne sont néanmoins prescrits qu'en matière excédant la valeur de 760 €.

Par dérogation aux précédents alinéas, les actes garantissant les prêts octroyés par la personne physique ou morale à laquelle est concédée l'autorisation de se livrer à des opérations de prêt sur gage ne sont pas soumis à enregistrement.

Art. 1911. – Le privilège énoncé en l'article précédent ne s'établit sur les meubles incorporels, tels que les créances mobilières, que par acte public ou sous seing privé, aussi enregistré, et signifié au débiteur de la créance donnée en gage.

Art. 1912. – Dans tous les cas, le privilège ne subsiste sur le gage, qu'autant que ce gage a été mis et est resté en la possession du créancier, ou d'un tiers convenu entre les parties.

Art. 1913. – Le gage peut être donné par un tiers pour le débiteur.

Art. 1914. – Le créancier ne peut, à défaut de paiement, disposer du gage ; sauf à lui à faire ordonner en justice que ce gage lui demeurera en paiement et jusqu'à due concurrence, d'après une estimation faite par experts, ou qu'il sera vendu aux enchères.

Toute clause qui autoriserait le créancier à s'approprier le gage ou à en disposer sans les formalités ci-dessus est nulle.

Art. 1915. – Jusqu'à l'expropriation des biens du détenteur, s'il y a lieu, il reste propriétaire du gage, qui n'est, dans la main du créancier, qu'un dépôt assurant le privilège de celui-ci.

Art. 1916. – Le créancier répond, selon les règles établies au titre *Des contrats ou des obligations conventionnelles en général*, de la perte ou détérioration du gage qui serait survenue par sa négligence.

De son côté, le débiteur doit tenir compte au créancier des dépenses utiles et accessoires que celui-ci a faites pour la conservation du gage.

Art. 1917. – S'il s'agit d'une créance donnée en gage, et que cette créance porte intérêts, le créancier impute ces intérêts sur ceux qui peuvent lui être dus.

Si la dette pour sûreté de laquelle la création a été donnée en gage ne porte pas elle-même intérêts, l'imputation se fait sur le capital de la dette.

Art. 1918. – Le débiteur ne peut, à moins que le détenteur du gage n'en abuse, en réclamer la restitution qu'après avoir entièrement payé, tant en principal qu'intérêts et frais, la dette pour sûreté de laquelle le gage a été donné.

S'il existait, de la part du même débiteur, envers le même créancier, une autre dette contractée postérieurement à la mise en gage, et devenue exigible avant le paiement de la première dette, le créancier ne pourra être tenu de se dessaisir du gage avant d'être entièrement payé de l'une et de l'autre dette, lors même qu'il n'y aurait eu aucune stipulation pour affecter le gage au paiement de la seconde.

Art. 1919. – Le gage est indivisible nonobstant la divisibilité de la dette entre les héritiers du débiteur ou ceux du créancier.

L'héritier du débiteur, qui a payé sa portion de la dette, ne peut demander la restitution de sa portion dans le gage, tant que la dette n'est pas entièrement acquittée.

Réciproquement, l'héritier du créancier qui a reçu sa portion de la dette, ne peut remettre le gage au préjudice de ceux de ses cohéritiers qui ne sont pas payés.

Art. 1920 *(Mod., L. n° 1.224, 28 déc. 1999)*. – Les dispositions ci-dessus ne sont pas applicables aux gages que la loi répute actes de commerce.

Chapitre II. – De l'antichrèse

Art. 1921. – L'antichrèse ne s'établit que par écrit.

Le créancier n'acquiert, par ce contrat, que la faculté de percevoir les fruits de l'immeuble, à la charge de les imputer annuellement sur les intérêts, s'il lui en est dû, et ensuite sur le capital de sa créance.

Art. 1922. – Le créancier est tenu, s'il n'en est autrement convenu, de payer les contributions et les charges annuelles de l'immeuble qu'il tient en antichrèse.

Il doit également, sous peine de dommages et intérêts, pourvoir à l'entretien et aux réparations utiles et nécessaires de l'immeuble, sauf à prélever sur les fruits toutes les dépenses relatives à ces divers objets.

Art. 1923. – Le débiteur ne peut, avant l'entier acquittement de la dette, réclamer la jouissance de l'immeuble qu'il a remis en antichrèse.

Mais le créancier qui veut se décharger des obligations exprimées en l'article précédent, peut toujours, à moins qu'il n'ait renoncé à ce droit, contraindre le débiteur à reprendre la jouissance de son immeuble.

Art. 1924. – Le créancier ne devient point propriétaire de l'immeuble, par le seul défaut de paiement au terme convenu ; toute clause contraire est nulle ; en ce cas, il peut poursuivre l'expropriation des biens de son débiteur par les voies légales.

Art. 1925. – Lorsque les parties ont stipulé que les fruits se compenseront avec les intérêts, ou totalement, ou jusqu'à une certaine concurrence, cette convention s'exécute comme toute autre qui n'est point prohibée par les lois.

Art. 1926. – Les dispositions des articles 1913 et 1919 s'appliquent à l'antichrèse comme au gage.

Art. 1927. – Tout ce qui est statué au présent chapitre ne préjudicie point aux droits que des tiers pourraient avoir sur le fonds de l'immeuble remis à titre d'antichrèse.

Si le créancier, muni de ce titre, a d'ailleurs sur le fonds des privilèges ou hypothèques légalement établis et conservés, il les exerce à son ordre et comme tout autre créancier.

TITRE XVIII. – DES PRIVILÈGES ET HYPOTHÈQUES

Chapitre I. – Dispositions générales

Art. 1928. – Quiconque s'est obligé personnellement, est tenu de remplir son engagement sur tous ses biens mobiliers et immobiliers, présents et à venir.

Art. 1929. – Les biens du débiteur sont le gage commun de ses créanciers, et le prix s'en distribue entre eux, d'après les formes établies par les lois de procédure civile, à moins qu'il n'y ait entre les créanciers des causes légitimes de préférence.

Art. 1930. – Les causes légitimes de préférence sont les privilèges et hypothèques.

Art. 1931. – Si les choses soumises à privilège ou hypothèque viennent à périr ou à être détériorées, les sommes dues pour indemnité de la perte ou de la détérioration sont affectées au paiement des créances privilégiées ou hypothécaires, suivant leur rang, à moins que ces sommes ne soient employées pour réparer la perte ou la détérioration.

Sont également affectées au paiement desdites créances les sommes dues pour expropriation forcée, pour cause d'utilité publique ou de servitude imposée par la loi.

Dans les cas prévus par le présent article, l'inscription de l'hypothèque vaut opposition au paiement de l'indemnité d'assurance ou d'expropriation.

Les hypothèques légales non inscrites ne feraient obstacle au paiement, passé le délai d'un mois.

Après le même délai, les créanciers privilégiés ne seraient plus recevables à former utilement opposition au paiement.

Chapitre II. – Des privilèges

Art. 1932. – Le privilège est un droit que la qualité de la créance donne au créancier d'être préféré aux autres créanciers, même hypothécaires.

Art. 1933. – Entre les créanciers privilégiés, la préférence se règle par les différentes qualités des privilèges.

Art. 1934. – Les créanciers privilégiés qui sont dans le même rang sont payés par concurrence.

Art. 1935. – Le Trésor du Prince est privilégié pour le recouvrement des droits qui lui sont dus en vertu des lois. L'ordre dans lequel s'exerce ce privilège est réglé ci-après.

Le Trésor du Prince ne peut cependant obtenir de privilège au préjudice des droits antérieurement acquis à des tiers.

Art. 1936. – Les privilèges peuvent être sur les meubles ou sur les immeubles.

Section I. – Des privilèges sur les meubles

Art. 1937 *(L. 12 mars 1913)*. – Les privilèges sont ou généraux ou particuliers sur certains meubles.

§ 1. – Des privilèges généraux sur les meubles

Art. 1938 *(Ord. 4 juill. 1903 ; mod., L. 8 janv. 1931 ; Ord.-L. n° 663, 23 mai 1959 ; L. n° 847, 27 juin 1968 ; rempl., L. n° 1.236, 2 juill. 2001)*. – Les créances privilégiées sur la généralité des meubles sont celles ci-après exprimées ; elles s'exercent dans l'ordre suivant :

1° Les frais de justice faits dans l'intérêt commun des créanciers ;

2° Les rémunérations de toutes les personnes liées par un contrat de travail ou d'apprentissage, pour les six derniers mois :

– les salaires fixes, remises proportionnelles et commissions définitivement acquises par les commis et les voyageurs de commerce, représentants et placiers de l'industrie et du commerce dans les six derniers mois précédant le jugement déclaratif de règlement judiciaire ou de liquidation de biens, alors même que la cause de ces créances remonterait à une daté antérieure ;

– les rémunérations des marins pour la dernière période de paye ;

– les rémunérations des gens de service pour l'année échue et l'année en cours ;

– les indemnités prévues aux articles 11 et 13 de la loi n° 729 du 16 mars 1963 concernant le contrat de travail, soit à raison de l'inobservation du délai-congé, soit à raison de la résiliation abusive du contrat de travail ;

– les indemnités dues pour les congés payés ;

– les indemnités de congédiement ou de licenciement dues en application des conventions collectives, usages ou dispositions légales, pour la totalité de la portion ne dépassant pas un plafond qui sera fixé par arrêté ministériel sans pouvoir être inférieur à la somme des portions de rémunérations mensuelles insaisissables et incessibles et pour le quart de la portion dépassant ce plafond ;

– les allocations, prestations et retraites dues aux ouvriers et employés par les employeurs dispensés de l'affiliation aux organismes sociaux créés à ces fins par la loi ;

– la créance de la victime d'un accident du travail ou d'une maladie professionnelle ou de ses ayants droit, relative aux frais médicaux, pharmaceutiques et accessoires, aux frais funéraires et, aux indemnités allouées à la suite de l'incapacité de travail ;

3° Les cotisations, intérêts et majorations de retard, dus en vertu des textes qui les régissent, pour l'année échue et l'année courante, aux organismes ou aux institutions particulières agréées, chargés d'assurer, soit le service des prestations sociales de toute nature ou des pensions de retraites, soit la prévention médicale du travail, soit encore un complément de la réparation pécuniaire des accidents du travail :

– les cotisations et les mêmes accessoires, dus pour les mêmes périodes aux institutions de retraites complémentaires et de prévoyance ainsi qu'aux institutions d'assurance chômage auxquelles les entreprises de la Principauté sont tenues d'adhérer en vertu d'accords collectifs ou de dispositions légales ou réglementaires ;

– les cotisations et les mêmes accessoires, dus pour les mêmes périodes aux caisses de congés payés ;

– la créance de l'établissement d'assurances en paiement du capital correspondant aux rentes et pensions dont il doit assurer le service en exécution d'un jugement rendu en application de l'article 42 de la loi n° 636 du 11 janvier 1958 modifiée par la loi n° 790 du 18 août 1965 ;

4° Les droits et taxes de toute nature dus au Trésor en vertu des lois ainsi que les frais de justice en matière criminelle, correctionnelle et de simple police ;

5° Les frais funéraires ;

6° Les frais quelconques de maladie faits dans la dernière année, concurremment entre ceux à qui ils sont dus ;

7° Les fournitures de subsistances faites au débiteur et à sa famille : savoir, pendant les six derniers mois, par les marchands en détail, tels que boulangers, bouchers et autres ; pendant la dernière année par les maîtres de pension et marchands en gros.

§ 2. – Des privilèges sur certains meubles

Art. 1939 *(Mod., L. n° 1.198, 27 mars 1998 ; rempl., L. n° 1.236, 2 juill. 2001 ; L. n° 1.357, 19 févr. 2009)*. – Les créances privilégiées sur certains meubles sont :

1° Les loyers des immeubles, sur le prix de tout ce qui garnit la maison louée ; savoir, pour tout ce qui est échu, et pour tout ce qui est à échoir, si les baux sont authentiques, ou si, étant sous signature privée, ils ont une date certaine ; et, dans ces deux cas, les autres créanciers ont le droit de relouer la maison pour le restant du bail, et de faire leur profit des baux, à la charge, toutefois, de payer au propriétaire tout ce qui lui serait encore dû.

Et, à défaut de baux authentiques, ou lorsque, étant sous signature privée, ils n'ont pas une date certaine, pour une année à partir de l'expiration de l'année courante, sauf les dispositions spéciales du Code de commerce pour le cas de faillite.

Le même privilège a lieu pour les réparations locatives et pour tout ce qui concerne l'exécution du bail.

Néanmoins, les sommes dues pour ustensiles sont payées sur le prix de ces ustensiles, par préférence au propriétaire, dans l'un et l'autre cas.

Le propriétaire peut saisir les meubles qui garnissent sa maison, lorsqu'ils ont été déplacés sans son consentement, et il conserve sur eux son privilège, pourvu qu'il ait fait la revendication dans le délai de quinze jours ;

2° La créance sur le gage dont le créancier est saisi ;

3° Les frais faits pour la conservation de la chose ;

4° Le prix des effets mobiliers non payés, s'ils sont encore en la possession du débiteur, soit qu'il ait acheté à terme ou sans terme.

Si la vente a été faite sans terme, le vendeur peut même revendiquer ces effets tant qu'ils sont en la possession de l'acheteur et en empêcher la revente, pourvu que la revendication soit faite dans la huitaine de la livraison, et que les effets se trouvent dans le même état dans lequel cette livraison a été faite.

Le privilège du vendeur ne s'exerce toutefois qu'après celui du propriétaire de la maison, à moins qu'il ne soit prouvé que le propriétaire avait connaissance que les meubles et autres objets garnissant sa maison n'appartenaient pas au locataire.

Il n'est rien innové aux lois et usages du commerce sur la revendication ;

5° Les fournisseurs d'un hôtelier sur les effets du voyageur qui ont été transportés dans son hôtel ;

6° Les frais de voiture et les dépenses accessoires, sur la chose voiturée ;

7° Les créances résultant d'abus et prévarications commis par les fonctionnaires ou officiers publics dans l'exercice de leurs fonctions, sur les fonds de leur cautionnement et sur les intérêts qui en peuvent être dus ;

8° La créance du bailleur de fonds destinés à former en tout ou en partie le cautionnement d'un comptable ou officier public, sur le cautionnement ainsi fourni, pourvu que la déclaration de cette créance ait été faite, dans la quinzaine du versement des fonds, au trésorier général, qui est tenu d'en délivrer incontinent un certificat. Ce privilège ne s'exerce qu'après celui prévu au paragraphe précédent ;

9° La créance du Trésor et éventuellement du sauveteur pour les frais engagés à l'occasion du sauvetage d'une épave maritime, sur l'épave ;

10° La créance de l'État résultant d'un contrat « habitation-capitalisation », sur le prix de tout ce qui garnit l'appartement objet du contrat.

Le même privilège a lieu pour les réparations locatives et pour tout ce qui concerne l'exécution du contrat.

Section II. – Des privilèges sur les immeubles

Art. 1940 *(Rempl., L. n° 1.329, 8 janv. 2007)* (1). – Les créanciers privilégiés sur les immeubles sont :

1° Le vendeur, sur l'immeuble vendu, pour le paiement du prix ;

S'il y a plusieurs ventes successives dont le prix soit dû en tout ou en partie, le premier vendeur est préféré au second, le deuxième au troisième, et ainsi de suite ;

1° *bis*. – Conjointement avec le vendeur et, le cas échéant, avec le prêteur de deniers mentionné au chiffre 2°, le syndicat des copropriétaires, sur le lot vendu, pour le paiement des charges mentionnées à l'article 7 de la loi relative à la copropriété des immeubles bâtis et des travaux engagés par la copropriété, de l'année courante et des quatre dernières années échues ;

Toutefois, le syndicat est préféré au vendeur et au prêteur de deniers pour les créances afférentes aux charges et travaux de l'année courante et des deux dernières années échues ;

2° Ceux qui ont fourni les deniers pour l'acquisition d'un immeuble, pourvu qu'il soit authentiquement constaté, par l'acte d'emprunt, que la somme était destinée à cet emploi, et, par la quittance du vendeur, que ce paiement a été fait des deniers empruntés ;

3° Les cohéritiers, sur les immeubles de la succession, pour la garantie des partages faits entre eux, et des soultes ou retour de lots ;

4° Les architectes, entrepreneurs, maçons et autres ouvriers employés pour édifier, reconstruire ou réparer des bâtiments, canaux, ou autres ouvrages quelconques, pourvu qu'un expert, nommé d'office par le juge de paix, ait dressé préalablement un procès-verbal à l'effet de constater l'état des lieux relativement aux ouvrages que le propriétaire déclarera avoir dessein de faire, et que les ouvrages aient été, dans les six mois au plus de leur perfection, reçus par un expert également nommé d'office ;

Le montant du privilège ne peut excéder les valeurs constatées par le second procès-verbal, et il se réduit à la plus-value existant à l'époque de l'aliénation de l'immeuble et résultant des travaux qui y ont été faits ;

5° Ceux qui ont prêté les deniers pour payer ou rembourser les ouvriers jouissent du même privilège, pourvu que cet emploi soit authentiquement constaté par l'acte d'emprunt, et par la quittance des ouvriers, ainsi qu'il est dit ci-dessus pour ceux qui ont prêté les deniers pour l'acquisition d'un immeuble.

Section III. – Des privilèges qui s'étendent sur les meubles et les immeubles

Art. 1941. – Les privilèges qui s'étendent sur les meubles et les immeubles sont ceux énoncés en l'article 1938.

(1) Dispositions applicables aux créances nées antérieurement à l'entrée en vigueur de la loi n° 1.329 du 8 janv. 2007.

Art. 1942. – Lorsqu'à défaut de mobilier, les privilégiés énoncés en l'article précédent se présentent pour être payés sur le prix d'un immeuble, ou pour en faire opérer la distribution, en concurrence avec les créanciers privilégiés sur l'immeuble, les paiements se font dans l'ordre qui suit :

1° Les frais de justice et autres énoncés en l'article 1938 ;

2° Les créances désignées en l'article 1940.

Section IV. – Comment se conservent les privilèges

Art. 1943. – Entre les créanciers, les privilèges ne produisent d'effet à l'égard des immeubles qu'autant qu'ils sont rendus publics par inscription sur les registres du conservateur des hypothèques, de la manière déterminée par la loi, et à compter de la date de cette inscription, sous les seules exceptions qui suivent.

Art. 1944 *(Rempl., L. n° 1.329, 8 janv. 2007)*. – Sont exceptées de la formalité de l'inscription les créances énoncées en l'article 1938 ainsi que les créances du syndicat de copropriétaires énoncées en l'article 1940.

Art. 1945. – Le vendeur privilégié conserve son privilège par la transcription du titre qui a transféré la propriété à l'acquéreur, et qui constate que la totalité ou partie du prix lui est due ; à l'effet de quoi la transcription du contrat faite par l'acquéreur vaudra inscription pour le vendeur et pour le prêteur qui lui aura fourni les deniers payés, et qui sera subrogé aux droits du vendeur par le même contrat.

Les créanciers subrogés peuvent, comme le vendeur, requérir la transcription de l'acte de vente ; ils bénéficient du même privilège, jusqu'à concurrence de ce qui leur est respectivement dû.

Art. 1946. – Le cohéritier ou copartageant conserve son privilège sur les biens de chaque lot, ou sur le bien licité, pour les soultes et retours de lots, ou pour le prix de licitation, par la transcription de l'acte de partage qui vaudra inscription, comme dans l'article précédent, et conformément à l'article 1905.

Art. 1947. – Nonobstant la disposition des deux articles précédents, le conservateur des hypothèques est toujours tenu, sous peine de tous dommages et intérêts envers les tiers, de faire d'office les inscriptions prescrites en faveur :

1° Du vendeur, sur l'immeuble vendu, pour le paiement de la totalité ou de partie du prix non payée ;

2° Du bailleur de fonds, sur le même immeuble, pour les deniers par lui fournis pour prix dudit immeuble, si ledit bailleur est subrogé aux droits du vendeur par le contrat ; ainsi que des autres créanciers dûment subrogés aux droits du vendeur ;

3° En faveur des cohéritiers, sur les immeubles de la succession pour la garantie des lots, et sur les biens licités, pour le prix de la licitation.

Ces inscriptions subsistent pendant dix ans ; leur effet cesse et le privilège perd son rang, si elles ne sont renouvelées à l'expiration de ce terme.

Art. 1948. – Les architectes, entrepreneurs, maçons et autres ouvriers employés pour édifier, reconstruire ou réparer des bâtiments, canaux ou autres ouvrages, et ceux qui ont, pour les payer ou rembourser, prêté les deniers dont l'emploi a été constaté, conservent leur privilège, à la date de l'inscription du premier procès-verbal, par la double inscription :

1° du procès-verbal qui constate l'état des lieux avant les travaux ;

2° du procès-verbal de réception desdits travaux.

L'effet de ces inscriptions est limité à la durée fixée par l'article précédent.

Art. 1949. – Les créanciers et légataires qui demandent la séparation du patrimoine du défunt, conformément à l'article 746, au titre *Des successions*, conservent, à l'égard des créanciers des héritiers ou représentants du défunt, leurs privilèges sur les immeubles de la succession, par les inscriptions faites sur chacun de ces biens, dans les six mois à compter de l'ouverture de la succession.

Avant l'expiration de ce délai, aucune hypothèque ne peut être établie avec effet sur ces biens par les héritiers ou représentants, au préjudice de ces créanciers ou légataires.

Art. 1950. – Les cessionnaires de ces diverses créances privilégiées exercent tous les mêmes droits que les cédants, en leur lieu et place.

Art. 1951. – Toutes créances privilégiées soumises à la formalité de l'inscription, à l'égard desquelles les conditions ci-dessus prescrites pour conserver le privilège n'ont pas été accomplies, ne cessent pas néanmoins d'être hypothécaires ; mais l'hypothèque ne date, à l'égard des tiers, que de l'époque des inscriptions qui auront dû être faites, ainsi qu'il sera ci-après expliqué.

Chapitre III. – Des hypothèques

Art. 1952. – L'hypothèque est un droit réel sur les immeubles affectés à l'acquittement d'une obligation.

Elle est, de sa nature, indivisible, et subsiste en entier sur tous les immeubles affectés, sur chacun et sur chaque portion de ces immeubles.

Elle les suit dans quelques mains qu'ils passent.

Art. 1953. – L'hypothèque n'a lieu que dans les cas et suivant les formes autorisés par la loi.

Art. 1954. – Elle est ou légale, ou judiciaire, ou conventionnelle.

Art. 1955. – L'hypothèque légale est celle qui résulte de la loi.

L'hypothèque conventionnelle est celle qui dépend des conventions constatées par acte authentique.

Art. 1956. – Sont seuls susceptibles d'hypothèques :

1° Les biens immobiliers qui sont dans le commerce et leurs accessoires réputés immeubles ;

2° L'usufruit des mêmes biens et accessoires pendant le temps de sa durée.

Art. 1957. – Les meubles n'ont pas de suite par hypothèque.

Art. 1958. – Il n'est rien innové par le présent Code aux dispositions des lois maritimes concernant les navires et bâtiments de mer.

Section I. – Des hypothèques légales

Art. 1959 *(Mod., Ord. 4 juill. 1903 ; L. n° 1.381, 29 juin 2011)*. – Les droits et créances auxquels l'hypothèque légale est attribuée sont :

Ceux des femmes mariées, sur les biens de leur mari ;

Ceux des mineurs et interdits, sur les biens de leur tuteur ;

Ceux du Prince et des établissements publics, sur les biens des receveurs et administrateurs comptables ;

Ceux du Trésor sur tous les biens immeubles des redevables pour le recouvrement des droits, amendes fiscales et indemnités qui lui sont dus en vertu de la loi n° 1.381 du 29 juin 2011 relative aux droits d'enregistrement exigibles sur les mutations de biens et droits immobiliers.

Art. 1960. – Le créancier qui a une hypothèque légale peut exercer son droit sur tous les immeubles appartenant à son débiteur, et sur ceux qui pourront lui appartenir dans la suite, sous les modifications qui seront ci-après exprimées.

Section II. – Des hypothèques judiciaires

Art. 1961. – L'hypothèque judiciaire résulte des jugements, soit contradictoires, soit par défaut, définitifs ou provisoires, en faveur de celui qui les a obtenus. Elle résulte aussi des reconnaissances ou vérifications, faites en jugement, des signatures apposées à un acte obligatoire sous seing privé.

Néanmoins, s'il a été obtenu jugement en reconnaissance d'écriture avant l'échéance du titre, on ne pourra prendre inscription qu'après cette échéance, sauf convention contraire.

L'hypothèque peut s'exercer sur les immeubles actuels du débiteur et sur ceux qu'il pourra acquérir, sauf aussi les modifications qui seront ci-après exprimées.

Les décisions arbitrales n'emportent hypothèque qu'autant qu'elles sont revêtues de l'ordonnance judiciaire d'exécution.

L'hypothèque ne peut pareillement résulter des jugements rendus en pays étrangers qu'autant qu'ils ont été déclarés exécutoires dans la Principauté, sans préjudice des dispositions contraires qui peuvent être dans les lois ou dans les traités.

Section III. – Des hypothèques conventionnelles

Art. 1962. – Les hypothèques conventionnelles ne peuvent être consenties que par ceux qui ont la capacité d'aliéner les immeubles qu'ils y soumettent.

Art. 1963 *(L. 12 mars 1913)*. – Ceux qui n'ont sur l'immeuble qu'un droit suspendu par une condition, ou résoluble dans certains cas, ou sujet à rescision, ne peuvent consentir qu'une hypothèque soumise aux mêmes conditions ou à la même rescision, sauf en ce qui concerne l'hypothèque consentie par tous les copropriétaires d'un immeuble indivis, laquelle conservera exceptionnellement son effet, quel que soit ultérieurement le résultat de la licitation ou du partage.

Art. 1964. – Les biens des mineurs, des interdits, et ceux des absents, tant que la possession n'en est déférée que provisoirement, ne peuvent être hypothéqués que pour les causes et dans les formes établies par la loi, ou en vertu de jugements.

Art. 1965. – L'hypothèque conventionnelle ne peut être consentie que par acte passé en forme authentique.

Art. 1966. – Les contrats passés en pays étrangers ne peuvent donner d'hypothèque sur les biens de la Principauté, à moins de dispositions contraires à ce principe dans les lois ou les traités, ou à moins d'une ordonnance spéciale du Prince.

Art. 1967. – Il n'y a d'hypothèque conventionnelle valable que celle qui, soit dans le titre authentique constitutif de la créance, soit dans un acte authentique postérieur, déclare spécialement la nature et la situation de chacun des immeubles actuellement appartenant au débiteur, sur lesquels il consent l'hypothèque de la créance. Chacun de tous ses biens présents peut être nominativement soumis à l'hypothèque.

Les biens à venir ne peuvent pas être hypothéqués.

Art. 1968. – Néanmoins, si les biens présents et libres du débiteur sont insuffisants pour la sûreté de la créance, il peut, en exprimant cette insuffisance, consentir que chacun des biens qu'il acquerra par la suite y demeure affecté à mesure des acquisitions.

Art. 1969. – Pareillement, en cas que l'immeuble ou les immeubles présents, assujettis à l'hypothèque, eussent péri, ou éprouvé des dégradations, de manière qu'ils fussent devenus insuffisants pour la sûreté du créancier, celui-ci pourra, ou poursuivre dès à présent son remboursement, ou obtenir un supplément d'hypothèque.

Art. 1970. – L'hypothèque conventionnelle n'est valable qu'autant que la somme pour laquelle elle est consentie est certaine et déterminée par l'acte ; si la créance résultant de l'obligation est conditionnelle pour son existence, ou indéterminée dans sa valeur, le créancier ne pourra requérir l'inscription dont il sera parlé ci-après que jusqu'à concurrence d'une valeur estimative par lui déclarée expressément, et que le débiteur aura droit de faire réduire s'il y a lieu.

Art. 1971. – L'hypothèque acquise s'étend à toutes les améliorations survenues à l'immeuble hypothéqué.

Section IV. – Du rang que les hypothèques ont entre elles

Art. 1972 *(L. n° 886, 25 juin 1970)*. – Entre les créanciers, l'hypothèque, soit légale, soit judiciaire, soit conventionnelle, n'a de rang que du jour de l'inscription prise par le créancier sur les registres du conservateur, dans les formes prescrites par la loi.

Art. 1973 *(L. n° 886, 25 juin 1970)*. – Indépendamment des hypothèques légales résultant d'autres codes ou lois particulières, les droits et créances auxquels l'hypothèque légale est attribuée sont :

1° Ceux d'un époux sur les biens de l'autre ;

2° Ceux des mineurs ou des personnes en tutelle, sur les biens de l'administrateur légal ou du tuteur.

Art. 1974 *(L. n° 886, 25 juin 1970)*. – L'hypothèque légale des époux et celle des personnes en tutelle doivent être inscrites sur chacun des immeubles qu'elles grèvent.

L'inscription est prise sur ordonnance du président du tribunal de première instance, statuant en référé, à la demande de l'époux ou de ses héritiers, et, en cas de tutelle, du subrogé-tuteur, du conseil de famille ou du ministère public.

Le Président autorise cette inscription lorsqu'il lui est justifié d'une créance apparaissant fondée en son principe, mais dont le recouvrement semble en danger ; il en fixe provisoirement le montant et indique quels immeubles seront grevés. Il peut modifier ces éléments à tout moment, à la même requête que ci-dessus, de l'un des époux.

La radiation intervient dans les mêmes formes.

L'hypothèque légale prend rang à la date de l'inscription.

Le montant définitif de la créance garantie est déterminé, dans les deux ans de la dissolution du mariage ou de la cessation des fonctions du tuteur, par la convention des parties ou par une décision de justice rendue selon la procédure ordinaire.

Ce délai peut être prorogé par ordonnance de référé qui devra être publiée à la conservation des hypothèques.

Art. 1975 *(Abr., L. n° 886, 25 juin 1970 ; rétabli, L. n° 1.381, 29 juin 2011)*. – L'hypothèque légale du Trésor prend rang à la date de son inscription au bureau des hypothèques.

Elle peut être inscrite :

– à partir de la date de mise en recouvrement des droits et pénalités lorsqu'ils résultent d'une procédure de rectification, de redressement ou de taxation d'office ;

– à partir de la date où le redevable a encouru une majoration ou une pénalité pour défaut de paiement.

Art. 1976 à 1985 *(Abr., L. n° 886, 25 juin 1970).*

Chapitre IV. – Du mode de l'inscription des privilèges et hypothèques

Art. 1986. – Les inscriptions se font au bureau des hypothèques de la Principauté. Elles peuvent, en général, être valablement prises à toute époque, sauf les dispositions du présent code, du Code de commerce et des lois spéciales.

Art. 1987. – Tous les créanciers inscrits le même jour exercent en concurrence une hypothèque de la même date, sans distinction entre l'inscription du matin et celle du soir, quand cette différence serait marquée par le conservateur.

Art. 1988. – Pour opérer l'inscription, le créancier représente, soit par lui-même, soit par un tiers, au conservateur des hypothèques, l'original en brevet, ou une expédition authentique du jugement ou de l'acte qui donne naissance au privilège ou à l'hypothèque.

Il y joint deux bordereaux écrits sur papier timbré, dont l'un peut être porté sur l'expédition du titre ; ils contiennent :

1° Les nom, prénoms, profession ou qualité, et domicile dans la Principauté du créancier ;

2° Les nom, prénoms, domicile du débiteur, sa profession s'il en a une connue, ou une désignation individuelle et spéciale, telle que le conservateur puisse reconnaître et distinguer, dans tous les cas, l'individu grevé d'hypothèque ;

3° La date et la nature du titre ;

4° Le montant du capital des créances exprimées dans le titre, ou évaluées par l'inscrivant, pour les rentes et prestations, ou pour les droits éventuels, conditionnels ou indéterminés, dans le cas où cette évaluation est ordonnée ; comme aussi le montant des accessoires de ces capitaux, et l'époque de l'exigibilité ;

5° L'indication de l'espèce et de la situation des biens sur lesquels il entend conserver son privilège ou son hypothèque, ainsi que de la section et du numéro de la matrice cadastrale.

Cette dernière disposition n'est pas nécessaire dans le cas des hypothèques légales ou judiciaires ; à défaut de convention, une seule inscription pour ces hypothèques frappe tous les immeubles situés dans la Principauté.

Celles des formalités ci-dessus prescrites pour la confection des bordereaux, qui auraient été omises par l'inscrivant, ne porteront aucune atteinte aux droits du créancier, lorsque, malgré ces omissions, son inscription aura été comprise dans les certificats du conservateur. Si ce dernier, par le fait de ces omissions, ne comprend pas dans ces certificats une inscription fautive, le créancier, en ce cas, sera privé du recours que l'article 2028 donne contre le conservateur.

Art. 1989. – Le conservateur fait mention, sur son registre, du contenu aux bordereaux, et remet au requérant, tant le titre ou l'expédition du titre, que l'un des bordereaux, au pied duquel il certifie avoir fait l'inscription.

Les inscriptions à faire sur les biens d'une personne décédée pourront être faites sous la simple désignation du défunt, ainsi qu'il est dit au n° 2 de l'article 1988 ci-dessus.

Art. 1990 *(L. 12 mars 1913)*. – Le créancier privilégié dont le titre a été inscrit ou transcrit, ou le créancier hypothécaire inscrit pour un capital produisant intérêts ou arrérages, a le droit d'être colloqué pour trois années seulement au même rang que le principal, sans préjudice des inscriptions particulières à prendre, portant hypothèque à compter de leur date pour les intérêts et arrérages autres que ceux conservés par la transcription ou l'inscription primitive.

Art. 1991. – Il est loisible à celui qui a requis une inscription, ainsi qu'à ses représentants ou cessionnaires par acte authentique, de changer, sur le registre des hypothèques, le domicile par lui élu, à la charge d'en choisir et indiquer un autre dans la Principauté.

Art. 1992. – Les droits d'hypothèque purement légale du Prince et des établissements publics sur les biens des comptables, ceux des mineurs ou interdits sur les biens des tuteurs, des femmes mariées sur les biens de leurs époux, seront inscrits sur la représentation de deux bordereaux contenant seulement :

1° Les nom, prénoms et domicile dans la Principauté du créancier ;

2° Les nom, prénoms, profession, domicile ou désignation précise du débiteur ;

3° La nature des droits à conserver, et le montant de leur valeur quant aux objets déterminés, sans être tenu de le fixer quant à ceux qui sont conditionnels, éventuels ou indéterminés.

Les erreurs de bordereau auront le même effet que celui prescrit par le dernier paragraphe de l'article 1988.

Art. 1993. – Les inscriptions conservent l'hypothèque et le privilège pendant dix ans, à compter de leur date ; néanmoins leur effet cesse si le titre est prescrit, ou si l'immeuble grevé d'hypothèque a été acquis par prescription avant les dix ans.

Art. 1994. – Les frais des inscriptions sont à la charge du débiteur, s'il n'y a stipulation contraire ; l'avance en est faite par l'inscrivant, si ce n'est quant aux hypothèques légales, pour l'inscription desquelles le conservateur a son recours contre le débiteur. Les frais de la transcription, qui peut être requise par le vendeur, sont à la charge de l'acquéreur.

Art. 1995. – Les actions auxquelles les inscriptions peuvent donner lieu contre les créanciers seront intentées devant le *tribunal de première instance*, par exploits faits à leur personne, ou à leur dernier domicile désigné sur les registres de la conservation.

Chapitre V. – De la radiation et réduction des inscriptions

Art. 1996. – Les inscriptions sont rayées du consentement des parties intéressées et ayant capacité à cet effet, ou en vertu d'un jugement ou d'une ordonnance passés en force de chose jugée.

Art. 1997. – Dans l'un et l'autre cas, ceux qui requièrent la radiation déposent au bureau du conservateur l'expédition de l'acte authentique portant consentement, ou celle du jugement ou de l'ordonnance.

La radiation ou la rectification d'une inscription se fera en marge de cette inscription, en indiquant le titre par lequel elle est consentie ou ordonnée, ainsi que la date à laquelle elle s'effectue. Elle sera signée par le conservateur.

Art. 1998. – La radiation non consentie est demandée au *tribunal de première instance*.

Art. 1999. – La radiation doit être ordonnée par le tribunal lorsque l'inscription a été faite sans être fondée ni sur la loi, ni sur un titre, ou lorsqu'elle l'a été en vertu d'un titre soit irrégulier, soit éteint ou soldé, ou lorsque les droits de privilège ou d'hypothèque sont effacés par les voies légales.

Art. 2000. – Toutes les fois que les inscriptions prises par un créancier qui, d'après la loi, aurait droit d'en prendre sur les biens présents ou sur les biens à venir d'un débiteur, sans limitation convenue, seront portées sur plus de domaines différents qu'il est nécessaire à la sûreté des créances, l'action en réduction des inscriptions, ou en radiation d'une partie en ce qui excède la proportion convenable, est ouverte au débiteur.

La disposition du présent article ne s'applique pas aux hypothèques conventionnelles.

Art. 2001. – Sont réputées excessives les inscriptions qui frappent sur plusieurs domaines, lorsque la valeur d'un seul ou de quelques-uns d'entre eux excède de plus d'un tiers en fonds libres le montant des créances en capital et accessoires légaux.

Art. 2002. – Peuvent aussi être réduites, comme excessives, les inscriptions prises d'après l'évaluation faite par le créancier des créances qui, en ce qui concerne l'hypothèque à établir pour leur sûreté, n'ont pas été réglées par la convention, et qui, par leur nature, sont conditionnelles, éventuelles ou indéterminées.

Art. 2003. – L'excès, dans ce cas, est arbitré par les juges, d'après les circonstances, les probabilités des chances et les présomptions de fait, de manière à concilier les droits vraisemblables du créancier avec l'intérêt du crédit raisonnable à conserver au débiteur, sans préjudice des nouvelles inscriptions à prendre avec l'hypothèque du jour de leur date, lorsque l'événement aura porté les créances indéterminées à une somme plus forte.

Chapitre VI. – De l'effet des privilèges et hypothèques contre les tiers détenteurs

Art. 2004. – Les créanciers ayant privilège ou hypothèque inscrite sur un immeuble le suivent en quelques mains qu'il passe, pour être colloqués et payés suivant l'ordre de leurs créances ou inscriptions.

Art. 2005. – Si le tiers détenteur ne remplit pas les formalités établies par la loi pour purger sa propriété, il demeure, par l'effet seul des inscriptions, obligé comme détenteur à toutes les dettes hypothécaires, et jouit des termes et délais accordés au débiteur originaire.

Art. 2006. – Le tiers détenteur est tenu, dans le même cas, ou de payer tous les capitaux, intérêts et accessoires exigibles, à quelque somme qu'ils puissent monter, ou de délaisser l'immeuble hypothéqué, sans aucune réserve.

Art. 2007. – Faute par le tiers détenteur de satisfaire pleinement à l'une de ces obligations, chaque créancier hypothécaire a droit de faire vendre sur lui l'immeuble hypothéqué, trente jours après commandement fait au débiteur originaire, et sommation faite au tiers détenteur de payer la dette exigible ou de délaisser l'héritage.

Art. 2008. – Le tiers détenteur, qui a fait transcrire son contrat d'acquisition, s'il n'a pas été appelé dans l'instance qui a amené la condamnation du débiteur, et si cette condamnation est postérieure à la transcription, est admis à opposer au créancier toutes les exceptions autres que celles qui sont personnelles au débiteur et que ce dernier n'aurait pas fait valoir.

Il pourrait aussi, dans tous les cas, exercer les actions ou opposer les exceptions qui appartiennent encore au débiteur après sa condamnation.

Mais l'exercice de ces actions ou exceptions ne suspend point le cours des délais établis pour la purge de l'immeuble.

Art. 2009. – Le tiers détenteur qui n'est pas personnellement obligé à la dette peut s'opposer aussi à la vente de l'héritage hypothéqué qui lui a été transmis, s'il est demeuré d'autres immeubles hypothéqués à la même dette dans la possession du principal ou des principaux obligés, et en requérir la discussion préalable selon la forme réglée au titre *Du cautionnement* ; pendant cette discussion, il est sursis à la vente de l'héritage hypothéqué.

Art. 2010. – L'exception de discussion ne peut être opposée au créancier privilégié ou ayant hypothèque spéciale sur l'immeuble.

Art. 2011. – Quant au délaissement par hypothèque, il peut être fait par tous les tiers détenteurs qui ne sont pas personnellement obligés à la dette, et qui ont la capacité d'aliéner.

Art. 2012. – Il peut l'être même après que le tiers détenteur a reconnu l'obligation ou subi une condamnation en cette qualité seulement ; le délaissement n'empêche pas que, jusqu'à l'adjudication, le tiers détenteur ne puisse reprendre l'immeuble en payant toute la dette et les frais.

Art. 2013. – Le délaissement par hypothèque se fait au *greffe général*, et il en est donné acte par le tribunal.

Sur la pétition du plus diligent des intéressés, il est créé à l'immeuble délaissé un curateur, sur lequel la vente de l'immeuble est poursuivie dans les formes prescrites par les lois sur la procédure civile pour les expropriations.

Art. 2014. – Les détériorations qui procèdent du fait ou de la négligence du tiers détenteur, au préjudice des créanciers hypothécaires ou privilégiés, donnent lieu contre lui à une action en indemnité ; mais il ne peut répéter ses impenses et améliorations que jusqu'à concurrence de la plus-value résultant de l'amélioration.

Art. 2015. – Les fruits de l'immeuble hypothéqué ne sont dus par le tiers détenteur qu'à compter du jour de la sommation de payer ou de délaisser, et, si les poursuites commencées ont été abandonnées pendant trois ans, à compter de la nouvelle sommation qui sera faite.

Art. 2016. – Les servitudes et droits réels que le tiers détenteur avait sur l'immeuble avant sa possession renaissent après le délaissement ou après l'adjudication faite sur lui.

Ses créanciers personnels, après tous ceux qui sont inscrits sur les précédents propriétaires, exercent leur hypothèque à leur rang, sur le bien délaissé ou adjugé.

Art. 2017. – Le tiers détenteur qui a payé la dette hypothécaire, ou délaissé l'immeuble hypothéqué, ou subi l'expropriation de cet immeuble, a le recours en garantie, tel que de droit, contre le débiteur principal.

Art. 2018. – Le tiers détenteur qui veut purger sa propriété en payant le prix observera les formalités qui sont établies à cet effet au chapitre VIII du présent titre.

Chapitre VII. – De l'extinction des privilèges et hypothèques

Art. 2019. – Les privilèges et hypothèques s'éteignent :

1° Par l'extinction de l'obligation principale ;

2° Par la renonciation du créancier à l'hypothèque ;

3° Par l'accomplissement des formalités et conditions prescrites aux tiers détenteurs pour purger les biens par eux acquis ;

4° Par la prescription.

La prescription est acquise au débiteur, quant aux biens qui sont dans ses mains, par le temps fixé pour la prescription des actions qui donnent l'hypothèque ou le privilège ;

Quant aux biens qui sont dans la main d'un tiers détenteur, elle lui est acquise par le temps réglé pour la prescription de la propriété à son profit : dans le cas où la prescription suppose un titre, elle ne commence à courir que du jour où ce titre a été transcrit sur les registres du conservateur.

Les inscriptions prises par le créancier n'interrompent pas le cours de la prescription établie par la loi en faveur du débiteur ou du tiers détenteur.

Chapitre VIII. – Du mode de purger les propriétés des privilèges et hypothèques

Art. 2020. – Le vendeur ne transmet à l'acquéreur que la propriété et les droits qu'il avait lui-même sur la chose vendue ; il les transmet sous l'affectation des mêmes privilèges et hypothèques dont il était chargé.

Néanmoins tout acquéreur qui n'est pas personnellement tenu à payer les créanciers hypothécaires a le droit de purger les immeubles des hypothèques inscrites antérieurement à la transcription de son titre d'acquisition, en se conformant aux dispositions ci-après, ainsi qu'à celles des lois sur la procédure.

Art. 2021. – Les acquéreurs des immeubles appartenant à des maris, ou à des tuteurs, ou à des comptables publics, peuvent purger les hypothèques légales existant, quoique non encore inscrites sur lesdits immeubles, en se conformant aux dispositions suivantes.

Art. 2022. – Pour purger les hypothèques, l'acquéreur doit déposer au *greffe général* une expédition de l'acte translatif de propriété, portant mention de sa transcription au bureau des hypothèques.

Un extrait de cet acte, mentionnant sa date, les nom, prénoms, profession, et domicile ou demeure des parties, la nature et la situation des biens, le prix, et les autres charges de la vente, sera et restera affiché pendant un mois, dans la salle d'audience du tribunal et autres lieux accoutumés. L'huissier y inscrira la date de l'affichage.

Cet extrait portera avertissement aux personnes ayant le droit de prendre, sur l'immeuble vendu, des inscriptions, à raison d'hypothèques légales, qu'elles devront requérir cette inscription dans le délai d'un mois, et qu'à défaut elles seront déchues de leurs droits sur ledit immeuble.

Pareil extrait, dont un double sera consigné au procureur général, sera inséré dans le *Journal de Monaco*.

Art. 2023. – Pendant le mois fixé par l'article précédent, et qui commencera à courir du jour de la dernière date des affiches ou insertions dans le journal, les femmes, les maris, les tuteurs ou subrogés-tuteurs, mineurs, interdits, parents ou amis, le trésorier général des finances, ainsi que le procureur général, pourront requérir, s'il y a lieu, et faire faire au bureau de la conservation des hypothèques les inscriptions sur l'immeuble aliéné.

Ces inscriptions auront le même effet que si elles avaient été prises le jour du contrat de mariage ou de l'entrée en gestion du tuteur ou du comptable, sans préjudice des poursuites qui pourraient avoir lieu contre les maris, les tuteurs, ou les comptables, pour les hypothèques par eux consenties au profit de tiers sans leur déclarer que les immeubles étaient déjà grevés d'hypothèques, en raison du mariage, ou de la tutelle, ou des fonctions du comptable.

Art. 2024. – Les créanciers privilégiés pourront également requérir telles inscriptions que de droit en suite de cette publication, mais seulement dans les délais qui leur sont impartis à dater de la transcription de l'acte de vente.

Art. 2025. – Si, dans le cours du mois, il n'a pas été fait d'inscription de la part ou au nom des femmes, mineurs ou interdits, ou du Trésor public, sur les immeubles aliénés, ceux-ci passent à l'acquéreur sans aucune charge à raison des dot, reprises et conventions matrimoniales de la femme, de la gestion du tuteur, ou des fonctions de comptable, et sauf le recours, s'il y a lieu, contre le mari, le tuteur ou le comptable.

Art. 2026. – L'acquéreur qui, après l'accomplissement des formalités ci-dessus déterminées, veut obtenir la libération complète de son immeuble, au point de vue hypothécaire, doit faire sommation au vendeur de lui rapporter, dans les quinze jours, la mainlevée des inscriptions existantes, en lui notifiant le montant de la somme qu'il se propose de verser, à l'expiration de ce délai, dans la Caisse des dépôts et consignations, pour requérir l'ouverture de l'ordre.

Il sera ensuite procédé et statué suivant le mode établi par les lois sur la procédure.

Chapitre IX. – De la publicité et de la tenue des registres de la conservation des hypothèques

(Intitulé mod., L. n° 984, 26 mai 1976).

Art. 2027. – Le conservateur des hypothèques est tenu de délivrer à tous ceux qui le requièrent copie des actes transcrits sur les registres et celle des inscriptions subsistantes, ou certificat qu'il n'en existe aucune.

Il doit pareillement délivrer copie des documents déposés à son bureau, lorsqu'ils s'y trouvent en original ou en expédition authentique, l'original n'existant pas dans une étude ou un dépôt public de la Principauté.

Art. 2028 *(Abr., L. n° 984, 26 mai 1976).*

Art. 2029 *(L. n° 984, 26 mai 1976).* – L'immeuble à l'égard duquel le conservateur aurait omis, dans ses certificats, une ou plusieurs des charges inscrites, en demeure affranchi dans les mains du nouveau possesseur, pourvu qu'il ait requis le certificat depuis la transcription de son titre ; sans préjudice, néanmoins du droit des créanciers de se faire colloquer suivant l'ordre qui leur appartient, tant que le prix n'a pas été payé par l'acquéreur, ou tant que l'ordre fait entre les créanciers n'a pas été homologué.

Art. 2030 *(L. n° 984, 26 mai 1976).* – Dans aucun cas, le conservateur ne peut retarder la transcription des actes de mutation, l'inscription des droits hypothécaires, ni la délivrance des certificats requis.

Le conservateur peut cependant refuser de recevoir les bordereaux et les titres écrits illisiblement et ceux qui ne remplissent pas les conditions exigées par les articles 1961, 1965, 1966, 1967 et 1968.

Art. 2031 *(L. 12 mars 1913).* – Néanmoins le conservateur sera tenu d'avoir un registre sur lequel il inscrira, jour par jour et par ordre numérique, les remises qui lui seront faites d'actes de mutation et de saisie immobilière, pour être transcrits, de bordereaux, pour être inscrits, d'actes, expéditions ou extraits d'actes contenant subrogation ou antériorité et de jugements prononçant la résolution, la nullité ou la rescision d'actes transcrits, pour être mentionnés.

Il donnera aux requérants, par chaque acte ou par chaque bordereau à transcrire, à inscrire ou à mentionner, une reconnaissance sur papier timbré, qui rappellera le numéro du registre sur lequel la remise aura été inscrite, et il ne pourra transcrire les actes de mutation et de saisie immobilière, ni inscrire les bordereaux ou mentionner les actes contenant subrogation ou antériorité, et les jugements portant résolution, nullité ou rescision d'actes transcrits sur les registres à ce destinés, qu'à la date ou dans l'ordre des remises qui leur auront été faites.

Le registre prescrit par le présent article sera tenu double et l'un des doubles sera déposé, sans frais et dans les trente jours qui cuivront sa clôture, au greffe général.

Art. 2032 *(Abr. à compter du 1er janv. 2000, L. n° 1.221, 9 nov. 1999).*

Art. 2033 *(L. n° 984, 26 mai 1976).* – Les mentions de dépôt, les inscriptions et transcriptions sont faites sur les registres, de suite, sans aucun blanc ni interligne.

Art. 2034. – *(Abr., L. n° 984, 26 mai 1976).*

TITRE XIX. – DE L'EXPROPRIATION FORCÉE ET DES ORDRES ENTRE LES CRÉANCIERS

Art. 2035. – Pour obtenir le paiement de ce qui lui est dû en vertu d'un titre authentique, le créancier peut faire procéder à la saisie, et poursuivre l'expropriation des immeubles du débiteur.

Les formes à suivre, pour la saisie et la vente des immeubles du débiteur, et pour l'ordre et distribution du prix des ventes, tant volontaires que judiciaires, sont réglées par les lois sur la procédure.

Art. 2036. – Toute saisie immobilière doit être précédée d'un commandement de payer, signifié à la personne ou au domicile du débiteur, à la requête du créancier.

Art. 2037. – La saisie immobilière ne peut avoir lieu qu'en vertu d'un titre exécutoire, pour une dette certaine et liquide.

Le cessionnaire d'un titre exécutoire ne peut procéder à la saisie qu'après avoir notifié la cession au débiteur.

TITRE XX. – DE LA PRESCRIPTION EXTINCTIVE (1)

(Titre mod., L. 12 mars 1913 ; L. n° 846, 27 juin 1968 ; rempl., L. n° 1.401, 5 déc. 2013) (2)

Chapitre I. – Dispositions générales

Art. 2038 *(Rempl., L. n° 1.401, 5 déc. 2013).* – La prescription extinctive est un moyen d'éteindre un droit résultant de l'inaction de son titulaire pendant un certain laps de temps dans les conditions déterminées par la loi.

(1) Antérieurement à la loi n° 1.401 du 5 décembre 2013, les dispositions relatives à la prescription figuraient dans un titre XX « De la prescription » qui comprenait les articles 2038 à 2100. Ces dispositions sont reproduites à la fin du présent code.

(2) L. n° 1.401, 5 déc. 2013, art. 11 : « Les dispositions de la présente loi qui allongent la durée d'une prescription s'appliquent lorsque le délai de prescription n'était pas expiré à la date de son entrée en vigueur. Il est alors tenu compte du délai déjà écoulé. Les dispositions de la présente loi qui réduisent la durée de la prescription s'appliquent aux prescriptions à compter du jour de l'entrée en vigueur de la présente loi, sans que la durée totale puisse excéder la durée prévue par la loi antérieure. Pour les prescriptions dont le délai n'était pas encore expiré à la date d'entrée en vigueur de la présente loi, les dispositions de celle-ci relatives à la suspension ou à l'interruption de la prescription ne s'appliquent qu'aux faits postérieurs à son entrée en vigueur, ceux antérieurs restant soumis à la loi ancienne. Si ces faits sont en cours à cette date, les dispositions de la présente loi sont applicables à compter de cette date. Les dispositions de la présente loi relatives à l'aménagement conventionnel de la prescription s'appliquent aux conventions relatives à la prescription en cours d'exécution à la date d'entrée en vigueur de la présente loi. »

Art. 2039 *(Rempl., L. n° 1.401, 5 déc. 2013)*. – Les règles énoncées par le présent titre ne s'appliquent pas aux délais égaux ou inférieurs à six mois pendant lesquels une action doit être introduite ou un droit exercé à peine de forclusion.

Art. 2040 *(Rempl., L. n° 1.401, 5 déc. 2013)*. – La prescription extinctive est soumise à la loi régissant le droit qu'elle affecte.

Art. 2041 *(Rempl., L. n° 1.401, 5 déc. 2013)*. – La loi qui allonge la durée d'une prescription extinctive est sans effet sur une prescription acquise. Elle s'applique lorsque le délai de prescription n'était pas expiré à la date de son entrée en vigueur. Il est alors tenu compte du délai déjà écoulé.

En cas de réduction de la durée du délai de prescription, ce nouveau délai court à compter du jour de l'entrée en vigueur de la loi nouvelle, sans que la durée totale puisse excéder la durée prévue par la loi antérieure.

Art. 2042 *(Rempl., L. n° 1.401, 5 déc. 2013)*. – Les dispositions du présent titre ne font pas obstacle à l'application des règles de prescription prévues par d'autres lois.

Art. 2043 *(Rempl., L. n° 1.401, 5 déc. 2013)*. – L'État, la commune et les établissements publics sont soumis aux mêmes prescriptions que les personnes privées, et peuvent également les opposer.

Chapitre II. – Des délais et points de départ de la prescription extinctive

Section I. – Du délai de droit commun et de son point de départ

Art. 2044 *(Rempl., L. n° 1.401, 5 déc. 2013)*. – Sauf disposition légale contraire, les actions réelles mobilières et les actions personnelles se prescrivent par cinq ans à compter du jour où le titulaire d'un droit a connu ou aurait dû connaître les faits lui permettant de les exercer.

Art. 2045 *(Rempl., L. n° 1.401, 5 déc. 2013)*. – Aucune prescription ne peut commencer à courir à l'égard d'un droit qui n'est pas encore né ou qui ne donne pas lieu à une créance exigible.

Ainsi, la prescription ne court pas :

1) à l'égard d'une créance qui dépend d'une condition suspensive, jusqu'à ce que la condition arrive ;
2) à l'égard d'une action en garantie, jusqu'à ce que l'éviction ait lieu ;
3) à l'égard d'une créance dont le terme est suspensif, jusqu'à ce que ce terme soit arrivé.

Section II. – De quelques délais et points de départ particuliers

Art. 2046 *(Rempl., L. n° 1.401, 5 déc. 2013)*. – L'action en responsabilité née à raison d'un événement ayant entraîné un dommage corporel, engagée par la victime directe ou indirecte des préjudices qui en résultent, se prescrit par dix ans à compter de la date de la consolidation du dommage initial ou aggravé.

Toutefois, en cas de dommage corporel causé par des tortures ou des actes de cruauté, ou par des violences ou des agressions sexuelles commises contre un mineur, l'action en responsabilité civile est prescrite par trente ans.

Art. 2047 *(Rempl., L. n° 1.401, 5 déc. 2013)*. – L'action en réparation des dommages causés à l'environnement par leurs responsables se prescrit par trente ans à compter du fait générateur du dommage.

Art. 2048 *(Rempl., L. n° 1.401, 5 déc. 2013)*. – L'action des professionnels, pour les biens ou les services qu'ils fournissent aux particuliers ou aux personnes morales de droit privé à but non lucratif, se prescrit par deux ans.

Art. 2049 *(Rempl., L. n° 1.401, 5 déc. 2013)*. – Le droit de propriété ne s'éteint pas par le non-usage. Sous cette réserve, les actions réelles immobilières se prescrivent par trente ans à compter du jour où le titulaire d'un droit a connu ou aurait dû connaître les faits lui permettant de les exercer.

Art. 2050 *(Rempl., L. n° 1.401, 5 déc. 2013)*. – Après dix ans, l'architecte et les entrepreneurs sont déchargés de la garantie des gros ouvrages qu'ils ont faits ou dirigés.

Art. 2051 *(Rempl., L. n° 1.401, 5 déc. 2013)*. – Les services judiciaires, les avocats-défenseurs et les avocats sont déchargés des pièces cinq ans après le jugement des procès, tandis que les huissiers en sont pareillement déchargés après deux ans depuis l'exécution de la commission ou la signification des actes dont ils étaient chargés.

Chapitre III. – Du cours de la prescription extinctive

Section I. – De la computation des délais de prescription

Art. 2052 *(Rempl., L. n° 1.401, 5 déc. 2013)*. – La prescription se compte par jours, et non par heures.

Le jour où se produit l'événement faisant courir la prescription ne compte pas.

Art. 2053 *(Rempl., L. n° 1.401, 5 déc. 2013)*. – La prescription est acquise le dernier jour du terme à vingt-quatre heures.

Lorsque le délai de prescription est exprimé en mois ou en années, le dernier jour du terme est celui du dernier mois ou de la dernière année qui a le même quantième que le jour de l'événement faisant courir la prescription. À défaut de quantième identique, ce dernier jour est le dernier jour du mois.

Section II. – Du report du point de départ ou de la suspension de la prescription

Art. 2054 *(Rempl., L. n° 1.401, 5 déc. 2013)*. – La suspension de la prescription en arrête temporairement le cours sans effacer le délai déjà couru.

Art. 2055 *(Rempl., L. n° 1.401, 5 déc. 2013)*. – La prescription ne court pas ou est suspendue à l'égard de celui qui est dans l'impossibilité d'agir par suite d'un empêchement résultant de la loi, de la convention ou de la force majeure.

Art. 2056 *(Rempl., L. n° 1.401, 5 déc. 2013)*. – Elle ne court pas ou est suspendue à l'égard des mineurs et des majeurs en tutelle.

Art. 2057 *(Rempl., L. n° 1.401, 5 déc. 2013)*. – Elle ne court pas ou est suspendue entre époux.

Art. 2058 *(Rempl., L. n° 1.401, 5 déc. 2013)*. – Elle ne court pas ou est suspendue contre l'héritier bénéficiaire, à l'égard des créances qu'il a contre la succession.

Art. 2059 *(Rempl., L. n° 1.401, 5 déc. 2013)*. – La prescription est suspendue à compter du jour où, après la survenance d'un litige, les parties conviennent de recourir à la médiation ou à la conciliation ou, à défaut d'accord écrit, à compter du jour de la première réunion de médiation ou de conciliation.

Le délai de prescription recommence à courir, pour une durée qui ne peut être inférieure à six mois, à compter de la date à laquelle soit l'une des parties ou les deux, soit le médiateur ou le conciliateur déclarent que la médiation ou la conciliation est terminée.

Section III. – De L'interruption de la prescription

Art. 2060 *(Rempl., L. n° 1.401, 5 déc. 2013)*. – L'interruption efface le délai de prescription acquis. Elle fait courir un nouveau délai de même durée que l'ancien.

Art. 2061 *(Rempl., L. n° 1.401, 5 déc. 2013)*. – La reconnaissance par le débiteur du droit de celui contre lequel il prescrivait interrompt le délai de prescription.

Art. 2062 *(Rempl., L. n° 1.401, 5 déc. 2013)*. – La demande en justice interrompt le délai de prescription.

Il en est de même lorsqu'elle est portée devant une juridiction incompétente ou lorsque l'acte de saisine de la juridiction est annulé par l'effet d'un vice de forme.

Art. 2063 *(Rempl., L. n° 1.401, 5 déc. 2013)*. – L'interruption résultant de la demande en justice produit ses effets jusqu'à décision irrévocable.

Art. 2064 *(Rempl., L. n° 1.401, 5 déc. 2013)*. – L'interruption est non avenue si le demandeur se désiste de son action, s'il laisse périmer l'instance, si sa demande est définitivement rejetée ou encore si l'instance fait l'objet d'une radiation.

Art. 2065 *(Rempl., L. n° 1.401, 5 déc. 2013).* – Le délai de prescription est également interrompu par un commandement, une mesure conservatoire ou un acte d'exécution forcée.

Art. 2066 *(Rempl., L. n° 1.401, 5 déc. 2013).* – L'interpellation faite à l'un des débiteurs solidaires par une demande en justice, un commandement, une mesure conservatoire ou un acte d'exécution forcée ou la reconnaissance par le débiteur du droit de celui à l'égard duquel il prescrivait interrompt la prescription à l'égard de tous les autres, même à l'égard de leurs héritiers.

En revanche, l'interpellation faite à l'un des héritiers d'un débiteur solidaire ou la reconnaissance de cet héritier n'interrompt pas la prescription à l'égard des autres cohéritiers, même en cas de créance hypothécaire, si l'obligation est divisible. Cette interpellation ou cette reconnaissance n'interrompt la prescription, à l'égard des autres codébiteurs, que pour la part dont cet héritier est tenu.

Pour interrompre la prescription pour le tout, à l'égard des autres codébiteurs, il faut l'interpellation faite à tous les héritiers du débiteur décédé ou la reconnaissance de tous ces héritiers.

Art. 2067 *(Rempl., L. n° 1.401, 5 déc. 2013).* – L'interpellation faite au débiteur principal ou sa reconnaissance interrompt la prescription contre la caution.

Section IV. – De la limite temporelle du cours de la prescription

Art. 2068 *(Rempl., L. n° 1.401, 5 déc. 2013).* – La variabilité ou le report du point de départ, la suspension ou l'interruption de la prescription extinctive ne peut avoir pour effet de permettre cette prescription plus de dix ans après la naissance du droit.

La computation de cette durée de dix ans s'effectue selon les règles posées par les articles 2052 et 2053.

Les deux alinéas précédents ne sont pas applicables dans les cas mentionnés aux articles 2045, 2046, 2051, 2055 et 2057, au premier alinéa de l'article 2062 et aux articles 2063 et 2065. Ils ne s'appliquent pas non plus aux actions relatives à l'état des personnes, ni aux délais de prescription d'une durée au moins égale à dix années.

Chapitre IV. – Des conditions de la prescription extinctive

Section I. – Du moyen tiré de la prescription

Art. 2069 *(Rempl., L. n° 1.401, 5 déc. 2013).* – Les juges ne peuvent suppléer d'office le moyen résultant de la prescription que lorsqu'elle présente un caractère d'ordre public.

Les juges peuvent également relever d'office la prescription de l'action des professionnels pour les biens ou les services qu'ils fournissent aux particuliers ou aux personnes morales de droit privé à but non lucratif.

Art. 2070 *(Rempl., L. n° 1.401, 5 déc. 2013).* – Sauf renonciation, la prescription peut être opposée en tout état de cause, même en appel.

Art. 2071 *(Rempl., L. n° 1.401, 5 déc. 2013).* – Le paiement effectué pour éteindre une dette ne peut être répété au seul motif que le délai de prescription était expiré.

Section II. – De la renonciation à la prescription

Art. 2072 *(Rempl., L. n° 1.401, 5 déc. 2013).* – On ne peut, d'avance, renoncer à la prescription. On peut renoncer à la prescription acquise.

Art. 2073 *(Rempl., L. n° 1.401, 5 déc. 2013).* – La renonciation à la prescription est expresse ou tacite ; la renonciation tacite résulte d'un fait qui suppose l'abandon du droit acquis.

Art. 2074 *(Rempl., L. n° 1.401, 5 déc. 2013).* – Celui qui ne peut aliéner ne peut renoncer à la prescription acquise.

Art. 2075 *(Rempl., L. n° 1.401, 5 déc. 2013).* – Les créanciers, ou toute autre personne ayant intérêt à ce que la prescription soit acquise, peuvent l'opposer, encore que le débiteur ou le propriétaire y renonce.

Section III. – De l'aménagement conventionnel de la prescription

Art. 2076 *(Rempl., L. n° 1.401, 5 déc. 2013)*. – **La durée de la prescription peut être abrégée ou allongée par accord des parties. Elle ne peut toutefois être réduite à moins d'un an ni étendue à plus de sept ans.**

Les parties peuvent également, d'un commun accord, ajouter aux causes de suspension ou d'interruption de la prescription prévues par la loi.

Les dispositions des deux précédents alinéas ne sont pas applicables aux actions en réparation des dommages corporels, aux actions en paiement ou en répétition des salaires, arrérages de rente, pensions alimentaires, loyers, fermages, charges locatives, intérêts des sommes prêtées et, généralement, aux actions en paiement de tout ce qui est payable par années ou à des termes périodiques plus courts.

Elles ne sont pas non plus applicables aux parties aux contrats entre professionnels et particuliers ou aux contrats entre professionnels et personnes morales de droit privé à but non lucratif.

Toute clause contraire est réputée non écrite.

TITRE XXI. – DE LA POSSESSION ET DE LA PRESCRIPTION ACQUISITIVE (1)

(Titre créé, L. n° 1.401, 5 déc. 2013) (2)

Chapitre Ier. – Dispositions générales

Art. 2077 *(Rempl., L. n° 1.401, 5 déc. 2013)*. – **La possession est la détention ou la jouissance d'une chose ou d'un droit que nous tenons ou que nous exerçons par nous-mêmes, ou par un autre qui la tient ou qui l'exerce en notre nom.**

Art. 2078 *(Rempl., L. n° 1.401, 5 déc. 2013)*. – **On est toujours présumé posséder pour soi, et à titre de propriétaire, s'il n'est prouvé qu'on a commencé à posséder pour un autre.**

Art. 2079 *(Rempl., L. n° 1.401, 5 déc. 2013)*. – **Quand on a commencé à posséder pour autrui, on est toujours présumé posséder au même titre, s'il n'y a preuve du contraire.**

Chapitre II. – De la prescription acquisitive

Art. 2080 *(Rempl., L. n° 1.401, 5 déc. 2013)*. – **La prescription acquisitive est un moyen d'acquérir un bien ou un droit par l'effet de la possession sans que celui qui l'allègue soit obligé d'en rapporter un titre ou qu'on puisse lui opposer l'exception déduite de la mauvaise foi.**

Art. 2081 *(Rempl., L. n° 1.401, 5 déc. 2013)*. – **Sont applicables à la prescription acquisitive les articles 2040 et 2041, et les chapitres III et IV du titre XX du présent livre sous réserve des dispositions du présent chapitre.**

---

(1) (Antérieurement à la loi n° 1.401 du 5 décembre 2013, les dispositions relatives à la prescription figuraient dans un titre XX « De la prescription "qui comprenaitles articles 2038 à 2100. Ces dispositions sont reproduites à la fin du présent code. La prescription est désormais régies par les dispositions du titre XX « De la prescription extinctive "et du titre XI « De la possession et de la prescription acquisitive » tels qu'issus de ladite loi).

(2) L. n° 1.401, 5 déc. 2013, art. 11 : « Les dispositions de la présente loi qui allongent la durée d'une prescription s'appliquent lorsque le délai de prescription n'était pas expiré à la date de son entrée en vigueur. Il est alors tenu compte du délai déjà écoulé. Les dispositions de la présente loi qui réduisent la durée de la prescription s'appliquent aux prescriptions à compter du jour de l'entrée en vigueur de la présente loi, sans que la durée totale puisse excéder la durée prévue par la loi antérieure. Pour les prescriptions dont le délai n'était pas encore expiré à la date d'entrée en vigueur de la présente loi, les dispositions de celle-ci relatives à la suspension ou à l'interruption de la prescription ne s'appliquent qu'aux faits postérieurs à son entrée en vigueur, ceux antérieurs restant soumis à la loi ancienne. Si ces faits sont en cours à cette date, les dispositions de la présente loi sont applicables à compter de cette date. Les dispositions de la présente loi relatives à l'aménagement conventionnel de la prescription s'appliquent aux conventions relatives à la prescription en cours d'exécution à la date d'entrée en vigueur de la présente loi. »

Section I. – Des conditions de la prescription acquisitive

Art. 2082 *(Rempl., L. n° 1.401, 5 déc. 2013).* – On ne peut prescrire les biens ou les droits qui ne sont point dans le commerce.

Art. 2083 *(Rempl., L. n° 1.401, 5 déc. 2013).* – Pour pouvoir prescrire, il faut une possession continue et non interrompue, paisible, publique, non équivoque, et à titre de propriétaire.

Art. 2084 *(Rempl., L. n° 1.401, 5 déc. 2013).* – Les actes de pure faculté et ceux de simple tolérance ne peuvent fonder ni possession ni prescription.

Art. 2085 *(Rempl., L. n° 1.401, 5 déc. 2013).* – Les actes de violence ne peuvent fonder non plus une possession capable d'opérer la prescription.

La possession utile ne commence que lorsque la violence a cessé.

Art. 2086 *(Rempl., L. n° 1.401, 5 déc. 2013).* – Le possesseur actuel, qui prouve avoir possédé anciennement, est présumé avoir possédé dans le temps intermédiaire, sauf la preuve contraire.

Art. 2087 *(Rempl., L. n° 1.401, 5 déc. 2013).* – Pour compléter la prescription, on peut joindre à sa possession celle de son auteur, de quelque manière qu'on lui ait succédé, soit à titre universel ou particulier, soit à titre lucratif ou onéreux.

§ I. – Des causes qui empêchent la prescription acquisitive

Art. 2088 *(Rempl., L. n° 1.401, 5 déc. 2013).* – Ceux qui possèdent pour autrui ne prescrivent jamais, par quelque laps de temps que ce soit.

Ainsi, le locataire, le dépositaire, l'usufruitier et tous autres qui détiennent précairement le bien ou le droit du propriétaire ne peuvent le prescrire.

Art. 2089 *(Rempl., L. n° 1.401, 5 déc. 2013).* – Les héritiers de ceux qui tenaient le bien ou le droit à quelqu'un des titres désignés par l'article précédent ne peuvent non plus prescrire.

Art. 2090 *(Rempl., L. n° 1.401, 5 déc. 2013).* – Néanmoins, les personnes énoncées dans les articles 2088 et 2089 peuvent prescrire, si le titre de leur possession se trouve interverti, soit par une cause venant d'un tiers, soit par la contradiction qu'elles ont opposée au droit du propriétaire.

Art. 2091 *(L. n° 846, 27 juin 1968 ; rempl., L. n° 1.401, 5 déc. 2013).* – Ceux à qui les locataires, usufruitiers, dépositaires et autres détenteurs précaires ont transmis le bien ou le droit par un titre translatif de propriété peuvent le prescrire.

Art. 2092 *(L. n° 846, 27 juin 1968 ; rempl., L. n° 1.401, 5 déc. 2013).* – On ne peut pas prescrire contre son titre, en ce sens que l'on ne peut point se changer à soi-même la cause et le principe de sa possession.

§ II. – Des causes qui interrompent la prescription acquisitive

Art. 2093 *(Rempl., L. n° 1.401, 5 déc. 2013).* – La prescription acquisitive est interrompue lorsque le possesseur d'un bien est privé pendant plus d'un an de la jouissance de ce bien soit par le propriétaire, soit même par un tiers.

Section II. – De la prescription acquisitive en matière immobilière

Art. 2094 *(Rempl., L. n° 1.401, 5 déc. 2013).* – Le délai de prescription requis pour acquérir la propriété immobilière est de trente ans.

Toutefois, celui qui acquiert de bonne foi et par juste titre un immeuble en prescrit la propriété par dix ans contre le véritable propriétaire.

Art. 2095 *(Rempl., L. n° 1.401, 5 déc. 2013).* – Le titre nul par défaut de forme ne peut servir de base à la prescription de dix ans.

Art. 2096 *(Rempl., L. n° 1.401, 5 déc. 2013).* – **La bonne foi est toujours présumée, et c'est à celui qui allègue la mauvaise foi à la prouver.**

Art. 2097 *(Rempl., L. n° 1.401, 5 déc. 2013).* – **Il suffit que la bonne foi ait existé au moment de l'acquisition.**

Section III. – De la prescription acquisitive en matière mobilière

Art. 2098 *(Rempl., L. n° 1.401, 5 déc. 2013).* – **En fait de meubles, la possession vaut titre.**

Néanmoins, celui qui a perdu ou auquel il a été soustrait, par un crime ou un délit, une chose peut la revendiquer pendant trois ans à compter du jour de la perte, du crime ou du délit, contre celui dans les mains duquel il la trouve ; sauf à celui-ci son recours contre celui duquel il la tient.

Art. 2099 *(Rempl., L. n° 1.401, 5 déc. 2013).* – **Si le possesseur actuel de la chose soustraite ou perdue l'a achetée dans une foire ou dans un marché, ou dans une vente publique, ou d'un marchand vendant des choses pareilles, le propriétaire originaire ne peut se la faire rendre qu'en remboursant au possesseur le prix qu'elle lui a coûté.**

Le bailleur qui revendique, en vertu de l'article 1939, les meubles déplacés sans son consentement et qui ont été achetés dans les mêmes conditions doit également rembourser à l'acheteur le prix qu'ils lui ont coûté.

Art. 2100 *(L. 12 mars 1913 ; rempl., L. n° 1.401, 5 déc. 2013).* – **La propriété mobilière ne se prescrit que par trente ans si le possesseur est de mauvaise foi.**

TITRE XX. – DE LA PRESCRIPTION

(Titre XX : Rédaction antérieure à la loi n° 1.401 du 5 déc. 2013) (1)

Chapitre I. – Dispositions générales

Rédaction antérieure. Art. 2038. – La prescription est un moyen d'acquérir ou de se libérer par un certain laps de temps, et sous les conditions déterminées par la loi.

Rédaction antérieure. Art. 2039. – On ne peut, d'avance, renoncer à la prescription. On peut renoncer à la prescription acquise.

Rédaction antérieure. Art. 2040. – La renonciation à la prescription est expresse ou tacite ; la renonciation tacite résulte d'un fait qui suppose l'abandon du droit acquis.

Rédaction antérieure. Art. 2041. – Celui qui ne peut aliéner ne peut renoncer à la prescription acquise.

Rédaction antérieure. Art. 2042. – Les juges ne peuvent suppléer d'office le moyen résultant de la prescription.

Rédaction antérieure. Art. 2043. – La prescription peut être opposée en tout état de cause, à moins que la partie qui n'aurait pas opposé le moyen de la prescription ne doive, par les circonstances, être présumée y avoir renoncé.

Rédaction antérieure. Art. 2044. – Les créanciers, ou toute autre personne ayant intérêt à ce que la prescription soit acquise, peuvent l'opposer, encore que le débiteur ou le propriétaire y renonce.

Rédaction antérieure. Art. 2045. – On ne peut prescrire le domaine des choses qui ne sont point dans le commerce.

Rédaction antérieure. Art. 2046. – Le Prince et les établissements publics sont soumis aux mêmes prescriptions que les particuliers, et peuvent également les opposer.

(1) Antérieurement à la loi n° 1.401 du 5 décembre 2013, les dispositions relatives à la prescription figuraient dans un titre XX comprenant les articles 2038 à 2100 dont les dispositions sont reproduites ci-dessous. La prescription est désormais régies par les dispositions des titres XX et XI tels qu'issus de ladite loi. — V. supra Titre XX et Titre XXI.

Chapitre II. – De la possession

Rédaction antérieure. Art. 2047. – La possession est la détention ou la jouissance d'une chose ou d'un droit que nous tenons ou que nous exerçons par nous-mêmes, ou par un autre qui la tient ou qui l'exerce en notre nom.

Rédaction antérieure. Art. 2048. – Pour pouvoir prescrire, il faut une possession continue et non interrompue, paisible, publique, non équivoque, et à titre de propriétaire.

Rédaction antérieure. Art. 2049. – On est toujours présumé posséder pour soi, et à titre de propriétaire, s'il n'est prouvé qu'on a commencé à posséder pour un autre.

Rédaction antérieure. Art. 2050. – Quand on a commencé à posséder pour autrui, on est toujours présumé posséder au même titre, s'il n'y a preuve du contraire.

Rédaction antérieure. Art. 2051. – Les actes de pure faculté et ceux de simple tolérance ne peuvent fonder ni possession ni prescription.

Rédaction antérieure. Art. 2052. – Les actes de violence ne peuvent fonder non plus une possession capable d'opérer la prescription.

Rédaction antérieure. Art. 2053. – La possession utile ne commence que lorsque la violence a cessé.

Rédaction antérieure. Art. 2054. – Le possesseur actuel, qui prouve avoir possédé anciennement, est présumé avoir possédé dans le temps intermédiaire, sauf la preuve contraire.

Rédaction antérieure. Art. 2055. – Pour compléter la prescription, on peut joindre à sa possession celle de son auteur, de quelque manière qu'on lui ait succédé, soit à titre universel ou particulier, soit à titre lucratif ou onéreux.

Chapitre III. – Des causes qui empêchent la prescription

Rédaction antérieure. Art. 2056. – Ceux qui possèdent pour autrui ne prescrivent jamais, par quelque laps de temps que ce soit.

Ainsi, le fermier, le dépositaire, l'usufruitier, et tous autres qui détiennent précairement la chose du propriétaire ne peuvent la prescrire.

Rédaction antérieure. Art. 2057. – Les héritiers de ceux qui tenaient la chose à quelqu'un des titres désignés par l'article précédent ne peuvent non plus prescrire.

Rédaction antérieure. Art. 2058. – Néanmoins les personnes énoncées dans les articles 2056 et 2057 peuvent prescrire, si le titre de leur possession se trouve interverti, soit par une cause venant d'un tiers, soit par la contradiction qu'elles ont opposée au droit du propriétaire.

Rédaction antérieure. Art. 2059. – Ceux à qui les fermiers, dépositaires et autres détenteurs précaires ont transmis la chose par un titre translatif de propriété, peuvent la prescrire.

Rédaction antérieure. Art. 2060. – On ne peut pas prescrire contre son titre, en ce sens que l'on ne peut point se changer à soi-même la cause et le principe de sa possession.

Rédaction antérieure. Art. 2061. – On peut prescrire contre son titre, en ce sens que l'on prescrit la libération de l'obligation que l'on a contractée.

Chapitre IV. – Des causes qui interrompent ou qui suspendent le cours de la prescription

Section I. – Des causes qui interrompent la prescription

Rédaction antérieure. Art. 2062. – La prescription peut être interrompue ou naturellement ou civilement.

Rédaction antérieure. Art. 2063. – Il y a interruption naturelle lorsque le possesseur est privé pendant plus d'un an de la jouissance de la chose, soit par l'ancien propriétaire, soit même par un tiers.

Rédaction antérieure. Art. 2064. – Une citation en justice, un commandement ou une saisie, signifiés à celui qu'on veut empêcher de prescrire, forment l'interruption civile.

Rédaction antérieure. Art. 2065. – La citation en conciliation devant le juge de paix interrompt la prescription, du jour de sa date, lorsqu'elle est suivie d'une assignation en justice donnée dans les délais de droit.

Rédaction antérieure. Art. 2066. – La citation en justice, donnée même devant un juge incompétent, interrompt la prescription.

Rédaction antérieure. Art. 2067. – Si l'assignation est nulle par défaut de forme,

Si le demandeur se désiste de sa demande,

S'il laisse périmer l'instance,

Ou si sa demande est rejetée,

L'interruption est regardée comme non avenue.

Rédaction antérieure. Art. 2068. – La prescription est interrompue par la reconnaissance que le débiteur ou le possesseur fait du droit de celui contre lequel il prescrivait.

Rédaction antérieure. Art. 2069. – L'interpellation faite, conformément aux articles ci-dessus, à l'un des débiteurs solidaires, ou sa reconnaissance, interrompt la prescription contre tous les autres, même contre leurs héritiers.

L'interpellation faite à l'un des héritiers d'un débiteur solidaire, ou la reconnaissance de cet héritier, n'interrompt pas la prescription à l'égard des autres cohéritiers, quand même la créance serait hypothécaire, si l'obligation n'est indivisible.

Cette interpellation ou cette reconnaissance n'interrompt la prescription, à l'égard des autres codébiteurs, que pour la part dont cet héritier est tenu.

Pour interrompre la prescription pour le tout, à l'égard des autres codébiteurs, il faut l'interpellation faite à tous les héritiers du débiteur, ou la reconnaissance de tous ces héritiers.

Rédaction antérieure. Art. 2070. – L'interpellation faite au débiteur principal, ou sa reconnaissance, interrompt la prescription contre la caution.

Section II. – Des causes qui suspendent le cours de la prescription

Rédaction antérieure. Art. 2071. – La prescription court contre toutes personnes, à moins qu'elles ne soient dans quelque exception établie par une loi.

Rédaction antérieure. Art. 2072. – La prescription ne court pas contre les mineurs et les interdits, sauf ce qui est dit à l'article 2098, et à l'exception des autres cas déterminés par la loi.

Rédaction antérieure. Art. 2073. – Elle ne court point entre époux.

Rédaction antérieure. Art. 2074. – La prescription court contre la femme mariée, encore qu'elle ne soit point séparée par contrat de mariage ou en justice, à l'égard des biens dont le mari a l'administration, sauf son recours contre le mari.

Rédaction antérieure. Art. 2075. – Néanmoins, elle ne court point, pendant le mariage, à l'égard de l'aliénation d'un fonds constitué selon le régime dotal, conformément à l'article 1405, au titre *Du contrat de mariage et des droits respectifs des époux*.

Rédaction antérieure. Art. 2076. – La prescription est pareillement suspendue pendant le mariage :

1° Dans le cas où l'action de la femme ne pourrait être exercée qu'après une option à faire sur l'acceptation ou la renonciation à la communauté ;

2° Dans le cas où le mari, ayant vendu le bien propre de la femme sans son consentement, est garant de la vente, et dans tous les autres cas où l'action de la femme réfléchirait contre le mari.

Rédaction antérieure. Art. 2077. – La prescription ne court point :

À l'égard d'une créance qui dépend d'une condition, jusqu'à ce que la condition arrive ;

À l'égard d'une action en garantie, jusqu'à ce que l'éviction ait lieu ;

À l'égard d'une créance à jour fixe, jusqu'à ce que ce jour soit arrivé.

Rédaction antérieure. Art. 2078. – La prescription ne court pas contre l'héritier bénéficiaire, à l'égard des créances qu'il a contre la succession.

Elle court contre une succession vacante, quoique non pourvue de curateur.

Rédaction future. Art. 2079. – Elle court encore pendant les trois mois pour faire inventaire, et les quarante jours pour délibérer.

Chapitre V. – Du temps requis pour prescrire

Section I. – Dispositions générales

Rédaction antérieure. Art. 2080. – La prescription se compte par jours, et non par heures.

Elle est acquise lorsque le dernier jour du terme est accompli.

Rédaction antérieure. Art. 2081. – Pour les prescriptions qui s'accomplissent dans un certain nombre de jours, tous les jours sont comptés suivant le calendrier grégorien.

Dans celles qui s'accomplissent par mois, tous les jours du mois sont compris suivant le même calendrier.

Section II. – De la prescription trentenaire

Rédaction antérieure. Art. 2082. – Toutes les actions, tant réelles que personnelles, sont prescrites par trente ans, sans que celui qui allègue cette prescription soit obligé d'en rapporter un titre, ou qu'on puisse lui opposer l'exception déduite de la mauvaise foi.

Rédaction antérieure. Art. 2083. – Après vingt-huit ans de la date du dernier titre, le débiteur d'une rente peut être contraint à fournir, à ses frais, un titre nouvel à son créancier ou à ses ayants cause.

Rédaction antérieure. Art. 2084. – Les règles de la prescription sur d'autres objets que ceux mentionnés dans le présent titre sont expliquées dans les titres ou les lois qui leur sont propres.

Section III. – De la prescription par dix et vingt ans

Rédaction antérieure. Art. 2085. – Celui qui acquiert de bonne foi et par juste titre un immeuble, en prescrit la propriété par dix ans, si le véritable propriétaire habite dans la Principauté ; et par vingt ans, s'il est domicilié hors de la Principauté.

Rédaction antérieure. Art. 2086. – Si le véritable propriétaire a eu son domicile en différents temps dans la Principauté et hors d'icelle, il faut, pour compléter la prescription, ajouter à ce qui manque aux dix ans de présence, un nombre d'années d'absence double de celui qui manque pour compléter les dix ans de présence.

Rédaction antérieure. Art. 2087. – Le titre nul par défaut de forme ne peut servir de base à la prescription de dix et vingt ans.

Rédaction antérieure. Art. 2088. – La bonne foi est toujours présumée, et c'est à celui qui allègue la mauvaise foi à la prouver.

Rédaction antérieure. Art. 2089. – Il suffit que la bonne foi ait existé au moment de l'acquisition.

Rédaction antérieure. Art. 2090. – Après dix ans, l'architecte et les entrepreneurs sont déchargés de la garantie des gros ouvrages qu'ils ont faits ou dirigés.

Section IV. – De quelques prescriptions particulières

Rédaction antérieure. Art. 2091 ***(L. n° 846, 27 juin 1968).*** – L'action des maîtres et instituteurs pour les leçons qu'ils donnent au mois ;

Celle des hôteliers et traiteurs, à raison du logement et de la nourriture qu'ils fournissent ;

Se prescrivent par six mois.

Rédaction antérieure. Art. 2092 ***(L. n° 846, 27 juin 1968).*** – L'action des médecins, chirurgiens et pharmaciens, pour leurs visites, opérations et médicaments ;

Celle des huissiers, pour le salaire des actes qu'ils signifient et des commissions qu'ils exécutent ;

Celle des marchands, pour les marchandises qu'ils vendent aux particuliers non marchands ;

Celle des maîtres de pension, pour le prix de la pension de leurs élèves, et des autres maîtres pour le prix de l'apprentissage ;

Se prescrivent par an.

Rédaction antérieure. Art. 2092 ***bis (L. n° 846, 27 juin 1968).*** – L'action des ouvriers, gens de travail et domestiques, pour le paiement de leurs salaires, indemnités, accessoires et fournitures, se prescrit par cinq ans.

Rédaction antérieure. Art. 2093. – L'action des notaires, pour le paiement de leurs honoraires, se prescrit par deux ans, à compter de la date des actes.

Celle des avocats et défenseurs près les tribunaux, pour le paiement de leurs frais et salaires, se prescrit par deux ans, à compter du jugement des procès ou de la conciliation des parties, ou depuis la révocation desdits défenseurs. À l'égard des affaires non terminées, ils ne peuvent former de demandes pour leurs frais et salaires qui remonteraient à plus de cinq ans.

Rédaction antérieure. Art. 2094. – La prescription, dans les cas ci-dessus, a lieu, quoiqu'il y ait eu continuation de fournitures, livraisons, services et travaux.

Elle ne cesse de courir que lorsqu'il y a eu compte arrêté, cédule ou obligation, ou citation en justice non périmée.

Rédaction antérieure. Art. 2095. – Néanmoins ceux auxquels ces prescriptions seront opposées, peuvent déférer le serment à ceux qui les opposent, sur la question de savoir si la chose a été réellement payée.

Le serment pourra être déféré aux veuves et héritiers, ou aux tuteurs de ces derniers, s'ils sont mineurs, pour qu'ils aient à déclarer s'ils ne savent pas que la chose soit due.

Rédaction antérieure. Art. 2096. – Les juges, greffiers, avocats et défenseurs, sont déchargés des pièces cinq ans après le jugement des procès.

Les huissiers, après deux ans, depuis l'exécution de la commission, ou la signification des actes dont ils étaient chargés, en sont pareillement déchargés.

Rédaction antérieure. Art. 2097. – Les arrérages de rentes perpétuelles et viagères ;

Ceux des pensions alimentaires ;

Les loyers des maisons et le prix de ferme des biens ruraux ;

Les intérêts des sommes prêtées et généralement tout ce qui est payable par année ou à des termes périodiques plus courts,

Se prescrivent par cinq ans.

Rédaction antérieure. Art. 2098. – Les prescriptions dont il s'agit dans les articles de la présente section, courent contre les mineurs et les interdits ; sauf leur recours contre leurs tuteurs.

Rédaction antérieure. Art. 2099. – En fait de meubles, la possession vaut titre.

Néanmoins celui qui a perdu une chose, ou qui en a été privé par un crime ou un délit, peut la revendiquer pendant trois ans, à compter du jour de la perte ou du délit, contre celui dans les mains duquel il la trouve ; sauf à celui-ci son recours contre celui duquel il la tient.

Rédaction antérieure. Art. 2100 ***(Mod., L. 12 mars 1913).*** – Si le possesseur actuel de la chose volée, détournée ou perdue, l'a achetée dans une foire ou dans un marché, ou dans une vente publique, ou d'un marchand vendant des choses pareilles, le propriétaire originaire ne peut se la faire rendre qu'en remboursant au possesseur le prix qu'elle lui a coûté.

Le bailleur qui revendique, en vertu de l'article 1939, les meubles déplacés sans son consentement et qui ont été achetés dans les mêmes conditions, doit également rembourser à l'acheteur le prix qu'ils lui ont coûté.

CODE DE PROCÉDURE CIVILE

(Promulgué le 5 sept. 1896 et déclaré exécutoire à dater du 15 oct. 1896)

LIVRE PRÉLIMINAIRE

TITRE I. – DE LA COMPÉTENCE

Section I. – Règles générales sur la compétence

Art. 1er. – Les tribunaux de la Principauté exercent la juridiction, soit à l'égard des Monégasques, soit à l'égard des étrangers, selon les règles déterminées par les dispositions suivantes.

Art. 2. – Ils connaissent de toutes actions intentées contre un défendeur domicilié dans la Principauté, sauf l'exception prévue à l'article 4.

En cas de pluralité de défendeurs, ils ont la même compétence, si l'un d'eux est domicilié dans la Principauté.

À défaut de domicile connu, la résidence dans la Principauté en tient lieu.

Art. 3. – Ils connaissent, en outre, quel que soit le domicile du défendeur :

1° De toutes actions ayant pour objet des immeubles situés dans la Principauté ;

2° *(L. n° 911, 18 juin 1971)* Des actions fondées sur des obligations qui sont nées ou qui doivent être exécutées dans la Principauté, ainsi que des actions fondées sur des obligations nées à l'étranger envers une personne physique ou morale de nationalité monégasque ;

3° Des actions relatives à une succession ouverte dans la Principauté, jusqu'au partage définitif, s'il s'agit de demandes entre cohéritiers ; et pendant un délai de deux années à compter du décès, s'il s'agit de demandes formées par des tiers contre un héritier ou un exécuteur testamentaire ;

4° Des actions en matière de société, jusqu'à la liquidation définitive, si la société a son établissement principal dans la Principauté ;

5° *(L. n° 1.002, 26 déc. 1977)* Des actions nées de l'application des articles 408 à 609 du Code de commerce si la procédure est ouverte dans la Principauté ;

6° Des demandes relatives à l'exécution d'un acte pour lequel élection de domicile a été faite dans la Principauté ;

7° Des demandes en garantie, des demandes reconventionnelles et de toutes autres demandes connexes à une action déjà pendante devant eux ;

8° Des demandes relatives à des mesures d'exécution sur des biens existant dans la Principauté ;

9° De demandes en validité ou en mainlevée de saisies-arrêts formées dans la Principauté, et généralement de toutes demandes ayant pour objet des mesures provisoires ou conservatoires ;

9° *bis (L. n° 1.295, 29 déc. 2004)* De toutes les actions ayant pour objet le fond du litige, dans les cas visés au chiffre précédent, sauf clause conventionnelle licite attribuant compétence à une autre juridiction ;

10° Des demandes tendant à faire déclarer exécutoires dans la Principauté des jugements ou actes étrangers.

Art. 4. – Ils ne peuvent connaître des actions relatives à l'état d'un étranger, lorsque cet étranger décline leur compétence conformément à l'article 262 et justifie avoir conservé dans son pays un domicile de droit et de fait devant les juges duquel la demande pourrait être utilement portée.

Art. 5. – Dans les cas non prévus aux articles précédents, l'étranger pourra, si le même droit est reconnu aux Monégasques dans le pays auquel il appartient, décliner la juridiction des tribunaux de la Principauté ; mais à défaut par lui de ce faire avant toute autre exception ou défense, il sera loisible au juge de retenir la cause et d'y faire droit.

La réciprocité susvisée sera constatée, soit par les traités conclus entre les deux pays, soit par la production des lois ou actes propres à en établir l'existence.

Art. 5 *bis* *(L. n° 911, 18 juin 1971)*. – Une personne physique ou morale de nationalité monégasque peut être citée devant les tribunaux de Monaco pour des obligations par elle contractées en pays étranger.

Section II. – Règles spéciales sur la compétence des diverses juridictions

Art. 6 *(L. n° 500, 2 avr. 1949 ; L. n° 726, 16 mars 1963 ; L. n° 1.037, 26 juin 1981 ; L. n° 1.092, 26 déc. 1985 ; L. n° 1.247, 21 déc. 2001)*. – Le juge de paix connaît de toutes actions purement personnelles ou mobilières, en dernier ressort, jusqu'à la valeur de 1 800 euros et, à charge d'appel, jusqu'à la valeur de 4 600 euros.

Sont exceptées :

1° les actions qui concernent le domaine du Prince ;

2° celle qui sont formées pour frais ou honoraires par les avocats-défenseurs, notaires, greffiers, huissiers ;

3° celles qui sont relatives aux faillites.

Art. 7 *(L. n° 500, 2 avr. 1949 ; L. n° 726, 16 mars 1963 ; L. n° 1.037, 26 juin 1981 ; L. n° 1.092, 26 déc. 1985 ; L. n° 1.247, 21 déc. 2001)*. – Le juge de paix connaît, sans appel, jusqu'à la valeur de 1 800 euros et, à charge d'appel, jusqu'à la valeur de 4 600 euros ;

1° des indemnités réclamées par le locataire ou fermier pour non-jouissance provenant du fait du propriétaire, lorsque le droit à une indemnité n'est pas contesté ;

2° des dégradations et pertes dans les cas prévus par les articles 1572, 1573, 1574 et 1575 du Code civil. Néanmoins, le juge de paix ne connaît des pertes causées par incendie ou inondation que dans les limitées posées par l'article précédent.

Art. 8 *(L. n° 500, 2 avr. 1949 ; L. n° 726, 16 mars 1963 ; L. n° 1.037, 26 juin 1981 ; L. n° 1.092, 26 déc. 1985 ; L. n° 1.247, 21 déc. 2001)*. – Le juge de paix prononce en dernier ressort, jusqu'à la valeur de 4 600 euros ;

1° sur les contestations entre les hôteliers, aubergistes ou logeurs, et les voyageurs ou locataires en garni, pour dépenses d'hôtellerie et perte ou avarie d'effets déposés dans l'auberge ou dans l'hôtel ;

2° sur les contestations entre les voyageurs et les voituriers pour retards et frais de route, perte ou avarie d'effets accompagnant le voyageur ;

3° sur les contestations entre les voyageurs et les carrossiers ou autres ouvriers pour fournitures, salaires et réparations faites aux voitures de voyage.

Art. 9 *(L. n° 500, 2 avr. 1949 ; L. n° 726, 16 mars 1963 ; L. n° 1.037, 26 juin 1981 ; L. n° 1.092, 26 déc. 1985 ; L. n° 1.247, 21 déc. 2001)*. – Le juge de paix connaît, sans appel, jusqu'à la valeur de 1 800 euros et à charge d'appel, jusqu'à la valeur de 4 600 euros :

1° des actions en paiement de loyers ou fermages dus en vertu de tous baux de meubles ou d'immeubles ;

2° des congés ;

3° des demandes en résiliation des baux fondées, soit sur le défaut de paiement des loyers ou fermages, soit sur l'insuffisance des meubles garnissant la maison ou des bestiaux nécessaires à l'exploitation, soit sur la destruction totale de la chose louée par cas fortuit ;

4° des expulsions des lieux ;

5° des demandes en validité et en nullité ou en mainlevées des saisies-gageries ou des saisies-revendications portant sur des meubles déplacés sans le consentement du propriétaire, dans le cas prévu par l'article 1939 – paragraphe premier – du Code civil.

Le tout lorsque ces locations verbales ou par écrit n'excèdent pas annuellement 4 600 euros.

Cette compétence pour les actions résultant des paragraphes 1°, 2°, 3° et 4° du présent article, est limitée par l'application des dispositions des lois exceptionnelles en matière de location de locaux à usage commercial ou de locaux à usage d'habitation.

Si le prix principal du bail se compose en totalité ou en partie de denrées ou prestations en nature, ou s'il s'agit de baux à colons partiaires, le revenu sera évalué dans la demande : en cas de contestation de la part du défendeur, il sera déterminé par un expert, que désignera d'office le juge de paix.

Art. 10 *(L. n° 500, 2 avr. 1949 ; L. n° 726, 16 mars 1963 ; L. n° 1.037, 26 juin 1981 ; L. n° 1.247, 21 déc. 2001).* – Le juge de paix connaît également, sans appel, jusqu'à la valeur de 700 euros et, à charge d'appel, jusqu'à la valeur de 1 800 euros :

1° des actions pour dommages faits aux propriétés rurales, clôtures, fruits et récoltes, soit par l'homme, soit par les animaux ; de celles relatives à l'élagage des arbres ou haies et à la coupe des racines qui se prolongent sur l'héritage voisin ; de celles relatives au curage, soit des fossés, soit des canaux servant à l'irrigation ou au drainage des propriétés ou au mouvement des usines et moulins, lorsque les droits de propriété ou de servitude ne sont pas contestés ;

2° des réparations locatives, telles qu'elles sont spécifiées par la loi ;

3° des actions civiles pour diffamation verbale et pour injures publiques ou non publiques, verbales ou par écrit, autrement que par la voie de la presse ; des mêmes actions pour rixes ou voies de fait ; le tout lorsque les parties ne se sont pas pourvues par la voie criminelle ; et des mêmes actions pour toutes contraventions de simple police quoiqu'il n'y ait pas poursuite de l'action publique.

Art. 11 *(L. n° 500, 2 avr. 1949 ; L. n° 726, 16 mars 1963 ; L. n° 1.037, 26 juin 1981 ; L. n° 1.092, 26 déc. 1985 ; L. n° 1.247, 21 déc. 2001).* – Le juge de paix connaît, à charge d'appel, à quelque chiffre que la demande puisse s'élever :

1° des actions possessoires ;

2° des actions en bornage et de celles relatives à la distance prescrite par la loi, les règlements particuliers et l'usage des lieux, pour les plantations d'arbres ou de haies, lorsque la propriété ou les titres qui l'établissent ne sont pas contestés ;

3° des actions relatives aux constructions et travaux énoncés dans l'article 559 du Code civil, lorsque la propriété ou la mitoyenneté du mur ne sont pas contestées ;

4° des demandes en pension alimentaire n'excédant pas en totalité 4 600 euros par an, et seulement lorsqu'elles sont formées en vertu des articles 174, 175 et 176 du Code civil.

Art. 12. – Le juge de paix connaît des actions en validité et en nullité d'offres réelles, lorsque ces actions ou leurs causes n'excèdent pas les limites de sa compétence.

Art. 13 *(L. n° 86, 3 janv. 1925).* – Le juge de paix connaît des demandes en validité, en nullité et en mainlevée des saisies-arrêts ou oppositions et des saisies-conservatoires, lorsque les causes de ces saisies n'excèdent pas les limites de sa compétence.

S'il y a concours de plusieurs saisies-arrêts, le juge de paix n'est compétent qu'autant que les causes desdites saisies n'excèdent pas par leur réunion le taux de sa compétence.

Art. 14. – En matière de saisie-conservatoire, et dans les cas où la saisie-gagerie et la saisie-arrêt ne peuvent avoir lieu qu'en vertu de la permission du juge, cette permission sera accordée par le juge de paix, lorsque, d'après les articles précédents, la demande en validité rentrera dans sa compétence.

S'il y a opposition de la part des tiers à la saisie-conservatoire ou à la saisie-gagerie, pour des causes et pour des sommes qui, réunies, excéderaient cette compétence, le jugement en sera déféré au tribunal de première instance.

Art. 15. – Sauf ce qui est dit des saisies prévues aux deux articles précédents et à l'article 9, le juge de paix ne connaît pas de l'exécution de ses jugements.

Art. 16 *(L. n° 500, 2 avr. 1949 ; L. n° 726, 16 mars 1963 ; L. n° 1.037, 26 juin 1987 ; L. n° 1.092, 26 déc. 1985 ; L. n° 1.247, 21 déc. 2001).* – Lorsque plusieurs demandes formées par la même partie contre le même défendeur seront réunies dans une même instance, le juge de paix ne prononcera qu'en premier ressort, si la valeur totale s'élève au-dessus de 1 800 euros lors même que quelqu'une de ces demandes serait inférieure à cette somme.

Il sera incompétent sur le tout si ces demandes excèdent par leur réunion les limites de sa juridiction.

Art. 17 *(L. n° 500, 2 avr. 1949 ; L. n° 726, 16 mars 1963 ; L. n° 1.037, 26 juin 1981 ; L. n° 1.092, 26 déc. 1985 ; L. n° 1.247, 21 déc. 2001)*. – La demande formée par plusieurs demandeurs ou contre plusieurs défendeurs, collectivement et en vertu d'un titre commun, sera jugée en dernier ressort, si la part afférente à chacun des demandeurs ou à chacun des défendeurs dans la demande n'est pas supérieure à 1 800 euros ; elle sera jugée pour le tout en premier ressort, si la part d'un seul des intéressés excède cette somme : enfin, le juge de paix sera incompétent sur le tout si cette part excède les limites de sa juridiction.

Art. 18. – Le juge de paix connaît de toutes les demandes reconventionnelles qui, par leur nature ou leur valeur, sont dans les limites de sa compétence, alors même que ces demandes réunies à la demande principale excéderaient les limites de sa juridiction.

Il connaît en outre, soit en dernier ressort, soit à charge d'appel, comme de la demande principale elle-même, des demandes reconventionnelles en dommages et intérêts fondées exclusivement sur la demande principale, à quelque somme qu'elles puissent monter.

Art. 19. – Lorsque chacune des demandes principales et reconventionnelles sera dans les limites de la compétence du juge de paix en dernier ressort, il prononcera sans qu'il y ait lieu à appel.

Si l'une de ces demandes n'est susceptible d'être jugée qu'à charge d'appel, le juge de paix ne prononcera sur toutes qu'en premier ressort.

Si la demande reconventionnelle excède les limites de sa compétence, il pourra, soit retenir le jugement de la demande principale, soit renvoyer, sur le tout, les parties à se pourvoir devant le tribunal de première instance.

Art. 20 *(L. n° 1.135, 16 juill. 1990)* (1). – Le président du tribunal de première instance statue en référé dans les conditions prévues au titre XXII, livre II, première partie, du présent code.

Art. 21 *(Ord. 19 mai 1909 ; L. n° 1.135, 16 juill. 1990)* (1). – Le tribunal de première instance connaît :

1° en premier ressort, de toutes les actions civiles ou commerciales qui n'entrent pas, en raison de leur nature ou de leur valeur, dans la compétence du juge de paix ;

2° en premier ressort également, comme juge de droit commun en matière administrative, de toutes les actions autres que celles dont la connaissance est attribuée par la Constitution ou la loi au tribunal suprême ou à une autre juridiction ;

3° en appel, des jugements rendus en premier ressort par le juge de paix et des sentences arbitrales prononcées en matière civile ou commerciale, ainsi que des jugements dont la connaissance lui est réservée par la loi.

Art. 22 *(Ord. 19 mai 1909 ; L. n° 1.135, 16 juill. 1990)* (1). – La cour d'appel connaît de l'appel des jugements rendus par le tribunal de première instance ;

Art. 23 *(L. n° 138, 5 févr. 1930 ; L. n° 1.135, 16 juill. 1990)* (1). – La cour de révision statue pour violation de la loi, sur les pourvois formés contre toute décision rendue en dernier ressort et passée en force de chose jugée.

TITRE II. – DE LA CONCILIATION

Art. 24. – Aucune demande introductive d'instance, excepté celles qui sont énoncées en l'article suivant, ne pourra, à peine de nullité, être portée devant le juge de paix, en premier ou en dernier ressort, sans qu'au préalable ce magistrat ait appelé les parties en conciliation devant lui.

(1) Les dispositions de la loi n° 1.135 du 16 juillet 1990 sont applicables aux instances introduites après son entrée en vigueur, L. n° 1.135, 16 juill. 1990, art. 12.

Art. 25. – Sont dispensées du préliminaire de conciliation :

1° Les demandes qui intéressent le domaine public et les établissements publics ;

2° Les demandes formées contre des personnes n'ayant ni domicile ni résidence dans la Principauté ;

3° Les demandes en matière commerciale ;

4° Les demandes formées par ou contre plusieurs parties, encore qu'elles aient le même intérêt ;

5° Les demandes urgentes.

Dans ce dernier cas, l'assignation ne pourra avoir lieu qu'en vertu d'une permission du juge de paix, donnée sans frais, soit sur l'original de l'exploit, soit sur papier libre, dans le cas prévu à l'article 58. Cette permission sera transcrite en tête de la copie de l'exploit ou du billet portant assignation.

Art. 26. – Les parties seront appelées en conciliation par un billet d'avertissement, sur papier non timbré, rédigé par le greffier, au nom et sous la surveillance du juge de paix, et expédié par la poste, sous bande simple, scellée du sceau de la justice de paix, avec recommandation et demande d'un accusé de réception.

Il sera tenu par le greffier un registre sur papier non timbré, constatant l'expédition du billet, sa remise au destinataire ou la mention qu'elle n'a pu être effectuée et le résultat du préliminaire de conciliation, avec les dates respectives.

Les frais du billet d'avertissement seront avancés par le demandeur.

Art. 27 *(L. n° 179, 13 janv. 1934)*. – Le jour de la comparution sera fixé par le juge de paix. Le délai entre la date du billet d'avertissement et celle de la comparution devra être au moins de trois jours francs.

Art. 28. – Le billet d'avertissement contiendra : la date des jour, mois et an ; les noms des parties ; les jour, lieu et heure de la comparution : l'objet de la demande indiquée d'une façon sommaire et la peine de l'amende encourue au cas de non comparution.

Art. 29. – La remise du billet au destinataire, ou la constatation que cette remise n'a pu être effectuée, interrompra la prescription et fera courir les intérêts ; le tout, pourvu que la demande soit formée dans le mois à dater du jour de la non comparution ou de la non conciliation.

Art. 30 *(L. n° 197, 18 janv. 1935)*. – Les parties devront comparaître en personne. Elles ne pourront se faire représenter que si elles résident hors de la Principauté ou en cas d'empêchement justifié et seulement par un parent ou allié agréé par le juge de paix, ou par un avocat ou un avocat-défenseur inscrit au tableau.

La comparution aura lieu hors de la présence du public.

Art. 31 *(L. n° 508, 2 août 1949 ; L. n° 1.247, 21 déc. 2001)*. – En cas d'infraction à la disposition de l'article 24, l'huissier supportera sans répétition les frais de l'assignation par lui délivrée, et pourra, en outre, être condamné à une amende de quinze à soixante-quinze euros.

Art. 32 *(L. n° 197, 18 janv. 1935 ; L. n° 508, 2 août 1949 ; L. n° 1.247, 21 déc. 2001)*. – Lorsque le demandeur, sans motif légitime, n'aura pas comparu conformément aux dispositions de l'article 30, il sera condamné par le juge de paix à une amende de trente euros.

Art. 33 *(L. n° 726, 16 mars 1963 ; L. n° 1.037, 26 juin 1981 ; L. n° 1.092, 26 déc. 1985 ; L. n° 1.247, 21 déc. 2001)*. – Si le défendeur ne comparaît pas ou s'il n'y a pas conciliation, le greffier en fera mention sur le registre indiqué à l'article 26, sans relater aucun dire.

Lorsque la demande n'excédera pas la valeur de 1 800 euros, elle sera immédiatement inscrite sur le rôle de la prochaine audience.

Dans le cas contraire, le greffier délivrera au demandeur, au nom du juge de paix, un permis d'assigner sur papier non timbré, dispensé d'enregistrement, qui reproduira les termes de la demande et la mention portée au registre. Copie de ce permis sera donnée en tête de l'exploit d'assignation.

Art. 34 *(Ord. 19 mai 1909 ; L. n° 726, 16 mars 1963 ; L. n° 1.037, 26 juin 1981 ; L. n° 1.092, 26 déc. 1985 ; L. n° 1.247, 21 déc. 2001)*. – S'il y a conciliation, il sera dressé un procès-verbal des conventions intervenues, qui sera signé par le juge de paix, le greffier et les parties. Si ces dernières ne savent ou ne peuvent signer, il en sera fait mention.

Le procès-verbal aura force d'acte authentique, sans néanmoins pouvoir contenir une constitution d'hypothèque. L'expédition qui en sera délivrée portera la formule exécutoire ; elle sera seule soumise à l'enregistrement et l'article 72 y sera applicable dans les causes dont la valeur n'excède pas 1 800 euros.

Art. 35. – **Les parties pourront, même en dehors des cas prévus à l'article 24, se présenter volontairement devant le juge de paix et le requérir de tenter de les concilier sur les différends dont elles lui feront l'exposé verbal. Si elles ne s'accordent pas, aucun procès-verbal ne sera dressé et il ne pourra être fait usage de leurs dires. Si un arrangement intervient, il sera constaté par un acte, dont la forme et les effets seront régis par l'article 34 ci-dessus.**

Art. 36 ***(Abr., L. n° 886, 25 juin 1970).***

Art. 37. – **Le tribunal de première instance pourra, en toutes matières et en tout état de cause, ordonner une tentative de conciliation, soit devant tous ses membres, en chambre du conseil ou à l'audience, soit devant un ou quelques-uns d'entre eux, désignés à cet effet. Ce jugement ne sera pas motivé. Il vaudra convocation pour les parties, s'il est contradictoire. Dans le cas contraire, la convocation aura lieu conformément à la disposition de l'article 26. Pour le surplus l'article 35 sera applicable.**

TITRE III. – DE L'ASSISTANCE JUDICIAIRE (1)

Art. 38 à 43 ***(Abr., L. n° 1.378, 18 mai 2011).***

Art. 44 ***(Ord.-L. n° 159, 18 juin 1932 ; abr., L. n° 1.378, 18 mai 2011).***

Art. 45 à 51 ***(Abr., L. n° 1.378, 18 mai 2011).***

Art. 52 ***(L. n° 508, 2 août 1949 ; L. n° 1.247, 21 déc. 2001 ; abr., L. n° 1.378, 18 mai 2011).***

Art. 53 à 56 ***(Abr., L. n° 1.378, 18 mai 2011).***

PARTIE I. – PROCÉDURE DEVANT LES TRIBUNAUX

LIVRE I. – DE LA JUSTICE DE PAIX

TITRE I. – DES ASSIGNATIONS

Art. 57. – **L'assignation devant le juge de paix se fera par exploit d'huissier, conformément aux prescriptions du titre premier du livre II, à l'exception des cas prévus à l'article suivant.**

Art. 58 ***(L. n° 500, 2 avr. 1949 ; L. n° 726, 16 mars 1963 ; L. n° 1.037, 26 juin 1981 ; L.n° 1.092, 26 déc. 1985 ; L. n° 1.247, 21 déc. 2001).*** – **Lorsque la valeur de la demande n'excédera pas 1 800 euros, l'assignation aura lieu par simple billet, lequel sera rédigé, délivré et expédié conformément aux dispositions des articles 26, 27 et 28.**

Art. 59. – **Dans les causes soumises au préliminaire de conciliation, il ne sera pas délivré de billet spécial pour l'assignation. Le billet d'avertissement indiquera seulement, à la suite des mentions prescrites par l'article 28, qu'à défaut de comparution et de conciliation au jour fixé par le juge, l'affaire sera portée, sans autre formalité, à la première audience qui suivra ledit jour. La date et l'heure de cette audience seront énoncées d'une façon précise.**

(1) V. désormais, L. n° 1.378, 18 mai 2011.

Art. 60 *(L. n° 179, 13 janv. 1934).* – Le délai de l'assignation sera au moins de trois jours francs si la partie assignée à son domicile ou sa résidence dans la Principauté ; de six jours, si elle demeure dans le département français des Alpes-Maritimes. Dans les autres cas, on devra observer les délais fixés à l'article 158.

Art. 61 *(Abr., L. n° 1.135, 16 juill. 1990)* (1).

Art. 62. – Dans les cas urgents, le juge de paix pourra, en dispensant du préliminaire de conciliation, permettre d'assigner au jour et heure qu'il fixera et même d'heure à heure. Cette permission sera donnée et notifiée conformément aux prescriptions du dernier paragraphe de l'article 25.

Art. 63. – Toutes les fois qu'une contestation rentrera, par sa nature, dans la compétence du juge de paix, les parties pourront se présenter volontairement devant ce magistrat et le requérir de statuer sur la demande, même en dernier ressort, quelle qu'en soit la valeur.

Cette réquisition sera constatée par un procès-verbal signé par les parties ou contenant mention qu'elles ne savent ou ne peuvent signer.

Art. 64. – Toutefois, les tiers qui auront le droit d'intervenir aux débats seront fondés, malgré l'accord des parties principales, à réclamer le renvoi de l'instance devant le tribunal de première instance.

Il en sera de même en cas de tierce opposition.

TITRE II. – DES AUDIENCES ET DE LA COMPARUTION DES PARTIES

Art. 65. – Le juge de paix indiquera au moins deux audiences par semaine, sauf pendant la période des vacations.

Il pourra juger tous les jours, hormis les jours fériés.

Art. 66. – Au jour fixé par l'assignation ou contenu entre elles, les parties comparaîtront soit en personne, soit par un parent ou allié agréé par le juge de paix ou par un avocat-défenseur inscrit au tableau.

Elles présenteront leurs conclusions verbalement ou par écrit, produiront leurs titres et seront entendues dans leurs explications.

Art. 67 *(L. n° 876, 26 févr. 1970).* – Le greffier tiendra note des remises de cause, de la comparution et des conclusions orales des parties ; il mentionnera les conclusions écrites qui devront être signées par les parties ou par leurs mandataires et seront paraphées par le juge de paix qui les fera classer au greffe.

Ces notes seront visées par le juge de paix.

Art. 68. – Sont applicables les dispositions des articles 170 à 174 et 188 à 191.

TITRE III. – DES JUGEMENTS

Section I. – Des jugements en général

Art. 69 *(L. n° 876, 26 févr. 1970 ; L. n° 1.135, 16 juill. 1990)* (1). – La minute des jugements est portée par le greffier sur un registre spécial, suivant une série de numéros renouvelable annuellement.

Le registre destiné à recevoir les jugements prévus à l'article 72 est coté et paraphé par le procureur général.

Art. 70 *(L. n° 1.135, 16 juill. 1990)* (1). – La minute est signée, dans les trois jours, par le juge qui a tenu l'audience et par le greffier.

(1) Les dispositions de la loi n° 1.135 du 16 juillet 1990 sont applicables aux instances introduites après son entrée en vigueur, L. n° 1.135, 16 juill. 1990, art. 12.

Art. 71 *(L. n° 876, 26 févr. 1970 ; L. n° 1.135, 16 juill. 1990)* (1). – Si le juge qui a tenu l'audience est dans l'impossibilité d'apposer sa signature, la minute est signée par un suppléant, pourvu toutefois que le juge empêché ait reconnu devant lui l'exactitude du jugement porté sur le registre, ce dont il est fait mention sur la minute. Si le juge qui a tenu l'audience est dans l'impossibilité de faire la déclaration, le jugement est considéré comme non existant, et la cause jugée de nouveau, sur les derniers errements de la procédure.

Dans le cas où le greffier est dans l'impossibilité de signer, il suffit que le juge en fasse mention en signant le jugement.

Art. 72 *(L. n° 726, 16 mai 1963 ; L. n° 1.037, 26 juin 1981 ; L. n° 1.092, 26 déc. 1985 ; L. n° 1.135, 16 juill. 1990 ; L. n° 1.247, 21 déc. 2001)* (1). – L'expédition des jugements rendus dans les causes dont la valeur n'excède pas 1 800 euros est délivrée sur papier libre et dispensée de l'enregistrement.

Art. 73 *(L. n° 1.135, 16 juill. 1990)* (1). – Les jugements qui ne sont pas définitifs ne sont point expédiés, quand ils ont été rendus contradictoirement et prononcés en présence des parties.

Dans le cas où le jugement ordonne une opération à laquelle les parties doivent assister, il indique le lieu, le jour et l'heure. Le prononcé vaut citation.

Art. 74 *(L. n° 1.135, 16 juill. 1990)* (1). – Sous réserve des dispositions de la présente section, sont applicables celles du titre VI du livre II, à l'exception des articles 197, 198, 200 et 201.

Section II. – Des jugements par défaut et de l'opposition

Art. 75 *(L. n° 1.135, 16 juill. 1990)* (1). – Sont applicables les dispositions du titre VII du livre II.

Section III. – Des dispositions accessoires des jugements

Art. 76 *(L. n° 1.135, 16 juill. 1990)* (1). – Sont applicables les dispositions des articles 202 à 207 du titre VI du livre II.

Art. 77 *(L. n° 1.135, 16 juill. 1990)* (1). – Les avocats-défenseurs n'ont toutefois pas à fournir d'état pour la liquidation des dépens.

Art. 78 *(L. n° 1.135, 16 juill. 1990)* (1). – Lorsqu'il y a lieu à réception d'une caution, celle-ci est présentée et discutée à l'audience fixée par le jugement qui a ordonné de la fournir. Si elle est acceptée ou admise malgré contestation, elle fait incontinent sa soumission devant le juge de paix.

Art. 79 *(L. n° 1.135, 16 juill. 1990)* (1). – Le jugement qui condamne à une reddition de comptes indique le jour et l'heure où cette reddition doit avoir lieu. Le rendant produit état de la recette et de la dépense avec les pièces justificatives : l'oyant est entendu dans ses observations.

Art. 80 *(L. n° 1.135, 16 juill. 1990)* (1). – Lorsque les parties s'accordent, le juge dresse procès-verbal constatant les sommes dues et contenant la liquidation des frais, dont l'expédition peut être revêtue de la formule exécutoire. Dans le cas contraire, le juge statue en la forme ordinaire.

TITRE IV. – DES ACTIONS POSSESSOIRES

Art. 81. – Les actions possessoires ne seront recevables que sous les conditions suivantes :

1° Qu'il s'agisse d'immeubles ou de droits immobiliers ;

2° Que le demandeur prouve avoir été en possession pendant une année au moins ;

(1) Les dispositions de la loi n° 1.135 du 16 juillet 1990 sont applicables aux instances introduites après son entrée en vigueur, L. n° 1.135, 16 juill. 1990, art. 12.

3° *(3° rempl., L. n° 1.401, 5 déc. 2013)* Que la possession remplisse les qualités requises par les articles 2077 à 2079 et 2083 à 2087 du Code civil ;

Rédaction antérieure. 3° Que la possession remplisse les qualités requises par les articles 2047 à 2055 du Code civil ;

4° Qu'il se soit écoulé moins d'une année depuis le trouble ou la dépossession.

Art. 82. – Lorsque la dépossession ou le trouble aura été causé par violence ou voie de fait, l'action possessoire pourra être exercée bien que le demandeur soit depuis moins d'une année possesseur ou même simple détenteur de l'immeuble.

Art. 83. – Le possessoire et le pétitoire ne seront jamais cumulés.

Art. 84. – Le demandeur au pétitoire ne sera plus recevable à agir au possessoire.

Art. 85. – Si la possession ou le trouble sont déniés, l'enquête qui sera ordonnée ne pourra porter sur le fond du droit.

Art. 86. – Le défendeur au possessoire ne pourra agir au pétitoire qu'après que l'instance sur le possessoire aura été terminée, et s'il a succombé, qu'après qu'il aura pleinement satisfait aux condamnations prononcées contre lui.

Néanmoins, le président du tribunal de première instance pourra, sur requête, accorder un permis d'assigner avant l'exécution ; en ce cas, le tribunal pourra surseoir à l'exécution, avec ou sans caution.

TITRE V. – DES EXCEPTIONS

Art. 87. – Seront observées les dispositions des articles 259 et 266 inclusivement.

Art. 88. – Si, au jour de la première comparution, une partie demande à mettre garant en cause, le juge accordera le délai qui lui paraîtra suffisant en raison de l'éloignement du domicile du garant. Il sera fait mention à la feuille d'audience du délai accordé.

Art. 89. – Si la mise en cause n'a pas été demandée à la première comparution ou si l'assignation n'a pas été faite dans le délai fixé, le juge de paix pourra procéder au jugement de l'action principale, sauf à statuer séparément sur la demande en garantie.

Art. 90. – Toute communication des pièces d'une partie, demandée par l'autre, aura lieu à l'audience même ou par la voie du greffe sans déplacement.

TITRE VI. – DES JUGEMENTS D'INSTRUCTION

Section I. – De la vérification des écritures et du faux civil

Art. 91. – Le juge de paix statuera, dans les affaires dont il sera saisi, sur les incidents de vérification d'écriture, conformément aux dispositions du titre X du livre II.

Copie du jugement intervenu sera adressée dans les huit jours au procureur général.

Art. 92. – Si une pièce produite est arguée de faux et que la partie persiste à s'en servir, le juge de paix renverra devant le tribunal de première instance et surseoira à statuer sur la demande principale.

Néanmoins, si la pièce n'est relative qu'à un des chefs de la demande, il pourra être passé outre au jugement des autres chefs.

Section II. – Des enquêtes et des expertises

Art. 93. – Si les parties sont en désaccord sur des faits de nature à être légalement prouvés par témoins et dont le juge trouve la vérification utile et admissible, il en ordonnera la preuve, même d'office. Le jugement déterminera les faits à prouver et fixera le lieu, le jour et l'heure de l'audition des témoins.

Art. 94. – Lorsqu'il y aura à lieu à expertise, le juge désignera un ou trois experts, selon les cas, et, précisera l'objet de leur mission.

Art. 95. – Au jour indiqué par le jugement, les experts devront, à moins qu'il n'en ait été autrement ordonné, faire à l'audience un rapport oral.

Si le jugement ordonne le dépôt d'un rapport écrit, ils se conformeront aux prescriptions édictées pour les rapports à produire devant le tribunal de première instance.

Art. 96. – Lorsque le juge ordonnera, à la fois, une enquête et une expertise avec rapport oral, il pourra décider que tous les témoins ou quelques-uns d'entre eux seront entendus le jour où le rapport oral sera fait.

Art. 97. – Les témoins et les experts, s'ils ne consentent pas à comparaître volontairement, seront appelés à l'audience par simple billet, délivré conformément à l'article 26.

Art. 98. – Le billet de citation aux témoins énoncera la date du jugement, les noms des parties, les lieu, jour et heure de l'audition et la peine de l'amende édictée contre les défaillants au titre XII du livre II.

Art. 99. – Le billet de citation aux experts contiendra les noms des parties, la date du jugement, la disposition ordonnant l'expertise, et indiquera le lieu, le jour et l'heure auxquels il sera procédé à cette opération.

Art. 100. – Dans les causes sujettes à l'appel, il sera dressé un procès-verbal de l'enquête et de l'expertise, pour lequel les dispositions des titres XII et XIV du livre II seront observées.

L'expédition n'en sera faite que si l'appel est interjeté.

Art. 101. – Dans les causes de nature à être jugées en dernier ressort, il ne sera point dressé de procès-verbal ; mais le greffier tiendra des notes sommaires, indiquant les noms, âge, profession et demeure des témoins ou des experts, leur serment, la déclaration s'ils sont parents, alliés ou au service des parties et le résultat de leur déposition ou de l'expertise.

Art. 102. – *(L. 2 août 1949 ; L. n° 1.247, 21 déc. 2001)* Seront observées, pour le surplus, les dispositions des titres XII et XIV du livre II, en tant qu'elles ne sont pas contraires à celles de la présente section.

Toutefois, l'amende encourue par le témoin défaillant sera de quinze à cent cinquante euros, et celle qui sera prononcée en cas de nouveau défaut sur réassignation ne pourra excéder 300 euros.

Section III. – De la visite des lieux

Art. 103. – Toutes les fois que le juge de paix l'estimera nécessaire, il pourra ordonner son transport sur les lieux en présence des parties.

Il pourra décider, en même temps, qu'il y sera procédé à une expertise ou à une enquête.

Si toutes les parties sont présentes, il pourra même y prononcer son jugement sur-le-champ.

Art. 104. – Toutes les fois que le juge de paix se transportera, soit pour faire la visite des lieux, soit pour entendre les témoins, il sera accompagné du greffier, porteur de la minute du jugement.

Art. 105. – Dans les causes sujettes à l'appel, il sera dressé procès-verbal de la visite, et, s'il y a lieu, de l'avis de l'expert et de la déposition des témoins, dans les formes prescrites à la section précédente.

Dans les causes non sujettes à l'appel, la visite des lieux sera constatée, ainsi que les opérations qui l'auront accompagnée, par des notes sommaires rédigées par le greffier et visées par le juge de paix.

Section IV. – De l'interrogatoire des parties et du serment

Art. 106. – Seront observées les dispositions des titres XV et XVI du livre II.

Toutefois, lorsque l'interrogatoire des parties sera ordonné dans une cause sujette à l'appel, il sera dressé un procès-verbal de leurs dires, qu'elles signeront avec le greffier, après lecture et rectifications, s'il y a lieu. Si elles ne savent ou ne veulent signer, il en sera fait mention.

TITRE VII. – DE LA RÉCUSATION

Art. 107. – Les dispositions relatives à la récusation des magistrats du tribunal de première instance sont applicables au juge de paix, sauf ce qui est dit à l'article suivant.

Art. 108. – Lorsque le juge de paix connaîtra une cause de récusation en sa personne ou conviendra des faits servant de base à la récusation proposée, il sera tenu de s'abstenir.

Dans les autres cas, il sera statué par le tribunal de première instance dans les six jours de la transmission des pièces par le greffier de la justice de paix au procureur général, sans qu'il y ait lieu d'appeler les parties.

TITRE VIII. – DE LA PÉREMPTION

Art. 109. – Sont applicables les règles établies au titre XX du livre II.

Toutefois, le délai de la péremption sera de cent quatre-vingt jours.

TITRE IX. – DE L'APPEL

Art. 110 *(L. n° 1.135, 16 juill. 1990)* (1). – Sous réserve des dispositions du présent titre, sont applicables en cause d'appel celles du titre I, du livre III.

Art. 111 *(L. n° 1.135, 16 juill. 1990)* (1). – Sont aussi sujets à l'appel, même dans les causes dont le juge de paix connaît en dernier ressort :

1° les jugements qui statuent sur la compétence ;

2° ceux qui ne sont pas motivés ou qui ne portent pas la mention qu'ils ont été prononcés publiquement ;

3° ceux qui ont été rendus par un juge qui n'a pas connu l'affaire ;

4° ceux qui ont été rendus après péremption de l'instance.

Art. 112 *(L. n° 1.135, 16 juill. 1990)*. – Lorsque le tribunal de première instance infirme le jugement dont appel est interjeté, il statue sur le fond à moins que le juge de paix ne soit déclaré mal à propos incompétent, auquel cas il renvoie l'affaire devant ce juge.

Art. 113 à 134 *(Abr., L. n° 1.135, 16 juill. 1990)* (1).

TITRE X. – DISPOSITION GÉNÉRALE

Art. 135. – Pour toutes les matières non prévues au présent livre, la procédure devant le juge de paix sera régie par les dispositions du livre suivant.

LIVRE II. – PROCÉDURE DEVANT LE TRIBUNAL DE PREMIÈRE INSTANCE

TITRE I. – DES EXPLOITS EN GÉNÉRAL ET DES ASSIGNATIONS

Section I. – Des exploits en général

Art. 136. – Tout exploit contiendra :

1° La date des jours, mois et an ;

(1) Les dispositions de la loi n° 1.135 du 16 juillet 1990 sont applicables aux instances introduites après son entrée en vigueur, L. n° 1.135, 16 juill. 1990, art. 12.

2° Le nom, les prénoms, la profession et le domicile de la partie requérante et de la partie à laquelle l'exploit sera signifié ou du moins une désignation précise de l'une et de l'autre ;
3° La mention de la personne à laquelle la copie sera laissée ;
4° Le nom, la demeure et la signature de l'huissier.

Art. 137. – Si l'exploit est relatif à un immeuble, il énoncera, en outre, la nature de cet immeuble et sa situation, avec deux au moins de ses confins. S'il s'agit d'une maison située sur une rue, il suffira de désigner la rue et le numéro.

Art. 138. – L'exploit devra contenir élection d'un domicile dans la Principauté, s'il est signifié à la requête d'une partie qui n'y possède ni domicile ni résidence.

Art. 139 *(L. n° 989, 23 nov. 1976 ; mod., L. n° 1.415,22 juin 2015).* – L'État est représenté dans les exploits, par le ministre d'État.

Toutefois, cette représentation est assurée par le Président du Conseil National ou par le Directeur des Services Judiciaires en ce qui concerne respectivement le service administratif de l'Assemblée ou de la justice.

Art. 139-1 *(L. n° 989, 23 nov. 1976).* – La Commune est représentée par le Maire.

Art. 140. – Les établissements publics, hospices, bureaux de bienfaisance, fabriques d'église, seront représentés par leur commission administrative ou conseil ; les congrégations religieuses autorisées, par leur supérieur ou supérieure.

Art. 141. – Les sociétés de commerce seront désignées par leur raison sociale ou par l'objet de leur entreprise et représentées conformément aux règles du droit commercial.

Les autres associations pourront être représentées soit par le président, soit par tout autre membre indiqué par les statuts, sans que tous ceux qui les composent soient individuellement désignés.

Art. 142. – Toutes personnes ayant un intérêt commun pourront de même être représentées dans les exploits par un seul mandataire choisi parmi elles, pourvu que le mandat conféré à cet effet soit constaté par acte authentique ou sous seing privé enregistré. Copie de ce titre sera donnée dans le premier acte de procédure.

Art. 143. – Les incapables seront représentés, assistés ou autorisés, conformément aux règles du droit civil.

Art. 144 *(L. n° 508, 2 août 1949 ; mod., L. n° 1.247, 21 déc. 2001).* – L'huissier mentionnera le coût de l'exploit à la fin de l'original et de la copie, et en donnera le détail en marge, à peine de 30 euros d'amende, payables au moment de l'enregistrement.

Art. 145. – Il sera laissé une copie de l'exploit à chacune des personnes auxquelles la signification sera faite.

Toutefois, il n'en sera donné qu'une seule aux époux non séparés de corps et demeurant ensemble, si l'exploit n'est signifié au mari que pour autoriser sa femme.

Art. 146. – Aucun exploit ne sera signifié, à peine de nullité, depuis le 1er octobre jusqu'au 31 mars, avant six heures du matin et après six heures du soir ; et depuis le 1er avril jusqu'au 30 septembre, avant quatre heures du matin et après neuf heures du soir.

Seront également nulles les significations faites les jours de dimanche et de fête légale, si ce n'est en vertu d'une permission du président du tribunal de première instance. Cette permission ne sera accordée que lorsqu'il y aura péril en la demeure. L'ordonnance, dispensée de l'enregistrement, sera donnée sur l'original et transcrite sur la copie.

Art. 147. – L'huissier ne pourra instrumenter, quand il s'agira d'un acte le concernant ou concernant sa femme, ses parents ou alliés en ligne directe à l'infini et en ligne collatérale jusqu'au degré d'oncle ou de neveu inclusivement.

Art. 148. – Tous exploits seront faits à personne ou à domicile et, à défaut de domicile connu, à la résidence.

Si l'huissier ne trouve pas le destinataire à son domicile ou à sa résidence, il remettra la copie, sous enveloppe, à son conjoint, aux personnes de sa famille demeurant avec lui, aux domestiques attachés à son service, à ses employés ou commis.

S'il ne rencontre aucune de ces personnes, il la remettra au maire, qui visera l'original sans frais.

Il fera mention de tout tant sur l'original que sur la copie.

En cas de dépôt à la mairie, il en donnera avis, par lettre recommandée, au destinataire.

Art. 149. – Seront valables toutes significations d'exploit faites à bord d'un navire pour une personne de l'équipage. Si la copie n'est pas remise à la partie même, elle pourra l'être au capitaine ou à celui qui le remplacera.

Art. 150 *(Mod., L. n° 1.099, 12 juin 1987).* – La copie des exploits concernant des personnes qui habitent hors de la Principauté sera remise par l'huissier au parquet du procureur général, lequel l'enverra aux autorités compétentes après avoir visé l'original et fait mentionner, sur un registre spécial, la date du dépôt et celle de la transmission.

L'exploit produira ses effets du jour du dépôt.

Une copie de cet exploit sera, en outre, pour l'information de son destinataire, adressée à celui-ci par l'huissier, par lettre recommandée avec demande d'avis de réception.

Art. 151. – Lorsque le destinataire n'aura ni domicile ni résidence connus, l'huissier déposera la copie au parquet du procureur général, qui visera l'original et fera opérer la mention prescrite par l'article précédent.

Art. 152. – En cas d'élection de domicile, l'huissier ne pourra remettre la copie au domicile élu que s'il y trouve, soit la partie, soit son mandataire, soit un de leurs parents ou serviteurs indiqués à l'article 148.

Dans le cas contraire, il procédera comme il est dit aux autres paragraphes du même article.

Art. 153 *(L. n° 989, 23 nov. 1976 ; mod., L. n° 1.415,22 juin 2015).* – La copie de l'exploit est laissée :

1° pour l'État, selon le cas, au Ministre d'État ou aux services spécialement désignés par arrêté ministériel, au Président du Conseil National ou à son Secrétariat Général, ou au Directeur des Services Judiciaires ou à sa Direction ;

1°-1 Pour la Commune, au Maire ou au service spécialement désigné par arrêté municipal.

2° Pour les établissements publics, hospices, bureaux de bienfaisance, fabriques d'église, à la personne ou au bureau du président de leur commission administrative ;

3° Pour les congrégations religieuses autorisées, à la personne ou au domicile du supérieur ou de la supérieure ;

4° Pour les sociétés de commerce, tant qu'elles existent, à leur maison sociale, et s'il n'y en a pas, à la personne ou au domicile des administrateurs, directeur ou gérant ; pour les sociétés civiles à la personne ou domicile de l'associé directeur, administrateur ou gérant ; pour les autres associations, à la personne ou au domicile du président ou de tout autre membre désigné par les statuts ;

5° Pour les sociétés en liquidation, à la personne ou au domicile des liquidateurs ;

6° Pour les faillites et les unions des créanciers, à la personne ou au domicile des syndics.

Art. 154. – Lorsque l'exploit sera destiné à un mineur ou autre incapable non pourvu d'un représentant légal, s'il y a urgence, le président du tribunal de première instance nommera sur simple requête un mandataire *ad hoc* auquel la copie sera remise, sauf au requérant à remplir ensuite les formalités légales.

Art. 155. – Seront observées, à peine de nullité, les dispositions des articles 136, 137, 139, 140, 141 § 1, 143, 145 § 1, 147, 148, 150 à 153 inclusivement.

Section II. – Des assignations

Art. 156. – Indépendamment des formalités prescrites à la section précédente, tout exploit d'assignation contiendra, à peine de nullité :

1° L'indication du tribunal qui doit connaître de la demande ;

2° Le jour et l'heure de la comparution ;

3° L'objet de la demande avec l'exposé sommaire des moyens.

Art. 157. – Le délai ordinaire des assignations pour ceux qui sont domiciliés dans la Principauté sera de six jours francs.

Art. 158 *(L. n° 1.099, 12 juin 1987)*. – Si celui qui est assigné demeure hors de la Principauté, le délai sera :

1° de trente jours, pour ceux qui demeurent dans l'un des pays d'Europe tels qu'énumérés ci-après : France, Italie, Cité du Vatican, Saint-Marin, Espagne, Andorre, Portugal, Suisse, Liechtenstein, République Fédérale d'Allemagne, République démocratique Allemande, Belgique, Luxembourg, Pays-Bas, Grande-Bretagne, Irlande, Islande, Danemark, Norvège, Suède, Finlande, Union des Républiques Socialistes Soviétiques, Pologne, Tchécoslovaquie, Autriche, Hongrie, Roumanie, Yougoslavie, Albanie, Bulgarie, Grèce, Turquie, Chypre, Malte ;

2° de soixante jours pour ceux qui demeurent dans les pays d'Amérique du Nord ;

3° de quatre-vingt-dix jours pour ceux qui demeurent dans tout autre pays.

Art. 159. – Lorsque l'assignation à une partie domiciliée hors de la Principauté sera donnée à sa personne dans la Principauté, elle n'emportera que le délai ordinaire.

Il en sera de même de l'assignation remise au domicile élu dans la Principauté.

Art. 160. – Dans les cas qui requièrent célérité, le président du tribunal de première instance pourra permettre d'assigner à bref délai. L'ordonnance sera délivrée sans frais et dispensée de l'enregistrement.

Elle pourra être donnée sur l'original de l'exploit et sera transcrite, à peine de nullité sur la copie.

Art. 161. – Lorsque l'assignation aura été faite à un délai moindre que le délai légal sans l'autorisation du président, si le défendeur ne comparaît pas, le tribunal condamnera le demandeur aux dépens et ordonnera la réassignation.

Si l'assignation a été donnée à un délai plus long, le défendeur pourra sommer le demandeur de comparaître à l'expiration du terme fixé par la loi.

Art. 162 *(Ord. 19 mai 1909)*. – . – L'huissier qui, lors de la signification, parlera au défendeur en personne, devra le requérir de signer l'original de l'exploit de signification. Mention de la réquisition sera insérée dans le dit exploit. En cas d'impossibilité ou de refus de signer, il en sera également fait mention.

Section III. – Disposition générale

Art. 162 *bis* *(Abr., L. n° 1.009, 4 juill. 1978)*.

TITRE II. – DE L'INTRODUCTION DES CAUSES EN JUSTICE

Art. 163. – Un jour franc au moins avant celui fixé pour la comparution, le demandeur, ou, à son défaut le défendeur, requerra au greffe l'inscription de la cause sur le registre ou rôle à ce destiné.

Art. 164. – En requérant l'inscription de la cause, la partie remettra au greffe une copie sur papier libre de l'exploit d'assignation, signée par elle ou par un avocat-défenseur.

Art. 165. – Dans les causes où les conclusions du ministère public sont requises, une copie de l'exploit sera déposée, en outre, pour être transmise sans retard au procureur général. Ce magistrat pourra même exiger, avant l'audience, la communication complète des pièces du procès.

Art. 166. – Si le demandeur ne s'est pas conformé aux dispositions des deux articles qui précèdent, le tribunal pourra, soit sur les conclusions du ministère public, soit d'office, renvoyer la cause à une autre audience pour qu'il soit satisfait aux prescriptions légales, ou même en ordonner la radiation et condamner le demandeur aux dépens.

Art. 167. – À l'ouverture de l'audience, les causes seront appelées successivement par l'huissier de service dans l'ordre de leur inscription au rôle.

Elles seront instruites et jugées dans le même ordre.

Art. 168. – Toutefois, si certaines causes présentent un caractère spécial d'urgence, le tribunal pourra leur accorder la priorité.

Le tribunal pourra aussi renvoyer exceptionnellement à une autre audience les causes dont la remise lui serait demandée pour des motifs légitimes.

Art. 169. – Le greffier tiendra une feuille d'audience, sur laquelle il notera les noms des juges et des officiers du ministère public qui auront siégé, les affaires appelées, les renvois, les conclusions orales des parties, leurs aveux, offres, acquiescements ou désistements, le prononcé des jugements, et tous autres faits, actes ou dires, dont la mention est prescrite par la loi ou sera ordonnée par le tribunal, soit à la requête des parties, soit d'office.

La feuille d'audience sera visée après chaque séance par le président.

TITRE III. – DE LA COMPARUTION ET DE LA DÉFENSE DES PARTIES

Art. 170. – Les parties comparaîtront, soit en personne, soit par un avocat-défenseur inscrit au tableau.

La présence des parties ou la déclaration de leur avocat-défenseur qu'il se présente en leur nom sera mentionnée à la feuille d'audience.

Art. 171. – Le mandat des avocats-défenseurs résultera de la remise des pièces.

Toutefois les avocats-défenseurs ne seront admis à faire, donner ou accepter aucune offre, aucun aveu ou consentement, sans une procuration spéciale des parties ou leur autorisation donnée, soit au greffe, soit verbalement devant le tribunal. Au dernier cas, la déclaration des parties sera mentionnée à la feuille d'audience.

Art. 172. – Les parties qui n'auront ni domicile, ni résidence dans la Principauté, seront tenues d'y élire domicile, sur l'interpellation du président. Le greffier notera sur la feuille d'audience le domicile élu.

Toutes les significations relatives à la cause, aux jugements, à leur exécution, ainsi qu'aux voies de recours contre lesdits jugements pourront valablement être faites à ce domicile élu.

Toutefois, les effets de cette élection cesseront à l'expiration de l'année qui suivra le prononcé du jugement, et il sera toujours loisible de la changer par un acte signifié à l'autre partie.

Art. 173. – La partie représentée ou assistée par un avocat-défenseur sera considérée, sauf déclaration contraire, comme ayant élu domicile chez ce dernier.

Art. 174. – À défaut de domicile élu, toutes significations seront valablement faites au parquet du procureur général, où elles seront mentionnées sur un registre tenu à la disposition du public.

Sont exceptées les significations des jugements définitifs prononçant des condamnations, pour lesquelles on se conformera aux règles édictées par les articles 148 à 150 inclusivement.

Art. 175. – Après l'élection de domicile, s'il y a lieu, les parties ou leurs avocats-défenseurs liront leurs conclusions, les signeront et les remettront au président, qui les paraphera et les fera classer au greffe. Il en sera de même pour celles qui seraient prises en cours d'instance.

Toutefois, les parties qui comparaîtront en personne pourront prendre leurs conclusions verbalement, auquel cas le greffier les écrira sous la dictée du président.

Art. 176. – Les plaidoiries suivront immédiatement, à moins que le tribunal n'en décide autrement.

Art. 177. – Lorsque l'instruction de la cause paraîtra l'exiger, le tribunal ordonnera que les parties se communiqueront réciproquement, avant les plaidoiries, dans un délai qu'il fixera pour l'une et pour l'autre, des écritures préparatoires ou conclusions motivées sur papier libre, ainsi que les pièces dont elles entendront faire usage.

Art. 178. – Le tribunal pourra même, si la cause présente des difficultés ou des complications exceptionnelles, prescrire la production et la communication, dans un délai déterminé, d'écritures additionnelles ou mémoires sur papier libre, destinés à répondre aux conclusions motivées et à les compléter.

Art. 179. – Dans les cas prévus aux deux articles précédents, la constitution d'un avocat-défenseur sera obligatoire.

Art. 180. – Les avocats-défenseurs seront tenus de déposer au greffe, vingt-quatre heures au moins avant l'audience fixée pour les plaidoiries, une copie des conclusions motivées, signée d'eux, qui sera immédiatement transmise au président du tribunal de première instance.

S'il n'a pas été satisfait à cette prescription, le tribunal pourra renvoyer la cause à une autre audience.

Art. 181. – Le tribunal rejettera toutes conclusions ou écritures qui n'auraient pas été communiquées dans les délais par lui fixés.

Il pourra même, selon les circonstances, ordonner, que la cause sera rayée du rôle et condamner aux dépens la partie en faute, le tout sans préjudice des dommages-intérêts, s'il y a lieu.

Art. 182. – Les parties pourront plaider elles-mêmes. Toutefois, il sera loisible au tribunal de leur interdire cette faculté, s'il reconnaît que la passion ou l'inexpérience les empêche de discuter leur cause avec la décence convenable ou la clarté nécessaire pour l'instruction des juges.

Dans ce cas, le tribunal enjoindra aux parties de se faire représenter ou assister par un avocat-défenseur, à l'audience dont il fixera le jour.

S'il n'est pas satisfait à cette injonction, le tribunal statuera sur les pièces produites.

Art. 183. – Quand le tribunal trouvera la cause suffisamment éclaircie, le président fera cesser les plaidoiries.

TITRE IV. – DES CONCLUSIONS DU MINISTÈRE PUBLIC

Art. 184. – Le ministère public donnera ses conclusions dans les causes suivantes :

1° Celles qui concernent l'ordre public, le domaine public, le domaine privé du Prince, les établissements publics, les dons et legs au profit des pauvres ;

2° Celles qui concernent l'état des personnes ;

3° Celles qui concernent l'organisation et l'administration des tutelles ou curatelles ;

4° Les exceptions d'incompétence ;

5° Les récusations ;

6° Les prises à partie ;

7° *(7° abr., L. n° 1.278, 29 déc. 2003)* ;

8° Les causes concernant la dot, mobilière ou immobilière, sous le régime dotal ;

9° Les causes des mineurs même émancipés ; celles des interdits, des personnes placées dans un établissement d'aliénés, des personnes pourvues d'un conseil judiciaire, et généralement celles où l'une des parties est représentée par un curateur ou un administrateur judiciaire ;

10° Les causes des personnes présumées ou déclarées absentes ;

11° Celles dans lesquelles le défendeur, qui n'a dans la Principauté ni domicile ni résidence connus, n'a pas été touché par l'assignation et ne comparaît pas ;

12° Les causes des personnes qui ont obtenu l'assistance judiciaire ;

13° Les demandes d'envoi en possession de succession ;

14° Les demandes en reconnaissances ou vérification d'écriture, si la sincérité de l'acte est contestée ;

15° Les procédures en faux civil ;

16° Les demandes en rétractation ;

17° Les demandes à fin d'exécution des jugements et actes étrangers ;

18° Les incidents de la saisie immobilière ;

19° Les contredits dans les distributions par contribution et dans les ordres ;

20° Les causes concernant les faillites ;

Et généralement toutes celles pour lesquelles la loi ordonne que le ministère public sera entendu.

Art. 185. – Le ministère public pourra conclure, en outre, dans toutes les autres causes où il croira son intervention utile. Il pourra toujours demander à cet effet que les pièces lui soient communiquées. Cette communication pourra aussi être ordonnée d'office par le tribunal.

Art. 186. – Le ministère public donnera ses conclusions immédiatement après les plaidoiries ou, s'il requiert un délai, à l'audience qui sera fixée.

Mention en sera faite à la feuille d'audience.

Art. 187. – Après les conclusions du ministère public, les parties ne pourront, sous aucun prétexte, obtenir la parole. Il leur sera seulement permis de joindre à leur dossier de simples notes pour signaler les erreurs de fait qu'elles prétendraient avoir été commises ou pour répondre à des moyens nouveaux.

Ces notes devront être préalablement communiquées à la partie adverse et au ministère public, qui pourront y répondre de la même façon et sur-le-champ.

TITRE V. – DE LA PUBLICITÉ DES AUDIENCES ET DE LEUR POLICE

Art. 188. – Les audiences seront publiques.

Art. 189. – Néanmoins, le tribunal pourra ordonner, même d'office, que les débats, y compris les conclusions du ministère public et les rapports des juges, auront lieu à huis clos :

1° Pour les causes entre époux et entre ascendants ou descendants ;

2° Pour les actions en désaveu de paternité ;

3° Pour les demandes en interdiction ;

4° Pour les demandes en récusation ;

Et généralement dans toutes les causes où la discussion publique pourrait entraîner du scandale ou des inconvénients graves.

Art. 190. – Ceux qui assisteront aux audiences se tiendront découverts, dans le respect et le silence ; tout ce que le président ordonnera pour le maintien de l'ordre sera exécuté ponctuellement et à l'instant.

La même disposition sera observée dans les lieux où, soit les juges, soit le procureur général ou son substitut, exerceront leurs fonctions.

Art. 191. – Si un ou plusieurs individus troublent les débats, causent ou excitent du tumulte, il sera fait application des articles 552 et suivants du Code de procédure pénale.

Si le coupable du trouble remplit des fonctions près du tribunal, il pourra, outre l'application de ces articles, être immédiatement suspendu de ses fonctions pour une période qui ne pourra excéder trois mois. Le jugement sera exécutoire par provision.

TITRE VI. – DES JUGEMENTS EN GÉNÉRAL

Art. 192. – Lorsque les débats seront terminés et que le ministère public aura été entendu, s'il y a lieu, le tribunal ordonnera la remise des pièces sur le bureau.

Si l'une des parties ne remet pas ses pièces, la cause sera jugée sur les pièces de l'autre.

Le jugement sera rendu, soit séance tenante, soit à une audience ultérieure que le tribunal déterminera.

Art. 193 *(Abr., L. n° 1.135, 16 juill. 1990)* (1)

> **Rédaction antérieure. Art. 193.** – Le tribunal pourra ordonner qu'il soit délibéré sur l'affaire au rapport d'un juge nommé par le jugement avec indication du jour auquel le rapport sera fait à l'audience. Ce jugement ne sera ni levé ni signifié.

Art. 194 *(Abr., L. n° 1.135, 16 juill. 1990)* (1)

(1) Les dispositions de la loi n° 1.135 du 16 juillet 1990 sont applicables aux instances introduites après son entrée en vigueur, L. n° 1.135, 16 juill. 1990, art. 12.

Rédaction antérieure. Art. 194. – Si le rapporteur décède, se démet, ou ne peut faire le rapport, le président en désignera d'office un autre.

Art. 195 *(Abr., L. n° 1.135, 16 juill. 1990)* (1)

Rédaction antérieure. Art. 195. – Le rapport résumera les faits et les moyens, sans ouvrir d'avis. Les parties n'auront sous aucun prétexte, la parole après le rapport ; elles pourront seulement remettre au président des notes énonciatives des faits sur lesquels elles prétendraient que le rapport a été incomplet ou inexact. Ces notes seront préalablement communiquées à la partie adverse, qui pourra y répondre de même et sur-le-champ.

Art. 196. – **S'il a été formé une demande provisoire et que la cause soit en état sur le provisoire et sur le fond, il sera statué sur le tout par un seul jugement.**

Art. 197. – **Seront observées les dispositions de l'ordonnance sur l'ordre judiciaire, en ce qui concerne le nombre des juges requis, le mode d'opiner et le cas de partage.**

Ne pourront, sous peine de nullité, prendre part au délibéré et au prononcé, que les juges qui auront siégé à toutes les audiences de la cause.

Art. 198. – **Le jugement sera rédigé par le président ou par un juge choisi par lui parmi les membres qui auront formé la majorité.**

Art. 199 *(L. n° 876, 26 févr. 1970)*. – **La minute du jugement comprendra :**

1° les nom, profession et domicile ou toute autre désignation de chaque partie, la qualité en laquelle elle a procédé, les noms de leur avocat-défenseur et, éventuellement, ceux de leur avocat ;

2° l'objet de la demande et l'exposé des moyens des parties ;

3° l'exposé sommaire du déroulement de la procédure ;

4° les motifs de la décision pour chaque chef de la demande ;

5° le dispositif ;

6° les noms des juges qui l'ont rendu, de l'officier du ministère public et du greffier qui y ont assisté ;

7° la date du jugement et la mention qu'il a été prononcé publiquement.

Art. 200 *(Mod., L. n° 876, 26 févr. 1970)*. – **La minute du jugement sera portée sur un registre spécial et signée dans les trois jours par le président et le greffier.**

Art. 201. – **Si par suite de circonstances exceptionnelles, le jugement ne peut être signé par le président, il le sera par le vice-président ou le plus ancien des juges qui auront concouru à sa formation.**

Dans le cas où l'impossibilité de signer existerait de la part du greffier, il suffira que le président en fasse mention en signant.

Art. 202 *(L. n° 1.135, 16 juill. 1990)* (1). – **L'exécution provisoire est ordonnée sans caution par le tribunal, à la demande des parties, s'il y a titre authentique, promesse reconnue ou condamnation précédente par jugement dont il n'y a point appel.**

Elle peut être ordonnée, avec ou sans caution dans tous les cas d'urgence, à moins qu'elle ne soit de nature à produire des effets irréparables.

Elle ne peut l'être pour les dépens quand même ils sont adjugés pour tenir lieu de dommages-intérêts.

Art. 203 *(L. n° 1.135, 16 juill. 1990)* (1). – **Si l'exécution provisoire n'a pas été prononcée par le tribunal dans les cas où elle est autorisée, l'intimé peut la demander à la juridiction d'appel avant qu'il ne soit statué sur l'appel, même s'il n'a pas conclu en première instance.**

Si l'exécution provisoire a été ordonnée hors des cas prévus par la loi, elle peut être rapportée par la juridiction d'appel.

---

(1) Les dispositions de la loi n° 1.135 du 16 juillet 1990 sont applicables aux instances introduites après son entrée en vigueur, L. n° 1.135, 16 juill. 1990, art. 12.

Art. 204 *(Abr., L. n° 876, 26 févr. 1970 ; rétabli, L. n° 1.135, 16 juill. 1990)* (1). – En cas d'urgence, la partie qui veut se prévaloir de l'une des dispositions qui précèdent peut obtenir du président de la juridiction saisie de l'appel, l'autorisation d'assigner à bref délai pour faire statuer sur l'incident.

Art. 205 *(Abr., L. n° 876, 26 févr. 1970 ; rétabli, L. n° 1.135, 16 juill. 1990)* (1). – L'expédition exécutoire du jugement ou grosse contient, outre les énonciations de la minute, la formule exécutoire.

Art. 206 *(Abr., L. n° 876, 26 févr. 1970 ; rétabli, L. n° 1.135, 16 juill. 1990)* (1). – Le greffier ne peut, sous peine de sanction disciplinaire, délivrer l'expédition d'un jugement avant qu'il soit signé.

Art. 207 *(L. n° 1.135, 16 juill. 1990)* (1). – Le tribunal peut, en prononçant son jugement, autoriser la délivrance de plusieurs expéditions exécutoires, en entier ou par extrait. Il décide à la charge de qui sont les frais de cette délivrance.

Les parties peuvent aussi, en référé, obtenir du président l'autorisation de se faire délivrer à leurs frais, d'autres expéditions en forme exécutoire.

TITRE VII. – DES JUGEMENTS PAR DÉFAUT ET DE L'OPPOSITION

Section I. – Des jugements par défaut

Art. 208 *(L. n° 1.135, 16 juill. 1990)* (1). – Si à l'audience fixée par l'assignation aucune des parties ne se présente, la cause est rayée du rôle.

Art. 209 *(L. n° 1.135, 16 juill. 1990)* (1). – Si le demandeur ne comparaît pas, le tribunal accorde au défendeur congé de la demande et condamne le demandeur aux dépens.

Le demandeur ne peut renouveler son action qu'après avoir consigné au greffe le montant des dépens auxquels il a été condamné.

Art. 210 *(L. n° 1.135, 16 juill. 1990)* (1). – Si le défendeur ne comparaît pas et si l'assignation n'a pas été délivrée à sa personne, le tribunal peut ordonner la réassignation.

Lorsqu'il ordonne celle-ci, le jugement n'est ni levé ni signifié. Il en est fait mention dans l'exploit d'après une attestation délivrée par le greffier sur papier libre et sans frais.

Art. 211 *(L. n° 1.135, 16 juill. 1990)* (1). – Le défaut est prononcé sur l'appel de la cause et les conclusions du demandeur sont adjugées en même temps si elles se trouvent justes et bien vérifiées.

Toutefois, le défaut peut être rabattu et le jugement annulé si le défaillant se présente avant la fin de l'audience.

Art. 212 *(L. n° 1.135, 16 juill. 1990)* (1). – Si plusieurs personnes ayant droit à des délais différents sont assignées pour le même objet, il ne peut être pris défaut contre aucune d'elles qu'après l'échéance du plus long délai.

Art. 213 *(L. n° 1.135, 16 juill. 1990)* (1). – Toutes les parties appelées et défaillantes sont comprises dans le même défaut. S'il en est pris contre chacune d'elles séparément, les frais desdits défauts n'entrent point en taxe et restent à la charge de la partie qui les aura pris ou de son avocat-défenseur sans que celui-ci puisse les répéter.

Art. 214 *(L. n° 1.135, 16 juill. 1990)* (1). – Le jugement est réputé contradictoire lorsque l'assignation a été délivrée à la personne du défendeur.

L'assignation est considérée comme lui ayant été délivrée à personne s'il est établi qu'il en a eu connaissance.

Art. 215 *(L. n° 1.135, 16 juill. 1990)* (1). – Si la signification de ce jugement n'a pas été faite à personne, l'appelant peut exceptionnellement être relevé de la forclusion résultant de l'expiration du délai, par le président de la juridiction d'appel saisi comme en matière de référé.

(1) Les dispositions de la loi n° 1.135 du 16 juillet 1990 sont applicables aux instances introduites après son entrée en vigueur, L. n° 1.135, 16 juill. 1990, art. 12.

Art. 216 *(L. n° 1.135, 16 juill. 1990)* (1). – En cas de pluralité de défendeurs, lorsque l'un au moins d'entre eux ne comparaît pas, le jugement est réputé contradictoire à l'égard de tous si ceux qui ne comparaissent pas ont été cités à personne.

Art. 217 *(L. n° 1.135, 16 juill. 1990)* (1). – Les parties défaillantes qui n'ont pas été citées à personne doivent être citées à nouveau. Le jugement rendu après nouvelles citations est réputé contradictoire à l'égard de tous, dès lors que l'un des défendeurs comparaît ou à été cité à personne sur première ou seconde citation ; dans le cas contraire, le jugement est rendu par défaut.

Art. 218 *(L. n° 1.135, 16 juill. 1990)* (1). – L'exécution provisoire ne peut être ordonnée, avec ou sans caution, qu'en cas d'urgence, et par le jugement même qui adjuge le profit du défaut.

Section II. – De l'opposition

Art. 219 *(L. n° 1.135, 16 juill. 1990)* (1). – Le défendeur peut former opposition au jugement de défaut rendu contre lui.

Art. 220 *(L. n° 1.135, 16 juill. 1990)* (1). – Le délai d'opposition est de trente jours à dater de la signification du jugement.

Art. 221 *(L. n° 1.135, 16 juill. 1990)* (1). – Si la signification n'a pas été faite à la personne du défaillant, l'opposition est recevable tant qu'il n'a pas exécuté le jugement ou qu'il n'a pas eu connaissance de l'exécution.

Il est réputé avoir eu connaissance de l'exécution :

1° si la saisie de tout ou partie de ses meubles ou valeurs a été faite en sa présence ou lui a été notifiée ;

2° si la saisie d'un ou de plusieurs de ses immeubles lui a été dénoncée ;

3° s'il existe quelque acte duquel il résulte nécessairement que l'exécution du jugement lui a été connue.

Un délai de huit jours lui est accordé pour former son opposition à dater de ces notifications et dénonciations ou de la connaissance qu'il a eue des actes d'exécution.

Art. 222 *(L. n° 1.135, 16 juill. 1990)* (1). – Lorsque le jugement par défaut n'a pu recevoir aucune exécution, il est dressé procès-verbal de carence et l'opposition n'est plus recevable après l'expiration d'un délai de quatre-vingt-dix jours à compter de la signification de ce procès-verbal.

Art. 223 *(L. n° 1.135, 16 juill. 1990)* (1). – L'opposition est faite dans les formes prévues pour les demandes présentées devant la juridiction qui a rendu la décision.

Art. 224 *(L. n° 1.135, 16 juill. 1990)* (1). – Elle peut être également formée par déclaration sur les commandements et tous actes ou procès-verbaux emportant exécution du jugement. En ce cas, elle doit être réitérée dans la huitaine et dans les formes prévues par l'article 223.

Art. 225 *(L. n° 1.135, 16 juill. 1990)* (1). – L'exploit formant opposition est présenté au greffier qui en fait mention sommaire sur un registre coté et paraphé et à ce destiné. Il y est énoncé les noms des parties, ceux de leurs avocats-défenseurs ou avocats, les dates du jugement et de l'opposition.

Art. 226 *(L. n° 1.135, 16 juill. 1990)* (1). – L'opposition régulièrement formée suspend l'exécution, à moins que celle-ci n'ait été ordonnée nonobstant opposition ; ce qui ne peut avoir lieu qu'en cas d'urgence et par le jugement même qui adjuge le profit du défaut.

Art. 227 *(L. n° 1.135, 16 juill. 1990)* (1). – Aucun jugement par défaut n'est exécuté à l'égard d'un tiers que sur un certificat du greffier, constatant qu'il n'y a aucune opposition portée sur le registre.

Art. 228 *(L. n° 1.135, 16 juill. 1990)* (1). – L'opposition ne peut être reçue contre un jugement qui a débouté d'une première opposition.

(1) Les dispositions de la loi n° 1.135 du 16 juillet 1990 sont applicables aux instances introduites après son entrée en vigueur, L. n° 1.135, 16 juill. 1990, art. 12.

Art. 229 *(L. n° 1.135, 16 juill. 1990)* (1). **– Si l'opposition est recevable, le procès est remis en l'état où il était avant le défaut.**

Art. 230 *(L. n° 1.135, 16 juill. 1990)* (1). **– Les frais de jugement, de sa signification, de l'opposition et autres frais occasionnés par le défaut, sont à la charge du défaillant, alors même que sur l'opposition le jugement est modifié en sa faveur, à moins que le tribunal ne l'en exonère en tout ou en partie.**

TITRE VII (VERSION ANTÉRIEURE). – DES JUGEMENTS PAR DÉFAUT ET DE L'OPPOSITION

(Rédaction antérieure à L. n° 1.135, 16 juill. 1990)

Section I (version antérieure). – Des jugements par défaut

Rédaction antérieure. Art. 208. – Si à l'audience fixée par l'assignation aucune des parties ne se présente, la cause sera rayée du rôle.

Rédaction antérieure. Art. 209. – Si le demandeur ne comparaît pas, le tribunal accordera au défendeur congé de la demande et condamnera le demandeur aux dépens.

Le demandeur ne pourra renouveler son action qu'après avoir consigné au greffe le montant des dépens auxquels il aura été condamné.

Rédaction antérieure. Art. 210 *(L. 22 janv. 1930)*. – Si le défendeur ne comparaît pas, le tribunal pourra, selon les cas, accorder défaut de comparaître ou ordonner la réassignation.

Lorsqu'il ordonnera la réassignation, le jugement ne sera ni levé, ni signifié. Il en sera seulement fait mention dans l'exploit, d'après une attestation délivrée par le greffier sur papier libre et sans frais.

Rédaction antérieure. Art. 211. – Le défaut sera prononcé sur l'appel de la cause, et les conclusions du demandeur seront adjugées en même temps, si elles se trouvent justes et bien vérifiées.

Toutefois, le défaut pourra être rabattu et le jugement annulé, si le défaillant se présente avant la fin de l'audience.

Rédaction antérieure. Art. 212. – Si plusieurs personnes ayant droit à des délais différents sont assignées par le même objet, il ne pourra être pris défaut contre aucune d'elles qu'après l'échéance du plus long délai.

Rédaction antérieure. Art. 213. – Toutes les parties appelées et défaillantes seront comprises dans le même défaut ; s'il en est pris contre chacune d'elles séparément, les frais desdits défauts n'entreront point en taxe et resteront à la charge de la partie qui les aura pris, ou de son avocat-défenseur, sans que celui-ci puisse les répéter.

Rédaction antérieure. Art. 214 *(Ord. 19 mai 1909)*. – Si la demande est formée contre deux ou plusieurs parties et que l'une ou plusieurs d'entre elles ne comparaissent pas, le tribunal donnera défaut contre les non comparantes et ordonnera qu'elles seront réassignées, pour être statué à l'égard de toutes par un seul jugement, à l'expiration des délais de la nouvelle assignation. Les parties qui auront comparu seront appelées à l'audience par simple sommation d'huissier.

Toutefois, si le demandeur déclare renoncer à l'effet de l'assignation en ce qui concerne les parties défaillantes, le tribunal statuera immédiatement à l'égard de celles qui auront comparu, à moins que la matière ne soit indivisible.

Rédaction antérieure. Art. 215 *(L. 22 janv. 1930)*. – Lorsque la comparution des parties aura été constatée à la feuille d'audience, soit qu'elles soient représentées par un avocat-défenseur, soit qu'elles comparaissent en personne, le défaut de l'une d'elles de conclure ultérieurement dans les formes indiquées au § 1 ou 3 de l'article 175 du présent code, ne donnera lieu à aucune réassignation et le tribunal prononcera défaut faute de conclure.

Rédaction antérieure. Art. 216. – Les jugements par défaut seront de plein droit réputés non avenus, s'ils ne sont signifiés dans les six mois de leur date.

Rédaction antérieure. Art. 217. – Les jugements par défaut ne seront pas exécutés avant l'échéance de la huitaine de la signification à personne ou à domicile, à moins que l'exécution provisoire n'en ait été ordonnée avant ce délai.

---

(1) Les dispositions de la loi n° 1.135 du 16 juillet 1990 sont applicables aux instances introduites après son entrée en vigueur, L. n° 1.135, 16 juill. 1990, art. 12.

Rédaction antérieure. Art. 218. – L'exécution provisoire ne pourra être ordonnée, avec ou sans caution, qu'en cas d'urgence, et par le jugement même qui adjugera le profit du défaut.

Section II (version antérieure). – De l'opposition

Rédaction antérieure. Art. 219 *(Ord. 19 mai 1909).* – Le défendeur pourra former opposition au jugement de défaut rendu contre lui.

Toutefois, le jugement prononcé dans les conditions prévues au premier paragraphe de l'article 214 ne sera susceptible d'opposition de la part d'aucune des parties.

Rédaction antérieure. Art. 220. – L'opposition devra, à peine de nullité, être notifiée dans la huitaine de la signification du jugement, lorsque la signification aura été faite à la personne du défaillant.

(L. 22 janv. 1930) L'opposition aux jugements prévus à l'article 215 ne sera jamais recevable que pendant huitaine à compter de la signification du jugement.

Elle sera signifiée, à peine de nullité, au domicile de l'avocat-défenseur dans le cas où les parties n'auront pas comparu en personne.

Rédaction antérieure. Art. 221. – L'huissier qui, lors de la signification, parlera au défaillant en personne, devra le requérir de signer l'original de l'exploit et lui faire connaître qu'il ne pourra former opposition que dans le délai fixé par l'article précédent. Mention de la réquisition sera insérée, à peine de nullité, dans l'exploit de signification. En cas d'impossibilité ou de refus de signer, il en sera également fait mention à peine de nullité.

Rédaction antérieure. Art. 222. – Si la signification n'a pas été faite à la personne du défaillant, l'opposition sera recevable tant que le défaillant n'aura pas exécuté le jugement ou qu'il n'aura pas eu connaissance de l'exécution.

Il sera réputé avoir eu connaissance de l'exécution, si la saisie de tout ou partie de ses meubles ou valeurs a été faite en sa présence ou lui a été notifiée, si la saisie d'un ou de plusieurs de ses immeubles lui a été dénoncée, ou enfin s'il existe quelque acte duquel il résulte nécessairement que l'exécution du jugement lui a été connue. Un délai de huit jours lui sera accordé pour former son opposition à dater des dites notifications et dénonciations, ou de la connaissance qu'il aura eue des actes d'exécution.

Rédaction antérieure. Art. 223. – Lorsque le jugement par défaut n'aura pu recevoir aucune exécution, il sera dressé procès-verbal de carence, et l'opposition ne sera plus recevable après l'expiration du délai de 90 jours à compter de la signification de ce procès-verbal.

Rédaction antérieure. Art. 224. – L'opposition sera formée par exploit contenant l'exposé sommaire des moyens et portant assignation devant le tribunal dans les délais ordinaires. Elle pourra l'être également par déclaration sur les commandements et tous actes ou procès-verbaux emportant exécution du jugement ; dans ces derniers cas, elle sera sans effet, si elle n'est réitérée dans les six jours par exploit, comme il est dit ci-dessus.

Rédaction antérieure. Art. 225. – L'opposition régulièrement formée suspendra l'exécution, à moins que celle-ci n'ait été ordonnée nonobstant opposition ; ce qui ne pourra avoir lieu qu'en cas de péril en la demeure et par le jugement même qui adjugera le profit du défaut.

Rédaction antérieure. Art. 226. – Il sera tenu au greffe un registre coté et paraphé, sur lequel le greffier, à présentation de l'exploit, fera mention sommaire de l'opposition, en énonçant les noms des parties, ceux de leurs avocats-défenseurs, les dates du jugement et de l'opposition.

Cette mention ne sera soumise à l'enregistrement que dans le cas où il en sera requis expédition.

Rédaction antérieure. Art. 227. – Aucun jugement par défaut ne sera exécuté à l'égard d'un tiers que sur un certificat du greffier, constatant qu'il n'y a aucune opposition portée sur le registre.

Rédaction antérieure. Art. 228. – L'opposition ne pourra être reçue contre un jugement qui aura débouté d'une première opposition.

Rédaction antérieure. Art. 229. – Si l'opposition est recevable, le procès sera remis en l'état où il était avant le défaut.

Le tribunal pourra maintenir, rétracter ou changer le jugement par défaut, en tout ou en partie.

Rédaction antérieure. Art. 230. – Les frais du jugement, de sa signification, de l'opposition et autres frais occasionnés par le défaut, seront à la charge du défaillant, alors même que sur l'opposition le jugement serait modifié en sa faveur, à moins que dans le cas d'empêchement prévu à l'article 219, le tribunal ne l'en exonère en tout ou en partie.

TITRE VIII. – DES DISPOSITIONS ACCESSOIRES DES JUGEMENTS

Section I. – Des dépens

Art. 231. – Tous jugements, autres que les jugements d'instruction, condamneront même d'office aux dépens la partie qui aura succombé.

Les jugements d'instruction réserveront les dépens.

Art. 232. – Les juges pourront compenser les dépens en tout ou en partie, si le demandeur et le défendeur succombent respectivement sur quelques chefs ; ils pourront aussi ordonner qu'il sera fait une masse des dépens, en indiquant la part que chacun devra supporter.

Il en sera de même, si le jugement est rendu entre conjoints, ascendants, descendants, frères et sœurs ou alliés au même degré.

Art. 233 *(Ord. 19 mai 1909)*. – Les avocats-défenseurs pourront demander la distraction des dépens à leur profit, en affirmant qu'ils ont fait la plus grande partie des avances. La distraction des dépens ne pourra être prononcée que par le jugement qui en portera la condamnation. L'avocat-défenseur qui l'aura obtenue pourra se faire délivrer un extrait en forme exécutoire dudit jugement, pour ce qui concerne la liquidation et la distraction sans préjudice de l'action contre sa partie.

Art. 234. – Les dépens comprennent :

1° Les droits de timbre, d'enregistrement et de greffe ;

2° Le coût des actes de la procédure et les émoluments portés au tarif ;

3° Le coût de l'expédition du jugement ;

4° La taxe des témoins et des experts ;

5° Les frais de voyage et de séjour des parties et les frais des actes produits par les parties, lorsqu'ils ont été faits dans la seule vue du procès.

Indépendamment des dépens, des dommages-intérêts pourront être demandés et alloués, conformément à l'article 1229 du Code civil.

Art. 235. – S'il y a plusieurs parties condamnées, les dépens et, le cas échéant, les dommages-intérêts, se diviseront entre elles par tête ou à raison de leurs intérêts dans la contestation.

Ils seront adjugés avec solidarité, si la condamnation principale est elle-même fondée sur une obligation solidaire.

Art. 236. – Tout jugement définitif contiendra dans son dispositif la liquidation des dépens et, au besoin, leur répartition. L'état des dépens y sera annexé et sera signifié avec lui.

Art. 237. – L'état des dépens sera déposé au greffe dans les quarante-huit heures du prononcé du jugement, par l'avocat-défenseur de la partie qui aura obtenu la condamnation avec les pièces justificatives. À défaut d'avocat-défenseur constitué, ledit état sera dressé par le greffier.

Art. 238. – Le jugement au chef de la liquidation sera susceptible d'opposition. L'opposition sera formée dans les huit jours de la signification, par assignation devant le tribunal de première instance ; il y sera statué d'urgence, et le recours en révision ne sera recevable contre cette décision que lorsqu'il y aura pourvoi contre quelque disposition sur le fond.

Section II. – De la liquidation des dommages-intérêts et des fruits

Art. 239. – Tout jugement qui condamnera à des dommages-intérêts en contiendra la liquidation ou ordonnera, si cette liquidation n'est pas actuellement possible, qu'ils seront libellés par état, avec fixation de l'audience à laquelle le chiffre sera débattu.

Dans ce dernier cas, l'état libellé sera signifié à la partie condamnée, et les pièces seront communiquées à l'amiable, ou par la voie du greffe, conformément à l'article 275.

Art. 240. – Tout jugement qui condamnera à une restitution de fruits ordonnera, selon le cas, qu'elle aura lieu, soit en nature, soit en argent, à dire d'experts, à moins que le tribunal n'ait des éléments d'appréciation suffisants pour statuer par lui-même.

Section III. – Des délais de grâce

Art. 241. – Dans le cas où le tribunal peut accorder des délais pour l'exécution de ses jugements, il le fera par le jugement même qui statuera sur la contestation et qui énoncera les motifs du délai.

Art. 242. – Le débiteur ne pourra obtenir un délai ni jouir du délai qui lui aura été accordé, si ses biens sont vendus à la requête d'autres créanciers, s'il est en état de faillite, de contumace, ou s'il a diminué, par son fait, les sûretés qu'il avait données par le contrat à son créancier.

Art. 243. – Le délai courra du jour du jugement, s'il est contradictoire, et de celui de la signification, s'il est par défaut.

Art. 244. – Les actes conservatoires seront valables nonobstant le délai accordé.

Section IV. – Des réceptions de cautions

Art. 245. – Le jugement qui ordonnera de fournir caution fixera le délai dans lequel elle sera présentée et celui dans lequel elle sera acceptée ou contestée.

Art. 246. – La caution sera présentée par exploit signifié à la partie avec sommation de se rendre au greffe à jour et à heure fixes, pour prendre communication sans déplacement des titres de la caution, si elle en doit fournir en vertu de la loi ou du jugement, et de comparaître à l'audience fixée, pour voir prononcer sur l'admission en cas de contestation.

Art. 247. – Si la partie sommée ne comparaît pas ou ne conteste pas, ou si sa contestation est déclarée mal fondée, la caution fera sa soumission au greffe.

Cette soumission sera toujours exécutoire sans jugement.

Section V. – Des redditions de comptes

Art. 248. – Tout jugement portant condamnation de rendre compte fixera le délai dans lequel le compte sera rendu.

Il fixera également l'audience à laquelle l'oyant fournira ses débats, ou commettra un juge pour entendre les parties.

Art. 249. – Le compte contiendra les recettes et dépenses effectives ; il sera terminé par la récapitulation de la balance desdites recettes et dépenses, sauf à faire un chapitre particulier des objets à recouvrer.

Il sera signifié et certifié par le rendant ou par son fondé de pouvoir.

Art. 250. – Dans le délai fixé, le compte sera déposé avec les pièces justificatives au greffe, où l'oyant en prendre connaissance sans déplacement.

Le délai passé, le rendant pourra y être contraint par saisie et vente de ses biens jusqu'à concurrence d'une somme que le tribunal arbitrera.

Art. 251. – S'il n'y a pas eu de juges commis, la cause sera suivie à l'audience fixée par le tribunal, sans nouvelle assignation.

Art. 252. – Lorsqu'un juge aura été commis, les parties devront se présenter devant lui, aux jour et heure qu'il indiquera, pour débattre le compte.

Si les parties ou l'une d'elles ne se présentent pas, le juge renverra l'affaire à l'une des plus prochaines audiences.

Art. 253. – Si les parties se présentent et s'accordent, le juge en donnera acte et ordonnera le paiement des sommes et la délivrance des objets qui seront reconnus dus. L'ordonnance contiendra liquidation des frais ; elle ne sera susceptible d'aucun recours.

Art. 254. – Si le juge ne peut accorder les parties, il ordonnera qu'il en sera fait par lui rapport à l'audience qu'il indiquera ; les parties seront tenues de s'y trouver sans aucune sommation.

Art. 255. – Le jugement qui interviendra sur l'instance de compte contiendra le compte de la recette et de la dépense et fixera le reliquat, s'il y en a un.

Art. 256. – Si le rendant ou l'oyant est défaillant, le tribunal allouera les articles justifiés.

Art. 257. – En cas d'erreurs, omission, faux ou double emploi, les parties formeront leur demande en rectification dans la forme ordinaire.

Art. 258. – Les quittances des fournisseurs, ouvriers, maîtres de pension et autres de même nature, produites comme pièces justificatives du compte, sont dispensées de l'enregistrement.

TITRE IX. – DES EXCEPTIONS

Section I. – De la caution à fournir par les étrangers

Art. 259. – L'étranger, demandeur principal ou intervenant, sera tenu, si le défendeur monégasque le requiert avant toute exception, de fournir caution de payer les frais et dommages-intérêts résultant du procès, auxquels il pourrait être condamné.

Art. 260. – La caution ne pourra être exigée :

1° En matière commerciale ;

2° Lorsque l'étranger sera domicilié dans la Principauté, conformément à l'article 13 ou à l'article 79 du Code civil ;

3° Lorsqu'il y possédera des immeubles d'une valeur reconnue suffisante ;

4° Lorsqu'il appartiendra à un pays dont les lois en dispensent les sujets monégasques.

Art. 261. – Le jugement qui ordonnera la caution fixera la somme jusqu'à concurrence de laquelle elle devra s'obliger.

Le demandeur pourra se dispenser de la fournir, en consignant la somme arbitrée ou en donnant un gage, conformément à l'article 1880 du Code civil. Le tribunal pourra même l'autoriser à la remplacer par tout autre sûreté jugée suffisante et il aura toujours la faculté de modifier, au cours de l'instance, sur la demande de l'une ou de l'autre des parties, soit la somme, soit la nature de la sûreté primitivement fixée.

Section II. – De l'exception d'incompétence

Art. 262. – La partie qui entendra décliner la compétence du tribunal de première instance devra la déclarer préalablement à toute exception, hormis celle de la caution à fournir par les étrangers.

Art. 263. – Toutefois, dans les cas où le tribunal est incompétent à raison de la matière, cette incompétence pourra être opposée en tout état de cause ; le tribunal sera même tenu de la déclarer d'office.

Section III. – Des nullités

Art. 264. – Toute nullité d'exploit introductif d'instance sera couverte, si elle n'est proposée avant toute exception ou défense, autre que les exceptions de caution et d'incompétence. Toute nullité des autres actes de procédures sera couverte, si elle n'est proposée avant toute discussion de ces actes au fond.

Art. 265. – Tous les moyens de nullité contre un acte devront être proposés conjointement.

Section IV. – Des exceptions dilatoires

Art. 266. – Si une action est intentée contre un héritier, une veuve, une femme séparée de biens assignée comme commune, pendant les délais pour faire inventaire et délibérer, ces défendeurs pourront conclure à ce qu'il soit sursis aux débats jusqu'à l'expiration des délais qui leur sont accordés.

Art. 267. – Celui qui prétendra avoir le droit d'appeler en garantie devra requérir délai à cet effet avant toute défense au fond.

S'il y a contestation, le tribunal statuera d'urgence.

Art. 268. – Si l'exception est admise, le tribunal fixera le délai de l'appel en garantie et l'audience pour laquelle le garant sera assigné, en observant les règles édictées par les articles 157, 158 et 160.

Art. 269. – Si, après l'échéance du délai imparti pour appeler garant, le défendeur ne justifie pas qu'il ait formé la demande en garantie, il pourra être condamné à des dommages-intérêts et il sera fait droit sur la demande originaire.

Art. 270. – En matière réelle, le garant pourra prendre fait et cause pour le garanti, auquel cas celui-ci sera mis hors de cause, s'il le requiert avant toute défense au fond, à moins que le demandeur originaire ne prouve avoir intérêt à le maintenir au procès.

En matière personnelle, le garant ne pourra prendre fait et cause pour le garanti que du consentement de toutes les parties.

Art. 271. – Il sera statué sur la demande originaire et la demande en garantie par le même jugement, si elles sont en état ; sinon le demandeur originaire pourra faire juger sa demande séparément. Le même jugement prononcera sur la disjonction, si les instances ont été précédemment jointes, sauf, après le jugement sur le fond, à faire droit sur la garantie, s'il y a lieu.

Art. 272. – Les jugements rendus contre les garants en matière réelle seront de plein droit exécutoires contre le garanti, même mis hors de cause.

Néanmoins, celui-ci ne sera passible des dépens et des dommages-intérêts que s'il est resté au procès.

Art. 273. – Les dispositions qui précèdent seront observées lorsqu'il y aura lieu à la demande en sous-garantie.

Section V. – De la communication des pièces

Art. 274. – Si la communication des pièces n'a pas été ordonnée, en vertu de l'article 177, lors de la première comparution, ou si elle n'a pu être effectuée pour toutes celles qui sont employées, chaque partie pourra demander qu'elle ait lieu par des simples conclusions verbalement prises à l'audience où il sera fait usage desdites pièces.

Art. 275. – Toutes communications se feront, soit à l'amiable, à l'audience même ou sur récépissé, soit par la voie du greffe.

Les pièces déposées au greffe ne pourront être déplacées sans une autorisation écrite de la partie.

Art. 276. – Lorsque la communication n'aura pas lieu à l'audience, le délai en sera fixé par le récépissé ou par le jugement qui l'aura ordonnée.

Art. 277. – Si, à l'expiration du délai fixé pour la communication, les pièces ne sont pas restituées, il sera, sur simple requête présentée au président du tribunal, rendu une ordonnance portant que la partie en retard sera contrainte à ladite remise, à peine de dommages-intérêts, outre les frais desdites requête et ordonnance. En cas d'opposition, il sera statué d'urgence, sur sommation par huissier.

Art. 278. – Les avocats-défenseurs seront tenus personnellement de la restitution des pièces communiquées dans les procès où ils occuperont.

TITRE X. – DES INCIDENTS RELATIFS À LA PREUVE PAR ÉCRIT

Chapitre Ier. – De la vérification des écritures

(Anc. titre X, L. n° 1.135, 16 juill. 1990)

Art. 279 ***(Mod., L. n° 1.383, 2 août 211).*** – Lorsque, soit sur une demande principale en reconnaissance d'écritures, soit au cours d'une instance, l'une des parties déniera ou déclarera ne pas reconnaître l'écriture ou la signature d'un acte sous seing privé, le tribunal de première instance statuera immédiatement, s'il possède des éléments d'appréciation suffisants.

Sinon, il ordonnera que les parties comparaîtront en personne, à l'audience ou en chambre du conseil, au jour par lui fixé pour fournir leurs explications respectives, produire les pièces et écrits pouvant servir à la comparaison des écritures et exposer les faits et moyens à l'aide desquels elles entendront établir leurs prétentions. Ce jugement ne sera ni levé ni signifié ; il vaudra sommation aux parties.

Si la dénégation ou le refus de reconnaissance porte sur un écrit ou une signature électroniques, le juge vérifie si ceux-ci ont été établis et conservés dans des conditions de nature à en garantir l'intégrité et si son auteur est identifié par un procédé fiable de signature, conformément aux dispositions des articles 1163-1 et 1163-3 du Code civil. À cette fin, le juge dispose des moyens de vérification prévus au présent chapitre.

Il peut, notamment, prescrire aux parties de communiquer toutes les traces informatiques en leur possession qui seraient utiles à la solution du litige.

S'il l'estime nécessaire, le juge, usant des pouvoirs qu'il tient du présent chapitre, pourra charger un expert de rechercher lesdites traces dans tout système informatique où elles sont susceptibles de se trouver.

Lorsque la signature électronique bénéficie d'une présomption de fiabilité, il appartient au juge de dire si les éléments dont il dispose justifient le renversement de cette présomption.

L'écrit électronique qui ne remplit pas toutes les conditions exigées par les articles 1163-1 et 1163-3 du Code civil peut valoir comme commencement de preuve par écrit.

Art. 280. – Ne seront dispensées de la comparution que les parties qui, à raison d'absence ou d'empêchement grave, se trouveraient dans l'impossibilité de se rendre à l'audience, et, dans ce cas, elles devront se faire représenter par un fondé de pouvoir spécial.

Art. 281. – Si le tribunal ne trouve ni dans les réponses et moyens des parties, ni dans les documents produits par elles, ni dans les corps d'écriture que le président a le droit de leur dicter, des éléments suffisants pour établir sa conviction, il pourra ordonner la vérification par experts de l'écriture déniée ou méconnue. Dans ce cas, il déterminera les écrits qui devront servir de pièces de comparaison.

Art. 282. – Le tribunal pourra aussi autoriser les parties à faire par témoins la preuve des faits dont il reconnaîtra la pertinence et l'admissibilité.

Art. 283. – Dans les cas prévus aux deux articles précédents, le tribunal prescrira le dépôt au greffe de la pièce contestée, dont l'état sera préalablement, et séance tenante, constaté par un procès-verbal signé par les parties, le président et le greffier.

Art. 284. – Si les pièces de comparaison sont entre les mains de tierces personnes, le tribunal ordonnera qu'elles seront apportées ou que la vérification sera faite au lieu où elles se trouveront.

Art. 285. – Lorsque le tribunal prescrira l'apport d'une pièce détenue par un dépositaire public, il décidera si ce dépositaire assistera à la vérification pour la garde de ladite pièce, avec obligation de la retirer et représenter à chaque vacation, ou s'il la déposera aux mains du greffier, qui s'en chargera sur récépissé.

Au dernier cas, le tribunal pourra ordonner que le dépositaire en fasse préalablement une copie collationnée, laquelle sera vérifiée par le président du tribunal, qui en dressera procès-verbal. Cette copie sera mise par le dépositaire au rang de ses minutes, et il aura seul le droit d'en délivrer des grosses ou expéditions en faisant mention du procès-verbal.

Le dépositaire sera remboursé des frais de la copie par le demandeur en vérification, sur la taxe faite par le juge qui aura dressé le procès-verbal.

Art. 286. – Le greffier ne pourra délivrer copie ou expédition des actes dont l'écriture sera déniée ou méconnue et qui seront déposés au greffe, si ce n'est en vertu d'un jugement.

Il pourra délivrer expédition des actes dont les originaux ou minutes auront été déposés à titre de pièces de comparaison ou qui, étrangers au débat, seront joints à l'acte contesté, à moins qu'il n'en ait été fait copie, comme il est dit à l'article précédent.

Art. 287 *(L. n° 508, 2 août 1949 ; mod., L. n° 1.247, 21 déc. 2001)*. – S'il est reconnu que la pièce a été écrite ou signée par celui qui l'a déniée, celui-ci sera condamné à une amende de 300 à 1 500 euros, sans préjudice de tous dommages-intérêts, s'il y a lieu.

Art. 288. – Le jugement qui statuera sur une demande en vérification d'écriture n'emportera pas condamnation et ne conférera pas hypothèque.

Art. 289. – Les frais de la demande principale en vérification d'écriture resteront à la charge du demandeur, lorsque l'écriture n'aura pas été contestée.

Les droits d'enregistrement ne pourront être mis à la charge du défenseur que dans les cas et pour l'époque où ces droits seraient exigibles contre lui selon le droit commun.

Chapitre II. – Du faux civil

(Anc. titre XI, L. n° 1.135, 16 juill. 1990)

Art. 290. – Celui qui prétendra qu'un acte sous seing privé ou authentique est faux ou falsifié pourra s'inscrire en faux contre ledit acte.

Toutefois, l'inscription de faux ne sera pas recevable contre un acte sous seing privé dont la vérification aura été faite par un jugement passé en force de chose jugée.

Art. 291. – L'inscription sera formée par une déclaration faite au greffe par la partie ou son fondé de pouvoir spécial.

Art. 292. – Dans le cas de demande en faux principal, l'inscription sera signifiée dans les trois jours avec assignation dans les délais ordinaires.

Art. 293. – La demande en faux incidente à une instance en cours sera introduite par des conclusions prises à l'audience, conformément à l'article 379, lesquelles viseront l'inscription.

Art. 294. – Il sera procédé pour l'instruction de l'affaire comme il est dit aux articles 279 à 286 inclusivement.

Art. 295. – À partir du jugement ordonnant la preuve, conformément à l'article 281, l'exécution de l'acte argué de faux sera suspendue, sans préjudice des mesures conservatoires qui auraient été prises par la partie ou qui seraient autorisées par le juge.

Art. 296. – Le jugement qui déclarera le faux sera mentionné en marge de la pièce reconnue fausse et de l'acte de l'inscription de faux. Il décidera si les minutes des actes authentiques reconnus faux devront être rétablies dans le dépôt d'où elles ont été extraites, ou si elles devront être conservées au greffe et annexées à l'acte d'inscription de faux.

Les copies d'actes authentiques et les actes sous seing privé reconnus faux resteront toujours déposés au greffe.

Il sera sursis à l'exécution des dispositions qui précèdent, tant que le jugement sera susceptible de recours en révision ou que la partie condamnée n'aura pas acquiescé.

Art. 297 *(L. n° 508, 2 août 1949 ; mod., L. n° 1.247, 21 déc. 2001)*. – Le demandeur en faux qui succombera sera condamné à une amende de 300 à 3 000 euros, sans préjudice des dommages-intérêts s'il y a lieu.

Art. 298. – Nul désistement ne pourra intervenir sur une instance en faux, s'il n'est accepté par le tribunal, qui pourra, en ce cas, prononcer l'amende contre le demandeur.

Art. 299. – Au cours de l'instance, le demandeur en faux pourra toujours porter plainte au criminel, ou le ministère public exercer d'office des poursuites contre les auteurs ou complices de faux. En ce cas, à moins que les juges n'estiment que le procès peut être jugé indépendamment de la pièce arguée de faux, il sera sursis au jugement jusqu'à ce qu'il ait été statué par la juridiction ou l'autorité compétente.

TITRE XI. - DISPOSITIONS COMMUNES AUX MESURES D'INSTRUCTION

(L. n° 1.135, 16 juill. 1990) (1)

Art. 300 *(L. n° 1.135, 16 juill. 1990)* (1). **– Les mesures d'instruction peuvent être ordonnées en tout état de cause, à la demande des parties ou d'office.**

Art. 301 *(L. n° 1.135, 16 juill. 1990)* (1). **– Les décisions concernant les mesures d'instruction ne sont pas susceptibles d'opposition.**

Elles ne peuvent être frappées d'appel ou de pourvoi en révision qu'en même temps que la décision sur le fond, sous réserve des dispositions de l'article 347.

Art. 302 *(L. n° 1.135, 16 juill. 1990)* (1). **– Les décisions visées à l'article précédent sont dispensées d'enregistrement.**

Elles sont notifiées à la partie défaillante, par lettre recommandée avec demande d'avis de réception.

Art. 303 *(L. n° 1.135, 16 juill. 1990)* (1). **– Les mesures d'instruction sont mises à exécution à la diligence de l'une des parties ou à l'initiative du tribunal, au vu d'une expédition de la décision.**

Art. 304 *(L. n° 1.135, 16 juill. 1990)* (1). **– Sous réserve des dispositions du titre XV ci-après, les mesures d'instruction sont exécutées par le tribunal qui les a ordonnées, sauf lorsqu'il a commis un juge à cet effet.**

Il est pourvu, s'il échet, au remplacement du juge commis par ordonnance du président du tribunal.

Art. 305 *(L. n° 1.135, 16 juill. 1990)* (1). **– Le ministère public peut être présent lors de l'exécution des mesures d'instruction, même s'il n'est pas partie principale.**

Art. 306 *(L. n° 1.135, 16 juill. 1990)* (1). **– Les parties peuvent se faire assister lors de l'exécution d'une mesure d'instruction.**

Elles peuvent se faire représenter dans les conditions prévues par la loi, sauf si leur présence est estimée nécessaire.

Les parties et ceux qui les assistent ou les représentent peuvent formuler des observations et présenter toutes demandes relatives à cette exécution.

Art. 307 *(L. n° 1.135, 16 juill. 1990)* (1). **– Les difficultés auxquelles se heurte l'exécution d'une mesure d'instruction sont réglées par le tribunal ou par le juge qui y procède ou par celui qui est chargé du contrôle de son exécution.**

Le juge se prononce sur-le-champ si la difficulté survient au cours d'une opération à laquelle il procède ou assiste.

Dans les autres cas, le tribunal ou le juge saisi sans forme, fixe la date à laquelle les parties et, s'il y a lieu, l'expert commis, seront convoqués par le greffe général.

Les dispositions des articles 301 et 302 sont applicables aux décisions relatives à l'exécution d'une mesure d'instruction.

Art. 308 *(L. n° 1.135, 16 juill. 1990)* (1). **– Les mesures d'instruction donnent lieu à procès-verbaux ou à rapports.**

Les procès-verbaux sont établis, datés et signés par le greffier. Ils sont également signés par le président du tribunal ou le juge commis ainsi que par les personnes entendues ; s'il échet, il est indiqué que celles-ci ne peuvent signer ou refusent de le faire.

Les rapports sont établis conformément aux dispositions de l'article 363.

Le greffe général donne copie aux parties des procès-verbaux et rapports et en porte mention sur l'original.

---

(1) Les dispositions de la loi n° 1.135 du 16 juillet 1990 sont applicables aux instances introduites après son entrée en vigueur, L. n° 1.135, 16 juill. 1990, art. 12.

TITRE XII. – DES VÉRIFICATIONS PERSONNELLES DU JUGE

(L. n° 1.135, 16 juill. 1990) (1)

Art. 309 *(L. n° 1.135, 16 juill. 1990)* (1). **– Le tribunal procède aux constatations, évaluations, appréciations ou reconstitutions qu'il estime nécessaires, en se transportant, si besoin est, sur les lieux, les parties présentes ou appelées. Il recueille également tous les indices propres à l'éclairer et entend, à titre de renseignements, telles personnes que bon lui semble.**

Le jugement qui ordonne la vérification n'est ni levé ni signifié.

Art. 310 *(L. n° 1.135, 16 juill. 1990)* (1). **– S'il n'y procède pas immédiatement, le tribunal fixe les lieu, jour et heure de la vérification ; le cas échéant, il désigne pour y procéder un de ses membres.**

S'il y a lieu, les frais sont avancés par la partie désignée à la décision et consignés au greffe général.

Art. 311 *(L. n° 1.135, 16 juill. 1990)* (1). **– Il est dressé procès-verbal des constatations, évaluations, appréciations, reconstitutions ou déclarations.**

TITRE XII (VERSION ANTÉRIEURE). – DES ENQUÊTES

(Rédaction antérieure à la loi n° 1.135 du 16 juill. 1990)

Rédaction antérieure. Art. 300. – Les faits dont une partie demandera à faire preuve par témoins seront articulés succinctement dans des conclusions communiquées à la partie adverse.

Rédaction antérieure. Art. 301. – Si les faits sont pertinents, qu'ils soient déniés et que la loi n'en défende pas la preuve, l'enquête pourra être ordonnée.

Rédaction antérieure. Art. 302. – Le tribunal pourra aussi, en tout état de cause, ordonner d'office la preuve des faits déniés qui lui paraîtront concluants.

S'il l'ordonne, il désignera la partie par laquelle l'enquête sera poursuivie.

Rédaction antérieure. Art. 303. – *(L. 3 janv. 1925)* Dans les cas visés aux articles 301 et 302, le tribunal pourra désigner un de ses membres pour recevoir les dépositions des témoins.

Le jugement qui ordonnera une enquête déterminera les faits à prouver, fixera le jour et l'heure de l'audience à laquelle les témoins seront entendus, et indiquera, s'il y a lieu, le nom du magistrat chargé de recevoir les dépositions.

Il ne sera levé que s'il a été rendu par défaut et s'il est susceptible d'opposition.

Rédaction antérieure. Art. 304. – Lorsque le jugement qui ordonne l'enquête aura été prononcé par défaut, l'opposition ne sera jamais recevable que dans la huitaine de la signification.

Rédaction antérieure. Art. 305. – Si avant que les témoins aient été assignés, il est justifié que l'enquête ne pourra avoir lieu au jour fixé, le président du tribunal pourra, sur simple requête, les parties dûment appelées, en indiquer un autre par une ordonnance qui ne sera pas susceptible d'opposition.

(L. 3 janv. 1925) De même si le juge commis aux termes du premier alinéa de l'article 303 se trouve dans l'impossibilité de procéder à l'enquête, il sera pourvu à son remplacement par ordonnance du président du tribunal rendue à la requête de la partie la plus diligente.

Rédaction antérieure. Art. 306. – Dans tous les cas où une enquête sera ordonnée, la preuve contraire sera de droit. Elle aura lieu à la même audience que la preuve principale.

Rédaction antérieure. Art. 307. – Dix jours au moins avant l'audition, la liste des témoins, contenant leurs noms, professions et demeures, ou du moins une désignation suffisante pour constater leur identité, sera signfiée à la partie contre laquelle l'enquête sera poursuivie.

Dans les cinq jours qui suivront cette signification, l'autre partie dénoncera, dans la même forme, les témoins qu'elle se proposera de faire entendre.

Chaque partie pourra s'opposer à l'audition d'un témoin non porté ou non clairement désigné sur la liste qui lui aura été signifiée, comme aussi exiger l'audition de tous ceux y figurant, malgré la renonciation de la partie adverse.

(1) Les dispositions de la loi n° 1.135 du 16 juillet 1990 sont applicables aux instances introduites après son entrée en vigueur, L. n° 1.135, 16 juill. 1990, art. 12.

Rédaction antérieure. Art. 308. – Les témoins seront assignés deux jours au moins avant l'audience fixée pour leur audition, à moins qu'ils ne consentent à comparaître volontairement.

L'exploit énoncera seulement la date du jugement qui aura ordonné l'enquête, les noms des parties, la nature de l'affaire, le lieu, le jour et l'heure de l'audition.

Rédaction antérieure. Art. 309 ***(Ord. 3 juill. 1907).*** – Nul ne pourra être entendu comme témoin, à peine de nullité de sa déposition, s'il est parent ou allié en ligne directe de l'une des parties ou son conjoint même séparé de corps ou divorcé.

Exception est faite pour les causes de divorce, de séparation de corps et autres questions d'état. Dans ces causes les descendants seuls ne pourront être entendus.

Rédaction antérieure. Art. 310. – Toutes les autres personnes pourront être entendues comme témoins, sauf aux parties à discuter et aux juges à apprécier les diverses circonstances de nature à corroborer ou à infirmer leur témoignage.

Rédaction antérieure. Art. 311 ***(Ord. 19 mai 1909).*** – L'audience fixée pour l'audition des témoins sera tenue en chambre du conseil.

À cette audience, le jugement qui aura ordonné l'enquête sera lu par le greffier en présence des témoins, après quoi ceux-ci se retireront dans la chambre qui leur est destinée.

Rédaction antérieure. Art. 312. – Les témoins seront entendus séparément dans l'ordre indiqué par chacune des parties qui les produit, en commençant par ceux du demandeur à l'enquête. Toutefois, le tribunal pourra ordonner qu'ils seront confrontés entre eux.

Rédaction antérieure. Art. 313. – Avant de déposer, chaque témoin déclarera :

Ses noms, âge, profession et demeure ;

S'il est parent ou allié de l'une des parties et à quel degré ;

S'il est attaché à son service ;

S'il a quelque intérêt au procès.

Rédaction antérieure. Art. 314. – Le témoin prêtera ensuite serment de dire la vérité, à peine de nullité de sa déposition. Toutefois, les enfants au-dessous de l'âge de quinze ans révolus seront entendus sans prestation de serment.

Rédaction antérieure. Art. 315 ***(L. 3 janv. 1925).*** – Le président ou le juge commis à l'enquête interrogera les témoins sur les faits admis en preuve et sur toutes les circonstances propres à la manifestation de la vérité.

Les témoins répondront sans pouvoir lire aucun projet.

Rédaction antérieure. Art. 316 ***(L. 3 janv. 1925).*** – Les parties ne devront ni interrompre le témoin, ni l'interpeller directement. Elles pourront seulement, la déposition terminée, lui faire faire des interrogations par l'intermédiaire du président ou du juge commis à l'enquête.

Les juges et le ministre public pourront, en demandant la parole au président, lui adresser les questions qu'ils estimeront utiles.

Rédaction antérieure. Art. 317 ***(L. 3 janv. 1925).*** – Après sa déposition le témoin restera dans une chambre pour ce indiquée, à moins que le tribunal ou le juge commis à l'enquête, après avoir entendu les observations des parties, ne l'ait autorisé à se retirer définitivement.

Le témoin pourra être interrogé de nouveau, s'il y a lieu.

Rédaction antérieure. Art. 318. – Si tous les témoins assignés ne peuvent être entendus à l'audience fixée, l'enquête sera renvoyée à une audience ultérieure, sans nouvelle assignation.

Il en sera de même si quelque témoin justifie d'un empêchement légitime.

Rédaction antérieure. Art. 319 ***(L. 3 janv. 1925).*** – Le tribunal ou le juge commis à l'enquête pourra, pour des motifs exceptionnels, autoriser l'une ou l'autre partie à produire de nouveaux témoins. Les noms de ces témoins seront indiqués dans les conclusions tendant à la prorogation de l'enquête.

Il ne sera jamais accordé plus d'une prorogation.

Rédaction antérieure. Art. 320 ***(L. n° 508, 2 août 1949).*** – Le témoin défaillant sera condamné à une amende de deux cent à deux mille francs et réassigné à ses frais ; en cas de nouveau défaut, il sera condamné à une seconde amende, qui pourra s'élever jusqu'à vingt mille francs, le tout sans préjudice des dommages-intérêts envers les parties.

Rédaction antérieure. Art. 321 ***(L. n° 508, 2 août 1949).*** – Si le témoin justifie qu'il n'a pu se présenter au jour fixé, le tribunal ou le juge commis à l'enquête pourra le décharger des condamnations prononcées contre lui.

Rédaction antérieure. Art. 322 *(L. n° 508, 2 août 1949)*. – Le témoin qui, sans juste motif, refusera de déposer, sera condamné à une amende qui ne pourra excéder vingt mille francs et aux dommages-intérêts envers les parties.

Rédaction antérieure. Art. 323. – Pourront se refuser à déposer les personnes désignées à l'article 309, dans les causes où il est permis de les entendre comme témoins.

Les médecins, ministres des cultes, défenseurs, officiers publics et ministériels, et fonctionnaires, pourront également se refuser à déposer sur les faits dont ils auront eu connaissance à raison de leur profession ou de leurs fonctions, et qui exigeront le secret, soit par leur nature même, soit en vertu d'une disposition légale.

Rédaction antérieure. Art. 324 *(L. 3 janv. 1925)*. – Lorsqu'il y aura lieu d'entendre comme témoin une personne ne parlant pas la même langue que les juges, le ministère public, les parties ou leur défenseur, le tribunal ou le juge commis à l'enquête nommera un interprète, qui prêtera serment de traduire fidèlement les demandes et les réponses à transmettre.

L'interprète devra être majeur. Il ne pourra être choisi parmi les juges de la cause, les témoins, ni parmi les individus qui ne peuvent être désignés comme experts.

Les prescriptions du présent article seront observées à peine de nullité, et mention en sera faite à la feuille d'audience.

Rédaction antérieure. Art. 325. – Si la personne à entendre est sourde, les demandes et interpellations du juge lui seront adressées par écrit et elle donnera ses réponses verbalement.

Si elle est muette, les demandes lui seront faites verbalement et elle répondra par écrit.

Si elle est sourde et muette, les questions seront faites par écrit et elle donnera également ses réponses par écrit et les signera.

Les demandes et réponses écrites seront annexées aux actes de la procédure ou jointes au procès-verbal, s'il en est dressé.

(L. 3 janv. 1925). Si le muet, le sourd ou le sourd-muet ne sait pas lire ou écrire, le tribunal ou le juge commis lui nommera un interprète, choisi de préférence parmi les personnes ayant l'habitude de converser avec lui.

Pour le surplus, les dispositions du précédent article seront applicables.

Rédaction antérieure. Art. 326. – Dans tous les cas où la vue des lieux paraîtra utile pour l'intelligence des dépositions, les témoins pourront être entendus sur les lieux mêmes, soit par le tribunal entier, soit par un ou plusieurs de ses membres.

Rédaction antérieure. Art. 327. – Dans les cas de maladie constatée d'un témoin, le tribunal pourra déléguer un de ses membres qui se transportera aux lieu, jour et heure indiqués par le jugement, pour recevoir la déposition du témoin. Les parties pourront être présentes.

Rédaction antérieure. Art. 328. – Si un témoin n'a ni domicile ni résidence dans la Principauté, la partie qui voudra le produire requerra une commission rogatoire pour le juge du lieu.

(L. 3 janv. 1925). Cette commission ne sera délivrée que par le tribunal sur rapport du juge commis, s'il en a été désigné un, et parties entendues ou dûment appelées.

Rédaction antérieure. Art. 329. – Les frais de l'enquête seront avancés par la partie requérante, sur l'évaluation faite par le tribunal, et déposés au greffe avant l'audience fixée pour l'audience des témoins.

Si les deux parties demandent l'enquête, chacune d'elles en consignera la moitié.

Si l'enquête est ordonnée d'office, la consignation des frais sera faite par la partie désignée au jugement.

Rédaction antérieure. Art. 330. – La partie qui aura fait entendre plus de quatre témoins sur un même fait ne pourra répéter les frais des autres dépositions.

Rédaction antérieure. Art. 331 *(L. 3 janv. 1925)*. – Lorsque, sur l'interpellation qui leur sera adressée, les témoins le requerront, ils seront taxés par le président ou le juge commis à l'enquête et payés au greffe sur la provision déposée par les parties.

Rédaction antérieure. Art. 332 *(L. 3 janv. 1925)*. – Le tribunal jugera les incidents d'enquête à mesure qu'ils se présenteront.

Si l'incident se présente devant le juge commis à l'enquête, celui-ci en dressera procès-verbal et renverra les parties à la plus prochaine audience du tribunal, pour qu'il soit statué après rapport fait par lui.

Rédaction antérieure. Art. 333 *(Ord. 19 mai 1909)*. – Le greffier dressera un procès-verbal de l'enquête.

Ce procès-verbal contiendra l'indication des lieu, jour et heure de l'enquête ; la mention de la présence ou de l'absence des parties ; les noms, âge, profession et demeure des témoins ; le serment par eux prêté ; leur déclaration s'ils sont parents ou alliés des parties ; leur déposition, et la constatation des formalités prescrites par les articles ci-dessus.

Rédaction antérieure. Art. 334 *(Ord. 19 mai 1909)*. – Il sera donné lecture à chaque témoin de la partie du procès-verbal le concernant, avec interpellation de déclarer s'il persiste dans ses déclarations.

Le témoin pourra faire à sa déposition des changements ou additions, qui seront écrits à la suite ou en marge et lui seront lus également.

Il signera le tout ou mention sera faite s'il ne sait, ne peut ou ne veut signer.

(L. 3 janv. 1925) Le procès-verbal sera signé par le président, ou le juge commis dans les cas prévus aux articles 303, 326, 327, et par le greffier.

Rédaction antérieure. Art. 335 *(Ord. 19 mai 1909).* – Le procès-verbal d'enquête ne sera pas signifié.

Il en sera levé une expédition, si besoin est, à la charge, par la partie qui l'aura demandée, de la communiquer à l'autre partie.

Rédaction antérieure. Art. 336 *(Ord. 19 mai 1909).* – L'enquête sera nulle, si elle a eu lieu à un autre jour que celui fixé par le jugement qui l'a ordonnée ou s'il y a été procédé en vertu d'un jugement par défaut non signifié à la partie défaillante.

Néanmoins la nullité n'en pourra être opposée que par les parties qui n'auront pas concouru à ces opérations.

La nullité d'une ou de plusieurs dépositions n'entraînera pas la nullité de l'enquête.

Rédaction antérieure. Art. 337 *(Ord. 19 mai 1909).* – Le tribunal pourra toujours ordonner que l'enquête annulée ou seulement les dépositions déclarées nulles seront recommencées.

Rédaction antérieure. Art. 338 *(L. 3 janv. 1925).* – Les plaidoiries suivront l'enquête à une date aussi rapprochée que possible.

Elles auront toujours lieu en audience publique, sauf dans le cas où le huis clos aurait été ordonné.

TITRE XIII. – DE L'INTERROGATOIRE DES PARTIES

(L. n° 1.135, 16 juill. 1990) (1)

Art. 312 *(L. n° 1.135, 16 juill. 1990)* (1). – Le tribunal peut, en toute matière, interroger les parties ou certaines d'entre elles sur les faits du procès.

Il peut décider que l'interrogatoire aura lieu devant l'un de ses membres.

Il fixe, en l'ordonnant, les lieu, jour et heure de l'interrogatoire, à moins qu'il n'y soit procédé sur-le-champ.

Art. 313 *(L. n° 1.135, 16 juill. 1990)* (1). – Le ministère public peut poser des questions aux parties.

Le tribunal ou le juge commis pose, s'il l'estime nécessaire, les questions que les parties lui soumettent.

Les parties peuvent être interrogées en présence d'un expert et confrontées avec des témoins.

Art. 314 *(L. n° 1.135, 16 juill. 1990)* (1). – Les défenseurs peuvent assister à l'interrogatoire.

Art. 315 *(L. n° 1.135, 16 juill. 1990)* (1). – Si l'une des parties se trouve dans l'un des cas prévus aux articles 337 et 338, il est procédé à son interrogatoire dans les formes déterminées par ces articles.

Art. 316 *(L. n° 1.135, 16 juill. 1990)* (1). – Les parties répondent en personne sans pouvoir lire aucun projet.

Art. 317 *(L. n° 1.135, 16 juill. 1990)* (1). – Sous réserve du droit, pour chaque partie présente d'avoir immédiatement connaissance des déclarations recueillies, chacune d'elles est entendue en présence des autres ou séparément. Elles sont confrontées d'office ou à la demande de l'une d'elles.

Art. 318 *(L. n° 1.135, 16 juill. 1990)* (1). – Lorsqu'une partie est absente ou refuse de répondre ou de signer, il en est fait mention au procès-verbal.

Art. 319 *(L. n° 1.135, 16 juill. 1990)* (1). – Si, au jour fixé, une partie justifie d'un empêchement légitime, le tribunal ou le juge commis fixe un autre jour ou décide de se transporter auprès de la partie.

Art. 320 *(L. n° 1.135, 16 juill. 1990)* (1). – Les incapables peuvent être interrogés comme ceux qui légalement les représentent ou les assistent.

(1) Les dispositions de la loi n° 1.135 du 16 juillet 1990 sont applicables aux instances introduites après son entrée en vigueur, L. n° 1.135, 16 juill. 1990, art. 12.

Art. 321 ***(L. n° 1.135, 16 juill. 1990)*** **(1). – Les personnes morales sont interrogées par l'intermédiaire de leurs représentants habilités.**

Art. 322 ***(L. n° 1.135, 16 juill. 1990)*** **(1). – Le tribunal peut tirer toutes présomptions des déclarations des parties, de l'absence ou du refus de répondre de l'une d'elles et en faire état notamment comme équivalent à un commencement de preuve par écrit.**

TITRE XIII (VERSION ANTÉRIEURE). – DE LA VISITE DES LIEUX

Rédaction antérieure. Art. 339. – Le tribunal pourra ordonner qu'il se transportera tout entier sur les lieux ou que l'un des juges qui auront assisté aux débats s'y transportera et y fera les constatations et opérations déterminées par le jugement.

Rédaction antérieure. Art. 340. – Le jugement qui ordonnera la visite des lieux fixera les jours et heure où elle se fera et renverra l'affaire à une audience ultérieure.

Il ne sera levé ni signifié.

(Ord. 19 mai 1909) Lorsqu'il aura été rendu par défaut, la partie défaillante sera appelée, par simple sommation, à se trouver présente aux jour, lieu et heure indiqués.

Rédaction antérieure. Art. 341. – Le tribunal ou le juge délégué pourra recueillir tous les indices propres à l'éclairer et même entendre, à titre de renseignements, telles personnes que bon lui semblera.

Rédaction antérieure. Art. 342 *(Ord. 19 mai 1909)*. – Il sera dressé procès-verbal de l'opération. Mention y sera faite de la présence ou de l'absence des parties, ainsi que du temps employé au transport, séjour et retour.

Le greffier notera également au procès-verbal, sur la fixation du tribunal, le jour où l'audience sera suivie. Les parties absentes y seront appelées par simple sommation d'huissier.

Le procès-verbal ne sera pas signifié.

Il en sera levé une expédition, si besoin est, à charge, par la partie qui l'aura demandée, de la communiquer à l'autre partie.

Rédaction antérieure. Art. 343. – Les frais de transport seront avancés par la partie requérante et par elle consignés au greffe. Si la visite est ordonnée d'office l'avance et la consignation seront faites par la partie désignée au jugement.

TITRE XIV. – DES DÉCLARATIONS DES TIERS

(L. n° 1.135, 16 juill. 1990) (1)

Art. 323 ***(L. n° 1.135, 16 juill. 1990)*** **(1). – Lorsque la preuve testimoniale est admissible, le tribunal peut recevoir des tiers les déclarations de nature à l'éclairer sur les faits litigieux auxquels ils ont assisté ou qu'ils ont personnellement constatés.**

Les déclarations sont faites par attestation ou recueillies par voie d'enquête.

Section I. – De l'attestation

Art. 324 ***(L. n° 1.135, 16 juill. 1990)*****. – L'attestation doit, à peine de nullité :**

1° être établie par une personne remplissant les conditions requises pour être entendue comme témoin ;

2° être écrite, datée et signée de la main de son auteur ;

3° mentionner les nom, prénoms, date et lieu de naissance, demeure et profession de son auteur, ainsi que l'existence ou l'absence de liens de parenté, d'alliance, de subordination ou d'intérêt avec les parties ;

4° préciser si son auteur a quelque intérêt au procès ;

5° indiquer qu'elle est établie en vue de sa production en justice et que son auteur sait qu'une fausse attestation l'exposerait aux sanctions prévues par l'article 103 du Code pénal ;

6° être accompagnée de tout document officiel, en original ou photocopie, justifiant de l'identité de son auteur et comportant sa signature.

(1) Les dispositions de la loi n° 1.135 du 16 juillet 1990 sont applicables aux instances introduites après son entrée en vigueur, L. n° 1.135, 16 juill. 1990, art. 12.

Art. 325 *(L. n° 1.135, 16 juill. 1990)* (1). – L'auteur de l'attestation peut toujours être entendu par voie d'enquête.

Section II. – De l'enquête

Art. 326 *(L. n° 1.135, 16 juill. 1990)* (1). – La partie qui demande une enquête doit articuler les faits dont elle entend rapporter la preuve ; la preuve contraire est de droit.

Art. 327 *(L. n° 1.135, 16 juill. 1990)* (1). – La décision qui ordonne l'enquête détermine les faits à prouver et fixe un délai aux parties pour déposer au greffe général la liste des témoins prévue à l'article 328. Après ce dépôt, le président du tribunal ou le juge commis fixe par ordonnance les jour, heure et lieu de l'enquête.

Art. 328 *(L. n° 1.135, 16 juill. 1990)* (1). – Dix jours au moins avant l'audition, les parties à l'enquête se signifient la liste de leurs témoins contenant leur nom, profession et demeure ou, du moins, une désignation suffisante pour déterminer l'identité de chacun d'eux.

Chaque partie peut s'opposer à l'audition d'un témoin non porté ou non clairement désigné sur la liste qui lui a été signifiée, comme aussi exiger l'audition de tous ceux y figurant, malgré la renonciation de la partie adverse.

Art. 329 *(L. n° 1.135, 16 juill. 1990)* (1). – Est tenu de témoigner quiconque en est légalement requis.

Peuvent être dispensées de témoigner les personnes qui justifient d'un motif légitime.

Peuvent refuser de témoigner :

1° les parents et alliés en ligne directe de l'une des parties, ainsi que son ancien conjoint ;

2° ceux qui, par état ou de par la loi, sont tenus à une obligation de secret ou de discrétion professionnelle pour les faits dont ils ont eu connaissance dans l'exercice de leur profession ou fonction.

Art. 330 *(L. n° 1.135 16 juill. 1990)* (1). – Les témoins sont convoqués par lettre recommandée avec demande d'avis de réception du greffe général, huit jours au moins avant la date de l'enquête.

Les convocations mentionnent les nom et prénoms des parties et les faits à prouver ; elles reproduisent les dispositions de l'article 331.

Art. 331 *(L. n° 1.135, 16 juill. 1990* (1) *; mod., L. n° 1.247, 21 déc. 2001)*. – Les témoins défaillants et ceux qui, sans motif légitime, refusent de déposer ou de prêter serment peuvent être condamnés à une amende civile de 15 à 1 500 euros.

Celui qui justifie d'une impossibilité de se présenter au jour fixé est déchargé de l'amende ; le tribunal lui accorde un délai ou se transporte pour recevoir sa déposition.

Art. 332 *(L. n° 1.135, 16 juill. 1990)* (1). – Les témoins sont entendus séparément et hors la présence du public.

Le tribunal peut exceptionnellement inviter une partie à se retirer sous réserve du droit pour celle-ci d'avoir immédiatement connaissance des déclarations des témoins entendus hors de sa présence.

Art. 333 *(L. n° 1.135, 16 juill. 1990)* (1). – Avant de déposer, chaque témoin déclare :

1° ses nom, prénoms, date et lieu de naissance, demeure et profession ;

2° s'il est ou non parent ou allié de l'une des parties ;

3° s'il a avec elle des liens de subordination ou d'intérêt ;

4° s'il a quelque intérêt au procès ;

Il doit prêter serment de dire la vérité, à peine de nullité de sa déposition.

Art. 334 *(L. n° 1.135, 16 juill. 1990)* (1). – Les incapables peuvent être entendus sans prêter serment, à l'exception des mineurs de plus de quinze ans qui déposent dans les mêmes conditions que les majeurs.

Art. 335 *(L. n° 1.135, 16 juill. 1990)* (1). – Le tribunal entend les témoins sur les faits admis en preuve et sur les circonstances qui s'y rapportent.

Les témoins ne peuvent lire aucun projet.

---

(1) Les dispositions de la loi n° 1.135 du 16 juillet 1990 sont applicables aux instances introduites après son entrée en vigueur, L. n° 1.135, 16 juill. 1990, art. 12.

Art. 336 *(L. n° 1.135, 16 juill. 1990)* (1). – Les parties ne doivent ni interrompre, ni interpeller, ni chercher à influencer les témoins qui déposent, ni s'adresser à eux, à peine d'exclusion.

Le tribunal pose les questions que les parties lui soumettent après l'audition des témoins.

Le ministère public peut poser des questions aux témoins.

Art. 337 *(L. n° 1.135, 16 juill. 1990)* (1). – S'il y a lieu de nommer un interprète, celui-ci doit, à peine de nullité, être majeur et prêter serment de traduire fidèlement les demandes et les réponses à transmettre.

L'interprète ne peut, sous la même sanction, être choisi ni parmi les juges de la cause, ni parmi les témoins.

Art. 338 *(L. n° 1.135, 16 juill. 1990)* (1). – Si le témoin est sourd, les demandes et interpellations du tribunal ou du ministère public lui sont adressées par écrit et il donne ses réponses verbalement.

S'il est muet, les demandes sont faites verbalement et les réponses par écrit.

S'il est sourd et muet, les questions et les réponses sont faites par écrit.

Les réponses écrites sont signées par le témoin ; elles sont annexées, ainsi que les demandes, au procès-verbal.

Si le témoin muet, sourd ou sourd et muet ne sait pas lire ou écrire, le tribunal lui nomme un interprète, choisi de préférence parmi les personnes ayant l'habitude de converser avec lui. L'article 337 reçoit alors application.

Art. 339 *(L. n° 1.135, 16 juill. 1990)* (1). – Lorsque leur présence sur les lieux paraît utile, les témoins peuvent y être entendus.

Art. 340 *(L. n° 1.135, 16 juill. 1990)* (1). – À moins qu'il ne leur ait été permis ou enjoint de se retirer après avoir déposé, les témoins restent à la disposition du tribunal jusqu'à la clôture de l'enquête ou des débats. Ils peuvent, jusqu'à ce moment, modifier leur déposition.

Les témoins peuvent être entendus à nouveau et confrontés entre eux ou avec les parties ; il peut être procédé à leur audition en présence d'un expert.

Art. 341 *(L. n° 1.135, 16 juill. 1990)* (1). – Le tribunal peut, à la demande d'une partie, convoquer et interroger toute personne dont l'audition lui paraît utile à établir les faits retenus en preuve.

Art. 342 *(L. n° 1.135, 16 juill. 1990)* (1). – Le procès-verbal de l'enquête contient l'indication des lieu, jour et heure de celle-ci, la mention de la présence ou de l'absence des parties et des témoins et de l'accomplissement des formalités prévues aux articles 333 et 334.

Les documents versés à l'enquête sont annexés au procès-verbal.

Art. 343 *(L. n° 1.135, 16 juill. 1990)* (1). – Les frais de l'enquête sont avancés par les parties après évaluation par le tribunal sur présentation de la liste des témoins dont elles demandent l'audition ; la provision est déposée au greffe général avant l'audience fixée pour l'enquête.

Lorsque le témoin le requiert, le montant des frais à lui rembourser est arrêté par le tribunal et payé au greffe sur la provision déposée.

TITRE XIV (VERSION ANTÉRIEURE). – DES EXPERTISES

(Rédaction antérieure à L. n° 1.135, 16 juill. 1990)

Rédaction antérieure. Art. 344 *(L. n° 953, 19 avr. 1974)*. – Le tribunal peut, sur la demande d'une partie ou d'office, ordonner qu'il sera procédé à une expertise par une ou plusieurs personnes qu'il désignera.

L'expertise ne peut en aucun cas porter sur d'autres points que la recherche du fait et sur des questions purement techniques. Le jugement énonce avec précision la mission de l'expert ; il commet un juge chargé de suivre l'expertise qui pourra être remplacé en cas d'empêchement par ordonnance du président ; il impartit à l'expert un délai pour le dépôt de son rapport.

Les dispositions du présent article sont applicables en matière de référé.

(1) Les dispositions de la loi n° 1.135 du 16 juillet 1990 sont applicables aux instances introduites après son entrée en vigueur, L. n° 1.135, 16 juill. 1990, art. 12.

Rédaction antérieure. Art. 345 ***(L. n° 953, 19 avr. 1974).*** – Le choix de l'expert appartient à la juridiction ; toute partie peut cependant récuser l'expert si elle a des motifs légitimes.

La récusation est proposée par déclaration motivée au greffe général, au plus tard, le jour où, par application de l'article 347, les parties et l'expert ont été convoqués par le juge commis.

Le tribunal statue d'urgence après audition des parties et de l'expert ou ceux-ci préalablement convoqués et informés du motif de la récusation.

Si la récusation est admise, l'expert est remplacé ; il peut être condamné aux dépens de l'incident. Si elle est rejetée, la partie qui a récusé peut être condamnée à des dommages-intérêts envers l'expert.

L'expert qui a demandé des dommages-intérêts ne peut conserver sa mission.

La disposition du jugement relative aux dommages-intérêts est seule susceptible d'appel.

L'appel est interjeté par déclaration au greffe général dans les huit jours à compter du jugement.

Rédaction antérieure. Art. 346 ***(L. n° 953, 19 avr. 1974).*** – Dès la désignation de l'expert, le greffier l'avise de sa nomination par lettre recommandée avec demande d'avis de réception ; il y annexe la formule du serment et une copie de la décision ordonnant l'expertise.

Toutefois, si la décision a un caractère interlocutoire, la lettre et les pièces visées à l'alinéa précédent sont adressées à l'expert dès que le greffe en est requis par la partie la plus diligente.

Dans les huit jours de la réception de ces pièces, l'expert fait retour au greffe général de la formule du serment après l'avoir signée ; celle-ci est remise immédiatement par le greffier au juge commis.

Rédaction antérieure. Art. 347 ***(L. n° 953, 19 avr. 1974).*** – Dès la réception de la formule du serment, le juge commis convoque les parties et l'expert. Au jour indiqué, et par ordonnance, il prend acte du serment de l'expert et, après avoir entendu celui-ci, fixe la date et le lieu du commencement des opérations ; il détermine également le montant d'une provision s'il en est requis.

La lecture de cette ordonnance, faite en présence des parties, vaut sommation pour celles-ci de se trouver aux opérations. Si une partie n'est ni présente ni représentée, la sommation lui est faite par le greffier, par lettre recommandée avec demande d'avis de réception.

Rédaction antérieure. Art. 348 ***(L. n° 953, 19 avr. 1974).*** – Si l'expert refuse sa commission ou ne fait pas parvenir au greffe général dans le délai imparti la formule du serment, ou ne commence pas ses opérations, le juge commis procède d'office à son remplacement.

Rédaction antérieure. Art. 349 ***(L. n° 953, 19 avr. 1974).*** – L'expert procède à sa mission sous le contrôle du juge commis, qui est tenu informé de l'état des opérations.

Le juge commis statue par ordonnance sur tous les incidents dont il est saisi par les parties ou l'expert.

Les ordonnances du juge commis, notifiées aux parties par lettre recommandée avec demande d'avis de réception, sont exécutoires par provision. Il peut y être fait opposition devant la juridiction qui a ordonné l'expertise, dans les huit jours de la notification, par déclaration au greffe général. La décision n'est pas susceptible de recours.

Rédaction antérieure. Art. 350 ***(L. n° 953, 19 avr. 1974).*** – Les parties transmettent sans délai à l'expert les pièces nécessaires. Elles peuvent formuler des dires à tout moment ; il en est fait mention dans le rapport.

Rédaction antérieure. Art. 351 ***(L. n° 953, 19 avr. 1974).*** – L'expert ne peut donner son avis que sur les points qui lui sont expressément soumis par la décision de justice. Toutefois, sa mission peut être étendue par les parties, sous réserve de l'accord unanime de celles-ci et sous les conditions prévues par le deuxième alinéa de l'article 344.

Il peut recueillir tout indice propre à éclairer son opinion et même entendre, à titre de renseignements, telles personnes que bon lui semblera. Il en fait mention dans son rapport en indiquant les noms, prénoms et adresses des personnes qu'il a entendues. Il communique, sans délai, aux parties les informations qu'il a ainsi recueillies.

Rédaction antérieure. Art. 352 ***(L. n° 953, 19 avr. 1974).*** – S'il y a plusieurs experts, il n'est dressé qu'un seul rapport signé par tous ; l'avis est formé à la majorité. S'il n'y a pas de majorité, il est fait mention des différents avis avec leurs motifs.

Rédaction antérieure. Art. 353 ***(L. n° 953, 19 avr. 1974).*** – La minute du rapport est déposée au greffe général.

Le greffier constate le dépôt en faisant mention sur le rapport du jour où il l'a reçu.

Rédaction antérieure. Art. 354 ***(L. n° 953, 19 avr. 1974).*** – Les honoraires de l'expert sont taxés, au bas de la minute, par le juge commis et il en est délivré exécutoire envers la partie désignée par la juridiction.

Rédaction antérieure. Art. 355 ***(L. n° 953, 19 avr. 1974).*** – Si l'expert n'est pas en mesure de déposer son rapport dans le délai fixé, il peut demander au juge de lui octroyer un nouveau délai. Le juge statue par une ordonnance, non susceptible de recours, qui est portée à la connaissance des parties par lettre recommandée du greffier avec demande d'avis de réception.

Si l'expert n'a pas demandé une prorogation de délai, le juge commis provoque ses explications, le met en demeure de terminer sa mission et, le cas échéant, par ordonnance non susceptible de recours, fait revenir l'affaire devant la juridiction en vue du remplacement de l'expert. À cet effet, le greffe général convoque l'expert et les parties par lettre recommandée avec demande d'avis de réception. La juridiction, après avoir entendu le rapport du juge commis et éventuellement, l'expert et les parties, statue sans autre procédure par décision non susceptible de recours. Si elle remplace l'expert, celui-ci est condamné aux dépens de l'incident, au remboursement de la provision déduction faite des débours justifiés sans préjudice de tous dommages-intérêts envers les parties. La disposition du jugement relative à la sanction est seule susceptible d'appel.

Rédaction antérieure. Art. 356 *(L. n° 953, 19 avr. 1974).* – Après dépôt du rapport, la cause est poursuivie à l'audience fixée par l'ordonnance du juge commis. Cette ordonnance qui n'est pas susceptible de recours, est notifiée aux parties par lettre recommandée du greffier, avec demande d'avis de réception.

Rédaction antérieure. Art. 357 *(L. n° 953, 19 avr. 1974).* – Si la juridiction ne trouve pas dans le rapport des éléments suffisants, elle peut ordonner d'office, soit la comparution de l'expert à l'audience pour fournir des explications, soit une expertise complémentaire qui peut être confiée à cet expert ou à un ou plusieurs experts nouveaux.

Rédaction antérieure. Art. 358 *(L. n° 953, 19 avr. 1974).* – Les juges ne sont pas tenus de suivre l'avis des experts.

Rédaction antérieure. Art. 359 à 364 *(Implicitement abr., L. n° 953, 19 avr. 1974).*

TITRE XV. – DE L'EXPERTISE

(L. n° 1.135, 16 juill. 1990) (1)

Art. 344 *(L. n° 1.135, 16 juill. 1990)* (1). **– Le tribunal peut désigner une ou plusieurs personnes capables de l'éclairer sur le plan technique.**

Art. 345 *(L. n° 1.135, 16 juill. 1990)* (1). **– La liste des personnes physiques agréées en qualité d'expert auprès des tribunaux est dressée, chaque année, dans les conditions fixées par ordonnance souveraine.**

Art. 346 *(L. n° 1.135, 16 juill. 1990)* (1). **– La décision qui ordonne l'expertise désigne le ou les experts, énonce les chefs de la mission, impartit un délai pour l'acceptation ou le refus de celle-ci et fixe une date pour le dépôt du rapport.**

Le tribunal peut aussi décider que l'expert doit seulement à l'audience lui faire part de ses constatations ou lui donner oralement son avis.

Il désigne la ou les parties tenues de verser à l'expert une provision à titre d'avance.

Il commet le juge chargé du contrôle de l'expertise.

Art. 347 *(L. n° 1.135, 16 juill. 1990)* (2). **– La décision ordonnant l'expertise peut être frappée d'appel indépendamment de la décision sur le fond dans le délai de quinze jours à compter de son prononcé.**

Art. 348 *(L. n° 1.135 16 juill. 1990)* (1). **– Copie de la décision est adressée à l'expert avec, s'il échet, la formule du serment, par lettre recommandée du greffe général, avec demande d'avis de réception.**

Art. 349 *(L. n° 1.135, 16 juill. 1990)* (1). **– Lorsqu'il fait savoir qu'il accepte sa désignation, l'expert renvoie, s'il échet, la formule du serment après l'avoir signée.**

S'il refuse sa désignation ou s'il ne répond pas dans le délai imparti, le juge chargé du contrôle procède d'office à son remplacement.

(1) Les dispositions de la loi n° 1.135 du 16 juillet 1990 sont applicables aux instances introduites après son entrée en vigueur, L. n° 1.135, 16 juill. 1990, art. 12.

(2) La loi n° 1.375 du 16 décembre 2010 est applicable à toutes les instances en cours lors de son entrée en vigueur (25 décembre 2010). Néanmoins, les instances en appel ou en référé, pendantes au jour de son entrée en vigueur, sont poursuivies et jugées conformément à la loi ancienne (L. n° 1.375, 16 déc. 2010).

Art. 350 *(L. n° 1.135, 16 juill. 1990)* (1). – Le juge chargé du contrôle convoque les parties et l'expert pour fixer la date et le lieu du commencement des opérations ainsi que le montant de la provision prévue au troisième alinéa de l'article 346.

Art. 351 *(L. n° 1.135, 16 juill. 1990)* (1). – L'expert doit remplir personnellement la mission qui lui est confiée.

Art. 352 *(L. n° 1.135, 16 juill. 1990)* (1). – Les parties sont tenues de remettre sans délai à l'expert tous les documents nécessaires à l'accomplissement de sa mission.

En cas de carence, l'expert passe outre et informe le juge chargé du contrôle.

Art. 353 *(L. n° 1.135, 16 juill. 1990)* (1). – Les parties peuvent formuler des dires à tout moment ; il en est fait mention dans le rapport.

Art. 354 *(L. n° 1.135, 16 juill. 1990)* (1). – L'expert peut recueillir tout indice propre à éclairer son opinion ainsi que des informations de toutes personnes, sauf à préciser leurs nom, prénoms, demeure et profession, ainsi que, s'il y a lieu, leur lien de parenté ou d'alliance avec les parties de subordination à leur égard ou de communauté d'intérêts avec elles.

Il communique sans délai aux parties les éléments qu'il a ainsi recueillis.

L'expert peut également, dans les mêmes conditions, recueillir, sur un point particulier, l'avis d'un autre technicien.

Art. 355 *(L. n° 1.135, 16 juill. 1990)* (1). – L'expert donne son avis sur chacun des chefs de sa mission.

Il ne porte pas d'appréciation d'ordre juridique.

Art. 356 *(L. n° 1.135, 16 juill. 1990)* (1). – Le juge chargé du contrôle est tenu informé par l'expert de l'avancement des opérations.

Il peut modifier la mission de l'expert ainsi que le délai imparti pour le dépôt du rapport.

Sans préjudice des dispositions de l'article 357, il peut, après avoir provoqué ses explications, remplacer l'expert si celui-ci se récuse, ou à la demande des parties, ou d'office.

Art. 357 *(L. n° 1.135, 16 juill. 1990)* (1). – L'expert peut être récusé pour motifs légitimes.

La partie qui entend le récuser doit le faire devant le juge chargé du contrôle.

Avis en est donné au ministère public.

Le juge statue d'urgence, le ministère public entendu après audition des parties et de l'expert, ou ceux-ci préalablement convoqués et informés du motif de la récusation ; il pourvoit, s'il échet, au remplacement de l'expert.

Art. 358 *(L. n° 1.135, 16 juill. 1990)* (1). – La décision qui statue sur la demande de récusation n'est pas susceptible d'appel.

Art. 359 *(L. n° 1.135, 16 juill. 1990)* (1). – Si la récusation est rejetée, l'expert peut, dans les huit jours, saisir la juridiction compétente d'une demande en dommages-intérêts ; il ne peut, dans ce cas, conserver sa mission.

Art. 360 *(L. n° 1.135, 16 juill. 1990)* (1). – L'expert récusé ou remplacé à la demande des parties ou d'office peut, s'il échet, être condamné aux dépens de l'incident et au remboursement de la provision reçue, déduction faite des débours justifiés, sans préjudice du recours en dommages-intérêts devant la juridiction compétente.

La décision du juge chargé du contrôle n'est pas susceptible d'appel.

Art. 361 *(L. n° 1.135, 16 juill. 1990)* (1). – Au cours de l'exécution de sa mission, l'expert ne peut recevoir d'une partie une rémunération quelconque, même à titre de remboursement de débours, si ce n'est sur décision du juge chargé du contrôle.

---

(1) Les dispositions de la loi n° 1.135 du 16 juillet 1990 sont applicables aux instances introduites après son entrée en vigueur, L. n° 1.135, 16 juill. 1990, art. 12.

Art. 362 *(L. n° 1.135, 16 juill. 1990)* (1). – Si les parties se concilient, l'expert dresse procès-verbal.
Les parties peuvent demander au juge chargé du contrôle de donner force exécutoire au procès-verbal ; la décision n'est pas susceptible de recours.

Art. 363 *(L. n° 1.135, 16 juill. 1990)* (1). – Il n'est rédigé qu'un seul rapport, même s'il y a plusieurs experts ; en cas de divergence, chacun d'eux indique son opinion. Si l'expert a recueilli l'avis d'un autre technicien, cet avis est joint au rapport.

Art. 364 *(L. n° 1.135, 16 juill. 1990)* (1). – L'expert dépose son rapport au greffe général.
Le greffier constate le dépôt en faisant mention, sur le rapport, du jour où il l'a reçu.
Il avise les parties du dépôt.

Art. 365 *(L. n° 1.135, 16 juill. 1990)* (1). – Sur justification de l'accomplissement de la mission, le juge chargé du contrôle fixe la rémunération globale de l'expert et autorise celui-ci à se faire remettre, par la ou les parties désignées, les sommes restant dues.
Il ordonne, s'il échet, la restitution, par l'expert, à l'une ou l'autre partie, des sommes versées en excédent.
Il peut délivrer un titre exécutoire soit à l'expert, soit à la partie.

Art. 366 *(L. n° 1.135, 16 juill. 1990)* (1). – La cause est poursuivie à l'audience par ordonnance du juge chargé du contrôle. Cette ordonnance qui n'est pas susceptible de recours, est notifiée aux parties par lettre recommandée du greffe, avec demande d'avis de réception.

Art. 367 *(L. n° 1.135, 16 juill. 1990)* (1). – Le tribunal peut, après le dépôt du rapport, inviter l'expert à le compléter, préciser ou expliquer ses constatations, soit par écrit, soit à l'audience, au contradictoire des parties.

Art. 368 *(L. n° 1.135, 16 juill. 1990)* (1). – Le tribunal n'est pas lié par les constatations, les avis ou les conclusions de l'expert.

Art. 369 à 373 *(Abr., L. n° 1.135, 16 juill. 1990)* (1).

TITRE XV (VERSION ANTÉRIEURE). – DE L'INTERROGATOIRE DES PARTIES

(Rédaction antérieure à L. n° 1.135, 16 juill. 1990)

Rédaction antérieure. Art. 365. – En toute matière et en tout état de cause, le tribunal pourra ordonner, soit sur la requête d'une partie, soit d'office, que les parties seront par lui interrogées sur les faits du procès, à l'audience qu'il fixera.

Rédaction antérieure. Art. 366. – Le jugement qui ordonnera l'interrogatoire ne précisera pas les faits sur lesquels celui-ci devra porter.
Il vaudra convocation pour les parties, s'il est contradictoire.
S'il est par défaut, la partie défaillante sera appelée par assignation ; l'exploit fera mention du jugement et de sa date.

Rédaction antérieure. Art. 367. – La partie interrogée répondra en personne, sans pouvoir lire aucun projet écrit.
La partie adverse pourra, par l'organe du président, interpeller sur tous les faits que le tribunal trouvera concluants.
Les juges et le ministère public pourront, en demandant la parole au président adresser des questions à l'une ou à l'autre des parties présentes.

Rédaction antérieure. Art. 368. – Les parties pourront être interrogées en l'absence l'une de l'autre et confrontées ensuite, s'il y a lieu.

Rédaction antérieure. Art. 369 *(Ord. 19 mai 1909)*. – Le greffier mentionnera à la feuille d'audience les principaux dires que le président pourra lui dicter lui-même, s'il le juge utile. Lecture en sera donnée à la partie, avec interpellation de déclarer si elle a dit vérité et si elle persiste. Sa réponse sera également notée ; elle la signera ; si elle ne sait ou ne peut signer, il en sera fait mention.

Rédaction antérieure. Art. 370. – Lorsque la partie à interroger se trouvera dans l'un des cas mentionnés aux articles 324 et 325, il sera procédé à son interrogatoire dans la forme déterminée par ces dispositions.

(1) Les dispositions de la loi n° 1.135 du 16 juillet 1990 sont applicables aux instances introduites après son entrée en vigueur, L. n° 1.135, 16 juill. 1990, art. 12.

Rédaction antérieure. Art. 371. – Si, au jour de l'interrogatoire, la partie justifie d'un empêchement légitime, le tribunal fixera un autre jour sans nouvelle assignation, ou commettra l'un de ses membres à l'effet de se transporter avec le greffier, à jour et heure indiqués, au domicile de la partie.

(Ord. 19 mai 1909). – En cas de transport, la partie adverse conservera le droit d'assister à l'interrogatoire et il en sera dressé procès-verbal ; les prescriptions de l'article 342 seront observées.

Rédaction antérieure. Art. 372. – Si la partie qui n'a pas comparu ne justifie pas d'un empêchement légitime ou si, après avoir comparu, elle refuse de répondre, il en sera pris acte et le tribunal pourra tirer de ces circonstances telles inductions qu'il appartiendra.

Rédaction antérieure. Art. 373. – Les représentants légaux des incapables, ceux des personnes civiles et des collectivités admises à ester en justice, pourront être interrogés sur les faits qui leur sont personnels, sauf à avoir à leurs déclarations tel égard que de droit.

TITRE XVI. – DU SERMENT

Art. 374. – Tout jugement qui ordonnera un serment énoncera les faits sur lesquels il devra porter et l'audience où il sera reçu.

Ce jugement ne sera levé et signifié qu'en cas de défaut du défendeur à qui il aurait été déféré.

Art. 375. – La partie prêtera le serment en personne.

Avant la prestation, le président lui rappelera les faits et lui fera, sur la portée de ces faits et du serment, les observations qu'il jugera convenables.

Art. 376. – Le tribunal donnera acte de la prestation de serment ou du refus de le prêter, et mention en sera faite à la feuille d'audience.

Art. 377. – Dans le cas d'un empêchement légitime dûment constaté, le serment pourra être reçu par un juge commis à cet effet, qui se transportera au domicile de la partie, assisté du greffier.

L'autre partie pourra être présente et il sera dressé procès-verbal.

Art. 378. – Si la personne à laquelle le serment est déféré se trouve dans l'un des cas prévus aux articles 324 et 325, la prestation aura lieu conformément aux prescriptions de ces articles.

TITRE XVII. – DES INCIDENTS

Section I. – Des demandes incidentes en général et des demandes reconventionnelles

Art. 379. – Les demandes incidentes seront formées par conclusions prises à l'audience par écrit ou même verbalement.

Le tribunal pourra accorder au défendeur un délai pour répondre et ordonner les communications prévues à l'article 177.

Art. 380. – Toutes demandes incidentes seront formées en même temps.

Les frais de celles qui seraient proposées postérieurement, et dont les causes auraient existé à l'époque des premières, ne pourront être répetés.

Art. 381. – Les demandes incidentes pourront être formées en tout état de cause.

Selon les cas, le tribunal les joindra au fond, les jugera au préalable, ou remettra à y statuer jusqu'après le jugement de la demande principale.

Art. 382. – Les demandes reconventionnelles ne seront reçues que dans les cas suivants :

Si elles procèdent de la même cause que la demande principale ;

Si elles forment une défense contre cette demande ;

Si elles tendent à obtenir le bénéfice de la compensation.

Section II. – De l'intervention et de l'assignation en déclaration de jugement commun

Art. 383. – Quiconque aura intérêt dans une instance suivie entre d'autres personnes aura le droit d'y intervenir.

Art. 384. – L'intervention sera formée par conclusions prises à l'audience.

Si l'une des parties est défaillante, l'intervention lui sera notifiée par acte d'huissier contenant assignation devant le tribunal.

Art. 385. – L'intervenant sera tenu de prendre l'instance au point où elle se trouvera au moment de son intervention, sans pouvoir opposer les exceptions déjà couvertes.

Art. 386. – Toute personne pourra être assignée à la requête de l'une ou de l'autre des parties, pour voir déclarer commun avec elle le jugement à intervenir.

Art. 387. – L'assignation contiendra, en outre des énonciations requises par l'article 156, les motifs et l'objet de la demande originaire.

Elle sera dénoncée à l'autre partie par déclaration à l'audience ou, en cas de défaut, par acte d'huissier.

Art. 388. – La demande en intervention ou en déclaration de jugement commun ne sera pas reçue, si elle est de nature à faire subir un trop long retard au jugement de la cause principale.

TITRE XVIII. – DES INTERRUPTIONS ET DES REPRISES D'INSTANCE

Art. 389. – L'instance sera interrompue :

Par le décès de l'une des parties ;

Par son changement d'état ;

Par la cessation des fonctions dans lesquelles elle procédait ;

Par le décès, la suspension ou la destitution de son défenseur.

Toutefois, dans les trois premiers cas, si la partie avait constitué un défenseur, l'interruption n'aura lieu qu'à partir de la notification à la partie adverse de l'évènement d'ou elle résulte.

Art. 390. – Toutes procédures faites postérieurement à l'interruption seront nulles.

Néanmoins la nullité ne pourra être opposée par les parties présentes ou légalement représentées à la cause.

Art. 391. – Lorsque l'affaire sera en état, les circonstances prévues à l'article 389 ne pourront différer ni les conclusions du ministère public, ni le jugement.

L'affaire sera en état lorsque les plaidoiries seront terminées.

Art. 392. – L'instance sera reprise par un exploit d'assignation, si elle ne l'est par les parties d'un commun accord.

Sur cette reprise, il sera procédé suivant les derniers errements.

TITRE XIX. – DE LA RÉCUSATION

Art. 393. – Tout juge pourra être récusé pour les causes ci-après :

1° Si lui ou sa femme ont un intérêt personnel dans la contestation ;

2° Si le juge ou sa femme sont parents ou alliés de l'une des parties ou de son conjoint jusqu'au degré de cousin germain inclusivement ; toutefois, si l'alliance est dissoute par décès, la récusation ne pourra avoir lieu que si le juge a été beau-père, gendre ou beau-frère de l'une des parties ;

3° Si le juge est tuteur, subrogé tuteur, curateur, conseil judiciaire, administrateur provisoire, héritier présomptif, donataire ou maître de l'une des parties ; si l'une des parties est sa présomptive héritière ou sa donataire ; s'il est administrateur de quelque établissement, société ou direction partie dans la cause ;

4° Si le juge a connu du procès comme magistrat, arbitre ou conseil, ou s'il a déposé comme témoin sur les faits du procès

5° Si dans les cinq ans qui ont précédé la récusation, il y a eu procès devant la juridiction criminelle ou correctionnelle entre le juge, sa femme, leurs parents ou alliés en ligne directe, et l'une des parties, son conjoint, ses parents ou alliés dans la même ligne ;

6° Si, entre les mêmes personnes ; il y a procès civil pendant, ou s'il y a eu procès terminé depuis moins de six mois ;

7° Si le juge, sa femme ou un de leurs parents ou alliés en ligne directe, ont un différend sur pareille question que celle dont il s'agit entre les parties.

Art. 394. – La récusation devra être proposée avant que l'affaire soit en état, à moins que les causes n'en soient survenues postérieurement.

Art. 395. – La récusation contre les juges commis aux visites de lieux, enquêtes et autres opérations, ne pourra être proposée que dans les trois jours, à partir du jour du jugement, si le jugement est contradictoire ou du jour où il est devenu exécutoire, s'il est par défaut.

Art. 396. – La récusation sera formée par un acte motivé, signifié au greffier en chef, qui visera l'original. L'exploit sera signé sur l'original et sur la copie par la partie ou par son fondé de pouvoir spécial.

Art. 397. – Le greffier devra, dans les vingt-quatre heures, communiquer la copie de l'exploit au juge récusé.

Celui-ci la renverra dans les deux jours au greffe avec sa réponse consignée à la suite ; après quoi, elle sera immédiatement transmise au *procureur général,* qui y joindra ses conclusions par écrit.

Art. 398. – À partir de la communication faite par le greffe au juge récusé, la procédure sera suspendue, à moins que, vu le péril en la demeure, le tribunal n'ordonne qu'il sera procédé par un autre juge.

Art. 399 *(Ord. 19 mai 1909).* – Si le juge récusé convient des faits qui ont motivé sa récusation, ou si ces faits sont prouvés, il sera ordonné qu'il s'abstiendra.

Si le récusant n'apporte preuve par écrit ou commencement de preuve des causes de la récusation, le tribunal pourra la rejeter ou ordonner la preuve testimoniale.

Art. 400 *(Ord. 19 mai 1909).* – En aucun cas, le juge récusé ne prendra part au jugement sur la récusation, qui devra être prononcé dans le plus bref délai possible.

Art. 401 *(Ord. 19 mai 1909).* – Celui qui voudra appeler sera tenu de le faire dans les cinq jours du jugement, par un acte motivé et notifié au greffier en chef.

Celui-ci transmettra sans délai l'acte de récusation, la réponse du juge, l'acte d'appel et les pièces déposées à l'appui au premier président, lequel commettra un membre de la cour pour l'examen de l'affaire et fixera le jour où ce magistrat fera son rapport à la chambre du conseil.

La cour, après avoir entendu le rapport et les conclusions du ministère public, statuera à l'audience publique, sans qu'il soit nécessaire d'appeler les parties.

Art. 402 *(L. n° 508, 2 août 1949 ; mod., L. n° 1.247, 21 déc. 2001).* – Celui dont la récusation aura été déclarée non fondée sera condamné à une amende de 300 à 3 000 euros, sans préjudice, s'il y a lieu, des dommages-intérêts envers l'autre partie et de l'action en réparation ou dommages-intérêts que pourra former le juge qui, dans ce cas, ne pourra demeurer juge de l'affaire.

Art. 403. – Tout juge qui croira à l'existence d'une cause de récusation en sa personne devra, alors même qu'elle ne serait pas proposée par les parties, la déclarer à la chambre du conseil. Si elle est reconnue par le tribunal, il s'abstiendra.

Le tribunal pourra autoriser un juge à s'abstenir pour des raisons de convenance non prévues à l'article 393.

Art. 404. – Les dispositions du présent titre seront applicables aux représentants du ministère public, quand il sera partie jointe.

TITRE XX. – DE LA PÉREMPTION

Art. 405. – Toute instance sera éteinte par discontinuation de poursuites pendant un an.

Ce délai sera augmenté de cent quatre-vingts jours si le demandeur meurt avant qu'il soit écoulé.

Art. 406. – Le péremption courra contre l'État, les établissements publics et toutes les personnes, même mineures, sauf leur recours contre les administrateurs et tuteurs.

Toutefois, si le représentant du mineur décède ou cesse ses fonctions au cours de l'instance, la péremption sera suspendue jusqu'à son remplacement.

Art. 407. – La péremption aura lieu de plein droit ; mais la partie qui voudra s'en prévaloir devra l'opposer avant toute défense au fond, faute de quoi elle sera présumée y avoir renoncé.

Art. 408. – La péremption n'éteindra pas l'action ; elle emportera seulement extinction de la procédure.

Néanmoins, si l'action est de nouveau intentée, les parties pourront se prévaloir des dépositions de témoins décédés, qui se trouveront consignées soit dans un procès-verbal, soit à la feuille d'audience, des rapports écrits d'experts et autres actes d'instruction dont il aura été dressé procès-verbal. Il en sera de même des aveux, déclarations et serments judiciaires constatés par écrit.

Art. 409. – En cas de péremption, le demandeur principal sera condamné à tous les frais de la procédure.

TITRE XXI. – DU DÉSISTEMENT

Art. 410. – Le désistement de l'instance pourra être fait et accepté par une simple déclaration à l'audience de la partie ou de son défenseur muni d'une procuration spéciale, conformément à l'article 171.

Art. 411. – Ceux qui ont besoin d'une autorisation pour ester en justice ne pourront faire ou accepter un désistement sans avoir été préalablement autorisés à cet effet.

Art. 412. – Le désistement, lorsqu'il aura été accepté, emportera de plein droit consentement que les choses soient remises en l'état où elles seraient s'il n'y avait pas eu de demande.

Il emportera également soumission de payer les frais, pour lesquels la partie qui se sera désistée sera contrainte sur simple ordonnance du président mise au bas de la taxe, parties présentes ou sommées par acte d'huissier. Cette ordonnance sera exécutée nonobstant opposition.

Art. 413. – En cas de nouvelle instance, le deuxième paragraphe de l'article 408 sera applicable.

TITRE XXII. – DES RÉFÉRÉS

(L. n° 1.135, 16 juill. 1990) (1)

Art. 414 *(L. n° 1.135, 16 juill. 1990* (1) *; rempl., L. n° 1.375, 16 déc. 2010)* (1). – En cas d'urgence, et en toutes matières pour lesquelles il n'existe pas de procédure particulière de référé, le président du tribunal de première instance peut ordonner, en référé, toutes les mesures qui ne préjudicient pas au principal.

Art. 415 *(L. n° 1.135, 16 juill. 1990)* (1). – Il peut également en être référé au président du tribunal de première instance pour statuer sur les difficultés d'exécution d'une décision judiciaire ou d'un titre exécutoire.

Art. 416 *(L. n° 1.135, 16 juill. 1990)* (1). – Les référés sont portés à l'audience tenue à cet effet par le président du tribunal de première instance ou le juge qui le remplace.

Art. 417 *(L. n° 1.135, 16 juill. 1990)* (1). – Les parties comparaissent en personne ou par un défenseur.

Si les parties ne comparaissent pas volontairement, la demande est introduite par l'exploit d'assignation, conformément aux dispositions du titre I du livre II.

Toutefois, le délai de comparution est au moins d'un jour pour les personnes domiciliées ou résidant dans la Principauté.

Dans les autres cas, le président fixe le délai en tenant compte de la distance.

(1) Les dispositions de la loi n° 1.135 du 16 juillet 1990 sont applicables aux instances introduites après son entrée en vigueur, L. n° 1.135, 16 juill. 1990, art. 12.

S'il y a extrême urgence, le président peut permettre d'assigner de jour à jour et d'heure à heure, même en sa demeure et les samedi, dimanche et jours fériés.

Le président peut ordonner la réassignation du défendeur au jour et à l'heure qu'il indique.

Art. 418 *(L. n° 1.135, 16 juill. 1990)* (1). **– Le président, lorsqu'il l'estime convenable, renvoie les parties en l'état de référé devant le tribunal à l'audience qu'il indique.**

Art. 419 *(L. n° 1.135, 16 juill. 1990)* (1). **– Les ordonnances de référé ne peuvent être modifiées ou rapportées qu'en cas de circonstances nouvelles. Elles emportent l'exécution provisoire ; celle-ci peut cependant être subordonnée à la constitution d'une garantie réelle ou personnelle.**

Elles sont exécutoires sur minute.

Art. 420 *(L. n° 1.135, 16 juill. 1990)* (1). **– Les ordonnances de référé ne sont pas susceptibles d'opposition.**

Elles peuvent être frappées d'appel devant la cour dans le délai de quinze jours suivant leur prononcé ou leur signification selon que la partie appelante a comparu ou non à l'audience.

L'appel sera jugé sans signification de conclusion.

Art. 421 *(L. n° 1.135, 16 juill. 1990)* (1). **– Le juge des référés peut, sur demande, ordonner une astreinte et la liquider à titre provisoire.**

Il statue sur les dépens sauf à les réserver.

TITRE XXII (VERSION ANTÉRIEURE). – DES RÉFÉRÉS

(Rédaction antérieure à la loi n° 1.135 du 16 juill. 1990)

Rédaction antérieure. Art. 414. – Tous référés seront portés à une audience tenue à cet effet par le président du tribunal de première instance ou le juge qui le remplacera, aux jour et heure indiqués par lui.

Rédaction antérieure. Art. 415. – Les parties comparaîtront en personne ou par un défenseur.

Rédaction antérieure. Art. 416. – Si les parties ne comparaissent pas volontairement, la demande sera introduite par exploit d'assignation conformément aux règles édictées au titre premier du livre II.

Toutefois le délai de comparution sera au moins d'un jour pour les personnes domiciliées dans la Principauté.

Dans les autres cas, le président fixera le délai en tenant compte de la distance.

Rédaction antérieure. Art. 417. – S'il y a extrême urgence, le président pourra permettre d'assigner de jour à jour et d'heure à heure, même en sa demeure et les jours fériés.

Rédaction antérieure. Art. 418. – Les ordonnances sur référé ne seront pas susceptibles d'opposition. Le président pourra ordonner la réassignation du défendeur défaillant au jour et à l'heure qu'il indiquera.

(Ord. 19 mai 1909) L'appel pourra être interjeté dès la prononciation de l'ordonnance. Il ne sera pas recevable s'il est interjeté après les huit jours qui suivront celui de la signification.

L'appel sera jugé sans signification de conclusions.

Rédaction antérieure. Art. 419. – Les ordonnances sur référé ne feront aucun préjudice au principal.

(Ord. 19 mai 1909) Elles seront exécutoires par provision sans caution, s'il n'a pas été ordonné qu'il en serait fourni une.

Dans les cas de nécessité, le président pourra ordonner l'exécution sur minute et même avant l'enregistrement.

Rédaction antérieure. Art. 420. – Le président pourra, lorsqu'il le jugera convenable, renvoyer les parties en état de référé devant le tribunal, à l'audience qu'il indiquera.

Rédaction antérieure. Art. 421. – Il statuera sur les dépens du référé, à moins qu'il n'y ait lieu de les réserver.

---

(1) Les dispositions de la loi n° 1.135 du 16 juillet 1990 sont applicables aux instances introduites après son entrée en vigueur, L. n° 1.135, 16 juill. 1990, art. 12.

LIVRE III. – DES VOIES DE RECOURS

(L. n° 1.135, 16 juill. 1990) (1)

TITRE I. – DE L'APPEL

Art. 422 *(L. n° 1.135, 16 juill. 1990).* – Les jugements rendus en premier ressort peuvent être frappés d'appel.

Les jugements rendus par défaut frappés d'appel par le défaillant ne sont plus susceptibles d'opposition.

L'appel est interjeté devant la juridiction compétente pour en connaître selon les règles établies aux articles 21 et 22.

Art. 423 *(L. n° 1.135, 16 juill. 1990).* – Les jugements qui tranchent dans leur dispositif une partie du principal et ordonnent une mesure d'instruction ou une mesure provisoire peuvent être immédiatement frappés d'appel comme les jugements qui tranchent tout le principal. Les autres jugements ne peuvent être frappés d'appel qu'en même temps que le jugement sur le fond.

Peuvent aussi être immédiatement frappés d'appel les jugements qui statuent sur une exception de procédure, une fin de non recevoir ou tout autre incident mettant fin à l'instance.

Les autres jugements ne peuvent être frappés d'appel qu'après le jugement sur le fond et conjointement avec l'appel de celui-ci.

Art. 424 *(L. n° 1.135, 16 juill. 1990).* – Le délai d'appel est de trente jours à dater de la signification du jugement, sauf dispositions particulières de la loi.

Il suspend l'exécution du jugement à moins que l'exécution provisoire n'ait été prononcée.

Art. 425 *(L. n° 1.135, 16 juill. 1990).* – Les délais de l'appel sont suspendus par la mort de l'une ou de l'autre des parties au regard de ses héritiers. Ils ne reprennent leur cours qu'après la signification du jugement faite au domicile du défunt, et à compter de l'expiration des délais pour faire inventaire et délibérer si le jugement a été signifié avant que ces délais soient expirés. Cette signification peut être faite aux héritiers collectivement et sans désignation des noms et qualités.

Art. 426 *(L. n° 1.135, 16 juill. 1990).* – L'appel n'est pas recevable si, au cours de l'instance, les parties ont déclaré formellement y renoncer ou si l'appelant a acquiescé au jugement. Cette fin de non-recevoir peut être opposée en tout état de cause, mais elle n'est pas suppléée d'office par le juge. La signification du jugement n'emporte pas acquiescement.

Art. 427 *(L. n° 1.135, 16 juill. 1990).* – L'appel est formé par un exploit d'assignation qui, à peine de nullité contient :

1° les énonciations prévues par l'article 156 ;

2° L'exposé des griefs et les motifs à l'appui ;

3° constitution d'un avocat-défenseur inscrit au tableau, si l'appel est porté devant la cour d'appel.

L'exploit est signifié à l'intimé, à personne, à son domicile ou au domicile élu en vertu des articles 172 et 173.

Il est, en outre, présenté au greffe général pour qu'il en soit fait mention sur un registre, coté et paraphé et à ce destiné.

Art. 428 *(L. n° 1.135, 16 juill. 1990).* – L'appel incident peut être interjeté par de simples conclusions écrites prises à l'audience.

Art. 429 *(L. n° 1.135, 16 juill. 1990).* – L'appel ne défère à la juridiction que la connaissance des chefs de jugements qu'il critique et de ceux qui en sont la conséquence nécessaire.

La dévolution s'opère par le tout lorsque l'objet du litige est indivisible.

---

(1) Les dispositions de la loi n° 1.135 du 16 juillet 1990 sont applicables aux instances introduites après son entrée en vigueur, L. n° 1.135, 16 juill. 1990, art. 12.

Art. 430 *(L. n° 1.135, 16 juill. 1990)*. – Les parties ne peuvent comparaître que par des avocats-défenseurs inscrits.

Lorsqu'elles sont toutes présentes à l'appel de la cause, la juridiction fixe le délai dans lequel l'intimé doit déposer ses conclusions en réponse à l'acte d'appel et la date à laquelle l'affaire sera appelée.

L'intimé notifie dans ce délai ses conclusions à l'appelant.

Toutefois, la juridiction peut, à la demande de l'une ou de l'autre des parties, prolonger ces délais.

Art. 431 *(L. n° 1.135, 16 juill. 1990)*. – Les parties peuvent, pour justifier les demandes qui avaient été soumises au premier juge, invoquer des moyens nouveaux, produire de nouvelles pièces ou proposer de nouvelles preuves.

Elles ne peuvent former aucune demande nouvelle, à moins qu'il ne s'agisse de compensations ou que la demande nouvelle ne soit la défense à l'action principale.

Elles peuvent toutefois demander des intérêts, arrérages, loyers et autres accessoires échus depuis le jugement de première instance, et des dommages-intérêts pour le préjudice subi depuis celui-ci.

Art. 432 *(L. n° 1.135, 16 juill. 1990)*. – Peuvent seuls intervenir en cause d'appel ceux qui auraient le droit de former tierce opposition à l'arrêt.

Néanmoins, toute autre personne peut intervenir pour appuyer la demande d'une partie.

Art. 433 *(L. n° 1.135, 16 juill. 1990)*. – Lorsque le jugement dont elle est saisie n'a pas donné une solution définitive au litige, la juridiction peut évoquer l'affaire si elle est en état d'être jugée ou, si elle ne l'est pas, à la demande des parties.

Art. 434 *(L. n° 1.135, 16 juill. 1990)*. – Le président de la juridiction statue par voie de référé sur les difficultés d'exécution de la décision d'appel.

Art. 435 *(L. n° 1.135, 16 juill. 1990)*. – Sont applicables les autres règles qui régissent la procédure devant le tribunal de première instance, à l'exception des dispositions des articles 204 et 414 à 421.

TITRE II. – DE LA TIERCE OPPOSITION

Art. 436 *(L. n° 1.135, 16 juill. 1990)*. – Toute personne peut former tierce opposition à un jugement ou à un arrêt qui préjudicie à ses droits et lors duquel, ni elle, ni ceux qu'elle représente n'auront été appelés.

Art. 437 *(L. n° 1.135, 16 juill. 1990)*. – La tierce opposition est portée devant la juridiction qui a rendu la décision attaquée.

Toutefois, si la tierce opposition est formée incidemment à une contestation pendante devant une juridiction supérieure à celle qui a rendu la décision attaquée, il y est statué par la juridiction saisie.

Art. 437-1 *(L. n° 1.135, 16 juill. 1990)*. – Si la tierce opposition est formée incidemment à une contestation pendante devant une juridiction inférieure à celle dont émane la décision attaquée, la juridiction saisie peut, suivant les circonstances, sur la demande de la partie ou même d'office, passer outre ou surseoir à statuer.

Art. 437-2 *(L. n° 1.135, 16 juill. 1990)*. – La tierce opposition, principale ou incidente, est formée, instruite et jugée suivant les formes ordinaires.

Art. 437-3 *(L. n° 1.135, 16 juill. 1990)*. – L'exécution de la décision attaquée peut être suspendue selon les circonstances, même si elle est passée en force de chose jugée.

Art. 437-4 *(L. n° 1.135, 16 juill. 1990)*. – La partie dont la tierce opposition a été reconnue mal fondée peut être condamnée à des dommages-intérêts.

TITRE III. – DE LA RÉTRACTATION DES JUGEMENTS OU ARRÊTS

Art. 438 *(L. n° 1.135, 16 juill. 1990)*. – Les jugements ou arrêts passés en force de chose jugée peuvent être rétractés à la requête de ceux qui ont été parties ou dûment appelés :

1° s'il y a eu dol personnel ;

2° s'il a été prononcé sur des choses non demandées ;

3° s'il a été adjugé plus qu'il n'a été demandé ;

4° s'il a été omis de prononcer sur l'un des chefs de demande ou sur les dépens ;

5° si le jugement ou l'arrêt contient des dispositions contradictoires ;

6° s'il est contraire à une décision antérieure rendue entre les mêmes parties, sur le même objet sur la même cause, pourvu qu'il n'ait pas statué sur l'exception de chose jugée ;

7° si, dans le cas où la loi exige les conclusions du ministère public, ces conclusions n'ont pas été données et que la décision a été rendue contre celui pour qui elles étaient requises ;

8° si l'on a jugé sur pièces reconnues ou déclarées fausses depuis la décision ;

9° s'il a été jugé sur la prestation d'un serment décisoire reconnu faux ou déclaré tel à la requête du ministère public, sur la prestation d'un serment supplétoire reconnu ou déclaré faux, ou sur une enquête dont un témoin a été condamné pour faux témoignage ;

10° si, depuis la décision, il a été recouvré des pièces décisives et qui avaient été retenues par le fait de la partie.

Art. 438-1 *(L. n° 1.135, 16 juill. 1990)*. – S'il n'y a ouverture que contre un chef de la décision, elle est seule rétractée à moins que les autres n'en soient dépendantes.

Art. 438-2 *(L. n° 1.135, 16 juill.1990)*. – La demande en rétractation est formée dans les trente jours de la signification de la décision attaquée.

Toutefois, ce délai est augmenté de celui qui est réglé par l'article 158, pour les parties demeurant hors de la Principauté.

Art. 438-3 *(L. n° 1.135, 16 juill. 1990)*. – Dans les cas prévus à l'article 438, chiffres 8° et 9°, les délais fixés par l'article précédent ne courent que du jour où le faux, le faux serment ou le faux témoignage, ont été reconnus ou déclarés.

Dans les cas énoncés aux chiffres 1° et 10° du même article, ils ne courent que du jour de la découverte du dol ou des pièces, pourvu qu'il y ait la preuve par écrit dudit jour.

Art. 438-4 *(L. n° 1.135, 16 juill. 1990)*. – Les délais sont suspendus au profit des héritiers par la mort de leur auteur et ne recommencent à courir contre eux que dans les conditions prévues à l'article 425.

Art. 438-5 *(L. n° 1.135, 16 juill. 1990)*. – Les dispositions des articles 437 à 437-3 inclusivement sont applicables à la demande en rétractation.

Art. 438-6 *(L. n° 1.135, 16 juill. 1990)*. – Si la demande est rejetée, le demandeur est condamné à une indemnité au profit de chacune des parties ayant un intérêt distinct.

Art. 438-7 *(L. n° 1.135, 16 juill. 1990)*. – La demande en rétractation n'est pas recevable contre la décision attaquée par cette voie, ni contre la décision qui a statué sur une première demande en rétractation.

Art. 438-8 *(L. n° 1.135, 16 juill. 1990)*. – Il n'y a pas lieu à rétractation en cas d'erreurs purement matérielles dans la rédaction de la décision.

La rectification en est demandée par simple requête, dans un délai de trente jours à compter de la décision, sauf au juge à ordonner, s'il y a lieu, l'assignation de la partie adverse pour l'entendre en ses observations. S'il s'agit d'une décision par défaut, le délai ne court à l'égard de la partie défaillante que du jour de la signification.

Art. 438-9 *(L. n° 1.135, 16 juill. 1990)*. – Le jugement ou l'arrêt de rectification est inscrit sur les registres et mention en est faite en marge de la décision rectifiée.

Aucune expédition de celle-ci n'est délivrée sans porter la même mention.

Art. 438-10 *(L. n° 1.135, 16 juill. 1990)*. – La décision rendue sur une demande en rectification ne peut être attaquée que par les voies ouvertes contre celle qu'elle concerne et conjointement avec elle.

Toutefois, le délai du pourvoi en révision et, le cas échéant, celui de l'appel, ne sont comptés que du jour où la décision a été signifiée.

TITRE IV. – DU POURVOI EN RÉVISION

(L. n° 1.135, 16 juill.1990)

Art. 439 *(L. 5 févr. 1930)*. – Toute décision rendue en dernier ressort et passée en force de chose jugée pourra être déférée à la Cour de révision à fin de révision pour violation de la loi.

Toutefois, les jugements du juge de paix ne seront susceptibles de révision que pour excès de pouvoir.

Art. 440. – Le pourvoi en révision contre un jugement préparatoire, interlocutoire, ou sur incident, ne pourra être formé qu'après le jugement définitif et conjointement avec le recours dirigé contre ce jugement.

Il sera recevable encore que le jugement préparatoire ou interlocutoire ait été exécuté sans réserve.

Art. 441. – Le délai pour se pourvoir en révision sera de trente jours.

Toutefois les parties demeurant hors de la Principauté auront, en outre, le délai fixé par l'article 158.

Ce délai courra de la signification de la décision objet du pourvoi. À l'égard des décisions par défaut susceptibles d'opposition, il ne sera compté que du jour où l'opposition ne sera plus recevable.

Il courra contre toutes parties et emportera déchéance.

Art. 442 *(Ord. 19 mai 1909)*. – Le pourvoi ne suspendra pas l'exécution de la décision attaquée, si ce n'est en matière de divorce, de séparation de corps, d'opposition à mariage, de nullité de mariage, de radiation d'hypothèque, et dans les autres cas spécialement prévus par la loi.

(Ord.-L. 6 juin 1931) Toutefois, il ne sera fait par le Trésor et, d'une manière générale, par les caisses publiques des diverses administrations de l'État aucun paiement en vertu de jugements ou d'arrêts qui seront attaqués par la voie du recours en révision, sans qu'au préalable ceux au profit desquels lesdits jugements ou arrêts auraient été rendus n'aient donné bonne et suffisante caution pour sûreté des sommes à eux adjugées.

Art. 443 *(L. 2 août 1949 ; L. n° 1.031, 23 déc. 1980 ; mod., L. n° 1.247, 21 déc. 2001)*. – Le pourvoi sera précédé du dépôt à la Caisse des dépôts et consignations d'une somme de 300 euros destinée à assurer le paiement de l'amende prévue par l'article 459-4.

La quittance de cette somme sera remise au greffier en chef, pour être par lui annexée aux pièces de la procédure.

Art. 444. – Le pourvoi sera formé par une déclaration au greffe général, qui sera inscrite à sa date sur un registre tenu à cet effet.

Art. 445 *(L. 6 août 1947)*. – Dans les trente jours suivants, le demandeur signifiera sa déclaration à l'autre partie, avec requête signée par un avocat défenseur et contenant ses conclusions, les moyens à l'appui du pourvoi et l'indication précise des dispositions des lois qu'il prétendra avoir été violées.

L'original de la requête, portant mention de la signification, sera, dans le même délai, déposé au greffe.

Art. 446. – Ne seront pas recevables les moyens de révision qui n'auront pas été proposés dans la requête, conformément à l'article précédent.

Art. 447. – Il en sera de même des moyens qui n'auront pas été employés devant le tribunal ou le juge dont la décision est attaquée, à moins que l'ordre public ne soit intéressé à leur admission.

Art. 448. – Les faits dûment constatés par la décision objet du pourvoi, ne pourront être remis en question.

Art. 449. – À la requête en révision seront jointes :

1° La copie signifiée ou une expédition de la décision attaquée ;

2° Une copie sur papier libre de cette décision, certifiée conforme par l'avocat-défenseur ;

3° Les pièces justificatives du pourvoi.

Art. 450 *(L. 6 août 1947)*. – Dans les trente jours de la signification de la requête, le défendeur en révision signifiera ses défenses signées par un avocat-défenseur et les déposera au greffe, avec les pièces à l'appui.

Art. 451 *(L. 6 août 1947)*. – Les pièces mentionnées aux articles 449 et 450 du présent code seront inventoriées avant d'être déposées au greffe général et l'inventaire en sera signifié par le déposant à la partie adverse en même temps que la requête ou la contre-requête.

– Ces pièces seront, au moment de leur dépôt, visées par le greffier, en marge, avec indication de la date de dépôt.

– Aucune autre pièce ne pourra faire partie de la procédure.

Art. 452 *(Ord.-L. 4 mai 1931)*. – Dès l'expiration du délai fixé par l'article 450, le greffier la constatera par un certificat qu'il joindra aux pièces ; il constatera de même, le cas échéant, le défaut de production du détenteur et adressera incontinent les dossiers au procureur général qui, après en avoir pris communication, les transmettra au président de la Cour de révision dans le délai maximum de vingt jours.

Art. 453 *(L. n° 904, 24 févr. 1971)*. – Toutefois, pour les pourvois considérés comme urgents et prévus par les articles 458 et 459, le demandeur en révision aura un nouveau délai de huitaine à compter de la notification de la requête du défendeur, pour déposer, s'il le juge utile, une réplique sommaire.

Cette réplique devra être préalablement communiquée à peine de rejet, au défenseur de l'autre partie, qui pourra y répondre de même dans la huitaine suivante.

La communication ci-dessus prescrite sera constatée par le visa de l'avocat-défenseur à qui elle aura été faite, apposé en marge de la pièce communiquée, daté et signé.

Art. 454 *(L. n° 904, 24 févr. 1971)*. – Dans les cas prévus à l'article précédent, le greffier en chef n'adressera les dossiers au procureur général qu'après l'expiration des délais qui y sont déterminés ou du premier de ceux-ci, s'il n'a pas été produit de réplique.

Art. 455 *(L. n° 904, 24 févr. 1971)*. – Les requêtes en révision et les défenses ou contre-requêtes sont adressées au premier président de la Cour de révision.

Au fur et à mesure de la réception des dossiers de chaque affaire par le premier président, celui-ci en prendra connaissance, et déléguera l'un des membres de la cour pour faire rapport.

Art. 456 *(L. n° 904, 24 févr. 1971)*. – Après le rapport qui aura lieu à l'audience publique, les défenseurs seront admis s'ils le requièrent, à y présenter leurs observations orales.

Les avocats étrangers seront admis à la barre avec l'autorisation du premier président et à la condition d'être assistés par un avocat-défenseur.

Le ministère public donnera ses conclusions immédiatement après l'audition des avocats.

Art. 457 *(L. n° 904, 24 févr. 1971)*. – La Cour délibérera et rendra son arrêt dans les trente jours qui suivront la clôture des débats.

L'original de l'arrêt, signé du premier président, sera adressé par lui au procureur général. Ce magistrat le transmettra sans délai au greffier en chef qui le déposera au rang de ses minutes.

Le greffier en chef donnera avis de ce dépôt aux avocats constitués.

En outre, une expédition de l'arrêt sera, d'office par les soins du greffier en chef, affichée publiquement dans le palais de justice. Cette expédition sera dispensée de tout droit de timbre et d'enregistrement, mais donnera lieu à la perception d'un droit de un franc par rôle, à recouvrer sur le demandeur en révision, sauf recours de celui-ci sur la partie qui aura succombé.

Art. 458 *(L. n° 904, 24 févr. 1971 ; mod., L. n° 1.031, 23 déc. 1980)*. – Les pourvois considérés comme urgents seront examinés par la Cour de révision, hors session et uniquement sur pièces après conclusions écrites du ministère public, formulées immédiatement avant la transmission prévue par la disposition finale de l'article 452.

Toutefois, ces pourvois peuvent être examinés en audience publique, sur décision motivée de la Cour de révision, au vu des conclusions écrites du ministère public à la condition qu'aucun retard important n'en résulte.

Art. 459 *(L. n° 904, 24 févr. 1971 ; mod., L. n° 1.031, 23 déc. 1980)*. – Seront considérés comme urgents :

1° Les pourvois ayant exceptionnellement pour effet de suspendre l'exécution de la décision attaquée ;

2° Les pourvois dans lesquels les parties en cause seraient convenues de demander formellement, par une déclaration insérée au bas des requêtes et contre-requêtes, que la procédure d'examen sur pièces soit appliquée ;

3° Les pourvois auxquels une disposition expresse de la loi aura conféré ce caractère, ou lorsqu'elle aura édicté qu'ils seront examinés hors session et uniquement sur pièces ;

4° Les pourvois dans lesquels le demandeur n'aura pas dans les délais fixés par, les alinéas 1 et 2 de l'article 445, signifié sa requête à l'autre partie et déposé au greffe général ladite requête portant mention de la signification.

5° Les pourvois prévus par les articles 459-6 et 459-7.

Art. 459-1 *(L. n° 904, 24 févr. 1971)*. – Dans tous les cas prévus aux articles 458 et 459, la Cour délibérera et rendra son arrêt dans le délai uniforme fixé, nonobstant toutes dispositions contraires, à quarante-cinq jours depuis la réception des pièces par le premier président.

Cependant si cette réception se place du 1er juillet au 30 septembre, ledit délai sera porté à deux mois. Les dispositions des trois derniers alinéas de l'article 457 sont applicables.

Art. 459-2 *(L. n° 904, 24 févr. 1971 ; L. n° 1.031, 23 déc. 1980)*. – Dans tous les cas, l'arrêt portant annulation, qui ne sera ni levé, ni signifié, renverra la cause et les parties pour les débats et plaidoiries sur le fond soit à une autre audience de la même session, soit à une audience de la session suivante.

Toutefois, si les juges se sont mal à propos déclarés incompétents, l'arrêt d'annulation renverra l'affaire devant la juridiction compétente.

Art. 459-3 *(L. n° 904, 24 févr. 1971 ; L. n° 1.031, 23 déc. 1980)*. – Au cas de renvoi à la session suivante, les parties pourront prendre des conclusions additionnelles.

À peine d'irrecevabilité de ces conclusions, la partie la plus diligente devra les déposer au greffe général et les communiquer à l'avocat-défenseur de la partie adverse dans le délai de deux mois à compter de l'arrêt d'annulation ; l'autre partie dans le délai de trois mois à partir de la même date.

Ces conclusions seront transmises au procureur général puis au premier président de la Cour de révision, dans les conditions énoncées à l'article 452.

Art. 459-4 *(L. n° 1.031, 23 déc. 1980 ; mod., L. n° 1.247, 21 déc. 2001)*. – Sauf s'il en est dispensé par une disposition expresse de l'arrêt, le demandeur au pourvoi qui succombe est condamné au paiement d'une amende civile de 30 à 300 euros qui est prélevée sur la somme consignée dont le reliquat, s'il existe, lui est restitué.

Il peut être condamné, en outre, même d'office, à une indemnité, fixée entre les mêmes limites, envers chacun des défenseurs ayant un intérêt distinct sans préjudice de plus amples dommages-intérêts, s'il y a lieu.

Art. 459-5 *(L. n° 904, 24 févr. 1971)*. – Les arrêts de la Cour de révision ne seront pas susceptibles d'opposition.

TITRE V. – DU POURVOI DANS L'INTÉRÊT DE LA LOI

(L. n° 1.031, 23 déc. 1980 ; L. n° 1.135, 16 juill. 1990)

Art. 459-6 *(L. n° 1.031, 23 déc. 1980)*. – Même si aucune des parties n'a réclamé dans le délai fixé, le directeur des services judiciaires peut, après l'expiration de ce délai ou l'exécution de la décision, donner l'ordre au procureur général de se pourvoir en révision contre les jugements ou arrêts contraires à la loi.

La Cour est saisie sur requête du procureur général.

Si une annulation intervient, les parties ne peuvent s'en prévaloir pour éluder les dispositions de la décision cassée.

Art. 459-7 *(L. n° 1.031, 23 déc. 1980)*. – Le directeur des services judiciaires peut donner l'ordre au procureur général de déférer à la Cour de révision les actes par lesquels les juges excèdent leurs pouvoirs.

Les parties sont mises en cause par le procureur général qui leur signifie sa requête en annulation. Dans les trente jours de la signification, elles peuvent produire leurs conclusions qui sont déposées au greffe général. Le ministère d'avocat-défenseur n'est pas obligatoire.

La Cour de révision annule ces actes s'il y a lieu et l'annulation vaut à l'égard de tous.

TITRE VI. – DE LA PRISE À PARTIE

(L. n° 1.135, 16 juill. 1990)

Art. 460. – Les juges de tous ordres et les magistrats du ministère public ne pourront être poursuivis en dommages-intérêts que par la prise à partie et dans les cas suivants :

1° S'il y a eu de leur part dol, fraude ou concussion dans l'exercice de leurs fonctions ;

2° Si une disposition spéciale de la loi les déclare responsables ou autorise la prise à partie contre eux ;

3° S'il y a eu déni de justice.

Art. 461. – Il y a déni de justice :

1° Dans le cas prévu par l'article 4 du Code civil ;

2° Lorsque les juges refusent de répondre sur les requêtes ou négligent de juger les affaires en état et en tour d'être jugées ;

3° Lorsque les officiers du ministère public négligent ou refusent dans les mêmes circonstances de donner leur conclusions.

Art. 462. – Le déni de justice sera constaté par deux réquisitions faites aux juges dans la personne des greffiers et signifiées de trois en trois jours au moins pour le juge de paix et de huitaine en huitaine au moins pour les autres juges. Tout huissier requis sera tenu de faire ces réquisitions, à peine d'interdiction.

Art. 463. – Après les deux réquisitions, le juge pourra être pris à partie.

Art. 464 *(Ord. 19 mai 1909)*. – La prise à partie contre le juge de paix et les juges du tribunal de première instance sera portée à la Cour d'appel. La prise à partie contre tous autres magistrats sera portée devant le Prince qui statuera au rapport de Son conseil de révision.

Art. 465. – Elle sera introduite par une requête contenant les moyens, déposée au greffe général et signifiée au juge pris à partie.

La requête devra être signée de la partie ou de son fondé de procuration authentique et spéciale ; la procuration et les pièces justificatives y seront annexées, le tout à peine de nullité.

Art. 466. – Le magistrat pris à partie sera tenu de déposer au greffe ses défenses dans les huit jours de la signification.

Art. 467. – À partir de la signification de la requête, le juge pris à partie s'abstiendra de la connaissance du différend et même de toutes les causes concernant le demandeur, ses parents en ligne directe ou son conjoint, à peine de nullité des jugements.

Art. 468 *(L. n° 508, 2 août 1949 ; mod., L. n° 1.247, 21 déc. 2001)*. – Si la prise à partie est déclarée non recevable ou mal fondée, le demandeur sera condamné à une amende qui ne pourra être moindre de 300 euros, ni excéder 3 000 euros, sans préjudice des dommages-intérêts, s'il y a lieu.

Art. 469 *(Ord. 19 mai 1909)*. – Si la prise à partie est admise, la Cour d'appel ou le Prince, suivant les circonstances, condamnera le défendeur à la réparation du préjudice causé ou annulera le jugement au sujet duquel elle aura été formée, et statuera à nouveau sur le fond.

LIVRE IV. – DE L'EXÉCUTION FORCÉE DES JUGEMENTS ET ACTES

TITRE I. – RÈGLES GÉNÉRALES SUR L'EXÉCUTION FORCÉE

Art. 470. – Nul jugement ni acte ne pourront être mis à exécution, s'ils ne sont revêtus de la formule exécutoire, sauf les cas où la loi en aurait autrement disposé et ceux où le juge aurait ordonné l'exécution sur minute.

Art. 471. – La formule exécutoire sera conçue dans les termes suivants :

En tête du jugement ou acte :

« N..., par la grâce de Dieu, Prince Souverain de Monaco, à tous présents et à venir savoir faisons » :

Texte du jugement ou acte... et à la fin du texte :

« Mandons et ordonnons à tous huissiers à ce requis de mettre le présent (jugement, arrêt, ordonnance ou acte) à exécution ; à Notre *procureur général* d'y tenir la main et à tous officiers de la force publique d y prêter main-forte, lorsqu'ils en seront légalement requis ».

Art. 472. – Les jugements rendus par les tribunaux étrangers et les actes reçus par les officiers étrangers ne seront susceptibles d'exécution dans la Principauté qu'après avoir été déclarés exécutoires par le tribunal de première instance, à moins de stipulations contraires dans les traités.

Art. 473. – L'exécution des jugements étrangers sera autorisée sans examen du fond, si la réciprocité est admise par la loi du pays où le jugement a été rendu.

En ce cas, les juges se borneront à examiner :

1° Si le jugement est régulier en la forme ;

2° S'il émane d'une juridiction compétente d'après la loi locale, sans qu'il y ait opposition avec la loi monégasque ;

3° Si les parties ont été régulièrement citées et mises à même de se défendre ;

4° Si le jugement est passé en force de chose jugée et s'il est exécutoire dans le pays où il est intervenu ;

5° S'il ne contient rien de contraire à l'ordre public.

Art. 474. – À défaut de réciprocité, le tribunal de première instance examinera le jugement en la forme et au fond et pourra le réviser en tout ou en partie.

Art. 475. – Le demandeur à fin d'exécution devra produire :

1° Une expédition authentique du jugement ;

2° L'original de l'exploit de signification ou de tout autre acte en tenant lieu dans le pays où le jugement aura été rendu ;

3° Un certificat délivré, soit par le juge étranger, soit par le greffier du tribunal qui a statué constatant que le jugement n'est ni frappé ni susceptible d'être frappé d'opposition ou d'appel, et qu'il est exécutoire dans le pays où il est intervenu.

Ces pièces devront être légalisées par un agent diplomatique ou consulaire de la Principauté accrédité auprès de l'État étranger, ou, à défaut, par les autorités compétentes de cet État.

Elles devront, en outre, quand elles ne seront pas rédigées en français ou en italien, être accompagnées de leur traduction en langue française, faite par un traducteur assermenté ou officiel et dûment légalisée.

Art. 476. – Les dispositions des articles 473 et 475 seront observées pour les actes étrangers, en tant qu'elles y sont applicables.

Art. 477. – Les demandes à fin d'exécution des jugements et actes étrangers seront introduites et jugées dans les formes ordinaires.

Art. 478. – Aucun jugement ne pourra être mis à exécution, à peine de nullité, qu'après avoir été signifié à la partie condamnée.

Art. 479 *(Ord. 19 mai 1909)*. – Les jugements susceptibles d'opposition ou d'appel qui ordonneraient un paiement ou quelque autre chose à faire par un tiers, ne seront exécutoires à 1 égard de ce tiers, à moins que l'exécution provisoire n'ait été prononcée expressément même contre lui, qu'après l'expiration des délais fixés pour l'exercice desdits recours et sur l'attestation du greffier constatant qu'il n'existe à cette époque aucune opposition ni mention d'appel sur le registre prescrit par les articles 121 et 226.

Toutefois, les décisions par défaut du tribunal de première instance ou de la cour, qui n'auraient pas été signifiées à la personne même du défaillant, seront exécutoires contre les tiers deux mois après leur signification, à la charge de rapporter un certificat de l'huissier de la partie poursuivante qui en atteste la date, ainsi que la déclaration susdite du grenier.

Lorsque l'exécution provisoire aura été ordonnée contre les tiers, elle pourra avoir lieu sans autre formalité que la signification du jugement à la partie condamnée et au tiers, la première étant attestée par certificat de l'huissier.

Art. 480. – Il ne pourra être procédé à aucune des saisies mobilières ou immobilières, régies par le présent livre, sauf les exceptions résultant des articles 487, 488 et 489, qu'en vertu d'un titre exécutoire et pour dettes certaines, exigibles et liquides.

Si la dette n'est pas d'une somme d'argent, il sera sursis après la saisie à toutes poursuites ultérieures, jusqu'à ce que l'appréciation en ait été faite par le tribunal.

Art. 481. – Il ne pourra être procédé à aucun acte d'exécution forcée aux jours et heures durant lesquels la signification des exploits est interdite par l'article 146.

Art. 482. – En cas de décès du débiteur, l'exécution commencée sur ses biens sera continuée contre ses héritiers, sans qu'il y ait lieu à la notification prescrite par l'article 745 du Code civil.

La signification du commandement ne sera pas considérée comme un commencement d'exécution.

Toutes significations relatives à l'exécution pourront être faites aux héritiers en la forme et au domicile prévus par l'article 119, si elles ont lieu dans l'année du décès.

Art. 483. – Le créancier pourra cumuler contre son débiteur les divers modes d'exécution autorisés par la loi.

Toutefois, si ce cumul est manifestement inutile, les juges pourront, à la demande du débiteur, restreindre les poursuites à celles pour lesquelles optera le créancier, ou, à défaut d'option, à celles qu'ils détermineront eux-mêmes. Ils ordonneront, dans ce cas, le sursis des autres poursuites et pourront même les annuler, suivant les circonstances.

Art. 484. – La remise de l'expédition exécutoire de l'acte ou du jugement à l'huissier vaudra pouvoir pour toutes exécutions autres que la saisie immobilière.

Art. 485. – Si des difficultés élevées sur l'exécution forcée requièrent célérité, le président du tribunal de première instance y statuera provisoirement en référé et renverra la connaissance du fond au tribunal.

Art. 486. – L'huissier ou autre officier chargé de l'exécution qui serait troublé ou insulté dans l'exercice de ses fonctions dressera procès-verbal, et il sera procédé suivant les règles établies par les lois pénales.

TITRE II. – DE L'INDISPONIBILITÉ TEMPORAIRE ET DES SAISIES-ARRÊTS

(L. n° 1.174, 13 déc. 1994)

Chapitre Ier. – De l'indisponibilité temporaire

Art. 487 *(L. n° 1.174, 13 déc. 1994)*. – Tout créancier peut déposer au greffe général une requête tendant à frapper temporairement d 'indisponibilité entre les mains d'un tiers, et dans la limite qu'il fixe, les sommes dues à son débiteur et les rentes, valeurs ou autres biens mobiliers à lui appartenant.

Mention de ce dépôt est faite sur un registre tenu par le greffier qui en délivre récépissé sur le champ. La remise de ce récépissé au tiers détenteur qui en donne un reçu mentionnant la date et l'heure, entraîne immédiatement l'indisponibilité totale du bien, dans la limite de la somme due, même pour des ordres de paiement antérieurement émis ; cette indisponibilité a effet jusqu'à ce que le président du tribunal de première instance ou le juge de paix ait statué par ordonnance au pied de la requête.

Cette ordonnance confirme l'indisponibilité temporaire ou y met fin totalement ou partiellement ; avis en est donné, sans forme, par le greffe général au tiers détenteur et au débiteur qui peuvent obtenir copie de l'ordonnance.

Dès avant cette ordonnance, le débiteur peut demander au juge des référés la mainlevée de l'indisponibilité temporaire.

Art. 488 *(L. n° 1.174, 13 déc. 1994)*. – Si le créancier est muni d'un titre authentique ou privé, cette indisponibilité cesse de produire effet de plein droit deux jours au plus tard après la remise du récépissé au tiers détenteur. Elle prend fin également par la délivrance de l'exploit prévu à l'article 494.

Art. 489 *(L. n° 1.174, 13 déc. 1994)*. – Si le créancier n'est pas muni d'un titre, la requête aux fins d'indisponibilité temporaire doit contenir demande d'autorisation de saisie-arrêt.

Dans le cas visé au dernier alinéa de l'article 487, si l'autorisation de saisie-arrêt relève de sa compétence, le président du tribunal de première instance statue en la forme des référés sur l'indisponibilité temporaire et sur l'autorisation de saisie-arrêt par une même ordonnance.

Chapitre II. – Des saisies-arrêts

Section I. – Des dispositions communes

Art. 490 *(L. n° 1.174, 13 déc. 1994)*. – Tout créancier peut, en vertu d'un titre, saisir-arrêter entre les mains d'un tiers les biens visés à l'alinéa 1 de l'article 487.

Sous réserve des dispositions de l'article 493, à dater du jour où elle est faite, la saisie-arrêt frappe ces biens d'une indisponibilité telle que prévue à l'alinéa 2 de l'article 487, mais à concurrence du montant déterminé, sous sa responsabilité, par le créancier saisissant, en principal, intérêts et frais, dans 1 exploit visé à l'article 494.

Art. 491 *(L. n° 1.174, 13 déc. 1994)*. – À défaut de titre, la saisie-arrêt peut avoir lieu en vertu de la permission du juge et pour la somme qu'il fixe. Sous réserve des dispositions de l'article 493, les biens saisis-arrêtés ne sont frappés d'indisponibilité qu'à concurrence de cette somme.

Art. 492 *(L. n° 1.174, 13 déc. 1994)*. – Jusqu'à la date de l'audience fixée par l'exploit prévu à l'article 500-1, le débiteur saisi peut, dans tous les cas, se pourvoir en référé contre l'estimation du montant à concurrence duquel la saisie a été pratiquée et, s'il échet, contre l'autorisation délivrée en application des dispositions de l'article 491.

Art. 493 *(L. n° 1.174, 13 déc. 1994)*. – Lorsque la saisie-arrêt porte sur un meuble corporel, elle le frappe d'une indisponibilité totale.

Art. 494 *(L. n° 1.174, 13 déc. 1994)*. – La saisie-arrêt est formée par un seul exploit signifié tant au tiers saisi qu'au débiteur saisi.

Cet exploit contient, à peine de nullité, outre les mentions requises par les articles 136 et suivants :

1° l'énonciation du titre ou de la permission du juge, sans qu'il soit nécessaire d'en donner copie ;

2° l'énonciation de la somme pour laquelle la saisie est faite.

Art. 494-1 *(L. n° 1.295, 29 déc. 2004)*. – Lorsque la saisie-arrêt est pratiquée entre les mains d'une banque ou de tout autre établissement habilité à tenir des comptes de dépôt, et que les avoirs détenus par ceux-ci sont formés en tout ou en partie par des sommes d'argent, l'établissement est tenu de déclarer le solde provisoire, au jour de la saisie, du ou des comptes du débiteur sur lesquels celles-ci sont déposées.

Le solde des sommes peut être affecté pendant un délai de quarante jours, à l'avantage ou au préjudice du saisissant, par les opérations suivantes, dès lors qu'il est prouvé que leur date est antérieure à la saisie :

a) au crédit : les remises faites antérieurement, en vue de leur encaissement, de chèques ou d'effets de commerce, non encore portés au compte ;

b) au débit :

a. l'imputation des chèques remis à l'encaissement portés au crédit du compte antérieurement à la saisie et revenus impayés ;

b. les retraits par billetterie effectués antérieurement à la saisie et les paiements par carte ;

c. la contre-passation des effets de commerce et billets à ordre remis à l'escompte antérieurement à la saisie et non payés à leur présentation ou à leur échéance, lorsqu'elle est postérieure à la saisie.

Au terme du délai visé au deuxième alinéa, le teneur de compte adresse à l'huissier ayant procédé à la saisie une déclaration complémentaire qui énonce les modifications résultant des opérations qui ont affecté le solde du ou des comptes depuis le jour de la saisie inclusivement, ainsi que le nouveau solde.

Si les avoirs du débiteur dans les livres du dépositaire sont d'un montant suffisant pour garantir les causes de la saisie, l'établissement peut ouvrir dans ses livres un compte crédité du montant de la saisie, en vue de garantir celle-ci ; ce compte est isolé des autres comptes du débiteur, même en cas de convention d'unité de compte.

Les autres comptes, débités du montant de la saisie, reprennent un fonctionnement normal. La signification ultérieure de toute autre voie d'exécution ou de toute autre mesure de prélèvement, pendant la durée de la saisie, ne peut porter que sur les autres comptes.

Section II. – De la saisie-arrêt des sommes d'argent pratiquée par un créancier ayant un titre exécutoire

Art. 495 *(L. n° 1.174, 13 déc. 1994)*. – La saisie-arrêt faite en vertu d'un titre exécutoire emporte attribution au profit du créancier saisissant, à concurrence du montant de sa créance indiqué dans l'exploit, des sommes disponibles dues par le tiers saisi au débiteur saisi. Elle rend le tiers saisi personnellement débiteur des causes de la saisie dans la limite des sommes qu'il détient, et sous les conditions qui suivent.

Art. 496 *(L. n° 1.174, 13 déc. 1994).* – Le tiers saisi déclare à l'huissier, sur interpellation, s'il doit au débiteur ou détient pour son compte une somme d'argent qui suffit au paiement de la créance du saisissant et à défaut, il en communique le montant. Il doit également déclarer s'il y a lieu, les saisies-arrêts, les cessions de créances, ou délégations antérieures. Cette déclaration est consignée au pied de l'exploit et signée par le tiers saisi.

En cas de refus de déclaration ou de fausse déclaration, la sanction prévue par l'article 500-5 est applicable.

Notification de la déclaration est faite au débiteur saisi par le créancier saisissant qui doit, s'il échet, notifier l'exploit de saisie-arrêt et la déclaration du tiers saisi aux cessionnaires de la créance, aux délégataires et aux créanciers saisissants antérieurs.

Ces notifications sont faites par exploit d'huissier.

Art. 497 *(L. n° 1.174, 13 déc. 1994).* – Dans le délai de quinze jours à compter de la dernière notification, le débiteur saisi, le créancier saisissant et tout intéressé peuvent, par assignation devant le juge du fond compétent, élever une contestation relative à l'attribution de la somme saisie-arrêtée ou à la déclaration du tiers saisi.

En cas de contestations multiples, le juge peut les joindre d'office en une même instance.

Art. 498 *(L. n° 1.174, 13 déc. 1994).* – À défaut de contestation dans le délai susvisé, le créancier fait commandement au tiers saisi de lui payer les sommes qui lui ont été attribuées en vertu de l'article 495.

Art. 499 *(L. n° 1.174, 13 déc. 1994).* – En cas de contestation, le paiement est différé.

Toutefois, le juge peut autoriser le paiement au créancier saisissant, par provision, d'une somme qu'il détermine.

Art. 499-1 *(L. n° 1.295, 29 déc. 2004).* – L'attribution des sommes saisies-arrêtées porte sur le solde dégagé, après la prise en compte des opérations mentionnées à l'article 494-1, à l'issue d'un délai d'indisponibilité des avoirs en compte d'une durée de quarante jours.

Section III. – Des autres saisies-arrêts

Art. 500-1 *(L. n° 1.174, 13 déc. 1994).* – Lorsque la saisie n'est pas faite en vertu d'un titre exécutoire, l'exploit prévu à l'article 494 contient en outre, à peine de nullité, assignation du débiteur saisi en validité de la saisie et injonction au tiers saisi de déclarer, sur le champ, s'il doit au débiteur ou détient pour son compte une somme d'argent qui suffit au paiement de la créance du saisissant et à défaut, il en communique le montant. Il doit également déclarer, s'il y a lieu, les saisies-arrêts, les cessions de créances ou délégations antérieures.

Le tiers saisi complétera cette déclaration dans les formes et conditions prévues aux articles 500-3 et 500-4.

Art. 500-2 *(L. n° 1.174, 13 déc. 1994).* – Le débiteur saisi peut demander au président du tribunal, statuant comme en matière de référé, de prononcer la mainlevée de la saisie-arrêt après avoir consigné à la caisse des dépôts et consignations une somme égale à celle déterminée par le créancier saisissant dans l'exploit, ou constitué une garantie réelle ou personnelle suffisant pour en répondre.

La mainlevée peut être partielle si la somme ou la garantie constituée est insuffisante.

La somme consignée ou la garantie constituée est de plein droit affectée aux causes de la saisie. La consignation ou la constitution de garantie emporte mainlevée de la saisie-arrêt à l'égard du tiers saisi à due concurrence.

Art. 500-3 *(L. n° 1.174, 13 déc. 1994).* – Le tiers saisi fait la déclaration complémentaire prévue au second alinéa de l'article 500-1 soit à l'audience en personne ou par un fondé de pouvoir, soit par lettre à déposer au greffe général le dernier jour ouvrable précédent la date de l'audience.

Les avocats-défenseurs sont admis sans procuration spéciale à présenter au nom du tiers saisi sa déclaration.

La déclaration faite à l'audience est portée à la feuille d'audience et signée, après lecture, par le déclarant ou l'avocat-défenseur.

Lorsque la déclaration est faite par lettre, le créancier saisissant et le débiteur saisi peuvent en prendre connaissance au greffe général et en obtenir copie.

Art. 500-4 *(L. n° 1.174, 13 déc. 1994 ; rempl., L. n° 1.295, 29 déc. 2004).* – La déclaration complémentaire du tiers saisi énonce :

a) lorsqu'elle porte sur des sommes d'argent :

1° les modifications à apporter à la déclaration initiale résultant des opérations qui ont affecté le solde du ou des comptes depuis le jour de la saisie inclusivement, ainsi que le nouveau solde ;

2° les modalités dont la dette ou le dépôt est affecté et, s'il échet, la date d'exigibilité ;

3° l'acte ou les causes de libération si le tiers saisi prétend n'être plus débiteur.

b) lorsqu'elle porte sur des effets mobiliers : le titre en vertu duquel il en est détenteur, elle comporte en annexe un état desdits effets.

Art. 500-5 *(L. n° 1.174, 13 déc. 1994).* – Le tiers saisi qui, hors le cas de force majeure, ne fait pas les déclarations prescrites par les articles 500-1, 500-3 et 500-4 sera, sur assignation du créancier saisissant, déclaré débiteur de la somme pour laquelle la saisie aura été validée sauf s'il rapporte la preuve, soit qu'il n'est pas débiteur du saisi, soit que sa dette est inférieure à la créance du saisissant. Dans ces deux cas, toutefois, il sera condamné aux frais occasionnés par le défaut de déclaration sans préjudice de tous dommages-intérêts envers le saisissant ; dans le second cas, il sera condamné, en outre, à concurrence du montant de sa dette.

Art. 500-6 *(L. n° 1.174, 13 déc. 1994).* – En cas de contestation sur les déclarations du tiers saisi ou entre les parties en cause, le juge peut même d'office ordonner la consignation des deniers déclarés.

Art. 500-7 *(L. n° 1.174, 13 déc. 1994).* – Lorsque plusieurs saisies-arrêts ont été pratiquées sur le même débiteur et entre les mains du même tiers saisi, avant que l'instance sur la première soit en état, elles sont jointes, à la demande des parties ou même d'office, si elles résultent des documents versés au procès, pour être statué sur toutes par un seul et même jugement.

La signification de la cession de la créance saisie-arrêtée postérieure à l'exploit de saisie-arrêt ne vaut que comme saisie-arrêt de la part du cessionnaire.

Art. 500-8 *(L. n° 1.174, 13 déc. 1994).* – Tout créancier du débiteur saisi, dont la créance est exigible, peut, en intervenant à l'instance, être admis sur sa demande et sans autre formalité, au bénéfice de la saisie.

Art. 500-9 *(L. n° 1.174, 13 déc. 1994).* – Le jugement de validité passé en force de chose jugée emporte attribution exclusive de la somme saisie-arrêtée au profit des saisissants en cause.

Art. 501 *(L. n° 1.174, 13 déc. 1994).* – Si la saisie-arrêt porte sur des objets mobiliers, la vente a lieu après le jugement déclarant la validité, dans la forme déterminée au titre de la saisie-exécution.

Si elle porte sur des valeurs ou sur des rentes, ou si la somme dont le tiers saisi est déclaré débiteur n'est pas exigible, le juge, par la décision qui valide la saisie, ordonne, s'il échet, la vente desdites valeurs, rentes ou créances dont la forme déterminée au titre VII du présent livre.

Après la vente, il est procédé à la distribution du prix, ainsi qu'il est dit au titre de la distribution par contribution. Il est procédé de même en cas de consignation effectuée par le tiers saisi.

Section IV. – Des saisies-arrêts particulières

(L. n° 1.174, 13 déc. 1994)

Art. 502 *(L. n° 557, 28 févr. 1952 ; Ord.-L. n° 660, 13 avr. 1959 ; Ord.-L. n° 695, 15 nov. 1960 ; L. n° 779, 9 juin 1965 ; L. n° 793, 3 févr. 1966).* – Les rémunérations, traitements et arrérages annuels visés à l'article 503 ci-après sont saisissables ou cessibles dans des limites et d'après des quotités qui seront déterminées par ordonnance souveraine (1).

Il doit être tenu compte, pour le calcul de la quotité saisissable ou cessible, non seulement de la rémunération proprement dite, mais de tous les accessoires de ladite rémunération, à l'exception, toutefois, des indemnités

(1) V. Ord. n° 1.570, 5 mars 2008 et A. min. n° 2008-148, 5 mars 2008 ; Ord. n° 2.134, 27 mars 2009 et A. min. n° 2009-151, 31 mars 2009 ; Ord. n° 3.196, 25 mars 2011 et A. min. n° 2011-193, 25 mars 2011 ; Ord. n° 3.657, 2 févr. 2012 et A. min. n° 2012-65, 2 févr. 2012 ; Ord. n° 4.712, 10 févr. 2014 et A. min. n° 2014-91, 10 févr. 2014.

déclarées insaisissables par la loi et des sommes allouées à titre de remboursement de frais engagés par l'intéressé.

Art. 503 *(L. n° 557, 28 févr. 1952)*. – Les dispositions de l'article précédent sont appliquées :

1° Aux traitements et sommes dues au titre de rémunération à toutes les personnes salariées ou travaillant, à quelque titre et en quelque lieu que ce soit, pour le compte d'un ou de plusieurs employeurs, quels que soient le montant et la nature de leur rémunération, la forme et la nature de leur contrat ;

2° Aux arrérages des pensions civiles, ecclésiastiques et militaires payées par le Trésor ;

3° Aux arrérages de toutes autres pensions de retraite.

Art. 504 *(L. n° 886, 25 juin 1970)*. – Les saisies faites pour le paiement des créances alimentaires prévues par les articles 174, 175, 176, 186 et 247 du Code civil ne seront pas soumises aux restrictions des deux articles précédents.

Art. 505. – Seront insaisissables : 1° les choses déclarées insaisissables par la loi ; 2° les provisions alimentaires adjugées par justice ; 3° les sommes et objets disponibles déclarés insaisissables par le testateur ou le donateur ; 4° les sommes et pensions pour aliments, encore que le testament ou l'acte de donation ne les déclare pas insaisissables.

Art. 506. – Toutefois les provisions alimentaires pourront être saisies pour cause d'aliments ; les objets mentionnés aux numéros 3 et 4 du précédent article pourront être saisis par des créanciers postérieurs à l'acte de donation ou à l'ouverture du legs et ce en vertu de la permission du juge et pour la portion qu'il déterminera.

TITRE III. – DE LA SAISIE-ARRÊT DES TITRES NOMINATIFS

Art. 507. – La saisie-arrêt des titres nominatifs entre les mains des administrateurs, directeurs ou autres représentants des sociétés ou établissements qui les ont émis, emportera défense qu'aucun transfert ne soit effectué, mentionné ou accepté sur les registres desdites sociétés et qu'il ne soit fait aucun paiement afférent à ces titres ;

Elle sera soumise aux règles établies par le titre précédent, sauf les modifications résultant des dispositions ci-après.

Art. 508. – L'exploit contiendra, outre les énonciations prévues à l'article 491, sommation aux représentants des sociétés de joindre à leur déclaration un certificat contenant : 1° les numéros et la valeur nominale des titres ou toute autre indication propre à les désigner ; 2° la proportion dans laquelle ils sont libérés ; 3° les intérêts, dividendes, primes et remboursements en capital afférents auxdits titres.

Si le tiers saisi ne délivre pas ledit certificat, il sera déclaré débiteur pur et simple des causes de la saisie, sauf l'application de l'article 496 pour le cas où il prouverait, avant l'exécution, que les titres saisis-arrêtés étaient d'une valeur inférieure à la créance du saisissant.

Art. 509. – Sur le vu du certificat, le tribunal ordonnera, s'il y a lieu, la vente des titres conformément aux dispositions du titre VII du présent livre.

En cas de contestation sur le certificat, il sera statué par le même jugement que sur la validité de la saisie-arrêt et sur la vente.

Art. 510. – Le jugement ordonnera au débiteur d'effectuer, dans la huitaine de la signification, la remise des titres ou certificats en tenant lieu entre les mains du notaire désigné pour procéder ou faire procéder à la vente.

Il autorisera cet officier public, pour le cas où le débiteur n'effectuerait pas la remise, à se faire remettre les titres ou les certificats par le tiers saisi, s'il en est le détenteur, ou à s'en faire délivrer des duplicata par les représentants des sociétés ou établissements. Dans ce cas, un extrait du jugement sera publié par les soins du notaire dans le *Journal de Monaco*.

L'insertion contiendra, en outre, mention de la délivrance des duplicata avec avertissement que les titres et certificats primitifs sont annulés.

Le débiteur qui fera usage de ses titres et certificats après la signification de la saisie sera passible, suivant les cas, des peines édictées par l'article 398 ou par l'article 403 du Code pénal.

TITRE IV. – DES SAISIES-EXÉCUTIONS

Art. 511. – Toute saisie-exécution sera précédée, à peine de nullité, d'un commandement à la personne ou au domicile du débiteur, signifié au moins un jour avant la saisie.

Art. 512. – Le commandement contiendra, à peine de nullité, outre les mentions requises pour les exploits en général :

1° Énonciation de la date et de la nature du titre en vertu duquel il est procédé, s'il a déjà été notifié ; et, au cas contraire, sa notification intégrale, s'il s'agit d'un jugement, ou l'indication du montant de la créance et des conditions d'exigibilité, s'il s'agit de tout autre titre ;

2° Énonciation de la somme pour laquelle il est fait ;

3° Sommation de payer cette somme sous peine d'y être contraint par les voies de droit ;

4° Élection de domicile jusqu'à la fin de la poursuite dans la Principauté, si le créancier n'y demeure pas ; le débiteur pourra faire au domicile élu toutes significations, même d'offres réelles et d'appel, le cas échéant.

Art. 513. – Le procès-verbal de saisie sera rédigé dans la forme ordinaire des exploits ; il contiendra itératif commandement, si la saisie est faite en la demeure du saisi ou en sa présence.

Art. 514 *(L. n° 999, 21 déc. 1977)*. – L'huissier peut requérir deux témoins, qu'il choisit, sous sa responsabilité, en vue de l'assister. Les témoins doivent être majeurs, monégasques ou résidant dans la Principauté depuis trois mois, non parents ni alliés des parties ou de l'huissier jusqu'au degré de cousin germain, ni leurs domestiques, et particulièrement capables d'assister l'huissier. Le procès-verbal énonce leurs noms, professions et demeures. Les témoins signent l'original et la copie.

La partie poursuivante ne pourra être présente à la saisie.

Art. 515. – Si le débiteur est absent et n'est représenté par personne, si les portes sont fermées ou si l'ouverture en est refusée, ou enfin si le débiteur s'oppose à la saisie, l'huissier pourra établir gardien aux portes pour empêcher le détournement ; il requerra sur-le-champ l'assistance du juge de paix et, à son défaut, du commissaire de police de la circonscription, en présence desquels l'ouverture des portes et même celle des meublés fermés sera faite au fur et à mesure de la saisie. L'officier ainsi requis ne dressera pas de procès-verbal ; il signera l'original et la copie du procès-verbal de l'huissier, qui devra mentionner la réquisition.

Art. 516. – Si le mobilier du débiteur se trouve déposé chez un tiers, il ne pourra être procédé à la saisie qu'en vertu d'une permission accordée sur requête par le président du tribunal de première instance.

Art. 517. – Le procès-verbal contiendra la désignation détaillée des objets saisis.

S'il y a des marchandises, elles seront pesées, mesurées ou jaugées, suivant leur nature.

Les matières d'or et d'argent seront spécifiées par pièces et poinçons, et elles seront pesées.

Art. 518. – S'il y a des deniers comptants ou des billets de banque, il sera fait mention du nombre, de la nature et de la qualité des espèces. L'huissier les déposera immédiatement à la Caisse des dépôts et consignations, à moins que le saisissant, le saisi et les opposants, s'il y en a, ne conviennent d'un autre dépositaire. Il sera donné récépissé sur le procès-verbal par le préposé à la Caisse des dépôts et consignations ou par le dépositaire convenu.

Art. 519. – Les effets de commerce ou autres, échus et à échoir, les titres de créance, les titres nominatifs ou au porteur, pourront être compris dans la saisie. L'huissier les mentionnera dans son procès-verbal et en fera le dépôt prescrit par l'article précédent.

Dans le cas où des mesures conservatoires ou autres seraient urgentes, il y sera statué en référé. L'ordonnance du président sera mise à la suite du procès-verbal de saisie.

L'huissier pourra, même sans y avoir été spécialement autorisé, toucher immédiatement les effets échus, à la charge de mentionner le paiement dans son procès-verbal et de déposer les fonds ainsi qu'il est dit ci-dessus.

Art. 520. – La saisie et le dépôt pour les valeurs autres que les effets transmissibles par endossement et non encore échus seront notifiés aux débiteurs, administrateurs, directeurs ou représentants des sociétés et établissements qui auront émis les titres.

Seront nuls et de nul effet tous transferts, paiements, remises de titres, cessions de créance, faits après cette notification.

La vente des valeurs saisies sera poursuivie conformément aux prescriptions des articles 562 et suivants, à moins que la partie poursuivante ne préfère agir par voie de saisie-arrêt sur celles de ces valeurs qui en seraient susceptibles.

Art. 521. – Si le saisi est absent ou qu'il y ait refus d'ouvrir aucune pièce ou meuble, l'huissier en requerra l'ouverture ; et s'il se trouve des papiers, il requerra, sans les saisir, l'apposition des scellés par l'officier appelé pour l'ouverture.

Art. 522. – Ne pourront être saisis pour quelque cause que ce soit :

1° Le coucher nécessaire de la partie saisie, de son conjoint, ceux de leurs ascendants et descendants vivant avec eux ;

2° Les habits dont ils sont vêtus ou couverts ou servant à leur usage habituel ;

3° Les ustensiles absolument indispensables pour préparer les aliments nécessaires à la vie ;

4° L'armement, l'équipement et l'habillement des militaires, suivant l'ordonnance et le grade ;

5° Les uniformes et costumes que les fonctionnaires civils et les ministres des cultes reconnus par l'État sont tenus de porter dans l'exercice de leurs fonctions ;

6° Les objets servant à l'exercice d'un culte reconnu par l'État ;

7° Les décorations, médailles et objets donnés à titre de récompense honorifique ;

8° Les portraits de famille ;

9° Les correspondances, registres et papiers de famille ;

10° Les valeurs que la loi déclare insaisissables ;

11° Les objets qu'elle déclare immeubles par destination.

Art. 523 *(Mod., L. n° 1.247, 21 déc. 2001).* – Ne pourront être saisie, si ce n'est pour aliments fournis à la partie saisie, pour sommes dues aux fabricants ou vendeurs des objets, ou à celui qui aura prêté pour les acheter, fabriquer ou réparer, pour fermages ou moissons des terres à la culture desquelles ils sont employés, pour loyers des manufactures, moulins, pressoirs, usines dont ils dépendent, et loyers des lieux servant à, l'habitation personnelle des débiteurs, les objets ci-après :

1° Les livres relatifs à la profession du saisi, jusqu'à la somme de 80 euros à son choix ;

2° Les machines et instruments servant à l'enseignement pratique ou exercice des sciences et des arts, jusqu'à concurrence de la même somme, et au choix du saisi ;

3° Les outils des artisans nécessaires à leurs occupations personnelles ;

4° Les farines et menues denrées nécessaires à la consommation du saisi ou de sa famille pendant un mois ;

5° Une vache, ou trois brebis, ou deux chèvres, au choix du saisi, avec les pailles, fourrages et grains nécessaires pour la litière et la nourriture desdits animaux pendant un mois.

Art. 524. – L'huissier établira un gardien des choses saisies. Si la partie saisie en présente un qui soit solvable, il le désignera. Au cas contraire il le choisira lui-même.

Nul ne sera contraint d'accepter la charge de gardien.

Art. 525. – Ne pourront être établis gardiens :

1° Le saisissant, son conjoint, ses parents et alliés jusqu'au degré de cousin germain inclusivement, ses domestiques, sans le consentement du saisi ;

2° Le saisi, son conjoint, ses parents ou alliés aux degrés ci-dessus, ses domestiques, sans le consentement du saisissant.

Art. 526. – Le procès-verbal sera fait sans déplacement ; il mentionnera le nom du gardien et son consentement à se charger sur-le-champ de la garde des objets saisis. Il sera signé par le gardien en l'original et en la copie ; si le gardien ne sait signer, il en sera fait mention et il lui sera laissé copie du procès-verbal, à moins qu'il ne soit le saisi lui-même.

Art. 527. – Ceux qui, par voies de fait, empêcheraient l'établissement du gardien, ou qui enlèveraient ou détourneraient des effets saisis, seront poursuivis et punis conformément aux lois pénales.

Art. 528. – Le gardien ne pourra se servir des objets saisis, les louer ou prêter, à peine de privation des frais de garde et de dommages-intérêts ; si lesdits objets produisent quelques profits ou revenus, il sera tenu d'en rendre compte.

Art. 529. – Il pourra demander sa décharge, si la vente n'a pas été faite au jour indiqué par le procès-verbal, à moins qu'elle n'ait été empêchée par quelque obstacle. Dans ce dernier cas, la décharge pourra être demandée deux mois après la saisie, sauf au saisissant à constituer un autre gardien.

Art. 530. – Si le saisissant et le saisi ne s'accordent pas pour donner décharge au gardien, celui-ci pourra la demander contre eux par une assignation en référé ; si elle est accordée, il sera préalablement procédé au récolement des effets saisis, parties appelées.

Art. 531. – Si la saisie est faite en présence de la partie, soit à son domicile, soit hors de ce domicile, il lui sera laissé sur-le-champ une copie du procès-verbal signé des personnes qui auront signé l'original.

Si la saisie est faite à son domicile, mais en son absence, la copie sera remise au maire ou adjoint ou au magistrat qui, en cas de refus des portes, aura fait l'ouverture et qui visera l'original.

Si elle est faite hors du domicile de la partie et en son absence, la copie du procès-verbal lui sera notifiée dans le délai des ajournements ; sinon les frais de garde et les délais pour la vente ne courront que du jour de la notification.

Art. 532. – Il sera passé outre, nonobstant toutes réclamations de la part de la partie saisie, sur lesquelles il sera statué en référé.

Toutefois le débiteur pourra arrêter les poursuites en versant aux mains de l'huissier, qui sera tenu de le consigner, le montant des causes de la saisie en capital, intérêts et frais.

Art. 533. – Celui qui se prétendra propriétaire de tout ou partie des objets saisis pourra s'opposer à la vente par exploit signifié au saisissant et au saisi, contenant assignation devant le tribunal de première instance et énonçant les preuves de propriété, à peine de nullité : il y sera statué d'urgence.

Le réclamant qui succombera sera condamné, s'il y a lieu, à des dommages-intérêts envers le saisissant et, dans tous les cas, aux frais occasionnés par la prolongation de la garde ou le renouvellement de la publicité.

Si la revendication ne porte que sur une partie des objets saisis il pourra être passé outre à la vente des autres.

Art. 534. – Les créanciers du saisi, pour quelque cause que ce soit, même pour loyers, ne pourront former opposition que sur le prix de la vente ; leurs oppositions en contiendront les causes ; elles seront signifiées à l'huissier ou autre officier chargé de la vente, avec élection de domicile dans la Principauté, si l'opposant n'y demeure pas, et mentionnées à la suite du procès-verbal de saisie : le tout à peine de nullité et de dommages-intérêts contre l'huissier, s'il y a lieu.

Art. 535. – Le créancier opposant ne pourra faire aucune poursuite, si ce n'est pour obtenir condamnation contre la partie saisie ; il n'en sera fait aucune contre lui, sauf à discuter les causes de son opposition lors de la distribution des deniers.

Art. 536. – L'huissier qui, se présentant pour saisir, trouverait une saisie déjà faite et un gardien établi, ne pourra pas saisir de nouveau ; mais il pourra procéder au récolement des meubles et effets sur le procès-verbal que le gardien est tenu de lui représenter ; il saisira les meubles et les valeurs omis, déposera les valeurs comme il est dit en l'article 517 et fera sommation au premier saisissant de vendre les meubles avec ceux déjà saisis, au jour fixé. Le procès-verbal de récolement vaudra opposition sur les deniers de la vente.

Art. 537. – Le procès-verbal de saisie contiendra l'indication des lieu, jour et heure de la vente.

Art. 538. – Il y aura au moins huit jours entre la saisie ou la notification au débiteur, dans le cas où cette notification est prescrite et la vente.

Art. 539 *(L. n° 1.015, 29 déc. 1978)*. – La vente sera annoncée six jours au moins avant sa date par quatre affiches apposées, l'une au lieu où elle devra être effectuée et chacune des autres aux lieux accoutumés.

Les affiches indiqueront le lieu, le jour et l'heure de la vente ainsi que sommairement la nature des objets à vendre. Elles mentionneront que le prix d'achat, augmenté des droits d'enregistrement et des émoluments de l'huissier, tels que fixés par les lois et ordonnances en vigueur, sera payé comptant.

L'apposition des affiches sera constatée par l'huissier saisissant à la suite du procès-verbal de saisie.

Art. 540. – Si l'importance de la vente le comporte, le président du tribunal pourra, par ordonnance sur requête, ordonner une publicité exceptionnelle.

Art. 541. – Lorsqu'il y aura danger de dépérissement pour les objets saisis, le président du tribunal pourra, par ordonnance sur requête, abréger les délais fixés par les articles 537 et 538, voire même autoriser la vente du jour au lendemain et restreindre la publicité à de simples annonces par le crieur public.

Art. 542. – Si le saisissant ne fait pas vendre au jour fixé, tous les frais de la poursuite demeureront à sa charge, sauf son recours contre l'huissier, s'il y a lieu, à moins d'incident pendant devant la justice, de remise exceptionnellement ordonnée par elle, ou d'arrangement entre les parties.

Art. 543. – Dans le cas prévu à l'article précédent et sauf les deux premières exceptions seulement, tout opposant ayant titre exécutoire pourra, après une simple sommation au saisissant, faire procéder au récolement des effets saisis et à la vente.

Art. 544. – Lorsque, pour un motif quelconque, le jour primitivement fixé pour la vente viendra à être changé, la date de la vente sera notifiée à la partie saisie huit jours au moins à l'avance et de nouveaux placards seront affichés conformément aux prescriptions de l'article 539.

Art. 545. – Le procès-verbal de récolement qui précédera la vente ne contiendra aucune énonciation des effets saisis, mais seulement de ceux en déficit, s'il y a lieu.

Art. 546. – La vente sera faite, autant que possible, un jour de marché, soit au lieu affecté d'ordinaire à cet usage, soit au lieu où se trouvent les objets saisis, si toutes les parties y consentent, soit en tout autre lieu plus avantageux désigné, le cas échéant, sur requête, par le président du tribunal de première instance.

Art. 547. – Lorsque la vente aura produit somme suffisante pour éteindre les causes de la saisie et des oppositions, ainsi que les frais, le surplus des objets saisis ne sera pas vendu.

Dans ce cas, à dater de la clôture de la vente, il ne sera plus reçu aucune opposition et le prix sera distribué seulement entre le créancier saisissant et ceux qui auront fait opposition avant ladite clôture.

Art. 548. – L'adjudication sera faite au plus offrant.

Le prix sera payé comptant, faute de quoi l'effet sera revendu sur-le-champ à la folle enchère de l'adjudicataire. Si le second prix est inférieur au premier, le fol enchérisseur sera tenu de la différence, sans pouvoir réclamer l'excédent, s'il y en a.

Art. 549. – Le procès-verbal de vente énoncera les objets adjugés, les prix et les noms des adjudicataires.

Il fera mention de la présence ou de l'absence du saisi.

Art. 550 *(L. n° 1.015, 29 déc. 1978)*. – Les huissiers seront personnellement responsables du prix des adjudications. Ils ne pourront, à peine de concussion, recevoir de l'adjudicataire aucune somme supérieure à l'enchère, augmentée des droits d'enregistrement et des émoluments de l'huissier tels que fixés par les lois et ordonnances en vigueur.

TITRE V. – DE LA SAISIE DES FRUITS PENDANTS PAR RACINES OU SAISIE-BRANDON

Art. 551. – Les règles édictées pour les saisies-exécutions sont applicables à la saisie-brandon.

Art. 552. – La saisie-brandon ne pourra être faite que dans les six semaines qui précèdent l'époque ordinaire de la maturité des fruits.

Art. 553. – Le procès-verbal de saisie contiendra l'énonciation du titre exécutoire ; l'indication de chaque pièce de terre, sa contenance approximative, sa situation avec deux au moins de ses tenants et aboutissants ; la mention de la nature des fruits et la désignation du gardien.

Art. 554. – La vente aura lieu sur pied, à moins que le président du tribunal, par ordonnance sur requête, n'ordonne d'y surseoir jusqu'après la récolte.

Elle sera faite dans les formes prescrites au titre précédent. Toutefois, au cas de sursis, le président pourra autoriser la vente des fruits recueillis, de gré à gré, au prix commun du marché, par le gardien, qui en versera immédiatement le produit aux mains de l'huissier.

TITRE VI. – DE LA SAISIE DES FONDS DE COMMERCE ET DU DROIT AU BAIL

Art. 555. – Tout créancier pourra, en vertu d'un titre exécutoire, en même temps qu'il saisira les marchandises et le matériel d'un fonds de commerce, saisir le fonds de commerce et le droit au bail des lieux où il s'exploite, si le bail est cessible.

Art. 556. – La rédaction du procès-verbal et sa signification, ainsi que l'établissement du gardien, seront soumis aux règles prescrites au titre des *Saisies-exécutions*.

Art. 557. – Dans les huit jours de la saisie, l'huissier, aux jour et heure indiqués dans le procès-verbal qui vaudra citation à la partie saisie, présentera au président du tribunal l'original du procès-verbal, au bas duquel ce magistrat commettra un notaire pour procéder à la vente, en réglera les conditions ainsi que le mode de publicité et fixera les lieu, jour et heure de l'adjudication ; puis il sera procédé, ainsi qu'il est dit aux articles 562 et suivants, sans préjudice du droit réservé aux huissiers par l'article 4 de l'ordonnance du 9 février 1878, dans le cas où tout ou partie des marchandises seraient vendues séparément.

Art. 558. – Le président pourra, sur la demande du saisissant, le propriétaire et le saisi entendus ou appelés, autoriser le saisi à continuer l'exploitation du fonds de commerce, nommer même un cogérant pour surveiller l'exploitation et au besoin la diriger. permettre la vente immédiate des marchandises sujettes à dépérissement et prescrire toutes autres mesures conservatoires.

Art. 559. – Si une seconde saisie est plus ample que la première, le second saisissant sera tenu de dénoncer la saisie au premier saisissant, qui poursuivra sur les deux.

Art. 560. – Faute par le premier saisissant d'avoir poursuivi sur la seconde saisie à lui dénoncée, conformément à l'article précédent, le second saisissant pourra, sommation préalablement faite au premier saisissant et sans former aucune demande en subrogation, reprendre les poursuites à partir du dernier acte valable.

Art. 561. – En cas de concurrence entre une saisie comprenant seulement les marchandises et une saisie faite conformément à l'article 555, le président décidera, par ordonnance rendue en référé, en quelle forme il sera procédé à la vente des objets saisis.

TITRE VII. – DE LA VENTE DES VALEURS MOBILIÈRES

Art. 562. – Lorsqu'il y aura lieu à la vente de valeurs mobilières par autorité de justice, en suite d'une saisie-arrêt, d'une saisie-exécution, ou pour toute autre cause, il y sera procédé, selon leur nature, par le ministère d'un notaire, ou par son entremise si elle doit être faite en Bourse.

Art. 563. – Le mode de vente sera déterminé, s'il s'agit de valeurs saisies-arrêtées, par le jugement de validité de la saisie-arrêt ; et, dans tous les autres cas, par ordonnance du président du tribunal, rendue sur la requête collective des intéressés ou. à défaut, sur l'assignation donnée par la partie la plus diligente.

Le jugement ou l'ordonnance désignera l'officier public chargé d'opérer lui-même ou de faire opérer la vente et fixera la mise à prix, les conditions particulières de la vente, le mode de publicité, le jour de l'adjudication, ou, s'il y échet, la Bourse dans laquelle les valeurs seront vendues au cours moyen du jour.

Art. 564. – Si la vente n'a pas lieu en Bourse, le notaire commis dressera en minute le cahier des charges, lequel contiendra : 1° l'énonciation du jugement ou de l'ordonnance ordonnant la vente ; 2° les jour, lieu et heure de l'adjudication ; 3° les noms, professions et demeures des saisissants ; 4° la désignation des valeurs mises en vente, et s'il y a lieu, l'établissement de la propriété ; 5° les condition de l'adjudication ; 6° la mise à prix.

Art. 565. – Quinze jours au moins avant celui fixé pour l'adjudication, la vente sera annoncée par des placards rédigés par le notaire et contenant sommairement les énonciations comprises en l'article précédent. Ces placards seront apposés à la porte du domicile du saisi, de la mairie, du notaire et, en outre, dans les autres lieux désignés, le cas échéant, par le juge.

L'apposition aura lieu par les soins et sous la responsabilité du notaire ; elle sera attestée sans frais, au bas d'un exemplaire, par celui qui l'aura faite, dont la signature sera légalisée par le maire.

Art. 566. – Dans le même délai, un extrait contenant les mêmes indications sera, si le juge l'a ordonné, inséré dans le *Journal de Monaco* et dans un ou plusieurs journaux étrangers. L'insertion sera constatée par un exemplaire du journal, qui devra être annexé au cahier des charges.

Art. 567. – Les dispositions des articles 565 et 566 seront observées à peine de nullité.

Art. 568. – La nullité devra être proposée par les intéressés huit jours au moins avant celui fixé pour l'adjudication, sous peine de déchéance, par un dire inscrit au cahier des charges. Le notaire délivrera un extrait de ce dire à la partie contestante et il sera statué d'urgence par le président en référé ou par le juge de paix, suivant leur compétence.

L'ordonnance ne sera susceptible d'aucun recours : elle ne sera ni levée, ni signifiée, mais transmise en minute par le greffier au notaire qui l'annexera à son procès-verbal.

Les frais de la contestation et ceux occasionnés par le retard resteront à la charge du contestant qui succombera.

Art. 569. – Le montant des frais de vente ainsi que les honoraires dus au notaire seront taxés par le président, et le chiffre en sera annoncé avant l'adjudication.

Art. 570. – L'adjudication aura lieu aux enchères publiques et à l'extinction des feux.

Elle ne pourra être remise que pour des causes graves et en vertu d'une ordonnance rendue sur requête par le président du tribunal de première instance.

Si la mise à prix n'est pas couverte, le président pourra ordonner dans la même forme qu'elle sera abaissée au chiffre qu'il fixera et même qu'elle aura lieu à tout prix.

Art. 571. – Le notaire sera responsable du prix. Faute par l'adjudicataire de payer comptant le prix et les frais, il sera procédé, séance tenante, à la revente sur folle enchère. Le fol enchérisseur sera tenu de la différence entre son prix et celui de la revente sur folle enchère, sans pouvoir réclamer l'excédent, s'il y en a.

TITRE VIII. – DE LA SAISIE IMMOBILIÈRE

Art. 572. – Le créancier pourra poursuivre la saisie et la vente : 1° des biens immobiliers et de leurs accessoires réputés immeubles appartenant en propriété à son débiteur ; 2° de l'usufruit appartenant au débiteur sur les biens de même nature.

Art. 573. – Néanmoins la part indivise d'un cohéritier ou d'un associé dans les immeubles d'une succession ou d'une société ne pourra être saisie par ses créanciers personnels avant le partage ou la licitation qu'ils pourront provoquer, s'ils le jugent convenable.

Art. 574. – La saisie des immeubles qui font partie de la communauté se poursuivra contre le mari débiteur, seul, quoique la femme soit obligée à la dette.

Celle des immeubles de la femme qui ne sont point entrés en communauté se poursuivra contre le mari et la femme. laquelle, au refus du mari de procéder avec elle, ou si le mari est mineur, pourra être autorisée en justice.

En cas de minorité du mari et de la femme, ou de minorité de la femme seule, si son mari majeur refuse de procéder avec elle, il sera nommé par le tribunal un tuteur à la femme, contre lequel la poursuite sera exercée.

Art. 575. – Le créancier ne pourra saisir les immeubles qui ne lui sont pas hypothéqués, que s'il établit l'insuffisance des biens qui lui sont hypothéqués.

Art. 576. – Si le débiteur justifie, par baux authentiques, que le revenu net et libre de ses immeubles pendant une année suffit pour le paiement de la dette en capital, intérêts et frais, et s'il en offre la délégation au créancier, la poursuite pourra être suspendue par les juges, sauf à être reprise s'il survient quelque opposition ou obstacle au paiement.

Art. 577. – La saisie immobilière pourra avoir lieu en vertu d'un jugement provisoire ou définitif, exécutoire par provision, nonobstant opposition ou appel ; mais l'adjudication ne pourra se faire qu'après un jugement définitif en dernier ressort, ou passé en force de chose jugée.

Art. 578. – La saisie immobilière sera précédée d'un commandement signifié à la personne ou au domicile du débiteur.

Ce commandement contiendra :

1° Copie du titre exécutoire, à moins que ce titre n'ait été déjà signifié, auquel cas il se bornera à indiquer la date et la nature du titre et le montant de la dette dont le paiement sera réclamé ; la copie du titre ne devra pas comprendre l'établissement de propriété ;

2° Sommation de payer dans les trente jours, avec avertissement que faute de paiement dans ce délai, il sera procédé à la saisie des immeubles du débiteur ;

3° Élection de domicile dans la Principauté, si le pour suivant n'y est pas domicilié légalement. Toutes significations relatives à la saisie et tout acte d'opposition au commandement, d'offres réelles on d'appel, le cas échéant, pourront être notifiées à ce domicile élu.

Art. 579. – La saisie immobilière ne pourra être faite que trente jours après le commandement.

Si le créancier laisse écouler plus de quatre-vingt-dix jours entre le commandement et la saisie, il sera tenu de le réitérer dans les formes et avec les délais ci-dessus.

Art. 580. – La saisie sera faite par un exploit, signifié au débiteur, et contenant, outre les formalités ordinaires :

1° L'énonciation du titre exécutoire en vertu duquel il sera procédé ;

2° La mention d'un pouvoir spécial de saisir délivré à l'huissier ou un bon pour pouvoir, signé du poursuivant sur l'original et la copie ;

3° L'indication des biens saisis, savoir :

Si c'est une maison, la circonscription, la rue, le numéro, s'il y en a, et, dans le cas contraire, deux au moins des tenants et aboutissants ;

Si ce sont des biens ruraux, la désignation des bâtiments, quand il y en aura, la nature et la contenance approximative de chaque pièce, le nom du fermier ou colon, s'il y en a, la circonscription et le quartier où les biens sont situés ;

4° Un extrait de la matrice cadastrale relatif auxdits immeubles ;

5° L'avertissement que l'expropriation sera poursuivie devant le tribunal de première instance.

Art. 581. – L'exploit de saisie sera transcrit, au plus tard, dans les quinze jours, sur le registre à ce destiné, au bureau de la conservation des hypothèques.

Art. 582. – Si la valeur des immeubles désignés dans l'exploit de saisie excède le montant de la créance du poursuivant et de celles qui le priment, le tribunal pourra, sur la demande du débiteur, restreindre les poursuites à une partie desdits immeubles et ordonner de surseoir pour les autres.

Après la transcription, le tribunal n'accordera de restriction aux poursuites que s'il est établi par le débiteur que les biens sur lesquels les poursuites seraient continuées sont suffisants pour désintéresser le saisissant et tous les créanciers inscrits.

Art. 583. – Si le conservateur ne peut procéder à la transcription de la saisie à l'instant où l'exploit lui est présenté, il fera mention sur l'original qui lui sera laissé des heures, jours, mois et an auxquels il lui aura été remis.

En cas de concurrence, l'exploit présenté en premier lieu sera seul transcrit.

Art. 584. – S'il y a eu précédente saisie présentée ou transcrite, le conservateur mentionnera en marge de la transcription, dans l'ordre de la présentation, toute saisie postérieurement présentée, avec les nom, prénoms et demeure du nouveau poursuivant.

Il constatera également, en marge ou à la suite de l'exploit présente, son refus de transcription ; et, en outre, il y énoncera chacune des saisies antérieurement transcrites ou mentionnées, avec les indications susénoncées.

La radiation de la saisie ne pourra être opérée sans le consentement des créanciers saisissants postérieurs ainsi révélés.

Art. 585. – Si les immeubles saisis ne sont pas loués ou affermés, le saisi restera en possession jusqu'à la vente comme séquestre judiciaire, à moins que sur la demande d'un ou plusieurs créanciers, il n'en soit autrement ordonné par le président du tribunal dans la forme des ordonnances sur référé.

Les créanciers pourront néanmoins, après y avoir été autorisés par ordonnance du président rendue dans la même forme, faire procéder à la coupe et à la vente, en tout ou partie, des fruits pendants par les racines.

Les fruits seront vendus aux enchères ou de toute autre manière autorisée par le président, dans le délai qu'il aura fixé, et le prix sera déposé à la Caisse des dépôts et consignations.

Art. 586. – Les fruits naturels et industriels recueillis postérieurement à la transcription ou le prix qui en proviendra seront immobilisés pour être distribués avec le prix de l'immeuble, par ordre d'hypothèque.

Art. 587. – Le saisi ne pourra faire aucune coupe de bois ni dégradation, à peine de dommages-intérêts, sans préjudice, s'il y a lieu, des peines portées dans les articles 398 et 441 du Code pénal.

Art. 588. – Les baux postérieurs au commandement et ceux qui, consentis antérieurement, n'auront pas acquis date certaine avant sa signification, pourront, suivant les circonstances être annulés, si les créanciers ou l'adjudicataire le réclament.

Art. 589. – Les loyers et fermages seront immobilisés à partir de la transcription de la saisie, pour être distribués avec le prix de l'immeuble par ordre d'hypothèque.

Un simple acte d'opposition à la requête du poursuivant ou de tout autre créancier, vaudra saisie-arrêt entre les mains des fermiers et locataires, qui ne pourront se libérer qu'en exécution de mandements de collocation, ou par le versement des loyers ou fermages à la caisse des consignations ; ce versement aura lieu à leur réquisition ou sur la simple sommation des créanciers.

À défaut d'opposition, les paiements faits au débiteur seront valables, et celui-ci sera comptable, comme séquestre judiciaire, des sommes qu'il aura reçues.

Art. 590. – La partie saisie ne pourra, à compter du jour de la transcription de la saisie, aliéner les immeubles saisis, à peine de nullité et sans qu'il soit besoin de la faire prononcer.

Ne pourront être opposées au créancier saisissant, même non inscrit, les aliénations transcrites après la transcription de la saisie.

Art. 591. – Néanmoins l'aliénation aura son exécution si, avant le jour fixé pour l'adjudication, l'acquéreur consigne une somme suffisante pour acquitter en principal, intérêts et frais, ce qui est dû aux créanciers inscrits ainsi qu'au saisissant, et s'il leur signifie l'acte de consignation.

À défaut de consignation avant l'adjudication, il ne pourra être accordé sous aucun prétexte de délai pour l'effectuer.

Art. 592. – Dans les quinze jours au plus tard après la transcription, le poursuivant déposera an greffe du tribunal le cahier des charges contenant :

1° L'énonciation du titre exécutoire en vertu duquel les poursuites sont exercées ;

2° Celle du commandement, celle de l'exploit de saisie avec la mention de sa transcription, et celle des autres actes et jugements intervenus postérieurement ;

3° La désignation des immeubles saisis, telle qu'elle aura été faite dans l'exploit ou, s'il y a lieu, rectifiée ou complétée ;

4° Les conditions particulières de la vente ;

5° Le lotissement, s'il y a lieu ;

6° Une mise à prix fixée par le poursuivant.

Art. 593. – Dans les huit jours au plus tard, après le dépôt au greffe, sommation sera faite au saisi, à personne ou à domicile, de prendre communication du cahier des charges, de fournir ses dires et observations et d'assister à l'audience de règlement prévue à l'article 601.

La sommation indiquera les jour et heure de cette audience.

Art. 594. – Pareille sommation sera faite, dans le même délai :

1° Aux créanciers inscrits au jour du dépôt du cahier des charges, aux domiciles élus dans les inscriptions ;

2° À la femme du saisi, aux femmes des précédents propriétaires, aux subrogés-tuteurs des mineurs ou interdits, aux mineurs devenus majeurs, si les mariage et tutelle sont connus du poursuivant d'après son titre.

La sommation pourra être faite aux héritiers collectivement comme il est dit à l'article 119.

Art. 595. – Si parmi les créanciers inscrits se trouve le vendeur de l'immeuble saisi ou un co-échangiste, la sommation leur sera faite, à défaut de domicile élu, à personne ou à domicile, sans augmentation de délai dans le cas où ils demeureraient hors de la Principauté ; elle portera qu'à défaut de former et de faire mentionner à la suite du cahier des charges, trois jours au plus tard avant l'audience de règlement, la demande de résolution de la vente ou la poursuite en folle enchère, ils seront déchus à l'égard de l'adjudicataire du droit d'exercer ces actions.

Art. 596. – La même déchéance sera encourue, en ce qui concerne la folle enchère, par les créanciers inscrits ou non, qui, ayant le droit de l'exercer, ne la poursuivraient pas et ne la feraient pas mentionner au cahier des charges dans le même délai.

Art. 597. – La sommation destinée aux personnes visées dans le deuxième paragraphe de l'article 594 contiendra, en outre des énonciations prescrites par l'article 593, l'avertissement que, pour conserver les hypothèques légales sur l'immeuble exproprié, il sera nécessaire de les faire inscrire avant la transcription du jugement d'adjudication.

Copie en sera remise sans frais, dans les cinq jours, au procureur général.

Le *procureur général* pourra requérir l'inscription des hypothèques légales sur les biens compris dans la saisie ; les frais seront avancés par le poursuivant et employés en frais de poursuite.

Art. 598. – Si la sommation doit être faite à un mineur ou à un interdit sans subrogé-tuteur, l'huissier poursuivant en donnera avis sans frais au *procureur général*, avec indication des noms et domicile du mineur ou de l'interdit et du tuteur.

Il sera pour le reste procédé conformément à l'article 154.

Art. 599. – Mention de la notification prescrite par les articles 593 et 594 sera faite, dans les huit jours de la date du dernier exploit de notification, en marge de la transcription de la saisie, au bureau des hypothèques.

Du jour de cette mention, la saisie ne pourra plus être rayée que du consentement des créanciers inscrits ou saisissants, ou en vertu de jugements rendus contre eux.

Toutefois la saisie transcrite cessera de plein droit de produire effet si, dans les trois ans de sa transcription, il n'est pas intervenu une adjudication mentionnée en marge de cette transcription, conformément à l'article 639, ou un jugement prorogeant le délai de l'adjudication et mentionné comme il vient d'être dit.

Art. 600. – Trois jours au plus tard avant celui indiqué pour l'audience de règlement, le poursuivant, la partie saisie et les créanciers sommés seront tenus de faire insérer, à la suite de la mise à prix, leurs dires et observations ayant pour objet d'introduire des modifications dans le cahier des charges. Passé ce délai, ils ne seront plus recevables à proposer de changements, dires ou observations.

Art. 601 *(Ord. 19 mai 1909)*. – L'audience de règlement aura lieu trente jours au plus tôt et quarante-cinq jours au plus tard après le dépôt du cahier des charges.

À cette audience, le cahier des charges sera déposé sur le bureau du tribunal par le greffier, qui, au besoin, en donnera lecture en tout ou en partie. Le tribunal statuera sur les dires et observations qui auraient été insérés dans cet acte et fixera les jour et heure où il sera procédé à l'adjudication.

Le délai entre ce jugement et l'adjudication sera de trente jours au moins et soixante au plus.

Le jugement sera transcrit en minute par le greffier à la suite du cahier des charges ; il ne sera ni levé, ni signifié.

Art. 602. – Lorsqu'une demande en résolution ou une poursuite en folle enchère aura été régulièrement formée et mentionnée au cahier des charges, le tribunal ordonnera par le jugement de règlement qu'il sera sursis aux poursuites en ce qui concerne les immeubles frappés par l'action résolutoire ou la folle enchère. Il pourra même, suivant les circonstances, à la demande des parties, suspendre les poursuites pour le tout.

Art. 603. – Trente jours au plus tôt et vingt jours au plus tard avant l'adjudication, le poursuivant fera insérer dans le *Journal de Monaco*, un extrait signé de lui et contenant :

1° Les noms, professions et demeures des parties ;

2° La désignation des immeubles saisis, telle qu'elle aura été insérée au cahier des charges ;

3° La mise à prix ;

4° L'indication des jour, lieu et heure de l'adjudication.

Il sera en outre déclaré dans l'extrait que tous ceux du chef desquels il pourrait être pris inscription d'hypothèques légales devront requérir cette inscription avant la transcription du jugement d'adjudication.

Art. 604. – Il sera justifié de l'insertion par un exemplaire du journal ; cet exemplaire portera la signature de l'imprimeur ; il ne sera pas soumis au timbre et à l'enregistrement.

Art. 605. – Extrait pareil à celui qui est prescrit par l'article 603 sera imprimé en forme de placard et affiché dans le même délai :

1° À la porte principale des bâtiments saisis ;

2° Aux lieux ordinaires des affiches ;

3° À la porte extérieure du tribunal de première instance.

L'huissier attestera par un procès-verbal rédigé sur un exemplaire du placard que l'apposition a été faite aux lieux désignés par la loi, sans les détailler.

Art. 606. – Le tribunal pourra, même d'office, par le jugement qui fixera le jour et les conditions de l'adjudication, soit restreindre la publicité déterminée par les articles précédents, en réduisant le nombre des placards ou leurs énonciations ou en décidant qu'ils seront manuscrits, soit ordonner une publicité supplémentaire, suivant la nature et la valeur des biens saisis.

Art. 607. – Les frais de poursuite seront taxés par le juge, et il ne pourra rien être exigé au-delà du montant de la taxe. Toute stipulation contraire, quelle qu'en soit la forme, sera nulle de droit.

Le montant de la taxe sera publiquement annoncé avant l'ouverture des enchères et reproduit dans le jugement d'adjudication.

Art. 608. – Au jour indiqué pour l'adjudication, il y sera procédé sur la demande du poursuivant ou du saisi et, à leur défaut, sur celle de l'un des créanciers inscrits.

Art. 609. – Néanmoins l'adjudication pourra être remise sur la demande du poursuivant, ou de l'un des créanciers inscrits, ou de la partie saisie, mais seulement pour des causes très graves et dûment justifiées, qui seront énoncées dans le jugement prononçant la remise.

Le jugement fixera de nouveau le jour de l'adjudication qui ne pourra être éloigné de moins de quinze jours ni de plus de soixante.

Ce jugement ne sera susceptible d'aucun recours.

Art. 610. – L'adjudication remise sera annoncée huit jours au moins à l'avance par les moyens de publicité précédemment employés, à moins que le jugement de remise n'en décide autrement.

Il ne pourra être accordé de nouveau délai, si ce n'est pour cause de force majeure.

Art. 611. – Lorsque la vente n'aura pu, pour une cause quelconque, être réalisée dans le délai de six mois après la transcription de la saisie, il sera levé un état complémentaire des inscriptions survenues depuis la délivrance du premier état, et les créanciers révélés par le nouvel état seront sommés d'assister, si bon leur semble, à l'adjudication, d'après les derniers errements de la procédure.

Art. 612. – Toute personne capable de s'obliger, sauf les cas prévus par la loi, pourra enchérir, soit en personne. soit par un avocat-défenseur ou par un mandataire muni d'un pouvoir spécial, qui sera déposé au greffe avant l'ouverture des enchères.

Art. 613. – Ne pourront se porter enchérisseurs :

1° Le saisi ;

2° Le tuteur ou curateur du saisi ;

3° Le mandataire spécial ou l'avocat-défenseur du poursuivant, en son nom personnel ;

4° Les membres du tribunal, à moins qu'ils ne soient personnellement intéressés à la vente en qualité de créanciers, auquel cas les articles 393 et 403 seront applicables ;

5° Les personnes notoirement insolvables.

Art. 614 *(Ord. 19 mai 1909)*. – Les étrangers sans domicile ni résidence dans la Principauté ne pourront enchérir que par le ministère des avocats-défenseurs.

Art. 615. – Les avocats-défenseurs qui auront enchéri pour un insolvable ou pour toute autre personne incapable de prendre part aux enchères, seront personnellement responsables de la nullité de l'adjudication, sans préjudice des peines disciplinaires qui pourraient être prononcées contre eux de ce chef.

Art. 616. – Nul ne pourra enchérir au nom de plusieurs personnes. Toutefois les avocats-défenseurs seront autorisés à le faire, si le nombre des enchérisseurs est supérieur à celui des avocats-défenseurs inscrits au tableau, et si leurs divers mandants, présents à l'audience, autorisent manifeste ment chaque enchère.

Art. 617. – L'adjudication aura lieu en audience publique.

Aussitôt que les enchères seront ouvertes, il sera allumé successivement des bougies préparées de manière que chacune ait une durée d'environ une minute.

L'enchérisseur cessera d'être obligé dès que son enchère sera couverte par une autre, lors même que cette dernière serait déclarée nulle.

Art. 618. – L'adjudication ne pourra être faite qu'après l'extinction de trois bougies allumées successivement.

S'il ne survient pas d'enchères pendant la durée de ces bougies, le poursuivant sera déclaré adjudicataire pour la mise à prix.

Si pendant la durée d'une bougie il survient des enchères, l'adjudication ne pourra être faite qu'après l'extinction des deux nouvelles bougies sans enchère survenue pendant leur durée.

Art. 619 *(L. n° 536, 12 mai 1951 ; L. n° 1.247, 21 déc. 2001)*. – Les enchères devront croître au moins :

- de 150 euros en 150 euros jusqu'à 75 000 euros ;
- de 750 euros en 750 euros de 75 000 euros à 300 000 euros ;
- 1 500 euros en 1 500 euros au dessus de 300 000.

Art. 620. – Les avocats-défenseurs inscrits au tableau seront seuls admis à enchérir pour autrui, sans avoir à justifier de leur pouvoir et à faire connaître le nom de leur mandant séance tenante.

Toutefois, l'avocat-défenseur qui restera dernier enchérisseur sera tenu, dans les vingt-quatre heures de l'adjudication, de déclarer l'adjudicataire et de fournir son acceptation ou de représenter son pouvoir, lequel demeurera annexé à la minute de la déclaration, faute de quoi il sera réputé personnellement adjudicataire.

Art. 621. – Toute personne pourra, dans les huit jours qui suivront l'adjudication, faire une surenchère, pourvu qu'elle soit du sixième au moins du prix principal de la vente.

Art. 622 *(Ord. 19 mai 1909)*. – La surenchère sera faite au greffe du tribunal.

Elle ne pourra être faite qu'avec l'assistance ou par le ministère d'un avocat-défenseur. Au dernier cas, l'avocat-défenseur devra être muni d'un pouvoir spécial qui sera déposé au greffe et mentionné dans la déclaration.

La surenchère ne pourra être rétractée.

Art. 623. – La surenchère sera dénoncée par le surenchérisseur, dans les trois jours, à l'adjudicataire, au poursuivant et à la partie saisie, si elle a un domicile réel ou élu dans la Principauté.

Mention de la dénonciation sera faite, dans un nouveau délai de trois jours, à la suite de la surenchère.

Art. 624. – Faute de dénonciation ou de mention de la dénonciation dans lesdits délais par le surenchérisseur, le saisi ou tout créancier, inscrit ou sommé, pourront faire la dénonciation et la mention dans les trois jours qui suivront ; sinon la surenchère sera considérée comme nulle et non avenue.

Les frais de la dénonciation faite par un autre intéressé seront supportés par le surenchérisseur qui aura négligé de faire la mention.

Art. 625 *(L. n° 477, 17 juill. 1948).* – La dénonciation sera faite, sans qu'il y ait à prendre expédition de la déclaration de surenchère, par exploit contenant sommation d'assister à la première audience qui suivra l'expiration de la quinzaine pour voir statuer sur la validité de la surenchère au cas où elle serait contestée, et à l'adjudication, qui ne pourra avoir lieu moins de vingt jours ni plus de trente jours après celui de l'audience éventuelle.

L'exploit indiquera d'une façon précise le jour et l'heure de chacune de ces audiences.

Art. 626. – La validité de la surenchère sera contestée par un simple dire inséré à la suite de la mention de la dénonciation, trois jours au moins avant le jour de l'audience où il doit y être statué.

Art. 627. – Si la surenchère n'est pas contestée, ou si elle est validée, il sera passé outre aux publications prescrites par les articles 503, 604 et 605, lesquelles devront être accomplies huit jours au moins avant la nouvelle adjudication.

Dans le cas où il n'y aurait pas le délai légal entre le jour du jugement sur les contestations et celui indiqué par l'exploit de dénonciation pour l'adjudication, la date de cotte adjudication sera ajournée par ledit jugement et fixée conformément à l'article 625.

Art. 628. – Au jour indiqué, il sera ouvert de nouvelles enchères auxquelles toute personne pourra concourir. Si la surenchère n'est pas couverte, le surenchérisseur sera déclaré adjudicataire.

Lorsqu'une seconde adjudication aura eu lieu après la surenchère ci-dessus, aucune surenchère ne pourra être reçue sur cette seconde adjudication.

Art. 629. – Le jugement d'adjudication sera porte en minute à la suite du cahier des charges.

Art. 630. – Le titre délivré à l'adjudicataire consistera dans l'expédition du cahier des charges, des jugements qui l'auront modifié, et du jugement d'adjudication, non compris les dire rejetés et les pièces de procédure.

Il sera revêtu de la formule exécutoire, avec injonction à la partie saisie de délaisser la possession aussitôt après la signification du jugement, à peine d'y être contrainte même par la force publique.

Art. 631. – S'il y a eu plusieurs adjudicataires pour des lots distincts, l'expédition entière sera délivrée à celui d'entre eux qui aura été désigné par le cahier des charges, sinon, à l'adjudicataire pour la somme la plus forte. Cet adjudicataire sera tenu d'en faire opérer la transcription pour tous les immeubles qui y seront compris. Il ne sera délivré aux autres adjudicataires que des extraits.

Toutefois le tribunal pourra, eu égard à la nature et à l'importance des biens, autoriser par le jugement même d'adjudication la délivrance de plusieurs titres complets en forme exécutoire.

Art. 632. – Le titre ne sera délivré à l'adjudicataire qu'à la charge par lui de rapporter au greffier quittance des frais de poursuites payables en sus du prix et la preuve qu'il a satisfait aux conditions du cahier des charges qui doivent être exécutées avant cette délivrance.

La quittance et les pièces justificatives demeureront annexées à la minute du jugement et seront copiées à la suite de l'adjudication.

Art. 633. – L'adjudicataire qui ne fera pas les justifications prescrites par l'article précédent dans les vingt jours de l'adjudication. pourra être poursuivi par la voie de folle enchère, sans préjudice des autres voies de droit.

Art. 634. – Les frais ordinaires de poursuites seront toujours payés par privilège en sus du prix. Toute stipulation contraire sera nulle.

Les frais extraordinaires de poursuites seront payés par privilège sur le prix lorsqu'il en aura été ainsi ordonné par jugement sur la demande de l'intéressé.

Art. 635 *(Mod., L. n° 1.247, 21 déc. 2001).* – Si le prix principal d'adjudication, calculé sur l'ensemble des lots, ne dépasse pas 80 euros, le Trésor restituera, par les mains du receveur de l'enregistrement, après l'expiration du délai de la surenchère, tous les droits de timbre, d'enregistrement, de greffe et d'hypothèque par lui perçus sur les actes faits en exécution de la loi pour parvenir à l'adjudication, et les officiers ministériels ainsi que les avocats-défenseurs subiront une réduction de moitié sur les émoluments à eux dus et alloués en taxe.

Si le prix est de 81 euros à 230 euros, les restitutions et les réductions ci-dessus prescrites seront de la moitié pour le Trésor et d'un quart pour les émoluments des officiers ministériels ou des avocats-défenseurs.

Art. 636. – Les restitutions et réductions prévues à l'article précédent seront ordonnées par le jugement même d'adjudication.

La disposition du jugement les concernant sera susceptible d'opposition de la part des intéressés pendant trois jours, à compter de l'enregistrement de l'acte de vente. Cette opposition sera formée et jugée conformément à l'article 238.

S'il n'y a pas eu d'opposition, il en sera justifié par un certificat du greffier. En cas de jugement rendu sur l'opposition, il sera produit un extrait du jugement. Le tout aura lieu sans frais.

Art. 637. – Les formalités et délais prescrits par les articles 578, 579 § 1, 580, 581, 592, 593, 594, 595, 597 §§ 1 et 2, 599 § 1, 600, 601 §§ 1 et 3, 603, 605, 608, 609 § 2, 610, 611, 613, 614, 617, 618, 622, 625 à 628 inclusivement, seront observés à peine de nullité.

La nullité prononcée faute de désignation suffisante de l'un ou de plusieurs des immeubles compris dans la saisie n'entraînera pas nécessairement la nullité de la poursuite en ce qui concerne les autres immeubles.

Les nullités prononcées par le présent article pourront être proposées par tous ceux qui y auront intérêt.

Art. 638. – L'expédition ou le titre délivré à l'adjudicataire ne sera signifié qu'à la partie saisie, à personne ou domicile, et par extrait comprenant seulement les nom, prénoms, profession et domicile du saisissant, de la partie saisie et de l'adjudicataire, le jugement d'adjudication et la formule exécutoire.

Art. 639. – L'adjudicataire sera tenu de faire transcrire son titre dans les quarante-cinq jours de sa date, à peine de revente sur folle enchère.

Mention de cette transcription sera faite d'office par le conservateur, en marge de la transcription de la saisie.

Art. 640. – L'adjudication, même transcrite, ne transmettra à l'adjudicataire d'autres droits à la propriété qui ceux appartenant au saisi, sauf ce qui a été dit aux articles 595 et 596 pour l'action en résolution et la folle enchère non exercée dans les formes et délais prescrits.

Les créanciers qui auront encouru la déchéance prononcée par ces articles conserveront néanmoins le droit de faire valoir leur créance dans la distribution du prix d'adjudication.

Art. 641. – Le jugement d'adjudication dûment transcrit purgera toutes les hypothèques, même celles qui auraient été inscrites postérieurement à la délivrance des états d'inscription, et les créanciers n'auront plus d'action que sur le prix.

Les créanciers à hypothèque légale dispensée d'inscription qui n'auront pas fait inscrire leur hypothèque avant la transcription du titre d'adjudication, ne conserveront de droit de préférence sur le prix qu'à la condition de produire, soit avant la clôture de l'ordre, s'il se règle amiablement, soit, en cas d'ordre judiciaire, avant l'expiration du délai fixé par l'article 695, soit dans le cas prévu à l'article 715, avant que la cause soit en état.

Dans tous les cas, leur droit de préférence sera éteint par le paiement régulier ou par l'attribution judiciaire du prix.

TITRE IX. – DES INCIDENTS DE LA SAISIE IMMOBILIÈRE

Art. 642. – Toutes demandes incidentes à une poursuite en saisie immobilière seront formées par exploit d'assignation à six jours francs.

Elles seront instruites et jugées d'urgence.

Les jugements rendus par défaut en cette matière ne seront en aucun cas susceptibles d'opposition.

Art. 643. – Si plusieurs saisissants ont fait transcrire des saisies relatives à des immeubles différents, les poursuites seront réunies à la requête de la partie la plus diligente et continuées par le premier saisissant.

Si les saisies ont été transcrites le même jour, la poursuite appartiendra à la partie dont le commandement sera le plus ancien, et, si les commandements sont de la même date, à la partie qui aura formé la requête à fin de jonction.

Art. 644. – Si une seconde saisie présentée à la transcription est plus ample que la première, elle sera transcrite pour les immeubles non compris dans celle-ci, et le second saisissant sera tenu de dénoncer sa saisie au premier saisissant, qui poursuivra sur les deux, si elles sont au même état ; sinon, le premier saisissant surseoira à la première poursuite et suivra sur la deuxième jusqu'à ce qu'elle soit au même degré ; les poursuites seront alors réunies en une seule.

Art. 645. – En aucun cas, il n'y aura lieu à jonction après le dépôt de l'un des cahiers des charges.

Art. 646. – Faute par le premier saisissant d'avoir poursuivi sur la deuxième saisie à lui dénoncée conformément à l'article 644 ci-dessus, le deuxième saisissant pourra demander la subrogation dans la forme prescrite en l'article 642.

Art. 647. – La subrogation pourra être demandée par tout créancier ayant lui-même le droit de saisir, s'il y a collusion, fraude ou négligence, ou autre cause de retard procédant du saisissant, sous la réserve, en cas de collusion ou de fraude, des dommages-intérêts envers qui il appartiendra.

Il y aura négligence, lorsque le poursuivant n'aura pas rempli une formalité ou n'aura pas fait un acte de procédure dans les délais prescrits.

Art. 648. – La demande de subrogation ne sera recevable que dix jours après une sommation de continuer les poursuites signifiées aux créanciers dont les saisies auraient été mentionnées au bureau des hypothèques avant celle du concluant.

Dans tous les cas, le saisi sera mis en cause.

Art. 649. – La partie qui succombera sur la contestation relative à la subrogation sera condamnée personnellement aux dépens.

Art. 650. – Le poursuivant contre lequel la subrogation aura été prononcée sera tenu de remettre les pièces de la poursuite au subrogé, sur son récépissé ; il ne sera payé de ses frais qu'après l'adjudication.

Art. 651. – La demande en distraction de tout ou partie des objets saisis sera formée tant contre le saisissant que contre la partie saisie ; elle sera formée aussi contre le premier créancier inscrit ou contre le second, si le premier est le poursuivant, au domicile élu dans l'inscription.

Art. 652. – La demande en distraction contiendra l'énonciation des titres justificatifs qui seront déposés au greffe, et la copie de l'acte de dépôt.

Art. 653. – Si la distraction demandée n'est que d'une partie des objets saisis, il sera passé outre, nonobstant cette demande, à l'adjudication du surplus des objets saisis. Pourront néanmoins les juges, sur la demande ces parties intéressées, ordonner le sursis pour le tout.

Si la distraction partielle est ordonnée, le poursuivant sera admis à changer la mise à prix portée au cahier des charges.

Art. 654. – Les moyens de nullité, tant en la forme qu'au fond, contre la procédure qui précède l'audience de règlement, devront être proposés, à peine de déchéance, trois jours au plus tard avant le jour de cette audience.

S'ils sont admis, la poursuite pourra être reprise à partir du dernier acte valable, et les délais pour accomplir les actes suivants courront à dater du jugement qui aura définitivement prononcé sur la nullité.

S'ils sont rejetés, le tribunal fixera par le même jugement la date de l'adjudication, conformément à l'article 601.

Art. 655. – Les moyens de nullité contre la procédure postérieure à l'audience de règlement, seront proposés, sous la même peine de déchéance, au plus tard trois jours avant l'adjudication.

Il sera statué au jour fixé pour l'adjudication, immédiatement avant l'ouverture des enchères.

Si ces moyens sont admis, le tribunal annulera la poursuite, à partir de l'audience de règlement, en autorisera la reprise à partir du même point et fixera de nouveau le jour de l'adjudication.

S'ils sont rejetés, il passera outre aux enchères et à l'adjudication.

Art. 655 *bis* *(Ord. 19 mai 1909)*. – Les jugements et arrêts par défaut en matière de saisie immobilière ne seront pas susceptibles d'opposition.

Ne pourront être attaqués par la voie de l'appel :

1° Les jugements qui statueront sur la demande en subrogation contre le poursuivant, à moins qu'elle n'ait été intentée pour collusion ou fraude ;

2° Ceux qui, sans statuer sur des incidents, donneront acte de la publication du cahier des charges ou prononceront l'adjudication, soit avant, soit après surenchère ;

3° Ceux qui statueront sur des nullités postérieures à la publication du cahier des charges.

Art. 655 *ter* *(Ord. 19 mai 1909)*. – L'appel de tous autres jugements sera considéré comme non avenu s'il est interjeté après les dix jours à compter de la signification au domicile élu.

L'exploit d'appel sera signifié au domicile élu et visé par le greffier ; il énoncera les griefs ; le tout à peine de nullité.

Il ne pourra être proposé en appel des moyens autres que ceux qui auront été proposés en première instance.

La cour statuera d'urgence.

La signification de l'arrêt au domicile élu fera courir les délais du pourvoi de révision.

Art. 656. – Faute par l'adjudicataire d'exécuter les clauses de l'adjudication, l'immeuble sera vendu à sa folle enchère, à la diligence du poursuivant ou de tout autre intéressé.

Art. 657. – Celui qui entendra poursuivre la folle enchère avant la délivrance du titre d'adjudication se fera délivrer par le greffier un certificat constatant que l'adjudicataire n'a point justifié de l'exécution des conditions exigibles de l'adjudication.

S'il y a opposition à la délivrance du certificat, il sera statué en référé, à la requête de la partie la plus diligente.

Art. 658. – Sur ce certificat, trois jours après sa signification, ou, si la folle enchère est poursuivie après la délivrance du jugement d'adjudication, trois jours après la signification avec commandement du titre en vertu duquel la poursuite aura lieu, il sera apposé de nouveaux placards et inséré de nouvelles annonces, dans la même forme que pour la première adjudication.

Ces placards et annonces indiqueront, en outre, les nom et demeure du fol enchérisseur, le montant de l'adjudication, une mise à prix par le poursuivant et le jour auquel aura lieu, sur l'ancien cahier des charges, la nouvelle adjudication.

Le délai entre les nouvelles affiches et annonces et l'adjudication sera de quinze jours au moins et de trente jours au plus.

Art. 659. – Quinze jours au moins avant l'adjudication, signification sera faite des jour et heure de cette adjudication à l'adjudicataire et à la partie saisie par exploit à personne ou domicile.

Art. 660. – L'adjudication ne pourra être remise que dans les conditions prévues à l'article 609 et seulement sur la demande du poursuivant ou des créanciers inscrits.

Art. 661. – Si le fol enchérisseur justifie de l'acquit des conditions de l'adjudication et de la consignation d'une somme réglée par le président du tribunal pour les frais de folle enchère, il ne sera pas procédé à l'adjudication.

Art. 662. – Les formalités et délais prescrits par les articles 657, 658 et 659 seront observés à peine de nullité.

Les moyens de nullité seront proposés et jugés comme il est dit à l'article 655.

(Ord. 19 mai 1909) Aucune opposition ne sera reçue contre les jugements ou arrêts en matière de folle enchère, et les jugements qui statueront sur les modalités pourront seuls être attaqués par la voie de l'appel dans les délais et suivant les formes prescrits par les articles 655 *bis* et 655 *ter*.

Seront observés, lors de l'adjudication sur folle enchère, les articles 613 à 620 inclusivement.

Art. 663. – Lorsque, à raison d'un accident ou pour tout autre motif légal, l'adjudication aura été retardée, elle sera annoncée de nouveau, conformément à ce qui avait été réglé pour la première adjudication et dans les délais fixés par l'article 658, § 3.

Le fol enchérisseur devra les intérêts du prix de son adjudication jusqu'au jour de la revente ; il ne pourra dans un aucun cas répéter les frais de procédure et les droits d'enregistrement et de greffe qu'il aura payés.

Art. 664. – Le fol enchérisseur sera tenu de la différence entre son prix et celui de la revente sur folle enchère sans pouvoir réclamer l'excédent, s'il y en a cet excédent sera payé aux créanciers, ou, si les créanciers sont désintéressés, à la partie saisie.

Art. 665. – La surenchère prévue par l'article 621 sera admise après une adjudication sur folle enchère à moins que la folle enchère elle même n'ait eu lieu sur surenchère.

Art. 666. – Toute convention portant qu'à défaut l'exécution des engagements pris envers lui, le créancier aura le droit de faire vendre les immeubles de son débiteur sans remplir les formalités prescrites pour la saisie immobilière, sera nulle et non avenue.

Art. 667. – Lorsque, antérieurement aux sommations aux créanciers inscrits, il aura été rendu un jugement prescrivant la vente en justice des immeubles compris dans la saisie, le saisi pourra être le saisissant en référé devant le président du tribunal de première instance, pour obtenir, s'il y a lieu, un sursis aux poursuites de saisie immobilière pendant un délai qui sera fixé par le magistrat, toute choses demeurant en état.

Si la vente n'a pas eu lieu dans le délai fixé, le saisissant pourra reprendre ses poursuites sans nouvelle décision.

Art. 668. – Les immeubles appartenant à des majeurs, maîtres de disposer de leurs droits, ne pourront, à peine de nullité, être mis aux enchères en justice lorsqu'il ne s'agira que de ventes volontaires.

Art. 669. – Néanmoins, si une partie seulement des biens dépendants d'une même exploitation avait été saisie, le débiteur pourra, tant que le cahier des charges n'aura pas été déposé, demander que le surplus soit compris dans la même adjudication.

Art. 670. – Après la transcription de la saisie, il sera libre aux intéresses, s'ils sont d'accord à cet effet, de demander la conversion de la poursuite de saisie immobilière en adjudication aux enchères devant le tribunal.

Seront regardés comme seuls intéressés, avant la mention au bureau des hypothèques des sommations aux créanciers inscrits, le poursuivant et le saisi, et, après l'accomplissement de cette formalité, ces derniers et tous les créanciers inscrits.

Art. 671. – Pourront former les demandes prévues aux deux articles précédents ou s'y adjoindre : le tuteur du mineur ou interdit, spécialement autorisé par un avis de parents, le mineur émancipé assisté de son curateur, et, généralement, tous les administrateurs légaux ou judiciaires des biens d'autrui.

Art. 672. – Lesdites demandes seront introduites par simple requête présentée au tribunal.

Art. 673. – Le jugement qui admettra la conversion statuera, en même temps, d'après les documents fournis par les parties intéressées, sur la mise à prix, sur le lotissement, sur la subrogation dans la poursuite, s'il y a lieu, et fixera le jour de l'adjudication.

(Ord. 19 mai 1909) Ce jugement sera transcrit en minute à la suite du cahier des charges ; il ne sera pas signifié et ne sera susceptible ni d'opposition ni d'appel.

Art. 674. – Si après le jugement il survient un changement dans l'état des parties, soit par décès ou faillite, soit autrement, ou si les parties sont représentées par des mineurs, des héritiers bénéficiaires, ou autres incapables, le jugement continuera à recevoir sa pleine et entière exécution.

Art. 675. – Dans la huitaine du jugement de conversion, mention sommaire en sera faite, en marge de la transcription de la saisie, à la diligence du poursuivant, sur la simple présentation du jugement, au bas duquel le conservateur certifiera qu'il a fait la mention.

La conversion laissera subsister les effets de la saisie et de sa transcription, tels qu'ils sont déterminés au titre précédent.

Art. 676. – Si la conversion est antérieure aux sommations prescrites par l'article 594, les lieu, jour et heure de l'adjudication seront signifiés par le poursuivant, trente jours au moins avant l'adjudication, aux personnes désignées par ledit article, à domicile élu, ou, à défaut, à personne ou domicile, sans augmentation de délai, si elles habitent hors de la Principauté.

Ces significations tiendront lieu pour les créanciers auxquelles elles seront faites, des formalités de purge réglées par les articles 2022 et suivants du Code civil.

Les articles 597 et 598 du présent Code y seront applicables.

Art. 677. – Si parmi les créanciers inscrits se trouve un vendeur ou un coéchangiste des immeubles mis en vente, les significations porteront que faute de former et de faire mentionner, à la suite du cahier des charges, trois jours au moins avant le jour de l'adjudication, la demande en résolution de la vente, ou de l'échange, ou la poursuite de folle enchère, ils encourront les déchéances prévues par l'article 595.

Art. 678. – Seront de même déchus du droit de former la folle enchère tous autres créanciers qui ne la poursuivraient pas et ne la feraient pas mentionner au cahier des charges dans le délai susdit.

Art. 679. – Si la conversion intervient après les sommations, celles-ci conserveront leur effet, sans qu'il y ait lieu de faire les notifications prescrites par les articles précédents.

Art. 680. – Le concours, dans la procédure de conversion, des créanciers auxquels une notification doit être faite, dispensera le poursuivant de cette notification et produira à leur égard les mêmes effets que si elle avait été opérée.

Art. 681. – Le jugement de conversion couvrira toutes nullités de forme antérieures à sa date, à l'égard de tous les intéressés, sauf le droit appartenant aux créanciers sommés en vertu de l'article 594, de faire statuer à l'audience de règlement sur leurs observations, conformément à l'article 601.

Art. 682. – Le dépôt du cahier des charges, s'il n'a pas été fait avant la conversion, sera effectué au greffe du tribunal trente jours au moins avant la date fixée pour l'adjudication.

Dans le cas où les décisions rendues sur la conversion nécessiteraient des modifications au cahier des charges précédemment déposé, ces modifications seront faites par le poursuivant dans un dire à la suite du cahier des charges.

Art. 683. – Seront applicables aux ventes sur conversion de saisie immobilière les articles 599, § 3, 602 à 607 inclus, 608 lorsque la conversion sera postérieure à la mention au bureau des hypothèques des sommations aux créanciers inscrits, 609 à 641 inclus, 647 à 650 inclus et 656 à 665 inclus.

Art. 684. – Toutefois, si au jour fixé pour l'adjudication les enchères ne s'élèvent pas à la mise à prix, le poursuivant ne sera déclaré adjudicataire que s'il le requiert.

À défaut de cette réquisition, le tribunal pourra ordonner, sur simple requête de la partie la plus diligente, que les biens seront adjugés au-dessous de la mise à prix. Il fixera de nouveau le jour de l'adjudication dans le délai prescrit par l'article 609 et l'on se conformera pour le reste aux règles ci-dessus indiquées.

TITRE X. – DE L'ORDRE

Art. 685. – Le saisissant, dans la huitaine après la transcription du jugement d'adjudication, et, à son défaut, après ce délai, le créancier le plus diligent, la partie saisie ou l'adjudicataire, déposera au greffe l'état des inscriptions, requerra l'ouverture du procès-verbal d'ordre et la nomination d'un juge commissaire.

Cette nomination sera faite par le président du tribunal de première instance, à la suite de la réquisition inscrite par le poursuivant sur le registre des adjudications tenu à cet effet au greffe du tribunal.

Art. 686. – Le juge commissaire, dans les cinq jours de sa nomination, convoquera les créanciers inscrits, afin de régler amiablement sur la distribution du prix.

Cette convocation sera faite par lettres recommandées à la poste, expédiées par le greffier et adressées tant aux domiciles élus par les créanciers dans les inscriptions qu'à leur domicile réel dans la Principauté. L'amende édictée contre les non comparants par l'article 688 y sera mentionnée.

La partie saisie et l'adjudicataire seront également convoqués, sans toutefois que leur absence ou les difficultés qu'ils élèveraient uniquement sur le rang de collocation des créanciers puissent faire obstacle au règlement amiable.

Les frais de la convocation seront avancés par le requérant.

Art. 687. – Le délai pour comparaître sera de dix jours au moins et de quinze jours au plus entre la date de la convocation et le jour de la réunion.

Les parties comparaîtront en personne ou par un avocat défenseur.

Art. 688 *(L. n° 508, 2 août 1949 ; mod., L. n° 1.247, 21 déc. 2001)*. – Les créanciers non comparants seront condamnés à une amende de 150 à 300 euros par ordonnance du juge, à moins qu'ils ne l'aient informé en temps utile, par lettre recommandée avec signature dûment légalisée, qu'ils renoncent à leurs droits ou qu'ils n'en ont plus à faire valoir.

L'ordonnance du juge sera signifiée par extrait à la partie défaillante, à la requête du ministère public.

L'opposition ne sera recevable contre elle que pendant huitaine, à compter du jour de la signification ; elle sera formée par un dire inséré au procès-verbal.

Le juge appellera, s'il y a lieu, par lettre recommandée, la partie opposante pour entendre ses explications. L'ordonnance par laquelle le juge statuera sur l'opposition ne sera susceptible d'aucun recours.

Art. 689. – Le tuteur et les autres représentants des incapables pourront consentir à tous arrangements relatifs à l'ordre amiable, sans autre formalité ou condition que l'homologation donnée par le juge commissaire dans son procès-verbal.

Le même droit appartiendra au mari ou à la femme dûment autorisée, même sous le régime dotal.

Art. 690. – Le juge dressera procès-verbal de la distribution du prix par règlement amiable ; il ordonnera la délivrance des bordereaux aux créanciers utilement colloqués et la radiation des inscriptions des créanciers non admis en ordre utile, en tant que ces inscriptions frappent les immeubles dont le prix est en distribution.

Lorsque tous les créanciers auront comparu et qu'il y aura des créanciers contestés, le juge pourra dresser un procès-verbal d'ordre amiable pour les créanciers non contestés.

Art. 691. – Dans le délai de dix jours de la clôture du procès-verbal, le greffier délivrera un extrait de l'ordonnance du juge pour être déposé au bureau des hypothèques par le créancier qui aura requis l'ouverture de l'ordre ; dans le même délai, il délivrera à chaque créancier colloqué un bordereau exécutoire contre l'adjudicataire ou contre la caisse des consignations et il sera procédé ainsi qu'il est dit aux articles 711, 712 et 713.

Le juge pourra, du consentement des intéressés, réunir plusieurs créanciers en un seul bordereau.

Art. 692. – Si, lors de la réunion devant le juge commissaire, l'acquéreur ou l'adjudicataire a consigné son prix et les intérêts échus, il déclarera, par un dire inséré au procès-verbal, qu'il entend faire prononcer la validité de la consignation et la radiation des inscriptions, et il joindra à son dire le récépissé de la caisse des consignations, sans autre formalité

Si toutes les parties sont présentes et n'élèvent aucune contestation, le juge par ordonnance sur le procès-verbal, déclarera la consignation valable et prononcera la radiation de toutes les inscriptions existantes, avec maintien de leur effet sur le prix.

En cas soit de non comparution d'une partie, soit de contestation, il sera procédé ainsi qu'il est dit à l'article 719.

Art. 693. – À défaut de règlement amiable dans le délai de trente jours à compter de la date de la convocation, le juge constatera sur le procès-verbal que les créanciers n'ont pu se régler entre eux. Il déclarera l'ordre ouvert et ordonnera que les créanciers seront sommés de produire.

Cette partie du procès-verbal ne pourra être expédiée ni signifiée.

Art. 694. – Dans les huit jours de l'ouverture de l'ordre, sommation de produire sera faite aux créanciers par acte signifié aux domiciles élus dans leurs inscriptions, et au vendeur à son domicile réel dans la Principauté, à défaut du domicile élu par lui.

La sommation contiendra l'avertissement que, faute de produire dans les trente jours, le créancier sera déchu.

L'ouverture de l'ordre sera en même temps dénoncée à l'adjudicataire à son domicile réel ou au domicile élu.

Dans les huit jours de la sommation par lui faite aux créanciers inscrits, le poursuivant en remettra l'original au juge commissaire, qui en fera mention au procès-verbal.

Art. 695. – Dans les trente jours de cette sommation tout créancier sera tenu de produire ses titres avec acte de produit signé de lui ou de son avocat défenseur et contenant demande en collocation.

Le juge commissaire fera mention de la remise sur le procès-verbal.

Art. 696. – L'expiration du délai de trente jours ci-dessus fixé emportera de plein droit déchéance contre les créanciers non produisants. Le juge la constatera immédiatement et d'office sur le procès-verbal et dressera l'état de collocation sur les pièces produites. Cet état sera dressé au plus tard dans les vingt jours qui suivront l'expiration du délai ci-dessus.

Art. 697. – Par son ordonnance contenant règlement provisoire, le juge pourra affecter somme suffisante pour le paiement des droits d'enregistrement, si le prix à distribuer est déposé à la Caisse des dépôts et consignations.

Art. 698. – Dans les cinq jours de la confection de l'état de collocation, le greffier la dénoncera par lettres recommandées aux créanciers produisants, y compris le poursuivant, et à la partie saisie, avec avertissement d'en prendre connaissance et de contredire, s'il y échet, dans le délai de vingt jours.

Art. 699. – Lorsqu'il y aura lieu à ventilation du prix de plusieurs immeubles vendus collectivement, le juge, sur la réquisition des parties ou d'office, par ordonnance inscrite sur le procès-verbal, nommera un ou trois experts, fixera le jour où il recevra leur serment et le délai dans lequel ils devront déposer leur rapport.

Cette ordonnance sera dénoncée aux experts par le poursuivant ; la prestation de serment sera mentionnée sur le procès-verbal d'ordre auquel sera annexé le rapport des experts, qui ne pourra être levé ni signifié.

En établissant l'état de collocation provisoire, le juge prononcera sur la ventilation.

Art. 700. – Tout contestant devra motiver son dire et produire toutes pièces à l'appui ; le juge commissaire renverra les contestants à l'audience qu'il fixera, désignera la partie chargée de suivre l'audience et commettra un avocat défenseur pour représenter les créanciers postérieurs en ordre d'hypothèque aux collocations contestées.

Néanmoins il arrêtera l'ordre et ordonnera la délivrance des bordereaux de collocation pour les créances antérieures à celles contestées ; il pourra même arrêter l'ordre pour les créances postérieures, en réservant somme suffisante pour désintéresser les créanciers contestés.

Art. 701. – S'il ne s'élève aucune contestation, le juge sera tenu, dans les dix jours qui suivront l'expiration du délai pour prendre communication et contredire, de faire la clôture de l'ordre ; il liquidera les frais de radiation et de poursuite d'ordre, qui seront colloqués par préférence à toutes autres créances ; il liquidera, en outre, les frais de chaque créancier colloqué en rang utile, et ordonnera la délivrance des bordereaux de collocation aux créanciers utilement colloqués et la radiation des inscriptions de ceux non utilement colloqués.

Il sera fait distraction, en faveur de l'adjudicataire, sur le montant de chaque bordereau, des frais de radiation de l'inscription.

Art. 702. – En cas de contestation, l'audience sera poursuivie sur un exploit d'assignation, à la diligence de la partie désignée par le juge, conformément à l'article 700.

L'affaire sera jugée sans autre procédure que des conclusions motivées de la part des contestés.

S'il est produit de nouvelles pièces, toute partie contestante ou contestée sera tenue de les remettre au greffe trois jours au moins avant cette audience ; il en sera fait mention sur le procès-verbal.

(Ord. 19 mai 1909) Le tribunal statuera sur les pièces produites ; néanmoins il pourra, mais seulement pour causes graves et dûment justifiées, accorder un délai pour en produire d'autres. Le jugement qui prononcera

la remise fixera le jour de l'audience ; il ne sera levé ni signifié. La disposition du jugement qui accordera ou refusera un délai ne sera susceptible d'aucun recours.

Art. 703. – Les jugements sur les incidents et sur le fond seront rendus sur le rapport du juge commissaire et sur les conclusions du ministère public.

Le jugement sur le fond sera signifié dans les vingt jours de sa date et ne sera pas susceptibles d'opposition.

(Ord. 19 mai 1909) L'appel sera interjeté dans les dix jours de la signification du jugement au domicile élu, conformément à l'article 172. L'acte d'appel sera signifié audit domicile ; il contiendra assignation et énonciation des griefs, à peine de nullité.

Le créancier dernier colloqué pourra être intimé, s'il y a lieu.

L'audience sera poursuivie et l'affaire instruite conformément à l'article 702. La cour statuera sur les conclusions du ministère public.

L'arrêt sera signifié dans les dix jours de sa date au domicile élu seulement et ne sera pas susceptible d'opposition. La signification au domicile élu fera courir les délais du pourvoi en révision.

Art. 704 *(Ord. 19 mai 1909).* – Dans les huit jours qui suivront l'expiration des délais d'appel, le juge commissaire arrêtera l'ordre des créances contestées et des créances postérieures, conformément à l'article 701.

Les intérêts et arrérages des créanciers utilement colloqués cesseront à l'égard de la partie saisie.

Art. 705. – Les dépens des contestations ne pourront être pris sur les deniers provenant de l'adjudication.

Toutefois le créancier, dont la collocation rejetée d'office, malgré une production suffisante, aura été admise par le tribunal sans être contestée par aucun créancier, pourra employer ses dépens sur le prix au rang de sa créance.

Art. 706. – Les frais de l'avocat défenseur qui aura représenté, conformément à l'article 700, les créanciers postérieurs en ordre d'hypothèque aux collocations contestées, pourront être prélevés sur ce qui restera de deniers à distribuer, déduction faite de ceux oui auront été employés à payer les créanciers antérieurs. Le jugement qui autorisera l'emploi des frais prononcera la subrogation au profit du créancier sur lequel les fonds manqueront ou de la partie saisie.

Art. 707. – Le contestant ou le contesté qui aura mis de la négligence dans la production des pièces pourra être condamné aux dépens, même en obtenant gain de cause.

Art. 708. – Lorsqu'un créancier, condamné aux dépens des contestations, aura été colloqué en rang utile, les frais mis à sa charge seront, par une disposition spéciale du règlement d'ordre, prélevés sur le montant de sa collocation au profit de la partie qui aura obtenu la condamnation.

Art. 709. – Dans les cinq jours de l'ordonnance de clôture, le greffier la dénoncera, dans la forme prescrite par l'article 698, aux personnes désignées dans cet article et à l'adjudicataire.

Les créanciers, l'adjudicataire et la partie saisie pourront y faire opposition dans les huit jours de la dénonciation.

Cette opposition sera formée par exploit contenant assignation à six jours francs.

La cause sera instruite et jugée conformément aux articles 702 et 703.

Art. 710. – Le créancier sur lequel les fonds manqueront et la partie saisie auront leur recours contre ceux qui auront succombé, pour les intérêts et arrérages qui auront couru pendant les contestations.

Art. 711. – Dans les dix jours à partir de celui où l'ordonnance de clôture ne pourra plus être attaquée, le greffier délivrera un extrait de l'ordonnance du juge commissaire pour être déposé par le poursuivant au bureau des hypothèques.

Le conservateur, sur la présentation de cet extrait, fera la radiation des inscriptions des créanciers non colloqués.

Art. 712. – Dans le même délai, le greffier délivrera à chaque créancier colloqué un bordereau de collocation exécutoire contre l'adjudicataire, ou, s'il y a lieu, contre la caisse des consignations.

Le bordereau des frais du poursuivant ne pourra être délivré que sur la remise des certificats de radiation des inscriptions des créanciers non colloqués. Ces certificats demeureront annexés au procès-verbal.

Art. 713. – Le créancier colloqué, en donnant quittance du montant de sa collocation, consentira la radiation de son inscription. Au fur et à mesure du paiement des collocations, le conservateur des hypothèques, sur la représentation du bordereau et de la quittance du créancier, déchargera d'office l'inscription jusqu'à concurrence de la somme acquittée.

L'inscription d'office sera rayée définitivement, sur la justification faite par l'adjudicataire du paiement de la totalité de son prix, soit aux créanciers colloqués, soit à la, partie saisie.

Art. 714. – Lorsque l'aliénation n'aura pas lieu sur expropriation forcée, l'ordre sera provoqué par le créancier le plus diligent ou par l'acquéreur.

Il pourra être aussi provoqué par le vendeur, mais seulement lorsque le prix sera exigible.

Hors les cas de vente en justice opérant par elles-mêmes la purge des privilèges et hypothèques, il ne sera ouvert qu'après l'accomplissement des formalités prescrites pour cette purge.

Il sera introduit et réglé dans les formes établies par le présent titre.

Les créanciers à hypothèques légales qui n'auront pas fait inscrire leurs hypothèques dans le délai fixé par l'article 2025 du Code civil, ne pourront exercer le droit de préférence sur le prix qu'autant qu'un ordre sera ouvert dans les trois mois qui suivront l'expiration de ce délai et sous les conditions déterminées dans le deuxième paragraphe de l'article 641.

Art. 715 *(Mod., L. n° 1.247, 21 déc. 2001)*. – Les prescriptions ci-dessus édictées pour l'ordre, à défaut de règlement amiable, ne seront pas applicables s'il y a moins de quatre créanciers inscrits, ni, quel que soit le nombre des créanciers, si la somme à distribuer n'excède pas 300 euros.

Dans l'un et l'autre cas, faute par les intéressés de s'être accordés devant le juge commissaire, la distribution du prix sera réglée par le tribunal de première instance, sur assignation signifiée à personne ou à domicile, sans autre procédure que des conclusions motivées. Il sera procédé conformément à l'article 703.

Art. 716. – L'acquéreur sera employé par préférence pour le coût de l'extrait des inscriptions et des dénonciations aux créanciers inscrits.

Art. 717. – Tout créancier pourra prendre inscription pour conserver les droits de son débiteur ; mais le montant de la collocation du débiteur sera distribué comme chose mobilière entre tous les créanciers inscrits ou opposants avant la clôture de l'ordre.

Art. 718. – En cas d'inobservation des formalités et délais prescrits par les articles 694 et 711, le poursuivant sera déchu de la poursuite, sans sommation ni jugement. Le juge, dans ce cas, commettra d'office ou sur la réquisition d'une partie, par ordonnance inscrite sur le procès-verbal, un avocat défenseur qui devra faire les poursuites : cette ordonnance ne sera susceptible d'aucun recours.

Sera également déchue de la poursuite la partie qui n'aura pas rempli les obligations à elle imposées par les articles 700 et 702, et le juge pourvoira à son remplacement ainsi qu'il est prescrit ci-dessus.

Le poursuivant déchu ne sera payé de ses frais qu'après la clôture de l'ordre.

Art. 719. – Celui qui, ayant été déclaré adjudicataire dans une vente sur expropriation forcée ou autre vente en justice opérant la purge des privilèges et hypothèques, voudra faire prononcer la radiation des inscriptions avant la clôture de l'ordre, devra consigner son prix et les intérêts échus, sans offres réelles préalables.

Si l'ordre n'est pas ouvert, il en requerra l'ouverture après l'expiration du délai fixé par l'article 685. Il déposera à l'appui de sa réquisition le récépissé de la caisse des consignations et déclarera qu'il entend faire prononcer la validité de la consignation et la radiation des inscriptions.

Dans les huit jours qui suivront l'expiration du délai pour produire, fixé par l'article 695, il fera sommation par exploit à la partie saisie de prendre communication de sa déclaration et de la contester dans les quinze jours, s'il y a lieu. À défaut de contestation dans ce délai, le juge, par ordonnance, sur le procès-verbal, déclarera la consignation valable et prononcera la radiation de toutes les inscriptions existantes, avec maintien de leur effet sur le prix. En cas de contestation, il sera statué par le tribunal, sans retard des opérations de l'ordre.

Si l'ordre est ouvert, l'adjudicataire, après la consignation, fera sa déclaration sur le procès-verbal par un dire signé de lui ou de son avocat défenseur, en y joignant le récépissé de la caisse des consignations. Il sera procédé comme il est dit ci-dessus, après l'échéance du délai des productions.

Art. 720. – Dans le cas d'aliénation non prévu à l'article précédent, l'acquéreur qui, après avoir rempli les formalités de la purge, voudra obtenir la libération définitive de tous privilèges et hypothèques par la voie de la consignation, opérera cette consignation sans offres réelles préalables. À cet effet, il sommera le vendeur de lui apporter dans la quinzaine mainlevée des inscriptions existantes et lui fera connaître le montant des sommes en capital et intérêts qu'il se propose de consigner. Ce délai expiré, la consignation sera réalisée, et dans les trois jours suivants l'acquéreur ou adjudicataire requerra l'ouverture de l'ordre, en déposant le récépissé de la caisse des consignations. Il sera procédé sur sa réquisition conformément aux dispositions ci-dessus.

Art. 721. – Toute contestation relative à la consignation du prix sera formée sur le procès-verbal par un dire motivé. Le juge renverra les contestants devant le tribunal.

L'audience sera poursuivie sur assignation, sans autre procédure que des conclusions motivées.

(Ord. 19 mai 1909) L'article 703 sera applicable.

Le prélèvement des frais sur le prix pourra être prononcé en faveur de l'adjudication ou acquéreur.

Art. 722. – L'adjudication sur folle enchère intervenant dans le cours de l'ordre, et même après le règlement définitif de la délivrance des bordereaux, ne donnera pas lieu à une nouvelle procédure. Le juge modifiera l'état de collocation suivant les résultats de l'adjudication et rendra les bordereaux exécutoires contre le nouvel adjudicataire.

TITRE XI. – DE LA DISTRIBUTION PAR CONTRIBUTION

Art. 723. – Si les deniers saisis-arrêtés ou le prix des ventes ne suffisent pas pour payer les créanciers opposants et si ces créanciers ne s'entendent pas pour la distribution la consignation des sommes à distribuer sera faite dans un délai de quinzaine à compter : pour les sommes saisies-arrêtées, du jour de la signification au tiers saisi du jugement de validité : pour les deniers provenant de ventes ordonnées par justice ou de ventes volontaires suivies d'oppositions, du jour de la clôture de la vente ou, s'il y a terme pour le paiement, du jour où le prix sera exigible.

Art. 724. – La consignation sera faite à la charge de toutes les oppositions, sous déduction des frais du déposant, d'après la taxe du juge doit il sera fait mention dans la déclaration du déposant

Art. 725. – Dans la huitaine après le dépôt, le saisissant, et, à son défaut, la partie la plus diligente, déposera au greffe le certificat des sommes consignées et l'état des oppositions, requerra l'ouverture du procès-verbal de contribution et la nomination d'un juge, commissaire. Cette nomination sera faite par le président, à la suite de la réquisition inscrite par le poursuivant sur le registre des contributions tenu à cet effet au *greffe général*.

Art. 726 *(Mod., L. n° 1.247, 21 déc. 2001)*. – Le juge commissaire convoquera les créanciers opposants, afin de se régler amiablement sur la distribution, dans les formes et délais établis par les articles 686 et 687.

Toutefois, l'ouverture du procès-verbal de contribution amiable et la date de la réunion seront annoncées, en outre, par une insertion au *Journal de Monaco*, dix jours au moins avant celui fixé pour ladite réunion. Les frais d'insertion seront avancés par le requérant.

Seront applicables l'article 688, sauf faculté pour le juge de réduire l'amende jusqu'à 1,5 euro, et l'article 689.

Art. 727. – Si les intéressés sont d'accord, le juge dressera le procès-verbal de la distribution des deniers par règlement amiable. Il ordonnera la mainlevée des oppositions, en tant que ces oppositions frappent ces deniers, et la délivrance par le greffier d'un extrait contenant : 1° les noms et prénoms des créanciers colloqués ; 2° les sommes qui leur sont allouées : 3° mention de l'ordonnance prononçant mainlevée des oppositions.

Art. 728. – Dans les dix jours de la clôture du procès-verbal, cet extrait sera remis par la partie qui aura requis l'ouverture de la contribution, au préposé de la Caisse des consignations, à peine de dommages-intérêts envers les créanciers colloqués à qui ce retard pourra être préjudiciable. La Caisse des consignations, sur la présentation de cet extrait, paiera à chaque créancier le montant de sa collocation.

Art. 729. – À défaut de règlement amiable dans le délai de trente jours à compter de la date de la convocation, le juge constatera sur le procès-verbal que les créanciers n'ont pu se régler entre eux ; il déclarera la distribution ouverte et ordonnera que les créanciers seront sommés de produire.

Cette partie du procès-verbal ne pourra être expédiée ni signifiée.

Art. 730. – Dans les huit jours de l'ouverture de la contribution, les créanciers opposants seront sommés de produire, et la partie saisie de prendre communication, des pièces produites et de contester s'il y échet.

Art. 731. – Dans les trente jours de la sommation, tous créanciers devront produire leurs titres au greffe avec acte contenant demande en collocation.

Art. 732. – Le même acte contiendra la demande à fin de privilège.

Néanmoins le bailleur pourra appeler la partie saisie et le plus ancien opposant devant le juge commissaire pour faire statuer préliminairement sur son privilège. Le même droit appartiendra à tout créancier gagiste.

Art. 733. – Les frais de poursuite seront prélevés, par privilège, avant toute créance autre que celle du bailleur et des créanciers privilégiés à raison d'un gage. Seront toutefois privilégiés, même vis-à-vis du bailleur et des créanciers gagistes, tous frais qui leur auront profité.

Art. 734. – L'expiration du délai fixé par l'article 731 emportera de plein droit déchéance contre les créanciers non produisants, même contre ceux qui, à défaut d'opposition, n'auront pas été sommés. Le juge la constatera immédiatement et d'office sur le procès-verbal et, dans les quinze jours suivants, dressera l'état de distribution sur les pièces produites.

Art. 735. – La clôture du procès-verbal sera dénoncée aux créanciers produisants et au saisi, conformément à l'article 698, et les intéressés devront contredire, à peine de forclusion, dans le délai fixé par cette disposition.

Art. 736. – S'il n'y a point de contestation, le juge sera tenu, dans les quinze jours qui suivront l'expiration du délai pour contredire, de faire la clôture de son procès-verbal et d'arrêter la distribution des deniers. Il liquidera les frais de poursuites ; il liquidera, en outre, les frais de chaque créancier colloqué en rang utile et ordonnera la délivrance par le greffier, à l'expiration du délai d'opposition, d'un extrait contenant les énonciations prescrites par l'article 727.

Cet extrait sera déposé dans les dix jours suivants, comme il est dit à l'article 728. Sur sa présentation, la Caisse des consignations paiera à chaque créancier le montant de sa collocation.

Art. 737. – S'il s'élève des difficultés, tout contestant devra motiver son dire et produire toutes pièces à l'appui ; le juge renverra les contestants à l'audience qu'il fixera et désignera, en même temps, la partie chargée de suivre l'audience. Néanmoins, il arrêtera la contribution pour les créances privilégiées, si elles ne sont pas contestées. Si, parmi les créances privilégiées, quelques-unes seulement sont contestées, il pourra arrêter les contributions pour les créances privilégiées non contestées en réservant somme suffisante pour désintéresser les autres créanciers.

Le créancier contestant, celui contesté, la partie saisie et le plus ancien opposant seront seuls en cause ; le poursuivant ne pourra être appelé en cette qualité.

(Ord. 19 mai 1909) Il sera procédé, en première instance et en appel, conformément aux articles 702 et 703.

Art. 738 *(Ord. 19 mai 1909)*. – Après l'expiration du délai fixé pour l'appel et. en cas d'appel, après la signification de l'arrêt au domicile élu, le juge clora son procès-verbal, ainsi qu'il est prescrit à l'article 736.

Art. 739. – Les dépens des contestations ne pourront être pris sur les deniers faisant l'objet de la contribution. Toutefois, le créancier dont la collocation rejetée d'office, malgré une production suffisante, aura été admise par le tribunal sans être contestée par aucun créancier, pourra employer ses dépens sur la somme à distribuer comme accessoire de sa créance.

Les frais du plus ancien des opposants seront colloqués par privilège sur le montant de la somme à distribuer.

Art. 740. – Les intérêts des sommes admises en distribution cesseront du jour de la clôture du procès-verbal de distribution, s'il ne s'élève pas de contestation ; et, en cas de contestation, du jour de la signification du jugement qui aura statué.

Art. 741. – Les dispositions des articles 707, 708 et 718 sont applicables à la distribution par contribution. Il en est de même de l'article 709 en ce qui concerne les créanciers et la partie saisie.

Art. 742. – Si la somme à distribuer n'excède pas deux mille francs (1), les règles ci-dessus édictées ne seront observées qu'en ce qui concerne le règlement amiable.

À défaut d'accord dans le délai fixé par l'article 729, les créanciers opposants seront sommés de produire devant le juge-commissaire au jour et à l'heure indiqués par lui ; tous autres créanciers pourront comparaître aux mêmes fins. Le juge dressera procès-verbal de leurs demandes, productions et observations et, dans la quinzaine suivante, arrêtera définitivement la distribution.

L'ordonnance du juge pourra être frappée d'opposition dans la huitaine. Cette opposition sera formée et jugée comme il est dit à l'article 709.

PARTIE II. – PROCÉDURES DIVERSES

LIVRE I

TITRE I. – DES OFFRES DE PAIEMENT ET DE LA CONSIGNATION

Art. 743. – Tout procès-verbal d'offres désignera l'objet offert, de manière qu'on ne puisse y en substituer un autre ; et si ce sont des espèces, il en contiendra l'énumération et la qualité.

Art. 744. – Le procès-verbal fera mention de la réponse, du refus ou de l'acceptation du créancier, et s'il a signé, refusé ou déclaré ne pouvoir signer.

Art. 745. – Si le créancier refuse les offres, le débiteur pourra, pour se libérer, consigner la somme ou la chose offerte.

Art. 746. – Pour que la consignation soit valable et libératoire, il faudra ;

1° Qu'elle ait été précédée d'un avertissement signifié au créancier, contenant l'indication du jour, de l'heure et du lieu où elle sera effectuée ;

2° Que le débiteur se soit dessaisi de la chose offerte en la remettant, s'il s'agit d'une somme d'argent, à la Caisse des dépôts et consignations, avec les intérêts jusqu'au jour du dépôt ; s'il s'agit de toute autre chose, au lieu indiqué soit par le président du tribunal sur requête, soit par le tribunal sur la demande en validité, au cas où cette demande précéderait la consignation ;

3° Que le récépissé délivré par le préposé à la Caisse des dépôts et consignations ou le procès-verbal de dépôt renfermant les énonciations prescrites en l'article 743, si le dépôt a été fait autre part, soit signifié au créancier avec sommation de retirer la chose déposée.

Art. 747. – La sommation ci-dessus et la consignation seront toujours faites à la charge des oppositions, s'il en existe, et en les dénonçant au créancier et au dépositaire.

Art. 748. – Les frais des offres réelles et de la consignation seront à la charge du créancier, si elles sont valables.

Art. 749. – Tant que la consignation n'aura point été acceptée par le créancier, le débiteur pourra la retirer ; et s'il la retire, ses codébiteurs ou ses cautions ne seront point libérés.

(1) Conversion en euros : V. Ord. n° 13.827, 15 déc. 1998 (*Journal de Monaco*, 18 déc. 1998).

Art. 750. – Lorsque le débiteur aura lui-même obtenu un jugement passé en force de chose jugée, qui aura déclaré ses offres et sa consignation bonnes et valables, il ne pourra plus, même du consentement du créancier, retirer sa consignation au préjudice de ses codébiteurs ou de ses cautions.

Art. 751. – Le créancier qui aura consenti que le débiteur retire sa consignation après qu'elle aura été déclarée valable par un jugement ayant force de chose jugée ne pourra plus, pour le paiement de sa créance, exercer les privilèges ou hypothèques qui y étaient attachés ; il n'aura plus d'hypothèque que du jour où l'acte par lequel il aura consenti que la consignation fût retirée aura été revêtu des formes requises pour emporter l'hypothèque.

Art. 752. – La demande qui pourra être intentée, soit en validité, soit en nullité des offres ou de la consignation, sera formée d'après les règles établies pour les demandes principales ; si elle est incidente, elle le sera conformément à l'article 379.

Art. 753. – Le jugement qui déclarera les offres valables ordonnera, dans le cas où le dépôt n'aurait pas encore eu lieu, que, faute par le créancier d'avoir reçu la somme ou la chose offerte, elle sera consignée ; il prononcera la cessation des intérêts du jour de la réalisation.

TITRE II. – DE LA SAISIE-GAGERIE

Art. 754. – Les propriétaires et principaux locataires de maisons ou biens ruraux, soit qu'il y ait un bail écrit, soit qu'il n'y en ait pas, pourront, un jour après sommation à leur débiteur, faire saisir-gager, pour loyers ou fermages échus, les effets et fruits étant dans lesdites maisons ou bâtiments ruraux et sur les terres.

Ils pourront même faire saisir-gager à l'instant, en vertu de la permission qu'ils en auront obtenue, soit du président du *tribunal de première instance*, soit du juge de paix.

Ils pourront aussi saisir les meubles qui garnissaient la maison ou la ferme lorsqu'ils auront été déplacés sans leur consentement ; et ils conserveront sur eux leur privilège, pourvu qu'ils en aient fait la revendication conformément à l'article 1939 du Code civil.

Art. 755. – Pourront les effets des sous-fermiers et sous-locataires garnissant les lieux par eux occupés, et les fruits des terres qu'ils sous-louent, être saisis-gagés pour les loyers et fermages dus par le locataire ou fermier de qui ils tiennent ; mais ils obtiendront mainlevée en justifiant qu'ils ont payé sans fraude et sans qu'ils puissent opposer des paiements faits par anticipation.

Art. 756. – La saisie-gagerie sera faite en la même forme que la saisie-exécution ; et s'il y a des fruits, elle sera faite dans la forme établie pour la saisie-brandon.

Art. 757. – Le saisissant sera de droit gardien des effets, s'ils sont entre ses mains ; sinon l'huissier en confiera la garde à un tiers.

Art. 758. – Il ne pourra être procédé à la vente sur la saisie-gagerie qu'après qu'elle aura été déclarée valable.

Le gardien qui ne représentera pas les effets sera passible, suivant les cas, des peines portées aux articles 398, 399 et 406 du Code pénal.

TITRE III. – DES MESURES CONSERVATOIRES

(Intitulé mod., Ord.-L. n° 671, 2 oct. 1959).

Art. 759 *(L. 7 août 1937)*. – Tout créancier pourra, même pour une dette non échue, sans sommation préalable, mais avec permission du président du tribunal de première instance ou du juge de paix, faire saisir conservatoirement les effets mobiliers appartenant à son débiteur, lorsqu'il y aura lieu de craindre soit la fuite de ce dernier, soit le détournement de ses effets.

Art. 760. – L'autorisation de saisir dans les cas prévus par l'article précédent, pourra être subordonnée à l'obligation pour le créancier de donner caution ou de justifier d'une solvabilité suffisante, à moins qu'elle ne soit demandée par un créancier privilégié sur les effets à saisir, ou par le porteur d'une lettre de change conformément à l'article 135 du Code de commerce.

Elle devra être révoquée, si le débiteur fournit caution pour la valeur des effets saisis ou pour le montant de la dette.

Art. 761. – Le juge pourra permettre la saisie conservatoire même les jours de fête légale, en cas d'extrême urgence.

Art. 762. – Seront, au surplus, observées les dispositions des articles 757 et 758.

Art. 762 *bis* *(Ord.-L. n° 671, 2 oct. 1959)*. – Si le recouvrement de la créance semble en péril, le président du tribunal de première instance peut, exceptionnellement, autoriser le créancier à prendre une inscription provisoire de nantissement sur fonds de commerce ; le créancier doit produire un extrait du répertoire concernant le fonds pour lequel il requiert inscription.

Cette dernière est opérée, à peine de nullité, dans la quinzaine de l'ordonnance, pour le montant que celle-ci détermine en principal et accessoires, sur remise d'une expédition et dépôt de deux bordereaux établis comme il est dit à l'article 3 de l'ordonnance du 23 juin 1907 sur le nantissement des fonds de commerce.

Dans les trois mois de l'inscription provisoire, le créancier devra saisir le tribunal au fond.

Une inscription définitive sera prise, sur présentation de la grosse, dans les trois mois du jour où la décision au fond aura acquis l'autorité de la chose jugée ; elle se substituera rétroactivement à l'inscription provisoire.

Si le tribunal n'a pas été saisi ou si l'inscription n'a pas été prise dans les délais fixés aux deux alinéas qui précèdent, l'inscription provisoire deviendra rétroactivement sans effet et sa radiation pourra être demandée, par toute partie intéressée, aux frais de l'inscrivant, au président du tribunal de première instance saisi par voie de référé.

Les dispositions non contraires de l'ordonnance du 23 juin 1907, susvisée, s'appliquent. Toutefois, celles relatives à la saisie et à la réalisation du fonds ne peuvent être invoquées par le créancier bénéficiaire d'une inscription provisoire.

Art. 762 *ter* *(Ord.-L. n° 671, 2 oct. 1959)*. – Sous les conditions prévues à l'article précédent, le président pourra également autoriser le créancier à prendre une inscription provisoire d'hypothèque judiciaire sur les immeubles de son débiteur. Cette inscription ne prend rang qu'à sa date.

Elle sera opérée à peine de nullité, dans la quinzaine de l'ordonnance, sur remise d'une expédition et dépôt des deux bordereaux visés par l'article 1988 du Code civil contenant :

1° La désignation du créancier, l'élection de domicile et la désignation du débiteur conformément aux dispositions des chiffres 1 et 2 du susdit article 1988 ;

2° L'indication de l'ordonnance et de sa date ;

3° L'indication du capital de la créance éventuelle dont le montant a été fixé par ladite ordonnance et ses accessoires ;

4° La désignation de chacun des immeubles sur lesquels l'inscription a été ordonnée conformément aux dispositions du chiffre 5 de l'article 1988.

Dans les trois mois de l'inscription provisoire, le créancier devra saisir le tribunal au fond.

Une inscription définitive, conforme aux dispositions de l'article 1988 du Code civil, sera prise, sur présentation de la grosse, dans les trois mois du jour où la décision au fond aura acquis l'autorité de la chose jugée ; elle se substituera rétroactivement à l'inscription provisoire et son rang sera fixé à la date de cette dernière dans la limite des sommes conservées par celle-ci.

Si le tribunal n'a pas été saisi ou si l'inscription n'a pas été prise dans les délais fixés aux deux alinéas qui précèdent, l'inscription provisoire deviendra rétroactivement sans effet et sa radiation pourra être demandée, par toute partie intéressée, aux frais de l'inscrivant, au président du tribunal de première instance, par voie de référé.

Art. 762 *quater* *(Ord.-L. n° 671, 2 oct. 1959)*. – Dans le cas de nantissement ou d'hypothèque, l'ordonnance devra être notifiée au débiteur, dans la quinzaine de l'inscription, avec élection de domicile, à peine de nullité du nantissement ou de l'hypothèque.

La radiation ou le cantonnement de l'inscription provisoire de nantissement ou d'hypothèque, prise à titre conservatoire, pourra, s'il y a lieu, être ordonnée par le juge des référés, sur consignation entre les mains du séquestre, par lui désigné, des sommes suffisantes pour garantir la créance en principal, intérêts et frais, avec affectation spéciale à ladite créance.

Dans le cas, soit de désistement ou de péremption d'instance, soit de désistement d'action, la mainlevée non consentie de l'inscription provisoire de nantissement ou d'hypothèque sera donnée par le président, sur simple requête, et la mainlevée ou la radiation en sera opérée sur le dépôt de son ordonnance passée en force de chose jugée.

Si la juridiction saisie au fond ne reconnaît pas la créance, elle ordonne, dans la même décision, la radiation de l'inscription de nantissement ou d'hypothèque prise à titre conservatoire ; le tribunal pourra, en tout état de cause, avant même d'avoir statué sur le fond, ordonner la radiation totale ou partielle de l'inscription, si le débiteur justifie de motifs sérieux et légitimes.

Art. 762 *quinquies* *(Ord.-L. n° 671, 2 oct. 1959)*. – À dater de l'inscription provisoire et jusqu'à l'inscription définitive, le débiteur ne pourra, à peine de nullité, consentir un bail ou donner le fonds en gérance libre sans autorisation de justice, constituer des droits réels opposables au créancier poursuivant, ni toucher par anticipation ou céder des revenus pour plus d'une année.

TITRE IV. – DE LA SAISIE-REVENDICATION

Art. 763. – Il ne pourra être procédé à aucune saisie-revendication qu'en vertu d'une ordonnance du président du tribunal de première instance, ou d'une permission du juge de paix dans les cas prévus à l'article 9 du présent Code, et ce à peine de dommages-intérêts tant contre la partie que contre l'huissier qui aura procédé à la saisie.

Art. 764. – Toute requête à fin de saisie-revendication désignera sommairement les effets revendiqués.

Art. 765. – Le juge pourra permettre la saisie-revendication même les jours de fête légale.

Art. 766. – Si celui chez qui sont les effets qu'on veut revendiquer refuse les portes ou s'oppose à la saisie, il sera sursis à la saisie par l'huissier, qui pourra établir gardien aux portes, et il en sera référé au président du tribunal ou au juge de paix, qui pourra autoriser le recours à la force publique.

Art. 767. – La saisie-revendication sera faite en la même forme que la saisie-exécution. Celui chez qui elle sera faite pourra être constitué gardien.

TITRE V. – DE LA RÉALISATION DU GAGE

Art. 768. – Le créancier nanti d'un gage, qui, à défaut de paiement, voudra se faire autoriser à en poursuivre la réalisation conformément à l'article 1914 du Code civil, présentera requête au président du tribunal de première instance. La requête contiendra l'énonciation de la somme due et la désignation de la chose donnée en nantissement. Les pièces à l'appui y seront jointes.

Art. 769. – Si le créancier demande que le gage lui soit attribué en paiement jusqu'à due concurrence, l'ordonnance, mise à la suite de la requête, désignera un expert ou, s'il y a lieu, exceptionnellement, plusieurs experts pour procéder à l'estimation.

Art. 770. – Si le créancier requiert la vente du gage aux enchères, l'ordonnance en fixera les lieu, jour et heure et désignera l'officier public chargé d'y procéder.

La vente ne pourra avoir lieu que huit jours au plus tôt après l'expiration du délai déterminé à l'article suivant.

On se conformera pour le surplus, selon la nature du gage, aux règles édictées au titre *De la saisie-exécution* ou au titre *De la vente des valeurs mobilières*.

Art. 771. – Le débiteur et le tiers donneur de gage, s'il y en a un, pourront se pourvoir en référé contre l'ordonnance rendue à la requête du créancier, pendant un délai de six jours francs à compter de la signification qui leur en sera faite.

Art. 771-1 *(L. n° 1.224, 28 déc. 1999).* – Les dispositions du présent titre ne sont pas applicables aux gages que la loi répute actes de commerce.

TITRE VI. – DE LA VENTE DES EFFETS OU OBJETS MOBILIERS ABANDONNÉS CHEZ LES AUBERGISTES, HÔTELIERS, LOGEURS, OUVRIERS, COMMERÇANTS OU INDUSTRIELS

(Intitulé mod., Ord.-L. n° 667, 10 août 1959).

Art. 772 *(Ord.-L. n° 667, 10 août 1959).* – Les aubergistes, hôteliers ou logeurs pourront, un an après le départ du voyageur ayant logé chez eux, et même plus tôt en cas d'urgence, se faire autoriser à vendre les effets mobiliers abandonnés par lui au moment de ce départ.

La même autorisation pourra être accordée aux ouvriers, commerçants ou industriels, en ce qui concerne les objets mobiliers qui leur auront été confiés pour être travaillés, façonnés, réparés ou nettoyés et qui n'auront pas été retirés dans un délai de deux ans.

Art. 773. – L'autorisation sera demandée et accordée dans les formes indiquées pour la réalisation du gage.

L'ordonnance du président évaluera, s'il y a lieu la somme due au dépositaire en vertu de l'article 1786 du Code civil.

Art. 774. – L'ordonnance ne sera signifiée au propriétaire que dans le cas où son domicile sera connu.

Le propriétaire pourra se pourvoir en référé jusqu'à la vente.

Art. 775. – Lorsque les objets abandonnés seront fermés, l'officier chargé de la vente fera procéder à leur ouverture et en vérifiera le contenu en présence du dépositaire ; il dressera procès-verbal de son opération.

Si lesdits effets contiennent des objets précieux, il en référera de suite au président qui, par une nouvelle ordonnance, pourra fixer la mise à prix, changer le jour de la vente et prescrire une publication spéciale.

Art. 776. – La vente aura lieu conformément à l'article 770.

Art. 777. – Sur le produit de la vente, et après le prélèvement des frais, l'officier public paiera la créance du dépositaire et versera le surplus, dans la huitaine de la vente, à la Caisse des dépôts et consignations, au nom du propriétaire.

Si les frais ne sont pas couverts par le produit de la vente, l'excédent sera à la charge du requérant, sauf son recours contre le propriétaire.

Le montant de la consignation en principal et intérêts – sera acquis de plein droit au Trésor, deux ans après le dépôt, s'il n'y a eu dans l'intervalle réclamation de la part du propriétaire, de ses représentants ou de ses créanciers.

TITRE VII. – DE LA PURGE DES PRIVILÈGES ET HYPOTHÈQUES ET DE LA SURENCHÈRE SUR ALIÉNATION VOLONTAIRE

Art. 778. – L'acquéreur d'un immeuble qui voudra se garantir de l'effet des poursuites autorisées par les articles 2004 et suivants du Code civil déposera au greffe général une expédition de son contrat portant mention de la transcription effectuée au bureau du conservateur des hypothèques, ainsi que l'état des inscriptions prises sur ledit immeuble.

Art. 779. – S'il a acquis l'immeuble autrement qu'à titre de vente, il devra en faire l'évaluation par une déclaration qui sera inscrite à la suite du procès-verbal de dépôt.

Dans le cas où son titre comprendrait des immeubles et des meubles ou plusieurs immeubles, les uns hypothéqués, les autres non hypothéqués, aliénés pour un seul et même prix, il sera tenu de déterminer par une ventilation et dans la même forme le prix de chaque immeuble frappé d'inscriptions particulières et séparées.

Le créancier surenchérisseur ne pourra, en aucun cas, être contraint d'étendre sa soumission ni sur le mobilier, ni sur d'autres immeubles que ceux qui sont hypothéqués à sa créance, sauf le recours du nouveau propriétaire contre ses auteurs pour l'indemnité du dommage qu'il il éprouverait, soit de la division des objets de son acquisition, soit de celle des exploitations.

Art. 780. – L'acquéreur notifiera le dépôt de son titre aux créanciers inscrits, aux domiciles par eux élus dans leurs inscriptions, en déclarant qu'il est prêt à acquitter sur-le-champ les dettes et charges hypothécaires, jusqu'à concurrence seulement du prix, sans distinction entre les dettes exigibles ou non exigibles.

Cette notification devra avoir lieu, soit avant toutes poursuites, soit dans les trente jours, au plus tard, après la première sommation de payer ou de délaisser, à peine de déchéance.

Art. 781. – Dans les trente jours qui suivront la notification du dépôt prévu à l'article précédent, tout créancier privilégié ou hypothécaire inscrit ou dispensé d'inscription pourra requérir la mise aux enchères de l'immeuble.

Art. 782. – La mise aux enchères sera requise par une déclaration au greffe, inscrite à la suite du procès-verbal de dépôt et signée du requérant ou de son fondé de pouvoir spécial.

Cette déclaration contiendra la soumission de porter ou faire porter le prix à un dixième en sus de celui qui aura été stipulé au contrat ou déclaré par le nouveau propriétaire, si l'immeuble a été acquis autrement qu'à titre de vente ou de donation et l'offre de donner caution jusqu'à concurrence du prix et des charges.

Art. 783. – La soumission de la caution sera mentionnée à la suite de la déclaration de surenchère. Il en sera de même, si le surenchérisseur offre un gage, à défaut de caution, de l'acte constatant la réalisation du nantissement.

Les titres établissant la solvabilité de la caution seront déposés au greffe, ainsi que la copie de la procuration pour surenchérir, s'il y en a.

Art. 784. – La surenchère sera notifiée par exploit, dans la huitaine, au nouveau propriétaire, au débiteur principal et au précédent propriétaire, même non tenu de la dette. Le même acte contiendra :

1° Mention des actes de soumission de la caution ou de réalisation du nantissement et du dépôt des titres de solvabilité au greffe ;

2° Assignation à six jours francs pour une audience éventuelle, où il sera statué sur la validité de la surenchère et la réception de la caution, si elles sont contestées ;

3° La date de l'adjudication, laquelle ne pourra avoir lieu moins de quinze jours ni plus de quarante après celui de l'audience éventuelle.

Art. 785. – Le créancier qui aura formé une réquisition de mise aux enchères ne pourra se désister que du consentement exprès de tous les autres créanciers inscrits.

En cas de collusion, fraude ou négligence de sa part, chacun de ces créanciers pourra demander à se faire subroger à la poursuite. Le même droit appartiendra au nouveau propriétaire.

La subrogation sera demandée par exploit d'assignation ; elle aura lieu aux risques et périls du surenchérisseur, sa caution continuant à être obligée.

Art. 786. – Les contestations sur la validité de la surenchère, la réception de la caution ou le nantissement, et tous moyens de nullité concernant la déclaration de surenchère et l'assignation seront formulés, à peine de déchéance, trois jours au moins avant l'audience éventuelle, par un dire inscrit à la suite de la réquisition de mise aux enchères. Il y sera statué à ladite audience.

Art. 787. – Si la caution est rejetée, la surenchère sera déclarée nulle et l'acquéreur maintenu, à moins qu'il n'ait été fait une autre surenchère valable.

Art. 788. – S'il n'est soulevé aucune contestation ni moyen de nullité, il sera passé outre sans jugement à l'accomplissement des formalités de publicité.

Art. 789. – Trente jours au plus tôt et vingt jours au plus tard avant l'adjudication, le poursuivant fera insérer dans le *Journal de Monaco* une annonce contenant :

1° La date et la nature de l'acte d'aliénation sur lequel la surenchère a été faite, et, le cas échéant, le nom de l'officier public qui l'a reçu ;

2° L'indication sommaire de la nature et de la situation des biens aliénés ;

3° Le prix énoncé dans l'acte, s'il s'agit d'une vente, ou l'évaluation donnée aux immeubles dans la notification aux créanciers inscrits, s'il s'agit d'un échange ou d'un acte à titre gratuit ;

4° Le montant de la surenchère ;

5° Les noms, professions, domiciles du précédent et du nouveau propriétaire, et ceux du surenchérisseur ou du créancier qui lui aurait été subrogé ;

6° L'indication des jour, lieu et heure de l'adjudication.

Art. 790. – Dans le même délai, l'annonce mentionnée à l'article précédent sera affichée en forme de placards aux lieux désignés en l'article 605.

Art. 791. – Les insertions et l'apposition des placards seront constatées comme en matière de saisie immobilière.

Art. 792. – Le président du tribunal pourra, par ordonnance non susceptible de recours, rendue sur la requête du poursuivant, modifier les conditions de la publicité légale, suivant la nature et l'importance des biens saisis.

Art. 793. – Dans le délai fixé par l'article 789, l'acte d'aliénation sera déposé au greffe et tiendra lieu de minute d'enchère.

Le prix porté dans l'acte ou la valeur déclarée et le montant de la surenchère tiendront lieu d'enchère.

Art. 794. – Les moyens de nullité contre les formalités postérieures à l'audience éventuelle seront proposés par un dire à la suite de la réquisition de mise aux enchères, trois jours au moins avant l'adjudication, sous peine de déchéance.

Art. 795. – L'action résolutoire fondée sur le défaut de paiement du prix des anciennes aliénations devra, sous la même peine, être formée dans le même délai et mentionnée comme il est dit en l'article précédent, sauf l'application du deuxième paragraphe de l'article 640.

Art. 796. – Le surenchérisseur, même en cas de subrogation à la poursuite, sera déclaré adjudicataire, si au jour fixé pour l'adjudication il ne se déclare pas d'autres surenchérisseur.

Art. 797. – Sont applicables en cas de surenchère sur aliénation volontaire les articles 607 à 610, 612 à 620, 629 à 634, 639 § 1, à moins que l'adjudicataire ne soit l'acquéreur lui-même, 656 à 664.

Art. 798. – Seront observés à peine de nullité les formalités et délais déterminés par les articles 781, 782, 783, 784, 789, 790, 793, ainsi que ceux édictés par les dispositions auxquelles il est renvoyé en l'article précédent et qui sont prescrits sous la même peine.

Art. 799. – Aucun jugement par défaut en matière de surenchère sur aliénation volontaire ne sera susceptible d'opposition.

(Ord. 19 mai 1909) Seront seuls susceptibles d'appel les jugements qui statueront sur les contestations prévues à l'article 786 et sur la demande en subrogation intentée pour fraude ou collusion.

Art. 800. – L'adjudication par suite de surenchère sur aliénation volontaire ne pourra être frappée de surenchère.

Art. 801. – L'adjudicataire après surenchère sera tenu, au-delà du prix de son adjudication, de restituer à l'acquéreur dépossédé les frais et loyaux coûts de son contrat, ceux de la transcription sur les registres du conservateur, ceux de notification et ceux faits par lui pour parvenir à la revente.

Il ne devra les intérêts de son prix et n'aura droit aux fruits et revenus que du jour de l'adjudication. L'acquéreur évincé devra jusqu'au même jour les intérêts de son prix ; mais il ne sera pas tenu de la restitution des fruits perçus antérieurement.

Art. 802. – Après l'adjudication, la purge des hypothèques légales non inscrites, si elle n'a pas eu lieu, se fera comme au cas d'aliénation volontaire, et les droits des créanciers à hypothèques légales ne pourront plus s'exercer que sur le prix.

TITRE VIII. – DES VOIES À PRENDRE POUR AVOIR EXPÉDITION OU COPIE D'UN ACTE

Art. 803. – Le notaire ou autre dépositaire qui refuse de délivrer expédition ou copie d'un acte aux parties intéressées en nom direct, héritiers ou ayants droit, sera cité en référé devant le président du tribunal de première instance.

Art. 804. – La partie qui voudra obtenir copie d'un acte non enregistré ou même resté imparfait présentera sa requête au président du tribunal de première instance, sauf l'exécution des lois et règlements relatifs à l'enregistrement.

Art. 805. – La délivrance sera faite, s'il y a lieu, en exécution de l'ordonnance mise en suite de la requête, et il en sera fait mention au bas de la copie délivrée.

Art. 806. – En cas de refus de la part du notaire ou dépositaire, il en sera référé au président du tribunal de première instance.

Art. 807. – Lorsqu'il y aura lieu à délivrer une seconde expédition exécutoire ou grosse, soit d'une minute d'acte, soit par forme d'ampliation sur une grosse déposée, si les parties sont d'accord, le notaire dressera acte de leur consentement et délivrera la seconde grosse ; mention de l'acte constatant le consentement sera faite au bas de la seconde grosse, ainsi que de la somme pour laquelle on pourra exécuter, si la créance est acquittée ou cédée en partie.

Art. 808. – En cas de contestation, les parties se pourvoiront en référé.

Si le président ordonne la délivrance de la seconde grosse, le demandeur fera, en vertu de l'ordonnance, sommation au notaire pour l'opérer à jour et à heure indiqués et aux parties intéressées pour y être présentes.

Art. 809. – Celui qui voudra se faire délivrer expédition ou extrait d'un acte dans lequel il n'aura pas été partie, présentera requête au président du *tribunal de première instance*, qui autorisera ou refusera la délivrance, suivant les circonstances.

Si la délivrance est ordonnée, le requérant se conformera aux prescriptions du deuxième paragraphe de l'article précédent.

Art. 810. – Si les frais et déboursés de la minute de l'acte sont dus au dépositaire, il pourra refuser expédition tant qu'il ne sera pas payé desdits frais, outre ceux d'expédition.

Art. 811. – Les parties pourront collationner l'expédition ou copie à la minute, dont lecture sera faite par le dépositaire ; si elles prétendent qu'elles ne sont pas conformes, il en sera référé au président du tribunal de première instance, lequel fera la collation ; à cet effet, le dépositaire sera tenu d'apporter la minute. Les frais du procès-verbal, ainsi que ceux du transport du dépositaire, seront avancés par le requérant.

Art. 812. – Les greffiers et dépositaires des registres publics en délivreront, sans ordonnance de justice expédition, copie ou extrait, à tous requérants, à la charge de leurs droits, à peine de dépens, dommages et intérêts.

Art. 813. – Lorsqu'il y aura lieu à délivrer une seconde expédition exécutoire d'un jugement à la même personne, si les parties sont d'accord, elles feront constater leur consentement, soit par acte passé devant notaire, soit par acte fait au greffe général, et le greffier délivrera la seconde grosse. Mention de l'acte constatant le consentement sera faite au bas de la seconde grosse.

En cas de contestation, il sera procédé comme il est dit à l'article 808.

TITRE IX. – DE LA RECTIFICATION DES ACTES DE L'ÉTAT CIVIL

Art. 814. – Celui qui voudra faire ordonner la rectification d'un acte de l'état civil présentera requête au président du tribunal de première instance et il sera procédé conformément à l'article 850.

Toutefois les juges pourront ordonner, s'ils l'estiment convenable, que les parties intéressées seront appelées et que le conseil de famille sera préalablement convoqué. En ce cas, la demande sera introduite, instruite et jugée dans les formes ordinaires. Il en sera de même toutes les fois qu'il y aura contestation de la part des tiers ou du ministère public intervenant comme partie principale.

Art. 815. – Aucune rectification, aucun changement, ne pourront être faits sur l'acte ; mais les jugements de rectification seront inscrits sur les registres par l'officier de l'état civil, aussitôt qu'ils lui auront été remis ; mention en sera faite en marge de l'acte réformé ; et l'acte ne sera plus délivré qu'avec les rectifications ordonnées, à peine de tous dommages-intérêts contre l'officier qui l'aurait délivré.

TITRE X. – DE L'INTERVENTION DE JUSTICE QUANT AUX DROITS DES ÉPOUX

(L. n° 886, 25 juin 1970)

Art. 816. – Hors les cas où compétence est attribuée à une autre juridiction, l'époux qui demande l'application des dispositions contenues au titre V du livre III du Code civil, se pourvoira devant le tribunal de première instance dans les formes et conditions fixées par l'article 850 du présent code.

Art. 817. – Faute par un époux de contribuer aux charges du mariage conformément à l'article 185 du Code civil, son conjoint peut obtenir du juge tutélaire l'autorisation de saisir-arrêter et de toucher une part des salaires, gains et revenus de l'époux débiteur.

Les deux époux sont appelés devant ce magistrat par lettre recommandée du greffier mentionnant l'objet de la demande de l'obligation pour les parties de comparaître en personne, sauf empêchement absolu et dûment justifié.

L'ordonnance rendue est exécutoire par provision, nonobstant opposition ou appel. Sa signification au conjoint et aux tiers saisis vaudra attribution à l'époux demandeur, sans autre procédure, des sommes dont la saisie est autorisée.

Cette ordonnance peut toujours être modifiée à la requête de l'un des époux, lorsque la modification est justifiée par un changement dans la situation respective des conjoints.

Art. 818 *(Abr., L. n° 886, 25 juin 1970).*

TITRE XI. – DES MODIFICATIONS APPORTÉES AUX CONVENTIONS MATRIMONIALES EN COURS DE MARIAGE

(L. n° 886, 25 juin 1970)

Art. 819. – L'instance en homologation de l'acte portant modification du régime matrimonial ou des conventions matrimoniales est introduite devant le tribunal de première instance par requête. Toutes les personnes qui étaient parties aux conventions modifiées sont appelées en cause, mais non leurs héritiers si elles sont décédées.

La requête est publiée à la diligence des requérants, par extraits au *Journal de Monaco*.

Elle est également déposée au Greffe général pour être mentionnée, par le greffier en chef, sur un registre *ad hoc*.

Si un époux est commerçant, elle est en outre mentionnée au répertoire du commerce et de l'industrie. Toute personne justifiant d'un intérêt moral ou pécuniaire peut intervenir à l'instance.

Art. 820. – Le tribunal statue dans les formes et conditions prévues à l'article 850 du présent code. Le jugement ne peut être rendu qu'un mois après l'accomplissement de la dernière mesure de publicité prévue à l'article 819.

Art. 821. – Le ministère public fait mentionner en marge de l'acte de mariage la décision d'homologation devenue irrévocable.

Un extrait de la décision est, à la diligence du greffier en chef, inscrit sur le registre visé à l'article 819 et, si l'un des époux est commerçant, mentionné au répertoire du commerce et de l'industrie.

Le greffier en chef en adresse une expédition au notaire qui a reçu l'acte modifié. Ce notaire mentionne la décision en marge de son acte dont il ne peut plus délivrer d'expédition, sans expédier à la suite la décision d'homologation.

Art. 822. – Sur simple demande, le greffier délivre à tout requérant un certificat indiquant si le registre visé à l'article 819 porte mention, soit d'une requête tendant à l'homologation de l'acte modificatif du régime matrimonial ou des conventions matrimoniales, soit d'une décision prononçant cette homologation.

Art. 823. – Sauf fraude, aucune tierce opposition n'est recevable contre la décision d'homologation.

Art. 824. – Les dispositions des articles 819 et 820 sont applicables à la procédure de la séparation de biens judiciaire.

Cependant, des mesures conservatoires peuvent être prescrites par le Président du tribunal de première instance, par ordonnance rendue sur requête.

Art. 825. – Les créanciers de l'époux défendeur pourront jusqu'au jugement définitif, sommer l'époux demandeur de leur communiquer la demande en séparation ainsi que les pièces justificatives, et même intervenir dans l'instance pour contester la demande ou conserver leurs droits.

Art. 826. – L'aveu du défendeur ne fait pas preuve, alors même qu'il n'y aurait pas de créanciers.

Art. 827. – Les mesures de publicité prévues par l'article 821 sont applicables à la décision de séparation de biens. Elles doivent être effectuées dans le mois où cette décision est devenue irrévocable.

Art. 828. – Sauf fraude, aucune tierce opposition n'est recevable contre la décision de séparation de biens.

Art. 829. – L'action exercée en vertu de l'article 1252 du Code civil est portée devant la chambre du conseil du tribunal de première instance.

La décision irrévocable pourra, à la diligence de l'époux qui l'a obtenue, être publiée par extraits au *Journal de Monaco* et mentionnée au registre visé à l'article 819 du Code de procédure civile.

TITRE XII. – DU JUGE TUTÉLAIRE

(L. n° 894, 14 juill. 1970)

Section I. – Dispositions générales

Art. 830. – Le juge tutélaire est compétent pour prendre les mesures que nécessitent la protection des mineurs et celle des majeurs incapables ; en ces matières, il peut se saisir d'office.

Il a également compétence pour statuer sur les difficultés auxquelles peuvent donner lieu les rapports familiaux et ce, dans les cas prévus par la loi.

Art. 831 *(Mod., L. n° 1.089, 21 nov. 1985)*. – Sans préjudice des dispositions de l'article 835, le juge tutélaire connaît, à l'exclusion de toute autre juridiction, des demandes tendant à titre principal :

1° Modifier la garde d'un mineur dont les parents sont séparés de corps ou divorcés ; la demande n'est recevable que si, depuis la dernière décision relative à cette garde, s'est produit un fait nouveau de nature à compromettre la situation du mineur quant à sa santé, sa moralité ou son éducation.

2° à organiser le droit de visite ;

3° à modifier la charge et le montant de la pension alimentaire relative à ce mineur.

Art. 832. – Les fonctions de juge tutélaire sont exercées par un magistrat du tribunal de première instance, désigné pour une période de trois ans par arrêté du Directeur des Services Judiciaires.

Un juge tutélaire suppléant est désigné dans les mêmes formes.

Section II. – Dispositions relatives à l'assistance éducative

Art. 833. – Pour l'application des articles 317 à 322 du Code civil, le juge tutélaire peut être saisi à la requête du père, de la mère, de toute personne assurant la garde du mineur, du mineur lui-même ou du procureur général.

Art. 834. – Avant de statuer au fond, le juge convoque par lettre recommandée avec demande d'avis de réception, huit jours au moins avant l'audience, les père et mère, et, éventuellement, le gardien et le mineur lui-même.

Il avise, dans les mêmes conditions, les conseils choisis par les parties ou ceux que, sur leur demande, il leur aura désignés d'office.

Art. 835. – Après avoir entendu les père et mère ou le gardien, le ministère public, les conseils et, éventuellement, le mineur, ainsi que toute personne dont l'audition lui est apparue utile, et recherché 1 adhésion des père et mère à une mesure de protection, le juge tutélaire statue conformément aux dispositions de l'article 319 du Code civil.

Art. 836. – Dans les trois jours qui suivent, l'ordonnance du juge tutélaire rendue en vertu de l'article 318 du Code civil, ou des articles 831 à 835 ci-dessus, est notifiée aux père et mère du mineur, éventuellement à son gardien et au mineur lui-même, ainsi qu'à toute personne entendue. Avis en est donné au procureur général.

Section III. – Dispositions relatives à l'administration légale, à la tutelle et à l'incapacité des majeurs

Art. 837. – Le juge tutélaire exerce une surveillance générale sur les administrations légales, les tutelles ainsi que sur les mesures prises à l'égard des majeurs incapables.

Il peut convoquer les administrateurs légaux, tuteurs, curateurs et autres organes tutélaires, provoquer leurs explications, formuler des observations, prononcer contre eux des injonctions, afin d'assurer le fonctionnement de la tutelle, de la curatelle ou de l'administration légale et condamner à une amende civile de 100 à 10 000 francs (1) ceux qui, sans excuse légitime, n'auraient pas déféré à ses injonctions.

Lorsqu'une tutelle ou une curatelle est ouverte, le juge tutélaire, qui doit examiner la situation de l'incapable au regard des prestations sociales, peut confier au tuteur ou au curateur le soin d'exercer la tutelle auxdites prestations.

Art. 838. – Les ordonnances du juge tutélaire sont notifiées, dans les trois jours, à l'administrateur légal, au tuteur, au curateur et à toute personne dont elles modifient les droits ou charges, ainsi, éventuellement, qu'au mineur lui-même. Elles sont, en outre, notifiées au conjoint qui a refusé son consentement, dans le cas de l'article 310 du Code civil et au subrogé-tuteur dans les cas visés à l'article 393 du Code civil.

Avis en est donné au procureur général.

Section IV. – Dispositions communes

Art. 839. – Le juge tutélaire statue hors la présence du public.

Art. 840. – L'ordonnance du juge tutélaire est motivée. Elle peut être déclarée exécutoire sur minute et par provision.

Art. 841. – La notification des ordonnances du juge tutélaire est faite par lettre recommandée avec demande d'avis de réception, sauf la faculté pour le juge de décider qu'elle aura lieu par ministère d'huissier ; la simple remise d'une expédition contre récépissé daté et signé vaut notification.

Mention du délai d'appel est portée dans la notification.

Art. 842. – Sauf autorisation du juge, il ne peut être délivré expédition de son ordonnance qu'aux parties, aux personnes investies d'une charge tutélaire, au curateur et au mineur lui-même.

Art. 843. – Le juge tutélaire est assisté, dans l'exercice de ses fonctions, par un greffier.

En cas d'urgence ou d'empêchement de ce greffier, il peut le remplacer par une personne qu'il assermente à cet effet.

Une assistante sociale dépendant de la Direction des Services Judiciaires est mise à la disposition du juge tutélaire pour effectuer toute mission de renseignement, de contrôle, de surveillance et d'exécution que celui-ci estime nécessaire.

---

(1) Conversion en euros : V. Ord. n° 13.827, 15 déc. 1998 (*Journal de Monaco*, 18 déc. 1998).

Art. 844. – Les personnes visées aux articles 836 et 838 peuvent, dans les huit jours de la notification, interjeter appel, soit par déclaration au greffe général, soit par lettre recommandée avec demande d'avis de réception adressée au greffe général.

Toutefois, le mineur peut faire appel de l'ordonnance dans les huit jours de la connaissance qu'il en aura acquise.

Le délai d'appel est suspensif, à moins que l'exécution provisoire n'ait été ordonnée.

Art. 845. – La cour d'appel statue en chambre du conseil dans le mois de l'appel.

L'appelant, ainsi que les personnes visées aux articles 836 et 838, sont informés de la date de l'audience, huit jours au moins avant celle-ci, à la diligence du greffier en chef, par lettre recommandée avec demande d'avis de réception.

Ils peuvent comparaître en personne aux débats. La mise en cause de toute autre personne peut être ordonnée à la diligence du ministère public.

Art. 846. – L'arrêt de la cour d'appel est exécutoire sur minute et avant enregistrement.

Il est signifié conformément aux articles 836, 838 et 841.

Art. 847. – En cas de pourvoi en révision, les parties sont exonérées de la consignation prescrite par l'article 443 du Code de procédure civile.

Le pourvoi considéré comme affaire urgente est jugé hors session et uniquement sur pièces.

Art. 848. – Les pièces de la procédure sont exemptées de timbre.

Les ordonnances du juge tutélaire sont dispensées d'enregistrement. Les arrêtés de la cour d'appel et de la cour de révision sont enregistrés gratis.

Art. 848-1. – Le juge tutélaire, la cour d'appel et la cour de révision statuent sur les dépens dont tout ou partie peuvent être laissés à la charge de l'État.

TITRE XIII. – DES AVIS DE PARENTS

(Titre abr., L. n° 894, 14 juill. 1970).

TITRE XIV. – DE L'INTERDICTION

(Titre abr., L. n° 892, 14 juill. 1970).

TITRE XV. – DE LA CHAMBRE DU CONSEIL

Art. 849 *(L. n° 742, 25 mars 1963 ; mod., L. n° 886, 25 juin 1970).* – Le tribunal de première instance connaîtra en chambre du conseil :

1° des demandes ayant pour objet, soit le rétablissement des actes et registres de l'état civil perdus ou détruits, soit la rectification des mêmes actes, lorsque ces demandes ne soulèveront aucune question d'état et qu'elles ne donneront lieu à aucune contestation de la part des tiers ou du ministère public, intervenant comme partie principale ;

2° des homologations d'actes de notoriété dressés en vertu de l'article 59 du Code civil ;

3° des demandes à fin de nomination d'un administrateur des biens laissés par une personne présumée absente, d'un notaire pour représenter les présumés absents dans les inventaires, comptes, partages et liquidations ;

4° des autorisations demandées que les administrateurs et les envoyés en possession provisoire pour faire les actes jugés nécessaires à la conservation des droits de l'absent ou à la gestion de ses intérêts ;

5° des demandes à fin de nomination du tuteur *ad hoc* en matière de désaveu, de tous autres tuteurs *ad hoc*, et des curateurs dans le cas où la loi prescrit qu'ils soient nommés par jugement ;

6° des demandes d'adoption ;

7° de l'homologation des délibérations prises par les conseils de famille des mineurs et des interdits, dans tous les cas où cette homologation est requise par la loi, à moins que, s'agissant d'actes où des majeurs sont intéressés, il n'y ait contestation entre les avants droit ;

8° de l'autorisation demandée par le père administrateur pour faire, dans l'intérêt de son enfant mineur, les actes pour lesquels elle est prescrite.

9° des demandes formulées par un époux en application des articles 190, 1252 et 1253 du Code civil.

10° des autorisations nécessaires pour accepter les offres et faire emploi des deniers, au cas d'expropriation pour cause d'utilité publique des immeubles appartenant aux mineurs et personnes en tutelle.

11° de l'homologation de la délibération du conseil de famille de l'interdit concernant la dot de ses enfants et descendants ;

12° de la nomination de tout mandataire spécial ou administrateur provisoire qu'il y aurait lieu de désigner pour une personne non interdite, placée à l'étranger dans un établissement d'aliénés ;

13° des demandes d'envoi en possession formées par les successeurs irréguliers, le conjoint survivant et l'État ;

14° des demandes formées par les héritiers bénéficiaires, les curateurs aux successions vacantes et l'État, à l'effet d'être autorisés à aliéner les immeubles dépendant de la succession et généralement à faire tous traités et transactions dans l'intérêt de la succession ;

15° des nominations d'administrateur ou gérant provisoire des successions non encore acceptées, des sociétés civiles momentanément sans gérant ou directeur ;

16° des autorisations sollicitées, conformément à la loi, par le grevé et le tuteur à la substitution ;

17° de l'homologation des transactions relatives à des droits mobiliers faites par les syndics de faillite ;

Et généralement de toutes les demandes pour lesquelles une disposition législative attribue compétence à la chambre du conseil.

Art. 850 *(L. n° 742, 25 mars 1963)*. – Sauf dispositions contraires dans les textes particuliers qui les concernent, les demandes seront soumises aux règles ci-après :

En matière gracieuse ou si la demande n'implique la mise en cause d'aucun défendeur requête sera présentée par le demandeur ou son avocat-défenseur au président du tribunal de première instance, lequel en son ordonnance prescrira la communication du dossier au ministère public, nommera un juge rapporteur et fixera le jour et l'heure de l'audience de la chambre du conseil. Après avoir entendu le juge commis en son rapport, la partie ou son conseil en ses observations et le ministère public en l'exposé des conclusions par lui rédigées à la suite de l'ordonnance sur requête, le tribunal statuera en chambre du conseil.

En matière contentieuse ou s'il y a un ou plusieurs défendeurs en la cause, le défendeur sera cité devant la chambre du conseil par assignation à jour fixe en vertu d'une ordonnance sur requête autorisant la partie à assigner le défendeur aux jour et heure que le président du tribunal indiquera. Si le défendeur comparaît la décision ne pourra intervenir qu'après l'audition des parties ou de leur conseil et sur les conclusions du ministère public. Si, régulièrement cité, le défendeur ne comparaît pas, le tribunal fera application, selon les cas, des dispositions de l'article 210 ou de l'article 214 du présent code ; sa décision sera réputée contradictoire. Si le demandeur ne se présente pas, le tribunal fera application de l'article 209 du présent code. Les débats auront lieu en chambre du conseil et le jugement sera rendu en audience publique.

Appel pourra être relevé, en toutes matières, même gracieuses, dans les quinze jours du prononcé du jugement. Cet appel sera interjeté. instruit et jugé dans les formes ci-dessus établies, les parties ne pouvant toutefois agir devant la cour que par un avocat-défenseur.

TITRE XVI. – DES ORDONNANCES SUR REQUÊTE

Art. 851. – Toutes les fois qu'une partie aura à solliciter une ordonnance du président du tribunal de première instance ou d'un autre juge, elle présentera requête sur papier timbré, et l'ordonnance sera directement mise à la suite par le magistrat compétent, s'il y a lieu.

L'ordonnance sera exécutoire sur la minute elle-même après son enregistrement, ou même avant l'accomplissement de cette formalité, si le juge l'a ordonné exceptionnellement à raison de l'urgence.

Art. 852. – On ne pourra se pourvoir en référé contre une ordonnance sur requête que dans les cas suivants :

1° Lorsque cette voie de recours est expressément autorisée par la loi ;

2° Lorsque, en l'absence d'une prohibition légale, elle aura été formellement réservée par l'ordonnance du juge.

LIVRE II. – PROCÉDURES RELATIVES À L'OUVERTURE D'UNE SUCCESSION

TITRE I. – DE L'APPOSITION DES SCELLÉS

Art. 853. – Lorsqu'il y aura lieu à l'apposition des scellés après décès, elle sera faite par le juge de paix, et, à son défaut, par son suppléant.

Art. 854. – L'apposition des scellés pourra être requise :

1° Par tous ceux qui prétendront droit dans la succession ou dans la communauté ;

2° Par tous créanciers fondés en titre exécutoire, ou autorisés par une permission du président du tribunal de première instance ;

3° Et en cas d'absence, soit du conjoint, soit des héritiers ou de l'un d'eux, par les personnes qui demeuraient avec le défunt, et par ses serviteurs et domestiques.

Art. 855. – Les prétendants droit et les créanciers mineurs émancipés pourront requérir l'apposition des scellés sans l'assistance de leur curateur.

S'ils sont mineurs non émancipés, et s'ils n'ont pas de tuteur, ou s'il est absent, elle pourra être requise par un de leurs parents.

Art. 856. – Le scellé est apposé, soit à la diligence du ministère public, soit sur la déclaration du maire ou adjoint, et même d'office par le juge de paix :

1° Si le mineur n'a pas de représentant légal dans la Principauté, et que le scellé ne soit pas requis par un parent ;

2° Si le conjoint ou si les héritiers ou l'un d'eux sont absents ;

3° Si le défunt était dépositaire public, auquel cas le scellé ne sera apposé que pour raison de ce dépôt et sur les objets qui le composent.

Toutefois, dans les deux premiers cas, le juge de paix se bornera à dresser un état sommairement descriptif ou même simplement énumératif des objets laissés par le défunt et à établir un gardien, lorsque, eu égard à la nature et à la valeur desdits objets, ces mesures paraîtront suffisantes pour garantir les droits des intéressés.

Art. 857. – Si le scellé n'a pas été apposé avant l'inhumation, le juge constatera, par son procès-verbal, le moment où il a été requis de l'apposer, et les causes qui ont retardé, soit la réquisition, soit l'apposition.

Art. 858. – Le procès-verbal d'apposition contiendra :

1° La date des an, mois, jour et heure ;

2° Les motifs de l'apposition ;

3° Les noms profession et demeure du requérant, s'il y en a, et son élection de domicile dans la Principauté, s'il n'y demeure ;

4° S'il n'y a pas de partie requérante, le procès-verbal énoncera que le scellé a été apposé d'office ou sur le réquisitoire ou sur la déclaration de l'un des fonctionnaires dénommés dans l'article 856 ;

5° L'ordonnance qui permet le scellé, s'il en a été rendu ;

6° Les comparutions et dires des parties ;

7° La désignation des lieux, bureaux, coffres, armoires, sur les ouvertures desquels le scellé a été apposé ;

8° Une description sommaire des effets qui ne sont pas mis sous les scellés ;

9° Le serment, lors de la clôture de l'apposition, par ceux qui demeurent dans le lieu, qu'ils n'ont rien détourné, vu ni su qu'il ait été rien détourné directement ni indirectement ;

10° L'établissement du gardien présenté, s'il est accepté par le juge de paix, ou, à défaut, de celui qui sera désigné d'office par ce magistrat.

Art. 859. – Les clefs des serrures sur lesquelles le scellé aura été apposé resteront, jusqu'à sa levée, entre les mains du greffier de la justice de paix, lequel fera mention, sur le procès-verbal de la remise qui lui en aura été faite ; et ne pourront le juge ni le greffier aller, jusqu'à la levée, dans la maison où le scellé aura été apposé, à peine d'interdiction, à moins qu'ils n'en soient requis ou que leur transport n'ait été précédé d'une ordonnance motivée.

Art. 860. – Si, lors de l'apposition, il est trouvé un testament ou autres papiers cachetés, le juge de paix en constatera la forme extérieure, le sceau et la suscription s'il y en a, paraphera l'enveloppe avec les parties si elles le savent ou le peuvent, et indiquera les jour et heure où le paquet sera par lui présenté au président du tribunal de première instance ; il fera mention du tout sur un procès-verbal, lequel sera signé des parties, sinon mention sera faite de leur refus.

Art. 861. – Sur la réquisition de toute partie intéressée, le juge de paix fera, avant l'apposition du scellé, la perquisition du testament dont l'existence sera annoncée ; et, s'il le trouve, il procédera ainsi qu'il est dit ci-dessus.

Art. 862. – Aux jour et heure indiqués, sans qu'il soit besoin d'aucune assignation, les paquets trouvés rachetés seront présentés par le juge de paix au président du *tribunal de première instance*, lequel en fera l'ouverture, en constatera l'état et en ordonnera le dépôt si le contenu concerne la succession.

Art. 863. – Si les paquets cachetés paraissent, par leur suscription ou par quelque antre preuve écrite, appartenir à des tiers, le président du tribunal ordonnera que ces tiers seront appelés dans un délai qu'il fixera, pour qu'ils puissent assister à l'ouverture ; il le fera au jour indiqué, en leur présence ou à leur défaut ; et si les paquets sont étrangers à la succession, il les leur remettra sans en faire connaître le contenu, ou les cachettera de nouveau pour leur être remis à leur première réquisition.

Art. 864. – Si un testament est trouvé ouvert, le juge de paix en constatera l'état et observera ce qui est prescrit en l'article 860.

Art. 865. – Si les portes sont fermées, s'il se rencontre des obstacles à l'apposition des scellés, s'il s'élève soit avant, soit pendant le scellé, des difficultés, il y sera statué en référé par le président du tribunal de première instance. À cet effet, il sera sursis, et établi par le juge de paix garnison extérieure, même intérieure, si le cas y échet ; et il en référera sur-le-champ au président du tribunal.

Pourra néanmoins le juge de paix, s'il y a péril dans le retard, statuer par provision, sauf à en référer ensuite au président du tribunal.

Art. 866. – Dans tous les cas où il sera référé par le juge de paix au président du tribunal de première instance, soit en matière de scellé, soit en autre matière, ce qui sera fait et ordonné sera constaté sur le procès-verbal dressé par le juge de paix ; le président signera ses ordonnances sur ledit procès-verbal.

Art. 867. – Lorsque l'inventaire sera parachevé, les scellés ne pourront être apposés, à moins que l'inventaire ne soit attaqué et qu'il ne soit ainsi ordonné par le président du tribunal de première instance.

Si l'apposition des scellés est requise pendant le cours de l'inventaire, les scellés ne seront apposés que sur les objets non inventoriés.

Art. 868. – S'il n'y a aucun effet mobilier, le juge de paix dressera un procès-verbal de carence.

S'il y a des effets mobiliers qui soient nécessaires à l'usage des personnes qui restent dans la maison ou sur lesquels le scellé ne puisse être mis, le juge de paix fera un procès-verbal contenant description sommaire desdits effets.

TITRE II. – DES OPPOSITIONS AUX SCELLÉS

Art. 869. – Les oppositions aux scellés pourront être faites, soit par une déclaration sur le procès-verbal des scellés, soit par exploit signifié au greffier du juge de paix.

Art. 870. – Toutes oppositions à scellé contiendront, à peine de nullité, outre les formalités communes à tout exploit :

1° Élection d'un domicile dans la Principauté, si l'opposant n'y demeure pas ;

2° L'énonciation précise de la cause de l'opposition.

TITRE III. – DE LA LEVÉE DU SCELLÉ

Art. 871. – Le scellé ne pourra être levé et l'inventaire fait que trois jours après l'inhumation s'il a été apposé auparavant, et trois jours après l'apposition si elle a été faite depuis l'inhumation, à peine de nullité des procès-verbaux de levée des scellés et inventaire, et des dommages et intérêts contre ceux qui les auront faits et requis : le tout à moins que pour des causes urgentes et dont il sera fait mention dans son ordonnance, il n'en soit autrement ordonné par le président du tribunal de première instance. Dans ce cas, si les parties qui ont droit d'assister à la levée ne sont pas présentes, il sera appelé pour elles, tant à la levée qu'à l'inventaire, un notaire nommé d'office par le président.

Art. 872. – Si les héritiers ou quelques-uns d'entre eux sont mineurs non émancipés, il ne sera pas procédé à la levée des scellés qu'ils n'aient été, ou préalablement pourvus de tuteurs, ou émancipés.

Art. 873. – Tous ceux qui ont droit de faire apposer les scellés pourront en requérir la levée, excepté ceux qui ne les ont fait apposer qu'en exécution de l'article 854 n° 3.

Art. 874. – Les formalités pour parvenir à la levée des scellés seront ;

1° Une réquisition à cet effet consignée sur le procès-verbal du juge de paix ;

2° Une ordonnance du juge, indicative des jour et heure où la levée sera faite ;

3° Une sommation d'assister à cette levée, faite au conjoint survivant, aux présomptifs héritiers, à l'exécuteur testamentaire, aux légataires universels et à titre universel s'ils sont connus et aux opposants.

Il ne sera pas besoin d'appeler les intéressés demeurant hors de la Principauté ; mais on appellera pour eux à la levée et à l'inventaire, un notaire nommé d'office par le président du *tribunal de première instance*.

Les opposants seront appelés au domicile par eux élu.

Art. 875. – Le conjoint, l'exécuteur testamentaire, les héritiers, les légataires universels et ceux à titre universel, pourront assister à toutes les vacations de la levée du scellé et de l'inventaire, en personne ou par un mandataire.

Les opposants ne pourront assister, soit en personne, soit par un mandataire, qu'à la première vacation ; ils seront tenus de se faire représenter aux vacations suivantes par un seul mandataire pour tous, dont ils conviendront ; sinon, il sera nommé d'office par le juge.

Art. 876. – Si l'un des opposants avait des intérêts différents de ceux des autres, ou des intérêts contraires, il pourra assister en personne ou par un mandataire particulier, à ses frais.

Art. 877. – Les opposants pour la conservation des droits de leur débiteur ne pourront assister la première vacation, ni concourir au choix d'un mandataire commun pour les autres vacations.

Art. 878. – Le conjoint commun en biens, les héritiers. l'exécuteur testamentaire et les légataires universels ou à titre universel pourront convenir du choix d'un ou deux notaires et d'un ou plusieurs experts ; s'ils n'en conviennent pas, il sera procédé, suivant la nature des objets, par un ou plusieurs notaires ou experts, nommés d'office par le président du tribunal. Ces experts prêteront serment devant le juge de paix.

Art. 879. – Le procès-verbal de levée contiendra :

1° La date ;

2° Les noms, profession, demeure et élection de domicile du requérant ;

3° L'énonciation de l'ordonnance délivrée pour la levée ;

4° L'énonciation de la sommation prescrite par l'article 874 ci-dessus ;

5° Les comparutions et dires des parties ;

6° La nomination des notaires et experts qui doivent opérer ;

7° La reconnaissance des scellés, s'ils sont sains et entiers ; s'ils ne le sont pas, l'état des altérations, sauf à se pourvoir, ainsi qu'il appartiendra, pour raison desdites altérations ;

8° Les réquisitions à fin de perquisitions, le résultat desdites perquisitions et toutes autres demandes sur lesquelles il y aura lieu de statuer.

Art. 880. – Les scellés seront levés successivement et au fur et à mesure de la confection de l'inventaire ; ils seront réapposés à la fin de chaque vacation.

Art. 881. – On pourra réunir les objets de même nature pour être inventoriés successivement suivant leur ordre ; ils seront, dans ce cas, replacés sous les scellés.

Art. 882. – S'il est trouvé des objets et papiers étrangers à la succession et réclamés par des tiers, ils seront remis à qui il appartiendra ; s'ils ne peuvent être remis à l'instant et qu'il soit nécessaire d'en faire la description, elle sera faite sur le procès-verbal des scellés, et non sur l'inventaire.

Art. 883. – Si la cause de l'apposition des scellés cesse avant qu'ils soient levés ou pendant le cours de leur levée, ils seront levés sans description.

TITRE IV. – DE L'INVENTAIRE

Art. 884. – L'inventaire pourra être requis par ceux qui ont droit de requérir la levée du scellé.

Art. 885. – Il devra être fait en présence :

1° Du conjoint survivant ;

2° Des héritiers présomptifs ;

3° De l'exécuteur testamentaire, si le testament est connu ;

4° Des donataires et légataires universels ou à titre universel, soit en propriété, soit en usufruit, ou eux dûment appelés, s'ils demeurent dans la Principauté ; s'ils demeurent en dehors, il sera appelé, pour tous les absents, un seul notaire, nommé par le président du tribunal de première instance, pour représenter les parties appelées et défaillantes.

Art. 886. – Outre les formalités communes à tous actes devant notaire, l'inventaire contiendra :

1° Les noms, professions et demeures des requérants, des comparants, des défaillants et des absents s'ils sont connus, du notaire appelé pour les représenter, des experts, et la mention de l'ordonnance qui commet le notaire pour les absents et défaillants ;

2° L'indication des lieux où l'inventaire est fait ;

3° La description et estimation des effets, laquelle sera faite à juste valeur et sans crue ;

4° La désignation des qualités, poids et titres de l'argenterie ;

5° La désignation des espèces en numéraire ;

6° Les papiers seront cotés par première et dernière ; ils seront paraphés de la main d'un des notaires ; s'il y a des livres et registres de commerce, l'état en sera constaté, les feuillets en seront pareillement cotés et paraphés, s'ils ne le sont ; s'il y a des blancs dans les pages écrites, ils seront bâtonnés ;

Quant aux valeurs et titres au porteur, ils ne seront ni cotés ni paraphés, mais le notaire relatera dans l'inventaire les numéros et toute autre indication propre à désigner les dits titres et valeurs ;

7° La déclaration des titres actifs et passifs ;

8° La mention du serment prêté, lors de la clôture de l'inventaire, par ceux qui ont été en possession des objets avant l'inventaire ou qui ont habité la maison dans laquelle sont lesdits objets, qu'ils n'en ont détourné, vu détourner, ni su qu'il en ait été détourné aucun ;

9° La remise des effets et papiers, s'il y a lieu, entre les mains de la personne dont on conviendra, ou qui, à défaut, sera nommée par le président du tribunal.

Art. 887. – Si, lors de l'inventaire, il s'élève des difficultés, ou s'il est formé des réquisitions pour l'administration de la communauté ou de la succession, ou pour autres objets, et qu'il n'y soit déféré par les autres parties, les notaires en référeront au président du tribunal de première instance, qui mettra son ordonnance sur la minute du procès-verbal.

TITRE V. – DE LA VENTE DU MOBILIER

Art. 888. – Lorsque la vente des meubles dépendant d'une succession aura lieu en exécution de l'article 703 du Code civil, cette vente sera faite dans les formes prescrites au titre *Des saisies-exécutions*.

Art. 889. – Il y sera procédé sur la réquisition de l'une des parties intéressées, en vertu de l'ordonnance du président du *tribunal de première instance*.

Art. 890. – On appellera les parties ayant droit d'assister à l'inventaire, et qui demeureront ou auront domicile dans la Principauté ; l'acte sera signifié à domicile élu.

Art. 891. – S'il s'élève des difficultés, il pourra être statué provisoirement en référé par le président du tribunal.

Art. 892. – La vente sera faite dans le lieu où sont les effets, s'il n'en est autrement ordonné.

Art. 893. – La vente sera faite tant en absence que présence, sans appeler personne pour les non-comparants.

Art. 894. – Le procès-verbal fera mention de la présence ou de l'absence du requérant.

Art. 895. – S'il s'agit de valeurs mobilières, de fonds de commerce et de droit au bail, il sera procédé conformément aux prescriptions des articles 562 et suivants.

Art. 896. – Si toutes les parties sont majeures, présentes et d'accord, et qu'il n'y ait aucun tiers intéressé, elles ne seront obligées à aucune des formalités ci-dessus.

TITRE VI. – DE LA VENTE DES BIENS IMMEUBLES APPARTENANT À DES MINEURS

Art. 897. – La vente des immeubles appartenant à des mineurs sera ordonnée d'après un avis de parents énonçant la nature des biens, leur valeur approximative, et proposant les mises à prix, le lotissement, les conditions particulières de la vente et de la publicité.

Art. 898 *(Ord. 19 mai 1909)*. – Cet avis ne sera pas nécessaire si les biens appartiennent en même temps à des majeurs et si la vente est poursuivie par eux. Il sera procédé alors conformément aux prescriptions de l'article 938.

Art. 899 *(Ord. 19 mai 1909)*. – Lorsque le tribunal homologuera l'avis des parents, il ordonnera que la vente aura lieu devant un juge commis à cet effet, en présence du ministère public, et fixera les jour et heure où il y sera procédé. Il déterminera, en outre, par le même jugement, le lotissement, la mise à prix, les conditions particulières de la vente, et, le cas échéant, les modifications à la publicité légale qu'il croira devoir autoriser.

Art. 900. – Le tribunal visera dans son jugement la délibération du conseil de famille.

Cette délibération ne sera ni annexée à la minute du jugement, ni expédiée avec lui, mais jointe sans frais au cahier des charges.

Art. 901. – La mise à prix sera déterminée soit d'après l'avis des parents, soit d'après les titres de propriété, soit d'après les baux, soit à l'aide de tous autres renseignements.

Art. 902. – Néanmoins le tribunal pourra, en cas de nécessité manifeste, commettre un ou trois experts, selon l'importance de la nature des biens, pour procéder à leur estimation totale ou partielle et à leur lotissement.

Art. 903. – Si l'estimation est ordonnée, le rapport de l'expert ou des experts en indiquera sommairement les bases, sans entrer dans le détail descriptif des biens à vendre. Il n'en sera pas délivré d'expédition. Pour le surplus seront observées les règles prescrites au titre *Des Expertises*.

Art. 904. – Hors le cas prévu à l'article précédent, le jugement ordonnant la vente ne sera pas expédié.

Art. 905. – Les enchères seront ouvertes sur un cahier des charges dressé par le poursuivant.

Ce cahier contiendra :

1° L'énonciation du jugement qui aura autorisé la vente ;

2° Celle des titres établissant la propriété ;

3° L'indication de la nature, ainsi que de la situation des biens à vendre, de leur contenance approximative, de deux de leurs tenants et aboutissants ;

4° Un extrait de la matrice cadastrale relatif aux dits biens ;

5° La mise à prix de chaque lot et les conditions de la vente.

Art. 906. – Avant le dépôt du cahier des charges, il sera levé un état des inscriptions grevant les immeubles à vendre, et lorsque la vente n'aura pas lieu dans les six mois de la date de cet état, il sera levé un état complémentaire, sur lequel il sera procédé conformément à l'article 611.

Art. 907. – Trente jours au moins avant l'adjudication, le poursuivant fera sommation aux créanciers désignés à l'article 594 de prendre communication du cahier des charges et d'assister à la vente, dont les lieu, jour et heure seront indiqués dans l'exploit.

Ces modifications produiront l'effet indiqué dans le deuxième paragraphe de l'article 676.

Les dispositions des articles 597 et 598 y seront applicables.

Art. 908. – La vente sera annoncée par des placards et des insertions dans les formes et délais prescrits pour l'adjudication sur saisie immobilière. Toutefois les placards et insertions énonceront, outre les noms, professions et demeure du mineur, ceux de son tuteur et de son subrogé tuteur.

Le tribunal pourra étendre ou restreindre la publicité légale, comme il est dit à l'article 606.

Art. 909. – Sont également déclarés communs au présent titre, en tant qu'ils sont applicables, les articles 607, 612 à 636 inclus, 639, § 1er, 640, 641, §§ 2 et 3, 656 à 665 inclus, 677, 678 et 680.

Toutefois, pour l'application de l'article 635, les lots mis en vente et qui n'auraient pas été adjugés seront comptés pour leur mise à prix dans le calcul du prix d'adjudication.

Art. 910. – Si le subrogé tuteur n'a pas concouru à la requête à fin d'homologation, il sera appelé à la vente ; à cet effet, le jour, l'heure et le lieu de l'adjudication lui seront notifiés quinze jours au moins et trente jours au plus avant l'adjudication, avec avertissement qu'il y sera procédé tant en son absence qu'en sa présence.

Art. 911. – Si au jour indiqué pour l'adjudication les enchères ne couvrent pas la mise à prix, le président pourra ordonner, sur simple requête, que les biens sont adjugés au-dessous de l'estimation.

Dans ce cas, l'adjudication sera remise à un délai fixé par l'ordonnance et qui ne pourra être moindre de quinzaine.

L'ordonnance ne sera ni levée ni signifiée.

TITRE VII. – DES PARTAGES ET LICITATIONS

Art. 912. – Lorsque tous les copartageants seront majeurs, jouissant de leurs droits civils, présents ou dûment représentés, ils pourront s'abstenir des formalités prescrites par la loi, ou les abandonner en tout état de cause, et s'accorder pour procéder de telle manière qu'ils aviseront.

Art. 913 *(Ord. 19 mai 1909)*. – Si tous les cohéritiers ne sont pas présents, s'ils ne s'accordent pas, s'il y a parmi eux des interdits, des mineurs, même émancipés, le partage aura lieu conformément aux prescriptions des articles suivants.

Art. 914 *(L. 3 févr. 1930)*. – La partie la plus diligente assignera les copartageants devant le tribunal de première instance aux fins de partage.

Art. 915 *(L. 3 févr. 1930)*. – Le jugement qui prononcera sur la demande en partage commettra un notaire chargé d'y procéder et un juge chargé de faire rapport au cas où il s'élèverait des contestations.

Si, dans le cours des opérations, le juge ou le notaire est empêché, le président du tribunal pourvoira à son remplacement par une ordonnance sur requête, qui ne sera susceptible ni d'opposition, ni d'appel.

Art. 916 *(L. 3 févr. 1930)*. – Par le même jugement, le tribunal ordonnera le partage, s'il peut avoir lieu, ou la licitation préalable de tout ou partie des immeubles indivis. Il sera procédé à cette vente conformément aux dispositions des articles 897 et suivants du présent Code.

Le tribunal pourra, soit qu'il ordonne le partage, soit qu'il ordonne la licitation, déclarer qu'il y sera immédiatement procédé sans expertise préalable, même lorsqu'il y aura des incapables en cause. Dans le cas de licitation, le tribunal déterminera la mise à prix.

Art. 917 *(L. 3 févr. 1930)*. – Lorsque le tribunal ordonnera l'expertise, il pourra commettre un ou trois experts qui prêteront serment conformément aux lois de procédure.

Les nominations et rapports d'experts seront faits suivant les formalités prescrites an titre des « rapports d'experts ».

Les rapports d'experts présenteront sommairement les bases de l'estimation, sans entrer dans le détail descriptif des biens à partager ou à liciter.

Le poursuivant demandera l'entérinement du rapport par un simple acte de conclusion.

Art. 918 *(L. 3 févr. 1930)*. – Dans la huitaine du dépôt au greffe du cahier des charges rédigé par l'avocat défenseur du poursuivant, sommation sera faite, par un simple acte, aux colicitants, en l'étude de leurs avocats-défenseurs, d'en prendre connaissance.

S'il s'élève des difficultés sur le cahier des charges, elles seront vidées à l'audience, sans aucune requête et sur simples conclusions signifiées.

Le jugement qui interviendra ne pourra être attaqué que par la voie de l'appel, dans les formes et délais prescrits par l'ordonnance du 21 mai 1909.

Tout autre jugement sur les difficultés relatives aux formalités postérieures à la sommation de prendre communication du cahier des charges ne pourra être attaqué ni par opposition, ni par appel.

Si, au jour indiqué pour l'adjudication, les enchères ne couvrent pas la mise à prix, il sera procédé comme il est dit à l'article 911.

Art. 919 *(L. 3 févr. 1930)*. – Lorsque le tribunal aura ordonné le partage sans faire procéder à un rapport d'expertise, ou bien lorsque le tribunal aura ordonné des licitations et que ces licitations auront eu lieu, le poursuivant ou, à son défaut, la partie la plus diligente, fera sommer les copartageants de comparaître, à jour indiqué, devant le notaire commis, à l'effet de procéder à l'ouverture des opérations de comptes, rapports, formation de masses, prélèvements, composition des lots et fournissements, ainsi qu'il est ordonné aux articles 696 et suivants du Code civil.

Art. 920 *(L. 3 févr. 1930)*. – Le notaire commis procédera seul et sans l'assistance d'un second notaire ou de témoin ; si les parties se font assister auprès de lui d'un conseil, les honoraires de ce conseil n'entreront point dans les frais de partage et seront à leur charge.

S'il s'élève des contestations devant le notaire, celui-ci dressera procès-verbal des difficultés et des dires respectifs et renverra les parties devant le juge commis. Il sera procédé au surplus suivant les formes prescrites par les lois de la procédure.

Si le juge commissaire renvoie les parties à l'audience, l'indication du jour où elles devront comparaître leur tiendra lieu d'ajournement.

Il ne sera fait aucune sommation pour comparaître, soit devant le juge, soit à l'audience.

Art. 920 *bis* *(L. 3 févr. 1930)*. – Lorsque la masse partageable. les rapports et prélèvements à faire par chacune des parties intéressées, auront été établis par le notaire, ce dernier composera les divers lots, le tout suivant les prescriptions des articles 705 et suivants du Code civil.

Dans le cas où la composition des lots donnerait lieu à des difficultés, le notaire renverrait les parties devant le juge commis, ainsi qu'il a été ci-dessus indiqué.

Lorsque les lots auront été fixés et que les contestations sur leur formation, s'il y en a eu, auront été jugées, le poursuivant ou, à son défaut, la partie la plus diligente fera sommer les copartageants à l'effet de se trouver, à jour indiqué, en l'étude du notaire pour assister à la clôture de son procès-verbal, en entendre lecture et le signer avec lui, s'ils le peuvent et le veulent.

Art. 921 *(L. 3 févr. 1930)*. – Le notaire remettra l'expédition du procès-verbal de partage à l'avocat défenseur du demandeur ou, à défaut, à celui de la partie la plus diligente, pour en poursuivre l'homologation devant le tribunal, les parties présentes ou appelées ; si toutes n'ont pas comparu à la lecture du procès-verbal, et après rapport du juge commissaire, le tribunal statuera sur l'homologation du partage, ouï les conclusions du ministère public, dans le cas où la qualité des parties comportera son intervention.

Le procès-verbal de partage ne sera ni signifié, ni déposé au greffe.

Le jugement d'homologation ordonnera le tirage au sort des lots par devant le notaire qui en dressera procès-verbal et constatera la délivrance aussitôt après le tirage.

Art. 922 *(L. 3 févr. 1930)*. – Le greffier et le notaire, chacun en ce qui le concerne, seront tenus de délivrer tels extraits des pièces du partage que les parties intéressées requerront.

Art. 923. – S'il y a plusieurs mineurs ayant des intérêts opposés dans le partage, il devra être donné à chacun d'eux un tuteur spécial et particulier, sitôt après la nomination du juge commis.

Ce tuteur sera nommé conformément aux prescriptions du titre *Des Avis de parents*.

Art. 924 *(L. 3 févr. 1930)*. – Le partage fait selon les règles ci-dessus sera définitif, même à l'égard des interdits, des mineurs, des absents ou non présents ; il ne sera que provisoire si ces règles n'ont pas été observées. Au surplus, lorsque tous les copropriétaires ou cohéritiers seront majeurs, jouissant de leurs droits civils, présents ou dûment représentés, ils pourront s'abstenir des voies judiciaires, ou les abandonner en tout état de cause, et s'accorder pour procéder de telle manière qu'ils aviseront.

TITRE VIII. – DU BÉNÉFICE D'INVENTAIRE

Art. 925. – Si l'héritier veut, avant de prendre qualité, et conformément au Code civil, se faire autoriser à procéder à la vente d'effets mobiliers dépendant de la succession, il présentera, à cet effet, requête au président du tribunal de première instance.

La vente en sera faite par un officier public, après les affiches et publications ci-dessus prescrites par la vente du mobilier.

Art. 926. – L'héritier bénéficiaire ne pourra procéder à la vente des immeubles que suivant les formes prescrites au titre onzième ci-après, à peine d'être réputé héritier pur et simple.

Art. 927. – Il ne pourra, sous la même peine, vendre les meubles ou les valeurs mobilières dépendant de la succession, sans se conformer aux dispositions des articles 888 et suivants.

Art. 928. – Le créancier ou autre partie intéressée qui voudra obliger l'héritier bénéficiaire à donner caution, lui fera faire sommation, à cet effet, par acte extrajudiciaire signifié à personne ou domicile.

Art. 929. – Dans les trois jours de cette sommation l'héritier bénéficiaire sera tenu de présenter caution au *greffe général,* dans les formes prescrites pour les réceptions de caution.

Art. 930. – Seront observées pour la reddition du compte du bénéfice d'inventaire les formes prescrites par les articles 248 et suivants.

Art. 931. – Les actions à intenter par l'héritier bénéficiaire contre la succession seront intentées contre les autres héritiers ; et, s'il n'y en a pas ou qu'elles soient intentées par tous, elles le seront contre un curateur au bénéfice d'inventaire, nommé en la même forme que le curateur à la succession vacante.

TITRE IX. – DE LA RENONCIATION À LA COMMUNAUTÉ ET DE LA RENONCIATION À LA SUCCESSION

Art. 932. – Les renonciations à communauté ou à succession seront faites au *greffe général,* sur le registre prescrit par l'article 665 du Code civil et en conformité de l'article 1303 du même Code, sans qu'il soit besoin d'autre formalité.

TITRE X. – DU CURATEUR À UNE SUCCESSION VACANTE

Art. 933. – Lorsque après l'expiration des délais pour faire inventaire et pour délibérer, il ne se présentera personne qui réclame une succession, qu'il n'y aura pas d héritier connu ou que les héritiers connus y auront renoncé, cette succession sera réputée vacante ; elle sera pourvue d'un curateur, conformément à l'article 693 du Code civil.

Art. 934. – Le curateur sera tenu, avant tout, de faire constater l'état de la succession par un inventaire, si fait n'a été, et de faire vendre les meubles, suivant les formalités prescrites aux titres *De l'Inventaire et De la Vente du mobilier*.

Néanmoins le président du tribunal pourra l'autoriser à ne pas vendre les valeurs mobilières, monégasques ou étrangères, auquel cas il prescrira les mesures propres à en assurer la conservation.

Art. 935. – Il ne pourra être procédé à la vente des immeubles que suivant les formes prescrites au titre onzième ci-après.

Art. 936. – Les formalités prescrites pour l'héritier bénéficiaire s'appliqueront au mode d'administration et au compte à rendre par le curateur à la succession vacante.

Les deniers provenant des ventes et des recouvrements seront, sous la déduction des sommes arbitrées par le président pour le montant des dépenses et frais, versés immédiatement à la Caisse des dépôts et consignations. En cas de retard, le ministère public, soit d'office, soit sur la réquisition de toute partie intéressée, pourra, par toutes les voies de droit, contraindre le curateur à opérer les versements.

Art. 937. – Le curateur sera tenu de remettre au procureur général, à toute réquisition, un état de situation des recettes et dépenses.

En cas de retard, soit pour le versement des deniers, soit pour le dépôt de l'état de situation, comme aussi dans tous autres cas de négligence, le ministère public poursuivra la révocation du curateur, soit d'office, soit sur la réquisition de toute partie intéressée.

TITRE XI. – DE LA VENTE DES IMMEUBLES DÉPENDANT D'UNE SUCCESSION ACCEPTÉE SOUS BÉNÉFICE D'INVENTAIRE, D'UNE SUCCESSION VACANTE, D'UNE SUCCESSION EN DÉSHÉRENCE, D'UNE FAILLITE. – DE LA VENTE DES IMMEUBLES APPARTENANT À DES ALIÉNÉS NON INTERDITS ET DES IMMEUBLES DOTAUX

Art. 938. – S'il y a lieu à vendre des immeubles dépendant d'une succession acceptée sous bénéfice d'inventaire, d'une succession vacante, d'une succession en déshérence, d'une faillite, ou des immeubles appartenant à un aliéné non interdit, ou des immeubles dotaux dans les cas prévus par l'article 1402 du Code civil, les parties intéressées présenteront au président du tribunal une requête dans laquelle ces immeubles seront désignés sommairement.

Sur cette requête, il sera rendu, conformément à l'article 850, jugement qui autorisera la vente et fixera la mise à prix, ou qui ordonnera préalablement que les immeubles seront vus et estimés par un expert nommé d'office.

Art. 939. – Seront applicables les articles 903 à 909 inclusivement et 911 ci-dessus.

Toutefois il n'est pas dérogé, pour le cas de surenchère après adjudication des immeubles du failli, à l'article 544 du Code de commerce.

LIVRE III

TITRE UNIQUE. – DES ARBITRAGES EN MATIÈRE CIVILE ET EN MATIÈRE COMMERCIALE

(L. 22 janv. 1930)

Art. 940 *(Mod., L. n° 523, 21 déc. 1950)*. – Toutes personnes peuvent compromettre en matière civile et en matière commerciale sur les droits dont elles ont la libre disposition.

En matière commerciale, elles peuvent également, au moment où elles contractent, convenir de soumettre à un arbitrage toutes les contestations qui s'élèveraient entre elles.

Art. 941. – On ne peut compromettre sur les dons et legs d'aliments, logement et vêtements, sur les séparations d'entre mari et femme, sur les questions d'état, ni sur aucune des contestations sujettes à communication au ministère public.

Art. 942. – Le compromis pourra être fait par procès-verbal devant les arbitres choisis, ou par acte devant notaire ou sous signature privée.

Art. 943. – Le compromis désignera les objets en litige et les noms des arbitres, à peine de nullité.

Art. 944. – Les arbitres ne pourront être constitués et juger qu'en nombre impair.

Art. 945 *(L. n° 886, 25 juin 1970)*. – Ne pourront être désignés comme arbitres, les incapables et les personnes visées à l'article 350 du présent code.

Art. 946. – Le compromis sera valable encore qu'il ne fixe pas de délai ; et, en ce cas, la mission des arbitres ne durera que trois mois du jour du compromis.

Art. 947. – Pendant le délai de l'arbitrage, les arbitres ne pourront être révoqués que du consentement unanime des parties.

Art. 948. – Les parties et les arbitres suivront, dans la procédure, les délais et les formes établis pour les tribunaux, si les parties n'en sont autrement convenues.

Art. 949. – Les actes de l'instruction et les procès-verbaux du ministère des arbitres seront faits par tous les arbitres, si le compromis ne les autorise à commettre l'un d'entre eux.

Art. 950. – Le compromis finit :

1° Par le décès, refus, déport ou empêchement d'un des arbitres, s'il n'y a clause qu'il sera passé outre ou que le remplacement sera fait au choix des arbitres restants ;

2° Par l'expiration du délai stipulé ou de celui de trois mois, s'il n'en a pas été réglé ;

3° Par le partage.

Art. 951. – Le décès, lorsque tous les héritiers sont majeurs, ne mettra pas fin au compromis ; le délai pour instruire et juger sera suspendu pendant celui pour faire inventaire et délibérer.

Art. 952. – Les arbitres ne pourront se déporter si leurs opérations sont commencées ; ils ne pourront être récusés si ce n'est pour cause survenue depuis le compromis.

Art. 953. – S'il est formé inscription de faux, même purement civil, ou s'il s'élève quelque incident criminel, les. arbitres délaisseront les parties à se pourvoir, et les délais de l'arbitrage continueront à courir du jour du jugement de l'incident.

Art. 954. – Chacune des parties sera tenue de produire ses défenses et pièces quinzaine au moins avant l'expiration du délai du compromis ; et seront tenus les arbitres de juger sur ce qui aura été produit.

Le jugement sera signé par chacun des arbitres ; et, dans le cas où les arbitres seraient au nombre de trois ou plus, si la minorité refusait de le signer, les autres arbitres en feraient mention, et le jugement aura le même effet que s'il avait été signé par chacun des arbitres.

Art. 955. – Les arbitres décideront d'après les règles du droit, à moins que le compromis ne leur donne le pouvoir de prononcer comme amiables compositeurs.

Art. 956. – Le jugement arbitral sera rendu exécutoire par une ordonnance du président du tribunal de première instance. À cet effet, la minute du jugement sera déposée, dans les trois jours, par l'un des arbitres, au greffe général.

Les poursuites pour les frais du dépôt et les droits d'enregistrement ne pourront être faites que contre les parties.

Art. 957. – Les jugements arbitraux, même ceux préparatoires, ne pourront être exécutés qu'après l'ordonnance qui aura été accordée à cet effet par le président du tribunal de première instance, au bas ou en marge de la minute, sans qu'il soit besoin d'en communiquer au ministère public, et sera ladite ordonnance expédiée en suite de l'expédition de la décision.

La connaissance de l'exécution du jugement appartiendra au tribunal de première instance.

Art. 958. – Les jugements arbitraux ne seront pas susceptibles d'opposition.

Art. 959. – Les jugements arbitraux seront sujets à l'appel, à moins qu'ils ne soient intervenus sur des contestations dont le juge de paix aurait pu connaître en dernier ressort.

Art. 960. – L'appel sera formé et jugé conformément aux dispositions des articles 116 et suivants.

Art. 961. – Les parties pourront, lors et depuis le compromis, renoncer à l'appel.

Elles seront présumées y avoir renoncé dans le cas prévu à l'article 955.

Art. 962. – Les jugements arbitraux ne pourront en aucun cas être opposés à des tiers.

Art. 963. – La rétractation des jugements arbitraux pourra être demandée devant le tribunal de première instance, dans les cas, formes et délais déterminés par les articles 428 et suivants pour les jugements des tribunaux ordinaires.

Art. 964. – Il ne sera besoin de se pourvoir, ni par appel, ni par rétractation, dans les cas suivants :

1° Si le jugement a été rendu sans compromis ou hors des termes du compromis ;

2° S'il l'a été sur compromis nul ou expiré ;

3° S'il l'a été par des personnes qui ne pouvaient être désignées comme arbitres ou par quelques arbitres non autorisés à juger en l'absence des autres ;

4° Si les formes proscrites à peine de nullité pour les jugements ordinaires n'ont pas été observées, sans que les parties aient dispensé les arbitres de les suivre ;

5° Enfin, s'il a été prononcé sur choses non demandées.

Dans tous ces cas, les parties se pourvoiront par opposition à l'ordonnance d'exécution devant le tribunal de première instance et demanderont la nullité de l'acte qualifié jugement arbitral.

Elles ne pourront renoncer d'avance à l'exercice de ce recours.

Art. 965. – Les jugements arbitraux ne seront pas susceptibles de pourvoi en révision.

Il en sera de même des jugements rendus par le tribunal de première instance à leur sujet par application des articles précédents.

DISPOSITIONS GÉNÉRALES

Art. 966. – Aucune des nullités, amendes et déchéances prononcées par le présent Code n'est comminatoire.

Art. 967 *(L. n° 508, 2 août 1949 ; L. n° 1.247, 21 déc. 2001)*. – Un acte de procédure ne pourra être déclaré nul pour vice de forme que s'il manque d'un élément essentiel ou si la nullité en est expressément prononcée par la loi.

Dans les cas où la loi n'aurait pas prononcé la nullité, l'officier ministériel pourra, soit pour omission, soit pour contravention, être condamné à une amende qui ne sera pas moindre de 15 euros et n'excédera pas 300 euros.

Art. 968. – Les procédures et les actes nuls seront à la charge des officiers ministériels ou des avocats-défenseurs qui les auront faits, lesquels, suivant l'exigence des cas, seront en outre passibles des dommages et intérêts de la partie et pourront même être suspendus de leurs fonctions.

Art. 969. – Tous les actes des juges et des officiers ministériels et tous les actes de procédure seront rédigés en langue française, à peine de nullité et d'un emprisonnement d'un à six mois, sans préjudice des peines disciplinaires contre les magistrats ou contre les officiers ministériels.

Art. 970. – Les délais de procédure ne comprennent pas le jour d'où ils partent.

Ceux qui sont fixés par jour seront comptés de jour à jour.

Ceux qui sont fixés par mois seront comptés de quantième à quantième.

Art. 971. – Le jour de l'échéance ne sera pas compté dans le délai général fixé pour les ajournements, les citations, sommations et autres actes faits à personne ou domicile.

Art. 972 *(Ord.-L. n° 656, 9 mars 1959)*. – Si le dernier jour d'un délai quelconque est un jour férié, ou un samedi, ce délai sera proroge jusqu'au premier jour ouvrable qui suit le jour férié ou le samedi.

(Ord. 19 mai 1909) Tout délai établi pour l'accomplissement d'une formalité prescrite à peine de nullité ou de déchéance, qui n'a pu être remplie par suite de féries ou de vacations, est prorogé pendant le nombre de jours strictement nécessaire pour qu'il puisse y être procédé utilement.

Art. 973. – Les assignations et les sommations pour être présent à une audience ou à un acte d'instruction n'auront pas besoin d'être réitérées, quoique l'audience ou la vacation ait été continuée à un autre jour.

Art. 974. – Lorsqu'il sera nécessaire de faire procéder dans un pays étranger à un acte d'instruction ou à tout autre acte du ministère du juge, le tribunal adressera à cet effet une commission rogatoire à l'autorité compétente.

Art. 975. – Les commissions rogatoires décernées par un auge étranger ne seront exécutées, sauf autorisation spéciale du Prince, qu'autant qu'elles auront été transmises par la voie diplomatique, avec leur traduction en langue française, si elles ne sont pas rédigées en français ou en italien.

Art. 976. – L'exécution se fera à la requête du ministère public ou des parties intéressées, si elles jugent à propos d'intervenir, dans les formes établies par la loi monégasque.

Toutefois, lorsqu'il s'agira d'une enquête, de l'interrogatoire des parties ou d'une prestation de serment, il y sera procédé par devant un juge à ce commis.

Le serment déféré pourra être prêté selon la formule indiquée par la commission rogatoire, si elle n'est pas contraire à l'ordre public de la Principauté.

Art. 977. – Tous actes et procès-verbaux du ministère du juge, sauf les exceptions prévues par la loi, seront faits au lieu où siège le tribunal ; le juge y sera toujours assisté du greffier, qui gardera les minutes et délivrera les expéditions. En cas d'urgence, le juge pourra répondre en sa demeure des requêtes qui lui seront présentées.

Art. 978 *(L. n° 761, 26 mai 1964)*. – Lorsqu'il y aura à statuer sur un conflit de compétence juridictionnelle, les réquisitions motivées du procureur général entraîneront de plein droit le dessaisissement de la juridiction devant laquelle est portée l'instance.

Tous les délais de procédure prévus par le présent Code seront suspendus jusqu'à la date de la décision à intervenir sur le conflit.

Si cette décision est en faveur de la compétence de l'autorité judiciaire, la juridiction intéressée sera, de plein droit, à nouveau saisie. Le greffier en chef informera les parties à domicile, par lettre recommandée avec accusé de réception, de la date à laquelle l'affaire sera appelée devant ladite juridiction.

CODE PÉNAL

(Promulgué le 28 sept. 1967 et déclaré exécutoire à dater du 1er janv. 1968)

LIVRE I. – DISPOSITIONS PRÉLIMINAIRES

Art. 1er. – Les infractions aux lois sont classées en crimes, délits ou contraventions.

La loi punit les crimes de peines afflictives ou infamantes, les délits de peines correctionnelles et les contraventions de peines de simple police.

Art. 2. – Toute tentative de crime qui aura été manifestée par un commencement d'exécution, si elle n'a été suspendue ou n'a manqué son effet que par une circonstance indépendante de la volonté de son auteur, est considérée comme le crime même.

Art. 3. – La tentative de délit ne sera considérée comme délit que dans les cas déterminés par une disposition spéciale de la loi.

Art. 4. – Nul crime, nul délit, nulle contravention ne peuvent être punis de peines qui n'étaient pas prononcées par la loi avant qu'il fussent commis.

Ne peuvent être continuées les poursuites exercées en vertu d'une loi abrogée au cours de la procédure.

En cas de concours entre deux lois successives, la moins sévère sera seule appliquée, même si elle a été publiée postérieurement à l'infraction.

Art. 4-1 *(L. n° 1.349, 25 juin 2008)*. **– Nul n'est responsable pénalement que de son propre fait.**

Art. 4-2 *(L. n° 1.349, 25 juin 2008)*. **– Il n'y a point de crime ou de délit sans intention de le commettre, hormis les cas où pour les délits la loi prévoit l'imprudence, la négligence ou le manquement à une obligation de prudence ou de sécurité.**

Il n'y a point de délit ou de contravention en cas de force majeure.

Art. 4-3 *(L. n° 1.349, 25 juin 2008)*. **– L'auteur d'une infraction est la personne qui :**

1) commet le fait incriminé ;

2) tente de le commettre dans les conditions prévues aux articles 2 et 3.

Art. 4-4 *(L. n° 1.349, 25 juin 2008)*. **– Toute personne morale, à l'exclusion de l'État, de la commune et des établissements publics, est pénalement responsable comme auteur ou complice, selon les distinctions déterminées aux articles 29-1 à 29-6, de tout crime, délit ou contravention lorsqu'ils ont été commis pour son compte, par l'un de ses organes ou représentants.**

L'action est dirigée contre la personne morale prise en la personne de son représentant légal.

La responsabilité pénale de la personne morale n'exclut pas celle, en qualité de co-auteurs ou complices, des personnes la représentant au moment des faits. En ce cas, s'il y a contrariété d'intérêts, ces personnes peuvent saisir par requête le président du tribunal de première instance, aux fins de désignation d'un mandataire ad hoc pour représenter la personne morale.

TITRE UNIQUE. – DES PEINES EN MATIÈRE CRIMINELLE, CORRECTIONNELLE ET DE SIMPLE POLICE

Art. 5. – Les peines, en matière criminelle, sont, soit afflictives et infamantes, soit infamantes.

Art. 6. – La peine afflictive et infamante est la réclusion qui peut être prononcée, soit à perpétuité, soit à temps.

Art. 7. – Les peines infamantes sont :

1° le bannissement ;

2° la dégradation civique.

Art. 8. – Les peines, en matière correctionnelle, sont :

1° l'emprisonnement à temps ;

2° l'interdiction à temps de certains droits civiques, civils ou de famille ;

3° l'amende.

Art. 9. – Les peines, en matière de simple police, sont :

1° l'emprisonnement ;

2° l'amende.

Art. 10. – La durée de toute peine privative de liberté comptera du jour où le prévenu sera détenu en vertu de la condamnation irrévocable qui aura prononcé la peine.

Quand il y aura eu détention préventive, cette détention sera intégralement déduite de la peine qu'aura prononcée le jugement ou l'arrêt, à moins que le juge n'ait ordonné, par décision spéciale et motivée, que cette imputation n'aura pas lieu ou n'aura lieu que pour partie.

En ce qui concerne la détention préventive comprise entre la date de la décision et le moment ou la condamnation devient irrévocable, elle sera toujours imputée dans les deux cas suivants :

1° si le condamné n'a pas exercé de recours contre le jugement ou. l'arrêt ;

2° si, le condamné ayant exercé un recours, la peine a été réduite.

Art. 11. – Aucune condamnation ne pourra être ramenée à exécution les dimanches ou les jours fériés légaux.

Art. 12. – La confiscation, soit du corps du délit quand la propriété en appartient au condamné, soit des choses produites ou procurées par l'infraction, soit de celles qui ont servi ou qui ont été destinées à la commettre, est une peine commune aux matières criminelle, correctionnelle et de simple police.

Art. 13. – La condamnation aux peines établies par la loi est toujours prononcée sans préjudice des restitutions, indemnités et dommages-intérêts qui peuvent être dus aux parties lésées.

Art. 14. – Les condamnés seront soumis à la réglementation des établissements pénitentiaires destinés à les recevoir.

Chapitre Ier. – Des peines en matière criminelle

Art. 15 *(L. n° 930, 8 déc. 1972)*. – La durée de la peine de réclusion à temps sera, selon les cas spécifiés par la loi, soit de dix à vingt ans, soit de cinq à dix ans.

Art. 16 *(L. n° 930, 8 déc. 1972)*. – Toute condamnation à une peine de réclusion emporte la dégradation civique. Le condamné est en outre, pendant la durée de sa détention, en état d'interdiction légale. Les règles édictées pour la tutelle des majeurs par la section II du chapitre II, titre X du livre premier du Code civil lui sont alors applicables ; toutefois, l'interdiction légale n'affecte pas sa capacité de se marier ainsi que celle de tester, sous la réserve que le testament doit être établi en la forme authentique.

Pour les donations entre vifs, réglées par l'article 410-22e du Code civil, le tuteur doit, outre l'autorisation du conseil de famille, recueillir celle du condamné.

Le Prince peut relever le condamné de tout ou partie des incapacités prévues au présent article.

Art. 17 *(L. n° 930, 8 déc. 1972)*. – La condamnation à la peine du bannissement entraîne la dégradation civique.

Art. 18 *(L. n° 930, 8 déc. 1972)*. – La dégradation civique s'applique du jour où la condamnation est devenue irrévocable et, au cas de condamnation par contumace, du jour de l'accomplissement des mesures de publicité prescrites par l'article 526 du Code de procédure pénale.

Art. 19. – Les biens du condamné lui seront remis après qu'il aura subi sa peine et le tuteur lui rendra compte de son administration.

Art. 20. – Le condamné au bannissement sera conduit hors du territoire de la Principauté.

La durée du bannissement sera de cinq ans au moins et de dix ans au plus. Elle comptera du jour où le jugement sera devenu irrévocable.

Art. 21. – Si le banni, avant l'expiration de sa peine, rentre sur le territoire de la Principauté, il sera, sur la seule preuve de son identité, condamné à la peine de réclusion pour un temps au moins égal à celui qui restait à courir jusqu'à l'expiration du bannissement et qui ne pourra excéder le double de ce temps.

Art. 22. – La dégradation civique consiste :

1° dans la destitution et l'exclusion de tout emploi, fonction ou office public ;

2° dans la privation de tout droit civique et du droit de porter aucune décoration ;

3° dans l'incapacité d'être expert, de servir de témoin dans les actes et de déposer en justice autrement que pour donner de simples renseignements ;

4° dans l'incapacité de faire partie d'un conseil de famille, d'être tuteur, curateur, subrogé-tuteur ou conseil judiciaire, si ce n'est de ses enfants et sur l'avis conforme du conseil de famille ;

5° dans la privation du droit de port d'arme, du droit de tenir école, d'enseigner ou d'être employé dans un établissement d'enseignement à titre de professeur, maître ou surveillant.

Art. 23. – Toutes les fois que la dégradation civique est prononcée comme peine principale, elle pourra être accompagnée d'un emprisonnement dont la durée, fixée par l'arrêt de condamnation, ne dépassera pas cinq ans.

Si le coupable est un étranger ou un Monégasque ayant perdu sa nationalité, l'emprisonnement sera toujours prononcé.

Art. 24. – Tous arrêts qui porteront la peine de la réclusion à perpétuité ou à temps, du bannissement ou de la dégradation civique, seront imprimés par extraits et affichés aux lieux où sont habituellement apposées les affiches administratives.

Chapitre II. – Des peines en matière correctionnelle

Art. 25. – La durée de la peine d'emprisonnement sera de six jours au moins et de cinq ans au plus, à moins que la loi n'ait déterminé d'autres limites, notamment en cas de récidive.

La peine d'un jour d'emprisonnement est de vingt-quatre heures, celle d'un mois est de trente jours.

Art. 26 *(L. n° 1.004, 4 juill. 1978 ; mod., L. n° 1.229, 6 juill. 2000 ; L. n° 1.247, 21 déc. 2001)*. – Le montant de la peine d'amende est fixé pour chaque délit suivant les catégories ci-après :

- chiffre 1 : de 750 à 2 250 euros ;
- chiffre 2 : de 2 250 à 9 000 euros ;
- chiffre 3 : de 9 000 à 18 000 euros ;
- chiffre 4 : de 18 000 à 90 000 euros.

Art. 27. – Les tribunaux pourront, dans les cas permis par la loi, interdire, en tout ou en partie, les droits civiques, civils et de famille suivants :

1° de vote et d'éligibilité ;

2° d'être appelé ou nommé aux fonctions publiques ou aux emplois d'administration ou d'exercer ces fonctions ou emplois ;

3° de port d'arme ;

4° de vote et de suffrage dans les délibérations de famille ;

5° d'être nommé tuteur, curateur, subrogé-tuteur ou conseil judiciaire, si ce n'est de ses enfants et sur l'avis conforme du conseil de famille ;

6° d'être expert ou de servir de témoin dans les actes ;

7° d'être entendu en justice autrement que pour y donner de simples renseignements.

Chapitre III. – Des peines de simple police

Art. 28. – L'emprisonnement pour contravention de simple police sera d'un jour au moins et de cinq jours au plus.

Art. 29 *(L. n° 1.004, 4 juill. 1978 ; mod., L. n° 1.229, 6 juill. 2000 ; L. n° 1.247, 21 déc. 2001).* – Le montant de la peine d'amende est fixé pour chaque classe de contraventions suivant les catégories ci-après :
- chiffre 1 : de 15 à 75 euros ;
- chiffre 2 : de 75 à 200 euros ;
- chiffre 3 : de 200 à 600 euros.

Chapitre III bis. – Des peines criminelles correctionnelles et contraventionnelles concernant les personnes morales

(L. n° 1.349, 25 juin 2008)

Art. 29-1 *(L. n° 1.349, 25 juin 2008).* – Les peines criminelles et correctionnelles encourues par les personnes morales sont :

1) l'amende, prévue à l'article 29-2 ;

2) les peines, ou l'une ou plusieurs des peines, prévues aux articles 29-3 et 29-4.

Art. 29-2 *(L. n° 1.349, 25 juin 2008).* – L'amende applicable aux personnes morales sera :
- en matière criminelle, celle prévue au chiffre 4 de l'article 26, dont le maximum pourra être porté au décuple ;
- en matière correctionnelle, celle prévue, pour l'infraction considérée, à l'encontre des personnes physiques dont le maximum pourra être porté au quintuple.

Art. 29-3 *(L. n° 1.349, 25 juin 2008).* – La juridiction saisie pourra prononcer la dissolution de la personne morale :
- si elle a été créée pour commettre l'infraction incriminée ;
- si elle a été détournée de son objet pour commettre l'infraction incriminée, à condition que la peine encourue soit une peine criminelle ou, en matière correctionnelle une peine d'emprisonnement égale ou supérieure à trois ans.

Art. 29-4 *(L. n° 1.349, 25 juin 2008).* – Les autres peines encourues par les personnes morales sont :

1) l'interdiction, à titre définitif ou pour une durée de cinq ans au plus, d'exercer directement ou indirectement une ou plusieurs activités professionnelles ou sociales dans l'exercice ou à l'occasion de l'exercice de laquelle l'infraction a été commise ;

2) le placement, pour une durée de cinq ans au plus sous surveillance judiciaire ;

3) la fermeture, définitive ou pour une durée de cinq ans au plus, des établissements, ou de l'un ou plusieurs des établissements, de l'entreprise ayant servi à commettre les faits incriminés ;

4) l'exclusion à titre définitif, ou pour une durée de cinq ans au plus des marchés publics ;

5) l'interdiction, définitive ou pour une durée de cinq ans au plus, de faire appel public à l'épargne ;

6) l'interdiction, pour une durée de cinq ans au plus, d'émettre des chèques autres que ceux qui permettent le retrait de fonds par le tireur auprès du tiré ou ceux qui sont certifiés, ou d'utiliser des cartes de paiement ;

7) la confiscation de la chose qui a servi ou était destinée à commettre l'infraction, ou de la chose qui en est le produit ;

8) l'affichage pendant trois mois au plus de la décision prononcée ou sa diffusion, pendant la même durée, par tout moyen de communication.

L'une ou plusieurs des peines prévues aux chiffres 4 à 8 peuvent être prononcées en même temps que l'une des peines énoncées aux chiffres 1 à 3.

Art. 29-5 *(L. n° 1.349, 25 juin 2008).* – Les peines définies à l'article 29-3 et aux chiffres 1 à 6 de l'article 29-4 ne sont applicables ni aux associations ou groupements à caractère politique, ni aux ordres et syndicats professionnels, ni aux organismes de prévention médicale ou de prévoyance sociale.

Art. 29-6 *(L. n° 1.349, 25 juin 2008)*. – Les peines encourues en matière contraventionnelle par les personnes morales sont :

1) l'amende prévue au chiffre 3 de l'article 29 dont le maximum pourra être porté au décuple ;
2) les peines ou l'une des deux peines prévues aux chiffres 2 et 8 de l'article 29-4.

Art. 29-7 *(L. n° 1.349, 25 juin 2008)*. – La décision prononçant la dissolution de la personne morale ouvre la procédure de liquidation. Le tribunal de première instance, saisi à la requête du procureur général ou de tout intéressé, nomme aussitôt un liquidateur.

Art. 29-8 *(L. n° 1.349, 25 juin 2008)*. – La décision de placement sous surveillance judiciaire, visée au chiffre 2 de l'article 29-4, entraîne la désignation par la juridiction saisie, d'un mandataire de justice dont la mission est déterminée par cette dernière. Cette mission peut être étendue sur demande motivée du mandataire.

Tous les six mois, au moins, le mandataire rend compte de sa mission au juge chargé de l'application des peines.

Au vu de ce compte-rendu, le juge chargé de l'application des peines peut saisir la juridiction qui a prononcé le placement sous surveillance judiciaire. Celle-ci peut alors soit prononcer une nouvelle peine, soit relever la personne morale de la mesure de placement.

Chapitre IV. – Des autres condamnations qui peuvent être prononcées par les juridictions répressives

Art. 30. – Dans tous les cas prévus par la loi, les tribunaux pourront ordonner que le jugement de condamnation sera publié, intégralement ou par extraits, aux frais du condamné, en fixant le coût maximum de cette publicité.

Celle-ci sera effectuée par insertion dans le *Journal de Monaco* et même dans d'autres journaux à ce désignés.

Elle pourra se faire également par voie d'affichage dans les lieux et suivant les modalités que les tribunaux indiqueront.

Art. 31. – La suppression, la dissimulation, l'altération ou la lacération totale ou partielle des affiches, opérée volontairement, entraînera contre le coupable l'application d'une peine d'emprisonnement de six jours à un mois et de l'amende prévue au chiffre 1 de l'article 26, ou de l'une de ces deux peines seulement.

Au cas de suppression, dissimulation, altération, lacération totale ou partielle des affiches, il sera procédé, derechef, aux frais du coupable, à l'exécution intégrale des dispositions du jugement relatives à l'affichage.

Art. 32. – La confiscation spéciale, les restitutions, les indemnités, les dommages-intérêts envers les parties lésées, si elles les requièrent, sont communs aux matières criminelle, correctionnelle et de simple police ; lorsque la loi ne les a pas réglés, la détermination en est laissée à l'appréciation des tribunaux.

Art. 33. – Les tribunaux ne pourront en aucun cas, même du consentement des parties, appliquer les condamnations pécuniaires à une œuvre quelconque.

Art. 34. – L'exécution des condamnations à l'amende, aux restitutions, indemnités, dommages-intérêts, frais, pourra être poursuivie par la voie de la contrainte par corps, dont la durée sera déterminée par les jugements ou arrêts et qui s'exercera conformément aux dispositions des articles 610 et suivants du Code de procédure pénale.

Art. 35. – En cas de concurrence des frais, de l'amende et des dommages-intérêts sur les biens insuffisants du condamné, l'ordre de préférence des condamnations, hormis les restitutions, sera le suivant :

1° les amendes ;
2° les frais avancés par la partie civile et les dommages-intérêts aux parties lésées ;
3° les frais de l'État.

Art. 36. – Tous les individus condamnés pour un même crime ou un même délit seront tenus solidairement des restitutions, des dommages-intérêts et des frais.

Art. 37. – Lorsque l'un ou plusieurs des individus condamnés pour un même crime ou un même délit seront, en même temps, condamnés pour un autre crime ou un autre délit, le tribunal fixera la part des dommages-intérêts et des frais dont tous seront solidaires, et celle qui restera à la charge personnelle de l'un ou de plusieurs d'entre eux.

Art. 37-1 *(L. n° 1.382, 20 juill. 2011)*. – Les coupables d'infractions prévues aux articles 230 à 234-1, 236, 236-1, 237 à 239, 243 à 245, 247 et 262 du Code pénal encourent les peines complémentaires suivantes :

1°) l'interdiction, pour une durée déterminée, d'entrer, par quelque moyen que ce soit, y compris les communications électroniques, en relation avec les victimes ;

2°) l'interdiction pour une durée déterminée, de paraître en certains lieux.

Le fait d'enfreindre sciemment l'une des interdictions mentionnée au précédent alinéa est puni d'une peine d'emprisonnement d'un à six mois et de l'amende prévue au chiffre 3 de l'article 26, ou de l'une de ces deux peines seulement.

Chapitre V. – Des peines de la récidive pour crimes et délits

Art. 38. – Quiconque, ayant été condamné à une peine, soit afflictive et infamante, soit infamante, aura commis un second crime emportant comme peine principale la réclusion de dix à vingt ans, sera condamné au maximum de la peine encourue.

Si le second crime emporte la peine de la réclusion de cinq à dix ans, le coupable sera condamné au maximum de la peine encourue.

Si le second crime emporte comme peine principale la dégradation civique, la peine sera celle du bannissement.

Art. 39. – Quiconque, ayant été condamné pour crime à une peine supérieure à une année d'emprisonnement, aura, dans le délai de cinq ans après l'expiration de cette peine ou sa prescription, commis un délit ou un crime n'ayant entraîné qu'une peine d'emprisonnement, sera condamné au maximum de la peine portée par la loi et cette peine pourra être élevée jusqu'au double.

Art. 40. – Il en sera de même du condamné à un emprisonnement de plus d'une année pour délit, qui, dans le délai de cinq ans, serait reconnu coupable du même délit ou d'un crime n'ayant entraîné qu'une peine d'emprisonnement.

Celui qui, ayant été condamné antérieurement à une peine d'emprisonnement de moindre durée, commettrait le même délit dans les mêmes conditions de temps, sera condamné à une peine d'emprisonnement qui ne pourra être inférieure au double de celle précédemment prononcée, sans toutefois qu'elle puisse dépasser le double du maximum de la peine encourue.

Les délits de vol, d'escroquerie et d'abus de confiance seront considérés comme étant, au point de vue de la récidive, le même délit.

Il en sera de même pour les délits prévus ou punis par les articles 362 à 365 inclus.

Le recel sera considéré, au point de vue de la récidive, comme le délit qui a procuré la chose recelée.

Chapitre VI. – De l'injonction de soins

(L. n° 1.382, 20 juill. 2011)

Art. 40-1 *(L. n° 1.382, 20 juill. 2011)*. – Une injonction de soins peut être prononcée par la juridiction de jugement s'il est établi, postérieurement à une expertise médicale, que la personne poursuivie est susceptible de faire l'objet d'un traitement.

La décision mentionnée au précédent alinéa fixe également la durée maximale de l'emprisonnement encouru par le condamné en cas d'inobservation de l'injonction qui lui est imposée. Cet emprisonnement ne peut excéder trois ans en cas de condamnation pour délit, et sept ans en cas de condamnation pour crime.

Art. 40-2 *(L. n° 1.382, 20 juill. 2011)*. – Lorsque la juridiction de jugement prononce une injonction de soins, le président avertit le condamné qu'aucun traitement ne peut être entrepris sans son consentement mais que, s'il refuse les soins qui lui seront proposés, l'emprisonnement prononcé en application du deuxième alinéa de l'article précédent pourra être mis à exécution.

Art. 40-3 *(L. n° 1.382, 20 juill. 2011)*. – Lorsque la juridiction de jugement prononce une injonction de soins et que la personne a été également condamnée à une peine privative de liberté non assortie du sursis, le président informe le condamné qu'il aura la possibilité de commencer un traitement pendant l'exécution de cette peine.

LIVRE II. – DES PERSONNES PUNISSABLES, EXCUSABLES OU RESPONSABLES POUR CRIMES OU POUR DÉLITS

Chapitre I. – Des personnes punissables

Art. 41. – Les complices d'un crime ou d'un délit seront punis de la même peine que les auteurs de ces crime ou délit, sauf les cas où la loi en disposerait autrement.

Art. 42. – Seront punis comme complices d'une action qualifiée crime ou délit :

ceux qui, par dons, promesses, menaces, abus d'autorité ou de pouvoir, machinations ou artifices coupables, auront provoqué à cette action ou donné des instructions pour la commettre ou pour en faciliter l'exécution ;

ceux qui auront procuré des armes, des instruments ou tout autre moyen qui aura servi à l'action, sachant qu'ils devaient y servir ;

ceux qui auront, avec connaissance, aidé ou assisté l'auteur ou les auteurs de l'action dans les faits qui l'auront préparée ou facilitée, ou dans ceux qui l'auront consommée, sans préjudice des peines qui seront spécialement portées par le présent code contre les auteurs de complots ou de provocations attentatoires à la sûreté intérieure ou extérieure de l'État, même dans le cas où le crime qui était l'objet des conspirateurs ou des provocateurs n'aurait pas été commis.

Art. 43. – Seront punis comme complices, ceux qui, connaissant la conduite criminelle des malfaiteurs exerçant des brigandages ou des violences contre la sûreté de l'État, la paix publique, les personnes ou les propriétés, leur auront fourni logement, lieu de retraite ou de réunion.

Chapitre II. – Personnes excusables

Art. 44. – Il n'y a ni crime ni délit lorsque l'auteur était en état de démence au temps de l'action ou lorsqu'il a été contraint par une force à laquelle il n'a pu résister.

Art. 45. – Un crime ou un délit ne peut être excusé et la peine mitigée que dans les cas et dans les circonstances où la loi déclare le fait excusable ou permet de lui appliquer une peine moins rigoureuse.

Art. 46. – S'il est décidé qu'un mineur de treize à dix-huit ans doit faire l'objet d'une condamnation pénale, la peine ne pourra pas dépasser, en matière de crime, vingt ans d'emprisonnement.

En matière de délit, la peine ne pourra excéder la moitié de celle qu'aurait encourue un majeur de dix-huit ans.

Art. 47. – Lorsque le mineur de dix-huit ans, poursuivi pour crime, n'aura pas de complice présent au-dessus de cet âge, il sera jugé par le tribunal correctionnel qui se conformera à l'article précédent.

Chapitre III. – Personnes civilement responsables

Art. 48. – Les hôteliers ou logeurs convaincus d'avoir logé pendant plus de vingt-quatre heures un individu qui, pendant son séjour, aura commis un crime ou un délit, seront civilement responsables des dommages-intérêts et des frais adjugés à ceux à qui ce crime ou ce délit aura causé quelque dommage, faute par eux de s'être conformés aux lois et règlements en vigueur sur l'hébergement des voyageurs, sans préjudice de leur responsabilité dans les cas prévus par le Code civil.

Art. 49. – Pour les autres cas de responsabilité civile qui pourraient se présenter dans les affaires criminelles, correctionnelles et de simple police, les tribunaux devant qui les causes seront portées se conformeront aux dispositions du Code civil.

LIVRE III. – DES CRIMES ET DÉLITS ET DE LEUR RÉPRESSION

TITRE I. – CRIMES ET DÉLITS CONTRE LA CHOSE PUBLIQUE

Chapitre Ier. – Crimes et délits contre la sûreté de l'État

Section I. – Crimes et délits contre la sûreté extérieure de l'État

Art. 50. – Tout Monégasque qui aura porté les armes contre la Principauté sera puni de la réclusion à perpétuité.

Art. 51. – Sera puni de la même peine quiconque aura pratiqué des machinations ou entretenu des intelligences avec les ennemis de l'État, à l'effet de faciliter leur entrée sur le territoire ou tenté d'ébranler la fidélité des Monégasques envers le Prince et l'État, ou qui aura recelé ou fait receler les espions ou les agents envoyés pour fomenter la révolte contre le Souverain et provoquer le renversement des institutions fondamentales.

Art. 52. – Si la correspondance avec les sujets d'une puissance étrangère, sans avoir pour objet l'un des crimes énumérés en l'article précédent, a néanmoins pour résultat de fournir des instructions nuisibles à la situation politique et à l'indépendance de la Principauté, ceux qui auront entretenu cette correspondance seront punis de la réclusion de cinq à dix ans.

Art. 53. – Sera puni de la même peine tout agent du Gouvernement ainsi que toute personne qui, chargée ou instruite, soit officiellement, soit en raison de son état, du secret d'une négociation, l'aura livré aux agents d'une puissance étrangère.

Art. 54. – Toute autre personne qui, étant parvenue, par corruption, fraude ou violence, à soustraire les pièces relatives à une négociation, les aura livrées à une puissance étrangère, sera punie comme les fonctionnaires ou agents mentionnés dans l'article précédent, sans préjudice d'une peine plus forte, s'il y a lieu.

Si lesdites pièces se trouvaient, hors le cas de corruption, fraude ou violence, entre les mains de la personne qui les a livrées, la peine sera d'un emprisonnement d'un à cinq ans.

Art. 55. – Quiconque, par des actes non approuvés par le Gouvernement, aura exposé la Principauté ou des Monégasques à des représailles, sera puni du bannissement.

Section II. – Des attentats contre la sûreté intérieure de l'État, attentats et complots contre le Souverain et sa famille

Art. 56. – L'attentat contre la vie ou la personne du Prince est puni de la réclusion à perpétuité.

Art. 57. – L'attentat contre la vie des membres de la famille du Prince, en dehors de toute circonstance aggravante, est puni du maximum de la réclusion à temps.

L'attentat contre la personne des membres de la famille du Prince, en dehors de toute circonstance aggravante, est puni de la réclusion de dix à vingt ans.

Art. 58. – L'offense envers la personne du Prince, si elle est commise publiquement, est punie d'un emprisonnement de six mois à cinq ans, et de l'amende prévue au chiffre 4 de l'article 26. Dans le cas contraire, elle est punie d'un emprisonnement de six mois à trois ans, et de l'amende prévue au chiffre 3 de l'article 26.

Art. 59. – L'offense envers les membres de la famille du Prince, si elle est commise publiquement, est punie d'un emprisonnement de six mois à trois ans et de l'amende prévue au chiffre 3 de l'article 26. Dans le cas contraire, elle est punie d'un emprisonnement de trois mois à un an et de l'amende prévue au chiffre 2 de l'article 26.

Art. 60. – Tout écrit tendant à porter publiquement atteinte au Prince ou à sa famille, et comportant intention de nuire, est puni de l'amende prévue au chiffre 4 de l'article 26.

Art. 61. – L'attentat dont le but est, soit de détruire ou de changer les institutions ou l'ordre de successibilité au trône, soit d'exciter les habitants à s'armer contre l'autorité du Prince ou de l'État ou à s'armer les uns contre les autres, sera puni de la réclusion de dix à vingt ans.

Art. 62. – Seules, l'exécution ou la tentative constituent l'attentat.

Art. 63. – Le complot qui aura pour but les crimes mentionnés aux articles 56, 57 et 61, s'il a été suivi d'un acte commis ou commencé pour en préparer l'exécution, sera puni de la réclusion de dix à vingt ans.

S'il n'a été suivi d'aucun acte commis ou commencé pour en préparer l'exécution, la peine sera la réclusion de cinq à dix ans.

Il y a complot dès que la résolution d'agir est concertée ou arrêtée entre deux ou plusieurs personnes.

S'il y a eu proposition non agréée de former un complot, celui qui a fait la proposition sera puni d'un emprisonnement d'un à cinq ans.

Art. 64. – Lorsqu'un individu aura formé seul la résolution de commettre l'un des crimes prévus par les articles 56, 57 et 61 et qu'un acte pour en préparer l'exécution aura été commis ou commencé par lui et sans assistance, la peine sera celle de la réclusion de cinq à dix ans.

Section III. – Des crimes tendant à troubler l'État par la guerre civile, l'emploi illégal de la force armée, la dévastation et le pillage

Art. 65. – L'attentat dont le but sera, soit d'exciter les citoyens à la guerre civile en les armant ou en les engageant à s'armer les uns contre les autres, soit de porter la dévastation, le massacre et le pillage sur le territoire de la Principauté, sera puni :

1° de la réclusion à perpétuité si l'exécution a eu pour conséquence la mort d'une ou plusieurs personnes ou la destruction de propriétés publiques ou privées ;

2° de la réclusion de dix à vingt ans, dans tous les autres cas.

Le complot ayant pour but l'un des crimes prévus au présent article et la proposition de former ce complot seront punis des peines portées en l'article 63, suivant les distinctions qui y sont établies.

Art. 66. – Seront punis de la réclusion à perpétuité ou de la réclusion de dix à vingt ans suivant les distinctions établies aux paragraphes 1 et 2 de l'article précédent :

– l'enrôlement d'hommes, l'organisation de bandes armées, le dépôt d'armes et de munitions pour exécuter les complots et machinations mentionnés aux articles 56, 57, 61 et 65 ;

– l'attaque ou la résistance envers la force armée agissant contre lesdits complots ;

– l'envahissement des postes, édifices, magasins appartenant à l'État.

Art. 67. – Seront punis de la réclusion à perpétuité ou de la réclusion de dix à vingt ans suivant les distinctions établies aux paragraphes 1 et 2 de l'article 65 :

1° ceux qui auront retenu, contre l'ordre du Gouvernement, un commandement militaire quelconque ou une fonction donnant droit de requérir la force armée ;

2° les commandants qui auront tenu leur troupe rassemblée après que le licenciement ou la séparation en aura été ordonné.

Art. 68. – Tout individu qui aura incendié ou détruit par explosion les édifices, postes, magasins ou autres propriétés appartenant à l'État, sera puni de la réclusion à perpétuité.

Art. 69. – Sera puni de la réclusion à perpétuité ou de la réclusion de dix à vingt ans suivant les distinctions établies aux paragraphes 1 et 2 de l'article 65, quiconque, soit pour s'emparer des deniers publics, envahir des domaines, propriétés, postes, magasins ou bâtiments appartenant à l'État, soit pour piller ou partager des propriétés publiques ou celles d'une association reconnue par l'État, soit enfin pour faire attaque ou résistance envers la force publique agissant contre les auteurs de ces crimes, se sera mis a la tête de bandes armées ou y aura exercé un commandement ou une fonction quelconque, ou aura été saisi les armes à la main sur les lieux de la réunion séditieuse.

Il ne sera prononcé aucune peine, pour le fait de sédition, contre ceux qui, ayant fait partie de ces bandes sans y exercer aucun commandement et sans y remplir aucun emploi ni fonction, se seront retirés au premier avertissement des autorités civiles ou militaires, ou même depuis, lorsqu'ils n'auront été saisis que hors des lieux de la réunion séditieuse, sans opposer de résistance et sans arme.

Ils ne seront punis, dans ce cas, que pour les infractions qu'ils auraient personnellement commises.

Section IV. – De la révélation des complots et crimes contre la sûreté de l'État

Art. 70. – Seront exemptés des peines prononcées contre les auteurs de complot ou d'autres crimes attentatoires à la sûreté intérieure ou extérieure de l'État, ceux des coupables qui, avant toute exécution ou tentative de ces complots ou de ces crimes, et avant toute poursuite commencée, auront, les premiers, donné au Gouvernement ou aux autorités administratives ou de police judiciaire, connaissance de ces complots ou qui, même depuis le commencement des poursuites, auront procuré l'arrestation desdits auteurs ou complices.

Section V. – De l'atteinte au crédit de l'État

Art. 71. – Sera puni d'un emprisonnement de six mois à trois ans et de l'amende prévue au chiffre 4 de l'article 26 quiconque, par quelque voie que ce soit :

1° Aura sciemment répandu dans le public des allégations mensongères ou des informations relatives à des faits faux ou dénaturés, susceptibles d'ébranler directement ou indirectement la confiance du public dans la situation économique ou financière de la Principauté ;

2° Aura, de mauvaise foi, incité directement ou indirectement le public, soit à retirer des fonds des caisses de l'État, ou à vendre des titres de rente ou effets publics, soit à se détourner de la souscription ou de l'achat desdits titres ou effets.

Les poursuites ne pourront être engagées que sur la plainte du Ministre d'État.

En cas de condamnation, la décision sera publiée comme il est dit aux articles 30 et suivants.

Chapitre II. – Attentats à la liberté

Art. 72. – Lorsqu'un fonctionnaire public ou un agent du Gouvernement aura ordonné ou fait quelque acte arbitraire et attentatoire, soit à la liberté individuelle, soit aux lois et institutions de la Principauté, il sera condamné à la dégradation civique.

Néanmoins, s'il justifie qu'il a agi par ordre de ses supérieurs pour des objets du ressort de ceux-ci, sur lesquels il leur était dû obéissance hiérarchique, il sera exempt de la peine, laquelle sera, dans ce cas, appliquée seulement aux supérieurs qui auront donné l'ordre.

Art. 73. – Les dommages-intérêts qui pourront être prononcés en raison des attentats prévus par l'article 72, demandés, soit sur la poursuite criminelle, soit par la voie civile, seront réglés eu égard aux personnes, aux circonstances et au préjudice souffert, sans qu'en aucun cas et quelle que soit la personne lésée, lesdits dommages-intérêts puissent être au-dessous de cent francs (1) pour chaque jour de détention illégale ou arbitraire.

Art. 74. – Les fonctionnaires publics chargés de la police administrative ou judiciaire qui auront refusé ou négligé de déférer à une réclamation légale tendant à constater les détentions arbitraires, soit dans les maisons destinées à la garde des détenus, soit en tout autre lieu, et qui ne justifient pas de les avoir dénoncées à l'autorité supérieure, seront punis de la dégradation civique et tenus de dommages-intérêts, lesquels seront réglés comme il est dit à l'article 73.

(1) Conversion en euros : V. Ord. n° 13.827, 15 déc. 1998 (*Journal de Monaco*, 18 déc. 1998).

Art. 75. – Seront, comme coupables de détention arbitraire, punis de six mois à trois ans d'emprisonnement et de l'amende prévue au chiffre 3 de l'article 26, tous gardiens de la maison d'arrêt de Monaco :

– qui auront reçu un détenu sans mandat de justice ou jugement ;

– qui auront retenu un détenu ou auront refusé de le représenter à l'officier de police ou au porteur de ses ordres, sans justifier de la défense du procureur général ou du juge ;

– qui auront refusé d'exhiber leurs registres à l'officier de police.

Art. 76. – Seront, comme coupables de forfaiture, punis de la dégradation civique, le magistrat du parquet ou du siège, l'officier de police judiciaire, qui auront provoqué, donné ou signé un jugement, une ordonnance ou un mandat tendant à la poursuite personnelle ou à la mise en accusation d'un membre du Conseil national, sans l'autorisation préalable prescrite par la loi ou qui, hors le cas de crime ou délit flagrant, auront, sans la même autorisation, donné ou signé l'ordre d'arrestation.

Chapitre III. – Crimes et délits contre la paix publique

Section I. – Du faux

§ 1. – Fausse monnaie
(Rempl., L. n° 1.274, 25 nov. 2003)

Art. 77 *(Rempl., L. n° 1.274, 25 nov. 2003)*. – La contrefaçon ou la falsification des pièces de monnaie ou des billets de banque ayant cours légal dans la Principauté est punie de la réclusion de dix à vingt ans et, par dérogation à l'article 6, de l'amende prévue au chiffre 4 de l'article 26, dont le maximum peut être porté jusqu'à vingt fois sa valeur ou jusqu'au montant du profit éventuellement réalisé.

Les mêmes peines seront appliquées à celui qui aura contrefait ou falsifié des pièces de monnaie ou des billets de banque ayant cours légal à l'étranger.

Art. 78 *(Rempl., L. n° 1.274, 25 nov. 2003)*. – Le transport, la mise en circulation ou la détention en vue de la mise en circulation des signes monétaires contrefaits ou falsifiés, visés à l'article précédent, est puni d'un emprisonnement de cinq à dix ans et de l'amende prévue au chiffre 4 de l'article 26 dont le maximum peut être porté jusqu'au décuple ou jusqu'au montant du profit éventuellement réalisé.

Art. 79 *(Rempl., L. n° 1.274, 25 nov. 2003)*. – Lorsqu'ils sont commis en bande organisée, les faits visés à l'article 78 sont punis de la réclusion criminelle de dix à vingt ans et, par dérogation à l'article 6, d'une amende d'un montant égal à celui prévu à l'article 77.

Art. 80 *(Rempl., L. n° 1.274, 25 nov. 2003)*. – La contrefaçon ou la falsification de pièces de monnaie ou de billets de banque n'ayant plus cours légal dans la Principauté ou à l'étranger est punie d'un emprisonnement de un à cinq ans et de l'amende prévue au chiffre 4 de l'article 26 dont le maximum peut être porté jusqu'au quintuple ou jusqu'au montant du profit éventuellement réalisé.

Art. 81 *(Rempl., L. n° 1.274, 25 nov. 2003)*. – La mise en circulation de tous signes monétaires non autorisés ayant pour objet de remplacer les pièces de monnaie ou les billets de banque ayant cours légal dans la Principauté est punie d'un emprisonnement de un à cinq ans et de l'amende prévue au chiffre 4 de l'article 26 dont le maximum peut être porté jusqu'au quintuple ou jusqu'au montant du profit éventuellement réalisé.

Art. 82 *(Rempl., L. n° 1.274, 25 nov. 2003)*. – La fabrication, l'emploi ou la détention, sauf autorisation administrative régulière, des matières, des instruments, des programmes informatiques ou de tout autre élément, spécialement destinés à la fabrication ou à la protection contre la contrefaçon ou la falsification des pièces de monnaie et des billets de banque sont punis d'un emprisonnement de un à deux ans et de l'amende prévue au chiffre 4 de l'article 26.

Art. 83 *(Rempl., L. n° 1.274, 25 nov. 2003)*. – La fabrication, la vente, la distribution de tous objets, imprimés ou formules qui présentent avec les signes monétaires visés à l'article 77 une ressemblance de nature à faciliter l'acceptation desdits objets, imprimés ou formules au lieux et place des valeurs imitées sont punies d'un emprisonnement de six mois à un an et de l'amende prévue au chiffre 4 de l'article 26.

Art. 83-1 *(L. n° 1.274, 25 nov. 2003)*. – Le fait, pour celui qui a reçu les signes monétaires contrefaits ou falsifiés visés à l'article 77, en les tenant pour bons, de les remettre en circulation après en avoir découvert les vices est puni de l'amende prévue au chiffre 3 de l'article 26.

Art. 83-2 *(L. n° 1.365, 16 nov. 2009)*. – Toute personne morale qui, par imprudence, négligence ou manquement à une obligation de prudence ou de sécurité, ne prend pas les mesures permettant d'éviter la commission d'une des infractions prévues aux articles 77 à 83-1, est punie de l'amende prévue au chiffre 3 de l'article 26.

Art. 83-3 *(Anc. art. 83-2 rempl., L. n° 1.365, 16 nov. 2009)*. – La tentative des délits prévus au présent paragraphe, à l'exception de celui visé à l'article 83-2, est punie des mêmes peines que les délits eux-mêmes.

Art. 83-4 *(L. n° 1.365, 16 nov. 2009)*. – Lorsque une personne engage sa responsabilité pénale pour une des infractions prévues aux articles 77 à 83-2, la récidive est constituée si la personne a déjà été condamnée définitivement, par une juridiction pénale d'un État membre du Conseil de l'Europe, pour un crime ou un délit ayant les mêmes éléments constitutifs.

Art. 83-5 *(Anc. art. 83-3 dénum., L. n° 1.365, 16 nov. 2009)*. – Les personnes qui ont tenté de commettre l'une des infractions prévues au présent paragraphe sont exemptes de peine si, avant la consommation desdites infractions, elles en ont donné connaissance et révélé les auteurs ou les complices aux autorités administratives ou judiciaires.

La peine privative de liberté encourue par une personne reconnue coupable des infractions prévues par les articles 77 à 81 est réduite de moitié, si, ayant informé les autorités administratives ou judiciaires, cette dernière a permis de faire cesser les agissements incriminés et d'identifier le cas échéant les autres coupables.

Art. 83-6 *(Anc. art. 83-4 dénum., L. n° 1.365, 16 nov. 2009)*. – Dans les conditions prévues à l'article 12, peut être prononcée, pour tous les cas prévus au présent paragraphe, la confiscation de la chose qui a servi ou, qui était destinée à commettre l'infraction ou de la chose qui en est le produit.

La confiscation des pièces de monnaie et des billets de banque contrefaits ou falsifiés ainsi que des matières, instruments, programmes informatiques et éléments divers destinés à servir à leur fabrication est obligatoire.

Le tribunal ordonne en outre la remise desdits billets ou pièces à l'autorité qui sera désignée par ordonnance souveraine aux fins de destruction éventuelle.

Voir : Ord. n° 634, 10 août 2006 *(mod., Ord. n° 1.511, 4 févr. 2008)*.

Art. 83-7 *(Anc. article 83-5 dénum., L. n° 1.365, 16 nov. 2009)*. – Toute personne physique condamnée pour l'une des infractions prévues aux articles 78, 80 à 83 et 83-3 encourt également les peines d'interdiction des droits civiques, civils et de famille dans les conditions prévues à l'article 27.

Une peine d'interdiction du territoire peut être prononcée à l'encontre de tout étranger reconnu coupable de l'une des infractions prévues au présent paragraphe, soit à titre définitif, soit pour une durée de dix ans au plus.

L'interdiction du territoire entraîne de plein droit la reconduite du condamné à la frontière, le cas échéant à l'expiration de sa peine d'emprisonnement ou de réclusion.

Art. 83-8 et 83-9 *(Anc. art. 83-6 et 83-7 abr., L. n° 1.349, 25 juin 2008 ; dénum., L. n° 1.365, 16 nov. 2009)*.

Art. 83-10 *(Anc. art. 83-8 dénum. et mod., L. n° 1.365, 16 nov. 2009)*. – Les dispositions des articles 77, 78, et 82 à 83-9 sont applicables lorsque sont en cause les billets de banque et pièces de monnaie qui, bien que destinés à être mis en circulation, n'ont pas été encore émis par les institutions habilitées à cette fin ou n'ont pas encore cours légal.

§ 2. – Contrefaçon des sceaux de l'État, des effets publics des poinçons, timbres et marques

Art. 84. – Ceux qui auront contrefait le sceau de l'État ou fait usage du sceau contrefait seront punis de la réclusion de dix à vingt ans.

Art. 85. – Ceux qui auront contrefait ou falsifié, soit un ou plusieurs timbres nationaux, soit le poinçon ou les poinçons servant à marquer les matières d'or ou d'argent, ou qui auront fait usage de papiers, effets, timbres, marques ou poinçons falsifiés ou contrefaits, seront punis de la réclusion de cinq à dix ans.

Art. 86. – Sera puni de la réclusion de cinq à dix ans quiconque, s'étant indûment procuré les vrais timbres ou poinçons ayant l'une des destinations exprimées en l'article précédent, en aura fait une application ou un usage préjudiciable aux droits ou intérêts de l'État.

Art. 87. – Seront punis de l'emprisonnement de un à cinq ans et de l'amende prévue au chiffre 4 de l'article 26 :

1° Ceux qui auront contrefait les marques destinées à être apposées, au nom du Gouvernement, sur les diverses espèces de denrées ou de marchandises, ou qui auront fait usage de ces fausses marques ;

2° Ceux qui auront contrefait le sceau ou les marques d'une autorité quelconque ou d'un établissement particulier de banque ou de commerce, ou qui auront fait usage des sceaux, timbres ou marques contrefaits.

Art. 88. – Sera puni de la dégradation civique, quiconque, s'étant indûment procuré les vrais sceaux, timbres ou marques ayant l'une des destinations exprimées en l'article précédent, en aura fait une application ou un usage préjudiciable aux droits ou intérêts de l'État, d'une autorité quelconque ou même d'un établissement particulier.

Art. 89. – Les dispositions de l'article 82 sont applicables aux crimes mentionnes dans les articles 84 et suivants.

§ 3. – Faux en écritures

Art. 90. – Le faux en écriture est l'altération de la vérité, commise avec conscience de nuire, dans un écrit destiné ou apte à servir à la preuve d'un droit ou d'un fait ayant un effet de droit.

Art. 91. – Sera puni de la réclusion de cinq à dix ans, celui qui aura falsifié un acte public ou authentique :

– soit par fabrication, soit par altération des signatures, déclaration ou relation du fait que l'acte avait pour objet de constater ;

– soit par fabrication d'une copie ou d'une traduction, certifiée conforme, d'un acte public ou authentique inexistant.

Quand l'auteur de la falsification est un fonctionnaire ou un officier public, agissant dans l'exercice de ses fonctions, la peine sera celle de la réclusion de dix à vingt ans.

Art. 92. – Sera puni de la réclusion de dix à vingt ans tout fonctionnaire ou officier public qui, dans l'exercice de ses fonctions aura commis un faux :

– soit en dénaturant, au moment de sa rédaction, la substance de l'écrit ou les circonstances qu'il a pour objet de constater ;

– soit en traçant une ou plusieurs signatures supposées ;

– soit en délivrant une copie inexacte d'un acte public ou authentique ou d'un acte privé ;

– soit en certifiant conforme la traduction qu'il sait fausse de l'un quelconque de ces actes.

Art. 93. – Sera punie de l'emprisonnement de un à cinq ans et de l'amende prévue au chiffre 3 de l'article 26, toute personne qui, par déclarations mensongères faites devant un fonctionnaire ou un officier public, aura provoqué l'inscription, dans un acte public ou authentique, d'énonciations fausses ayant un effet de droit.

Art. 94. – Quiconque aura, par l'un des moyens exprimés à l'article 91, commis ou tenté de commettre un faux en écriture privée, de commerce ou de banque, sera puni d'un emprisonnement de un à cinq ans et de l'amende prévue au chiffre 3 de l'article 26.

Le coupable pourra être privé des droits mentionnés à l'article 27 pendant cinq ans au moins et dix ans au plus, à compter du jour de l'expiration de sa peine.

Art. 95. – Sera puni des mêmes peines, celui qui aura sciemment fait usage ou tenté de faire usage de la pièce fausse.

Art. 96. – Les dispositions du présent paragraphe sont applicables aux actes étrangers, indépendamment de leur force probante dans la Principauté.

§ 4. – Faux commis dans les passeports et les certificats

Art. 97. – Quiconque aura fabriqué, falsifié ou altéré les passeports, certificats, livrets, cartes, bulletins ou récépissés, laissez-passer ou autres documents délivrés par les administrations publiques, en vue de constater une identité ou une qualité, reconnaître un droit ou accorder une autorisation, sera puni d'un emprisonnement d'un à cinq ans et de l'amende prévue au chiffre 3 de l'article 26.

Le coupable pourra, en outre, être privé des droits mentionnés à l'article 27, pendant cinq ans au moins et dix ans au plus, à compter du jour de l'expiration de sa peine.

La tentative sera punie comme le délit consommé.

Les mêmes peines seront appliquées :

1° À celui qui aura fait usage de documents falsifiés, fabriqués ou altérés ;

2° À celui qui aura fait usage des documents visés au premier alinéa lorsque les mentions invoquées par l'intéressé seront devenues incomplètes ou inexactes.

Art. 98. – Quiconque se sera fait délivrer indûment ou aura tenté de se faire délivrer indûment un des documents prévus à l'article précédent, soit en faisant de fausses déclarations, soit en prenant un faux nom ou une fausse qualité ou en fournissant de faux renseignements, certificats ou attestations, sera puni d'un emprisonnement de trois mois à un an et de l'amende prévue au chiffre 2 de l'article 26 ou de l'une de ces deux peines seulement.

Les mêmes peines seront appliquées à celui qui aura fait usage ou tenté de faire usage d'un tel document, soit obtenu dans les conditions sus-énoncées, soit établi sous un autre nom que le sien.

Art. 99. – Les logeurs et hôteliers qui, sciemment, inscriront sur leurs registres, sous des noms faux ou supposés, les personnes logées chez eux, seront punis d'un emprisonnement de six jours à un mois et de l'amende prévue au chiffre 1 de l'article 26 ou de l'une de ces deux peines seulement.

Art. 100. – Toute personne qui, pour se rédimer ou affranchir autrui d'un service public quelconque, fabriquera un certificat sous le nom d'un médecin, chirurgien ou autre officier de santé, sera punie d'un emprisonnement d'un à cinq ans et de l'amende prévue au chiffre 3 de l'article 26.

Art. 101. – Tout médecin, chirurgien ou autre officier de santé qui, pour favoriser quelqu'un certifiera faussement des maladies ou infirmités propres a dispenser d'un service public, sera puni d'un emprisonnement de six mois à trois ans et de l'amende prévue au chiffre 2 de l'article 26.

S'il a été mû par dons ou promesses, il sera puni des peines prévues à l'article 113.

Art. 102. – Quiconque fabriquera, sous le nom d'un fonctionnaire ou officier public, un certificat propre à appeler la bienveillance du Gouvernement ou des particuliers sur la personne désignée et à lui procurer places, crédits ou secours, sera puni d'un emprisonnement de six mois à trois ans et de l'amende prévue au chiffre 2 de l'article 26.

La même peine sera appliquée :

1° À celui qui falsifiera un certificat de cette espèce originairement véritable, pour l'approprier à une personne autre que celle à laquelle il a été primitivement délivré ;

2° À tout individu qui se sera servi du certificat ainsi fabriqué ou falsifié.

Art. 103. – Sera puni d'un emprisonnement de six mois à trois ans et de l'amende prévue au chiffre 2 de l'article 26, sans préjudice, le cas échéant, des peines plus fortes prévues par le présent code ou des lois spéciales, quiconque :

1° Aura établi sciemment un certificat ou une attestation faisant état de faits matériellement inexacts ;

2° Aura falsifié ou modifié d'une façon quelconque une attestation ou un certificat originairement sincère ;

3° Aura sciemment fait usage ou tenté de faire usage d'un certificat inexact ou falsifié.

Art. 104. – Le fonctionnaire ou l'officier public qui délivrera un faux certificat propre à appeler sur la personne désignée la bienveillance du Gouvernement ou des particuliers et à lui procurer places, crédits ou secours, sera puni d'un emprisonnement de un à cinq ans et de l'amende prévue au chiffre 3 de l'article 26.

Art. 105. – Les faux certificats de toute autre nature et d'où il pourrait résulter un préjudice envers le Trésor ou des tiers seront punis, selon les cas, d'après les dispositions du paragraphe III de la présente section.

Section II. – Des crimes et délits des fonctionnaires publics dans l'exercice de leurs fonctions

§ 1. – Des soustractions commises par les dépositaires publics

Art. 106. – Tout dépositaire ou comptable public qui aura détourné ou soustrait des deniers publics ou privés ou effets actifs en tenant lieu, ou des pièces, titres, actes, effets mobiliers qui étaient entre ses mains en vertu de ses fonctions, sera puni de la réclusion de dix à vingt ans, si les choses détournées ou soustraites sont d'une valeur au-dessus de cent mille francs (1).

Art. 107. – Si les valeurs détournées ou soustraites n'excèdent pas cent mille francs (1), la peine sera d'un emprisonnement de un an à cinq ans et de l'amende prévue au chiffre 4 de l'article 26 ; le condamné sera, de plus, déclaré incapable d'exercer une fonction publique.

Art. 108. – Tout juge, administrateur, fonctionnaire ou officier public qui aura détruit, supprimé, soustrait ou détourné les actes et titres dont il était dépositaire en cette qualité, ou qui lui auraient été remis ou communiqués en raison de ses fonctions, sera puni de la peine de la réclusion de dix à vingt ans.

Tout greffier, huissier, agent, préposé ou commis, soit du Gouvernement, soit des dépositaires publics, qui se sera rendu coupable des mêmes soustractions, sera puni de la même peine.

§ 2. – Des concussions commises par des fonctionnaires publics

Art. 109. – Tout fonctionnaire, officier public, commis ou préposé, percepteur des droits, taxes, contributions, revenus publics, et son commis ou préposé qui se sera rendu coupable de concussion en ordonnant de percevoir ou en exigeant ou en recevant ce qu'il savait n'être pas dû ou excéder ce qui était dû pour droits, taxes, contributions, deniers ou revenus, ou pour salaires ou traitements, sera puni, savoir :

1° Si la totalité des sommes indûment exigées ou reçues ou dont la perception a été ordonnée, a été supérieure à cent mille francs :

– le fonctionnaire, officier public ou percepteur : de la réclusion de cinq à dix ans ;

– le commis ou le préposé : de un à cinq ans d'emprisonnement ;

2° Si la totalité de ces sommes n'excède pas cent mille francs (1) :

– le fonctionnaire, officier public ou percepteur : de un à cinq ans d'emprisonnement ;

– le commis ou le préposé : de six mois à trois ans de la même peine.

La tentative de ces délits sera punie comme le délit lui-même.

Dans tous les cas où la peine d'emprisonnement sera prononcée, les coupables seront punis de l'amende prévue au chiffre 4 de l'article 26.

Ils pourront, en outre, être privés des droits mentionnés en l'article 27 du présent code pendant cinq ans au moins et dix ans au plus, à compter du jour où ils auront subi leur peine.

Les dispositions du présent article sont applicables aux greffiers et officiers ministériels, lorsque le fait a été commis à l'occasion des recettes dont ils sont chargés par la loi.

Art. 110. – Si la concussion a été commise avec menaces ou abus de pouvoirs, la peine sera celle de la réclusion de dix à vingt ans.

Art. 111. – Seront punis d'un emprisonnement de un à cinq ans ainsi que de l'amende prévue au chiffre 4 de l'article 26 et pourront être privés des droits mentionnés en l'article 27 pendant cinq ans au moins et dix ans au plus, à compter du jour où ils auront subi leur peine, les détenteurs de l'autorité publique, qui, sous une forme quelconque et pour quelque motif que ce soit, auront, sans autorisation de la loi, accordé des exonérations ou franchises de droits, impôts ou taxes publics, ou auront effectué gratuitement la délivrance des produits des établissements de l'État.

Les bénéficiaires seront punis comme complices.

Dans tous les cas prévus au présent article, la tentative du délit sera punie comme le délit même.

§ 3. – Des délits de fonctionnaires qui se sont ingérés dans les affaires incompatibles avec leur qualité

Art. 112 *(Abr., L. n° 1.394, 9 oct. 2012).*

(1) Conversion en euros : V. Ord. n° 13.827, 15 déc. 1998 (*Journal de Monaco*, 18 déc. 1998).

§ 4. – De la prise illégale d'intérêts, de la corruption et du trafic d'influence
(§ rempl., L. n° 1.394, 9 oct. 2012).

Art. 113 *(Rempl., L. n° 1.394, 9 oct. 2012).* – Au sens du présent paragraphe, un agent public national est une personne dépositaire de l'autorité publique, ou chargée d'une mission de service public, ou investie d'un mandat électif public.

Un agent public étranger ou international est une personne dépositaire de l'autorité publique, ou chargée d'une mission de service public, ou investie d'un mandat électif public dans un État étranger, ou au sein d'une organisation internationale publique.

Un agent privé est une personne qui sans être dépositaire de l'autorité publique, ni chargée d'une mission de service public, ni investie d'un mandat électif public, exerce dans le cadre d'une activité commerciale, une fonction de direction ou un travail pour une entité du secteur privé.

Art. 113-1 *(L. n° 1.394, 9 oct. 2012).* – La prise illégale d'intérêts est le fait pour un agent public national de prendre, recevoir ou conserver, directement ou indirectement, un intérêt personnel dans une opération ou dans une entreprise dont il a, au moment de l'acte, en tout ou partie, la charge d'assurer la surveillance, l'administration, la liquidation ou le paiement.

La participation d'un agent public national à une délibération, exclusive de tout vote, portant sur une affaire dans laquelle il a, directement ou indirectement, un intérêt personnel ne saurait valoir à elle seule surveillance ou administration au sens du premier alinéa du présent article.

Art. 113-2 *(L. n° 1.394, 9 oct. 2012).* – La corruption passive est le fait par un agent public ou privé de solliciter, d'accepter ou de recevoir, directement ou indirectement, tout avantage indu, pour lui-même ou pour autrui, ou d'en accepter l'offre ou la promesse, pour accomplir ou s'abstenir d'accomplir ou pour avoir accompli ou s'être abstenu d'accomplir un acte de sa fonction ou facilité par sa fonction.

La corruption active est le fait par quiconque de proposer, d'accorder ou d'octroyer, directement ou indirectement tout avantage indu, pour lui-même ou pour autrui, pour obtenir d'une personne physique ou morale qu'elle accomplisse ou s'abstienne d'accomplir un acte de sa fonction ou facilité par sa fonction ou pour avoir accompli ou s'être abstenu d'accomplir un acte de sa fonction ou facilité par sa fonction.

Art. 113-3 *(L. n° 1.394, 9 oct. 2012).* – Le trafic d'influence passif est le fait par quiconque de solliciter, d'accepter ou recevoir, directement ou indirectement, tout avantage indu, y compris l'offre ou la promesse de cet avantage, pour lui-même ou pour autrui, pour abuser ou pour avoir abusé de son influence réelle ou supposée sur la prise de décision d'un agent public, tel que défini par l'article 113, concernant des distinctions, emplois, marchés ou toute autre décision favorable ou défavorable.

Le trafic d'influence actif est le fait par quiconque de proposer, d'accorder ou d'octroyer, directement ou indirectement, pour lui-même ou pour autrui, tout avantage indu pour obtenir d'une personne physique ou morale qu'elle abuse ou parce qu'elle a abusé de son influence réelle ou supposée sur la prise de décision d'un agent public, tel que défini par l'article 113, concernant des distinctions, emplois, marchés ou toute autre décision favorable ou défavorable.

Art. 114 *(Rempl., L. n° 1.394, 9 oct. 2012).* – Le délit de prise illégale d'intérêts est puni de un à cinq ans d'emprisonnement et de l'amende prévue au chiffre 4 de l'article 26 lorsqu'il est commis par un agent public national.

Art. 115 *(Rempl., L. n° 1.394, 9 oct. 2012).* – La corruption passive est punie de cinq à dix ans d'emprisonnement et du double de l'amende prévue au chiffre 4 de l'article 26 lorsqu'elle est commise par un agent public national.

La corruption active est punie des mêmes peines, lorsqu'elle est commise sur l'agent public national.

Art. 116 *(Rempl., L. n° 1.394, 9 oct. 2012).* – La corruption passive est punie de la réclusion de huit à quinze ans et du triple de l'amende prévue au chiffre 4 de l'article 26 lorsqu'elle est commise par un magistrat ou un juré, au bénéfice ou au détriment d'une personne faisant l'objet de poursuites pénales.

Art. 117 *(Rempl., L. n° 1.394, 9 oct. 2012).* – La corruption passive est punie de un à cinq ans d'emprisonnement et de l'amende prévue au chiffre 4 de l'article 26 lorsqu'elle est commise par un agent privé.

La corruption active commise sur un agent privé est punie des mêmes peines.

Art. 118 *(Rempl., L. n° 1.394, 9 oct. 2012).* – La corruption passive est punie de cinq à dix ans d'emprisonnement et du double de l'amende prévue au chiffre 4 de l'article 26 lorsqu'elle est commise par un agent public étranger ou international.

La corruption active sur un agent public étranger ou international est punie des mêmes peines.

Art. 119 *(Rempl., L. n° 1.394, 9 oct. 2012).* – Le trafic d'influence actif est puni de cinq à dix ans d'emprisonnement et du double de l'amende prévue au chiffre 4 de l'article 26.

Le trafic d'influence passif est puni des mêmes peines.

Art. 120 *(Rempl., L. n° 1.394, 9 oct. 2012).* – Le trafic d'influence passif est puni de la réclusion de huit à quinze ans et du triple de l'amende prévue au chiffre 4 de l'article 26 lorsqu'il est commis par un magistrat, au bénéfice ou au détriment d'une personne faisant l'objet de poursuites pénales.

Art. 121. – Si c'est un membre du tribunal prononçant en matière criminelle qui s'est laissé corrompre en faveur ou au préjudice de l'accusé, il sera puni de la réclusion de cinq à dix ans.

Art. 121-1 *(L. n° 1.394, 9 oct. 2012).* – Est puni de la réclusion de cinq à dix ans et du double de l'amende prévue au chiffre 4 de l'article 26, le fait d'user de menaces, de violences ou de commettre tout autre acte d'intimidation pour obtenir d'un agent public qu'il accomplisse ou s'abstienne d'accomplir un acte de sa fonction, de sa mission ou de son mandat, ou facilité par sa fonction, sa mission ou son mandat, soit qu'il abuse de son autorité vraie ou supposée en vue de faire obtenir d'une autorité ou d'une administration publique des distinctions, des emplois, des marchés ou toute autre décision favorable.

Art. 122 *(Rempl., L. n° 1.394, 9 oct. 2012).* – Dans tous les cas visés au présent paragraphe, les coupables encourent également la peine complémentaire d'interdiction des droits mentionnés à l'article 27 du présent Code, pendant cinq ans au moins et dix ans au plus, à compter du jour où ils auront subi leur peine.

L'agent public national est en outre privé du droit d'exercer une fonction publique ou une mission de service public ou bien encore une fonction élective ou juridictionnelle de manière, soit définitive, soit temporaire pour une durée de cinq ans au moins et dix ans au plus, à compter du jour où il aura subi sa peine.

Art. 122-1 *(L. n° 1.394, 9 oct. 2012).* – Les infractions prévues par les articles 114 à 121 sont punies de dix à vingt ans de réclusion et de l'amende prévue au chiffre 4 de l'article 26 dont le maximum peut être porté au décuple, lorsqu'elles sont commises en bande organisée.

Art. 122-2 *(L. n° 1.394, 9 oct. 2012).* – Le tribunal ordonne la confiscation du produit des infractions de prise illégale d'intérêt, de corruption et de trafic d'influence.

Il ordonne également la confiscation de tous biens acquis en utilisant le produit de ces infractions.

Il peut également ordonner la confiscation du produit de ces infractions ou de tous biens acquis en utilisant ce produit auprès de toute autre personne les détenant et en quelque lieu qu'ils se trouvent, dès lors qu'elle ne pouvait en ignorer l'origine frauduleuse.

Si le produit de ces infractions a été mêlé à des biens légitimement acquis, ces biens peuvent être confisqués à concurrence de la valeur estimée du produit qui y a été mêlé.

Si le produit de ces infractions ne peut pas ou plus être trouvé en tant que tel dans le patrimoine de la personne condamnée, le tribunal peut ordonner la confiscation de biens ou de capitaux d'une valeur équivalente à celle du produit de ces infractions.

La confiscation peut être prononcée sans préjudice des droits des tiers.

Le procureur général procède aux formalités d'enregistrement et de publicité nécessaires.

§ 5. – Des abus d'autorité

Des abus d'autorité contre les particuliers

Art. 123. – Tout fonctionnaire de l'ordre administratif ou judiciaire, tout officier de justice ou de police, tout commandant ou agent de la force publique, qui, agissant en sa dite qualité, se sera introduit dans le domicile d'un habitant, contre le gré de celui-ci, hors les cas prévus par la loi et sans les formalités qu'elle a prescrites, sera puni d'un emprisonnement de trois mois à un an et de l'amende prévue au chiffre 2 de l'article 26 ou de l'une de ces deux peines seulement, sans préjudice de l'application, le cas échéant, des dispositions du second alinéa de l'article 72.

Art. 124. – Tout individu qui se sera introduit dans le domicile d'un habitant contre sa volonté, sera puni d'un emprisonnement de six jours à un mois et de l'amende prévue au chiffre 1 de l'article 26, ou de l'une de ces deux peines seulement.

S'il s'est introduit à l'aide de menaces ou pendant la nuit, il sera puni d'un emprisonnement de un à six mois et de l'amende prévue au chiffre 2 de l'article 26, ou de l'une de ces deux peines seulement.

Art. 125. – Tout juge, tout administrateur ou tout autre officier public qui, sous quelque prétexte que ce soit, même du silence, de l'obscurité ou de l'insuffisance de la loi, aura refusé de rendre la justice qu'il doit aux parties, après en avoir été requis, et qui aura persévéré dans son déni, pourra être poursuivi et puni de l'amende prévue au chiffre 3 de l'article 26 ; il pourra aussi être déclare incapable d'exercer une fonction publique depuis deux ans jusqu'à dix.

Art. 126. – Lorsqu'un fonctionnaire ou un officier public, un exécuteur de mandats de justice ou jugements, un commandant en chef ou en sous ordre de la force publique, aura, sans motif légitime, usé ou fait user de violences envers les personnes, dans l'exercice ou à l'occasion de l'exercice de ses fonctions, il sera puni selon la nature et la gravité de ces violences et en élevant la peine suivant la règle posée en l'article 137 ci-après.

Des abus d'autorité contre la chose publique

Art. 127. – Tout fonctionnaire public, agent ou préposé de l'État ou de la commune qui aura requis ou ordonné, fait requérir ou ordonner l'action ou l'emploi de la force publique contre l'exécution d'une loi, d'une décision ou d'un mandat de justice ou de tout autre émané de l'autorité légitime, sera puni d'un emprisonnement de un à cinq ans et de l'amende prévue au chiffre 4 de l'article 26.

Art. 128. – Si cette réquisition ou cet ordre a été suivi d'effet, la peine sera la réclusion de cinq à dix ans.

Art. 129. – Les peines énoncées aux articles 127 et 128 ne seront pas applicables aux fonctionnaires ou préposés qui auraient agi par ordre de leurs supérieurs, lorsque cet ordre aura été donné par ceux-ci, pour des objets de leur ressort et sur lesquels il leur était dû obéissance hiérarchique ; dans ce cas, les peines ne seront appliquées qu'aux supérieurs qui, les premiers, auront donné cet ordre.

Art. 130. – Si, par suite desdits ordres ou réquisitions, il survient des crimes punissables de peines plus fortes que celles exprimées aux articles 127 et 128, ces peines plus fortes seront appliquées aux fonctionnaires, agents ou préposés coupables d'avoir donné lesdits ordres ou fait lesdites réquisitions.

§ 6. – Des délits relatifs à la tenue des actes d'état civil

Art. 131. – Les officiers de l'état civil qui auront inscrit leurs actes sur de simples feuilles volantes seront punis d'un emprisonnement de un à six mois et de l'amende prévue au chiffre 1 de l'article 26, ou de l'une de ces deux peines seulement.

Art. 132. – Lorsque, pour la validité d'un mariage, la loi prescrit le consentement des père, mère ou autres personnes, l'officier de l'état civil qui ne se sera point assuré de l'existence de ce consentement, sera puni d'un emprisonnement de un à six mois et de l'amende prévue au chiffre 1 de l'article 26 ou de l'une de ces deux peines seulement.

Art. 133. – L'officier de l'état civil sera puni de l'amende prévue au chiffre 2 de l'article 26 lorsqu'il aura reçu, avant le temps prescrit par le Code civil, l'acte de mariage d'une femme ayant déjà été mariée.

Art. 134. – Les peines portées aux articles précédents contre les officiers de l'état civil leur seront appliquées lors même que la nullité de leurs actes n'aurait pas été demandée ou aurait été couverte ; le tout, sans préjudice des peines plus fortes prononcées en cas de collusion et des autres sanctions édictées par le Code civil.

§ 7. – De l'exercice de l'autorité publique illégalement anticipée ou prolongée

Art. 135. – Tout fonctionnaire public qui sera entré en fonction sans avoir prêté le serment prescrit par la loi, pourra être poursuivi et puni de l'amende prévue au chiffre 2 de l'article 26.

Art. 136. – Tout fonctionnaire public révoqué, destitué, suspendu ou interdit légalement qui, après en avoir eu la connaissance officielle, aura continué à exercer ses fonctions, ou qui les aura exercées après avoir été remplacé, sera puni d'un emprisonnement de six mois à trois ans et de l'amende prévue au chiffre 3 de l'article 26. Il sera déclaré incapable d'exercer une fonction publique pour cinq ans au moins et dix ans au plus.

Dispositions particulières

Art. 137. – Hors les cas où la loi règle spécialement les peines encourues pour crimes ou délits commis par les fonctionnaires ou officiers publics, ceux d'entre eux qui auront participé à d'autres crimes ou délits qu'ils étaient chargés de prévenir, constater ou réprimer, seront condamnés comme il suit :

– s'il s'agit d'un délit : au maximum de la peine attachée au délit de l'espèce ;

– s'il s'agit d'un crime :

à la réclusion de cinq ans à dix ans, lorsque le crime emporte contre tout autre coupable la peine du bannissement ou de la dégradation civique ;

à la réclusion de dix à vingt ans, lorsque le crime emporte contre tout autre coupable la peine de la réclusion de cinq à dix ans ;

à la réclusion à perpétuité lorsque le crime emporte contre tout autre coupable la peine de la réclusion de dix à vingt ans ou à perpétuité.

Section III. – Des troubles de l'ordre public par les ministres des cultes dans l'exercice de leur ministère

§ 1. – Des infractions propres à compromettre l'état civil des personnes

Art. 138. – Tout ministre d'un culte qui procédera aux cérémonies religieuses d'un mariage, sans qu'il lui ait été justifié d'un acte de mariage préalablement reçu par l'officier de l'état civil, sera puni de l'amende prévue au chiffre 2 de l'article 26 ; en cas de première récidive, d'un emprisonnement de six mois à trois ans ; en cas de seconde récidive, d'un emprisonnement de un à cinq ans.

§ 2. – Des critiques, censures ou provocations dirigées contre l'autorité publique dans un discours pastoral prononcé publiquement

Art. 139. – Tout ministre d'un culte qui prononcera, dans l'exercice de son ministère et en assemblée publique, un discours contenant la critique ou la censure du gouvernement, d'une loi, d'une ordonnance souveraine ou de tout autre acte de l'autorité publique sera puni d'un emprisonnement de six mois à trois ans.

Art. 140. – Si le discours contient une provocation directe à la désobéissance aux lois ou autres actes de l'autorité publique, ou s'il tend à soulever ou armer une partie des citoyens contre les autres, le ministre du culte qui l'aura prononcé sera puni d'un emprisonnement de un à cinq ans, si la provocation a été suivie d'effet, et de six mois à trois ans, dans le cas contraire.

Art. 141. – Lorsque la provocation aura été suivie d'une sédition ou révolte dont la nature donnera lieu contre l'un ou plusieurs des coupables à une peine plus forte que celle de l'emprisonnement, cette peine, quelle qu'elle soit, sera appliquée au ministre coupable de la provocation.

§ 3. – Des critiques, censures ou provocations dirigées contre l'autorité publique dans un écrit pastoral

Art. 142. – Tout écrit contenant des instructions pastorales, en quelque forme que ce soit, et dans lequel un ministre d'un culte aura critiqué ou censuré, soit le gouvernement, soit tout acte de l'autorité publique, emportera la peine de un à cinq ans d'emprisonnement contre le ministre qui l'aura publié.

Art. 143. – Si l'écrit mentionné en l'article précédent contient une provocation directe à la désobéissance aux lois ou autres actes de l'autorité, ou s'il tend à soulever ou armer une partie des habitants contre les autres, le ministre qui l'aura publié sera puni de la réclusion de cinq à dix ans.

Art. 144. – Lorsque la provocation contenue dans l'écrit pastoral aura été suivie d'une sédition ou révolte dont la nature donnera lieu contre l'un ou plusieurs des coupables à une peine plus forte que celle de la réclusion de cinq à dix ans, cette peine, quelle qu'elle soit, sera appliquée au ministre coupable de la provocation.

Section IV. – Attroupement – Résistance et autres manquements envers l'autorité publique

§ 1. – Attroupements

Art. 145. – Est interdit sur la voie publique ou dans un lieu public :

1° tout attroupement armé ;

2° tout attroupement non armé qui pourrait troubler la paix publique.

L'attroupement non armé sera dissipé après trois sommations ; l'attroupement armé, après deux sommations.

Les représentants de l'autorité ne pourront, avant toute sommation, faire usage de la force que si des violences ou voies de fait sont exercées contre eux ou encore, s'ils ne peuvent défendre autrement les postes dont la garde leur a été confiée.

Art. 146. – L'attroupement est armé si l'un des individus qui le composent est porteur d'une arme apparente ou si plusieurs sont porteurs d'armes cachées ou d'objets quelconques, apparents ou cachés, ayant servi d'arme ou par eux destinés à servir d'arme.

Art. 147. – Les sommations seront faites par un officier de police judiciaire.

Après avoir annoncé leur intervention par des signaux sonores ou lumineux, les représentants de l'autorité feront sommation en utilisant tous les moyens propres à avertir efficacement les personnes participant à l'attroupement quelles doivent immédiatement se disperser.

Art. 148. – Sera punie d'un emprisonnement de un à six mois toute personne non armée qui, faisant partie d'un attroupement armé ou non armé, ne l'aura pas abandonné après la première sommation.

L'emprisonnement sera de trois mois à un an si la personne non armée a continué à faire partie d'un attroupement armé qui ne s'est dispersé que par la force.

Art. 149. – Sera puni d'un emprisonnement de six mois à trois ans quiconque, après une première sommation, sera trouvé porteur d'une arme apparente ou cachée.

L'emprisonnement sera de un à cinq ans dans le cas d'attroupements dispersés par la force.

Art. 150. – Seront punis d'un emprisonnement de six mois à trois ans les chefs ou provocateurs d'attroupement non armé, et d'un emprisonnement de un à cinq ans les chefs ou provocateurs d attroupement armé.

Art. 151. – Les poursuites pour délit d'attroupement ne feront pas obstacle à la poursuite des crimes et délits commis au cours des attroupements.

§ 2. – Rébellion

Art. 152. – Toute attaque, toute résistance avec violences et voies de fait envers les officiers ministériels, la force publique, les préposés à la perception des taxes et des contributions, les préposés des douanes, les séquestres, les officiers ou agents de la police administrative ou judiciaire, agissant pour l'exécution des lois, des ordres, des ordonnances de l'autorité publique, des mandats de justice ou jugements, est qualifiée, selon les circonstances, crime ou délit de rébellion.

Art. 153. – Si la rébellion a été commise par plus de vingt personnes armées, les coupables seront punis de la réclusion de dix à vingt ans et, s'il n'y a pas eu port d'arme, de la réclusion de cinq à dix ans.

Art. 154. – Si la rébellion a été commise par une réunion armée de trois personnes ou plus, jusqu'à vingt inclusivement, la peine sera la réclusion de cinq à dix ans et, s'il n'y a pas eu port d'arme, la peine sera l'emprisonnement de six mois à trois ans.

Art. 155. – Si la rébellion n'a été commise que par une ou deux personnes avec arme, elle est punie d'un emprisonnement de six mois à trois ans et, si elle a eu lieu sans arme, d'un emprisonnement d'un à six mois.

Art. 156. – En cas de rébellion par bande ou attroupement, ceux qui, en ayant fait partie sans fonction ni emploi, se sont retirés au premier avertissement de l'autorité, ou même depuis, n'encourront aucune peine s'ils n'ont été saisis que hors du lieu de la rébellion ou de l'attroupement, sans nouvelle résistance et sans arme ; ils ne seront punis, en ces cas, que des crimes ou délits qu'ils auraient commis personnellement.

Art. 157. – Toute réunion d'individus pour un crime ou un délit est réputée réunion armée, lorsque plus de deux personnes portent des armes ostensibles.

Art. 158. – Les personnes qui se trouveraient munies d'armes cachées et qui auraient fait partie d'une troupe ou réunion non réputée armée, seront individuellement punies comme si elles avaient fait partie d'une troupe ou d'une réunion armée.

Art. 159. – Les auteurs des crimes ou délits commis dans le cours ou à l'occasion d'une rébellion seront punis des peines prononcées pour chacun de ces crimes ou délits, si elles sont plus fortes que celles de la rébellion.

Art. 160. – Dans tous les cas où il sera prononcé, pour fait de rébellion, une simple peine d'emprisonnement, les coupables pourront être condamnés, en outre, à l'amende prévue au chiffre 3 de l'article 26.

Art. 161. – Sera punie comme réunion de rebelles, celle qui aura été formée avec ou sans arme et accompagnée de violences ou menaces contre l'autorité administrative, les officiers ou agents de la police ou contre la force publique, par les prévenus, accusés ou condamnés ou autres détenus.

Art. 162. – La peine prononcée pour rébellion dans le cas de l'article précédent sera subie sans confusion avec celle prononcée ou encourue en raison du crime ou du délit justifiant la détention.

Art. 163. – Le séjour du territoire monégasque pourra être interdit aux condamnés pour rébellion pendant deux ans au moins et dix ans au plus, à compter de l'expiration de leur peine.

§ 3. – Outrages et violences envers les dépositaires de la puissance publique, de l'autorité et de la force publique

Art. 164 *(Mod., L. n° 1.409, 22 oct. 2014)*. – L'outrage par écrit ou dessin non rendus publics, par paroles, gestes, menaces ou par l'envoi, dans la même intention, d'un objet quelconque et visant le Ministre d'État, le Directeur des Services judiciaires, un conseiller de gouvernement, un membre élu du Conseil National ou du Conseil communal, ou un magistrat de l'ordre administratif ou judiciaire, dans l'exercice ou à l'occasion de l'exercice de ses fonctions, sera puni d'un emprisonnement de trois mois à un an et de l'amende prévue au chiffre 3 de l'article 26, ou de l'une de ces deux peines seulement.

Art. 165. – L'outrage fait sous une des formes spécifiées à l'article précédent et adressé à un officier ministériel, à un commandant ou agent de la force publique, ou à toute personne chargée d'un service public, dans l'exercice ou à l'occasion de l'exercice de ses fonctions, sera puni d'un emprisonnement d'un à six mois et de l'amende prévue au chiffre 2 de l'article 26, ou de l'une de ces deux peines seulement.

Art. 166. – Quiconque, même sans arme et sans qu'il en soit résulté des blessures, aura frappé une des personnes mentionnées à l'article 164, dans l'exercice ou à l'occasion de l'exercice de ses fonctions, ou se sera livré, à son égard, à toute autre violence ou voie de fait, sera puni d'un emprisonnement d'un à cinq ans et de l'amende prévue au chiffre 4 de l'article 26.

Art. 167. – Les violences ou voies de fait visées à l'article précédent et dirigées contre une des personnes désignées à l'article 165, dans l'exercice ou à l'occasion de l'exercice de ses fonctions, seront punies d'un emprisonnement de six mois à trois ans et de l'amende prévue au chiffre 3 de l'article 26.

Art. 168. – Dans les cas exprimés dans les deux articles précédents, le séjour du territoire monégasque pourra être interdit aux condamnés pendant deux ans au moins et dix ans au plus.

Art. 169. – Si les violences exercées contre les personnes désignées aux articles 164 et 165 ont été la cause d'effusion de sang, blessures ou maladies, la peine sera la réclusion de cinq à dix ans ; si la mort s'en est suivie, le coupable sera puni du maximum de la réclusion à temps.

Art. 170. – Dans le cas où les violences n'auraient pas causé d'effusion de sang, blessures ou maladies, le coupable sera puni de la réclusion de cinq à dix ans si les coups ont été portés avec guet-apens ou préméditation.

Art. 171. – Si les violences ont été exercées avec l'intention de donner la mort, le coupable sera puni de la réclusion à perpétuité.

§ 4. – Refus d'un service légalement dû

Art. 172. – Tout commandement, tout officier ou sous-officier de la force publique qui, après en avoir été requis légalement par l'autorité civile, aura refusé de faire agir la force placée sous ses ordres, sera puni d'un emprisonnement de trois ans à un an, sans préjudice des réparations civiles qui pourraient être dues aux termes de l'article 13 du présent code.

Art. 173. – Les témoins qui auront allégué une excuse reconnue fausse seront condamnés, outre les amendes prononcées pour la non-comparution, à un emprisonnement d'un à six mois.

§ 5. – Évasion et recel de détenus

Art. 174. – Toutes les fois qu'une évasion aura lieu, si l'évadé était inculpé de crime ou condamné pour un crime, les préposés à sa garde ou à sa conduite seront punis :

– en cas de négligence, d'un emprisonnement de trois mois à un an,

– en cas de connivence, à la réclusion de cinq à dix ans.

Ceux qui, n'étant pas chargés de la garde ou de la conduite de ce détenu, auront procuré ou facilité son évasion, seront punis d'un emprisonnement de six mois à trois ans.

Art. 175. – Si l'évadé était inculpé de délit ou condamné pour un délit, les préposés à sa garde ou à sa conduite seront punis, en cas de négligence, d'un emprisonnement d'un à six mois et, en cas de connivence, d'un emprisonnement de un à cinq ans.

Ceux qui, n'étant pas chargés de la garde ou de la conduite de ce détenu, auront procuré ou facilité son évasion, seront punis d'un emprisonnement de trois mois à un an ;

Art. 176. – Si l'évasion a eu lieu ou a été tentée avec violences ou bris de prison, les peines seront, contre ceux qui l'auront favorisée :

1° dans le cas prévu à l'article 174, la réclusion criminelle de cinq à dix ans ;

2° dans le cas prévu à l'article 175, l'emprisonnement de un à cinq ans.

Art. 177. – Seront punis des mêmes peines que les gardiens ou conducteurs, les tiers qui auront procuré ou facilité l'évasion, soit en corrompant lesdits gardiens ou conducteurs, soit de connivence avec eux.

Art. 178. – Si l'évasion avec bris ou violences a été favorisée par transmission d'armes, les gardiens ou conducteurs qui y auront participé seront punis de la réclusion à perpétuité ; les autres personnes, de la réclusion de dix à vingt ans.

Art. 179. – Tous ceux qui auront concouru à l'évasion d'un détenu seront solidairement condamnés, à titre de dommages-intérêts, à tout ce que la partie civile aurait eu droit d'obtenir contre le détenu.

Art. 180. – Le détenu qui se sera évadé ou qui aura tenté de s'évader par bris de prison ou par violences sera puni d'un emprisonnement de trois mois à un an, sans préjudice de peines plus fortes encourues pour d'autres crimes ou délits qu'il aurait alors commis.

Il subira cette peine sans confusion avec celle qu'il aurait encourue pour le crime ou le délit en raison duquel il était détenu.

Les mêmes règles seront appliquées :

1° à tout détenu qui, transféré dans un établissement sanitaire ou hospitalier, s'en sera évadé ou aura tenté de s'en évader par un moyen quelconque ;

2° à tout condamné qui se sera évadé ou aura tenté de s'évader, alors qu'il était employé à l'extérieur d'un établissement pénitentiaire ou qu'il bénéficiait d'une permission de sortie.

Art. 181. – Les peines ci-dessus édictées contre les gardiens ou les conducteurs, en cas de négligence seulement, cesseront lorsque les évadés seront repris ou représentés, pourvu que ce soit dans les quatre mois de l'évasion et qu'ils ne soient pas arrêtés pour d autres crimes ou délits commis postérieurement à celle-ci.

Art. 182. – Ceux qui auront recelé ou fait receler des personnes qu'ils s'avait évadées seront punis d'un emprisonnement de trois mois à un an.

Sont exceptés de la présente disposition, les ascendants ou descendants, époux ou épouse, même séparé de corps, frère ou sœur de l'évadé recelé ou ses alliés au même degré.

Art. 183. – Sans préjudice, le cas échéant, des peines plus fortes portées aux articles qui précèdent, sera puni d'un emprisonnement d'un à six mois, quiconque aura, dans des conditions irrégulières, remis ou fait parvenir ou tenté de remettre ou faire parvenir à un détenu, en quelque lieu que ce soit, des sommes d'argent, correspondance ou objet quelconque.

La sortie ou la tentative de sortie irrégulière de sommes d'argent, correspondance ou objet quelconque sera punie des mêmes peines.

§ 6. – Bris de scellés et enlèvement de pièces dans les dépôts publics

Art. 184. – Lorsque les scellés apposés, soit par ordre du gouvernement, soit par suite d'ordonnance de justice rendue en quelque matière que ce soit, auront été brisés, les gardiens seront punis, pour simple négligence, de six jours à un mois d'emprisonnement.

Art. 185. – Quiconque aura, à dessein, brisé des scellés ou participé au bris de scellés, sera puni d'un emprisonnement de trois mois à un an ; si c'est le gardien lui-même, il sera puni de six mois à trois ans de la même peine. Dans les deux cas il pourra être prononcé l'amende prévue au chiffre 3 de l'article 26.

Art. 186. – Tout vol commis à l'aide d'un bris de scellés sera puni comme s'il avait eu lieu par effraction.

Art. 187. – Les soustractions, destructions et enlèvements de pièces ou de procédures criminelles, ou d'autres papiers, registres, actes et effets contenus dans des archives, greffes ou dépôts publics ou remis à un dépositaire public en cette qualité, qui auraient été rendus possibles par la négligence des archivistes, greffiers, notaires ou autres dépositaires, entraîneront contre eux une peine d'emprisonnement de trois mois à un an et l'amende prévue au chiffre 2 de l'article 26, ou l'une de ces deux peines seulement.

Art. 188. – Quiconque se sera rendu coupable de soustractions, destructions ou enlèvements mentionnés en l'article précédent, sera puni de la réclusion de cinq à dix ans.

Si le crime est le fait du dépositaire lui-même, il sera puni de la réclusion de dix à vingt ans.

Art. 189. – Si le bris de scellés, les soustractions, destructions ou enlèvements de pièces ont été commis avec violences envers les personnes, la peine sera, contre tout coupable, la réclusion de dix à vingt ans, sans préjudice d'une peine plus forte, s'il y a lieu, d'après la nature des violences et des autres crimes qui y seraient joints.

§ 7. – Dégradation de monuments

Art. 190. – Quiconque aura volontairement détruit, abattu ou dégradé des monuments, statues ou autres objets destinés à l'utilité ou à la décoration publique et élevés par l'autorité ou avec son autorisation, sera puni d'un emprisonnement de trois mois à un an et de l'amende prévue au chiffre 2 de l'article 26, ou de l'une de ces deux peines seulement.

§ 8. – Dispositions relatives à la sûreté de la circulation sur les chemins de fer

Art. 191. – Quiconque aura volontairement détruit ou dérangé la voie ferrée, placé sur la voie un objet faisant obstacle à la circulation, ou employé un moyen quelconque pour entraver la marche des convois ou les faire sortir des rails, sera puni de la réclusion de cinq à dix ans.

S'il y a eu homicide ou blessures, le coupable sera, dans le premier cas, puni de la réclusion à perpétuité et, dans le second cas, de la réclusion de dix à vingt ans.

Art. 192. – Si le crime a été commis en réunion séditieuse, avec rébellion ou pillage, il sera imputable aux chefs, auteurs, instigateurs et provocateurs de ces réunions qui seront punis comme coupables du crime et condamnés aux mêmes peines que ceux qui l'auront personnellement commis, lors même que la réunion séditieuse n'aurait pas eu pour but direct et principal la destruction de la voie ferrée.

Art. 193. – Quiconque aura menacé, par écrit ou par téléphone, de commettre un des crimes prévus en l'article 191 sera puni d'un emprisonnement de trois à cinq ans, dans le cas où la menace aurait été faite avec ordre de déposer une somme d'argent dans un lieu indiqué ou de remplir toute autre condition.

Si cette menace n'a été accompagnée d'aucun ordre ou condition, la peine sera un emprisonnement de trois mois à deux ans et l'amende prévue au chiffre 2 de l'article 26.

Si la menace avec ordre ou condition a été verbale et directe, le coupable sera puni d'un emprisonnement de quinze jours à six mois et de l'amende prévue au chiffre 1 de l'article 26 ou de l'une de ces deux peines seulement.

Dans tous les cas, le séjour du territoire monégasque pourra être interdit aux coupables pendant deux ans au moins et dix ans au plus à dater du jour où les condamnés auront subi leur peine.

Art. 194. – Quiconque, par maladresse, imprudence, inattention, négligence ou inobservation des lois, ordonnances ou règlements, aura involontairement causé, sur un chemin de fer ou dans les gares ou stations, un accident qui aura occasionné des blessures, sera puni d'un emprisonnement de huit jours à six mois et de l'amende prévue au chiffre 2 de l'article 26, ou de l'une de ces deux peines seulement.

Si l'accident a occasionné la mort d'une ou plusieurs personnes, l'emprisonnement sera de six mois à cinq ans et l'amende, celle prévue au chiffre 3 de l'article 26.

Art. 195. – Sera puni d'un emprisonnement de six mois à deux ans, tout mécanicien ou conducteur garde-frein qui aura abandonné son poste pendant la marche du convoi.

Art. 196. – Toute contravention aux lois et ordonnances sur la police, la sûreté et l'exploitation du chemin de fer et aux arrêtés pris par le Ministre d'État ou approuvés par lui pour l'exécution desdites lois et ordonnances, sera punie de l'amende prévue au chiffre 1 de l'article 26 ; en cas de récidive, l'amende sera doublée et le tribunal pourra appliquer un emprisonnement de six jours à un mois, ou l'une de ces deux peines seulement.

Art. 197. – Toute attaque, toute résistance avec violences et voies de fait envers les agents du chemin de fer, dans l'exercice de leurs fonctions, sera punie des peines appliquées à la rébellion.

§ 9. – Crimes et délits relatifs aux lignes télégraphiques et téléphoniques et aux télécommunications

Art. 198. – Sera puni de l'amende prévue au chiffre 1 de l'article 26, quiconque aura volontairement, soit dégradé des appareils, installations ou lignes télégraphiques ou téléphoniques, soit, de toute manière, compromis les télécommunications.

Art. 199. – Quiconque, par la dégradation d'appareils, d'installations ou de lignes télégraphiques ou téléphoniques, ou par tout autre moyen, aura volontairement causé ou tenté de causer l'interruption des correspondances ou télécommunications, sera puni d'un emprisonnement de six mois à trois ans et de l'amende prévue au chiffre 3 de l'article 26.

Art. 200. – Seront punis de la réclusion de cinq ans à dix ans, les individus qui, au cours d'un mouvement insurrectionnel, auront commis des destructions ou dégradations prévues à l'article précédent, se seront opposés avec violences au rétablissement des appareils, installations ou lignes, auront avec violences ou menaces, envahi les bureaux ou, par tout autre moyen, intercepté ou tenté d'intercepter les télécommunications ou les correspondances entre les divers dépositaires de l'autorité publique.

Art. 201. – Toute attaque, toute résistance avec violences ou voies de fait envers les inspecteurs et les agents de surveillance des appareils, installations ou lignes de télécommunications, dans l'exercice de leurs fonctions, sera puni des peines appliquées à la rébellion.

§ 10. – **Usurpation de titres ou fonctions**

Art. 202. – Quiconque, sans titre, se sera immiscé dans des fonctions publiques, administratives, judiciaires ou militaires, ou aura fait des actes de l'une de ces fonctions, sera puni d'un emprisonnement de un à cinq ans et de l'amende prévue au chiffre 3 de l'article 26, sans préjudice de la peine du faux s'il échet.

Art. 203. – Toute personne qui aura publiquement porté sans droit une décoration, un costume, un uniforme, ou un insigne distinctifs d'une fonction ou d'un grade, conférés ou reconnus par une autorité publique, sera punie d'un emprisonnement de trois mois à un an et de l'amende prévue au chiffre 2 de l'article 26 ou de l'une de ces deux peines seulement.

Sera puni de la même peine celui qui, sans remplir les conditions exigées, aura fait usage ou se sera réclamé d'un titre attaché à une profession légalement réglementée, d'un diplôme officiel ou d'une qualité dont l'octroi relève d'une autorité publique.

Art. 204. – Sera puni de l'amende prévue au chiffre 1 de l'article 26, quiconque, sans droit et en vue de s'attirer une certaine considération, aura publiquement pris un titre, changé, altéré ou modifié le non que lui assignent les actes d'état civil.

Le tribunal ordonnera la mention du jugement en marge des actes authentiques ou des actes de l'état civil dans lesquels le titre aura été pris indûment ou le nom altéré.

Il pourra ordonner que la décision sera publiée comme il est dit aux articles 30 et suivants.

Le tout, aux frais du condamné.

§ 11. – **Entrave au libre exercice des cultes**

Art. 205. – Toute personne qui, par voies de fait ou menaces, aura contraint ou empêché une ou plusieurs personnes de pratiquer le culte catholique ou un autre culte, d'assister à l'exercice de ce culte, de célébrer certaines fêtes, d'observer certains jours de repos et, à cet effet, d'ouvrir ou de fermer leurs ateliers, bureaux ou magasins et de faire ou cesser certains travaux, sera punie d'un emprisonnement de six jours à un mois et de l'amende prévue au chiffre 1 de l'article 26 ou de l'une de ces deux peines seulement.

Art. 206. – Ceux qui auront empêché, retardé ou interrompu les cérémonies du culte catholique ou de tout autre culte par des troubles ou désordres causés dans les églises, chapelles et autres lieux destinés ou servant actuellement à ces cérémonies, seront punis d'un emprisonnement de six jours à un mois et de l'amende prévue au chiffre 1 de l'article 26, ou de l'une de ces deux peines seulement.

Art. 207. – Toute personne qui aura, par paroles ou par gestes, profané les objets d'un culte, soit dans les lieux destinés ou servant actuellement à son exercice, soit hors de ces lieux, mais à l'occasion des cérémonies religieuses, ou encore outragé les ministres du culte dans leurs fonctions sera punie d'un emprisonnement de un mois à six mois et de l'amende prévue au chiffre 2 de l'article 26 ou de l'une de ces deux peines seulement.

Art. 208. – Quiconque aura frappé un ministre du culte catholique ou d'un autre culte dans l'exercice de ses fonctions sera puni de la dégradation civique.

Section V. – Association de malfaiteurs, vagabondage, mendicité, ivresse publique

§ 1. – **Association de malfaiteurs**

Art. 209. – Toute association, toute entente établies en vue de préparer ou de commettre des crimes contre les personnes ou les propriétés, constituent un crime contre la paix publique.

Art. 210. – Tout participant à une association ou entente aux fins spécifiées à l'article précédent sera puni de la réclusion de dix à vingt ans.

Art. 211. – Sera puni de la réclusion de cinq à dix ans, quiconque aura sciemment favorisé les auteurs du crime prévu à l'article 209, en leur fournissant des instruments, moyens de correspondance, logement ou lieu de réunion.

§ 2. - **Vagabondage et mendicité**

Art. 212. – Sera punie d'un emprisonnement de un à six mois toute personne qui, n'ayant ni domicile, ni résidence, ni ressources, sera trouvée sur le territoire de la Principauté sans y exercer habituellement un métier ou une profession.

Sera punie de la même peine toute personne valide qui se sera livrée à la mendicité.

Art. 213. – Les deux délits prévus à l'article précédent seront punis de six mois à trois ans d'emprisonnement si leur auteur est trouvé porteur d'une arme, laquelle sera confisquée, ou s'il a proféré des menaces ou exercés des violences.

§ 3. - **Ivresse publique**

Art. 214. – Seront punis d'un emprisonnement de six jours à un mois et de l'amende prévue au chiffre 1 de l'article 26, ou de l'une de ces deux peines seulement, ceux qui, ayant été condamnés en simple police pour ivresse publique en récidive, seront, dans le délai de trois ans, trouvés une troisième fois en état d'ivresse sur la voie publique ou dans tout autre lieu ouvert ou accessible au public.

Art. 215. – Sera puni d'un emprisonnement de six jours à un mois et de l'amende prévue au chiffre 1 de l'article 26 ou de l'une de ces deux peines seulement, tout débitant de boissons qui, après deux condamnations en simple police, dans le délai d'un an, pour avoir donné à boire à des gens manifestement ivres ou à des mineurs de 18 ans, aura commis la même infraction.

En cas de nouvelle infraction, le second jugement correctionnel pourra interdire au débitant de livrer des boissons à consommer sur place ou même ordonner la fermeture de l'établissement.

Art. 216. – Sera puni d'un emprisonnement de six jours à un mois et de l'amende prévue au chiffre 1 de l'article 26, ou de l'une de ces deux peines seulement, quiconque aura fait boire jusqu'à l'ivresse un mineur de 18 ans ; en cas de récidive, le peine sera de un mois à six mois d'emprisonnement et l'amende celle prévue au chiffre 2 de l'article 26.

Section VI. – Délits commis par les distributeurs et colporteurs d'écrits ou d'images

Art. 217 *(Rempl., L. n° 1.299, 15 juill. 2005)*. – Tous colporteurs d'écrits ou d'images de toute nature devront être pourvus d'une autorisation délivrée par l'autorité administrative. Cette autorisation pourra être retirée.

Les contrevenants seront condamnés à un emprisonnement de six jours à un mois et à l'amende prévue au chiffre 1 de l'article 26 du Code pénal, ou à l'une de ces deux peines seulement, sans préjudice des poursuites qui pourront être dirigées, pour crimes ou délits, soit contre les auteurs ou éditeurs de ces écrits ou images, soit contre les distributeurs ou colporteurs eux-mêmes.

Section VII. – Blanchiment du produit d'une infraction

(L. n° 1.161, 7 juill. 1993)

Art. 218 *(L. n° 1.161, 7 juill. 1993 ; mod., L. n° 1.261, 23 déc. 2002 ; L. n° 1.362, 3 août 2009)*. – 1° Sera puni d'un emprisonnement de cinq à dix ans et de l'amende prévue au chiffre 4 de l'article 26, dont le maximum pourra être porté au décuple :

– quiconque aura sciemment apporté son concours à la conversion ou au transfert de biens dont il sait qu'ils sont des biens ou capitaux d'origine illicite, dans le but de dissimuler ou de déguiser l'origine desdits biens ou d'aider toute personne impliquée dans la commission de l'infraction principale à échapper aux conséquences juridiques de ses actes ;

– quiconque aura sciemment participé à la dissimulation ou au déguisement de la nature véritable, de l'origine, de l'emplacement, de la disposition, du mouvement ou de la propriété de biens ou des droits y relatifs dont l'auteur sait qu'ils sont des biens ou capitaux d'origine illicite ;

– quiconque aura sciemment acquis, détenu ou utilisé des biens ou capitaux dont il sait, au moment où il les reçoit, qu'ils sont des biens ou capitaux d'origine illicite, sans préjudice des dispositions relatives au recel ;

– quiconque aura sciemment participé à l'une des infractions établies conformément au présent article ou à toute autre association, entente, tentative ou complicité par fourniture d'une assistance, d'une aide ou de conseils en vue de sa commission.

L'élément intentionnel d'une infraction visée ci-dessus peut être déduit de circonstances factuelles objectives.

2° En cas de circonstance aggravante, la peine encourue sera de dix à vingt ans d'emprisonnement ainsi que l'amende prévue au chiffre 4 de l'article 26, dont le maximum pourra être multiplié par vingt.

Il y a circonstance aggravante lorsque l'auteur :

– agit comme membre d'une organisation criminelle ;

– participe à d'autres activités criminelles organisées internationales ;

– assume une charge publique qui l'aide à la commission de l'infraction ;

– participe à d'autres activités illégales facilitées par la commission de l'infraction ;

– implique des personnes mineures dans la commission de l'infraction ;

– ou a été condamné par une juridiction étrangère pour une infraction de blanchiment aux conditions énoncées pour la récidive à l'article 40.

Art. 218-1 *(L. n° 1.162, 7 juill. 1993 ; rempl., L. n° 1.322, 9 nov. 2006)*. – Les infractions visées à l'article précédent sont constituées alors même que l'infraction génératrice des fonds blanchis a été commise à l'étranger si elle est punissable en Principauté et dans l'état où elle a été perpétrée.

La tentative des infractions précitées sera punie des mêmes peines que le délit consommé.

Il en sera de même de l'entente ou de l'association en vue de les commettre.

Art. 218-2 *(L. n° 1.162, 7 juill. 1993 ; rempl., L. n° 1.322, 9 nov. 2006)*. – Sera puni d'un emprisonnement de un à cinq ans et de l'amende prévue au chiffre 4 de l'article 26 dont le maximum pourra être porté au décuple ou de l'une de ces deux peines seulement quiconque aura, par méconnaissance de ses obligations professionnelles, apporté son concours à toute opération de transfert, de placement, de dissimulation ou de conversion de biens et capitaux d'origine illicite.

Art. 218-3 *(L. n° 1.162, 7 juill. 1993 ; mod., L. n° 1.274, 25 nov. 2003 ; rempl., L. n° 1.322, 9 nov. 2006 ; L. n° 1.394, 9 oct. 2012)*. – Pour l'application de la présente section, est qualifié de biens et de capitaux d'origine illicite le produit des infractions punies dans la Principauté d'une peine d'emprisonnement supérieure à trois ans.

Est également qualifié de biens et de capitaux d'origine illicite le produit des infractions mentionnées aux articles 82, 83, 265, 268, 304, 324, 327 alinéa 1er, 328-5, 335, 337, 360, 362, 363, et 364 du Code pénal, aux articles 44 et 45 de la loi n° 606 du 20 juin 1955, aux articles 23, 24 et 25 de la loi n° 1.058 du 10 juin 1983 et à l'article 49 de la loi n° 1.338 du 7 juillet 2007.

Art. 219 *(L. n° 1.162, 7 juill. 1993 ; rempl., L. n° 1.362, 3 août 2009)*. – Le tribunal ordonnera la confiscation des biens et capitaux d'origine illicite ou des biens et capitaux dont la valeur correspond à celle des biens et capitaux d'origine illicite.

Il pourra ordonner la confiscation des biens meubles ou immeubles acquis en utilisant ces fonds.

Si les biens et capitaux d'origine illicite ont été mêlés à des biens légitimement acquis, ces biens pourront être confisqués à concurrence de la valeur estimée du produit qui y a été mêlé.

Si les biens et capitaux d'origine illicite ne peuvent pas ou plus être trouvés en tant que tels dans le patrimoine de la personne condamnée, le tribunal pourra ordonner la confiscation de biens et de capitaux d'une valeur équivalente à celle des biens et capitaux d'origine illicite.

Les biens et capitaux d'origine illicite peuvent également être confisqués lorsqu'ils sont détenus par un tiers qui connaissait ou devait connaître leur origine illicite.

La confiscation pourra être prononcée sans préjudice des droits des tiers.

Le Procureur Général procédera aux formalités d'enregistrement et de publicité nécessaires.

TITRE II. – CRIMES ET DÉLITS CONTRE LES PERSONNES, LES PROPRIÉTÉS ET LES ANIMAUX

Chapitre Ier. – Crimes et délits contre les personnes

Section I. – Homicide volontaire menaces d'attentats contre les personnes

§ 1. – Meurtre, assassinat, parricide, infanticide, empoisonnement

Art. 220. – L'homicide commis volontairement est qualifié meurtre.

Art. 221. – Tout meurtre commis avec guet-apens ou préméditation est qualifié assassinat.

Art. 222. – Le guet-apens consiste à attendre plus ou moins de temps, dans un ou divers lieux, une personne, soit pour lui donner la mort, soit pour exercer sur elle des actes de violence.

Art. 223. – La préméditation consiste dans le dessein formé, avant l'action, d'attenter à la personne d'un individu déterminé ou même de celui qui sera trouvé ou rencontré, quand même ce dessein serait dépendant de quelque circonstance ou de quelque condition.

Art. 224. – Est qualifié parricide le meurtre des père ou mère légitimes, naturels ou adoptifs, ou de tout autre ascendant légitime.

Art. 225. – Est qualifié infanticide, le meurtre d'un enfant nouveau-né.

Art. 226. – Est qualifié empoisonnement, tout attentat à la vie d'une personne par l'effet de substances qui peuvent donner la mort plus ou moins promptement, de quelque manière que ces substances aient été employées ou administrées et quelles qu'en aient été les suites.

Art. 227 *(Rempl., L. n° 1.344, 26 déc. 2007).* – Tout coupable d'assassinat, de meurtre commis sur un mineur au-dessous de l'âge de seize ans accomplis, de parricide, d'infanticide ou d'empoisonnement est puni de la réclusion à perpétuité.

Art. 228. – Seront punis comme coupables d'assassinat ceux qui, pour l'exécution de leurs crimes, emploient des moyens de torture ou commettent des actes de cruauté.

Art. 229. – Le meurtre emportera la réclusion à perpétuité lorsqu'il aura précédé, accompagné ou suivi un autre crime.

Le meurtre emportera la même peine, lorsqu'il aura eu pour objet, soit de préparer, faciliter ou exécuter un délit, soit de favoriser la fuite ou d'assurer l'impunité des auteurs ou complices de ce délit.

En tout autre cas, le coupable de meurtre sera puni du maximum de la réclusion à temps.

§ 2. – Menaces

Art. 230. – Quiconque, par écrit anonyme ou signé ou par symbole ou signe matériel, aura menacé autrui d'assassinat, d'empoisonnement ou de meurtre ainsi que de tout attentat emportant une peine criminelle, sera puni d'un emprisonnement de un à cinq ans et de l'amende prévue au chiffre 4 de l'article 26, dans le cas où la menace aurait été faite avec ordre de déposer une somme d'argent dans un lieu indiqué ou sous condition.

Art. 231. – Si cette menace n'a été accompagnée d'aucun ordre ou condition, la peine sera d'un emprisonnement de six mois à trois ans et de l'amende prévue au chiffre 3 de l'article 26.

Art. 232. – Si la menace, faite avec ordre ou sous condition, a été verbale, le coupable sera puni d'un emprisonnement de six-mois à trois ans et de l'amende prévue au chiffre 3 de l'article 26.

Art. 233. – Si la menace verbale a été faite sans ordre ni condition, le coupable sera puni d'un emprisonnement d'un à six mois et de l'amende prévue au chiffre 2 de l'article 26 ou de l'une de ces deux peines seulement.

Art. 234. – Quiconque aura menacé, verbalement ou par écrit, de voies de fait ou de violences autres que celles visées à l'article 230, si la menace a été faite avec ordre ou sous condition, sera puni d'un emprisonnement de un à six mois et de l'amende prévue au chiffre 2 de l'article 26 ou de l'une de ces deux peines seulement.

Le juge aura la faculté de faire application de l'article 27 pour la même durée.

Art. 234-1 *(L. n° 1.382, 20 juill. 2011)*. – Lorsque les menaces prévues aux articles 230 à 234 auront été proférées à l'encontre du conjoint de l'auteur ou bien de toute autre personne vivant avec lui sous le même toit ou y ayant vécu durablement, elles seront punies du double de la peine prévue auxdits articles, sans toutefois que la durée de l'emprisonnement ne puisse excéder le maximum de la peine encourue aux termes des articles précités.

Il en est de même lorsque les menaces prévues aux articles 230 à 234 auront été proférées à l'encontre d'une personne dont la vulnérabilité ou l'état de dépendance sont apparents ou connus de leur auteur.

Art. 235. – Dans les cas prévus par les articles précédents, le séjour du territoire monégasque pourra être interdit au coupable pendant deux ans au moins et dix ans au plus, à dater du jour où le condamné aura subi sa peine.

Section II. – Coups et blessures volontaires non qualifiés homicides et autres crimes et délits volontaires

Art. 236 *(Mod., L. n° 1.382, 20 juill. 2011)*. – Tout individu qui, volontairement, aura occasionné des blessures ou porté des coups ou commis toute autre violence ou voie de fait, s'il en est résulté une maladie ou une incapacité totale de travail d'une durée excédant huit jours, sera puni d'un emprisonnement de un à cinq ans et de l'amende prévue au chiffre 4 de l'article 26.

Quand les violences ci-dessus exprimées auront été suivies de mutilation, amputation ou privation de l'usage d'un membre, cécité, perte d'un œil ou autre infirmité permanente grave, le coupable sera puni de la réclusion de cinq à dix ans.

Si les coups portés ou les blessures faites volontairement, mais sans intention de donner la mort, l'ont pourtant occasionnée, le coupable sera puni de la peine de la réclusion de dix à vingt ans.

Art. 236-1 *(L. n° 1.382, 20 juill. 2011)*. – Le fait de soumettre, sciemment et par quelque moyen que ce soit, toute personne à des actions ou omissions répétées ayant pour objet ou pour effet une dégradation de ses conditions de vie se traduisant par une altération de sa santé physique ou mentale est puni des peines suivantes :

– de trois mois à un an d'emprisonnement et de l'amende prévue au chiffre 3 de l'article 26 lorsqu'elles n'ont causé aucune maladie ou incapacité totale de travail ;

– de six mois à deux ans d'emprisonnement et de l'amende prévue au chiffre 4 de l'article 26 lorsqu'elles ont causé une maladie ou une incapacité totale de travail n'excédant pas huit jours ;

– de un à trois ans d'emprisonnement et du double de l'amende prévue au chiffre 4 de l'article 26 lorsqu'elles ont causé une maladie ou une incapacité totale de travail excédant huit jours.

Encourt le maximum des peines prévues à l'alinéa premier le coupable qui commet l'infraction à l'encontre de l'une des personnes ci-après énoncées :

– son conjoint ou toute autre personne vivant avec lui sous le même toit ou y ayant vécu durablement ;

– toute personne dont la vulnérabilité ou l'état de dépendance étaient apparents ou connus de celui-ci.

Art. 236-2 *(L. n° 1.382, 20 juill. 2011)*. – Les peines encourues en vertu des articles 236 et 279 sont applicables aux auteurs des crimes et délits prévus par ces articles lorsqu'ils ont été commis à l'étranger sur une victime mineure résidant habituellement dans la Principauté.

Art. 237. – Lorsqu'il y a eu guet-apens ou préméditation, la peine sera, dans les cas prévus aux deux premiers alinéas de l'article 236, la réclusion de dix à vingt ans. Dans les cas prévus au troisième alinéa, le maximum de cette peine sera encouru.

Art. 238 *(Mod., L. n° 1.382, 20 juill. 2011)*. – Lorsque les blessures ou autres violences ou voies de fait n'auront entraîné aucune maladie ou incapacité totale de travail de l'espèce mentionnée en l'article 236, le coupable sera puni d'un emprisonnement de six mois à trois ans et de l'amende prévue au chiffre 3 de l'article 26.

S'il y a eu guet-apens ou préméditation, l'emprisonnement sera de un à cinq ans et l'amende, celle prévue au chiffre 4 de l'article 26.

Art. 238-1 *(L. n° 1.382, 20 juill. 2011)*. – Tout individu qui a commis des violences qui n'ont entraîné aucune maladie ou incapacité totale de travail sur son conjoint ou bien sur toute autre personne vivant avec lui sous le même toit ou y ayant vécu durablement, sera puni d'un emprisonnement de six mois à un an et de l'amende prévue au chiffre 2 de l'article 26.

Encourt les mêmes peines l'individu qui commet de telles violences à l'encontre de toute personne dont la vulnérabilité ou l'état de dépendance étaient apparents ou connus de leur auteur.

Art. 239 *(Mod., L. n° 1.382, 20 juill. 2011)*. – Dans les cas énoncés par les articles 236, 237 et 238, le coupable qui a commis l'infraction envers son conjoint ou bien envers toute autre personne vivant avec lui sous le même toit ou y ayant vécu durablement, est puni :

- du maximum de la réclusion, si l'article prévoit la réclusion de dix à vingt ans ;
- de la réclusion de dix à vingt ans, si l'article prévoit la réclusion de cinq à dix ans ;
- d'un emprisonnement de dix ans, si l'article prévoit l'emprisonnement.

Encourt les mêmes peines le coupable qui a commis l'infraction envers toute autre personne dans l'intention de punir ou de réparer une inconduite prétendument liée à l'honneur.

Il en est de même lorsque l'infraction a été commise à l'encontre de toute personne dont la vulnérabilité ou l'état de dépendance étaient apparents ou connus de leur auteur.

Art. 239-1 *(L. n° 1.382, 20 juill. 2011)*. – Dans le cadre de l'une des infractions prévues par les articles 234-1, 238-1 et 239 et par le deuxième alinéa de l'article 236-1, le montant de l'amende est doublé, dans la limite du maximum de la peine encourue, ou, le cas échéant, le sursis ou la liberté d'épreuve sont révoqués, lorsque l'auteur ne verse pas volontairement à la victime, dans les deux mois de leur allocation par décision de justice, les dommages et intérêts réparant le préjudice subi lors de la commission de ladite infraction.

Il en est de même en matière de viol lorsque la victime est le conjoint de l'auteur ou bien toute autre personne vivant avec lui sous le même toit ou y ayant vécu durablement ou lorsque la victime est une personne dont la vulnérabilité ou l'état de dépendance étaient apparents ou connus de leur auteur.

Art. 240. – Lorsque les crimes et les délits prévus par les articles précédents auront été commis avec armes ou en réunion séditieuse, avec rébellion ou pillage, les chefs, instigateurs et provocateurs de ces réunions, rébellions ou pillages, seront punis comme co-auteurs de ces crimes ou de ces délits.

Art. 241. – Constituent des armes, au sens de l'article précédent tous objets qui, par leur nature ou par l'usage auquel leur porteur les destine, peuvent servir à provoquer des blessures.

Art. 242 *(Abr., L. n° 913, 18 juin 1971)*.

Art. 243 *(Mod., L. n° 1.344, 26 déc. 2007 ; rempl., L. n° 1.382, 20 juill. 2011)*. – Quiconque aura volontairement fait des blessures ou porté des coups à un mineur au-dessous de l'âge de seize ans accomplis, qui l'aura volontairement privé d'aliments ou des soins au point de compromettre sa santé ou qui aura volontairement exercé à son encontre toute autre violence ou voie de fait, hormis les violences n'ayant entraîné aucune maladie ou incapacité totale de travail prévues par l'article 421, chiffre 1, sera puni d'un emprisonnement de un à cinq ans et de l'amende prévue au chiffre 3 de l'article 26.

La peine sera de trois à dix ans d'emprisonnement et l'amende, celle prévue au chiffre 4 de l'article 26, s'il est résulté de ces différentes violences ou privations une incapacité totale de travail supérieure à huit jours ou s'il y a eu guet-apens ou préméditation.

Art. 244. – La peine sera la réclusion de cinq à dix ans, lorsque, dans les cas prévus au deuxième alinéa de l'article précédent, les coupables sont les père et mère légitimes, naturels ou adoptifs ou toute autre personne ayant autorité sur l'enfant ou en ayant la garde.

Art. 245. – La peine sera la réclusion de dix à vingt ans si les faits prévus à l'article 243 ont été suivis de mutilation, amputation, privation de l'usage d'un membre, cécité, perte d'un œil ou toute autre infirmité permanente grave, ou s'ils ont entraîné la mort sans intention de la donner.

La peine sera le maximum de la réclusion à temps lorsque les coupables seront les personnes désignées à l'article précédent.

Art. 246. – La peine sera la réclusion à perpétuité, lorsque les fait prévus à l'article précédent ont été commis avec l'intention de donner la mort, ou, ayant eu un caractère habituel, ont entraîné la mort sans intention de la donner.

Art. 247 *(Mod., L. n° 1.382, 20 juill. 2011)*. – Tout individu coupable du crime de castration encourra le maximum de la peine de la réclusion à temps.

Si la mort en est résulté, le coupable subira la réclusion à perpétuité.

Les mêmes peines seront applicables à tout individu qui aura pratiqué une atteinte à l'intégrité des organes génitaux d'une personne de sexe féminin, par voie d'ablation, totale ou partielle notamment par excision, d'infibulation ou de toute autre mutilation.

Les dispositions du présent article ne sont pas applicables aux interventions sur des organes génitaux pratiquées conformément à la loi ainsi qu'aux règles professionnelles et aux principes déontologiques gouvernant les activités pharmaceutiques, médicales et chirurgicales.

Art. 248 *(Rempl., L. n° 1.359, 20 avr. 2009)*. – I. – Quiconque, par quelque moyen que ce soit, aura procuré ou tenté de procurer l'avortement à une femme enceinte qu'elle y ait consenti ou non, sera puni d'un emprisonnement d'un à cinq ans et de l'amende prévue au chiffre 3 de l'article 26.

L'emprisonnement sera de cinq à dix ans et l'amende celle prévue au chiffre 4 de l'article 26, s'il est établi que le coupable s'est livré habituellement aux actes visés à l'alinéa précédent.

Sera punie d'un emprisonnement de six mois à trois ans et de l'amende prévue au chiffre 3 de l'article 26, la femme enceinte qui se sera procuré l'avortement à elle-même ou aura tenté de se le procurer ou aura consenti à faire usage des moyens indiqués ou administrés à cet effet.

Les médecins, chirurgiens, sages-femmes, les pharmaciens et toute personne exerçant, régulièrement ou non, une activité professionnelle intéressant la santé publique, qui auraient indiqué, favorisé ou pratiqué les moyens de procurer l'avortement, seront punis d'un emprisonnement de cinq à dix ans et l'amende prévue au chiffre 4 de l'article 26 ; la suspension pendant cinq ans au moins ou l'incapacité absolue d'exercer leur profession pourra, le cas échéant, être prononcée à leur encontre.

Quiconque enfreint l'interdiction d'exercer sa profession, prononcée en vertu de l'alinéa précédent, sera puni d'un emprisonnement de six mois à trois ans et de l'amende prévue au chiffre 3 de l'article 26.

II. – Ne caractérise pas le délit d'avortement prévu au paragraphe I, ci-dessus, l'interruption de grossesse pratiquée dans les conditions définies au présent article lorsque :

1° la grossesse présente un risque pour la vie ou la santé physique de la femme enceinte,

2° les examens prénataux et autres données médicales démontrent une grande probabilité de troubles graves et irréversibles du fœtus ou d'une affection incurable menaçant sa vie,

3° il existe une présomption suffisante que la grossesse est la conséquence d'un acte criminel et que moins de douze semaines se sont écoulées à compter du début de la grossesse.

Dans les situations mentionnées aux chiffres 1°) et 2°), l'intervention ne peut être pratiquée que si deux médecins membres du collège médical défini à l'alinéa suivant attestent de l'avis concordant de ce collège sur la réalité du motif médical présidant à l'intervention.

Le collège médical se compose :

– du médecin coordonnateur du Centre de coordination prénatale et de soutien familial ou d'un médecin désigné par lui,

– du médecin obstétricien traitant ou d'un médecin désigné par lui,

– d'un médecin spécialiste désigné d'un commun accord par le médecin coordonnateur et le médecin obstétricien traitant.

Deux des trois médecins, membres du collège médical, doivent appartenir au corps médical hospitalier public.

Un médecin choisi par la femme enceinte peut, à la demande de celle-ci, être associé à la concertation, sans voix délibérative.

Le collège médical peut s'adjoindre le concours de tout autre médecin et recueillir tout avis qu'il juge nécessaire.

Préalablement à la réunion du collège médical, la femme enceinte ou le couple peut, à sa demande, être entendu par tout ou partie des membres du collège médical.

L'avis du collège médical est versé sous quinze jours au dossier médical ouvert, au nom de la patiente concernée, par l'établissement de santé.

Dans la situation mentionnée au chiffre 3°), l'attestation de dépôt de plainte déposée à la suite de l'acte criminel est obligatoirement versée au dossier médical. À défaut, il ne peut être procédé à l'intervention.

Sauf en cas d'urgence ou lorsque la femme enceinte est hors d'état de manifester sa volonté, son consentement à l'intervention doit être préalablement recueilli par écrit et joint au dossier médical susvisé. À cette fin, l'intéressée est informée des risques médicaux ainsi que des méthodes médicales et chirurgicales. À tout moment, la femme ou le couple concerné peut demander à être entendu par tout ou partie des membres de l'équipe médicale en vue d'obtenir des explications complémentaires. Une prise en charge et un suivi psychologiques sont assurés si la femme ou le couple en fait la demande.

Pour la mineure enceinte, le consentement de l'un des titulaires de l'autorité parentale ou, le cas échéant, du représentant légal, est, sauf en cas d'urgence, préalablement recueilli.

En cas d'impossibilité de recueillir ce consentement ou lorsque la grossesse est la conséquence d'un acte criminel présumé, l'intervention peut être autorisée par le Tribunal de première instance, statuant en Chambre du Conseil.

Il en est de même dans le cas où le refus de consentement des titulaires de l'autorité parentale ou, le cas échéant, du représentant légal de la mineure :

1) soit est considéré par le collège médical comme emportant des conséquences d'une gravité particulière pour la femme enceinte ou l'enfant à naître,

2) soit intervient alors que la grossesse est la conséquence d'un acte criminel présumé.

Pour l'application des dispositions qui précèdent, le Tribunal de première instance est saisi :

– à la requête du médecin coordonnateur qui adresse, à cet effet, au Président du Tribunal, un rapport circonstancié et motivé, dans les situations visées au chiffre 1),

– à la requête de la mineure, formulée auprès du juge tutélaire, qui la communique au Président du Tribunal, dans les autres situations.

Le Tribunal de première instance, statuant en Chambre du Conseil, entend en leurs explications les titulaires de l'autorité parentale ou, le cas échéant, le représentant légal de la mineure. Ces derniers sont tenus de se présenter devant le Tribunal sur première convocation, aux date et heure qui y sont mentionnées. En leur absence, le jugement est rendu par défaut. Lorsqu'il y a lieu, le Tribunal peut aussi entendre la mineure.

Le Tribunal statue sur la demande, au plus tard, dans les trois jours du dépôt de la requête.

Le jugement du Tribunal de première instance est susceptible d'appel, à l'exclusion de toute autre voie de recours, devant la Cour d'Appel, statuant également en Chambre du Conseil, dans les trois jours de son prononcé.

Lorsque la grossesse est la conséquence d'un acte criminel présumé, la Cour d'Appel est tenue de rendre sa décision dans les huit jours suivant le dépôt de la déclaration d'appel et, en tout état de cause, avant l'expiration du délai de douze semaines, visé au chiffre 3°). Cette décision n'est pas susceptible de tierce opposition.

L'intervention ne peut être pratiquée pour les motifs mentionnés au premier alinéa du paragraphe II du présent article que par un médecin, dans un établissement hospitalier public.

Aucun médecin, aucune sage-femme, aucun infirmier, infirmière ou auxiliaire médicale n'est tenu de pratiquer une interruption de grossesse ou d'y concourir. Le médecin sollicité est tenu d'informer sans délai l'intéressée de son refus et de la mettre en rapport avec le Centre de coordination prénatale et de soutien familial, qui l'adressera à un médecin susceptible de réaliser l'intervention dans les conditions prévues au présent article auquel ledit Centre aura préalablement communiqué le dossier médical de la patiente.

Art. 249. – Quiconque aura vendu ou débité des aliments ou des boissons falsifiés, contenant des substances nuisibles à la santé, sera puni d'un emprisonnement de un à six mois et de l'amende prévue au chiffre 3 de l'article 26, ou de l'une de ces deux peines seulement.

Seront saisis et confisqués les aliments et boissons falsifiés trouvés chez le vendeur ou le débitant.

Art. 249-1 *(L. n° 1.344, 26 déc. 2007)*. – Le fait d'obtenir d'une personne l'un de ses organes contre un paiement, quelle qu'en soit la forme, est puni de sept ans d'emprisonnement et de l'amende prévue au chiffre 4° de l'article 26.

Est puni des mêmes peines, le fait d'apporter son entremise pour favoriser l'obtention d'un organe contre le paiement de celui-ci, ou de céder à titre onéreux un tel organe du corps d'autrui.

L'infraction prévue aux alinéas précédents est punie de dix à vingt ans de réclusion et de l'amende prévue au chiffre 4° de l'article 26 lorsqu'elle est commise à l'égard d'un mineur.

Les mêmes peines sont applicables dans le cas où l'organe obtenu provient d'un pays étranger.

La tentative et la préparation des infractions prévues par le présent article seront punies des mêmes peines que les infractions elles-mêmes.

Art. 249-2 *(L. n° 1.344, 26 déc. 2007 ; rempl., L. n° 1.382, 20 juill. 2011)*. – Le fait d'obtenir d'une personne, dont la vulnérabilité ou l'état de dépendance sont apparents ou connus de l'auteur, la fourniture de services non rétribués ou en échange d'une rétribution manifestement sans rapport avec l'importance du travail accompli est puni de cinq ans d'emprisonnement et du double de l'amende prévue au chiffre 4 de l'article 26.

Le fait de soumettre une personne dont la vulnérabilité ou l'état de dépendance sont apparents ou connus de l'auteur, à des conditions de travail ou d'hébergement incompatibles avec la dignité humaine est puni de cinq ans d'emprisonnement et du double de l'amende prévue au chiffre 4 de l'article 26.

L'infraction définie aux premier et deuxième alinéas est punie de sept ans d'emprisonnement et du triple de l'amende prévue au chiffre 4 de l'article 26 lorsqu'elle est commise :

1°) à l'égard de plusieurs personnes ;

2°) à l'égard d'un mineur.

Cette même infraction est punie de dix ans de réclusion et du triple de l'amende prévue au chiffre 4 de l'article 26 lorsqu'elle est commise :

1°) à l'égard de plusieurs personnes parmi lesquelles figurent un ou plusieurs mineurs ;

2°) en bande organisée.

Section III. – Homicide, blessures et coups involontaires. Des excuses en matière de crimes et délits. Homicide, blessures et coups qui ne sont ni crime ni délit

§ 1. – Homicide. Blessures et coups involontaires

Art. 250. – Quiconque, par maladresse, imprudence, inattention, négligence ou inobservation des règlements, aura commis involontairement un homicide ou en aura involontairement été la cause, sera puni d'un emprisonnement de six mois à trois ans et de l'amende prévue au chiffre 3 de l'article 26.

Art. 251. – S'il n'est résulté du défaut d'adresse ou de précaution que des blessures ou coups, le coupable sera puni de trois mois à un an d'emprisonnement et de l'amende prévue au chiffre 2 de l'article 26 ou de l'une de ces deux peines seulement.

Art. 252 *(L. n° 1.006, 4 juill. 1978)*. – Les peines prévues aux articles 250 et 251 seront portées au double si, par suite d'une faute lourde, l'auteur du délit s'est lui-même placé dans les conditions propices à le commettre.

Il en est ainsi, notamment, de toute personne qui aura conduit un véhicule en état d'ivresse manifeste ou sous l'empire d'un état alcoolique caractérisé au sens de l'article 391-1.

§ 2. – Des excuses en matière de crimes et délits

Art. 253. – Le meurtre ainsi que les blessures et les coups sont excusables, s'ils ont été provoqués par des coups ou violences graves envers les personnes.

Art. 254. – Les crimes et délits mentionnés au précédent article sont également excusables s'ils ont été commis en repoussant, pendant le jour, l'escalade ou l'effraction des clôtures, murs ou entrée d'une maison ou d'un appartement habité ou de leurs dépendances.

Art. 255. – Le parricide n'est jamais excusable.

Art. 256. – Lorsque le fait d'excuse sera prouvé :

S'il s'agit d'un crime emportant la peine de la réclusion à perpétuité, la peine sera réduite à un emprisonnement de un à cinq ans ;

S'il s'agit de tout autre crime, elle sera réduite à un emprisonnement de six mois à trois ans ;

S'il s'agit d'un délit, la peine sera réduite à un emprisonnement de un à six mois.

§ 3. – Homicides. Blessures ou coups non qualifiés crimes ou délits

Art. 257. – Il n'y a ni crime ni délit, lorsque l'homicide, les blessures et les coups étaient ordonnés par la loi et commandés par l'autorité légitime.

Art. 258. – Il n'y a ni crime ni délit, lorsque l'homicide, les blessures et les coups étaient commandés par la nécessité actuelle de la légitime défense de soi-même ou d'autrui.

Art. 259. – Entrent dans la nécessité actuelle de défense :

1° L'homicide commis, les blessures faites ou les coups portés en repoussant, pendant la nuit, l'escalade ou l'effraction des clôtures, murs ou entrées d'une maison ou d'un appartement habité ou de leurs dépendances ;

2° La défense opposée aux auteurs de vols ou de pillages exécutés avec violence.

Section IV. – Attentats aux mœurs

Art. 260. – Toute personne qui aura commis un outrage public à la pudeur sera punie d'un emprisonnement de trois mois à un an et de l'amende prévue au chiffre 3 de l'article 26 ou de l'une de ces deux peines seulement.

Art. 261 *(Rempl., L. n° 1.344, 26 déc. 2007).* – Tout attentat à la pudeur, consommé ou tenté sans violence sur la personne d'un mineur de l'un ou l'autre sexe, au-dessous de l'âge de seize ans accomplis, sera puni de la réclusion de cinq à dix ans.

Sera puni de la même peine l'attentat à la pudeur commis par tout ascendant sur la personne d'un mineur, même âgé de plus de seize ans, mais non émancipé par le mariage.

Art. 262 *(Mod., L. n° 1.344, 26 déc. 2007 ; rempl., L. n° 1.382, 20 juill. 2011).* – Le viol se définit comme tout acte de pénétration sexuelle, de quelque nature qu'il soit et par quelque moyen que ce soit, commis sur la personne d'autrui, par violence, contrainte, menace ou surprise.

Le viol est constitué lorsqu'il a été imposé à la victime dans les circonstances prévues par le précédent alinéa, quelle que soit la nature des relations existant entre l'agresseur et sa victime, y compris s'ils sont unis par les liens du mariage.

Est en outre un viol tout acte de pénétration sexuelle, de quelque nature qu'il soit et par quelque moyen que ce soit, commis sur un mineur par :

1°) toute personne ayant un lien de parenté avec la victime, qu'il soit légitime, naturel ou adoptif, ou un lien d'alliance ;

2°) toute personne vivant avec lui sous le même toit ou y ayant vécu durablement et qui exerce ou a exercé à son égard une autorité de droit ou de fait.

Quiconque aura commis le crime de viol sera puni de la réclusion de dix à vingt ans.

Si le viol a été commis sur la personne d'un mineur au-dessous de l'âge de seize ans ou dans les conditions définies au troisième alinéa, le coupable encourra le maximum de la réclusion à temps.

Il en est de même si le viol a été commis sur une personne dont la vulnérabilité ou l'état de dépendance étaient apparents ou connus de son auteur.

Art. 263 *(Mod., L. n° 1.344, 26 déc. 2007).* – Quiconque aura commis un attentat à la pudeur, consommé ou tenté avec violence, contre un individu de l'un ou l'autre sexe, sera puni de la réclusion de cinq à dix ans.

Si le crime a été commis sur la personne d'un mineur au-dessous de l'âge de seize ans accomplis, le coupable subira la peine de la réclusion de dix à vingt ans.

Art. 264. – Si les coupables sont les ascendants de la personne sur laquelle a été commis l'attentat, s'ils sont de la classe de ceux qui ont autorité sur elle, s'ils sont ses instituteurs ou ses serviteurs à gages, ou serviteurs à gages de personnes ci-dessus désignées, s'ils sont fonctionnaires ou ministres d'un culte ou si le coupable, quel qu'il soit a été aidé dans son crime par une ou plusieurs personnes, la peine sera la réclusion de dix à vingt ans dans les cas prévus aux articles 261 (1er alinéa) et 263 (1er alinéa) et du maximum de la réclusion à temps dans les cas prévus aux articles 262 (1er alinéa) et 263 (2e alinéa).

Art. 265 *(Mod., L. n° 1.203, 13 juill. 1998 ; L. n° 1.261, 23 déc. 2002 ; rempl., L. n° 1.344, 26 déc. 2007).* – Est puni d'un emprisonnement de six mois à trois ans et de l'amende prévue au chiffre 3 de l'article 26 :

1° quiconque attente aux mœurs, en incitant habituellement à la débauche ou à la corruption de mineurs de l'un ou l'autre sexe, ou en favorisant ou facilitant habituellement ces agissements. Les mêmes peines sont applicables si l'attentat est perpétré, même occasionnellement, sur un mineur au-dessous de l'âge de seize ans accomplis ;

2° quiconque, pour satisfaire les passions d'autrui, embauche, entraîne ou détourne, même avec son consentement, une personne mineure en vue de la débauche ;

3° quiconque, pour satisfaire les passions d'autrui, embauche, entraîne ou détourne, par fraude ou à l'aide de violences, menaces, abus d'autorité ou tout autre moyen de contrainte une personne majeure en vue de la débauche ;

4° quiconque organise ou facilite l'exploitation sexuelle de mineurs sur le territoire ou hors du territoire de la Principauté.

Ces deux peines seront encourues alors même que les divers actes qui sont les éléments constitutifs des infractions auraient été accomplis dans des pays différents.

La tentative et la préparation des délits prévus par le présent article sont punies des mêmes peines que les délits eux-mêmes.

Art. 266 *(Rempl., L. n° 1.344, 26 déc. 2007).* – Dans les cas prévus à l'article précédent, la peine est de cinq à dix ans d'emprisonnement :

1° lorsque le délit a été commis, tenté ou préparé par un ascendant légitime, naturel ou adoptif de la victime ou par une personne qui a autorité sur elle ou abuse de l'autorité que lui confèrent ses fonctions ;

2° lorsque le mineur a été mis en contact avec l'auteur des faits grâce à l'utilisation, pour la diffusion de messages à destination d'un public non déterminé, d'un réseau de communications électroniques ;

3° lorsque les faits sont commis à l'intérieur d'un établissement accueillant habituellement des mineurs ou à l'occasion des entrées ou sorties de mineurs, aux abords d'un tel établissement ;

4° lorsque le délit a été commis à l'encontre d'un mineur dont la vulnérabilité ou l'état de dépendance était apparent ou connu de l'auteur ;

5° lorsque le délit a été commis avec l'emploi de la contrainte, de violences ou de manœuvres dolosives.

La peine est de dix à vingt ans de réclusion et de l'amende prévue au chiffre 4 de l'article 26 lorsque la victime de l'infraction est un mineur au-dessous de l'âge de seize ans accomplis.

Art. 267 *(Rempl., L. n° 1.344, 26 déc. 2007).* – Les personnes physiques coupables des infractions prévues aux deux articles précédents encourent également les peines complémentaires suivantes :

1° l'interdiction d'exercer l'activité professionnelle ou sociale dans l'exercice ou à l'occasion de laquelle l'infraction a été commise ;

2° l'interdiction d'exercer toute activité professionnelle ou sociale supposant un contact avec des mineurs ;

3° l'interdiction de faire partie d'un conseil de famille, d'être tuteur, curateur, subrogé-tuteur, si ce n'est de ses enfants et sur l'avis conforme du conseil de famille.

Lorsque l'infraction a été commise, tentée ou préparée par un ascendant légitime, naturel ou adoptif de la victime ou par une personne qui a autorité sur elle ou abuse de l'autorité que lui confèrent ses fonctions, l'interdiction est prononcée pour dix ans au moins et vingt ans au plus.

Si le coupable est le père ou la mère, il est, de plus, privé des droits à lui accordés sur la personne et les biens du mineur, par les dispositions du Code civil relatives à l'autorité parentale.

Art. 268 *(Rempl., L. n° 1.344, 26 déc. 2007).* – Sont considérés comme proxénètes et punis d'un emprisonnement de six mois à trois ans et de l'amende prévue au chiffre 3 de l'article 26 ceux qui, de quelque manière que ce soit :

1° embauchent, entraînent ou détournent une personne en vue de la prostitution ou exercent sur elle une pression pour qu'elle se prostitue ou continue à le faire ;

2° aident ou assistent la prostitution d'autrui ou la protègent ;

3° partagent les produits de la prostitution ou reçoivent sciemment sous une forme quelconque des subsides de personnes se livrant à la prostitution ;

4° ne peuvent justifier de ressources correspondant à leur mode d'existence tout en étant en relation habituelle avec une ou plusieurs personnes se livrant à la prostitution.

Est assimilé au proxénétisme, et puni des mêmes peines, le fait, par quiconque, de quelque manière que ce soit :

1° de faire office d'intermédiaire entre deux personnes dont l'une se livre à la prostitution et l'autre exploite ou rémunère la prostitution d'autrui ;

2° de faciliter à un proxénète la justification de ressources fictives.

Art. 269 *(Rempl., L. n° 1.344, 26 déc. 2007).* – Le proxénétisme est puni de cinq à dix ans d'emprisonnement et de l'amende prévue au chiffre 3 de l'article 26 lorsqu'il est commis :

1° à l'égard d'un mineur ;

2° à l'égard d'une personne dont la particulière vulnérabilité, notamment du fait de son âge, d'une maladie, d'une infirmité, d'une déficience physique ou psychique ou d'un état de grossesse, est apparente ou connue de son auteur ;

3° à l'égard de plusieurs personnes ;

4° par un ascendant légitime, naturel ou adoptif de la personne qui se prostitue ou par une personne qui a autorité sur elle ou abuse de l'autorité que lui confèrent ses fonctions ou l'état de dépendance matérielle ou psychologique dans lequel se trouve placée, vis-à-vis d'elle, la personne qui se prostitue ;

5° avec l'emploi de la contrainte, de violences ou de manœuvres dolosives ;

6° par plusieurs personnes agissant en qualité d'auteur ou de complice, sans qu'elles constituent une bande organisée.

Le proxénétisme est puni de dix à vingt ans de réclusion et de l'amende prévue au chiffre 4 de l'article 26 lorsqu'il est commis à l'égard d'un mineur au-dessous de l'âge de seize ans accomplis ou en bande organisée.

Art. 269-1 *(L. n° 1.344, 26 déc. 2007).* – L'utilisation d'un mineur aux fins d'activités sexuelles, en offrant ou en promettant de l'argent ou toute autre forme de rémunération, de paiement ou d'avantage, que cette rémunération, ce paiement, cette promesse ou cet avantage soit fait au mineur ou à un tiers, est puni d'un emprisonnement de trois à cinq ans et de l'amende prévue au chiffre 3 de l'article 26.

Art. 270. – Dans tous les cas sus-énoncés d'attentats aux mœurs, le séjour du territoire monégasque pourra être interdit aux coupables pendant deux ans au moins et dix ans au plus, à dater du jour où les condamnés auront subi leur peine.

Art. 271. – L'époux convaincu d'adultère sera puni de l'amende prévue au chiffre 2 de l'article 26.

Le complice sera puni de la même peine.

Les seules preuves qui pourront être admises seront, outre le délit flagrant prévu par l'article 250 du Code de procédure pénale, celles résultant de lettres ou autres pièces émanant de l'époux ou du complice.

Art. 272. – Le juge ne pourra prononcer les peines édictées par l'article précédent que lorsque l'adultère aura donné lieu à une décision de séparation de corps ou de divorce passée en force de chose jugée.

Art. 273 *(Mod., L. n° 1.261, 23 déc. 2002).* – Quiconque aura eu des relations immorales avec un mineur, sera puni d'un emprisonnement d'un à cinq ans et de l'amende prévue au chiffre 4 de l'article 26, s'il l'a séduit, soit à l'aide de manœuvres frauduleuses, soit en abusant de l'autorité de droit ou de fait qu'il avait sur lui.

Toutefois, ce délit ne pourra être prouvé par témoins que s'il existe un commencement de preuve par écrit des manœuvres frauduleuses ou de l'abus d'autorité.

La poursuite n'aura lieu que sur la plainte du mineur séduit, de ses père, mère ou tuteur.

Art. 274. – Quiconque, étant engagé dans les liens du mariage, en aura contracté un autre avant la dissolution du précédent, sera puni d'un emprisonnement de un à cinq ans et de l'amende prévue au chiffre 3 de l'article 26.

L'officier public qui aura prêté son ministère à ce mariage, connaissant l'existence du précédent, sera condamné à la même peine.

Section V. – Des atteintes aux libertés de la personne

(Intitulé rempl., L. n° 1.382, 20 juill. 2011)

Art. 274-1 *(L. n° 1.382, 20 juill. 2011)*. – Lorsque la nullité du mariage est prononcée sur le fondement du premier alinéa des articles 117 ou 148 du Code civil, toute personne qui, par des violences, y compris celles visées à l'article 236-1, ou des menaces, a contraint l'un des époux à contracter ce mariage est punie de trois à cinq ans d'emprisonnement et de l'amende prévue au chiffre 4 de l'article 26.

La tentative et la complicité sont punissables.

Art. 275. – Celui qui, sans ordre des autorités constituées et hors les cas où la loi ordonne de saisir les inculpés, aura arrêté, détenu ou séquestré une personne, sera puni de la réclusion de dix à vingt ans.

Quiconque aura prêté un lieu pour exécuter la détention ou la séquestration subira la même peine.

Art. 276. – Si la détention ou la séquestration a durée plus d'un mois, la peine sera celle du maximum de la réclusion criminelle à temps.

Art. 277. – La peine sera réduite à l'emprisonnement de un à cinq ans, si l'auteur des actes mentionnés en l'article 275, non encore poursuivi de fait, a rendu la liberté à la personne arrêtée, séquestrée ou détenue avant le dixième jour accompli depuis celui de l'arrestation, détention ou séquestration.

Art. 278. – Les coupables seront punis du maximum de la réclusion à temps dans chacun des trois cas suivants :

1° Si l'arrestation a été exécutée avec une fausse qualité, sous un faux nom ou sur un faux ordre de l'autorité publique ;

2° Si la personne arrêtée, détenue ou séquestrée, a été menacée de mort ;

3° Si elle a été soumise à des tortures.

La peine sera celle de la réclusion à perpétuité si, par suite des tortures, la personne a été atteinte de mutilation, amputation ou privation de l'usage d'un membre, cécité, perte d'un œil ou autre infirmité permanente grave.

Section VI. – Des délits d'omission

Art. 279 *(Mod., L. n° 1.344, 26 déc. 2007)*. – Sans préjudice de l'application, le cas échéant, des peines plus fortes prévues par le présent code ou par des lois spéciales, sera puni d'un emprisonnement de six mois à trois ans et de l'amende prévue au chiffre 3 de l'article 26.

1° Celui qui, ayant connaissance d'un crime contre les personnes, déjà tenté ou consommé, n'aura pas aussitôt averti les autorités judiciaires ou administratives, alors qu'une dénonciation était encore susceptible d'en prévenir ou limiter les effets ou lorsqu'il existait des circonstances de nature à laisser prévoir que les coupables commettraient de nouveaux crimes que cette dénonciation eût pu empêcher.

Sont exceptés des dispositions qui précèdent, les parents ou alliés, jusqu'au quatrième degré inclusivement, des auteurs ou complices du crime ou de la tentative, sauf en ce qui concerne les crimes commis sur les mineurs au-dessous de l'âge de seize ans accomplis.

2° Celui qui, pouvant empêcher par son action immédiate, mais sans risque pour lui ni pour les tiers, soit un fait qualifié crime, soit un délit portant atteinte à l'intégrité corporelle d'une personne, s'en abstient volontairement ;

3° Celui qui s'abstient volontairement de porter à une personne en péril l'assistance que, sans risque pour lui ni pour les tiers, il pouvait lui prêter, soit pas son action personnelle, soit en provoquant un secours ;

4° Celui qui, ayant la preuve de l'innocence d'une personne qu'il sait être détenue préventivement ou devoir être jugée pour crime ou délit, s'abstient volontairement d'apporter aussitôt son témoignage aux autorités de justice ou de police. Toutefois, aucune peine ne sera prononcée contre celui qui, spontanément, apportera ce témoignage, même tardif.

Sont exceptés de la disposition qui précède le : coupable du fait qui motivait la poursuite, ses coauteurs, ses complices et les parents ou alliés de ces personnes jusqu'au quatrième degré inclusivement.

Section VII. – Crimes et délits envers l'enfant

Art. 280. – Les coupables d'enlèvement, de recel ou de suppression d'un enfant, de substitution d'un enfant à un autre ou de supposition d'un enfant à une femme qui ne sera pas accouchée, seront punis de la réclusion de cinq à dix ans.

S'il n'est pas établi que l'enfant ait vécu, la peine sera d'un à cinq ans d'emprisonnement.

S'il est établi que l'enfant n'a pas vécu, la peine sera de un à trois mois d'emprisonnement.

Art. 281. – Toute personne qui, ayant assisté à un accouchement, n'aura pas fait la déclaration prescrite par le Code civil et dans les délais fixés par le même code, sera punie d'un emprisonnement de six jours à un mois et de l'amende prévue au chiffre 1 de l'article 26, ou de l'une de ces deux peines seulement.

S'il n'est pas établi que l'enfant ait vécu, la peine sera de un à six mois d'emprisonnement et l'amende, celle prévue au chiffre 2 de l'article 26, ou l'une de ces deux peines seulement.

Art. 282. – Toute personne qui, ayant trouvé un enfant nouveau-né, ne l'aura pas remis à l'officier de l'état civil, ainsi qu'il est prescrit par le Code civil, sera punie de six jours à un mois d'emprisonnement et de l'amende prévue au chiffre 1 de l'article 26 ou de l'une de ces deux peines seulement.

La présente disposition n'est point applicable à celui qui aurait consenti à se charger de l'enfant et qui aurait fait sa déclaration à cet égard à l'officier de l'état civil.

Art. 283. – Ceux qui, sans motif légitime, auront porté à un établissement hospitalier un enfant au-dessous de l'âge de sept ans accomplis, qui leur avait été confié afin d'en prendre soin ou pour toute autre cause, seront punis d'un emprisonnement de un à six mois et de l'amende prévue au chiffre 2 de l'article 26 ou de l'une de ces deux peines seulement.

Toutefois, aucune peine ne sera prononcée, s'ils n'étaient pas tenus ou ne s'étaient pas obligés de pourvoir gratuitement a la nourriture et à l'entretien de l'enfant et si personne n'y avait pourvu.

Art. 284. – Ceux qui auront exposé ou fait exposer, délaissé ou fait délaisser, en un lieu solitaire, un enfant ou une personne hors d'état de se protéger eux-mêmes en raison de leur état physique ou mental, seront condamnés à un emprisonnement de six mois à trois ans et de l'amende prévue au chiffre 3 de l'article 26.

Art. 285. – La peine portée au précédent article sera de un à cinq ans et l'amende prévue au chiffre 4 de l'article 26 contre les ascendants ou toutes autres personnes ayant autorité sur la victime ou en ayant la garde.

Art. 286. – Ceux qui auront exposé ou délaissé, en un lieu non solitaire, un enfant ou une personne hors d'état de se protéger eux-mêmes en raison de leur état physique ou mental, seront punis d'un emprisonnement de trois mois à un an et de l'amende prévue au chiffre 2 de l'article 26 ou de l'une de ces deux peines seulement.

Art. 287. – Le délit prévu par l'article précédent sera puni d'un emprisonnement de six mois à trois ans et de l'amende prévue au chiffre 3 de l'article 26, s'il a été commis par les ascendants ou toutes autres personnes ayant autorité sur la victime ou en ayant la garde.

Art. 288. – Dans tous les cas, s'il est résulté de l'exposition ou du délaissement pour la victime une maladie ou invalidité, les peines applicables seront celles prévues pour les coups et blessures volontaires et, si la mort s'en est suivie, celle du meurtre.

Art. 289. – Seront punis de la réclusion de cinq à dix ans ceux qui, étant chargés d'un enfant, ne le représenteront point aux personnes qui ont droit de le réclamer.

Art. 290. – Quiconque aura, par fraude ou par violence enlevé ou fait enlever un mineur, ou l'aura entraîné, détourné ou déplacé, ou l'aura fait entraîner, détourner ou déplacer des lieux où il était mis par ceux à l'autorité ou à la direction desquels il était soumis ou confié, subira la peine de la réclusion de cinq à dix ans.

Art. 291 *(Mod., L. n° 1.344, 26 déc. 2007)*. – Si le mineur ainsi enlevé ou détourné était âgé de moins de seize ans accomplis, la peine sera celle de la réclusion de dix à vingt ans.

Le maximum de la même peine sera prononcé, quel que soit l'âge du mineur, si le coupable s'est fait payer ou a eu pour but de se faire payer une rançon.

Toutefois, dans les cas prévus aux deux alinéas précédents, la peine sera celle de la réclusion de cinq à dix ans, si le mineur est retrouvé sain et sauf avant qu'ait été rendu l'arrêt de condamnation.

Le crime emportera la peine de la réclusion à perpétuité, s'il a été suivi de la mort du mineur.

Art. 292 *(Mod., L. n° 1.261, 23 déc. 2002)*. – Celui qui, sans fraude ni violence, aura enlevé ou détourné, ou tenté d'enlever ou de détourner un mineur des lieux où il était mis par ceux à l'autorité ou la direction desquels il était soumis ou confié, sera puni d'un emprisonnement d'un à cinq ans et de l'amende prévue au chiffre 4 de l'article 26.

Art. 293. – Dans le cas où le ravisseur aura épousé la mineure enlevée ou détournée, il ne pourra être poursuivi que sur la plainte des personnes qui ont qualité pour demander l'annulation du mariage, et condamné qu'après que la nullité du mariage aura été prononcée.

Art. 294. – Quand il aura été statué sur la garde d'un mineur par décision de justice exécutoire, le père ou la mère, ou toute autre personne qui ne représentera pas ce mineur à ceux qui ont le droit de le réclamer ou qui, même sans fraude ni violence, l'enlèvera ou le détournera, ou le fera enlever ou détourner des mains de ceux auxquels sa garde aura été confiée ou des lieux où ces derniers l'auront placé, sera puni d'un emprisonnement de trois mois à un an et de l'amende prévue au chiffre 2 de l'article 26, ou de l'une de ces deux peines seulement.

Art. 294-1 *(L. n° 893, 6 juill. 1970)*. – Quiconque aura, sans l'accord de celui qui en avait la garde, recueilli un mineur non émancipé, afin qu'en soient assurés l'entretien et l'éducation, et n'aura pas fait au juge tutélaire la déclaration prévue au premier alinéa de l'article 241 du Code civil sera puni de l'amende fixée au chiffre 1 de l'article 26.

En cas de récidive, le coupable encourra en outre une peine d'emprisonnement de 15 jours à trois mois.

Art. 294-2 *(L. n° 893, 6 juill. 1970)*. – Sera puni d'un emprisonnement de 3 mois à 1 an et de l'amende prévue au chiffre 3 de l'article 26, quiconque aura, dans un esprit de lucre, apporté ou tenté d'apporter son entremise pour faire recueillir ou adopter un enfant.

Art. 294-3 *(L. n° 1.344, 26 déc. 2007)*. – Le fait, en vue de sa diffusion, de fixer, d'enregistrer, de produire, de se procurer ou de transmettre l'image ou la représentation d'un mineur lorsque cette image ou cette représentation présente un caractère pornographique est puni d'un emprisonnement de trois à cinq ans et de l'amende prévue au chiffre 3 de l'article 26. La tentative est punie des mêmes peines.

Le fait, sciemment, d'offrir ou de diffuser une telle image ou représentation, par quelque moyen que ce soit, de l'importer ou de l'exporter, de la faire importer ou de la faire exporter, est puni des mêmes peines.

Le fait de détenir sciemment une telle image ou représentation est puni de six mois à deux ans d'emprisonnement et de l'amende prévue au chiffre 2 de l'article 26.

Le fait d'accéder, en connaissance de cause, à une telle image ou représentation, est puni des mêmes peines.

Les peines sont portées de cinq à dix ans d'emprisonnement et à l'amende prévue au chiffre 4 de l'article 26 lorsqu'il a été utilisé, pour la diffusion de l'image ou de la représentation d'un mineur à destination d'un public non déterminé, un réseau de communications électroniques.

Les dispositions du présent article sont également applicables aux images pornographiques d'une personne dont l'aspect physique est celui d'un mineur, sauf s'il est établi que cette personne était âgée de dix-huit ans accomplis au jour de la fixation ou de l'enregistrement de son image.

Au sens du présent article, sont considérées comme des images à caractère pornographique :

1° l'image ou la représentation d'un mineur subissant ou se livrant à un comportement sexuellement explicite ;

2° l'image ou la représentation d'une personne qui apparaît comme un mineur subissant ou se livrant à un comportement sexuellement explicite ;

3° l'image réaliste représentant un mineur se livrant à un comportement sexuellement explicite.

L'expression « image réaliste » désigne, notamment, l'image altérée d'une personne physique, en tout ou partie créée par des méthodes numériques.

Les dispositions du présent article ne s'appliquent pas si les images ou représentations d'images ont été collectées pour la constatation, la recherche ou la poursuite des infractions pénales.

Art. 294-4 *(L. n° 1.344, 26 déc. 2007)*. – Lorsque les images ou représentations prévues à l'article précédent ont été portées à leur connaissance à l'occasion de leur activité professionnelle, les opérateurs ou prestataires de services chargés de l'exploitation de réseaux et de services de télécommunications et de communications électroniques, ou un de leurs agents, sont tenus de procéder aux opérations tendant à interdire l'accès du public à de telles images, et de les mettre à disposition de l'autorité judiciaire, pour les besoins de la recherche, de la constatation et de la poursuite des infractions pénales.

La méconnaissance des obligations prévues à l'alinéa précédent est punie d'un emprisonnement d'un an et de l'amende prévue au chiffre 4 de l'article 26, sans préjudice des peines encourues par les auteurs, coauteurs ou complices des infractions visées aux alinéas un à cinq de l'article précédent.

Art. 294-5 *(L. n° 1.344, 26 déc. 2007)*. – Est puni d'un emprisonnement de trois à cinq ans et de l'amende prévue au chiffre 3 de l'article 26 :

1° le fait de contraindre un mineur à regarder ou à participer à des scènes ou spectacles pornographiques ou d'en tirer profit ou d'exploiter un mineur de toute autre manière à cette fin ;

2° le fait de recruter, avec l'emploi de la contrainte, de violences ou de manœuvres dolosives, un mineur pour qu'il assiste ou participe à des scènes ou spectacles pornographiques ou de favoriser la participation d'un mineur à de tels spectacles ;

3° le fait d'assister à des spectacles pornographiques impliquant la participation de mineurs.

Est puni des mêmes peines le fait d'amener intentionnellement un mineur à assister ou à participer à des activités sexuelles.

Art. 294-6 *(L. n° 1.344, 26 déc. 2007)*. – Le fait pour un majeur de proposer intentionnellement, par l'emploi d'un réseau de communications électroniques, une rencontre à une personne, en connaissance de sa qualité de mineur dans le but de commettre à son encontre toute infraction à caractère sexuel punie d'une peine d'emprisonnement supérieure ou égale à trois ans, est passible d'un emprisonnement de six mois à deux ans et de l'amende prévue au chiffre 2 de l'article 26.

Lorsque cette rencontre a eu lieu, les peines sont portées de trois à cinq ans d'emprisonnement et à l'amende prévue au chiffre 4 de l'article 26.

Art. 294-7 *(L. n° 1.344, 26 déc. 2007)*. – Le fait soit de fabriquer, de produire, de transporter, de diffuser par quelque moyen que ce soit et quel qu'en soit le support un message à caractère violent ou pornographique ou de nature à porter gravement atteinte à la dignité humaine, soit de faire commerce d'un tel message, est puni d'un emprisonnement de six mois à deux ans et de l'amende prévue au chiffre 3 de l'article 26 lorsque ce message est adressé à des mineurs. La tentative est punie des mêmes peines.

Art. 294-8 *(L. n° 1.344, 26 déc. 2007)*. – Le fait de provoquer directement un mineur à transporter, détenir, offrir ou céder des stupéfiants est puni de sept ans d'emprisonnement et du double de la peine d'amende prévue au chiffre 4 de l'article 26. Lorsqu'il s'agit d'un mineur au-dessous de l'âge de seize ans accomplis, l'infraction définie par le présent article est punie de dix ans d'emprisonnement et du triple de la peine d'amende prévue au chiffre 4 de l'article 26.

Section VIII. – Abandon de famille

Art. 295. – Sera puni d'un emprisonnement de trois mois à un an et de l'amende prévue au chiffre 2 de l'article 26 ou de l'une de ces deux peines seulement :

1° Le père ou la mère qui abandonne, sans motif grave, pendant plus de deux mois, la résidence familiale et se soustrait à tout ou partie des obligations résultant de la puissance paternelle ou de la tutelle légale, ledit délai ne pouvant être interrompu que par un retour définitif au foyer ;

2° Le mari qui, sans motif grave, abandonne volontairement, pendant plus de deux mois, sa femme, la sachant enceinte ;

3° Les père et mère qui, par de mauvais traitements, par des exemples pernicieux d'ivrognerie ou d'inconduite, par un défaut de soin ou de direction, compromettent gravement la santé, la sécurité, ou la moralité de leur enfant.

Dans les cas prévus aux chiffre 1 et 2, la poursuite ne sera exercée, pendant le mariage, que sur la plainte du conjoint.

Art. 296. – Sera punie d'un emprisonnement de trois mois à un an et de l'amende prévue au chiffre 2 de l'article 26 ou de l'une de ces deux peines seulement, toute personne qui, en méconnaissance d'une décision l'ayant condamnée à verser une contribution aux charges du ménage, ou une pension alimentaire à son conjoint, à ses ascendants, à ses descendants, sera volontairement demeurée plus de deux mois sans fournir la totalité des subsides déterminés par le juge ni acquitter le montant intégral de la pension.

Le défaut de paiement sera présumé volontaire sauf preuve contraire.

Toute personne, condamnée pour l'un des délits prévus au présent article et à l'article précédent, pourra en outre être frappée, pour cinq ans au moins et dix ans au plus, de l'interdiction des droits mentionnés à l'article 27 du présent code, à compter du jour où elle aura subi sa peine.

Le tribunal correctionnel connaîtra du délit lorsque la personne qui doit recevoir la pension ou bénéficier des subsides aura sa résidence ou son domicile dans la Principauté.

Section IX. – Infractions aux lois sur les inhumations

Art. 297. – Ceux qui auront enfreint les lois et règlements relatifs aux inhumations seront punis d'un emprisonnement de six jours à un mois et de l'amende prévue au chiffre 1 de l'article 26 ou de l'une de ces deux peines seulement.

Art. 298. – Quiconque aura recelé ou caché le cadavre d'une personne victime d'un homicide ou morte à la suite de coups et blessures sera puni d'un emprisonnement de six mois à trois ans et de l'amende prévue au chiffre 2 de l'article 26.

Art. 299. – Sera puni d'un emprisonnement de six mois à trois ans et de l'amende prévue au chiffre 3 de l'article 26, quiconque se sera rendu coupable de violation de tombeaux ou de sépultures.

Section X. – Faux témoignage dénonciation calomnieuse, révélation de secrets

§ 1. – Faux témoignage

Art. 300. – Quiconque sera coupable de faux témoignage en matière criminelle, soit contre l'accusé, soit en sa faveur, sera puni de la peine de la réclusion de cinq à dix ans.

Si, néanmoins, l'accusé a été condamné à une peine plus forte que la réclusion de cinq à dix ans, le faux témoin qui aura déposé contre lui encourra la même peine.

Art. 301. – Quiconque sera coupable de faux témoignage en matière correctionnelle, soit contre le prévenu, soit en sa faveur, sera puni d'un emprisonnement de un à cinq ans et de l'amende prévue au chiffre 4 de l'article 26.

Si, néanmoins, le prévenu a été condamné à plus de cinq années d'emprisonnement, le faux témoin qui a déposé contre lui encourra la même peine.

Quiconque sera coupable de faux témoignage en matière de simple police, soit contre le prévenu, soit en sa faveur, sera puni d'un emprisonnement de six mois à trois ans et de l'amende prévue au chiffre 3 de l'article 26.

Les coupables pourront, en outre, être privés de droits mentionnés en l'article 27 du présent code, pendant cinq ans au moins et dix ans au plus, à compter du jour où ils auront subi leur peine.

Art. 302. – Le coupable de faux témoignage en matière civile sera puni d'un emprisonnement de un à cinq ans et de l'amende prévue au chiffre 4 de l'article 26. Il pourra être aussi privé, des droits mentionnés en l'article 27 du présent code, pendant cinq ans au moins et dix ans au plus, à compter du jour où il aura subi sa peine.

Art. 303. – Le faux témoin, en matière criminelle, qui aura reçu de l'argent, une récompense quelconque ou des promesses, sera puni de la réclusion de dix à vingt ans, sans préjudice de l'application du deuxième alinéa de l'article 300.

En matière correctionnelle ou civile, il sera puni de la réclusion de cinq à dix ans.

En matière de police, il sera puni d'un emprisonnement de un à cinq ans et de l'amende prévue au chiffre 4 de l'article 26.

Les coupables pourront, en outre, être privés des droits mentionnés à l'article 27 du présent code, pendant cinq ans au moins et dix ans au plus, à compter du jour où ils auront subi leur peine ; dans tous les cas, la confiscation de ce qu'ils auront reçu sera prononcée.

Art. 304. – Quiconque, en vue ou au cours d'une procédure et en tout état de cause, aura usé de promesses, offres ou présents, de pressions, menaces, voies de fait, manœuvres ou artifices pour déterminer autrui à faire une déposition ou une déclaration mensongère ou à délivrer une fausse attestation, sera, que cette subornation ait ou non produit son effet, puni d'un emprisonnement de six mois à trois ans et de l'amende prévue au chiffre 3 de l'article 26, sans préjudice des peines plus fortes prévues aux articles précédents, s'il est complice d'un faux témoignage qualifié crime ou délit.

Art. 305. – Celui à qui le serment aura été déféré ou référé en matière civile et qui aura fait un faux serment sera puni d'un emprisonnement de un à cinq ans et de l'amende prévue au chiffre 4 de l'article 26.

Il pourra, en outre, être privé des droits mentionnés en l'article 27 du présent code, pendant cinq ans au moins et dix ans au plus, à compter du jour où il aura subi sa peine.

Art. 306. – L'interprète qui, en matière pénale ou civile, aura, de mauvaise foi, dénaturé la substance de paroles ou de documents oralement traduits, sera puni des peines du faux témoignage, selon les dispositions contenues dans les articles 300 à 303.

La subornation d'interprète sera punie comme subornation de témoin selon les dispositions de l'article 304.

§ 2. – Dénonciation calomnieuse. Révélation de secrets

Art. 307. – Quiconque, par quelque moyen que ce soit, aura fait une dénonciation calomnieuse contre une ou plusieurs personnes, aux officiers de justice ou de police administrative ou judiciaire, ou à toute autorité ayant le pouvoir d'y donner suite ou de saisir l'autorité compétente, sera puni d'un emprisonnement de six mois à trois ans et de l'amende prévue au chiffre 3 de l'article 26.

Le tribunal pourra, en outre, ordonner la publication du jugement, conformément à l'article 30 du présent code.

La juridiction saisie en vertu du présent article devra surseoir à statuer, si des poursuites concernant le fait dénoncé sont pendantes.

Art. 308. – Toutes personnes dépositaires, par état ou profession, du secret qu'on leur confie, qui, hors les cas où la loi les oblige ou les autorise à se porter dénonciateurs, auront révélé ces secrets, seront punies d'un emprisonnement de un à six mois et de l'amende prévue au chiffre 2 de l'article 26, ou de l'une de ces deux peines seulement.

Art. 308-1 *(L. n° 1.085, 20 juin 1985)*. – Sous les peines portées à l'article précédent, interdiction est faite aux membres de tout conseil, commission ou comité consultatif de caractère administratif de divulguer les faits, les informations ou le contenu des documents dont ils ont eu connaissance en raison de leur qualité, de les communiquer à des tiers ou d'en faire usage personnellement, sauf l'autorisation du Gouvernement.

Est également soumise à la même interdiction sous les peines prévues ci-dessus, toute autre personne qui, à un titre quelconque, participe aux séances d'un conseil, commission ou comité visé à l'alinéa précédent.

Art. 308-1 *bis* *(L. n° 1.382, 20 juill. 2011)*. – Outre les cas où la loi impose ou autorise la révélation d'un secret, l'article 308 n'est pas applicable :

1° à celui qui informe les autorités administratives ou judiciaires compétentes de privations ou de sévices dont il a eu connaissance et qui ont été infligées à un mineur ou à une personne qui n'est pas en mesure de se protéger en raison de son âge ou de son incapacité physique ou psychique ;

2° au médecin qui, avec l'accord de la victime, porte à la connaissance du procureur général les sévices ou privations qu'il a constatés dans l'exercice de sa profession et qui lui permettent de présumer que des infractions prévues aux sections II et IV du Titre II du Livre III du Code pénal ont été commises ; lorsque la victime est un mineur ou une personne qui n'est pas en mesure de se protéger en raison de son âge ou de son incapacité physique ou psychique, son accord n'est pas nécessaire ;

3° aux professionnels de la santé ou de l'action sociale qui informent l'autorité administrative du caractère dangereux, pour elles-mêmes ou pour autrui, des personnes qui les consultent et dont ils savent qu'elles détiennent une arme ou qu'elles ont manifesté leur intention d'en acquérir une.

Le signalement aux autorités compétentes effectué dans les conditions prévues au présent article ne peut donner lieu au prononcé d'une sanction disciplinaire ou professionnelle.

Section XI. – Atteinte à la vie privée et familiale

(L. n° 1.109, 16 déc. 1987)

Art. 308-2 *(L. n° 1.109, 16 déc. 1987)*. – Sera puni d'un emprisonnement de six mois à trois ans et de l'amende prévue au chiffre 4° de l'article 26, dont le maximum pourra être élevé au double, quiconque aura sciemment porté ou tenté de porter atteinte au droit au respect de la vie privée et familiale d'une personne vivante ou décédée, visé à l'article 22 du Code civil, en se livrant, sans qu'il y ait eu consentement de celle-ci, à l'un des actes ci-après :

1° écouter, enregistrer ou transmettre, par quelque moyen que ce soit, des paroles prononcées par la personne dans un lieu privé ;

2° fixer ou transmettre son image, alors qu'elle se trouve dans un lieu privé.

Le consentement sera toutefois présumé lorsque ces actes auront été accomplis dans une réunion, au vu et au su de la personne concernée.

La confiscation du matériel utilisé et des documents ou enregistrements obtenus sera prononcée.

Art. 308-3 *(L. n° 1.109, 16 déc. 1987)*. – Sera puni des peines mentionnées à l'article précédent, quiconque aura sciemment porté ou tenté de porter atteinte au droit, visé à l'article 308-1, d'une personne vivante ou décédée, en se livrant, sans qu'il y ait eu consentement de celle-ci, à l'un des actes ci-après :

1° conserver, porter ou laisser volontairement porter à la connaissance du public ou d'un tiers ou avoir utilisé, publiquement ou non, tout enregistrement ou document obtenu dans les conditions prévues à l'article 308-1 ;

2° publier, par quelque voie que ce soit, le montage réalisé avec les paroles ou l'image de la personne concernée.

La confiscation de l'enregistrement ou du document obtenu, du montage réalisé et de son support sera prononcée.

Art. 308-4 *(L. n° 1.109, 16 déc. 1987)*. – Lorsque les actes constitutifs des délits visés à l'article précédent auront donné lieu à publication par voie de presse ou par tout autre moyen de diffusion, seront poursuivis comme auteurs principaux, sous réserve de l'application des articles 41 et 42 du Code pénal, les directeurs de publication ou chefs d'établissements, quelle que soit leur dénomination, ayant procédé à la publication ou à l'émission ou en ayant tiré profit ; à leur défaut, l'auteur de la publication ou de l'émission.

Lorsque des importateurs, exportateurs ou transitaires auront sciemment participé aux délits versés à l'article 308-2, ils pourront être poursuivis comme auteurs principaux.

Les infractions prévues à l'article précédent sont réputées commises à Monaco dès lors que la publication sera faite, reçue ou perçue dans la Principauté.

Art. 308-5 *(L. n° 1.109, 16 déc. 1987)*. – L'action publique est intentée à la demande de la personne concernée ou à celle de son représentant légal ou, s'il s'agit d'une personne décédée, à la demande de ses ayants droit.

L'audience est tenue à huis clos et la décision est prononcée en chambre du conseil.

Il est interdit d'en rendre compte publiquement.

La violation de l'interdiction sera punie de l'amende prévue au chiffre 4° de l'article 26 du Code pénal sans préjudice de tous dommages et intérêts.

Chapitre II. – Crimes et délits contre les propriétés

Section I. – Vols

Art. 309. – Quiconque a soustrait frauduleusement une chose qui ne lui appartient pas est coupable de vol.

Art. 310 *(Mod., L. n° 1.382, 20 juill. 2011).* – Les soustractions commises par le mari au préjudice de sa femme, par la femme au préjudice de son mari, par un veuf ou une veuve, quant aux choses qui avaient appartenu à l'époux décédé, par des enfants ou autres descendants au préjudice de leurs père et mère ou autres ascendants, par des père et mère ou autres ascendants au préjudice de leurs enfants ou autres descendants, ou par des alliés au même degré, ne pourront donner lieu qu'à des réparations civiles.

Cette immunité ne concerne pas les autres individus qui auront recelé ou appliqué à leur profit tout ou partie des objets volés.

Les dispositions du présent article ne sont pas applicables lorsque la soustraction porte sur des objets ou documents indispensables à la vie quotidienne de la victime ou des moyens de paiement donnant accès à des fonds lui appartenant.

Art. 311. – Seront punis de la réclusion à perpétuité, les coupables de vol, si les auteurs ou l'un d'eux étaient porteurs d'une arme apparente ou cachée, ou si l'arme se trouvait dans un véhicule qui les a conduits sur les lieux du vol ou qu'ils auraient utilisé pour assurer leur fuite.

Art. 312. – La peine sera du maximum de la réclusion à temps lorsque les cinq circonstances suivantes sont réunies :

1° si le vol a été commis la nuit ;

2° s'il a été commis par deux ou plusieurs personnes ;

3° s'il a été commis, soit à l'aide d'effraction extérieure, d'escalade ou de fausses clés, dans une maison habitée, soit avec usurpation de titre ou d'uniforme ou allégation d'un faux ordre de l'autorité ;

4° s'il a été commis avec violence ;

5° si la disposition d'un véhicule a été assurée en vue de faciliter l'entreprise ou de favoriser la fuite de ses auteurs.

Art. 313. – Sera puni de la peine de la réclusion de dix à vingt ans, tout individu coupable de vol commis à l'aide de violence.

Si la violence a laissé des traces de blessures ou de contusions, le maximum de la réclusion à temps sera encouru.

Art. 314. – Les vols commis sur les voies publiques ou accessibles au public ou dans les wagons de chemin de fer emporteront le maximum de la réclusion à temps lorsqu'ils auront été commis avec deux des circonstances prévues par l'article 312.

Ils emporteront la peine de la réclusion de dix à vingt ans lorsqu'ils auront été commis avec une seule de ces circonstances.

Art. 315. – Sera puni de la peine de la réclusion de dix à vingt ans, tout individu coupable de vol commis à l'aide d'un des moyens énoncés au chiffre 3 de l'article 312, même si l'effraction, l'escalade ou l'usage de fausses clés n'ont pas eu lieu dans une maison habitée, alors même que l'effraction n'aurait été qu'intérieure.

Art. 316. – Sera puni de la peine de la réclusion de cinq à dix ans, tout individu coupable de vol commis dans l'un des cas ci-après :

1° si le vol a été commis la nuit et par deux ou plusieurs personnes, ou s'il a été commis avec une de ces deux circonstances seulement, mais en même temps dans une maison habitée ;

2° si le vol a été commis par un ouvrier, employé ou tout autre préposé, dans la maison, l'atelier, le magasin ou le chantier de son employeur ;

3° si le vol a été commis par un hôtelier ou un transporteur ou un de leurs préposés, lorsqu'ils auront volé tout ou partie des choses dont ils avaient la charge.

Art. 317. – Est réputé maison habitée, tout local même mobile, qui, sans être actuellement habité, est destiné à l'habitation et toute dépendance, quel qu'en soit l'usage, même s'il existe une clôture particulière dans la clôture ou enceinte générale.

Les bateaux et aéronefs de toute nature sont assimilés aux maisons habitées.

Art. 318. – Est qualifié effraction, tout forcement, rupture, dégradation, démolition, enlèvement de murs, toits, planchers, portes, fenêtres, serrures, cadenas ou autres objets servant à fermer ou empêcher le passage, et de toute espèce de clôture quelle qu'elle soit.

Art. 319. – Les effractions sont extérieures ou intérieures.

Les effractions extérieures sont celles à l'aide desquelles on peut s'introduire dans une maison habitée.

Les effractions intérieures sont celles qui, après l'introduction dans les lieux mentionnés en l'alinéa précédent, sont faites aux portes ou clôtures du dedans, ainsi qu'aux armoires et autres meubles fermés.

Est compris dans la classe des effractions intérieures, le simple enlèvement de caisses, boîte, ballots, et autres meubles fermés qui contiennent des objets quelconques, bien que l'effraction n'ait pas été faite sur les lieux.

Art. 320. – Est qualifiée escalade, l'entrée dans les maisons et leurs dépendances, exécutée par dessus les murs, portes, toitures ou toute autre clôture.

L'entrée par une ouverture souterraine, autre que celle qui a été établie pour servir d'accès, est une circonstance assimilée à l'escalade.

Art. 321. – Sont qualifiés fausses clés, tous crochets, rossignols, passe-partout, clefs imitées, contrefaites ou altérées, ou qui n'ont pas été destinées par le propriétaire, locataire, hôtelier ou logeur, aux serrures, cadenas ou aux fermetures quelconques auxquelles le coupable les aura employées.

Art. 322. – Quiconque aura, dans une intention coupable, contrefait ou altéré des clefs, sera condamné à un emprisonnement de six mois à trois ans et à l'amende prévue au chiffre 3 de l'article 26.

Si le coupable est serrurier de profession, il sera puni d'un emprisonnement de un à cinq ans et de l'amende prévue au chiffre 4 de l'article 26.

Il pourra, en outre, être privé de tout ou partie des droits mentionnés en l'article 27, pendant cinq ans au moins et dix ans au plus, à compter du jour où il aura subi sa peine.

Art. 323. – Quiconque aura extorqué par force, violence ou contrainte, soit la remise de fonds ou valeurs, soit la signature ou la remise d'un écrit, d'un acte, d'un titre, d'une pièce quelconque contenant ou opérant obligation, disposition ou décharge, sera puni de la peine de la réclusion de dix à vingt ans.

Quiconque, à l'aide de menace écrite ou verbale, de révélations ou d'imputations diffamatoires, aura extorqué ou tenté d'extorquer, soit la remise de fonds ou valeurs, soit la signature ou la remise de l'un des écrits énumérés ci-dessus, sera puni d'un emprisonnement de un à cinq ans et de l'amende prévue au chiffre 4 de l'article 26.

Art. 324. – Le saisi qui aura détruit, détourné ou tenté de détruire ou de détourner des objets saisis sur lui et confiés à sa garde, sera puni d'un emprisonnement de six mois à trois ans et de l'amende prévue au chiffre 3 de l'article 26.

Si la garde des objets saisis et qu'il aura détruits ou détournés ou tenté de détruire ou de détourner avait été confiée à un tiers, il sera puni d'un emprisonnement de un à cinq ans et de l'amende prévue au chiffre 4 de l'article 26.

Les peines du présent article seront également applicables à tout débiteur, emprunteur ou tiers donneur de gage qui aura détruit, détourné ou tenté de détruire ou de détourner des objets par lui donnés à titre de gage.

Art. 325. – Les autres vols non spécifiés dans la présente section, ainsi que les tentatives de ces mêmes délits seront punis d'un emprisonnement de un à cinq ans et de l'amende prévue au chiffre 4 de l'article 26.

Les coupables pourront encore être interdits des droits mentionnés à l'article 27 du présent code, pendant cinq ans au moins et dix ans au plus, à compter du jour où ils auront subi leur peine.

Art. 326 *(Mod., L. n° 829, 28 sept. 1967)*. – Quiconque, sachant qu'il est dans l'impossibilité absolue de payer, se sera fait servir des boissons ou des aliments qu'il aura consommés, en tout ou en partie, dans des établissements à ce destinés, même s'il est logé dans lesdits établissements, sera puni d'un emprisonnement de un à six mois et de l'amende prévue au chiffre 2 de l'article 26 ou de l'une de ces deux peines seulement.

Sera puni des mêmes peines, quiconque, sachant qu'il est dans l'impossibilité absolue de payer, aura occupé une chambre ou un garni dans un hôtel, une pension de famille ou un hôtel meublé qu'il ait ou non consommé des boissons ou des aliments.

Toutefois, dans les cas prévus aux deux alinéas précédents, l'occupation du logement ne devra pas avoir excédé une durée de dix jours.

Les mêmes peines seront applicables au consommateur ou à l'occupant qui, n'étant pas dans l'impossibilité absolue de payer, se sera esquivé avec l'intention de se soustraire à cette obligation.

Sera également passible d'un emprisonnement de un à six mois et de l'amende prévue au chiffre 2 de l'article 26, ou de l'une de ces deux peines seulement, celui qui, sachant qu'il est dans l'impossibilité absolue de payer, aura pris en location une voiture de place.

Section II. – Banqueroute — Escroquerie et autres espèces de fraude

§ 1. – Banqueroute et escroquerie

Art. 327 *(L. n° 1.002, 26 déc. 1977).* – Ceux qui auront été déclarés coupables de banqueroute ou de délits assimilés à la banqueroute seront punis ainsi qu'il suit :

– les banqueroutes simples : d'un emprisonnement de six mois à trois ans.

– les banqueroutes frauduleuses : d'un emprisonnement de cinq à dix ans.

Art. 328 *(L. n° 1.002, 26 déc. 1977).* – Sont punis des peines de la banqueroute simple, les dirigeants de toute personne morale exerçant même en fait une activité commerciale et se trouvant en état de cessation des paiements, lorsque en cette qualité et de mauvaise foi ils ont :

1° sans excuse légitime, omis de faire au greffe général, dans les quinze jours, la déclaration de la cessation des paiements de la personne morale ;

2° tenu, fait tenir ou laissé tenir irrégulièrement la comptabilité de la personne morale ;

3° après la cessation des paiements de la personne morale, payé ou fait payer un créancier au préjudice de la masse ;

4° sans empêchement légitime, omis de se présenter en personne au juge-commissaire ou au syndic de la personne morale dans les délais à elle impartis ;

5° dans l'intention de retarder la constatation de la cessation des paiements de la personne morale, pratiqué des achats en vue d'une revente au-dessous du cours ou employé des moyens ruineux pour procurer des fonds à la personne morale ;

6° consommé des sommes élevées appartenant à la personne morale en faisant des opérations de pur hasard ;

7° ou fait contracter par la personne morale pour le compte d'autrui et sans qu'elle reçoive des valeurs en contrepartie des engagements excessifs eu égard à sa situation lorsqu'elle les a contractés.

Art. 328-1 *(L. n° 1.002, 26 déc. 1977).* – Sont punis des peines de la banqueroute frauduleuse les dirigeants de toute personne morale exerçant, même en fait, une activité commerciale et se trouvant en état de cessation des paiements qui de mauvaise foi ont :

1° soustrait les livres de la personne morale ;

2° détourné ou dissimulé une partie de son actif ;

3° fait reconnaître la personne morale frauduleusement débitrice dans des actes publics ou sous seing privé, ou dans son bilan ;

4° tenté de détourner ou dissimuler tout ou partie de leurs biens afin de les soustraire aux poursuites de la personne morale, de ses membres ou de ses créanciers, ou se sont frauduleusement reconnus débiteurs.

Art. 328-2 *(L. n° 1.002, 26 déc. 1977).* – Les dispositions des deux articles précédents sont applicables aux liquidateurs de droit ou de fait, apparents ou occultes, rémunérés ou non, de la personne morale en état de cessation des paiements.

Art. 328-3 *(L. n° 1.002, 26 déc. 1977).* – Est punie des peines de la banqueroute frauduleuse toute personne qui :

1° dans l'intérêt du débiteur, a soustrait, recelé ou dissimulé tout ou partie de ses biens ;

2° a frauduleusement produit dans une procédure de cessation des paiements soit en son nom, soit par interposition de personne, des créances supposées ;

3° ou, faisant du commerce sous le nom d'autrui ou sous un nom supposé, s'est rendue coupable de l'un des faits prévus par les trois premiers chiffres de l'article 328-1.

Art. 328-4 *(L. n° 1.002, 26 déc. 1977)*. – Sont punis d'un emprisonnement de six mois à trois ans et de l'amende prévue au chiffre 3 de l'article 26, le conjoint, les descendants ou les alliés du débiteur en état de cessation des paiements, qui, sans avoir agi de complicité avec celui-ci, ont détourné, diverti ou recélé des effets dépendant de son actif.

Le coupable pourra, à compter du jour où il aura subi sa peine, être interdit pendant cinq ans au moins et dix ans au plus, des droits mentionnés à l'article 27 du présent code.

Art. 328-5 *(L. n° 1.002, 26 déc. 1977)*. – Est puni d'un emprisonnement de six mois à trois ans et de l'amende prévue au chiffre 3 de l'article 26 le syndic qui commet un acte de malversation dans sa gestion.

Est puni des mêmes peines le syndic ou toute autre personne ayant participé à l'administration d'une procédure ouverte par un jugement constatant la cessation des paiements qui, directement ou indirectement, de gré à gré ou dans une vente judiciaire, acquiert personnellement ou par personne interposée tout ou partie de l'actif mobilier ou immobilier du débiteur en état de cessation des paiements, de règlement judiciaire ou de liquidation des biens.

Art. 328-6 *(L. n° 1.002, 26 déc. 1977)*. – Est puni d'un emprisonnement de six mois à trois ans et de l'amende prévue au chiffre 3 de l'article 26 le créancier qui a stipulé du débiteur ou de toute autre personne des avantages particuliers en raison de son vote dans les assemblées de la masse ou qui, après le jugement constatant l'état de cessation des paiements, ou même dans la perspective de ce jugement, a fait un traité particulier duquel résulterait en sa faveur un avantage à la charge du débiteur.

Ces conventions sont nulles à l'égard de toute personne ; le créancier doit rapporter à qui de droit les sommes ou valeurs reçues en vertu de ces conventions.

Art. 329. – Les courtiers qui auront fait faillite seront punis de un à cinq ans d'emprisonnement.

Art. 330. – Quiconque, soit en faisant usage de faux nom ou de fausse qualité, soit en employant des manœuvres frauduleuses pour persuader l'existence de fausses entreprises, d'un pouvoir ou d'un crédit imaginaire, ou pour faire naître l'espérance ou la crainte d'un succès, d'un accident ou de tout autre événement chimérique, se sera fait remettre ou délivrer ou aura tenté de se faire remettre ou délivrer des fonds, meubles, effets, deniers, marchandises, billets, promesses, quittances ou tous autres écrits contenant ou opérant obligation ou décharge, et aura, par un de ces moyens, escroqué ou tenté d'escroquer la totalité ou partie de la fortune d'autrui, sera puni d'un emprisonnement de un à cinq ans et de l'amende prévue au chiffre 4 de l'article 26.

Si le délit a été commis par une personne ayant fait appel au public en vue de l'émission d'actions, obligations, bons, parts ou titres quelconques, soit d'une société, soit d'une entreprise commerciale ou industrielle, l'emprisonnement sera de trois à dix ans et l'amende celle prévue au chiffre 4 de l'article 26.

Dans tous les cas, le coupable pourra, à compter du jour où il aura subi sa peine, être interdit, pendant cinq ans au moins et dix ans au plus, des droits mentionnés en l'article 27 du présent code.

§ 2. – Fraude en matière de chèques

Art. 331. – Est passible des peines de l'escroquerie prévues au 1er alinéa de l'article 330 :

1° celui qui, de mauvaise foi, a :

– soit émis un chèque bancaire ou postal sans provision préalable et disponible ou avec une provision inférieure au montant du chèque ;

– soit retiré, après l'émission, tout ou partie de la provision ;

– soit fait défense au tiré de payer.

2° celui qui, sciemment, a accepté de recevoir un chèque bancaire ou postal émis dans les conditions qui précèdent.

Art. 332. – Sera puni de l'emprisonnement de trois à dix ans et de l'amende prévue au chiffre 4 de l'article 30 :

1° celui qui a contrefait ou falsifié un chèque bancaire ou postal ;

2° celui qui, sciemment, a accepté de le recevoir.

Art. 333. – Les infractions spécifiées aux deux articles précédents sont considérées comme étant, au point de vue de la récidive, un même délit.

Dans tous les cas, le coupable pourra, à compter du jour où il aura subi sa peine, être interdit pendant cinq ans au moins et dix ans au plus, des droits mentionnés à l'article 27 du présent code.

Art. 334. – À l'occasion des poursuites pénales exercées contre le tireur, le bénéficiaire qui s'est constitué partie civile est recevable à demander devant les juges de l'action publique, une somme égale au montant du chèque, sans préjudice, le cas échéant, de tous dommages-intérêts.

§ 3. – Abus de confiance

Art. 335 *(Mod., L. n° 1.344, 26 déc. 2007)*. – Le fait d'abuser frauduleusement d'une personne dont la vulnérabilité ou l'état de dépendance sont apparents ou connus de l'auteur, pour conduire cette personne à un acte ou à une abstention qui lui seront gravement préjudiciables, est puni d'un emprisonnement de six mois à trois ans et de l'amende prévue au chiffre 3 de l'article 26.

Le coupable pourra, à compter du jour où il aura subi sa peine, être interdit pendant cinq ans au moins et dix ans au plus, des droits mentionnés en l'article 27 du présent code.

Art. 336. – Quiconque, abusant d'un blanc-seing à lui confié, aura frauduleusement écrit au-dessus une obligation ou décharge, ou tout autre acte pouvant compromettre la personne ou la fortune du signataire, sera puni d'un emprisonnement de un à cinq ans et de l'amende prévue au chiffre 4 de l'article 26.

Dans le cas où le blanc-seing ne lui aurait pas été confié, il sera poursuivi comme faussaire et puni comme tel.

Art. 337. – Quiconque aura détourné ou dissipé, au préjudice des propriétaires, possesseurs ou détenteurs, des fonds, meubles, effets, deniers, marchandises, billets, promesses, quittances ou tous autres écrits contenant ou opérant obligation ou décharge, qui ne lui auraient été remis qu'à titre de louage, de dépôt, de mandat, de nantissement, de prêt à usage ou pour un travail, salarié ou non, à charge de les rendre ou représenter, ou d'en faire un usage ou un emploi déterminé, sera puni d'un emprisonnement de six mois à trois ans et de l'amende prévue au chiffre 3 de l'article 26.

La durée de l'emprisonnement sera de un à cinq ans et l'amende celle prévue au chiffre 4 de l'article 26, si l'abus de confiance a été commis :

1° par une personne faisant appel au public afin d'obtenir, soit pour son propre compte, soit comme directeur, administrateur ou agent d'une société ou d'une entreprise commerciale ou industrielle, la remise de fonds ou valeurs ;

2° par un courtier, un intermédiaire, ou un conseil professionnel ou un rédacteur d'actes, et a porté sur tout ou partie, soit du prix de vente d'un immeuble ou d'un fonds de commerce, soit du prix d'actions ou de parts de sociétés immobilières, soit du prix de cession d'un bail, lorsqu'une telle cession est autorisée par la loi.

Si l'abus de confiance a été commis, soit par un officier public ou ministériel, soit par un employé ou préposé à qui des fonds sont habituellement remis en raison de leurs fonctions, la peine sera celle de la réclusion de cinq à dix ans.

Art. 338. – Quiconque, après avoir produit, dans une contestation judiciaire, quelque titre, pièce ou mémoire, l'aura fait disparaître de quelque manière que ce soit, sera puni de l'amende prévue au chiffre 2 de l'article 26.

Cette peine pourra être prononcée par le tribunal saisi de la contestation.

§ 4. – Du recel

Art. 339. – Ceux qui sciemment auront recelé des choses enlevées, détournées ou obtenues à l'aide d'un crime ou d'un délit seront punis des peines prévues à l'article 325.

Art. 340. – Dans le cas où une peine afflictive et infamante est applicable au fait qui a procuré les choses recelées, le receleur sera puni de la peine attachée par la loi au crime et aux circonstances du crime dont il aura eu connaissance au temps du recel.

§ 5. – Violation du secret des correspondances et autres infractions aux lois sur le service de la poste et des télécommunications

Art. 341. – Le secret des correspondances est inviolable.

Art. 342. – Il y a violation du secret des correspondances non seulement lorsqu'on prend connaissance par quelque moyen que ce soit de ce qu'elles contiennent, mais encore lorsqu'on cherche à connaître ou qu'on divulgue le nom des personnes qui les expédient ou qui les reçoivent.

Art. 343. – Toute suppression, toute ouverture de lettre ou télégramme confié à la poste, toute captation de communication téléphonique, commise ou facilitée par un fonctionnaire ou un agent du Gouvernement, de la poste ou du téléphone, sera punie d'un emprisonnement de un à cinq ans et de l'amende prévue au chiffre 4 de l'article 26.

Le coupable sera interdit de toute fonction publique, pendant cinq ans au moins et dix ans au plus.

Art. 344. – Quiconque sera convaincu, soit d'avoir sciemment supprimé une lettre ou un télégramme, de les avoir ouverts ou d'en avoir, par quelque autre moyen, violé le secret, soit d'avoir sciemment capté une communication téléphonique, sera puni d'un emprisonnement de six mois à trois ans et de l'amende prévue au chiffre 3 de l'article 26.

Art. 345. – Tout individu, étranger à l'administration des postes, convaincu de s'être immiscé dans le transport des lettres qui doivent être confiées à la poste, est passible de l'amende prévue au chiffre 2 de l'article 26.

Art. 346. – L'emploi fait sciemment de timbres-poste ayant déjà servi à l'affranchissement sera puni de l'amende prévue au chiffre 1 de l'article 26.

En cas de récidive, la peine sera d'un emprisonnement de six jours à un mois et l'amende sera portée au double.

La contrefaçon d'un timbre-poste ou la mise en circulation d'un faux timbre constitue un faux.

Art. 347. – Seront punies de l'amende prévue au chiffre 2 de l'article 26 :

1° l'insertion d'or, ou d'argent, de bijoux et autres effets précieux dans des objets de correspondance ;

2° l'insertion de billets de banque ou de bons de l'État, de coupons de dividendes ou d'intérêts échus, payables au porteur, dans les lettres non soumises à la formalité du chargement des valeurs déclarées, ou à celle de la recommandation ;

3° l'insertion de monnaies dans les boîtes de valeurs déclarées.

Art. 348. – Est punie de l'amende prévue au chiffre 2 de l'article 26, l'insertion de titres dans les boîtes de valeurs déclarées confiées à la poste.

Art. 349. – Est puni de trois mois à un an d'emprisonnement et de l'amende prévue au chiffre 2 de l'article 26 ou de l'une de ces deux peines seulement, tout individu coupable d'avoir déclaré à la poste l'insertion dans une lettre de valeurs supérieures à la valeur réellement insérée.

§ 6. – Infraction aux lois et règlements sur les jeux de hasard, les loteries, les prêts sur gages ou usuraires

Art. 350. – Ceux qui, sans l'autorisation préalable du Gouvernement, auront établi ou tenu des maisons de jeux de hasard, ou organisé toutes loteries ou toutes ventes effectuées par la voie du sort, et, d'une façon générale, toutes opérations offertes au public, sous quelque dénomination que ce soit, pour faire naître l'espérance d'un gain qui serait acquis par la voie du sort, seront punis d'un emprisonnement de un à six mois et de l'amende prévue au chiffre 2 de l'article 26, ou de l'une de ces deux peines seulement.

Les coupables pourront, de plus, être interdits des droits mentionnés à l'article 27 du présent code pendant cinq ans au moins et dix ans au plus, à compter du jour où ils auront subi leur peine.

Art. 351. – Ne sont pas considérés comme jeux de hasard, ceux dont le résultat dépend essentiellement de l'adresse, de la force ou de combinaisons intellectuelles.

Art. 352. – Toute personne ayant établi irrégulièrement des jeux de hasard dans les lieux publics, sera punie d'un emprisonnement de six jours à un mois et de l'amende prévue au chiffre 1 de l'article 26, ou de l'une de ces deux peines seulement.

Art. 353. – Dans tous les cas, seront confisqués les fonds ou effets trouvés exposés au jeu ou mis en loterie, les meubles, instruments, ustensiles, appareils employés ou destinés au service des jeux ou des loteries.

Art. 354. – Ceux qui, sans autorisation, auront colporté ou distribué les billets de loteries locales ou étrangères ; ceux qui, par des avis, annonces, affiches ou par tout autre moyen de publication, auront fait connaître l'existence de ces entreprises de colportage ou de distribution non autorisées, ou qui auront facilité l'émission des billets, seront punis d'un emprisonnement de six jours à un mois et de l'amende prévue au chiffre 1 de l'article 26 ou de l'une de ces deux peines seulement.

Art. 355. – L'ouverture sans autorisation d'une entreprise de prêt sur gage ou nantissement, sera punie d'un emprisonnement de un à six mois et de l'amende prévue au chiffre 2 de l'article 26, ou de l'une de ces deux peines seulement.

Ceux qui, ayant reçu l'autorisation de prêter sur gage ou nantissement, n'auront pas tenu un registre indiquant de suite, sans aucun blanc ni interligne, les sommes et les objets prêtés, les nom, domicile et profession des emprunteurs, la nature, la quantité, la valeur des objets mis en nantissement, seront punis d'un emprisonnement de six jours à un mois et de l'amende prévue au chiffre 1 de l'article 26, ou de l'une de ces deux peines seulement.

Art. 356. – Tout individu, non muni d'une autorisation administrative, qui, sans stipulation écrite conforme aux dispositions légales relatives au gage, aura prêté sur gage, sera, quelle que soit la somme prêtée, puni d un emprisonnement de un à six mois et de l'amende prévue au chiffre 2 de l'article 26, ou de l'une de ces deux peines seulement.

Art. 357. – Sera puni de l'amende prévue au chiffre 5 de l'article 26, tout prêteur convaincu d'avoir exigé, au vu des circonstances particulières de la cause, un taux d'intérêt effectif dépassant de plus de moitié le taux moyen pratiqué dans les mêmes conditions par des prêteurs de bonne foi pour des opérations de crédit comportant les mêmes risques que le prêt dont s'agit.

En cas de récidive, la peine sera d'un emprisonnement de un à six mois et de l'amende prévue au chiffre 4 de l'article 26, ou de l'une de ces deux peines seulement.

Les perceptions excessives seront imputées de plein droit sur les intérêts normaux échus au jour des poursuites et, subsidiairement, sur le capital de la créance.

Si la créance est éteinte en capital et intérêts, le prêteur sera condamné à restituer à l'emprunteur les sommes indûment perçues, avec l'intérêt de droit à compter du jour de leur perception.

§ 7. – Entraves à la liberté des enchères

Art. 358. – Ceux qui, dans les adjudications de la propriété, de l'usufruit ou de la location des choses mobilières ou immobilières, d'une entreprise, d'une fourniture, d'une exploitation ou d'un service quelconque, auront entravé ou trouble, ou tenté d'entraver ou de troubler la liberté des enchères ou des soumissions, par des voies de fait, violences ou menaces, soit avant, soit pendant les enchères ou les soumissions, seront punis d'un emprisonnement de un à six mois et de l'amende prévue au chiffre 2 de l'article 26, ou de l'une de ces deux peines seulement.

La même peine sera prononcée contre ceux qui, par dons, promesses, ou ententes frauduleuses, auront écarté ou tenté d'écarter les enchérisseurs, limité ou tenté de limiter les enchères ou soumissions ainsi que contre ceux qui auront reçu ce dons ou accepté ces promesses.

Seront punis de la même peine, ceux qui, après une adjudication publique, procéderont ou participeront à une remise aux enchères, sans le concours d'un officier ministériel compétent.

§ 8. – Violation des règles relatives au commerce et à l'industrie

Art. 359. – Seront punis d'un emprisonnement de six jours à un mois et de l'amende prévue au chiffre 1 de l'article 26, ou de l'une de ces deux peines seulement, les employeurs, chefs de service, entrepreneurs ou les ouvriers et employés qui, de concert, auront prononcé des amendes autres que celles qui ont pour objet la discipline intérieure, des défenses, des interdictions ou proscriptions, soit de la part des employeurs, chefs de service ou entrepreneurs contre les ouvriers ou employés, soit de la part de ceux-ci contre les employeurs, chefs de service ou entrepreneurs, soit les uns contre les autres.

Art. 360. – Toute communication à des tiers d'un secret de fabrique par des directeurs, commis, assistants ou ouvriers des usines, laboratoires ou autres établissements similaires qui détiennent des secrets, sera punie d'un emprisonnement de six mois à trois ans et de l'amende prévue au chiffre 3 de l'article 26.

La privation, pendant deux ans au moins et cinq ans au plus, des droits mentionnés à l'article 27 pourra également être prononcée, à compter du jour où la peine aura été subie.

Art. 361. – Seront punis d'un emprisonnement de six mois à trois ans et de l'amende prévue au chiffre 3 de l'article 26, ceux qui, par des faits calomnieux ou faux propagés à dessein dans le public, par des sur-offres aux prix que demandaient les vendeurs eux-mêmes, par réunion ou coalition contre les principaux détenteurs d'une même marchandise ou denrée pour ne pas la vendre ou ne la vendre qu'à un certain prix ou qui, par des voies ou des moyens frauduleux quelconques, auront opéré ou tenté d'opérer la hausse ou la baisse du prix des denrées ou marchandises ou des effets publics ou privés au-dessus ou au-dessous des prix qu'auraient déterminés la libre concurrence.

§ 9. – Fraudes commerciales

Art. 362. – Sera puni d'un emprisonnement de trois mois à un an et de l'amende prévue au chiffre 3 de l'article 26 ou de l'une de ces deux peines seulement, quiconque aura trompé ou tenté de tromper le contractant :

– soit sur la nature, les qualités substantielles, la composition et la teneur en principes utiles de toutes marchandises ;

– soit sur leur espèce ou leur origine lorsque, d'après la convention ou les usages, la désignation de l'espèce ou de l'origine faussement attribuée aux marchandises devra être considérée comme la cause déterminante de la vente ;

– soit sur la quantité des choses livrées ou sur leur identité, par la livraison d'une marchandise autre que la chose qui a fait l'objet du contrat.

Art. 363. – L'emprisonnement pourra être porté à trois ans si le délit ou la tentative de délit prévus à l'article précédent ont été commis :

– soit à l'aide de poids, mesures ou autres instruments, faux ou inexacts ;

– soit à l'aide de manœuvres, de procédés tendant à fausser les opérations de l'analyse ou du dosage, du pesage ou du mesurage, ou bien à modifier frauduleusement la composition, le poids ou le volume des marchandises même avant ces opérations ;

– soit à l'aide d'indications frauduleuses tendant à faire croire à une opération antérieure et exacte ou à un contrôle officiel.

Art. 364. – Seront punis des peines prévues par l'article 362 :

1° ceux qui falsifieront des denrées servant à l'alimentation de l'homme ou des animaux, des substances médicamenteuses, des boissons et des produits agricoles ou naturels destinés à être vendus ;

2° ceux qui exposeront, mettront en vente ou vendront des denrées servant a l'alimentation de l'homme ou des animaux, des boissons et des produits agricoles et naturels qu'ils sauront être falsifiés, corrompus ou toxiques ;

3° ceux qui exposeront, mettront en vente ou vendront des substances médicamenteuses qu'ils sauront être falsifiées ;

4° ceux qui exposeront, mettront en vente, ou vendront, sous une forme indiquant leur destination, des produits propres à effectuer la falsification des denrées servant à l'alimentation de l'homme ou des animaux, des boissons et des produits agricoles ou naturels, et ceux qui auront provoqué à leur emploi par le moyen de brochures, circulaires, prospectus, affiches, annonces ou instructions quelconques.

Si la substance falsifiée ou corrompue est nuisible à la santé de l'homme ou des animaux ou si elle est toxique, de même si la substance médicamenteuse falsifiée est nuisible à la santé de l'homme ou des animaux, l'emprisonnement sera de six mois à trois ans et l'amende sera celle qui est prévue au chiffre 3 de l'article 26.

Ces peines seront applicables même au cas où la falsification nuisible serait connue de l'acheteur ou du consommateur.

Les dispositions du présent article ne sont pas applicables aux fruits et légumes frais, fermentés ou corrompus.

Art. 365. – Seront punis d'un emprisonnement de six jours à un mois et de l'amende prévue au chiffre 2 de l'article 26, ou de l'une de ces deux peines seulement, ceux qui, sans motifs légitimes, seront trouvés détenteurs, dans leur magasins, boutiques, maisons ou voitures servant à leur commerce, dans leurs ateliers, chais, étables, lieu de fabrication ainsi que dans les entrepôts, abattoirs et leurs dépendances, dans les gares ou dans les halles, foires et marches :

– soit de poids et mesures faux ou autres appareils inexacts servant au pesage ou mesurage des marchandises ;

– soit de denrées servant à l'alimentation de l'homme ou des animaux, de boissons, de produits agricoles ou naturels qu'ils savaient être falsifiés, corrompus ou toxiques ;

– soit de substances médicamenteuses qu'ils savaient être falsifiés ;

– soit de produits propres à effectuer la falsification des denrées servant à l'alimentation de l'homme ou des animaux, des boissons ou des produits agricoles ou naturels.

Si la substance alimentaire falsifiée ou corrompue est nuisible à la santé de l'homme ou des animaux ou si elle est toxique, de même si la substance médicamenteuse falsifiée est nuisible à la santé de l'homme ou des animaux, la peine sera l'emprisonnement de trois mois à un an et l'amende celle prévue au chiffre 3 de l'article 26, ou l'une de ces deux peines seulement.

Les dispositions du présent article ne sont pas applicables aux fruits frais et légumes frais, fermentés ou corrompus.

Art. 366. – Les objets dont la vente, usage ou détention constituent le délit prévu par les articles précédents, s'ils appartiennent encore au vendeur ou détenteur, seront confisqués ; les poids et autres instruments de pesage, mesurage ou dosage, faux ou inexacts, seront de même confisqués et devront être brisés.

Si des objets confisqués sont utilisables, le tribunal pourra les mettre à la disposition de l'Administration. S'ils sont inutilisables ou nuisibles, ils seront détruits aux frais du condamné.

Art. 367. – Dans tous les cas prévus aux articles 362 à 365 inclus, le tribunal pourra ordonner que le jugement de condamnation sera publie et affiché dans les conditions prévues par les articles 30 et suivants.

Art. 368. – Sera considéré comme en état de récidive légale, quiconque, ayant été condamné par application des articles 362 à 365 inclus du présent code ou des lois sur les fraudes, aura dans les cinq ans qui suivront la date à laquelle cette condamnation sera devenue définitive, commis un nouveau délit tombant sous l'application des mêmes textes.

En ce cas, les peines d'emprisonnement et d'affichage seront prononcées.

Section III. – Incendies, destructions, dégradations, dommages

Art. 369. – Quiconque aura volontairement mis le feu à des édifices, bateaux, aéronefs, magasins, chantiers, quand ils sont habités ou servent à l'habitation ou à des réunions publiques, et généralement aux lieux habités ou servant à l'habitation, qu'ils appartiennent ou n'appartiennent pas à l'auteur du crime, sera puni de la réclusion à perpétuité.

Sera puni de la même peine, quiconque aura volontairement mis le feu, soit à des voitures ou wagons contenant des personnes, soit à des voitures ou wagons ne contenant pas des personnes, mais faisant partie d'un convoi qui en contient.

Art. 370. – Quiconque aura volontairement mis le feu à des édifices, bateaux, aéronefs, magasins, chantiers, lorsqu'ils ne sont ni habités, ni servant à l'habitation, ou à des arbres, arbustes, taillis, ou récoltes sur pied, lorsque ces objets ne lui appartiennent pas, sera puni du maximum de la réclusion à temps.

Celui qui, en mettant le feu à l'un des biens énumérés dans l'alinéa précédent et à lui-même appartenant aura volontairement causé un préjudice quelconque à autrui, sera puni de la réclusion criminelle de dix à vingt ans ; sera puni de la même peine, celui qui aura mis le feu, sur l'ordre du propriétaire.

Art. 371. – Quiconque aura volontairement mis le feu, soit à des pailles ou récoltes en tas ou en meules, soit à des bois disposés en tas ou en stères, soit à des voitures ou wagons, chargés ou non chargés de marchandises ou autres biens mobiliers, et ne faisant pas partie d'un convoi contenant des personnes, si ces biens ne lui appartiennent pas, sera puni de la réclusion de dix à vingt ans.

Celui qui, en mettant le feu à l'un des biens énumérés à l'alinéa précédent et à lui-même appartenant aura volontairement causé un préjudice quelconque à autrui, sera puni de la réclusion de cinq à dix ans ; sera puni de la même peine, celui qui aura mis le feu sur l'ordre du propriétaire.

Art. 372. – Celui qui aura communiqué l'incendie à l'un des biens énumérés dans les précédents articles, en mettant volontairement le feu à des biens quelconques, appartenant à lui-même ou à autrui, et placés de manière à communiquer ledit incendie, sera puni de la même peine que s'il avait directement mis le feu à l'un desdits biens.

Art. 373. – Dans tous les cas, la peine sera la réclusion à perpétuité si l'incendie a entraîné, pour une personne se trouvant dans les lieux, la mort ou des blessures ou infirmités de l'espèce définie au deuxième alinéa de l'article 236.

Art. 374. – La peine sera la même, d'après les distinctions faites aux articles précédents, contre ceux qui auront volontairement détruit en tout ou en partie, ou tenté de détruire par l'effet d'une explosion, les édifices, habitations, digues, chaussées, aéronefs, bateaux ; véhicules de toute sorte, magasins ou chantiers ou leurs dépendances, ponts, voies publiques ou privées et, généralement, tous objets mobiliers ou immobiliers de quelque nature qu'ils soient.

Art. 375. – Le dépôt, dans une intention criminelle, sur la voie publique, d'une substance ou d'un engin explosif sera assimilé à la tentative d'assassinat.

Art. 376. – La menace d'incendier ou de détruire par l'effet d'une explosion les biens énumérés à l'article 374, sera punie de la peine portée contre la menace d'assassinat et d'après les distinctions établies par les articles 230 à 233.

Art. 377. – Quiconque aura volontairement détruit ou renversé, par quelque moyen que ce soit, en tout ou en partie, des édifices, ponts, digues ou chaussées, canaux, aqueducs, ouvrages d'art ou autres constructions qu'il savait appartenir à autrui, causé la destruction ou l'explosion d'une machine industrielle, sera puni de la réclusion de cinq à dix ans.

S'il y a eu homicide, le coupable sera puni de la réclusion à perpétuité et, s'il y a eu blessures, il sera puni de la réclusion de dix à vingt ans.

Art. 378. – Quiconque, par des voies de fait, se sera opposé à l'exécution de travaux autorisés par le Gouvernement, sera puni d'un emprisonnement de trois mois à un an et de l'amende prévue au chiffre 2 de l'article 26, ou de l'une de ces deux peines seulement.

Art. 379. – Quiconque aura, soit volontairement brûlé ou détruit, d'une manière quelconque, des minutes, registres ou autres actes originaires de l'autorité publique ou d'un officier public ou ministériel, des titres, billets, lettres de change, effets de commerce ou de banque contenant ou opérant obligation, disposition ou décharge, soit sciemment détruit, soustrait, recelé, dissimulé ou altéré un document public ou privé, de nature à faciliter la recherche des crimes et délits, la découverte des preuves ou le châtiment de leur auteur, sera puni, sans préjudice des peines plus graves prévues par la loi :

– de la réclusion de cinq à dix ans, si les pièces détruites sont des actes de l'autorité publique ou des effets de commerce ou de banque ;

– de l'emprisonnement de un à cinq ans et de l'amende prévue au chiffre 4 de l'article 26, s'il s'agit de toute autre pièce.

Art. 380. – Tout pillage, tout dégât de denrées ou marchandises, effets, propriétés mobilières, commis en réunion ou bande et à force ouverte, sera puni de la réclusion de dix à vingt ans.

Art. 381. – Quiconque, à l'aide d'un produit corrosif ou par tout autre moyen, aura volontairement détérioré des marchandises, matières ou instruments quelconques servant à la fabrication, sera puni d'un emprisonnement de six mois à trois ans et de l'amende prévue au chiffre 3 de l'article 26.

Si le délit a été commis par un préposé de l'entreprise, l'emprisonnement sera de un a cinq ans et l'amende, celle prévue au chiffre 4 de l'article 26.

Art. 382. – Quiconque aura volontairement détruit ou dégradé par incendie ou par tout autre moyen, en tout ou en partie, un véhicule, quel qu'il soit, appartenant à autrui, sera puni d'un emprisonnement de trois mois à un an et de l'amende prévue au chiffre 2 de l'article 26 ou de l'une de ces deux peines seulement, sans préjudice de l'application des dispositions des articles 369 et suivants s'il échet.

La tentative sera punie comme le délit même.

Art. 383. – Quiconque aura détruit des récoltes sur pied ou des plants, sera puni d'un emprisonnement de trois mois à un an et de l'amende prévue au chiffre 2 de l'article 26 ou de l'une de ces deux peines seulement.

Art. 384. – Sera puni de l'emprisonnement de trois mois à un an et de l'amende prévue au chiffre 2 de l'article 26, ou de l'une de ces deux peines seulement, celui qui, hors de sa propriété, aura abattu, mutilé ou coupé, de manière à les faire périr, un ou plusieurs arbres ou aura détruit des greffes.

Art. 385. – Quiconque aura volontairement empoisonné ou détruit, dans des bassins, parcs, réserves ou pièces d'eau, des poissons ou des produits de mers appartenant à autrui, sera puni d'un emprisonnement de un à six mois et de l'amende prévue au chiffre 2 de l'article 26 ou de l'une de ces deux peines seulement.

Art. 386. – Quiconque aura, en tout ou en partie, détruit des clôtures appartenant à autrui, soit dans des maisons et édifices, soit dans des parcs, jardins, enclos de toute nature, sera puni d'un emprisonnement de un mois à six mois et de l'amende prévue au chiffre 2 de l'article 26, ou de l'une de ces deux peines seulement.

Sera puni de la même peine, celui qui aura déplacé les bornes, sous quelque forme qu'elles soient établies, destinées à marquer les limites des différents héritages.

Art. 387. – Seront punis de l'amende prévue au chiffre 3 de l'article 26, ceux qui auront provoqué l'incendie de propriété mobilière ou immobilière d'autrui :

- soit par l'installation défectueuse, la vétusté ou le défaut de réparation, d'entretien ou de nettoyage de cheminées, fours, usines, maisons ou forges avoisinantes ;
- soit par des feux allumés à proximité des maisons, édifices, dépôts de produits ou de récoltes inflammables ;
- soit par des feux allumés ou des lumières portés ou laissés sans précaution suffisante ;
- soit par des pièces d'artifices allumées ou tirées avec imprudence ou négligence.

Art. 388. – Sous réserve des dispositions législatives ou réglementaires relatives aux maladies épizootiques et de l'application des peines y portées, les détenteurs ou gardiens d'animaux suspects de maladies contagieuses, qui n en auront pas fait la déclaration à l'autorité compétente ou qui les auront laissés circuler ou communiquer avec d'autres animaux non malades, seront punis d'un emprisonnement de six jours à un mois et de l'amende prévue au chiffre 1 de l'article 26, ou de l'une de ces deux peines seulement.

Art. 389. – Quiconque, dans le dessein d'altérer la pureté des eaux, aura, soit jeté des immondices ou objets dans des réservoirs ou puits d'eau douce, soit introduit des corps étrangers dans des conduites d'eau, sera puni d'un emprisonnement de six mois à trois ans et de l'amende prévue au chiffre 3 de l'article 26.

Si ces matières sont de nature à nuire à la santé publique, la peine sera la réclusion de dix à vingt ans. Si elles sont de nature à donner la mort, la peine sera la réclusion à perpétuité.

Chapitre III. – Délits contre les animaux

(L. n° 1.084, 20 juin 1985 ; L. n° 1.128, 7 nov. 1989).

Art. 390 *(L. n° 1.128, 7 nov. 1989)*. – Quiconque, sans utilité, aura mis à mort un animal, ou aura occasionné sa mort volontairement ou par des négligences, ou lui aura fait subir des sévices ou des souffrances graves, sera puni d'un emprisonnement de six mois à trois ans et de l'amende prévue au chiffre 3° de l'article 26 du Code pénal. En cas de récidive, la peine d'emprisonnement sera toujours prononcée.

Art. 390-1 *(L. n° 1.128, 7 nov. 1989)*. – Quiconque, volontairement ou par négligence, aura fait subir des mauvais traitements à un animal ou, par manque de soins, aura mis en danger sa vie, sa santé ou son intégrité physique, sera puni d'un emprisonnement de six jours à un mois et de l'amende prévue au chiffre 1° de l'article 26 du Code pénal ou de l'une de ces deux peines seulement. En cas de récidive, la peine d'emprisonnement sera toujours prononcée.

Art. 390-2 *(L. n° 1.128, 7 nov. 1989).* – Dans les cas visés aux deux articles précédents, le tribunal pourra interdire au délinquant de posséder ou d'assurer la garde d'un animal soit, à titre temporaire, pendant un délai d'un à dix ans, soit à titre définitif, à peine d'un emprisonnement de trois mois à un an et de l'amende prévue au chiffre 3° de l'article 26 du Code pénal ou de l'une de ces deux peines seulement.

Il pourra, en outre, ordonner :

1° la confiscation de l'animal maltraité : celui-ci sera remis à la Société protectrice des animaux, aux frais arbitrés forfaitairement par le tribunal et mis à la charge du délinquant.

2° la publication, par extraits, du jugement de condamnation prévu à l'article 30 du Code pénal.

Art. 390-3 *(L. n° 1.128, 7 nov. 1989).* – Sera puni de l'emprisonnement de six mois à trois ans et de l'amende prévue au chiffre 3° de l'article 26 :

1° quiconque aura pratiqué ou fait pratiquer des expériences ou recherches sans être titulaire de l'autorisation prévue par la loi ;

2° celui qui, après l'avoir obtenue, aura contrevenu aux conditions réglementaires auxquelles elle est soumise ou à celles particulières dont elle est assortie en raison de faits spécifiques, le tout sans préjudice du retrait de l'autorisation.

Le tribunal pourra, en outre, prononcer l'interdiction de fabriquer ou de mettre sur le marché les substances ou produits résultant ou susceptibles de résulter des expériences ou recherches irrégulièrement faites.

Art. 390-4 *(L. n° 1.128, 7 nov. 1989).* – Sera puni d'un emprisonnement de six jours à un mois et de l'amende prévue au chiffre 1° de l'article 26 du Code pénal, ou de l'une de ces deux peines seulement, celui qui aura excité un animal ou ne l'aura pas retenu s'il s'attaque :

1° à un autre animal et lui cause des blessures ;

2° à une personne, même s'il n'en est résulté aucun mal ni dommage. Sera puni des peines portées à l'alinéa précédent quiconque aura laisse divaguer un animal.

Art. 391 *(L. n° 1.128, 7 nov. 1989).* – Les dispositions de l'article 390-1 ne sont pas applicables aux personnes qui auront régulièrement participé à l'organisation ou au déroulement d'une manifestation sportive d'un concours public qui aura été autorisé.

TITRE III. – DU TERRORISME

(L. n° 1.318, 29 juin 2006).

Art. 391-1 *(L. n° 1.318, 29 juin 2006).* – Constituent des actes de terrorisme, lorsqu'elles sont intentionnellement commises en relation avec une entreprise individuelle ou collective, dirigée soit contre la Principauté de Monaco, soit contre tout autre État ou contre une organisation internationale, et sont de nature, par l'intimidation ou la terreur :

– soit à menacer leurs structures politiques, économiques ou sociales, à leur porter atteinte ou à les détruire ;

– soit à troubler gravement l'ordre public,

les infractions suivantes :

1° Les attentats contre la sûreté intérieure de l'État, visés aux articles 56, 57 et 61 ;

2° Les crimes tendant à troubler l'État, visés aux articles 65, 66, 68 et 69 ;

3° Les crimes et délits contre la paix publique relatifs :

– aux attroupements et rébellions, visés aux articles 145, 146, 152 à 155, et 161 ;

– aux violences envers les dépositaires de la puissance publique, de l'autorité et de la force publique, visées aux articles 166 et 167 ;

– aux atteintes à la sûreté de la circulation sur les chemins de fer, visées aux articles 191 à 193 ;

– aux destructions ou dégradations relatives aux lignes téléphoniques, télégraphiques et aux télécommunications, visées aux articles 198 à 200, ainsi qu'aux attaques contre les personnes prévues à l'article 201 ;

– aux associations de malfaiteurs, visées aux articles 209 à 211 ;

– au blanchiment du produit d'une infraction, visé aux articles 218 à 218-3 ;

– aux infractions boursières visées à l'article 26-1 de la loi n° 1.194 du 9 juillet 1997 relative à la gestion de portefeuilles et aux activités boursières ou assimilées ;

4° Les crimes et délits contre les personnes et les propriétés relatifs :
- aux homicides volontaires, visés aux articles 220 à 223 et 226 à 228 ;
- aux menaces, visées aux articles 230 à 232 ;
- aux coups et blessures volontaires, visés aux articles 236 à 238, et 240 à 249 ;
- aux attentats aux mœurs, visés aux articles 261 à 263, 265 et 266 ;
- aux arrestations illégales et séquestrations, visées aux articles 275 à 278 ;

5° Les crimes et délits contre les propriétés concernant :
- les vols, visés aux articles 309 à 316 et 325 ;
- l'extorsion et le chantage, visés à l'article 323 ;
- le recel, visé aux articles 339 et 340 ;
- les incendies, destructions, dégradations et dommages, visés aux articles 369 à 377, 380 à 382, 385, 386 et 389.

Art. 391-2 *(L. n° 1.318, 29 juin 2006)*. – Les peines encourues pour les actes de terrorisme définis à l'article 391-1 sont celles prévues pour les infractions visées aux chiffres 1 à 5 dudit article, augmentées ainsi qu'il suit :

1° Si l'infraction est punie de la réclusion criminelle de dix à vingt ans, la peine encourue est la réclusion criminelle à perpétuité ;

2° Si elle est punie de la réclusion criminelle de cinq à dix ans, la peine encourue est la réclusion criminelle de dix à vingt ans ;

3° Si elle est punie d'une peine d'emprisonnement correctionnel, le maximum de la peine d'emprisonnement est porté au double et la peine d'amende peut être quintuplée.

Art. 391-3 *(L. n° 1.318, 29 juin 2006)*. – Constituent des actes de terrorisme, lorsqu'elles sont accomplies dans les conditions définies à l'article 391-1, les infractions prévues par la loi n° 913 du 18 juin 1971 sur les armes et munitions, ainsi que celles prévues par les conventions internationales rendues exécutoires dans la Principauté de Monaco et relatives au régime des explosifs, des matériels, des armes et des munitions de guerre.

Les auteurs de ces actes terroristes sont punis de la réclusion criminelle de dix à vingt ans et de l'amende prévue au chiffre 4 de l'article 26 dont le maximum peut être porté au quintuple.

Art. 391-4 *(L. n° 1.318, 29 juin 2006)*. – Constitue un acte de terrorisme, lorsqu'il remplit les conditions définies par l'article 391-1, le fait d'introduire ou de répandre sciemment dans l'atmosphère, sur le sol, dans le sous-sol ou dans les eaux, y compris celles de la mer territoriale, toute substance ou produit de nature à mettre en péril la santé de l'homme ou des animaux, ou la sauvegarde du milieu naturel.

Les auteurs de cet acte terroriste sont punis de la réclusion criminelle de dix à vingt ans et de l'amende prévue au chiffre 4 de l'article 26 dont le maximum peut être porté au quintuple.

Lorsque cet acte a entraîné la mort d'une ou plusieurs personnes, les auteurs sont punis de la réclusion criminelle à perpétuité et de l'amende prévue au chiffre 4 de l'article 26 dont le maximum peut être porté au quintuple.

Art. 391-5 *(L. n° 1.318, 29 juin 2006)*. – Constitue un acte de terrorisme, lorsqu'il remplit les conditions définies à l'article 391-1, le fait de soumettre une personne à des tortures ou à des actes de barbarie.

Cet acte est passible de la réclusion criminelle à perpétuité et de la peine d'amende prévue au chiffre 4 de l'article 26 dont le maximum peut être porté au quintuple.

Art. 391-6 *(L. n° 1.318, 29 juin 2006)*. – Constitue un acte de terrorisme, lorsqu'il remplit les conditions définies à l'article 391-1, le fait de fournir à l'auteur ou au complice d'un acte de terrorisme défini aux articles 391-1 à 391-8, un logement, un lieu de retraite, des subsides, des moyens d'existence ou tout autre moyen de se soustraire aux recherches ou à l'arrestation.

Les auteurs des actes de terrorisme définis au précédent alinéa sont punis de cinq à dix ans de réclusion criminelle et de l'amende prévue au chiffre 4 de l'article 26 dont le maximum peut être porté au quintuple.

Ne peuvent être poursuivis :

1° Les parents en ligne directe et leur conjoint, ainsi que les frères et sœurs et leur conjoint, de l'auteur ou du complice de l'acte de terrorisme ;

2° Le conjoint de cet auteur ou du complice.

Constitue également un acte de terrorisme le fait de participer à un groupement formé ou à une entente établie en vue de la préparation, caractérisée par un ou plusieurs faits matériels, d'un des actes de terrorisme mentionnés aux articles précités.

Les auteurs des actes de terrorisme définis au précédent alinéa sont punis de dix à vingt ans de réclusion criminelle et de l'amende prévue au chiffre 4 de l'article 26 dont le maximum peut être porté au quintuple.

Art. 391-7 *(L. n° 1.318, 29 juin 2006)*. – Constituent des actes de terrorisme les infractions prévues par l'ordonnance souveraine n° 15.320 du 8 avril 2002 sur la répression du financement du terrorisme.

Les auteurs de ces actes sont punis de cinq à dix ans de réclusion criminelle et de l'amende prévue au chiffre 4 de l'article 26 dont le maximum peut être porté au quintuple.

Art. 391-8 *(L. n° 1.318, 29 juin 2006)*. – Constituent des actes de terrorisme, lorsqu'elles sont accomplies dans les conditions fixées par l'article 391-1, les infractions prévues par l'ordonnance souveraine n° 15.655 du 7 février 2003 portant application de divers traités internationaux relatifs à la lutte contre le terrorisme.

Les auteurs de ces actes sont punis de la réclusion criminelle à perpétuité et de l'amende prévue au chiffre 4 de l'article 26 dont le maximum peut être porté au quintuple.

Art. 391-9 *(L. n° 1.318, 29 juin 2006)*. – Toute personne morale, à l'exclusion de l'État de Monaco, de la Commune de Monaco ou des établissements publics monégasques, est pénalement responsable des infractions de terrorisme incriminées aux articles 391-1 à 391-8 commises pour son compte par un de ses représentants ou un de ses organes, sans préjudice de la responsabilité pénale des personnes physiques qui ont commis lesdites infractions.

La peine encourue par la personne morale du fait de ces infractions est la peine d'amende prévue pour les personnes physiques portée au quintuple.

En outre, le Ministre d'État peut par arrêté prononcer le retrait de toute autorisation administrative préalablement accordée.

Art. 391-10 *(L. n° 1.318, 29 juin 2006)*. – Les personnes physiques ou morales reconnues coupables d'actes de terrorisme encourent également la peine complémentaire de confiscation de tout ou partie de leurs biens quelle qu'en soit la nature, meuble ou immeuble, divis ou indivis.

Art. 391-11 *(L. n° 1.318, 29 juin 2006)*. – Toute personne qui a tenté de commettre un acte de terrorisme est exemptée de peine si, ayant prévenu l'autorité administrative ou judiciaire, elle a permis d'éviter la réalisation de l'infraction et d'identifier, le cas échéant, les autres coupables.

Art. 391-12 *(L. n° 1.318, 29 juin 2006)*. – La peine privative de liberté encourue par l'auteur ou le complice d'un acte de terrorisme est réduite de moitié si celui-ci, ayant averti l'autorité administrative ou judiciaire, a permis de faire cesser les agissements incriminés ou d'éviter que l'infraction n'entraîne mort d'homme ou infirmité permanente et d'identifier, le cas échéant, les autres coupables.

Lorsque la peine encourue est la réclusion criminelle à perpétuité, celle-ci est ramenée à vingt ans de réclusion criminelle.

TITRE IV. – DÉLITS EN MATIÈRE DE CIRCULATION DE VÉHICULES TERRESTRES

(Anc. titre III dénum., L. n° 1.318, 29 juin 2006)

Art. 391-13 *(L. n° 1.160, 7 juill. 1993 ; anc. art. 391-1 dénum., L. n° 1.318, 29 juin 2006)*. – Est puni d'un emprisonnement d'un mois à six mois et de l'amende prévue au chiffre 2 de l'article 26 ou de l'une de ces deux peines seulement :

1° celui qui aura conduit un véhicule alors qu'il se trouvait en état d'ivresse manifeste ;

2° celui qui aura conduit un véhicule alors qu'il se trouvait, même en l'absence de tout signe d'ivresse manifeste, sous l'empire d'un état alcoolique caractérisé par la présence, soit dans le sang d'un taux d'alcool pur, égal ou supérieur à 0,80 gramme pour mille, soit dans l'air expiré d'un taux d'alcool pur, égal ou supérieur à 0,40 milligramme par litre.

Art. 391-14 *(L. n° 1.160, 7 juill. 1993 ; anc. art. 391-2 dénum., L. n° 1.318, 29 juin 2006)*. – Est tenu, sur l'injonction qui lui en est faite, de se soumettre soit à une épreuve déterminative du taux d'alcool par l'analyse de l'air expiré, soit à une épreuve de dépistage, par l'air expiré, de l'imprégnation alcoolique :

1° l'auteur présumé de l'un des délits prévus à l'article précédent ou d'une infraction à la police de la circulation routière constituant un délit ;

2° le conducteur d'un véhicule impliqué dans un accident de la circulation ayant occasionné un dommage corporel ou un dommage matériel grave.

Peut également être soumis à ces épreuves, la victime d'un tel accident ou le conducteur d'un véhicule impliqué dans un accident quelconque de la circulation.

Lorsque le taux d'alcool observé est égal ou supérieur à 0,40 milligramme par litre, il peut être procédé, à la demande de l'intéressé ou d'office, à une épreuve de contrôle de ce taux ou à des vérifications par des analyses et examens médicaux, chimiques et biologiques.

Lorsque l'épreuve de dépistage permet de présumer l'existence d'un état alcoolique, l'intéressé est soumis soit à des épreuves déterminantes du taux d'alcool par l'air expiré soit à des vérifications par des analyses et examens médicaux, chimiques et biologiques.

L'intéressé, qui a été soumis à la vérification de son imprégnation alcoolique par une épreuve déterminative du taux d'alcool par l'air expiré, peut, à sa demande, subir les analyses et examens médicaux, chimiques et biologiques, de nature à déterminer le taux d'alcool présent dans le sang.

La personne qui refuse de déférer aux injonctions qui lui sont faites est punie des peines prévues à l'article 391-13.

Les opérations mentionnées au présent article sont effectuées dans les conditions fixées par ordonnance souveraine.

DISPOSITIONS GÉNÉRALES

Chapitre Ier. – De la définition de certaines circonstances entraînant l'aggravation ou l'atténuation des peines

(Intitulé rempl., L. n° 1.344, 26 déc. 2007)

Art. 392 *(L. n° 1.004, 4 juill.1978)*. – Les peines prévues par la loi contre l'accusé reconnu coupable, en faveur de qui les circonstances atténuantes auront été déclarées, pourront être réduites :

1° jusqu'à cinq ans d'emprisonnement, si la peine est celle de la réclusion à perpétuité ;

2° jusqu'à trois ans d'emprisonnement, si la peine est celle du maximum de la réclusion à temps ;

3° jusqu'à deux ans d'emprisonnement, si la peine est celle de la réclusion de dix à vingt ans ;

4° jusqu'à un an d'emprisonnement, si la peine est celle de la réclusion de cinq à dix ans.

Dans tous les cas où la peine d'emprisonnement et celle de l'amende sont prononcées par la loi, si les circonstances paraissent atténuantes, le tribunal correctionnel est autorisé, même en cas de récidive, à réduire l'emprisonnement même au-dessous de six jours et l'amende même au-dessous de celle prévue au chiffre 1 de l'article 26 ; il pourra aussi appliquer séparément l'une de ces deux peines et même quand la peine d'emprisonnement est prononcée seule par la loi, substituer une amende à cet emprisonnement sans que celle-ci puisse être au-dessous de l'amende prévue au chiffre 1 de l'article 29.

Les dispositions du présent article seront applicables à toutes les peines édictées même par des lois ou ordonnances spéciales en matière criminelle et correctionnelle.

Art. 392-1 ancien *(L. n° 1.344, 26 déc. 2007 ; dénum., L. n° 1.349, 25 juin 2008. - V. art. 392-2)*.

Art. 392-1 *(L. n° 1.349, 25 juin 2008)*. – Les peines d'amende concernant une personne morale reconnue coupable, en faveur de laquelle les circonstances atténuantes auront été déclarées, pourront être réduites sans qu'elles puissent être inférieures au minimum suivant :

- en matière criminelle, le minimum du chiffre 2 de l'article 26 ;
- en matière correctionnelle, le minimum du chiffre 1 de l'article 26 ;
- en matière contraventionnelle, le minimum du chiffre 1 de l'article 29.

Les dispositions du présent article seront applicables à toutes les peines édictées même par des textes distincts pris en matière criminelle et correctionnelle

Art. 392-2 *(Anc. art. 392-1 dénum., L. n° 1.349, 25 juin 2008).* – Constitue une bande organisée tout groupement formé ou toute entente établie en vue de la préparation, caractérisée par un ou plusieurs faits matériels, d'une ou de plusieurs infractions.

Art. 392-3 *(L. n° 1.383, 2 août 2011).* – Lorsqu'un moyen de cryptologie au sens de l'article 36 de la loi n° 1.383 du 2 août 2011 sur l'économie numérique a été utilisé pour préparer ou commettre un crime ou un délit, ou pour en faciliter la préparation ou la commission, le maximum de la peine privative de liberté encourue est doublé, jusqu'à la limite de cinq ans prévue à l'article 25 du Code pénal.

Les dispositions du présent article ne sont toutefois pas applicables à l'auteur ou au complice de l'infraction qui, à la demande des autorités judiciaires ou administratives, leur a remis la version en clair des messages chiffrés ainsi que les conventions secrètes nécessaires au déchiffrement.

Chapitre II. – Du sursis

Art. 393. – En cas de condamnation à l'emprisonnement ou à l'amende, si l'inculpé n'a pas subi de condamnation antérieure à l'emprisonnement pour crime ou délit de droit commun, les juges pourront ordonner, par la même décision motivée, en matière criminelle ou correctionnelle, qu'il sera sursis à l'exécution de la peine.

Si, pendant le délai de cinq ans à dater du jugement ou de l'arrêt, le condamné n'a encouru aucune poursuite suivie de condamnation à l'emprisonnement ou à une peine plus grave pour crime ou délit de droit commun, la condamnation sera réputée non avenue.

Dans le cas contraire, la première peine sera d'abord exécutée sans qu'elle puisse se confondre avec la seconde, sous réserve de l'application éventuelle des dispositions de l'article 396.

Art. 394. – La suspension de la peine ne comprendra pas le paiement des frais du procès et des dommages-intérêts.

Elle ne s'étendra pas aux peines accessoires et aux incapacités résultat de la condamnation.

Ces peines accessoires et ces incapacités cesseront d'avoir effet du jour où, par application des dispositions de l'article précédent, la condamnation aura été réputée non avenue.

Art. 395. – Le président devra, après avoir prononcé la suspension, avertir le condamné qu'en cas de nouvelle condamnation dans les conditions de l'article 393, la première peine sera exécutée sans confusion possible avec la seconde et que les peines de la récidive seront encourues dans les termes des articles 39 et 40 du présent code.

Chapitre III. – De la liberté d'épreuve

Art. 396. – En cas de condamnation à l'emprisonnement, si le condamné n'a pas fait l'objet d'une condamnation antérieure à une peine de même nature, ou s'il n'a été condamné antérieurement qu'à une peine d'une durée inférieure ou égale à six mois d'emprisonnement, le juge peut, en ordonnant qu'il sera sursis à l'exécution de la peine qu'il prononce pendant un délai qui ne pourra être inférieur à trois années, ni supérieur à cinq années, placer le condamné sous le régime de la liberté d'épreuve.

Toutefois, au cas où la condamnation antérieure aurait déjà été prononcée sous le régime de la liberté d'épreuve, les dispositions ci-dessus ne sont pas applicables.

Si la condamnation antérieure a été prononcée avec le bénéfice du sursis simple, la première peine n'est exécutée, par dérogation aux dispositions de l'article 393, que si la seconde vient a l'être dans les conditions et délais prévus à l'article 398 ou à l'article 400. Cette première peine sera réputée non avenue si la seconde peine vient elle-même à être déclarée ou réputée non avenue si la seconde peine vient elle-même à être déclarée ou réputée non avenue dans les conditions et délais prévus à l'article 401 ou à l'article 402.

Art. 397. – Le régime de la liberté d'épreuve comporte pour le condamné l'observation des mesures de urveillance et d'assistance prévues par une ordonnance souveraine sur le reclassement social des délinquants, ainsi que l'observation de celles des obligations prévues par la même ordonnance et qui lui auraient été imposées spécialement par l'arrêt ou le jugement de condamnation.

Art. 398. – Si, au cours du délai fixé en application de l'article 396, le condamné a fait l'objet d'une condamnation à l'emprisonnement ou à une peine plus grave, la première peine sera d'abord exécutée, sans qu'elle puisse se confondre avec la seconde.

Art. 399. – Si, au cours de ce délai, il apparaît nécessaire de modifier, d'aménager ou de supprimer les obligations auxquelles est soumis le condamné, un juge chargé de l'application des peines peut, soit d'office, soit sur la réquisition du Ministère public, soit à la requête de l'intéressé, ordonner leur modification, leur aménagement ou leur suppression.

Le juge chargé de l'application des peines est spécialement commis, au début de chaque année judiciaire, par arrêté du Directeur des Services Judiciaires.

Art. 400. – Si, au cours du délai d'épreuve, le condamné ne satisfait pas aux mesures de surveillance et d'assistance ou aux obligations imposées, le juge de l'application des peines peut saisir le tribunal correctionnel, afin de faire statuer sur l'exécution de la peine. Le même droit appartient au Ministère public.

Préalablement, le juge de l'application des peines peut, le Ministère public entendu, décider, par ordonnance motivée, que le condamné sera conduit et retenu à la maison d'arrêt. Dans ce cas, le tribunal doit statuer dans les trois jours de l'écrou.

Les décisions du tribunal sont susceptibles d'appel par le Ministère public et par le condamné.

Art. 401. – Si, au cours du même délai, le condamné satisfait aux mesures d'assistance et de surveillance et aux obligations imposées et si son reclassement paraît acquis, le juge de l'application des peines peut saisir le tribunal correctionnel afin que la condamnation soit déclarée non avenue. Le même droit appartient au Ministère public et au condamné.

Le tribunal ne peut être saisi à cette fin avant l'expiration d'un délai de deux ans à dater du jour où la condamnation est devenue définitive.

La décision du tribunal est susceptible d'appel par le Ministère public et par le condamné.

Art. 402. – Si, à l'expiration du délai d'épreuve, l'exécution de la peine n'a pas été ordonnée, et si le délinquant n'a pas fait l'objet d'une condamnation à l'emprisonnement ou à une peine plus grave, la condamnation sera considérée comme non avenue.

Art. 403. – La suspension de la peine ne dispensera pas du paiement des frais du procès et des dommages-intérêts.

Elle ne s'étendra ni aux peines accessoires ni aux incapacités résultant de la condamnation.

Toutefois, ces peines accessoires et ces incapacités cesseront d'avoir effet du jour où, par application des dispositions des articles 401 et 402, la condamnation aura été déclarée ou réputée non avenue.

Art. 404. – Le président de la juridiction doit, après avoir prononcé la décision de condamnation prévue à l'article 396, informer le condamné des sanctions dont il serait passible s'il venait à se soustraire aux mesures ou aux obligations imposées et de la possibilité qu'il aurait, à l'inverse, de voir déclarer sa condamnation non avenue en observant une bonne conduite.

Art. 405. – La condamnation est inscrite au casier judiciaire avec la mention expresse de la suspension accordée.

Toutefois, elle ne devra pas figurer sur les extraits délivrés aux parties, à moins qu'une décision ramenant la peine à exécution ne soit intervenue au cours du délai d'épreuve.

Chapitre IV. – De l'exécution fractionnée de certaines peines d'emprisonnement

Art. 406. – Quand la peine d'emprisonnement prononcée en matière correctionnelle n'excédera pas trois mois, le tribunal ou la cour d'appel pourra, par la même décision, accorder au condamné le bénéfice de l'exécution fractionnée.

Chacune des fractions consistera en une détention hebdomadaire du samedi au lundi. Il sera subi successivement autant de détentions qu'il y aura de fois sept jours dans la durée de la peine à exécuter.

Pour chaque condamné, les modalités de l'exécution fractionnée seront fixées par ordonnance du juge de l'application des peines. Elles pourront être modifiées dans les mêmes formes, jusqu'à expiration de la peine.

Art. 407. – **Si, aux jours et heures fixés, le condamné ne se présente pas à la maison d'arrêt, le juge de l'application des peines qui le constatera pourra, par ordonnance, retirer le bénéfice de l'exécution fractionnée et prescrire l'arrestation immédiate en vue de l'exécution continue. Les jours de détention seront déduits de la peine prononcée.**

Art. 408. – **Les ordonnances prises par le juge de l'application des peines, en vertu des articles qui précèdent, seront notifiées sans délai au condamné par le procureur général.**

Elles ne seront susceptibles d'aucune voie de recours.

Chapitre V. – De la libération conditionnelle

Art. 409. – **Les condamnés ayant à subir une ou plusieurs peines privatives de liberté peuvent bénéficier d'une libération conditionnelle, s'ils ont donné des preuves suffisantes de bonne conduite et présentent des gages sérieux de réadaptation sociale.**

Ils doivent préalablement, avoir accompli trois mois de leur peine, si celle-ci est inférieure à six mois, et la moitié de leur peine dans le cas contraire. Pour les condamnés en état de récidive légale, aux termes des articles 38, 39 et 40 du présent code, le temps d'épreuve est porté à six mois si la peine est inférieure à neuf mois, et aux deux tiers de la peine dans le cas contraire.

Pour les condamnés à la réclusion à perpétuité, le temps d'épreuve est de quinze années.

Art. 410. – **Le droit d'accorder la libération conditionnelle appartient au Directeur des Services Judiciaires, après examen d'un dossier de proposition, constitué dans les conditions prévues par une ordonnance souveraine.**

Art. 411. – **Le bénéfice de la libération conditionnelle peut être soumis à des conditions particulières ainsi qu'à des mesures de contrôle et d'assistance, destinées à faciliter et à vérifier le reclassement du libéré et qui seront déterminées par ordonnance souveraine.**

Art. 412. – **L'arrêté de libération conditionnelle fixe les modalités d'exécution et les conditions auxquelles l'octroi ou le maintien de la liberté est subordonné, ainsi que la nature et la durée des mesures de contrôle et d'assistance.**

Cette durée ne peut être inférieure à celle de la peine restant à subir au jour de la libération, s'il s'agit d'une peine temporaire ; elle peut la dépasser pour une période maximum d'un an.

Lorsque la peine en cours d'exécution est perpétuelle, la durée des mesures d'assistance et de contrôle ne peut être inférieur à cinq années ni supérieure à dix.

Art. 413. – **Le condamné a la faculté de refuser la libération conditionnelle.**

Art. 414. – **En cas de nouvelle condamnation, inconduite notoire, inobservation des conditions et mesures énoncées dans l'arrêté de mise en liberté conditionnelle, le Directeur des Services Judiciaires peut prononcer la révocation de cette décision dans la forme prévue par l'ordonnance souveraine.**

S'il y a urgence, l'arrestation peut être provisoirement ordonnée par le juge de l'application des peines, à charge de saisir immédiatement le Directeur des Services Judiciaires.

Après révocation, le condamné doit exécuter la peine qu'il lui restait à subir au moment de sa mise en liberté conditionnelle, cumulativement, s'il y a lieu, avec toute nouvelle peine qu'il aurait encourue ; le temps pendant lequel il a été placé en état d'arrestation provisoire comptera pour l'exécution de sa peine.

Si aucune révocation n'est intervenue avant l'expiration du délai prévu à l'article 412, la libération est définitive. Dans ce cas, la peine se trouve purgée depuis le jour de la libération conditionnelle.

LIVRE IV. – CONTRAVENTIONS DE SIMPLE POLICE

Section I. – Première classe

Art. 415. – Seront punis de l'amende prévue au chiffre 1 de l'article 29 :

1° Ceux dont l'attitude sur la voie publique est de nature à provoquer la débauche ;

2° Ceux qui ont violé la défense de tirer, en certains lieux, des pièces d'artifice ;

3° Ceux qui auront négligé de nettoyer les rues ou passages, lorsque ce soin leur incombe ;

4° Ceux qui auront embarrassé la voie publique en y déposant ou en y laissant sans nécessité des matériaux ou toutes autres choses de nature à empêcher ou diminuer la liberté ou la sûreté du passage ; ceux qui auront négligé d'éclairer des matériaux par eux entreposés ou les excavations par eux faites dans les rues et places ;

5° Ceux qui auront jeté ou exposé, devant leurs édifices, des choses de nature à causer un dommage par leur chute ou à provoquer des exhalaisons insalubres ;

6° Ceux qui auront cueilli et mangé sur le lieu même des fruits appartenant à autrui ;

7° Ceux qui, sans avoir été provoqués, auront proféré contre quelqu'un des injures non publiques ;

8° Ceux qui, imprudemment, auront jeté des immondices sur quelque personne ;

9° Ceux qui seront trouvés en état d'ivresse manifeste dans les débits de boissons ou dans les lieux publics ou accessibles au public ;

10° Ceux qui auront enfreint les règlements légalement faits par l'autorité administrative et ceux qui ne se seront pas conformés aux règlements et arrêtés de l'autorité municipale.

Art. 416. – En cas de récidive, les contrevenants encourront une peine d'emprisonnement de un à trois jours.

Section II. – Deuxième classe

Art. 417. – Seront punis de l'amende prévue au chiffre 2 de l'article 29 :

1° Ceux qui, hors les cas prévus à l'article 364, exposeront en vente des comestibles gâtés, corrompus ou nuisibles, lesquels seront confisqués ou détruits ;

2° *(2° abr., L. n° 1.128, 7 nov. 1989)* ;

3° Ceux qui auront jeté des pierres ou d'autres corps durs ou des immondices contre les maisons, édifices et clôtures d'autrui, ou dans les jardins ou enclos ;

4° Ceux qui, sans droit, auront passé ou stationné ou fait passer ou laissé stationner un véhicule sur une voie ou sur un terrain privé ;

5° Ceux qui auront refusé de recevoir pour leur valeur les espèces ou monnaies ayant cours légal dans la Principauté ;

6° Ceux qui, le pouvant, auront refusé ou négligé de faire les travaux, le service, ou de prêter l'aide dont ils auraient été requis, dans les circonstances d'accident, naufrage, inondation, incendie ou autres calamités ;

7° Ceux qui seront trouvés en récidive d'ivresse, dans un lieu public, après une première condamnation, sans préjudice de l'emprisonnement prononcé par l'article 416 ;

8° Les débitants qui auront reçu dans leur établissement des gens manifestement ivres ou qui auront servi des boissons alcooliques à des mineurs âgés de moins de dix-huit ans accomplis.

Art. 418. – En cas de récidive, à l'exclusion du cas prévu à l'article 214, les contrevenants encourront une peine d'emprisonnement de un à cinq jours.

Section III. – Troisième classe

Art. 419 *(Mod., L. n° 1.320, 6 nov. 2006)*. – Seront punis de l'amende prévue au chiffre 3 de l'article 29 :

1° Ceux qui, en dehors des cas prévus par un texte spécial, auront volontairement causé un dommage aux propriétés mobilières d'autrui ;

2° Ceux qui auront négligé d'entretenir, réparer ou nettoyer les fours, cheminées ou tous autres dispositifs où il est fait usage de feu ;

3° Ceux qui, hors le cas de l'article 31, auront enlevé ou déchiré des affiches apposées par ordre de l'autorité ;

4° Les débitants qui, déjà condamnés par application de l'article 417, 8°, auront commis à nouveau cette contravention, sans préjudice de l'emprisonnement prévu par l'article 418 ;

5° Ceux qui mèneront ou laisseront pacager sur le terrain d'autrui des bestiaux, de quelque nature qu'ils soient ;

6° Ceux qui auront dégradé ou détérioré, de quelque manière que ce soit, les voies publiques ou usurpé sur leur largeur ;

7° Ceux qui, sans justifier d'une autorisation régulière, auront, sur les voies publiques ou autres lieux appartenant au domaine public de l'État ou de la commune, enlevé des gazons, terres, pierres ou matériaux ;

8° Ceux qui, sans autorisation, auront établi des installations légères, sur les voies ou lieux publics ;

9° Ceux qui auront négligé ou refusé d'exécuter les règlements ou arrêtés de voirie ou d'obéir à la sommation émanée de l'autorité administrative de réparer ou de démolir les édifices menaçant ruine ;

10° Ceux qui auront laissé errer sans surveillance des personnes atteintes de maladie mentale et présentant, en raison de leur état, un danger pour la sécurité publique ;

11° Ceux qui auront volontairement jeté des immondices sur quelqu'un.

12° Ceux qui auront conduit un véhicule sous l'empire d'un état alcoolique, caractérisé par la présence, soit dans le sang d'un taux d'alcool pur, égal ou supérieur à 0,50 gramme pour mille, soit dans l'air expiré d'un taux d'alcool pur, égal ou supérieur à 0,25 milligramme par litre ;

13° *(L. n° 1.410, 2 déc. 2014)* Ceux qui, sans avoir été provoqués, auront commis, envers une personne ou un groupe de personnes en raison de leur handicap, l'injure ou la diffamation non publique.

Art. 420. – En cas de récidive aux dispositions de l'article 419, à l'exclusion du cas prévu à l'article 215, les contrevenants encourront une peine d'emprisonnement de un à cinq jours.

Art. 421. – Seront punis de l'emprisonnement de un à cinq jours et de l'amende prévue au chiffre 3 de l'article 29, ou de l'une de ces deux peines seulement :

1° *(1° rempl., L. n° 1.382, 20 juill. 2011)* Ceux qui se seront rendus coupables de violences n'ayant entraîné aucune maladie ou incapacité totale de travail, à l'exception de celles spécialement réprimées à l'article 238-1 ;

2° Ceux qui auront effectué des inscriptions ou tracé des signes ou dessins soit sur des meubles ou immeubles du domaine de l'État ou de la commune, soit sur des immeubles de particuliers ;

3° Ceux qui, par gestes, paroles, écrits ou par tous autres moyens, auront procédé publiquement au racolage des personnes de l'un ou de l'autre sexe en vue de les provoquer à la débauche ;

4° Les auteurs ou complices de bruits ou tapages injurieux ou nocturnes et de charivaris ;

5° *(5° abr., L. n° 1.128, 7 nov. 1989) ;*

6° Les devins et interprètes des songes.

Dispositions communes aux trois sections ci-dessus

Art. 422. – Il y a récidive dans tous les cas prévus par le présent livre, lorsqu'il a été rendu contre le contrevenant, dans les douze mois précédents, un premier jugement pour contravention de simple police commise dans la Principauté.

Art. 422-1 *(L. n° 1.229, 6 juill. 2000).* – Les dispositions de l'article 392 relatif aux circonstances atténuantes sont applicables à toutes les contraventions de police même édictées par des lois ou ordonnances spéciales sauf le cas où il en est disposé autrement par la loi.

Art. 422-2 *(L. n° 1.229, 6 juill. 2000).* – Les dispositions des articles 393 à 395 relatifs au sursis sont applicables à toutes les contraventions de police punissables de la peine prévue au chiffre 3 de l'article 29.

Disposition générale

Art. 423. – Dans toutes les matières non réglées par le présent code, le juge répressif appliquera les lois et règlements particuliers qui les régissent.

Sont et demeurent abrogées, toutes dispositions contraires à la présente loi, et notamment celles contraires au dernier alinéa de l'article 392.

CODE DE PROCÉDURE PÉNALE

(Promulgué le 2 avr. 1963 et déclaré exécutoire à dater du 5 juill. 1963)

LIVRE PRÉLIMINAIRE

TITRE I. – DES ACTIONS QUI NAISSENT DES INFRACTIONS

Section I. – Règles générales sur l'exercice de l'action publique et de l'action civile

Art. 1er. – L'action publique pour l'application des peines ne peut être exercée que par les fonctionnaires auxquels elle est confiée par la loi.

Ces fonctionnaires l'exercent d'office, sauf le cas où la loi exige au préalable une plainte de la partie lésée.

L'action publique peut, toutefois, être mise en mouvement par la partie lésée dans les conditions déterminées par le présent code.

Art. 2 *(Mod., L. n° 1.382, 20 juill. 2011)*. – L'action pour la réparation du préjudice directement causé par un fait constituant une infraction appartient à tous ceux qui en ont personnellement souffert, sous réserve des dispositions particulières prévues à l'article suivant.

Cette action sera recevable, indistinctement, pour tous chefs de dommages, aussi bien matériels que corporels ou moraux.

Art. 2-1 *(L. n° 1.382, 20 juill. 2011)*. – Toute association agréée à la date des faits et dont l'objet statutaire comporte la lutte contre les violences peut, avec l'accord de la victime, exercer les droits reconnus à la partie civile en ce qui concerne les faits réprimés par les articles 230 à 234-1, 236, 236-1, 237 à 239, 243 à 245, 247 et 262 du Code pénal.

Art. 3. – L'action civile peut être poursuivie en même temps et devant les mêmes juges que l'action publique.

Elle peut aussi être poursuivie séparément : dans ce cas, l'exercice en est suspendu tant qu'il n'a pas été statué définitivement sur l'action publique intentée avant ou pendant la poursuite de l'action civile.

Art. 4. – La renonciation à l'action civile ne peut arrêter ni suspendre l'exercice de l'action publique.

Section II. – De l'exercice de l'action publique à raison des crimes ou délits commis hors de la principauté

Art. 5. – Tout Monégasque qui, hors du territoire de la Principauté, se sera rendu coupable d'un fait qualifié crime par la loi monégasque, pourra être poursuivi et jugé dans la Principauté.

Art. 6 *(L. n° 1.173, 13 déc. 1994)*. – Tout Monégasque qui, hors du territoire de la Principauté, se sera rendu coupable d'un fait qualifié délit par la loi monégasque, pourra être poursuivi et jugé à Monaco, si le fait est puni par la législation du pays où il a été commis.

En ce cas, la poursuite ne sera intentée qu'à la requête du Ministère public, et seulement sur la plainte de la partie lésée ou sur une dénonciation officielle faite à l'autorité monégasque par l'autorité du pays où le délit a été commis.

Art. 6-1 *(L. n° 1.173, 13 déc. 1994)*. – Les dispositions des articles 5 et 6 sont applicables à celui qui a acquis la nationalité monégasque postérieurement au fait qui lui est reproché.

Art. 7 *(L. n° 1.173, 13 déc. 1994)*. – Pourra être poursuivi et jugé dans la Principauté :

1° L'étranger qui, hors du territoire de la Principauté, se sera rendu coupable d'un crime attentatoire à la sûreté de l'État, de contrefaçon des sceaux ou des monnaies de l'État, de papiers nationaux, de monnaies ou papiers-monnaies reçus dans les caisses de l'État, ou d'un crime ou d'un délit contre des agents ou des locaux diplomatiques ou consulaires monégasques.

2° L'étranger coauteur ou complice de tout crime commis hors du territoire de la Principauté par un Monégasque, lorsque celui-ci sera poursuivi ou aura été condamné dans la Principauté à raison dudit crime.

Art. 8 *(L. n° 1.173, 13 déc. 1994 ; mod., L. n° 1.203, 13 juill. 1998 ; L. n° 1.344, 26 déc. 2007)*. – Pourra être poursuivi et jugé dans la Principauté :

1° Quiconque se sera, sur le territoire de la Principauté, rendu complice d'un crime ou d'un délit commis à l'étranger si le cas de complicité est prévu à la fois par la loi étrangère et par la loi monégasque, à la condition que le fait principal ait été constaté par une décision définitive de la juridiction étrangère.

2° Quiconque, hors du territoire de la Principauté, se sera rendu coupable de faits qualifiés crime ou délit constituant des tortures au sens de l'article premier de la convention contre la torture et autres peines ou traitements cruels, inhumains ou dégradants, adoptée à New York le 10 décembre 1984, s'il est trouvé dans la Principauté.

3° Quiconque aura, en qualité d'auteur, de coauteur ou de complice, hors du territoire de la Principauté, commis sur des mineurs l'un des faits prévus et réprimés par les articles 249-1, 249-2, 261, 262, 263, 265, alinéa 1er, 1°, 2° et 4°, 269, alinéa 1er, 1° et alinéa 2, 269-1, 273, 294-3, 294-4, 294-5, 294-6, 294-7, 294-8 et 335, alinéa 1er, du Code pénal, s'il est trouvé dans la Principauté.

Art. 9 *(L. n° 1.173, 23 déc. 1994)*. – Pourra être poursuivi et jugé dans la Principauté, l'étranger qui se sera rendu coupable hors du territoire :

1° D'un crime ou d'un délit commis au préjudice d'un Monégasque.

2° D'un crime ou d'un délit commis même au détriment d'un autre étranger, s'il est trouvé dans la Principauté en possession d'objets acquis au moyen de l'infraction.

Dans les deux cas, la poursuite n'aura lieu que dans les conditions prévues par l'article 6.

Art. 10 *(L. n° 1.173, 13 déc. 1994)*. – À l'exception de celles de l'article 7-1°, les dispositions précédentes ne sont pas applicables si l'intéressé justifie qu'il a été jugé définitivement à l'étranger et en cas de condamnation qu'il a subi ou prescrit sa peine, obtenu sa grâce ou bénéficié d'une amnistie.

Si la peine prononcée par les tribunaux étrangers a été exécutée pour partie, les juges tiendront compte de la détention ainsi subie, dans l'application de la nouvelle peine qu'ils prononceront.

Section III. – Des causes d'extinction de l'action publique et de l'action civile

Art. 11. – L'action publique s'éteint par le décès du prévenu, la chose jugée, la prescription et l'amnistie.

La juridiction répressive, déjà saisie par la partie civile, reste compétente pour statuer sur les réparations civiles à l'égard des ayants droit du prévenu, après le décès de celui-ci, lorsqu'il est intervenu un jugement sur le fond, même non encore définitif, sauf dans le cas d'opposition à un jugement de défaut.

L'action civile survit à l'amnistie.

Art. 12 *(L. n° 1.088, 21 nov. 1985 ; L. n° 1.161, 7 juill. 1993 ; mod., L. n° 1.401, 5 déc. 2013)* (1). – L'action publique résultant d'un crime, ou des délits prévus par les articles 218-1 et 218-2 du Code pénal,est prescrite après dix années révolues à compter du jour où l'infraction a été commise.

(1) L. n° 1.401, 5 déc. 2013, art. 11 : « Les dispositions de la présente loi qui allongent la durée d'une prescription s'appliquent lorsque le délai de prescription n'était pas expiré à la date de son entrée en vigueur. Il est alors tenu compte du délai déjà écoulé. Les dispositions de la présente loi qui réduisent la durée de la prescription s'appliquent aux prescriptions à compter du jour de l'entrée en vigueur de la présente loi, sans que la durée totale puisse excéder la durée prévue par la loi antérieure. Pour les prescriptions dont le délai n'était pas encore expiré à la date d'entrée en vigueur de la présente loi, les dispositions de celle-ci relatives à la suspension ou à l'interruption de la prescription ne s'appliquent qu'aux faits postérieurs à son entrée en vigueur, ceux antérieurs restant soumis à la loi ancienne. Si ces faits sont en cours à cette date, les dispositions de la présente loi sont applicables à compter de cette date. Les dispositions de la présente loi relatives à l'aménagement conventionnel de la prescription s'appliquent aux conventions relatives à la prescription en cours d'exécution à la date d'entrée en vigueur de la présente loi. »

L'action publique résultant d'un crime prévu par l'article 228 du Code pénal est prescrite après trente années révolues à compter du jour où le crime a été commis.

L'action publique résultant de tout crime commis sur la personne d'un mineur est prescrite après trente années révolues à compter du jour de la majorité de ce dernier.

Rédaction antérieure. Art. 12 *(L. n° 1.088, 21 nov. 1985 ; L. n° 1.161, 7 juill. 1993).* – L'action publique résultant d'un crime, ou des délits prévus par les articles 218-1 et 218-2 du Code pénal, est prescrite après dix années révolues à compter du jour où l'infraction a été commise.

Art. 13 *(L. n° 1.088, 21 nov. 1985).* **– L'action publique résultant d'un délit est prescrite après trois années révolues, à compter du jour où le délit a été commis.**

Art. 13-1 *(Abr., L. n° 1.401, 5 déc. 2013)* (1).

Rédaction antérieure. Art. 13-1 *(Anc. art. 13 bis créé, L. n° 1.344, 26 déc. 2007 ; dénum. et rempl., L. n° 1.382, 20 juill. 2011).* – Nonobstant les dispositions des articles précédents, l'action publique relative aux crimes prévus ou réprimés par les articles 247, 249-1, 249-2, 261, 262, 263, 266 deuxième alinéa, 269 deuxième alinéa, 290 et 291 du Code pénal, lorsqu'ils ont été commis au préjudice d'un mineur, est prescrite après vingt années révolues à compter du jour où la victime est devenue majeure.

Art. 13 *ter* *(L. n° 1.394, 9 oct. 2012).* **– Nonobstant les dispositions des articles précédents, l'action publique relative aux infractions prévues aux articles 113-2 et 113-3 du Code pénal, est prescrite après cinq années à partir du jour où l'infraction a été commise.**

Art. 14 *(L. n° 1.088, 21 nov. 1985).* **– L'action publique résultant d'une contravention est prescrite après une année révolue, à compter du jour où elle a été commise.**

Lorsqu'un délit ne peut être apprécié indépendamment de la contravention qui en est un élément constitutif, cette contravention se prescrit comme le délit lui-même.

Art. 15 *(Mod., L. n° 1.401, 5 déc. 2013)* (1). **– Lorsque l'action civile est exercée devant une juridiction répressive, elle se prescrit selon les règles de l'action publique. Lorsqu'elle est exercée devant une juridiction civile, elle se prescrit selon les règles du Code civil.**

Lorsqu'il a été statué sur l'action publique, les mesures d'instruction ordonnées par le juge pénal sur les seuls intérêts civils obéissent aux règles de la procédure civile.

Rédaction antérieure. Art. 15 *(L. n° 1.088, 21 nov. 1985).* – L'action civile se prescrit selon les règles du code civil. Toutefois, cette action ne peut plus être engagée dans la juridiction répressive après l'expiration du délai de prescription de l'action publique.

Lorsqu'il a été statué sur l'action publique, les mesures d'instruction ordonnées par le juge pénal sur les seuls intérêts civils obéissent aux règles de la procédure civile.

Art. 16. – Le jour où l'infraction a été commise n'est pas compris dans le délai de la prescription.

Art. 17. – La prescription est interrompue par tout acte de poursuite ou d'instruction intervenu dans les délais fixés par les articles précédents, même à l'égard des personnes qui ne seraient pas impliquées dans cet acte de poursuite ou d'instruction.

Art. 18. – S'il a été fait, dans cet intervalle, des actes de poursuite ou d'instruction, le délai de prescription ne courra qu'à partir du dernier acte, même si, par suite d'actes interruptifs, ont été dépassés les délais prévus aux articles 12, 13 et 14.

Art. 19. – Si le tribunal saisi de l'action publique ordonne un renvoi devant une autre juridiction pour la décision d'une question préjudicielle, la prescription est suspendue jusqu'au jour où il est statué sur cette question ou jusqu'à l'expiration du délai imparti à cet effet, conformément à l'article 29.

(1) Dispositions transitoires, V. note sous art. 12.

En cas d'extradition, la prescription est également suspendue du jour de la demande au jour de la remise de l'inculpé aux Autorités monégasques.

Art. 20. – Les dispositions qui précèdent sont applicables, sauf dérogation expresse, à la prescription des infractions prévues par des lois particulières.

TITRE II. – DE LA COMPÉTENCE

Art. 21 *(Mod., L. n° 1.173, 13 déc. 1994)*. – Les tribunaux de la Principauté connaissent suivant les règles ci-après, de toutes les infractions commises sur le territoire et de celles qui sont commises à l'étranger dans les cas déterminés à la section II du titre précédent.

Est réputé avoir été commis sur le territoire de la Principauté tout crime ou délit dont un acte caractérisant un des éléments constitutifs de l'infraction y aura été accompli.

Art. 22 *(L. n° 1.004, 4 juill. 1978)*. – Le juge de police connaît des infractions punies d'une amende inférieure au montant minimal de l'amende prévue au chiffre 1 de l'article 26 du Code pénal et d'un emprisonnement de cinq jours et au-dessous.

Art. 23. – Le tribunal correctionnel connaît, en premier ressort, de toutes les infractions punies de peines correctionnelles.

Il connaît en appel des jugements rendus par le juge de police.

Art. 24. – La cour d'appel connaît de l'appel de tous les jugements rendus en première instance par le tribunal correctionnel.

Art. 25. – Le tribunal criminel connaît des infractions qualifiées crimes.

Art. 26. – Toutefois, lorsqu'il y a connexité entre plusieurs infractions qui, prises isolément, ressortiraient à des juridictions différentes, ces infractions peuvent être portées ensemble devant la juridiction compétente pour connaître du fait comportant la peine la plus grave.

Le tribunal saisi peut prononcer la disjonction des affaires ainsi jointes, si cela lui paraît opportun.

Art. 27. – Il y a connexité :

1° Lorsque plusieurs infractions ont été commises par le même individu ;

2° Lorsque les infractions ont été commises en même temps, par plusieurs personnes réunies ;

3° Lorsqu'elles ont été commises, même en divers temps et lieux, par suite d'un concert préalablement formé entre leurs auteurs ;

4° Lorsque les inculpés ont commis certaines infractions pour se procurer les moyens de commettre les autres, en faciliter ou en consommer l'exécution ou pour s'assurer l'impunité.

Art. 28. – Sauf les exceptions établies par la loi, les tribunaux répressifs jugent les questions de droit civil qui sont soulevées devant eux incidemment, à l'occasion des infractions dont ils sont saisis.

Ils se conforment, en ce cas, aux règles édictées par la loi civile sur la preuve.

Art. 29. – Si le prévenu ou l'accusé excipe d'un droit de propriété ou autre droit réel immobilier, le tribunal saisi ne doit admettre cette exception qu'autant qu'elle est fondée soit sur un titre apparent, soit sur des faits de possession équivalents, articulés avec précision, et que les titres produits ou les faits articulés sont de nature à ôter tout caractère d'infraction au fait servant de base à la poursuite.

En ce cas, le jugement fixe un bref délai dans lequel le prévenu, l'accusé ou la partie civile, s'il la désigne à cet effet, doit saisir les juges compétents et justifier de ses diligences, faute de quoi il sera passé outre aux débats. Toutefois, le tribunal peut, s'il le juge opportun, proroger le délai primitivement imparti.

Art. 30. – La cour de révision statue sur les pourvois formés ainsi qu'il est dit au titre I du livre III.

LIVRE I. – DE LA POLICE JUDICIAIRE ET DE L'INSTRUCTION

TITRE I. – DISPOSITIONS GÉNÉRALES

Art. 31 *(Rempl., L. n° 1.394, 9 oct. 2012).* – Sauf dans les cas où la loi en dispose autrement et sans préjudice des droits de la défense, la procédure au cours de l'enquête et de l'instruction est secrète.

Toute personne qui concourt à cette procédure est tenue au secret professionnel selon les dispositions de l'article 308 du Code pénal.

Toutefois, afin d'éviter la propagation d'informations parcellaires ou inexactes ou pour mettre fin à un trouble à l'ordre public, le procureur général peut, d'office ou à la demande de la juridiction d'instruction ou des parties, rendre publics des éléments objectifs tirés de la procédure ne comportant aucune appréciation sur le bien-fondé des charges retenues contre les personnes mises en cause.

Art. 32 *(Rempl., L. n° 1.394, 9 oct. 2012).* – La police judiciaire constate les infractions à la loi pénale, en rassemble les preuves et en recherche les auteurs.

Elle est exercée, sous l'autorité de la Cour d'appel et sous la direction du procureur général, par les officiers de police judiciaire, les carabiniers, les agents de la sûreté publique et, dans les cas qu'elles déterminent, les fonctionnaires désignés par les lois spéciales.

Art. 33 *(Abr., L. n° 1.394, 9 oct. 2012).*

TITRE II. – DU PROCUREUR GÉNÉRAL

Art. 34 *(Rempl., L. n° 1.394, 9 oct. 2012).* – Le procureur général a la direction de la police judiciaire et exerce l'action publique.

Il est chargé de la recherche et de la poursuite des crimes et des délits.

Il reçoit les dénonciations et les plaintes qui lui sont adressées ainsi que tous rapports, procès-verbaux, renseignements qui lui sont transmis par les officiers de police judiciaire ou par toute autre voie, sur les crimes et les délits.

Il apprécie la suite à leur donner.

En cas de classement de l'affaire, il notifie sa décision en mentionnant les motifs de fait ou de droit qui la justifient, au plaignant, à la victime lorsque celle-ci a été identifiée, ainsi qu'au dénonciateur.

Toute personne ayant dénoncé des faits au procureur général peut former un recours, dans le délai de deux mois à compter de la notification de la décision de classement sans suite prise à la suite de cette dénonciation, auprès du directeur des services judiciaires. Le directeur des services judiciaires peut enjoindre au procureur général d'engager des poursuites, par instructions écrites versées au dossier de la procédure. S'il estime le recours infondé, il en informe l'intéressé en y indiquant les motifs de fait ou de droit qui le justifient.

Le plaignant peut alors se constituer partie civile conformément aux dispositions des articles 73 à 81

Art. 35. – Il fait citer directement devant le tribunal correctionnel les auteurs et complices des délits dont la constatation n'exige ni une instruction préalable, ni l'arrestation des inculpés, ainsi que ceux qui sont arrêtés en flagrant délit et placés par lui sous mandat d'arrêt.

Art. 36. – Il transmet au juge d'instruction, avec un réquisitoire d'information, les plaintes, les dénonciations, pièces, instruments saisis et tous les documents relatifs aux crimes et délits qui nécessitent une information.

Art. 37. – Il assure l'exécution des ordonnances du juge d'instruction et des arrêts rendus par la chambre du conseil de la cour d'appel.

Art. 37-1 *(L. n° 1.382, 20 juill. 2011).* – Lorsqu'il est saisi, conformément à l'article 34, le procureur général peut, si l'urgence le justifie et sous les peines prévues à l'article 37-1 du Code pénal, interdire à l'auteur des faits prévus aux articles 230 à 234-1, 236, 236-1, 237 à 239, 243 à 245, 247 et 262 du Code pénal, d'entrer, par quelque moyen que ce soit, y compris les communications électroniques, en relation avec la victime desdits faits ou de paraître ou résider en certains lieux.

À titre exceptionnel et jusqu'à ce qu'il soit statué sur le logement de la victime par le président du tribunal de première instance, le procureur général, saisi conformément à l'article 34, peut mettre à la disposition de la victime de l'une des infractions précitées, et des membres du foyer qui le souhaitent, une solution d'hébergement d'urgence de nature à assurer leur sécurité.

Le procureur général, après en avoir informé les intéressés, saisit dans les vingt-quatre heures le président du tribunal de première instance d'une demande d'ordonnance de protection conformément à l'article 24-1 du Code civil.

La méconnaissance de cette ordonnance de protection par l'auteur est punie des mêmes peines.

Art. 37-2 *(L. n° 1.382, 20 juill. 2011)*. – Le procureur général peut ordonner, dès le stade de l'enquête, que les victimes de l'une des infractions prévues par les articles 236 à 239, 243 à 245, 247, 261, 262, 263 deuxième alinéa, 265, 266, 269 et 294-3 à 294-8 du Code pénal fassent l'objet d'une expertise médico-psychologique destinée à apprécier la nature du préjudice subi et à établir si celui-ci rend nécessaire des traitements ou des soins appropriés.

Art. 38. – Le procureur général est, de droit, suppléé par ses substituts.

Il peut aussi être suppléé et, en cas de nécessité, assisté soit par un membre de la cour d'appel, soit par un membre titulaire ou suppléant du tribunal de première instance désigné, pour une période déterminée par ordonnance souveraine rendue sur la proposition du Directeur des Services judiciaires.

Au cas d'extrême urgence, la désignation prévue à l'alinéa précédent peut être faite par un arrêté du Directeur des Services judiciaires, pris sur l'avis des chefs de cour et sous réserve d'une ratification, aussi rapprochée que possible, par ordonnance souveraine, de la désignation provisoire ainsi intervenue.

Le procureur général peut aussi se faire remplacer, mais pour le service des audiences seulement, et moyennant une délégation spéciale qu'il leur donne à cet effet, soit par le juge de paix, soit par un avocat-défenseur ou un avocat, soit par un notaire.

TITRE III. – DU JUGE D'INSTRUCTION

Art. 39 *(L. n° 1.200, 13 janv. 1998)*. – Les juges d'instruction sont choisis parmi les membres du tribunal de première instance et désignés par ordonnance souveraine pour trois ans sur présentation du premier président et l'avis du procureur général.

Ils peuvent être renouvelés dans leurs fonctions pour des périodes successives de même durée. Au cours de chacune de ces périodes, l'instruction ne peut leur être retirée que sur leur demande ou sur l'avis conforme de la cour de révision, donné suivant les règles prescrites en matière disciplinaire.

Lorsqu'il existe plusieurs juges d'instruction, le président du tribunal, ou en cas d'empêchement, le magistrat qui le remplace, désigne, pour chaque information, le juge qui en sera chargé.

Le président peut établir un tableau de roulement pour les affaires urgentes.

Le juge d'instruction empêché est remplacé provisoirement par un autre juge désigné par le président du tribunal.

Art. 39-1 *(L. n° 1.200, 13 janv. 1998)*. – Le dessaisissement du juge d'instruction au profit d'un autre juge d'instruction peut être demandé au président du tribunal, dans l'intérêt d'une bonne administration de la justice, par requête motivée du procureur général, agissant soit spontanément, soit à la demande des parties.

Le président du tribunal statue dans les huit jours par une ordonnance non susceptible de recours.

Art. 40 *(L. n° 1.200, 13 janv. 1998)*. – Le juge d'instruction est assisté dans tous les actes de l'information écrite par un greffier.

En cas d'urgence ou d'empêchement, le greffier peut être remplacé par une personne que le juge d'instruction assermente à cet effet.

Art. 41. – Dans les affaires qu'il a instruites, le juge d'instruction ne peut prendre part au jugement.

TITRE IV. – DES OFFICIERS DE POLICE JUDICIAIRE AUXILIAIRES DU PROCUREUR GÉNÉRAL ET DES AGENTS DE POLICE JUDICIAIRE

Art. 42 *(L. n° 832, 28 déc. 1967)*. – Sont officiers de police judiciaire, auxiliaires du procureur général : le maire et les adjoints, les officiers des carabiniers, le directeur de la sûreté publique, les commissaires de police, le chef et le sous-chef de la sûreté, les officiers de police et l'inspecteur-chef de la police municipale.

Art. 43. – Ces officiers de police judiciaire veillent à l'observation des ordonnances, arrêtés, règlements de police et de sûreté sur le territoire de la Principauté.

Art. 44. – Ils reçoivent, dans les formes prescrites en l'article 70, les dénonciations et les plaintes.

Art. 45. – Ils consignent, dans des rapports ou des procès-verbaux qu'ils rédigent à cet effet sur le champ, la nature et les circonstances des crimes, des délits et des contraventions, le temps et le lieu où ils ont été commis, les preuves et les indices à la charge de ceux qui en sont présumés les auteurs.

Art. 46. – Ils envoient, sans délai, au procureur général les dénonciations et les plaintes qu'ils ont reçues et les rapports ou procès-verbaux qu'ils ont rédigés.

Art. 47. – Lorsqu'il y a crime ou délit flagrant ou dans les cas assimilés, ils font tous actes nécessaires à l'instruction suivant les règles établies au titre VII du présent livre.

Si le procureur général intervient, ils reçoivent ses instructions pour la suite de la procédure.

Art. 47-1 *(L. n° 1.382, 20 juill. 2011)*. – L'officier de police judiciaire, agissant au cours de l'enquête ou sur commission rogatoire, peut faire procéder sur toute personne contre laquelle il existe des indices graves ou concordants d'avoir commis un viol, une agression sexuelle ou une atteinte sexuelle prévus par les articles 261, 262, 263 deuxième alinéa, 265, 266, 269-1 et 294-3 à 294-8 du Code pénal, à un examen médical et à une prise de sang afin de déterminer si cette personne n'est pas atteinte d'une maladie sexuellement transmissible.

Les mesures prévues au précédent alinéa ne peuvent être mises en œuvre qu'avec l'autorisation de l'intéressé sauf le cas où, à la demande de la victime ou lorsque son intérêt le justifie, des instructions écrites sont données à cette fin par le procureur général ou le juge d'instruction.

Le résultat du dépistage est porté, dans les meilleurs délais et par l'intermédiaire d'un médecin, à la connaissance de la victime et, si celle-ci est mineure, d'une personne exerçant l'autorité parentale ou de l'administrateur *ad hoc* désigné conformément à l'article 268-1.

Art. 47-2 *(L. n° 1.382, 20 juill. 2011)*. – Dans le but de constater les infractions mentionnées aux articles 262 à 270, 273 et 275 à 294-8 du Code pénal et, lorsque celles-ci sont commises par un moyen de communication électronique, d'en rassembler les preuves et d'en rechercher les auteurs, les officiers de police judiciaire, agissant au cours de l'enquête, peuvent procéder aux actes suivants :

1° participer sous un pseudonyme aux échanges électroniques ;

2° être en contact par ce moyen avec les personnes susceptibles d'être les auteurs de ces infractions ;

3° extraire, transmettre en réponse à une demande expresse, acquérir ou conserver des contenus illicites.

À peine de nullité de la procédure, ces actes ne peuvent constituer une incitation à commettre ces infractions.

Le procès-verbal mentionne la date et l'heure à laquelle l'opération a commencé et celle à laquelle elle s'est terminée.

Les dispositions de l'article 106-10 sont applicables aux enregistrements et documents portant transcription de ces actes.

Art. 48. – Les officiers de police judiciaire auxiliaires du procureur général sont, quant à ces fonctions, sous la direction du procureur général et sous l'autorité de la cour d'appel, sans préjudice de leur subordination à l'égard de leurs supérieurs dans l'Administration.

Art. 49. – Ils ont, dans l'exercice de leurs fonctions, le droit de requérir directement la force publique et, même, toute personne de leur prêter main forte.

Art. 50. – Le contrôle de l'activité des officiers de police judiciaire, pris en cette qualité, est exercé par la cour d'appel en assemblée générale et en chambre du conseil.

Cette juridiction est saisie soit par le premier président, soit par le Ministère public.

Elle peut se saisir d'office, à l'occasion de l'examen d'une procédure qui lui est soumise.

Art. 51. – La cour peut faire procéder à une enquête. Elle entend le procureur général et l'officier de police judiciaire, celui-ci assisté, s'il le désire, d'un avocat.

Art. 52. – La cour peut, sans préjudice des sanctions administratives susceptibles d'être infligées à l'officier de police judiciaire par ses supérieurs hiérarchiques, lui adresser des observations ou lui interdire soit temporairement, soit définitivement, d'exercer ses fonctions d'officier de police judiciaire et, le cas échéant, le condamner aux frais de la poursuite.

Art. 53. – Les délibérations et décisions disciplinaires sont transcrites sur un registre qui sera communiqué au procureur général lorsque celui-ci en fera la demande.

Art. 54. – Les simples négligences, hors le cas de récidive, peuvent faire l'objet, de la part du procureur général, d'un avertissement qui est consigné sur un registre spécial tenu au parquet.

Art. 55. – Il y a récidive lorsque, pour quelque affaire que ce soit, l'officier de police judiciaire commet une nouvelle négligence avant l'expiration d'une année à compter du jour de l'avertissement prévu à l'article précédent.

Art. 56. – Les carabiniers et agents de police constatent par procès-verbaux les contraventions dont ils sont témoins. Ces procès-verbaux font foi jusqu'à preuve contraire.

Art. 57. – Relativement aux autres infractions dont ils sont témoins, les carabiniers et les agents de police font leurs déclarations aux officiers et commissaires de police, sous les ordres desquels ils sont respectivement placés, lesquels dressent eux-mêmes procès-verbal.

Art. 58 *(L. n° 833, 28 déc.1967).* – Ceux qui veulent assurer la sécurité de propriétés privées par des gardes particuliers, ainsi que les concessionnaires de services publics de l'État qui veulent faire assermenter leurs agents, doivent obtenir, à cet effet, l'autorisation du Ministre d'État et son approbation pour la désignation desdits gardes ou agents et pour la détermination de leur commission.

Art. 59 *(L. n° 833, 28 déc. 1967).* – Les gardes particuliers et les agents des concessionnaires de services publics de l'État ne peuvent exercer leurs fonctions qu'après enregistrement de leur commission et prestation de serment devant le tribunal de première instance.

Les gardes particuliers n'opèrent que dans l'étendue des propriétés pour la garde desquelles ils ont été commissionnés. Les agents des concessionnaires n'exercent leur mission que conformément aux attributions limitativement énoncées dans leur commission.

Art. 60. – Ils se conforment aux prescriptions de la loi pour la constatation des infractions et la rédaction des procès-verbaux. En cas de crime ou de délit flagrant emportant la peine d'emprisonnement, ils conduisent l'inculpé devant le procureur général ou devant un officier de police judiciaire ; ils peuvent, à cet effet, requérir directement l'assistance de la force publique.

TITRE IV BIS. – DE LA GARDE À VUE

Art. 60-1 *(L. n° 1.343, 26 déc. 2007 ; rempl., L. n° 1.399, 25 juin 2013).* – Seule la personne à l'encontre de laquelle il existe des raisons sérieuses de soupçonner qu'elle a commis ou tenté de commettre un crime, ou un délit puni d'emprisonnement, peut, pour les nécessités des investigations, être placée en garde à vue par un officier de police judiciaire.

La garde à vue est une mesure de contrainte qui emporte, pendant toute sa durée, le maintien de cette personne à la disposition de l'officier de police judiciaire.

Art. 60-1 *bis* *(L n° 1.399, 25 juin 2013).* – Lorsqu'il apparaît, au cours d'une audition, qu'il existe des raisons sérieuses de soupçonner que la personne entendue a commis ou tenté de commettre un crime ou un délit puni d'emprisonnement, et qu'elle doit être maintenue, pour les nécessités des investigations, à la disposition d'un officier de police judiciaire, son placement en garde à vue doit lui être immédiatement notifié.

Art. 60-2 *(L. n° 1.343, 26 déc. 2007 ; rempl., L. n° 1.399, 25 juin 2013)*. – La garde à vue est conduite conformément aux dispositions du présent titre sous le contrôle du procureur général ou du juge d'instruction lorsqu'une information est ouverte.

Le procureur général ou le juge d'instruction informe dans les meilleurs délais et par tous moyens le juge des libertés de la garde à vue. Le juge des libertés est un magistrat du siège désigné par le président du tribunal de première instance qui peut établir un tableau de roulement à cet effet.

Art. 60-3 *(L. n° 1.343, 26 déc. 2007 ; rempl., L. n° 1.399, 25 juin 2013)*. – L'officier de police judiciaire donne, dans les meilleurs délais et par tous moyens, connaissance au procureur général ou au juge d'instruction des motifs du placement en garde à vue et de la qualification juridique de l'infraction qu'il a notifiés à la personne gardée à vue en application de l'article 60-6.

Le procureur général ou le juge d'instruction apprécie la nécessité et la proportionnalité de cette mesure et peut y mettre fin à tout moment.

Le procureur général peut modifier l'appréciation de la qualification juridique de l'infraction. En ce cas, il en est donné connaissance à la personne intéressée selon les modalités de l'article 60-6.

Le procureur général ou le juge d'instruction peut, à tout moment, se rendre sur les lieux ou se faire présenter la personne gardée à vue.

Art. 60-4 *(L. n° 1.343, 26 déc. 2007 ; rempl., L. n° 1.399, 25 juin 2013)*. – La garde à vue doit être exécutée dans des conditions assurant le respect de la dignité de la personne.

L'officier de police judiciaire doit veiller à la sécurité de la personne gardée à vue, notamment en s'assurant qu'elle ne détient aucun objet dangereux pour elle-même ou pour autrui.

Lorsqu'il est indispensable, à titre de mesure de sécurité ou pour les nécessités de l'enquête, de procéder à une fouille à corps intégrale d'une personne gardée à vue, celle-ci doit être décidée par un officier de police judiciaire et réalisée par un officier de police judiciaire de même sexe ou, en cas d'impossibilité, par un agent de police judiciaire de même sexe que la personne faisant l'objet de la fouille.

Lorsqu'il est indispensable, à titre de mesure de sécurité ou pour les nécessités de l'enquête, de procéder à des investigations corporelles internes sur une personne gardée à vue, celles-ci ne peuvent être décidées que par le procureur général ou le juge d'instruction désignant, pour ce faire, un médecin seul habilité à être requis à cet effet. Cette mesure doit être proportionnée au but poursuivi. Tout élément de preuve recueilli irrégulièrement ne pourra constituer l'unique fondement à une condamnation.

La personne gardée à vue est en outre tenue de se soumettre à toutes formalités d'identification et de vérification d'identité utiles.

Art. 60-5 *(L. n° 1.343, 26 déc. 2007)*. – En lui notifiant la garde à vue, l'officier de police judiciaire fait connaître à la personne concernée les droits qui lui sont reconnus par les articles 60-6 à 60-9. À cette fin, il lui remet copie des dits articles, au besoin en les faisant traduire dans une langue qu'elle comprend.

Procès-verbal de l'accomplissement de cette formalité est signé par l'officier de police judiciaire et l'intéressé. Si ce dernier ne sait ou ne veut signer, il en est fait mention au procès-verbal.

L'officier de police judiciaire met aussitôt l'intéressé en état de faire usage de ses droits.

Art. 60-6 *(L. n° 1.343, 26 déc. 2007)*. – Toute personne gardée à vue est immédiatement avisée par l'officier de police judiciaire des faits objet des investigations sur lesquels elle a à s'expliquer et de la nature de l'infraction.

Le deuxième alinéa de l'article 60-5 reçoit application.

Art. 60-7 *(L. n° 1.343, 26 déc. 2007)*. – La personne placée en garde à vue a le droit de faire prévenir aussitôt par téléphone de la mesure dont elle est l'objet la personne avec laquelle elle vit habituellement, l'un de ses parents en ligne directe, l'un de ses frères et sœurs ou son employeur.

Si l'officier de police judiciaire estime que cette communication est de nature à nuire aux investigations, il en réfère au procureur général ou au juge d'instruction qui décide s'il y a lieu, ou non, de faire droit à cette demande.

Le deuxième alinéa de l'article 60-5 reçoit application.

Art. 60-8 *(L. n° 1.343, 26 déc. 2007).* – La personne placée en garde à vue a le droit, à sa demande ou à celle d'une personne qu'elle a pu faire prévenir selon l'article précédent, d'être examinée par un médecin désigné par le procureur général, le juge d'instruction ou l'officier de police judiciaire. En cas de prolongation, elle a le droit d'être examinée une seconde fois.

À tout moment, le procureur général, le juge d'instruction ou l'officier de police judiciaire peut d'office désigner un médecin pour examiner la personne gardée à vue.

En l'absence de demande de la personne gardée à vue, du procureur général, du juge d'instruction ou de l'officier de police judiciaire, un examen médical est de droit si un membre de la famille le demande ; le médecin est désigné par le procureur général, le juge d'instruction ou l'officier de police judiciaire.

Le médecin examine sans délai la personne gardée à vue. Le certificat par lequel il doit notamment se prononcer sur la compatibilité de l'état de santé avec la mesure de garde à vue est versé au dossier.

Dans l'attente de l'arrivée du médecin, l'audition de l'intéressé est poursuivie, la demande d'examen ne pouvant avoir pour effet de suspendre la procédure.

Le deuxième alinéa de l'article 60-5 reçoit application.

Art. 60-9 *(L. n° 1.343, 26 déc. 2007 ; rempl., L. n° 1.399, 25 juin 2013).* – La personne gardée à vue est informée qu'elle a le droit de ne faire aucune déclaration. Mention en est faite dans le procès-verbal.

Elle est également informée que si elle renonce au droit mentionné au premier alinéa, toute déclaration faite au cours de la garde à vue pourra être utilisée comme élément de preuve.

La personne gardée à vue a le droit de bénéficier de l'assistance d'un avocat dès le début de la garde à vue. Toutefois, elle peut toujours renoncer à cette assistance de manière expresse, à la condition d'avoir été préalablement informée de son droit de ne faire aucune déclaration. Mention en est faite dans le procès-verbal.

Si la personne gardée à vue n'est pas en mesure de désigner un avocat ou si l'avocat choisi ne peut être joint, elle peut demander qu'il lui en soit commis un d'office par le président du tribunal de première instance sur la base d'un tableau de roulement établi par le Bâtonnier de l'ordre des avocats-défenseurs et avocats de Monaco.

L'avocat est informé par l'officier de police judiciaire de la qualification juridique et des circonstances de l'infraction. Procès-verbal en est dressé par l'officier de police judiciaire et signé par l'avocat.

Si l'avocat ne se présente pas dans un délai d'une heure après avoir été avisé, l'officier de police judiciaire peut décider de débuter l'audition.

Si l'avocat se présente après l'expiration de ce délai, alors qu'une audition est en cours, celle-ci est interrompue à la demande de la personne gardée à vue afin de lui permettre de s'entretenir avec son avocat dans les conditions prévues à l'article 60-9 *bis* et que celui-ci prenne connaissance des documents prévus à l'article 60-9 *bis* alinéa 2. Il incombe à l'officier de police judiciaire d'informer la personne gardée à vue du droit d'interrompre l'audition. Si la personne gardée à vue ne demande pas à s'entretenir avec son avocat, celui-ci peut assister à l'audition en cours dès son arrivée.

Art. 60-9 *bis* *(L. n° 1.399, 25 juin 2013).* – Dès le début de la garde à vue, l'avocat peut s'entretenir avec la personne gardée à vue dans des conditions qui garantissent la confidentialité de l'entretien dont la durée ne peut excéder une heure.

L'avocat peut assister la personne gardée à vue tout au long des auditions en vue de la manifestation de la vérité. Il peut consulter les procès-verbaux d'audition de la personne qu'il assiste, ainsi que le procès-verbal établi en application de l'article 60-5 et se faire délivrer copie de celui-ci.

En cas d'atteinte manifeste au bon déroulement de l'audition, l'officier de police peut, à tout moment, y mettre un terme. Il en avise le procureur général ou le juge d'instruction qui peut saisir, le cas échéant, le président du tribunal de première instance aux fins de désignation immédiate d'un nouvel avocat choisi ou commis d'office.

Si la victime est confrontée à la personne gardée à vue, elle peut se faire assister d'un avocat désigné par elle-même, ou d'office, dans les conditions de l'article 60-9.

Sans préjudice de l'exercice des droits de la défense, il ne peut être fait état auprès de quiconque des informations recueillies pendant la durée de la garde à vue.

Le procès-verbal d'audition visé à l'article 60-11 mentionne la présence de l'avocat aux actes auxquels il assiste.

Art. 60-9 *ter* *(L. n° 1.399, 25 juin 2013)*. – La personne gardée à vue ne peut être retenue plus de vingt-quatre heures. Toutefois, cette mesure peut être prolongée pour un nouveau délai de vingt-quatre heures.

Dans ce cas, le procureur général ou le juge d'instruction doit requérir l'approbation de la prolongation de la garde à vue par le juge des libertés, en motivant sa demande en y joignant tous documents utiles.

Le juge des libertés statue par ordonnance motivée immédiatement exécutoire et insusceptible d'appel après s'être fait présenter, s'il l'estime nécessaire, la personne gardée à vue.

Sa décision doit être notifiée à la personne gardée à vue avant l'expiration des premières vingt-quatre heures du placement en garde à vue.

Une nouvelle prolongation de quarante-huit heures peut être autorisée dans les mêmes conditions, lorsque les investigations concernent, soit le blanchiment du produit d'une infraction, prévu et réprimé par les articles 218 à 219 du Code pénal, soit une infraction à la législation sur les stupéfiants, soit les infractions contre la sûreté de l'État prévues et réprimées par les articles 50 à 71 du Code pénal, soit les actes de terrorisme prévus et réprimés par les articles 391-1 à 391-9 du Code pénal, ainsi que toute infraction à laquelle la loi déclare applicable le présent alinéa.

Art. 60-9 *quater* *(L. n° 1.399, 25 juin 2013)*. – Si une personne a déjà été placée en garde à vue pour les mêmes faits, la durée des précédentes périodes de garde à vue s'impute sur la durée de la mesure.

Art. 60-10 *(L. n° 1.343, 26 déc. 2007 ; rempl., L. n° 1.399, 25 juin 2013)*. – Les auditions de la personne placée en garde à vue effectuées dans les locaux de la direction de la sûreté publique font l'objet, à peine de nullité, d'un enregistrement audiovisuel.

L'enregistrement ne peut être consulté, au cours de l'instruction ou devant la juridiction de jugement, qu'en cas de contestation du contenu du procès-verbal d'audition, sur décision du juge d'instruction ou de la juridiction de jugement, soit d'office, soit à la demande du ministère public ou de l'une des parties.

Au terme d'une période de cinq ans à compter de la date d'extinction de l'action publique, l'enregistrement est détruit dans le délai d'un mois.

Art. 60-11 *(L. n° 1.343, 26 déc. 2007 ; rempl., L. n° 1.399, 25 juin 2013)*. – L'officier de police judiciaire doit mentionner sur le procès-verbal de fin de garde à vue :

1°) La date et l'heure du début de la garde à vue et, le cas échéant, de son renouvellement ;

2°) La date et l'heure auxquelles est intervenue la notification des droits prévue par le premier alinéa de l'article 60-5 et, le cas échéant, s'il a été fait application des dispositions de l'article 60-12 ;

3°) La date et l'heure où la personne en garde à vue a fait usage des droits énoncés aux articles 60-6 à 60-9 et la suite réservée à ses demandes ;

4°) La durée des auditions auxquelles elle a été soumise et des repos qui ont séparé ces auditions, ainsi que les heures auxquelles elle a pu s'alimenter ;

5°) La présence ou non de l'avocat ;

6°) Les investigations corporelles internes auxquelles il a été procédé ;

7°) La date et l'heure de sa remise en liberté ou de sa conduite devant le procureur général ou le juge d'instruction.

Les mentions doivent être spécialement émargées par la personne gardée à vue. En cas de refus de signature, il est fait mention de ce refus et, le cas échéant, des motifs de celui-ci, par l'officier de police judiciaire.

Art. 60-12 *(L. n° 1.343, 26 déc. 2007)*. – Si la personne placée en garde à vue ne comprend ni ne parle la langue française, les notifications et auditions prévues aux articles précédents doivent avoir lieu dans une langue qu'elle comprend.

Un interprète est, en cas de besoin, requis par l'officier de police judiciaire.

Si la personne placée en garde à vue est atteinte d'un handicap l'empêchant de communiquer, elle doit être assistée par toute personne qualifiée maîtrisant un langage ou une méthode permettant de communiquer avec elle.

Art. 60-13 *(L. n° 1.399, 25 juin 2013)* (1). – Le mineur de plus de treize ans à l'encontre duquel il existe des raisons sérieuses de soupçonner qu'il a commis ou tenté de commettre un crime, ou un délit puni d'emprisonnement peut, pour les nécessités des investigations, être placé en garde à vue.

---

(1) Voir la note explicative annexée à la loi n° 1.399 du 25 juin 2013 *infra*.

Le mineur de moins de treize ans ne peut être placé en garde à vue pour les nécessités des investigations que s'il existe des raisons sérieuses de soupçonner qu'il a commis ou tenté de commettre un crime, ou un délit puni d'au moins cinq ans d'emprisonnement.

Art. 60-14 *(L. n° 1.399, 25 juin 2013)* (1). **– Lorsqu'un mineur est placé en garde à vue, l'officier de police judiciaire doit, dans les meilleurs délais et par tous moyens, informer de cette mesure ses représentants légaux, la personne ou le service auquel est confié le mineur ou, le cas échéant, l'administrateur ad hoc désigné lorsque la protection de ses intérêts n'est pas complètement assurée par son ou ses représentants légaux.**

La garde à vue s'exerce dans les conditions prévues aux articles 60-1 à 60-12 du présent Code.

Néanmoins, aucune audition ne peut avoir lieu en l'absence de l'avocat. En outre, et pour le mineur de moins de treize ans, l'audition est conduite par un officier de police judiciaire sensibilisé à la protection des mineurs.

La durée initiale de la garde à vue du mineur de moins de treize ans ne peut excéder douze heures, sauf en matière criminelle où elle peut être portée à vingt-quatre heures. Toutefois la durée de cette mesure peut être prolongée pour un nouveau délai de douze heures, sauf en matière criminelle où celui-ci peut être porté à vingt-quatre heures.

Dans tous les cas, la mesure de garde à vue est prolongée sur décision du juge des libertés qui en informe le juge tutélaire ainsi que les personnes visées au premier alinéa.

Loi n° 1.399 du 25 juin 2013

portant réforme du Code de procédure pénale en matière de garde à vue

(Journal de Monaco, 19 juill. 2013)

....

Art. 10 *(V. CPP, art. 60-13 et 60-14).*

....

Note explicative concernant l'article 10 de la loi n° 1.399 du 25 juin 2013 portant réforme du Code de procédure pénale en matière de garde à vue

Le Gouvernement Princier se félicite de l'adoption du projet de loi n° 894, devenu la loi n° 1.399 portant réforme du Code de procédure pénale. Voté à l'unanimité par le Conseil National, ce texte modifie substantiellement le régime de la garde à vue dans le sens, tant d'une clarification du droit et des procédures d'enquêtes judiciaires, que du renforcement des garanties fondamentales du gardé à vue.

La loi promulguée par S.A.S. le Prince s'avérant toutefois, en raison des amendements, différer sensiblement du projet initialement déposé, son exposé des motifs ne permet plus d'en appréhender complètement la teneur. Aussi, dans l'attente de la publication des débats du Conseil National relatifs à ce dispositif, a-t-il semblé opportun au Gouvernement Princier, en accord avec la Direction des Services Judiciaires, dans un souci d'accessibilité et de lisibilité de la loi, de fournir de brefs éléments d'explication portant sur les principaux points ayant fait l'objet d'amendements significatifs, savoir :

• les critères du placement en garde à vue :

De nouvelles dispositions ont été insérées dans le Code de procédure pénale pour déterminer les conditions légalement indispensables pour justifier un placement en garde à vue.

Ainsi, lorsqu'une personne est entendue par les services de police, son placement en garde à vue doit lui être notifié dès lors, d'une part, qu'existent des raisons sérieuses de soupçonner qu'elle a commis ou tenté de commettre un crime ou un délit puni d'emprisonnement et, d'autre part, que les nécessités des investigations exigent qu'elle demeure à la disposition de l'officier de police judiciaire.

Il s'agit là de dispositions visant à clarifier, dans l'intérêt de l'enquête, les conditions de déclenchement de la garde à vue en éclairant tant la décision de l'officier de police judiciaire que la situation de la personne entendue.

• la garantie des droits de la personne en matière d'investigations corporelles et de fouilles à corps :

La décision de procéder à des investigations corporelles internes – que seul un médecin peut pratiquer – doit émaner, selon le cas, du magistrat du Parquet général ou du juge d'instruction compétent. En outre, suivant en ce sens les exigences de la Cour Européenne des Droits de l'Homme, cette décision doit être proportionnée au regard du but qu'elle poursuit, tout élément de preuve irrégulièrement recueilli au moyen de telles investigations ne pouvant constituer l'unique fondement d'une éventuelle condamnation.

(1) Voir la note explicative annexée à la loi n° 1.399 du 25 juin 2013 *infra*.

Quant aux fouilles à corps, elles ne peuvent être pratiquées que par des fonctionnaires de police - officiers ou agents de police judiciaire - du même sexe que la personne fouillée.

- la consécration du renoncement au droit de ne faire aucune déclaration :

Comme pour les critères de placement en garde à vue, une clarification a été jugée opportune à l'effet d'éviter toute contestation consécutive au renoncement volontaire, par une personne gardée à vue, à son droit au silence. Ainsi, dans l'hypothèse où le gardé à vue choisirait de ne pas user de ce droit, est-il expressément énoncé que ses déclarations, régulièrement obtenues, pourront être utilisées ultérieurement comme élément de preuve, que cela soit à charge ou à décharge.

- la refonte du régime de la garde à vue du mineur :

Si le projet initial prévoyait déjà la possibilité de placement en garde à vue d'un mineur, il a été amendé de manière à introduire un régime spécifique pour le mineur de moins de treize ans qui, s'il peut être maintenant placé en garde à vue, ne pourra l'être que s'il existe des raisons sérieuses de soupçonner qu'il a commis ou tenté de commettre un crime ou un délit puni d'au moins cinq ans d'emprisonnement.

Une telle mesure a été justifiée par la montée en puissance de la criminalité des mineurs, parfois dans le cadre de réseaux organisés, laquelle n'épargne pas Monaco. Une réponse législative et judiciaire doit donc être donnée à cette forme nouvelle de délinquance de manière à continuer à assurer tant le haut niveau de sécurité auquel aspirent les Monégasques, les résidents ainsi que tous ceux qui se rendent dans la Principauté, pour quelque motif que ce soit (travail, tourisme, loisirs etc...), que les garanties fondamentales de l'État de droit, particulièrement exigibles s'agissant de mineurs faisant l'objet de contraintes dans le cadre de la procédure pénale.

De fait, la détention d'un mineur ne méconnaît pas la Convention Européenne des Droits de l'Homme ; au contraire, l'une de ses dispositions, en l'occurrence son article 5-*d*), la prévoit expressément. Il en est de même, du reste, de la Convention des Nations-Unies relative aux droits de l'enfant qui, en son article 37, stipule que l'arrestation d'un enfant doit être conforme à la loi et être ordonnée en dernier ressort pour une durée aussi brève que possible. Elle prévoit également que les enfants privés de liberté doivent avoir rapidement accès à une assistance juridique et disposer de voies de recours appropriées devant l'autorité judiciaire.

La Cour Européenne des Droits de l'Homme s'attache quant à elle à vérifier que, dans les affaires qui lui sont soumises, l'ensemble des droits et garanties posées par la Convention Européenne des Droits de l'Homme est préservé pour chaque justiciable, sans distinction ou discrimination injustifiée tenant à son âge.

Tel est bien le cas en l'espèce ; le mineur bénéficie effectivement de l'ensemble des droits reconnus aux majeurs. Mais ces droits ne constituent qu'un plancher minimal.

Des garanties supplémentaires sont en effet accordées au mineur placé en garde à vue. Il en est ainsi de l'impossibilité de procéder à son audition en l'absence d'avocat, contrairement au majeur dont l'interrogatoire peut débuter si le conseil requis ne se présente pas dans le délai d'une heure. De même, la loi prévoit l'obligation d'information, dans un bref délai, du ou des représentants légaux du mineur en garde à vue.

Par ailleurs, si la durée de la garde à vue du mineur de moins de treize ans, initialement limitée à douze heures renouvelables, peut être portée à vingt-quatre heures, ce n'est qu'en matière criminelle et uniquement sur décision du juge des libertés. L'audition du mineur de moins de treize ans doit de surcroît être conduite par un officier de police judiciaire sensibilisé à ce type de mission. En pratique, la sensibilisation prescrite par la loi donnera lieu à une formation particulière des fonctionnaires de police concernés.

En conclusion et sans préjuger de l'interprétation souveraine que les juges feront de ce dispositif, il paraît clair que le placement en garde à vue de mineurs, et en particulier de ceux de moins de treize ans, sera exceptionnel car appelé à n'être décidé que dans les cas où l'enquête le nécessite absolument et pour une durée aussi brève que possible.

- la possibilité de déroger au droit à l'assistance d'un avocat :

Une nouvelle disposition du Code de procédure pénale ouvre la possibilité de déroger notamment au droit, pour une personne en garde à vue, d'être assistée d'un avocat au cours des auditions. Cette dérogation doit être justifiée par des raisons impérieuses tenant soit à la nécessité urgente d'écarter un danger menaçant la vie ou l'intégrité physique d'une ou plusieurs personnes, soit à celle de recueillir ou de conserver des preuves.

Dès lors qu'elle limite un droit, cette mesure dérogatoire est bien évidemment strictement encadrée, tant sur le plan de la procédure que de ses motifs.

Pour ce qui est de la procédure tout d'abord, il est à souligner que la décision de dérogation ne peut être le fait d'un officier de police judiciaire mais relève de la compétence d'un magistrat, membre du Parquet général ou juge d'instruction selon le cas. Ultérieurement, lors de la phase de jugement, le texte prend le soin de préciser qu'aucune condamnation ne peut être prononcée sur le seul fondement de déclarations faites en garde à vue, hors la présence d'un avocat.

En ce qui concerne ses motifs ensuite, il est clair que si les deux catégories de raisons impérieuses susmentionnées se comprennent d'elles-mêmes, celles tenant à la conservation des preuves - et la condition d'urgence qui s'y rattache - devront être sérieusement étayées.

Tel sera, par exemple, le cas si un phénomène extérieur irrésistible, naturel ou non (fortes précipitations, montée des eaux, mouvement de sols, incendie...) est sur le point d'irrémédiablement altérer ou de détruire des éléments de preuve établissant la matérialité ou l'imputabilité d'une infraction.

Serait en outre illégale - la loi le précise expressément - la dérogation motivée par des considérations tenant exclusivement à la gravité de l'infraction. Cette précaution vise à éviter une validation systématique de la dérogation au droit à l'assistance d'un avocat en garde à vue dans le cas de crimes graves tels que le meurtre ou le viol par exemple.

La légalité de la mesure dérogatoire devra également être appréciée à l'aune du principe de proportionnalité, lequel s'applique également à sa durée. La loi énonce en effet explicitement qu'elle ne peut qu'être temporaire et proportionnelle au but qu'elle poursuit.

Ce dispositif est apparu tant au Gouvernement qu'au Conseil national comme respectueux de la jurisprudence de la Cour Européenne des Droits de l'Homme laquelle considère que le droit à l'assistance d'un avocat ne constitue pas un droit intangible mais un droit conditionnel. De ce fait, il est possible d'y déroger en présence de circonstances exceptionnelles.

La Cour a ainsi jugé que l'accès à un avocat devait être consenti dès le premier interrogatoire du suspect par la police « sauf à démontrer à la lumière des circonstances particulières de l'espèce qu'il existe des raisons impérieuses de restreindre ce droit » (27 novembre 2008 : Salduz c/ Turquie).

À cet égard, les juges européens estiment que ces « raisons impérieuses » ne peuvent découler de la seule nature de l'infraction mais de la combinaison de faits d'une extrême gravité et d'une grande complexité.

Art. 60-15 *(L. n° 1.399, 25 juin 2013)*. **– Lorsque des raisons impérieuses tenant à la nécessité urgente d'écarter un danger qui menace la vie ou l'intégrité physique d'une ou plusieurs personnes ou à la nécessité de recueillir ou de conserver des preuves le justifient, le procureur général ou le juge d'instruction peut, par décision motivée, déroger aux dispositions des articles 60-9 et 60-9 *bis*.**

Aucune dérogation ne peut être prononcée du seul fait de la nature ou de la gravité de l'infraction.

Cette mesure ne peut être que temporaire et proportionnelle au but poursuivi. Aucune condamnation ne peut être prononcée sur le seul fondement de déclarations faites hors la présence d'un avocat.

TITRE V. – DES DÉNONCIATIONS, DES PLAINTES ET DES PARTIES CIVILES

Section I. – Des dénonciations et des plaintes

Art. 61. – Toute autorité, tout fonctionnaire ou officier public qui, dans l'exercice de ses fonctions, acquiert la connaissance d'un crime ou d'un délit est tenu d'en donner avis, sur le champ, au procureur général et de transmettre à ce magistrat tous renseignements, documents et actes pouvant permettre d'en poursuivre la répression.

Art. 62. – Toute personne qui a été témoin d'un attentat soit contre la sûreté publique, soit contre la vie ou la propriété d'un individu, est pareillement tenue d'en donner avis au procureur général ou à un officier de police judiciaire.

(L. n° 1.382, 20 juill. 2011) **Tout hôtelier qui acquiert, même en l'absence de tout signalement de la part de la victime, la connaissance d'un délit prévu aux articles 230 à 234, 236, 238, 238-1, 239, 247 et 249-2 du Code pénal et perpétré dans son établissement, est tenu d'en donner avis soit au procureur général, soit à un officier ou à un agent de police judiciaire.**

Art. 62-1 *(L. n° 1.061, 28 juin 1983)*. **– Tout décès dont la cause est inconnue ou suspecte doit être dénoncé sans délai à tout officier de police judiciaire. Celui-ci en informe immédiatement le procureur général et se transporte sur les lieux pour procéder aux premières constatations.**

Le procureur général peut, soit se transporter lui-même sur les lieux, en se faisant assister, s'il l'estime nécessaire, de toute personne capable d'apprécier les circonstances et les causes du décès, soit désigner un expert de son choix.

Il a la faculté de requérir l'ouverture d'une information dont l'objet est limité aux recherches des causes de la mort.

Les personne et expert visés au deuxième alinéa ci-dessus prêtent, par écrit, serment de donner leur avis en leur honneur et conscience.

Art. 63 *(L. n° 1.061, 28 juin 1983)*. – Les dénonciations prévues aux articles précédents ne sont soumises à aucune forme particulière.

Art. 64. – Toute personne ayant acquis la connaissance d'un crime ou d'un délit peut le dénoncer.

Art. 65. – Toutefois, l'adultère ne peut être poursuivi que sur la plainte du conjoint offensé qui reste toujours maître d'arrêter les poursuites et même l'effet de la condamnation, par une déclaration formelle en ce sens.

Art. 66. – Sont respectivement déchus du droit de dénoncer l'adultère de leur conjoint, le mari ou la femme convaincu d'avoir commis le même délit dans les trois années qui ont précédé le fait incriminé.

Il en est de même du mari qui a contraint sa femme à se prostituer, excité ou favorisé sa prostitution.

Art. 67. – La diffamation et l'injure contre les particuliers ne sont poursuivies que sur la plainte de la personne diffamée ou injuriée.

Art. 68. – Peuvent porter plainte, le mari pour sa femme, l'ascendant, le tuteur ou le curateur pour les mineurs placés sous leur autorité.

Toutefois, dans le cas prévu à l'article 65, la plainte devra émaner de l'intéressé.

Art. 69. – Lorsque l'action publique ne peut être exercée que sur la plainte de la partie lésée, le désistement de cette partie, avant que le Ministère public ait engagé son action, arrêtera les poursuites.

Dans les autres cas, le désistement n'aura pas cet effet, sauf disposition spéciale de la loi.

Art. 70. – Les dénonciations et les plaintes sont rédigées par les dénonciateurs et plaignants ou par leurs fondés de procuration spéciale ou par l'officier de police judiciaire qui les reçoit s'il en est requis. Elles sont toujours signées par l'officier de police judiciaire à chaque feuillet et par les dénonciateurs ou plaignants ou par leurs fondés de pouvoirs.

Si les dénonciateurs, plaignants ou fondés de pouvoirs ne savent ou ne veulent pas signer, il en est fait mention.

La procuration demeure toujours annexée à la dénonciation ou à la plainte.

Art. 71. – Le dénonciateur ou plaignant peut se faire délivrer, à ses frais, une copie de la dénonciation ou de la plainte.

La personne, objet de la dénonciation ou de la plainte, a le même droit en cas d'information close par une ordonnance de non-lieu ou de poursuites non suivies de condamnation.

Art. 72. – Il est tenu au parquet du procureur général un registre sur lequel sont portées toutes les plaintes et dénonciations, dans l'ordre de leur réception, avec la désignation des plaignants, des inculpés, de l'objet de la plainte, de ses suites et des décisions intervenues.

Section II. – Des parties civiles

Art. 73. – La personne lésée par un crime, un délit ou une contravention, ou admise en vertu de l'article 68 à porter plainte pour autrui, peut se porter partie civile devant le tribunal compétent, en tout état de cause, jusqu'à la clôture des débats.

Art. 74 *(L. n° 1.200, 13 janv. 1998)*. – La personne lésée par un crime ou un délit peut également saisir de sa constitution de partie civile un juge d'instruction.

Celui-ci communique la plainte dans les quarante-huit heures au procureur général qui, dans le même délai, présente requête au président du tribunal en vue de la désignation du juge chargé de l'instruire.

Ce dernier, après audition le cas échéant de la partie civile et dépôt de la consignation prévue par l'article 77, est tenu, sur les réquisitions du procureur général, d'informer ou de statuer ainsi qu'il est dit aux articles 84 et 85.

Le plaignant peut toujours prendre la qualité de partie civile tant que l'information n'est pas close.

Art. 75. – La personne lésée par un délit ou une contravention peut en citer directement l'auteur devant le tribunal compétent.

Le jour et l'heure de l'audience sont fixés par une ordonnance du président de ce tribunal, délivrée sans frais sur l'original de l'exploit et dispensée de l'enregistrement.

La partie poursuivante est réputée partie civile par le seul fait de la citation.

Art. 76. – La partie civile qui n'habite pas la Principauté est tenue d'y élire domicile, par acte passé au greffe général.

À défaut d'élection de domicile la partie civile ne pourra opposer le défaut de signification contre les actes qui auraient dû lui être signifiés aux termes de la loi.

Art. 77 *(L. n° 1.200, 13 janv. 1998)*. – La personne qui entend se constituer partie civile doit, au préalable, déposer au greffe général, la somme présumée nécessaire pour les frais de la procédure dont elle peut être tenue, à moins qu'elle ne justifie de son indigence. Ladite somme est arbitrée, suivant le cas, par le juge d'instruction ou le tribunal saisi. Faute de consignation dans le délai imparti par le juge d'instruction, la constitution de partie civile est irrecevable.

Art. 78. – Dans les cas prévus par l'article 75, l'étranger est tenu, en outre, si l'inculpé le requiert avant l'audition des témoins, de fournir un cautionnement pour le montant des dommages-intérêts résultant du procès auxquels il pourrait être condamné, à moins qu'il ne soit domicilié dans la Principauté ou qu'il ne possède des immeubles d'une valeur suffisante.

Le jugement qui ordonne le cautionnement fixe la somme à laquelle il doit s'élever. Il peut autoriser la partie civile à le remplacer, comme il est dit à l'article 193.

Le cautionnement est déposé à la caisse des dépôts et consignations.

Art. 79. – Le désistement de la partie civile est recevable en tout état de cause. Il a lieu par une déclaration à l'audience ou par exploit notifié au Ministère public ou à l'inculpé.

La partie civile peut être tenue de tout ou partie des frais exposés jusqu'à son désistement, et ce, même dans le cas où les poursuites ont été engagées par le Ministère public.

Art. 80. – Lorsque, après une information ouverte sur constitution de partie civile dans les termes des articles 74 et 82 du Code de procédure pénale, une ordonnance de non-lieu a été rendue, l'inculpé et toutes personnes visées dans la plainte peuvent demander des dommages-intérêts à la partie civile dans les formes indiquées ci-après, sans préjudice de l'action appartenant au procureur général en vertu de l'article 375 du Code pénal.

L'action en dommages-intérêts doit être engagée dans les trois mois de l'avis donné à l'inculpé de l'ordonnance de non-lieu devenue définitive. Elle est portée, par voie de citation, devant le tribunal correctionnel. Les débats ont lieu en chambre du conseil. Les parties ou leurs conseils et le Ministère public sont entendus. Le jugement est rendu en audience publique.

En cas de condamnation, le tribunal peut ordonner la publication intégrale ou par extraits du jugement, aux frais du condamné, en fixant le coût maximum de cette publication.

L'opposition, s'il échet, et l'appel sont recevables dans les délais de droit commun en matière correctionnelle.

La cour d'appel statue dans les mêmes formes que le tribunal.

Le pourvoi en révision est formé dans les délais et conditions prévus au titre I du livre III du présent code.

Art. 81. – La partie civile qui s'est désistée devant la juridiction répressive ne peut plus porter son action devant la même juridiction, mais conserve la faculté de saisir la juridiction civile.

La partie qui a exercé son action devant la juridiction civile compétente ne peut la porter devant la juridiction répressive. Il n'en est autrement que si celle-ci est saisie par le Ministère public, postérieurement à l'introduction de la demande devant la juridiction civile, et si le désistement de la partie lésée est intervenu avant que les débats ne soient liés devant la juridiction civile.

TITRE VI. – DE L'INSTRUCTION

Section I. – Dispositions générales

Art. 82 *(L. n° 1.200, 13 janv. 1998)*. – Le juge d'instruction est saisi soit par les réquisitions du Ministère public, soit par la plainte de la partie lésée, dans les conditions prévues par les articles 74 et 77.

Art. 83. – Sauf les dispositions spéciales à la poursuite des crimes et délits commis par la voie de la presse, les réquisitions du procureur général devront être datées, signées et spécifier le fait incriminé, ainsi que les articles de la loi applicables.

Art. 84. – Si le juge d'instruction estime qu'il est incompétent ou que l'action publique n'est pas recevable, il le déclare par ordonnance motivée.

Art. 85. – Si le juge d'instruction est d'avis que le fait dont il est saisi ne constitue ni crime, ni délit, ni contravention, il peut, avant tout acte d'instruction, déclarer, par une ordonnance motivée, qu'il n'y a pas lieu à suivre.

Art. 86. – Le Ministère public et la partie civile ont le droit de relever appel des ordonnances rendues dans les cas indiqués aux deux articles précédents.

Art. 87. – Le juge d'instruction prend toutes les mesures qu'il estime utiles à la manifestation de la vérité.

Sauf en ce qui concerne l'interrogatoire de l'inculpé, il peut déléguer aux officiers de police judiciaire les actes d'information qu'il spécifie.

Art. 88 *(L. n° 1.200, 13 janv. 1998)*. – Le juge d'instruction peut inculper des personnes non désignées dans le réquisitoire ou dans la plainte avec constitution de partie civile, contre lesquelles l'instruction a révélé des charges.

Art. 89 *(L. n° 1.200, 13 janv. 1998)*. – Le juge d'instruction avertit le Ministère public et la partie civile de toute inculpation.

Art. 90. – Quand l'instruction révèle des faits nouveaux, il en donne sans délai connaissance au procureur général, aux fins de réquisitions.

Art. 91 *(L. n° 1.200, 13 janv. 1998)*. – À toute époque de l'information, le procureur général peut requérir du juge d'instruction tous actes lui paraissant utiles à la manifestation de la vérité et toutes mesures de sûreté nécessaires.

Si le juge d'instruction ne suit pas les réquisitions du procureur général, il doit rendre une ordonnance motivée dans les cinq jours de ces réquisitions.

Si le juge ne s'est pas prononcé dans ce délai, le procureur général peut, par simple requête, saisir la chambre du conseil de la cour d'appel qui statue au lieu et place du juge d'instruction et renvoie la procédure à celui-ci. La chambre du conseil peut également évoquer.

Art. 91-1 *(L. n° 1.200, 13 janv. 1998)*. – Les autres parties peuvent saisir le juge d'instruction d'une demande écrite et motivée tendant à ce qu'il soit procédé à leur audition ou à leur interrogatoire, à l'audition d'un témoin, à une confrontation ou à un transport sur les lieux, ou à ce que soit ordonnée la production par l'une d'entre elles d'une pièce utile à l'information.

Le juge d'instruction, s'il n'y donne pas suite dans le délai d'un mois, rend une ordonnance motivée de refus.

Si le juge d'instruction ne s'est pas prononcé dans ce délai, les parties peuvent, par simple requête, dans les dix jours suivants à peine d'irrecevabilité, saisir de leur demande la chambre du conseil de la cour d'appel qui procède comme il est dit au dernier alinéa de l'article 91.

Art. 91-2 *(L. n° 1.200, 13 janv. 1998)*. – Il est établi une copie de toutes les pièces de la procédure. Chaque copie est certifiée conforme par le greffier. Toutes les pièces du dossier sont cotées et inventoriées par le greffier au fur et à mesure de leur rédaction ou de leur réception par le juge d'instruction.

Art. 91-3 *(L. n° 1.382, 20 juill. 2011)*. – Lorsque l'instruction porte sur l'une des infractions prévues aux articles 230 à 234-1, 236, 236-1, 237 à 239, 243 à 245, 247 et 262 du Code pénal, le juge d'instruction peut dans les conditions qu'il détermine et sous les peines prévues à l'article 37-1 du Code pénal, interdire à l'inculpé d'entrer, par quelque moyen que ce soit, y compris les communications électroniques, en relation avec la victime des faits ayant donné lieu à l'ouverture de l'information, ou de paraître ou résider en certains lieux.

Section II. – Des techniques spéciales d'enquête

(Intitulé rempl., L. n° 1.343, 6 déc. 2007 ; L. n° 1.394, 9 oct. 2012).

Sous-section I. – Des transports, des perquisitions, des saisies et de l'interception, de l'enregistrement et de la transcription des correspondances émises par voie de communications électroniques

(L. n° 1.394, 9 oct. 2012).

Art. 92. – Le juge d'instruction, lorsqu'il l'estime utile, se transporte sur les lieux pour dresser les procès-verbaux nécessaires, à l'effet de constater le corps du délit, ainsi que l'état des lieux, et de recevoir les déclarations des témoins.

Il donne avis de son transport au procureur général qui a la possibilité de l'accompagner.

Art. 93. – À moins d'une urgence exceptionnelle qu'il doit constater dans son procès-verbal, il donne préalablement avis de son transport à la partie civile, à l'inculpé et à son défenseur, qui peuvent assister aux opérations, sans toutefois avoir le droit d'en demander la remise.

L'inculpé détenu dans la Principauté doit être conduit, sur sa demande, au lieu où s'effectuent ces opérations. Son transfert peut aussi être ordonné par le juge, s'il paraît utile à l'information.

Art. 94. – Hors les cas de crime ou délit flagrant, et sauf ce qui sera dit pour les commissions rogatoires, le juge d'instruction opère lui-même les perquisitions.

Il peut en charger un officier de police judiciaire, s'il y a urgence et en cas d'empêchement motivé.

Art. 95. – Si l'inculpé est détenu, toute perquisition faite à son domicile a lieu en sa présence, sauf le cas d'urgence prévu à l'article 93, et, s'il ne peut ou ne veut y assister, en présence d'un fondé de pouvoirs nommé par lui, ou, à défaut, en présence de deux témoins requis par le juge d'instruction.

Art. 96. – Si l'inculpé est libre, il peut assister à toute perquisition faite à son domicile ou se faire représenter par un fondé de pouvoirs, mais sans qu'il y ait lieu de lui en donner préalablement avis. En son absence, ou à défaut de fondé de pouvoirs, il est procédé en présence de deux témoins, comme il est dit à l'article précédent.

Art. 97. – Si la perquisition a lieu dans un domicile autre que celui de l'inculpé, celui-ci, détenu ou non, ne peut y assister, à moins que le juge d'instruction n'ordonne sa comparution dans l'intérêt de l'information.

La personne chez laquelle la perquisition doit se faire est invitée à y assister, mais sans qu'il soit besoin d'un avis préalable.

Si elle est empêchée ou absente, la perquisition a lieu en présence d'un fondé de pouvoirs désigné par elle ou, à défaut, en présence de deux témoins requis par le juge d'instruction.

Art. 98 *(L. n° 1.043, 8 juill. 1982)*. – Hors les cas de crime ou délit flagrant, aucune perquisition n'aura lieu à l'intérieur d'une maison, contre le gré de celui qui l'habite, avant six heures et après vingt et une heures.

La visite régulièrement commencée pourra être continuée après vingt et une heures.

Art. 99. – Les hôtels, auberges, cabarets et les maisons ouvertes au public peuvent être visités pendant la nuit, même aux heures où ils sont fermés.

Art. 100 *(Mod., L. n° 1.274, 25 nov. 2003)*. – Le juge d'instruction peut saisir ou faire saisir tous les objets utiles à la manifestation de la vérité, lesquels sont placés sous scellés, après inventaire.

Il ne peut procéder à l'ouverture des scellés qu'en présence de l'inculpé ou de son défenseur, ceux-ci dûment convoqués par lettre recommandée avec demande d'accusé de réception.

Il en dresse inventaire dans un rapport qui doit mentionner toute ouverture ou réouverture des scellés. Lorsque les opérations sont terminées, le rapport et les scellés sont déposés au greffe général. Ce dépôt est constaté par procès-verbal.

Art. 101. – Lorsqu'il y a lieu à recherche de papiers, le juge d'instruction ou l'officier de police judiciaire régulièrement commis, a seul, le droit d'en prendre connaissance avant de procéder à la saisie.

Les scellés ne pourront être ouverts et le dépouillement des papiers opéré qu'en présence de l'inculpé ou de son défenseur, ou ceux-ci dûment appelés. Le défenseur sera convoqué par lettre recommandée.

Le tiers chez qui l'opération a été faite sera également appelé à assister à cette opération.

Toutes mesures appropriées devront être prises pour que soit assuré le respect du secret professionnel et des droits de la défense.

Art. 102. – Le juge d'instruction peut également faire saisir les télégrammes, lettres et autres envois émanant de l'inculpé ou à lui adressés, et se les faire livrer par l'administration des postes et télécommunications ou toute autre entreprise de transport.

La même faculté appartient au juge d'instruction, s'il résulte de l'information que des lettres ou télégrammes adressés à un tiers sont destinés à l'inculpé.

Le juge d'instruction a toutefois l'obligation de provoquer préalablement toutes mesures utiles pour assurer le respect du secret professionnel et des droits de la défense.

Art. 103. – Le juge d'instruction prend seul connaissance des papiers et documents saisis, dès que le scellé lui est remis.

Il maintient la saisie de ceux qui sont utiles à la manifestation de la vérité et il fait remettre les autres à l'inculpé ou aux destinataires.

Dans le cas prévu par le second alinéa de l'article précédent, les lettres et télégrammes ne pourront être ouverts par le juge d'instruction qu'en présence du tiers destinataire, s'il réside dans la Principauté, ou lui dûment appelé.

Les télégrammes et les lettres, dont la saisie est maintenue, sont communiqués, dans le plus bref délai, en original ou en copie, à l'inculpé ou au destinataire, à moins que cette communication ne soit de nature à nuire à l'instruction.

Art. 104 *(Mod., L. n° 1.274, 25 nov. 2003)*. – Lorsque la saisie porte sur des pièces de monnaie ou des billets de banque ayant cours légal dans la Principauté ou à l'étranger, contrefaits, le juge d'instruction doit transmettre, pour analyse et identification, au moins un exemplaire de chaque type de billets ou pièces suspectés de faux à l'autorité qui sera désignée par ordonnance souveraine (1).

Les dispositions de l'alinéa précédent ne sont pas applicables lorsqu'il n'existe qu'un seul exemplaire de type de pièces ou billets nécessaires à la manifestation de la vérité.

Si la saisie porte sur des espèces, lingots, effets ou valeurs dont la conservation en nature n'est pas jugée nécessaire à la manifestation de la vérité ou à la sauvegarde des droits des parties ou des tiers, le juge d'instruction peut autoriser le greffier à en faire le dépôt à la caisse des dépôts et consignations.

Art. 105. – L'inculpé, la partie civile ou toute autre personne qui prétend avoir droit sur un objet placé sous la main de la justice peut, jusqu'à la clôture de l'information, en réclamer la restitution au juge d'instruction.

Si la demande émane de l'inculpé ou de la partie civile, elle est communiquée à l'autre partie, ainsi qu'au Ministère public. Si elle émane d'un tiers, elle est communiquée à l'inculpé, à la partie civile et au Ministère public.

Les observations qu'elle peut comporter doivent être produites dans les trois jours de cette communication.

La décision du juge d'instruction peut être déférée à la chambre du conseil de la cour d'appel, sur simple requête, dans les dix jours de la notification aux parties intéressées, sans toutefois que l'information puisse s'en trouver retardée.

Le tiers peut, au même titre que les parties, être entendu par la chambre du conseil de la cour d'appel en ses observations, mais il ne saurait prétendre que la procédure soit mise à sa disposition.

Art. 106 *(Mod., L. n° 1.247, 21 déc. 2001)*. – Toute communication de documents saisis faite sans l'autorisation de l'inculpé et des personnes ayant des droits sur ces documents, à une personne non qualifiée

(1) V. Ord. n° 634, 10 août 2006 *(mod., Ord. n° 1.511, 4 févr. 2008)*.

pour en prendre connaissance, ainsi que tout usage de cette communication, sera puni d'une amende de 150 à 15 000 euros.

Art. 106-1 *(L. n° 1.343, 26 déc. 2007).* – Lorsque les nécessités de l'information l'exigent, le juge d'instruction peut prescrire l'interception, l'enregistrement et la transcription de correspondances émises par voie de télécommunications ou de communications électroniques, en cas de crime ou de délit passible d'une peine égale ou supérieure à un an.

La décision d'interception est écrite. Elle n'a pas de caractère juridictionnel et n'est susceptible d'aucun recours.

Les opérations prescrites en vertu du premier alinéa sont effectuées sous l'autorité et le contrôle du juge d'instruction.

Art. 106-2 *(L. n° 1.343, 26 déc. 2007).* – Les opérations prescrites en vertu de l'article 106-1, lorsqu'elles visent une personne tenue au secret professionnel et pouvant refuser de témoigner, ne peuvent être ordonnées que dans les cas suivants :

– s'il existe des indices graves et concordants rendant vraisemblable sa participation, comme auteur ou complice, aux faits dont le juge d'instruction est saisi ;

– si des faits déterminés laissent présumer qu'une personne à l'encontre de laquelle existent de tels indices utilise ou fait utiliser la ligne de télécommunication ou de communication électronique de la personne tenue au secret professionnel.

Art. 106-3 *(L. n° 1.343, 26 déc. 2007).* – La commission rogatoire spéciale donnée à l'officier de police judiciaire pour effectuer les opérations prescrites en vertu de l'article 106-1 doit, sans préjudice des dispositions de l'article 87, indiquer :

1° la personne, le moyen de communication ou le lieu soumis à la surveillance ;

2° les éléments d'identification de la liaison interceptée dont dispose le juge ;

3° la période pendant laquelle la surveillance peut être pratiquée dans la limite prévue à l'article 106-4.

Art. 106-4 *(L. n° 1.343, 26 déc. 2007).* – Les opérations prescrites en vertu de l'article 106-1 ne peuvent excéder deux mois à compter de sa mise en œuvre. Elles peuvent être renouvelées dans les mêmes conditions de forme et de durée.

Art. 106-5 *(L. n° 1.343, 26 déc. 2007).* – En vue de procéder à l'installation d'un dispositif d'interception, le juge d'instruction ou l'officier de police judiciaire commis par lui peut requérir tout agent qualifié d'un exploitant de réseau ou d'un fournisseur de services de télécommunications ou d'accès à Internet.

Il peut ordonner à toute personne ayant des connaissances particulières du système de télécommunication ou de communication électronique, objet de la mesure de surveillance, y compris les moyens permettant de protéger ou de crypter des données numérisées, de fournir des informations sur le fonctionnement dudit système et sur la manière d'accéder au contenu des données et communications dans une forme compréhensible.

Toute personne qui, du chef de sa fonction ou de sa mission, a connaissance d'une opération prescrite en vertu de l'article 106-1 ou y prête son concours est tenue de garder le secret. Toute violation du secret est punie conformément à l'article 308 du Code pénal.

Toute personne qui refuse, sans motif légitime, de prêter son concours technique aux réquisitions prescrites en vertu du présent article est punie de l'amende prévue au chiffre 1 de l'article 26 du Code pénal.

Art. 106-6 *(L. n° 1.343, 26 déc. 2007).* – Le juge d'instruction ou l'officier de police judiciaire commis par lui dresse procès-verbal de chacune des opérations d'interception et d'enregistrement. Ce procès-verbal mentionne la date et l'heure auxquelles l'opération a commencé et celles auxquelles elle s'est terminée.

Les enregistrements sont placés sous scellés fermés.

Art. 106-7 *(L. n° 1.343, 26 déc. 2007).* – Le juge d'instruction ou l'officier de police judiciaire commis par lui transcrit la correspondance utile à la manifestation de la vérité. Il en est dressé procès-verbal. Cette transcription est versée au dossier.

Les correspondances sont, le cas échéant, traduites en français avec l'assistance d'un interprète requis à cette fin.

Art. 106-8 *(L. n° 1.343, 26 déc. 2007).* – Aucune interception ne peut avoir lieu sur une ligne dépendant du cabinet d'un avocat ou de son domicile sans que le Bâtonnier en ait été informé par le juge d'instruction.

Aucune interception ne peut avoir lieu sur une ligne dépendant du cabinet du Bâtonnier ou de son domicile sans qu'un membre du Conseil de l'ordre en ait été informé par le juge d'instruction.

Aucune interception ne peut avoir lieu sur la ligne d'un Conseiller national sans que le président du Conseil national en ait été informé par le juge d'instruction.

Aucune interception ne peut avoir lieu sur la ligne du président du Conseil national sans que le vice-président du Conseil national en ait été informé par le juge d'instruction.

Art. 106-9 *(L. n° 1.343, 26 déc. 2007).* – Si la surveillance fournit des informations relevant du secret professionnel auquel s'applique le droit de refuser de témoigner, les documents relatifs à ces informations doivent être immédiatement détruits.

Art. 106-10 *(L. n° 1.343, 26 déc. 2007).* – Les enregistrements et documents portant transcription sont détruits, à la diligence du procureur général, à l'expiration du délai de prescription de l'action publique. Il est dressé procès-verbal de l'opération de destruction.

Toute personne écoutée peut demander à la juridiction d'instruction ou à la juridiction ayant statué en dernier lieu, la suppression des éléments la concernant et qui ne sont pas nécessaires à la manifestation de la vérité.

Art. 106-11 *(L. n° 1.343, 26 déc. 2007).* – Les formalités prévues aux articles 106-1 à 106-10 sont prescrites à peine de nullité.

Sous-section II. – Des sonorisations et des fixations d'images de certains lieux ou véhicules *(L. n° 1.394, 9 oct. 2012).*

Art. 106-12 *(L. n° 1.382, 20 juill. 2011 ; rempl., L. n° 1.394, 9 oct. 2012).* – Lorsque les nécessités de l'information l'exigent, et pour les infractions relevant de la criminalité et de la délinquance organisées, celles prévues aux articles 225, 227, 243 à 246, 265, 266, 268 à 269-1, 273, 280 à 294-8, 391-1 à 391-12, ainsi que celles prévues par la loi n° 890 du 10 juillet 1970 relative aux stupéfiants, le juge d'instruction peut, après avis du procureur général, autoriser, par ordonnance motivée, les officiers de police judiciaire commis sur commission rogatoire à mettre en place un dispositif technique ayant pour objet, sans le consentement des intéressés, la captation, la fixation, la transmission et l'enregistrement de paroles prononcées par une ou plusieurs personnes à titre privé ou confidentiel, dans des lieux ou véhicules privés ou publics ou de l'image d'une ou plusieurs personnes se trouvant dans un lieu privé. Ces opérations sont effectuées sous l'autorité et le contrôle du juge d'instruction.

Art. 106-13 *(L. n° 1.394, 9 oct. 2012).* – La mise en place de ce dispositif technique ne peut concerner les lieux visés à l'article 106-8, ni être mise en œuvre dans le véhicule, le bureau ou le domicile des personnes visées à ce même article. Elle ne peut concerner non plus les locaux d'une entreprise de presse, d'une entreprise de communication audiovisuelle, d'une entreprise de communication au public en ligne, d'une agence de presse, les véhicules professionnels de ces entreprises ou agences ou le domicile d'un journaliste. Il en est de même du cabinet d'un médecin ou de l'étude d'un notaire ou d'un huissier ainsi que pour le véhicule, bureau ou domicile de ces personnes.

Toutefois, par dérogation au premier alinéa, la cour d'appel siégeant en chambre du conseil peut, lorsque les nécessités de l'information l'exigent, et sur requête motivée du juge d'instruction, autoriser la mise en place d'un tel dispositif, après en avoir informé, chacun pour ce qui le concerne, le président du Conseil National, le Bâtonnier et le président du Conseil de l'Ordre des médecins.

Art. 106-14 *(L. n° 1.394, 9 oct. 2012).* – La commission rogatoire donnée à l'officier de police judiciaire pour effectuer les opérations prescrites en vertu de l'article 106-12 doit mentionner tous les éléments permettant d'identifier les véhicules ou les lieux privés ou publics visés, l'infraction qui motive le recours aux mesures techniques à mettre en œuvre ainsi que la durée de celles-ci.

Ces mesures ne peuvent excéder deux mois à compter de leur mise en œuvre. Elles peuvent être renouvelées dans les mêmes conditions de forme et de durée.

Art. 106-15 *(L. n° 1.394, 9 oct. 2012).* – Le juge d'instruction ou l'officier de police judiciaire commis par lui dresse procès-verbal de chacune des opérations de mise en place du dispositif technique et des opérations de captation, de fixation et d'enregistrement sonore ou audiovisuel. Ce procès-verbal mentionne la date et l'heure auxquelles l'opération a commencé et celles auxquelles elle s'est terminée.

Les enregistrements sont placés sous scellés fermés. Les dispositions de l'article 106-10 leur sont applicables.

Art. 106-16 *(L. n° 1.394, 9 oct. 2012)*. – Le juge d'instruction ou l'officier de police judiciaire commis par lui décrit ou transcrit dans un procès-verbal qui est versé au dossier les images ou les conversations enregistrées qui sont utiles à la manifestation de la vérité.

Les conversations en langue étrangère sont transcrites en français avec l'assistance d'un interprète requis à cette fin, dans les conditions prévues à l'article 327.

Sous-section III. – Des enquêtes discrètes

(L. n° 1.394, 9 oct. 2012).

Art. 106-17 *(L. n° 1.394, 9 oct. 2012)*. – Lorsque les nécessités de l'enquête ou de l'information le justifient, et pour les infractions relevant de la criminalité et de la délinquance organisées, celles prévues aux articles 225, 227, 243 à 246, 265, 266, 268 à 269-1, 273, 280 à 294-8, 391-1 à 391-12, ainsi que celles prévues par la loi n° 890 du 10 juillet 1970 relative aux stupéfiants, le procureur général ou le juge d'instruction, dans le cadre d'une commission rogatoire, peut autoriser, à titre exceptionnel, qu'il soit procédé, sous son contrôle, à une opération d'infiltration.

L'infiltration consiste, pour un officier ou un agent de police judiciaire agissant sous la responsabilité d'un officier de police judiciaire chargé de coordonner l'opération, à surveiller des personnes suspectées de commettre un crime ou un délit en se faisant passer, auprès de ces personnes, comme un de leurs coauteurs, complices ou receleurs. L'officier ou l'agent de police judiciaire est à cette fin autorisé à faire usage d'une identité d'emprunt et à commettre si nécessaire les actes mentionnés à l'article 106-18. À peine de nullité, ces actes ne peuvent constituer une incitation à commettre des infractions.

L'infiltration fait l'objet d'un rapport rédigé par l'officier de police judiciaire ayant coordonné l'opération.

Art. 106-18 *(L. n° 1.394, 9 oct. 2012)*. – Les officiers ou agents de police judiciaire autorisés à procéder à une opération d'infiltration peuvent, sur l'ensemble du territoire de la Principauté, sans être pénalement responsables de ces actes :

1°) acquérir, détenir, transporter, livrer ou délivrer des substances, biens, produits, documents ou informations tirés de la commission des infractions ou servant à la commission de ces infractions ;

2°) utiliser ou mettre à disposition des personnes se livrant à ces infractions des moyens de caractère juridique ou financier ainsi que des moyens de transport, de dépôt, d'hébergement, de conservation et de télécommunication.

L'exonération de responsabilité prévue au premier alinéa est également applicable aux personnes requises par ces officiers ou agents de police judiciaire pour leur permettre de procéder à l'opération d'infiltration.

Art. 106-19 *(L. n° 1.394, 9 oct. 2012)*. – À peine de nullité, l'autorisation donnée en application de l'article 106-17 est délivrée par écrit et doit être spécialement motivée.

Elle mentionne la ou les infractions qui justifient le recours à cette procédure, l'identité de l'officier de police judiciaire sous la responsabilité duquel se déroule l'opération ainsi que l'identité d'emprunt de l'agent ou des agents qui effectuent l'infiltration.

Cette autorisation fixe la durée de l'opération d'infiltration, qui ne peut excéder quatre mois. L'opération peut toutefois être renouvelée dans les mêmes conditions de forme et de durée. Le procureur général peut, à tout moment, ordonner son interruption avant l'expiration de la durée fixée.

L'autorisation est versée au dossier de la procédure après achèvement de l'opération d'infiltration.

Art. 106-20 *(L. n° 1.394, 9 oct. 2012)*. – L'identité réelle des officiers ou agents de police judiciaire ayant effectué l'infiltration sous une identité d'emprunt ne doit apparaître à aucun stade de la procédure.

La révélation de l'identité de ces officiers ou agents de police judiciaire est punie de cinq ans d'emprisonnement et de l'amende prévue au chiffre 4 de l'article 26 du Code pénal.

Lorsque cette révélation a causé, même indirectement, la mort de ces personnes, de leur conjoint ou de toute autre personne vivant avec elles sous le même toit ou y ayant vécu durablement, de leurs descendants ou ascendants directs, les peines sont portées à dix ans d'emprisonnement et du double de l'amende prévue au chiffre 4 de l'article 26 du Code pénal, sans préjudice, le cas échéant, de l'application des dispositions relatives aux crimes et délits contre les personnes prévues par le Code pénal.

Les dispositions de l'alinéa précédent sont également applicables lorsque cette révélation a occasionné, même indirectement, des violences ayant entraîné une maladie ou une incapacité totale de travail d'une durée excédant huit jours à l'encontre de ces mêmes personnes.

Art. 106-21 *(L. n° 1.394, 9 oct. 2012)*. – En cas de décision d'interruption de l'opération ou à l'issue du délai fixé par la décision autorisant l'infiltration et en l'absence de prolongation, l'agent infiltré peut poursuivre les activités mentionnées à l'article 106-18, sans en être pénalement responsable, le temps strictement nécessaire pour lui permettre de cesser sa surveillance dans des conditions assurant sa sécurité.

Art. 106-22 *(L. n° 1.394, 9 oct. 2012)*. – L'officier de police judiciaire sous la responsabilité duquel se déroule l'opération d'infiltration peut seul être entendu en qualité de témoin sur l'opération.

Toutefois, s'il ressort du rapport mentionné au troisième alinéa de l'article 106-17 que le suspect est directement mis en cause par des constatations effectuées par un agent ayant personnellement réalisé les opérations d'infiltration, cette personne peut demander à être confrontée avec cet agent dans les conditions prévues par les articles 147-1 à 147-6.

Art. 106-23 *(L. n° 1.394, 9 oct. 2012)*. – Aucune condamnation ne peut être prononcée sur le seul fondement des déclarations faites par les officiers ou agents de police judiciaire ayant procédé à une opération d'infiltration.

Section III. – De l'expertise

Art. 107. – Le juge d'instruction, dans les cas où se pose une question d'ordre technique, peut, soit à la demande du Ministère public, soit d'office ou à la demande des parties, le Ministère public entendu, désigner un ou plusieurs experts pour effectuer les opérations nécessaires dont son ordonnance précise la nature et l'objet.

(L. n° 1.382, 20 juill. 2011) Le juge d'instruction peut également ordonner une expertise médico-psychologique dans les cas prévus à l'article 37-2 et dans les conditions fixées au précédent alinéa.

Art. 108. – Dans le cas de mort violente ou suspecte, il peut être procédé à l'autopsie du cadavre qui ne doit être inhumé, ni même déplacé sans l'ordre du juge d'instruction ou du procureur général ; l'un ou l'autre de ces magistrats peut, s'il y a lieu, ordonner l'exhumation.

Art. 109 *(L. n° 1.200, 13 janv. 1998)*. – Le juge d'instruction donne, sans retard, par la voie du greffe, avis de la désignation des experts au Ministère public, à la partie civile et à l'inculpé qui peuvent, dans les dix jours de la notification, récuser l'expert nommé, s'ils ont contre lui un motif de suspicion légitime.

Art. 110 *(L. n° 1.200, 13 janv. 1998)*. – L'inculpé peut, en outre, dans le même délai, choisir un autre expert qui aura le droit de suivre les opérations de ceux désignés par le juge, de réclamer d'eux toutes mesures utiles, de consigner ses observations à la suite de leur rapport ou dans un document y annexé.

La partie civile peut, également, désigner un expert à ses frais.

Art. 111. – Si les circonstances l'exigent, le juge d'instruction peut ordonner qu'il sera procédé d'urgence à une expertise, sans en aviser les personnes indiquées à l'article 109. Les motifs d'urgence sont indiqués dans l'ordonnance, à peine de nullité des opérations.

Art. 112. – Dans le cas prévu à l'article précédent, l'inculpé et la partie civile auront communication du rapport et, dans les vingt-quatre heures de l'avis qui leur aura été donné de son dépôt au greffe, pourront choisir un expert qui formulera toutes demandes ou observations au sujet du travail des experts commis.

La même faculté appartiendra à l'inculpé, lorsque l'expertise aura eu lieu avant sa mise en cause ou lorsque, par suite d'une circonstance indépendante de sa volonté, la commission d'expert n'aura pu lui être notifiée.

Art. 113. – Les experts sont choisis parmi les personnes qualifiées en raison de leur art ou de leur profession, et autorisées à exercer dans la Principauté.

Néanmoins, le premier président peut permettre, exceptionnellement, la désignation d'experts qui ne possèdent pas cette autorisation.

Art. 114. – Ne peuvent en aucun cas être désignés comme experts, à peine de nullité de l'expertise, ceux qui sont privés du droit de remplir cette charge d'après l'article 350 du Code de procédure civile et ceux auxquels s'appliquent les articles 133 et suivants du présent code.

Art. 115 *(Mod., L. n° 1.247, 21 déc. 2001).* – Toute personne désignée comme expert par le juge d'instruction est tenue, à moins d'un empêchement reconnu, d'accepter et de remplir la mission qui lui a été confiée, si elle exerce, en vertu d'une autorisation administrative, l'art ou la profession impliquant les connaissances nécessaires pour l'expertise, sous peine d'une amende de 15 à 150 euros. En cas de récidive, la peine sera doublée.

Art. 116. – Avant de procéder aux opérations dont il est chargé, l'expert doit, dans le délai de huit jours qui suit la commission, sauf empêchement de force majeure constaté dans le procès-verbal, prêter serment, devant le juge d'instruction, de remplir sa mission en honneur et conscience.

Art. 117. – Toute ordonnance du juge d'instruction commettant un expert lui impartit un délai pour remplir sa mission.

Ce délai ne doit pas être supérieur à trois mois à compter de la prestation de serment. Il peut, toutefois, si des circonstances particulières l'exigent, être prorogé sur demande motivée de l'expert. Cette décision n'est pas susceptible de recours.

Art. 118. – L'expert qui ne prête pas serment ou qui ne dépose pas son rapport dans les délais fixés est aussitôt remplacé.

Dans ce cas, et sous réserve de l'application des dispositions de l'article 115 du présent code, il ne sera admis à réclamer ni honoraires, ni remboursement des frais, sans préjudice de tous dommages-intérêts.

Art. 119. – Quand un expert aura été remplacé deux fois par application de l'article précédent, la cour d'appel réunie en chambre du conseil, le procureur général entendu, sera appelée à prononcer, s'il y a lieu, contre cet expert l'exclusion temporaire ou définitive de toute expertise judiciaire.

La décision de la cour d'appel ne sera susceptible d'aucun recours.

Art. 120. – Le juge d'instruction fournit aux experts tous renseignements propres à faciliter l'accomplissement de leur tâche et peut les autoriser, s'il l'estime opportun, à prendre connaissance des pièces de l'information.

Art. 121. – Le rapport est dressé, daté et signé par l'expert.

En cas de pluralité d'experts, il est rédigé par l'un d'eux et signé par tous. Lorsqu'il y a divergence, le rapport énonce leur opinion motivée, sauf la faculté pour chacun des experts de déposer un rapport distinct.

Art. 122 *(L. n° 1.200, 13 janv. 1998).* – Le rapport est déposé au greffe où les parties, ainsi que leurs conseils, pourront en prendre connaissance dans les dix jours de la réception de l'avis qui leur aura été donné, sans délai, par le greffier.

Art. 123. – Le juge d'instruction statue, sauf recours à la chambre du conseil de la cour d'appel, sur les demandes d'expertise ou de contre-expertise, les récusations, les désignations d'experts formulées par l'inculpé et sur les incidents contentieux qui s'élèvent au cours de l'expertise.

Art. 124. – Les dispositions des précédents articles, relatives à la désignation des experts, à la prestation de serment, au délai pour le dépôt du rapport et aux sanctions en cas d'inobservation de ces prescriptions sont applicables aux expertises ordonnées par la chambre du conseil de la cour d'appel et par les juridictions de jugement.

Section IV. – De l'audition des témoins

§1. – Dispositions générales
(L. n° 1.394, 9 oct. 2012)

Art. 125. – Le juge d'instruction entend les personnes dont la déposition lui paraît utile.

Le Ministère public, la partie civile et l'inculpé peuvent réclamer l'audition de témoins, en articulant, sous peine de voir rejeter leur demande, les faits sur lesquels ces témoins devront être entendus.

Art. 126. – Les témoins sont cités par un huissier ou par un agent de la force publique, à la requête du procureur général.

La citation mentionne la cédule délivrée par le juge d'instruction et les conséquences légales de la non-comparution.

Art. 127. – Si le témoin n'est pas trouvé à son domicile ou à sa résidence, il est procédé conformément à l'article 148 du Code de procédure civile, après quoi la cédule et l'original sont déposés au greffe pour être joints aux pièces de l'information.

Art. 128 *(L. n° 1.200, 13 janv. 1998)*. – Toute personne régulièrement citée qui, en dehors de dispenses ou d'incapacités prévues par la loi, ne comparaît pas, ou refuse de prêter serment ou de déposer, encourt l'amende prévue au chiffre 1° de l'article 26 du Code pénal, prononcée par le juge d'instruction.

En cas de non-comparution, le juge peut décerner un mandat d'amener.

Art. 129. – Le témoin condamné à l'amende, qui produit une excuse légitime, peut être déchargé de la condamnation par le juge d'instruction.

Si ce magistrat refuse de l'en relever, il peut se pourvoir contre l'ordonnance devant la chambre du conseil de la cour d'appel.

Art. 130. – En cas de maladie dûment constatée d'un témoin ou d'empêchement de toute autre nature, le juge d'instruction, s'il y a urgence, se transporte auprès de lui à l'effet de recevoir sa déposition.

Art. 131 *(L. n° 1.200, 13 janv. 1998)*. – S'il s'agit d'entendre une personne sous le coup d'un mandat d'amener ou d'arrêt, d'une condamnation à une peine privative de liberté, d'une contrainte par corps, d'une mesure de refoulement ou d'un arrêté d'expulsion, il peut lui être accordé un sauf-conduit par le juge d'instruction.

Dans tous les cas, le sauf-conduit règle la durée de son effet et le témoin qui en est nanti ne peut être arrêté, ni pendant le temps fixé pour sa comparution, ni pendant le temps nécessaire à son déplacement.

Art. 132. – Les témoins prêtent serment de dire toute la vérité, rien que la vérité. Le juge d'instruction les invite à décliner leurs nom, prénoms, âge, état, profession, demeure et à dire s'ils sont parents ou alliés des parties et à quel degré ou s'ils sont à leur service. Il est fait mention de la demande et de la réponse.

Art. 133. – Ne peuvent être entendus en témoignage :

1° Les ascendants ou descendants de l'inculpé ;

2° Ses frères et sœurs ou ses alliés au même degré, même après la dissolution du mariage qui a engendré l'alliance ;

3° Son conjoint, même après la séparation de corps ou le divorce.

Toutefois, la déposition de ces personnes peut être reçue sans prestation de serment, à titre de simple renseignement.

Art. 134. – Ne peuvent être pareillement entendus qu'à titre de renseignements et sans prestation de serment :

1° Les enfants au-dessous de l'âge de quinze ans ;

2° Les condamnés à la dégradation civique et ceux qui ont été privés spécialement, par jugement, du droit de témoigner en justice ;

3° Les personnes qui se sont constituées parties civiles.

Art. 135. – Ne peuvent être entendus, même sans prestation de serment, sous peine de nullité :

1° Les ministres des cultes, sur les faits qui leur ont été révélés sous le sceau du secret, dans l'exercice de leur ministère ;

2° Les avocats, médecins, pharmaciens, sages-femmes et autres personnes dépositaires de secrets par état ou profession, sur les faits qui leur ont été révélés en raison de cette qualité, sauf les cas où la loi les oblige expressément à les dénoncer.

Néanmoins, les personnes désignées au 2° du présent article pourront, si elles s'y croient autorisées, fournir leur témoignage, lorsqu'elles seront relevées du secret professionnel par ceux qui se sont confiés à elles.

Art. 136. – Sauf le cas de transport sur les lieux, les témoins sont entendus séparément et hors la présence du Ministère public, de la partie civile et de l'inculpé.

Art. 137. – Ils peuvent être confrontés soit entre eux, soit avec l'inculpé, toutes les fois que le juge d'instruction l'estime opportun.

Le procureur général, la partie civile et l'inculpé ont le droit de demander ces confrontations.

Art. 138. – Les témoins font leur déposition oralement, sans pouvoir lire aucun projet.

Art. 139. – Si le témoin ne parle ni la langue française, ni aucune autre langue familière au juge d'instruction et en usage dans la Principauté, celui-ci désigne un interprète parmi les personnes âgées de plus de 21 ans, et à l'exclusion de son greffier et des témoins, auquel il fait prêter serment de traduire fidèlement la déposition du témoin, les questions et les réponses à transmettre.

Art. 140. – Si le témoin est sourd, les questions lui sont posées par écrit, et s'il est muet, il lui est demandé de répondre par écrit. Lorsqu'il est impossible de recourir à ce mode d'interrogatoire, la déposition est reçue avec l'assistance d'un interprète spécial ou de la personne qui a le plus l'habitude de converser avec le témoin.

Art. 141. – Les dépositions des témoins sont écrites par le greffier, sous la dictée du juge d'instruction, à moins que les témoins ne demandent à les dicter eux-mêmes et ne soient en état de le faire convenablement.

Art. 142. – La déposition est signée, à chaque page, par le juge, le greffier, l'interprète s'il y a lieu, et le témoin, après que lecture en a été faite à celui-ci et qu'il a déclaré y persister. Si le témoin ne peut ou ne veut signer, il en est fait mention ainsi que des motifs de son refus.

Art. 143. – Le procès-verbal ne peut contenir d'interligne.

Les ratures et les renvois sont approuvés et signés par le juge d'instruction, le greffier, le témoin et, le cas échéant, l'interprète.

Art. 144. – Il est fait mention dans ledit procès-verbal de l'accomplissement des formalités prescrites par les articles 132, 138 à 140 inclusivement et 142 du présent code.

Art. 145. – Si un témoin représente des papiers ou effets pouvant servir à établir la culpabilité ou l'innocence de l'inculpé, le juge d'instruction en ordonne le dépôt et procède comme il est dit à l'article 100.

Art. 146. – Lorsqu'un acte de l'information n'a pu être entièrement achevé ou rédigé dans la même séance, il est clos et signé par les personnes qui y sont intervenues, pour être repris à une séance suivante.

Art. 147. – Tout témoin qui demande une indemnité est taxé par le juge d'instruction ; il en est fait mention au procès-verbal.

§ 2. – Du témoignage anonyme

(L. n° 1.394, 9 oct. 2012)

Art. 147-1 *(L. n° 1.394, 9 oct. 2012)*. – Lorsque la peine encourue est au moins égale à cinq ans d'emprisonnement, le juge d'instruction seul peut procéder à l'audition d'un témoin dont l'identité demeure secrète dans les cas suivants :

1°) si cette audition est susceptible de mettre gravement en danger la vie ou la sécurité physique du témoin ou celle des membres de sa famille ou de ses proches ;

2°) si le témoin est un officier ou un agent de police judiciaire infiltré. Le témoignage anonyme doit au préalable être autorisé par le premier président de la Cour d'appel saisi par le juge d'instruction. Cette ordonnance ne peut faire l'objet d'aucun recours.

Art. 147-2 *(L. n° 1.394, 9 oct. 2012)*. – Le juge d'instruction procède à l'audition du témoin en prenant toutes les mesures nécessaires pour tenir secrète son identité. À cette fin, il peut avoir recours à un système de communication électronique.

Le Ministère public, l'inculpé, la partie civile et leurs conseils dûment avisés au moins huit jours à l'avance, sauf urgence motivée par ordonnance, peuvent soumettre au juge d'instruction, avant et pendant l'audition du témoin, les questions qu'ils souhaitent voir poser. Celles-ci sont écartées si elles sont de nature à conduire à divulguer l'identité du témoin.

Le juge d'instruction fait dresser, dans les formes de l'article 137 du présent code, un procès-verbal de l'audition mentionnant les questions posées et les réponses apportées ainsi que les questions écartées. Le témoin dont l'anonymat est protégé ne signe pas le procès-verbal.

L'identité et l'adresse du témoin doivent être précisées dans un autre procès-verbal signé par ce témoin. Celui-ci atteste que les déclarations consignées dans le procès-verbal visé à l'alinéa précédent, joint en copie, ont bien été faites par lui. Le procès-verbal et la copie jointe ne sont pas versés au dossier de la procédure mais conservés par le premier président de la Cour d'appel.

Art. 147-3 *(L. n° 1.394, 9 oct. 2012)*. – La chambre du conseil de la Cour d'appel peut être saisie par les parties de toute difficulté inhérente à cette procédure, notamment lorsqu'il est fait grief à cette dernière d'interdire l'exercice des droits de la défense. La décision n'est soumise à aucun recours.

Le témoin, s'il le souhaite, peut autoriser la révélation de son identité.

Art. 147-4 *(L. n° 1.394, 9 oct. 2012)*. – L'inculpé peut demander à être confronté avec un témoin entendu en application des dispositions de l'article 147-1 par l'intermédiaire d'un dispositif technique permettant l'audition du témoin à distance ou à faire interroger ce témoin par son avocat par ce même moyen. La voix et/ou l'image du témoin sont alors rendues non identifiables par des procédés techniques appropriés.

Art. 147-5 *(L. n° 1.394, 9 oct. 2012)*. – Toute révélation de l'identité ou de l'adresse du témoin dans des conditions autres que celles prévues au second alinéa de l'article 147-3 est punie d'un emprisonnement maximum de cinq ans et de l'amende prévue au chiffre 4 de l'article 26 du Code pénal.

Art. 147-6 *(L. n° 1.394, 9 oct. 2012)*. – Aucune condamnation ne peut être prononcée sur le seul fondement de déclarations recueillies dans les conditions prévues par les articles 147-1 à 147-3.

Section V. – Des mandats

1. – Des mandats en général

Art. 148. – Il y a trois sortes de mandats :
- le mandat de comparution,
- le mandat d'amener,
- le mandat d'arrêt.

Art. 149 *(L. n° 1.200, 13 janv. 1998)*. – Les mandats sont datés et signés par le magistrat qui les décerne, et revêtus de son sceau. Lorsque le mandat est décerné par le juge d'instruction ou un officier de police judiciaire, il en adresse copie au procureur général.

L'inculpé y est nommé ou désigné le plus clairement possible.

Art. 150. – Les mandats d'amener et d'arrêt mentionnent l'inculpation et les textes applicables.

Art. 151. – Tout mandat est notifié par un huissier ou un agent de la force publique, lequel, après le lui avoir représenté, en laisse copie à l'inculpé.

L'original et la copie contiennent la mention du jour et de l'heure auxquels est exécuté le mandat. Lecture de cette mention est donnée à l'inculpé qui est invité à la signer.

Art. 152. – Sauf les exceptions prévues à l'article 99, aucun mandat ne peut être exécuté de nuit, à l'intérieur d'une maison.

2. – Du mandat de comparution

Art. 153. – Le mandat de comparution est l'ordre par lequel le juge d'instruction enjoint à celui qui y est désigné, de comparaître devant lui pour s'expliquer sur les faits qui lui sont imputés.

Art. 154. – Le mandat de comparution est décerné lorsqu'il s'agit d'un délit non passible de la peine d'emprisonnement.

Il peut l'être également pour tout autre délit, et même en matière criminelle, lorsqu'il n'existe ni danger de fuite ni péril pour la découverte de la vérité.

Art. 155. – Si l'inculpé ne comparaît pas, sans fournir un motif d'excuse suffisant, le juge d'instruction peut décerner contre lui un mandat d'amener.

S'il comparaît, il est procédé comme il est dit aux articles 166 et suivants.

Art. 156. – Si l'inculpé ne peut être trouvé, l'huissier ou l'agent chargé de lui notifier le mandat de comparution en laisse copie en sa demeure, soit à son conjoint, soit à une personne à son service.

Si l'huissier ou l'agent ne rencontre aucune de ces personnes, il remet la copie au maire qui vise l'original sans frais.

Il fait mention du tout, tant sur l'original que sur la copie.

L'original est ensuite remis au juge d'instruction.

3. – Du mandat d'amener

Art. 157. – Le mandat d'amener est l'ordre par lequel le magistrat ou l'officier de police judiciaire compétent enjoint à celui qui y est désigné de suivre immédiatement l'agent porteur du mandat et autorise, à cet effet, l'emploi de la force publique.

Art. 158. – L'inculpé qui refuse de déférer au mandat d'amener ou qui, après avoir obéi, tente de s'évader, y sera contraint.

Art. 159. – Tout inculpé auquel est notifié un mandat d'amender sera conduit devant le magistrat qui l'a décerné et interrogé par lui, soit immédiatement, soit, au plus tard, dans les vingt-quatre heures de son entrée à la maison d'arrêt où il est déposé dans l'intervalle.

En cas d'absence ou d'empêchement dudit magistrat, il est conduit, sans retard, par les soins du gardien-chef, devant le président du tribunal de première instance ou le juge qui le remplace. Ce magistrat peut, après l'avoir interrogé, décerner contre lui un mandat d'arrêt, à défaut de quoi l'inculpé doit être mis en liberté.

Art. 160. – Si le fait emporte la peine d'emprisonnement ou une peine plus grave, le juge d'instruction peut, aussitôt après le premier interrogatoire, décerner contre l'inculpé un mandat d'arrêt.

À défaut de ce mandat, l'inculpé est remis en liberté.

Art. 161. – Si l'inculpé contre lequel il a été décerné un mandat d'amener n'est pas trouvé, ce mandat est notifié comme il est dit à l'article 156 et le juge d'instruction peut délivrer un mandat d'arrêt.

4. – Du mandat d'arrêt

Art. 162. – Le mandat d'arrêt est l'ordre en vertu duquel le juge d'instruction, la juridiction compétente ou le procureur général, celui-ci dans le cas de crime ou de délit flagrant, fait saisir l'inculpé par la force publique pour être conduit dans la maison d'arrêt.

Il ne peut être décerné qu'après interrogatoire de l'inculpé, à moins que celui-ci ne soit en fuite ou ne réside à l'étranger, et seulement lorsqu'il existe contre lui des indices graves et que le fait emporte une peine privative de liberté.

Art. 163. – L'agent chargé de l'exécution d'un mandat d'arrêt remet l'inculpé au gardien-chef de la maison d'arrêt, qui lui en donne décharge.

Il porte aussitôt après les pièces concernant l'arrestation au magistrat qui a signé le mandat.

Art. 164. – L'inculpé saisi en vertu d'un mandat d'arrêt délivré avant son premier interrogatoire, doit être conduit devant le juge d'instruction et interrogé comme il est dit à l'article 159.

Art. 165. – Si l'inculpé contre lequel existe un mandat d'arrêt ne peut être découvert et saisi, le mandat est notifié conformément aux prescriptions de l'article 156, puis est renvoyé, accompagné d'un procès-verbal de recherches, au magistrat qui l'a délivré.

Section VI. – De l'interrogatoire, de la désignation des défenseurs, de la communication de la procédure

Art. 166. – Lors de la première comparution, le juge d'instruction constate l'identité de l'inculpé, lui fait connaître les faits qui lui sont imputés et reçoit ses déclarations, après l'avoir averti qu'il est libre de ne pas en faire.

Le procès-verbal doit, à peine de nullité de l'acte de la procédure ultérieure, contenir mention de cet avertissement.

Dès ce premier interrogatoire, le magistrat donne avis à l'inculpé qu'il a le droit de choisir un défenseur parmi les avocats-défenseurs ou les avocats exerçant près la cour d'appel de Monaco ou qu'il lui en sera désigné un d'office s'il en fait la demande.

L'accomplissement de cette formalité est mentionné à peine de nullité de toute la procédure ultérieure.

La désignation d'un défenseur, à défaut de choix, sera obligatoire, à peine de nullité également, pour les mineurs de dix-huit ans et les inculpés en matière criminelle.

La désignation sera faite, dans tous les cas, par le président du tribunal.

La partie civile régulièrement constituée aura aussi le droit de se faire assister d'un défenseur.

Art. 167. – L'inculpé et la partie civile peuvent, à tout moment de l'instruction, faire connaître le nom de l'avocat par eux choisi parmi les avocats-défenseurs ou les avocats exerçant près la cour d'appel de Monaco.

L'inculpé qui justifie de l'insuffisance de ses ressources peut, s'il ne l'a déjà fait, demander qu'il lui en soit désigné un d'office.

Si, postérieurement à une désignation d'office, l'inculpé ou, s'il s'agit d'un mineur, son représentant légal choisit un autre défenseur, la mission de celui qui a été désigné d'office prend fin dès qu'il en est informé.

Art. 168 *(L. n° 1.200, 13 janv. 1998)*. – L'inculpé détenu ou libre et la partie civile ne peuvent être interrogés ou confrontés, à moins qu'ils n'y renoncent expressément, qu'en présence de leurs défenseurs ou ces derniers dûment appelés.

Le défenseur est convoqué au plus tard l'avant-veille de l'interrogatoire par lettre recommandée ou verbalement avec émargement au dossier de la procédure.

Art. 169. – La procédure doit être mise à la disposition du défenseur la veille de chaque interrogatoire de l'inculpé. Elle doit être également mise à la disposition du conseil de la partie civile, la veille des auditions de cette dernière.

Art. 170. – Lorsque, en cas de crime ou de délit flagrant, le juge d'instruction se transporte sur les lieux, il peut, sans observer les prescriptions des articles 166, 168 et 169, procéder à un interrogatoire immédiat de l'inculpé et à toutes confrontations utiles.

Il en sera de même si une urgence spéciale, constatée au procès-verbal, résulte soit de l'état d'un témoin en danger de mort, soit de l'existence d'indices sur le point de disparaître.

Art. 171. – L'inculpé libre est tenu, s'il n'est pas domicilié dans la Principauté, d'y faire élection de domicile pour toute la durée de l'instruction.

Art. 172. – Les objets servant de pièces à conviction doivent être présentés à l'inculpé pour qu'il les reconnaisse.

Art. 173. – Les dispositions des articles 139 et 140 sont observées, le cas échéant, pour l'interrogatoire de l'inculpé.

Art. 174. – Le juge d'instruction fait consigner ses questions et les réponses en dictant, au besoin, celles-ci au greffier. Il avertit, en ce cas, l'inculpé qu'il a le droit de faire les rectifications qu'il jugerait utiles.

Le conseil de l'inculpé et celui de la partie civile ne peuvent prendre la parole que pour poser des questions et qu'après y avoir été autorisés par le magistrat ; en cas de refus, mention de l'incident est faite au procès-verbal.

Art. 175. – Le procès-verbal est lu à l'inculpé et signé par lui au bas de chaque page ; s'il ne peut ou ne veut le signer, il en est fait mention, ainsi que des motifs de son refus.

Le juge d'instruction et le greffier, ainsi que l'interprète le cas échéant, apposent de même leur signature.

Art. 176. – S'il y a plusieurs inculpés, ils sont interrogés séparément. Le juge d'instruction peut ensuite les confronter.

Art. 177 *(L. n° 1.200, 13 janv. 1998)*. – Le procureur général peut, à toute époque de l'instruction, requérir communication de la procédure qu'il ne pourra conserver au-delà de quarante-huit heures.

Le président du tribunal de première instance peut également se faire communiquer la procédure pour la même durée.

À défaut de communication immédiate du dossier, le procureur général ou le président du tribunal peut saisir le premier président de la cour d'appel par simple requête.

Art. 178 *(L. n° 1.200, 13 janv. 1998)*. – Les défenseurs de l'inculpé et de la partie civile ont le droit de prendre connaissance de cette procédure au greffe, sans déplacement, avant qu'elle ne soit transmise au Ministère public pour avoir ses réquisitions définitives.

À cet effet, elle reste déposée pendant quinze jours et les défenseurs sont prévenus par lettre recommandée du greffe le jour où ce dépôt est effectué.

Après l'expiration de ce délai, les demandes fondées sur l'article 91-1 ne sont plus recevables.

Les conseils de l'inculpé ou de la partie civile peuvent se faire délivrer, à leurs frais, copie des pièces de la procédure.

Art. 179 *(L. n° 1.200, 13 janv. 1998)*. – Avis de toute ordonnance juridictionnelle doit être donné, sans délai, par la voie du greffe au Ministère public, aux conseils de l'inculpé et de la partie civile.

Une copie de l'ordonnance est jointe à cet avis.

Section VII. – Du contrôle judiciaire et de la détention provisoire

(L. n° 1.200, 13 janv. 1998 ; sect. rempl., L. n° 1.343, 6 déc. 2007)

Art. 180 *(L. n° 1.200, 13 janv. 1998 ; rempl., L. n° 1.343, 26 déc. 2007)*. – L'inculpé, présumé innocent, reste libre.

Toutefois, en raison des nécessités de l'instruction ou à titre de mesure de sûreté, le juge d'instruction peut ordonner son placement sous contrôle judiciaire. Si cette mesure apparaît insuffisante au regard de ces objectifs, le juge d'instruction peut, à titre exceptionnel, le placer en détention provisoire.

Le juge d'instruction statue après avoir recueilli les réquisitions du procureur général.

Sous-section 1. – Du contrôle judiciaire

Art. 181 *(L. n° 1.200, 13 janv. 1998 ; rempl., L. n° 1.343, 26 déc. 2007)*. – L'inculpé est placé sous contrôle judiciaire par une ordonnance du juge d'instruction qui peut être prise à tout moment.

Art. 182 *(L. n° 1.200, 13 janv. 1998 ; rempl., L. n° 1.343, 26 déc. 2007)*. – Le contrôle judiciaire peut être ordonné si l'inculpé encourt une peine d'emprisonnement ou de réclusion.

Le juge d'instruction astreint l'inculpé à une ou plusieurs des obligations énumérées ci-après :

1° ne pas sortir des limites territoriales de la Principauté ;

2° informer le juge d'instruction de tout déplacement ;

3° ne s'absenter de son domicile ou de sa résidence qu'aux conditions et pour les motifs fixés par le juge d'instruction ;

4° se présenter périodiquement aux services ou autorités désignés par le juge d'instruction ;

5° remettre au greffe général tous documents justificatifs d'identité et notamment le passeport, en échange d'un récépissé ;

6° s'abstenir de conduire tous les véhicules ou certains véhicules et, le cas échéant, remettre au greffe général son permis de conduire ; le juge d'instruction pourra cependant permettre à l'inculpé de faire usage de son permis de conduire pour l'exercice de son activité professionnelle ;

7° s'abstenir de rencontrer certaines personnes désignées par le juge d'instruction, ainsi que d'entrer en relation avec elles de quelque façon que ce soit ou de fréquenter certains lieux ;

8° s'abstenir d'exercer toute activité professionnelle ou sociale en relation avec le comportement infractionnel ;

9° se soumettre à des mesures d'examen, de traitement ou de soins ;

10° répondre aux convocations de toute autorité ou de toute personne qualifiée désignée par le juge d'instruction ;

11° ne pas émettre de chèques autres que ceux qui permettent exclusivement le retrait de fonds par le tireur auprès du tiré ou ceux qui sont certifiés ;

12° ne pas détenir ou porter une arme et, le cas échéant, remettre au greffe contre récépissé les armes dont il est détenteur ;

13° justifier qu'il contribue aux charges familiales ou acquitte régulièrement les aliments qu'il a été condamné à payer par décision judiciaire ;

14° fournir un cautionnement dans les conditions fixées aux articles suivants ;

15° *(L. n° 1.382, 20 juill. 2011)* ne pas paraître ou résider en certains lieux ou ne pas entrer, par quelque moyen que ce soit, y compris les communications électroniques, en relation avec la victime des faits visés aux articles 230 à 234-1, 236, 236-1, 237 à 239, 243 à 245, 247 et 262 du Code pénal.

Ces mesures sont prescrites par ordonnance du juge d'instruction susceptible d'appel.

Art. 183 *(L. n° 1.200, 13 janv. 1998 ; rempl., L. n° 1.343, 26 déc. 2007).* – Le montant et les délais de versement, en une ou plusieurs fois, du cautionnement sont fixés par le juge d'instruction compte tenu notamment des ressources et des charges de l'inculpé.

Le cautionnement peut aussi consister dans la constitution d'une sûreté.

Toute contestation relative au cautionnement est vidée, sur requête, en chambre du conseil de la cour d'appel.

Art. 184 *(L. n° 1.200, 13 janv. 1998 ; rempl., L. n° 1.343, 26 déc. 2007).* – Le cautionnement garantit :

1° la représentation de l'inculpé à tous les actes de la procédure et l'exécution du jugement, ainsi que, le cas échéant, l'exécution des autres obligations qui lui ont été imposées ;

2° le paiement dans l'ordre suivant :

- des frais de justice ;
- des frais avancés par la partie civile ;
- de la réparation des dommages causés par l'infraction ;
- des restitutions ;
- des amendes.

L'ordonnance de placement sous contrôle judiciaire détermine la somme affectée à chacune des deux parties du cautionnement.

Art. 185 *(L. n° 1.200, 13 janv. 1998 ; rempl., L. n° 1.343, 26 déc. 2007).* – Les obligations que garantit la première partie du cautionnement cessent si l'inculpé se présente à tous les actes pour lesquels sa présence est requise. La première partie du cautionnement est acquise au Trésor dès l'instant que l'inculpé, sans motif légitime, ne s'est pas présenté à tous les actes de la procédure ou pour l'exécution de la condamnation. Néanmoins, en cas de non lieu, de relaxe ou d'acquittement, la décision peut ordonner la restitution de cette partie du cautionnement.

Art. 186 *(L. n° 1.200, 13 janv. 1998 ; rempl., L. n° 1.343, 26 déc. 2007).* – En cas d'acquittement, de non lieu ou de relaxe, la seconde partie du cautionnement est restituée. En cas de condamnation, elle est affectée aux frais et à l'amende suivant l'ordre énoncé à l'article 184, 2°. Le surplus est restitué.

Art. 187 *(L. n° 1.200, 13 janv. 1998 ; rempl., L. n° 1.343, 26 déc. 2007).* – Le juge d'instruction peut, à tout moment, imposer à la personne placée sous contrôle judiciaire une ou plusieurs obligations nouvelles, supprimer tout ou partie des obligations initialement imposées, modifier une ou plusieurs de ses obligations ou accorder une dispense occasionnelle ou temporaire pour certaines d'entre elles.

Art. 188 *(Rempl., L. n° 1.343, 26 déc. 2007).* – Le juge d'instruction peut ordonner la mainlevée du contrôle judiciaire à tout moment, soit d'office, soit sur les réquisitions du procureur général, soit sur la demande de la personne qui fait l'objet de la mesure, après avis du procureur général.

Dans ce dernier cas, le juge d'instruction statue dans un délai de cinq jours, par ordonnance motivée. Faute par le juge d'avoir statué dans ce délai, la personne placée sous contrôle judiciaire peut saisir directement de sa demande la chambre du conseil de la cour d'appel qui, sur les réquisitions du procureur général, se prononce dans les vingt jours.

Art. 189 *(Rempl., L. n° 1.343, 26 déc. 2007).* – Si l'inculpé se soustrait volontairement aux obligations du contrôle judiciaire, le juge d'instruction peut le placer en détention provisoire, quelle que soit la peine privative de liberté encourue.

Sous-section 2. – De la détention provisoire

1. – Du placement en détention provisoire

Art. 190 *(Rempl., L. n° 1.343, 26 déc. 2007).* – Hors le cas de l'article 189, la détention provisoire ne peut être ordonnée ou prolongée que dans deux cas :

1° lorsque l'inculpé encourt une peine criminelle ;

2° lorsque l'inculpé encourt une peine correctionnelle d'une durée égale ou supérieure à un an d'emprisonnement.

Art. 191 *(L. n° 1.200, 13 janv. 1998 ; rempl., L. n° 1.343, 26 déc. 2007).* – La détention provisoire peut être ordonnée ou prolongée lorsqu'elle est l'unique moyen :

1° de conserver les preuves ou les indices matériels ou d'empêcher soit une pression sur les témoins ou les victimes, soit une concertation frauduleuse entre les inculpés et les complices ;

2° de protéger l'inculpé, de garantir son maintien à la disposition de la justice, de mettre fin à l'infraction ou de prévenir son renouvellement ;

3° de mettre un terme au trouble causé à l'ordre public en raison de la gravité de l'infraction, des circonstances de sa commission ou de l'importance du préjudice causé.

Art. 192 *(Rempl., L. n° 1.343, 26 déc. 2007).* – La personne placée en détention provisoire doit être immédiatement libérée dès que les conditions prévues aux articles 190 et 191 ne sont plus remplies.

Art. 193 *(Rempl., L. n° 1.343, 26 déc. 2007).* – La détention provisoire est prescrite par une ordonnance motivée comportant l'énoncé des considérations de droit et de fait sur le caractère insuffisant des obligations du contrôle judiciaire et le motif de la détention.

Cette ordonnance est notifiée verbalement à la personne concernée qui en reçoit copie intégrale contre émargement au dossier de la procédure. Elle est informée qu'elle peut en relever appel au plus tard le cinquième jour suivant la décision de placement en détention. En ce cas, la chambre du conseil de la cour d'appel statue au plus tard le troisième jour ouvrable après l'appel, l'inculpé et s'il y a lieu son conseil étant convoqués sans délai. L'exercice de cette voie de recours n'a pas d'effet suspensif.

Art. 194 *(Rempl., L. n° 1.343, 26 déc. 2007).* – La durée de la détention provisoire doit être raisonnable au regard de la gravité des faits et de la complexité des investigations nécessaires à la manifestation de la vérité.

En matière correctionnelle, la détention provisoire ne peut excéder quatre mois. Toutefois, si le maintien en détention paraît nécessaire, le juge d'instruction peut la prolonger pour une période d'égale durée, renouvelable, la durée totale ne pouvant excéder trente mois.

En matière criminelle, la détention provisoire ne peut excéder un an. À l'expiration de ce délai, le juge d'instruction peut prolonger la détention pour une période de six mois, renouvelable, la durée totale ne pouvant excéder quatre ans.

Le juge d'instruction prolonge la détention provisoire par ordonnance motivée, rendue après réquisitions du procureur général. Les ordonnances sur le maintien en détention sont notifiées à l'inculpé et à son conseil. Elles sont susceptibles d'appel. L'exercice de cette voie de recours n'a pas d'effet suspensif.

Art. 195 *(Rempl., L. n° 1.343, 26 déc. 2007).* – Les inculpés en état de détention provisoire sont, à moins d'impossibilité, isolés les uns des autres.

Ils peuvent recevoir et adresser de la correspondance écrite, sauf si le juge d'instruction l'interdit. Toutefois, ils ont la faculté d'écrire, sous pli fermé, à ce juge et à leur conseil.

Le juge d'instruction peut exceptionnellement, par ordonnance spéciale et motivée, prononcer à l'égard de l'inculpé une interdiction de communiquer. Cette interdiction ne doit pas excéder une durée de huit jours ; si les circonstances l'exigent, elle peut être renouvelée par le juge d'instruction, une seule fois, pour une période égale. L'inculpé peut interjeter appel de la décision du juge d'instruction portant ou renouvelant l'interdiction de communiquer. L'appel ne suspend pas l'exécution et il sera jugé, dans le moindre délai, par la chambre du conseil de la cour d'appel, hors la présence des parties, sur des mémoires et documents produits.

Sous réserve des dispositions précédentes, toute personne placée en détention provisoire peut, avec l'autorisation du juge d'instruction, recevoir des visites.

Art. 196 *(Rempl., L. n° 1.343, 26 déc. 2007).* – L'inculpé détenu provisoirement est soumis, pour tout ce qui n'est pas prévu par les articles du présent code, au règlement général du service pénitentiaire.

2. – De la demande de mise en liberté

Art. 197 *(Rempl., L. n° 1.343, 26 déc. 2007).* – Le juge d'instruction peut, après avis du procureur général, ordonner d'office la mise en liberté de l'inculpé.

Le procureur général peut aussi, à tout moment, requérir la mise en liberté de l'inculpé. Le juge d'instruction statue dans le délai de trois jours après ces réquisitions.

L'inculpé peut, à toute période de sa détention, demander sa mise en liberté.

Art. 198 *(Rempl., L. n° 1.343, 26 déc. 2007).* – Il est statué sur les demandes de mise en liberté par le juge d'instruction et, après dessaisissement de ce magistrat, par la juridiction d'instruction ou de jugement saisie de l'affaire.

La chambre du conseil de la cour d'appel est compétente pour statuer sur une demande de mise en liberté lorsque, par suite des circonstances, aucune autre juridiction ne peut en connaître.

Art. 199 *(Rempl., L. n° 1.343, 26 déc. 2007).* – Le juge d'instruction communique au procureur général, en vue d'obtenir ses réquisitions, les demandes de mise en liberté formulées par l'inculpé. Il statue sur ces demandes dans les dix jours de leur réception.

En l'absence de décision du juge d'instruction dans ce délai, la chambre du conseil de la cour d'appel peut être saisie sur simple requête.

La chambre du conseil, saisie soit comme juridiction d'appel, soit directement, et les juridictions de jugement statuent dans le même délai sur les demandes de mise en liberté, après communication au procureur général, l'inculpé ou son conseil entendu ou dûment appelé.

Art. 200 *(Rempl., L. n° 1.343, 26 déc. 2007).* – La mise en liberté peut être assortie d'une ou plusieurs mesures de contrôle visées à l'article 182.

Si la mise en liberté est subordonnée à l'obligation de fournir un cautionnement, l'inculpé non domicilié doit, avant d'être remis en liberté, élire domicile dans la Principauté.

Art. 201 *(Rempl., L. n° 1.343, 26 déc. 2007).* – Après la mise en liberté, si l'inculpé tenu de comparaître ne se présente pas, ou si des circonstances nouvelles et graves rendent sa détention nécessaire, le juge d'instruction, la chambre du conseil ou la juridiction de jugement saisie, suivant les cas, peut décerner un nouveau mandat d'arrêt.

Lorsque la liberté a été accordée par la chambre du conseil de la cour d'appel, le nouveau mandat ne peut être délivré que sur l'avis conforme de cette juridiction.

3. – De l'indemnisation en raison d'une détention provisoire

Art. 202 *(Rempl., L. n° 1.343, 26 déc. 2007).* – Une indemnité doit être accordée, en réparation de son préjudice, à la personne ayant fait l'objet d'une détention provisoire pour des faits ayant par la suite abouti, à son égard, à une décision de relaxe ou d'acquittement devenue irrévocable. Une telle indemnité peut également être allouée dans le cas où les faits ayant justifié la détention provisoire ont ultérieurement donné lieu à une décision de non-lieu devenue irrévocable.

Art. 202-1 *(L. n° 1.343, 26 déc. 2007).* – La requête en indemnité est portée devant une commission d'indemnisation présidée par le premier président de la cour de révision ou le conseiller qu'il désigne à cet effet. Elle est en outre composée :

1°) du premier président de la cour d'appel ou du conseiller qu'il désigne à cet effet ;

2°) du président du tribunal de première instance ou du juge qu'il désigne à cet effet ;

3°) d'un conseiller d'Etat désigné par le président du conseil d'État.

Ne peuvent être désignés pour siéger les magistrats qui ont eu à intervenir dans la procédure ayant abouti à la décision judiciaire sur le fondement de laquelle la commission d'indemnisation est saisie. Lorsque, pour ce motif, aucun des magistrats des juridictions mentionnées au précédent alinéa ne peut être désigné, le président de la juridiction concernée procède à la désignation d'un magistrat honoraire ou du Bâtonnier de l'ordre des avocats-défenseurs et avocats de Monaco ou d'un avocat-défenseur n'ayant jamais eu à intervenir dans la procédure en cause.

Le greffe de la commission d'indemnisation est assuré par le greffier en chef.

Art. 202-2 *(L. n° 1.343, 26 déc. 2007)*. – La commission d'indemnisation est, à peine d'irrecevabilité, saisie dans les six mois suivant lesquels la décision de non-lieu, de relaxe ou d'acquittement est devenue irrévocable. La requête introductive de l'instance est signée par un avocat-défenseur et déposée au greffe général contre récépissé.

Elle est transmise au procureur général qui conclut en réponse dans les deux mois. Le demandeur puis le procureur général disposent alors chacun respectivement d'un nouveau délai d'un mois pour conclure. Au terme de ces échanges, le greffier en chef dresse procès-verbal de clôture de la procédure. Il transmet sans délai ce procès-verbal au président de la commission.

La notification aux parties des requêtes et conclusions est assurée par le greffier en chef contre récépissé.

Art. 202-3 *(L. n° 1.343, 26 déc. 2007)*. – Au vu du procès-verbal de clôture, le président de la commission d'indemnisation désigne un membre de la juridiction aux fins d'établir un rapport puis fixe la date de l'audience.

Les audiences de la commission sont publiques sauf si, à la requête du demandeur ou du procureur général, son président autorise le huis clos. Après le rapport, sont entendus le conseil du demandeur en sa plaidoirie puis le procureur général en ses réquisitions.

Le président de la commission assure la police des audiences et dirige les débats.

Les débats terminés, la commission délibère hors la présence du procureur général, du demandeur, de son conseil et du greffier en chef. La voix du président est prépondérante en cas de partage.

Art. 202-4 *(L. n° 1.343, 26 déc. 2007)*. – Les décisions de la commission d'indemnisation sont motivées, signées par les membres de la commission qui les ont rendues et lues en audience.

La commission d'indemnisation statue en dernier ressort.

L'indemnité allouée est à la charge du Trésor.

Section VIII. – De la liberté provisoire

(Section mod., L. n° 1.200, 13 janv. 1998 ; section comprenant les articles 187 à 202 implicitement abr. en raison du remplacement de la section VII comprenant les articles 180 à 202-4 par la L. n° 1.343, 26 déc. 2007).

Section IX. – Des commissions rogatoires

Art. 203 *(L. n° 1.200, 13 janv. 1998)*. – Lorsqu'il est nécessaire de faire procéder à des actes d'information dans un État étranger, le juge d'instruction ou la juridiction saisie adresse à cet effet, par l'intermédiaire du parquet général, une commission rogatoire à l'autorité étrangère compétente.

Art. 204 *(L. n° 1.200, 13 janv. 1998)*. – Réciproquement, la juridiction compétente ou le juge d'instruction de la Principauté exécute sur les réquisitions du Ministère public les commissions rogatoires qui leur sont régulièrement adressées ; relativement aux informations ouvertes dans un État étranger.

Art. 205. – Dans les cas prévus aux deux articles précédents, le juge d'instruction peut déléguer tous les actes de l'information.

Art. 206. – L'officier de police judiciaire commis exerce, dans les limites de la commission rogatoire, tous les pouvoirs du juge d'instruction.

Section X. – Des nullités de l'instruction

Art. 207. – En dehors des nullités expressément prévues par la loi, il y a également nullité en cas de violation des dispositions substantielles du présent titre.

Art. 208. – Les nullités encourues peuvent faire l'objet d'une renonciation des parties, lorsqu'elles sont édictées dans leur seul intérêt. Cette renonciation doit être expresse et formulée en présence de leur conseil, ou celui-ci dûment appelé.

Art. 209 *(Mod., L. n° 1.399, 25 juin 2013)*. – Si une nullité a été commise dans l'exécution d'une commission rogatoire, le juge d'instruction dont elle émane pourra annuler et refaire lui-même les actes irréguliers accomplis sur sa délégation.

S'il apparaît au juge d'instruction qu'un acte de l'information encourt la nullité, il saisit la chambre du conseil aux fins d'annulation, après avoir pris l'avis du procureur général et averti l'inculpé ainsi que la partie civile.

Lorsque le procureur général estime qu'une nullité a été commise, il requiert du juge d'instruction communication de la procédure pour être transmise à la chambre du conseil et présente requête aux mêmes fins d'annulation, après avoir avisé lesdites parties.

La cour d'appel peut, au cours de l'information, être saisie aux fins d'annulation d'un acte ou d'une pièce de la procédure par requête motivée du juge d'instruction, du procureur général, de l'inculpé ou de la partie civile.

Art. 210. – Lorsque la chambre du conseil constate une nullité, elle annule l'acte qui en est entaché et, s'il échet, tout ou partie de la procédure ultérieure.

Après annulation, elle pourra soit évoquer, soit renvoyer le dossier de la procédure au juge d'instruction pour reprise de l'information.

Art. 211. – Les actes annulés sont retirés du dossier et resteront classés au greffe. Il est interdit d'y puiser aucun élément contre les parties.

Art. 212. – La juridiction correctionnelle ou de simple police peut, soit d'office, soit à la requête des parties, prononcer l'annulation des actes dont elle constate la nullité et décider si l'annulation doit s'étendre, en entier ou partiellement, à la procédure ultérieure.

Lorsqu'elle se borne à annuler certains actes, elle doit les écarter expressément des débats.

Au cas où la nullité de l'acte entraîne la nullité de la procédure ultérieure, elle ordonne un supplément d'information dans le cas où le vice est réparable, ou, s'il échet, elle renvoie le Ministère public à se pourvoir.

Les parties peuvent renoncer à se prévaloir de ces nullités, lorsqu'elles ne sont édictées que dans leur seul intérêt. Cette renonciation doit être expresse.

Section XI. – Des ordonnances de règlement et de leur appel

1. – Des ordonnances de règlement

Art. 213. – Aussitôt que l'information lui paraît terminée, si l'inculpé ou la partie civile est assisté d'un conseil, le juge d'instruction remet le dossier au greffe où il reste déposé comme il est dit à l'article 178.

À l'expiration du délai prévu pour ce dépôt, si aucune demande ne lui a été adressée ou, dans le cas contraire, après qu'il a fait droit aux demandes formulées ou qu'il les a rejetées, il communique le dossier au procureur général qui prend ses réquisitions dans le délai de huitaine.

Art. 214. – Le juge d'instruction statue à l'égard de tous les inculpés compris dans la procédure au moment du règlement et sur toutes les infractions dont il a été régulièrement saisi.

Art. 215 *(L. n° 1.200, 13 janv. 1998)*. – Si le juge d'instruction estime que les faits ne constituent ni crime, ni délit, ni contravention, ou si l'auteur est resté inconnu, ou s'il n'existe pas de charges suffisantes contre l'inculpé, il déclare par une ordonnance qu'il n'y a pas lieu de suivre.

Les inculpés préventivement détenus sont mis en liberté.

Le juge d'instruction statue en même temps sur la restitution des objets saisis, sans préjudice, au cas de contestation, de la compétence du juge civil.

Il liquide les dépens. Il peut, par décision spéciale et motivée, mettre à la charge de la partie civile tout ou partie des frais exposés, et ce, même dans le cas où les poursuites ont été engagées par le Ministère public.

En cours d'information, peuvent intervenir des ordonnances de renvoi partiel ou de transmission partielle des pièces lorsque, sur l'un ou plusieurs des faits dont le juge d'instruction est saisi, les charges recueillies apparaissent suffisantes.

Des ordonnances portant non-lieu partiel peuvent intervenir en cours d'information.

Art. 216. – Dans les cas prévus à l'article précédent, l'inculpé ne peut plus être poursuivi à raison du même fait. Toutefois, s'il survient des charges nouvelles, dans les conditions prévues à la section XIII du présent titre, il est procédé par le juge d'instruction, sur les réquisitions du procureur général, à une nouvelle information dans les formes ordinaires.

Art. 217. – Si le juge d'instruction estime que le fait ne constitue qu'une contravention, il renvoie devant le tribunal de simple police l'inculpé, et si celui-ci est détenu, ordonne sa mise en liberté provisoire.

Art. 218 *(Mod., L. n° 1.399, 25 juin 2013)*. – Si le juge d'instruction estime que le fait constitue une infraction de nature à être punie de peines correctionnelles et qu'il y a des charges suffisantes contre l'inculpé, il renvoie ce dernier devant le tribunal correctionnel.

Toutes les nullités sont couvertes par l'ordonnance de renvoi lorsqu'elle est devenue définitive.

Art. 219. – Dans le cas de l'article précédent, si l'infraction est punie d'emprisonnement, le prévenu en état d'arrestation reste détenu jusqu'à ce qu'il ait été statué sur la poursuite.

S'il n'a pas été précédemment délivré le mandat d'arrêt, le juge peut, dans l'ordonnance de renvoi, décerner un mandat d'arrêt qui conservera son effet jusqu'au jugement définitif, sous réserve du droit, pour la juridiction de jugement, d'ordonner la mise en liberté provisoire du détenu.

Art. 220. – Si le délit ne comporte pas la peine de l'emprisonnement et que l'inculpé a été arrêté, le juge d'instruction ordonne qu'il soit mis en liberté, à charge de se présenter devant le tribunal correctionnel.

Art. 221. – Dans le cas de renvoi devant le tribunal de simple police, le procureur général transmet, dans les cinq jours, les pièces cotées et inventoriées au greffe de ce tribunal et en informe le Ministère public devant ladite juridiction.

Art. 222. – Dans le cas de renvoi devant le tribunal de police correctionnelle, il fait donner assignation au prévenu pour l'une des plus prochaines audiences, en observant le délai fixé par la loi, à moins que le prévenu et la partie civile n'y renoncent expressément.

Art. 223. – Si le juge d'instruction estime que le fait constitue un crime et qu'il y a des charges suffisantes contre l'inculpé, il le déclare par une ordonnance qui est transmise aussitôt, avec les pièces de la procédure, au premier président.

Dans ce cas, l'inculpé en état d'arrestation reste détenu préventivement jusqu'à ce qu'il ait été statué par la chambre du conseil de la cour d'appel.

Art. 224. – Les ordonnances du juge d'instruction contiennent les nom, prénoms, date et lieu de naissance de l'inculpé, la qualification du fait qui lui est imputé et la déclaration qu'il existe ou n'existe pas de charges suffisantes.

2. – De l'appel des ordonnances du juge d'instruction

Art. 225. – Toutes les ordonnances du juge d'instruction sont communiquées au Ministère public.

Art. 226. – Ces ordonnances doivent être, en outre, notifiées à la partie civile et à l'inculpé dans les vingt-quatre heures, lorsqu'ils ont le droit d'en interjeter appel.

La notification est faite à la partie civile et à l'inculpé non détenu, à leur domicile réel ou au domicile élu dans les cas prévus aux articles 76 et 194.

Si l'inculpé est détenu, il lui est donné connaissance de l'ordonnance contre récépissé, par la voie du greffe.

Art. 227. – Le procureur général peut, dans tous les cas, interjeter appel des ordonnances du juge d'instruction.

Art. 228 *(L. n° 1.200, 13 janv. 1998)*. – La partie civile peut interjeter appel des ordonnances rendues dans les cas prévus par les articles 84, 85, 91, 91-1, 123, 215 et 217 du présent code et de toutes celles faisant grief à ses intérêts civils.

Toutefois, son appel ne peut, en aucun cas, porter sur une ordonnance ou sur la disposition d'une ordonnance relative à la détention de l'inculpé.

Art. 229 *(L. n° 1.200, 13 janv. 1998)*. – L'inculpé peut interjeter appel des ordonnances lui faisant grief que le juge d'instruction est appelé à rendre dans l'application des articles 74, 91, 91-1, 123, 183 à 185, 187, 190 et 192 du présent code.

Art. 230. – L'appel est formé par une déclaration mentionnée au procès-verbal du juge d'instruction ou inscrite sur un registre tenu au greffe à cet effet.

Il doit, à peine de déchéance, être interjeté dans les cinq jours, par le procureur général, à partir de la communication prévue à l'article 225, et par la partie civile ou l'inculpé, à compter de la notification prévue par l'article 226.

Ce délai est réduit à vingt-quatre heures en ce qui concerne l'appel par le procureur général des ordonnances statuant sur la détention préventive.

Le greffier transmet sans délai les pièces de la procédure au premier président.

Art. 231. – L'inculpé en état d'arrestation reste détenu jusqu'à ce qu'il ait été statué sur l'appel formé par le Ministère public contre l'ordonnance prescrivant sa mise en liberté et, dans tous les cas, pendant le délai imparti au procureur général pour exercer ledit recours, à moins que ce magistrat n'estime devoir exécuter l'ordonnance sans attendre l'expiration de ce délai.

Art. 232. – La partie civile qui succombe dans son appel peut être condamnée à des dommages-intérêts envers l'inculpé.

Section XII. – De la chambre du conseil de la cour d'appel

Art. 233. – La chambre du conseil de la cour d'appel, siégeant comme juridiction d'instruction, est composée de trois magistrats de la cour et du greffier.

Les fonctions de Ministère public sont exercées par le procureur général ou l'un de ses substituts.

Art. 234. – La chambre du conseil statue sur la mise en accusation ; elle connaît, en outre, des recours prévus dans la procédure d'information et des requêtes que les parties sont autorisées, par la loi, à lui adresser.

Art. 235. – Lorsque le dossier de l'information lui est parvenu, soit dans le cas de l'article 223, soit à la suite du recours ou de la requête des parties, le premier président désigne un magistrat de la chambre pour faire rapport et fixe la date de l'audience. Celle-ci devra être tenue dans les cinq jour en matière de détention préventive et dans les dix jours en toute autre matière, à partir de la convocation que le greffier adresse, en même temps, par lettre recommandée aux parties qui ont droit d'être appelées.

Un délai minimum de quarante-huit heures en matière de détention préventive et de cinq jours en toute autre manière devra être observé entre la date de l'envoi de la lettre recommandée et celle de l'audience.

Pendant ce délai, les conseils de l'inculpé ou de la partie civile seront admis à produire, jusqu'au jour de l'audience, tout mémoire qu'ils estimeront utile.

Art. 236. – Les audiences de la chambre du conseil ne sont pas publiques. Toutefois, hormis le Ministère public dont la présence est obligatoire, le conseil de la partie civile et le défenseur de l'inculpé, convoqués à cet effet, et les parties si elles le demandent, peuvent y assister, sauf le cas prévu à l'article 185.

La chambre du conseil peut ordonner la comparution des parties et l'apport des pièces à conviction.

Après le rapport, seront entendus, le Ministère public en ses réquisitions, les conseils des parties en leurs observations.

Les débats terminés, la chambre du conseil délibère hors la présence du Ministère public, des parties, de leurs conseils et du greffier.

Art. 237. – Avant de statuer, à quelque titre qu'elle ait été saisie, la chambre du conseil peut, quant aux infractions révélées par le dossier de la procédure, informer ou ordonner qu'il soit informé, même à l'égard des personnes ou sur des faits non compris dans les réquisitions du Ministère public, et charger de cette information nouvelle, soit le juge d'instruction, soit l'un de ses membres.

Au dernier cas, le conseiller qui a fait l'instruction ne peut concourir aux arrêts, sauf impossibilité constatée par la décision même de constituer la juridiction sans avoir à la compléter conformément à l'article 19 de l'ordonnance souveraine du 18 mai 1909.

Art. 238. – Les informations nouvelles sont communiquées, sans délai, au procureur général et déposées au greffe pendant vingt-quatre heures, à la disposition des conseils de l'inculpé et de la partie civile qui peuvent, après en avoir pris connaissance, soumettre au premier président leurs observations écrites.

Art. 239. – La cour statue dans le moindre délai. L'arrêt est transcrit aussitôt et signé par les magistrats qui l'ont rendu et par le greffier. Une expédition est annexée à la procédure.

Le dossier est, selon les circonstances, renvoyé sur-le-champ au juge d'instruction ou déposé au greffe général.

Art. 240. – La chambre du conseil statue par un seul arrêt à l'égard de tous les inculpés compris dans la procédure qui lui est soumise et sur tous les chefs de crime, de délit et de contravention qui résultent à leur charge, sauf à disjoindre les causes, si elle le juge convenable, même dans les cas de connexité prévus à l'article 27.

Art. 241. – Si la chambre du conseil est d'avis que le fait ne constitue ni crime, ni délit, ni contravention, ou si elle ne trouve pas des indices suffisants de culpabilité, elle déclare qu'il n'y a pas lieu de suivre et ordonne la mise en liberté de l'inculpé, ce qui est exécuté sur-le-champ, s'il n'est retenu pour autre cause.

Art. 242. – Si la chambre du conseil estime que le fait constitue une contravention ou un délit et qu'il y a des charges suffisantes, elle prononce le renvoi devant le tribunal compétent.

Art. 243. – Dans le cas de renvoi devant le tribunal de simple police, l'inculpé est mis en liberté.

Il en est de même dans le cas de renvoi devant le tribunal correctionnel si le délit ne comporte pas la peine de l'emprisonnement. Au cas contraire, le prévenu demeure préventivement détenu et, s'il n'est pas en état d'arrestation, la chambre du conseil peut décerner contre lui un mandat d'arrêt.

Art. 244. – Si le fait est qualifié crime par la loi et s'il existe des charges suffisantes pour motiver la mise en accusation, la chambre du conseil ordonne le renvoi de l'inculpé devant le tribunal criminel.

Art. 245. – L'arrêt de mise en accusation contient les nom, prénoms, date et lieu de naissance, domicile et profession de l'accusé, ainsi que l'exposé sommaire du fait, objet de l'accusation, sa qualification légale et les articles de loi qui le répriment.

Il contient, en outre, un ordre de prise de corps contre l'accusé. Cet ordre sera ramené à exécution conformément aux dispositions de l'article 202. L'accusé sera maintenu en détention, s'il y est déjà.

Art. 246. – L'arrêt est, ainsi qu'il a été dit à l'article 239, signé par les magistrats qui l'ont rendu. Il y est fait mention des réquisitions du Ministère public, des conclusions des parties et de leur audition, s'il y a lieu.

Section XIII. – De la reprise d'information pour charges nouvelles

Art. 247. – L'inculpé à l'égard de qui le juge d'instruction ou la chambre du conseil a décidé n'y avoir lieu à suivre, ne peut plus être recherché à raison du même fait, fût-il qualifié différemment, sauf survenance de charges nouvelles.

Art. 248. – Sont considérées comme charges nouvelles les déclarations de témoins, procès-verbaux et toutes autres preuves qui, n'ayant pu être soumis à l'examen du juge d'instruction, ni à celui de la chambre du conseil, sont cependant de nature, soit à fortifier celles qui auraient été trouvées trop faibles, soit à donner aux faits de nouveaux développements utiles à la manifestation de la vérité.

Art. 249. – Il n'appartient qu'au Ministère public de décider s'il y a lieu de requérir la réouverture de l'information sur charges nouvelles.

Le procureur général saisit de ses réquisitions, suivant le cas, soit le juge d'instruction qui reprend la procédure dans la forme ordinaire, soit la chambre du conseil qui statue au résultat de l'information à laquelle il est procédé par l'un de ses membres, ou par un juge délégué.

Section XIV. – Des pouvoirs propres du premier président de la cour d'appel

(L. n° 1.200, 13 janv. 1998)

Art. 249-1 *(L. n° 1.200, 13 janv. 1998)*. – Le premier président s'assure du bon fonctionnement des cabinets d'instruction.

Il veille à ce que les procédures ne subissent aucun retard injustifié. Il vérifie la situation des personnes placées en détention préventive.

Art. 249-2 *(L. n° 1.200, janv. 1998)*. – Dans la première quinzaine de chaque trimestre, le juge d'instruction envoie au premier président un état détaillé des procédures en cours.

TITRE VII. – DES CRIMES ET DÉLITS FLAGRANTS

Section I. – Dispositions générales

Art. 250. – Il y a crime ou délit flagrant :

1° Lorsque le crime ou le délit se commet actuellement ;

2° Lorsqu'il vient de se commettre ;

3° Lorsque son auteur est poursuivi par la clameur publique.

Art. 251. – Sont assimilés au crime ou au délit flagrant, pourvu que ce soit dans un délai de huit jours après la perpétration du crime ou du délit :

1° Le cas où la personne soupçonnée est trouvée en possession d'objets ou présente des traces faisant présumer qu'elle a participé à l'infraction ;

2° Le cas où s'agissant d'un crime ou d'un délit commis à l'intérieur d'une maison, le chef de cette maison en requiert la constatation.

Art. 252. – En cas de crime ou délit flagrant ou réputé tel par les articles précédents et lorsque le fait comporte une peine privative de liberté, tout dépositaire de la force publique est tenu de saisir son auteur et de le conduire devant le procureur général.

Section II. – De l'instruction du crime et du délit flagrants

1. – Attributions du procureur général

Art. 253. – Dans tous les cas de crime flagrant et, s'il le croit utile, dans ceux de délit flagrant, le procureur général se transporte sur les lieux, après avoir donné avis de son transport au juge d'instruction, mais sans être tenu de l'attendre pour procéder.

Art. 254. – Il constate le corps du délit et l'état des lieux.

Art. 255 *(Mod., n° 1.274, 25 nov. 2003)*. – Il procède, en opérant les perquisitions nécessaires, à la saisie des documents, papiers ou autres objets en la possession des personnes qui paraissent avoir participé aux faits incriminés ou qui sont susceptibles de détenir les pièces ou objets s'y rapportant.

Ces opérations ont lieu en présence des personnes chez lesquelles les perquisitions sont effectuées et, en cas d'empêchement, en présence d'un fondé de pouvoir désigné par elles ou, à défaut, de deux témoins. Il en est dressé procès-verbal.

Le procureur général peut rechercher et saisir à la poste les lettres et interdire à l'administration des télégraphes de délivrer au destinataires des télégrammes émanant de l'inculpé ou à lui adressés.

Les documents, papiers, objets et lettres saisis sont placés sous scellés après inventaire.

Le procureur général peut procéder à l'ouverture des scellés. Il en dresse inventaire dans un rapport qui doit mentionner toute ouverture ou réouverture des scellés. Lorsque les opérations sont terminées, le rapport et les scellés sont déposés au greffe général. Ce dépôt est constaté par procès verbal.

Lorsque la saisie porte sur des pièces de monnaie ou des billets de banque, ayant cours légal dans la Principauté ou à l'étranger, contrefaits, il doit transmettre pour analyse et identification au moins un exemplaire de chaque type de pièces ou billets suspectés de faux à l'autorité qui sera désignée par ordonnance souveraine (1).

Les dispositions de l'alinéa précédent ne sont pas applicables lorsqu'il n'existe qu'un seul exemplaire de type de pièces ou billets nécessaire à la manifestation de la vérité.

---

(1) Ord. n° 634, 10 août 2006 *(mod., Ord. n° 1.511, 4 févr. 2008)*.

Art. 256. – Le procureur général a, toutefois, l'obligation de provoquer préalablement toutes mesures utiles pour assurer le respect du secret professionnel et des droits de la défense.

Il a, seul, avec les personnes désignées à l'article précédent, le droit de prendre connaissance des papiers et documents avant de procéder à leur saisie.

Art. 257. – Toute communication de documents saisis, sans l'autorisation de l'inculpé ou des personnes ayant des droits sur ces documents, à une personne non qualifiée pour en prendre connaissance, ainsi que tout usage de cette communication sera puni de l'amende prévue à l'article 106.

Art. 258. – Le procureur général appelle toutes les personnes qui peuvent avoir des renseignements à donner et reçoit leurs déclarations qu'elles signent.

Art. 259. – Il procède à tous interrogatoires et à toutes confrontations.

Art. 260. – Il fait effectuer, sur-le-champ, toutes expertises sans être tenu d'en aviser l'inculpé.

Art. 261. – Il peut faire saisir la personne contre laquelle se révéleraient des indices graves ou décerner contre elle un mandat d'amener. Il interroge, sur-le-champ, l'inculpé conduit devant lui.

Art. 262 *(Mod., L. n° 1.247, 21 déc. 2001)*. – Il peut défendre à qui que ce soit de sortir de la maison ou de s'éloigner du lieu jusqu'à la clôture de son procès-verbal.

Toute personne passant outre à cette défense est, si elle peut être saisie, placée sous mandat d'arrêt et traduite, comme il est dit à l'article 399, devant le tribunal correctionnel.

Elle sera condamnée à une peine de 6 jours à un mois d'emprisonnement et d'une amende de 15 à 150 euros ou à l'une de ces deux peines seulement.

Art. 263. – Les procès-verbaux dressés en exécution des articles précédents, sont signés à chaque feuillet par le procureur général, par les personnes entendues et par celles qui ont participé aux opérations ; en cas de refus ou d'impossibilité de signer de la part de celles-ci, il en est fait mention.

Le procureur général peut se faire assister, pour la rédaction, par un greffier du tribunal ou, en cas d'empêchement, par toute autre personne qu'il assermente à cet effet.

Art. 264. – Le procureur général transmet, sans délai, au juge d'instruction, pour être procédé ainsi qu'il est dit au titre VI du présent livre, les procès-verbaux et autres actes dressés conformément aux prescriptions des articles précédents, ainsi que les objets et documents saisis. L'inculpé reste en état de mandat d'amener.

2. – Attributions du juge d'instruction

Art. 265. – Le juge d'instruction, dans tous les cas de crime et délit flagrants peut faire, directement et sans réquisitions, tous les actes dont la compétence lui est attribuée au titre de l'instruction, de même que ceux qui rentrent dans les pouvoirs du procureur général, aux termes des articles précédents.

Si le juge d'instruction survient au cours des opérations, le procureur général ainsi que les officiers de police judiciaire sont, de plein droit, dessaisis à son profit ; il poursuit l'enquête en cours et peut même recommencer les actes auxquels il a été procédé.

Lorsque le juge d'instruction agit sans réquisitions du Ministère public, il transmet, ses opérations terminées, les pièces de l'enquête au procureur général, à toutes fins utiles.

3. – Attributions des officiers de police judiciaire, auxiliaires du procureur général

Art. 266. – Dans le cas de crime flagrant, les officiers de police judiciaire, auxiliaires du procureur général, sont tenus d'avertir immédiatement ce magistrat et le juge d'instruction.

En attendant leur arrivée, ils prennent toutes mesures utiles afin d'éviter la disparition des preuves.

Ils peuvent même, en cas d'extrême urgence, faire tous les actes de la compétence du procureur général, dans les formes et suivant les règles ci-dessus établies. Ils transmettent alors, sans délai, au procureur général les procès-verbaux, les objets saisis et tous les renseignements recueillis, pour être procédé, sur ses réquisitions, comme il est dit au titre VI du présent code.

Art. 267. – Dans le cas de délit flagrant, ils procèdent immédiatement comme il est dit au troisième alinéa de l'article précédent.

Art. 268. – Dans tous les cas prévus aux articles 250 et 251, ils peuvent être chargés, par le procureur général et par le juge d'instruction, de partie des actes de la compétence de ces magistrats.

TITRE VIII. – DISPOSITIONS PARTICULIÈRES CONCERNANT LES MINEURS ET LES MAJEURS INCAPABLES

(L. n° 1.382, 20 juill. 2011)

Art. 268-1 *(L. n° 1.382, 20 juill. 2011)*. – Le procureur général, ou le juge d'instruction, saisi de faits commis volontairement à l'encontre d'un mineur ou d'un majeur incapable, désigne un administrateur *ad hoc* lorsque la protection des intérêts de celui-ci n'est pas complètement assurée par son ou ses représentants légaux.

L'administrateur *ad hoc* assure la protection des intérêts du mineur ou du majeur incapable et exerce, s'il y a lieu, au nom de celui-ci les droits reconnus à la partie civile.

L'administrateur *ad hoc* cesse ses fonctions dès lors qu'est légalement désigné un tuteur ou un curateur ou que la raison de sa désignation a cessé.

Art. 268-2 *(L. n° 1.382, 20 juill. 2011)*. – Tout mineur ou majeur incapable, victime d'une des infractions prévues par les articles 230 à 234-1, 236 à 239, 243 à 245, 247, 249-2, 261, 262, 263, 265, 266, 269 et 294 à 294-8 du Code pénal, est assisté par un avocat lorsqu'il est entendu par le juge d'instruction. À défaut de désignation d'un avocat par les représentants légaux du mineur ou par l'administrateur *ad hoc*, le juge avise immédiatement le président du tribunal afin qu'il commette un avocat d'office.

Les dispositions des articles 168 et 169 du Code de procédure pénale sont applicables à cet avocat en cas d'auditions ultérieures.

Art. 268-3 *(L. n° 1.382, 20 juill. 2011)*. – Au cours de l'enquête et de l'information, l'audition d'un mineur ou d'un majeur incapable, victime de l'une des infractions mentionnées à l'article précédent fait l'objet d'un enregistrement audiovisuel.

L'enregistrement peut être exclusivement sonore sur décision du procureur général ou du juge d'instruction, si l'intérêt du mineur le justifie.

Le procureur général, le juge d'instruction ou l'officier de police judiciaire chargé de l'enquête ou agissant sur commission rogatoire requiert le concours d'un officier de police judiciaire ou d'un agent de police judiciaire pour procéder à cet enregistrement.

Il est par ailleurs établi une copie de l'enregistrement aux fins d'en faciliter la consultation ultérieure au cours de la procédure. Cette copie est versée au dossier. L'enregistrement original est placé sous scellés fermés. Sur décision du juge d'instruction, l'enregistrement peut être visionné ou écouté au cours de la procédure. La copie de ce dernier peut toutefois être visionnée ou écoutée par les parties, les avocats ou les experts, en présence du juge d'instruction ou d'un greffier.

Lorsque l'enregistrement ne peut être effectué en raison d'une impossibilité technique, il en est fait mention dans le procès-verbal d'audition qui précise la nature de cette impossibilité. Si l'audition intervient au cours de l'enquête ou sur commission rogatoire, le procureur général ou le juge d'instruction en est immédiatement avisé.

Le fait pour toute personne, de diffuser un enregistrement ou une copie réalisés en application du présent article, est puni d'un an d'emprisonnement et de l'amende prévue au chiffre 3 de l'article 26 du Code pénal.

L'enregistrement et sa copie sont détruits dans le délai d'un mois à compter de la date d'extinction de l'action publique.

Art. 268-4 *(L. n° 1.382, 20 juill. 2011)*. – Au cours de l'enquête ou de l'information, les auditions ou confrontations d'un mineur victime de l'une des infractions mentionnées à l'article 37-1 du Code pénal sont réalisées sur décision du procureur général ou du juge d'instruction, le cas échéant à la demande du mineur ou de son représentant légal, en présence d'un psychologue ou d'un médecin spécialistes de l'enfance ou d'un membre de la famille du mineur ou de l'administrateur *ad hoc*.

LIVRE II. – PROCÉDURE DE JUGEMENT

TITRE I. – PROCÉDURE EN MATIÈRE CRIMINELLE

Section I. – De la composition du tribunal criminel

Art. 269 *(L. n° 1.077, 27 juin 1984)*. – Le tribunal criminel comprend six membres :

1° un président pris parmi les magistrats du siège de la cour d'appel ;

2° deux juges assesseurs pris parmi les magistrats du siège de la cour d'appel, du tribunal de première instance ou de la justice de paix ;

3° trois jurés pris sur une liste établie tous les trois ans par arrêté ministériel comprenant trente Monégasques majeurs et n'ayant jamais été condamnés à une peine criminelle ou correctionnelle.

Le président et les deux juges assesseurs sont désignés par ordonnance du premier président de la cour d'appel ou, dans le cas prévu à l'article 271, du premier président de la cour de révision.

Les jurés sont tirés au sort et désignés dans les conditions prévues à l'article 277-1.

Les fonctions du Ministère public auprès du tribunal criminel sont exercées par un magistrat du parquet général. Celles du greffier par un fonctionnaire du greffe général.

Art. 270 *(L. n° 1.077, 27 juin 1984)*. – Lorsque tous les membres de la cour d'appel se trouvent empêchés, notamment pour avoir déjà connu de l'affaire, le premier président de la cour d'appel désigne par ordonnance comme président du tribunal criminel, le président ou le vice-président du tribunal de première instance.

Lorsque parmi les magistrats visés au chiffre 2° de l'article 269, un seul peut être désigné comme juge assesseur parce que tous les autres se trouvent empêchés, notamment pour avoir déjà connu de l'affaire, le premier président de la cour d'appel désigne par ordonnance comme autre juge assesseur un avocat-défenseur suivant l'ordre du tableau ; si tous les avocats-défenseurs sont empêchés, un avocat suivant l'ordre du tableau ; si tous les avocats se trouvent empêchés, un notaire suivant l'ancienneté de nomination.

Art. 271 *(L. n° 1.077, 27 juin 1984)*. – Lorsque tous les magistrats pouvant être désignés comme président se trouvent empêchés, notamment pour avoir déjà connu de l'affaire, le premier président de la cour de révision, saisi par requête du procureur général, désigne, par ordonnance, parmi les membres de la cour d'appel, le président ou le vice-président du tribunal de première instance, celui qui présidera le tribunal criminel.

Si tous les magistrats pouvant être désignés comme juges assesseurs se trouvent empêchés, notamment pour avoir déjà connu de l'affaire, le premier président de la cour de révision, saisi dans les mêmes formes, et sans qu'il y ait lieu à application du deuxième alinéa de l'article 270, désigne, parmi ceux visés au chiffre 2° de l'article 269, les deux magistrats qui composeront le tribunal criminel.

Art. 272 *(L. n° 1.077, 27 juin 1984)*. – Lorsque l'affaire lui paraît de nature à entraîner des débats de longue durée, le premier président de la cour d'appel ou, dans le cas prévu à l'article 271, le premier président de la cour de révision, peut désigner, par ordonnance, en qualité de juge assesseur suppléant pour remplacer celui des deux juges assesseurs qui, pendant les débats, serait empêché de siéger, un des magistrats visés au chiffre 2° de l'article 269. Ce juge assesseur est tenu d'assister à toutes les audiences du tribunal criminel.

Cette désignation doit intervenir dans l'ordonnance visée au deuxième alinéa de l'article 269.

Art. 272-1 *(L. n° 1.077, 27 juin 1984)*. – Les ordonnances visées aux articles 269 à 272 sont rendues en dernier ressort.

Section II. – De la procédure préalable aux débats

Art. 273. – Lorsque l'inculpé est renvoyé devant le tribunal criminel, l'arrêt de mise en accusation lui est signifié dans les huit jours et il lui en est laissé copie à peine de nullité.

Cette signification doit, également à peine de nullité, porter mention du délai à lui imparti pour se pourvoir en révision.

Art. 274 *(L. n° 1.077, 27 juin 1984)*. – Lorsque l'arrêt est devenu définitif et au plus tôt trois jours francs après l'ordonnance visée au deuxième alinéa de l'article 271, le président du tribunal criminel, ou le magistrat par lui délégué, procède à un interrogatoire de l'accusé ; il l'interpelle sur son identité, lui pose les questions nécessaires pour vérifier l'état de la procédure et s'assure qu'il est assisté d'un avocat pour l'audience, faute de quoi il lui en désigne un d'office.

Art. 275. – Si l'accusé est en liberté provisoire ou n'a pas été détenu au cours de l'information, le président décerne contre lui, en vue de l'interrogatoire prévu à l'article précédent, un mandat de comparution qui lui est notifié, soit à son domicile dans la Principauté, soit au domicile élu par lui conformément à l'article 194, soit à la résidence dont il a été appelé à faire choix dans la Principauté pour satisfaire aux conditions de sa mise en liberté provisoire.

Art. 276. – Les dispositions des articles 139 et 140 sont, le cas échéant, observées pour l'interrogatoire.

Art. 277 *(L. n° 1.077, 27 juin 1984)*. – L'exécution des trois articles précédents est constatée par un procès-verbal signé par le président, ou le magistrat par lui délégué, le greffier, l'accusé et, s'il y a lieu, l'interprète. Si l'accusé ne sait ou ne veut pas signer, le procès-verbal en fait mention.

Art. 277-1 *(L. n° 1.077, 27 juin 1984)*. – À l'issue de l'interrogatoire prévu à l'article 274, le président du tribunal criminel, ou le magistrat par lui délégué, siégeant en audience publique, en présence de l'accusé et du procureur général ainsi que, le cas échéant, de la partie civile, établit, par tirage au sort, l'ordre dans lequel seront appelés à siéger les jurés inscrits sur la liste visée au chiffre 3° de l'article 269. L'avocat de l'accusé et celui de la partie civile sont convoqués à cette audience par lettre recommandée avec demande d'avis de réception.

Le greffier constate l'exécution de cette formalité dans un procès-verbal auquel est jointe la liste obtenue par tirage au sort et qu'il signe avec le président, ou le magistrat par lui délégué.

Les trois jurés sont immédiatement désignés, d'après les résultats du tirage au sort, par ordonnance du président, ou du magistrat par lui délégué ; l'ordonnance est rendue en dernier ressort.

Lorsque l'affaire lui paraît de nature à entraîner des débats de longue durée, le président, ou le magistrat par lui délégué, peut désigner, par la même ordonnance, en qualité de juré suppléant pour remplacer celui des trois titulaires qui, pendant les débats, serait empêché de siéger, un quatrième juré ; celui-ci est tenu d'assister à toutes les audiences du tribunal criminel.

L'ordonnance est notifiée, par les soins du greffier en chef, au procureur général et à l'avocat de l'accusé.

Art. 278 *(L. n° 1.077, 27 juin 1984)*. – Si l'accusé ne se présente point et ne peut être saisi, il est procédé contre lui conformément aux dispositions du titre premier du livre IV.

Dans ce cas, le tirage au sort prévu par l'article 277-1 a lieu en présence du Ministère public et de la partie civile ou de son conseil, présent ou dûment convoqué par lettre recommandée avec demande d'avis de réception.

Art. 279. – Si l'information lui paraît incomplète ou si des éléments nouveaux lui sont révélés, le président du tribunal criminel procédera à tous les actes d'information qu'il estimera utiles. Il pourra commettre à cet effet un des magistrats désignés comme assesseurs ou le juge d'instruction.

S'il y a lieu, les prescriptions de la section VI du titre VI du livre I sur l'instruction contradictoire, seront observées.

Art. 280. – Les articles 128 et 129 sont applicables aux témoins qui ne comparaissent pas sur citation du président ou du juge par lui commis ou qui se refusent à déposer sans produire d'excuse légitime.

Art. 281 *(L. n° 1.077, 27 juin 1984)*. – Les procès-verbaux et autres pièces ou documents réunis au cours du supplément d'information sont joints au dossier de la procédure. Ils sont déposés au greffe où le Ministère public et les parties avisés par les soins du greffier, pourront en prendre connaissance.

Dans ce cas, le tirage au sort prévu par l'article 277-1 a lieu après le dépôt visé à l'alinéa précédent.

Art. 282. – Après le dernier interrogatoire, il est délivré gratuitement et dans le plus bref délai possible, à chaque accusé, sur sa demande, une copie des procès-verbaux constatant l'infraction et des rapports des experts.

En outre, le président peut ordonner, à la requête des défenseurs, et même d'office, qu'il leur sera délivré une copie gratuite de tout ou partie des dépositions écrites des témoins et des interrogatoires de leurs coaccusés.

Dans tous les cas, les défenseurs ont le droit de prendre ou de faire prendre, aux frais des accusés, copie de toutes les pièces de la procédure qu'ils estimeront utiles à la défense.

Art. 283. – Après avoir pris l'avis du procureur général, le président du tribunal criminel fixe le jour de l'ouverture des débats, à une date la plus rapprochée possible après l'expiration des délais légaux.

Art. 284. – Un délai de cinq jours francs au moins doit être observé entre l'assignation à l'accusé et sa comparution devant le tribunal criminel.

Art. 284-1 *(L. n° 1.077, 27 juin 1984)*. – Dès que l'ordonnance visée au dernier alinéa de l'article 277-1 lui est notifiée, le procureur général avise de leur désignation les trois premiers jurés tirés au sort et, s'il y a lieu, le juré suppléant, les informe de la date de l'audience et porte à leur connaissance les dispositions de l'alinéa suivant.

Les jurés ainsi désignés peuvent être remplacés pour des raisons d'absence motivée, d'empêchement sérieux ou s'il existe des motifs qui pourraient porter atteinte à leur impartialité. Le remplacement a lieu par ordonnance du président du tribunal criminel prise d'office ou à la requête du procureur général ou encore à la demande du juré lui-même. Dans ce dernier cas, la demande doit être adressée au président dans les vingt-quatre heures de l'avis de désignation.

Lorsqu'un juré suppléant a été désigné, il est substitué au titulaire remplacé et le président désigne, en qualité de suppléant, le premier des suivants sur la liste établie par tirage au sort.

Les ordonnances sont rendues en dernier ressort.

Art. 285. – Le président, lorsqu'il existe des motifs de renvoi peut, soit d'office, soit à la requête du ministère public ou de l'accusé, ordonner que l'affaire sera reportée à une autre date.

Art. 286. – L'accusé peut être autorisé par le président à choisir un avocat étranger à la Principauté ou même un de ses parents ou amis, pour présenter sa défense devant le tribunal criminel ; en ce cas, le défenseur désigné conformément à l'article 166 ou à l'article 274, n'est pas tenu de l'assister à l'audience.

Art. 287. – Le procureur général, l'accusé et la partie civile citent les témoins qu'ils veulent faire entendre.

Art. 288. – Les citations délivrées à la requête des accusés et de la partie civile sont à leurs frais ainsi que les indemnités à leurs témoins respectifs ; sauf au procureur général à faire citer ceux qui lui seraient désignés par l'accusé, s'il juge leur déposition utile.

Art. 289. – Les nom, prénoms, profession et demeure des témoins doivent être signifiés vingt-quatre heures au moins avant l'ouverture des débats : à l'accusé par le procureur général ; au procureur général et à la partie civile, par l'accusé ; à l'accusé et au procureur général, par la partie civile.

Peuvent être comprises parmi les témoins notifiés, les personnes qui n'ont pas déposé à l'instruction ou qui n'ont pas reçu d'assignation.

Section III. – Des débats

Art. 290 *(L. n° 1.077, 27 juin 1984)*. – Au début de l'audience fixée pour les débats, chacun des jurés ainsi que, le cas échéant, le juré suppléant, prête le serment d'examiner avec l'attention la plus scrupuleuse les charges qui seront portées contre l'accusé, de ne trahir ni les intérêts de l'accusé ni ceux de la société qui l'accuse, de se décider uniquement d'après les charges et moyens de défense suivant sa conscience et son intime conviction, de garder le secret sur les délibérations même après la cessation de ses fonctions.

Art. 291. – Les débats sont publics à peine de nullité. Toutefois, le président pourra interdire l'accès de la salle d'audience aux mineurs ou à certains d'entre eux.

Art. 292. – Si, à raison de la nature des faits, la publicité paraît dangereuse pour l'ordre public ou les bonnes mœurs, le tribunal, sur les réquisitions du ministère public ou d'office, peut ordonner, par une décision motivée et prononcée publiquement, que les débats auront lieu à huis-clos, en tout ou en partie.

L'arrêt sur le fond devra toujours être rendu en audience publique.

Art. 293. – Nonobstant la décision ordonnant le huis-clos, chacun des accusés et chacune des parties civiles ont le droit de désigner trois personnes majeures qui seront admises à assister aux débats. Le président sera tenu d'interpeller à ce sujet les accusés et les parties civiles. Cette interpellation et les réponses qui y seront faites seront mentionnées au procès-verbal.

Les personnes lésées par le crime, les magistrats, les avocats-défenseurs et les avocats peuvent toujours assister à l'audience.

Art. 294. – Les débats une fois commencés doivent être continués et terminés sans interruption, sauf les cas prévus par la loi et ceux où une cause grave paraîtrait exiger leur ajournement par le tribunal.

Le président ne peut les suspendre que pendant les intervalles nécessaires au repos.

Art. 295 *(Mod., L. n° 1.247, 21 déc. 2001)*. – L'emploi de tout appareil d'enregistrement ou de diffusion sonore, de télévision, de reproduction photographique ou cinématographique est interdit dans la salle d'audience du tribunal criminel sous peine d'une amende de 150 à 15 000 euros et de confiscation des documents obtenus ou enregistrés.

Sera punie de la même amende, toute publication de documents obtenus au mépris de la prohibition ci-dessus.

Lorsque l'infraction aura été constatée pendant les débats, l'amende pourra être prononcée dans les conditions prévues au titre III du livre IV. Dans les autres cas, l'infraction sera poursuivie et punie selon les règles du droit commun.

Art. 296. – Les pièces à conviction sont déposées à la vue des juges et de l'accusé.

Art. 297. – L'accusé comparaît libre et seulement accompagné de gardes pour l'empêcher de s'évader.

Art. 298. – Si l'accusé, quoique détenu, refuse de comparaître, il lui est fait sommation au nom de la loi d'obéir à justice. L'huissier commis à cet effet par le président dresse procès-verbal de la sommation et de la réponse.

Art. 299. – Si l'accusé n'obtempère pas à la sommation, le président peut ordonner qu'il sera amené par la force.

Le tribunal peut aussi, après lecture faite à l'audience du procès-verbal constatant sa résistance, ordonner que, nonobstant son absence, il sera passé outre aux débats.

En ce dernier cas, le greffier donne, après chaque audience, lecture à l'accusé du procès-verbal des débats et des arrêts rendus par le tribunal, qui sont toujours réputés contradictoires.

Le défenseur prend part aux débats.

Art. 300. – Le tribunal peut faire retirer de l'audience tout accusé qui, d'une manière quelconque, mettrait obstacle au libre cours des débats ou troublerait l'ordre. Dans ce cas, il est procédé comme il est dit à l'article précédent, sans préjudice de l'application des articles 566 à 569 s'il échet.

Art. 301. – Le président a la police de l'audience et dirige les débats.

Il est investi d'un pouvoir discrétionnaire en vertu duquel il peut ordonner tout ce qu'il croit utile pour découvrir la vérité. La loi laisse à son honneur et à sa conscience le soin d'en favoriser la manifestation.

Il peut notamment, au cours des débats, appeler, au besoin par mandat d'amener, et entendre toute personne ou se faire apporter toutes nouvelles pièces.

Les témoins ainsi appelés ne prêtent point serment et leurs déclarations ne sont considérées que comme renseignements.

Doit être rejeté, tout ce qui tendrait à prolonger les débats ou à compromettre leur dignité.

Art. 302. – À l'audience, l'accusé doit être assisté d'un défenseur.

Si le défenseur choisi ou désigné ne se présente pas, le président en commet un d'office.

Art. 303. – Lorsque le conseil de l'accusé n'est pas inscrit à un barreau, le président l'invite à ne rien dire contre sa conscience ou contre le respect dû aux lois et à s'exprimer avec décence et modération.

Art. 304. – Dès que le tribunal criminel a pris séance, le président demande à l'accusé son nom, ses prénoms, son âge, le lieu de sa naissance, sa profession et son domicile.

Art. 305. – Le président ordonne la lecture par le greffier de la liste des témoins appelés par le ministère public, par l'accusé ainsi que, le cas échéant, par la partie civile et dont les noms ont été notifiés conformément à l'article 289.

Art. 306. – Toute partie pourra s'opposer à l'audition d'un témoin qui n'aurait pas été indiqué ou qui n'aurait pas été clairement désigné dans l'acte de notification. Le tribunal statue immédiatement sur cette opposition, sans préjudice de la faculté, pour le président, d'entendre ce témoin à titre de renseignement en vertu de son pouvoir discrétionnaire.

Art. 307. – Sur l'appel fait par l'huissier d'audience, les témoins se retirent dans la chambre qui leur est réservée. Ils n'en sortent que pour déposer.

Le président prend des précautions, s'il en est besoin, pour les empêcher de conférer entre eux des faits et de l'accusé.

Art. 308. – Lorsque les témoins se sont retirés, le président ordonne au greffier de donner lecture de l'arrêt de renvoi.

Art. 309. – Le président procède ensuite à l'interrogatoire de l'accusé.

Art. 310. – Lorsqu'il y a plusieurs accusés, le président détermine l'ordre dans lequel ils doivent être interrogés.

Art. 311. – Les témoins déposent séparément, dans l'ordre établi par le président.

Ils sont invités, sur sa demande, à faire connaître leurs nom, prénom, âge, profession, leur domicile ou résidence, et à indiquer s'ils connaissaient l'accusé avant les faits objets de l'accusation, s'ils sont parents ou alliés soit de l'accusé, soit de la partie civile et à quel degré, s'ils ne sont pas attachés au service de l'un ou de l'autre.

Avant de commencer leur déposition, les témoins doivent, à peine de nullité, prêter le serment de dire la vérité, rien que la vérité.

Art. 312. – Les personnes indiquées aux articles 133, 134 et 135 ne peuvent être entendues que de la manière et dans les conditions prévues par ces dispositions, à peine de nullité de la procédure.

Néanmoins, les dépositions sous serment des personnes mentionnées aux articles 133 et 134 du présent code n'entraînent pas de nullité, si elles ont eu lieu sans opposition d'aucune des parties.

Art. 313. – Les témoins déposent oralement. Par exception, le président peut leur permettre, eu égard aux circonstances, de recourir à l'aide de simples notes.

Ils ne sont pas interrompus, sauf pour le président le droit de les ramener à l'objet de l'accusation.

Art. 314. – Après chaque déposition, le président demande à l'accusé s'il a quelque observation à présenter.

Il peut également demander au témoin et à l'accusé tous éclaircissements qu'il croira nécessaires à la manifestation de la vérité.

Le procureur général et, de l'assentiment du président, les juges peuvent user de la même faculté.

L'accusé, la partie civile et leurs conseils ne seront admis à poser des questions que par l'intermédiaire du président qui peut toutefois les autoriser à s'adresser directement au témoin.

Les témoins ne peuvent jamais s'interpeller entre eux.

Art. 315. – Dans le cours ou à la suite des dépositions, le président fait représenter, si c'est nécessaire, à l'accusé et aux témoins, les pièces à conviction et reçoit leurs observations.

Art. 316. – Chaque témoin, après sa déposition, reste dans la salle d'audience jusqu'à la clôture des débats ; il peut être rappelé par le président pour compléter sa déposition ou pour donner des éclaircissements, sans avoir à prêter un nouveau serment.

Il peut obtenir du président l'autorisation de se retirer si sa présence ne paraît pas utile. Le procureur général ainsi que l'accusé et la partie civile ou leur conseil sont préalablement entendus.

Art. 317. – Le président peut, avant, pendant ou après la déposition d'un témoin, faire retirer un ou plusieurs accusés et les interroger séparément sur quelques circonstances du procès ; mais il ne pourra reprendre les débats qu'après avoir instruit chaque accusé de ce qui s'est fait en son absence et de ce qui en est résulté. Mention sera faite au procès-verbal de l'accomplissement de cette formalité.

Art. 318. – Le ministère public ainsi que la partie civile et l'accusé peuvent demander et le président ordonner d'office que tels témoins qui ont déjà déposé se retirent de l'audience et qu'un ou plusieurs d'entre eux soient entendus de nouveau, soit séparément, soit en présence les uns des autres.

Art. 319. – La lecture des dépositions reçues à l'instruction ne peut suppléer le débat oral.

Le président du tribunal criminel a toutefois la faculté, lorsqu'il le jugera indispensable pour la manifestation de la vérité, de faire lire les dépositions à l'instruction des témoins absents ou présents.

En ce qui concerne ces derniers, la lecture ne devra en aucun cas précéder leurs déclarations orales.

Art. 320. – Le président peut, d'office ou à la demande du procureur général, des parties ou de leurs conseils, faire mentionner au procès-verbal les changements, additions ou variations existant entre les dépositions d'un témoin et ses précédentes déclarations.

Art. 321. – Lorsqu'un témoin habitant la Principauté se trouve par suite de maladie ou d'infirmité, dans l'impossibilité de comparaître, le président peut déléguer un magistrat du tribunal criminel pour recevoir sa déposition à domicile avec l'assistance du greffier. Le défenseur de l'accusé, le conseil de la partie civile et le ministère public sont invités à assister à la déposition. Si les débats l'exigent, l'accusé lui-même sera présent.

Il est donné lecture du procès-verbal à l'audience.

Art. 322. – Lorsque un témoin cité ne comparaît pas, le tribunal criminel peut, à la demande du ministère public, de l'accusé, de la partie civile ou d'office, soit ordonner que ce témoin sera immédiatement amené à la barre par la force publique pour y être entendu, soit renvoyer l'affaire.

En ce dernier cas, les frais en résultant sont, hors le cas d'excuse légitime, mis, par le même arrêt, à la charge dudit témoin.

Art. 323 *(Mod., L. n° 1.247, 21 déc. 2001)*. – Dans tous les cas, le témoin qui ne comparaît pas ou qui refuse de déposer sans en être légitimement empêché, est condamné à une amende de 30 à 300 euros.

Art. 324. – La voie de l'opposition est ouverte, dans les dix jours de la signification, contre la condamnation prononcée en vertu des deux articles précédents.

Art. 325. – L'opposition est formée par déclaration mentionnée sur l'exploit de signification ou par requête à la cour d'appel, laquelle statuera en chambre du conseil, l'opposant appelé.

Art. 326 *(L. n° 1.200, 13 janv. 1998)*. – S'il y a lieu d'entendre une personne dans la situation prévue à l'article 131, il est procédé conformément aux dispositions de cet article, mais le sauf-conduit est délivré par le président.

Art. 327. – Lorsque l'accusé, les témoins ou l'un d'eux ne parlent pas la même langue ou le même idiome, le président nomme d'office un interprète, majeur de vingt et un ans, et lui fait prêter serment de traduire fidèlement les discours à transmettre entre ceux qui parlent des langages différents.

Art. 328. – Le procureur général, l'accusé et la partie civile peuvent récuser l'interprète en motivant leur récusation.

Le tribunal statue.

Art. 329. – Ne peuvent servir d'interprète les juges composant le tribunal criminel, le greffier ni les parties.

Exceptionnellement, dans le cas de nécessité et du consentement exprès des parties, l'interprète pourra être choisi parmi les témoins.

Art. 330. – Si l'accusé ou le témoin est sourd, muet, ou sourd et muet, il est fait application de l'article 140. En cas de nomination d'un interprète, les trois articles précédents sont observés.

Art. 331. – Si, d'après les débats, la déposition d'un témoin apparaît fausse, le président, soit d'office, soit à la requête du ministère public ou de l'une des parties, peut enjoindre au témoin de se tenir à la disposition du tribunal criminel jusqu'au prononcé de l'arrêt. En cas d'infraction à cet ordre, le président fera ramener le témoin par la force publique.

Après l'arrêt du tribunal criminel ou en cas de renvoi de l'affaire, le témoin sera, s'il y a lieu, conduit devant le procureur général qui procédera contre lui au vu du procès-verbal établi en application de l'article 320.

Art. 332. – Dans le cas de l'article précédent, le procureur général ainsi que la partie civile ou l'accusé peuvent demander et le tribunal ordonner, même d'office, le renvoi de l'affaire après le jugement sur le faux témoignage.

Art. 333. – Le procureur général peut, au cours des débats, prendre toutes réquisitions qu'il estimera utiles.

L'accusé et la partie civile sont admis, par eux-mêmes ou par leurs conseils, à formuler toutes demandes qu'ils croient opportunes.

Art. 334. – Les réquisitions et demandes prévues à l'article précédent sont remises, signées, au président qui les vise. Mention en est faite au procès-verbal auquel elles demeurent annexées.

Le tribunal statue, toutes parties et le ministère public entendus. Sa décision est consignée au procès-verbal.

Art. 335. – À la suite des dépositions des témoins et des dires respectifs qu'elles peuvent provoquer, la parole est donnée successivement à la partie civile ou à son conseil, au procureur général, à l'accusé ou à son défenseur.

La réplique est permise à chacun d'eux. L'accusé a la parole le dernier. Le président doit lui demander, dans tous les cas, s'il n'a rien à ajouter pour sa défense.

Art. 336. – Le président déclare ensuite les débats clos.

Toutefois, il a le droit de les rouvrir jusqu'au prononcé de l'arrêt, si cela paraît nécessaire à la manifestation de la vérité.

Art. 337. – Si le tribunal, dans le cours des débats ou pendant le délibéré, s'aperçoit qu'il a été omis quelque formalité substantielle ou commis quelque irrégularité, il peut, sur les conclusions du ministère public ou d'office, remplir la formalité omise ou réparer l'irrégularité reconnue.

Section IV. – De l'arrêt

Art. 338. – Dès la clôture des débats, le tribunal se retire en la chambre du conseil pour délibérer.

La délibération ne peut être interrompue.

Art. 339. – Peuvent seuls prendre part à la délibération et à l'arrêt, les membres du tribunal criminel qui ont assisté à toutes les audiences de la cause.

Art. 340. – Le tribunal criminel délibère d'abord sur le fait principal retenu par l'arrêt de renvoi, puis, s'il y a lieu, sur chacune des circonstances aggravantes, sur chacun des faits d'excuse légale, sur la question des circonstances atténuantes que le président sera tenu de poser toutes les fois que la culpabilité de l'accusé aura été retenue, enfin sur l'application de la peine.

Si l'accusé a moins de dix-huit ans, la délibération porte, à défaut de condamnation, sur les mesures applicables au mineur.

Art. 341. – Sur chacun des points, le président, après discussion, recueille successivement les voix. Les juges opinent chacun à leur tour, en commençant par les juges supplémentaires suivant l'ordre inverse de leur inscription sur la liste prévue à l'article 269. Le président donne son avis le dernier.

Tous les juges doivent voter sur l'application de la peine, quel qu'ait été leur avis sur les autres questions.

Art. 342. – L'arrêt est rendu à la majorité des voix. En cas de partage, l'avis favorable à l'accusé prévaut.

Art. 343. – Si, après deux votes, aucune peine ne réunit la majorité absolue, il sera procédé à des votes successifs, en écartant chaque fois la peine la plus forte, précédemment proposée, jusqu'à ce qu'une peine soit adoptée à la majorité absolue.

Art. 344. – Lorsque l'accusé est reconnu non coupable, le tribunal le renvoie des fins de l'accusation et ordonne sa mise en liberté, s'il n'est retenu pour autre cause.

Art. 345. – Il en est de même lorsque le fait pour lequel l'accusé a été poursuivi et dont il est convaincu ne tombe pas sous l'application de la loi pénale ou lorsque l'action publique n'est pas recevable.

Art. 346. – Si le fait constitue une infraction à la loi pénale, le tribunal criminel prononce la peine prévue, même dans le cas où, d'après les débats, ce fait se trouverait être de la compétence du tribunal correctionnel ou du tribunal de simple police.

Art. 347. – En cas de conviction de plusieurs crimes ou délits, la peine la plus forte sera seule prononcée.

Art. 348. – Si le tribunal estime qu'il existe des circonstances atténuantes, il le déclare dans l'arrêt et statue conformément aux prescriptions du Code pénal.

Art. 349. – Si l'accusé ou l'un des accusés est mineur de dix-huit ans, le tribunal statue à son égard par une disposition spéciale prise en conformité des règles légales concernant les accusés de cette catégorie.

Art. 350. – Dans les cas prévus par les articles 298 et 299, l'arrêt mentionne l'absence de l'accusé et les motifs de celle-ci.

Art. 351. – L'accusé renvoyé des fins de la poursuite ou condamné ne peut plus être poursuivi à raison du même fait, même sous une qualification différente.

Art. 352. – Lorsque, dans le cours des débats, des charges sont relevées contre l'accusé à raison de faits différents, il ne peut être procédé contre lui que dans les formes ordinaires.

Dans le cas de renvoi des fins de l'accusation, si le ministère public a déclaré son intention d'engager des poursuites sur les nouveaux faits, le président ordonne, après l'arrêt, que l'accusé sera conduit, par la force publique, devant le procureur général.

Art. 353. – Le tribunal criminel statue par le même arrêt sur les demandes en dommages-intérêts, après avoir entendu les parties et le ministère public.

Dans le cas de renvoi, la partie civile pourra, à raison des mêmes faits, demander réparation d'un dommage qui a sa source dans une faute de l'accusé, distincte de celle relevée par l'accusation, ou dans une disposition du droit civil.

Toutefois, s'il juge que, de ce chef, l'affaire n'est pas en état, le tribunal criminel renvoie les parties devant le tribunal civil.

Art. 354. – L'accusé renvoyé peut obtenir des dommages-intérêts contre la partie civile et aussi contre les auteurs d'une dénonciation calomnieuse ou téméraire.

Les autorités énumérées à l'article 61 ne sauraient être poursuivies à raison des avis par elles donnés relativement aux crimes et délits dont elles ont acquis la connaissance dans l'exercice de leurs fonctions.

À la demande de l'accusé, le procureur général fera connaître à celui-ci ses dénonciateurs.

Art. 355. – L'accusé renvoyé des fins de la poursuite criminelle pourra, s'il ne préfère s'adresser à la juridiction de droit commun, saisir, immédiatement après le prononcé de l'arrêt et sans désemparer, le tribunal criminel des demandes de dommages-intérêts qu'il entend former contre la partie civile.

Le tribunal criminel pourra garder l'examen de la cause ou user de la faculté prévue à l'alinéa 3 de l'article 353.

Art. 356. – Les demandes formées contre les dénonciateurs et celles des plaignants qui ne se sont pas constitués partie civile sont portées devant le tribunal civil.

Art. 357. – L'accusé contre lequel une peine est prononcée est condamné aux frais.

Il en est de même de l'accusé mineur de dix-huit ans reconnu coupable, mais bénéficiaire, en raison de son âge, d'une disposition particulière exclusive de toute condamnation.

La partie civile qui aura succombé sera condamnée aux dépens.

Toutefois, elle pourra, eu égard aux circonstances de la cause, être déchargée de tout ou partie de ceux-ci, par décision spéciale et motivée du tribunal.

La partie civile qui aura obtenu des dommages-intérêts ne sera jamais tenue des frais.

En dehors des cas ci-dessus, les dépens resteront entièrement à la charge du Trésor.

Art. 358. – Lorsque plusieurs accusés et plusieurs personnes civilement responsables sont condamnés pour la même infraction, la condamnation aux frais et dommages-intérêts est prononcée conformément aux prescriptions des articles 51 et 52 du Code pénal.

Art. 359. – Le tribunal ordonne par le même arrêt que les effets placés sous main de justice seront restitués aux propriétaires. Néanmoins, la restitution n'est effectuée qu'une fois l'arrêt devenu définitif.

Lorsque le tribunal criminel est dessaisi, la chambre du conseil de la cour d'appel est compétente pour ordonner cette restitution sur requête des intéressés ou du ministère public.

Art. 360. – L'arrêt fixe la durée de la contrainte par corps pour le recouvrement des condamnations pécuniaires.

Art. 361. – L'arrêt est prononcé par le président, en présence du public et de l'accusé.

Il est motivé. En cas de condamnation, il énonce les faits dont l'accusé est reconnu coupable, la peine, les condamnations accessoires et les textes de loi appliqués.

Art. 362. – Après avoir prononcé l'arrêt, si l'accusé est condamné, le président l'avertit que la loi lui accorde la faculté de se pourvoir en révision pendant un délai de cinq jours francs et qu'après ce délai, il n'y sera plus recevable.

Art. 363. – La minute de l'arrêt est établie par le greffier. Elle contient l'indication des textes de loi appliqués. Elle est signée dans les trois jours de la prononciation de l'arrêt par les juges qui l'ont rendu et par le greffier.

En cas d'empêchement du président, de l'un des juges ou du greffier de donner sa signature, mention en est faite au bas de l'arrêt, avec l'indication du motif, soit par le président, soit par l'un des assesseurs suivant l'ordre d'ancienneté.

Art. 364 *(Mod., L. n° 1.247, 21 déc. 2001)*. – Les expéditions doivent reproduire en entier les textes de loi appliqués, dont la minute contient l'indication, sous peine d'une amende qui n'excédera pas 15 euros à la charge du greffier.

Art. 365 *(Mod., L. n° 1.247, 21 déc. 2001)*. – Le greffier ne peut délivrer aucune expédition de l'arrêt avant que celui-ci ne soit signé par tous les juges qui y ont pris part, sous peine d'une amende qui n'excédera pas 15 euros et qui sera prononcée par la cour d'appel, sans préjudice des sanctions disciplinaires ou pénales, s'il y a lieu.

Art. 366. – Le greffier dresse un procès-verbal de chaque audience. Ce procès-verbal contient l'indication des noms des juges et de l'officier du ministère public qui ont siégé, ceux de l'accusé, de la partie civile, de leur défenseur ou conseil. Il constate l'accomplissement des formalités prescrites.

À moins que le président n'en ordonne autrement d'office ou sur la demande des parties, il ne sera fait mention au procès-verbal ni des réponses de l'accusé, ni du contenu des dépositions des témoins, sans préjudice, toutefois, de l'exécution de l'article 320 du Code de procédure pénale concernant les additions, changements ou variations dans les dépositions des témoins.

Les prescriptions du présent article doivent être observées à peine de nullité.

Art. 367. – Les minutes de tous les arrêts sont réunies et déposées au greffe général.

TITRE II. – DE LA PROCÉDURE DEVANT LE TRIBUNAL CORRECTIONNEL

Section I. – De la procédure ordinaire

Art. 368 *(Mod., L. n° 1.078, 27 juin 1984)*. – Le tribunal correctionnel, dont la compétence est déterminée à l'article 23 du présent code, est saisi soit par le renvoi, soit par l'appel, soit par l'assignation donnée directement au prévenu et aux parties civilement responsables par le ministère public ou la partie civile.

Le tribunal est également saisi par la comparution volontaire des parties et par la comparution sur notification délivrée au prévenu par le ministère public.

Art. 369. – L'exploit de citation doit contenir, à peine à nullité :

1° La date des jours, mois et an ;

2° La désignation précise de la partie requérante ;

3° Le nom et, si possible les prénoms, profession du prévenu, sa demeure ;

4° L'indication des jours, heures et lieu de la comparution ;

5° La mention de la personne à laquelle la copie de l'exploit est laissée ;

6° L'énoncé des faits imputés au prévenu, et l'indication précise des textes sur lesquels la poursuite est fondée ;

7° Les nom, demeure et signature de l'huissier.

Néanmoins, les nullités de l'exploit sont couvertes si elles ne sont pas proposées avant toute défense au fond.

Art. 370. – La citation faite à la requête de la partie civile doit contenir en outre :

1° L'élection de domicile prescrite à l'article 76, dans le cas où cette partie n'habite pas dans la Principauté ;

2° Les nom et demeure des témoins qu'elle se propose de produire aux débats. Le prévenu peut, conformément à l'article 306, s'opposer à l'audition de tout témoin non désigné dans l'exploit.

Art. 371. – Il aura un délai de trois jours francs au moins, entre la citation et le jour de la comparution, à peine de nullité, tant de la citation que du jugement qui serait rendu par défaut.

Toutefois, cette nullité ne peut être proposée qu'avant toute exception ou défense.

Art. 372. – Lorsque la personne assignée demeure hors de la Principauté ou n'a pas de résidence connue, le délai de la citation est de trente jours francs ou moins.

Cependant, s'il y a des inculpés en état de détention, leur citation ne peut être differée, en raison de l'une ou l'autre circonstance susénoncée, sauf au tribunal à ordonner, s'il y a lieu, la comparution simultanée de tous les prévenus, tant libres que détenus.

Art. 373. – S'il y consent, le prévenu détenu peut être cité à bref délai. Ce consentement devra être exprès et constaté dans le jugement.

Art. 374. – La citation est signifiée au prévenu détenu en la maison d'arrêt.

Lorsque le prévenu n'a ni domicile, ni résidence connus, la copie de l'exploit est déposée au parquet et un extrait en est inséré dans le *Journal de Monaco*, quinze jours au moins avant l'audience fixée pour la comparution.

Dans tous les autres cas, la signification est faite conformément aux prescriptions du Code de procédure civile.

Art. 374-1 *(L. n° 1.078, 27 juin 1984)*. – Lorsque l'auteur d'un délit punissable d'une peine d'emprisonnement lui est présenté, le procureur général a la faculté de le sommer de comparaître devant le tribunal correctionnel, en qualité de prévenu libre, à une audience dont il lui indique la date et l'heure. Cette audience doit être fixée dans un délai qui ne peut être inférieur à trois jours, sauf renonciation expresse de l'intéressé.

Le procureur général l'informe de son droit de choisir un avocat ou d'en faire désigner un d'office. Cet avocat peut, dès sa désignation, prendre connaissance du dossier.

Le procureur général porte, en outre, à la connaissance du prévenu les dispositions de l'alinéa 5 ci-après et lui en précise les conséquences.

Il dresse du tout procès-verbal qu'il signe et fait signer par le prévenu à qui il en remet copie, valant citation à son égard. Le procès-verbal saisit le tribunal.

Ce dernier statue toujours, même en cas de non comparution, par jugement contradictoire, nonobstant les dispositions de l'article 378. Le délai d'appel court à compter du jour du jugement.

Cette procédure est également applicable dans le cas de délit flagrant, prévu par les articles 399 et suivants. Elle ne vise pas les mineurs de dix-huit ans.

Art. 375. – Le président désigne un défenseur d'office au prévenu détenu qui le demande.

Il lui appartient d'en désigner un, même à un prévenu non détenu, si les circonstances l'exigent.

Il peut autoriser tout prévenu à se faire défendre par un avocat étranger ou encore par un de ses parents ou amis.

Art. 376. – Le défenseur du prévenu, la partie civile ou son conseil peuvent, dans le délai prévu pour la comparution, obtenir communication au greffe des pièces de la procédure.

Les parties peuvent également en faire prendre copie à leurs frais, sauf au président à ordonner exceptionnellement qu'il leur en sera délivré une copie gratuite.

Art. 377. – Dans les affaires relatives à des délits qui n'entraînent pas la peine d'emprisonnement, le prévenu peut se faire représenter par un avocat-défenseur ou un avocat ; néanmoins, le tribunal peut ordonner sa comparution en personne. Dans ce cas, le prévenu qui ne comparaît pas est jugé par défaut.

Lorsque le prévenu qui encourt une peine d'emprisonnement se trouve empêché, il peut, sur sa demande, être dispensé par le tribunal de comparaître en personne, sous condition de se faire représenter par un avocat-défenseur ou un avocat chez lequel il devra faire élection de domicile, s'il n'est pas domicilié dans la Principauté.

Il sera jugé contradictoirement, mais les délais d'appel ne courront qu'à compter de la signification du jugement.

Les parties civiles et les personnes civilement responsables peuvent, dans tous les cas, se faire représenter par un avocat-défenseur ou un avocat.

Art. 378. – Toute partie qui ne comparaît pas au jour et à l'heure fixés par la citation, est jugée par défaut.

Néanmoins, le tribunal peut, selon les circonstances, sur la demande des parents ou amis du défaillant et même d'office, le ministère public entendu, ordonner la réassignation ou ajourner les débats. Dans l'un et l'autre cas, si le fait est passible d'une peine d'emprisonnement, et si la poursuite a été engagée par le ministère public, le tribunal peut décerner, contre le prévenu défaillant, un mandat d'amener pour l'audience à laquelle l'affaire a été remise, ou même un mandat d'arrêt.

Nul n'est recevable à déclarer qu'il fait défaut, dès lors qu'il est présent au début de l'audience.

Art. 379. – Le prévenu, les personnes civilement responsables et la partie civile, celle-ci en dehors du cas prévu par l'article 380, alinéa 1er, du présent code, peuvent former opposition au jugement prononcé contre eux par défaut.

Art. 380. – Ne peut former opposition au jugement prononcé à son encontre par défaut, la partie civile qui, ayant fait citer directement le prévenu, ne comparaît pas à l'audience indiquée pour les débats et ne justifie pas d'un empêchement absolu.

Toutefois, si elle a été condamnée par le même jugement à des dommages-intérêts envers le prévenu, la voie de l'opposition lui est ouverte contre ce chef de condamnation.

Art. 381. – L'opposition est formée par déclaration notifiée au ministère public et aux parties en cause.

Elle emporte obligation de comparaître, sur l'assignation délivrée par le ministère public, pour la première audience utile, après l'expiration, à partir de la citation, du délai prévu par l'article 371 ou par l'article 372, suivant les cas.

Art. 382. – La notification de l'opposition doit avoir lieu, à peine de déchéance, dans les huit jours de la signification du jugement.

Toutefois, si à l'égard du prévenu le jugement n'a pas été signifié à personne, la notification de l'opposition peut être faite jusqu'à l'expiration des délais de prescription de la peine, à moins qu'il ne soit établi que le condamné a eu connaissance du jugement. Dans ce dernier cas, la notification ne peut être effectuée valablement que dans les huit jours à partir de celui où cette connaissance a eu lieu.

Art. 383. – L'exécution du jugement est suspendue pendant le délai ordinaire d'opposition.

Elle peut avoir lieu dès l'expiration de ce délai, alors même que, à défaut de la signification du jugement à personne, l'opposition reste valable jusqu'à la prescription de la peine.

Art. 384. – L'opposition anéantit la condamnation.

Néanmoins, les frais de l'expédition, de la signification, du jugement par défaut et de l'opposition, peuvent être mis à la charge du défaillant, lors même qu'il ne serait pas condamné à nouveau sur l'opposition.

Art. 385. – L'opposant condamné à une peine d'emprisonnement contre lequel un mandat d'arrêt aura été décerné, sera tenu de se constituer prisonnier avant l'audience fixée pour les débats, à peine de déchéance de son opposition.

Art. 386. – L'opposition est non avenue si l'opposant ne comparaît pas ou n'est pas régulièrement représenté au jour où elle doit être jugée.

Le jugement rendu sur l'opposition ne peut plus être attaqué par la même voie.

Art. 387. – La preuve des délits se fait par témoins, par procès-verbaux ou rapports, et même par simples présomptions, lorsque les faits qui servent de base à celles-ci, ont été produits dans le débat oral et soumis à la libre discussion des parties.

Art. 388. – Nul n'est admis à faire preuve par témoins outre ou contre des procès-verbaux ou rapports des officiers de police qui ont reçu de la loi le pouvoir de constater les délits ou les contraventions jusqu'à inscription de faux.

Quant aux autres procès-verbaux et rapports, ils peuvent être combattus par des écrits ou par des témoignages.

Art. 389. – Sur l'appel de la cause, le président procède à l'interrogatoire du prévenu, ensuite les témoins sont entendus, la partie civile prend ses conclusions, le ministère public résume l'affaire et formule ses réquisitions, le prévenu et le civilement responsable présentent leur défense.

Sont applicables à l'instruction et aux débats les dispositions des articles 291, 292, 293, 295, 296, 297, 298 à 300, 301, 307, 310 à 337, du présent code.

Art. 390. – Le jugement est prononcé sur-le-champ ou à une audience aussi rapprochée que possible.

Sont applicables devant le tribunal correctionnel les règles prescrites par les articles 339, 340, 342, 347, 348, 349, 355, 358, 359, alinéa 1er, 360, 361 du présent code.

Art. 391. – Si le fait, objet de la prévention, n'est pas prévu et puni par la loi, si l'action publique n'est pas recevable ou si la culpabilité n'est pas établie, le tribunal correctionnel renvoie le prévenu des fins de la poursuite.

Il statue, le cas échéant, sur les dommages-intérêts demandés par celui-ci.

Art. 392. – Dans le cas de renvoi, la partie civile pourra, à raison des mêmes faits, demander réparation d'un dommage qui a sa source dans une faute du prévenu distincte de celle relevée par la prévention ou dans une disposition de droit civil.

Toutefois, si le tribunal estime que, de ce chef, l'affaire n'est pas en état, il renvoie les parties devant le tribunal civil.

Art. 393. – Le prévenu renvoyé des fins de la poursuite ou condamné ne peut plus être poursuivi à raison du même fait, même sous une qualification différente.

Art. 394. – Si le tribunal estime que le fait constitue un crime, il se déclare incompétent et renvoie le ministère public ainsi que les parties, à se pourvoir.

Dans le cas où il a été saisi par une ordonnance du juge d'instruction ou un arrêt de la chambre du conseil, il y a lieu à règlement de juges, dans les conditions prévues au titre VII du livre IV.

Le tribunal peut, dans tous les cas, le Ministère public entendu, décerner mandat d'arrêt contre le prévenu.

Art. 395. – Si la prévention est établie, le tribunal prononce la peine prévue par la loi et statue, par le même jugement, sur les dommages-intérêts.

S'il s'agit d'un délit de droit commun et si la peine prononcée est d'au moins une année, le tribunal pourra, par décision spéciale et motivée, décerner mandat d'arrêt contre le prévenu.

Ce mandat continuera à produire effet, nonobstant opposition ou appel.

En cas d'opposition, comme en cas d'appel, l'affaire devra venir à la première audience utile après l'arrivée du détenu à la maison d'arrêt.

La juridiction saisie pourra alors se borner à statuer sur le maintien du mandat d'arrêt.

Le prévenu conserve la faculté de former, en quelque temps que ce soit, devant la juridiction compétente, selon l'article 189, une demande de mise en liberté provisoire.

En cas de pourvoi, la cour de révision statue dans les conditions spécifiées au livre III du présent code.

Les dispositions ci-dessus, relatives au maintien du mandat d'arrêt en cas d'opposition, d'appel ou de pourvoi, sont applicables au mandat d'arrêt délivré dans le cas de l'article 394.

Art. 396. – Le tribunal, régulièrement saisi d'un fait qualifié délit par la loi, statue également s'il apparaît des débats que ce fait ne constitue qu'une contravention et si aucune des parties ne demande le renvoi devant le tribunal de simple police.

Il se prononce, en ce cas, sur les demandes de dommages-intérêts.

Le jugement est en dernier ressort.

Si le fait est une contravention connexe à un délit, le tribunal statue par un seul et même jugement, à charge d'appel sur le tout.

Art. 397. – Tout jugement rendu contre le prévenu et les personnes civilement responsables du délit, les condamne aux frais, comme il est dit à l'article 357.

En cas de renvoi pur et simple du prévenu, la partie civile qui l'a cité directement est toujours tenue de tous les frais. Toutefois, elle pourra, eu égard aux circonstances de la cause, être déchargée de tout ou partie de ceux-ci, par décision spéciale et motivée du tribunal.

Art. 398 *(Mod. à compter du 1er janv. 2002, L. n° 1.247, 21 déc. 2001).* – Le greffier, sous peine d'une amende n'excédant pas 15 euros, tient une feuille d'audience où il mentionne l'accomplissement de toutes les formalités prescrites, ainsi que les principales déclarations des témoins, les réponses des prévenus, le prononcé du jugement et tous les actes ou dires dont l'insertion sera ordonnée par le tribunal.

Les feuilles d'audience sont visées par le président dans les trois jours du prononcé du jugement.

En cas d'appel, la feuille d'audience est jointe, en original, aux pièces.

Section II. – De la procédure spéciale en cas de délit flagrant

Art. 399 *(Mod., L. n° 1.399, 25 juin 2013).* – Toute personne arrêtée en état de délit flagrant est conduite immédiatement et au plus tard dans les quarante-huit heures devant le procureur général qui l'interroge et, s'il y a lieu, la traduit devant le tribunal correctionnel soit sur-le-champ, soit à l'une des prochaines audiences, sans, néanmoins, pouvoir dépasser le délai de deux jours francs ; le tribunal est, au besoin, spécialement convoqué.

Le procureur général peut décerner un mandat d'arrêt contre le prévenu ainsi renvoyé.

La citation et la notification du mandat décerné ont lieu verbalement, sans aucune formalité.

Si le prévenu est indigent, il pourra demander au procureur général de lui désigner un défenseur d'office choisi parmi les avocats-défenseurs ou les avocats près la cour d'appel

Art. 400. – Le président devra avertir le prévenu qu'il a le droit de réclamer un délai pour présenter sa défense.

Si celui-ci use de cette faculté, le tribunal lui accordera un délai de trois jours au moins.

Le jugement mentionnera l'avis donné et la réponse faite.

Ces dispositions sont prescrites à peine de nullité.

Le tribunal peut également, s'il le juge nécessaire pour plus ample information ou pour toute autre cause, ordonner la remise de l'affaire à une des plus prochaines audiences.

Art. 401. – Lorsque l'inculpé est renvoyé immédiatement devant le tribunal correctionnel, les témoins peuvent être verbalement requis par tout officier de police judiciaire ou agent de la force publique et sont tenus de comparaître sous les peines portées à l'article 323.

Art. 402. – La procédure réglée par la présente section n'est pas applicable aux mineurs de dix-huit ans

TITRE III. – DE L'APPEL DES JUGEMENTS CORRECTIONNELS

Art. 403. – Les jugements rendus en matière correctionnelle et dans le cas prévu à l'article 65 du Code pénal peuvent être attaqués par la voie de l'appel.

Art. 404. – Toutefois, l'appel d'un jugement préparatoire ne peut être interjeté qu'après le jugement définitif, et conjointement avec l'appel de ce jugement.

L'exécution volontaire de ce jugement ne peut être opposée comme fin de non-recevoir.

Au contraire, l'appel d'un jugement interlocutoire ou sur incident peut être interjeté avant le jugement définitif.

Art. 405. – Ont le caractère préparatoire, les jugements rendus pour l'instruction de la cause et qui ne préjugent pas le fond.

Ont le caractère interlocutoire, les jugements avant dire droit qui préjugent le fond.

Art. 406 *(Mod., L. n° 1.398, 24 juin 2013)*. – À peine de déchéance, l'appel doit être formé dans les quinze jours au plus tard après celui où le jugement a été prononcé.

Cependant, en cas d'appel de l'une des parties pendant le délai ci-dessus, les autres parties auront, pour exercer ce recours, un délai supplémentaire de cinq jours.

Art. 407. – Si, après des débats contradictoires, le jugement a été prononcé dans des conditions qui exigent sa signification, le délai ne courra qu'à partir de cette signification faite à personne ou à domicile.

Si la signification a été faite au parquet, le délai d'appel sera d'un mois à compter de cet acte.

Art. 407-1 *(L. n° 1.078, 27 juin 1984)*. – Lorsque le jugement a été rendu contradictoirement par application de l'article 374-1, le délai d'appel court à compter du jour du jugement.

Art. 408. – Sauf l'exception relative au mandat d'arrêt décerné en application de l'article 395, l'exécution du jugement sera suspendue pendant le délai d'appel et jusqu'à ce qu'il ait été statué.

Art. 409 *(Rempl., L. n° 1.399, 25 juin 2013)*. – Le prévenu renvoyé de la poursuite ou condamné soit à l'amende, soit à l'emprisonnement avec sursis, soit à une peine d'emprisonnement inférieure ou égale à la prévention subie, sera remis en liberté.

Art. 410 *(Mod., L. n° 1.077, 27 juin 1984)*. – L'appel sera porté devant la cour d'appel.

Art. 411. – L'appel est formé, à peine de nullité, par une déclaration reçue au greffe général sur le registre à ce destiné.

Le greffier adresse, sans délai, au parquet général une expédition de cet acte.

Lorsque le prévenu est en état de détention, son appel sera recevable s'il a, sans équivoque, manifesté, dans le délai de la loi, sa volonté d'interjeter appel.

Art. 412. – Le ministère public fait citer toutes les parties en cause pour la première audience utile, en observant les formes et délais établis par les articles 369, 371 à 374 inclus du Code de procédure pénale.

Les dispositions des articles 375, 376, 1er alinéa, et 377 pour ce qui est de la représentation des parties, sont également applicables.

Art. 413. – L'appel est jugé sur le rapport d'un conseiller et dans les formes établies pour le tribunal correctionnel, tant en ce qui concerne l'instruction à l'audience et l'administration des preuves que le prononcé et la rédaction du jugement.

Art. 414. – Les jugements prononcés par défaut, tant qu'ils sont susceptibles d'opposition, ne peuvent être frappés d'appel par le défaillant.

La voie de l'appel est ouverte contre les jugements rendus sur itératif défaut.

Art. 415. – Sur les réquisitions du ministère public, à la demande des parties ou même d'office, la cour pourra ordonner l'audition de tout témoin entendu ou non en première instance.

Art. 416. – Les arrêts rendus par défaut sur l'appel pourront être attaqués par la voie de l'opposition dans la même forme et dans les mêmes délais que les jugements par défaut rendus par le tribunal correctionnel.

L'opposition sera non avenue si l'opposant ne comparaît pas à l'audience fixée par le ministère public, après l'expiration des délais.

L'arrêt, en ce cas, ne pourra plus être attaqué par la partie qui a formé opposition, si ce n'est devant la cour de révision.

Art. 417. – La cour d'appel ne statue que sur les chefs de jugement qui ont été attaqués.

Toutefois, si, sur le recours d'un prévenu condamné pour le même fait, dans la même poursuite, la cour a infirmé pour une cause dont aurait pu se prévaloir un cocondamné non appelant, elle prononce d'office comme si ce dernier avait été également appelé.

Art. 418 *(Mod., L. n° 1.238, 2 juill. 2001)*. – La cour peut, sur l'appel du ministre public, soit confirmer le jugement, soit l'infirmer en toute ou en partie, dans un sens favorable ou défavorable au prévenu.

La cour ne peut, sur le seul appel du prévenu ou du civilement responsable, aggraver le sort de l'appelant.

Elle ne peut, sur le seul appel de la partie civile, modifier le jugement dans un sens défavorable à celle-ci.

La partie civile ne peut, en cause d'appel, former aucune demande nouvelle ; toutefois, elle peut demander une augmentation des dommages-intérêts pour le préjudice souffert depuis la décision de première instance.

S'il s'agit d'un délit de droit commun et si la peine prononcée est au moins d'une année, la cour, par décision spéciale et motivée, peut décerner mandat d'arrêt contre le prévenu ».

Art. 419. – Si le jugement est réformé parce que le fait n'est pas prévu par la loi, parce que l'action publique n'est pas recevable, ou parce que la culpabilité n'est pas établie, la cour renvoie le prévenu des fins de la poursuite et statue, le cas échéant, sur les dommages-intérêts dans les conditions prévues aux articles 355 et 392.

Art. 420. – Si le jugement est annulé parce que le fait ne constitue qu'une contravention et si aucune des parties ne demande le renvoi devant le tribunal de simple police, la cour prononce la peine et statue également sur les dommages-intérêts.

Art. 421. – Si la cour estime que le fait constitue un crime, elle annule le jugement et renvoie le ministère public ainsi que les parties à se pourvoir.

Dans le cas où la juridiction répressive a été saisie par une ordonnance du juge d'instruction ou un arrêt de la chambre du conseil, il y a lieu à règlement de juges, dans les conditions prévues au titre VII du livre IV.

Dans tous les cas, la cour aura la faculté de décerner mandat d'arrêt.

Art. 422. – Si le jugement est annulé pour toute autre cause, la cour statue au fond.

Art. 423 *(Mod., L. n° 1.247, 21 déc. 2001)*. – La partie civile qui succombe sur son appel, est condamnée à une indemnité de 10 euros envers le prévenu, sans préjudice de plus amples dommages-intérêts, s'il y a lieu.

La même condamnation est prononcée contre le prévenu qui succombe sur l'appel par lui formé contre les dispositions du jugement relatives aux demandes de la partie civile.

TITRE IV. – DE LA PROCÉDURE EN MATIÈRE DE POLICE SIMPLE

Section I. – De la procédure devant le tribunal de simple police

Art. 424. – Le juge de paix, dont la compétence est déterminée à l'article 22, est saisi soit par le renvoi qui lui est fait, conformément aux dispositions du présent code, soit par la citation donnée au prévenu et aux personnes civilement responsables par le ministère public ou par la partie civile.

Art. 425 *(Rempl., L. n° 1.398, 24 juin 2013)*. – Les fonctions du Ministère public près le Tribunal de simple police sont remplies par un Commissaire de police que désigne le Procureur Général, sauf la faculté pour celui-ci de les exercer lui-même.

Art. 426. – Les citations à la requête de la partie civile sont notifiées par huissier conformément aux prescriptions du Code de procédure civile.

Les articles 369 et 370 relatifs aux citations devant le tribunal correctionnel sont applicables à ces exploits

Art. 427. – Dans les causes engagées sur poursuites du ministère public, le prévenu sera appelé par un avertissement de l'officier préposé à ces fonctions et remis par un agent de la force publique.

L'avertissement régulièrement délivré vaudra citation.

Art. 428. – L'avertissement doit contenir, sous peine de la nullité édictée par l'article 369 :

1° La date des jours, mois et an ;

2° Le nom et, si possible, les prénoms et profession du prévenu, sa demeure ;

3° L'indication des jours, heures et lieu de la comparution ;

4° L'énoncé du fait imputé au prévenu et l'indication précise des textes sur lesquels la poursuite est fondée.

Art. 429. – La remise de l'avertissement est constatée par une déclaration de l'agent qui l'a effectuée, indiquant la personne à qui elle a été faite, les jours, heures et lieu où elle a été opérée ;

Cette déclaration est signée par l'agent et par la personne à qui l'avertissement a été remis ou mentionne que celle-ci n'a pu ou voulu signer ;

Elle est déposée au greffe et présentée au juge à l'appel de la cause.

Art. 430. – La citation ou l'avertissement ne peut être donné à un délai moindre de vingt-quatre heures, à peine de nullité.

Néanmoins, cette nullité ne peut être proposée qu'à la première audience, avant toute défense au fond.

Art. 431. – Le délai est de trois jours francs au moins, lorsque le prévenu, objet de la citation ou de l'avertissement, demeure hors de la principauté.

Art. 432. – Dans les cas urgents, les délais peuvent être abrégés et les parties citées à comparaître même dans le jour et à l'heure indiqués, en vertu d'une cédule délivrée par le juge de police et notifiée en tête de l'exploit.

Lorsque la citation a lieu par simple avertissement, celui-ci doit mentionner l'autorisation du juge et porter son visa.

Art. 433. – Les témoins sont appelés dans les formes fixées par les articles précédents.

Art. 434. – Avant le jour de l'audience, le juge de police peut, sur les réquisitions du ministère public ou la demande des parties estimer ou faire estimer le dommage, dresser des procès-verbaux, faire ou ordonner tous actes requérant célérité.

Art. 435. – Lorsque la contravention n'emporte pas peine d'emprisonnement, toute poursuite d'office est arrêtée si le contrevenant acquitte la moitié du montant le plus élevé de l'amende encourue et les frais déjà exposés.

Toutefois, la présente disposition n'est pas applicable aux contrevenants en état de récidive.

Art. 436. – Les parties civiles et les personnes civilement responsables pourront se faire représenter par un avocat-défenseur ou un avocat à la cour d'appel.

Il en sera de même pour les personnes poursuivies, sauf le droit pour le juge d'exiger la comparution personnelle des prévenus.

Art. 437. – Les personnes qui ne comparaissent pas au jour et à l'heure fixés par la citation ou l'avertissement régulièrement délivré, sont jugées par défaut.

Néanmoins, le juge de police peut, suivant les circonstances, soit ordonner que les défaillants feront l'objet d'une citation par huissier, soit ajourner les débats.

Art. 438. – Les personnes jugées par défaut peuvent former opposition au jugement soit par une déclaration au bas de l'acte de signification, soit par déclaration notifiée aux autres parties dans les cinq jours de la signification du jugement.

Toutefois, à l'égard du prévenu, le délai ne courra que si la signification a été faite à personne. Dans les autres cas, l'opposition sera recevable jusqu'à la prescription de la peine dans les conditions prévues au deuxième alinéa de l'article 382.

Le ministère public assigne les parties pour la première audience utile après l'expiration des délais prévus aux articles 430 et 431.

Art. 439. – Sont communes à l'opposition formée contre les jugements de simple police, les dispositions des articles 383, 384 et 386.

Est également applicable l'article 380 lorsque la partie civile qui a fait citer directement le prévenu ne comparaît pas.

Art. 440. – La preuve des contraventions se fait soit par procès-verbaux de rapport, soit par témoins.

Les dispositions des articles 387 et 388 sont applicables en simple police.

Art. 441 *(Mod., L. n° 1.247, 21 déc. 2001)*. – Lorsque, par suite de l'absence d'un témoin régulièrement cité, une affaire doit être renvoyée, les frais en vue du jugement peuvent être mis à la charge du témoin.

Le juge peut, dans tous les cas, condamner à une amende de 3 euros au plus le témoin qui fait défaut sans excuse valable ou refuse de déposer.

Le témoin ainsi condamné a le droit de former opposition au jugement, qui lui est signifié par simple extrait, dans le délai et dans les formes prévues par les articles 324 et 325. Il est statué sur cette opposition à la première audience de police qui suit.

Art. 442. – Sont applicables devant le tribunal de simple police, lorsqu'il n'existe pas de dispositions spéciales, les règles concernant en matière correctionnelle l'instruction à l'audience, les jugements, leur minute et leurs expéditions, les demandes en dommages-intérêts, les restitutions, les frais et la rédaction de la feuille d'audience.

Art. 443. – Si le fait n'est pas prévu et puni par la loi, si l'action publique n'est pas recevable ou si la culpabilité n'est pas établie, le juge renvoie le prévenu de la poursuite et statue, s'il y a lieu, sur les dommages-intérêts.

Art. 444. – Lorsqu'il a été saisi par citation directe et si le fait est de nature à emporter une peine correctionnelle ou criminelle, le juge se déclare incompétent et renvoie le ministère public à se pourvoir.

Dans le cas où l'affaire a été renvoyée devant le tribunal de police par ordonnance du juge d'instruction ou arrêt de la chambre du conseil, il y a lieu à règlement de juges.

Art. 445. – Si le prévenu est convaincu de contravention, le juge de police prononce la peine et statue par un même jugement sur les demandes de dommages-intérêts et les restitutions.

Il doit être prononcé autant de peines qu'il y a de contraventions.

Section II. – De l'appel des jugements de simple police

Art. 446. – Les jugements du tribunal de simple police peuvent être attaqués par la voie de l'appel.

Art. 447. – Le droit d'interjeter appel appartient :

1° Au prévenu et aux personnes civilement responsables ;

2° À la partie civile, mais seulement quant à ses intérêts civils ;

3° Au ministère public, lorsque le prévenu est renvoyé des fins de la poursuite.

Art. 448. – L'officier du ministère public près le tribunal de simple police interjette appel sur l'injonction ou sur l'avis conforme du procureur général.

Art. 449. – Il y aura déchéance de l'appel s'il n'a pas été formé dans les dix jours au plus tard après celui où le jugement a été prononcé.

Cependant, en cas d'appel de l'une des parties pendant le délai ci-dessus, les autres parties auront un délai supplémentaire de cinq jours.

Pendant ce délai et, en cas d'appel jusqu'à ce qu'il ait été statué, il est sursis à l'exécution du jugement.

Si, après des débats contradictoires, le jugement a été prononcé dans des conditions qui exigent sa signification, le délai ne courra qu'à partir de cette signification faite à personne ou à domicile.

Si elle a eu lieu à parquet, le délai d'appel sera d'un mois à compter de cet acte.

L'appel sera porté devant le tribunal de première instance et jugé dans les formes établies pour les affaires correctionnelles.

Art. 450. – L'appel est formé à peine de nullité par une déclaration au greffe général. Cette déclaration est inscrite sur le registre à ce destiné et une expédition de l'acte ainsi enregistré est adressée sans délai au parquet général.

Art. 451. – Le ministère public fait citer toutes les parties pour la première audience utile après l'expiration du délai fixé par les articles 371 et 372.

Art. 452. – Les dispositions des articles 404, 405, 414, 415, 416, 417 et 418 sont applicables devant le tribunal correctionnel siégeant comme juridiction d'appel.

Art. 453. – Si le tribunal annule le jugement parce que le fait constitue un crime ou un délit, il renvoie le ministère public à se pourvoir et décerne, s'il y a lieu, mandat d'arrêt.

Dans le cas où le juge de simple police a été saisi par ordonnance du juge d'instruction ou par arrêt de la chambre du conseil, il y a lieu à règlement de juges.

Lorsque le jugement est annulé pour toute autre cause, le tribunal statue au fond.

Art. 454 *(Mod., L. n° 1.247, 21 déc. 2001)*. – La partie civile qui succombe sur son appel est condamnée à une indemnité de 3 euros au profit du prévenu, sans préjudice de plus amples dommages-intérêts s'il y a lieu.

La même condamnation est prononcée contre le prévenu qui succombe sur un appel formé contre les dispositions relatives aux demandes de la partie civile.

LIVRE III. – DES VOIES DE RECOURS EXTRAORDINAIRES

TITRE I. – DU POURVOI EN RÉVISION

Art. 455. – Les jugements ou arrêts en matière criminelle, correctionnelle ou de police, en dernier ressort et définitifs sur le fond, peuvent, suivant les distinctions et conditions déterminées au présent titre, être attaqués devant la cour de révision soit pour violation des règles de compétence, soit pour inobservation des formes substantielles, soit pour violation de la loi.

Art. 456. – Sont considérées comme substantielles, les formes constitutives de la juridiction ou de la décision et celles prescrites pour garantir l'exercice de l'action publique et les droits de la défense.

Art. 457. – Sont en dernier ressort les décisions non susceptibles d'appel ainsi que les décisions du second degré, contradictoirement rendues, ou celles qui, prononcées par défaut, ne peuvent plus être frappées d'opposition en raison soit de l'expiration de délai, soit du débouté d'opposition.

Art. 458. – Sont définitives sur le fond, les décisions des juridictions répressives qui se prononcent sur la culpabilité ou la responsabilité civile, même lorsqu'elles ordonnent, pour leur exécution, des mesures d'instruction au vu desquelles interviendra une nouvelle décision.

Doivent être considérées comme définitives sur le fond, les décisions qui, statuant sur une exception ou un incident, ont pour résultat d'épuiser la juridiction dont elles émanent.

Art. 459 *(L. n° 1.071, 23 mai 1984)*. – Les décisions n'ayant pas un caractère définitif ne peuvent être attaquées qu'en même temps que le jugement ou l'arrêt sur le fond sans qu'il soit besoin d'un pourvoi spécial contre la première décision dont l'exécution volontaire ne saurait être opposée comme fin de non recevoir.

Cependant, un pourvoi formé contre de telles décisions peut être reçu si le premier président de la cour de révision, spécialement saisi à cette fin par une requête motivée et jointe à ce pourvoi, ou même d'office, ordonne qu'il doit être immédiatement statué dans l'intérêt d'une bonne administration de la justice.

Le premier président statue sans délai par une ordonnance qui ne peut donner lieu à aucun recours.

Si la requête est admise, la cour de révision statue conformément à l'article 489.

Si elle est rejetée, le pourvoi sera soumis aux dispositions du premier alinéa du présent article.

Les dispositions ci-dessus sont applicables au pourvoi formé contre les arrêts rendus par la chambre du conseil de la cour d'appel qui ne présentent pas un caractère définitif au sens de l'article 458, alinéa 2.

Art. 460.– Le procureur général et l'accusé pourront attaquer l'arrêt de mise en accusation et, le cas échéant, relever dans le pourvoi les nullités de la procédure antérieure à condition, hormis le cas d'une nullité substantielle, qu'elles aient déjà été invoquées devant la chambre du conseil.

À défaut de pourvoi, toutes les nullités sont couvertes par l'arrêt de mise en accusation.

Art. 461.– Les arrêts de renvoi devant le tribunal correctionnel ou le tribunal de simple police ne pourront être frappés de pourvoi par aucune des parties hormis le ministère public, à moins que lesdits arrêts n'aient statué sur la compétence ou qu'ils ne contiennent des dispositions liant la juridiction saisie de la prévention.

Art. 462.– Les arrêts de non-lieu rendus par la chambre du conseil soit sur appel d'une ordonnance du juge d'instruction, soit à la suite d'un renvoi en application de l'article 223 du présent code, pourront être attaqués par le ministère public.

En l'absence de pourvoi du ministère public, cette voie de recours n'est ouverte à la partie civile que dans les cas suivants :

1° Si la chambre du conseil a dit n'y avoir lieu d'informer ;

2° Si l'action de la partie civile a été déclarée irrecevable ;

3° S'il a été omis de statuer sur un chef d'inculpation ;

4° S'il a été soulevé une question de compétence ;

5° Si l'arrêt a admis une exception mettant fin à l'action publique ;

6° Si la décision est atteinte en la forme d'une nullité substantielle.

En cas de condamnation à des dommages-intérêts, la partie civile pourra aussi, et sans remettre en question la décision de non-lieu, se pourvoir en révision.

Art. 463.– En cas de violation de la loi ou d'inobservation des formes substantielles, soit dans la décision, soit dans la procédure postérieure à l'arrêt de la chambre du conseil, les arrêts de condamnation prononcés par le tribunal criminel peuvent être attaqués tant par le ministère public que par le condamné.

Le pourvoi ne sera ouvert à la partie civile qu'en ce qui concerne les dispositions relatives à ses intérêts civils et pour des motifs inhérents à ces dispositions.

Art. 464.– Le pourvoi du ministère public contre les arrêts du tribunal criminel renvoyant l'accusé des fins de la poursuite est limité, sauf le pourvoi dans le seul intérêt de la loi, au cas où la décision serait fondée sur l'irrecevabilité de l'action publique ou sur ce que le fait ne serait pas prévu et puni par la loi.

Le pourvoi contre les décisions de renvoi des fins de la poursuite ne sera ouvert à la partie civile ou à l'accusé qu'en ce qui concerne l'arrêt ou celle de ses dispositions statuant sur les dommages-intérêts, sans que la décision de renvoi puisse être remise en question.

Art. 465.– Si le tribunal criminel s'est déclaré incompétent, l'annulation de l'arrêt pourra être demandée par toutes les parties.

Art. 466.– Les jugements et arrêts en matière correctionnelle et de police peuvent être l'objet de pourvois de la part du ministère public, du condamné et de la partie civile, mais pour celle-ci quant à ses intérêts civils seulement.

Les nullités de la procédure antérieure à la décision attaquée, sauf celles relatives à la compétence, ne pourront être invoquées pour la première fois devant la cour de révision.

Art. 467.– Les parties civilement responsables peuvent se pourvoir contre les décisions des juridictions répressives qui mettent à leur charge les réparations civiles, frais et dépens résultant des condamnations prononcées contre les personnes dont elles sont responsables.

Art. 468.– Nul ne peut, en aucun cas, se prévaloir contre la partie poursuivie de la violation ou de l'omission des règles établies en faveur de la défense.

Art. 469.– Lorsque la peine prononcée est la même que celle édictée par la loi qui s'applique à l'infraction, l'annulation de l'arrêt ou du jugement ne peut être demandée pour erreur dans la citation ou l'énoncé du texte de la loi.

Art. 470. – En aucun cas, les simples constatations de fait ne peuvent être l'objet d'un pourvoi en révision ni être remises en question à l'appui ou à l'occasion de ce recours.

Art. 471 *(L. n° 1.031, 23 déc. 1980).* – À peine de déchéance, le pourvoi en révision doit être formé dans un délai de cinq jours francs après celui où la décision attaquée a été prononcée.

Art. 472. – Le délai, s'il s'agit d'un jugement ou d'un arrêt contradictoire, a pour point de départ soit le prononcé de la décision, soit sa signification lorsque cette décision a été rendue dans des conditions qui exigent une signification pour être légalement portée à la connaissance de la partie.

S'il s'agit d'un jugement ou d'un arrêt par défaut, le délai commence à courir du jour où, faute d'opposition, la décision est devenue définitive.

Toutefois, lorsque le condamné défaillant bénéficie du délai exceptionnel prévu à l'article 382, 2e alinéa, le point de départ du délai de pourvoi est fixé pour les autres parties à l'expiration du délai ordinaire d'opposition.

Le délai de pourvoi contre les arrêts d'itératif défaut part, pour le condamné, du jour de la signification quel qu'en soit le mode et, pour les autres parties, du prononcé de la décision.

En ce qui concerne les arrêts de la chambre du conseil, y compris les arrêts de mise en accusation, le délai court :

- à l'égard du ministère public, du jour de la décision ;
- à l'égard des autres parties, du jour de la signification de l'arrêt.

Art. 473. – Pendant le délai de pourvoi et, s'il y a eu recours, jusqu'à l'arrêt de la cour de révision statuant sur le recours, il sera sursis à l'exécution de la décision, sauf en ce qui concerne les condamnations civiles.

Néanmoins, le pourvoi du ministère public ne pourra faire obstacle à l'exécution de la décision qui serait susceptible d'entraîner la mise en liberté du condamné ou accusé.

Le condamné à une peine privative de liberté en état de détention sera maintenu jusqu'à l'expiration de sa peine.

Art. 474. – Si le pourvoi contre un arrêt de mise en accusation est formé après l'expiration du délai légal, il sera procédé aux débats et au jugement de l'affaire. Le pourvoi ne sera soumis à la cour de révision qu'après l'arrêt définitif.

Art. 475. – Le pourvoi sera formé par une déclaration au greffe général, qui sera inscrite à sa date sur un registre tenu à cet effet.

La déclaration peut être faite par un avocat-défenseur ou un avocat à la cour d'appel au nom de son client, ou par un fondé de pouvoir spécial. Dans ce dernier cas, le pouvoir demeure annexé à la déclaration.

Art. 476. – Dans les quinze jours suivants, le demandeur au pourvoi doit déposer au greffe une requête en révision signée par lui ou, en son nom, par un avocat-défenseur, et contenant à peine de déchéance, l'indication précise des causes de nullité et des moyens invoqués.

Art. 477. – Si le pourvoi est formé par un inculpé, un accusé ou un condamné, la requête est immédiatement communiquée au procureur général.

Avis du dépôt est donné sans délai. par la voie du greffe, à la partie civile et à la partie civilement responsable au domicile par elles élu. Elles peuvent, sur place, prendre connaissance de la requête.

Art. 478. – Si le pourvoi est formé par le ministère public hors le cas où il a lieu uniquement dans l'intérêt de la loi, ou par la partie civile ou par la partie civilement responsable, la requête sera signifiée, avant le dépôt, à toutes les parties, à peine de déchéance.

Mention de la signification est faite sur l'original déposé au greffe.

Art. 479. – La partie adverse peut, dans les quinze jours après l'expiration du délai déterminé par les articles précédents, signifier et déposer au greffe une contre-requête.

Art. 480. – La partie qui se pourvoit en révision est tenue de déposer à la Caisse des dépôts et consignations le montant de la somme fixée par l'article 502, à moins qu'elle ne soit dispensée de l'amende prévue par cet article ou de sa consignation. La quittance de la somme déposée est remise au greffe général, avant l'expiration du délai fixé par l'article 479, à peine de déchéance. Elle est annexée aux pièces de la procédure.

Art. 481. – Sont dispensés de la consignation de l'amende :

1° Les individus en état de détention ;

2° Les parties qui justifient de l'impossibilité d'opérer le versement prescrit sans entamer les ressources indispensables à leur subsistance ou à l'entretien de leur famille. Cette justification doit avoir lieu au moyen d'un certificat délivré par le Maire de Monaco ou, si les parties sont étrangères, par le Ministre d'État, et déposé au greffe dans le délai fixé pour la remise de la quittance.

Art. 482. – L'individu condamné par défaut à une peine d'emprisonnement supérieure à un mois, qui a fait l'objet d'un mandat d'arrêt, ou celui condamné contradictoirement dont l'arrestation a été ordonnée en application de l'article 395, sera déchu de son pourvoi, à moins qu'il n'ait obtenu sa mise en liberté provisoire, s'il ne s'est pas constitué en état de détention dans les trente jours du dépôt de la requête prescrite par l'article 476.

Le gardien de la maison d'arrêt le reçoit sur l'ordre du procureur général.

Art. 483. – Le demandeur au pourvoi est tenu de joindre à sa requête une expédition de l'arrêt attaqué.

Lorsque le pourvoi est formé par le ministère public, l'inculpé, l'accusé ou le condamné, ladite expédition est jointe aux pièces par le greffier.

Art. 484. – Le greffier délivre à chaque partie un reçu des pièces par elle déposées.

Il en dresse, sans frais, l'inventaire pour le joindre au dossier et y ajoute, si la décision attaquée émane d'une juridiction de jugement, un extrait certifié conforme de la feuille d'audience qui s'y rapporte.

Art. 485. – Aussitôt que les délais impartis pour le dépôt de la requête et de la contre-requête sont expirés, le greffier le mentionne dans un certificat et adresse le dossier avec ces documents au procureur général, aux fins de transmission au président de la cour de révision.

Si aucune pièce n'est produite, le greffier le constate et transmet au parquet, avec le certificat, une copie de la déclaration de pourvoi ainsi que les expéditions et extraits légalement exigés.

Art. 486. – Tout demandeur en révision, à l'exception du ministère public, peut se désister de son pourvoi.

Art. 487. – Le désistement ne peut être assorti d'aucune réserve.

Il doit, comme le pourvoi et dans la même forme, faire l'objet d'une déclaration au greffe général, signée par le demandeur ou par un fondé de pouvoir muni d'une procuration spéciale.

Une expédition de cette déclaration est jointe aux pièces par le greffier. Si le désistement est intervenu après l'envoi du dossier au parquet, elle est adressée immédiatement au procureur général, aux fins de transmission au président de la cour de révision.

La déclaration est, en outre, signifiée aux parties adverses sans toutefois que l'omission de cette formalité entraîne nullité.

Art. 488. – Le désistement n'a d'effet que s'il est formalisé dans le délai de dix jours à compter de la date du certificat établi par le greffier en application de l'article 485.

Lorsque le désistement est régulier, le pourvoi est déclaré non avenu et la somme consignée à titre d'amende est restituée.

Toutefois, la partie qui s'est désistée est tenue de tous les frais occasionnés par le pourvoi ; la partie civile peut être condamnée à l'indemnité prévue par l'article 502.

Art. 489. – La cour de révision examine les pourvois uniquement sur pièces et rend son arrêt dans les quarante-cinq jours de la réception du dossier par le président.

Art. 490. – La révision ne profite, en principe, qu'à la partie qui l'a proposée. Toutefois, le recours du procureur général qui agit dans un intérêt public est susceptible de bénéficier au condamné.

L'annulation prononcée à la requête d'un demandeur peut s'étendre aux autres demandeurs en révision qui auraient pu se prévaloir du moyen sur lequel est fondée la révision.

En matière criminelle, l'annulation prononcée sur un moyen personnel à l'un des demandeurs entraîne l'annulation vis-à-vis de tous ceux qui se sont pourvus et qui ont participé au même fait ou à un ensemble de faits indivisibles, s'il est nécessaire que l'affaire revienne en entier devant la juridiction de renvoi.

Art. 491. – Les moyens proposés par le demandeur en révision peuvent, seuls, servir de base à l'annulation de la décision.

Cependant, les moyens d'ordre public peuvent être soulevés d'office.

Art. 492. – Lorsque le pourvoi n'est dirigé que contre une partie de la décision ou que la nullité proposée ne vise qu'un chef de celle-ci, la révision sera partielle si les chefs annulés ne sont pas rattachés aux autres dispositions par un lien d'indivisibilité.

Art. 493. – Lorsque la révision d'une décision est prononcée en raison d'une omission ou d'une violation des formes substantielles, les actes qui ont précédé la décision viciée seront annulés à partir du plus ancien acte nul.

Art. 494. – La révision est prononcée sans renvoi :

1° Lorsque la décision est annulée par le motif soit que l'action publique était éteinte ou la poursuite irrecevable, soit que le fait incriminée n'était ni prévu ni puni par la loi, à moins qu'il n'y ait une partie civile en cause, auquel cas le renvoi est ordonné devant la juridiction compétente.

2° Lorsque l'annulation porte sur une disposition accessoire et indépendante qui peut être retranchée sans que l'autorité de la décision principale en soit atteinte.

Art. 495. – Lorsqu'une décision est annulée pour incompétence, l'arrêt de révision renvoie devant la juridiction compétente en la désignant.

Il en est de même lorsqu'un arrêt de mise en accusation est annulé par le motif que l'infraction n'est pas qualifiée crime par la loi.

Art. 496 *(L. n° 1.031, 23 déc. 1980 ; rempl., L. n° 1.327, 22 déc. 2006)*. – Hors les cas prévus aux articles précédents, l'arrêt d'annulation renvoie l'affaire, s'il s'agit d'une affaire criminelle, devant le Tribunal Criminel autrement composé, et dans tous les autres cas, à la première session utile de la Cour de Révision autrement composée.

Art. 497. – La juridiction devant laquelle l'affaire est renvoyée procède à de nouveaux débats. Elle est tenue de se conformer à l'arrêt de révision sur les points de droit que celui-ci a jugés.

Art. 498. – La juridiction de renvoi ne peut prononcer une peine plus élevée que celle appliquée par la première décision lorsque la révision n'a eu lieu que sur le pourvoi du condamné.

Art. 499. – Si la décision est annulée pour violation des formes substantielles soit dans la procédure antérieure, soit dans la décision elle-même, la juridiction de renvoi procède, pour ce qui la concerne et fait procéder, le cas échéant, par le juge qu'elle désigne à la réfection des actes annulés.

Art. 499-1 *(L. n° 1.327, 22 déc. 2006)*. – En cas d'indisponibilité d'un membre de la Cour de Révision rendant impossible la constitution de sa formation elle se complétera du magistrat de la Cour d'Appel ou du tribunal, le plus ancien dans le grade le plus élevé n'ayant jamais eu à connaître de l'affaire ou, à défaut, de l'avocat-défenseur le plus ancien n'ayant jamais eu à intervenir dans la procédure en cause et désigné par le bâtonnier en exercice.

Art. 499-2 *(L. n° 1.327, 22 déc. 2006)*. – La procédure devant la Cour de Révision sera celle en vigueur devant la Cour d'Appel.

En cas de défaut, aucune opposition ne sera recevable contre l'arrêt à intervenir sur renvoi, précision qui devra figurer dans la citation délivrée au prévenu.

Art. 500. – Toute décision intervenue sur le renvoi peut être attaquée, comme la précédente, par tous les moyens prévus aux articles 455 et suivants, autres que ceux déjà écartés par l'arrêt de révision.

(L. n° 1.180, 27 déc. 1995) Si les moyens invoqués sont ceux écartés par l'arrêt de révision, la Cour de révision annule pour excès de pouvoir l'arrêt attaqué et statue au fond dans les plus brefs délais.

Art. 501. – Lorsqu'un recours en révision a été rejeté, la partie qui l'a formé ne peut plus se pourvoir contre la même décision, sous quelque prétexte et pour quelque raison que ce soit.

Art. 502 *(L. n° 1.031, 23 déc. 1980 ; L. n° 1.184, 27 déc. 1995 ; mod., L. n° 1.247, 21 déc. 2001).* – La partie qui succombe dans son pourvoi est condamnée à une amende 300 euros en matière criminelle et en matière correctionnelle. Cette amende est réduite de moitié en matière de simple police.

Les condamnés à une peine criminelle en sont exonérés.

Peuvent en être dispensées les personnes admises au bénéfice de l'article 481-2°.

Elle ne saurait être prononcée contre les agents des administrations publiques pour les affaires concernant directement ces administrations.

Art. 503 *(Mod., L. n° 1.247, 21 déc. 2001).* – La partie civile qui succombe peut être, en outre, condamnée à une indemnité de 10 à 30 euros envers la partie renvoyée.

La même condamnation pourra être prononcée, au profit de la partie civile, contre l'individu renvoyé des fins de la poursuite, qui succombe dans un pourvoi formé contre un arrêt ou les dispositions de celui-ci relatifs aux dommages-intérêts.

Art. 504. – Si la décision est annulée, la restitution des sommes déposées à titre d'amende doit être effectuée, alors même qu'elle n'a pas été expressément prescrite par l'arrêt de révision.

Art. 505. – L'original de l'arrêt rendu par la cour de révision sera transmis par le président au procureur général près la cour d'appel. Ce magistrat le remettra sans délai au greffier en chef qui le déposera au rang de ses minutes. Celui-ci donnera avis de ce dépôt aux avocats-défenseurs constitués et aux parties.

L'arrêt sera affiché pendant un mois au palais de justice.

TITRE II. – DU POURVOI DANS L'INTÉRÊT DE LA LOI

Art. 506. – En dehors des cas prévus à l'article 464, les arrêts du tribunal criminel renvoyant l'accusé des fins de la poursuite pourront, dans le délai prévu à l'article 471, faire l'objet, de la part du procureur général, d'un pourvoi en révision, mais dans l'intérêt de la loi seulement, sans que l'annulation puisse préjudicier à la partie renvoyée.

Art. 507. – Le directeur des services judiciaires pourra donner l'ordre au procureur général, quel que soit le temps écoulé depuis la décision, de se pourvoir contre les actes judiciaires, jugements ou arrêts contraires à la loi.

L'ordre précisera l'objet et les limites du recours qui sera exercé soit dans l'intérêt de la loi exclusivement, soit dans l'intérêt de la loi et du condamné dont la situation ne saurait en aucun cas être aggravée.

Le pourvoi reste sans effet quant aux intérêts civils des parties.

TITRE III. – DES DEMANDES EN REPRISE DU PROCÈS

Art. 508. – La reprise du procès peut être demandée en matière criminelle et correctionnelle :

1° Lorsque, deux accusés ou prévenus ayant été condamnés successivement pour le même fait, les deux condamnations ne peuvent se concilier et prouvent, par leur contradiction, l'innocence de l'un ou l'autre condamné ;

2° Lorsque, après une condamnation, l'un des témoins entendus a été condamné pour faux témoignage contre l'accusé ou le prévenu ;

3° Lorsque, après une condamnation, un élément de nature à établir l'innocence du condamné résultera soit d'un fait qui viendrait à se produire ou à se révéler, soit de la production de pièces inconnues lors des débats.

Art. 509. – Le droit de demander la reprise du procès appartient, dans les deux premiers cas ainsi prévus :

1° Au procureur général ;

2° Au condamné ou, en cas d'incapacité, à son représentant légal ;

3° Après le décès ou l'absence déclarée du condamné, à son conjoint, à ses enfants, à ses parents, à ses légataires universels ou à titre universel, à ceux qui en ont reçu de lui la mission expresse.

Dans le troisième cas prévu par l'article 508, il appartient exclusivement au directeur des services judiciaires.

Art. 510. – La demande des parties est non recevable si elle n'est formée dans le délai de trois ans à dater du jour où celles-ci ont connu le fait y donnant ouverture.

Art. 511. – La demande est formée par requête au directeur des services judiciaires, énonçant, avec les preuves à l'appui, les moyens sur lesquels elle est fondée.

La requête des parties est déposée avec les pièces qui l'accompagnent au greffe général et inscrite sur un registre à ce destiné.

Le greffier délivre un récépissé des pièces dont il dresse l'inventaire et le joint au dossier de la procédure avec une expédition de la décision attaquée et un extrait de la feuille d'audience qui s'y rapporte.

Il adresse ensuite le dossier au procureur général qui le transmet sans délai, avec son avis motivé, au président de la cour de révision.

Art. 512. – Si l'arrêt ou le jugement de condamnation n'a pas été exécuté, l'exécution est suspendue de plein droit à partir du dépôt de la requête au greffe ou, si le recours est formé par le directeur des services judiciaires, à dater de sa transmission au président de la cour de révision.

Si le condamné est en état de détention, l'exécution peut être suspendue par ordre du directeur des services judiciaires, sur rapport du procureur général, jusqu'à l'arrêt statuant sur la recevabilité de la demande, et ensuite, s'il y a lieu, par la cour elle-même.

Art. 513. – Lorsque la demande est non recevable, elle est rejetée sans autre examen.

Si elle est recevable, la cour de révision, avant de statuer sur son admission, ordonne, le cas échéant, toutes mesures d'instruction jugées utiles. L'arrêt désigne le membre du tribunal ou de la cour par lequel il devra y être procédé.

Art. 514. – Lorsque la demande est admise, la cour de révision annule les jugements ou arrêts et tous actes qui feraient obstacle à la reprise du procès ; elle fixe les questions sur lesquelles il doit être prononcé et renvoie l'affaire, si elle est en état, devant la juridiction qui en a originairement connu. Si l'affaire n'est pas en état, elle renvoie devant le juge d'instruction ou tout autre magistrat qu'elle désigne, pour être procédé, après une information nouvelle, dans les formes ordinaires.

Art. 515. – Aucun renvoi n'est prononcé si l'annulation de l'arrêt ou du jugement ne laisse subsister à l'égard du condamné rien qui puisse être qualifié crime ou délit.

Art. 516. – Si le condamné est décédé avant l'admission du pourvoi, l'arrêt prescrivant la reprise du procès nomme un curateur à sa mémoire, qui exerce tous ses droits.

S'il résulte de la nouvelle procédure que la condamnation a été prononcée injustement, la décision décharge la mémoire du condamné de l'accusation qui avait été portée contre lui.

Art. 517. – L'arrêt de la cour de révision ou la décision de la juridiction de renvoi déclarant l'innocence du condamné lui alloue, sur sa demande, des dommages-intérêts en raison du préjudice que lui a causé la condamnation, à moins qu'il n'y ait donné lieu par sa faute.

Art. 518. – Si le condamné reconnu innocent est décédé, le droit de demander des dommages-intérêts appartient, dans les mêmes conditions, à son conjoint, à ses descendants et ascendants, à ses frères et sœurs.

Il n'appartient aux parents d'un degré plus éloigné qu'autant qu'ils justifient d'un préjudice matériel résultant pour eux de la condamnation.

Art. 519. – La demande de dommages-intérêts peut être formée en tout état de la procédure jusqu'à la décision définitive.

Art. 520. – Les dommages-intérêts alloués sont à la charge de l'État, sauf son recours contre la partie civile, le dénonciateur ou le faux témoin par la faute desquels la condamnation a été prononcée.

Art. 521. – Les frais de l'instance en reprise du procès sont avancés par le demandeur jusqu'à l'arrêt sur la recevabilité. Pour les frais postérieurs à cet arrêt, l'avance est faite par le Trésor.

Si l'arrêt ou le jugement définitif prononce une condamnation, il met à la charge du condamné, s'il y a lieu, le remboursement des frais envers l'État et envers le demandeur en reprise du procès.

Art. 522. – Le demandeur en reprise du procès qui succombe dans son instance est condamné à tous les frais.

Art. 523. – La décision d'où résulte l'innocence du condamné est affichée aux lieux habituels où sont apposées les affiches administratives. Elle est, en outre, publiée par extraits au *Journal de Monaco* et, si le demandeur le requiert, dans trois journaux étrangers par lui désignés.

Les frais de cette publicité sont à la charge du Trésor.

LIVRE IV. – DE QUELQUES PROCÉDURES PARTICULIÈRES

TITRE I. – DU DÉFAUT CRIMINEL

(Titre rempl., L. n° 1.343, 26 déc. 2007).

Art. 524 *(Rempl., L. n° 1.343, 26 déc. 2007).* – L'accusé absent, sans excuse valable à l'ouverture de l'audience, est jugé par défaut.

Toutefois, le tribunal peut décider de renvoyer l'affaire à une session ultérieure, après avoir décerné mandat d'arrêt contre l'accusé si un tel mandat n'a pas déjà été décerné.

Nul n'est recevable à déclarer qu'il fait défaut, dès lors qu'il est présent au début de l'audience.

Art. 525 *(Rempl., L. n° 1.343, 26 déc. 2007).* – Le tribunal examine l'affaire et statue sur l'accusation sans l'assistance des jurés, sauf si sont présents d'autres accusés jugés simultanément lors des débats ou si l'absence de l'accusé a été constatée après le commencement des débats.

En présence d'un avocat pour assurer la défense de l'accusé, la procédure se déroule conformément aux articles 290 à 367, à l'exception des dispositions relatives à l'interrogatoire ou à la présence de l'accusé. En l'absence d'avocat pour l'accusé, le tribunal statue après avoir entendu la partie civile ou son avocat et les réquisitions du ministère public.

En cas de condamnation à une peine ferme privative de liberté, le tribunal décerne mandat d'arrêt contre l'accusé, sauf si celui-ci a déjà été décerné.

Art. 526 *(Rempl., L. n° 1.343, 26 déc. 2007).* – Si l'accusé condamné par défaut se constitue prisonnier ou s'il est arrêté avant que la peine soit éteinte par prescription, l'arrêt du tribunal criminel est non avenu dans toutes ses dispositions. Il est alors procédé à un nouvel examen de son affaire par le tribunal criminel conformément aux articles 273 et suivants.

L'accusé demeure détenu jusqu'à sa comparution devant le tribunal criminel.

Art. 527 *(Rempl., L. n° 1.343, 26 déc. 2007).* – Les dispositions du présent titre sont applicables aux personnes renvoyées pour délits connexes. Le tribunal peut toutefois, sur réquisitoire du ministère public et après avoir entendu les observations des parties, ordonner la disjonction de la procédure les concernant. Ces personnes sont alors considérées comme renvoyées devant le tribunal correctionnel et peuvent y être jugées par défaut.

Art. 528 à 545 *(Abr., L. n° 1.343, 26 déc. 2007).*

TITRE II. – DU FAUX EN ÉCRITURES

Art. 546. – Dans les poursuites pour faux, la pièce arguée de faux est aussitôt déposée au greffe, paraphée à toutes les pages et signée par le greffier qui en dresse un procès-verbal descriptif. Elle est également signée par la personne qui l'a déposée ; si cette personne ne sait ou ne veut pas signer, il en est fait mention.

Toutefois, avant le dépôt au greffe, le juge d'instruction peut ordonner que la pièce soit reproduite par photographie ou par tout autre moyen.

Art. 547. – La pièce arguée de faux est, en outre, paraphée à toutes les pages et signée par l'inculpé et par le juge d'instruction, lors de l'interrogatoire.

Elle est signée par la partie civile si elle se présente.

Art. 548. – Les plaintes et dénonciations en faux peuvent être suivies lors même que les pièces qui en font l'objet auraient servi de base à des actes judiciaires ou civils.

Art. 549 *(Mod., L. n° 1.247, 21 déc. 2001)*. – Tout dépositaire public ou privé de pièces arguées de faux est tenu de les déposer au greffe sur l'ordonnance donnée par l'officier du ministère public ou le juge d'instruction ; sinon, le juge peut prononcer contre lui une amende de 15 à 1 500 euros, décerner un mandat d'amener et ordonner une visite domiciliaire pour la saisie desdites pièces.

Art. 550. – Le dépositaire ainsi condamné à l'amende peut, s'il produit une excuse légitime, en être déchargé par le juge d'instruction qui l'a prononcée. En cas de refus, l'intéressé a la faculté de déférer la décision à la chambre du conseil de la cour d'appel.

Art. 551 *(Mod., L. n° 1.247, 21 déc. 2001)*. – Le greffier ne peut délivrer copie ou expédition des pièces arguées de faux qu'en vertu d'une ordonnance du juge d'instruction dont il est fait mention sur la copie ou l'expédition, à peine d'une amende qui n'excédera pas 15 euros sans préjudice de dommages-intérêts s'il y a lieu.

Art. 552. – Les dispositions relatives à la production et au dépôt des pièces arguées de faux sont également applicables à tout dépositaire public de pièces de comparaison.

Celles-ci sont signées et paraphées comme il est dit aux articles 546 et 547.

Art. 553. – Si une pièce de comparaison est une pièce authentique qu'il est nécessaire de déplacer, le juge d'instruction peut soit autoriser, après vérification contradictoire, le dépositaire à conserver ladite pièce, en prenant l'engagement de la représenter chaque fois qu'il sera utile, soit ordonner son dépôt aux mains du greffier qui en délivrera récépissé.

En ce dernier cas, le juge peut décider qu'il sera établi préalablement une copie collationnée ou une reproduction photographique, certifiée conforme par le greffier.

Le dépositaire placera la copie ou la reproduction photographique au rang de ses minutes et aura seul le droit d'en délivrer des grosses ou expéditions comportant l'attestation du greffier.

À défaut de copie collationnée ou de reproduction photographique, les expéditions sont délivrées par le greffier.

Art. 554. – Les écritures privées peuvent aussi être produites comme pièces de comparaison et être admises à ce titre.

Une copie collationnée ou une reproduction photographique est laissée au détenteur s'il le requiert.

Art. 555. – Le particulier détenteur, même de son aveu, de pièces pouvant servir de comparaison, ne peut, à défaut de remise volontaire, être contraint de les déposer qu'en vertu d'un jugement du tribunal de première instance devant lequel il sera cité à bref délai par le ministère public, à l'effet de justifier des motifs de son refus.

Si le tribunal ordonne la remise de ces pièces, le juge d'instruction, au vu de cette décision, pourra, en cas de résistance du détenteur, procéder comme il est dit à l'article 549.

Art. 556. – Lorsque les témoins s'expliqueront sur une pièce arguée de faux, ils la signeront ; s'ils ne peuvent ou ne veulent signer, le procès-verbal en fait mention.

Art. 557. – L'inculpé, ainsi que toute personne entendue au cours de l'information, peut être requis de former un corps d'écriture sous la dictée du juge d'instruction et, en cas de refus, le procès-verbal en fait mention.

Art. 558. – Le juge d'instruction peut ordonner une expertise à l'effet d'examiner la pièce arguée de faux et les pièces de comparaison.

Art. 559. – Toute juridiction qui, à l'occasion d'un procès, trouve des indices d'un faux doit ordonner le dépôt de la pièce au greffe afin qu'il soit informé, s'il y a lieu.

Art. 560. – La partie qui, dans le cours d'une procédure pénale, entend arguer de faux un acte qui lui est opposé, peut faire sa déclaration en personne ou par un fondé de pouvoir spécial soit devant le juge ou le tribunal saisi, soit au greffe général.

Le juge ou le tribunal décide s'il y a lieu de surseoir à l'instance ou au jugement, ou de passer outre, sauf à ne pas faire état de la pièce arguée de faux.

En cas de sursis, il est procédé à l'instruction de l'incident conformément aux règles édictées par le titre XI du livre II du Code de procédure civile.

Art. 561 *(Mod., L. n° 1.247, 21 déc. 2001).* – Si l'existence du faux n'est pas reconnue, une amende de 15 à 150 euros peut être prononcée contre la partie qui s'est inscrite en faux, sans préjudice de dommages-intérêts s'il y a lieu.

Art. 562. – Lorsqu'un acte authentique a été déclaré faux en tout ou en partie, la juridiction qui a connu du faux ordonne que ledit acte soit rayé, rectifié ou rétabli ; mention du dispositif de la décision sera faite en marge ou à la suite dudit acte et procès-verbal en sera dressé par le dépositaire pour être transmis au ministère public.

Art. 563. – Dans les quinze jours qui suivent la décision définitive, les pièces de comparaison sont réintégrées dans les dépôts d'où elles ont été extraites, ou restituées aux personnes qui les ont communiquées.

Art. 564. – En dehors des règles spéciales ci-dessus énoncées, il est procédé à l'instruction sur le faux comme pour les autres crimes ou délits.

TITRE III. – DES INFRACTIONS D'AUDIENCE ET DES MANQUEMENTS AU RESPECT DÛ AUX AUTORITÉS CONSTITUÉES

Art. 565. – Lorsqu'à l'audience ou dans toute assemblée ou réunion judiciaire, une ou plusieurs personnes apportent du trouble, soit par une attitude incorrecte, soit par des manifestations d'opinion, ou provoquent du tumulte, le président, le juge ou le procureur général, selon le cas, peut les faire expulser. Si elles résistent ou rentrent après leur expulsion, il les fait conduire à la maison d'arrêt où, au vu de l'ordre mentionné dans le procès-verbal, elle seront reçues et retenues pendant vingt-quatre heures, sans préjudice, le cas échéant, de l'application des articles 567 et suivants.

Art. 566. – Lorsque le trouble ou le tumulte est causé par un prévenu en état de détention, le tribunal peut le faire retirer de l'audience et reconduire en prison ; s'il n'est pas détenu, il est procédé à son égard conformément à l'article précédent.

Dans l'un et l'autre cas, il est, en son absence, passé outre aux débats ; le défenseur peut y prendre part. Le jugement est réputé contradictoire.

Si le prévenu est détenu, le greffier lui donne lecture, à l'issue de l'audience, de toute décision rendue.

Art. 567. – Lorsque le tumulte est accompagné d'injures du de voies de fait ou lorsqu'il est commis toute autre infraction dans les circonstances prévues aux articles précédents, le délinquant est interrogé et les témoins, s'il y a lieu, entendus ; procès-verbal est immédiatement dressé, après quoi il est procédé suivant les distinctions ci-après.

Art. 568. – Si les faits sont seulement passibles de peines de simple police, le tribunal ou le juge prononce ces peines, séance tenante ; sa décision, en ce cas, n'est pas susceptible d'appel.

Art. 569. – Si les faits sont passibles de peines correctionnelles, le juge de paix ou de police, ou un juge agissant seul, devant qui ils se produisent, en dresse procès-verbal et renvoie leur auteur, sous mandat d'amener s'il y a lieu, devant le procureur général.

Toute autre juridiction prononce sans désemparer les peines édictées par la loi. Toutefois, si l'affaire ne paraît pas en état d'être jugée sur le champ, elle renvoie l'inculpé devant le procureur général en décernant, le cas échéant, un mandat d'amener. Ce renvoi est toujours prononcé s'il s'agit d'une inculpation de faux témoignage.

Art. 570. – Si les faits sont passibles de peines criminelles, quel que soit le tribunal ou le juge devant lequel ils se sont produits, l'inculpé est renvoyé, sous mandat d'amener, devant le procureur général pour être procédé dans les formes ordinaires.

Art. 571. – Le Ministre d'État et ses délégués, le Maire et tous autres officiers de police judiciaire, auxiliaires du procureur général, lorsqu'ils remplissent publiquement quelque acte de leur fonction, exercent aussi les pouvoirs de police réglés par l'article 565. À ce titre, ils ordonnent, s'il y a lieu, d'appréhender les perturbateurs et de les mettre à la disposition du procureur général à qui est transmis immédiatement le procès-verbal des faits et qui avisera dans le plus bref délai.

TITRE IV. – DES CRIMES ET DÉLITS COMMIS PAR DES MAGISTRATS OU FONCTIONNAIRES PUBLICS

Art. 572 à 576 *(Abr., L. n° 982, 26 mai 1976).*

Art. 577 *(L. n° 982, 26 mai 1976).* – En cas de poursuites pour crimes ou délits diligentées contre un magistrat ou un fonctionnaire public, le premier président de la cour d'appel peut désigner, s'il l'estime opportun, soit le président du tribunal, soit un membre de cette cour pour remplir exceptionnellement en la cause les fonctions du juge d'instruction.

Art. 578. – Le procureur général informe sans retard le Directeur des services judiciaires de l'issue de l'information et, le cas échéant, de celle des débats.

TITRE V. – DE LA PRISE À PARTIE

Art. 579. – Les juges et les officiers du ministère public peuvent être poursuivis en dommages-intérêts par la prise à partie en matière criminelle, correctionnelle et de police, pour les causes et suivant les formes déterminées par le Code de procédure civile.

Art. 580. – Toutefois, l'annulation des ordonnances, jugements et arrêts ne peut être demandée et prononcée, à raison de faits donnant ouverture à la prise à partie, que suivant les règles établies au livre troisième du présent code.

TITRE VI. – DE LA RÉCUSATION

Art. 581. – Les juges peuvent être récusés en matière criminelle, correctionnelle et de police pour les causes spécifiées dans le Code de procédure civile.

Il en est de même des officiers du ministère public.

Toutefois, il n'y a pas lieu à récusation lorsque la parenté, l'alliance et les autres relations prévues à l'article 393 du Code de procédure civile existent entre un juge et un officier du ministère public.

Art. 582. – La récusation peut être prononcée par toute partie.

Art. 583. – La récusation dirigée contre le juge d'instruction doit être proposée avant que ce magistrat ait délivré l'ordonnance de clôture de l'information prévue par les articles 213 et suivants.

Art. 584. – Pour le surplus, la procédure de récusation en matière pénale est soumise aux règles édictées par le Code de procédure civile.

TITRE VII. – DU RÈGLEMENT DE JUGES

Art. 585. – Lorsque en matière criminelle, correctionnelle ou de police, par suite de décisions passées en force de chose jugée et contradictoires entre elles le cours de la justice est interrompu, il sera réglé de juges par la cour de révision.

Art. 586. – Le règlement de juges est demandé par le ministère public. Il pourra l'être par toute partie en cause. La cour de révision sera saisie par une requête dans laquelle seront énoncés, avec le cas échéant les productions nécessaires, les moyens invoqués.

Elle pourra aussi, à l'occasion d'un pourvoi en révision, régler de juges d'office et même par avance.

Art. 587. – Dans les huit jours de son dépôt au greffe, la requête sera notifiée par le demandeur aux autres parties. Celles-ci auront un délai de quinze jours pour formuler, dans un mémoire, leurs observations.

Au cours de la procédure, toutes les parties auront la faculté de consulter au greffe le dossier et les pièces produites.

Art. 588. – La cour de révision statuera uniquement sur pièces.

L'arrêt, notifié à toutes les parties, sera attributif de compétence.

TITRE VIII. – DE LA MANIÈRE DONT SONT REÇUES, EN MATIÈRE CRIMINELLE, CORRECTIONNELLE ET DE POLICE, LES DÉPOSITIONS DES PRINCES DE LA FAMILLE SOUVERAINE, ET DU MINISTRE D'ÉTAT

Art. 589. – Les Princes et Princesses da la Famille Souveraine et le Ministre d'État ne peuvent être cités comme témoins à l'audience d'un tribunal, à moins que, sur la demande d'une partie et le rapport du procureur général, le Prince n'ait, par une ordonnance spéciale, autorisé leur comparution.

En ce cas, l'ordonnance détermine le cérémonial à observer.

Art. 590. – Les dépositions des Princes et Princesses de la Famille Souveraine, sauf l'exception ci-dessus prévue, sont, dans les formes prescrites pour l'instruction écrite, reçues par le premier président de la cour d'appel qui se transportera en leur demeure, assisté du greffier.

La déposition du Ministre d'État est reçue dans les mêmes conditions par le président du tribunal de première instance.

Art. 591. – Dans les débats, ces dépositions sont lues à peine de nullité.

TITRE IX. – DE LA MANIÈRE DE PROCÉDER EN CAS DE DESTRUCTION OU D'ENLÈVEMENT DES PIÈCES D'UNE PROCÉDURE OU D'UN JUGEMENT

Art. 592. – Lorsque, par l'effet d'un incendie ou de toute autre cause, des minutes d'arrêts ou de jugements rendus en matière criminelle, correctionnelle ou de police et non encore exécutés, ou des procédures encore indécises ont été détruites, enlevées ou se trouvent égarées et qu'il n'est pas possible de les rétablir, il est procédé ainsi qu'il suit.

Art. 593. – S'il existe une expédition ou une copie authentique de l'arrêt ou du jugement, elle est considérée comme minute et placée au greffe qui détenait la décision.

À cet effet, tout officier public ou tout dépositaire d'une expédition de l'arrêt ou du jugement est tenu, sous peine d'y être contraint comme il est dit à l'article 549, de la déposer au greffe général lorsque l'ordre lui en est donné par le président de la juridiction qui l'a rendu.

L'exécution de cet ordre vaut décharge.

Le détenteur de l'expédition ou de la copie authentique de la minute disparue a la faculté, en la remettant dans le dépôt public, de s'en faire délivrer une copie sans frais.

Art. 594. – Lorsqu'il n'existe plus d'expédition ni de copie authentique de l'arrêt ou du jugement, si les pièces de la procédure antérieure aux débats subsistent, il est procédé, au vu de ces pièces, en la forme ordinaire, aux fins de rétablir l'arrêt ou le jugement.

Si lesdites pièces n'existent plus ou n'existent qu'en partie, l'instruction est reprise à partir du point où les pièces se trouvent manquer tant en minute qu'en expédition ou copie authentique.

Art. 595. – Lorsqu'il est procédé à de nouveaux débats, il peut être produit des témoins tant par le ministère public et la partie civile que par l'inculpé, pour établir la teneur des pièces disparues.

Art. 596. – Dans tous les cas et pour tous effets, le jugement ou arrêt de condamnation non exécuté qui n'est représenté ni en minute, ni en expédition ou copie authentique, est considéré comme n'ayant jamais existé.

TITRE X. – DE LA SAISINE EN MATIÈRE DE BLANCHIMENT

(Titre rempl., L. n° 1.394, 9 oct. 2012)

Art. 596-1 *(L. n° 1.161, 7 juill. 1993 ; rempl., L. n° 1.394, 9 oct. 2012).* – En matière de blanchiment, de corruption ou de trafic d'influence, la saisie des biens pourra être ordonnée, après avis du procureur général, par décision motivée du juge d'instruction ou du tribunal qui prescrira toutes mesures d'administration utiles.

L'appel de cette décision pourra être interjeté dans les vingt heures de sa notification aux parties dans les conditions prévues à l'article 226. L'appel n'a pas d'effet suspensif.

La décision de saisie concernant un navire sera portée à la connaissance du Directeur des affaires maritimes dans le respect des dispositions du chapitre V du titre premier du livre III du Code de la mer.

La décision de saisie d'un véhicule à moteur sera portée à la connaissance du service compétent dans les conditions fixées par ordonnance souveraine.

Lorsqu'il y a lieu, la décision sera inscrite, à la diligence du procureur général au répertoire du commerce et de l'industrie, au registre spécial des sociétés civiles ou à la conservation des hypothèques.

En cas de non-lieu ou de relaxe, ou s'il y a mainlevée de la mesure de saisie, la décision ordonne la radiation des inscriptions effectuées.

Sous réserve des mesures d'administration prévues au premier alinéa, les biens saisis ne pourront faire l'objet, à peine de nullité, d'aucune constitution de droit réel ou personnel.

Les dispositions du présent titre ne font pas obstacle aux pouvoirs du procureur général en matière de crimes et délits flagrants, tels qu'ils résultent de l'article 255.

TITRE XI. – DE L'ENTRAIDE JUDICIAIRE INTERNATIONALE

(L. n° 1.394, 9 oct. 2012)

Section I. – De l'application des traités et accords

§ 1er. – Des équipes communes d'enquêtes

Art. 596-2 *(L. n° 1.394, 9 oct. 2012).* – Avec l'accord préalable du directeur des services judiciaires et le consentement de l'État étranger concerné, l'autorité judiciaire compétente peut créer une équipe commune d'enquête, soit lorsqu'il y a lieu d'effectuer, dans le cadre d'une procédure monégasque, des enquêtes complexes impliquant la mobilisation d'importants moyens et qui concernent d'autres États étrangers, soit lorsque plusieurs Etats effectuent des enquêtes relatives à des infractions exigeant une action coordonnée et concertée entre eux.

Les agents étrangers détachés par un autre État auprès d'une équipe commune d'enquête, dans la limite des attributions attachées à leur statut, peuvent, sous la direction de l'autorité judiciaire compétente, avoir pour mission, le cas échéant, sur tout le territoire de la Principauté :

1) de constater tous crimes, délits ou contraventions et d'en dresser procès-verbal, au besoin dans les formes prévues par le droit de leur État ;

2) de recevoir par procès-verbal les déclarations qui leur sont faites par toute personne susceptible de fournir des renseignements sur les faits en cause, au besoin dans les formes prévues par le droit de leur État ;

3) de seconder les officiers de police judiciaire de la Principauté dans l'exercice de leurs fonctions ;

4) de procéder à des surveillances et, s'ils sont spécialement habilités à cette fin par l'autorité compétente de l'État ayant procédé à leur détachement, à des infiltrations.

Les agents étrangers détachés auprès d'une équipe commune d'enquête peuvent exercer ces missions, sous réserve du consentement de l'autorité compétente de l'État ayant procédé à leur détachement.

Ces agents n'interviennent que dans les opérations pour lesquelles ils ont été désignés. Aucun des pouvoirs propres de l'officier de police judiciaire de la Principauté, responsable de l'équipe, ne peut leur être délégué.

Un original des procès-verbaux qu'ils ont établis et qui doit être rédigé ou traduit en langue française est versé à la procédure monégasque.

Art. 596-3 *(L. n° 1.394, 9 oct. 2012).* – Les officiers et agents de police judiciaire monégasques détachés auprès d'une équipe commune d'enquête peuvent procéder aux opérations prescrites par le responsable d'équipe, sur toute l'étendue du territoire de l'État où ils interviennent, dans la limite des pouvoirs qui leur sont reconnus par le présent code.

Leurs missions sont définies par l'autorité de l'État étranger compétente pour diriger l'équipe commune d'enquête sur le territoire duquel l'équipe intervient.

Ils peuvent recevoir les déclarations et constater les infractions dans les formes prévues par le présent code, sous réserve de l'accord de l'État sur le territoire duquel ils interviennent.

Art. 596-4 *(L. n° 1.394, 9 oct. 2012).* – Les dispositions du présent paragraphe ne sont applicables qu'à l'égard des États liés à la Principauté par des traités ou des accords prévoyant la constitution d'équipes communes d'enquêtes.

§ 2. – De la vidéoconférence

Art. 596-5 *(L. n° 1.394, 9 oct. 2012).* – Pour l'exécution simultanée, sur le territoire de la Principauté et à l'étranger, de demandes d'entraides judiciaires internationales ou en application des articles 596-2 à 596-4, lorsque les nécessités de l'enquête ou de l'instruction le justifient, l'audition ou l'interrogatoire d'une personne ainsi que la confrontation entre plusieurs personnes peuvent être effectués entre un point du territoire de la Principauté et un point situé à l'extérieur, se trouvant reliés par des moyens de communications électroniques permettant la visualisation ainsi que l'audition des intéressés et, garantissant la confidentialité de la transmission. Ces actes sont réalisés conformément aux règles prévues par les articles 60-10,125 à 147 et 166 à 175.

Art. 596-6 *(L. n° 1.394, 9 oct. 2012).* – Les dispositions des articles 300 à 306 sont applicables aux témoins entendus sur le territoire de la Principauté à la demande d'une juridiction étrangère.

LIVRE V. – DE L'EXÉCUTION DES CONDAMNATIONS ET DES CAUSES QUI PEUVENT Y METTRE OBSTACLE

TITRE I. – DE L'EXÉCUTION DES CONDAMNATIONS

Section I. – Des condamnations à des peines privatives ou restrictives de liberté

Art. 597. – Il est sursis à l'exécution d'une peine privative ou restrictive de liberté, à l'égard de toute personne en état d'aliénation mentale.

Il en est de même dans le cas d'une autre maladie, lorsque l'exécution de la peine pourrait mettre en péril la vie du condamné.

Art. 598. – Le ministère public pourra accorder un sursis lorsque l'exécution immédiate d'une peine d'emprisonnement serait de nature à entraîner, pour le condamné ou sa famille, un trouble considérable et hors de proportion avec l'objet de la répression.

Sauf circonstance exceptionnelle, le sursis ne devra pas dépasser trois mois. Il peut être subordonné au dépôt d'un cautionnement ou à toute sûreté équivalente.

Art. 599. – Tous incidents contentieux sur l'exécution, y compris les contestations relatives à l'identité du condamné, sont portés devant le tribunal qui a prononcé la condamnation.

Si la condamnation émane du tribunal criminel, cette juridiction statue sans assistance des juges supplémentaires.

Ces incidents sont jugés en la chambre du conseil, après audition du ministère public, du conseil de la partie s'il le demande, et, s'il échet, de la partie elle-même.

La décision est signifiée aux parties intéressées.

Art. 599-1 *(L. n° 1.382, 20 juill. 2011)*. – La victime d'une infraction ayant entraîné une condamnation à l'une des interdictions prévues à l'article 37-1 du Code pénal peut requérir de la juridiction qui l'a prononcée une prolongation de la durée d'application de la mesure.

La requête doit être présentée dans les six mois qui précèdent le terme du délai pour lequel l'interdiction a été prononcée.

La requête est jugée en chambre du conseil, après audition du ministère public, du requérant, de la personne condamnée ou de leurs conseils, s'ils le demandent.

La décision est signifiée aux parties.

Art. 599-2 *(L. n° 1.382, 20 juill. 2011)*. – Sans préjudice des dispositions de l'article 599-1, la personne condamnée à l'une des interdictions prévues à l'article 37-1 du Code pénal peut solliciter du juge chargé de l'application des peines d'être exceptionnellement autorisée, pour un motif légitime, à entrer en relation avec la victime d'une infraction ayant entraîné la condamnation.

La décision du juge chargé de l'application des peines est motivée et peut assortir l'autorisation de conditions à respecter sous les peines prévues à l'article 37-1 du Code pénal. Elle est signifiée au demandeur et à la victime.

Section II. – Des condamnations pécuniaires et de la contrainte par corps

Art. 600. – Les condamnations pécuniaires sont exécutées à la requête de la partie au profit de laquelle elles ont été prononcées.

Toutefois, les poursuites pour le recouvrement des amendes, restitutions, dommages-intérêts et frais adjugés à l'État sont exercées à la requête du directeur des services fiscaux.

Art. 601. – Les incidents contentieux relatifs à l'exécution des condamnations pécuniaires sont portés devant le tribunal de première instance jugeant en matière civile.

Art. 602. – La contrainte par corps peut être exercée pour assurer l'exécution des arrêts, jugements et exécutoires portant condamnation à des amendes, restitutions, dommages-intérêts et frais en matières criminelle, correctionnelle et de police.

Elle ne peut être exercée lorsque le condamné a été frappé d'une peine perpétuelle.

Art. 603. – L'article précédent est applicable aux condamnations prononcées par les tribunaux civils au profit des parties lésées pour réparation d'un crime, d'un délit ou d'une contravention antérieurement reconnu par la juridiction répressive.

Art. 604 *(Mod. L. n° 1.229, 6 juill. 2000 ; L. n° 1.247, 21 déc. 2001)*. – La contrainte par corps ne peut être ordonnée que si les condamnations au profit de l'État ou celles au profit de particuliers sont supérieures séparément à la somme de 300 euros.

Elle est fixée distinctement pour les condamnations prononcées en faveur de chaque partie.

Art. 605 *(Mod., L. n° 1.261, 23 déc. 2002)*. – La contrainte par corps ne peut être prononcée contre les condamnés mineurs à l'époque des faits qui ont motivé la poursuite.

Art. 606. – Elle est réduite à la moitié de la durée fixée par l'article 610 si, lorsqu'elle est exécutée, le débiteur a atteint sa soixantième année, sans préjudice, le cas échéant, de l'application de l'article 619.

Art. 607. – La contrainte par corps ne peut être prononcée contre le débiteur au profit :

1° De son conjoint ;

2° De ses descendants, ascendants, frères ou sœurs ;

3° De ses alliés au même degré.

Art. 608. – La contrainte par corps ne peut être exercée simultanément contre le mari et la femme, même pour le recouvrement de sommes résultant de condamnations différentes.

Elle ne peut, non plus, être exercée pendant la période où le failli a été dessaisi de ses biens.

Art. 609. – Les tribunaux peuvent ordonner, dans l'intérêt des enfants mineurs du débiteur et par le jugement de condamnation, qu'il soit sursis pendant une année au plus à l'exécution de la contrainte par corps.

Art. 610 *(Mod., L. n° 1.229, 6 juill. 2000 ; L. n° 1.247, 21 déc. 2001)*. – La durée de la contrainte par corps est réglée ainsi qu'il suit :

- de 4 à 16 jours, lorsque les condamnations prononcées au profit d'une partie sont supérieures à 300 euros et n'excèdent pas 600 euros ;
- de 16 jours à un mois, lorsque supérieures à 600 euros elles n'excèdent pas 1 100 euros ;
- de un mois à trois mois, lorsque, supérieures à 1 100 euros, elles n'excèdent pas 2 250 euros ;
- de trois mois à six mois, lorsque supérieures à 2 250 euros, elles n'excèdent pas 9 000 euros ;
- de six mois à un an, lorsque, supérieures à 9 000 euros, elles n'excèdent pas 18 000 euros ;
- de un an à dix-huit mois lorsqu'elles excèdent 18 000 euros.

En matière de simple police, la durée de la contrainte ne peut dépasser cinq jours.

Art. 611. – La contrainte par corps ne peut être exercée que cinq jours après le commandement fait au condamné, à la requête de la partie poursuivante ; s'il est écoulé une année entière depuis le commandement, il en est fait un nouveau

Dans le cas où le jugement de condamnation n'a pas été précédemment signifié au débiteur, le commandement porte en tête un extrait de ce jugement, lequel contient le nom des parties et le dispositif.

Sur le vu de l'exploit de signification du commandement, sur la demande de la partie poursuivante, le procureur général adresse les réquisitions nécessaires aux agents de la force publique et aux autres fonctionnaires chargés de l'exécution des mandements de justice.

Art. 612. – Le débiteur ne peut être arrêté :

1° Pendant les heures de nuit telles qu'elles sont déterminées à l'article 98 du présent code ;

2° Les dimanche et jours de fête légale, sauf si sa fuite est à craindre ; en ce cas, une autorisation spéciale doit être délivrée par le président du tribunal de première instance ;

3° Dans les édifices consacrés au culte pendant les exercices religieux ;

4° Pendant les séances dans les lieux où se réunissent les autorités constituées ;

5° À l'intérieur d'une maison, même si c'est son domicile, hors la présence d'un officier de police judiciaire, auxiliaire du procureur général.

Art. 613. – Le débiteur peut, jusqu'à son inscription sur le registre d'écrou, requérir qu'il en soit référé au président du tribunal de première instance, devant lequel il est immédiatement conduit.

Le président appréciera la régularité de la procédure de contrainte et pourra, s'il y a lieu, ordonner l'élargissement du condamné, nonobstant l'appel de la partie qui a requis la contrainte.

Art. 614. – Si le débiteur est détenu, il peut être déclaré dans le commandement qu'à défaut par lui d'acquitter sur-le-champ le montant des condamnations, la partie poursuivante s'oppose à son élargissement, en vue de l'exercice de la contrainte par corps.

En ce cas, sur la présentation de l'exploit, le procureur général adresse au gardien-chef l'ordre de retenir le débiteur.

Art. 615. – Lorsque le condamné détenu à Monaco doit purger, hors de la Principauté, une peine privative de liberté, l'exécution de cette peine est ajournée ou suspendue sur l'ordre du procureur général, conformément à l'article précédent, et la contrainte par corps est exécutée avant le transfèrement dudit détenu.

Art. 616. – Les particuliers sont tenus, lorsque la contrainte par corps est exercée à leur requête, de consigner d'avance la somme destinée à pourvoir aux aliments pour trente jours au moins ou pour plusieurs périodes de trente jours.

Cette somme est égale à celle qui est allouée, par décision ministérielle, pour la ration des détenus.

Art. 617. – Faute de consignation d'aliments, l'élargissement du débiteur est, sur simple requête, ordonné par le président du tribunal de première instance.

Cette requête est présentée en duplicata ; l'ordonnance du président, rendue de même, est exécutée sur l'une des minutes qui reste aux mains du gardien ; l'autre minute est déposée au greffe du tribunal et enregistrée gratis.

Art. 618. – Les individus contre lesquels la contrainte par corps a été prononcée peuvent en prévenir ou en faire cesser l'effet en fournissant une caution bonne et valable.

La caution est admise, pour l'état, par le directeur des services fiscaux et pour les particuliers par la partie intéressée ; en cas de contestation, il est statué par le président du tribunal de première instance, statuant en référé.

La caution doit s'exécuter dans le mois.

Art. 619. – Les condamnés dont l'insolvabilité est notoire ou attestée par un certificat du Maire ou d'une autre autorité compétente de leur résidence, sont mis en liberté sur l'ordre du procureur général après avoir subi la contrainte pendant la moitié de la durée fixée par le jugement.

Art. 620. – Lorsque la contrainte par corps a pris fin pour une cause quelconque, elle ne peut plus être exercée ni pour la même dette, ni même pour des condamnations antérieures à son exécution, à moins que ces condamnations n'entraînent par leur quotité une contrainte plus longue que celle déjà subie, auquel cas la durée de la première incarcération doit toujours être déduite de la durée de la nouvelle contrainte.

Art. 621. – Le condamné qui a subi la contrainte par corps n'est pas libéré du montant des condamnations pour lesquelles elle a été exercée.

Section III. – Des condamnations privatives de droit

Art. 622. – Les condamnations portant ou entraînant des incapacités ou des déchéances produisent effet de plein droit, à partir du moment où elles sont définitives.

Lorsque les condamnations privatives de droits sont prononcées par contumace, elles produisent leur effet à dater de la publication de l'arrêt, opérée conformément aux prescriptions de l'article 537, sauf ce qui est dit à l'article 39 du Code pénal pour les incapacités spéciales résultant d'une peine afflictive perpétuelle.

Art. 623. – S'il s'agit d'un sujet monégasque ou d'un étranger ayant sa résidence dans la Principauté, un extrait de toute condamnation le frappant de la dégradation civique ou de l'interdiction des droits civiques, civils ou de famille énumérés dans les quatre derniers paragraphes de l'article 39 du Code pénal est adressé par le greffier en chef, trois jours après qu'elle est devenue définitive, aux notaires de la Principauté qui en font mention, comme lui-même, sur un registre à ce destiné.

Section IV. – De l'injonction de soins

(L. n° 1.382, 20 juill. 2011)

Art. 623-1 *(L. n° 1.382, 20 juill. 2011)*. – La personne condamnée à une injonction de soins selon les modalités prévues à l'article 40-1 du Code pénal est placée sous le contrôle du juge chargé de l'application des peines.

Le médecin coordonnateur ainsi que le médecin traitant du condamné doivent être désignés ou choisis parmi les médecins autorisés à exercer dans la Principâuté ou dans un établissement de soins de la Principauté.

Art. 623-2 *(L. n° 1.382, 20 juill. 2011)*. – La personne condamnée à une injonction de soins est tenue de justifier de l'accomplissement des obligations qui lui sont imposées auprès du juge chargé de l'application des peines.

Art. 623-3 *(L. n° 1.382, 20 juill. 2011)*. – Au titre de la mise en œuvre de l'injonction de soins, le juge chargé de l'application des peines désigne, sur une liste de psychiatres ou de médecins ayant suivi une formation appropriée, établie par le procureur général, un médecin coordonnateur qui est chargé :

1°) d'inviter le condamné, au vu des expertises réalisées au cours de la procédure ainsi que, le cas échéant, au cours de l'exécution de la peine privative de liberté, à choisir un médecin traitant. En cas de désaccord persistant sur le choix effectué, le médecin est désigné par le juge chargé de l'application des peines, après avis du médecin coordonnateur ;

2°) de conseiller le médecin traitant si celui-ci en fait la demande ;

3°) de transmettre au juge chargé de l'application des peines les éléments nécessaires au contrôle de l'injonction de soins ;

4°) d'informer, en liaison avec le médecin traitant, le condamné dont le suivi d'injonction de soins est arrivé à son terme de la possibilité de poursuivre son traitement en l'absence de contrôle de l'autorité judiciaire et de lui indiquer les modalités et la durée qu'il estime nécessaires et raisonnables à raison notamment de l'évolution des soins en cours.

Art. 623-4 *(L. n° 1.382, 20 juill. 2011).* – Lorsque la personne condamnée à une injonction de soins doit exécuter cette mesure à la suite d'une peine privative de liberté, le juge chargé de l'application des peines peut ordonner l'expertise médicale de l'intéressé avant sa libération. Cette expertise est obligatoire si la condamnation a été prononcée depuis plus de deux ans.

Le juge chargé de l'application des peines peut en outre, à tout moment du suivi de l'injonction de soins, ordonner, d'office ou sur réquisitions du procureur général, les expertises nécessaires pour l'informer sur l'état médical ou psychologique de la personne condamnée.

Art. 623-5 *(L. n° 1.382, 20 juill. 2011).* – En cas d'inobservation de l'injonction de soins, le juge chargé de l'application des peines peut, d'office ou sur réquisitions du procureur général, ordonner, par décision motivée, la mise à exécution de l'emprisonnement prononcé par la juridiction de jugement en application du deuxième alinéa de l'article 40-1 du Code pénal.

Si le juge chargé de l'application des peines ordonne l'exécution de l'emprisonnement, sa décision précise la durée de l'emprisonnement qui doit être accompli.

Cette décision est rendue à l'issue d'un débat contradictoire au cours duquel le juge chargé de l'application des peines entend les réquisitions du procureur général et les observations du condamné ainsi que, le cas échéant, celles de son avocat. Elle est susceptible d'appel dans les conditions de l'article 235. L'exercice de cette voie de recours n'a pas d'effet suspensif.

Art. 623-6 *(L. n° 1.382, 20 juill. 2011).* – L'accomplissement de l'emprisonnement pour inobservation des obligations de l'injonction de soins ne dispense pas le condamné de l'exécution de cette injonction.

Art. 623-7 *(L. n° 1.382, 20 juill. 2011).* – Le juge chargé de l'application des peines peut décider par ordonnance motivée qu'il soit mis fin à l'emprisonnement prévu au deuxième alinéa de l'article 40-1 du Code pénal s'il lui apparaît que le condamné est en mesure de respecter les obligations de l'injonction de soins.

Le procureur général peut, en ce cas, interjeter appel de cette ordonnance.

Art. 623-8 *(L. n° 1.382, 20 juill. 2011).* – En cas de manquement réitéré par le condamné à ses obligations, le juge chargé de l'application des peines peut à nouveau ordonner la mise à exécution de l'emprisonnement pour une durée qui, cumulée avec la durée de l'emprisonnement précédemment exécuté, ne saurait excéder celle fixée par la juridiction de condamnation.

Art. 623-9 *(L. n° 1.382, 20 juill. 2011).* – Sans que leur soient opposables les dispositions de l'article 308 du Code pénal, les professionnels de santé chargés de dispenser des soins en milieu pénitentiaire communiquent les informations médicales qu'ils détiennent sur la personne condamnée à une injonction de soins au médecin coordonnateur visé à l'article 623-3 afin qu'il les transmette au médecin traitant.

Art. 623-10 *(L. n° 1.382, 20 juill. 2011).* – Le médecin traitant délivre des attestations de suivi du traitement à intervalles réguliers, afin de permettre à la personne condamnée à une injonction de soins de justifier auprès du juge chargé de l'application des peines de l'accomplissement des obligations inhérentes à cette injonction.

Art. 623-11 *(L. n° 1.382, 20 juill. 2011).* – Le médecin traitant est habilité, sans que puissent lui être opposées les dispositions de l'article 308 du Code pénal, à informer le juge chargé de l'application des peines de l'interruption du traitement. Il en avise immédiatement le médecin coordonnateur.

TITRE II. – DES CAUSES QUI PEUVENT METTRE OBSTACLES À L'EXÉCUTION DES CONDAMNATIONS

Section I. – Du décès du condamné

Art. 624. – Le décès du condamné, lorsqu'il intervient après que la condamnation est devenue définitive, n'empêche pas le recouvrement d'une peine pécuniaire ni l'exécution des condamnations ayant le caractère de réparations civiles, ni celle des confiscations ordonnées.

Section II. – De l'amnistie et de la grâce

Art. 625. – L'amnistie et la grâce appartiennent au Prince dans le cadre de l'article 15 de l'ordonnance constitutionnelle du 17 décembre 1962.

Art. 626 (1). – L'amnistie efface la condamnation, sous réserve des droits des parties civiles et des tiers.

Art. 627. – La grâce peut avoir pour objet la remise totale ou partielle de la peine principale ou sa commutation. Elle peut aussi porter sur les incapacités ou déchéances qu'entraîne la condamnation. Elle peut être subordonnée à certaines conditions.

Art. 628. – Sauf dispositions contraires, l'ordonnance accordant une amnistie ou une grâce est exécutée par les soins du procureur général, dès son enregistrement par le tribunal de première instance et sa publication au *Journal de Monaco*.

Le Prince peut la déclarer exceptionnellement exécutoire avant cet enregistrement et cette publication.

Section III. – De la prescription

Art. 629. – Les peines se prescrivent dans les conditions prévues à la présente section.

Art. 630. – La prescription ne s'applique pas aux peines privatives de droit, à moins qu'elles ne soient limitées par la loi à la durée de la peine principale.

Art. 631 *(L. n° 1161, 7 juill. 1993)*. – Le délai de la prescription est de vingt ans pour les peines criminelles et celles prévues aux articles 218-1 et 218-2 du Code pénal, cinq ans pour les peines correctionnelles, trois ans pour les peines de simple police.

Art. 632. – La prescription court à compter de la condamnation si elle a été prononcée contradictoirement ou par contumace, et à compter de la signification si elle a été prononcée par défaut.

Le jour où la condamnation a été prononcée ou signifiée n'est pas compris dans le délai de prescription.

Art. 633. – La prescription est interrompue par l'exécution de la peine.

Elle est également interrompue par tout crime ayant entraîné une peine correctionnelle et par tout crime ou délit ayant entraîné une peine correctionnelle d'emprisonnement sans sursis.

Art. 634. – En aucun cas, les condamnés par défaut ou par contumace dont la peine est prescrite ne peuvent être admis à purger le défaut ou la contumace.

Art. 635. – Les condamnations civiles portées par les arrêts ou par les jugements rendus en matière criminelle, correctionnelle ou de police se prescrivent d'après les règles établies par le Code civil, à partir du jour où ces décisions sont devenues irrévocables.

Toutefois, lorsque lesdites condamnations ont été prononcées par contumace ou par défaut, la prescription commence à courir du jour où elles peuvent être exécutées, conformément aux articles 383, 439 et 539 du présent code.

(1) V. Ord. n° 5.160, 5 janv. 2015.

TITRE III. – DE LA RÉHABILITATION ET DU CASIER JUDICIAIRE

Section I. – De la réhabilitation

Art. 636. – Tout condamné à une peine criminelle ou correctionnelle peut être réhabilité.

Art. 637. – La demande en réhabilitation ne peut être formée qu'après un délai de cinq ans pour les condamnés à une peine criminelle et de trois ans pour les condamnés à une peine correctionnelle.

Le délai court, pour les condamnés à une amende, du jour où la décision est devenue exécutoire et, pour les condamnés à une peine privative de liberté, du jour de leur libération.

À l'égard des condamnés à la dégradation civique, le délai part du jour où la condamnation est devenue irrévocable ou, si la dégradation a été accompagnée d'un emprisonnement, du jour de l'expiration de cette dernière peine.

Art. 638. – Les délais fixés par l'article précédent sont portés au double pour ceux qui ont été condamnés en état de récidive légale.

Il en est de même pour les condamnés qui ont prescrit contre l'exécution de leur peine.

Art. 639. – Le condamné doit, s'il n'en est libéré par la prescription, justifier du paiement des frais de justice, de l'amende et des dommages-intérêts, ou de la remise qui lui en a été faite.

Néanmoins, le condamné qui établit son insolvabilité peut être réhabilité, même s'il ne s'est pas acquitté des sommes dues.

En cas de condamnation solidaire, il suffit que le condamné paie l'amende, les frais et les dommages-intérêts dont il est personnellement tenu. La cour d'appel fixe, au besoin, la part qui lui incombe à ce titre.

Si la partie lésée ne peut être retrouvée ou si elle refuse de recevoir la somme due, celle-ci est déposée à la Caisse des dépôts et consignations, conformément aux dispositions du Code de procédure civile. Si la partie ne se présente pas dans le délai de cinq ans pour se faire attribuer la somme consignée, la restitution en est opérée au déposant sur sa seule demande.

Art. 640. – La demande de réhabilitation est formée par requête adressée au premier président de la cour d'appel et déposée au greffe général.

Elle indique :

1° La date de la condamnation et la juridiction dont elle émane ;

2° Les lieux où le condamné a résidé depuis sa libération.

À la demande de réhabilitation, seront joints les certificats de bonne conduite délivrés par l'autorité municipale de ces localités et les pièces qui sont susceptibles d'établir le paiement ou la remise des frais, amende et dommages-intérêts.

La réhabilitation ne peut être demandée en justice, du vivant du condamné, que par celui-ci ou, s'il est interdit, par son représentant légal ; en cas de décès et si les conditions légales sont remplies, la demande peut être suivie par son conjoint ou par ses ascendants ou descendants et même formée par eux, mais dans le délai d'une année seulement à compter du décès.

Art. 641. – Le premier président rend, à la suite de la requête, une ordonnance par laquelle il commet un membre de la cour pour faire rapport et prescrit la communication au ministère public.

Art. 642. – Le procureur général se fait délivrer :

- une expédition de l'arrêt ou du jugement de condamnation ;
- un extrait du casier judiciaire du condamné ;
- un extrait du registre de détention des établissements où la peine a été subie, mentionnant quelle a été la conduite du condamné.

Le procureur général recueille, en outre, en spécifiant leur objet, des renseignements auprès des autorités judiciaires auxquelles ressortissaient les résidences du condamné.

Il transmet le dossier ainsi établi au conseiller rapporteur, avec ses conclusions motivées sur le mérite de la demande.

Art. 643. – La demande est examinée en chambre du conseil et il y est statué sur le rapport du conseiller commis et les conclusions du ministère public, la partie ou son conseil entendu ou dûment convoqué.

Art. 644. – L'arrêt est rendu en la chambre du conseil.

Mention en sera faite en marge du jugement ou de l'arrêt de condamnation et au casier judiciaire.

Art. 645. – Le réhabilité peut se faire délivrer, sans frais ; une expédition de l'arrêt de réhabilitation et un extrait de casier judiciaire.

Art. 646. – En cas de rejet, une nouvelle demande ne peut être formée avant un délai de deux ans.

Art. 647. – La réhabilitation fait cesser, pour l'avenir, tous les effets de la condamnation.

Art. 648. – Celui qui, ayant obtenu la réhabilitation, encourt, par la suite, une condamnation ne peut être admis au même bénéfice qu'après un délai de dix ans à compter de sa libération si la nouvelle condamnation porte une peine criminelle et après un délai de six ans s'il s'agit d'une condamnation correctionnelle.

Art. 649. – L'arrêt de la chambre du conseil, en matière de réhabilitation, peut être déféré à la cour de révision dans les formes prévues au présent code.

Section II. – Du casier judiciaire

Art. 650 *(Rempl., L. n° 1.394, 9 oct. 2012)*. – Toute condamnation, soit contradictoire, soit par contumace, soit par défaut non frappée d'opposition, prononcée pour un crime ou un délit par une juridiction de la Principauté donne lieu à la rédaction par le greffier d'un extrait dit « bulletin n° 1 » destiné à être classé au greffe général.

Ce bulletin mentionne les nom, prénoms, filiation, date et lieu de naissance, domicile, profession et nationalité du condamné.

Lorsqu'il s'agit d'une personne morale, ce bulletin mentionne l'identité, les raison ou dénomination sociale, forme juridique, siège social et objet social de la personne morale condamnée.

Il mentionne également la juridiction qui a statué, le caractère définitif ou non du jugement ou de l'arrêt, son caractère contradictoire, par défaut ou par contumace, la date de la condamnation, la nature des crimes et délits qui ont motivé la condamnation et la date de ces infractions, la nature, la durée, le taux de la peine prononcée, le bénéfice du sursis s'il a été accordé, le texte visé par le jugement ou l'arrêt, le refus de l'imputation de la détention préventive ou, s'il y a eu imputation, la date du mandat d'arrêt ou de l'ordonnance de prise de corps.

Art. 651 *(L. n° 1.002, 26 déc. 1977)*. – Il est également établi un bulletin pour toute décision prise à l'égard d'un mineur, pour tout arrêté d'expulsion pris contre un étranger, pour les décisions disciplinaires prononcées par l'autorité judiciaire ou par l'autorité administrative, lorsqu'elles édictent des incapacités, ainsi que pour toute décision constatant la cessation des paiements, le règlement judiciaire ou la liquidation des biens d'une personne physique, ou prononçant la faillite personnelle ou certaines des déchéances de la faillite personnelle.

Art. 652. – Il est fait mention sur les bulletins du casier judiciaire des grâces, commutations ou réduction de peines, des décisions qui suspendent ou qui ordonnent l'exécution d'une première condamnation, des réhabilitations, des décisions qui rapportent ou suspendent les arrêtés d'expulsion, ainsi que la date de l'écrou et de l'expiration de la peine ou du paiement de l'amende.

Sont retirés du casier judiciaire, les bulletins relatifs à des condamnations effacées par une amnistie ou réformées en conformité d'une décision de rectification du casier judiciaire.

Art. 653 *(Rempl., L. n° 1.394, 9 oct. 2012)*. – Le greffe général reçoit et classe au casier judiciaire, en ce qui concerne les personnes physiques de nationalité monégasque, après vérification de leur identité au registre de l'état civil, et les personnes morales ayant leur siège social dans la Principauté, les bulletins afférents aux condamnations prononcées par les juridictions des pays étrangers avec lesquels existent des traités ou des accords de réciprocité, ainsi que les bulletins énumérés dans l'article 651 en provenance des mêmes pays.

Il en délivre des extraits dans les conditions prévues aux articles ci-dessous.

Art. 654. – Le relevé intégral des bulletins du casier judiciaire applicables à une même personne – appelés bulletin n° 2 – n'est délivré qu'aux autorités judiciaires de la Principauté et aux autorités du même ordre des pays étrangers ayant à cet égard, avec la Principauté, un traité de réciprocité.

Lorsqu'il n'existe pas de bulletin au casier judiciaire, le relevé délivré porte la mention « Néant ».

Art. 655 *(Mod., L. n° 1.002, 26 déc. 1977).* – Il est délivré aux administrations publiques, pour les besoins de la constitution d'un dossier administratif, un bulletin n° 2 reproduisant les mentions du bulletin n° 1, à l'exclusion :

1° Des décisions concernant les mineurs ;

2° Des décisions assorties du bénéfice du sursis, sauf s'il y a eu révocation ;

3° Des condamnations effacées par la réhabilitation ;

4° Des jugements prononçant la faillite personnelle ou certaines des déchéances de la faillite personnelle effacés par la réhabilitation.

Lorsqu'il n'existe pas, au casier judiciaire, de bulletin concernant des décisions à inscrire sur le bulletin n° 2, celui-ci porte la mention « néant ».

Art. 656. – Le bulletin n° 3 est le relevé des condamnations à des peines privatives de liberté prononcées par une juridiction répressive monégasque pour crime ou délit et pour lesquelles le sursis n'a pas été accordé.

N'y sont pas inscrites les condamnations déjà exclues à l'article 655.

Il ne peut être réclamé que par la personne qu'il concerne ou par son représentant légal et ne doit en aucun cas être délivré à un tiers.

Art. 657. – Lorsqu'il est constaté qu'un individu a été condamné sous une fausse identité ou a usurpé un état civil, il est procédé immédiatement, sur requête du procureur général ou de l'intéressé, aux rectifications nécessaires par la juridiction qui a rendu la décision, statuant en chambre du conseil.

Mention de cette décision est faite en marge du jugement ou de l'arrêt visé par la demande en rectification.

La même procédure est applicable en cas de difficultés soulevées par l'interprétation d'une ordonnance d'amnistie ou lorsque les mentions erronées du casier judiciaire résultent d'une cause autre que la condamnation sous une fausse identité ou l'usurpation d'un état civil.

Art. 658 *(Mod., L. n° 1.247, 21 déc. 2001).* – Quiconque a pris le nom d'un tiers dans des circonstances qui ont déterminé ou auraient pu déterminer l'inscription d'une condamnation au casier judiciaire de celui-ci, est puni d'un emprisonnement de six mois à cinq ans et d'une amende de 175 à 1 500 euros, sans préjudice des poursuites à exercer éventuellement du chef de faux et, le cas échéant, de tous dommages-intérêts.

La peine prononcée est subie immédiatement après celle encourue pour l'infraction à l'occasion de laquelle l'usurpation de nom a été commise.

Est puni des peines prévues à l'alinéa 1er ci-dessus celui qui, par de fausses déclarations relatives à l'état civil d'un inculpé, a sciemment été la cause de l'inscription d'une condamnation sur le casier d'un tiers.

Art. 659 *(Mod., L. n° 1.247, 21 déc. 2001).* – Quiconque, en prenant un faux nom ou une fausse qualité, s'est fait délivrer un extrait du casier judiciaire d'un tiers, est puni d'un emprisonnement de dix jours à deux mois et d'une amende de 60 à 300 euros.

Est puni des mêmes peines celui qui aura fourni sciemment des renseignements d'identité inexacts, de nature à provoquer l'inscription de mentions erronées au casier judiciaire.

DISPOSITIONS GÉNÉRALES

Art. 660 *(L. n° 988, 23 nov. 1976).* – Si le dernier jour d'un délai établi pour l'accomplissement d'un acte prescrit à peine de nullité ou de déchéance est un jour férié ou un samedi, ce délai est prorogé jusqu'au premier jour ouvrable qui suit le jour férié ou le samedi.

Toutefois, cette prorogation ne concerne pas le délai de vingt-quatre heures fixé par le troisième alinéa de l'article 230.

CODE DE COMMERCE

(Promulgué le 5 nov. 1867 et déclaré exécutoire à dater du 1er janv. 1878)

LIVRE I. – DU COMMERCE EN GÉNÉRAL

TITRE I. – DES COMMERÇANTS

Art. 1er. – Sont commerçants ceux qui exercent des actes de commerce, et en font leur profession habituelle.

Art. 2 *(L. n° 1.002, 26 déc. 1977 et L. n° 1.121, 22 déc. 1988 ; mod., L. n° 1.224, 28 déc. 1999 ; Ord. n° 1.770, 28 août 2008).* – La loi répute actes de commerce :

Tout achat de denrées et marchandises pour les revendre, soit en nature, soit après les avoir travaillées et mises en œuvre ou même pour en louer simplement l'usage ;

Tout achat de biens immeubles afin de les revendre, à moins qu'ils n'aient été acquis en vue de les transformer, de les reconstruire ou d'édifier un ou plusieurs bâtiments et de les vendre en tout ou partie ;

Toutes opérations d'intermédiaires pour l'achat, la souscription ou la vente d'immeubles, de fonds de commerce, de parts de sociétés immobilières ;

Toute entreprise de location de meubles ;

Toute entreprise de manufactures, de commission, de transport par terre ou par eau ;

Toute entreprise de fournitures, d'agences, bureaux d'affaires, établissements de ventes à l'encan, de spectacles publics ;

Toute opération de change, banque et courtage ;

Toute entreprise de construction terrestre si l'entrepreneur fournit les matériaux ;

Toutes les opérations de banques publiques ;

Toutes obligations entre négociants, marchands et banquiers ;

Entre toutes personnes, les lettres de change, ou remises d'argent faites de place en place.

Entre toutes personnes, le gage de monnaie, ainsi que le gage d'instruments financiers.

Les instruments financiers comprennent les valeurs mobilières, les instruments financiers à terme, ainsi que tous instruments financiers équivalents émis sur le fondement de droits étrangers.

Sont considérés comme valeurs mobilières :

1° les actions et autres titres donnant ou pouvant donner accès directement ou indirectement au capital ou au droit de vote, transmissibles par inscription en compte ou tradition ;

2° les titres de créance qui représentent chacun un droit de créance sur la personne morale qui les émet, transmissibles par inscription en compte ou tradition, ainsi que les bons de caisse ;

3° les parts ou actions d'organismes de placement collectif.

Art. 3. – La loi répute pareillement actes de commerce :

Toute entreprise de construction et tous achats, ventes et reventes de bâtiments pour la navigation ;

Toutes expéditions maritimes ;

Tout achat ou vente d'agrès, apparaux et avitaillements ;

Tout affrètement ou nolissement, emprunt ou prêt à la grosse ;

Toutes assurances et autres contrats concernant le commerce de mer ;

Tous accords et conventions pour salaires et loyers d'équipages ;

Tous engagements de gens de mer, pour le service des bâtiments de commerce.

Art. 4 et 5 *(Abr., L. n° 1.162, 23 déc. 2002).*

Art. 6 *(L. n° 886, 25 juin 1970 ; abr., L. n° 1.278, 29 déc. 2003).*

Art. 7 *(L. n° 886, 25 juin 1970 ; mod., L. n° 1.278, 29 déc. 2003).* – Sous les régimes de communauté, l'époux commerçant engage la pleine propriété de ses biens propres et des biens communs ; il n'engage les biens propres de son conjoint que si ce dernier s'est immiscé dans l'activité commerciale de l'époux commerçant ou a donné son accord, par déclaration mentionnée au répertoire du commerce et de l'industrie.

Art. 8 *(Abr., L. n° 1.162, 23 déc. 2002).*

Art. 9. – Les femmes marchandes publiques peuvent également engager, hypothéquer et aliéner leurs immeubles. Toutefois, leurs biens stipulés dotaux, quand elles sont mariées sous le régime dotal, ne peuvent être hypothéqués ni aliénés que dans les cas déterminés et avec les formes réglés par le Code civil.

TITRE II. – DES LIVRES DE COMMERCE

Art. 10. – Tout commerçant est tenu d'avoir un livre-journal qui présente, jour par jour, ses dettes actives et passives, les opérations de son commerce, ses négociations, occupations ou endossements d'effets, et généralement tout ce qu'il reçoit et paie, à quelque titre que ce soit ; et qui énonce, mois par mois, les sommes employées à la dépense de sa maison ; le tout indépendamment des autres livres usités dans le commerce, mais qui ne sont pas indispensables.

Il est tenu de mettre en liasse les lettres missives qu'il reçoit, et de copier sur un registre celles qu'il envoie.

Art. 11. – Il est tenu de faire, tous les ans, sous seing-privé, un inventaire de ses effets mobiliers et immobiliers, et de ses dettes actives et passives, et de le copier, année par année, sur un registre spécial à ce destiné.

Art. 12. – Le livre-journal et le livre des inventaires seront paraphés et visés une fois par année.

Le livre de copies de lettres ne sera pas soumis à cette formalité.

Tous seront tenus par ordre de dates, sans blancs, lacunes, ni transports en marge.

Art. 13. – Les livres dont la tenue est ordonnée par les articles 10 et 11 ci-dessus seront cotés, paraphés et visés soit par un des juges du tribunal de première instance, soit par le maire ou son adjoint, dans la forme ordinaire et sans frais.

Les commerçants seront tenus de conserver ces livres pendant dix ans.

Art. 14. – Les livres de commerce, régulièrement tenus, peuvent être admis par le juge pour faire preuve entre commerçants, pour faits de commerce.

Art. 15. – Les livres que les individus faisant le commerce sont obligés de tenir et pour lesquels ils n'auront pas observé les formalités ci-dessus prescrites, ne pourront être représentés ni faire foi en justice, au profit de ceux qui les auront tenus ; sans préjudice de ce qui sera réglé au livre des *Faillites et Banqueroutes*.

Art. 16. – La communication des livres et inventaires ne peut être ordonnée en justice que dans les affaires de succession, communauté, partage de société, et en cas de faillite.

Art. 17. – Dans le cours d'une contestation, la représentation des livres peut être ordonnée par le juge, même d'office, à l'effet d'en extraire ce qui concerne le différend.

Art. 18. – Si la partie aux livres de laquelle on offre d'ajouter foi refuse de les représenter, le juge peut déférer le serment à l'autre partie.

TITRE III. – DES SÉPARATIONS DE BIENS

Art. 19. – Toute demande en séparation de biens sera poursuivie, instruite et jugée conformément à ce qui est prescrit au Code de procédure civile, livre III, titre III.

Art. 20*(Ord. 3 juill. 1907).* – Tout jugement qui prononcera un divorce ou une séparation de corps entre man et femme, dont l'un serait commerçant, sera soumis aux formalités prescrites par l'article 825 du Code de procédure civile ; à défaut de quoi, les créanciers seront toujours admis à s'y opposer, pour ce qui touche leurs intérêts, et à contredire toute liquidation qui en aurait été la suite.

Art. 21.– Tout contrat de mariage entre époux, dont l'un sera commerçant, sera transmis par extrait, dans le mois de sa date, au greffe général. Cet extrait énoncera si les époux sont mariés en communauté, s'ils sont séparés de biens, ou s'ils ont contracté sous le régime dotal.

Art. 22*(L. 2 août 1949 ; mod., L. n° 1.247, 21 déc. 2001).* – Le notaire qui aura reçu le contrat de mariage sera tenu de faire la remise ordonnée par l'article précédent, sous peine de 300 € d'amende et même de destitution et de responsabilité envers les créanciers, s'il est prouvé que l'omission soit la suite d'une collusion.

Art. 23.– L'époux séparé de biens, ou marié sous le régime dotal, qui embrasserait la profession de commerçant postérieurement à son mariage, sera tenu de faire pareille remise dans le mois du jour où il aura ouvert son commerce ; à défaut de cette remise, il pourra être, en cas de faillite, condamné comme banqueroutier simple.

Art. 24.– La même remise sera faite sous les mêmes peines, dans l'année de la publication de la présente loi, par tout époux séparé de biens, ou marié sous le régime dotal, qui, au moment de ladite publication, exercerait la profession de commerçant.

TITRE IV. – DES SOCIÉTÉS

(Titre mod., L. n° 1.331, 8 janv. 2007).

Chapitre I. – Des dispositions préliminaires

Art. 25.– Le contrat de société se règle par le droit civil, par les lois particulières au commerce et par les conventions des parties.

Voir aussi :Ord. n° 993, 16 févr. 2007.

Art. 26*(Rempl., L. n° 1.331, 8 janv. 2007).* – La loi reconnaît quatre espèces de sociétés commerciales :
- la société en nom collectif,
- la société en commandite,
- la société à responsabilité limitée,
- la société anonyme.

Chapitre II. – Des dispositions particulières aux sociétés de personnes

Art. 27.– La société en nom collectif est celle que contractent deux personnes ou un plus grand nombre, et qui a pour objet de faire le commerce sous une raison sociale.

Art. 28.– Les noms des associés peuvent seuls faire partie de la raison sociale.

Art. 29.– Les associés en nom collectif, indiqués dans l'acte de société, sont solidaires pour tous les engagements de la société, encore qu'un seul des associés ait signé, pourvu que ce soit sous la raison sociale.

Si une disposition spéciale de l'acte de société ne permet qu'à un ou plusieurs associés désignés, de signer sous la raison sociale, les signatures seules de ces derniers obligent la société.

Art. 30.– La société en commandite se contracte entre un ou plusieurs associés responsables et solidaires, et un ou plusieurs associés simples bailleurs de fonds, que l'on nomme commanditaires ou associés en commandite.

Elle est régie sous un nom social, qui doit être nécessairement celui d'un ou plusieurs des associés responsables et solidaires.

Art. 31. – Lorsqu'il y a plusieurs associés solidaires et en nom, soit que tous gèrent ensemble, soit qu'un ou plusieurs gèrent pour tous, la société est, à la fois, société en nom collectif à leur égard, et société en commandite à l'égard des simples bailleurs de fonds.

Art. 32. – Le nom d'un associé commanditaire ne peut faire partie de la raison sociale.

Art. 33. – L'associé commanditaire n'est passible des pertes que jusqu'à concurrence des fonds qu'il a mis ou dû mettre dans la société.

Les commanditaires ne peuvent être tenus, en aucun cas, de restituer les sommes qui leur ont été payées à titre d'intérêt, s'il résultait des inventaires annuels, faits de bonne foi, que les bénéfices réalisés étaient suffisants pour autoriser ce paiement.

Toutefois, le cas échéant où le capital social aurait été entamé, aucune distribution d'intérêt ne pourrait être faite ultérieurement, avant que le capital social n'eût été rétabli en entier.

Art. 34. – L'associé commanditaire ne peut faire aucun acte de gestion, même en vertu de procuration.

Art. 35. – En cas de contravention à la prohibition mentionnée dans l'article précédent, l'associé commanditaire est obligé solidairement avec les associés en nom collectif, pour les dettes et engagements de la société qui dérivent des actes de gestion qu'il a faits, et il peut, suivant le nombre ou la gravité de ces actes, être déclaré solidairement obligé par tous les engagements de la société ou pour quelques-uns seulement.

Les avis et conseils, les actes de contrôle et de surveillance, n'engagent point l'associé commanditaire.

Chapitre III. – Des dispositions particulières aux sociétés à responsabilité limitée

Art. 35-1 *(L. n° 1.331, 8 janv. 2007)*. – La société à responsabilité limitée est constituée entre deux ou plusieurs personnes qui ne supportent les pertes qu'à concurrence de leur apport. Seule une société exerçant une activité commerciale peut revêtir la forme d'une société à responsabilité limitée.

Les associés et le gérant, même non associé, n'ont pas la qualité de commerçant.

Art. 35-2 *(L. n° 1.331, 8 janv. 2007)*. – La société est désignée par sa dénomination sociale à laquelle peut être incorporé le nom d'un ou plusieurs associés, et qui doit être précédée ou suivie immédiatement des mots société à responsabilité « limitée » ou des initiales « S.A.R.L. » et de l'énonciation du capital social.

Art. 35-3 *(L. n° 1.331, 8 janv. 2007)*. – Le capital minimal des sociétés à responsabilité limitée est fixé par ordonnance Souveraine. Il est divisé en parts sociales égales totalement souscrites par les associés.

Les apports en nature doivent obligatoirement être intégralement libérés à la constitution. Les apports en numéraire doivent obligatoirement être libérés à la constitution à concurrence d'un montant au moins égal au capital minimal. Il ne peut être fait d'apports en industrie.

La libération du capital est réalisée par des versements sur un compte ouvert à cette fin auprès d'un établissement de crédit installé dans la Principauté dont il est justifié lors de la demande d'immatriculation au Répertoire du Commerce et de l'Industrie. La libération intégrale du capital doit intervenir dans le délai maximal de trois ans. À défaut, le capital doit être réduit à la demande de tout intéressé à hauteur du montant effectivement libéré.

L'évaluation de chaque apport en nature, mentionnée dans les statuts, intervient au vu du rapport du commissaire aux apports désigné à l'unanimité par les futurs associés parmi les experts-comptables inscrits au tableau de l'Ordre des experts-comptables et comptables agréés. Les dispositions de l'article 3 de la loi n° 408 du 20 janvier 1945 complétant l'ordonnance sur les sociétés anonymes et en commandite par actions du 5 mars 1895, notamment en ce qui concerne la nomination, les attributions et la responsabilité des commissaires sont applicables.

Les futurs associés peuvent toutefois décider à l'unanimité de stipuler que le recours à un commissaire aux apports ne sera pas obligatoire. Dans ce cas, ou lorsque la valeur des apports en nature retenue est différente de celle proposée par le commissaire, les associés sont solidairement responsables, pendant cinq ans, à l'égard des tiers, de la valeur attribuée auxdits apports lors de la constitution de la société.

Les augmentations ultérieures de capital s'opèrent selon les règles prévues aux précédents alinéas.

Art. 35-4 *(L. n° 1.331, 8 janv. 2007).* – La société à responsabilité limitée est gérée par un ou plusieurs mandataires, associés ou non, rémunérés ou gratuits, à l'exclusion de toute personne morale.

Art. 35-5 *(L. n° 1.331, 8 janv. 2007).* – À moins que les statuts ne prévoient une majorité plus élevée, et sous réserve des dispositions du dernier alinéa de l'article 51-5, les décisions sont adoptées par les associés représentant plus de la moitié du capital social.

Si cette majorité n'est pas atteinte, les associés sont, sauf stipulations contraires des statuts, convoqués une seconde fois et les décisions, à l'exception de celles relatives à la modification des statuts, sont alors prises à la majorité des votes émis, quelque soit la portion du capital représentée.

Chapitre IV. – Des dispositions particulières aux sociétés par actions

Art. 36 *(Rempl., L. n° 1.331, 8 janv. 2007).* – La société anonyme est désignée par sa dénomination sociale à laquelle peut être incorporé le nom d'un ou plusieurs associés, et qui doit être précédée ou suivie immédiatement des mots « société anonyme monégasque » ou des initiales « S.A.M. » et de l'énonciation du capital social.

Art. 37. – Elle est qualifiée par la désignation de l'objet de son entreprise.

Art. 38 ancien *(Abr., Ord. 5 mars 1895).*

Art. 38 *(L. n° 1.331, 8 janv. 2007).* – Les sociétés anonymes ne peuvent être formées que par des actes publics.

Art. 39. – Les administrateurs ne sont responsables que de l'exécution du mandat qu'ils ont reçu.

Ils ne contractent, à raison de leur gestion, aucune obligation personnelle ni solidaire relativement aux engagements de la société.

Art. 40. – Les associés ne sont passibles que de la perte du montant de leur intérêt dans la société.

Art. 41. – Le capital de la société anonyme se divise en actions et même en coupons d'action d'une valeur égale.

Art. 42 *(Mod., L. n° 1.282, 7 juin 2004 ; rempl., L. n° 1.385, 15 déc. 2011).* – L'action revêt obligatoirement la forme nominative.

Art. 43 (1) *(Rempl., L. n° 1.385, 15 déc. 2011).* – La propriété des actions doit être établie par l'émission d'un titre nominatif, inscrit sur le registre des transferts de la société.

Toute cession doit être matérialisée par un bordereau de transfert, transcrit dans le délai d'un mois sur ledit registre.

Le bordereau de transfert doit mentionner les nom, prénoms et adresse du ou des cédants et du ou des cessionnaires et donne lieu à l'émission, d'un nouveau certificat nominatif d'action.

Le registre des transferts et les bordereaux de transfert sont obligatoirement conservés au siège social de la société à la disposition, à tout moment, des Commissaires aux comptes et de la Direction de l'Expansion Économique.

Art. 44. – La société anonyme ne peut exister qu'avec l'autorisation du Prince et avec son approbation pour l'acte qui la constitue ; cette approbation doit être donnée dans la forme prescrite pour les règlements d'administration publique.

Art. 45. – La société en commandite par actions ne peut exister qu'avec l'autorisation du Prince et en se conformant aux articles 36 à 44 qui précèdent.

(1) V. A. min. n° 2012-182, 5 avr. 2012.

Chapitre V. – Des dispositions communes aux diverses sociétés commerciales autres que les sociétés par actions

Art. 46 *(Rempl., L. n° 1.331, 8 janv. 2007).* – Les sociétés en nom collectif ou en commandite simple et les sociétés à responsabilité limitée doivent être constatées par des actes publics ou sous seing privé en se conformant, dans ce dernier cas, à l'article 1172 du Code civil.

Tous les associés doivent intervenir à l'acte constitutif de la société en personne ou par un mandataire justifiant d'un pouvoir spécial.

Art. 47 *(Rempl., L. n° 1.331, 8 janv. 2007).* – Les statuts, représentatifs de l'acte constitutif, fixent notamment la forme, le nombre des associés, l'objet social, la durée de la société, la raison ou la dénomination sociale, le siège social, la date de clôture de l'exercice social, le montant du capital social avec l'évaluation de chaque apport en nature, la répartition et la libération des parts sociales.

Ils fixent également les conditions dans lesquelles la société est dirigée ainsi que les décisions devant être prises collectivement par les associés en assemblée générale.

Pour les attributions dévolues aux assemblées générales, les statuts fixent les modes de convocation, de tenue et de majorité requise pour le vote de ces décisions.

Les délibérations des assemblées sont répertoriées dans un registre tenu par le gérant.

Toute modification portant sur un ou plusieurs des éléments mentionnés à l'article 50, à l'exception du changement de domicile des associés indéfiniment responsables des dettes sociales, est du domaine exclusif de la collectivité des associés, de même que les décisions concernant la nomination des commissaires aux comptes, l'approbation des comptes annuels et l'affectation du résultat. La modification des statuts est constatée dans les formes prévues à l'article 46.

Art. 48 *(L. 2 avr. 1949 ; mod., L. n° 1.247, 21 déc. 2001).* – Aucune preuve par témoins ne peut être admise contre et outre le contenu dans les actes de société, ni sur ce qui serait allégué avoir été dit avant l'acte, lors de l'acte ou depuis, encore qu'il s'agisse d'une somme au-dessous de 760 €.

Art. 49 *(Rempl., L. n° 1.331, 8 janv. 2007).* – L'extrait des actes constitutifs de société en nom collectif, en commandite simple et à responsabilité limitée doit, dans le mois suivant la date à laquelle ils sont devenus définitifs, être remis au greffe général pour être transcrit sur le registre tenu à cet effet et affiché pendant trois mois dans la salle des audiences.

Cet extrait doit en outre être inséré dans le *Journal de Monaco*, dans le mois de cette même date.

Il est justifié de cette insertion par un exemplaire dudit journal, certifié par l'imprimeur, légalisé par le maire et enregistré dans les trois mois de sa date.

Ces formalités sont observées à peine de refus d'immatriculation de la société au Répertoire du Commerce et de l'Industrie. À défaut de régularisation dans les six mois de la date à laquelle l'acte est devenu définitif, celui-ci est nul à l'égard des intéressés. Mais le défaut d'aucune de ces formalités ne peut être opposé à des tiers de bonne foi par les associés.

Art. 50 *(Rempl., L. n° 1.331, 8 janv. 2007).* – L'extrait des actes constitutifs mentionné à l'article précédent doit contenir :
- la date des statuts,
- la forme de la société et son objet social,
- les noms, prénoms et domicile des associés indéfiniment responsables des dettes sociales,
- le siège social,
- le montant du capital social,
- la durée,
- la désignation des personnes autorisées à gérer et administrer la société.

Art. 51 *(Rempl., L. n° 1.331, 8 janv. 2007).* – L'extrait des actes de société est signé :
- pour les actes publics, par les notaires,
- pour les actes sous seing privé, par le gérant ou, à défaut, par tous les associés.

Art. 51-1 *(L. n° 1.331, 8 janv. 2007).* – Le ou les premiers gérants sont nommés par les associés, dans les statuts. Au cours de la vie sociale, ils sont nommés par la collectivité des associés. Ils sont révocables dans les conditions prévues aux statuts. En l'absence de dispositions statutaires, ils sont nommés pour la durée de la société.

Tout associé peut demander au Tribunal de Première Instance la révocation du gérant pour justes motifs.

Chaque gérant peut accomplir tous les actes nécessaires ou utiles à l'accomplissement de l'objet social, sous réserve des pouvoirs que la loi ou les statuts attribuent expressément aux associés. Les clauses statutaires limitant les pouvoirs des gérants sont inopposables aux tiers.

En cas de pluralité de gérants, ceux-ci sont réputés, vis à vis des tiers, détenir séparément les pouvoirs prévus au présent article.

Le régime couvrant les risques maladie, accident et maternité des gérants et fixant, le cas échéant, les prestations sociales auxquelles ils ouvrent droit est déterminé par ordonnance Souveraine.

Art. 51-2 *(L. n° 1.331, 8 janv. 2007)*. – La cession de parts sociales est constatée par acte notarié ou par acte sous seing privé. Elle est rendue opposable à la société dans les formes fixées à l'article 1530 du Code civil. Elle n'est opposable aux tiers qu'après l'accomplissement de ces formalités et des autres formes légales de publicité.

Les conditions de cession et de transmission des parts sociales sont déterminées par les statuts.

Art. 51-3 *(L. n° 1.331, 8 janv. 2007)*. – Le projet de nantissement de tout ou partie de ses parts par un associé doit être notifié par lettre recommandée avec avis de réception postal à la société et à chacun des associés dans le délai d'un mois avant la constitution du nantissement, sauf décision unanime contraire des associés. Les conditions de l'approbation du projet par les associés sont déterminées par les statuts.

Le consentement de la société dans un délai fixé par les statuts ou son silence emportera agrément du cessionnaire en cas de réalisation forcée des parts sociales nanties, à moins que la société ne préfère, après la cession, racheter sans délai les parts, en vue de réduire son capital. Le prix de rachat est égal au prix d'adjudication augmenté des frais y afférents.

Art. 51-4 *(L. n° 1.331, 8 janv. 2007)*. – Les décisions qui excèdent les pouvoirs reconnus au gérant sont prises en assemblée générale par les associés présents ou représentés selon les modalités fixées par les statuts ou résultent du consentement de tous les associés exprimé dans un acte.

Toutefois, à l'exception des décisions portant modification statuaire et de celles relatives à l'approbation des comptes annuels, les statuts peuvent stipuler que les décisions peuvent être prises par consultation écrite des associés.

Art. 51-5 *(L. n° 1.331, 8 janv. 2007)*. – Chaque associé a le droit de prendre part aux décisions et dispose d'un nombre de voix égal à celui des parts sociales qu'il possède. Un associé peut se faire représenter par un autre associé ou par un tiers muni d'un pouvoir spécial.

Toutefois une seule personne ne peut représenter l'ensemble des associés, toute clause contraire étant réputée non écrite.

Les associés se réunissent en assemblée générale et adoptent les décisions conformément aux dispositions statutaires.

Les décisions relatives au changement de nationalité de la société, à la transformation en société en nom collectif, en commandite simple ou en commandite par actions, ou à la dissolution anticipée de la société sont prises à l'unanimité.

Art. 51-6 *(L. n° 1.331, 8 janv. 2007)*. – Chaque année, dans les six mois de la clôture de l'exercice, le gérant soumet à l'approbation de l'assemblée des associés, outre l'inventaire, le bilan, le compte de pertes et profits qu'il a établis selon les dispositions légalement applicables aux sociétés anonymes et en commandite par actions ainsi qu'un rapport de gestion sur l'exercice écoulé. À cet effet, il convoque l'assemblée dans les six mois de la clôture de l'exercice.

De même, le gérant présente à l'assemblée un rapport sur l'exécution des marchés et entreprises intervenus, directement ou par personne interposée, entre la société et l'un de ses gérants ou associés. L'assemblée statue sur ce rapport.

En cas de carence, de démission, de décès ou d'incapacité du gérant, l'assemblée peut être convoquée par le commissaire aux comptes ou par un mandataire désigné à la demande d'un associé par le Président du Tribunal de Première Instance statuant sur requête.

Tout associé peut, par lui-même ou par un mandataire, prendre communication ou copie, au siège social, des comptes annuels et du rapport de gestion.

Après approbation des comptes annuels et constatation du bénéfice distribuable, l'assemblée générale détermine la part attribuée aux associés sous forme de dividendes.

Art. 51-7 *(L. n° 1.331, 8 janv. 2007)*. – Chaque année, le gérant remet au Service du Répertoire du Commerce et de l'Industrie, selon les modalités fixées par ordonnance Souveraine, le bilan, le compte des pertes et profits ainsi qu'une attestation signée par lui-même.

Le contenu de cette attestation, portant sur les comptes annuels, sur l'activité de la société ainsi que sur le respect des dispositions légales et statutaires, est fixé par ordonnance Souveraine.

À défaut de gérant dans les sociétés en nom collectif, les dispositions du présent article s'appliquent aux associés pris collectivement.

Art. 51-8 *(L. n° 1.331, 8 janv. 2007)*. – Les associés peuvent nommer un ou plusieurs commissaires aux comptes. La désignation de commissaires aux comptes est obligatoire pour les sociétés à responsabilité limitée, ainsi que pour les sociétés en nom collectif et les sociétés en commandite simple, lorsque sont remplies les conditions fixées par ordonnance Souveraine.

Le commissaire aux comptes est investi d'une mission générale permanente de surveillance avec les pouvoirs les plus étendus d'investigation portant sur la régularité des opérations et des comptes de la société et sur l'observation des dispositions légales et statutaires régissant son fonctionnement.

Les dispositions de la loi n° 408 du 20 janvier 1945, modifiée, complétant l'ordonnance sur les sociétés anonymes et en commandite par actions du 5 mars 1895 concernant les commissaires aux comptes s'appliquent sous réserve des règles propres aux sociétés concernées.

Art. 51-9 *(L. n° 1.331, 8 janv. 2007)*. – Pour les sociétés ne disposant pas de commissaire aux comptes, l'attestation déposée chaque année par le gérant, en application de l'article 51-7 doit être visée par un membre de l'Ordre des experts-comptables et comptables agréés. Le visa fourni est établi suivant les dispositions prévues par ordonnance Souveraine.

Voir : Ord. n° 993, 16 févr. 2007, art. 5.

Art. 51-10 *(L. n° 1.331, 8 janv. 2007)*. – La répétition des dividendes ne correspondant pas à des bénéfices réellement acquis est admise contre les associés qui les ont reçus.

L'action en répétition se prescrit par cinq ans à compter du jour de la mise en distribution des dividendes.

Art. 51-11 *(L. n° 1.331, 8 janv. 2007)*. – Sauf stipulation contraire des statuts, la société n'est pas dissoute par le décès de l'un des associés, sa mise en cessation des paiements, sa mise en règlement ou en liquidation judiciaire, sa faillite personnelle, son incapacité ou son interdiction de gérer.

Dans tous les cas, la société dispose d'un délai d'un an pour procéder aux régularisations et modifications statutaires nécessaires.

À défaut, la société est dissoute de plein droit à l'expiration de ce délai, sauf prorogation obtenue avant cette date du Tribunal de Première Instance.

Art. 51-12 *(L. n° 1.331, 8 janv. 2007)*. – Nonobstant toute disposition contraire, est puni d'un emprisonnement de deux ans et de l'amende prévue au chiffre 4 de l'article 26 du Code pénal, ou de l'une de ces deux peines seulement, le fait pour tout dirigeant de ne pas avoir provoqué la désignation d'un ou plusieurs commissaires aux comptes ou de leur refuser la communication de pièces utiles à l'exercice de leur mission en méconnaissance des dispositions de l'article 51-8.

Est puni des mêmes peines, le fait pour tout dirigeant de ne pas avoir fait viser l'attestation prévue à l'article 51-7 par un membre de l'Ordre des experts-comptables et comptables agréés ou de refuser à ce dernier la communication de pièces utiles à l'octroi de son visa en méconnaissance des dispositions de l'article 51-9.

Art. 51-13 *(L. n° 1.331, 8 janv. 2007)*. – Nonobstant toute disposition contraire, est puni d'un emprisonnement de six mois et de l'amende prévue au chiffre 4 de l'article 26 du Code pénal, ou de l'une de ces deux peines seulement, le fait pour tout dirigeant :

1° de ne pas établir, pour chaque exercice, les documents prévus à l'article 51-6 ;

2° de ne pas soumettre lesdits documents à l'approbation de l'assemblée des associés en méconnaissance des dispositions de l'article 51-6 ;

3° de ne pas transmettre lesdits documents au Répertoire du Commerce et de l'Industrie en méconnaissance des dispositions de l'article 51-7.

Chapitre VI. – Des dispositions diverses

Art. 52. – L'ordonnance du Prince qui autorise les sociétés anonymes devra être affichée avec 1 acte d'association et pendant le même temps.

Art. 52-1 *(L. n° 1.331, 8 janv. 2007)*. – Aucune preuve par témoins ne peut être admise contre et outre le contenu d'un acte de société, ni sur ce qui serait allégué avoir été dit avant un tel acte, encore qu'il s'agisse d'une somme ou valeur inférieure à sept cent soixante euros.

Art. 53 *(Rempl., L. n° 1.331, 8 janv. 2007)*. – Toute modification statutaire portant sur l'une des mentions prévues à l'article 50 est soumise aux formalités des articles 49 et 51. Toutefois, les changements de domicile ne sont pas soumis à publication au *Journal de Monaco*.

En cas d'omission de ces formalités, toute personne ayant intérêt à la régularisation des formalités peut mettre la société en demeure d'y procéder dans un délai de six mois. À défaut de régularisation dans ce délai, tout intéressé peut demander la désignation d'un mandataire chargé d'accomplir ladite formalité par le Président du Tribunal de Première Instance statuant sur requête.

Art. 54 *(Rempl., L. n° 1.331, 8 janv. 2007)*. – Indépendamment des quatre formes de sociétés mentionnées à l'article 26, la loi reconnaît les associations commerciales en participation.

Art. 55. – Ces associations sont relatives à une ou plusieurs opérations de commerce ; elles ont lieu pour les objets, dans les formes, avec les proportions d'intérêt et aux conditions convenues entre les participants.

Art. 56. – Les associations en participation peuvent être constatées par la représentation des livres, de la correspondance, ou par la preuve testimoniale, si le tribunal juge qu'elle peut être admise.

Art. 57. – Les associations commerciales en participation ne sont pas sujettes aux formalités prescrites pour les autres sociétés.

Art. 58. – Toutes actions contre les associés, liquidateurs ou non liquidateurs, dérivant de leur qualité d'associés, leurs veuves, héritiers ou ayants cause, sont prescrites cinq ans après la fin ou la dissolution de la société, si l'acte de société qui en énonce la durée, ou l'acte de dissolution a été affiché ou enregistré conformément aux articles 49, 50 et 51 et si depuis cette formalité remplie, la prescription n'a été interrompue à leur égard par aucune poursuite judiciaire.

Toutes actions contre le liquidateur associé ou non associé dérivant du mandat qui lui a été donné, sont soumises à la prescription ordinaire.

TITRE V. – DU GAGE ET DES COMMISSIONNAIRES

Section I. – Du gage

Art. 59 *(Mod., L. n° 1.224, 28 déc. 1999)*. – Le gage constitué, soit par un commerçant, soit par un non commerçant, et que la loi répute acte de commerce, est constaté à l'égard des tiers comme à l'égard des parties contractantes, conformément aux dispositions de l'article 74.

Art. 59-1 *(L. n° 1.224, 28 déc. 1999 ; rempl., Ord. n° 1.770, 28 août 2008)*. – Par dérogation à l'article 984 du Code civil, les parties peuvent convenir que pour garantir les engagements présents ou futurs du débiteur, les avoirs en monnaie ou en instruments financiers appartenant ou venant à appartenir au constituant du gage, et dont le créancier ou un tiers identifié d'un commun accord des parties sont ou seront détenteurs, sont ou seront soumis à ce gage sans qu'il soit nécessaire de les spécifier.

Sauf convention contraire, les capitaux et, s'il y a lieu, les fruits et les produits des biens gagés contribuent à augmenter l'assiette du gage.

Art. 60. – Dans tous les cas, le privilège ne subsiste sur le gage qu'autant que ce gage a été mis et est resté en la possession du créancier ou d'un tiers convenu entre les parties.

Le créancier est réputé avoir les marchandises en sa possession, lorsqu'elles sont à la disposition dans ses magasins ou navires, à la douane ou dans un dépôt public, ou si, avant qu'elles soient arrivées, il en est saisi par un connaissement ou par une lettre de voiture.

Art. 60-1 *(L. n° 1.224, 28 déc. 1999 ; rempl., Ord. n° 1.770, 28 août 2008)*. – Si le gage est constitué sur des instruments financiers, la dépossession du constituant peut se réaliser également comme suit :

a) la dépossession d'instruments financiers à ordre peut être établie par un endossement régulier indiquant que les instruments financiers ont été remis en garantie ;

b) la dépossession d'instruments financiers au porteur dont la cession s'opère par tradition peut être établie par un transfert à titre de garantie entre les mains du créancier ou d'un tiers convenu entre les parties ;

c) la dépossession d'instruments financiers nominatifs dont la transmission s'opère par un transfert sur les registres de l'émetteur peut être établie par un transfert à titre de garantie inscrit sur ces registres.

Si le gage est constitué sur des instruments financiers autres que ceux énumérés à l'alinéa précédent ou sur des avoirs en monnaie, la dépossession se réalise à l'égard de tout tiers lorsque la constitution du gage a été notifiée au constituant et, s'il en existe un, au tiers détenteur des biens gagés. La dépossession peut également se réaliser par l'acceptation du constituant et, s'il en existe un, du tiers détenteur. Si le gage est constitué sur des instruments financiers détitrisés, la notification doit être effectuée, ou l'acceptation recueillie, auprès de l'établissement teneur de compte titres du constituant du gage.

Art. 60-2 *(L. n° 1.224, 28 déc. 1999 ; rempl., Ord. n° 1.770, 28 août 2008)*. – La constitution du gage s'effectue soit par un acte authentique, soit par un acte sous seing privé, et doit comporter les mentions prévues par ordonnance souveraine.

L'acte sous seing privé prévu à l'alinéa précédent peut être soumis à la formalité de l'enregistrement.

Le créancier gagiste définit avec le constituant du gage les conditions dans lesquelles il peut être procédé à la gestion des avoirs en monnaie ou en instruments financiers.

Le créancier gagiste bénéficie en toute hypothèse d'un droit de rétention sur les instruments financiers ou avoirs en monnaie donnés en gage.

Voir : Ord. n° 14.309, 28 déc. 1999 *(mod., Ord. n° 1.770, 28 août 2008)*.

Art. 61 *(Mod., L. n° 1.224, 28 déc. 1999)*. – À défaut de paiement à l'échéance, le créancier peut, huit jours après une simple signification faite au débiteur et au tiers bailleur de gage, s'il y en a un, faire procéder à la vente publique des objets donnés en gage.

Le lieu et, le cas échéant, le mode de vente et l'officier public ou l'agent qualifié qui y procéderont, sont désignés par ordonnance du Président du tribunal de première instance sur requête du créancier gagiste. Le débiteur et, le cas échéant, le constituant ou le tiers détenteur des biens gagés, pourront se pourvoir en référé contre ces ordonnances, pendant un délai de six jours francs à compter de la signification qui leur en sera faite.

Toute clause qui autoriserait le créancier à s'approprier le gage ou à en disposer sans les formalités ci-dessus prescrites est nulle.

Art. 61-1 *(L. n° 1.224, 28 déc. 1999 ; rempl., Ord. n° 1.770, 28 août 2008)*. – Par dérogation aux dispositions de l'article 61 :

1° si le gage est constitué par des instruments financiers et que ceux-ci sont admis à la cote officielle d'une bourse ou négociés sur un marché réglementé au fonctionnement régulier, reconnu et ouvert au public, ou sur un marché régulé, le créancier gagiste peut, à défaut de paiement à l'échéance, après mise en demeure par écrit du débiteur et, le cas échéant, du constituant du gage, soit faire vendre les instruments financiers à la bourse ou au marché où ils sont négociés, soit s'approprier les instruments financiers gagés. La vente ou l'appropriation doit se faire au prix en cours ;

les instruments financiers qui ne sont ni cotés ni négociés à une bourse ou à un marché visé à l'alinéa précédent sont vendus par adjudication publique, à l'exception des parts et actions d'organismes de placement collectif qui sont cédées à leur valeur de rachat ;

2° si le gage est constitué par des avoirs en monnaie déposés entre les mains du créancier gagiste, celui-ci peut, à défaut de paiement à l'échéance, après mise en demeure par écrit du débiteur et, le cas échéant, du constituant, procéder à une compensation, à due concurrence, entre la dette du débiteur et les avoirs en monnaie gagés ;

le paiement s'effectue, s'il y a lieu, à la contre-valeur des devises de la dette du débiteur et du dépôt gagé ;

3° les parties peuvent convenir que le créancier est autorisé à prononcer la déchéance du terme et à exercer les droits qui résultent des chiffres précédents si la valeur du gage devient inférieure à un montant contractuellement déterminé ;

4° l'exercice des droits du créancier n'est suspendu ni par la cessation des paiements, ni par le règlement judiciaire, ni par la liquidation des biens, ni par le décès de la personne qui a fourni le gage.

Voir : Ord. n° 14.309, 28 déc. 1999.

Section II. – Des commissionnaires

Art. 62. – Le commissionnaire est celui qui agit en son propre nom ou sous un nom social pour le compte d'un commettant.

Les devoirs et les droits du commissionnaire qui agit au nom d'un commettant sont déterminés par le Code civil.

Art. 63. – Tout commissionnaire a privilège sur la valeur des marchandises à lui expédiées, déposées ou désignées par le fait seul de l'expédition, du dépôt ou de la consignation, pour tous les prêts, avances ou paiements faits par lui, soit avant la réception des marchandises, soit pendant le temps qu'elles sont en sa possession.

Ce privilège ne subsiste que sous la condition prescrite par l'article 60 qui précède.

Dans la créance privilégiée du commissionnaire sont compris, avec le principal, les intérêts, commissions et frais.

Si les marchandises ont été vendues et livrées pour le compte du commettant, le commissionnaire se rembourse, sur le produit de la vente, du montant de sa créance par préférence aux créanciers du commettant.

TITRE VI. – DES TRANSPORTS PAR TERRE ET PAR EAU

Art. 64. – Toutes personnes se livrant à l'industrie des transports, commissionnaire ou entrepreneur de roulage, voiturier, maître de bateaux, entrepreneur de diligences ou de voitures publiques, compagnies de chemins de fer (sans préjudice, pour celles-ci, des règles spéciales qu'ont établies les lois qui les concernent), sont tenus d'inscrire sur un livre spécial la déclaration de la nature et de la quantité des marchandises, et s'ils en sont requis, de leur valeur. Elles doivent également délivrer une lettre de voiture contenant les indications énumérées dans l'article 70 ci-après.

Art. 65. – Elles sont garantes de l'arrivée des marchandises et effets dans le délai déterminé par la lettre de voiture, hors les cas de la force majeure légalement constatée.

Art. 66. – Elles sont garantes des avaries ou pertes de marchandises et effets, s'il n'y a stipulation contraire dans la lettre de voiture, ou force majeure.

Art. 67. – Elles sont garantes des faits de l'intermédiaire auquel elles adressent les marchandises.

Art. 68. – La marchandise sortie du magasin du vendeur ou de l'expéditeur voyage, s'il n'y a convention contraire, aux risques et périls de celui à qui elle appartient, sauf son recours contre le commissionnaire et le voiturier chargés du transport.

Art. 69. – La lettre de voiture forme un contrat entre l'expéditeur ou le voiturier, ou entre l'expéditeur, le commissionnaire et le voiturier.

Art. 70. – La lettre de voiture doit être datée.

Elle doit exprimer :

La nature et le poids ou la contenance des objets à transporter.

Le délai dans lequel le transport doit être effectué.

Elle indique :

Le nom et le domicile du commissionnaire, par l'entremise duquel le transport s'opère, s'il y en a un.

Le nom de celui à qui la marchandise est adressée.

Le nom et le domicile du voiturier.

Elle énonce :

Le prix de la voiture.

L'indemnité due pour cause de retard.

Elle est signée par l'expéditeur ou le commissionnaire.

Elle présente en marge les marques et numéros des objets à transporter.

La lettre de voiture est copiée sur un registre coté et paraphé, sans intervalle et de suite.

Art. 71 *(Ord. 6 juin 1906)*. – La réception des objets transportés et le paiement du prix de la voiture éteignent toute action contre le voiturier pour avarie ou perte partielle, si, dans les trois jours, non compris les jours fériés, qui suivent celui de cette réception et de ce paiement, le destinataire n'a pas notifié au voiturier, par acte extra-judiciaire ou par lettre recommandée, sa protestation motivée.

Toutes stipulations contraires sont nulles et de nul effet. Cette dernière disposition n'est pas applicable aux transports effectués entre la Principauté et un pays étranger autre que la France.

Art. 72 *(Ord. 6 juin 1906)*. – En cas de refus ou contestation pour la réception des objets transportés, leur état est vérifié par des experts nommés sur requête par ordonnance du président du tribunal de première instance ou du juge à ce délégué. La partie adverse est invitée à assister aux opérations par le requérant, au moyen d'une lettre recommandée à la poste avec demande d'accusé de réception, faute de quoi l'expertise ne lui est pas opposable.

Le dépôt ou séquestre des objets transportés et ensuite leur transfert dans un dépôt public, peut être ordonné.

La vente peut aussi en être ordonnée en faveur de toute personne chargée du transport, jusqu'à concurrence du prix de la voiture.

Art. 73 *(Ord. 6 juin 1906)*. – Les actions pour avaries, pertes ou retard, auxquelles peut donner lieu contre le voiturier le contrat de transport, sont prescrites par le délai d'un an, sans préjudice des cas de fraude, ou d'infidélité.

Toutes les autres actions auxquelles ce contrat peut donner lieu, tant contre le voiturier ou le commissionnaire que contre l'expéditeur ou le destinataire, aussi bien que celles qui naissent de la disposition de l'article 257 du Code de procédure civile, sont prescrites dans le délai de cinq ans.

Le délai de ces prescriptions est compté, dans le cas de perte totale, du jour où la remise de la marchandise aurait dû être effectuée, et, dans tous les autres cas, du jour où la marchandise aura été remise ou offerte au destinataire.

Le délai pour intenter chaque action récursoire est d'un mois. Cette prescription ne court que du jour de l'exercice de l'action contre le garanti.

TITRE VII. – DES MOYENS DE PREUVE EN MATIÈRE COMMERCIALE

Art. 74. – Les contrats commerciaux, à l'exception des cas où la loi exige la rédaction d'un écrit, se constatent :

Par actes publics ;

Par actes sous signature privée ;

Par le bordereau ou arrêté d'un agent de change ou courtier, dûment signé par les parties ;

Par une facture acceptée ;

Par la correspondance ;

Par les livres des parties ;

Par la preuve testimoniale dans le cas où le tribunal croira devoir l'admettre.

TITRE VIII. – DE LA LETTRE DE CHANGE ET DU BILLET À ORDRE

Chapitre I. – De la lettre de change

Section I. – De la création et de la forme de la lettre de change

Art. 75. – La lettre de change contient :

1° La dénomination de lettre de change insérée dans le texte même du titre et exprimée dans la langue employée pour la rédaction de ce titre ;

2° Le mandat pur et simple de payer une somme déterminée ;

3° Le nom de celui qui doit payer (tiré) ;

4° L'indication de l'échéance ;

5° Celle du lieu où le paiement doit s'effectuer ;

6° Le nom de celui auquel ou à l'ordre duquel le paiement doit être fait ;

7° L'indication de la date et du lieu où la lettre est créée ;

8° La signature de celui qui émet la lettre (tireur).

Le titre dans lequel une des énonciations indiquées aux alinéas précédents fait défaut ne vaut pas comme lettre de change, sauf dans les cas déterminés par les alinéas suivants :

La lettre de change dont l'échéance n'est pas indiquée est considérée comme payable à vue.

À défaut d'indication spéciale, le lieu désigné à côté du nom du tiré est réputé être le lieu du paiement, et, en même temps, le lieu du domicile du tiré.

La lettre de change n'indiquant pas le lieu de sa création est considérée comme souscrite dans le lieu désigné à côté du nom du tireur.

Art. 76. – La lettre de change peut être à l'ordre du tireur lui-même.

Elle peut être tirée sur le tireur lui-même.

Elle peut être tirée pour le compte d'un tiers.

Elle peut être payable au domicile d'un tiers, soit dans la localité où le tiré a son domicile, soit dans une autre localité.

Art. 77. – Dans une lettre de change payable à vue ou à un certain délai à vue, il peut être stipulé par le tireur que la somme sera productive d'intérêts. Dans toute autre lettre de change, cette stipulation est réputée non écrite.

Le taux des intérêts doit être indiqué dans la lettre ; à défaut de cette indication la clause est réputée non écrite.

Les intérêts courent à partir de la date de la lettre de change, si une autre date n'est pas indiquée.

Art. 78. – La lettre de change dont le montant est écrit à la fois en toutes lettres et en chiffres vaut, en cas de différence, pour la somme écrite en toutes lettres.

La lettre de change dont le montant est écrit plusieurs fois, soit en toutes lettres, soit en chiffres, ne vaut, en cas de différence, que pour la moindre somme.

Art. 79. – Les lettres de change souscrites par des mineurs non négociants sont nulles à leur égard, sauf les droits respectifs des parties, conformément à l'article 1159 du Code civil.

Si la lettre de change porte des signatures de personnes incapables de s'obliger par lettre de change, des signatures fausses ou des signatures de personnes imaginaires, ou des signatures qui, pour toute autre raison, ne sauraient obliger les personnes qui ont signé la lettre de change, ou du nom desquelles elle a été signée, les obligations des autres signataires n'en sont pas moins valables.

Quiconque appose sa signature sur une lettre de change comme représentant d'une personne pour laquelle il n'avait pas le pouvoir d'agir, est obligé lui-même en vertu de la lettre, et, s'il a payé, a les mêmes droits qu'aurait eus le prétendu représenté. Il en est de même du représentant qui a dépassé ses pouvoirs.

Art. 80. – Le tireur est garant de l'acceptation et du paiement.

Il peut s'exonérer de la garantie de l'acceptation ; toute clause par laquelle il s'exonère de la garantie du paiement est réputée non écrite.

Section II. – De la provision

Art. 81. – La provision doit être faite par le tireur ou par celui pour le compte de qui la lettre de change sera tirée, sans que le tireur pour compte d'autrui cesse d'être personnellement obligé envers les endosseurs et le porteur seulement.

Il y a provision si, à l'échéance de la lettre de change, celui sur qui elle est fournie est redevable au tireur, ou à celui pour compte de qui elle est tirée, d'une somme au moins égale au montant de la lettre de change.

La propriété de la provision est transmise de droit aux porteurs successifs de la lettre de change.

L'acceptation suppose la provision.

Elle en établit la preuve à l'égard des endosseurs.

Soit qu'il y ait ou non acceptation, le tireur seul est tenu de prouver, en cas de dénégation, que ceux sur qui la lettre était tirée avaient provision à l'échéance ; sinon, il est tenu de la garantir, quoique le protêt ait été fait après les délais fixés.

Section III. – De l'endossement

Art. 82. – Toute lettre de change, même non expressément tirée à ordre, est transmissible par la voie de l'endossement.

Lorsque le tireur a inséré dans la lettre de change les mots « non à ordre » ou une expression équivalente, le titre n'est transmissible que dans la forme et avec les effets d'une cession ordinaire.

L'endossement peut être fait même au profit du tiré, accepteur ou non, du tireur ou de tout autre obligé. Ces personnes peuvent endosser la lettre à nouveau.

L'endossement doit être pur et simple. Toute condition à laquelle il est subordonné est réputée non écrite.

L'endossement partiel est nul.

L'endossement au porteur vaut comme un endossement en blanc.

L'endossement doit être inscrit sur la lettre de change ou sur une feuille qui y est attachée (allonge). Il doit être signé par l'endosseur.

L'endossement peut ne pas désigner le bénéficiaire ou consister simplement dans la signature de l'endosseur (endossement en blanc). Dans ce dernier cas, l'endossement, pour être valable, doit être inscrit au dos de la lettre de change ou sur l'allonge.

Art. 83. – L'endossement transmet tous les droits résultant de la lettre de change.

Si l'endossement est en blanc, le porteur peut :

1° Remplir le blanc, soit de son nom, soit du nom d'une autre personne ;

2° Endosser la lettre de nouveau en blanc ou à une autre personne ;

3° Remettre la lettre à un tiers, sans remplir le blanc et sans l'endosser.

Art. 84. – L'endosseur est, sauf clause contraire, garant de l'acceptation et du paiement.

Il peut interdire un nouvel endossement ; dans ce cas, il n'est pas tenu à la garantie envers les personnes auxquelles la lettre est ultérieurement endossée.

Art. 85. – Le détenteur d'une lettre de change est considéré comme porteur légitime, s'il justifie de son droit par une suite ininterrompue d'endossements, même si le dernier endossement est en blanc. Les endossements biffés sont à cet égard réputés non écrits. Quand un endossement en blanc est suivi d'un autre endossement, le signataire de celui-ci est réputé avoir acquis la lettre par l'endossement en blanc.

Si une personne a été dépossédée d'une lettre de change par quelque événement que ce soit, le porteur, justifiant de son droit de la manière indiquée à l'alinéa précédent, n'est tenu de se dessaisir de la lettre que s'il l'a acquise de mauvaise foi ou si, en l'acquérant, il a commis une faute lourde.

Art. 86. – Les personnes actionnées en vertu de la lettre de change ne peuvent pas opposer au porteur les exceptions fondées sur leurs rapports personnels, avec le tireur ou avec les porteurs antérieurs, à moins que le porteur, en acquérant la lettre, n'ait agi sciemment au détriment du débiteur.

Art. 87. – Lorsque l'endossement contient la mention « valeur en recouvrement », « pour encaissement », « par procuration », ou toute autre mention impliquant un simple mandat, le porteur peut exercer tous les droits dérivant de la lettre de change, mais il ne peut endosser celle-ci qu'à titre de procuration.

Les obligés ne peuvent, dans ce cas, invoquer contre le porteur que les exceptions qui seraient opposables à l'endosseur.

Le mandat renfermé dans un endossement de procuration ne prend pas fin par le décès du mandant ou la survenance de son incapacité.

Lorsqu'un endossement contient la mention « valeur en garantie », « valeur en gage » ou toute autre mention impliquant un nantissement, le porteur peut exercer tous les droits dérivant de la lettre de change, mais un endossement fait par lui ne vaut que comme un endossement à titre de procuration.

Les obligés ne peuvent invoquer contre le porteur les exceptions fondées sur leurs rapports personnels avec l'endosseur, à moins que le porteur, en recevant la lettre n'ait agi sciemment au détriment du débiteur.

Art. 88. – L'endossement postérieur à l'échéance produit les mêmes effets qu'un endossement antérieur. Toutefois, l'endossement postérieur au protêt faute de paiement, ou fait après l'expiration du délai fixé pour dresser le protêt, ne produit que les effets d'une cession ordinaire.

Sauf preuve contraire, l'endossement sans date est censé avoir été fait avant l'expiration du délai fixé pour dresser le protêt.

Il est défendu d'antidater les ordres à peine de faux.

Section IV. – De l'acceptation

Art. 89. – La lettre de change peut être, jusqu'à à l'échéance, présentée à l'acceptation du tiré, au lieu de son domicile, par le porteur ou même par un simple détenteur.

Dans toute lettre de change, le tireur peut stipuler qu'elle devra être présentée à l'acceptation, avec ou sans fixation de délai.

Il peut interdire, dans la lettre, la présentation à l'acceptation, à moins qu'il ne s'agisse d'une lettre de change payable chez un tiers ou d'une lettre payable dans une localité autre que celle du domicile du tiré ou d'une lettre tirée à un certain délai de vue.

Il peut aussi stipuler que la présentation à l'acceptation ne pourra avoir lieu avant un terme indiqué.

Tout endosseur peut stipuler que la lettre devra être présentée à l'acceptation, avec ou sans fixation de délai, à moins qu'elle n'ait été déclarée non acceptable par le tireur.

Les lettres de change à un certain délai de vue doivent être présentées à l'acceptation dans le délai d'un an à partir de leur date.

Le tireur peut abréger ce dernier délai ou en stipuler un plus long.

Ces délais peuvent être abrégés par les endosseurs.

Art. 90. – Le tiré peut demander qu'une seconde présentation lui soit faite le lendemain de la première. Les intéressés ne sont admis à prétendre qu'il n'a pas été fait droit à cette demande que si celle-ci est mentionnée dans le protêt.

Le porteur n'est pas obligé de se dessaisir, entre les mains du tire, de la lettre présentée à l'acceptation.

Art. 91. – L'acceptation est écrite sur la lettre de change. Elle est exprimée par le mot « acceptée » ou tout autre mot équivalent ; elle est signée du tiré. La simple signature du tiré apposée au recto de la lettré vaut acceptation.

Quand la lettre est payable à un certain délai de vue ou lorsqu'elle doit être présentée à l'acceptation dans un délai déterminé en vertu d'une stipulation spéciale, l'acceptation doit être datée du jour où elle a été donnée, à moins que le porteur n'exige qu'elle soit datée du jour de la présentation. À défaut de date, le porteur, pour conserver ses droits de recours contre les endosseurs et contre le tireur, fait constater cette omission par un protêt dressé en temps utile.

L'acceptation est pure et simple, mais le tiré peut la restreindre à une partie de la somme.

Toute autre modification apportée par l'acceptation aux énonciations de la lettre de change équivaut à un refus d'acceptation. Toutefois, l'accepteur est tenu dans les termes de son acceptation.

Art. 92. – Quand le tireur a indiqué dans la lettre de change un lieu de paiement autre que celui du domicile du tiré, sans désigner un tiers chez qui le paiement doit être effectué, le tire peut l'indiquer lors de l'acceptation. À défaut de cette indication, l'accepteur est répute s'être obligé à payer lui-même au lieu du paiement.

Si la lettre est payable au domicile du tiré, celui-ci peut, dans l'acceptation indiquer une adresse du même lieu où le paiement doit être effectué.

Art. 93. – Par l'acceptation le tiré s'oblige à payer la lettre de change à l'échéance.

À défaut de paiement, le porteur, même s'il est le tireur, a contre l'accepteur une action directe résultant de la lettre de change pour tout ce qui peut être exigé en vertu des articles 118 et 119.

Art. 94. – Si le tiré qui a revêtu la lettre de change de son acceptation, a biffé celle-ci avant la restitution de la lettre, l'acceptation est censée refusée. Sauf preuve contraire, la radiation est réputée avoir été faite avant la restitution du tiré.

Toutefois, si le tiré a fait connaître son acceptation par écrit au porteur ou à un signataire quelconque, il est tenu envers ceux-ci dans les termes de son acceptation.

Section V. – De l'aval

Art. 95. – Le paiement d'une lettre de change peut être garanti pour tout ou partie de son montant par un aval.

Cette garantie est fournie par un tiers ou même par un signataire de la lettre.

L'aval est donné sur la lettre de change ou sur une allonge, soit par un acte séparé indiquant lieu où il est intervenu.

Il est exprimé par les mots « bon pour aval » ou par toute autre formule équivalente ; il est signé par le donneur d'aval.

Il est considéré comme résultant de la seule signataire du donneur d'aval, apposée au recto de la lettre de change, sauf quand il s'agit de la signature du tiré ou de celle du tireur.

L'aval doit indiquer pour le compte de qui il est donné. À défaut de cette indication, il est réputé donné pour le tireur.

Le donneur d'aval est tenu de la même manière que celui dont il s'est porté garant.

Son engagement est valable, alors même que l'obligation qu'il a garantie serait nulle pour toute cause autre qu'un vice de forme.

Quand il paie la lettre de change, le donneur d'aval acquiert les droits résultant de la lettre de change contre le garanti et contre ceux qui sont tenus envers ce dernier en vertu de la lettre de change.

Section VI. – De l'échéance

Art. 96. – Une lettre de change peut être tirée :

À vue ;
À un certain délai de vue ;
À un certain délai de date ;
À jour fixe.

Les lettres de change, soit à d'autres échéances, soit à échéances successives sont nulles.

Art. 97. – La lettre de change à vue est payable à sa présentation. Elle doit être présentée au paiement dans le délai d'un an à partir de sa date. Le tireur peut abréger ce délai ou en stipuler un plus long. Ces délais peuvent être abrégés par les endosseurs.

Le tireur peut prescrire qu'une lettre de change payable à vue ne doit pas être présentée au paiement avant un terme indiqué. Dans ce cas, le délai de présentation part de ce terme.

Art. 98. – L'échéance d'une lettre de change à un certain délai de vue est déterminée soit par la date de l'acceptation, soit par celle du protêt.

En l'absence du protêt, l'acceptation non datée est réputée, à l'égard de l'accepteur avoir été donnée le dernier jour du délai prévu pour la présentation à l'acceptation.

L'échéance d'une lettre de change tirée à un ou plusieurs mois de date ou de vue a lieu à la date correspondante du mois où le paiement doit être effectué. À défaut de date correspondante l'échéance a lieu le dernier jour de ce mois.

Quand une lettre de change est tirée à un ou plusieurs mois et demi de date ou de vue, on compte d'abord les mois entiers.

Si l'échéance est fixée au commencement, au milieu (mi-janvier, mi-février, etc.) ou à la fin du mois, on entend par ces termes le premier, le quinze ou le dernier jour du mois.

Les expressions « huit jours » ou « quinze jours » s'entendent, non d'une ou deux semaines, mais d'un délai de huit ou de quinze jours effectifs.

L'expression « demi-mois » indique un délai de quinze jours.

Art. 99. – Quand une lettre de change est payable à jour fixe dans un lieu où le calendrier est différent de celui du lieu de l'émission, la date de l'échéance est considérée comme fixée d'après le calendrier du lieu de paiement.

Quand une lettre de change tirée entre deux places ayant des calendriers différents est payable à un certain délai de date, le jour de l'émission est ramené au jour correspondant du calendrier du lieu de paiement et l'échéance est fixée en conséquence.

Les délais de présentation des lettres de change sont calculés conformément aux règles de l'alinéa précédent.

Ces règles ne sont pas applicables si une clause de la lettre de change, ou même les simples énonciations du titre, indiquent que l'intention a été d'adopter des règles différentes.

Section VII. – Du paiement

Art. 100. – Le porteur d'une lettre de change payable à jour fixe ou à un certain délai de date ou de vue doit présenter la lettre de change au paiement le jour de son échéance.

La présentation d'une lettre de change à une chambre de compensation équivaut à une présentation au paiement.

Art. 101. – Le tiré peut exiger, en payant la lettre de change, qu'elle lui soit remise acquittée par le porteur.

Le porteur ne peut refuser un paiement partiel.

En cas de paiement partiel, le tiré peut exiger que mention de ce paiement soit faite sur la lettre et que quittance lui en soit donnée.

Les paiements faits à compte sur le montant d'une lettre de change sont à la décharge des tireurs et endosseurs.

Le porteur est tenu de faire protester la lettre de change pour le surplus.

Art. 102. – Le porteur d'une lettre de change ne peut être contraint d'en recevoir le paiement avant l'échéance.

Le tiré qui paie avant l'échéance le fait à ses risques et périls.

Celui qui paie à l'échéance est valablement libéré, à moins qu'il n'y ait de sa part une fraude ou une faute lourde. Il est obligé de vérifier la régularité de la suite des endossements mais non la signature des endosseurs.

Art. 103. – Lorsqu'une lettre de change est stipulée payable en une monnaie n'ayant pas cours au lieu de paiement, le montant peut en être payé dans la monnaie du pays d'après sa valeur au jour de l'échéance. Si le débiteur est en retard, le porteur peut, à son choix, demander que le montant de la lettre de change soit payé dans la monnaie du pays d'après le cours, soit du jour de l'échéance, soit du jour du paiement.

Les usages du lieu de paiement servent à déterminer la valeur de la monnaie étrangère. Toutefois, le tireur peut stipuler que la somme à payer sera calculée d'après un cours déterminé dans la lettre.

Les règles ci-énoncées ne s'appliquent pas au cas où le tireur a stipulé que le paiement devra être fait dans une certaine monnaie indiquée (clause de paiement effectif en une monnaie étrangère).

Si le montant de la lettre de change est indiqué dans une monnaie ayant la même dénomination, mais une valeur différente dans le pays d'émission et dans celui du paiement, on est présumé s'être référé à la monnaie du lieu du paiement.

Art. 104. – À défaut de présentation de la lettre de change au paiement le jour de son échéance, tout débiteur a la faculté d'en remettre le montant en dépôt à la caisse des dépôts et consignations, aux frais, risques et périls du porteur.

Art. 105. – Il n'est admis d'opposition au paiement qu'en cas de perte de la lettre de change ou de la faillite du porteur.

Art. 106. – En cas de perte d'une lettre de change non acceptée, celui à qui elle appartient peut en poursuivre le paiement sur une seconde, troisième, quatrième, etc...

Art. 107. – Si la lettre de change perdue est revêtue de l'acceptation, le paiement ne peut en être exigé sur une seconde, troisième, quatrième, etc., que par ordonnance du juge et en donnant caution.

Art. 108. – Si celui qui a perdu la lettre de change, qu'elle soit acceptée ou non, ne peut représenter la seconde, troisième, quatrième, etc., il peut demander le paiement de la lettre de change perdue et l'obtenir par l'ordonnance du juge en justifiant de sa propriété par ses livres et en donnant caution.

Art. 109. – En cas de refus de paiement, sur la demande formée en vertu des deux articles précédents, le propriétaire de la lettre de change perdue conserve tous ses droits par un acte de protestation. Cet acte doit être fait le lendemain de l'échéance de la lettre de change perdue. Les avis prescrits par l'article 115 doivent être donnes au tireur et aux endosseurs dans les délais fixés par cet article.

Art. 110. – Le propriétaire de la lettre de change égarée doit, pour s'en procurer la seconde, s'adresser à son endosseur immédiat qui est tenu de lui prêter son nom et ses soins pour agir envers son propre endosseur, et ainsi en remontant d'endosseur à endosseur jusqu'au tireur de la lettre. Le propriétaire de la lettre de change égarée supportera les frais.

Art. 111. – L'engagement de la caution mentionné dans les articles 107 et 108 est éteint après trois ans, si, pendant ce temps, il n'y a eu ni demandes, ni poursuites en justice.

Section VIII. – Des recours faute d'acceptation et faute de paiement, des protêts, du rechange

§ 1. – Des recours fautes d'acceptation et faute de paiement

Art. 112. – Le porteur peut exercer ses recours contre les endosseurs, le tireur et les autres obligés :

À l'échéance :

Si le paiement n'a pas eu lieu ;

Même avant l'échéance :

1° S'il y a eu refus, total ou partie, d'acceptation ;

2° Dans les cas de faillite du tiré, accepteur ou non, de cessation de ses paiements, même non constatée par un jugement, ou de saisie de ses biens demeurée infructueuse ;

3° Dans les cas de faillite du tireur d'une lettre non acceptable.

Toutefois, les garants contre lesquels un recours est exercé dans les cas prévus par les deux derniers alinéas 2° et 3° qui précèdent pourront, dans les trois jours de l'exercice de ce recours, adresser au président du tribunal de première instance une requête pour solliciter des délais.

Si la demande est reconnue fondée, l'ordonnance fixera l'époque à laquelle les garants seront tenus de payer les effets de commerce dont il s'agit, sans que les délais ainsi octroyés puissent dépasser la date fixée pour l'échéance. L'ordonnance ne sera susceptible ni d'opposition, ni d'appel.

Art. 113. – Le refus d'acceptation ou de paiement doit être constaté par un acte authentique (protêt faute d'acception ou faute de paiement).

Le protêt faute d'acceptation doit être fait dans les délais fixés pour la présentation à l'acceptation. Si, dans le cas prévu par l'article 90, premier alinéa, la première présentation a eu lieu le dernier jour du délai, le protêt peut encore être dressé le lendemain.

Le protêt faute de paiement d'une lettre de change payable à jour fixe ou à un certain délai de date ou de vue doit être fait l'un des deux jours ouvrables qui suivent le jour où la lettre de change est payable. S'il s'agit d'une lettre payable à vue, le protêt doit être dressé dans les conditions indiquées à l'alinéa précédent pour dresser le protêt faute d'acceptation.

Le protêt faute d'acceptation dispense de la présentation au paiement et du protêt faute de paiement.

En cas de cessation de paiements du tiré, accepteur ou non, ou en cas de saisie de ses biens demeurée infructueuse, le porteur ne peut exercer ses recours qu'après présentation de la lettre au tiré pour le paiement et après confection d'un protêt.

En cas de faillite déclarée du tiré, accepteur ou non, ainsi qu'en cas de faillite déclarée du tireur d'une lettre non acceptable, la production du jugement déclaratif de la faillite suffit pour permettre au porteur d'exercer ses recours.

Art. 114. – Lorsque le porteur consent à recevoir un chèque en paiement, ce chèque doit indiquer le nombre et l'échéance des effets ainsi payés.

Si le chèque n'est pas payé, notification du protêt faute de paiement dudit chèque est faite au domicile de paiement de la lettre de change dans le délai prévu à l'article 29 de l'ordonnance souveraine du 13 mai 1936 unifiant le droit en matière de chèques.

Le protêt faute de paiement du chèque et la notification sont faits par un seul et même exploit.

Le tiré de la lettre de change qui reçoit la notification doit, s'il ne paye pas la lettre de change, ainsi que les frais du protêt faute de paiement du chèque et les frais de notification, restituer la lettre de change à l'officier ministériel instrumentaire. Celui-ci dresse immédiatement le protêt faute de paiement de la lettre de change.

Si le tiré ne restitue pas la lettre de change, un acte de protestation est aussitôt dressé. Le défaut de restitution y est constaté. Le tiers porteur est, en ce cas, dispensé de se conformer aux prescriptions des articles 107 et 108 du présent code.

Le défaut de restitution de la lettre de change constitue un délit passible des peines prévues par l'article 406 du Code pénal.

Art. 115 *(L. n° 760, 26 mai 1964 ; mod., L. n° 1.247, 21 déc. 2001)*. – Le porteur doit donner avis du défaut d'acceptation ou de paiement à son endosseur dans les quatre jours ouvrables qui suivent le jour du protêt ou celui de la présentation en cas de clause de retour sans frais.

Cette lettre donne lieu, au profit de l'huissier, à un honoraire dont le montant est déterminé par le tarif des huissiers, en sus des frais d'affranchissement et de recommandation.

Chaque endosseur doit, dans les deux jours ouvrables qui suivent le jour où il a reçu l'avis, faire connaître à son endosseur l'avis qu'il a reçu, en indiquant les noms et les adresses de ceux qui ont donné les avis précédents et ainsi de suite, en remontant jusqu'au tireur. Les délais ci-dessus indiqués courent de la réception de l'avis précédent.

Lorsqu'en conformité de l'alinéa précédent, un avis est donné à un signataire de la lettre de change, le même avis doit être donné dans le même délai à son avaliseur. Dans le cas où un endosseur n'a pas indiqué son adresse ou l'a indiquée d'une façon illisible, il suffit que l'avis soit donné à l'endosseur qui le précède.

Celui qui a un avis à donner peut le faire sous une forme quelconque, même par un simple renvoi de la lettre de change.

Il doit prouver qu'il a donné l'avis dans le délai imparti. Ce délai sera considéré comme observé si une lettre missive donnant l'avis a été mise à la poste dans ledit délai.

Celui qui ne donne pas l'avis dans le délai ci-dessus indiqué n'encourt pas de déchéance ; il est responsable, s'il y a lieu, du préjudice causé par sa négligence, sans que les dommages-intérêts puissent dépasser le montant de la lettre de change.

Art. 116. – Le tireur, un endosseur ou un avaliseur peut, par la clause « retour sans frais », « sans protêt » ou toute autre clause équivalente, inscrite sur le titre et signée, dispenser le porteur de faire dresser, pour exercer ses recours, un protêt faute d'acceptation ou faute de paiement.

Cette clause ne dispense pas le porteur de la présentation de la lettre de change dans les délais prescrits ni des avis à donner. La preuve de l'inobservation des délais incombe à celui qui s'en prévaut contre le porteur.

Si la clause est inscrite par le tireur, elle produit ses effets, à l'égard de tous les signataires ; si elle est inscrite par un endosseur ou un avaliseur, elle produit ses effets seulement à l'égard de celui-ci. Si, malgré la clause inscrite par le tireur, le porteur fait dresser le protêt, les frais en restent à sa charge. Quand la clause émane d'un endosseur ou d'un avaliseur, les frais du protêt, s'il en est dressé un, peuvent être recouvrés contre tous les signataires.

Art. 117. – Tous ceux qui ont tiré, accepté, endossé, ou avalisé une lettre de change sont tenus solidairement envers le porteur.

Le porteur a le droit d'agir contre toutes ces personnes, individuellement ou collectivement, sans être astreint à observer l'ordre dans lequel elles se sont obligées.

Le même droit appartient à tout signataire d'une lettre de change qui a remboursé celle-ci.

L'action intentée contre un des obligés n'empêche pas d'agir contre les autres, même postérieurs à celui qui a été d'abord poursuivi.

Art. 118. – Le porteur peut réclamer à celui contre lequel il exerce son recours :

1° Le montant de la lettre de change non acceptée ou non payée avec les intérêts, s'il en a été stipulé ;

2° Les intérêts au taux légal à partir de l'échéance ;

3° Les frais du protêt, ceux des avis donnés, ainsi que les autres frais.

Si le recours est exercé avant l'échéance, déduction sera faite d'un escompte sur le montant de la lettre. Cet escompte sera calculé, d'après le taux de l'escompte de la Banque de France tel qu'il existe à la date du recours au lieu du domicile du porteur.

Art. 119. – Celui qui a remboursé la lettre de change peut réclamer à ses garants :

1° La somme intégrale qu'il a payée ;

2° Les intérêts de ladite somme calculés au taux légal à partir du jour où il l'a déboursée ;

3° Les frais qu'il a faits.

Art. 120. – Tout obligé contre lequel un recours est exercé ou qui est exposé a un recours peut exiger, contre remboursement, la remise de la lettre de change avec le protêt et un compte acquitté.

Tout endosseur qui a remboursé la lettre de change peut biffer son endossement et ceux des endosseurs subséquents.

Art. 121. – En cas d'exercice d'un recours après une acceptation partielle, celui qui rembourse la somme pour laquelle la lettre n'a pas été acceptée peut exiger que ce remboursement soit mentionné sur la lettre et qu'il lui en soit donné quittance. Le porteur doit, en outre, lui remettre une copie certifiée conforme de la lettre et le protêt pour permettre l'exercice des recours ultérieurs.

Art. 122. – Après l'expiration des délais fixés :

Pour la présentation d'une lettre de change à vue ou à un certain délai de vue ;

Pour la confection du protêt faute d'acceptation ou faute de paiement ;

Pour la présentation au paiement en cas de clause de retour sans frais ;

Le porteur est déchu de ses droits contre les endosseurs, contre le tireur et contre les autres obligés, à l'exception de l'accepteur.

Toutefois, la déchéance n'a lieu à l'égard du tireur que s'il justifie qu'il a fait provision à l'échéance. Le porteur, en ce cas, ne conserve d'action que contre celui sur qui la lettre de change était tirée.

À défaut de présentation à l'acceptation dans le délai stipulé par le tireur, le porteur est déchu de ses droits de recours, tant pour défaut de paiement que pour défaut d'acceptation, à moins qu'il ne résulte des termes de la stipulation que le tireur n'a entendu s'exonérer que de la garantie de 1 acceptation.

Si la stipulation d'un délai pour la présentation est contenue dans un endossement, l'endosseur, seul, peut s'en prévaloir.

Art. 123. – Quand la présentation de la lettre de change ou la confection du protêt dans les délais prescrits est empêchée par un obstacle insurmontable (prescription légale d'un État quelconque ou autre cas de force majeure), ces délais sont prolongés.

Le porteur est tenu de donner, sans retard, avis du cas de force majeure à son endosseur et de mentionner cet avis, daté et signé de lui, sur la lettre de change ou sur une allonge ; pour le surplus, les dispositions de l'article 115 sont applicables.

Après la cessation de la force majeure, le porteur doit, sans retard, présenter la lettre à l'acceptation ou au paiement et, s'il y a lieu, faire dresser le protêt.

Si la force majeure persiste au-delà de trente jours à partir de l'échéance, les recours peuvent être exercés, sans que ni la présentation ni la confection d'un protêt soit nécessaire.

Pour les lettres de change à vue ou à un certain délai de vue, le délai de trente jours court de la date à laquelle le porteur a, même avant l'expiration des délais de présentation, donné avis de la force majeure à son endosseur ; pour les lettres de change à un certain délai de vue, le délai de trente jours s'augmente du délai de vue indiqué dans la lettre de change.

Ne sont point considérés comme constituant des cas de force majeure les faits purement personnels au porteur ou à celui qu'il a chargé de la présentation de la lettre ou de la confection du protêt.

Art. 124. – Indépendamment des formalités prescrites pour l'exercice de l'action en garantie, le porteur d'une lettre de change protestée faute de paiement peut, en obtenant la permission du juge, saisir conservatoirement les effets mobiliers des tireurs, accepteurs et endosseurs.

§ 2. – **Des protêts**

Art. 125 *(L. n° 760, 26 mai 1964)*. – Les protêts, faute d'acceptation ou de paiement sont faits par huissier.

Le protêt doit être fait : au domicile de celui sur qui la lettre de change était payable ou à son dernier domicile connu ; au domicile des personnes indiquées par la lettre de change pour la payer au besoin ; au domicile du tiers qui a accepté par intervention ; le tout en un seul et même acte. En cas de fausse indication de domicile, le protêt est précédé d'un acte de perquisition.

Art. 126. – L'acte de protêt contient la transcription littérale de la lettre de change, de l'acceptation, des endossements et des recommandations qui y sont indiquées, la sommation de payer le montant de la lettre de change. Il énonce la présence ou l'absence de celui qui doit payer, les motifs du refus de payer et l'impuissance ou le refus de signer.

Art. 127. – Nul acte de la part du porteur de la lettre de change ne peut suppléer l'acte de protêt, hors le cas prévu par les articles 106 et suivants touchant la perte de la lettre de change.

Art. 128 *(L. n° 760, 26 mai 1964)*. – Les huissiers sont tenus, à peine de destitution, dépens, dommages-intérêts envers les parties, de laisser copie exacte des protêts par eux dressés. Ils ont également l'obligation, sous les mêmes sanctions, de faire tenir au service du répertoire du commerce et de l'industrie, dans la quinzaine de l'acte, copie des protêts faute de paiement des traites acceptées et des billets à ordre.

§ 3. – **Du rechange**

Art. 129. – Toute personne ayant le droit d'exercer un recours peut, sauf stipulation contraire, se rembourser au moyen d une nouvelle lettre (retraite) tirée à vue sur l'un de ses garants et payable au domicile de celui-ci.

La retraite comprend, outre les sommes indiquées dans les articles 118 et 119, un droit de courtage et le droit de timbre de la retraite.

Si la retraite est tirée par le porteur, le montant en est fixé d'après le cours d'une lettre de change à vue, tirée du lieu où la lettre primitive était payable sur le lieu du domicile du garant.

Si la retraite est tirée par un endosseur, le montant en est fixé d'après le cours d'une lettre à vue tirée du lieu où le tireur de la retraite a son domicile sur le lieu du domicile du garant.

Art. 130. – Le rechange se règle à l'égard du tireur, par le cours de change du lieu où la lettre de change était payable, sur le lieu d'où elle a été tirée.

Il se règle, à l'égard des endosseurs, par le cours du change du lieu ou la lettre de change a été remise ou négociée par eux, sur le lieu où le remboursement s'effectue.

Art. 131. – Les rechanges ne peuvent être annulés.

Chaque endosseur n'en supporte qu'un seul, ainsi que le tireur.

Section IX. – De l'intervention

Art. 132. – Le tireur, un endosseur ou un avaliseur peut indiquer une personne pour accepter ou payer au besoin.

La lettre de change peut être, sous les conditions déterminées ci-après, acceptée ou payée par une personne intervenant pour un débiteur quelconque exposé au recours.

L'intervenant peut être un tiers, même le tiré, ou une personne déjà obligée en vertu de la lettre de change, sauf l'accepteur.

L'intervenant est tenu de donner, dans un délai de deux jours ouvrables, avis de son intervention à celui pour qui il est intervenu. En cas d'inobservation de ce délai, il est responsable, s'il y a lieu, du préjudice causé par sa négligence sans que les dommages-intérêts puissent dépasser le montant de la lettre de change.

§ 1. – Acceptation par intervention

Art. 133.– L'acceptation par intervention peut avoir lieu dans tous les cas où des recours sont ouverts, avant l'échéance, au porteur d'une lettre de change acceptable.

Lorsqu'il a été indiqué sur la lettre de change une personne pour l'accepter ou la payer au besoin au lieu du paiement, le porteur ne peut exercer avant l'échéance ses droits de recours contre celui qui a apposé l'indication et contre les signataires subséquents à moins qu'il n'ait présenté la lettre de change à la personne désignée et que, celle-ci ayant refusé l'acceptation, ce refus n'ait été constaté par un protêt.

Dans les autres cas d'intervention, le porteur peut refuser l'acceptation par intervention. Toutefois s'il l'admet, il perd les recours qui lui appartiennent avant l'échéance contre celui pour qui l'acceptation a été donnée et contre les signataires subséquents.

L'acceptation par intervention est mentionnée sur la lettre de change ; elle est signée par l'intervenant. Elle indique pour le compte de qui elle a lieu ; à défaut de cette indication, l'acceptation est réputée donnée par le tireur.

L'accepteur par intervention est obligé envers le porteur et envers les endosseurs postérieurs à celui pour le compte duquel il est intervenu, de la même manière que celui-ci.

Malgré l'acceptation par intervention, celui pour lequel elle a été faite et ses garants peuvent exiger du porteur, contre remboursement de la somme indiquée à 1 article 118, la remise de la lettre de change, du protêt et d'un compte acquitté, s'il y a lieu.

§ 2. – Paiement par intervention

Art. 134.– Le paiement par intervention peut avoir lieu dans tous les cas où, soit à l'échéance, soit avant l'échéance, des recours sont ouverts au porteur.

Le paiement doit comprendre toute la somme qu'aurait à acquitter celui pour lequel il a lieu.

Il doit être fait au plus tard le lendemain du dernier jour admis pour la confection du protêt faute de paiement.

Art. 135.– Si la lettre de change a été acceptée par des intervenant ayant leur domicile au lieu du paiement, ou si des personnes ayant leur domicile dans ce même lieu ont été indiquées pour payer au besoin, le porteur doit présenter la lettre à toutes ces personnes et faire dresser, s'il y a lieu, un protêt faute de paiement au plus tard le lendemain du dernier jour admis pour la confection du protêt.

À défaut de protêt dressé dans ce délai, celui qui a indiqué le besoin ou pour le compte de qui la lettre a été acceptée et les endosseurs postérieurs cessent d'être obligés.

Le porteur qui refuse le paiement par intervention perd ses recours contre ceux qui auraient été libérés.

Art. 136.– Le paiement par intervention doit être constaté par un acquit donné sur la lettre de change avec indication de celui pour qui il est fait. À défaut de cette indication, le paiement est considéré comme fait pour le tireur.

La lettre de change et le protêt, s'il en a été dressé un, doivent être remis au payeur par intervention.

Art. 137.– Le payeur par intervention acquiert les droits résultant de la lettre de change contre celui pour lequel il a payé et contre ceux qui sont tenus vis-à-vis de ce dernier en vertu de la lettre de change. Toutefois, il ne peut endosser la lettre de change à nouveau.

Les endosseurs postérieurs au signataire pour qui le paiement a eu lieu sont libérés.

En cas de concurrence pour le paiement par intervention, celui qui opère le plus de libération est préféré. Celui qui intervient, en connaissance de cause, contrairement à cette règle, perd ses recours contre ceux qui auraient été libérés.

Section X. – De la pluralité des exemplaires et des copies

§ 1. – Pluralité d'exemplaires

Art. 138.– La lettre de change peut être tirée en plusieurs exemplaires identiques.

Ces exemplaires doivent être numérotés dans le texte même du titre ; faute de quoi, chacun d'eux est considéré comme une lettre de change distincte.

Tout porteur d'une lettre n'indiquant pas qu'elle a été tirée en un exemplaire unique peut exiger à ses frais la délivrance de plusieurs exemplaires. À cet effet, il doit s'adresser à son endosseur immédiat, qui est tenu de lui prêter ses soins pour agir contre son propre endosseur, et ainsi de suite, en remontant jusqu'à tireur. Les endosseurs sont tenus de reproduire les endossements sur les nouveaux exemplaires.

Art. 139. – Le paiement fait sur un des exemplaires est libératoire, alors même qu'il n'est pas stipulé que ce paiement annule l'effet des autres exemplaires. Toutefois, le tiré reste tenu à raison de chaque exemplaire accepté dont il n'a pas obtenu la restitution.

L'endosseur qui a transféré les exemplaires à différentes personnes, ainsi que les endosseurs subséquents, sont tenus à raison de tous les exemplaires portant leur signature et qui n'ont pas été restitués.

Art. 140. – Celui qui a envoyé un des exemplaires à l'acceptation doit indiquer sur les autres exemplaires le nom de la personne entre les mains de laquelle cet exemplaire se trouve. Celle-ci est tenue de le remettre au porteur légitime d'un autre exemplaire.

Si elle s'y refuse, le porteur ne peut exercer de recours qu'après avoir fait constater par un protêt :

1° que l'exemplaire envoyé à l'acceptation ne lui a pas été remis sur sa demande ;

2° que l'acceptation ou le paiement n'a pu être obtenu sur un autre exemplaire.

§ 2. – Copies

Art. 141. – Tout porteur d'une lettre de change a le droit d'en faire des copies.

La copie doit reproduire exactement l'original avec les endossements et toutes les autres mentions qui y figurent. Elle doit indiquer où elle s'arrête.

Elle peut être endossée et avalisée de la même manière et avec les mêmes effets que l'original.

Art. 142. – La copie doit désigner le détenteur du titre original. Celui-ci est tenu de remettre ledit titre au porteur légitime de la copie.

S'il s'y refuse, le porteur ne peut exercer de recours contre les personnes qui ont endosse ou avalisé la copie qu'après avoir fait constater par un protêt que l'original ne lui a pas été remis sur sa demande.

Si le titre original après le dernier endossement survenu avant que la copie ne soit faite, porte la clause : « à partir d'ici l'endossement ne vaut que sur la copie » ou toute autre formule équivalente, un endossement signé ultérieurement sur l'original est nul.

Section XI. – Des altérations

Art. 143. – En cas d'altération du texte d'une lettre de change, les signataires postérieurs à cette altération sont tenus dans les termes du texte altéré ; les signataires antérieurs le sont dans les termes du texte originaire.

Section XII. – De la prescription

Art. 144. – Toutes actions résultant de la lettre de change contre l'accepteur se prescrivent par trois ans à compter de la date de l'échéance.

Les actions du porteur contre les endosseurs et contre le tireur se prescrivent par un an à partir de la date du protêt dressé en temps utile ou de celle de l'échéance, en cas de clause de retour sans frais.

Les actions des endosseurs les uns contre les autres et contre le tireur se prescrivent par six mois à partir du jour où l'endosseur a remboursé la lettre ou du jour où il a été lui-même actionné.

Les prescriptions, en cas d'action exercée en justice, ne courent que du jour de la dernière poursuite juridique. Elles ne s'appliquent pas, s'il y a eu condamnation ou si la dette a été reconnue par acte séparé.

L'interruption de la prescription n'a d'effet que contre celui à l'égard duquel l'acte interruptif a été fait.

Néanmoins, les prétendus débiteurs seront tenus, s'ils en sont requis, d'affirmer sous serment qu'ils ne sont plus redevables et leurs veuves, héritiers ou ayants-cause, qu'ils estiment de bonne foi qu'il n'est plus rien dû.

Section XIII. – Dispositions générales

Art. 145. – Le paiement d'une lettre de change dont l'échéance est à un jour férié légal ne peut être exigé que le premier jour ouvrable qui suit. De même, tous autres actes relatifs à la lettre de change, notamment la présentation à l'acceptation et le protêt, ne peuvent être faits qu'un jour ouvrable.

Lorsqu'un de ces actes doit être accompli dans un certain délai dont le dernier jour est un jour férié légal, ce délai est prorogé jusqu'au premier jour ouvrable qui en suit l'expiration. Les jours fériés intermédiaires sont compris dans la computation du délai.

Art. 146. – Aux jours fériés légaux sont assimilés les jours où, aux termes des lois en vigueur, aucun paiement ne peut être exigé ni aucun protêt dressé.

Art. 147. – Les délais légaux ou conventionnels ne comprennent pas le jour qui leur sert de point de départ.

Aucun jour de grâce, ni légal ni judiciaire n'est admis, sauf dans les cas prévus par les articles 112 et 113.

Chapitre II. – Du billet à ordre

Art. 148. – Le billet à ordre contient :

1° la clause à ordre ou la dénonciation du titre insérée dans le texte même et exprimée dans la langue employée pour la rédaction de ce titre ;

2° la promesse pure et simple de payer une somme déterminée ;

3° l'indication de l'échéance ;

4° celle du lieu où le paiement doit s'effectuer ;

5° le nom de celui auquel ou à l'ordre duquel le paiement doit être fait ;

6° l'indication de la date et du lieu où le billet est souscrit ;

7° la signature de celui qui émet le titre (souscripteur).

Art. 149. – Le titre dans lequel une des énonciations indiquées à l'article précédent fait défaut ne vaut pas comme billet à ordre, sauf dans les cas déterminés par les alinéas suivants.

Le billet à ordre dont l'échéance n'est pas indiquée est considéré comme payable à vue.

À défaut d'indication spéciale, le lieu de création du titre est réputé être le lieu du paiement, et, en même temps, le lieu du domicile du souscripteur.

Le billet à ordre n'indiquant pas le lieu de sa création est considéré comme souscrit dans le lieu désigné à côté du nom du souscripteur.

Art. 150. – Sont applicables au billet à ordre, en tant qu'elles ne sont pas incompatibles avec la nature de ce titre, les dispositions relatives à la lettre de change et concernant :

l'endossement (articles 82 à 88) ;

l'échéance (articles 96 à 99) ;

le paiement (articles 100 à 111) ;

les recours faute de paiement (articles 112 à 120, 122, 123 et 124) ;

les protêts (articles 125 à 128) ;

le rechange (articles 129 à 131) ;

le paiement par interventions (articles 132, 134 et 137) ;

les copies (articles 141 et 142) ;

les altérations (article 143) ;

la prescription (article 144) ;

les jours fériés, la computation des délais et l'interdiction des jours de grâce (articles 145, 146 et 147).

Sont aussi applicables au billet à ordre les dispositions concernant la lettre de change payable chez un tiers ou dans une localité autre que celle du domicile du tiré (articles 76 et 92), la stipulation d'intérêts (article 77), les différences d'énonciation relatives à la somme à payer (article 78), les conséquences de l'apposition d'une signature dans les conditions visées à l'article 79, celles de la signature d'une personne qui agit sans pouvoirs ou en dépassant ses pouvoirs (article 79).

Sont également applicables au billet à ordre les dispositions relatives à l'aval (article 95) ; dans le cas prévu au deuxième alinéa de cet article, si l'aval n'indique pas pour le compte de qui il a été donné, il est réputé l'avoir été pour le compte du souscripteur du billet à ordre.

Art. 151. – Le souscripteur d'un billet à ordre est obligé de la même manière que l'accepteur d'une lettre de change.

Art. 152. – Les billets à ordre payables à un certain délai de vue doivent être présentés au visa du souscripteur dans les délais fixés à l'article 89. Le délai de vue court de la date du visa signé du souscripteur sur le billet. Le refus du souscripteur de donner son visa est constaté par un protêt (article 91) dont la date sert de point de départ au délai de vue.

TITRE IX. – DE LA PRESCRIPTION

(Ord.-L. n° 688, 4 mai 1960)

Art. 152 *bis* *(Abr., L. n° 1.401, 5 déc. 2013)* (1).

Rédaction antérieure. Art. 152 *bis* *(Mod., L. n° 1.181, 27 déc. 1995).* – Les obligations nées à l'occasion de leur commerce entre commerçants ou entre commerçants et non-commerçants se prescrivent par dix ans si elles ne sont pas soumises à des prescriptions plus courtes.

LIVRE II. – DU COMMERCE MARITIME

Art. 153 à 407 *(Abr., L. n° 1.198, 27 mars 1998. - V. C. mer).*

LIVRE III. – DE LA CESSATION DES PAIEMENTS, DU RÈGLEMENT JUDICIAIRE ET DE LA LIQUIDATION DES BIENS

(L. n° 1.002, 26 déc. 1977, à compter du 1er janv. 1978)

TITRE I. – DE LA CESSATION DES PAIEMENTS

Chapitre I. – Du jugement constatant la cessation des paiements

Section I. – Du prononcé du jugement

Art. 408. – Toute personne physique ou morale, tout groupement d'intérêt économique qui, exerçant même en fait une activité commerciale, se trouve en état de cessation des paiements, quelle que soit la nature de la créance, est soumis a une procédure collective de règlement du passif.

L'état de cessation des paiements est constaté par jugement du tribunal de première instance rendu sur déclaration du débiteur ou sur assignation d'un créancier ou même d'office.

En l'absence de ce jugement, la cessation des paiements ne produit aucun effet.

Art. 409. – Lorsque le jugement intervient à la requête du débiteur, celui-ci doit faire sa déclaration au greffe général en y joignant les pièces suivantes :

1° le bilan ;

2° le compte d'exploitation générale ;

(1) L. n° 1.401, 5 déc. 2013, art. 11 : « Les dispositions de la présente loi qui allongent la durée d'une prescription s'appliquent lorsque le délai de prescription n'était pas expiré à la date de son entrée en vigueur. Il est alors tenu compte du délai déjà écoulé. Les dispositions de la présente loi qui réduisent la durée de la prescription s'appliquent aux prescriptions à compter du jour de l'entrée en vigueur de la présente loi, sans que la durée totale puisse excéder la durée prévue par la loi antérieure. Pour les prescriptions dont le délai n'était pas encore expiré à la date d'entrée en vigueur de la présente loi, les dispositions de celle-ci relatives à la suspension ou à l'interruption de la prescription ne s'appliquent qu'aux faits postérieurs à son entrée en vigueur, ceux antérieurs restant soumis à la loi ancienne. Si ces faits sont en cours à cette date, les dispositions de la présente loi sont applicables à compter de cette date. Les dispositions de la présente loi relatives à l'aménagement conventionnel de la prescription s'appliquent aux conventions relatives à la prescription en cours d'exécution à la date d'entrée en vigueur de la présente loi. »

3° le compte des pertes et profits ;
4° l'état des engagements hors bilan du dernier exercice ;
5° un état de situation ;
6° le relevé des engagements hors bilan ;
7° l'inventaire sommaire de ses biens ;
8° la liste de tous ses débiteurs avec indication de leur domicile et du montant des sommes dues.

Ces pièces sont établies à la date de la requête ; elles sont certifiées sincères et véritables par le déclarant.

Lorsque certaines d'entre elles sont incomplètes ou ne peuvent être jointes, la déclaration en indique les motifs.

Art. 410. – Lorsque le tribunal se saisit d'office, le débiteur est appelé à date fixe par acte extrajudiciaire signifié à la requête du procureur général.

Art. 411. – Quel que soit le mode de saisine, le président peut commettre un mandataire de justice pour recueillir tous renseignements sur la situation du débiteur.

Le rapport du mandataire est déposé au greffe général ; avis du dépôt est donné au débiteur et, s'il y a lieu, au créancier poursuivant.

Art. 412. – Lorsqu'un commerçant est décédé en état de cessation des paiements, la saisine du tribunal ne peut intervenir que dans l'année du décès.

En cas de saisine d'office, les héritiers connus sont assignés.

Art. 413. – Si un commerçant amis fin à son activité en état de cessation des paiements, la saisine du tribunal ne peut intervenir que dans l'année de la radiation du répertoire du commerce et de l'industrie.

Art. 414. – Le jugement qui constate la cessation des paiements en fixe provisoirement la date ; celle-ci ne peut être antérieure de plus de trois ans à compter du jour du prononcé du jugement.

En outre, ce dernier nomme un juge-commissaire et désigne un ou plusieurs syndics.

Art. 415. – Le greffier en chef doit sans délai :

1° adresser un extrait du jugement, aux fins de mention au fonctionnaire chargé du répertoire du commerce et de l'industrie ou s'il y a lieu, du répertoire des sociétés civiles.

La personne qui ne serait pas immatriculée au répertoire le sera d'office, même si elle ne remplit pas les conditions prévues par les lois concernant l'exercice du commerce en général ;

2° faire publier un extrait du jugement au *Journal de Monaco*.

Art. 416. – Lorsqu'elle annule ou qu'elle infirme en la forme un jugement constatant la cessation des paiements, la cour d'appel peut d'office déclarer le débiteur en état de cessation des paiements.

Section II. – Des organes de la procédure

§ 1. – Du juge commissaire

Art. 417. – Le juge-commissaire est chargé de suivre la procédure, d'éviter tout retard dans son déroulement, de contrôler les opérations et les actes du syndic.

Il recueille tous les éléments d'information utiles ; notamment, il peut prendre l'avis de personnes qualifiées sur la situation présente et les perspectives de redressement de l'entreprise.

Lorsqu'il lui apparaît opportun de connaître leur opinion, il convoque les créanciers en assemblée, sur l'ordre du jour qu'il détermine.

Il statue, par voie de référé, sur toutes les questions contentieuses qui requièrent une solution urgente.

Art. 418. – Les ordonnances du juge-commissaire sont immédiatement déposées au greffe général et publiées au *Journal de Monaco* à la diligence du greffier en chef.

Sauf dispositions contraires, toute personne y ayant intérêt peut interjeter appel par déclaration motivée faite au greffe général dans les huit jours de la publication.

La cour d'appel statue dans le mois.

Art. 419. – Le juge-commissaire fait à l'audience du tribunal rapport oral ou écrit sur toutes les questions et contestations relatives à la procédure qu'il est chargé de suivre ; il peut participer à leur jugement.

Art. 420. – Le juge-commissaire absent ou empêché peut être remplacé par ordonnance du président.

§ 2. – Du syndic

Art. 421. – Le syndic est le mandataire de justice chargé, sous le contrôle du juge-commissaire et du tribunal, de conduire la procédure, d'assister ou de représenter le débiteur et d'agir au nom et pour le compte de la masse des créanciers.

Art. 422. – Aucun parent ou allié du débiteur jusqu'au quatrième degré inclusivement ne peut être nommé syndic.

Art. 423. – S'il a été nommé plusieurs syndics, ils agissent de concert. S'il y a lieu, le juge-commissaire peut conférer à l'un d'eux le pouvoir d'agir individuellement ; dans ce cas, le syndic désigné est seul responsable.

Art. 424. – Lorsqu'il estime utile de procéder à l'adjonction, au remplacement ou à la révocation d'un syndic, le juge-commissaire en réfère au tribunal qui décide.

Il désigné lui-même tout syndic *ad hoc*.

Le syndic qui cesse ses fonctions rend ses comptes au nouveau syndic en présence du juge-commissaire, le débiteur dûment convoqué.

Art. 425. – Toute opération ou acte accompli par le syndic peut être déféré au juge-commissaire, qui rend son ordonnance dans les huit jours.

Le juge peut se saisir d'office.

Art. 426. – Les fonds recueillis par le syndic sont, dans les huit jours de leur perception, déposés à un compte spécial ouvert par ses soins à la Caisse des dépôts et consignations.

Le juge-commissaire autorise le syndic à conserver les fonds nécessaires au déroulement de la procédure.

Les fonds déposés ne peuvent être retirés qu'avec l'autorisation du juge-commissaire.

Art. 427. – Le syndic informe le procureur général des faits qui lui paraissent constituer une infraction pénale ou appeler une mesure interdisant l'exercice d'une activité professionnelle.

Art. 428. – Le syndic reçoit, après avoir rendu compte de sa gestion, une indemnité taxée par ordonnance du juge-commissaire.

§ 3. – Des contrôleurs

Art. 429. – Le juge-commissaire peut nommer, à toute époque par ordonnance, un ou plusieurs contrôleurs pris parmi les créanciers, à l'exclusion de tout parent ou allie du débiteur jusqu'au quatrième degré inclusivement.

Les contrôleurs peuvent être remplacés ou révoqués par le juge-commissaire.

Leurs fonctions sont gratuites ; elles doivent être exercées personnellement.

Les contrôleurs ne répondent que de leur faute lourde.

Art. 430. – Les contrôleurs assistent le juge-commissaire dans sa mission de surveillance des opérations du syndic.

Ils peuvent demander compte à celui-ci des sommes perçues et des versements faits et se renseigner sur le déroulement de la procédure.

Ils peuvent lui donner leur avis sur toute action à exercer ou à suivre et sur les créances produites.

Chapitre II. – Des effets du jugement constatant la cessation des paiements

Section I. – Des mesures conservatoires

Art. 431. – Le jugement constatant l'état de cessation des paiements peut prescrire l'apposition des scellés sur les biens du débiteur. Le greffier en chef en adresse immédiatement avis au juge de paix.

En cas de disparition du débiteur ou de détournement d'un élément d'actif, le juge de paix peut, même avant le jugement apposer les scellés soit d'office, soit sur réquisition d'un créancier.

Art. 432.– Le juge-commissaire peut, le syndic entendu, soustraire à l'apposition des scellés, ou en extraire :

1° les objets mobiliers et effets indispensables au débiteur et à sa famille ;

2° les objets sujets à dépérissement prochain ou à dépréciation imminente ;

3° les objets nécessaires à l'activité professionnelle du débiteur ou à son entreprise, si la continuation de l'exploitation est autorisée.

Ces objets sont inventoriés par le syndic en présence du juge de paix qui signe le procès-verbal.

Art. 433. – Les livres et documents comptables sont extraits des scellés ; ils sont remis au syndic par le juge de paix ; après que ce magistrat les aura arrêtés et aura sommairement constaté dans son procès-verbal l'état dans lequel il les a trouvés.

Les effets en portefeuille à courte échéance, acceptables ou nécessitant des actes conservatoires, sont extraits des scellés et remis au syndic ; le bordereau en est adressé au juge-commissaire.

Art. 434. – Dans les trois jours de l'apposition des scellés, le syndic en requiert la levée afin de procéder à l'inventaire.

Art. 435. – Que les scellés aient été ou non apposés, le syndic, assisté s'il y a lieu de toute personne qualifiée notamment pour l'estimation, dresse en double minute l'inventaire des biens du débiteur, celui-ci présent ou dûment appelé ; l'une des minutes est déposée au greffe général.

Lorsque le jugement a été prononcé après le décès du débiteur et qu'aucun inventaire n'a été fait, le syndic en dresse un en présence des héritiers connus ou ceux-ci dûment appelés. Il est fait récolement des objets et effets qui, en application des dispositions des articles 432 et 433, n'ont pas été mis sous scellés ou en ont été extraits.

Le syndic prend en charge les biens qui sont énoncés à l'inventaire.

Art. 436. – Le syndic requiert immédiatement le débiteur de souscrire les déclarations à faire aux services fiscaux, aux organismes de services sociaux, notamment à ceux visés au chiffre 6° de l'article 1938 du Code civil, et en matière douanière.

Il transmet aux administrations et organismes intéressés les déclarations remises par le débiteur ; il y joint ses propres observations et tous les éléments d'information qui sont à sa disposition.

Si le débiteur n'a pas déféré dans les vingt jours à sa réquisition, le syndic en informe le juge-commissaire ainsi que les administrations et organismes intéressés, en leur fournissant les éléments d'information dont il dispose sur les affaires réalisées et les salaires payés par le débiteur.

Art. 437. – Le syndic accomplit, seul, dès son entrée en fonctions, les actes nécessaires à la conservation des droits du débiteur.

Il requiert notamment, en joignant au bordereau un certificat constatant sa nomination, les inscriptions hypothécaires que le débiteur n'avait pas encore prises.

Art. 438. – Sauf prorogation accordée par le juge-commissaire, le syndic remet à celui-ci, dans le mois de son entrée en fonctions, un compte rendu de la situation apparente du débiteur et un rapport sommaire sur les causes et les caractères de cette situation.

Le juge-commissaire transmet sans délai au procureur général, avec ses propres observations, le compte-rendu et le rapport du syndic.

Art. 439.– Après consultation du syndic et, s'il y a lieu, des contrôleurs, le juge-commissaire fixe les secours à prélever sur l'actif existant et à servir au débiteur et à sa famille.

Art. 440. – Le courrier destiné au débiteur est remis au syndic ; celui-ci procède à son ouverture avec l'assentiment du débiteur. En cas d'absence ou de contestation du débiteur, le juge-commissaire est saisi.

Lorsqu'elles émanent du syndic lui-même ou du greffier en chef, qui en prescrivent sur l'enveloppe la remise à leur destinataire, les lettres adressées au débiteur lui sont remises.

Section II. – De la gestion du patrimoine du débiteur

§ 1. – De l'assistance du débiteur

Art. 441. – Le jugement qui constate la cessation des paiements emporte de plein droit, à compter de sa date, assistance obligatoire du débiteur par le syndic pour tous les actes concernant l'administration et la disposition de ses biens.

Tout acte patrimonial accompli par le débiteur seul est inopposable à la masse.

À peine d'irrecevabilité, les actions et voies d'exécution relatives au patrimoine du débiteur, tant en demande qu'en défense, ne peuvent être exercées ou poursuivies qu'avec l'assistance du syndic, même pour l'application du premier alinéa de l'article 461.

Art. 442. – Si le débiteur refuse ou néglige d'accomplir un acte ou d'exercer une action nécessaire à la sauvegarde de ses intérêts patrimoniaux, notamment pour prendre des mesures conservatoires, recouvrer une créance exigible, vendre immédiatement des objets sujets à dépérissement ou dispendieux à conserver, le syndic y procède seul, à condition d'avoir été autorisé par le juge-commissaire.

§ 2. – De la continuation de l'exploitation

Art. 443. – Le juge-commissaire peut autoriser la continuation de l'exploitation pour une période maximale de trois mois ; il peut révoquer son autorisation à tout moment, même d'office.

Art. 444. – L'autorisation de continuer l'exploitation au-delà de la période visée à l'article précédent est donnée par le tribunal, qui en détermine la durée. La décision est prise avant l'expiration du délai fixé par le juge-commissaire.

Le tribunal peut renouveler son autorisation.

Celle-ci peut être révoquée à tout moment d'office ou sur réclamation d'un ou plusieurs créanciers, qui en auraient fait la demande par déclaration au greffe général.

Le président fait convoquer ces créanciers par le greffier en chef, huit jours au moins avant l'audience ; la demande est débattue en chambre du conseil en présence du syndic et du débiteur, ou celui-ci dûment convoqué.

Art. 445. – Le juge-commissaire ou le tribunal, suivant le cas, décide si le débiteur participe à l'exploitation ; il fixe alors les modalités de sa rémunération.

Art. 446. – Nonobstant toute clause contraire du bail des locaux, le tribunal peut autoriser la continuation de l'exploitation par un locataire-gérant qui présente une indépendance suffisante à l'égard du débiteur et qui offre toutes garanties pour l'exécution du contrat.

L'autorisation est accordée sans préjudice des dispositions particulières régissant la location-gérance ; toutefois ne sont pas applicables celles de ces dispositions qui concernent la faculté pour les créanciers du bailleur de former opposition sur les sommes à verser par le preneur-gérant.

Lorsque le locataire-gérant n'exécute pas ses obligations, notamment lorsque par son fait il porte atteinte aux garanties qu'il avait données, le tribunal saisi sur requête du syndic, du débiteur, du procureur général, ou statuant d'office, le locataire-gérant et éventuellement le débiteur dûment appelés huit jours au moins à l'avance, peut prononcer à tout moment la résiliation du contrat.

Art. 447. – Tous les trois mois, le syndic communique au juge-commissaire les résultats de l'exploitation ; il rend compte de l'exécution des obligations du locataire-gérant, en précisant le montant des sommes perçues.

Le juge-commissaire peut exiger des comptes rendus plus fréquents.

§ 3. – De l'exécution des contrats en cours

Art. 448. – Nonobstant toute clause de résolution ou de résiliation qui n'aurait pas définitivement produit effet avant le jugement, le syndic peut exiger l'exécution des contrats en cours, à condition de fournir, a compter de la date du jugement, les prestations dues en contrepartie.

Si le syndic décide de ne pas exécuter ces contrats, il notifie sa décision au cocontractant dans les trois mois du jugement, sauf prorogation de ce délai par ordonnance du juge-commissaire ; cette inexécution peut ouvrir droit, en faveur du cocontractant, à des dommages-intérêts, dont le montant sera produit au passif ; nonobstant toute clause pénale, ce cocontractant restitue toutefois l'excédent des sommes perçues sur les prestations exécutées.

Art. 449. – Dans tous les cas, le débiteur, assisté du syndic, peut, avec l'autorisation du juge-commissaire, céder le bail.

En cas de résiliation du bail, celle-ci prend effet au jour de la notification prévue au deuxième alinéa de l'article précédent.

Art. 450. – Toute demande du bailleur tendant à faire constater ou prononcer la résiliation du bail pour une cause antérieure au jugement n'est recevable que dans les trois mois de son prononcé.

La demande fondée sur des causes postérieures au jugement n'est plus recevable un mois après que le bailleur a eu connaissance de ces causes ; elle ne peut être accueillie qu'en cas de liquidation des biens et que si le syndic n'a pas cédé le bail avec le fonds de commerce dans le délai à lui imparti par le juge-commissaire à la requête du bailleur.

Section II. – De la masse des créanciers

Art. 451. – Dès le prononcé du jugement constatant la cessation des paiements, les créanciers dont le droit est antérieur, même si leur créance n'est pas encore liquide, sont constitués en une masse jouissant de la personnalité morale.

Seul le syndic la représente et a pouvoir de l'engager.

Il a également qualité pour agir en responsabilité contre les tiers qui ont soutenu artificiellement le crédit du débiteur, même s'ils sont créanciers de celui-ci.

Art. 452. – Le jugement emporte hypothèque légale au profit de la masse ; le syndic en demande immédiatement inscription sur les immeubles du débiteur.

L'inscription est prise sur un simple bordereau énonçant qu'il y a cessation des paiements et portant la date du jugement nommant le syndic.

Art. 453. – Le jugement arrête, à l'égard de la masse seulement, le cours des intérêts de toute créance non garantie par une sûreté spéciale.

Sans préjudice du troisième alinéa de l'article 461, les intérêts des créances garanties par une sûreté spéciale ne peuvent être perçus que sur les sommes provenant des biens affectés à la sûreté.

Art. 454. – Les dettes libellées en monnaies étrangères sont converties à l'égard de la masse en monnaie nationale selon le cours du change à la date du jugement.

Art. 455. – Jusqu'à l'arrêté de l'état des créances, le syndic peut, dans la limite fixée par l'article 414, demander le report de la date de la cessation des paiements.

Art. 456. – Sont inopposables à la masse lorsqu'ils sont intervenus après la cessation des paiements les actes suivants :

1° les actes à titre gratuit translatifs de propriété, y compris les constitutions de dot ;

2° tout contrat commutatif dans lequel les obligations du débiteur excèdent notablement celles de l'autre partie ;

3° tout paiement, quel qu'en ait été le mode, de dettes non échues ;

4° toute dation en paiement pour dettes échues ;

5° toute sûreté conventionnelle ou judiciaire constituée sur les biens du débiteur pour dettes nées antérieurement ;

6° toute inscription prise en application des articles 762 *bis* et 762 *ter* du Code de procédure civile.

Art. 457. – Peuvent être déclarés inopposables à la masse tous autres paiements et actes à titre onéreux faits après la cessation des paiements, si ceux qui ont traité avec le débiteur en avaient eu connaissance.

Toutefois, le paiement d'une lettre de change ou d'un billet à ordre à leur échéance et celui d'un chèque sont opposables à la masse, sauf l'action de celle-ci contre le tireur de la lettre de change ou, en cas de tirage pour compte, le donneur d'ordre, contre le premier endosseur du billet à ordre, ou contre le bénéficiaire du chèque, s'ils avaient connaissance de la cessation des paiements.

Art. 458. – Les sûretés réelles publiées après le jugement sont inopposables à la masse. Seul demeure opposable à celle-ci le privilège du Trésor et des organismes de services sociaux.

Art. 459. – La masse est colloquée à la place du créancier dont la sûreté lui a été déclarée inopposable.

Section III. – Du passif du débiteur

§ 1. – Dispositions générales

Art. 460. – Le jugement qui constate la cessation des paiements rend exigibles à l'égard du débiteur les dettes non échues.

Art. 461. – Le jugement suspend, en ce qui concerne les créanciers non titulaires d'une sûreté réelle spéciale, l'exercice de toute poursuite individuelle, demande de paiement ou voie d'exécution non encore définitivement réalisée, même si, à défaut de titre, le créancier est dans l'obligation de faire reconnaître son droit ou si une instance est en cours lors du prononcé du jugement.

À moins qu'il leur soit offert de régler leurs créances dans les conditions prévues, les créanciers titulaires d'une hypothèque conventionnelle immobilière ou d'un privilège immobilier spécial conservent le plein exercice de leurs poursuites individuelles.

Les créanciers titulaires d'une autre sûreté réelle spéciale peuvent se voir interdire, par ordonnance du juge-commissaire rendue sur requête du syndic, l'exercice de leurs poursuites individuelles, à charge pour la masse de leur payer, lorsque la décision homologuant le concordat ou prononçant la liquidation des biens sera passée en force de chose jugée, les intérêts échus pendant la suspension.

Art. 462. – Tous les créanciers produisent leurs créances en remettant au syndic ou en lui adressant, par pli recommandé avec avis de réception, une déclaration du montant des sommes réclamées et un bordereau récapitulatif des pièces remises.

Lorsque la créance ne résulte pas d'un titré, le créancier fournit toutes justifications à l'appui de sa production.

Dès la vérification terminée le syndic restitue les titres aux créanciers qui peuvent avoir à exercer un recours immédiat ; il restitue les autres pièces à la clôture de la procédure.

Art. 463. – Le syndic invite les créanciers dont il connaît l'existence et qui n'ont pas produit dans les quinze jours du jugement à lui remettre leur déclaration et leurs titres.

Cet avertissement est donné, à défaut de domicile élu, au domicile réel des créanciers.

Outre cet avertissement, le syndic fait insérer au *Journal de Monaco* un avis invitant les créanciers à produire dans les quinze jours de la publication ; ce délai est augmenté de quinze jours pour les créanciers domiciliés hors de la Principauté.

Ces avertissements et avis reproduisent les dispositions du premier alinéa de l'article suivant.

Art. 464. – À défaut de production dans les délais, les créanciers défaillants sont exclus de la procédure. Ils recouvrent l'exercice de leurs droits à la clôture de la procédure en cas de liquidation des biens et, lorsque le débiteur revient à meilleure fortune, en cas de règlement judiciaire.

Le tribunal peut toutefois relever de la forclusion les créanciers défaillants s'ils trouvent que la défaillance n'est pas de leur fait ; en ce cas, le tribunal vérifie leurs créances et le greffier en chef les porte sur l'état des créances ; ces créanciers ne peuvent concourir que pour la distribution des répartitions ou des dividendes à venir.

Les salariés sont relevés de plein droit de la forclusion.

Les frais de l'instance en relevé de forclusion restent à la charge des créanciers.

Art. 465. – Les productions du Trésor et des organismes de services sociaux sont toujours faites sous réserve des droits non encore liquidés.

Art. 466. – Le syndic procède à la vérification des créances produites, en présence du débiteur ou celui-ci dûment appelé et des contrôleurs s'il en a été nommé.

Lorsque la créance est contestée en tout ou en partie, le syndic en informe le créancier en précisant l'objet de la contestation.

Dans les huit jours, le créancier fournit ses explications écrites au syndic.

Art. 467.– Sauf prorogation accordée par le juge-commissaire, la vérification des créances est effectuée dans les quatre mois du jugement.

Art. 468.– Le syndic dresse un état des créances contenant ses propositions d'admission ou de rejet provisionnel, d'admission ou de rejet définitif, avec l'indication des créances dont les titulaires prétendent bénéficier d'une sûreté.

Dans les huit jours, le juge-commissaire statue sur ces propositions par une décision portée sur l'état des créances.

Celui-ci est aussitôt déposé au greffe général.

Art. 469 *(Mod., L. n° 1.247, 21 déc. 2001).* – Sans délai le greffier en chef avertit de la décision les concernant les créanciers dont la créance n'est pas admise conformément à leur production.

Il fait immédiatement insérer au *Journal de Monaco* un avis informant les créanciers du dépôt de l'état des créances.

Ces avertissements et avis reproduisent les dispositions de l'article suivant, sous peine d'une amende civile de 15 € et sans préjudice de dommages-intérêts.

Art. 470.– Dans les quinze jours de la publication de l'avis au *Journal de Monaco*, le débiteur ainsi que tout créancier qui a produit est recevable, même par mandataire, à formuler des réclamations contre l'état des créances.

La réclamation est faite par déclaration au greffe général ou par lettre recommandée avec demande d'avis de réception.

Le greffier en chef en fait mention sur l'état des créances.

Art. 471.– À l'expiration du délai prévu à l'article précédent, le juge-commissaire arrête l'état des créances sous réserve des réclamations formulées.

À l'égard des créances qui n'ont pas donné lieu à réclamation, la décision prise par le juge-commissaire en vertu du deuxième alinéa de l'article 468 devient définitive.

Dans le mois de l'arrêté de l'état des créances, le juge-commissaire statue à titre provisionnel sur les réclamations formulées ; à cette fin, le greffier en chef convoque au moins huit jours à l'avance, pour la date fixée par le juge-commissaire, le syndic, le débiteur, le réclamant et le créancier dont la production est contestée.

Art. 472.– À l'expiration du délai d'un mois prévu au troisième alinéa de l'article précédent, le greffier en chef renvoie à la première audience utile du tribunal l'examen des créances pour lesquelles le juge-commissaire a pris une décision provisoire.

Il en avise les parties huit jours au moins à l'avance.

Le tribunal ne statue au fond qu'après la réunion de l'assemblée concordataire prévue aux articles 503 à 506 ; lorsqu'une procédure de liquidation des biens a été ouverte, il se prononce immédiatement.

Lorsqu'il constate qu'une autre juridiction est compétente, il décide s'il sera sursis à la continuation des opérations.

§ 2. – Des cautions et autres coobligés

Art. 473. – Le créancier d'engagements souscrits, endossés ou garantis solidairement par plusieurs coobligés qui ont cessé leurs paiements, peut produire dans toutes les procédures pour la valeur nominale de son titre et participer aux distributions jusqu'à parfait paiement.

Si le créancier avait valablement perçu un acompte avant le jugement, il ne peut produire que pour le reliquat, sauf son action contre les coobligés ou la caution pour ce qui lui reste dû.

Le coobligé ou la caution qui, dans le cas visé à l'alinéa précédent, a fait un paiement partiel, produit pour tout ce qu'il a payé à la décharge du débiteur.

Art. 474.– Aucun recours pour dividendes payés ou distributions réalisées n'est ouvert aux coobligés en état de cessation des paiements les uns contre les autres, à moins que la réunion des dividendes ou distributions n'excède le montant total de la créance en principal et accessoires ; dans ce cas, l'excédent est dévolu, suivant l'ordre des engagements, à ceux des coobligés qui auraient les autres pour garants.

§ 3. – Des salariés

Art. 475 *(Mod., L. n° 1.236, 2 juill. 2001).* – Nonobstant l'existence de toute autre créance privilégiée ou non, les créances visées au chiffre 2° de l'article 1938 du Code civil sont payées, si le syndic dispose de fonds suffisants, dans les dix jours du jugement et dans les limites ci-après :

- aux salariés et apprentis, pour soixante jours de travail et d'apprentissage ;
- aux voyageurs de commerce, représentants et placiers de l'industrie et du commerce, pour quatre-vingt-dix jours de travail ;
- aux marins, pour quatre-vingt-dix jours de travail ou pour la période conventionnelle de paiement, si celle-ci est d'une durée plus longue.

Les périodes de travail visées ci-dessus sont celles qui précèdent le jugement.

Le montant de ces sommes ne peut excéder un plafond mensuel qui, fixé par arrêté ministériel, ne peut être inférieur au double du plafond retenu pour le calcul des cotisations dues à la Caisse de compensation des services sociaux.

La créance afférente à l'indemnité de congés payés est l'objet d'un calcul séparé ; toutefois, le plafond la concernant est égal à celui déterminé comme mentionné ci-dessus.

Tout acompte perçu sur les créances ainsi garanties vient en déduction de celles-ci.

Voir : A. min. n° 78-45, 18 janv. 1978.

Art. 476.– Avant même que soit établi le montant définitif des créances visées à l'article précédent, le syndic, autorisé par le juge-commissaire, verse immédiatement aux créanciers intéressés une somme égale à un mois de salaire ; cette somme est calculée en fonction du dernier bulletin de paye ; le versement est fait à titre provisionnel dans la mesure des fonds disponibles et dans la limite du plafond prévu au troisième alinéa de l'article précédent.

À défaut de disponibilités, les sommes ci-dessus sont acquittées sur les premiers fonds reçus.

Art. 477.– Toute personne qui fait l'avance nécessaire au règlement des sommes dues en vertu du présent paragraphe est subrogée de plein droit aux créanciers désintéressés ; elle est remboursée sur les premiers fonds reçus sans qu'aucune opposition puisse être faite à ce remboursement.

§ 4. – Des créances de pension alimentaire

Art. 478.– Dans la limite du plafond institué par le troisième alinéa de l'article 475, les arrérages échus des deux derniers mois de pension alimentaire judiciairement accordée avant le jugement sont soumis aux dispositions des deux articles précédents.

§ 5. – Du bailleur

Art. 479.– Lorsque le bail est résilié, le privilège du bailleur garantit les loyers des deux dernières années de location échues avant le jugement, ainsi que les loyers de l'année en cours et, pour cette dernière année, les dommages-intérêts qui pourraient lui être alloués pour inexécution du bail.

Lorsque le bail n'est pas résilié, le bailleur payé des loyers échus ne peut exiger le règlement des loyers en cours ou à échoir si les sûretés qui lui avaient été consenties lors de la conclusion du contrat sont maintenues ou si celles qui lui ont été fournies depuis le jugement sont estimées suffisantes.

Si les meubles garnissant les lieux loués sont enlevés et vendus, le privilège garantit, outre les créances visées au premier alinéa du présent article, une année de loyers à échoir à l'expiration de celle au cours de laquelle le jugement a été rendu, même si le bail n'a pas date certaine.

§ 6. – Du créancier gagiste

Art. 480.– À toute époque, le syndic peut, avec l'autorisation du juge-commissaire retirer le gage au profit de la masse, en remboursant la dette.

Art. 481. – Dans le cas où le gage n'est pas retiré, le créancier est tenu, après autorisation du juge-commissaire et sur mise en demeure, notifiée par le syndic, de réaliser son gage selon les formes légales, dans le délai imparti par le juge-commissaire ; à défaut, le créancier entendu, ou dûment convoqué, le juge-commissaire autorise le syndic à procéder à la réalisation.

Le syndic notifie au créancier gagiste l'ordonnance par laquelle le juge commissaire autorise la vente. Le délai d'appel et l'appel sont suspensifs ; la cour statue dans le mois.

Art. 482. – Lorsque le créancier gagiste ne procède pas de lui-même à la réalisation du gage, son droit de rétention se reporte sur le produit de la réalisation ; sa sûreté prime alors toute autre créance, sauf celle des créanciers exerçant les droits qu'ils tiennent de l'article 475.

Art. 483. – Lorsque le prix de vente est supérieur au montant de la créance garantie, l'excédent est recouvré par le syndic ; dans le cas contraire, le créancier est colloqué pour le surplus à titre de créancier chirographaire.

§ 7. – Du vendeur de meubles

Art. 484. – Le privilège, l'action résolutoire et le droit conféré au vendeur de meubles par le deuxième alinéa du chiffre 4° de l'article 1939 du Code civil ne peuvent être exercés que si la tradition des meubles expédiés au débiteur n'a pas été faite dans ses magasins ou dans ceux du commissaire chargé de les vendre pour son compte ou que si, avant leur arrivée, les meubles n'ont pas été revendus sans fraude, sur factures ou titres de transports réguliers.

Art. 485. – Lorsque la résolution de la vente a été définitivement acquise avant le jugement, mais qu'elle est constatée par une décision postérieure, le vendeur peut revendiquer les meubles à la condition qu'ils existent encore en nature, en tout ou en partie, dans le patrimoine du débiteur.

Section IV. – Des revendications

§ 1. – Dispositions générales

Art. 486. – Peuvent être revendiqués, s'ils se trouvent encore dans le portefeuille du débiteur, les effets de commerce et autres titres non payés remis par leur propriétaire pour être recouvrés ou pour être spécialement affectés à des paiements déterminés.

Art. 487. – Peuvent être revendiquées, tant qu'elles existent en nature, les marchandises consignées au débiteur, soit à titre de dépôt, soit pour être vendues pour le compte du propriétaire.

Peut encore être revendiqué le prix ou la partie du prix des marchandises visées à l'alinéa précédent qui n'a pas été payé ou réglé en valeur, ni compensé en compte-courant entre le débiteur et l'acheteur.

Art. 488. – Toute action en revendication, y compris celle du vendeur qui a obtenu la résolution et celle du conjoint, ne peut être exercée contre le syndic que dans l'année de la publication du jugement.

Art. 489. – Le syndic peut, avec l'autorisation du juge-commissaire, admettre les demandes en revendication.

§ 2. – Dispositions concernant le conjoint

Art. 490. – Lorsqu'un époux est déclaré en état de cessation des paiements, les biens personnels de son conjoint ne sont pas soumis à la procédure collective ; celui-ci peut exercer ses droits conformément aux dispositions du Code civil.

Art. 491. – La masse ne peut revendiquer les biens acquis à titre onéreux par le conjoint du débiteur qu'en prouvant, par tout moyen, que les acquisitions ont été faites à l'aide de valeurs fournies par le débiteur.

Art. 492. – Le conjoint ne peut exercer aucune action en raison des avantages et libéralités que lui a consentis le débiteur depuis qu'il est devenu commerçant. La masse ne peut se prévaloir des avantages et libéralités consentis au débiteur par le conjoint depuis la même époque.

TITRE II. – DU RÈGLEMENT JUDICIAIRE ET DE LA LIQUIDATION DES BIENS

Chapitre I. – De l'option du tribunal

Art. 493. – Dès l'arrêté de l'état des créances par le juge-commissaire, celui-ci saisit, par ordonnance, le tribunal de première instance pour qu'il soit statué sur la solution à donner à la procédure.

L'article 410 est applicable.

Tout créancier admis à titre provisoire ou définitif peut intervenir.

Art. 494. – Le tribunal prononce le règlement judiciaire s'il lui apparaît que le débiteur est en mesure de proposer un concordat de nature à favoriser le redressement de l'entreprise et le règlement au moins partiel des créanciers chirographaires.

Dans le cas contraire, il prononce la liquidation des biens.

Art. 495. – À tout moment, et même avant l'arrêté de l'état des créances, le tribunal prononce la liquidation des biens s'il se révèle que le débiteur n'a pas ou n'a plus la possibilité de proposer un concordat tel que défini à l'article précédent ; cette décision peut être prise par le jugement qui constate la cessation des paiements.

Art. 496. – Le jugement prononçant le règlement judiciaire ou la liquidation des biens est publié dans les conditions prévues à l'article 415.

Chapitre II. – Du règlement judiciaire

Section I. – De la conclusion du concordat

Art. 497. – Dans la quinzaine du prononcé du règlement judiciaire, le débiteur dépose au greffe général ses offres de concordataires et en remet une copie au syndic.

Au défaut de propositions à l'expiration du délai prévu ci-dessus et s'il ne proroge pas ce délai, le juge-commissaire dresse un procès-verbal de carence et fait rapport au tribunal.

Art. 498. – Les propositions concordataires précisent les mesures envisagées pour le rétablissement du débiteur et le règlement des créances chirographaires, notamment en ce qui concerne le montant, le terme et les garanties, ainsi que les mesures destinées à payer les créanciers titulaires de sûreté et, s'il y a lieu, l'abandon des biens.

Art. 499. – Dès le dépôt des propositions du débiteur, le syndic avertit les créanciers titulaires de sûretés réelles, dont les poursuites individuelles avaient été suspendues, d'avoir à indiquer s'ils entendent accorder des délais et remises et lesquels.

L'avertissement est adressé, à défaut de domicile élu dans la production, au domicile réel du créancier ; il contient copie des propositions concordataires ; à peine de dommages-intérêts, il mentionne les dispositions de l'article 508.

Art. 500. – Dans le mois de l'envoi de l'avertissement les créanciers répondent par lettre recommandée avec demande d'avis de réception ou par déclaration au greffe général.

Ils sont tenus par les délais et remises qu'ils consentent.

Dès leur réception, le greffier en chef transmet au juge-commissaire, au syndic et au débiteur, copie des réponses.

Art. 501. – Dans les huit jours qui suivent l'expiration du délai prévu à l'article précédent, le juge-commissaire fait convoquer par le greffier en chef, par avis inséré au *Journal de Monaco* et par lettre adressée à chacun d'eux, tous les créanciers admis définitivement ou par provision.

À la convocation sont joints, sauf dispense du juge-commissaire :

1° un état de la situation active et passive du débiteur dressé par le syndic et déposé au greffe général avant l'expiration du délai visé à l'article précédent ;

2° la copie des propositions concordataires ;

3° les réponses des créanciers titulaires de sûretés réelles, et l'indication de ceux qui n'ont pas répondu ;

4° s'il en à été nommé, l'avis des contrôleurs, déposé au greffe général avant l'expiration du délai visé à l'article précédent.

Le débiteur est également convoqué.

Art. 502. – Aux lieu, jour et heure fixés par le juge-commissaire, l'assemblée se réunit sous sa présidence ; les créanciers convoqués s'y présentent en personne ou s'y font représenter par un mandataire spécial.

Le débiteur s'y présente en personne ; à moins que le juge-commissaire ne l'ait autorisé à s'y faire représenter.

Art. 503. – Le syndic fait à l'assemblée un rapport sur l'état présent du règlement judiciaire, les opérations qui ont été accomplies et les résultats obtenus durant la continuation de l'exploitation.

Les créanciers chirographaires votent sur les propositions du débiteur.

Les créanciers titulaires de sûretés réelles ne prennent part au vote qu'en perdant leur sûreté.

Les propositions du débiteur sont adoptées si elles recueillent la majorité en nombre des créanciers présents ou représentés, détenant les deux tiers au moins du montant des créances pour lesquelles ils ont été admis définitivement ou par provision.

Les voix et les créances de ceux qui n'ont pas pris part au vote sont déduites pour le calcul des majorités.

Le vote par correspondance est interdit.

Art. 504. – Si une seule des majorités est obtenue, la délibération est continuée obligatoirement à huitaine et sans autre formalité. Le vote des créanciers présents ou représentés à la première assemblée demeure acquis pour la seconde s'ils n'y participent pas.

Art. 505. – Le coconcordat peut expressément réserver les actions appartenant à la masse, telles que les actions en inopposabilité de la période suspecte, les actions en responsabilité contre les tiers, les actions en comblement d'insuffisance d'actif, qui auraient été exercées avant l'assemblée ou qui seront engagées par la suite ; le profit de ces actions sera distribué entre tous les créanciers, sans tenir compte des sûretés et à titre de dividende concordataire.

Art. 506. – Il est dressé procès-verbal de ce qui a été dit et décidé au cours de l'assemblée ; le rapport du syndic y est annexé ; la signature par un créancier ou son représentant des bulletins de vote joints au procès-verbal vaut signature du procès-verbal.

Art. 507. – Lorsque les majorités requises sont obtenues, le concordat est, à peine de nullité, signé séance tenante par le juge-commissaire et le débiteur.

Art. 508. – Tout en conservant le bénéfice de leurs sûretés, les créanciers visés à l'article 499 qui, bien que régulièrement avertis, n'ont pas souscrit la déclaration prévue par l'article 500 ou n'ont pas fait par eux-mêmes ou par représentant leur déclaration a l'assemblée concordataire, sont soumis aux délais et remises fixés par le concordat, à l'exception des services fiscaux et des organismes de services sociaux, lorsqu'une disposition légale leur interdit d'accorder des remises ou délais.

Les salariés ne peuvent se voir imposer aucune remise, ni de délai excédant deux ans, sans préjudice de l'application des articles 475 et 476.

Section II. – De l'homologation du concordat

Art. 509. – Le concordat est soumis à l'homologation du tribunal qui est saisi par requête de la partie la plus diligente.

Art. 510. – Tout créancier qui, ayant eu le droit de prendre part au vote, n'a pas voté les propositions concordataires peut, par requête motivée signifiée au débiteur et au syndic dans les huit jours du vote définitif, saisir le tribunal d'un recours contre le concordat ; l'article 850 du Code de procédure civile n'est pas applicable.

Si le jugement exige la solution de questions étrangères à sa compétence, le tribunal sursoit à statuer et impartit au créancier un délai pour saisir la juridiction compétente.

Art. 511. – Le tribunal ne peut statuer sur l'homologation avant l'expiration du délai fixé au deuxième alinéa de l'article précédent.

Lorsqu'un recours a été formé, il statue sur ce recours et sur l'homologation par un seul et même jugement.

Art. 512. – Le tribunal, sur rapport du juge-commissaire, homologue le concordat lorsque :
1° les conditions de validité en sont réunies ;
2° aucun motif tiré de l'intérêt public ne paraît en empêcher l'exécution ;
3° les propositions acceptées sont sérieuses et permettent le rétablissement de l'entreprise ;
4° l'intérêt des créanciers apparaît sauvegardé.

Le jugement d'homologation peut désigner un ou deux commissaires à l'exécution du concordat, dont il fixe la mission ; il peut notamment lui conférer le pouvoir de proroger certaines échéances concordataires et subordonner à son autorisation la réalisation des éléments d'actif qu'il détermine.

Art. 513. – Le jugement d'homologation n'est pas exécutoire sur minute et par provision.

La décision d'homologation passée en force de chose jugée est publiée conformément aux dispositions de l'article 415 et avec l'indication du nom et de 1 adresse du commissaire à l'exécution du concordat.

La mission conférée au commissaire est intégralement reproduite dans la mention portée au répertoire du commerce et de l'industrie.

Section III. – De l'exécution du concordat

§ 1. – Dispositions générales

Art. 514. – Dès que la décision d'homologation est passée en force de chose jugée, le débiteur recouvre, sous réserve du dernier alinéa de l'article 512, la libre administration et disposition de ses biens, à l'exception de ceux qui ont été abandonnés.

En présence du juge-commissaire qui les vise, le syndic rend immédiatement ses comptes au débiteur ; il lui restitue tous documents et effets qui lui avaient été remis et, sous déduction de ses frais et honoraires arrêtés conformément à l'article 428, toutes sommes qu'il avait perçues au cours de la procédure.

La reddition des comptes met fin aux fonctions du juge-commissaire et du syndic, sauf, en cas de concordat par abandon d'actif, pour la liquidation des biens dont il a été fait abandon.

En cas de contestation sur les comptes, le tribunal statue.

Le syndic est responsable, pendant deux ans à compter de la reddition des comptes, de tous documents et effets à lui remis.

Art. 515. – L'homologation rend le concordat obligatoire pour tous les créanciers admis à voter à l'assemblée concordataire et pour les créanciers chirographaires, qui ont produit dans le délai, mais dont le droit, antérieur au jugement constatant la cessation des paiements, n'avait pas été admis par le juge-commissaire.

Sauf disposition contraire du concordat, chacun d'eux peut invoquer, à la date de l'inscription qui en a été prise, le bénéfice de l'hypothèque légale prévue à l'article 452.

À cette fin, le syndic requiert, en vertu du jugement d'homologation, une nouvelle inscription sur les mêmes immeubles, à moins que le concordat n'habilite le commissaire à donner mainlevée de l'inscription prise lors du prononcé du jugement constatant la cessation des paiements.

Art. 516. – Sous réserve des dispositions de l'article 508, les créanciers titulaires d'une sûreté réelle dont les poursuites individuelles ont été suspendues en recouvrent le plein exercice.

Art. 517. – Nonobstant le concordat, les créanciers conservent leur action pour la totalité de leur créance contre les coobligés du débiteur.

Art. 518. – Le retour du débiteur à meilleure fortune après exécution de toutes lés dispositions concordataires ouvre à tous ses créanciers, y compris ceux qui n'ont pu produire et qui sont visés à l'article 464, le droit d'obtenir l'entier paiement de leurs créances.

§ 2. – Du commissaire à l'exécution du concordat

Art. 519. – Le commissaire à l'exécution du concordat souscrit une police d'assurance couvrant sa responsabilité civile ; il en justifie auprès du président du tribunal.

Lorsqu'il est chargé du paiement des dividendes concordataires, il se fait ouvrir, en cette qualité, dans une banque ou au centre de chèques postaux, un compte spécial pour chacun des concordats dont il contrôle l'exécution.

Sa rémunération, fixée par le président du tribunal, est à la charge du débiteur. Un exécutoire de taxe est délivré par ce magistrat, si besoin est.

Art. 520. – À la fin de chaque année civile, le commissaire fait rapport au président du tribunal sur l'exécution de chacun des concordats qu'il contrôle.

Il informe ce magistrat, dans le délai d'un mois, de tout retard ou de tout manquement à l'exécution du concordat.

Art. 521. – Le commissaire au concordat peut être révoqué ou remplacé par ordonnance du président.

Section IV. – De l'annulation et de la résolution du concordat

Art. 522. – Le concordat n'est annulé qu'en cas de dol, découvert après l'homologation et résultant d'une dissimulation de l'actif ou d'une exagération du passif.

L'annulation libère de plein droit les cautions, à moins qu'elles n'aient eu connaissance du dol au moment où elles se sont engagées.

Art. 523. – Le concordat est résolu :

1° en cas d'inexécution des engagements concordataires du débiteur ;

2° en cas d'inobservation des délais consentis, en vertu de l'article 500, par les créanciers titulaires de sûretés réelles ;

3° en cas d'interdiction d'exercer une activité commerciale prononcée contre le débiteur.

Le tribunal est saisi par un créancier ou par le commissaire à l'exécution du concordat. Il peut se saisir d'office ; les dispositions de l'article 410 sont alors applicables.

Art. 524. – Le jugement qui annule ou résout le concordat convertit le règlement judiciaire en liquidation des biens.

Il nomme un juge-commissaire et un syndic.

Celui-ci fait immédiatement publier la décision dans les conditions prévues à l'article 415.

Sur la base de l'inventaire dressé par application des articles 434 et 435, il procède au récolement des valeurs, biens et papiers du débiteur ; il dresse, s'il y a lieu, un inventaire et un bilan supplémentaires.

Il invite, dans les conditions prévues aux articles 462 et 463, les créanciers dont le droit est né après le jugement constatant la cessation des paiements à produire ; il procède à la vérification de ces nouvelles créances ; les articles 466 à 470 et les premier et deuxième alinéas de l'article 471 sont applicables.

Les créances antérieures admises sont reportées d'office sur le nouvel état sous déduction des seules sommes qu'ont perçues les créanciers.

Art. 525. – Lorsqu'une nouvelle procédure de déclaration de cessation des paiements est ouverte sans qu'un concordat précédent ait été annulé ou résolu, le dernier alinéa de l'article précédent est applicable.

Art. 526. – Les actes passés par le débiteur entre l'homologation et l'annulation ou la résolution du concordat sont maintenus, sauf application de l'article 1022 du Code civil.

Section V. – Du concordat par abandon d'actif

Art. 527. – Lorsque les propositions du débiteur consistent en un abandon total ou partiel d'actif, le concordat obéit aux mêmes règles, produit les mêmes effets, est annulé ou résolu de la même manière que le concordat simple.

L'actif abandonné est réalisé suivant les dispositions applicables à la liquidation des biens.

L'abandon peut porter sur les avantages des actions en inopposabilité et sur celui de l'action prévue à l'article 560, que ces actions aient été définitivement jugées ou qu'elles soient en instance de jugement lors du vote du concordat.

Section VI. – De la conversion du règlement judiciaire en liquidation des biens

Art. 528. – Lorsque le débiteur n'a pas ou n'a plus la possibilité de présenter un concordat répondant aux conditions de l'article 494, ou lorsqu'il n'a pas déposé ses propositions concordataires en temps utile, le tribunal, saisi à la requête du syndic, d'un créancier, ou se saisissant d'office en se conformant aux dispositions de l'article 410, convertit le règlement judiciaire en liquidation des biens.

Le jugement de conversion produit à partir de sa date des conséquences attachées à la liquidation des biens.

Art. 529. – Le refus du concordat entraîne, de plein droit, conversion du règlement judiciaire en liquidation des biens ; le juge-commissaire constate la conversion dans le procès-verbal de l'assemblée ; la liquidation des biens s'ouvre aussitôt.

Chapitre III. – De la liquidation des biens

Section I. – Dispositions générales

Art. 530. – Dès l'ouverture de la procédure de liquidation des biens, le débiteur est dessaisi.

Le juge-commissaire et le syndic précédemment nommés restent en fonctions, sauf décision contraire du tribunal.

Le syndic dresse chaque année un rapport sur l'état de la procédure ; ce rapport est déposée au greffe général et, sauf dispense du juge-commissaire, adressé en copie à tous les créanciers.

Art. 531. – La continuation de l'activité ne peut être autorisée par le tribunal que pour les besoins de la liquidation ou que si l'intérêt public ou celui des créanciers l'impose ; l'autorisation ne peut être donnée pour plus de six mois ; elle peut être révoquée ou renouvelée.

Art. 532. – Lorsqu'elle n'est pas terminée, la procédure de vérification des créances se poursuit jusqu'à la décision définitive du tribunal rendue en vertu du troisième alinéa de l'article 472.

Section II. – De l'union

Art. 533. – Les créanciers sont constitués de plein droit en état d'union.

Ceux dont la créance est garantie par une sûreté réelle spéciale sont mis en demeure par notification du syndic de réaliser dans le mois l'objet de leur sûreté.

À l'expiration de ce délai, le syndic a seul qualité pour réaliser les biens grevés de sûretés.

Il réalise immédiatement tous les autres et recouvre de même les créances.

Le tout à peine de dommages-intérêts à la charge du syndic en cas de retard.

L'article 426 est applicable.

Art. 534. – Les services fiscaux recouvrent leur droit de poursuite individuelle pour leurs créances privilégiées si le syndic n'a pas déféré dans le mois à une sommation de régler leurs créances sur les fonds disponibles ou, faute de fonds disponibles, n'a pas procédé aux mesures d'exécution nécessaires.

Art. 535. – La vente des biens du débiteur se fait aux enchères publiques.

Toutefois, le syndic peut, sur autorisation du juge-commissaire vendre de gré à gré les éléments d'actif pour lesquels la vente aux enchères publiques serait dispendieuse ou ne pourrait laisser escompter un prix aussi élevé que celui qui est proposé ou lorsque les enchères publiques ont été désertées.

Sur la même autorisation, le syndic peut céder, pour un prix forfaitaire et sans garantie, tout ou partie de l'actif, mobilier ou immobilier, dont la valeur vénale est incertaine.

Art. 536. – Lorsqu'elle est faite aux enchères publiques, la vente des immeubles et des fonds de commerce est soumise aux dispositions des articles 897 à 909 et 911 du Code de procédure civile ; toutefois, une ordonnance du juge-commissaire tient lieu de l'avis du conseil de famille et du jugement d'homologation. Les articles 938 et 939 du Code de procédure civile ne sont pas applicables.

Même lorsqu'elle n'est pas suivie de surenchère, l'adjudication entraîne purge.

Art. 537. – Le juge-commissaire peut autoriser le syndic à compromettre ou transiger sur toutes les contestations qui intéressent la masse, même sur celles qui portent sur des droits ou actions immobiliers. Au préalable, il communique au débiteur, dûment convoqué par le greffier en chef cinq jours au moins à l'avance, les motifs et conditions du compromis ou de la transaction, et recueille ses observations.

Art. 538. – Lorsque la cession de gré à gré ou à forfait, le compromis ou la transaction porte sur un bien ou un droit dont la valeur excède la somme fixée par l'article 393 du Code civil, l'acte est soumis à l'homologation du tribunal ; le débiteur est convoqué par le greffier en chef huit jours au moins avant l'audience.

Art. 539. – Les créanciers privilégiés ou hypothécaires qui ne sont pas intégralement payés sur le prix des biens grevés de leurs sûretés, concourent avec les créanciers chirographaires pour ce qui leur reste dû.

Art. 540. – Si une ou plusieurs répartitions de deniers chirographaires précèdent la distribution du prix des biens grevés de sûretés, les créanciers hypothécaires ou privilégiés admis concourent à ces répartitions pour le montant total de leurs créances.

Après la vente des biens grevés de sûretés et le règlement définitif de l'ordre entre les créanciers hypothécaires ou privilégiés, ceux d'entre eux qui viennent en rang utile sur le prix de ces biens pour la totalité de leur créance, ne perçoivent le montant de leur collocation que sous la déduction des sommes par eux reçues antérieurement.

Il est fait distraction au profit de la masse chirographaire des sommes ainsi déduites.

Lorsque les créanciers hypothécaires ou privilégiés ne sont colloqués que partiellement dans la distribution du prix des biens grèves de sûretés, leurs droits définitifs dans la masse chirographaire sont réglés en fonction des sommes dont ils restent créanciers après leur collocation préférentielle ; les deniers qu'ils ont touchés au-delà de cette proportion dans la distribution antérieure sont retenus sur le montant de leur collocation préférentielle et reversés à la masse chirographaire.

Art. 541. – Déduction faite des frais de la procédure, des secours qu'il aurait accordés au débiteur ou à sa famille, et des sommes payées aux créanciers privilégiés, le juge-commissaire ordonnance la répartition de l'actif entre les créanciers au marc le franc de leurs créances vérifiées et admises.

Art. 542. – Lorsque les opérations de la liquidation des biens sont terminées, le syndic rend ses comptes au juge-commissaire, le débiteur présent ou dûment appelé.

Le juge-commissaire dresse un procès-verbal de clôture de la procédure et y constate la dissolution de l'union.

L'article 415 est applicable à ce procès-verbal.

Art. 543. – Tout créancier dont la créance a été vérifiée et admise définitivement peut obtenir, sur simple requête et par ordonnance du président du tribunal, un titre exécutoire portant mention de l'admission définitive de la créance et se référant au procès-verbal de dissolution de l'union ; ce titre contient injonction de payer ; il est revêtu de la formule exécutoire, il n'est susceptible d'aucune voie de recours et produit les effets d'un jugement irrévocable.

Section III. – De la suspension pour défaut d'actif

Art. 544. – Lorsque, faute d'actif, les opérations ne peuvent être poursuivies, le tribunal peut, à tout moment, à la requête du syndic ou même d'office, en ordonner, la suspension ; cette décision peut être celle qui prononce la liquidation des biens par application du second alinéa de l'article 494 et de l'article 495 ou celle qui convertit le règlement judiciaire en liquidation des biens.

L'article 415 est applicable.

Art. 545. – Tout créancier dont la créance a été vérifiée et admise définitivement peut obtenir le titre exécutoire prévu à l'article 543 ; il recouvre l'exercice de ses actions individuelles.

Les biens provenant de l'exercice de ces actions sont rapportés à la masse ; la procédure reprend alors son cours.

Art. 546. – Le jugement de suspension est rétracté à la demande de tout intéressé sur justification que les fonds nécessaires au déroulement normal de la procédure de liquidation des biens ont été consignés entre les mains du syndic.

Section IV. – De la clôture pour extinction du passif

Art. 547. – Lorsqu'il n'existe plus de passif exigible, y compris les dettes pour lesquelles il n'avait pas été produit en temps utile, ou que le syndic dispose des deniers suffisants au règlement de toutes les créances en capital, intérêts et frais, le tribunal clôt la procédure à la requête de tout intéressé et à toute époque après l'arrêté de l'état de créances.

Le jugement est publié dans les conditions prévues à l'article 415.

Art. 548. – Les articles 549 et 550 sont applicables ; toutefois, le délai pendant lequel le syndic est responsable des pièces et documents qui lui ont été remis est limité à deux ans a compter du jour ou la décision prononçant la clôture est devenue irrévocable.

Section V. – De la reddition des comptes du syndic

Art. 549. – Dès la clôture ou la suspension des opérations, le syndic restitue à leurs propriétaires tous documents et effets qu'il détient ; à défaut de restitution, il en est responsable pendant cinq ans à compter de la dissolution de l'union ou du jugement de suspension des opérations.

Art. 550. – Lorsque la procédure de liquidation des biens est close ou suspendue, le syndic dépose ses comptes au greffe général dans les trois mois de la clôture ou de la suspension.

Le greffier en chef en avertit immédiatement le débiteur, et l'informe qu'il dispose d'un mois pour formuler, s'il y a lieu, toute contestation relative à ces comptes.

En cas de contestation, le tribunal statue.

TITRE III. – DISPOSITIONS PARTICULIÈRES APPLICABLES AUX PERSONNES MORALES EN CE QUI CONCERNE LA CESSATION DES PAIEMENTS LE RÈGLEMENT JUDICIAIRE ET LA LIQUIDATION DES BIENS

Section I. – Dispositions générales

Art. 551. – Les dispositions qui, dans les titres précédents visent le débiteur sont applicables aux personnes morales mentionnées à l'article 408 lorsqu'elles ont un objet patrimonial et à leurs dirigeants lorsqu'elles concernent la personne du débiteur.

Art. 552. – Lorsque la déclaration de cessation des paiements émane d'une personne morale dont les membres sont indéfiniment tenus du passif, la liste de ces membres mentionnant leur domicile, est jointe à la requête.

Art. 553. – Lorsqu'une personne morale a été dissoute, la saisine du tribunal doit intervenir au plus tard dans l'année de la radiation de l'inscription au répertoire du commerce et de l'industrie ou au répertoire des sociétés civiles.

Art. 554. – L'autorisation délivrée à la personne morale, dont la cessation des paiements a été constatée, de continuer son activité peut être subordonnée à la nomination de nouveaux dirigeants.

Art. 555. – Lorsque les dirigeants d'une personne morale soumise à une procédure de règlement judiciaire ont été, à quelque moment que ce soit, condamnés à la faillite personnelle ou à l'interdiction visée à l'article 576, le tribunal refuse d'homologuer ou résout le concordat consenti à la personne morale, si ces dirigeants continuent à participer, en droit ou en fait, à sa direction.

Section II. – Des effets à l'égard des membres de la personne morale

Art. 556. – Le jugement, qui constate la cessation des paiements d'une personne morale produit effet à l'égard de tous les membres tenus indéfiniment et solidairement du passif ; notamment toutes mesures conservatoires peuvent être prescrites sur leurs biens personnels.

Les membres de la personne morale qui l'avaient quittée antérieurement ne peuvent être inclus dans la procédure que si la demande est formée dans l'année de la mention de leur retrait au répertoire du commerce et de l'industrie ou au répertoire des sociétés civiles.

Le jugement qui prononce le règlement judiciaire ou la liquidation des biens de la personne morale, prononce le règlement judiciaire ou la liquidation des biens des personnes visées aux alinéas précédents ; les procédures sont indépendantes les unes des autres ; les solutions peuvent être différentes tant pour la personne morale et pour ses membres qu'en ce qui concerne ces derniers.

Lorsque le concordat n'est consenti qu'au profit de l'un, de plusieurs ou de tous les membres, sans l'être à la personne morale, l'actif de celle-ci est soumis au régime de l'union ; les biens personnels de ceux auxquels le concordat a été consenti en sont exclus et le concordat ne peut contenir l'engagement de payer un dividende que sur des valeurs étrangères à l'actif de la personne morale. Celui qui a obtenu un concordat particulier est déchargé de toute solidarité.

Section III. – Des effets à l'égard des dirigeants

Art. 557. – L'article 445 est applicable aux dirigeants de la personne morale dont l'état de cessation des paiements a été constaté.

Art. 558. – Dès le prononcé du jugement qui constate la cessation des paiements d'une société anonyme, le juge-commissaire peut ordonner à ses dirigeants de déposer entre les mains du syndic les actions au porteur qu'ils détiennent dans la société.

Le syndic dresse un état des titres à lui remis et délivre aux dirigeants un certificat de dépôt leur permettant de participer aux assemblées générales de la société sauf l'application de l'article 589.

Le syndic ne peut restituer ces actions qu'après homologation du concordat ou clôture des opérations de liquidation des biens, sauf à les remettre, à tout moment, à qui justice ordonnera.

Art. 559. – Les dirigeants de la personne morale dont la cessation des paiements a été constatée ne peuvent céder les parts et droits leur appartenant dans la personne morale qu'avec l'autorisation du juge-commissaire.

Le tribunal prononce l'incessibilité des parts et droits appartenant à toute personne qui s'est immiscée dans la gestion de la personne morale, à quelque moment que cette immixtion ait été constatée.

Toute cession intervenue en violation des alinéas précédents est inopposable à la masse.

Art. 560. – Lorsqu'à la suite d'un jugement constatant la cessation des paiements d'une personne morale, il apparaît que l'actif est insuffisant pour faire face au passif, le tribunal peut décider que les dettes de la personne morale seront supportées en tout ou en partie, avec ou sans solidarité, par les dirigeants, sauf pour ceux-ci à justifier qu'ils ont apporté à la gestion toute l'activité et la diligence convenables.

Art. 561. – Dans la situation visée à l'article précédent, le tribunal ne peut être saisi qu'à la requête du syndic ; il peut se saisir d'office dans les conditions fixées à l'article 410.

L'assignation est signifiée huit jours au moins avant la date de l'audience. Les débats ont lieu en chambre du conseil ; le jugement est rendu en audience publique.

L'appel des dirigeants condamnés est formé contre le syndic.

La cour d'appel statue dans les trois mois.

La décision irrévocable mettant en jeu la responsabilité des dirigeants est publiée dans les conditions fixées à l'article 585.

Art. 562. – L'action instituée par l'article 560 se prescrit par trois ans à compter de l'arrêté de l'état des créances.

Lorsqu'un concordat a été consenti à la personne morale, la prescription est suspendue durant l'exécution du concordat ; elle reprend son cours après annulation ou résolution du concordat ; toutefois, l'action peut toujours être exercée dans l'année de cette annulation ou résolution.

Art. 563. – Lorsqu'un jugement a constaté la cessation des paiements des dirigeants dont la responsabilité a été engagée en vertu de l'article 560, le syndic de la personne morale produit à la procédure les concernant.

Art. 564.– Lorsque les dirigeants de la personne morale n'acquittent pas le passif mis à leur charge par application de l'article 560, une procédure est ouverte contre eux afin de constater la cessation de leurs paiements.

Art. 565.– Lorsqu'un jugement a constaté la cessation des paiements d'une personne morale, la liquidation des biens est prononcée contre tout dirigeant de cette personne morale qui a :

1° sous le couvert de la personne morale masquant ses agissements, fait des actes de commerce dans un intérêt personnel ou pour le compte d'un tiers ;

2° disposé des biens de la personne morale comme des siens propres ;

3° poursuivi abusivement dans un intérêt personnel ou pour le compte d'un tiers une exploitation déficitaire qui ne pouvait conduire qu'à la cessation des paiements de la personne morale.

La date de cessation des paiements de ce dirigeant est celle de la personne morale.

Sans préjudice de toute créance qu'elle pourrait faire valoir contre le dirigeant, la personne morale produit à la liquidation des biens ouverte contre celui-ci pour la totalité du passif qui a été admis dans sa propre procédure.

Art. 566.– Les articles 558 à 560 ainsi que l'article précédent sont applicables à tout dirigeant de droit ou de fait, apparent ou occulte, rémunéré ou non.

Lorsque le dirigeant est une personne morale, ces articles sont applicables aux dirigeants de celle-ci tels que les définit l'alinéa précédent, sans préjudice des solutions qui concernent la personne morale elle-même.

TITRE IV. – DES DÉLAIS ET DES VOIES DE RECOURS

Art. 567. – Ne sont susceptibles d'aucune voie de recours même de pourvoi en révision :

1° les jugements relatifs à la nomination ou au remplacement du juge-commissaire, du ou des syndics et des contrôleurs ;

2° les ordonnances du juge-commissaire rendues en vertu du dernier alinéa de l'article 471 ;

3° les arrêts statuant sur les recours formés contre les ordonnances rendues par le juge-commissaire dans la limite de ses attributions, à l'exception de ceux statuant sur les revendications et sur les ordonnancements prévus à l'article 541 ;

4° les jugements autorisant la poursuite de l'exploitation sauf, en cas de liquidation des biens, lorsque l'autorisation est renouvelée plus de deux fois ;

5° les jugements d'homologation rendus en vertu de l'article 538.

Art. 568.– L'opposition est formée, dans les quinze jours du prononcé de la décision, par déclaration au greffe général contenant élection de domicile dans la principauté.

Toutefois, pour les décisions soumises aux formalités de publicité prévues à l'article 415, le délai ne court que du jour de la formalité accomplie en dernier lieu.

Art. 569.– Lorsque le jugement constatant la cessation des paiements, prononçant le règlement judiciaire ou la liquidation des biens a été rendu par défaut et que la signification en a été faite en mairie, l'huissier mentionne sur l'enveloppe de la lettre recommandée que celle-ci doit être remise à son destinataire en vertu de la présente disposition.

Art. 570. – Le délai d'appel est de quinze jours à compter de la signification.

L'appel est jugé dans les trois mois de la saisine de la cour.

Art. 571.– Le pourvoi en révision est jugé sur pièces conformément aux dispositions de l'article 458 du Code de procédure civile.

Art. 572.– Sauf les cas prévus au deuxième alinéa de l'article 481 et au premier alinéa de l'article 513, les décisions rendues dans une procédure de constatation de cessation des paiements, de règlement judiciaire ou de la liquidation des biens, sont exécutoires sur minute et par provision.

TITRE V. – DU CARACTÈRE DÉFINITIF DES PAIEMENTS ET DES RÈGLEMENTS-LIVRAISONS D'INSTRUMENTS FINANCIERS EFFECTUÉS PAR LES ÉTABLISSEMENTS DE CRÉDIT

(Titre mod., Ord. n° 1.770, 28 août 2008).

Art. 572-1 *(Ord. n° 1.770, 28 août 2008).* – Les paiements et les livraisons d'instruments financiers effectués dans le cadre de systèmes de règlements interbancaires ou dans le cadre de systèmes de règlement et de livraison d'instruments financiers jusqu'à l'expiration du jour où est rendu un jugement de cessation des paiements, de règlement judiciaire ou de liquidation des biens à l'encontre d'un établissement de crédit participant, directement ou indirectement, à un tel système, sont définitivement opposables à la masse des créanciers.

La même règle est également applicable aux instructions de paiement ainsi qu'aux instructions de livraisons d'instruments financiers, dès lors qu'elles ont acquis un caractère irrévocable dans l'un des systèmes mentionnés à l'alinéa précédent. Le moment et les modalités selon lesquels une instruction est considérée comme irrévocable dans un système sont définis par les règles de fonctionnement de ce système.

Art. 572-2 *(Ord. n° 1.770, 28 août 2008).* – Les livraisons de valeurs mobilières effectuées à l'occasion d'opérations de mobilisation en contrepartie d'avance de trésorerie, de remise en pleine propriété en garantie et de cession assorties le cas échéant de promesses de rachat sont définitives lorsqu'elles sont réalisées dans des systèmes de règlement et de livraison d'instruments financiers ou au profit de banques centrales membres du Système Européen de Banques Centrales. Ces dispositions sont applicables même en cas de jugement de cessation des paiements, de règlement judiciaire ou de liquidation des biens d'un établissement de crédit. Toute clause contractuelle contraire est réputée non écrite.

Les dispositions de l'alinéa précédent s'appliquent notamment aux livraisons de valeurs mobilières effectuées à l'occasion d'opérations sur instruments financiers à terme.

Art. 572-3 *(Ord. n° 1.770, 28 août 2008).* – Les dettes et les créances résultant des opérations visées à l'article précédent, lorsqu'elles sont régies par une convention type ou une convention cadre respectant les principes généraux d'une convention cadre de place, nationale ou internationale, organisant les relations entre deux parties au moins dont l'une est un établissement de crédit, sont compensables selon les modalités d'évaluation prévues par ladite convention.

Celle-ci peut prévoir la résiliation de plein droit des opérations mentionnées à l'alinéa précédent lorsque l'une des parties est l'objet d'un jugement de cessation des paiements, de règlement judiciaire ou de liquidation des biens.

Les modalités de résiliation, d'évaluation et de compensation prévues par la convention type ou la convention cadre visée aux alinéas précédents sont opposables aux créanciers saisissants. La résiliation, l'évaluation et la compensation ayant pour cause une procédure civile d'exécution sont réputées être intervenues avant ladite procédure.

Art. 572-4 *(Ord. n° 1.770, 28 août 2008).* – Les dispositions du présent titre dérogent aux dispositions précédentes du présent livre qui leur sont contraires.

LIVRE IV. – DE LA FAILLITE PERSONNELLE ET DES BANQUEROUTES

TITRE I. – DE LA FAILLITE PERSONNELLE ET DES AUTRES SANCTIONS

(L. n° 1.002, 26 déc. 1977)

Art. 573. – Les dispositions du présent titre ainsi que celles de l'article 566 sont applicables :

1° aux commerçants personnes physiques soumis à une procédure de liquidation des biens ;

2° aux personnes physiques dirigeant les personnes morales visées à l'article 408 ;

3° aux personnes physiques représentant toute personne morale qui participe à la direction des personnes morales visées à 1 article 408.

Chapitre I. – Des cas de faillite personnelle

Art. 574. – À toute époque de la procédure, le tribunal prononce la faillite personnelle de toute personne visée à l'article précédent, qui a :

1° détourné ou dissimulé une partie de son actif ou de l'actif de la personne morale ;

2° reconnu frauduleusement des dettes qui n'existaient pas ;

3° soustrait frauduleusement la comptabilité de l'entreprise ;

4° exercé une activité commerciale par personne physique ou morale interposée ;

5° usé comme des siens propres des biens de la personne morale soumise à une procédure de constatation de cessation des paiements ;

6° commis les actes de mauvaise foi ou les imprudences inexcusables visés à l'article suivant.

Art. 575. – Sauf preuve contraire, sont présumés actes de mauvaise foi ou imprudences inexcusables :

1° l'exercice en violation d'une interdiction instituée par la loi, d'une activité commerciale ou d'une fonction de direction ou de liquidation d'une personne morale ;

2° le défaut ou la non-représentation d'une comptabilité conforme aux usages de la profession eu égard à l'importance de l'entreprise ;

3° les achats pour revendre au-dessous du cours, dans l'intention de retarder la constatation de la cessation des paiements ou l'emploi, dans la même intention, de moyens ruineux pour se procurer des fonds ;

4° les dépenses personnelles ou domestiques excessives ;

5° la consommation de sommes élevées dans des opérations de pur hasard ;

6° la souscription pour le compte d'autrui, sans contrepartie suffisante, d'engagements jugés trop importants au moment de leur conclusion, eu égard à la situation du débiteur ou à celle de son entreprise ;

7° la poursuite abusive d'une exploitation déficitaire qui ne pouvait conduire l'entreprise qu'à la cessation des paiements.

Art. 576. – Le tribunal peut prononcer la faillite personnelle ou seulement l'interdiction de diriger, gérer, administrer ou contrôler soit une entreprise commerciale individuelle, soit une société ou un groupement d'intérêt économique, contre toute personne visée à l'article 573 qui a :

1° commis des fautes autres que celles énoncées par l'article 574 ;

2° fait preuve d'une incompétence manifeste ;

3° omis de déclarer l'état de cessation des paiements dans les quinze jours.

Art. 577. – La faillite personnelle ou l'interdiction prévue à l'article précédent peut être prononcée contre le dirigeant d'une personne morale condamné par application de l'article 560.

Art. 578. – Toute condamnation pour banqueroute ou délit assimilé entraîne de plein droit les interdictions attachées à la faillite personnelle notamment est applicable le deuxième alinéa de l'article 588.

Art. 579. – Dans tous les cas visés au présent chapitre, le tribunal peut fixer la durée de la mesure qu'il prononce.

Il peut aussi, la condamnation passée en force de chose jugée, en relever en tout ou en partie, le condamné, y compris en ce qui concerne la durée.

Chapitre V. – De la procédure

Art. 580. – Le syndic, dès qu'il a connaissance de faits prévus aux articles 574 à 576, en informe le procureur général et le juge-commissaire.

Celui-ci, dans les trois jours, fait rapport au président du tribunal.

Ce magistrat en informe aussitôt le procureur général qui doit alors faire assigner, huit jours au moins à l'avance, le débiteur ou le dirigeant de la personne morale, pour être entendu à jour fixe par le tribunal siégeant en chambre du conseil, en présence du syndic ou celui-ci dûment convoqué par le greffier en chef.

Le procureur général peut aussi, de sa propre initiative, saisir le tribunal selon les mêmes modalités.

Art. 581. – Le débiteur ou le dirigeant de la personne morale comparaît en personne ; il peut se faire assister d'un avocat ; en cas d'empêchement dûment justifié, il peut se faire représenter par un avocat-défenseur.

Lorsque l'assignation a été faite à personne, la décision rendue par défaut n'est pas susceptible d'opposition.

Art. 582. – L'opposition est faite par déclaration au greffe général formé dans les quinze jours de la signification de la décision et contenant élection de domicile dans la principauté.

L'affaire est appelée à l'audience, sur assignation délivrée à la requête du procureur général.

Le syndic est convoqué par le greffier en chef.

Art. 583. – L'appel ne peut émaner que de la personne condamnée et du procureur général. Il est formé par déclaration au greffe général dans les quinze jours du prononcé du jugement.

L'affaire est appelée à l'audience sur assignation délivrée à la requête du procureur général.

Le syndic est convoqué par le greffier en chef.

L'appel est jugé dans les trois mois.

Art. 584. – Le pourvoi en révision est jugé sur pièces conformément aux dispositions de l'article 458 du Code de procédure civile.

Art. 585. – La décision passée en force de chose jugée qui prononce ou entraîne la faillite personnelle ou l'une des mesures visées à l'article 576, est publiée, par extrait, au *Journal de Monaco*, aux frais de la personne condamnée.

Elle est mentionnée au répertoire du commerce et de l'industrie et, le cas échéant, au répertoire des sociétés civiles qu'elle concerne une personne physique ou les dirigeants d'une personne morale.

Art. 586. – La personne qui, conformément au second alinéa de l'article 579, demande à être relevée de la condamnation prononcée contre elle, saisit le tribunal par requête.

Celui-ci statue après audition du syndic et sur les conclusions motivées du procureur général.

L'alinéa premier de l'article 588 ainsi que les articles 590 et 591 sont applicables.

La décision qui limite la durée de l'interdiction ou qui en relève le condamné est publiée conformément aux dispositions de l'article précédent.

Chapitre III. – Des effets de la faillite personnelle

Art. 587. – Il est interdit à celui dont la faillite personnelle est prononcée de diriger, administrer ou contrôler toute entreprise commerciale et toute personne morale visée à l'article 408.

Art. 588. – La faillite personnelle prononcée par application des articles 574 et 576 emporte interdiction d'exercer toutes fonctions publiques électives.

Lorsqu'il fait application de l'article 576, le tribunal peut prononcer l'interdiction d'exercer lesdites fonctions.

Le débiteur qui exerce de telles fonctions au prononcé du jugement est réputé démissionnaire.

Art. 589. – La faillite personnelle ou l'une des mesures visées à l'article 576 emporte interdiction pour les dirigeants des personnes morales en état de cessation des paiements, de voter dans les assemblées générales et autres organes délibérants ; le droit de vote attaché à leurs titres est exercé par un mandataire désigné à cet effet par le juge-commissaire à la requête du syndic.

Art. 590. – Le tribunal peut enjoindre à certains ou à tous les dirigeants de céder, dans le délai qu'il leur fixe, les parts qu'ils ont dans la personne morale.

Le prix est perçu par le syndic.

Lorsque le délai n'est pas respecté ou même dès sa première décision, le tribunal peut ordonner, au besoin après expertise, que la vente sera réalisée par les soins du mandataire de justice qu'il désigne et dont il fixe la mission.

Le tribunal est saisi par requête du syndic ; les dirigeants sont convoqués par le greffier en chef, huit jours au moins à l'avance ; les débats ont lieu en chambre du conseil.

Le produit réalisé en vertu des dispositions ci-dessus est affecte au paiement des dettes de la personne morale qui sont mises à la charge des dirigeants par application de l'article 560.

Art. 591. – Celui dont la faillite personnelle est prononcée est soumis aux interdictions et déchéances applicables, en vertu de dispositions particulières, aux personnes qui, antérieurement à l'entrée en vigueur des modifications du présent livre, étaient déclarées en état de faillite.

Chapitre IV. – De la réhabilitation

Art. 592. – Le jugement de clôture pour extinction du passif rétablit le débiteur dans tous ses droits ; il le décharge de toutes les interdictions et déchéances énoncées au chapitre précédent.

Art. 593. – Est réhabilité de plein droit celui qui, ayant été déclaré en état de cessation des paiements, soumis a un jugement de règlement judiciaire ou de liquidation des biens justifie avoir intégralement acquitté ou consigné les sommes dues en capital, intérêts et frais, nonobstant toute réduction concordataire.

Pour être réhabilité, le débiteur solidairement tenu du passif d'une personne morale déclarée en état de cessation des paiements doit justifier dans les mêmes conditions avoir acquitté les dettes de cette personne morale, encore que lui-même ait bénéficié d'un concordat particulier.

Lorsque volontairement ou non, un créancier n'a pas reçu le montant de sa créance, la somme est versée à la Caisse des dépôts et consignation ; la justification du dépôt vaut consignation.

Art. 594. – Peut être réhabilité :

1° le débiteur qui, ayant obtenu un concordat, a intégralement payé le dividende promis ;

2° le débiteur tenu solidairement du passif d'une personne morale, lorsqu'il a bénéficié d'un concordat particulier et en a payé les dividendes promis ;

3° le débiteur qui justifie de la remise entière de ses dettes ou du consentement unanime de ses créanciers à sa réhabilitation.

Art. 595. – Les dirigeants, visés à l'article 566, de la personne morale déclarée en état de cessation des paiements peuvent être réhabilités lorsque la personne morale remplit les conditions fixées par les articles 592 et 593.

Lorsque ces dirigeants ont été eux-mêmes soumis à une procédure de règlement judiciaire ou de liquidation des biens, leur réhabilitation ne peut être que facultative, nonobstant la disposition de l'article 593.

Art. 596. – Ne peuvent être réhabilitées les personnes condamnées pour crime ou délit, tant que leur est interdit l'exercice d'une activité commerciale, industrielle ou artisanale.

Art. 597. – Le débiteur décédé en état de cessation des paiements peut être réhabilité après sa mort.

Art. 598. – La demande de réhabilitation est portée devant le tribunal de première instance statuant en chambre du conseil.

Elle contient élection de domicile dans la Principauté ; elle est adressée, pièces justificatives à l'appui, au procureur général ; celui-ci, après avoir obtenu tous les renseignements utiles, notamment quant à la véracité des faits exposés, transmet le dossier au président du tribunal.

Le greffier en chef informe chacun des créanciers admis, ainsi que les créanciers soumis à la forclusion de l'article 464 dont l'existence est connue, lorsque ces créanciers n'ont pas été payés dans les conditions de l'article 593.

Dans le mois de cet avertissement les créanciers peuvent faire opposition à la réhabilitation par déclaration motivée et contenant élection de domicile dans la Principauté, déposée au greffe général. Ils peuvent aussi, par requête présentée au tribunal et signifiée au débiteur par exploit d'huissier, intervenir à la procédure.

Le président fait convoquer le demandeur et les créanciers opposants par le greffier en chef, cinq jours à l'avance au moins, pour être entendus contradictoirement en chambre du conseil a la date qu'il fixe.

Le procureur général est entendu en ses réquisitions.

Le jugement est rendu en audience publique.

Art. 599. – Lorsqu'une demande en réhabilitation a été rejetée, une nouvelle demande ne peut être présentée qu'après l'expiration d'une année à compter de la décision.

Lorsqu'elle est devenue irrévocable, la décision est mentionnée en marge du jugement qui a prononcé le règlement judiciaire, la liquidation des biens ou, le cas échéant, la faillite personnelle.

TITRE II. – DES BANQUEROUTES ET DES AUTRES INFRACTIONS

Chapitre I. – Des banqueroutes et des délits assimilés aux banqueroutes

Section I. – De la banqueroute simple

Art. 600. – Est coupable de banqueroute simple tout commerçant personne physique en état de cessation des paiements qui :

1° a exercé sa profession contrairement à une interdiction légale.

2° n'a pas tenu de comptabilité ;

3° a engagé des dépenses personnelles ou domestiques excessives ;

4° a consommé des sommes élevées dans des opérations de pur hasard ;

5° a, dans l'intention de retarder la constatation de la cessation des paiements, pratiqué des achats en vue d'une revente au-dessous du cours ou employé des moyens ruineux pour se procurer des fonds ;

6° ou a été soumis à deux procédures de liquidation des biens suspendues, l'une et l'autre par un jugement constatant le défaut d'actif dans les termes de l'article 544.

Art. 601. – Peut être déclaré coupable de banqueroute simple tout commerçant personne physique en état de cessation des paiements qui :

1° sans excuse légitime, n'a pas déclaré au greffe général, dans les quinze jours, la cessation de ses paiements ;

2° est déclaré en liquidation des biens sans avoir satisfait aux obligations d'un concordat précédent ;

3° a tenu une comptabilité incomplète ou irrégulière ;

4° a payé, après la cessation de ses paiements, un créancier au préjudice de la masse ;

5° sans empêchement légitime, ne s'est pas présenté en personne au juge-commissaire ou au syndic dans les délais à lui impartis ;

6° ou a contracté pour le compte d'autrui, sans recevoir de valeurs en échange, des engagements excessifs eu égard à sa situation lorsqu'il les a contractés.

Peuvent aussi être reconnus coupables de banqueroute simple les représentants légaux des personnes morales, dont les membres sont indéfiniment tenus des dettes, lorsqu'ils n'ont pas déclaré au greffe général la cessation des paiements de la personne morale dans les quinze jours ou n'ont pas joint à cette déclaration la liste des membres prévus à l'article 552.

Section II. – De la banqueroute frauduleuse

Art. 602. – Est coupable de banqueroute frauduleuse tout commerçant personne physique en état de cessation des paiements qui :

1° a soustrait sa comptabilité ;

2° a détourné ou dissipé tout ou partie de son actif ;

3° ou s'est frauduleusement reconnu débiteur dans des actes publics ou sous seing privé ou dans son bilan.

Chapitre II. – De l'exercice des poursuites

Art. 603. – La juridiction répressive peut être saisie par le syndic même si parmi les délinquants se trouve un créancier faisant partie de la masse.

Le syndic remet au procureur général tous les titres et documents nécessaires ; il lui communique les renseignements qui lui sont demandés.

Art. 604. – La juridiction répressive est saisie dans les conditions fixées à l'article précédent pour l'application des dispositions des articles 328-3 et 328-4 du Code pénal.

Dans ce cas, lors même que le prévenu est renvoyé des fins de la poursuite ; elle prononce d'office la réintégration à la masse de tous les biens, droits ou actions frauduleusement soustraits et statue sur les dommages-intérêts demandés.

Art. 605. – Une condamnation pour banqueroute simple ou frauduleuse ou pour délit assimilé peut être prononcée même si la cessation des paiements n'a pas été constatée dans les conditions prévues au titre I du livre III.

Art. 606. – Les frais de la poursuite intentée par le procureur général ne peuvent être mis à la charge de la masse.

S'il y a condamnation, le Trésor ne peut exercer son recours contre le débiteur qu'après dissolution de l'union.

Les frais de la poursuite intentée par le syndic au nom de la masse sont supportés par celle-ci s'il y a relaxe et, s'il y a condamnation, par le Trésor, sauf son recours dans les conditions de l'alinéa précédent.

LIVRE V. – DISPOSITIONS COMMUNES AUX PROCÉDURES DE CONSTATATION DE CESSATION DES PAIEMENTS, DE RÈGLEMENT JUDICIAIRE, DE LA LIQUIDATION DES BIENS DE FAILLITE PERSONNELLE ET DE BANQUEROUTE

(L. n° 1.002, 26 déc. 1977)

Art. 607. – Toute convocation, notification ou information prescrite par les livres III et IV est faite, sauf dispositions contraires, par lettre recommandée avec demande d'avis de réception.

Lorsqu'un délai est fixé, il court du lendemain de l'envoi de la lettre.

Art. 608. – Tous les délais prévus par les livres III et IV sont francs.

Art. 609. – Lorsque les deniers du débiteur ne peuvent immédiatement suffire à faire face aux frais du prononcé, de la signification et de la publication de la décision constatant l'état de cessation des paiements, d'apposition, de garde et de levée des scellés, d'inscription de l'hypothèque légale de la masse, d'exercice des actions visées aux articles 454 à 457, 560, 565, 574 à 578, l'avance en est faite, sur ordonnance du juge-commissaire, par le Trésor ; celui-ci sera remboursé, comme créancier de la masse, avant tout autre créancier qui aurait tiré profit de ces mesures ou actions, sur les premiers fonds recouvrés, sous réserve toutefois des droits conférés aux salariés et aux créanciers alimentaires par les articles 475 et 478.

Art. 610. – Lorsqu'à défaut d'actif immédiatement réalisable il ne peut faire face aux frais que nécessiterait l'exercice d'actions appartenant au débiteur, ou d'actions en responsabilité dirigées contre celui-ci ou contre des tiers, le syndic est autorisé à demander le bénéfice de l'assistance judiciaire, par ordonnance du juge-commissaire rendue sur requête exposant le résultat à atteindre et les moyens à mettre en œuvre.

Les auxiliaires de justice commis perçoivent leur rémunération lorsque le résultat de l'action engagée le permet ; ils bénéficient à cette fin du privilège des frais de justice.

Art. 611. – Les actes faits en exécution du présent livre sont dispensés des droits de timbre et d'enregistrement, à l'exclusion des jugements et arrêts et des actes portant mutation de propriété, d'usufruit ou de jouissance de biens meubles ou immeubles.

CODE DE LA MER

PARTIE I. – DISPOSITIONS LÉGISLATIVES

(L. n° 1.198, 27 mars 1998).

LIVRE I. – DES ORGANISMES, DES AUTORITÉS ET DES COMPÉTENCES

TITRE I. – LE CONSEIL DE LA MER

Art. L. 110-1. – **Il est institué un Conseil de la mer chargé d'examiner les projets de loi ou d'ordonnances qui lui sont soumis dans les cas prévus par le présent code et de formuler un avis motivé sur ces textes.**

Il peut être consulté en toute matière intéressant la mer, sur l'ordre du Prince, sur demande du Ministre d'État ou en vertu de la loi.

Art. L. 110-2. – **Le Conseil de la mer est présidé par le Ministre d'État ou par un Conseiller de Gouvernement désigné par lui. Ses membres sont nommés par ordonnance souveraine pour une durée de trois ans éventuellement renouvelable.**

Sa composition et son fonctionnement sont fixés par ordonnance souveraine.

Il peut être divisé en sections.

TITRE II. – LA COMMISSION DES VISITES

Art. L. 120-1. – **Il est institué une commission des visites chargée d'effectuer les visites de mise en service, les visites annuelles et les visites spéciales conformément aux dispositions de la loi et des ordonnances souveraines.**

Elle s'assure dans tous les cas que le navire répond aux exigences de la loi et des règlements, notamment en ce qui concerne la sécurité du navire, de l'équipage et des personnes embarquées, ainsi que la protection du milieu marin.

Le Ministre d'État peut, sur proposition de la Commission des visites, ordonner l'immobilisation du navire.

Le Président du Tribunal de première instance, saisi et statuant comme en matière de référé, peut ordonner la levée des mesures prescrites en vertu du précédent alinéa.

Art. L. 120-2. – **La composition et le fonctionnement de la commission des visites sont fixés par ordonnance souveraine.**

TITRE III. – LE DIRECTEUR DES AFFAIRES MARITIMES

Art. L. 130-1. – **Le Directeur des affaires maritimes est le chef du service de l'État, institué par ordonnance souveraine, ayant notamment pour mission :**

1° d'assurer l'application des règles sur le statut du navire ;

2° de contrôler l'observation des règles de navigation et de sécurité à bord des navires ;
3° de veiller au respect du statut des gens de mer ;
4° de percevoir des taxes et des droits divers ;
5° de faire constater les infractions aux lois et aux règlements dont il surveille l'application.

Art. L. 130-2. – Le Directeur des affaires maritimes, ou tout fonctionnaire ou agent dûment commissionné et assermenté à cet effet, peut vérifier sur tout navire l'existence d'un certificat de sécurité en cours de validité.

Ce certificat doit être accepté, à moins qu'il existe de bonnes raisons de penser que l'état du navire ou son armement ne correspond pas en substance aux indications de ce certificat.

Le Ministre d'État peut, sur proposition du Directeur des affaires maritimes, ordonner l'immobilisation du navire en cas d'absence de certificat ou lorsque le navire présente un danger pour l'équipage et les personnes embarquées ainsi que pour le milieu marin.

Le Président du Tribunal de première instance, saisi et statuant comme en matière de référé, peut ordonner la levée des mesures prescrites en vertu du précédent alinéa.

Dans le cas où le contrôle donnerait lieu à une intervention quelconque, le Directeur des affaires maritimes doit informer immédiatement par écrit le consul de l'État où le navire est immatriculé de toutes les circonstances qui ont fait considérer cette intervention comme nécessaire.

TITRE IV. – LE DIRECTEUR DE LA SÛRETÉ PUBLIQUE, CHEF DE LA POLICE MARITIME

Art. L. 140-1. – Le Directeur de la Sûreté publique, chef de la police maritime, exerce sur les quais des ports et leurs dépendances, ainsi que dans les eaux intérieures et dans les eaux territoriales, les mêmes pouvoirs que dans les autres parties du territoire, en particulier en matière de sécurité des personnes et des biens. Il assure le contrôle des passagers et des équipages de tous navires, à l'exclusion des navires de guerre.

Il est chargé en outre :

1° de la police de la pêche et de la navigation dans les eaux territoriales et dans les zones adjacentes, telles que définies à l'article L. 210-3, sous réserve des dispositions des conventions internationales ;

2° de l'organisation et de la direction des opérations de sauvetage en mer en s'assurant, si nécessaire, le concours de tous services spécialisés.

TITRE V. – CONSTATATION DES INFRACTIONS

Art. L. 150-1. – Sous réserve de dispositions particulières, les infractions au présent code sont constatées par les officiers et agents de police judiciaire, ainsi que par les agents habilités de la Direction des affaires maritimes commissionnés et assermentés à cet effet.

Elles sont également constatées par les fonctionnaires et agents de l'État ou des établissements publics chargés d'effectuer les prélèvements ou les contrôles prescrits par les dispositions législatives ou réglementaires et dûment commissionnés et assermentés à cet effet.

Art. L. 150-2. – Sont punis d'un emprisonnement de six mois à trois ans et de l'amende prévue au chiffre 4 de l'article 26 du Code pénal ceux qui ont mis ou tenté de mettre un obstacle à l'exercice des fonctions des personnes chargées de constater les infractions au présent code.

Art. L. 150-3. – Sont punis des peines prévues à l'article précédent ceux qui ont produit de faux documents ou donné des informations inexactes.

TITRE VI. – L'EXPLOITATION DES PORTS

Art. L. 160-1. – L'exploitation des ports est assurée dans les conditions définies par la loi.

LIVRE II. – DES ESPACES MARITIMES MONÉGASQUES ET DU MILIEU MARIN

TITRE I. – LES EAUX TERRITORIALES ET LES ESPACES MARITIMES SOUS LA JURIDICTION DE LA PRINCIPAUTÉ

Art. L. 210-1. – L'État monégasque exerce sa souveraineté sur les eaux territoriales et ses droits souverains sur les espaces maritimes situés au-delà de la mer territoriale, dans les conditions prévues par les conventions internationales sur le droit de la mer et par les ordonnances souveraines nécessaires pour leur application.

Art. L. 210-2. – Les limites des eaux territoriales de la Principauté et les limites des espaces maritimes situés au-delà de la mer territoriale sur lesquels la Principauté exerce ou peut exercer ses droits souverains sont fixées par la convention de délimitation maritime franco-monégasque du 16 février 1984 (1).

Art. L. 210-3. – On entend par « zone adjacente » toute zone contiguë à la mer territoriale sur laquelle la Principauté de Monaco exerce ou peut exercer les droits reconnus à l'État côtier par le droit international.

TITRE II. – LA LUTTE CONTRE LA POLLUTION

Chapitre I. – Les procédés et les moyens

Section I. – La prévention

Art. L. 221-1. – Les procédés et les moyens propres à prévenir les dommages provoqués par les diverses sources de pollution sont déterminés, après avis du conseil de la mer, par des ordonnances souveraines.

Art. L. 221-2. – Les ordonnances souveraines prévues à l'article L. 221-1 précisent notamment :

1° la liste des produits et déchets polluants ;

2° l'interdiction ou la réglementation de leur usage ;

3° l'information des utilisateurs pour leur emploi et sur les précautions à prendre ;

4° les conditions de sécurité auxquelles doivent répondre les établissements, ouvrages, appareillages, installations fixes ou mobiles pouvant donner naissance à des pollutions ;

5° les conditions auxquelles sont assujetties ou dans lesquelles peuvent être interdites l'importation, la fabrication, la diffusion, la mise en vente et l'utilisation d'appareils pouvant donner naissance à des pollutions ;

6° les conditions dans lesquelles sont effectués et analysés les prélèvements aux fins de contrôle.

Section II. – La lutte

Art. L. 221-3. – Les procédés et les moyens propres à mettre fin à une pollution sont déterminés, après avis, s'il y a lieu, du Conseil de la mer, par le Ministre d'État.

Art. L. 221-4. – Le Ministre d'État détermine notamment :

1° les modalités de la recherche de toutes les sources de pollution du milieu marin, de leur surveillance continue et des mesures appropriées pour les neutraliser ;

2° les plans de lutte contre les diverses sources de pollution ;

3° les mesures et les moyens d'intervention nécessaires en cas de situation critique ;

4° les mesures destinées, en cas d'urgence, à faire cesser les troubles et à réparer les dégradations.

---

(1) Convention rendue exécutoire par Ord. n° 8.403, 30 sept. 1985.

Art. L. 221-5. – Dans le cas d'avarie ou d'accident survenu à tout navire, aéronef, engin ou plate-forme transportant ou ayant à son bord des substances nocives, dangereuses, ou des hydrocarbures et pouvant créer un danger grave d'atteinte au littoral ou aux intérêts connexes au sens de l'article 2-4 de la Convention de Bruxelles du 29 novembre 1969 sur l'intervention en haute mer en cas d'accident entraînant ou pouvant entraîner une pollution par les hydrocarbures, l'armateur ou le propriétaire du navire, le propriétaire ou l'exploitant de l'aéronef, de l'engin ou de la plate-forme est mis en demeure de prendre toutes les mesures nécessaires pour mettre fin à ce danger.

Lorsque cette mise en demeure reste sans effet ou n'a pas produit les effets attendus dans le délai imparti, ou d'office en cas de péril urgent, le Ministre d'État peut ordonner l'exécution des mesures nécessaires aux frais et aux risques de l'armateur, du propriétaire ou de l'exploitant et recouvrer le montant de leur coût avancé auprès de ceux-ci.

La fourniture des prestations de biens et de services nécessaires à l'exécution des mesures prises en application du présent article ou de la Convention de Bruxelles du 29 novembre 1969 peut être obtenue soit par accord amiable, soit par réquisition.

Section III. – Dispositions pénales

Art. L. 221-6. – Les infractions aux dispositions des ordonnances souveraines prévues aux articles L. 221-1 et L. 221-2 sont punies d'un emprisonnement de un à six mois et de l'amende prévue au chiffre 4 de l'article 26 du Code pénal.

En cas de récidive, l'emprisonnement est de six mois à un an et le maximum de l'amende prévue au chiffre 4 de l'article 26 du Code pénal est porté au double.

Chapitre II. – La lutte contre la pollution par les hydrocarbures

Art. L. 222-1. – Lorsqu'un navire bat pavillon monégasque et relève du champ d'application de la Convention internationale de Londres du 12 mai 1954, sur la prévention de la pollution des eaux de mer par les hydrocarbures, le capitaine qui, en violation des interdictions faites par la convention, a procédé, fait ou laissé procéder au rejet à la mer d'hydrocarbures ou de mélanges d'hydrocarbures, est puni d'un emprisonnement d'un an à cinq ans et de l'amende prévue au chiffre 4 de l'article 26 du Code pénal, les taux de celle-ci étant multipliés par le coefficient 50.

Le tribunal peut en outre interdire au condamné de commander un navire pendant une durée qui n'excède pas cinq années.

En cas de récidive, outre l'application de l'article 40 du Code pénal, le maximum de l'amende résultant de l'alinéa premier est prononcé et son taux peut même être élevé au double. L'interdiction de commander un navire peut être ordonnée à titre définitif.

Art. L. 222-2. – Le propriétaire, l'exploitant du navire ou toute autre personne que le capitaine qui a donné l'ordre de procéder au rejet à la mer d'hydrocarbures ou de mélanges d'hydrocarbures en violation des interdictions faites par la convention susvisée est puni des peines portées à l'article précédent, les maxima de ces peines étant élevés au double.

Art. L. 222-3. – Lorsque les infractions visées à l'article L. 222-1 sont commises à partir d'un navire qui bat pavillon monégasque mais qui ne relève pas, en raison de son tonnage réduit, du champ d'application de la Convention de Londres susvisée, le capitaine est puni d'un emprisonnement de six mois à trois ans et de l'amende prévue au chiffre 4 de l'article 26 du Code pénal, les taux de celle-ci étant multipliés par le coefficient 10.

Le propriétaire d'un tel navire, l'exploitant ou toute personne autre que le capitaine, qui a donné l'ordre de procéder à des rejets interdits, est puni des peines portées à l'alinéa précédent, les maxima de ces peines étant élevés au double.

En cas de récidive, outre l'application de l'article 40 du Code pénal, les maxima des amendes sont élevés au double.

L'interdiction de commander peut être prononcée, dans tous les cas, ainsi qu'il est prévu à l'article L. 222-1

Art. L. 222-4. – Lorsque la puissance de l'appareil propulsif d'un navire visé à l'article L. 222-3 est inférieure à un chiffre fixé par ordonnance souveraine, les peines applicables sont celles ci-après :

1° le capitaine est puni d'un emprisonnement de six jours à un mois et de l'amende prévue au chiffre 2 de l'article 26 du Code pénal ou de l'une de ces deux peines seulement ;

2° le propriétaire, l'exploitant ou toute autre personne que le capitaine qui a donné l'ordre de procéder à des rejets interdits est puni d'un emprisonnement de six mois à trois ans et de l'amende prévue au chiffre 3 de l'article 26 du Code pénal.

En cas de récidive, outre l'application de l'article 40 du Code pénal, les maxima des amendes sont élevés au double.

Les dispositions du présent article ne sont toutefois pas applicables aux navires-citernes.

Art. L. 222-5. – Est puni des peines portées selon le cas, aux articles L. 222-1, L. 222-2, L. 222-3 et L. 222-4 :

1° le capitaine qui par imprudence, maladresse, inattention, négligence ou inobservation des règlements a provoqué, n'a pas maîtrisé ou n'a pas évité un accident de mer, au sens des dispositions de la Convention de Bruxelles, du 29 novembre 1969, ayant entraîné un rejet qui a pollué les eaux intérieures, la mer territoriales ou ses zones adjacentes ;

2° le propriétaire, l'exploitant ou toute autre personne que le capitaine qui a causé un rejet dans les conditions prévues ci-dessus.

Art. L. 222-6. – Le capitaine qui, par imprudence, maladresse, inattention, négligence ou inobservation des règlements a provoqué, n'a pas maîtrisé ou n'a pas évité un rejet prohibé tel que défini par l'article L. 222-1, est puni d'un emprisonnement de trois mois à un an et de l'amende prévue au chiffre 4 de l'article 26 du Code pénal.

En cas de récidive, outre l'application de l'article 40 du Code pénal, les maxima des amendes sont élevés au double.

Sont punis des mêmes peines le propriétaire, l'exploitant ou toute autre personne que le capitaine qui a causé un rejet dans les conditions prévues à l'alinéa premier du présent article.

Le jugement de condamnation enjoint au propriétaire ou à l'exploitant du navire de procéder aux modifications ou réparations nécessaires pour éviter à l'avenir les rejets accidentels. Il peut interdire que le navire reprenne la mer tant que ces modifications ou réparations n'ont pas été effectuées.

Art. L. 222-7. – Lorsqu'il y a eu rejet d'hydrocarbures ou de mélanges d'hydrocarbures tel que définis à l'article L. 222-1 dans les eaux intérieures ou dans la mer territoriale, les peines prévues aux articles précédents sont prononcées, selon le cas, quel que soit le pavillon du navire, même si celui-ci est immatriculé dans un État non partie à la Convention internationale de Londres susvisée.

Art. L. 222-8. – Les dispositions des articles L. 222-1 à L. 222-7 ne sont toutefois pas applicables aux rejets effectués par un navire pour sauvegarder les vies humaines, pour assurer sa propre sécurité ou celle d'un autre navire, pour éviter une avarie au navire ou à la cargaison.

Elles ne sont également pas applicables aux rejets provenant d'une avarie ou d'une fuite impossible à éviter, si toutes les précautions raisonnables ont été prises après l'événement pour arrêter ou réduire le rejet.

Art. L. 222-9. – Le capitaine d'un navire auquel s'applique l'article L. 222-1 doit tenir le registre des hydrocarbures institué par l'article 9 de la Convention internationale de Londres. À défaut, ou si le registre comporte des mentions sciemment inexactes, le capitaine est puni d'un emprisonnement de six jours à un mois et de l'amende prévue au chiffre 2 de l'article 26 du Code pénal, ou de l'une de ces deux peines seulement.

Il est puni des mêmes peines s'il refuse de présenter le registre à toute réquisition des autorités compétentes ou s'il tente de s'opposer à ce qu'elles en prennent connaissance.

Art. L. 222-10. – Le capitaine d'un navire auquel s'appliquent les articles L. 222-3 et L. 222-4 doit tenir un registre des hydrocarbures dans les conditions fixées par ordonnance souveraine ; à défaut, ou si le registre comporte des mentions sciemment inexactes, le capitaine est puni des peines portées à l'article précédent.

Il est puni des mêmes peines s'il refuse de présenter le registre à toute réquisition des autorités compétentes ou s'il tente de s'opposer à ce qu'elles en prennent connaissance.

Les dispositions ci-dessus ne sont toutefois pas applicables aux navires, autres que les navires citernes, dont la jauge est inférieure à 150 unités de jauge brute.

Le capitaine de tout navire transportant des hydrocarbures est tenu, dès son entrée dans les eaux territoriales monégasques, d'adresser au Directeur des affaires maritimes un message indiquant notamment la date et l'heure d'entrée dans les eaux territoriales, sa position, sa route, la vitesse du navire et la nature de son chargement.

Lorsqu'il navigue à moins de 50 milles des côtes, il doit signaler à la même autorité tout accident de mer, au sens de la Convention de Bruxelles du 29 novembre 1969, dont il est victime.

Tout capitaine qui enfreint les dispositions des alinéas 4 et 5 du présent article est puni des peines portées à l'article L. 222-9.

Art. L. 222-11. – Dans tous les cas où il statue sur une infraction à la prohibition ou à la réglementation des rejets d'hydrocarbures ou de mélanges d'hydrocarbures, le tribunal peut, en outre, ordonner :

1° que le navire ne peut pas naviguer pendant une durée de quinze jours à six mois lorsqu'il bat pavillon monégasque ;

2° qu'il ne peut pas user des ports de la Principauté pendant une durée de un mois à deux ans lorsqu'il bat un autre pavillon.

Dans tous les cas, si une nouvelle infraction est commise, même sous le commandement d'un autre capitaine, l'interdiction définitive peut être prononcée.

Art. L. 222-12. – Dans le cas de navires de plaisance, les peines prévues par le présent chapitre sont applicables à la personne qui avait en fait la responsabilité du navire au moment de l'infraction.

Art. L. 222-13. – Le navire à partir duquel a été commise une des infractions prévues aux articles L. 222-1 à L. 222-7 peut être provisoirement immobilisé sur décision du procureur général ou du juge d'instruction.

L'auteur de la décision peut ordonner à tout moment la levée de l'immobilisation soit purement et simplement, soit en imposant un cautionnement, dont il fixe le montant et les modalités de versement.

Les conditions d'affectation d'emploi et de restitution du cautionnement sont réglées conformément aux dispositions des articles 193 à 200 du Code de procédure pénale.

Sur requête du capitaine, du propriétaire ou de l'exploitant du navire, la chambre du conseil de la cour d'appel, statuant ainsi qu'il est prévu à la section XII du titre VI du livre I du Code de procédure pénale, peut ordonner la levée de l'immobilisation dans les conditions prescrites par l'alinéa 2 du présent article, ou modifier le montant du cautionnement ainsi que les modalités de versement précédemment fixées.

Art. L. 222-14. – Le propriétaire et l'exploitant d'un navire dont le capitaine a été condamné en raison d'infractions prévues par le présent chapitre, est tenu solidairement au paiement des amendes, frais et dommages-intérêts résultant de cette condamnation.

Chapitre III. – La lutte contre la pollution résultant de l'immersion de déchets et autres matières

Art. L. 223-1. – Il est interdit de déverser ou de rejeter à la mer directement ou indirectement tous déchets et toutes matières ainsi que des eaux susceptibles de mettre en danger la santé de l'homme, de porter atteinte à la qualité des eaux maritimes, de nuire aux ressources biologiques, à la faune et à la flore marines, de porter atteinte aux agréments ou de gêner toute autre utilisation légitime de la mer.

Art. L. 223-2. – La liste des déchets ou autres matières dont l'immersion est dans tous les cas interdite et celle des déchets ou autres matières dont l'immersion est soumise à autorisation administrative, est déterminée, après avis du Conseil de la mer, par une ordonnance souveraine qui fixe également les conditions techniques auxquelles sont subordonnées les autorisations.

Art. L. 223-3. – Lorsqu'un navire bat pavillon monégasque et relève du champ d'application des Conventions internationales de Londres du 29 décembre 1972 et de Barcelone du 16 février 1976 ainsi que leurs protocoles, le capitaine qui, en violation des dispositions des articles L. 223-1, L. 223-2 et des convention internationales susvisées, a procédé, fait ou laissé procéder au rejet à la mer de déchets ou d'autres matières est puni d'un emprisonnement de un an à cinq ans et de l'amende prévue au chiffre 4 de l'article 26 du Cod pénal, les taux de celle-ci étant multipliés par le coefficient 50.

Le tribunal peut, en outre, interdire au condamné de commander un navire pendant une durée qui n'excède pas cinq années.

Art. L. 223-4. – Le propriétaire, l'exploitant du navire ou toute autre personne que le capitaine qui a donné l'ordre de procéder au rejet à la mer de déchets ou autres matières polluantes ou dangereuses en violation des dispositions des articles L. 223-1, L. 223-2 et des Conventions de Londres et de Barcelone susvisées, est puni des peines portées à l'article L. 223-3, les maxima de ces peines étant portés au double.

Art. L. 223-5. – Est puni des peines portées, selon le cas, aux articles L. 223-3 ou L. 223-4 :

1° le capitaine qui par maladresse, imprudence, inattention, négligence ou inobservation des règlements a provoqué, n'a pas maîtrisé ou n'a pas évité un accident de mer au sens des dispositions de la Convention de Bruxelles du 29 novembre 1969 ayant entraîné un rejet prohibé de déchets ou autres matières dans les eaux intérieures ou les eaux territoriales ;

2° le propriétaire, l'exploitant du navire, ou toute autre personne que le capitaine qui a causé un rejet prohibé dans les conditions prévues ci-dessus.

Art. L. 223-6. – Le capitaine qui, par imprudence, maladresse, inattention, négligence ou inobservation des règlements, a provoqué, n'a pas maîtrisé ou n'a pas évité un rejet prohibé, est puni d'un emprisonnement de trois mois à un an et de l'amende prévue au chiffre 4 de l'article 26 du Code pénal.

En cas de récidive, outre l'application de l'article 40 du Code pénal, les maxima des amendes sont élevés au double.

Sont punis des mêmes peines le propriétaire, l'exploitant ou toute autre personne que le capitaine qui a causé le rejet dans les conditions prévues à l'alinéa premier du présent article.

Le jugement de condamnation enjoint au propriétaire ou à l'exploitant du navire de procéder aux modifications ou réparations nécessaires pour éviter à l'avenir les rejets accidentels. Il peut interdire que le navire reprenne la mer tant que ces modifications ou réparations n'ont pas été effectuées.

Art. L. 223-7. – Les dispositions des articles L. 223-3, L. 223-4, L. 223-5 et L. 223-6 ne sont toutefois pas applicables aux rejets effectués par un navire pour sauvegarder les vies humaines, pour assurer sa propre sécurité ou celle d'un autre navire.

Elles ne sont également pas applicables aux rejets provenant d'une avarie ou d'un événement impossible à éviter, si toutes les précautions raisonnables ont été prises.

Art. L. 223-8. – Lorsqu'il il y a eu rejet prohibé dans les eaux intérieures ou dans la mer territoriale, les peines prévues aux articles L. 223-3, L. 223-4, L. 223-5 et L. 223-6 sont prononcées, selon le cas quel que soit le pavillon du navire, même si ce dernier est immatriculé dans un État non partie aux Conventions internationales de Londres et de Barcelone susvisées.

Art. L. 223-9. – Les dispositions des articles L. 222-11 à L. 222-15 sont applicables aux situations prévues par le présent chapitre.

Chapitre IV. – La lutte contre la pollution d'origine tellurique

Art. L. 224-1. – Il est interdit de déverser ou de rejeter directement ou indirectement dans les eaux superficielles ou souterraines ainsi que dans les eaux intérieures et les eaux territoriales tous déchets, tous objets ou toutes matières susceptibles de mettre en danger la santé de l'homme, de nuire aux ressources biologiques, à la faune et à la flore marines, de compromettre le développement économique ou touristique de la Principauté, de gêner toute autre utilisation légitime de la mer.

Art. L. 224-2. – Des ordonnances souveraines prises après avis du Conseil de la mer déterminent la liste des déchets, objets ou autres matières dont le déversement ou le rejet sont soumis à autorisation administrative.

Elles dressent également la liste des déchets, objets ou autres matières dont le déversement ou le rejet sont totalement interdits.

Art. L. 224-3. – Quiconque a enfreint les dispositions de l'article L. 224-1 et des ordonnances souveraines prises pour son application, est puni d'un emprisonnement de un à cinq jours et de l'amende prévue au chiffre 3 de l'article 29 du Code pénal ou de l'une de ces deux peines seulement.

Lorsque l'infraction est commise en raison d'une anomalie dans le fonctionnement d'un ouvrage, l'exploitation d'un établissement industriel ou commercial ou l'utilisation d'un appareillage de même nature, la peine est l'emprisonnement de six jours à un mois et l'amende celle prévue au chiffre 4 de l'article 26 du Code pénal. Toutefois les dispositions du présent alinéa ne sont pas applicables aux rejets provenant d'une anomalie impossible à éviter si toutes les précautions raisonnables ont été prises dès la constatation de l'anomalie pour arrêter ou réduire le rejet.

Lorsque dans tous les cas l'infraction a provoqué des dommages irrémédiables au milieu ambiant, la peine est l'emprisonnement de un à six mois et l'amende est celle prévue au chiffre 4 de l'article 26 du Code pénal.

Le tribunal peut ordonner l'exécution, dans le délai qu'il fixe, de tous travaux et aménagements ou toutes mesures nécessaires pour qu'il soit satisfait aux dispositions légales.

Art. L. 224-4. – Le propriétaire ou l'exploitant de l'établissement ou de l'installation est tenu solidairement au paiement des amendes, frais et dommages-intérêts résultant de la condamnation prononcée contre l'auteur principal de l'infraction.

Il en est de même pour le propriétaire des déchets, objets ou autres matières dont le déversement ou le rejet est prohibé par l'article L. 224-1.

Art. L. 224-5. – Ceux qui n'exécutent pas les travaux ou aménagements prescrits ou ne prennent pas les mesures ordonnées en application de l'article L. 224-3, alinéa 4, sont punis d'un emprisonnement de trois mois à un an et de l'amende prévue au chiffre 3 de l'article 26 du Code pénal.

Sur réquisition du procureur général et sur conclusions de l'État, après avoir entendu le Directeur des affaires maritimes, le tribunal peut, en outre, jusqu'à ce que soient exécutés les travaux et aménagements ou prises les mesures utiles :

1° soit prononcer une astreinte dont il fixe le taux ;

2° soit interdire d'utiliser les ouvrages et les appareillages ou d'exploiter les établissements qui sont source de pollution, tant qu'ils n'ont pas été mis en conformité ;

3° soit prononcer les interdictions visées au chiffre précédent et autoriser l'Administration à faire exécuter les travaux et aménagements ou à prendre les mesures nécessaires aux frais des contrevenants.

Le tribunal peut également les obliger à verser pendant la durée des interdictions visées aux deux chiffres précédents, les rémunérations, salaires ou indemnités de toute nature qu'ils payaient jusqu'alors à leurs salariés, ainsi que les cotisations sociales y afférentes.

Art. L. 224-6. – Sont punis d'un emprisonnement de six mois à trois ans et de l'amende prévue au chiffre 4 de l'article 26 du Code pénal ceux qui, malgré les interdictions visées à l'article précédent, ont utilisé les ouvrages ou installations ou exploité les établissements en cause ou qui se sont opposés ou ont tenté de s'opposer aux travaux, aménagements ou mesures que l'Administration a été autorisée à faire exécuter ou à prendre.

TITRE III. – LA PROTECTION DU MILIEU MARIN

Art. L. 230-1. – Les dispositions du présent titre, sans préjudice de celles du titre II, ont pour objet d'assurer, par des mesures appropriées, la conservation et le développement naturels de la faune et de la flore marines et, à ces fins, de préserver de tous troubles le milieu marin et de prévenir les dommages susceptibles d'être causés au sol et au sous-sol ainsi qu'aux ouvrages appropriés qui y sont implantés.

Elles s'appliquent à l'ensemble des rivages, des eaux intérieures et des eaux territoriales ; dans ces limites, des aires particulières peuvent être définies en vue d'assurer une protection spécifique.

Art. L. 230-2. – Les conditions d'application de l'article précédent sont déterminées, après avis du Conseil de la mer, par des ordonnances souveraines qui précisent notamment :

1° les conditions de navigation dans les eaux intérieures, les eaux territoriales et les aires spécialement protégées dont les limites sont également fixées ;

2° la pratique des sports nautiques et de la pêche dans lesdites eaux et aires ;

3° les conditions d'exercice dans lesdites eaux et aires de toute activité susceptible de nuire au maintien de leur qualité écologique.

Art. L. 230-3. – Sont punis d'un emprisonnement de six jours à un mois et de l'amende prévue au chiffre 1 de l'article 26 du Code pénal, ou de l'une de ces deux peines seulement, les auteurs d'infractions aux ordonnances souveraines ou arrêtés ministériels visant à :

1° interdire ou limiter la navigation ou le mouillage des navires ou embarcations ;

2° prohiber la pratique, à des époques ou dans les lieux fixés, de toute pêche ou de divers genres de pêche ;

3° proscrire la pêche ou la capture d'espèces marines au moyen de certaines pratiques ou à l'aide d'engins interdits ou non réglementaires ;

4° proscrire la pêche ou la capture de certaines espèces marines ;

5° prohiber tout fait de nature à porter atteinte à la conservation de la faune ou de la flore marines, à troubler le milieu marin ou à endommager le sol ou le sous-sol ou les ouvrages qui pourraient y être implantés.

En cas de récidive, l'emprisonnement est de un mois à six mois et l'amende est celle prévue au chiffre 2 de l'article 26 du Code pénal.

Les infractions ou tentatives d'infractions commises dans une aire marine protégée destinée à favoriser le repeuplement, la conservation et le développement de la faune et de la flore marines, sont punies d'un emprisonnement de trois mois à un an et de l'amende prévue au chiffre 3 de l'article 26 du Code pénal. Les infractions ou tentatives d'infractions, commises entre le coucher et le lever du soleil sont punies d'un emprisonnement de six mois à trois ans et de l'amende prévue au chiffre 4 de ce même article 26.

Les navires, embarcations ou matériels ayant servi à commettre l'une des infractions prévues au présent article peuvent être saisis. À cette saisie peut être substituée la consignation d'une somme d'argent d'un montant égal au double du taux maximal de l'amende encourue.

En cas de condamnation le tribunal peut prononcer soit la confiscation des navires, embarcations ou matériels et ordonner leur vente ou leur destruction, soit la confiscation de la somme consignée.

TITRE IV. – L'EXPLORATION ET L'EXPLOITATION DU MILIEU MARIN, DU FOND DE LA MER ET DE SON SOUS-SOL

Chapitre I. – La recherche scientifique marine

Art. L. 241-1. – Toute personne publique ou privée ayant l'intention d'exercer une activité de recherche scientifique à but non lucratif dans le milieu marin, dans les espaces maritimes, sur le fond de la mer ou dans son sous-sol, tels qu'ils relèvent de la juridiction monégasque, ne peut y procéder qu'après avoir obtenu une autorisation délivrée par le Ministre d'État.

Une ordonnance souveraine prise après avis du Conseil de la mer détermine les conditions dans lesquelles cette autorisation est délivrée, selon qu'il s'agit de la mer territoriale ou des zones adjacentes, telles que définies à l'article L. 210-3.

Art. L. 241-2. – Aucune des activités prévues à l'article précédent ne peut être autorisée :

1° si elle a d'autres buts que la recherche scientifique marine effectuée à des fins non lucratives ;

2° si elle ne doit pas être réalisée exclusivement à des fins pacifiques ;

3° s'il ne résulte pas de l'instruction de la demande qu'elle sera menée en utilisant des méthodes et des moyens scientifiques appropriés et ne causant aucun dommage au milieu marin, au fond de la mer et à son sous-sol ;

4° si elle est de nature à constituer une entrave à la navigation ou à la pêche, une gêne aux autres utilisations légitimes de la mer, ou à compromettre la qualité de l'environnement ;

5° si elle n'est pas menée conformément à tous les règlements pertinents adoptés en application de la Convention sur le droit de la mer du 10 décembre 1982 (1), y compris ceux visant à protéger et à préserver le milieu marin.

Art. L. 241-3. – Les activités de recherche scientifique marine pratiquées soit par des personnes publiques ou privées monégasques, soit par des organisations internationales compétentes, habilitées par le Ministre

(1) Convention rendue exécutoire par Ord. n° 11.975, 25 juin 1996.

d'État, sont dispensées de l'autorisation prévue à l'article L. 241-1 lorsqu'elles remplissent les conditions fixées par ordonnance souveraine prise après avis du Conseil de la mer.

Toutefois cette autorisation reste nécessaire lorsque l'activité doit s'exercer à l'intérieur d'une aire marine protégée.

Chapitre II. – L'exploration et l'exploitation des ressources du fond de la mer et de son sous-sol

Art. L. 242-1. – Toute personne publique ou privée ayant l'intention d'exercer une activité d'exploration ou d'exploitation à but lucratif du milieu marin, du fond de la mer ou de son sous-sol tels qu'ils relèvent de la juridiction monégasque, ne peut y procéder qu'après avoir obtenu une autorisation délivrée par le Ministre d'État.

Une ordonnance souveraine prise après avis du Conseil de la mer détermine les conditions dans lesquelles cette autorisation est délivrée.

Art. L. 242-2. – Aucune des activités prévues à l'article précédent ne peut être autorisée :

1° si elle ne doit pas être réalisée exclusivement à des fins pacifiques ;

2° s'il ne résulte pas de l'instruction de la demande qu'elle est menée en utilisant des méthodes et des moyens appropriés et ne causant aucun dommage grave ou irréversible au milieu marin, au fond de la mer ou à son sous-sol ;

3° si elle est de nature à constituer une entrave à la navigation ou à la pêche ou à compromettre la qualité de l'environnement.

Chapitre III. – Dispositions communes aux diverses activités d'exploration, d'exploitation et de recherches

Section I. – Dispositions générales

Art. L. 243-1. – Le bénéficiaire d'une autorisation délivrée en vertu des articles L. 241-1 et L. 242-1 doit disposer de la meilleure technologie possible. Les autres conditions requises pour la délivrance de l'autorisation sont fixées par ordonnance souveraine, notamment les normes minimales en ce qui concerne le rejet d'hydrocarbures et de fluides de forage, les mesures de sécurité, les mesures pour l'enlèvement des installations en fin d'opérations, l'obligation d'assurance ou de garantie financière pour couvrir la responsabilité de l'exploitant.

Art. L. 243-2. – Le bénéficiaire de l'autorisation doit communiquer au Ministre d'État le résultat des recherches, quel qu'en soit le but, et sous toutes ses formes, dans le délai maximum d'un an à compter du jour où elles sont achevées.

Art. L. 243-3. – L'expression « installations et dispositifs » désigne, au sens du présent chapitre :

1° les plates-formes et autres engins d'exploration ou d'exploitation ainsi que leurs annexes ;

2° les bâtiments de mer qui participent directement aux opérations d'exploration ou d'exploitation.

Art. L. 243-4. – Il peut être établi autour des installations et dispositifs visés à l'article précédent une zone de sécurité s'étendant jusqu'à une distance fixée par ordonnance souveraine et mesurée à partir de chaque point du bord extérieur de ces installations et dispositifs.

Il est interdit à quiconque de pénétrer par quelque moyen que ce soit, dans cette zone pour des raisons étrangères aux opérations d'exploration et d'exploitation.

Des restrictions peuvent être apportées au survol des installations et dispositifs ainsi que des zones de sécurité dans la mesure nécessaire à la protection de ces installations et dispositifs et à la sécurité de la navigation aérienne.

Art. L. 243-5. – Les installations et dispositifs visés au chiffre 1 de l'article L. 243-3 sont soumis aux dispositions légales concernant la sauvegarde de la vie humaine en mer.

En outre, lorsqu'ils sont susceptibles de flotter, ils sont soumis aux dispositions légales concernant l'immatriculation des navires et la sécurité maritime.

La personne assumant à bord de ces installations et dispositifs la direction des travaux d'exploration et d'exploitation est considérée comme capitaine au sens desdites dispositions légales.

Art. L. 243-6. – Le propriétaire ou l'exploitant d'une installation ou d'un dispositif visé au chiffre 1 de l'article L. 243-3 prenant appui sur le fond sous-marin et celui qui, à son bord, dirige les activités d'exploration ou d'exploitation sont responsables, chacun en ce qui le concerne, de l'efficacité de la signalisation maritime. Dans tous les cas, les frais de signalisation, même ceux des zones de sécurité prévues à l'article L. 243-4, incombent au propriétaire ou à l'exploitant.

Faute pour les personnes visées à l'alinéa précédent de se conformer aux instructions du Ministre d'État, – et sans préjudice des poursuites pénales – ladite autorité peut, après injonction restée sans effet pendant le délai qu'elle a fixé, prendre d'office et aux frais du propriétaire ou de l'exploitant les mesures nécessaires.

Les agents de contrôle ont libre accès aux installations et aux dispositifs ainsi qu'aux appareils de signalisation.

Art. L. 243-7. – Les informations nautiques relatives aux activités d'exploration et d'exploitation du fond de la mer et de son sous-sol doivent être transmises à l'autorité administrative.

Cette obligation incombe, suivant le cas, au propriétaire ou à l'exploitant d'une installation ou d'un dispositif visé à l'article L. 243-3 ou à celui qui dirige à son bord les travaux.

Art. L. 243-8. – Le propriétaire ou l'exploitant est tenu d'enlever complètement les installations ou dispositifs qui ont cessé d'être utilisés. Auparavant, toutes les mesures nécessaires auront dû être prises par l'exploitant et sous sa responsabilité dans le but d'éviter les fuites ou suintements provenant du site ayant fait l'objet des opérations d'exploration ou d'exploitation.

En cas de carence ou de refus, le Ministre d'État le met en demeure de respecter cette obligation et lui impartit un délai pour le faire. S'il y a lieu, il peut être procédé aux travaux nécessaires d'office, à ses frais et risques.

Dans ce cas, le propriétaire ou l'exploitant peut être déchu de ses droits sur les installations et dispositifs.

Le propriétaire ou l'exploitant peut être autorisé à laisser en place tout ou partie des dispositifs devenus inutiles, dont il demeure propriétaire, sous réserve qu'ils ne présentent aucun danger pour la navigation, pour la pêche ou l'intégrité du milieu marin. L'autorisation détermine les conditions dans lesquelles les installations ou dispositifs peuvent être conservés.

Section II. – Dispositions pénales

Art. L. 243-9. – Quiconque a entrepris une activité d'exploration et de recherches scientifiques sans l'autorisation prévue à l'article L. 241-1 ou sans respecter les conditions prévues par ladite autorisation est puni d'un emprisonnement de six jours à un mois et de l'amende prévue au chiffre 1 de l'article 26 du Code pénal ou de l'une de ces deux peines seulement.

En cas de récidive, il est puni d'un emprisonnement de un à trois mois et de l'amende prévue au chiffre 2 de l'article 26 du Code pénal.

Art. L. 243-10. – Quiconque a entrepris une activité d'exploration ou d'exploitation des ressources du fond de la mer ou de son sous-sol sans l'autorisation prévue à l'article L. 242-1 ou sans respecter les conditions prévues par ladite autorisation est puni d'un emprisonnement de un mois à trois mois et de l'amende prévue au chiffre 2 de l'article 26 du Code pénal ou de l'une de ces deux peines seulement.

En cas de récidive, il est puni d'un emprisonnement de un an à cinq ans et de l'amende prévue au chiffre 3 de l'article 26 du Code pénal.

Art. L. 243-11. – Lorsqu'il est saisi d'une infraction prévue par les articles L. 243-9 et L. 243-10 ci-dessus, le tribunal peut, en outre, ordonner au condamné, dans un délai fixé, soit d'enlever les installations et dispositifs mis en place sans autorisation, soit de les mettre en conformité avec les conditions fixées par cette autorisation.

Le condamné qui ne s'exécute pas est passible, selon le cas, des peines prévues aux articles L. 243-9 et L. 243-10 susvisés.

Si, à l'expiration du délai fixé par le jugement, l'enlèvement des installations et dispositifs ou leur mise en conformité n'est pas complètement exécuté, le Ministre d'État peut faire procéder d'office aux travaux ordonnés par le tribunal aux frais et aux risques du condamné.

Art. L. 243-12. – Lorsqu'un procès-verbal constatant une infraction aux dispositions des articles L. 243-9 et L. 243-10 susvisés a été dressé, l'interruption des travaux d'exploration ou d'exploitation peut être ordonnée jusqu'au jugement définitif du tribunal, soit sur décision du procureur général agissant à la requête du Ministre d'État, soit même d'office par le juge d'instruction ou par le tribunal saisi des poursuites.

Dans tous les cas, le propriétaire ou l'exploitant doit être convoqué pour fournir ses explications.

La décision judiciaire est exécutoire sur minute, nonobstant toute voie de recours.

L'autorité judiciaire peut à tout moment, soit d'office, soit à la requête du Ministre d'État, du propriétaire ou de l'exploitant, ordonner la mainlevée de l'interruption des travaux.

Lorsque l'autorité judiciaire n'a pas encore été saisie, le Ministre d'État peut, dans les mêmes conditions, ordonner d'office l'interruption des travaux. Il assure lui-même l'exécution de sa décision ; celle-ci devient caduque si aucune poursuite pénale n'est engagée, s'il y a non-lieu à suivre ou décision de relaxe.

Art. L. 243-13. – La continuation des travaux d'exploration ou d'exploitation nonobstant la décision judiciaire ou administrative ordonnant leur interruption est, selon le cas, punie des peines prévues par les articles L. 243-9 et L. 243-10.

Art. L. 243-14. – La pollution marine provoquée par les dispositifs et installations visés par l'article L. 243-3 donne lieu à l'application des dispositions des chapitres II et III du titre II du livre II.

À défaut de capitaine, les poursuites sont exercées, selon le cas, contre le propriétaire, l'exploitant ou celui qui, à bord des installations ou dispositifs, dirige les activités d'exploration ou d'exploitation.

Tout propriétaire ou exploitant qui n'a pas donné à ses préposés des instructions précises pour éviter la pollution ou qui n'a pas veillé à l'application desdites instructions peut être retenu comme complice de l'infraction.

Art. L. 243-15. – Le propriétaire ou l'exploitant qui a négligé ou refusé d'enlever les installations ou dispositifs dans le cas prévu par l'article L. 243-8 est puni, selon le cas, des peines prévues par les articles L. 243-9 et L. 243-10.

Art. L. 243-16. – Les infractions aux dispositions de l'article L. 243-6 sur la signalisation maritime sont punies d'un emprisonnement de six jours à trois mois et de l'amende prévue au chiffre 2 de l'article 26 du Code pénal.

Si l'infraction a occasionné pour le dispositif ou l'installation visé par l'article L. 243-3 ou pour tout autre navire soit un abordage, soit un échouement ou un choc contre un obstacle visible ou connu, soit une avarie grave du dispositif, de l'installation, du navire ou de leur cargaison, le coupable est puni d'un emprisonnement de un mois à six mois et de l'amende prévue au chiffre 3 de l'article 26 du Code pénal ou de l'une de ces deux peines seulement.

Si l'infraction a eu pour conséquence la perte ou l'innavigabilité absolue du dispositif, de l'installation ou du navire visé à l'alinéa précédent, ou la perte de leur cargaison, ou si elle a entraîné soit des blessures graves, soit la mort d'une ou plusieurs personnes, le coupable est puni d'un emprisonnement de trois mois à deux ans et de l'amende prévue au chiffre 4 de l'article 26 du Code pénal ou de l'une de ces deux peines seulement.

Dans tous les cas, le tribunal peut ordonner dans un délai fixé, la mise en conformité de la signalisation. En cas d'inexécution, le Ministre d'État procède à la mise en conformité aux frais et aux risques du condamné.

Art. L. 243-17. – Toute infraction aux dispositions de l'article L. 243-7 sur la transmission des informations nautiques est punie d'un emprisonnement de six jours à trois mois et de l'amende prévue au chiffre 2 de l'article 26 du Code pénal ou de l'une de ces deux peines seulement.

Art. L. 243-18. – Celui qui, sauf cas de force majeure, a irrégulièrement pénétré par mer ou par air à l'intérieur d'une zone de sécurité prévue à l'article L. 243-4, après que l'autorité compétente a pris les mesures nécessaires pour permettre aux navigateurs d'avoir connaissance de cette zone, est puni d'un emprisonnement de six jours à trois mois et de l'amende prévue au chiffre 2 de l'article 26 du Code pénal ou de l'une de ces deux peines seulement.

En cas de récidive, il peut être puni d'un emprisonnement de six mois à deux ans et de l'amende prévue au chiffre 3 de l'article 26 du Code pénal.

Dans tous les cas, le tribunal peut ordonner la confiscation du navire ou de l'aéronef à l'aide duquel l'infraction a été commise.

Chapitre IV. – L'exploitation des ressources vivantes

Section I. – Dispositions générales

Art. L. 244-1. – L'exploitation des ressources vivantes du milieu marin comprend la pêche des diverses espèces animales, l'aquaculture et la récolte des diverses espèces végétales.

Art. L. 244-2. – L'exploitation des ressources vivantes du milieu marin comprenant la pêche des diverses espèces animales, l'aquaculture et la récolte des espèces végétales s'exerce dans le cadre des textes qui la réglementent.

Seuls les pêcheurs professionnels peuvent vendre le produit de leur pêche.

Art. L. 244-3. – Sans préjudice des dispositions de l'article L. 230-2, des ordonnances souveraines, prises après avis du Conseil de la mer, déterminent :

1° les époques d'ouverture et de clôture des diverses pêches, l'indication de celles qui sont libres toute l'année, les heures pendant lesquelles les pêches peuvent être pratiquées ;

2° les mesures d'ordre et de police à observer dans l'exercice de la pêche ;

3° les rets, filets, engins, instruments de pêche prohibés ;

4° les procédés et moyens de pêche prohibés ;

5° les dispositions spéciales propres à prévenir la destruction du frai ; les dimensions au-dessous desquelles les diverses espèces de poissons, de crustacés et de coquillages, ne peuvent pas être pêchées ;

6° les conditions dans lesquelles peuvent être accordées des dérogations aux prohibitions édictées en vertu des chiffres 4 et 5 ci-dessus ;

7° les appâts défendus ;

8° d'une manière générale, les mesures de police propres à assurer la conservation et le développement des espèces animales et végétales ;

9° les conditions d'installation et de fonctionnement des établissements pratiquant l'aquaculture.

Art. L. 244-4. – Est prohibée la capture de poissons ou de crustacés au moyen d'explosifs, d'électrocution, d'armes à feu ou de drogues.

Art. L. 244-5. – Il est interdit de vendre, de transporter, de colporter ou de faire quelque usage que ce soit du produit des pêches prohibées.

Section II. – Dispositions pénales

Art. L. 244-6. – Quiconque a fait usage pour la pêche d'explosifs, de moyens d'électrocution, d'armes à feu ou de drogues est puni d'un emprisonnement de six mois à dix-huit mois et de l'amende prévue au chiffre 4 de l'article 26 du Code pénal.

En cas de récidive, le maximum de l'emprisonnement est porté à deux ans et celui de l'amende au double de celui prévu à l'article précédent.

Art. L. 244-7. – Sans préjudice de l'application des dispositions de l'article L. 230-3, les infractions aux autres dispositions du présent chapitre ainsi qu'à celles des ordonnances souveraines et des arrêtés ministériels pris pour son application, sont punies d'un emprisonnement de un jour à cinq jours et de l'amende prévue au chiffre 3 de l'article 29 du Code pénal ou de l'une de ces deux peines seulement.

En cas de récidive, dans le délai d'une année, l'emprisonnement est de six jours à un mois et l'amende est celle du chiffre 1 de l'article 26 du Code pénal.

Art. L. 244-8. – Les rets, filets, engins et instruments de pêche prohibés sont saisis et le jugement en ordonne dans tous les cas la destruction.

Les navires, embarcations et matériels ayant servi à commettre le délit sont également saisis. Le jugement de condamnation peut ordonner leur confiscation et leur mise en vente.

Art. L. 244-9. – À la saisie des navires ou embarcations peut être substituée la consignation d'une somme d'argent d'un montant égal au double du taux maximal de l'amende encourue. Le jugement de condamnation peut ordonner la confiscation de la somme consignée.

Art. L. 244-10. – Lorsqu'une infraction aux ordonnances souveraines ou aux arrêtés ministériels visés à l'article L. 244-7 a été relevée à la charge du propriétaire, de l'armateur, du capitaine ou de tout responsable d'un navire, celui-ci ne peut être autorisé à quitter le port qu'après consignation d'une somme d'argent d'un montant égal au double du taux maximal de l'amende encourue.

LIVRE III. – DES NAVIRES ET AUTRES BÂTIMENTS DE MER

TITRE I. – LE STATUT DU NAVIRE

Chapitre I. – La naturalisation

Section I. – Dispositions générales

Art. L. 311-1. – Le droit pour un navire d'arborer le pavillon de Monaco est conféré par la naturalisation. Celle-ci est accordée par le Ministre d'État. Elle est constatée par un acte de naturalisation.

Le contenu de l'acte de naturalisation, les modalités de sa délivrance, de sa validation et de son usage sont déterminés par ordonnance souveraine.

La nationalité du navire est confirmée par la délivrance d'une attestation annuelle de nationalité.

La délivrance de cette attestation est subordonnée au versement du droit annuel de naturalisation prévu à l'article L. 311-8.

Art. L. 311-2. – Les conditions dans lesquelles un navire peut obtenir sa naturalisation sont fixées par ordonnance souveraine.

Art. L. 311-3. – Ne sont pas soumis à naturalisation :

1° les embarcations figurant à l'inventaire d'un navire ayant obtenu la naturalisation ;

2° les embarcations et engins flottants qui, en raison de leur conception même, ne sont pas considérés comme des navires ;

3° les navires de plaisance qui, au compte des constructeurs, de revendeurs ou d'importateurs, effectuent des sorties épisodiques et limitées en mer, de courte durée, pour des démonstrations ou essais ;

4° les modalités d'application du présent article sont fixées par ordonnance souveraine.

Art. L. 311-4. – La Direction des affaires maritimes tient un registre comportant, pour chacun des navires ayant obtenu la naturalisation, les mentions, fixées par ordonnance souveraine destinées à individualiser le bâtiment ainsi que son ou ses propriétaires.

Les actes visés par les articles L. 314-10, L. 315-15, L. 316-3, L. 317-3, L. 317-8, L. 317-14, L. 317-16 et L. 511-3 doivent y être mentionnés.

Art. L. 311-5. – Toute modification dans les caractéristiques, fixées par ordonnance souveraine, d'un navire naturalisée doit, à la diligence du propriétaire, être portée à la connaissance de la Direction des affaires maritimes.

Il en est de même pour tout changement affectant la propriété ou la copropriété du bâtiment ou la résidence de son ou de ses propriétaires.

La déclaration doit être faite auprès de la Direction des affaires maritimes dans le délai de trois mois. En cas de modification des caractéristiques du navire, ce délai court à compter de la date d'achèvement des travaux.

Art. L. 311-6. – L'acte de naturalisation ne peut être utilisé que pour le service du navire pour lequel il a été délivré. Il n'est cessible ni à titre onéreux ni à titre gratuit.

Toutefois, le propriétaire d'un navire peut prêter ou louer celui-ci. Dans ce cas, la validité de l'acte de naturalisation est subordonnée à la mention, par la Direction des affaires maritimes, du prêt ou de la location.

Les modalités d'application du présent article sont déterminées par ordonnance souveraine.

Art. L. 311-7. – Aucun capitaine d'un navire naturalisé monégasque ne peut prendre la mer sans avoir à son bord l'acte de naturalisation en cours de validité.

Section II. – Du droit annuel de naturalisation

Art. L. 311-8. – Tout propriétaire d'un navire admis au bénéfice de la naturalisation est assujetti au versement d'un droit annuel de naturalisation.

Ce droit n'est pas exigible lorsque le navire bat pavillon princier, ou s'il est la propriété de l'État ou s'il est affrété par lui.

Il en est de même pour les navires et embarcations qui appartiennent à des écoles de sports nautiques agréées par arrêté ministériel ou sont affrétés par elles.

Art. L. 311-9. – L'assiette et les taux du droit applicable ainsi que les montants des pénalités de retard sont fixés par une ordonnance souveraine qui détermine également les modalités de recouvrement du droit et des pénalités.

Section III. – Dispositions pénales

Art. L. 311-10. – Quiconque a frauduleusement, de quelque manière que ce soit, obtenu ou fait obtenir, tenté d'obtenir ou de faire obtenir le bénéfice de la naturalisation d'un navire, est passible d'un emprisonnement de six mois à trois ans et de l'amende prévue au chiffre 3 de l'article 26 du Code pénal.

Art. L. 311-11. – Quiconque, ayant connaissance de la naturalisation frauduleuse d'un navire, ne l'a pas empêché ou n'a pas tenté de l'empêcher de prendre la mer a accepté de commander ou a commandé un tel navire est passible des peines prévues à l'article précédent.

Le capitaine peut, en outre, être frappé de l'interdiction de commander un navire pendant une durée qui n'excède pas cinq ans.

Celui qui, sans droit, a fait arborer sur son navire le pavillon de Monaco ou qui a commandé un tel navire est passible des mêmes peines.

Art. L. 311-12. – Quiconque a frauduleusement, en violation des dispositions de l'article L. 311-6, utilisé un acte de naturalisation, l'a cédé ou tenté de le céder, est passible des peines prévues à l'article L. 311-10.

Art. L. 311-13. – Dans chacun des cas prévus par les articles précédents, lorsqu'il y a récidive, outre l'application de l'article 40 du Code pénal, le maximum de l'amende prévue au chiffre 3 de l'article 26 dudit code est prononcé et l'interdiction de commander un navire peut être ordonnée à titre définitif.

Art. L. 311-14. – Tout capitaine d'un navire se trouvant en infraction aux dispositions de l'article L. 311-7 est passible, de l'amende prévue au chiffre 2 de l'article 26 du Code pénal.

Cette même peine est applicable à toute personne qui avait, en fait, la responsabilité du navire au moment de ladite infraction.

En cas de récidive, outre l'application de l'article 40 dudit code, l'interdiction de commander un navire peut être prononcée pour une durée qui n'excède pas cinq ans.

Art. L. 311-15. – Tout propriétaire de navire qui n'a pas porté à la connaissance de la Direction des affaires maritimes les modifications dans les caractéristiques d'un navire naturalisé, ou tout changement affectant la propriété ou la copropriété du bâtiment ou la résidence de son ou de ses propriétaires, est passible de l'amende prévue au chiffre 3 de l'article 29 du Code pénal.

Chapitre II. – Limitation de la responsabilité des propriétaires de navires

Art. L. 312-1. – Le propriétaire d'un navire peut limiter sa responsabilité dans les conditions prévues par les conventions internationales.

Il en est de même des personnes assimilées au propriétaire par lesdites conventions.

Art. L. 312-2. – Le tribunal de première instance est compétent pour apprécier le droit du propriétaire à limiter sa responsabilité et pour connaître des procédures de liquidation.

Chapitre III. – L'hypothèque maritime

Art. L. 313-1. – Les navires sont susceptibles d'hypothèque ; ils ne peuvent être hypothéqués que par la convention des parties.

L'hypothèque peut être constituée sur un navire en construction.

L'hypothèque n'est valable que si elle est consentie sur un ou plusieurs navires spécialement désignés pour une somme déterminée.

Art. L. 313-2. – À peine de nullité, le contrat par lequel l'hypothèque maritime est consentie doit être rédigé par écrit ; il peut être fait par acte sous signatures privées.

Le contrat d'hypothèque peut être conclu à l'étranger.

Art. L. 313-3. – À peine de nullité, l'hypothèque sur le navire ne peut être consentie que par le propriétaire ou son mandataire justifiant d'un mandat spécial.

Dans le cas où l'un des copropriétaires voudrait hypothéquer sa part indivise dans le navire, il ne peut le faire, à peine de nullité, qu'avec l'autorisation de la majorité en valeur du navire.

Art. L. 313-4. – L'hypothèque consentie sur le navire ou sur une part indivise de navire s'étend, à moins de convention contraire, au corps du navire, aux agrès, apparaux, machines et autres accessoires.

Si le bâtiment est perdu ou avarié, sont subrogées au bâtiment et autres accessoires :

a) les indemnités dues au propriétaire en raison des dommages subis par le bâtiment ;

b) les sommes dues au propriétaire pour contribution aux avaries communes subies par le bâtiment ;

c) les indemnités dues au propriétaire pour assistance prêtée ou sauvetage effectué depuis l'inscription de l'hypothèque dans la mesure où elles représentent la perte ou l'avarie du bâtiment hypothéqué ;

d) les indemnités d'assurance sur le corps du bâtiment.

Les paiements faits de bonne foi avant opposition sont valables.

Art. L. 313-5. – L'hypothèque est rendue publique et conservée dans des conditions qui sont fixées par ordonnance souveraine. Elle n'est opposable aux tiers qu'à compter de sa publication.

L'hypothèque consentie par l'acheteur avant la naturalisation sur un bâtiment acheté ou construit à l'étranger est valable et produit effet à condition d'être publiée à Monaco.

Il en est de même de l'hypothèque consentie par le vendeur ou son auteur avant la vente du navire si elle a été régulièrement publiée avant la vente.

Art. L. 313-6. – S'il y a deux ou plusieurs hypothèques, sur le même navire ou sur la même part de propriété du navire, le rang est déterminé par l'ordre de priorité des dates d'inscription.

Les hypothèques inscrites le même jour viennent en concurrence nonobstant la différence des heures de l'inscription.

Art. L. 313-7. – L'inscription conserve l'hypothèque pendant dix ans, à compter du jour de sa date ; son effet cesse si l'inscription n'a pas été renouvelée avant l'expiration de ce délai.

Art. L. 313-8. – L'inscription garantit, au même rang que le capital, les intérêts, à la condition toutefois que le taux d'intérêt soit indiqué dans l'acte et sur l'inscription.

Art. L. 313-9. – Si le titre constitutif de l'hypothèque est à ordre, sa négociation par voie d'endossement emporte le transfert du droit hypothécaire.

Art. L. 313-10. – Les inscriptions sont réduites ou radiées soit du consentement des parties intéressées ayant capacité à cet effet, soit en vertu d'un jugement en dernier ressort ou passé en force de chose jugée.

Art. L. 313-11. – Les créanciers ayant hypothèque inscrite sur un navire peuvent le saisir et le faire vendre pour être colloqués et payés par préférence suivant l'ordre de leurs inscriptions.

Les hypothèques maritimes suivent le navire en quelques mains qu'il passe.

Art. L. 313-12. – Si l'hypothèque ne grève qu'une part indivise de navire, le créancier ne peut saisir et faire vendre que la part indivise qui lui est affectée. Toutefois, si plus de la moitié du navire se trouve hypothéquée, le créancier peut, après saisie, le faire vendre en totalité à charge d'appeler à la vente les copropriétaires.

Dans tous les cas de copropriété, les hypothèques consenties durant l'indivision, par un ou plusieurs des copropriétaires, sur une part indivise du navire, continuent à subsister après le partage ou la licitation.

Toutefois, si la licitation s'est faite en justice, le droit des créanciers n'ayant hypothèque que sur une part indivise de navire est limité au droit de préférence sur la partie du prix afférente à l'intérêt hypothéqué.

Art. L. 313-13. – Le tribunal de première instance est compétent pour connaître de la procédure de saisie et de vente forcée du navire ou de la part indivise de navire hypothéqué.

Art. L. 313-14. – Tout acte volontaire qui entraîne la perte de la naturalisation d'un bâtiment grevé d'une hypothèque est interdit. L'acte fait en fraude de cette interdiction est nul et rend son auteur passible des peines portées à l'article 337 du Code pénal.

Art. L. 313-15. – Les navires de vingt unités de jauge brute et au-dessus sont seuls susceptibles de l'hypothèque créée par le présent code.

Chapitre IV. – Privilèges sur les navires

Art. L. 314-1. – Sont privilégiés sur le navire, sur le fret du voyage pendant lequel est née la créance privilégiée et sur les accessoires du navire et du fret acquis depuis le début du voyage :

1° les frais de justice et autres frais pour parvenir à la vente du navire et à la distribution de son prix ;

2° les droits de pilotage, de port, de mouvements et autres taxes de mêmes espèces ainsi que les frais de garde et de conservation depuis l'entrée du navire dans le dernier port jusqu'à la vente ;

3° sans préjudice des dispositions de l'article 475 du Code de commerce, les créances résultant du contrat d'engagement du capitaine, de l'équipage et des autres personnes engagées à bord, ainsi que les cotisations, intérêts et majorations de retard visés à l'article 1938-6° du Code civil ;

4° les rémunérations dues pour sauvetage et assistance et la contribution du navire aux avaries communes ;

5° les indemnités pour abordage ou autres accidents de navigation ou pour dommages causés aux ouvrages d'art des ports, les indemnités pour lésions corporelles aux passagers et aux équipages, les indemnités pour pertes ou avaries de cargaison ou de bagages ;

6° les créances provenant :

a) des contrats passés ou d'opérations effectuées par le capitaine hors du port d'attache, en vertu de ses pouvoirs légaux, pour les besoins réels de la conservation du navire ou de la continuation du voyage, sans distinguer si le capitaine est ou non en même temps propriétaire du navire et s'il s'agit de sa créance ou de celle des fournisseurs, réparateurs, prêteurs ou autres contractants ;

b) des contrats passés ou d'opérations effectuées par le consignataire du navire lorsqu'il pourvoit aux besoins réels de la conservation du navire ou de la continuation du voyage.

Art. L. 314-2. – Les créances privilégiées constituent des sûretés réelles légales sans inscription, qui priment toute créance hypothécaire.

Art. L. 314-3. – Les créanciers peuvent en outre invoquer les privilèges du droit commun, mais les créances ainsi privilégiées ne prennent rang qu'après les créances hypothécaires.

Art. L. 314-4. – Les accessoires du navire et du fret visés à l'article L. 314-1 sont :

1° les indemnités dues au propriétaire à raison de dommages matériels subis par le navire et non réparés ou pour perte de fret ;

2° les indemnités dues au propriétaire pour avaries communes en tant que celles-ci constituent soit des dommages matériels subis par le navire, et non réparés, soit des pertes de fret ;

3° les rémunérations dues au propriétaire pour assistance prêtée ou sauvetage effectué jusqu'à la fin du voyage, déduction faite des sommes allouées au capitaine et autres personnes au service du navire.

Le prix du passage est assimilé au fret.

Art. L. 314-5. – Ne sont pas considérés comme accessoires du navire ou du fret les indemnités dues au propriétaire en vertu de contrats d'assurance ni les sommes versées par l'État au titre de primes, subventions ou autres subsides.

Art. L. 314-6. – Par dérogation à l'article L. 314-1, le privilège créé au profit des personnes au service du navire porte sur l'ensemble des frets dus pour tous les voyages effectués pendant le cours du même contrat d'engagement.

Art. L. 314-7. – Les créances se rapportant à un même voyage sont privilégiées dans l'ordre où elles sont rangées à l'article L. 314-1.

Les créances comprises dans chacun des numéros viennent en concurrence et au marc le franc en cas d'insuffisance du prix.

Toutefois, les créances visées aux chiffres 4 et 6 de l'article L. 314-1 sont, dans chacune de ces catégories, payées par préférence dans l'ordre inverse des dates où elles sont nées.

Les créances nées d'un même événement sont réputées nées en même temps.

Art. L. 314-8. – Les créances privilégiées de chaque voyage sont préférées à celles du voyage précédent.

Toutefois, les créances résultant d'un contrat unique d'engagement portant sur plusieurs voyages viennent toutes au même rang avec les créances du dernier de ces voyages.

Art. L. 314-9. – Les privilèges prévus à l'article L. 314-1 suivent le navire en quelques mains qu'il passe.

Ils s'éteignent à l'expiration du délai d'un an pour toute créance autre que les créances de fournitures visées au chiffre 6 de l'article L. 314-1. Dans ce dernier cas, le délai est réduit à six mois.

Les délais courent :

1° pour les privilèges garantissant les rémunérations d'assistance et de sauvetage, à partir du jour où les opérations sont terminées ;

2° pour les privilèges garantissant les indemnités d'abordage et autres accidents et pour lésions corporelles, du jour où le dommage a été causé ;

3° pour les privilèges garantissant les créances pour pertes ou avaries de cargaison ou de bagages, du jour de la délivrance de la cargaison ou des bagages ou de la date à laquelle ils eussent dû être livrés ;

4° pour les privilèges garantissant les créances pour réparation et fournitures ou autres créances visées au 6° de l'article L. 314-1, à partir de la naissance de la créance.

Dans tous les autres cas, ce délai court à partir de la date d'exigibilité de la créance.

Art. L. 314-10. – Les privilèges visés au présent chapitre sont éteints, indépendamment des causes générales d'extinction des obligations :

1° par la confiscation du navire prononcée pour infraction aux lois de douanes, de police ou de sûreté ;

2° par la vente du navire en justice ;

3° en cas de transfert volontaire de la propriété, deux mois après la publication de l'acte de transfert au registre prévu par l'article L. 311-4.

Art. L. 314-11. – Le privilège sur le fret peut être exercé tant que le fret est encore dû ou que le montant du fret se trouve entre les mains du capitaine ou du mandataire du propriétaire. Il en est de même du privilège sur les accessoires.

Art. L. 314-12. – Les dispositions du présent chapitre s'appliquent aux navires exploités soit par le propriétaire, soit par un armateur propriétaire, soit par un affréteur principal, sauf lorsque le propriétaire s'est trouvé dessaisi par un acte illicite et que, en outre, le créancier n'est pas de bonne foi.

Chapitre V. – La saisie des navires

Section I. – Dispositions générales

Art. L. 315-1. – Tous navires peuvent être saisis et vendus par autorité de justice, selon les règles du présent chapitre.

Art. L. 315-2. – Toute décision de justice ou tout acte concernant la saisie d'un navire doit être notifié au Directeur des affaires maritimes, à la requête de la partie la plus diligente.

Art. L. 315-3. – Lorsqu'il est avisé d'une saisie par la notification de la décision qui l'a autorisée, le Directeur des affaires maritimes interdit le départ du navire.

Art. L. 315-4. – Nonobstant toute saisie, le président du tribunal de première instance statuant en la forme des référés peut autoriser le départ du navire pour un ou plusieurs voyages déterminés. Pour obtenir cette autorisation, le requérant doit fournir une garantie suffisante, affectée au créancier saisissant.

Le président fixe alors le délai dans lequel le navire doit regagner le port de la saisie, délai qui peut être modifié pour tenir compte des circonstances. Si, à l'expiration du délai fixé, le navire n'a pas rejoint le port, la somme déposée en garantie est acquise au créancier.

Section II. – La saisie conservatoire

Art. L. 315-5. – La saisie conservatoire est autorisée par ordonnance rendue sur requête par le président du tribunal de première instance.

L'autorisation peut être accordée dès lors qu'il est justifié d'une créance paraissant fondée dans son principe. Elle peut assujettir le créancier à justifier préalablement de sa solvabilité suffisante ou, à défaut, à donner caution par acte déposé ou adressé au greffe général ou entre les mains d'un séquestre.

La responsabilité du demandeur pour préjudice causé à la suite de la saisie du navire ou pour frais de caution ou de garantie fournie en vue de le libérer ou d'en empêcher la saisie, peut être engagée devant le tribunal de première instance.

Art. L. 315-6. – La saisie conservatoire empêche le départ du navire. Elle ne porte aucune atteinte aux droits du propriétaire.

Art. L. 315-7. – L'ordonnance d'autorisation fixe au créancier le délai, qui ne peut excéder un mois, dans lequel il devra former l'action en validité de la saisie conservatoire ou la demande au fond, à peine de nullité de la saisie.

Art. L. 315-8. – Le président du tribunal de première instance peut accorder mainlevée de la saisie contre consignation entre les mains d'un séquestre par lui désigné de sommes suffisantes pour garantir les causes de la saisie au principal, intérêts et frais, avec affectation spéciale à la créance du saisissant.

Lorsqu'un navire a été saisi et qu'une caution ou une garantie a été donnée pour obtenir la mainlevée de la saisie ou pour éviter celle-ci, il ne peut être procédé, pour la même créance et pour le même créancier, à aucune nouvelle saisie sur le même navire ou sur tout autre navire appartenant au même propriétaire et aucune nouvelle caution ou garantie ne peut être exigée.

Art. L. 315-9. – Le saisissant doit, à peine de nullité, notifier au propriétaire, dans le délai de trois jours, copie du procès-verbal de saisie.

Le procès-verbal de saisie est notifié au Directeur des affaires maritimes ainsi qu'au consul de l'État dont le navire bat pavillon.

Section III. – La saisie-exécution

Art. L. 315-10. – Il ne peut être procédé à la saisie-exécution que vingt-quatre heures après un commandement de payer.

Art. L. 315-11. – Le commandement est fait à la personne du propriétaire ou à son domicile.

Le commandement peut être fait au capitaine du navire, si la créance est du nombre de celles qui sont susceptibles de privilèges sur le navire au titre de l'article L. 314-1.

Le commandement se périme par dix jours.

Art. L. 315-12. – La saisie est faite par l'huissier, qui énonce dans son procès-verbal :

- les nom, profession et demeure du créancier pour qui il agit ;
- le titre exécutoire en vertu duquel il procède ;
- la somme dont il poursuit le paiement ;

- la date du commandement de payer ;
- l'élection de domicile dans la Principauté, si le créancier poursuivant n'y est pas domicilié légalement ;
- les noms du propriétaire et du capitaine ;
- les nom, espèce, tonnage, et nationalité du bâtiment ;
- la description des chaloupes, canots, agrès, et autres apparaux du navire, provisions et soutes.

Il établit un gardien.

Nul n'est contraint d'accepter la charge de gardien.

Art. L. 315-13. – Le procès-verbal de saisie est notifié au Directeur des affaires maritimes, ainsi qu'au consul de l'État dont le navire bat pavillon, au plus tard dans les sept jours.

Art. L. 315-14. – Le saisissant doit, dans le délai de trois jours, notifier au propriétaire copie du procès-verbal de saisie et le faire citer devant le tribunal de première instance, pour voir dire qu'il sera procédé à la vente des choses saisies.

Si le propriétaire n'est pas domicilié dans la Principauté, les significations et citations lui sont données en la personne du capitaine du bâtiment saisi, ou, en son absence, en la personne de celui qui représente le propriétaire ou le capitaine. Le délai ordinaire de l'assignation est calculé selon les dispositions de l'article 158 du Code de procédure civile.

Art. L. 315-15. – Le procès-verbal de saisie est inscrit, si le navire est de nationalité monégasque, sur le registre prévu à l'article L. 311-4.

Art. L. 315-16. – Lorsque le navire est de nationalité monégasque, le créancier saisissant requiert du Directeur des affaires maritimes la délivrance d'un état des inscriptions.

Dans les sept jours qui suivent, la saisie est dénoncée aux créanciers inscrits aux domiciles élus dans leurs inscriptions.

La dénonciation aux créanciers indique le jour de la comparution devant le tribunal.

Art. L. 315-17. – Lorsque le navire saisi n'est pas de nationalité monégasque, la dénonciation est adressée au consul de l'État dont le navire bat pavillon.

Art. L. 315-18. – Le tribunal fixe, par son jugement, la mise à prix, les conditions de vente et, pour le cas où il n'est pas fait d'offre, le jour auquel de nouvelles enchères auront lieu sur mise à prix inférieure qui est déterminée par le même jugement.

Art. L. 315-19. – La vente se fait à l'audience du tribunal de première instance, quinze jours après une apposition d'affiche et une insertion de cette affiche au *Journal de Monaco*, sans préjudice de toutes autres publications qui peuvent être ordonnées par le tribunal.

Néanmoins, le tribunal peut ordonner que la vente sera faite soit en l'étude et par le ministère d'un notaire, soit par un courtier maritime.

Dans ces divers cas, le jugement règle la publicité.

Art. L. 315-20. – Les affiches sont apposées à la coupée du bâtiment saisi, à la porte principale du tribunal de première instance et dans les locaux de la Direction des affaires maritimes.

Art. L. 315-21. – Les affiches doivent indiquer :
- les nom, profession et demeure du poursuivant ;
- les titres en vertu desquels il agit ;
- le montant de la somme qui lui est due ;
- l'élection de domicile par lui faite dans la Principauté ;
- les nom, profession et domicile du propriétaire du bâtiment saisi ;
- le nom du bâtiment et, s'il est armé ou en armement, le nom du capitaine ainsi que la puissance motrice en cas de propulsion mécanique ;
- le lieu où il se trouve ;
- la mise à prix et les conditions de la vente ;
- les jour, lieu et heure de l'adjudication.

Art. L. 315-22. – Les demandes en distraction sont formées et notifiées au greffe général avant l'adjudication.

Si les demandes en distraction ne sont formées qu'après l'adjudication, elles sont converties de plein droit en opposition à la délivrance des sommes provenant de la vente.

Art. L. 315-23. – Les oppositions à la délivrance du prix sont formées au plus tard trois jours francs après celui de l'adjudication ; passé ce temps, elles ne sont plus admises.

Art. L. 315-24. – Le demandeur ou l'opposant a trois jours francs pour fournir ses moyens.

Le défendeur a trois jours francs pour contredire.

Les dispositions de l'article 648 du Code de procédure civile sont applicables à la cause.

Art. L. 315-25. – L'adjudication du navire fait cesser les fonctions du capitaine, sauf à lui à se pourvoir en dédommagement.

Elle purge le navire des privilèges et des hypothèques qui le grèvent.

Art. L. 315-26. – La surenchère n'est pas admise en cas de vente judiciaire.

Art. L. 315-27. – L'adjudicataire est tenu de verser son prix, sans frais, au greffe général, dans le délai de vingt-quatre heures, à peine de folle enchère.

Art. L. 315-28. – À défaut de paiement ou de consignation, le bâtiment est remis en vente et adjugé, trois jours après une nouvelle publication conformément aux dispositions des articles L. 315-19, L. 315-20 et L. 315-21, à la folle enchère des adjudicataires qui sont également tenus pour le paiement du déficit, des dommages, des intérêts et des frais.

Art. L. 315-29. – L'adjudicataire doit, dans les cinq jours suivant le versement du prix, présenter requête au président du tribunal de première instance pour faire commettre un juge devant lequel il assigne les créanciers par acte signifié aux domiciles élus, à l'effet de s'entendre à l'amiable sur le paiement du prix.

Art. L. 315-30. – L'acte de convocation est affiché dans l'auditoire du tribunal et inséré au *Journal de Monaco*.

Le délai de convocation est de quinzaine sans augmentation à raison de la distance.

Art. L. 315-31. – Les créanciers opposants sont tenus de produire au greffe général leurs titres de créances dans les trois jours qui suivent la sommation qui leur en est faite par le créancier poursuivant ou par le tiers saisi, faute de quoi il est procédé à la distribution du prix de la vente sans qu'ils y soient compris.

Art. L. 315-32. – Dans le cas où les créanciers ne s'entendent pas sur la distribution du prix, il est dressé procès-verbal de leurs prétentions et contredits.

Dans la huitaine, chacun des créanciers doit déposer au greffe général une demande de collocation avec titre à l'appui.

À la requête du plus diligent, les créanciers sont, par simple acte extrajudiciaire, appelés devant le tribunal, qui statue à l'égard de tous, même des créanciers privilégiés.

Art. L. 315-33. – Le délai d'appel est de dix jours à compter de la signification du jugement, outre les délais de distance prévus en matière de procédure civile.

Art. L. 315-34. – Dans les huit jours qui suivent l'expiration du délai d'appel et, s'il y a appel, dans les huit jours de l'arrêt, le juge dresse l'état des créances colloquées en principal, intérêts et frais. Les intérêts des créances utilement colloquées cessent de courir au détriment de la partie saisie.

Art. L. 315-35. – La collocation des créanciers et la distribution des deniers sont faites entre les créanciers privilégiés et hypothécaires suivant leur ordre et entre les autres créanciers au marc le franc de leurs créances. Tout créancier colloqué l'est, tant pour son principal que pour ses intérêts et frais.

Art. L. 315-36. – Sur ordonnance rendue par le juge-commissaire, le greffier délivre les bordereaux de collocation, comme il est prévu en matière immobilière.

La même ordonnance autorise la radiation des inscriptions des créanciers non colloqués. Il est procédé à cette radiation sur demande de toute partie intéressée.

Art. L. 315-37. – La saisie d'un ou plusieurs quirats d'un navire et la distribution du prix provenant de l'adjudication obéissent aux règles précédentes, sauf les modifications qui suivent.

La saisie doit être dénoncée aux autres copropriétaires dans les conditions de l'article L. 315-16, deuxième et troisième alinéas.

Dans le cas prévu par l'article L. 317-25, il est statué sur l'opposition par le tribunal de la saisie avant l'adjudication.

Chapitre VI. – Le régime juridique du navire et des actes relatifs au navire

Art. L. 316-1. – Les navires sont soumis aux règles de droit commun applicables aux biens meubles sous réserve des règles spéciales édictées dans la présente loi et ses ordonnances d'application.

Tout acte constitutif, translatif ou extinctif de la propriété ou de tout autre droit réel sur un navire ayant obtenu la naturalisation doit, à peine de nullité, être fait par écrit.

L'acte doit comporter des mentions propres à l'identification des parties intéressées au navire. Ces mentions sont fixées par ordonnance souveraine.

Art. L. 316-2. – Il en est de même des contrats d'affrètement à temps transférant à l'affréteur la qualité d'armateur et des contrats d'affrètement coque nue conclus et des délégations de fret consenties pour une durée de plus d'un an ou dont la prorogation peut aboutir à pareille durée.

Art. L. 316-3. – Les actes visés aux articles L. 316-1 et L. 316-2 doivent être transcrits sur le registre prévu à l'article L. 311-4 et inscrits au dos de l'acte de naturalisation. Jusqu'à l'accomplissement de cette double formalité, ils ne peuvent être opposés aux tiers qui ont acquis de bonne foi des droits sur le navire et les ont conservés conformément aux lois.

Art. L. 316-4. – Celui qui construit un navire pour le compte d'autrui en demeure propriétaire jusqu'à la livraison, sauf convention contraire.

Le contrat de construction doit être rédigé par écrit. Il en est de même des modifications au contrat initial.

Le transfert de propriété se réalise au moment de la réception du navire après essai concluant.

Le constructeur est garant des vices cachés malgré la réception du navire sans réserve par l'acheteur.

L'action en garantie contre le constructeur se prescrit par un an. Ce délai commence à courir en ce qui concerne les vices cachés du jour de leur découverte.

Art. L. 316-5. – Lorsque le constructeur est déclaré en règlement judiciaire ou liquidation des biens et lorsque, du fait de cette situation, il ne termine pas la construction, celui pour le compte duquel la construction est en cours a le droit de se faire attribuer le navire et les matériaux approvisionnés moyennant versement du prix d'estimation sous déduction des acomptes payés. Il peut ensuite terminer le navire sur place à ses frais, sauf indemnité pour occupation du chantier.

Chapitre VII. – La propriété du navire

Art. L. 317-1. – Le navire peut être la propriété d'une personne physique ou morale.

Art. L. 317-2. – Le navire peut également être exploité en copropriété. Les conventions relatives à la propriété doivent être rédigées par écrit, à peine de nullité.

Art. L. 317-3. – La copropriété est divisée en parts ou quirats. L'indication du nombre de parts et de leur affectation à chacun des copropriétaires doit être portée sur le registre prévu à l'article L. 311-4.

Art. L. 317-4. – Les décisions relatives à l'exploitation en copropriété sont prises à la majorité des intérêts, sauf ce qui est dit à l'article L. 317-21.

Chaque copropriétaire dispose d'un droit de vote correspondant à sa part de propriété.

Les décisions sont notifiées à tous les copropriétaires.

Art. L. 317-5. – Nonobstant toute clause contraire, les décisions de la majorité sont susceptibles de recours en justice de la part de la minorité. Ce recours doit être exercé dans un délai de trois ans à compter de la notification de la décision.

L'annulation d'une décision est prononcée en cas de vice de forme ou si la décision attaquée est contraire à l'intérêt général de la copropriété et prise dans l'unique dessein de favoriser la majorité au détriment de la minorité.

Art. L. 317-6. – Lorsqu'aucune majorité ne peut se dégager, ou en cas d'annulation répétée des décisions de la majorité, le tribunal peut, à la requête de l'un des copropriétaires, soit désigner un gérant provisoire, soit ordonner la licitation du navire, soit prendre l'une et l'autre de ces mesures.

Art. L. 317-7. – La majorité peut confier la gestion du navire à un ou plusieurs gérants, copropriétaires ou étrangers à la copropriété.

Art. L. 317-8. – La nomination, la démission, la révocation des gérants doit être portée à la connaissance des tiers par une mention sur le registre prévu à l'article L. 311-4.

Art. L. 317-9. – Faute de désignation d'un gérant ou de la publicité prévue à l'article précédent portant l'existence d'un ou plusieurs gérants à la connaissance des tiers, tous les copropriétaires du navire sont réputés gérants.

Art. L. 317-10. – En cas de pluralité, les gérants agissent d'un commun accord.

Art. L. 317-11. – Le gérant a tous pouvoirs pour agir dans l'exercice de sa mission de gestion au nom de la copropriété en toutes circonstances.

Toute limitation contractuelle des pouvoirs des gérants est sans effet à l'égard des tiers.

Art. L. 317-12. – Le capitaine doit se conformer aux instructions du gérant.

Art. L. 317-13. – Les copropriétaires participent aux profits et pertes de l'exploitation au prorata de leurs intérêts dans le navire. Ils doivent, dans la même proportion, contribuer aux dépenses de la copropriété et répondre aux appels de fonds du gérant.

Art. L. 317-14. – Nonobstant toute convention contraire, les copropriétaires gérants sont tenus indéfiniment et solidairement des dettes de la copropriété.

Il en est de même, mais sauf convention contraire, des copropriétaires non gérants.

Les conventions contraires visées à l'alinéa précédent ne sont opposables aux tiers qu'après la publicité sur le registre prévu à l'article L. 311-4.

Art. L. 317-15. – La mort, l'incapacité ou la liquidation des biens d'un copropriétaire n'entraîne pas de plein droit la dissolution de la copropriété.

Art. L. 317-16. – Chaque copropriétaire peut disposer de sa part. L'aliénation de sa part par un copropriétaire doit être mentionnée sur le registre visé à l'article L. 311-4.

Art. L. 317-17. – Chaque copropriétaire reste tenu des dettes contractées antérieurement à la publicité de l'aliénation prévue par l'article L. 311-4.

Art. L. 317-18. – Nonobstant toute clause contraire, l'aliénation qui doit entraîner la perte de la nationalité monégasque du navire n'est permise qu'avec l'autorisation des autres copropriétaires.

Art. L. 317-19. – Les copropriétaires qui sont membres de l'équipage du navire peuvent, en cas de congédiement, quitter la copropriété et obtenir de celle-ci le remboursement de leur part. En cas de désaccord et sauf compromis, le prix en est fixé par le tribunal.

Sauf convention contraire des parties, le règlement du prix doit être effectué dans le mois de sa fixation définitive, amiable ou judiciaire.

Art. L. 317-20. – Chaque copropriétaire peut hypothéquer sa part dans les conditions et les formes prévues aux articles L. 313-1 et suivants.

Art. L. 317-21. – Le gérant peut hypothéquer le navire avec le consentement d'une majorité des intérêts représentant les trois quarts de la valeur du navire.

Art. L. 317-22. – Il est mis fin à l'exploitation en commun du navire par sa vente forcée aux enchères, par licitation volontaire ou par décision de justice.

Art. L. 317-23. – La licitation volontaire est décidée par une majorité représentant les deux tiers des intérêts. La décision de licitation définit les modalités de la vente.

Art. L. 317-24. – Le tribunal qui prononce la dissolution de la copropriété en application de l'article L. 317-6 ordonne les conditions de la vente du navire.

Art. L. 317-25. – Si une saisie porte sur des parts représentant plus de la moitié du navire, la vente est étendue à tout la navire, sauf opposition des autres copropriétaires pour des motifs reconnus sérieux et légitimes.

TITRE II. – LES ÉVÈNEMENTS DE MER

Chapitre I. – L'abordage

Art. L. 321-1. – L'abordage est la collision survenue soit entre un navire et tout autre bâtiment de navigation, soit entre un navire et tous engins flottants, à l'exception de ceux qui sont amarrés à poste fixe.

Il ne peut y avoir abordage qu'entre des navires qui naviguent ou sont susceptibles de naviguer.

Après un abordage, le capitaine de chacun des navires entrés en collision est tenu autant qu'il peut le faire sans danger sérieux pour son navire, son équipage et ses passagers, de prêter assistance à l'autre bâtiment, à son équipage et à ses passagers.

Il fait connaître à l'autre navire le nom, la nationalité et le port d'immatriculation de son navire ainsi que les lieux d'où il vient et où il va.

En cas d'abordage, les indemnités dues en raison des dommages causés aux navires, aux personnes ou aux choses se trouvant à bord, sont réglées conformément aux dispositions du présent chapitre, sans tenir compte des eaux où l'abordage s'est produit.

Art. L. 321-2. – Si l'abordage est fortuit, s'il est dû à un cas de force majeure ou s'il y a doute sur les causes de l'accident, les dommages sont supportés par ceux qui les ont éprouvés, sans distinguer le cas où, soit les navires, soit l'un d'eux, ont été au mouillage au moment de l'abordage.

Art. L. 321-3. – Si l'abordage est causé par la faute de l'un des navires, la réparation incombe à celui qui l'a commise.

Art. L. 321-4. – S'il y a faute commune, les responsabilités respectives, sont proportionnelles à la gravité des fautes commises par chacun. Toutefois, si la proportion ne peut être établie, la responsabilité est également partagée.

Les dommages causés soit aux navires, soit à leur cargaison, soit aux effets ou autres biens des équipages, des passagers ou autres personnes se trouvant à bord, sont réparés dans les mêmes conditions, sans solidarité à l'égard des tiers.

Il y a néanmoins solidarité à l'égard des tiers pour les dommages consécutifs à la mort ou aux blessures, sauf recours de celui qui a payé plus que la part à laquelle il était légalement tenu.

Art. L. 321-5. – La responsabilité établie par les articles précédents subsiste dans le cas où l'abordage est causé par la faute d'un pilote, même lorsque le pilotage est obligatoire.

Art. L. 321-6. – Les dispositions qui précèdent sont applicables à la réparation des dommages qui sont causés par le fait d'un navire à un autre, même s'il n'y a pas eu abordage.

Art. L. 321-7. – Les actions en réparation de dommages se prescrivent par deux ans à partir de l'événement

Les actions en recours prévues par l'alinéa 3 de l'article L. 321-4 se prescrivent par une année à partir du jour du paiement.

Les délais de prescription ne courent pas lorsque le navire n'a pu être saisi dans les eaux soumises à la juridiction monégasque ou à la juridiction française.

Les règles relatives à la limitation de responsabilité du propriétaire du navire sont applicables aux actions nées au titre des dispositions du présent chapitre.

Art. L. 321-8. – Les dispositions du présent chapitre, à l'exception de celles de l'article L. 321-7, alinéa 3, sont applicables aux navires de l'État ou affectés à un service public.

Chapitre II. – L'assistance

Art. L. 322-1. – L'assistance des navires en danger par d'autres navires, ainsi que les services de même nature rendus entre navires, sont soumis aux dispositions du présent chapitre, sans tenir compte des eaux où ils ont prêtés.

Art. L. 322-2. – Toute assistance ayant eu un résultat utile donne lieu à une équitable rémunération, même si les navires appartiennent au même propriétaire.

Sauf convention contraire, aucune rémunération n'est due si le secours prêté reste sans résultat utile, la prévention ou la limitation de la pollution ou de toute autre atteinte à l'environnement étant considérée comme un résultat utile.

En aucun cas, la somme à payer ne peut dépasser la valeur des choses sauvées. Toutefois, au cas où l'assistant est intervenu auprès d'un navire qui, par lui-même ou par sa cargaison, menaçait de causer un dommage à l'environnement, il a droit à une indemnité égale à ses dépenses, y inclus l'amortissement raisonnable du matériel utilisé par lui.

Il n'est dû aucune rémunération pour les personnes sauvées.

Les sauveteurs des vies humaines qui sont intervenus à l'occasion des mêmes dangers ont droit à une équitable part de la rémunération accordée aux sauveteurs du navire, de la cargaison et de leurs accessoires.

Art. L. 322-3. – N'ont droit à aucune rémunération ceux qui ont pris part aux opérations de secours malgré la défense expresse et raisonnable du navire secouru.

Art. L. 322-4. – Le remorqueur n'a droit à une rémunération pour l'assistance du navire qu'il remorque que s'il a rendu des services exceptionnels ne pouvant être considérés comme l'exécution du contrat de remorquage.

Art. L. 322-5. – Le montant de la rémunération est fixé par la convention des parties et, à défaut, par le tribunal.

Il en est de même de la proportion dans laquelle cette rémunération doit être répartie soit entre les sauveteurs, soit entre les propriétaires, le capitaine et l'équipage de chacun des navires assistants.

Si le navire assistant est un navire étranger, la répartition est réglée selon sa loi nationale.

Art. L. 322-6. – Les difficultés nées d'une opération d'assistance, qu'elle ait ou non donné lieu à convention, sont de la compétence du tribunal de première instance.

Le tribunal a tout pouvoir pour apprécier la validité de la convention et son caractère équitable.

Il fixe ou modifie la rémunération due à l'assistant, compte tenu des circonstances, notamment de la valeur du navire ou de la cargaison et du péril couru par eux comme par l'assistant.

Art. L. 322-7. – L'assistant n'est pas responsable envers l'assisté ou envers les tiers.

Toutefois sa responsabilité peut être recherchée en cas de faute intentionnelle ou inexcusable. Est inexcusable la faute délibérée qui implique la conscience de la probabilité du dommage et son acceptation téméraire sans raison valable.

Art. L. 322-8. – L'action en paiement de la rémunération se prescrit par deux ans à partir du jour où les opérations d'assistance sont terminées.

Toutefois, le délai de prescription ne court pas lorsque le navire assisté n'a pu être saisi dans les eaux soumises à la juridiction monégasque ou française.

L'action en responsabilité contre l'assistant se prescrit par le même délai.

Art. L. 322-9. – Tout capitaine est tenu, autant qu'il peut le faire sans danger sérieux pour son navire, son équipage ou ses passagers, de prêter assistance à toute personne trouvée en mer en danger de se perdre.

Le propriétaire du navire n'est pas responsable des contraventions à la disposition de l'alinéa précédent, sauf s'il est intervenu effectivement et directement.

Art. L. 322-10. – Les dispositions du présent chapitre, à l'exception de celles de l'article L. 322-8, alinéa 2, sont applicables aux navires de l'État ou à ceux qui sont affectés à un service public.

Les dispositions de l'article L. 322-5, alinéa 2, ne sont pas applicables aux navires de l'État.

Il n'y a pas lieu à rémunération lorsque l'assistance est prêtée entre navires appartenant à l'État.

TITRE III. – LE CAPITAINE

Art. L. 330-1. – Le capitaine est le chef de la société du bord, le chef de l'expédition maritime et le représentant de l'armateur. À défaut de capitaine en titre, ses fonctions sont exercées par la personne qui exerce régulièrement en fait le commandement du navire.

Art. L. 330-2. – Le capitaine est désigné par l'armateur du navire ou, en cas d'affrètement transférant à l'affréteur les pouvoirs de l'armateur, par cet affréteur.

En cas de décès, d'indisponibilité due à une maladie, à une blessure ou à toute autre cause, du capitaine, le capitaine en second exerce de plein droit le commandement du navire jusqu'à l'arrivée au premier port touché.

En cas de décès, d'indisponibilité due à une maladie, à une blessure, ou à toute autre cause, du second appelé dans les conditions définies ci-dessus à prendre le commandement du navire, les fonctions de capitaine sont dévolues, jusqu'à l'arrivée au premier port touché, à l'officier de service-pont porté sur le rôle d'équipage avec le grade le plus élevé et, en cas d'épuisement de la liste de ces officiers, à l'officier de service-machine avec le grade le plus élevé et ainsi de suite dans l'ordre de la hiérarchie.

Art. L. 330-3. – Il doit être titulaire du diplôme ou brevet exigé pour le genre de navigation pratiqué par le navire.

Art. L. 330-4. – L'engagement du capitaine est soumis aux dispositions du livre VI.

Art. L. 330-5. – Le capitaine répond de toute faute commise dans l'exercice de ses fonctions.

Art. L. 330-6. – Sauf empêchement, le capitaine est tenu de conduire personnellement son navire à l'entrée et à la sortie des ports, rades, canaux et rivières, même lorsque les règlements imposent la présence d'un pilote à bord.

Le capitaine de tout navire monégasque ou étranger est astreint, dans les eaux territoriales et intérieures monégasques, au respect des règles de circulation maritime résultant des usages internationaux et des règles concernant les distances minimales de passage le long des côtes monégasques.

Art. L. 330-7. – Le capitaine est tenu de veiller à l'exécution des visites imposées par les règlements.

Art. L. 330-8. – Le capitaine doit avoir à bord pour tous les navires :

- l'acte de naturalisation ;
- les titres de sécurité et les attestations réglementaires des visites prescrites ; et selon le genre de navigation :
- le rôle d'équipage ;
- la charte-partie et les manifestes commerciaux ;
- les manifestes et autres documents de douane concernant le navire et sa cargaison ; et tous autres documents prescrits par les règlements.

Art. L. 330-9. – Le capitaine doit rédiger son journal de mer et veiller à la bonne tenue des autres journaux de bord.

En cas d'événement particulier, il doit en outre rédiger un rapport circonstancié et le faire affirmer dans les vingt-quatre heures de son arrivée devant le magistrat compétent et, à l'étranger, devant le Consul de Monaco ou, à défaut, devant le magistrat compétent du lieu d'arrivée.

Art. L. 330-10. – Le journal de mer et le livre de bord font foi jusqu'à preuve contraire des faits qu'ils relatent.

Art. L. 330-11. – En terminant son voyage, le capitaine accomplit les formalités requises par l'arrivée au port.

Art. L. 330-12. – Si, au cours du voyage, le capitaine est obligé de faire une escale imprévue, il est tenu, sans préjudice des formalités douanières, de déclarer la cause de sa relâche au Consul de Monaco ou, à défaut, au magistrat compétent du lieu.

Art. L. 330-13. – Le capitaine qui a fait naufrage et qui s'est sauvé seul ou avec tout ou partie de son équipage est tenu de se présenter devant le magistrat compétent du lieu, et, à l'étranger, devant le Consul de Monaco ou, à défaut, devant le magistrat compétent du lieu d'arrivée, d'y faire son rapport et de le faire vérifier par ceux de son équipage qui se seraient sauvés et se trouveraient encore avec lui. Il se fait délivrer une expédition de son rapport.

Le magistrat saisi peut procéder à toute mesure d'instruction sur les faits relatés dans le rapport.

Art. L. 330-14. – Le capitaine exerce un pouvoir disciplinaire sur l'équipage, sur les passagers et sur toute personne embarquée, par des mesures réglementaires, par des ordres individuels ou par les sanctions prévues aux articles L. 632-6 et L. 632-8.

Il remplit à bord les fonctions d'officier d'état-civil et il reçoit les testaments, dans les conditions prévues par le Code civil. Les originaux des actes d'état-civil ainsi dressés demeurent annexés au rôle d'équipage du navire jusqu'à leur notification à la première autorité monégasque compétente à terre en matière d'état civil.

Il est officier de police judiciaire pour les crimes et délits commis à bord.

Art. L. 330-15. – Hors les lieux où l'armateur a son principal établissement ou une succursale, le capitaine pourvoit aux besoins normaux du navire et de l'expédition.

Il exerce les fonctions commerciales de la manière fixée par la législation et les usages maritimes dans l'intérêt de l'armateur qui ne peut, à l'égard des tiers, ni les limiter, ni les restreindre. Notamment, il passe les contrats de transport de passagers ou de marchandises, signe et délivre les connaissements, reçoit la marchandise à bord et en effectue la délivrance, perçoit le fret lorsqu'il reste dû et prend toutes mesures pour en assurer le paiement.

Art. L. 330-16. – Le capitaine ne peut prendre d'autres engagements qu'en vertu d'un mandat exprès de l'armateur ou, en cas de communications impossibles avec lui, avec l'autorisation du consul de Monaco ou du magistrat compétent du lieu.

Art. L. 330-17. – Hors les lieux où l'armateur a son principal établissement ou une succursale, le capitaine peut, en cas d'urgence, prendre au nom de l'armateur toutes dispositions conservatoires des droits de l'armateur, des passagers et des chargeurs.

L'armateur est alors réputé avoir agi comme gérant d'affaires des passagers et des chargeurs.

Art. L. 330-18. – Il est interdit au capitaine de charger sur son navire des marchandises pour son propre compte sans l'autorisation écrite de l'armateur.

En cas d'infraction à cette défense, le capitaine doit à l'armateur une indemnité égale au double du fret correspondant à son chargement.

Art. L. 330-19. – Le capitaine a qualité pour recevoir tous actes judiciaires ou extrajudiciaires adressés à l'armateur.

LIVRE IV. – DE LA NAVIGATION

TITRE I. – LES RÈGLES DE NAVIGATION

Chapitre I. – Définitions

Art. L. 411-1. – Est réputée maritime toute navigation exercée en mer, dans les ports et rades jusqu'aux points de cessation de salure des eaux ainsi que dans les estuaires et les fleuves jusqu'au premier obstacle au passage des bâtiments de mer.

Art. L. 411-2. – La navigation maritime se divise en :

1. Navigation commerciale.
2. Navigation de plaisance.
3. Navigation scientifique.

Art. L. 411-3. – La navigation commerciale est celle qui est pratiquée dans un but lucratif.

La navigation de plaisance est celle qui est pratiquée dans un but d'agrément et sans esprit de trafic commercial.

La navigation scientifique est celle qui est pratiquée dans un but de recherche et sans esprit lucratif et conformément aux dispositions des conventions internationales.

Art. L. 411-4. – La navigation commerciale comporte les trois catégories suivantes :

1. La navigation de commerce proprement dite.
2. La navigation de pêche.
3. Les navigations spéciales.

Art. L. 411-5. – La navigation de commerce proprement dite a pour effet le transport des passagers ou des marchandises.

Elle se divise elle-même en long cours, cabotage et navigation côtière.

Art. L. 411-6. – Est réputée long cours la navigation pratiquée au-delà de la zone délimitée comme suit :

- au nord : le parallèle 72° nord.

- à l'ouest : une ligne suivant le méridien de 12°40' ouest depuis le parallèle 72° nord jusqu'à celui de 30° nord, ce dernier parallèle jusqu'à 27° ouest, le méridien de cette dernière longitude jusqu'au parallèle de 10° nord.

- au sud : le parallèle de 10° nord à l'ouest du méridien de Greenwich et le parallèle de 30° nord à l'est du méridien de Greenwich.

- à l'est : le méridien de 46°20' est.

Art. L. 411-7. – Est réputée cabotage, la navigation pratiquée en-deçà des limites du long cours définie ci-dessus et qui n'est pas classée navigation côtière.

Art. L. 411-8. – Est réputée navigation côtière, la navigation pratiquée par les navires suivants :

a) navires d'une jauge brute au plus égale à trois cents unités de jauge ne naviguant qu'à l'intérieur d'une zone déterminée par ordonnance souveraine et ne s'écartant pas de plus de vingt milles des côtes ;

b) chalands et autres engins de tout tonnage remorqués en mer dans les limites géographiques définies à l'alinéa précédent ;

c) navires de tout tonnage ne sortant pas habituellement des ports et des rades.

Art. L. 411-9. – La navigation de pêche comprend la pêche côtière, la pêche au large et la grande pêche.

Elle a pour objet la capture ou l'élevage des poissons, animaux marins, crustacés, coquillages ou autres espèces vivantes utiles à l'homme.

Art. L. 411-10. – Est réputée « pêche côtière » la navigation de pêche pratiquée le long des côtes lorsqu'elle ne répond pas à la définition de pêche au large.

Est réputée « pêche au large » la navigation de pêche pratiquée par des navires d'une jauge brute supérieure à vingt-cinq unités de jauge s'éloignant habituellement du port pour une durée supérieure à soixante-douze heures dans les limites suivantes :

- au nord : le 72° de latitude nord ;
- au sud : l'équateur ;
- à l'ouest : le 28° de longitude ouest (Greenwich) ;
- à l'est : le 26° de longitude est (Greenwich).

Est réputée « grande pêche » la navigation de pêche pratiquée au-delà des limites fixées à l'alinéa 2 ci-dessus.

Art. L. 411-11. – Les navigations spéciales sont celles qui ne relèvent ni de l'article L. 411-5, ni de l'article L. 411-9.

Chapitre II. – Les titres de navigation

Art. L. 412-1. – Tout bâtiment exerçant une navigation maritime doit obligatoirement posséder un titre de navigation.

Art. L. 412-2. – Le rôle d'équipage est le titre de navigation délivré aux navires dont l'équipage est composé de marins professionnels salariés.

Art. L. 412-3. – Le permis de circulation est le titre de navigation délivré aux navires de commerce dont le personnel n'est pas composé de marins professionnels.

Art. L. 412-4. – L'acte de naturalisation tient lieu de titre de navigation pour les navires de plaisance sans équipage salarié.

Art. L. 412-5. – Des ordonnances souveraines, prises après avis du Conseil de la mer, déterminent les conditions de délivrance et de renouvellement des titres de navigation prévus aux articles L. 412-2 et L. 412-3.

Art. L. 412-6. – Sans préjudice des sanctions pénales susceptibles d'être encourues par les contrevenants, le rôle d'équipage sera refusé ou retiré à tout navire dont le capitaine ou les officiers ne réuniraient pas ou ne réuniraient plus les conditions exigées pour l'exercice de leurs fonctions.

Art. L. 412-7. – Les énonciations du rôle d'équipage font foi en justice jusqu'à inscription de faux.

Art. L. 412-8. Aucun navire ne peut prendre la mer sans être muni de ses titres de navigation. Ceux-ci doivent être produits sur toute réquisition de l'autorité compétente, soit en mer, soit au port. En cas de désarmement du navire pendant la période de validité des titres de navigation, ainsi que dans tous les autres cas prévus par ordonnances souveraines, ces documents doivent être déposés auprès de l'autorité compétente.

Chapitre III. – L'identification du navire

Art. L. 413-1. – Sont considérés comme navires tous bâtiments de mer, quels qu'ils soient, y compris les engins flottants, qui effectuent une navigation de surface ou sous-marine, ou qui stationnent en mer, à l'exclusion des embarcations et engins flottants visés à l'article L. 311-3.

Art. L. 413-2. – Tout navire doit être immatriculé auprès de la Direction des affaires maritimes.

Art. L. 413-3. – Les conditions de cette immatriculation sont fixées par ordonnance souveraine.

Art. L. 413-4. – Tout navire ou embarcation exerçant une navigation maritime doit porter à la poupe le nom du navire et celui du port de Monaco.

En outre, tout navire d'une jauge brute égale ou supérieure à vingt-cinq unités de jauge doit porter son nom à l'avant et sur chaque bord.

Les formes de ces inscriptions sont fixées par ordonnance souveraine.

Art. L. 413-5. – Tout navire doit arborer les autres marques de signalement extérieur déterminées par ordonnance souveraine.

TITRE II. – LA SÉCURITÉ DE LA NAVIGATION MARITIME

Chapitre I. – Dispositions générales

Art. L. 421-1. – Le présent titre est applicable aux navires monégasques qui ressortissent au titre 1 du livre III.

Il est également applicable :

1° aux navires monégasques non mentionnés à l'alinéa précédent ;

2° dans des conditions déterminées par ordonnance souveraine aux navires étrangers touchant un port de la Principauté.

Art. L. 421-2. – Les règles destinées à assurer la sécurité du navire, de l'équipage et des personnes embarquées comprennent :

1° les règles pour prévenir les abordages ;

2° Les règles fixant les limites autorisées pour l'immersion des navires effectuant des voyages internationaux telles que codifiées par la Convention de Londres du 5 avril 1966 sur les lignes de charge ;

3° les règles qui ont pour but de sauvegarder la vie humaine en mer et d'assurer l'habitabilité des navires ;

4° les règles visant à la prévention de la pollution sans préjudice des dispositions du titre II du livre II du code ;

5° les règles fixant les conditions d'aptitude au commandement et à la conduite des navires.

Ces règles sont fixées par ordonnance souveraine.

Art. L. 421-3. – Les titres de sécurité et les certificats de prévention de la pollution ne peuvent être délivrés par le Ministre d'État que sur l'avis conforme de la commission visée au titre II du livre I.

Au cas où le navire ne pourrait prendre la mer sans danger pour lui-même, l'équipage et les personnes embarquées ou le milieu marin et ses intérêts connexes tels que définis par la Convention de Bruxelles du 29 novembre 1969, le Directeur des affaires maritimes peut interdire ou ajourner son départ jusqu'à ce qu'il ait été remédié aux irrégularités contrôlées après visite.

Les titres de sécurité et les certificats de prévention de la pollution sont retirés par l'autorité qui les a délivrés, avant l'expiration de leur durée de validité, si le navire cesse de satisfaire aux conditions fixées pour leur délivrance. Ils sont restitués lorsque ces conditions sont à nouveau remplies.

Art. L. 421-4. – Indépendamment des pouvoirs que les officiers et agents de police judiciaire exercent conformément aux dispositions du Code de procédure pénale, ont libre accès à bord de tout navire pour procéder aux visites prévues par les articles L. 120-1 et L. 421-3 ou y participer :

- les agents de la Direction des affaires maritimes ;
- le Directeur de la Sûreté publique, chef de la police maritime ;
- le médecin délégué par le Directeur de l'Action sanitaire et sociale ;
- l'inspecteur du travail ;
- les agents de l'administration des télécommunications chargés du contrôle des installations radioélectriques ;
- les membres de la commission des visites.

Chapitre II. – Dispositions pénales

Art. L. 422-1. – Sans préjudice des pouvoirs que les officiers et agents de police judiciaire exercent conformément aux dispositions du Code de procédure pénale, les infractions aux ordonnances souveraines rendues pour l'application des traités ou accords internationaux, à la présente loi et aux ordonnances souveraines prises pour son application sont constatées, par le Directeur des affaires maritimes, par le Directeur de la Sûreté publique, chef de la police maritime, chacun en ce qui le concerne, ou par ceux de leurs agents habilités régulièrement commissionnés et assermentés à cet effet.

Art. L. 422-2. – Les procès-verbaux dressés en application de l'article L. 422-1 font foi jusqu'à preuve contraire.

Ils sont transmis immédiatement au procureur général.

Les infractions sont jugées par les juridictions répressives de la Principauté.

Art. L. 422-3. – Est puni de l'amende prévue au chiffre 3 de l'article 26 du Code pénal tout constructeur, armateur, propriétaire ou capitaine qui enfreint les dispositions de l'article L. 421-2 et des ordonnances souveraines prises pour son application.

Les mêmes peines sont applicables aux responsables des opérations de chargement, de déchargement, d'emballage et de manutention qui ne respectent pas les obligations réglementaires sur le transport des grains, des marchandises dangereuses et des substances nuisibles.

Toutefois, lorsqu'il s'agit d'un navire défini au chiffre 1 de l'alinéa 2 de l'article L. 421-1, l'amende est celle prévue au chiffre 1 de l'article 26 du Code pénal.

Art. L. 422-4. – Est puni d'un emprisonnement de un mois à un an et de l'amende prévue au chiffre 3 de l'article 26 du Code pénal ou de l'une de ces deux peines seulement, tout armateur, tout capitaine ou tout propriétaire de navire qui fait naviguer ou tente de faire naviguer un navire sans titre de sécurité ou sans certificat de prévention de la pollution en cours de validité.

Toutefois, s'il est prouvé que le capitaine a reçu un ordre de l'armateur ou du propriétaire, la peine qu'il encourt est de un mois à trois mois d'emprisonnement et l'amende est celle prévue au chiffre 2 de l'article 26 du Code pénal.

Art. L. 422-5. – Est punie d'un emprisonnement de un mois à un an et de l'amende prévue au chiffre 3 de l'article 26 du Code pénal, ou de l'une de ces deux peines seulement, toute personne qui fabrique en vue de la vente ou qui vend à un utilisateur des matériels de sécurité ou de prévention de la pollution qui ne remplissent pas les conditions réglementaires d'agrément.

Art. L. 422-6. – Les peines d'emprisonnement et d'amendes prévues aux articles précédents peuvent être portées au double en cas de récidive.

LIVRE V. – DE L'EXPLOITATION DES NAVIRES

TITRE I. – L'ARMEMENT

Chapitre I. – L'armateur

Art. L. 511-1. – L'armateur est celui qui exploite le navire en son nom, qu'il en soit ou non propriétaire.

Art. L. 511-2. – L'armateur peut être une personne physique, une copropriété de navire, ou une personne morale constituée conformément au droit commun.

Art. L. 511-3. – Le propriétaire ou les copropriétaires du navire sont présumés en être l'armateur.

En cas d'affrètement, l'affréteur devient l'armateur du navire, si le contrat d'affrètement le prévoit et a été régulièrement publié au registre prévu par l'article L. 311-4.

Art. L. 511-4. – L'armateur répond de ses préposés terrestres et maritimes dans les termes du droit commun. Il est notamment personnellement responsable des obligations dérivant des actes accomplis et des contrats conclus par le capitaine dans l'exercice de ses fonctions légales ainsi que des faits et fautes du capitaine, de l'équipage et de toute autre personne au service du navire, agissant dans le cadre de leurs fonctions respectives.

L'armateur bénéficie de la limitation de responsabilité prévue par l'article L. 312-1 sous réserve des dispositions de l'article L. 623-47.

Cette limitation de responsabilité n'est cependant pas opposable aux créances du chef d'assistance, de sauvetage ou de contribution aux avaries communes.

Lorsqu'une action est dirigée contre le capitaine ou un membre de l'équipage dont les engagements, faits ou fautes sont de nature à entraîner la responsabilité de l'armateur, celui-ci est en droit de se prévaloir de la limitation de responsabilité prévue à l'article L. 312-1.

Chapitre II. – Les auxiliaires de l'armement

Section I. – Les courtiers maritimes

Art. L. 512-1. – Les courtiers maritimes sont nommés et peuvent être destitués par ordonnance souveraine sur la proposition du Ministre d'État.

Leur nombre n'est pas limité.

Art. L. 512-2. – Les courtiers maritimes sont agents accrédités, dans des conditions fixées par ordonnance souveraine, auprès des diverses administrations : ils sont habilités à effectuer, tant à l'entrée qu'à la sortie, les opérations de conduite des navires devant l'autorité compétente, direction du port, tribunal de première instance, douane, service sanitaire.

Ils font le courtage des affrètements.

Ils ont le droit de traduire, en cas de contestations portées devant les tribunaux, les déclarations, chartes-parties, connaissements, contrats et tous documents ou pièces dont la traduction serait nécessaire.

Hors le cas de vente sur saisie et sous réserve des dispositions de l'article L. 315-19, alinéa 2, ils procèdent à la vente publique aux enchères des navires. Ils ne peuvent se rendre acquéreurs, soit pour leur propre compte, soit pour le compte d'un tiers, des navires ou de leurs accessoires dont la vente ou l'estimation leur a été confiée.

Art. L. 512-3. – Les courtiers maritimes sont autorisés à se livrer à toutes activités commerciales. Ils peuvent, notamment, être armateurs ou consignataires.

Art. L. 512-4. – Les courtiers maritimes tiennent un répertoire sur lequel ils inscrivent jour par jour sans blanc ni rature et par ordre de numéros tous les actes, formalités ou opérations quelconques pour l'accomplissement desquels ils sont autorisés à percevoir une rétribution.

Art. L. 512-5. – Peuvent donner lieu à rétribution, au profit des courtiers maritimes, les services suivants :

1° la conduite du navire, qui comprend l'accomplissement des obligations et formalités à remplir auprès du tribunal de première instance, de la douane et des autres administrations publiques ;

2° l'affrètement ou le fret procuré ;

3° la vente des navires ;

4° la traduction des documents rédigés en langues étrangères. Le montant des commissions d'intervention est fixé d'un commun accord entre les courtiers maritimes et les armements concernés.

Section II. – Les consignataires de navires

Art. L. 512-6. – Le consignataire du navire agit comme mandataire salarié de l'armateur : à ce titre, il accomplit, pour les besoins et pour le compte du navire et de l'expédition, les opérations que le capitaine n'effectue pas lui-même.

Au lieu et place du capitaine, il procède au départ, à la réception et à l'arrivée, à la livraison des marchandises, ainsi qu'aux autres opérations normalement liées au séjour du navire dans le port.

Il pourvoit aux besoins normaux du navire et de l'expédition.

Art. L. 512-7. – Le consignataire du navire peut recevoir de l'armateur ou du capitaine toutes autres missions.

Art. L. 512-8. – Les créances qu'engendrent à la charge de l'armateur les actes du consignataire lorsque celui-ci, conformément à l'article L. 512-6, alinéa 3 ci-dessus, pourvoit aux besoins normaux du navire au lieu et place du capitaine sont assorties du privilège de l'article L. 314-1, 6°.

Art. L. 512-9. – Tous actes judiciaires ou extrajudiciaires que le capitaine est habilité à recevoir peuvent être notifiés au consignataire du navire.

Art. L. 512-10. – Toutes actions contre l'armateur consécutives aux opérations définies à l'article L. 512-6 ci-dessus peuvent, nonobstant toute clause contraire, être portées devant le tribunal du domicile du consignataire qui a accompli ces opérations.

Art. L. 512-11. – Pour les pertes et avaries subies par les marchandises qu'il garde ou manutentionne, le consignataire du navire n'est responsable que dans les conditions et limites définies par les articles L. 523-3 à L. 523-6, ci-dessous.

Pour les autres opérations accomplies par lui par application de l'article L. 512-6, alinéa 1er ci-dessus, le consignataire du navire est responsable dans les termes du droit commun.

Section III. – Les consignataires de la cargaison

Art. L. 512-12. – Le consignataire de la cargaison intervient comme mandataire salarié des ayants droit à la marchandise. Il en prend livraison pour leur compte et en paie le fret quand il est dû.

Art. L. 512-13. – Le consignataire de la cargaison doit prendre contre le transporteur ou son représentant les réserves que commandent l'état et la quantité de la marchandise dans les conditions et délais prévus par la loi applicable.

Faute de ces réserves, il est réputé avoir reçu la marchandise dans l'état et la quantité décrits au connaissement ; toutefois, cette présomption souffre la preuve contraire dans les rapports du consignataire et du transporteur.

Art. L. 512-14. – Pour les avaries ou pertes subies par la marchandise, le consignataire de la cargaison n'est responsable que dans les conditions et limites définies par les articles L. 523-3 à L. 523-6 ci-dessous.

Section IV. – Dispositions communes

Art. L. 512-15. – Toutes actions contre les consignataires sont prescrites par un an courant à compter du jour de la conclusion ou de l'exécution de l'opération litigieuse.

Art. L. 512-16. – En matière internationale, les actes et contrats des consignataires sont régis par la loi du port où ces professionnels opèrent.

Art. L. 512-17. – Les qualités de consignataire du navire ou de la cargaison ou d'entrepreneur de manutention peuvent se cumuler.

Dans ce cas, les règles applicables sont celles de la fonction exercée au moment de la survenance du fait générateur de droits.

Chapitre III. – Les opérations de remorquage

Art. L. 513-1. – Il y a convention de remorquage lorsqu'un ou plusieurs remorqueurs fournissent à un navire la puissance lui permettant de se déplacer ou de manœuvrer sans que ce service ait un caractère d'assistance ou de sauvetage.

La convention de remorquage se prouve par tous moyens, notamment par l'acceptation par le capitaine du navire remorqué des services offerts par le navire remorqueur.

Le prix du remorquage est fixé par les règlements ou les usages du port du navire remorqueur ou, à défaut, par la convention des parties.

Art. L. 513-2. – Les opérations de remorquage portuaire s'effectuent sous la direction du capitaine du navire remorqué.

Les dommages de tous ordres causés au cours des opérations de remorquage soit par le navire remorqué, soit par le remorqueur, sont à la charge du navire remorqué, à moins qu'il n'établisse la faute du remorqueur.

Les parties peuvent, par convention, expresse et écrite, confier au capitaine du navire remorqueur la direction des opérations : les dommages sont alors à la charge du remorqueur, à moins qu'il n'établisse la faute lourde du navire remorqué.

Art. L. 513-3. – Les opérations de remorquage en dehors des limites des eaux intérieures monégasques s'effectuent sous la direction du capitaine du remorqueur.

Les dommages de tous ordres causés au cours des opérations de remorquage, soit par le navire remorqué, soit par le remorqueur, sont à la charge du remorqueur, à moins qu'il n'établisse la faute du navire remorqué.

Les parties peuvent, par convention expresse et écrite, confier au capitaine du navire remorqué la direction des opérations : les dommages sont alors à la charge du navire remorqué, à moins qu'il n'établisse la faute lourde du remorqueur.

Art. L. 513-4. – Est un contrat de transport le contrat par lequel un entrepreneur de remorquage se charge de conduire par voie maritime un engin flottant, un dock, une citerne ou tout autre corps dépourvu de moyens de propulsion.

Le personnel embarqué sur l'engin remorqué devient le préposé de l'entrepreneur de remorquage pendant la durée du transport, quelles que soient les conditions de son embauche et de sa rémunération.

Entre les parties et sauf convention contraire, les obligations de l'entrepreneur de remorquage sont celles fixées par le droit commun du transport. Les règles de l'affrètement ne sont pas applicables à ce contrat.

Vis à vis des tiers, le remorqueur et l'engin remorqué constituent un ensemble dont la responsabilité incombe entièrement à l'entrepreneur de remorquage, sauf la cause étrangère.

Art. L. 513-5. – Les actions nées des opérations de remorquage sont prescrites deux ans après l'achèvement de ces opérations.

TITRE II. – L'AFFRÈTEMENT ET LES TRANSPORTS MARITIMES

Chapitre I. – L'affrètement du navire

Section I. – Règles générales

Art. L. 521-1. – Par le contrat d'affrètement ou charte-partie, un armateur appelé fréteur s'engage, moyennant un fret, à mettre, en tout ou en partie, un navire à la disposition de l'affréteur.

Les conditions et les effets de l'affrètement sont définis par les parties au contrat et, à défaut, par les dispositions du présent titre.

Le changement de propriétaire ou de fréteur du navire au cours de l'affrètement ne produit pas d'effet sur l'exécution de la charte-partie. Le fréteur qui a conclu un contrat d'affrètement demeure cependant responsable vis à vis du nouveau propriétaire ou fréteur du navire, de toutes les obligations résultant du contrat d'affrètement.

Art. L. 521-2. – En matière internationale, il est fait application au contrat d'affrètement, sauf convention contraire des parties, de la loi du pavillon du navire.

Art. L. 521-3. – L'affrètement est prouvé par écrit. La charte-partie est l'acte qui énonce les engagements des parties.

Les dispositions de l'alinéa précédent ne s'appliquent pas aux navires de moins de dix unités de jauge brute.

La charte-partie énonce :

1° les noms, prénoms, qualité, lieu de résidence des parties ;

2° les éléments d'individualisation du navire ;

3° les obligations réciproques des parties ;

4° la portée de l'affrètement, total ou partiel, et dans ce dernier cas, l'indication des cales ou autres espaces mis à la disposition de l'affréteur ;

5° selon le cas, l'acceptation ou le refus par le fréteur de charger ou faire charger des substances nocives ou dangereuses ou des marchandises contenant de telles substances ;

6° le taux du fret.

Art. L. 521-4. – Le fréteur a un privilège sur les marchandises pour le paiement de son fret.

Le destinataire ou réceptionnaire de la marchandise qui en demande livraison devient de plein droit débiteur du fret éventuellement dû.

Art. L. 521-5. – Si le fréteur n'est point payé lors du déchargement des marchandises, il ne peut les retenir à bord du navire, mais il peut les consigner en mains tierces et les faire vendre, sauf à l'affréteur à fournir caution.

La consignation est autorisée par ordonnance sur requête et la vente par ordonnance de référé.

Art. L. 521-6. – La prescription des actions nées du contrat d'affrètement est d'un an. Elle produit ses effets et peut être suspendue ou interrompue conformément au droit commun.

Le délai de prescription court selon ce qui est dit aux articles L. 521-14, L. 521-23, L. 521-38 et L. 521-42.

Section II. – Affrètement « coque nue »

Art. L. 521-7. – Par le contrat d'affrètement « coque nue », le fréteur s'oblige, moyennant le paiement d'un loyer, à mettre, pour un temps défini, à la disposition d'un affréteur, un navire déterminé sans armement ni équipement ou avec un armement et un équipement incomplets.

Outre les mentions prévues à l'article L. 521-3, le contrat d'affrètement coque nue doit indiquer :

1° le temps pendant lequel le navire est mis à la disposition de l'affréteur ;

2° les équipements ou armements laissés par le fréteur en cas d'armement incomplet.

Art. L. 521-8. – Le fréteur s'oblige à présenter, à la date et au lieu convenus, le navire désigné en bon état de navigabilité et apte au service auquel il est destiné.

Art. L. 521-9. – Le fréteur a la charge des réparations et des remplacements dus au vice propre du navire.

Si, par suite d'un vice propre, le navire se trouve immobilisé, aucun loyer n'est dû pendant la durée de l'immobilisation si celle-ci dépasse vingt-quatre heures.

Art. L. 521-10. – L'affréteur peut utiliser le navire à toutes fins conformes à sa destination normale.

Il a l'usage du matériel et des équipements du bord à charge d'en restituer, en fin de contrat, la même quantité de la même qualité sauf usure normale.

Art. L. 521-11. – Sont à la charge de l'affréteur l'entretien du navire et les réparations et remplacements autres que ceux qui sont visés à l'article L. 521-9 ci-dessus.

L'affréteur recrute l'équipage, paie ses salaires, sa nourriture et les dépenses annexes. Il supporte tous les frais d'exploitation. Il assure le navire.

Il garantit le fréteur contre tous recours des tiers qui sont la conséquence de l'exploitation du navire.

L'affréteur a la gestion nautique et commerciale du navire. Il est responsable des obligations nées du capitaine pour le service du navire.

Art. L. 521-12. – L'affréteur doit restituer le navire en fin de contrat dans l'état où il l'a reçu, sauf l'usure normale du navire et des agrès et apparaux.

Art. L. 521-13. – En cas de retard dans la restitution du navire et sauf preuve par le fréteur d'un préjudice plus élevé, l'affréteur doit une indemnité égale pendant les quinze premiers jours au prix du loyer et, postérieurement, au double de ce prix.

Art. L. 521-14. – Le délai de prescription des actions nées du contrat d'affrètement court depuis l'expiration de la durée du contrat ou l'interruption définitive de son exécution.

Section III. – Affrètement à temps

Art. L. 521-15. – Par le contrat d'affrètement à temps, le fréteur s'oblige à mettre, pour un temps défini, un navire armé à la disposition de l'affréteur.

Art. L. 521-16. – Outre les mentions prévues à l'article L. 521-3, le contrat d'affrètement à temps énonce obligatoirement :

1° la durée du contrat ;

2° les limites géographiques dans lesquelles l'affréteur peut utiliser le navire ;

3° les opérations prévues.

Art. L. 521-17. – Le fréteur s'oblige à présenter à la date et au lieu convenus et à maintenir pendant la durée du contrat le navire désigné en bon état de navigabilité, armé et convenablement équipé pour accomplir les opérations prévues à la charte-partie.

Art. L. 521-18. – Le fréteur conserve la gestion nautique du navire.

Il est responsable des dommages subis par la marchandise s'il est établi qu'ils sont dus à un manquement à ses obligations de fréteur. Il n'est cependant pas responsable de la faute nautique du capitaine ou de ses préposés.

Art. L. 521-19. – La gestion commerciale du navire appartient à l'affréteur.

Tous les frais inhérents à l'exploitation commerciale du navire sont à sa charge.

L'affréteur est responsable des dommages subis par le navire du fait de son exploitation commerciale.

Art. L. 521-20. – Pour tout ce qui concerne la gestion commerciale du navire, le capitaine doit, dans les limites tracées par la charte-partie, se conformer aux instructions qu'il reçoit de l'affréteur.

Art. L. 521-21. – Le fret court du jour où le navire est mis à la disposition de l'affréteur dans les conditions du contrat.

Il est payable par mensualité et d'avance.

Il n'est pas acquis à tout événement.

L'affréteur peut résilier le contrat en cas de retard dans la mise à disposition du navire et demander des dommages et intérêts pour le préjudice subi, sauf au fréteur à établir la cause étrangère ou que le retard est sans conséquence pour l'affréteur. Si le fréteur informe l'affréteur que le navire sera délivré en retard, l'affréteur peut déclarer son intention de résilier ou de maintenir le contrat.

Art. L. 521-22. – Le fret n'est pas dû pour les périodes durant lesquelles le navire est commercialement inutilisable si l'immobilisation du navire dépasse vingt-quatre heures.

Lorsque le navire objet de l'affrètement est perdu, détruit ou est devenu irréparable, le fret est dû jusqu'au moment où le navire a été effectivement à la disposition de l'affréteur.

Art. L. 521-23. – Le délai de prescription des actions nées du contrat d'affrètement court depuis l'expiration de la durée du contrat ou l'interruption de son exécution.

Section IV. – Affrètement au voyage

Art. L. 521-24. – Par le contrat d'affrètement au voyage, le fréteur met, en tout ou partie, un navire à la disposition de l'affréteur en vue d'accomplir un ou plusieurs voyages déterminés.

Art. L. 521-25. – Outre les mentions prévues à l'article L. 521-3, le contrat d'affrètement au voyage énonce obligatoirement :

1° la nature et l'importance de la cargaison ;

2° les lieux de chargement et de déchargement ;

3° les temps prévus pour le chargement et le déchargement ;

4° les opérations prévues.

Art. L. 521-26. – Le fréteur s'oblige :

1° à présenter à la date et au lieu convenus et à maintenir pendant le voyage le navire désigné en bon état de navigabilité, armé et équipé convenablement pour accomplir les opérations prévues au contrat ;

2° à faire toutes les diligences qui dépendent de lui pour exécuter le ou les voyages prévus à la charte-partie.

Art. L. 521-27. – Le fréteur conserve la gestion nautique et la gestion commerciale du navire.

Il est responsable des marchandises reçues à bord par le capitaine dans les limites prévues à la charte-partie.

Il se libère de cette responsabilité en établissant soit qu'il a satisfait à ses obligations de fréteur, soit que les dommages ne proviennent pas d'un manquement à ces obligations, soit que le dommage est dû à la faute nautique du capitaine ou de ses préposés.

Art. L. 521-28. – L'affréteur doit mettre à bord la quantité de marchandises prévue par le contrat. À défaut, il devra néanmoins le fret prévu pour cette quantité ainsi que les frais qui ont pu en résulter pour le navire, mais, réciproquement, il doit lui être déduit les dépenses épargnées au navire, ainsi que les trois quarts du fret des marchandises qui auront été éventuellement prises en remplacement.

Sous réserve des dispositions de l'article L. 521-3, alinéa 3, 5°, l'affréteur qui a embarqué des marchandises dangereuses, nuisibles ou prohibées est responsable à l'égard du fréteur, de la cargaison et de tous les tiers qui y sont intéressés, des dommages qu'elles ont pu causer. L'acceptation de telles marchandises par le capitaine ne fait disparaître cette responsabilité qu'à l'égard du fréteur.

Art. L. 521-29. – L'affréteur doit charger et décharger la marchandise dans les délais qui lui sont alloués par la charte-partie.

Si celle-ci établit distinctement un délai pour le chargement et un délai pour le déchargement, ces délais ne sont pas réversibles et doivent, dès lors, être décomptés distinctement.

Art. L. 521-30. – Le point de départ et la computation des jours de chargement et de déchargement appelés staries sont réglés par la convention des parties, à défaut suivant l'usage du port où ont lieu les opérations, à défaut encore suivant les usages maritimes.

Art. L. 521-31. – Le dépassement des délais impartis rend de plein droit l'affréteur débiteur de surestaries qui sont considérées comme un supplément de fret.

Le montant des surestaries est réglé par la convention des parties ou, à défaut, suivant l'usage du port où ont lieu les opérations.

Art. L. 521-32. – Le contrat est résolu sans dommages-intérêts de part ni d'autre si, avant le départ du navire, survient une interdiction de commercer avec le pays pour lequel il est destiné ou tout autre événement de force majeure qui rende impossible l'exécution du voyage.

Art. L. 521-33. – L'affréteur peut résilier le contrat avant tout commencement du chargement. Il doit, en pareil cas, une indemnité correspondant au préjudice subi par le fréteur et au plus égale au montant du fret.

Art. L. 521-34. – S'il existe un cas de force majeure qui n'empêche que pour un temps la sortie du navire, la convention subsiste et il n'y a pas lieu à dommages-intérêts à raison du retard.

Elle subsiste également et il n'y a lieu à aucune augmentation de fret si la force majeure survient pendant le voyage et suspend ce dernier pour un temps.

L'affréteur peut, en ce cas, décharger la marchandise à ses frais : il doit alors le fret entier.

Art. L. 521-35. – En cas d'empêchement durable d'entrée dans le port, le capitaine doit obéir aux ordres donnés d'un commun accord par le fréteur et l'affréteur ou, à défaut, se rendre dans un port voisin où il pourra décharger.

Art. L. 521-36. – En cas d'arrêt définitif du navire en cours de route, par l'effet d'un événement non imputable au fréteur, l'affréteur doit le fret de distance.

Art. L. 521-37. – En cours de route et à condition que le navire soit l'objet d'un seul affrètement, l'affréteur peut faire décharger la marchandise : il doit alors payer le fret entier stipulé pour le voyage ainsi que les frais entraînés par l'opération.

Art. L. 521-38. – Le délai de prescription des actions nées du contrat d'affrètement court depuis le déchargement complet de la marchandise ou l'événement qui a mis fin au voyage.

Section V. – Sous-affrètement

Art. L. 521-39. – L'affréteur peut sous-fréter le navire ou l'utiliser à des contrats de transport.

L'affréteur coque nue ne peut sous-fréter coque nue le navire qu'avec le consentement écrit du fréteur et dans les limites et conditions du contrat approuvé par ce dernier.

Art. L. 521-40. – Le sous-affrètement ne libère pas l'affréteur qui demeure tenu envers le fréteur des obligations résultant du contrat d'affrètement.

Art. L. 521-41. – Dans la mesure de ce qui lui est dû par l'affréteur, le fréteur peut agir contre le sous-affréteur en paiement du fret encore dû par celui-ci.

Le sous-affrètement n'établit aucun autre rapport direct entre le fréteur et le sous-fréteur.

Art. L. 521-42. – Le délai de prescription des actions nées d'un sous-affrètement court à compter :

– de l'expiration de la durée du contrat ou de l'interruption définitive de son exécution, si le contrat a été conclu à temps ;

– du déchargement complet de la marchandise ou de l'événement qui a mis fin au voyage, si le contrat a été conclu au voyage.

Chapitre II. – Le transport de marchandises

Section I. – Règles générales

Art. L. 522-1. – Dans le présent chapitre :

– le terme « transporteur » désigne toute personne par laquelle ou au nom de laquelle un contrat de transport de marchandises par mer est conclu avec un chargeur.

– le terme « chargeur » désigne toute personne par laquelle ou au nom de laquelle un contrat de transport par mer est conclu avec un transporteur et doit s'entendre également de toute personne par laquelle ou au nom de laquelle ou pour le compte de laquelle les marchandises sont effectivement remises au transporteur en relation avec le contrat de transport par mer.

Par le contrat de transport maritime, le chargeur s'engage à payer un fret déterminé et le transporteur à acheminer une marchandise déterminée d'un port à un autre.

Art. L. 522-2. – Le contrat est résolu si, par cas de force majeure, le départ du navire qui devait exécuter le transport est empêché ou retardé d'une manière telle que le transport ne puisse plus se faire utilement pour le chargeur ou sans risque d'engager sa responsabilité pour le transporteur.

En ce cas, la résolution a lieu sans dommages-intérêts de part ni d'autre.

Art. L. 522-3. – Si le même effet est produit par la faute du transporteur, le contrat peut être résolu à la demande du chargeur.

Celui-ci a droit à des dommages-intérêts d'après le préjudice qu'il subit. Le montant ne peut en excéder le chiffre fixé en application de l'article L. 522-35.

Art. L. 522-4. – Les dispositions du présent chapitre s'appliquent depuis la prise en charge jusqu'à la livraison.

Art. L. 522-5. – Le présent chapitre est applicable aux transports effectués au départ ou à destination de Monaco, sauf s'ils sont soumis à une convention internationale à laquelle Monaco est partie.

Art. L. 522-6. – Les dispositions du présent titre s'appliquent :

1° entre tous les intéressés au transport en l'absence d'un contrat d'affrètement ;

2° dans les rapports du transporteur et des tiers porteurs, aux connaissements émis en exécution d'un contrat d'affrètement.

Section II. – Le connaissement

Art. L. 522-7. – Le transporteur ou son représentant doit, sur la demande du chargeur, lui délivrer un connaissement, après réception des marchandises.

Le connaissement constate la prise en charge ou la mise à bord des marchandises par le transporteur ou son mandataire, ainsi que l'engagement de celui-ci de délivrer les marchandises contre remise de l'original dûment accompli de ce document.

Cet engagement résulte d'une mention dans le document stipulant que les marchandises doivent être délivrées à personne dénommée, ou à ordre ou au porteur.

Le connaissement nominatif n'est pas négociable. Le transporteur ou son mandataire ne peut remettre la marchandise qu'à la personne dénommée munie du connaissement original.

Le connaissement à ordre est négociable par endossement. Le transporteur ou son mandataire ne peut délivrer la marchandise qu'au porteur du connaissement endossé, même en blanc.

Le connaissement au porteur est négociable par simple remise. Le transporteur ou son mandataire doit délivrer la marchandise à toute personne qui se présente à lui en possession de ce connaissement.

Art. L. 522-8. – Le connaissement doit mentionner :

– la nature générale des marchandises, les marques principales nécessaires à leur identification, le cas échéant une déclaration expresse du caractère dangereux des marchandises, le nombre de colis ou de pièces, ainsi que le poids des marchandises ou de leur quantité exprimée autrement, telles que ces indications ont été fournies par le chargeur ;

– le nom et l'établissement principal du transporteur ;

– le nom, la signature du chargeur ou celle de son représentant ;

– le destinataire, s'il a été désigné par le chargeur ;

– le port de chargement prévu et la date de prise en charge des marchandises au port ;

– le port de déchargement ;

– le nombre d'exemplaires originaux du connaissement ;

– le lieu d'émission du connaissement ;

– la signature du transporteur ou de son représentant ;

– le fret dans la mesure où il doit être payé par le destinataire ou toute autre indication que le fret est dû par le destinataire ;

– la mention qu'il est soumis aux dispositions du présent chapitre qui frappe de nullité toute disposition y dérogeant au préjudice du chargeur et du destinataire ;

– l'indication, le cas échéant, que les marchandises seront ou pourront être transportées en pontée ;

– la date ou le délai de livraison des marchandises au port de déchargement, si cette date ou ce délai a fait l'objet d'un accord entre les parties.

La mention « embarqué » apposée sur le connaissement fait foi du chargement de la marchandise à bord du navire.

Le connaissement vaut présomption, sauf preuve contraire, de la réception par le transporteur des marchandises telles qu'elles y sont décrites. Toutefois, la preuve contraire n'est pas admise lorsque le connaissement a été transféré à un tiers porteur de bonne foi.

Art. L. 522-9. – Chaque connaissement est établi en deux originaux au moins, un pour le chargeur et l'autre pour le transporteur. Les originaux sont signés par le transporteur ou son représentant et par le chargeur au plus tard dans les vingt-quatre heures après le chargement.

Les originaux sont datés. Le nombre des originaux émis est mentionné sur chaque exemplaire.

Art. L. 522-10. – Le chargeur est garant de l'exactitude des mentions relatives à la marchandise inscrites sur ses déclarations au connaissement.

Toute inexactitude commise par lui engage sa responsabilité à l'égard du transporteur.

Celui-ci ne peut s'en prévaloir qu'à l'égard du chargeur.

Art. L. 522-11. – Si le connaissement contient des indications particulières concernant la nature, les marques principales, le nombre de colis ou de pièces ou le poids ou la quantité des marchandises, dont le transporteur ou la personne qui émet le connaissement en son nom sait, ou a des raisons de soupçonner, qu'elles ne représentent pas exactement les marchandises qu'il a effectivement prises en charge, ou s'il n'a pas eu des moyens suffisants de contrôler ces indications, le transporteur ou ladite personne doit faire dans le connaissement une réserve précisant ces inexactitudes, la raison de ses soupçons ou l'absence de moyens de contrôle suffisants.

Art. L. 522-12. – Toute lettre de garantie ou tout accord par lequel le chargeur s'engage à indemniser le transporteur de tout préjudice résultant de l'émission par celui-ci, ou son représentant, d'un connaissement sans réserve quant aux indications fournies par le chargeur, ou à l'état apparent des marchandises, est sans effet à l'égard des tiers.

Si la réserve volontairement omise concerne un défaut de la marchandise dont le transporteur avait ou devait avoir connaissance lors de la signature du connaissement, il ne peut pas se prévaloir de ce défaut pour éluder sa responsabilité et ne bénéficie pas de la limitation de responsabilité prévue par l'article L. 522-35 ci-dessous. Il ne peul non plus invoquer la lettre de garantie contre le chargeur, s'il a agi dans l'intention de léser un tiers.

Section III. – L'exécution du contrat

Art. L. 522-13. – Le chargeur ou son représentant doit présenter les marchandises aux temps et lieu fixés par la convention des parties ou l'usage du port de chargement.

Le chargeur qui ne présente pas sa marchandise en temps et lieu paie une indemnité correspondant au préjudicie subi par le transporteur, et au plus égale au montant du fret convenu.

Art. L. 522-14. – Le chargeur doit apposer sur la marchandise des marques suffisantes pour leur identification, et de manière que ces marques restent normalement lisibles jusqu'à la fin du voyage.

Il doit apposer, s'il y a lieu, sur les marchandises les marques spéciales prévues par la réglementation sur les marchandises dangereuses.

Art. L. 522-15. – Le chargeur doit déclarer, le cas échéant, le caractère dangereux des marchandises par lui présentées, et si besoin indiquer les précautions à prendre.

Les marchandises de matière inflammable, explosive ou dangereuse, à l'embarquement desquelles le transporteur ou son représentant n'eût pas consenti s'il avait connu leur nature, peuvent, à tout moment et en tous lieux, être débarquées, détruites ou rendues inoffensives par le capitaine, et ce sans indemnité ; le chargeur est en outre responsable de tous les dommages et dépenses pouvant résulter de leur embarquement.

Lorsque le transporteur, connaissant la nature de ces marchandises, a consenti à leur embarquement, le capitaine ne peut les débarquer, les détruire ou les rendre inoffensives que dans le cas où elles mettent en danger le navire ou la cargaison ; aucune indemnité n'est due, sinon à titre d'avaries communes s'il y a lieu.

Art. L. 522-16. – Le chargeur est responsable des dommages causés au navire ou aux autres marchandises par sa faute ou par le vice propre de sa marchandise.

Art. L. 522-17. – Le montant du prix du transport, ou fret, est établi par la convention des parties. Il est dû par le chargeur.

En cas de fret payable à destination, le réceptionnaire en est également débiteur s'il accepte la livraison de la marchandise.

Art. L. 522-18. – Il n'est dû aucun fret pour les marchandises perdues par fortune de mer ou par suite de la négligence du transporteur à satisfaire aux obligations prévues par les articles L. 522-20 et L. 522-21.

Le transporteur est payé du fret des marchandises jetées à la mer pour le salut commun, à charge de contribution.

Art. L. 522-19. – Le transporteur a un privilège sur les marchandises pour le paiement de son fret, pendant la quinzaine après leur délivrance, si elles n'ont passé en mains tierces.

Ce privilège subsiste en cas de liquidation des biens ou d'admission au règlement judiciaire du chargeur ou du réclamateur survenue pendant cette quinzaine.

Art. L. 522-20. – Nonobstant toute stipulation contraire, le transporteur est tenu, avant et au début du voyage :

a) de mettre le navire en état de navigabilité, compte tenu du voyage qu'il doit effectuer et des marchandises qu'il doit transporter ;

b) de convenablement armer, équiper et approvisionner le navire ;

c) d'approprier et mettre en bon état tout ou partie du navire où les marchandises doivent être déchargées.

Art. L. 522-21. – Nonobstant toute stipulation contraire, le transporteur est tenu de procéder, de façon appropriée et soigneuse, au chargement, à la manutention, à l'arrimage, au transport, à la garde et au déchargement de la marchandise.

Art. L. 522-22. – Sauf en cas de chargement en conteneur à bord de navires munis d'installations appropriées pour ce type de transport, le transporteur commet une faute si, en l'absence de consentement du chargeur mentionné sur le connaissement ou de dispositions réglementaires qui l'imposent, il arrime la marchandise sur le pont du navire.

Si le transporteur et le chargeur sont convenus que les marchandises sont transportées en pontée ou pourront l'être, le transporteur en fait mention au connaissement ou sur tout autre document faisant preuve du contrat de transport par mer.

Art. L. 522-23. – Un transport de marchandises effectué en pontée, contrairement à un accord stipulant expressément que le transport doit être effectué en cale, est considéré comme un acte ou une omission du transporteur au sens de l'article L. 522-39.

Art. L. 522-24. – Le transporteur est tenu d'effectuer le transport en droiture. Il doit s'abstenir de tout déroutement non justifié.

Art. L. 522-25. – En cas d'interruption du voyage, ou au cas où le voyage s'achève dans un port autre que le port de destination prévu au contrat, le transporteur ou son représentant doit, à peine de dommages-intérêts, faire diligence pour assurer le transbordement de la marchandise et son déplacement jusqu'au port de destination prévu.

Cette obligation pèse sur le transporteur quelle que soit la cause de l'interruption ou du déroutement du navire.

Art. L. 522-26. – En cas de transbordement sur un autre navire en application de l'article L. 522-25 ci-dessus, les frais de transbordement et le fret dû pour achever le déplacement de la marchandise sont à la charge de celle-ci, sauf en cas où l'interruption est due à un événement dont le transporteur est responsable, aux termes des dispositions de l'article L. 522-31.

Dans tous les cas, le transporteur conserve le fret prévu pour le voyage entier.

Art. L. 522-27. – Le transporteur ou son représentant doit livrer la marchandise à son destinataire ou au représentant de celui-ci.

Le destinataire est celui dont le nom est indiqué dans le connaissement à personne dénommée ; c'est celui qui présente le connaissement à l'arrivée lorsque le connaissement est au porteur ; c'est le dernier endossataire dans le connaissement à ordre.

Art. L. 522-28. – La remise d'un original du connaissement établit la livraison, sauf preuve contraire.

L'un des connaissements une fois accompli, les autres originaux sont sans valeur.

Art. L. 522-29. – Le transporteur ou son représentant ne peut retenir les marchandises dans le navire faute de paiement du fret.

Art. L. 522-30. – À défaut de réclamation des marchandises, ou au cas de contestation relative à la livraison ou au paiement du fret, le transporteur ou son représentant peut, par autorité de justice :

a) faire vendre tout ou partie pour le paiement du fret, sauf au destinataire à fournir caution ;

b) faire ordonner le dépôt du surplus.

S'il y a insuffisance, le transporteur conserve son recours en paiement du fret contre le chargeur.

Section IV. – La responsabilité du transporteur

Art. L. 522-31. – Le transporteur est responsable du préjudice résultant des pertes ou dommages subis par les marchandises ainsi que du retard à la livraison, si l'événement qui a causé la perte, le dommage ou le retard a eu lieu depuis la prise en charge jusqu'à la livraison, à moins qu'il ne prouve que lui-même, ses préposés ou mandataires ont pris toutes les mesures qui pouvaient raisonnablement être exigées pour éviter l'événement et ses conséquences.

Art. L. 522-32. – Il y a retard à la livraison lorsque les marchandises n'ont pas été livrées au port de déchargement prévu par le contrat de transport dans le délai expressément convenu ou, à défaut d'un tel accord, dans le délai qu'il est raisonnable d'exiger d'un transporteur diligent compte tenu des circonstances.

Art. L. 522-33. – Le transporteur n'est pas responsable pour perte, dommage aux marchandises ou retards provenant :

a) des périls, dangers ou accidents de la mer ou autres eaux navigables ;

b) des faits de guerre, émeutes, troubles civils, pirateries, arrêt ou contrainte de l'autorité publique ou restriction de quarantaine ;

c) de grèves, lock-out ou d'arrêts ou entraves apportés au travail pour quelque cause que ce soit, partiellement ou complètement ;

d) de toute autre cause extérieure ne provenant pas du fait ou de la faute du transporteur ou du fait ou de la faute de ses agents ou préposés ;

e) des fautes du chargeur, notamment dans l'emballage, le conditionnement ou le marquage des marchandises ;

f) du vice propre ou nature spéciale de la marchandise ou de freintes de route dans la mesure de la tolérance d'usage au port de destination ;

g) des fautes nautiques du capitaine, du pilote ou d'autres préposés du transporteur ;

h) d'un acte ou d'une tentative de sauvetage de vies ou de biens en mer ou de déroutement à cette fin ;

i) d'un incendie ;

j) de l'innavigabilité ou du vice caché du navire, à condition que le transporteur établisse qu'il a fait toute diligence pour mettre le navire en état de navigabilité ou que le vice a échappé à son examen vigilant.

Art. L. 522-34. – Le chargeur ou son ayant droit peut néanmoins, dans les cas énumérés ci-dessus, faire la preuve que les pertes ou dommages sont dus, en tout ou en partie, à une faute du transporteur ou de ses préposés autre que la faute prévue à la lettre « *g* » de l'article précédent.

Art. L. 522-35. – La responsabilité du transporteur ne peut dépasser, pour les pertes ou dommages subis par les marchandises, une somme qui est déterminée par colis ou unité, ou par kilogramme de poids brut des marchandises perdues ou endommagées et dont le montant est fixé par ordonnance souveraine, la limite la plus élevée étant applicable.

Lorsqu'un conteneur, une palette, ou tout engin similaire est utilisé pour grouper des marchandises, tout colis ou unité énuméré au connaissement comme étant inclus dans ce conteneur, cette palette ou cet engin est considéré comme un colis ou unité au sens de l'alinéa premier. Dans les autres cas, ce conteneur, cette palette ou cet engin est considéré comme un colis ou unité au sens de l'alinéa premier.

Art. L. 522-36. – La limite établie ci-dessus n'est pas appliquée lorsque la nature et la valeur des marchandises ont été déclarées par le chargeur avant leur embarquement, et que cette déclaration a été insérée au connaissement. Pareille déclaration fait foi à l'égard du transporteur, sauf preuve contraire de sa part.

Art. L. 522-37. – Les dispositions des articles L. 522-35 et L. 522-36 ci-dessus ne privent pas le transporteur du droit de demander à bénéficier de la limitation de responsabilité de l'armateur prévue par l'article L. 312-1.

Art. L. 522-38. – La responsabilité du transporteur en cas de retard à la livraison est limitée à une somme n'excédant pas le montant du fret total payable en vertu du contrat de transport des marchandises par mer.

Art. L. 522-39. – Le transporteur ne peut bénéficier de la limitation de responsabilité établie par l'article L. 522-35 et L. 522-38 s'il est prouvé que les dommages résultent d'un acte ou d'une omission de sa part qui a eu lieu, soit avec l'intention de provoquer un dommage, soit témérairement et avec conscience qu'un dommage en résulterait probablement.

Il en est de même dans les cas visés aux articles L. 522-10, L. 522-15 et L. 522-23.

Art. L. 522-40. – Est nulle et de nul effet toute clause ayant directement ou indirectement pour objet ou pour effet :

a) de soustraire le transporteur à la responsabilité définie à l'article L. 522-31 ;

b) ou de renverser le fardeau de la preuve qui lui incombe tel qu'il résulte de la présente loi ;

c) ou de limiter sa responsabilité à une somme inférieure à celle fixée en application des articles L. 522-35 et L. 522-38 ;

d) ou de céder au transporteur le bénéfice d'une assurance de la marchandise.

Art. L. 522-41. – Par dérogation à l'article précédent, toutes clauses relatives à la responsabilité ou à la réparation sont autorisées dans les transports d'animaux vivants et dans les transports de marchandises chargées sur le pont conformément à l'article L. 522-22, ci-dessus, sauf en ce qui concerne les conteneurs chargés à bord de navires munis d'installations appropriées pour ce type de transport.

Art. L. 522-42. – Lorsque le chargeur a fait une déclaration sciemment inexacte de la nature ou de la valeur des marchandises, le transporteur n'encourt aucune responsabilité pour les pertes ou dommages survenus à ces marchandises.

Section V. – Les actions en justice

Art. L. 522-43. – Nonobstant toute clause contraire, les actions nées du contrat de transport de marchandises peuvent être portées devant la juridiction monégasque, si le chargement ou le déchargement ont été effectués à Monaco. Elles peuvent également être portées devant la juridiction monégasque si celle-ci est compétente selon les règles du droit commun, ou si elle a été choisie par les parties.

Art. L. 522-44. – En cas de perte ou dommage survenu aux marchandises, le réceptionnaire doit adresser ses réserves écrites au transporteur ou à son représentant au port de déchargement, au plus tard au moment de la livraison, faute de quoi les marchandises sont présumées, sauf preuve contraire, avoir été reçues par lui telles qu'elles sont décrites au connaissement.

S'il s'agit de pertes ou dommages non apparents, cette notification peut être valablement faite dans les trois jours francs de la livraison.

Le transporteur a toujours le droit de demander qu'une constatation contradictoire de l'état des marchandises soit faite lors de la prise en charge.

Art. L. 522-45. – Toutes actions contre le transporteur à raison de pertes, dommages ou retards, se prescrivent par un an.

Art. L. 522-46. – Toutes actions contre le chargeur ou le destinataire se prescrivent par un an.

Art. L. 522-47. – Le délai de prescription des actions contre le transporteur ou le destinataire court à compter du jour où les marchandises sont remises ou offertes au destinataire ou en cas de perte totale du jour où elles devaient être livrées.

Art. L. 522-48. – Les actions récursoires peuvent être intentées soit dans le délai d'un an fixé ci-dessus, soit, même après ce délai, pendant trois mois à compter du jour de l'exercice de l'action contre le garanti, ou du jour où celui-ci a, à l'amiable, réglé la réclamation.

Chapitre III. – Les entreprises de manutention

Art. L. 523-1. – L'entrepreneur de manutention est chargé de toutes les opérations qui réalisent la mise à bord et le débarquement des marchandises, y compris les opérations de mise et de reprise sous hangar et sur terre-plein qui en sont le préalable à la suite nécessaire.

Outre les opérations matérielles définies à l'alinéa précédent, l'entrepreneur de manutention effectue pour le compte du navire, du chargeur ou du réceptionnaire :

a) la réception et la reconnaissance à terre des marchandises à embarquer ainsi que leur garde jusqu'à l'embarquement ;

b) la réception et la reconnaissance à terre des marchandises débarquées ainsi que leur garde et leur délivrance.

Les services définis à l'alinéa 2 ci-dessus sont dus à moins qu'ils n'aient été expressément exclus.

Art. L. 523-2. – Si le transporteur est chargé par l'ayant droit et pour son compte de faire exécuter par un entrepreneur de manutention tout ou partie des opérations visées à l'article L. 523-1 ci-dessus il doit en aviser cet entrepreneur.

Art. L. 523-3. – L'entrepreneur de manutention opère pour le compte de celui qui a requis ses services et sa responsabilité n'est engagée qu'envers celui-ci qui seul dispose d'une action contre lui : cette action est exercée devant le tribunal compétent en vertu de l'article L. 523-7.

Art. L. 523-4. – Quel que soit celui pour le compte de qui l'entrepreneur de manutention manipule, reçoit ou garde la marchandise, sa responsabilité est engagée dans les conditions et limites fixées ci-dessous :

a) lorsqu'il accomplit les opérations visées à l'article L. 523-1, alinéa 1er, il est responsable des dommages qui lui sont imputables ;

b) lorsqu'il accomplit les opérations visées à l'article L. 523-1, alinéa 2, il est présumé avoir reçu la marchandise telle qu'elle a été déclarée par le déposant.

Il répond des dommages subis par la marchandise sauf s'il établit qu'ils proviennent :

1° d'un incendie ;

2° de faits constituant une cause étrangère non imputable à l'entrepreneur ;

3° de grèves, lock-out ou entraves apportées au travail, pour quelque cause que ce soit, partiellement ou complètement ;

4° d'une faute du chargeur, notamment dans le mauvais emballage, le conditionnement ou le marquage des marchandises ;

5° du vice propre de la marchandise.

Dans tous les cas, le demandeur peut néanmoins faire la preuve que les pertes ou dommages sont dus, en tout ou partie, à une faute de l'entrepreneur de manutention ou de ses proposés.

Art. L. 523-5. – La responsabilité de l'entrepreneur de manutention ne peut en aucun cas dépasser une somme fixée par ordonnance souveraine à moins d'une déclaration de valeur qui lui a été notifiée.

Art. L. 523-6. – Est nulle à l'égard du chargeur, du réceptionnaire ou de leurs ayants droit toute clause ayant directement ou indirectement pour objet ou pour effet :

a) de soustraire l'entrepreneur de manutention à la responsabilité définie à l'article L. 523-4 ci-dessus ;

b) ou de renverser le fardeau de la preuve qui lui incombe tel qu'il résulte de l'article L. 523-4 ci-dessus ;

c) ou de limiter sa responsabilité à une somme inférieure à celle qui est prévue par l'article L. 523-5 ci-dessus ;

d) de céder à l'entrepreneur de manutention le bénéfice d'une assurance de la marchandise.

Art. L. 523-7. – Nonobstant toute clause contraire, les actions nées des opérations de manutention peuvent être portées devant la juridiction monégasque, si le chargement ou le déchargement ont été effectués à Monaco. Elles peuvent également être portées devant la juridiction monégasque si celle-ci est compétente selon les règles du droit commun ou si elle a été choisie par les parties.

Art. L. 523-8. – Toutes actions contre l'entrepreneur de manutention se prescrivent par un an : ce délai court à compter du jour où les marchandises ont été remises ou offertes au destinataire ou, en cas de perte totale, du jour où elles devaient être livrées.

Art. L. 523-9. – En matière internationale, les opérations visées au présent chapitre sont soumises à la loi du port où opère l'entrepreneur de manutention.

Chapitre IV. – Le transport de passagers

Section I. – Règles générales

Art. L. 524-1. – Le présent titre est sans application aux navires d'État exclusivement affectés à un service public.

Art. L. 524-2. – Les dispositions du présent titre s'appliquent à tout transport de passagers par mer quel que soit le type de bâtiment utilisé.

Elles ne peuvent pas être écartées au détriment des passagers.

Section II. – Le contrat de passage

Art. L. 524-3. – Par le contrat de passage le transporteur s'oblige à transporter par mer, sur un trajet défini, un voyageur qui s'oblige à acquitter le prix du passage. Les obligations des parties sont constatées dans le billet de passage que le transporteur doit délivrer au passager.

Art. L. 524-4. – Le billet de passage mentionne :

– les parties au contrat (transporteur et passager) ;

– le voyage qui en est l'objet (nom du bâtiment, date et lieu d'embarquement, port de débarquement et, le cas échéant, escales prévues) ;

– la classe et le numéro de la cabine ;

– sauf dans le cas de l'article L. 524-13, alinéa 2, le prix du passage ;

– l'indication que le transport est soumis aux dispositions de la présente loi qui frappe de nullité toute stipulation y dérogeant au préjudice du voyageur.

Art. L. 524-5. – Sur les bâtiments de moins de dix unités de jauge brute et sur ceux qui effectuent des services portuaires ou des services réguliers à l'intérieur de zones délimitées par l'autorité maritime, le billet est remplacé par un ticket qui indique le nom du transporteur et le service effectué.

Art. L. 524-6. – Sauf dans les transports visés à l'article L. 524-5 ci-dessus, le passager ne peut pas, à moins d'un accord du transporteur, céder à un tiers le bénéfice de son contrat.

Art. L. 524-7. – Le passager est tenu de se présenter à l'embarquement dans les conditions fixées par le billet de passage.

En cas de retard ou de renonciation au voyage, il reste débiteur du prix intégral du passage, sauf convention contraire.

En cas d'empêchement de force majeure ou de décès du passager, le contrat est résolu par l'avis qu'en donnent, avant l'embarquement, le passager ou ses ayants droit. Le quart du prix du passage est, en pareil cas, dû au transporteur : les mêmes dispositions s'appliquent, sur leur demande, aux membres de la famille du passager empêché ou décédé qui devaient voyager avec lui.

Le voyage une fois commencé, les événements qui surviennent en la personne du passager restent sans influence sur sa dette.

Art. L. 524-8. – Si le départ n'a pas lieu pour une cause non imputable au transporteur, le contrat est résolu sans indemnité.

Faute pour le transporteur d'établir que l'événement ne lui est pas imputable, il doit une indemnité égale à la moitié du prix du passage.

Art. L. 524-9. – À défaut par le transporteur d'avoir fait diligence, toute modification substantielle dans les horaires, l'itinéraire ou les escales prévues donne au passager le droit de demander la résolution ou la résiliation du contrat et, le cas échéant, des dommages-intérêts.

Art. L. 524-10. – L'interruption prolongée du voyage pour une cause dont le transporteur n'établit pas qu'elle ne lui est pas imputable entraîne la résiliation, sans préjudice d'éventuels dommages-intérêts, à moins que le transporteur ne pourvoie au transport du passager à destination sur un navire de même qualité ou, en accord avec le passager, par tout autre moyen de transport.

Art. L. 524-11. – Les passagers sont soumis à la discipline du bord.

Art. L. 524-12. – Les actions nées du contrat de passage sont portées devant la Juridiction compétente selon les règles du droit commun.

Section III. – La responsabilité du transporteur

Art. L. 524-13. – Les dispositions de la section III du présent titre ne s'appliquent ni au transport bénévole, ni aux passagers clandestins.

Elles s'appliquent aux transports gratuits effectués par une entreprise de transports maritimes.

Art. L. 524-14. – Le transporteur, qu'il soit ou non propriétaire du navire, est tenu de mettre et de conserver le navire en état de navigabilité, convenablement armé, équipé et approvisionné pour le voyage considéré au début du transport et à tout moment durant le transport et de faire toute diligence pour assurer la sécurité des passagers à tous autres égards.

Art. L. 524-15. – L'accident corporel survenu en cours de voyage ou pendant les opérations d'embarquement ou de débarquement, soit aux ports de départ ou de destination, soit aux ports d'escale, donne lieu à réparation par le transporteur s'il est établi qu'il a contrevenu aux obligations prescrites par l'article précédent ou qu'une faute a été commise par lui-même ou par un de ses préposés.

Art. L. 524-16. – **Le transporteur est responsable de la mort ou des blessures des passagers causées par naufrage, abordage, échouement, explosion, incendie ou tout sinistre majeur, sauf preuve, à sa charge, que l'accident n'est imputable ni à sa faute ni à celle de ses préposés.**

Art. L. 524-17. – **Le transporteur est responsable des dommages dus au retard qui tient à l'inobservation de l'article L. 524-14 ou à la faute de ses préposés.**

Art. L. 524-18. – **La réparation est due par le transporteur dans les limites établies par ordonnance souveraine.**

Ces limites sont inapplicables en cas de dol ou faute inexcusable du transporteur ou de ses préposés. Est inexcusable la faute délibérée qui implique la conscience de la probabilité du dommage et son acceptation téméraire sans raison valable.

Art. L. 524-19 *(Rempl., L. n° 1.401, 5 déc. 2013)* (1). – **L'action en responsabilité se prescrit conformément aux dispositions du Code civil.**

Rédaction antérieure. Art. L. 524-19. – L'action en responsabilité se prescrit par deux ans.

Ce délai court à compter du jour où le passager a débarqué ou doit débarquer.

En cas de décès du passager postérieur au débarquement, ce délai court du jour du décès sans pouvoir excéder trois ans à compter du débarquement.

En cas de dommages corporels, des protestations écrites doivent être adressées par le passager ou pour son compte quinze jours au plus tard après la date du débarquement : faute de ce faire, le passager n'est pas recevable à intenter l'action en responsabilité, à moins qu'il ne prouve que l'absence de protestation est la conséquence d'un retard qui ne lui est pas imputable.

Art. L. 524-20. – **Toute action en responsabilité à quelque titre que ce soit ne peut être exercée que dans les conditions et limites de la présente section.**

Les frais de justice alloués et taxés par le tribunal dans une instance en dommages-intérêts ne sont pas inclus dans la limite de responsabilité énoncée à l'article L. 524-18.

Section IV. – Les biens des passagers

Art. L. 524-21. – **Les véhicules de tourisme, les bagages enregistrés et les biens précieux déposés entre les mains du capitaine ou du commissaire de bord donnent lieu à la délivrance d'un récépissé par le transporteur qui en est responsable comme en matière de transport de marchandises.**

Art. L. 524-22. – **Le transporteur est responsable des bagages enregistrés et des véhicules de tourisme, y compris tous les bagages transportés dans les véhicules ou sur ceux-ci à concurrence d'un maximum fixé par ordonnance souveraine.**

Art. L. 524-23. – **Le transporteur est responsable des effets personnels et des bagages de cabine s'il est établi que la perte ou l'avarie est due à sa faute ou à celle de ses préposés.**

Pour chaque passager, la réparation due par le transporteur ne peut excéder, sauf dol ou faute inexcusable, une somme dont le montant est fixé par ordonnance souveraine.

Art. L. 524-24. – **Pour les biens précieux déposés par le passager entre les mains du capitaine ou du commissaire de bord, le transporteur est responsable à concurrence d'un maximum fixé par ordonnance**

(1) L. n° 1.401, 5 déc. 2013, art. 11 : « Les dispositions de la présente loi qui allongent la durée d'une prescription s'appliquent lorsque le délai de prescription n'était pas expiré à la date de son entrée en vigueur. Il est alors tenu compte du délai déjà écoulé. Les dispositions de la présente loi qui réduisent la durée de la prescription s'appliquent aux prescriptions à compter du jour de l'entrée en vigueur de la présente loi, sans que la durée totale puisse excéder la durée prévue par la loi antérieure. Pour les prescriptions dont le délai n'était pas encore expiré à la date d'entrée en vigueur de la présente loi, les dispositions de celle-ci relatives à la suspension ou à l'interruption de la prescription ne s'appliquent qu'aux faits postérieurs à son entrée en vigueur, ceux antérieurs restant soumis à la loi ancienne. Si ces faits sont en cours à cette date, les dispositions de la présente loi sont applicables à compter de cette date. Les dispositions de la présente loi relatives à l'aménagement conventionnel de la prescription s'appliquent aux conventions relatives à la prescription en cours d'exécution à la date d'entrée en vigueur de la présente loi. »

souveraine à moins qu'une limite plus élevée n'ait été fixée d'un commun accord conformément à l'article L. 524-25 ci-après.

Art. L. 524-25. – Le transporteur et le passager peuvent convenir de façon expresse et par écrit de limites de responsabilité plus élevées que celles qui résultent des articles L. 524-21 à L. 524-23 ci-dessus.

Art. L. 524-26. – Le capitaine ne peut retenir à bord les bagages de cabine faute de paiement du prix de passage. Il peut, dans le temps de la décharge, demander leur dépôt en mains tierces jusqu'au paiement du prix de passage.

Art. L. 524-27. – Les créances du transporteur nées à l'occasion du contrat de passage sont privilégiées sur le prix provenant de la vente des bagages et véhicules enregistrés.

Art. L. 524-28. – Les actions nées à l'occasion des transports de bagages se prescrivent par un an à compter du débarquement des bagages ou du jour où le débarquement aurait dû avoir lieu.

Les intérêts et frais de justice ne sont pas inclus dans les limites de responsabilité prévues aux articles L. 524-22, L. 524-23 et L. 524-24.

Section V. – Les organisateurs de croisières maritimes

Art. L. 524-29. – À peine de nullité du contrat que seul le passager peut invoquer, les organisateurs de croisière maritime doivent délivrer à chaque passager ou groupe de passagers un titre de croisière.

Art. L. 524-30. – Le billet de croisière porte les mentions suivantes :
- le nom et le type du navire ;
- les nom et adresse de l'organisateur de la croisière ;
- les nom et adresse du transporteur ;
- les nom et adresse du passager ou de son représentant ;
- la classe, le numéro de la cabine et le prix du voyage ainsi que les frais qui y sont compris ;
- les ports de départ et de destination ;
- les dates et heures prévues de départ et d'arrivée ;
- les escales prévues ;
- les services accessoires promis au passager.

Art. L. 524-31. – Outre le billet de croisière qui constate le contrat de passage, chaque passager doit recevoir des coupons correspondants pour chaque escale aux services à fournir à terre réunis en un carnet de croisière.

Le billet de croisière et le carnet de croisière constituent le titre de croisière.

Art. L. 524-32. – Le manquement de l'organisateur de croisière à l'une des obligations inscrites au titre de croisière engage sa responsabilité sauf s'il établit qu'il s'agit de l'exécution du contrat de transport proprement dit.

Art. L. 524-33. – L'organisateur de croisière maritime est personnellement responsable des dommages survenus aux passagers ou à leurs bagages.

Si le dommage résulte de l'exécution du contrat de transport maritime, l'organisateur de croisière est responsable dans les conditions et les limites des articles L. 524-15 à L. 524-25 ci-dessus.

TITRE III. – LES AVARIES

Chapitre I. – Dispositions communes

Art. L. 531-1. – Sont réputés avaries tous dommages ou pertes subis par le navire, la cargaison et le fret, conjointement ou séparément, ainsi que toutes dépenses extraordinaires faites pour eux au cours de l'expédition maritime. Les avaries sont communes ou particulières.

À défaut de stipulations contraires des parties intéressées, les avaries communes sont réglées conformément aux dispositions ci-après.

L'option que dans un connaissement le transporteur se réserverait entre les dispositions du présent titre et toutes autres dispositions est réputée non écrite : en pareil cas, ce sont les premières qui s'appliqueront à l'exclusion des secondes.

Sont particulières toutes les avaries non admises en avaries communes. Elles sont supportées par le propriétaire de la chose qui a subi le dommage ou par celui qui a exposé la dépense, sauf leurs éventuelles actions en responsabilité, en remboursement ou en indemnité.

Chapitre II. – Classement des avaries communes

Art. L. 532-1. – Sont avaries communes les sacrifices faits et les dépenses extraordinaires exposées pour le salut commun et pressant des intérêts engagés dans une expédition maritime.

Art. L. 532-2. – Sacrifices et dépenses doivent avoir été décidés par le capitaine : celui-ci, lorsqu'il a décidé les sacrifices et les dépenses qui doivent être faits, porte sur le journal de mer les date, heure et lieu de l'événement, les motifs qui ont déterminé sa décision et les mesures qu'il a ordonnées.

Dans les vingt-quatre heures de son arrivée au premier port où le navire abordera, le capitaine est tenu d'affirmer les faits ainsi consignés sur le journal de mer.

Art. L. 532-3. – La preuve qu'un dommage ou une dépense doit être classé en avarie commune incombe à celui qui le demande.

Art. L. 532-4. – Sont seuls admis en avaries communes les dommages et pertes atteignant matériellement les biens engagés dans l'expédition ainsi que les dépenses exposées pour ces biens lorsque ces dommages, pertes ou dépenses sont la conséquence directe de l'acte d'avarie commune décidé par le capitaine.

Art. L. 532-5. – Lorsque l'événement qui a donné lieu au sacrifice ou à la dépense est la conséquence d'une faute commise par l'une des parties engagées dans l'expédition, il n'y a pas moins lieu à règlement d'avaries communes sauf recours contre celui auquel cette faute est imputable.

Art. L. 532-6. – Toute dépense supplémentaire, volontairement exposée pour éviter une dépense ou une perte qui a été classée en avaries communes, est elle-même bonifiée comme telle à concurrence du montant de la dépense économisée ou de la perte évitée.

Chapitre III. – La contribution aux avaries communes

Art. L. 533-1. – Les avaries communes sont supportées par le navire, le fret et la cargaison, évalués comme il est dit ci-après.

Art. L. 533-2. – Le navire contribue en proportion de sa valeur au port où s'achève l'expédition, augmentée, s'il y a lieu, du montant des sacrifices qu'il a subis.

Le fret brut et le prix du passage acquis à tout événement contribuent pour les deux tiers.

Art. L. 533-3. – Les marchandises sauvées contribuent en proportion de leur valeur marchande réelle et les marchandises sacrifiées en proportion de leur valeur supposée au port de déchargement.

Art. L. 533-4. – Le montant des dommages et pertes à admettre en avaries communes est déterminé, pour le navire, au port où s'achève l'expédition.

Il est égal au coût des réparations consécutives aux sacrifices subis : coût réel si elles ont été effectuées, coût estimatif s'il n'y a pas été procédé.

Art. L. 533-5. – Le montant des dommages ou pertes à admettre en avaries communes est déterminé, pour les marchandises, au port de déchargement.

Il est égal au coût des sacrifices faits, calculé sur la base de la valeur marchande de ces marchandises à l'état sain au même port.

Art. L. 533-6. – Les marchandises qui ont été déclarées pour une valeur moindre que leur valeur réelle contribuent à proportion de leur valeur réelle, mais leur perte ou leur avarie ne donne lieu à classement en avaries communes qu'à proportion de leur valeur déclarée.

Art. L. 533-7. – Les marchandises pour lesquelles il n'a pas été établi de connaissement ou de reçu du capitaine ne sont pas admises en avaries communes si elles sont sacrifiées. Elles contribuent néanmoins si elles sont sauvées.

La même règle s'applique aux marchandises chargées en pontée, sauf lorsqu'elles sont chargées en conteneurs à bord de navires munis d'installations appropriées à ce type de transport. Dans ce cas, elles sont traitées comme les marchandises en cale.

Art. L. 533-8. – En cas de jet à la mer de marchandises chargées en pontée de façon irrégulière au sens de l'article L. 522-22, la valeur des marchandises jetées n'est pas admise en avaries communes.

Art. L. 533-9. – Les effets et bagages de l'équipage et des passagers pour lesquels il n'y a pas de connaissement ni reçu ainsi que les envois postaux de toute nature sont exempts de contribution s'ils ont été sauvés ; ils participent néanmoins à la répartition s'ils ont été sacrifiés dans les conditions des articles L. 532-1 à L. 532-6.

Art. L. 533-10. – La répartition se fait au marc le franc.

En cas d'insolvabilité de l'un des contribuables, sa part est répartie entre les autres proportionnellement à leurs intérêts.

L'obligation de chacun des intéressés est limitée à la valeur de sa contribution.

Chapitre IV. – Règlement des avaries communes

Art. L. 534-1. – Il n'y a lieu à aucun règlement en cas de perte totale des intérêts engagés dans l'expédition.

Art. L. 534-2. – À défaut d'accord entre les parties sur le règlement d'avaries communes, un ou plusieurs experts répartiteurs sont, à la requête de la partie la plus diligente, nommés par le président du tribunal de première instance.

Art. L. 534-3. – S'il n'est pas accepté amiablement par toutes les parties intéressées, le règlement est soumis à l'homologation du tribunal de première instance à la requête de la partie la plus diligente.

En cas de refus d'homologation, le tribunal désigne de nouveaux experts.

Art. L. 534-4. – Toutes actions dérivant d'une avarie commune, sont prescrites par cinq ans à partir de la date à laquelle l'expédition s'est achevée.

Art. L. 534-5. – Le capitaine peut refuser de délivrer les marchandises et demander leur consignation jusqu'au paiement de la contribution qui leur incombe sauf caution suffisante de l'ayant droit.

Art. L. 534-6. – L'armateur est privilégié pour le paiement des contributions en avaries communes qui lui sont dues, sur les marchandises ou le prix en provenant, pendant quinze jours après leur délivrance si elles n'ont passé en mains tierces.

TITRE IV. – LES ASSURANCES MARITIMES

Chapitre I. – Dispositions générales

Art. L. 541-1. – Est régi par la présente loi tout contrat d'assurance qui a pour objet de garantir les risques relatifs à une opération maritime.

Art. L. 541-2. – Ne peuvent être écartées par les parties au contrat les dispositions des articles L. 541-3, L. 542-5, L. 542-6, L. 542-9, L. 542-11, L. 542-12, alinéa 1, L. 542-16, alinéa 2, L. 542-20, L. 542-23, L. 542-24, L. 542-25, L. 542-31, L. 542-33, L. 542-36 et L. 542-37.

Art. L. 541-3. – Tout intérêt légitime, y compris le profit espéré, peut faire l'objet d'une assurance.

Nul ne peut réclamer le bénéfice d'une assurance s'il n'a pas éprouvé un préjudice.

Art. L. 541-4. – L'assurance peut être contractée, soit pour le compte du souscripteur de la police, soit pour le compte d'une autre personne déterminée, soit pour le compte de qui il appartiendra.

La déclaration que l'assurance est contractée pour le compte de qui il appartiendra vaut tant comme assurance au profit du souscripteur de la police que comme stipulation pour autrui au profit du bénéficiaire de ladite clause.

Chapitre II. – Dispositions communes aux diverses assurances

Section I. – Conclusion du contrat

Art. L. 542-1. – La preuve du contrat d'assurance doit être faite par écrit.

Art. L. 542-2. – Le contrat d'assurance est constaté par une police, authentique ou sous seing privé.

Avant l'établissement de la police ou d'un avenant, la preuve de l'engagement des parties peut être établie par tout autre écrit, notamment par arrêté d'assurance ou note de couverture.

Art. L. 542-3. – Le contrat d'assurance est daté du jour où il est souscrit.

Il indique :

- le lieu de souscription ;
- le nom et le domicile des parties contractantes, avec l'indication, le cas échéant, que celui qui fait assurer agit pour le compte d'autrui ;
- la chose ou l'intérêt assuré ;
- les risques assurés et les risques exclus ;
- le temps et le lieu de ces risques ;
- la somme assurée ;
- la prime ;
- la clause à ordre ou au porteur, si elle a été convenue.

Art. L. 542-4. – L'assurance ne produit aucun effet lorsque les risques n'ont pas commencé dans les deux mois de l'engagement des parties ou de la date qui a été fixée pour prise en charge.

Cette disposition n'est applicable aux polices d'abonnement que pour le premier aliment.

Art. L. 542-5. – Toute omission ou toute déclaration inexacte de l'assuré de nature à diminuer sensiblement l'opinion de l'assureur sur le risque, qu'elle ait ou non influé sur le dommage ou sur la perte de l'objet assuré, annule l'assurance à la demande de l'assureur.

Toutefois, si l'assuré rapporte la preuve de sa bonne foi, l'assureur est, sauf stipulation plus favorable à l'égard de l'assuré, garant du risque proportionnellement à la prime perçue par rapport à celle qu'il a dû percevoir, sauf les cas où il établit qu'il n'a pas couvert les risques s'il les a connus.

La prime demeure acquise à l'assureur en cas de fraude de l'assuré.

Art. L. 542-6. – Toute modification en cours de contrat, soit de ce qui a été convenu lors de sa formation, soit de l'objet assuré, d'où résulte une aggravation sensible du risque, entraîne la résiliation de l'assurance si elle n'a pas été déclarée à l'assureur dans les trois jours où l'assuré en a eu connaissance, jours fériés non compris, à moins que celui-ci n'apporte la preuve de sa bonne foi, auquel cas il est fait application des dispositions du deuxième alinéa de l'article L. 542-5.

Si cette aggravation n'est pas le fait de l'assuré, l'assurance continue, moyennant augmentation de la prime correspondant à l'aggravation survenue.

Si l'aggravation est le fait de l'assuré, l'assureur peut, soit résilier le contrat dans les trois jours à partir du moment où il en a eu connaissance, la prime lui étant acquise, soit exiger une augmentation de prime correspondant à l'aggravation survenue.

Art. L. 542-7. – Toute assurance faite après le sinistre ou l'arrivée des objets assurés ou du navire transporteur est nulle, si la nouvelle en était connue, avant la conclusion du contrat, au lieu où il a été signé ou au lieu où se trouvait l'assuré ou l'assureur.

Art. L. 542-8. – L'assurance sur bonnes ou mauvaises nouvelles est nulle s'il est établi qu'avant la conclusion du contrat l'assuré avait personnellement connaissance du sinistre ou l'assureur de l'arrivée des objets assurés.

Art. L. 542-9. – Si l'assureur établit qu'il y a eu fraude de la part de l'assuré ou de son mandataire, l'assurance contractée pour une somme supérieure à la valeur réelle de la chose assurée est nulle, et la prime lui reste acquise.

Il en est de même si la valeur assurée est une valeur agréée.

Art. L. 542-10. – En l'absence de fraude, le contrat est valable à concurrence de la valeur réelle des choses assurées et, si elle a été agréée, pour toute la somme assurée.

Art. L. 542-11. – Les assurances cumulatives pour une somme totale supérieure à la valeur de la chose assurée sont nulles si elles ont été contractées dans une intention de fraude.

Art. L. 542-12. – Les assurances cumulatives contractées, sans fraude pour une somme excédant la valeur de la chose assurée ne sont valables que si l'assuré les porte à la connaissance de l'assureur à qui il demande son règlement.

Chacune d'elles produit ses effets en proportion de la somme à laquelle elle s'applique, jusqu'à concurrence de l'entière valeur de la chose assurée.

Art. L. 542-13. – Lorsque la somme assurée est inférieure à la valeur réelle des objets assurés et, sauf le cas de valeur agréée, l'assuré demeure son propre assureur pour la différence.

Section II. – Obligations de l'assureur et de l'assuré

Art. L. 542-14. – L'assureur répond des dommages matériels causés aux objets assurés par toute fortune de mer ou par un événement de force majeure.

L'assureur répond également :

1° de la contribution des objets assurés à l'avarie commune, sauf si celle-ci provient d'un risque exclu par l'assurance ;

2° des frais exposés par suite d'un risque couvert en vue de préserver l'objet assuré d'un dommage matériel ou de limiter le dommage.

Art. L. 542-15. – La clause « franc d'avarie » affranchit l'assureur de toutes avaries, soit communes, soit particulières, excepté dans les cas qui donnent ouverture au délaissement ; dans ces cas, l'assuré a option entre le délaissement et l'action d'avarie.

La clause « franc d'avarie particulière sauf... » affranchit l'assureur de toutes avaries particulières, à l'exception de celles causées par l'un des événements énumérés à la clause et des cas qui donnent ouverture au délaissement.

Art. L. 542-16. – Les risques assurés demeurent couverts, même en cas de faute de l'assuré ou de ses préposés terrestres, à moins que l'assureur n'établisse que le dommage est dû à un manque de soins raisonnables de la part de l'assuré pour mettre les objets à l'abri des risques survenus.

L'assureur ne répond pas des fautes intentionnelles ou inexcusables de l'assuré.

Art. L. 542-17. – Les risques demeurent couverts dans les mêmes conditions en cas de faute du capitaine ou de l'équipage, sauf ce qui est dit à l'article L. 543-5.

Art. L. 542-18. – Les risques assurés demeurent couverts même en cas de changement forcé de route, de voyage ou de navire, ou en cas de changement décidé par le capitaine en dehors de l'armateur et de l'assuré.

Art. L. 542-19. – L'assureur ne couvre pas les risques :

a) de guerre civile ou étrangère ; de mines et tous engins de guerre ;

b) de piraterie ;

c) de capture, prise ou détention par tous gouvernements ou autorités quelconques ;

d) d'émeutes, de mouvements populaires, de grèves et de lock-out, d'actes de sabotage ou de terrorisme ;

e) des dommages causés par l'objet assuré à d'autres biens ou personnes, sauf ce qui est dit à l'article L. 543-9 ;

f) des sinistres dus aux effets directs ou indirects d'explosion, de dégagement de chaleur, d'irradiation provenant de transmutation de noyaux d'atomes ou de la radioactivité ainsi que des sinistres dus aux effets de radiation provoqués par l'accélération artificielle des particules.

Art. L. 542-20. – Lorsqu'il n'est pas possible d'établir si le sinistre a pour origine un risque de guerre ou un risque de mer, il est réputé résulter d'un événement de mer.

Art. L. 542-21. – L'assureur n'est pas garant :

a) des dommages et pertes matériels provenant du vice propre de l'objet assuré, sauf ce qui est dit à l'article L. 543-4 quant au vice caché du navire ;

b) des dommages et pertes matériels résultant des amendes, confiscations, mises sous séquestres, réquisitions, mesures sanitaires ou de désinfection ou consécutifs à des violations de blocus, actes de contrebande, de commerce prohibé ou clandestin ;

c) des dommages-intérêts ou autres indemnités à raison de toutes saisies ou cautions données pour libérer les objets saisis ;

d) des préjudices qui ne constituent pas des dommages et pertes matériels atteignant directement l'objet assuré, tels que chômage, retard, différence de cours, obstacle apporté au commerce de l'assuré.

Art. L. 542-22. – L'assuré doit :

1° payer la prime et les frais, au lieu et aux époques convenus ;

2° apporter les soins raisonnables à tout ce qui est relatif au navire ou à la marchandise ;

3° déclarer exactement, lors de la conclusion du contrat, toutes les circonstances connues de lui qui sont de nature à faire apprécier par l'assureur le risque qu'il prend à sa charge ;

4° déclarer à l'assureur, dans la mesure où il les connaît, les aggravations de risques survenues au cours du contrat ;

5° conserver au profit de l'assureur tous ses droits et recours contre le responsable.

Art. L. 542-23. – Le défaut de paiement d'une prime permet à l'assureur, soit de suspendre l'assurance, soit d'en demander la résiliation.

La suspension ou la résiliation ne prend effet que huit jours après l'envoi à l'assuré, à son dernier domicile connu de l'assureur, et par lettre recommandée, d'une mise en demeure d'avoir à payer.

Art. L. 542-24. – La suspension et la résiliation de l'assurance pour défaut de paiement d'une prime sont sans effet à l'égard des tiers de bonne foi, bénéficiaires de l'assurance en vertu d'un transfert antérieur à la notification de la suspension ou de la résiliation.

En cas de sinistre, l'assureur pourra, par une clause expresse figurant à l'avenant documentaire, opposer à ces bénéficiaires, à due concurrence, la compensation de la prime afférente à l'assurance dont ils revendiquent le bénéfice.

Art. L. 542-25. – En cas de liquidation des biens, de règlement judiciaire ou de déconfiture de l'assuré, l'assureur peut, si la mise en demeure n'a pas été suivie de paiement, résilier la police en cours, mais la résiliation est sans effet à l'égard du tiers de bonne foi, bénéficiaire de l'assurance, en vertu d'un transfert antérieur à tout sinistre et à la notification de la résiliation.

En cas de retrait d'agrément, de liquidation des biens, de règlement judiciaire ou de déconfiture de l'assureur, l'assuré a les mêmes droits.

Art. L. 542-26. – L'assuré doit contribuer au sauvetage des objets assurés et prendre toutes mesures conservatoires de ses droits contre les tiers responsables.

Il est responsable envers l'assureur du dommage causé par l'inexécution de cette obligation résultant de sa faute ou de sa négligence.

Section III. – Règlement de l'indemnité

Art. L. 542-27. – Les dommages et pertes sont réglés en avarie, sauf faculté d'opter pour le délaissement dans les cas déterminés par la loi ou par la convention.

Art. L. 542-28. – L'assureur ne peut être contraint de réparer ou remplacer les objets assurés.

Art. L. 542-29. – La contribution à l'avarie commune qu'elle soit provisoire ou définitive, ainsi que les frais d'assistance et de sauvetage sont remboursés par l'assureur, proportionnellement à la valeur assurée par lui, diminuée, s'il y a lieu, des avaries particulières à sa charge.

Art. L. 542-30. – Le délaissement est notifié à l'assureur par lettre recommandée ou par acte extrajudiciaire.

Il doit intervenir dans les trois mois de la connaissance de l'événement qui y donne lieu, ou de l'expiration du délai qui le permet.

Art. L. 542-31. – En notifiant le délaissement, l'assuré est tenu de déclarer toutes les assurances qu'il a contractées ou dont il a connaissance.

Art. L. 542-32. – Le délaissement ne peut être ni partiel, ni conditionnel.

Il transfère les droits de l'assuré sur les objets assurés à l'assureur, à charge par lui de payer la totalité de la somme assurée et les effets de ce transfert remontent entre les parties au moment où l'assuré notifie à l'assureur sa volonté de délaisser.

L'assureur peut refuser le délaissement. Il n'est alors tenu que du paiement de la totalité de la somme assurée.

Art. L. 542-33. – L'assuré qui a fait de mauvaise foi une déclaration inexacte relative au sinistre est déchu du bénéfice de l'assurance.

Art. L. 542-34. – L'assureur qui a payé l'indemnité d'assurance acquiert, à concurrence de son paiement, tous les droits de l'assuré nés des dommages qui ont donné lieu à garantie.

Art. L. 542-35. – Si un même risque a été couvert par plusieurs assureurs, chacun n'est tenu, sans solidarité avec les autres, que dans la proportion de la somme par lui assurée, laquelle constitue la limite de son engagement.

Art. L. 542-36 *(Mod., L. n° 1.401, 5 déc. 2013)* (1). – Les actions nées du contrat d'assurance se prescrivent par deux ans.

Rédaction antérieure. Art. L. 542-36. – Les actions nées du contrat d'assurance se prescrivent par deux ans.
La prescription court contre les mineurs et les autres incapables.

Art. L. 542-37. – Le délai de prescription des actions nées du contrat d'assurance court :

1° en ce qui concerne l'action en paiement de la prime, de la date d'exigibilité ;

2° en ce qui concerne l'action d'avarie pour le navire, de la date de l'événement qui donne lieu à l'action ; pour la marchandise, de la date de l'arrivée du navire ou autre véhicule de transport, ou, à défaut, de la date à laquelle il aurait dû arriver ou, si l'événement est postérieur, de la date de cet événement ;

---

(1) L. n° 1.401, 5 déc. 2013, art. 11 : « Les dispositions de la présente loi qui allongent la durée d'une prescription s'appliquent lorsque le délai de prescription n'était pas expiré à la date de son entrée en vigueur. Il est alors tenu compte du délai déjà écoulé. Les dispositions de la présente loi qui réduisent la durée de la prescription s'appliquent aux prescriptions à compter du jour de l'entrée en vigueur de la présente loi, sans que la durée totale puisse excéder la durée prévue par la loi antérieure. Pour les prescriptions dont le délai n'était pas encore expiré à la date d'entrée en vigueur de la présente loi, les dispositions de celle-ci relatives à la suspension ou à l'interruption de la prescription ne s'appliquent qu'aux faits postérieurs à son entrée en vigueur, ceux antérieurs restant soumis à la loi ancienne. Si ces faits sont en cours à cette date, les dispositions de la présente loi sont applicables à compter de cette date. Les dispositions de la présente loi relatives à l'aménagement conventionnel de la prescription s'appliquent aux conventions relatives à la prescription en cours d'exécution à la date d'entrée en vigueur de la présente loi. »

3° pour l'action en délaissement, de la date de l'événement qui y donne droit ou, si un délai est fixé pour donner ouverture à l'action, de la date d'expiration de ce délai ;

4° lorsque l'action de l'assuré a pour cause la contribution d'avarie commune, la rémunération d'assistance ou le recours d'un tiers, du jour de l'action en justice contre l'assuré ou du jour du paiement. Pour l'action en répétition de toute somme payée en vertu du contrat d'assurance, le délai court alors de la date du paiement indu.

Chapitre III. – Dispositions particulières aux diverses assurances

Section I. – Assurances sur corps

Art. L. 543-1. – L'assurance des navires est contractée, soit pour un voyage, soit pour plusieurs voyages consécutifs, soit pour une durée déterminée.

Art. L. 543-2. – Dans l'assurance au voyage, la garantie court depuis le début du chargement jusqu'à la fin du déchargement et au plus tard quinze jours après l'arrivée du navire à destination.

En cas de voyage sur lest, la garantie court depuis le moment où le navire démarre jusqu'à l'amarrage du navire à son arrivée.

Art. L. 543-3. – Dans l'assurance à temps, les risques du premier et du dernier jours sont couverts par l'assurance.

Les jours se comptent de zéro à vingt-quatre heures, d'après l'heure du pays où la police a été émise.

Art. L. 543-4. – L'assureur ne garantit pas les dommages et pertes résultant d'un vice propre du navire, sauf s'il s'agit d'un vice caché.

Art. L. 543-5. – L'assureur ne garantit pas les dommages et pertes causés par la faute intentionnelle du capitaine.

Art. L. 543-6. – Lorsque la valeur assurée du navire est une valeur agréée, les parties s'interdisent réciproquement tonte autre estimation, réserve faite des dispositions des articles L. 542-9 et L. 542-29.

Art. L. 543-7. – La valeur agréée comprend indivisément le corps et les appareils moteurs du navire, ainsi que tous les accessoires et dépendances dont l'assuré est propriétaire et dans lesquels sont compris les approvisionnements et les mises dehors.

Toute assurance, quelle que soit sa date, faite séparément sur des accessoires et dépendances appartenant à l'assuré, réduit d'autant, en cas de perte totale ou de délaissement, la valeur agréée.

Art. L. 543-8. – L'assurance sur bonne arrivée ne peut être contractée, à peine de nullité, qu'avec l'accord des assureurs du navire.

Lorsqu'une somme est assurée à ce titre, la justification de l'intérêt assurable résulte de l'acceptation de la somme ainsi garantie.

L'assureur n'est tenu que dans les cas de perte totale ou de délaissement du navire à la suite d'un risque couvert par la police il n'a aucun droit sur les biens délaissés.

Art. L. 543-9. – À l'exception des dommages aux personnes, l'assureur est garant du remboursement des dommages de toute nature dont l'assuré est tenu sur le recours des tiers au cas d'abordage par le navire assuré ou de heurt de ce navire contre un bâtiment, corps fixe, mobile ou flottant.

Art. L. 543-10. – Dans l'assurance au voyage ou pour plusieurs voyages consécutifs, la prime entière est acquise à l'assureur, dès que les risques ont commencé à courir.

Art. L. 543-11. – Dans l'assurance à temps, la prime stipulée pour toute la durée de la garantie est acquise en cas de perte totale ou de délaissement à la charge de l'assureur. Si la perte totale ou le cas de délaissement n'est pas à sa charge, la prime est acquise en fonction du temps couru jusqu'à la perte totale ou à la notification du délaissement.

Art. L. 543-12. – Dans le règlement d'avaries, l'assureur ne rembourse que le coût des remplacements et réparations reconnus nécessaires pour remettre le navire en bon état de navigabilité, à l'exclusion de toute autre indemnité pour dépréciation ou chômage ou quelque autre cause que ce soit.

Art. L. 543-13. – Quel que soit le nombre d'événements survenus pendant la durée de la police, l'assuré est garanti pour chaque événement jusqu'au montant du capital assuré, sauf le droit pour l'assureur de demander après chaque événement un complément de prime.

Le montant de la garantie due par l'assureur pourra être reconstitué pendant la durée de la police après chaque événement moyennant un complément de prime.

Art. L. 543-14. – Le délaissement du navire peut être effectué dans les cas suivants :

1° perte totale ;

2° réparation devant atteindre les trois quarts de la valeur agréée ;

3° impossibilité de réparer ;

4° défaut de nouvelles depuis plus de trois mois ; la perte est réputée s'être produite à la date des dernières nouvelles.

Art. L. 543-15. – En cas d'aliénation ou d'affrètement coque nue du navire, l'assurance continue de plein droit au profit du nouveau propriétaire ou de l'affréteur, à charge pour lui d'en informer l'assureur dans le délai de dix jours et d'exécuter toutes les obligations dont l'assuré était tenu envers l'assureur en vertu du contrat.

Il est toutefois loisible à l'assureur de résilier le contrat dans le mois du jour où il a reçu notification de l'aliénation ou de l'affrètement. Cette résiliation ne prend effet que quinze jours après sa notification.

L'aliénateur ou le fréteur reste tenu au paiement des primes échues antérieurement à l'aliénation ou à l'affrètement.

Art. L. 543-16. – L'aliénation de la majorité des parts d'un navire en copropriété entraîne seule l'application de l'article précédent.

Art. L. 543-17. – Les dispositions de la présente section sont également applicables aux contrats d'assurance concernant le navire qui n'est assuré que pour la durée de son séjour dans les ports, rades ou autres lieux, qu'il soit à flot ou à cale sèche.

Elles sont applicables aux navires en construction.

Section II. – Assurances sur facultés

Art. L. 543-18. – Les marchandises sont assurées soit par une police n'ayant d'effet que pour un voyage, soit par une police dite « flottante ».

Art. L. 543-19. – Les marchandises sont assurées sans interruption, en quelque endroit qu'elles se trouvent, dans les limites du voyage défini par la police.

Art. L. 543-20. – Lorsqu'une partie du voyage est effectuée par voie terrestre, fluviale ou aérienne, les règles de l'assurance maritime sont applicables à l'ensemble du voyage, sauf convention contraire des parties.

Art. L. 543-21. – Quel que soit le risque couvert, l'assureur n'est pas garant :

1° des freintes de route ;

2° des dommages résultant de l'insuffisance des emballages de marchandise.

Art. L. 543-22. – La valeur assurée ne peut excéder la plus élevée des sommes déterminées : soit par le prix d'achat ou, à défaut, par le prix courant aux temps et lieu du chargement augmenté de tous les frais jusqu'à destination et du profit espéré ; soit par la valeur à destination à la date d'arrivée ou, si les marchandises n'arrivent pas, à la date à laquelle elles auraient dû arriver ; soit si les marchandises ont été vendues par l'assuré, par le prix de vente augmenté s'il y a lieu des majorations stipulées au contrat de vente.

Art. L. 543-23. – L'importance des avaries est déterminée par comparaison de la valeur de la marchandise en état d'avarie à celle qu'elle aurait eue à l'état sain aux mêmes temps et lieu, le taux de dépréciation ainsi obtenu devant être appliqué à la valeur d'assurance.

Art. L. 543-24. – Au cas où les parties sont convenues d'une franchise, celle-ci est toujours indépendante de la freinte normale de route.

Art. L. 543-25. – Le délaissement des facultés peut être effectué dans les cas où les marchandises sont :

1° perdues totalement ;

2° perdues ou détériorées à concurrence des trois quarts de leur valeur ;

3° vendues en cours de route pour cause d'avaries matérielles des objets assurés par suite d'un risque couvert.

Art. L. 543-26. – Il peut également avoir lieu dans les cas :

1° d'innavigabilité du navire et si l'acheminement des marchandises par quelque moyen de transport que ce soit, n'a pu commencer dans le délai de trois mois ;

2° de défaut de nouvelles du navire depuis plus de trois mois.

Art. L. 543-27. – Dans la police flottante, l'assuré s'oblige à déclarer à l'assureur et l'assureur s'oblige à accepter en aliment dans le cadre de la police :

1° toutes les expéditions faites pour son compte ou en exécution des contrats d'achat ou de vente mettant à sa charge l'obligation d'assurer ;

2° toutes les expéditions faites pour le compte de tiers qui ont laissé à l'assuré le soin de pourvoir à l'assurance, si l'assuré est intéressé à l'expédition comme commissionnaire, consignataire ou autrement. L'intérêt de l'assuré qui ne consiste que dans l'exécution de l'ordre d'assurance confié par un tiers ne donne pas le droit à l'application de la police.

Art. L. 543-28. – Ces expéditions sont couvertes, au premier cas visé à l'article précédent, automatiquement à partir du moment où elles sont exposées aux risques garantis, à la condition que la déclaration d'aliment en soit faite à l'assureur dans les délais impartis au contrat, au second cas, à compter de la déclaration.

Art. L. 543-29. – Au cas où l'assuré qui a contracté une police flottante ne s'est pas conformé aux obligations prévues par l'article L. 543-27 ci-dessus, le contrat peut être résilié sans délai à la demande de l'assureur, qui a droit, en outre, aux primes correspondant aux expéditions non déclarées.

Si l'assuré est de mauvaise foi, l'assureur peut exercer le droit de répétition sur les versements qu'il a effectués pour les sinistres relatifs aux expéditions postérieures à la première omission intentionnelle de l'assuré.

Section III. – Assurance de responsabilité

Art. L. 543-30. – L'assurance de responsabilité ne donne droit au remboursement à l'assuré que si le tiers lésé a été indemnisé et dans cette mesure, sauf en cas d'affectation de l'indemnité d'assurance à la constitution du fonds de limitation, dans les termes de l'article L. 312-1.

Art. L. 543-31. – En cas de constitution d'un fonds de limitation, les créanciers dont le droit est sujet à limitation, dans les termes de l'article L. 312-1, n'ont pas d'action contre l'assureur.

Art. L. 543-32. – L'assurance de responsabilité qui a pour objet la réparation des dommages causés aux tiers par le navire et qui sont garantis dans les termes de l'article L. 543-9, ne produit d'effet qu'en cas d'insuffisance de la somme assurée par la police sur corps.

Art. L. 543-33. – Quel que soit le nombre d'événements survenus pendant la durée de l'assurance de responsabilité, la somme souscrite par chaque assureur constitue, par événement, la limite de son engagement.

LIVRE VI. – DES GENS DE MER

TITRE I. – L'APTITUDE PROFESSIONNELLE

Art. L. 610-1. – Est considéré comme marin :

– quiconque s'engage envers l'armateur ou son représentant pour servir soit à la conduite et à la marche d'un navire, soit pour assurer des tâches sans rapport avec la navigation, mais utiles à l'équipage et aux passagers ;

– quiconque est embarqué sur son propre navire à des fins professionnelles.

Les services des marins sont constatés par l'inscription au rôle d'équipage dans les conditions qui sont fixées par ordonnance souveraine.

Art. L. 610-2. – Sauf dérogations individuelles accordées dans le cadre des conventions internationales, tout navire battant pavillon monégasque doit avoir un état-major et un équipage de nationalité monégasque ou française en ce qui concerne les emplois du pont, de la machine et du service radioélectrique et de nationalité monégasque ou française dans la proportion de trois emplois sur quatre pour chaque navire en ce qui concerne les emplois du service général.

Les règles édictées par l'alinéa précédent ne sont pas applicables aux navires battant pavillon du Prince, aux navires qui, en France, ne sont pas soumis à francisation, aux navires de pêche dont l'équipage n'excède pas cinq hommes et aux navires de plaisance dont les propriétaires sont des ressortissants de pays tiers ayant la qualité de résidents monégasques.

Art. L. 610-3. – Tout membre de l'équipage d'un navire armé au commerce ou à la pêche doit, s'il est de nationalité française, être titulaire du diplôme, du brevet ou du certificat délivré par l'État français et correspondant au genre de navigation du navire ou à la fonction qu'il exerce à bord.

S'il est de nationalité monégasque, il doit être titulaire d'un brevet d'aptitude déterminé par ordonnance souveraine.

Art. L. 610-4. – Tout membre de l'équipage d'un navire armé à la plaisance doit, s'il est de nationalité monégasque ou française, être titulaire des diplômes, brevets ou certificats visés à l'article L. 610-3.

S'il est d'une autre nationalité, il doit justifier des diplômes, brevets ou certificats délivrés par l'État dont il est le ressortissant ou dans lequel il exerçait son commandement.

L'équivalence entre ces titres et ceux visés à l'article L. 610-3 est soumise à l'appréciation de l'autorité maritime qui peut refuser de la reconnaître.

Art. L. 610-5. – Tout propriétaire d'un navire armé à la plaisance qui exerce les fonctions de capitaine en titre ou toute personne qui exerce régulièrement en fait le commandement du navire doit, sans distinction de nationalité, être titulaire d'un certificat d'aptitude au commandement ou à la conduite des navires délivré dans des conditions fixées par ordonnance souveraine.

Art. L. 610-6. – Tout marin doit remplir les conditions d'aptitude qui sont fixées par ordonnance souveraine.

TITRE II. – LE STATUT

Chapitre I. – Dispositions générales

Art. L. 621-1. – Tout contrat d'engagement conclu entre un armateur ou son représentant et un marin et ayant pour objet un service à accomplir à bord d'un navire en vue d'une expédition ou d'un voyage maritime est un contrat d'engagement régi par les dispositions du présent titre.

Ce contrat n'est valable que s'il est constaté par écrit.

Art. L. 621-2. – Est considéré comme armateur, pour l'application du présent titre, tout particulier, toute société, tout service public pour le compte duquel un navire est armé.

Art. L. 621-3. – Est considéré comme marin, pour l'application du présent titre, celui qui, remplissant les conditions requises par les articles L. 610-1, L. 610-2, L. 610-3, L. 610-4 et L. 610-6, s'engage envers l'armateur ou son représentant pour servir au cours de l'expédition ou du voyage.

Art. L. 621-4. – Le contrat de louage de services conclu entre un armateur ou son représentant et un marin est régi, en dehors des périodes d'embarquement du marin, par les dispositions de la loi n° 729 du 16 mars 1963 concernant le contrat de travail. Toutefois, ce contrat n'est valable que s'il est constaté par écrit.

Chapitre II. – Formation et preuve du contrat d'engagement

Art. L. 622-1. – L'engagement d'un marin est soumis aux dispositions de la loi n° 629 du 17 juillet 1957.

Toutefois, ces dispositions ne sont pas applicables :

- lorsque le marin est embarqué au cours d'un voyage et que son engagement répond à une impérieuse nécessité ;
- lorsque l'éloignement habituel du navire rend impossible l'accomplissement à Monaco des formalités prévues par la loi.

L'armateur ou son représentant doit néanmoins se conformer aux prescriptions des articles L. 625-3 et L. 625-4.

Art. L. 622-2. – En matière d'engagement maritime, la capacité de contracter est soumise aux règles du droit commun.

Nul ne peut contracter valablement un engagement maritime s'il n'est libre de tout autre engagement maritime.

Art. L. 622-3. – Toutes les clauses et stipulations du contrat d'engagement doivent, à peine de nullité, être inscrites ou annexées au rôle d'équipage.

Art. L. 622-4. – Le contrat d'engagement doit être rédigé en termes clairs et de nature à ne laisser aucun doute aux parties sur leurs droits et leurs obligations respectives.

Il doit indiquer si l'engagement est conclu pour une durée déterminée, pour une durée indéterminée ou pour un voyage. Si l'engagement est conclu pour une durée déterminée, le contrat doit contenir l'indication de cette durée.

Si l'engagement est conclu pour une durée indéterminée, le contrat doit fixer obligatoirement le délai de préavis à observer en cas de résiliation par l'une des parties. Ce délai, sous réserve de l'application des dispositions de l'article L. 624-5 doit être le même pour les deux parties. Il ne peut être inférieur à vingt-quatre heures.

Si l'engagement est conclu au voyage, le contrat doit mentionner le nom du port où le voyage prend fin et fixer à quel moment des opérations commerciales et maritimes effectuées dans ce port le voyage est réputé accompli.

Dans tous les cas, le contrat doit fixer une durée maximale du voyage, au-delà de laquelle le marin peut exiger son transport dans les conditions fixées par la section IV du chapitre IV du présent titre.

Art. L. 622-5. – Le contrat d'engagement maritime doit mentionner le service pour lequel le marin s'engage et la fonction qu'il doit exercer, le montant des salaires et accessoires ou les bases de détermination des profits.

Le lieu et la date de l'embarquement du marin doivent être mentionnés au rôle d'équipage.

Art. L. 622-6. – Les conditions générales d'engagement doivent être tenues à la disposition des marins par l'armateur ou son représentant.

Elles doivent aussi être affichées dans les locaux d'équipage.

Le texte des dispositions légales et réglementaires qui régissent le contrat d'engagement doit, comme le texte des conditions du contrat, se trouver à bord, pour être communiqué par le capitaine au marin, sur sa demande.

Art. L. 622-7. – Le contrat d'engagement est visé par le Directeur des affaires maritimes.

Celui-ci ne peut régler les conditions de l'engagement. Toutefois, il a le droit de refuser son visa lorsque le contrat contient une clause contraire aux dispositions d'ordre public inscrites dans le présent code.

Art. L. 622-8. – L'engagement maritime est mentionné sur un livret qui est délivré gratuitement au marin par la Direction des affaires maritimes et qui reste en sa possession.

Le livret ne doit contenir aucune appréciation des services rendus.

Chapitre III. – Exécution du contrat d'engagement

Section I. – Obligations du marin à bord des navires

Art. L. 623-1. – Le marin es tenu de se rendre sur le navire à bord duquel il doit exécuter son service, au jour et à l'heure qui lui sont indiqués par l'armateur, par son représentant ou par le capitaine.

Art. L. 623-2. – Le marin doit accomplir son service dans les conditions déterminées par le contrat et par les lois, règlements et usages en vigueur.

Art. L. 623-3. – Le marin ne peut pas refuser d'exécuter les tâches pour lesquelles il n'a pas été engagé, que le capitaine est amené à lui confier occasionnellement et pour une durée limitée, en cas de nécessité justifiée.

Art. L. 623-4. – Le capitaine détermine les conditions dans lesquelles le marin qui n'est pas de service peut descendre à terre.

Art. L. 623-5. – Le marin est tenu d'accomplir en dehors des heures de service, le travail de mise en état de propreté de son poste d'équipage, des annexes de ce poste, de ses objets de couchage et des ustensiles de plat, sans que ce travail puisse donner lieu à rémunération.

Art. L. 623-6. – Le marin est tenu de travailler au sauvetage du navire, de ses débris, des effets naufragés et de la cargaison.

Art. L. 623-7. – En l'absence d'une clause du contrat l'y autorisant, le marin ne peut, sous aucun prétexte, charger dans le navire aucune marchandise pour son propre compte sans la permission de l'armateur ou de son représentant.

En cas d'infraction aux dispositions de l'alinéa précédent, le marin contrevenant est tenu de payer le fret au plus haut prix stipulé au lieu et à l'époque du chargement pour le même voyage et les marchandises de même espèce que celles qui ont été indûment chargées sur le navire, sans préjudice des dommages-intérêts.

En outre, le capitaine :

1° a le droit de jeter à la mer les marchandises indûment chargées, si elles sont de nature à mettre en péril le navire, les personnes embarquées ou la cargaison ;

2° a l'obligation de saisir les marchandises indûment chargées, dans la mesure où leur détention à bord n'entraîne pas les conséquences visées aux chiffre 1, si elles sont de nature à faire encourir des sanctions pénales pour infraction soit aux lois douanières, soit aux lois ou aux règlements sanitaires, soit aux lois réprimant le trafic illicite de stupéfiants et de substances psychotropes.

Les opérations effectuées sur la base des dispositions des chiffres 1 et 2 donnent lieu à la rédaction d'un rapport circonstancié rédigé conformément aux termes de l'article L. 330-9.

Section II. – Durée du travail et repos hebdomadaire

Art. L. 623-8. – Les règles sur la durée du travail fixées par l'ordonnance-loi n° 677 du 2 décembre 1959 subissent les dérogations nécessitées par les conditions de travail à bord des navires sans que la durée totale du travail effectif accompli dans les limites d'une période de douze mois dépasse le nombre d'heures fixé par ordonnance souveraine.

Art. L. 623-9. – Des ordonnance souveraines déterminent, par genre de navigation ou catégorie de personnel, les modalités d'application de l'article précédent. Elles fixent notamment l'aménagement et la répartition des horaires de travail dans la semaine ou dans une période de temps autre que la semaine pour tenir compte des contraintes propres au genre de navigation pratiqué.

Art. L. 623-10. – À la mer et sur les rades foraines, le personnel du pont et celui de la machine marchent par bordées ou par quarts.

L'armateur ou le capitaine est tenu de faire connaître aux marins qui vont s'engager et de déclarer lors de la confection du rôle d'équipage, à la suite des conditions d'engagement, la composition de l'équipage et les conditions de travail à bord.

Art. L. 623-11. – Sauf les exceptions et dérogations prévues à l'article L. 623-13, un repos complet d'une journée par semaine doit être accordé au marin lorsque l'engagement maritime est d'une durée supérieure à six jours.

Lorsque le repos hebdomadaire n'a pu être donné à sa date normale, il doit être remplacé par un repos de vingt-quatre heures accordé soit au cours du voyage dans un port d'escale avec l'accord du marin intéressé soit à l'issue de l'embarquement.

Art. L. 623-12. – Une journée de repos hebdomadaire s'entend de vingt-quatre heures de repos consécutives, comptées à partir de l'heure normale où le marin intéressé devait prendre son travail journalier.

Tout travail effectué le jour du repos hebdomadaire en suspend l'effet, à moins que ce travail ne soit occasionné par un cas fortuit et que sa durée n'excède pas deux heures.

Art. L. 623-13. – Ne sont pas considérés comme portant atteinte à la règle du repos hebdomadaire et sont obligatoires sans aucune compensation de la part de l'armateur, tous travaux nécessités par les circonstances de force majeure et celles où le salut du navire, des personnes embarquées ou de la cargaison est en jeu, circonstances dont le capitaine est seul juge, ou par les opérations d'assistance.

Section III. – Les salaires

Art. L. 623-14. – Sous réserve des dispositions de la loi n° 739 du 16 mars 1963, le marin est rémunéré soit à salaires fixes soit à profits éventuels, soit par une combinaison de ces deux modes de rémunération.

Art. L. 623-15. – Tout contrat d'engagement, aux termes duquel la rémunération du marin consiste, en tout ou en partie, en une part sur le profit ou sur le fret, doit déterminer les dépenses et charges à déduire du produit brut, pour former le produit net. Aucune réduction autre que celles stipulées, ne peut être admise au détriment du marin.

Art. L. 623-16. – Le marin payé au voyage a droit à une augmentation proportionnelle de ses salaires, au cas de prolongation de voyage et à une indemnité, au cas de retardement, à moins que cette prolongation et ce retardement, ne proviennent d'un cas de force majeure.

Il ne subit aucune réduction de salaires en cas d'abréviation du voyage, quelle qu'en soit la cause.

Art. L. 623-17. – Le marin rémunéré au profit ou au fret a droit, en sus de sa part, à une indemnité en cas de retardement, prolongation ou abréviation du voyage provenant du fait de l'armateur ou du capitaine lorsqu'il a subi un dommage.

Si ces événements sont le fait d'un chargeur ou d'un tiers, il participe aux indemnités qui seraient adjugées au navire dans la proportion où il a droit au profit ou au fret.

Art. L. 623-18. – Quand le contrat est conclu pour la durée d'un voyage, la rupture du voyage, par le fait de l'armateur ou de son représentant, donne lieu à une indemnité au profit du marin.

Si la rupture du voyage a lieu avant le départ, le marin retient pour indemnité les avances reçues. À défaut d'avances, le marin reçoit un mois de salaires, tels qu'ils ont été fixés au contrat, si le marin est payé au mois, ou tels qu'ils peuvent être évalués d'après la durée présumée du voyage, si le marin est payé au voyage. En outre, le marin est payé des journées employées par lui au service du navire.

Si la rupture du voyage a lieu après que le voyage a commencé, le marin payé au mois reçoit les salaires stipulés pour le temps qu'il a servi et, pour indemnité, la moitié des salaires, tels qu'ils peuvent être évalués d'après la durée présumée du voyage, et, s'il est payé au voyage, l'intégralité des salaires stipulés au contrat.

Outre les salaires et indemnités prévus ci-dessus, l'armateur ou son représentant a l'obligation de rapatrier à ses frais le marin au port d'embarquement ou en un lieu convenu par les parties.

Art. L. 623-19. – En cas de rupture du voyage par le fait de l'armateur ou de son représentant, soit avant le départ, soit après que le voyage a commencé, le marin rémunéré au profit ou au fret a droit à une indemnité dont le montant est fixé d'un commun accord ou par voie de justice.

Si la rupture du voyage est le fait des chargeurs, le marin participe aux indemnités qui sont adjugées au navire dans la proportion où il aurait participé au fret.

Art. L. 623-20. – Lorsque, par suite d'un cas de force majeure, le voyage ne peut être commencé, la rupture du voyage ne donne droit à aucune indemnité au profit du marin. Toutefois, le marin payé au mois ou au voyage est rémunéré des journées passées par lui au service du navire.

Art. L. 623-21. – Lorsque par suite d'un cas de force majeure visé à l'article précédent, la continuation du voyage commencé devient impossible, le marin payé au mois reçoit les salaires dus pour le temps qu'il a servi, le marin payé au voyage reçoit la totalité des salaires stipulés au contrat et le marin rémunéré au profit ou au fret reçoit la part lui revenant en vertu du contrat, sur le profit réalisé ou le fret gagné pendant la partie du voyage effectuée.

Toutefois, en cas de prise, naufrage ou déclaration d'innavigabilité, le marin payé au mois ou au voyage ne reçoit ses salaires que jusqu'au jour de la cessation de ses services. Quel que soit son mode d'engagement, le marin est payé des journées employées par lui à sauver les débris du navire, les effets naufragés et la cargaison.

Art. L. 623-22. – Lorsque le voyage du navire a été rompu par suite du cas de force majeure visé à l'article L. 623-20, le marin qui n'a pas reçu la totalité des salaires auxquels il a droit pour la durée présumée du voyage, en exécution des dispositions de l'alinéa 1, de l'article L. 623-21, participe aux indemnités qui peuvent être allouées au navire.

Art. L. 623-23. – En cas de mort du marin pendant la durée du contrat, ses salaires, s'il est payé au mois, sont dus jusqu'au jour de son décès.

Si le marin est engagé pour la durée du voyage et s'il est payé, soit à forfait, soit au profit ou au fret, et pour un voyage d'aller seulement, la totalité de ses salaires ou de sa part est due, s'il meurt après que le voyage a commencé. Si l'engagement avait pour objet un voyage aller et retour, la moitié de ses salaires ou de sa part est due, si le marin meurt au cours du voyage d'aller ou au port d'arrivée ; la totalité est due s'il meurt au cours du voyage de retour.

Pour les opérations de la grande pêche, la moitié des salaires du marin ou de sa part est due s'il meurt pendant la première moitié de la campagne. La totalité est due s'il meurt pendant la seconde moitié.

Quel que soit le mode d'engagement, les salaires du marin tué en défendant le navire ou en accomplissant, pour le salut du navire, un acte de dévouement, sont dus en entier si le navire arrive à bon port, et, en cas de prise, naufrage ou déclaration d'innavigabilité, jusqu'au jour de la cessation de services de l'équipage.

Art. L. 623-24. – En cas de perte sans nouvelles, il est dû aux ayants droit du marin, outre les salaires échus jusqu'aux dernières nouvelles, un mois en sus, si le marin était payé au mois et, s'il était payé au voyage, la moitié des salaires afférents à la traversée d'aller et de retour au cours de laquelle le sinistre a eu lieu.

Art. L. 623-25. – Les marins d'un navire qui a prêté assistance ont droit à une part de la rémunération allouée au navire assistant dans les conditions fixées par l'article L. 322-5.

Art. L. 623-26. – Le marin qui est appelé à remplir une fonction autre que celle pour laquelle il est engagé et comportant un salaire minimum plus élevé que le sien, a droit à une augmentation de salaires calculée d'après la différence existant entre son salaire et le salaire afférent à la fonction qu'il a temporairement remplie.

Art. L. 623-27. – Le marin qui étant de service, s'absente sans autorisation au moment où il doit prendre son service, perd le droit aux salaires afférents au temps de son absence.

L'armateur peut, s'il y a lieu, réclamer les dommages-intérêts pour le préjudice qu'a pu lui occasionner le marin qui, étant de service, s'absente du bord sans autorisation, en inobservation des mesures prises par le capitaine conformément aux dispositions de l'article L. 623-4.

Le marin perd son salaire à partir du moment où il a été privé de sa liberté comme inculpé en raison d'une infraction à la loi pénale.

Art. L. 623-28. – La liquidation des salaires est effectuée lorsque le navire arrive au port où il termine son voyage.

Les conventions des parties peuvent, selon la durée du voyage ou le genre de navigation prévoir la liquidation des salaires par périodes fixées d'avances, à condition que dans tous les cas la liquidation des salaires ait lieu au plus tard lors de la clôture du rôle d'équipage. Pour tout marin débarqué isolément avant l'expiration du voyage, la liquidation des salaires a lieu au moment du débarquement.

Art. L. 623-29. – Quel que soit le lieu où sont liquidés les salaires, le paiement est effectué à l'endroit qu'a choisi le marin.

Art. L. 623-30. – Les parts de profit sont payées conformément aux conventions et usages.

Art. L. 623-31. – Lors du débarquement du marin mettant fin à son contrat d'engagement, l'autorité maritime reçoit, s'il y a lieu, les contestations ou les réserves faites par les parties sur le paiement des salaires.

En aucun lieu, il ne peut être utilisé de moyens de paiement ayant pour objet de suppléer ou de remplacer les signes monétaires ayant cours légal. Si le paiement est fait à l'étranger en monnaie étrangère, il est effectué sous le contrôle de l'autorité consulaire, au taux de change fixé pour les opérations de chancellerie.

Art. L. 623-32. – Les salaires du marin absent ou disparu au moment du paiement sont versés à la caisse des dépôts et consignations pour le compte des ayants droit.

Art. L. 623-33. – Le marin peut demander des avances ou des acomptes sur ses salaires.

Les avances, quel qu'en soit le montant, ne sont imputables sur les salaires et parts à échoir au marin que jusqu'à concurrence de trois mois de salaires. La partie de l'avance dépassant cette somme reste acquise au marin à titre de prime d'engagement ou avance perdue.

Les avances peuvent être déléguées.

Art. L. 623-34. – En cours de route, des acomptes sur les salaires gagnés peuvent être versés au marin.

Tout versement doit être précédé de sa mention sur le livre de bord, avec la signature du marin.

Les acomptes ne peuvent pas dépasser le tiers des salaires gagnés par le marin au moment où l'acompte est demandé, déduction faite, s'il y a lieu, des avances et délégations.

Art. L. 623-35. – Le marin peut, lors de l'embarquement, déléguer ses salaires et profits, mais seulement en faveur d'une personne qui est, légalement ou en fait à sa charge, sans toutefois que le montant total des délégations puisse, en aucun cas, excéder les deux tiers desdits salaires ou profits.

Le montant des délégations, le nom des bénéficiaires et les époques de paiement sont mentionnés sur le livre de bord.

Art. L. 623-36. – Les délégations peuvent être consenties au cours du voyage, dans les conditions et limites indiquées à l'article précédent, par les marins qui n'ont pas usé, lors de leur embarquement, de la faculté de déléguer.

Leur demande est remise au capitaine.

Elle est transmise sans délai par le capitaine à l'armateur. Mention en est faite au livre de bord.

Art. L. 623-37. – Les avances et les délégations d'avances ne sont pas sujettes à restitution en cas de rupture du contrat d'engagement par le fait de l'armateur, du capitaine ou des affréteurs. Il en est de même en cas de rupture du contrat d'engagement par force majeure, à moins de convention contraire.

En cas de rupture du contrat d'engagement par le fait du marin, les avances et délégations d'avances sont toujours sujettes à restitution, même si elles constituent des primes d'engagement ou avances perdues.

Art. L. 623-38. – Il y a lieu à restitution des sommes perçues qui, au moment du décompte, excèdent le montant des salaires ou parts dues effectivement au marin.

Art. L. 623-39. – Les salaires, profits et autres rémunérations des marins sont saisissables ou cessibles dans les conditions fixées par le titre II du livre IV première partie du Code de procédure civile.

Art. L. 623-40. – En dehors des biens, sommes et valeurs déclarés insaisissables par la loi, sont insaisissables, pour quelque cause que ce soit :

1° les vêtements, sans exception, des marins ;

2° les instruments et autres objets appartenant aux marins et servant à l'exercice de leur profession ;

3° les sommes dues au marin pour frais médicaux et pharmaceutiques et pour transport en fin de contrat.

Section IV. – Les avantages en nature

Art. L. 623-41. – Les marins ont droit à la nourriture ou à une allocation équivalente pendant toute la durée de leur inscription au rôle d'équipage.

Art. L. 623-42. – Sur tout bâtiment où les marins sont nourris par l'armateur, il doit y avoir un cuisinier apte à cet emploi, âgé de plus de dix-huit ans. Si l'équipage comprend plus de vingt hommes, le cuisinier ne peut être distrait de son emploi pour être affecté à un autre service du bord.

Art. L. 623-43. – Il est interdit à tout armateur de charger à forfait le capitaine ou un membre quelconque de l'état-major de la nourriture de l'équipage.

Art. L. 623-44. – Nul ne peut introduire de boissons alcoolisées à bord sans l'autorisation du capitaine.

Toute boisson alcoolisée introduite à bord en contravention aux dispositions de l'alinéa précédent est confisquée par le capitaine, sans préjudice des sanctions disciplinaires ou pénales contre le contrevenant.

Art. L. 623-45. – Il est interdit à tout armateur :

1° d'exploiter à terre un économat où il vendrait directement ou indirectement aux marins par lui employés, ou à leurs familles, des denrées et marchandises de quelque nature que ce soit ;

2° d'imposer auxdits marins l'obligation de dépenser leur salaire, en totalité ou en partie, dans les magasins indiqués par lui.

Art. L. 623-46. – Sur les navires armés au long cours, au cabotage international et à la grande pêche, les objets de couchage sont fournis par l'armateur conformément aux dispositions réglementaires relatives à l'hygiène à bord des navires.

Section V. – Les créances et les privilèges

Art. L. 623-47. – Les dispositions de l'article L. 312-1 accordant au propriétaire d'un navire la faculté de limiter sa responsabilité ne sont pas applicables aux créances des marins résultant du contrat d'engagement.

Art. L. 623-48. – Les créances des marins résultant du contrat d'engagement sont privilégiées conformément aux dispositions des articles L. 314-1 et 1938 du Code civil.

Section VI. – Les congés payés

Art. L. 623-49. – Les marins embarqués pour servir à bord d'un navire ont droit à un congé payé à la charge de l'armateur, calculé à raison de trois jours par mois de service.

Chapitre IV. – La fin du contrat d'engagement

Section I. – Dispositions communes à tous les contrats d'engagement

Art. L. 624-1. – Quelle que soit sa nature, le contrat d'engagement prend fin :

1° à la suite de circonstances de force majeure et notamment en cas de décès du marin, de maladie ou d'accident nécessitant le débarquement du marin, de vente, de prise, de naufrage ou d'innavigabilité du navire ;

2° à la suite du débarquement régulier du marin résultant de la résiliation ou de la rupture du contrat d'engagement dans les conditions prévues au présent chapitre, soit par l'armateur, soit par le marin, soit par le consentement mutuel des parties.

Section II. – Dispositions spéciales aux contrats d'engagement à durée indéterminée

Art. L. 624-2. – Le contrat d'engagement à durée indéterminée peut toujours cesser par la volonté de l'une des parties. Il prend fin au terme du préavis.

Art. L. 624-3. – Le délai de préavis, ou délai-congé, court à partir de l'envoi d'une lettre recommandée avec demande d'avis de réception.

Cette lettre peut être remplacée par la remise au marin d'une notification écrite constatée par procès-verbal ou encore par une mention au journal de bord signée par le marin.

Art. L. 624-4. – Le point de départ du délai-congé doit être fixé de telle manière que le marin dispose à terre, dans le port le plus proche de sa résidence d'une période rémunérée au moins égale au quart de la durée du délai-congé.

Pour le calcul de cette période, ne peuvent être prises en compte les périodes rémunérées en raison des congés acquis par le marin à quelque titre que ce soit.

Art. L. 624-5. – L'existence et la durée du délai de préavis, ou délai-congé, résultent de la loi, du contrat d'engagement, du règlement intérieur, des conventions collectives de travail ou, à défaut, des usages.

À moins que les conventions collectives de travail ou, à défaut, les usages, ne prévoient un délai-congé d'une durée supérieure ou une condition d'ancienneté inférieure, le marin a droit, sauf en cas de faute grave ou de force majeure :

a) si l'ancienneté au service d'un même armateur est supérieure à six mois ininterrompus, à un délai-congé d'une durée d'un mois ;

b) si l'ancienneté au service d'un même armateur est supérieure à deux années ininterrompues, à un délai-congé d'une durée de deux mois.

Est nulle de plein droit toute clause d'un contrat d'engagement, d'un règlement intérieur ou d'une convention collective de travail fixant une durée de préavis inférieure ou une condition d'ancienneté supérieure à celles prévues par le présent article.

Art. L. 624-6. – Par dérogation aux dispositions qui précèdent, la durée du délai-congé résultant de l'application du second alinéa de l'article précédent est réduite de moitié lorsque le marin prend l'initiative de dénoncer le contrat.

Toute stipulation contraire est nulle de plein droit.

Art. L. 624-7. – Pendant la durée du délai de préavis, l'armateur et le marin sont tenus au respect de toutes les obligations réciproques qui leur incombent.

La dispense par l'armateur de l'exécution du travail pendant le délai-congé ne doit entraîner jusqu'à l'expiration de ce délai, aucune diminution du salaire et avantages auxquels le marin a droit s'il a accompli son service.

Art. L. 624-8. – En aucun cas le droit pour le marin de résilier le contrat d'engagement ne peut avoir effet au terme du délai de préavis :

1° lorsque ce terme se place après le moment fixé par le capitaine du navire en partance pour le commencement du service par quart en vue de l'appareillage. Toutefois, la faculté de quitter le service ne peut être refusée au marin, sauf circonstance imprévue dûment justifiée, vingt-quatre heures avant le moment fixé pour l'appareillage ;

2° lorsque ce terme se place avant le moment fixé par le capitaine arrivant dans le port pour la cessation du service par quart.

Toutefois, la faculté de quitter le service ne peut être refusée au marin, sauf circonstances imprévues dûment justifiées, vingt-quatre heures après l'arrivée du navire à son poste d'amarrage.

Art. L. 624-9. – Toute rupture de contrat d'engagement à durée indéterminée sans préavis, ou sans que le délai-congé ait été intégralement observé, emporte obligation pour la partie responsable de verser à l'autre une indemnité dont le montant correspond à la rémunération et aux avantages de toute nature dont aurait bénéficié le marin durant le délai de préavis prévu à l'article L. 624-5 qui n'aurait pas été effectivement respecté.

Cependant, la rupture du contrat peut intervenir sans préavis en cas de faute grave ou de force majeure.

Art. L. 624-10. – Toute rupture abusive d'un contrat d'engagement par l'une des parties peut donner lieu au profit de l'autre partie à des dommages-intérêts qui sont fixés par le juge à défaut d'accord des parties. Le jugement doit mentionner expressément le motif allégué par la partie qui a rompu le contrat.

Art. L. 624-11. – Les parties ne peuvent renoncer par anticipation à leur droit éventuel à des dommages-intérêts prévus aux articles L. 624-9 et L. 624-10.

Art. L. 624-12. – S'il survient une modification dans la situation juridique de l'employeur, notamment par succession, vente, fusion, transformation du fonds, mise en société, tous les contrats d'engagement en cours au jour de la modification subsistent entre le nouvel armateur et le personnel de l'entreprise.

Section III. – Dispositions spéciales aux contrats d'engagement à durée déterminée

Art. L. 624-13. – Le contrat d'engagement conclu pour un temps déterminé prend normalement fin par l'expiration du temps pour lequel il a été conclu.

Le contrat d'engagement conclu pour la durée d'un voyage prend fin par l'accomplissement du voyage ou par la rupture volontaire ou forcée du voyage.

Art. L. 624-14. – Le contrat d'engagement conclu pour un temps déterminé ne peut cesser avant son terme par la volonté d'une seule partie que pour de justes motifs ou dans les cas de faute grave, de force majeure ou dans ceux prévus au contrat ou déterminés par le règlement intérieur.

Art. L. 624-15. – Lorsque le terme d'un contrat d'engagement conclu pour une durée déterminée vient à échoir au cours d'un voyage, l'engagement du marin prend fin à l'arrivée au premier port d'escale.

Toutefois, l'engagement est prolongé jusqu'à l'arrivée du navire dans la Principauté ou dans un port du pays limitrophe si le bâtiment doit y faire escale dans un délai d'un mois à compter de l'expiration du contrat d'engagement.

Section IV. – Le transport du marin en fin de contrat

Art. L. 624-16. – Le marin débarqué doit être ramené aux frais du navire jusqu'au port le plus proche de son domicile.

Art. L. 624-17. – Le transport comprend les frais de voyage, de logement et de nourriture.

Art. L. 624-18. – Les frais occasionnés par le transport d'un marin débarqué en cours de route, après résiliation de l'engagement par la volonté commune des parties, sont réglés par la convention des parties.

Les frais restent à la charge du marin lorsque celui-ci est débarqué pour raison disciplinaire.

Chapitre V. – La protection sociale

Section I. – Dispositions générales

Art. L. 625-1. – Est qualifiée « d'autorité maritime » au sens du présent chapitre :

1° à Monaco, le Directeur des affaires maritimes ;

2° en France, les consuls de Monaco ou, à défaut, les chefs des quartiers des affaires maritimes en leur qualité de représentant des caisses auxquelles sont affiliés les marins ;

3° dans les autres pays, les consuls de Monaco. À défaut de représentant consulaire dans le port ou à proximité, les capitaines des navires de commerce sont habilités à remplir toutes formalités administratives se rapportant au rôle d'équipage, sous réserve de dresser un rapport relatant les circonstances d'exception et de le faire parvenir à leur armateur qui le transmet au Directeur des affaires maritimes. En revanche, les capitaines de navires de plaisance ne peuvent procéder à aucun embarquement ou débarquement d'un marin salarié de nationalité monégasque ou française sans l'autorisation soit de l'autorité consulaire monégasque la plus proche, soit du Directeur des affaires maritimes de Monaco, saisi au besoin par la voie de communication la plus rapide.

Art. L. 625-2. – L'exécution des obligations laissées à la charge de l'employeur par le régime de sécurité sociale dont il relève par application des dispositions légales ou réglementaires doit être garantie par un contrat d'assurance souscrit à Monaco auprès d'une société d'assurance ou d'un assureur agréé par application des dispositions de l'article 7 de la loi n° 609 du 11 avril 1956.

Section II. – La protection sociale

Art. L. 625-3. – Le régime applicable aux marins de nationalité monégasque ou française en matière de protection sociale est déterminé dans les conditions prévues par les conventions francomonégasques.

Art. L. 625-4. – Les marins de nationalité autre que monégasque ou française et les membres d'équipage n'ayant pas la qualité de marin sont assujettis à la législation sociale monégasque.

Chapitre VI. – Dispositions spéciales applicables à certaines catégories de marins

Section I. – Dispositions spéciales applicables au capitaine

Art. L. 626-1. – Les conventions passées entre l'armateur et le capitaine relativement à la fonction commerciale du capitaine en qualité de mandataire de l'armateur peuvent être valablement constatées sans l'intervention de l'autorité maritime.

Art. L. 626-2. – Les dispositions des articles L. 623-8 à L. 623-13 relatifs à la durée du travail et au repos hebdomadaire ne sont pas applicables au capitaine.

Art. L. 626-3. – Les dispositions des articles L. 623-16 et L. 623-17 concernant le règlement des salaires en cas de retardement, prolongation ou abréviation du voyage, ne s'appliquent pas au capitaine quand ces événements proviennent de son fait.

Les dispositions de l'article L. 623-27 sont également inapplicables au capitaine.

Art. L. 626-4. – Les dispositions de l'article L. 623-34 relatif aux acomptes ne sont pas applicables au capitaine.

Art. L. 626-5. – La solde fixe du capitaine n'est saisissable que pour les causes et dans les limites fixées à l'article L. 623-39.

Les rémunérations du capitaine autres que sa solde fixe peuvent être retenues en totalité pour sommes dues par lui à l'armateur en qualité de mandataire de celui-ci.

Art. L. 626-6. – Tout capitaine engagé pour un voyage est tenu de l'achever, à peine de tous dommages-intérêts envers les propriétaires et affréteurs.

Art. L. 626-7. – L'armateur peut toujours congédier le capitaine, sauf dommages-intérêts en cas de renvoi injustifié.

Section II. – Dispositions spéciales applicables aux marins en état de minorité civile

Art. L. 626-8. – L'autorisation donnée au premier embarquement par la personne ou l'autorité investie du droit de garde à son égard ou, à défaut, par le juge tutélaire, confère au mineur capacité pour accomplir tous les actes se rattachant à son engagement, notamment pour toucher ses salaires.

Le retrait de l'autorisation ne peut être opposé aux tiers s'il n'a pas été porté à leur connaissance avant la formation du contrat.

L'autorisation ne peut être retirée quand le mineur a atteint l'âge de dix-huit ans.

Art. L. 626-9. – Sous réserve de l'application des dispositions de la loi n° 719 du 27 décembre 1961 relative à l'âge d'admission au travail, tout mineur embarqué pour un emploi du pont, de la machine ou du service général est qualifié « mousse » s'il est âgé de moins de seize ans, « novice » s'il est âgé de plus de seize ans et de moins de dix-huit ans.

Art. L. 626-10. – Sur les navires de plus de 250 unités de jauge brute, il est interdit de faire prendre aux mousses le service du quart de nuit de vingt heures à quatre heures. Les mousses et les novices ne peuvent être employés au travail des machines et des soutes.

Les mousses et les novices ne peuvent accomplir plus de huit heures de travail au cours d'une même journée, sauf pour les manœuvres d'entrée et de sortie des ports. Les mousses doivent obligatoirement jouir du repos hebdomadaire, tant à la mer qu'au port, à la date normale ou exceptionnellement avec un retard ne pouvant dépasser quarante-huit heures.

Dans les services de la machine, les mousses ou les novices ne peuvent pas être compris dans les bordées de quart. Ils ne doivent pas être employés plus de quatre heures par jour dans les compartiments des machines ni lorsque l'élévation de la température peut constituer un danger pour leur santé.

Art. L. 626-11. – Les enfants âgés de moins de quinze ans révolus ne peuvent être embarqués à titre professionnel sur un navire. Toutefois, l'embarquement professionnel d'un enfant de quatorze ans au moins peut être exceptionnellement autorisé par l'autorité maritime lorsqu'il est effectué dans l'intérêt de l'enfant. Il est subordonné à la présentation d'un certificat d'aptitude physique délivré par un médecin agréé par l'autorité maritime.

En outre, les enfants de moins de quinze ans, mais de plus de treize ans, peuvent, pendant les vacances scolaires, prendre part occasionnellement aux activités à bord des bateaux de pêche côtière, sous réserve de la présentation du certificat médical prévu à l'alinéa précédent et à condition que cet embarquement ne soit pas réalisé dans un but lucratif.

Art. L. 626-12. – Le capitaine ou le patron doit exercer sur le marin mineur une surveillance attentive, veiller à ce qu'il ne soit employé qu'aux travaux de service en rapport avec ses aptitudes physiques et se rattachant à l'exercice de sa profession. Il lui enseigne ou lui fait enseigner, progressivement, la pratique de son métier.

Art. L. 626-13. – Une ordonnance souveraine, prise après avis du Conseil de la mer, déterminera dans quelles conditions les prescriptions de l'article L. 626-10 sont applicables sur les navires de jauge brute égale ou inférieure à 250 unités de jauge.

Chapitre VII. – Litiges entre armateurs et marins

Art. L. 627-1. – Les litiges qui s'élèvent en ce qui concerne les contrats d'engagement régis par le présent code entre les armateurs ou leurs représentants et les marins, à l'exception des capitaines, sont portés devant le tribunal du travail.

Les litiges survenus entre les armateurs et le capitaine sont soumis au tribunal de première instance.

TITRE III. – LES INFRACTIONS EN MATIÈRE DISCIPLINAIRE ET PÉNALE

Chapitre I. – Dispositions générales

Art. L. 631-1. – Sont soumises aux dispositions du présent titre, en quelque lieu que se trouve le navire, toutes les personnes de quelque nationalité qu'elles soient, qui se trouvent à bord, soit comme membre de l'équipage, soit à tout autre titre.

Il en est de même en cas de perte du navire, des membres de l'équipage, jusqu'à ce qu'ils aient pu être remis à l'autorité publique compétente et des autres personnes embarquées qui ont demandé à suivre la fortune de l'équipage.

Art. L. 631-2. – L'expression « à bord » désigne le navire, ses embarcations et ses moyens de communication fixes avec la terre.

Est qualifiée « d'autorité maritime » :

- à Monaco, le Directeur des affaires maritimes ;
- dans les autres pays, les consuls de Monaco.

Art. L. 631-3. – La connaissance des crimes, délits et contraventions commis par les personnes visées à l'article L. 631-1 appartient aux juridictions de droit commun.

Art. L. 631-4. – Les délais de prescription de l'action publique, de l'exécution de la peine et de l'action civile sont fixés conformément au droit commun.

Toutefois, en ce qui concerne les fautes graves contre la discipline prévues à l'article L. 632-7 les délais de prescription sont ceux prévus pour les contraventions de police.

Les délais prévus aux alinéas précédents ne commencent à courir qu'à partir du jour où l'auteur de l'infraction a été remis à l'autorité judiciaire compétente.

Art. L. 631-5. – Pour l'application des dispositions de l'article 10 du Code pénal, est réputé en état de détention préventive tout individu privé de sa liberté en vertu des dispositions spéciales du présent titre.

Art. L. 631-6. – Les dispositions de l'article 392 du Code pénal sont applicables aux crimes et délits prévus par le présent titre.

Art. L. 631-7. – Les articles 393 à 405 du Code pénal sur le sursis à l'exécution de la peine sont applicables sous les réserves ci-après, aux peines d'emprisonnement ou d'amende prononcées en vertu du présent titre.

Lorsqu'une condamnation prononcée pour un crime ou un délit de droit commun a fait l'objet d'un sursis à l'exécution, la condamnation encourue dans le délai de cinq ans pour un crime ou un délit prévu par le présent titre ne fait perdre au condamné le bénéfice du sursis que s'il s'agit des crimes ou des délits prévus par les articles L. 633-20, L. 633-21 (§ 2, 3, 4 et 5), L. 633-23, L. 633-24, L. 633-25, L. 633-28, L. 633-33, L. 633-42 et L. 633-43.

Les condamnations antérieures prononcées pour un délit prévu par les articles L. 633-10 à L. 633-12, L. 633-16, L. 633-17, L. 633-22, L. 633-29, L. 633-32, L. 633-34, L. 633-35 à L. 633-44, L. 633-46 à L. 633-54, L. 633-62 à L. 633-65 du présent titre ne font pas obstacle à l'obtention du sursis lorsque l'individu qui les a encourues est condamné pour un crime ou un délit de droit commun.

Chapitre II. – Les fautes en matière disciplinaire

Section I. – Dispositions générales

Art. L. 632-1. – Le capitaine a, dans l'intérêt commun sur toutes les personnes présentes à bord, pour quelque cause que ce soit et autant que la nécessité l'exige, l'autorité que comporte le maintien de l'ordre, la sécurité du navire, des personnes embarquées ou de la cargaison et la bonne exécution de l'expédition entreprise. Il peut employer à ces fins tous moyens de coercition utiles, et requérir les personnes embarquées de lui prêter main-forte.

Art. L. 632-2. – Un livre spécial dit « livre de discipline » est tenu à bord de tout navire pratiquant la navigation au long cours ou le cabotage.

Le capitaine mentionne immédiatement au livre de discipline la nature des fautes contre la discipline commises à bord, les circonstances qui les ont motivées, les résultats des enquêtes effectuées, les noms et déclarations des témoins, les explications du marin coupable, les sanctions infligées et les mesures prises.

Le livre de discipline doit être présenté au visa de l'autorité maritime toutes les fois qu'une faute de discipline a été commise dans l'intervalle compris entre le dernier départ et l'arrivée ou la relâche du navire. Le capitaine remet en même temps à l'autorité maritime le dossier de l'enquête préliminaire à laquelle il a procédé.

Art. L. 632-3. – Les punitions disciplinaires avec l'indication des fautes qui les ont motivées, sont inscrites à la diligence de l'autorité maritime à l'article matriculaire du marin.

Section II. – Les fautes légères contre la discipline

Art. L. 632-4. – Sont réputées fautes légères contre la discipline :

1° la désobéissance simple à tout ordre concernant le service, sans résistance à une sommation formelle, faite devant témoin, par un supérieur ;

2° l'ivresse à bord, sans désordre et en dehors du service ;

3° l'absence irrégulière du bord en dehors des heures de service ;

4° les querelles et disputes sans voies de fait ;

5° et, généralement, toute faute non spécifiée à l'article L. 632-7.

Art. L. 632-5. – Lorsque le capitaine a connaissance d'une faute légère contre la discipline, il fait comparaître le coupable de cette faute devant lui, en particulier, dans un délai de vingt-quatre heures. Le capitaine interroge l'intéressé sur les faits qui lui sont reprochés et entend les témoins à charge et à décharge. Le capitaine peut prononcer, selon les circonstances, l'une des sanctions prévues à l'article L. 632-6.

Le capitaine, après avoir porté sur le livre de discipline les mentions prescrites par l'article L. 632-2, requiert l'intéressé de procéder lui-même à leur lecture et de signer, à défaut de quoi le refus de signer est enregistré.

Art. L. 632-6. – Le capitaine peut prononcer contre le coupable d'une faute légère contre la discipline l'une des sanctions suivantes :

1° le blâme ;

2° la consigne à bord pour quatre jours au plus pour les officiers, maîtres et hommes d'équipage ;

3° les arrêts pour quatre jours au plus.

Pour les officiers, maîtres et hommes d'équipage, cette sanction n'emporte ni interruption de service ni suspension de salaire.

Toute personne punie d'arrêts doit garder sa chambre et ne peut la quitter sans autorisation.

Section III. – Les fautes graves contre la discipline

Art. L. 632-7. – Sont réputées fautes graves contre la discipline et entraînent l'une des punitions prévues à l'article L. 632-8 :

1° toute nouvelle faute légère contre la discipline qui est commise au cours d'un même embarquement par toute personne embarquée, lorsque le coupable a déjà encouru l'une des sanctions prévues par l'article L. 632-6 depuis moins d'un mois ;

2° toute faute dans l'exercice de la profession de nature à nuire à la sécurité du navire ;

3° le refus d'obéir ou la résistance à tout ordre concernant le service, après sommation préalable faite par un supérieur hors le cas prévu par l'article L. 633-34 ou par le seul capitaine, s'il s'agit d'un passager ;

4° l'ivresse à bord, avec désordre, sauf ce qui est prévu à l'article L. 633-31 ;

5° le manque de respect envers un supérieur ou les insultes directement adressées à un subordonné à bord ;

6° l'emploi non autorisé, sans perte, dégradation ou abandon, d'une embarcation du navire ;

7° l'absence irrégulière du bord pendant les heures de service ;

8° les larcins ou filouteries, lorsque la victime n'a pas porté plainte ;

9° le non-respect de la consigne ou des arrêts.

Art. L. 632-8. – Sous réserve des dispositions de l'article L. 633-35 le capitaine peut infliger les punitions suivantes.

Pour les officiers, maîtres ou hommes d'équipage :

1° la consigne à bord pendant huit jours au plus ;

2° les arrêts pendant quinze jours au plus, sans suspension de salaires et avec continuation de service.

Pour les passagers :

– les arrêts pendant quinze jours au plus.

Art. L. 632-9. – Lorsque le capitaine a connaissance d'une faute grave contre la discipline, il procède immédiatement à une enquête.

Il interroge l'intéressé sur les faits qui lui sont reprochés et entend les témoins à charge et à décharge.

Les résultats de l'enquête sont consignés dans un procès-verbal, signé des témoins, qui relate la nature de l'infraction relevée, les noms et les déclarations des témoins et les explications de l'intéressé. Celui-ci procède ensuite à la lecture du procès-verbal, qu'il est requis de signer, à défaut de quoi son refus de signer est enregistré.

Le capitaine peut prononcer l'une des sanctions prévues à l'article L. 632-8.

Le procès-verbal d'enquête et, s'il y a lieu, la punition qui a suivi, sont transcrits au livre de discipline.

Section IV. – Retrait des prérogatives attachées aux brevets et diplômes

Art. L. 632-10. – Le Ministre d'État peut prononcer contre tout marin breveté, diplômé ou certifié, le retrait temporaire pour trois ans au plus, partiel ou total, des droits et prérogatives afférents au brevet, diplôme ou certificat dont ce dernier est titulaire, pour faute contre l'honneur, pour faute grave dans l'exercice de la profession ou pour condamnation devenue définitive pour une infraction prévue par le chapitre III du présent titre ou par l'article L. 421-2, alinéa premier, lorsqu'elle est commise en violation des règles qui ont pour but de sauvegarder la vie humaine en mer.

Toutefois, le retrait peut être prononcé à titre définitif dans le cas :

– de condamnation à une peine afflictive ou infamante ;

– de perte totale du navire ;

– ou si le marin a déjà été l'objet de l'une des sanctions prévues à l'alinéa premier du présent article.

Le retrait ne peut intervenir qu'après avis motivé d'un conseil de discipline. Le Ministre d'État ne peut prendre une décision plus sévère que celle qui lui est proposée par le conseil de discipline.

Les conditions d'application du présent article sont fixées par ordonnance souveraine.

Chapitre III. – Les infractions en matière pénale

Section I. – Compétence et procédure

Art. L. 633-1. – Les crimes, délits et contraventions commis à bord sont recherchés, soit sur plainte, soit sur dénonciation, soit d'office :

1° par les officiers de police judiciaire ;

2° à l'étranger, par les consuls de Monaco ;

3° par les capitaines des navires à bord desquels les infractions ont été commises.

Art. L. 633-2. – Les procès-verbaux sont établis conformément aux dispositions du Code de procédure pénale. Ils en suivent les règles.

Art. L. 633-3. – Dès que le capitaine a connaissance d'un crime, d'un délit ou d'une contravention commis à bord, il procède à une enquête préliminaire conformément aux dispositions du titre IV, du livre I du Code de procédure pénale. Les circonstances de l'infraction et les énonciations du procès-verbal de l'enquête préliminaire sont mentionnées au livre de discipline.

En cas de nécessité, le capitaine peut faire arrêter préventivement l'auteur du crime ou de délit.

Pour l'exercice de ce pouvoir, le capitaine peut employer tout moyen de coercition utile et requérir les personnes embarquées, de lui prêter main-forte.

S'il s'agit d'un mineur de dix-huit ans, il devra être séparé de tout autre détenu.

Si les aménagements du navire ne permettent pas la détention, le capitaine peut remettre le détenu, soit au capitaine d'un autre navire monégasque comportant les aménagements convenables, soit au consul de Monaco le plus proche, lequel procède sur place à son incarcération provisoire. Dans tous les cas, le détenu doit être remis aussitôt que possible à l'autorité judiciaire monégasque.

L'emprisonnement préventif est subordonné à l'observation des règles prévues par ordonnance souveraine.

L'imputation de la détention préventive se fera conformément aux dispositions de l'article 10 du Code pénal.

Art. L. 633-4. – Le capitaine adresse les pièces de l'enquête préliminaire au procureur général et il en informe la Direction des affaires maritimes. Celui-ci, s'il en est requis par le procureur général, donne son avis motivé sur la suite à réserver à l'affaire.

Art. L. 633-5. – Lorsque l'infraction a été commise par le capitaine ou avec sa complicité, l'enquête préliminaire prévue à l'article L. 633-3 est diligentée par le Chef de la police maritime. Celui-ci procède comme il est dit aux articles L. 633-2 à 4.

Art. L. 633-6. – Le procureur général procède comme il est dit au titre II du livre I du Code de procédure pénale. Toutefois, pour les infractions prévues aux articles L. 633-17, L. 633-20, L. 633-22, L. 633-33, L. 633-38 à L. 633-40, L. 633-42, L. 633-44, L. 633-56 à L. 633-61, L. 633-66, il ne peut engager de poursuites qu'après avoir consulté le Directeur des affaires maritimes. Celui-ci doit, s'il le demande, être entendu par le tribunal.

Art. L. 633-7. – Les mineurs de dix-huit ans sont poursuivis et jugés conformément aux dispositions de la loi qui leur est propre.

Art. L. 633-8. – La victime de l'infraction peut se constituer partie civile conformément aux dispositions du Code de procédure pénale.

Toutefois, nonobstant l'article 368 dudit code, elle ne peut donner citation directement au prévenu devant le tribunal correctionnel, mais doit saisir le juge d'instruction.

Art. L. 633-9. – Lorsqu'il s'agit des faits prévus par les articles L. 633-36 et L. 633-46 à L. 633-49 et imputables à une ou plusieurs personnes appartenant à l'équipage d'un navire étranger, le procureur général ou le juge d'instruction peut ordonner l'immobilisation provisoire du navire.

L'auteur de la décision peut ordonner à tout moment la levée de l'immobilisation, soit, purement et simplement, soit en imposant un cautionnement dont il fixe le montant et les modalités de versement.

Les conditions d'affectation d'emploi et de restitution du cautionnement sont réglées conformément aux dispositions des articles 193 à 200 du Code de procédure pénale.

Section II. – Absence irrégulière et abandon de poste

Art. L. 633-10. – Est puni d'un emprisonnement de six jours à six mois tout officier, maître ou homme d'équipage qui se rend coupable d'absence irrégulière à bord lorsqu'il est affecté à un poste de garde ou de sécurité ou lorsque, étant de service, son absence irrégulière est susceptible d'entraîner des conséquences dommageables.

Art. L. 633-11. – Tout capitaine qui, hors le cas de force majeure rompt son engagement et abandonne son navire avant d'avoir été remplacé, est puni, si le navire se trouvait en sûreté dans un port, d'un emprisonnement de un mois à un an, et si le navire était en rade foraine ou en mer, d'un emprisonnement de un an à deux ans.

Art. L. 633-12. – Est puni de l'amende prévue au chiffre 1 de l'article 26 du Code pénal tout capitaine qui enfreint l'obligation énoncée par l'article L. 330-6.

Section III. – Infractions touchant à la police intérieure du navire

Art. L. 633-13. – Tout capitaine, officier ou maître qui abuse de son autorité ou qui ordonne, autorise ou tolère un abus d'autorité vis-à-vis d'un homme de l'équipage, d'un passager ou de toute personne embarquée, est puni d'un emprisonnement de six jours à six mois et de l'amende prévue au chiffre 1 de l'article 26 du Code pénal ou de l'une de ces deux peines seulement.

Est puni de la même peine tout capitaine, officier ou maître coupable d'outrage caractérisé par parole, geste ou menace envers les hommes de l'équipage, les passagers ou toute personne embarquée.

Est puni de la même peine tout capitaine qui a négligé de relever du poste qu'il occupe le marin arrivé à l'expiration de son contrat d'engagement de manière qu'il puisse quitter librement le bord.

Tout capitaine, officier ou maître qui, hors les cas légitimes visés à l'article L. 633-3, alinéa 2, a usé ou fait user de violences dans l'exercice ou à l'occasion de l'exercice de ses fonctions, est puni des peines prévues aux articles 126 et 127 du Code pénal.

Dans les cas prévus au présent article, la peine peut être doublée si la victime est un mineur.

Art. L. 633-14. – Est puni, pour chacune des infractions visées ci-après, de l'amende prévue au chiffre 3 de l'article 29 du Code pénal, tout capitaine qui néglige, ou refuse, sans motif légitime :

1° de faire les constatations requises en cas de crime, de délit ou de contravention commis à bord ;

2° de rédiger les actes de l'état-civil, les procès-verbaux de disparition ou les testaments dans les cas prévus par les articles 50, 65, 851, 852 et 854 du Code civil ;

3° de tenir régulièrement les journaux, le livre de discipline et autres documents réglementaires.

Art. L. 633-15. – Est puni de la réclusion de dix à vingt ans, tout capitaine, officier, maître ou homme d'équipage qui inscrit frauduleusement sur les documents du bord des faits altérés ou contraires à la vérité.

Art. L. 633-16. – Est puni d'un emprisonnement de un mois à un an et de l'amende prévue au chiffre 1 de l'article 26 du Code pénal, tout capitaine qui, hors le cas de force majeure, abandonne l'exercice du commandement de son navire.

Les mêmes peines sont encourues par toute personne qui exerce indûment le commandement du navire et par l'armateur qui serait son complice.

Art. L. 633-17. – Toute personne embarquée qui commet, ou tente de commettre dans une intention coupable, et à l'insu de l'armateur, un acte de fraude ou de contrebande de nature à engager la responsabilité pénale de l'armateur, est punie d'un emprisonnement de six jours à trois mois.

Si le coupable est le capitaine, la peine peut être doublée.

Art. L. 633-18. – Est puni de cinq à dix ans de réclusion, tout capitaine qui détourne à son profit le navire dont la conduite lui est confiée ou qui, dans une intention criminelle, fait fausse route ou détruit tout ou partie de la cargaison, des vivres ou des effets du bord.

Art. L. 633-19. – Est puni de cinq à dix ans de réclusion, tout capitaine qui, dans une intention frauduleuse :

1° vend le navire ;

2° opère des déchargements de quelque nature que ce soit ;

3° détourne ou dissipe au préjudice de l'armateur des fonds ou des meubles sur le corps, ravitaillement ou équipement du navire ou sur les avaries.

Art. L. 633-20. – Tout capitaine, officier, maître ou homme d'équipage qui altère des marchandises faisant partie de la cargaison, est puni d'un emprisonnement de deux à cinq ans et de l'amende prévue au chiffre 3 de l'article 26 du Code pénal.

Art. L. 633-21. – Toute personne embarquée qui falsifie les vivres, boissons et autres objets de consommation est punie d'un emprisonnement de trois mois à un an et de l'amende prévue au chiffre 3 de l'article 26 du Code pénal ou de l'une de ces deux peines seulement.

Si la substance falsifiée est nuisible à la santé humaine, ou si elle est toxique, l'emprisonnement est de six mois à trois ans et l'amende est celle qui est prévue au chiffre 3 de l'article 26 du Code pénal.

S'il est résulté de l'absorption de la substance falsifiée une maladie ou une incapacité de travail personnel d'une durée excédant vingt jours, la peine est l'emprisonnement de un à cinq ans et l'amende prévue au chiffre 4 de l'article 26 du Code pénal.

S'il en est résulté une infirmité permanente grave, la peine est la réclusion de cinq à dix ans.

S'il en est résulté la mort, la peine est la réclusion de dix à vingt ans.

Art. L. 633-22. – Toute personne embarquée qui, frauduleusement, détourne, détériore ou vend un objet utile à la navigation, à la manœuvre ou à la sécurité du navire ou qui vend des vivres embarqués pour le service du bord, est punie d'un emprisonnement de un à cinq ans et de l'amende prévue au chiffre 4 de l'article 26 du Code pénal.

Lorsque le détournement, la détérioration ou la vente a compromis la sécurité du navire ou des personnes embarquées, la peine est la réclusion de cinq à dix ans.

Art. L. 633-23. – Les personnes embarquées qui, individuellement ou collectivement :

1° commettent un acte compromettant la sécurité du navire ou des personnes ou des biens à bord ;

2° par menace de violences ou par violence s'emparent d'un navire ou s'en attribuent le contrôle ; sont punies de la réclusion de dix à vingt ans.

Art. L. 633-24. – Sont punies de la réclusion de dix à vingt ans les personnes embarquées qui, se soulèvent collectivement contre l'autorité du capitaine et refusent, après une sommation formelle, de rentrer dans l'ordre.

Est passible de la même peine la résolution d'agir concertée entre deux ou plusieurs personnes en vue de commettre un ou plusieurs des actes visés à l'alinéa précédent.

Art. L. 633-25. – Est puni de la réclusion à perpétuité quiconque a volontairement :

1° commis un acte de violence sur une personne se trouvant à bord d'un navire, si cet acte est de nature à compromettre la sécurité de ce navire ou des personnes ou des biens à bord ;

2° détruit, en totalité ou en partie, un navire, par quelque moyen que ce soit ;

3° commis un acte de piraterie. Est considérée comme pirate :

a) toute personne se trouvant à bord d'un navire et agissant à des fins privées, qui commet un acte illicite de violence, de destruction ou de déprédation contre un autre navire en mer, ou contre des personnes ou des biens se trouvant à son bord ;

b) toute personne qui participe volontairement à l'utilisation d'un navire pour commettre les actes visés à la lettre *a)* ci-dessus ;

c) toute personne qui incite à la commission des actes visés à la lettre *a)* ci-dessus ou qui fournit les facilités pour ce faire ;

d) toute personne qui, après avoir participé à une mutinerie sur un navire et s'en être rendue maître, commet les actes visés à la lettre *a)* ci-dessus.

Art. L. 633-26. – Dans les cas prévus aux articles L. 633-23, L. 633-24 et L. 633-25, la résistance du capitaine et des personnes qui lui prêtent main-forte est considérée comme un acte de légitime défense.

Art. L. 633-27. – Est puni d'un emprisonnement de un à cinq ans et de l'amende prévue au chiffre 4, de l'article 26 du Code pénal, quiconque a communiqué une information qu'il savait fausse ou s'est abstenu de communiquer une information exacte, dans des conditions susceptibles de compromettre la sécurité d'un navire en cours de voyage.

Art. L. 633-28. – Les vols commis à bord sont punis conformément aux dispositions du Code pénal.

Ces dispositions ne font pas obstacle à l'application de l'article L. 632-7, 8°.

Art. L. 633-29. – Tout marin qui, après avoir reçu des avances sur salaires ou parts, s'abstient, sans motif légitime, de prendre son service à bord et ne se met pas en mesure de rembourser les avances qui lui ont été accordées, est puni des peines prévues à l'article 337, alinéa 1 du Code pénal.

Art. L. 633-30. – Est puni d'un emprisonnement de six jours à un mois, toute personne embarquée coupable d'avoir introduit de l'alcool ou des boissons spiritueuses ou d'en avoir facilité l'introduction à bord, sans l'autorisation expresse du capitaine.

Est puni d'une peine double le capitaine ou l'armateur qui a embarqué ou fait embarquer de l'alcool ou des boissons spiritueuses, destinées à la consommation de l'équipage, en quantités supérieures aux quantités réglementaires, ou en a autorisé l'embarquement.

Art. L. 633-31. – Est puni d'un emprisonnement de six jours à six mois tout capitaine qui s'est trouvé en état d'ivresse à bord de son navire, et tout officier, maître ou homme d'équipage qui s'enivre habituellement ou qui s'est trouvé en état d'ivresse pendant le quart.

Est puni d'une peine double tout capitaine qui s'enivre habituellement, sans préjudice des mesures disciplinaires prévues à l'article L. 632-10.

Art. L. 633-32. – Est puni d'un emprisonnement de un à six mois et de l'amende prévue au chiffre 2 de l'article 26 du Code pénal ou de l'une de ces deux peines seulement, tout officier, maître ou homme d'équipage qui se rend coupable d'outrage par parole, geste ou menace envers un supérieur.

Art. L. 633-33. – Est punie d'un emprisonnement de six mois à trois ans et de l'amende prévue au chiffre 3 de l'article 26 du Code pénal toute personne embarquée qui se rend coupable de violences ou de voies de fait contre le capitaine.

Si les violences ou les voies de fait ont occasionné une incapacité de travail personnel d'une durée excédant vingt jours, la peine est l'emprisonnement de trois à cinq ans et l'amende est celle prévue au chiffre 4 de l'article 26 du Code pénal.

Si les violences ou les voies de fait ont occasionné la mutilation, l'amputation ou la privation de l'usage d'un membre, la cécité, la perte d'un œil ou une autre infirmité permanente grave, la peine est la réclusion de cinq à dix ans.

Si les violences ou les voies de fait commises sans l'intention de donner la mort l'ont pourtant occasionnée, la peine est la réclusion de dix à vingt ans.

Art. L. 633-34. – Est puni d'un emprisonnement de six jours à six mois tout homme d'équipage qui, après une sommation formelle du capitaine ou d'un officier spécialement désigné à cet effet par le capitaine, a refusé d'obéir ou résisté à un ordre concernant le service.

Lorsque le refus d'obéissance ou la résistance est susceptible d'entraîner des conséquences dommageables, la peine est l'emprisonnement de six mois à un an.

Si le coupable est un officier ou maître, les peines prévues aux deux alinéas précédents sont portées au double.

Art. L. 633-35. – La troisième faute grave et les fautes graves subséquentes contre la discipline commises au cours du même embarquement sont considérées comme délit et punies d'un emprisonnement de six jours à six mois.

Toutefois, lorsque la nature de la faute et les circonstances dans lesquelles elle a été commise paraissent le permettre, le procureur général, sur l'avis conforme du Directeur des affaires maritimes, peut conserver à l'infraction son caractère de faute contre la discipline.

Les fautes légères, réputées fautes graves en vertu de l'article L. 632-7, 1°, ne peuvent jamais constituer des délits.

Section IV. – Infractions concernant la police de la navigation

Art. L. 633-36. – Sans préjudice des dispositions des alinéas 2 et 3 du présent article, toute personne, même étrangère, embarquée sur un navire monégasque ou étranger qui, dans les eaux intérieures ou les eaux territoriales, ne se conforme pas aux dispositions législatives ou réglementaires ou aux ordres émanant des autorités maritimes, relatifs soit à la police des eaux et rades, soit à la police de la navigation maritime, est punie d'un emprisonnement de six jours à six mois et de l'amende prévue au chiffre 1 de l'article 26 du Code pénal.

Le capitaine de tout navire monégasque ou étranger qui a enfreint dans les eaux territoriales ou intérieures monégasques soit les règles de circulation maritime édictées en application de la Convention internationale de Londres du 20 octobre 1972, pour prévenir les abordages en mer et relatives aux dispositifs de séparation de trafic, soit les règles édictées en ce qui concerne les distances minimales de passage le long des côtes monégasques, est puni d'un emprisonnement de un mois à deux ans, et de l'amende prévue au chiffre 4 de l'article 26 du Code pénal. Est puni des mêmes peines le capitaine de tout navire monégasque qui a commis une des infractions prévues à l'alinéa précédent hors des eaux territoriales ou intérieures monégasques.

Toutefois, lorsque l'infraction est commise par le capitaine d'un navire transportant une cargaison d'hydrocarbures ou d'autres substances dangereuses définies par ordonnance souveraine, les taux de l'amende prévue au chiffre 4 de l'article 26 du Code pénal sont multipliés par le coefficient 10.

Art. L. 633-37. – Est puni d'un emprisonnement de un mois à deux ans et de l'amende prévue au chiffre 4 de l'article 26 du Code pénal, les taux de celle-ci étant multipliés par le coefficient 50, le capitaine de tout navire monégasque ou étranger transportant une cargaison d'hydrocarbures ou d'autres substances dangereuses définies par ordonnance souveraine, qui a pénétré dans les eaux territoriales ou intérieures monégasques sans avoir signalé à l'autorité maritime la date et l'heure d'entrée, la position, la destination, la route et la vitesse du navire, ainsi que la nature et l'importance du chargement et, le cas échéant, tout accident de mer au sens des dispositions de la Convention de Bruxelles du 29 novembre 1969 dont il a été victime.

Art. L. 633-38. – Toute personne qui, sur un navire monégasque exerce, sans l'autorisation de l'autorité maritime, et hors le cas de force majeure, soit le commandement soit toute autre fonction de bord sans satisfaire aux conditions prévues par les articles L. 610-3, L. 610-4 et L. 610-5, est punie d'un emprisonnement de six jours à un an et de l'amende prévue au chiffre 2 de l'article 26 du Code pénal.

Art. L. 633-39. – Toute personne qui se livre à une navigation maritime, sans être munie de l'un des titres de navigation visés au chapitre I du titre I du livre IV, ou qui se refuse à exhiber ce titre à la première réquisition de l'autorité compétente, est passible de l'amende prévue au chiffre 2 de l'article 26 du Code pénal.

Art. L. 633-40. – Tout capitaine qui ne se conforme pas aux dispositions de l'article L. 413-5 sur les marques de signalement extérieur du navire ou qui efface, altère, couvre ou masque lesdites marques, est passible de l'amende prévue au chiffre 1 de l'article 26 du Code pénal.

Art. L. 633-41. – Tout capitaine qui n'obéit pas aux injonctions émanant d'un navire armé par une autorité de police monégasque et le contraint à faire usage de la force, est puni d'un emprisonnement de six mois à deux ans.

Art. L. 633-42. – Toute personne qui monte frauduleusement à bord d'un navire avec l'intention de faire un voyage est punie d'un emprisonnement de six jours à six mois et de l'amende prévue au chiffre 1 de l'article 26 du Code pénal.

En cas de récidive, l'emprisonnement est de six mois à deux ans et l'amende est celle prévue au chiffre 2 de l'article 26 du Code pénal.

Art. L. 633-43. – Toute personne qui, soit à bord, soit à terre, a favorisé l'embarquement ou le débarquement d'un passager clandestin, l'a dissimulé ou lui a fourni des vivres, est punie d'un emprisonnement de six jours à six mois et de l'amende prévue au chiffre 1 de l'article 26 du Code pénal.

Le maximum des peines visées à l'alinéa précédent doit être prononcé contre les personnes qui se sont groupées pour favoriser les embarquements clandestins.

En cas de récidive, l'emprisonnement est de six mois à deux ans et l'amende est celle prévue au chiffre 2 de l'article 26 du Code pénal.

Le maximum des peines qui doit être prononcé selon l'alinéa 2 du présent article est porté au double.

Art. L. 633-44. – Toute personne embarquée qui, à l'insu du capitaine, introduit dans un navire, en vue de les faire transporter, des marchandises non inscrites au manifeste, est punie d'un emprisonnement de six jours à six mois et de l'amende prévue au chiffre 1 de l'article 26 du Code pénal, sans préjudice du droit du capitaine de jeter à la mer, dans les conditions de l'article L. 623-7, les marchandises indûment chargées sur le navire.

Section V. – Destructions volontaires et pertes de navires, abordages, échouements et autres accidents de navigation

Art. L. 633-45. – Toute personne qui volontairement échoue, perd ou détruit un navire quelconque, par quelque moyen que ce soit, est punie, selon le cas, des peines prévues par les articles 369, 370, 373 et 374 du Code pénal.

Le maximum de la peine est appliqué à l'auteur de l'infraction lorsqu'il est chargé à quelque titre que ce soit, de la conduite du navire.

Art. L. 633-46. – Est puni d'un emprisonnement de six jours à trois mois et de l'amende prévue au chiffre 1 de l'article 26 du Code pénal, tout capitaine ou chef de quart qui se rend coupable d'une infraction aux règles prescrites par les règlements maritimes concernant les feux à allumer la nuit, les signaux à faire en temps de brume, la route à suivre ou les manœuvres à exécuter en cas de rencontre d'un bâtiment.

Est puni des mêmes peines tout pilote qui se rend coupable d'une infraction aux règles sur la conduite du navire.

Art. L. 633-47. – Si l'une des infractions prévues à l'article précédent ou tout autre fait de négligence imputable au capitaine, chef de quart ou pilote, a occasionné, soit un abordage, soit un échouement ou un choc contre un obstacle visible ou connu, soit une avarie grave à un navire ou à sa cargaison, le coupable est puni d'un emprisonnement de six jours à six mois et de l'amende prévue au chiffre 2 de l'article 26 du Code pénal.

Si l'infraction ou le fait de négligence a entraîné la perte ou l'innavigabilité d'un navire, ou la perte d'une cargaison, le coupable est puni d'un emprisonnement de trois mois à un an et de l'amende prévue au chiffre 2 de l'article 26 du Code pénal.

Si l'infraction ou le fait de négligence a entraîné des blessures ou la mort, le coupable est puni d'un emprisonnement de six mois à trois ans et de l'amende prévue au chiffre 3 de l'article 26 du Code pénal.

Art. L. 633-48. – Toute personne de l'équipage autre que le capitaine, le chef de quart ou le pilote, qui se rend coupable, pendant son service, d'un fait de négligence sans excuse ayant occasionné soit un abordage, soit un échouement ou un choc contre un obstacle visible ou connu, soit une avarie grave à un navire ou à sa cargaison, est punie d'un emprisonnement de six jours à quatre mois et de l'amende prévue au chiffre 1 de l'article 26 du Code pénal.

Si le fait de négligence a entraîné la perte ou l'innavigabilité d'un navire ou la perte d'une cargaison, le coupable est puni d'un emprisonnement de un mois à six mois et de l'amende prévue au chiffre 2 de l'article 26 du Code pénal.

Si le fait de négligence a entraîné des blessures ou la mort, le coupable est puni d'un emprisonnement de six mois à trois ans et de l'amende prévue au chiffre 3 de l'article 26 du Code pénal.

Art. L. 633-49. – Est puni d'un emprisonnement de six mois à trois ans et de l'amende prévue au chiffre 3 de l'article 26 du Code pénal tout capitaine qui, après abordage, et autant qu'il peut le faire sans danger pour son navire, son équipage et ses passagers, néglige d'employer tous les moyens dont il dispose pour sauver du danger créé par l'abordage l'autre bâtiment, son équipage et ses passagers.

Est puni de la même peine le capitaine qui, hors le cas de force majeure, s'éloigne du lieu du sinistre avant de s'être assuré qu'une plus longue assistance est inutile à l'autre bâtiment, à son équipage et à ses passagers et, si ce bâtiment a sombré, avant d'avoir fait tous ses efforts pour recueillir les naufragés.

Si une ou plusieurs personnes ont péri par suite de l'inexécution des obligations visées au présent article, la peine peut être portée au double.

Art. L. 633-50. – Après un abordage, le capitaine de chacun des navires abordés qui ne fait pas connaître au capitaine de l'autre navire le nom et le port d'attache de son propre navire, est puni d'un emprisonnement de six jours à trois mois et de l'amende prévue au chiffre 1 de l'article 26 du Code pénal.

Art. L. 633-51. – Est puni d'un emprisonnement de un an à deux ans et de l'amende prévue au chiffre 2 de l'article 26 du Code pénal tout capitaine qui, en cas d'événements nécessitant l'abandon du navire néglige d'organiser le sauvetage des personnes embarquées et des documents de bord.

Art. L. 633-52. – Est puni des peines prévues à l'article précédent tout capitaine qui, forcé d'abandonner son navire, ne reste pas à bord le dernier.

Art. L. 633-53. – Tout capitaine qui, alors qu'il peut le faire sans danger pour son navire, son équipage ou ses passagers, ne prête pas assistance à toute personne trouvée en mer, en danger de se perdre, est puni d'un emprisonnement de six mois à trois ans et de l'amende prévue au chiffre 3 de l'article 26 du Code pénal.

Art. L. 633-54. – Les dispositions des articles L. 633-46 à L. 633-50 sont applicables aux personnes, même étrangères, qui se trouvent sur un navire étranger, lorsque l'infraction a lieu dans les eaux intérieures ou les eaux territoriales monégasques.

Art. L. 633-55. – Dans le cas où l'une des infractions prévues par les articles L. 633-46, L. 633-47, L. 633-49 et L. 633-50 a été commise par une personne exerçant le commandement du navire dans les conditions irrégulières prévues à l'article L. 633-38, les peines sont portées au double.

Section VI. – Infractions à diverses dispositions du statut du marin

Art. L. 633-56. – Les infractions aux dispositions de l'article L. 623-49 sont punies de l'amende prévue au chiffre 3 de l'article 29 du Code pénal.

En cas de récidive dans le délai d'une année, l'amende est celle prévue au chiffre 1 de l'article 26 du Code pénal.

Il est prononcé autant de condamnations que d'infractions constatées.

Art. L. 633-57. – Les infractions aux dispositions des articles L. 623-14 à L. 623-18, L. 623-19, alinéa 2, L. 623-20 à L. 623-26, L. 623-28, L. 623-41, L. 623-43 et L. 623-46 sont punies de l'amende prévue au chiffre 2 de l'article 26 du Code pénal.

En cas de récidive, l'amende est portée au double.

Il est prononcé autant de condamnations que d'infractions constatées.

Ces peines sont indépendantes des restitutions et des dommages-intérêts qui sont accordés par le juge.

Art. L. 633-58. – Les infractions aux dispositions des articles L. 623-29, L. 623-31 et L. 623-35, alinéa 2 et L. 623-36, alinéa 3, sont punies de l'amende prévue au chiffre 2 de l'article 26 du Code pénal.

En cas de récidive, l'amende est portée au double.

Il est prononcé autant de condamnations que d'infractions constatées.

Ces peines sont indépendantes des restitutions et des dommages-intérêts qui sont accordés par le juge.

Art. L. 633-59. – Les infractions aux dispositions des articles L. 623-8 et L. 623-9 et aux ordonnances souveraines prises pour leur application sont punies de l'amende prévue au chiffre 1 de l'article 26 du Code pénal.

En cas de récidive dans le délai d'une année, la peine est portée au double.

Il est prononcé autant de condamnations que d'infractions constatées.

Art. L. 633-60. – Les infractions aux dispositions des articles L. 626-9 à L. 626-12, à l'article L. 626-13 et aux ordonnances souveraines prises pour son application, sont punies de l'amende prévue au chiffre 1 de l'article 26 du Code pénal.

En cas de récidive, l'amende est celle prévue au chiffre 2 dudit article 26 et le tribunal peut ordonner la publication et l'affichage du jugement de condamnation conformément à l'article 30 du Code pénal.

Il est prononcé autant de condamnations que d'infractions constatées.

Art. L. 633-61. – Les infractions aux dispositions des articles L. 623-11, L. 623-12 et L. 623-13 sont punies de l'amende prévue au chiffre 1 de l'article 26 du Code pénal.

En cas de récidive, l'amende est celle prévue au chiffre 2 dudit article 26.

Il est prononcé autant de condamnations que d'infractions constatées.

Section VII. – Infractions diverses

Art. L. 633-62. – Tout capitaine requis par l'autorité maritime qui, sans motif légitime, refuse d'incarcérer à son bord un inculpé est puni de l'amende prévue au chiffre 1 de l'article 26 du Code pénal.

Art. L. 633-63. – Tout capitaine qui, sans motif légitime, ne livre pas l'inculpé confié à ses soins à l'autorité judiciaire est puni de six mois à trois ans d'emprisonnement et de l'amende prévue au chiffre 3 de l'article 26 du Code pénal.

En cas d'évasion ou de complicité d'évasion, les dispositions des articles 174 à 182 du Code pénal sont applicables.

Art. L. 633-64. – Tout capitaine qui, sans motif légitime, refuse de déférer à la réquisition de l'autorité maritime pour rapatrier des monégasques, est puni de l'amende prévue au chiffre 1 de l'article 26 du Code pénal.

Art. L. 633-65. – Tout capitaine qui, ayant laissé à terre dans un port où n'existe aucune autorité monégasque un membre de l'équipage malade ou blessé, ne lui procure pas les moyens d'assurer son traitement et son rapatriement, est puni d'un emprisonnement de six jours à six mois et de l'amende prévue au chiffre 2 de l'article 26 du Code pénal.

La même peine est encourue par le capitaine qui ayant laissé à terre avant qu'il ait atteint son lieu de destination, un passager malade ou blessé, ne donne pas avis de cette mesure à l'autorité consulaire du pays auquel appartient le passager débarqué ou, à défaut, à l'autorité locale.

Art. L. 633-66. – Tout armateur qui enfreint les dispositions de l'article L. 623-45 est puni de l'amende prévue au chiffre 1 de l'article 26 du Code pénal.

LIVRE VII. – LA POLICE DES EAUX TERRITORIALES ET DES EAUX INTÉRIEURES

TITRE I. – LES ÉPAVES MARITIMES

Chapitre I. – Découverte et sauvetage des épaves maritimes

Art. L. 711-1. – Quiconque découvre une épave maritime est tenu de la déclarer dans les vingt-quatre heures à la Direction des affaires maritimes.

En outre, celui qui procède au sauvetage de l'épave doit la tenir à la disposition dudit service. Il est immédiatement délivré récépissé de la déclaration de découverte ou de sauvetage. Le récépissé mentionne les nom, prénoms et adresse du déclarant, la date, l'heure et le lieu de la découverte ou du sauvetage et les caractéristiques essentielles de l'épave.

Art. L. 711-2. – Toute épave peut être revendiquée auprès de la Direction des affaires maritimes par le propriétaire ou ses ayants droit pendant un an et un jour à compter de la date de la déclaration à ce service.

Toutefois, l'épave sujette à détérioration ou de nature périssable peut être vendue sans délai par l'Administration des Domaines, dans les formes déterminées à l'article L. 711-5. Le produit de la vente est consigné comme il est prévu audit article.

La restitution en nature d'une épave ne peut être faite au propriétaire ou à ses ayants droit que s'ils justifient de leur titre.

Le propriétaire ou ses ayants droit sont tenus de rembourser préalablement à la restitution de l'épave le montant de tous les frais exposés par le Trésor ou éventuellement par le sauveteur, sous réserve des dispositions de l'article L. 711-4, alinéa 3.

La créance du Trésor et éventuellement du sauveteur pour les frais engagés est garantie par le privilège de l'article 1939-9° du Code civil.

Art. L. 711-3. – Le sauvetage de toute épave donne lieu, aussitôt la formalité de déclaration accomplie, à un affichage dans les locaux de la Direction des affaires maritimes et à une insertion dans la presse, avec mention du délai de revendication.

Art. L. 711-4. – Sous réserve des dispositions des articles L. 712-3 et L. 712-4, le sauvetage et la remise d'épaves à la Direction des affaires maritimes donnent droit, au profit du sauveteur, à une rémunération égale au tiers de la valeur de l'épave, fixée à l'amiable ou à dire d'expert, ou du produit brut de sa vente.

Cette rémunération est payée soit par le propriétaire ou ses ayants droit, soit par le Trésor en cas de vente.

Toutefois, le sauveteur a la faculté de demander, de préférence à cette rémunération, le prix de son travail et le montant des frais de sauvetage, par lui exposés. Dans ce cas, le total desdits prix et montant ne peut être supérieur au produit net de la vente.

Art. L. 711-5. – L'épave qui, à l'expiration du délai prévu à l'article L. 711-2, alinéa 1er, n'a pas fait l'objet d'une restitution en nature à son propriétaire ou à ses ayants droit, est vendue par l'Administration des Domaines, soit de gré à gré, soit aux enchères publiques, selon l'espèce et la valeur présumée.

Le produit de la vente est, sous réserve des frais de toute nature dus au Trésor, consigné à la caisse des dépôts et consignations où il demeure à la disposition du propriétaire ou de ses ayants droit pendant trois ans à compter de la consignation. S'il n'a pas été réclamé à l'expiration de ce délai, il est acquis au Trésor.

Art. L. 711-6. – Lorsque l'épave maritime constitue un obstacle à la navigation, à la pêche ou une menace pour le milieu marin, ou lorsque sa récupération présente un intérêt général et un caractère d'urgence, le Ministre d'État adresse au propriétaire, lorsqu'il est connu, une mise en demeure de procéder lui-même au relèvement ou à la démolition de l'épave, dans laquelle il fixe les délais impartis pour le commencement, l'exécution et l'achèvement des travaux.

Dans le cas où le propriétaire est inconnu ou s'il refuse ou néglige de se conformer à la mise en demeure visée à l'alinéa précédent, le Ministre d'État peut faire procéder immédiatement à l'enlèvement de l'épave aux frais et risques du propriétaire.

Lorsque le Ministre d'État estime que l'épave constitue un danger imminent et entrave l'activité ou l'industrie maritime, il peut se substituer au propriétaire, et aux frais de ce dernier, en vue du relèvement de l'épave ou de sa démolition.

La créance du Trésor pour les frais engagés est garantie par le privilège de l'article 1939-9° du Code civil.

Chapitre II. – Les épaves maritimes présentant un intérêt historique ou artistique et les gisements archéologiques

Art. L. 712-1. – L'intérêt archéologique, historique ou artistique d'une épave, ou son caractère de gisement archéologique est apprécié par le Ministre d'État, sur le rapport d'une personne qu'il désigne en raison de sa compétence.

Art. L. 712-2. – Sans préjudice des formalités de déclaration et de publicité ni du délai de revendication prévus aux articles précédents, toute épave maritime qui présente un intérêt archéologique, historique ou artistique appartient au domaine privé de l'État si le propriétaire ou ses ayants droit sont demeurés inconnus.

Art. L. 712-3. – S'il est découvert une épave maritime qui présente un intérêt historique ou artistique ou qui, par son importance, constitue un gisement archéologique, le Ministre d'État peut faire procéder à la récupération de cette épave soit directement, soit en passant un marché, par priorité, avec l'inventeur, s'il présente capacités et garanties ou, à défaut, avec toute autre entreprise répondant à ces exigences.

La rémunération contractuelle des opérations de récupération effectuées par l'inventeur peut être fixée en fonction de la valeur des épaves estimées à l'amiable ou à dire d'expert.

Art. L. 712-4. – Le sauveteur d'une épave maritime qui présente un intérêt archéologique, historique ou artistique, ainsi que l'inventeur d'un gisement archéologique n'ayant pas obtenu l'autorisation de procéder à sa récupération, ont droit à une rémunération fixée à l'amiable ou, faute d'accord, par le tribunal de première instance, au contradictoire de l'Administrateur des Domaines. Cette rémunération est calculée compte tenu notamment de la valeur de l'épave, du prix du travail de l'inventeur, des frais qu'il a exposés, de l'habileté qu'il a déployée et des risques qu'il a encourus.

Toutefois, la propriété d'une épave maritime isolée de la nature définie à l'alinéa précédent peut être attribuée au sauveteur par l'Administration des Domaines, sur autorisation du Ministre d'État, prise après avis de la personne visée à l'article L. 712-1.

Chapitre III. – Dispositions pénales

Art. L. 713-1. – Quiconque a omis de faire la déclaration prescrite par l'article L. 711-1 est puni de l'amende prévue au chiffre 3 de l'article 29 du Code pénal.

En cas de récidive, une peine de cinq jours d'emprisonnement peut en outre être prononcée. Est puni de la même peine tout sauveteur qui a enfreint les dispositions de l'article L. 711-1, alinéa 2.

Art. L. 713-2. – Si l'auteur de l'infraction a agi avec intention frauduleuse, il est puni des peines prévues à l'article 325 du Code pénal.

Art. L. 713-3. – Dans tous les cas de condamnation, le tribunal prononce la déchéance du condamné de son droit à la rémunération de sauvetage.

Il ordonne, en outre, que les épaves soient restituées à leur propriétaire ou, s'il n'est pas connu, remises à l'État.

TITRE II. – NAVIRES, EMBARCATIONS OU ENGINS FLOTTANTS LAISSÉS HORS D'ÉTAT DE NAVIGUER OU À L'ABANDON

Art. L. 720-1. – Tout navire, embarcation ou engin flottant qui est laissé dans les eaux portuaires hors d'état de naviguer ou à l'abandon, ou qui, ayant coulé, n'est pas enlevé de ces eaux, est vendu ou détruit selon les procédures visées aux articles L. 720-2, L. 720-3, L. 720-4, L. 720-5 et L. 720-7.

Il en est de même pour tout navire, embarcation ou engin flottant laissé hors d'état de naviguer ou à l'abandon sur les quais et autres parties du domaine de l'État.

Au sens du présent titre, l'armateur ou l'exploitant d'un navire est considéré comme son propriétaire, sans préjudice des droits du propriétaire réel.

Art. L. 720-2. – Un navire, une embarcation ou un engin flottant est considéré comme hors d'état de naviguer lorsqu'il est reconnu comme tel par le Directeur des affaires maritimes. En cas de contestation, ce service décide définitivement après une expertise contradictoire, aux frais avancés du propriétaire. Les modalités de cette expertise sont fixées par ordonnance souveraine.

La décision du Directeur des affaires maritimes est notifiée au propriétaire par lettre recommandée avec demande d'avis de réception ou remise contre récépissé.

Le navire, l'embarcation ou l'engin flottant est considéré comme abandonné :

1° lorsque la Direction des affaires maritimes n'ayant pas été en mesure soit d'identifier son propriétaire, soit de connaître le domicile ou la résidence de celui-ci, il s'est écoulé un délai de deux mois depuis la publication, au *Journal de Monaco*, d'un avis dans les conditions fixées par ordonnance souveraine, en vue de permettre aux intéressés de se faire connaître ;

2° lorsque le propriétaire n'a pas, dans les deux mois de la mise en demeure qui lui est notifiée par acte extrajudiciaire, procédé à l'enlèvement ou payé le montant des droits dont il est redevable.

Art. L. 720-3. – La notification prévue à l'article précédent mentionne, en outre, qu'à l'expiration d'un délai de deux mois le navire, l'embarcation ou l'engin flottant, de même que leur cargaison, sera mis en vente ou détruit, sauf si, dans ce délai, le propriétaire a repris possession du navire, de l'embarcation ou de l'engin flottant, et a versé le montant des droits et frais dus au Trésor.

La notification est dénoncée, le cas échéant, aux créanciers hypothécaires et aux créanciers gagistes.

Art. L. 720-4. – À l'expiration du délai de deux mois visé à l'article L. 720-2, chiffre 1 ou L. 720-3, les navires, embarcations ou engins flottants qu'un expert désigné par le Ministre d'État a estimé d'une valeur marchande inférieure à un montant fixé par ordonnance souveraine, sont remis à l'Administration des Domaines pour être vendus soit de gré à gré soit aux enchères publiques.

Les modalités de l'expertise sont fixées par ordonnance souveraine.

Le produit de la vente est consigné à la caisse des dépôts et consignations, sous déduction des avances et frais de toute nature dus au Trésor.

Lorsque les navires, embarcations ou engins flottants sont déclarés hors d'état de naviguer par l'expert, ils sont immédiatement détruits à la diligence de l'autorité administrative.

Il en est de même lorsqu'ils n'ont pas trouvé d'acquéreur.

Art. L. 720-5. – Les navires, embarcations ou engins flottants réputés hors d'état de naviguer ou à l'état d'abandon, autres que ceux visés à l'article précédent, sont vendus par voie de justice.

La vente est poursuivie devant le tribunal de première instance à la requête de l'Administration des Domaines.

Le tribunal peut décider, soit que la vente aura lieu de gré à gré, le cas échéant, après l'accomplissement des formalités de publicité qu'il peut ordonner, soit qu'elle sera faite comme en matière de saisie et de vente de navire.

En l'absence d'acheteur, ou d'adjudicataire, il est procédé à la destruction.

Art. L. 720-6. – Quiconque, selon l'article L. 720-2, est réputé avoir laissé un navire, une embarcation ou un engin flottant hors d'état de naviguer ou à l'abandon, est puni de l'amende prévue au chiffre 3 de l'article 29 du Code pénal.

Le tribunal peut prononcer la confiscation du navire, de l'embarcation ou de l'engin flottant ou ordonner sa destruction.

Art. L. 720-7. – Dans le cas où le navire, l'embarcation ou l'engin flottant constitue un danger grave et imminent pour la navigation, la pêche ou l'environnement, pour les personnes ou pour les biens, le Directeur des affaires maritimes peut faire procéder immédiatement le propriétaire dûment avisé, à la récupération, à l'enlèvement, à la destruction ou à toutes opérations nécessaires en vue de supprimer le caractère dangereux de tout ou partie de l'épave.

Art. L. 720-8. – Dans tous les cas, les opérations se font aux frais et aux risques du propriétaire.

Le Trésor bénéficie, pour le paiement des créances nées de son intervention, du privilège de l'article 1939-9° du Code civil.

TITRE III. – LA SÉCURITÉ

Art. L. 730-1. – Des règles particulières assurent la protection des personnes et des biens contre les événements de toute nature, en particulier contre les incendies, les explosions, les asphyxies et les noyades.

Ces règles sont déterminées par ordonnance souveraine.

Art. L. 730-2. – Toute personne physique ou morale, dont la responsabilité civile peut être engagée en raison de dommages corporels ou matériels causés à des tiers par un navire, une embarcation ou un engin flottant lorsqu'elle se livre à la navigation de plaisance, doit être couverte par une assurance garantissant cette responsabilité, dans des conditions prévues par ordonnance souveraine.

Ces conditions déterminent notamment l'étendue de la garantie que doit comporter le contrat, les limites géographiques dans lesquelles s'exerce la garantie, ainsi que les modalités des documents destinés à justifier auprès des autorités qu'il est satisfait à l'obligation d'assurance notamment en ce qui concerne les navires, embarcations ou engins flottants ne battant pas pavillon monégasque.

À compter de la date d'application, tout contrat d'assurance souscrit en vertu du présent article est, nonobstant toute clause contraire, réputé comporter une garantie au moins équivalente à celles fixées par l'ordonnance souveraine prévue à l'alinéa premier.

Art. L. 730-3. – L'obligation d'assurance ne s'applique pas à l'État. Des dérogations totales ou partielles peuvent, en outre, être accordées par arrêté ministériel aux organismes ou entreprises qui justifient de garanties financières suffisantes.

Art. L. 730-4. – Les contrats d'assurances doivent être souscrits auprès d'une société d'assurance ou d'un assureur agréé par application des dispositions de l'article 7 de la loi n° 609 du 11 avril 1956.

Art. L. 730-5. – Lorsque l'auteur d'un accident n'est pas en mesure de justifier qu'il a été satisfait à l'obligation d'assurance instituée par l'article L. 750-2, la victime est fondée à se prévaloir des mesures conservatoires prévues à l'article 759 du Code de procédure civile.

TITRE IV. – PROTECTION DU MILIEU MARIN

Art. L. 740-1. – Sans préjudice des dispositions des chapitres II, III et IV du titre II du livre II, toute personne usant des eaux territoriales, des eaux intérieures, des ports, quais et dépendances portuaires doit se conformer aux dispositions légales destinées à prévenir les pollutions ou les nuisances pouvant porter atteinte au milieu marin.

TITRE V. – PRATIQUE DES BAINS DE MER ET DES SPORTS NAUTIQUES

Art. L. 750-1. – La pratique des bains de mer et des sports nautiques, ainsi que les manifestations nautiques, sont soumises à des règles particulières destinées à assurer la sécurité et à protéger la santé des personnes qui s'y livrent.

Ces règles sont déterminées par ordonnance souveraine.

TITRE VI. – DES DROITS ET REDEVANCES

Art. L. 760-1. – Sous réserve des conventions internationales, les armateurs ou les propriétaires de navires, d'embarcations ou d'engins flottants sont assujettis au paiement de l'un ou de plusieurs des droits ou redevances ci-après :

1° droit de naturalisation ;

2° droit de stationnement et de séjour ;

3° droit de pilotage ;

4° redevance d'occupation du domaine portuaire par les navires ou embarcations ;

5° redevance d'occupation du domaine portuaire par les marchandises ;

6° redevance forfaitaire pour les objets, navires, embarcations, engins flottants, marchandises ou matériels dont l'enlèvement ou le déplacement a été ordonné d'office.

Art. L. 760-2 *(Rempl., L. n° 1.303, 20 juill. 2005)*. – Les modalités d'assiette, de liquidation et de recouvrement des droits et redevances prévus au chiffre 1 de l'article L. 760-1, ainsi que leur taux, sont déterminés par ordonnance souveraine.

Les modalités d'assiette, de liquidation et de recouvrement des droits et redevances prévus aux chiffres 2, 3, 4, 5 et 6 de l'article L. 760-1, ainsi que leur taux, sont déterminés par la Société d'Exploitation des Ports de Monaco désignée par le sigle « SEPM ».

La redevance d'occupation du domaine portuaire relevant du chiffre 4 de l'article L. 760-1 s'applique en cas d'immobilisation ordonnée sur la base de l'application de l'article L. 130-2 ou en cas de saisie telle que régie par les articles L. 315-1 à L. 315-37.

Art. L. 760-3. – Le droit annuel de naturalisation institué par l'article L. 311-8 est substitué aux droits d'inscription, de congé et de rôle, de naturalisation, de soumission et de cautionnement, de visite de sécurité existant antérieurement.

TITRE VII. – DISPOSITIONS PÉNALES

Art. L. 770-1. – Sont punis d'un emprisonnement de un à cinq jours et de l'amende prévue au chiffre 3 de l'article 29 du Code pénal ou de l'une de ces deux peines seulement, ceux qui ont enfreint les ordonnances souveraines ou arrêtés ministériels pris pour réglementer :

1° la navigation ;

2° les entrées, sorties et mouvements des navires ;

3° la réglementation des postes d'amarrage et de mouillage ;

4° l'utilisation des quais et des dépendances portuaires ;

5° la pratique des bains de mer et des sports nautiques.

En cas de récidive dans le délai d'une année, la peine est l'emprisonnement de six jours à un mois et l'amende celle prévue au chiffre 1 de l'article 26 du Code pénal ou l'une de ces deux peines seulement.

Art. L. 770-2. – Sont punis de l'emprisonnement de six jours à un mois et de l'amende prévue au chiffre 1 de l'article 26 du Code pénal ou de l'une de ces deux peines seulement, les auteurs d'infractions aux ordonnances souveraines ou arrêtés ministériels pris en application des titres II « sur la sécurité » et IV « sur la protection du milieu marin ».

En cas de condamnation, le tribunal peut prononcer la confiscation des navires, embarcations, engins flottants ou matériels saisis ou leur destruction.

Art. L. 770-3. – Lorsqu'une infraction aux ordonnances souveraines ou arrêtés ministériels visés aux articles L. 770-1 et L. 770-2 a été relevée à la charge du propriétaire, de l'armateur, du capitaine ou de tout responsable d'un navire, celui-ci ne peut être autorisé à quitter le port qu'après consignation d'une somme d'argent d'un montant égal au taux maximal de l'amende encourue.

Il en est de même du navire, pour lequel ont dû être exposés des frais à la charge du propriétaire, de l'armateur, du capitaine ou de tout responsable du bâtiment ; la consignation porte sur la totalité de ces frais.

Art. L. 770-4. – Lorsqu'une infraction aux ordonnances souveraines ou arrêtés ministériels visés à l'article L. 770-2 a été relevée à la charge du propriétaire, de l'armateur, du capitaine ou de tout responsable d'un navire, celui-ci ne peut être autorisé à quitter le port qu'après mise en conformité et consignation d'un montant égal au double du taux maximal de l'amende encourue.

Art. L. 770-5. – Quiconque a sciemment contrevenu aux dispositions de l'article L. 750-2, alinéa premier, est puni d'un emprisonnement de dix jours à six mois et de l'amende prévue au chiffre 4 de l'article 26 du Code pénal.

Art. L. 770-6. – Si la juridiction civile est saisie d'une contestation sérieuse portant sur l'existence ou la validité de l'assurance, la juridiction pénale appelée à statuer sur le délit prévu à l'article précédent, sursoit à statuer jusqu'à ce qu'il ait été jugé définitivement sur ladite contestation.

Art. L. 770-7. – Est puni de l'amende prévue au chiffre 1 de l'article 29 du Code pénal toute personne soumise à l'obligation d'assurance prévue à l'article L. 750-2 qui ne peut pas présenter le document réglementaire faisant présumer qu'il a été satisfait à cette obligation ou que les dispositions de l'article L. 750-3 sont applicables.

À défaut de ce document, la justification est fournie aux autorités judiciaires par tous moyens.

L'assureur qui reçoit une demande de document justificatif doit délivrer celui-ci dans un délai de quinze jours, sous peine de l'amende prévue au chiffre 1 de l'article 29 du Code pénal.

Le document justificatif prévu au présent article n'implique pas une obligation d'assurance à la charge de l'assureur.

PARTIE II. – ORDONNANCES SOUVERAINES

LIVRE I. – DES ORGANISMES, DES AUTORITÉS ET DES COMPÉTENCES

TITRE I. – LE CONSEIL DE LA MER

(Ord. n° 13.457, 29 mai 1998)

Art. O. 110-1 *(Ord. n° 16.097, 5 déc. 2003 ; mod., Ord. n° 118, 19 juill. 2005 ; rempl., Ord. n° 3.787, 29 mai 2012 ; mod., Ord. n° 4.666, 15 janv. 2014).* – Conformément à l'article L. 110-2, le Conseil de la Mer est composé de douze membres au moins et de quatorze membres au plus comprenant :

- le Ministre d'État ou le Conseiller de Gouvernement désigné par lui, Président ;
- un représentant du :

– Département des Affaires Sociales et de la Santé ;
– Département de l'Équipement, de l'Environnement et de l'Urbanisme ;
– Département des Finances et de l'Économie ;
– Département de l'Intérieur ;
– Département des Relations Extérieures et de la Coopération ;

- le Directeur des Affaires Juridiques ou son représentant ;
- le Directeur des Affaires Maritimes ou son représentant ;
- le Directeur de l'Environnement ou son représentant ;
- un Conseiller d'État dont la désignation est proposée par le Président du Conseil d'État ;
- deux à quatre personnes désignées à raison de leurs compétences.

Art. O. 110-2 *(Rempl., Ord. n° 3.787, 29 mai 2012).* – Conformément à l'article L. 110-2, les membres du Conseil de la Mer sont nommés pour trois ans par ordonnance souveraine. Leur mandat est renouvelable.

Cessent de plein droit de faire partie du conseil les membres qui ont perdu la qualité au titre de laquelle ils ont été nommés. Il est pourvu à leur remplacement jusqu'à l'expiration normale de leur mandat.

Il en est de même en cas de vacance de siège pour décès, démission ou toute autre cause d'empêchement.

Après la cessation du mandat, l'honorariat peut être accordé par ordonnance souveraine.

Art. O. 110-3. – Le conseil est saisi et convoqué par son président.

Le président désigne un secrétaire de séance, choisi parmi les fonctionnaires de l'État, qui assiste aux séances sans participer aux délibérations.

Le conseil délibère valablement si la moitié de ses membres sont présents. Ses délibérations sont prises à la majorité des membres présents. En cas de partage des voix, celle du président est prépondérante.

Le conseil peut en outre faire appel à tout expert ou sapiteur dont il juge utile de recueillir l'avis.

Les délibérations du conseil sont rapportées dans des procès-verbaux signés du président et du secrétaire de séance. Ils font mention des personnes présentes, relatent précisément les débats et énoncent l'avis définitif du conseil. Si une affaire soumise à la délibération du conseil a préalablement donné lieu à un rapport, ce document est annexé au procès-verbal.

TITRE II. – LA COMMISSION DES VISITES

(Ord. n° 13.457, 29 mai 1998)

Art. O. 120-1. – Conformément à l'article L. 120-2, la commission des visites est composée de six membres au moins et de neuf membres au plus comprenant :

- le directeur des affaires maritimes ou son représentant, président ;
- le commandant de la compagnie des sapeurs-pompiers ou son représentant ;
- un médecin désigné par le directeur de l'action sanitaire et sociale ;
- un fonctionnaire chargé du contrôle des installations radioélectriques ;
- une à quatre personnes désignées à raison de leurs compétences.

Art. O. 120-2. – Les membres de la commission des visites sont nommés pour trois ans par ordonnance souveraine. Leur mandat est renouvelable.

Cessent de plein droit de faire partie de la commission les membres qui ont perdu la qualité au titre de laquelle ils ont été nommés. Il est pourvu à leur remplacement jusqu'à l'expiration normale de leur mandat.

Il en est de même en cas de vacance de siège pour décès, démission ou toute autre cause d'empêchement.

Art. O. 120-3. – La commission est convoquée par son président.

Son secrétariat est assuré par un fonctionnaire de l'État commis à cet effet qui assiste à ses travaux sans participer aux délibérations.

La commission délibère valablement si la moitié de ses membres sont présents. Ses délibérations sont prises à la majorité des membres présents. En cas de partage des voix, celle du président est prépondérante.

Le président de la commission peut confier à une sous-commission, composée d'une partie des membres de la commission, la mission d'effectuer la visite d'un navire.

La commission peut en outre faire appel à tout expert ou sapiteur dont elle juge utile de recueillir l'avis. L'expert ou le sapiteur est habilité à accéder aux navires aux côtés des membres de la commission.

L'armateur du navire, son propriétaire, son constructeur ou leur représentant ainsi que le ou les délégués de l'équipage sont admis à suivre les opérations de la commission et à lui présenter leurs observations.

Il est rendu compte des délibérations de la commission et des visites de navires qu'elle, ou le cas échéant la sous-commission susmentionnée, effectue, dans des procès-verbaux signés du président et du secrétaire. Ils font mention des personnes présentes, relatent précisément les débats, le déroulement de la visite et les constatations effectuées. Ils énoncent l'avis de la commission ou de la sous-commission ainsi que, s'il y a lieu, les prescriptions dont elle recommande l'observation. Si une visite de navire a donné lieu au rapport d'un expert ou d'un sapiteur, ce document est annexé au procès-verbal.

TITRE III. – LA DIRECTION DES AFFAIRES MARITIMES

(Ord. n° 13.457, 29 mai 1998)

Art. O. 130-1. – Conformément à l'article L. 130-1, il est institué une direction des affaires maritimes placée sous l'autorité du conseiller de Gouvernement pour les travaux publics et les affaires sociales.

Cette direction accomplit les missions qui lui sont conférées par l'article L. 130-1 et, plus généralement étudie, élabore et surveille l'application de toutes règles ou normes ayant vocation à s'appliquer en matière maritime.

LIVRE II. – DES ESPACES MARITIMES MONÉGASQUES ET DU MILIEU MARIN

(Ord. n° 16.456, 7 oct. 2004)

TITRE Ier. – LES EAUX TERRITORIALES ET LES ESPACES MARITIMES SOUS LA JURIDICTION DE LA PRINCIPAUTÉ

(Ord. n° 4.364, 28 juin 2013)

Chapitre Ier. – Du domaine public portuaire

Art. O. 200-1 *(Ord. n° 4.364, 28 juin 2013)*. – Le domaine public portuaire comprend les ports de la Condamine et de Fontvieille.

Art. O. 200-2 *(Ord. n° 4.364, 28 juin 2013)*. – Le domaine public portuaire de la Condamine englobe la totalité du périmètre portuaire.

Il s'étend de l'angle Nord-Est (point A), jusqu'à l'angle Sud-Est de la jetée Lucciana, se prolonge sur les angles Nord et Est du musoir de la digue semi-flottante, se prolonge en ligne droite en suivant le nu extérieur de cet ouvrage jusqu'au point de rencontre avec le Solarium, se prolonge sur les angles Est puis Sud de ce Solarium, longe le côté extérieur de cet ouvrage jusqu'au pied du mur de soutènement de l'esplanade Stefano Casiraghi, rejoint en arc de cercle le Chemin des Pêcheurs, longe le côté aval du Chemin des Pêcheurs en direction du Nord, jusqu'au mur en béton du tunnel d'accès à la digue semi-flottante, longe ce mur vers l'Ouest jusqu'à l'entrée du tunnel, puis longe perpendiculairement au mur suivant l'entrée du tunnel, longe le mur en arrondi côté amont des escaliers reliant l'esplanade Stefano Casiraghi aux quais, longe le mur orienté Est de ces escaliers et se prolonge en ligne droite en direction du Nord jusqu'au point B, se prolonge, à partir de ce point dans la continuité d'Est en Ouest du quai Antoine Ier, en passant par les points C, D, E, se prolonge en courbe vers le Nord en passant par les points F, G, H et I, se prolonge en ligne droite jusqu'à l'angle Sud-Est du Stade Nautique Rainier III, longe le Stade Nautique sur son côté Est jusqu'à son angle Nord-Est, se prolonge en direction du Nord jusqu'au point J, se prolonge en ligne courbe en passant par les points K, L, M, se prolonge en ligne droite jusqu'au point N, sis à l'extrémité du mur de soutènement du quai Albert Ier, se prolonge en ligne courbe jusqu'au point O pour ensuite rejoindre perpendiculairement le pied du mur de soutènement de l'avenue J.F. Kennedy au point P, longe le pied de ce mur en ligne droite et en direction de l'Est jusqu'au pied du mur de soutènement du boulevard Louis II au point Q, longe le pied de ce mur vers l'Est en suivant une ligne brisée passant par les points R, S, T, se prolonge vers le Sud et perpendiculairement au Quai Louis II jusqu'au point U, se prolonge vers le Nord-Est le long de la façade du bâtiment du Yacht Club jusqu'au point V sis au pied des escaliers d'accès de la promenade supérieure de la jetée Lucciana, longe le pied de ces escaliers en ligne droite vers le point W, se prolonge en suivant la ligne brisée passant les points X, Y, Z et retrouve le point A, point d'origine de la présente description.

Les limites du domaine public portuaire de la Condamine ainsi que les coordonnées planimétriques des points A à Z sont reportées au plan n° T 2013-04 du 24 avril 2013, consultable à la Direction des Affaires Maritimes.

Art. O. 200-3 *(Ord. n° 4.364, 28 juin 2013)*. – Le domaine public portuaire de Fontvieille englobe la totalité du périmètre portuaire.

Il s'étend de l'extrémité Nord-Est des enrochements de la contre-jetée au pied du Rocher (point A), se prolonge en suivant le périmètre hors d'eau de cet ouvrage jusqu'à son angle Sud-Est, se prolonge en direction des angles Nord puis Est du musoir de la digue du large, longe le côté extérieur de cet ouvrage jusqu'au changement de direction de la promenade supérieure, se prolonge vers le côté intérieur de la digue en suivant la ligne brisée qui passe par les points B, C, D et E, se prolonge en courbe vers le point F, se prolonge en ligne droite vers le point G situé sur le fil de l'eau du trottoir qui longe le Quai Jean-Charles Rey sur son côté Nord-Est, se prolonge vers le Nord le long d'une courbe qui suit le fil d'eau de ce trottoir, passe par le point H et se termine au point I à proximité de l'angle Nord-Ouest de la capitainerie, se prolonge parallèlement au bord du Quai Jean-Charles Rey en suivant la ligne brisée qui passe par les points J, K, L, M, N, O et P, se prolonge en passant par les points Q puis R sis à l'intersection de la bordure du trottoir Nord du Quai Jean-Charles Rey et du côté amont de la voie d'accès à la cale de halage, se prolonge en courbe le long de cette voie en passant par les points S puis T, se prolonge vers le point U sis sur le nu extérieur du local de forme circulaire, suit ce nu extérieur vers le Nord jusqu'au point V, se prolonge vers les points W puis X sis au pied du mur de soutènement de l'avenue Albert II, longe le pied de ce mur en direction du Nord-Est jusqu'au point de rencontre avec la façade du bâtiment dénommé « La maison du pêcheur » (point Y), se prolonge le long des façades Sud-Ouest et Sud-Est de ce bâtiment, longe les bords extérieurs des deux pontons en béton puis suit le pied de la falaise du Rocher jusqu'au point A, point d'origine de la présente description.

Les limites du domaine public portuaire de Fontvieille ainsi que les coordonnées planimétriques des points A à Y sont reportées au plan n° T 2013-03 du 24 avril 2013, consultable à la Direction des Affaires Maritimes.

TITRE II. – LA LUTTE CONTRE LA POLLUTION

(Ord. n° 5.443, 6 août 2015)

Chapite Ier. – La lutte contre la pollution

Secton 1. – Les contrôles

Sous-section 1. – Dispositions générales

Art. O. 221-1 *(Ord. n° 5.443, 6 août 2015)*. – Sans préjudice des dispositions de l'article L. 150-1, les agents de la Direction des affaires maritimes et de la Direction de l'environnement, spécialement commissionnés et assermentés à cet effet, ont qualité pour contrôler le respect des dispositions législatives et réglementaires du Code de la mer relatives à la lutte contre la pollution ainsi que pour rechercher et constater les infractions à celles-ci. Lesdits agents peuvent également exercer des missions de police judiciaire en qualité de fonctionnaires désignés par une loi spéciale au sens de l'article 32 du Code de procédure pénale.

Ils sont tenus au secret professionnel dans les conditions prévues à l'article 308 du Code pénal.

Les agents peuvent, lors du contrôle, recueillir auprès de toute personne, sur convocation ou sur place, tous renseignements ou toutes informations utiles.

Art. O. 221-2 ***(Ord. n° 5.443, 6 août 2015).*** **– Lorsque l'exploitant, le propriétaire de l'exploitation, de l'ouvrage ou du navire, ou encore toute autre personne exerçant un pouvoir de direction sur les travaux ou activités présumés à l'origine du déversement ou de l'immersion est présent sur les lieux, il est invité à assister ou à se faire représenter aux opérations de contrôle et de vérification.**

Le refus ou l'impossibilité d'une telle présence ne saurait toutefois entraîner la suspension des opérations de contrôle et de vérification. De même, les personnes désignées à l'alinéa premier présentes ne peuvent empêcher le déroulement desdites opérations. Elles peuvent cependant formuler des observations qui sont consignées dans le procès-verbal.

Art. O. 221-3 ***(Ord. n° 5.443, 6 août 2015).*** **– Les opérations de contrôle donnent lieu à la rédaction d'un procès-verbal par l'agent qui y a procédé. Le procès-verbal comporte les mentions suivantes :**

– nom, prénom et qualité de l'agent contrôleur ;

– date, heure, emplacement et circonstances du contrôle ;

– signature de l'agent.

Lorsqu'il y a lieu à prélèvements et analyses, le procès-verbal comporte, en outre, l'identification de chaque échantillon prélevé, accompagnée de l'indication du lieu du prélèvement et de l'heure du prélèvement.

Art. O. 221-4 ***(Ord. n° 5.443, 6 août 2015).*** **– L'auteur du procès-verbal le transmet à la personne désignée à l'alinéa premier de l'article 0.221-2, ou à son représentant, et l'invite à le signer en y portant toutes observations qu'il juge utiles.**

Si la personne désignée à l'alinéa premier de l'article 0.221-2 est inconnue, absente, a refusé d'assister ou de se faire représenter au contrôle, a refusé de signer ou a refusé de désigner un laboratoire pour y être procédé à l'analyse d'un des exemplaires des échantillons dans les conditions visées à l'article 0.221-5, mention en est faite au procès-verbal.

Art. O. 221-5 ***(Ord. n° 5.443, 6 août 2015).*** **– Tout prélèvement opéré aux fins d'analyse donne lieu à l'établissement d'échantillons en double exemplaire. Chacun est placé dans un récipient scellé et une étiquette y est apposée portant notamment :**

– la date, l'heure et le lieu de prélèvement ;

– la signature de l'agent.

Art. O. 221-6 ***(Ord. n° 5.443, 6 août 2015).*** **– La Direction de l'environnement conserve l'ensemble des échantillons jusqu'à leur analyse ou transmission au laboratoire d'analyse et les place dans des conditions permettant d'en assurer la bonne conservation.**

Le ou les laboratoires d'analyse doivent être accrédités par le Comité français d'accréditation (COFRAC) ou tout autre organisme d'accréditation équivalent.

La Direction de l'environnement procède ou fait procéder par un laboratoire aux analyses de l'un des exemplaires des échantillons de chaque prélèvement et invite l'auteur présumé des déversements à choisir un autre laboratoire pour qu'il soit procédé aux mêmes analyses sur l'autre exemplaire. Dans les cas visés à l'article 0.221-3 alinéa 4, cet autre laboratoire est choisi par la Direction de l'environnement. Les deux échantillons peuvent être analysés par un même laboratoire.

Une fiche de résultat est établie pour chaque analyse et comporte la date de réception des échantillons et d'exécution des analyses, le tout est joint au procès-verbal. Copie du procès-verbal est adressée à la personne désignée à l'alinéa premier de l'article O. 221-2.

Lorsque lesdits résultats font apparaître une infraction aux dispositions légales ou réglementaires, les frais de prélèvements et d'analyses sont à la charge des contrevenants.

Sous-section 2. – Contrôle des caractéristiques des eaux réceptrices et des déversements

Art. O. 221-7 ***(Ord. n° 5.443, 6 août 2015).*** **– La présente sous-section fixe les conditions dans lesquelles il est procédé aux contrôles des rejets et déversements mentionnés à l'article L. 224-1.**

Art. O. 221-8 ***(Ord. n° 5.443, 6 août 2015).*** **– Les agents mentionnés à l'article 0.221-1 ont accès à tout moment aux installations d'où proviennent les déversements qu'ils sont chargés de contrôler, et peuvent procéder à toutes opérations de vérification qu'ils jugent nécessaires.**

Le contrôle des eaux réceptrices et des déversements comporte, selon les cas, un examen des lieux, des mesures opérées sur place, des prélèvements d'échantillons et l'analyse de ces derniers.

Le procès-verbal comporte en complément des éléments visés aux articles 0.221-4 et 0.221-5, les mentions suivantes :

– désignation du ou des auteurs présumés du déversement et nature de leur activité ;

– date, heure, emplacement des mesures faites sur place ;

– constatations utiles relatives notamment à l'aspect, à la couleur et à l'odeur de déversement et des eaux réceptrices, à l'état apparent de la faune et de la flore à proximité du point de déversement ;

– résultat des mesures faites sur place.

Sous-section 3. – Contrôles des opérations d'immersion

Art. O. 221-9 ***(Ord. n° 5.443, 6 août 2015).*** **– La présente sous-section fixe les conditions dans lesquelles il est procédé aux contrôles des opérations d'immersion mentionnées à l'article L. 223-1.**

Art. O. 221-10 ***(Ord. n° 5.443, 6 août 2015).*** **– Il peut être procédé à tout moment par les agents visés à l'article 0.221-1 à toutes vérifications et mesures nécessaires sur les déchets et matières destinés à l'immersion, dans leurs lieux de production, de groupement ou de stockage ainsi qu'à bord des navires.**

Si le contrôle révèle l'inobservation des conditions et prescriptions mentionnées dans l'autorisation, l'absence d'autorisation ou que tout dispositif particulier, appareil ou engin nécessaire aux opérations d'immersion fait défaut ou n'est pas en état de fonctionnement, l'agent en charge du contrôle peut s'opposer à l'embarquement des déchets ou matières ou au départ du navire si les déchets ou matières y ont déjà été embarqués, jusqu'à l'exécution des mesures nécessaires.

Le capitaine de tout navire utilisé pour effectuer des immersions est tenu de recevoir à bord les agents en charge du contrôle.

Il est tenu de se soumettre aux injonctions et au contrôle des autorités monégasques jusqu'à l'immersion des déchets dans la zone autorisée.

Chapitre III. – La lutte contre la pollution résultant de l'immersion de déchets et autres matières

Art. O. 223-1 ***(Ord. n° 5.443, 6 août 2015).*** **– Toute immersion, au sens du Protocole relatif à la prévention et à l'élimination de la pollution de la mer Méditerranée par les opérations d'immersion effectuées par les navires et aéronefs ou d'incinération en mer, de déchets ou autres matières est interdite à l'exception des déchets ou autres matières énumérés à l'alinéa 2 du présent article. L'immersion des déchets ou autres matières suivants ne peut être réalisée que dans les conditions définies à l'article 0.223-2 :**

a) **matériaux de dragage,**

b) **matières géologiques inertes non polluées, dont les constituants chimiques ne risquent pas d'être libérés dans le milieu marin.**

Art. O. 223-2 ***(Ord. n° 5.443, 6 août 2015).*** **– L'immersion de déchets ou autres matières, dont la concentration d'un des éléments ou composés est :**

a) **inférieure au seuil N1 est soumise à autorisation. Une étude des incidences sur l'environnement peut être exigée eu égard aux caractéristiques de l'immersion ;**

b) **comprise entre les seuils N1 et N2, est soumise à autorisation. Une étude des incidences sur l'environnement est exigée ;**

c) **supérieure au seuil N2, est interdite.**

Les seuils N1 et N2 sont définis à l'article 0.223-3.

Art. O. 223-3. – **Les seuils N1 et N2 sont définis comme suit**

Tableau I
Niveaux relatifs aux éléments traces
(en mg/kg de sédiment sec analysé sur la fraction inférieure à 2 mm) :

ÉLÉMENTS TRACES	NIVEAU N1	NIVEAU N2
Arsenic	25	50
Cadmium	1,2	2,4
Chrome	90	180
Cuivre	45	90
Mercure	0,4	0,8
Nickel	37	74
Plomb	100	200
Zinc	276	552

Tableau II
Tableau II Niveaux relatifs aux polychlorobiphényles (PCB)
(en µg/kg de sédiment sec analysé sur la fraction inférieure à 2 mm)

PCB	NIVEAU N1	NIVEAU N2
PCB congénère 28	5	10
PCB congénère 52	5	10
PCB congénère 101	10	20
PCB congénère 118	10	20
PCB congénère 138	20	40
PCB congénère 153	20	40
PCB congénère 180	10	20

Tableau III
Niveaux relatifs aux hydrocarbures aromatiques polycycliques (HAP)
(en µg/kg de sédiment sec analysé sur la fraction inférieure à 2 mm)

HAP	NIVEAU N1	NIVEAU N2
Naphtalène	160	1.130
Acénaphtène	15	260
Acénaphtylène	40	340
Fluorène	20	280
Anthracène	85	590
Phénanthrène	240	870
Fluoranthène	600	2850
Pyrène	500	1.500
Benzo [a] anthracène	260	930
Chrysène	380	1.590
Benzo [b] fluoranthène	400	900
Benzo [k] fluoranthène	200	400

HAP	NIVEAU N1	NIVEAU N2
Benzo [a] pyrène	430	1.015
Di benzo [a,h] anthracène	60	160
Benzo [g,h,i] pérylène	1.700	5.650
Indéno [1,2,3-cd] pyrène	1.700	5.650

Tableau IV
Niveaux relatifs au tributylétain (TBT)
(en µg/kg de sédiment sec analysé sur la fraction inférieure à 2 mm)

PARAMÈTRE	NIVEAU N1	NIVEAU N2
TBT	100	400

Art. O. 223-4 *(Ord. n° 5.443, 6 août 2015)*. – Les demandes d'autorisations doivent être accompagnées d'un dossier technique précisant notamment la quantité, la nature de la matière, la période ou la durée des opérations d'immersion, et la méthode de dépôt.

L'étude des incidences sur l'environnement, lorsqu'elle est exigée, doit particulièrement comporter :

– une étude sur les caractéristiques et la composition de la matière, les caractéristiques du lieu d'immersion et de la méthode de dépôt, les considérations et circonstances générales, telles que mentionnées en annexe du Protocole relatif à la prévention et à l'élimination de la pollution de la mer Méditerranée par les opérations d'immersion effectuées par les navires et aéronefs ou d'incinération en mer, de déchets ou autres matières ;

– les mesures d'évitement, de réduction et de compensation des impacts ;

– les mesures de suivi de l'évolution du site.

Les autorisations administratives sont délivrées par le Directeur des affaires maritimes, après avis de la Direction de l'environnement et, le cas échéant, de la Commission technique d'hygiène, de sécurité et de protection de l'environnement.

L'autorisation peut être refusée pour un motif d'intérêt public ou pour la sauvegarde de ceux mentionnés à l'article L. 223-1 et, suspendue, modifiée ou retirée par le Directeur des affaires maritimes, en cas de non-respect des conditions techniques, des prescriptions énoncées dans l'autorisation, ou en cas d'entrave à une opération de contrôle, ainsi que pour les motifs susmentionnés.

L'autorisation peut être assortie de prescriptions et doit être délivrée pour une durée déterminée éventuellement renouvelable.

Chapitre IV. – La lutte contre la pollution d'origine tellurique

Art. O. 224-1 *(Ord. n° 5.443, 6 août 2015)*. – Tout rejet ou déversement d'une substance ou source de pollution énumérée à l'annexe I - C du Protocole relatif à la protection de la mer Méditerranée contre la pollution provenant de sources et activités situées à terre, et d'une manière générale tout rejet d'effluent, objet ou matière dans les eaux superficielles ou souterraines ou de la mer, ponctuel ou permanent, est interdit sauf autorisation préalable délivrée par le Directeur de l'environnement après avis, le cas échéant, de la Commission technique d'hygiène, de sécurité et de protection de l'environnement.

Par exclusion, les dispositifs de rejets d'eaux pluviales publics ne sont pas soumis à autorisation mais doivent comporter un dispositif de traitement de l'effluent adapté à son importance et à sa nature.

La demande d'autorisation est accompagnée d'un dossier technique complet donnant toutes précisions utiles sur les installations projetées et sur la nature de leurs rejets.

Art. O. 224-2 *(Ord. n° 5.443, 6 août 2015)*. – L'autorisation ne peut être délivrée que si les rejets susceptibles d'altérer la qualité des eaux remplissent les conditions techniques fixées au présent chapitre.

L'autorisation fixe notamment des paramètres de qualité physique, chimique, biologique et bactériologique ne pouvant être dépassés par le rejet considéré.

L'autorisation peut être suspendue, modifiée ou retirée par le Directeur de l'environnement, pour un motif d'intérêt public ou pour la sauvegarde de ceux mentionnés à l'article L. 224-1, en cas de non-respect des conditions techniques ou en cas d'entrave à une opération de contrôle.

Section 1. – Conditions techniques auxquelles sont subordonnées les autorisations

Art. O. 224-3 *(Ord. n° 5.443, 6 août 2015).* **– L'autorisation fixe :**
– le débit maximal instantané du rejet ;
– le débit moyen qui ne peut être dépassé pendant aucune période de 24 heures consécutives.

Art. O. 224-4 *(Ord. n° 5.443, 6 août 2015).* **– L'autorisation fixe la qualité minimale de l'effluent rejeté.**

La qualité de l'effluent rejeté doit respecter les seuils de paramètres visés ci-dessous, compte-tenu des caractéristiques du rejet :

Exigences générales		
N°	Paramètres	Valeurs limites
1	pH	Compris entre 6,5 et 9
2	Aspect du milieu récepteur	Pas de coloration visible et absence des matières surnageantes
3	Température	Inférieure ou égale à 30°C
4	Matières en suspension	30 mg/l
5	Arsenic (As)	0,1 mg/l AS (total)
6	Plomb (Pb)	0,5 mg/l Pb (total)
7	Cadmium (Cd)	0,1 mg/l Cd (total)
8	Chrome (Cr)	0,2 mg/l Cr (total) et 0,1 mg/l Cr-VI
9	Cobalt (Co)	0,5 mg/l Co (total)
10	Cuivre (Cu)	0,5 mg/l Cu (total)
11	Nickel (Ni)	0,5 mg/l Cu (total)
12	Zinc (Zn)	2 mg/l Zn (total)
13	Cyanure (CN)	0,1 mg/l CN (Cyanure libre et facilement libérable)
14	Hydrocarbures totaux	10 mg/l
15	Azote	30 mg/l
16	Phosphore	10 mg/l
17	Hydrocarbures chlorés volatils ou Hydrocarbures halogénés volatils	0,1 mg/l Cl ou 0,1 mg/l X

Exigences Complémentaires applicables à des secteurs d'activités donnés		
Chantiers	Composés organiques halogénés absorbables (AOX)	0,08 mg/l X
	Nitrite	0,3 mg/l N

Des secteurs d'activités soumis à exigences complémentaires peuvent être déterminés par arrêté ministériel.

En plus des exigences visées ci-dessus, le Directeur de l'environnement peut, en fonction de l'activité à l'origine du rejet, fixer des prescriptions complémentaires relatives à des substances non mentionnées

Art. O. 224-5 *(Ord. n° 5.443, 6 août 2015)*. – Par exception aux dispositions de l'article O.224-5, les rejets des stations d'épuration doivent au minimum respecter soit les valeurs fixées en concentration, soit les valeurs fixées en rendement.

N°	Paramètres	Concentration maximum	Rendement minimum du traitement
1	Demande Biochimique en oxygène (DBO5 à 20°C)	25 mg/l O2	80 %
2	Demande Chimique en oxygène	125 mg/l O2	75 %
3	Matières en suspension	30 mg/l	90 %

Des secteurs d'activités soumis à exigences complémentaires peuvent être déterminés par arrêté ministériel. Des prescriptions complémentaires peuvent être fixées par le Directeur de l'environnement.

Art. O. 224-6 *(Ord. n° 5.443, 6 août 2015)*. – Il peut être dérogé aux articles O.224-4 et O.224-5, si le pétitionnaire démontre qu'il ne peut dans des conditions économiquement acceptables, respecter les caractéristiques de rejet qui y sont mentionnées. La Direction de l'environnement détermine la qualité minimale de l'effluent rejeté eu égard aux paramètres idoines de cet effluent, compte tenu notamment de l'activité qui est à l'origine du rejet et de la zone de rejet.

Art. O. 224-7 *(Ord. n° 5.443, 6 août 2015)*. – Dans tous les cas, l'effluent ne doit pas dégrader le milieu récepteur et dégager d'odeur putride ou ammoniacale. Il ne doit pas contenir de substance, en quantité et concentration, capable d'entraîner la destruction de la flore et de la faune du milieu récepteur.

Le dispositif de rejet est aménagé de manière à réduire autant que possible la perturbation apportée par le déversement aux abords du point de rejet.

Section 2. – Suivi des rejets

Art. O. 224-8 *(Ord. n° 5.443, 6 août 2015)*. – Il peut être demandé au pétitionnaire de mettre en place un programme d'autosurveillance de la qualité des effluents rejetés. Ce programme est alors défini de la manière suivante :

- fréquence des prélèvements ;
- emplacements des points de mesure ;
- éléments à faire analyser.

Les mesures sont effectuées sous la responsabilité du pétitionnaire. Il tient alors obligatoirement un registre sur lequel sont reportées les opérations faites dans ce cadre et les résultats obtenus. L'Administration a accès à tout moment au registre de l'autosurveillance.

Les frais d'analyses inhérents à l'autosurveillance sont à la charge du pétitionnaire.

Le dispositif de rejet doit être aisément accessible aux agents en charge du contrôle.

TITRE IV. – L'EXPLORATION ET L'EXPLOITATION DU MILIEU MARIN, DU FOND DE LA MER ET DE SON SOUS-SOL

(Ord. n° 16.456, 7 oct. 2004)

Chapitre I. – La recherche scientifique marine

(Articles pris en application des articles L. 241-1, alinéa 2 et L. 241-3 du Code de la Mer)

Section I. – Dispositions générales

Art. O. 241-1 *(Ord. n° 16.456, 7 oct. 2004)*. – Toute activité de recherche scientifique marine, menée dans la mer territoriale et/ou dans les espaces maritimes au-delà de la mer territoriale sur lesquels Monaco exerce sa souveraineté ou des droits souverains au sens de l'article L. 210-1 du Code de la Mer, y compris le plateau continental, est soumise selon la zone concernée à une autorisation ou à un consentement, assorti, le cas échéant, de conditions et selon les modalités fixées par le présent chapitre.

Art. O. 241-2 *(Ord. n° 16.456, 7 oct. 2004)*. – Toute activité de recherche scientifique marine au sens de l'article O. 241-1 ne peut être menée que dans la mesure où elle obéit aux principes suivants :

1. elle est menée à des fins exclusivement pacifiques ;

2. elle est menée en utilisant des méthodes et moyens scientifiques appropriés compatibles avec la législation et la réglementation monégasques, la convention des Nations Unies sur le droit de la mer du 10 décembre 1982 (1) et les autres instruments internationaux auxquels Monaco est partie ;

3. elle ne gêne pas de façon injustifiable les autres utilisations légitimes de la mer compatibles avec la législation et la réglementation monégasques, la convention des Nations Unies sur le droit de la mer du 10 décembre 1982 (1) et les autres instruments internationaux auxquels Monaco est partie et elle est dûment prise en considération lors de ces utilisations ;

4. elle est menée conformément à tous les règlements pertinents adoptés en application de la législation et de la réglementation monégasques, de la convention des Nations Unies sur le droit de la mer du 10 décembre 1982 (1) et des autres instruments internationaux auxquels Monaco est partie, y compris ceux visant à protéger et à préserver le milieu marin.

Art. O. 241-3 *(Ord. n° 16.456, 7 oct. 2004)*. – En aucune façon, la recherche scientifique marine autorisée dans les espaces maritimes monégasques au sens de l'article L. 241-1 à des navires battant pavillon étranger ne peut constituer le fondement juridique d'une revendication sur une partie quelconque des espaces maritimes monégasques ou de leurs ressources.

Art. O. 241-4 *(Ord. n° 16.456, 7 oct. 2004)*. – Ne peuvent bénéficier de la dispense d'autorisation ou de consentement prévue à l'alinéa premier de l'article L. 241-3, que les personnes publiques ou privées monégasques et les organisations internationales compétentes ayant expressément obtenu l'habilitation, pour une durée déterminée, du Ministre d'État. Cette dernière prend effet à compter de sa publication au *Journal de Monaco*.

Sur décision du Ministre d'État, l'habilitation peut être suspendue ou retirée. La décision de suspension ou de retrait prend effet à compter de sa publication au *Journal de Monaco*.

Art. O. 241-5 *(Ord. n° 16.456, 7 oct. 2004)*. – Aux fins d'obtention de l'habilitation visée à l'article O. 241-4, les personnes et organisations concernées déposent un dossier auprès du Ministre d'État comprenant notamment :

1. leur dénomination et leur statut juridique, comprenant également, pour les personnes physiques monégasques leur identité complète et leurs qualités en matière scientifique, pour les personnes morales monégasques, l'objet social ainsi que l'identité et la qualité des dirigeants et pour les organisations internationales leur texte constitutif ;

2. un résumé de l'activité scientifique déjà réalisée dans le secteur maritime et la détermination géographique des zones ayant fait l'objet de ces recherches ;

3. le descriptif et l'objet des programmes envisagés de recherche scientifique dans les zones maritimes relevant de la souveraineté ou des droits souverains monégasques ;

4. pour ce qui est des organisations internationales compétentes, les dispositions envisagées en ce qui concerne la participation des organismes scientifiques monégasques aux programmes de recherche envisagés et le descriptif des renseignements, échantillons et résultats de recherche devant être fournis aux autorités monégasques à l'issue de chaque campagne scientifique effectuée dans les zones maritimes relevant de l'article L. 210-1 du Code de la Mer.

Le Ministre d'État peut requérir des pétitionnaires toutes pièces complémentaires qu'il jugerait utiles à l'instruction du dossier.

(1) Convention rendue exécutoire par Ord. n° 11.975, 25 juin 1996.

Pendant la durée de l'habilitation, le Ministre d'État peut solliciter des bénéficiaires toutes informations qu'il jugerait utiles en relation avec les programmes de recherche scientifique menés dans les zones maritimes sous souveraineté ou juridiction monégasques. Le défaut de réponse à ladite demande d'informations peut entraîner, après mise en demeure de l'intéressé, la suspension par le Ministre d'État de l'habilitation délivrée.

Art. O. 241-6 *(Ord. n° 16.456, 7 oct. 2004)*. – Toute modification du statut juridique, de l'objet social pour ce qui est des personnes morales, ou des programmes d'activité du bénéficiaire de l'habilitation doit être signalée au Ministre d'État sous peine de déchéance de l'habilitation. Cette dernière peut également être prononcée par le Ministre d'État s'il estime que les programmes scientifiques menés par le bénéficiaire dans les zones maritimes monégasques compromettent ou risquent de compromettre dans lesdites zones, la sécurité, l'ordre public ou la diversité biologique au sens de l'article 1er, alinéa *b)* du protocole relatif aux aires spécialement protégées et à la diversité biologique en Méditerranée du 10 juin 1995 (1).

Section II. – Recherche scientifique marine dans la mer territoriale

Art. O. 241-7 *(Ord. n° 16.456, 7 oct. 2004)*. – Toute activité de recherche scientifique marine envisagée dans les eaux territoriales monégasques par des personnes ou des organisations ne relevant pas du champ d'application de l'article L. 241-3 doit être autorisée par le Ministre d'État.

Celle-ci est accordée, s'il y a lieu, après instruction d'un dossier déposé par le pétitionnaire auprès de la direction des Affaires Maritimes. Ce dossier contient les pièces suivantes :

1. l'indication du nom de l'institution qui exécute le projet de recherche, du directeur de cette institution engageant juridiquement celle-ci et du responsable opérationnel du projet, ainsi que le nom de l'institution qui patronne éventuellement ledit projet ;

2. le descriptif complet du programme de recherche scientifique marine envisagée et des objectifs de recherche visés ;

3. la détermination des dates de la campagne de recherche et notamment des dates prévues de la première arrivée et du dernier départ du ou des navires de recherches ou celles de l'installation et du retrait du matériel de recherche, selon le cas ;

4. la détermination des coordonnées géographiques des zones maritimes concernées, ainsi que la fiche signalétique du ou des navires affectés à la campagne ;

5. la détermination des coordonnées géographiques du matériel lorsqu'il est envisagé une installation fixe temporaire et la durée de cette dernière ;

6. le descriptif du matériel embarqué et de toutes les substances chimiques susceptibles d'être utilisées avec l'engagement d'application sur les installations et le matériel devant être utilisé des marques d'identification indiquant l'État d'immatriculation ou l'organisation internationale à laquelle ils appartiennent ;

7. les moyens appropriés de signalisation internationalement convenus pour assurer la sécurité de la navigation maritime et aérienne, compte tenu des règles et normes établies par les organisations internationales compétentes auxquelles Monaco est partie ;

8. la liste et la qualité des personnes participant à la campagne ;

9. la déclaration d'intention offrant, dans toute la mesure du possible, la possibilité à des scientifiques de nationalité monégasque ou opérant à partir de structures scientifiques établies à Monaco, de participer au programme de recherche pour laquelle l'autorisation est sollicitée ;

10. la déclaration d'engagement de communiquer au service administratif en charge de l'instruction du dossier, sur sa demande, les rapports préliminaires et, aussitôt que possible, les résultats et conclusions des recherches obtenus à partir des relevés opérés dans les eaux territoriales monégasques ;

11. la déclaration d'engagement de fournir au service administratif en charge de l'instruction du dossier, sur sa demande, l'accès à tous les échantillons et données obtenus dans le cadre du projet, ainsi qu'à lui fournir des données pouvant être reproduites et des échantillons pouvant être fractionnés sans que cela nuise à leur valeur scientifique ;

(1) Protocole rendu exécutoire par Ord. n° 14.856, 23 avr. 2001.

12. la déclaration d'engagement d'enlever les installations ou le matériel scientifique, une fois les recherches terminées, à moins qu'il n'en soit convenu autrement ;

13. la déclaration d'engagement de ne pas introduire lors de la campagne dans les eaux territoriales monégasques d'espèces végétales ou animales, sauf autorisation expresse mentionnée dans l'autorisation ;

14. le certificat d'assurance garantissant l'État monégasque et les tiers des éventuels dommages, notamment de pollution, que la campagne océanographique pourrait engendrer aux personnes, aux biens, ainsi qu'à l'environnement marin, dans les limites fixées par la réglementation en vigueur à la date du dépôt de la demande d'autorisation.

Section III. – Recherche scientifique marine dans les espaces maritimes sous juridiction

Art. O. 241-8 *(Ord. n° 16.456, 7 oct. 2004)*. – Toute activité de recherche scientifique envisagée dans les espaces maritimes adjacents aux eaux territoriales monégasques sur lesquels Monaco exerce des droits souverains au sens de l'article L. 210-1, par des personnes ou des organisations ne relevant pas du champ d'application de l'article L. 241-3, ne peut être menée qu'avec le consentement du Ministre d'État.

Art. O. 241-9 *(Ord. n° 16.456, 7 oct. 2004)*. – Dans la mesure où ces activités sont menées à des fins exclusivement pacifiques et en vue d'accroître les connaissances scientifiques sur le milieu marin, le consentement du Ministre d'État est accordé dans des circonstances normales telles que celles-ci sont entendues par l'article 246, § 3 de la convention des Nations Unies sur le droit de la mer du 10 décembre 1982 (1), sous réserve des dispositions de l'article O. 241-13.

Art. O. 241-10 *(Ord. n° 16.456, 7 oct. 2004)*. – Le pétitionnaire est cependant tenu de déposer un dossier contenant les pièces prévues à l'article O. 241-7. La décision de consentement ou de refus est notifiée à l'intéressé dans un délai maximum de quatre mois courant du jour du dépôt. Si, à l'issue de ce délai de quatre mois, aucune décision n'a été notifiée au demandeur, le consentement est présumé acquis tacitement.

Art. O. 241-11 *(Ord. n° 16.456, 7 oct. 2004)*. – Le demandeur peut mettre à exécution son projet de recherche scientifique marine à l'expiration d'un délai de six mois à compter de la date à laquelle les renseignements requis en vertu de l'article O. 241-7 ont été communiqués à l'administration en charge de l'instruction du dossier, à moins que, dans un délai de quatre mois à compter de la réception de ces renseignements, celle-ci ne lui ait fait savoir :

1. que le consentement est refusé, en vertu de l'article O. 241-12 ;

2. que les renseignements fournis quant à la nature ou aux objectifs du projet ne correspondent pas aux faits patents ;

3. qu'elle a besoin d'un complément d'information à propos des renseignements ou des conditions visés à l'article O. 241-7 ;

4. que des obligations découlant des conditions fixées à l'article O. 241-7 pour un projet de recherche scientifique marine précédemment exécuté par le demandeur n'ont pas été remplies.

Lorsque le consentement a été expressément ou tacitement acquis de l'administration, dans le délai visé précédemment, son bénéficiaire est tenu de respecter l'ensemble des éléments figurant dans son dossier de demande. Toute modification à tout ou partie de ces éléments doit être proposée au Ministre d'État qui statue dans les mêmes formes et conditions que celles instituées par le présent chapitre en matière de consentement.

Art. O. 241-12 *(Ord. n° 16.456, 7 oct. 2004)*. – Le consentement du Ministre d'État peut être refusé en conformité avec les principes posés par le droit international, dans les cas suivants :

1. si le projet a une incidence directe sur l'exploration et l'exploitation des ressources naturelles, biologiques ou non biologiques, ou risque de porter atteinte à la diversité biologique des zones maritimes monégasques concernées ;

2. si le projet prévoit des forages dans le plateau continental, l'utilisation d'explosifs ou l'introduction de substances nocives dans le milieu marin ;

(1) Convention rendue exécutoire par Ord. n° 11.975, 25 juin 1996.

3. si le projet prévoit la construction, l'exploitation ou l'utilisation d'îles artificielles, d'installations et d'ouvrages visés aux articles 60 et 80 de la convention des Nations Unies sur le droit de la mer du 10 décembre 1982 (1) ;

4. si le projet portant totalement ou partiellement sur une aire marine spécialement protégée au sens du protocole relatif aux aires spécialement protégées et à la diversité biologique en Méditerranée du 10 juin 1995 (2) va à l'encontre des objectifs de gestion et de protection établis à l'égard de cette aire ;

5. si le projet risque manifestement de gêner de façon injustifiable les activités entreprises par Monaco dans l'exercice des droits souverains et de la juridiction que prévoit la convention des Nations Unies sur le droit de la mer du 10 décembre 1982 (3) ;

6. si les renseignements communiqués quant à la nature et aux objectifs du projet en vertu de l'article O. 241-7 sont inexacts ou si l'État ou l'organisation internationale compétente auteur du projet ne s'est pas acquitté d'obligations contractées vis-à-vis de Monaco au titre d'un projet de recherche antérieur.

Art. O. 241-13 *(Ord. n° 16.456, 7 oct. 2004)*. **– Même après délivrance de son consentement, le Ministre d'État peut suspendre les travaux de recherche scientifique marine en cours dans les zones maritimes visées à l'article O. 241-9 lorsque :**

1. les travaux ne sont pas menés conformément aux renseignements communiqués en vertu de l'article O. 241-7 sur lesquels le Ministre d'État s'est fondé pour donner son consentement après instruction du dossier ;

2. si le bénéficiaire n'a pas rempli ses obligations énumérées aux points 9, 10 et 11 de l'article O. 241-7 précité ;

3. dans tous les cas où l'inobservation des dispositions énoncées à l'article O. 241-7 équivaut à modifier de façon importante, selon l'appréciation du Ministre d'État, le projet ou les travaux de recherche.

Lorsque, après un délai fixé par le Ministre d'État, le bénéficiaire du consentement n'a pas remédié à l'une quelconque des situations ayant entraîné la suspension des travaux, il peut être procédé à la cessation définitive des travaux de recherche scientifique marine concernés par décision du Ministre d'État notifiée au bénéficiaire.

Si, en revanche, dans ce même délai, il est procédé par le bénéficiaire à la régularisation de ses engagements initiaux, le Ministre d'État peut rapporter sa décision de suspension après constat de cette régularisation. S'il se révèle que malgré la régularisation susvisée, les travaux de recherche scientifique marine déjà opérés ont entraîné des dommages au milieu ou aux ressources des zones maritimes concernés, le Ministre d'État peut mettre fin à son consentement et exiger l'arrêt immédiat et définitif du projet.

Chapitre II. – L'exploration et l'exploitation des ressources du fond de la mer et de son sous-sol

(Articles pris en application de l'article L. 242-1 du Code de la Mer)

Art. O. 242-1 *(Ord. n° 16.457, 7 oct. 2004)*. **– Les travaux maritimes conduits à des fins non commerciales pour les besoins de la gestion du domaine public maritime et portuaire ne sont pas soumis aux dispositions du présent chapitre, sauf en ce qui concerne celles de ses dispositions destinées à protéger l'environnement marin.**

Sont considérés comme travaux maritimes au sens de l'alinéa précédent toute opération à des fins non commerciales résultant de travaux soit de conservation du domaine public maritime soit de création ou d'entretien d'un ouvrage public maritime ou d'un chenal d'accès.

Art. O. 242-2 *(Ord. n° 16.457, 7 oct. 2004)*. **– L'autorisation prévue par l'article L. 242-1 du Code de la Mer est délivrée par arrêté ministériel et constituée, en ce qui concerne l'exploration et l'exploitation de toutes ressources naturelles, et notamment des substances minérales ou fossiles, soit par une autorisation de prospections préalables, soit par l'octroi d'un titre minier : permis exclusif de recherches de mines, permis d'exploitation de mines ou concession de mines.**

(1) Convention rendue exécutoire par Ord. n° 11.975, 25 juin 1996.
(2) Protocole rendu exécutoire par Ord. n° 14.856, 23 avr. 2001.
(3) Convention rendue exécutoire par Ord. n° 11.975, 25 juin 1996.

Une autorisation spécifique, délivrée selon la même forme, est également nécessaire et peut être délivrée en ce qui concerne d'autres activités, tendant à l'exploration et à l'exploitation des zones maritimes monégasques visées à l'article L. 210-1 du Code de la Mer, à des fins économiques, telles que notamment les établissements de pêche ou de culture marine sédentaire.

Les autorisations sont délivrées pour une durée déterminée ; elles peuvent être reconduites.

Art. O. 242-3 *(Ord. n° 16.457, 7 oct. 2004)*. – Les différentes autorisations visées à l'article précédent, lorsqu'elles entraînent une occupation du domaine public maritime en vue d'exercer les activités autorisées par l'acte administratif les concernant, ne peuvent donner lieu qu'à une occupation temporaire dudit domaine, laquelle peut être révoquée dans les conditions du droit commun.

Les autorisations d'occupation du domaine public maritime sont délivrées pour la durée de validité du titre résultant de l'application de l'article O. 242-2.

Art. O. 242-4 *(Ord. n° 16.457, 7 oct. 2004)*. – Lorsque le type d'autorisation visée à l'article O. 242-3 concerne la mise en place d'une installation au sens de l'article 1er *f)* du protocole relatif à la protection de la mer Méditerranée contre la pollution résultant de l'exploration et de l'exploitation du plateau continental, du fond de la mer et de son sous-sol adopté le 14 octobre 1994, elle ne peut être délivrée avant que la direction des Affaires maritimes en charge de l'instruction du dossier ne se soit assurée que l'installation est construite conformément aux normes et pratiques internationales et que le demandeur dispose des capacités techniques et des moyens financiers pour entreprendre les activités postulées.

Art. O. 242-5 *(Ord. n° 16.457, 7 oct. 2004)*. – Sous réserve des dispositions de l'article O. 242-6, les autorisations prévues aux termes du présent chapitre ne peuvent être accordées qu'aux personnes qui possèdent un établissement en Principauté.

Art. O. 242-6 *(Ord. n° 16.457, 7 oct. 2004)*. – Par dérogation aux dispositions de l'article O. 242-5 du présent chapitre, l'octroi d'une autorisation de recherches concernant notamment les caractères physiques ou biologiques du fond de la mer et de son sous-sol n'est pas subordonné à la possession d'un établissement en Principauté par la personne qui en fait la demande.

L'autorisation ne peut être accordée que dans la mesure où la demande est conforme aux dispositions législatives et réglementaires propres à la recherche scientifique marine et à la protection de l'environnement marin.

Art. O. 242-7 *(Ord. n° 16.457, 7 oct. 2004)*. – Toutes activités autorisées de prospection préalable, d'exploration ou d'exploitation exercées sur le fond de la mer et son sous-sol et portant sur des substances minérales et fossiles sont soumises aux déclarations, au contrôle et à la communication des renseignements prévus par le présent chapitre.

Art. O. 242-8 *(Ord. n° 16.457, 7 oct. 2004)*. – L'autorisation de prospections préalables de substances minérales visées à l'article O. 242-2 est accordée pour une surface définie et pour une durée n'excédant pas deux ans par décision du Ministre d'État.

Cette autorisation donne à son titulaire le droit non exclusif d'exécuter tous travaux de recherches, à l'exclusion des sondages dépassant une profondeur de 300 mètres à partir du fond de la mer.

Ces travaux sont soumis, en matière de police et de sécurité minières, aux règles régissant les travaux effectués en vertu d'un permis exclusif de recherches de mines.

L'autorisation de prospections préalables ne donne pas le droit de disposer du produit des recherches, à l'exception des échantillons ou prélèvements sans valeur commerciale.

Elle devient caduque de plein droit lors de l'attribution d'un titre minier pour les surfaces ou les substances visées par celui-ci.

Art. O. 242-9 *(Ord. n° 16.457, 7 oct. 2004)*. – Les demandes de titres miniers et d'autorisations complémentaires d'occupation du domaine public maritime font l'objet d'un dossier unique comprenant notamment une évaluation des quantités de substances que le demandeur envisage d'extraire annuellement.

Les demandes de titres miniers portant en totalité ou en partie sur le fond de la mer et son sous-sol sont instruites par la direction des Affaires maritimes qui détermine le contenu du dossier et notamment la liste des pièces, documents et études devant être fournis par le pétitionnaire selon la nature du titre minier sollicité.

Art. O. 242-10 *(Ord. n° 16.457, 7 oct. 2004)*. – L'autorisation ne peut être accordée que dans la mesure où il résulte des pièces du dossier que les opérations envisagées sont en parfaite conformité avec les dispositions réglementaires relatives à la protection du milieu marin et à la lutte contre la pollution.

En tout état de cause, les rejets qui résultent directement des opérations d'exploration ou de prospection préalable doivent être exempts d'hydrocarbures sous quelque forme que ce soit.

Les rejets qui résultent directement des opérations d'exploitation, quelle que soit la nature de l'activité autorisée, y compris le stockage, ne peuvent avoir une teneur moyenne en hydrocarbures supérieure à 20 parties par million, ni avoir pour effet de déverser dans la mer un volume moyen d'hydrocarbures supérieur à 2 centilitres par jour et par hectare de la surface du titre d'exploitation.

Des dispositions plus restrictives que celles prévues à l'alinéa précédent peuvent être imposées au cas par cas dans l'autorisation, en fonction des conditions particulières du milieu et de l'activité autorisée ou de la protection de l'environnement marin.

Art. O. 242-11 *(Ord. n° 16.457, 7 oct. 2004)*. – Lorsqu'une opération relevant d'une autorisation visée par l'article L. 242-1 du Code de la Mer porte sur une activité d'exploitation, l'autorisation ne peut être délivrée avant que ne soit réalisée, à la demande du service administratif instructeur, quand celui-ci le juge nécessaire et aux frais du demandeur, une étude d'impact sur l'environnement marin du projet envisagé, incluant un état biologique et écologique du milieu marin du secteur concerné. Ce dernier doit être renouvelé au moins une fois par an au cours de la validité du titre d'exploitation.

Sauf dispositions particulières formulées par le service administratif instructeur lorsque celui-ci considère qu'une étude d'impact sur l'environnement est nécessaire, le contenu de cette dernière répond aux exigences posées par l'annexe IV du protocole relatif à la protection de la mer Méditerranée contre la pollution résultant de l'exploration et de l'exploitation du plateau continental, du fond de la mer et de son sous-sol adopté le 14 octobre 1994.

L'instruction du dossier doit, en outre, examiner si les activités projetées sont compatibles avec les dispositions des autres conventions ou accords sur la protection de l'environnement marin et le plateau continental auxquels Monaco est partie.

Art. O. 242-12 *(Ord. n° 16.457, 7 oct. 2004)*. – L'arrêté ministériel portant octroi d'un des titres prévus à l'article O. 242-2 désigne le service administratif qui exercera les attributions de contrôle des opérations autorisées jusqu'à leur terme.

Le titulaire de l'autorisation rend compte au service administratif susvisé de l'exécution des programmes, selon une périodicité fixée par ledit service.

Art. O. 242-13 *(Ord. n° 16.457, 7 oct. 2004)*. – Le titulaire d'un des titres prévus à l'article O. 242-2 doit adresser au service administratif visé à l'article précédent, ses programmes de travaux quarante-cinq jours au moins avant la date prévue pour leur mise en exécution.

Art. O. 242-14 *(Ord. n° 16.457, 7 oct. 2004)*. – Le titulaire d'un titre minier ou d'une autorisation de prospections préalables doit adresser une déclaration d'ouverture de travaux miniers au Ministre d'État.

Art. O. 242-15 *(Ord. n° 16.457, 7 oct. 2004)*. – Les agents du service administratif visé à l'article O. 242-12 ont accès à tous sondages, ouvrages souterrains ou travaux de fouilles, quelle que soit leur profondeur, soit pendant, soit après leur exécution.

Ils peuvent se faire remettre tous échantillons et se faire communiquer tous les documents et renseignements d'ordre géologique, géotechnique, hydrologique, hydrographique, topographique, chimique ou minier, ou autres qui seraient nécessaires.

Tout levé de mesures géophysiques, toute campagne de prospection géochimique ou d'études de minéraux lourds doivent faire l'objet d'une déclaration préalable au service administratif susvisé ; les résultats de ces levés et campagnes lui sont communiqués.

Art. O. 242-16 *(Ord. n° 16.457, 7 oct. 2004)*. – Les documents ou renseignements recueillis en application notamment de l'article O. 242-15 ne peuvent, sauf autorisation de l'auteur des travaux, être rendus publics ou communiqués à des tiers par l'administration avant l'expiration d'un délai de dix ans à compter de la date à laquelle ils ont été obtenus.

Font exception aux dispositions de l'alinéa ci-dessus, les renseignements intéressant la sécurité de la navigation de surface, ainsi que ceux qui concernent les propriétés physico-chimiques et les mouvements des eaux surjacentes. Ces renseignements doivent être communiqués, dès leur obtention, à la direction des Affaires maritimes qui peut, en outre, se faire remettre sans délai les renseignements et documents intéressant la sécurité de la navigation sous-marine ainsi que la morphologie et la nature superficielle du sol marin.

Art. O. 242-17 *(Ord. n° 16.457, 7 oct. 2004).* – Si le service administratif chargé du contrôle estime que l'exécution des programmes présentés à son examen, en vertu du second alinéa de l'article O. 242-12 ou des dispositions de l'article O. 242-15, peut porter atteinte à la création, au développement ou à l'extension des ports, nuire à la stabilité des rivages, comporter des risques de pollution, entraver la pose, l'entretien ou le fonctionnement des câbles de télécommunications sous-marins, des câbles d'énergie ou des pipe-lines sous-marins, ou est susceptible de gêner de manière injustifiable la navigation, la pêche, la défense nationale, les liaisons de télécommunications, la conservation des ressources biologiques de la mer ou les recherches océanographiques fondamentales, il saisit le Ministre d'État qui peut suspendre ou interdire les travaux en tout ou en partie ou les soumettre à des conditions particulières.

La décision du Ministre d'État est notifiée au titulaire de l'autorisation qui dispose des voies de recours dans les conditions du droit commun.

Art. O. 242-18 *(Ord. n° 16.457, 7 oct. 2004).* – Les informations nautiques relatives à l'exploration et à l'exploitation sont transmises aux autorités compétentes dans les conditions fixées par le directeur des Affaires maritimes.

Art. O. 242-19 *(Ord. n° 16.457, 7 oct. 2004).* – Le bénéficiaire de toute autorisation visée par le présent chapitre, son représentant légal, ou la personne assurant la conduite des opérations autorisées, doit transmettre à la direction des Affaires maritimes, dans les meilleurs délais, les informations nautiques ayant pour objet :

1. les prévisions de mise en place ou d'enlèvement d'une installation ou d'un dispositif, ainsi que celles qui ont pour objet la modification d'une installation ou d'un dispositif en place ;
2. l'exécution d'une telle opération ainsi que toute modification accidentelle d'une installation ou d'un dispositif, même si cette dernière a déjà donné lieu à l'émission d'un message de danger de la part de la personne qui assure à bord la conduite des travaux.

Art. O. 242-20 *(Ord. n° 16.457, 7 oct. 2004).* – Les fonctionnaires et agents de l'État exercent leurs attributions respectives sur les installations et dispositifs utilisés dans le cadre des autorisations délivrées en vertu du présent chapitre et à l'intérieur des zones de sécurité susceptibles d'être mises en place en conformité avec la réglementation en vigueur, dans les mêmes conditions que sur le territoire national, terrestre ou maritime.

Art. O. 242-21 *(Ord. n° 16.457, 7 oct. 2004).* – La compétence des juridictions monégasques est applicable aux dites installations, dispositifs et zones de sécurité visés à l'article précédent.

Art. O. 242-22 *(Ord. n° 16.457, 7 oct. 2004).* – Les autorisations délivrées dans le cadre du présent chapitre donnent lieu à la perception d'un droit dans les conditions fixées par la loi.

Chapitre III. – Dispositions communes aux diverses activités d'exploration, d'exploitation et de recherches

(Articles pris en application des articles L. 243-1, L. 243-2 et L. 243-4 du Code de la Mer)

Art. O. 243-1 *(Ord. n° 16.456, 7 oct. 2004).* – Hormis les conditions générales énoncées à l'article L. 243-1 et les conditions spécifiques énoncées aux chapitres I et II du présent titre, les bénéficiaires d'une autorisation doivent remplir les conditions suivantes :

1 - le bénéficiaire s'engage à respecter les normes adoptées visant à l'élimination des hydrocarbures et mélanges d'hydrocarbures provenant de ses installations, conformes au minimum aux valeurs énoncées à l'article 10 du Protocole relatif à la protection de la mer Méditerranée contre la pollution résultant de l'exploration et de l'exploitation du plateau continental, du fond de la mer et de son sous-sol du 14 octobre

1994. Il en est de même en ce qui concerne l'utilisation et l'élimination des fluides de forage et déblais de forage. Toutes nouvelles normes en la matière, adoptées et mises en vigueur après octroi de l'autorisation, sont applicables aux autorisations en cours ;

2 - le bénéficiaire produit dans son dossier de demande d'autorisation les pièces visant à prouver que ses installations ont été construites, entretenues et fonctionnent conformément aux normes et pratiques internationales reconnues en la matière. Toute pièces complémentaires peuvent être requises par l'administration instruisant le dossier. Les dossiers déposés au titre d'une autorisation relevant de l'article L. 242-1 doivent comprendre, hormis les dispositions prévues au chapitre II du présent titre, les pièces énumérées aux points 6, 7, 12, 13 et 14 de l'article O. 241-7 adaptées, s'il y a lieu, sur demande de l'administration instruisant le dossier, aux activités et installations susceptibles d'être exercées ou utilisées.

Art. O. 243-2 *(Ord. n° 16.456, 7 oct. 2004)*. – Lorsqu'une zone de sécurité est établie par une décision d'autorisation, ou de consentement ou sur la base d'une habilitation au sens de l'article L. 241-3, autour des installations et dispositifs autorisés et utilisés, en conformité avec les articles L. 243-3 et L. 243-4, sa largeur maximale est de 500 mètres, mesurée à partir de chaque point des bords extérieurs de ces installations et dispositifs, sauf dérogation autorisée par les normes internationales généralement acceptées ou recommandées par l'organisation internationale compétente.

La décision visée à l'alinéa précédent peut également déterminer les restrictions de survol des installations et des zones de sécurité, compte tenu des règles et normes établies par les organisations internationales compétentes.

À l'intérieur de la zone de sécurité, le directeur de la Sûreté publique, chef de la police maritime, exerce les pouvoirs de police qu'il assume dans les eaux territoriales.

Chapitre IV. – L'exploitation des ressources vivantes

(Articles pris en application de l'article L. 244-3 du Code de la Mer)
(Ord. n° 3.131, 14 févr. 2011)

Section 1. – Mesures générales de police

Art. O. 244-1 *(Ord. n° 3.131, 14 févr. 2011)*. – Les ressources biologiques des espaces maritimes monégasques, au sens de l'article L. 210-1 du Code de la Mer, sur lesquels Monaco exerce sa souveraineté, constituent un patrimoine national. La gestion de ce patrimoine est effectuée dans le respect des objectifs de développement durable tels que notamment régis par les instruments juridiques internationaux auxquels Monaco est partie.

À cette fin, la Direction des Affaires Maritimes et la Direction de la Sûreté Publique favorisent et contrôlent une exploitation optimale des ressources biologiques marines prévenant la surexploitation, dans les conditions prévues au présent chapitre.

Art. O. 244-2 *(Ord. n° 3.131, 14 févr. 2011)*. – Lorsque la protection de la santé publique, la conservation de la diversité biologique, au sens du Protocole de Barcelone du 10 juin 1995 relatif aux aires spécialement protégées et à la diversité biologique en Méditerranée (1), et l'utilisation durable des ressources biologiques marines et côtières l'exigent, le Ministre d'État peut prendre toute mesure de suspension totale ou partielle de l'exploitation des ressources vivantes dans tout ou partie des espaces maritimes monégasques au sens de l'article O.244-1, sur lesquels Monaco exerce sa souveraineté.

Aux fins de protéger les intérêts mentionnés au précédent alinéa, le Ministre d'État peut, par arrêté, soumettre à autorisation préalable tout ou partie des activités de pêche maritime qui ne font pas par ailleurs l'objet d'interdictions légales ou réglementaires, en tenant notamment compte des intérêts des pêcheurs professionnels, ainsi que des équilibres biologiques et socio-économiques.

(1) Protocole rendu exécutoire par Ord. n° 14.856, 23 avr. 2001.

L'autorisation est délivrée par le Directeur des Affaires Maritimes, après avis du Directeur de l'Environnement, qui peut l'assortir de conditions particulières, notamment la fixation de quotas de capture par espèce ou groupe d'espèces.

L'autorisation peut être retirée par le Directeur des Affaires Maritimes lorsque le bénéficiaire enfreint les dispositions de la législation ou de la réglementation visant à protéger les intérêts mentionnés au premier alinéa, excède les limites de l'autorisation qui lui a été délivrée ou méconnaît les conditions qui y sont mentionnées. L'autorisation peut également être suspendue lorsqu'il s'avère que les équilibres biologiques et/ou socio-économiques sont menacés ou susceptibles de l'être.

Préalablement à toute décision de retrait ou de suspension, l'intéressé est entendu en ses explications ou dûment appelé à les fournir.

Art. O. 244-3 *(Ord. n° 3.131, 14 févr. 2011).* – Sont soumises à autorisation délivrée par le Ministre d'État l'introduction ou la réintroduction dans les espaces maritimes monégasques, au sens de l'article O. 244-1, de toutes espèces végétales ou animales indigènes ou non indigènes ou modifiées génétiquement.

Lorsqu'une telle introduction est de nature accidentelle, l'auteur de ladite introduction en informe immédiatement le Directeur des Affaires Maritimes en mentionnant l'identification de l'espèce concernée, le volume ou la quantité estimée de l'introduction accidentelle, ainsi que les coordonnées géographiques constatées ou présumées de cette dernière. La même obligation s'applique à toute personne qui a connaissance des introductions susmentionnées.

Section 2. – Définitions

Art. O. 244-4 *(Ord. n° 3.131, 14 févr. 2011).* – Au sens du présent chapitre, on entend par pêche l'acte de capturer, extraire ou tuer, par quelque procédé que ce soit, des espèces biologiques dont le milieu de vie normal ou le plus fréquent est le milieu marin.

La pêche comprend :

1° les activités préalables ayant pour finalité directe la pêche, tout comme les activités ultérieures exercées directement et immédiatement sur les espèces extraites, capturées ou mortes ;

2° les opérations connexes de navires-gigogne et les opérations d'appui logistique et de transbordement des captures.

Art. O. 244-5 *(Ord. n° 3.131, 14 févr. 2011).* – En fonction de sa finalité, la pêche peut être professionnelle, de recherche scientifique et récréative :

1° la pêche professionnelle est pratiquée à des fins de vente des produits de la pêche obtenus ;

2° la pêche de recherche scientifique a pour but l'étude et la connaissance des ressources biologiques marines ;

3° la pêche récréative est exercée à titre sportif ou de loisir.

Aux fins de la mise en œuvre des dispositions du présent chapitre et notamment des mesures visant à éviter une surexploitation des ressources biologiques marines, telles qu'évoquées à l'article O. 244-1, lesdites mesures peuvent être générales ou ne concerner qu'une ou plusieurs catégories de pêche.

Art. O. 244-6 *(Ord. n° 3.131, 14 févr. 2011).* – Au sens du présent chapitre, la longueur des filets est définie par celle de la ralingue supérieure. La hauteur des filets est définie comme étant la somme des hauteurs des mailles mouillées, nœuds compris, étirées perpendiculairement à la ligne des flotteurs.

Section 3. – Organisation et contrôle des opérations de pêche

Art. O. 244-7 *(Ord. n° 3.131, 14 févr. 2011).* – Peuvent seuls pratiquer la pêche, en tant que pêcheurs professionnels et, à ce titre, vendre le produit de leur pêche :

1° les marins pêcheurs qui sont inscrits sur un rôle d'équipage délivré par le Directeur des Affaires Maritimes pour exercer une activité de pêche professionnelle ;

2° les marins pêcheurs qui relèvent des prud'homies limitrophes dans lesquelles les marins pêcheurs visés ci-dessus sont admis à se livrer à la pêche professionnelle.

Art. O. 244-8 *(Ord. n° 3.131, 14 févr. 2011)*. – Sont interdites la capture, l'importation, la détention, la mise à mort, le commerce, le transport et l'exposition à des fins commerciales des espèces en danger ou menacées telles que visées à l'annexe II du Protocole de Barcelone du 10 juin 1995 susvisé (1), ainsi que de leurs œufs, parties et produits.

Par exception aux dispositions du précédent alinéa, les activités de recherche scientifique comportant la capture, la pêche ou le prélèvement d'animaux ou de végétaux, mentionnés audit alinéa peuvent être autorisées par le Ministre d'État, conformément à l'article L. 241-1 du Code de la mer.

En cas de capture accidentelle d'animaux répertoriés au titre des espèces animales visées à l'alinéa premier, ils doivent être immédiatement relâchés dans des conditions propres à assurer leur survie.

S'agissant des espèces végétales protégées visées à l'alinéa premier du présent article, et de leurs parties et produits, est également interdite, sous réserve des exceptions prévues ci-après, toute forme de destruction ou de perturbation, y compris la cueillette, la récolte, la coupe, le déracinement, la détention, le commerce, le transport et l'exposition à des fins commerciales de ces espèces. Les exceptions susvisées ne peuvent être accordées par le Ministre d'État qu'à des fins de recherche scientifique, ou lorsqu'il a été autorisé de procéder à des travaux affectant l'écosystème de ces espèces, sous réserve de restauration de celles-ci.

Section 4. – Zones d'interdiction de pêche

Art. O. 244-9 *(Ord. n° 3.131, 14 févr. 2011)*. – Toute pêche, quel qu'en soit le genre, est interdite dans les aires marines protégées suivantes :

1° la réserve marine du Larvotto, délimitée à l'Est par la frontière des eaux territoriales et à l'Ouest par l'anse de la plage du Larvotto telle que balisée par des bouées cylindriques de couleur jaune et délimitée par les coordonnées géographiques suivantes :

- 7°25',99 E et 43°44',67 N
- 7°26',00 E et 43°44',66 N
- 7°26',10 E et 43°44',54 N
- 7°26',48 E et 43°44',66 N
- 7°26',60 E et 43°44',81 N
- 7°26',35 E et 43°44',94 N

2° le tombant à corail des Spélugues, délimité à l'Est par l'anse de l'ancien port du Portier, à l'Ouest par la jetée Lucciana et dont les coordonnées géographiques sont les suivantes :

- 7°25',79 E et 43°44',22 N
- 7°25',85 E et 43°44',26 N
- 7°25',88 E et 43°44',31 N

L'interdiction prévue au 2° peut faire l'objet d'une dérogation, laquelle ne s'applique qu'à la pêche professionnelle sur la base d'une autorisation délivrée par le Directeur des Affaires Maritimes, après avis de l'organisme chargé de la gestion de cette aire. Une telle autorisation n'est délivrée que dans la mesure où les prélèvements sont compatibles avec la préservation de l'écosystème de cette aire marine protégée et sont réalisés avec des engins de pêche spécialement mentionnés.

Art. O. 244-10 *(Ord. n° 3.131, 14 févr. 2011)*. – Toute pêche, quel qu'en soit le genre, est interdite :

1° dans les eaux portuaires, ainsi que dans les passes d'entrée des ports de Monaco ;

2° dans les zones maritimes de travaux d'accès interdit au public, telles que déterminées par arrêté ministériel.

La pêche récréative à la ligne armée de deux hameçons au plus et pratiquée à pieds depuis le rivage est libre à toute époque de l'année, sauf dispositions contraires la limitant prises par arrêté ministériel.

Section 5. – Mesures visant l'exploitation durable des espèces

Art. O. 244-11 *(Ord. n° 3.131, 14 févr. 2011)*. – Sont interdites de pêche les espèces suivantes :

1° oursin diadème (*Centrostephanus longispinus*) ;

(1) Protocole rendu exécutoire par Ord. n° 14.856, 23 avr. 2001.

2° mérou brun (*Epinephelus marginatus*) et corb commun (*Sciaena umbra*) ;
3° thon rouge (*Thunnus thynnus*) ;
4° homard (*Homarus gammarus*) et langouste (*Palinuridae*) du 15 août au 15 février pour les homards et langoustes mâles ou non œuvés ; les femelles de langoustes et de homards œuvées sont immédiatement remises à la mer en cas de capture accidentelle ;
5° oursin violet (*Paracentrotus lividus*), du 1er avril au 31 août ;
6° éponge commune (*Hippospongia communis*) ;
7° éponge de toilette oreille d'éléphant (*Spongia agaricina*) ;
8° éponge de toilette (*Spongia officinalis*) ;
9° éponge (*Spongia Zimocca*) ;
10° corail rouge (*Corallium rubrum*) ;
11° ombrine commune (*Umbrina cirosa*) ;
12° raie blanche (*Raja alba*) ;
13° requin mako (*Isurus oxynrichus*) ;
14° requin taupe (*Lamna nausus*) ;
15° requin bleu (*Prionace glauca*) ;
16° ange des mers (*Squatina squatina*) ;
17° lithophages (*Lithophaga litophaga*) et pholades (*Pholas dactylus*).
Il est également interdit :
18° de pêcher ou de recueillir, de quelque manière que ce soit, les œufs des poissons et crustacés ;
19° de pratiquer la pêche à la poutine ou au nonnat ; toutefois les marins pêcheurs professionnels peuvent être admis, pendant une période maximale de 45 jours par an, à se livrer à cette pêche, après autorisation délivrée par le Directeur des Affaires Maritimes.
20° de pêcher des poissons dont la longueur totale est inférieure à 12 centimètres, à moins que ces poissons n'appartiennent à des espèces qui, à l'âge adulte, restent au dessous de cette dimension.

Sans préjudice de l'application du 20° précédent, il est interdit de capturer, détenir à bord, transborder, débarquer, transporter, stocker, vendre, exposer ou de mettre en vente un organisme marin dont la taille est inférieure à la taille minimale prévue à l'annexe de la présente ordonnance.

Les poissons ou crustacés, qui n'atteindraient pas les dimensions fixées en annexe à la présente ordonnance, doivent être rejetés à la mer morts ou vifs.

Sont interdits la vente, l'achat, le transport et l'emploi à un usage quelconque des produits des pêches interdites.

Art. O. 244-12 *(Ord. n° 3.131, 14 févr. 2011)*. – Il est interdit de faire usage, dans l'exercice de la pêche ou de la capture de poissons ou de crustacés, ou de détenir à bord de navires pratiquant la pêche les matières, substances et engins mentionnés ci-après :

– dragues à poissons ou à crustacés ;
– moyens d'électrocution ou appareils générateurs de décharges électriques ;
– matières explosives ou substances pouvant exploser si elles sont mélangées ;
– marteaux pneumatiques ou autres instruments de percussion, en particulier pour la collecte de mollusques bivalves creusant les rochers ;
– armes à feu ;
– substances, appâts toxiques ou de drogues, susceptibles soit d'affaiblir, étourdir, exciter ou tuer les ressources vivantes marines, soit d'infecter les eaux ;
– nappes de filet d'un maillage inférieur à 40 millimètres pour les chaluts de fond ;
– filets maillants de fond pour la capture des espèces suivantes : germon (*Thunnus alalunga*), espadon (*Xiphias gladius*), grande castagnole (*Brama brama*), requins (*Hexanchus griseus*, *Cetorhinus maximus*, *Alopiidae*, *Carcharhinidae*, *Sphyrnidae*, *Isuridae* et *Lamnidae*).

L'utilisation des dragues destinées à la capture des coquillages est autorisée, indépendamment de la distance de la côte et de la profondeur, à condition que la capture des espèces autres que des coquillages ne dépasse pas les 10 % du poids total de l'ensemble de la capture.

Par dérogation aux dispositions qui précèdent, les prises accessoires accidentelles d'un maximum de trois spécimens appartenant aux espèces de requins visées précédemment peuvent être détenues à bord ou débarquées, pour autant qu'il ne s'agisse pas d'espèces protégées par les instruments internationaux auxquels Monaco est Partie.

Il est interdit de faire usage comme appâts, dans l'exercice de la pêche ou de la capture de poissons ou de crustacés, des poissons et coquillages dont la pêche et la commercialisation est interdite au titre de l'article O. 244-11.

Art. O. 244-13 *(Ord. n° 3.131, 14 févr. 2011).* – L'usage, la tentative et la complicité d'usage des filets de pêche dits « filets maillants dérivants » ou « chaluts pélagiques » sont interdits.

En outre, la détention d'engins de pêche visés à l'alinéa précédent est interdite à bord des navires battant pavillon monégasque en quelque lieu qu'ils se trouvent.

Art. O. 244-14 *(Ord. n° 3.131, 14 févr. 2011).* – Les engins de pêche traînants, de quelque nature qu'ils soient, ne peuvent être utilisés qu'entre les lignes de fonds de 200 mètres et de 1 000 mètres.

La pêche au moyen de chaluts de fond, de sennes et de filets similaires remorqués par-dessus les herbiers de posidonie (*Posidania oceanica*) ou autres phanérogames marines est interdite.

Les filets, nasses, claies, paniers et casiers, quelle que soit leur forme, doivent avoir des mailles ou ouvertures de 2 centimètres de côté au moins pour les mailles ou ouvertures carrées et de 3 centimètres au moins pour les mailles ou ouvertures triangulaires, alors même que ces engins sont imbibés d'eau.

La fixation de dispositifs permettant d'obstruer les mailles ou ouvertures d'une partie quelconque des engins de pêche visés à l'alinéa précédent, ou d'en réduire effectivement les dimensions, est interdite.

Art. O. 244-15 *(Ord. n° 3.131, 14 févr. 2011).* – La pêche au feu, notamment celle dite « au lamparo » est seulement permise aux marins pêcheurs professionnels pourvus d'une autorisation délivrée par le Directeur des Affaires Maritimes.

Les filets employés à l'occasion de ce type de pêche doivent répondre aux caractéristiques suivantes :

- longueur maximum : 400 mètres ;
- hauteur maximum : 60 mètres ;
- mailles : 10 m/m minimum au carré.

Ces filets ne doivent en aucun cas traîner sur le fond.

La tension d'alimentation des lampes ne saurait dépasser 50 volts en courant continu et 24 volts en courant alternatif.

Art. O. 244-16 *(Ord. n° 3.131, 14 févr. 2011).* – Tout abandon ou largage en mer d'un engin de pêche est interdit.

En cas de perte accidentelle, tous les moyens du bord devront être employés à la récupération du matériel perdu.

Dans le cas où cette récupération s'avérerait impossible, une déclaration apportant toutes précisions sur le lieu et les circonstances de la perte doit être faite dans les vingt-quatre heures à la Direction de la Sûreté publique, Division de la police maritime et aéroportuaire.

Art. O. 244-17 *(Ord. n° 3.131, 14 févr. 2011).* – Tout pêcheur qui aura capturé des animaux marins présentant des anomalies telles que nécroses de la peau, kystes, tumeurs, doit en faire immédiatement la déclaration à la Direction de la Sûreté publique, Division de la police maritime et aéroportuaire, et conserver sa prise aux fins d'analyse.

Art. O. 244-18. – Les pêcheurs non professionnels qui pratiquent la pêche dans les espaces maritimes monégasques, au sens de l'article O. 244-1, à bord de navires ou d'embarcations dont le port d'attache n'est pas à Monaco, ne peuvent utiliser au maximum par navire ou embarcation que :

- des lignes de 12 hameçons au total, répartis sur un nombre de lignes au choix du pêcheur ;
- deux palangres de 30 hameçons chacune ;
- deux casiers à crustacés ;
- une épuisette ;
- une grapette à oursins ;
- une foëne à 4 dents au plus écartées entre elles de 25 millimètres.

Art. O. 244-19 *(Ord. n° 3.131, 14 févr. 2011).* – Les pêcheurs non professionnels qui pratiquent la pêche récréative dans les espaces maritimes monégasques au sens de l'article O. 244-1, à bord de navires ou d'embarcations dont le port d'attache est à Monaco sont tenus de se conformer aux dispositions de l'article précédent.

Ils peuvent, en outre, utiliser au maximum par navire ou embarcation un filet d'une longueur n'excédant pas 50 mètres.

Section 6. – Mesures de police spécifiques à la pêche sous-marine

Art. O. 244-20 *(Ord. n° 3.131, 14 févr. 2011).* – La pêche sous-marine peut être pratiquée par les seules personnes âgées de plus de seize ans qui se seront déclarées à la Direction des Affaires Maritimes ; la déclaration est annuelle et il en est délivré récépissé. Une copie de cette déclaration est adressée à la Direction de la Sûreté Publique (division de la police maritime et aéroportuaire).

La déclaration visée à l'alinéa précédent doit être accompagnée d'un certificat médical d'aptitude à la pêche sous-marine, ainsi que d'une police d'assurance couvrant pour une somme illimitée la responsabilité civile du déclarant à raison des accidents corporels éventuellement causés aux tiers lors de l'exercice de la pêche sous-marine.

Le Directeur des Affaires Maritimes peut s'opposer à la pratique de la pêche sous-marine pour toute personne ayant méconnu les dispositions de la législation ou de la réglementation visant à protéger les intérêts mentionnés au premier alinéa de l'article O. 244-2, et notamment celles de la présente section. Préalablement à toute décision, l'intéressé est entendu en ses explications ou dûment appelé à les fournir. La décision d'opposition prive d'effets la déclaration souscrite, le cas échéant, par l'intéressé.

Dans l'intérêt de la protection de la diversité biologique marine et/ou de l'environnement marin, le nombre maximal de personnes admises à pratiquer la pêche sous-marine peut être fixé annuellement par arrêté ministériel sur proposition du Directeur des Affaires Maritimes. Pour le même intérêt, il peut suspendre temporairement l'exercice de la pêche sous-marine dans tout ou partie des espaces maritimes monégasques au sens de l'article O. 244-1.

Art. O. 244-21 *(Ord. n° 3.131, 14 févr. 2011).* – Sans préjudice de l'application des articles O. 244-9 à O. 244-11, les intéressés peuvent se livrer à la pêche sous-marine :

- du lever au coucher du soleil ;
- à plus de 100 mètres du rivage ou des ouvrages maritimes hormis la zone comprise entre la pointe Saint-Martin et l'enracinement de la digue Rainier III) ;
- à plus de 50 mètres des filets fixes ou des filets de navires ou embarcations procédant à des opérations de pêche.

Toute personne pratiquant la pêche sous-marine doit signaler sa présence au moyen d'une bouée permettant de repérer sa position et portant, soit le pavillon Alpha du code international des signaux (bleu et blanc), soit le pavillon rouge à Croix de Saint André blanche.

L'exercice de la pêche sous-marine est interdit du 15 octobre au 15 mars, sauf dérogation accordée par le Directeur des Affaires Maritimes pour les compétitions et les sorties d'entraînement groupé organisées sous la responsabilité et le contrôle effectif d'un club agréé.

Sur réquisition des agents de la Direction de la Sûreté Publique, les personnes pratiquant la pêche sous-marine doivent pouvoir immédiatement justifier de leur identité et produire le récépissé visé à l'alinéa premier ou, le cas échéant, présenter leur carte de membre d'un club agréé bénéficiaire de la dérogation mentionnée au précédent alinéa.

Art. O. 244-22 *(Ord. n° 3.131, 14 févr. 2011).* – L'emploi, pour la pêche sous-marine, d'un fusil ou d'un revolver utilisé pour le lancement d'une flèche destinée à transpercer le poisson est interdit si la force propulsive de l'appareil est empruntée au pouvoir détonant d'un mélange chimique ou à la détente d'un gaz comprimé, à moins que la détente de ce gaz ne soit obtenue par l'action d'un mécanisme manœuvré par l'utilisateur.

En outre, il ne peut être fait usage :

- de foyers lumineux ou d'appâts ;
- d'appareils permettant de respirer en plongée et notamment de bouteilles d'air ou d'oxygène ;
- de tout type de harpon, tel que foëne, fouine ou trident, autre que la flèche armée d'une seule pointe.

Art. O. 244-23 *(Ord. n° 3.131, 14 févr. 2011).* – Il est interdit :

– de capturer les animaux marins pris dans les engins ou filets placés par les pêcheurs ;

– de perturber volontairement les espèces ciblées ainsi que de prélever toutes les espèces protégées telles qu'elles figurent dans les accords internationaux auxquels Monaco est Partie ;

– de tenir chargé, hors de l'eau, une arme ou appareil destiné à la pêche sous-marine.

Le nombre d'individus pêchés ne peut en aucun cas dépasser sept pièces par pêcheur au cours d'une même journée de pêche.

Section 7. – Régime juridique des établissements de cultures marines

Art. O. 244-24 *(Ord. n° 3.131, 14 févr. 2011).* – Constitue un établissement de cultures marines toute installation réalisée dans les espaces maritimes monégasques au sens de l'article O. 244-1, ou sur le rivage des eaux maritimes monégasques, qui a pour but la capture, la conservation, l'élevage et l'exploitation industrielle d'animaux marins et qui, ou bien entraîne une occupation prolongée du domaine public, ou bien, dans le cas d'une installation sur propriété privée, est alimentée par les eaux de la mer. Entrent notamment dans cette catégorie les établissements d'ostréiculture, de mytiliculture et d'aquaculture marine.

La création et l'exploitation d'un établissement de cultures marines est subordonnée à l'obtention d'une autorisation administrative. L'autorisation, délivrée par décision du Ministre d'État, détermine limitativement, pour une durée qu'elle fixe, les activités qui peuvent être exercées, les locaux ou les sites où elles seront déployées et les conditions spéciales auxquelles l'exploitation est soumise, en tenant notamment compte de la protection, de la santé humaine, de la diversité biologique marine et de l'environnement marin. L'autorisation est personnelle et incessible. Toute modification des activités exercées, tout changement de titulaire de l'autorisation initiale, ou tout changement de locaux ou de site d'activité doit faire l'objet d'une nouvelle autorisation délivrée dans les formes et conditions prévues au précédent alinéa.

Section 8. – Mesures de contrôle et de constat des infractions

Art. O. 244-25 *(Ord. n° 3.131, 14 févr. 2011).* – Le contrôle de l'application de la présente section est assuré par les agents mentionnés à l'article L. 150-1.

Pour l'exercice de cette mission, ces agents munis, selon le cas, de leur commission d'emploi faisant état de leur prestation de serment ou de leur carte professionnelle, peuvent, dans les conditions fixées à l'article suivant :

– accéder à tous locaux ou moyens de transport à usage professionnel ;

– ordonner à tout navire pratiquant la pêche dans les espaces maritimes monégasques au sens de l'article L. 120-1, sur lesquels Monaco exerce sa souveraineté, de s'arrêter et d'effectuer toutes les manœuvres nécessaires pour faciliter la visite du navire puis procéder à cette visite ;

– procéder, sur pièce ou sur place, à toutes opérations de vérification qu'ils jugent nécessaires et notamment : obtenir la communication de livres, factures et autres documents se trouvant dans les locaux, navires ou autres moyens de transport et en prendre copie s'il échait ; recueillir des échantillons des produits de la pêche, des cultures marines ainsi que de toutes ressources biologiques, substances ou produits se trouvant dans les locaux, moyens de transport ou à bord des navires et les faire analyser ; ordonner que leur soient présentés les rets, filets et autres engins ou instruments de pêche ainsi que les captures se trouvant à bord des navires ; recueillir auprès de toute personne, sur convocation ou sur place, tous renseignements ou justifications utiles.

Art. O. 244-26 *(Ord. n° 3.131, 14 févr. 2011).* – Hormis les cas de flagrance, la visite des locaux ou des moyens de transport et les opérations de vérification sur place prévues à l'article précédent, ne peuvent avoir lieu qu'entre six et vingt et une heure. Cette prescription n'est toutefois pas applicable aux visites de navires et aux vérifications effectuées à leur bord.

Les visites et vérifications ont lieu en présence, selon les cas, de l'occupant des lieux, du propriétaire ou de l'utilisateur des moyens de transport, du propriétaire, de l'armateur, du capitaine du navire, ou de leur représentant ou, à défaut, d'un officier de police judiciaire requis à la demande des agents. Les opérations de vérification ne peuvent excéder trois mois.

À l'issue de la visite et des opérations de vérification, il est remis aux personnes visées au précédent alinéa un compte rendu, dressé et signé par les agents qui y ont procédé.

Lorsque des prélèvements ont été effectués, il y est fait mention détaillée des espèces, produits ou substances et quantités prélevées.

Art. O. 244-27 *(Ord. n° 3.131, 14 févr. 2011)*. – Lorsqu'ils constatent des faits de nature à entraîner des poursuites pénales, les agents établissent, conformément à l'article L. 150-1, un procès-verbal qu'ils transmettent au Ministre d'État.

Lors de la visite du navire et de la saisie à titre de mesure conservatoire des biens et objets employés dans la commission de l'infraction, les agents de l'État habilités à cet effet rédigent un relevé desdits biens et objets et spécifient leur quantité, état et toutes autres données pertinentes. Ce relevé est contresigné par l'auteur de l'infraction et annexé au procès-verbal d'infraction.

Art. O. 244-28 *(Ord. n° 3.131, 14 févr. 2011)*. – Tout agent de l'État habilité qui aura effectué des prélèvements d'échantillons des produits de la pêche à bord d'un navire, local ou véhicule, objet d'inspection aux termes de l'article O. 244-25 de la présente ordonnance, devra en dresser procès-verbal.

Le procès-verbal visé à l'alinéa précédent spécifiera les espèces et les quantités prélevées et sera signé par la personne responsable en possession des captures à qui sera remise une copie du document. En cas de refus de ladite personne, il en est fait mention au procès-verbal.

LIVRE III. – DES NAVIRES ET AUTRES BÂTIMENTS DE MER

TITRE I. – LE STATUT DES NAVIRES

Chapitre I. – La naturalisation

(Ord. n° 15.387, 17 juin 2002)

Section 1. – Dispositions générales

Art. O. 311-1. – Pour obtenir la nationalité monégasque, un navire doit répondre aux conditions prévues par les dispositions se rapportant au statut des navires de la Convention douanière franco-monégasque du 18 mai 1963.

Art. O. 311-2 *(Rempl., Ord. n° 1.023, 23 mars 2007)*. – L'acte de naturalisation est délivré par le Ministre d'État ou le Directeur des Affaires maritimes sur délégation du Ministre d'État.

Sous le sceau du Prince Souverain, il mentionne que la nationalité monégasque a été octroyée au navire désigné et que celui-ci est en droit de jouir de la protection ainsi que des privilèges et avantages accordés aux navires monégasques.

Il indique notamment les caractéristiques du navire, ci-après énumérées : type, modèle, numéro de série, constructeur, année de construction, longueur, largeur, propulsion, appareil moteur (marque, puissance, numéro de série).

Il précise l'identité du ou des propriétaires ainsi que la part de propriété de chacun de ceux-ci si le navire est en copropriété.

Il précise l'identité du ou des propriétaires ainsi que la part de propriété de chacun de ceux-ci si le navire est en copropriété.

L'acte de naturalisation doit demeurer en permanence à bord du navire. En cas de perte du navire ou de vente de celui-ci à un étranger ne répondant pas aux conditions prévues à l'article O. 311-1, le propriétaire est tenu de rapporter l'acte de naturalisation.

Art. O. 311-3 *(Rempl., Ord. n° 4.770, 13 mars 2014)*. – Un navire peut être prêté ou loué sous réserve de la rédaction d'une attestation de prêt ou d'un contrat de location.

Le prêt est limité aux personnes physiques ou morales remplissant les conditions prévues à l'article O.311-1

La location est autorisée lorsque l'acte de naturalisation mentionne s'il s'agit d'un armement à la plaisance locative ou au commerce à condition que l'armateur remplisse les conditions prévues à l'article 0.311-1.

Un armement à la plaisance locative autorise les périodes de location qui ne doivent pas dépasser trois mois au plus dans l'année et alterner avec un usage privé du navire qui constitue son mode d'exploitation principal ; en outre, les contrats de location doivent être visés par la Direction des Affaires Maritimes.

Un armement au commerce implique une activité commerciale permanente sans possibilité pour son propriétaire d'en faire un usage personnel direct quelconque.

Art. O. 311-4. – Sont dispensés de naturalisation les embarcations ou engins flottants sans moteur dont le produit des trois dimensions, prises extérieurement et exprimées en mètres, est inférieur à deux.

Sont également dispensés de naturalisation les navires de plaisance qui effectuent des sorties en mer pour démonstration ou essais, sous condition que la sortie ne dépasse pas 24 heures et que le navire ne sorte pas des eaux territoriales monégasques.

Art. O. 311-5 *(Mod., Ord. n° 16.279, 2 avr. 2004)*. – Le registre des navires est tenu par la Direction des affaires maritimes. Une fiche matricule est affectée à chaque navire. Sont mentionnés sur la fiche matricule :

1° les énonciations propres à identifier le navire, telles qu'énumérées par l'article O. 311-2 ;

2° le nom du propriétaire ; s'il y a plusieurs copropriétaires, le nom de chacun de ceux-ci figure sur la fiche avec l'indication du nombre de ses parts ;

3° le nom des gérants dans les conventions de copropriété, ainsi que tout événement les affectant ;

4° les clauses des contrats visés aux articles L. 316-1 et L. 316-2 ;

5° les sûretés conventionnelles constituées sur le navire avant l'attribution de la nationalité monégasque ;

6° les hypothèques consenties sur tout ou partie du navire ;

7° les procès-verbaux de saisie.

Aucun des actes mentionnés ci-dessus n'est opposable aux tiers avant son inscription sur la fiche matricule du navire.

Est également mentionnée sur la fiche matricule l'ordonnance constatant la constitution d'un fonds de limitation.

Art. O. 311-6. – Le registre des navires est public. La Direction des affaires maritimes doit, à la requête de tout intéressé, communiquer les certificats d'inscription requis.

Section II. – Du droit annuel de naturalisation

Art. O. 311-7 *(Rempl., Ord. n° 1.023, 23 mars 2007)*. – Les droits annuels de naturalisation sont fixés par ordonnance souveraine (1), en fonction de la longueur des navires.

Art. O. 311-8. – Les droits annuels de naturalisation sont perçus par la Direction des Affaires Maritimes qui en notifie le montant à chaque redevable au cours du mois de janvier.

Les redevables disposent d'un délai d'un mois à compter de la date de notification pour s'acquitter des sommes dues.

Passé ce délai, et après mise en demeure restée sans effet pendant deux mois, conformément aux dispositions de l'article L. 720-2, alinéa 3, chiffre 2, le navire est considéré comme abandonné.

Art. O. 311-9 *(Ord. n° 15.577, 26 nov. 2002)*. – S'agissant des navires immatriculés en cours d'année, les dispositions suivantes s'appliquent :

1. Aucun droit de naturalisation n'est dû pour l'année en cours si le droit annuel de naturalisation a, pour ladite année, déjà été versé dans les conditions prévues par l'article O. 311-8.

2. Lorsque la délivrance de l'acte de naturalisation est subordonnée au versement du droit de naturalisation calculé au prorata du temps qui reste à courir jusqu'au 31 décembre, tout mois commencé étant compté pour un mois entier.

(1) À compter du 1er janv. 2009 : V. Ord. n° 2.006, 16 déc. 2008 ; à compter du 1er janv. 2011 : V. Ord. n° 3.043, 17 déc. 2010 ; à compter du 1er janv. 2012 : V. Ord. n° 3.576, 19 déc. 2011.

3. Par dérogation à l'article O. 311-8, alinéas 1 et 2, le montant du droit de naturalisation visé au chiffre 2 du présent article est perçu par la Direction des affaires maritimes lors de la délivrance de l'acte de naturalisation.

Chapitre II. – Limitation de la responsabilité des propriétaires de navires

(Ord. n° 15.387, 17 juin 2002)

Section I. – De la constitution du fonds de limitation de responsabilité

Art. O. 312-1. – Le propriétaire d'un navire, qui veut se prévaloir des dispositions de la convention internationale de Bruxelles du 10 octobre 1957 sur la limitation de la responsabilité des propriétaires de navires de mer, doit présenter requête, aux fins d'ouverture d'une procédure de liquidation, au Président du Tribunal de première instance.

Il en est de même pour toute personne qui, en vertu de l'article 6 de cette convention, a le même droit que le propriétaire.

Art. O. 312-2. – La requête doit énoncer :

1° l'événement au cours duquel les dommages sont survenus :

2° le montant maximum du fonds de limitation, calculé conformément aux dispositions de la convention ;

3° les modalités de constitution de ce fonds.

À la requête seront annexés :

1° l'état certifié par le requérant des créanciers connus de lui, avec, pour chacun, les indications de son domicile, de la nature et du montant définitif ou provisoire de sa créance ;

2° toutes pièces justifiant le calcul du montant du fonds de limitation.

Art. O. 312-3. – Le Président du Tribunal de première instance, après avoir vérifié que le montant du fonds de limitation indiqué par le requérant a été calculé conformément aux dispositions de la convention, ouvre la procédure de constitution du fonds.

Il se prononce sur les modalités de constitution du fonds et fixe la provision à verser par le requérant pour couvrir les frais de la procédure.

Il nomme un juge commissaire et un liquidateur.

Il statue par ordonnance au pied de la requête.

L'ordonnance sur la constitution du fonds peut être attaquée, par la voie du référé, par tout créancier dont la créance est soumise à limitation.

Art. O. 312-4. – En cas de versement en espèces, le juge-commissaire désigne l'organisme qui recevra les fonds en dépôt. Ce dépôt est fait au nom du requérant ; aucun retrait ne peut intervenir sans autorisation du juge commissaire.

Les intérêts calculés au taux légal des sommes déposées grossissent le fonds.

Art. O. 312-5. – Dans le cas où le fonds est représenté par une caution solidaire ou une autre garantie, cette sûreté est constituée au nom du liquidateur. Aucune modification ne peut être apportée à la sûreté ainsi constituée sans autorisation du juge-commissaire.

La garantie ainsi fournie porte intérêts au taux légal qui grossissent le fonds.

Art. O. 312-6. – À la demande du requérant et sur le rapport du juge-commissaire, le Président du Tribunal constate par une ordonnance la constitution du fonds.

Art. O. 312-7. – À partir de l'ordonnance prévue à l'article précédent, aucune mesure d'exécution n'est possible contre le requérant pour des créances auxquelles la limitation est opposable.

Art. O. 312-8. – Nonobstant la désignation du juge-commissaire et du liquidateur, le requérant est appelé et peut intervenir à tous les actes de la procédure.

Art. O. 312-9. – Si le requérant est autorisé à faire valoir à l'égard d'un créancier une créance pour dommage résultant du même événement, les créances respectives sont compensées et les présentes dispositions ne s'appliquent qu'au solde éventuel.

Hors ce cas, les créances ne peuvent bénéficier de la compensation.

Art. O. 312-10. – Les créances cessent de produire intérêt à compter de l'ordonnance prévue à l'article O. 312-6.

Art. O. 312-11. – Le jugement qui, rendu postérieurement à l'ordonnance prévue à l'article O. 312-6, constate la cessation des paiements ou prononce le règlement judiciaire ou la liquidation des biens du requérant, est sans effet sur la constitution du fonds, sous réserve de l'inopposabilité obligatoire qui pourrait atteindre le fonds constitué en période suspecte.

Section II. – De la production, de la vérification et de l'arrêté de l'état des créances

Art. O. 312-12. – Postérieurement à l'ordonnance prévue à l'article O. 312-6, le liquidateur avertit, par lettre recommandée avec demande d'avis de réception, tous les créanciers, dont le nom et le domicile sont indiqués par le requérant, que le fonds est constitué.

Cet avertissement, auquel est annexée la copie de l'ordonnance susvisée, mentionne :

1° le nom et le domicile du propriétaire du navire ou de tout autre requérant avec mention de sa qualité ;

2° le nom du navire et son port d'attache ;

3° l'événement au cours duquel les dommages sont survenus ;

4° le montant de la créance du destinataire de la lettre d'après le requérant.

L'avertissement précise que :

1° dans le délai de trente jours de l'envoi de la lettre, le créancier destinataire doit produire ses titres de créance.

Le délai ci-dessus est augmenté de dix jours pour les créanciers domiciliés hors de la Principauté de Monaco, mais en Europe, et de vingt jours pour ceux domiciliés dans toute autre partie du monde ;

2° dans le même délai, ce créancier peut contester le montant attribué à sa créance par le requérant ;

3° passé ce délai, ce montant est réputé accepté par le créancier.

Art. O. 312-13. – L'avertissement prévu à l'article précédent est publié dans le *Journal de Monaco* et, éventuellement, dans une ou plusieurs publications étrangères. Le choix en est fait par le juge-commissaire.

Les créanciers dont le nom et le domicile n'ont pas été indiqués par le requérant disposent d'un délai de trente jours pour produire leurs créances, à dater de la publication faite dans le pays de leur domicile.

L'avertissement précise que, passé ce délai :

1° les créanciers connus du requérant, mais dont il ignore le domicile et qui n'ont pu être avertis individuellement, conservent le droit de contester le montant attribué à leur créance jusqu'à l'ordonnance du président déclarant la procédure close ;

2° les créanciers inconnus du requérant conservent le droit de produire jusqu'à l'ordonnance du président déclarant la procédure close ; toutefois ils ne pourront rien réclamer sur les répartitions ordonnées par le juge-commissaire antérieurement à leur production. S'ils n'ont pu produire à temps et s'ils prouvent que le requérant connaissait leur existence, celui-ci sera tenu envers eux sur ses autres biens.

Art. O. 312-14. – Le liquidateur procède à la vérification des créances en présence du requérant. Si le liquidateur ou le requérant conteste l'existence ou le montant d'une créance, le liquidateur en avise aussitôt le créancier intéressé par lettre recommandée avec demande d'avis de réception ; ce créancier a un délai de trente jours pour formuler ses observations.

Le délai ci-dessus est augmenté de dix jours pour les créanciers domiciliés hors de la Principauté de Monaco, mais en Europe, et de vingt jours pour ceux domiciliés dans toute autre partie du monde. Le liquidateur présente au juge-commissaire ses propositions d'admission ou de rejet des créances.

Art. O. 312-15. – Après avoir statué sur chacune des créances produites, le juge-commissaire arrête l'état des créances, que le liquidateur dépose au Greffe Général.

Art. O. 312-16. – Dans les huit jours, le Greffier en Chef adresse à chaque créancier copie de cet état par lettre recommandée avec demande d'avis de réception.

Art. O. 312-17. – Tout créancier porté sur l'état est admis à formuler au Greffe Général un contredit sur la décision du juge-commissaire relative à sa propre créance ou à celle de tout autre créancier.

Le contredit doit être formé, à peine d'irrecevabilité, dans les trente jours qui suivent la date de présentation de la lettre visée à l'article précédent, par voie de mention sur l'état ou par lettre recommandée avec demande d'avis de réception parvenue dans ce délai au Greffe Général.

Le délai ci-dessus est augmenté de dix jours pour les créanciers domiciliés hors de la Principauté de Monaco, mais en Europe, et de vingt jours pour ceux domiciliés dans toute autre partie du monde. Le requérant a le droit de formuler des contredits dans les mêmes formes et délais.

Art. O. 312-18. – Les contredits sont renvoyés par les soins du Greffier en Chef, après avis donné aux parties trois jours au moins à l'avance par lettre recommandée avec demande d'avis de réception, à la première audience du Tribunal de Première Instance, pour être jugés sur le rapport du juge-commissaire.

Lorsque, par suite de la compétence d'une autre juridiction, le Tribunal de première instance n'est pas appelé à statuer sur le contredit, la créance est mentionnée à titre provisoire jusqu'à décision définitive de la juridiction saisie.

Art. O. 312-19. – Tout créancier est admis à contester, par réclamation au Greffe Général, le montant du fonds de limitation.

Les réclamations doivent être formées selon les règles et dans les délais fixés à l'article précédent.

Elles sont renvoyées au Tribunal de première instance et jugées dans les conditions prévues par ce même article.

Section III. – De la répartition

Art. O. 312-20. – Toute décision rendue sur les créances contestées ou sur le montant du fonds est opposable au requérant de même qu'à tous les créanciers parties à la procédure.

Art. O. 312-21. – Lorsque le montant du fonds de limitation est définitivement fixé et que l'état des créances admises est devenu définitif, le liquidateur présente le tableau de distribution au juge-commissaire.

Chaque créancier en est informé par le liquidateur, avec indication du montant du dividende qui lui reviendra. Il reçoit en même temps un titre de perception signé du liquidateur et du juge-commissaire et revêtu de la formule exécutoire.

Sur présentation de ce titre, le créancier est réglé par le dépositaire des fonds ou par le requérant s'il n'y a pas eu de versement en espèces ; à défaut, il est réglé au moyen de la garantie ou par la caution fournie.

Art. O. 312-22. – Avant que le tableau de répartition soit définitif, des répartitions provisoires peuvent être faites au profit des créanciers sur ordonnance du juge-commissaire.

Art. O. 312-23. – Le paiement à chaque créancier du dividende qui lui revient éteint sa créance à l'égard du requérant. Quand tous les paiements ont eu lieu, la procédure est déclarée close par ordonnance du Président du Tribunal sur le rapport du liquidateur, visé par le juge-commissaire.

Section IV. – Dispositions générales

Art. O. 312-24. – Les dispositions du Code de Commerce sont applicables en ce qui concerne les voies de recours dont sont susceptibles les ordonnances du Président du Tribunal et du juge-commissaire ainsi que les jugements du Tribunal de première instance.

Chapitre III. – L'hypothèque maritime

(Ord. n° 15.387, 17 juin 2002)

Art. O. 313-1. – Un registre spécial des hypothèques est tenu par la Direction des affaires maritimes

Art. O. 313-2. – Tout créancier qui entend publier l'hypothèque à lui consentie présente au Directeur de affaires maritimes un des originaux du titre constitutif d'hypothèque, lequel reste déposé s'il est sous sein privé ou reçu en brevet, ou une expédition s'il en existe minute, le document présenté étant accompagné, le cas échéant, d'une traduction en français certifiée conforme.

Il joint trois bordereaux signés par lui et qui contiennent :

a) le nom, les prénoms, la profession ou la raison sociale et le domicile du créancier et du débiteur ;

b) la date et la nature du titre ;

c) le montant de la créance exprimée dans le titre ;

d) les conventions relatives aux intérêts et aux remboursements ;

e) le nom et la désignation du navire hypothéqué, la date de l'acte de naturalisation ou de la mise en construction ;

f) élection de domicile par le requérant à Monaco.

Art. O. 313-3. – L'inscription de l'hypothèque, avec les mentions figurant au bordereau, est immédiatement portée, à sa date, sur le registre des hypothèques.

Mention de l'inscription hypothécaire est également portée sur la fiche matricule du navire, l'un des bordereaux visés à l'article O. 313-2 étant remis au requérant, avec mention que l'inscription au registre des hypothèques, a été effectuée.

Chapitre IV

Néant.

Chapitre V

Néant.

Chapitre VI. – Régime juridique du navire et des actes relatifs au navire

(Ord. n° 15.387, 17 juin 2002)

Art. O. 316-1. – Tout acte constitutif, translatif ou extinctif de la propriété ou de tout autre droit réel relatif à un navire ayant obtenu la naturalisation doit comporter les mentions visées à l'article O. 311-2.

LIVRE IV. – DE LA NAVIGATION

(Ord. n° 16.279, 2 avr. 2004)

TITRE I. – LES RÈGLES DE NAVIGATION

(Ord. n° 16.279, 2 avr. 2004)

Chapitre I. – Définitions

(Dispositions prises en application de l'article L. 411-8)

Art. O. 411-1. – La zone de navigation côtière visée à l'article L. 411-8, s'étend de la côte sud de la France à la côte ouest de l'Italie jusqu'à Naples, sur une largeur de 20 miles des côtes.

Chapitre II. – Les titres de navigation

(Dispositions prises en application des articles L. 412-5 et 412-8)

Art. O. 412-1. – Le rôle d'équipage prévu à l'article L. 412-2 est établi et délivré par la direction des affaires maritimes.

Il indique le numéro d'immatriculation et le nom du navire. Il porte aussi mention du nom du capitaine du navire, du nom et de la qualité de chacun des officiers et marins membres de l'équipage, ainsi que du lieu et de la date de leur engagement.

Le rôle d'équipage est délivré lors de la mise en service du navire. Il doit être renouvelé chaque année. Il est annoté par la direction des affaires maritimes à chaque changement de capitaine ou d'un membre de l'équipage,

Le rôle d'équipage est établi en deux exemplaires, un exemplaire étant conservé par la direction des affaires maritimes, l'autre devant être détenu à bord du navire.

Art. O. 412-2. – Le permis de circulation prévu à l'article L. 412-3 est établi et délivré par la direction des affaires maritimes.

Il indique le numéro d'immatriculation du navire. Il porte aussi mention du nom du capitaine du navire.

Le permis de circulation est délivré lors de la mise en service du navire. Il doit être renouvelé chaque année. Il est annoté par la direction des affaires maritimes à chaque changement de capitaine.

Le permis de circulation est établi en deux exemplaires, un exemplaire étant conservé par la direction des affaires maritimes, l'autre devant être détenu à bord du navire.

Art. O. 412-3. – Outre le cas de désarmement prévu à l'article L. 412-8, le titre de navigation ou l'acte en tenant lieu doit être déposé auprès de la direction des affaires maritimes en cas de modification des caractéristiques du navire, telles qu'énumérées à l'article O. 311-2, de transfert de propriété du navire, de changement de résidence du ou de l'un des propriétaires du navire ou de radiation du pavillon.

Chapitre III. – L'identification du navire

(Dispositions prises en application des articles L. 413-3, L. 413-4 et L. 413-5.)

Art. O. 413-1. – Un numéro d'immatriculation attribué par la direction des affaires maritimes à tout navire naturalisé monégasque.

Le numéro d'immatriculation est inscrit sur la fiche matricule du navire visée à l'article O. 311-5.

Les fiches matricules sont classées dans l'ordre des numéros d'immatriculation.

Art. O. 413-2 *(Rempl., Ord. n° 1.023, 23 mars 2007).* – Les droits annuels de naturalisation sont fixés par ordonnance souveraine, en fonction de la longueur des navires.

- Navires dont la longueur est inférieure à 15 mètres :

- hauteur minimale des caractères	8 cm
- largeur minimale des caractères	4 cm
- largeur minimale du trait	1 cm

- Navires dont la longueur est égale ou supérieure à 15 mètres :

- hauteur minimale des caractères	14 cm
- largeur minimale des caractères	7 cm
- largeur du trait	1,5 cm

Ces caractères doivent être de couleur claire sur fond foncé ou de couleur foncée sur fond clair.

Chaque inscription doit en permanence être parfaitement lisible.

Art. O. 413-3 *(Rempl., Ord. n° 1.023, 23 mars 2007).* – Outre les inscriptions prescrites par l'articl[e] L. 413-4, les navires dont la longueur est inférieure à 12 mètres doivent porter, de manière apparente, d[e] chaque côté de la coque, dans la partie la plus verticale du bordé, une plaque en tôle d'aluminium dite « plaqu[e] d'immatriculation » sur laquelle figure, en caractères rouges sur fond blanc, le numéro d'immatriculation d[u] navire précédé des lettres MO.

Sur chaque plaque d'immatriculation doit être apposée, sur l'emplacement prévu à cet effet, une estampil[le] autocollante millésimée dont la validité est limitée à l'année du millésime inscrit sur l'estampille.

Les plaques d'immatriculation et les estampilles millésimées sont d'un modèle obligatoire qui est dépos[é] à la direction des Affaires maritimes.

Les plaques d'immatriculation sont délivrées aux propriétaires des navires par la direction des Affaires maritimes à l'issue des opérations d'immatriculation, moyennant le versement d'une somme dont le montant est fixé par ordonnance souveraine.

Les plaques ayant subi des détériorations nuisant à leur bonne lisibilité doivent être échangées auprès de la direction des Affaires maritimes après versement du prix prévu par ordonnance souveraine.

Toute perte de plaque doit être portée à la connaissance de la direction des Affaires maritimes par le propriétaire du navire qui devra produire sa déclaration de perte effectuée auprès de la direction de la Sûreté publique. La direction des Affaires maritimes lui délivre une nouvelle plaque contre paiement du prix prévu par ordonnance souveraine.

Les estampilles millésimées sont délivrées par la direction des Affaires maritimes aux propriétaires des navires lors de la remise des plaques d'immatriculation et, pour les navires déjà immatriculés, lors du paiement du droit annuel de naturalisation.

Art. O. 413-4. – Par dérogation aux dispositions de l'article O. 413-3, les engins nautiques à moteur visés à l'article O. 752-1 et les embarcations pneumatiques ne sont pas tenus au port des plaques d'immatriculation. Aux lieu et place de celles-ci, ils ont l'obligation de porter, d'une manière apparente, apposées par tous moyens appropriés de chaque côté de l'engin sur ses structures ou de chaque côté de l'embarcation sur l'extérieur du boudin, les lettres MO suivies du numéro d'immatriculation, en se conformant aux prescriptions de l'article O. 413-2.

TITRE II. – LA SÉCURITÉ DE LA NAVIGATION MARITIME

(Ord. n° 16.279, 2 avr. 2004)

Chapitre I. – Dispositions générales

(Dispositions prises en application des articles L. 421-1 chiffre 2 et L. 421-2)

Art. O. 421-1. – Les règles destinées à assurer la sécurité du navire, de l'équipage et des personnes embarquées, ainsi que la régulation du trafic maritime, fixées par une convention internationale à laquelle la Principauté de Monaco est partie, s'appliquent aux navires étrangers en séjour dans les ports de Monaco dans les conditions et limites fixées par ces conventions. Les règles particulières établies par ordonnance souveraine, en conformité avec les dispositions du droit international, s'appliquent pareillement à ces navires, dans les conditions et limites fixées par chaque ordonnance souveraine.

Toutefois, si un navire étranger est obligé de se réfugier dans un des ports de Monaco par un cas de force majeure, il peut être fait exception par la direction des affaires maritimes aux dispositions énoncées ci-dessus, dans la limite compatible avec les nécessités de l'ordre public et la sécurité du port.

Sous réserve des limites posées par les dispositions du droit international. sont exemptés des règles édictées au premier alinéa du présent article les navires étrangers de guerre et autres navires d'État utilisés à des fins non commerciales.

Art. O. 421-2. – Les règles destinées à prévenir les abordages sont celles énoncées par la convention sur le règlement international pour prévenir les abordages en mer, signée à Londres le 20 octobre 1972 rendue exécutoire à Monaco par Notre ordonnance n° 6.063 du 17 juin 1977, ainsi que tout amendement en vigueur. En accord avec la Règle 1, alinéa *b)* de ce règlement, il pourra être institué des prescriptions spéciales au sujet de la navigation dans les ports.

Art. O. 421-3. – Les règles fixant les lignes de charge des navires sont celles énoncées par la convention internationale sur les lignes de charges ainsi que ses trois annexes, signée à Londres en 1966 et rendue exécutoire à Monaco par Notre ordonnance n° 4.489 du 12 juin 1970, ainsi que tout amendement à cette convention et à ses annexes en vigueur. Par ailleurs, lesdites règles sont également applicables, dans les limites appréciées par l'Administration :

– aux navires neufs d'une longueur inférieure à 24 mètres (79 pieds) ;
– aux navires existants de 150 unités de jauge au maximum.

Lesdites règles ne s'appliquent pas aux navires de plaisance ne se livrant à aucun trafic commercial.

Art. O. 421-4. – Les règles qui ont pour but de sauvegarder la vie humaine en mer et d'assurer l'habitabilité des navires sont celles énoncées par la convention internationale pour la sauvegarde de la vie humaine en mer ainsi que son annexe, signée à Londres le 1er novembre 1974 et rendue exécutoire à Monaco par Notre ordonnance n° 6.812 du 14 avril 1980, ainsi que tout amendement en vigueur.

L'inspection et la visite des navires sont effectuées, en conformité avec les dispositions de l'annexe de la convention du 1er novembre 1974 susvisée, par la commission des visites instituée par l'article L. 120-1.

En ce qui concerne la délivrance des certificats requis à l'annexe de la convention du 1er novembre 1974 précitée, tout navire immatriculé ou devant être immatriculé en Principauté doit s'adresser à la direction des affaires maritimes aux fins de la délivrance des certificats requis en vertu des règles de l'annexe de ladite convention. L'Administration a cependant la possibilité de solliciter d'un autre Gouvernement contractant la délivrance des certificats, ces derniers étant acceptés de la même façon et ayant la même valeur que les certificats délivrés par la direction des affaires maritimes. Cependant, si un navire immatriculé à Monaco a obtenu d'un autre Gouvernement contractant les certificats susvisés rédigés dans une langue autre que français, lesdits certificats devront être traduits en français par traduction certifiée conforme.

Lesdites règles ne s'appliquent pas aux navires de plaisance ne se livrant à aucun trafic commercial.

Chapitre II. – Dispositions pénales

Néant.

LIVRE V. – DE L'EXPLOITATION DES NAVIRES

TITRE I. – L'ARMEMENT

(Ord. n° 15.953, 16 sept. 2003)

Chapitre I. – L'armateur

Néant.

Chapitre II. – Les auxiliaires de l'armement

Section I. – Les courtiers maritimes

(Dispositions prises en application de l'article L. 512-2)

Art. O. 512-1. – Peuvent seules être nommées courtiers maritimes les personnes qui remplissent les conditions suivantes :

1° être de nationalité monégasque ;

2° être âgé de vingt-cinq ans au moins ;

3° jouir des droits civiques, civils et de famille ;

4° être de bonne moralité ;

5° ne pas avoir été condamné pour faillite personnelle ou banqueroute, pour vol, escroquerie, abus de confiance, blanchiment du produit d'une infraction, infraction à la législation en matière de chèque ou à la législation sur les relations financières avec l'étranger ;

6° avoir exercé pendant quatre ans au moins, de manière effective, des fonctions de responsabilité auprès d'un courtier maritime, ou avoir exercé pendant la même durée, soit la profession de consignataire de navires ou de consignataire de la cargaison au sens des articles L. 512-6 à L. 512-14, soit la profession d'agent maritime. et cela à titre personnel ou à titre d'administrateur délégué d'une société anonyme monégasque ou de gérant d'une société en commandite simple ou d'une société en nom collectif monégasque ou de directeur ou fondé de pouvoir d'une entreprise exerçant ce type d'activité ;

7° justifier de la maîtrise d'une langue étrangère d'usage courant dans le domaine maritime, indiquée par le postulant, attestée par un certificat d'aptitude agréé par l'Administration démontrant sa capacité à traduire dans la langue indiquée tout document susceptible d'être produit dans le cadre de l'activité de courtage maritime. Ultérieurement à sa nomination, tout courtier qui aurait acquis la maîtrise d'une ou plusieurs autres langues étrangères peut en demander la validation par l'Administration dans les mêmes conditions.

Art. O. 512-2. – Les courtiers maritimes sont tenus de prêter, devant la Cour d'appel, le serment de remplir avec honneur et probité les devoirs de leur fonction.

La prestation de serment emporte installation dans la fonction et accréditation auprès des diverses administrations.

Art. O. 512-3. – Seules les personnes nommées courtier maritime par ordonnance souveraine, installées dans leur fonction conformément aux dispositions de l'article O. 512-2, pourront se prévaloir du titre de courtier maritime et le faire figurer dans tout document à destination de leur clientèle et des administrations, en faisant état de la langue ou des langues étrangères dont la pratique aura été validée dans les termes de l'article O. 512-1.

Art. O. 512-4. – Seuls les courtiers maritimes ont le droit d'assurer les services suivants :

– la conduite des navires au sens des articles L. 512-2 et L. 512-5 ;

– la vente publique aux enchères des navires dans les conditions prévues à l'article L. 512-2, alinéa 4 ;

– la traduction des documents rédigés en langue étrangère dans les langues pour lesquelles ils disposent d'une compétence reconnue, dans les termes de l'article O. 512-1, lorsque ladite traduction est prescrite par les instances administratives ou judiciaires.

Art. O. 512-5. – Sera destitué le courtier maritime qui aura été condamné pour l'une des infractions mentionnées à l'article O. 512-1, chiffre 5, ou qui se sera vu privé de ses droits civiques, civils ou de famille.

Pourra être destitué le courtier maritime qui sera convaincu d'un manquement aux règles professionnelles, à la probité ou à l'honneur dans l'exercice de ses fonctions.

La destitution entraîne dès son prononcé l'interdiction pour la personne destituée de mentionner dans tout document à usage privé ou professionnel la qualité de courtier maritime.

Art. O. 512-6. – L'utilisation sous quelque forme que ce soit du titre de courtier maritime, au sens de l'article O. 512-3, par une personne n'ayant pas été nommée à cette fonction, sera considérée comme une usurpation de titre protégé sanctionnée selon les dispositions du Code pénal.

Section II. – Les consignataires de navires

Néant.

Section III. – Les consignataires de la cargaison

Néant.

Section IV. – Dispositions communes

Néant.

Chapitre III. – Les opérations de remorquage

Néant.

TITRE II. – L'AFFRÈTEMENT ET LES TRANSPORTS MARITIMES

(Ord. n° 15.953, 16 sept. 2003)

Chapitre I. – L'affrètement du navire

Néant.

Chapitre II. – Le transport de marchandises

Section I. – Règles générales

Néant.

Section II. – Le connaissement

Néant.

Section III. – L'exécution du contrat

Néant.

Section IV. – La responsabilité du transporteur

(Dispositions prises en application de l'article L. 522-35)

Art. O. 522-1. – La responsabilité du transporteur est limitée, pour les pertes ou dommages subis par les marchandises, à un montant de 666,67 droits de tirage spéciaux (DTS) par colis, ou de 2 droits de tirage spéciaux par kilogramme, la limite la plus élevée étant appliquée.

Section V. – Les actions en justice

Néant.

Chapitre III. – Les entreprises de manutention

(Dispositions prises en application de l'article L. 523-5)

Art. O. 523-1. – La responsabilité de l'entrepreneur de manutention est limitée à un montant de 666,67 droits de tirage spéciaux (DTS) par colis énuméré au connaissement, que celui-ci lui ait été ou non communiqué, ou à un montant de 2 droits de tirage spéciaux par kilogramme de poids brut de marchandises perdues ou endommagées, la limite la plus élevée étant appliquée.

L'entrepreneur de manutention ne peut invoquer le bénéfice de la limitation de responsabilité prévue à l'alinéa précédent, s'il est prouvé que le dommage résulte de son fait ou de son omission personnels, commis ou non commis avec l'intention de provoquer un tel dommage, ou commis témérairement et avec conscience qu'un tel dommage en résulterait probablement.

Chapitre IV. – Le transport de passagers

Section I. – Règles générales

Néant.

Section II. – Le contrat de passage

Néant.

Section III. – La responsabilité du transporteur

(Dispositions prises en application de l'article L. 524-18)

Art. O. 524-1. – La réparation due par le transporteur de passagers en application des articles L. 524-16 et L. 524-17 est limitée à 46 666 droits de tirage spéciaux (DTS) par passager et par transport.

Section IV. – Les biens des passagers

(Dispositions prises en application des articles L. 524-22, L. 524-23 et L. 524-24)

Art. O. 524-2. – La responsabilité du transporteur de passagers pour dommage aux bagages enregistrés est limitée à 1 200 droits de tirages spéciaux (DTS) par passager et par transport.

La responsabilité pour dommage aux véhicules de tourisme et bagages transportés dans ces véhicules est limitée à 3 333 droits de tirage spéciaux par véhicule et par transport.

Le transporteur ne peut invoquer la limitation de responsabilité en cas de dol ou de faute inexcusable.

Art. O. 524-3. – La responsabilité du transporteur de passagers pour les effets personnels et les bagages de cabine est limitée à 833 droits de tirage spéciaux (DTS) par passager et par transport.

Art. O. 524-4. – La responsabilité du transporteur de passagers pour les bagages précieux déposés entre les mains du capitaine ou du commissaire de bord est limitée à 1 200 droits de tirage spéciaux (DTS) par bagage.

Le transporteur ne peut invoquer la limitation de responsabilité en cas de dol ou de faute inexcusable.

Section V. – Les organisateurs de croisières maritimes

Néant.

LIVRE VII. – LA POLICE DES EAUX TERRITORIALES ET DES EAUX INTÉRIEURES

Art. O. 700-1 *(Ord. n° 3.325, 24 juin 2011). – Limitation de la vitesse en zone maritime littorale*

La vitesse maximale autorisée pour la navigation de tout navire à moins de 300 mètres du rivage et des entrées de ports est de 5 nœuds (environ 9 kilomètres/heure).

La limitation de vitesse à 5 nœuds dans la bande littorale des 300 mètres est générale et permanente ; elle n'est pas subordonnée à la présence d'un balisage.

Art. O. 700-2 *(Ord. n° 3.325, 24 juin 2011 ; rempl., Ord. n° 4.272, 12 avr. 2013). – Zone de navigation réglementée*

1 – Dans une zone comprise entre la limite Est des eaux et l'enracinement Ouest de la jetée Ouest de la plage du Larvotto, telle que cette zone apparaît sur les cartes marines et délimitée par des bouées de couleur jaune, il est interdit à tout navire ou embarcation à propulsion mécanique d'y évoluer moteur en marche en dehors des chenaux traversiers délimités à cet effet ;

2 – Dans une zone adjacente à la limite Ouest de celle prévue au chiffre 2 de l'article suivant et délimitée à l'Ouest par l'angle de l'auditorium Rainier III (43°44.30'N - 7°25.80'E), telle que cette zone apparaît sur les cartes marines et délimitée par des bouées de couleur jaune, il est interdit à tout navire ou embarcation à propulsion mécanique d'y évoluer moteur en marche, pendant la période du 1er mai au 30 octobre, en dehors du chenal traversier délimité à cet effet.

3 – Dans une zone comprise entre l'extrémité Est du solarium de la digue Rainier III et la pointe de la Poudrière, telle que cette zone apparaît sur les cartes marines et délimitée par des bouées de couleur jaune, il est interdit à tout navire ou embarcation quel que soit son mode de propulsion, d'y pénétrer pendant la période du 1er mai au 30 octobre ;

4 – Dans une zone comprise entre le phare rouge du port de Fontvieille et la limite Ouest des eaux, telle que cette zone apparaît sur les cartes marines et délimitée par des bouées cardinales, il est interdit à tout navire ou embarcation, quel que soit son mode de propulsion, d'y pénétrer.

Art. O. 700-3 *(Ord. n° 3.325, 24 juin 2011 ; rempl., Ord. n° 4.272, 12 avr. 2013). – Zone de mouillage interdit*

Le mouillage est interdit dans les espaces maritimes définis ci-après :

1 – Dans une zone comprise entre la limite Est des eaux et l'enracinement Ouest de la jetée Ouest de la plage du Larvotto, telle que cette zone apparaît sur les cartes marines et délimitée par des bouées de couleur jaune ; point A (43°44.94'N - 7°26.35'E), point B (43°44.81'N - 7°26.60'E), point C (43°44.66'N - 7°26.48'E), point D (43°44.54'N - 7°26.10'E), point E (43°44.66'N - 7°26.00'E), point F (43°44.67'N - 7°25.99'E) ;

2 – Dans une zone adjacente à la limite Ouest de la précédente et délimitée à l'Ouest par les points suivants : point A (43°44.61'N - 7°25.95'E), point B (43°44.52'N - 7°26.05'E), telle que cette zone apparaît sur les cartes marines et délimitée par des bouées de couleur jaune ;

3 – Dans une zone adjacente à la limite Ouest de la précédente et délimitée à l'Ouest par l'angle de l'auditorium Rainier III (43°44.30'N - 7°25.80'E), telle que cette zone apparaît sur les cartes marines et délimitée par des bouées de couleur jaune ;

4 – Dans une zone délimitée à terre par l'angle de l'Auditorium Rainier III (43°44.33'N - 7°25.82'E) et par la pointe de Ciappaira (43°43.92'N - 7°25.69'E) et au large par les points suivants : point A (43°44.10'N - 7°26.36'E), point B (43°43.89'N - 7°26.22'E), telle que cette zone apparaît sur les cartes marines ;

5 – Dans une zone délimitée à terre par la pointe de Ciappaira (43°43.92'N - 7°25.69'E) et la limite Ouest des eaux et au large par les points suivants : point A (43°43.92'N - 7°25.79'E), point B (43°43.24'N - 7°25.79'E), point C (43°43.24'N - 7°25.21'E), telle que cette zone apparaît sur les cartes marines.

Art. O. 700-4 *(Ord. n° 3.325, 24 juin 2011 ; rempl., Ord. n° 4.272, 12 avr. 2013). – Zone de mouillage réglementé*

La présence statique de tout navire ou embarcation quelle qu'elle soit peut être interdite ponctuellement sur décision du Directeur des Affaires Maritimes, diffusée par avis aux navigateurs, à l'intérieur d'une zone adjacente à la limite Est de celle prévue au chiffre 4 de l'article précédent et délimitée au large et à l'Est par les points suivants : point A (43°43.62'N - 7°27.50'E), point B (43°43.97'N - 7°27.37'E), point C (43°44.52'N - 7°26.05'E).

Art. O. 700-5 *(Ord.n° 3.325, 24 juin 2011). – Dérogations*

Le Directeur des Affaires Maritimes peut accorder des dérogations aux interdictions édictées aux articles précédents.

Art. O. 700-6 *(Ord.n° 3.325, 24 juin 2011). – Exceptions*

Les dispositions des articles O. 700-1 à O. 700-4 ne sont pas applicables aux navires de l'État.

TITRE V. – PRATIQUE DES BAINS DE MER ET DES SPORTS NAUTIQUES

Chapitre I. – Pratique des bains de mer

(Ord. n° 14.872, 4 mai 2001)

Art. O. 751-1. – La pratique des bains de mer est autorisée le long des rivages de la Principauté, à l'exclusion des zones ci-après définies :

– de la frontière Ouest de la Principauté au droit de la Pointe de la Poudrière ;

– dans les eaux portuaires ainsi que dans les passes d'entrée du Port Hercule ;

– dans les chenaux traversiers balisés permettant aux usagers pratiquant des activités nautiques (telles que le motonautisme, le ski nautique, les véhicules nautiques à moteur, etc.) d'accéder au rivage.

Art. O. 751-2. – Dans les zones autorisées à la baignade, il est interdit aux baigneurs de sortir des espaces maritimes délimités par des bouées de couleur jaune.

Art. O. 751-3 *(Rempl., Ord. n° 4.248, 25 mars 2013).* – Sont réputées plages et lieux ouverts au public pouvant être surveillés ou non durant la saison estivale, les portions du littoral maritime suivantes :

– les plages du Larvotto, situées entre l'angle Nord-Ouest du terre-plein du Larvotto et l'enracinement de la jetée Ouest au pied du Grimaldi Forum ;

– la plage dite « des pêcheurs » entre la pointe de la Poudrière et la pointe de la Ciappaira ;

– la plage du Solarium située sur la face externe de la digue semi-flottante du port de la Condamine.

Art. O. 751-4. – Les plages et lieux où la baignade fait l'objet d'une surveillance sont indiqués par une signalisation destinée à l'information du public. Elle est notamment constituée par :

– un mât pour signaux placé bien en évidence, de couleur blanche, d'une hauteur variable suivant l'étendue de la plage ou du lieu de baignade ;

– des signaux à hisser sur ce mât, à savoir :

• un drapeau rouge vif en forme de triangle isocèle, ce signal hissé en haut de mât signifiant « interdiction de se baigner » ;

• un drapeau jaune orangé, de même forme, ce signal hissé en haut de mât signifiant « baignade dangereuse » ;

• un drapeau vert, de même forme, ce signal hissé en haut de mât signifiant « absence de danger particulier ».

Ces drapeaux ne portent aucun symbole ou inscription. L'absence de drapeau indique que la surveillance a cessé. Le mât à signaux ne peut porter aucun autre emblème que les drapeaux indiqués ci-dessus.

– des affiches avec figurines indiquant clairement la signification de ces signaux et l'emplacement des engins de sauvetage et du poste de secours, apposées sur le mât à signaux et en divers points de la plage ou du lieu de baignade ;

– une signalisation, placée aux accès de la plage, précisant la période de l'année et les horaires journaliers durant lesquels une surveillance effective est exercée.

Art. O. 751-5. – Les plages et lieux où la baignade ne fait pas l'objet d'une surveillance sont indiqués à l'aide de la signalisation « baignade non surveillée » apposée aux accès.

Art. O. 751-6. – Lorsque les circonstances le nécessitent, il peut être prononcé des interdictions temporaires de baignade sur tout ou partie du littoral ou des espaces maritimes de la Principauté où cette activité est autorisée.

Art. O. 751-7. – Sur les plages et lieux où la baignade est autorisée :

– il est défendu d'abandonner tout détritus hors des emplacements prévus à cet effet ;

– il est interdit de laisser circuler ou de promener des chiens ou tous autres animaux, même tenus en laisse ;

– les cris, les désordres, les manifestations brutales ou bruyantes de même que l'usage abusif de toute source d'origine sonore sont interdits ;

– la pratique du camping sous toutes ses formes est interdite.

Art. O. 751-8. – Sur les plages du Larvotto, il est interdit de pratiquer des jeux de ballons hors les zones réservées auxdits jeux.

Art. O. 751-9. – Les établissements de bains privés exploitant des concessions sur le domaine public de l'État adoptent les mesures nécessaires pour assurer la sécurité des baigneurs fréquentant ces établissements.

Chapitre II. – Pratique des engins nautiques à moteur

(Ord. n° 14.872, 4 mai 2001)

Art. O. 752-1. – Sont regroupés sous l'appellation d'engins nautiques à moteur les engins de mer communément désignés sous le nom de « scooter des mers » ou « jet-ski ».

Art. O. 752-2. – Sous réserve d'être immatriculés et de satisfaire aux conditions d'insubmersibilité et de stabilité exigées par les textes en vigueur, les engins nautiques à moteur sont autorisés à naviguer dans les eaux territoriales monégasques dans les conditions prévues par les articles qui suivent.

Art. O. 752-3. – La conduite des engins nautiques à moteur d'une puissance égale ou supérieure à cinq chevaux est subordonnée à la possession d'un permis de conduire en mer des navires de plaisance à moteur catégorie « A » ou d'un permis de navigation étranger.

Les engins nautiques à moteur ne peuvent pas être pilotés par des mineurs de moins de seize ans.

Des dérogations ponctuelles et temporaires peuvent être toutefois accordées aux associations ou clubs agréés dans le cadre de sessions d'initiation à la pratique de ce sport. Ces activités doivent être alors encadrées par du personnel compétent appartenant aux structures de ces clubs ou associations.

Art. O. 752-4. – La navigation des engins nautiques à moteur est autorisée uniquement de jour. Elle s'exerce, sauf dérogation, en deçà de un mille nautique, à compter de la limite des eaux et à l'extérieur des aires spécialement protégées ou des zones interdites à la navigation délimitées par des bouées de couleur jaune ou à l'aide du système de balisage maritime de l'Association internationale de signalisation maritime - région A. En dehors des installations portuaires, les engins nautiques à moteur sont tenus d'emprunter les chenaux traversiers pour gagner leurs zones d'évolution. Les pilotes de ces engins doivent porter en permanence une brassière ou un gilet de sauvetage homologué de couleur vive et respecter les règles de barre et de route telles qu'elles sont définies par le règlement international pour prévenir les abordages en mer.

Art. O. 752-5. – Dans les ports et dans les chenaux d'arrivée ou de départ, la vitesse des engins nautiques à moteur est limitée à 3 nœuds. À moins de 300 mètres des entrées du port ou du rivage en l'absence de balisage, la vitesse maximum autorisée est de 5 nœuds.

Art. O. 752-6. – Préalablement à toute sortie en mer, les propriétaires ou loueurs d'engins nautiques à moteur doivent vérifier que ceux-ci satisfont aux exigences techniques ou aux mesures de sécurité suivantes :

- mode de propulsion : lorsque la propulsion est assurée par hydrojet, l'aspiration de la turbine doit être équipée d'une grille de protection ; lorsque la propulsion est assurée par une hélice, celle-ci doit être entièrement carénée de telle sorte qu'elle ne puisse entrer en contact, volontairement ou involontairement, avec aucune partie du corps humain ;
- contrôle de la propulsion : la mise en œuvre du système de sécurité doit être indépendante de la volonté du pilote ; en cas d'éjection de celui-ci, il doit fonctionner normalement et provoquer soit l'arrêt automatique de la propulsion de la rotation de l'hélice, soit la mise en giration lente du véhicule ;
- matériel d'armement : chaque engin nautique à moteur doit comporter un compartiment étanche concernant deux feux automatiques à main et être équipé d'un anneau et d'un cordage permettant le remorquage ;
- niveau sonore : les échappements des engins nautiques à moteur doivent être équipés d'un système de réduction de bruits non susceptible d'être démonté en état de fonctionnement normal ; le niveau sonore à pleine puissance ne doit pas dépasser 80 décibels à une distance de 7,50 mètres ;
- notice d'utilisation : chaque engin nautique à moteur doit être équipé d'une plaque écrite en français et en anglais, placée en permanence sous les yeux du pilote, résumant les principaux conseils et recommandations d'utilisation.

Art. O. 752-7. – La location des engins nautiques à moteur d'une puissance égale ou supérieure à 5 CV est subordonnée à la possession d'un permis de navigation national ou étranger.

Lors de la signature d'un contrat de location d'un engin nautique à moteur, le locataire doit préalablement signer une déclaration dont le contenu est fixé par arrêté ministériel (1). Cette déclaration est contresignée par le loueur.

Lorsque l'engin nautique à moteur est piloté par un tiers au contrat d'achat ou de location, celui-ci doit avoir signé, avant de faire usage dudit véhicule, une déclaration du même modèle que celui prévu à l'alinéa précédent.

Art. O. 752-8. – Un exemplaire de cette déclaration est remis à chaque signataire et doit pouvoir être présenté aux agents de l'autorité compétente.

Art. O. 752-9. – Le pilote d'un engin nautique à moteur d'une puissance égale ou supérieure à 5 CV est tenu, à toute réquisition des agents de l'autorité compétente, de justifier dans le délai de 8 jours qu'il est titulaire d'un permis de navigation en état de validité.

Art. O. 752-10. – En application des dispositions prévues à l'article L. 730-2, les engins nautiques à moteur doivent être assurés. Les contrats d'assurance doivent être souscrits auprès d'une société d'assurance ou d'un assureur agréé par application des dispositions de l'article 7 de la loi n° 609 du 11 avril 1956.

Chapitre III. – Qualité des eaux de baignade

(Ord. n° 14.872, 4 mai 2001)

Art. O. 753-1. – Au sens du présent code, on entend par :

a) « Eaux de baignade » les eaux dans lesquelles la baignade soit est expressément autorisée, soit n'est pas interdite et est habituellement pratiquée par un nombre important de baigneurs ;

b) « Zone de baignade » l'endroit où se trouvent des eaux de baignade ;

c) « Zone homogène » la zone dans laquelle la qualité sanitaire des eaux est supposée équivalente ;

d) « Saison balnéaire » la période comprise entre le 1er mai et le 30 septembre inclus.

Art. O. 753-2. – Les normes de qualité sanitaire auxquelles doivent répondre les eaux de baignade sont fixées par arrêté ministériel.

Ces normes sont définies au moyen de paramètres physicochimiques et microbiologiques comportant des valeurs impératives et des valeurs guides.

Art. O. 753-3. – La conformité des eaux de baignade aux normes de qualité sanitaire visées à l'article O. 753-2, est vérifiée, dans chaque zone de baignade, au moyen de contrôles qui ont lieu à la diligence du Directeur de l'environnement, de l'urbanisme et de la construction.

Lors de chaque contrôle, il est procédé à l'ensemble des opérations d'inspection, de relevé de mesures et de prélèvement d'échantillons aux fins d'analyse, qu'il est nécessaire d'effectuer pour déterminer la qualité sanitaire des eaux de baignade.

Les contrôles et les analyses des échantillons prélevés sont réalisés par les agents de la Direction de l'environnement, de l'urbanisme et de la construction ou par un laboratoire désigné par ladite Direction.

Art. O. 753-4. – Durant la saison balnéaire, la fréquence suivant laquelle il est procédé aux contrôles visés à l'article O. 753-3, est au minimum d'un contrôle par semaine.

Outre les contrôles réalisés en application de l'alinéa précédent, des contrôles supplémentaires sont effectués lorsque les caractéristiques des eaux de baignade ne sont plus conformes aux normes prescrites ou sont susceptibles de se dégrader.

Art. O. 753-5. – La qualité sanitaire des eaux de baignade est appréciée :

- au cours de la saison balnéaire, au vu des résultats de chacun des contrôles visés aux articles O. 753-3 et O. 753-4 ;
- à l'issue de la saison balnéaire, globalement en termes de conformité.

Les résultats de chaque contrôle sont interprétés en fonction des valeurs impératives et guides des paramètres fixés par l'arrêté ministériel prévu à l'article O. 753-2.

Une eau de baignade est réputée conforme aux normes de qualité sanitaire, si les résultats des contrôles effectués en un même endroit tout au long de la saison balnéaire, suivant la fréquence retenue, sont conformes aux valeurs impératives et guides des paramètres prescrits, dans les pourcentages minimaux définis par l'arrêté ministériel susvisé.

Les dépassements des valeurs impératives et guides ne sont pas pris en considération lorsqu'ils sont la conséquence d'inondations, des catastrophes naturelles ou de conditions météorologiques exceptionnelles. De même, il n'est pas tenu compte, durant la période d'interdiction, des résultats des contrôles effectués dans les zones de baignade interdites en application des dispositions des articles O. 753-7 et O. 753-8.

Toute zone de baignade dont les eaux, à l'issue de la saison balnéaire, ne sont pas conformes aux normes de qualité sanitaire, fait l'objet d'un arrêt ministériel y interdisant la baignade au cours de la saison suivante.

Toutefois, un tel arrêté n'est pas pris si les causes de la pollution ont été identifiées et traitées. Dans ce cas, la conformité des eaux de baignade n'est établie que si les résultats des contrôles, au nombre de cinq au minimum, effectués durant le mois précédant l'ouverture de la saison balnéaire, sont conformes aux normes de qualité sanitaire.

Art. O. 753-6. – Durant la saison balnéaire, un affichage, bien en vue à proximité de chaque zone de baignade, doit comporter notamment :

– les résultats les plus récents permettant de connaître la qualité sanitaire des eaux de baignade ;

– une déclaration de conformité des eaux de baignade se rapportant à la saison balnéaire précédente, établie et signée par le directeur de l'environnement, de l'urbanisme et de la construction.

Art. O. 753-7. – Si, au cours de la saison balnéaire, il apparaît que l'une des valeurs impératives des paramètres susvisés n'est pas respectée, la Direction de l'environnement, de l'urbanisme et de la construction procède à une enquête et aux contrôles supplémentaires visés à l'article O. 753-4, alinéa 2, pour en rechercher la cause et établir si les eaux de baignade sont polluées.

Lorsque l'enquête conclut à une pollution des eaux de baignade se traduisant notamment par le dépassement de l'une des valeurs impératives des paramètres susvisés, le Maire peut interdire temporairement la baignade dans la zone homogène concernée. Une publicité assurée par affichage sur ladite zone informe le public de l'interdiction de s'y baigner.

L'interdiction ne peut être levée par le Maire que lorsque les normes de qualité sanitaire fixées par l'arrêté ministériel prévu à l'article O. 753-2 sont à nouveau respectées.

Art. O. 753-8. – En cas de risque d'exposition prévisible de baigneurs à des eaux polluées, la zone de baignade suspecte peut être préventivement interdite par le Maire, sans qu'il soit nécessaire d'attendre de connaître les résultats des contrôles supplémentaires effectués pour la circonstance.

Cette interdiction préventive temporaire peut, en particulier, être fondée sur une connaissance du comportement des eaux de baignade de la zone à interdire en cas de survenance de certaines conditions climatiques ou autres et notamment en cas d'événements pluvieux.

TROISIÈME PARTIE. – ARRÊTÉS MINISTÉRIELS

LIVRE VII. – LA POLICE DES EAUX TERRITORIALES ET DES EAUX INTÉRIEURES

TITRE V. – PRATIQUE DES BAINS DE MER ET DES SPORTS NAUTIQUES

Chapitre II. – Pratique des engins nautiques à moteur

(A. min. n° 2001-278, 4 mai 2001)

Art. A. 752-1. – La déclaration prévue à l'article O. 752-7, devant être souscrite préalablement à toute utilisation d'un engin nautique à moteur loué ou prêté, par d'une part le pilote locataire ou emprunteur, et d'autre part, par le loueur ou le prêteur dudit véhicule, est du modèle ci-après :

DÉCLARATION À SOUSCRIRE PRÉALABLEMENT À TOUTE UTILISATION D'UN ENGIN NAUTIQUE À MOTEUR LOUÉ OU PRÊTÉ

Identité du pilote locataire (1) / emprunteur (1)
Identité du loueur (1) / prêteur (1) (ou cachet de l'entreprise)
Nom :
Prénom :
Né(e) le :
à :
Adresse :
N° d'immatriculation du véhicule loué :

(1) Rayer la mention inexacte.

Je soussigné, (Nom et prénom du pilote).......... déclare être titulaire d'un permis de navigation et reconnais avoir été informé par (Nom du loueur ou du prêteur)..........

Qu'il existe :

- des zones réservées à la baignade ;
- un chenal d'arrivée et de départ pour l'utilisation de l'engin nautique ;
- des zones de navigation interdites.

La navigation est :

- autorisée de jour exclusivement ;
- interdite :
• dans les zones réservées à la baignade ;
• à plus d'un mille du bord des eaux ;
• dans les zones et aires spécialement protégées.

Les ARRIVÉES et les DÉPARTS de plages doivent se faire, lorsqu'ils existent, par les chenaux réservés à cet effet.

La VITESSE est limitée à :

- 5 nœuds :
• à moins de 300 mètres du bord des eaux ;
• dans les chenaux de départ et d'arrivée.
- 3 nœuds :
• dans les ports.

Les voiliers et planches à voile ont priorité sur moi.

Les autres navires et engins nautiques à moteur ont priorité sur moi lorsqu'ils arrivent à ma droite.

Je dois RALENTIR et M'ÉLOIGNER des navires accompagnant les plongeurs. Ces navires ont un pavillon bleu et blanc ou un pavillon à croix de Saint André.

Une TÊTE DE BAIGNEUR est peu visible sur l'eau.

Je dois RALENTIR en voyant des bouées qui se déplacent : elles signalent la présence de plongeurs.

J'ai consulté le bulletin météo et vérifié que les conditions de navigation sont sans danger.

Je ne suis pas sous l'emprise de l'alcool.

Je ne dois JAMAIS QUITTER l'engin en cas de panne.

Cet engin est équipé de..... fusées.

Je reconnais avoir pris connaissance des règles d'utilisation ci-dessus, et m'engage à les respecter scrupuleusement.

Fait à..... le..... à..... h..... mn

Signature du pilote locataire (1) / emprunteur (1)

Signature du loueur (1) / prêteur (1)

Chapitre III. – Qualité des eaux de baignade

(A. min. n° 2001-277, 4 mai 2001)

Art. A. 753-1. – Les caractéristiques microbiologiques, physiques et chimiques auxquelles doivent répondre les eaux de baignade sont précisées, sous forme de paramètres, dans les tableaux A et B figurant sous l'article A. 753-5.

Le tableau A contient les paramètres qui doivent obligatoirement être vérifiés lors des contrôles et des analyses visés à l'article O. 753-3, et en fonction desquels est déterminée la qualité sanitaire desdites eaux, soit ponctuellement lors de chaque analyse, soit globalement en termes de conformité pour l'ensemble de la saison balnéaire, comme prévu à l'article O. 753-5.

Le tableau B précise les paramètres devant obligatoirement être vérifiés lorsque se révèle une possible détérioration de la qualité des eaux, comme prévu à l'article O. 753-4.

Pour chaque paramètre retenu, il est indiqué dans lesdits tableaux :

– les valeurs guides (G) qui caractérisent un objectif de bonne qualité des eaux de baignade, et les valeurs impératives (I) dont le non-respect est susceptible d'entraîner l'interdiction de baignade dans la zone concernée ;

– les méthodes des analyses et des inspections retenues.

Art. A. 753-2. – Dans chaque zone homogène, les échantillons des eaux de baignade sont prélevés, en se conformant aux directives de la norme européenne EN ISO 5667 relative à la qualité de l'eau et à son échantillonnage, aux endroits où la densité moyenne journalière des baigneurs est la plus élevée, de préférence à 30 centimètres sous la surface de l'eau sauf lorsqu'il s'agit de recueillir des huiles minérales auquel cas les prélèvements sont effectués en surface.

Le prélèvement des échantillons commence dix à vingt jours avant le début de la saison balnéaire et se poursuit durant celle-ci. Sauf circonstances particulières ne permettant pas d'opérer en toute sécurité, les échantillons sont prélevés aux dates fixées par la Direction de l'environnement, de l'urbanisme et de la construction.

Art. A. 753-3. – Les résultats de chacun des contrôles visés à l'article O. 753-3, effectués durant la saison balnéaire suivant la fréquence retenue par la Direction de l'environnement, de l'urbanisme et de la construction, sont interprétés par référence aux valeurs impératives et guides des paramètres figurant dans le tableau A de l'article A. 753-5 à l'exception des paramètres microbiologiques pour lesquels la qualité des eaux de baignade est appréciée en fonction des critères suivants :

– Eau de bonne qualité :

Nombre de conformes fécaux pour 100 millilitres inférieur ou égal à 100 et nombre de streptocoques fécaux pour 100 millilitres inférieur ou égal à 100 et nombre de coliformes totaux pour 100 millilitres inférieur ou égal à 500.

– Eau de qualité moyenne :

• Nombre de coliformes fécaux pour 100 millilitres compris entre 100 et 2 000 et nombre de coliformes totaux pour 100 millilitres inférieur ou égal à 10 000 ou

• Nombre de streptocoques fécaux pour 100 millilitres supérieur à 100 et nombre de coliformes fécaux pour 100 millilitres inférieur ou égal à 2 000 et nombre de coliformes totaux pour 100 millilitres inférieur ou égal à 10 000 ou

• Nombre de coliformes totaux pour 100 millilitres compris entre 500 et 10 000 et nombre de coliformes fécaux inférieur ou égal à 2 000.

– Eau de mauvaise qualité :

Nombre de coliformes fécaux pour 100 millilitres supérieur à 2 000 ou

Nombre de conformes totaux pour 100 millilitres supérieur à 10 000.

Art. A. 753-4. – Les eaux de baignade sont, pour l'ensemble de la saison balnéaire, réputées conformes aux valeurs impératives et guides des paramètres figurant dans le tableau A de l'article A. 753-5, si les échantillons de ces eaux, prélevés durant ladite période, suivant la fréquence retenue, se révèlent conformes aux valeurs desdits paramètres, dans la proportion de :

– 95 % des échantillons en ce qui concerne les valeurs impératives,

– 90 % des échantillons en ce qui concerne les valeurs guides autres que celles se rapportant aux paramètres microbiologiques,

– 80 % des échantillons en ce qui concerne les valeurs guides se rapportant aux paramètres microbiologiques.

et ce à condition que pour les 5 %, 10 % ou 20 % des échantillons qui, selon le cas, ne sont pas conformes :

• l'eau ne s'écarte pas de plus de 50 % de la valeur considérée des paramètres en question, exception faite pour les paramètres microbiologiques, le pH et l'oxygène dissous ;

• les échantillons consécutifs d'eau prélevés à une fréquence statistiquement appropriée ne s'écartent pas des valeurs des paramètres qui s'y rapportent.

Art. A. 753-5. – TABLEAU A

Paramètres obligatoirement vérifiés lors des contrôles de la qualité des eaux de baignade et méthodes d'analyse et d'inspection

PARAMÈTRES	G VALEURS GUIDES	I VALEURS IMPÉRATIVES	MÉTHODE D'ANALYSE OU D'INSPECTION
MICROBIOLOGIQUES			
COLIFORMES TOTAUX/100 ML	500	10 000	Filtration sur membrane et culture sur milieu approprié tel que gelose lactosée au tergitol, gelose d'endo, bouillon au teepol 0,4 %, repiquage et identification des colonies suspectes. Température d'incubation adaptée à la recherche des coliformes totaux.
COLIFORMES FECAUX/ 100 ML (1)	100	2 000	Méthode AFNOR NFT 90-433 (Microplaques)
STREPTOCOQUES FECAUX/ 100 ML (2)	100	-	Méthode AFNOR - NFT 90-432 (Micro-plaques)
PHYSICO-CHIMIQUES			
COLORATION	–	Pas de changement anormale de la couleur	Évaluation visuelle sur le terrain
TRANSPARENCE (MÈTRES)	2	1	Mesure (disque de Secchi) ou évaluation visuelle sur le terrain
HUILES MINÉRALES	-	Pas de film visible à la surface de l'eau et absence d'odeur	Évaluation visuelle sur le terrain
SUBSTANCES TENSIOACTIVES RÉAGISSANT AU BLEU DE MÉTHYLÈNE EN MG/L (LAURYSULFATE)	-	Pas de mousse persistante	Évaluation visuelle sur le terrain
PHÉNOLS (INDICES PHÉNOLS) EN MG/L	-	Aucune odeur spécifique	Évaluation olfactive sur le terrain
RÉSIDUS GOUDRONNEUX ET MATIÈRES FLOTTANTES TELLES QUE BOIS, PLASTIQUES, BOUTEILLES, RÉCIPIENTS EN VERRE, EN PLASTIQUE, EN CAOUTCHOUC, ET EN TOUTE AUTRE MATIÈRE. DÉBRIS OU ÉCLATS	Absence	-	Inspection visuelle

(1) En pratique seuls sont pris en compte les escherichia coli.
(2) En pratique seuls sont pris en compte les enterocoques.

TABLEAU B

Paramètres obligatoirement vérifiés en cas de détérioration de la qualité des eaux de baignade et méthodes d'analyse et d'inspection

PARAMÈTRES	VALEUR GUIDE : G	VALEURS IMPÉRATIVES : I	MÉTHODE D'ANALYSE OU D'INSPECTION
SALMONELLES	-	0	Concentration par filtration sur membrane. Inoculation sur milieu type, enrichissement. repiquage sur gelose d'isolement, identification
ENTEROVIRUS PFU/101	-	0	Concentration par filtration, par flo-culation ou par centrifugation et confirmation
pH	-	6-9	Électrométrie avec calibration aux PH 7 et 9
HUILES MINÉRALES MG/L	⩽ 0,3	Pas de film visible à la surface de l'eau et absence d'odeur	Extraction sur un volume suffisant et pesée du résidu sec
SUBSTANCES TENSIOACTIVES RÉAGISSANT AU BLEU DE MÉTHYLÈNE EN MG/L (LAURYSULFATE)	⩽ 0,3	Pas de mousse persistante	Inspection visuelle ou spectrophotométrie d'absorption au bleu de méthylène
PHÉNOLS (INDICES PHÉNOLS) (C6 H5 OH) EN MG/L	⩽ 0.005	% 0.05	Spectrophotométrie d'absorption Méthode à la 4-aminoantipyrine (4 - A.A.P.)
OXYGÈNE DISSOUS (% SATURATION 02)	80-120	-	Méthode de Winkler ou méthode électrométrique (oxygène-mètre)

CODE DE LA ROUTE

(Ord. n° 1.691,17 déc. 1957)

Art. 1er *(Ord. n° 10.196, 24 juin 1991 ; mod., Ord. n° 1.771, 28 août 2008)*. – L'usage des voies ouvertes à la circulation publique et qui sont dénommées ci-après « routes » est régi par les dispositions de la présente ordonnance.

Pour son application, les définitions ci-dessous sont adoptées :

Le terme « chaussée » désigne la partie de la route normalement utilisée pour la circulation des véhicules.

Le terme « voie » désigne l'une quelconque des subdivisions de la chaussée ayant une largeur suffisante pour permettre la circulation d'une file de véhicules.

Le terme « intersection » désigne le lieu de jonction ou de croisement de deux ou plusieurs chaussées quels que soient le ou les angles des axes de ces chaussées.

Le terme « arrêt » désigne l'immobilisation momentanée d'un véhicule sur la route durant le temps nécessaire pour permettre la montée ou la descente de personnes, le chargement ou le déchargement du véhicule, le conducteur restant aux commandes de celui-ci ou à proximité pour pouvoir le cas échéant, le déplacer.

Le terme « stationnement » désigne l'immobilisation d'un véhicule sur la route hors les circonstances caractérisant l'arrêt.

Le terme « aire piétonne » désigne toute emprise affectée, de manière temporaire ou permanente, à la circulation des piétons et à l'intérieur du périmètre de laquelle la circulation des véhicules est soumise à des prescriptions particulières.

Le terme « carrefour à sens giratoire » désigne une place ou un carrefour comportant un terre-plein central matériellement infranchissable, ceinturé par une chaussée mise en sens unique par la droite sur laquelle débouchent différentes routes et annoncé par une signalisation spécifique.

Le terme de « bande cyclable » désigne toute voie exclusivement réservée aux cycles à deux ou trois roues sur une chaussée à plusieurs voies.

Le terme « piste cyclable » désigne toute chaussée exclusivement réservée aux cycles à deux ou trois roues.

TITRE I. – DISPOSITIONS GÉNÉRALES RELATIVES À LA CIRCULATION

1. – Conduite des véhicules et des animaux

Art. 2. – Tout véhicule doit avoir un conducteur sous réserve des cas prévus à l'article 186 de la présente ordonnance.

Art. 3. – Les animaux de trait, de charge ou de selle, et les bestiaux isolés ou en troupeaux doivent avoir un conducteur.

Art. 3 *bis* *(Ord. n° 13.726, 8 juill. 1997)*. – Tout conducteur de véhicule doit se tenir constamment en état et en position d'exécuter commodément et sans délai toutes manœuvres qui lui incombent. Notamment ses possibilités de mouvement et son champ de vision ne doivent pas être réduits par le nombre ou la position des passagers, par les objets transportés ou par l'apposition d'objets non transparents sur les vitres.

Le nombre des occupants d'un véhicule ne pourra être supérieur au nombre de places indiqué sur le certificat d'immatriculation du véhicule, sachant que les enfants au-dessous de dix ans comptent pour une demi-personne, lorsque le nombre de ces derniers n'excède pas dix. Les enfants au-delà du dixième comptent pour un adulte.

Il est interdit d'installer les enfants âgés de moins de dix ans sur les places situées à l'avant des véhicules.

Art. 4 *(Ord. n° 2973, 31 mars 1963)*. – En marche normale, le conducteur doit maintenir son véhicule ou ses animaux près du bord droit de la chaussée autant que le lui permet l'état ou le profit de celle-ci.

Il est tenu de ralentir et, s'il y a lieu, de s'arrêter pour céder la priorité au piéton qui s'est engagé dans les passages spécialement prévus pour lui permettre de traverser la chaussée.

Art. 5. – 1° Lorsque la chaussée comporte des voies délimitées par des lignes continues, le conducteur suivant une telle voie ne peut franchir ni chevaucher ces lignes ;

2° Lorsque la chaussée comporte des voies délimitées par des lignes discontinues, le conducteur doit, en marche normale, emprunter la voie la plus à droite et ne franchir ces lignes qu'en cas de dépassement, dans les conditions fixées au paragraphe 3 du présent titre ou lorsqu'il est nécessaire de traverser la chaussée ;

3° Lorsqu'une voie est délimitée par une ligne discontinue accolée à une ligne continue, le conducteur ne peut franchir cette dernière si elle se trouve immédiatement à sa gauche ; il peut, au contraire, la franchir si c'est la ligne discontinue qui se trouve immédiatement à sa gauche ;

4° Tout conducteur doit maintenir son véhicule à une distance suffisante du bord de la chaussée pour éviter tout accident aux usagers des trottoirs, contre-allées et accotements.

Art. 6. – Tout conducteur qui s'apprête à apporter un changement important dans l'allure ou la direction de son véhicule ou de ses animaux doit préalablement s'assurer qu'il peut le faire sans danger et avertir de son intention les autres usagers.

Art. 7. – Tout conducteur débouchant d'un parking ou d'un immeuble en bordure de la route ne doit s'engager sur celle-ci qu'après s'être assuré qu'il peut le faire sans danger et à une vitesse suffisamment réduite pour permettre un arrêt sur place.

Art. 8. – Il est interdit de couper les éléments de colonnes militaires, de forces de police ou de cortège en marche.

Art. 9. – Sauf indication contraire, tout ouvrage, borne, terre-plein ou monument, établi sur une chaussée, une place ou à un carrefour et formant obstacle à la progression directe d'un véhicule doit être contourné par la droite.

2. – Vitesse

Art. 10. – Tout conducteur doit constamment rester maître de sa vitesse et mener avec prudence son véhicule ou ses animaux. Il doit régler sa vitesse en fonction des difficultés de la circulation ou des obstacles prévisibles.

Tout conducteur est tenu de s'arrêter à la première injonction des agents de l'autorité ; même en l'absence de toute injonction, il doit s'arrêter s'il lui arrive d'occasionner un accident, afin de permettre auxdits agents d'intervenir pour procéder à toutes constatations utiles.

Art. 11 *(Ord. n° 9.615, 30 oct. 1989 ; rempl., Ord. n° 1.334, 8 oct. 2007)*. – Tout conducteur est tenu de ne pas dépasser la vitesse de 50 kilomètres à l'heure.

Toutefois, la vitesse peut être limitée sur certaines sections de voies à 30 kilomètres à l'heure ou bien à 70 kilomètres à l'heure sur les voies et lieux mentionnés par la signalisation publique.

Le dépassement de la vitesse réglementairement fixée peut être relevé par les agents de l'autorité au moyen d'appareils de mesure et de contrôle agréés par le Ministre d'État dont les modalités de fonctionnement et de mise en œuvre sont prévues par arrêté ministériel.

Toutefois, ces prescriptions ne sont pas applicables aux conducteurs de véhicules d'intervention et de secours dans le cadre de leurs missions

3. – Croisements et dépassements

Art. 12. – Les croisements s'effectuent à droite et les dépassements à gauche.

Art. 13. – En cas de croisement, chaque conducteur doit serrer sur sa droite autant que le lui permet la présence d'autres usagers.

Art. 14. – Avant de dépasser, le conducteur doit s'assurer qu'il peut le faire sans danger. Il doit, en outre, en cas de nécessité et sous réserve des dispositions qui peuvent être prévues par application de l'article 29 de la présente ordonnance, avertir de son intention l'usager qu'il veut dépasser. Il doit se porter suffisamment sur la gauche pour ne pas risquer d'accrocher celui-ci. Il ne doit pas, en tout cas, s'en approcher latéralement à moins de 50 centimètres, s'il s'agit d'un véhicule hippomobile, et à moins de 1 mètre, s'il s'agit d'un piéton, d'un cycle, d'un cavalier ou d'un animal.

Lors du dépassement, le conducteur ne peut emprunter la moitié gauche de la chaussée que s'il ne gêne pas la circulation en sens inverse.

Art. 15. – Par exception à la règle prévue à l'article 12, le dépassement à droite d'un véhicule est autorisé lorsque son conducteur a signalé qu'il se disposait à tourner à gauche dans les conditions prévues à l'article 22 de la présente ordonnance.

Art. 16. – Lorsque sur les chaussées ne comportant pas des voies matérialisées, la visibilité vers l'avant n'est pas suffisante (notamment lorsque tel est le cas dans un virage), le dépassement des véhicules autres que les cycles et cyclomoteurs est interdit ; en outre, la moitié gauche de la chaussée doit toujours être laissée libre. Tout dépassement est interdit aux intersections de routes, sauf pour le conducteur circulant sur une section de route à laquelle s'attache une priorité.

Art. 17. – Tout conducteur qui vient d'effectuer un dépassement doit revenir sur sa droite après toutefois s'être assuré qu'il peut le faire sans inconvénient.

Art. 18. – Lorsqu'ils sont sur le point d'être dépassés, les conducteurs doivent serrer immédiatement sur leur droite sans accélérer l'allure.

Art. 19. – Dans tous les cas où l'insuffisance de la largeur libre de la chaussée, son profil ou son état ne permettent pas le croisement ou le dépassement avec facilité et en toute sécurité, les conducteurs de véhicules dont le gabarit ou dont le chargement dépasse 2 mètres de largeur ou 8 mètres de longueur, remorque comprise, doivent réduire leur vitesse et, au besoin, s'arrêter ou se garer pour laisser le passage aux véhicules de dimensions inférieures. Dans les mêmes cas, lorsqu'un véhicule des services de police, de secours ou de lutte contre l'incendie annonce son approche par les signaux prévus aux articles 87 et 165 de la présente ordonnance tous les autres usagers doivent réduire leur vitesse et, au besoin, s'arrêter ou se garer pour faciliter le passage de ce véhicule.

Art. 20 *(Abr., Ord. n° 8.762, 9 déc. 1986).*

4. – Intersection de routes. Priorité de passage

Art. 21. – Tout conducteur de véhicules ou d'animaux s'approchant d'une intersection de routes doit vérifier que la chaussée qu'il va croiser est libre, marcher à allure d'autant plus modérée que les conditions de visibilité sont moins bonnes et, en cas de nécessité, annoncer son approche, sous réserve des dispositions qui peuvent être prévues par application de l'article 29 de la présente ordonnance.

Art. 22. – Tout conducteur s'apprêtant à quitter une route sur sa droite doit serrer le bord droit de la chaussée.

Il peut toutefois emprunter la partie gauche de la chaussée lorsque le tracé du virage et les dimensions du véhicule ou de son chargement le mettent dans l'impossibilité de tenir sa droite ; il ne doit ainsi manœuvrer qu'à allure modérée et après s'être assuré qu'il peut le faire sans danger pour autrui.

Tout conducteur s'apprêtant à quitter une route sur sa gauche doit serrer à gauche, sans toutefois, lorsque la chaussée est à double sens de circulation, en dépasser l'axe.

Art. 23. – Sous réserve des dispositions prévues à l'article 24 ci-après, lorsque deux conducteurs abordent une intersection de routes par des routes différentes, le conducteur venant par la gauche est tenu de céder le passage à l'autre conducteur.

Art. 24. – À certaines intersections indiquées par la signalisation appropriée, tout conducteur doit marquer un temps d'arrêt de sécurité et céder le passage aux véhicules circulant sur l'autre route.

Art. 25. – Nonobstant toutes dispositions contraires, tout conducteur est tenu de céder le passage aux véhicules des services de police, de secours ou de lutte contre l'incendie annonçant leur approche par l'emploi des signaux prévus aux articles 87 et 165 de la présente ordonnance.

5. – Emploi des avertisseurs

Art. 26. – L'usage des signaux sonores n'est autorisé que pour donner les avertissements nécessaires aux autres usagers de la route. Leur usage est formellement interdit en stationnement.

Art. 27. – L'usage des trompes à sons multiples, des sirènes et des sifflets est interdit.

Art. 28. – Seuls peuvent être employés les avertisseurs sonores pour l'usage urbain tels qu'ils sont prévus à l'article 86 de la présente ordonnance. Les signaux émis doivent être brefs et leur usage très modéré.

Entre la tombée de la nuit et le lever du jour, les avertissements doivent être donnés par signal optique à l'aide des feux de croisement, les signaux sonores ne devant être utilisés qu'en cas d'absolue nécessité.

Art. 29. – Le maire, après approbation du ministre d'État, peut limiter l'emploi de l'avertisseur sonore ou même l'interdire en dehors du cas de danger immédiat.

Art. 30. – Les dispositions des articles 26, 27 et 28 ci-dessus ne sont pas applicables aux conducteurs de véhicules des services de police ou de secours ni à ceux des véhicules servant à la lutte contre l'incendie lorsqu'ils se rendent sur les lieux où une intervention urgente est nécessaire.

6. – Stationnement

Art. 31 *(Ord. n° 10.196, 24 juin 1991)*. – Le stationnement des véhicules est interdit en dehors des surfaces de chaussée ou de ses dépendances délimitées par la signalisation horizontale réglementaire.

Est en outre interdit le stationnement effectué dans les conditions ci-après :

1° Le stationnement abusif.

Est considéré comme abusif le stationnement ininterrompu d'un véhicule en un même point de la voie publique ou de ses dépendances, pendant une durée excédant 48 heures.

2° Le stationnement dans une zone réglementée payante lorsque l'usager :

- refuse d'acquitter le droit exigé ;
- laisse son véhicule dans les aires de stationnement payant au-delà de la durée qu'autorise le montant du droit ;
- dépasse la durée maximale du stationnement autorisé dans de tels emplacements ;
- positionne son véhicule dans des conditions non conformes aux prescriptions.

3° *(Ord. n° 1.540, 12 févr. 2008)* Le stationnement et l'arrêt sur un emplacement réservé aux véhicules de livraison pendant les horaires autorisés pour les livraisons :

- en l'absence de mise en évidence, derrière le pare-brise avant, d'un disque horaire spécial, visible de l'extérieur ;
- en cas de dépassement de l'horaire autorisé et indiqué par le disque horaire.

Art. 32 *(Ord. n° 10.196, 24 juin 1991)*. – Est interdit et considéré comme gênant la circulation publique, l'arrêt ou le stationnement d'un véhicule :

1° Sur les trottoirs ainsi que les aires ou voies réservées à la circulation des piétons ou de catégories particulières de véhicules ;

2° Sur les emplacements réservés à l'arrêt ou au stationnement de certaines catégories de véhicules ;

3° À tout emplacement où le véhicule empêcherait soit l'accès à un autre véhicule à l'arrêt ou en stationnement soit le dégagement de ce dernier ;

4° Au droit des bouches d'incendie et des accès à des installations souterraines ;

5° Devant les entrées carrossables des immeubles riverains ;

6° En double file.

Art. 32-1 *(Ord. n° 10.196, 24 juin 1991)*. – Est interdit et considéré comme dangereux, lorsque la visibilité est insuffisante, l'arrêt ou le stationnement à proximité des intersections de voies, des virages et des sommets de côte.

Est également considéré comme dangereux l'arrêt ou le stationnement d'un véhicule :

1° Entre le bord de la chaussée et une ligne continue lorsque la largeur de la voie restant libre entre cette ligne et le véhicule ne permettrait pas à un autre véhicule de circuler sans franchir ou chevaucher la ligne.

2° À proximité des signaux lumineux de circulation ou des panneaux de signalisation, à des emplacements tels que ceux-ci peuvent être masqués à la vue des usagers.

3° Sur les ponts, dans les passages souterrains, tunnels et sous les passages supérieurs.

Art. 33. – Le conducteur ne doit jamais s'éloigner du lieu de stationnement sans avoir pris les précautions utiles pour prévenir tout risque d'accident du fait de son absence.

Art. 34. – Il est interdit à tout occupant d'un véhicule d'en descendre ou d'ouvrir une portière sans s'être assuré au préalable qu'il peut le faire sans danger.

7. – Éclairage et signalisation des véhicules

Art. 35. – Entre la tombée de la nuit et le lever du jour, et de jour lorsque les circonstances l'exigent, tout conducteur de véhicule circulant sur une route doit allumer, soit les feux de position, soit les lanternes prévus aux articles 74, 139, 140, 141, 159, 177, 179, 196 ci-après.

Il doit, en outre, allumer les feux de gabarit lorsque son véhicule en est muni par application des dispositions de l'article 78 de la présente ordonnance.

L'usage des feux de croisement doit être substitué à celui des feux de position dans toutes circonstances où cela est nécessaire, notamment en cas d'insuffisance de l'éclairage public.

Art. 36. – Entre la tombée de la nuit et le lever du jour et de jour lorsque les circonstances l'exigent, tout véhicule en stationnement doit, sous réserve des dispositions spéciales prévues aux titres III, IV, V, VI être signalé du côté opposé à celui du stationnement, soit par un feu de position et un feu rouge arrière, soit par un feu de stationnement.

Lorsqu'un véhicule automobile ou un ensemble de véhicules a une longueur excédant 6 mètres ou une largeur excédant 2 mètres, il doit être signalé en stationnement par deux feux de position et deux feux rouges.

Le ministre d'État peut limiter ou supprimer les obligations résultant des deux alinéas ci-dessus.

Si, par suite d'un cas de force majeure, le stationnement ne peut se faire dans les conditions prévues à l'article 32 ou si tout ou partie du chargement du véhicule tombe sur la chaussée sans pouvoir être immédiatement relevé, le conducteur doit, si les conditions de visibilité sont insuffisantes, et notamment dès la tombée de la nuit, assurer la présignalisation de l'obstacle.

Art. 37. – Les dispositifs d'éclairage ou de signalisation sont prévus par la présente ordonnance, à l'exception de ceux qui pourraient être employés pour des transports spéciaux faisant l'objet d'une réglementation particulière.

Ces dispositions ne concernent pas l'éclairage intérieur des véhicules sous réserve qu'il ne soit pas gênant pour les autres conducteurs.

Toute publicité lumineuse ou par appareil réfléchissant est interdite sur les véhicules.

8. – Usage des voies à circulation spécialisée

Art. 38. – Tout usager doit, sauf cas de force majeure, emprunter exclusivement les chaussées, pistes ou trottoirs affectés à la circulation des usagers de sa catégorie.

9. – Signalisation

Art. 39. – La signalisation routière est établie dans la Principauté conformément aux dispositions de Notre ordonnance n° 793 du 25 août 1953 et des textes subséquents. Les usagers de la route sont tenus de s'y conformer sous peine de sanctions prévues à l'article 207 ci-après.

10. – Passage des ponts

Art. 40. – Sur les ponts qui n'offriraient pas toutes les garanties nécessaires à la sécurité du passage, le ministre d'État peut prendre toutes dispositions qui seront jugées nécessaires pour assurer cette sécurité. Le maximum de la charge autorisée et les mesures prescrites pour la protection et le passage de ces ponts sont, dans tous les cas, placardés à leur entrée et à leur sortie.

11. – Circulation d'ensemble de véhicules comprenant une ou plusieurs remorques

Art. 41 *(Ord. n° 2.043, 20 août 1959 ; Ord. n° 10.516, 17 avr. 1992 ; Ord. n° 13.637, 25 sept. 1998)*. – Seuls peuvent circuler sans autorisation spéciale les ensembles ne comprenant qu'une remorque.

La circulation des ensembles comprenant plusieurs remorques ou des ensembles composés d'un véhicule articulé et d'une remorque est subordonnée à une autorisation du Service des titres de la circulation dans les conditions prévues aux articles 42 et 43 ci-après. Toutefois, pour ceux d'entre eux dont les dimensions ou le poids n'excèdent pas les limites réglementaires fixées pour les ensembles à une seule remorque, le chef du Service des titres de la circulation peut, après avis de l'ingénieur en chef des travaux publics, délivrer des autorisations de circuler permanentes dans les conditions prévues à l'article 42, premier alinéa.

12. – Transports exceptionnels

Art. 42 *(Ord. n° 2.043, 20 août 1959 ; Ord. n° 10.516, 17 avr. 1992 ; Ord. n° 13.637, 25 sept. 1998)*. – Lorsqu'il y a lieu de transporter, déplacer ou faire circuler soit des objets indivisibles, soit des appareils de travaux publics, soit des véhicules automobiles ou remorqués, destinés à transporter des objets indivisibles, dont les dimensions et le poids excèdent les limites réglementaires, les conditions de leur transport, de leur déplacement ou de leur circulation sont fixées par le chef du Service des titres de la circulation, après avis de l'ingénieur en chef des travaux publics.

La validité des autorisations délivrées en vertu des dispositions qui précèdent est limitée à un seul voyage. Dans le cas de transports dont la nature présente du point de vue de l'économie générale un intérêt réel, des autorisations valables pour plusieurs voyages peuvent être délivrées par le Ministre d'État.

Art. 43. – Les autorisations visées à l'article 42 ci-dessus mentionnent l'itinéraire à suivre et les mesures à prendre pour assurer la facilité et la sécurité de la circulation publique, pour empêcher tout dommage aux routes, aux ouvrages d'art et aux dépendances du domaine public.

Art. 44. – Lorsque les objets à transporter consistent en pièces indivisibles de grande longueur d'un usage courant dans la construction, des autorisations permanentes peuvent être délivrées pour les véhicules dont le chargement dépasse les limites réglementaires.

Art. 45. – Les autorisations visées à l'article 44 ci-dessus doivent définir la signalisation spéciale dont seront dotés les véhicules circulant de jour, ainsi qu'éventuellement de nuit.

13. – Courses et épreuves sportives

Art. 46. – Toute course ou épreuve sportive se déroulant en tout ou en partie sur une route ne peut avoir lieu sans autorisation du Ministre d'État qui fixe les conditions de son déroulement.

L'autorisation administrative nécessaire ne peut être donnée aux organisateurs des courses ou épreuves que si ces derniers ont contracté une police d'assurances couvrant tous les risques d'accident.

Les organisateurs doivent également assumer la charge des frais de surveillance et de voirie.

TITRE II. – DISPOSITIONS SPÉCIALES APPLICABLES AUX VÉHICULES AUTOMOBILES ET AUX ENSEMBLES DE VÉHICULES

Chapitre I. – Règles techniques

1. – Poids et bandages

Art. 47 *(Ord. n° 2.043, 20 août 1959 ; Ord. n° 10.516, 17 avr. 1992 ; Ord. n° 13.637, 25 sept. 1998).* – Le poids total autorisé en charge d'un véhicule est fixé lors de la réception de ce dernier par le service de la circulation, d'après la résistance des organes du châssis et des pneumatiques, compte tenu des prescriptions réglementaires édictées par la présente ordonnance.

Le poids à vide d'un véhicule s'entend du poids du véhicule en ordre de marche comprenant le châssis avec les accumulateurs et le réservoir d'eau rempli, les réservoirs à carburant ou les gazogènes remplis, la carrosserie, les équipements normaux, les roues et pneus de rechange et l'outillage courant normalement livré avec le véhicule.

Il est interdit de faire circuler un véhicule ou un ensemble de véhicules dont le poids total en charge excède le poids total autorisé en charge fixé par le service de la circulation et inscrit sur le récépissé de déclaration de mise en circulation de chaque véhicule.

Art. 48 *(Ord. n° 11.173, 8 févr. 1994).* – Sans préjudice des dispositions des articles 42 à 45 de la présente ordonnance, le poids total autorisé en charge d'un véhicule ne doit pas dépasser les limites suivantes :

- véhicules à deux essieux : 19 tonnes ;
- véhicules à trois essieux : 26 tonnes ;
- autobus et autocars articulés : 38 tonnes.

Le poids total roulant autorisé d'un véhicule articulé, d'un train-double, ou d'un ensemble composé d'un véhicule à moteur et d'une remorque ne doit pas dépasser :

- 38 tonnes, si l'ensemble considéré ne comporte pas plus de quatre essieux ;
- 40 tonnes, si l'ensemble considéré comporte plus de quatre essieux.

Le poids total roulant autorisé d'un véhicule articulé, d'un train-double ou d'un ensemble composé d'un véhicule à moteur et d'une remorque comportant plus de quatre essieux utilisé pour effectuer des transports combinés (rail/route ou bateau/route) peut dépasser 40 tonnes sans excéder 44 tonnes.

Les véhicules à gazogène, gaz comprimé et accumulateurs électriques bénéficient, dans la limite maximum d'une tonne, de dérogations correspondant au poids en ordre de marche, soit du gazogène et de ses accessoires, soit des accumulateurs électriques et de leurs accessoires. Il en est de même, dans la limite maximum de 500 kilogrammes, pour le poids des ralentisseurs des véhicules qui en sont munis.

Art. 49. – L'essieu le plus chargé d'un véhicule automobile ou d'un ensemble de véhicules ne doit pas supporter une charge supérieure à 13 tonnes.

Art. 50. – Pour tout véhicule automobile ou remorqué, le poids total en charge ne doit pas dépasser 5 tonnes par mètre linéaire de distance entre les deux essieux extrêmes.

Art. 51 *(Ord. n° 11.173, 8 févr. 1994).* – Sur les véhicules, véhicules articulés ou ensembles de véhicules comportant plus de deux essieux, la charge de l'essieu le plus chargé appartenant à un groupe d'essieux ne doit pas dépasser un maximum variable en fonction de la distance séparant deux essieux consécutifs de ce groupe, et déterminé conformément au tableau suivant :

Distance (d) entre deux essieux consécutifs	Charge maximale de l'essieu le plus chargé dans le groupe d'essieux
d < 0,90 m	7,35 tonnes
0,90 m < d < 1,35 m	7,35 tonnes majorées de 0,35 tonne par tranche de 5 cm de la distance entre les deux essieux diminuée de 0,90 m
1,35 m < d < 1,90 m	10,50 tonnes

Toutefois, la charge maximale de l'essieu moteur appartenant à un groupe de deux essieux d'un véhicule à moteur peut être portée à 11,5 tonnes, à condition que la charte totale du groupe ne dépasse pas un maximum variable en fonction de la distance séparant les deux essieux, et déterminé conformément au tableau suivant :

Distance (d) entre deux essieux consécutifs	Charge maximale du groupe de deux essieux
d < 0,90 m	13,15 tonnes

Distance (d) entre deux essieux consécutifs	Charge maximale du groupe de deux essieux
0,90 m < d < 1,35 m	13,15 tonnes majorées de 0,65 tonne par tranche de 5 cm de la distance entre les deux essieux diminuée de 0,90 m
1,35 m < d < 1,80 m	19 tonnes

Art. 52 *(Ord. n° 9.029, 9 oct. 1987)*. – Les roues des véhicules automobiles et de leurs remorques doivent être munies de bandages pneumatiques ou de dispositifs reconnus suffisants au point de vue de l'élasticité.

Les pneumatiques doivent présenter sur toute leur surface de roulement des sculptures apparentes et ne comporter sur leurs flancs aucune déchirure profonde.

Aucune toile ne doit apparaître ni en surface ni en fond de sculpture.

Les caractéristiques et les conditions d'utilisation des pneumatiques sont fixées par le Ministre d'État (1).

Art. 53. – Il est interdit d'introduire dans les surfaces de roulement des pneumatiques des éléments métalliques susceptibles de faire saillie.

2. – Gabarit des véhicules

Art. 54 *(Ord. n° 2.973, 31 mars 1963 ; Ord. n° 11.173, 8 févr. 1994)*. – Sans préjudice des dispositions des articles 42 à 45 de la présente ordonnance :

1° La largeur totale des véhicules, mesurée toutes saillies comprises dans une section transversale quelconque, ne doit pas dépasser 2,50 mètres.

2° La longueur des véhicules et ensembles de véhicules, mesurée toutes saillies comprises, ne doit pas dépasser les valeurs suivantes :

- véhicule automobile non compris les perches et dispositifs enrouleurs de cordes s'il s'agit d'un trolleybus : 12 mètres ;
- remorque, non compris le dispositif d'attelage : 12 mètres ;
- semi-remorque : 12 mètres entre le pivot d'attelage et l'arrière de la semi-remorque, et 2,04 mètres entre l'axe du pivot d'attelage et un point quelconque de l'avant de la semi-remorque ;
- véhicule articulé (sauf autobus) : 16,5 mètres ;
- ensemble de véhicules : 18 mètres ;
- train-double : 18 mètres ;
- autobus articulé : 18 mètres ;
- train routier : 18,35 mètres.

Art. 55. – Par dérogation aux règles de l'article précédent, la longueur des véhicules de transport de voyageurs peut dépasser 11 mètres sans excéder 12 mètres, sous réserve que le porte-à-faux arrière ne dépasse pas les 6/10 de l'empattement ni la longueur absolue de 3,50 mètres.

Art. 56. – Les véhicules à trois essieux ou plus, d'une longueur comprise entre 11 et 12 mètres, mis en circulation avant le 1er mars 1955, sont admis à circuler jusqu'à une date fixée par le Ministre d'État.

(1) V. A. min. n° 96-31, 2 févr. 1996.

3. – Dimensions du chargement

Art. 57. – Toutes précautions utiles doivent être prises pour que le chargement d'un véhicule automobile ou remorqué ne puisse être une cause de dommage ou de danger. Tout chargement débordant ou pouvant déborder le contour extérieur du véhicule du fait des oscillations du transport doit être solidement amarré. Les chaînes, bâches et autres accessoires, mobiles ou flottants, doivent être fixés au véhicule de manière à ne sortir à aucun moment du contour extérieur du chargement et à ne pas traîner sur le sol.

Art. 58. – Sous réserve des dispositions des articles 42 à 45, la largeur du chargement d'un véhicule automobile ou remorqué, mesurée toutes saillies comprises dans une section transversale quelconque, ne doit nulle part dépasser 2,50 mètres.

Art. 59. – Sous réserve des dispositions de l'article 44, lorsqu'un véhicule ou un ensemble de véhicules est chargé de pièces de grande longueur, le chargement ne doit, en aucun cas, dépasser à l'avant l'aplomb antérieur du véhicule ; à l'arrière, le chargement ne doit pas traîner sur le sol ni dépasser de plus de 3 mètres l'extrémité arrière dudit véhicule ou de sa remorque.

Art. 60. – Les pièces de grande longueur doivent être solidement amarrées entre elles et au véhicule, de manière à ne pas déborder dans leurs oscillations de contour latéral extérieur de celui-ci.

4. – Organes moteurs

Art. 61. – Les véhicules automobiles ne doivent pas émettre de fumée pouvant nuire à la sécurité de la circulation ou incommoder les autres usagers de la route.

Art. 62. – Les véhicules automobiles ne doivent pas émettre des bruits susceptibles de causer une gêne aux usagers de la route ou aux riverains. Notamment, les moteurs doivent être munis d'un dispositif d'échappement silencieux, en bon état de fonctionnement et ne pouvant être interrompu par le conducteur en cours de route. L'échappement libre est interdit, ainsi que toute opération tendant à supprimer ou à réduire l'efficacité du dispositif d'échappement silencieux.

Art. 63. – Le Ministre d'État fixe les conditions d'application des dispositions des articles 61 et 62 ci-dessus. Il peut éventuellement prescrire l'installation de dispositifs antiparasites répondant à des conditions déterminées, sur l'appareillage électrique.

5. – Organes de manœuvre, de direction et de visibilité et appareils de contrôle de la vitesse

Art. 64. – Tout véhicule doit être tel que le champ de visibilité du conducteur, vers l'avant, vers la droite et vers la gauche, soit suffisant pour que celui-ci puisse conduire avec sûreté.

Art. 65. – Toutes les vitres, y compris celles du pare-brise, doivent être en substance transparente ne risquant pas de provoquer des blessures en cas de bris.

Les vitres du pare-brise doivent, en outre, ne provoquer aucune déformation des objets vus par transparence et, en cas de bris, permettre au conducteur de continuer à voir distinctement la route. Les substances transparentes pour pare-brise sont soumises à homologation dans les conditions fixées par arrêté ministériel.

Art. 66. – Le pare-brise doit être muni d'un essuie-glace ayant une surface d'action suffisante pour que le conducteur puisse, de son siège, voir distinctement la route.

Art. 67. – Les véhicules automobiles dont le poids à vide excède 350 kilogrammes doivent être munis de dispositifs de marche arrière.

Art. 68. – Tout véhicule automobile doit être muni au moins d'un miroir rétroviseur de dimensions suffisantes, disposé de façon à permettre au conducteur de surveiller de son siège la route vers l'arrière du véhicule.

Art. 69 *(Abr., Ord. n° 8.762, 9 déc. 1986).*

Art. 70 *(Ord. n° 9.980, 20 déc. 1990).* – Tout véhicule automobile doit être muni d'un indicateur de vitesse placé bien en vue du conducteur et maintenu constamment en bon état de fonctionnement.

Certains véhicules automobiles définis par le Ministre d'État doivent être également équipés d'un appareil de contrôle de vitesse.

Le Ministre d'État détermine les spécifications auxquelles doivent répondre les appareils visés au second alinéa.

6. – Freinage

Art. 71. – Tout véhicule automobile ou ensemble de véhicules doit être pourvu de deux dispositifs de freinage dont les commandes sont entièrement indépendantes. L'installation de freinage doit être à action rapide et suffisamment puissante pour arrêter et maintenir à l'arrêt le véhicule ou l'ensemble de véhicules. Sa mise en œuvre ne doit pas affecter la direction du véhicule circulant en ligne droite.

L'un au moins des dispositifs de freinage doit agir sur des surfaces freinées fixées aux roues rigidement ou par l'intermédiaire de pièces donnant une sécurité suffisante.

Art. 72. – Seules sont dispensées de l'obligation des freins les remorques uniques sous la double condition que leur poids total autorisé en charge ne dépasse pas 750 kg ni la moitié du poids à vide du véhicule tracteur.

Art. 73. – Les conditions dans lesquelles doivent être réalisées l'indépendance et l'efficacité du freinage des véhicules automobiles et de leurs remorques, quel qu'en soit le poids, sont précisées par le Ministre d'État.

7. – Éclairage et signalisation

Art. 74. – *Feux de position.* – Tout véhicule automobile doit être muni à l'avant de *deux feux de position,* et de deux seulement, émettant vers l'avant, lorsqu'ils sont allumés, une lumière blanche ou jaune, visible la nuit par temps clair, à une distance de 150 mètres sans être éblouissante pour les autres conducteurs.

Art. 75. – Tout véhicule automobile doit être muni à l'avant de *deux feux de route* émettant vers l'avant, lorsqu'ils sont allumés, une lumière jaune éclairant efficacement la route, la nuit, par temps clair, sur une distance minimum de 100 mètres.

Art. 76. – *Feux de croisement.* – Tout véhicule automobile doit être muni à l'avant de *deux feux de croisement,* de deux seulement, émettant vers l'avant, lorsqu'ils sont allumés, une lumière jaune éclairant efficacement la route, la nuit, par temps clair, sur une distance minimum de trente mètres, sans éblouir les autres conducteurs.

Si aucun point de la partie éclairante des projecteurs de croisement ne se trouve à moins de 0,40 mètre de l'extrémité de la largeur hors tout du véhicule, les feux de position doivent s'allumer en même temps que les feux de croisement.

L'allumage des feux de croisement doit commander automatiquement l'extinction des feux de route.

Art. 77. – *Feux rouges arrière.* – Tout véhicule automobile ou remorqué doit être muni à l'arrière de deux feux émettant vers l'arrière, lorsqu'ils sont allumés, une lumière rouge non éblouissante, visible la nuit, par temps clair, à une distance de 150 mètres.

Ces feux doivent s'allumer en même temps que les feux de position ou les feux de route ou les feux de croisement.

Art. 78. – *Feux de gabarit.* – Tout véhicule automobile ou tout ensemble de véhicules dont la longueur excède 6 mètres ou dont la largeur, chargement compris, excède 2,10 mètres doit être muni à l'avant de deux feux, émettant vers l'avant, lorsqu'ils sont allumés, une lumière blanche ou jaune non éblouissante et à l'arrière, de deux feux émettant vers l'arrière, lorsqu'ils sont allumés, une lumière rouge non éblouissante ; ces feux doivent être situés de part et d'autre, aux extrémités de la largeur hors tout du véhicule. Sous cette condition, ils peuvent être confondus, à l'avant, avec les feux de position, à l'arrière, avec les feux rouges arrière.

Art. 79. – *Dispositif d'éclairage de la plaque d'immatriculation arrière.* – Tout véhicule automobile ou remorqué doit être muni d'un dispositif lumineux capable de rendre visible, à une distance minimum de 20 mètres, la nuit, par temps clair, le numéro inscrit sur la plaque d'immatriculation arrière.

Ce dispositif doit s'allumer en même temps que les feux de position, les feux de route ou les feux de croisement.

Art. 80. – *Signal de freinage (feu-stop).* – Tout véhicule automobile ou remorqué, doit être muni à l'arrière d'un ou deux *signaux de freinage* émettant vers l'arrière, lorsqu'ils sont allumés, une lumière orange ou rouge non éblouissante.

Le signal de freinage doit s'allumer lors de l'entrée en action du dispositif de freinage principal du véhicule automobile.

Si le signal émet une lumière rouge, son intensité lumineuse doit être notablement supérieure à celle de la lumière émise par le feu rouge arrière lorsque le signal est groupé avec celui-ci ou lui est incorporé, tout en demeurant non éblouissante.

Ce signal n'est pas exigé sur les remorques et les semi-remorques lorsque leurs dimensions sont telles que le signal de freinage du véhicule tracteur reste visible pour tout conducteur venant de l'arrière.

Art. 81 *(Ord. n° 8.762, 9 déc. 1986).* – *Dispositifs indicateurs de changements de direction.* – Tout véhicule automobile ou remorqué doit être pourvu de dispositifs indicateurs de changement de direction visibles de jour et de nuit. Ces dispositifs ne sont pas exigés sur les remorques et semi-remorques dont les dimensions sont telles que les dispositifs indicateurs de changement de direction du véhicule tracteur restent visibles pour tout conducteur venant de l'arrière.

Art. 82. – *Feux de stationnement.* – Tout véhicule peut être muni de feux de stationnement. Ces feux situés sur les côtés du véhicule doivent émettre vers l'avant et vers l'arrière les mêmes lumières que les feux de position et les feux rouges arrière.

Art. 83 *(Ord. n° 8.762, 9 déc. 1986).* – *Dispositifs réfléchissants.* – Tout véhicule automobile ou remorqué doit être muni, à l'arrière, de deux dispositifs réfléchissant vers l'arrière une lumière rouge, visibles la nuit par temps clair à une distance de 100 mètres lorsqu'ils sont éclairés par les feux de route.

Toute remorque ou semi-remorque doit être munie à l'avant de deux dispositifs réfléchissants de couleur blanche.

Tout véhicule automobile, autre qu'une voiture particulière, dont la longueur dépasse 6 mètres, ainsi que toute remorque ou semi-remorque doit comporter des dispositifs réfléchissants latéraux de couleur orangée. La présence de ces dispositifs est autorisée sur les autres véhicules.

Art. 84 *(Ord. n° 8.762, 9 déc. 1986).* – *Feux et signaux spéciaux.*

1° Feux de brouillard :

Tout véhicule automobile peut être muni de deux feux de brouillard avant émettant de la lumière jaune.

Tout véhicule automobile ou remorqué peut être muni d'un ou de deux feux de brouillard arrière émettant de la lumière rouge.

2° Feux de marche arrière et feux orientables :

Les feux orientables doivent émettre une lumière jaune sélective ou orangée. Les feux de marche arrière doivent émettre une lumière blanche.

3° Transport de pièces de grande longueur :

Le Ministre d'État fixe les conditions spéciales d'éclairage et de signalisation des véhicules effectuant des transports de pièces de grande longueur.

4° Feux spéciaux des véhicules des services de police, de secours et de lutte contre l'incendie et des ambulances ;

Le Ministre d'État fixe les caractéristiques auxquelles doivent répondre ces feux.

5° Feux spéciaux des véhicules à progression lente :

Le Ministre d'État fixe les caractéristiques auxquelles doivent répondre ces feux.

6° Dispositifs complémentaires de signalisation arrière : Le Ministre d'État détermine les catégories de véhicules devant comporter à l'arrière une signalisation complémentaire constituée de dispositifs fluorescents et rétroréfléchissants, ainsi que les caractéristiques de ces dispositifs.

7° Signal de détresse :

Tout véhicule automobile ou remorqué doit être muni d'un feu signal de détresse constitué par le fonctionnement simultané des indicateurs de changement de direction.

Art. 85 *(Ord. n° 8.762, 9 déc. 1986). – Dispositions générales relatives à l'éclairage et à la signalisation.*

1° Deux feux ou dispositifs de même signification et susceptibles d'être employés en même temps doivent être placés symétriquement par rapport au plan longitudinal de symétrie du véhicule ; ils doivent émettre ou réfléchir des faisceaux lumineux de même couleur et de même intensité ;

2° Pour tous les véhicules autres que les véhicules des services de police, de secours et de lutte contre l'incendie, les ambulances et les véhicules à progression lente et exception faite des indicateurs de changement de direction et des signaux de détresse, l'usage de feux ou signaux clignotants est interdit, de même que celui de feux ou signaux tournants ou à intensité variable ;

3° Le Ministre d'État détermine les spécifications auxquelles doivent répondre les dispositifs d'éclairage et de signalisation des véhicules automobiles et remorqués et éventuellement leur emplacement et leurs conditions d'établissement sur le véhicule pour satisfaire aux prescriptions du présent article.

Il peut interdire l'usage d'appareils non conformes à des types ayant reçu son agrément.

8. – Signaux d'avertissement

Art. 86. – Tout véhicule automobile mis en circulation à partir du 1er avril 1956 doit pouvoir émettre des signaux d'avertissement sonores différents pour l'usage urbain et pour l'usage hors agglomération.

Les dispositifs sonores sont conformes à des types homologués répondant à des spécifications déterminées par le Ministre d'État.

Art. 87. – Les véhicules des services de police, de secours et les véhicules servant à la lutte contre l'incendie peuvent être équipés d'avertisseurs spéciaux, en plus des avertisseurs de types normaux.

Art. 88 *(Ord. n° 8.762, 9 déc. 1986).* – Les ambulances peuvent, outre les avertisseurs prévus à l'article 86 ci-dessus, être munies de timbres spéciaux conformes à un type agréé par le Ministre d'État.

9. – Plaques et inscriptions

Art. 89. – Tout véhicule automobile, toute remorque dont le poids total autorisé en charge excède 750 kilogrammes et toute semi-remorque doit porter d'une manière apparente, sur une plaque métallique dite « plaque de constructeur », le nom ou la marque du constructeur, l'indication du type et le numéro d'ordre dans la série du type et l'indication du poids total autorisé en charge.

L'indication du type, le numéro d'ordre dans la série du type doivent être frappés à froid également de façon à être facilement lisibles, à un endroit accessible, sur le châssis ou sur un élément essentiel et indémontable du véhicule. Ces indications doivent être encadrées par le poinçon du constructeur.

Art. 90. – Tout véhicule automobile ou remorqué destiné à transporter des marchandises doit porter, en outre, en évidence pour un observateur placé à droite, l'indication du poids à vide et du poids total autorisé en charge.

Les véhicules dont la vitesse est réglementée en raison de leur poids doivent porter, bien visible, à l'arrière, l'indication de la vitesse maximum qu'ils sont astreints à ne pas dépasser.

Art. 91. – Tout véhicule automobile doit être muni de deux plaques dites « plaques d'immatriculation » portant le numéro d'immatriculation assigné au véhicule en application de l'article 101 de la présente ordonnance ; ces deux plaques doivent être fixées en évidence d'une manière inamovibles à l'avant et à l'arrière du véhicule.

Art. 92. – Toute remorque dont le poids total autorisé en charge excède 750 kilogrammes ou toute semi-remorque doit être munie d'une plaque d'immatriculation portant son numéro d'immatriculation, et fixée en évidence, d'une manière inamovible à l'arrière du véhicule.

Art. 93. – La remorque arrière d'un ensemble, lorsqu'elle n'est pas soumise aux dispositions de l'article précédent, doit être munie à l'arrière d'une plaque d'immatriculation reproduisant la plaque arrière du véhicule tracteur.

La plaque de la remorque peut, dans ce cas, être amovible.

Art. 94 *(Ord. n° 2.043, 20 août 1959 ; Ord. n° 10.516, 17 avr. 1992 ; Ord. n° 13.637, 25 sept. 1998).* – Les plaques d'immatriculation sont remises aux propriétaires de véhicules automobiles par le Service des titres de la circulation suivant les modalités prescrites par un arrêté du Ministre d'État qui en détermine également le modèle et le mode de pose.

10. – Conditions d'attelage des remorques et semi-remorques

Art. 95. – Lorsque le poids total autorisé en charge d'une remorque excède 750 kilogrammes ou la moitié du poids à vide du tracteur et que son installation de freinage ne comporte pas un frein continu, ladite remorque doit être munie en plus de l'attache principale assurant la traction et la direction du véhicule, d'une attache de secours pouvant être constituée par des chaînes ou des câbles métalliques, capable de traîner la remorque et de l'empêcher de s'écarter de sa trajectoire normale, en cas de défaillance du dispositif principal.

Celte prescription n'est applicable ni aux semi-remorques, ni aux remorques sans timon du type dit « arrière-train forestier » utilisées pour le transport des pièces de grande longueur ; elle s'applique au contraire aux remorques à timon du type « triqueballe ».

L'attache de secours ne peut être utilisée, après rupture de l'attache principale qu'à titre de dépannage et sous réserve d'une allure très modérée.

Il en est de même pour l'utilisation d'attelage de fortune au moyen de cordes ou de tout autre dispositif, qui ne sont tolérés qu'en cas de nécessité absolue ; des mesures doivent être prises pour rendre les attaches parfaitement visibles de jour comme de nuit ; lorsqu'un même tracteur remorque plusieurs véhicules, il ne peut être employé de moyen de fortune que pour un seul attelage.

11. – Aménagement des véhicules automobiles et remorqués, et notamment des véhicules de transport en commun de personnes

Art. 96. – Les véhicules automobiles et leurs remorques doivent être aménagés de manière à réduire autant que possible, en cas de collision, les risques d'accidents corporels, aussi bien pour les occupants du véhicule que pour les autres usages de la route.

À cet effet, le Ministre d'État peut fixer des règles auxquelles seraient soumis la construction et l'équipement de tout véhicule automobile ou remorqué.

Art. 97. – Les véhicules destinés normalement ou employés exceptionnellement au transport en commun de personnes doivent être aménagés de manière à assurer la sécurité et la commodité des voyageurs.

Le Ministre d'État détermine les conditions particulières auxquelles doivent répondre, en plus de celles qui sont déjà prescrites par le présent chapitre, les différents catégories de véhicules affectés au transport en commun de personnes, ainsi que les règles applicables à l'exploitation des services de cette nature.

Chapitre II. – Règles administratives

1. – Réception

Art. 98 *(Ord. n° 2.043, 20 août 1959 ; Ord. n° 10.516, 17 avr. 1992 ; Ord. n° 13.637, 25 sept. 1998).* – Lorsque la réception n'en aura pas été faite dans le pays de construction, tout véhicule automobile, toute remorque, dont le poids total autorisé en charge est supérieur à 750 kilogrammes et toute semi-remorque doit, avant sa mise en circulation faire l'objet d'une réception par le Service des titres de circulation, destinée à constater que ces véhicules satisfont aux diverses prescriptions des articles 47, 61 à 89 et 95 à 97 de la présente ordonnance.

Cette réception peut être effectuée soit par type de véhicule sur la demande du constructeur, soit par véhicule isolé sur la demande du propriétaire ou de son représentant.

Le Service des titres de circulation doit s'assurer, lors de cette réception, que les véhicules de transport en commun de personnes ou les châssis correspondant satisfont également aux clauses particulières les concernant, édictées par le Ministre d'État, ainsi qu'il est prévu à l'article 97 ci-dessus.

La demande de réception doit être accompagnée d'une notice descriptive établie dans les conditions fixées par le Ministre d'État et donnant les caractéristiques du véhicule ou du type du véhicule nécessaires aux vérifications du Service des titres de la circulation.

Le Ministre d'État détermine les catégories de véhicules, qui, lorsque leur carrosserie est montée sur un châssis déjà réceptionné, ne peuvent être mis en circulation qu'après une nouvelle réception faite par le Service des titres de circulation.

Tout véhicule isolé ayant subi des transformations notables est obligatoirement soumis à une nouvelle réception. Le propriétaire du véhicule doit demander cette nouvelle réception au Ministre d'État qui définit les transformations notables rendant nécessaire cette nouvelle réception.

Art. 99 *(Ord. n° 2.043, 20 août 1959 ; Ord. n° 10.516, 17 avr. 1992 ; Ord. n° 13.637, 25 sept. 1998)*. – Lorsque le chef du Service des titres de circulation a constaté que le véhicule présenté satisfait aux prescriptions réglementaires il dresse de ces opérations un procès-verbal de réception ; une expédition en est remise au demandeur. Le modèle de ce procès-verbal est fixé par le Ministre d'État.

Art. 100 *(Ord. n° 2.043, 20 août 1959 ; Ord. n° 10.516, 17 avr. 1992 ; Ord. n° 13.637, 25 sept. 1998)*. – Les véhicules automobiles ou remorqués, dont les dimensions ou le poids excèdent les limites réglementaires et dont le déplacement est subordonné à l'autorisation prévue à l'article 42 de la présente ordonnance font l'objet d'un procès-verbal de réception par le Service des titres de circulation constatant qu'ils satisfont aux seules prescriptions des articles 61 à 89 et 95 à 97 de la présente ordonnance.

2. – Immatriculation

Art. 101 *(Ord. n° 2.934, 10 déc. 1962)*. – Un certificat d'immatriculation établi dans les formes fixées par arrêté ministériel est délivré, sur sa demande, à tout propriétaire d'un véhicule automobile ou remorque, dont le poids total autorisé en charge est supérieur à 750 kilogrammes, ou d'une semi-remorque, mis ou remis en circulation dans la Principauté sous réserve qu'il satisfasse aux obligations prévues à l'article 102 ci-dessous.

Le certificat d'immatriculation dont la validité est limitée devra être renouvelé avant la date fixée pour son expiration ; en cas de retard, le montant des droits afférents au renouvellement de cette pièce pourra être majoré dans des conditions fixées par arrêté ministériel.

Le certificat d'immatriculation indiquera le numéro minéralogique assigné au véhicule.

Art. 102 *(Ord. n° 8.967, 14 août 1987 ; Ord. n° 10.516, 17 avr. 1992 ; Ord. n° 13.637, 25 sept. 1998 ; rempl., Ord. n° 1.609, 9 avr. 2008 ; mod., Ord. n° 2.035, 26 déc. 2008 ; rempl., Ord. n° 4.670, 15 janv. 2014)*. – Peuvent bénéficier de l'immatriculation de véhicules :

1° Les personnes physiques : domiciliées à Monaco au sens des articles 78, 79, 80 et 81 du Code civil, et pouvant justifier d'une carte d'identité nationale ou d'une carte de séjour en cours de validité.

Les personnes physiques justifiant en nom personnel d'un titre de propriété ou d'un bail à loyer concernant un logement en Principauté pourront se voir délivrer une ou plusieurs immatriculations renouvelables annuellement.

2° Pour un usage professionnel, les personnes physiques ou morales autorisées à exercer et exerçant effectivement une activité professionnelle, commerciale ou industrielle, à l'exclusion des sociétés civiles immobilières.

La mention « véhicules de service » sera inscrite sur le certificat d'immatriculation des véhicules d'entreprises.

Art. 103 *(Ord. n° 2.934, 10 déc. 1962 ; Ord. n° 8.540, 10 févr. 1986 ; Ord. n° 10.516, 17 avr. 1992 ; Ord. n° 13.637, 25 sept. 1998)*. – La demande de certificat d'immatriculation rédigée sur imprimé délivré par le Service des titres de circulation devra, dans les divers cas énoncés ci-après être accompagnée des pièces suivantes :

A. – Véhicules construits ou reconstruits à Monaco :

- Tous les renseignements nécessaires à l'application de l'article 98 de la présente ordonnance ;
- Le procès-verbal de réception du Service des titres de circulation y relatif.

B. – Véhicules déjà immatriculés à Monaco :

- Le précédent certificat d'immatriculation sur lequel le titulaire aura porté, d'une manière très lisible et inaltérable, la mention : « vendu le ... » (date de la transaction).

C. – Véhicules en provenance du territoire français :

a) Véhicules mis en circulation pour la première fois, dits véhicules neufs :

- Le certificat de conformité du type délivré par le service français des mines ;

b) Véhicules déjà en circulation, dits véhicules d'occasion :

– La carte grise du véhicule sur laquelle le titulaire aura porté, d'une manière très lisible et inaltérable, la mention « vendu le ... » (date de la transaction).

– Un certificat de non-gage délivré par le bureau d'immatriculation où était inscrit le véhicule.

D. — Véhicules en provenance d'autres territoires :

a) Véhicules mis en circulation pour la première fois, dits véhicules neufs :

– Le certificat de conformité du type pour les véhicules ayant déjà fait l'objet d'une réception par le service français des mines ou le certificat de réception à titre isolé délivré par le Service des titres de circulation conformément à l'article 98 de la présente ordonnance.

– Une copie certifiée conforme, par un receveur des douanes, du récépissé de paiement des droits de douane perçus à l'entrée en France, ou de la dispense du paiement de ces droits.

b) Véhicules déjà en circulation, dits véhicules d'occasion :

– Le certificat d'immatriculation délivré par le bureau d'immatriculation du pays d'origine ;

– Un certificat de non-gage délivré par le bureau d'immatriculation du véhicule pour le pays où cette méthode est en usage ;

– Une copie certifiée conforme par un receveur des douanes, du récépissé de paiement des droits de douane perçus à l'entrée en France, ou de la dispense du paiement de ces droits.

Dans tous les cas cités ci-dessus, le propriétaire devra joindre à sa demande de certificat d'immatriculation, un acte de cession où l'ancien titulaire atteste que le véhicule n'a pas subi depuis la dernière immatriculation, des modifications susceptibles de changer les indications du précédent certificat d'immatriculation.

Pour les véhicules déjà en circulation dits véhicules d'occasion, l'acte de cession n'est pas nécessaire lorsque la pièce d'origine du véhicule est établie au même nom que celui du nouveau propriétaire.

Lorsque le véhicule est soumis à l'obligation de visite technique qui est prévue aux articles 111 à 115, la demande de certificat d'immatriculation ou de renouvellement devra, en outre, être accompagnée du certificat de bonne conformité visé auxdits articles.

Art. 104 *(Ord. n° 2.934, 10 déc. 1962)*. – La demande de certificat d'immatriculation sera remise au Service des titres de circulation lequel, s'il y a lieu, convoquera l'intéressé qui devra se rendre avec le véhicule, au jour, à l'heure et à l'endroit fixés pour examen.

Art. 105 *(Ord. n° 2.934, 10 déc. 1962)*. – Dans le cas de véhicule dont le poids excède les limites réglementaires fixées à l'article 42 de la présente ordonnance, le certificat d'immatriculation doit porter une barre transversale rouge pour indiquer que le véhicule a fait l'objet d'une réception par le Service des titres de circulation dans les conditions spéciales prévues à l'article 100 et qu'il ne peut circuler que sous le couvert d'une autorisation ministérielle.

Art. 106 *(Ord. n° 2.934, 10 déc. 1962)*. – En cas de vente d'un des véhicules visés à l'article 101, l'ancien propriétaire doit, sans délai, adresser au Service des titres de circulation le certificat d'immatriculation, qui lui a été délivré, ainsi que le jeu des plaques minéralogiques correspondant accompagné d'une déclaration l'informant de la vente et indiquant l'identité et le domicile déclarés par l'acquéreur. Lorsque celui-ci aura son domicile à l'étranger, un certificat pour l'obtention des titres de circulation à l'étranger sera délivré au vendeur.

Art. 107 *(Ord. n° 2.934, 10 déc. 1962)*. – Tout propriétaire d'un des véhicules visés à l'article 101 doit prévenir le Service des titres de circulation de tout changement de domicile ou de raison sociale.

Art. 108 *(Ord. n° 2.934, 10 déc. 1962)*. – Toute transformation apportée à l'un des véhicules visés à l'article 105 et déjà immatriculé, qu'il s'agisse d'une transformation notable telle qu'elle est prévue à l'article 98 de la présente ordonnance ou de toute autre transformation susceptible de modifier les caractéristiques indiquées sur le certificat d'immatriculation pour automobiles doit immédiatement donner lieu, de la part de son propriétaire, à une déclaration au Ministre d'État, accompagnée du certificat d'immatriculation pour automobiles du véhicule aux fins de modification de cette dernière.

Cette déclaration est établie conformément à des règles fixées par arrêté ministériel.

Art. 109 *(Ord. n° 2.934, 10 déc. 1962)*. – Le titulaire du certificat d'immatriculation d'un véhicule qu'il veut détruire, doit adresser au Service des titres de circulation, une demande d'autorisation de destruction établie sur un imprimé délivré par ce service accompagnée du certificat d'immatriculation et des plaques minéralogiques du véhicule à détruire.

L'autorisation délivrée s'il y a lieu, sera ensuite retournée au Service des titres de circulation revêtue du cachet commercial de l'entrepreneur qui aura procédé à la destruction ainsi que de la mention et de la date de cette destruction.

Art. 110 *(Ord. n° 2.934, 10 déc. 1962)*. – En cas de perte ou de destruction d'un certificat d'immatriculation pour automobile, le titulaire peut en obtenir un duplicata en adressant une demande au Ministre d'État.

Art. 110 *bis* *(Ord. n° 11.566, 17 oct. 1994)*. – 1° Lorsqu'il apparaît, à dire d'expert, que le montant des réparations à effectuer sur un véhicule accidenté excède la valeur vénale de ce véhicule, l'assureur tenu, à un titre quelconque, d'indemniser les dommages dudit véhicule doit, dans les quinze jours suivant la remise du rapport d'expertise, proposer au propriétaire une indemnisation en perte totale avec cession du véhicule à l'assureur.

2° Si le propriétaire donne son accord pour la cession du véhicule à l'assureur, ce dernier remet au Service des titres de circulation les pièces prévues par l'article 109 de la présente ordonnance pour l'obtention d'une attestation de destruction.

L'assureur est alors tenu de céder le véhicule accidenté à un professionnel de la destruction ou de la récupération de pièces détachées.

3° En cas de refus du propriétaire de céder le véhicule à l'assureur, ou en l'absence de réponse dans le délai fixé au chiffre 1° ci-dessus, l'assureur doit en informer le Service des titres de circulation.

Ce service procède alors immédiatement à l'inscription d'une opposition à tout transfert du certificat d'immatriculation.

Il en avise le propriétaire par lettre simple.

Pour obtenir la levée de cette opposition, le propriétaire doit présenter :

– soit un second rapport d'expertise,

– soit un document émanant du centre de contrôle technique des véhicules, certifiant que le véhicule a fait l'objet des réparations touchant à la sécurité prévues par le premier rapport d'expertise, et que le véhicule est en état de circuler dans des conditions satisfaisantes de sécurité.

Au cas où, pour une cause quelconque, les réparations ne seraient pas effectuées, le propriétaire conserve la faculté de se faire délivrer une attestation de destruction en se conformant à la procédure prévue par l'article 109 de la présente ordonnance.

3. – Visites techniques des véhicules
(Ord. n° 8.540, 10 févr. 1986)

Art. 111 *(Ord. n° 8.540, 10 févr. 1986)*. – Les véhicules automobiles relevant des catégories déterminées par arrêté ministériel doivent faire l'objet, dans des conditions et selon une périodicité fixées par arrêté ministériel, de visites techniques destinées à vérifier leur bon état de marche et d'entretien.

Art. 112 *(Ord. n° 8.540, 10 févr. 1986)*. – Lorsqu'un accident de la circulation fait l'objet d'un constat par les services de police, ces derniers doivent adresser une fiche de renseignements sur tout véhicule accidenté : date, lieu, immatriculation, propriétaire, dégâts apparents.

Le Service des titres de circulation peut, au regard des renseignements ainsi fournis, demander au propriétaire du véhicule accidenté, immatriculé à Monaco, de présenter son véhicule, après réparations, à une visite technique.

Art. 113 *(Ord. n° 8.540, 10 févr. 1986)*. – À l'issue de chaque visite technique, il est dressé un rapport de contrôle dans lequel sont consignés les essais effectués et les constatations faites.

Copie de ce rapport est adressée au Service des titres de circulation.

Art. 114 *(Ord. n° 8.540, 10 févr. 1986)*. – Si le véhicule visité a été reconnu satisfaisant, en tous points, aux dispositions techniques qui lui sont applicables, un certificat de bonne conformité est remis au titulaire du certificat d'immatriculation.

Si l'état du véhicule n'est pas conforme à toutes les dispositions techniques qui lui sont applicables, le rapport de contrôle mentionne les défectuosités relevées.

Ces défectuosités sont classées en deux catégories : remise en état ou réglage dès que possible et remise en état ou réglage immédiat.

Lorsque la défectuosité relevée nécessite une remise en état ou un réglage immédiat, le véhicule ne peut circuler tant que les réparations nécessaires n'ont pas été effectuées. Il doit être présenté dans un délai maximum de quinze jours à une deuxième visite.

Si à l'issue de la deuxième visite technique, il est constaté qu'il n'a pas été remédié aux défectuosités constatées, le centre de visites doit en informer le Service des titres de circulation qui peut procéder au retrait du certificat d'immatriculation après notification à l'intéressé par lettre recommandée avec avis de réception. Il en est de même lorsque le véhicule n'est pas présenté à la deuxième visite technique.

Art. 115 *(Ord. n° 8.540, 10 févr. 1986).* – Les frais de visites dont les tarifs sont fixés par arrêté ministériel sont à la charge des propriétaires des véhicules.

4. – Permis de conduire – Conditions de délivrance et de validité (1)

Art. 116 *(Ord. n° 2.043, 20 août 1959 ; Ord. n° 2.576, 11 juill. 1961 ; Ord. n° 11.173, 8 févr. 1994 ; rempl., Ord. n° 16.545, 15 déc. 2004).* – Nul ne peut conduire un véhicule automobile ou un ensemble de véhicules s'il n'est porteur d'un permis de conduire en état de validité correspondant à la catégorie du véhicule utilisé.

Les personnes ayant leur domicile ou leur résidence en Principauté doivent être titulaires d'un permis de conduire délivré, par équivalence ou sur épreuves, par le Service des titres de circulation.

Tout titulaire d'un permis de conduire étranger venant fixer sa résidence ou son domicile à Monaco devra obligatoirement solliciter l'échange de son permis national contre un permis délivré par le Service des titres de circulation pendant l'année qui suit l'acquisition de la résidence normale en Principauté.

L'échange ne sera effectué que si :

1° Le permis présenté a été émis par un État ayant ratifié la Convention internationale sur la circulation routière (Convention de Vienne du 8 novembre 1968) ou par un État membre de l'Union Européenne, de l'Espace Économique Européen ou ayant signé un accord de réciprocité avec la Principauté de Monaco ;

2° Le permis est en cours de validité au moment de la demande d'échange ;

3° Le permis a été délivré à l'issue au moins d'une épreuve pratique de conduite ;

4° Le permis devra être rédigé en français ou si nécessaire être accompagné d'une traduction officielle en français.

Si la condition du 3° n'est pas remplie, seule l'équivalence avec l'épreuve théorique du permis monégasque sera acquise ; le demandeur sera alors invité à se présenter à une épreuve pratique qui, en cas de succès, lui donnera droit à l'échange de son permis.

L'échange permettra l'obtention par équivalence des catégories et sous-catégories de permis de conduire conformément à la réglementation applicable en Principauté.

Art. 117 *(Ord. n° 2.973, 31 mars 1963 ; Ord. n° 5.264, 14 déc. 1973 ; Ord. n° 6.279, 16 mai 1978 ; Ord. n° 7.952, 18 avr. 1984 ; Ord. n° 11.773, 8 févr. 1994 ; rempl., Ord. n° 16.545, 15 déc. 2004 ; mod., Ord. n° 2.213, 9 juin 2009 ; Ord. n° 2.778, 1er juin 2010 ; Ord. n° 3.960, 5 oct. 2012 ; rempl. à compter du 15 juin 2015, Ord. n° 5.274, 1er avr. 2015).* – Les différentes catégories de permis de conduire énoncées ci-dessous autorisent la conduite des véhicules automobiles ou ensemble de véhicules suivants :

– Catégorie A :

Motocycles, avec ou sans side-car

Tricycles à moteur

(1) Modalités d'examen en vue de l'obtention du permis de conduire, V. A. min. n° 2015-245, 1er avr. 2015.

– Catégorie B :

Véhicules automobiles dont la masse maximale autorisée n'excède pas 3.500 kilogrammes et dont le nombre de places assises outre le siège du conducteur, n'excède pas huit ; aux véhicules de cette catégorie peut être attelée une remorque dont la masse maximale autorisée n'excède pas 750 kilogrammes.

– Catégorie BE :

Véhicules automobiles relevant de la catégorie B, attelés d'une remorque dont la masse maximale autorisée excède 750 kilogrammes, lorsque la masse maximale autorisée de la remorque est supérieure à la masse à vide du véhicule tracteur ou lorsque le total des masses maximales autorisées (véhicule tracteur + remorque) est supérieur à 3.500 kilogrammes.

– Catégorie C :

Véhicules automobiles autres que ceux de la catégorie D dont la masse maximale autorisée excède 3.500 kilogrammes et qui sont construits pour le transport de 8 passagers au maximum, outre le conducteur ; aux véhicules de cette catégorie peut être attelée une remorque dont la masse maximale autorisée n'excède pas 750 kilogrammes.

– Catégorie CE :

Ensembles de véhicules couplés composés d'un véhicule tracteur de la catégorie C et d'une remorque ou d'une semi-remorque dont la masse maximale autorisée excède 750 kilogrammes.

– Catégorie D : Véhicules automobiles affectés au transport de personnes comportant plus de huit places assises, outre le siège du conducteur, ou transportant plus de huit personnes, non compris le conducteur ; aux véhicules de cette catégorie peut être attelée une remorque dont la masse maximale autorisée n'excède pas 750 kilogrammes.

– Catégorie DE :

Ensembles de véhicules couplés composés d'un véhicule tracteur rentrant dans la catégorie D et d'une remorque dont la masse maximale autorisée excède 750 kilogrammes.

Au sein des catégories ci-dessus définies, un permis spécifique peut être délivré pour la conduite des véhicules des sous-catégories suivantes :

– Sous-catégorie AM :

Cyclomoteurs

Quadricycles légers

– Sous-catégorie A1 :

Motocyclettes légères

Tricycles à moteur d'une puissance inférieure ou égale à 15 kilowatts.

– Sous-catégorie A2 :

Motocyclettes avec ou sans side-car, d'une puissance n'excédant pas 35 kilowatts et dont le rapport puissance/poids ne dépasse pas 0,2 kilowatt par kilogramme et n'étant pas dérivé d'un véhicule développant plus du double de sa puissance.

– Sous-catégorie B1 :

Quadricycles à moteur

– Sous-catégorie C1 :

Véhicules automobiles autres que ceux de la catégorie D et de la sous-catégorie D1, dont la masse maximale autorisée excède 3.500 kilogrammes sans dépasser 7.500 kilogrammes et qui sont construits pour le transport de huit passagers au maximum, outre le conducteur ; aux véhicules de cette sous-catégorie peut être attelée une remorque dont la masse maximale autorisée n'excède pas 750 kilogrammes.

– Sous-catégorie C1E :

Véhicules automobiles relevant de la catégorie C, attelés d'une remorque dont la masse maximale autorisée excède 750 kilogrammes, sous réserve que la masse maximale autorisée de l'ensemble n'excède pas 12.000 kilogrammes.

– Sous-catégorie D1 :

Véhicules automobiles affectés au transport de personnes, ayant plus de huit places assises, outre le siège du conducteur, sans excéder seize places assises et ayant une longueur maximale de huit mètres de long ; aux véhicules de cette sous-catégorie peut être attelée une remorque dont la masse maximale autorisée n'excède pas 750 kilogrammes.

– Sous-catégorie D1E :
Ensemble de véhicules couplés composés d'un véhicule tracteur de la catégorie D1 et d'une remorque dont la masse maximale autorisée excède 750 kilogrammes.

Pour l'application des dispositions relatives aux catégories et sous-catégories B, C1, D et D1, une place assise s'entend d'une place normalement destinée à un adulte ; les enfants de moins de dix ans ne comptent que pour une demi-place lorsque leur nombre n'excède pas dix.

Le permis de conduire porte mention des conditions dans lesquelles le conducteur est habilité à conduire. Ces mentions codifiées sont définies par arrêté ministériel.

Toutes les catégories et sous-catégories de permis ci-dessus définies peuvent être délivrées aux personnes atteintes d'un handicap physique nécessitant l'aménagement du véhicule ; dans ce cas, l'épreuve pratique de contrôle des aptitudes et des comportements se passe sur un véhicule doté d'un tel aménagement. Mention est portée sur le document de ces conditions particulières de validité.

Le permis de conduire de catégorie A ne permet la conduite des véhicules motorisés à deux ou trois roues utilisés pour le transport de personnes à titre onéreux, dits « motos à la demande », que s'il est assorti d'un livret professionnel avec vérification médicale obligatoire de l'aptitude physique du titulaire du permis.

Le permis de conduire valable pour les véhicules de la catégorie B ne permet la conduite des taxis, des véhicules de remise et des véhicules de service de ville, que s'il est assorti d'un livret professionnel avec vérification médicale obligatoire de l'aptitude physique du titulaire du permis.

Le permis de conduire valable pour les véhicules de la catégorie B ne permet la conduite des ambulances que s'il est assorti d'une carte professionnelle délivrée par le Service des Titres de Circulation après vérification médicale obligatoire de l'aptitude physique du titulaire du permis.

Art. 118 *(Ord. n° 11.173, 8 févr. 1994 ; rempl., Ord. n° 16.545, 15 déc. 2004 ; à compter du 15 juin 2015, Ord. n° 5.274, 1er avr. 2015).* – L'âge minimum des candidats aux divers permis prévus à l'article 117 ci-dessus est fixé à :

– 14 ans révolus pour la sous-catégorie AM ;
– 16 ans révolus pour les sous-catégories A1 et B1 ;
– 18 ans révolus pour les sous-catégories et catégories A2, B, BE, C1, et C1E ;
– 21 ans révolus pour les sous-catégories et catégories C, CE, D1, D1E et A pour les titulaires de permis A2 depuis deux ans ;
– 24 ans révolus pour les catégories A, D et DE.

En outre :

* 1° Le permis de catégorie A permet la conduite des véhicules relevant des sous-catégories A1, A2 et AM.
* 2° Le permis de sous-catégorie A2 permet la conduite des véhicules des sous-catégories A1 et AM.
* 3° Le permis de sous-catégorie A1 (motocyclettes légères) permet la conduite des véhicules de la catégorie AM.
* 4° Le permis de catégorie B permet la conduite des véhicules relevant des sous-catégories B1 et AM. Le permis de catégorie B obtenu depuis plus de 2 ans ne permet la conduite des motocyclettes légères que sur le territoire national.
* 5° Le permis de sous-catégorie B1 permet la conduite des cyclomoteurs et des tricycles légers à moteurs.

Tout permis délivré pour les catégories C, ou D est automatiquement étendu à la catégorie BE.

Tout permis délivré pour la catégorie CE est automatiquement étendu à la catégorie DE lorsque le titulaire est en possession du permis de catégorie D.

Tout permis délivré pour la sous-catégorie C1E est automatiquement étendu à la sous-catégorie D1E lorsque le titulaire est en possession du permis de sous-catégorie D1.

Art. 119 *(Ord. n° 13.126, 8 juill. 1997 ; rempl., Ord. n° 16.545, 15 déc. 2004 ; abr. à compter du 15 juin 2015, Ord. n° 5.274, 1er avr. 2015).*

Art. 120 *(Ord. n° 2.973, 31 mars 1963 ; Ord. n° 7.952, 18 avr. 1984 ; Ord. n° 9.936, 9 nov. 1990 ; Ord. n° 11.173, 8 févr. 1994 ; mod., Ord. n° 2.213, 9 juin 2009 ; rempl. à compter du 15 juin 2015, Ord. n° 5.274, 1er avr. 2015).* – Les permis de conduire des sous-catégories et catégories suivantes :

BE, C1, C, CE, C1E, D1, D1E, D, DE

ainsi que les permis délivrés aux personnes handicapées nécessitant un aménagement du poste de conduite ne sont délivrés que pour une durée maximum de cinq ans aux conducteurs âgés de moins de quarante-cinq ans, de trois ans aux conducteurs dont l'âge est compris entre quarante-cinq ans et cinquante-cinq ans, de deux ans aux conducteurs dont l'âge est compris entre cinquante-cinq et soixante ans et d'un an aux conducteurs ayant dépassé soixante ans, sur le vu d'un certificat médical établi par un médecin installé en Principauté.

Les permis de conduire les véhicules des sous-catégories et catégories C, C1, D1 ou D ne peuvent être délivrés qu'aux conducteurs titulaires du permis B.

Les permis de conduire pour les sous-catégories et catégories BE, C1E, CE, D1E, DE ne peuvent être délivrés qu'aux conducteurs titulaires du permis correspondant aux sous-catégories et catégories de base, B, C1, C, D1 ou D.

Art. 121. – La validité du permis, pour toutes les catégories de véhicules ou pour certaines d'entre elles, peut être limitée dans sa durée, si lors de sa délivrance il est constaté que le candidat est atteint d'une affection compatible avec l'obtention du permis, mais susceptible de s'aggraver.

Si, postérieurement à la délivrance du permis, il est constaté que le titulaire est frappé d'une affection temporaire ou permanente incompatible avec l'obtention du permis, le Ministre d'État prononce, par arrêté et sur le vu d'un certificat médical établi par un médecin désigné à cet effet, la restriction de validité, la suspension ou l'annulation du permis.

Art. 122. – Le Ministre d'État détermine les conditions dans lesquelles doivent être demandés, établis et délivrés les permis de conduire et son prononcées les extensions, prorogations et restrictions de validité de ces permis.

Il fixe la liste des incapacités physiques incompatibles avec l'obtention du permis de conduire ainsi que la liste des incapacités susceptibles de donner lieu à l'application de l'article 121 ci-dessus.

(Ord. n° 2.973, 31 mars 1963) Il établit les conditions d'aptitude à l'exercice de la profession de moniteur d'enseignement de la conduite des véhicules à moteur.

5. – Permis de conduire. – Conditions de suspension et de retrait

Art. 123 *(Ord. n° 6.781, 4 mars 1980 ; Ord. n° 10.196, 24 juin 1991)*. – La suspension du permis de conduire pour une durée allant jusqu'à deux ans peut être prononcée par le Ministre d'État lorsque son titulaire aura fait l'objet d'un procès-verbal constatant :

– soit qu'il conduisait en état d'ivresse manifeste ou sous l'empire d'un état alcoolique au sens de l'article 391-1 du Code pénal ;
– soit qu'il a commis une infraction à l'une des dispositions de la présente ordonnance ;
– soit qu'il a commis l'un des faits visés aux articles 314 et 315 du Code pénal ou le délit de fuite.

La suspension du permis de conduire peut être assortie du sursis à exécution pour tout ou partie de la peine sauf en cas de conduite d'un véhicule sous l'empire d'un état alcoolique caractérisé ou en cas de délit de fuite consécutif à des blessures ou à un homicide involontaire.

La suspension du permis de conduire ne sera exécutée que si dans le délai de trois ou cinq ans à compter du prononcé de la suspension le conducteur commet une nouvelle infraction telle que définie au premier alinéa ci-dessus.

Dans tous les cas où la juridiction pénale aura prononcé une décision définitive de non-lieu ou de relaxe, la mesure de suspension devra être rapportée.

Art. 124. – Dans le cas où le titulaire d'un permis de conduire a fait l'objet d'une condamnation définitive, à l'occasion de la conduite de son véhicule par application des articles 314 et 315 du Code pénal, le Ministre d'État doit, obligatoirement, suspendre ce permis pour une durée de un mois au moins et de deux ans au plus.

Cette durée est portée à un an au moins et à quatre ans, au plus, si la décision de condamnation constate le délit de fuite ou l'état d'ivresse.

Art. 125 *(Ord. n° 1.950, 13 févr. 1959 ; Ord. n° 2.973, 31 mars 1963)*. – Lorsqu'un conducteur fera l'objet d'un procès-verbal constatant qu'il conduisait en infraction à un arrêté de suspension de son permis, le Ministre d'État pourra, sans préjudice des sanctions prévues à l'article 207, doubler la durée de la suspension du permis. La mise en fourrière du véhicule utilisé au moment de l'infraction pourra être ordonnée aux frais, risques et périls du contrevenant et du propriétaire solidairement responsables.

Art. 126. – Lorsque le titulaire d'un permis de conduire a fait l'objet d'une condamnation définitive, à l'occasion de la conduite de son véhicule, par application des articles 314 et 315 du Code pénal et qu'il résulte des éléments ayant motivé la condamnation qu'il ne possède plus les aptitudes ou connaissances exigées pour l'obtention du permis dont il est titulaire, le Ministre d'État doit annuler son permis.

Le Ministre d'État devra dans son arrêté d'annulation, fixer un délai de six mois au moins et de quatre ans au plus avant l'expiration duquel l'intéressé ne pourra solliciter un nouveau permis.

Lorsqu'un conducteur a fait l'objet d'un procès-verbal constatant qu'il conduisait en infraction à un arrêté d'annulation de son permis, le Ministre d'État doit obligatoirement doubler le délai prévu à l'alinéa précédent, s'il était d'au moins deux ans. Si ce délai était inférieur à deux ans, il devra obligatoirement être porté à quatre ans.

Tout conducteur dont le permis a été annulé doit, pour pouvoir se mettre en instance de subir les épreuves correspondant aux permis des catégories A, A1 et B présenter à l'appui de sa candidature, un certificat délivré par un médecin désigné par le Ministre d'État attestant que l'intéressé n'est atteint d'aucune affection incompatible avec la délivrance du permis de la catégorie sollicitée.

Art. 127. – Lorsqu'un conducteur n'est pas titulaire du permis exigé pour le véhicule à l'occasion de la conduite duquel il a été condamné par application de l'un des articles 314 ou 315 du Code pénal, le Ministre d'État doit obligatoirement fixer un délai de six mois au moins et de deux ans au plus avant l'expiration duquel l'intéressé ne pourra solliciter de permis.

Lorsqu'un conducteur n'est pas titulaire du permis exigé pour le véhicule à l'occasion de la conduite duquel il a fait l'objet d'une condamnation pour délit de fuite en application des dispositions de la présente ordonnance souveraine ou lorsqu'une décision définitive de justice prononçant une condamnation à son encontre constate qu'il conduisait son véhicule en état d'ivresse, les délais prévus à l'alinéa précédent sont portés à un an au moins et à quatre ans au plus.

Art. 128 *(Ord. n° 5.507, 9 janv. 1975)*. – Il est institué une commission technique spéciale obligatoirement consultée par le Ministre d'État lorsqu'il y a aura lieu de procéder à la suspension d'un permis de conduire.

La composition de cette commission est fixée par le Ministre d'État.

Il ne pourra, en aucun cas, s'écouler un délai de plus de deux mois entre chaque séance de la commission.

Le Ministre d'État peut, en cas de nécessité, suspendre un permis de conduire pour une durée inférieure à trois mois après consultation d'un membre permanent de ladite commission. La situation du conducteur en cause devra ensuite être soumise à l'examen de la commission, lors de sa plus prochaine séance.

Si le conducteur, qui a fait l'objet d'un arrêté de restriction, de suspension ou d'annulation du permis, conduit ou peut être appelé à conduire un véhicule appartenant à son employeur, l'arrêté sera notifié à ce dernier.

Les permis suspendus ou annulés sont retirés au titulaire temporairement en ce de suspension ou définitivement en cas d'annulation.

La suspension ou l'annulation d'un permis de conduire donne lieu au retrait, pour la même durée et dans les mêmes conditions, de tout autre permis, de quelque catégorie que ce soit dont le conducteur est titulaire.

Voir : Commission technique spéciale : A. min. n° 81-496, 8 oct. 1981 *(mod., A. min. 2000-404, 15 sept. 2000)*.

Art. 128 *bis* *(Ord. n° 8.395, 20 sept. 1985)*. – Toutefois, lorsque la commission technique instituée par l'article 128 a été d'avis que les infractions aux règles générales de la circulation peuvent être liées, en raison des circonstances de fait dans lesquelles elles ont été relevées, à des déficiences dans les aptitudes physiques, la levée de la mesure de suspension peut être subordonnée à la présentation d'un certificat médical d'aptitude délivré par un ou plusieurs médecins désignés par le Ministre d'État.

Art. 129. – Le bénéfice du sursis à l'exécution de la condamnation pénale ne fait pas obstacle à l'application des dispositions du présent paragraphe.

6. – **Contrôle de la circulation**

Art. 130 *(Ord. n° 2.934, 10 déc.1985 ; rempl., Ord. n° 16.545, 15 déc. 2004 ; mod., Ord. n° 1.609, 9 avr. 2008 ; mod. à compter du 1er juill. 2014, Ord. n° 4.855, 24 juin 2014 ; mod. à compter du 1er janvier 2015, Ord. n° 5.129, 12 déc. 2014).* – Le conducteur de tout véhicule ou ensemble de véhicules est tenu de présenter à toute réquisition des agents de l'autorité compétente :

1° son permis de conduire ;

2° le certificat d'immatriculation du véhicule automobile et le cas échéant, celui de la remorque si la masse totale autorisée de cette dernière excède 750 kilogrammes ou de la semi-remorque s'il s'agit d'un véhicule articulé, ou les certificats d'immatriculation provisoires ;

3° le contrat de location du véhicule ;

4° l'attestation d'assurance du véhicule en cours de validité.

Sans préjudice des dispositions prévues à l'alinéa précédent, le conducteur d'un véhicule taxi ou d'un véhicule de location avec chauffeur immatriculé à l'étranger, qui stationne ou circule sur la voie publique, est tenu, sur réquisition des agents de l'autorité publique, de :

1°) justifier de l'accomplissement des formalités relatives à la déclaration préalable de course dans les conditions prévues à l'article 45 *bis* de Notre ordonnance n° 1.720 du 4 juillet 2008 relative à la réglementation des taxis, des véhicules de remise et des véhicules de service de ville et des motos à la demande, modifiée ;

2°) d'apposer la vignette à l'intérieur du véhicule, conformément aux dispositions de l'article 45 de Notre ordonnance n° 1.720 du 4 juillet 2008 relative à la réglementation des taxis, des véhicules de remise, des véhicules de service de ville et des motos à la demande, modifiée.

TITRE III. – DISPOSITIONS SPÉCIALES APPLICABLES AUX MATÉRIELS DE TRAVAUX PUBLICS ET À CERTAINS ENGINS SPÉCIAUX

1. – **Définitions**

Art. 131. – *Matériels de travaux publics.* – Les dispositions du titre Ier et celles du présent titre sont seules applicables à tous les matériels spécialement conçus pour les besoins d'une entreprise de travaux publics ne servant pas normalement au transport sur routes de marchandises ou de personnes.

La liste de ces matériels est établie par le Ministre d'État.

Tout matériel automoteur de travaux publics dont la conduite est assurée par un conducteur marchand à pied est assimilable à un véhicule à bras en ce qui concerne l'application de la présente ordonnance.

Art. 132. – Les dispositions des articles 47 à 53 de la présente ordonnance sont applicables aux matériels de travaux publics. Toutefois, des dérogations peuvent être accordées par le Ministre d'État.

2. – **Gabarit**

Art. 133. – Les dispositions des articles 54 à 56 de la présente ordonnance sont également applicables aux matériels de travaux publics.

Toutefois, la longueur des véhicules, appareils et ensembles de véhicules et matériels de travaux publics peut atteindre sans les excéder les limites ci-après :

- Pour les véhicules isolés, toutes saillies comprises, 15 mètres ;
- Pour les ensembles de véhicules ou appareils pouvant comporter une ou plusieurs remorques, 22 mètres ;

Des dérogations aux dispositions des articles 54 à 56 visés ci-dessus peuvent en outre être accordées par le Ministre d'État.

Art. 134. – Les parties mobiles ou aisément démontables des véhicules et matériels visés au présent titre doivent être repliées dans les trajets sur route.

3. – **Dimensions du chargement**

Art. 135. – Les dispositions des articles 57 à 60 de la présente ordonnance sont applicables aux matériels de travaux publics ; ils ne sont pas soumis à celles de l'article 53, sous réserve que la largeur du chargement n'excède en aucun cas celle du véhicule tracteur.

4. – Organe moteur

Art. 136. – Les dispositions de l'article 56 de la présente ordonnance sont applicables aux matériels de travaux publics.

Toutefois, les dispositions de l'article 62 ne leur sont pas applicables lorsqu'ils sont équipés de moteur semi-diesel.

5. – Organes de manœuvre, de direction et de visibilité

Art. 137. – Si le champ de visibilité du conducteur en toutes directions n'est pas suffisant pour que celui-ci puisse conduire avec sûreté, le conducteur devra être guidé par un convoyeur précédant le véhicule.

Les dispositions des articles 65 et 68 de la présente ordonnance sont applicables aux matériels de travaux publics.

Toutefois, le miroir rétroviseur prévu à l'article 68 n'est pas exigible sur ceux de ces véhicules ou matériels qui ne comportent pas de cabine fermée.

Dans le cas où l'un de ces véhicules est muni d'un pare-brise, il doit porter un essuie-glace.

6. – Freinage

Art. 138. – Les conditions dans lesquelles doit être assuré le freinage des matériels de travaux publics sont déterminées par le Ministre d'État.

7. – Éclairage et signalisation

Art. 139. – Tout matériel de travaux publics automoteur circulant ou stationnant sur une route doit être muni :

- Des feux de position prévus à l'article 74 de la présente ordonnance ;
- D'un ou deux feux rouges répondant aux conditions prévues à l'article 77 ;
- Des dispositifs réfléchissants prévus à l'article 83.

Dès la tombée de la nuit, et pendant la nuit, ou le jour, lorsque les circonstances l'exigent, ces véhicules doivent porter les feux de croisement prévus à l'article 76.

Ils peuvent en outre être munis des feux de route prévus à l'article 75.

Art. 140. – Tout matériel de travaux publics remorqué doit, s'il circule ou stationne dans les conditions prévues à l'article 139 ci-dessus, être muni à l'arrière d'un feu rouge répondant aux conditions prévues à l'article 77 de la présente ordonnance. Toutefois, ce feu pourra être porté à la main par un convoyeur se trouvant immédiatement à côté et à gauche du véhicule. Il doit être muni, en toute circonstance, des dispositifs réfléchissants prévus à l'article 83.

Art. 141. – Lorsque la largeur d'un matériel de travaux publics automoteur ou remorqué dépasse 2,50 mètres, le véhicule tracteur doit porter à l'avant et à sa partie supérieure un panneau carré éclairé dès la tombée de la nuit, visible de l'avant et de l'arrière du véhicule à une distance de 150 mètres la nuit, par temps clair, sans être éblouissant et faisant apparaître en blanc, sur fond noir une lettre « D » d'une hauteur égale ou supérieure à 0,20 mètre.

Si ce panneau n'est pas visible de l'arrière de l'ensemble, le dernier véhicule remorqué doit porter à l'arrière un ensemble de dispositifs réfléchissants dessinant en blanc sur fond noir une lettre « D » de même dimension que ci-dessus.

Art. 142. – Tout matériel de travaux publics peut être muni, pour le travail de nuit, d'appareils d'éclairage autres que ceux visés au présent paragraphe. Il ne doit pas en être fait usage sur les routes.

Art. 143. – Le Ministre d'État détermine les spécifications auxquelles doivent répondre les dispositifs d'éclairage et de signalisation des matériels de travaux publics, éventuellement, leur remplacement et leurs conditions d'établissement sur le véhicule, pour satisfaire aux prescriptions du présent paragraphe. Il peut interdire l'usage d'appareils non conformes à des types ayant reçu son agrément.

8. – Signaux d'avertissement

Art. 144. – Tout matériel de travaux publics automoteur doit être muni d'un avertisseur sonore répondant aux spécifications prévues à l'article 86 pour l'usage urbain.

9. – Plaques et inscriptions

Art. 145 *(Ord. n° 2.043, 20 août 1959)*. – Tout matériel de travaux publics doit porter sur une « plaque de constructeur », le nom, la marque, ainsi que l'adresse du constructeur et l'indication du poids total autorisé en charge.

Tout matériel de travaux publics soumis à réception doit porter, en outre, sur une plaque spéciale, l'indication du lieu et de la date de sa réception par le Service des titres de circulation.

Ces diverses inscriptions sont faites sous la responsabilité du constructeur.

Art. 146. – Le Ministre d'État détermine les conditions d'application du présent paragraphe.

10. – Conditions d'attelage des remorques

Art. 147. – Les dispositions de l'article 95 de la présente ordonnance sont applicables aux matériels remorqués de travaux publics lorsque le poids total autorisé en charge de ces véhicules excède 1,5 tonne.

11. – Vitesse

Art. 148. – La vitesse des véhicules et matériels de travaux publics est limitée à 27 kilomètres par heure.

12. – Réception

Art. 149 *(Ord. n° 2.043, 20 août 1959)*. – Les dispositions des articles 98 à 100 de la présente ordonnance sont applicables à certains matériels de travaux publics, appelés à être employés normalement sur les routes, et dont la liste sera fixée par le Ministre d'État.

La réception effectuée par le Service des titres de circulation est destinée à constater que ces véhicules et appareils répondent aux définitions des articles 47 à 53, 136 à 145 et 147 de la présente ordonnance.

13. – Visites techniques

Art. 150. – Un arrêté du Ministre d'État fixe les conditions d'application des articles 111 à 115 de la présente ordonnance aux matériels de travaux publics.

14. – Immatriculation

Art. 151. – Le Ministre d'État détermine les conditions spéciales d'immatriculation des matériels de travaux publics.

15. – Engins spéciaux

Art. 152. – Certaines des dispositions du présent titre pourront être étendues par le Ministre d'État à certains engins spéciaux dont la vitesse ne peut excéder par construction 27 kilomètres à l'heure.

TITRE IV. – DISPOSITIONS SPÉCIALES APPLICABLES AUX MOTOCYCLETTES, VÉLOMOTEURS, TRICYCLES ET QUADRICYCLES À MOTEUR ET À LEURS REMORQUES

1. – Définitions

Art. 153 *(Ord. n° 11.173, 8 févr. 1994 ; rempl., Ord. n° 16.545, 15 déc. 2004 ; rempl. à compter du 15 juin 2015, Ord. n° 5.274, 1er avr. 2015)*. – Pour l'application des dispositions du présent titre, les définitions suivantes sont adoptées :

– Motocyclettes :

Véhicules à deux roues à moteur ne répondant pas à la définition du cyclomoteur et dont la puissance n'excède pas 73,6 kilowatts ; l'adjonction d'un side-car à une motocyclette ne modifie pas le classement de celle-ci.

– Motocyclettes légères :

Motocyclettes dont la cylindrée n'excède pas 125 cm^3 et dont la puissance n'excède pas 11 kilowatts, à l'exception des cyclomoteurs.

– Tricycles à moteurs :

Véhicules à trois roues symétriques, équipé d'un moteur d'une cylindrée supérieure à 50 cm^3 s'il est à combustion interne et / ou dont la vitesse maximale par construction est supérieure à 45 Km/h, dont la masse à vide n'excède pas 1.000 kilogrammes la charge utile n'excède pas 1.500 kilogrammes destinés au transport de marchandises et 300 kilogrammes pour les tricycles destinés au transport de personnes.

– Quadricycles à moteur :

* Quadricycles légers à moteur

Véhicules à moteur à quatre roues dont la masse à vide n'excède pas 350 kilogrammes et dont la charge utile n'excède pas 200 kilogrammes. La vitesse maximale par construction est égale ou supérieure à 6 Km/h et ne dépasse pas 45 Km/h et la cylindrée n'excède pas 50 cm^3 pour les moteurs à allumage commandé ou dont la puissance maximale nette n'excède pas 4 kilowatts pour les autres types de moteurs. Étant précisé que pour les véhicules électriques la masse des batteries ne doit pas être prise en compte.

* Quadricycles lourds à moteur :

Véhicules à moteur à quatre roues qui n'est pas de la catégorie des quadricycles légers à moteurs, dont la puissance nette maximale du moteur est inférieure ou égale à 15 kilowatts. Pour les quadricycles affectés au transport de marchandises, la masse à vide n'excède pas 550 kilogrammes et la charge utile n'excède pas 1.000 kilogrammes. Pour les quadricycles destinés au transport de personne, la masse à vide n'excède pas 400 kilogrammes et la charge utile n'excède pas 200 kilogrammes. Étant précisé que pour les véhicules électriques, la masse des batteries ne doit pas être prise en compte.

Les dispositions des articles 101 à 110 *bis*, 116 à 118, et 121 à 130 du Code de la route sont applicables aux motocyclettes, tricycles, et quadricycles à moteur, indépendamment de leur puissance ou cylindrée.

2. – Bandages

Art. 154. – Les dispositions des articles 52 et 53 de la présente ordonnance sont applicables aux véhicules visés au présent titre.

3. – Dimensions du chargement

Art. 155. – Les dispositions des articles 57 et 58 de la présente ordonnance sont applicables aux véhicules visés au présent titre.

4. – Organes moteurs

Art. 156. – Les dispositions des articles 61, 62 et 63 de la présente ordonnance sont applicables aux véhicules visés au présent titre.

5. – Organes de manœuvre, de direction et de visibilité et appareils de contrôle de la vitesse

Art. 157. – Les dispositions des articles 64, 65, 68 et 70 de la présente ordonnance sont applicables aux véhicules visés au présent titre.

6. – Freinage

Art. 158. – Les dispositions des articles 71 et 73 de la présente ordonnance sont applicables aux véhicules visés au présent titre.

Les remorques sont dispensées de l'obligation des freins à la condition que leur poids total en charge n'excède pas 80 kilogrammes ou le poids à vide du véhicule tracteur.

7. – Éclairage et signalisation

Art. 159. – Les motocyclettes et vélomoteurs avec ou sans side-car, les tricycles et quadricycles à moteur doivent être munis à l'avant d'un ou deux feux de position, d'un feu de route et d'un feu de croisement, répondant respectivement aux conditions prévues aux articles 74, 75 et 76.

Les véhicules visés au présent titre doivent en outre être munis à l'arrière d'un ou deux feux répondant aux conditions prévues à l'article 77, ainsi que du dispositif prévu à l'article 79.

Au cas où les motocyclettes ou les vélomoteurs sont accompagnés d'un side-car, ce dernier doit être muni à l'avant d'un feu de position et, à l'arrière, d'un feu rouge et d'un dispositif réfléchissant.

Stationnement

Art. 160. – Les motocyclettes et vélomoteurs avec side-car ou remorque, les tricycles et quadricycles à moteur peuvent être munis des feux prévus à l'article 82.

Les motocyclettes et vélomoteurs sans side-car ni remorque peuvent stationner sans être éclairés en bordure du trottoir ou de la chaussée.

Dispositif réfléchissant

Art. 161. – Les véhicules visés au présent titre doivent porter un dispositif réfléchissant dans les conditions prévues à l'article 83.

Art. 162. – Les véhicules visés au présent titre peuvent être munis des dispositifs prévus aux articles 80 et 81.

Art. 163. – Les dispositions de l'article 85 sont applicables aux véhicules visés au présent titre.

8. – Signaux d'avertissement

Art. 164. – Les véhicules visés au présent titre doivent être munis d'un avertisseur sonore répondant aux spécifications prévues à l'article 86 de la présente ordonnance pour l'usage urbain.

Art. 165. – Les véhicules des services de police, de secours et les véhicules servant à la lutte contre l'incendie peuvent être équipés d'avertisseurs spéciaux en plus des avertisseurs de types normaux.

9. – Plaques et inscriptions

Art. 166. – Les dispositions des articles 89, 91 et 94 de la présente ordonnance sont applicables aux véhicules visés au présent titre. Toutefois, la plaque de constructeur prévue à l'article 89 ne porte pas obligatoirement l'indication du poids total autorisé en charge, mais elle doit comporter l'indication de la cylindrée. En outre, les véhicules visés au présent titre ne portent qu'une seule plaque d'immatriculation placée à l'arrière.

Art. 167. – Les remorques attelées aux véhicules visés au présent titre doivent porter à l'arrière une plaque d'immatriculation reproduisant le numéro d'immatriculation du véhicule tracteur lorsque les dimensions de la remorque ou du chargement sont telles que la plaque d'immatriculation du véhicule tracteur n'est pas visible pour un observateur placé à l'arrière.

10. – Réception

Art. 168 *(Ord. n° 2.043, 20 août 1959)*. – Les dispositions des articles 98 à 100 de la présente ordonnance sont applicables aux véhicules visés au présent titre.

Toutefois, la réception effectuée par le Service des titres de circulation est destinée à constater que ces véhicules répondent aux définitions de l'article 153 et satisfont aux seules prescriptions des articles 154 et 155 à 167 en ce qui concerne pour l'article 166 l'application de l'article 89.

11. – Immatriculation

Art. 169 *(Abr., Ord. n° 16.545, 15 déc. 2004)*.

12. – Permis de conduire

Art. 170 *(Abr., Ord. n° 11.173, 8 févr. 1994)*.

13. – Contrôle de la circulation

Art. 171 *(Abr., Ord. n° 16.545, 15 déc. 2004)*.

TITRE V. – DISPOSITIONS SPÉCIALES APPLICABLES AUX CYCLES ET AUX CYCLOMOTEURS ET À LEURS REMORQUES

Art. 172 *(Ord. n° 2.973, 31 mars 1963 ; Ord. n° 5.264, 14 déc. 1973 ; Ord. n° 6.279, 16 mai 1978 ; Ord. n° 11.173, 8 févr. 1994 ; rempl, Ord. n° 16.545, 15 déc. 2004 ; mod., Ord. n° 1.771, 28 août 2008)*. – Pour l'application des dispositions du présent titre, les définitions suivantes sont adoptées :

Cyclomoteur : véhicule à deux ou trois roues dont la vitesse maximale par construction ne dépasse pas 45 km/h et équipé :

a) pour un cyclomoteur à deux roues, d'un moteur d'une cylindrée ne dépassant pas 50 cm^3 s'il est à combustion interne ou d'une puissance maximale nette n'excédant pas 4 kilowatts pour les autres types de moteur ;

b) pour un cyclomoteur à trois roues, d'un moteur d'une cylindrée ne dépassant pas 50 cm^3 s'il est à allumage commandé ou d'une puissance maximale nette n'excédant pas 4 kilowatts pour les autres types de moteur.

Cycle : véhicule ayant au moins deux roues et propulsé exclusivement par l'énergie musculaire des personnes se trouvant sur ce véhicule, notamment à l'aide de pédales ou de manivelles ou dont le pédalage est assisté par un moteur auxiliaire électrique d'une puissance nominale continue maximale de 500 watts.

Les dispositions des articles 101 à 110 *bis*, 116 à 118, et 121 à 130 du Code de la route sont applicables aux véhicules de cette catégorie

1. – Règles relatives à la circulation routière spéciales aux cyclistes et aux conducteurs de cyclomoteurs

Art. 173. – Les conducteurs de cyclomoteurs ne doivent jamais rouler de front ni les cyclistes rouler à plus de deux de front sur la chaussée. Ces derniers doivent se mettre en file simple dès la tombée de la nuit et dans tous les cas où les conditions de la circulation l'exigent et notamment lorsqu'un véhicule voulant les dépasser annonce son approche. Il est interdit aux cyclistes et aux conducteurs de cyclomoteurs de se faire remorquer par un véhicule.

Les cyclistes qui circulent avec un side-car ou une remorque, ainsi que les conducteurs de tricycle ou de quadricycle, doivent se mettre en file simple.

Art. 174. – Par dérogation aux dispositions de l'article 38 de la présente ordonnance, la circulation des cycles ou cyclomoteurs à deux roues conduits à la main est admise sur les trottoirs. Dans ce cas les conducteurs ne sont tenus d'observer que les règles imposées aux piétons.

Art. 175 *(Ord. n° 11.173, 8 févr. 1994 ; rempl. à compter du 1er févr. 2005, Ord. n° 16.545, 15 déc. 2004)*. – Sur les cyclomoteurs et cycles, le transport de passagers n'est autorisé que sur un siège fixé au véhicule, différent de celui du conducteur.

Pour l'application du présent article, la selle double ou la banquette est assimilée à deux sièges.

Tout passager d'un cycle ou cyclomoteur doit être âgé de moins de quatorze ans et doit être transporté sur un siège adapté à sa taille.

Toutefois, un passager d'un cyclomoteur peut être âgé de plus de quatorze ans dès lors que le certificat d'immatriculation mentionne un nombre de places égal à deux.

2. – Freinage

Art. 176. – Tout cycle ou cyclomoteur doit être muni de deux dispositifs de freinage efficaces.

3. – Éclairage

Art. 177. – Dès la tombée de la nuit ou de jour lorsque les circonstances l'exigent, tout cycle ou cyclomoteur monté doit être muni d'une lanterne unique émettant vers l'avant une lumière non éblouissante jaune et d'un feu rouge à l'arrière. Ce feu doit être nettement visible de l'arrière lorsque le véhicule est monté.

Art. 178. – En outre, tout cycle ou cyclomoteur doit être muni, de jour et de nuit, d'un ou plusieurs dispositifs réfléchissants de couleur rouge, visibles de l'arrière, dont les caractéristiques et les conditions sont déterminées par le Ministre d'État.

Art. 179. – Lorsqu'au cycle ou cyclomoteur est attachée une remorque, celle-ci doit être munie à l'arrière d'un dispositif réfléchissant rouge placé à gauche et conforme aux dispositions de l'article 178 ci-dessus et, en outre, d'un feu rouge si la remorque et son chargement masquent le feu rouge arrière du véhicule.

4. – Signaux d'avertissement

Art. 180. – Tout cycle doit être muni d'un appareil avertisseur constitué par un timbre dont le son peut être entendu à cinquante mètres au moins. L'emploi de tout autre signal sonore est interdit.

Toutefois, les cyclomoteurs peuvent être munis d'autres avertisseurs sonores, sous réserve que ces derniers répondent aux spécifications prévues à l'article 86 de la présente ordonnance pour l'usage urbain.

5. – Plaques

Art. 181 *(Ord. n° 2.043, 20 août 1959 ; Ord. n° 6.279, 16 mai 1978).* – Tout cycle doit porter une plaque métallique indiquant le nom et le domicile de son propriétaire.

Les cyclomoteurs doivent porter d'une manière apparente sur une plaque métallique invariablement fixée au moteur le nom du constructeur du moteur, l'indication du type du moteur, de sa cylindrée, ainsi que l'indication du lieu et de la date de la réception par le Service des titres de circulation. Ces indications doivent être encadrées par le poinçon du constructeur.

Les dispositions des articles 91 et 94 sont applicables aux véhicules de cette catégorie. Toutefois, les cyclomoteurs ne portent qu'une seule plaque d'immatriculation placée à l'arrière.

6. – Réception des cyclomoteurs

Art. 182 *(Ord. n° 2.043, 20 août 1959).* – Les dispositions des articles 98 à 100 de la présente ordonnance sont applicables aux cyclomoteurs. Toutefois, la réception effectuée par le Service des titres de circulation est destinée à constater que ces véhicules répondent à la définition de l'article 172 et satisfont aux seules prescriptions des articles 61 à 65 et 176 à 182 de la présente ordonnance.

TITRE VI. – DISPOSITIONS SPÉCIALES APPLICABLES AUX VÉHICULES À TRACTION ANIMALES ET AUX VOITURES À BRAS

1. – Nombre d'animaux d'un attelage

Art. 183. – Sauf dans les cas prévus aux articles 42, 44 et 186 de la présente ordonnance, il ne peut être attelé :

1° Aux véhicules servant au transport des marchandises, plus de cinq chevaux ou bêtes de trait s'il s'agit de véhicules à deux roues, plus de huit chevaux ou autres bêtes de trait s'il s'agit de véhicules à quatre roues sans que, dans ce dernier cas, il puisse y avoir plus de cinq animaux en enfilade ;

2° Aux véhicules servant au transport de personnes, plus de trois chevaux s'il s'agit de véhicules à deux roues, plus de six s'il s'agit de véhicules à quatre roues.

Art. 184. – Quand le nombre de bêtes de trait est supérieur à six ou excède cinq en enfilade, il doit être adjoint un aide au conducteur.

Art. 185. – La limitation du nombre des animaux d'attelage fixée à l'article 183 ci-dessus n'est pas applicable sur les sections de routes offrant des rampes d'une déclivité ou d'une longueur exceptionnelles.

2. – Groupement de véhicules

Art. 186. – Un convoi de véhicules à traction animale peut ne comporter qu'un seul conducteur sous réserve que le convoi ne comprenne pas plus de trois véhicules.

Art. 187. – Le conducteur, s'il n'est pas à pied, doit se trouver sur le premier véhicule.

Art. 188. – Si le convoi ne comprend que deux véhicules, le nombre d'animaux attelés ne peut dépasser quatre pour le premier véhicule et deux attelés de front pour le deuxième.

Art. 189. – Si le convoi comprend trois véhicules, seul le premier véhicule peut avoir deux animaux attelés, les deuxième et troisième véhicules ne devant en comporter qu'un seul.

Art. 190. – Les animaux attelés au deuxième et éventuellement au troisième véhicule doivent être attachés à l'arrière du véhicule qui les précède et de manière que chacun de ces véhicules ne puisse s'écarter sensiblement de la voie suivie par le précédent.

3. – Bandages

Art. 191. – Pour les véhicules à traction animale non munis de bandages pneumatiques, la charge supportée par le sol ne doit à aucun moment pouvoir excéder 150 kilogrammes par centimètre de largeur du bandage.

Art. 192. – Les bandages métalliques ne doivent présenter aucune saillie sur leurs surfaces prenant contact avec le sol. Il est interdit d'introduire dans les surfaces de roulement des pneumatiques des éléments métalliques susceptibles de faire saillie.

4. – Gabarit

Art. 193. – Les dispositions de l'article 54 (1°) de la présente ordonnance sont applicables aux véhicules à traction animale.

En outre, sur tout véhicule à traction animale dont la carrosserie ou les garde-boue ne surplombent pas les roues, le point le plus saillant de la fusée, du moyeu, des organes de freinage, toutes pièces accessoires comprises ne doit pas faire saillie de plus de 20 centimètres sur le plan passant par le bord extérieur du bandage.

5. – Dimensions du chargement

Art. 194. – Les dispositions des articles 57 à 60 de la présente ordonnance sont applicables aux véhicules à traction animale.

6. – Freinage

Art. 195. – Les véhicules à traction animale doivent être munis d'un frein ou d'un dispositif d'enrayage.

7. – Éclairage et signalisation

Art. 196. – Les véhicules à traction animale circulant ou stationnant sur une route doivent être munis, pendant la nuit ou le jour lorsque les circonstances l'exigent, des dispositifs suivants :

– à l'avant un ou deux feux émettant vers l'avant une lumière blanche ou jaune ;

– à l'arrière, un ou deux feux émettant vers l'arrière une lumière rouge.

Ces lumières doivent être visibles de nuit par temps clair à une distance de 150 mètres sans être éblouissantes pour les autres conducteurs.

S'il y a deux feux à lumière blanche ou deux feux à lumière rouge, ils doivent être placés systématiquement. S'il n'y a qu'un seul feu à lumière blanche ou un seul feu à lumière rouge, chacun d'eux doit être placé à la gauche du véhicule si ce dernier est en mouvement, et du côté opposé au stationnement s'il est à l'arrêt.

Toutefois, peuvent n'être signalés que par un feu unique placé du côté opposé au trottoir, émettant vers l'avant une lumière blanche et vers l'arrière une lumière rouge :

1° Les voitures à bras ;

2° Tous les véhicules à traction animale à un seul essieu ;

3° Les autres véhicules à traction animale en stationnement, à la condition que leur longueur ne dépasse pas 6 mètres.

Quand plusieurs véhicules à traction animale circulent en convoi dans les conditions fixées aux articles 186 à 190, le premier véhicule de chaque groupe de deux ou trois véhicules se suivant sans intervalle doit être muni du ou des feux à lumière blanche ou jaune et le dernier véhicule du ou des feux à lumière rouge prévus ci-dessus. Le véhicule intermédiaire, s'il existe, est dispensé de tout éclairage.

Art. 197. – Les véhicules à traction animale doivent en outre, dans les conditions prévues au premier alinéa de l'article 196, porter à l'arrière deux dispositifs réfléchissant une lumière rouge.

Lorsque le chargement compris, la longueur du véhicule dépasse 6 mètres ou sa largeur 2 mètres, ces dispositifs doivent être situés à la limite du gabarit du véhicule qui doit porter en outre, à l'avant, deux dispositifs réfléchissant vers l'avant une lumière blanche et placés également à la limite de son gabarit.

Les voitures à bras doivent porter à l'arrière un dispositif réfléchissant une lumière rouge, placé à gauche à moins de 0,40 mètre de la largeur hors tout du véhicule.

Le Ministre d'État détermine les spécifications auxquelles doivent répondre les dispositifs réfléchissants ainsi que leur emplacement et leurs conditions d'établissement sur les véhicules.

Art. 198. – Les feux et dispositifs visés aux articles 196 et 197 ci-dessus doivent être placés de telle sorte qu'aucune partie du véhicule ou de son chargement n'en détruise l'efficacité en les cachant d'une façon totale ou partielle.

Le Ministre d'État détermine les conditions spéciales de signalisation des véhicules transportant des pièces de grande longueur débordant l'arrière des véhicules.

TITRE VII. – DISPOSITIONS SPÉCIALES APPLICABLES AUX PIÉTONS ET AUX CONDUCTEURS D'ANIMAUX NON ATTELÉS

1. – Piétons

Art. 199. – Lorsque les trottoirs ou contre-allées sont aménagés spécialement pour l'usage des piétons, ceux-ci doivent s'y tenir ; en cas d'impossibilité, ils ne doivent emprunter la chaussée qu'après s'être assurés qu'ils peuvent le faire sans danger.

Art. 200. – Les piétons sont tenus :

- de prendre le trajet le plus direct, c'est-à-dire perpendiculaire aux trottoirs, pour traverser les chaussées d'un trottoir à l'autre ;
- de ne pas franchir les carrefours en diagonale, mais de les contourner en traversant successivement les voies qui aboutissent ;
- de ne pas traverser la chaussée en dehors des passages qui leur sont réservés, à moins qu'ils ne se trouvent à plus de 30 mètres d'eux en aval ou en amont ;
- de ne pas s'engager sur la chaussée en dehors du temps qui leur est réservé là où est réglé le passage alterné des piétons et des véhicules.

Art. 201. – En l'absence de trottoir, les piétons doivent circuler sur le bord de la chaussée dont ils se trouvent le plus rapprochés sans être à plus de deux de front.

Art. 202. – Les prescriptions du présent paragraphe ne sont applicables ni aux éléments de force publique, ni aux forces de police en formation de marche, ni aux groupements organisés de piétons marchant en colonne, tels que convois, processions. Ces troupes et groupements sont astreints à se tenir sur la droite de la chaussée, de manière à laisser libre sur la gauche la plus grande largeur possible de chaussée et en tout cas un espace suffisant pour permettre le passage d'un véhicule.

Ils doivent également, s'ils comportent plusieurs éléments de colonne, laisser entre ces derniers un espace suffisant pour permettre le croisement des véhicules.

Toute troupe ou détachement ou groupement de piétons marchant en colonnes et empruntant la chaussée doit être signalé, dès la tombée de la nuit, pendant la nuit et de jour, lorsque les circonstances l'exigent, par une lumière blanche à l'avant et une lumière rouge à l'arrière.

2. – Troupeaux ou animaux isolés ou en groupe

Art. 203. – La conduite de troupeaux ou d'animaux isolés ou en groupe circulant sur une route doit être assurée de telle manière que ceux-ci ne constituent pas une entrave pour la circulation publique et que leur croisement ou dépassement puise s'effectuer dans des conditions satisfaisantes.

Art. 204. – Les conducteurs de troupeaux ou d'animaux isolés ou en groupe doivent, dès la tombée de la nuit, porter de façon très visible, en particulier à l'arrière, une lanterne. Cette prescription ne s'applique pas aux cavaliers.

Art. 205. – Sans préjudice des dispositions du Code pénal concernant les animaux malfaisants ou féroces, il est interdit de laisser vaguer sur la voie publique un animal quelconque et d'y laisser à l'abandon des animaux de trait, de charge ou de selle.

Les troupeaux ne doivent pas stationner sur la chaussée.

TITRE VIII. – DISPOSITIONS DIVERSES

1. – Pouvoirs du Ministre d'État

Art. 206. – Le Ministre d'État peut, lorsque l'intérêt de la sécurité ou de l'ordre public l'exige, prendre des mesures plus rigoureuses que celles édictées par la présente ordonnance, dont il est chargé de préciser les mesures d'application (1).

Le Ministre d'État fixe le montant des droits sur les différentes pièces administratives dont l'établissement ou la délivrance est prévue par la présente ordonnance ou les arrêtés pris pour son application.

2. – Infractions à la présente ordonnance

Art. 207 *(Ord. n° 1.950, 13 févr. 1959 ; Ord. n° 2.838, 21 mai 1962 ; Ord. n° 2.934, 10 déc. 1962 ; Ord. n° 3.983, 8 mars 1968 ; Ord. n° 10.196, 24 juin 1991 ; Ord. n° 15.116, 23 nov. 2001 ; Ord. n° 4.670, 15 janv. 2014 ; mod. à compter du 1er juill. 2014, Ord. n° 4.855, 24 juin 2014)* (2). – Les infractions aux dispositions de la présente ordonnance et des arrêts pris pour son application sont constatées par des procès-verbaux et réprimées conformément à la loi.

Les infractions aux dispositions des articles 10, alinéa 2, et 46 seront punies d'une amende de 90 à 900 euros et d'un emprisonnement de six jours à un mois ou de l'une de ces deux peines seulement.

Les peines édictées pour contravention aux prescriptions de l'article 10, alinéa 2, ne se confondront pas avec celles qui seront prononcées en vertu des autres dispositions ci-après.

Il en sera de même dans le cas où l'infraction aura été la cause de blessures ou d'homicide involontaire tombant sous l'application des articles 314 et 315 du Code pénal.

Les infractions aux dispositions des articles 4, alinéa 2, 5 et 39, en ce qui concerne les signaux lumineux de circulation, 47 à 53, 64 à 67, 70 à 100, 111, 112, 115, 116, 132, 136 à 140, 143 à 147, 149, 150, 154 à 168, 170, 181 et 182 ou aux arrêtés pris en vue de leur application seront punies d'une amende de 15 à 300 euros.

Les infractions aux dispositions de l'article 32 sont punies d'une amende de 45 à 75 euros.

Les infractions aux dispositions de l'article 32-1 sont punies d'une amende de 75 à 150 euros.

Les autres infractions qui sont commises en matière d'arrêt et de stationnement des véhicules sont punies d'une amende de 15 à 45 euros.

Les infractions aux dispositions du second alinéa de l'article 130 sont punies d'une amende de 200 à 600 euros.

Les infractions aux autres dispositions du présent Code de la route ou aux arrêtés pris en vue de leur application, seront punies d'une amende de 15 à 45 euros.

Dans tous les cas prévus aux alinéas 7, 8, 9, 10 et 11 ci-dessus, les agents verbalisateurs percevront, sauf refus du contrevenant, séance tenante, à titre transactionnel, et sans autre formalité, la moitié du maximum de l'amende encourue. Ils délivreront récépissé de la somme reçue qui sera ensuite versée à l'enregistrement.

En cas d'infraction aux articles 31, 32, 32-1 et 33, le véhicule pourra être mis en fourrière par les agents de l'autorité aux frais, risques et périls du contrevenant.

En cas d'infractions aux dispositions de la présente ordonnance, punies de peines non susceptibles de transaction, comme aussi en cas de refus de transaction lorsqu'elle est possible, le véhicule sera saisi et mis en fourrière, aux frais du propriétaire jusqu'à ce qu'il ait été statué par justice, à moins de versement

(1) V. A. min. n° 2009-51, 3 févr. 2009.

(2) Le décompte des alinéas opéré par l'ordonnance n° 4.855 du 24 juin 2014 n'a pas pris en compte l'abrogation du sixième alinéa par l'ordonnance n° 4.670 du 15 janvier 2014 ; les modifications prescrites par l'ordonnance n° 4.855 du 24 juin 2014 ont été traitées au regard de cet oubli. – NDLR.

à titre de cautionnement entre les mains du commissaire de police ou d'un officier de carabiniers, d'une somme égale au maximum de l'amende pour les délits, ou encore que le délinquant ne justifie qu'il réside d'une manière effective dans la Principauté, y possède des immeubles ou un établissement commercial. Le commissaire de police ou l'officier de carabiniers délivrera récépissé de la somme versée et la déposera au Greffe général.

Art. 207 *bis* *(Ord. n° 13.126, 8 juill. 1997 ; mod. à compter du 1er juill. 2014, Ord. n° 4.855, 24 juin 2014).* – L'immobilisation immédiate s'effectue à l'aide des moyens mécaniques appropriés, soit en un lieu dépendant du service administratif auquel appartient le verbalisateur, soit à la Direction de la Sûreté publique avant mise en fourrière éventuelle.

Pendant tout le temps de l'immobilisation, le véhicule demeure sous la garde juridique de son conducteur ou propriétaire.

L'immobilisation peut être prescrite par les officiers et agents de la police judiciaire mentionnés aux articles 42 et 56 du Code de procédure pénale, lorsqu'ils constatent la nécessité de faire cesser sans délai une des infractions visées ci-après.

Elle peut être prescrite soit par les agents du Service des titres de circulation soit par les agents du Service de l'Environnement, spécialement assermentés à cet effet, lorsqu'ils constatent la nécessité de faire cesser sans délai une des infractions visées ci-après, et ressortissant à leur compétence.

1 - lorsque le conducteur interpellé est en état d'ivresse ou sous l'emprise d'un état alcoolique ;

2 - lorsque le conducteur interpellé n'est pas titulaire du permis de conduire exigé pour la conduite de son véhicule ou qu'il fait l'objet d'une mesure de suspension ou d'interdiction de conduire sur le territoire de la Principauté ;

3 - lorsque le mauvais état du véhicule, son poids, sa charge par essieu, la forme, la nature, l'état et les conditions d'utilisation des bandages, la pression sur le sol, l'absence, la non-conformité et la défectuosité de son équipement réglementaire en ce qui concerne les freins ou l'éclairage, ou son chargement, créent un danger important pour les autres usagers ou constituent une menace pour l'intégrité de la chaussée ;

4 - lorsque le conducteur ne peut présenter une autorisation pour un transport exceptionnel ;

5 - lorsque le véhicule ou son chargement provoque des détériorations à la route ou à ses dépendances ;

6 - lorsque le véhicule provoque des émissions de bruit ou de fumée supérieurs aux normes réglementaires autorisées ;

7 - lorsque le conducteur interpellé n'est pas en mesure de présenter l'attestation d'assurance du véhicule ;

8 - lorsque le véhicule circule en infraction aux règles relatives à la visite technique des véhicules immatriculés en Principauté ;

9 - lorsque le véhicule n'est pas immatriculé ;

10 - lorsque l'appareil de contrôle permettant l'enregistrement de la vitesse a été l'objet d'une modification affectant son fonctionnement normal ;

11 - lorsque le dispositif de limitation de vitesse par construction a fait l'objet d'une modification affectant son fonctionnement normal ;

12 - lorsque les conditions d'attelage des remorques et semi-remorques telles que définies à l'article 95 ne sont pas respectées ;

13 - lorsque le conducteur ne respecte pas les prescriptions du second alinéa de l'article 130.

Le contrevenant, le propriétaire du véhicule ou toute personne habilitée mandatée par ce dernier peuvent obtenir restitution sans frais du véhicule, dans un délai de 36 heures si la levée de l'immobilisation est possible.

Au-delà de 36 heures, le véhicule non restitué est transféré en fourrière administrative aux frais du contrevenant.

L'immobilisation immédiate est levée par tout agent habilité à ce sujet :

1 - lorsque l'infraction a définitivement cessé ou que le véhicule a été mis en conformité ;

2 - par le remplacement du conducteur s'il est soit en état d'ivresse ou sous l'emprise d'un état alcoolique, soit non titulaire du permis exigé pour la conduite du véhicule ;

3 - lorsque l'infraction est liée à un défaut de fonctionnement ou d'équipement et que la prise en remorque du véhicule, aux frais du propriétaire ou du contrevenant, est nécessaire à sa réparation ou à sa mise en conformité.

Le contrevenant peut demander la présentation de son véhicule au centre de contrôle technique de la Principauté. Si l'infraction est confirmée, les frais de cette expertise demeurent à sa charge et la mesure d'immobilisation est maintenue. Dans le cas contraire, les frais de contrôle sont supportés par l'État.

Si l'agent de l'autorité le juge nécessaire, le contrevenant ou propriétaire du véhicule défectueux doit faire appel, à ses frais, à un professionnel qualifié pour la prise en remorque de son véhicule en vue de sa réparation. La mesure d'immobilisation est dès lors levée et le contrevenant s'engage par procès-verbal à présenter son véhicule après mise en conformité dans un délai maximum de 10 jours à compter de la date de restitution.

La non présentation du véhicule est constitutive d'une deuxième infraction dont la répression est identique à l'infraction initiale.

3. - Exception aux dispositions de la présente ordonnance

Art. 208. – Les dispositions des articles 57 à 60 (dimensions du chargement) ne sont applicables aux matériels spéciaux des services de lutte contre l'incendie qu'autant qu'elles ne sont pas incompatibles avec leurs caractéristiques techniques.

4. - Textes abrogés

Art. 209 *(Ord. n° 2.973, 31 mars 1963).* – Sont et demeurent abrogées les ordonnances :

- du 1er décembre 1928, modifiée par Notre ordonnance n° 842, du 25 novembre 1953, concernant la circulation automobile ;
- du 29 janvier 1930, modifiant l'ordonnance souveraine du 1er décembre 1928 concernant la circulation automobile ;
- du 7 juillet 1932 modifiant l'ordonnance souveraine du 1er décembre 1928 concernant la circulation automobile ;
- n° 1564 du 15 mars 1934, modifiant l'ordonnance souveraine du 1er décembre 1928 concernant la circulation automobile ;
- n° 1575 du 30 mars 1934, modifiant l'ordonnance souveraine du 1er décembre 1928 concernant la circulation automobile ;
- n° 1617 du 13 juillet 1934 modifiant les articles 26 et 27 de l'ordonnance souveraine du 1er décembre 1928 concernant la circulation automobile ;
- n° 1695 du 16 février 1935, concernant la délivrance des procès-verbaux de réception des véhicules automobiles ;
- n° 2069 du 19 décembre 1937, modifiant l'ordonnance souveraine du 1er décembre 1928 concernant la circulation automobile ;
- n° 320 du 30 novembre 1950, modifiant l'ordonnance souveraine du 1er décembre 1928 concernant la circulation automobile.

CODE DES TAXES SUR LE CHIFFRE D'AFFAIRES

(Ord. n° 11.887, 19 févr. 1996)

Art. préliminaire ***(Ord. n° 16.434, 13 sept. 2004).*** **– I. – La Convention fiscale franco-monégasque du 18 mai 1963 rendue exécutoire par l'ordonnance souveraine n° 3.037 du 19 août 1963 prévoit, en son article 15, que les taxes sur le chiffre d'affaires sont appliquées dans la Principauté sur les mêmes bases et aux mêmes tarifs qu'en France.**

À l'effet d'assurer la stricte application de la disposition conventionnelle susvisée, les ordonnances souveraines relatives à la taxe sur la valeur ajoutée comportent, en tant que de besoin, les mêmes références directes aux normes communautaires que celles mentionnées dans les textes français relatifs aux bases et aux tarifs des taxes sur le chiffre d'affaires.

Les dispositions du I s'appliquent à compter du 1er janvier 1993.

II. – En vue d'assurer la coopération administrative dans le domaine exclusif de la TVA, les ordonnances souveraines relatives à la taxe sur la valeur ajoutée comportent, en tant que de besoin, des références directes aux textes communautaires arrêtés, à cet effet, au titre de l'assistance mutuelle

Art. préliminaire *bis* ***(Ord. n° 11.936, 26 avr. 1996 ; mod., Ord. n° 1.513, 1er janv. 2008).*** **– Pour l'application des dispositions visées au présent code :**

1° Les États membres de la Communauté européenne autres que la France sont ceux énumérés à l'article 299 du traité instituant la Communauté européenne, à l'exclusion des territoires suivants :

Pour la République Fédérale d'Allemagne, l'Île d'Helgoland et le territoire de Büsingen.

Pour le Royaume d'Espagne, Ceuta, Melilla et les Îles Canaries.

Pour la République de Finlande, les îles Aland.

Pour la République hellénique, le mont Athos.

Pour la République italienne, Livigno, Campione d'Italia et les eaux nationales du Lac de Lugano.

Les îles Anglo-Normandes.

Toutefois, l'Île de Man est considérée comme une partie du territoire du Royaume-Uni de Grande-Bretagne et d'Irlande du Nord et les zones de souveraineté du Royaume-Uni de Grande-Bretagne et d'Irlande du Nord à Akrotiri et Dhekelia sont considérées comme une partie du territoire de la République de Chypre.

2° La Communauté européenne est l'ensemble des États membres, tel que défini au 1°.

Chapitre Ier. – Champ d'application

I. – Opérations obligatoirement imposables

Art. 1er ***(Ord. n° 11.936, 26 avr. 1996 ; Ord. n° 14.371, 15 mars 2000 ; mod., Ord. n° 1.513, 4 févr. 2008 ; Ord. n° 2.723, 27 avr. 2010 ; Ord. n° 4.199, 20 févr. 2013).*** **– I. – Sont soumises à la taxe sur la valeur ajoutée les livraisons de biens et les prestations de services effectuées à titre onéreux par un assujetti agissant en tant que tel.**

II. – 1° Est considéré comme livraison d'un bien, le transfert du pouvoir de disposer d'un bien corporel comme un propriétaire.

2° Sont notamment considérés comme des biens meubles corporels : l'électricité, le gaz, la chaleur, le froid et les biens similaires.

3° Sont également considérés comme livraisons de biens :

a) **le transfert de propriété d'un bien meuble corporel opéré en vertu d'une réquisition de l'autorité publique ;**

b) *(b abr.)* ;

c) la remise matérielle d'un bien meuble corporel en vertu d'un contrat qui prévoit la location de ce bien pendant une certaine période ou sa vente à tempérament et qui est assortie d'une clause selon laquelle la propriété de ce bien est normalement acquise au détenteur ou à ses ayants droit au plus tard lors du paiement de la dernière échéance ;

d) la remise matérielle d'un bien meuble corporel en vertu d'un contrat de vente qui comporte une clause de réserve de propriété.

III. – Est assimilé à une livraison de biens, le transfert par un assujetti d'un bien de son entreprise à destination d'un État membre de la Communauté économique européenne autre que la France.

Est considéré comme un transfert au sens des dispositions qui précèdent, l'expédition ou le transport, par un assujetti ou pour son compte, d'un bien meuble corporel pour les besoins de son entreprise, à l'exception de l'expédition ou du transport d'un bien qui, dans l'État membre d'arrivée autre que la France est destiné :

a) à être utilisé temporairement pour les besoins de prestations de services effectuées par l'assujetti ou dans des conditions qui lui ouvriraient droit, si ce bien était importé, au bénéfice de l'admission temporaire en exonération totale de droits ;

b) à faire l'objet d'expertises ou de travaux à condition que le bien soit réexpédié ou transporté à Monaco ou en France à destination de cet assujetti ;

c) à faire l'objet d'une installation ou d'un montage ;

d) à faire l'objet de livraisons à bord des moyens de transport, effectuées par l'assujetti, dans les conditions prévues à l'article 37 de la directive 2006/112/CE du Conseil du 28 novembre 2006.

IV. – 1° Les opérations autres que celles qui sont définies au II, notamment la cession ou la concession de biens meubles incorporels, le fait de s'obliger à ne pas faire ou à tolérer un acte ou une situation, les opérations de façon et les travaux immobiliers, sont considérées comme des prestations de services ;

2° Sont également considérées comme des prestations de services :

a) les opérations, y compris la négociation, portant sur les devises, les billets de banque et les monnaies qui sont des moyens de paiement légaux à l'exception des monnaies et billets de collection.

Le chiffre d'affaires afférent à ces opérations est constitué par le montant des profits et autres rémunérations.

Sont considérés comme des monnaies et billets de collection, les pièces en or, autres que celles visées au 2 de l'article 100 *bis* A, en argent, ou autre métal, ainsi que les billets qui ne sont pas normalement utilisés dans leur fonction comme moyen de paiement légal ou présentent un intérêt numismatique ;

b) les opérations portant sur les actions, les parts de sociétés ou d'associations, les obligations et les autres titres, à l'exclusion des titres représentatifs de marchandises et des parts d'intérêt dont la possession assure en droit ou en fait l'attribution en propriété ou en jouissance d'un bien immeuble ou d'une fraction d'un bien immeuble.

Le chiffre d'affaires afférent aux opérations, autres que celles de garde et de gestion, mentionnées ci-dessus est constitué par le montant des profits et autres rémunérations.

V. – L'assujetti, agissant en son nom propre mais pour le compte d'autrui, qui s'entremet dans une livraison de bien ou une prestation de services, est réputé avoir personnellement acquis et livré le bien, ou reçu et fourni les services considérés.

Art. 2 *(Ord. n° 11.936, 26 avr. 1996 ; Ord. n° 13.007, 25 mars 1997 ; Ord. n° 15.116, 23 nov. 2001 ; mod., Ord. n° 1.513, 4 févr. 2008)*. – I. – 1° Sont également soumises à la taxe sur la valeur ajoutée les acquisitions intracommunautaires de biens meubles corporels effectuées à titre onéreux par un assujetti agissant en tant que tel ou par une personne morale non assujettie lorsque le vendeur est un assujetti agissant en tant que tel et qui ne bénéficie pas dans son État du régime particulier de franchise des petites entreprises ;

2° Sous réserve de ne pas excéder le seuil ci-après indiqué, ne sont pas soumises à la taxe sur la valeur ajoutée les acquisitions de biens autres que des moyens de transport neufs, des alcools, des boissons alcooliques, des huiles minérales et des tabacs manufacturés effectuées :

a) par une personne morale non assujettie ;

b) par un assujetti qui ne réalise que des opérations n'ouvrant pas droit à déduction.

Ces dispositions ne sont applicables que lorsque le montant des acquisitions réalisées par les personnes mentionnées ci-dessus n'a pas excédé, au cours de l'année civile précédente, ou n'excède pas, pendant l'année civile en cours au moment de l'acquisition, le seuil de 10 000 €.

Ce montant est égal à la somme, hors taxe sur la valeur ajoutée, des acquisitions de biens, autres que des moyens de transport neufs, les alcools, les boissons alcooliques, les huiles minérales et les tabacs manufacturés, ayant donné lieu à une livraison de biens située dans un État membre de la Communauté économique européenne, autre que la France, en application des dispositions de la législation de cet État pour la mise en œuvre des articles 31 à 39 de la directive 2006/112/CE du Conseil du 28 novembre 2006 ;

2° *bis* Les acquisitions intracommunautaires de biens d'occasion, d'œuvres d'art, d'objets de collection ou d'antiquité effectuées à titre onéreux par un assujetti agissant en tant que tel ou par une personne morale non assujettie ne sont pas soumises à la taxe sur la valeur ajoutée lorsque le vendeur ou l'assujetti est un assujetti revendeur qui a appliqué dans l'État de départ de l'expédition ou du transport du bien les dispositions de la législation de cet État prises pour la mise en œuvre des articles 312 à 325 ou 333 à 341 de la directive 2006/112/CE du Conseil du 28 novembre 2006 ;

3° Est considérée comme acquisition intracommunautaire l'obtention du pouvoir de disposer comme un propriétaire d'un bien meuble corporel expédié ou transporté à Monaco ou en France par le vendeur, par l'acquéreur ou pour leur compte, à destination de l'acquéreur à partir d'un État membre de la Communauté économique européenne autre que la France.

II. – Est assimilée à une acquisition intracommunautaire :

1° *(1° abr.)* ;

2° L'affectation à Monaco ou en France par un assujetti pour les besoins de son entreprise d'un bien de son entreprise expédié ou transporté à partir d'un État membre, autre que la France, à l'exception d'un bien qui, à Monaco ou en France, est destiné :

a) à être utilisé temporairement pour les besoins de prestations de services effectuées par l'assujetti ou dans des conditions qui lui ouvriraient droit, s'il était importé, au bénéfice de l'admission temporaire en exonération totale de droits ;

b) à faire l'objet de travaux, à condition que le bien soit réexpédié ou transporté à destination de l'assujetti dans l'État membre, autre que la France, de l'expédition ou du transport ;

c) à faire l'objet d'une installation ou d'un montage ;

3° La réception à Monaco ou en France, par une personne morale non assujettie, d'un bien qu'elle a importé sur le territoire d'un État membre de la Communauté économique européenne, autre que la France.

III. – Un assujetti, agissant en son nom propre mais pour le compte d'autrui, qui s'entremet dans une acquisition intracommunautaire, est réputé avoir personnellement acquis et livré le bien.

Art. 3. – Sont assujetties à la taxe sur la valeur ajoutée les personnes qui effectuent de manière indépendante une des activités économiques mentionnées au troisième alinéa, quels que soient le statut juridique de ces personnes, leur situation au regard des autres impôts et la forme ou la nature de leur intervention.

Ne sont pas considérés comme agissant de manière indépendante :

– les salariés et les autres personnes qui sont liés par un contrat de travail ou par tout autre rapport juridique créant des liens de subordination en ce qui concerne les conditions de travail, les modalités de rémunération et la responsabilité de l'employeur ;

– les travailleurs à domicile dont les gains sont considérés comme des salaires, lorsqu'ils exercent leur activité dans des conditions prévues par la loi n° 735 du 16 mars 1963 et les ordonnances prises pour son application.

Les activités économiques visées au premier alinéa se définissent comme toutes les activités de producteur, de commerçant ou de prestataire de services, y compris les activités extractives, agricoles et celles des professions libérales ou assimilées. Est notamment considérée comme activité économique une opération comportant l'exploitation d'un bien meuble corporel ou incorporel en vue d'en retirer des recettes ayant un caractère de permanence.

Art. 4. – Les personnes morales de droit public ne sont pas assujetties à la taxe sur la valeur ajoutée pour l'activité de leurs services administratifs, sociaux, éducatifs, culturels et sportifs lorsque leur non-assujettissement n'entraîne pas de distorsions dans les conditions de la concurrence.

Ces personnes morales sont assujetties, en tout état de cause, pour les opérations suivantes :

– livraisons de biens neufs fabriqués en vue de la vente,

– distribution de gaz, d'électricité et d'énergie thermique,

– opérations des économats et établissements similaires,

– transports de biens, à l'exception de ceux effectués par l'administration des postes,
– transports de personnes,
– opérations des organismes d'intervention agricoles portant sur les produits agricoles et effectuées en application des règlements portant organisation commune du marché de ces produits,
– organisation d'expositions à caractère commercial,
– prestations de services portuaires et aéroportuaires,
– entreposage de biens meubles,
– organisation de voyages et de séjours touristiques,
– diffusion ou redistribution de programmes de radiodiffusion ou de télévision,
– télécommunications,
– fourniture d'eau.

Art. 5 *(Ord. n° 13.007, 25 mars 1997 ; Ord. n° 13.046, 15 avr. 1997 ; Ord. n° 14.064, 29 juin 1999 ; Ord. n° 16.370, 2 juill. 2004 ; Ord. n° 481, 5 avr. 2006 ; rempl., Ord. n° 2.723, 27 avr. 2010).* – I. – Les opérations concourant à la production ou à la livraison d'immeubles sont soumises à la taxe sur la valeur ajoutée dans les conditions qui suivent.

1. Sont assimilés à des biens corporels et suivent le régime du bien immeuble auquel ils se rapportent :

1° Les droits réels immobiliers, à l'exception des locations résultant de baux qui confèrent un droit de jouissance ;

2° Les droits relatifs aux promesses de vente ;

3° Les parts d'intérêts et actions dont la possession assure en droit ou en fait l'attribution en propriété ou en jouissance d'un bien immeuble ou d'une fraction d'un bien immeuble.

2. Sont considérés :

1° Comme terrains à bâtir, les terrains sur lesquels des constructions peuvent être autorisées en application d'un plan local d'urbanisme ou d'un autre document d'urbanisme en tenant lieu ;

2° Comme immeubles neufs, les immeubles qui ne sont pas achevés depuis plus de cinq années, qu'ils résultent d'une construction nouvelle ou de travaux portant sur des immeubles existants qui ont consisté en une surélévation ou qui ont rendu à l'état neuf :

a) Soit la majorité des fondations ;

b) Soit la majorité des éléments hors fondations déterminant la résistance et la rigidité de l'ouvrage ;

c) Soit la majorité de la consistance des façades hors ravalement ;

d) Soit l'ensemble des éléments de second œuvre tels qu'énumérés par ordonnance souveraine, dans une proportion fixée par cette ordonnance qui ne peut être inférieure à la moitié pour chacun d'entre eux.

3. *(3 mod. à compter du 1er janv. 2013, Ord. n° 4.199, 20 févr. 2013 ; abr. Ord. n° 5.230, 10 mars 2015. – Dispositions applicables aux livraisons à soi-même dont le fait générateur intervient à compter du 14 mars 2015).*

II. – Les opérations suivantes sont assimilées, selon le cas, à des livraisons de biens ou à des prestations de services effectuées à titre onéreux.

1. Sont assimilés à des livraisons de biens effectuées à titre onéreux :

1° Le prélèvement par un assujetti d'un bien de son entreprise pour ses besoins privés ou ceux de son personnel ou qu'il transmet à titre gratuit ou, plus généralement, qu'il affecte à des fins étrangères à son entreprise, lorsque ce bien ou les éléments le composant ont ouvert droit à une déduction complète ou partielle de la taxe sur la valeur ajoutée. Toutefois, ne sont pas visés les prélèvements effectués pour les besoins de l'entreprise pour donner des cadeaux de faible valeur et des échantillons. Le montant à retenir pour l'imposition des prélèvements correspondant aux cadeaux de faible valeur est fixé par arrêté ministériel. Cette limite s'applique par objet et par an pour un même bénéficiaire ;

2° *(2° mod, Ord. n° 5.230, 10 mars 2015. – Dispositions applicables aux livraisons à soi-même dont le fait générateur intervient à compter du 14 mars 2015)* L'affectation par un assujetti aux besoins de son entreprise d'un bien produit, construit, extrait, transformé, acheté, importé ou ayant fait l'objet d'une acquisition intracommunautaire dans le cadre de son entreprise lorsque l'acquisition d'un tel bien auprès d'un autre assujetti, réputée faite au moment de l'affectation, ne lui ouvrirait pas droit à déduction complète ;

3° L'affectation d'un bien par un assujetti à un secteur d'activité exonéré n'ouvrant pas droit à déduction, lorsque ce bien a ouvert droit à une déduction complète ou partielle de la taxe sur la valeur ajoutée lors de son acquisition ou de son affectation conformément au 2° ;

4° La détention de biens par un assujetti ou par ses ayants droit en cas de cessation de son activité économique taxable, lorsque ces biens ont ouvert droit à déduction complète ou partielle lors de leur acquisition ou de leur affectation conformément au 2°.

2. Sont assimilées à des prestations de services effectuées à titre onéreux :

1° L'utilisation d'un bien affecté à l'entreprise pour les besoins privés de l'assujetti ou pour ceux de son personnel ou, plus généralement, à des fins étrangères à son entreprise, lorsque ce bien a ouvert droit à une déduction complète ou partielle de la taxe sur la valeur ajoutée ;

2° Les prestations de services à titre gratuit effectuées par l'assujetti pour ses besoins privés ou pour ceux de son personnel ou, plus généralement, à des fins étrangères à son entreprise ;

3. Une ordonnance souveraine définit les opérations désignées ci-dessus ainsi que le moment où la taxe devient exigible.

III. – Sont également soumises à la taxe sur la valeur ajoutée :

1. La cession d'aéronefs ou d'éléments d'aéronefs par les compagnies de navigation aérienne mentionnées au 4° du II de l'article 29 à d'autres compagnies ne remplissant pas les conditions fixées à cet article. Les modalités d'application de cette disposition sont fixées, en tant que de besoin, par arrêté ministériel ;

2. Les biens et produits mentionnés aux 2° et 3° du II de l'article 29 lorsqu'ils cessent d'être utilisés dans les conditions prévues par cet article. Les modalités d'application de cette disposition sont fixées, en tant que de besoin, par arrêté ministériel.

Art. 5 *bis* *(Ord. n° 481, 5 avr. 2006 ; mod., Ord. n° 2.723, 27 avr. 2010)*. – Les livraisons de biens et les prestations de services réalisées entre redevables de la taxe sur la valeur ajoutée, sont dispensées de celle-ci lors de la transmission à titre onéreux ou à titre gratuit, ou sous la forme d'apport à une société, d'une universalité totale ou partielle de biens.

Le bénéficiaire est réputé continuer la personne du cédant, notamment en raison des régularisations de la taxe déduite par ce dernier, ainsi que, s'il y a lieu, pour l'application des dispositions du *g* du 1 de l'article 35, de l'article 37 ou de l'article 93 A.

II. – Territorialité

1. – Livraisons de biens

Art. 6 *(Mod., Ord. n° 2.723, 27 avr. 2010 ; Ord. n° 3.789, 29 mai 2012)*. – I. – Le lieu de livraison de biens meubles corporels est réputé se situer à Monaco lorsque le bien se trouve à Monaco ou en France :

a) au moment de l'expédition ou du transport par le vendeur, par l'acquéreur ou pour leur compte, à destination de l'acquéreur ;

b) lors du montage ou de l'installation par le vendeur ou pour son compte ;

c) lors de la mise à disposition de l'acquéreur, en l'absence d'expédition ou de transport ;

d) au moment du départ d'un transport dont le lieu d'arrivée est situé sur le territoire d'un État membre de la Communauté économique européenne, autre que la France, dans le cas où la livraison, au cours de ce transport, est effectuée à bord d'un bateau, d'un aéronef ou d'un train.

Par dérogation aux dispositions du *a)* et du *b)*, lorsque le lieu de départ de l'expédition ou du transport est en dehors du territoire de Monaco ou des États membres de la Communauté économique européenne, le lieu de la livraison de ces biens effectuée par l'importateur ou pour son compte ainsi que le lieu d'éventuelles livraisons subséquentes est réputé se situer à Monaco, lorsque les biens sont importés à Monaco ou en France.

II. – Le lieu des opérations visées au I de l'article 5 et au 2° *bis* de l'article 15 se situe à Monaco lorsqu'elles portent sur des immeubles situés à Monaco.

III. – Le lieu de livraison du gaz naturel, de l'électricité, de la chaleur ou du froid est situé à Monaco :

a) lorsqu'ils sont consommés à Monaco ;

b) dans les autres cas, lorsque l'acquéreur a en Principauté le siège de son activité ou un établissement stable pour lequel les biens sont livrés ou à défaut, son domicile ou sa résidence habituelle.

Art. 7 *(Ord. n° 13.007, 25 mars 1997 ; mod., Ord. n° 1.513, 4 févr. 2008).* – I. – Par dérogation aux dispositions du I de l'article 6, est réputé ne pas se situer à Monaco le lieu de livraison des biens meubles corporels, autres que les moyens de transports neufs, des alcools, des boissons alcooliques, des huiles minérales et des tabacs manufacturés, expédiés ou transportés sur le territoire d'un État membre de la Communauté économique européenne autre que la France par le vendeur ou pour son compte, lorsque les conditions mentionnées aux 1° et 2° ci-après sont réunies.

1° La livraison doit être effectuée :

a) soit à destination d'une personne morale non assujettie ou d'un assujetti qui, sur le territoire de cet État membre autre que la France, bénéficie du régime forfaitaire des producteurs agricoles, ou ne réalise que des opérations n'ouvrant pas droit à déduction, et n'a pas opté pour le paiement de la taxe sur ses acquisitions intracommunautaires.

Au moment de la livraison, le montant des acquisitions intracommunautaires de ces personnes ne doit pas avoir dépassé, pendant l'année civile en cours ou au cours de l'année civile précédente, le seuil en dessous duquel ces acquisitions ne sont pas soumises à la taxe sur la valeur ajoutée dans l'État membre autre que la France dont ces personnes relèvent ;

b) soit à destination de toute autre personne non assujettie.

2° Le montant des livraisons effectuées par le vendeur à destination du territoire de cet État membre excède, pendant l'année civile en cours au moment de la livraison, ou a excédé pendant l'année civile précédente, le seuil fixé par cet État pour l'application des stipulations de l'article 34 de la directive 2006/112/CE du Conseil du 28 novembre 2006.

Cette condition de seuil ne s'applique pas lorsque le vendeur a opté pour que le lieu des livraisons prévues au présent article se situe sur le territoire de l'État membre autre que la France où est arrivé le bien expédié ou transporté.

Cette option prend effet au premier jour du mois au cours duquel elle est exercée. Elle couvre obligatoirement une période expirant le 31 décembre de la deuxième année qui suit celle au cours de laquelle elle a été exercée. Elle est renouvelée par tacite reconduction, par périodes de deux années civiles, sauf dénonciation formulée deux mois au moins avant l'expiration de chaque période.

II. – Par dérogation aux dispositions du I de l'article 6, est réputé ne pas se situer à Monaco le lieu de la livraison des alcools, boissons alcooliques, huiles minérales et tabacs manufacturés expédiés ou transportés sur le territoire d'un État membre de la Communauté économique européenne autre que la France, par le vendeur ou pour son compte, lorsque la livraison est effectuée à destination d'une personne physique non assujettie.

III. – Les dispositions du I et II ne sont pas applicables aux livraisons de biens d'occasion, d'œuvres d'art, d'objets de collection ou d'antiquité effectuées par un assujetti revendeur qui applique les dispositions de l'article 93 A.

Art. 8 *(Ord. n° 13.007, 25 mars 1997 ; Ord. n° 15.116, 23 nov. 2001 ; mod., Ord. n° 1.513, 4 févr. 2008).* – I. – Par dérogation aux dispositions du I de l'article 6, est réputé se situer à Monaco :

1° Le lieu de la livraison des biens meubles corporels, autres que des moyens de transports neufs, des alcools, des boissons alcooliques, des huiles minérales et des tabacs manufacturés, expédiés ou transportés à Monaco et en France à partir d'un État membre de la Communauté économique européenne autre que la France, par le vendeur ou pour son compte, lorsque la livraison est effectuée à destination d'une personne bénéficiant de la dérogation prévue au 2° du I de l'article 2 ou à destination de toute autre personne non assujettie. Le montant de ces livraisons effectuées par le vendeur à destination de Monaco et de la France doit avoir excédé, pendant l'année civile en cours au moment de la livraison ou pendant l'année civile précédente, le seuil de 100 000 € hors taxe sur la valeur ajoutée.

Cette condition de seuil ne s'applique pas lorsque le vendeur a opté, dans l'État membre où il est établi, pour que le lieu de ces livraisons se situe à Monaco et en France ;

2° Le lieu de livraison des alcools, des boissons alcooliques, des huiles minérales et des tabacs manufacturés, expédiés ou transportés à Monaco à partir du territoire d'un État membre de la Communauté économique européenne autre que la France, par le vendeur ou pour son compte, lorsque la livraison est effectuée à destination d'une personne physique non assujettie.

II. – Lorsque les biens sont expédiés ou transportés à partir d'un territoire tiers et importés par le vendeur sur le territoire d'un État membre de la Communauté économique européenne autre que la France, ils sont considérés comme expédiés ou transportés à destination de l'acquéreur à partir de cet État.

III. – Les dispositions du I et II ne sont pas applicables aux livraisons de biens d'occasion, d'œuvres d'art, d'objets de collection ou d'antiquité effectuées par un assujetti revendeur qui a appliqué dans l'État de départ de l'expédition ou du transport du bien les dispositions de la législation de cet État prises pour la mise en œuvre des articles 312 à 325 ou 333 à 341 de la directive 2006/112/CE du Conseil du 28 novembre 2006.

Art. 9. – I. – Le lieu d'une acquisition intracommunautaire de biens corporels est réputé se situer à Monaco lorsque les biens se trouvent en Principauté ou en France au moment de l'arrivée de l'expédition ou du transport à destination de l'acquéreur.

II. – Le lieu de l'acquisition est réputé se situer à Monaco si l'acquéreur a donné au vendeur son numéro d'identification à la taxe sur la valeur ajoutée en Principauté et s'il n'établit pas que l'acquisition a été soumise à la taxe sur la valeur ajoutée dans l'État membre de destination des biens autre que la France.

Toutefois, si l'acquisition est ultérieurement soumise à la taxe dans l'État membre autre que la France où est arrivé le bien expédié ou transporté, la base d'imposition à Monaco est diminuée du montant de celle qui a été retenue dans cet État.

Art. 10 *(Ord. n° 15.827, 12 juin 2003 ; mod., Ord. n° 1.513, 4 févr. 2008)*. – I. – Les acquisitions intracommunautaires de biens meubles corporels situés à Monaco en application du I de l'article 9, réalisées par un acquéreur qui dispose d'un numéro d'identification à la taxe sur la valeur ajoutée dans un État membre de la Communauté économique européenne autre que la France, ne sont pas soumises à la taxe sur la valeur ajoutée lorsque les conditions suivantes sont réunies :

1° L'acquéreur est un assujetti qui n'est pas établi à Monaco ou en France et qui n'y a pas désigné de représentant en application du I de l'article 72 ;

2° L'acquisition intracommunautaire est effectuée pour les besoins d'une livraison consécutive du même bien à destination d'un assujetti ou d'une personne morale non assujettie, identifié à la taxe sur la valeur ajoutée en application des dispositions de l'article 68 ;

3° Le bien est expédié ou transporté directement à partir d'un État membre de la Communauté autre que la France et autre que celui dans lequel est identifié l'acquéreur, à destination de l'assujetti ou de la personne morale non assujettie mentionné au 2° ;

4° L'acquéreur s'assure qu'est délivrée au destinataire de la livraison mentionné au 2° une facture hors taxe comportant :

a) le numéro d'identification à la taxe sur la valeur ajoutée de l'acquéreur ;

b) le numéro d'identification à la taxe sur la valeur ajoutée à Monaco du destinataire de la livraison ;

c) la mention : « Application de l'article 141 de la directive 2006/112/CE du Conseil du 28 novembre 2006 ».

II. – Pour l'application du II de l'article 9, sont considérées comme soumises à la taxe sur la valeur ajoutée dans l'État membre, autre que la France, de destination des biens, les acquisitions qui y sont réalisées dans les conditions de l'article 141 de la directive 2006/112/CE du Conseil du 28 novembre 2006, et sous réserve que l'acquéreur :

1° Se soit assuré qu'a été délivrée la facture mentionnée à l'article 71 au destinataire de la livraison consécutive dans l'État membre autre que la France où les biens ont été expédiés ou transportés et comportant :

a) son numéro d'identification à la taxe sur la valeur ajoutée à Monaco ;

b) le numéro d'identification à la taxe sur la valeur ajoutée du destinataire de la livraison consécutive dans l'État membre autre que la France où les biens ont été expédiés ou transportés ;

c) la mention : « Application de l'article 141 de la directive 2006/112/CE du Conseil du 28 novembre 2006 ».

2° Dépose l'état récapitulatif mentionné à l'article 73 dans lequel doivent figurer distinctement :

a) son numéro d'identification à la taxe sur la valeur ajoutée à Monaco ;

b) le numéro d'identification à la taxe sur la valeur ajoutée du destinataire de la livraison consécutive dans l'État membre autre que la France où les biens ont été expédiés ou transportés ;

c) pour chaque destinataire, le montant total, hors taxe sur la valeur ajoutée, des livraisons de biens consécutives effectuées dans l'État membre autre que la France où les biens ont été expédiés ou transportés. Ces montants sont déclarés au titre de la période où la taxe sur la valeur ajoutée est devenue exigible sur ces livraisons.

2. – Prestations de services

Art. 11-0 *(Ord. n° 2.679, 22 mars 2010, applicable à compter du 1er janv. 2010).* – Pour l'application des règles relatives au lieu des prestations de services prévues aux articles 11 à 14 *bis*, est considéré comme assujetti :

1° Pour tous les services qui lui sont fournis, un assujetti, même s'il exerce également des activités ou réalise des opérations qui ne sont pas considérées comme des livraisons de biens ou des prestations de services imposables ;

2° Une personne morale non assujettie qui est identifiée à la taxe sur la valeur ajoutée.

Art. 11 *(Rempl. à compter du 1er janv. 2010, Ord. n° 2.679, 22 mars 2010).* – Le lieu des prestations de services est situé à Monaco :

1° Lorsque le preneur est un assujetti agissant en tant que tel et qu'il a à Monaco :

a) le siège de son activité économique, sauf lorsqu'il dispose d'un établissement stable non situé à Monaco auquel les services sont fournis ;

b) ou un établissement stable auquel les services sont fournis ;

c) ou, à défaut du *a* ou du *b*, son domicile ou sa résidence habituelle ;

2° Lorsque le preneur est une personne non assujettie, si le prestataire :

a) a établi en Principauté le siège de son activité économique, sauf lorsqu'il dispose d'un établissement stable non situé à Monaco à partir duquel les services sont fournis ;

b) ou dispose d'un établissement stable à Monaco à partir duquel les services sont fournis ;

c) ou, à défaut du *a* ou du *b*, a en Principauté son domicile ou sa résidence habituelle.

Art. 12 *(Ord. n° 11.936, 26 avr. 1996 ; mod., Ord. n° 1.513, 4 févr. 2008 ; rempl., Ord. n° 2.679, 22 mars 2010 ; mod., Ord. n° 2.679, 22 mars 2010 ; mod. à compter du 1er janv. 2013, Ord. n° 2.679, 22 mars 2010).* – Par dérogation à l'article 11, est situé à Monaco le lieu des prestations de services suivantes :

1° Les locations de moyens de transport (1) :

a) Lorsqu'elles sont de courte durée et que le moyen de transport est effectivement mis à la disposition du preneur à Monaco.

La location de courte durée s'entend de la possession ou de l'utilisation continue d'un moyen de transport pendant une période ne dépassant pas trente jours ou, dans le cas d'un moyen de transport maritime, quatre-vingt-dix jours ;

b) Les locations, autres que celles de courte durée, consenties à une personne non assujettie, lorsque cette personne est établie ou a son domicile ou sa résidence habituelle à Monaco ;

c) Par dérogation au *b*, la location d'un bateau de plaisance, à l'exception de la location de courte durée, à une personne non assujettie lorsque le bateau est effectivement mis à disposition du preneur à Monaco et le service fourni par le prestataire à partir du siège de son activité économique ou d'un établissement stable qui y est situé ;

2° Les prestations de services se rattachant à un bien immeuble situé à Monaco, y compris les prestations d'experts et d'agents immobiliers, la fourniture de logements dans le cadre du secteur hôtelier ou de secteurs ayant une fonction similaire, l'octroi de droits d'utilisation d'un bien immeuble et les prestations tendant à préparer ou à coordonner l'exécution de travaux immobiliers, telles que celles fournies par les architectes et les entreprises qui surveillent l'exécution des travaux ;

3° Les prestations de transport intracommunautaire de biens effectuées pour des personnes non assujetties lorsque le lieu de départ du transport est à Monaco ou en France.

On entend par transport intracommunautaire de biens, tout transport de biens dont le lieu de départ et le lieu d'arrivée sont situés sur les territoires de deux États membres différents.

(1) V. C. taxes, art. A-24.

On entend par lieu de départ, le lieu où commence effectivement le transport des biens, sans tenir compte des trajets effectués pour se rendre au lieu où se trouvent les biens, et par lieu d'arrivée, le lieu où s'achève effectivement le transport des biens ;

4° Les prestations de transport de biens effectuées pour des personnes non assujetties autres que les transports intracommunautaires de biens et les prestations de transport de passagers, en fonction des distances parcourues à Monaco et en France ;

5° Lorsqu'elles sont matériellement exécutées ou ont effectivement lieu à Monaco :

a) Les prestations de services fournies à une personne non assujettie ayant pour objet des activités culturelles, artistiques, sportives, scientifiques, éducatives, de divertissement ou similaires, telles que les foires et les expositions, y compris les prestations de services des organisateurs de telles activités, ainsi que les prestations de services accessoires à ces activités ;

b) Les ventes à consommer sur place ;

c) Sont réputées effectuées à Monaco les ventes à consommer sur place lorsqu'elles sont réalisées matériellement à bord de navires au cours de la partie d'un transport de passagers effectuée à Monaco ou à l'intérieur de la Communauté européenne et que le lieu de départ du transport de passagers est situé à Monaco.

On entend par partie d'un transport de passagers effectuée à Monaco ou à l'intérieur de la Communauté, la partie d'un transport effectuée sans escale en dehors de la Communauté européenne, entre le lieu de départ et le lieu d'arrivée du transport de passagers.

On entend par lieu de départ d'un transport de passagers, le premier point d'embarquement de passagers prévu à Monaco ou dans la Communauté européenne, le cas échéant après escale en dehors de la Communauté européenne.

On entend par lieu d'arrivée d'un transport de passagers, le dernier point de débarquement, prévu à Monaco ou dans la Communauté européenne, pour des passagers ayant embarqué à Monaco ou dans la Communauté européenne, le cas échéant avant escale en dehors de la Communauté européenne.

Dans le cas d'un transport aller-retour, le trajet de retour est considéré comme un transport distinct ;

5° *bis* Les prestations de services fournies à un assujetti, ainsi que celles qui leur sont accessoires, consistant à donner accès à des manifestations culturelles, artistiques, sportives, scientifiques, éducatives, de divertissement ou similaires, telles que les foires et les expositions lorsque ces manifestations ont effectivement lieu à Monaco ;

6° Lorsqu'elles sont matériellement exécutées à Monaco ou en France au profit d'une personne non assujettie :

a) Les activités accessoires au transport, telles que le chargement, le déchargement, la manutention et les activités similaires ;

b) Les expertises ou les travaux portant sur des biens meubles corporels ;

7° Les prestations de services fournies à une personne non assujettie par un intermédiaire agissant au nom et pour le compte d'autrui lorsque le lieu de l'opération principale est situé à Monaco ou en France ;

8° La prestation de services unique d'une agence de voyages lorsqu'elle a à Monaco le siège de son activité économique ou un établissement stable à partir duquel elle a fourni cette prestation.

L'agence de voyages réalise une prestation de services unique lorsqu'elle agit, en son propre nom, à l'égard du client et utilise, pour la réalisation du voyage, des livraisons de biens et des prestations de services d'autres assujettis.

Art. 13 (1) *(Ord. n° 13.046, 15 avr. 1997 ; Ord. n° 15.827, 12 juin 2003 ; mod. à compter du 1er janv. 2010, Ord. n° 2.679, 22 mars 2010 ; mod., Ord. n° 3.789, 29 mai 2012).* – Par dérogation à l'article 11, le lieu des prestations de services suivantes est réputé ne pas se situer à Monaco lorsqu'elles sont fournies à une personne non assujettie qui n'est pas établie ou n'a pas son domicile ou sa résidence habituelle à Monaco ou dans un État membre de la Communauté européenne :

1° Cessions et concessions de droits d'auteurs, de brevets, de droits de licences, de marques de fabrique et de commerce et d'autres droits similaires ;

(1) V. également Ord. n° 13.448, 12 mai 1998.

2° Locations de biens meubles corporels autres que des moyens de transports ;

3° Prestations de publicité ;

4° Prestations des conseillers, ingénieurs, bureaux d'études dans tous les domaines y compris ceux de l'organisation, de la recherche et du développement ; prestations des experts-comptables ;

5° Traitement des données et fournitures d'informations ;

6° Opérations bancaires, financières et d'assurance ou de réassurance, à l'exception de la location de coffres-forts ;

7° Mise à la disposition de personnel ;

8° *(8° abr. à compter du 1er janv. 2010)* ;

9° Obligation de ne pas exercer, même à titre partiel, une activité professionnelle ou un droit mentionné au présent article ;

10° Prestations de télécommunications.

11° Services de radiodiffusion et de télévision ;

12° Services fournis par voie électronique fixés par ordonnance souveraine ;

13° Accès aux réseaux de transport et de distribution d'électricité ou de gaz naturel, accès aux réseaux de chauffage ou de refroidissement, acheminement par ces réseaux et tous les autres services qui lui sont directement liés.

Sont imposables à Monaco lorsqu'elles sont effectuées par un prestataire établi hors de la Principauté et hors de la France et lorsque le bénéficiaire est un assujetti à la taxe sur la valeur ajoutée qui a en Principauté le siège de son activité ou un établissement stable pour lequel le service est rendu ou, à défaut, son domicile ou sa résidence habituelle.

Art. 14 *(Ord. n° 15.827, 12 juin 2003 ; rempl., Ord. n° 2.679, 22 mars 2010 ; mod. à compter du 1er janv. 2013, Ord. n° 2.679, 22 mars 2010)*. – Le lieu des prestations de services suivantes est réputé, en outre, se situer à Monaco lorsqu'elles sont fournies à des personnes non assujetties ou qui, à défaut d'un tel siège ou d'un tel établissement stable, a son domicile ou sa résidence habituelle en dehors de Monaco et de la Communauté européenne et que l'utilisation ou l'exploitation effectives de ces services s'effectuent à Monaco :

1° Les prestations de services autres que celles mentionnées aux articles 12, à l'exception de celles mentionnées au *c* du 1°, et 14 *bis* lorsqu'elles sont fournies à des personnes qui sont établies ou ont leur domicile ou leur résidence habituelle à Monaco ou dans un État membre de la Communauté européenne [,] par un assujetti qui a établi le siège de son activité économique ou qui dispose d'un établissement stable à partir duquel les services sont fournis en dehors de Monaco et de la Communauté européenne ou qui, à défaut d'un tel siège ou d'un tel établissement stable, a son domicile ou sa résidence habituelle en dehors de Monaco et de la Communauté européenne ;

2° Les locations de moyens de transport autres que de courte durée lorsque le preneur est établi ou a son domicile ou sa résidence habituelle en dehors de Monaco et de la Communauté européenne, à l'exception des locations de bateau de plaisance si le bateau est effectivement mis à disposition du preneur dans un État membre de la Communauté européenne autre que la France où le prestataire a établi le siège de son activité économique ou dispose d'un établissement stable à partir duquel les services sont fournis.

Art. 14 *bis* *(Ord. n° 15.827, 12 juin 2003 ; mod., Ord. n° 2.679, 22 mars 2010 ; rempl. à compter du 1er janv. 2015, Ord. n° 2.679, 22 mars 2010)*. – Le lieu des prestations de services mentionnées aux 10°, 11° et 12° de l'article 13 est réputé situé à Monaco, lorsqu'elles sont effectuées en faveur de personnes non assujetties qui sont établies, ou ont leur domicile ou leur résidence habituelle à Monaco.

III. – Opérations imposables sur option

Art. 15 *(Mod., Ord. n° 2.723, 27 avr. 2010)*. – Peuvent sur leur demande acquitter la taxe sur la valeur ajoutée :

1° Les personnes qui donnent en location des locaux nus pour les besoins de l'activité d'un preneur assujetti à la taxe sur la valeur ajoutée ou, si le bail est conclu à compter du 1er janvier 1991, pour les besoins de l'activité d'un preneur non assujetti.

L'option ne peut pas être exercée :

a) si les locaux nus donnés en location sont destinés à l'habitation ou à usage agricole ;

b) si le preneur est non assujetti, sauf lorsque le bail fait mention de l'option par le bailleur (1) ;

2° Les personnes qui consentent un bail visé au 1° *bis* de l'article 26 ;

2° *bis* Les personnes qui réalisent une opération visée au 5 de l'article 23.

Art. 16 *(Ord. n° 481, 5 avr. 2006 ; mod., Ord. n° 2.723, 27 avr. 2010).* – Les opérations qui se rattachent aux activités bancaires, financières et, d'une manière générale, au commerce des valeurs et de l'argent, telles que ces activités sont définies par les articles A-34 et A-35 de l'annexe au code, peuvent, lorsqu'elles sont exonérées de la taxe sur la valeur ajoutée, être soumises sur option à cette taxe.

L'option s'applique à l'ensemble de ces opérations. Elle peut être dénoncée à partir du 1er janvier de la cinquième année qui suit celle au cours de laquelle elle a été exercée.

L'option ou sa dénonciation prend effet à compter du premier jour du mois suivant celui au cours duquel elle est formulée auprès de la Direction des services fiscaux.

Art. 17 *(Ord. n° 14.371, 15 mars 2000 ; Ord. n° 15.827, 12 juin 2003 ; Ord. n° 481, 5 avr. 2006).* – L'option mentionnée à l'article 16 ne s'applique pas :

1° Aux intérêts et agios ;

2° Aux rémunérations assimilables à des intérêts ou agios dont la liste est établie par l'article A-36 de l'annexe au code ;

3° Aux cessions de valeurs mobilières et de titres de créances négociables ;

3° *bis* Aux sommes perçues lors des cessions de créances ou en rémunération de la gestion des créances cédées ;

4° Aux opérations bancaires afférentes au financement d'exportations, de livraisons exonérées en vertu du I de l'article 31 ou d'opérations situées hors de la Principauté et de la France dont la liste est fixée par l'article A-37 de l'annexe au code ; toutefois, l'option englobe les commissions afférentes au financement d'exportations ou de livraisons exonérées en vertu du I de l'article 31 lorsque, par l'effet de l'option, les commissions de même nature sont elles-mêmes soumises à la taxe sur la valeur ajoutée en régime intérieur ;

5° Aux opérations soumises à la taxe sur les conventions d'assurances ;

6° Aux opérations visées aux *d)* et *g)* du 1° de l'article 25 ;

7° Aux commissions perçues lors de l'émission et du placement d'emprunts obligataires et d'actions ;

8° Aux opérations portant sur les produits de capitalisation relevant de la réglementation relative aux assurances telle qu'elle résulte de la Convention franco-monégasque du 18 mai 1963.

Art. 18. – Les assujettis et les personnes morales non assujetties susceptibles de bénéficier des dispositions du 2° du I de l'article 2 peuvent, sur leur demande, acquitter la taxe sur leurs acquisitions intracommunautaires.

L'option prend effet au premier jour du mois au cours duquel elle est exercée. Elle couvre obligatoirement une période expirant le 31 décembre de la deuxième année qui suit celle au cours de laquelle elle a été exercée. Elle est renouvelée par tacite reconduction, pour une période de deux années civiles, sauf dénonciation formulée deux mois au moins avant l'expiration de chaque période.

IV. – Location de locaux destinés au logement en meublé

Art. 19. – Pour l'application de la taxe sur la valeur ajoutée, la location d'un local meublé ou nu dont la destination finale est le logement meublé est toujours considérée comme une opération de fourniture de logement meublé quelles que soient l'activité du preneur et l'affectation qu'il donne à ce local.

V. – Opérations imposables sur autorisation

Art. 20 *(Ord. n° 15.116, 23 nov. 2001 ; abr., Ord. n° 1.513, 4 févr. 2008).*

Art. 21 et 22 *(Abr. à compter du 1er janv. 2008, Ord. n° 1.513, 4 févr. 2008).*

(1) V. C. taxes, art. A-29 à A-32.

VI. – Opérations exonérées

Art. 23 *(Ord. n° 14.371, 15 mars 2000 ; Ord. n° 15.116, 23 nov. 2001).* – Sont exonérées de la taxe sur la valeur ajoutée :

1 – Affaires ou opérations soumises à un autre impôt :

– les opérations assujetties en France à l'impôt sur les opérations de bourse de commerce, à l'exclusion de celles qui déterminent l'arrêt de la filière ;

2 – Pêche :

– les opérations effectuées par les pêcheurs et armateurs à la pêche, en ce qui concerne la vente des produits de leur pêche (poissons, crustacés, coquillages frais ou conservés à l'état frais par un procédé frigorifique) ;

3 – Biens usagés. Déchets neufs d'industrie et matières de récupération :

1° *(1° mod., Ord. n° 2.723, 27 avr. 2010)* Sous réserve le cas échéant, des dispositions de l'article 5 - 1 et 2 du III, les ventes de biens usagés faites par les personnes qui les ont utilisés pour les besoins de leurs exploitations.

Toutefois, l'exonération ne s'applique pas aux biens qui ont ouvert droit à déduction complète ou partielle de la taxe sur la valeur ajoutée lors de leur achat à Monaco et en France, acquisition intracommunautaire, importation ou livraison à soi-même.

Les dispositions du deuxième alinéa ne s'appliquent ni aux biens cédés à des personnes qui ont souscrit un contrat de crédit-bail ou de location avec option d'achat avant le 8 septembre 1989, ni aux véhicules destinés à la location simple, inscrits à l'actif des entreprises de location avant le 8 septembre 1989, si ces véhicules sont cédés à des personnes autres que des négociants en biens d'occasion ;

2° *(2° abr., Ord. n° 1.513, 4 févr. 2008).*

4 *(4 mod., Ord. n° 1.513, 4 févr. 2008 ; Ord. n° 3.635, 12 janv. 2012)* Professions libérales et activités diverses :

1° Les soins dispensés aux personnes par les membres des professions médicales et paramédicales, par les praticiens autorisés à faire usage légalement du titre d'ostéopathe ou de chiropracteur et par les psychologues, psychanalystes et psychothérapeutes diplômés ainsi que les travaux d'analyse de biologie médicale et les fournitures de prothèses dentaires par les dentistes et prothésistes ;

2° Les frais d'hospitalisation et de traitement dans les établissements privés autorisés à dispenser des soins ;

3° Les livraisons, commissions, courtages et façons portant sur les organes, le sang et le lait humains ;

4° Le transport de malades ou de blessés à l'aide de véhicules spécialement aménagés à cet effet par des organismes ou personnes dûment agréés ;

5° *a)* Les prestations de services et les livraisons de biens qui leur sont étroitement liées, effectuées dans le cadre :

– de l'enseignement primaire, secondaire et supérieur dispensé dans les établissements publics et les établissements privés ;

– de l'enseignement universitaire dispensé dans les établissements publics et dans les établissements privés ;

– de l'enseignement technique ou professionnel ;

– de l'enseignement et de la formation professionnelle agricoles ;

– de la formation professionnelle continue assurée soit par des personnes morales de droit public, soit par des personnes de droit privé agréées à cet effet ;

– de l'enseignement primaire, secondaire, supérieur ou technique à distance, dispensé par les organismes publics ou les organismes privés ;

b) Les cours ou leçons relevant de l'enseignement scolaire, universitaire, professionnel, artistique ou sportif, dispensés par des personnes physiques qui sont rémunérées directement par leurs élèves ;

6° Les prestations effectuées par les avocats, les conseils juridiques et fiscaux, les notaires, les huissiers de justice, les commissaires aux comptes, les liquidateurs judiciaires, les syndics et les administrateurs judiciaires lorsqu'elles relèvent de leur activité spécifique telle qu'elle est définie par la réglementation applicable à leur profession ;

7° Les prestations de services et les livraisons de biens qui leur sont étroitement liées fournies à leurs membres, moyennant une cotisation fixée conformément aux statuts, par des organismes légalement constitués agissant sans but lucratif dont la gestion est désintéressée et qui poursuivent des objectifs de nature philosophique, religieuse, politique, patriotique, civique ou syndicale, dans la mesure où ces opérations se rattachent directement à la défense collective des intérêts moraux ou matériels des membres. Les dispositions des *c)* et *d)* du 1° du 6 s'appliquent à ces organismes ;

8° Les travaux de construction, d'aménagement, de réparation et d'entretien des monuments, cimetières ou sépultures commémoratifs de combattants, héros, victimes ou morts des guerres, effectués pour les collectivités publiques et les organismes légalement constitués agissant sans but lucratif.

5 *(5 rempl., Ord. n° 2.723, 27 avr. 2010)* 1° Les livraisons de terrains qui ne sont pas des terrains à bâtir au sens du 1° du 2 du I de l'article 5 ;

2° Les livraisons d'immeubles achevés depuis plus de cinq ans ;

6 – Organismes d'utilité générale :

1° *a)* Les services de caractère social, éducatif, culturel ou sportif rendus à leurs membres par les organismes légalement constitués agissant sans but lucratif, et dont la gestion est désintéressée.

Il en est de même des ventes consenties à leurs membres par ces organismes, dans la limite de 10 % de leurs recettes totales.

Toutefois, demeurent soumises à la taxe sur la valeur ajoutée, sous réserve des dispositions du *b) :*

– les opérations d'hébergement et de restauration ;

– l'exploitation des bars et buvettes.

Ces dispositions sont également applicables aux unions d'associations qui répondent aux conditions ci-dessus, dans leurs rapports avec les membres des associations faisant partie de ces unions ;

b) (b mod., Ord. n° 1.513, 4 févr. 2008 ; Ord. n° 2.723, 27 avr. 2010) les opérations faites au bénéfice de toutes personnes par des œuvres sans but lucratif qui présentent un caractère social ou philanthropique et dont la gestion est désintéressée, lorsque les prix pratiqués ont été homologués par l'autorité publique ou que des opérations analogues ne sont pas couramment réalisées à des prix comparables par des entreprises commerciales, en raison notamment du concours désintéressé des membres de ces organismes ou des contributions publiques ou privées dont ils bénéficient ;

Les associations constituées conformément à la loi n° 1.072 du 27 juin 1984 et les fondations régies par la loi n° 56 du 29 janvier 1922 dont la gestion est désintéressée et dont les activités non lucratives restent significativement prépondérantes sont également exonérées pour leurs autres opérations lorsque les recettes encaissées afférentes à ces opérations n'ont pas excédé au cours de l'année civile précédente le montant de 60 000 €.

Les opérations mentionnées au I de l'article 5 ne bénéficient pas de l'exonération et ne sont pas prises en compte pour le calcul de la limite de 60 000 €.

Lorsque la limite de 60 000 € est atteinte en cours d'année, l'organisme ne peut plus bénéficier de l'exonération prévue au deuxième alinéa à compter du premier jour du mois suivant celui au cours duquel cette limite a été dépassée.

(Ord. n° 5.230,10 mars 2015) Les limites mentionnées aux deuxième à avant-dernier alinéas du présent *b* sont actualisées par arrêté ministériel ;

c) les recettes de six manifestations de bienfaisance ou de soutien organisées dans l'année à leur profit exclusif par les organismes désignés aux *a)* et *b)* ainsi que par les organismes permanents à caractère social de la commune et des entreprises ;

d) le caractère désintéressé de la gestion résulte de la réunion des conditions ci-après :

– l'organisme doit être géré et administré à titre bénévole par des personne n'ayant elles-mêmes, ou par personne interposée, aucun intérêt direct ou indirect dans les résultats de l'exploitation ;

– l'organisme ne doit procéder à aucune distribution directe ou indirecte de bénéfice, sous quelque forme que ce soit ;

– les membres de l'organisme et leurs ayants droit ne doivent pas pouvoir être déclarés attributaires d'une part quelconque de l'actif, sous réserve du droit de reprise des apports.

(Al. mod., Ord. n° 5.230,10 mars 2015) Les obligations des organismes visés ci-dessus ainsi que l'étendue et les modalités d'exercice de leurs droits à déduction sont fixées par les articles A-76 et A-180 de l'annexe au code.

2° Les ventes portant sur les articles fabriqués par des groupements d'aveugles ou de travailleurs handicapés légalement agréés, ainsi que les réparations effectuées par ces groupements. Ils peuvent toutefois, sur leur demande, renoncer à l'exonération dans les conditions et selon les modalités prévues aux articles A-38 à A-40 de l'annexe au code.

Art. 24. – Les services rendus à leurs adhérents par les groupements constitués par des personnes physiques ou morales exerçant une activité exonérée de la taxe sur la valeur ajoutée ou pour laquelle elles n'ont pas la qualité d'assujetti, sont exonérés de cette taxe à la condition qu'ils concourent directement et exclusivement à la réalisation de ces opérations exonérées ou exclues du champ d'application de la taxe sur la valeur ajoutée et que les sommes réclamées aux adhérents correspondent exactement à la part leur incombant dans les dépenses communes.

Les conditions d'application du présent article sont fixées par l'article A-181 de l'annexe au code.

Art. 25. – Sont exonérées de la taxe sur la valeur ajoutée :

1° Les opérations bancaires et financières suivantes :

a) l'octroi et la négociation de crédits ainsi que la gestion de crédits effectuée par celui qui les a octroyés ;

b) la négociation et la prise en charge d'engagements, de cautionnements et d'autres sûretés et garanties ainsi que la gestion de garanties de crédits effectuée par celui qui a octroyé les crédits ;

c) les opérations, y compris la négociation, concernant les dépôts de fonds, comptes courants, paiements, virements, créances, chèques et autres effets de commerce, à l'exception du recouvrement de créances ;

d) les opérations, y compris la négociation, portant sur les devises, les billets de banque et les monnaies qui sont des moyens de paiement légaux à l'exception des monnaies et billets de collection.

Sont considérés comme des monnaies et billets de collection les pièces en or, en argent, ou en autre métal, ainsi que les billets qui ne sont pas normalement utilisés dans leur fonction comme moyen de paiement légal ou qui présentent un intérêt numismatique ;

e) les opérations, autres que celles de garde et de gestion portant sur les actions, les parts de sociétés ou d'associations, les obligations et les autres titres, à l'exclusion des titres représentatifs de marchandises et des parts d'intérêts dont la possession assure en droit ou en fait l'attribution en propriété ou en jouissance d'un bien immeuble ou d'une fraction d'un bien immeuble ;

f) la gestion de fonds communs de placements et de fonds communs de créances ;

g) les opérations relatives à l'or, autre que l'or à usage industriel, lorsqu'elles sont réalisées par les banques, établissements financiers, établissements de crédit, changeurs, escompteurs et remisiers, ou par toute autre personne qui en fait son activité principale ;

2° Les opérations d'assurance et de réassurance ainsi que les prestations de services afférentes à ces opérations effectuées par les courtiers et intermédiaires d'assurances ;

3° Les livraisons à leur valeur officielle de timbres fiscaux, de papiers timbrés et de timbres-poste ayant cours ou valeur d'affranchissement à Monaco.

Art. 26 *(Ord. n° 15.827, 12 juin 2003 ; mod., Ord. n° 95, 26 janv. 2007 ; Ord. n° 2.723, 27 avr. 2010).* – Sont exonérées de la taxe sur la valeur ajoutée :

1° Les locations de terres et bâtiments à usage agricole ;

1° *bis* Les locations d'immeubles résultant d'un bail conférant un droit réel;

2° Les locations de terrains non aménagés et de locaux nus, à l'exception des emplacements pour le stationnement des véhicules ; toutefois, ces dispositions ne sont pas applicables lorsque les locations constituent pour le bailleur un moyen de poursuivre, sous une autre forme, l'exploitation d'un actif commercial ou d'accroître ses débouchés ou lorsque le bailleur participe aux résultats de l'entreprise locataire ;

3° Les locations ou concessions de droits portant sur les immeubles visés aux 1° et 2° dans la mesure où elles relèvent de la gestion d'un patrimoine foncier ;

4° Les locations occasionnelles, permanentes ou saisonnières de logements meublés ou garnis à usage d'habitation.

Toutefois, l'exonération ne s'applique pas :

a) aux prestations d'hébergement fournies dans les hôtels de tourisme classés et les résidences de tourisme classées lorsque ces dernières sont destinées à l'hébergement des touristes et qu'elles sont louées par un contrat d'une durée d'au moins neuf ans à un exploitant qui a souscrit un engagement de promotion touristique à l'étranger (1) ;

b) aux prestations de mise à disposition d'un local meublé ou garni effectuées à titre onéreux et de manière habituelle, comportant en sus de l'hébergement au moins trois des prestations suivantes, rendues dans des conditions similaires à celles proposées par les établissements d'hébergement à caractère hôtelier exploités de manière professionnelle : le petit déjeuner, le nettoyage régulier des locaux, la fourniture de linge de maison et la réception, même non personnalisée, de la clientèle.

c) aux locations de locaux nus, meublés ou garnis, consenties par bail ou convention de toute nature à l'exploitant d'un établissement d'hébergement qui remplit les conditions fixées au *a)* ou au *b)* ci-dessus.

Art. 27 *(Mod., Ord. n° 3.635, 12 janv. 2012 ; Ord. n° 5.230,10 mars 2015)*. – Sont exonérés de la taxe sur la valeur ajoutée :

1° Le produit de l'organisation de jeux de hasard ou d'argent ;

2° Le produit de l'exploitation de la loterie nationale française, du loto national français ou du loto monégasque et des paris mutuels hippiques, à l'exception des rémunérations perçues par les organisateurs et les intermédiaires qui participent à l'organisation de ces jeux et paris ;

3° Le produit de l'exploitation des appareils automatiques.

Art. 28. – Les représentations théâtrales à caractère pornographique indiquées au 2° de l'article 57 ne peuvent en aucun cas bénéficier des exonérations de taxe sur la valeur ajoutée prévues par les dispositions législatives en vigueur.

Il en est de même des cessions de droits portant sur les films cinématographiques ou les supports vidéographiques d'œuvre pornographique ou d'incitation à la violence indiqués au 3° de l'article 57 et des droits d'entrée pour les séances au cours desquelles ces œuvres cinématographiques ou vidéographiques sont représentées.

Art. 29 *(Ord. n° 11.936, 26 avr. 1996 ; Ord. n° 481, 5 avr. 2006)*. – I. – Sont exonérées de la taxe sur la valeur ajoutée :

1° Les livraisons de biens expédiés ou transportés par le vendeur ou pour son compte en dehors de la Communauté européenne ainsi que les prestations de services directement liées à l'exportation.

2° Les livraisons de biens expédiés ou transportés par l'acheteur qui n'est pas établi à Monaco ou en France, ou pour son compte, hors de la Communauté européenne, à l'exclusion des biens d'équipement et d'avitaillement des bateaux de plaisance, des avions de tourisme ou de tous autres moyens de transport à usage privé, ainsi que les prestations de services directement liées à l'exportation.

Lorsque la livraison porte sur des biens à emporter dans les bagages personnels de voyageurs, l'exonération s'applique si les conditions suivantes sont réunies :

a) Le voyageur n'a pas son domicile ou sa résidence habituelle à Monaco, en France ou dans un autre État membre de la Communauté européenne ;

b) La livraison ne porte pas sur les tabacs manufacturés, les marchandises qui correspondent par leur nature ou leur qualité à un approvisionnement commercial ainsi que celles qui sont frappées d'une prohibition de sortie ;

c) Les biens sont transportés en dehors de la Principauté et de la Communauté européenne avant la fin du troisième mois suivant celui au cours duquel la livraison est effectuée ;

d) La valeur globale de la livraison, taxe sur la valeur ajoutée comprise, excède un montant qui est fixé par arrêté du Ministre d'État.

II. – Sont également exonérés de la taxe sur la valeur ajoutée :

1° Les prestations de services consistant en travaux portant sur des biens meubles acquis ou importés en vue de faire l'objet de ces travaux et expédiés ou transportés en dehors du territoire de Monaco et des États membres de la Communauté économique européenne par le prestataire de services ou par le preneur établi hors de Monaco et de la France ou pour leur compte ;

(1) V. C. taxes, art. A-26 à A-28.

2° *(2° mod. à compter du 1er janv. 2011, Ord. n° 3.230, 11 avr. 2011)* Les opérations de livraison, de réparation, de transformation, d'entretien, d'affrètement et de location portant sur :

– les navires de commerce maritime affectés à la navigation en haute mer ;

– les bateaux utilisés pour l'exercice d'une activité industrielle en haute mer ;

– les bateaux affectés à la pêche professionnelle maritime, les bateaux de sauvetage et d'assistance en mer (1) ;

3° *(3° mod., Ord. n° 2.723, 27 avr. 2010)* Les opérations de livraison, de location, de réparation et d'entretien portant sur des objets destinés à être incorporés dans ces bateaux ou utilisés pour leur exploitation en mer, ainsi que sur les engins et filets pour la pêche maritime (1) ;

4° Les opérations de livraison, de transformation, de réparation, d'entretien, d'affrètement et de location portant sur les aéronefs utilisés par des compagnies de navigation aérienne dont les services à destination ou en provenance d'un pays étranger autre que la France ou des territoires et départements français d'outre-mer, à l'exclusion de la France métropolitaine, représentent au moins 80 % des services qu'elles exploitent ;

5° Les opérations de livraison, de location, de réparation et d'entretien portant sur des objets destinés à être incorporés dans ces aéronefs ou utilisés pour leur exploitation en vol ;

6° *(6° mod. à compter du 1er janv. 2011, Ord. n° 3.230, 11 avr. 2011)* Les livraisons de biens destinés à l'avitaillement des bateaux et des aéronefs désignés aux 2° et 4°, ainsi que des bateaux de guerre, tels qu'ils sont définis à la sous-position 89.01 du tarif douanier communautaire, à l'exclusion des provisions de bord destinées aux bateaux affectés à la petite pêche côtière ;

7° Les prestations de services effectuées pour les besoins directs des bateaux et des aéronefs désignés aux 2° et 4° et de leur cargaison (2) ;

8° Les transports aériens ou maritimes de voyageurs en provenance ou à destination d'un pays étranger autre que la France ou des territoires et départements français d'outre-mer ;

9° Les transports ferroviaires de voyageurs en provenance et à destination d'un pays étranger autre que la France, ainsi que les transports de voyageurs effectués par les trains internationaux et sur les relations dont la liste est fixée par l'autorité compétente ;

10° Les transports par route de voyageurs étrangers en provenance et à destination d'un pays étranger autre que la France, circulant en groupe d'au moins dix personnes (3) ;

11° Les transports entre la Principauté ou la France et les départements français de la Corse pour la partie du trajet située en dehors du territoire continental ;

12° Les prestations de transport de biens effectuées à destination ou en provenance des Açores ou de Madère ;

13° Les livraisons d'or aux instituts d'émission ;

14°, 15° et 16° *(14° à 16° abr.)* ;

17° Les prestations de services se rapportant à l'importation de biens à Monaco, en France ou dans un autre État membre de la Communauté européenne et dont la valeur est comprise dans la base d'imposition de l'importation.

Art. 30. – Les prestations de services réalisées par les agences de voyages et les organisateurs de circuits touristiques sont exonérées de la taxe sur la valeur ajoutée pour la partie de ces prestations se rapportant aux services exécutés hors de la Communauté économique européenne.

Art. 31 *(Ord. n° 13.007, 25 mars 1997 ; mod., Ord. n° 955, 26 janv. 2007)*. – I. – Sont exonérés de la taxe sur la valeur ajoutée :

1° Les livraisons de biens expédiés ou transportés sur le territoire d'un État membre de la Communauté économique européenne autre que la France à destination d'un autre assujetti ou d'une personne morale non assujettie.

L'exonération ne s'applique pas lorsqu'il est démontré que le fournisseur savait ou ne pouvait ignorer que le destinataire présumé de l'expédition ou du transport n'avait pas d'activité réelle.

---

(1) V. C. taxes, art. A-163 à A-166.
(2) V. C. taxes, art. A-45 à A-48.
(3) V. C. taxes, art. A-49.

L'exonération ne s'applique pas aux livraisons de biens effectuées par des assujettis visés à l'article 87 et aux livraisons de biens, autres que des alcools, des boissons alcooliques, des huiles minérales et des tabacs manufacturés ou des moyens de transports neufs, expédiés ou transportés à destination des personnes mentionnées au *a*) du 1° du I de l'article 7.

L'exonération ne s'applique pas aux livraisons de biens d'occasion, d'œuvres d'art, d'objets de collection ou d'antiquité effectuées par des assujettis revendeurs qui appliquent les dispositions de l'article 93 A ;

2° Les transferts assimilés aux livraisons mentionnées au III de l'article 1er qui bénéficieraient de l'exonération prévue au 1° ci-dessus si elles avaient été effectuées à destination d'un tiers assujetti.

II. – Sont également exonérées de la taxe sur la valeur ajoutée les acquisitions intracommunautaires de biens :

1° Dont la livraison en Principauté serait exonérée ;

2° Dont l'importation serait exonérée en application du II de l'article 81 du Code des taxes sur le chiffre d'affaires ;

3° Pour lesquelles l'acquéreur non établi à Monaco et qui n'y réalise pas des livraisons de biens ou des prestations de services bénéficierait du droit à remboursement total en application du V de l'article 42, de la taxe qui serait due au titre de l'acquisition.

Art. 32 *(Abr., Ord. n° 11.936, 26 avr. 1996).*

Art. 33. – Les prestations de services effectuées par les intermédiaires qui agissent au nom et pour le compte d'autrui, lorsqu'ils interviennent dans des opérations exonérées par l'article 29 ainsi que dans les opérations réalisées hors des territoires de la Principauté et des États membres de la Communauté économique européenne sont exonérées de la taxe sur la valeur ajoutée.

Ces dispositions ne s'appliquent pas aux agences de voyages et organisateurs de circuits touristiques.

Chapitre II. – Assiette de la taxe

I. – Régime du forfait

Art. 34 *(Abr., Ord. n° 13.985, 6 mai 1999).*

II. – Régime du chiffre d'affaires réel

Art. 35. – 1. La base d'imposition est constituée (1) :

a) pour les livraisons de biens, les prestations de services et les acquisitions intracommunautaires, par toutes les sommes, valeurs, biens ou services reçus ou à recevoir par le fournisseur ou le prestataire en contrepartie de ces opérations, de la part de l'acheteur, du preneur ou d'un tiers, y compris les subventions directement liées aux prix de ces opérations ;

b) pour les opérations ci-après, par le montant total de la transaction :

– opérations réalisées par un intermédiaire mentionné au V de l'article 1er et au III de l'article 2 ;

– opérations réalisées par les personnes établies en Principauté qui s'entremettent dans la livraison de biens ou l'exécution de services par des redevables qui n'ont pas établi en Principauté ou dans la Communauté économique européenne, le siège de leur activité, un établissement stable, leur domicile ou leur résidence habituelle ;

c) (c abr., Ord. n° 11.936, 26 avr. 1996) ;

d) pour les opérations visées au *e)* du 1° de l'article 25 qui ont fait l'objet de l'option prévue à l'article 16, par le montant des profits et autres rémunérations ;

e) pour les livraisons à soi-même et les acquisitions intracommunautaires mentionnées au 2° du II de l'article 2 :

– lorsqu'elles portent sur des biens, par le prix d'achat de ces biens ou de biens similaires ou, à défaut de prix d'achat, par le prix de revient, déterminés dans le lieu et au moment où la taxe devient exigible ;

– lorsqu'il s'agit de services, par les dépenses engagées pour leur exécution ;

f) pour les achats, par le prix d'achat majoré, le cas échéant, des impôts à la charge de la marchandise ;

(1) V. C. taxes, art. A-63.

g) pour les opérations d'entremise effectuées par les agences de voyages et les organisateurs de circuits touristiques, par la différence entre le prix total payé par le client et le prix effectif facturé à l'agence ou à l'organisateur par les entrepreneurs de transports, les hôteliers, les restaurateurs, les entrepreneurs de spectacle et les autres assujettis qui exécutent matériellement les services utilisés par le client ;

h) pour les travaux immobiliers, par le montant des marchés, mémoires ou factures ;

i) (i abr., Ord. n° 13.007, 25 mars 1997).

Des ordonnances peuvent fixer des bases minimales ou forfaitaires d'imposition pour les achats imposables.

2 *(2 mod. à compter du 1er janv. 2013, Ord. n° 4.199, 20 févr. 2013)* Lorsque les éléments servant à déterminer la base d'imposition sont exprimés dans une monnaie autre que l'euro, le taux de change à appliquer est celui du dernier taux publié par la Banque centrale européenne, au jour de l'exigibilité de la taxe prévue au 2 de l'article 40.

3 *(3 mod., Ord. n° 2.723, 27 avr. 2010)* En ce qui concerne les opérations mentionnées au I de l'article 5, la taxe sur la valeur ajoutée est assise :

a) pour les livraisons à soi-même, sur le prix de revient total des immeubles, y compris le coût des terrains ou leur valeur d'apport ;

b) pour les mutations à titre onéreux ou les apports en société sur :

– le prix de la cession, le montant de l'indemnité ou la valeur des droits sociaux rémunérant l'apport, augmenté des charges qui s'y ajoutent ;

– la valeur vénale réelle des biens si cette valeur vénale est supérieure au prix, au montant de l'indemnité ou à la valeur des droits sociaux, augmenté des charges.

(Al. abr. à compter du 1er janv. 2011, Ord. n° 3.230, 11 avr. 2011).

4 *(4 rempl., Ord. n° 2.723, 27 avr. 2010)* Lorsque le bail à construction est soumis à la taxe sur la valeur ajoutée, la base d'imposition est constituée par la valeur du droit de reprise des immeubles qui doivent revenir au bailleur abstraction faite, le cas échéant, de l'indemnité de reprise stipulée au profit du preneur et du montant des loyers, lesquels sont imposés par ailleurs dans les conditions du *a* du 1.

Art. 36. – I. – Sont à comprendre dans la base d'imposition :

1° Les impôts, taxes, droits et prélèvements de toute nature à l'exception de la taxe sur la valeur ajoutée elle-même ;

2° Les frais accessoires aux livraisons de biens ou prestations de services tels que commissions, intérêts, frais d'emballage, de transport et d'assurance demandés aux clients.

II. – Ne sont pas à comprendre dans la base d'imposition :

1° Les escomptes de caisse, remises, rabais, ristournes et autres réductions de prix consentis directement aux clients ;

2° Les sommes remboursées aux intermédiaires, autres que les agences de voyages et organisateurs de circuits touristiques, qui effectuent des dépenses au nom et pour le compte de leurs commettants dans la mesure où ces intermédiaires rendent compte à leurs commettants, portent ces dépenses dans leur comptabilité dans des comptes de passage et justifient auprès de la direction des Services fiscaux de la nature et du montant exact de ces débours.

III. – Les sommes perçues lors des livraisons d'emballages consignés peuvent être exclues de la base d'imposition à la condition que la taxe sur la valeur ajoutée afférente à ces sommes ne soit pas facturée. Elles doivent être incorporées dans la base d'imposition lorsque les emballages n'ont pas été rendus au terme des délais en usage dans la profession.

Art. 37 *(Rempl., Ord. n° 2.723, 27 avr. 2010).* – S'agissant de la livraison d'un terrain à bâtir, ou d'une opération mentionnée au 2° du 5 de l'article 23 pour laquelle a été formulée l'option prévue au 2° *bis* de l'article 15, si l'acquisition par le cédant n'a pas ouvert droit à déduction de la taxe sur la valeur ajoutée, la base d'imposition est constituée par la différence entre :

1° D'une part, le prix exprimé et les charges qui s'y ajoutent ;

2° D'autre part, selon le cas :

– soit les sommes que le cédant a versées, à quelque titre que ce soit, pour l'acquisition du terrain ou de l'immeuble ;

– soit la valeur nominale des actions ou parts reçues en contrepartie des apports en nature qu'il a effectués.

Art. 38. – Lorsqu'une personne effectue concurremment des opérations se rapportant à plusieurs des catégories prévues aux articles du présent code, son chiffre d'affaires est déterminé en appliquant à chacun des groupes d'opérations les règles fixées par ces articles.

Art. 39. – La base d'imposition du service des télécommunications comprend le produit des opérations effectuées avec les autres services de l'État.

Chapitre III. – Fait générateur et exigibilité

Art. 40 *(Ord. n° 11.936, 26 avr. 1996 ; Ord. n° 16.370, 2 juill. 2004 ; mod., Ord. n° 2.679, 22 mars 2010 ; Ord. n° 2.723, 27 avr. 2010 ; Ord. n° 3.230, 11 avr. 2011 ; mod. à compter du 1er janv. 2013, Ord. n° 4.199, 20 févr. 2013).* – 1. Le fait générateur de la taxe se produit :

a) au moment où la livraison, l'acquisition intracommunautaire du bien ou la prestation de services est effectué ;

b) pour les livraisons autres que celles qui sont visées au *c)* du 3° du II de l'article 1er ainsi que pour les prestations de services qui donnent lieu à l'établissement de décomptes ou à des encaissements successifs, au moment de l'expiration des périodes auxquelles ces décomptes ou encaissements se rapportent ;

c) pour les livraisons de biens, les prestations de services et les acquisitions intracommunautaires réputées effectuées en application des dispositions du V de l'article 1er et du III de l'article 2, au moment où l'opération dans laquelle l'assujetti s'entremet est effectuée ;

c bis) pour les prestations de services pour lesquelles la taxe est due par le preneur de services en application du 2 de l'article 62, qui ont lieu de manière continue sur une période supérieure à une année et qui ne donnent pas lieu à des décomptes ou à des paiements durant cette période, à l'expiration de chaque année civile, tant qu'il n'est pas mis fin à la prestation de services ;

c ter) pour les livraisons et transferts mentionnés au I de l'article 31 effectués de manière continue pendant une période de plus d'un mois civil, à l'expiration de chaque mois civil ;

d) (Rempl., Ord. n° 5.230,10 mars 2015) Pour les livraisons à soi-même d'immeubles neufs taxées en application du 2° du 1 du II de l'article 5, au moment de la livraison qui intervient, au plus tard, lors de la délivrance de l'autorisation d'occuper les locaux prévue par l'article 118 de l'ordonnance souveraine n° 3.647 du 9 septembre 1966 modifiée ; les modalités d'application du présent paragraphe sont fixées par les articles A-2 à A3 de l'annexe au présent Code ;

2. La taxe est exigible :

a) Pour les livraisons et les achats visés au a du 1 et pour les opérations mentionnées au d du même 1, lors de la réalisation du fait générateur.

Toutefois, pour les livraisons d'électricité, de gaz, de chaleur, de froid ou de biens similaires donnant lieu à des décomptes ou à des encaissements successifs, l'exigibilité peut intervenir au moment du débit sur autorisation du directeur des Services fiscaux ; elle intervient en tout état de cause dès la perception d'acomptes et à concurrence de leur montant, lorsqu'il en est demandé avant l'intervention du fait générateur ou du débit ;

a bis) Pour les livraisons d'immeubles à construire, lors de chaque versement des sommes correspondant aux différentes échéances prévues par le contrat en fonction de l'avancement des travaux ;

b) (b abr.) ;

b bis) pour les prestations de services pour lesquelles la taxe est due par le preneur en application du 2 de l'article 62, lors du fait générateur, ou lors de l'encaissement des acomptes ;

c) pour les prestations de services autres que celles visées au *b bis* lors de l'encaissement des acomptes, du prix, de la rémunération ou, sur autorisation du directeur des Services fiscaux, d'après les débits suivant les modalités prévues par l'article A-64 de l'annexe au code.

(Al. rempl. à compter du 1er janv. 2011) En cas d'escompte d'effet de commerce ou de transmission de créance, l'exigibilité intervient respectivement à la date du paiement de l'effet par le client ou à celle du paiement de la dette transmise entre les mains du bénéficiaire de la transmission.

Les entrepreneurs de travaux immobiliers peuvent, dans des conditions et pour les travaux qui sont fixés par les articles A-65 à A-71 de l'annexe au code, opter pour le paiement de la taxe sur les livraisons ;

c bis) Pour le bail à construction, lors de sa conclusion s'agissant de la valeur du droit de reprise visée au 4 de l'article 35 et, s'il y a lieu, lors de l'encaissement pour les loyers ;

d) pour les acquisitions intracommunautaires et pour les livraisons et les transferts exonérés en application du I de l'article 31, le 15 du mois suivant celui au cours duquel s'est produit le fait générateur.

Toutefois, la taxe devient exigible lors de la délivrance de la facture, à condition qu'elle précède la date d'exigibilité prévue à l'alinéa précédent et qu'il ne s'agisse pas d'une facture d'acompte.

Chapitre IV. – Liquidation de la taxe

I. – Dispositions générales

Art. 41 *(Mod., Ord. n° 2.723, 27 avr. 2010 ; Ord. n° 5.230,10 mars 2015).* – La taxe sur la valeur ajoutée est liquidée au vu des déclarations souscrites par les assujettis dans les conditions prévues à l'article 70.

Elle frappe les sommes imposables et l'ensemble des éléments servant à la liquidation de la taxe arrondie à l'euro le plus proche ; la fraction d'euro égale à 0,50 étant comptée pour 1.

La liquidation de la taxe exigible au titre des livraisons à soi-même d'immeubles neufs taxées en application du 2° du 1 du II de l'article 5 peut être effectuée jusqu'au 31 décembre de la deuxième année qui suit celle au cours de laquelle est intervenu l'achèvement de l'immeuble. Elle est déclarée sur la déclaration mentionnée à l'article 70 dans les conditions fixées par ordonnance souveraine.

II. – Déductions

Art. 42 *(Ord. n° 11.936, 26 avr. 1996 ; Ord. n° 15.827, 12 juin 2003 ; Ord. n° 4.199, 20 févr. 2013).* – I. – 1. La taxe sur la valeur ajoutée qui a grevé les éléments du prix d'une opération imposable est déductible de la taxe sur la valeur ajoutée applicable à cette opération.

2. Le droit à déduction prend naissance lorsque la taxe déductible devient exigible chez le redevable.

Toutefois, les personnes qui effectuent des opérations occasionnelles soumises à la taxe sur la valeur ajoutée n'exercent le droit à déduction qu'au moment de la livraison.

3. La déduction de la taxe ayant grevé les biens et les services est opérée par imputation sur la taxe due par le redevable au titre du mois pendant lequel le droit à déduction a pris naissance.

II. – 1. Dans la mesure où les biens et les services sont utilisés pour les besoins de leurs opérations imposables, et à la condition que ces opérations ouvrent droit à déduction, la taxe dont les redevables peuvent opérer la déduction est, selon le cas :

a) celle qui figure sur les factures établies conformément aux dispositions de l'article 71 et si la taxe pouvait légalement figurer sur lesdites factures ;

b) celle qui est due à l'importation ;

c) celle qui est acquittée par les redevables eux-mêmes lors de l'achat ou de la livraison à soi-même des biens ou des services ;

d) celle qui correspond aux factures d'acquisition intracommunautaire établies conformément à la réglementation communautaire dont le montant figure sur la déclaration de recettes conformément au *b)* du 4 de l'article 70.

2. La déduction ne peut pas être opérée si les redevables ne sont pas en possession soit desdites factures, soit de la déclaration d'importation sur laquelle ils sont désignés comme destinataires réels. Pour les acquisitions intracommunautaires, la déduction ne peut être opérée que si les redevables ont fait figurer sur la déclaration mentionnée au *d)* du 1 toutes les données nécessaires pour constater le montant de la taxe due au titre de ces acquisitions et détiennent des factures établies conformément à la réglementation communautaire.

Toutefois, les redevables qui n'ont pas porté sur la déclaration mentionnée au *d)* du 1 le montant de la taxe due au titre d'acquisitions intracommunautaires sont autorisés à opérer la déduction lorsque cette taxe a été payée au Trésor Princier.

3. Lorsque ces factures ou ces documents font l'objet d'une rectification, les redevables doivent apporter les rectifications correspondantes dans leurs déductions et les mentionner sur la déclaration qu'ils souscrivent au titre du mois au cours duquel ils ont eu connaissance de cette rectification.

III. – À cet effet, les assujettis qui sont autorisés à opérer globalement l'imputation de la taxe sur la valeur ajoutée, sont tenus de procéder à une régularisation :

a) si les marchandises ont disparu ;

b) lorsque l'opération n'est pas effectivement soumise à l'impôt.

IV. – La taxe déductible dont l'imputation n'a pu être opérée peut faire l'objet d'un remboursement dans les conditions, selon les modalités et dans les limites fixées par les articles A-109 à A-118 de l'annexe au code.

V. – Ouvrent droit à déduction dans les mêmes conditions que s'ils étaient soumis à la taxe sur la valeur ajoutée :

a) les opérations d'assurances et de réassurances et les opérations de courtages d'assurances et de réassurances lorsqu'elles concernent :

– des assurés ou réassurés domiciliés ou établis en dehors de la Principauté, de la France et des États membres de l'Union européenne autres que la France ;

– des exportations de biens ;

b) les services bancaires et financiers exonérés en application des dispositions de l'article 25-1°-*a)* à *e)* lorsqu'ils sont rendus à des personnes domiciliées ou établies en dehors de la Principauté, de la France et des États membres de l'Union européenne autres que la France ou se rapportent à des exportations de biens ;

c) les opérations exonérées en application des dispositions des articles 29, 30, du I de l'article 31, de l'article 33 et du 1° du II et du 2° du III de l'article 81 ;

d) les opérations non imposables en Principauté réalisées par des assujettis dans la mesure où elles ouvriraient droit à déduction si leur lieu d'imposition se situait en Principauté. Les modalités et les limites du remboursement de la taxe déductible au titre de ces opérations sont fixées par les articles A-119 à A-126 et A-167 de l'annexe au code.

VI. – Pour l'application du présent article, une opération légalement effectuée en suspension du paiement de la taxe sur la valeur ajoutée est considérée comme en ayant été grevée à concurrence du montant de la somme dont le paiement a été suspendu.

Les conditions d'application du présent article sont fixées par les articles A-72 à A-108 de l'annexe au code.

Art. 43 *(Mod., Ord. n° 15.116, 23 nov. 2001 ; abr., Ord. n° 3.789, 29 mai 2012).*

Art. 44 *(Ord. n° 15.827, 12 juin 2003 ; mod., Ord. n° 955, 26 janv. 2007).* – 1 – La taxe sur la valeur ajoutée qui a été perçue à l'occasion de ventes ou de services est imputée ou remboursée dans les conditions prévues à l'article 42 lorsque ces ventes ou services sont par la suite résiliés ou annulés ou lorsque les créances correspondantes sont devenues définitivement irrécouvrables.

Toutefois, l'imputation ou le remboursement de la taxe peuvent être effectués dès la date de la décision de justice qui prononce la liquidation judiciaire.

L'imputation ou la restitution est subordonnée à la justification, auprès de la direction des Services fiscaux, de la rectification préalable de la facture initiale.

2. – La taxe sur la valeur ajoutée facturée dans les conditions définies à l'article 62-6 ne peut faire l'objet d'aucune déduction par celui qui a reçu la facture.

3. – La TVA afférente à une livraison de biens ne peut faire l'objet d'aucune déduction lorsqu'il est démontré que l'acquéreur savait, ou ne pouvait ignorer que, par son acquisition, il participait à une fraude consistant à ne pas reverser la taxe due à raison de cette livraison.

Art. 45 *(Abr., Ord. n° 4.671, 15 janv. 2014).*

Art. 46. – La taxe sur la valeur ajoutée afférente aux achats, importations, acquisitions intracommunautaires, livraisons et services effectués à compter du 1er janvier 1993 cesse d'être exclue du droit à déduction en ce qui concerne les véhicules ou engins affectés de façon exclusive à l'enseignement de la conduite.

Art. 47. – Pour les intermédiaires mentionnés au V de l'article 1er et au III de l'article 2, la déduction de la taxe sur la valeur ajoutée afférente aux biens ou aux services qui font l'objet des opérations d'entremise et que ces personnes sont réputées avoir personnellement acquis ou reçus est effectuée par imputation sur la taxe due au titre du mois pendant lequel le droit à déduction a pris naissance, sous réserve que les conditions suivantes soient simultanément remplies :

1 – L'opération d'entremise est rémunérée exclusivement par une commission dont le taux est fixé au préalable d'après le prix, la quantité ou la nature des biens ou des services.

2 – Il est rendu compte au commettant du prix auquel l'intermédiaire a traité l'opération avec l'autre contractant.

3 – L'intermédiaire qui réalise ces opérations d'entremise doit agir en vertu d'un mandat préalable et ne jamais devenir propriétaire des biens.

4 – Il ne s'agit pas d'opérations :

a) qui sont effectuées en vertu d'un contrat de commission à l'achat ou à la vente portant sur des déchets neufs d'industrie ou des matières de récupération ;

b) ou qui aboutissent à la livraison de produits imposables par des personnes qui ne sont pas redevables de la taxe, à l'exception des opérations portant sur les objets d'occasion et les animaux vivants de boucherie et de charcuterie ;

c) ou qui sont réalisées par des personnes établies à Monaco ou en France qui s'entremettent dans la livraison de biens ou l'exécution des services par des redevables qui n'ont pas établi dans la Communauté économique européenne le siège de leur activité, un établissement stable, leur domicile ou leur résidence habituelle.

III. – Régime suspensif

Art. 48 *(Ord. n° 13.007, 25 mars 1997)*. – I. – Les assujettis sont autorisés à recevoir ou à importer en franchise de la taxe sur la valeur ajoutée les biens qu'ils destinent à une livraison à l'exportation, à une livraison exonérée en vertu du I de l'article 31 ou à une livraison dont le lieu est situé sur le territoire d'un État membre de la Communauté économique européenne autre que la France en application des dispositions de l'article 7, ainsi que les services portant sur ces biens, dans la limite du montant des livraisons de cette nature qui ont été réalisées au cours de l'année précédente et qui portent sur des biens passibles de cette taxe.

Pour bénéficier des dispositions qui précèdent, les intéressés doivent, selon le cas, adresser à leurs fournisseurs, remettre au service des douanes ou conserver une attestation, visée par la direction des Services fiscaux, certifiant que les biens sont destinés à faire l'objet, en l'état ou après transformation, d'une livraison mentionnée au premier alinéa ou que les prestations de services sont afférentes à ces biens. Cette attestation doit comporter l'engagement d'acquitter la taxe sur la valeur ajoutée au cas où les biens et les services ne recevraient pas la destination qui a motivé la franchise, sans préjudice des pénalités prévues aux articles 105 à 112, 115 et 117 du code.

II. – Les dispositions du I s'appliquent aux organismes sans but lucratif dont la gestion est désintéressée qui exportent des biens à l'étranger dans le cadre de leur activité humanitaire, charitable ou éducative.

III. – Les assujettis revendeurs qui, en application des dispositions du présent article, reçoivent ou importent en franchise des biens d'occasion, des œuvres d'art, des objets de collection ou d'antiquité ne peuvent pas appliquer, lors de la livraison de ces biens, les dispositions de l'article 93 A.

Art. 49. – Toute personne ou société qui entend se prévaloir d'une disposition du présent code ou de son annexe pour recevoir des produits en franchise de la taxe sur la valeur ajoutée, peut être tenue de présenter, au préalable, une caution solvable qui s'engage, solidairement avec elle, à payer les droits et pénalités qui pourraient être mis à sa charge.

Les modalités d'application du présent article sont fixées par les articles A-168 à A-170 de l'annexe au code.

Art. 50 *(Abr. à compter du 1er janv. 2008, Ord. n° 1.513, 4 févr. 2008)*.

Art. 50 A *(Ord. n° 11.936, 26 avr. 1996 ; Ord. n° 15.827, 12 juin 2003 ; mod. à compter du 1er janv. 2011, Ord. n° 2.723, 27 avr. 2010)*. – I. – Sont effectuées en suspension du paiement de la taxe sur la valeur ajoutée les opérations ci-après :

1° Les livraisons de biens destinés à être placés sous l'un des régimes suivants prévus par les règlements communautaires en vigueur : conduite en douane, magasins et aires de dépôt temporaire, entrepôts d'importation ou d'exportation, perfectionnement actif.

2° Les livraisons de biens destinés à être placés sous l'un des régimes suivants :

a) Le régime fiscal suspensif

b) *(b abr.)* ;

c) *(c abr.)* ;

d) L'entrepôt de stockage de biens négociés sur un marché à terme international et dont la liste est fixée par arrêté du Ministre d'État ;

e) L'entrepôt destiné à la fabrication de biens réalisée en commun par des entreprises, dont une au moins n'a pas d'établissement à Monaco ou en France, en exécution d'un contrat international fondé sur le partage de cette fabrication et la propriété indivise des biens produits entre les entreprises contractantes.

L'autorisation d'ouverture d'un régime mentionné au présent 2° est délivrée par le Directeur des services fiscaux. Cette autorisation détermine les principales caractéristiques de l'entrepôt ou du régime fiscal suspensif demandé.

3° Les importations de biens destinés à être placés sous un des régimes mentionnés au 2°.

4° Les acquisitions intracommunautaires de biens destinés à être placés sous l'un des régimes mentionnés aux 1° et 2°.

5° Les prestations de services afférentes aux opérations mentionnées aux 1°, 2°, 3° et 4°.

6° Les livraisons de biens et les prestations de services effectuées sous les régimes énumérés aux 1° et 2°, avec maintien, selon le cas, d'une des situations mentionnées auxdits 1° et 2°.

7° *a)* Les livraisons de biens placés sous le régime de l'admission temporaire en exonération totale des droits à l'importation, du transit externe ou du transit communautaire interne, avec maintien du même régime ;

b) Les importations de biens en provenance des départements français de la Guadeloupe, de la Guyane, de la Martinique et de la Réunion et les importations de biens en provenance d'une partie du territoire douanier de la Communauté européenne exclue de son territoire fiscal qui rempliraient les conditions pour bénéficier du régime d'admission temporaire en exonération totale s'il s'agissait de biens en provenance de pays tiers, ainsi que les livraisons de ces biens, avec maintien du même régime ou situation ;

c) Les prestations de services afférentes aux livraisons mentionnées aux *a* et *b*.

II. – 1. La sortie du bien de l'un des régimes mentionnés au I met fin à la suspension du paiement de la taxe sur la valeur ajoutée.

Le retrait de l'autorisation mentionnée au 2° du I met également fin à la suspension du paiement de la taxe sur la valeur ajoutée.

2. *a)* Lorsque le bien n'a fait l'objet d'aucune livraison pendant son placement sous le régime, la taxe doit être acquittée, selon le cas, par l'une des personnes mentionnées ci-après :

1° pour les livraisons visées aux 1° et 2° du I, le destinataire ;

2° pour l'importation visée au 3° du I, la personne désignée au troisième alinéa de l'article 85 ;

3° pour l'acquisition intracommunautaire visée au 4° du I, la personne désignée au 3 de l'article 62 ;

4° pour les prestations de services visées aux 5° et 6° du I, le preneur.

b) Lorsque le bien a fait l'objet d'une ou plusieurs livraisons mentionnées aux 6° et 7° du I pendant son placement sous le régime, la taxe doit être acquittée par le destinataire de la dernière de ces livraisons.

c) Dans les cas visés au *a* et *b* du présent 2, la personne qui a obtenu l'autorisation du régime est solidairement tenue au paiement de la taxe.

3. La taxe due est, selon le cas :

1° Lorsque le bien n'a fait l'objet d'aucune livraison pendant son placement sous le régime, la taxe afférente à l'opération mentionnée aux 1°, 2°, 3° ou 4° du I, et, le cas échéant, la taxe afférente aux prestations de services mentionnées aux 5° et 6° du I.

2° Lorsque le bien a fait l'objet d'une ou plusieurs livraisons mentionnées aux 6° et 7° du I pendant son placement sous le régime, la taxe afférente à la dernière de ces livraisons, augmentée, le cas échéant, de la taxe afférente aux prestations de services mentionnées aux 5°, 6° et 7° du I, effectuées soit après cette dernière livraison soit avant cette dernière livraison si le preneur est la personne mentionnée au *b* du 2.

3° Lorsque le bien ne représente qu'une partie des biens placés sous le régime, la taxe afférente, selon le cas, aux opérations visées aux 1° et 2° ci-dessus, pour leur quote-part se rapportant audit bien.

4° La taxe due conformément aux 1° à 3° ci-dessus est assortie de l'intérêt de retard mentionné au I de l'article 110 lorsque les biens placés sous un régime fiscal suspensif, mentionné au *a* du 2° du I du présent article, en vue de leur expédition ou de leur exportation hors de Monaco et de la France, sont reversés sur le marché franco-monégasque.

L'intérêt de retard est calculé à compter du premier jour du mois suivant celui au cours duquel la taxe devenue exigible a été suspendue conformément au I du présent article, jusqu'au dernier jour du mois précédant celui au cours duquel les biens sont sortis du régime fiscal suspensif.

4. Par dérogation au 2, la personne qui doit acquitter la taxe est dispensée du paiement lorsque le bien fait l'objet d'une exportation ou d'une livraison exonérée en vertu de l'article 29 ou du I de l'article 31.

III. – La personne qui a obtenu l'autorisation d'ouverture d'un régime mentionné au 2° du I doit, au lieu de situation des biens :

1° Tenir un registre des stocks et des mouvements de biens, et un registre devant notamment faire apparaître, pour chaque bien, la nature et le montant des opérations réalisées, les nom et adresse des fournisseurs et des clients. Les prestations de services mentionnées au I doivent faire l'objet d'une indication particulière sur ce dernier registre.

Les assujettis peuvent être autorisés, sur leur demande, à regrouper les informations contenues dans les registres mentionnés ci-dessus dans une comptabilité matières identifiant les biens placés sous les régimes visés, ainsi que la date d'entrée et de sortie desdits régimes.

Un arrêté du ministre d'État fixe les conditions de tenue des registres et de la comptabilité matières.

2° Être en possession du double des factures et des différentes pièces justificatives relatives aux opérations mentionnées au I.

IV. - Une ordonnance souveraine fixe les modalités d'application du présent article.

Chapitre V. – Calcul de la taxe

I. – Taux

A. – Taux normal

Art. 51 ***(Ord. n° 14.599, 25 sept. 2000 ; rempl., Ord. n° 4.199, 20 févr. 2013)*** (1). **– Le taux normal de la taxe sur la valeur ajoutée est fixé à 20 %.**

B. – Taux réduit

Art. 52-0 ***(Mod., Ord. n° 4.199, 20 févr. 2013)*** (2). **– La taxe sur la valeur ajoutée est perçue au taux réduit de 5 % en ce qui concerne :**

A. – Les opérations d'achat, d'importation, d'acquisition intracommunautaire, de vente, de livraison, de commission, de courtage ou de façon portant sur :

1° L'eau et les boissons non alcooliques ainsi que les produits destinés à l'alimentation humaine à l'exception des produits suivants auxquels s'applique le taux prévu à l'article 51 :

a) Les produits de confiserie ;

b) Les chocolats et de tous produits composés contenant du chocolat ou du cacao. Toutefois le chocolat, le chocolat de ménage au lait, les bonbons de chocolat, les fèves de cacao et le beurre de cacao sont admis au taux réduit de *(Taux rempl., Ord. n° 4.714, 10 févr. 2014)* (3) « 5,5 % » ;

c) Les margarines et graisses végétales ;

d) Le caviar ;

2° les appareillages pour handicapés ainsi que sur les équipements spéciaux, dénommés aides techniques et autres appareillages, dont la liste est fixée par l'article A-130 de l'annexe au code et qui sont conçus exclusivement pour les personnes handicapées en vue de la compensation d'incapacités graves.

3° les autopiqueurs, les appareils pour lecture automatique chiffrée de la glycémie, les seringues pour insuline, les stylos injecteurs d'insuline et les bandelettes et comprimés pour l'autocontrôle du diabète ;

4° les appareillages de recueil pour incontinents et stomisés digestifs ou urinaires, les appareillages d'irrigation pour colostomisés, les sondes d'urétérostomie cutanée pour stomisés urinaires, les solutions d'irrigation vésicale et les sondes vésicales pour incontinents urinaires ;

---

(1) Dispositions applicables aux opérations dont le fait générateur intervient à compter du 1er janv. 2014 ; toutefois, elles ne s'appliquent pas aux encaissements pour lesquels la taxe sur la valeur ajoutée est exigible avant cette date, Ord. n° 4.199, 20 févr. 2013.

(2) Le taux : « 5,5 % » est remplacé par le taux : « 5 % ». – Dispositions applicables aux opérations pour lesquelles la taxe sur la valeur ajoutée est exigible à compter du 1er janvier 2014, Ord. n° 4.199, 20 févr. 2013.

(3) Taux applicable aux opérations pour lesquelles la taxe sur la valeur ajoutée est exigible à compter du 1er janvier 2014 : Ord. n° 4.714, 10 févr. 2014.

5° les ascenseurs et matériels assimilés, spécialement conçus pour les personnes handicapées et dont les caractéristiques sont fixées par arrêté ministériel ;

6° Les livres, y compris leur location. Le présent 6° s'applique aux livres sur tout type de support physique, y compris ceux fournis par téléchargement.

B. – Les abonnements relatifs aux livraisons d'électricité d'une puissance maximale inférieure ou égale à 36 kilovoltampères, d'énergie calorifique et de gaz naturel combustible, distribués par réseaux, ainsi que la fourniture de chaleur lorsqu'elle est produite au moins à 50 % à partir de la biomasse, de la géothermie, des déchets et d'énergie de récupération ;

La puissance maximale prise en compte correspond à la totalité des puissances maximales souscrites par un même abonné sur un même site.

C *(C mod., Ord. n° 4.714, 10 févr. 2014)* (1) La fourniture de logement et de nourriture dans les maisons de retraite, les établissements accueillant des personnes handicapées et les logements-foyers. Ce taux s'applique également aux prestations exclusivement liées, d'une part, à l'état de dépendance des personnes âgées et, d'autre part, aux besoins d'aide des personnes handicapées, hébergées dans ces établissements et qui sont dans l'incapacité d'accomplir les gestes essentiels de la vie quotidienne.

D. – Les prestations de services exclusivement liées aux gestes essentiels de la vie quotidienne des personnes handicapées et des personnes âgées dépendantes, qui sont dans l'incapacité de les accomplir, fournies par des entreprises agréées.

E. – La fourniture de repas par les prestataires dans les établissements publics ou privés d'enseignement du premier et du second degrés.

F. – 1° Les spectacles suivants : théâtres, théâtres de chansonniers, cirques, concerts ; spectacles de variétés à l'exception de ceux qui sont donnés dans les établissements où il est d'usage de consommer pendant les séances ;

2° Le prix du billet d'entrée donnant exclusivement accès à des concerts donnés dans des établissements où il est servi facultativement des consommations pendant le spectacle.

G *(Ord. n° 4.714, 10 févr. 2014)* (1) Les droits d'entrée dans les salles de spectacles cinématographiques, quels que soient le procédé de fixation ou de transmission et la nature du support des œuvres ou documents audiovisuels qui sont présentés.

H *(Ord. n° 4.714, 10 févr. 2014)* (1) Les cessions de droits patrimoniaux portant sur des œuvres cinématographiques représentées au cours des séances de spectacles cinématographiques mentionnées à l'article 56 du Code des taxes sur le chiffre d'affaires ou dans le cadre de festivals de cinéma.

I *(Ord. n° 4.714, 10 févr. 2014)* (1) 1° Les importations d'œuvres d'art, d'objets de collection ou d'antiquité, ainsi que sur les acquisitions intracommunautaires, effectuées par un assujetti ou une personne morale non assujettie, d'œuvres d'art, d'objets de collection ou d'antiquité qu'ils ont importés sur le territoire d'un État membre de l'Union européenne autre que la France ;

2° Les acquisitions intracommunautaires d'œuvres d'art qui ont fait l'objet d'une livraison dans un État membre autre que la France par d'autres assujettis que des assujettis revendeurs ;

3° *(Ord. n° 5.230,10 mars 2015)* Les livraisons d'œuvres d'art effectuées par leur auteur ou ses ayants droit.

J *(Ord. n° 5.230,10 mars 2015)* Les droits d'entrée perçus par les organisateurs de réunions sportives.

Art. 52-0 *bis* *(Ord. n° 4.714, 10 févr. 2014)* (2). – 1. La taxe sur la valeur ajoutée est perçue au taux réduit mentionné au premier alinéa de l'article 52-0 sur les travaux d'amélioration de la qualité énergétique des locaux à usage d'habitation achevés depuis plus de deux ans ainsi que sur les travaux induits qui leur sont indissociablement liés. Ces travaux portent sur la pose, l'installation et l'entretien des matériaux et

(1) Dispositions applicables aux opérations dont le fait générateur intervient à compter du 1er janvier 2014 : Ord. n° 4.714, 10 févr. 2014.

(2) Dispositions applicables aux opérations pour lesquelles la taxe sur la valeur ajoutée est exigible à compter du 1er janvier 2014 : Ord. n° 4.714, 10 févr. 2014.

équipements mentionnés au 4 du présent article, sous réserve que ces matériaux et équipements respectent des caractéristiques techniques et des critères de performances minimales fixés par arrêté ministériel (1).

2. Par dérogation au 1 du présent article, le taux prévu à l'article 51 s'applique aux travaux, réalisés sur une période de deux ans au plus :

a) Qui concourent à la production d'un immeuble neuf au sens du 2° du 2 du I de l'article 5 ;

b) À l'issue desquels la surface de plancher des locaux existants est augmentée de plus de 10 %.

3. Le taux réduit prévu au 1 du présent article est applicable aux travaux facturés au propriétaire ou, le cas échéant, au syndicat de copropriétaires, au locataire, à l'occupant des locaux ou à leur représentant, à condition que le preneur atteste que ces travaux se rapportent à des locaux d'habitation achevés depuis plus de deux ans, ont la nature de travaux mentionnés au même 1 et ne répondent pas aux conditions mentionnées au 2. Il est également applicable, dans les mêmes conditions, aux travaux réalisés par l'intermédiaire d'une société d'économie mixte intervenant comme tiers financeur. Le prestataire est tenu de conserver cette attestation à l'appui de sa comptabilité.

Le preneur doit conserver copie de cette attestation ainsi que les factures ou notes émises par les entreprises ayant réalisé des travaux, jusqu'au 31 décembre de la cinquième année suivant la réalisation de ces travaux.

Le preneur est solidairement tenu au paiement du complément de taxe si les mentions portées sur l'attestation s'avèrent inexactes de son fait.

4. Le taux réduit prévu au 1 du présent article s'applique :

a. Aux dépenses afférentes à un immeuble achevé depuis plus de deux ans au titre de :

1° L'acquisition de chaudières à condensation ;

2° L'acquisition de matériaux d'isolation thermique des parois vitrées, de volets isolants ou de portes d'entrée donnant sur l'extérieur ;

3° L'acquisition et la pose de matériaux d'isolation thermique des parois opaques ainsi que l'acquisition de matériaux de calorifugeage de tout ou partie d'une installation de production ou de distribution de chaleur ou d'eau chaude sanitaire ;

4° L'acquisition d'appareils de régulation de chauffage ;

b. Au coût des équipements de production d'énergie utilisant une source d'énergie renouvelable, à l'exception des équipements de production d'électricité utilisant l'énergie radiative du soleil, ou des pompes à chaleur, autres que air/air, dont la finalité essentielle est la production de chaleur ou d'eau chaude sanitaire, ainsi qu'au coût de la pose de l'échangeur de chaleur souterrain des pompes à chaleur géothermiques ;

c. Au coût des équipements de raccordement à un réseau de chaleur, alimenté majoritairement par des énergies renouvelables ou par une installation de cogénération ;

d. Aux dépenses afférentes à un immeuble achevé depuis plus de deux ans au titre de chaudières à micro-cogénération gaz d'une puissance de production électrique inférieure ou égale à 3 kilovolt-ampères par logement.

Art. 52 *(Ord. n° 13.046, 15 avr. 1997 ; Ord. n° 481, 5 avr. 2006 ; mod., Ord. n° 3.635, 12 janv. 2012). – (Al. mod., Ord. n° 4.199, 20 févr. 2013)* (2) La taxe sur la valeur ajoutée est perçue au taux réduit de 10 % en ce qui concerne les opérations d'achat, d'importation, d'acquisition intracommunautaire, de vente, de livraison, de commission, de courtage ou de façon portant sur les produits suivants :

1° et 2° *(1° et 2° abr., Ord. n° 3.635, 12 janv. 2012) ;*

3° *(3° mod, Ord. n° 4.199, 20 févr. 2013)* (3) Produits d'origine agricole, de la pêche, de la pisciculture et de l'aviculture n'ayant subi aucune transformation. Ces dispositions ne s'appliquent pas aux opérations relatives aux équidés lorsque ceux-ci ne sont normalement pas destinés à être utilisés dans la préparation des denrées alimentaires ou dans la production agricole.

(1) V. art. A-130 *bis*.

(2) Le taux : « 7 % » est remplacé par le taux : « 10 % ». - Dispositions applicables aux opérations dont le fait générateur intervient à compter du 1er janv. 2014 ; toutefois, elles ne s'appliquent pas aux encaissements pour lesquels la taxe sur la valeur ajoutée est exigible avant cette date, Ord. n° 4.199, 20 févr. 2013.

(3) Dispositions applicables aux opérations dont le fait générateur intervient à compter du 1er janv. 2013, Ord. n° 4.199, 20 févr. 2013.

3° *bis* Produits suivants à l'usage domestique :

***a)* Bois de chauffage ;**

***b)* Produits de la sylviculture agglomérés destinés au chauffage ;**

***c)* Déchets de bois destinés au chauffage ;**

4° Aliments simples ou composés utilisés pour la nourriture du bétail, des animaux de basse-cour, des poissons d'élevage destinés à la consommation humaine et des abeilles, ainsi que les produits entrant dans la composition de ces aliments et dont la liste est fixée par l'article A-133 de l'annexe au code ;

5° *(5 mod., Ord. n° 3.635, 12 janv. 2012 ; Ord. n° 4.714, 10 févr.2014)* (1) **Produits suivants à usage agricole :**

***a)* *(a abr.)* ;**

***b)* engrais et amendements calcaires mentionnés à l'annexe I au règlement (CE) n° 889/2008 de la Commission du 5 septembre 2008 portant modalités d'application du règlement (CE) n° 834/2007 du Conseil relatif à la production biologique et à l'étiquetage des produits biologiques en ce qui concerne la production biologique, l'étiquetage et les contrôles ;**

***c)* matières fertilisantes ou supports de culture d'origine organique agricole.**

6°*(6° mod. à compter du 1er janvier 2011, Ord. n° 3.230, 11 avr. 2011 ; abr., Ord. n° 4.160, 24 janv. 2013)* (2).

Art. 53 ***(Mod., Ord. n° 3.635, 12 janv. 2012 ; Ord. n° 4.199, 20 févr. 2013)*** (3). **– La taxe sur la valeur ajoutée est perçue au taux de 10 % en ce qui concerne les opérations d'achat, d'importation, d'acquisition intracommunautaire, de vente, de livraison, de commission, de courtage ou de façon, portant sur les préparations magistrales, produits officinaux et médicaments ou produits pharmaceutiques destinés à l'usage de la médecine humaine et faisant l'objet d'une autorisation de mise sur le marché délivrée dans les conditions prévues par la réglementation en vigueur, qui ne sont pas visés par l'article 59.**

Art. 54 ***(Ord. n° 12.007, 26 juill. 1996 ; Ord. n° 13.985, 6 mai 1999 ; Ord. n° 15.350, 27 mai 2002 ; abr., Ord. n° 3.635, 12 janv. 2012).***

Art. 55 ***(Mod., Ord. n° 4.199, 20 févr. 2013*** (3) ***; Ord. n° 4.714, 10 févr. 2014)*** (4). **– La taxe sur la valeur ajoutée est perçue au taux de 10 % :**

1° *(1° abr.)* ;

2° *(2° abr., Ord. n° 5.230, 10 mars 2015)* ;

3° Sur les livraisons d'œuvres d'art effectuées à titre occasionnel par les personnes qui les ont utilisées pour les besoins de leurs exploitations et chez qui elles ont ouvert droit à déduction de la taxe sur la valeur ajoutée ;

4° *(4° abr.)*.

Art. 56 ***(Mod., Ord. n° 3.635 , 12 janv. 2012 ; Ord. n° 4.160, 24 janv. 2013) . – (Al. mod., Ord. n° 4.199, 20 févr. 2013)*** (5) **La taxe sur la valeur ajoutée est perçue au taux réduit de 10 % en ce qui concerne :**

***a)* les prestations relatives :**

– à la fourniture de logement et aux trois quarts du prix de pension ou de demi-pension dans les établissements d'hébergement ; ce taux s'applique aux locations meublées dans les mêmes conditions que pour les établissements d'hébergement ;

– *(Al. abr., Ord. n° 3.635, 12 janv. 2012)* ;

---

(1) Dispositions applicables aux opérations dont le fait générateur intervient à compter du 1er janvier 2014. Toutefois, ils ne s'appliquent pas aux encaissements pour lesquels la taxe sur la valeur ajoutée est exigible avant cette date : Ord. n° 4.714, 10 févr. 2014.

(2) Dispositions applicables aux opérations pour lesquelles la taxe sur la valeur ajoutée est exigible à compter du 1er janv. 2013, Ord. n° 4.160, 24 janv. 2013.

(3) Le taux : « 7 % » est remplacé par le taux : « 10 % ». - Dispositions applicables aux opérations dont le fait générateur intervient à compter du 1er janv. 2014 ; toutefois, elles ne s'appliquent pas aux encaissements pour lesquels la taxe sur la valeur ajoutée est exigible avant cette date, Ord. n° 4.199, 20 févr. 2013.

(4) Dispositions applicables aux opérations dont le fait générateur intervient à compter du 1er janvier 2014 : Ord. n° 4.714, 10 févr. 2014.

(5) Dispositions applicables aux opérations dont le fait générateur intervient à compter du 1er janvier 2014. Toutefois, ils ne s'appliquent pas aux encaissements pour lesquels la taxe sur la valeur ajoutée est exigible avant cette date : Ord. n° 4.199, 20 févr. 2013.

b) les recettes provenant de la fourniture des repas dans les cantines d'entreprises et répondant aux conditions qui sont fixées par l'article A-132 de l'annexe au code ;

c) les taxes, surtaxes et redevances perçues sur les usagers des réseaux d'assainissement ;

d) les spectacles suivants :

– foires, salons, expositions autorisées ;

– jeux de manèges forains à l'exception des appareils automatiques autres que ceux qui sont assimilés à des loteries foraines ;

d) ter (d ter abr., Ord. n° 4.199, 20 févr. 2013) (1) ;

e) les droits d'entrée pour la visite des parcs zoologiques et botaniques, des musées, monuments, grottes et sites ainsi que des expositions culturelles ;

f) les transports de voyageurs ;

g) (g abr., Ord. n° 4.714, 10 févr. 2014) (2) ;

h) Les abonnements souscrits par les usagers afin de recevoir les services de télévision.

Est considéré comme service de télévision tout service de communication au public par voie électronique destiné à être reçu simultanément par l'ensemble du public ou par une catégorie de public et dont le programme principal est composé d'une suite ordonnée d'émissions comportant des images et des sons.

Le taux prévu à l'article 51 est applicable lorsque la distribution de services de télévision est comprise dans une offre unique qui comporte pour un prix forfaitaire l'accès à un réseau de communications électroniques.

On entend par réseau de communications électroniques toute installation ou tout ensemble d'installations de transport ou de diffusion ainsi que, le cas échéant, les autres moyens assurant l'acheminement de communications électroniques, notamment ceux de commutation et de routage.

(Al. mod., Ord. n° 4.199, 20 févr. 2013 (3) *; Ord. n° 5.230, 10 mars 2015)* Néanmoins, lorsque les droits de distribution des services de télévision ont été acquis en tout ou partie contre rémunération par le fournisseur des services, le taux réduit de 10 % est applicable à la part de l'abonnement correspondante. Cette part est égale aux sommes payées, par usager, pour l'acquisition des droits susmentionnés.

i) (i mod., Ord. n° 4.714, 10 févr. 2014) (2) les cessions de droits patrimoniaux reconnus par la loi aux auteurs des œuvres de l'esprit et aux artistes interprètes ainsi que de tous droits portant sur les œuvres cinématographiques et sur les livres.

Cette disposition n'est pas applicable aux cessions de droits portant sur des œuvres d'architecture et des logiciels, ainsi qu'aux cessions de droits patrimoniaux portant sur des œuvres cinématographiques représentées dans le cadre de festivals de cinéma ou au cours des séances de spectacles cinématographiques suivantes :

1° Les séances publiques et payantes organisées exceptionnellement par les associations et les autres groupements légalement constitués agissant sans but lucratif ;

2° Les séances privées organisées par des associations et organismes assimilés habilités à diffuser la culture par le cinéma ;

3° Les séances organisées par les associations et organismes qui ont pour objet la collecte, la conservation, la restauration et la diffusion du patrimoine cinématographique ;

4° Les séances organisées dans le cadre des services publics à caractère non commercial ;

5° Les séances gratuites ;

6° Les séances en plein air autres que celles organisées par les exploitants d'établissements de spectacles cinématographiques en raison de la suspension du fonctionnement d'une de leurs salles .

j) (j abr.) ;

---

(1) Dispositions applicables aux opérations dont le fait générateur intervient à une date fixée par ordonnance souveraine et au plus tard au 31 décembre 2014 : Ord. n° 4.199, 20 févr. 2013.

(2) Dispositions applicables aux opérations pour lesquelles la taxe sur la valeur ajoutée est exigible à compter du 1er janvier 2014 : Ord. n° 4.714, 10 févr. 2014.

(3) Dispositions applicables aux opérations dont le fait générateur intervient à compter du 1er janvier 2014. Toutefois, ils ne s'appliquent pas aux encaissements pour lesquels la taxe sur la valeur ajoutée est exigible avant cette date : Ord. n° 4.199, 20 févr. 2013.

k) **les prestations de collecte, de tri et de traitement des déchets portant sur des matériaux ayant fait l'objet d'un contrat de concession conclu entre l'État et une entreprise agréée.**

l) **les prestations de services d'aide à domicile fournies par les entreprises agréées ;**

m) **les remboursements et les rémunérations versés par l'État ou la Commune aux exploitants assurant les prestations de balayage des caniveaux et voies publiques lorsqu'elles se rattachent au service public de voirie communale ;**

n) **les remboursements et les rémunérations versés par l'État ou la Commune aux exploitants assurant les prestations de déneigement des voies publiques lorsqu'elles se rattachent à un service public de voirie communale ;**

o) **les ventes à consommer sur place, à l'exclusion de celles relatives aux boissons alcooliques qui relèvent du taux prévu à l'article 51 ;**

p) **les ventes à emporter ou à livrer de produits alimentaires préparés en vue d'une consommation immédiate, à l'exclusion de celles relatives aux boissons alcooliques qui relèvent du taux prévu à l'article 51.**

Art. 56 *bis* *(Ord. n° 14.371, 15 mars 2000 ; Ord. n° 15.827, 12 juin 2003 ; Ord. n° 16.370, 2 juill. 2004 ; Ord. n° 481, 5 avr. 2006 ; Ord. n° 961, 7 févr. 2007 ; mod., Ord. n° 2.679, 22 mars 2010 ; Ord. n° 2.723, 27 avr. 2010 ; Ord. n° 3.635, 12 janv. 2012).* **– 1.** *(1 mod., Ord. n° 4.199, 20 févr. 2013* (1) *; Ord. n° 4.714, 10 févr. 2014)* (2) **La taxe sur la valeur ajoutée est perçue au taux réduit de 10 % sur les travaux d'amélioration, de transformation, d'aménagement et d'entretien autres que ceux mentionnés à l'article 52-0 *bis* portant sur les locaux à usage d'habitation, achevés depuis plus de deux ans, à l'exception de la part correspondant à la fourniture d'équipements ménagers ou mobiliers ou à l'acquisition de gros équipements fournis dans le cadre de travaux d'installation ou de remplacement du système de chauffage, des ascenseurs, de l'installation sanitaire ou de système de climatisation dont la liste est fixée par arrêté ministériel.**

Rédaction antérieure. 1. La taxe sur la valeur ajoutée est perçue au taux réduit de 7 % sur les travaux d'amélioration, de transformation, d'aménagement et d'entretien portant sur les locaux à usage d'habitation, achevés depuis plus de deux ans, à l'exception de la part correspondant à la fourniture d'équipements ménagers ou mobiliers ou à l'acquisition de gros équipements fournis dans le cadre de travaux d'installation ou de remplacement du système de chauffage, des ascenseurs, de l'installation sanitaire ou de système de climatisation dont la liste est fixée par arrêté ministériel.

2. Par dérogation au 1, le taux prévu à l'article 51 s'applique aux travaux réalisés sur une période de deux ans au plus :

a) **Qui concourent à la production d'un immeuble neuf au sens du 2° du 2 du I de l'article 5 ;**

b) **À l'issue desquels la surface de plancher hors œuvre nette des locaux existants est majorée de plus de 10 %.**

2 *bis*. Par dérogation au 1, le taux prévu à l'article 51 s'applique aux travaux de nettoyage ainsi qu'aux travaux d'aménagement et d'entretien des espaces verts.

3. Le taux réduit prévu au 1 est applicable aux travaux facturés au propriétaire ou le cas échéant au syndicat de copropriétaires, au locataire, à l'occupant des locaux ou à leur représentant à condition que le preneur atteste que ces travaux se rapportent à des locaux d'habitation achevés depuis plus de deux ans et ne répondent pas aux conditions mentionnées au 2. Le prestataire est tenu de conserver cette attestation à l'appui de sa comptabilité.

Le preneur doit conserver copie de cette attestation ainsi que les factures ou notes émises par les entreprises ayant réalisé des travaux jusqu'au 31 décembre de la cinquième année suivant la réalisation de ces travaux.

Le preneur est solidairement tenu au paiement du complément de taxe si les mentions portées sur l'attestation s'avèrent inexactes de son fait.

4. Ces dispositions s'appliquent aux opérations pour lesquelles une facture a été émise à compter du 15 septembre 1999.

(1) Le taux : « 7 % » est remplacé par le taux : « 10 % ». - Dispositions applicables aux opérations dont le fait générateur intervient à compter du 1er janv. 2014 ; toutefois, elles ne s'appliquent pas aux encaissements pour lesquels la taxe sur la valeur ajoutée est exigible avant cette date, Ord. n° 4.199, 20 févr. 2013.

(2) Dispositions applicables aux opérations pour lesquelles la taxe sur la valeur ajoutée est exigible à compter du 1er janvier 2014 : Ord. n° 4.714, 10 févr. 2014.

Art. 57 *(Mod., Ord. n° 3.635, 12 janv. 2012).* – Les taux réduits de la taxe sur la valeur ajoutée ne s'appliquent pas :

1° aux opérations, y compris les cessions de droits, présentant un danger pour la jeunesse en raison de leur caractère licencieux ou pornographique ou de la place faite au crime ou à la violence ;

2° aux représentations théâtrales à caractère pornographique, ainsi qu'aux cessions de droits portant sur ces représentations et leur interprétation ;

3° *a)* aux cessions de droits portant sur les films pornographiques ou d'incitation à la violence et sur leur interprétation, ainsi qu'aux droits d'entrée pour les séances au cours desquelles ces films sont projetés ;

b) aux cessions de droits portant sur les œuvres pornographiques ou d'incitation à la violence diffusées sur support vidéographique et sur leur interprétation, ainsi qu'aux droits d'entrée pour les séances au cours desquelles ces œuvres sont présentées ;

4° aux prestations de services ainsi qu'aux livraisons de biens réalisées dans les établissements dont l'accès est interdit aux mineurs en raison de leur caractère licencieux ou pornographique en application des dispositions réglementant l'accès des mineurs dans certains établissements.

C. – Taux particuliers

Art. 58 *(Ord. n° 13.046, 15 avr. 1997).* – La taxe sur la valeur ajoutée est perçue au taux de 2,10 % en ce qui concerne les recettes réalisées aux entrées des premières représentations théâtrales d'œuvres dramatiques, lyriques, musicales ou chorégraphiques nouvellement créées ou d'œuvres classiques faisant l'objet d'une nouvelle mise en scène, ainsi que des spectacles de cirque comportant exclusivement des créations originales conçues et produites par l'entreprise et faisant appel aux services réguliers d'un groupe de musiciens.

L'article A-134 de l'annexe au code définit la nature des œuvres et fixe le nombre de représentations auxquelles ces dispositions sont applicables.

Les dispositions ne s'appliquent pas aux recettes provenant :

a) Des représentations théâtrales à caractère pornographique,

b) *(b mod., Ord. n° 4.199, 20 févr. 2013)* (1) De la vente de billets imposée au taux réduit de *(Taux rempl., Ord. n° 4.714, 10 févr. 2014)* (2) « 5,5 % » dans les conditions prévues au 2° du F de l'article 52-0.

Art. 59 *(Ord. n° 13.371, 27 mars 1998).* – La taxe sur la valeur ajoutée est perçue au taux de 2,10 % pour les opérations d'achat, d'importation, d'acquisition intracommunautaire, de vente, de livraison, de commission, de courtage ou de façon portant sur des préparations magistrales, médicaments officinaux, médicaments spécialisés faisant l'objet d'une autorisation de mise sur le marché destinés à l'usage de la médecine humaine qui sont soit remboursables aux assurés sociaux soit agréés à l'usage des établissements de soins, ou sur les produits sanguins, d'origine humaine, autres que le sang total, qui sont régis par la loi n° 972 du 10 juin 1975.

Le taux de 2,10 % s'applique également aux opérations d'importation, d'acquisition intracommunautaire ou de livraison portant sur les médicaments soumis à l'autorisation temporaire d'utilisation.

II. – Atténuations d'impôt

Art. 60 et 61 *(Abr., Ord. n° 13.985, 6 mai 1999).*

Chapitre VI. – Redevables de la taxe

Art. 62-0 *(Ord. n° 2.679, 22 mars 2010, applicable à compter du 1er janv. 2010).* – Pour l'application des articles 62 à 64, un assujetti qui réalise une livraison de biens ou une prestation de services imposable à Monaco et qui y dispose d'un établissement stable ne participant pas à la réalisation de cette livraison ou de cette prestation est considéré comme un assujetti établi hors de Monaco.

(1) Dispositions applicables aux opérations pour lesquelles la taxe sur la valeur ajoutée est exigible à compter du 1er janv. 2013, Ord. n° 4.160, 24 janv. 2013.

(2) Dispositions applicables aux opérations pour lesquelles la taxe sur la valeur ajoutée est exigible à compte du 1er janvier 2014 : Ord. n° 4.714, 10 févr. 2014.

Art. 62 *(Ord. n° 12.007, 26 juill. 1996 ; Ord. n° 13.371, 27 mars 1998 ; Ord. n° 14.371, 15 mars 2000 ; Ord. n° 15.827, 12 juin 2003 ; Ord. n° 481, 5 avr. 2006 ; mod., Ord. n° 955, 26 janv. 2007 ; Ord. n° 1.513, 4 févr. 2008 ; Ord. n° 2.679, 22 mars 2010 ; Ord. n° 3.230, 11 avr. 2011 ; Ord. n° 3.789, 29 mai 2012 ; Ord. n° 4.874, 25 juin 2014).* – 1. La taxe sur la valeur ajoutée doit être acquittée par les personnes qui réalisent les opérations imposables, sous réserve des cas visés aux articles 48 à 50 A où le versement de la taxe peut être suspendu.

Toutefois, sous réserve des exclusions visées au 1 *bis*, lorsqu'une livraison de biens ou une prestation de services mentionnée à l'article 12 est effectuée par un assujetti établi hors de Monaco et de France, la taxe est acquittée par l'acquéreur, le destinataire ou le preneur qui agit en tant qu'assujetti et qui dispose d'un numéro d'identification à la TVA en Principauté.

Le montant dû est identifié sur la déclaration mentionnée à l'article 70.

1 *bis*. Les assujettis établis hors de Monaco qui réalisent en Principauté des prestations constitutives de travaux immobiliers acquittent la taxe et déclarent les travaux visés au 4 *sexies* pour lesquels la taxe est acquittée par le preneur sous couvert du représentant fiscal tel que prévu à l'article 72.

2. Lorsque les prestations mentionnées au 1° de l'article 11 sont fournies par un assujetti qui n'est pas établi à Monaco ou en France, la taxe doit être acquittée par le preneur.

3. Pour les acquisitions intracommunautaires de biens imposables mentionnées à l'article 9, la taxe doit être acquittée par l'acquéreur. Toutefois, le vendeur est solidairement tenu avec ce dernier au paiement de la taxe, lorsque l'acquéreur est établi hors de la Principauté et de la France.

4. Pour les livraisons mentionnées au 2° du I de l'article 10, la taxe doit être acquittée par le destinataire. Toutefois, le vendeur est solidairement tenu au paiement de la taxe.

Les dispositions du présent article s'appliquent à compter du 1er janvier 1993.

4 *bis*. Pour les livraisons à un autre assujetti d'or sous forme de matière première ou de produits semi-ouvrés d'une pureté égale ou supérieure à 325 millièmes, la taxe est acquittée par le destinataire. Toutefois, le vendeur est solidairement tenu au paiement de la taxe.

4 *bis*-1. Pour les livraisons mentionnées au III de l'article 6, la taxe est acquittée par l'acquéreur qui dispose d'un numéro d'identification à la taxe sur la valeur ajoutée à Monaco lorsque son fournisseur est établi hors du territoire franco-monégasque.

Pour les livraisons de gaz naturel ou d'électricité mentionnées au *b)* du même III, ainsi que pour les services mentionnés au 12° de l'article 13 qui leur sont directement liés, la taxe est acquittée par l'acquéreur qui dispose d'un numéro d'identification à la TVA en Principauté, y compris lorsque son fournisseur est établi à Monaco ou en France.

4 *ter*. Pour les livraisons et les prestations de façon portant sur des déchets neufs d'industrie et des matières de récupération, la taxe est acquittée par le destinataire ou le preneur qui dispose d'un numéro d'identification à la taxe sur la valeur ajoutée en Principauté.

Pour les livraisons de gaz naturel ou d'électricité mentionnées au *b* du même III, ainsi que pour les services mentionnés au 12° de l'article 13 qui leur sont directement liés, la taxe est acquittée par l'acquéreur qui dispose d'un numéro d'identification à la TVA en Principauté, y compris lorsque son fournisseur est établi à Monaco ou en France.

4 *quater*. Pour les transferts de quotas autorisant les exploitants à émettre des gaz à effet de serre, au sens de l'article 3 de la directive 2003/87/CE du Parlement européen et du Conseil du 13 octobre 2003 établissant un système d'échange de quotas d'émission de gaz à effet de serre dans la Communauté et modifiant la directive 96/61/CE du Conseil, et d'autres unités pouvant être utilisées par les opérateurs en vue de se conformer à cette directive, la taxe est acquittée par l'assujetti bénéficiaire du transfert.

4 *quinquies*. Pour les services de communications électroniques, la taxe est acquittée par l'acquéreur qui dispose d'un numéro d'identification à Monaco.

4 *sexies*. Pour les travaux de construction, y compris ceux de réparation, de nettoyage, d'entretien, de transformation et de démolition effectués en relation avec un bien immobilier par une entreprise sous-traitante, pour le compte d'un preneur assujetti, la taxe est acquittée par le preneur.

La sous-traitance, au sens du précédent alinéa, est l'opération par laquelle un entrepreneur confie par un sous-traité, et sous sa responsabilité, à une autre personne appelée sous-traitant l'exécution de tout ou partie du contrat d'entreprise ou d'une partie du marché public conclu avec le maître de l'ouvrage.

5. Toute personne qui mentionne la taxe sur la valeur ajoutée sur une facture est redevable de la taxe du seul fait de sa facturation.

6. Lorsque la facture ne correspond pas à la livraison d'une marchandise ou à l'exécution d'une prestation de services, ou fait état d'un prix qui ne doit pas être acquitté effectivement par l'acheteur, la taxe est due par la personne qui l'a facturée.

6 *bis*. L'assujetti en faveur duquel a été effectuée une livraison de biens ou une prestation de services et qui savait, ou ne pouvait ignorer, que tout ou partie de la taxe sur la valeur ajoutée due sur cette livraison, ou sur toute livraison antérieure des mêmes biens, ou sur cette prestation ou toute prestation antérieure des mêmes services, ne serait pas reversée de manière frauduleuse, est solidairement tenu, avec la personne redevable, d'acquitter cette taxe.

Les dispositions du premier alinéa et celles prévues au 3 de l'article 44 ne peuvent pas être cumulativement mises en œuvre pour un même bien.

6 *ter (Ord. n° 4.199, 20 févr. 2013)* (1) L'assujetti en faveur duquel a été effectuée une livraison de véhicules terrestres à moteur et qui savait ou ne pouvait ignorer que tout ou partie de cette livraison ou de toute livraison antérieure des mêmes véhicules ne pouvait pas bénéficier du régime prévu à l'article 93 A est solidairement tenu d'acquitter avec tout assujetti partie à cette livraison ou à toute livraison antérieure des mêmes véhicules, la taxe frauduleusement éludée.

7. Pour les opérations de façon, lorsque le façonnier réalise directement ou indirectement plus de 50 % de son chiffre d'affaires avec un même donneur d'ordre, ce dernier est solidairement tenu au paiement de la taxe à raison des opérations qu'ils ont réalisées ensemble. Le pourcentage de 50 % s'apprécie pour chaque déclaration mensuelle et trimestrielle.

Toutefois, ces dispositions ne sont pas applicables lorsque le donneur d'ordre établit qu'il n'a pas eu connaissance du non-respect par le façonnier de ses obligations fiscales.

Art. 63 *(Ord. n° 11.936, 26 avr. 1996)*. – Toute personne qui a été autorisée à recevoir des biens ou services en franchise, en suspension de taxe en vertu de l'article 50 A ou sous le bénéfice d'un taux réduit est tenue au paiement de l'impôt ou du complément d'impôt, lorsque les conditions auxquelles est subordonné l'octroi de cette franchise, de cette suspension ou de ce taux ne sont pas remplies.

Art. 64 *(Abr., Ord. n° 2.723, 27 avr. 2010)*.

Chapitre VII. – Retenue de la taxe sur les droits d'auteur

Art. 65. – 1. Les éditeurs, sociétés de perception et de répartition de droits et les producteurs qui versent des droits mentionnés au III de l'article 87 doivent, sauf lorsque l'auteur a renoncé à ce dispositif en application du 3, retenir sur le montant de ces droits la taxe sur la valeur ajoutée due par l'auteur et acquitter cette taxe au Trésor.

2. À défaut d'indication contraire de l'auteur formulée dans les conditions prévues au 3, les sommes qui lui sont dues par des personnes mentionnées au 1 sont réputées passibles de la retenue de taxe sur la valeur ajoutée, y compris en ce qui concerne les auteurs qui bénéficient de la franchise mentionnée au III de l'article 87.

3. La renonciation par l'auteur au dispositif de retenue vaut pour l'ensemble des droits qu'il perçoit.

Cette renonciation doit être notifiée à toutes les personnes visées au 1 qui versent des droits à l'auteur ainsi qu'à la direction des Services fiscaux.

Elle prend effet le premier jour du mois qui suit celui au cours duquel elle est déclarée.

Elle couvre obligatoirement une période de cinq années, y compris celle au cours de laquelle elle est déclarée Elle est renouvelable par tacite reconduction, sauf dénonciation, à l'expiration de chaque période. Toutefois elle est reconduite de plein droit pour la période de cinq années suivant celle au cours ou à l'issue de laquelle l'auteur ayant notifié cette renonciation a bénéficié d'un remboursement de taxe sur la valeur ajoutée prév[u] à l'article 42.

(1) Dispositions applicables aux livraisons de véhicules terrestres à moteur effectuées à compter du 1er jan[vier] 2013, Ord. n° 4.199, 20 févr. 2013.

4. Les auteurs qui n'ont pas renoncé au dispositif de la retenue et qui reçoivent les droits des personnes autres que celles visées au 1 doivent retenir les modalités de liquidation de la taxe définies au 5. Ils déposent au titre de ces droits une déclaration annuelle de chiffre d'affaires.

5. Pour le calcul du montant de la taxe nette due par l'auteur, les personnes visées au 1 appliquent en France métropolitaine et à Monaco un taux forfaitaire de 0,8 % des droits d'auteur au titre des droits à déduction en France métropolitaine et à Monaco. Ce taux est de 0,4 % dans les départements de la Guadeloupe, de la Réunion et de la Martinique. Cette déduction est exclusive de toute autre déduction.

6. Les personnes visées au 1 doivent déclarer et acquitter la retenue dans les mêmes conditions et sous les mêmes sanctions que leurs propres opérations. La taxe sur la valeur ajoutée acquittée pour le compte de l'auteur par ces personnes n'est pas prise en compte pour la détermination de leur pourcentage de déduction de taxe sur la valeur ajoutée.

Chapitre VIII. – Obligations des redevables

I. – Obligations générales

A. – Déclarations d'existence et comptabilité

Art. 66 *(Ord. n° 15.116, 23 nov. 2001 ; Ord. n° 13.985, 6 mai 1999).* – I. – Toute personne assujettie à la taxe sur la valeur ajoutée doit :

1° Dans les quinze jours du commencement de ses opérations, souscrire à la direction des Services fiscaux, une déclaration conforme au modèle fourni par l'Administration. Une déclaration est également obligatoire en cas de cessation d'entreprise (1) ;

2° Fournir, sur un imprimé, remis par l'Administration, tous les renseignements relatifs à son activité professionnelle (1) ;

3° Si elle ne tient pas habituellement une comptabilité permettant de déterminer son chiffre d'affaires tel qu'il est défini par le présent chapitre, avoir un livre aux pages numérotées sur lequel est inscrit, jour par jour, sans blanc ni rature, le montant de chacune de ses opérations en distinguant, au besoin, ses opérations taxables et celles qui ne le sont pas (2).

Chaque inscription doit indiquer la date, la désignation sommaire des objets vendus, du service rendu ou de l'opération imposable, ainsi que le prix de la vente ou de l'achat, ou le montant des courtages, commissions, remises, salaires, prix de location, intérêts, escomptes, agios ou autres profits. Toutefois, les opérations au comptant peuvent être inscrites globalement en comptabilité à la fin de chaque journée lorsqu'elles sont inférieures à 76 € pour les ventes au détail et les services rendus à des particuliers. Le montant des opérations inscrites sur le livre est totalisé à la fin du mois.

Le livre prescrit ci-dessus ou la comptabilité en tenant lieu, ainsi que les pièces justificatives des opérations effectuées par les redevables, notamment les factures d'achat, doivent être conservés pendant un délai de six ans à compter de la date de la dernière opération mentionnée sur les livres ou registres ou de la date à laquelle les documents ont été établis ; les pièces justificatives relatives à des opérations ouvrant droit à réduction doivent être d'origine ;

4° Fournir aux agents de la direction des Services fiscaux, pour chaque catégorie d'assujettis, tant au principal établissement que dans les succursales ou agences, toutes justifications nécessaires à la fixation des opérations imposables.

II. – Les assujettis bénéficiant d'une franchise de taxe mentionnée à l'article 87 sont dispensés des obligations mentionnées au 3° du I. Ils doivent toutefois tenir et présenter, sur demande des agents de la direction des Services fiscaux, un registre récapitulé par année, présentant le détail de leurs achats, ainsi qu'un livre-journal servi au jour le jour et présentant le détail de leurs recettes professionnelles afférentes à ces opérations, appuyés des factures et de toutes autres pièces justificatives.

(1) V. C. taxes, art. A-139 à A-142.
(2) V. C. taxes, art. A-143.

B. – Identification des personnes ne remplissant plus les conditions pour bénéficier du régime dérogatoire prévu au 2° du I de l'article 2

Art. 67. – **Les personnes mentionnées au 2° du I de l'article 2 doivent déclarer qu'elles effectuent des acquisitions intracommunautaires de biens dès qu'elles ne remplissent plus les conditions qui leur permettraient de n'être pas soumises à la taxe sur la valeur ajoutée. Les conditions d'application du présent article sont déterminées par l'article A-148 de l'annexe au code.**

C. – Numéro individuel d'identification

Art. 68 *(Mod., Ord. n° 2.679, 22 mars 2010 ; Ord . n° 4.199, 20 févr. 2013).* – **Est identifié par un numéro individuel :**

1° Tout assujetti qui effectue des livraisons de biens ou des prestations de services lui ouvrant droit à déduction, autres que des livraisons de biens ou des prestations de services pour lesquelles la taxe est due uniquement par le destinataire ou par le preneur.

Ces dispositions ne s'appliquent pas aux assujettis qui effectuent, à titre occasionnel, des livraisons de biens ou des prestations de services entrant dans le champ d'application de la taxe sur la valeur ajoutée ;

2° Tout assujetti ou toute personne morale non assujettie qui effectue des acquisitions intracommunautaires de biens soumises à la taxe sur la valeur ajoutée conformément au I de l'article 2 ou au I de l'article 94, toute personne visée à l'article 67, ainsi que toute personne ayant exercé l'option prévue à l'article 18 ;

3° Tout assujetti qui effectue à Monaco des acquisitions intracommunautaires de biens pour les besoins de ses opérations qui relèvent des activités économiques visées au troisième alinéa de l'article 3 et effectuées hors de la Principauté de Monaco et de la France ;

4° Tout assujetti preneur d'une prestation de services au titre de laquelle il est redevable de la taxe à Monaco en application du 2 de l'article 62 ;

5° Tout prestataire établi à Monaco d'une prestation de services au titre de laquelle seul le preneur est redevable de la taxe dans un État membre de l'Union européenne, autre que la France, en application de l'article 196 de la directive 2006/112/CE du Conseil, du 28 novembre 2006, relative au système commun de taxe sur la valeur ajoutée.

Art. 68 *bis* *(Ord. n° 4.714, 10 févr. 2014).* – **I. - Avant ou après la délivrance du numéro individuel d'identification prévu à l'article 68, l'administration peut demander des informations complémentaires pour statuer sur l'attribution ou le maintien de cet identifiant ainsi que tout élément permettant de justifier de la réalisation ou de l'intention de réaliser des activités économiques prévues au troisième alinéa de l'article 3.**

II. - Les informations complémentaires demandées au I sont fournies dans un délai de trente jours à compter de la réception de la demande.

III. - Lorsque l'administration demande des informations complémentaires, elle notifie à l'opérateur sa décision d'accepter, de rejeter ou d'invalider l'attribution du numéro individuel d'identification, dans un délai d'un mois à compter de la réception des informations demandées.

IV. - Le numéro individuel d'identification n'est pas attribué ou est invalidé dans l'un des cas suivants :

1° Aucune réponse n'a été reçue dans le délai mentionné au II ;

2° Les conditions prévues à l'article 68 ne sont pas remplies ;

3° De fausses données ont été communiquées afin d'obtenir une identification à la taxe sur la valeur ajoutée ;

4° Des modifications de données n'ont pas été communiquées.

D. – Tenue des registres

Art. 69 *(Ord. n° 12.007, 26 juill. 1996).* – **I. – Tout assujetti doit tenir un registre des biens expédiés ou transportés, par lui-même ou pour son compte, sur le territoire d'un État membre de la Communauté économique européenne autre que la France et destinés dans cet État à être utilisés dans les conditions prévues aux *a)* et *b)* du III de l'article 1er.**

II. – 1. Tout façonnier doit tenir un registre spécial indiquant les nom et adresse des donneurs d'ordre et mentionnant, pour chacun d'eux, la nature et les quantités de matériaux mis en œuvre et des produits transformés livrés.

2 *(2 abr.).*

3. Les prestataires de services, autres que les façonniers, qui réalisent des travaux et expertises portant sur des biens meubles corporels, doivent tenir un registre spécial indiquant, pour les biens expédiés à partir d'un État membre de la Communauté européenne autre que la France par, ou pour le compte d'un assujetti identifié à la taxe sur la valeur ajoutée dans cet État, la date de réception et celle où les biens quittent l'entreprise, la nature et la quantité des biens concernés, le nom et l'adresse du donneur d'ordre ainsi que son numéro de taxe sur la valeur ajoutée intracommunautaire.

III. – Les conditions de tenue des registres sont fixées par les articles A-149 à A-152 de l'annexe au code.

E. – Déclarations de recettes

Art. 70 *(Ord. n° 15.116, 23 nov. 2001 ; Ord. n° 15.350, 27 mai 2002 ; Ord. n° 481, 5 avr. 2006 ; mod., Ord. n° 1.513, 4 févr. 2008 ; Ord. n° 2.679, 22 mars 2010)*. – 1. Tout redevable de la taxe sur la valeur ajoutée est tenu de remettre chaque mois à la recette des taxes et dans le délai fixé par les articles A-139, A-140 et A-144 à A-147 de l'annexe au code une déclaration conforme au modèle prescrit par l'Administration indiquant, d'une part, le montant total des opérations qu'il a réalisées, d'autre part, le détail de ses opérations taxables. La taxe exigible est acquittée tous les mois.

2. Les redevables peuvent sur leur demande être autorisés, dans des conditions qui sont fixées par l'article A-145 de l'annexe au code à disposer d'un délai supplémentaire d'un mois pour remettre la déclaration prévue au 1.

Lorsque la taxe exigible annuellement est inférieure à 4 000 € les redevables sont admis à déposer leurs déclarations par trimestre.

3. En cas de cession ou de cessation d'une activité professionnelle, les redevables sont tenus de souscrire dans les trente jours la déclaration prévue au 1.

4. Dans la déclaration prévue au 1, doivent notamment être identifiés :

a) d'une part, le montant total hors taxe sur la valeur ajoutée, des livraisons de biens exonérées en vertu du I de l'article 31, des livraisons de biens installés ou montés sur le territoire d'un État membre de la Communauté économique européenne autre que la France et des livraisons dont le lieu n'est pas situé à Monaco ou en France et des livraisons dont le lieu est situé à Monaco ou en France en application des dispositions de l'article 7 ;

b) d'autre part, le montant total, hors taxe sur la valeur ajoutée, des acquisitions intracommunautaires mentionnées au I de l'article 2 et, le cas échéant, des livraisons de biens expédiés ou transportés à partir d'un État membre de la Communauté économique européenne autre que la France et installés ou montés à Monaco ou en France, et des livraisons de biens dont le lieu est situé à Monaco ou en France en application des dispositions de l'article 8 et des livraisons de biens effectuées à Monaco ou en France pour lesquelles le destinataire de la livraison est désigné comme redevable de la taxe en application des dispositions du 4 de l'article 62.

b bis) le montant hors taxes des opérations mentionnées au 4 *ter* de l'article 62 réalisées ou acquises par l'assujetti ;

b ter) le montant total, hors taxe sur la valeur ajoutée, des services pour lesquels le preneur est redevable de la taxe en application, d'une part, du second alinéa du 1, d'autre part et distinctement, du 2 de l'article 62 ;

c) enfin, le montant hors taxes des transmissions mentionnées à l'article 5 *bis*, dont a bénéficié l'assujetti ou qu'il a réalisées.

5. Le redevable exerçant des activités de nature différente remet à la Recette des taxes une déclaration particulière pour chaque activité.

E *bis*. – Transmission des déclarations par voie électronique
(Ord. n° 1.097, 11 mai 2007)

Art. 70 *bis* *(Ord. n° 1.097, 11 mai 2007)*. – La déclaration prévue à l'article 70 peut être souscrite par voie électronique dans les conditions prévues par voie contractuelle.

Ce contrat précise, notamment, les règles relatives à l'identification de l'auteur de l'acte, à l'intégrité, à la lisibilité et à la fiabilité de la transmission, à sa date et à son heure, à l'assurance de sa réception ainsi qu'à sa conservation.

La réception d'un message transmis conformément aux dispositions du présent article tient lieu de la production d'une déclaration écrite ayant le même objet.

F. – Factures

Art. 71-0 ***(Créé à compter du 1er janv. 2013, Ord. n° 4.199, 20 févr. 2013).*** **– I. - Les règles de facturation prévues par l'article 71 s'appliquent aux opérations réputées situées à Monaco en application des articles 6 à 14 *bis*, à l'exclusion de celles qui sont réalisées par un assujetti qui a établi le siège de son activité économique dans un État membre de l'Union européenne, ou qui y dispose d'un établissement stable à partir duquel la livraison de biens ou la prestation de services est effectuée ou, à défaut, son domicile ou sa résidence habituelle, et pour lesquelles l'acquéreur ou le preneur établi à Monaco est redevable de la taxe, sauf si l'assujetti leur a donné mandat pour facturer en son nom et pour son compte.**

II. - Elles s'appliquent également aux opérations dont le lieu d'imposition n'est pas situé à Monaco qui sont réalisées par un assujetti qui a établi le siège de son activité économique en Principauté ou qui y dispose d'un établissement stable à partir duquel la livraison de biens ou la prestation de services est effectuée ou, à défaut, son domicile ou sa résidence habituelle :

1° Lorsque l'acquéreur ou le preneur établi dans un Etat membre de l'Union européenne est redevable de la taxe, sauf si l'assujetti leur a donné mandat pour facturer en son nom et pour son compte ;

2° Ou lorsque la livraison de biens ou la prestation de services est réputée ne pas être effectuée dans l'Union européenne en application du titre V de la directive n° 2006/112/CE du 28 novembre 2006 relative au système commun de la taxe sur la valeur ajoutée.

Art. 71 ***(Ord. n° 13.007, 25 mars 1997 ; Ord. n° 15.827, 12 juin 2003 ; Ord. n° 16.434, 13 sept. 2004 ; mod., Ord. n° 1.513, 4 févr. 2008 ; mod. à compter du 1er janv. 2013, Ord. n° 4.199, 20 févr. 2013 ; Ord. n° 4.874, 25 juin 2014).*** **– I. - 1° Tout assujetti est tenu de s'assurer qu'une facture est émise, par lui-même, ou en son nom et pour son compte, par son client ou par un tiers :**

a) **Pour les livraisons de biens ou les prestations de services qu'il effectue pour un autre assujetti, ou pour une personne morale non assujettie, et qui ne sont pas exonérées en application des articles 23 à 27 ;**

b) **Pour les livraisons de biens visées aux articles 7 et 8 et pour les livraisons de biens exonérées en application du I de l'article 31 et II de l'article 94 ;**

c) **Pour les acomptes qui lui sont versés avant que l'une des opérations visées aux *a* et *b* ne soit effectuée, à l'exception des livraisons de biens exonérées en application du I de l'article 31 et du II de l'article 94 ;**

d) **Pour les livraisons aux enchères publiques de biens d'occasion, d'œuvres d'art, d'objets de collection ou d'antiquité.**

2° Les factures peuvent être matériellement émises par le client ou par un tiers lorsque l'assujetti leur donne mandat à cet effet. Sous réserve de son acceptation par l'assujetti, chaque facture est alors émise en son nom et pour son compte.

Est exclu des dispositions du présent 2 le mandataire établi dans un pays avec lequel il n'existe aucun instrument juridique relatif à l'assistance mutuelle ayant une portée similaire à celle prévue par le règlement (UE) n° 904/2010 du Conseil du 7 octobre 2010 concernant la coopération administrative et la lutte contre la fraude dans le domaine de la taxe sur la valeur ajoutée.

3° La facture est, en principe, émise dès la réalisation de la livraison ou de la prestation de services. Pour les livraisons de biens exonérées en application du I de l'article 31 et du II de l'article 94 et pour les prestations de services pour lesquelles la taxe est due par le preneur en application de l'article 196 de la directive n° 2006/112/CE du Conseil du 28 novembre 2006 relative au système commun de taxe sur la valeur ajoutée, la facture est émise au plus tard le 15 du mois suivant celui au cours duquel s'est produit le fait générateur.

Elle peut être établie de manière périodique pour plusieurs livraisons de biens ou prestations de services distinctes réalisées au profit d'un même acquéreur ou preneur pour lesquelles la taxe devient exigible au cours d'un même mois civil. Cette facture est établie au plus tard à la fin de ce même mois.

4° L'assujetti doit conserver un double de toutes les factures émises.

5° Tout document ou message qui modifie la facture initiale, émise en application de cet article et qui fait référence à la facture initiale de façon spécifique et non équivoque est assimilé à une facture. Il doit comporter l'ensemble des mentions prévues au II.

II. - Une ordonnance souveraine fixe les mentions obligatoires qui doivent figurer sur les factures. Cette ordonnance détermine notamment les éléments d'identification des parties, les données concernant les biens livrés ou les services rendus et celles relatives à la détermination de la TVA.

III. - Les montants figurant sur la facture peuvent être exprimés dans toute monnaie, pour autant que le montant de taxe à payer ou à régulariser soit déterminé en euros en utilisant le mécanisme de conversion prévu au 2 de l'article 35.

Lorsqu'elle est rédigée dans une langue étrangère, la direction des Services fiscaux peut, à des fins de contrôle, exiger une traduction en français.

IV. - L'authenticité de l'origine, l'intégrité du contenu et la lisibilité de la facture doivent être assurées à compter de son émission et jusqu'à la fin de sa période de conservation.

V. - Les factures électroniques sont émises et reçues sous une forme électronique quelle qu'elle soit. Elles tiennent lieu de facture d'origine pour l'application de l'article 66 et du présent article. Leur transmission et mise à disposition sont soumises à l'acceptation du destinataire.

VI. - Pour satisfaire aux conditions prévues au IV, l'assujetti peut émettre ou recevoir des factures :

1° soit sous forme électronique en recourant à toute solution technique autre que celles prévues aux 2° et 3°, ou sous forme papier, dès lors que des contrôles documentés et permanents sont mis en place par l'entreprise et permettent d'établir une piste d'audit fiable entre la facture émise ou reçue et la livraison de biens ou prestation de services qui en est le fondement ;

2° Soit en recourant à la procédure de signature électronique avancée définie au *a* du 2 de l'article 233 de la directive 2006/112/CE relative au système commun de taxe sur la valeur ajoutée en ce qui concerne les règles de facturation.

Une ordonnance souveraine précise les conditions d'émission, de signature et de stockage de ces factures ;

3° Soit sous la forme d'un message structuré selon une norme convenue entre les parties, permettant une lecture par ordinateur et pouvant être traité automatiquement et de manière univoque, dans les conditions précisées par ordonnance souveraine.

F *bis* – Factures transmises par voie télématique
(Ord. n° 16.434, 13 sept. 2004).

Art. 71 *bis* *(Ord. n° 16.434, 13 sept. 2004 ; abr. à compter du 1er janv. 2013, Ord. n° 4.199, 20 févr. 2013).*

G. – Désignation d'un représentant à Monaco

Art. 72 *(Ord. n° 12.007, 26 juill. 1996)*. – I. – Lorsqu'une personne établie hors de Monaco est redevable de la taxe sur la valeur ajoutée ou doit accomplir des obligations déclaratives, elle est tenue de faire accréditer auprès de la direction des Services fiscaux un représentant assujetti établi en Principauté qui s'engage à remplir les formalités incombant à cette personne et, en cas d'opérations imposables, à acquitter la taxe à sa place. À défaut, la taxe sur la valeur ajoutée et, le cas échéant, les pénalités qui s'y rapportent, sont dues par le destinataire de l'opération imposable.

(Al. rempl., Ord. n° 4.199, 20 févr. 2013) Les dispositions du premier alinéa ne sont pas applicables aux personnes non établies dans l'Union européenne qui réalisent uniquement des opérations mentionnées au I de l'article 50 A en suspension du paiement de la taxe sur la valeur ajoutée ou des livraisons de gaz naturel, d'électricité, de chaleur ou de froid pour lesquelles la taxe est due à Monaco par l'acquéreur conformément aux dispositions du 4 *bis*-1 de l'article 62.

II. – Pour l'application de l'article 62-2 et à défaut du paiement de la taxe par le preneur, le prestataire est tenu de désigner un représentant assujetti établi en Principauté qui remplit les formalités incombant au redevable et acquitte la taxe.

III. – Par dérogation au premier alinéa du I, les personnes établies hors de Monaco qui réalisent exclusivement des opérations pour lesquelles elles sont dispensées du paiement de la taxe en application du 4 du II de l'article 50 A ou des opérations exonérées en vertu du 4° du III de l'article 81 peuvent charger un assujetti établi à Monaco, accrédité par la direction des Services fiscaux, d'accomplir les obligations déclaratives afférentes à l'opération en cause.

Cet assujetti est tenu au paiement de la taxe afférente à l'opération pour laquelle il doit effectuer les obligations déclaratives, ainsi que des pénalités qui s'y rapportent, lorsque les conditions auxquelles sont subordonnées la dispense de paiement ou l'exonération ne sont pas remplies.

H. – État récapitulatif des clients

Art. 73 *(Ord. n° 12.007, 26 juill. 1996 ; mod., Ord. n° 1.513, 4 févr. 2008 ; Ord. n° 2.679, 22 mars 2010).* – I. – Tout assujetti identifié à la taxe sur la valeur ajoutée doit déposer, dans un délai et selon les modalités fixées par les articles A-154 à A-160 de l'annexe au code, un état récapitulatif des clients, avec leur numéro d'identification à la taxe sur la valeur ajoutée, auxquels il a livré des biens dans les conditions prévues au I de l'article 31 et un état récapitulatif des clients auxquels il a fourni des services pour lesquels le preneur est redevable de la taxe dans un État membre de la Communauté européenne autre que la France en application de l'article 196 de la directive 2006/112/CE du Conseil, du 28 novembre 2006, relative au système commun de taxe sur la valeur ajoutée.

II. – Dans l'état récapitulatif relatif aux livraisons de biens doivent figurer :

1° Le numéro d'identification sous lequel l'assujetti a effectué ces livraisons de biens ;

2° Le numéro par lequel chaque client est identifié à la taxe sur la valeur ajoutée dans l'État membre où les biens lui ont été livrés ;

3° Pour chaque acquéreur, le montant total des livraisons de biens effectuées par l'assujetti. Ces montants sont déclarés au titre du mois au cours duquel la taxe est devenue exigible dans l'État membre autre que la France conformément au 1 de l'article 69 de la directive 2006/112/CE du Conseil du 28 novembre 2006 ;

4° Pour les livraisons de biens exonérées en vertu du 2° du I de l'article 31, le numéro par lequel l'assujetti est identifié à la taxe sur la valeur ajoutée dans l'État membre d'arrivée de l'expédition ou du transport, ainsi que la valeur du bien, déterminée dans les conditions fixées au *e)* du 1 de l'article 35 ;

5° Le montant des régularisations effectuées en application du 1 de l'article 44. Ces montants sont déclarés au titre du mois au cours duquel la régularisation est notifiée à l'acquéreur ;

III. – Dans l'état récapitulatif relatif aux prestations de services doivent figurer :

1° Le numéro d'identification sous lequel l'assujetti a effectué ces prestations de services ;

2° Le numéro par lequel chaque client est identifié à la taxe sur la valeur ajoutée dans l'État membre autre que la France où les services lui ont été fournis ;

3° Pour chaque preneur, le montant total des prestations de services effectuées par l'assujetti. Ces montants sont déclarés au titre du mois au cours duquel la taxe est devenue exigible dans l'État membre autre que la France ;

4° Le montant des régularisations effectuées en application du 1 de l'article 44. Ces montants sont déclarés au titre du mois au cours duquel la régularisation est notifiée au preneur.

IV. – L'état récapitulatif mentionné au III est souscrit selon des modalités fixées par ordonnance souveraine (1).

I. – Déclaration des échanges de biens avec les États membres de la Communauté économique européenne autres que la France

Art. 74 *(Mod., Ord. n° 1.513, 4 févr. 2008 ; Ord. n° 2.679, 22 mars 2010 ; mod. à compter du 1er juill. 2013, Ord. n° 4.417, 22 juill. 2013).* – 1. Les échanges de biens avec les États membres de la Communauté économique européenne autres que la France font l'objet de la déclaration périodique prévue à l'article 5 du règlement (CE) n° 638/2004 du Parlement européen et du Conseil du 31 mars 2004.

2. La déclaration prévue au 1 et l'état récapitulatif des clients mentionné au II [de] l'article 73 du code font l'objet d'une déclaration unique.

Les articles A-154 à A-160 de l'annexe au code déterminent le contenu et les modalités de cette déclaration.

Art. 74 *bis* *(Ord. n° 3.075, 10 janv. 2011).* – Les assujettis établis à Monaco peuvent demander le remboursement de la taxe sur la valeur ajoutée supportée dans un autre État membre dans les conditions prévues par la directive 2008/9/CE du Conseil, du 12 février 2008, définissant les modalités du remboursement de la taxe sur la valeur ajoutée, prévu par la directive 2006/112/CE, en faveur des assujettis

(1) V. Ord. n° 2.722, 27 avr. 2010.

qui ne sont pas établis dans l'État membre du remboursement, mais dans un autre État membre, en adressant leurs demandes de remboursement souscrites par voie électronique au moyen du portail mis à leur disposition et selon les modalités et dans les délais fixés par l'article A-160 B de l'annexe au présent code.

II. – Opérations immobilières

Art. 75 *(Abr., Ord. n° 2.723, 27 avr. 2010).*

III. – Établissements de spectacles

Art. 76 *(Ord. n° 955, 26 janv. 2007).* **– I. – Sur les lieux où sont organisés des spectacles comportant un prix d'entrée, les exploitants doivent délivrer un billet à chaque spectateur ou enregistrer et conserver dans un système informatisé les données relatives à l'entrée avant l'accès au lieu du spectacle.**

Les modalités d'application du présent article, notamment les obligations incombant aux exploitants d'un lieu de spectacles, ainsi qu'aux fabricants, importateurs ou marchands de billets d'entrée sont fixées par les articles A-173 à A-179 de l'annexe au code.

II. – Lorsqu'ils ne délivrent pas de billets d'entrée et qu'ils ne disposent pas d'un système informatisé prévu au I, les exploitants de discothèques et de café-dansants sont tenus de remettre à leurs clients un ticket émis par une caisse enregistreuse.

III. – Les infractions aux dispositions du présent article ainsi qu'aux textes pris pour leur application sont recherchées, constatées, poursuivies et sanctionnées comme en matière de contributions indirectes.

Les agents de la direction des Services fiscaux, ayant au moins le grade d'inspecteur, ont un accès immédiat aux données conservées dans les systèmes dématérialisés de billetterie, ainsi qu'à la restitution des informations en clair.

IV. – Travaux immobiliers

Art. 77. – Toute prestation de services comprenant l'exécution de travaux immobiliers, assortie ou non de vente, fournie à des particuliers par un redevable de la taxe sur la valeur ajoutée, doit faire l'objet d'une note mentionnant le nom et l'adresse des parties, la nature et la date de l'opération effectuée, le montant de son prix et le montant de la taxe sur la valeur ajoutée. L'original de la note est remis au client au plus tard lors du paiement du solde du prix ; le double est conservé par le prestataire dans la limite du droit de reprise de l'Administration.

V. – Opérations portant sur les déchets neufs d'industrie et les matières de récupération

Art. 78 *(Abr., Ord. n° 1.513, 4 févr. 2008).*

VI. – Déclarations des ventes autres que les ventes au détail

Art. 79. – Sans préjudice des dispositions de l'ordonnance souveraine n° 3.085 du 25 septembre 1945, les commerçants et artisans non soumis au régime du forfait, en ce qui concerne l'imposition de leur chiffre d'affaires, peuvent être tenus, suivant les modalités qui sont fixées par les articles A-161 et A-162 de l'annexe au code, de déclarer à l'Administration le montant total, par client, des ventes autres que les ventes au détail, réalisées au cours de l'année civile ou de leur exercice comptable lorsque cet exercice ne coïncide pas avec l'année civile.

Pour l'application du présent article, il faut entendre par ventes au détail, les ventes faites à un prix de détail portant sur des quantités qui n'excèdent pas les besoins privés normaux d'un consommateur.

Ne sont pas considérées comme faites au détail :

– les ventes portant sur des objets qui en raison de leur nature ou de leur emploi, ne sont pas usuellement utilisés par de simples particuliers ;

– les ventes faites à des prix identiques, qu'elles soient réalisées en gros ou en détail ;

– les ventes de produits destinés à la revente, quelle que soit l'importance des quantités livrées.

VII. – Obligations et délais de conservation des documents

Art. 80 *(Mod. à compter du 1er janv. 2013, Ord. n° 4.199, 20 févr. 2013).* **– Les livres, registres, documents ou pièces sur lesquels peuvent s'exercer les droits de communication et de contrôle de l'Administration doivent**

être conservés pendant un délai de six ans à compter de la date de la dernière opération mentionnée sur les livres ou registres ou de la date à laquelle les documents ou pièces ont été établis. Les informations, documents, données, traitements informatiques ou système d'information constitutifs des contrôles mentionnés au 1° du VI de l'article 71 et la documentation décrivant leurs modalités de réalisation doivent être conservés pendant le même délai.

Sans préjudice des dispositions du premier alinéa, lorsque les livres, registres, documents ou pièces mentionnés au premier alinéa sont établis ou reçus sur support informatique, ils doivent être conservés sous cette forme pendant une durée au moins égale au délai prévu à l'article 118.

Les pièces justificatives d'origine relatives à des opérations ouvrant droit à une déduction en matière de taxes sur le chiffre d'affaires sont conservées pendant le délai prévu au premier alinéa.

Art. 80 *bis* *(Ord. n° 16.434, 13 sept. 2004 ; mod. à compter du 1er janv. 2013, Ord. n° 4.199, 20 févr. 2013 ; mod., Ord. n° 4.874, 25 juin 2014).* – Pour l'application des dispositions de l'article 80, les factures émises par les assujettis ou, en leur nom et pour leur compte, par leur client ou par un tiers, ainsi que toutes les factures qu'ils ont reçues, doivent être stockées sur le territoire monégasque, lorsque ce stockage n'est pas effectué par voie électronique garantissant un accès immédiat, complet et en ligne aux données concernées.

Afin de garantir le respect des exigences mentionnées au IV de l'article 71, les factures doivent être stockées sous la forme originelle, papier ou électronique, sous laquelle elles ont été transmises ou mises à disposition.

Les assujettis ne peuvent stocker les factures transmises par voie électronique dans un pays avec lequel il n'existe pas de convention prévoyant une assistance mutuelle dans le domaine de la TVA, le téléchargement et l'utilisation de l'ensemble des données concernées.

Les assujettis sont tenus de déclarer, en même temps que leur déclaration de chiffre d'affaires du mois de décembre ou du dernier trimestre civil, le lieu de stockage de leurs factures ainsi que toute modification de ce lieu lorsque celui-ci est situé hors de Monaco.

Tout assujetti stockant ses factures par voie électronique sur le territoire monégasque s'assure que l'administration a, à des fins de contrôle, un accès en ligne permettant le téléchargement et l'utilisation des données stockées.

L'article A-153 *sexies* de l'annexe au Code des taxes détermine les conditions et modalités d'application du présent article.

Chapitre IX. – Importations

Art. 81 *(Ord. n° 12.007, 26 juill. 1996 ; Ord. n° 14.371, 15 mars 2000).* – I. – 1. Les importations de biens sont soumises à la taxe sur la valeur ajoutée.

2. Est considérée comme importation d'un bien :

a) L'entrée à Monaco ou en France d'un bien originaire ou en provenance d'un État ou d'un territoire n'appartenant pas à la Communauté européenne, et qui n'a pas été mis en libre pratique, ou bien en provenance d'un territoire visé au 1° de l'article préliminaire *bis* d'un autre État membre de la Communauté européenne autre que la France.

b) La mise à la consommation à Monaco ou en France d'un bien placé, lors de son entrée sur le territoire, sous l'un des régimes suivants prévus par les règlements communautaires en vigueur : conduite en douane, magasins et aires de dépôt temporaire, zone franche, entrepôt franc, entrepôt d'importation, perfectionnement actif, admission temporaire en exonération totale des droits à l'importation, transit externe ou sous le régime du transit communautaire interne.

II. – Toutefois, sont exonérés :

1° L'importation au sens du *b* du 2 du I de biens qui ont fait l'objet d'une ou plusieurs livraisons mentionnées au 6° ou au 7° du I de l'article 50 A pendant leur placement sous les régimes énumérés audit *b*.

2° Les biens importés définitivement dans le cadre des franchises fiscales communautaires et qui sont désignés par ordonnance souveraine.

Cette ordonnance détermine également les modalités d'application du présent paragraphe ;

3° Les produits suivants :

– organes, sang et lait humains ;

– devises, billets de banque et monnaies qui sont des moyens de paiements légaux à l'exception des billets et monnaies de collection ;

(Al. abr. à compter du 1er janv. 2008, Ord. n° 1.513, 4 févr. 2008) ;

4° L'or, sous toutes ses formes, importé par les instituts d'émission ;

5° Dans les conditions fixées par les articles A-163 à A-166 de l'annexe au code, les navires, aéronefs, objets incorporés, engins et filets pour la pêche maritime visés à l'article 29-II-2° à 5° ;

6° Les produits de la pêche en l'état ou ayant fait l'objet d'opérations destinées à les préserver en vue de leur commercialisation importés par les entreprises de pêche maritime ;

7° Les prothèses dentaires importées par les dentistes ou prothésistes dentaires ;

8° Les œuvres d'art originales, les timbres, objets de collection ou d'antiquité, lorsque l'importation est réalisée directement à destination d'établissements agréés par les autorités compétentes.

Les conditions d'application de ces dispositions sont fixées par l'article A-182 de l'annexe au code ;

9° *(9° abr., Ord. n° 13.007, 25 mars 1997).*

III. – Sont également exonérés de la taxe sur la valeur ajoutée :

1° La réimportation, par la personne qui les a exportés, de biens dans l'état où ils ont été exportés et qui bénéficient de la franchise des droits de douane, ou qui en bénéficieraient s'ils étaient soumis à des droits de douane ;

2° *(2° mod. à compter du 1er janv. 2010, Ord. n° 2.679, 22 mars 2010)* Les prestations de services directement liées au placement d'un bien sous l'un des régimes mentionnés au *b* du 2 du I ;

3° Les radoubs, réparations et transformations des navires monégasques ou français à l'étranger, à l'exception de celles de ces opérations qui portent sur des bateaux de sport ou de plaisance ;

4° Les importations de biens expédiés ou transportés en un lieu situé sur le territoire d'un État membre de la Communauté économique européenne autre que la France et qui font l'objet par l'importateur d'une livraison exonérée en vertu du I de l'article 31.

Art. 82 *(Ord. n° 11.936, 26 avr. 1996 ; Ord. n° 15.116, 23 nov. 2001).* – I. – 1. Lorsqu'un bien en provenance du territoire d'un État membre de la Communauté européenne autre que la France, situé au 1er janvier 1993 dans le champ d'application de la directive 77/388/CEE du Conseil du 17 mai 1977 a été placé, avant le 1er janvier 1993, sous un des régimes douaniers de conduite en douane, magasins et aires de dépôt temporaire, entrepôts d'importation ou d'exportation, perfectionnement actif, admission temporaire, ou sous une procédure de transit communautaire interne ou externe, et qu'il n'est pas sorti de ce régime ou de cette procédure avant le 1er janvier 1993, les dispositions en vigueur au moment du placement du bien continuent de s'appliquer pendant la durée du séjour de celui-ci sous ce régime ou cette procédure.

2. Lorsqu'un bien en provenance du territoire de l'Autriche, de la Finlande ou de la Suède situé dans le champ d'application de la directive 77/388/CEE a été placé avant le 1er janvier 1995 sous un des régimes douaniers de conduite en douane, magasins et aires de dépôt temporaire, entrepôts d'importation ou d'exportation, perfectionnement actif, admission temporaire, sous un régime de transit commun prévu par la Convention du 20 mai 1987 ou sous un autre régime de transit douanier, et n'est pas sorti de ce régime avant le 1er janvier 1995, les dispositions en vigueur au moment du déplacement du bien continuent de s'appliquer pendant la durée du séjour de celui-ci sous ce régime.

II. – Sont assimilés à une importation d'un bien au sens du *a)* du 2 de l'article 81 :

1° Toute sortie de ce bien d'un des régimes douaniers suivants : conduite en douane, magasins et aires de dépôt temporaire, entrepôts d'importation ou d'exportation, perfectionnement actif ou admission temporaire sous lequel il a été placé avant le 1er janvier 1993, pour un bien mentionné au 1 du I ou avant le 1er janvier 1995 pour un bien mentionné au 2 du I ci-dessus ;

2° Pour un bien mentionné au 1 du I, l'achèvement à Monaco ou en France, à partir du 1er janvier 1993, d'une opération de transit communautaire interne engagée avant cette date pour les besoins de sa livraison effectuée avant le 1er janvier 1993 à titre onéreux à l'intérieur de la Communauté économique européenne par un assujetti agissant en tant que tel ;

3° Pour un bien mentionné au 1 du I, l'achèvement à Monaco ou en France, à partir du 1er janvier 1993, d'une opération de transit externe engagée avant cette date ;

3° *bis* Pour un bien mentionné au 2 du I, l'achèvement à Monaco ou en France, à partir du 1er janvier 1995, d'une opération de transit engagée avant cette date pour les besoins de sa livraison effectuée avant le 1er janvier

1995 à titre onéreux à l'intérieur de la Principauté et de la Communauté européenne par un assujetti agissant en tant que tel ;

4° Toute irrégularité ou infraction commise à l'occasion ou au cours d'une opération de transit mentionnée aux 2°, 3° et 3° *bis* ;

5° L'affectation à Monaco par un assujetti ou par un non assujetti d'un bien mentionné au 1 du I qui lui a été livré, avant le 1er janvier 1993, à l'intérieur d'un État membre de la Communauté européenne autre que la France ou d'un bien mentionné au 2 du I qui lui a été livré, avant le 1er janvier 1995, à l'intérieur de l'un de ces États, de l'Autriche, de la Finlande ou de la Suède, lorsque les conditions suivantes sont réunies :

a) La livraison de ce bien a été exonérée, ou était susceptible d'être exonérée, en vertu du 1 et du 2 de l'article 15 de la directive 77/388/CEE du Conseil du 17 mai 1977 ou de dispositions similaires applicables en Autriche, en Finlande ou en Suède.

b) Le bien n'a pas été importé à Monaco ou en France avant le 1er janvier 1993 pour un bien mentionné au 1 du I ou avant le 1er janvier 1995 pour un bien mentionné au 2 du I.

III. – Par dérogation aux dispositions de l'article 85, l'importation d'un bien, au sens du II ci-dessus, n'entraîne pas fait générateur de la taxe dans les cas suivants :

1° Le bien importé est expédié ou transporté en dehors de Monaco et de la Communauté économique européenne ;

2° Le bien autre qu'un moyen de transport placé sous un régime d'admission temporaire, importé au sens du 1° du II, est réexpédié ou transporté dans l'État membre de la Communauté européenne autre que la France à partir duquel il a été exporté et à destination de la personne qui l'a exporté ;

3° Le bien est un moyen de transport placé sous un régime d'admission temporaire, importé au sens du 1° du II, qui a été acquis ou importé :

a) Pour un bien mentionné au 1 du I avant le 1er janvier 1993, aux conditions générales d'imposition du marché intérieur d'un État membre de la Communauté européenne autre que la France et n'a pas bénéficié dans cet État, au titre de son exportation, d'une exonération ou d'un remboursement de la taxe sur la valeur ajoutée.

b) Pour un bien mentionné au 2 du I avant le 1er janvier 1995, aux conditions générales d'imposition du marché intérieur de l'Autriche, de la Finlande ou de la Suède et n'a pas bénéficié dans cet État, au titre de son exportation, d'une exonération ou d'un remboursement de la taxe sur la valeur ajoutée.

Cette condition est réputée remplie lorsque la date de première mise en service du moyen de transport est antérieure au 1er janvier 1985 pour un bien mentionné au *a)* ou au 1er janvier 1987 pour un bien mentionné au *b)* ou lorsque le montant de la taxe qui serait due au titre de l'importation est inférieur à 23 €.

Les dispositions de cet article s'appliquent à compter du 1er janvier 1993.

Art. 83 *(Ord. n° 12.007, 26 juill. 1996)*. – La base d'imposition est constituée par la valeur définie à l'article 35 du Code des douanes français.

Toutefois sont à comprendre dans la base d'imposition :

1° Les impôts, droits, prélèvements et autres taxes qui sont dus en raison de l'importation, à l'exception de la taxe sur la valeur ajoutée elle-même ;

2° Les frais accessoires, tels que frais de commission, d'emballage, de transport et d'assurance intervenant jusqu'au premier lieu de destination des biens à l'intérieur du pays ; par premier lieu de destination, il faut entendre le lieu mentionné sur la lettre de voiture ou tout autre document de transport sous le couvert duquel les biens sont importés ; à défaut de cette mention, le premier lieu de destination est celui de la première rupture de charge ;

3° Les frais accessoires visés au 2°, lorsqu'ils découlent du transport vers un autre lieu de destination à l'intérieur de la Principauté et de la Communauté européenne, si ce dernier lieu est connu au moment où intervient le fait générateur de la taxe.

Lorsqu'un bien placé sous l'un des régimes mentionnés au *b* du 2 du I de l'article 81 est mis à la consommation, sont également à comprendre dans la base d'imposition les prestations de services mentionnées au 6° du I de l'article 50 A et au 2° du III de l'article 81 autres que les frais accessoires visés aux 2° et 3° du présent article.

Ne sont pas à comprendre dans la base d'imposition les remises, rabais et autres réductions de prix acquis au moment de l'importation.

Art. 84 *(Ord. n° 12.007, 26 juill. 1996).* – Les biens qui sont exportés temporairement et qui sont réimportés après avoir fait l'objet d'une réparation, d'une transformation, d'une adaptation, d'une façon ou d'une livraison hors du territoire de la Principauté de Monaco et des États membres de la Communauté économique européenne sont soumis à la taxe, lors de leur réimportation, sur la valeur des biens et services fournis par le prestataire.

Art. 85 *(Ord. n° 12.007, 26 juill. 1996 ; Ord. n° 14.371, 15 mars 2000 ; Ord. n° 16.370, 2 juill. 2004).* – 1. À l'importation, le fait générateur se produit et la taxe devient exigible au moment où le bien est considéré comme importé, au sens du 2 du I de l'article 81.

Pour l'application de cette disposition, il est procédé comme en matière de dette douanière, que les biens importés soient passibles ou non de droits à l'importation.

La taxe doit être acquittée par la personne désignée comme destinataire réel des biens sur la déclaration d'importation. Toutefois, cette taxe est solidairement due par le déclarant en douane qui agit dans le cadre d'un mandat de représentation indirecte, tel que défini par l'article 5 du Code des douanes communautaire.

Le taux de la taxe applicable aux importations est celui en vigueur au moment de la déclaration de mise à la consommation. Dans les cas de réimportation visés à l'article 84, la taxe sur la valeur ajoutée est perçue au taux qui serait applicable, en régime intérieur, aux livraisons de biens et prestations de services correspondantes.

2. Par dérogation au 1, la taxe afférente à l'importation de l'or sous forme de matière première ou de produits semi-ouvrés d'une pureté égale ou supérieure à 325 millièmes est acquittée sur la déclaration mentionnée à l'article 70 par l'assujetti désigné comme destinataire réel du bien sur la déclaration d'importation.

Art. 86. – Les personnes morales non assujetties qui ont acquitté la taxe sur la valeur ajoutée lors de l'importation d'un bien peuvent obtenir le remboursement de la taxe si elles expédient ou transportent ce bien vers un État membre de la Communauté économique européenne autre que la France, à condition de justifier que l'acquisition intracommunautaire a été soumise à la taxe sur la valeur ajoutée dans cet État.

Chapitre X. – Franchise en base

Art. 87 *(Ord. n° 13.985, 6 mai 1999 ; Ord. n° 15.116, 23 nov. 2001 ; mod., Ord. n° 1.513, 4 févr. 2008 ; Ord. n° 2.107, 12 mars 2009 ; Ord. n° 5.230, 10 mars 2015).* – I - Pour leurs livraisons de biens et leurs prestations de services, les assujettis établis à Monaco, à l'exclusion des redevables qui exercent une activité occulte, bénéficient d'une franchise qui les dispense du paiement de la taxe sur la valeur ajoutée, lorsqu'ils n'ont pas réalisé :

1° Un chiffre d'affaires supérieur à :

a) 82 200 € l'année civile précédente ;

b) Ou 90 300 € l'année civile précédente, lorsque le chiffre d'affaires de la pénultième année n'a pas excédé le montant mentionné au *a)* ;

2° Et un chiffre d'affaires afférent à des prestations de services, hors ventes à consommer sur place et prestations d'hébergement, supérieur à :

a) 32.900 € l'année civile précédente ;

b) Ou 34.900 € l'année civile précédente, lorsque le chiffre d'affaires de la pénultième année n'a pas excédé le montant mentionné au *a)*.

II - 1. Le I cesse de s'appliquer :

a) Aux assujettis dont le chiffre d'affaires de l'année en cours dépasse le montant mentionné au *b)* du 1° du I ;

b) Ou à ceux dont le chiffre d'affaires de l'année en cours afférent à des prestations de services hors ventes à consommer sur place et prestations d'hébergement, dépasse le montant mentionné au *b)* du 2° du I.

2. Les assujettis visés au 1 deviennent redevables de la taxe sur la valeur ajoutée pour les prestations de services et les livraisons de biens effectuées à compter du premier jour du mois au cours duquel ces chiffres d'affaires sont dépassés.

III. - Le chiffre d'affaires limite de la franchise prévue au I est fixé à 42 600 € :

1. Pour la livraison de leurs œuvres désignées à l'article 2 de l'ordonnance souveraine du 27 février 1989 sur la propriété littéraire et artistique et la cession des droits patrimoniaux qui leur sont reconnus par la loi par les auteurs d'œuvres de l'esprit, à l'exception des architectes.

2. Pour l'exploitation des droits patrimoniaux qui sont reconnus par la loi aux artistes-interprètes définis comme étant des personnes qui représentent, chantent, récitent, déclament, jouent ou exécutent de tout autre manière une œuvre littéraire ou artistique, un numéro de variété, de cirque ou de marionnettes.

IV. - Pour leurs livraisons de biens et leurs prestations de services qui n'ont pas bénéficié de l'application de la franchise prévue au III, ces assujettis bénéficient également d'une franchise lorsque le chiffre d'affaires correspondant réalisé au cours de l'année civile précédente n'excède pas 17 500 €.

Cette disposition ne peut pas avoir pour effet d'augmenter le chiffre d'affaires limite de la franchise afférente aux opérations mentionnées au 1 ou au 2 du III.

V. - Les dispositions du III et du IV cessent de s'appliquer aux assujettis dont le chiffre d'affaires de l'année en cours dépasse respectivement 52 400 € et 21 100 €. Ils deviennent redevables de la taxe sur la valeur ajoutée pour les prestations de services et pour les livraisons de biens effectuées à compter du premier jour du mois au cours duquel ces chiffres d'affaires sont dépassés.

VI - Les seuils mentionnés aux I à V sont actualisés tous les trois ans par arrêté ministériel. La première révision triennale prend effet à compter du 1er janvier 2017.

Art. 88 *(Ord. n° 13.985, 6 mai 1999 ; mod., Ord. n° 1.513, 4 févr. 2008 ; Ord. n° 2.107, 12 mars 2009 ; Ord. n° 2.723, 27 avr. 2010).* – La franchise mentionnée aux I et IV de l'article 87 n'est pas applicable :

1° Aux opérations visées au I de l'article 5 ;

2° Aux opérations soumises à la taxe sur la valeur ajoutée en vertu d'une option prévues aux articles 15 et 16 ;

3° Aux livraisons de moyens de transports neufs effectuées dans les conditions prévues à l'article 94 du code.

Art. 89 *(Ord. n° 13.985, 6 mai 1999 ; mod., Ord. n° 2.107, 12 mars 2009).* – I. - Les chiffres d'affaires mentionnés aux I et IV de l'article 87 sont constitués par le montant hors taxe sur la valeur ajoutée des livraisons de biens et des prestations de services effectuées au cours de la période de référence, à l'exception des opérations exonérées et des cessions de biens d'investissements corporels ou incorporels mais y compris les opérations immobilières, bancaires, financières et d'assurances qui n'ont pas le caractère d'opérations accessoires et les opérations visées aux articles 29-I et II, 1° à 7°, 13° et 17° et 33.

II. - Les chiffres d'affaires mentionnés au III de l'article 87 sont constitués par le montant hors taxe sur la valeur ajoutée des livraisons et des cessions de droits effectuées au cours de la période de référence.

III. - Pour l'application des dispositions prévues à l'article 87, les limites mentionnées au I au III et au IV de l'article 87 sont ajustées au prorata du temps d'exploitation de l'entreprise ou d'exercice de l'activité pendant l'année de référence.

Art. 90 *(Ord. n° 13.985, 6 mai 1999).* – Les assujettis bénéficiant d'une franchise de taxe mentionnée à l'article 87 ne peuvent opérer aucune déduction de la taxe sur la valeur ajoutée, ni faire apparaître la taxe sur leurs factures, notes d'honoraires ou sur tout autre document en tenant lieu.

En cas de délivrance d'une facture, d'une note d'honoraires ou de tout autre document en tenant lieu par ces assujettis ou leurs livraisons de biens et leurs prestations de services, la facture, la note d'honoraires ou le document doit comporter la mention : « TVA non applicable, article 87 du Code des taxes ».

Art. 91. – I. - Les assujettis susceptibles de bénéficier des franchises mentionnées à l'article 87 peuvent opter pour le paiement de la taxe sur la valeur ajoutée.

II. - Cette option prend effet le premier jour du mois au cours duquel elle est déclarée.

Elle couvre obligatoirement une période de deux années, y compris celle au cours de laquelle elle est déclarée.

Elle est renouvelable par tacite reconduction sauf dénonciation à l'expiration de chaque période. Toutefois, elle est reconduite de plein droit pour la période de deux ans suivant celle au cours ou à l'issue de laquelle les assujettis ayant exercé cette option ont bénéficié d'un remboursement de taxe sur la valeur ajoutée prévu à l'article 42.

III. – L'option et sa dénonciation sont déclarées à la direction des Services fiscaux (Recette des taxes) dans les conditions et selon les mêmes modalités que celles prévues au chiffre 1° du I de l'article 66.

Art. 92 *(Ord. n° 13.985, 6 mai 1999 ; Ord. n° 15.116, 23 nov. 2001 ; mod., Ord. n° 2.107, 12 mars 2009).* – I. – Les assujettis visés au III de l'article 87 qui remplissent les conditions pour bénéficier de la franchise et qui n'ont pas opté pour le paiement de la taxe sur la valeur ajoutée sont exclus du bénéfice de la franchise quand le montant cumulé des opérations visées aux III et IV de l'article 87 excède la somme des chiffres d'affaires mentionnés respectivement aux III et IV l'année de référence ou la somme des chiffres d'affaires mentionnés au V de l'année en cours.

Les opérations visées au IV de l'article 87 ne sont prises en compte que lorsque la franchise prévue par cette disposition est appliquée.

II. – Les assujettis visés au I peuvent, le cas échéant, bénéficier de la franchise prévue au I de l'article 87 pour l'ensemble de leurs opérations.

III. – Les franchises prévues au I de l'article 87, d'une part, et aux III et IV du même article, d'autre part, ne peuvent pas se cumuler.

IV. – Les seuils mentionnés au I sont actualisés chaque année.

Chapitre XI. – Régimes spéciaux

I. – Corse

Art. 93. – La taxe sur la valeur ajoutée est perçue aux taux suivants :

1° 0,90 % pour les opérations visées à l'article 58 du Code des taxes dès lors que les opérations ou prestations prévues par cet article sont effectuées ou rendues dans les départements français de la Corse ;

2° *(2° mod., Ord. n° 4.160, 24 janv. 2013* (1) *; Ord. n° 4.714, 10 févr.2014)* (2) 2,10 % en ce qui concerne :

– les opérations visées au 1° et 6° du A de l'article 52-0 et à l'article 52 portant sur des produits passibles de la taxe sur la valeur ajoutée au taux réduit et livrés en Corse ;

– les prestations de services visées aux B,C, E et F de l'article 52-0 et aux *a)* à *h)* de l'article 56.

3° *(3° mod., Ord. n° 4.199, 20 févr. 2013)* (3) 10 % en ce qui concerne les ventes de matériels agricoles livrés en Corse et dont la liste est fixée par l'article A-183 de l'annexe au code.

I *bis*. – Biens d'occasion. Œuvres d'art. Objets de collection et d'antiquité
(Ord. n° 13.007, 25 mars 1997)

Art. 93 A. – I. – 1° La base d'imposition des livraisons par un assujetti revendeur de biens d'occasion, d'œuvres d'art, d'objets de collection ou d'antiquité qui lui ont été livrés par un non redevable de la taxe sur la valeur ajoutée ou par une personne qui n'est pas autorisée à facturer la taxe sur la valeur ajoutée au titre de cette livraison est constituée de la différence entre le prix de vente et le prix d'achat.

*(Mod., Ord. n° 5.230, 10 mars 2015).*La définition des biens d'occasion, des œuvres d'art, des objets de collection et d'antiquité est fixée par l'article A-187 A de l'annexe au Code des taxes.

2° Pour les livraisons aux enchères publiques de biens d'occasion, d'œuvres d'art, d'objets de collection ou d'antiquité réalisées par un assujetti agissant en son nom propre pour le compte d'un non redevable de la taxe sur la valeur ajoutée ou d'une personne qui n'est pas autorisée à facturer la taxe sur la valeur ajoutée au titre de sa livraison, la base d'imposition est constituée par la différence entre le prix total payé par l'adjudicataire et le montant net payé par cet assujetti à son commettant ;

3° Pour les transferts visés au III de l'article 1er, effectués par un assujetti revendeur, de biens d'occasion, d'œuvres d'art, d'objets de collection ou d'antiquité qui lui ont été livrés dans des conditions qui permettraient

(1) Dispositions applicables aux opérations pour lesquelles la taxe sur la valeur ajoutée est exigible à compter du 1er janv. 2013, Ord. n° 4.160, 24 janv. 2013.

(2) Dispositions applicables aux opérations pour lesquelles la taxe sur la valeur ajoutée est exigible à compter du 1er janvier 2014 : Ord. n° 4.714, 10 févr. 2014.

(3) Dispositions applicables aux opérations dont le fait générateur intervient à compter du 1er janv. 2014 ; toutefois, elles ne s'appliquent pas aux encaissements pour lesquels la taxe sur la valeur ajoutée est exigible avant cette date, Ord. n° 4.199, 20 févr. 2013.

l'application des dispositions prévues au 1° et au 2°, la base d'imposition est constituée par la différence entre la valeur du bien déterminée conformément au *e* du 1 de l'article 35 et le prix d'achat du bien ;

4° Pour les assujettis qui ont exercé l'option prévue à l'article 93 B, le prix d'achat mentionné aux 1° et 3° s'entend, selon le cas, du montant de la livraison, de l'acquisition intracommunautaire, ou de la valeur à l'importation, déterminés conformément aux articles 35 ou 83 augmentés de la taxe sur la valeur ajoutée.

II. – La base d'imposition définie au I peut être déterminée globalement, pour chacune des périodes couvertes par les déclarations mentionnées à l'article 70, par la différence entre le montant total des livraisons et le montant total des achats de biens d'occasion, d'œuvres d'art, d'objets de collection ou d'antiquité effectués au cours de chacune des périodes considérées.

Si au cours d'une période le montant des achats excède celui des livraisons, l'excédent est ajouté aux achats de la période suivante.

Les assujettis revendeurs qui se placent sous ce régime procèdent à une régularisation annuelle en ajoutant la différence entre le stock au 31 décembre et le stock au 1er janvier de la même année aux achats de la première période suivante, telle que définie à l'alinéa précédent, si cette différence est négative, ou en la retranchant si elle est positive.

Cette modalité de calcul de la base d'imposition ne fait naître, au profit des assujettis revendeurs, aucun droit à restitution de la taxe sur la valeur ajoutée au titre de ces opérations.

III. – Pour les livraisons d'œuvres d'art, lorsqu'il n'est pas possible de déterminer avec précision le prix d'achat payé par un assujetti revendeur au vendeur ou lorsque ce prix n'est pas significatif, la base d'imposition peut être constituée par une fraction du prix de vente égale à 30 % de celui-ci.

Art. 93 B *(Mod., Ord. n° 4.714, 10 févr. 2014)* (1). – Les assujettis revendeurs peuvent demander à appliquer les dispositions de l'article 93 A pour les livraisons d'œuvres d'art, d'objets de collection ou d'antiquité subséquentes à une importation, une acquisition intracommunautaire ou une livraison soumises au taux réduit de la taxe sur la valeur ajoutée en application de l'article 55 ou du I de l'article 52-0.

L'option est valable à compter du premier jour du mois suivant celui de la demande et jusqu'à la fin de la deuxième année civile suivante.

Elle est renouvelable par tacite reconduction, par période de deux années civiles, sauf dénonciation formulée au moins deux mois avant l'expiration de chaque période.

Art. 93 C. – Pour chaque livraison de biens d'occasion, d'œuvres d'art, d'objets de collection ou d'antiquité, les assujettis revendeurs peuvent appliquer les règles de la taxe sur la valeur ajoutée applicables aux autres assujettis.

Art. 93 D. – I. – 1° La taxe sur la valeur ajoutée incluse dans le prix de vente des biens d'occasion, des œuvres d'art, des objets de collection ou d'antiquité, qui ont été taxés conformément aux dispositions de l'article 93 A, n'est pas déductible par l'acquéreur ;

2° Les assujettis revendeurs ne peuvent pas déduire la taxe sur la valeur ajoutée afférente à l'achat, à l'acquisition intracommunautaire, à l'importation ou à la livraison à soi-même des biens d'occasion, des œuvres d'art, des objets de collection ou d'antiquité dont la livraison est taxée conformément aux dispositions de l'article 93 A.

II. – Les assujettis revendeurs qui ont exercé l'option prévue à l'article 93 B et qui effectuent des livraisons d'œuvres d'art, d'objets de collection ou d'antiquité dans les conditions prévues à l'article 93 C ne peuvent déduire la taxe sur la valeur ajoutée afférente à ces biens qu'au moment de leur livraison.

Art. 93 E *(Mod., Ord. n° 16.434, 13 sept. 2004)*. – Les assujettis qui appliquent les dispositions de l'article 93 A ne peuvent pas faire apparaître la taxe sur la valeur ajoutée sur leurs factures.

Art. 93 F. – Les assujettis qui effectuent des opérations portant sur des biens d'occasion, des œuvres d'art, des objets de collection ou d'antiquité doivent comptabiliser distinctement par mode d'imposition leurs opérations portant sur ces biens.

(1) Dispositions applicables aux opérations dont le fait générateur intervient à compter du 1er janvier 2014. : Ord. n° 4.714, 10 févr. 2014.

Art. 93 G *(Ord. n° 5.230, 10 mars 2015)* (1). **– Pour bénéficier du régime prévu à l'article 93 A, l'assujetti revendeur qui effectue une opération portant sur un véhicule terrestre à moteur d'occasion justifie du régime de taxe sur la valeur ajoutée appliqué par le titulaire du certificat d'immatriculation du véhicule lorsque le titulaire est un assujetti.**

II. – Moyens de transport neufs

Art. 94 *(Ord. n° 13.007, 25 mars 1997 ; Ord. n° 13.371, 27 mars 1998 ; Ord. n° 13.985, 6 mai 1999 ; Ord. n° 14.064, 29 juin 1999).* **– I. – Sont soumises à la taxe sur la valeur ajoutée les acquisitions intracommunautaires de moyens de transport neufs effectuées par des personnes mentionnées au 2° du I de l'article 2 du Code des taxes sur le chiffre d'affaires ou par toute autre personne non assujettie.**

II. – Est exonérée de la taxe sur la valeur ajoutée la livraison par un assujetti d'un moyen de transport neuf expédié ou transporté sur le territoire d'un État membre de la Communauté économique européenne, autre que la France.

III. – 1. Sont considérés comme moyens de transport : les bateaux d'une longueur de plus de 7,5 mètres, les aéronefs dont le poids total au décollage excède 1 550 kilogrammes et les véhicules terrestres à moteur d'une cylindrée de plus de 48 centimètres cubes ou d'une puissance de plus 7,2 kilowatts, destinés au transport de personnes ou de marchandises, à l'exception des bateaux et aéronefs visés aux 2° et 4° du II de l'article 29.

2. Sont considérés comme moyens de transport neufs :

– les bateaux et aéronefs dont la livraison est effectuée dans les trois mois suivant la première mise en service ou qui ont, respectivement, navigué moins de 100 heures, ou volé moins de 40 heures ;

– les véhicules terrestres dont la livraison est effectuée dans les six mois suivant la première mise en service ou qui ont parcouru moins de 6 000 kilomètres.

IV. - Est considérée comme un assujetti toute personne qui effectue à titre occasionnel la livraison d'un moyen de transport neuf expédié ou transporté sur le territoire d'un État membre de la Communauté économique européenne autre que la France à destination de l'acheteur, par le vendeur, par l'acheteur ou pour leur compte, dans les conditions prévues au II.

V. - Le droit à déduction prend naissance au moment de la livraison du moyen de transport neuf.

L'assujetti peut obtenir le remboursement de la taxe sur la valeur ajoutée facturée ou acquittée au titre de la livraison, de l'importation ou de l'acquisition intracommunautaire de ce moyen de transport neuf. Le remboursement ne peut excéder le montant de la taxe sur la valeur ajoutée qui serait due si la livraison n'était pas exonérée.

V *bis*. - Tout assujetti ou personne morale non assujettie, autre qu'une personne bénéficiant du régime dérogatoire prévu au 2° du I de l'article 2 qui réalise des acquisitions intracommunautaires de moyens de transport mentionnés au 1 du III est tenu, pour obtenir le certificat fiscal avant d'acquitter effectivement la taxe, de présenter une caution solvable qui s'engage, solidairement avec l'assujetti ou la personne morale non assujettie, à acquitter la TVA due au titre de l'acquisition intracommunautaire. L'assujetti ou la personne morale non assujettie mentionné au premier alinéa peut cependant demander à être dispensé de l'obligation de présentation s'il offre des garanties suffisantes de solvabilité. Il est statué sur la demande de dispense dans un délai de trente jours.

Dans le cas où l'assujetti ou la personne morale non assujettie n'a pas présenté une caution solvable ni offert des garanties suffisantes de solvabilité, le certificat fiscal ne lui est délivré qu'au moment où la taxe est effectivement acquittée.

V *ter* – Le règlement de la taxe sur la valeur ajoutée due au titre de l'acquisition intracommunautaire, par une personne physique non assujettie, d'un moyen de transport neuf mentionné au 2 du III, doit être effectué auprès du Trésor ou par un chèque libellé à l'ordre du Trésor par l'acquéreur. En cas de recours à un mandataire, celui-ci est tenu d'informer le mandant de cette obligation, par écrit, à la signature du contrat, sous peine de nullité de ce dernier, dans des conditions fixées par ordonnance souveraine.

(1) Dispositions applicables aux livraisons de véhicules réalisées à compter du 1er juillet 2015 et aux certificats délivrés au titre des acquisitions intracommunautaires réalisées à compter de cette même date, Ord. n° 5.230, 10 mars 2015.

VI. – Les articles A-184 à A-187 *bis* de l'annexe au code fixent les conditions d'application des dispositions du présent article et, notamment, en tant que de besoin, les mesures permettant, en vue d'assurer le contrôle, l'identification des moyens de transport neufs.

VI *bis*. - Les dispositions de l'article 93 A ne sont pas applicables aux livraisons de moyens de transport neufs visées au II.

Art. 94 A *(Ord. n° 5.230, 10 mars 2015)* (1). – Les assujettis revendeurs soumis aux obligations prévues à l'article 93 G qui souhaitent bénéficier du régime prévu à l'article 93 A et les mandataires sont tenus de demander, pour le compte de leur client ou mandant, le certificat fiscal prévu au V *bis* de l'article 94.

Ce certificat est délivré si le demandeur justifie du régime de taxe sur la valeur ajoutée appliqué par le titulaire du certificat d'immatriculation du véhicule.

III. – Régime de la presse et de ses fournisseurs

Art. 95. – Les ventes, commissions et courtages portant sur les publications qui remplissent les conditions prévues par les articles A-42 et A-43 de l'annexe au code sont soumis à la taxe sur la valeur ajoutée au taux de 2,10 %.

(Ord. n° 4.874, 25 juin 2014) (2) Sont également soumis au taux de 2,1 % les ventes, commissions et courtages portant sur les services de presse en ligne.

Art. 96 *(Mod., Ord. n° 3.635, 12 janv. 2012 ; Ord. n° 4.199, 20 févr. 2013)* (3). – Les travaux de composition et d'impression des écrits périodiques sont soumis au taux réduit de 10 % de la taxe sur la valeur ajoutée.

Sont également soumises au taux réduit de 10 % de la taxe sur la valeur ajoutée les fournitures d'éléments d'information faites par les agences de presse agréées ainsi que les opérations de cession ou de rétrocession par une entreprise de presse, d'éléments d'information (articles, reportages, dessins, photographies), à une autre entreprise de presse en vue de l'édition des journaux ou publications visées à l'article 95.

Art. 97. – L'exigibilité de la taxe sur la valeur ajoutée intervient lors de l'encaissement des acomptes ou du prix en ce qui concerne les ventes des publications visées à l'article 95.

En ce qui concerne les acquisitions intracommunautaires portant sur ces produits, l'exigibilité de la taxe sur la valeur ajoutée intervient dans les conditions fixées au *d)* du 2 de l'article 40.

Art. 98 *(Ord. n° 16.434, 13 sept. 2004)*. – I. – Les droits à déduction des entreprises qui éditent les publications visées à l'article 95 sont déterminés dans les mêmes conditions que pour les entreprises qui deviennent redevables de cette taxe, compte tenu, s'il y a lieu, des droits qui ont été exercés antérieurement à cette date.

II. – Il en est de même pour les imprimeries qui justifieront qu'elles consacrent plus de 50 % de leur activité à la composition ou à l'impression des publications visées à l'article 95.

Art. 99. – Les opérations d'entremise accomplies par des personnes justifiant de la qualité de mandataire agréé ne donnent pas lieu au paiement de la taxe sur la valeur ajoutée lorsqu'elles concernent les écrits périodiques. Les éditeurs des périodiques ainsi diffusés acquittent la taxe sur la valeur ajoutée sur le prix de vente total au public.

Pour le calcul des droits à déduction, les opérations ci-dessus sont considérées comme ayant été effectivement taxées.

(1) Dispositions applicables aux livraisons de véhicules réalisées à compter du 1er juillet 2015 et aux certificats délivrés au titre des acquisitions intracommunautaires réalisées à compter de cette même date, Ord. n° 5.230, 10 mars 2015.

(2) Dispositions applicables aux opérations pour lesquelles la taxe sur la valeur ajoutée est exigible à compter du 1er février 2014 : Ord. n° 4.874, 25 juin 2014.

(3) Dispositions applicables aux opérations dont le fait générateur intervient à compter du 1er janv. 2014 ; toutefois elles ne s'appliquent pas aux encaissements pour lesquels la taxe sur la valeur ajoutée est exigible avant cette date, Ord. n° 4.199, 20 févr. 2013.

Art. 100. – Les ventes, commissions et courtages portant sur les annuaires et sur les publications périodiques autres que celles mentionnées à l'article 95, édités par la commune ainsi que par les organismes à but non lucratif, sont exonérés à la condition, d'une part, que les annonces et réclames ne couvrent jamais plus des deux tiers de la surface de ces périodiques ou annuaires, d'autre part, que l'ensemble des annonces ou réclames d'un même annonceur ne soit jamais, dans une même année, supérieur au dixième de la surface totale des numéros parus durant cette année.

IV. – Régime applicable à l'or d'investissement
(Ord. n° 14.371, 15 mars 2000)

Art. 100 *bis* A *(Ord. n° 14.371, 15 mars 2000).* – 1. Sont exonérées de la TVA :

a) Les livraisons, les acquisitions intracommunautaires et les importations d'or d'investissement, y compris lorsque l'or d'investissement est négocié sur des comptes or ou sous la forme de certificats ou de contrats qui confèrent à l'acquéreur un droit de propriété ou de créance sur cet or.

b) Les prestations de services rendues par les assujettis qui interviennent au nom et pour le compte d'autrui dans les opérations visées au *a*.

2. Est considéré comme or d'investissement :

a) L'or sous la forme d'une barre, d'un lingot ou d'une plaquette d'un poids supérieur à un gramme et dont la pureté est égale ou supérieure à 995 millièmes représenté ou non par des titres.

b) Les pièces d'une pureté égale ou supérieure à 900 millièmes qui ont été frappées après 1800, ont, ou ont eu, cours légal dans leur pays d'origine et dont le prix de vente n'excède pas de plus de 80 % la valeur de l'or qu'elles contiennent.

Art. 100 *bis* B *(Ord. n° 14.371, 15 mars 2000 ; mod., Ord. n° 1.513, 4 févr. 2008).* – 1. Les assujettis qui produisent de l'or d'investissement ou transforment de l'or en or d'investissement peuvent, sur option, soumettre à la TVA la livraison de cet or d'investissement à un autre assujetti.

2. Les assujettis qui réalisent habituellement des livraisons d'or destiné à usage industriel peuvent, sur option, soumettre à la TVA chacune des livraisons d'or mentionnée au *a* du 2 de l'article 100 *bis* A à un autre assujetti.

3. Les assujettis qui interviennent au nom et pour le compte d'autrui dans des opérations mentionnées au *a* du 1 de l'article 100 *bis* A, peuvent, sur option, soumettre à la TVA leurs prestations lorsque l'opération dans laquelle ils s'entremettent est imposée en application du 1 ou du 2 ci-dessus.

4. Lorsqu'ils ont exercé l'une des options ci-dessus, les assujettis portent sur la facture qu'ils délivrent la mention « Application des articles 348 à 351 de la directive 2006/112/CE du Conseil du 28 novembre 2006 ». À défaut l'option est réputée ne pas avoir été exercée.

Art. 100 *bis* C *(Ord. n° 14.371, 15 mars 2000).* – 1. Les assujettis qui réalisent des livraisons d'or exonérées en application de l'article 100 *bis* A peuvent déduire la TVA qui a grevé :

a) Leurs achats d'or d'investissement lorsque ces achats ont été soumis à la taxe en application de l'article 100 *bis* B.

b) Leurs achats d'or autres que d'investissement lorsque cet or a été acquis ou importé en vue de sa transformation en or d'investissement.

c) Les prestations de services ayant pour objet un changement de forme, de poids ou de pureté de l'or, y compris l'or d'investissement.

2. Lorsqu'ils réalisent des livraisons exonérées en application de l'article 100 *bis* A, les assujettis qui produisent de l'or d'investissement ou transforment de l'or en or d'investissement peuvent déduire la TVA qu'ils ont supportée au titre des livraisons, des acquisitions intracommunautaires et des importations des biens ou des services directement liés à la production ou à la transformation de cet or.

Art. 100 *bis* D *(Ord. n° 14.371, 15 mars 2000).* – Pour les livraisons mentionnées aux 1 et 2 de l'article 100 *bis* B, la taxe est acquittée par le destinataire. Toutefois, le vendeur est solidairement tenu au paiement de la taxe.

Art. 100 *bis* E *(Ord. n° 14.371, 15 mars 2000).* – 1. Les assujettis qui achètent et revendent de l'or d'investissement tel que défini au 2 de l'article 100 *bis* A doivent conserver pendant six ans à l'appui de leur comptabilité les documents permettant d'identifier leurs clients pour toutes les opérations d'un montant égal ou supérieur à 15.000 euros.

2. Lorsqu'ils sont astreints aux obligations de l'article 9 de l'ordonnance souveraine du 12 juillet 1914 modifiée, les assujettis peuvent répondre à l'obligation mentionnée au 1 par la production du registre prévu par cet article.

3. Les assujettis comptabilisent distinctement les opérations portant sur l'or d'investissement en les distinguant selon qu'elles sont exonérées ou ont fait l'objet de l'option.

V. – Produits pétroliers (*Droits à déduction*)
(Ord. n° 15.350, 27 mai 2002)

Art. 100 *ter* ***(Ord. n° 15.350, 27 mai 2002 ; Ord. n° 954, 26 janv. 2007 ; Ord. n° 961, 7 févr. 2007).*** **– 1° N'est pas déductible la taxe sur la valeur ajoutée afférente aux achats, importations, acquisitions intracommunautaires, livraisons et services portant sur :**

a. **les essences utilisées comme carburants mentionnés au tableau B de l'article 265 du Code des douanes, à l'exception de celles utilisées pour les essais effectués pour les besoins de la fabrication de moteurs ou d'engins à moteur ;**

b. **dans la limite de 20 % de son montant, les gazoles et le superéthanol E85 utilisés comme carburants mentionnés au tableau B de l'article 265 du Code des douanes utilisés pour des véhicules et engins exclus du droit à déduction ainsi que pour des véhicules et engins pris en location quand le preneur ne peut pas déduire la taxe relative à cette location, à l'exception de ceux utilisés pour les essais effectués pour les besoins de fabrication de moteurs ou d'engins à moteur ;**

c. **les gaz de pétrole et autres hydrocarbures présentés à l'état gazeux (position 27.11.29 du tarif des douanes) et le pétrole lampant (position 27.10.00.55 du tarif des douanes) utilisés comme carburants, dans la limite de 50 % de son montant, lorsque ces produits sont utilisés pour des véhicules et engins exclus du droit à déduction ainsi que pour des véhicules et engins pris en location quand le preneur ne peut pas déduire la taxe relative à cette location ;**

d. **les carburéacteurs mentionnés à la position 27.10.00 du tableau B de l'article 265 du Code des douanes utilisés pour les aéronefs et engins exclus du droit à déduction ainsi que pour les aéronefs et engins pris en location quand le preneur ne peut pas déduire la taxe relative à cette location ;**

e. **les produits pétroliers utilisés pour la lubrification des véhicules et engins exclus du droit à déduction ainsi que des véhicules et engins pris en location quand le preneur ne peut pas déduire la taxe relative à cette location.**

2° Les dispositions du 1° ne s'appliquent pas lorsque les produits sont ultérieurement livrés ou vendus en l'état ou sous forme d'autres produits pétroliers.

Chapitre XII. – Paiement de la taxe

Art. 101 ***(Ord. n° 16.370, 2 juill. 2004 ; mod., Ord. n° 1.097, 11 mai 2007).*** **– Les redevables sont tenus d'acquitter le montant des taxes exigibles au moment où ils déposent la déclaration de leurs opérations.**

Les redevables qui souscrivent leurs déclarations par voie électronique selon les conditions prévues à l'article 70 *bis* acquittent la taxe sur la valeur ajoutée par télépaiement.

La taxe sur la valeur ajoutée exigible sur les livraisons à soi-même entrant dans le champ d'application de l'article 5-5° doit être intégralement versée dans les douze mois qui suivent l'achèvement ou la première occupation des immeubles ou, le cas échéant, lors de la dissolution de la société de construction, si celle-ci se produit avant l'expiration de ce délai. Une prolongation dudit délai peut être accordée par le directeur des Services fiscaux (1).

Art. 102. – Les redevables de la taxe sur la valeur ajoutée autorisés à disposer du délai supplémentaire d'un mois prévu à l'article 70-2 pour remettre la déclaration visée au 1 du même article sont tenus de verser, à titre d'acompte dans le délai prévu audit 1, une somme déterminée par eux en fonction de leur chiffre d'affaires, des taxes auxquelles ils sont assujettis et des déductions auxquelles ils peuvent prétendre. Cette somme doit être au moins égale à 80 % de la somme réellement due. La différence éventuellement constatée

(1) V. C. taxes, art. A-3.

entre la somme ainsi versée et celle effectivement due fait l'objet soit d'une imputation sur les acomptes afférents aux mois suivants, soit d'un versement complémentaire qui doit être effectué au moment même où ces redevables déposent la déclaration de leurs opérations.

Art. 103 *(Devenu sans objet : Loi française n° 98-1266, 30 déc. 1998 sur la suppression du forfait).*

Art. 104. – La taxe sur la valeur ajoutée est perçue, à l'importation, comme en matière de douane.

La taxe sur la valeur ajoutée exigible lors de la mise à la consommation des produits pétroliers visés à l'article A-103 de l'annexe est perçue par la direction générale des douanes et droits indirects.

Pour les transports qui sont désignés par l'article A-190 de l'annexe au code, la perception est opérée lors du passage de douane et selon les règles, garanties et sanctions prévues en matière douanière.

Chapitre XIII. – Pénalités et sanctions

I. – Amendes fiscales

Art. 105 *(Ord. n° 15.116, 23 nov. 2001).* – I. Le défaut de production dans les délais prescrits de l'une quelconque des déclarations servant à l'assiette ou à la liquidation des taxes sur le chiffre d'affaires donne lieu à l'application d'une amende fiscale de 15 €.

II. – L'Administration peut adresser, par pli recommandé avec avis de réception, une mise en demeure d'avoir à fournir les documents susmentionnés dans un délai de trente jours. À défaut de production dans ce délai, l'amende est portée à 150 €. Sauf cas de force majeure, la non-production des documents susmentionnés dans un délai de trente jours après une nouvelle mise en demeure notifiée par l'Administration dans les mêmes formes, donne lieu aux peines prévues à l'article 106.

III. – Sous réserve que l'infraction soit réparée spontanément ou à la première demande de l'Administration dans les trois mois suivant celui au cours duquel le document omis aurait dû être produit, l'amende encourue n'est pas appliquée si l'assujetti atteste, sous le contrôle de l'Administration, n'avoir pas commis depuis au moins quatre ans d'infraction relative à un document de même nature.

Art. 106 *(Ord. n° 15.116, 23 nov. 2001).* – Sauf cas de force majeure, les omissions ou inexactitudes relevées dans les renseignements que doivent comporter les documents mentionnés à l'article 105 ainsi que l'omission totale de ces renseignements donnent lieu à l'application d'une amende de 15 € par omission ou inexactitude, avec minimum de 150 € pour chaque document omis, incomplet ou inexact.

L'amende n'est pas encourue si les infractions relevées entraînent l'application de l'une des sanctions prévues à l'article 112.

L'amende encourue n'est pas appliquée dans le cas prévu au III de l'article 105.

Art. 107 *(Ord. n° 13.371, 27 mars 1998 ; Ord. n° 15.116, 23 nov. 2001 ; mod., Ord. n° 2.679, 22 mars 2010).* – I. – Le défaut de présentation ou de tenue des registres prévus à l'article 69 du Code des taxes sur le chiffre d'affaires donne lieu à l'application d'une amende fiscale de 750 €.

Les omissions ou inexactitudes relevées dans les renseignements devant figurer sur ces registres donnent lieu à l'application d'une amende fiscale de 3,75 € par omission ou inexactitude.

II Le défaut de production dans les délais des déclarations prévues aux articles 73 et 74 donne lieu à l'application d'une amende de 750 €.

Elle est portée à 1500 € à défaut de production de ces déclarations dans les trente jours d'une mise en demeure.

Chaque omission ou inexactitude dans les déclarations produites donne lieu à l'application d'une amende de 15 € sans que le total puisse excéder 1500 €.

III. – L'amende est prononcée dans le même délai de reprise qu'en matière de TVA, le recouvrement et le contentieux de cette amende sont assurés et suivis selon les mêmes procédures, sûretés et privilèges que ceux prévus pour cette taxe.

Art. 108 *(Mod., Ord. n° 2.723, 27 avr. 2010).* – Lorsqu'au titre d'une opération donnée le redevable de la taxe sur la valeur ajoutée est autorisé à la déduire, le défaut de mention de la taxe exigible sur la déclaration prévue au 1 de l'article 70, qui doit être déposée au titre de la période concernée, entraîne un rappel de droits correspondants assorti d'une amende égale à 5 % du rappel pour lequel le redevable bénéficie d'un droit à déduction.

Toutefois, lorsque l'opération mentionnée au premier alinéa est une livraison à soi-même de biens prévue par l'article 5, le montant de l'amende est multiplié par le rapport entre les coûts ou les dépenses non grevés de taxe sur la valeur ajoutée figurant dans la base d'imposition de la livraison à soi-même telle qu'elle résulte de l'article 35 et la totalité de cette base d'imposition.

Art. 108 *bis* *(Ord. n° 11.936, 26 avr. 1996 ; Ord. n° 13.371, 27 mars 1998 ; Ord. n° 15.116, 23 nov. 2001).* – Le défaut de présentation ou de tenue des registres, du double des factures ou des documents en tenant lieu et des différentes pièces justificatives prévus au III de l'article 50 A donne lieu à l'application d'une amende de 750 €.

Chaque omission ou inexactitude relevée dans les renseignements devant figurer sur les registres prévus au 1° du III de l'article 50 A donne lieu à l'application d'une amende de 15 €.

Les manquants ou excédents constatés, dans le cadre de la mise en œuvre de la procédure prévue à l'article 122 *bis* par rapport aux documents prévus au III de l'article 50 A, donnent lieu à des amendes d'un montant égal à 80 % de la taxe sur la valeur ajoutée calculée sur la valeur d'achat sur le marché intérieur, à la date de la constatation de l'infraction, de biens ou services similaires.

L'amende ne peut être mise en recouvrement avant l'expiration d'un délai de trente jours à compter de la notification du document par lequel l'Administration a fait connaître au contrevenant la sanction qu'elle se propose d'appliquer, les motifs de celle-ci et la possibilité dont dispose l'intéressé de présenter dans ce délai ses observations.

L'amende est prononcée, dans le même délai de reprise qu'en matière de TVA. Le recouvrement et le contentieux de cette amende sont assurés et suivis selon les mêmes procédures et sous les mêmes garanties, sûretés et privilèges que ceux prévus pour cette taxe.

Art. 109 *(Ord. n° 13.371, 27 mars 1998 ; Ord. n° 14.371, 15 mars 2000 ; Ord. n° 16.434, 13 sept. 2004).* – Lorsqu'il est établi qu'une personne, à l'occasion de l'exercice de ses activités professionnelles, a travesti ou dissimulé l'identité ou l'adresse de ses fournisseurs ou de ses clients, ou sciemment accepté l'utilisation d'une identité fictive ou d'un prête-nom, elle est redevable d'une amende fiscale égale à 50 % des sommes versées ou reçues au titre de ces opérations. Il en est de même lorsque l'infraction porte sur les éléments d'identification mentionnés aux articles 71 et 73 et aux textes pris pour l'application de ces articles.

Lorsqu'il est établi qu'une personne a délivré une facture ne correspondant pas à une livraison ou à une prestation de service réelle, elle est redevable d'une amende fiscale égale à 50 % du montant de la facture.

Lorsqu'il est établi qu'une personne n'a pas respecté l'obligation de délivrance d'une facture, elle est redevable d'une amende fiscale égale à 50 % du montant de la transaction. Le client est solidairement tenu au paiement de cette amende. Toutefois, lorsque le fournisseur apporte, dans les trente jours d'une mise en demeure adressée obligatoirement par la direction des Services fiscaux, la preuve que l'opération a été régulièrement comptabilisée, il encourt une amende réduite à 5 % du montant de la transaction.

Ces amendes ne peuvent être mises en recouvrement avant l'expiration d'un délai de trente jours à compter de la notification du document par lequel l'administration a fait connaître au contrevenant la sanction qu'elle se propose d'appliquer, les motifs de celle-ci et la possibilité dont dispose l'intéressé de présenter dans ce délai ses observations. Ces amendes sont recouvrées suivant les procédures et sous les garanties prévues pour les taxes sur le chiffre d'affaires. Les réclamations sont instruites et jugées comme pour ces taxes.

Les dispositions du présent article ne s'appliquent pas aux ventes au détail et aux prestations de services faites ou fournies à des particuliers.

Art. 109 *bis* *(Ord. n° 14.371, 15 mars 2000 ; Ord. n° 15.116, 23 nov. 2001).* – Toute omission ou inexactitude constatée dans les factures ou documents en tenant lieu mentionnés aux articles 71 et 77 donne lieu à l'application d'une amende de 15 € par omission ou inexactitude. Toutefois, l'amende due au titre de chaque facture ou document ne peut excéder le quart du montant qui y est ou aurait dû y être mentionné.

Cette amende ne peut être mise en recouvrement avant l'expiration d'un délai de trente jours à compter de la notification du document par lequel l'administration a fait connaître au contrevenant la sanction qu'elle se propose d'appliquer, les motifs de celle-ci et la possibilité dont dispose l'intéressé de présenter dans ce délai des observations. Elle est recouvrée suivant les procédures et sous les garanties prévues pour les taxes sur le chiffre d'affaires. Les réclamations sont instruites et jugées comme pour ces taxes.

II. – Pénalités générales

Art. 110 *(Mod., Ord. n° 481, 5 avr. 2006)*. – I. – Le défaut ou l'insuffisance dans le paiement ou le versement tardif soit de l'impôt exigible, d'après le relevé prévu à l'article 70 ou le forfait prévu à l'article 34, soit des acomptes ou du solde exigible à la suite de la liquidation définitive, toutes autres formalités requises par les articles 66 à 73 ayant été remplies, donne lieu au versement d'un intérêt de retard qui est dû indépendamment de toutes sanctions.

Le taux de l'intérêt de retard est fixé à 0,40 % par mois. Il s'applique sur le montant des sommes mises à la charge du redevable ou dont le versement a été différé.

II. – L'intérêt de retard est calculé à compter du premier jour du mois suivant celui au cours duquel l'impôt devait être acquitté jusqu'au dernier jour du mois de paiement.

III. – Dans le cas où l'acompte déterminé selon les règles fixées à l'article 102 se révèle inférieur de plus de 20 % à la somme réellement due, le redevable supporte la pénalité prévue aux paragraphes précédents, sans préjudice, le cas échéant, des autres pénalités applicables.

Art. 111 *(Ord. n° 14.371, 15 mars 2000)*. – I. – Lorsqu'une personne physique ou morale, ou une association tenue de souscrire une déclaration de taxes sur le chiffre d'affaires s'abstient de souscrire cette déclaration ou la présente hors délais, le montant des droits mis à la charge du redevable ou résultant de la déclaration déposée tardivement est assorti de l'intérêt de retard visé à l'article 110 et d'une majoration de 10 %.

II. – Le décompte de l'intérêt de retard est arrêté soit au dernier jour du mois de la notification de redressement, soit au dernier jour du mois au cours duquel la déclaration a été déposée.

III. – La majoration visée au I est portée à :

– 40 % lorsque le document n'a pas été déposé dans les trente jours suivant la réception d'une mise en demeure notifiée par pli recommandé d'avoir à le produire dans ce délai ;

– 80 % lorsque le document n'a pas été déposé dans les trente jours suivant la réception d'une deuxième mise en demeure notifiée dans les mêmes formes que la première ;

– 80 % en cas de découverte d'une activité occulte.

Art. 112. – I. – Lorsque la déclaration de la taxe sur le chiffre d'affaires fait apparaître une base d'imposition ou des éléments servant à la liquidation de l'impôt insuffisants, inexacts ou incomplets, le montant des droits mis à la charge du redevable est assorti de l'intérêt de retard visé à l'article 110 et d'une majoration de 40 % si la mauvaise foi de l'intéressé est établie.

Le décompte de l'intérêt de retard est arrêté au dernier jour du mois de la notification de redressement.

II. – En cas de manœuvres frauduleuses, la majoration est portée à 80 %.

Spécialement tout achat pour lequel il n'est pas représenté de facture régulière et conforme à la nature, à la quantité et à la valeur des marchandises cédées, est réputé avoir été effectué en fraude des taxes sur le chiffre d'affaires, quelle que soit la qualité du vendeur au regard desdites taxes. En pareil cas, l'acheteur est, soit personnellement, soit solidairement avec le vendeur si celui-ci est connu, tenu de payer lesdites taxes sur le montant des achats, ainsi que la majoration de 80 %.

III. – Toute personne qui effectue des prestations de services en infraction aux dispositions de l'article 77 est passible d'une amende égale à 25 % du montant, toutes taxes comprises, des transactions en cause.

IV. – Sans préjudice de l'exercice du droit de préemption prévu par l'article 25 de la loi n° 580 du 29 juillet 1953, les sanctions prévues aux articles 110, 111 et au I du présent article sont applicables à la taxe sur la valeur ajoutée exigible sur les mutations à titre onéreux ou les apports en société visés à l'article 5-5°.

En outre, l'inexécution de la formalité de l'enregistrement dans les conditions fixées à l'article 75-2° entraîne l'application des sanctions prévues au II pour les ventes sans facture.

Art. 112 *bis* *(Ord. n° 15.350, 27 mai 2002)*. – La remise en cause d'un remboursement de crédit de taxes sur le chiffre d'affaires obtenu indûment donne lieu à l'application d'une amende fiscale égale à 40 %

des sommes restituées lorsque la mauvaise foi de l'intéressé est établie ou à 80 % de ces sommes lorsqu'il s'est rendu coupable de manœuvres frauduleuses (1).

Art. 113. – Sous réserve des conditions d'application qui leur sont propres, les diverses amendes prévues par l'article 107 ne peuvent être mises en recouvrement avant l'expiration d'un délai de trente jours, à compter de la notification du document par lequel la direction des Services fiscaux a fait connaître au contrevenant la sanction qu'elle se propose d'appliquer, les motifs de celle-ci et la possibilité dont dispose l'intéressé de présenter dans ce délai ses observations.

III. – Sanctions pénales

Art. 114 *(Ord. n° 653, 25 août 2006)*. **– Sans préjudice des dispositions particulières relatées dans le présent code, quiconque s'est frauduleusement soustrait ou a tenté de se soustraire frauduleusement à l'établissement ou au paiement total ou partiel des taxes sur le chiffre d'affaires est passible de sanctions pénales prévues par ordonnance souveraine** (2).

Art. 115 et 116 *(Abr., Ord. n° 653, 25 août 2006).*

Art. 116 *(Abr., Ord. n° 653, 25 août 2006).*

IV. – Pénalités spéciales pour refus de communication

Art. 117 *(Ord. n° 15.116, 23 nov. 2001)*. **– Toute contravention aux dispositions de l'article 66-4 et, notamment, le refus de communication constaté par procès-verbal, la déclaration que les livres, contrats ou documents ne sont pas tenus ou leur destruction avant les délais prescrits est punie d'une amende de 750 €.**

Le montant de l'amende est porté à 1.500 € à défaut de régularisation dans les trente jours d'une mise en demeure.

Le ou les manquements visés au premier alinéa sont constatés par procès-verbal. Le contrevenant ou son représentant est invité à assister à sa rédaction. Il est signé par les agents de l'Administration, le contrevenant ou son représentant. En cas de refus de signer, mention en est faite au procès-verbal. L'intéressé dispose d'un délai de trente jours pour faire valoir ses observations, à compter de l'établissement du procès-verbal, ou de sa notification lorsqu'il n'a pas assisté à son établissement. Celles-ci sont portées ou annexées au procès-verbal. Une copie de celui-ci est remise à l'intéressé.

Chapitre XIV. – Procédures

I. – Procédures. Prescription

Art. 118 *(Mod., Ord. n° 2.723, 27 avr. 2010)*. **– Les infractions aux dispositions du présent code peuvent être établies par tous les modes de preuve de droit commun ou constatées par notification de redressements ou au moyen de procès-verbaux dressés par les agents de la direction des Services fiscaux.**

L'action de la direction des Services fiscaux s'exerce jusqu'à la fin de la troisième année qui suit la date de l'infraction.

La prescription est interrompue par les notifications de redressements, par les procès-verbaux dûment enregistrés et notifiés, par les reconnaissances d'infraction signées des redevables et par le paiement d'acomptes ou par tout autre acte interruptif de droit commun.

L'action en restitution des redevables s'exerce jusqu'à la fin de la troisième année à compter de la date du paiement. Elle est introduite soit par voie de requête, soit par un exploit d'huissier.

En tant qu'il concerne les taxes déductibles, le délai de prescription de la direction des Services fiscaux ne fait pas échec à l'obligation pour les assujettis à la taxe sur la valeur ajoutée de justifier par la présentation de documents établis antérieurement à la période non prescrite le montant des taxes déductibles dont ils prétendent bénéficier.

---

(1) Les dispositions du I sont applicables aux demandes de remboursement de crédits de taxes sur le chiffre d'affaires déposées à compter du 1er janvier 2002 (Ord. n° 15.350, 27 mai 2002, art. 4, § II).

(2) V. Ord. n° 653, 25 août 2006.

Les instances sont introduites et jugées suivant les formes prévues en matière d'enregistrement.

Les transactions exécutées par les redevables et approuvées par l'autorité compétente ont l'autorité de la chose jugée tant en ce qui concerne les droits que les pénalités.

I *bis*. – Dispositions particulières

(I bis créé à compter du 1er janv. 2013, Ord. n° 4.199, 20 févr. 2013)

Art. 118 *bis* ***(Créé à compter du 1er janv. 2013, Ord. n° 4.199, 20 févr. 2013).*** **– Les agents de la Direction des services fiscaux ayant au moins le grade d'inspecteur s'assurent que les contrôles prévus au 1° du VI de l'article 71 garantissent l'authenticité de l'origine, l'intégrité du contenu et la lisibilité des factures émises ou reçues par le contribuable.**

À cette fin, ils vérifient l'ensemble des informations, documents, données, traitements informatiques ou système d'information constitutifs de ces contrôles ainsi que la documentation décrivant leurs modalités de réalisation.

Si ces contrôles sont effectués sous forme électronique, les contribuables sont tenus de les présenter sous cette forme. Les agents de la Direction des services fiscaux sus-désignés peuvent prendre copie des informations ou documents de ces contrôles et de leur documentation par tout moyen et sur tout support.

Art. 118 *ter* ***(Créé à compter du 1er janv. 2013, Ord. n° 4.199, 20 févr. 2013).*** **– En cas d'impossibilité d'effectuer la vérification prévue à l'article 118 *bis* ou si les contrôles mentionnés au 1° du VI de l'article 71 ne permettent pas d'assurer l'authenticité de l'origine, l'intégrité du contenu et la lisibilité des factures, ces dernières ne sont pas considérées comme factures d'origine, sans préjudice des dispositions du 5 de l'article 62 du même code.**

II. – Taxation d'office

Art. 119. – I. – Sont taxées d'office les personnes qui n'ont pas déposé, dans le délai légal, les déclarations qu'elles sont tenues de souscrire en leur qualité de redevables des taxes sur le chiffre d'affaires.

II. – L'Administration fixe d'office au vu des renseignements recueillis, les éléments servant au calcul des taxes sur le chiffre d'affaires.

Les bases ou les éléments servant au calcul des impositions d'office sont portés à la connaissance du redevable trente jours au moins avant la mise en recouvrement des impositions, au moyen d'une notification qui précise les modalités de leur détermination.

L'Administration émet le titre de perception sous forme de contrainte signifiée au débiteur, soit par ministère d'huissier, soit par lettre recommandée avec demande d'avis de réception.

III. – La personne taxée d'office ne peut obtenir de réduction de l'impôt ainsi établi qu'en apportant la preuve de son exagération et du chiffre exact de l'impôt réellement dû. La réclamation est présentée au directeur des Services fiscaux, sans préjudice de tout recours ultérieur.

III. – Droit d'enquête

Art. 120 ***(Ord. n° 13.371, 27 mars 1998 ; mod. à compter du 1er janv. 2013, Ord. n° 4.199, 20 févr. 2013).*** **– Pour rechercher les manquements aux règles de facturation auxquelles sont soumis les assujettis à la taxe sur la valeur ajoutée en application du Code des taxes sur le chiffre d'affaires, les agents de la direction des Services fiscaux ayant au moins le grade d'inspecteur peuvent se faire présenter les factures, la comptabilité-matière, ainsi que les livres, les registres et documents professionnels pouvant se rapporter à des opérations ayant donné ou devant donner lieu à facturation et procéder à la constatation matérielle des éléments physiques de l'exploitation.**

Ils peuvent également, lorsque l'authenticité de l'origine, l'intégrité du contenu et la lisibilité des factures sont assurées par les contrôles prévus au 1° du VI de l'article 71, accéder à l'ensemble des informations, documents, données, traitements informatiques ou système d'information constitutifs de ces contrôles et à la documentation décrivant leurs modalités de réalisation.

Aux fins des deux premiers alinéas, ils peuvent avoir accès de 8 heures à 20 heures et durant les heures d'activité professionnelle de l'assujetti aux locaux à usage professionnel, à l'exclusion des parties de ces locaux affectées au domicile privé, ainsi qu'aux terrains et aux entrepôts.

Ils ont également accès aux moyens de transport à usage professionnel et à leur chargement.

Les agents de l'administration sus-désignés peuvent obtenir ou prendre copie, par tout moyen et sur tout support, des pièces se rapportant aux opérations ayant donné ou devant donner lieu à facturation. Si les contrôles prévus au 1° du VI de l'article 71 sont effectués sous forme électronique, les assujettis sont tenus de les présenter sous cette forme. Les agents de l'administration susvisés peuvent prendre copie des informations ou documents de ces contrôles et de leur documentation par tout moyen et sur tout support.

Ils peuvent recueillir sur place ou sur convocation des renseignements et justifications.

Ces auditions donnent lieu à l'établissement de comptes rendus d'audition.

Art. 120 A *(Créé à compter du 1er janv. 2013, Ord. n° 4.199, 20 févr. 2013).* – Les agents de l'administration désignés à l'article précédent peuvent intervenir de manière inopinée dans les locaux professionnels des entreprises émettrices et réceptrices, et, s'il y a lieu, dans les locaux professionnels des prestataires de services de télétransmission des factures, pour contrôler la conformité du fonctionnement du système de télétransmission des factures et de la procédure de signature électronique aux conditions fixées par ordonnance souveraine.

Lors de l'intervention mentionnée au premier alinéa, l'administration remet au contribuable, ou à son représentant, un avis d'intervention précisant les opérations techniques envisagées sur le système de télétransmission des factures ou de procédure de signature électronique.

En cas d'impossibilité de procéder aux contrôles mentionnés au premier alinéa ou de manquement aux conditions fixées par ordonnance souveraine, les agents de l'administration sus-désignés en dressent procès-verbal. Dans les trente jours de la notification de ce procès-verbal, le contribuable peut formuler sesobservations, apporter des justifications ou procéder à la régularisation des conditions de fonctionnement du système. À l'expiration de ce délai et en l'absence de justification ou de régularisation, les factures électroniques ne sont plus considérées comme documents tenant lieu de factures d'origine.

L'intervention, opérée par des agents de l'administration susvisés ou sous leur contrôle conformément au premier alinéa, ne relève pas des procédures de contrôle de l'impôt régies par les articles 118 à 119. Les procès-verbaux établis en application du présent article ne sont opposables au contribuable qu'au regard de la conformité du système de télétransmission des factures et de la procédure de signature électronique aux conditions fixées par ordonnance souveraine.

Art. 121. – Lors de la première intervention ou convocation au titre du droit d'enquête prévu à l'article 120, l'Administration remet un avis d'enquête. Lorsque la première intervention se déroule en l'absence de l'assujetti ou, lorsque l'assujetti est une personne morale, de son représentant, l'avis d'enquête est remis à la personne recevant les enquêteurs.

Lorsque la première intervention se déroule en l'absence de l'assujetti, ou, lorsque l'assujetti est une personne morale, de son représentant, un procès-verbal est établi sur le champ. Il est signé par les agents de l'Administration et par la personne qui a assisté au déroulement de l'intervention. En cas de refus de signer, mention en est faite au procès-verbal. Une copie de celui-ci est remise à cette personne. Une autre copie est transmise à l'assujetti ou, lorsque l'assujetti est une personne morale, à son représentant.

Art. 122 *(Ord. n° 13.371, 27 mars 1998 ; Ord. n° 14.371, 15 mars 2000).* – À l'issue de l'enquête prévue à l'article 120, les agents de l'Administration établissent un procès-verbal consignant les manquements constatés ou l'absence de tels manquements. La liste des documents dont une copie a été délivrée lui est annexée s'il y a lieu.

Le procès-verbal est établi dans les trente jours qui suivent la dernière intervention sur place ou la dernière convocation. Il est signé par les agents de l'Administration ainsi que par l'assujetti ou son représentant, qui peut faire valoir ses observations dans le délai de trente jours. Celles-ci sont portées ou annexées au procès-verbal. En cas de refus de signer, mention en est faite au procès-verbal. Une copie de celui-ci est remise à l'intéressé.

Les constatations du procès-verbal peuvent être opposées à cet assujetti pour l'application de l'amende prévue à l'article 107.

La mise en œuvre du droit d'enquête ne peut donner lieu à l'application d'amendes hormis celles prévues aux articles 107, 109 et 109 *bis* du Code des taxes.

Art. 122 *bis* *(Ord. n° 12.007, 26 juill. 1996).* – Les manquements aux obligations et formalités auxquelles sont soumises les personnes autorisées à ouvrir un entrepôt fiscal mentionné aux *d* et *e* du 2° du I de l'article 50 A du Code des taxes sont recherchés selon les mêmes procédures que celles visées aux articles 120, 121 et 122.

L'absence de respect des obligations comptables visées au III de l'article 50 A entraîne le retrait de l'autorisation prévue aux *d* et *e* du 2° du I dudit article.

Ce retrait est notifié à l'intéressé à l'issue du délai de quinze jours prévu à l'article 122.

IV. – Déduction de référence

Art. 123 *(Abr., Ord. n° 4.671, 15 janv. 2014).*

V. – Privilège

Art. 124. – Le recouvrement des taxes désignées au présent code est garanti par le privilège des droits dus au Trésor prévu par l'article 1938 du Code civil.

En cas de liquidation de biens ou de règlement judiciaire, il est limité au montant du principal et des intérêts de retard calculés au taux de 5 % afférents aux six mois qui précèdent le jugement déclaratif.

Toutes amendes encourues sont abandonnées.

ANNEXE AU CODE DES TAXES SUR LE CHIFFRE D'AFFAIRES

Chapitre I. – Champ d'application

I. – Opérations obligatoirement imposables

A. – Dispositions relatives aux opérations concourant à la production ou à la livraison d'immeubles

1. Dispositions relatives aux livraisons à soi-même

Art. A-1 ***(Abr. à compter du 1er janv. 2011, Ord. n° 3.105, 26 janv. 2011).***

Art. A-2 ***(Rempl. à compter du 1er janv. 2011, Ord. n° 3.105, 26 janv. 2011 ; mod., Ord. n° 5.230, 10 mars 2015).*** **– Pour les livraisons à soi-même d'immeubles neufs taxées en application du 2° du 1 du II de l'article 5 du Code des taxes sur le chiffre d'affaires et pour l'application de l'article 41 de ce code, le redevable est tenu de déposer une déclaration spéciale auprès de la Direction des Services Fiscaux dans le mois de l'achèvement tel qu'il est défini au *d* du 1 de l'article 40 de ce code. Sur la déclaration mentionnée à l'article 70 du même code, le redevable insère une mention particulière se référant à la déclaration spéciale et informant l'administration du montant de la livraison à soi-même ainsi que de la liquidation de la taxe.**

Art. A-3 ***(Rempl. à compter du 1er janv. 2011, Ord. n° 3.105, 26 janv. 2011).*** **– Des prorogations du délai prévu au 3ème alinéa de l'article 41 du Code des taxes sur le chiffre d'affaires peuvent être accordées par le directeur des Services Fiscaux, sur demande motivée par l'impossibilité d'établir la base taxable définitive avant l'expiration de ce délai. La taxe exigible sur la livraison à soi-même doit néanmoins être acquittée préalablement à toute mutation intervenant avant l'expiration de ce délai prorogé sur la base des éléments connus à la date de cette mutation.**

Art. A-3 A ***(Ord. n° 744, 19 oct. 2006 ; mod. à compter du 1er janv. 2011, Ord. n° 3.105, 26 janv. 2011).*** **– I. – Pour l'application du *d)* du 2° du 2. du I de l'article 5 du Code des taxes, les éléments de second œuvre à prendre en compte sont les suivants :**

a. **les planchers ne déterminant pas la résistance ou la rigidité de l'ouvrage ;**

b. **les huisseries extérieures ;**

c. **les cloisons intérieures ;**

d. **les installations sanitaires et de plomberie ;**

e. **les installations électriques ;**

f. **le système de chauffage.**

II. – La proportion prévue au *d)* du 2° du 2. du I de l'article 5 du Code des taxes est fixée à deux tiers pour chacun des éléments visés au I.

2. Dispositions relatives aux mutations

Art. A-4 à A-6 ***(Abr. à compter du 1er janv. 2011, Ord. n° 3.105, 26 janv. 2011).***

Art. A-7 ***(Abr., Ord. n° 1.158, 8 juin 2007).***

Art. A-8 ***(Rempl. à compter du 1er janv. 2011, Ord. n° 3.105, 26 janv. 2011).*** **– La personne qui réalise une livraison mentionnée au *a)* du 2° du 3. du I de l'article 5 du Code des taxes sur le chiffre d'affaires est tenue de remettre à la Direction des Services Fiscaux une déclaration conforme au modèle fixé par**

l'administration et contenant les éléments nécessaires à la liquidation de la taxe sur la valeur ajoutée au moment de l'exécution de la formalité de l'enregistrement. La taxe ainsi liquidée est acquittée au moment de cette formalité.

Art. A-9 *(Mod. à compter du 1er janv. 2011, Ord. n° 3.105, 26 janv. 2011).* – Le bénéfice de l'exemption des droits d'enregistrement prévue par l'article 1er de la loi n° 842 du 1er mars 1968 est subordonné au paiement de la taxe sur la valeur ajoutée lors du dépôt de la déclaration prévue à l'article A-8 ci-dessus.

Il peut être également accordé par le directeur des Services fiscaux sous la réserve de la présentation par les redevables de garanties relatives au recouvrement de la taxe. Dans ce cas, l'impôt est pris en charge par la recette des taxes.

Art. A-10 et A-11 *(Abr. à compter du 1er janv. 2011, Ord. n° 3.105, 26 janv. 2011).*

3. Régularisation en cas de modification de la base d'imposition

Art. A-12. – En cas d'application des dispositions du 3 de l'article 5-5° du code, il est procédé à une nouvelle liquidation de la taxe sur la valeur ajoutée ayant, le cas échéant, grevé la livraison à soi-même de l'immeuble construit sur le terrain précédemment acquis.

Les dispositions du 3 de l'article 5-5° précité ne sont pas applicables lorsque les terrains acquis sont attenants à des terrains dont l'acquisition a été replacée dans le champ d'application des droits d'enregistrement comme il est dit à l'article 3 de la loi n° 842 du 1er mars 1968.

4. Dispositions diverses

Art. A-13 à A-17 *(Abr. à compter du 1er janv. 2011, Ord. n° 3.105, 26 janv. 2011).*

5. Terrains à bâtir et assimilés

Art. A-18. – Sont considérés comme terrains à bâtir pour l'application des dispositions de l'article 5-5° du code :

1° Les terrains nus ou recouverts de bâtiments destinés à être démolis ;

2° Les immeubles inachevés ;

3° Le droit de surélévation d'immeubles préexistants et d'une fraction du terrain supportant ceux-ci, proportionnelle à la surface des locaux à construire.

B. – Livraisons et prestations à soi-même

Art. A-19 *(Mod., Ord. n° 15.116, 23 nov. 2001 ; A. min. n° 2006-140, 9 mars 2006).* – La limite visée au premier alinéa du 6° de l'article 5 du Code des taxes est fixée à 60 euros toutes taxes comprises.

Art. A-20 *(Mod. à compter du 1er janv. 2011, Ord. n° 3.105, 26 janv. 2011).* – Les prélèvements, utilisations et affectations de biens prévus à l'article 5-II du code, lorsqu'ils sont faits pour les besoins autres que ceux de l'entreprise, ne sont imposables que dans le cas où la taxe, qui a grevé l'acquisition ou l'importation de ces biens ainsi que des biens et services utilisés pour leur fabrication, était partiellement ou totalement déductible.

Art. A-21 *(Mod., Ord. n° 1.158, 8 juin 2007 ; à compter du 1er janv. 2011, Ord. n° 3.105, 26 janv. 2011).* – Les cas d'exclusion, de limitation et de régularisation visés à l'article 5-II du code sont ceux qui sont prévus aux 2, 3 et 4 du IV de l'article A-73 et à l'article A-74.

Art. A-22 *(Mod. à compter du 1er janv. 2011, Ord. n° 3.105, 26 janv. 2011).* – La taxe due en application de l'article 5-II du code est exigible à la date de la première utilisation du bien ou lorsque la prestation de service est effectuée.

C. – Animaux de boucherie et de charcuterie

Art. A-23. – Par animaux de boucherie et de charcuterie, il faut entendre les animaux suivants :

– équidés : chevaux et juments, mulets, mules et bardots, ânes et ânesses, baudets, étalons ;

– bovidés : bœufs et taureaux, vaches, veaux, bouvillons, taurillons et génisses ;
– ovidés : béliers et moutons, brebis et agneaux gris, agneaux de lait ;
– suidés : porcs mâles et femelles, cochons de lait ;
– caprins : boucs et chèvres ainsi que les chevreaux dont le poids, après l'abattage, est supérieur à 7 kilogrammes de viande nette.

D. – Location de moyens de transport

Art. A-24 *(Abr., Ord. n° 3.075, 10 janv. 2011).*

Art. A-25 *(Mod., Ord. n° 3.075, 10 janv. 2011).* – Pour les prestations de transport désignées au 4° de l'article 12 du code et effectuées, partie à Monaco ou en France et partie hors de Monaco et hors de France, les transporteurs doivent justifier du prix du transport réalisé à Monaco ou en France. Lorsque ce prix n'est pas déterminé, il est calculé en appliquant au prix du transport le rapport entre la longueur du transport effectué à Monaco et en France et la longueur totale du transport.

E. – Prestations d'hébergement fournies dans les résidences de tourisme classées

Art. A-26. – L'application des dispositions du *a)* du 4° de l'article 26 du Code des taxes à une résidence de tourisme classée est subordonnée à l'engagement de son exploitant soit de dépenser, pendant les vingt-quatre premiers mois d'exploitation, une somme au moins égale à 1,5 % des recettes d'exploitation de la résidence pour la recherche de la clientèle étrangère, soit de conclure pendant la même période avec des organisateurs de voyages ou de séjours des contrats de mise à disposition tel que 20 % au moins des unités d'hébergement de la résidence soient réservés à des touristes étrangers.

L'engagement est souscrit sur papier libre et remis à la direction des Services fiscaux.

Art. A-27. – Dans le délai de trois mois qui suit l'expiration de la période mentionnée à l'article A-26, l'exploitant de la résidence de tourisme classée doit justifier auprès de la direction des Services fiscaux qu'il a rempli son engagement en produisant un état récapitulatif des dépenses qu'il a engagées ou des contrats qu'il a conclus.

Art. A-28. – Lorsque la condition de location par un contrat d'une durée d'au moins neuf ans cesse d'être remplie ou lorsque l'engagement de promotion touristique à l'étranger mentionné à l'article A-26 n'est pas respecté, le redevable ou ses ayants droit sont replacés sous le régime de l'exonération de taxe sur la valeur ajoutée à compter de la date à laquelle ils ont été soumis à cette taxe pour cette location.

II. – Opérations imposables sur option

A. – Location de locaux nus

Art. A-29 *(Mod., Ord. n° 1.158, 8 juin 2007).* – L'option prévue au premier alinéa et au *b)* du 1° de l'article 15 du Code des taxes est ouverte même lorsque l'immeuble n'est pas encore achevé.

Les personnes qui donnent en location plusieurs immeubles ou ensembles d'immeubles doivent exercer une option distincte pour chaque immeuble ou ensemble d'immeubles.

Dans les immeubles ou ensembles d'immeubles comprenant à la fois des locaux nus donnés en location ouvrant droit à l'option en application du 1° de l'article 15 du Code des taxes et d'autres locaux, l'option ne s'étend pas à ces derniers mais elle s'applique globalement à l'ensemble des locaux de la première catégorie.

Art. A-30 *(Mod. à compter du 1er janv. 2011, Ord. n° 3.105, 26 janv. 2011).* – L'option peut être dénoncée à partir du 1er janvier de la neuvième année civile qui suit celle au cours de laquelle elle a été exercée.

(Al. mod., Ord. n° 4.874, 25 juin 2014) Dans le cas d'une option au titre d'un immeuble non encore achevé, la dénonciation peut intervenir à compter du 1er janvier de la neuvième année qui suit celle au cours de laquelle l'immeuble a été achevé. L'option ou sa dénonciation prend effet à compter du premier jour du mois au cours duquel elle est formulée auprès de la Direction des Services Fiscaux.

Toutefois, lorsque tout ou partie des immeubles intéressés cesse, au cours de la période couverte par l'option, d'être destiné à un usage pour lequel celle-ci est possible, la dénonciation est obligatoire en ce qui concerne les locaux qui ont, de ce fait, changé de destination.

Art. A-31. – L'option et sa dénonciation sont déclarées dans les conditions et selon les modalités prévues par le 1° [du I] de l'article 66 du Code des taxes pour les assujettis à la taxe sur la valeur ajoutée, en cas de commencement ou de cessation d'entreprise.

Art. A-32. – Les personnes qui exercent l'option sont soumises à l'ensemble des obligations qui incombent aux assujettis à la taxe sur la valeur ajoutée. Les règles relatives à l'assiette, à la liquidation, au recouvrement, au contrôle et au contentieux de ladite taxe leur sont applicables.

B. – Bail à construction

Art. A-33 *(Mod. à compter du 1er janv. 2011, Ord. n° 3.105, 26 janv. 2011)*. – L'option pour l'imposition d'un bail à construction à la taxe sur la valeur ajoutée entraîne exonération du droit de bail conformément aux dispositions de la loi n° 842 du 1er mars 1968.

L'option doit être formulée dans l'acte.

Art. A-33-0 *(Ord. n° 3.105, 26 janv. 2011)*. – L'option prévue au 2° de l'article 15 du Code des taxes sur le chiffre d'affaires s'exerce distinctement par immeuble, fraction d'immeuble ou droit immobilier mentionné au 1 du I de l'article 5 de ce code, relevant d'un même régime au regard des articles 35 et 37 du même code. Il doit être fait mention de cette option dans l'acte constatant la mutation.

C. – Opérations bancaires et financières

Art. A-34. – Pour l'application de l'article 16 du code, les activités bancaires ou financières s'entendent des activités exercées par les banquiers, les établissements financiers, les établissements de crédit, changeurs, escompteurs et remisiers.

Il en est de même des opérations se rattachant aux activités énumérées au premier alinéa et réalisées par des personnes non visées à cet alinéa lorsqu'elles constituent l'activité principale de ces personnes.

Art. A-35. – Par dérogation aux dispositions de l'article A-34, les dispositions de l'article 16 du code ne s'appliquent pas aux opérations qui ne se rattachent pas spécifiquement au commerce des valeurs et de l'argent et aux opérations de crédit-bail.

Art. A-36. – La liste des rémunérations assimilables à des intérêts ou agios pour l'application des dispositions de l'article 17-2° du code, est établie comme suit :

- commission du plus fort découvert ;
- commission d'endos ;
- commission d'attente, d'engagement, d'ouverture ou de confirmation de crédit ;
- commission de caution, d'aval ou de ducroire ;
- commission d'acceptation ;
- commission de garantie de placement d'obligations ou de bonne fin d'augmentation de capital ;
- commission de garantie de bonne fin d'opérations immobilières ;
- frais de gestion réglementés perçus par les sociétés de crédit différé ;
- rémunération perçue par l'intermédiaire placeur d'emprunts émis par voie d'adjudication.

Art. A-37. – La liste des opérations bancaires afférentes au financement d'exportations, de livraisons exonérées en vertu du I de l'article 31 du Code des taxes ou d'opérations situées hors de la Principauté et hors de la France, prévue à l'article 17-4° du code, est établie comme suit :

- escompte d'effets de commerce ou de moyens de paiement représentant des créances sur l'étranger ;
- mobilisation des créances sur l'étranger ;
- préfinancement d'exportation ou de livraisons exonérées en vertu du I de l'article 31 du Code des taxes, réalisé sous forme de crédits mobilisables auprès de la Banque de France ;
- cautions, avals et confirmations de crédits documentaires fournis à Monaco ou en France et se rapportant à des exportations ou à des livraisons exonérées en vertu du I de l'article 31 du Code des taxes ;
- prêts consentis aux acheteurs étrangers de biens d'équipement et autres produits monégasques ou français ;
- achats fermes aux entreprises monégasques ou françaises réalisant des exportations ou des livraisons exonérées en vertu du I de l'article 31 du code, de créances sur clients étrangers.

D. – Vente d'articles fabriqués par des groupements d'aveugles ou de travailleurs handicapés

Art. A-38. – L'option exercée couvre obligatoirement une période de cinq années, y compris celle au cours de laquelle elle est déclarée.

Elle est renouvelable par tacite reconduction, sauf dénonciation à l'expiration de chaque période.

Art. A-39. – L'option et sa dénonciation sont déclarées dans les conditions et selon les modalités prévues par le 1° [(du I] de l'article 66 du Code des taxes pour les assujettis à la taxe sur la valeur ajoutée, en cas de commencement ou de cessation d'entreprise.

Art. A-40. – Les personnes qui exercent l'option sont soumises à l'ensemble des obligations qui incombent aux assujettis à la taxe sur la valeur ajoutée. Les règles relatives à l'assiette, à la liquidation, au recouvrement, au contrôle et au contentieux de ladite taxe leur sont applicables.

III. – Opérations exonérées

A. – Définition des biens d'occasion, œuvres d'art, objets de collection et d'antiquité

Art. A-41 *(Abr. – V. art. A-187 A).*

B. – Presse et impression

Art. A-42. – Pour bénéficier des avantages fiscaux prévus à l'article 95 du code, les journaux et publications périodiques doivent remplir les conditions suivantes :

1° Avoir un caractère d'intérêt général quant à la diffusion de la pensée : instruction, éducation, information, récréation du public ;

2° Satisfaire aux obligations prévues par les textes légaux et réglementaires concernant la presse, notamment :

a) porter l'indication du nom et du domicile de l'imprimeur (ces indications doivent se rapporter à l'imprimeur qui imprime réellement la publication) ;

b) avoir un gérant dont le nom est imprimé sur tous les exemplaires ;

c) avoir fait l'objet du dépôt prévu par la loi n° 87 du 3 janvier 1925 portant l'organisation du dépôt légal des imprimés ;

3° Paraître régulièrement au moins une fois par trimestre ;

4° Être habituellement offerts au public ou aux organes de presse à un prix marqué ou par abonnement, sans que la livraison du journal ou périodique considéré soit accompagnée de la fourniture gratuite ou payante de marchandises ou de prestations de services n'ayant aucun lien avec l'objet principal de la publication et constituant en réalité une forme particulière de publicité ;

5° Avoir au plus les deux tiers de leur surface consacrés à des réclames ou annonces ;

6° N'être assimilables, malgré l'apparence de journaux ou de revues qu'elles pourraient présenter, à aucune des publications visées sous les catégories suivantes :

a) feuilles d'annonces, prospectus, catalogues, almanachs ;

b) ouvrages publiés par livraison et dont la publication embrasse une période de temps limitée ou qui constituent le complément ou la mise à jour d'ouvrages déjà parus ; toutefois, ce complément ou cette mise à jour n'est imposable que pour la partie qui, au cours d'une année, accroît le nombre de pages que comportait l'ouvrage au 31 décembre de l'année précédente ;

c) publications ayant pour objet principal la recherche ou le développement des transactions d'entreprises commerciales, industrielles, bancaires, d'assurances ou d'autre nature, dont elles sont, en réalité, les instruments de publicité ou de réclame ;

d) publications ayant pour objet principal la publication d'horaires, de programmes, de modèles, plans ou dessins, ou de cotations, à l'exception des cotes de valeurs mobilières ;

e) publications qui constituent des organes de documentation administrative ou corporative, de défense syndicale ou de propagande pour des associations, groupements ou sociétés ;

f) publications dont le prix est compris dans une cotisation à une association ou à un groupement quelconque.

Art. A-43. – À titre exceptionnel, à la condition toutefois qu'elles ne servent pas directement ou indirectement à la défense d'intérêts commerciaux ou professionnels, et sous réserve de l'avis favorable de l'autorité compétente, peuvent bénéficier des avantages fiscaux prévus à l'article 95 du code :

1° Les publications d'anciens combattants, mutilés ou victimes de guerre ;

2° Les publications ayant pour objet principal l'insertion, à titre d'information, des programmes des émissions radiophoniques ;

3° Les publications syndicales ou corporatives présentant un caractère d'intérêt social.

Peuvent également bénéficier de ce régime les publications périodiques publiées par l'Administration de l'État ou par des établissements publics.

C. – Transports, opérations et services exonérés

Art. A-44 *(Ord. n° 12.125, 17 déc. 1996)*. – Pour bénéficier de l'exonération prévue à l'article 29-I du code en ce qui concerne les transports de marchandises vers un port ou un aéroport en vue de leur transbordement à destination d'un État qui n'appartient pas à la Communauté économique européenne ou des territoires et départements français d'outre-mer, le transporteur doit présenter une attestation délivrée par le propriétaire de la marchandise, par l'expéditeur ou par le commissionnaire de transports, visée par la direction des Services fiscaux et certifiant la destination des produits.

Cette disposition s'applique également au transport de marchandises vers un port ou un aéroport en vue de leur transbordement à destination d'un territoire d'un État membre de la Communauté économique européenne mentionné au 1° de l'article préliminaire *bis* du Code des taxes.

Art. A-45. – La liste des prestations de services effectuées pour les besoins directs des bateaux désignés à l'article 29-II-2° du code, est fixée comme il suit :

- pilotage ;
- remorquage ;
- amarrage ;
- utilisation des installations portuaires ;
- opérations d'entretien du navire et du matériel de bord ;
- gardiennage et services de prévention et de lutte contre l'incendie ;
- visites de sécurité, examens de carènes, expertises techniques ;
- assistance et sauvetage du navire ;
- opérations des courtiers, conducteurs et interprètes de navires ;
- opérations des consignataires, gérants de navires et agents maritimes ;
- expertises ayant trait à l'évaluation des dommages subis par les navires et des indemnités d'assurances destinées à réparer le préjudice en résultant.

Art. A-46. – La liste des prestations de services effectuées pour les besoins directs de la cargaison des bateaux désignés à l'article 29-II-2° du code est fixée comme il suit :

- chargement et déchargement du bateau ;
- manutention de la marchandise accessoire au chargement et au déchargement du bateau ;
- location de matériels pour le chargement et le déchargement du bateau ;
- location de contenants et de matériels de protection de la marchandise :
- gardiennage de la marchandise ;
- stationnement et traction des wagons de marchandises sur les voies de quai ;
- magasinage de la marchandise nécessaire au transport par voie d'eau, dans la limite des quinze jours qui précèdent l'embarquement ou qui suivent le débarquement de la marchandise ;
- usage des halles à marée pour la vente aux enchères des produits de la pêche maritime :
- embarquement et débarquement des passagers et de leurs bagages ;
- location de matériels et d'équipements nécessaires aux opérations d'embarquement et de débarquement des passagers et de leurs bagages ;
- usage des gares maritimes ;
- expertise ayant trait à l'évaluation des dommages subis par les passagers et les marchandises ainsi que les indemnités d'assurances destinées à réparer le préjudice en résultant.

Art. A-47. – La liste des prestations de services effectuées pour les besoins directs des aéronefs désignés à l'article 29-II-4° du code, est fixée comme il suit :

– atterrissage et décollage ;

– usage des dispositifs d'éclairage ;

– stationnement, amarrage et abri des aéronefs ;

– usage des installations aménagées pour la réception des passagers et des marchandises ;

– usage des installations destinées à l'avitaillement des aéronefs ;

– opérations techniques afférentes à l'arrivée, au stationnement et au départ des aéronefs ;

– opérations de nettoyage, d'entretien et de réparation de l'aéronef et des matériels et équipements de bord ;

– gardiennage et service de prévention et de lutte contre l'incendie ;

– visites de sécurité, expertises techniques ;

– relevage et sauvetage des aéronefs ;

– opérations des consignataires d'aéronefs et agents aériens ;

– expertise ayant trait à l'évaluation des dommages subis par les aéronefs et des indemnités d'assurances destinées à réparer le préjudice en résultant.

Art. A-48. – La liste des prestations de services effectuées pour les besoins directs de la cargaison des aéronefs désignés à l'article 29-II-4° du code, est fixée comme il suit :

– embarquement et débarquement des passagers et de leurs bagages ;

– chargement et déchargement des aéronefs ;

– manutention des marchandises accessoires au chargement et au déchargement des aéronefs ;

– opérations d'assistance aux passagers, opérations relatives à l'enregistrement des passagers et à celui de leurs bagages ;

– émission et réception de messages de trafic ;

– opérations de trafic et de transit-correspondance ;

– location de matériels et d'équipements nécessaires au trafic aérien et utilisés sur l'aire des aéroports ;

– location de contenants et de matériels de protection des marchandises ;

– gardiennage des marchandises ;

– magasinage des marchandises nécessaires au transport par voie aérienne, dans la limite des quinze jours qui précèdent l'embarquement ou qui suivent le débarquement des marchandises ;

– expertises ayant trait à l'évaluation des dommages subis par les passagers et les marchandises ainsi que des indemnités d'assurances destinées à réparer le préjudice en résultant.

Art. A-49. – Pour bénéficier de l'exonération prévue aux articles 29-II-10° et 81-III-2° du code et relative aux transports par route, en provenance et à destination d'un pays étranger autre que la France, de marchandises et de voyageurs étrangers circulant en groupe d'au moins dix personnes, le transporteur routier doit, lorsque le transport comporte un transbordement dans un port ou un aéroport monégasque ou français, présenter une feuille de route comportant le numéro d'immatriculation du véhicule, le parcours effectué, la nature et la quantité de la marchandise ou le nombre de voyageurs transportés en groupe.

Ce document est visé, à l'entrée et à la sortie, par le service des douanes du point d'entrée et du point de sortie ou, à défaut, par le service des douanes le plus proche du point d'entrée ou du point de sortie. À défaut, le transport effectué sur le territoire douanier franco-monégasque est normalement imposable.

Art. A-50 *(Ord. n° 12.125, 17 déc. 1996)*. – L'exonération prévue au I de l'article 29 et au 2° du III de l'article 81 du Code des taxes s'applique aux prestations de services ci-après :

1° Transports de marchandises à destination ou en provenance d'un État ou d'un territoire n'appartenant pas à la Communauté européenne, d'un territoire État membre de la Communauté européenne autre que la France mentionné au 1° de l'article préliminaire *bis* du code précité ou d'un département français d'outre-mer, ou en provenance et à destination d'un tel État, territoire ou département ; commissions afférentes à ces transports.

2° Chargement et déchargement des véhicules de transport et manutentions accessoires des marchandises désignées au 1° ;

3° Locations de véhicules et de matériels utilisés pour les opérations mentionnées au 1° et au 2° ; locations de contenants et de matériels pour la protection des marchandises ;

4° Gardiennage et magasinage des marchandises et, en cas d'application d'un des régimes douaniers communautaires mentionnés au *b)* du 2 du I de l'article 81 du code précité, dans la limite de la durée d'application de ce régime ;

5° Emballage des marchandises destinées à l'exportation ;

6° Opérations effectuées par des commissionnaires agréés en douane et inhérentes à l'exportation ou aux régimes du 2 du I de l'article 81 du code précité, à l'exception, dans ce dernier cas, de celles qui sont concomitantes ou postérieures à la mise à la consommation ;

7° *(7° abr.)* ;

8° *(Ord. n° 14.064, 29 juin 1999)* Prestations qui consistent à convoyer un moyen de transport entre deux points, sans transporter à titre onéreux des passagers ou des marchandises.

Art. A-51 *(Ord. n° 12.125, 17 déc. 1996)*. – I. – Pour bénéficier des dispositions de l'article A-50 :

1° Les entreprises installées dans un pays étranger autre que la France doivent délivrer aux prestataires des services portant sur des marchandises exportées des attestations par lesquelles elles certifient que les opérations commandées portent sur des marchandises destinées à l'exportation ;

2° Les preneurs de services portant sur des marchandises placées, lors de leur entrée sur le territoire, sous l'un des régimes douaniers communautaires mentionnés au *b* du 2 du I de l'article 81 doivent délivrer aux prestataires des attestations certifiant que ces marchandises sont placées sous l'un de ces régimes.

II. – Les prestataires de services sont tenus, pour leur part :

1° D'inscrire, jour par jour, dans leur comptabilité ou, à défaut, sur le livre spécial prévu au 3° du I de l'article 66 du code, les services rendus, avec l'indication de la date de l'inscription et des noms et adresses des donneurs d'ordre ;

2° De mettre à l'appui de leur comptabilité les attestations qui leur sont délivrées par les donneurs d'ordre et, en outre, pour les services se rapportant à des marchandises exportées, les copies des factures qui leur sont renvoyées par les clients étrangers, dûment annotées des références (numéros, dates, points de sortie) aux déclarations d'exportation de ces marchandises.

D. – Exportations

Art. A-52. – 1. Les livraisons réalisées par les assujettis et portant sur des objets ou marchandises exportés sont exonérées de la taxe sur la valeur ajoutée à condition, savoir :

a) que le fournisseur inscrive les envois sur le registre prévu au 3° du I de l'article 66 du code, par ordre de date, avec l'indication de la date de l'inscription, du nombre, des marques et numéros de colis, de l'espèce, de la valeur et de la destination des objets ou marchandises ;

b) que la date d'inscription audit registre, ainsi que les marques et numéros des colis soient portés sur la pièce (titre de transport, bordereau, feuille de gros, etc.), qui accompagne l'envoi et soient consignés avec le nom de l'expéditeur sur la déclaration en douane par la personne chargée de présenter les objets ou marchandises pour l'exportation ;

c) que le fournisseur établisse pour chaque envoi une déclaration d'exportation conforme au modèle donné par l'Administration, qui doit. après visa par le service des douanes du point de sortie, être mise à l'appui du registre visé au *a)*.

Toutefois, lorsque l'exportation est réalisée par l'entremise d'un intermédiaire agissant au nom et pour le compte d'autrui, et que celui-ci est désigné comme expéditeur des biens sur la déclaration d'exportation, le fournisseur met à l'appui du registre prévu au *a)* un exemplaire de sa facture visée par le service des douanes du point de sortie.

2. En ce qui concerne les exportations de perles fines (n° 71-01 du tarif des douanes françaises) et des pierres gemmes brutes ou taillées (n° 71-02, 71-03, 85-22-10 et 91-14-20 du même tarif), seront seuls admis les certificats d'exportation délivrés par les bureaux de douane spécialement désignés par l'Administration française.

Les exportations par la voie postale de pierres gemmes brutes ou taillées, de perles fines, de métaux précieux, de bijouterie, de joaillerie, d'orfèvrerie et d'autres ouvrages en métaux précieux, doivent, outre les formalités prévues au 1, faire l'objet d'une déclaration au bureau de la garantie de Nice, où, après vérification, l'inspecteur ou son préposé assure de concert avec les déclarants, la remise des boîtes et paquets à l'administration de la poste.

Pour les envois de toutes autres marchandises effectués par La Poste, les fonctionnaires peuvent, au moment du dépôt des plis, paquets ou boîtes, appeler un agent du service local des douanes ou un inspecteur des Services fiscaux à procéder à la vérification du contenu, en présence de l'intéressé ou de son représentant. Les reçus de La Poste, doivent, en toute hypothèse, être rattachés au livre d'expédition tenu par le fournisseur.

3. Toutes vérifications utiles sont effectuées à la sortie des objets ou marchandises par le service des douanes, et chez les fournisseurs et les commissionnaires exportateurs par les agents du service compétent, auxquels doivent être représentés les registres et factures prescrits par le présent article ainsi que, le cas échéant, toutes autres pièces susceptibles de venir à l'appui des énonciations desdits documents.

4. Les dispositions qui précèdent sont applicables aux expéditions faites pour l'avitaillement des navires pêcheurs et autres.

Chapitre II. – Assiette de la taxe

I. – Régime du forfait

Art. A-53 à A-62 ***(Devenus sans objet : Loi française n° 98-1266, 30 déc. 1998 sur la suppression du forfait).***

II. – Régime du chiffre d'affaires réel

Art. A-63. – En cas d'échange, le chiffre d'affaires imposable est constitué par la valeur des objets reçus en contrepartie de ceux livrés, majorée de la soulte.

Chapitre III. – Fait générateur et exigibilité de la taxe

I. – Paiement de la taxe d'après les débits

Art. A-64 ***(Mod., Ord. n° 16.370, 2 juill. 2004).*** **– 1. Les redevables qui effectuent des opérations passibles de la taxe sur la valeur ajoutée lors de l'encaissement du prix ou de la rémunération et qui entendent acquitter cette taxe d'après les débits doivent en faire la déclaration écrite au directeur des Services fiscaux.**

L'option s'applique à l'ensemble des opérations réalisées ; elle demeure valable tant que les redevables n'expriment pas, par demande écrite, leur désir de revenir au régime du paiement d'après les encaissements.

2 ***(2 abr., Ord. n° 16.434, 13 sept. 2004).***

Rédaction antérieure. 2. L'option prévue au 1. s'applique aux opérations réalisées à compter du premier jour du mois suivant celui au cours duquel elle a été exercée.

En cas de renonciation à l'option, le régime du paiement d'après les encaissements s'applique aux opérations réalisées à compter du 1er jour du mois suivant celui au cours duquel cette renonciation a été déclarée.

II. – Entrepreneurs de travaux immobiliers

Art. A-65. – 1. Les entrepreneurs peuvent acquitter la taxe sur la valeur ajoutée au moment de la livraison, pour les travaux immobiliers exécutés dans le cadre d'un marché unique comportant la fourniture de biens meubles et l'installation ou l'incorporation à un ouvrage immobilier des matériels et appareils fournis.

2. L'option mentionnée au 1 n'est admise que si la valeur de vente des matériels ou appareils ainsi fournis et indispensables au fonctionnement de l'installation ou incorporés à l'ouvrage immobilier excède 50 % du montant total du marché.

3. L'option prévue au 1 ne s'applique pas :

a) **aux travaux immobiliers concourant :**

1° À la construction, à la livraison, à la réparation ou à la réfection des voies et bâtiments de l'État et de la Commune, ainsi que leurs établissements publics autres que ceux à caractère industriel ou commercial assujettis à la taxe sur la valeur ajoutée ;

2° À la construction et à la livraison des immeubles destinés à être affectés à l'habitation pour les trois quarts au moins de leur superficie ;

3° À la réparation et à la réfection des locaux d'habitation ainsi que des parties communes des immeubles dont les trois quarts au moins de la superficie sont affectés à l'habitation ;

4° À la construction, à la livraison, à la réparation et à la réfection des immeubles affectés à l'exercice public du culte et des locaux annexes nécessaires à cette activité ;

b) (Sans objet suite à l'abrogation de l'article 60 du présent code).

Art. A-66. – L'option pour le paiement de la taxe lors de la livraison des travaux immobiliers est subordonnée au dépôt, par l'entrepreneur, auprès de la direction des Services fiscaux, d'une déclaration par laquelle il prend l'engagement d'acquitter la taxe lors de la livraison des travaux immobiliers pour tous les marchés qui sont passés à compter de la date de cette déclaration et remplissent les conditions définies à l'article A-65.

Cette déclaration doit être déposée, en ce qui concerne les entreprises nouvelles ou les entreprises ayant modifié leur activité, dans les quinze jours de leur installation ou du commencement de leur nouvelle activité.

Art. A-67 *(Mod., Ord. n° 16.434, 13 sept. 2004).* – Pour bénéficier de l'option, l'entrepreneur doit mentionner expressément, dans les contrats établis pour les marchés en cause, qu'il a opté pour le paiement de la taxe sur la valeur ajoutée lors de la livraison des travaux immobiliers et reproduire cette mention sur tous les mémoires afférents à ces marchés.

Art. A-68. – L'entrepreneur qui exerce l'option ne peut facturer la taxe sur la valeur ajoutée avant que la livraison des travaux ne soit intervenue. La livraison s'entend de la remise des ouvrages en la possession du maître de l'ouvrage ; elle ne peut se situer postérieurement à l'occupation ou à l'utilisation réelle des locaux et installations.

Art. A-69. – La facturation de la taxe sur la valeur ajoutée à l'occasion de l'encaissement d'un seul acompte précédant la livraison ainsi que le défaut d'inscription sur les contrats, factures ou mémoires des mentions prévues à l'article A-67, entraînent l'annulation de l'option et rendent la taxe immédiatement exigible sur tous les encaissements reçus au titre des marchés en cours.

Art. A-70. – L'entrepreneur peut renoncer à tout moment à l'option pour le paiement de la taxe lors de la livraison des travaux immobiliers. Il est tenu d'en faire la déclaration à la direction des Services fiscaux. La renonciation prend effet à la date de cette déclaration et rend exigible le paiement immédiat de la taxe afférente aux encaissements reçus au titre des marchés en cours.

Art. A-71. – L'entrepreneur qui a renoncé à l'option ne peut formuler une nouvelle option qu'à l'expiration d'un délai d'un an compté de la date de cette renonciation.

Chapitre IV. – Liquidation de la taxe – Déductions

I. – Modalités d'exercice du droit de déduction

A. – Dispositions générales

Art. A-72 *(Rempl., Ord. n° 1.158, 8 juin 2007).* – La taxe sur la valeur ajoutée grevant un bien ou un service qu'un assujetti à cette taxe acquiert, importe ou se livre à lui-même est déductible à proportion de son coefficient de déduction.

Art. A-73 *(Rempl., Ord. n° 1.158, 8 juin 2007).* – I. - Le coefficient de déduction mentionné à l'article A-72 est égal au produit des coefficients d'assujettissement, de taxation et d'admission.

II. - Le coefficient d'assujettissement d'un bien ou d'un service est égal à sa proportion d'utilisation pour la réalisation d'opérations imposables. Les opérations imposables s'entendent des opérations situées dans le champ d'application de la taxe sur la valeur ajoutée en vertu des articles premier et suivants du Code des taxes, qu'elles soient imposées ou légalement exonérées.

III. - 1. Le coefficient de taxation d'un bien ou d'un service est égal à l'unité lorsque les opérations imposables auxquelles il est utilisé ouvrent droit à déduction.

2. Le coefficient de taxation d'un bien ou d'un service est nul lorsque les opérations auxquelles il est utilisé n'ouvrent pas droit à déduction.

3. Lorsque le bien ou le service est utilisé concurremment pour la réalisation d'opérations imposables ouvrant droit à déduction et d'opérations imposables n'ouvrant pas droit à déduction, le coefficient de taxation est calculé selon les modalités suivantes :

1° Ce coefficient est égal au rapport entre :

a. Au numérateur, le montant total annuel du chiffre d'affaires afférent aux opérations ouvrant droit à déduction, y compris les subventions directement liées au prix de ces opérations ;

b. Et, au dénominateur, le montant total annuel du chiffre d'affaires afférent aux opérations imposables, y compris les subventions directement liées au prix de ces opérations.

Les sommes mentionnées aux deux termes de ce rapport s'entendent tous frais et taxes compris, à l'exclusion de la taxe sur la valeur ajoutée ;

2° Lorsqu'un assujetti a constitué des secteurs distincts d'activité en application de l'article A-76, le chiffre d'affaires à retenir pour le calcul du rapport mentionné au 1° est celui du ou des secteurs pour lesquels le bien ou le service est utilisé ;

3° Pour l'application des dispositions du 1°, il est fait abstraction du montant du chiffre d'affaires afférent :

a. Aux cessions des biens d'investissements corporels ou incorporels ;

b. Au produit des opérations immobilières et financières accessoires exonérées de la taxe sur la valeur ajoutée. Sont considérées comme accessoires les opérations qui présentent un lien avec l'activité principale de l'entreprise et dont la réalisation nécessite une utilisation limitée au maximum à 10 % des biens et des services grevés de taxe sur la valeur ajoutée qu'elle a acquis. Ce pourcentage est apprécié en fonction de la proportion d'utilisation pour ces opérations de chaque bien et service grevé de taxe sur la valeur ajoutée. Cette proportion est appliquée à la valeur d'acquisition par le redevable de chacun de ces biens et services pour déterminer leur valeur d'utilisation. Le pourcentage résulte du rapport entre, au numérateur, la somme des valeurs d'utilisation ainsi déterminées et, au dénominateur, le montant total de la valeur d'acquisition de ces biens et services.

IV. – 1. Le coefficient d'admission d'un bien ou d'un service est égal à l'unité, sauf dans les cas décrits aux 2 à 4.

2. Le coefficient d'admission est nul dans les cas suivants :

1° Lorsque le bien ou le service est utilisé par l'assujetti à plus de 90 % à des fins étrangères à son entreprise ;

2° Lorsque le bien ou le service est relatif à la fourniture à titre gratuit du logement des dirigeants ou du personnel de l'entreprise, à l'exception de celui du personnel de gardiennage, de sécurité ou de surveillance sur les chantiers ou dans les locaux de l'entreprise ;

3° Lorsque le bien est cédé sans rémunération ou moyennant une rémunération très inférieure à son prix normal, notamment à titre de commission, salaire, gratification, rabais, bonification, cadeau, quelle que soit la qualité du bénéficiaire ou la forme de la distribution, sauf quand il s'agit de biens de très faible valeur. Un arrêté ministériel en fixe la valeur maximale ;

4° Pour les prestations de transport de personnes et les prestations accessoires à ce transport, à l'exclusion de celles réalisées soit pour le compte d'une entreprise de transports publics de voyageurs, soit en vertu d'un contrat permanent de transport conclu par les entreprises pour amener leur personnel sur les lieux de travail ;

5° Pour les véhicules ou engins, quelle que soit leur nature, conçus pour transporter des personnes ou à usages mixtes, à l'exception de ceux :

a. Destinés à être revendus à l'état neuf ;

b. Donnés en location ;

c. Comportant, outre le siège du conducteur, plus de huit places assises et utilisés par des entreprises pour amener leur personnel sur les lieux du travail ;

d. Affectés de façon exclusive à l'enseignement de la conduite ;

e. Acquis par les entreprises de transports publics de voyageurs et affectés de façon exclusive à la réalisation desdits transports ;

6° Pour les éléments constitutifs, pièces détachées et accessoires des véhicules et engins mentionnés au premier alinéa du 5° ;

7° Pour autant qu'ils ne soient pas ultérieurement livrés ou vendus en l'état ou sous forme d'autres produits pétroliers :

a. Pour les essences utilisées comme carburants mentionnées au tableau B de l'article 265 du Code des douanes, à l'exception de celles utilisées pour les essais effectués pour les besoins de la fabrication de moteurs ou d'engins à moteur ;

b. Pour les carburéacteurs mentionnés à la position 27.10.00 du tableau B de l'article 265 du Code des douanes utilisés pour les aéronefs et engins mentionnés au premier alinéa du 5° ;

c. Pour les produits pétroliers utilisés pour la lubrification des véhicules et engins mentionnés au premier alinéa du 5° ;

8° *(8° mod. à compter du 1er janv. 2011, Ord. n° 3.105, 26 janv. 2011)* Pour les biens acquis ou construits ainsi que les services acquis dont la valeur d'achat, de construction ou de livraison à soi-même est prise en compte pour l'application des dispositions du g du 1 ou du sixième alinéa du 3 de l'article 35 ainsi que de l'article 93 A du Code des taxes ;

9° Pour les prestations de services de toute nature, notamment la location, afférentes aux biens dont le coefficient d'admission est nul en application des dispositions du 1° au 7°.

3. Le coefficient d'admission est égal à 0,5 pour les gaz de pétrole et autres hydrocarbures présentés à l'état gazeux (position 27.11.29 du tarif des douanes) et le pétrole lampant (position 27.10.19.21 du tarif des douanes) utilisés comme carburants, lorsque ces produits sont utilisés pour des véhicules et engins mentionnés au premier alinéa du 5° du 2 et pour autant qu'ils ne soient pas ultérieurement livrés ou vendus en l'état ou sous forme d'autres produits pétroliers.

4. Le coefficient d'admission est égal à 0,8 pour les gazoles et le superéthanol E 85 mentionnés au tableau B de l'article 265 du Code des douanes utilisés comme carburants pour des véhicules et engins mentionnés au premier alinéa du 5° du 2, à l'exception de ceux utilisés pour les essais effectués pour les besoins de la fabrication de moteurs ou d'engins à moteur et pour autant qu'ils ne soient pas ultérieurement livrés ou vendus en l'état ou sous forme d'autres produits pétroliers.

V. – 1. L'assujetti peut, par année civile, retenir :

1° Pour l'ensemble de ses biens et services utilisés concurremment à des opérations imposables et à des opérations non imposables, un coefficient d'assujettissement unique, sous réserve d'en justifier ;

2° Pour l'ensemble de ses biens et services, un coefficient de taxation unique calculé dans les conditions du 3 du III.

2. Les quatre coefficients mentionnés au I sont arrondis par excès à la deuxième décimale. Ils sont définitivement arrêtés avant le 25 avril de l'année suivante ou le 31 décembre de l'année suivante pour ceux qui deviennent redevables de la taxe sur la valeur ajoutée en cours d'année.

Art. A-74 *(Rempl., Ord. n° 1.158, 8 juin 2007 ; mod. à compter du 1er janv. 2011, Ord. n° 3.105, 26 janv. 2011)*. – I. – Sous réserve des dispositions qui suivent, la déduction opérée dans les conditions mentionnées aux articles A-72 et A-73 est définitivement acquise à l'entreprise.

II. – 1. Pour les biens immobilisés, une régularisation de la taxe initialement déduite est opérée chaque année pendant cinq ans, dont celle au cours de laquelle ils ont été acquis, importés, achevés, utilisés pour la première fois ou transférés entre secteurs d'activité constitués en application de l'article A-76.

2. Chaque année, la régularisation est égale au cinquième du produit de la taxe initiale par la différence entre le coefficient de déduction de l'année et le coefficient de déduction de référence mentionné au 2 du V. Elle prend la forme d'une déduction complémentaire si cette différence est positive, d'un reversement dans le cas contraire.

3. Par dérogation à la durée mentionnée au 1 et à la fraction mentionnée au 2, cette régularisation s'opère pour les immeubles immobilisés par vingtième pendant vingt années.

4. La régularisation doit être effectuée avant le 25 avril de l'année suivante. Aucune régularisation n'est effectuée si la différence entre le produit des coefficients d'assujettissement et de taxation de l'année, d'une part, et le produit des coefficients d'assujettissement et de taxation de référence mentionnés au 2 du V, d'autre part, n'est pas supérieure, en valeur absolue, à un dixième.

5. Les dispositions qui précèdent ne sont pas applicables :

1° Aux biens immobilisés dont le coefficient d'assujettissement de référence est nul ;

2° Aux immeubles livrés, acquis, apportés ou utilisés pour la première fois avant le 1er janvier 1996.

6. Pour la détermination des coefficients de référence mentionnés au 2 et au 4, il n'est pas tenu compte des dispositions du 1° et du 2° du 2 du V au titre de l'année où il est fait application de ces dispositions.

III. – 1. Une régularisation de la taxe initialement déduite et grevant un bien immobilisé est également opérée :

1° Lorsqu'il est cédé ou apporté, sans que cette opération soit soumise à la taxe sur le prix total, sur la valeur totale ou dans les conditions fixées à l'article 37 du Code des taxes sur le chiffre d'affaires, ou est transféré entre secteurs d'activité constitués en application de l'article A-76 ;

2° Lorsqu'il est cédé ou apporté, et que cette opération est soumise à la taxe sur le prix total, sur la valeur totale ou dans les conditions fixées à l'article 37 du Code des taxes sur le chiffre d'affaires ;

3° Lorsque la réglementation modifie la valeur de son coefficient d'admission en cours d'utilisation ;

4° Lorsqu'il vient en cours d'utilisation à être utilisé à des opérations ouvrant droit à déduction ou, sous réserve du 5°, lorsqu'il cesse d'être utilisé à des opérations ouvrant droit à déduction ;

5° Lorsqu'il cesse d'être utilisé à des opérations imposables.

2. Cette régularisation est égale à la somme des régularisations qui auraient été effectuées jusqu'au terme de la période de régularisation en application des 1, 2, 3 et 5 du II, en considérant que pour chacune des années restantes de cette période

1° Dans les cas visés au 1° du 1, le coefficient de taxation est égal à zéro ;

2° Dans les cas visés au 2° du 1, le coefficient de déduction est égal à l'unité ;

3° Dans le cas visé au 3° du 1, le coefficient d'admission est égal à sa nouvelle valeur ;

4° Dans les cas visés au 4° du 1, le coefficient de taxation est égal à sa nouvelle valeur ;

5° Dans le cas visé au 5° du 1, le coefficient d'assujettissement est égal à zéro.

3. Dans les cas visés au 1° du 1, sous réserve que le bien constitue également une immobilisation pour le bénéficiaire de la cession, de l'apport ou du transfert, celui-ci peut déduire une fraction du montant de taxe sur la valeur ajoutée ayant grevé initialement le bien, à proportion du rapport entre le nombre d'années restant à courir, pour le cédant ou l'apporteur, jusqu'au terme de la période de régularisation et le nombre d'années total de celle-ci. À cette fin, le cédant ou l'apporteur délivre au bénéficiaire une attestation mentionnant le montant de la taxe qu'il est en droit de déduire. Cette déduction est opérée dans les conditions prévues à l'article A-73.

4. Les dispositions des 1 à 3 ne sont pas applicables :

1° Aux cessions ou apports dispensés de taxe sur la valeur ajoutée en application de l'article 5 *bis* du Code des taxes ;

2° Aux biens immobilisés :

a. Qui ont été volés ou détruits, dès lors qu'il est justifié du vol ou de la destruction ;

b. Dont le coefficient d'assujettissement de référence est nul.

IV. – 1 *(1 abr.)* ;

2. Lorsqu'un bien en stock, ou un bien immobilisé non encore utilisé, vient à être utilisé à des opérations ouvrant droit à déduction, la taxe initiale peut être déduite à proportion du coefficient de déduction résultant de ce changement.

3. – Pour l'application du II et des 1° et 2° du 1. du III, un immeuble ou une fraction d'immeuble en stock est considéré comme immobilisé lorsque, au-delà de la date d'échéance mentionnée au 3ème alinéa de l'article 41 du Code des taxes sur le chiffre d'affaires, il est utilisé pendant plus d'un an pour une opération relevant d'une activité économique mentionnée à l'article 3 du même Code.

V. – 1. La taxe initiale s'entend, selon le cas, de la taxe mentionnée au 1 du II de l'article 42 du Code des taxes ou de la fraction de taxe mentionnée sur les attestations prévues au 3 du III du présent article ou au 3 de l'article A-77.

2 (1). Les coefficients d'assujettissement, de taxation et d'admission de référence sont initialement égaux aux coefficients retenus pour le calcul de la déduction opérée en application de l'article A-73 lors de l'acquisition, de l'importation ou de la livraison à soi-même du bien. Le cas échéant :

1° Après chaque déduction opérée en application des dispositions du 3 du III du présent article lors d'un transfert entre secteurs d'activité mentionné au 1° du 1 de ce même III, ils prennent la valeur des coefficients retenus pour la détermination du montant de cette déduction ;

---

(1) À compter du 1er janvier 2008, pour les biens immobilisés en cours d'utilisation, les coefficients de référence mentionnés au 2 du V de l'article A-74 de l'annexe au Code des taxes prennent les valeurs suivantes :

1° Pour les coefficients d'assujettissement et d'admission, la valeur qui aurait résulté de l'application du présent décret à la date de l'acquisition, de l'importation, de la livraison, de la première utilisation ou du transfert entre secteurs d'activité ;

2° Pour le coefficient de taxation, la valeur qui résulte du rapport entre, au numérateur, la taxe effectivement déduite lors de l'acquisition, de l'importation, de la livraison, de la première utilisation ou du transfert entre secteurs d'activité et au dénominateur, le produit de la taxe initiale mentionnée au IV de l'article A-77 de l'annexe au Code des taxes, dans sa rédaction antérieure à l'entrée en vigueur de la présente ordonnance, et du coefficient d'assujettissement déterminé au 1°, article 4, II de l'ordonnance n° 1.158 du 8 juin 2007.

2° Après chaque régularisation opérée en application des dispositions des 3° à 5° du 1 du III du présent article, ils prennent la valeur des coefficients mentionnés respectivement aux 3° à 5° du 2 de ce même III.

Le coefficient de déduction de référence est égal au produit des coefficients d'assujettissement, de taxation et d'admission de référence résultant des dispositions qui précèdent.

VI. – Le montant de la taxe dont la déduction a déjà été opérée doit être reversé dans les cas suivants :

1° Lorsque les marchandises ont disparu ;

2° Lorsque les biens ou services ayant fait l'objet d'une déduction de la taxe qui les avait grevés ont été utilisés pour une opération qui n'est pas effectivement soumise à l'impôt.

Ce reversement doit être opéré avant le 25 du mois qui suit celui au cours duquel l'événement qui motive le reversement est intervenu. Toutefois, ces reversements ne sont pas exigés lorsque les biens ont été détruits avant toute utilisation ou cession, ou volés, et qu'il est justifié de cette destruction ou de ce vol.

B. – Dispositions relatives aux biens constituant des immobilisations

Art. A-75 *(Rempl., Ord. n° 1.158, 8 juin 2007)*. – I. – Le montant de la taxe déductible doit être mentionné sur les déclarations déposées pour le paiement de la taxe sur la valeur ajoutée. Toutefois, à condition qu'elle fasse l'objet d'une inscription distincte, la taxe dont la déduction a été omise sur cette déclaration peut figurer sur les déclarations ultérieures déposées avant le 31 décembre de la deuxième année qui suit celle de l'omission. Les régularisations prévues à l'article A-74 doivent également être mentionnées distinctement sur ces déclarations.

II. – Lorsque, sur une déclaration, le montant de la taxe déductible excède le montant de la taxe due, l'excédent de taxe dont l'imputation ne peut être faite est reporté, jusqu'à épuisement, sur les déclarations suivantes. Toutefois, cet excédent peut faire l'objet de remboursements dans les conditions fixées par les articles A-109 à A-118.

a) Dispositions applicables aux entreprises qui sont assujetties à la taxe sur la valeur ajoutée pour l'ensemble de leurs activités

Art. A-76 *(Rempl., Ord. n° 1.158, 8 juin 2007)*. – I. – Les opérations situées hors du champ d'application de la taxe sur la valeur ajoutée et les opérations imposables doivent être comptabilisées dans des comptes distincts pour l'application du droit à déduction.

Il en va de même pour les secteurs d'activité qui ne sont pas soumis à des dispositions identiques au regard de la taxe sur la valeur ajoutée.

Sont constitués en secteurs d'activité :

1° Les immeubles, ensembles d'immeubles ou fractions d'immeubles dont la location est imposée en application du 1° de l'article 15 du Code des taxes ;

2° Pour les organismes agissant sans but lucratif désignés au *a* du 1° du 6 de l'article 23 du Code des taxes :

a. L'ensemble de leurs opérations qui ne sont pas soumises à la taxe sur la valeur ajoutée et des ventes qu'ils consentent à leurs membres au-delà de 10 % de leurs recettes totales ;

b. chacune des manifestations de bienfaisance ou de soutien qu'ils organisent et dont les recettes sont imposables à la taxe sur la valeur ajoutée ;

II. – Les biens d'investissement ouvrant droit à déduction sont inscrits dans la comptabilité de l'entreprise pour leur prix d'achat ou de revient diminué de la déduction à laquelle ils donnent droit, rectifié, le cas échéant, conformément aux dispositions de l'article A-74.

Art. A-77 *(Mod., Ord. n° 15.350, 27 mai 2002 ; Ord. n° 16.434, 13 sept. 2004 ; rempl., Ord. n° 1.158, 8 juin 2007)*. – 1. La taxe sur la valeur ajoutée qui a grevé certains biens constituant des immobilisations et utilisés pour la réalisation d'opérations ouvrant droit à déduction peut être déduite, dans les conditions et suivant les modalités prévues au 2 et au 3, par l'entreprise utilisatrice qui n'en est pas elle-même propriétaire.

2. La taxe déductible est celle afférente :

1° Aux dépenses exposées pour les investissements publics que l'État confie à l'entreprise utilisatrice afin qu'elle assure, à ses frais et risques, la gestion du service public qu'il lui a déléguée ;

2° Aux immeubles édifiés par les sociétés de construction dont les parts ou actions donnent vocation à l'attribution en propriété ou en jouissance d'un immeuble ou d'une fraction d'immeuble ;

3° La taxe déductible est celle due ou supportée à raison de l'acquisition ou de la construction du bien, ou de la réalisation des travaux. La mise à disposition ou l'entrée en jouissance du bien, le retrait ou l'interruption dans la jouissance du bien sont assimilés à des transferts de propriété. Les personnes énumérées au 2 délivrent à l'utilisateur une attestation du montant de la taxe qui a grevé le bien. Une copie est adressée à la Direction des services fiscaux.

Art. A-78 ***(Implicitement abr., Ord. n° 1.158, 8 juin 2007).***

b) Dispositions applicables aux entreprises qui ne réalisent pas exclusivement des opérations ouvrant droit à déduction

Art. A-79 à A-82 ***(Implicitement abr., Ord. n° 1.158, 8 juin 2007).***

c) Dispositions applicables aux entreprises qui utilisent des biens dont elles ne sont pas propriétaires

Art. A-83 à A-85 ***(Implicitement abr., Ord. n° 1.158, 8 juin 2007).***

C. – Dispositions relatives aux biens ne constituant pas des immobilisations et aux services

Art. A-86 à A-90 ***(Implicitement abr., Ord. n° 1.158, 8 juin 2007).***

D. – Dispositions communes à l'ensemble des biens et aux services

Art. A-91 ***(Abr., Ord. n° 16.434, 13 sept. 2004).***

Art. A-92 ***(Implicitement abr., Ord. n° 1.158, 8 juin 2007).***

E. – Dispositions diverses

Art. A-93 à A-96 ***(Implicitement abr., Ord. n° 1.158, 8 juin 2007).***

II. – Exclusions et restrictions

Art. A-97 ***(Implicitement abr., Ord. n° 1.158, 8 juin 2007).***

A. – Limitations concernant certaines entreprises

a) Marchands de biens — Agences de voyages et organisateurs de circuits touristiques

Art. A-98 ***(Implicitement abr., Ord. n° 1.158, 8 juin 2007).***

b) Négociants en biens d'occasion

Art. A-99 ***(Implicitement abr., Ord. n° 1.158, 8 juin 2007).***

c) Entreprises bénéficiant de la franchise

Art. A-100 ***(Devenu sans objet par suite de l'abrogation de l'article 60 du code ; implicitement abr., Ord. n° 1.158, 8 juin 2007).***

B. – Limitations concernant certains biens et services

Art. A-101 à A-105 ***(Implicitement abr., Ord. n° 1.158, 8 juin 2007).***

Art. A-106 ***(Abr., Ord. n° 16.370, 2 juill. 2004).***

Art. A-107 et A-108 ***(Implicitement abr., Ord. n° 1.158, 8 juin 2007).***

III. – Remboursement de crédits de taxe déductible non imputable

Art. A-109. – Le remboursement de la taxe sur la valeur ajoutée déductible, dont l'imputation n'a pu être opérée, doit faire l'objet d'une demande des assujettis. Le remboursement porte sur le crédit de taxe déductible constaté au terme de chaque année civile.

Art. A-110 *(Mod., Ord. n° 15.116, 23 nov. 2001).* – Les demandes de remboursement doivent être déposées au cours du mois de janvier et porter sur un montant au moins égal à 150 euros.

Par dérogation aux dispositions de l'alinéa précédent, les assujettis qui déposent, selon une périodicité mensuelle, la déclaration mentionnée à l'article 70 du Code des taxes, peuvent demander un remboursement lorsque cette déclaration fait apparaître un crédit de taxe déductible. La demande de remboursement doit porter sur un montant au moins égal à 760 €.

Art. A-111 *(Devenu sans objet : Loi française n° 98-1266, 30 déc. 1998 sur la suppression du forfait).*

Art. A-112. – Le crédit de taxe déductible dont le remboursement a été demandé ne peut donner lieu à imputation ; il est annulé lors du remboursement.

Art. A-113 *(Abr., Ord. n° 5.230, 10 mars 2015).*

Art. A-114. – Lorsqu'un redevable perd cette qualité, le crédit de taxe déductible dont il dispose peut faire l'objet d'un remboursement pour son montant total.

Art. A-115 *(Abr. à compter du 1er janv. 2011, Ord. n° 3.105, 26 janv. 2011).*

Art. A-116 *(Mod., Ord. n° 15.116, 23 nov. 2001).* – Les sociétés qui effectuent à titre habituel et principal les opérations de crédit-bail portant sur les biens d'équipement ou de matériel d'outillage bénéficient du remboursement de leur crédit de taxe déductible non imputable résultant de droits à déduction nés depuis le 1er janvier 1972. Une demande de restitution peut être déposée, au titre de chaque trimestre civil, dès lors qu'elle porte sur un montant minimum de 760 euros.

Les crédits de taxe déductible au 31 décembre 1971 détenus par ces sociétés ne peuvent faire l'objet d'aucun remboursement.

Ces sociétés sont tenues de distinguer en comptabilité les recettes provenant de contrats conclus postérieurement au 1er janvier 1972 ainsi que les droits à déduction visés au premier alinéa du présent article.

Art. A-117. – Toute personne qui demande le bénéfice des dispositions des articles A-109 à A-116 peut, à la demande de l'Administration, être tenue de présenter une caution solvable qui s'engage, solidairement avec elle, à reverser les sommes dont elle aurait obtenu indûment le remboursement.

Art. A-118. – Ne peuvent prétendre au bénéfice des remboursements prévus aux articles A-109 à A-111 les assujettis qui réalisent des opérations portant sur les produits pétroliers antérieurement à leur mise à la consommation.

IV. – Remboursement de la taxe aux assujettis établis hors de Monaco et de France

Art. A-119 *(Ord. n° 12.125, 17 déc. 1996 ; mod., Ord. n° 744, 19 oct. 2006 ; rempl., Ord. n° 3.074, 10 janv. 2011).* – Aux fins de l'application des articles A-120 à A-128 F, on entend par :

1° assujetti non établi à Monaco, tout assujetti établi dans un État membre de l'Union européenne autre que la France qui n'a en Principauté ni le siège de son activité économique, ni un établissement stable à partir duquel les opérations sont effectuées, ni, à défaut d'un tel siège ou d'un tel établissement, son domicile ou sa résidence habituelle ;

2° requérant, l'assujetti non établi à Monaco qui introduit en Principauté une demande de remboursement de la taxe sur la valeur ajoutée.

Art. A-120 *(Rempl., Ord. n° 3.074, 10 janv. 2011).* – Un assujetti non établi à Monaco peut obtenir le remboursement de la taxe sur la valeur ajoutée ayant grevé les biens qui lui ont été livrés ou les services qui lui ont été fournis en Principauté par d'autres assujettis, dans la mesure où ces biens et services sont utilisés pour les besoins des opérations suivantes :

1° les opérations dont le lieu d'imposition se situe hors de Monaco et de la France mais qui ouvriraient droit à déduction si ce lieu d'imposition était situé en Principauté ;

2° les opérations mentionnées au 2° de l'article A-121.

Art. A-121 *(Rempl., Ord. n° 16.370, 2 juill. 2004 ; Ord. n° 3.074, 10 janv. 2011).* – Un assujetti non établi à Monaco doit satisfaire aux conditions suivantes pour obtenir le remboursement de la taxe sur la valeur ajoutée mentionné à l'article A-120 :

1° au cours de la période sur laquelle porte la demande de remboursement, l'assujetti doit avoir été établi hors de Monaco au sens du 1° de l'article A-119 ;

2° au cours de la période sur laquelle porte la demande de remboursement, l'assujetti ne doit avoir effectué aucune livraison de biens ni prestations de services en Principauté à l'exception des opérations suivantes :

a) les prestations de services de transports et les opérations accessoires qui sont exonérées en application du I, des 7° à 12° et 17° du II de l'article 29 du Code des taxes, des articles 30, 33, ainsi que du 2° du III de l'article 81 du même code ;

b) les opérations pour lesquelles la taxe est acquittée par l'acquéreur, le destinataire ou le preneur mentionnées au second alinéa du 1 et aux 2, 4, 4 *ter* de l'article 62 du Code des taxes ;

c) les livraisons et les prestations mentionnées aux 1°, 2°, 5° 6° et 7° du I de l'article 50 A du Code des taxes ;

d) (Ord. n° 5.230, 10 mars 2015) (1) Les prestations de services mentionnées à l'article 14 *bis* du Code des taxes sur le chiffre d'affaires lorsqu'elles sont déclarées selon le régime particulier prévu aux articles 369 *bis* à 369 *duodecies* de la directive 2006/112/ CE du 28 novembre 2006

Art. A-122 *(Mod., Ord. n° 16.370, 2 juill. 2004 ; rempl., Ord. n° 3.074, 10 janv. 2011).* – La demande de remboursement présentée ne peut pas porter sur :

1° les montants de taxe sur la valeur ajoutée facturés par erreur ;

2° les montants de taxe sur la valeur ajoutée facturés pour des livraisons de biens qui sont exonérées, ou peuvent l'être en application du 2° du I de l'article 29 du Code des taxes, du I de l'article 31 et du II de l'article 94 du même code.

Art. A-123 *(Rempl., Ord. n° 3.074, 10 janv. 2011).* – I. – Pour bénéficier d'un remboursement, un assujetti non établi à Monaco doit effectuer des opérations ouvrant droit à déduction dans l'État membre de l'Union européenne autre que la France dans lequel il est établi.

II. – Lorsqu'un assujetti non établi à Monaco effectue dans l'État membre autre que la France où il est établi à la fois des opérations ouvrant droit à déduction et des opérations n'ouvrant pas droit à déduction, le montant de la taxe sur la valeur ajoutée mentionné à l'article A-120 n'est remboursé qu'à hauteur de la proportion de cette taxe qui est afférente aux premières opérations telle qu'elle est déterminée dans l'État d'établissement de cet assujetti, conformément à l'article 173 de la directive 2006 / 112 / ■ CE du 28 nov. 2006.

Si, après l'introduction de la demande de remboursement, la proportion déductible est corrigée selon les dispositions de l'article 175 de la directive 2006 / 112 / CE, le requérant doit rectifier en conséquence le montant demandé ou déjà remboursé.

La correction s'effectue à l'occasion d'une nouvelle demande de remboursement déposée durant la même année civile pour une période postérieure à celle au titre de laquelle le remboursement à rectifier a été demandé ou obtenu, ou, si le requérant ne fait aucune demande de remboursement durant cette année civile, par la transmission d'une déclaration spéciale via le portail électronique mis à sa disposition par l'État membre dans lequel il est établi.

Art. A-124 *(Rempl., Ord. n° 3.074, 10 janv. 2011).* – I. – Pour bénéficier du remboursement de la taxe sur la valeur ajoutée, l'assujetti non établi à Monaco doit adresser à la Direction des Services Fiscaux une demande de remboursement souscrite par voie électronique au moyen du portail mis à sa disposition par l'État de l'Union européenne autre que la France où il est établi.

II. – L'assujetti mentionné au I doit joindre par voie électronique à la demande de remboursement une copie de la facture ou du document d'importation lorsque la base d'imposition figurant sur la facture ou le document d'importation est égale ou supérieure à un montant de 1 000 €. Toutefois, lorsque la facture porte sur des dépenses de carburant, ce seuil est fixé à 250 €.

(1) Dispositions applicables aux demandes de remboursement de la taxe sur la valeur ajoutée présentées au titre des périodes postérieures au 1er janvier 2015, Ord. n° 5.230, 10 mars 2015.

Art. A-125 *(Rempl., Ord. n° 3.074, 10 janv. 2011).* – La demande de remboursement peut porter sur l'achat de biens ou de services qui a été facturé au cours de la période du remboursement, à condition que la taxe soit devenue exigible avant ou au moment de la facturation, ou pour lesquels la taxe est devenue exigible au cours de la période du remboursement, à condition que l'achat ait été facturé avant que la taxe ne soit devenue exigible.

Art. A-126 *(Rempl., Ord. n° 3.074, 10 janv. 2011).* – La demande de remboursement porte sur une période qui ne doit être ni supérieure à une année civile, ni inférieure à trois mois civils. Toutefois, cette demande peut porter sur une période inférieure à trois mois si elle constitue le solde d'une année civile.

Les informations devant figurer dans la demande de remboursement sont fixées par arrêté ministériel.

Art. A-127 *(Rempl., Ord. n° 3.074, 10 janv. 2011).* – Si la demande de remboursement porte sur une période d'une durée inférieure à une année civile mais égale ou supérieure à trois mois, le montant de la taxe sur la valeur ajoutée auquel elle se rapporte ne peut être inférieur à la somme de 400 €.

Si la période de remboursement correspond à une année civile ou au solde d'une année civile, le montant de la taxe sur la valeur ajoutée ne peut être inférieur à la somme de 50 €.

Art. A-128 *(A. min. n° 2000-135, 8 mars 2000 ; mod., Ord. n° 15.116, 23 nov. 2001 ; rempl., Ord. n° 3.074, 10 janv. 2011).* – I. – La Direction des Services Fiscaux notifie dans les meilleurs délais au requérant, par voie électronique, la date à laquelle la demande a été reçue.

II. – Sous réserve des dispositions de l'article A-128 B, l'administration notifie au requérant sa décision d'accepter ou de rejeter la demande de remboursement dans un délai de quatre mois à compter de sa réception.

Art. A-128 A *(Ord. n° 3.074, 10 janv. 2011).* – I. – La Direction des Services Fiscaux peut demander par voie électronique dans le délai mentionné au II de l'article A-128 des informations complémentaires, notamment auprès du requérant ou des autorités compétentes de l'État membre de l'Union européenne autre que la France dans lequel il est établi, lorsqu'il estime ne pas être en possession de toutes les informations nécessaires pour statuer sur la totalité ou une partie de la demande de remboursement introduite par le requérant. Lorsque ces informations complémentaires sont demandées à une autre personne que le requérant ou que les autorités compétentes d'un État membre autre que la France, la demande doit être transmise par voie électronique si le destinataire de la demande est équipé en conséquence.

Si elle le juge utile, l'administration peut demander de nouvelles informations complémentaires.

Dans le cadre de ces demandes, la Direction des Services Fiscaux pourra solliciter du requérant la communication de l'original d'une facture ou d'un document d'importation lorsqu'il a des raisons de douter de la validité ou de l'exactitude d'une créance particulière. La demande peut viser toutes les opérations sans considération de leur montant.

II. – Les informations complémentaires exigées conformément aux dispositions du I doivent être fournies dans un délai d'un mois à compter de la date de réception de la demande d'informations par le destinataire.

Art. A-128 B *(Ord. n° 3.074, 10 janv. 2011).* – Lorsque l'administration demande des informations complémentaires, elle notifie au requérant sa décision d'accepter ou de rejeter sa demande dans un délai de deux mois à compter de la date de réception des informations demandées ou, si aucune réponse à la demande n'a été reçue, dans un délai de deux mois à compter de l'expiration du délai mentionné au II de l'article A-128 A.

Toutefois, lorsqu'elle n'a adressé qu'une seule demande d'informations complémentaires, la Direction des Services Fiscaux dispose de six mois au moins à compter de la réception de la demande de remboursement pour notifier sa décision.

Lorsque l'administration a demandé de nouvelles informations complémentaires, il est tenu de notifier sa décision dans un délai de huit mois maximum à compter de la date à laquelle il a reçu la demande de remboursement.

Art. A-128 C *(Ord. n° 3.074, 10 janv. 2011).* – Lorsque la demande de remboursement est acceptée, la Direction des Services Fiscaux doit procéder au remboursement du montant accepté dans un délai de dix jours ouvrables à compter de l'expiration du délai mentionné au II de l'article 242-0 V ou, dans le cas où des informations complémentaires ont été demandées, à l'expiration des délais mentionnés à l'article A-128.

Si le requérant demande que le remboursement soit effectué dans l'État où il est établi, les frais bancaires sont à sa charge.

Art. A-128 D *(Ord. n° 3.074, 10 janv. 2011)*. – En cas de rejet total ou partiel de sa demande de remboursement, les motifs de ce rejet doivent être communiqués au requérant et à la Direction des Services Fiscaux en même temps que la décision. En l'absence de décision de l'administration dans le délai imparti, le requérant peut saisir de sa réclamation le Tribunal de première instance dès son expiration.

Art. A-128 E *(Ord. n° 3.074, 10 janv. 2011)*. – Dans le cas où un remboursement a été obtenu de façon frauduleuse ou d'une manière incorrecte, la Direction des Services Fiscaux procède directement à la mise en recouvrement des sommes indûment versées, ainsi que des pénalités et intérêts éventuels.

Lorsque des pénalités ou des intérêts ont été mis en recouvrement mais n'ont pas été payés, l'administration est autorisée à suspendre tout remboursement supplémentaire à l'assujetti concerné à concurrence du montant non payé.

Art. A-128 F *(Ord. n° 3.074, 10 janv. 2011)*. – Lorsque la correction prévue au II de l'article A-123 est opérée à l'occasion d'une nouvelle demande déposée dans la même année civile que celle dont le montant doit faire l'objet d'une rectification, la Direction des Services Fiscaux opère la régularisation par majoration ou diminution du montant à rembourser. Lorsque la correction procède d'une déclaration spéciale, la régularisation fait l'objet d'un paiement ou d'un recouvrement spécifique.

Art. A-128 G *(Ord. n° 3.074, 10 janv. 2011)*. – I. – Les assujettis établis hors de l'Union européenne peuvent obtenir le remboursement de la taxe sur la valeur ajoutée qui leur a été régulièrement facturée si, au cours du trimestre ou de l'année auquel se rapporte la demande de remboursement, ils n'ont pas eu à Monaco le siège de leur activité ou un établissement stable, ou, à défaut, leur domicile ou leur résidence habituelle et n'y ont pas réalisé, durant la même période, de livraisons de biens ou de prestations de services situées en Principauté.

Les dispositions du premier alinéa ne s'appliquent pas aux assujettis établis dans un pays ou territoire qui n'accorde pas d'avantages comparables en ce qui concerne les taxes sur le chiffre d'affaires aux assujettis établis à Monaco, et qui figure sur une liste fixée par un arrêté ministériel.

II. – Pour l'application du I, ne sont pas considérées comme réalisées en Principauté les opérations visées au 2° de l'article A-121.

Art. A-128 H *(Ord. n° 3.074, 10 janv. 2011)*. – Est remboursée aux assujettis établis hors de l'Union européenne la taxe sur la valeur ajoutée qui a grevé les services qui leur ont été rendus et les biens meubles qu'ils ont acquis à Monaco au cours de l'année ou du trimestre prévu à l'article A-128 G dans la mesure où ces biens et services sont utilisés pour la réalisation ou pour les besoins d'opérations visées à l'article A-120.

Art. A-128 I *(Ord. n° 3.074, 10 janv. 2011 ; mod., Ord. n° 5.230, 10 mars 2015)* (1). – La taxe sur la valeur ajoutée n'est remboursée aux assujettis établis hors de l'Union européenne en application des articles A-128 G à A-128 L que si elle est au moins égale à une somme de 50 € ou 400 €, selon que le remboursement est demandé au titre d'une année ou d'un trimestre.

Art. A-128 J *(Ord. n° 3.074, 10 janv. 2011)*. – Pour les assujettis établis hors de l'Union européenne, le remboursement doit être demandé à la Direction des Services Fiscaux avant la fin du sixième mois suivant l'année civile au cours de laquelle la taxe est devenue exigible.

La demande est établie sur un imprimé prévu par l'administration. Elle est accompagnée des originaux des factures, des documents d'importation et de toutes pièces justificatives. L'assujetti établi hors de l'Union européenne certifie qu'il remplit les conditions prévues à l'article A-128 G.

Si l'assujetti établi hors de l'Union européenne demande que le remboursement soit effectué dans l'Etat où il est établi, les frais bancaires sont à sa charge.

---

(1) Dispositions applicables aux demandes de remboursement de la taxe sur la valeur ajoutée présentées au titre des périodes postérieures au 1er janvier 2015, Ord. n° 5.230, 10 mars 2015.

Art. A-128 K *(Ord. n° 3.074, 10 janv. 2011).* – Les assujettis établis hors de l'Union européenne sont tenus de faire accréditer auprès de la Direction des Services Fiscaux un représentant assujetti établi à Monaco qui s'engage à remplir les formalités et obligations qui leur incombent, notamment celles prévues à l'article A-128 J. Ce représentant peut, en outre, être tenu de présenter une caution solvable qui s'engage, solidairement avec lui, à reverser les sommes remboursées indûment.

Art. A-128 L *(Ord. n° 3.074, 10 janv. 2011).* – Pour les assujettis établis hors de l'Union européenne qui auraient obtenu un remboursement de façon frauduleuse donnant lieu à des poursuites pénales, tout remboursement ultérieur peut être suspendu jusqu'à la décision définitive sur les pénalités encourues.

V. – Organismes sans but lucratif

Art. A-129 *(Abr., Ord. n° 1.158, 8 juin 2007).*

VI. – Régimes suspensifs

Art. A-129 A *(Ord. n° 12.125, 17 déc. 1996 ; rempl. à compter du 1er janv. 2011, Ord. n° 3.087, 21 janv. 2011).* – 1. La demande d'autorisation d'ouverture d'un régime mentionné au 2° du I de l'article 50 A du Code des taxes présentée par la personne assujettie à la taxe sur la valeur ajoutée, destinataire des opérations de livraisons, d'acquisitions intracommunautaires, d'importations ou de prestations de services, qui souhaite bénéficier du régime de suspension de la taxe sur la valeur ajoutée mentionné au I de l'article 50 A précité. Lorsque le demandeur est établi hors de la Principauté de Monaco, il doit avoir désigné à Monaco un représentant fiscal dans les conditions mentionnées au I de l'article 72 du Code des taxes pour accomplir en son nom et pour son compte les formalités et obligations afférentes au régime fiscal sollicité, sous réserve des dispositions énoncées au III de ce même article.

2. La demande est déposée :

a) Pour les régimes mentionnés aux *a* et *d* du 2° du I de l'article 50 A précité, par l'assujetti qui souhaite bénéficier du régime de suspension de la taxe sur la valeur ajoutée mentionné au I de l'article 50 A précité pour les opérations de livraison, d'acquisition intracommunautaire ou d'importation dont il est destinataire ou de prestation de services dont il est le preneur.

Cette demande peut également être déposée, pour le compte de l'assujetti, par la personne qui souhaite gérer le régime sollicité et qui est dénommée gestionnaire ou entreposeur selon le régime sollicité.

b) Pour les régimes visés au e du 2° du I de l'article 50 A précité, par l'assujetti qui souhaite effectuer ou faire effectuer les opérations envisagées.

3. La demande comporte les renseignements et documents demandés par l'administration concernant le demandeur, le cas échéant le gestionnaire ou l'entreposeur selon le régime sollicité, l'objet du régime et, dans le cas du régime fiscal suspensif prévu au *a* du 2° du I de l'article 50 A précité, les fonctions pour les besoins desquelles le régime est demandé, les opérations envisagées, la nature des biens, le ou les lieux où ceux-ci seront situés ou utilisés, les locaux ou les autres installations éventuellement utilisés, le personnel employé ainsi que tous autres renseignements utiles aux contrôles de l'administration.

Lorsque la demande d'autorisation concerne l'ouverture d'un régime pour les besoins de la réalisation de travaux ou ouvraisons, elle mentionne les opérateurs qui seront amenés à intervenir sur les biens pendant la durée du régime suspensif.

Art. A-129 B *(Ord. n° 12.125, 17 déc. 1996 ; mod. à compter du 1er janv. 2011, Ord. n° 3.087, 21 janv. 2011).* – 1. La décision autorisant l'ouverture d'un régime mentionné au 2° du I de l'article 50 A du Code des taxes détermine les éléments constitutifs de ce régime, ses conditions d'octroi et de fonctionnement, ainsi que, le cas échéant, la durée pendant laquelle le bénéfice du régime est accordé.

Sans préjudice de l'application des dispositions des articles 108 *bis* et 122 *bis* du Code des taxes, l'autorisation désigne, selon le cas, la direction des Services fiscaux chargée de la gestion des régimes d'entrepôts visés aux *d* et *e* du 2° du I *d* de l'article 50 A du Code des taxes ou le service des Douanes chargé de la gestion du régime fiscal suspensif mentionné au *a* du 2° du I de l'article 50 A précité.

2. L'autorisation d'ouverture prend effet à la date fixée par l'Administration.

Art. A-129 C *(Ord. n° 12.125, 17 déc. 1996 ; mod. à compter du 1er janv. 2011, Ord. n° 3.087, 21 janv. 2011)*. – Tout changement qui affecte les éléments constitutifs des régimes autorisés tels qu'ils figurent dans la demande d'ouverture est soumis à autorisation.

Cette autorisation prend la forme d'une décision modificative de l'autorisation d'ouverture, valable à compter de la date fixée par l'Administration. Cette décision modificative est prise dans les mêmes conditions que l'autorisation d'ouverture.

Art. A-129 D *(Ord. n° 12.125, 17 déc. 1996 ; rempl. à compter du 1er janv. 2011, Ord. n° 3.087, 21 janv. 2011)*. – La fermeture d'un régime fiscal suspensif mentionné au 2° du I de l'article 50 A du Code des taxes peut être prononcée à la demande du titulaire de l'autorisation d'ouverture, formulée deux mois au moins avant la date d'effet.

Elle peut également être prononcée sur l'initiative de l'administration :

1. En cas d'inactivité du régime durant un an. La fermeture du régime prend effet le premier jour du mois qui suit celui au cours duquel la décision de l'administration est intervenue.

2. Lorsque les règles de fonctionnement du régime ou l'exécution des formalités et obligations liées audit régime ne sont pas respectées. La fermeture prend effet dès la notification des constatations effectuées

Art. A-129 E *(Ord. n° 12.125, 17 déc. 1996 ; rempl. à compter du 1er janv. 2011, Ord. n° 3.087, 21 janv. 2011)*. – Chaque entrée ou chaque sortie d'un bien d'un régime fiscal suspensif mentionné au 2° du I de l'article 50 A du Code des taxes fait l'objet d'une déclaration conforme au modèle prescrit par l'administration, qui est remise au service chargé de la gestion du régime en cause. Cette déclaration est souscrite par l'assujetti propriétaire des biens, le titulaire de l'autorisation ou le mandataire agissant en son nom et pour son compte ; toutefois, lorsque les biens sont destinés à faire l'objet d'opérations d'ouvraison, les déclarations peuvent également être déposées par l'un des opérateurs chargés d'effectuer les opérations d'ouvraison et mentionnés sur l'autorisation d'ouverture du régime.

À sa demande, le déclarant peut être autorisé à déposer, dans les conditions fixées par l'administration, une déclaration globale récapitulant l'ensemble des entrées et des sorties du régime au titre d'une période n'excédant pas un mois. Dans ce cas, une déclaration distincte est déposée pour les entrées et les sorties. Lorsque le régime suspensif prévu au 2° du I de l'article 50 A du Code des taxes a été autorisé pour plusieurs fonctions, la globalisation doit permettre de suivre distinctement les données relatives à chacune des fonctions autorisées.

Au sein du régime visé au 2° du I de l'article 50 A du Code des taxes, le transfert de biens entre fonctions énoncées à l'article A-129 F est autorisé sous réserve de laisser à l'administration les moyens de contrôler le suivi des biens.

Dans les conditions fixées par la Direction des Services Fiscaux en charge de la surveillance des régimes fiscaux suspensifs mentionnés au 2° du I de l'article 50 A du Code des taxes et sans préjudice de la réglementation douanière en vigueur, la déclaration globale mensuelle peut être constituée par l'extrait de la comptabilité-matières afférente au mois concerné, retraçant l'enregistrement des entrées et sorties effectuées au titre de ce mois.

La déclaration prévue au présent article est distincte de la déclaration d'échanges de biens mentionnée à l'article 74 du Code des taxes.

Art. A-129 F *(Ord. n° 12.125, 17 déc. 1996 ; rempl. à compter du 1er janv. 2011, Ord. n° 3.087, 21 janv. 2011)*. – 1. Un régime fiscal suspensif couvre une ou plusieurs des fonctions suivantes :

a) Stockage ou entreposage de biens importés conformément au 2° du I de l'article 50 A du Code des taxes ;

b) Stockage ou entreposage de biens pris sur le marché national ou communautaire destinés à être exportés au sens du I de l'article 29 du Code des taxes ou expédiés vers un État membre de la Communauté européenne autre que la France.

Sont considérés comme placés dans cette situation les biens acquis par une personne établie dans un pays tiers à la Communauté européenne, destinés à faire l'objet d'une exportation ou d'une expédition hors de Monaco de la France, lorsque par leur nature même ces biens nécessitent leur maintien temporaire sur le territoire monégasque ou français, pour des raisons techniques telles que la mise au point, l'adaptation ou pour les besoins de la formation des personnels chargés, à l'étranger, de la mise en œuvre ou de l'utilisation des biens. La durée du séjour des biens à Monaco ou en France ne pourra excéder la durée, fixée au contrat, pour la réalisation desdites opérations. En tout état de cause, elle ne pourra excéder trois ans.

À l'exclusion des biens placés dans la situation prévue au précédent alinéa et lorsque ces opérations sont dûment justifiées, le versement des biens sur le territoire franco-monégasque sous réserve de l'acquittement de l'intérêt de retard prévu au 4° du 3 du II de l'article 50 A du Code des taxes peut être autorisé à titre exceptionnel ;

c) Stockage ou entreposage dans les boutiques hors taxe ou les comptoirs de vente situés dans les ports de biens importés, acquis en provenance d'un État membre de la Communauté européenne autre que la France ou pris sur le marché national et destinés à faire l'objet, en exonération de la taxe sur la valeur ajoutée, de ventes à emporter à des voyageurs se rendant dans un pays tiers à la Communauté européenne ou un territoire considéré comme tel ;

d) Opérations de travaux, d'entretien ou de construction, afférentes à des infrastructures ou installations situées à Monaco, exploitées par une personne qui y est établie et qui est assujettie à la taxe sur la valeur ajoutée, à l'exclusion des locaux des ambassades et des consulats, utilisées dans le cadre d'accords internationaux ou de traités pour le compte d'organismes internationaux qui financent les coûts desdites opérations ;

e) Utilisation de biens importés conformément au 2 du I de l'article 81 du Code des taxes qui sont destinés à faire l'objet d'une livraison exonérée au sens de l'article 29, ou du I de l'article 31 du Code des taxes ou expédiés hors de Monaco et de la France, après avoir subi l'une ou l'autre des opérations suivantes : opérations d'ouvraisons, y compris le montage, l'assemblage ou l'adaptation à d'autres biens, opérations de transformation et de réparation, y compris la remise en état et la mise au point, opérations d'utilisation dans un processus de fabrication en vue de permettre ou de faciliter l'obtention d'autres produits destinés à être exportés ou expédiés hors de Monaco et de la France, même si ces biens disparaissent au cours de l'opération.

Les assujettis qui ont sollicité cette fonction peuvent également utiliser sous ce régime, avec les biens importés en provenance de pays tiers à la Communauté européenne ou considérés comme tels, des biens pris sur le territoire franco-monégasque ou sur le territoire communautaire. Le versement des biens sur le territoire franco-monégasque, lorsqu'il est dûment justifié, peut être autorisé à titre exceptionnel par le service des douanes compétent.

2. Lorsque, en raison de leur nature, les biens destinés à faire l'objet d'un placement sous le régime du régime fiscal suspensif présentent un risque particulier en matière de sécurité ou de fraude, l'administration peut exiger le placement de ces biens dans des locaux ou installations agréés par celle-ci.

Art. A-129 G *(Ord. n° 12.125, 17 sept. 1996 ; mod. à compter du 1er janv. 2011, Ord. n° 3.087, 21 janv. 2011).* – 1. Ne peuvent pas être placés sous un régime mentionné au 2° du I de l'article 50 A du Code des taxes :

1° Les biens faisant l'objet d'interdiction ou de restriction justifiées par des raisons de moralité publique, d'ordre public, de sécurité publique, de protection de la santé, de la vie des personnes ou des animaux, de préservation des végétaux ou de protection des trésors nationaux ayant une valeur artistique historique ou archéologique ou de la propriété industrielle ou commerciale ;

2° Les biens destinés à être livrés au commerce de détail, sous réserve des dispositions du *c* du 1 de l'article A-129 F ;

2. *a)* Pour chacune des fonctions mentionnées au 1 de l'article A-129 F, la durée de séjour des biens sous le régime fiscal suspensif est celle nécessaire à la réalisation des opérations envisagées. Cette durée doit être spécifiée dans la demande d'ouverture du régime fiscal suspensif ;

b) et *c)* *(b et c abr.).*

d) Sont admissibles sous le régime de l'entrepôt de stockage de biens négociés sur un marché à terme international, les marchandises nationales ou communautaires ainsi que les biens importés conformément au 2 du I de l'article 81 du Code des taxes.

e) Sont admissibles sous le régime de l'entrepôt destiné à la fabrication de biens réalisée en commun les marchandises nationales ou communautaires ainsi que les biens importés conformément au 1 du I de l'article 81 du Code des taxes destinés, en exécution d'un contrat international, à faire l'objet d'une ou plusieurs des opérations suivantes : ouvraison, y compris le montage, l'assemblage et l'adaptation à d'autres biens, transformation, réparation, y compris la remise en état et la mise au point, utilisation dans un processus de fabrication en vue de permettre ou de faciliter l'obtention des produits fabriqués, même si les biens disparaissent au cours de l'opération.

Les biens placés sous ce régime doivent être utilisés pour la fabrication de biens dont les entreprises contractantes demeurent propriétaires dans l'indivision jusqu'à la livraison au client final. Pour l'application du présent alinéa, chaque fabricant doit être propriétaire soit de la partie du bien qu'il a produite, soit d'une quote-part du bien livré.

3. Sont admissibles sous l'un des régimes mentionnés au 2° du I de l'article 50 A du Code des taxes les biens qui sont utilisés pour la réalisation des opérations destinées à assurer la conservation, à améliorer la présentation ou la qualité marchande ou à préparer la distribution ou la revente des marchandises placées sous ces régimes.

Art. A-129 H *(Ord. n° 12.125, 17 déc. 1996 ; mod. à compter du 1er janv. 2011, Ord. n° 3.087, 21 janv. 2011)*. – Les opérations effectuées en suspension du paiement de la taxe sur la valeur ajoutée en vertu du I de l'article 50 A du Code des taxes ne doivent pas aboutir à une utilisation finale ou à une consommation finale des biens sous réserve du *c* du 1 de l'article A-129 F.

Art. A-129 I *(Ord. n° 12.125, 17 déc. 1996)*. – 1. Pour les biens destinés à être placés sous les régimes douaniers communautaires mentionnés au 1° du I de l'article 50 A du Code des taxes, la suspension du paiement de la taxe sur la valeur ajoutée s'applique aux livraisons et aux acquisitions intracommunautaires visées aux 1° et 4° du I de l'article 50 A précité, qui sont afférentes aux biens dont le stockage ou l'utilisation sous lesdits régimes est autorisé par les règlements communautaires en vigueur.

Dans les cas prévus au premier alinéa, les dispositions de l'article A-129 E sont applicables, sauf si une déclaration est exigée par les règlements communautaires en vigueur. Les déclarations d'entrée et de sortie doivent être souscrites par la personne qui doit accomplir les formalités de placement et d'apurement en vertu de ces mêmes règlements.

2. Pour les biens placés sous les régimes douaniers communautaires mentionnés aux 1° et 7° du I de l'article 50 A du Code des taxes, la suspension du paiement de la taxe sur la valeur ajoutée s'applique aux livraisons visées aux 6° et 7° du I de l'article 50 A précité, qui sont autorisées par les règlements communautaires en vigueur.

Art. A-129 J *(Ord. n° 12.125, 17 déc. 1996 ; mod. à compter du 1er janv. 2011, Ord. n° 3.087, 21 janv. 2011)*. – 1. Pour les biens destinés à être placés sous l'un des régimes mentionnés au 2° du I de l'article 50 A du Code des taxes, la suspension du paiement de la taxe sur la valeur ajoutée s'applique aux livraisons, aux importations et aux acquisitions intracommunautaires visées aux 2°, 3° et 4° du I de l'article 50 A précité, qui sont afférentes aux biens dont le stockage ou l'utilisation sous lesdits régimes est autorisé par la décision mentionnée à l'article A-129 B.

2. Pour les biens placés sous l'un des régimes mentionnés au 2° du I de l'article 50 A du Code des taxes la suspension du paiement de la taxe sur la valeur ajoutée s'applique aux livraisons visées au 6° du I de l'article 50 A précité, qui sont autorisées par la décision mentionnée à l'article A-129 B.

Art. A-129 K *(Ord. n° 12.125, 17 déc. 1996)*. – La suspension du paiement de la taxe sur la valeur ajoutée prévue aux 5°, 6° et 7° du I de l'article 50 A du Code des taxes s'applique aux prestations de services ci-après :

1° Transports de marchandises, commissions afférentes à ces transports ;

2° Chargement et déchargement des véhicules de transport et manutentions accessoires des marchandises désignées au 1° ;

3° Locations de véhicules et de matériels utilisés pour les opérations mentionnées au 1° et au 2° ; locations de contenants et de matériels pour la protection des marchandises ;

4° Gardiennage et magasinage des marchandises ;

5° Emballage des marchandises.

6° Opérations effectuées par les commissionnaires agréés en douane et inhérentes à l'exportation ou aux régimes douaniers communautaires mentionnés au 1° du I de l'article 50 A du code précité ;

7° Manipulations et ouvraisons autorisées par les règlements communautaires en vigueur et portant sur des marchandises soumises à l'un des régimes douaniers communautaires mentionnés aux 1° et 7° du I de l'article 50 A du code précité ;

8° *(8° rempl. à compter du 1er janv. 2011, Ord. n° 3.087, 21 janv. 2011)* Manipulations et ouvraisons identiques à celles mentionnées au 7° portant sur des biens placés sous le régime du régime fiscal suspensif prévu au *a* du 2° du I de l'article 50 A du Code des taxes ;

9° Manipulations usuelles destinées à assurer la conservation des marchandises placées en entrepôt de stockage de biens négociés sur un marché à terme international, à améliorer leur présentation ou leur qualité marchande ou à préparer leur distribution ou leur revente ;

10° Manipulations, montage, assemblage, adaptation à d'autres marchandises, transformation, réparation, remise en état et mise au point de marchandises placées en entrepôt destinées à la fabrication de biens réalisés en commun par des entreprises, en exécution d'un contrat international.

Art. A-129 L *(Ord. n° 12.125, 17 déc. 1996 ; rempl. à compter du 1er janv. 2011, Ord. n° 3.087, 21 janv. 2011).* – Les formalités afférentes à l'utilisation temporaire des biens mentionnés au *b* du 7° du I de l'article 50 A du Code des taxes en suspension du paiement de la taxe sur la valeur ajoutée sont les mêmes que celles prévues par les dispositions douanières communautaires relatives à l'admission temporaire en exonération totale.

Art. A-129 M *(Ord. n° 12.125, 17 déc. 1996 ; rempl. à compter du 1er janv. 2011, Ord. n° 3.087, 21 janv. 2011).* – Les assujettis qui effectuent des livraisons ou des prestations de services en suspension de la taxe sur la valeur ajoutée conformément aux dispositions des 1°, 2°, 5°, 6° et 7° du I de l'article 50 A du Code des taxes sont tenus d'indiquer sur leurs factures le numéro de l'autorisation d'ouverture du régime douanier communautaire ou du régime fiscal mentionnés aux 1° et 2° du I de l'article 50 A du Code des taxes ainsi que le nom du titulaire du régime et du gestionnaire ou de l'entreposeur lorsqu'il s'agit d'une personne distincte.

En application de l'article 63 du Code des taxes, le destinataire de la livraison ou le preneur de la prestation est tenu au paiement de la taxe lorsque les biens ne reçoivent pas la destination prévue ou lorsque la prestation n'a pas porté sur des biens qui sont placés ou destinés à être placés sous un régime communautaire ou sous un régime fiscal mentionné au I de l'article 50 A du Code des taxes.

Art. A-129 M-A *(Ord. n° 3.087, 21 janv. 2011).* – I. – La demande de remboursement mentionnée à l'article A-126 de l'annexe au Code des taxes sur le chiffre d'affaires comporte les informations suivantes :

1° Le nom et l'adresse complète du requérant ;

2° Une adresse de contact par voie électronique ;

3° Une description des activités professionnelles du requérant pour lesquelles les biens ou les services ont été acquis ;

4° La période de remboursement couverte par la demande ;

5° Une déclaration spéciale de l'assujetti selon laquelle il n'a effectué au cours de la période du remboursement aucune livraison de biens ni aucune prestation de services réputée avoir eu lieu en France, à l'exception des opérations visées au 2° de l'article A-121 de l'annexe au Code des taxes sur le chiffre d'affaires ;

6° Son numéro d'identification à la taxe sur la valeur ajoutée ou son numéro d'enregistrement fiscal ;

7° Ses données bancaires, y compris le numéro de compte bancaire international (IBAN) et le code d'identification des banques (BIC).

II. – Outre les informations mentionnées au I, pour chaque facture ou document d'importation, la demande de remboursement comprend les informations suivantes :

1° Le nom et l'adresse complète du fournisseur ou du prestataire ;

2° Sauf en cas d'importation, le numéro d'identification à la taxe sur la valeur ajoutée du fournisseur ou du prestataire ou son numéro d'enregistrement fiscal ;

3° Sauf en cas d'importation, le préfixe de l'État membre, autre que la France, de remboursement ;

4° La date et le numéro de la facture ou du document d'importation ;

5° La base d'imposition et le montant de la taxe sur la valeur ajoutée, libellés en euros ;

6° Le montant déductible de la taxe sur la valeur ajoutée calculé conformément aux dispositions de l'article A-120 et du II de l'article A-123 de l'annexe au Code des taxes sur le chiffre d'affaires, libellé en euros

7° Le cas échéant, la proportion déductible calculée conformément aux dispositions de l'article A-123 de l'annexe au même code, exprimée sous forme de pourcentage ;

8° La nature des biens et des services acquis, ventilée selon les codes et sous-codes mentionnés à l'article A-128 M-B.

Art. A-129 M-B *(Ord. n° 3.087, 21 janv. 2011)*. **– I. – Dans la demande de remboursement, la nature des biens et des services acquis est ventilée selon les codes suivants :**

CODES	NATURE DES BIENS ET SERVICES
1	Carburant
2	Location de moyens de transport
3	Dépenses liées aux moyens de transport autres que les biens et services visés aux codes 1 et 2
4	Péages routiers et taxes de circulation
5	Dépenses de voyage telles que frais de taxi, frais de transport public
6	Hébergement
7	Denrées alimentaires, boissons et services de restauration
8	Droits d'entrée aux foires et expositions
9	Dépenses de luxe, de divertissement et de représentation
10	Autres

Lorsque le code 10 est utilisé, la nature des biens livrés et des services fournis doit être indiquée.

II. – Dans la demande de remboursement, des sous-codes spécifiques sont attribués aux dépenses suivantes :

CODES principaux	SOUS-CODES
Code 1 Carburant	1.1.1 Essence destinée aux moyens de transport d'une masse supérieure à 3,5 tonnes, à l'exclusion des moyens de transport pour passagers payants
	1.1.2 Gazole destiné aux moyens de transport d'une masse supérieure à 3,5 tonnes, à l'exclusion des moyens de transport pour passagers payants
	1.1.3 Gaz de pétrole liquéfié (GPL) destiné aux moyens de transport d'une masse supérieure à 3,5 tonnes, à l'exclusion des moyens de transport pour passagers payants
	1.1.4 Gaz naturel destiné aux moyens de transport d'une masse supérieure à 3,5 tonnes, à l'exclusion des moyens de transport pour passagers payants
	1.1.5 Biocarburant destiné aux moyens de transport d'une masse supérieure à 3,5 tonnes, à l'exclusion des moyens de transport pour passagers payants

CODES principaux	SOUS-CODES
Code 1 Carburant *(suite)*	1.2.1 Essence destinée aux moyens de transport d'une masse inférieure ou égale à 3,5 tonnes, à l'exclusion des moyens de transport pour passagers payants
	1.2.2 Gazole destiné aux moyens de transport d'une masse inférieure ou égale à 3,5 tonnes, à l'exclusion des moyens de transport pour passagers payants
	1.2.3 Gaz de pétrole liquéfié (GPL) destiné aux moyens de transport d'une masse inférieure ou égale à 3,5 tonnes, à l'exclusion des moyens de transport pour passagers payants
	1.2.4 Gaz naturel destiné aux moyens de transport d'une masse inférieure ou égale à 3,5 tonnes, à l'exclusion des moyens de transport pour passagers payants
	1.2.5 Biocarburant destiné aux moyens de transport d'une masse inférieure ou égale à 3,5 tonnes, à l'exclusion des moyens de transport pour passagers payants
	1.3.1 Essence destinée aux moyens de transport pour passagers payants
	1.3.2 Gazole destiné aux moyens de transport pour passagers payants
	1.3.3 Gaz de pétrole liquéfié (GPL) destiné aux moyens de transport pour passagers payants
	1.3.4 Gaz naturel destiné aux moyens de transport pour passagers payants
	1.3.5 Biocarburant destiné aux moyens de transport pour passagers payants
	1.4 Carburant destiné spécifiquement aux véhicules d'essai
	1.5 Produits pétroliers utilisés pour la lubrification des moyens de transport ou des moteurs
	1.7 Carburant destiné aux moyens de transport de marchandises
	1.10 Carburant destiné aux machines et tracteurs agricoles
Code 2 Location de moyens de transport	2.1 Location de moyens de transport d'une masse supérieure à 3,5 tonnes, exception faite des moyens de transport pour passagers payants
	2.2 Location de moyens de transport d'une masse inférieure ou égale à 3,5 tonnes, exception faite des moyens de transport pour passagers payants
	2.3 Location de moyens de transport pour passagers payants
	2.4 Location de moyens de transport de marchandises
	2.5 Location de voitures particulières et de véhicules polyvalents

CODES principaux	SOUS-CODES
Code 3 Dépenses relatives aux moyens de transport (à l'exclusion des marchandises et biens relevant des codes 1 et 2)	3.1 Dépenses relatives aux moyens de transport d'une masse supérieure à 3,5 tonnes, à l'exclusion des moyens de transport pour passagers payants
	3.2 Dépenses relatives aux moyens de transport d'une masse inférieure ou égale à 3,5 tonnes, à l'exclusion des moyens de transport pour passagers payants
	3.3 Dépenses relatives aux moyens de transport pour passagers payants
	3.4 Dépenses relatives aux moyens de transport de marchandises
	3.5 Entretien des voitures particulières et véhicules polyvalent
	3.7 Dépenses relatives aux voitures particulières et véhicules polyvalents à l'exclusion des frais d'entretien, de garage et de stationnements
Code 4 Péages routiers et taxes de circulation	
Code 5 Frais de voyage, tels que les frais de taxi et les frais de transport en commun	5.1 Frais de voyage, tels que les frais de taxi et les frais de transport en commun pour l'assujetti ou un employé de l'assujetti
	5.2 Frais de voyage, tels que les frais de taxi et les frais de transport en commun pour une personne autre que l'assujetti ou un employé de l'assujetti
Code 6 Hébergement	6.1 Dépenses d'hébergement pour l'assujetti ou un employé de l'assujetti
	6.2 Dépenses d'hébergement pour une personne autre que l'assujetti ou un employé de l'assujetti
Code 7 Alimentation, boissons et services de restauration	7.1.1 Produits alimentaires et boissons fournis par les hôtels, bars, restaurants et pensions, y compris le petit déjeuner pour l'assujetti ou un employé de l'assujetti
	7.1.2 Produits alimentaires et boissons fournis par les hôtels, bars, restaurants et pensions, y compris le petit déjeuner pour une personne autre que l'assujetti ou un employé de l'assujetti
Code 8 Droits d'entrée aux foires et expositions	
Code 9 Dépenses de luxe, de divertissement et de représentation	9.3 Dépenses de réception et de représentation
	9.4 Dépenses d'entretien d'un bateau de plaisance
	9.5 Dépenses relatives à des œuvres d'art, des articles de collection et des antiquités
Code 10	Autres

Art. A-129 N ***(A. min. n° 97-134, 18 mars 1997 ; mod. à compter du 1er janv. 2011, A. min. n° 2011-43, 21 janv. 2011).*** **– La liste des biens négociés sur le marché à terme international pouvant être stockés**

dans un entrepôt fiscal mentionné au *d)* du 2° du I de l'article 50 A du Code des taxes est fixé ainsi qu'il suit :

Code N.C.	Description des biens
8001	Étain
7402	Cuivre
7403	
7405	
7408	
7901	Zinc
7502	Nickel
7601	Aluminium
7801	Plomb
Ex 8112.92	Indium
Ex 8112.99	
1001 à 1005	
1006 : uniquement le riz brut	Céréales
1007 à 1008	
1201 à 1207	Graines et fruits oléagineux
0801	Noix de coco, noix du Brésil et noix de cajou
0802	Autres fruits à coques
0711.20	Olives
1201 à 1207	Graines et semences (y compris les graines de soja)
0901.11.00	Café non torréfié
0901.12.00	
0902	Thé
1801	Cacao, en fèves et brisures de fèves, brut ou torréfié
1701.11	Sucre brut
1701.12	
4001	Caoutchouc, sous forme primaire ou en plaques, feuilles ou bandes
4002	
5101	Laine
Chapitres 28 et 29	Produits chimiques en vrac
7106	Argent
7110.11.00	Platine (palladium, rhodium)
7110.21.00	
7110.31.00	
0701	Pommes de terre
1507 à 1515	Graisses et huiles végétales et leurs fractions, brutes, raffinées, mais non chimiquement modifiées.

Art. A 129 O *(A. min. n° 97-134, 18 mars 1997 ; mod. à compter du 1er janv. 2011, A. min. n° 2011-43, 21 janv. 2011)*. – Le registre des stocks et des mouvements de biens prévu au 1° du III de l'article 50 A du Code des taxes comporte les mentions suivantes :

a) Désignation du bien.

b) Quantité exprimée en masse nette, volume ou unité.

c) Éléments nécessaires à l'identification et au suivi du bien pendant la durée du placement.

d) Date d'entrée du bien sous le régime.

e) Adresse complète du lieu de provenance du bien.

f) Date de sortie du bien du régime.

g) Adresse complète du lieu de destination du bien à la sortie du régime.

h) La fonction utilisée, lorsque l'assujetti qui a obtenu l'ouverture d'un régime fiscal suspensif mentionné au *a* du 2° du I de l'article 50 A du Code des taxes a sollicité l'application de plusieurs des fonctions visées aux *a* à e de l'article A-129 F.

À l'issue de ces opérations, ce registre indique, pour chaque bien, les stocks détenus sous le régime suspensif, le cas échéant par fonction mentionnée sur la déclaration d'ouverture d'un régime mentionné au *a* du 2° du I de l'article 50 A du Code des taxes.

Pour les régimes suspensifs mentionnés aux *a* et *e)* du I de l'article 50 A du Code des taxes, le registre doit contenir également les indications nécessaires au suivi et à l'identification des biens qui font l'objet de prestations de services.

Art. A 129 P *(A. min. n° 97-134, 18 mars 1997 ; mod. à compter du 1er janv. 2011, A. min. n° 2011-43, 21 janv. 2011)*. – Le registre relatif aux opérations réalisées sous l'un des régimes suspensifs prévu au 1° du III de l'article 50 A du Code des taxes indique, pour chaque bien, par livraison, importation ou acquisition intracommunautaire :

a) La date de l'opération.

b) Le montant de l'opération avec sa contre-valeur en euros, lorsque ce montant est exprimé en devises.

c) Les nom et adresse complète et, s'il y a lieu, le numéro d'identification à la TVA du fournisseur.

d) Les nom et adresse complète et, s'il y a lieu, le numéro d'identification de la TVA du client.

e) La désignation du bien et la référence dans le registre visé à l'article A-129 O.

f) La fonction utilisée, lorsque l'assujetti qui a obtenu l'ouverture d'un régime fiscal suspensif mentionné au *a* du 2°du I de l'article 50 A du Code des taxes a sollicité l'application de plusieurs des fonctions visées aux *a* à e de l'article A-129 F.

Pour les prestations de services, le registre contient, outre les mentions prévues aux *a), b), c), d)* et *f)* du premier alinéa, la nature de l'opération et, s'il y a lieu, la désignation du bien auquel est afférente la prestation ainsi que la référence dans le registre visé à l'article A-129 O.

Art. A 129 Q *(A. min. n° 97-134, 18 mars 1997 ; mod. à compter du 1er janv. 2011, A. min. n° 2011-43, 21 janv. 2011)*. – Les registres visés aux articles A 129 O et A 129 P sont tenus sur support papier ou informatique. Ils doivent être identifiés. Ils retracent les mentions exigées dans l'ordre chronologique des opérations.

Ces informations sont conservées dans leur contenu originel.

Les registres sont conservés au lieu de situation ou d'utilisation des biens ou des installations mentionné sur la demande d'autorisation d'ouverture du régime suspensif.

Leur conservation est assurée selon les modalités et dans les délais prévus à l'article 80 du Code des taxes.

Art. A 129 R *(A. min. n° 97-134, 18 mars 1997 ; mod. à compter du 1er janv. 2011, A. min. n° 2011-43, 21 janv. 2011)*. – Les registres visés aux articles A 129 O et A 129 P doivent être présentés à toute demande d'un agent de l'Administration qui peut s'en faire délivrer copie. Les registres doivent être présentés de manière à pouvoir identifier et isoler chaque fonction utilisée lorsque l'assujetti qui a obtenu l'ouverture d'un régime fiscal suspensif mentionné au à du 2° du I de l'article 50 A du Code des taxes a sollicité l'application de plusieurs des fonctions visées aux *a* à *e* de l'article A- 129 F.

Si l'Administration le demande, les registres tenus sur support informatique sont restitués sur support papier.

Art. A-129 R *bis* *(À compter du 1er janv. 2011, A. min. n° 2011-43, 21 janv. 2011).* **– Lorsque l'assujetti qui a obtenu l'ouverture d'un régime fiscal suspensif mentionné au *a* du 2° du I de l'article 50 A du Code des taxes a sollicité l'application de plusieurs des fonctions visées aux *a* à *e* de l'article A-129 F, la comptabilité-matières qu'il a été autorisé à tenir conformément aux dispositions du 1° du III de l'article 50 A du Code des taxes retrace distinctement les informations concernant les biens pour chaque fonction utilisée.**

Chapitre V. – Calcul de la taxe

I. – Taux

A – Taux normal

(A. min. n° 2007-67, 7 févr. 2007)

Art. A-129 S *(A. min. n° 2007-67, 7 févr. 2007).* **– La liste des gros équipements mentionnés au 1 de l'article 56 *bis* du Code des taxes est fixée comme suit :**

1. Système de chauffage : équipements collectifs suivants situés dans un immeuble comportant plusieurs locaux : chaudière utilisée comme mode de chauffage ou de production d'eau chaude, cuve de fioul, citerne à gaz et pompe à chaleur ;

2. Ascenseur ;

3. Installations sanitaires : cabine hammam ou sauna prête à poser.

A *bis*. – Taux réduit

(A. min. n° 2007-67, 7 févr. 2007)

1. Équipements spéciaux pour personnes handicapées

Art. A-130 *(Mod., A. min. n° 2002-646, 21 nov. 2002).* **– La liste des équipements spéciaux soumis au taux réduit de la taxe sur la valeur ajoutée en application de l'article 54 du Code des taxes est fixée comme suit :**

1. Pour les handicapés moteurs :

– commandes adaptées pour le contrôle de l'environnement et la communication : au souffle, linguales, joysticks, défilements, contacteurs, casques et licornes ;

– appareils de communication à synthèse vocale et désigneurs ;

– cartes électroniques et logiciels spécifiques de communication ;

– claviers spéciaux pour ordinateurs et machines à écrire ;

– aides mécaniques ou électriques aux mouvements des bras, tourne-pages automatiques ;

– matériels de transfert : élévateurs et releveurs hydrauliques ou électriques, lève-personnes ;

– fauteuils roulants ;

– appareils modulaires de verticalisation ;

– appareils de soutien partiel de la tête ;

– casques de protection pour enfants handicapés ;

2. Pour aveugles et malvoyants :

– appareils ou objets à lecture, écriture ou reproduction de caractères ou signes en relief (braille) ;

– téléagrandisseurs et systèmes optiques télescopiques ;

– cartes électroniques et logiciels spécialisés ;

3. Pour sourds et malentendants :

– vibrateurs tactiles ;

– orthèses vibratoires (amplificateur de voix) ;

– implants cochléaires ;

– logiciels spécifiques ;

4. Pour d'autres handicapés :

– filtres respiratoires et protections trachéales pour laryngectomisés ;

– appareils de photothérapie ;

– appareils de recueil et saignées ;

5. Pour l'ensemble des handicapés afin de faciliter la conduite des véhicules :
– siège orthopédique (siège pivotant, surélevé...) ;
– treuils pour l'accès des fauteuils pour handicapés ;
– commande d'accélérateur à main (cercle, arc de cercle, secteur, manette, poignée tournante...) ;
– sélecteur de vitesses sur planche de bord ;
– modification de la position ou de la commande du frein principal et du frein de secours ;
– modification de la position ou de la commande des commutateurs de feux, de clignotants, d'avertisseur sonore, d'essuie-glace ;
– dispositif de commande groupée (frein principal, accélérateur...) ;
– permutation ou modification de la position des pédales : pédales d'embrayage et de frein rapprochées ou communes, pédales surélevées, faux planchers ;
– modification de la colonne de direction ;
– dispositif de maintien du tronc par sangle ou par harnais.

2. Hôtels de tourisme

Art. A-131. – 1. Pour l'application de l'article 56 *a)* du code, la base d'imposition au taux réduit de la taxe sur la valeur ajoutée est constituée par les trois quarts du prix de pension ou de demi-pension.

2. Pour l'application du 1, les prix de pension et de demi-pension sont diminués, le cas échéant, de la fraction représentative de prestations autres que la nourriture et le logement.

Art. A-130 *bis* *(Créé à compter du 1er janv. 2014, A. min. n° 2014-361, 25 juin 2014).* – La liste des équipements, matériaux et appareils mentionnés au 1 de l'article 52-0 *bis* du Code des taxes est fixée comme suit :

1. Acquisition des équipements et matériaux suivants :

a) Chaudières à condensation utilisées comme mode de chauffage ou de production d'eau chaude ;

b) Acquisition de matériaux d'isolation thermique :

1° Matériaux d'isolation thermique des parois opaques, dans la limite d'un plafond de dépenses fixé respectivement à 150 € et 100 €, toutes taxes comprises, par mètre carré de parois isolées par l'extérieur et par mètre carré de parois isolées par l'intérieur :

Planchers bas sur sous-sol, sur vide sanitaire ou sur passage ouvert, possédant une résistance supérieure ou égale à 3 mètres carrés Kelvin par watt ($m^2.K/W$) ;

Murs en façade ou en pignon, possédant une résistance supérieure ou égale à 3,7 mètres carrés Kelvin par watt ($m^2.K/W$) ;

Toitures-terrasses possédant une résistance supérieure ou égale à 4,5 $m^2.K/W$;

Planchers de combles perdus possédant une résistance thermique supérieure ou égale à 7 $m^2.K/W$;

Rampants de toiture et plafonds de combles possédant une résistance thermique supérieure ou égale à 6 $m^2.K/W$;

2° Matériaux d'isolation thermique des parois vitrées :

Fenêtres ou porte-fenêtres avec un coefficient de transmission thermique (Uw) inférieur ou égal à 1,3 watt par mètre carré Kelvin ($W/m^2.K$) et un facteur de transmission solaire (Sw) supérieur ou égal à 0,3 ou un coefficient de transmission thermique (Uw) inférieur ou égal à 1,7 watt par mètre carré Kelvin ($W/m^2.K$) et un facteur de transmission solaire (Sw) supérieur ou égal à 0,36 ; Fenêtres en toitures avec un coefficient de transmission thermique (Uw) inférieur ou égal à 1,5 watt par mètre carré Kelvin ($W/m^2.K$) et un facteur de transmission solaire (Sw) inférieur ou égal à 0,36 ;

Vitrages de remplacement à isolation renforcée dénommés également vitrages à faible émissivité, installés sur une menuiserie existante et dont le coefficient de transmission thermique du vitrage (Ug) est inférieur ou égal à 1,1 $W/m^2.K$; Doubles fenêtres, consistant en la pose sur la baie existante d'une seconde fenêtre à double vitrage renforcé, dont le coefficient de transmission thermique (Uw) est inférieur ou égal à 1,8 $W/m^2.K$ et le facteur de transmission solaire (Sw) supérieur ou égal à 0,32 ;

3° Volets isolants : volets isolants caractérisés par une résistance thermique additionnelle apportée par l'ensemble volet-lame d'air ventilé supérieure à 0,22 $m^2.K/W$;

4° Calorifugeage de tout ou partie d'une installation de production ou de distribution de chaleur ou d'eau chaude sanitaire avec une résistance thermique supérieure ou égale à 1,2 $m^2.K/W$;

5° Portes d'entrée donnant sur l'extérieur présentant un coefficient Ud inférieur ou égal à 1,7 $W/m^2.K$;

c) Acquisition d'appareils de régulation de chauffage permettant le réglage manuel ou automatique et la programmation des équipements de chauffage ou de production d'eau chaude sanitaire :

1° Appareils installés dans une maison individuelle : systèmes permettant la régulation centrale des installations de chauffage par thermostat d'ambiance ou par sonde extérieure, avec horloge de programmation ou programmateur mono ou multizone, systèmes permettant les régulations individuelles terminales des émetteurs de chaleur, systèmes de limitation de la puissance électrique du chauffage électrique en fonction de la température extérieure ; systèmes gestionnaires d'énergie ou de délestage de puissance du chauffage électrique ;

2° Appareils installés dans un immeuble collectif : outre les systèmes énumérés au 1°, matériels nécessaires à l'équilibrage des installations de chauffage permettant une répartition correcte de la chaleur délivrée à chaque logement, matériels permettant la mise en cascade de chaudières, à l'exclusion de l'installation de nouvelles chaudières, systèmes de télégestion de chaufferie assurant les fonctions de régulation et de programmation du chauffage, systèmes permettant la régulation centrale des équipements de production d'eau chaude sanitaire dans le cas de production combinée d'eau chaude sanitaire et d'eau destinée au chauffage, compteurs individuels d'énergie thermique et répartiteurs de frais de chauffage ;

2. Acquisition :

a) Equipements de production d'énergie utilisant une source d'énergie renouvelable :

1° Équipements de chauffage ou de fourniture d'eau chaude sanitaire fonctionnant à l'énergie solaire et dotés de capteurs solaires, disposant d'une certification CSTBat ou Solar Keymark ou équivalente, dans la limite d'un plafond de dépenses fixé à 1 000 €, toutes taxes comprises, par mètre carré hors tout de capteurs solaires ;

2° Équipements de chauffage ou de fourniture d'eau chaude sanitaire fonctionnant à l'énergie hydraulique ;

3° Systèmes de fourniture d'électricité à partir de l'énergie éolienne, hydraulique ou de biomasse ;

4° Équipements de chauffage ou de production d'eau chaude indépendants fonctionnant au bois ou autres biomasses, qui respectent les trois conditions suivantes :

a. La concentration moyenne de monoxyde de carbone, dénommée « E ", doit être inférieure ou égale à 0,3 % ;

b. Le rendement énergétique, dénommé « h » doit être supérieur ou égal à 70 % ;

c. L'indice de performance environnemental, dénommé « I », doit être inférieur ou égal à 2.

L'indice de performance environnemental « I "est défini par le calcul suivant :

a. Pour les appareils à bûches : $I = 101\,532{,}2 \times \log(l + E)/h^2$;

b. Pour les appareils à granulés : $I = 92\,573{,}5 \times \log(l + E)/h^2$.

La concentration moyenne de monoxyde de carbone « E » et le rendement énergétique « h "sont mesurés selon les référentiels des normes en vigueur :

a. Pour les poêles : norme NF EN 13240 ou NF EN 14785 ou EN 15250 ;

b. Pour les foyers fermés et les inserts de cheminées intérieures : norme NF EN 13229 ;

c. Pour les cuisinières utilisées comme mode de chauffage : norme NF EN 12815.

5° Chaudières autres que celles mentionnées au a du 1, fonctionnant au bois ou autres biomasses, respectant les seuils de rendement énergétique et d'émissions de polluants de la classe 5 de la norme NF EN 303.5, dont la puissance est inférieure à 300 kW ;

b) De pompes à chaleur spécifiques, sous réserve qu'elles respectent une intensité maximale au démarrage de 45 A en monophasé ou de 60 A en triphasé, telles que :

1° Les pompes à chaleur géothermiques à capteur fluide frigorigène de type sol-sol ou sol-eau ayant un coefficient de performance supérieur ou égal à 3,4 pour une température d'évaporation de -5° C et une température de condensation de 35° C ;

2° Les pompes à chaleur géothermiques de type eau glycolée / eau ayant un coefficient de performance supérieur ou égal à 3,4 pour des températures d'entrée et de sortie d'eau glycolée de 0° C et -3° C à l'évaporateur, et des températures d'entrée et de sortie d'eau de 30° C et 35° C au condenseur, selon le référentiel de la norme d'essai 14511-2 ;

3° Les pompes à chaleur géothermiques de type eau / eau ayant un coefficient de performance supérieur ou égal à 3,4 pour des températures d'entrée et de sortie de 10° C et 7° C d'eau à l'évaporateur, et de 30° C et 35° C au condenseur, selon le référentiel de la norme d'essai 14511-2 ;

4° Les pompes à chaleur air / eau ayant un coefficient de performance supérieur ou égal à 3,4 pour une température d'entrée d'air de 7° C à l'évaporateur, et des températures d'entrée et de sortie d'eau de 30° C et 35° C au condenseur, selon le référentiel de la norme d'essai 14511-2 ;

5° Les pompes à chaleur dédiées à la production d'eau chaude sanitaire répondant, selon le référentiel de la norme d'essai EN 16147, aux critères suivants en fonction de la technologie employée :

TECHNOLOGIE UTILISÉE (source)	COP (supérieur à)	TEMPERATURE D'EAU CHAUDE de référence
Air ambiant	2,4	+ 52,5°
Air extérieur	2,4	+ 52,5°
Air extrait	2,5	+ 52,5°
Géothermie	2,3	+ 52,5°

c) Équipements de raccordement à un réseau de chaleur, alimenté majoritairement par des énergies renouvelables ou par une installation de cogénération, qui s'entendent des éléments suivants :

Branchement privatif composé de tuyaux et de vannes qui permet de raccorder le réseau de chaleur au poste de livraison de l'immeuble ;

Poste de livraison ou sous-station qui constitue l'échangeur entre le réseau de chaleur et l'immeuble ;

Matériels nécessaires à l'équilibrage et à la mesure de la chaleur qui visent à opérer une répartition correcte de celle-ci. Ces matériels peuvent être installés, selon le cas, avec le poste de livraison, dans les parties communes de l'immeuble collectif ou dans le logement.

3. Cantines d'entreprises

Art. A-132. – L'application du taux réduit de la taxe sur la valeur ajoutée aux recettes provenant de la fourniture des repas dans les cantines d'entreprises est subordonnée à la réalisation des conditions suivantes :

– les personnes qui assurent la fourniture des repas doivent être liées aux entreprises avec lesquelles elles traitent par un contrat écrit prévoyant les conditions de la fourniture des repas au personnel. Elles doivent, dans le mois de son approbation par les parties, déposer un exemplaire de ce contrat auprès de la direction des Services fiscaux ;

– les repas doivent être servis de façon habituelle et au seul personnel de l'entreprise partie au contrat dans les locaux de celle-ci ;

– chaque consommateur doit être en mesure de justifier de son appartenance à l'entreprise ;

– le prix des repas doit être sensiblement inférieur à celui pratiqué par les restaurants similaires ouverts au public ;

– les opérations effectuées dans le cadre de chacun des contrats doivent être comptabilisées distinctement.

4. Aliments pour le bétail, les animaux de basse-cour, les poissons d'élevage et les abeilles

Art. A-133. – La liste des produits entrant dans la composition des aliments utilisés pour la nourriture du bétail, des animaux de basse-cour, des poissons d'élevage destinés à l'alimentation humaine et des abeilles et soumis à la taxe sur la valeur ajoutée au taux réduit est fixée ainsi qu'il suit :

- sels minéraux ;
- acides aminés ;
- vitamines ;
- lécithines.

5. Activités de services à la personne

(5 créé à compter du 1er juill. 2013, Ord. n° 4.424, 25 juill. 2013)

Art. A-133 *bis* *(Créé à compter du 1er juill. 2013, Ord. n° 4.424, 25 juill. 2013).* – I. - Les activités de services à la personne soumises au taux réduit de taxe sur la valeur ajoutée prévu à l'article 52-0 du Code des taxes sur le chiffre d'affaires en application des dispositions du D du même article sont les suivantes :

1° Assistance aux personnes âgées ou aux personnes qui ont besoin d'une aide personnelle à leur domicile, à l'exclusion d'actes de soins relevant d'actes médicaux ;

2° Garde-malade, à l'exclusion des soins ;

3° Assistance aux personnes handicapées, y compris les activités d'interprète en langue des signes, de technicien de l'écrit et de codeur en langage parlé complété ;

4° Prestation de conduite du véhicule personnel des personnes dépendantes, du domicile au travail, sur le lieu de vacances, pour les démarches administratives ;

5° Aide à la mobilité et transport de personnes ayant des difficultés de déplacement ;

6° Accompagnement des personnes âgées ou handicapées dans leurs déplacements en dehors de leur domicile (promenades, transport, actes de la vie courante).

II. - Les activités de services à la personne soumises au taux réduit de taxe sur la valeur ajoutée prévu à l'article 56 du code précité en application des dispositions du I) du même article sont les suivantes :

1° Entretien de la maison et travaux ménagers ;

2° Travaux de petit bricolage dits « homme toutes mains » ;

3° Garde d'enfants à domicile ;

4° Soutien scolaire à domicile ;

5° Soins d'esthétique à domicile pour les personnes dépendantes ;

6° Préparation de repas à domicile, y compris le temps passé aux commissions ;

7° Livraison de repas à domicile ;

8° Collecte et livraison à domicile de linge repassé ;

9° Livraison de courses à domicile ;

10° Soins et promenades d'animaux de compagnie, à l'exception des soins vétérinaires et du toilettage, pour les personnes dépendantes ;

11° Assistance administrative à domicile ;

12° Accompagnement des enfants dans leurs déplacements en dehors de leur domicile (promenades, transport, actes de la vie courante).

III. - Les activités mentionnées aux 4°, 5°, 6° du I et aux 7°, 8°, 9° et 12° du II du présent article n'ouvrent droit au bénéfice des taux réduits prévus au D de l'article 52-0 ou au I) de l'article 56 du code précité qu'à la condition que la prestation soit comprise dans une offre de services incluant un ensemble d'activités réalisées à domicile.

B. – Taux particuliers

Art. A-134. – 1. Les dispositions prévues à l'article 58 du Code des taxes s'appliquent aux 140 premières séances où le public est admis moyennant paiement, à l'exclusion des séances entièrement gratuites.

2. Est considérée comme œuvre classique l'œuvre d'un auteur décédé depuis plus de cinquante ans ou d'un auteur décédé dont le nom figure sur une liste fixée par ordonnance souveraine.

3. La reprise d'une œuvre classique est considérée comme faisant l'objet d'une nouvelle mise en scène, lorsque celle-ci est réalisée dans une présentation nouvelle par rapport à des réalisations antérieures, en ce qui concerne l'interprétation ou la scénographie.

II. – Atténuation d'impôt

Art. A-135 à A-138 *(Sans objet).*

Chapitre VI. – Obligations des redevables

I. – Obligations générales

A. – Déclarations d'existence et comptabilité – Déclarations de recettes

Art. A-139. – 1. Sous réserve des dispositions propres aux entreprises étrangères lorsqu'elles n'ont pas d'établissement en Principauté et des dérogations prévues à l'article A-140, les déclarations prescrites par l'article 66 et le 1 de l'article 70 du code doivent être souscrites par les redevables de la taxe sur la valeur ajoutée pour l'ensemble des opérations qu'ils réalisent, autres que les importations, auprès de la direction des Services fiscaux.

2. Lorsqu'elles sont redevables de la taxe sur la valeur ajoutée en raison des achats qu'elles effectuent, les personnes non habituellement assujetties par ailleurs à ladite taxe doivent souscrire ces déclarations auprès du lieu de destination des produits achetés (si ce lieu est situé en Principauté ou en France).

Toutefois, pour les achats de boissons soumis au droit de circulation ou de consommation, la taxe sur la valeur ajoutée est acquittée au lieu et au moment où est levé le titre de mouvement comportant paiement du droit.

Art. A-140. – Les dispositions de l'article A-139 ne sont pas applicables aux personnes désignées ci-après :

– personnes qui réalisent des opérations définies au 4° de l'article 5 du code ;

– personnes se livrant aux activités visées au 5° de l'article 5 du même code ou à des activités assimilées à l'exclusion des personnes visées à l'article A-172.

Art. A-141. – Les déclarations prévues aux 1° et 2° de l'article 66 du code doivent être souscrites par les redevables de la taxe sur la valeur ajoutée lors de toute modification substantielle des conditions d'exercice de leur activité.

Il en est ainsi notamment :

– lors de l'ouverture d'un établissement secondaire, d'une agence ou d'une succursale ;

– lors de toute modification de la forme juridique de l'entreprise.

Art. A-142. – Les redevables de la taxe sur la valeur ajoutée qui cessent d'exercer leur activité doivent dans les trente jours en faire la déclaration à la direction des Services fiscaux.

Art. A-143. – La comptabilité ou le livre spécial dont la tenue est prescrite par le 3° de l'article 66 du code doit notamment faire apparaître d'une manière distincte :

– les opérations non soumises à la taxe sur la valeur ajoutée ;

– les opérations faites en suspension de ladite taxe ;

– pour chaque acquisition de biens, services et travaux, l'indication de son montant, de la taxe sur la valeur ajoutée correspondante ainsi que le nom et l'adresse du fournisseur ;

– pour chaque opération ayant donné lieu à l'émission d'une facture ou d'un document en tenant lieu comportant mention de la taxe sur la valeur ajoutée, le montant net de l'opération, le montant de la taxe sur la valeur ajoutée au taux exigible facturé, ainsi que le nom et l'adresse du client.

Art. A-144. – 1. Le directeur des Services fiscaux répartit les redevables en catégories et fixe, pour chaque catégorie, la période du mois durant laquelle la déclaration prescrite par le 1 de l'article 70 du code doit être remise ou envoyée.

À défaut d'une telle fixation, la déclaration doit être remise ou adressée avant le 25 de chaque mois.

Lorsque la déclaration est adressée au service par voie postale, le cachet de La Poste fait foi de la date d'expédition.

2. La date limite visée au 1 est reportée au premier jour ouvrable suivant lorsqu'elle coïncide avec un jour férié ou réputé férié.

3. Si, au cours d'un mois ou d'un trimestre, il n'a été effectué aucune opération donnant ouverture aux taxes sur le chiffre d'affaires, le redevable doit remettre à la direction des Services fiscaux une déclaration négative.

Les redevables exerçant des industries ou commerces saisonniers sont dispensés de fournir des déclarations négatives pendant les périodes de fermeture de leurs établissements.

Art. A-145. – 1. L'autorisation prévue au 2 de l'article 70 du code, de disposer d'un délai supplémentaire d'un mois pour déposer la déclaration mensuelle de taxe sur la valeur ajoutée visée au 1 de l'article 70 dudit code est subordonnée aux conditions suivantes :

a) le redevable doit présenter une demande motivée à la direction des Services fiscaux ;

b) il doit justifier qu'en raison de la nature de ses activités ou de la structure particulière de son entreprise, il n'est pas en mesure d'établir ses déclarations dans le délai prévu à l'article A-144.

2. L'autorisation peut être rapportée à tout moment lorsque les conditions prévues au 1 ne se trouvent plus remplies.

Art. A-146. – 1. Les assujettis à la taxe sur la valeur ajoutée doivent mentionner, sur la déclaration prévue au 1 de l'article 70 du code le rapport visé à l'article A-81 de la présente annexe qu'ils appliquent durant l'année en cours.

2. Les entreprises visées à l'article A-80 de la présente annexe qui adoptent un rapport distinct par secteur d'activité doivent, dans les quinze jours, en faire la déclaration à la direction des Services fiscaux.

Les entreprises assujetties à la taxe sur la valeur ajoutée doivent, dans les mêmes conditions, déclarer les modifications aboutissant à la création d'un secteur exonéré.

Art. A-147. – À l'appui de la déclaration visée au 1 de l'article 70 du code, qu'elles déposent avant le 25 du mois qui suit celui de leur création ou de leur prise de position d'assujetties, les entreprises doivent déclarer le rapport provisoire prévu à l'article A-81 de la présente annexe.

Les entreprises nouvellement assujetties doivent, pour les biens soumis à amortissement qu'elles détiennent, mentionner également sur cette déclaration la taxe sur la valeur ajoutée déterminée dans les conditions fixées à l'article A-94 de la présente annexe ainsi que la valeur correspondante, taxe comprise, des mêmes biens.

Art. A-147 A *(Ord. n° 3.075, 10 janv. 2011)*. – Les personnes mentionnées aux 4° et 5° de l'article 68 du Code des taxes qui ne sont pas identifiées par un numéro individuel en application des 1° à 3° de l'article 68 du même code doivent demander à la Direction des Services Fiscaux l'attribution d'un numéro individuel d'identification

B. – Personnes ne remplissant plus les conditions pour bénéficier du régime dérogatoire prévu au 2° du I de l'article 2

Art. A-148. – Dès lors qu'elles ne peuvent plus bénéficier du régime dérogatoire prévu au 2° du I de l'article 2 du code, les personnes visées audit 2° sont tenues d'en informer par écrit et sans délai la direction des Services fiscaux.

Celle-ci attribue un numéro individuel d'identification après délivrance d'une immatriculation par le service des statistiques et des études économiques.

C. – Tenue des registres

Art. A-149. – Le registre des biens prévu au I de l'article 69 du Code des taxes sur le chiffre d'affaires comporte les mentions nécessaires à l'identification de l'expédition ou du transport de biens sur le territoire d'un État membre de la Communauté économique européenne autre que la France et destinés dans cet État à être utilisés à titre temporaire ou à faire l'objet de travail à façon dans les conditions prévues aux *a) et b)* du III de l'article 1er du code :

a) désignation des biens ou matériaux ;

b) quantité exprimée en poids, volume ou unité ;

c) lieu de destination ;

d) date de l'expédition ou du transport ;

e) date du retour ;

f) nature de l'opération ;

g) s'il y a lieu, désignation par son numéro d'assujetti à la taxe sur la valeur ajoutée du façonnier établi dans un État membre autre que la France, auquel les biens ont été expédiés en vue d'un travail à façon.

Art. A-150. – La nature et les quantités de matériaux et de produits transformés, mentionnées au II de l'article 69 susvisé relatif au registre spécial des façonniers sont appréciées, pour chaque donneur d'ordre, à la date d'entrée et de sortie de ces matériaux et produits. A l'issue de ces opérations, ce registre indique les stocks détenus.

L'identification particulière prévue sur le registre mentionné au premier alinéa est constituée par le numéro d'assujetti à la taxe sur la valeur ajoutée du donneur d'ouvrage établi dans un État membre de la Communauté économique européenne autre que la France.

Art. A-151. – Les registres visés aux articles A-149 et A-150 sont tenus sur support papier ou informatique. Ils doivent être identifiés. Ils retracent les mouvements de biens, de matériaux et de produits transformés dans l'ordre chronologique des opérations.

Ces informations sont conservées dans leur contenu originel.

Les registres sont conservés dans chaque établissement, lieu de dépôt ou lieu de stockage des biens, matériaux ou produits transformés.

Leur conservation est assurée selon les modalités et dans les délais prévus à l'article 80 du Code des taxes sur le chiffre d'affaires.

Art. A-152. – Les registres visés aux articles A-149 et A-150 doivent être présentés à toute demande d'un agent de la direction des Services fiscaux ayant au moins le grade d'Inspecteur, qui peut s'en faire délivrer copie.

Si l'Administration le demande, les registres tenus sur support informatique sont restitués sur support papier.

D. – Factures

Art. A-153 *(Rempl., Ord. n° 16.434, 13 sept. 2004 ; mod., Ord. n° 4.874, 25 juin 2014)*. – I - En application du 2 du I de l'article 71 du Code des taxes, les factures peuvent être matériellement émises, au nom et pour le compte de l'assujetti, par son client ou par un tiers lorsque cet assujetti lui donne expressément un mandat écrit et préalable à cet effet.

Les factures émises dans le cadre de ce mandat peuvent ne pas être authentifiées de manière formelle par le mandant. Celui-ci peut contester les informations qu'elles contiennent dans le délai prévu dans le contrat de mandat. Dans cette hypothèse, le mandant émettra une facture rectificative dans les conditions prévues au 5 du I de l'article 71 du Code des taxes. Les factures rectificatives émises en application de l'article 44 du Code des taxes sont établies dans les mêmes conditions.

II - Les factures périodiques visées au 3 du I de l'article 71 du Code des taxes ne peuvent être émises que lorsque l'assujetti réalise, au cours du même mois civil, plusieurs opérations au profit d'un même client.

Pour chaque livraison de biens ou prestation de services réalisée, un bon de livraison, ou un document en tenant lieu, numéroté et comportant l'identité et l'adresse du client, la date de l'opération ainsi que la quantité et la dénomination précise des biens livrés ou services rendus est émis en double exemplaire.

L'assujetti et son client en conservent un exemplaire à l'appui de leur comptabilité dans les mêmes conditions que les factures.

Les factures émises de manière périodique comportent les mentions obligatoires prévues à l'article A-153 *bis*.

Art. A-153 *bis* *(Ord. n° 16.434, 13 sept. 2004 ; mod., Ord. n° 3.074, 10 janv. 2011 ; Ord. n° 4.874, 25 juin 2014)*. – I. - Les mentions obligatoires qui doivent figurer sur les factures en application du II de l'article 71 du Code des taxes sont les suivantes :

1° le nom complet et l'adresse de l'assujetti et de son client ;

2° le numéro individuel d'identification attribué à l'assujetti en application de l'article 68 du Code des taxes et sous lequel il a effectué la livraison de biens ou la prestation de services ;

3° les numéros d'identification à la taxe sur la valeur ajoutée du vendeur et de l'acquéreur pour les livraisons désignées au I de l'article 31 du Code des taxes ;

4° le numéro d'identification à la taxe sur la valeur ajoutée du prestataire ainsi que celui fourni par le preneur pour les prestations pour lesquelles le preneur est redevable de la taxe ;

5° lorsque le redevable de la taxe est un représentant fiscal au sens de l'article 72 du Code des taxes, le numéro individuel d'identification attribué à ce représentant fiscal en application de l'article 68 du même code, ainsi que son nom complet et son adresse ;

6° sa date d'émission ;

7° un numéro unique basé sur une séquence chronologique et continue ; la numérotation peut être établie dans ces conditions par séries distinctes lorsque les conditions d'exercice de l'activité de l'assujetti le justifient ; l'assujetti doit faire des séries distinctes un usage conforme à leur justification initiale ;

8° pour chacun des biens livrés ou des services rendus, la quantité, la dénomination précise, le prix unitaire hors taxes et le taux de la taxe sur la valeur ajoutée légalement applicable ou, le cas échéant, le bénéfice d'une exonération ;

9° tous rabais, remises, ristournes ou escomptes acquis et chiffrables lors de l'opération et directement liés à cette opération ;

10° la date à laquelle est effectuée, ou achevée, la livraison de biens ou la prestation de services ou la date à laquelle est versé l'acompte visé au *c* du 1 du I de l'article 71 du Code des taxes, dans la mesure où une telle date est déterminée et qu'elle est différente de la date d'émission de la facture ;

11° le montant de la taxe à payer et, par taux d'imposition, le total hors taxe et la taxe correspondante mentionnés distinctement ;

12° en cas d'exonération, la référence à la disposition pertinente du Code des taxes ou à la disposition correspondante de la directive 2006/112/CE du Conseil du 28 novembre 2006 relative au système commun de taxe sur la valeur ajoutée ou à toute autre mention indiquant que l'opération bénéficie d'une mesure d'exonération ;

13° lorsque l'acquéreur ou le preneur est redevable de la taxe, la mention : « Autoliquidation » ;

14° lorsque l'acquéreur ou le preneur émet la facture au nom et pour le compte de l'assujetti, la mention : « Autofacturation » ;

15° lorsque l'assujetti applique le régime particulier des agences de voyage, la mention : « Régime particulier - Agences de voyages » ;

16° en cas d'application du régime prévu par l'article 93 A du code précité, la mention : « Régime particulier - Biens d'occasion », « Régime particulier - Objets d'art » ou « Régime particulier - Objets de collection et d'antiquité » selon l'opération considérée ;

17° les caractéristiques du moyen de transport neuf telles qu'elles sont définies au III de l'article 94 du Code des taxes pour les livraisons mentionnées au II de ce même article ;

18° de manière distincte, le prix d'adjudication du bien, les droits, prélèvements et taxes ainsi que les frais accessoires tels que les frais de commission, d'emballage, de transport et d'assurance demandés par l'organisateur à l'acheteur du bien, pour les livraisons aux enchères publiques visées au *d* du 1 du I de l'article 71 du Code des taxes effectuées par un organisateur de ventes aux enchères publiques agissant en son nom propre, soumises au régime de la marge bénéficiaire mentionné à l'article 93 A du même code. Cette facture ne doit pas mentionner de taxe sur la valeur ajoutée.

II. - Les factures dont le montant est inférieur ou égal à 150 € hors taxe ainsi que celles mentionnées au 5 du I de l'article 71 du Code des taxes peuvent ne pas comporter les mentions énoncées aux 2° et 12° du I du présent article.

Les dispositions du premier alinéa ne s'appliquent pas :

a) Aux livraisons de biens visées aux articles 7 et 8 du code précité ;

b) Aux livraisons de biens exonérées en application du I de l'article 31 et du II de l'article 94 du même code ;

c) Aux livraisons de biens et prestations de services visées au 1° du II de l'article 71-0 du code précité pour lesquelles, toutefois, la facture peut ne pas comporter les mentions visées au 9° du I du présent article, le prix unitaire hors taxe, le taux de la taxe applicable et son montant.

D *bis* – Factures transmises par voie télématique
(Ord. n° 16.434, 13 sept. 2004)

Art. A-153 *ter* *(Ord. n° 16.434, 13 sept. 2004)*. – I. – 1. *a*. Les factures émises dans les conditions visées au premier alinéa du IV de l'article 71 du Code des taxes tiennent lieu de factures d'origine lorsque l'authenticité de leur origine et l'intégrité de leur contenu sont garanties au moyen d'une signature électronique.

La signature électronique est une donnée sous forme électronique qui est jointe ou liée logiquement à d'autres données électroniques et qui sert de méthode d'authentification du signataire et de l'origine des informations.

Le signataire est celui qui détient et met en œuvre le moyen de création de la signature électronique. Il peut s'agir d'une personne morale, auquel cas la signature électronique est produite automatiquement lors de l'envoi des factures, ou d'une personne physique émettant les factures après les avoir signées en son nom pour le compte de l'entreprise.

b. La signature électronique doit satisfaire aux exigences suivantes :

1° être propre au signataire,

2° permettre d'identifier le signataire ;

3° être créée par de moyens que le signataire puisse garder sous son contrôle exclusif ;

4° garantir le lien avec les factures auxquelles elle s'attache, de telle sorte que toute modification ultérieure de ces factures soit détectable.

c. La signature électronique repose sur un certificat électronique qui est délivré par un prestataire de service de certification. Ce certificat comporte :

1° les informations identifiant de manière univoque le possesseur de la clé publique liée à la signature électronique ;

2° la clé publique du signataire ;

3° la période de validité du certificat ;

4° un numéro de série unique ;

5° la signature électronique du prestataire de service de certification qui assure l'authentification de la clé et l'intégrité des informations contenues dans le certificat.

Le certificat électronique attaché à la signature électronique est communiqué au destinataire des factures.

2. L'entreprise destinataire des factures vérifie la signature électronique apposée sur les factures au moyen des données de vérification contenues dans le certificat électronique. Elle s'assure également de l'authenticité et de la validité du certificat attaché à la signature électronique.

3. Les factures, la signature électronique à laquelle elles sont liées ainsi que le certificat électronique y attaché sont conservés dans leur contenu originel par l'entreprise chargée de s'assurer qu'une facture est émise au sens du I de l'article 71 du Code des taxes et par l'entreprise destinataire de ces factures, dans les conditions et dans les délais fixés par l'article 80 dudit code.

4. Les informations émises et reçues doivent être identiques. Sur demande de l'administration, elles sont restituées en langage clair par l'entreprise chargée de s'assurer qu'une facture est émise au sens du I de l'article 71 du Code des taxes. Elles sont, en outre, restituées dans les mêmes conditions par l'entreprise destinataire de ces factures.

Les informations mentionnées au premier alinéa sont restituables sur écran, sur support informatique ou sur papier à la demande de l'administration. La restitution porte sur l'intégralité des informations émises et reçues, qu'elles soient obligatoires ou facultatives.

Les données sont restituées lisiblement en mode caractères, en langage clair et intelligible.

5. Les assujettis qui émettent ou s'assurent que sont émises en leur nom et pour leur compte des factures sécurisées au moyen d'une signature électronique en informent la direction des Services fiscaux en joignant à leur déclaration de chiffre d'affaires du mois de décembre ou du dernier trimestre civil un état mentionnant les éléments suivants :

a. les coordonnées du service responsable de la transmission des factures ;

b. le nom du logiciel de signature et sa version.

II. – Les informations mentionnées au deuxième alinéa du I de l'article 71 *bis* du Code des taxes sont restituables sur écran, sur support informatique ou sur papier à la demande de l'administration. La restitution porte sur l'intégralité des informations émises et reçues, qu'elles soient obligatoires ou facultatives.

La restitution doit pouvoir être opérée de manière sélective notamment en fonction des informations que la liste récapitulative mentionnée au III de l'article 71 *bis* du Code des taxes doit comporter.

Les données sont restituées lisiblement en mode caractère, en langage clair et intelligible.

Art. A-153 *quater* *(Ord. n° 16.434, 13 sept. 2004)*. – La liste récapitulative mentionnée au III de l'article 71 *bis* du Code des taxes est restituable sur papier ou sur support informatique. La restitution doit pouvoir être effectuée d'une façon sélective en fonction des informations obligatoires que la liste doit comporter.

Art. A-153 *quinquies* *(Ord. n° 16.434, 13 sept. 2004)*. – Les agents de la direction des Services fiscaux ayant le grade d'inspecteur sont habilités à procéder aux visites mentionnées au IV de l'article 71 *bis* du Code des taxes.

En cas de besoin, ils pourront être assistés d'un technicien du Service de l'informatique du Ministère d'État.

Art. A-153 *sexies* *(Ord. n° 16.434, 13 sept. 2004)*. – I. – Pour l'application des dispositions de l'article 80 *bis* du Code des taxes, les assujettis ne peuvent stocker les factures transmises par voie électronique dans un pays avec lequel il n'existe pas de convention prévoyant d'une part, une assistance mutuelle ayant une portée similaire à celle prévue par la directive 76/308/CEE du Conseil du 15 mars 1976 concernant l'assistance mutuelle en matière de recouvrement des créances relatives à certaines cotisations, droits, taxes et autres mesures, par la directive 77/799/CEE du Conseil du 19 décembre 1977 concernant l'assistance mutuelle des autorités compétentes des États membres de l'Union Européenne dans le domaine des impôts directs et indirects et le règlement (CE) 1798/2003 du Conseil du 7 octobre 2003 concernant la coopération administrative dans le domaine de la taxe sur la valeur ajoutée et, d'autre part, un droit d'accès en ligne, de téléchargement et d'utilisation de l'ensemble des données concernées.

II. – La déclaration du lieu de stockage prévue à l'article 80 *bis* du code précité s'effectue sur papier libre ou par voie électronique. Elle comporte les nom et adresse des clients ou des tiers chargés du stockage ainsi que les périodes concernées par celui-ci. Les assujettis sont tenus de déclarer, à la direction des Services fiscaux, toute modification du lieu de stockage dans le mois qui suit la survenance d'un tel événement.

III. – Pour l'application de l'article 80 *bis* précité, l'assujetti s'assure que les factures et données détenues par lui-même ou, en son nom et pour son compte, par un client ou par un tiers sont accessibles dans le meilleur délai depuis son siège ou son principal établissement en cas de contrôle de l'administration, quel que soit le lieu de détention de ces documents.

Art. A-153 *septies* *(A. min. n° 2004-452, 13 sept. 2004)*. – Les systèmes de télétransmission des factures utilisés par les entreprises dans les conditions prévues par l'article 71 *bis* du Code des taxes doivent respecter les spécifications suivantes :

I) Sont considérés comme utilisateurs les entreprises fournisseurs ou clients qui émettent des factures télétransmises par eux-mêmes, ou par un tiers ou un client mandaté à cet effet, ou qui reçoivent des factures télétransmises et ce quelle que soit la personne qui les a reçues en son nom ou pour son compte.

II) Le système de télétransmission utilisé doit assurer au minimum les fonctions suivantes :

a) la vérification en émission et en réception de la conformité de la structure du message par rapport aux mentions obligatoires devant figurer sur une facture ;

b) la constitution quotidienne et l'archivage d'une liste récapitulative séquentielle et exhaustive des messages émis et / ou reçus et des anomalies éventuelles détectées lors des contrôles ;

c) l'archivage des factures émises ou reçues ;

d) la restitution sur papier ou sur écran, en langage clair, à la demande de l'administration, de la facture et de la liste récapitulative ;

e) l'accessibilité immédiate aux données dématérialisées en cas de demande de l'administration.

III. – 1) Les logiciels de télétransmission des factures peuvent mettre en œuvre une ou plusieurs structures de message et ne doivent ni les modifier ni les altérer.

Le message doit comporter l'ensemble des mentions obligatoires constitutives d'une facture prévues par les textes en vigueur.

L'utilisation de codes stables désignant, par exemple, des produits ou des personnes est possible si la codification est déchiffrée automatiquement à l'aide d'une table de correspondance intégrée à la fonction de restitution.

2) Les messages factures doivent être restituables sur écran ou sur papier à la demande de l'administration.

La restitution porte sur l'intégralité des informations émises et reçues, qu'elles soient obligatoires ou facultatives.

La restitution doit pouvoir être opérée de manière sélective, notamment en fonction des informations que la liste récapitulative doit comporter.

Les données sont restituées lisiblement en mode caractère, en langage clair et intelligible.

3) Le système doit contrôler, en émission et réception, la conformité de la structure du message par rapport aux mentions obligatoires.

En phase d'émission, en cas d'anomalie, le message rejeté ne sera ni émis, ni archivé ni tracé sur la liste récapitulative.

En phase de réception, toute anomalie sera retracée dans la liste récapitulative, et les messages concernés seront archivés.

IV. – 1) La liste récapitulative mentionnée au III de l'article 71bis du Code des taxes est constituée au fur et à mesure lors de l'émission ou de la réception de chaque message.

Elle comprend au minimum les informations suivantes :

a) le numéro et la date de la facture ;

b) la date et l'heure de constitution du message ;

c) les montants hors taxes et toutes taxes comprises de la transaction ainsi que le code monnaie lorsque la facture n'est pas libellée en euros ;

d) les éléments d'identification de l'émetteur ou du récepteur donnés par le système de télétransmission (code, nom ou dénomination sociale, numéro d'identification à la TVA intracommunautaire, adresse, qualité de fournisseur ou de client) ;

e) les libellés des éventuelles anomalies intervenues lors de chaque transmission ;

f) la version du logiciel utilisé.

2) La liste récapitulative est restituable sur papier, écran ou support informatique. La restitution doit pouvoir être effectuée d'une façon sélective en fonction des critères figurant dans la liste.

V. – Les entreprises fournisseurs et clients doivent constituer un fichier des partenaires avec lesquels elles échangent des factures par voie télématique.

Pour chaque partenaire, le fichier comporte les informations suivantes :

a) la qualité d'émetteur et/ou de récepteur ;

b) l'archivage des factures dématérialisées ou l'archivage des factures papier ;

c) la (les) date(s) d'entrée ou phase de dématérialisation avec le partenaire, et, le cas échéant, la (les) date(s) de sortie.

VI. – 1) Les messages factures émis par l'entreprise, par un tiers ou un client mandaté à cet effet, ainsi que la liste récapitulative et le fichier des partenaires doivent être accessibles et conservés dans leur contenu originel et dans l'ordre chronologique de leur émission.

Les messages factures reçus, quelle que soit la personne qui les a reçus en son nom et pour son compte, ainsi que la liste récapitulative et le fichier des partenaires doivent être accessibles et conservés dans leur contenu originel et dans l'ordre chronologique de leur réception.

2) Les fichiers informatiques dans lesquels sont conservés les messages factures, la liste récapitulative et le fichier des partenaires doivent être alimentés automatiquement par le système de télétransmission des seules informations qui en sont directement issues.

3) La documentation relative aux conditions d'utilisation (guide de l'utilisateur) du logiciel de télétransmission doit être conservée par l'entreprise et consultable par les agents de la direction des Services fiscaux sur le lieu de la dématérialisation.

En outre, l'entreprise doit prendre toutes dispositions pour garantir aux agents de l'administration l'accès à la documentation informatique concernant notamment le développement de son architecture, de son analyse fonctionnelle et organique et l'exploitation du logiciel de télétransmission.

Art. A-153 *octies* *(A. min. n° 2004-452, 13 sept. 2004 ; abr., A. min. n° 2014-14, 15 janv. 2014).*

E. – Déclaration des échanges de biens entre Monaco et les États membres de la Communauté Économique Européenne autres que la France

Art. A-154 *(Ord. n° 12.125, 17 déc. 1996)*. – Toute personne physique ou morale domiciliée ou établie à Monaco ou qui y est représentée, conformément à l'article 72 du Code des taxes sur le chiffre d'affaires, est tenue de souscrire la déclaration prévue à l'article 74 du même code dans les cas suivants :

1° À l'expédition ou à la livraison si elle est assujettie et identifiée à la taxe sur la valeur ajoutée et ne bénéficie pas des franchises prévues à l'article 87 du code déjà cité.

2° À l'introduction ou à l'acquisition si elle réalise un montant annuel d'introduction ou d'acquisition égal ou supérieur aux seuils définis par l'article A-157 et fixés par l'article A-158 ci-après.

Lorsque la personne établie hors de Monaco est dispensée de désigner un représentant en application du deuxième alinéa du I de l'article 72 du Code des taxes la déclaration afférente aux acquisitions intracommunautaires visées au 4° du I de l'article 50 A du même code est souscrite par la personne mentionnée à l'article A-129 E de l'annexe au code.

Art. A-154 A *(Ord. n° 12.125, 17 déc. 1996)*. – I. – Pour l'application de l'article 70 du Code des taxes, les représentants désignés en vertu du III de l'article 72 du même code doivent souscrire auprès de la direction des Services fiscaux un état trimestriel comportant les informations suivantes :

1. Le nom ou la dénomination et l'adresse du représentant, et le numéro d'identification à la taxe sur la valeur ajoutée sous lesquels sont effectuées les opérations visées au III de l'article 72 du Code des taxes ;

2. Pour les opérations visées au 4 du II de l'article 50 A du Code des taxes :

a) Le nom ou la dénomination et l'adresse de la personne qui a désigné le représentant ainsi que, le cas échéant, son numéro d'identification à la taxe sur la valeur ajoutée dans un État membre de la Communauté européenne autre que la France ;

b) La nature du bien et le montant de l'opération qui aurait dû être soumise à la taxe sur la valeur ajoutée lors de la sortie du bien de l'entrepôt, et la contre-valeur en euros lorsque ce montant est exprimé en devises :

c) Le montant de la livraison exonérée en vertu du I de l'article 31 du Code des taxes ou de l'exportation avec, dans ce dernier cas, la référence de la déclaration d'exportation et la contre-valeur en euros lorsque ce montant est exprimé en devises.

3. Pour les opérations visées au 4° du III de l'article 81 du Code des taxes :

a) Le nom ou la dénomination, l'adresse et le numéro d'identification à la taxe sur la valeur ajoutée dans un État membre de la Communauté européenne autre que la France de la personne qui a désigné le représentant ;

b) La nature du bien, le montant de l'importation et la contre-valeur en euros lorsque ce montant est exprimé en devises, et la référence de la déclaration d'importation ;

c) La nature du bien et le montant de la livraison exonérée en vertu du 1 de l'article 31 du Code des taxes et la contre-valeur en euros lorsque ce montant est exprimé en devises.

II. – L'état mentionné au I est souscrit par le représentant, pour l'ensemble des opérations pour lesquelles il a été désigné, sur support papier ou informatique selon les modalités prévues par l'Administration, au plus tard le 25 du mois qui suit chaque trimestre civil.

Art. A-155 *(Mod., Ord. n° 3.075, 10 janv. 2011 ; mod. à compter du 1er juill. 2013, Ord. n° 4.417, 22 juill. 2013).* – 1. – La déclaration mentionnée à l'article 74 du code est produite auprès de la direction des Services fiscaux sur support papier ou par voie électronique au plus tard le dixième jour ouvrable qui suit :

– pour les livraisons, le mois au cours duquel la taxe est devenue exigible dans l'État membre de la Communauté économique européenne autre que la France de destination des biens, conformément au 1 de l'article 69 de la directive 2006/112/CE du Conseil du 28 novembre 2006 ;

– pour les acquisitions intracommunautaires de biens, le mois au cours duquel la taxe est devenue exigible ;

– pour les autres opérations portant sur des biens, le mois au cours duquel a eu lieu le mouvement de marchandises.

Elle est souscrite, datée et signée par la personne mentionnée à l'article A-154 de l'annexe au code ou par la tierce personne mandatée expressément à cet effet.

II. – Une déclaration distincte est déposée par nature de flux : introduction-acquisition ou expédition-livraison.

Art. A-156 *(Mod., Ord. n° 14.769, 13 mars 2001 ; Ord. n° 481, 5 avr. 2006 ; rempl. à compter du 1er janv. 2011, Ord. n° 3.105, 26 janv. 2011).* – La déclaration mentionnée à l'article 74 du Code des taxes sur le chiffre d'affaires, servie ligne par ligne, comporte les mentions suivantes :

1. Quel que soit le flux considéré :

a) Le numéro d'assujetti à la taxe sur la valeur ajoutée de l'opérateur ;

b) L'adresse et la raison ou la dénomination sociale de l'opérateur ;

c) La période au titre de laquelle est établie la déclaration ;

d) La nature du flux d'échanges et la situation de l'entreprise au regard du seuil statistique ;

e) S'il y a lieu, le nom de la tierce personne mentionnée à l'article A-155 ;

f) Le régime de l'opération.

2. Au titre des livraisons de biens, quelle que soit leur valeur :

a) Le numéro d'identification à la taxe sur la valeur ajoutée de l'acquéreur pour les livraisons de biens exonérées en application du I de l'article 31 du Code des taxes sur le chiffre d'affaires et pour les régularisations effectuées en application du 1. de l'article 44 du même Code ;

b) En cas de transfert des biens pour les besoins de l'entreprise dans un État membre autre que la France où leur affectation est taxable, le numéro d'identification à la taxe sur la valeur ajoutée délivré à cette entreprise par cet État ;

c) La valeur fiscale en euros des livraisons de biens effectuées ;

d) S'il y a lieu, le montant des régularisations commerciales effectuées en application du 1. de l'article 44 du Code des taxes sur le chiffre d'affaires.

3. Autres informations :

a) À l'introduction comme à l'expédition, pour les opérateurs dont le montant annuel des échanges intracommunautaires est supérieur au seuil statistique fixé par arrêté ministériel :

1° – La nomenclature de produit. Dans le cas général, les codes à mentionner sont ceux de la nomenclature combinée en vigueur. Dans les cas particuliers prévus par arrêté ministériel, la codification plus détaillée spécifiée dans cet arrêté doit être utilisée ;

2° – La valeur en euros des introductions et expéditions de biens ;

3° – L'État membre autre que la France de provenance (à l'introduction) ou de destination (à l'expédition) des produits ;

4° – Le pays d'origine des produits, à l'introduction ;

5° – La masse nette de la marchandise et, le cas échéant, les unités supplémentaires ;

6° – La nature de la transaction ;

7° – Le mode de transport ;

8° – Le lieu d'expédition initiale (à l'expédition) ou de destination (à l'introduction) des produits.

b) Les opérateurs ont la possibilité de regrouper, sous une position unique de la nomenclature combinée, les transactions dont le montant en valeur est inférieur à un seuil fixé par arrêté ministériel. Dans ce cas, les informations visées aux 4° à 8° ne sont pas renseignées.

Le montant total repris sous cette position unique de la nomenclature combinée ne peut cependant pas excéder une valeur fixée par arrêté ministériel.

Art. A-157 *(Rempl. à compter du 1er janv. 2011, A. min. n° 2011-56, 26 janv. 2011).* – I. – La position spécifique de la nomenclature combinée mentionnée au *b* du 3 de l'article A-155 est identifiée par le code 99500000.

II. – Le montant en valeur du seuil de transaction mentionné au *b* du 3 de l'article A-155 précité est fixé à 200 €.

III. – Le montant total figurant sous la nomenclature spécifique prévue au I ne peut dépasser 2 000 € par déclaration mensuelle.

Art. A-158 *(A. min. n° 98-123, 18 mars 1998 ; A. min. n° 2001-137, 13 mars 2001 ; Ord. n° 15.116, 23 nov. 2001 ; A. min. n° 2006-141, 9 mars 2006 ; rempl. à compter du 1er janv. 2011, A. min. n° 2011-56, 26 janv. 2011).* – I. – Le montant annuel en valeur du seuil statistique mentionné à l'article A-155 est fixé à 460 000 € hors taxes à l'introduction comme à l'expédition.

II. – Le seuil statistique est atteint pour l'année en cours et pour le flux considéré lorsque l'assujetti se trouve dans l'une des deux situations suivantes :

a) l'assujetti a réalisé au cours de l'année civile précédente des expéditions ou des introductions d'un montant hors taxes supérieur à 460 000 € ;

b) l'assujetti dépasse le seuil de 460 000 € en cours d'année.

Art. A-159. – La valeur statistique visée à l'article A-156 est déterminée selon les modalités suivantes :

1. Lorsqu'il s'agit de livraisons, d'acquisitions et de transferts de biens, la valeur statistique est établie :

– à l'expédition, à partir de la base d'imposition à déterminer à des fins fiscales ; elle comprend les frais de transport et d'assurance se rapportant à la partie du trajet qui se situe sur le territoire statistique national ;

– à l'arrivée, à partir de la base d'imposition à déterminer à des fins fiscales ; elle comprend les frais de transport et d'assurance se rapportant à la partie du trajet jusqu'au territoire statistique national.

2. Pour les biens façonnés, la valeur statistique est établie comme si les biens avaient été entièrement produits dans l'État membre où le façonnage a eu lieu.

Art. A-160. – Les omissions ou inexactitudes constatées par le déclarant défini à l'article A-155 ou portées à sa connaissance font l'objet, dès leur constat, d'une déclaration rectificative souscrite par l'intéressé.

Cette déclaration, produite auprès de la direction des Services fiscaux comporte les mentions prévues à l'article A-156.

E *bis*. – Déclaration européenne des services
(Ord. n° 3.075, 10 janv. 2011).

Art. A-160 A ***(Ord. n° 3.075, 10 janv. 2011).*** **– I. – Toute personne identifiée à la taxe sur la valeur ajoutée à Monaco qui fournit un service pour lequel le preneur est redevable de la taxe sur la valeur ajoutée dans un État membre de l'Union européenne autre que la France en application de l'article 196 de la directive 2006/112/CE du 28 novembre 2006 est tenue de souscrire l'état récapitulatif prévu au III de l'article 73 du Code des taxes ;**

II. – L'état récapitulatif prévu au III de l'article 73 du Code des taxes est déposé auprès de la Direction des Services Fiscaux par voie électronique, au plus tard le dixième jour ouvrable du mois qui suit celui au cours duquel la taxe est devenue exigible dans l'autre Etat membre conformément aux articles 63 à 66 de la directive 2006/112/CE du 28 novembre 2006 ;

III. – Les assujettis bénéficiant du régime de franchise prévu à l'article 87 du Code des taxes peuvent souscrire l'état récapitulatif au moyen d'un formulaire papier conforme au modèle établi par l'administration ;

IV. – L'état récapitulatif prévu au III de l'article 73 du Code des taxes mentionne :

1° Le numéro d'assujetti à la taxe sur la valeur ajoutée du prestataire ;

2° L'adresse et la raison ou la dénomination sociale du prestataire ;

3° La période au titre de laquelle l'état est établi ;

4° Le numéro d'identification à la taxe sur la valeur ajoutée du preneur des services attribué par l'État membre dans lequel il est redevable de la taxe en application de l'article 196 de la directive 2006/112/CE du 28 novembre 2006 ;

5° Le montant total, en euros et hors taxe sur la valeur ajoutée, des prestations de services effectuées ;

6° S'il y a lieu, le montant des régularisations commerciales effectuées en application du 1 de l'article 44 du Code des taxes.

V. – Les omissions et les inexactitudes constatées par le déclarant ou portées à sa connaissance font l'objet, dès leur constat, d'un état rectificatif.

L'état rectificatif, souscrit par le même déclarant auprès de l'administration, comporte les mentions prévues au IV

Art. A-160 B ***(Ord. n° 3.075, 10 janv. 2011).*** **– I. – La demande de remboursement prévue à l'article 74 *bis* du Code des taxes doit être introduite avant le 30 septembre suivant l'année civile au cours de laquelle la taxe est devenue exigible.**

II. – La demande de remboursement est réputée introduite lorsque toutes les informations que l'État membre de remboursement peut exiger en application des articles 8, 9 et 11 de la directive 2008/9/CE du 12 février 2008 ont été fournies.

III. – L'administration ne transmet pas la demande à l'État membre de remboursement lorsque, au cours de la période de remboursement, le requérant établi à Monaco :

1° N'était pas assujetti à la taxe sur la valeur ajoutée ;

2° N'a effectué que des livraisons de biens ou des prestations de services exonérées sans droit à déduction de la taxe sur la valeur ajoutée payée à un stade antérieur en vertu des articles 23 à 27 du Code des taxes ;

3° A bénéficié de la franchise en base prévue à l'article 87 du Code des taxes.

IV. – La décision de transmettre ou non la demande prise par l'administration est notifiée à l'assujetti par voie électronique

F. – Déclaration des ventes autres que les ventes au détail

Art. A-161 et A-162 ***(Abr., Ord. n° 4.671, 15 janv. 2014).***

G. – Importations
(Ord. n° 3.074, 10 janv. 2011).

Art. A-162 A ***(Ord. n° 3.074, 10 janv. 2011).*** **– Le 4° du III de l'article 81 du Code des taxes s'applique lorsque l'expédition du bien vers un État membre de l'Union européenne autre que la France est consécutive à son importation et que l'assujetti importateur fournit, au moment de l'importation, les informations suivantes :**

1° *a)* Le numéro d'identification à la taxe sur la valeur ajoutée qui lui a été attribué s'il est établi à Monaco ;

b) S'il est établi hors de Monaco, le numéro d'identification à la taxe sur la valeur ajoutée sous lequel agit son représentant désigné conformément à l'article 72 du Code des taxes ;

2° *a)* Le numéro d'identification à la taxe sur la valeur ajoutée attribué dans un État membre autre que la France à l'assujetti auquel les biens sont livrés en exonération de taxe sur la valeur ajoutée conformément au 1° du I de l'article 31 du Code des taxes ;

b) Le numéro d'identification à la taxe sur la valeur ajoutée attribué à cet importateur dans l'État membre autre que la France d'arrivée de l'expédition ou du transport des biens lorsque ces derniers font l'objet d'un transfert exonéré de taxe sur la valeur ajoutée conformément au 2° du I de l'article 31 du Code des taxes ;

3° Un élément de preuve justifiant que les biens importés sont destinés à être transportés ou expédiés vers un État membre autre que la France. À cette fin, l'assujetti importateur peut, notamment, produire l'un des documents suivants :

a) Un document de transport ;

b) Une facture du transporteur ou un contrat d'assurance relatif au transport des biens vers un État membre autre que la France ;

c) Un contrat conclu avec l'acquéreur ou une correspondance commerciale mentionnant un lieu de destination dans un État membre autre que la France ;

d) Un bon de commande écrit émanant de l'acquéreur et indiquant que les biens doivent être expédiés ou transportés vers un État membre autre que la France ;

e) Un bon de livraison ou un bon d'enlèvement mentionnant un lieu de destination dans un État membre autre que la France.

II. – Obligations particulières

A. – Bâtiments de mer, bateaux, pêche maritime, aéronefs

Art. A-163. – Les personnes qui réalisent des opérations de vente portant sur des bâtiments utilisés par les compagnies de navigation de la marine marchande ou par des pêcheurs professionnels, qui sont destinés à la navigation maritime et soumis à la formalité de la naturalisation monégasque ou de la francisation, ainsi que sur des bateaux utilisés à la navigation de commerce sur les fleuves internationaux et inscrits en douane comme tels, doivent tenir à l'appui de leur comptabilité :

– soit l'indication du numéro et de la date de naturalisation monégasque ou de francisation ou d'inscription dans un bureau de la douane française ;

– soit, si ce titre n'a pas encore été délivré, le duplicata de la demande de naturalisation monégasque ou de francisation (formule 300 A ou 300 B, selon le cas) ou de l'inscription en douane visé par le service des douanes et qu'il leur appartient de réclamer à leurs acheteurs.

Art. A-164. – *a)* Les personnes qui réalisent des opérations de réparation ou de transformation portant sur les bâtiments et bateaux visés à l'article A-163 doivent tenir leur comptabilité de façon à faire apparaître distinctement les fournitures d'articles que ces opérations nécessitent ;

b) elles sont tenues d'indiquer sur leurs factures le nom du bâtiment ou bateau, les numéros et date de naturalisation monégasque ou de francisation ou d'inscription correspondants.

Art. A-165. – Les personnes qui effectuent des ventes, soit de produits destinés à être incorporés dans les bâtiments visés à l'article A-163. soit d'engins et filets de pêche pour la pêche maritime, sont soumises aux obligations prévues à l'article A-164-*b)*.

Art. A-166. – Les personnes qui effectuent des opérations mentionnées à l'article 29-II-2° à 7° du code sont tenues d'indiquer sur leurs factures la qualité de leurs acheteurs justifiant la franchise.

B. – Exportateurs

Art. A-167 *(Abr. à compter du 1er janv. 2011, A. min. n° 2011-94, 23 févr. 2011).*

C. – Cautionnement des entreprises bénéficiaires du régime de la suspension de taxe

C. taxes, ann., art. A-168 Art. A-168 *(A. min. n° 97-134, 18 mars 1997).* – Les dispositions de l'article 49 du code sont rendues applicables aux personnes ou sociétés mentionnées à l'article 63 de ce code ou susceptibles de bénéficier des dispositions prévues :

- au 8° du 4 de l'article 23 du code ;
- à l'article 48 du même code lorsqu'elles réalisent des exportations, des livraisons exonérées en vertu du I de l'article 31 dudit code ou des livraisons dont le lieu est situé sur le territoire d'un État membre de la Communauté économique européenne autre que la France en application de l'article 7 du code précité.
- à l'article 50 A du même code.

Art. A-169. – Les droits et pénalités susceptibles d'être mis à la charge des redevables visés à l'article A-168 s'entendent de la taxe sur la valeur ajoutée et des impositions additionnelles à celle-ci éventuellement exigibles sur la vente, en l'état ou après transformation, à des destinations non exonérées, de matières ou produits reçus en franchise et des pénalités prévues au chapitre XIII du code.

Art. A-170. – Les redevables définis à l'article A-168 peuvent recourir aux divers modes de cautionnement admis en matière de taxes sur le chiffre d'affaires.

S'il de cautionnement personnel, la garantie demandée peut être fournie par une société de cautionnement constituée par un groupement professionnel ou interprofessionnel et spécialement agréé.

D. – Opérations immobilières

Art. A-171 et A-172 *(Abr., Ord. n° 4.671, 15 janv. 2014).*

E. – Entreprises de spectacles

Art. A-173. – Toute entrée dans les établissements de spectacles visés au I de l'article 76 du code doit être constatée par la remise d'un billet extrait d'un carnet à souches ou d'un distributeur automatique et délivré avant l'entrée dans la salle de spectacles.

Ce billet comporte deux parties, dont l'une reste entre les mains du spectateur et l'autre est retenue au contrôle. Chacune de ces parties, ainsi que la souche dans le cas d'utilisation de carnets, doit porter d'une façon apparente : le nom de l'établissement, le numéro d'ordre du billet ; la catégorie de la place à laquelle celui-ci donne droit : le prix global payé par le spectateur ou, s'il y a lieu, la mention de gratuité ; le nom du fabricant ou de l'importateur.

Les billets doivent être numérotés suivant une série ininterrompue et utilisés dans leur ordre numérique ; chaque billet ne peut être utilisé que pour la catégorie de places qui y est indiquée.

Les billets pris en abonnement ou en location doivent être tirés de carnets ou rouleaux spéciaux : ils comportent les mentions prévues ci-dessus et, en outre, l'indication de la séance pour laquelle ils sont valables.

Les exploitants de spectacles cinématographiques peuvent être autorisés par le directeur des Services fiscaux à utiliser les billets d'entrée fournis par le Centre national français de la cinématographie et portant la marque de cet organisme. Ces billets doivent comporter toutes les mentions prévues au présent paragraphe. Ils doivent être utilisés dans les conditions fixées par la réglementation française de l'industrie cinématographique.

Art. A-174. – Les exploitants de spectacles peuvent employer des carnets spéciaux pour chaque représentation comprenant, par catégorie de places, un nombre de billets égal à celui des places susceptibles d'être occupées.

Chaque billet ainsi que sa souche doit indiquer, en dehors des énonciations prévues au deuxième alinéa de l'article A-173, le numéro de la place à laquelle il donne droit et la séance pour laquelle il est valable. Les billets qui correspondent aux places gratuites ou à prix réduit sont annulés et restent attachés à la souche. Les carnets afférents à chaque représentation doivent contenir les billets non délivrés ; ils sont enliassés et conservés par l'établissement.

Art. A-175. – Pour les représentations occasionnelles, il peut être fait usage de cartes d'entrée. Celles-ci doivent être munies d'un coupon détachable ; la carte et le coupon comportent les mentions prévues pour les billets et sont utilisés dans les mêmes conditions que ceux-ci.

Art. A-176. – Si, après la délivrance d'un billet, un spectateur désire changer de place et que ce changement entraîne une augmentation du prix, le complément doit être constaté par la délivrance d'un billet supplémentaire établi dans les mêmes conditions que les autres billets et portant imprimé le montant du supplément encaissé.

La mention du supplément de prix ne concerne pas les billets d'entrée dans les salles de spectacles cinématographiques.

Si, après la délivrance d'un billet édité par une caisse automatisée dans les conditions prévues à l'article A-173, un spectateur désire changer de catégorie de place, il doit être procédé à l'annulation de son billet et à la délivrance d'un nouveau billet correspondant à la place qu'il souhaite occuper.

Art. A-177. – Les fabricants, importateurs ou marchands doivent déclarer leurs livraisons de billets ou carnets d'entrée aux exploitants de spectacles, en précisant :

1° Les noms et adresses des établissements destinataires ;

2° Le nombre des billets ou cartes d'entrée livrés, par catégorie de places, ainsi que les numéros des billets.

Ils doivent adresser ces déclarations à la direction des Services fiscaux dans les huit jours qui suivent les livraisons.

Les exploitants de spectacles qui achètent leurs billets en dehors de la France et de la Principauté sont considérés comme importateurs et astreints aux déclarations prévues au présent article.

Art. A-178. – Les exploitants de spectacles sont comptables des billets qu'ils ont reçus ; ils doivent présenter les coupons de contrôle et les billets non utilisés à toute réquisition des agents de la direction des Services fiscaux.

Ces agents ont accès dans la salle de spectacles pour toutes vérifications utiles.

Art. A-179. – Les exploitants de spectacles sont tenus d'établir, dès la fin de chaque journée ou représentation, un relevé comportant, pour chaque catégorie de places : les numéros des premiers et derniers billets délivrés, le nombre de ceux-ci, le prix de la place et la recette correspondante.

Tous registres ou documents présentant les indications prévues ci-dessus tiennent lieu de relevé.

Les relevés doivent être tenus à la disposition des agents des Services fiscaux et conservés par les exploitants pendant le délai de six ans prévu à l'article 80 du code.

F. – Organismes sans but lucratif

Art. A-180. – Les organismes agissant sans but lucratif, désignés au *a)* du 1° du 6 de l'article 23 du code demeurent soumis, lorsqu'ils réalisent des opérations imposables à la taxe sur la valeur ajoutée, aux obligations prévues aux articles 66 à 74 du code, sous réserve des dispositions des alinéas suivants.

Ces organismes doivent se conformer, le cas échéant, aux dispositions de l'article 76 du même code.

Les organismes qui réalisent de manière permanente des opérations soumises à la taxe sur la valeur ajoutée ne mentionnent les ventes qu'ils consentent à leurs membres et les déductions correspondantes que globalement en fin d'année civile sur la déclaration afférente aux opérations du dernier mois ou du dernier trimestre.

Les organismes qui ne réalisent des opérations imposables qu'à titre occasionnel sont dispensés de souscrire les déclarations prévues aux 1° et 2° du I de l'article 66 du code. Ils souscrivent les déclarations prescrites par l'article 70 de ce code, dans les trente jours suivant la réalisation des opérations imposables, auprès de la direction des Services fiscaux. En ce qui concerne les ventes qu'ils consentent à leurs membres, les règles du troisième alinéa sont applicables.

Lorsqu'ils organisent une manifestation de bienfaisance ou de soutien pour laquelle ils entendent bénéficier de l'exonération prévue au *c)* du 1° du 6 de l'article 23 du code, les organismes mentionnés aux troisième et quatrième alinéa en informent la direction des Services fiscaux, au moins vingt-quatre heures avant le début de la manifestation.

Dans les trente jours qui suivent une manifestation exonérée, les organisateurs adressent au même service un relevé détaillé des recettes et des dépenses afférentes à la manifestation.

Art. A-181. – Les groupements qui bénéficient de l'exonération de la taxe sur la valeur ajoutée prévue à l'article 24 du code sont tenus de produire une déclaration établie sur un imprimé fourni par l'Administration indiquant :

– les éléments nécessaires à l'identification des associés et à leurs droits dans le capital social ;

– le montant des dépenses réparties entre les associés en distinguant notamment les achats effectués pour le compte des associés, les frais de personnel, les frais afférents aux locaux, au mobilier et au matériel, les frais de bureau et les autres frais généraux.

Chapitre VII. – Importations

Œuvres d'art originales, timbres et objets de collections ou d'antiquité

Art. A-182. – 1. L'exonération de la taxe sur la valeur ajoutée est applicable, sous réserve des dispositions du 2, aux œuvres d'art originales, timbres, objets de collection ou d'antiquité repris aux numéros 97-04, 97-05 et 97-06 du tarif des droits de douane d'importation lorsqu'ils sont destinés :

1° À la réunion des musées nationaux monégasques et français ;

2° Aux musées de l'État et de la Commune ;

3° Aux fondations, associations et autres établissements justifiant de leur agrément par l'autorité compétente.

2. L'exonération est subordonnée à la production, à l'appui de la déclaration d'importation, d'une attestation signée par le directeur de l'établissement certifiant que les objets importés sont destinés audit établissement et comportant l'engagement :

1° De ne pas céder, à titre onéreux ou gratuit, lesdits objets sans avoir au préalable acquitté auprès du service des douanes françaises la taxe sur la valeur ajoutée ;

2° De présenter audit service d'importation, dans un délai de trente jours, un certificat de prise en charge de ces objets dans l'inventaire de l'établissement destinataire.

3. La taxe sur la valeur ajoutée n'est pas due si la cession est faite au bénéfice de l'un des établissements visés au 1.

Chapitre VIII. – Régimes spéciaux

I. – Corse

Art. A-183. – 1. La liste des matériels agricoles visée au 3° de l'article 93 du code est fixée ainsi qu'il suit :

a) tracteurs agricoles, y compris les tracteurs-treuils, voitures automobiles conçues pour le transport exclusif des marchandises et remorques susceptibles d'être attelées à ces véhicules ;

b) matériels à traction animale ou mécanique, utilisés pour les usages suivants :

– préparation des surfaces cultivées,

– fertilisation,

– semis et plantation,

– entretien des cultures,

– récoltes.

c) matériels de traitements antiparasitaires ;

d) matériels mécaniques de manutention et matériels de conservation des produits agricoles (autres que les bâches) ;

e) matériels d'irrigation, à l'exception des tuyaux d'arrosage en matière souple ;

f) matériels nécessaires à l'élevage du bétail (à l'exclusion des fils, piquets et accumulateurs utilisés pour l'électrification des clôtures), à l'aviculture et à l'apiculture ;

g) matériels utilisés pour la préparation des aliments du bétail ;

h) matériels de laiterie, vinification et cidrerie ; matériels utilisés pour l'élaboration des jus de fruits ;

i) moteurs à explosion et à combustion interne, moteurs électriques de plus de 10 kg et groupes électrogènes ; générateurs à air chaud à usage agricole et matériels de ventilation ;

j) pièces de rechange destinées aux matériels énumérés ci-dessus aux *b), c), d), e), f), g)* et *h)* ;
k) roues de rechange des véhicules visés au *a).*
2. Le bénéfice du taux prévu au 3° de l'article 93 du code précité est subordonné à l'affectation permanente des matériels aux besoins de l'exploitation agricole.

II. – Moyens de transports neufs

Art. A-184 *(Mod., Ord. n° 16.434, 13 sept. 2004).* – Les factures délivrées par les assujettis désignés au II de l'article 94 du Code des taxes sur le chiffre d'affaires doivent comporter les éléments suivants :
1° Le nom et l'adresse de l'assujetti qui effectue la livraison ;
2° Le nom et l'adresse de l'acquéreur, ainsi que l'indication du nom de l'État membre autre que la France, à destination duquel le moyen de transport neuf est expédié ou transporté ;
3° L'identification complète du moyen de transport :
a) nature ;
b) genre ;
c) marque ;
d) type ;
e) numéro dans la série du type ;
f) cylindrée ou puissance pour un véhicule terrestre ;
g) poids total au décollage pour un aéronef ;
h) longueur, vitesse maximale pour un bateau et, le cas échéant. puissance du ou des moteurs ;
i) date de première mise en circulation ou, pour les bateaux, date du permis de navigation ou, pour les aéronefs, date de délivrance du premier certificat de navigabilité ou certificat de navigabilité export ;
j) numéro ou marque d'immatriculation ;
4° La date de la livraison ;
5° La distance parcourue (véhicules terrestres), le nombre d'heures de vol effectuées (aéronefs), le nombre d'heures de navigation effectuées (bateaux) entre la date de première mise en circulation et celle de la livraison ou, lorsque le moyen de transport n'a pas déjà été mis en circulation, une mention selon laquelle le bien n'a fait l'objet d'aucune utilisation ;
6° Le prix de vente hors taxe sur la valeur ajoutée ;
7° La mention : « exonération de la taxe sur la valeur ajoutée, article 94 du Code des taxes sur le chiffre d'affaires ».

Art. A-185. – Pour les assujettis au IV de l'article 94 du code, le remboursement de la taxe sur la valeur ajoutée qu'ils ont acquittée lors de l'achat du moyen de transport, de son importation ou de son acquisition intracommunautaire, s'effectue au vu d'une demande établie sur un imprimé dont le modèle est fixé par l'Administration.
Le demandeur établit que le moyen de transport est affecté aux besoins d'un résident d'un État membre autre que la France.
La demande est déposée auprès de la direction des Services fiscaux.
Le remboursement est subordonné à la production, à l'appui de la demande :
a) du document justifiant que le demandeur a précédemment acquitté la taxe sur la valeur ajoutée sur le moyen de transport neuf qu'il vend : facture d'achat, déclaration d'importation ou document en tenant lieu, certificat délivré par la direction des Services fiscaux, dans les conditions prévues à l'article A-187 ;
b) (Mod., Ord. n° 16.434, 13 sept. 2004) de la facture de vente établie par le demandeur, conformément à l'article A-184 ;
c) de l'original ou d'une copie certifiée :
– de l'attestation de restitution au Service de la circulation du certificat d'immatriculation conformément à la réglementation applicable en matière d'immatriculation des véhicules terrestres à moteur ;
– du certificat de radiation de l'immatriculation pour les aéronefs ;
– du certificat de radiation du pavillon monégasque pour les bateaux.

Art. A-186 *(Ord. n° 14.064, 29 juin 1999).* – Toute personne qui acquiert un moyen de transport mentionné au 1 du III de l'article 94 du Code des taxes, en provenance d'un État membre de la Communauté européenne

autre que la France, est tenue de demander auprès de la direction des Services fiscaux le certificat fiscal prévu au V *bis* de l'article 94 du Code des taxes.

Le certificat doit être obligatoirement présenté pour obtenir l'immatriculation d'un moyen de transport mentionné au premier alinéa et provenant d'un État membre de la Commission européenne autre que la France.

Art. A-187 ***(Ord. n° 14.064, 29 juin 1999).*** **– Pour l'application de l'article A-186 :**

1° L'assujetti et la personne morale non assujettie, autres qu'une personne bénéficiant du régime dérogatoire prévu au 2° du I de l'article 2 du Code des taxes indiquent sur le certificat fiscal mentionné à l'article A-186, selon le cas, que la taxe sera acquittée sur leur déclaration de chiffre d'affaires, qu'elle a déjà été acquittée ou que l'acquisition intracommunautaire n'est pas taxable. L'Administration appose un visa sur ce certificat. Elle subordonne son visa à la mise en œuvre des dispositions prévues à l'article A-187 *bis*.

2° Les personnes mentionnées au 1° sont tenues de joindre à la déclaration de chiffre d'affaires prévue à l'article 70 du Code des taxes un relevé détaillé établi sur papier libre, indiquant pour la période couverte par cette déclaration :

a) **L'identification, le prix et la date de chacune des acquisitions intracommunautaires de moyens de transports taxables en application du 1° du I de l'article 2 du Code des taxes ;**

b) **L'identification, le prix et la date de chacune des acquisitions intracommunautaires de moyens de transport non taxables en application du 2° *bis* du I du même article ;**

c) **L'identification, le prix et la date de chacune des acquisitions de moyens de transport en provenance d'un État membre de la Communauté européenne autre que la France qui ne relèvent pas des deux catégories ci-dessus ;**

3° Les personnes autres que celles qui sont mentionnées au 1° indiquent sur le certificat fiscal mentionné au I de l'article A-186, selon le cas, que la taxe sur la valeur ajoutée exigible a été acquittée ou qu'au vu des renseignements communiqués aucune taxe n'est due au titre de cette opération.

Art. A-187 *bis* ***(Ord. n° 14.064, 29 juin 1999).*** **– I. – Pour l'application du premier alinéa du V *bis* de l'article 94 du Code des taxes, la direction des Services fiscaux détermine le montant de la caution exigée.**

II. – La dispense de caution prévue au deuxième alinéa du V *bis* de l'article 94 du Code des taxes est accordée pour une période de trois mois, renouvelable par tacite reconduction. Toutefois, si au cours de cette période ou au terme de celle-ci, l'Administration constate que le demandeur ne présente plus de garanties suffisantes de solvabilité, la dispense de caution est rapportée. Cette décision, motivée, est notifiée au demandeur.

II *bis*. – Biens d'occasion, œuvres d'art, objets de collection et d'antiquité

Art. A-187 A. – I. – Sont considérés comme biens d'occasion les biens meubles corporels susceptibles de remploi, en l'état ou après réparation, autres que des œuvres d'art et des objets de collection ou d'antiquité et autres que des métaux précieux ou des pierres précieuses.

II. – Sont considérées comme œuvres d'art les réalisations ci-après :

1° Tableaux, collages et tableautins similaires, peintures et dessins, entièrement exécutés à la main par l'artiste, à l'exclusion des dessins d'architectes, d'ingénieurs et autres dessins industriels, commerciaux, topographiques ou similaires, des articles manufacturés décorés à la main, des toiles peintes pour décors de théâtres, fonds d'ateliers, ou usages analogues ;

2° Gravures, estampes et lithographies originales tirées en nombre limité directement en noir ou en couleurs, d'une ou plusieurs planches entièrement exécutées à la main par l'artiste, quelle que soit la technique ou la matière employée, à l'exception de tout procédé mécanique ou photomécanique ;

3° À l'exclusion des articles de bijouterie, d'orfèvrerie et de joaillerie, productions originales de l'art statuaire ou de la sculpture en toutes matières dès lors que les productions sont exécutées entièrement par l'artiste ; fontes de sculpture à tirage limité à huit exemplaires et contrôlé par l'artiste ou ses ayants droit ;

4° Tapisseries et textiles muraux faits à la main, sur la base de cartons originaux fournis par les artistes, à condition qu'il n'existe pas plus de huit exemplaires de chacun d'eux ;

5° Exemplaires uniques de céramique, entièrement exécutés par l'artiste et signés par lui ;

6° Émaux sur cuivre, entièrement exécutés à la main, dans la limite de huit exemplaires numérotés et comportant la signature de l'artiste ou de l'atelier d'art, à l'exclusion des articles de bijouterie, d'orfèvrerie et de joaillerie ;

7° Photographies prises par l'artiste, tirées par lui ou sous son contrôle, signées et numérotées dans la limite de trente exemplaires, tous formats et supports confondus.

III. – Sont considérés comme objets de collection les biens suivants, à l'exception des biens neufs :

1° Timbres-Poste, timbres fiscaux, marques postales, enveloppes premier jour, entiers postaux et analogues, oblitérés ou bien non oblitérés mais n'ayant pas cours et n'étant pas destinés à avoir cours ;

2° Collections et spécimens pour collections de zoologie, de botanique, de minéralogie, d'anatomie, ou présentant un intérêt historique, archéologique, paléontologique, ethnographique ou numismatique.

IV. – Les objets d'antiquité sont les biens meubles, autres que des œuvres d'art et des objets de collection, ayant plus de cent ans d'âge.

III. – Régime applicable à l'or d'investissement

Art. A-187 B *(Ord. n° 14.571, 12 sept. 2000)*. – Afin de bénéficier de l'exonération de taxe sur la valeur ajoutée prévue à l'article 100 *bis* A du Code des taxes, la facture relative aux opérations portant sur les pièces d'or d'investissement désignées au *b* du 2 de cet article mentionne pour ces pièces :

a) Leur dénomination ;

b) L'année et le pays de leur émission ;

c) Leur poids en or ;

d) Le cours de l'or fin sur le marché libre au jour de la livraison.

IV. – Services fournis par voie électronique
(Ord. n° 16.434, 13 sept. 2004)

Art. A-187 C *(Ord. n° 16.434, 13 sept. 2004)*. – Sont considérés comme des services fournis par voie électronique au sens du 12° de l'article 13 du Code des taxes :

a. La fourniture et l'hébergement de sites informatiques, la maintenance à distance de programmes et d'équipement ;

b La fourniture de logiciels et la mise à jour de ceux-ci ;

c. La fourniture d'images, de textes et d'informations et la mise à disposition de bases de données ;

d. La fourniture de musique, de films et de jeux, y compris les jeux de hasard ou d'argent, et d'émissions ou de manifestations politiques, culturelles, artistiques, sportives, scientifiques ou de divertissement ;

e. La fourniture de services d'enseignement à distance.

Chapitre IX. – Paiement de la taxe

I. – Obligations cautionnées

Art. A-188 et A-189 *(Abr., Ord. n° 4.671, 15 janv. 2014)*.

II. – Dispositions particulières à certains transports

Art. A-190. – Pour les transports maritimes, par route ou par voies d'eau intérieures, la perception de la taxe exigible est opérée lors du passage en douane, lorsque le transport est effectué par des entreprises qui ne sont pas établies à Monaco ou dans un État membre de la Communauté économique européenne et qui n'ont pas désigné un représentant fiscal en Principauté.

Chapitre X. – Définition du territoire communautaire

Art. A-191 *(Abr., Ord. n° 11.936, 26 avr. 1996)*.

TROISIÈME PARTIE

TEXTES NON CODIFIÉS

JUSTICE

Loi n° 783 du 15 juillet 1965

portant organisation judiciaire

(Mod., L. n° 850, 4 juill. 1968 ; L. n° 889, 1er juill. 1970 ; L. n° 904, 24 févr. 1971 ; L. n° 1.009, 4 juill. 1978 ; L. n° 1.031, 23 déc.1980 ; L. n° 1.200, 13 janv. 1998 ; L. n° 1.228, 10 juill. 2000 ; L. n° 1.394, 9 oct. 2012 ; abr., L. n° 1.398, 24 juin 2013, à l'exception des articles 80, 109 et 110 en ce qu'ils fixent la procédure applicable aux poursuites disciplinaires à l'encontre des officiers de police judiciaire).

Art. 80. – **La procédure réglée par les articles 109, 110 et 111 sera observée à l'égard des officiers de police judiciaire.**

Art. 109. – **Le magistrat poursuivi a droit à la communication de son dossier et de toutes les pièces de l'enquête.**

Les conclusions écrites du ministère public seront, avant tout débat, communiquées par le procureur général au magistrat poursuivi et, si ce dernier le demande, un délai de quinze jours francs lui sera accordé pour présenter sa justification par écrit.

Aucune décision ne sera rendue sans qu'au préalable, le magistrat poursuivi n'ait été personnellement entendu ou dûment appelé. Il pourra se faire assister d'un avocat-défenseur ou d'un avocat.

Art. 110. – **Si l'intéressé ne comparaît pas volontairement, citation lui sera donnée à comparaître dans le délai qui lui sera fixé.**

La citation sera faite, d'ordre du président, par lettre du greffier, indicative de l'objet, de laquelle il sera pris note sur un registre coté et paraphé par le président.

Ordonnance du 9 mars 1918

organisation la direction des services judiciaires

(Mod., Ord. 25 janv. 1937 ; L. n° 233, 8 avr. 1937 ; L. n° 1.200, 13 janv. 1998 ; L. n° 1.222, 28 déc. 1999 ; abr., L. n° 1.398, 24 juin 2013).

Loi n° 1.398 du 24 juin 2013

relative à l'administration et à l'organisation judiciaires

Titre Ier. – De l'administration de la justice

Art. 1er. – **Le Directeur des Services Judiciaires assure la bonne administration de la justice.**

Il est nommé par ordonnance souveraine.

Art. 2. – **Le Directeur des Services Judiciaires prend tous arrêtés et décisions nécessaires dans le cadre des lois et règlements.**

Art. 3. – **Les règles régissant l'entrée en vigueur et l'opposabilité des arrêtés et décisions du Directeur des Services Judiciaires sont celles applicables aux arrêtés ministériels et aux décisions administratives.**

Art. 4. – **Sans préjudice des compétences qui lui sont conférées par des lois particulières, le Directeur des Services Judiciaires exerce son autorité administrative sur le secrétariat général de la direction des services judiciaires, les services du greffe général et du Parquet Général ainsi que la maison d'arrêt.**

Art. 5. – Les personnels des services judiciaires non régis par des dispositions statutaires spécifiques sont soumis aux règles générales applicables aux fonctionnaires et agents de l'État.

Toutefois, les pouvoirs hiérarchique et disciplinaire sont exercés à leur endroit par le Directeur des Services Judiciaires.

Art. 6. – Dans le cadre de la préparation du projet de budget primitif ou rectificatif de l'État, le Directeur des Services Judiciaires élabore les propositions concernant les recettes et les dépenses de ses services et les transmet au Ministre d'État.

Le Directeur des Services Judiciaires ordonnance ces dépenses dont le contrôle est effectué dans les conditions fixées par ordonnance souveraine.

Art. 7. – Le Directeur des Services Judiciaires conclut tous contrats nécessaires au bon fonctionnement de ses services.

Art. 8. – Le Directeur des Services Judiciaires représente l'État en justice dans les conditions prévues par la loi, soit en demandant, soit en défendant, pour tout ce qui concerne l'administration de la justice.

Art. 9. – Il est assisté par le Secrétaire Général de la Direction des Services Judiciaires dans tous les domaines de l'administration de la justice.

Art. 10. – En cas d'absence ou d'empêchement, le Directeur des Services Judiciaires peut assurer son remplacement par un arrêté portant délégation au Procureur Général ou, si ce dernier est absent ou empêché, à un membre du Conseil d'État.

Titre II. – De l'organisation judiciaire

Art. 11. – La justice est rendue au nom du Prince par une justice de paix, un Tribunal de Première Instance, une Cour d'Appel, un Tribunal criminel et une Cour de Révision, sans préjudice des autres juridictions judiciaires prévues par la loi.

Leurs compétences et attributions sont déterminées par les lois en vigueur.

Section 1. – De la justice de paix

Art. 12. – La justice de paix est constituée d'un ou plusieurs magistrats statuant à juge unique.

Le magistrat le plus ancien, dans le grade le plus élevé, est en charge des mesures d'administration judiciaire relatives à la justice de paix.

Art. 13. – Lorsque, par suite d'absence, d'empêchement ou d'autres causes rendant indisponible le ou les magistrats composant la justice de paix, le Premier Président de la Cour d'Appel peut désigner pour les remplacer un membre du Tribunal de Première Instance.

Section 2. – Du Tribunal de Première Instance

Art. 14. – Le Tribunal de Première Instance est composé d'un Président, de Vice-présidents, de Premiers juges, de juges et de magistrats référendaires.

Art. 15. – Le Tribunal de Première Instance statue en formation collégiale de trois membres.

Son jugement peut être prononcé par l'un des juges qui l'a rendu, tant en matière civile que pénale.

Art. 16. – Lorsque le Président du tribunal doit être suppléé pour des fonctions qui lui sont spécialement attribuées, il est remplacé par un Vice-président ou par un magistrat de sa juridiction qu'il désigne.

Art. 17. – Lorsque, par suite d'absence, d'empêchement ou d'autres causes, le tribunal ne peut se constituer, le Président appelle, pour le compléter, un ou plusieurs membres de la justice de paix et, à défaut, successivement l'avocat-défenseur ou l'avocat le plus ancien présent à la barre.

Si toutes les personnes qualifiées pour compléter le Tribunal de Première Instance se trouvent empêchées, il statue valablement avec son effectif réduit, après l'avoir constaté dans sa décision.

Art. 18. – Si nécessaire, le tribunal siégeant à juge unique peut procéder à l'enregistrement des lois et ordonnances souveraines.

Section 3. – De la Cour d'Appel

Art. 19. – La Cour d'Appel est composée d'un Premier Président, d'un Vice-président et de conseillers.

Art. 20. – La Cour d'Appel est composée d'un Premier Président, d'un Vice-président et de conseillers.

Art. 21. – Lorsque le Premier Président doit être suppleé, il est remplacé par le Vice-président et, à défaut, par un conseiller qu'il désigne.

Art. 22. – Lorsque la Cour d'Appel ne peut se constituer avec ses propres membres, le magistrat qui préside appelle, pour la compléter, un ou plusieurs membres du tribunal n'ayant pas connu de la cause en première instance et, à défaut, une des autres personnes énumérées à l'alinéa premier de l'article 17.

Si toutes les personnes qualifiées pour compléter la Cour d'Appel se trouvent empêchées, elle statue valablement avec son effectif réduit, après l'avoir constaté dans sa décision.

Section 4. – Du Tribunal criminel

Art. 23. – L'organisation et le fonctionnement du Tribunal criminel sont régis par le Code de procédure pénale.

Section 5. – De la Cour de Révision

Art. 24. – La Cour de Révision est composée d'un Premier Président, de deux Vice-présidents et de conseillers qui sont appelés à siéger suivant l'ordre de leur nomination.

Lorsque la Cour de Révision ne peut se constituer avec ses propres membres, le magistrat qui préside appelle, pour la compléter, un ou plusieurs membres du Tribunal de Première Instance ou de la Cour d'Appel n'ayant pas connu de la cause lors des instances précédentes et désignés respectivement par leur chef de juridiction.

Si toutes les personnes qualifiées pour compléter la Cour de Révision se trouvent empêchées, elle statue valablement avec son effectif réduit, après l'avoir constaté dans sa décision.

Elle statue au nombre de trois membres au moins.

Quand elle siège en nombre pair et en cas de partage égal de voix, les dispositions du second alinéa de l'article 20 sont applicables.

Art. 25. – En cas d'empêchement du Premier Président, ses fonctions sont exercées par le plus ancien des Vice-présidents d'après l'ordre de nomination. Si celui-ci se trouve lui-même empêché, lesdites fonctions sont dévolues à l'autre Vice-président ou, dans le cas où il serait également empêché, au plus ancien des conseillers d'après l'ordre de nomination.

Section 6. – Du Ministère public

Art. 26. – Le Directeur des Services Judiciaires dirige l'action publique, sans pouvoir ni l'exercer lui-même, ni en arrêter ou en suspendre le cours.

Dans les circonstances prévues par l'article 10, cette mission est assurée par le délégataire désigné par arrêté du Directeur des Services Judiciaires.

Art. 27. – Le Directeur des Services Judiciaires donne, quand il y a lieu, ses instructions aux magistrats du Ministère public. Celles-ci sont écrites et versées au dossier de la procédure.

Les magistrats du Ministère public sont tenus d'y conformer leurs actes d'information écrite, l'indépendance de la parole demeurant réservée aux droits de la conscience.

Art. 28. – Le Procureur Général et les magistrats du parquet, placés sous sa direction et sa surveillance, exercent indivisément les fonctions du Ministère public.

Art. 29. – Le Procureur Général remplit les fonctions du Ministère public auprès de toutes les juridictions, sans préjudice des dispositions de l'article 425 du Code de procédure pénale.

Il est chargé de rechercher et de poursuivre les infractions ; de surveiller et requérir au nom du Prince, l'exécution des lois, des arrêts et des jugements ; d'assurer d'office cette exécution dans les dispositions qui intéressent l'ordre public.

Il remplit également toutes autres fonctions qui lui sont attribuées par la loi.

Art. 30. – Les magistrats du Ministère public, en prenant aux audiences leurs réquisitions ou en donnant leurs conclusions, se tiennent debout.

Ils n'assistent pas aux délibérés précédant les jugements ou arrêts.

Art. 31. – Le Procureur Général dirige les services de secrétariat du Parquet Général, sous l'autorité du Directeur des Services Judiciaires.

Art. 31 *bis*. – Dans les conditions prévues par l'article 48 du Code de procédure pénale, les officiers de police judiciaire sont sous la direction et la surveillance du Procureur Général et sous l'autorité de la Cour d'Appel.

Tous ceux qui sont, en raison de leurs fonctions, même administratives, appelés à faire un acte quelconque de police judiciaire, sont, sous ce rapport seulement, soumis aux dispositions de l'alinéa premier.

Le Procureur Général, en concertation avec le Premier Président de la Cour d'Appel et après avoir recueilli les observations du Directeur de la Sûreté Publique, établit l'évaluation des officiers de police judiciaire dans l'exercice des fonctions mentionnées à l'article 48 du Code de procédure pénale.

Section 7. – Des audiences et assemblées générales

Art. 32. – Conformément aux dispositions légales, la Cour de Révision examine les pourvois dont elle est saisie, soit en audience publique et en session, soit uniquement sur pièces.

Elle tient une ou plusieurs sessions par an dont le Premier Président fixe la date et la durée en accord avec le Procureur Général.

Art. 33. – La Cour d'Appel, le Tribunal de Première Instance et la justice de paix tiennent les audiences nécessaires pour le jugement des affaires.

Les jours et heures de ces audiences sont arrêtés au début de chaque année judiciaire par le Premier Président, le Président ou le juge de paix.

Toutefois, cette fixation peut être modifiée dans le cours de l'année si les besoins du service l'exigent.

Art. 34. – Les magistrats de la Cour d'Appel, du tribunal et de la justice de paix peuvent se réunir dans la chambre du conseil en assemblée générale sur la convocation du Premier Président de la Cour d'Appel pour débattre des affaires intérieures des juridictions.

Chaque juridiction peut, de même, être réunie sur la convocation de son président. Les magistrats du parquet peuvent y être appelés.

Ces assemblées se tiennent à huis clos avec l'assistance d'un secrétaire choisi en leur sein.

Section 8. – Des absences, congés et vacations

Art. 35. – Les dimanches et jours fériés, il ne peut, à peine de nullité, être rendu aucun jugement, ni être délivré aucun acte judiciaire, sauf les cas prévus par les codes et les lois en vigueur.

Art. 36. – Après consultation des chefs de juridiction et du Procureur Général, le Directeur des Services Judiciaires détermine et arrête, chaque année et pour toutes les juridictions, les périodes de vacations de Noël et de Pâques.

Les vacations d'été s'emplacent pour toutes les juridictions du 15 juillet au 30 septembre.

Art. 37. – Sans préjudice des droits personnels à congé des magistrats qui exercent ces fonctions, il n'y a pas de vacations pour l'instruction et le Ministère public.

Art. 38. – Durant les périodes de vacations, la Cour d'Appel tient les audiences nécessaires pour le traitement des affaires civiles, commerciales, sociales et administratives requérant célérité et des affaires correctionnelles intéressant des détenus, sans préjudice des réunions de la chambre du conseil nécessaires au traitement des affaires pénales.

Les jours et heures desdites audiences sont fixés par le Premier Président.

Art. 39. – Pendant les mêmes périodes, le Tribunal de Première Instance et la justice de paix tiennent les audiences nécessaires pour le traitement des affaires requérant célérité.

Les jours et heures de ces audiences sont fixés par le président de la juridiction.

Art. 40. – Le président du tribunal peut néanmoins permettre la notification de tout exploit les dimanches et jours fériés, conformément aux dispositions du Code de procédure civile.

Art. 41. – Dans les périodes de vacations, le greffier en chef prend toutes mesures pour assurer la continuité du service.

Art. 42. – Le Premier Président de la Cour d'Appel ne peut prendre de congés sans en référer au Directeur des Services Judiciaires.

Art. 43. – Du 15 juillet au 30 septembre, les magistrats de la Cour d'Appel ont droit à congés alternativement pendant quarante-quatre jours ouvrés à la condition, toutefois, que les prescriptions ci-dessus édictées pour le traitement des affaires soient observées.

Le Président du Tribunal de Première Instance a le même droit.

Les autres membres du tribunal et la justice de paix ont droit à prendre leurs congés pendant trente-trois jours ouvrés, chacun dans les mêmes conditions.

Art. 44. – En dehors de leur période de congés, les magistrats de la Cour d'Appel, le Président du Tribunal de Première Instance et les juges de paix ne peuvent s'absenter sans l'autorisation du Premier Président de la Cour d'Appel.

De même, les magistrats du Tribunal de Première Instance ne peuvent s'absenter sans l'autorisation du président de cette juridiction.

Le Président du Tribunal de Première Instance informe le Premier Président de la Cour d'Appel des absences qu'il a autorisées. Ce dernier en informe le Directeur des Services Judiciaires.

Art. 45. – Le Procureur Général fixe, en concertation avec le Directeur des Services Judiciaires, la date des congés des magistrats du parquet. Leur durée est identique à celle des magistrats du Tribunal de Première Instance.

En dehors de la période des congés, les magistrats du Parquet ne peuvent s'absenter sans l'autorisation du Procureur Général.

Art. 46. – La rentrée de la Cour d'Appel et des tribunaux a lieu chaque année, sur la fixation du Premier Président de la Cour d'Appel, dans une audience solennelle précédée d'une messe du Saint-Esprit à laquelle assistent tous les membres du corps judiciaire, du greffe général, du barreau, ainsi que les notaires et les huissiers.

Art. 47. – Les détails de cette cérémonie sont réglés par le Premier Président de la Cour d'Appel qui invite les autorités à y assister.

À cette occasion, un discours de rentrée est prononcé par un membre du corps judiciaire ou une personnalité extérieure, désigné par le Premier Président avant le 31 décembre de l'année judiciaire précédente, après concertation entre le Directeur des Services Judiciaires et les chefs de juridiction.

Section 9. – Du rang des prérogatives des magistrats et des auxiliaires de la justice

Art. 48. – Le rang de la Cour de Révision, de la Cour d'Appel et des tribunaux par rapport aux autres autorités et fonctionnaires, dans les assemblées et cérémonies publiques, est réglé par l'ordonnance souveraine sur les préséances.

Art. 49. – Lorsque les magistrats sortent en corps, ils doivent être placés ensemble, suivant l'ordre des juridictions, immédiatement avant les membres du greffe général, du barreau et les notaires, s'ils en sont accompagnés, sauf les places à part réservées au Premier Président et au Procureur Général.

Les substituts prennent place entre la Cour d'Appel et le Tribunal de Première Instance.

Art. 50. – Le rang individuel des magistrats entre eux est le suivant :

1° le Premier Président de la Cour de Révision ;
2° le Premier Président de la Cour d'Appel ;
3° le Procureur Général ;
4° les vice-présidents de la Cour de Révision ;
5° les autres membres de la Cour de Révision ;
6° le vice-président de la Cour d'Appel ;
7° le président du Tribunal de Première Instance ;
8° les conseillers à la Cour d'Appel ;
9° les vice-présidents du Tribunal de Première Instance ;
10° le Procureur Général adjoint ;
11° les premiers juges du tribunal ;
12° les premiers substituts du Procureur Général ;
13° les juges de paix ;
14° les juges d'instruction ;
15° les juges au Tribunal de Première Instance ;
16° les substituts du Procureur Général ;
17° les magistrats référendaires.

Les membres des juridictions prennent rang dans l'ordre de leur réception.

Prennent rang ensuite :

1° le greffier en chef ;
2° les greffiers en chef adjoints ;
3° le secrétaire général du parquet ;
4° les notaires ;
5° le bâtonnier et les avocats ;
6° les greffiers principaux ;
7° les greffiers ;
8° les huissiers ;
9° les fonctionnaires et agents affectés au greffe général.

Les notaires, les avocats-défenseurs et les avocats, les huissiers et les membres du Greffe Général prennent rang dans l'ordre que leur assigne la date de leur prestation de serment.

Art. 51. – Lorsque les cours et les tribunaux se rendent à une cérémonie publique, il leur est donné, sur les réquisitions du Procureur Général, une escorte de dix hommes commandés par un sous-officier.

Les gardes devant lesquels passent les cours et les tribunaux prennent les armes et les portent.

Titre III. – De l'instruction et du jugement des affaires devant les différentes juridictions

Art. 52. – Pour toutes les questions non traitées dans la présente loi, les juridictions se conforment aux codes, lois et ordonnances sur la procédure civile ou pénale les concernant.

Section 1. – Justice de Paix

Art. 53. – Le Juge de paix statue dans les matières dont la connaissance lui est attribuée par la loi et dans les formes qu'elle prescrit.

Il assure la police des audiences qu'il préside, avec l'assistance de la force publique, si nécessaire.

Ses jugements sont signés, dans les trois jours de leur prononcé, par lui et le greffier qui en assure la conservation.

Section 2. – Tribunal de Première Instance

Art. 54. – Le greffier d'audience au tribunal tient un registre ou rôle, sur lequel toutes les causes sont inscrites dans l'ordre de leur présentation. Les causes qui n'ont pas été présentées en vue de leur inscription ne sont pas appelées.

Les dispositions du présent article ne concernent pas les affaires pénales.

Art. 55. – Les réquisitions de la force publique, pour la police des audiences, sont faites par le Président, à qui cette police appartient exclusivement et qui a tout pouvoir pour prolonger les audiences pendant le temps que le service public exige.

Pendant les délibérations du tribunal en chambre du conseil, la police de l'audience est confiée au Ministère public.

Art. 56. – Dans leur délibéré, les membres du tribunal opinent chacun à leur tour selon un ordre inverse à celui prévu par l'article 50, en tenant compte, si nécessaire, de l'ancienneté prévue dans leur grade.

Art. 57. – Les magistrats doivent garder le secret des délibérations auxquelles ils ont pris part ou dont ils auraient pu avoir connaissance.

Art. 58. – Sauf exceptions prévues par la loi, lecture est donnée, en audience publique, du dispositif du jugement à la date de délibéré annoncée à la clôture des débats.

Art. 59. – En matière pénale, le jugement est signé dans les trois jours par les juges qui y ont pris part et par le greffier.

En toutes autres matières, le jugement est signé dans le même délai par le Président et le greffier.

Le greffe général assure la conservation du jugement.

Art. 60. – Si, par l'effet d'un empêchement, le Président se trouve dans l'impossibilité de signer un jugement rendu, le Vice-président ou le plus ancien des membres ayant assisté à l'audience signe ledit jugement.

En toute matière, lorsque l'impossibilité de signer provient de la part d'un magistrat ou du greffier, le Président en fait mention dans le jugement.

Art. 61. – Le tribunal ne peut d'office ni réformer, ni modifier les décisions qu'il a prononcées.

Section 3. – Cour d'Appel et Cour de Révision

Art. 62. – Les règles posées pour le Tribunal de Première Instance, dans la section qui précède, en ce qui concerne la tenue et la police des audiences, les délibérés, le prononcé et la rédaction des décisions sont applicables à la Cour d'Appel et à la Cour de Révision.

Titre IV. – Des greffiers et des huissiers

Section 1. – Des greffiers

Art. 63. – Le greffe de la Cour de Révision, de la Cour d'Appel, du Tribunal de Première Instance et de la justice de paix est assuré par un service unique, dénommé Greffe Général. La direction de ce service est assurée par le Greffier en chef et ses adjoints, sous l'autorité du Directeur des Services Judiciaires.

Art. 64. – Le Greffier en chef et ses adjoints sont assistés de greffiers sur lesquels ils exercent l'autorité dans les conditions fixées par leur statut.

Le Greffier en chef et ses adjoints peuvent se faire suppléer par des greffiers dans tel service qu'ils jugent utile.

Sauf empêchement, le greffier en chef assiste personnellement aux audiences solennelles.

Art. 65. – Le Premier Président de la Cour d'Appel contrôle l'exercice des missions accomplies par les greffiers auprès des différentes juridictions.

Art. 66. – Le Greffe Général doit être ouvert tous les jours, excepté les samedis, dimanches et jours fériés, aux heures fixées par le Greffier en chef, de manière à ce qu'il soit accessible et ouvert au public au moins quatre heures par jour : deux heures le matin et deux heures l'après-midi.

Art. 67. – Le greffier de service doit tenir la plume depuis l'ouverture jusqu'à la clôture de l'audience, en se conformant aux dispositions prévues par la loi.

Art. 68. – Les greffiers sont chargés de conserver et de délivrer les expéditions des jugements et actes des magistrats des diverses juridictions, qu'ils sont tenus d'assister en toutes circonstances.

Art. 69. – Ils sont chargés de tenir en bon ordre les rôles, feuilles d'audience, répertoires des actes et jugements et les différents registres qui sont prescrits par la loi.

Ils doivent veiller avec soin à la garde des pièces qui leur sont confiées et des documents du greffe.

Art. 71. – Il leur est également défendu de communiquer, à quiconque, les registres, pièces et documents conservés au greffe sauf aux magistrats et avocats de la cause.

Ils peuvent toutefois donner aux parties intéressées ou à leurs avocats, les extraits et renseignements dont elles peuvent avoir besoin, dans tous les cas où la loi ne le prohibe pas.

Section 2. – Des huissiers

Art. 72. – Les huissiers sont nommés par ordonnance souveraine sur le rapport du Directeur des Services Judiciaires.

Ils doivent être de nationalité monégasque, avoir au moins vingt-cinq ans accomplis et justifier, soit d'un diplôme sanctionnant au moins quatre années d'études supérieures dans le domaine juridique, soit d'une expérience juridique d'au moins dix années dans une étude d'huissier.

Art. 73. – Avant d'entrer en fonction, les huissiers prêtent serment devant la Cour d'Appel.

Art. 74. – Ils exercent leur ministère devant toutes les juridictions. Ils assurent à tour de rôle le service des audiences, conformément aux instructions du Premier Président de la Cour d'Appel.

Art. 75. – Lorsqu'ils en sont requis, les huissiers sont tenus d'assigner les parties devant les tribunaux, de signifier et mettre à exécution les jugements, ordonnances, commissions et mandements des magistrats et de faire, en outre, toutes sommations et significations que les parties intéressées jugent nécessaires pour l'exercice ou la conservation de leurs droits.

Art. 76. – L'huissier chargé du service des audiences doit être présent au palais de justice avant l'ouverture de l'audience.

Il reçoit du greffe la liste des causes qu'il doit appeler.

Il assure, sous les ordres du président, la police de l'audience.

Art. 77. – Les huissiers assistent aux cérémonies publiques et marchent en avant du corps judiciaire.

Art. 78. – Toutes citations, notifications et significations requises pour l'instruction des procès, ainsi que tous les actes accessoires pour l'exécution des jugements et ordonnances de justice, sont faits par l'un quelconque des huissiers, à moins que l'un d'eux ne soit spécialement commis par la cour ou le tribunal.

Art. 79. – L'huissier qui excède les limites de son ministère ou qui compromet les intérêts des parties peut être condamné à tous dommages et intérêts, sans préjudice de la suspension ou de la destitution, suivant les circonstances.

Art. 80. – Les huissiers sont tenus d'exercer leur ministère toutes les fois qu'ils en sont légalement requis et sans exception de personnes, sauf les prohibitions pour cause de parenté ou d'alliance portées au Code de procédure civile.

Art. 81. – Tout huissier qui refuse, sans cause valable, d'instrumenter, soit à la requête du Ministère public, soit à la requête d'un particulier, ou d'accomplir le service auquel il est requis et qui, après injonction du Premier Président de la Cour d'Appel ou du Procureur Général, persisterait dans son refus, peut être frappé de suspension ou de destitution, sans préjudice des dommages et intérêts et autres peines qu'il aurait encourues.

Art. 82. – Les copies d'actes, de jugements et toutes autres pièces qui sont faites par les huissiers doivent être lisibles, à peine de rejet de la taxe.

Art. 83. – L'huissier qui signifie ou laisse signifier une copie de citation ou d'exploit d'acte ou de jugement en contravention aux dispositions qui précèdent encourt une amende civile de mille à deux mille euros, prononcée par la juridiction devant laquelle cette copie est produite.

Art. 85. – En cas d'absence ou d'empêchement, l'huissier peut, sous sa propre responsabilité, se faire remplacer par un autre huissier. Il peut également, dans les mêmes conditions et avec l'autorisation du Procureur Général, se faire remplacer par un clerc assermenté dépendant de lui ou même dépendant d'un autre huissier si celui-ci y consent.

Art. 86. – Les clercs habilités à suppléer ou à remplacer les huissiers prêtent serment devant la Cour d'Appel.

Art. 87. – L'autorisation délivrée à l'huissier pour se faire suppléer ou remplacer peut toujours être retirée ; le retrait lui est notifié par le Procureur Général.

L'huissier est tenu d'aviser sans délai le Procureur Général de la cessation des fonctions d'un clerc qui avait été autorisé à le suppléer ou à le remplacer.

Art. 88. – Tout huissier qui, sans cause valable, refuse d'accomplir un acte de son ministère défini par la présente section est puni de l'amende prévue au chiffre 1 de l'article 26 du Code pénal sans préjudice de dommages et intérêts ou d'autres poursuites s'il y a lieu.

Art. 89. – Il est défendu aux huissiers de tenir aucun commerce, sous peine de sanctions prévues par l'article 90.

Ils ne peuvent s'absenter, même momentanément, de la Principauté sans la permission du Procureur Général.

Art. 90. – Sans préjudice des condamnations susceptibles d'être prononcées à son encontre, l'huissier qui a manqué aux devoirs de son état ou contrevenu aux lois ou règlements fixant ses obligations, encourt les sanctions disciplinaires ci-après :

1. la réprimande ;
2. la suspension temporaire ;
3. la destitution.

Ces sanctions sont prononcées par la Cour d'Appel saisie par le Procureur Général.

Les articles 439 et suivants du Code de procédure civile sont applicables.

Art. 91. – La Cour d'Appel ne statue qu'après avoir entendu l'huissier poursuivi en ses explications ou celui-ci dûment appelé. L'intéressé peut se faire assister d'un avocat-défenseur ou d'un avocat et solliciter un délai maximal de dix jours pour présenter sa défense.

Art. 92. – La citation est donnée par lettre recommandée avec accusé de réception indicative de l'objet, signée par le greffier.

Art. 93. – La même forme sera employée à l'égard des personnes qui souhaiteraient être entendues sur des réclamations ou plaintes qu'elles ont adressées au Premier Président de la Cour d'Appel, au président du tribunal ou au Procureur Général.

Art. 94. – Les sanctions de suspension et de destitution mentionnées aux deuxième et troisième alinéas de l'article 90 sont prononcées en audience publique.

La délibération de la Cour d'Appel est motivée et signée par tous les magistrats qui y ont pris part. Elle est transcrite sur un registre coté et paraphé par le Premier Président.

Ces sanctions sont rendues exécutoires par ordonnance souveraine.

Titre V. – Des avocats-défenseurs et des avocats

Art. 95. – Les avocats-défenseurs et avocats sont régis par les dispositions spéciales concernant l'exercice de leur profession.

Titre VI. – Dispositions diverses

Art. 96. – La défense, soit verbale, soit par écrit, même à titre de consultation est interdite aux membres du corps judiciaire, aux greffiers et aux huissiers, devant toute juridiction. Ceux-ci peuvent seulement défendre leurs causes personnelles, celles de leurs conjoint, ascendants ou descendants.

Art. 97. – Une ordonnance souveraine sur le rapport du Directeur des Services Judiciaires fixe les conditions d'application de la présente loi notamment en ce qui concerne :
- les envois des chefs de juridiction au Directeur des Services Judiciaires ;
- les dispositions relatives au costume des magistrats, des greffiers et des huissiers.

Art. 98 à 101 *(V. CPP, art. 406 et 425 ; Ord. n° 1.228, 10 juill. 2000, art. 26 et 31).*

Art. 102. – Sont abrogées l'ordonnance du 9 mars 1918 organisant la Direction des Services Judiciaires, l'ordonnance n° 3.141 du 1er janv. 1946 portant codification et modification des textes réglementaires fixant le statut du personnel relevant de la Direction des Services Judiciaires, la loi n° 783 du 15 juill. 1965 portant organisation judiciaire, à l'exception des articles 80, 109 et 110 en ce qu'ils fixent la procédure applicable aux poursuites disciplinaires à l'encontre des officiers de police judiciaire, ainsi que toutes dispositions contraires à la présente loi.

Loi n° 1.047 du 28 juillet 1982

sur l'exercice des professions d'avocat-défenseur et d'avocat

CHAPITRE I. – DES CONDITIONS POUR ÊTRE ADMIS À EXERCER

Art. 1er *(L. n° 1.116, 27 juin 1988).* – Peuvent seules être admises à exercer la profession d'avocat les personnes qui remplissent les conditions suivantes :

1° être de nationalité monégasque ;

2° jouir des droits civils ;

3° être de bonne moralité ;

4° être titulaire soit du diplôme d'études juridiques déterminé par ordonnance souveraine, soit d'un diplôme reconnu équivalent par une commission dont la composition est fixée par ordonnance souveraine ;

5° ne pas être inscrit à un barreau étranger ;

6° avoir accompli le stage prévu par la présente loi.

Art. 2. – Sont dispensés de stage les anciens avocats-défenseurs et avocats du barreau de Monaco qui ont exercé pendant cinq ans au moins.

Peuvent être dispensés de stage par le directeur des Services judiciaires, après avis du conseil de l'Ordre des avocats-défenseurs et avocats, les avocats d'un barreau étranger qui ont exercé pendant dix ans au moins.

Art. 3. – Ne peuvent être admises à accomplir le stage prévu à l'article premier, chiffre 6°, que les personnes qui ont subi avec succès un examen portant sur les aptitudes et les connaissances nécessaires à l'exercice de la profession d'avocat.

L'admission en qualité d'avocat stagiaire est prononcée par arrêté du directeur des services judiciaires.

Art. 4. – Le stage porte sur une période de trois ans.

Sur décision du directeur des services judiciaires, la durée du stage peut être :

1° soit prolongée d'une ou de deux périodes d'un an, après avis du conseil de l'Ordre, l'intéressé entendu ou dûment appelé ;

2° soit réduite, à titre exceptionnel, à deux ans ou à un an, après avis du conseil de l'Ordre, lorsque le stagiaire est âgé de plus de trente ans et justifie d'une pratique professionnelle du droit supérieure à dix ans et acquise auprès d'un avocat-défenseur ou d'un avocat.

Art. 5. – Lorsqu'il résulte des avis requis en vertu de l'article suivant que le stage a été accompli d'une manière satisfaisante, l'avocat stagiaire est admis à exercer en qualité d'avocat. Au cas contraire, il est mis fin au stage par arrêté motivé du directeur des services judiciaires.

Art. 6. – Les avocats qui sont admis à exercer sont nommés par arrêté du directeur des services judiciaires pris après avis du premier président de la cour d'appel, du procureur général, du président du Tribunal de première instance et du conseil de l'Ordre.

Art. 7. – L'avocat qui a accompli cinq années de pratique au barreau de Monaco peut, s'il est âgé de trente ans au moins, demander à être admis à exercer la profession d'avocat-défenseur.

Ce délai de cinq ans est réduit à deux ans pour l'avocat qui a été dispensé de stage comme prévu à l'article 2.

Si le nombre des avocats-défenseurs devient inférieur à cinq, l'avocat le plus ancien et, en cas d'équivalence d'ancienneté, le plus âgé, peut, s'il est âgé de trente ans au moins, demander à être admis à exercer la profession d'avocat-défenseur, même s'il ne justifie pas de cinq années de pratique au barreau de Monaco.

Dans tous les cas, l'avocat ne peut être admis à exercer s'il ne résulte pas du rapport et des avis requis en vertu de l'article suivant que la pratique dont il se prévaut est suffisante et satisfaisante.

Art. 8. – Les avocats-défenseurs qui sont admis à exercer sont nommés par ordonnance souveraine, sur rapport du directeur des services judiciaires établi après avis du premier président de la Cour d'appel, du procureur général, du président du Tribunal de première instance et du conseil de l'Ordre.

Art. 9. – Nul ne peut effectivement exercer s'il n'a prêté, devant la cour d'appel, le serment suivant : « Je jure fidélité au Prince et obéissance aux lois de la Principauté ; je jure, dans l'exercice de ma profession, de ne rien dire ou écrire de contraire aux lois, aux bonnes mœurs et à la paix publique et de respecter, par la mesure de mes propos, la dignité des tribunaux, des magistrats et des autorités établies ».

CHAPITRE II. – DE L'ORDRE DES AVOCATS-DÉFENSEURS ET AVOCATS

Art. 10. – Les avocats-défenseurs, les avocats et stagiaires forment l'Ordre des avocats-défenseurs et avocats près la cour d'appel. Il est doté de la personnalité civile.

L'Ordre se réunit en assemblée générale au moins une fois l'an.

Art. 11. – L'Ordre est administré par un conseil composé d'un président, qui porte le titre de bâtonnier, et de deux avocats-défenseurs ou avocats élus par l'assemblée générale.

Le bâtonnier représente l'Ordre dans tous les actes de la vie civile.

Les mandats ont une durée d'une année et sont renouvelables ; toutefois, le bâtonnier ne peut exercer ses fonctions pendant plus de deux années consécutives.

Les élections ont lieu au scrutin secret, à la majorité absolue au premier tour et à la majorité relative au second tour ; en cas d'égalité des suffrages, le candidat le plus ancien en exercice est proclamé élu.

Les avocats stagiaires ne sont ni électeurs ni éligibles.

Art. 12. – Le conseil de l'Ordre a pour mission :

1° de veiller au maintien de la discipline parmi les membres de l'Ordre ainsi qu'à l'exécution des lois, ordonnances et règlements qui les concernent et, à ce titre, de poursuivre les infractions et fautes commises par eux, et de prononcer, s'il échet, les sanctions disciplinaires de l'avertissement ou de la réprimande ;

2° de prévenir ou concilier tous différends entre les membres de l'Ordre, notamment sur les communications, remises ou rétentions de pièces, les questions de concurrence ou de clientèle et, en cas de non-conciliation, émettre un avis sur ces différends ou questions ;

3° de prévenir toutes plaintes ou réclamations de la part des tiers contre les membres de l'Ordre en raison de leurs fonctions ; instruire et concilier celles dont il serait saisi ; à défaut de conciliation, dresser procès-verbal aux fins de droit ;

4° de donner son avis aux autorités judiciaires, soit sur les plaintes portées contre les membres de l'Ordre, soit sur les difficultés qui s'élèveraient quant à la taxe des frais et dépens, ou sur toute autre question ;

5° d'assurer la défense des professions d'avocat-défenseur et d'avocat.

Art. 13. – Un tableau de l'Ordre est dressé, au début de chaque année judiciaire, par le premier président de la cour d'appel et le procureur général, le bâtonnier entendu.

Il contient seulement, dans l'ordre des dates d'accession, les nom, prénoms et adresse de ses membres.

Il est divisé en trois sections : les avocats-défenseurs, les avocats et les avocats stagiaires.

CHAPITRE III. – DES DROITS ET DES OBLIGATIONS DES AVOCATS-DÉFENSEURS ET AVOCATS

Art. 14. – Les avocats-défenseurs et les avocats sont les auxiliaires de la justice. Ils exercent librement leur ministère pour la défense des intérêts qui leur sont confiés, dans le respect de la vérité.

Ils doivent remplir leur mission avec dignité, conscience et loyauté.

Art. 15. – Sauf dispositions contraires de la loi, les avocats stagiaires jouissent des mêmes droits et sont soumis aux mêmes obligations que les avocats.

Art. 16. – Les professions d'avocat-défenseur et d'avocat sont incompatibles avec :,

1° les fonctions de notaire, d'huissier et de syndic de faillite ;

2° les fonctions d'administrateur, directeur, gérant ou mandataire d'une société commerciale ;

3° les fonctions de directeur, rédacteur en chef ou gérant d'un journal ou écrit périodique ;

4° un emploi salarié ;

5° la profession d'agent d'affaires ;

6° toute autre profession libérale, artisanale ou commerciale, à l'exception des fonctions d'enseignement ;

7° toute activité de nature à porter atteinte à l'indépendance de l'intéressé ou au caractère libéral de sa profession.

L'avocat-défenseur et l'avocat peuvent, avec l'autorisation du conseil de l'Ordre, gérer des intérêts familiaux à l'exception toutefois de tout exercice même indirect du commerce dans l'exécution de cette gestion.

Art. 17. – Les avocats-défenseurs ont qualité pour représenter les parties et plaider devant toutes les juridictions.

Les avocats ont qualité peur plaider devant toutes les juridictions et pour représenter les parties devant les juridictions pénales, la justice de paix et le tribunal du travail ainsi que dans les cas prévus par la loi.

Les avocats stagiaires ont qualité pour plaider devant toutes les juridictions, à l'exception du Tribunal suprême et de la Cour de révision. Ils ne peuvent représenter les parties.

Ils revêtent, dans l'exercice de leur fonction, le costume de leur profession.

Art. 18. – Seuls les avocats-défenseurs, sous réserve de justifier d'un mandat spécial dans les cas où il est exigé, sont autorisés, lorsqu'ils représentent ou assistent autrui, à procéder aux règlements pécuniaires directement liés à leur activité professionnelle.

Art. 19. – Les parties peuvent, en toute matière, confier la défense de leur cause à un avocat d'un barreau étranger. Cet avocat doit avoir été préalablement autorisé à plaider par le président de la juridiction saisie.

Cette autorisation reste toujours subordonnée à l'assistance d'un avocat-défenseur pour la procédure et les conclusions, sauf en ce qui concerne la défense d'un accusé ou d'un prévenu.

Art. 20. – Les avocats-défenseurs sont tenus de suivre régulièrement les causes dont ils sont chargés d'une audience à l'autre, d'après les remises ou renvois ordonnés par la juridiction saisie, jusqu'au jugement définitif et son entière exécution.

Ils ont droit de se déconstituer, s'ils l'estiment nécessaire. En ce cas, leur déconstitution n'interviendra qu'après leur remplacement par un autre avocat-défenseur choisi par le client ou, si aucun avocat-défenseur n'accepte de se charger de la cause, désigné selon les dispositions de l'article suivant.

Art. 21. – Si, en matière civile, aucun avocat-défenseur ou avocat n'accepte de se constituer pour une partie, le président de la juridiction appelée à statuer en désigne un d'office.

Dans l'intervalle des sessions du Tribunal suprême et de la cour de révision, ces pouvoirs sont dévolus au premier président de la cour d'appel.

L'avocat-défenseur ou l'avocat ainsi commis a droit aux mêmes honoraires que s'il avait été choisi par la partie.

Art. 22. – Il est interdit aux avocats-défenseurs et avocats, dans leurs plaidoiries ou dans les écrits qu'ils produisent en justice :

1° de diriger des attaques contre les principes de la souveraineté et les lois de la Principauté ;

2° de manquer au respect ou aux légitimes égards qu'ils doivent aux magistrats.

Art. 23. – Les avocats-défenseurs et avocats ne peuvent avancer aucun fait grave contre l'honneur ou la réputation des parties à moins que la cause ne l'exige et qu'ils n'aient reçu mandat exprès et par écrit de leurs clients.

La juridiction saisie de la cause peut ordonner la suppression des écrits injurieux ou diffamatoires.

Art. 24. – Les frais et émoluments dus aux avocats-défenseurs sont perçus selon le tarif en vigueur.

Les avocats-défenseurs qui ont obtenu la distraction des dépens peuvent se faire délivrer par le greffier en chef un extrait en forme exécutoire de la décision prononçant la distraction ; les dépens sont liquidés tant à l'encontre de la partie adverse que de leur propre client si ce dernier a été condamné.

Art. 25. – Les avocats-défenseurs ont le droit de réclamer, s'il y a lieu, des honoraires pour peines et soins en dehors des émoluments afférents à la stricte postulation, ainsi que des honoraires pour consultations, plaidoiries et autres diligences professionnelles non tarifées. Ils en fixent eux-mêmes le montant.

Les avocats fixent eux-mêmes le montant de leurs honoraires pour consultations et plaidoiries.

Les avocats-défenseurs et avocats ne peuvent réclamer en récompense de leurs travaux une partie de l'objet du litige ou du montant de la condamnation.

Art. 26 *(Rempl., L. n° 1.378, 18 mai 2011)*. – Les avocats-défenseurs, les avocats ou les avocats stagiaires commis en matière d'assistance judiciaire, conformément aux dispositions du Code de procédure pénale et de la loi en vigueur, ne peuvent demander d'honoraires, ni même en accepter s'ils leur sont offerts. Toutefois, ils peuvent en demander avec l'autorisation du conseil de l'Ordre lorsque la condamnation prononcée contre l'adversaire a procuré à la partie qu'ils assistent ou représentent des ressources telles que si elles avaient existé au moment où l'assistance judiciaire a été accordée, celle-ci ne l'eut pas été.

Art. 27. – En cas de contestation sur l'application du tarif des frais et émoluments, sur le montant des honoraires ou sur l'application des dispositions de l'article 26, une tentative de conciliation a lieu devant le bâtonnier de l'Ordre saisi par simple lettre missive.

En cas de non-conciliation, il est statué par le président de la juridiction devant laquelle l'affaire a été appelée. Toutefois, le président du tribunal de première instance est compétent pour statuer lorsque l'affaire a été appelée devant le juge de paix. Il est également compétent lorsqu'il n'y a pas eu procès.

L'instance est introduite par requête de la partie la plus diligente.

Les parties sont convoquées devant le magistrat par lettre recommandée avec demande d'avis de réception à la diligence du greffier en chef.

Les parties entendues ou dûment convoquées, le magistrat statue par ordonnance, laquelle n'est susceptible d'aucun recours, sauf opposition en cas de défaut. L'opposition doit intervenir dans le mois de la notification qui est faite par lettre recommandée avec demande d'avis de réception.

Toutefois, lorsque l'instance est portée devant le président du Tribunal suprême ou le premier président de la Cour de révision, les parties ne sont ni convoquées ni entendues. Elles peuvent cependant produire tous mémoires estimés utiles.

Art. 28. – Le bâtonnier doit justifier :

1° d'une assurance collective garantissant les conséquences pécuniaires de la responsabilité civile que pourrait encourir chacun des membres de l'Ordre en raison des fautes commises dans l'exercice ou à l'occasion de l'exercice de la profession ;

2° d'une assurance collective au profit de qui il appartiendra garantissant, pour chacun des avocats-défenseurs, le remboursement des fonds et la restitution des effets et valeurs reçus à l'occasion de l'exercice de la profession.

Les primes afférentes à ces contrats d'assurances, souscrits au nom du barreau, sont supportées par les membres de l'Ordre qui sont tenus de régler à bonne date leur quote-part des primes.

Le bâtonnier doit produire les justifications d'assurances au procureur général au début de chaque année judiciaire.

CHAPITRE IV. – DE LA DISCIPLINE DES AVOCATS-DÉFENSEURS ET AVOCATS

Art. 29. – Les avocats-défenseurs et avocats sont placés sous la surveillance du procureur général. Il en est de même pour les avocats stagiaires.

Art. 30. – En cas de manquement à leurs obligations, les intéressés sont passibles des sanctions disciplinaires suivantes :

1° l'avertissement ;

2° la réprimande ;

3° la suspension pendant une durée qui ne pourra excéder trois années ;

4° la radiation.

La privation du droit de faire partie du conseil de l'Ordre pendant une durée maximale de dix ans peut, en outre, être prononcée à titre de sanction complémentaire aux trois premières.

Lorsque la décision frappant un avocat prononce la réprimande ou la suspension, elle fixera, en outre, un délai, qui n excèdera pas cinq ans, pendant lequel l'avocat ne pourra pas être nommé avocat-défenseur.

L'avocat-défenseur ou l'avocat réprimandé ou suspendu est inscrit le dernier de la section sur ie tableau de l'Ordre. Cette mesure accessoire cesse de plein droit à l'expiration d'un délai de trois ans, si l'intéressé n'a été l'objet durant ce temps d'aucune nouvelle sanction disciplinaire.

Art. 31. – Les sanctions disciplinaires sont prononcées en chambre du conseil de la Cour d'appel, saisie par le procureur général.

Toutefois, en cas d'infraction d'audience, l'avertissement, la réprimande ou la suspension peut être prononcé par la juridiction saisie, sous réserve de la faculté, pour celle-ci, de dénoncer l'infraction au procureur général.

L'avertissement ou la réprimande peut être également prononcé par le conseil de l'Ordre, réuni en formation disciplinaire et saisi par le procureur général, le bâtonnier ou la partie lésée.

Art. 32. – Lorsque les poursuites sont portées devant la Cour d'appel, le procureur général, après avoir provoqué l'avis du conseil de l'Ordre, cite l'intéressé à comparaître, par lettre recommandée avec demande d'avis de réception. La citation doit préciser l'objet de la poursuite. Un délai de quinze jours au moins séparera l'envoi de la lettre de la date de l'audience.

L'intéressé, qui peut se faire assister par un avocat-défenseur ou un avocat de son choix, fournit ses explications. Le bâtonnier, présent aux débats, est entendu en ses observations.

L'arrêt est rendu à la date fixée en chambre du conseil. Si l'intéressé n'a pas comparu, cette date est, à l'initiative du procureur général, portée à sa connaissance par lettre recommandée avec demande d'avis de réception. L'arrêt n'est pas susceptible d'opposition.

Il peut être l'objet d'un pourvoi en révision qui doit être formé dans le délai de cinq jours francs à compter du prononcé. Le pourvoi et son délai sont suspensifs. Le pourvoi est considéré comme urgent au sens de l'article 458 du Code de procédure civile.

Art. 33. – Lorsque les poursuites sont portées devant le conseil de l'Ordre, la procédure est celle prévue aux alinéas 1 à 3 de l'article précédent. Toutefois, la lettre recommandée est envoyée à l'initiative du syndic rapporteur.

La décision rendue peut être frappée d'appel par le procureur général ou l'intéressé sanctionné. L'appel doit être interjeté dans le délai de dix jours francs à compter du prononcé de la décision et formé par déclaration au greffe général. Le greffier en chef informe immédiatement le bâtonnier et, suivant le cas, le procureur général ou l'intéressé. L'appel et son délai sont suspensifs.

La cour d'appel statue en chambre du conseil conformément aux dispositions de l'article précédent.

Art. 34. – La décision rendue par la juridiction saisie, statuant disciplinairement en cas d'infraction d'audience, est soumise aux voies de recours du droit commun.

Art. 35. – Toute décision rendue en matière disciplinaire doit être immédiatement communiquée, soit par le bâtonnier au procureur général, soit par le procureur général au directeur des Services judiciaires.

Dès qu'elle est définitive, elle est communiquée par le procureur général au bâtonnier, aux fins d'application des dispositions de l'article 30, alinéa 2.

Art. 36. – Lorsque la sanction de l'avertissement est devenue définitive, le membre de l'Ordre concerné est, à la diligence du procureur général, convoqué devant le premier président de la cour d'appel qui le rappelle aux devoirs de son état.

Lorsque la sanction de la réprimande est devenue définitive, l'intéressé est, à la diligence du procureur général, convoqué devant la chambre du conseil de la Cour d'appel qui lui enjoint d'être plus exact et plus circonspect à l'avenir.

Art. 37. – Dans tous les cas où la suspension ou la radiation a été prononcée, les effets de la sanction sont suspendus jusqu'à ce qu'il ait été définitivement statué par le Prince, sur rapport du directeur des Services judiciaires.

Toutefois, dès le prononcé de la sanction et jusqu'à décision définitive du Prince, l'intéressé doit s'abstenir d'exercer ses fonctions. Le bâtonnier prend toutes dispositions utiles pour assurer la sauvegarde des intérêts des clients de l'intéresse jusqu'à ce que le tribunal ait statué conformément à l'article 40.

Art. 38. – Si la sanction de la suspension ou de la radiation a été maintenue par le Prince, le membre de l'Ordre est convoqué à la diligence du procureur général devant la chambre du conseil de la cour d'appel, en présence du bâtonnier. Le premier président lui notifie la mesure qui le frappe et lui fait connaître, selon le cas, qu'il doit, soit s'abstenir d'exercer ses fonctions pendant le temps fixé, soit les cesser définitivement.

Le bâtonnier prend les dispositions visées à l'article 37, alinéa 2.

Art. 39. – L'action disciplinaire ne fait pas obstacle aux poursuites que le membre de l'Ordre peut encourir en matière pénale.

Lorsque l'action publique est engagée, l'intéressé peut être interdit de l'exercice de ses fonctions par la cour d'appel qui statue en chambre du conseil selon les règles fixées à l'article 32 et ordonne son remplacement dans les conditions prévues à l'article 40.

Le bâtonnier prend les dispositions visées à l'article 37, alinéa 2.

CHAPITRE V. – DU REMPLACEMENT DES AVOCATS-DÉFENSEURS

Art. 40. – Lorsqu'un avocat-défenseur est, pour cause d'incapacité physique ou par suite d'une mesure disciplinaire, hors d'état d'exercer ses fonctions, le Tribunal de première instance peut, en cas d'urgence et par mesure provisoire, ordonner son remplacement par un avocat-défenseur ou, à défaut, un avocat qu'il désigne à cette fin.

Le Tribunal est saisi sur les réquisitions du procureur général et statue conformément aux dispositions de l'article 850 du Code de procédure civile en matière gracieuse.

Le jugement fixe la durée du remplacement. Il n'est ni levé, ni signifié et il n'est susceptible d'aucun recours.

Le greffier en chef le notifie par lettre recommandée avec demande d'avis de réception à l'avocat-défenseur remplacé, à son remplaçant et au bâtonnier.

La mesure ordonnée peut être prorogée ou rapportée par un jugement rendu dans les mêmes formes.

CHAPITRE VI. – DISPOSITIONS FINALES

Art. 41. – Après consultation du conseil de l'Ordre par le directeur des Services judiciaires, une ordonnance souveraine fixe, le Conseil d'État entendu :

1° les modalités de l'examen d'admission au stage et les conditions dans lesquelles il est accompli ;
2° les règles de fonctionnement de l'Ordre ;
3° les dispositions complémentaires concernant les droits et obligations des avocats-défenseurs et avocats ;
4° les dispositions relatives aux assurances souscrites par le bâtonnier au compte de l'Ordre.

Art. 42. – L'ordonnance du 9 décembre 1913, la loi n° 795 du 17 février 1966 et la loi n° 823 du 23 juin 1967 ainsi que toutes dispositions contraires à la présente loi sont abrogées.

Toutefois, les dispositions de l'ordonnance du 9 décembre 1913, modifiée, concernant les conditions de stage et de nomination comme avocat demeureront applicables aux avocats stagiaires déjà inscrits à la section 3 du tableau de l'Ordre à la date de la publication de la présente loi.

Art. 43. – Le conseil de l'Ordre en exercice lors de la publication de la présente loi demeure en fonction jusqu'à la plus proche rentrée judiciaire.

Ordonnance nº 8.089 du 17 septembre 1984

portant application de la loi n° 1.047 du 28 juillet 1982
sur l'exercice des professions d'avocat-défenseur et d'avocat

Vu l'article 46 de la Constitution du 17 décembre 1962 ; Vu la loi n° 1.047 du 28 juillet 1982 sur l'exercice des professions d'avocat-défenseur et d'avocat notamment en ses articles 1er et 41 ;

CHAPITRE I. – CONDITIONS À REMPLIR POUR ÊTRE NOMMÉ AVOCAT STAGIAIRE

Art. 1er *(Mod., Ord. n° 1.692, 24 juin 2008)*. – Tout candidat à l'examen d'admission au stage, exigé par le chiffre 6 de l'article premier de la loi n° 1.047 du 28 juillet 1982, susvisée, doit pour être admis à exercer la profession d'avocat, remplir les conditions prévues aux chiffres 1 à 3 dudit article ainsi qu'à celle prévue, sauf dispense accordée en vertu de l'article 2 de la loi, par le chiffre 5 de son article premier ; il doit, en outre, pour l'application du chiffre 4, être titulaire, d'un diplôme d'études juridiques sanctionnant une formation au moins égale à quatre années d'études après le baccalauréat délivré par une faculté de droit française, ou avoir suivi avec succès une formation considérée comme équivalente par la commission dont la composition est fixée par l'article 2.

Les titulaires d'une licence en droit obtenue avant le 1er juin 1954 sont assimilés aux titulaires de la maîtrise. Il en est de même pour les licenciés ayant obtenu ce titre lorsque la licence était organisée en quatre années.

Art. 2 *(Mod., Ord. n° 1.692, 24 juin 2008)*. – Cette commission comprend, outre le Directeur des Services Judiciaires qui la préside :
- le Premier Président de la Cour d'Appel ou le Magistrat par lui délégué,
- le Procureur Général,
- le Bâtonnier de l'Ordre des Avocats ou son représentant,
- le Directeur des Affaires Juridiques, ou son représentant,
- le Directeur de l'Éducation Nationale, de la Jeunesse et des Sports ou son représentant.

En cas de partage des voix, celle du président est prépondérante. En tant que de besoin, les modalités de fonctionnement de la commission sont fixées par arrêté du directeur des services judiciaires.

Art. 3 *(Rempl., Ord. n° 1.692, 24 juin 2008)*. – L'examen d'admission au stage prévu par l'article 3 de la loi n° 1.047 du 28 juillet 1982, susvisée, comporte des épreuves écrites d'admissibilité et des épreuves orales d'admission dont les sujets sont choisis par le jury mentionné à l'article 8 sur proposition du Président ayant voix prépondérante en cas de partage.

Art. 4 *(Rempl., Ord. n° 1.692, 24 juin 2008)*. – Les épreuves écrites d'admissibilité consistent en :

1° une épreuve, d'une durée de deux heures, portant sur un sujet en relation avec les institutions de la Principauté ;

2° une épreuve juridique d'une durée de trois heures portant, soit sur une question de droit civil ou de droit pénal monégasque, soit sur un commentaire d'une décision de justice monégasque prononcée dans ces matières.

Art. 5 *(Mod., Ord. n° 1.692, 24 juin 2008)*. – Les épreuves orales d'admission consistent en :

1° une interrogation portant sur la procédure civile et la procédure pénale monégasque ;

2° une interrogation portant sur le rôle à Monaco de l'avocat, la législation de cette profession et la déontologie ;

3° un exposé de dix minutes environ, après une préparation d'une heure, suivi d'une discussion avec le jury sur un sujet permettant d'apprécier la culture juridique générale du candidat et son aptitude à l'expression orale.

Art. 6 *(Rempl., Ord. n° 1.692, 24 juin 2008)*. – Chaque épreuve écrite ou orale est notée de 0 à 20. Toute note inférieure à 5 est éliminatoire.

L'exposé oral prévu au chiffre 3 de l'article 5 est affecté du coefficient 2.

Le candidat n'est déclaré admissible que s'il a obtenu, pour les épreuves écrites, une moyenne générale de 10. Cette admissibilité n'est valable que pour l'examen au cours duquel elle a été acquise.

Le candidat n'est définitivement admis que s'il a obtenu, pour les épreuves orales, un total de 40 points

Art. 7. – L'examen d'admission est organisé au cours du dernier trimestre de l'année civile. La date des épreuves est fixée par arrêté du directeur des services judiciaires.

Selon les circonstances, un examen supplémentaire peut être organisé au cours du second trimestre de l'année civile.

Art. 8 *(Rempl., Ord. n° 1.692, 24 juin 2008)*. – Le jury, dont les membres sont désignés par arrêté du Directeur des Services Judiciaires, est composé ainsi qu'il suit :
- le Premier Président de la Cour d'Appel ou le Magistrat par lui délégué,
- le Procureur Général,
- le Président ou le Vice-Président du Tribunal de Première Instance,

– le Bâtonnier de l'Ordre des Avocats ou son représentant ;
– un professeur agrégé des facultés de droit françaises.

La présidence du jury est assurée par le Magistrat de la Cour d'Appel.

Art. 9. – À l'issue des épreuves, le jury, après avoir constaté que le candidat a satisfait à l'examen d'admission au stage dans les conditions prévues au présent chapitre, établit un procès-verbal qui est signé par chacun de ses membres et remis au directeur des services judiciaires.

Art. 10. – Le candidat qui a été admis en qualité d'avocat stagiaire conformément au deuxième alinéa de l'article 3 de la loi n° 1.047 du 28 juillet 1982 prête le serment prévu par l'article 9 de cette loi et est inscrit à la section des avocats stagiaires.

Le serment doit être prêté dans les deux mois de la publication de l'arrêté du directeur des services judiciaires.

CHAPITRE II. – OBLIGATIONS INCOMBANT AUX AVOCATS STAGIAIRES

Art. 11. – L'avocat stagiaire est soumis aux obligations suivantes :

1° il doit assister régulièrement aux audiences des diverses juridictions ;

2° il doit défendre les causes dont la charge lui aura été confiée au titre de l'assistance judiciaire ;

3° il doit, sauf impossibilité constatée par arrêté du directeur des services judiciaires, être attaché à l'étude d'un avocat-défenseur, auquel il sera tenu d'apporter sa collaboration, sans que cette obligation emporte un lien de nature juridique ;

4° il doit suivre assidûment les conférences et les stages dans les juridictions, tels qu'ils sont définis aux sections 1 et 2 du présent chapitre.

Section 1. – Les conférences du stage

Art. 12. – Pendant la durée du stage, des conférences sont organisées à l'initiative et sous la direction :
– du bâtonnier ou de son représentant ;
– des chefs de juridiction ou du procureur général ;
– du directeur du contentieux et des études législatives ou de son représentant.

Art. 13. – Les conférences données par le bâtonnier ou son représentant traitent des règles de la profession d'avocat-défenseur ou d'avocat, des principes déontologiques, de la préparation des dossiers, de la rédaction des conclusions et de la technique des plaidoiries.

Art. 14. – Les conférences données par les magistrats portent sur le droit privé.

Elles comportent des exposés généraux sur les règles concernant les principales matières de ce droit et doivent essentiellement mettre en relief les spécificités de la législation et de la jurisprudence monégasques par rapport, notamment, à la législation et à la jurisprudence françaises.

Les magistrats chargés de ces conférences sont désignés par le directeur des services judiciaires, après avis des chefs de juridiction ou du procureur général selon le cas. Il est tenu compte de la compétence particulière du magistrat désigné au regard de la matière juridique traitée.

Art. 15. – Les conférences données par le directeur du contentieux et des études législatives, ou par son représentant, traitent du droit public.

Elles exposent notamment les principes constitutionnels ainsi que les règles de compétence du Tribunal suprême, la procédure qui lui est applicable et les principales décisions de jurisprudence rendues en matière constitutionnelle ou administrative.

Art. 16. – Chacun des responsables de stages désignés à l'article 12 a la faculté de traiter l'un quelconque des sujets définis par les articles 13, 14 et 15, après accord avec celui qui en est normalement chargé par lesdits articles.

Il peut également, avec l'autorisation du directeur des services judiciaires, être assisté, suppléé ou remplacé par toute personne qualifiée.

Art. 17. – Un arrêté du directeur des services judiciaires fixe le nombre des conférences qui doivent être données par trimestre.

La date et l'heure des conférences sont fixées par la personne qui en a la charge et sont portées à la connaissance de l'avocat stagiaire.

Art. 18. – À la fin du stage, les conditions dans lesquelles l'avocat stagiaire a suivi ces conférences, notamment quant à son assiduité, font l'objet d'avis qui sont donnés, chacun en ce qui le concerne, par le bâtonnier, les chefs de juridiction, le procureur général et le directeur du contentieux et des études législatives.

Les avis sont transmis au directeur des services judiciaires.

Art. 19. – Les conférences visées aux articles 14 et 15 peuvent, avec l'autorisation du directeur des services judiciaires, être suivies par des fonctionnaires dépendant de cette direction ou, avec l'autorisation de leur chef de service, par des fonctionnaires dépendant d'autres services administratifs.

Le directeur des services judiciaires peut également autoriser à suivre ces conférences des personnes autres que des fonctionnaires dont l'activité justifie cette mesure.

Section 2. – Stages dans les juridictions

Art. 20. – Pendant les six derniers trimestres de son stage, l'avocat stagiaire est tenu de suivre les travaux des différentes juridictions et du Parquet général, pour des périodes ne dépassant pas deux mois pour chaque stage, et selon des modalités qui seront définies respectivement par les chefs de ces juridictions et le Procureur général.

Ces stages devront être notamment suivis auprès de la justice de paix, du tribunal de première instance, de la cour d'appel, des commissions arbitrales, du Parquet général.

Art. 21. – À l'issue de chacun de ces stages, l'avocat stagiaire établit un rapport dans lequel il résume son activité dans la juridiction considérée.

Ce rapport est remis au chef de celle-ci.

Art. 22. – Les chefs de juridiction et le procureur général donnent au directeur des services judiciaires l'avis prévu à l'article 18 et lui transmettent avec leurs observations les rapports de stage.

Section 3. – Fin de stage

Art. 23. – Lorsque l'avocat stagiaire est admis à exercer en qualité d'avocat, il est inscrit au tableau de l'Ordre des avocats-défenseurs et avocats.

Dans le cas contraire, l'intéressé est rayé du tableau de l'Ordre.

Art. 24. – Lorsque la durée du stage est prolongée pour une durée d'une ou de deux périodes d'un an, par application du chiffre 1 de l'article 4 de la loi n° 1.047 du 28 juillet 1982, la décision du directeur peut préciser la nature des conférences ou des stages dans les juridictions qui devront être à nouveau suivis par l'avocat stagiaire.

CHAPITRE III. – DES RÈGLES DE FONCTIONNEMENT DE L'ORDRE

Art. 25. – Le conseil de l'ordre comprend, outre le bâtonnier qui le préside, un syndic-rapporteur et un secrétaire-trésorier. Ils sont élus, au plus tard, dans le mois suivant la rentrée judiciaire, par les avocats-défenseurs et avocats convoqués à cet effet par le bâtonnier en exercice et réunis en assemblée générale dans la salle de l'ordre du palais de justice.

Il est procédé d'abord à l'élection du bâtonnier qui doit être choisi parmi les avocats-défenseurs justifiant de dix années d'exercice à compter de leur inscription à la deuxième section du tableau. Le syndic-rapporteur et le secrétaire-trésorier sont ensuite élus. L'un d'eux doit être un avocat-défenseur.

Tout membre de l'ordre appartenant à ces deux premières sections est éligible s'il remplit les conditions prévues par l'alinéa précédent.

L'élection de chacun des membres du conseil de l'ordre est précédée d'un appel des candidatures, celles-ci devant être déclarées avant l'ouverture de l'assemblée.

L'assemblée se prononce sur le nom des candidats qui se sont déclarés. Si aucune candidature n'est présentée, chacun des membres de l'ordre appartenant à ces deux premières sections peut être désigné.

L'élection a lieu dans les conditions fixées par l'article 11 alinéas 4 et 5 de la loi susvisée.

En cas de vacance survenue en cours d'année, il est procédé, pour la durée du mandat restant à courir, à l'élection du successeur dans le mois de la date de la vacance dans les conditions prévues par le présent article.

Art. 26. – Le conseil ne peut délibérer qu'au nombre d'au moins deux membres.

En cas de partage des voix, celle du président est prépondérante. Le bâtonnier convoque le conseil au moins une fois par an, et, en outre, chaque fois qu'il le juge nécessaire ou sur la demande motivée d'un membre du conseil. Il convoque et préside les assemblées de l'ordre.

Le syndic-rapporteur est partie poursuivante contre les avocats-défenseurs et les avocats déférés au conseil. Il est entendu préalablement à toutes les délibérations du conseil qui est tenu de statuer sur ses réquisitions. Il a, comme le bâtonnier, mais seulement après l'en avoir averti, le droit de convoquer le conseil. Il assure l'exécution des délibérations. En tant que rapporteur il recueille tout renseignement utile sur les affaires concernant les avocats-défenseurs ou les avocats et en fait rapport au conseil de l'ordre.

Le secrétaire-trésorier gère les fonds nécessaires au fonctionnement de l'ordre. Il rédige les procès-verbaux des délibérations et conserve les archives.

Art. 27. – Toutes les délibérations du conseil de l'ordre et des assemblées générales sont motivées et signées sur la minute du procès-verbal par tous les membres présents.

Les expéditions certifiées conformes sont signées par le secrétaire.

Les registres des délibérations sont communiqués au procureur général.

CHAPITRE IV. – DISPOSITIONS RELATIVES AUX DROITS ET OBLIGATIONS DES AVOCATS-DÉFENSEURS ET AVOCATS

Art. 28. – Les avocats-défenseurs et les avocats doivent exercer effectivement leur profession dans la Principauté. Ils sont tenus d'y disposer d'un local pour leur permettre de remplir leur mission dans la dignité qu'exige l'exercice de la profession.

Art. 29. – Les avocats-défenseurs ou, à leur défaut, les avocats, doivent compléter les juridictions ou remplacer les magistrats dans les cas prévus par la loi.

Ils sont appelés à faire partie du bureau d'assistance judiciaire.

Art. 30. – Les avocats-défenseurs et les avocats portent aux audiences la toge de laine noire fermée par devant, à manches larges et retroussées, épitoge sur l'épaule gauche, de laine noire, garnie aux extrémités d'un rang de fourrure blanche, cravate blanche, tombante et plissée et une toque de laine noire dont le port est facultatif.

Art. 31. – Les avocats-défenseurs et les avocats se tiennent debout quand ils plaident. Ils doivent se découvrir pour lire les conclusions et les pièces du procès.

Ils se tiennent également debout et découverts quand les magistrats prononcent leur décision.

Art. 32. – Les avocats-défenseurs et les avocats ne peuvent, après avoir commencé la défense d'une partie, se charger, sans le consentement de celle-ci, de la défense de l'autre partie ou de ses ayants cause.

Art. 33. – Si, dans le cours du procès, un avocat-défenseur ou un avocat est malade ou autrement empêché, il doit en instruire, par écrit, le président de la juridiction saisie ainsi que son client et, en cas d'urgence, se faire remplacer par un autre avocat-défenseur ou avocat, sans préjudice des dispositions de l'article 40 de la loi susvisée.

Lorsqu'un remplaçant a été désigné, il doit plaider la cause, sauf la faculté pour la juridiction saisie de la renvoyer à une autre audience.

Art. 34. – Si un avocat-défenseur ou un avocat néglige la défense de son client, notamment en ne se trouvant pas à l'appel de la cause, et ne tient pas compte de l'injonction du Président de la juridiction saisie, il est passible de sanctions disciplinaires, sans préjudice du remboursement des frais que son retard a occasionnés.

Il en est de même pour l'avocat-défenseur ou l'avocat qui ne défère pas à une injonction du procureur général faisant suite à la réclamation d'un client.

Art. 35. – L'avocat est tenu de suivre jusqu'au jugement définitif la cause dont il est chargé. Il a le droit de s'en décharger, s'il l'estime nécessaire, à condition d'en avertir le client suffisamment à l'avance pour lui permettre de choisir un autre avocat.

Art. 36. – Les avocats-défenseurs et les avocats sont désignés à tour de rôle conformément aux dispositions des Codes de procédure civile et de procédure pénale pour assurer la représentation et la défense des parties bénéficiant de l'assistance judiciaire.

Ils ne peuvent refuser leur ministère que s'ils justifient de motifs légitimes. Si les motifs invoqués sont admis, d'autres avocats-défenseurs ou avocats sont désignés. Dans le cas contraire, les intéressés doivent prêter leur ministère.

Art. 37. – Le conseil de l'ordre, pendant les vacations judiciaires, veillera à ce que, en matière pénale, la défense des accusés ayant demande la désignation d un avocat commis d'office puisse être assurée comme prévu par les dispositions du Code de procédure pénale.

Art. 38. – Le titre d'avocat-défenseur honoraire ou d'avocat honoraire peut être conféré par le Prince, sur le rapport du directeur des services judiciaires qui prendra et joindra audit rapport les avis du premier président et du procureur général, aux avocats-défenseurs et avocats ayant cessé leurs fonctions après vingt années consécutives d'exercice.

Les avocats-défenseurs ou avocats honoraires ont le droit d'assister aux assemblées générales de l'ordre. Ils ont voix consultative.

CHAPITRE V. – DES GARANTIES EN MATIÈRES DE RESPONSABILITÉ PROFESSIONNELLE

Art. 39. – Les contrats d'assurance prévus à l'article 28 de la loi susvisée doivent comporter une garantie d'un montant au moins égal à cinq millions de francs (1) par année pour chaque membre de l'ordre.

Ce chiffre peut toutefois être réduit à 600 000 F pour les risques de vol et à 240 000 F (1) pour ceux de la destruction des archives.

La franchise à la charge de chaque membre de l'ordre bénéficiaire de l'assurance ne doit pas dépasser 10 % des indemnités dues.

Art. 40. – La garantie professionnelle d'assurance mentionnée à l'article 8, chiffre 2, de la loi susvisée, s'applique lorsqu'un avocat-défenseur ne verse pas les fonds ou ne remet pas les effets et valeurs qu'il a reçus pour autrui à l'occasion de l'exercice de la profession.

L'obligation de l'assureur résulte d'une sommation de payer ou de restituer lorsque cette sommation a été suivie d'un refus ou est demeurée sans effet pendant un délai d'un mois à compter de sa signification et qu'il est établi que la créance est certaine, liquide et exigible.

L'auteur de la sommation et l'avocat-défenseur avisent sans délai le bâtonnier de ladite sommation.

Art. 41. – Tout avocat-défenseur ou avocat ou avocat stagiaire qui fait l'objet d'une action judiciaire en raison de son activité professionnelle doit en aviser le bâtonnier.

CHAPITRE VI. – DISPOSITIONS TRANSITOIRES ET ABROGATIONS

Art. 42. – Les justifications d'assurances qui doivent être produites par le bâtonnier en vertu de l'article 28 de la loi susvisée doivent être présentées au procureur général, pour la première fois, dans un délai de trois mois à compter de la publication de la présente ordonnance.

Art. 43. – Sont abrogées les ordonnances souveraines n° 3.212 du 23 avril 1946, n° 1.107 du 25 mars 1955, n° 3.012 du 12 juillet 1963 et n° 3.593 du 8 juin 1966, ainsi que toutes dispositions contraires à la présente ordonnance.

(1) Conversion en euros : V. Ord. n° 13.827, 15 déc. 1998 (*Journal de Monaco*, 18 déc. 1998).

Loi nº 1.364 du 16 novembre 2009
portant statut de la magistrature
(Journal de Monaco, 20 nov. 2009)

Art. 1er. – Le présent statut s'applique aux magistrats qui sont nommés dans l'un des emplois permanents du corps judiciaire, tel que défini dans la présente loi, et qui sont titularisés dans un grade de la hiérarchie ou hors hiérarchie.

Le directeur des services judiciaires veille à l'application du présent statut avec le concours du haut conseil de la magistrature.

TITRE I. – DU CORPS JUDICIAIRE

Art. 2. – Le corps judiciaire comprend :

– les magistrats du siège de la cour de révision, de la cour d'appel, du tribunal de première instance et de la justice de paix ;

– les magistrats du parquet général ;

– les magistrats référendaires.

Art. 3 *(Rempl., L. n° 1.414, 28 mai 2015)*. **– Les magistrats référendaires sont affectés, par arrêté du Directeur des Services Judiciaires, à toute fonction du siège et du parquet, à concurrence de douze mois dans chaque fonction.**

Toutefois, si l'intérêt d'une bonne administration de la justice le justifie, ils peuvent être affectés, à leur demande, dans les mêmes formes, après avis du Haut Conseil de la Magistrature, à l'une seulement de ces fonctions.

Ils peuvent également, à leur demande, être affectés par arrêté du Directeur des Services Judiciaires à la Direction des Services Judiciaires pour une durée maximale de six mois.

La période totale d'affectation des magistrats référendaires est de deux années.

Art. 4. – La hiérarchie du corps judiciaire comporte trois grades :

– le troisième grade comprend les fonctions de magistrat référendaire, de juge et de substitut du procureur général ;

– le deuxième grade comprend les fonctions de juge de paix, de premier juge et de premier substitut du procureur général ;

– le premier grade comprend les fonctions de vice-président du tribunal de première instance, de conseiller à la cour d'appel et de procureur général adjoint.

Art. 5. – Sont placés hors hiérarchie :

– les membres de la cour de révision ;

– le premier président de la cour d'appel ;

– le procureur général ;

– le président du tribunal de première instance ;

– le vice-président de la cour d'appel.

TITRE II. – DES DROITS ET OBLIGATIONS DES MAGISTRATS

Art. 6. – Tout magistrat a vocation à être nommé, au cours de sa carrière, à des fonctions du siège ou du parquet auprès de toute juridiction.

Art. 7. – Les magistrats du siège sont inamovibles.

En conséquence, le magistrat du siège ne peut recevoir, sans son consentement, une affectation nouvelle, même en avancement.

Art. 8. – Les magistrats du parquet sont placés sous la direction et le contrôle du procureur général, lequel est placé sous l'autorité du directeur des services judiciaires. À l'audience, leur parole est libre.

Art. 9. – Les fonctions de magistrat sont incompatibles avec celles de conseiller national, de conseiller communal, de membre du conseil économique et social ainsi qu'avec l'exercice, à Monaco ou à l'étranger, de tout mandat électif à caractère politique.

Art. 10. – L'exercice des fonctions de magistrat est également incompatible avec l'exercice, à Monaco ou à l'étranger, de toutes fonctions publiques et de toute activité lucrative, professionnelle ou salariée.

Il est en outre interdit aux magistrats d'avoir, par eux-mêmes ou par personne interposée, sous quelque dénomination ou forme que ce soit, des intérêts de nature à compromettre leur indépendance à l'égard des justiciables.

Art. 11. – Par dérogation aux dispositions de l'article précédent, les magistrats peuvent être autorisés, par décision du directeur des services judiciaires, à dispenser des enseignements ou à exercer des fonctions ou activités qui ne sont pas de nature à porter atteinte à leur indépendance ou à la dignité de la fonction judiciaire.

Art. 12. – Lorsqu'il se propose d'exercer une activité privée, le magistrat en disponibilité ou qui demande à être placé dans cette position doit en informer préalablement le directeur des services judiciaires.

Celui-ci peut interdire l'exercice de cette activité lorsqu'il l'estime de nature à porter atteinte à la dignité de la fonction judiciaire ou à compromettre le fonctionnement de la justice. Tout magistrat méconnaissant cette interdiction est passible de sanctions disciplinaires.

Art. 13. – Lorsque le conjoint d'un magistrat exerce une activité privée lucrative, déclaration doit en être faite au directeur des services judiciaires.

Art. 14. – Les magistrats doivent s'abstenir, soit pour leur propre compte, soit pour celui de toute autre personne physique ou morale, de toute démarche, activité ou manifestation incompatible avec la discrétion et la réserve qu'impliquent leurs fonctions.

Est également interdite toute action concertée de nature à arrêter ou entraver le fonctionnement des juridictions.

Art. 15. – Dans le respect des dispositions de l'article précédent, les magistrats ont le droit de défendre les intérêts de leur profession par l'action syndicale.

Art. 16. – Les magistrats sont liés par l'obligation de discrétion professionnelle pour tout ce qui concerne les faits et informations dont ils ont connaissance dans l'exercice ou à l'occasion de l'exercice de leurs fonctions.

Art. 17. – Les dossiers individuels des magistrats doivent contenir toutes les pièces intéressant leur situation administrative, datées à réception, numérotées et classées sans discontinuité.

Aucune mention faisant état des opinions politiques, philosophiques, syndicales ou religieuses des intéressés ne peut figurer à leur dossier.

Tout magistrat a accès à son dossier individuel sur demande écrite adressée au directeur des services judiciaires qui, en réponse, fixe les modalités de cette consultation.

Art. 18. – L'État, représenté par le directeur des services judiciaires, est tenu de protéger les magistrats contre les menaces, outrages, injures, diffamations ou attaques de toute nature dont ils seraient l'objet dans l'exercice ou à l'occasion de l'exercice de leurs fonctions et de réparer, le cas échéant, le préjudice subi.

Art. 19. – Dans l'exercice de leurs fonctions, les magistrats sont civilement responsables de leurs fautes personnelles, dans les conditions fixées par les articles 460 et suivants du Code de procédure civile.

Dans tous les cas de faute inexcusable, leur responsabilité ne peut être engagée que sur l'action récursoire de l'État.

La responsabilité civile des magistrats est indépendante de leur responsabilité pénale et de leur responsabilité disciplinaire.

Art. 20. – Le magistrat faisant l'objet de poursuites disciplinaires a droit à la communication de son dossier, ainsi que de toutes les pièces de l'enquête concernant les faits qui lui sont reprochés, et à s'en faire délivrer copie.

Aucune décision ne peut être rendue par l'autorité compétente pour le prononcé des sanctions disciplinaires sans qu'au préalable, le magistrat poursuivi n'ait été personnellement entendu en ses explications ou dûment appelé à les fournir.

TITRE III. – DU HAUT CONSEIL DE LA MAGISTRATURE

Art. 21. – Il est institué un haut conseil de la magistrature, consulté dans les conditions déterminées par la présente loi.

Il peut l'être également par le Prince sur toute question portant sur l'organisation ou sur le fonctionnement de la justice.

Le haut conseil de la magistrature est saisi et statue en matière disciplinaire conformément aux dispositions du titre VII.

Art. 22. – (1) Le haut conseil de la magistrature est composé comme suit :

– le directeur des services judiciaires, président ;
– le premier président de la cour de révision, vice-président ;
– un membre titulaire désigné, hors de son sein, par le conseil de la couronne ;
– un membre titulaire désigné, hors de son sein, par le conseil national ;
– un membre titulaire désigné, hors de son sein, par le tribunal suprême ;
– deux membres titulaires élus par le corps judiciaire en son sein, à l'exclusion des magistrats de la cour de révision, dans les conditions fixées par ordonnance souveraine.

La cour de révision, le conseil de la couronne, le conseil national et le tribunal suprême désignent également un membre suppléant ; le corps judiciaire élit aussi deux membres suppléants, hors la cour de révision. Chaque membre suppléant est chargé de remplacer le membre titulaire empêché.

Les membres titulaires et suppléants sont désignés ou élus pour des périodes de quatre ans, renouvelables.

Art. 23. – Les membres désignés du haut conseil de la magistrature ne peuvent avoir la qualité de magistrat, d'avocat, de fonctionnaire ou d'agent public, en activité.

Art. 24. – La composition du haut conseil de la magistrature est publiée par ordonnance souveraine.

Art. 25. – Les membres du haut conseil de la magistrature sont tenus d'une obligation de discrétion pour tout ce qui concerne les faits et informations dont ils ont connaissance dans l'exercice de leurs fonctions.

Art. 26. – Les règles de fonctionnement du haut conseil de la magistrature sont fixées par ordonnance souveraine (2).

TITRE IV. – RECRUTEMENT

Art. 27. – La nomination aux premières fonctions judiciaires en qualité de magistrat référendaire est subordonnée aux conditions ci-après :

1° être de nationalité monégasque ;
2° être âgé d'au moins 23 ans accomplis ;
3° ne pas être privé de ses droits civils ou politiques ;
4° être de bonne moralité ;
5° avoir satisfait aux épreuves du concours prévu aux articles 28 et 29 ;
6° avoir suivi avec succès une formation théorique et pratique dans une école supérieure d'enseignement de langue française préparant aux fonctions de magistrat ;
7° avoir été reconnu physiquement apte à l'exercice de la fonction dans les conditions prévues pour les fonctionnaires de l'État.

Art. 28. – Sont admis à concourir les candidats remplissant les conditions fixées aux chiffres 1, 3, 4 et 7 de l'article précédent, âgés d'au moins 21 ans accomplis et titulaires d'un diplôme d'études juridiques sanctionnant une formation au moins égale à quatre années d'études après le baccalauréat, reconnu par l'État de délivrance, ou ayant suivi avec succès une formation considérée comme équivalente par le haut conseil de la magistrature.

(1) V. Ord. n° 2.572, 13 janv. 2010. – NDLR.
(2) V. Ord. n° 2.706, 7 avr. 2010. – NDLR.

Les équivalences reconnues par le haut conseil de la magistrature sont publiées au *Journal de Monaco* sur l'initiative du directeur des services judiciaires.

Art. 29. – Le concours est ouvert par arrêté du directeur des services judiciaires.

Cet arrêté rappelle les conditions mentionnées à l'article précédent et mentionne en outre :

1° le nombre de postes mis au concours ;

2° les délais impartis pour présenter les candidatures et les pièces à produire à l'appui de celles-ci ;

3° l'indication du nombre, du programme, de l'objet et des conditions des épreuves écrites et orales, les coefficients de notation ainsi que la note moyenne minimale à obtenir ;

4° les noms et qualité des membres siégeant au jury qui comprend :

– le premier président de la cour de révision ou le magistrat de cette cour délégué par lui, président ;

– le premier président de la cour d'appel ou le magistrat de cette cour délégué par lui ;

– le procureur général ou le magistrat du parquet général délégué par lui ;

– le président du tribunal de première instance ou le magistrat du tribunal délégué par lui ;

– trois personnalités désignées, à raison de leur compétence, par le directeur des services judiciaires dont un professeur agrégé des facultés de droit françaises.

À la clôture des inscriptions, le directeur des services judiciaires fixe la liste des candidats admis à concourir ainsi que la date et le lieu des épreuves.

À l'issue des épreuves et au vu du procès-verbal établi par le jury, le directeur des services judiciaires en arrête le résultat et le classement par ordre de mérite des candidats.

Art. 30. – Par dérogation au 5° de l'article 27, sont dispensés du concours prévu aux articles 28 et 29, les candidats monégasques qui ont satisfait aux épreuves du concours requis pour accéder aux fonctions de magistrat dans un pays membre de l'Union européenne et qui ont exercé ces fonctions pendant cinq ans au moins.

Art. 31. – La nomination du magistrat référendaire et sa titularisation dans le grade correspondant interviennent par ordonnance souveraine sur le rapport du directeur des services judiciaires établi au vu des résultats du concours prévu aux articles 28 et 29 ou, dans le cas visé à l'article précédent, après avis du haut conseil de la magistrature.

Art. 32. – Avant d'entrer en fonctions, tout magistrat prête le serment suivant :

« Je jure de respecter les institutions de la Principauté et de veiller à la juste application de la loi.

Je jure aussi de remplir mes fonctions en toute impartialité, avec diligence, d'observer les devoirs qu'elles m'imposent, de garder le secret des délibérations et de me conduire en tout comme un digne et loyal magistrat ».

Le serment est prêté devant la cour d'appel. Toutefois, le premier président et les membres de la cour de révision, le premier président de la cour d'appel ainsi que le procureur général prêtent serment devant le Prince Souverain.

TITRE V. – RÉMUNÉRATION ET AVANTAGES SOCIAUX

Art. 33. – Les grades du corps des magistrats, sont classés, hiérarchiquement dans des échelles indiciaires de traitement.

Le traitement indiciaire de base est celui fixé en application du statut des fonctionnaires de l'État.

Les échelles indiciaires de traitement sont publiées par arrêté du directeur des services judiciaires.

Art. 34. – Les magistrats ont droit, après service fait, à une rémunération comportant un traitement et des indemnités diverses.

Le traitement correspond au grade des intéressés et à l'échelon de l'échelle indiciaire dans laquelle ils sont classés.

Art. 35. – Les magistrats ont droit ou ouvrent droit au profit de leurs ayants cause conformément à la législation en vigueur pour les fonctionnaires de l'État et dans les conditions générales d'attribution prévues pour ces fonctionnaires :

1° à des prestations familiales et à des avantages sociaux ;

2° à des prestations médicales, pharmaceutiques et chirurgicales ;

3° à une allocation d'assistance décès ;

4° à une pension de retraite.

Les magistrats bénéficiant d'une pension de retraite conservent le droit aux prestations prévues aux 1° et 2° à la condition qu'ils n'exercent aucune autre activité ouvrant droit aux mêmes prestations.

TITRE VI. – DE L'AVANCEMENT ET DU DÉROULEMENT DE CARRIÈRE

Art. 36. – L'activité professionnelle de chaque magistrat fait l'objet d'une évaluation écrite tous les deux ans.

Sont compétents pour réaliser cette évaluation :

– pour les juges relevant du tribunal de première instance, le juge tutélaire et le juge de paix : le président du tribunal de première instance ;

– pour le vice-président, les conseillers à la cour d'appel et les juges d'instruction : le premier président de la cour d'appel ;

– pour le premier substitut général, le substitut général et les substituts du parquet : le procureur général.

Les magistrats affectés à la direction des services judiciaires font l'objet d'une évaluation dans les mêmes conditions par le directeur des services judiciaires.

Les magistrats en position de détachement font l'objet d'une évaluation par l'administration ou l'organisme auprès duquel ils sont détachés.

Cette évaluation est communiquée au magistrat intéressé. Celui-ci peut présenter toutes observations écrites qui seront jointes à son dossier.

Art. 37. – Les magistrats référendaires sont nommés, sur avis conforme du haut conseil de la magistrature, en qualité de juge ou de substitut du procureur général après deux années dans le corps judiciaire.

Cette nomination intervient par ordonnance souveraine sur le rapport du directeur des services judiciaires.

Art. 38. – (1) L'avancement des magistrats comporte l'avancement d'échelon et l'avancement de grade.

Le nombre d'échelons que comprend chaque grade est fixé par ordonnance souveraine sur le rapport du directeur des services judiciaires.

Le magistrat accédant à un grade supérieur reçoit le traitement et les indemnités afférents à l'échelon qui lui est attribué dans l'échelle indiciaire du nouveau grade.

Art. 39. – L'avancement d'échelon s'effectue en fonction de l'ancienneté.

Art. 40. – S'effectue également à l'ancienneté l'avancement de grade entre :

– les fonctions de juge ou de substitut du procureur général, relevant du troisième grade, et celles de premier juge ou de premier substitut relevant du deuxième grade ;

– les fonctions du deuxième grade et celles du premier grade.

L'ancienneté requise pour ces avancements est de huit années dans le troisième grade et de dix années dans le deuxième.

Les magistrats du troisième ou du deuxième grade, justifiant d'une ancienneté de huit années dans le corps judiciaire, peuvent être nommés aux fonctions de juge de paix.

Art. 41. – Les durées d'ancienneté requises à l'article précédent, peuvent, compte tenu de l'évaluation prévue à l'article 36, être réduites par décision du directeur des services judiciaires après avis du haut conseil de la magistrature, sans pour autant pouvoir être inférieures à quatre ans.

Le haut conseil de la magistrature est saisi de cette proposition de réduction de la durée d'ancienneté soit par le directeur des services judiciaires, soit par le chef de juridiction concernée.

Les nominations interviennent par ordonnances souveraines sur le rapport du directeur des services judiciaires et après avis du haut conseil de la magistrature.

Art. 42. – La nomination aux emplois hors hiérarchie est soumise à une ancienneté minimale de deux années dans le premier grade.

(1) V. Ord. n° 2.573, 13 janv. 2010 (*Journal de Monaco*, 22 janv. 2010 et Erratum *Journal de Monaco* 29 janv. 2010).

Elle intervient par ordonnance souveraine sur le rapport du directeur des services judiciaires et après avis du haut conseil de la magistrature.

Art. 43. – Dans les cas prévus aux articles 41 et 42, si le rapport du directeur des services judiciaires ne conclut pas conformément à l'avis du haut conseil de la magistrature, les opinions motivées des membres qui ne partagent pas cette conclusion sont formalisées par écrit et transmises, avec son rapport, par le directeur des services judiciaires.

TITRE VII. – DE LA DISCIPLINE DES MAGISTRATS

Art. 44. – Tout manquement, par un magistrat, à ses obligations statutaires, aux devoirs de son état ainsi qu'à l'honneur, à la délicatesse ou à la dignité que requièrent ses fonctions constitue une faute susceptible de poursuites disciplinaires.

Art. 45. – En dehors de toute action disciplinaire, un magistrat peut, en cas de négligence professionnelle, faire l'objet, de la part du président de la juridiction dont il relève, du procureur général s'il est affecté au parquet général, ou du directeur des services judiciaires s'il est placé auprès de lui, d'un rappel à ses obligations.

Le président de la juridiction ou le procureur général en avise le directeur des services judiciaires.

Art. 46. – Le magistrat ayant, dans l'exercice de ses fonctions, commis une faute au sens de l'article 44, peut faire l'objet de poursuites disciplinaires susceptibles d'aboutir, dans le respect de l'article 20, au prononcé de l'une des sanctions ci-après énumérées :

1° la réprimande avec inscription au dossier ;
2° l'abaissement d'échelon ;
3° la rétrogradation ;
4° l'exclusion de toutes fonctions judiciaires pour une durée maximale d'un an ;
5° la mise à la retraite d'office ;
6° la révocation.

De plus, une exclusion temporaire de fonctions pour une durée maximale de trois mois peut être prononcée à titre de sanction complémentaire à celles prévues aux chiffres 2° et 3°.

Art. 47. – Le pouvoir disciplinaire à l'égard des magistrats est exercé par le haut conseil de la magistrature, sur saisine du directeur des services judiciaires.

Art. 48. – Le directeur des services judiciaires, s'il ne se saisit lui-même, est saisi par la dénonciation des faits motivant les poursuites disciplinaires à l'encontre d'un magistrat.

Cette dénonciation lui est adressée, selon le cas, par le premier président de la cour d'appel, par le président du tribunal de première instance ou par le procureur général.

Art. 49. – En matière disciplinaire, le haut conseil de la magistrature délibère hors la présence du directeur des services judiciaires. Il est présidé par le premier président de la cour de révision et complété du premier président de la cour d'appel ou, le cas échéant, de son vice-président.

Le directeur des services judiciaires établit un mémoire au soutien de ses demandes.

Art. 50. – Le magistrat poursuivi est convoqué devant le haut conseil de la magistrature par lettre du greffe général, indicative de son objet et fixant la date de la comparution.

À défaut de comparution et de justification d'un motif légitime d'empêchement, le haut conseil de la magistrature statue en l'absence de l'intéressé.

Art. 51. – Le dossier de la poursuite et le mémoire du directeur des services judiciaires sont, avant tout débat et en respectant un délai minimal d'au moins quinze jours francs, communiqués par celui-ci au magistrat poursuivi. À compter de cette communication, il dispose d'un délai de quinze jours pour présenter une argumentation par écrit.

Art. 52. – Le magistrat poursuivi peut se faire assister d'un avocat-défenseur ou d'un avocat monégasque ou étranger. À la demande des parties ou d'office, le haut conseil de la magistrature peut ordonner l'audition de tout témoin.

Art. 53. – La décision du haut conseil de la magistrature est motivée. Elle est signée par tous les membres ayant pris part à la délibération et transcrite par le greffe général dans un registre spécial.

Art. 54. – Les décisions du haut conseil de la magistrature prononçant l'abaissement d'échelon, la rétrogradation, l'exclusion de toutes fonctions judiciaires, la mise à la retraite d'office et la révocation sont rendues exécutoires par ordonnance souveraine.

Art. 55. – L'exercice de l'action et le prononcé des peines disciplinaires ne font pas obstacle aux poursuites pénales que le ministère public ou les parties intéressées pourraient intenter devant les tribunaux compétents.

Art. 56. – Indépendamment de l'action disciplinaire, un magistrat peut, lorsque l'urgence le justifie, être suspendu de ses fonctions par le directeur des services judiciaires après avis du premier président de la cour d'appel et du procureur général.

La décision prononçant la suspension doit être motivée et préciser soit que l'intéressé conserve, pendant le temps où il est suspendu, le bénéfice de son traitement, soit qu'il fait l'objet d'une retenue dont la quotité ne peut excéder la moitié du traitement.

Si la situation du magistrat suspendu n'est pas définitivement réglée dans un délai de quatre mois à compter du jour où la décision de suspension a pris effet, l'intéressé reçoit à nouveau l'intégralité de son traitement.

Si le magistrat n'a subi aucune sanction ou n'a été l'objet que de l'une de celles énoncées aux chiffres 1 et 2 de l'article 46 ou si, à l'expiration du délai de quatre mois, il n'a pas été statué sur son cas, l'intéressé a droit au remboursement des retenues opérées sur son traitement.

Art. 57. – L'exclusion temporaire de fonctions mentionnée à l'article 46 ainsi que la mesure de suspension prévue à l'article précédent n'emportent pas la suspension des prestations familiales, médicales, pharmaceutiques et chirurgicales, des avantages sociaux ainsi que des allocations d'assistance-décès ou des pensions de retraite.

Art. 58. – Le magistrat qui a fait l'objet d'une sanction disciplinaire mais qui n'a pas été mis à la retraite d'office ou révoqué peut, après cinq années en cas de réprimande ou dix années pour toute autre sanction, demander au directeur des services judiciaires que toute trace de la sanction soit retirée de son dossier.

Le directeur des services judiciaires se prononce après avoir entendu, s'il le demande, l'intéressé, le président de la juridiction dont il relève ou le procureur général.

TITRE VIII. – DES POSITIONS

Art. 59. – Les magistrats sont placés dans une des positions suivantes :

1° l'activité en juridiction ou par affectation auprès du directeur des services judiciaires ;

2° le service détaché ;

3° la disponibilité.

Art. 60. – Les dispositions du statut général des fonctionnaires de l'État concernant les positions ci-dessus énumérées s'appliquent aux magistrats dans la mesure où elles ne sont pas contraires aux règles statutaires du corps judiciaire et sous réserve des dérogations suivantes :

– le détachement notamment auprès d'une organisation internationale, la disponibilité, l'affectation auprès du directeur des services judiciaires ainsi que la réintégration à l'expiration de ceux-ci, sont prononcés à la demande de l'intéressé par ordonnance souveraine sur le rapport du directeur des services judiciaires et après avis du haut conseil de la magistrature ;

– à l'expiration du détachement, de la disponibilité ou de l'affectation, en l'absence de vacance d'emploi dans son grade, le magistrat est réintégré en surnombre dans un emploi correspondant audit grade. Lorsqu'un magistrat a exercé une fonction juridique auprès d'une organisation internationale, en situation de détachement, de disponibilité ou d'affectation, il est tenu compte du temps passé dans cette fonction et de l'expérience acquise en vue du reclassement de ce magistrat lors de sa réintégration au sein du corps judiciaire monégasque.

Le haut conseil de la magistrature est informé, dans un délai raisonnable, des choix opérés pour le détachement, ainsi que sur la demande de renouvellement ou de non-renouvellement de ce détachement, des magistrats mentionnés à l'article 65 préalablement à leur nomination.

TITRE IX. – CESSATION DE FONCTIONS

Art. 61. – La cessation définitive des fonctions entraînant la perte de la qualité de magistrat résulte :

1° de la démission acceptée ;

2° de l'admission à la retraite ;

3° de la mise à la retraite d'office ;

4° de la révocation.

Art. 62. – La démission ne peut résulter que d'une demande écrite de l'intéressé marquant sa volonté non équivoque de quitter le corps judiciaire.

La démission est acceptée, s'il y a lieu, par ordonnance souveraine sur le rapport du directeur des services judiciaires et prend effet à la date que celle-ci fixe sans pouvoir excéder une année à compter de la remise de la demande.

L'acceptation de la démission la rend irrévocable.

Art. 63. – La démission ne fait pas obstacle à l'exercice de l'action disciplinaire même en raison des faits qui n'auraient été révélés qu'après son acceptation.

Art. 64. – Le magistrat peut se voir conférer l'honorariat après sa mise à la retraite, par ordonnance souveraine, sur le rapport du directeur des services judiciaires, après avis du haut conseil de la magistrature.

L'honorariat peut être retiré, dans les mêmes formes, au cas où l'intéressé exercerait une activité incompatible avec la qualité de magistrat honoraire ou manquerait à la réserve qu'impose la dignité de la fonction judiciaire.

Le magistrat honoraire demeure attaché, en cette qualité, à la juridiction à laquelle il appartenait et peut assister, en costume d'audience, aux cérémonies solennelles de cette juridiction ou du corps judiciaire. Il prend rang à la suite des magistrats du même grade.

TITRE X. – DISPOSITIONS DIVERSES

Art. 65. – Le présent statut est applicable aux membres de la cour de révision et aux magistrats détachés auprès de la justice monégasque en vertu de conventions ou d'accords internationaux, sauf en ses dispositions incompatibles avec lesdites conventions ou le statut propre des intéressés.

Art. 66. – Les magistrats qui sont nommés dans l'un des emplois permanents du corps judiciaire, tel que défini dans la présente loi, bénéficient d'un droit à la formation tout au long de leur carrière.

Les modalités de cette formation continue sont définies par le haut conseil de la magistrature et font l'objet d'un arrêté du directeur des services judiciaires.

Art. 67. – Sont abrogées toutes dispositions contraires à la présente loi.

Ordonnance Souveraine nº 2.706 du 7 avril 2010

fixant les règles de fonctionnement du Haut Conseil de la Magistrature

(Journal de Monaco, 16 avr. 2010)

Vu la Constitution ;

Vu la loi n° 1.364 du 16 novembre 2009 portant statut de la magistrature et notamment son article 26 ;

Vu Notre ordonnance n° 2.572 du 13 janvier 2010 fixant les conditions d'élection des membres élus du Haut Conseil de la Magistrature ;

Section 1. – Du secrétariat du Haut Conseil de la Magistrature

Art. 1er. – Le secrétariat du Haut Conseil de la Magistrature est assuré par le Secrétaire Général de la Direction des Services Judiciaires. Il assiste, à ce titre, aux séances.

Lorsque le Secrétaire Général se trouve empêché, il est remplacé par un fonctionnaire désigné par le Directeur des Services Judiciaires.

Art. 2. – Le secrétariat veille, sur le plan administratif et matériel, au bon fonctionnement du Haut Conseil de la Magistrature et gère les crédits inscrits à ce titre au budget de la Direction des Services Judiciaires.

Les dépenses nécessaires au fonctionnement du Haut Conseil de la Magistrature sont ordonnancées par le Directeur des Services Judiciaires.

Art. 3. – Le secrétariat assure la conservation des procès-verbaux des séances du Haut Conseil de la Magistrature et tient un registre à cette fin.

Art. 4. – Lorsque le Haut Conseil de la Magistrature siège en matière disciplinaire, les missions affectées au secrétariat par les articles premier et 3 sont assurées par le Greffier en chef ou l'un de ses adjoints.

Section 2. – Des séances du Haut Conseil de la Magistrature

Art. 5. – Le Haut Conseil de la Magistrature se réunit sur convocation de son Président au Palais de Justice où il a son siège, ou bien dans tout lieu de réunion dépendant de la Direction des Services Judiciaires.

Les convocations sont adressées aux membres du Haut Conseil de la Magistrature quinze jours au moins avant chaque séance. Elles comportent l'ordre du jour établi par le Président.

Art. 6. – Le Haut Conseil de la Magistrature ne peut se prononcer sur les points de son ordre du jour que si cinq de ses membres au moins sont présents aux débats.

Ses avis, consultations ou décisions sont adoptés à la majorité des membres ayant pris part à la délibération.

Art. 7. – Dans le cas prévu à l'article 43 de la loi n° 1.364 du 16 novembre 2009, susvisée, les opinions écrites et motivées des membres ne partageant pas les conclusions du Directeur des Services Judiciaires doivent être déposées ou adressées au secrétariat au plus tard dix jours après la séance.

Art. 8. – L'information prévue au dernier alinéa de l'article 60 de la loi n° 1.364 du 16 novembre 2009, susvisée, est donnée en séance ou transmise par lettre du secrétariat à chacun des membres du Haut Conseil de la Magistrature.

Art. 9. – Les décisions concernant les reconnaissances d'équivalences mentionnées à l'article 28 de la loi n° 1.364 du 16 novembre 2009, susvisée, peuvent être prises à l'issue d'une consultation par correspondance des membres du Haut Conseil de la Magistrature.

Art. 10. – Dans chaque affaire soumise au Haut Conseil de la Magistrature, son Président peut désigner un ou plusieurs rapporteurs qui pourront obtenir de la Direction des Services Judiciaires tous éléments d'information utiles ainsi que la communication des dossiers personnels des magistrats concernés.

Art. 11. – Les délibérations du Haut Conseil de la Magistrature ne sont pas publiques.

Art. 12. – La décision prise par le Haut Conseil de la Magistrature siégeant en matière disciplinaire est dressée et signée à la suite du Président par le Greffier en chef. En toute autre matière, le procès-verbal est dressé et signé à la suite du Président par le Secrétaire Général de la Direction des Services Judiciaires.

Le Président adresse au Prince le premier original de la décision ou du procès-verbal.

Le second original est enregistré et classé soit au secrétariat, soit au greffe s'il s'agit de la matière disciplinaire. Dans ce cas, une copie est transmise pour classement au secrétariat de la Direction des Services Judiciaires.

De l'empêchement et de la vacance

Art. 13. – Lorsqu'un membre désigné se trouve empêché avant la date d'expiration normale de son mandat, il est remplacé par son suppléant.

Si l'empêchement est durable, le Président du Haut Conseil de la Magistrature saisit l'autorité compétente en vue de la nomination d'un nouveau suppléant dont les fonctions cessent au terme de l'empêchement.

Art. 14. – Si un membre titulaire ou suppléant n'est plus en mesure d'exercer ses fonctions, le Président du Haut Conseil de la Magistrature saisit l'autorité compétente en vue de la nomination d'un nouveau titulaire pour la période courant jusqu'à l'expiration du mandat en cours.

De la confidentialité

Art. 15. – Sans préjudice des dispositions de l'article 25 de la loi n° 1.364 du 16 novembre 2009, susvisée, les membres du Haut Conseil de la Magistrature et son secrétariat, ainsi que toute personne appelée à lui prêter son concours ou à déposer devant lui, sont soumis aux dispositions des articles 308 et 308-1 du Code pénal.

Du rapport d'activité

Art. 16. – Le Président adresse chaque année un rapport d'activité au Prince. Ce rapport est également communiqué aux membres du Haut Conseil de la Magistrature.

Des indemnités

Art. 17. – Les membres du Haut Conseil de la Magistrature qui ne sont pas soumis au statut édicté par la loi n° 1.364 du 16 novembre 2009, susvisée, perçoivent des indemnités de vacations et, le cas échéant, de rapport et se voient remboursés des frais de déplacement et de séjour occasionnés par leur participation aux séances sur présentation de pièces justificatives.

Dispositions diverses

Art. 18. – Afin de mener à bien les consultations prévues par l'article 21, alinéa 2, de la loi n° 1.364 du 16 novembre 2009, susvisée, le Haut Conseil de la Magistrature peut, en tant que de besoin, organiser des missions d'information et nouer des relations avec les institutions internationales et étrangères.

Loi nº 1.228 du 10 juillet 2000
portant statut des Greffiers

TITRE I. – DISPOSITIONS GÉNÉRALES

Art. 1er. – Le présent statut s'applique aux personnes qui sont nommées dans l'un des emplois permanents du Greffe général ou du secrétariat général du Parquet général et qui sont titularisées dans un grade de la hiérarchie.

Le grade est le titre qui confère à ces personnes vocation à occuper l'un des emplois permanents réservés aux titulaires dudit grade. Elles sont désignées dans le présent statut sous le terme générique de greffiers.

Art. 2. – Les emplois permanents visés à l'article premier sont répartis entre les catégories ci-après mentionnées :

– catégorie « A » : fonctions d'organisation, de gestion et de contrôle,

– catégorie « B » : fonctions d'application.

Les critères servant à définir ces fonctions sont fixés par une ordonnance souveraine sur le rapport du Directeur des services judiciaires.

Art. 3. – La nomination aux emplois visés à l'article précédent ne peut avoir lieu que dans les conditions prévues au présent statut.

Les nominations du greffier en chef et du secrétaire général du Parquet général sont laissées à la seule décision de l'autorité compétente.

Art. 4. – Les nominations non motivées par la nécessité de combler une vacance d'emploi sont interdites.

Art. 5. – Les greffiers sont, à l'égard de l'administration judiciaire, dans une situation statutaire et réglementaire.

Le Directeur des services judiciaires veille à l'application du présent statut.

Art. 6. – Il est interdit au greffier en chef et aux greffiers d'exercer, à titre professionnel, une activité lucrative, sauf dérogation accordée par le Directeur des services judiciaires.

Il est également interdit aux greffiers, quelle que soit leur position, d'avoir, par eux-mêmes ou par personne interposée, sous quelque dénomination et forme que ce soit, des intérets de nature à compromettre éventuellement leur indépendance à l'égard des justiciables. La même interdiction subsiste pendant une période de deux années après la cessation définitive de fonctions.

Art. 7. – Lorsque leur conjoint exerce une activité lucrative, déclaration doit en être faite au Directeur des services judiciaires qui prend, s'il y a lieu, après avis des Chefs de Cour et avertissement de l'intéressé, les mesures propres à sauvegarder les intérêts de l'Administration et la dignité de la fonction judiciaire.

Art. 8. – Indépendamment des règles instituées par le Code pénal en matière de secret professionnel et par les articles 129, 130, 131 de la loi n° 783 du 15 juillet 1965 portant organisation judiciaire, les greffiers sont liés par l'obligation de discrétion professionnelle pour tout ce qui concerne les faits et informations dont ils ont connaissance dans l'exercice ou à l'occasion de l'exercice de leurs fonctions.

Ils ne peuvent être déliés de l'obligation de discrétion que par le Directeur des services judiciaires.

Art. 9. – Les greffiers, quelle que soit leur position, doivent s'abstenir, soit pour leur propre compte, soit pour celui de toute autre personne physique ou morale, de toute démarche, activité ou manifestation incompatible avec la discrétion et la réserve qu'impliquent leurs fonctions.

Art. 10. – Les dossiers individuels des greffiers doivent contenir toutes les pièces intéressant leur situation administrative. Ces pièces doivent être enregistrées, numérotées et classées sans discontinuité.

Aucune mention faisant état des opinions politiques, philosophiques ou religieuses des intéressés ne peut figurer à leur dossier.

Art. 11. – L'État est tenu de protéger les greffiers contre les menaces, outrages, injures, diffamations ou attaques de toute nature dont ils seraient l'objet dans l'exercice ou à l'occasion de l'exercice de leurs fonctions et de réparer, le cas échéant, le préjudice subi.

Il est subrogé aux droits de la victime pour obtenir des auteurs des actes énumérés à l'alinéa ci-dessus la restitution des indemnités versées à titre de réparation ; il dispose, en outre, d'une action directe qu'il peut exercer, par voie de constitution de partie civile, devant la juridiction pénale.

TITRE II. – RECRUTEMENT

Art. 12. – La nomination à l'un des emplois visés à l'article 2 est subordonnée aux conditions ci-après mentionnées :

- ne pas être privé de ses droits civils ou politiques,
- être de bonne moralité,
- avoir satisfait aux conditions prévues aux articles 14 et 15,
- remplir les conditions d'aptitude physique exigées pour l'exercice de la fonction et avoir été déclaré soit indemne, soit définitivement guéri de toute affection tuberculeuse, cancéreuse, neuro-musculaire ou mentale. Dans tous les cas, l'intéressé doit produire un certificat délivré par une des commissions médicales prévues par l'article 45.

Art. 13. – La nomination intervient par ordonnance souveraine sur le rapport du Directeur des services judiciaires.

Avant d'entrer en fonction, le greffier doit prêter le serment prévu par l'ordonnance du 30 mars 1865 sur le serment des fonctionnaires.

Art. 14. – Sous réserve des dispositions de l'alinéa second de l'article 3, les greffiers sont recrutés dans chacune des catégories prévues par l'article 2, par voie de concours ouverts aux candidats possédant les diplômes exigés ou justifiant de l'accomplissement d'études déterminées ainsi qu'aux fonctionnaires ou agents de l'État ou de la Commune en fonction ayant accompli une durée minimale de service public et possédant les connaissances nécessaires, notamment juridiques, à l'exercice des fonctions concernées.

Les greffiers justifiant d'une ancienneté suffisante peuvent, à la suite d'un examen professionnel, accéder à des emplois de la catégorie supérieure prévue par l'article 2.

L'organisation des concours et des examens professionnels ainsi que les conditions d'application des dispositions ci-dessus sont déterminées par une ordonnance souveraine sur le rapport du Directeur des services judiciaires.

Art. 15. – Un jury de concours, dont la composition est fixée par arrêté du Directeur des services judiciaires, désigne par ordre de mérite les candidats reconnus aptes.

Sous réserve des dispositions de la loi n° 188 du 18 juillet 1934 relative aux fonctions publiques, les nominations doivent intervenir dans l'ordre fixé par le jury.

La nomination est prononcée à titre de stagiaire par arrêté du Directeur des services judiciaires.

Toutefois, l'obligation de stage n'est pas applicable aux personnes qui ont accompli une année au moins à la satisfaction du Directeur des services judiciaires.

Art. 16. – La durée du stage est fixée par une ordonnance souveraine sur le rapport du Directeur des services judiciaires.

Les stagiaires sont, pendant toute la durée du stage, régis par le présent statut. Toutefois, les dispositions relatives aux avancements, aux positions de détachement et de disponibilité ne leur sont pas applicables. Ils ne peuvent faire l'objet que des sanctions disciplinaires visées au 1° de l'article 30 et au second alinéa du même article.

Les stagiaires de sexe féminin peuvent bénéficier de la disponibilité spéciale prévue au second alinéa de l'article 51. Dans ce cas, le stage est suspendu pendant toute la période de disponibilité.

Les stagiaires qui ne satisfont pas aux conditions d'exercice de leurs fonctions sont, avec un préavis d'un mois, licenciés sans indemnité, à l'expiration de la durée du stage. Cependant, en cas d'insuffisance professionnelle, le licenciement peut intervenir à l'expiration du premier trimestre du stage.

Art. 17. – La titularisation dans un grade ne peut intervenir avant que l'intéressé n'ait atteint la majorité civile visée à l'article 410-1° du Code civil.

Sous cette réserve, la titularisation prend effet du jour de l'admission au stage ; l'ordonnance souveraine portant nomination à l'emploi et titularisation dans le grade fixe le classement compte tenu, le cas échéant, de l'ancienneté acquise depuis l'admission au stage.

TITRE III. – RÉMUNÉRATION ET AVANTAGES SOCIAUX

Art. 18. – Les grades du corps des greffiers sont classés hiérarchiquement dans des échelles indiciaires de traitement.

Le traitement indiciaire de base est celui fixé par l'arrêté ministériel prévu par l'article 29, alinéa 2, de la loi n° 975 du 12 juillet 1975 portant statut des fonctionnaires de l'État.

Art. 19. – Les greffiers ont droit, après service fait, à une rémunération comportant un traitement et des indemnités diverses.

Le traitement correspond au grade des intéressés et à la classe ou à l'échelon de l'échelle indiciaire dans laquelle ils sont classés.

Le traitement du stagiaire est celui correspondant à la classe ou à l'échelon de début de l'échelle indiciaire prévue pour le grade.

Art. 20. – Les greffiers ont droit, ou ouvrent droit au profit de leurs ayants cause :

1° à des prestations familiales et à des avantages sociaux,

2° à des prestations médicales, pharmaceutiques et chirurgicales,

3° à une allocation d'assistance-décès,

4° à une pension de retraite, conformément à la législation en vigueur pour les fonctionnaires de l'État.

Le droit aux prestations prévues aux chiffres 1° et 2° ci-dessus est maintenu aux greffiers après leur mise à la retraite à la condition qu'ils n'exercent aucune activité lucrative.

Art. 21. – Pour l'application du régime des prestations visées au chiffre 2° de l'article précédent, il est éventuellement fait appel à l'avis d'un médecin-conseil et des commissions médicales compétentes, dans les conditions prévues pour les fonctionnaires de l'État.

Art. 22. – Les conditions générales d'attribution des prestations, des avantages sociaux et de l'allocation prévue à l'article 20, sont celles prévues pour les fonctionnaires de l'État.

Art. 23. – Les greffiers doivent se soumettre au contrôle médical périodique dans les conditions prévues pour les fonctionnaires de l'État.

TITRE IV. – AVANCEMENT

Art. 24. – Chaque année les greffiers font l'objet d'une appréciation motivée portée, selon le cas, par le Premier président de la cour d'appel ou par le Procureur général.

Cette appréciation est portée à la connaissance de l'intéressé.

Art. 25. – L'avancement des greffiers comporte l'avancement de classe ou d'échelon, qui a lieu de façon continue, et l'avancement de grade.

Art. 26 *(Mod., L. n° 1.398, 24 juin 2013).* – L'avancement de classe ou d'échelon s'effectue en fonction de l'ancienneté. Toutefois, le Directeur des Services Judiciaires peut, au vu de l'appréciation prévue à l'article 24, décider de réduire la durée de l'ancienneté requise pour accéder à la classe ou à l'échelon supérieur.

Les durées d'ancienneté sont fixées par une ordonnance souveraine prise sur le rapport du Directeur des services judiciaires.

Art. 27. – L'avancement de grade s'effectue soit au choix, soit à la suite d'un examen professionnel, dans les conditions prévues à l'article 14, alinéa 2.

Art. 28. – Le greffier accédant à un grade supérieur reçoit le traitement et les indemnités afférents à la classe ou à l'échelon qui lui est attribué dans l'échelle indiciaire du nouveau grade par la décision de promotion.

À défaut, l'intéressé est classé d'office dans la classe ou à l'échelon de l'échelle indiciaire afférente au nouveau grade dont l'indice est égal ou immédiatement supérieur à celui de son ancienne classe ou de son ancien échelon ; en ce cas, la durée maximale de service requise pour l'avancement de classe ou d'échelon est réduite de moitié.

Art. 29. – La hiérarchie des grades de greffier et le nombre de classes ou d'échelons constituant chaque grade sont fixés par une ordonnance souveraine sur le rapport du Directeur des services judiciaires.

TITRE V. – DISCIPLINE

Art. 30. – Les sanctions disciplinaires comportent :

1° la censure,

2° l'abaissement d'échelon,

3° la rétrogradation,

4° l'exclusion temporaire de fonctions pour une durée maximale d'un an,

5° la mise à la retraite d'office,

6° la révocation.

De plus, une exclusion temporaire de fonctions pour une durée maximale de trois mois peut être prononcée à titre de sanction complémentaire à celles prévues aux chiffres 1° à 3°.

Art. 31 *(Mod., L. n° 1.398, 24 juin 2013).* – La censure est infligée par le Directeur des Services Judiciaires, l'intéressé entendu en ses explications ou dûment appelé à les fournir.

Les autres sanctions sont infligées par la Cour d'Appel et rendues exécutoires par ordonnance souveraine.

La Cour d'Appel ne statue qu'après avoir entendu le greffier poursuivi en ses explications ou celui-ci dûment appelé à les fournir. L'intéressé peut se faire assister d'un avocat-défenseur ou d'un avocat et solliciter un délai maximal de dix jours pour présenter sa défense.

La citation est donnée par lettre recommandée avec accusé de réception indicative de l'objet, signée par le greffier en chef.

La même forme sera employée pour appeler toutes personnes qui voudraient être entendues sur des réclamations ou plaintes par elles adressées au Premier Président de la Cour d'Appel, au président du tribunal ou au Procureur Général.

Les sanctions mentionnées aux chiffres 4° à 6° de l'article précédent sont prononcées en audience publique.

La délibération de la cour est motivée et signée par tous les magistrats qui y ont pris part. Elle est transcrite sur un registre coté et paraphé par le Premier Président.

Les autres sanctions ne peuvent être prononcées que par la cour d'appel dans les formes prévues par la loi n° 783 du 15 juillet 1965 portant organisation judiciaire.

Dans tous les cas, le greffier a droit à la communication personnelle et confidentielle de son dossier avant l'intervention d'une sanction disciplinaire.

Art. 32. – En cas de faute grave, qu'il s'agisse d'un manquement aux obligations professionnelles ou d'une infraction de droit commun, le greffier concerné peut, après avis du Premier président de la Cour d'appel ou du Procureur général, être immédiatement suspendu par décision du Directeur des services judiciaires.

La décision prononçant la suspension doit, soit préciser que le greffier conserve, pendant le temps où il est suspendu, le bénéfice de son traitement, soit déterminer la quotité de la retenue qu'il subit, laquelle ne peut être supérieure à la moitié du traitement.

La situation du greffier suspendu doit être définitivement réglée dans un délai de quatre mois à compter du jour où la décision de suspension a pris effet ; lorsqu'une autre décision n'est pas intervenue à l'échéance de ces quatre mois, l'intéressé reçoit à nouveau l'intégralité de son traitement, sauf s'il est l'objet de poursuites pénales.

Si le greffier n'a subi aucune sanction ou n'a été l'objet que de l'une de celles visées aux chiffres 1° et 2° de l'article 30 ou si, à l'expiration du délai de quatre mois il n'a pas été statué sur son cas, l'intéressé a droit au remboursement des retenues opérées sur son traitement.

Toutefois, lorsqu'il est l'objet de poursuites pénales, sa situation n'est définitivement réglée qu'après que la décision rendue par la juridiction saisie soit devenue définitive.

Art. 33. – L'exclusion temporaire de fonctions visée à l'article 30 ainsi que la mesure de suspension prévue à l'article précédent n'emportent pas la suspension des prestations, avantages sociaux, allocation ou pension mentionnées à l'article 20.

Art. 34. – Le greffier qui a fait l'objet d'une sanction disciplinaire, mais qui n'a pas été exclu des cadres, peut après cinq années, s'il s'agit de censure, et de dix années, s'il s'agit d'une autre sanction, introduire, par la voie hiérarchique, une demande tendant à ce qu'aucune trace de la sanction prononcée ne subsiste dans son dossier.

Le Directeur des services judiciaires statue après avis de la Cour d'appel saisie par le Procureur général.

Art. 35. – Le greffier peut former préalablement aux recours contentieux qui lui sont ouverts par la Constitution ou par la loi, un recours gracieux ou hiérarchique à l'encontre des décisions administratives qui sont susceptibles de lui faire grief.

Le recours gracieux ou hiérarchique conserve le délai de recours contentieux, à condition qu'il soit formé dans les deux mois de la notification ou de la publication de la décision administrative et que le recours contentieux soit lui-même formé dans les deux mois du rejet explicite ou implicite du recours gracieux ou hiérarchique.

Le défaut de réponse dans le délai de quatre mois vaut décision de rejet.

TITRE VI. – POSITIONS

Art. 36. – Les greffiers sont placés dans une des positions suivantes :

1° l'activité,

2° le service détaché,

3° la disponibilité.

L'activité est la position du greffier qui, titulaire d'un grade, exerce les fonctions de l'un des emplois correspondant à ce grade.

Le détachement est la position du greffier qui, placé hors du Greffe ou du Parquet général, continue à bénéficier des droits et avantages résultant du présent statut.

La disponibilité est la position du greffier qui, placé hors de l'Administration judiciaire, cesse de bénéficier des droits et avantages résultant du présent statut.

A. – Activités et congés

Art. 37. – Le greffier en activité a droit à un congé annuel avec traitement d'une durée minimum de trente-cinq jours consécutifs pour une année de service accomplie. En cas de nécessité de service, il peut lui être imposé un fractionnement de ce congé.

Les congés éventuellement accordés dans le cours de l'année pour convenances personnelles sont déduits du congé annuel.

Des autorisations exceptionnelles d'absence peuvent, en outre, être accordées, dans les conditions prévues pour les fonctionnaires de l'État.

Art. 38. – Lorsqu'il est mis dans l'impossibilité temporaire d'exercer ses fonctions par suite de maladie dûment constatée, le greffier est de droit en congé. Son traitement est maintenu pendant les trois premiers mois de ce congé, d'une durée maximum de six mois ; il est réduit de moitié pendant les trois mois suivants.

Si, à l'expiration de cette période de six mois, l'intéressé n'est pas en mesure de reprendre l'exercice de ses fonctions il peut, sur proposition du médecin-conseil prévu à l'article 21 être maintenu en congé, sans toutefois que la durée de ce nouveau congé, pendant lequel il continue à recevoir un traitement réduit de moitié, puisse excéder une année.

Art. 39. – Le greffier qui, ayant épuisé la totalité de ses droits à congé de maladie prévus à l'article 38, n'est pas en mesure de reprendre l'exercice de ses fonctions peut, sur proposition de la commission médicale compétente visée à l'article 46, être maintenu en congé, sans toutefois que la durée de ce nouveau congé, pendant lequel il continue à recevoir un traitement réduit de moitié, puisse excéder deux années.

Art. 40. – Lorsqu'il est atteint d'une affection, dûment constatée, le mettant dans l'impossibilité d'exercer ses fonctions, qui rend nécessaire un traitement et des soins coûteux et prolongés et qui figure sur une liste établie par arrêté ministériel, le greffier a droit à un congé de longue maladie d'une durée maximum de trois années. Il conserve l'intégralité de son traitement pendant un an ; ce traitement est réduit de moitié pendant les deux années qui suivent.

Le greffier qui a obtenu un congé de longue maladie ne peut bénéficier d'un autre congé de même nature s'il n'a pas auparavant repris l'exercice de ses fonctions pendant au moins une année.

Art. 41. – Le greffier atteint d'une affection tuberculeuse, cancéreuse, neuro-musculaire ou mentale est, de droit, mis en congé de maladie longue durée ; ce congé lui est accordé par périodes maximales d'une année.

L'intéressé conserve pendant une durée de trois années l'intégralité de son traitement, lequel est ensuite réduit de moitié pendant les deux années suivantes.

La décision est prise, dans tous les cas, sur proposition de la commission médicale compétente.

Art. 42. – À l'expiration des congés de maladie accordés en application des articles 38, 39, 40 et 41 ou si, sur proposition de la commission médicale compétente, il est mis fin à ces congés, l'intéressé peut être :

- soit mis en disponibilité d'office,
- soit mis à la retraite pour invalidité.

Art. 43. – Le greffier victime d'un accident survenu dans l'exercice ou à l'occasion de l'exercice de ses fonctions notamment lors du trajet, est, de droit, en congé. Il en est de même en cas de maladie contractée ou aggravée dans ces conditions.

Outre le remboursement intégral des honoraires médicaux et des frais directement entraînés par la maladie ou l'accident, il conserve son traitement :

- soit jusqu'à ce que son état de santé lui permette de remplir son emploi ou, après mutation d'office, un autre emploi auquel il serait reconnu apte,
- soit jusqu'à sa mise à la retraite pour invalidité.

Lorsque l'intéressé est atteint d'une incapacité permanente ne justifiant pas sa mise à la retraite pour invalidité, il lui est alloué une rente dont le montant, calculé comme en matière d'accident du travail, est fonction du taux d'incapacité ; cette rente est cumulable, le cas échéant, avec un traitement d'activité.

La décision est prise, dans tous les cas, sur la proposition de la commission médicale compétente.

Art. 44. – Dans tous les cas de congé de maladie prévus aux articles 38, 39. 40 et 41 avec ou sans réduction de traitement, l'intéressé conserve son droit aux prestations familiales, médicales, pharmaceutiques ou chirurgicales ainsi qu'aux avantages sociaux dont il bénéficie en raison de sa situation de famille.

Les temps passés en congés de maladie sont pris en compte pour l'avancement et le calcul de la pension de retraite.

Art. 45. – Le greffier de sexe féminin a droit à un congé de maternité dont la durée, fixée par arrêté ministériel, ne peut être inférieure à seize semaines. Pendant cette période, le traitement lui est maintenu dans son intégralité.

Art. 46. – Les conditions d'application du régime des congés de maladie et les règles d'organisation et de fonctionnement des commissions médicales compétentes en la matière sont celles prévues pour les fonctionnaires de l'État.

B. – Détachement

Art. 47. – Le détachement peut avoir lieu dans tous emplois dont les titulaires relèvent du champ d'application de la législation sur les pensions de retraite des fonctionnaires de l'État et, exceptionnellement, pour un but d'intérêt général, dans tous autres emplois ou fonctions. Le détachement est toujours révocable.

Il est prononcé par arrêté du Directeur des services judiciaires soit à la demande de l'intéressé, soit dans l'intérêt du service, après avis de la chambre du Conseil de la Cour d'appel. Dans ce dernier cas, l'intéressé a droit au maintien d'un traitement égal à celui afférent à son grade et à sa classe ou à son échelon.

Art. 48. – En cas de détachement dans un emploi ou une fonction dont les titulaires ne relèvent pas du champ d'application de la législation sur les pensions de retraite des fonctionnaires de l'État, l'intéressé doit verser à l'État la cotisation prévue par les dispositions en vigueur pour la constitution du droit à pension ; cette cotisation est calculée sur le traitement d'activité afférente à son grade et à sa classe ou à son échelon dans le service dont il est détaché.

La personne privée auprès de laquelle le greffier est détaché est redevable à l'État des cotisations dont elle serait tenue s'il s'agissait d'un salarié relevant du régime général.

Art. 49. – À l'expiration du détachement, le greffier est réintégré à la première vacance se produisant dans son grade. Il est affecté dans un emploi correspondant audit grade ; toutefois, il a priorité pour être affecté à l'emploi qu'il occupait antérieurement à son détachement.

S'il refuse l'emploi qui lui est assigné, il est placé en disponibilité jusqu'à ce qu'une nouvelle vacance soit ouverte dans son grade.

Art. 50. – Sous réserve des dispositions des articles 47, 48 et 49 les conditions du détachement, sa durée ainsi que les modalités de la réintégration à l'expiration de la période de détachement sont celles prévues pour les fonctionnaires de l'État.

C. – Disponibilité

Art. 51. – La disponibilité est prononcée par arrêté du Directeur des services judiciaires, soit à la demande de l'intéressé, soit d'office comme prévu aux articles 42 et 49 ; dans le premier cas, la chambre du Conseil de la Cour d'appel est consultée.

Le greffier de sexe féminin bénéficie, en outre, d'une disponibilité spéciale qui est accordée par le Directeur des services judiciaires, dans les conditions qui sont fixées par une Ordonnance Souveraine sur le rapport du Directeur des services judiciaires.

Art. 52. – La disponibilité sur demande du greffier peut être prononcée pour maladie grave ou accident du conjoint ou d'un enfant, pour études ou recherches présentant un intérêt général ou pour convenances personnelles.

Art. 53. – Les conditions de la mise en disponibilité, sa durée ainsi que les modalités de la réintégration à l'expiration de la période de disponibilité sont celles prévues pour les fonctionnaires de l'État.

La disponibilité ne fait pas échec aux dispositions relatives à la discipline. Elle est révocable lorsque les conditions dans lesquelles elle a été prononcée cessent d'être remplies.

Art. 54. – Le greffier placé en disponibilité qui, lors de sa réintégration, refuse l'emploi qui lui est assigné, peut être licencié ou mis à la retraite d'office par Ordonnance Souveraine sur le rapport du Directeur des services judiciaires.

TITRE VII. – MUTATION

Art. 55. – L'affectation donnée à un greffier par sa nomination à un emploi permanent peut être modifiée par voie de mutation à un emploi entrant dans le champ d'application du présent statut et correspondant au grade dont il est titulaire.

La mutation est prononcée soit dans l'intérêt du service, soit sur demande du greffier si elle n'est pas contraire audit intérêt.

L'intéressé ne peut recevoir un traitement inférieur à celui dont il bénéficiait antérieurement.

TITRE VIII. – CESSATION DE FONCTIONS

Art. 56. – La cessation définitive des fonctions entraînant la perte de la qualité de greffier résulte :

1° de la démission acceptée,

2° du licenciement.

3° de la révocation,

4° de l'admission à la retraite.

Art. 57. – La démission ne peut résulter que d'une demande écrite de l'intéressé marquant sa volonté non équivoque de quitter l'administration judiciaire.

La démission est acceptée par ordonnance souveraine sur le rapport du Directeur des services judiciaires et prend effet à la date que celle-ci fixe sans pouvoir excéder une année à compter de la remise de la demande.

Le défaut de réponse dans le délai de quatre mois vaut acceptation de la démission.

Art. 58. – L'acceptation de la démission la rend irrévocable. La démission ne fait cependant pas obstacle à l'exercice de l'action disciplinaire même en raison de faits qui n'auraient été révélés à l'Administration judiciaire qu'après son acceptation.

Art. 59. – Le greffier qui cesse ses fonctions avant la date ou avant l'expiration du délai, visé à l'article 57, peut faire l'objet d'une sanction disciplinaire ; à cet effet, s'il a droit à pension, il peut subir une retenue sur les trois premiers versements mensuels qui lui sont faits à ce titre, à concurrence d'un cinquième de ceux-ci.

Art. 60. – S'il ne peut être reclassé dans un autre emploi, dans les mêmes conditions que celles prévues par l'article 55, le greffier qui fait preuve d'insuffisance professionnelle est admis à la retraite ou licencié ; la décision est prise par l'ordonnance souveraine sur le rapport du Directeur des services judiciaires.

S'il est licencié pour insuffisance professionnelle et s'il ne satisfait pas aux conditions pour être admis au bénéfice de la législation sur les pensions de retraite des fonctionnaires, une indemnité de départ, égale aux trois quarts de la rémunération afférente au dernier mois d'activité multipliée par le nombre d'années de service validées pour la retraite, lui est attribuée.

Cette indemnité est versée par mensualités qui ne peuvent dépasser le montant de la dernière rémunération perçue par l'intéressé.

Art. 61. – Le greffier qui a fait preuve au cours de sa carrière d'un zèle et d'un dévouement constants peut se voir conférer l'honorariat après sa mise à la retraite, par ordonnance souveraine sur le rapport du directeur des services judiciaires.

L'honorariat peut être retiré dans les mêmes formes au cas où l'intéressé exercerait une activité incompatible avec le titre de fonctionnaire honoraire ou enfreindrait la réserve que ce titre lui impose.

TITRE IX. – DISPOSITIONS DIVERSES

Art. 62. – Les dispositions du présent statut ne portent pas atteinte à celles de la loi n° 783 du 15 juillet 1965 portant organisation judiciaire.

Art. 63. – L'article 156 de la loi n° 783 du 15 juillet 1965 portant organisation judiciaire est modifié comme suit :

(V. L. n° 783, 15 juill. 1965, art. 156)

Art. 64. – Sont abrogés :

– les dispositions de l'ordonnance souveraine n° 3.141 du 1er janvier 1946 portant codification et modification des textes réglementaires fixant le statut du personnel relevant de la Direction des services judiciaires en tant qu'elles concernent les greffiers au sens du présent statut ;

– les articles 122 et 132 de la loi n° 783 du 15 juillet 1965 portant organisation judiciaire ; ainsi que toutes dispositions législatives et réglementaires contraires à celles de la présente loi.

Arrêté n° 2013-17 du 12 juillet 2013

du Directeur des Services Judiciaires relatif aux mesures destinées à renforcer la confiance des justiciables dans l'intégrité, l'impartialité et l'efficacité des agents des services judiciaires

Art. 1er. – Outre les obligations qui résultent des textes susvisés, les magistrats, greffiers, fonctionnaires et agents relevant de la Direction des Services Judiciaires sont tenus de respecter celles prescrites par les dispositions du présent arrêté.

Art. 2. – Les magistrats et greffiers se conduisent avec probité de manière à assurer et garantir la confiance des justiciables dans l'intégrité, l'impartialité et l'efficacité des juridictions.

Ils veillent aux relations qu'ils entretiennent tant dans un cadre professionnel que dans un cadre privé de manière à ne pas faire naître une suspicion de partialité, ni à les rendre vulnérables à une quelconque influence, ni à porter atteinte à la dignité de leurs fonctions. Ils ne doivent pas se placer ou se laisser placer dans une situation susceptible de les obliger à accorder en retour une faveur à une personne ou à une entité, quelle qu'elle soit.

Les magistrats et greffiers des juridictions ne sollicitent pas, pour eux-mêmes, de distinctions honorifiques.

Ils ne sollicitent ni n'acceptent dans le cadre de leurs fonctions, pour eux-mêmes ou pour des tiers, aucun avantage qui puisse exercer une influence ou paraître exercer une telle influence sur leur indépendance, l'impartialité de leurs décisions ou sur la façon dont ils exercent leurs fonctions. Ils ne peuvent tirer de leur position officielle aucun avantage indu.

Art. 3. – Les magistrats et greffiers ne peuvent se prévaloir de leur qualité pour effectuer, directement ou indirectement, auprès de particuliers, d'associations, de syndicats, d'entreprises, de sociétés ou de tout autre organisme, des collectes ou des démarches en vue de recueillir des fonds ou des dons, de quelque nature qu'ils soient.

Art. 4. – Les magistrats, greffiers, fonctionnaires et agents relevant de la Direction des Services Judiciaires ne peuvent solliciter ou accepter, directement ou indirectement, de cadeaux, faveurs ou tout autre avantage dans l'exercice ou à l'occasion de l'exercice de leurs fonctions, susceptibles :

– d'influer ou d'apparaître influer sur l'impartialité avec laquelle ils doivent s'acquitter de leur mission de service public ;

– de constituer une récompense ou une contrepartie de prestations accomplies dans le cadre de ladite mission.

Toutefois, à l'occasion d'événements traditionnels tels que notamment les fêtes de fin d'année, les magistrats, greffiers, fonctionnaires et agents relevant de la Direction des Services Judiciaires peuvent, dans l'exercice ou à l'occasion de l'exercice de leurs fonctions, recevoir des cadeaux d'usage relevant de la courtoisie ou de l'hospitalité.

Art. 5. – Dans le cas où la réception d'un cadeau inacceptable aux termes de l'article précédent ne peut être refusée pour des raisons de service, ou dans le cas où le récipiendaire ne sait pas s'il peut accepter un cadeau ou l'hospitalité, le magistrat, greffier, fonctionnaire ou agent relevant de la Direction des Services Judiciaires concerné en informe sans délai l'autorité hiérarchiquement supérieure.

Si le magistrat, greffier, fonctionnaire ou agent relevant de la Direction des Services Judiciaires se voit proposer un avantage indu, il doit prendre les mesures suivantes afin de :

– refuser l'avantage indu ;

– identifier ou tenter d'identifier la personne qui a fait la proposition ;

– essayer d'avoir des témoins, par exemple des collègues travaillant à proximité ;

– rédiger dans les meilleurs délais un compte rendu écrit sur cette tentative ;
– signaler dès que possible la proposition à son supérieur hiérarchique ou directement à l'autorité compétente pour y donner suite, en particulier dans le cas où le cadeau ne peut être ni refusé ni retourné à son expéditeur.

Art. 6. – Sans préjudice de l'article 4, les cadeaux adressés à une pluralité de magistrats, greffiers, fonctionnaires et agents relevant de la Direction des Services Judiciaires doivent faire l'objet, à l'initiative des intéressés, d'un enregistrement dans un livre d'inventaire prévu à cet effet.

Art. 7. – La discrétion professionnelle imposée par la loi aux magistrats, greffiers, fonctionnaires et agents relevant de la Direction des Services Judiciaires ayant connaissance, à raison de l'exercice ou à l'occasion de l'exercice de leur mission, de faits, pratiques, agissements ou comportements susceptibles d'être constitutifs d'un crime ou d'un délit, ne fait pas obstacle à ce que ceux-ci les signalent à l'autorité hiérarchique ou à l'autorité judiciaire, conformément à l'article 61 du Code de procédure pénale.

La Direction des Services Judiciaires est tenue de protéger les magistrats, greffiers, fonctionnaires et agents relevant de la Direction des Services Judiciaires qui, dans la situation ci-dessus mentionnée, signalent, de bonne foi, des faits, pratiques, agissements ou comportements susceptibles de caractériser un crime ou un délit.

Les intéressés ne sauraient pour ce motif encourir de sanctions disciplinaire, ni faire l'objet, de la part de l'autorité hiérarchique, de mesures ayant pour objet ou pour effet d'affecter défavorablement le déroulement de leur carrière.

Ordonnance Souveraine nº 2.984 du 16 avril 1963
sur l'organisation et le fonctionnement du Tribunal Suprême

Vu le titre X de la Constitution du 17 décembre 1962 ;

Section 1. – Organisation et fonctionnement du Tribunal Suprême

Art. 1er *(Mod., Ord. n° 6.820, 14 avr. 1980 ; Ord. n° 5.371, 19 juin 2015).* – (1) Les membres titulaires et suppléants du Tribunal Suprême sont nommés dans les formes et conditions prévues à l'article 89 de la Constitution. Leur mandat est d'une durée de huit ans. Il n'est pas renouvelable sauf à l'égard de membres titulaires ou suppléants nommés à la suite d'une démission, d'un empêchement, d'un décès ou d'une révocation, pour une durée inférieure à deux années.

Pour une bonne administration de la justice, il est procédé aux nominations des membres du Tribunal Suprême en deux fractions distantes de quatre années. Ainsi, sont, en premier lieu, nommés les membres titulaires ou suppléants proposés par le Conseil de la Couronne, le Conseil National et le Tribunal de Première Instance et, en second lieu, ceux proposés par la Cour d'Appel et le Conseil d'État.

Le Président et le vice-président du Tribunal Suprême sont désignés par le Prince. Le vice-président est chargé d'assurer la suppléance du président en cas d'absence ou d'empêchement.

Art. 1-2 *(Ord. n° 5.371, 19 juin 2015).* – Dans le cadre de la préparation du projet de budget primitif ou rectificatif de l'État, le Président élabore les propositions relatives aux inscriptions concernant le Tribunal Suprême et les communique au Directeur des Services Judiciaires.

Le montant des indemnités et frais des membres du Tribunal Suprême est fixé par le Président

Art. 2 *(Mod., Ord. n° 5.371, 19 juin 2015).* – Les membres du Tribunal Suprême doivent être âgés de quarante ans au moins. Ils sont choisis parmi des juristes particulièrement compétents.

Ils sont inamovibles. Leur mandat ne peut être interrompu que dans les cas suivants :
- démission pour convenances personnelles acceptée ;
- empêchement constaté ;
- révocation pour atteinte grave à l'ordre public ou à la sûreté de l'État, ou en raison d'une méconnaissance caractérisée des devoirs découlant du serment prévu à l'article 4.

(1) Dispositions d'application, V. Ord. n° 5.371, 19 juin 2015, art. 23 mod. par Ord. n° 5.501, 30 sept. 2015.

La révocation est prononcée par ordonnance souveraine après que l'intéressé ait été mis en mesure d'accéder à son dossier et, assisté par un conseil de son choix s'il le souhaite, d'être contradictoirement entendu en ses explications par une commission composée comme suit :
- le Président du Conseil National ;
- le Président du Conseil d'État ;
- le Président du Conseil de la Couronne ;
- le Premier Président de la Cour d'Appel ;
- le Président du Tribunal de Première Instance.

Art. 3. – Ne peuvent faire partie du Tribunal Suprême :
- les conseillers nationaux et communaux,
- les magistrats d'une autre juridiction,
- les fonctionnaires.

Art. 4 *(Rempl., Ord. n° 5.371, 19 juin 2015).* – Avant d'entrer en fonction, les membres du Tribunal Suprême prêtent devant le Prince un serment dont la formule est la suivante :

« Je jure de veiller à la juste application de la Constitution et des lois de la Principauté. Je jure aussi de remplir mes fonctions en toute indépendance, avec impartialité et diligence, d'observer les devoirs qu'elles m'imposent, de garder le secret des délibérations et de me conduire en toutes circonstances avec dignité et loyauté ».

Art. 5. – Le Procureur Général remplit les fonctions de Ministère public près le Tribunal Suprême.

En cas d'empêchement, il est remplacé par un substitut.

Art. 6. – Le Greffier en Chef remplit les fonctions de greffier près le Tribunal Suprême.

En cas d'empêchement, il est remplacé par un greffier.

Art. 7. – Les huissiers assurent à tour de rôle le service des audiences.

Art. 8. – Le Tribunal Suprême siège à Monaco, sauf ce qui est dit au deuxième alinéa de l'article 44 et au deuxième alinéa de l'article 48.

Art. 9. – Selon la distinction établie entre les affaires par l'article 91 de la Constitution, le Tribunal Suprême est réuni, soit en assemblée plénière, soit en section administrative.

Art. 10 *(Rempl., Ord. n° 5.371, 19 juin 2015).* – L'assemblée plénière comprend les cinq membres titulaires du Tribunal. En cas d'absence ou d'empêchement d'un ou de deux membres titulaires, le Président complète le Tribunal en appelant un ou deux membres suppléants.

Art. 11 *(Ord. n° 6.820, 14 avr. 1980 ; mod., Ord. n° 5.371, 19 juin 2015).* – La section administrative est composée de trois membres désignés par le Président dont deux au moins sont titulaires. Elle connaît des recours en annulation pour excès de pouvoir dirigés contre les décisions administratives individuelles. Lorsque le Président ou le Vice-Président ne fait pas lui-même partie de la section administrative, la présidence de celle-ci est assurée à l'ancienneté de fonction ou, à défaut, d'âge des membres désignés.

En cas d'empêchement d'un membre désigné, son remplacement est assuré, pendant la durée de cet empêchement, par un membre titulaire ou suppléant désigné à cette fin par le président du Tribunal.

Art. 12 *(Mod., Ord. n° 5.371, 19 juin 2015).* – Le Président, soit de sa propre initiative, soit à la requête du Procureur Général ou de l'une des parties peut ordonner le renvoi à l'assemblée plénière d'une affaire relevant de la section administrative.

Ce renvoi peut également être décidé par la section administrative après la lecture du rapport.

Section 2. – Procédure devant le Tribunal Suprême

Art. 13. – Sous réserve des dispositions de l'alinéa suivant, le délai du recours devant le Tribunal Suprême est, à peine d'irrecevabilité, de deux mois à compter, selon le cas, de la notification de la signification ou de la publication de l'acte ou de la décision attaquée.

En toute autre hypothèse, le recours doit, à peine d'irrecevabilité, être formé dans les deux mois à partir du jour où le fait sur lequel il est fondé a été connu de l'intéressé. En cas de contestation, la preuve de cette connaissance incombe à la partie défenderesse.

Art. 14. – Le silence gardé par l'autorité compétente pendant plus de quatre mois sur une réclamation vaut décision de rejet. Le recours contre cette décision implicite est ouvert à compter de l'expiration du délai de quatre mois susvisé et pendant les deux mois qui suivent cette expiration. Néanmoins, lorsqu'une décision explicite de rejet intervient, après le délai de quatre mois, elle fait à nouveau courir le délai de deux mois si le recours n'a pas été introduit. La date du dépôt de la réclamation doit être établie à l'appui de la requête.

Art. 15. – Le recours gracieux ou hiérarchique conserve le délai du recours contentieux, à condition qu'il soit formé dans le délai de ce dernier et que le recours contentieux soit lui-même formé dans les deux mois du rejet explicite ou implicite du recours gracieux ou hiérarchique.

Il en est de même du recours devant une juridiction incompétente.

Art. 16. – Les recours en appréciation de validité et les recours en interprétation sur renvoi doivent être formés dans les deux mois de la date à laquelle la décision de la juridiction judiciaire est devenue définitive.

Art. 17 *(Ord. n° 6.820, 14 avr. 1980 ; rempl.., Ord. n° 5.371, 19 juin 2015).* – Le recours est introduit par une requête signée d'un avocat-défenseur, contenant l'exposé des faits, les moyens et les conclusions. Elle est accompagnée de la décision attaquée ou de la réclamation implicitement rejetée. Elle est déposée au Greffe Général contre récépissé.

Le Greffier en chef transmet aussitôt une copie de la requête au défendeur, au Président et au Procureur Général.

Lorsqu'il apparaît au Président que la requête est entachée d'une irrecevabilité tenant à sa tardiveté, il peut, par ordonnance motivée rendue dans les dix jours de son dépôt, décider de son rejet sans instruction ; s'il lui apparaît qu'elle est entachée d'une irrégularité tenant aux formes de sa présentation, il en informe le requérant dans les dix jours de son dépôt et lui accorde un délai d'au plus quinze jours aux fins de régulariser l'introduction de l'instance. La requête régularisée est transmise dans les conditions fixées au précédent alinéa. À défaut de régularisation dans le délai prescrit, la requête est rejetée par le Président, par ordonnance motivée. Copies des ordonnances rendues par le Président en vertu du présent alinéa sont transmises par le Greffier en chef au défendeur et au Procureur Général.

Dans les deux mois qui suivent la remise au défendeur de la copie de la requête, ou le cas échéant de la requête régularisée, celui-ci répond par une contre-requête signée d'un avocat-défenseur et déposée au Greffe Général, contre récépissé. Le Greffier en chef transmet une copie de la contre-requête au requérant, au Président et au Procureur Général.

Sous réserve de l'application de l'article 26 le requérant et le défendeur disposent chacun d'un nouveau délai d'un mois pour déposer au Greffe Général, contre récépissé une réplique et une duplique transmises contre la requête et la contre-requête.

Art. 18 *(Ord. n° 6.820, 14 avr. 1980 ; mod., Ord. n° 5.371, 19 juin 2015).* – À la demande de l'une des parties formée soit dans la requête introductive du recours, soit par requête distincte déposée au Greffe Général contre récépissé dans les huit jours qui suivent la remise de la copie de cette requête, le Président peut ordonner que le Greffier en chef communique la procédure à une ou plusieurs personnes dont les droits lui semblent susceptibles d'être affectés par le recours. Le Président peut décider une telle communication de son propre chef dans les quinze jours suivant la réception de la requête introductive.

Cette personne peut intervenir. Dans les deux mois qui suivent la communication de la procédure, elle dépose alors au Greffe général, contre récépissé, ses observations signées d'un avocat-défenseur. Ces observations font l'objet des transmissions prévues à l'article 17.

Sous réserve de l'application de l'article 26, les parties disposent d'un délai d'un mois pour répondre à ces observations.

Le Président du Tribunal Suprême peut autoriser l'intervenant à produire dans un délai qui ne doit pas excéder un mois, des observations en réponse.

Art. 19 *(Ord. n° 6.820, 14 avr. 1980 ; mod., Ord. n° 5.371, 19 juin 2015).* – Les requêtes et mémoires visés aux articles 17 et 18 doivent être accompagnés de l'énonciation des pièces et documents produits.

Conformément à l'article 8 de la Constitution, ils sont, à peine de nullité, établis en langue française ou, pour ce qui est des pièces et documents produits, assortis, s'il y a lieu, d'une traduction en français. Ils doivent être déposés au Greffe Général, outre l'original, en autant de copies qu'il y a de parties en cause, plus trois.

Communication des pièces et documents doit être faite au Greffe général à chacune des parties intéressées. Le Président du Tribunal Suprême en reçoit copie.

Art. 20 *(Ord. n° 6.820, 14 avr. 1980 ; rempl., Ord. n° 5.371, 19 juin 2015)*. – Dans les trois jours de la remise au Greffe Général de la duplique du défendeur ou des observations en réponse de l'intervenant, et au plus tard dans les trois jours qui suivent l'expiration des délais visés aux articles 17 et 18, le Greffier en chef dresse procès-verbal de clôture de la procédure et le transmet au Président, au Procureur Général ainsi qu'aux parties.

Dans le même délai, le Procureur Général ou l'une des parties peut, par demande écrite motivée adressée au Président, solliciter le renvoi devant l'assemblée plénière d'une affaire relevant de la section administrative.

Dans le délai de quinze jours suivant la réception de la demande, le Président statue sur cette demande par une ordonnance, aussitôt notifiée aux parties et au Procureur Général, aux termes de laquelle soit il rejette la demande, soit il décide le renvoi, soit il confie le soin de décider à la section administrative. Dans le cas où le Président décide de sa propre initiative le renvoi devant l'assemblée plénière, son ordonnance de renvoi est notifiée aux parties au plus tard le même jour que la notification de la date de l'audience.

Art. 21 *(Ord. n° 6.820, 14 avr. 1980)*. – Aucun moyen nouveau ne peut être présenté après l'expiration des délais prévus ci-dessus pour la réplique en ce qui concerne le requérant, pour la duplique en ce qui concerne le défenseur et pour les observations en réponse en ce qui concerne l'intervenant.

Art. 22 *(Ord. n° 6.820, 14 avr. 1980 ; mod., Ord. n° 5.371, 19 juin 2015)*. – Dès qu'il reçoit copie de la requête le Président désigne un membre du Tribunal Suprême pour faire rapport ; il ordonne que les copies de la requête, des mémoires, des pièces et documents visés aux articles 17, 18 et 19 lui soient aussitôt transmises.

Sur requête de l'une des parties le Président peut accorder son ultime délai pour répondre à un moyen nouveau en raison de la complexité du litige.

Cette requête est déposée au Greffe général avant l'expiration du délai de trois jours visé à l'article 20 et communiquée selon les règles de l'article 17. Elle suit la procédure prévue aux articles 17 et 18.

Jusqu'à la notification aux parties de la date prévue pour l'audience, le Président peut toujours ordonner les mesures d'instruction qu'il juge utiles à la manifestation de la vérité.

Art. 23 *(Ord. n° 6.820, 14 avr. 1980 ; rempl., Ord. n° 5.371, 19 juin 2015)*. – Lorsque la décision du Tribunal lui paraît susceptible d'être fondée sur un moyen relevé d'office, le Président en informe les parties avant l'audience et fixe le délai dans lequel elles peuvent, sans qu'y fasse obstacle ni la clôture éventuelle de l'instruction, ni la notification de la date prévue pour l'audience, présenter leurs observations sur ce moyen.

Art. 24 *(Rempl., Ord. n° 5.371, 19 juin 2015)*. – Le Président fixe les jour et heure de l'audience après avoir pris l'avis du Procureur Général et compte tenu des dispositions de l'article 25.

Les désignations et décisions intervenues en application de l'article 22 et du présent article sont communiquées par le Président au Greffier en chef.

Elles sont notifiées par le Greffier en chef, aux parties, au Procureur Général, ainsi qu'aux membres de la section administrative ou, si l'affaire doit être examinée en assemblée plénière, à tous les membres, y compris les suppléants.

Les membres titulaires intéressés sont tenus de faire connaître aussitôt au Président s'ils seront en mesure de siéger à la date prévue pour l'audience, afin de permettre éventuellement la convocation en temps utile de membres suppléants.

Art. 25 *(Ord. n° 6.820, 14 avr. 1980)*. – Il doit y avoir un délai de trente jours au moins entre le jour de l'audience et la date d'envoi des notifications prévues au deuxième alinéa de l'article précédent.

Art. 26. – Le président du Tribunal Suprême peut soit d'office ou à la demande du Procureur général, soit à la requête de l'une des parties, décider par une ordonnance motivée que, vu l'urgence, les délais fixés à l'article 17 pour le dépôt des réplique et duplique seront réduits de moitié.

La partie qui sollicite cette réduction doit présenter une requête spéciale avant l'expiration du délai qui lui est imparti pour former le recours, s'il s'agit de la partie demanderesse ou du dépôt de la contre-requête, s'il s'agit de la partie défenderesse. Copie en est immédiatement transmise, par le Greffier en Chef, aux parties et au Procureur Général qui peuvent déposer leurs observations au Greffe général dans les trois jours qui suivent la réception de la copie ; à l'échéance de ce délai, le Greffier en Chef transmet la requête spéciale et, le cas échéant, les observations des parties et du Procureur général, au président du Tribunal Suprême ; les observations des parties sont communiquées à la partie qui a introduit la requête spéciale.

L'ordonnance du président fait l'objet de la communication au Greffe général et des notifications prévues aux alinéas 1er et 2 de l'article 24.

Art. 27 *(Ord. n° 3.612, 15 juill. 1966 ; Ord. n° 4.653, 9 févr. 1971)*. – Le demandeur qui entend se désister de son recours doit déposer au Greffe général dans les conditions fixées par l'article 18 une requête en désistement dont une copie est aussitôt transmise par le Greffier en Chef à chacune des parties ainsi qu'au Procureur général ; dans les huit jours qui suivent la remise de la copie, ces derniers peuvent répondre par un mémoire succinct.

Au lendemain de l'expiration du délai prévu à l'alinéa précédent, le Greffier en Chef adresse les pièces au président du Tribunal Suprême. Il est statué sur la demande en désistement par ordonnance du président ou par décision du Tribunal Suprême.

Le désistement peut également être formulé à l'audience. Dans ce cas le Tribunal Suprême peut accorder à la partie qui le requiert un délai pour présenter ses observations.

Si le désistement est formé moins de trente jours avant la date fixée pour les débats le Président ou le Tribunal Suprême peut condamner le demandeur à l'amende prévue par l'article 36.

Art. 28 *(Mod., Ord. n° 5.371, 19 juin 2015)*. – Les audiences du Tribunal Suprême sont publiques.

Toutefois, le Tribunal peut ordonner, d'office ou sur les réquisitions du Ministère public, que les débats après le rapport, aient lieu à huis clos, s'il estime que la discussion peut troubler l'ordre public.

Dans ce cas, le requérant a le droit d'assister aux débats ou de désigner, pour y assister, trois personnes majeures ayant leur résidence à Monaco. Les mandataires ou défenseurs du requérant sont toujours autorisés à assister aux débats, qui se déroulent conformément aux articles 31 – alinéas 2 et 3 – 32 et 33.

La police des audiences appartient au Président qui a tous pouvoirs pour assurer la sérénité des débats dont celui de requérir la force publique.

Art. 29. – Les parties se présentent à l'audience par le ministère d'un avocat-défenseur.

Les avocats à la Cour d'appel inscrits dans la deuxième section du tableau prévu par l'article 49 de l'ordonnance du 9 décembre 1913 peuvent, concurremment avec les avocats-défenseurs plaider devant le Tribunal Suprême.

En outre, le président peut, sur la demande de l'une des parties ou de son mandataire qualifié, autoriser exceptionnellement un avocat étranger à plaider devant le Tribunal Suprême.

Le Ministre d'État peut se faire représenter par un membre du Conseil de Gouvernement ou par toute autre personne expressément déléguée à cet effet.

Art. 30. – Au début de l'audience, l'huissier fait l'appel des parties.

Si le requérant ne se présente pas dans les conditions prévues à l'article précédent, sans avoir justifié d'un empêchement légitime, son recours est déclaré non avenu et ne peut être renouvelé.

Si la partie adverse ne comparaît pas dans les mêmes conditions, il est statué sur les conclusions du requérant.

(Ord. n° 4.653, 9 févr. 1971) S'il l'estime nécessaire à une bonne administration de la justice, le Tribunal Suprême peut, soit d'office, soit à la demande de l'une ou l'autre des parties, renvoyer l'examen de l'affaire.

Jusqu'au moment où le Tribunal est réuni, ce même pouvoir appartient au président qui a toujours la faculté de soumettre à l'examen du Tribunal Suprême toute demande de renvoi.

Les décisions de renvoi sont, par les soins du Greffe général, notifiées sans délai aux parties ou à leur avocat-défenseur.

Art. 31 *(Mod., Ord. n° 5.371, 19 juin 2015)*. – Après l'appel des parties, le président donne la parole au rapporteur, qui résume les faits, les moyens et les conclusions, sans ouvrir d'avis.

Le Procureur Général conclut ensuite au nom de la loi.

Les conseils des parties sont invités par le Président à prendre la parole, s'ils le souhaitent, après le Procureur Général à l'effet de présenter d'ultimes observations, le conseil du défendeur s'exprimant le dernier.

Art. 32. – Le Tribunal peut, avant de statuer au fond, ordonner toutes les mesures d'instruction qu'il juge utiles à la manifestation de la vérité.

Art. 33. – La décision du Tribunal est lue en audience publique, après délibéré en Chambre du Conseil, au plus tard dans la quinzaine qui suit les débats.

Cette lecture est valablement faite par l'un quelconque des membres du Tribunal ayant siégé et délibéré dans l'affaire, sans que la présence des autres membres soit requise.

Art. 34. – La décision du Tribunal contient les noms et conclusions des parties, le visa des pièces et textes dont elle fait application.

Mention y est faite que les mandataires des parties et le Procureur Général ont été entendus.

Elle est motivée.

Les noms des membres qui ont concouru à la décision y sont mentionnés.

Elle statue sur les dépens.

La minute de la décision est signée par le président de la formation qui l'a rendue et par le Greffier en Chef.

Art. 35. – Lorsque le recours en annulation prévu au paragraphe B, chiffre 1, de l'article 90 de la Constitution comporte une demande en indemnité, le Tribunal Suprême, s'il prononce l'annulation statue, dans la même décision sur le sort de ladite demande, sous réserve de la possibilité d'ordonner toutes les mesures d'instruction utiles prévues à l'article 32.

Art. 36 *(Ord. n° 11.877, 14 févr. 1996 ; rempl., Ord. n° 5.371, 19 juin 2015)*. – Le requérant dont le recours est reconnu téméraire peut, par décision motivée, être condamné, à une amende dont le montant ne peut excéder cinq mille euros.

Art. 37 *(Rempl., Ord. n° 5.371, 19 juin 2015)*. – La décision est publiée, par extraits, au « *Journal de Monaco* » à la diligence du Greffe Général.

Notification en est faite par le Greffier en chef aux parties. Copie en est délivrée au Procureur Général.

Art. 38 *(Ord. n° 6.820, 14 avr. 1980)*. – La tierce opposition ne peut être reçue que si elle émane d'une personne dont les droits ont été méconnus. Celle qui a été appelée à intervenir en application de l'article 18 est toutefois irrecevable à former tierce-opposition, alors même qu'elle n'aurait pas produit d'observations.

Elle doit intervenir, sous peine d'irrecevabilité, dans les deux mois qui suivent la publication de la décision du Tribunal Suprême prévue à l'article précédent. Elle est formée et jugée dans les mêmes conditions que le recours lui-même. Aucune autre voie de recours n'est admise, sinon pour rectification d'une erreur matérielle.

Section 3. – Sursis à exécution et référé

Art. 39. – Le recours devant le Tribunal Suprême n'a pas d'effet suspensif, s'il n'en est autrement ordonné, à titre exceptionnel, en application de l'article 40 ci-après.

Art. 40 *(Ord. n° 4.653, 9 févr. 1971 ; rempl., Ord. n° 5.371, 19 juin 2015)*. – Le sursis à exécution peut être demandé par le requérant dans le délai imparti pour le dépôt de la requête introductive ; cette demande doit, à peine d'irrecevabilité, faire l'objet d'une requête distincte et motivée.

La demande de sursis est notifiée par le Greffier en chef à la partie défenderesse et au Procureur Général.

À la requête de l'une des parties déposée, contre récépissé, au Greffe Général dans les huit jours qui suivent la remise de la copie de la demande de sursis, le Président peut ordonner que le Greffier en chef communique ladite demande à une ou plusieurs personnes qui y sont nommément désignées et dont les droits lui semblent susceptibles d'être affectés par celle-ci. Le Président peut également décider une telle communication de son propre chef dans le même délai.

Le défendeur ou les personnes désignées au précédent alinéa peuvent déposer un mémoire en réponse au Greffe Général dans le mois de la notification ; à compter de l'échéance de ce délai ou à partir du dépôt du mémoire du défendeur, le Procureur Général dispose d'un délai de vingt jours pour présenter, s'il le juge utile, ses observations. Celles-ci sont communiquées aux parties par le Greffier en chef.

À l'échéance de ce dernier délai ou dès le dépôt des observations du Procureur Général, le Greffier en chef transmet la demande de sursis et, s'il y a lieu les mémoires et observations présentées au Président.

Le Président s'il s'estime suffisamment informé, prend sa décision par une ordonnance motivée que le Greffier en chef notifie aux parties et au Procureur Général ; dans le cas contraire, il ordonne, de la même manière, toutes mesures d'instruction ou d'expertise préalables.

Art. 41. – Dans tous les cas d'urgence, le président du Tribunal Suprême peut, sur simple requête ordonner toutes mesures utiles sans faire préjudice au principal.

Le président fixe un délai de réponse à la partie défenderesse, à laquelle la requête et le délai sont notifiés sans retard par le Greffier en Chef.

Art. 42 *(Ord. n° 6.820, 14 avr. 1980).* – Les requêtes et réponses visées aux deux articles précédents doivent être déposées au Greffe général en un original et autant de copies qu'il y a de parties en cause, plus trois.

Art. 43. – Le président du Tribunal Suprême peut déléguer les attributions qu'il tient des articles 40 et 41 à un membre titulaire.

La décision de délégation précise l'affaire ou les affaires sur lesquelles elle porte, ou sa durée. Elle fait l'objet de la communication au Greffe général et des notifications prévues par les alinéas 1 et 2 de l'article 24.

Art. 44 *(Mod., Ord. n° 5.371, 19 juin 2015).* – Les ordonnances prises en matière de sursis à exécution et de référé sont rendues sur pièces.

Elles peuvent l'être en tout lieu fixé par le président du Tribunal Suprême ou le membre auquel il a délégué ses attributions.

Notification en est faite dans les trois jours par le Greffier en chef aux parties.

Section 4. – Conflits de compétence

Art. 45. – Lorsqu'une question portée devant une juridiction de l'ordre judiciaire ne relève pas de la compétence de l'autorité judiciaire, le Procureur Général en requiert, d'office ou à la demande du Ministre d'État, le renvoi devant le Tribunal Suprême aux fins d'être statué sur le conflit de compétence.

Art. 46 *(Mod., Ord. n° 5.371, 19 juin 2015).* – Les réquisitions motivées du Procureur général entraînent de plein droit, en quelque état que se trouve la procédure et tant qu'il n'existe pas une décision judiciaire définitive, le dessaisissement de la juridiction devant laquelle est portée l'instance.

Les parties ont un délai d'un mois, à compter du réquisitoire de renvoi, pour déposer au greffe général leurs observations accompagnées de toutes pièces utiles.

À l'expiration de ce délai le Greffier en chef transmet au Président ainsi qu'au Procureur Général les mémoires et pièces déposés.

Art. 47. – Tous les délais de procédure devant l'autorité judiciaire sont suspendus jusqu'à la décision du Tribunal Suprême.

Art. 48. – Dans les quinze jours à compter de la réception du dossier, le président désigne un membre titulaire du Tribunal Suprême pour faire un rapport, et lui communique le dossier.

Le président fixe également les jour, heure et lieu où le Tribunal se réunira en assemblée plénière pour statuer sur la question de compétence.

Art. 49. – Le Tribunal Suprême juge sur pièces.

S'il estime que le litige relève d'une compétence juridictionnelle, il procède comme il est dit aux articles 50 et 51 ci-après.

Art. 50. – Lorsque le Tribunal Suprême se prononce en faveur de la compétence de l'autorité judiciaire, la juridiction intéressée est, de plein droit, ressaisie de l'affaire.

Le Greffier en Chef informera les parties à domicile par lettre recommandée avec accusé de réception de la date à laquelle l'affaire sera appelée devant ladite juridiction.

Art. 51. – Lorsque le Tribunal Suprême se prononce en faveur de sa propre compétence, la partie la plus diligente le saisit, à peine de déchéance, dans le mois de la notification prévue au second alinéa de l'article 37, ce conformément aux dispositions de l'article 17 ; les délais prévus pour le dépôt de la contre-requête, de la réplique et de la duplique sont réduits de moitié.

Les autres dispositions de la section II sont applicables.

Section 5. – Déclaration de conformité du règlement intérieur du Conseil National

Art. 52. – Le règlement intérieur du Conseil National et les modifications apportées à ce règlement sont transmis au président du Tribunal Suprême par le président du Conseil National dans les huit jours de leur adoption.

Le Tribunal Suprême se prononce, dans un délai d'un mois, sur la conformité de ce règlement ou de ces modifications aux dispositions constitutionnelles ou législatives ; la déclaration du Tribunal Suprême est motivée. Elle est adressée au Prince et au président du Conseil National.

Dans le cas où le Tribunal Suprême déclare que le règlement, ou ses modifications, contient une disposition contraire à la Constitution ou à la loi, cette disposition ne peut être mise en application par le Conseil National.

Section 6. – Dispositions générales

Art. 53 *(Ord. n° 6.820, 14 avr. 1980 ; rempl., Ord. n° 5.371, 19 juin 2015)*. – Le Greffe Général informe les parties ainsi que le Procureur Général des dates de réception, par chacune desdites parties, de tous les actes de la procédure devant le Tribunal Suprême mentionnés aux sections II, III et IV.

Toutes les transmissions et modifications prévues par lesdites sections sont faites sous pli recommandé avec demande d'avis de réception postal.

Toutefois, celles qui sont destinées au Procureur Général sont faites contre récépissé.

Art. 54. – Toutes les pièces relatives aux recours portés devant le Tribunal Suprême sont dispensées du timbre et enregistrées gratis, pourvu que leur destination spéciale y soit indiquée.

Art. 55. – Sont abrogés :

- l'Ordonnance souveraine du 21 avril 1911 sur l'organisation et le fonctionnement du Tribunal Suprême ;
- l'Ordonnance Souveraine du 15 juin 1946 modifiant l'Ordonnance Souveraine du 21 avril 1911 ;
- les articles 64 et 65 de Notre Ordonnance n° 84, du 11 octobre 1949, constituant le statut des fonctionnaires et agents de l'ordre administratif ainsi que toutes dispositions contraires à celles de la présente ordonnance.

Section 7. – Dispositions transitoires

Art. 56. – Jusqu'à la formation de la juridiction prévue à l'article 89 de la Constitution le Tribunal Suprême, tel qu'il est actuellement composé, demeurera en fonction, exercera les compétences prévues à l'article 90 de la Constitution et appliquera les règles de la présente Ordonnance dans toutes les dispositions qui ne sont pas incompatibles avec sa composition.

Ordonnance du 4 mars 1886
sur le notariat

TITRE I. – DES NOTAIRES ET DES ACTES NOTARIÉS

Art. 1er. – Les notaires sont les seuls fonctionnaires publics établis pour donner le caractère authentique aux actes et contrats des parties.

Ils conservent le dépôt de ces actes et en délivrent des grosses et des expéditions.

Art. 2. – Les notaires sont nommés à vie par le Prince. Ils exercent concurremment leurs fonctions dans toute l'étendue de la Principauté.

Art. 3. – Ils sont tenus de prêter leur ministère lorsqu'ils en sont requis, à moins que l'acte dont on demande la rédaction ne soit prohibé par les lois, ou qu'ils ne connaissent pas, pour être tel qu'il se qualifie, l'individu qui se présente pour contracter ou qu'ils soient légitimement empêchés, ou que le montant des droits d'enregistrement ne leur soit pas consigné d'avance.

Art. 4 *(Ord. 4 juin 1896)*. – Les fonctions de notaire sont incompatibles avec toutes fonctions judiciaires autres que celles de suppléant du juge de paix, avec les fonctions de greffier, de défenseur, d'huissier, et avec celles de préposé aux recettes du Trésor.

(Ord. 16 févr. 1897) Toutefois, les notaires seront admis à représenter les parties concurremment avec les avocats-défenseurs, dans les opérations et formalités des partages et des ventes d'immeubles en justice, à l'exception des ventes sur saisie, mais sans pouvoir suivre aucune procédure sur les contestations y relatives, qui devraient être portées à l'audience publique du tribunal supérieur.

Art. 5. – Les notaires ne peuvent instrumenter pour leurs parents ou alliés en ligne directe à tous les degrés et, en ligne collatérale, pour leurs frères, sœurs, oncles, tantes, neveux, nièces et alliés au même degré, ni pour les beaux-frères et belles-sœurs de leur femme. Ils peuvent cependant instrumenter pour les enfants de ces dits beaux-frères et belles-sœurs.

Art. 6. – Hors ce qui est prescrit par le Code civil à l'égard des testaments, les actes seront reçus par deux notaires ou par un notaire assisté de deux témoins.

Les témoins qui seront appelés pour être présents aux testaments ou pour assister aux actes devront être mâles, majeurs, sujets du Prince, ou résidant dans la Principauté depuis trois mois, sachant signer, et n'ayant pas été privés de l'exercice de leurs droits civils.

Art. 7. – Deux notaires, parents ou alliés au degré prohibé par l'article 5 ne pourront concourir au même acte.

Les parents ou alliés soit du notaire, soit des parties contractantes, au degré prohibé par l'article 841 du Code civil, leurs clercs et leurs serviteurs ne pourront être témoins.

Art. 8. – Le nom, l'état, le domicile ou la demeure des parties devront être connus des notaires, qui seront personnellement garants que l'individu qui stipule devant eux est la personne dont il a pris le nom, à moins qu'ils ne leur soient attestés dans l'acte par deux témoins connus d'eux, ayant les mêmes qualités que celles requises pour être témoin instrumentaire.

Art. 9. – Les actes doivent énoncer les nom, prénoms et le lieu de résidence du notaire qui les reçoit ; les noms, qualités, domicile ou demeure des parties, des témoins qui seront appelés dans le cas de l'article 8, ainsi que les noms, qualités et demeure des témoins instrumentaires, l'année, le jour et le lieu où les actes sont passés, à peine de vingt francs (1) d'amende pour chaque omission et de toute autre peine plus grave si le cas y échoit.

Les notaires devront, en outre, et sous la même peine, dans tout acte de mutation de propriété ou d'usufruit, indiquer le numéro des parcelles cadastrales et les confins des immeubles.

Art. 10 *(L. n° 103, 23 déc. 1926)*. – Les actes notariés seront, sous la responsabilité du notaire, soit écrits à la main, soit dactylographiés, imprimés, lithographiés ou typographiés au moyen d'une encre noire indélébile, d'une composition approuvée par la direction des services judiciaires, dans tous les écrits en un seul et même contexte lisiblement, sans abréviation, blanc ni intervalle et sans que les sommes, quantités et les dates puissent être mises en chiffres.

Les copies dactylographiées doivent être obtenues par impression directe, sans interposition d'un papier encre ou papier carbone.

Les minutes ne pourront contenir, savoir :

Sur le petit papier (feuilles et demi-feuilles) plus de trente lignes à la page et de trente syllabes à la ligne ;

Sur le moyen papier, plus de trente-cinq lignes à la page et de trente-cinq syllabes à la ligne ;

---

(1) Conversion en euros : V. Ord. n° 13.827, 15 déc. 1998 : *Journal de Monaco*, 18 déc. 1998.

Sur le grand papier, plus de quarante lignes à la page et de quarante-cinq syllabes a la ligne.

Les expéditions devront avoir au moins de neuf à douze syllabes à la ligne et vingt lignes à la page.

Le tout en admettant la compensation d'une page à l'autre, et à peine de quinze francs (1) d'amende.

Art. 11. – Les procurations des contractants seront annexées à la minute qui les énonce, si elles sont en brevet ou reçues par tout autre notaire, même de la Principauté. Celles qui se trouvent au nombre des minutes ou déposées aux minutes du notaire qui reçoit l'acte pourront y être seulement indiquées.

Les procurations venant d'un pays étranger devront être légalisées par l'autorité compétente.

Dans tous les cas, il sera fait mention que lecture de la procuration et de l'acte même a été faite aux parties ; le tout à peine de quinze francs (1) d'amende contre le notaire contrevenant.

Art. 12. – Les actes seront signés par les parties, les témoins et les notaires, qui doivent en faire mention à la fin de l'acte.

Quant aux parties qui ne savent ou ne peuvent signer, le notaire devra faire mention, à la fin de l'acte, de leur déclaration à cet égard.

Art. 13. – Les actes notariés passés antérieurement à la présente ordonnance ne peuvent être annulés par le motif que le notaire en second ou les témoins instrumentaires n'auraient pas été présents à la réception desdits actes.

Art. 14. – À l'avenir, les actes notariés contenant donation entre époux pendant le mariage, révocation de donation ou de testament, reconnaissance d'enfant naturel, et les procurations pour consentir ces divers actes seront, à peine de nullité, reçus conjointement par deux notaires ou par un notaire en présence de deux témoins.

La présence du notaire en second ou des deux témoins n'est requise qu'au moment de la lecture des actes par le notaire et de la signature par les parties ; elle sera mentionnée à peine de nullité.

Il n'est rien innové aux dispositions du Code civil sur la forme des testaments.

Art. 15 *(L. n° 103, 23 déc. 1926)*. – Les renvois et apostilles, sauf l'exception ci-après, devront être écrits en marge ; ils seront signés ou paraphés tant par les parties contractantes signataires que par les témoins et les notaires, à peine de nullité des renvois et apostilles.

Si la longueur du renvoi exige qu'il soit transporté à la fin de l'acte, il devra être non seulement signé ou paraphé comme les renvois écrits en marge, mais encore expressément approuvé par tous les signataires, à peine de nullité du renvoi.

Dans tous les cas, les actes reçus par les notaires écrits en tout ou partie autrement qu'à la main, devront être paraphés au bas du recto de chaque page par les parties, le notaire, les témoins s'il en est exigé, sous peine de nullité des pages non revêtues de ces signatures.

Art. 16. – Il n'y aura ni addition ni interligne dans le corps de l'acte, et les mots ajoutés ou interlignés seront nuls. Les mots surchargés devront être approuvés en marge et signés ou paraphés comme les renvois. Les mots qui devront être rayés, le seront de manière à ce que le nombre puisse en être constaté à la marge ou à la fin de 1 acte et approuvé par les signataires, ainsi qu'il est dit à l'article précédent ; le tout à peine de dix francs (1) d'amende contre le notaire, ainsi que de tous dommages-intérêts envers les parties, et même de destitution en cas de fraude.

Art. 17. – Les notaires pourront faire des actes en vertu et par suite d'actes sous signature privée non enregistrés, et les énoncer dans leurs actes, mais sous la condition que chacun de ces actes sous-seing privé demeurera annexé à celui dans lequel il se trouvera mentionné, qu'il sera soumis, avant lui ou en même temps que lui, à la formalité de l'enregistrement, et que les notaires seront personnellement responsables, non seulement des droits d'enregistrement et du timbre, mais encore des amendes auxquelles les actes sous-seing privé se trouveront assujettis.

Il est dérogé, à cet égard seulement, aux dispositions de l'ordonnance du 29 avril 1828.

Art. 18. – Les notaires tiendront exposé, dans leur étude, un tableau sur lequel ils inscriront les noms, prénoms, qualités, et demeure des personnes qui, dans la Principauté, sont interdites ou assistées d'un conseil

(1) Conversion en euros : V. Ord. n° 13.827, 15 déc. 1998 : *Journal de Monaco*, 18 déc. 1998.

judiciaire, ainsi que la mention des jugements relatifs ; le tout immédiatement après la notification qui leur en aura été faite et à peine des dommages-intérêts des parties.

Art. 19. – Tous les actes notariés feront foi en justice et seront exécutoires dans toute la Principauté.

Néanmoins, en cas de faux principal, l'exécution de l'acte argué faux sera suspendue dès que la chambre du conseil du tribunal supérieur aura prononcé qu'il y a lieu à accusation.

En cas d'inscription de faux faite incidemment, le tribunal supérieur pourra, suivant la gravité des circonstances, suspendre provisoirement l'exécution de l'acte.

Art. 20 *(L. n° 760, 26 mai 1964)*. – Les notaires sont tenus de garder minute de tous les actes qu'ils reçoivent.

Ne sont pas compris dans la présente disposition, les certificats de vie, les procurations, les actes de notoriété, les consentements de mariage, les quittances de fermages, de loyers, de salaires, de pensions et rentes, les lettres de change ou billets à ordre et tous autres actes simples qui, d'après la loi, peuvent être délivrés en brevet.

Art. 21. – Les actes en brevet pourront être déposés pour minute même à un notaire autre que celui qui les a reçus.

Il en est de même des expéditions d'un acte notarié ou autre, passé hors de la Principauté.

Art. 22. – Dans le cas de l'article précédent, le notaire pourra délivrer des expéditions et extraits des actes qui lui auront été déposés.

Hors ledit cas, le droit de délivrer des grosses, expéditions et extraits n'appartiendra qu'au notaire possesseur de la minute.

Art. 23. – Les notaires ne pourront se dessaisir d'aucune minute, si ce n'est dans les cas prévus par la loi et en vertu d'une ordonnance du président du tribunal supérieur, de l'avocat général ou du juge d'instruction.

Avant de s'en dessaisir, ils en dresseront et signeront une copie figurée qui, après avoir été certifiée, suivant le cas, par le président du tribunal supérieur, par l'avocat général ou par le juge d'instruction, sera substituée à la minute dont elle tiendra lieu jusqu'à sa réintégration.

Art. 24. – Les notaires ne pourront également, sans une ordonnance du président du tribunal supérieur, délivrer expédition ni donner connaissance des actes à d'autres qu'aux personnes intéressées en nom direct, leurs héritiers ou ayants droit, à peine de dommages-intérêts, d'une amende de vingt francs (1) et d'être, en cas de récidive, suspendus de leurs fonctions pendant deux mois, sauf néanmoins l'exécution des lois sur l'enregistrement et de celles relatives aux actes qui doivent être publiés dans les tribunaux.

Art. 25. – Les grosses, expéditions et extraits parte *in qua* devront être collationnés avec soin sur la minute.

Les expéditions et grosses doivent contenir tout ce que la minute renferme.

En cas d'erreur, si elle occasionne aux parties un préjudice quelconque, le notaire sera soumis à des dommages-intérêts, indépendamment de toute peine disciplinaire et autre plus grave, s'il y a lieu.

Art. 26. – Le notaire qui, dans une grosse, expédition ou extrait d'un acte, attribue par erreur à cet acte une date autre que celle qui lui appartient, est responsable des conséquences que peut avoir, pour la partie, la fausseté de la date portée en la grosse, expédition ou extrait, sans préjudice de toute autre peine plus grave, s'il y a lieu.

Art. 27. – En cas de compulsoire d'un acte, le procès-verbal sera dressé par le notaire qui en est dépositaire, à moins que le président du tribunal supérieur, qui doit l'ordonner, ne commette un juge ou un autre notaire.

Art. 28. – Lorsqu'il sera demandé par la partie intéressée communication oculaire de l'acte, le notaire devra prendre telles précautions qu'il croira convenables pour la conservation du dépôt qui lui est confié.

Art. 29. – Si les frais et déboursés de la minute de l'acte sont dus au dépositaire, il pourra refuser expédition tant qu'il ne sera pas payé desdits frais, outre ceux d'expédition.

(1) Conversion en euros : V. Ord. n° 13.827, 15 déc. 1998 (*Journal de Monaco*, 18 déc. 1998).

Art. 30. – Les frais de procès-verbal et autres relatifs au compulsoire seront payés par la partie dans l'intérêt de laquelle il a lieu.

Art. 31. – Les grosses seules seront délivrées en forme exécutoire ; elles seront intitulées et terminées dans les mêmes termes que les jugements des tribunaux.

Art. 32. – Il sera fait, en marge de la minute de l'acte, mention de la délivrance d'une première grosse ; cette mention sera signée par le notaire, qui ne pourra délivrer d'autre grosse, à peine de dommages-intérêts et même de suspension ou de destitution, sans une ordonnance du président du tribunal supérieur, laquelle demeurera jointe à la minute.

On se conformera à cet égard aux dispositions du Code de procédure civile.

Art. 33. – Chaque notaire sera tenu d'avoir un cachet ou sceau particulier, d'un diamètre de trois centimètres et demi, portant ses nom, qualité et résidence, ainsi que le type des armoiries du Prince, conformément au cachet du tribunal supérieur.

Les grosses et expéditions des actes devront porter l'empreinte de ce cachet, à peine de trois francs (1) d'amende.

Art. 34. – Lorsqu'il y aura lieu à faire légaliser des actes notariés, la légalisation sera faite par le président du tribunal supérieur.

Art. 35. – Les notaires tiendront répertoire sur papier timbré, coté et paraphé par l'avocat général, de tous les actes qu'ils recevront.

Ce répertoire sera tenu dans les formes prescrites par la loi du 29 avril 1828 sur l'enregistrement.

Art. 36. – Ils tiendront, en outre, un registre particulier, également sur papier timbré, coté et paraphé ainsi qu'il est dit à l'article précédent, dans lequel ils inscriront en entier, jour par jour et par ordre de dates, les protêts qu'ils dresseront aux termes du Code de commerce.

Art. 37. – Les notaires tiendront un registre coté et paraphé, sur lequel ils devront mentionner jour par jour, par ordre de dates, sans blancs, lacunes, ni transports en marge :

1° toutes les sommes ou valeurs qu'ils recevront, soit à titre de dépôt, soit pour en faire un emploi déterminé ;
2° les nom, prénoms, profession et demeure des personnes qui opèrent le versement ;
3° la date des versements ;
4° l'emploi qui aura été fait des sommes ou valeurs remises entre les mains du notaire.

Art. 38. – Tous les ans, dans le mois de janvier, les notaires devront remettre au greffe du tribunal supérieur un double, également sur papier timbré, de leur répertoire des actes reçus dans l'année écoulée.

Les notaires contrevenants seront passibles d'une amende de trois francs (1) par chaque jour de retard.

Art. 39. – Le greffier en chef, en recevant le double des répertoires, en vérifiera la sincérité par la collation exacte qu'il fera du répertoire remis avec le répertoire resté dans les mains des notaires ; il certifiera avoir fait cette collation sur le répertoire du notaire et sur le double laissé au greffe, qu'il soumettra ensuite à l'avocat général.

Art. 40. – Les notaires sont responsables du paiement du droit des actes qu'ils reçoivent, à 1 exception des testaments, sous les peines portées par la loi de l'enregistrement, sauf leur recours contre les parties, s'il y a lieu.

Art. 41. – Toutes les fois qu'un notaire ou une partie prétendra ne pas devoir un droit perçu par le receveur de l'enregistrement, ou une somme pour laquelle celui-ci aura délivré contrainte, la partie qui se croira lésée s'adressera, par une requête, au président du tribunal supérieur, en se conformant avant tout, lorsqu'il s'agira de contrainte, aux dispositions de l'ordonnance du 6 décembre 1841.

Le président du tribunal supérieur, ou le juge par lui délégué, après avoir communiqué la requête au receveur de l'enregistrement et reçu les observations écrites de celui-ci ordonnera que la perception soit rectifiée si

(1) Conversion en euros : V. Ord. n° 13.827, 15 déc. 1998 (*Journal de Monaco*, 18 déc. 1998).

elle a été faite à tort, ou prononcera la nullité de la contrainte si elle a été décernée sans droit ; en cas contraire, il rejettera la demande.

Art. 42. – Dans l'un ou l'autre cas, la partie qui se croira lésée, ou le receveur de l'enregistrement, pourra former opposition à la décision du président ou du juge par lui délégué, devant le tribunal supérieur, qui statuera sur les mémoires respectifs de l'administration et de la partie, sauf leur recours en révision.

Art. 43. – Le jugement sera rendu dans le plus court délai, sur les conclusions du ministère public.

Art. 44. – Il n'y aura d'autres frais à supporter par la partie qui succombera que ceux du papier timbré, des significations et des droits d'enregistrement.

TITRE II. – DU RÉGIME DU NOTARIAT

CHAPITRE I. – DU NOMBRE, DE LA RÉSIDENCE ET DU CAUTIONNEMENT DES NOTAIRES

Art. 45. – Le nombre des notaires est déterminé par le Prince.

Il est actuellement fixé à deux, résidant à Monaco, où ils doivent avoir leur étude pour y garder les actes qu'ils reçoivent en minute, aux termes du paragraphe premier de l'article 20.

Art. 46. – Les notaires sont assujettis à un cautionnement qui sera spécialement affecté à la garantie des condamnations prononcées contre eux par suite de l'exercice de leurs fonctions.

Art. 47. – Lorsque, par l'effet de cette garantie, les sommes ou titres déposés et les immeubles hypothéqués cesseront de représenter la valeur intégrale du cautionnement, le notaire sera suspendu de ses fonctions jusqu'à ce que ledit cautionnement ait été entièrement rétabli ; et faute par lui de ce faire dans les six mois, il sera considéré comme démissionnaire et pourra être remplacé.

Art. 48. – Le notaire devra déposer à la caisse des dépôts et consignations, soit le montant du cautionnement fixé, soit l'expédition de l'acte par lequel ce cautionnement a été fourni ou l'inscription hypothécaire en dérivant.

CHAPITRE II. – DES CONDITIONS POUR ÊTRE ADMIS ET DU MODE DE NOMINATION AU NOTARIAT

Art. 49. – Pour être admis aux fonctions de notaire, l'aspirant devra justifier :

1° qu'il jouit de l'exercice de ses droits civils ;

2° qu'il est âgé de vingt-cinq ans accomplis ;

3° qu'il a travaillé pendant trois ans, soit chez un notaire de la Principauté, soit chez un notaire étranger.

Art. 50. – Pourront être dispensés, en tout ou en partie, du temps d'étude exigé par le paragraphe dernier de l'alinéa précédent, les aspirants au notariat qui seraient nantis d'un diplôme d'avocat ou de licencié en droit, ou qui auront exercé des fonctions administratives ou judiciaires.

Art. 51. – Les aspirants devront, en outre, présenter un certificat de moralité et de capacité.

Art. 52 *(L. n° 782, 2 juill. 1965)*. – Les notaires sont nommés par ordonnance souveraine prise au rapport du directeur des services judiciaires, établi après consultation du notaire le plus ancien et avis des chefs de cour.

Art. 53. – Il sera délivré aux notaires nommés des lettres patentes signées par le Prince.

Art. 54. – Dans le mois de la nomination, et à peine de déchéance, le nouveau notaire sera tenu de prêter, devant le tribunal supérieur, serment : « De fidélité au Prince, d'obéissance aux lois de la Principauté, de remplir ses fonctions avec exactitude et probité, et d'observer, en tout, les devoirs qu'elles lui imposent. »

Art. 55. – Il ne sera admis à prêter le serment prescrit par l'article précédent qu'en représentant l'original des lettres patentes et le récépissé de la Caisse des dépôts et consignations, ou, s'il y a lieu, le certificat constatant que l'expédition de l'acte de cautionnement et d'inscription hypothécaire, ont été déposés conformément aux dispositions de l'article 48.

Art. 56. – Il n'aura droit d'exercer qu'à compter du jour où il aura prêté serment.

Dispositions particulières

Art. 57. – Les notaires qui auront reçu des actes de dernière volonté, dès qu'ils auront connaissance du décès des testateurs, et le plus tôt qu'il leur sera possible, devront faire connaître le contenu desdites dispositions aux héritiers légataires et à tous autres intéressés, ainsi qu'aux exécuteurs testamentaires nommés par le testateur, en leur transmettant, en résumé, ce qui peut les concerner.

Art. 58. – La même obligation est imposée aux notaires ou à tout autre fonctionnaire détenteur de minutaires dans lesquels existeraient de pareilles dispositions.

Art. 59. – Les notaires se conformeront strictement aux lois de l'enregistrement et du timbre. Ils ne pourront exiger aucun droit ou honoraire autre que ceux portés par le tarif annexé à la présente ordonnance.

Dans le cas où un acte ne serait pas spécifié aux articles 98 à 102 ci-après, le président du tribunal supérieur recherchera quel est l'acte avec lequel il a le plus d'analogie et le taxera en conséquence.

Art. 60. – Si une partie estime que les droits ou honoraires exigés par le notaire excèdent ceux portés au tarif, l'état de frais sera soumis au président du tribunal supérieur qui, sans formalités ni frais, arrêtera la taxe et ordonnera au besoin la restitution des sommes indûment perçues, sans préjudice des dommages-intérêts qui pourraient être réclamés par les parties, et des poursuites qui pourront être requises par le ministère public.

Si, dans la huitaine, aucune opposition ne s'est produite, la taxe deviendra définitive à l'égard de toutes les parties intéressées, à moins que l'une d'elles ne prouve qu'elle n'a pas eu connaissance de l'arrêté de la taxe.

En cas de réclamation contre la taxe du président, les intéressés pourront y former opposition par simple ajournement devant le tribunal supérieur, qui statuera en chambre du conseil, le ministère public entendu.

CHAPITRE III. – DE LA DISCIPLINE

Art. 61 *(Ord. 4 juin 1896)*. – Il est interdit aux notaires, soit par eux-mêmes, soit par personnes interposées, soit directement, soit indirectement :

1° De se livrer à aucune spéculation et opération de commerce, banque, escompte ou courtage ;

2° De s'immiscer dans l'administration d'aucune société, entreprise ou compagnie de finances, de commerce ou d'industrie ;

3° De faire des spéculations relatives à l'acquisition et à la revente des immeubles, à la cession de créances, droits successifs, actions industrielles et autres droits incorporels ;

4° De s'immiscer dans aucune affaire pour laquelle ils prêtent leur ministère ;

5° D'employer, même temporairement, les sommes ou valeurs dont ils sont constitués détenteurs à un titre quelconque à un usage auquel elles ne seraient pas destinées, et notamment de les placer en leur nom personnel ;

6° *(Ord. n° 2.117, 10 nov. 1959)* De recevoir ou de conserver des fonds à charge d'en servir l'intérêt et de conserver pendant plus de trois mois, même sans cette obligation, les sommes qu'ils détiennent pour le compte d'autrui à quelque titre que ce soit ; toute somme qui, avant l'expiration de ce délai, n'aura pas été remise aux ayants droit devra être versée par le notaire à la Caisse des dépôts et consignations, à titre de dépôt ;

7° De retenir, même en cas d'opposition, les sommes qui doivent être versées par eux à ladite caisse, dans les cas prévus par l'article précédent et par toutes autres dispositions des lois et ordonnances en vigueur ;

8° De se constituer garants ou cautions, à quelque titre que ce soit, des prêts qui auraient faits par leur intermédiaire ou qu'ils auraient été chargés de constater ;

9° De faire signer des billets ou reconnaissances en laissant le nom du créancier en blanc ;

10° De se servir de prête-noms, en aucune circonstance, même pour des actes autres que ceux désignés ci-dessus ;

11° De laisser intervenir leurs clercs, sans un mandat écrit, dans les actes qu'ils reçoivent.

Art. 62. – Les contraventions aux prohibitions stipulées par l'article précédent, ainsi que les autres infractions à la discipline, seront punies, lorsqu'il y aura lieu, par le tribunal supérieur, d'office ou sur les réquisitions de l'avocat général ou sur les plaintes des parties intéressées.

Art. 63. – Le tribunal supérieur pourra prononcer contre les notaires, suivant les circonstances, soit l'avertissement, soit la censure simple, soit la censure avec réprimande.

Art. 64. – Si l'inculpation paraît assez grave, il pourra prononcer la suspension d'un mois à un an, et même provoquer la révocation du notaire inculpé.

Art. 65. – Le notaire inculpé sera cité, par ordre du président du tribunal supérieur, à comparaître devant la chambre du conseil, dans un délai qui ne pourra être moindre de six jours francs, par une simple lettre indicative des faits signée par le greffier qui en tiendra note.

Les tiers, qui voudront être entendus sur leurs réclamations ou plaintes, seront appelés dans la même forme.

Art. 66. – La décision sera prononcée contradictoirement ou par défaut, si le notaire appelé ne comparaît pas au jour fixé pour présenter ses moyens de défense. Le ministère public sera toujours entendu.

Art. 67. – Le notaire inculpé pourra demander un délai de dix jours pour se justifier ; ce délai ne pourra lui être refusé.

Art. 68. – La décision du tribunal sera motivée et signée par tous les juges qui y ont pris part.

Art. 69. – La décision qui prononce l'avertissement ou la censure simple sera notifiée au notaire inculpé dans la même forme que la citation.

Si la décision prononce la censure avec réprimande ou la suspension, le notaire sera appelé en la chambre du conseil, où il lui sera donné connaissance de la peine appliquée contre lui.

Dans l'un ou l'autre cas, il en sera fait mention par le greffier en marge ou à la suite de la même décision.

Art. 70. – Toute décision emportant la peine de la suspension ne sera exécutoire qu'après avoir été approuvée par le Prince ; et néanmoins le notaire inculpé sera tenu de s'abstenir jusqu'à ce que le Prince ait prononcé.

Art. 71. – Le tribunal supérieur pourra aussi, suivant les circonstances, prononcer contre les clercs de notaire et les aspirants au notariat soit l'avertissement, soit la censure même avec réprimande, soit la suppression du stage pendant un temps déterminé qui ne pourra excéder une année.

Il sera procédé contre eux dans les mêmes formes que celles prescrites à l'égard des notaires.

Néanmoins, les dispositions de l'article 64 ne seront point applicables.

Dans tous les cas, le notaire dans l'étude duquel travaillera l'aspirant ou le clerc inculpé sera préalablement entendu ou appelé.

Art. 72. – Tout notaire suspendu, révoqué ou remplacé devra, aussitôt après la notification qui lui aura été faite de sa suspension, de sa révocation, ou de son remplacement, cesser l'exercice de sa profession, à peine de tous dommages-intérêts et des autres condamnations prononcées par les lois contre tout fonctionnaire suspendu ou révoqué, qui continue l'exercice de ses fonctions.

Le notaire suspendu ne pourra les reprendre, sous les mêmes peines, qu'après la cessation du temps de la suspension.

CHAPITRE IV. – DE LA PRÉSENTATION DES SUCCESSEURS DES NOTAIRES ET DE LA TRANSMISSION DES MINUTES ET RÉPERTOIRES AINSI QUE LEUR CONSERVATION

Art. 73. – Les notaires ou leurs héritiers pourront présenter à l'agrément du Prince des successeurs, pourvu qu'ils réunissent les qualités et les conditions exigées par le chapitre II du titre II de la présente ordonnance.

Art. 74 *(L. n° 782, 2 juill. 1965)*. – Les héritiers devront faire cette présentation au plus tard dans le délai de deux mois à compter du décès du titulaire.

À titre exceptionnel, et s'il importe de conserver temporairement l'office dans le patrimoine familial, le délai précité pourra être prolongé par ordonnance souveraine motivée, prise au rapport du directeur des services judiciaires, établi après consultation du notaire le plus ancien et avis des chefs de cour.

L'ordonnance souveraine ci-dessus visée désignera le suppléant chargé de gérer l'étude pendant le délai par elle fixé.

Le suppléant aura les mêmes droits et sera soumis aux mêmes obligations que les notaires ; il encourra les mêmes sanctions. Il prêtera serment, en chambre du conseil, devant le président de la cour d'appel.

En outre, l'acte de nomination pourra prévoir, s'il y échet, d'autres obligations, notamment celle de fournir un cautionnement spécial.

Art. 75. – Les titulaires ou leurs héritiers devront produire, en expédition authentique, à l'appui de la demande de nomination de successeur désigné, l'acte constatant la transmission de la clientèle, des minutes, répertoires, recouvrements et autres objets dépendant de l'office.

Art. 76 *(L. n° 782, 2 juill. 1965)*. – À l'expiration du délai prescrit par l'article 74, si les héritiers n'ont pas présenté de successeur, une ordonnance souveraine pourvoira directement, dans les conditions visées à l'article 52, au remplacement du notaire décédé, et l'appréciation de l'indemnité à payer aux héritiers sera fixée par la cour d'appel sur la demande et les observations des parties intéressées, le ministère public entendu.

Art. 77. – Les minutes et répertoires du notaire qui aura cessé ses fonctions par suite de la transmission de l'office seront remis par lui au notaire successeur, dans le délai d'un mois à compter du jour de la prestation de serment de celui-ci.

Les grosses ou expéditions seront délivrées, au besoin, par un notaire ou tout autre officier public commis par le président du tribunal supérieur.

Art. 78. – En cas de décès d'un notaire, ses minutes et répertoires seront remis par ses héritiers au successeur dans le même délai ; mais, en attendant, et suivant les circonstances, ils seront mis sous scellés ou ils seront provisoirement déposés au greffe du tribunal supérieur et laissés à la garde du greffier en chef, le tout à la diligence de l'avocat général, qui pourra cependant prendre telles autres précautions qu'il croira suffisantes.

Art. 79. – Lorsqu'un notaire aura été révoqué de ses fonctions, il devra, dans les vingt-quatre heures qui suivront la promulgation de l'ordonnance prononçant sa révocation, remettre les minutes et répertoires a la personne désignée par le président du tribunal supérieur.

Pendant la vacance de l'office, de même qu'en cas de suspension, les grosses ou expéditions seront délivrées conformément au paragraphe 2 de l'article 77.

Art. 80. – Le titulaire ou les héritiers qui, dans le délai voulu, n'auront pas satisfait aux dispositions des articles 77, 78 et 79, seront passibles d'une amende de trois francs (1) par chaque jour de retard.

Art. 81. – Dans tous les cas, il sera dressé un état sommaire des minutes et répertoires remis, et le fonctionnaire qui les recevra s'en chargera par une déclaration faite au bas de cet état, dont un double sera remis, dans les dix jours, au greffe du tribunal supérieur.

Art. 82. – Tous les dépôts des minutes des anciens notaires sont maintenus à la garde de leurs détenteurs actuels, qui pourront continuer à délivrer des grosses et expéditions.

Art. 83. – Le receveur de l'enregistrement, lorsqu'il aura connaissance du décès d'un notaire, devra se rendre immédiatement en l'étude de ce dernier et, avec l'assistance d'un juge, reconnaîtra si parmi les minutes il s'en trouve quelques-unes qui n'aient pas été encore enregistrées ; dans ce cas, après que description en aura été faite, elles seront transportées au bureau de l'enregistrement pour les soumettre à la formalité, dans le délai prescrit par la loi, aux frais des héritiers du notaire, lesquels paieront aussi tous autres frais à cet égard.

Art. 84. – Les droits d'enregistrement des actes portant transmission, à titre onéreux ou gratuit, en vertu de l'article 75, de la clientèle, des minutes, répertoires, recouvrements et autres objets dépendant d'un office de notaire, seront perçus suivant les bases et quotités ci-après déterminées.

(1) Conversion en euros : V. Ord. n° 13.827, 15 déc. 1998 (*Journal de Monaco*, 18 déc. 1998).

Art. 85. – Pour la transmission à titre onéreux, le droit d'enregistrement sera de deux pour cent du prix exprimé dans l'acte de cession et du capital des charges qui pourront ajouter au prix.

Art. 86. – Si la transmission de l'office et des objets en dépendant s'opère par suite de dispositions gratuites, entre vifs ou à cause de mort, les droits établis pour les donations de biens meubles par la loi du 29 avril 1828 seront perçus sur l'acte constatant la libéralité, d'après une évaluation en capital.

Dans aucun cas, le droit ne pourra être au-dessous de deux pour cent.

Art. 87. – La perception aura lieu, conformément à l'article 85, lorsque l'office transmis par décès passera à l'un des héritiers. Lorsqu'il passera à l'héritier unique du titulaire, le droit de deux pour cent sera perçu d'après une déclaration estimative, au bureau de l'enregistrement, de la valeur de l'office et des objets en dépendant.

La quittance du receveur devra être jointe à l'appui de la demande de nomination du successeur.

Le droit acquitté sur cette déclaration ou sur le traité fait entre les cohéritiers sera imputé, jusqu'à due concurrence, sur celui que les héritiers auront à payer, lors de la déclaration de succession, sur la valeur estimative de l'office, d'après les quotités fixées pour les biens meubles par la loi du 29 avril 1828.

Art. 88. – Lorsque l'évaluation donnée à un office de notaire pour la perception du droit d'enregistrement d'une transmission à titre gratuit, entre vifs ou par décès, sera reconnue insuffisante, ou que la simulation du prix exprimé dans l'acte de cession à titre onéreux sera établie d'après des actes émanés des parties ou de l'autorité administrative ou judiciaire, il sera perçu, à titre d'amende, un droit en sus de celui qui se trouvera dû sur la différence de prix ou d'évaluation.

Les parties, leurs héritiers ou ayants cause sont solidaires pour le paiement de cette amende.

Art. 89. – En cas de nomination d'un nouveau titulaire sans la présentation autorisée par l'article 73, par suite de destitution ou autres motifs, cette nomination sera sujette à un droit d'enregistrement de quinze pour cent sur le montant du cautionnement.

Toutefois, si le nouveau titulaire est soumis, comme condition de sa nomination, à payer une somme déterminée pour la valeur de l'office, le droit d'enregistrement de deux pour cent sera exigible sur cette somme, sans pouvoir être inférieur au dixième du cautionnement.

Ce droit devra être acquitté avant la prestation du serment du nouveau titulaire, sous peine du double droit.

Art. 90. – Lorsque, à défaut d'acte de transmission, une indemnité devra être payée aux héritiers du titulaire, en vertu de l'article 76, l'enregistrement de l'ordonnance, qui sera rendue à cet effet par le tribunal supérieur, donnera lieu à la perception du droit de deux pour cent sur le montant de l'indemnité, sauf toujours l'application du minimum de perception établi par l'article ci-dessus.

Art. 91. – Les droits perçus en vertu des articles qui précèdent seront sujets à restitution toutes les fois que la transmission n'aura pas été suivie d'effet.

S'il y a lieu seulement à réduction du prix, tout ce qui aura été perçu sur l'excédent sera également restitué.

La demande en restitution devra être faite dans le délai d'un an à compter du jour de l'enregistrement de l'acte de transmission ou de la déclaration.

TITRE III. – DISPOSITIONS DIVERSES

Art. 92. – Tous les actes faits en contravention aux dispositions mentionnées aux articles 5, 6, au paragraphe premier de l'article 12, à l'article 14, au paragraphe premier de l'article 20 et aux articles 56 et 72 sont nuls s'ils ne sont pas revêtus de la signature de toutes les parties ; et lorsque ces actes seront revêtus de la signature de toutes les parties contractantes, ils vaudront seulement comme écrits sous signatures privées et seront assimilés aux cas exceptionnels prévus par le paragraphe 2 de l'article 38 de la loi du 29 avril 1828.

Lesdits actes ne seront pas moins soumis à la formalité de l'enregistrement par les notaires, aux termes et dans le délai prescrits par ladite loi.

Dans lesdits cas, les notaires contrevenants seront passibles d'une amende de cinquante à deux cents francs (1) et responsables, s'il y a lieu, de tous dommages-intérêts envers les parties.

Les notaires qui ne se conformeront pas aux dispositions de l'article 7, du paragraphe 2 de l'article 12 et de l'article 37 seront passibles d'une amende de vingt-cinq à cent francs (1).

Le tout indépendamment de toute autre peine plus grave, en cas de fraude ou de dol.

Art. 93. – La police du notariat appartient à l'avocat général.

Il veillera à ce que les notaires ne sortent pas des bornes de leur ministère et se conforment exactement aux lois.

Art. 94 *(Ord. 4 juin 1896)*. – Les notaires ne pourront s'absenter plus de trois jours sans l'autorisation de l'avocat général qui tiendra la main à ce que leur ministère soit toujours assuré aux habitants de la Principauté.

Art. 95. – Les notaires dont la conduite serait répréhensible seront rappelés à leur devoir par l'avocat général, qui pourra, dans tous les cas, requérir le tribunal supérieur, conformément à l'article 62, de l'application des peines disciplinaires édictées par les articles 63 et 64.

Art. 96. – Les mesures de discipline ne sont point sujettes au recours en révision, sauf le cas où la suspension ou la révocation serait l'effet d'une condamnation prononcée par un jugement.

Art. 97. – L'exercice du droit de discipline et l'application des peines disciplinaires ne mettront point obstacle à l'action en dommages-intérêts qui pourrait compéter aux parties intéressées contre les notaires, ni aux poursuites que le ministère public ou lesdites parties se croiraient fondés à intenter devant le tribunal supérieur, pour la répression des actes ou faits qui constituent des délits ou des crimes.

Art. 98 à 104 *(Abr. implicitement, L. n° 18, 13 juill. 1919)*.

Art. 105. – Dans la perception des honoraires discrétionnaires portés à l'article 102, il sera tenu compte de l'importance, de la longueur et des peines auxquelles l'acte aura donné lieu, de la somme qui en fera l'objet, de la distance à parcourir, s'il s'agit d'un acte reçu hors de la ville, et du dérangement causé au notaire.

Dispositions générales

Art. 106. – Les ordonnances du 6 avril 1815, 12 mars 1862, les articles 1, 5, 6 et 7 de l'ordonnance du 9 février 1878, et toutes autres dispositions contraires à celles de la présente ordonnance sont et demeurent abrogés.

Loi n° 446 du 16 mai 1946

portant création d'un tribunal du travail

CHAPITRE I. – INSTITUTION ET ATTRIBUTIONS DU TRIBUNAL DU TRAVAIL

Art. 1er *(Rempl., L. n° 1.375, 16 déc. 2010)* (2). – Un tribunal du travail est institué pour terminer par voie de conciliation :

– Les différends qui peuvent s'élever à l'occasion du contrat de travail entre les employeurs et leurs représentants, d'une part, les salariés et les apprentis qu'ils emploient de l'autre ;

– Les différends nés entre salariés à l'occasion du travail, à l'exception, toutefois, des actions en dommages et intérêts motivées par des accidents dont le salarié aurait été victime.

(1) Conversion en euros : V. Ord. n° 13.827, 15 déc. 1998 (*Journal de Monaco*, 18 déc. 1998).

(2) La loi n° 1.375 du 16 décembre 2010 est applicable à toutes les instances en cours lors de son entrée en vigueur (le 25 décembre 2010). Néanmoins, les instances en appel ou en référé, pendantes au jour de son entrée en vigueur, sont poursuivies et jugées conformément à la loi ancienne.

Le tribunal du travail juge, dans les conditions de compétence déterminées par le chapitre VI de la présente loi, les différends à l'égard desquels la conciliation a été sans effet.

Il ne peut connaître des contestations opposant l'État ou la commune à leurs fonctionnaires, agents ou employés.

CHAPITRE II. – DE L'ORGANISATION DU TRIBUNAL DU TRAVAIL

Art. 2 *(Abr. L. n° 824, 23 juin 1967).*

Art. 3 *(L. n° 824, 23 juin 1967).* – Le tribunal du travail est composé d'un nombre égal de salariés et d'employeurs.

Art. 4. – Les membres du tribunal du travail sont désignés par le Prince sur des listes établies par les syndicats professionnels patronaux et ouvriers dans les conditions qui seront déterminées par ordonnance souveraine.

Art. 5 *(L. n° 824, 23 juin 1967 ; L. n° 1.217, 7 juill. 1999 ; rempl., L. n° 1.375, 16 déc. 2010)* (1). – Peuvent être nommées membres du tribunal du travail les personnes âgées de vingt-cinq ans révolus, ayant une pratique courante de la langue officielle de l'État, tant parlée qu'écrite, qui, depuis cinq ans au moins, et de façon ininterrompue, effectuent dans la Principauté un travail salarié ou y emploient, pour leur compte ou pour celui d'autrui, un ou plusieurs salariés.

Peuvent également être nommées membres du tribunal du travail les personnes retraitées ayant une pratique courante de la langue officielle de l'État, tant parlée qu'écrite, qui, pendant les cinq années précédant leur retraite, et de façon ininterrompue, ont effectué dans la Principauté un travail salarié ou y ont employé, pour leur compte ou pour celui d'autrui, un ou plusieurs salariés.

Néanmoins, ne peuvent être nommées membres du tribunal du travail les personnes placées sous tutelle ou curatelle et les commerçants ou dirigeants d'une personne morale non réhabilités ayant fait l'objet d'une procédure collective d'apurement du passif.

Ne peuvent pas non plus être nommées membres du tribunal du travail les personnes condamnées pour crime ou délit par une décision de justice devenue irrévocable.

Prend fin de plein droit le mandat du membre du tribunal du travail contre lequel survient, en cours de mandat, l'un de ces empêchements.

Art. 6. – Les membres du tribunal du travail sont désignés pour six ans. Ils sont renouvelés, par moitié, tous les trois ans.

Néanmoins, si leur mandat vient à expiration avant l'époque fixée à l'article 11 pour la réception de leurs successeurs, ils restent en fonctions jusqu'à cette réception.

Art. 7 *(L. n° 824, 23 juin 1967).* – Le renouvellement triennal doit porter sur la moitié des membres salariés et sur la moitié des membres employeurs du tribunal. Le sort désigne les membres qui sont remplacés la première fois.

Les membres sortants peuvent être à nouveau désignés.

Art. 8. – Les membres du tribunal du travail, réunis en assemblée générale, sous la présidence du doyen d'âge, élisent, parmi eux, à la majorité, le président et le vice-président du tribunal.

Le président et le vice-président sont élus pour trois ans ; ils sont toujours rééligibles.

Art. 9. – Tout membre salarié qui devient patron et réciproquement, doit déclarer au procureur général et au président du tribunal du travail qu'il a perdu la qualité pour laquelle il a été désigné. Cette déclaration a pour effet nécessaire la démission.

À défaut de déclaration, le tribunal du travail est saisi par son président ou par le procureur général. L'intéressé est appelé à fournir ses explications ; il en est dressé procès-verbal.

---

(1) La loi n° 1.375 du 16 décembre 2010 est applicable à toutes les instances en cours lors de son entrée en vigueur (le 25 décembre 2010). Néanmoins, les instances en appel ou en référé, pendantes au jour de son entrée en vigueur, sont poursuivies et jugées conformément à la loi ancienne.

Sur le vu du procès-verbal, la démission est déclarée, s'il y a lieu, par le tribunal civil en chambre du conseil, sauf appel devant la cour.

Le procureur général donne avis de la décision au ministre d'État.

Art. 10. – Dans le cas où une ou plusieurs vacances se produiraient dans le tribunal, par suite de décès, de démission ou de toute autre cause, il sera procédé, dans un délai de un mois, à la désignation d'un ou plusieurs membres sur les listes précédemment établies comme il est dit à l'article 4 ci-dessus.

Il ne sera toutefois pas procédé à une nouvelle désignation si le prochain renouvellement triennal doit avoir lieu dans les trois mois qui suivent.

Tout membre désigné dans ces conditions ne demeure en fonctions que pendant la durée du mandat qui avait été confié à son prédécesseur.

Art. 11 *(L. n° 736, 16 mars 1963)*. – Dans la quinzaine qui suit la désignation, le procureur général invite les membres du tribunal du travail à se présenter devant la cour d'appel qui procède publiquement à leur réception et en dresse procès-verbal consigné dans ses registres.

Au cours de cette réception les membres du tribunal du travail prêtent individuellement le serment suivant : « Je jure fidélité au Prince et promets de remplir mes devoirs avec zèle et intégrité et de garder le secret des délibérations. »

Le jour de l'installation publique du tribunal du travail il est donné lecture du procès-verbal de réception.

Art. 12. – Il est attaché au tribunal du travail un secrétaire et, au besoin, un secrétaire adjoint, qui assistent et tiennent la plume aux audiences.

Le secrétaire et le secrétaire adjoint sont nommés par ordonnance souveraine ; ils prêtent serment devant le tribunal de première instance.

CHAPITRE III. – DE LA DISCIPLINE DU TRIBUNAL DU TRAVAIL

Art. 13. – Le tribunal du travail prépare en assemblée générale un règlement pour son régime intérieur.

Ce règlement n'est exécutoire qu'après approbation du directeur des services judiciaires, et après celle du ministre d'État en ce qui concerne les attributions administratives et consultatives du tribunal.

Art. 14. – Le tribunal du travail se réunit en assemblée générale, toutes les fois que la demande en est faite par l'autorité supérieure, par la moitié, plus un, des membres en exercice, ou lorsque le président le juge utile.

Le procès-verbal de chaque assemblée générale est transmis, dans la quinzaine, par le président, au directeur des services judiciaires et, s'il y a lieu, au ministre d'État.

Art. 15 *(L. n° 736, 16 mars 1963 ; L. n° 824, 23 juin 1967 ; rempl., L. n° 1.375, 16 déc. 2010)* (1). – Les employeurs sont tenus de laisser aux salariés de leur établissement, membres du tribunal du travail, le temps nécessaire pour participer aux séances des bureaux de conciliation ou de jugement, à la Commission Spéciale prévue par le règlement intérieur du tribunal du travail, à l'étude des dossiers, aux enquêtes, aux délibérés et aux réunions d'assemblées générales ; ce temps est considéré comme temps de travail et pourra être exceptionnellement récupéré.

Ils sont également tenus de laisser aux président et vice-président le temps nécessaire à l'exercice de leurs fonctions administratives. Le nombre d'heures rémunérées comme temps de travail, à l'exécution de ces fonctions administratives, ne peut dépasser 15 heures par mois.

La suspension de travail résultant des obligations visées aux deux premiers alinéas ne peut être une cause de rupture du contrat de travail par l'employeur, à peine de dommages et intérêts au profit du salarié. Le licenciement d'un salarié exerçant les fonctions de membre du tribunal du travail, ou ayant cessé ses fonctions depuis moins d'un an, doit être soumis à l'assentiment de la commission instituée par l'article 16 de la loi n° 459 du 19 juillet 1947 portant modification du statut des délégués du personnel et dans les conditions visées par ledit article.

(1) La loi n° 1.375 du 16 décembre 2010 est applicable à toutes les instances en cours lors de son entrée en vigueur (le 25 décembre 2010). Néanmoins, les instances en appel ou en référé, pendantes au jour de son entrée en vigueur, sont poursuivies et jugées conformément à la loi ancienne.

Tout membre du tribunal du travail qui, sans motif légitime et après mise en demeure en la forme recommandée par les Président et Vice-Président du tribunal du travail, se refuserait à remplir le service auquel il est appelé peut être déclaré démissionnaire par ordonnance souveraine.

Les membres du tribunal du travail désignés conformément aux dispositions de l'article 4 de la présente loi disposent, durant l'exercice de leur fonction, d'un droit à la formation dont les modalités sont déterminées par arrêté ministériel

Art. 16. – Le président constate le refus de service par un procès-verbal contenant l'avis motivé du tribunal, l'intéressé préalablement entendu ou dûment appelé.

Si le tribunal n'émet pas son avis dans le délai de un mois, à dater de la convocation, le président fait mention de cette abstention dans le procès-verbal qu'il transmet au procureur général, lequel en saisit le tribunal civil.

Art. 17. – Sur le vu du procès-verbal, la démission est déclarée par le tribunal civil siégeant en chambre du conseil, que le tribunal du travail ait délibéré ou non. En cas de réclamation, il est statué en chambre du conseil par la cour d'appel. La cour sera saisie par une requête signée du réclamant et présentée dans la quinzaine de la décision du tribunal civil concernant la démission. Devant le tribunal civil, comme devant la cour d'appel, l'intéressé doit être appelé.

Art. 18 *(L. n° 824, 23 juin 1967)*. – Tout membre du tribunal du travail qui aura manqué à ses devoirs sera appelé devant ledit tribunal pour s'expliquer sur les faits qui lui sont reprochés.

L'initiative de cet appel appartient au président du tribunal et au procureur général.

Dans le délai d'un mois, à dater de la convocation, le procès-verbal de la séance de comparution est adressé par le président du tribunal du travail au procureur général.

Le procès-verbal est transmis, par le procureur général, avec son avis, au directeur des services judiciaires.

Les peines suivantes peuvent être prononcées selon les cas :

La censure ;

La suspension pour un temps qui ne peut excéder six mois ;

La déchéance.

Art. 19. – La censure et la suspension sont prononcées par arrêté du directeur des services judiciaires. La déchéance est prononcée par ordonnance souveraine.

Art. 20. – Tout membre qui refuse de se faire installer, donne sa démission ou est déclaré démissionnaire, ne peut être à nouveau désigné avant un délai de trois ans, à dater de son refus, de sa démission ou de la décision qui le déclare démissionnaire.

Art. 21. – Tout membre du tribunal du travail contre lequel la déchéance a été prononcée ne peut plus accéder aux mêmes fonctions.

Art. 22. – L'acceptation du mandat impératif, à quelque époque et sous quelque forme qu'elle se produise, constitue, de la part d'un membre du tribunal du travail, un manquement grave à ses devoirs. Elle entraîne, pour conséquence nécessaire, la déchéance.

Art. 23 *(L. n° 736, 16 mars 1963)*. – Les membres du tribunal du travail qui auront refusé de se faire installer ou donné leur démission ou qui auront été déclarés, soit démissionnaires, soit déchus de leurs fonctions peuvent, d'office ou sur leur demande, être relevés des incapacités prévues par les articles 20 et 21.

Art. 24. – Les demandes en relèvement sont adressées au directeur des services judiciaires. Elles ne sont recevables que s'il s'est écoulé un délai de une année depuis le refus d'installation, la démission ou la déclaration de la démission, ou de six ans à partir de la déchéance.

Toute demande rejetée après un examen au fond ne pourra être renouvelée qu'après un nouveau délai qui sera de un an dans le premier cas et de six ans dans le second.

Art. 25. – Le relèvement ne peut, en aucun cas, être prononcé soit d'office, soit sur la demande des intéressés, que par ordonnance souveraine ou arrêté du directeur des services judiciaires rendu après avis du ministre d'État et du procureur général.

Art. 26. – Les fonctions de membre du tribunal du travail sont entièrement gratuites vis-à-vis des parties ; aucuns frais ne peuvent être réclamés aux parties pour les formalités remplies par les membres du tribunal du travail.

Art. 27. – En cas de plainte en prévarication contre les membres du tribunal, il sera procédé contre eux suivant la forme établie à l'égard des juges par l'article 564 du Code d'instruction criminelle.

Art. 28 *(Mod., L. n° 1.375, 16 déc. 2010)* (1). – Les articles 4 et 5 du Code civil, 460 à 463, 465 à 469 du Code de procédure civile, 108 à 111, 113, 116, 117 et 125 du Code pénal sont applicables au tribunal du travail et à ses membres individuellement.

La prise à partie est portée devant la cour d'appel.

Art. 29 *(L. n° 824, 23 juin 1967).* – Le tribunal du travail peut être dissous par ordonnance souveraine, sur la proposition du directeur des services judiciaires.

Jusqu'à l'installation du nouveau tribunal les litiges seront portés devant le juge de paix.

En cas de dissolution, les secrétaires sont maintenus dans leurs fonctions.

CHAPITRE IV. – DES BUREAUX DE CONCILIATION, DE JUGEMENT ET DU JUGE DES RÉFÉRÉS

(Intitulé mod., L. n° 1.375, 16 déc. 2010) (1).

Art. 30 *(L. n° 824, 23 juin 1967 ; rempl., L. n° 1.375, 16 déc. 2010)* (1). – Le tribunal du travail comprend :

1° Un bureau de conciliation ;

2° Un bureau de jugement ;

3° Un juge des référés.

Art. 31 *(L. n° 824, 23 juin 1967).* – Le bureau de conciliation est composé d'un salarié et d'un employeur ; un règlement particulier établit à cet effet un roulement entre tous les membres salariés et employeurs. La présidence appartient alternativement au salarié et à l'employeur, suivant un roulement établi par ledit règlement.

Celui des deux qui préside le bureau le premier est désigné par le sort.

Art. 32. – Les séances du bureau de conciliation ont lieu au moins une fois par semaine. Elles ne sont pas publiques.

Art. 33. – Le bureau de jugement se compose du juge de paix, qui préside, et de quatre assesseurs, employeurs et salariés, au moins. Les assesseurs, employeurs et salariés sont toujours en nombre égal.

Art. 34. – Les délibérations du bureau de jugement sont prises à la majorité absolue des membres présents.

Art. 35 *(L. n° 824, 23 juin 1967).* – Les séances du bureau de jugement sont publiques. Si les débats sont de nature à produire du scandale, le bureau peut ordonner le huis clos.

Le prononcé du jugement doit toujours avoir lieu en séance publique.

Art. 35 *bis* *(L. n° 1.375, 16 déc. 2010)* (1). – Le juge des référés est désigné par le président du tribunal de première instance.

Il ne peut connaître ultérieurement du fond du litige, en première instance comme en appel.

Art. 35 *ter* *(L. n° 1.375, 16 déc. 2010)* (1). – En cas d'urgence, le juge des référés peut, dans la limite de la compétence du tribunal du travail, ordonner toutes les mesures qui ne préjudicient pas au principal.

Néanmoins, le juge des référés peut prescrire les mesures conservatoires ou de remise en état qui s'imposent, soit pour prévenir un dommage imminent, soit pour faire cesser un trouble manifestement illicite.

Il peut, sous réserve de ne pas préjudicier au principal, accorder une provision au créancier ou ordonner l'exécution de l'obligation. Il peut à ce titre ordonner, notamment, le versement de tout ou partie des rémunérations de travail, y compris leurs accessoires, échues et demeurées impayées.

---

(1) La loi n° 1.375 du 16 décembre 2010 est applicable à toutes les instances en cours lors de son entrée en vigueur (le 25 décembre 2010). Néanmoins, les instances en appel ou en référé, pendantes au jour de son entrée en vigueur, sont poursuivies et jugées conformément à la loi ancienne.

Les dispositions de l'alinéa précédent s'appliquent même lorsque l'obligation à exécuter est une obligation de faire. Le juge des référés peut ordonner, notamment, la délivrance, le cas échéant sous peine d'astreinte, de certificats de travail, de bulletins de paie et de toutes pièces que l'employeur est tenu de délivrer en vertu des lois et règlements en vigueur.

Il peut aussi statuer, dans la limite de la compétence du tribunal du travail, sur les difficultés d'exécution de ses propres décisions ou d'un titre exécutoire.

Art. 35 *quater* *(L. n° 1.375, 16 déc. 2010)* (1). – Le référé, qui peut être introduit à tout moment, y compris en cours d'instance pendante devant le tribunal, est régi par les dispositions des articles 416 à 421 du Code de procédure civile, en ce qu'elles n'ont rien de contraire à la présente loi.

Art. 35 *quinquies* *(L. n° 1.375, 16 déc. 2010)* (1). – Il peut être interjeté appel de l'ordonnance de référé dans les formes prévues aux articles 61 à 63.

L'instruction de l'affaire par le tribunal du travail, saisi du principal, se poursuit nonobstant l'appel.

CHAPITRE V. – DE LA PROCÉDURE DEVANT LE TRIBUNAL DU TRAVAIL

Art. 36. – Les parties peuvent toujours se présenter volontairement devant le bureau de conciliation et, dans ce cas, il est procédé, à leur égard, comme si l'affaire avait été introduite par une demande directe.

Art. 37. – Le défendeur est appelé devant le bureau de conciliation par une simple lettre du secrétaire.

La lettre doit contenir les jour, mois et an, les nom, profession et domicile du demandeur, l'indication de l'objet de la demande, le jour et l'heure de la comparution. Elle est remise à la poste par les soins du secrétaire ou portée par le demandeur, au choix de ce dernier.

Art. 38. – Si, au jour fixé par la lettre du secrétaire, le demandeur ne comparaît pas, la cause est rayée du rôle et ne peut être reprise qu'après un délai de huit jours.

Art. 39 *(L. n° 736, 16 mars 1963)*. – Si le défendeur s'abstient de comparaître ou de se faire représenter, ou si la conciliation n'a pu avoir lieu, l'affaire est renvoyée à la prochaine audience du bureau de jugement.

Le secrétaire convoque les parties par lettre recommandée, avec demande d'un accusé de réception.

À défaut de retour de l'accusé de réception, le défendeur est cité par huissier ; la citation contiendra les énonciations prescrites pour la lettre visée à l'article 37.

Art. 40. – Le délai pour la comparution est, dans les deux cas, d'un jour franc. Lorsque la convocation a lieu par lettre recommandée, le point de départ du délai est la date de la remise figurant à l'accusé de réception.

Art. 41. – Les témoins sont appelés dans les mêmes formes et délais.

Art. 42 *(L. n° 736, 16 mars 1963)*. – *(Al. rempl., L. n° 1.375, 16 déc. 2010)* (1) Lors de la comparution devant le bureau de conciliation, le demandeur pourra expliquer, et même modifier ses demandes, et le défendeur former celles qu'il jugera convenables.

Si les parties restent en désaccord, un procès-verbal de non-conciliation sera dressé.

En cas d'accord sur tout ou partie des demandes, il sera immédiatement dressé un procès-verbal mentionnant les conditions de l'arrangement intervenu ; seuls, les points contestés seront renvoyés devant le bureau de jugement. Les conventions des parties insérées au procès-verbal doivent être exécutées immédiatement ; à défaut, l'extrait du procès-verbal signé du président et du secrétaire, vaut titre exécutoire et n'est susceptible d'aucun recours.

La demande devant le bureau de conciliation interrompt la prescription si la demande devant le bureau de jugement est formée dans le mois de l'audience de conciliation.

Art. 43. – Dans le cas où la conciliation n'a pu avoir lieu, la cause, au lieu d'être renvoyée à une prochaine audience, peut être immédiatement jugée par le bureau de jugement, si les parties y consentent.

---

(1) La loi n° 1.375 du 16 décembre 2010 est applicable à toutes les instances en cours lors de son entrée en vigueur (le 25 décembre 2010). Néanmoins, les instances en appel ou en référé, pendantes au jour de son entrée en vigueur, sont poursuivies et jugées conformément à la loi ancienne.

Art. 44 *(L. n° 736, 16 mars 1963 ; L. n° 1.217, 7 juill. 1999).* – Les parties sont tenues de se rendre en personne, sauf motif légitime, au jour et à l'heure fixés, devant le bureau de conciliation. Elles peuvent s'y faire assister dans les mêmes conditions que celles prévues ci-après.

Les parties, sans qu'il leur soit fait obligation d'élire domicile à Monaco, peuvent ester en personne ou se faire assister ou représenter devant le bureau de jugement, soit par un avocat défenseur ou un avocat régulièrement inscrit, soit par une personne exerçant, à Monaco, une activité professionnelle en qualité d'employeur ou de salarié.

Les employeurs peuvent, en outre, être représentés par un directeur, un administrateur ou un employé de l'entreprise ou de l'établissement.

Toutefois, le bureau peut toujours ordonner la comparution personnelle des parties.

Le mandataire doit être porteur d'un pouvoir sur papier libre ; ce pouvoir peut être donné au bas de l'original ou de la copie de l'assignation ; l'avocat défenseur et l'avocat sont dispensés de présenter procuration.

Les parties peuvent déposer toutes conclusions écrites ; elles ne peuvent faire signifier aucune défense.

Art. 45 *(Abr., L. n° 886, 25 juin 1970 ; rétabli, L. n° 1.217, 7 juil. 1999).* – La partie demanderesse ne peut en aucun cas se voir requérir avant toute exception, par le défendeur, de fournir caution de payer les frais de dommages et intérêts résultant de l'instance, auxquels elle peut être condamnée.

Art. 46. – Les mineurs qui ne peuvent être assistés de leur père ou tuteur peuvent être autorisés par le tribunal à se concilier, demander ou défendre devant lui.

Art. 47. – Au jour fixé, si l'une des parties ne comparaît pas, la cause est jugée par défaut.

Art. 48. – Dans les cas urgents, le tribunal du travail peut ordonner telles mesures qui seront jugées nécessaires pour empêcher que les objets qui donnent lieu à une réclamation ne soient enlevés, déplacés ou détériorés.

Art. 49 *(L. n° 736, 16 mars 1963).* – Les dispositions du livre deuxième, première partie, du Code de procédure civile sont applicables à la juridiction du travail en ce qu'elles n'ont rien de contraire à la présente loi.

Art. 50 *(L. n° 736, 16 mars 1963).* – Les actes de procédure, les jugements et actes nécessaires à leur exécution sont rédigés sur papier visé pour timbre et enregistré en débet. Le visa pour timbre est donné sur l'original au moment de son enregistrement.

Ces dispositions sont applicables aux causes portées en appel ou devant la cour de révision.

Art. 51. – La partie qui succombe est condamnée aux dépens envers le Trésor.

Art. 52 *(L. n° 736, 16 mars 1963).* – L'assistance judiciaire peut être accordée devant le tribunal du travail dans les mêmes formes et conditions que devant le tribunal civil.

Toutefois, la décision du bureau devra intervenir dans les vingt jours de la demande.

CHAPITRE VI. – DE LA COMPÉTENCE DU TRIBUNAL DU TRAVAIL ET DES VOIES DE RECOURS CONTRE SES DÉCISIONS

Art. 53 *(L. n° 824, 23 juin 1967).* – La compétence du tribunal du travail est fixée, pour le travail dans un établissement, par la situation de cet établissement et, pour le travail en dehors de tout établissement, par le lieu où l'engagement a été contracté.

Art. 54 *(L. n° 736, 16 mars 1963 ; L. n° 1.037, 26 juin 1981 ; L. n° 1.092, 26 déc. 1985 ; L. n° 1.247, 21 déc. 2001).* – Quel que soit le chiffre de la demande, le tribunal du travail est seul compétent pour connaître en première instance, des différends visés à l'article premier.

(Al. rempl., L. n° 1.375, 16 déc. 2010) (1) **Les jugements du tribunal du travail sont définitifs et sans appel, sauf du chef de la compétence, lorsque le chiffre de la demande n'excède pas en capital 6 000 euros.**

Art. 55. – **Le tribunal du travail connaît de toutes les demandes reconventionnelles ou en compensation qui, par leur nature, rentrent dans sa compétence.**

Art. 56. – **Lorsque chacune des demandes principales, reconventionnelles ou en compensation sera dans les limites de la compétence du tribunal du travail, en dernier ressort, il prononcera sans qu'il y ait lieu à l'appel.**

Art. 57. – **Si l'une de ces demandes n'est susceptible d'être jugée qu'à charge d'appel, le tribunal ne se prononcera sur toutes qu'en premier ressort. Néanmoins, il statuera en dernier ressort si seule la demande reconventionnelle en dommages et intérêts fondée exclusivement sur la demande principale, dépasse sa compétence en dernier ressort. Le tribunal statue également sans appel en cas de défaut du défendeur, si seules les demandes reconventionnelles formées par celui-ci dépassent le taux de la compétence en dernier ressort, quels que soient la nature et le montant de cette demande.**

Art. 58. – **Si une demande reconventionnelle est reconnue non fondée et formée uniquement en vue de rendre le jugement susceptible d'appel, l'auteur de cette demande peut être condamné à des dommages et intérêts envers l'autre partie, même au cas où, en appel, le jugement en premier ressort n'a été confirmé que partiellement.**

Art. 59 *(L. n° 736, 16 mars 1963).* – *(Al. rempl., L. n° 1.375, 16 déc. 2010)* (1) **Toutes les demandes dérivant du contrat de travail entre les mêmes parties doivent avoir fait l'objet d'une seule instance, à peine d'être déclarées non recevables, à moins que le demandeur ne justifie que les causes des demandes nouvelles ne sont nées à son profit ou n'ont été connues de lui que postérieurement à l'introduction de la demande primitive.**

Sont toutefois recevables les nouveaux chefs de demandes tant que le tribunal du travail ne se sera pas prononcé en premier ou en dernier ressort sur les chefs de la demande primitive ; il ordonnera la jonction des instances et se prononcera sur elles par un seul et même jugement.

Art. 60 *(L. n° 736, 16 mars 1963 ; L. n° 1.037, 26 juin 1981 ; L. n° 1.092, 26 déc. 1985 ; rempl., L. n° 1.375, 16 déc. 2010)* (1). – **Sont de droit exécutoires les jugements qui :**

– ordonnent la remise de certificats de travail, bulletins de paie ou de toute autre pièce que l'employeur est légalement tenu de délivrer ;

– ordonnent le paiement de salaires ou accessoires du salaire ;

– peuvent être déclarés exécutoires par provision et sans caution les autres jugements dans les conditions prescrites par l'article 202 du Code de procédure civile.

Art. 61 *(L. n° 736, 16 mars 1963 ; L. n° 1.037, 26 juin 1981 ; L. n° 1.092, 26 déc. 1985 ; rempl., L. n° 1.375, 16 déc. 2010)* (1). – **Si la demande est supérieure à 6.000 euros, il peut être interjeté appel des jugements du tribunal du travail devant la cour d'appel.**

Art. 62 *(Rempl., L. n° 1.375, 16 déc. 2010)* (1). – **Le délai d'appel est de trente jours à compter de la signification du jugement.**

Art. 63 *(Rempl., L. n° 1.375, 16 déc. 2010)* (1). – **L'appel est interjeté, instruit et jugé conformément aux articles 422 à 435 du Code de procédure civile.**

(1) La loi n° 1.375 du 16 décembre 2010 est applicable à toutes les instances en cours lors de son entrée en vigueur (le 25 décembre 2010). Néanmoins, les instances en appel ou en référé, pendantes au jour de son entrée en vigueur, sont poursuivies et jugées conformément à la loi ancienne.

Art. 64 *(Rempl., L. n° 1.375, 16 déc. 2010)* (1). – Les jugements en dernier ressort du tribunal du travail et les arrêts de la cour d'appel peuvent être déférés à la cour de révision en cas de violation de la loi.

Sauf disposition contraire de la présente loi, le pourvoi en révision est formé, instruit et jugé conformément aux articles 439 à 459-7 du Code de procédure civile.

Il est considéré comme urgent.

Art. 65 et 66 *(Abr., L. n° 1.375, 16 déc. 2010)* (1).

Art. 67 *(L. n° 522, 21 déc. 1950 ; L. n° 736, 16 mars 1963 ; abr., L. n° 1.375, 16 déc. 2010)* (1).

CHAPITRE VII. – DES RÉCUSATIONS

Art. 68. – Les membres du tribunal du travail peuvent être récusés.

1° Quand ils ont un intérêt personnel à la contestation ;

2° Quand ils sont parents ou alliés d'une des parties jusqu'au degré de cousin germain inclusivement ;

3° Si, dans l'année qui a précédé la récusation, il y a eu action judiciaire, criminelle ou civile, entre eux et une des parties ou son conjoint, ou ses parents ou alliés en ligne directe ;

4° S'ils ont donné un avis écrit dans l'affaire ;

5° S'ils sont patrons, ouvriers ou employés de l'une des parties en cause.

Art. 69. – La partie qui veut récuser un membre du tribunal du travail est tenue de former la récusation avant tout débat, et d'en exposer les motifs dans une déclaration, revêtue de sa signature, qu'elle remet au secrétariat du tribunal, et dont il lui est délivré récépissé.

Art. 70. – Le membre du tribunal récusé est tenu de donner, au bas de la déclaration, dans le délai de deux jours, sa réponse par écrit, portant, ou son acquiescement à la récusation ou son opposition, avec ses observations sur les moyens de récusation.

Art. 71. – Dans les trois jours de la réponse du membre du tribunal du travail qui refuse d'acquiescer à la récusation ou faute par lui de répondre, une copie de la déclaration de récusation et des observations de l'intéressé, s'il y en a, est envoyée par le président du tribunal du travail au président du tribunal civil.

La récusation y est jugée en dernier ressort, dans la huitaine, sans qu'il soit besoin d'aviser les parties. Avis de la décision est immédiatement donné au président du tribunal par les soins du procureur général.

CHAPITRE VIII. – DES ÉMOLUMENTS, INDEMNITÉS ET DROITS ALLOUÉS AUX SECRÉTAIRE, HUISSIERS ET TÉMOINS

Art. 72 *(L. n° 736, 16 mars 1963)*. – Les fonctions de secrétaire du tribunal du travail sont entièrement gratuites à l'égard des parties ; celles-ci ne pourront se voir réclamer le paiement d'aucun droit pour les formalités que ce fonctionnaire est appelé à accomplir sous peine, pour ce dernier, d'être puni comme concussionnaire.

Art. 73 *(L. n° 736, 16 mars 1963)*. – Les montants des droits et indemnités à attribuer aux huissiers et témoins seront identiques à ceux alloués aux intéressés en justice de paix.

Art. 74 et 75 *(Abr., L. n° 736, 16 mars 1963)*.

Loi nº 1.375 du 16 décembre 2010

modifiant la loi n° 446 du 16 mai 1946 portant création d'un tribunal du travail

(Journal de Monaco, 24 déc. 2010)

Art. 1er *(V. L. n° 446, 16 mai 1946, art. 1er)*.

---

(1) La loi n° 1.375 du 16 décembre 2010 est applicable à toutes les instances en cours lors de son entrée en vigueur (le 25 décembre 2010). Néanmoins, les instances en appel ou en référé, pendantes au jour de son entrée en vigueur, sont poursuivies et jugées conformément à la loi ancienne.

Art. 2 *(V. L. n° 446, 16 mai 1946, art. 5).*

Art. 3 *(V. L. n° 446, 16 mai 1946, art. 15).*

Art. 4 *(V. L. n° 446, 16 mai 1946, art. 28).*

Art. 5 *(V. CPC, art. 414 ; L. n° 446, 16 mai 1946, chap. IV : intitulé).*

Art. 6 *(V. L. n° 446, 16 mai 1946, art. 30 et 35 bis).*

Art. 7 *(V. L. n° 446, 16 mai 1946, art. 42).*

Art. 8 *(V. L. n° 446, 16 mai 1946, art. 54).*

Art. 9 *(V. L. n° 446, 16 mai 1946, art. 59).*

Art. 10 *(V. L. n° 446, 16 mai 1946, art. 60).*

Art. 11 *(V. L. n° 446, 16 mai 1946, art. 61).*

Art. 12 *(V. L. n° 446, 16 mai 1946, art. 62).*

Art. 13 *(V. L. n° 446, 16 mai 1946, art. 63).*

Art. 14 *(V. L. n° 446, 16 mai 1946, art. 64).*

Art. 15. – Les articles 65, 66 et 67 de la loi n° 446 du 16 mai 1946 portant création d'un tribunal du travail sont abrogés.

Art. 16. – La présente loi est applicable à toutes les instances en cours lors de son entrée en vigueur.

Néanmoins, les instances en appel ou en référé, pendantes au jour de l'entrée en vigueur de la présente loi, sont poursuivies et jugées conformément à la loi ancienne.

Ordonnance nº 3.782 du 16 mai 2012 (1)

portant organisation de l'administration pénitentiaire et de la détention

(Journal de Monaco, 25 mai 2012)

TITRE I. – DE L'ORGANISATION DE L'ADMINISTRATION PÉNITENTIAIRE

CHAPITRE I. – DISPOSITIONS GÉNÉRALES

Section 1. – Du service administratif pénitentiaire

Art. 1er. – L'administration pénitentiaire est un service administratif placé sous l'autorité du Directeur des Services Judiciaires.

Art. 2. – L'administration pénitentiaire a pour mission d'assurer la mise à exécution des décisions judiciaires prononçant une peine privative ou restrictive de liberté ou ordonnant une incarcération provisoire, ainsi que la garde et l'entretien des personnes placées ou maintenues en détention sous main de justice.

À l'égard de toutes les personnes détenues, l'administration pénitentiaire garantit le respect de la dignité de la personne humaine et des droits fondamentaux dans la limite fixée par les décisions de l'autorité judiciaire.

L'administration pénitentiaire met en œuvre les mesures destinées à favoriser la réinsertion sociale des personnes détenues.

Section 2. – De la maison d'arrêt

Art. 3. – L'administration pénitentiaire exerce ses missions de garde, d'entretien et de réinsertion des personnes qui lui sont confiées au sein de la maison d'arrêt, conformément aux dispositions réglementaires de la présente ordonnance et de l'arrêté du directeur des services judiciaires pris pour son application.

(1) V. infra A. n° 2012-8, 4 juin 2012.

La maison d'arrêt est l'établissement pénitentiaire dans lequel sont détenues des personnes en application des décisions judiciaires mentionnées à l'article précédent.

Art. 4. – La maison d'arrêt est visitée au moins une fois par an par le Directeur des Services Judiciaires, les juges d'instruction, le juge tutélaire et le juge de l'application des peines, ainsi que tous les trois mois par le Procureur Général.

À cette occasion, le registre d'écrou mentionné à l'article 57 est visé par ces autorités.

Les juges d'instruction et le juge tutélaire font part de leurs observations éventuelles au Premier Président de la Cour d'Appel qui les porte à la connaissance du Directeur des Services Judiciaires.

Le Procureur Général et le juge chargé de l'application des peines rendent compte de leurs observations éventuelles au Directeur des Services Judiciaires.

Art. 5. – Le Directeur de la maison d'arrêt remet au Directeur des Services Judiciaires, au plus tard à la fin du premier trimestre de l'année civile en cours, un rapport annuel sur le fonctionnement de l'ensemble des services de l'établissement pénitentiaire et sur le service assuré par les différentes catégories du personnel de la maison d'arrêt. Un exemplaire de ce document est également porté à la connaissance de chaque membre du bureau de l'administration pénitentiaire.

Section 3. – Du bureau de l'administration pénitentiaire

Art. 6. – Il est institué, auprès du Directeur des Services Judiciaires, un bureau de l'administration pénitentiaire, présidé par le Secrétaire Général de la Direction des Services Judiciaires ou par son représentant, et composé comme suit :

1°) le Procureur Général, suppléé, le cas échéant, par un magistrat du Parquet ;

2°) le juge chargé de l'application des peines ;

3°) le Directeur de la maison d'arrêt ;

4°) le Directeur-adjoint de la maison d'arrêt ;

5°) le surveillant-chef de la détention ;

6°) le médecin responsable de la maison d'arrêt ;

7°) l'assistante sociale de la Direction des Services Judiciaires ;

8°) un visiteur de prison désigné, parmi les visiteurs agréés, par le Directeur des Services Judiciaires.

Chaque fois qu'il l'estime nécessaire, le Directeur des Services Judiciaires peut, en outre, désigner une personnalité disposant des compétences recherchées pour compléter la composition du bureau de l'administration pénitentiaire.

Art. 7. – Le bureau de l'administration pénitentiaire peut être consulté par le Directeur des Services Judiciaires sur toute question intéressant l'organisation ou le fonctionnement de la maison d'arrêt.

Il lui appartient également de communiquer au Directeur des Services Judiciaires les observations ou suggestions qu'il croit devoir formuler dans le cadre des dispositions pénitentiaires.

Art. 8. – Le mode de nomination des membres qui font l'objet d'une désignation ainsi que les règles de fonctionnement du bureau sont fixés par arrêté du Directeur des Services Judiciaires.

CHAPITRE II. – Des personnels et prestataires de services

Section 1. – Dispositions communes

Art. 9. – L'administration pénitentiaire comprend les catégories de personnels suivantes :

1°) personnel de direction :

Directeur et directeur-adjoint ;

2°) personnel d'encadrement :

surveillant-chef et premier surveillant ;

3°) personnel de surveillance :

surveillant principal, surveillant et surveillant stagiaire ;

4°) personnel administratif :

secrétaire et personnel de bureau ;

5°) personnel de service et technique :
économe, agent de cuisine, agent de service et ouvrier professionnel ;
6°) personnel médico-social :
infirmier, assistant social.
Ces personnels peuvent être des fonctionnaires ou des agents non titulaires de l'État.

Art. 10. – L'administration pénitentiaire recourt également à des prestataires de services, à titre onéreux ou gratuit, pour assurer des missions spécialisées en matière de santé (médecin, dentiste, autres), d'enseignement et d'activités sportives, culturelles et de loisirs.

Art. 11. – En cas de nécessité, à l'exclusion des catégories de personnel mentionnées aux chiffres 1° et 2° de l'article 9, du personnel vacataire peut être recruté par le Directeur des Services Judiciaires, sur proposition du Directeur de la maison d'arrêt.

Art. 12. – Indépendamment des règles instituées par le Code pénal en matière de secret professionnel, les personnels et prestataires mentionnés aux articles 9 à 11 sont liés par une obligation de discrétion professionnelle pour tout ce qui concerne les faits et informations dont ils ont connaissance dans l'exercice ou à l'occasion de l'exercice de leurs missions au sein de la maison d'arrêt.

Tout détournement, toute communication de pièces ou documents de service à des tiers sont formellement interdits.

Les personnels et prestataires susmentionnés ne peuvent être déliés de cette obligation de discrétion ou relevés de l'interdiction édictée par l'alinéa précédent qu'avec l'autorisation du Directeur des Services Judiciaires.

Ils doivent en outre s'abstenir, soit pour leur propre compte, soit pour le compte de toute autre personne physique ou morale, de toute démarche, activité ou manifestation incompatible avec la discrétion et la réserve qu'impliquent leurs missions.

Art. 13. – Les personnels et prestataires mentionnés aux articles 9 à 11 ne peuvent se livrer à des actes de violence physique ou morale sur les personnes détenues.

Ils ne peuvent entretenir avec les personnes détenues, ainsi qu'avec leurs parents ou proches, des relations qui ne seraient pas justifiées par l'exercice de leurs missions, et notamment :

1°) user à leur égard du tutoiement ou d'un langage grossier ou familier ;

2°) recevoir de la part des personnes détenues ou des personnes agissant pour elles des dons, prêts ou avantages quelconques ;

3°) faciliter ou tolérer l'introduction ou la transmission de toute correspondance ou de tout objet entre personnes détenues ou avec l'extérieur, hors les conditions prévues par la présente ordonnance, par l'arrêté du Directeur des Services Judiciaires pris pour son application, ainsi que par le règlement intérieur mentionné à l'article 26 ;

4°) se charger de toute mission ou commission émanant d'une personne détenue ;

5°) obliger les personnes détenues à travailler à leur service particulier ou à les assister dans leurs missions, hors les conditions prévues par la présente ordonnance, par l'arrêté du Directeur des Services Judiciaires pris pour son application, ainsi que par le règlement intérieur mentionné à l'article 26 ;

6°) influer sur les moyens de défense des personnes détenues ou sur le choix de leur avocat ;

7°) partager toute nourriture ou boisson avec une personne détenue.

Art. 14. – Les personnels administratifs, techniques et de service sont placés sous l'autorité du Directeur de la maison d'arrêt et sont astreints aux mêmes droits, devoirs et règles liés à la sécurité et au bon ordre de l'établissement que tout membre du personnel de surveillance.

Art. 15. – Tout manquement aux obligations professionnelles et toute faute commise par un membre du personnel dans l'exercice de ses fonctions l'expose aux sanctions prévues par la loi n° 975 du 12 juillet 1975, modifiée, susvisée, pour le personnel titulaire, et par les dispositions conventionnelles en vigueur, pour l'agent contractuel ou vacataire ainsi que pour le prestataire de services, le liant à l'administration judiciaire ainsi qu'à la maison d'arrêt.

Art. 16. – Le personnel masculin ne peut, sauf en cas d'urgence ou de nécessité impérieuse, intervenir dans le quartier de détention réservé aux femmes que sur autorisation du Directeur de la maison d'arrêt et qu'en étant accompagné d'un membre du personnel de surveillance de sexe féminin ou d'un gradé.

Section 2. – Dispositions particulières à certaines catégories de personnels

Sous-section 1. – Le personnel de direction

Art. 17. – Placé sous l'autorité du Directeur des Services Judiciaires, le Directeur de la maison d'arrêt est chargé :

a) de faire assurer la surveillance, la garde et l'entretien des personnes détenues ;

b) de maintenir le bon ordre et la discipline dans la maison d'arrêt ;

c) d'exercer l'autorité hiérarchique sur les personnels mentionnés aux articles 9 et 11 ;

d) de veiller à la tenue du registre d'écrou ainsi que des autres registres dont la liste et les mentions sont fixées par arrêté du directeur des services judiciaires ;

e) de participer à la mission de réinsertion sociale et professionnelle des personnes détenues.

Art. 18. – Le Directeur de la maison d'arrêt veille à la stricte application des instructions du Directeur des Services Judiciaires relatives au maintien de l'ordre et de la sécurité dans l'établissement.

À ce titre, il est disciplinairement responsable des incidents ou évasions imputables à sa négligence ou à l'inobservation des dispositions réglementaires applicables, indépendamment des procédures disciplinaires susceptibles d'être engagées à l'encontre d'autres membres du personnel.

Art. 19. – Le Directeur de la maison d'arrêt peut décider de la mise en œuvre de mesures d'intervention adaptées dont les modalités sont fixées par arrêté du Directeur des Services Judiciaires.

Le Directeur de la maison d'arrêt peut, dans tous les cas de nécessité, requérir directement la force publique pour assurer l'ordre dans l'établissement et préserver la sécurité des personnes et des biens. Il doit aussitôt en aviser le Directeur des Services Judiciaires, le Procureur Général et le Conseiller de Gouvernement pour l'intérieur.

Art. 20. – À toutes fins préventives, un plan de protection de la maison d'arrêt et d'intervention est établi de concert par le Directeur de la maison d'arrêt et les services exécutifs compétents sous l'autorité du Procureur Général.

Ce plan définit notamment les conduites à tenir en cas d'incendie ou de catastrophe naturelle, y compris les modalités d'évacuation de l'établissement.

Il est actualisé annuellement.

Sous-section 2. – Le personnel de surveillance

Art. 21. – Le personnel de surveillance a pour mission essentielle la garde et l'entretien des personnes détenues, dans le respect des dispositions de la présente ordonnance.

Il est tenu de garantir la sécurité de l'établissement, de toute personne exerçant en détention ainsi que des personnes qui y sont détenues.

Préalablement à la prise des fonctions qui lui sont confiées, tout membre du personnel de surveillance doit obligatoirement être soumis à une formation adaptée.

Art. 22. – Le personnel de surveillance est tenu au port de l'uniforme pendant le service, et, en dehors du service, lorsqu'il se trouve dans les locaux de détention.

Art. 23. – Il ne peut être armé au sein de l'établissement, sauf ordre exprès donné, dans des circonstances exceptionnelles et pour une intervention strictement définie, par le Directeur de la maison d'arrêt.

Il ne peut, en outre, être fait usage des armes que dans des cas déterminés par arrêté du Directeur des Services Judiciaires.

Art. 24. – Un équipement répertorié de sécurité non létal et de communication est fourni aux membres du personnel de surveillance. Chacun de ces membres est personnellement responsable de son maintien en bon état de fonctionnement.

Le personnel d'encadrement et de direction en assure la vérification et le contrôle.

TITRE II. – De la détention

CHAPITRE préliminaire. – Du régime auquel les condamnés sont soumis

Section 1. – De l'encellulement

Art. 25. – **La détention à la maison d'arrêt s'effectue en encellulement collectif, de jour comme de nuit, sauf lorsque la personne détenue demande un encellulement individuel et sous réserve des disponibilités de l'établissement.**

Le Directeur de la maison d'arrêt peut toutefois ordonner, le cas échéant à la demande de l'autorité judiciaire, un encellulement individuel pour des motifs tenant à la sécurité des personnes détenues ou à la bonne administration de la justice.

Section 2. – Du règlement intérieur de la maison d'arrêt

Art. 26. – **Le règlement intérieur, établi par le Directeur de la maison d'arrêt et approuvé par le Directeur des Services Judiciaires, détermine le contenu du régime propre à l'établissement, et notamment l'emploi du temps appliqué à la maison d'arrêt en précisant les heures du lever et du coucher, des repas, de la promenade, des activités, du travail et des parloirs.**

Art. 27. – **Le règlement intérieur, régulièrement actualisé, est mis à la disposition notamment des personnes détenues afin de les informer du fonctionnement de l'établissement ainsi que de leurs droits et obligations.**

À cet effet, des extraits sont affichés dans les quartiers de la maison d'arrêt.

CHAPITRE I. – De la sécurité et de la discipline au sein de la maison d'arrêt

Section 1. – Dispositions générales

Art. 28. – **La personne détenue doit respect et obéissance au personnel de la maison d'arrêt. Elle se conforme à tout ce que celui-ci lui prescrit pour l'exécution des dispositions de la présente ordonnance, de l'arrêté du Directeur des Services Judiciaires et du règlement intérieur mentionné à l'article 26.**

Elle est informée, dès son incarcération, des prescriptions du règlement qui la concernent et des sanctions qui s'y rapportent.

Art. 29. – **Tous actes individuels ou collectifs de nature à troubler le bon ordre, la sécurité ou la discipline dans la maison d'arrêt sont interdits.**

Art. 30. – **Le Directeur de la maison d'arrêt peut suspendre, provisoirement ou définitivement, pour des raisons motivées d'ordre et de sécurité, la participation de certaines personnes détenues aux activités proposées au sein de la maison d'arrêt.**

Art. 31. – **Tous dons, trafics, tractations et toutes communications clandestines ou en langage conventionnel sont interdits.**

Le Directeur de la maison d'arrêt veille au respect des interdictions de communiquer.

Art. 32. – **Toute personne détenue doit être fouillée à son entrée dans l'établissement et à chaque fois qu'elle en est extraite. Elle est également fouillée à l'occasion des visites effectuées sans dispositif de séparation et, au cours de sa détention, aussi souvent que le directeur de la maison d'arrêt l'estime nécessaire.**

Les personnes détenues ne peuvent être fouillées que par des agents de leur sexe et dans les conditions qui, en garantissant l'efficacité du contrôle, préservent le respect de la dignité inhérente à la personne humaine.

Art. 33. – **Le Directeur de la maison d'arrêt décide des objets laissés en possession des personnes détenues dans leur cellule.**

Toutefois, les personnes détenues ne peuvent garder à leur disposition aucun objet, médicament ou substance pouvant permettre ou faciliter un suicide, une agression ou une évasion.

Section 2. – Des conditions d'accès dans les lieux de détention

Art. 34. – Aucune personne étrangère au service ne peut être admise à pénétrer dans les locaux de la détention de la maison d'arrêt sans :

a) une autorisation spéciale délivrée par le directeur des services judiciaires, lorsqu'il s'agit de visiter l'établissement lui-même ;

b) une autorisation spéciale délivrée par le directeur des services judiciaires à certaines personnes lorsqu'il s'agit de visiter, hors la présence de sa mère, un enfant vivant en milieu carcéral ;

c) une autorisation spéciale délivrée par le Directeur des Services Judiciaires à certaines autorités ;

d) un permis de communiquer délivré, par les autorités visées à l'article suivant, aux avocats, aux aumôniers et à certaines personnes exerçant des fonctions administratives qui en font la demande ;

e) une autorisation du Directeur de la maison d'arrêt selon les modalités prévues aux articles 39 et 114 ;

f) un permis de visite délivré par les personnes et dans les conditions visées à l'article suivant.

Art. 35. – Les permis de visite sont délivrés par :

1°) le Directeur des Services Judiciaires en ce qui concerne les personnes condamnées définitivement ;

2°) le juge d'instruction en ce qui concerne les personnes majeures détenues avant jugement ;

3°) le juge tutélaire en ce qui concerne les personnes mineures détenues avant jugement ;

4°) le Procureur Général en ce qui concerne les autres personnes détenues.

Les permis de visite ne sont délivrés qu'au conjoint et aux parents proches sur justification de cette parenté. Toutefois, ils peuvent être également donnés au tuteur et exceptionnellement, pour des motifs que l'autorité compétente apprécie, à d'autres personnes que les proches parents.

Art. 36. – Le contenu et les conditions de délivrance des permis de visite, de même que les modalités des visites, sont fixés par arrêté du Directeur des Services Judiciaires, conformément aux prescriptions des articles 83 et suivants. Ces formalités ne s'appliquent pas aux autorisations spéciales, aux permis spéciaux et aux permis de communiquer.

Art. 37. – Les permis de visite délivrés pour les personnes majeures détenues avant jugement demeurent valables même si le juge d'instruction qui les a accordés est dessaisi du dossier. Le Procureur Général est compétent pour en suspendre ou supprimer les effets, ou pour délivrer de nouveaux permis jusqu'à ce que la condamnation devienne définitive.

Art. 38. – Les personnes admises à pénétrer dans les locaux de la maison d'arrêt ou à visiter les personnes détenues pour quelque motif que ce soit sont soumises à la détection préalable de tous objets ou instruments pouvant présenter un danger pour la sécurité et doivent se soumettre à toutes restrictions de circulation imposées par le règlement intérieur mentionné à l'article 26.

Art. 39. – Les professionnels et prestataires de services, extérieurs à la maison d'arrêt, qui doivent intervenir dans son enceinte font au préalable l'objet d'un contrôle de situation par les services compétents de la Direction de la Sûreté Publique.

Ils doivent justifier de leur identité pour pénétrer dans l'enceinte de l'établissement.

La pièce d'identité produite est retenue pour être ensuite restituée à la sortie.

Le passage dans l'établissement doit être relevé sur le registre des personnes étrangères au service.

Section 3. – Des incidents

Art. 40. – Tout incident grave concernant l'ordre, la discipline ou la sécurité de la maison d'arrêt doit être immédiatement porté, par le Directeur de la maison d'arrêt, à la connaissance du Directeur des Services Judiciaires et du Procureur Général.

Si l'incident concerne une personne détenue avant jugement, avis en est donné au magistrat chargé de l'information.

Section 4. – De l'isolement

Art. 41. – La mise à l'isolement est une mesure administrative, dénuée de tout caractère disciplinaire, ayant pour objet de placer la personne détenue à l'écart du reste de la population carcérale.

Toute personne détenue peut être placée à l'isolement, dans un but de protection ou de sécurité, soit sur sa demande, soit d'office, par décision du Directeur de la maison d'arrêt, dans les conditions fixées par arrêté du Directeur des Services Judiciaires.

Art. 42. – La décision de placement à l'isolement est prise pour une durée maximale de trois mois, après avis du médecin de la maison d'arrêt et de l'assistante sociale.

Elle est communiquée sans délai par le Directeur de la maison d'arrêt au Directeur des Services Judiciaires.

L'isolement peut être prolongé par décision du Directeur des Services Judiciaires sur proposition du Directeur de la maison d'arrêt, dans les conditions prévues au premier alinéa.

Art. 43. – Toute décision de placement ou de prolongation d'isolement est motivée, notifiée et communiquée à l'autorité judiciaire compétente.

Elle est versée au dossier individuel de la personne détenue.

Art. 44. – Toute personne détenue qui entend contester le placement à l'isolement peut, dans les sept jours à compter de la notification de la décision, exercer un recours administratif, soit gracieux auprès du Directeur de la maison d'arrêt, soit hiérarchique auprès du Directeur des Services Judiciaires.

La décision de prolongation du placement à l'isolement peut faire l'objet, dans le délai prévu au précédent alinéa, d'un recours gracieux auprès du Directeur des Services Judiciaires.

Art. 45. – Le médecin de la maison d'arrêt doit visiter régulièrement la personne détenue placée à l'isolement et faire un rapport au Directeur de la maison d'arrêt. Il émet un avis sur l'opportunité de prolonger l'isolement de la personne détenue ou d'y mettre fin, au regard de son état de santé.

Section 5. – Du régime disciplinaire

Sous-section 1. – Des fautes disciplinaires

Art. 46. – Constitue une faute disciplinaire du premier degré ou du second degré, par ordre de gravité croissante, selon le classement défini par arrêté du Directeur des Services Judiciaires :

1°) toute infraction pénale commise ou tentée à la maison d'arrêt ou depuis la maison d'arrêt ;

2°) toute méconnaissance du règlement intérieur visé à l'article 26 ;

3°) tout fait qualifié de faute par l'arrêté du Directeur des Services Judiciaires.

Sous-section 2. – De la procédure disciplinaire

Art. 47. – La constatation des faits constitutifs d'une faute disciplinaire fait l'objet d'un rapport d'incident écrit qui est établi soit par la personne qui en est le témoin ou la victime, soit par le membre du personnel de surveillance qui en a été informé. Ce rapport est immédiatement transmis au Directeur de la maison d'arrêt qui apprécie l'opportunité de poursuivre la procédure.

En cas d'engagement des poursuites disciplinaires, la personne détenue est convoquée par écrit devant la commission de discipline instituée à l'article 48. La convocation comporte, dans une langue comprise par la personne détenue, l'exposé des faits précis qui lui sont reprochés. Celle-ci doit être en mesure de disposer d'un délai et de moyens suffisants pour préparer sa défense et présenter ses explications qui seront consignées sur un procès-verbal.

Si les circonstances l'exigent, notamment en vue de préserver l'ordre intérieur de la maison d'arrêt, l'auteur d'une faute du second degré telle que définie dans l'arrêté du Directeur des Services Judiciaires peut, sur décision du Directeur de la maison d'arrêt, être conduit, à titre préventif et sans attendre la réunion de la commission de discipline, en cellule disciplinaire. Ce placement ne peut dépasser quarante-huit heures.

Art. 48. – Il est institué une commission de discipline, présidée par le Directeur de la maison d'arrêt ou le Directeur-adjoint, et qui comporte, en outre, deux membres du personnel de surveillance.

Les membres du personnel de surveillance sont désignés par le Directeur de la maison d'arrêt.

Art. 49. – La personne détenue qui comparaît devant la commission de discipline est autorisée à se défendre seule ou assistée d'un membre de l'Ordre des avocats-défenseurs et avocats choisi par elle ou, à défaut, commis d'office par le bâtonnier.

Elle peut en outre bénéficier gratuitement d'un interprète, si elle ne comprend pas ou ne parle pas la langue utilisée lors de cette comparution.

Les sanctions disciplinaires sont, sous réserve des dispositions du troisième alinéa de l'article 47, prononcées en commission de discipline, par le Directeur de la maison d'arrêt.

Elles sont notifiées par écrit à la personne détenue et, le cas échéant, à son conseil.

Il peut être accordé à la personne mise en cause le bénéfice du sursis pour tout ou partie de l'exécution de la sanction prononcée.

Art. 50. – Le Directeur de la maison d'arrêt informe dans les vingt-quatre heures le Directeur des Services Judiciaires des sanctions prononcées.

Avis en est donné à l'autorité judiciaire compétente.

Art. 51. – La personne détenue qui entend contester la sanction disciplinaire dont elle est l'objet peut, dans le délai de quinze jours à compter du jour de la notification de la décision, la déférer, préalablement à tout recours contentieux, directement ou par l'intermédiaire de son conseil, devant la commission de recours.

Cette contestation s'opère par simple déclaration écrite transmise à ladite commission.

Art. 52. – La commission de recours est composée comme suit :

1°) le Président du Tribunal de Première Instance ou le magistrat délégué par lui ;

2°) le Secrétaire Général de la Direction des Services Judiciaires, ou son représentant désigné par le Directeur des Services Judiciaires ;

3°) une personne choisie en raison de sa compétence, désignée par le Directeur des Services Judiciaires.

Art. 53. – La commission de recours dispose d'un délai de sept jours ouvrés, à compter de la réception de la déclaration, pour statuer par décision motivée après avoir recueilli tous éléments utiles.

Sauf cas de nécessité apprécié par le Directeur de la maison d'arrêt, ce recours est suspensif de l'exécution de la sanction prononcée.

Sous-section 3. – Des sanctions disciplinaires

Art. 54. – La personne détenue qui enfreint les règles en vigueur à la maison d'arrêt est passible des sanctions visées à l'article suivant dont les modalités sont fixées par arrêté du Directeur des Services Judiciaires.

Art. 55. – Les fautes disciplinaires peuvent donner lieu aux sanctions suivantes :

1°) l'avertissement ;

2°) l'interdiction de recevoir des subsides de l'extérieur ;

3°) la privation de cantine, à l'exception des produits d'hygiène et des fournitures de correspondance ;

4°) le placement en cellule disciplinaire.

En fonction des circonstances, peuvent, de surcroît, être prononcées, cumulativement à celles énumérées à l'alinéa précédent, les sanctions suivantes :

a) la mise à pied d'un emploi ;

b) le déclassement d'un emploi ou d'une formation ;

c) la privation de tout appareil acheté en cantine ou fourni par l'administration pénitentiaire ;

d) la suppression à l'accès aux parloirs sans dispositif de séparation ;

e) l'exécution d'un travail de nettoyage des locaux ;

f) la privation d'activités de formation, culturelles, sportives et de loisirs ;

g) la retenue pécuniaire sur la part disponible figurant au compte nominatif de la personne détenue.

Les sanctions disciplinaires sont prononcées pour des durées fixées par arrêté du Directeur des Services Judiciaires, sans pouvoir excéder quatre mois.

Art. 56. – Lorsque la personne détenue fait l'objet d'un placement en cellule disciplinaire, le médecin de la maison d'arrêt doit la visiter régulièrement et faire un rapport au Directeur de la maison d'arrêt s'il estime nécessaire de mettre fin à la sanction ou de la modifier pour des raisons de santé physique ou mentale.

CHAPITRE II. – Des mouvements des personnes détenues

Section 1. – Du greffe judiciaire

Art. 57. – Le Directeur de la maison d'arrêt ou, sous son autorité, le personnel affecté au greffe judiciaire, tient le registre d'écrou ainsi que les autres registres dont la liste et les mentions sont fixées par arrêté du Directeur des Services Judiciaires. N'ont accès auxdits registres que les personnes dûment habilitées par le Directeur de la maison d'arrêt.

Il veille à la régularité de la détention des personnes détenues, ainsi qu'à l'élargissement des personnes libérables.

Art. 58. – Pour toute personne détenue, il est constitué au greffe judiciaire de la maison d'arrêt un dossier individuel dont la composition est fixée par arrêté du Directeur des Services Judiciaires.

Art. 59. – Le Directeur de la maison d'arrêt rend compte au Directeur des Services Judiciaires dans les vingt-quatre heures de la notification qui lui en est faite par le Greffe Général de toute condamnation à l'emprisonnement prononcée à l'encontre de toute personne détenue.

Art. 60. – En cas de décès d'une personne détenue, le Directeur de la maison d'arrêt rend compte immédiatement au Directeur des Services Judiciaires et au Procureur Général.

Il fait mention du décès sur le registre d'écrou et avise l'officier d'état civil.

Section 2. – Des transfèrements et des extractions

Art. 61. – Le transfèrement consiste dans la conduite d'une personne détenue au sein de la maison d'arrêt auprès d'un autre établissement pénitentiaire situé à l'étranger afin qu'elle y exécute sa peine.

Le transfèrement emporte la radiation de la personne détenue sur le registre d'écrou.

Sur proposition du Directeur de la maison d'arrêt ou d'office, le Directeur des Services Judiciaires fait prendre les mesures utiles pour qu'il soit procédé, lorsqu'il y a lieu, au transfèrement des personnes détenues condamnées.

En cas de transfèrement, les pièces de justice concernant la personne détenue et les objets, valeurs, bijoux et sommes d'argent lui appartenant sont remis par un personnel du greffe judiciaire au chef d'escorte. Une décharge est donnée sur un registre spécial prévu à cet effet.

Le double du dossier médical, portant la mention « confidentiel », est également confié au chef d'escorte pour être remis aux autorités étrangères.

Art. 62. – L'extraction est l'opération par laquelle une personne détenue est conduite, sous surveillance, en dehors de la maison d'arrêt, en un lieu situé sur le territoire de la Principauté, lorsqu'elle doit comparaître en justice, subir un acte ou un examen médical ou participer à un événement familial grave.

L'extraction s'effectue sans radiation de la personne détenue du registre d'écrou.

Le Directeur de la maison d'arrêt remet sur-le-champ, au vu de la réquisition présentée par les agents de Direction de la Sûreté Publique chargés de l'escorte, les personnes détenues dont l'extraction a été requise par l'autorité compétente.

Les conditions dans lesquelles ont lieu les extractions au motif de santé sont fixées à la section 4 du chapitre IV.

En cas de survenance d'événements familiaux graves, des permissions exceptionnelles de sortie sur le territoire monégasque, avec escorte par les forces de l'ordre, peuvent être autorisées par le Directeur des Services Judiciaires.

CHAPITRE III. – De la gestion des biens des personnes détenues

Section 1. – Des valeurs pécuniaires

Art. 63. – Un compte nominatif est ouvert au nom de chaque personne détenue lors de son incarcération.

Sauf décision judiciaire contraire et sous réserve que les personnes détenues n'en aient pas demandé l'envoi à un tiers ou la consignation, les sommes dont ils sont porteurs à leur entrée dans la maison d'arrêt sont immédiatement inscrites à ce compte.

Le compte nominatif est par la suite crédité ou débité de toutes les sommes qui échoient à la personne détenue ou qui sont dues par elle.

Art. 64. – Le compte se compose :

1°) de la part disponible que toute personne détenue peut utiliser selon ses besoins pour effectuer des achats destinés à être consommés à l'intérieur de la maison d'arrêt ou, sur autorisation spéciale soit du juge d'instruction ou du juge tutélaire, s'il s'agit d'une personne détenue avant jugement, soit du Procureur Général, dans les autres cas, pour procéder à des paiements ou des transferts ;

2°) de la part de réserve affectée à la constitution d'un pécule de libération et à l'indemnisation des parties civiles.

La répartition du compte nominatif est définie selon les modalités prévues par arrêté du Directeur des Services Judiciaires.

Art. 65. – La conservation des biens ou valeurs pécuniaires dont les personnes détenues sont détentrices à leur entrée dans la maison d'arrêt est assurée dans les conditions prévues par arrêté du Directeur des Services Judiciaires.

Art. 66. – Le Directeur de la maison d'arrêt donne chaque mois aux personnes détenues connaissance de l'état de leur compte nominatif.

Au moment de sa libération, la personne détenue reçoit les sommes qui résultent de la liquidation de son compte nominatif et les pièces justificatives relatives aux opérations qui y ont été effectuées.

Il est procédé de même pour les bijoux, valeurs, vêtements et effets personnels, contre décharge portée sur un registre spécial prévu à cet effet ou récépissé signé de l'intéressé. Si ce dernier refuse de les recevoir, il en est fait remise à l'administration des domaines.

Art. 67. – En cas d'évasion du titulaire du compte, la part disponible est affectée d'office à l'indemnisation des parties civiles s'il y a lieu ; le reliquat est acquis à l'État sauf si le Directeur des Services Judiciaires décide de le restituer en tout ou partie à la personne détenue reprise.

Art. 68. – En cas de décès ou d'évasion du titulaire du compte, passé un délai de trois ans, si aucun ayant droit ne les a réclamés, les valeurs ou bijoux sont remis à l'Administration des Domaines qui en délivre récépissé.

Celui-ci vaut décharge pour le Directeur de la maison d'arrêt. Il est joint au registre.

Les espèces sont directement versées à la trésorerie générale des finances dans les mêmes conditions et le récépissé est joint au registre.

Section 2. – Des valeurs non pécuniaires

Art. 69. – Les objets dont les personnes détenues sont porteuses à leur entrée dans la maison d'arrêt sont déposés au greffe judiciaire de la maison d'arrêt, à l'exception des bijoux qu'elles sont autorisées à porter dont la liste est fixée dans le règlement intérieur visé à l'article 26.

Ces objets sont inscrits, après inventaire, sur le registre des objets, valeurs ou bijoux déposés par le personnel du greffe au compte de l'intéressé pour lui être restitués à sa sortie. À la demande de la personne détenue, ils peuvent toutefois être remis à une personne qu'elle désigne pour les recevoir, avec l'accord du magistrat saisi du dossier de l'information ou du Directeur de l'établissement dans les autres cas.

CHAPITRE IV. – De l'hygiène et de l'organisation sanitaire

Section 1. – Du médecin de la maison d'arrêt

Art. 70. – Le médecin de la maison d'arrêt est désigné par le Directeur des Services Judiciaires. Il est chargé du service de santé de la maison d'arrêt et en assure la responsabilité. La fréquence de ses visites et les conditions de son intervention sont fixées par arrêté du Directeur des Services Judiciaires.

Il est tenu de se rendre à la maison d'arrêt à la demande du Directeur de l'établissement qui doit le prévenir sans retard dès qu'une personne détenue lui paraît malade ou se déclare telle.

Art. 71. – Sauf en cas d'urgence ou de nécessité impérieuse, le médecin de la maison d'arrêt ne peut contacter le médecin traitant de la personne détenue qu'avec son autorisation ou celle d'une personne investie de l'autorité parentale, afin d'obtenir tous renseignements nécessaires au suivi médical de son patient.

Si le médecin de l'établissement estime que la santé physique ou mentale d'une personne détenue risque d'être affectée par la prolongation ou par une modalité quelconque de la détention, il en avise par écrit le Directeur de la maison d'arrêt. Celui-ci en informe aussitôt l'autorité judiciaire compétente.

Art. 72. – À la fin de chaque année, le médecin de la maison d'arrêt établit un rapport détaillé sur l'état sanitaire de la prison. Ce rapport est remis au Directeur de l'établissement qui le transmet, avec ses observations et commentaires, au Directeur des Services Judiciaires.

Section 2. – Des autres personnels de santé

Art. 73. – Une infirmerie permettant de donner les soins et le traitement adéquat aux personnes détenues est aménagée au sein du cabinet médical.

Un infirmier est attaché à la maison d'arrêt.

Les soins et les médicaments prescrits ne peuvent être administrés et distribués que par l'infirmier ou, en son absence, son remplaçant.

Sous l'autorité du médecin de la maison d'arrêt, il tient les dossiers médicaux et, en relation avec la pharmacie du Centre Hospitalier Princesse Grace ou un pharmacien libéral, gère la dotation de médicaments.

Il est interdit aux personnes détenues de conserver des médicaments dans leur cellule sauf sur prescription écrite du médecin de la maison d'arrêt.

Art. 74. – Un chirurgien-dentiste est désigné par le Directeur des Services Judiciaires. Il dispense les soins dentaires aux personnes détenues qui en font la demande ou qui lui sont signalés par le médecin de la maison d'arrêt.

Un médecin psychiatre et un psychologue assurent une consultation dans l'enceinte de la maison d'arrêt.

Le Directeur de l'établissement peut en outre, sur proposition du médecin de la maison d'arrêt et avec le concours de ce dernier, faire appel à tout médecin spécialiste qui se rend, autant que possible, dans les locaux de détention, sauf si son intervention exige un matériel inutilisable en prison.

Art. 75. – Sans préjudice des dispositions prévues par arrêté du Directeur des Services Judiciaires, les conditions et modalités d'intervention au sein de la maison d'arrêt des prestataires de services en matière de santé sont fixées par conventions conclues entre les intéressés et l'État représenté par le Directeur des Services Judiciaires.

Section 3. – De l'organisation des soins au sein de la maison d'arrêt

Art. 76. – Les personnes détenues sont soignées à l'infirmerie ou, à défaut, dans leur cellule.

Art. 77. – Le résultat de tout examen médical ou dentaire subi par une personne détenue est inscrit sur une fiche individuelle classée à l'infirmerie de la maison d'arrêt et tenue à la seule disposition du personnel médical et des prestataires de service en matière de santé.

En cas de transfèrement, copie de la fiche individuelle est incluse dans le dossier de la personne détenue ou transmise sous pli fermé au médecin de l'établissement de destination.

À la libération, elle est placée audit dossier et des copies peuvent être remises à l'intéressé à sa demande.

Section 4. – Des extractions médicales

Art. 78. – Lorsque les personnes détenues ne peuvent recevoir à la maison d'arrêt les soins nécessaires à leur état, elles sont transférées dans un établissement hospitalier ou amenées dans un cabinet médical choisi à cette fin.

Ces extractions médicales sont prescrites par ordonnance du médecin de la maison d'arrêt, inscrites sur un registre spécial et immédiatement portées à la connaissance du Directeur des Services Judiciaires et de l'autorité judiciaire compétente.

Art. 79. – L'escorte et la garde de la personne détenue hospitalisée sont assurées par les agents de la Direction de la Sûreté Publique.

Art. 80. – Sauf en cas d'urgence ou de nécessité impérieuse, la personne détenue donne son accord pour qu'une intervention chirurgicale puisse être réalisée. Lorsqu'il s'agit d'un mineur, l'autorisation de la personne

investie de l'autorité parentale est demandée préalablement à l'opération, à moins que celle-ci ne puisse être différée sans danger.

Le médecin de la maison d'arrêt doit suivre la situation de la personne détenue hospitalisée en liaison avec les médecins du service hospitalier.

Le Directeur de la maison d'arrêt fournit tous renseignements utiles au Directeur de la Sûreté Publique pour le mettre en mesure d'assurer l'escorte et la garde de la personne détenue hospitalisée et prévenir tout incident.

Art. 81. – **Les personnes détenues hospitalisées sont considérées comme subissant leur peine. Les dispositions de la présente ordonnance et celles prises pour son application leur sont applicables dans toute la mesure du possible.**

Section 5. – De la protection sociale des personnes détenues

Art. 82. – **Les personnes détenues bénéficient gratuitement des soins qu'impose leur état de santé.**

Toutefois, certains appareillages ou produits dont la nécessité médicale n'est pas reconnue par le médecin de la maison d'arrêt ne peuvent être fournis qu'avec son autorisation et aux frais de l'intéressé.

CHAPITRE V. – Des relations des personnes détenues avec l'extérieur

Section 1. – Des visites

Art. 83. – **Les visites des personnes détenues s'effectuent dans un parloir sans dispositif de séparation. Ces visites se déroulent sous le contrôle d'un membre du personnel de surveillance.**

Les enfants âgés de moins de seize ans ne sont autorisés à visiter les personnes détenues qu'accompagnés d'un membre de leur famille. Ils sont inscrits sur le permis de visite délivré à celui-ci.

Les mineurs âgés d'au moins seize ans sont admis à visiter les personnes détenues sous réserve de justifier de l'autorisation des personnes investies à leur égard de l'autorité parentale.

Les personnes détenues sont introduites individuellement dans le parloir.

En tant que de besoin, notamment à la demande de la personne détenue, les visites peuvent se dérouler dans un parloir équipé d'un dispositif de séparation.

Art. 84. – **Le Directeur de la maison d'arrêt rend compte aux autorités qui ont délivré le permis de visite des troubles causés par les visiteurs et de toute méconnaissance des dispositions concernant la remise aux personnes détenues de lettres, argent ou tous autres objets non autorisés.**

Le droit de visite est suspendu pour les personnes détenues placées en cellule disciplinaire et peut l'être à l'égard de celles qui font l'objet d'une interdiction de communiquer par l'autorité judiciaire.

Art. 85. – **Les personnes admises à visiter un enfant vivant en milieu carcéral auprès de sa mère peuvent communiquer librement avec lui en dehors de la présence d'un membre du personnel de surveillance et dans un parloir spécial. Cette visite peut se faire en ou hors la présence de la mère.**

À l'exception des visites du père de l'enfant, le Directeur de la maison d'arrêt sollicite systématiquement l'avis de la mère pour toute demande de visite concernant son enfant.

Art. 86. – **Les avocats régulièrement choisis ou désignés communiquent librement avec les personnes détenues, en dehors de la présence d'un membre du personnel de surveillance, dans un parloir spécial. Il en est de même pour les aumôniers.**

Art. 87. – **Des permis spéciaux sont délivrés par le Directeur des Services Judiciaires aux personnalités consulaires et diplomatiques qui en font la demande.**

Les entretiens se déroulent dans un parloir spécial hors la présence d'un membre du personnel de surveillance.

Art. 88. – **Toute personne détenue ainsi que tout enfant vivant en milieu carcéral doivent être fouillés avant et après chaque visite dans les conditions prévues au second alinéa de l'article 32.**

Art. 89. – **Les officiers publics agissant dans l'exercice de leurs fonctions peuvent remettre à toute personne détenue les actes et les notifications la concernant.**

Cette remise est faite en présence d'un membre du personnel de surveillance.

Section 2. – De la correspondance

Art. 90. – Les personnes détenues peuvent écrire sans limitation.

Les lettres doivent être placées sous enveloppes non fermées, sans signe extérieur, à l'adresse du destinataire.

Art. 91. – Les lettres adressées aux personnes détenues ou envoyées par elles doivent être écrites en langage non codé et ne pas comporter de caractère conventionnel. Elles ne doivent pas non plus comporter de mentions contraires aux lois, à l'ordre public ou aux bonnes mœurs.

Art. 92. – Les lettres destinées au Prince Souverain ou à un membre de la Famille Souveraine sont remises au Directeur de la maison d'arrêt qui établit directement un rapport de transmission au Directeur des Services Judiciaires.

La correspondance à l'arrivée et au départ est lue par le personnel pénitentiaire à l'exception des lettres adressées aux autorités administratives ou judiciaires monégasques, à leurs avocats ou aux autorités du Conseil de l'Europe énumérées dans le règlement intérieur mentionné à l'article 26 qui sont remises cachetées au greffe de la maison d'arrêt et dont l'envoi ne peut être retardé.

De même, la correspondance adressée à l'assistante sociale et aux aumôniers de la maison d'arrêt est placée sous enveloppe fermée.

Art. 93. – Les lettres adressées aux personnes détenues avant jugement ou envoyées par elles sont communiquées, dans les meilleurs délais, accompagnées d'un bordereau de transmission, à l'autorité judiciaire compétente.

Les magistrats concernés sont tenus d'en faire retour sous deux jours ouvrés avec indication de la suite qui a été réservée. La personne détenue concernée en est aussitôt informée par écrit.

Art. 94. – Les lettres adressées aux personnes détenues condamnées ou envoyées par elles sont transmises au Directeur des Services Judiciaires lorsqu'elles sont non conformes aux dispositions de l'article 91.

Art. 95. – Il est fait mention des correspondances de chaque personne détenue et des suites qui leur ont été réservées sur les registres prévus à cet effet.

Art. 96. – Le jour de son arrivée à la maison d'arrêt, la personne détenue est autorisée à téléphoner à sa famille ou à ses proches pour signaler son placement en détention.

Au-delà de cette autorisation, toute personne détenue peut faire usage du téléphone selon les modalités fixées par arrêté du Directeur des Services Judiciaires.

Art. 97. – L'envoi ou la remise de colis aux personnes détenues est interdit.

Toutefois, à l'occasion des fêtes de fin d'année, les personnes détenues peuvent recevoir des colis dont le contenu n'est pas contraire au règlement intérieur visé à l'article 26. La remise de colis est toujours soumise à un contrôle préalable de leur contenu par un membre du personnel de surveillance.

Mentions de ces remises et du contenu des colis sont portées sur les registres prévus à cet effet.

CHAPITRE VI. – Des actions de préparation à la réinsertion des personnes détenues

Section 1. – De l'assistance spirituelle

Art. 98. – Chaque personne détenue doit pouvoir satisfaire aux besoins de sa vie spirituelle.

Les services religieux sont assurés par un aumônier de religion catholique et, dans la mesure du possible, par des représentants d'autres cultes.

Ils peuvent célébrer des offices religieux auxquels les personnes détenues ont la faculté d'assister. Les jours et heures de ces offices sont fixés en accord avec le Directeur de la maison d'arrêt.

Les personnes détenues sont autorisées à conserver en leur possession les objets de pratique religieuse et les livres nécessaires à leur vie spirituelle.

Section 2. – De l'action socio-culturelle

Art. 99. – Le règlement intérieur visé à l'article 26 détermine les conditions d'accès des personnes détenues aux activités culturelles et socio-culturelles.

Art. 100. – Les activités doivent permettre aux personnes détenues de conserver ou de développer leurs aptitudes intellectuelles, psychologiques et physiques pour préparer leur réinsertion ultérieure.

Art. 101. – La maison d'arrêt entretient une bibliothèque dont les ouvrages sont mis à la disposition des personnes détenues dans les conditions prévues par arrêté du Directeur des Services Judiciaires.

Les personnes détenues peuvent, à leurs frais, se procurer tous livres ou s'abonner à tous journaux ou périodiques autorisés par le Directeur de la maison d'arrêt.

Art. 102. – Les horaires et les modalités d'accès aux activités socio-éducatives organisées au sein de l'établissement ainsi que les conditions d'utilisation des postes de télévision, gracieusement mis à la disposition des personnes détenues, sont fixés par le règlement intérieur de la maison d'arrêt.

Art. 103. – Les personnes détenues peuvent acquérir à leur frais, à la cantine de la maison d'arrêt, un appareil à écoute individuelle, ainsi que les supports enregistrés compatibles. Il ne peut en être fait usage que dans les cellules et la cour de promenade.

Section 3. – De l'enseignement

Art. 104. – Un enseignement scolaire général peut être dispensé à l'intérieur de la maison d'arrêt. Il est obligatoire pour les personnes détenues mineures âgées de moins de seize ans.

Les personnes détenues peuvent également, à leurs frais et avec l'autorisation du Directeur de la maison d'arrêt, recevoir et suivre des cours par correspondance.

Art. 105. – Le service de l'enseignement est assuré par des prestataires qualifiés agréés par le Directeur des Services Judiciaires.

La fréquence des cours est déterminée par le Directeur de la maison d'arrêt qui en avise le Directeur des Services Judiciaires.

Section 4. – Des activités physiques et sportives

Art. 106. – Sauf s'il en a été décidé autrement pour des raisons médicales ou disciplinaires, toute personne détenue doit effectuer chaque jour deux promenades à l'air libre pendant lesquelles elle peut se livrer aux activités de détente et de distraction autorisées.

La durée et les horaires des promenades sont fixés par le règlement intérieur visé à l'article 26.

Art. 107. – Le Directeur de la maison d'arrêt veille à ce qu'une partie de l'emploi du temps des personnes détenues puisse être consacrée à la pratique d'activités sportives.

Ces activités sont animées par des prestataires qualifiés dans le gymnase et dans la salle de musculation, sous le contrôle du personnel de surveillance, après vérification par le médecin de la maison d'arrêt de l'aptitude des personnes détenues intéressées.

Section 5. – De l'intervention socio-éducative

Art. 108. – L'assistante sociale de la Direction des Services Judiciaires assure la prise en charge sociale et participe à l'action socio-éducative des personnes détenues.

Elle a en outre pour tâche d'orienter et de coordonner l'action des visiteurs de prison.

Art. 109. – Elle est avisée par le Directeur de la maison d'arrêt de l'identité, de la situation pénale, et de la libération de toute personne détenue afin de prendre les mesures utiles pour leur réinsertion.

Art. 110. – L'assistante sociale a libre accès, aux heures de service de jour, aux locaux de détention. Elle reçoit les personnes détenues dans son bureau, hors la présence d'un membre du personnel de surveillance, soit sur leur demande, soit sur convocation.

Art. 111. – L'assistante sociale est chargée de préparer avec la personne détenue, enceinte ou mère d'un enfant en bas-âge, sa décision au sujet du mode d'accueil de son enfant, né pendant ou avant l'incarcération de celle-ci. Elle s'assure, dans toute la mesure du possible, de la situation juridique de l'enfant au regard de l'autorité parentale.

Elle envisage avec l'autorité judiciaire compétente les mesures alternatives à l'incarcération et, avec la mère, les possibilités d'accueil de l'enfant à l'extérieur, assorties si possible de modalités adaptées de visites mère-enfant.

En l'absence d'une mesure alternative à l'incarcération, l'assistante sociale avise le père ou la personne investie de l'autorité parentale de l'accueil de son enfant en milieu carcéral.

Elle prend toutes mesures utiles pour aménager au mieux l'arrivée de l'enfant au sein de la maison d'arrêt et la fin de son séjour.

Art. 112. – Une aide pécuniaire de l'État peut être accordée aux personnes détenues dépourvues de ressources au moment de leur libération.

L'assistante sociale se préoccupe notamment de pourvoir de vêtements les personnes détenues libérables qui n'en possèdent pas et qui ne sont pas à même de faire face à ces dépenses.

Section 6. – Des visiteurs de prison

Art. 113. – Des personnes physiques n'exerçant aucune activité professionnelle en rapport avec le fonctionnement de la justice interviennent auprès des personnes détenues, en collaboration avec l'assistante sociale et dans un cadre socio-éducatif.

Ces personnes ont la qualité de visiteurs de prison.

Elles contribuent bénévolement, en fonction de leurs aptitudes particulières, à la prise en charge des personnes détenues en vue de préparer leur réinsertion, en leur apportant aide et soutien moral pendant leur incarcération.

Les visiteurs de prison sont agréés dans les conditions prévues par arrêté du Directeur des Services Judiciaires.

Art. 114. – Les visiteurs de prison exercent leurs activités auprès des personnes détenues et les reçoivent en détention sous le contrôle d'un membre du personnel de surveillance, dans les conditions prévues par arrêté du Directeur des Services Judiciaires.

Les jours et heures de visite sont toutefois fixés par le Directeur de la maison d'arrêt.

Les visiteurs de prison peuvent correspondre avec les personnes détenues sous pli ouvert.

Art. 115. – À la fin de chaque année, chaque visiteur de prison établit un rapport sur l'ensemble de ses activités, lequel peut comporter des propositions. Ce rapport est remis au Directeur de la maison d'arrêt qui le transmet au Directeur des Services Judiciaires.

Section 7. – Du travail

Art. 116. – Les personnes détenues, en fonction de leur âge et de leur condition physique et mentale, ont la possibilité de travailler, sauf si, après avis du médecin de la maison d'arrêt, elles sont reconnues inaptes.

Les relations de travail des personnes détenues sont exclusives de tout contrat de travail.

Art. 117. – Dans chaque quartier, les personnes détenues qui travaillent peuvent être affectées au service général ou exercer leur activité pour le compte d'une entreprise ou d'un organisme habilité à cet effet par le Directeur des Services Judiciaires. Les personnes détenues affectées au service général sont rémunérées suivant un tarif établi par le Directeur des Services Judiciaires.

Les modalités d'exécution du travail sont prévues par arrêté du Directeur des Services Judiciaires.

Art. 118. – Les rémunérations du travail d'une personne détenue effectué pour le compte d'une entreprise ou d'un organisme habilité sont versées à l'administration pénitentiaire qui procède à l'inscription et à la répartition de la rémunération nette sur le compte nominatif.

Les rémunérations du travail d'une personne détenue effectué au titre du service général sont versées directement par l'administration pénitentiaire sur le compte nominatif de l'intéressé.

Art. 119. – Un tiers au moins de la rémunération nette est affecté par parts égales à la constitution d'un pécule de libération et, le cas échéant, à l'indemnisation des parties civiles.

Le solde de la rémunération est acquis aux personnes détenues qui peuvent en disposer dans les conditions prévues aux articles 63 et 64.

CHAPITRE VII. – Des réductions de peine

Section 1. – De la mise en œuvre du crédit de réduction de peine

Art. 120. – **Un crédit de réduction de peine automatique, fondé sur une présomption de bonne conduite, est appliqué aux condamnations définitives dans les conditions ci-après :**

Chaque personne condamnée à une ou plusieurs peines, dont le total est égal ou supérieur à trois mois, effectuant l'intégralité de sa peine à Monaco, bénéficie d'un crédit de réduction de peine égal au quart de la durée des condamnations prononcées.

Le crédit de réduction de peine ne s'applique pas pour les peines aménagées.

Art. 121. – **Le crédit de réduction de peine est calculé, sous le contrôle du ministère public, par le greffe de la maison d'arrêt pour les personnes détenues dont la condamnation a acquis un caractère définitif.**

La personne détenue définitivement condamnée est informée par le greffe de la maison d'arrêt de la date prévisible de libération compte tenu de la réduction de peine et de l'éventualité de ne pas l'appliquer en cas de mauvaise conduite.

Art. 122. – **Lorsque plusieurs peines privatives de liberté sont confondues, le crédit de réduction de peine est calculé sur la peine résultant de la confusion, au moment de la mise à exécution de cette peine. Les crédits de réduction de peine qui correspondaient à chacune des peines confondues sont caducs.**

Section 2. – Du retrait du crédit de réduction de peine

Art. 123. – **La mauvaise conduite d'une personne détenue, soit en détention provisoire, soit en exécution de peine, peut justifier le retrait total ou partiel du bénéfice du crédit de réduction de peine correspondant à la condamnation définitive à subir.**

Art. 124. – **Le juge de l'application des peines, saisi par le Directeur de la maison d'arrêt dans les deux jours ouvrés qui suivent la notification de la décision de la commission de discipline à la personne détenue, peut ordonner le retrait total ou partiel du bénéfice de crédit de réduction de peine.**

Sauf les cas d'urgence, le juge chargé de l'application des peines ne peut ordonner le retrait total ou partiel du bénéfice du crédit de réduction de peine qu'après avoir recueilli les avis du Directeur de la maison d'arrêt, de l'assistante sociale et de toute autre personne qu'il jugera utile.

L'ordonnance du juge de l'application des peines, retirant totalement ou partiellement le bénéfice du crédit de réduction de peine, doit être notifiée à la personne détenue dans un délai de sept jours, à compter de la réception de la sanction disciplinaire.

Dans le cas où les avis prévus à l'alinéa 2 n'auraient pas été remis dans ce délai, il sera passé outre.

En cas de mauvaise conduite d'une personne détenue, survenue pendant sa détention provisoire, cette ordonnance ne peut lui être notifiée que dans un délai de sept jours à compter de la date à laquelle sa condamnation est définitive, quelle que soit la date de l'évènement caractérisant sa mauvaise conduite.

Art. 125. – **Les décisions du juge chargé de l'application des peines peuvent être attaquées par la voie de l'appel par la personne condamnée dans un délai de vingt-quatre heures à compter de leur notification.**

Cet appel, formé par déclaration au greffe judiciaire, est porté devant le Premier Président de la Cour d'Appel qui statue en dernier ressort, dans les quinze jours à compter de ladite déclaration.

CHAPITRE VIII. – Dispositions finales

Art. 126. – **Les modalités d'application de la présente ordonnance font l'objet d'un arrêté du Directeur des Services Judiciaires.**

Art. 127. – **Toutes instructions ou tous ordres de service aux fins de l'application de la présente ordonnance sont donnés, en tant que de besoin, par le Directeur des Services Judiciaires.**

Art. 128. – **L'ordonnance du 23 septembre 1908 sur le régime de l'emprisonnement en commun et le régime cellulaire, l'article 161 de l'ordonnance du 6 juin 1867 sur la police générale, ainsi que Notre ordonnance n° 69 du 23 mai 2005 portant règlement de la maison d'arrêt, sont abrogés.**

Arrêté du Directeur des Services Judiciaires nº 2012-8 du 4 juin 2012 fixant les conditions d'application de l'ordonnance souveraine n° 3.782 du 16 mai 2012 portant organisation de l'administration pénitentiaire et de la détention

Titre Ier. – De l'organisation de l'administration pénitentiaire

Chapitre Ier. – Du bureau de l'administration pénitentiaire

Art. 1er. – Conformément à l'article 6 de l'ordonnance souveraine n° 3.782 du 16 mai 2012, susvisée, le visiteur de prison et les personnalités mentionnés respectivement au chiffre 8° et au dernier alinéa dudit article sont nommément désignés par arrêté du Directeur des Services Judiciaires pour une durée de trois ans.

Art. 2. – Le bureau de l'administration pénitentiaire se réunit sur convocation de son président, au moins une fois l'an, selon un ordre du jour établi.

Une séance de travail est consacrée à l'examen du rapport annuel de l'ensemble des activités de la maison d'arrêt. Il est établi pour chaque séance un compte rendu intégral qui constitue le procès-verbal.

Art. 3. – Pour mener à bien ses missions, le bureau de l'administration pénitentiaire peut recueillir l'avis de toute personne qualifiée qu'il juge utile de consulter.

Chapitre II. - Des locaux affectés à la détention

Art. 4. – La maison d'arrêt comprend trois quartiers de détention :

***a)* un quartier réservé aux hommes majeurs, réparti sur deux niveaux ;**

***b)* un quartier réservé aux femmes ;**

***c)* un quartier réservé aux mineurs avec séparation selon le sexe.**

Art. 5. – Chaque cellule, à l'exception des deux cellules dortoirs pouvant accueillir de quatre à six personnes détenues, de la cellule d'isolement et de la cellule disciplinaire, est équipée de :

1°) une à trois couchettes en fer au maximum, avec dotation individuelle d'un matelas, un traversin, une paire de draps, une couverture en été et deux couvertures de laine en hiver ;

2°) trois rayonnages ;

3°) une table ;

4°) un tableau mural d'affichage en liège ;

5°) quatre points lumineux ;

6°) un interphone ;

7°) une fenêtre à glissière condamnable ;

8°) une ventilation mécanique ;

9°) une porte équipée d'un guichet ;

10°) un miroir ;

11°) un lavabo ;

12°) une toilette équipée d'une porte battante ;

13°) un réfrigérateur ;

14°) une bouilloire électrique ;

15°) un téléviseur avec support mural et télécommande ;

16°) deux bouches d'aération pour la climatisation.

Sauf autorisation du Directeur de la maison d'arrêt, il est interdit d'introduire en cellule d'autres équipements que ceux mentionnés ci-dessus.

Art. 6. – Chaque personne détenue doit entretenir sa cellule dans un état constant de propreté.

Lors de l'installation dans la cellule d'une personne détenue et à son départ, un inventaire contradictoire est établi.

La personne détenue doit signer un état des lieux mentionnant, le cas échéant, les observations sur l'équipement de la cellule dont elle est responsable.

Elle est informée qu'elle est disciplinairement et pécuniairement responsable de toute dégradation volontaire.

Art. 7. – La réparation des dégâts et dégradations est évaluée par le service compétent de l'État.

Le Directeur des Services Judiciaires détermine, sur proposition du Directeur de la maison d'arrêt, au vu de cette évaluation et en tenant compte de la conduite de l'auteur du dommage, le chiffre de la retenue à opérer de ce chef sur la part disponible de son compte nominatif.

Chapitre III. - Des personnels et prestataires de service

Section 1. – De la formation et de la concertation

Art. 8. – Le Directeur de la maison d'arrêt veille à la formation initiale et continue des personnels de l'établissement. Il peut confier à un membre du personnel d'encadrement l'organisation et le suivi des actions de formation.

Art. 9. – Il organise régulièrement des réunions de synthèse avec le personnel d'encadrement en vue de coordonner l'action des différents personnels et prestataires de services, et de recueillir leur avis sur les modalités d'application des régimes de détention.

Section 2. – Du logement du personnel de direction

Art. 10. – Le Directeur de la maison d'arrêt et le directeur-adjoint sont logés dans l'enceinte de l'établissement.

Ils ne peuvent, en aucun cas et sous aucun prétexte, recevoir des personnes détenues dans leur logement.

Aucune personne de la famille d'un membre du personnel de la maison d'arrêt n'est autorisée à pénétrer dans les locaux de la détention.

Section 3. – De l'empêchement ou de l'absence du directeur de la maison d'arrêt

Art. 11. – En cas d'absence ou d'empêchement, le Directeur de la maison d'arrêt est remplacé par le directeur-adjoint ou, à défaut, par le surveillant-chef ou par le premier surveillant.

Le Directeur des Services Judiciaires en est avisé.

Art. 12 *(Abr., A. du Directeur des Services Judiciaires n° 2012-21, 28 sept. 2012).*

Titre II. – De la détention

Chapitre Ier. – De la sécurité et de la discipline au sein des locaux affectés à la détention

Section 1. – De la sécurité et des modalités d'intervention

Art. 13. – Nul ne doit pénétrer, la nuit, dans les cellules en l'absence de raisons graves ou de périls imminents. Dans tous les cas, l'intervention de deux membres du personnel de surveillance au moins est requise.

Art. 14. – Chaque jour, pendant que les personnes détenues sont à la promenade, une fouille minutieuse des cellules et de leur mobilier ainsi qu'une vérification des serrures, grillages et barreaux de fenêtres sont effectuées ; les dégradations doivent être immédiatement signalées et les dégâts réparés au plus tôt. Tout objet non autorisé est enlevé.

Toute anomalie constatée est immédiatement portée à la connaissance du Directeur des Services Judiciaires et du Procureur Général par le Directeur de la maison d'arrêt.

Les mêmes vérifications sont effectuées quotidiennement dans les lieux de promenade et locaux divers où les personnes détenues séjournent, travaillent ou ont accès.

Art. 15. – Les personnels de la maison d'arrêt ne doivent utiliser la force ou leurs armes mentionnées à l'article 12 envers les personnes détenues qu'en cas de légitime défense, de tentative d'évasion ou de résistance par la violence aux ordres donnés ou pour assurer la défense d'autrui.

Lorsqu'ils y recourent, ils ne peuvent le faire qu'en se limitant à ce qui est strictement nécessaire.

Section 2. – Des modalités relatives au placement à l'isolement

Sous-section 1. – Isolement à la demande d'une personne détenu

Art. 16. – La personne détenue qui demande son placement à l'isolement ou la prolongation de son isolement adresse au directeur de la maison d'arrêt une demande écrite et motivée. Si la personne détenue est dans l'impossibilité de présenter une requête écrite, sa demande fait l'objet d'un compte rendu écrit, établi par un membre du personnel de surveillance.

L'isolement peut être levé par le Directeur de la maison d'arrêt sur demande de la personne qui en fait l'objet.

Le Directeur de la maison d'arrêt peut également décider, sans l'accord de la personne détenue, de lever l'isolement dans les conditions prévues à l'article 17.

Sous-section 2. – Isolement d'office d'une personne détenue

Art. 17. – La personne détenue qui fait l'objet d'une décision de placement en isolement d'office ou d'une décision de prolongation est informée par écrit des motifs invoqués par l'autorité qui a pris la décision, du déroulement de la procédure et du délai dont elle dispose pour préparer ses observations.

Si la personne détenue ne comprend pas ou n'est pas en mesure de s'exprimer dans la langue française, ces informations sont présentées par l'intermédiaire d'un interprète désigné par le Directeur de la maison d'arrêt. Il en est de même des observations formulées par l'intéressée, qui sont jointes au dossier de la procédure.

Le Directeur de la maison d'arrêt transmet le dossier de la procédure au Directeur des Services Judiciaires lorsqu'il y a lieu à application du dernier alinéa de l'article 42 de l'ordonnance souveraine n° 3.782 du 16 mai 2012, susvisée.

Sous-section 3. – Du régime de détention à l'isolement

Art. 18. – La personne détenue placée à l'isolement est seule en cellule. Elle bénéficie du régime ordinaire de détention, à l'exception des promenades qu'elle fait seule.

La personne détenue isolée reste soumise aux mêmes obligations et conserve les mêmes droits que ceux applicables au reste de la population carcérale, dans toute la mesure compatible avec sa condition d'isolée.

À ce titre, elle peut notamment être visitée par l'aumônier ou les représentants d'autres cultes, par son conseil et par l'assistante sociale. Elle est accompagnée dans tous ses déplacements par un membre du personnel de surveillance.

Section 3. – Des modalités relatives au régime disciplinaire

Sous-section 1. – Des fautes disciplinaires

Art. 19. – Conformément à l'article 46 de l'ordonnance souveraine n° 3.782 du 16 mai 2012, susvisée, les fautes disciplinaires sont classées suivant leur degré de gravité, en deux degrés.

Art. 20. – Constitue une faute disciplinaire du premier degré, le fait pour une personne détenue :

1°) de proférer des insultes ou menaces à l'égard d'un membre du personnel de la maison d'arrêt, d'une personne en mission ou en visite dans l'établissement ou d'un codétenu ;

2°) de tutoyer les personnels pénitentiaires et les personnes en mission ou en visite dans l'établissement ;

3°) de commettre ou tenter de commettre des vols ou toute autre atteinte frauduleuse à la propriété d'autrui ;

4°) d'imposer à la vue d'autrui des actes obscènes ou susceptibles d'offenser la pudeur ;

5°) de refuser de se soumettre à une mesure de sécurité définie par les règlements et instructions de service ;

6°) de refuser de se soumettre à une sanction disciplinaire prononcée à son encontre ;

7°) de se livrer à des trafics, des échanges non autorisés par les règlements ou à des tractations avec des codétenus ou des personnes extérieures ;

8°) de se trouver en état d'ébriété ou d'absorber sans autorisation médicale des substances de nature à troubler son comportement ;

9°) de provoquer un tapage ayant pour effet de troubler l'ordre de la maison d'arrêt ;

10°) de mettre en danger la sécurité d'autrui par une imprudence ou une négligence ;

11°) de formuler, dans des lettres adressées à des tiers, des propos outrageants, des injures ou des menaces à l'encontre de toutes personnes exerçant une mission au sein de la maison d'arrêt, de même que des menaces contre la sécurité des personnes ou de l'établissement ;

12°) de refuser d'obtempérer aux injonctions des membres du personnel de la maison d'arrêt ;

13°) de négliger la préservation ou l'entretien en bon état de propreté de sa cellule ou des locaux communs ;

14°) d'entraver ou de tenter d'entraver les activités de travail, de formation, culturelles, sportives ou de loisirs ;

15°) de jeter des détritus par les fenêtres ou hors des endroits prévus à cet effet ;

16°) de communiquer irrégulièrement avec un codétenu ou avec toute autre personne extérieure à l'établissement ;

17°) de pratiquer des jeux non autorisés par le règlement intérieur ;

18°) de refuser d'exécuter les ordres ou instructions donnés dans le cadre de l'article 69 du présent arrêté ;

19°) d'inciter un codétenu à commettre l'un des manquements énumérés par le présent article.

Art. 21. – Constitue une faute disciplinaire du second degré, le fait pour une personne détenue :

1°) de proférer oralement ou par écrit des insultes ou menaces à l'encontre du Prince Souverain ou d'un membre de la Famille Souveraine ;

2°) de formuler, dans des lettres adressées à des tiers, des propos outrageants, des injures ou des menaces à l'encontre des institutions de la Principauté ou des autorités administratives et judiciaires ;

3°) d'exercer des violences physiques à l'encontre d'un membre du personnel de la maison d'arrêt ou d'une personne en mission ou en visite dans l'établissement ;

4°) de participer à toute action collective de nature à compromettre la sécurité de l'établissement ;

5°) de détenir des stupéfiants ou tous objets ou substances dangereux pour la sécurité ou de faire trafic de tels objets ou substances ;

6°) d'obtenir ou de tenter d'obtenir de quiconque, par menace de violence ou de contrainte, un engagement ou une renonciation ou la remise d'un bien quelconque ;

7°) d'exercer des violences physiques à l'encontre d'un codétenu ;

8°) de participer à une évasion ou à une tentative d'évasion ;

9°) de causer délibérément de graves dommages aux locaux ou au matériel affecté à la maison d'arrêt ;

10°) de faire un usage nuisible des équipements, pouvant mettre en danger la sécurité des personnes et de l'établissement ;

11°) de commettre intentionnellement des actes de nature à mettre en danger la sécurité d'autrui ;

12°) de tenter d'obtenir d'un membre du personnel de la maison d'arrêt ou d'une personne en mission ou en visite dans l'établissement un avantage quelconque par des offres, des promesses, des dons ou des présents ;

13°) d'inciter un codétenu à commettre l'une des fautes énumérées au présent article.

Sous-section 2. -Des sanctions disciplinaires

Art. 22. – L'interdiction de recevoir des subsides et la privation de cantine, prévues aux chiffres 2° et 3° de l'alinéa premier de l'article 55 de l'ordonnance souveraine n° 3.782 du 16 mai 2012 susvisée, ne peuvent excéder deux mois.

Art. 23. – Conformément au deuxième alinéa de l'article 55 de l'ordonnance souveraine n° 3.782 du 16 mai 2012, susvisée, peuvent être prononcés en fonction des circonstances de la faute :

a) la mise à pied d'une activité de service général, pour une durée maximale de huit jours, lorsque la faute disciplinaire a été commise au cours ou à l'occasion du travail ;

b) le déclassement d'un emploi ou d'une formation, pour une durée maximale d'un mois, lorsque la faute disciplinaire a été commise au cours ou à l'occasion de l'activité considérée ;

c) la privation, pendant une durée maximale d'un mois, de tout appareil acheté en cantine ou fourni par l'administration pénitentiaire, lorsque la faute disciplinaire a été commise à l'occasion de l'utilisation de ce matériel ;

d) la suppression de l'accès aux parloirs sans dispositif de séparation, pour une période maximale de quatre mois, lorsque la faute a été commise au cours ou à l'occasion d'une visite ;

e) l'exécution d'un travail de nettoyage des locaux, pour une durée globale n'excédant pas quarante-huit heures, lorsque la faute disciplinaire est en relation avec un manquement aux règles d'hygiène ou en relation avec la commission de dommages ou de dégradations matérielles ;

f) la privation d'activités culturelles, sportives et de loisirs, pour une durée maximale d'un mois, lorsque la faute disciplinaire a été commise au cours de ces activités ;

g) la retenue pécuniaire sur la part disponible, lorsque la faute disciplinaire est en relation avec la commission de dommages ou de dégradations.

Les sanctions énoncées aux lettres *a*, *b* et *f* ne sont pas applicables aux mineurs de moins de seize ans.

Art. 24 *(Mod., A. n° 2013-12, 2 avr. 2013)*. – La durée du placement en cellule disciplinaire, prévu au chiffre 4° de l'alinéa premier de l'article 55 de l'ordonnance souveraine n° 3.782 du 16 mai 2012, susvisée, ne peut excéder sept jours pour une faute disciplinaire du premier degré et quatorze jours pour une faute disciplinaire du second degré.

À l'égard des mineurs de plus de seize ans, la durée maximale du placement en cellule disciplinaire est de trois jours quel que soit le degré de la faute.

Le placement en cellule disciplinaire ne peut être prononcé à l'encontre des mineurs de moins de seize ans.

Art. 25. – Le placement en cellule disciplinaire emporte, pendant toute sa durée, la privation de cantine prévue au chiffre 3° du premier alinéa de l'article 55 de l'ordonnance souveraine n° 3.782 du 16 mai 2012, susvisée, ainsi que la privation des visites et de toutes activités.

Néanmoins, la personne détenue placée en cellule disciplinaire peut recevoir les visites de son conseil, de l'aumônier et de l'assistante sociale, ainsi que correspondre par lettres avec l'extérieur.

Art. 26. – La personne détenue placée en cellule disciplinaire doit quotidiennement prendre une douche et se rendre à la promenade.

La personne détenue conserve la tenue vestimentaire fournie par la maison d'arrêt. Toutefois la personne détenue présentant un risque avéré de suicide ou susceptible d'attenter gravement à sa propre intégrité physique peut n'être laissée qu'en possession de ses sous-vêtements.

La personne détenue est autorisée à détenir des livres.

Chapitre II. - Des mouvements de personnes détenues

Section 1. – Des modalités d'entrée et de sortie des personnes détenues

Art. 27. – Dès son arrivée à la maison d'arrêt, toute personne incarcérée est tenue de se soumettre aux formalités de l'écrou au greffe judiciaire.

Après la fouille, la personne détenue est soumise aux soins de propreté nécessaires. Elle reçoit les premières fournitures utiles à la toilette ainsi que les vêtements dont le port est obligatoire.

Art. 28. – L'affectation en cellule de la personne détenue est décidée par le surveillant-chef ou le premier surveillant, sous l'autorité du Directeur de la maison d'arrêt qui peut la modifier à tout moment.

Indépendamment de l'interdiction de communiquer prescrite par le juge d'instruction, toute personne détenue, à son arrivée à la maison d'arrêt, peut faire l'objet d'un placement à l'isolement dans les conditions prévues aux articles 41 et suivants de l'ordonnance souveraine n° 3.782 du 16 mai 2012, susvisée.

Art. 29. – Dans les vingt-quatre heures ouvrées suivant son arrivée à la maison d'arrêt, chaque personne détenue est visitée par un membre du personnel de direction.

Dans les plus brefs délais, et au plus tard dans les vingt-quatre heures ouvrées suivant son incarcération, la personne détenue est soumise à un examen médical par le médecin de la maison d'arrêt, à l'exception des personnes condamnées admises au bénéfice de l'exécution fractionnée d'une peine d'emprisonnement.

La personne détenue est également visitée, dès que possible, par un membre du personnel médico-social et dans les vingt-quatre heures ouvrées suivant son incarcération s'il s'agit d'un mineur.

Art. 30. – Pour les peines inférieures ou égales à un mois, la libération d'une personne détenue s'effectue le jour prévu à l'heure où elle a été écrouée ; pour les peines supérieures à un mois, la libération est opérée le jour prévu à neuf heures.

Lorsque plusieurs personnes détenues sont libérables le même jour, le personnel pénitentiaire veille à ce qu'elles ne se rencontrent pas dans l'enceinte de l'établissement.

Art. 31. – Le Directeur de la maison d'arrêt adresse hebdomadairement au Directeur des Services Judiciaires et au Procureur Général un état des mouvements de la maison d'arrêt mentionnant les noms de toutes les personnes détenues entrées ou sorties dans l'intervalle avec l'indication des causes de l'emprisonnement et de la sortie, lorsqu'elle est connue.

Section 2. – Des modalités d'organisation du greffe judiciaire

Sous-section 1. – De la tenue des registres

Art. 32. – Le Directeur de la maison d'arrêt doit faire tenir les registres suivants :

1°) registre d'écrou ;

2°) registre de comptabilité ;

3°) registre des objets, valeurs ou bijoux déposés ;

4°) registre des déclarations d'appel, de pourvoi et d'opposition ;

5°) registre des personnes exécutant une contrainte par corps ;

6°) registre des sanctions disciplinaires ;

7°) registre des personnes mises en isolement ;

8°) registre de la correspondance adressée par les personnes détenues aux autorités ;

9°) registre de réception des colis ;

10°) registre des appels téléphoniques des détenus ;

11°) registre des visites aux personnes détenues ;

12°) registre des personnes étrangères au service.

Les registres, établis sur support papier, sont cotés à tous les feuillets et paraphés sur chaque page par le Directeur de la maison d'arrêt ou le directeur adjoint.

Le registre d'écrou doit être présenté, aux fins de contrôle et de visa, lors de leurs visites aux autorités mentionnées à l'article 4 de l'ordonnance souveraine n° 3.782 du 16 mai 2012, susvisée.

Art. 33. – Pour toute personne conduite à la maison d'arrêt, un numéro d'écrou est porté immédiatement sur le registre d'écrou.

Le Directeur de la maison d'arrêt signe le registre d'écrou et constate par cet acte la remise de la personne. Avis de l'écrou est donné au Procureur Général.

Toute modification de la situation pénale ou administrative de la personne détenue doit être portée sur la fiche d'écrou.

Art. 34. – Les registres visés à l'article 32 ne doivent pas quitter la maison d'arrêt. Toutefois, à titre exceptionnel, les registres d'écrou, de comptabilité et des objets, valeurs ou bijoux déposés peuvent être déplacés en dehors de l'établissement afin de permettre soit l'écrou d'une personne détenue hospitalisée immédiatement après son arrestation et intransportable, soit la levée d'écrou d'une personne détenue hospitalisée au moment de sa libération. Dans ce cas, il est fait mention sur les registres concernés des déplacements dont ils ont fait l'objet.

Sous-section 2. – Du dossier individuel des personnes détenues

Art. 35. – Le dossier individuel, visé à l'article 58 de l'ordonnance souveraine n° 3.782 du 16 mai 2012, susvisée, est constitué par le greffe judiciaire pour toute personne détenue écrouée dans l'établissement.

Il se compose de trois volets, un volet judiciaire, un volet pénitentiaire et un volet sanitaire, lesquels comportent les pièces, documents et informations ci-après :

1°) le volet judiciaire contient :

a) le titre d'écrou et, pour les condamnés, l'extrait de jugement ou d'arrêt de condamnation ainsi que toutes autres pièces ou documents relatifs à l'exécution des peines ;

b) une notice individuelle d'incarcération, dont la rédaction incombe au magistrat qui ordonne l'écrou, précise le crime ou le délit pour lequel il est incarcéré et les renseignements permettant de fixer les modalités du régime pénitentiaire, ainsi que toute information relative à la durée de l'incarcération provisoire à l'étranger de la personne détenue ;

c) une notice de renseignements de police qui indique l'état civil de la personne détenue, sa profession, sa situation de famille, ses revenus annuels, ses éléments de fortune, son degré d'instruction, sa conduite, sa moralité et ses antécédents.

La notice individuelle et la notice de renseignements sont adressées, en même temps que le titre de détention, au Directeur de la maison d'arrêt.

2°) le volet pénitentiaire du dossier contient tous les renseignements concernant :

a) le comportement de l'intéressé en détention, au travail, et pendant les activités ;

b) les sanctions disciplinaires prononcées à son encontre et les décisions de mesures d'isolement ;

c) les renseignements relatifs au compte nominatif ;

d) les pièces et documents contenant le résultat des expertises auxquelles il a pu être procédé sur la personnalité de l'intéressé ;

e) la situation pénale de la personne détenue.

3°) le volet sanitaire comprend l'ensemble des documents relatifs à l'état de santé physique et mentale de la personne détenue, établis par le personnel médical de l'établissement. Ces documents, couverts par le secret professionnel, ne peuvent être consultés que par le médecin et l'infirmier de la maison d'arrêt ainsi que par les prestataires de service en matière de santé.

Art. 36. – Les dossiers individuels des personnes ayant été détenues à la maison d'arrêt sont conservés au sein de l'établissement pendant une durée de soixante ans.

Chapitre III. – De la gestion des biens des personnes détenues

Art. 37. – Conformément aux articles 63 et 64 de l'ordonnance souveraine n° 3.782 du 16 mai 2012, susvisée, les sommes qui échoient à la personne détenue sont versées entièrement sur la part disponible inscrite à son compte nominatif jusqu'à concurrence de trois cents euros. Au-delà de cette somme, elles sont soumises à la répartition suivante :

- 50 % à la part disponible ;
- 50 % à la part de réserve.

Art. 38. – La liste des bijoux que les personnes détenues sont autorisées à porter est fixée par le règlement intérieur.

Chapitre IV. – De l'hygiène et de l'organisation sanitaire

Section 1. – De la salubrité et de la propreté des locaux

Art. 39. – Dès le signal du réveil, les personnes détenues se lèvent, prennent soin de leur propreté personnelle, s'habillent, plient leur literie et procèdent au nettoyage de leur cellule et de leur mobilier.

Les lits ne peuvent être faits qu'après une fouille quotidienne à laquelle procèdent les membres du personnel de surveillance.

Les couloirs, la cour de promenade et tous les locaux à usage commun sont nettoyés chaque jour par les personnes détenues affectées au service général.

Art. 40. – Chaque personne détenue dispose d'un lit individuel et d'une literie appropriée, entretenue convenablement et renouvelée de façon à en maintenir la propreté.

Art. 41. – Les seuls lieux où les personnes détenues sont autorisées à fumer sont la cellule et la cour promenade.

Les personnes détenues « fumeurs » sont séparées de celles « non fumeurs » en cellule.

Section 2. – De l'hygiène personnelle

Art. 42. – Les fournitures de toilette nécessaires à l'hygiène personnelle des personnes détenues leur sont remises dès leur entrée à la maison d'arrêt.

Toutes les personnes détenues doivent obligatoirement prendre une douche par jour.

Les hommes doivent être rasés ou avoir une barbe taillée.

Les personnes détenues ont droit à une coupe de cheveux gratuite par mois.

Art. 43. – Les personnes détenues sont tenues de porter les vêtements fournis par la maison d'arrêt. Elles doivent tenir le linge et les vêtements mis à leur disposition propres et en bon état.

Section 3. – De l'entretien des personnes détenues

Art. 44. – Les heures de distribution des repas sont fixées par le Directeur de la maison d'arrêt.

Le régime alimentaire des personnes détenues comporte trois distributions journalières.

Son contenu peut être modifié sur prescription du médecin de la maison d'arrêt. En outre, certains aliments peuvent ne pas être servis aux personnes détenues qui en font la demande pour des motifs tenant à leurs croyances ou convictions religieuses.

Art. 45. – La consommation de tout alcool est interdite à l'intérieur de la maison d'arrêt.

Art. 46. – Les personnes détenues peuvent, sur leur part disponible, acheter des produits de première nécessité en supplément de ceux qui leur sont octroyés.

À cette fin, une cantine est organisée une fois par semaine. La liste des produits disponibles est établie par le Directeur de la maison d'arrêt.

Les prix pratiqués sont affichés dans chaque quartier.

Section 4. – Du médecin de la maison d'arrêt

Art. 47. – Le médecin de la maison d'arrêt visite les personnes détenues :

1°) à leur arrivée à la maison d'arrêt, dans les conditions prévues au deuxième alinéa de l'article 29 ;

2°) tous les jours pour les personnes détenues se livrant à une grève de la faim ;

3°) régulièrement pour les femmes détenues enceintes, les mineurs détenus et les personnes détenues placées en cellules disciplinaires et d'isolement ;

4°) en cas de maladie, indisposition ou autre nécessité.

Il signale au Directeur de la maison d'arrêt les personnes détenues pour lesquelles il doit être sursis au transfèrement.

Les prescriptions du médecin de la maison d'arrêt sont toujours données par écrit.

Art. 48. – La literie d'une personne détenue décédée ou atteinte d'une maladie contagieuse ou infectieuse, les vêtements qui lui ont servi ainsi que la cellule qu'elle occupait, doivent être désinfectés.

Section 5. – Des soins psychiatriques

Art. 49. – Des consultations psychiatriques et des vacations de psychologue sont assurées périodiquement dans les locaux de l'établissement pénitentiaire.

Chapitre V. – Des relations des personnes détenues avec l'extérieur

Section 1. – Des visites

Art. 50. – Les permis de visite, délivrés par les autorités mentionnées à l'article 35 de l'ordonnance souveraine n° 3.782 du 16 mai 2012, susvisée, et présentés au Directeur de la maison d'arrêt, ont pour objet d'autoriser les personnes étrangères à l'établissement à visiter des personnes détenues.

Si les personnes détenues sont matériellement empêchées ou font l'objet d'une privation de visite, le Directeur de la maison d'arrêt en réfère à l'autorité qui a délivré le permis.

Art. 51. – Les permis de visite visés aux articles 35, 36 et 37 de l'ordonnance souveraine n° 3.782 du 16 mai 2012, susvisée, sont délivrés sur la base d'un même modèle. Ils sont tirés d'un carnet à souches numérotées et comportent trois parties :

1°) la partie autorisation, transmise le jour même de son établissement au Directeur de la maison d'arrêt par l'autorité qui a délivré le permis ; cette partie comprend deux emplacements pour recevoir, l'un la photographie d'identité du visiteur et le cachet du service, l'autre la signature du visiteur ainsi que les mentions obligatoires :

identité du visiteur, références de la pièce d'identité qu'il présente, qualité et degré de parenté avec la personne détenue, ainsi que les nom et prénom de la personne détenue, si le permis est accordé à titre permanent ou à titre exceptionnel avec le nombre de visites accordées, la date, la qualité, la signature et le sceau de l'autorité ayant délivré le permis ;

2°) la partie souche où sont reproduits les mêmes renseignements que sur l'autorisation, demeure attachée au carnet ;

3°) la partie reçu, remise au visiteur, comprend l'identité de ce dernier, l'identité de la personne détenue, la nature de l'autorisation accordée ; sont de même précisés l'adresse et le numéro de téléphone de la maison d'arrêt, et reproduits les articles du présent arrêté concernant les visiteurs.

Art. 52. – Le nombre maximal de personnes bénéficiant d'un permis de visite à l'égard d'une personne détenue est fixé à dix.

Chaque permis de visite n'est délivré qu'après qu'il ait été procédé à des vérifications sur l'identité et la qualité du demandeur, la pièce d'identité produite ainsi que, le cas échéant, un justificatif sur le lien de parenté (livret de famille, fiche familiale d'état civil...).

Art. 53. – Les jours et heures de visite sont fixés par le Directeur de la maison d'arrêt.

La durée des visites ne doit pas dépasser trois quarts d'heure, sauf exception appréciée par le Directeur de la maison d'arrêt. En cas de nécessité, il peut être mis fin à la visite par le Directeur de l'établissement avant l'écoulement de la durée fixée.

Section 2. – De la communication des personnes détenues avec l'extérieur

Sous-section 1. – De l'accès au téléphone

Art. 54. – Conformément aux dispositions du second alinéa de l'article 96 de l'ordonnance souveraine n° 3.782 du 16 mai 2012, susvisée, les personnes détenues condamnées ont la faculté, avec l'autorisation du Directeur de la maison d'arrêt, de téléphoner une fois tous les quinze jours à leurs frais, au moyen d'une carte téléphonique achetée en cantine.

La même faculté s'applique aux autres personnes détenues avec l'accord exprès de l'autorité judiciaire compétente.

Le Directeur de la maison d'arrêt peut, pour des raisons de sécurité, supprimer cette faculté. Il en avise alors l'autorité ayant délivré l'autorisation.

Indépendamment des mesures visées à l'alinéa précédent, en cas de nécessité liée à des circonstances familiales graves ou personnelles importantes, les personnes détenues peuvent être autorisées à faire usage du téléphone dans les conditions fixées par l'autorité compétente.

Art. 55. – L'identité du correspondant et le contenu de la conversation sont contrôlés et mentionnés sur un registre spécial prévu à cet effet.

Les communications téléphoniques en provenance de l'extérieur à destination directe des personnes détenues sont interdites.

Sous-section 2. – Des colis et envois

Art. 56. – Les colis destinés aux personnes détenues à l'occasion des fêtes de fin d'année doivent être déposés auprès de l'agent d'accueil de la maison d'arrêt par les donateurs concernés.

Après contrôle de leur contenu, un récépissé est délivré aux déposants.

L'envoi ou la remise de colis par tout autre moyen et à toute autre période de l'année n'est pas accepté et ne peut donner lieu à distribution.

Section 3. – Des conditions de détention particulières pour les enfants en bas âge accueillis en milieu carcéral

Art. 57. – L'enfant en bas âge d'une femme incarcérée ou l'enfant né pendant l'incarcération de sa mère peut, dans la mesure du possible, être autorisé à demeurer avec celle-ci dans une cellule appropriée si tel est son intérêt.

Le Directeur des Services Judiciaires, le Directeur de la maison d'arrêt entendu, a la faculté de s'opposer à la décision de la mère de garder son enfant auprès d'elle lorsque la capacité d'accueil de la maison d'arrêt est atteinte ou encore en cas d'existence d'une situation de danger pour la santé, la sécurité ou la moralité de l'enfant.

Le Directeur des Services Judiciaires en informe aussitôt le Procureur Général qui saisit sans délai le juge tutélaire en vue d'obtenir si nécessaire une décision d'hébergement provisoire de l'enfant.

Art. 58. – L'enfant peut être laissé auprès de sa mère en détention jusqu'à l'âge de dix-huit mois.

Il appartient au Directeur de la maison d'arrêt, en liaison avec les autorités compétentes en matière de protection de l'enfance et les titulaires de l'autorité parentale, d'organiser le séjour de l'enfant auprès de sa mère détenue et les sorties de celui-ci à l'extérieur de l'établissement pénitentiaire en préparant, le cas échéant, la séparation de l'enfant d'avec sa mère au mieux de son intérêt. Durant les six mois suivant son départ, l'enfant peut être admis à séjourner pour de courtes périodes auprès de sa mère.

Art. 59. – À la demande de la mère, et à titre exceptionnel, la limite d'âge de dix huit mois peut être reculée sur décision du Directeur des Services Judiciaires.

Art. 60. – En cas de libération ou de transfert de la mère dans un autre établissement pénitentiaire, l'enfant quitte obligatoirement la maison d'arrêt avec elle.

Chapitre VI. – Des actions de préparation à la réinsertion des détenus

Section 1. – De l'action socio-culturelle

Art. 61. – Des activités récréatives, comprenant notamment des activités et des ateliers culturels ainsi que la pratique de loisirs actifs, sont organisées hebdomadairement par des prestataires extérieurs agréés par le Directeur des Services Judiciaires sur avis du Directeur de la maison d'arrêt.

Le règlement intérieur détermine les conditions dans lesquelles les personnes détenues empruntent les ouvrages et documents de la bibliothèque de la maison d'arrêt.

Il détermine également les conditions d'acquisition des appareils visés à l'article 103 de l'ordonnance souveraine n° 3.782 du 16 mai 2012, susvisée.

Section 2. – De l'enseignement

Art. 62. – Un enseignement scolaire à l'intention des personnes détenues qui le demandent est assuré régulièrement dans la salle d'étude par des prestataires qualifiés agréés par le Directeur des Services Judiciaires.

Section 3. – Des activités physiques et sportives

Art. 63. – Les horaires de la promenade sont fixés par le règlement intérieur.

Un roulement est établi afin que l'heure de la promenade soit modifiée, dans la mesure du possible, tous les jours pour chaque quartier.

La durée de la promenade journalière est d'au moins une heure.

Les horaires de promenade peuvent être aménagés pour certaines personnes détenues, notamment afin de les protéger des agressions de la part d'autres personnes détenues.

Art. 64. – Les séances d'exercices physiques et sportifs sont organisées hebdomadairement sous l'autorité d'un professeur de sport agréé par le Directeur des Services Judiciaires.

Section 4. – Des visiteurs de prison

Art. 65. – L'agrément des visiteurs de prison est accordé par le Directeur des Services Judiciaires pour une période de deux ans renouvelable, après avis du Directeur de la maison d'arrêt et de l'assistante sociale.

Il peut être retiré par le Directeur des Services Judiciaires soit d'office, soit à la demande du bureau de l'administration pénitentiaire.

En cas d'urgence et pour des motifs graves, l'agrément peut être suspendu par le Directeur de la maison d'arrêt, qui en avise sans délai le Directeur des Services Judiciaires.

Art. 66. – Les visiteurs de prison s'engagent au respect de l'ensemble des règles liées à la sécurité et au bon ordre de l'établissement.

Art. 67. – Les visiteurs de prison sont réunis chaque semestre en présence du Directeur de la maison d'arrêt.

Art. 68. – Les visiteurs de prison exercent leur mission auprès de toutes personnes écrouées dans l'établissement, quelle que soit la situation pénale des personnes détenues.

Toutefois, leur droit de visite est suspendu à l'égard des personnes détenues placées en cellule disciplinaire ou à l'isolement administratif, et à l'égard des prévenus dans le cas où ces derniers font l'objet d'une interdiction de communiquer par l'autorité judiciaire.

Section 5. – Des activités accomplies pour le compte d'un tiers et du travail au service général

Art. 69. – Aucun genre de travail effectué pour le compte d'un tiers ne peut être entrepris s'il n'a été préalablement autorisé par le Directeur des Services Judiciaires après avis du Directeur de la maison d'arrêt.

Les demandes de travail de service général doivent être formulées par écrit et adressées au Directeur de la maison d'arrêt.

Les emplois sont attribués par le Directeur de la maison d'arrêt en fonction des disponibilités.

L'inobservation des ordres ou instructions donnés pour l'exécution d'un travail constitue une faute disciplinaire du premier degré passible des sanctions visées à l'article 55 de l'ordonnance souveraine n° 3.782 du 16 mai 2012, susvisée.

Art. 70. – Le travail pour le compte d'un tiers fait l'objet de clauses et conditions générales arrêtées ponctuellement par le Directeur des Services Judiciaires.

La durée du travail par jour et par semaine doit être comparable à celle édictée par les règles en vigueur dans la Principauté.

Le respect du repos hebdomadaire et des jours fériés est garanti.

Les horaires doivent prévoir le temps nécessaire pour le repos, les repas, la promenade et les activités éducatives et de loisirs.

Le Directeur de la maison d'arrêt doit prendre toute mesure nécessaire afin d'assurer la sécurité et l'hygiène dans l'établissement.

Art. 71. – Les membres du personnel de surveillance assurent le respect des règles de discipline et de sécurité sur les lieux de travail.

L'encadrement technique est assuré, soit par le personnel pénitentiaire, soit par des préposés des entreprises. Les personnes extérieures à la maison d'arrêt doivent être agréées par le Directeur des Services Judiciaires.

Chapitre VII. – Dispositions finales

Art. 72. – Les arrêtés n° 2005-8 du 3 juin 2005 fixant les modalités d'application de l'ordonnance souveraine n° 69 du 23 mai 2005, n° 2003-15 du 18 novembre 2003 portant création du bureau de l'administration pénitentiaire et n° 2003-16 du 1er décembre 2003 portant nomination des membres du bureau de l'administration pénitentiaire, sont abrogés.

LIBERTÉS PUBLIQUES ET DROITS FONDAMENTAUX

Loi n° 1.155 du 18 décembre 1992

relative à la nationalité

CHAPITRE I. – De la nationalité

Art. 1er *(Mod., L. n° 1.276, 22 déc. 2003 ; L. n° 1.387, 19 déc. 2011).* **– Est monégasque :**

1° – Toute personne née d'un père monégasque sauf si celui-ci a acquis sa nationalité par déclaration en application des dispositions de l'article 3 ;

2° – Toute personne née d'une mère née monégasque qui possédait encore cette nationalité au jour de la naissance.

3° – Toute personne née d'une mère monégasque et dont l'un, des ascendants de la même branche est né monégasque.

4° – Toute personne née d'une mère monégasque ayant acquis la nationalité monégasque par naturalisation, par réintégration ou par application des dispositions du second alinéa de l'article 6 ou du quatrième alinéa de l'article 7 de la présente loi.

5° – Toute personne née d'une mère ayant acquis la nationalité monégasque par déclaration suite à une adoption simple.

6° – Toute personne née à Monaco de parents inconnus.

La nationalité de l'enfant qui a fait l'objet d'une adoption légitimante est déterminée selon les distinctions établies à l'alinéa précédent.

CHAPITRE II. – Des autres modes d'acquisition de la nationalité

Section 1. – De l'acquisition de la nationalité par déclaration

Art. 2 *(Mod., L. n° 1.162, 23 déc. 2002 ; L. n° 1.276, 22 déc. 2003).* **– L'étranger âgé de moins de 18 ans ayant fait l'objet d'une adoption simple en vertu des articles 264 et suivants du Code civil de la part d'une personne de nationalité monégasque en application des dispositions de l'article premier peut acquérir cette qualité par déclaration. Le représentant légal agit au nom du mineur qui remplit les conditions légales.**

Toutefois, l'adopté mineur dont le consentement n'a pas été requis en application de l'article 271 du Code civil aura la faculté de répudier la nationalité que lui confèrent les dispositions précédentes, ce par déclaration faite dans l'année qui suivra sa majorité.

Le Monégasque adopté par un étranger conserve sa nationalité s'il n'acquiert pas celle de l'adoptant.

Art. 3 *(Rempl., L. n° 1.387, 19 déc. 2011).* **– L'étrangère qui contracte mariage avec un Monégasque ou l'étranger qui contracte mariage avec une Monégasque peut, dans des conditions fixées par ordonnance souveraine, acquérir la nationalité monégasque par déclaration, à l'expiration d'un délai de dix ans à compter de la célébration du mariage, à condition :**

– que la communauté de vie avec son conjoint monégasque n'ait pas cessé au moment de la demande, sauf veuvage non suivi de remariage ;

– que ce conjoint n'ait pas lui-même acquis la nationalité monégasque par l'effet d'un précédent mariage ;

– que cette acquisition volontaire de la nationalité monégasque n'ait pas pour effet de lui faire perdre sa nationalité d'origine par application d'une loi étrangère ou d'une convention internationale ;

– que le conjoint monégasque ait conservé sa nationalité au moment de la demande.

Art. 4 *(Rempl., L. n° 1.387, 19 déc. 2011)*. – L'étranger qui souscrit une déclaration en vue d'acquérir la nationalité monégasque conformément aux dispositions de l'article 2 doit, dans des conditions fixées par ordonnance souveraine, soit justifier de la perte de sa nationalité d'origine, soit établir qu'il est dans l'impossibilité de procéder à cet acte.

L'étranger qui souscrit une déclaration en vue d'acquérir la nationalité monégasque conformément aux dispositions de l'article 3 doit, dans des conditions fixées par ordonnance souveraine, déclarer qu'il s'engage à ne pas renoncer à sa ou ses nationalités d'origine.

Section 2. – De l'acquisition de la nationalité par naturalisation

Art. 5 *(L. n° 1.199, 26 déc. 1997 ; mod., L. n° 1.162, 23 déc. 2002)*. – Peut demander la naturalisation l'étranger qui justifie d'une résidence habituelle de dix années dans la principauté après qu'il ait atteint l'âge de dix-huit ans.

La naturalisation est accordée par ordonnance souveraine après enquête sur la moralité et la situation du postulant et justification qu'elle lui ferait perdre sa nationalité antérieure et l'exonérerait définitivement des obligations du service militaire à l'étranger.

Peut également être naturalisé l'étranger qui, en vertu de sa loi nationale, ne peut pas perdre sa nationalité avant d'en avoir acquis une autre. Toutefois, il est réputé, ainsi que ses enfants qui tiennent de lui leur nationalité, n'avoir jamais été monégasque s'il ne justifie de la perte de sa nationalité antérieure dans les six mois de la date de publication de l'ordonnance qui lui a conféré la nationalité monégasque.

Art. 6. – Peut, en outre, être naturalisé sans condition de stage l'étranger que le Prince juge digne de cette faveur.

(Al. mod., L. n° 1.276, 22 déc. 2003) Les enfants mineurs d'un père ou d'une mère survivante qui obtient la naturalisation deviennent monégasques. Toutefois, ils peuvent décliner cette qualité par déclaration dans l'année qui suit leur majorité telle qu'elle est réglée par le Code civil.

Section 3. – De l'acquisition de la nationalité par réintégration

Art. 7. – Toute personne qui a perdu la nationalité monégasque peut la recouvrer en obtenant sa réintégration par ordonnance souveraine.

Toute personne qui a perdu la nationalité monégasque par application du chiffre 1°) du paragraphe 1er de l'article 10 peut obtenir sa réintégration si son innocence a été établie conformément aux dispositions des articles 508 et suivants du Code de procédure pénale ou après réhabilitation.

La qualité de monégasque peut être accordée par la même ordonnance à l'épouse et aux enfants majeurs, s'ils en font la demande.

(Al. mod., L. n° 1.276, 22 déc. 2003) Les enfants mineurs d'un père, ou d'une mère monégasque en application des dispositions de l'article premier de la présente loi, réintégré dans la nationalité monégasque, sont monégasques. Toutefois, ils peuvent décliner cette qualité par déclaration dans l'année qui suit leur majorité telle que réglée par le Code civil.

Chapitre III. – De la perte de la nationalité monégasque

Art. 8. – Perd la nationalité monégasque :

1° Toute personne qui se fait naturaliser à l'étranger ou qui acquiert, sur sa demande, une nationalité étrangère.

2° Toute personne qui décline la nationalité monégasque dans les conditions prévues par la présente loi.

3° Toute personne qui, volontairement et sans autorisation du Gouvernement, prend du service dans une armée étrangère.

Art. 9. – La femme monégasque qui épouse un étranger conserve la nationalité monégasque à moins qu'elle ne déclare expressément vouloir acquérir, en conformité des dispositions de la loi nationale du mari, la nationalité de ce dernier.

Cette déclaration devra être faite, à peine de nullité, au moment de la célébration du mariage et sur l'interpellation de l'officier d'état civil ; elle sera mentionnée dans l'acte de mariage.

Toutefois, la déclaration restera sans effet si la femme justifie ultérieurement qu'elle n'a pas pu obtenir la nationalité de son mari ; mention de cette justification sera faite en marge de l'acte de mariage.

Si le mariage est célébré à l'étranger, cette déclaration devra être faite, à peine de nullité, avant la célébration du mariage, devant un représentant diplomatique ou consulaire de la Principauté.

Art. 10. – La qualité de monégasque acquise par naturalisation peut être retirée par ordonnance souveraine prise après consultation du Conseil de la Couronne :

1° Dans l'année de la condamnation définitive, à toute personne qui aura été condamnée pour avoir porté atteinte à la sûreté intérieure ou extérieure de l'État.

2° Pendant une période de cinq ans à compter de ladite naturalisation, à toute personne, sur rapport du directeur des services judiciaires et après avis conforme du Conseil d'État.

Dans le cas prévu au 2°) du paragraphe précédent, le directeur des services judiciaires notifie la mesure envisagée à la personne de l'intéressé ou à son domicile ; à défaut de domicile connu, la mesure envisagée est publiée au *« Journal de Monaco »*. L'intéressé a la faculté, dans le délai d'un mois à dater de la notification ou de l'insertion au *« Journal de Monaco »*, d'adresser au directeur des services judiciaires, président du Conseil d'État, des pièces et mémoires.

Art. 11. – Nul ne peut décliner la nationalité monégasque s'il n'a une nationalité étrangère acquise ou assurée.

Art. 12. – L'enfant, dont l'un des auteurs a conservé sa nationalité étrangère, peut, dans l'année qui suit sa majorité telle qu'elle est réglée par le Code civil, répudier la nationalité monégasque par déclaration, à condition qu'il justifie d'une nationalité étrangère définitivement acquise.

CHAPITRE IV. – DISPOSITIONS GÉNÉRALES

Art. 13. – L'acquisition, le recouvrement ou la perte de la nationalité monégasque ne produisent effet que pour l'avenir.

CHAPITRE V. – DES DÉCLARATIONS DE NATIONALITÉ

Section 1. – Des déclarations en vue de l'acquisition de la nationalité

Art. 14. – La déclaration en vue de l'acquisition de la nationalité est faite auprès de l'officier d'état civil.

Art. 15. – L'officier d'état civil transcrit la déclaration satisfaisant aux conditions de la présente loi dans les deux mois à compter du dépôt de la déclaration.

Il en avise aussitôt l'intéressé et le procureur général.

Sous réserve des dispositions prévues aux articles 18 et 19, l'intéressé acquiert la nationalité monégasque à la date à laquelle la déclaration a été transcrite.

Art. 16. – L'officier d'état civil qui refuse de transcrire la déclaration ne satisfaisant pas aux conditions de la présente loi notifie sans délai sa décision motivée au déclarant en mentionnant la voie de recours établie par l'article suivant.

Art. 17. – Le requérant peut, dans les douze mois à compter de la notification prévue à l'article 16, se pourvoir devant le tribunal de première instance siégeant en chambre du conseil, lequel se prononce conformément aux dispositions de l'article 849 et des alinéas 3 et 4 de l'article 850 du Code de procédure civile. L'action est exercée contre le procureur général.

Art. 18. – Le procureur général dans le mois de la transcription de la déclaration, peut se pourvoir contre la validité et la transcription de la déclaration devant la juridiction et selon les dispositions énoncées à l'article 17.

En cas d'invalidation de la déclaration, l'intéressé est réputé n'avoir jamais acquis la nationalité monégasque. Toutefois, la validité des actes par lui passés antérieurement à la décision définitive ne peut être contestée lorsqu'elle est subordonnée à l'acquisition de cette nationalité.

Art. 19. – Dans un délai de six mois à compter de la transcription de la déclaration ou de la décision judiciaire qui en admet la validité, le Prince peut, par ordonnance souveraine prise après avis du Conseil d'État, s'opposer à l'acquisition de la nationalité monégasque.

En cas d'opposition, l'intéressé est réputé n'avoir jamais acquis la nationalité monégasque ; toutefois, la validité des actes par lui passés antérieurement à l'ordonnance d'opposition ne peut être contestée lorsqu'elle était subordonnée à l'acquisition de cette nationalité.

Section 2. – Des déclarations de répudiation de la nationalité monégasque

Art. 20. – Les personnes autorisées à décliner la nationalité monégasque en vertu des articles 2, 6, 7 et 12 de la présente loi effectuent la déclaration de répudiation auprès de l'officier de l'état civil qui l'enregistre sur le champ, sous réserve du respect des dispositions de l'article 11.

CHAPITRE VI. – DISPOSITIONS FINALES

Art. 21. – Sont monégasques les personnes visées aux chiffres 2 et 3 de l'article 1er et âgées de moins de vingt-et-un ans à la publication de la présente loi. Les enfants de ces personnes sont également monégasques.

Art. 21-1 *(L. n° 1.387, 19 déc. 2011)*. – La personne de nationalité monégasque ayant acquis cette nationalité par déclaration en application de l'article 3 qui renonce à sa ou ses nationalités d'origine en méconnaissance de la déclaration mentionnée à l'article 4 est punie des peines prévues à l'article 103 du Code pénal

Art. 22. – Sont abrogés, les articles 8 à 10 *bis*, 12, 17 à 21 du Code civil, les ordonnances sur la nationalité du 1er avril 1822, du 8 juillet 1877 et du 20 mai 1909, la loi n° 754 du 9 août 1963 sur le retrait de la nationalité acquise par la naturalisation, les articles 1, 2, 3 et 7 de la loi n° 572 du 18 novembre 1952 relative à l'acquisition de la nationalité monégasque, la loi n° 865 du 1er juillet 1969 concernant l'acquisition de la nationalité monégasque, l'article 2 de la loi n° 974 du 8 juillet 1975 concernant l'acquisition de la nationalité monégasque, la loi n° 1139 du 22 décembre 1990 modifiant et complétant la loi n° 572 du 18 novembre 1952 relative à l'acquisition de la nationalité monégasque, ainsi que toutes dispositions contraires à la présente loi.

Loi n° 1.299 du 15 juillet 2005

sur la liberté d'expression publique

(Journal de Monaco, 22 juill. 2005)

CHAPITRE I. – DES MOYENS D'EXPRESSION PUBLIQUE

§ 1. – Des écrits publiés dans la Principauté

Art. 1er. – La publication de tout écrit sur tout support est libre.

L'exercice de cette liberté ne peut être limité que dans la mesure requise par le respect de la dignité de la personne humaine, de la vie privée et familiale, de la liberté et de la propriété d'autrui, du caractère pluraliste de l'expression des courants de pensée et d'opinion ainsi que par la sauvegarde de l'ordre public.

Art. 2. – La publication de tout journal ou écrit périodique est précédée d'une déclaration au Parquet général. Cette déclaration contient :

1° le titre du journal ou de l'écrit, sa périodicité et son mode de diffusion ;

2° le nom et l'adresse du directeur de la publication ;

3° le nom et l'adresse de l'imprimeur et le lieu d'impression.

Cette déclaration est faite par écrit sur papier timbré et signée du directeur de la publication ; il en est donné récépissé sur le champ.

Toute modification de l'une de ces mentions est déclarée dans les mêmes formes dans un délai de cinq jours.

Art. 3. – Tout journal ou écrit périodique publié dans la Principauté doit avoir un directeur de la publication.

Lorsqu'une personne physique est propriétaire ou locataire gérant de l'entreprise éditrice, cette personne est directeur de la publication.

Dans les autres cas, le directeur de la publication est la personne qui détient le contrôle de l'entreprise éditrice ; lorsque cette personne est une personne morale, son représentant légal est le directeur de la publication. À défaut de contrôle, le directeur de la publication est le représentant légal de l'entreprise éditrice.

Le directeur de la publication doit résider dans la Principauté, être âgé de 18 ans, avoir la jouissance et l'exercice de ses droits civiques et n'avoir subi, tant dans la Principauté qu'à l'étranger, aucune des condamnations judiciaires qui, à Monaco, privent de l'électorat.

Il est interdit de prêter son nom, en simulant la souscription d'actions ou de parts, l'acquisition ou la location-gérance d'un fonds de commerce.

Lorsque le directeur de la publication jouit de l'immunité parlementaire, il désigne un codirecteur de la publication répondant aux exigences du quatrième alinéa.

Art. 4. – En cas de contravention aux dispositions des articles 2 et 3, le directeur de la publication ou à défaut l'imprimeur est puni de l'amende prévue au chiffre 2 de l'article 26 du Code pénal.

Le journal ou écrit périodique ne pourra continuer sa publication que s'il a été satisfait à ces dispositions.

Art. 5. – Au moment de la publication de chaque édition du journal ou écrit périodique, il est remis au Parquet Général deux exemplaires signés du directeur de la publication.

Pareil dépôt est effectué au Secrétariat général du Ministère d'État.

Chacun de ces dépôts est effectué sous peine de l'amende prévue au chiffre 3 de l'article 29 du Code pénal.

Art. 6. – Le nom du directeur de la publication doit figurer sur chaque exemplaire. En cas d'infraction, l'imprimeur est puni de l'amende prévue au chiffre 3 de l'article 29 du Code pénal.

Art. 7. – Le directeur de la publication est tenu d'insérer gratuitement, sans aucun commentaire ou adjonction de quelque nature que ce soit, en tête du plus prochain numéro du journal ou écrit périodique, toutes les rectifications qui lui sont adressées par un dépositaire de l'autorité publique, au sujet des actes de sa fonction qui ont été inexactement rapportés par ledit journal ou écrit périodique.

Toutefois, ces rectifications ne dépasseront pas le double de l'article rectifié.

En cas d'infraction, le directeur de la publication est puni de l'amende prévue au chiffre 2 de l'article 26 du Code pénal.

Les rectifications sont insérées gratuitement dans l'édition ou les éditions où a paru l'article. Le demandeur en insertion ne peut excéder les limites fixées au deuxième alinéa en offrant de payer le surplus.

Par dérogation aux délais prévus aux articles 49 et 54, le tribunal correctionnel se prononce sur la plainte en refus d'insertion dans les dix jours de la citation directe de la partie civile, qui peut être signifiée pour la première audience utile, quel que soit le lieu du domicile du prévenu, sans qu'il soit besoin d'obtenir préalablement l'ordonnance prévue à l'article 75 du Code de procédure pénale ; la partie civile est dispensée de consignation.

Le jugement ordonnant l'insertion, mais en ce qui concerne l'insertion seulement, est exécutoire sur minute nonobstant opposition ou appel. S'il y a appel, il est statué sur cet appel dans les dix jours de la déclaration faite au Greffe.

Art. 8. – Le directeur de la publication est tenu d'insérer, dans les trois jours de leur réception, ou dans le plus prochain numéro, s'il n'en est pas publié avant l'expiration des trois jours, les réponses de toute personne nommée ou désignée dans le journal ou écrit périodique, sous peine de l'amende prévue au chiffre 2 de l'article 26 du Code pénal, sans préjudice des autres peines et dommages-intérêts auxquels l'article pourrait donner lieu.

Cette insertion doit être à la même place et en mêmes caractères que l'article qui l'a provoquée, sans aucune intercalation, commentaire, adjonction ou suppression de quelque nature que ce soit. Non compris l'adresse, la formule de politesse, les réquisitions d'usage et la signature qui ne sont jamais comptées dans la réponse, celle-ci ne doit pas dépasser le double de la longueur de l'article qui l'a provoquée.

Lorsque la réponse a été accompagnée de nouveaux commentaires, un nouveau droit de réponse peut être exercé dans les formes prévues aux dispositions ci-dessus.

La réponse est insérée gratuitement dans l'édition ou les éditions où a paru l'article. Le demandeur en insertion ne peut excéder les limites fixées au deuxième alinéa en offrant de payer le surplus.

En cas de refus d'insertion, les dispositions des deux derniers alinéas de l'article 7 sont applicables.

§ 2. – Des journaux ou écrits périodiques publiés à l'étranger

Art. 9. – La vente et la distribution des journaux ou écrits périodiques publiés à l'étranger sont libres, sous réserve des restrictions prévues au second alinéa de l'article premier.

§ 3. – De la communication audiovisuelle

Art. 10. – La communication audiovisuelle est libre sous réserve des restrictions prévues au second alinéa de l'article premier, ainsi que des exigences de service public et des contraintes techniques inhérentes aux moyens de communication.

Art. 11. – On entend par communication audiovisuelle toute mise à disposition du public, ou de catégories de public, par un procédé de communication électronique, de signes, de signaux, d'écrits, d'images, de sons ou de messages de toute nature qui n'ont pas le caractère d'une correspondance privée.

On entend par communication électronique toute transmission, émission ou réception de signes, de signaux, d'écrits, d'images, de sons ou de renseignements de toute nature par fil, optique, radioélectricité ou autres systèmes électromagnétiques.

Art. 12. – Toute entreprise ou service de communication audiovisuelle doit avoir un directeur de la publication.

Lorsqu'une personne physique est propriétaire ou locataire gérant de l'entreprise ou du service de communication, cette personne est directeur de la publication.

Les dispositions des trois derniers alinéas de l'article 3 sont applicables à l'entreprise ou au service de communication audiovisuelle.

Art. 13. – Les émissions sont enregistrées et conservées pendant une durée de trois mois après la date de leur diffusion, sous peine de l'amende prévue au chiffre 3 de l'article 26 du Code pénal.

Art. 14. – Les imputations de nature à porter atteinte à l'honneur ou à la considération d'une personne physique ou morale ou d'un corps, diffusées par un moyen audiovisuel, donnent ouverture à un droit de réponse.

La demande de réponse est présentée dans les trois mois de la diffusion du message.

Toutefois, lorsqu'à l'occasion de l'exercice de poursuites pénales, ont été diffusées, dans le cadre d'une activité de communication audiovisuelle, des imputations susceptibles de porter atteinte à l'honneur ou à la réputation d'une personne physique ou morale, ce délai est réouvert à son profit pour la même durée, à compter du jour où la décision de non-lieu est intervenue, ou du jour où celle de relaxe ou d'acquittement la mettant expressément ou non hors de cause est devenue irrévocable.

Le demandeur doit préciser les imputations auxquelles il souhaite répondre et la teneur de sa réponse.

Sous peine de l'amende prévue au chiffre 2 de l'article 26 du Code pénal, et sans préjudice des autres peines et dommages-intérêts auxquels la diffusion initiale pourrait donner lieu, la réponse doit être diffusée gratuitement dans les huit jours de la réception de la demande dans des conditions techniques, notamment de mise en image et d'horaires, équivalentes à celles du message contenant l'imputation et de manière à lui assurer une audience équivalente.

En cas de non diffusion, le demandeur peut saisir le tribunal correctionnel dans les formes et délais prévus à l'article 7.

Le jugement ordonnant la diffusion, mais en ce qui concerne la diffusion seulement, est exécutoire sur minute nonobstant opposition ou appel. S'il y a appel, il est statué sur cet appel dans les dix jours de la déclaration faite au Greffe.

Le texte de la réponse ne peut être supérieur à soixante-quinze lignes dactylographiées.

La durée totale du message ne peut dépasser cinq minutes.

Pour les services de vidéographie, la réponse est accessible au public au minimum pendant quarante-huit heures. On entend par vidéographie tout procédé de communication électronique qui permet la visualisation d'images alphanumériques et graphiques sur un écran.

CHAPITRE II. – DES INFRACTIONS COMMISES PAR LA VOIE DE LA PRESSE OU PAR TOUT AUTRE MOYEN D'EXPRESSION PUBLIQUE

§ 1. – Provocation aux crimes et délits

Art. 15. – Sont punis comme complices d'une action qualifiée crime ou délit ceux qui, soit par des discours, cris ou menaces proférés dans des lieux ou réunions publics, soit par des écrits, imprimés, dessins, gravures, peintures, emblèmes, images ou tout autre support de l'écrit, de la parole ou de l'image vendus ou distribués, mis en vente ou exposés dans des lieux ou réunions publics, soit par des placards ou des affiches exposés au regard du public, soit par tout moyen de communication audiovisuelle, ont directement provoqué l'auteur ou les auteurs à commettre ladite action, si la provocation a été suivie d'effet.

Cette disposition est également applicable lorsque la provocation n'a été suivie que d'une tentative prévue par l'article 2 du Code pénal.

Art. 16 ***(Mod., L. n° 1.410, 2 déc. 2014).*** **– Sont punis de cinq ans d'emprisonnement et de l'amende prévue au chiffre 4 de l'article 26 du Code pénal, ou de l'une de ces deux peines seulement, ceux qui, par l'un des moyens énoncés à l'article précédent, ont directement provoqué, dans le cas où cette provocation n'aurait pas été suivie d'effet, à commettre l'une des infractions suivantes :**

1°) les atteintes volontaires à la vie, les atteintes volontaires à l'intégrité de la personne et les agressions sexuelles ;

2°) les vols, les extorsions et les destructions, dégradations et détériorations volontaires dangereuses pour les personnes ;

3°) les actes de terrorisme ou l'apologie de tels actes.

Sont punis des mêmes peines ceux qui, par l'un des moyens énoncés à l'article 15, provoquent à la haine ou à la violence à l'égard d'une personne ou d'un groupe de personnes en raison de leur handicap, de leur origine, de leur orientation sexuelle, de leur appartenance ou de leur non-appartenance, réelle ou supposée, à une ethnie, une nation, une race ou une religion déterminée.

En cas de condamnation pour l'un des faits prévus au précédent alinéa, peut en outre être ordonné l'affichage ou la diffusion, aux frais du condamné, de la décision prononcée, en tout ou partie ou sous la forme d'un communiqué. Cet affichage ou cette diffusion ne peut comporter l'identité de la victime qu'avec son accord ou celui de son représentant légal ou de ses ayants droit.

§ 2. – Délits contre la chose publique

Art. 17. – Est puni d'un emprisonnement d'un mois à trois ans et de l'amende prévue au chiffre 2 de l'article 26 du Code pénal, ou de l'une de ces deux peines seulement, quiconque a soustrait ou dégradé volontairement des signes publics de l'autorité.

Art. 18. – Quiconque a, par l'un des moyens énoncés à l'article 15, cherché à troubler la paix publique en incitant à la haine contre des habitants ou contre des personnes se trouvant en Principauté à titre temporaire est puni des peines prévues à l'article précédent.

Art. 19. – Est puni des mêmes peines quiconque a commis le délit d'outrage aux bonnes mours, par l'exposition, l'affichage ou la distribution sur la voie publique ou dans les lieux publics, d'enregistrements sonores, visuels ou audiovisuels, d'écrits, d'imprimés, d'affiches, dessins, gravures, peintures, emblèmes, objets ou images obscènes ou contraires aux bonnes mœurs ; par la vente ou l'offre, même non publique, à un mineur des mêmes enregistrements, écrits, imprimés, affiches, dessins, gravures, peintures, objets ou images ; par leur remise sous bande ou sous enveloppe non fermée à la poste ou à tout agent de distribution ou de transport ; par des annonces ou correspondances publiques contraires aux bonnes mœurs.

Art. 20. – Est punie d'un emprisonnement d'un mois à trois ans et de l'amende prévue au chiffre 3 de l'article 26 du Code pénal, ou de l'une de ces deux peines seulement, la publication, la diffusion ou la reproduction de nouvelles fausses, de pièces fabriquées, falsifiées ou mensongèrement attribuées à des tiers lorsque, faite de mauvaise foi, elle a troublé la paix publique ou a été susceptible de la troubler.

§ 3. – Délits contre les personnes

Art. 21. – Toute allégation ou imputation d'un fait qui porte atteinte à l'honneur ou à la considération de la personne, d'un groupe de personnes liées par la même appartenance au sens de l'article 24 ou du corps auquel le fait est imputé est une diffamation.

La publication directe ou par voie de reproduction de cette allégation ou de cette imputation est punissable, même si elle est faite sous forme dubitative ou si elle vise une personne, un groupe de personnes liées par la même appartenance au sens de l'article 24 ou un corps, non expressément nommés mais dont l'identification est rendue possible par les termes des discours, cris, menaces, écrits ou imprimés, placards ou affiches incriminés.

Toute expression outrageante, terme de mépris ou invective qui ne renferme l'imputation d'aucun fait est une injure.

Art. 22. – La diffamation commise par la voie de la presse ou par l'un des moyens énoncés à l'article 15 envers les pouvoirs et administrations publics, les cours et tribunaux, ainsi que les militaires, est punie d'un emprisonnement de trois mois à deux ans et de l'amende prévue au chiffre 4 de l'article 26 du Code pénal, ou de l'une de ces deux peines seulement.

Art. 23 *(Mod., L.n° 1.409, 22 oct. 2014)*. – Est punie de la même peine la diffamation commise, par les mêmes moyens, à raison de leurs fonctions ou de leurs qualités, envers un fonctionnaire public, un dépositaire ou agent de l'autorité publique, un citoyen chargé d'un service ou d'un mandat public, temporaire ou permanent, un membre élu du Conseil National ou du Conseil communal, un ministre d'un culte rémunéré par l'État ou un témoin à raison de sa déposition.

La diffamation envers les mêmes personnes concernant leur vie privée relève de l'article suivant.

Art. 24 *(Mod., L.n° 1.409, 22 oct. 2014 ; L. n° 1.410, 2 déc. 2014)*. – La diffamation commise envers les particuliers, par les mêmes moyens, est punie d'un emprisonnement d'un mois à un an et de l'amende prévue au chiffre 3 de l'article 26 du Code pénal, ou de l'une de ces deux peines seulement.

Toutefois, les peines seront celles prévues à l'article 23 si la diffamation est commise envers un candidat déclaré à une élection nationale ou communale.

Sont punis des mêmes peines ceux qui, par l'un des moyens énoncés à l'article 15, provoquent à la haine ou à la violence à l'égard d'une personne ou d'un groupe de personnes en raison de leur handicap, de leur origine, de leur orientation sexuelle, de leur appartenance ou de leur non-appartenance, réelle ou supposée, à une ethnie, une nation, une race ou une religion déterminée.

En cas de condamnation pour l'un des faits prévus au présent article, peut en outre être ordonné, dans les conditions prévues à l'article 16, l'affichage ou la diffusion, aux frais du condamné, de la décision prononcée, en tout ou partie ou sous la forme d'un communiqué.

Art. 25 *(Mod., L. n° 1.410, 2 déc. 2014)*. – L'injure commise, par les mêmes moyens, envers les corps ou les personnes désignées par les articles 22 et 23 de la présente loi, est punie d'un emprisonnement de six jours à six mois et de l'amende prévue au chiffre 3 de l'article 26 du Code pénal, ou de l'une de ces deux peines seulement.

L'injure commise de la même manière envers les particuliers, lorsqu'elle n'a pas été précédée de provocation, est punie d'un emprisonnement de six jours à deux mois et de l'amende prévue au chiffre 2 de l'article 26 du Code pénal, ou de l'une de ces deux peines seulement.

L'injure commise, par les mêmes moyens, envers une personne ou un groupe de personnes en raison de leur handicap, de leur origine, de leur orientation sexuelle, de leur appartenance ou de leur non-appartenance, réelle ou supposée, à une ethnie, une nation, une race ou une religion déterminée, est punie d'un emprisonnement de six jours à six mois et de l'amende prévue au chiffre 3 de l'article 26 du Code pénal, ou de l'une de ces deux peines seulement.

En cas de condamnation pour l'un des faits prévus au présent article, peut en outre être ordonné, dans les conditions prévues à l'article 16, l'affichage ou la diffusion, aux frais du condamné, de la décision prononcée, en tout ou partie ou sous la forme d'un communiqué.

Art. 26. – Les articles 21, 23, 24 et 25 ne sont applicables aux diffamations commises contre la mémoire des morts que dans les cas où les auteurs de ces diffamations ou injures ont eu l'intention de porter atteinte à l'honneur ou à la considération des héritiers, conjoints ou légataires universels vivants ou de les outrager personnellement.

Ceux-ci peuvent toujours user du droit de réponse prévu par les articles 8 et 14.

Art. 27. – La vérité des faits diffamatoires peut toujours être prouvée, sauf :

a) lorsque l'imputation concerne la vie privée de la personne ;

b) lorsque l'imputation se réfère à des faits qui remontent à plus de dix années ;

c) lorsque l'imputation se réfère à un fait constituant une infraction amnistiée ou prescrite ou qui a donné lieu à une condamnation effacée par la réhabilitation ou au terme d'une reprise de procès au sens des articles 508 et suivants du Code de procédure pénale.

Les dispositions des lettres *a)* et *b)* du précédent alinéa ne s'appliquent pas lorsque les faits sont constitutifs de viol ou d'attentat à la pudeur et ont été commis contre un mineur.

Hors les exceptions prévues aux lettres *a)*, *b)* et *c)* du premier alinéa, la preuve contraire est réservée. Si la preuve des faits diffamatoires est rapportée, le prévenu est renvoyé des fins de la plainte.

Lorsque le fait imputé est l'objet de poursuites commencées à la requête du ministère public ou d'une plainte de la part du prévenu, la procédure en diffamation est suspendue jusqu'à l'issue de celles-ci.

Art. 28. – Toute reproduction d'une imputation qui a été jugée diffamatoire est réputée faite de mauvaise foi sauf preuve contraire par son auteur.

Lorsqu'elle est réalisée sans l'accord de l'intéressé, la diffusion, par quelque moyen que ce soit et quel qu'en soit le support, de l'image d'une personne identifiée ou identifiable mise en cause à l'occasion d'une procédure pénale mais n'ayant pas fait l'objet d'un jugement de condamnation et faisant apparaître, soit que cette personne porte des menottes ou entraves, soit qu'elle est placée en détention provisoire, est punie de l'amende prévue au chiffre 3 de l'article 26 du Code pénal.

La diffusion, par quelque moyen que ce soit et quel qu'en soit le support, de la reproduction des circonstances d'un crime ou d'un délit, lorsque cette reproduction porte gravement atteinte à la dignité d'une victime et qu'elle est réalisée sans l'accord de cette dernière, est punie de l'amende prévue au chiffre 3 de l'article 26 du Code pénal.

§ 4. – Publications interdites – Immunités de la défense

Art. 29. – Dès l'ouverture de l'audience des juridictions, l'emploi de tout appareil permettant d'enregistrer, de fixer ou de transmettre la parole ou l'image est interdit, à l'exception du matériel de sténotypie.

Le président fait procéder à la saisie de tout appareil et du support de la parole ou de l'image utilisés en méconnaissance de cette interdiction.

Toutefois, sur demande présentée avant ou pendant l'audience, le président peut autoriser l'enregistrement sonore ou audiovisuel des débats, à la condition que les parties ou leurs représentants et le ministère public y consentent.

Toute infraction aux dispositions du présent article est punie de l'amende prévue au chiffre 1 de l'article 26 du Code pénal. Peut en outre être prononcée la confiscation du matériel ayant servi à commettre l'infraction, ainsi que du support de la parole ou de l'image utilisé.

Est interdite, sous les mêmes peines, la cession ou la publication, de quelque manière et par quelque moyen que ce soit, de tout enregistrement ou document obtenu en méconnaissance des dispositions du présent article.

Art. 30. – Sous peine de l'amende prévue au chiffre 2 de l'article 26 du Code pénal, il est interdit de publier ou de diffuser un acte de procédure criminelle ou correctionnelle avant qu'il n'en ait été débattu en audience.

Cette interdiction s'applique également aux actes d'instruction.

Art. 31. – Il est interdit de rendre compte des procès en diffamation où la preuve des faits diffamatoires n'est pas autorisée. La plainte seule peut être publiée par le plaignant.

Il est également interdit de rendre compte des délibérations intérieures des cours et des tribunaux.

Toute infraction à ces dispositions est punie de l'amende prévue au chiffre 2 de l'article 26 du Code pénal.

Art. 32. – Il est interdit d'ouvrir ou d'annoncer publiquement des souscriptions ayant pour objet ou pour effet de contribuer au paiement des amendes, frais et dommages-intérêts prononcés en matière criminelle ou correctionnelle sous peine d'un emprisonnement de huit jours à six mois et de l'amende prévue au chiffre 3 de l'article 26 du Code pénal, ou de l'une de ces deux peines seulement.

Art. 33. – Ne donnent ouverture à aucune action les propos tenus au sein du Conseil National ou du Conseil Communal, les rapports ou toute autre pièce imprimée par ordre de l'une de ces deux assemblées, ainsi que le compte-rendu, fait de bonne foi, de leurs séances publiques.

Art. 34. – Ni les discours ou plaidoiries prononcés, ni les écrits produits devant les tribunaux, ni le compte-rendu fidèle fait de bonne foi des débats judiciaires ne donnent lieu à action en diffamation, injures, outrages, atteintes à la vie privée.

Les juges saisis de la cause et statuant sur le fond peuvent néanmoins prononcer la suppression des discours injurieux, outrageants ou diffamatoires relatifs aux faits de la cause et condamner qui il appartiendra à des dommages-intérêts. Les faits diffamatoires étrangers à la cause peuvent donner ouverture soit à l'action publique, soit à l'action civile des parties, lorsque ces actions leur ont été réservées par les tribunaux, et, dans tous les cas, à l'action civile des tiers.

CHAPITRE III. – DES POURSUITES ET DE LA RÉPRESSION

§ 1. – Des personnes responsables

Art. 35. – Si l'une des infractions prévues à la présente loi est commise par un moyen d'expression écrite, quel que soit le lieu de publication de cet écrit, sont poursuivis comme auteurs principaux dans l'ordre ci-après :

1° les directeurs de la publication ou éditeurs, quelle que soit leur profession ou leur dénomination et, dans le cas prévu au dernier alinéa de l'article 3, le codirecteur de la publication ;

2° à leur défaut, les auteurs ;

3° à leur défaut, les imprimeurs ;

4° à défaut des imprimeurs, les vendeurs, distributeurs ou afficheurs.

Dans le cas prévu au dernier alinéa de l'article 3, la responsabilité subsidiaire des personnes visées aux chiffres 2°, 3° et 4° du précédent alinéa joue comme s'il n'y avait pas de directeur de la publication lorsque, contrairement audit article 3, un codirecteur de la publication n'a pas été désigné.

Art. 36. – Lorsque les directeurs de la publication ou les éditeurs sont en cause, les auteurs du texte sont poursuivis comme complices.

Peuvent également l'être tous autres complices, à l'exception des imprimeurs pour faits d'impression, des vendeurs et distributeurs ou afficheurs.

Art. 37. – Si l'une des infractions prévues par la présente loi est commise au moyen d'une communication audiovisuelle, le directeur de la publication ou, le cas échéant, le codirecteur, est poursuivi comme auteur principal lorsque le message incriminé a fait l'objet d'un enregistrement préalable à sa communication au public.

S'il n'y a pas eu d'enregistrement préalable, l'auteur du message, et à défaut de l'auteur, le producteur, est poursuivi comme auteur principal.

Lorsque le directeur ou le codirecteur de la publication est mis en cause, l'auteur du message est poursuivi comme complice.

Peut également être poursuivie comme complice toute personne à laquelle l'article 42 du Code pénal est applicable.

Art. 38. – Tout journaliste a le droit de taire ses sources d'information.

Il ne peut être ainsi contraint, sauf dans les cas visés au quatrième alinéa, de communiquer des renseignements, enregistrements ou documents, sur quelque support que ce soit, portant sur l'identité d'un informateur, celle de l'auteur d'un texte ou d'une production audiovisuelle, ou bien sur la nature, la provenance ou le contenu d'informations.

Nul journaliste ne peut être pénalement poursuivi lorsqu'il exerce ce droit, sauf s'il enfreint les dispositions de l'alinéa suivant.

Les sources d'information doivent, dans les conditions fixées dans le Code de procédure pénale, être révélées lorsque le journaliste en est requis par un juge aux fins :

1° de prévenir la perpétration d'une infraction mentionnée aux chiffres 1° à 3° de l'article 16 ;

2° d'arrêter l'auteur d'une telle infraction lorsque les informations requises ne peuvent être obtenues d'une autre manière.

Art. 39. – Les propriétaires des journaux ou écrits périodiques ou des entreprises de communication sont responsables envers les victimes des condamnations en paiement de dommages-intérêts prononcées à l'encontre des autres personnes désignées dans les articles 35 à 37.

Art. 40. – L'action civile résultant des délits de diffamation prévus et punis par les articles 23 et 24 ne peut, sauf dans le cas de décès de l'auteur du fait incriminé ou d'amnistie, être poursuivie séparément de l'action publique.

§ 2. – De la procédure

Art. 41. – Les poursuites devant les juridictions pénales sont exercées conformément aux prescriptions du Code de procédure pénale, sous réserve des dispositions qui suivent.

Art. 42. – Les diffamations ou injures envers les cours et tribunaux et les pouvoirs publics ne sont poursuivies que sur leur délibération ; les diffamations ou injures envers les administrations publiques ne sont poursuivies que sur la plainte du Ministre d'État, ou suivant les cas, du Directeur des Services judiciaires ou du Maire.

Art. 43 *(Rempl., L. n° 1.409, 22 oct. 2014)*. – Les diffamations ou injures envers un fonctionnaire public, un dépositaire ou agent de l'autorité publique, un citoyen chargé d'un service ou d'un mandat public, temporaire ou permanent, un membre élu du Conseil National ou du Conseil Communal, un ministre du culte rémunéré par l'Etat, ou un témoin à raison de sa déposition, ne sont poursuivies que sur sa plainte ou sur la plainte, suivant le cas, du Ministre d'État, de l'Archevêque, du Président du Conseil National, du Directeur des Services Judiciaires ou du Maire.

Art. 44 *(Mod.,L. n° 1.409, 22 oct. 2014 ; L. n° 1.410, 2 déc. 2014)*. – Dans le cas de diffamation ou d'injure envers les particuliers ou les candidats déclarés à une élection nationale ou communale , la poursuite n'a lieu que sur la plainte de la personne diffamée ou injuriée.

Toutefois, la poursuite peut être exercée d'office par le ministère public lorsque la diffamation ou l'injure a été commise envers une personne ou un groupe de personnes en raison de leur handicap, de leur origine, de leur orientation sexuelle, de leur appartenance ou de leur non-appartenance, réelle ou supposée, à une ethnie, une nation, une race ou une religion déterminée.

Art. 45. – Dans le cas de diffusion de l'image d'une personne menottée ou entravée prévu au deuxième alinéa de l'article 28 ou dans le cas d'atteinte à la dignité de la victime prévu au troisième alinéa du même article, la poursuite n'a lieu que sur la plainte de la personne intéressée.

Art. 46. – Toute association régulièrement constituée depuis au moins cinq ans à la date des faits se proposant, par ses statuts, de défendre la mémoire ou l'honneur d'un groupe de personnes peut exercer les droits reconnus à la partie civile en ce qui concerne les infractions prévues par les articles 16 alinéa 2 et 21. Toutefois, quand l'infraction a été commise envers des personnes considérées individuellement, l'association n'est recevable dans son action que si elle justifie avoir reçu l'accord de ces personnes.

Art. 47. – Si le ministère public requiert l'ouverture d'une information, il est tenu dans son réquisitoire, d'articuler et de qualifier les provocations, outrages, diffamations et injures à raison desquels la poursuite est intentée, à peine de nullité du réquisitoire et de la poursuite.

Art. 48. – Après le réquisitoire, le juge d'instruction peut ordonner la saisie partielle ou totale de tout support contenant l'expression incriminée et décider sa suppression ou sa destruction en cas d'exposition au regard du public.

Art. 49. – La citation contient l'indication des faits imputés ainsi que leur qualification. Elle vise les textes de loi applicables.

Si la citation est à la requête de la partie civile, elle contient élection de domicile dans la Principauté et est notifiée, sans qu'il soit besoin d'obtenir l'ordonnance prévue à l'article 75 du Code de procédure pénale, tant au prévenu qu'au ministère public.

Lorsque la victime agit par voie de constitution de partie civile, sa plainte doit respecter les prescriptions édictées par les alinéas précédents.

Toutes ces formalités sont prescrites à peine de nullité de la poursuite.

La partie civile est dispensée de consignation.

Art. 50. – Le délai entre la citation et la comparution devant les juridictions pénales est d'au moins trente jours.

Art. 51. – En cas de diffamation ou d'injure pendant la période électorale, envers un candidat au Conseil National ou au Conseil Communal, le délai de citation est réduit à vingt-quatre heures quel que soit le lieu de domicile du prévenu.

Dans ce cas, les articles 52 et 53 ne s'appliquent pas.

Art. 52. – Pour être admis à prouver la vérité des faits diffamatoires conformément aux dispositions de l'article 27, le prévenu doit, dans les quinze jours qui suivent la notification de la citation, faire signifier au ministère public et au plaignant :

1° les faits articulés et qualifiés dans la citation, desquels il entend prouver la vérité ;

2° la copie des pièces ;

3° les nom, profession et demeure des témoins par lesquels il entend faire sa preuve.

La signification doit contenir élection de domicile dans la Principauté au cas où le prévenu n'y serait pas domicilié.

La signification au plaignant est faite à son domicile à Monaco ou au domicile élu dans la Principauté.

Art. 53. – Dans les dix jours de la signification, le ministère public et le plaignant font signifier au prévenu, au domicile par lui élu, la copie des pièces et les nom, profession et demeure des témoins par lesquels ils entendent faire la preuve contraire.

Art. 54. – Les dispositions des articles 52 et 53 sont prescrites à peine de déchéance du droit de faire la preuve.

Art. 55. – Le tribunal correctionnel est tenu de statuer au fond dans le délai maximum de quarante-cinq jours à compter de la date de la première audience.

Dans le cas prévu à l'article 51, le jugement ne peut être prononcé au-delà du jour fixé pour le scrutin ou pour le premier tour du scrutin.

Art. 56. – Dans tous les cas de diffamation ou d'injure, le désistement du plaignant arrête la poursuite.

Art. 57. – Les juges peuvent interdire en tout ou partie la reproduction des débats si cette reproduction présente un danger pour l'ordre ou la paix publics.

Toute infraction à cette interdiction est punie d'un emprisonnement de six jours à un mois et de l'amende prévue au chiffre 2 de l'article 26 du Code pénal, ou de l'une de ces deux peines seulement.

Art. 58. – En cas de condamnation, la juridiction saisie peut prononcer la confiscation et ordonner la saisie et la destruction de tout ou partie des supports.

Art. 59. – L'action publique et l'action civile se prescrivent après six mois révolus à compter du jour où les infractions prévues par la présente loi ont été commises ou du jour du dernier acte de poursuite.

Pour l'application de ces dispositions, les actes accomplis au cours de l'enquête préliminaire sont considérés comme des actes de poursuite.

Art. 60. – En cas d'imputation portant sur un fait susceptible de revêtir une qualification pénale, le délai de prescription prévu par l'article précédent est réouvert, au profit de la personne visée, à compter du jour où est devenue irrévocable une décision pénale intervenue sur ces faits et ne la mettant pas en cause.

Art. 61. – Lorsqu'ont été ordonnées en référé des mesures limitant, par quelque moyen que ce soit, la diffusion d'informations, le Premier président de la Cour d'appel statuant en référé peut, en cas d'appel, arrêter l'exécution provisoire de la décision si celle-ci risque d'entraîner des conséquences manifestement excessives.

Art. 62. – L'article 217 du Code pénal est remplacé par les dispositions suivantes :
(V. C. pén., art. 217).

Art. 63. – L'ordonnance modifiée du 3 juin 1910 sur la liberté de la presse est abrogée.

Ordonnance souveraine nº 2194 du 12 mai 2009

relative au sommier de la nationalité monégasque

Art. 1er. – Tout Monégasque fait l'objet d'une inscription sur le sommier de la nationalité monégasque.

Ce sommier est la liste des personnes de nationalité monégasque, tenue et mise à jour à la Mairie de Monaco par des moyens électroniques. Il comporte une rubrique distincte pour les personnes de sexe féminin et masculin.

Art. 2. – L'inscription comporte les mentions suivantes :
- le nom patronymique et les prénoms de chaque personne concernée ;
- sa date et son lieu de naissance ;
- l'adresse où elle est domiciliée ;
- la disposition législative ou l'ordonnance souveraine à laquelle elle doit la qualité de Monégasque.

Art. 3. – Il est procédé d'office à l'inscription sous l'autorité du Maire.

Art. 4. – Le Maire fait également procéder à l'inscription lorsqu'il est saisi, à cette fin, d'une requête du Ministre d'État ou du Directeur des Services Judiciaires. La requête, notifiée au Maire, est assortie de tous documents et justifications utiles.

Si le Maire estime qu'une difficulté fait obstacle à l'inscription requise, il notifie son opposition au Ministre d'État ou au Directeur des Services Judiciaires dans le mois suivant la date de notification de la requête. Si, dans le mois suivant la réception de l'opposition, le Ministre d'État ou le Directeur des Services Judiciaires avise le Maire du maintien de la requête, celui-ci fait procéder à l'inscription requise ou saisit la commission mentionnée à l'article 6 dans le mois qui suit.

Art. 5. – Tout intéressé ou son représentant légal peut demander au Maire son inscription sur le sommier de la nationalité monégasque.

La demande est rédigée sur papier libre et assortie d'une copie intégrale de son acte de naissance ainsi que de tous documents et justifications utiles. Le Maire peut en outre enjoindre au pétitionnaire de communiquer toutes pièces qu'il estime nécessaires à l'instruction de la demande. La demande peut être classée sans suite si ces pièces ne sont pas fournies dans les douze mois qui suivent la réception de l'injonction du Maire susmentionnée.

Le Maire procède à l'inscription ou notifie son refus d'inscription, dûment motivé, dans les trois mois suivant la réception de la demande ou, le cas échéant, des pièces complémentaires dont il a requis la communication.

Si l'inscription a été refusée, s'il n'a pas été procédé dans le délai mentionné au précédent alinéa ou bien si la demande a été classée sans suite, le demandeur peut saisir la commission instituée à l'article suivant.

Art. 6. – Il est institué une commission chargée de statuer sur les difficultés soulevées par les requêtes ou les demandes d'inscription sur le sommier de la nationalité monégasque.

La commission est composée comme suit :
- un Conseiller d'État désigné par le Président du Conseil d'État ;
- un magistrat désigné par le Directeur des Services Judiciaires ;
- une personne désignée par le Ministre d'État ;
- une personne désignée par le Conseil de la Couronne hors de son sein ;
- une personne désignée par le Conseil Communal.

Les membres de la commission sont nommés pour une durée de quatre ans par une ordonnance souveraine qui en désigne le Président et le Vice-Président.

Art. 7. – Les propositions en vue de la nomination des membres de la commission instituée à l'article précédent Nous sont adressées par le Président du Conseil d'État, par le Directeur des Services Judiciaires, par le Ministre d'État, par le Président du Conseil de la Couronne et par le Maire.

Art. 8. – Les propositions en vue de la nomination de nouveaux membres ou du renouvellement du mandat des membres en fonction de la commission susvisée doivent être adressées dans les six mois qui précèdent l'expiration du mandat de ces derniers.

Art. 9. – Dans l'hypothèse où le Président de la commission cesse ou n'est plus en mesure d'exercer ses fonctions, le Vice-Président le substitue en ses fonctions pour la période courant jusqu'à l'expiration de son mandat.

Dans le cas d'empêchement temporaire du Président, la présidence est provisoirement assurée par le Vice-Président.

Art. 10. – La commission statue dans les six mois suivant la date de sa saisine. Elle se prononce par décision motivée.

Art. 11. – La commission se réunit sur convocation de son Président. La convocation précise l'ordre du jour et est adressée dix jours au moins avant la date de la séance.

Nonobstant toute saisine individuelle, la commission se réunit au moins une fois par an à l'effet de procéder à un examen général du sommier de la nationalité monégasque.

Art. 12. – La commission siège au palais de justice. Elle peut toutefois exceptionnellement, si elle le décide, se réunir en tout autre lieu de la Principauté.

Art. 13. – La commission ne peut valablement délibérer qu'en la présence de la majorité de ses membres et de son Président.

Les votes ont lieu à main levée et les décisions sont adoptées à la majorité des suffrages exprimés.

La voix du Président est prépondérante en cas de partage des voix.

Art. 14. – Le Ministre d'État, le Directeur des Services Judiciaires, le Maire, ou leurs représentants, ainsi que les personnes intéressées peuvent adresser un mémoire à la commission ou y être entendus en leurs observations orales. Ils peuvent être assistés d'un conseil de leur choix inscrit à l'ordre des avocats-défenseurs et avocats de Monaco.

Art. 15. – Le Président de la commission invite à assister à tout ou partie de la séance, sans voix délibérative, tout expert ou sapiteur de son choix, ou toute personne dont la participation aux débats lui paraît utile.

Art. 16. – Le secrétariat de la commission est assuré par le greffier en chef ou un greffier par lui commis.

Art. 17. – Chaque délibération de la commission donne lieu à un procès-verbal signé par tous les membres ayant siégé et consigné dans un registre tenu à cet effet au greffe général.

Le greffier en chef veille à la notification des décisions de la commission dans les conditions prévues par l'article suivant.

Art. 18. – Dans les huit jours suivant la date de sa délibération, la décision de la commission est notifiée, par lettre recommandée avec demande d'avis de réception postal, à l'autorité ou à la partie intéressée.

Dans tous les cas, copie de la décision est délivrée sans frais au Ministre d'État, au Directeur des Services Judiciaires ainsi qu'au Maire.

Art. 19. – Dans le mois suivant cette notification ou l'échéance du délai mentionné à l'article 10, le Procureur Général, à la requête du Ministre d'État ou du Directeur des Services Judiciaires, peut saisir le tribunal de première instance.

Le Maire ou une partie intéressée peut également saisir le tribunal dans les mêmes conditions. Dans ce cas, l'action est exercée contre le Procureur Général.

Le tribunal statue conformément aux dispositions de l'article 849 et des troisième et quatrième alinéas de l'article 850 du Code de procédure civile.

L'appel est instruit et jugé comme indiqué à l'alinéa précédent. Le pourvoi en révision est considéré comme urgent.

L'instance est suspensive de l'exécution de la décision de la commission instituée à l'article 6.

Copie des jugements et, s'il y a lieu, des arrêts est délivrée sans frais, à la diligence du greffier en chef, aux parties intéressées et, dans tous les cas, au Ministre d'État, au Directeur des Services Judiciaires ainsi qu'au Maire.

Art. 20. – **est procédé à la radiation du sommier des personnes décédées et des personnes déchues de leur nationalité d'office sous l'autorité du Maire.**

Art. 21. – **Le Ministre d'État, le Directeur des Services Judiciaires ou le Maire peut demander la radiation du sommier de toute personne qui serait présumée avoir perdu la nationalité monégasque ou dont l'inscription serait estimée irrégulière du fait d'informations reçues postérieurement à celle-ci.**

L'autorité mentionnée au précédent alinéa saisit, dans ce cas, la commission instituée par l'article 6 qui examine sa requête. La décision de la commission est notifiée à ladite autorité et à l'intéressé dans les formes prescrites par l'article 18.

Le recours contre la décision de la commission est ouvert selon la procédure fixée par l'article 19.

Art. 22. – **Sont abrogées l'ordonnance du 27 février 1929, susvisée, ainsi que toutes dispositions contraires à la présente ordonnance.**

Loi nº 1.165 du 23 décembre 1993

relative à la protection des informations nominatives

(Intitulé rempl. à compter du 1er avr. 2009, L. n° 1.353, 4 déc. 2008) (1)

CHAPITRE I. – DES TRAITEMENTS AUTOMATISÉS D'INFORMATIONS NOMINATIVES

Section 1. – Principes et définitions

Art. 1er ***(Rempl. à compter du 1er avr. 2009, L. n° 1.353, 4 déc. 2008).*** – **Les traitements automatisés ou non automatisés d'informations nominatives ne doivent pas porter atteinte aux libertés et droits fondamentaux consacrés par le titre III de la Constitution.**

L'information nominative, sous quelque forme que ce soit, est celle qui permet d'identifier une personne physique déterminée ou déterminable. Est réputée déterminable une personne qui peut être identifiée, directement ou indirectement, notamment par référence à un numéro d'identification ou à un ou plusieurs éléments spécifiques, propres à son identité physique, physiologique, psychique, économique, culturelle ou sociale.

Le traitement d'informations nominatives est toute opération ou ensemble d'opérations portant sur de telles informations, quel que soit le procédé utilisé. Celles-ci portent sur la collecte, l'enregistrement, l'organisation, la modification, la conservation, l'extraction, la consultation ou la destruction d'informations, ainsi que sur l'exploitation, l'interconnexion ou le rapprochement, la communication d'informations par transmission, diffusion ou toute autre forme de mise à disposition.

Le responsable du traitement est la personne physique ou morale, de droit privé ou de droit public, l'autorité publique, le service ou tout autre organisme qui détermine, seul ou conjointement avec d'autres, la finalité et les moyens du traitement et qui décide de sa mise en œuvre.

Le destinataire du traitement est la personne physique ou morale, de droit privé ou de droit public, l'autorité publique, le service ou tout autre organisme qui reçoit communication de données, autre que la personne concernée, le responsable du traitement, le sous-traitant et les personnes qui, placées sous l'autorité directe du responsable du traitement ou du sous-traitant, sont habilitées à traiter les données.

La personne concernée par un traitement d'informations nominatives est celle à laquelle se rapportent les informations qui font l'objet du traitement.

(1) V. *infra* Ord. n° 2.230, 19 juin 2009. – NDLR.

Section 2. – De l'autorité de contrôle des informations nominatives
(Intitulé rempl. à compter du 1er avr. 2009, L. n° 1.353, 4 déc. 2008)

Art. 2 *(Rempl. à compter du 1er avr. 2009, L. n° 1.353, 4 déc. 2008)*. – Il est créé une autorité de contrôle dénommée commission de contrôle des informations nominatives qui a pour mission de contrôler et vérifier le respect des dispositions législatives et réglementaires en matière de protection des informations nominatives. Cette commission est chargée, en toute indépendance, dans les conditions déterminées par la présente loi :

1° de recevoir la déclaration de mise en œuvre de traitement par des personnes physiques ou des personnes morales de droit privé prévue à l'article 6 ;

2° de donner un avis motivé lorsque des traitements doivent être mis en œuvre par les personnes visées à l'article 7 ;

3° de donner un avis motivé lorsque des traitements ont pour objet de procéder à des recherches dans le domaine de la santé, dans les conditions prévues au premier alinéa de l'article 7-1 ;

4° d'autoriser les traitements automatisés mis en œuvre dans le cadre de l'article 11-1 ;

5° d'autoriser le transfert d'informations nominatives vers des pays ou organismes n'assurant pas un niveau de protection adéquat, à la condition que le responsable du traitement, ou ses représentants, offrent des garanties suffisantes permettant d'assurer le respect de la protection des libertés et droits fondamentaux des personnes concernées ainsi que l'exercice des droits correspondants par les destinataires concernés ;

6° d'établir et de tenir à jour le répertoire des traitements automatisés visé à l'article 10 ;

7° de contrôler, dans les conditions définies par la présente loi, le fonctionnement des traitements automatisés, d'instruire les plaintes et les pétitions qui lui sont adressées, ainsi que les demandes de vérifications des informations auxquelles les personnes intéressées ne peuvent avoir accès directement ;

8° de dénoncer au procureur général les faits constitutifs d'infractions dont elle a connaissance dans l'exercice de ses missions ;

9° de proposer aux autorités compétentes les dispositions à édicter afin de fixer soit des mesures générales propres à assurer le contrôle et la sécurité des traitements, soit des mesures spéciales ou circonstancielles y compris, à titre exceptionnel, la destruction des supports d'informations ;

10° de formuler toutes recommandations entrant dans le cadre des missions qui lui sont conférées par la loi ;

11° d'informer les personnes concernées des droits et obligations issus de la présente loi, notamment par la communication sur demande à toute personne, ou par la publication, si la commission l'estime utile à l'information du public, de ses délibérations, avis ou recommandations de portée générale, sauf lorsqu'une telle communication ou publication serait de nature à porter atteinte à la sécurité publique ou au respect dû à la vie privée et familiale ;

12° de prononcer des avertissements ou des mises en demeure à l'adresse d'un responsable d'un traitement, aux fins et dans les conditions prévues par la présente loi ;

13° d'ester en justice aux fins et dans les conditions prévues par la présente loi ;

14° de faire tous rapports publics sur l'application de la présente loi et des textes pris pour son application ; un rapport annuel d'activité de la commission est remis au Ministre d'État et au président du Conseil National ; ce rapport est publié.

La commission est consultée par le Ministre d'État lors de l'élaboration de mesures législatives ou réglementaires relatives à la protection des droits et libertés des personnes à l'égard du traitement des informations nominatives et peut l'être pour toute autre mesure susceptible d'affecter lesdits droits et libertés.

Art. 3 *(Rempl., L. n° 1.353, 4 déc. 2008)*. – Toute personne physique ou morale dont les droits conférés par la présente loi ou les textes pris pour son application ont été méconnus, ou celle ayant des raisons de présumer que ces droits ont été méconnus, peut saisir le président de la commission de contrôle des informations nominatives, aux fins, le cas échéant, de mise en œuvre des mesures prévues au chapitre III.

Art. 4 *(Rempl., L. n° 1.353, 4 déc. 2008)*. – La commission est composée de six membres proposés, en raison de leur compétence, comme suit :

1° un membre par le Conseil National ;

2° un membre par le Conseil d'État ;

3° un membre par le Ministre d'État ;

4° un membre ayant qualité de magistrat du siège par le directeur des services judiciaires ;
5° un membre par le Conseil Communal ;
6° un membre par le Conseil Économique et Social.

Les propositions sont faites hors des autorités, conseils et institutions concernés et selon des modalités fixées par ordonnance souveraine

Art. 5 *(Rempl., L. n° 1.353, 4 déc. 2008)*. – Les membres de la commission de contrôle des informations nominatives sont nommés par une ordonnance souveraine pour une période de cinq ans renouvelable une fois. La commission élit en son sein, à la majorité absolue, un président et un vice-président.

Dans l'exercice de leurs attributions, les membres de la commission ne reçoivent d'instruction d'aucune autorité.

Sauf démission ou empêchement, il ne peut être mis fin aux fonctions d'un membre de la commission.

La voix du président est prépondérante en cas de partage des voix. Les autres règles de fonctionnement de la commission sont fixées par ordonnance souveraine (1).

Art. 5-1 *(L. n° 1.353, 4 déc. 2008)*. – Les membres de la commission ainsi que toute personne dont elle s'assure le concours sont tenus au secret professionnel dans les conditions prévues à l'article 308 du Code pénal. Ils sont en outre liés par l'obligation de discrétion pour tout ce qui concerne les faits et informations dont ils ont connaissance dans l'exercice de leurs fonctions.

Art. 5-2 *(L. n° 1.353, 4 déc. 2008)*. – La commission dispose de services dirigés par le président et placés sous son autorité. Les services de la commission comprennent le secrétaire général et les agents du secrétariat.

Le secrétaire général est chargé du fonctionnement et de la coordination des services.

Art. 5-3 *(L. n° 1.353, 4 déc. 2008)*. – Sauf dispositions légales ou réglementaires spécifiques, les personnels de la commission sont soumis aux règles générales applicables aux fonctionnaires et agents de l'État.

Toutefois, les pouvoirs hiérarchiques et disciplinaires sont exercés à leur endroit par le président de la commission.

Art. 5-4 *(L. n° 1.353, 4 déc. 2008)*. – Les crédits nécessaires au fonctionnement de la commission de contrôle des informations nominatives sont inscrits dans un chapitre spécifique du budget de l'État.

Dans le cadre de la préparation du projet de budget primitif ou rectificatif de l'État, le président de la commission de contrôle des informations nominatives transmet au Ministre d'État les propositions concernant les recettes et les dépenses.

Les dépenses sont ordonnancées par le président ou le secrétaire général. Les comptes de la commission doivent être annuellement vérifiés dans les conditions fixées par ordonnance souveraine.

Art. 5-5 *(L. n° 1.353, 4 déc. 2008)*. – Le président de la commission conclut tous contrats nécessaires au bon fonctionnement de ses services.

Art. 5-6 *(L. n° 1.353, 4 déc. 2008)*. – En cas d'absence ou d'empêchement du président, son remplacement est assuré par le vice-président.

Section 3. – De la mise en œuvre des traitements

Art. 6 *(Rempl., L. n° 1.353, 4 déc. 2008)*. – À l'exception de ceux qui relèvent des dispositions prévues aux articles 7, 7-1 et 11-1, les traitements automatisés d'informations nominatives, mis en œuvre par des responsables de traitements, personnes physiques ou morales de droit privé, font l'objet d'une déclaration auprès du président de la commission de contrôle des informations nominatives. La déclaration comporte l'engagement que le traitement satisfait aux exigences de la loi. Le président de la commission de contrôle des informations nominatives délivre un récépissé. La réception du récépissé permet la mise en œuvre du traitement sans exonérer le responsable du traitement déclarant de sa responsabilité.

(1) V. Ord. n° 13.327, 12 févr. 1998 puis Ord. n° 2.230, 19 juin 2009.

Peuvent toutefois être édictées par arrêté ministériel (1) pris sur proposition ou après avis de la commission de contrôle des informations nominatives, les normes fixant les caractéristiques auxquelles doivent répondre les catégories déterminées de traitements ne comportant manifestement pas d'atteinte aux libertés et droits fondamentaux. Ces traitements peuvent faire l'objet d'une déclaration simplifiée de conformité, ou être exonérés de toute obligation de déclaration, dans les conditions prévues par l'arrêté ministériel précité

Art. 7 *(Rempl., L. n° 1.353, 4 déc. 2008)*. – La mise en œuvre de traitements automatisés d'informations nominatives par des responsables de traitements, personnes morales de droit public, autorités publiques, organismes de droit privé investis d'une mission d'intérêt général ou concessionnaires d'un service public portés sur une liste établie par arrêté ministériel, est décidée par les autorités ou par les organes compétents après avis motivé de la commission de contrôle des informations nominatives.

Cette décision et l'avis motivé qui l'accompagne font l'objet d'une publication au *Journal de Monaco* dans les conditions fixées par ordonnance souveraine. En ce qui concerne les traitements visés à l'article 11, ne donnent lieu à publication que le sens de l'avis de la commission et de la décision de l'autorité ou de l'organe compétent.

Si l'avis de la commission est défavorable, l'autorité ou l'organisme compétent ne peut mettre en œuvre le traitement qu'après y avoir été autorisée par arrêté motivé du Ministre d'État ou du directeur des services judiciaires.

Avant le 1er avril de chaque année, une liste générale des traitements mis en œuvre par les personnes visées au premier alinéa est publiée par arrêté ministériel (2).

Art. 7-1 *(L. n° 1.353, 4 déc. 2008)*. – (3) Les responsables de traitements, personnes physiques ou morales, ne peuvent mettre en œuvre des traitements automatisés d'informations nominatives ayant pour fin la recherche dans le domaine de la santé qu'après avis motivé de la commission de contrôle des informations nominatives. Préalablement au prononcé de cet avis, celle-ci peut, dans des conditions fixées par ordonnance souveraine, consulter un service public compétent dans le domaine de la santé. Cette consultation suspend le délai imparti à la commission de contrôle des informations nominatives pour rendre son avis.

Si l'avis de la commission est défavorable, le responsable du traitement ne peut le mettre en œuvre qu'après y avoir été autorisé par arrêté ministériel motivé.

Ces dispositions ne sont pas applicables aux responsables de traitements agissant dans le cadre de recherches biomédicales telles que définies dans la loi n° 1.265 du 23 décembre 2002 relative à la protection des personnes dans la recherche biomédicale. Les traitements mis en œuvre dans ce cadre restent soumis, selon les cas, aux dispositions des articles 6 ou 7.

Dans tous les cas, le dossier produit à l'appui de la demande d'avis ou de la déclaration doit comporter, en sus des éléments prévus à l'article 8, la mention de l'objectif de la recherche, de la population concernée, de la méthode d'observation ou d'investigation retenue, de la justification du recours aux informations nominatives traitées, de la durée et des modalités d'organisation de la recherche, de la méthode d'analyse des données, ainsi que, le cas échéant, de l'avis émis par le comité consultatif d'éthique en matière de recherche biomédicale institué par la loi n° 1.265 du 23 décembre 2002. La commission de contrôle des informations nominatives est tenue par les termes de cet avis.

Art. 7-2 *(L. n° 1.353, 4 déc. 2008)*. – La commission de contrôle des informations nominatives, saisie dans le cadre des articles 7 et 7-1, se prononce dans un délai de deux mois à compter de la réception du dossier complet. Ce délai peut être renouvelé une seule fois pour une durée identique sur décision motivée du président.

---

(1) V. A. min. n° 2002-268 à 270, 23 avr. 2002 ; A. min. n° 2002-436, 16 juillet 2002 ; A. min. n° 2002-436, 16 juill. 2002 ; A. min. n° 2010-191 à 195, 7 avr. 2010 ; A. min. n° 2012-359, 21 juin 2012 ; A. min. n° 2012-575, 4 oct. 2012 ; A. min. n° 2013-200, 11 avr. 2013.

(2) V. A. min. n° 2008-185, 1er avr. 2008 puis A. min. n° 2009-149, 30 mars 2009 puis A. min. n° 2010-217, 28 avr. 2010 puis A. min. n° 2011-183, 25 mars 2011 puis A. min. 2012-160, 29 mars 2012 puis A. min. n° 2013-158, 28 mars 2013 puis A. min. n° 2014-176, 28 mars 2014.

(3) V. Ord. n° 4.694, 30 janv. 2014.

L'avis demandé à la commission, qui n'est pas rendu à l'expiration du délai prévu au précédent alinéa, renouvelé s'il y a lieu, est réputé favorable.

Art. 8 *(Rempl., L. n° 1.353, 4 déc. 2008)*. – Les déclarations, demandes d'avis et demandes d'autorisation adressées à la commission de contrôle des informations nominatives doivent, pour être recevables, comporter les mentions suivantes :

1° l'identité du signataire ainsi que celle du responsable du traitement et le cas échéant celle de son représentant à Monaco qui effectue la déclaration, la demande d'avis ou la demande d'autorisation ;

2° les fonctionnalités, la finalité, la justification au sens de l'article 10-2, et s'il y a lieu la dénomination du traitement ;

3° la dénomination du service ou l'identité des personnes chargées de son exploitation et les mesures prises pour permettre l'exercice du droit d'accès aux informations ;

4° les catégories de personnes qui, en raison de leurs fonctions, ont accès aux informations ;

5° les catégories d'informations et les informations objets du traitement, leur origine, la durée de leur conservation, les catégories de personnes concernées par le traitement et les catégories de destinataires habilités à recevoir communication des informations ;

6° les rapprochements, interconnexions ou toutes autres formes de mise en relation des informations ainsi que leurs cessions à des tiers ;

7° les mesures prises pour assurer la sécurité du traitement et des informations et la garantie des secrets protégés par la loi ;

8° l'indication, lorsqu'il y a lieu, que le traitement est destiné à la communication d'informations à l'étranger, même dans le cas où il s'effectue à partir d'opérations antérieurement réalisées hors de Monaco.

Art. 9 *(Rempl., L. n° 1.353, 4 déc. 2008)*. – Toute modification intervenant dans l'un des éléments énoncés à l'article précédent doit faire l'objet, selon le cas, d'une déclaration, d'une demande d'avis ou d'une demande d'autorisation.

La commission de contrôle des informations nominatives est avisée de la suppression du traitement.

Sauf dispositions législatives contraires, les informations ne doivent pas être conservées sous une forme nominative au-delà de la durée prévue à la demande d'avis, à la déclaration ou à la demande d'autorisation, sauf en vue d'être traitées à des fins historiques, statistiques ou scientifiques. La commission peut toutefois :

- fixer un délai de conservation plus bref que celui prévu à la déclaration, à la demande d'avis ou à la demande d'autorisation ;
- autoriser la conservation au-delà de la durée prévue à la déclaration, à la demande d'avis ou à la demande d'autorisation.

Section 4. – Du répertoire des traitements

Art. 10 *(Rempl., L. n° 1.353, 4 déc. 2008)*. – Le répertoire des traitements comporte :

1° la date de déclaration, de la demande d'avis ou de la demande d'autorisation relative à la mise en œuvre d'un traitement ;

2° les mentions portées sur la déclaration, sur la demande d'avis ou sur la demande d'autorisation à l'exception des mesures prises pour assurer la sécurité du traitement et des informations, ainsi que de la dénomination du service ou de l'identité des personnes chargées de son exploitation ;

3° la date de délivrance du récépissé de la déclaration, la date de l'avis ou celle de l'autorisation ;

4° les dates et les libellés des modifications apportées aux mentions visées au chiffre 2° ci-dessus ;

5° la date de suppression du traitement et celle, lorsqu'il y a lieu, de la radiation de l'inscription.

Le répertoire peut être consulté par toute personne physique ou morale.

Les traitements automatisés visés à l'article 11 ne sont pas inscrits au répertoire

CHAPITRE II. – DES INFORMATIONS NOMINATIVES

Section 1. – Principes relatifs à la qualité des informations nominatives et aux conditions de licéité des traitements

(Intitulé rempl. à compter du 1er avr. 2009, L. n° 1.353, 4 déc. 2008)

Art. 10-1 *(L. n° 1.353, 4 déc. 2008)*. – Les informations nominatives doivent être :

- collectées et traitées loyalement et licitement ;

– collectées pour une finalité déterminée, explicite et légitime, et ne pas être traitées ultérieurement de manière incompatible avec cette finalité ;

– adéquates, pertinentes et non excessives au regard de la finalité pour laquelle elles sont collectées et pour laquelle elles sont traitées ultérieurement ;

– exactes et, si nécessaire, mises à jour ; toutes les mesures raisonnables doivent être prises pour que les données inexactes ou incomplètes, au regard de la finalité pour laquelle elles sont collectées ou pour laquelle elles sont traitées ultérieurement, soient effacées ou rectifiées ;

– conservées sous une forme permettant l'identification des personnes concernées pendant une durée n'excédant pas celle nécessaire à la réalisation de la finalité pour laquelle elles sont collectées ou pour laquelle elles sont traitées ultérieurement.

Le responsable du traitement ou son représentant doit s'assurer du respect de ces dispositions.

Art. 10-2 *(L. n° 1.353, 4 déc. 2008)*. – Un traitement d'informations nominatives doit être justifié :

– par le consentement de la ou des personnes concernées, ou ;

– par le respect d'une obligation légale à laquelle est soumis le responsable du traitement ou son représentant, ou ;

– par un motif d'intérêt public, ou ;

– par l'exécution d'un contrat ou de mesures pré-contractuelles avec la personne concernée, ou ;

– par la réalisation d'un intérêt légitime poursuivi par le responsable du traitement ou son représentant ou par le destinataire, à la condition de ne pas méconnaître l'intérêt ou les droits et libertés fondamentaux de la personne concernée.

Art. 11 *(Rempl., L. n° 1.353, 4 déc. 2008)*. – Ne peuvent être mis en œuvre que par les autorités judiciaires et les autorités administratives, dans le cadre exclusif des missions qui leur sont légalement conférées, les traitements, automatisés ou non, avec ou sans données biométriques :

– intéressant la sécurité publique ;

– relatifs aux infractions, condamnations ou mesures de sûreté ;

– ayant pour objet la prévention, la recherche, la constatation ou la poursuite des infractions pénales ou l'exécution des condamnations pénales ou des mesures de sûreté

Art. 11-1 *(L. n° 1.353, 4 déc. 2008)*. – Par dérogation aux dispositions de l'article précédent, peuvent être mis en œuvre, par les responsables de traitements autres que les autorités judiciaires et administratives, les traitements automatisés d'informations nominatives :

– portant sur des soupçons d'activités illicites, des infractions, des mesures de sûreté ;

– comportant des données biométriques nécessaires au contrôle de l'identité des personnes ;

– mis en œuvre à des fins de surveillance.

Lesdits traitements ne peuvent toutefois être mis en œuvre qu'avec l'autorisation préalable de la commission de contrôle des informations nominatives dès lors qu'ils sont nécessaires à la poursuite d'un objectif légitime essentiel et que les droits et libertés mentionnés à l'article premier des personnes concernées sont respectés.

La commission de contrôle des informations nominatives se prononce dans un délai de deux mois à compter de la réception du dossier complet. Ce délai peut être renouvelé une seule fois pour une durée identique sur décision motivée du président.

L'autorisation demandée à la commission, qui n'est pas rendue à l'expiration du délai prévu au précédent alinéa, renouvelé s'il y a lieu, est réputée favorable.

Art. 12 *(Rempl., L. n° 1.353, 4 déc. 2008)*. – Nul ne peut mettre en œuvre des traitements, automatisés ou non, faisant apparaître, directement ou indirectement, des opinions ou des appartenances politiques, raciales ou ethniques, religieuses, philosophiques ou syndicales, ou encore des données relatives à la santé, y compris les données génétiques, à la vie sexuelle, aux mœurs, aux mesures à caractère social.

Les dispositions du premier alinéa ne s'appliquent pas dans les cas suivants :

lorsque la personne concernée a librement donné son consentement écrit et exprès, notamment dans le cadre de la loi n° 1.265 du 23 décembre 2002 relative à la protection des personnes dans la recherche biomédicale, sauf dans le cas où la loi prévoit que l'interdiction visée au premier alinéa ne peut être levée par le consentement de la personne concernée. Cette dernière peut, à tout moment, revenir sur son consentement et solliciter du responsable ou de l'utilisateur du traitement la destruction ou l'effacement des informations la concernant ;

– lorsqu'un motif d'intérêt public le justifie, aux traitements visés à l'article 7 dont la mise en œuvre est décidée par les autorités ou organes compétents après avis motivé de la commission de contrôle des informations nominatives ;

– lorsque le traitement concerne les membres d'une institution ecclésiale ou d'un groupement à caractère politique, religieux, philosophique, humanitaire ou syndical, dans le cadre de l'objet statutaire ou social de l'institution ou du groupement et pour les besoins de son fonctionnement, à condition que le traitement se rapporte aux seuls membres de cet organisme ou aux personnes entretenant avec lui des contacts réguliers liés à sa finalité et que les informations ne soient pas communiquées à des tiers sans le consentement des personnes concernées ;

– lorsque le traitement est nécessaire aux fins de la médecine préventive, des diagnostics médicaux, de l'administration de soins, de médications ou de la gestion des services de santé et de prévoyance sociale, ou dans l'intérêt de la recherche et que le traitement de ces données est effectué par un praticien de la santé soumis au secret professionnel ou par une autre personne également soumise à une obligation de secret ;

– lorsque le traitement porte sur des informations manifestement rendues publiques par la personne concernée ;

– lorsque le traitement est nécessaire à la constatation, à l'exercice ou la défense d'un droit en justice ou répond à une obligation légale.

Art. 13 *(Rempl., L. n° 1.353, 4 déc. 2008)*. – Toute personne physique a le droit :

– de s'opposer, pour des raisons légitimes, à ce que des informations nominatives la concernant fassent l'objet d'un traitement, sauf le cas où celui-ci est mis en œuvre, dans le cadre exclusif de leurs missions d'intérêt général, par les responsables de traitements visés à l'article 7 ;

– d'accéder, dans les conditions prévues à la section II, aux informations la concernant, et d'obtenir qu'elles soient modifiées s'il y a lieu.

Sauf dispositions législatives contraires, l'ascendant, le descendant jusqu'au second degré, ou le conjoint survivant d'une personne décédée, peut, s'il justifie d'un intérêt, exercer les droits prévus au précédent alinéa, pour ce qui est des informations concernant cette personne.

Toute personne morale a le droit :

– de s'opposer, pour des raisons légitimes, à ce que des informations nominatives la concernant fassent l'objet d'un traitement, ou de s'opposer, avec l'accord de ses membres, à ce que des informations nominatives les concernant fassent l'objet d'un traitement, sauf le cas où celui-ci est mis en œuvre, dans le cadre exclusif de leurs missions d'intérêt général, par les responsables de traitements visés à l'article 7 ;

– d'accéder, dans les conditions prévues à la section II, aux informations la concernant ou, avec l'accord de ses membres, d'accéder aux informations nominatives les concernant, et d'obtenir qu'elles soient modifiées s'il y a lieu.

Les dispositions du présent article ne sont pas applicables aux traitements visés à l'article 11

Art. 14 *(Rempl., L. n° 1.353, 4 déc. 2008)*. – Les personnes auprès de qui des informations nominatives sont recueillies doivent être averties :

– de l'identité du responsable du traitement et le cas échéant de celle de son représentant à Monaco ;
– de la finalité du traitement ;
– du caractère obligatoire ou facultatif des réponses ;
– des conséquences à leur égard d'un défaut de réponse ;
– de l'identité des destinataires ou des catégories de destinataires ;
– de leurs droits d'opposition, d'accès et de rectification relativement aux informations les concernant ;
– de leur droit de s'opposer à l'utilisation pour le compte de tiers, ou à la communication à des tiers d'informations nominatives les concernant à des fins de prospection, notamment commerciale.

Lorsque les informations nominatives ne sont pas collectées directement auprès de la personne concernée, le responsable du traitement ou son représentant doit lui fournir les informations prévues au précédent alinéa, sauf si l'information de la personne concernée a déjà été effectuée, se révèle impossible, ou implique des mesures disproportionnées au regard de l'intérêt de la démarche ou encore si la collecte ou la communication des informations est expressément prévue par les dispositions législatives ou réglementaires.

Les dispositions du présent article ne sont pas applicables aux traitements visés à l'article 11.

Art. 14-1 *(L. n° 1.353, 4 déc. 2008).* – Toute personne a le droit de ne pas être soumise à une décision produisant des effets juridiques à son égard ou l'affectant de manière significative, prise sur le seul fondement d'un traitement automatisé d'informations destiné à définir son profil ou à évaluer certains aspects de sa personnalité.

Une personne peut toutefois être soumise à une décision mentionnée au précédent alinéa si cette décision :

– est prise dans le cadre de la conclusion ou de l'exécution d'un contrat, à condition que la demande de conclusion ou d'exécution du contrat, introduite par la personne concernée, ait été satisfaite ou que des mesures appropriées, telles que la possibilité de faire valoir son point de vue et de voir réexaminer sa demande, garantissent la sauvegarde de son intérêt légitime ;

– ou est autorisée par des dispositions légales ou réglementaires qui précisent les mesures garantissant la sauvegarde de l'intérêt légitime de la personne concernée.

Art. 14-2 *(L. n° 1.353, 4 déc. 2008).* – L'utilisation de réseaux de communications électroniques en vue de conserver des informations ou d'accéder à des informations conservées dans l'équipement terminal d'un abonné ou d'un utilisateur doit être précédée d'une information claire et complète de l'utilisateur ou de l'abonné, sur la finalité du traitement et sur les moyens dont il dispose pour s'y opposer.

Sont qualifiés de réseaux de communications électroniques les systèmes de transmission et, le cas échéant, les équipements de commutation ou de routage ainsi que les autres ressources qui permettent l'acheminement de signaux par câble, par voie hertzienne, par moyen optique ou par d'autres moyens électromagnétiques.

Il est interdit de subordonner l'accès à un service disponible sur un réseau de communications électroniques à l'acceptation, par l'abonné ou l'utilisateur concerné, du traitement des informations stockées dans son équipement terminal, sauf si la conservation ou l'accès techniques visent exclusivement à effectuer ou à faciliter la transmission d'une communication par la voie d'un réseau de communications électroniques, ou sont strictement nécessaires à la fourniture d'un service expressément demandé par l'abonné ou l'utilisateur.

Art. 14-3 *(L. n° 1.383, 2 août 2011).* – Sauf consentement exprès de la personne concernée, les informations nominatives recueillies par les prestataires de services de certification électronique pour les besoins de la délivrance et de la conservation des certificats liés aux signatures électroniques doivent l'être directement auprès de la personne concernée et ne peuvent être traitées que pour des fins en vue desquelles elles ont été recueillies.

Section 2. – De l'accès aux informations

Art. 15 *(Rempl., L. n° 1.353, 4 déc. 2008).* – Toute personne justifiant de son identité peut obtenir auprès du responsable du traitement ou de son représentant :

1° des renseignements portant au moins sur la finalité du traitement, les catégories d'informations sur lesquelles il porte et les destinataires ou catégories de destinataires auxquels les informations sont communiquées ;

2° confirmation que des informations la concernant sont, ou non, traitées ;

3° communication de ces informations sous une forme écrite, non codée et conforme au contenu des enregistrements ; les informations à caractère médical sont communiquées à la personne concernée, ou au médecin qu'elle aura désigné à cet effet. En cas d'avis contraire médicalement justifié, les informations ne peuvent être communiquées qu'audit médecin. Les conditions d'application du présent chiffre sont définies par ordonnance souveraine.

4° des informations sur les raisonnements automatisés ayant abouti à la décision visée à l'article 14-1.

Il doit être procédé à la communication dans le mois suivant la réception de la demande. Toutefois, le président de la commission de contrôle des informations nominatives peut, après avis favorable de celle-ci, accorder des délais de réponse ou dispenser de l'obligation de répondre à des demandes abusives par leur nombre, leur caractère répétitif ou systématique, la personne concernée dûment avisée.

Art. 15-1 *(L. n° 1.353, 4 déc. 2008)*. – La personne concernée par des informations nominatives contenues dans les traitements mentionnés à l'article 11 peut saisir la commission de contrôle des informations nominatives d'une demande de vérification desdites informations.

Le président de la commission désigne le membre ayant qualité de magistrat du siège ou, en cas d'empêchement de celui-ci, le membre proposé par le Conseil d'État, pour effectuer toutes les vérifications et faire procéder le cas échéant aux modifications nécessaires. Celui-ci peut se faire assister d'un agent de l'autorité de contrôle dûment commissionné et assermenté.

Le président de la commission informe la personne concernée que les vérifications ont été effectuées. En accord avec le responsable du traitement ou son représentant, il peut porter à sa connaissance les informations dont la communication ne porte pas atteinte à la sécurité publique.

Art. 15-2 *(L. n° 1.353, 4 déc. 2008)*. – Le responsable du traitement ou son représentant est tenu de prendre les mesures propres à :

1° compléter ou modifier d'office les informations qui sont incomplètes ou erronées lorsqu'il prend connaissance de leur caractère incomplet ou de leur inexactitude ;

2° supprimer d'office les informations qui auraient été obtenues par des moyens frauduleux, déloyaux ou illicites, lorsqu'il prend connaissance de ces modalités ;

3° supprimer la forme nominative des informations à l'expiration du délai de conservation fixé dans la déclaration, la demande d'avis ou la demande d'autorisation, ou à l'expiration de la période fixée par la commission, conformément à l'article 9.

Art. 16 *(Mod., L. n° 1.353, 4 déc. 2008)*. – La personne intéressée peut exiger que soient rectifiées, complétées, clarifiées, mises à jour ou supprimées les informations la concernant lorsqu'elles se sont révélées inexactes, incomplètes, équivoques, périmées ou si leur collecte, leur enregistrement, leur communication ou leur conservation est prohibé.

Sur sa demande, copie de l'enregistrement de l'information modifiée lui est délivrée sans frais.

S'il y a eu communication à des destinataires, l'information modifiée ou sa suppression doit leur être notifiée, sauf dispense accordée par le président de la commission de contrôle des informations nominatives.

Section 3. – Sécurité et confidentialité des traitements

(Intitulé rempl. à compter du 1er avr. 2009, L. n° 1.353, 4 déc. 2008)

Art. 17 *(Rempl., L. n° 1.353, 4 déc. 2008)*. – Le responsable du traitement ou son représentant est tenu de prévoir des mesures techniques et d'organisation appropriées pour protéger les informations nominatives contre la destruction accidentelle ou illicite, la perte accidentelle, l'altération, la diffusion ou l'accès non autorisés, notamment lorsque le traitement comporte des transmissions d'informations dans un réseau, ainsi que contre toute autre forme de traitement illicite.

Les mesures mises en œuvre doivent assurer un niveau de sécurité adéquat au regard des risques présentés par le traitement et de la nature des données à protéger.

Lorsque le responsable du traitement ou son représentant a recours aux services d'un ou plusieurs prestataires, il doit s'assurer que ces derniers sont en mesure de satisfaire aux obligations prescrites aux deux précédents alinéas.

La réalisation de traitements par un prestataire doit être régie par un contrat écrit entre le prestataire et le responsable du traitement ou son représentant qui stipule notamment que le prestataire et les membres de son personnel n'agissent que sur la seule instruction du responsable du traitement ou de son représentant et que les obligations visées aux deux premiers alinéas du présent article lui incombent également.

Si le prestataire souhaite avoir recours aux services d'un ou de plusieurs sous-traitants pour l'exécution de tout ou partie des prestations prévues au contrat susvisé, les dispositions de l'alinéa précédent s'appliquent à ces derniers.

Art. 17-1 *(L. n° 1.353, 4 déc. 2008)*. – Lorsque le traitement est mis en œuvre en application des articles 11 et 11-1 le responsable du traitement prend, en outre, des mesures techniques et d'organisation particulières destinées à garantir la protection des données. La liste des mesures susceptibles d'être prises à cette fin est fixée par ordonnance souveraine.

Ces mesures tendent notamment à déterminer nominativement la liste des personnes autorisées qui ont seules accès, pour les stricts besoins de l'accomplissement de leurs missions, aux locaux et aux installations utilisés pour les traitements, de même qu'aux informations traitées.

Le responsable du traitement veille également à ce que les destinataires auxquels les informations traitées sont transmises puissent être clairement identifiés.

CHAPITRE III. – DU CONTRÔLE DE LA RÉGULARITÉ DES TRAITEMENTS

(Intitulé rempl. à compter du 1er avr. 2009, L. n° 1.353, 4 déc. 2008)

Art. 18 ***(Déclaré non conforme à la Constitution par décision du Tribunal suprême du 25 octobre 2013).***

Rédaction antérieure. Art. 18 *(Mod., L. n° 1.353, 4 déc. 2008).* – La commission de contrôle des informations nominatives fait procéder aux vérifications et investigations nécessaires au contrôle de la mise en œuvre des traitements soit par ses membres, soit par des agents de son secrétariat, soit par des investigateurs nommés par le président sur proposition de la commission et soumis aux obligations prévues à l'article 5-1. Les agents et les investigateurs sont commissionnés et assermentés à cet effet

Les personnes mentionnées au précédent alinéa doivent être munies d'une lettre de mission du président de la commission de contrôle des informations nominatives précisant expressément le nom et l'adresse de la personne physique ou morale concernée, ainsi que l'objet de la mission, pour accéder aux locaux de celle-ci, pour procéder à toutes opérations de vérification nécessaires, pour consulter tout traitement, pour demander communication ou copie de tout document professionnel et pour recueillir auprès de toute personne compétente les renseignements utiles à leur mission.

La visite de locaux et les opérations de vérification sur place ne peuvent avoir lieu qu'entre six et vingt-et-une heures et en présence de l'occupant des lieux, du responsable du traitement ou de son représentant ou, à défaut, d'un officier de police judiciaire requis à cet effet.

À l'issue de la visite et des opérations de vérification sur place, un compte rendu est établi par les personnes mentionnées au premier alinéa. Un exemplaire est remis à l'occupant des lieux, au propriétaire, au responsable du traitement ou à son représentant ainsi qu'au président de la commission de contrôle des informations nominatives.

Art. 19 ***(Rempl., L. n° 1.353, 4 déc. 2008). – Lorsque des irrégularités sont relevées à l'encontre de personnes physiques ou de personnes morales de droit public ou de droit privé, le président de la commission de contrôle des informations nominatives adresse un avertissement à la personne responsable ou une mise en demeure de mettre fin aux irrégularités ou d'en supprimer les effets.***

Les irrégularités constitutives d'infractions pénales sont signalées sans délai au procureur général par le président de la commission.

Si la mise en demeure est restée infructueuse au terme du délai imparti, le président du tribunal de première instance, saisi par le président de la commission, et statuant comme en matière de référé, ordonne toutes mesures propres à faire cesser les irrégularités ou à en supprimer les effets, sans préjudice des sanctions pénales encourues ou des demandes de réparations des personnes concernées ayant subi un préjudice. La décision peut être assortie d'une astreinte.

Les dispositions du précédent alinéa ne sont pas applicables aux personnes morales de droit public pour lesquelles le président de la commission peut requérir du Ministre d'État qu'il prenne toutes mesures nécessaires à ce qu'il soit mis fin aux irrégularités constatées ou à ce que leurs effets soient supprimés. À l'égard des services ne relevant pas du Ministre d'État, celui-ci en saisit aux mêmes fins les organes d'administration compétents et peut, au cas où les mesures appropriées ne seraient pas prises, y procéder d'office.

CHAPITRE III *bis*. – DU TRANSFERT D'INFORMATIONS NOMINATIVES

(Chap. créé à compter du 1er avr. 2009, L. n° 1.353, 4 déc. 2008)

Art. 20 ***(Rempl., L. n° 1.353, 4 déc. 2008). – Le transfert d'informations nominatives hors de la Principauté ne peut s'effectuer que sous réserve que le pays ou l'organisme vers lequel s'opère le transfert dispose d'un niveau de protection adéquat.***

Le caractère adéquat du niveau de protection offert par le pays tiers doit être apprécié au regard de toutes les circonstances relatives à un transfert d'informations nominatives, notamment la nature des informations, la finalité, la durée du ou des traitements envisagés, les règles de droit en vigueur dans le pays en cause ainsi que les règles professionnelles et les mesures de sécurité qui y sont respectées.

Sans préjudice des dispositions qui précèdent, la commission de contrôle des informations nominatives tient à disposition de tout intéressé la liste des pays disposant, au sens de l'alinéa précédent, d'un niveau de protection adéquat.

Art. 20-1 *(L. n° 1.353, 4 déc. 2008)*. – Le transfert d'informations nominatives vers un pays ou un organisme n'assurant pas, au sens du deuxième alinéa de l'article 20, un niveau de protection adéquat peut toutefois s'effectuer si la personne à laquelle se rapportent les informations a consenti à leur transfert ou si le transfert est nécessaire :

– à la sauvegarde de la vie de cette personne ;

– à la sauvegarde de l'intérêt public ;

– au respect d'obligations permettant d'assurer la constatation, l'exercice ou la défense d'un droit en justice ;

– à la consultation, dans des conditions régulières, d'un registre public qui, en vertu de dispositions législatives ou réglementaires, est destiné à l'information du public et est ouvert à la consultation de celui-ci ou de toute personne justifiant d'un intérêt légitime ;

– à l'exécution d'un contrat entre le responsable du traitement ou son représentant et l'intéressé, ou de mesures pré-contractuelles prises à la demande de celui-ci ;

– à la conclusion ou à l'exécution d'un contrat conclu ou à conclure, dans l'intérêt de la personne concernée, entre le responsable du traitement ou son représentant et un tiers.

Sans préjudice des dispositions du précédent alinéa, la commission de contrôle peut autoriser, sur la base d'une demande dûment motivée, un transfert d'informations nominatives vers un pays ou un organisme n'assurant pas un niveau de protection adéquat au sens du deuxième alinéa de l'article 20, lorsque le responsable du traitement, ou son représentant, ainsi que le destinataire des informations offrent des garanties suffisantes permettant d'assurer le respect de la protection des libertés et droits mentionnés à l'article premier. Ces garanties peuvent notamment résulter de clauses contractuelles appropriées.

Le responsable du traitement est tenu de se conformer à la décision de la commission

CHAPITRE IV. – DES PÉNALITÉS

Art. 21 *(Rempl., L. n° 1.353, 4 déc. 2008)*. – Sont punis d'un emprisonnement d'un à six mois et de l'amende prévue au chiffre 3 de l'article 26 du Code pénal ou de l'une de ces deux peines seulement :

1° ceux qui mettent ou tentent de mettre en œuvre un traitement automatisé d'informations nominatives ou qui poursuivent ou tentent de poursuivre la mise en œuvre de ce traitement sans avoir effectué les formalités préalables ou obtenu les autorisations prévues aux articles 6, 7, 7-1 et 11-1 ;

2° ceux qui, sauf les dérogations prévues par la loi, s'abstiennent volontairement de communiquer à une personne intéressée les informations nominatives la concernant, de modifier ou de supprimer celles de ces informations qui se sont révélées inexactes, incomplètes, équivoques ou collectées en violation de la loi ;

3° ceux qui, par suite d'imprudences ou de négligences, ne préservent pas ou ne font pas préserver la sécurité des informations nominatives ou divulguent ou laissent divulguer des informations ayant pour effet de porter atteinte à la réputation d'une personne ou à sa vie privée ou familiale ;

4° ceux qui conservent des informations nominatives au-delà du délai indiqué dans la déclaration, la demande d'avis ou la demande d'autorisation ou du délai fixé par la commission de contrôle des informations nominatives ;

5° ceux qui, hors les cas prévus aux articles 20 et 20-1, transfèrent ou font procéder au transfert d'informations nominatives vers des pays ou organismes ne disposant pas d'une protection adéquate ;

6° ceux qui, en méconnaissance de l'article 14, recueillent des informations nominatives sans que la personne intéressée ait été informée, sauf si l'information de cette personne se révèle impossible ou implique des efforts disproportionnés, ou si la collecte ou la communication des informations est expressément prévue par les dispositions législatives ou réglementaires applicables ;

7° ceux qui méconnaissent les dispositions de l'article 14-2.

Art. 22 *(Rempl., L. n° 1.353, 4 déc. 2008)*. – Sont punis d'un emprisonnement de trois mois à un an et de l'amende prévue au chiffre 4 de l'article 26 du Code pénal ou de l'une de ces deux peines seulement :

1° ceux qui, sauf les dérogations prévues par la loi, collectent ou font collecter, enregistrent ou font enregistrer, conservent ou font conserver, utilisent ou font utiliser des informations nominatives réservées à certaines autorités, établissements, organismes et personnes physiques ou des informations susceptibles de faire apparaître des opinions ou des appartenances politiques, raciales ou ethniques, religieuses, philosophiques ou syndicales ou encore relatives à la santé, y compris les données génétiques, à la vie sexuelle, aux mœurs ou aux mesures à caractère social ;

2° ceux qui collectent ou qui font collecter des informations nominatives en employant ou en faisant employer des moyens frauduleux, déloyaux ou illicites ;

3° ceux qui volontairement empêchent ou entravent les investigations opérées pour l'application de la loi ou ne fournissent pas les renseignements ou documents demandés ;

4° ceux qui sciemment communiquent ou font communiquer des renseignements ou documents inexacts soit aux personnes intéressées soit à celles chargées d'effectuer les investigations nécessaires ;

5° ceux qui collectent ou font collecter, enregistrent ou font enregistrer, conservent ou font conserver, utilisent ou font utiliser des informations nominatives en dépit de l'opposition de la personne concernée, hors les cas prévus par la loi ;

6° ceux qui, à l'exception des autorités compétentes, sciemment collectent ou font collecter, enregistrent ou font enregistrer, conservent ou font conserver, utilisent ou font utiliser des informations nominatives avec ou sans données biométriques concernant des infractions, des condamnations ou des mesures de sûreté ou qui ont pour objet la prévention, la recherche, la constatation ou la poursuite des infractions pénales ou l'exécution des condamnations pénales ou des mesures de sûreté ;

7° ceux qui, sciemment, collectent ou font collecter, enregistrent ou font enregistrer, conservent ou font conserver, utilisent ou font utiliser des informations nominatives portant sur des soupçons d'activités illicites, des infractions, des mesures de sûreté ou comportant des données biométriques nécessaires au contrôle de l'identité des personnes ou destinées à des fins de surveillance sans avoir obtenu l'autorisation prévue à l'article 11-1 ;

8° ceux qui sciemment communiquent à des personnes non qualifiées pour les recevoir des informations dont la divulgation peut porter atteinte à la réputation d'une personne physique ou à sa vie privée et familiale ;

9° ceux qui sciemment utilisent ou font utiliser des informations nominatives pour une autre finalité que celle mentionnée dans la déclaration, la demande d'avis ou la demande d'autorisation

Art. 23 *(L. n° 1.353, 4 déc. 2008)*. – Toute condamnation prononcée en application des deux articles précédents entraîne, de plein droit, la cessation des effets de la déclaration ou de l'autorisation et la radiation du répertoire des traitements automatisés.

Le tribunal peut, en outre, décider la confiscation et la destruction, sans indemnité, davr.avr.es supports des informations nominatives incriminées et interdire la réinscription au répertoire pendant un délai qui ne peut excéder trois ans ni être inférieur à six mois.

Il peut également ordonner que la personne morale de droit privé soit tenue, solidairement avec son représentant statutaire au paiement de l'amende prononcée à l'encontre de ce dernier.

Art. 23-1 *(L. n° 1.353, 4 déc. 2008)*. – Aucune interconnexion ne peut être effectuée entre le casier judiciaire et tout autre fichier ou traitement d'informations nominatives détenus par une personne quelconque ou par un service ne dépendant pas de la direction des services judiciaires.

CHAPITRE V. – CHAMP D'APPLICATION

(Intitulé rempl. à compter du 1er avr. 2009, L. n° 1.353, 4 déc. 2008)

Art. 24 *(Rempl., L. n° 1.353, 4 déc. 2008)*. – Les dispositions de la présente loi sont applicables aux traitements automatisés d'informations nominatives :

– mis en œuvre par un responsable du traitement établi à Monaco ;

– mis en œuvre à Monaco, même si ce traitement est uniquement destiné à être utilisé à l'étranger ;

– dont le responsable est établi à l'étranger, mais recourt à des moyens de traitements situés à Monaco ; dans ce cas, le responsable du traitement doit désigner un représentant établi à Monaco, qui effectue la déclaration, la demande d'avis ou la demande d'autorisation et auquel incombent les obligations prévues par la loi, sans préjudice d'actions qui pourraient être introduites contre le responsable du traitement lui-même.

Lorsque les traitements automatisés d'informations nominatives mis en œuvre à l'étranger sont uniquement accessibles en consultation à Monaco par des moyens automatiques, leurs utilisateurs dans la Principauté sont soumis aux dispositions de la présente loi, à l'exception de celles des sections III et IV du chapitre premier

Art. 24-1 *(L. n° 1.353, 4 déc. 2008)*. – Les dispositions de la présente loi, à l'exception de celles des sections III et IV du chapitre I, sont applicables aux informations nominatives contenues ou appelées à figurer dans un fichier non automatisé ou mécanographique, savoir dans un ensemble structuré d'informations nominatives accessibles selon des critères déterminés.

Art. 24-2 *(L. n° 1.353, 4 déc. 2008)*. – Les dispositions de la loi ne sont pas applicables :

1° aux traitements mis en œuvre dans le cadre de l'article 15 de la Constitution ;

2° aux traitements mis en œuvre par l'autorité judiciaire pour les besoins des procédures diligentées devant les diverses juridictions ainsi que les procédures d'entraide judiciaire internationale ;

3° aux traitements automatisés et fichiers non automatisés d'informations nominatives mis en œuvre par une personne physique dans le cadre exclusif de ses activités personnelles ou domestiques

Art. 25 *(Rempl., L. n° 1.353, 4 déc. 2008)*. – Les dispositions des articles 12, 13, 14, 15, 15-2 et 16 ainsi que celles du chapitre III *bis* ne sont pas applicables aux traitements automatisés ou aux fichiers non automatisés ou mécanographiques d'informations nominatives mis en œuvre aux seules fins d'expression littéraire et artistique, ou aux seules fins d'exercice de l'activité de journaliste, dans le respect des lois et des règles déontologiques applicables, dans la mesure où ces exemptions et dérogations sont nécessaires pour concilier le droit à la vie privée avec les règles régissant la liberté d'expression.

Les dispositions du précédent alinéa ne font pas obstacle à l'application des lois relatives à la presse écrite ou audiovisuelle qui prévoient les conditions d'exercice du droit de réponse et qui préviennent, limitent, réparent et, le cas échéant, répriment les atteintes à la vie privée et à la réputation des personnes

Art. 25-1 *(L. n° 1.353, 4 déc. 2008)*. – Les modalités d'application de la présente loi sont fixées par ordonnance souveraine.

Art. 26 *(L. n° 1.353, 4 déc. 2008)*. – Les autorisations délivrées par la commission de contrôle des informations nominatives en vertu des articles 9, 11-1 et 20-1 peuvent, en vue d'assurer les intérêts protégés par la présente loi, être assorties de conditions particulières.

Elles peuvent être retirées lorsque le bénéficiaire enfreint les dispositions de ladite loi ou des textes pris pour son application, excède les limites de l'autorisation qui lui a été délivrée ou méconnaît les conditions qui y sont mentionnées. Préalablement à toute décision, l'intéressé est entendu en ses explications ou dûment appelé à les fournir.

Ordonnance n° 2.230 du 19 juin 2009

fixant les modalités d'application de la loi n° 1.165
du 23 décembre 1993 réglementant les traitements d'informations nominatives,
modifiée par la loi n° 1.353 du 4 décembre 2008 relative à la protection des informations nominatives
(Journal de Monaco, 26 juin 2009)

Vu la Constitution ; Vu la loi n° 1.165 du 23 décembre 1993 réglementant les traitements d'informations nominatives modifiée par la loi n° 1.353 du 4 décembre 2008 relative à la protection des informations nominatives ; Vu l'ordonnance souveraine n° 13.327 du 12 février 1998 fixant les modalités d'application de la loi n° 1.165 du 23 décembre 1993, modifiée, susvisée ;

De la nomination des membres de la Commission de Contrôle des Informations Nominatives

Art. 1er. – Les propositions mentionnées à l'article 4 de la loi n° 1.165 du 23 décembre 1993, modifiée, susvisée, sont adressées au Prince.

Art. 2. – Les propositions en vue de la nomination des nouveaux membres ou du renouvellement du mandat des membres en fonction, doivent être adressées dans les six mois qui précèdent l'expiration du mandat de ces derniers.

Art. 3. – Lorsqu'au cours de son mandat, un membre titulaire cesse ou n'est plus en mesure d'exercer ses fonctions, le président de la commission en informe l'autorité proposante concernée, en vue de la nomination d'un nouveau titulaire pour la période courant jusqu'à l'expiration dudit mandat.

Art. 4. – Le président et le vice-président sont élus pour la durée de leur mandat de membres de la commission.

Dans l'hypothèse où le président cesse ou n'est plus en mesure d'exercer ses fonctions, celles-ci sont, en application de l'article 5-6 de la loi n° 1.165 du 23 décembre 1993, modifiée, susvisée, assurées provisoirement par le vice-président pour la période courant jusqu'à l'élection d'un nouveau président et vice-président conformément à l'alinéa premier de l'article 5 de la loi, sans préjudice des dispositions de l'article 3.

Il en est de même dans le cas d'un empêchement temporaire.

Dans l'hypothèse où le vice-président cesse ou n'est plus en mesure d'exercer ses fonctions, il est procédé à l'élection d'un nouveau vice-président conformément à l'alinéa premier de l'article 5 de la loi n° 1.165 du 23 décembre 1993, modifiée, susvisée, sans préjudice des dispositions de l'article 3.

Art. 5. – La qualité de membre de la commission est incompatible avec :

- celle de conseiller national ou communal ;
- celle de conseiller d'État ;
- celle de magistrat en position d'activité, sauf pour le membre proposé par le Directeur des Services Judiciaires ;
- celle de fonctionnaire ou d'agent de l'État, de la Commune ou d'un établissement public, en position d'activité ;
- l'exercice de fonctions ou la détention de participations dans des entreprises monégasques ou étrangères concourant à la fabrication de matériel utilisé en informatique ou en télécommunication ou à la fourniture de services en informatique ou en télécommunication.

Des séances de la Commission de Contrôle des Informations Nominatives

Art. 6. – Les séances de la commission ont lieu en son siège ou en tout autre lieu du territoire de la Principauté si elle le décide.

La commission se réunit sur convocation de son président.

La convocation précise l'ordre du jour arrêté par le président. Elle est transmise par lettre ou par courrier électronique aux membres de la commission dix jours au moins avant la séance, sauf urgence.

Art. 7. – La commission ne peut valablement délibérer que si plus de la moitié de ses membres sont présents.

Art. 8. – Les votes ont lieu à main levée et les décisions sont adoptées à la majorité des suffrages exprimés.

Les abstentions sont exclues de son calcul.

La voix du président est prépondérante en cas de partage des voix.

Art. 9. – Le président invite à assister à tout ou partie de la séance, sans voix délibérative, tout expert ou sapiteur de son choix ou toute personne, appartenant ou non aux services de la commission, dont la participation aux débats paraît utile.

Art. 10. – Le secrétariat de séance est assuré par le secrétaire général de la commission ou par un des agents du secrétariat désigné par le président s'il échêt.

Chaque séance donne lieu à un procès-verbal signé par tous les membres ayant siégé et consigné dans un registre tenu à cet effet au siège de la commission. Une décision du président fixe les conditions dans lesquelles les éléments d'information relatifs aux séances peuvent, à l'exception de ceux ayant trait à la sécurité publique, être consultés par les personnes intéressées. Cette décision est affichée dans les locaux du secrétariat de la commission.

Art. 11. – Les services de la commission comprennent le secrétaire général, les agents du secrétariat, ainsi que les investigateurs visés par l'article 18 de la loi n° 1.165 du 23 décembre 1993, modifiée, susvisée

Art. 12. – Le secrétaire général et les agents du secrétariat sont soumis aux règles générales applicables aux fonctionnaires et agents de l'État.

Les pouvoirs hiérarchique et disciplinaire sont cependant exercés par le président de la commission.

Art. 13. – Les personnes proposées par la commission aux fins de procéder aux investigations prévues par l'article 18 de la loi n° 1.165 du 23 décembre 1993, modifiée, susvisée, sont nommées par le président pour une durée de cinq ans renouvelable une fois.

Le président peut pour un motif légitime refuser la nomination d'une ou plusieurs de ces personnes. Dans ce cas, la nomination d'autres personnes lui est proposée.

Ces nominations sont publiées au *Journal de Monaco*.

Art. 14. – Chaque mission d'investigation est décidée par une délibération de la commission qui précise :

- le nom et l'adresse de la personne physique ou morale concernée ;
- le nom ou les noms des personnes chargées d'accomplir la mission ;
- l'objet ainsi que la durée de la mission ;

La délibération de la commission est visée dans la lettre de mission prévue à l'article 18 de la loi n° 1.165 du 23 décembre 1993, modifiée, susvisée.

Art. 15. – Les investigateurs perçoivent, en rémunération des missions accomplies, des émoluments dont le montant est calculé sur la base d'un tarif fixé par la commission et agréé par le président.

Ce tarif est publié dans le *Journal de Monaco*.

Art. 16. – Les déclarations prévues à l'article 6 de la loi n° 1.165 du 23 décembre 1993, modifiée, susvisée, ainsi que les demandes d'avis prévues aux articles 7 et 7-1 de la même loi sont souscrites sur un formulaire dont le modèle est établi par la commission, assorti d'annexes destinées à compléter les informations fournies.

Les formulaires peuvent être obtenus sans frais de la commission sous forme d'imprimés ou par voie électronique.

Art. 17. – Les formulaires dûment remplis et assortis de leurs annexes sont adressés au secrétariat de la commission par lettre recommandée avec demande d'avis de réception postale ou déposés à ce même secrétariat contre reçu.

Le secrétariat de la commission dispose d'un délai d'un mois, maximum, pour déterminer le caractère complet du dossier.

Lorsque le dossier est complet, il suit les procédures établies par la loi selon le régime applicable au traitement ou au responsable de traitement. S'il s'agit d'une procédure déclarative, le président en délivre, sans délai, le récépissé.

Lorsque le dossier est incomplet, une lettre, est, dans le mois suivant la date de réception du dossier, adressée, par le secrétaire général de la commission, au déclarant ou au demandeur afin de l'informer de l'irrecevabilité de la déclaration, de la demande d'avis ou de la demande d'autorisation, et de lui indiquer les documents ou renseignements complémentaires à fournir.

Art. 18. – Les demandes d'avis prévues aux articles 7 et 7-1 de la loi n° 1.165 du 23 décembre 1993, modifiée, susvisée, sont signées, selon le cas, par le Ministre d'État, le Directeur des Services Judiciaires, le Maire, le directeur de l'établissement public ou la personne ayant légalement compétence ou qualité pour engager la personne morale de droit public ou de droit privé concernée.

Les demandes d'autorisation prévues aux articles 11-1 et 20-1 de la loi susvisée sont signées par le responsable du traitement ou son représentant.

Ces personnes, si elles en font la demande auprès du président, ou si celui-ci les y invite, sont, au cours de l'instruction, entendues en leurs explications par la commission.

Art. 19. – La commission rend l'avis prévu aux articles 7 et 7-1 de la loi n° 1.165 du 23 décembre 1993, modifiée, susvisée, dans un délai de deux mois à compter de la réception du dossier complet. Ce délai peut être prorogé une seule fois, pour une durée identique.

La décision de prorogation est prise et notifiée au demandeur par lettre recommandée avec demande d'avis de réception postal.

Toutefois, pour les traitements relevant de l'article 7-1 de la même loi, le délai de deux mois, éventuellement prorogé, peut être suspendu s'il y a lieu, pendant la durée de la consultation du service public compétent dans le domaine de la santé.

Art. 20. – L'avis ou l'autorisation de la commission est notifié à tout demandeur par lettre recommandée avec demande d'avis de réception postal.

Le silence de la commission au terme du délai visé à l'article précédent, renouvelé s'il y a lieu, vaut avis favorable.

Art. 21. – Sauf le cas prévu au second alinéa de l'article 20, la mise en œuvre du traitement est décidée, par les personnes ou autorités mentionnées à l'article 18, au vu de l'avis favorable de la commission ou, s'il échêt, de l'arrêté ministériel motivé visé à l'article 7 de la loi n° 1.165 du 23 décembre 1993, modifiée, susvisée.

Art. 22. – Le répertoire des traitements prévu à l'article 10 de la loi n° 1.165 du 23 décembre 1993, modifiée, susvisée, est tenu à disposition au siège de la commission.

Art. 23. – Le secrétariat de la commission assure la tenue et la mise à jour du répertoire des traitements.

Art. 24. – Les jours et heures de consultation du répertoire des traitements sont fixés par décision du président laquelle est affichée dans les locaux du secrétariat de la commission.

Art. 25. – Les pétitions relatives aux traitements d'informations nominatives sont, conformément au chiffre 7° de l'article 2 de la loi n° 1.165 du 23 décembre 1993, modifiée, susvisée, adressées au président qui apprécie s'il y a lieu d'en saisir la commission.

Lorsque la pétition est soumise à la délibération de la commission, celle-ci peut décider de la classer sans suite ou de prendre toutes mesures de sa compétence en rapport avec l'objet de la pétition.

Art. 26. – Lorsqu'en application de l'article 3 de la loi n° 1.165 du 23 décembre 1993, modifiée, susvisée, le président est saisi d'une plainte, il apprécie s'il y a lieu d'en saisir la commission.

Lorsque la plainte est soumise à la délibération de la commission, celle-ci peut décider de la classer sans suite ou de faire procéder aux investigations mentionnées à l'article 18 de ladite loi. Dans ce cas, il est procédé comme prévu à l'article 14 ci-dessus.

Art. 27. – Les auteurs des pétitions ou des plaintes visées aux deux articles précédents sont tenus informés, par le président de la commission, des suites données à leurs requêtes.

Art. 28. – En application de l'article 5-4 de la loi n° 1.165 du 23 décembre 1993, modifiée, susvisée, le président de la commission de contrôle des informations nominatives transmet au Ministre d'État la clôture des comptes budgétaires en vue de leur examen par le contrôleur général des dépenses.

De la communication des informations nominatives à caractère médical

Art. 29. – Les informations à caractère médical faisant l'objet d'un traitement peuvent être obtenues auprès du responsable du traitement ou de son représentant, selon le cas, par la personne concernée, son ayant droit en cas de décès, le titulaire de l'autorité parentale, le tuteur ou le médecin mandaté par l'une de ces personnes.

Le demandeur est tenu de justifier de son identité auprès du responsable du traitement.

L'accès aux données se fait, au choix du demandeur, soit par consultation sur place avec éventuellement remise de copies sur support papier ou électronique, soit par l'envoi des documents, par voie postale ou électronique. Les frais de délivrance de ces copies sont à la charge du demandeur et ne peuvent excéder le coût de la reproduction et, le cas échéant, de l'envoi des documents.

Lorsque l'accès aux données médicales donne lieu à la mise en œuvre de moyens électroniques, le responsable du traitement ou son représentant est tenu par les règles de sécurité et de confidentialité prévues par les premier et deuxième alinéas de l'article 17 de la loi n° 1.165 du 23 décembre 1993, modifiée, susvisée.

De la sécurité et de la confidentialité

Art. 30. – Les responsables de traitements mis en œuvre en application des articles 11 et 11-1 désignent les personnes chargées d'établir des profils d'habilitation strictement adaptés aux finalités des traitements.

Les habilitations sont données, pour chaque traitement, à un utilisateur ou à un groupe d'utilisateurs définis. Ceux-ci sont authentifiés par un identifiant et un mot de passe.

Art. 31. – L'ordonnance souveraine n° 13.327 du 12 février 1998, susvisée, est abrogée ainsi que toutes dispositions contraires à la présente ordonnance.

Ordonnance nº 4.524 du 30 octobre 2013

instituant un Haut Commissariat à la protection des droits, des libertés et à la médiation

(Journal de Monaco, 8 nov. 2013).

Art. 1er. – Il est institué un Haut Commissariat à la protection des droits et des libertés ainsi qu'à la médiation, ci-après dénommé « le Haut Commissariat », à la tête duquel se trouve un Haut Commissaire à la protection des droits et des libertés ainsi qu'à la médiation ci-après dénommé « le Haut Commissaire ».

TITRE I. – De la nomination du Haut Commissaire

Art. 2. – Le Haut Commissaire est nommé par ordonnance souveraine après recueil des avis :

1. du Ministre d'État ;
2. du Président du Conseil National ;
3. du Directeur des Services Judiciaires ;
4. du Maire.

Art. 3. – La demande d'avis des autorités mentionnées à l'article précédent comporte le curriculum-vitae de la ou des personnes dont la nomination est envisagée ainsi que, le cas échéant, un exposé relatif à leur aptitude à l'exercice des missions de Haut Commissaire telles que définies par la présente ordonnance.

Art. 4. – Le Haut Commissaire est nommé pour une durée de quatre années, renouvelable une fois, dans les conditions fixées aux articles 2 et 3, le Conseil de la Couronne entendu.

Il ne peut être mis fin à ses fonctions en cours de mandat que dans les formes et conditions énoncées au Titre IV.

Art. 5. – Avant d'entrer en fonctions, le Haut Commissaire prête devant Nous le serment suivant :

« Je jure de respecter les institutions de la Principauté, sa Constitution, ses lois et règlements.

Je jure également d'accomplir mes missions au service de l'intérêt général en toute impartialité, indépendance avec neutralité, diligence, loyauté et discrétion, ainsi que d'observer les devoirs qu'elles m'imposent et de me conduire, en toute circonstance, avec dignité et loyauté ».

TITRE II. – Du statut du Haut Commissaire

Art. 6. – Le Haut Commissaire accomplit les missions qui lui sont dévolues par la présente ordonnance avec neutralité, impartialité et de manière indépendante.

Aussi, ne reçoit-il, dans le cadre de l'exercice de ces missions, notamment de la part des autorités mentionnées à l'article 2, aucun ordre, instruction ou directive de quelque nature que ce soit.

Art. 7. – La nomination en qualité de Haut Commissaire n'a ni pour objet ni pour effet de conférer la qualité de fonctionnaire au sens de l'article 51 de la Constitution.

Art. 8. – Sans préjudice des dispositions du Code pénal relatives au secret professionnel, il est tenu à une obligation de stricte discrétion pour tout ce qui concerne les informations présentant un caractère confidentiel, en particulier celles tenant à la vie privée des personnes ou aux motifs énoncés à l'article 22, portées à sa connaissance lors de l'accomplissement des missions qui lui sont dévolues par la présente ordonnance.

Art. 9. – Le Haut Commissaire a le droit, après service fait, à une rémunération qui lui est allouée par l'État, dans des conditions déterminées par décision souveraine.

Cette rémunération ne peut évoluer, au cours du mandat du Haut Commissaire, qu'en fonction de l'ancienneté.

Pour le cas où le Haut Commissaire a, préalablement à sa nomination, la qualité de fonctionnaire, il est placé en position de détachement auprès du Haut Commissariat pendant la durée de son mandat.

Dans tous les cas, son régime de protection sociale, de retraites, d'allocations familiales et prénatales est, pour la durée de son mandat, celui applicable aux fonctionnaires ou agents de l'État.

Le Haut Commissaire ne peut exercer ses fonctions à temps partiel.

Art. 10. – Les fonctions de Haut Commissaire sont incompatibles avec celles de Conseiller National, de Conseiller Communal, de membre du Conseil Économique et Social ainsi qu'avec l'exercice, à Monaco ou à l'étranger, de tout mandat électif à caractère politique.

L'exercice desdites fonctions est également incompatible avec l'exercice, à Monaco ou à l'étranger, de toutes autres fonctions publiques ou de toute activité lucrative, professionnelle ou salariée.

Art. 11. – Le Haut Commissaire ne peut avoir, par lui-même ou par personne interposée, sous quelque dénomination ou forme que ce soit, des intérêts de nature à compromettre son indépendance.

Il s'abstient de toute démarche, activité ou manifestation incompatible avec la discrétion et la réserve qu'impliquent les missions qui lui sont dévolues par la présente ordonnance, que ce soit pour son propre compte ou pour celui de toute autre personne physique ou morale.

Art. 12. – Par dérogation aux dispositions de l'article précédent, le Haut Commissaire peut être autorisé, par décision souveraine, à dispenser des enseignements ou à exercer des fonctions ou activités qui ne sont pas de nature à porter atteinte à son indépendance ou à la dignité de sa fonction.

Art. 13. – L'État assure au Haut Commissaire, selon des instructions données par décision souveraine, la protection contre les menaces, outrages, injures, diffamations ou attaques de toute nature dont il serait l'objet lors de l'accomplissement des missions qui lui sont dévolues par la présente ordonnance.

De la même manière, l'État garantit au Haut Commissaire les moyens matériels d'exercice desdites missions dans le respect des exigences énoncées à l'article 6.

Le Haut Commissaire peut conclure avec des fournisseurs ou prestataires de services les contrats nécessaires au fonctionnement du Haut Commissariat.

Art. 14. – Les personnels appelés à travailler sous l'autorité hiérarchique du Haut Commissaire sont, s'ils ont déjà la qualité de fonctionnaire, placés en position de détachement auprès du Haut Commissariat.

Dans les autres cas, ces personnels sont employés sur le fondement d'un contrat conclu avec l'État. Ce contrat de droit public, conclu selon les formes et règles applicables aux agents contractuels de l'État et dans le respect des dispositions du 3ème alinéa de l'article 46, est signé par l'intéressé et par le Haut Commissaire après en avoir informé Notre Cabinet.

Le Haut Commissaire exerce à l'égard de l'ensemble des personnels du Haut Commissariat les pouvoirs hiérarchique et disciplinaire dans des conditions similaires à celles applicables aux fonctionnaires et agents de l'État.

TITRE III. – Des missions du Haut Commissaire

Section I – De la protection des droits et libertés de l'administré dans le cadre de ses relations avec l'administration

Art. 15. – Toute personne physique ou morale qui estime que ses droits ou libertés ont été méconnus par l'une des autorités mentionnées à l'article 2 ou par le fonctionnement d'un service administratif relevant d'une de ces autorités ou d'un établissement public, peut saisir le Haut Commissaire.

Art. 16. – Le Haut Commissaire peut également être saisi, aux fins de médiation, par les autorités mentionnées à l'article 2 ainsi que par les directeurs d'établissements publics.

La médiation constitue un mode de règlement amiable des différends susceptibles de survenir entre les administrés et l'autorité administrative à l'occasion :

– de recours administratifs préalables formés à l'encontre de décisions à caractère individuel dans les conditions visées aux articles 3 et 4 de Notre ordonnance n° 3.413 du 29 août 2011, modifiée, susvisée ;

– d'autres différends donnant lieu à des réclamations formalisées.

Les dispositions du précédent alinéa sont applicables aux contestations nées de conventions conclues entre l'État, la Commune ou un établissement public et des personnes physiques ou morales. Toutefois, lorsqu'une telle convention stipule un mode de règlement amiable des différends, la médiation ne peut intervenir qu'après mise en œuvre du dispositif contractuel, demeurée infructueuse.

Art. 17. – La saisine du Haut Commissaire a lieu par écrit.

Pour être recevable, la saisine directe du Haut Commissaire par un administré conformément à l'article 15 doit préciser ses nom, prénoms, adresse, ainsi que les éléments de droit et de fait et tous autres arguments motivant sa réclamation.

Elle indique les démarches préalables effectuées par ce dernier auprès du service administratif ou de l'établissement public concernés afin de faire valoir ses droits.

Lorsque la réclamation concerne la protection des droits et libertés d'un mineur ou d'un incapable, elle est valablement formée pour le compte de ce dernier par son représentant légal.

Art. 18. – Le Haut Commissaire n'est pas compétent pour connaître des différends ayant trait aux rapports de travail entre les administrations et établissements publics et leurs fonctionnaires ou agents.

Il ne peut intervenir dans une procédure engagée devant une juridiction, ni remettre en cause le bien-fondé d'une décision de justice.

La saisine directe du Haut Commissaire, par un administré conformément à l'article 15, de la contestation d'une décision administrative est, en l'absence de formalisation d'un recours administratif préalable, sans incidence sur les délais et les voies de recours ni sur les prescriptions.

Art. 19. – Le Haut Commissaire accuse réception de sa saisine et informe l'administré concerné de la suite susceptible d'y être réservée.

Le Haut Commissaire peut en outre communiquer audit administré toutes informations pertinentes au sujet de la médiation et notamment, s'il y a lieu, quant à l'échéance des délais de recours.

Le Haut Commissaire n'est pas tenu de donner suite aux réclamations générales ou imprécises, ni à celles qui sont abusives en particulier à raison de leur nombre ou de leur caractère répétitif.

Art. 20. – Le Haut Commissaire examine les pièces du dossier et sollicite des services compétents tout document ou information ou assistance nécessaire à l'accomplissement de sa mission.

Les demandes du Haut Commissaire auxdits services sont écrites et adressées suivant la voie hiérarchique. Les éléments sollicités lui sont transmis dans un délai lui permettant, le cas échéant, de se conformer aux dispositions du troisième alinéa de l'article 23.

Le Haut Commissaire peut également demander verbalement à l'administré et aux services susmentionnés des éléments complémentaires propres à l'éclairer sur le recours ou le différend.

Il veille au respect du principe du contradictoire en entendant en leurs explications, si nécessaire et sauf impossibilité, l'administré ou son représentant, de même que l'autorité administrative concernée.

Art. 21. – Lorsque le Haut Commissaire est saisi d'une réclamation ou d'un différend portant sur une atteinte à des droits dont la protection est confiée par la loi à une autorité administrative indépendante, il s'en dessaisit au profit de cette autorité. Il peut accompagner la transmission du dossier de ses observations et demander à être tenu informé des suites données à celles-ci.

Le Haut Commissaire peut, à sa demande et sauf disposition contraire de la loi, être associé aux travaux de l'autorité portant sur la réclamation ou le différend mentionné au précédent alinéa.

Art. 22. – Le caractère secret ou confidentiel des informations dont le Haut Commissaire demande communication ne peut lui être opposé que pour un motif dûment justifié tenant :

a) au secret des délibérations du Gouvernement et des autorités mentionnées à l'article 2 ;

b) à la conduite de la politique extérieure de la Principauté ;

c) à la sûreté de l'État ou à la sécurité des personnes ou des biens ;

d) au déroulement de procédures introduites devant des juridictions ou d'opérations préliminaires à de telles procédures ;

e) à la recherche ou à la poursuite de faits susceptibles de donner lieu à des sanctions pénales.

Le refus motivé de communication d'une information ou d'un document demandé par le Haut Commissaire lui est notifié par l'autorité ou le directeur de l'établissement public concerné. Ladite autorité ou ledit directeur peut également communiquer l'information ou le document demandé en sollicitant du Haut Commissaire que pour des motifs de confidentialité, il n'en donne pas connaissance à la personne qui l'a saisi ou à des tiers.

Les informations dont le secret est protégé par la loi ne peuvent être communiquées au Haut Commissaire qu'à la demande ou avec le consentement exprès de la personne physique ou morale concernée ou celui de son représentant légal dans le cas de mineurs ou de majeurs incapables.

Art. 23. – À l'issue de l'instruction, le Haut Commissaire peut faire à l'autorité mentionnée à l'article 2 concernée ou au directeur de l'établissement public concerné toute recommandation qui lui apparaît de nature à garantir le respect des droits et libertés de la personne qui l'a saisi et à régler les difficultés soulevées devant lui ou à en prévenir le renouvellement.

Cette recommandation énonce les considérations de fait, de droit ou d'équité qui la motivent. Elle peut également, le cas échéant, tendre à proposer toutes mesures à caractère général de nature à remédier aux éventuels dysfonctionnements constatés ou suggérer toutes modifications à apporter aux dispositions législatives ou réglementaires en vigueur, de nature à faire cesser leurs conséquences inéquitables.

En cas de recours administratif préalable, cette recommandation est adressée à l'autorité compétente de manière à permettre une réponse à l'administré préalablement à l'échéance du délai prévu à l'article 14 de l'ordonnance souveraine n° 2.984 du 16 avr. 1963, modifiée, susvisée. Cette recommandation peut porter sur les suites administratives à y réserver conformément aux dispositions de l'article 4 de Notre ordonnance n° 3.413 du 29 août 2011, modifiée, susvisée.

Art. 24. – Le Haut Commissaire peut aussi recommander le règlement à l'amiable du différend, le cas échéant par un accord transactionnel, obtenu grâce à sa médiation.

Les constatations effectuées et les déclarations recueillies au cours de la médiation ne peuvent être ni produites, ni invoquées ultérieurement dans les instances civiles ou administratives sans le consentement des personnes intéressées, sauf si la divulgation de l'accord est nécessaire à sa mise en œuvre ou si des raisons d'ordre public l'imposent.

Art. 25. – Lorsqu'il estime que les faits dont il a été saisi ou dont il a connaissance sont de nature à justifier des poursuites à caractère pénal ou disciplinaire, le Haut Commissaire en saisit, selon le cas, le Procureur Général ou l'autorité investie du pouvoir d'engager une procédure disciplinaire.

Art. 26. – Les autorités mentionnées à l'article 2 ainsi que les directeurs d'établissements publics informent le Haut Commissaire des suites données à ses recommandations dans un délai de quatre mois à compter de la date à laquelle il les leur a notifiées.

Art. 27. – Le Haut Commissaire informe par écrit l'administré du sens de sa recommandation.

Il assure, s'il y a lieu, le suivi de l'application de la décision ou de l'accord pris sur la base de sa recommandation.

Section II. – De la lutte contre les discriminations injustifiées

Art. 28. – Le Haut Commissaire peut être saisi de réclamations émanant de personnes physiques ou morales estimant avoir, dans la Principauté, été victimes de discriminations injustifiées.

La réclamation est formulée dans les conditions énoncées à l'article 17.

Les dispositions de l'article 19 sont applicables.

Art. 29. – Lorsque la personne mise en cause est l'une des autorités mentionnées à l'article 2 ou un service administratif relevant de l'une de ces autorités ou encore un établissement public, l'instruction de la réclamation par le Haut Commissaire a lieu dans les conditions visées à la section I.

Dans les autres cas, le Haut Commissaire entend le requérant et peut solliciter de sa part tous éléments complémentaires propres à l'éclairer sur les faits et la situation ayant motivé sa démarche.

Après examen du dossier, il peut transmettre la réclamation aux autorités ou aux personnes ayant vocation à en connaître.

Il peut également, dans le respect du principe du contradictoire, inviter la personne mise en cause à lui présenter ses explications et observations sur les faits de discrimination injustifiée, objet de la réclamation.

Art. 30. – Au terme de l'examen de la réclamation, le Haut Commissaire peut faire toute recommandation à la personne mise en cause de nature à remédier à la discrimination constatée, en l'invitant à le tenir informé, dans le délai qu'il fixe, des suites données à sa recommandation.

Il peut également, avec l'accord de l'ensemble des intéressés, procéder à une médiation dans les conditions visées à l'article 24.

Il peut en outre saisir le Procureur Général s'il considère que les faits dont il a connaissance sont de nature à justifier des poursuites pénales.

Art. 31. – À défaut d'information par la personne mise en cause dans le délai qu'il a fixé ou s'il estime, au vu des informations reçues, que sa saisine n'a pas été suivie des mesures nécessaires, le Haut Commissaire peut rendre publiques ses recommandations ou établir un rapport spécial à Notre intention.

Lorsque l'activité de la personne à laquelle le Haut Commissaire estime imputable une discrimination injustifiée est soumise à l'obtention préalable d'une autorisation ou d'un agrément administratif, il peut également saisir l'autorité ayant légalement compétence pour suspendre ou révoquer ladite autorisation ou ledit agrément, ou pour prendre toute mesure appropriée.

Art. 32. – Dans tous les cas, le Haut Commissaire informe par écrit le réclamant de la suite qui a été donnée à sa démarche.

Section III. – Des autres missions du Haut Commissaire

Art. 33. – Le Haut Commissaire peut être saisi par les autorités mentionnées à l'article 2 de demandes d'avis ou d'études sur toute question relevant de la protection des droits et libertés de l'administré dans le cadre de ses relations avec l'Administration, ainsi que de la lutte contre les discriminations injustifiées.

Les avis ou études du Haut Commissaire peuvent être rendus publics par l'autorité qui les a sollicités.

Art. 34. – Le Haut Commissaire peut entretenir une concertation avec les associations, groupements et autres organismes à but non lucratif à caractère social ou humanitaire, dont l'activité présente un intérêt au regard de la protection des droits et libertés de l'administré dans le cadre de ses relations avec l'Administration ainsi que de la lutte contre les discriminations injustifiées.

Art. 35. – Le Haut Commissaire peut se mettre en relation avec des institutions étrangères accomplissant des missions analogues aux siennes ainsi qu'avec leurs groupements, ce dans la limite de ses compétences telles que déterminées par la présente ordonnance et dans le respect des engagements internationaux de la Principauté, sous réserve de Nous en tenir préalablement informé.

Il participe, aux côtés des autorités mentionnées à l'article 2 et dans les mêmes conditions que celles visées au précédent alinéa, au dialogue avec les organes chargés des droits de l'homme dépendant des organisations internationales dont la Principauté est membre ou issues des conventions internationales en matière de droits humains régulièrement ratifiées ou approuvées par la Principauté.

Art. 36. – Le Haut Commissaire édite et tient à jour un site Internet à destination du public présentant ses missions, les textes qui le régissent, les rapports et documents publics qu'il établit conformément aux dispositions de la présente ordonnance ainsi que plus généralement l'ensemble des informations utiles à la bonne information des administrés quant à son rôle et aux modalités de son intervention.

Aux fins de l'accomplissement des missions qui lui sont dévolues par la présente ordonnance, il peut créer un ou plusieurs téléservices de l'administration électronique dans les conditions fixées par le Titre IV de Notre ordonnance n° 3.413 du 29 août 2011, modifiée, susvisée.

Art. 37 et 38 *(V. Ord. n° 3.413, 29 août 2011 art. 26 et 27).*

TITRE IV. – De la cessation des fonctions du Haut Commissaire

Art. 39. – Les fonctions du Haut Commissaire prennent fin au terme du mandat dont la durée est fixée à l'article 4.

Art. 40. – Il ne peut être mis fin aux fonctions du Haut Commissaire en cours de mandat qu'à sa demande expresse ou en cas d'empêchement dûment constaté ou de faute grave.

Dans ce cas, la cessation des fonctions du Haut Commissaire est prononcée par ordonnance souveraine, motivée dans les formes prescrites par la loi n° 1.312 du 29 juin 2006, susvisée.

Art. 41. – Hors le cas de la cessation de fonctions à la demande expresse du Haut Commissaire, l'ordonnance souveraine mentionnée à l'article précédent est prise sur avis du Conseil d'État, présidé par son vice-président qui désigne un rapporteur.

Art. 42. – Le Haut Commissaire est convoqué devant le Conseil d'État par lettre de son vice-président laquelle indique l'objet de la convocation ainsi que la date de la séance.

À défaut de comparution et de justification d'un motif légitime d'empêchement, le Conseil d'État statue en l'absence du Haut Commissaire.

Le rapport et, s'il y a lieu, le dossier y afférent sont, avant tout débat et en respectant un délai minimal d'au moins quinze jours francs, communiqués par le vice-président du Conseil d'État au Haut Commissaire.

À compter de cette communication, le Haut Commissaire dispose d'un délai de quinze jours pour présenter une argumentation par écrit.

Le Haut Commissaire peut se faire assister, devant le Conseil d'État, d'un avocat-défenseur ou d'un avocat. À la demande des parties ou d'office, le Conseil d'État peut entendre tout témoin.

Art. 43. – Le Conseil d'État, selon le cas, constate l'empêchement du Haut Commissaire ou statue sur les faits qui lui sont reprochés, leur gravité, leur imputabilité ainsi que sur les suites qu'il convient d'y réserver et notamment la cessation anticipée de ses fonctions.

L'avis du Conseil d'État est motivé. Il est signé par tous les membres ayant pris part à la délibération

Art. 44. – En cas de cessation de son mandat, le Haut Commissaire, s'il relève de la fonction publique, est réintégré dans un service administratif conformément au statut dont il relève.

TITRE V. – Dispositions diverses et finales

Art. 45. – Le Haut Commissaire Nous rend compte de ses missions.

Dans le respect des dispositions de l'article 8, il établit annuellement un rapport qui, sur la base des dossiers traités, peut conclure à des propositions de caractère général.

Ce rapport est rendu public.

Art. 46. – Les crédits nécessaires à la rémunération du Haut Commissaire, à celle des personnels mis à sa disposition ainsi que, de manière plus générale, au financement des moyens matériels d'exercice de ses missions font l'objet d'une inscription spécifique au budget de l'État.

Dans le cadre de la préparation du projet de budget primitif ou rectificatif de l'État, le Haut Commissaire transmet au Ministre d'État les propositions concernant les crédits visés à l'alinéa premier.

Les dépenses sont ordonnancées par le Haut Commissaire, sans préjudice des contrôles généraux institués en matière de dépenses de l'État.

Art. 47. – Sont abrogées les dispositions de la Section II (articles 5 à 14) de Notre ordonnance n° 3.413 du 29 août 2011 ainsi que toutes dispositions contraires à la présente ordonnance.

DROIT ADMINISTRATIF

Loi nº 918 du 27 décembre 1971
sur les établissements publics

Art. 1er. – Les établissements publics sont des personnes juridiques de droit public, dotées de l'autonomie de gestion administrative et financière et investies, sous le contrôle de l'État, d'une mission spécialisée d'intérêt général de caractère national ou international.

Art. 2. – Les établissements publics ne peuvent être créés que par la loi qui, en les instituant, délimite leur mission.

La qualité d'établissement public ne peut être reconnue qu'aux seules personnes publiques à qui elle a été expressément attribuée par la loi.

Art. 3. – Tout établissement public possède un patrimoine qui est insaisissable.

Ce patrimoine se compose de ses biens y compris ceux provenant des dons et legs ayant reçu une affectation de leurs auteurs ou, à défaut, du conseil d'administration ou de la commission administrative visé à l'article 7.

Art. 4. – Tout établissement public est doté d'un budget propre.

Ses ressources sont constituées par les revenus des biens composant son patrimoine, les autres dons et legs, le produit des droits ou des prix de service que l'établissement peut être autorisé à percevoir et, le cas échéant, une subvention de l'État.

Art. 5. – Les dispositions entre vifs ou par testament faites au profit d'un établissement public restent régies par l'article 778 du Code civil.

Art. 6. – L'administration des établissements publics est assurée selon les règles du droit public ; il en est de même en ce qui concerne la gestion administrative et la gestion comptable ; cette dernière est notamment soumise au contrôle des agents de l'État et de la commission supérieure des comptes.

Les établissements publics ne sont pas assujettis au contrôle préalable de leurs dépenses, à moins qu'il en soit disposé autrement par une ordonnance souveraine prise après consultation du Conseil d'État.

Les règles budgétaires et comptables sont déterminées par ordonnance souveraine ; elles peuvent être aménagées pour permettre la constitution et la gestion de fonds de roulement, de prévision, d'amortissement ou de renouvellement.

Art. 7. – Chaque établissement public est administré par un conseil d'administration ou une commission administrative dont la composition et le mode de fonctionnement sont fixés par ordonnance souveraine, prise après avis du Conseil d'État, à moins qu'ils ne soient prévus par la loi instituant l'établissement public.

Art. 8. – Dans tout établissement public la gestion administrative et la gestion comptable sont respectivement assurées par un directeur et un agent comptable qui sont nommés par ordonnance souveraine, sauf si leur désignation résulte de la loi instituant l'établissement ; lorsque les intéressés n'ont pas la qualité de fonctionnaire au sens de l'article 51 de la Constitution, ils ont celle d'agent public.

Art. 9. – Le directeur gère l'établissement public soit en exécution des délibérations du conseil d'administration ou de la commission administrative, soit en vertu de ses pouvoirs de direction. Il est ordonnateur des dépenses et investi, en cette qualité, du pouvoir de réquisition.

Art. 10. – Sous l'autorité du directeur, l'agent comptable exécute toutes les opérations comptables. Il assume la responsabilité de sa gestion ; à ce titre, il peut suspendre le paiement des dépenses s'il constate des irrégularités, il ne peut toutefois refuser de déférer à la réquisition du directeur que lorsque la suspension de paiement est motivée par l'indisponibilité des crédits, l'absence de justification de service fait, le caractère non libératoire du règlement ou le manque de fonds disponibles ; en cas de suspension de paiement ou de réquisition du directeur, l'agent comptable en informe le ministre d'État.

Art. 11. – Les personnes visées aux articles 7 et 8 peuvent être choisies sur la présentation ou l'avis préalable d'organismes nationaux ou internationaux.

Art. 12. – Les délibérations du conseil d'administration ou de la commission administrative d'un établissement public sont exécutoires de plein droit.

Toutefois, sont soumises à l'approbation du ministre d'État les délibérations qui concernent :

– le budget et le compte financier ;

– l'acquisition, l'aliénation, l'échange de biens immeubles ainsi que leur location lorsque la durée du contrat excède neuf ans ou lorsque son montant annuel dépasse le chiffre maximal fixé pour les achats sur simple facture effectués par l'État ;

– l'acquisition, l'aliénation ou l'échange de biens meubles lorsque leur valeur excède le chiffre maximal fixé pour ces mêmes achats ;

– les droits ou les prix de service à percevoir ;

– la création, la suppression ou la transformation d'emplois permanents ;

– le placement des fonds libres et les emprunts ;

– les transactions.

Art. 13. – Le budget est préparé chaque année par le directeur, délibéré et voté par le conseil d'administration ou la commission administrative ; il est arrêté définitivement par le ministre d'État.

Si le budget n'est pas présenté à la date qui sera fixée par ordonnance souveraine, le ministre d'État l'arrête d'office.

Lorsque les crédits reconnus nécessaires pour acquitter des dépenses nées de dettes liquides et exigibles n'ont pas été votés par le conseil d'administration ou la commission administrative, un arrêté ministériel peut procéder d'office à l'inscription de ces crédits à compter du dixième jour suivant une mise en demeure restée infructueuse.

Les dettes liquides et exigibles que les personnes chargées de l'administration ou de la gestion administrative de l'établissement refuseraient d'acquitter pourront être mandatées d'office par le Ministre d'État dans la limite des crédits disponibles.

Art. 14. – Après la clôture de l'exercice budgétaire, le compte financier établi par l'agent comptable est soumis au conseil d'administration ou à la commission administrative par le directeur qui l'accompagne d'un rapport de gestion ; le compte est arrêté par le conseil ou la commission, qui l'adresse, avec ses observations s'il y a lieu, au ministre d'État pour approbation.

Art. 15. – Les décisions prises par les personnes chargées de l'administration, de la gestion administrative et de la gestion comptable des établissements public ont le caractère de décisions administratives.

Ont également ce caractère les décisions prises à l'égard de ces personnes par les autorités dont elles relèvent.

Art. 16. – La responsabilité des personnes visées à l'article qui précède, ainsi que celle des agents des établissements publics ayant la qualité d'agents publics au sens de la législation sur la responsabilité civile de ces agents, ne peut être mise en cause que suivant les règles du droit public.

Art. 17. – Les agents des établissements publics sont régis par un statut de droit public déterminé par une ordonnance souveraine, laquelle fixera les conditions de recrutement et de rémunération ainsi que, pour les agents titulaires, les règles relatives à la carrière, à la discipline et à la retraite ; cette ordonnance déterminera également les catégories d'agents qui, ne participant pas d'une manière directe à l'exécution même du service public dont est chargé l'établissement. seront placées sous le régime de droit privé.

Art. 18. – Les modalités d'organisation et de fonctionnement des établissements publics sont déterminées, en tant que de besoin, pour chaque établissement public, par des ordonnances souveraines prises pour l'application de la loi les instituant.

Art. 19. – Les dispositions en vigueur concernant les établissement publics autonomes, quelle que soit leur désignation, devront être, par ordonnance souveraine, mises en harmonie avec celles de la présente loi.

Ordonnance n° 5.055 du 8 décembre 1972
sur les conditions d'administration et de gestion administrative et comptable des établissements publics

Vu la Constitution du 17 décembre 1962, notamment son article 68 ; Vu la loi n° 918 du 27 décembre 1971, sur les établissements publics ;

Art. 1er *(Ord. n° 6.735, 4 janv. 1980).* – Conformément aux dispositions de l'article 7 de la loi n° 918 du 27 décembre 1971, l'administration de chaque établissement public est assurée par un conseil d'administration ou une commission administrative : lorsqu'elles ne sont pas prévues par la loi instituant l'établissement public, la composition de cette assemblée et la durée du mandat de ses membres, lequel pourra toujours être renouvelé, seront fixées par une ordonnance souveraine prise après avis du Conseil d'État ; dans ce cas, les modalités d'organisation et de fonctionnement de l'établissement à arrêter, s'il y a lieu, en application de l'article 18 de la loi susvisée. seront déterminées par la même ordonnance.

Sauf dispositions contraires de la loi instituant l'établissement public, les membres titulaires et, s'il y a lieu, les membres suppléants du conseil d'administration, ou de Commission administrative sont nommés par ordonnance souveraine ; celle-ci nomme également le président et. le cas échéant, le vice-président de l'assemblée, qui sont choisis au sein de cette dernière. Toutes ces fonctions sont gratuites.

Sous la même réserve et la même forme, un ou plusieurs fonctionnaires relevant du département qui sera chargé d'assurer le contrôle de chaque établissement sous l'autorité du Ministre d'État pourront être délégués auprès du conseil d'administration ou de la commission administrative en qualité de commissaires du Gouvernement investis d'une mission d'information et d'assistance technique.

Art. 2. – Le conseil d'administration ou la commission administrative est réuni sur la convocation écrite de son président ; celui-ci convoque l'assemblée toutes les fois que l'administration de l'établissement l'exige ; il doit la réunir si un tiers au moins des membres le demande ou s'il s'agit des réunions dont le nombre minimal annuel sera fixé par l'ordonnance souveraine visée au premier alinéa de l'article précédent ; dans ces deux derniers cas, à défaut de convocation par le président, l'assemblée pourra être régulièrement convoquée par le commissaire du Gouvernement éventuellement délégué auprès d'elle.

L'assemblée ne peut valablement délibérer que si la moitié au moins de ses membres assiste à la séance.

Les délibérations sont rapportées dans des procès-verbaux signés par le président et par le secrétaire de séance ; des copies certifiées conformes de ces procès-verbaux sont adressées au ministre d'État dans les dix jours suivant ces délibérations.

Art. 3. – Le conseil d'administration ou la commission administrative définit les directives générales d'administration par des délibérations qui sont exécutoires dans les conditions fixées à l'article 12 de la loi n° 918, du 27 décembre 1971.

Le conseil ou la commission délibère sur le budget et sur le compte financier conformément aux dispositions des articles 13 et 14 de la loi n° 918 du 27 décembre 1971 ; le budget et le compte financier doivent être présentés au ministre d'État respectivement avant le 1er juillet et le 1er juin de chaque année.

Art. 4. – Sous le contrôle du conseil d'administration ou de la commission administrative, la gestion administrative et la gestion comptable sont respectivement assurées, comme prévu à l'article 8 de la loi n° 918 du 27 décembre 1971, par un directeur et par un agent comptable ; les intéressés, fonctionnaires ou agents publics de l'État, seront mis par ce dernier à la disposition de l'établissement et nommés à leurs fonctions par ordonnance souveraine, sauf si leur désignation résulte de la loi instituant l'établissement.

Ils prennent part avec voix consultative aux délibérations du conseil ou de la commission ; ils n'assistent toutefois pas aux délibérations au cours desquelles il est procédé à l'examen de leur gestion, à moins qu'ils y soient spécialement convoqués pour être entendus sur celle-ci.

Art. 5. – En exécution des délibérations du conseil d'administration ou de la commission administrative ou en vertu de ses pouvoirs de direction, le directeur est tenu de prendre toutes les mesures nécessaires au bon fonctionnement de l'établissement. En sa qualité d'ordonnateur, il constate les droits de celui-ci, liquide les recettes, engage et liquide les dépenses ; comme prévu à l'article 9 de la loi n° 918 du 27 décembre 1971, il exerce le pouvoir de réquisition en cas de suspension du paiement des dépenses dans les conditions visées à l'article 10 de ladite loi.

Outre les missions générales mentionnées ci-dessus, le directeur assume seul les charges ci-après :
– représenter l'établissement dans tous les actes de la vie civile et notamment en justice :
– accepter les dons manuels et offrandes de toute nature ;
– préparer le budget et le soumettre à la délibération et au vote de l'assemblée ;
– procéder aux formalités de recrutement et lorsqu'il y a lieu, nommer les agents de l'établissement ;
– préparer le rapport de gestion et le soumettre avec le compte financier à la délibération de l'assemblée.

Toutefois, ce n'est qu'après y avoir été expressément et spécialement autorisé par le conseil d'administration ou la commission administrative que le directeur peut notamment :
– intenter des actions judiciaires ou administratives, autres que des actions possessoires ;
– accomplir les formalités prévues à l'article 778 du Code civil pour accepter des dons et des legs ;
– acquérir, aliéner ou échanger des biens meubles et immeubles, consentir des baux et des locations ;
– passer des contrats et des marchés de travaux, fournitures ou services ;
– effectuer des placements de fonds libres et des emprunts ;
– transiger.

Art. 6. – Sous l'autorité du directeur, l'agent comptable est le chef de la comptabilité ; il doit veiller au bon fonctionnement du service comptable et tenir, ou faire tenir, les écritures conformément aux règles de la comptabilisation des établissements publics, il est responsable de ses écritures.

En tant que comptable public, l'agent comptable est seul habilité à exécuter, sous le contrôle des agents qualifiés de l'État, les opérations portant sur les recettes, les dépenses ou le maniement de fonds ainsi que sur les valeurs ; comme prévu à l'article 10 de la loi n° 918 du 27 décembre 1971, il assume la responsabilité de sa gestion et exerce les pouvoirs qui lui sont reconnus par ledit article 10.

Ordonnance n° 3.153 du 19 mars 1964

relative aux conditions d'entrée et de séjour des étrangers dans la Principauté

Vu la Constitution du 17 décembre 1962 ; Vu Notre ordonnance n° 3.039 du 19 août 1963, rendant exécutoire à Monaco la convention de voisinage signée à Paris le 18 mai 1963 ; Vu l'ordonnance n° 3.772, du 12 novembre 1948, modifiée par Notre ordonnance n° 95 du 15 novembre 1949, relative aux conditions d'entrée et de séjour des étrangers dans la Principauté.

TITRE I. – CONDITIONS D'ENTRÉE ET DE SÉJOUR SUR LE TERRITOIRE

Art. 1er. – Tout étranger qui désire pénétrer sur le territoire de la Principauté, qui y séjourne plus de trois mois ou qui s'y établit, doit être muni d'un passeport valable, ou de tout titre de voyage ou d'identité en tenant lieu, revêtu des timbres, visas et autorisations permettant l'accès, le séjour ou l'établissement en France, et notamment, dans le département des Alpes-Maritimes.

Les ressortissants français doivent être titulaires de la carte d'identité délivrée par l'administration française.

Les étrangers ne résidant pas sur le territoire français, désirant exercer une activité salariée dans la Principauté sans y fixer leur résidence, doivent être porteurs d'un permis de travail visé et délivré par les services compétents.

Art. 2 *(Ord. n° 11.884, 16 févr. 1996)*. – Pour séjourner dans la Principauté, tout étranger âgé de plus de 16 ans, en règle avec les dispositions de l'article premier de la présente ordonnance, est tenu dans les huit jours de son arrivée, de souscrire une demande de carte de séjour. S'il y séjournait déjà, il devra remplir cette formalité, au plus tard huit jours après l'accomplissement de sa seizième année.

En attendant la délivrance de l'une des cartes de séjour visées ci-après, tout étranger ne pourra séjourner dans la Principauté que s'il est en possession du récépissé provisoire de demande d'autorisation de séjour, en cours de validité, prévu à l'alinéa 6 de l'article 3.

Sont dispensés de souscrire une demande de carte de séjour :

1° Les consuls de carrière accrédités auprès de Nous et les membres de leurs familles ;

2° Les étrangers titulaires d'une carte de tourisme valable sur le territoire français ;

3° Les fonctionnaires détachés dans le cadre des conventions franco-monégasques.

Art. 3 *(Ord. n° 10.504, 27 mars 1992)*. – Les demandes de cartes de séjour doivent être déposées à la direction de la sûreté publique.

L'étranger qui n'est pas déjà admis à résider à Monaco devra justifier qu'il remplit les conditions fixées par l'article premier de la présente ordonnance.

Pour obtenir la carte de séjour, il est tenu de fournir toutes indications relatives, d'une part, à son état civil, et éventuellement, à celui de son conjoint et des enfants vivant avec lui et, d'autre part, à son mode de logement.

À ce titre, il doit produire soit un document attestant de sa qualité de propriétaire ou de locataire soit le certificat d'hébergement prévu à l'article 12.

L'étranger acquittera les droits de délivrance de la carte de séjour dont le montant sera fixé par arrêté ministériel (1).

Il est délivré à tout étranger admis à souscrire une demande de carte de séjour un récépissé provisoire attestant du dépôt de sa demande, signé par le directeur de la sûreté publique et portant le timbre de cette direction.

Art. 4 *(Mod., Ord. n° 6.443, 12 janv. 1979 ; rempl., Ord. n° 643, 10 août 2006)*. – La carte de séjour est délivrée par le directeur de la Sûreté publique. Elle porte la photographie de son titulaire, de face, tête nue.

Elle comporte en mention le nom patronymique figurant sur le passeport du requérant, ou, à défaut, sur une pièce d'identité officielle revêtue de sa photographie, ainsi que ses prénoms, sa date et son lieu de naissance, son adresse et sa profession.

Art. 4-1 *(Ord. n° 16.341, 26 mai 2004)*. – Un document de circulation peut être délivré aux étrangers âgés de moins de seize ans résidant en Principauté.

Les conditions de délivrance de ce document sont fixées par arrêté ministériel (2).

TITRE II. – DES DIFFÉRENTS TYPES DE CARTES DE SÉJOUR

Art. 5 *(Ord. n° 11.884, 16 févr. 1996)*. – L'étranger remplissant les conditions prévues à l'article premier de la présente ordonnance bénéficie d'une carte de séjour de résident temporaire dont la validité ne peut excéder un an.

Lorsque l'étranger réside dans la Principauté depuis plus de trois ans, il peut être attribué une carte de séjour de résident ordinaire, valable trois ans.

Lorsque l'étranger, conjoint d'une personne de nationalité monégasque, réside dans la Principauté depuis plus d'une année, il peut lui être attribué une carte de séjour de conjoint monégasque valable cinq ans. Cette carte de résident est renouvelable dans les conditions prévues au dernier alinéa de l'article 7.

À l'exception des cas prévus à l'article 8, lorsque l'étranger réside dans la Principauté depuis dix ans au moins, il peut lui être attribué une carte de séjour de résident privilégié, valable dix ans.

Art. 6. – L'étranger qui sollicite, pour la première fois, une carte de séjour de résident doit présenter, à l'appui de sa requête :

- soit un permis de travail, ou un récépissé en tenant lieu, délivré par les services compétents ;
- soit les pièces justificatives de moyens suffisants d'existence, s'il n'entend exercer aucune profession.

La durée de validité de la carte de résident temporaire ne peut dépasser la durée de validité des documents et visas exigés pour entrer et séjourner dans la Principauté.

La carte de résident temporaire ne peut être renouvelée que si l'étranger satisfait aux conditions prévues aux alinéas ci-dessus.

---

(1) V. A. min. n° 94-496, 10 nov. 1994 puis A. min. n° 2010-407, 4 août 2010. – NDLR.
(2) V. A. min. n° 2004-289, 26 mai 2004. – NDLR.

Elle peut lui être retirée à tout moment, s'il est établi qu'il cesse de remplir ces mêmes conditions ou si les autorités compétentes le jugent nécessaires.

Art. 7. – Pour obtenir une carte de séjour de résident ordinaire, l'étranger doit justifier :

– de l'autorisation des autorités compétentes s'il désire occuper un emploi ou exercer une profession libérale, industrielle ou commerciale ;

– de ressources suffisantes, s'il n'a pas l'intention de se livrer à une activité professionnelle.

La carte de résident ordinaire peut être renouvelée, à la demande de son titulaire, s'il remplit les conditions ci-dessus en ce qui concerne ses ressources ou l'exercice de son activité professionnelle.

La demande de renouvellement doit être souscrite au cours du mois qui précède l'expiration de la validité de la carte et doit faire mention de tout changement intervenu dans la situation de l'intéressé.

Art. 8 *(Ord. n° 11.884, 16 févr. 1996)*. – Le délai de dix ans, prévu à l'article 5 pour la délivrance d'une carte de séjour de résident privilégié, est réduit à un an pour :

– l'étranger, père ou mère d'un enfant de nationalité monégasque ;

– l'étrangère ayant, par mariage, perdu la nationalité monégasque.

La carte de résident privilégié n'est délivrée qu'après enquête administrative portant sur le caractère effectif de la résidence, la profession ou les moyens d'existence de l'intéressé.

Elle est renouvelable dans les conditions prévues au dernier alinéa de l'article 7.

TITRE III. – HÉBERGEMENT

Art. 9 *(Rempl., Ord. n° 1.091, 4 mai 2007)*. – (1) Les titulaires de licences d'hôtels, d'hôtels meublés, de pension de famille doivent établir lors de la venue de chaque client, une fiche informatisée mentionnant :

– les noms, prénom, sexe, date et lieu de naissance, profession, nationalité et adresse de toutes les personnes hébergées dans l'établissement ;

– les numéros ainsi que la date et le lieu de délivrance de leur carte de séjour, carte d'identité, passeport ou titre de voyage en tenant lieu ;

– leur numéro de chambre ou d'appartement ;

– leur date d'entrée dans l'établissement et de départ de celui-ci ;

– le code police servant d'accusé de réception informatisé.

Cette fiche informatisée est adressée sans délai par les titulaires de licences à la Direction de la Sûreté Publique. Celle-ci en délivre, sur le champ, un accusé de réception informatisé.

Lors du départ du voyageur, les titulaires de licences en informent par voie électronique la Direction de la Sûreté Publique.

Ces fiches sont récapitulées sur une liste informatique qui est communiquée, automatiquement et chaque 24 heures, à la Direction de la Sûreté Publique.

Cette liste est également présentée à toute réquisition éventuelle des fonctionnaires de police lors des contrôles effectués dans les établissements concernés.

Art. 10 *(Rempl., Ord. n° 1.091, 4 mai 2007)*. – Le propriétaire ou principal locataire qui loue, en meublé, tout ou partie de son immeuble ou de son appartement doit tenir, soit une liste informatisée dans les conditions fixées par l'article 9, soit un registre coté et paraphé par un officier de police judiciaire et sur lequel seront recopiées immédiatement, sans aucun blanc ni interligne, les mentions prévues à l'article 9.

Le propriétaire ou principal locataire doit également, le jour de l'entrée et le jour du départ de la personne qu'il héberge, adresser à la Direction de la Sûreté Publique, selon le cas, une fiche informatisée établie comme prévu à l'article 9, ou une fiche d'un modèle agréé indiquant, outre les mentions énoncées à l'article 9, le nom du meublé ainsi que celui de son propriétaire ou principal locataire.

Les intéressés seront soumis aux mêmes contrôles que ceux mentionnés au dernier alinéa de l'article 9.

Art. 11 *(Ord. n° 10.504, 27 mars 1992 ; rempl., Ord. n° 1.091, 4 mai 2007)*. – La tenue du registre et l'envoi de la fiche prévus à l'article 10 sont, en cas de non-fonctionnement du système de traitement informatique, obligatoires pour les personnes soumises aux prescriptions des articles 9 et 10.

(1) V. A. min. n° 92-218, 31 mars 1992. – NDLR.

Art. 12 *(Ord. n° 10.504, 27 mars 1992 ; rempl., Ord. n° 1.091, 4 mai 2007 ; Ord. n° 2.802, 6 juill. 2010)*. – Le propriétaire ou le principal locataire louant en meublé une partie seulement de son immeuble ou de son appartement ne peut héberger que des personnes séjournant plus d'un mois dans la Principauté.

Il est défendu d'inscrire sciemment qui que ce soit sous des noms faux ou supposés sur les fiches, listes ou registres visés aux articles 9 à 11.

À l'exception des personnes bénéficiant des modes d'hébergement régis par l'article 9, tout étranger visé à l'article 2 qui ne peut établir sa qualité de propriétaire ou de locataire du logement qu'il entend occuper pour une durée supérieure à trois mois doit être titulaire d'un certificat d'hébergement, délivré par la Direction de la Sûreté Publique, dans les conditions prescrites par arrêté ministériel sur avis de la commission technique d'hygiène, de sécurité et de protection de l'environnement formulé conformément à ses attributions.

TITRE IV. – DISPOSITIONS GÉNÉRALES ET SANCTIONS

Art. 13. – Les étrangers doivent être en mesure de présenter à toute réquisition des autorités compétentes, les documents sous le couvert desquels ils sont autorisés à séjourner dans la Principauté.

Art. 14. – Les cartes de séjour périmées ou en la possession d'étrangers ne remplissant plus les conditions prévues à l'article premier sont sans valeur. Elles seront retirées à leurs détenteurs.

L'étranger qui quitte la Principauté doit restituer son titre de séjour huit jours avant son départ. La direction de la sûreté publique lui délivrera une attestation justifiant de son séjour à Monaco.

Art. 15. – L'étranger qui aura perdu sa carte de séjour pourra, après enquête, recevoir un duplicata moyennant le paiement du droit de délivrance.

Art. 16. – L'étranger qui, sans excuse valable aura omis de solliciter dans les délais réglementaires, la délivrance ou le renouvellement de la carte de séjour, sera, sans préjudice des sanctions administratives éventuelles, passible d'une amende de 28 à 60 francs.

Art. 17. – L'étranger auquel l'autorisation de séjour aura été refusée ou retirée, devra obligatoirement quitter le territoire de la Principauté dans le délai qui lui sera imparti.

Celui qui, malgré ce refus ou ce retrait, sera trouvé sur le territoire monégasque, après expiration du délai accordé, ou celui dont la situation n'aura pas fait l'objet d'une régularisation administrative, sera puni d'un emprisonnement de six jours à trois mois et d'une amende de 400 à 4 000 F ou de l'une de ces deux peines seulement.

Art. 18. – Tout étranger qui aura surchargé ou falsifié un titre de séjour ou le récépissé à lui remis utilisé dans l'accomplissement d'un acte administratif, un titre de séjour ou un récépissé autre que celui lui appartenant, sera condamné à un emprisonnement de six mois à trois ans et à une amende de 500 à 5 000 F ou à l'une de ces deux peines seulement.

Il sera, en outre, expulsé du territoire monégasque.

Art. 19. – La fausse déclaration d'état civil en vue de dissimuler sa véritable identité ou l'usage de fausses pièces d'identité entraînera pour l'étranger délinquant les pénalités et sanctions administratives prévues à l'article 18 ci-dessus.

Art. 20. – Tout étranger autorisé à séjourner à Monaco, changeant de résidence ou d'activité, même dans les limites de la Principauté, doit faire connaître, dans les huit jours, sa nouvelle résidence ou sa nouvelle activité, à la direction de la sûreté publique sous peine d'une amende de 28 à 60 francs.

Art. 21. – Les infractions aux dispositions des articles 9, 11 et 12 seront punies d'une amende de 100 à 2 000 francs (1), sans préjudice des mesures d'expulsion qui pourront être prises.

(1) Conversion en euros : V. Ord. n° 13.827, 15 déc. 1998 : *Journal de Monaco*, 18 déc. 1998.

L'infraction aux dispositions de l'article 10 est passible d'un emprisonnement de six jours à un mois et d'une amende de 64 à 200 francs (1) ou de l'une de ces deux peines seulement.

Quiconque hébergera sciemment un étranger en situation irrégulière sera passible d'un emprisonnement de six jours à trois mois et d'une amende de 400 à 4 000 francs (1) ou de l'une de ces deux peines seulement, sans préjudice des sanctions administratives éventuelles.

Art. 22. – Le Ministre d'État pourra, par mesure de police, ou en prenant un arrêté d'expulsion, enjoindre à tout étranger de quitter immédiatement le territoire monégasque ou lui interdire d'y pénétrer.

Tout étranger refoulé, expulsé ou banni du territoire français et se trouvant dans la Principauté, sera, dès que la mesure ou le jugement le concernant aura été notifié au Ministre d'État, refoulé ou expulsé du territoire monégasque et remis aux autorités françaises.

Tout individu non monégasque soumis, en application du droit pénal français, à une interdiction de séjour ou à une interdiction de paraître dans le département des Alpes-Maritimes, dont la notification aura été faite au Ministre d'État, ne sera pas admis sur le territoire de la Principauté.

Art. 23. – Tout individu qui se sera soustrait à l'exécution des mesures énoncées à l'article précédent ou qui, après avoir quitté la Principauté, y entrera sans autorisation sera condamné à un emprisonnement de six mois à trois ans et à une amende de 500 à 5 000 francs (1) ou à l'une de ces deux peines seulement.

À l'expiration de sa peine, il sera conduit hors du territoire monégasque.

Art. 24. – Quiconque, par aide directe ou indirecte, aura facilité l'entrée, la circulation ou le séjour d'un étranger, objet d'une des mesures administratives prises en application de l'article 22 sera puni d'un emprisonnement de six mois à trois ans et d'une amende de 500 à 5 000 francs (1) ou de l'une de ces deux peines seulement.

Art. 25. – Sont abrogées toutes dispositions contraires à la présente ordonnance et notamment l'ordonnance souveraine n° 3.772 du 12 novembre 1948 et Notre ordonnance n° 95 du 15 novembre 1949, susvisées.

Loi n° 975 du 12 juillet 1975
portant statut des fonctionnaires de l'État (2)

TITRE I. – DISPOSITIONS GÉNÉRALES

Art. 1er. – Le présent statut s'applique aux personnes qui ont la qualité de fonctionnaire de l'État.

Il ne s'applique toutefois pas aux magistrats et aux greffiers, dont le statut est fixé par une loi, ni aux membres du clergé dont le statut est déterminé par ordonnance souveraine en vertu de la Bulle pontificale du 15 mars 1886 créant le diocèse de Monaco.

Il n'est de même pas applicable aux personnes relevant des services du Palais princier, aux chefs de mission du service diplomatique et aux membres de la force publique.

Art. 2. – Ont la qualité de fonctionnaire, au sens de la présente loi, les personnes nommées dans l'un des emplois permanents de l'État et titularisées dans un grade de la hiérarchie administrative.

Le grade est le titre qui confère au fonctionnaire vocation à occuper l'un des emplois permanents réservés aux titulaires dudit grade.

Art. 3. – Les emplois permanents sont répartis entre les catégories ci-après :
- catégorie A : fonctions de direction, de conception ou d'inspection ;
- catégorie B : fonctions d'application ;
- catégories C et D : fonctions d'exécution.

Les critères servant à définir ces fonctions sont fixés par une ordonnance souveraine prise après avis de la commission de la Fonction publique instituée par l'article 26.

(1) Conversion en euros : V. Ord. n° 13.827, 15 déc. 1998 : *Journal de Monaco*, 18 déc. 1998.
(2) V. Ord. n° 6.365, 17 août 1978.

Art. 4. – L'accession aux emplois visés à l'article 2 ne peut avoir lieu que dans les conditions prévues au présent statut.

Toutefois, une ordonnance souveraine déterminera les emplois supérieurs pour lesquels les nominations sont laissées à la seule décision de l'autorité compétente (1).

Art. 5. – Toute nomination ou toute promotion de grade n'ayant pas pour objet de pourvoir régulièrement à une vacance est interdite.

Art. 6. – Le fonctionnaire est vis-à-vis de l'Administration dans une situation statutaire et réglementaire.

Art. 7. – Il est interdit à tout fonctionnaire, quelle que soit sa position, d'avoir, par lui-même ou par personne interposée et sous quelque dénomination que ce soit, des intérêts, de nature à compromettre son indépendance, dans une entreprise quelconque soumise au contrôle du service administratif auquel il appartient ou en relation directe avec lui.

La même interdiction subsiste, pendant une période de deux ans, pour le fonctionnaire, visé à l'alinéa précédent, qui serait nommé dans un service n'exerçant plus ce contrôle.

Art. 8. – Il est interdit à tout fonctionnaire d'exercer à titre professionnel une activité lucrative, sauf dérogation accordée par le ministre d'État.

Lorsque le conjoint d'un fonctionnaire exerce une activité privée lucrative, déclaration doit en être faite au ministre d'État.

S'il y a lieu, celui-ci prescrit, après avis de la commission paritaire compétente instituée par l'article 28, les mesures propres à sauvegarder les intérêts de l'administration et la dignité de la fonction publique.

Art. 9. – Le fonctionnaire chargé d'assurer la marche d'un service est responsable à l'égard de ses chefs de l'autorité qui lui a été conférée à cette fin et de l'exécution des ordres qu'il a donnés. La responsabilité propre de ses subordonnés ne le dégage d'aucune des responsabilités qui lui incombent.

Tout fonctionnaire, quel que soit son grade dans la hiérarchie administrative, est responsable de l'exécution des tâches qui lui sont confiées.

Art. 10. – Indépendamment des règles instituées par le Code pénal en matière de secret professionnel, tout fonctionnaire est lié par l'obligation de discrétion professionnelle pour tout ce qui concerne les faits et informations dont il a connaissance dans l'exercice ou à l'occasion de l'exercice de ses fonctions.

Tout détournement, toute communication contraire aux règlements de pièces ou documents de service à des tiers sont formellement interdits.

Un fonctionnaire ne peut être délié de cette obligation de discrétion ou relevé de l'interdiction édictée par l'alinéa précédent qu'avec l'autorisation du chef de département intéressé.

Art. 11. – Tout fonctionnaire, quelle que soit sa position, doit s'abstenir, soit pour son propre compte, soit pour le compte de toute autre personne physique ou morale, de toute démarche, activité ou manifestation incompatible avec la discrétion et la réserve qu'impliquent ses fonctions.

Art. 12. – Toute faute commise par un fonctionnaire dans l'exercice ou à l'occasion de l'exercice de ses fonctions l'expose à l'une des sanctions disciplinaires visées à l'article 41, sans préjudice, le cas échéant, des peines prévues par la loi.

Art. 13. – Le dossier individuel de chaque fonctionnaire doit contenir toutes les pièces intéressant sa situation administrative, numérotées et classées sans discontinuité. Aucune mention faisant état des opinions politiques, philosophiques ou religieuses de l'intéressé ne pourra figurer au dossier.

Le fonctionnaire a droit à la communication personnelle et confidentielle de son dossier avant l'intervention d'une des sanctions disciplinaires visées aux chiffres 3 à 7 et au dernier alinéa de l'article 41.

---

(1) V. Ord. n° 6.364, 17 août 1978 *(mod., Ord. n° 7.010, 8 janv. 1981 ; Ord. n° 9.026, 9 oct. 1987 ; Ord. n° 11.726, 28 sept. 1995 ; Ord. n° 1.005, 28 févr. 2007 ; Ord. n° 3.410, 16 août 2011).*

Art. 14. – L'administration est tenue de protéger le fonctionnaire contre les menaces, outrages, injures, diffamations ou attaques de toute nature dont il peut être l'objet dans l'exercice de ses fonctions et de réparer, le cas échéant, le préjudice subi.

L'administration est, à cet effet, subrogée aux droits de la victime pour obtenir des auteurs des menaces, outrages, injures, diffamations ou attaques, la restitution des indemnités qu'elle aurait versées à titre de réparation ; elle dispose, en outre, aux mêmes fins, d'une action directe qu'elle peut exercer par voie de constitution de partie civile devant la juridiction pénale.

Art. 15. – Le fonctionnaire peut former, préalablement aux recours contentieux qui lui sont ouverts par la Constitution ou par la loi, un recours gracieux ou hiérarchique à l'encontre des décisions administratives qui sont susceptibles de lui faire grief. Il peut demander qu'il ne soit statué sur ce recours qu'après avis de la commission paritaire compétente ; dans ce cas, cette consultation est obligatoire.

Le recours gracieux ou hiérarchique conserve le délai de recours contentieux, à condition qu'il soit formé dans les deux mois de la notification ou de la publication de la décision administrative et que le recours contentieux soit lui-même formé dans les deux mois du rejet explicite ou implicite du recours gracieux ou hiérarchique.

Le défaut de réponse dans le délai de quatre mois vaut décision de rejet.

Art. 16. – En application de l'article 28 de la Constitution, les fonctionnaires peuvent défendre leurs droits et intérêts par l'action syndicale ; leurs syndicats, régis par la loi, peuvent ester en justice devant toute juridiction et notamment se pourvoir contre les actes réglementaires concernant le présent statut et contre les décisions individuelles portant atteinte aux intérêts collectifs des fonctionnaires.

Ils peuvent exercer le droit de grève dans le cadre de la loi qui le réglementera.

Art. 17. – Pour l'application du présent statut, aucune distinction n'est faite entre les deux sexes, sous réserve des mesures exceptionnellement commandées par la nature des fonctions.

TITRE II. – RECRUTEMENT

Art. 18. – Nul ne peut être nommé dans l'un des emplois visés à l'article 2 :

1° s'il a été privé de ses droits civils ou politiques ;

2° s'il n'est pas de bonne moralité ;

3° s'il n'a pas satisfait aux conditions prévues aux articles 20 et 21 ;

4° s'il ne remplit pas les conditions d'aptitude physique exigées pour l'exercice de la fonction et s'il n'est reconnu soit indemne, soit définitivement guéri de toute affection tuberculeuse, cancéreuse, neuromusculaire ou mentale. Dans tous les cas, l'intéressé devra produire un certificat délivré par une des commissions médicales prévues par l'article 58.

Art. 19. – La nomination intervient par ordonnance souveraine.

Avant d'entrer en fonction, le fonctionnaire doit prêter le serment prévu par l'ordonnance du 30 mars 1865.

Art. 20. – Sous réserve des dispositions du second alinéa de l'article 4, les fonctionnaires sont recrutés dans chacune des catégories mentionnées à l'article 3 par voie de concours ouverts aux candidats possédant les diplômes exigés ou justifiant de l'accomplissement d'études déterminées et aux candidats fonctionnaires ou agents en fonction ayant accompli une durée minimale de service public.

Toutefois, les fonctionnaires ayant acquis, dans la catégorie où ils ont été recrutés, une ancienneté de service suffisante pour leur permettre d'être admis à la catégorie supérieure pourront y accéder soit à la suite d'un examen professionnel, soit au choix après avis de la commission paritaire compétente instituée par l'article 28 et dans des conditions limitativement fixées.

L'organisation générale des concours et des examens professionnels ainsi que les conditions d'application des dispositions ci-dessus seront déterminées par une ordonnance souveraine prise après avis de la commission de la fonction publique.

Art. 21. – Un jury de concours, dont la composition est fixée par arrêté ministériel, désigne par ordre de mérite les candidats reconnus aptes.

Les nominations doivent intervenir dans l'ordre de classement arrêté par le jury, sous réserve des dispositions de la loi n° 188 du 18 juillet 1934.

La nomination, lorsqu'elle intervient, est prononcée à titre de stagiaire par arrêté ministériel.

Toutefois, l'obligation de stage n'est pas applicable aux agents qui ont accompli une année au moins au service de l'administration à la satisfaction de leurs chefs hiérarchiques.

Art. 22. – La durée du stage est fixée par une ordonnance souveraine prise après avis de la commission de la fonction publique.

Les stagiaires sont, pendant toute la durée du stage, régis par le présent statut ; toutefois, les dispositions relatives aux positions de détachement et de disponibilité ainsi que celles concernant les mutations ne leur sont pas applicables et ils ne peuvent faire l'objet que des sanctions disciplinaires visées au premier alinéa, chiffres 1 et 2, et second alinéa de l'article 41 ; les stagiaires de sexe féminin peuvent cependant bénéficier de la disponibilité spéciale prévue au second alinéa de l'article 63 et en ce cas, le stage est suspendu pendant toute la période de disponibilité.

Les stagiaires qui ne rempliront pas de façon satisfaisante les conditions d'aptitude requises seront, avec un préavis d'un mois, licenciés, sans indemnité, à l'expiration de la durée du stage. Cependant, en cas d'insuffisance professionnelle, le licenciement pourra intervenir dès la fin d'une période minimale de trois mois de stage.

Art. 23. – Nul ne peut être titularisé dans un grade avant d'avoir atteint la majorité civile visée à l'article 410-1° du Code civil. Sous cette réserve, la titularisation prend effet du jour de la nomination à titre de stagiaire ; l'ordonnance souveraine portant nomination à l'emploi et titularisation dans le grade, fixe le classement, compte tenu, le cas échéant, de l'ancienneté acquise depuis l'admission au stage.

Art. 24. – Les fonctionnaires recrutés en application de conventions internationales ne sont pas soumis aux dispositions des articles 20 à 23.

TITRE III. – COMMISSION DE LA FONCTION PUBLIQUE COMMISSIONS PARITAIRES

Art. 25. – Le ministre d'État veille à l'application du présent statut.

Art. 26. – Il est institué une commission de la fonction publique qui, placée sous la présidence du ministre d'État ou d'un conseiller de Gouvernement désigné par lui, comprendra des représentants de l'administration et des divers syndicats de fonctionnaires ; elle pourra être divisée en sections.

Sans préjudice des dispositions du présent statut, la commission est saisie par le ministre d'État de toutes les questions de caractère général intéressant la fonction publique ou les fonctionnaires ainsi que de l'organisation des services publics ; elle est saisie aux mêmes fins par le ministre d'État à la requête de la majorité des membres de la commission représentant les syndicats.

La commission de la fonction publique émet des avis motivés.

Sa composition et son fonctionnement sont fixés par une ordonnance souveraine prise après avis du Conseil d'État (1).

Art. 27. – La commission de la fonction publique est aussi consultée par le ministre d'État sur des questions d'ordre individuel dans le cas prévu au deuxième alinéa de l'article 38 ; elle émet alors des recommandations motivées.

Art. 28. – Il est institué, pour chacune des catégories mentionnées à l'article 3, une commission paritaire qui comprendra un nombre égal de représentants de l'administration et de représentants élus des fonctionnaires.

Chaque commission paritaire, compétente en raison de la catégorie à laquelle appartient le fonctionnaire intéressé, est obligatoirement saisie des questions d'ordre individuel résultant de l'application des articles 8, 15, 20, 35, 38, 59, 63, 66, 69 et 72.

---

(1) V. Ord. n° 5.744, 6 janv. 1976 *(mod., Ord. n° 439, 27 févr. 2006)*.

Les conditions de fonctionnement des commissions paritaires ainsi que les modalités de désignation de leurs membres seront fixées par arrêté ministériel pris après avis de la commission de la fonction publique (1). Les membres des commissions paritaires sont nommés par arrêté ministériel.

TITRE IV. – RÉMUNÉRATION – AVANTAGES SOCIAUX

Art. 29. – Les différents grades ou emplois de l'administration sont classés hiérarchiquement dans des échelles indiciaires de traitements. Ces échelles sont établies par une ordonnance souveraine prise après avis de la commission de la fonction publique.

Le traitement indiciaire de base est fixé par arrêté ministériel.

Art. 30. – Tout fonctionnaire a droit, après service fait, à une rémunération comportant un traitement et des indemnités diverses.

Le traitement correspond au grade du fonctionnaire et à la classe ou à l'échelon auxquels il est parvenu ou, exceptionnellement, à l'emploi dans lequel il a été nommé.

Le traitement du stagiaire est celui correspondant à la classe ou à l'échelon du début de l'échelle indiciaire afférente à l'emploi qu'il occupe.

Art. 31. – Les fonctionnaires ont droit ou ouvrent droit au profit de leurs ayants cause :

1° à des prestations familiales et à des avantages sociaux ;

2° à des prestations médicales, pharmaceutiques et chirurgicales ;

3° à une allocation d'assistance-décès ;

4° à une pension de retraite, conformément à la législation en vigueur.

Le droit aux prestations prévues aux chiffres 1 et 2 ci-dessus est maintenu aux fonctionnaires après leur mise à la retraite à la condition qu'ils n'exercent aucune activité lucrative.

Art. 32. – Pour l'application du régime des prestations visées au chiffre 2 de l'article précédent, l'administration dispose des avis d'un médecin-conseil.

Art. 33. – Les conditions générales d'attribution des prestations, des avantages sociaux et de l'allocation prévus à l'article 31 seront déterminées par une loi dont les modalités d'application seront fixées par une ordonnance souveraine prise après avis de la commission de la fonction publique.

Art. 34. – Les fonctionnaires doivent se soumettre à un contrôle médical périodique dans les conditions qui seront fixées par une ordonnance souveraine prise après avis de la commission de la fonction publique.

TITRE V. – AVANCEMENT

Art. 35. – Chaque année une appréciation motivée doit être portée par les supérieurs hiérarchiques sur les fonctionnaires placés sous leurs ordres.

Les fonctionnaires et les commissions paritaires compétentes peuvent avoir communication de l'appréciation visée ci-dessus. Les conditions dans lesquelles interviendra cette communication seront fixées par ordonnance souveraine prise après avis de la commission de la fonction publique ; cette ordonnance souveraine déterminera également les critères d'appréciation des mérites des fonctionnaires.

Art. 36. – L'avancement des fonctionnaires comporte l'avancement de classe ou d'échelon, qui a lieu de façon continue, et l'avancement de grade.

Art. 37. – L'avancement de classe ou d'échelon s'effectue en fonction de l'ancienneté ; toutefois, l'appréciation visée à l'article 35 peut avoir pour effet de réduire l'ancienneté requise pour accéder à la classe ou à l'échelon supérieur.

Les durées d'ancienneté sont fixées par une ordonnance souveraine prise après avis de la commission de la fonction publique.

(1) V. A. min. n° 77-126, 30 mars 1977. – NDLR.

Art. 38. – L'avancement de grade s'effectue au choix à l'intérieur de chacune des catégories d'emploi mentionnées à l'article 3 ; la commission paritaire compétente doit au préalable être consultée, sauf pour les emplois visés au second alinéa de l'article 4.

Lorsque, pendant deux années, l'administration se sera abstenue de donner suite à des propositions qui avaient fait l'objet d'avis favorables de la commission paritaire compétente, celle-ci pourra demander, sur requête des fonctionnaires intéressés, que la commission de la fonction publique soit saisie.

Art. 39. – Le fonctionnaire accédant à un grade supérieur reçoit le traitement et les indemnités afférents à la classe ou à l'échelon qui lui est attribué par la décision de promotion dans l'échelle indiciaire du nouveau grade.

À défaut, l'intéressé est placé d'office dans la classe ou à l'échelon de l'échelle indiciaire afférente au nouveau grade dont l'indice est égal ou immédiatement supérieur à celui de son ancienne classe ou de son ancien échelon, en ce cas, la durée maximale des services requis pour l'avancement de classe ou d'échelon est réduite de moitié.

Art. 40. – La hiérarchie des différents grades de l'administration et, dans chaque grade, le nombre de classes ou d'échelons seront fixés par une ordonnance souveraine prise après avis de la commission de la fonction publique.

TITRE VI. – DISCIPLINE

Art. 41. – Les sanctions disciplinaires sont :

1° l'avertissement ;
2° le blâme ;
3° l'abaissement de classe ou d'échelon ;
4° la rétrogradation ;
5° l'exclusion temporaire de fonction pour une durée de trois mois à un an ;
6° la mise à la retraite d'office ;
7° la révocation.

Une exclusion temporaire de fonction pour une durée de trois mois au plus peut, en outre, être prononcée à titre de sanction principale ou complémentaire.

Art. 42. – L'avertissement et le blâme avec inscription au dossier visé à l'article 13 sont donnés par le chef de service après que le fonctionnaire intéressé ait été mis en mesure de présenter ses explications.

L'exclusion temporaire de fonction pour une durée de trois mois au plus, l'abaissement de classe ou d'échelon et la rétrogradation, lorsque ces mesures n'impliquent pas une modification de l'ordonnance souveraine de nomination, sont décidés par le conseil de Gouvernement après consultation du conseil de discipline prévu à l'article 45.

Les autres sanctions sont prononcées par ordonnance souveraine après consultation et sur proposition du conseil de discipline ; cette dernière formalité n'est pas exigée en cas de condamnation à une peine afflictive ou infamante.

Art. 43. – En cas de faute grave, qu'il s'agisse d'un manquement aux obligations professionnelles ou d'une infraction de droit commun le fonctionnaire intéressé peut, avant la consultation du conseil de discipline, être immédiatement suspendu par décision du ministre d'État.

La décision prononçant la suspension doit, soit préciser que le fonctionnaire conserve, pendant le temps où il est suspendu, le bénéfice de son traitement, soit déterminer la quotité de la retenue qu'il subit, laquelle ne peut être supérieure à la moitié du traitement.

La situation du fonctionnaire suspendu doit être définitivement réglée dans un délai de quatre mois à compter du jour où la décision de suspension a pris effet ; lorsqu'aucune décision n'est intervenue à l'échéance de ces quatre mois, l'intéressé reçoit à nouveau l'intégralité de son traitement, sauf s'il est l'objet de poursuites pénales.

Si le fonctionnaire n'a subi aucune sanction ou n'a été l'objet que d'un avertissement ou d'un blâme ou si, à l'expiration du délai de quatre mois, l'administration n'a pu statuer sur son cas, l'intéressé a droit au remboursement des retenues opérées sur son traitement.

Toutefois, lorsque le fonctionnaire est l'objet de poursuites pénales, sa situation n'est définitivement réglée qu'après que la décision rendue par la juridiction saisie est devenue définitive.

Art. 44. – Les exclusions temporaires de fonction visées à l'article 41 ainsi que la mesure de suspension prévue à l'article précédent n'emportent pas la suspension des prestations, avantages sociaux, allocation ou pension mentionnés à l'article 31.

Art. 45. – Le conseil de discipline comprend six membres :
- trois, dont le président, sont désignés par le ministre d'État ;
- trois sont désignés par les représentants des fonctionnaires au sein de la commission paritaire compétente et doivent être titulaires d'un grade au moins égal à celui du comparant.

Le ministre d'État désigne, en outre, un rapporteur qui, s'il n'est pas membre du conseil de discipline, n'assiste pas au délibéré. En cas de partage des voix, celle du président est prépondérante.

Art. 46. – La procédure devant le conseil de discipline est contradictoire.

La comparution devant le conseil de discipline est ordonnée par un arrêté ministériel qui nomme les membres appelés à en faire partie et fixe la date de comparution de l'intéressé.

Le fonctionnaire déféré au conseil de discipline est mis en demeure, par lettre recommandée avec avis de réception, de prendre connaissance de son dossier et de toutes les pièces relatives à l'affaire.

Notification concomitante lui est faite, dans la même forme, de l'arrêté ministériel visé au deuxième alinéa ci-dessus ; il lui est accordé un délai de trente jours, à compter du lendemain de cette notification, pour présenter sa défense et désigner, le cas échéant, son défenseur.

Le fonctionnaire a le droit de citer des témoins. Ce droit appartient également à l'administration.

Art. 47. – Le fonctionnaire qui a fait l'objet d'une sanction disciplinaire, mais qui n'a pas été exclu des cadres, peut, après cinq années s'il s'agit d'un avertissement ou d'un blâme et dix années s'il s'agit d'une autre sanction, introduire, par la voie hiérarchique, une demande tendant à ce qu'aucune trace de la sanction prononcée ne subsiste à son dossier.

Le ministre d'État statue après avis de la commission de la fonction publique.

TITRE VII. – POSITIONS

Art. 48 *(L. n° 1.275, 22 déc. 2003)*. – Tout fonctionnaire est placé dans une des positions suivantes :

1° l'activité :

2° le service détaché ;

3° la disponibilité.

L'activité est la position du fonctionnaire qui, titulaire d'un grade, exerce à temps complet ou à temps partiel, les fonctions de l'un des emplois correspondants à ce grade.

Le détachement est la position du fonctionnaire qui, placé hors de l'administration, continue à bénéficier des droits et avantages résultant du présent statut, à l'exception du travail à temps partiel. En cas de détachement, le travail à temps partiel ne peut être autorisé, le cas échéant, que conformément aux règles appliquées par la personne publique ou privée auprès de laquelle le fonctionnaire est détaché.

La disponibilité est la position du fonctionnaire qui, placé hors de l'administration, cesse de bénéficier des droits et avantages résultant du présent statut.

Activités et congés

Art. 49. – Le fonctionnaire en activité a droit à un congé annuel avec traitement d'une durée minimum de trente-cinq jours consécutifs pour une année de service accompli. En cas de nécessité de service, l'administration peut imposer un fractionnement de ce congé.

Les congés éventuellement accordés dans le cours de l'année pour convenances personnelles sont déduits du congé annuel.

Les conditions dans lesquelles des autorisations exceptionnelles d'absence peuvent, en outre, être accordées seront déterminées par une ordonnance souveraine prise après avis de la commission de la fonction publique. Ces absences ne seront pas imputées sur le congé annuel.

Art. 50. – Lorsqu'il est mis dans l'impossibilité temporaire d'exercer ses fonctions par suite de maladie dûment constatée le fonctionnaire est de droit en congé. Son traitement est maintenu pendant les trois premiers mois de ce congé, d'une durée maximum de six mois ; il est réduit de moitié pendant les trois mois suivants.

Si, à l'expiration de cette période de six mois, l'intéressé n'est pas en mesure de reprendre l'exercice de ses fonctions il peut, sur proposition du médecin-conseil de l'administration, être maintenu en congé, sans toutefois que la durée de ce nouveau congé, pendant lequel il continuera à recevoir un traitement réduit de moitié, puisse excéder un an.

Art. 51. – Le fonctionnaire qui, ayant épuisé la totalité de ses droits à congé de maladie prévus à l'article 50, n'est pas en mesure de reprendre l'exercice de ses fonctions peut, sur proposition de la commission médicale compétente visée à l'article 58, être maintenu en congé, sans toutefois que la durée de ce nouveau congé, pendant lequel il continuera à recevoir un traitement réduit de moitié, puisse excéder deux ans.

Art. 52. – (1) Lorsqu'il est atteint d'une affection, dûment constatée, le mettant dans l'impossibilité d'exercer ses fonctions, qui rend nécessaire un traitement et des soins coûteux et prolongés et qui figure sur une liste établie par arrêté ministériel, le fonctionnaire a droit à un congé de longue maladie d'une durée maximum de trois ans. Il conserve l'intégralité de son traitement pendant un an ; ce traitement est réduit de moitié pendant les deux années qui suivent.

Le fonctionnaire qui a obtenu un congé de longue maladie ne peut bénéficier d'un autre congé de même nature s'il n'a pas auparavant repris l'exercice de ses fonctions pendant au moins un an.

Art. 53. – Le fonctionnaire atteint d'une affection tuberculeuse, cancéreuse, neuromusculaire ou mentale est, de droit, mis en congé de maladie de longue durée ; ce congé lui est accordé par périodes maximales d'une année.

L'intéressé conserve pendant une durée de trois années l'intégralité de son traitement, lequel est ensuite réduit de moitié pendant les deux années suivantes.

La décision est prise, dans tous les cas, sur proposition de la commission médicale compétente.

Art. 54. – À l'expiration des congés de maladie accordés en application des articles 50, 51, 52 et 53, ou si, sur proposition de la commission médicale compétente, il est mis fin à ces congés, l'intéressé peut être :
- soit muté d'office dans un emploi que son état de santé lui permettra de remplir ;
- soit mis en disponibilité d'office ;
- soit mis à la retraite pour invalidité.

Art. 55. – Le fonctionnaire victime d'un accident survenu dans l'exercice ou à l'occasion de l'exercice de ses fonctions, notamment lors du trajet, est, de droit, en congé. Il en est de même en cas de maladie contractée ou aggravée dans ces conditions.

Outre le remboursement intégral des honoraires médicaux et des frais directement entraînés par la maladie ou l'accident, il conserve son traitement :
- soit jusqu'à ce que son état de santé lui permette de remplir son emploi ou, après mutation d'office, un autre emploi pour lequel il serait reconnu apte ;
- soit jusqu'à sa mise à la retraite pour invalidité.

Lorsque l'intéressé est atteint d'une incapacité permanente ne justifiant pas sa mise à la retraite pour invalidité, il lui est alloué une rente dont le montant, calculé comme en matière d'accidents du travail, est fonction du taux d'incapacité ; cette rente est cumulable, le cas échéant, avec un traitement d'activité.

La décision est prise, dans tous les cas, sur la proposition de la commission médicale compétente.

Art. 56. – Dans tous les cas de congé de maladie prévus aux articles 50, 51, 52 et 53, avec ou sans réduction de traitement, l'intéressé conserve son droit aux prestations familiales, médicales, pharmaceutiques ou chirurgicales ainsi qu'aux avantages sociaux dont il bénéficie en raison de sa situation de famille.

Les temps passés en congé de maladie sont pris en compte pour l'avancement et le calcul de la pension de retraite.

(1) V. A. min. n° 2003-121, 11 févr. 2003. – NDLR.

Art. 57 *(Rempl., L. n° 1.310, 29 mai 2006)* (1). – Le fonctionnaire de sexe féminin a droit à un congé de maternité dont la durée, fixée par arrêté ministériel (2), ne peut être inférieure à seize semaines.

À l'occasion de la naissance de son enfant, le père fonctionnaire a droit à un congé de paternité dans les conditions déterminées par ordonnance souveraine. La durée de ce congé ne peut être inférieure à douze jours calendaires consécutifs en cas de naissance simple, ou à dix-neuf jours calendaires consécutifs en cas de naissances multiples ou si le foyer a déjà au moins deux enfants à charge.

Lors du décès de la mère au cours de la période de congé postnatal visé au premier alinéa, le père fonctionnaire bénéficie du droit au congé postnatal de la mère restant à courir.

Durant les périodes de congé de maternité et de congé de paternité visées aux trois alinéas précédents, le fonctionnaire perçoit l'intégralité de son traitement.

Art. 57-1 *(L. n° 1.310, 29 mai 2006)* (1). – Les fonctionnaires autorisés, en application des articles 240 à 297 du Code civil, à accueillir un ou plusieurs enfant à titre d'adoption, ont droit à un congé d'adoption dans les conditions fixées par ordonnance souveraine.

La durée du congé d'adoption est de huit semaines, en cas d'adoption d'un seul enfant, ou de dix semaines, en cas d'adoptions multiples ou si le foyer a déjà des enfants à charge.

Le congé d'adoption peut être réparti dans le temps entre les deux parents ou pris simultanément en totalité ou en partie. Dans tous les cas, la durée cumulée du congé pris par chacun des deux parents ne peut excéder celle fixée à l'alinéa 2.

Lorsque, au sein du couple d'adoptants, l'un des parents relève, au titre de son activité professionnelle, d'un statut ou d'un régime distinct du présent statut et ouvrant également droit au bénéfice d'un congé d'adoption indemnisé, la durée du congé d'adoption dont bénéficie le parent fonctionnaire de l'État est réduite de la durée du congé pris le cas échéant par l'autre parent, en vertu des dispositions du statut ou du régime qui lui est applicable.

Durant la période du congé d'adoption, le fonctionnaire perçoit l'intégralité de son traitement.

Art. 58. – Les conditions d'application du régime des congés de maladie et les règles d'organisation et de fonctionnement des commissions médicales compétentes en la matière seront déterminées par une ordonnance souveraine prise après avis de la commission de la fonction publique ; cette ordonnance fixera également les conditions dans lesquelles les avis du médecin-conseil de l'administration seront, en cas de contestation, soumis à ces commissions.

Détachement

Art. 59. – Le détachement peut avoir lieu dans tous emplois dont les titulaires relèvent du champ d'application de la législation sur les pensions de retraite des fonctionnaires et, exceptionnellement, pour un but d'intérêt général, dans tous autres emplois ou fonctions. Le détachement est toujours révocable.

Il est prononcé soit à la demande du fonctionnaire, soit d'office ; dans ce dernier cas, la commission paritaire compétente est consultée et l'intéressé a droit au maintien d'un traitement égal à celui afférent à son grade et à sa classe ou à son échelon.

Art. 60. – En cas de détachement dans un emploi ou une fonction dont les titulaires ne relèvent pas du champ d'application de la législation sur les pensions de retraite des fonctionnaires, l'intéressé doit verser la cotisation prévue par les dispositions en vigueur pour la constitution du droit à pension ; cette cotisation est calculée sur le traitement d'activité afférent à son grade et à sa classe ou à son échelon dans le service dont il est détaché.

La personne privée auprès de laquelle le fonctionnaire est détaché est redevable à l'administration des cotisations dont elle serait tenue s'il s'agissait d'un salarié du régime général.

---

(1) Dispositions applicables du fait des naissances et adoptions intervenues à compter du lendemain de leur publication au *Journal de Monaco* du 2 juin 2006.

(2) V. A. min. n° 85-248, 2 mai 1985 puis A. min. n° 2008-824, 19 déc. 2008.

Art. 61. – À l'expiration du détachement, le fonctionnaire est réintégré dans l'administration à la première vacance se produisant dans son grade. Il est affecté dans un emploi correspondant audit grade ; toutefois, il a priorité pour être affecté à l'emploi qu'il occupait antérieurement à son détachement.

S'il refuse l'emploi qui lui est assigné, il est placé en disponibilité jusqu'à ce qu'une nouvelle vacance soit ouverte dans son grade.

Art. 62. – Les conditions et la durée du détachement seront déterminées par une ordonnance souveraine prise après avis de la commission de la fonction publique.

Disponibilité

Art. 63. – La disponibilité est prononcée soit à la demande de l'intéressé, soit d'office comme prévu aux articles 54 et 61 ; dans le premier cas, la commission paritaire compétente est consultée.

Le fonctionnaire de sexe féminin bénéficie, en outre, d'une disponibilité spéciale.

Art. 64. – La disponibilité sur demande du fonctionnaire peut être prononcée pour maladie grave ou accident du conjoint ou d'un enfant, pour études ou recherches présentant un intérêt général ou pour convenances personnelles.

Art. 65. – Les conditions de la mise en disponibilité, sa durée ainsi que les modalités de la réintégration à l'expiration de la période de disponibilité seront déterminées par une ordonnance souveraine prise après avis de la commission de la fonction publique.

La disponibilité ne fait pas échec aux dispositions relatives à la discipline. Elle est révocable lorsque les conditions dans lesquelles elle a été prononcée cessent d'être remplies.

Art. 66. – Le fonctionnaire mis en disponibilité qui, lors de sa réintégration, refuse l'emploi qui lui est assigné, peut être licencié ou mis à la retraite d'office après avis de la commission paritaire compétente.

TITRE VII BIS. – EXERCICE DES FONCTIONS À TEMPS PARTIEL (1)
(L. n° 1.275, 22 déc. 2003)

Art. 66-1 *(L. n° 1.275, 22 déc. 2003)*. – Le fonctionnaire en activité peut, pour convenance personnelle, sur sa demande et pour une période déterminée, être autorisé par le ministre d'État à accomplir des fonctions à temps partiel. Cette autorisation est donnée sous réserve des nécessités de fonctionnement du service.

L'autorisation est accordée de plein droit si la demande est présentée en vue soit d'élever un enfant de moins de cinq ans, soit de donner des soins à un conjoint, un ascendant ou un enfant, atteint d'une infirmité, d'une maladie ou d'une incapacité grave.

L'autorisation d'accomplir des fonctions à temps partiel est donnée pour une durée de six mois ou douze mois. Elle peut être renouvelée sur la demande du fonctionnaire présentée deux mois avant la fin de la période en cours.

La demande d'autorisation d'accomplir des fonctions à temps partiel devra être présentée au minimum deux mois avant la date prévue pour le début de la période de travail à temps partiel.

Les fonctionnaires occupant un emploi supérieur visé par le second alinéa de l'article 4 ci-dessus, ainsi que les fonctionnaires visés au 2° de l'article 6 de la loi n° 1.049 sur les pensions de retraite des fonctionnaires, des magistrats et de certains agents publics, ne peuvent être admis à l'exercice de leurs fonctions à temps partiel.

Art. 66-2 *(L. n° 1.275, 22 déc. 2003)*. – Le fonctionnaire autorisé à accomplir des fonctions à temps partiel perçoit une fraction du traitement et des indemnités afférentes à son grade dans l'emploi auquel il a été nommé. Cette fraction est égale au rapport entre la durée de service à temps partiel autorisée et la durée effectuée par le fonctionnaire de même grade ou emploi accomplissant un service à temps plein.

Art. 66-3 *(L. n° 1.275, 22 déc. 2003)*. – L'exercice de fonctions à temps partiel est assimilé à l'exercice de fonctions à temps plein pour la détermination des droits à l'avancement de classe ou d'échelon et à la formation professionnelle.

(1) V. Ord. n° 16.299, 28 avr. 2004 *(mod., Ord. n° 1.649 bis, 20 mai 2008)*.

Art. 66-4 *(L. n° 1.275, 22 déc. 2003)*. – Le fonctionnaire autorisé à exercer des fonctions à temps partiel a droit aux mêmes congés que le fonctionnaire de même grade ou emploi exerçant des fonctions à temps plein, dont les modalités de décompte seront fixées par le ministre d'Etat.

Pendant une période de formation professionnelle, le fonctionnaire autorisé à exercer des fonctions à temps partiel reste dans cette position même si la durée des enseignements dispensés excède celle du service accompli.

Art. 66-5 *(L. n° 1.275, 22 déc. 2003)*. – Le fonctionnaire autorisé à exercer des fonctions à temps partiel conserve les prestations familiales et les avantages sociaux dont il bénéficierait s'il exerçait à temps plein.

Dans tous les cas de congé de maladie prévus aux articles 50, 51, 52 et 53, le fonctionnaire autorisé à assurer un service à temps partiel perçoit une fraction du traitement auquel il aurait eu droit dans cette situation s'il exerçait un service à temps plein. La fraction de traitement est déterminée conformément aux dispositions de l'article 66-2. Si à l'expiration de la période d'exercice des fonctions à temps partiel, il demeure en congé de maladie, il recouvre les droits dont bénéficie le fonctionnaire exerçant des fonctions à temps plein.

L'allocation d'assistance-décès prévue au chiffre 3° de l'article 31 est calculée sur l'intégralité du traitement afférent à l'emploi auquel le fonctionnaire décédé a été nommé ou au grade et à la classe ou échelon auxquels il est parvenu.

(Al. rempl., L. n° 1.310, 29 mai 2006) (1) La période d'activité à temps partiel est suspendue pendant la durée d'un congé de maternité, de paternité ou d'adoption. Les bénéficiaires de tels congés sont, en conséquence, rétablis, durant la durée de ces congés, dans les droits des fonctionnaires exerçant leurs fonctions à temps plein.

Art. 66-6 *(L. n° 1.275, 22 déc. 2003)*. – La durée du service à temps partiel que le fonctionnaire peut être autorisé à accomplir est égale à 5/10e ou 8/10e de la durée du service qu'effectue le fonctionnaire exerçant à temps plein les mêmes fonctions.

Le fonctionnaire autorisé à exercer des fonctions à temps partiel ne peut accomplir d'heures supplémentaires.

Art. 66-7 *(L. n° 1.275, 22 déc. 2003)*. – Par dérogation aux dispositions du troisième alinéa de l'article 66-1, pour les personnels enseignants et les personnels d'éducation, l'autorisation de travailler à temps partiel ne peut être donnée que pour la durée d'une année scolaire. La demande doit être présentée quatre mois avant le début de l'année scolaire.

Par dérogation aux dispositions de l'article 66-6, pour les instituteurs et les professeurs des écoles, seul le temps partiel à 5/10e peut être accepté. Pour les enseignants du secondaire, la quotité du temps partiel est aménagée de telle manière que les heures d'enseignement d'une classe ne soient pas fractionnées.

Dans tous les cas, la répartition hebdomadaire des heures de services effectuées est du seul ressort du chef d'établissement.

TITRE VIII. – MUTATION

Art. 67. – L'affectation donnée à un fonctionnaire par sa nomination à un emploi permanent peut être modifiée par voie de mutation dans un autre service à un emploi correspondant au grade dont il est titulaire.

La mutation est prononcée soit dans l'intérêt du service, soit sur demande du fonctionnaire si elle n'est pas contraire audit intérêt, soit d'office pour l'une des causes visées aux articles 54 et 55.

Le fonctionnaire intéressé ne peut recevoir un traitement inférieur à celui dont il bénéficiait antérieurement.

TITRE IX. – CESSATION DE FONCTIONS

Art. 68. – La cessation définitive des fonctions entraînant la perte de la qualité de fonctionnaire résulte :

1° de la démission acceptée ;

2° du licenciement ;

3° de la révocation ;

4° de l'admission à la retraite.

(1) Dispositions applicables du fait des naissances et adoptions intervenues à compter du lendemain de leur publication au *Journal de Monaco* du 2 juin 2006.

Art. 69. – La démission ne peut résulter que d'une demande écrite du fonctionnaire marquant sa volonté non équivoque de quitter l'administration.

La démission est acceptée par ordonnance souveraine et elle prend effet à la date que celle-ci fixe sans pouvoir excéder douze mois à compter de la remise de la demande.

La démission ne peut être refusée que pour d'impérieuses nécessités de service et le refus doit être motivé. La commission paritaire compétente, saisie à la demande du fonctionnaire intéressé, émet un avis, également motivé, qui est transmis au ministre d'État.

Le défaut de réponse dans le délai de quatre mois vaut, par dérogation au troisième alinéa de l'article 15, acceptation de la démission.

Art. 70. – L'acceptation de la démission la rend irrévocable. La démission ne fait cependant pas obstacle à l'exercice de l'action disciplinaire en raison des faits qui n'auraient été révélés à l'administration qu'après son acceptation.

Art. 71. – Le fonctionnaire qui cesse ses fonctions avant la date ou avant l'expiration du délai visé à l'article 69 peut faire l'objet d'une sanction disciplinaire ; à cet effet, s'il a droit à pension, il peut subir une retenue sur les trois premiers versements mensuels qui lui sont faits à ce titre, à concurrence d'un cinquième de ceux-ci.

Art. 72. – S'il ne peut être reclassé dans un autre emploi, le fonctionnaire qui fait preuve d'insuffisance professionnelle est admis à la retraite ou licencié ; la décision est prise par ordonnance souveraine après consultation de la commission paritaire compétente.

S'il est licencié pour insuffisance professionnelle et s'il ne satisfait pas aux conditions pour être admis au bénéfice de la législation sur les pensions de retraite des fonctionnaires, une indemnité de départ, égale aux trois quarts de la rémunération afférente au dernier mois d'activité multipliée par le nombre d'années de service validées pour la retraite, lui est attribuée.

L'indemnité de licenciement est versée par mensualités, qui ne peuvent dépasser le montant de la dernière rémunération perçue par l'intéressé.

Art. 73. – Le fonctionnaire qui a fait preuve au cours de sa carrière d'un zèle et d'un dévouement constants pourra se voir conférer l'honorariat après sa mise à la retraite.

L'honorariat peut être retiré, au cas où l'intéressé exercerait une activité incompatible avec le titre de fonctionnaire honoraire ou enfreindrait la réserve que ce titre lui impose.

TITRE X. – DISPOSITIONS FINALES

Art. 74. – Sous réserve des dispositions de l'article 9 de la loi n° 71 du 25 juillet 1964 sur l'organisation et le fonctionnement du Conseil national, les fonctionnaires de ses services administratifs sont régis par le présent statut.

Celui-ci régit également les fonctionnaires des services administratifs de la direction des services judiciaires ainsi que ceux des services diplomatique et consulaire, sauf pour ces derniers l'exception prévue à l'article 1er ; les compétences attribuées aux autorités hiérarchiques visées aux articles 8, 10, 21, 25, 28, 42 – alinéas 2 et 3 – 43, 45, 46, 47 et 69 sont cependant exercées, selon le cas, par le directeur des Services judiciaires ou par le directeur du service des relations extérieures.

Art. 75. – Les personnes qui ont été nommées dans des emplois dont les titulaires ne relèvent pas du champ d'application du présent statut conservent la qualité de fonctionnaire lorsqu'elles l'ont acquise en vertu des dispositions ci-dessus ou de celles auxquelles elles se substituent. En cas de cessation de fonction pour des raisons non disciplinaires, ces personnes ont droit, par dérogation au premier alinéa de l'article 4, à être réintégrées dans un emploi permanent vacant.

Art. 76. – Le présent statut entrera en vigueur le 1er janvier 1976.

Seront abrogés, à compter de cette date :

- le titre II de l'ordonnance du 7 mai 1910 sur l'organisation du service et du personnel des finances ;
- la décision du 8 mai 1910 relative aux traitements et indemnités du personnel des finances ;
- l'ordonnance du 12 juin 1910 sur l'organisation et le personnel du secrétariat du Gouvernement général ;

– l'ordonnance souveraine n° 2.152 du 19 avril 1938 fixant le statut des stagiaires ;
– la loi n° 317 du 4 avril 1941 sur les mutations d'emplois ;
– l'ordonnance souveraine n° 2.508 du 1er juillet 1941 concernant le statut des fonctionnaires ;
– l'ordonnance souveraine n° 2.926 du 11 novembre 1944 autorisant les fonctionnaires et agents de l'État et de la commune à se regrouper en syndicats professionnels ;
– l'arrêté ministériel du 5 novembre 1945 instituant une commission paritaire consultative ;
– l'ordonnance souveraine n° 3.256 du 2 juillet 1946 instituant une commission de la fonction publique ;
– l'ordonnance souveraine n° 3.330 du 16 novembre 1946 constituant le statut des fonctionnaires, agents et employés de l'ordre administratif ;
– l'ordonnance souveraine n° 3.364 du 3 janvier 1947 complétant l'article 7 de l'ordonnance souveraine n° 3.330 du 16 novembre 1946 ;
– l'arrêté ministériel du 19 juillet 1946 instituant une commission paritaire consultative des cadres administratifs ;
– l'ordonnance souveraine n° 3.628 du 19 février 1948 modifiant l'ordonnance souveraine n° 3.256 du 2 juillet 1946 ;
– l'ordonnance souveraine n° 84 du 11 octobre 1949 constituant le statut des fonctionnaires et agents de l'ordre administratif ;
– l'ordonnance souveraine n° 2.979 du 5 avril 1963 modifiant la composition de la commission de la fonction publique ; ainsi que toutes dispositions législatives et réglementaires contraires à celles de la présente loi.

Ordonnance n° 6.365 du 17 août 1978

fixant les conditions d'application de la loi n° 975 du 12 juillet 1975 portant statut des fonctionnaires de l'État

Vu la loi n° 975 du 12 juillet 1975 portant statut des fonctionnaires de l'État ;

Section 1. – Dispositions générales

§ 1. – Des fonctions afférentes aux différentes catégories d'emplois

Art. 1er. – Les fonctions afférentes à chacune des catégories d'emplois permanents de l'État sont définies ainsi qu'il suit :

1° Les fonctions qui sont exercées dans les emplois de la catégorie « A » sont caractérisées selon le cas :
– par la responsabilité de la gestion d'un service ou d'un ensemble de services conformément aux directives gouvernementales ;
– par la maîtrise de l'instruction des affaires du service en vue de la préparation des solutions appropriées ;
– par le contrôle général de la mise en œuvre des lois, règlements et décisions administratives ou juridictionnelles.

2° Les fonctions qui sont exercées dans les emplois de la catégorie « B » sont caractérisées, selon le cas :
– par la mise en application, au moyen de mesures particulières, des lois, règlements et décisions administratives ou juridictionnelles ;
– par le contrôle de l'exécution de ces mesures particulières.

3° Les fonctions qui sont exercées dans les emplois des catégories « C » et « D » sont caractérisées par la participation soit à la mise en œuvre des décisions administratives au moyen de mesures d'exécution appropriées, soit au fonctionnement matériel du service public.

§ 2. – Des modalités d'exercice de l'action syndicale

Art. 2. – Les organisations syndicales de la Fonction publique peuvent être admises à tenir, hors les heures de service :

1° dans les locaux mis, dans chaque cas, à leur disposition par l'Administration, aux jours et heures déterminés avec son accord, des réunions d'information ou assemblées statutaires ouvertes aux seuls fonctionnaires et agents relevant de la fonction publique ;

2° dans des bâtiments administratifs, des réunions réservées aux membres de leur bureau, lorsque des locaux appropriés peuvent être mis à leur disposition et à la condition que ces organisations n'aient pas elles-mêmes l'usage d'un local syndical.

Art. 3. – Les publications se rapportant à la défense des intérêts des fonctionnaires peuvent leur être remises dans l'enceinte des bâtiments administratifs, hors des lieux ouverts au public, par les membres du bureau des organisations syndicales.

Toutefois, le directeur de la fonction publique doit, au préalable, être informé de la distribution et recevoir en dépôt un exemplaire de chacune de ces publications.

Art. 4. – Les autorisations exceptionnelles d'absence nécessitées par l'exercice d'un mandat syndical sont régies par les dispositions de l'article 27 de la présente ordonnance.

Section 2. – Du recrutement

§ 1. – Des conditions d'aptitude physique

Art. 5. – Indépendamment des cas de maladie interdisant l'accès à tout emploi public, des arrêtés ministériels détermineront, le cas échéant, les conditions d'aptitude physique exigées pour exercer certaines fonctions.

§ 2. – Des concours

Art. 6. – Sauf en ce concerne les emplois supérieurs visés à l'article 4 de la loi n° 975 du 12 juillet 1975, les fonctionnaires sont recrutés par voie de concours ouverts aux candidats remplissant les conditions d'aptitude qui y seront prévues, compte tenu des besoins des services et des fonctions à exercer.

Il pourra, à cet effet, être exigé des candidats qu'ils justifient, selon la fonction considérée :

1° pour les emplois de la catégorie « A » d'un diplôme de l'enseignement supérieur ou bien du titre spécifique afférent à la fonction ou encore d'au moins une formation générale s'établissant au niveau de ces diplômes.

2° pour les emplois de la catégorie « B » d'un diplôme de l'enseignement du second degré ou bien du titre spécifique afférent à la fonction ou encore d'une formation générale s'établissant au niveau de ce diplôme.

3° pour les emplois des catégories « C » et « D » d'une formation générale s'établissant au niveau de l'enseignement du premier cycle du second degré ou bien d'une formation technique s'établissant au niveau de l'enseignement technique court ou encore d'une formation pratique.

Art. 7. – Peuvent toutefois être admis à concourir en vue de l'accession à un emploi relevant de la même catégorie ou de la catégorie immédiatement supérieure à celle dans laquelle ils ont été recrutés, les fonctionnaires ou agents en fonction qui, à défaut de remplir les conditions d'aptitude prévues aux chiffres 1°, 2° et 3° de l'article 6, justifient d'une durée minimale de service fixée lors de chaque ouverture de concours.

Art. 8. – Des concours peuvent être réservés aux fonctionnaires recrutés dans la même catégorie ou dans la catégorie immédiatement inférieure à celle de l'emploi à pourvoir et justifiant d'une durée minimale de service fixée lors de chaque ouverture de concours.

Art. 9. – Les concours sont ouverts par des arrêtés ministériels qui mentionneront notamment :

1° le nombre, la nature et, s'il y a lieu, la catégorie des emplois mis au concours ainsi que les indices hiérarchiques minimaux et maximaux caractérisant les échelles indiciaires y afférentes ;

2° le cas échéant, l'obligation de posséder la nationalité monégasque, l'âge minimal et maximal des candidats ainsi que, pour certaines fonctions, les conditions d'aptitude physique particulières qu'ils doivent remplir ;

3° les conditions minimales d'aptitude dont doivent justifier les candidats ;

4° la durée minimale de service exigée, pour l'application soit de l'article 7, soit de l'article 8 ;

5° les délais impartis pour présenter les candidatures et les pièces à produire à l'appui de celles-ci ;

6° la nature du concours, s'il est sur pièces ou sur épreuves ; dans ce dernier cas, seront précisés le nombre, le programme, l'objet et les conditions des épreuves, les coefficients de notation, les notes maximales et, le cas échéant, les notes éliminatoires ;

7° les noms et qualités des membres composant le jury des concours.

Lorsque le concours est organisé sur épreuves, la première de celles-ci ne peut avoir lieu qu'à l'expiration d'un délai d'au moins vingt jours à compter du lendemain de la date de publication de l'arrêté ministériel au « *Journal de Monaco* ».

Art. 10. – La liste des candidats admis à concourir est fixée, pour chaque concours, par le ministre d'État, compte tenu des dispositions statutaires et de celles de l'article précédent, chiffre 2°, chiffre 3° lorsque le concours est prévu sur épreuves, chiffre 4° et chiffre 5°.

Art. 11. – Le jury de concours comprendra, outre le président :

1° trois représentants de l'Administration faisant ou non partie de cette dernière ;

2° le représentant des fonctionnaires auprès de la section de la commission paritaire concernée par l'emploi mis au concours.

Pour les concours de recrutement dans les emplois relevant des services administratifs du Conseil national et de la direction des services judiciaires ou des services diplomatique et consulaire, le président et deux des trois représentants de l'Administration sont désignés, selon le cas, par le président du Conseil national, par le directeur des services judiciaires ou par le directeur des relations extérieures.

Le président du jury de concours peut demander qu'une ou plusieurs personnes spécialisées lui soient adjointes à titre consultatif.

§ 3. – De l'accession sans concours à des emplois d'une catégorie supérieure

Art. 12. – Les fonctionnaires peuvent accéder, à la suite d'un examen professionnel ou au choix après avis de la commission paritaire compétente, dans des conditions limitativement fixées par arrêté ministériel :

– soit à l'un des emplois de la catégorie « A » s'ils justifient d'une ancienneté de service d'au moins cinq ans dans la catégorie « B » ;

– soit à l'un des emplois de la catégorie « B » s'ils justifient d'une ancienneté de service d'au moins trois ans dans les catégories « C » et « D ».

Art. 13. – Lorsque, pour l'application de l'article précédent, il est recouru à un examen professionnel, la date de cet examen, l'objet des épreuves, leur coefficient et les notes minimales requises ainsi que la composition du jury d'examen sont communiqués aux fonctionnaires intéressés vingt jours au moins avant la date fixée pour la première épreuve.

Le jury d'examen comprendra, outre le directeur de la fonction publique ou son suppléant, qui le présidera :

1° deux représentants de l'Administration faisant ou non partie de celle-ci et désignés par le ministre d'État ;

2° deux représentants de la commission paritaire compétente désignés par celle-ci parmi ses membres, l'un d'eux devant être un représentant élu des fonctionnaires.

Dans les cas visés à l'avant-dernier alinéa de l'article 11, le président et l'un des deux représentants de l'Administration sont désignés conformément aux dispositions dudit alinéa.

§ 4. – Des durées de stage

Art. 14 *(Mod., Ord. n° 4.844, 6 juin 2014)*. – La durée du stage est de six mois. Elle est toutefois de douze mois pour les fonctions relevant de l'enseignement et de quatorze pour celles de la sûreté publique.

Le stage peut être prolongé pour une période de six mois sur proposition du chef de service.

À la fin du stage l'intéressé est, selon le cas, après rapport du chef de service, titularisé ou licencié ou encore, s'il s'agit d'un fonctionnaire ou agent en fonction, réintégré dans son ancien emploi, ou à défaut, dans un emploi vacant correspondant à son grade.

Section 3. – Du contrôle médical

Art. 15. – Le contrôle médical périodique a pour objet, au moyen d'un examen approfondi annuel, de surveiller l'état de santé du fonctionnaire, de constater s'il est médicalement apte à remplir ses fonctions et de déceler, le cas échéant, s'il est atteint d'affections pathologiques en particulier d'affections contagieuses ou dangereuses pour les tiers.

Section 4. – De l'avancement

Art. 16. – L'appréciation motivée qui doit être portée, selon le cas, par le ministre d'État, le conseiller de Gouvernement ou le chef de service, sur chacun des fonctionnaires placés sous ses ordres, exprime la valeur professionnelle de l'intéressé, compte tenu de son sens du service public, de ses connaissances, de son esprit d'initiative, de ses méthodes d'organisation du travail, de sa ponctualité, de son comportement dans le service, ainsi que, le cas échéant, des qualités dont il fait preuve dans ses rapports avec les administrés ; elle mentionne, éventuellement, les aptitudes susceptibles de justifier l'accession à un grade supérieur ; elle conclut, ou non, à une proposition de réduction de l'ancienneté requise pour accéder à la classe ou à l'échelon supérieur.

Cette appréciation motivée est consignée sur une fiche individuelle d'un modèle déterminé par l'Administration.

La fiche est, au début du troisième trimestre de chaque année adressée, selon le cas, au ministre d'État ou au conseiller de Gouvernement dont dépend le fonctionnaire intéressé, puis transmise à la direction de la fonction publique ; s'il y a lieu, le ministre d'État ou le conseiller de Gouvernement, selon le cas, y aura, au préalable, inscrit son appréciation.

Art. 17. – Lorsqu'elles sont saisies de propositions d'avancement de grade, les commissions paritaires peuvent obtenir communication des fiches individuelles des fonctionnaires qui font l'objet de ces propositions.

Dans ce même cas, les commissions paritaires peuvent demander, sur requête à elles présentées par ces fonctionnaires, que les fiches individuelles des intéressés soient communiquées à ces derniers.

Les communications prévues ci-dessus sont alors de droit ; elles sont faites par le directeur de la fonction publique.

Art. 18. – Sur le vu de la fiche individuelle et après avis, lorsqu'il y a lieu, de la commission paritaire compétente, l'avancement de grade est proposé, selon le cas, par le ministre d'État ou le Conseiller de Gouvernement dont dépend le fonctionnaire intéressé.

Section 5. – De la discipline

Art. 19. – Le dossier du fonctionnaire déféré devant le conseil de discipline est communiqué à ce Conseil. Il est accompagné d'un exposé écrit du chef de service dont dépend ou a dépendu le comparant ; cet exposé, visé, selon le cas, par le ministre d'État ou le conseiller de Gouvernement dont dépend le fonctionnaire, indique avec précision les faits reprochés et, s'il y a lieu, les circonstances dans lesquelles ils se sont produits.

Si le Conseil ne se juge pas suffisamment éclairé sur ces faits ou sur ces circonstances, il peut ordonner toute mesure d'information estimée utile.

Art. 20. – Au vu des observations écrites et compte tenu, le cas échéant, des déclarations verbales du fonctionnaire comparant et des témoins ainsi que des résultats des mesures d'information auxquelles il a pu être procédé, le conseil de discipline présente au ministre d'État une proposition motivée.

En cas de poursuites devant une juridiction pénale, le Conseil peut décider qu'il y a lieu de surseoir à présenter une proposition jusqu'à l'intervention de la décision de justice.

Section 6. – Des congés et des absences exceptionnelles

§ 1. – Des congés annuels

Art. 21 *(Mod., Ord. n° 710, 3 oct. 2006).* – La durée du congé auquel a droit tout fonctionnaire, pour une année de service accompli, est fixée par décision du ministre d'État conformément aux dispositions statutaires.

Sont considérés comme services accomplis pour l'ouverture de ce droit les congés de maladie, de maternité, de paternité ou d'adoption.

Le fonctionnaire dont le congé annuel est interrompu pour plus de huit jours par suite d'un congé de maladie ou de maternité conserve son droit à congé annuel dans les conditions ci-après :

1° le congé de maladie doit nécessiter la cessation de toute activité et cette contrainte doit être constatée par un certificat médical adressé au Directeur de la Fonction publique dans les trois jours de cette constatation ;

2° le congé annuel porte alors, soit sur la durée restant à courir à compter du jour de la constatation médicale, soit sur la période de congé de maternité coïncidant ou ayant coïncidé avec le congé annuel, sans que le report de congé puisse, en aucun cas, excéder 35 jours ;

3° les jours de congé annuel dont l'intéressé n'aurait pu bénéficier n'ouvrent aucun droit à indemnité compensatoire.

Les modalités d'application de l'alinéa ci-dessus sont fixées par décision du ministre d'Etat.

Art. 22. – Le congé afférent à une année ne peut être reporté sur l'année suivante, sauf autorisation exceptionnelle, selon le cas, du ministre d'État ou du conseiller de Gouvernement dont dépend le fonctionnaire intéressé.

Art. 23. – Dans l'intérêt du service, l'Administration peut :

1° imposer le fractionnement du congé annuel d'un fonctionnaire ou s'opposer à ce fractionnement ;

2° échelonner les congés annuels pour l'ensemble ou pour une partie des fonctionnaires d'un même service.

Les fonctionnaires ayant des enfants en âge de scolarité bénéficient d'une priorité pour le choix des périodes de congé annuel.

§ 2. – Des autorisations exceptionnelles d'absence

Art. 24 *(Rempl., Ord. n° 1.621, 15 avr. 2008)*. – Des autorisations exceptionnelles d'absence peuvent être, sur leur demande, accordées aux fonctionnaires pour leur permettre :

1° d'accomplir des devoirs légaux, de remplir certaines obligations de famille, de prendre soin d'un enfant nouveau-né, ou, en cas de maladie d'un enfant à charge, de demeurer auprès de lui ;

2° d'exercer les fonctions publiques qu'implique le mandat de membre du Conseil National, du Conseil Communal ou du Conseil Économique ;

3° de remplir, à Monaco, un mandat syndical ;

4° de poursuivre des études susceptibles de parfaire des connaissances utiles à l'exercice d'une fonction publique ;

5° d'accomplir, au titre de la Coopération Internationale, une mission de volontariat civil.

Art. 25 *(Mod., Ord. n° 710, 3 oct. 2006)*. – Les autorisations exceptionnelles d'absence visées au chiffre 1° de l'article 24 sont accordées dans les conditions suivantes :

1° Les obligations de famille sont limitées aux cas et durées maximales ci-après :

a) mariage du fonctionnaire : cinq jours ouvrables ;

b) décès du conjoint, des père et mère ou d'un enfant : trois jours ouvrables ;

c) naissance d'un enfant ou arrivée au foyer d'un enfant en vue de son adoption : deux jours ouvrables ;

d) mariage d'un enfant : un jour ouvrable ;

e) décès d'un ascendant, d'un collatéral, des père et mère du conjoint : un jour ouvrable.

Les autorisations visées par le présent chiffre sont délivrées par le chef de service. Les temps de service non accomplis sont rémunérés intégralement.

2° La période pendant laquelle la femme fonctionnaire peut être autorisée à s'absenter pour prendre soin d'un enfant nouveau-né est limitée aux quatre semaines suivant la fin du congé de maternité.

Les autorisations visées par le présent chiffre sont délivrées par le directeur de la fonction publique, sur la proposition du chef de service. Les temps de service non accomplis donnent lieu à une rémunération réduite de moitié, les prestations familiales restant dues, le cas échéant, dans leur totalité.

3° La présence auprès de l'enfant, à charge au sens des règles sur les prestations familiales doit avoir été jugée indispensable par le médecin et être justifiée par la remise au chef de service d'un certificat médical dans les deux jours ouvrables suivant l'interruption des fonctions.

La durée de celle-ci ou de plusieurs interruptions ne peut. au cours d'une même année civile, excéder trente-cinq jours ouvrables.

Les autorisations visées par le présent chiffre sont accordées par le directeur de la fonction publique, sur la proposition du chef de service. Les temps de service non accomplis donnent lieu à une rémunération réduite de moitié, les prestations familiales restant dues dans leur totalité. Les modalités d'application de cette disposition seront fixées par décision du ministre d'État.

4° Des autorisations d'absence peuvent être accordées exceptionnellement par le directeur de la fonction publique, sur la proposition du chef de service, si la demande du fonctionnaire est justifiée par des obligations familiales impérieuses ou des devoirs légaux non prévus par les chiffres 1° et 2° du présent article. Dans ce cas, les temps de service non accomplis ne donnent pas lieu à rémunération, seules les prestations familiales restant dues.

Art. 26. – Les autorisations exceptionnelles d'absence visées au chiffre 2° de l'article 24 sont, en ce qui concerne le nombre et la durée, fonction des obligations qu'implique l'accomplissement du mandat dont sont investis les fonctionnaires intéressés.

Elles sont accordées sous la seule condition que ces obligations aient été, au début du mandat, signalées au chef de service.

Lorsque les fonctionnaires intéressés doivent remplir les obligations découlant de leur mandat, le chef de service ne peut requérir leur présence que si celle-ci est exigée par le fonctionnement de l'Administration ; il doit y avoir été préalablement autorisé, selon le cas, par le ministre d'État ou le conseiller de Gouvernement dont il dépend.

Les temps de service non accomplis sont rémunérés intégralement.

Art. 27. – Les autorisations exceptionnelles d'absence visées au chiffre 3° de l'article 24 sont accordées dans les conditions suivantes :

1° Lorsqu'il s'agit de permettre à des fonctionnaires, dûment mandatés par leur organisation, de se livrer à leur activité syndicale, des autorisations d'absence peuvent être données à trois membres du bureau de l'organisation concernée, désignés conformément aux statuts de cette dernière. Elles sont limitées à une durée de quatre heures par mois à prendre en dehors des horaires pendant lesquels les intéressés remplissent des fonctions conditionnant la marche normale du service ; des dérogations peuvent toutefois être consenties, selon le cas, par le ministre d'État ou le conseiller de Gouvernement dont dépendent les fonctionnaires intéressés.

Les heures utilisées par les représentants syndicaux pour participer aux audiences accordées par les autorités administratives ou aux réunions auxquelles ils sont convoqués par elles ne sont pas imputables sur celles prévues à l'alinéa ci-dessus.

Les autorisations sont délivrées par le chef de service après en avoir référé, selon le cas, au ministre d'État ou au conseiller de Gouvernement dont il dépend.

2° Lorsqu'il s'agit de permettre à des fonctionnaires investis d'un mandat syndical et spécialement désignés à cet effet conformément aux statuts de leur organisation de participer aux réunions d'un congrès de la fédération syndicale nationale à laquelle appartient l'organisation des autorisations d'absence peuvent être données à raison de trois membres par syndicat ; une dérogation exceptionnelle peut toutefois être consentie.

La liste doit en être communiquée au moins quarante-huit heures à l'avance ; les autorisations fixent les durées maximales d'absence.

Les autorisations sont délivrées. selon le cas, par le ministre d'État ou le conseiller de Gouvernement dont dépendent les fonctionnaires intéressés.

Lorsque, dans l'un des cas visés aux chiffres 1° et 2° ci-dessus, la désignation d'un fonctionnaire se révèle incompatible avec la bonne marche de l'Administration, le ministre d'État a le droit d'inviter l'organisation syndicale concernée à désigner un autre fonctionnaire.

Les temps de service non accomplis au titre du présent article sont rémunérés intégralement.

Art. 28. – Les autorisations exceptionnelles d'absence visées au chiffre 4° de l'article 24 sont accordées, après avis du chef de service par le ministre d'État. L'autorisation fixe la durée et la fréquence maximales des absences.

Les temps de service non accomplis au titre du présent article sont rémunérés intégralement.

Art. 28-1 *(Ord. n° 1.621, 15 avr. 2008)*. – Les autorisations exceptionnelles d'absence visées au chiffre 5° de l'article 24 sont accordées, après avis des Chefs de Service et de Département par le Ministre d'État. L'autorisation fixe les conditions dans lesquelles la mission de volontariat a lieu.

§ 3. – Des congés de maladie

Art. 29. – Le fonctionnaire empêché pour raison de santé de remplir ses fonctions doit, sans délai, en faire informer son chef de service. Il doit faire remettre à ce dernier un certificat médical au plus tard le troisième jour suivant l'interruption effective des fonctions.

Toute absence pour cause de maladie doit, quelle que soit sa durée, être signalée par le chef de service :

1° au Directeur de la Fonction publique à qui est également transmis le certificat médical ;

2° selon le cas, au ministre d'État ou au Conseiller de Gouvernement dont dépend le fonctionnaire intéressé.

L'Administration peut, à tout moment, faire procéder à des contrôles par un médecin-conseil.

Art. 30. – Le congé de longue maladie et le congé de maladie de longue durée peuvent être accordés pour des périodes de trois mois à douze mois susceptibles d'être renouvelées dans les limites maximales prévues par les dispositions statutaires.

La demande de renouvellement doit être adressée quinze jours au moins avant l'expiration de la période du congé en cours.

Lorsqu'une demande de congé de longue maladie ou de congé de maladie de longue durée est présentée alors que le fonctionnaire est déjà en congé de maladie, la première période de congé de longue maladie ou de congé de maladie de longue durée est décomptée du jour de la première constatation médicale ouvrant droit au congé de longue maladie ou au congé de maladie de longue durée.

Art. 31. – Le fonctionnaire en congé de maladie est tenu de cesser toute activité rémunérée, sauf celle autorisée et contrôlée médicalement.

Le fonctionnaire en congé de longue maladie ou en congé de maladie de longue durée doit, en outre, se soumettre, sous le contrôle de la commission médicale compétente, au régime médical que comporte son état.

Les entraves aux contrôles médicaux, la non soumission au régime médical approprié, l'exercice d'une activité rémunérée interdite entraînent soit la suspension du traitement intégral ou réduit, soit celle des prestations dues en raison de la maladie, soit encore l'une et l'autre de ces mesures, le tout sans préjudice, s'il y a lieu, de sanctions disciplinaires.

Art. 32. – Le fonctionnaire qui a obtenu un congé de maladie supérieur à six mois, un congé de longue maladie ou un congé de maladie de longue durée ne peut reprendre l'exercice de ses fonctions que sur avis favorable de la commission médicale compétente.

Art. 33. – Le service du traitement ou du demi-traitement comporte pour le fonctionnaire en congé de maladie l'attribution de la totalité ou de la moitié des indemnités accessoires au traitement, à l'exception de celles qui ont le caractère de remboursement de frais. Les prestations familiales sont dues dans leur totalité.

§ 4. – Congés de paternité et d'adoption
(Ord. n° 710, 3 oct. 2006)

Art. 33-1 *(Ord. n° 710, 3 oct. 2006).* – Le fonctionnaire est tenu de justifier auprès du Directeur de la Fonction publique de la naissance de l'enfant ou de la décision de l'enfant au foyer en vue de son adoption. À défaut, il ne peut bénéficier du congé de paternité ou du congé d'adoption.

Les congés de paternité et d'adoption sont distincts de l'autorisation exceptionnelle d'absence prévue en cas de naissance ou d'adoption. Ils peuvent être pris séparément ou l'un à la suite de l'autre.

Le fonctionnaire qui entend bénéficier du congé de paternité ou du congé d'adoption doit en aviser son chef de service au moins deux semaines avant la date à laquelle il entend prendre son congé, en précisant la durée de la période de congé dont il entend bénéficier.

Le père qui entend bénéficier du droit au congé postnatal de la mère décédée restant à courir doit aviser son chef de service de la prise de ce congé et de sa durée.

Art. 33-2 *(Ord. n° 710, 3 oct. 2006 ; rempl., Ord. n° 1.649 bis, 20 mai 2008).* – La durée du congé de paternité est fixée à douze jours calendaires consécutifs en cas de naissance simple. Elle est portée à dix-neuf jours calendaires consécutifs en cas de naissances multiples ou si le foyer a déjà au moins deux enfants à charge.

Le congé de paternité doit débuter dans les quatre mois qui suivent la naissance de l'enfant.

Toutefois, en cas d'hospitalisation de l'enfant débutant au cours de la période de quatre mois visée au deuxième alinéa, la période durant laquelle le père est admis à bénéficier du congé de paternité est prorogée jusqu'à quatre mois suivant la fin de l'hospitalisation.

En cas de décès de la mère avant que le père ait bénéficié du congé de paternité, le délai de quatre mois visé au deuxième alinéa ne débute qu'à compter de la fin du congé postnatal de la mère restant à courir.

Lorsque la naissance survient avant la date médicalement présumée de l'accouchement et alors que la date de début du congé de paternité était prévue immédiatement après le terme de l'autorisation exceptionnelle d'absence dont bénéficie le père, le congé peut être pris à compter du premier jour suivant le terme de ladite période. Le père est cependant tenu d'aviser son chef de service de la prise prématurée de ce congé, dont la durée reste celle précisée dans le préavis visé au troisième alinéa de l'article 33-1.

De même, si la naissance survient plus de deux semaines avant la date médicalement présumée de l'accouchement et alors que le père n'a pas encore avisé son chef de service de son intention de bénéficier d'un congé de paternité, le père est dispensé du délai de préavis visé au troisième alinéa de l'article 33-1 s'il souhaite prendre son congé immédiatement après le terme de l'autorisation exceptionnelle d'absence dont il bénéficie.

Il demeure cependant tenu d'aviser son chef de service de la prise de ce congé et de sa durée.

Lorsque la naissance est postérieure à la date médicalement présumée de l'accouchement et à celle prévue pour le départ en congé, le bénéfice du congé de paternité est reporté de plein droit postérieurement à la naissance. Il débute immédiatement à compter du premier jour suivant le terme de l'autorisation exceptionnelle d'absence dont bénéficie le père.

Art. 33-3 *(Ord. n° 710, 3 oct. 2006)*. – Le congé d'adoption peut débuter sept jours avant, ou au plus tard le jour de l'arrivée de l'enfant accueilli au foyer.

Section 7. – De la rente temporaire d'invalidité

Art. 34. – Le service de la rente temporaire d'invalidité due soit en raison d'un accident survenu dans l'exercice ou à l'occasion de l'exercice des fonctions, soit en cas de maladie contractée ou aggravée dans ces conditions, est assuré à compter de la date de consolidation de la blessure ou de l'état de santé du fonctionnaire.

Celui-ci doit, à cet effet, demander l'attribution de la rente dans le délai de douze mois à compter du jour où, après consolidation, il a repris ses fonctions ; à défaut, la rente ne lui est servie qu'à compter de la date de sa demande.

Lorsque le fonctionnaire a atteint la limite d'âge avant de pouvoir reprendre ses fonctions, le droit à la rente lui est reconnu si la demande est présentée dans l'année qui suit la date de consolidation de sa blessure ou de son état de santé.

Les modalités d'attribution de la rente sont fixées par décision du ministre d'État.

Art. 35. – La réalité des infirmités invoquées par le fonctionnaire, leur imputabilité au service, les conséquences ainsi que le taux d'invalidité qu'elles entraînent sont appréciés par la commission médicale compétente.

Dans le cas d'aggravation d'une infirmité préexistante, le taux d'invalidité à prendre en considération doit être apprécié par rapport à l'aptitude physique restante du fonctionnaire.

Art. 36. – La rente temporaire d'invalidité est révisée et, le cas échéant, suspendue, en cas d'aggravation ou de diminution de l'invalidité dûment constatée, sur avis de la commission médicale compétente.

La rente peut faire l'objet d'une révision à tout moment dans les deux premières années qui suivent la date de consolidation de la blessure ou de l'état de santé ; après l'expiration de ce délai, une nouvelle révision ne peut être faite qu'à des intervalles d'au moins un an, même si un traitement médical est ordonné.

Si, au cours des périodes ci-dessus, une demande de rente est présentée au titre d'une invalidité résultant d'un nouvel accident, le taux d'invalidité est apprécié en fonction de l'ensemble des infirmités ; la rente est accordée à compter de la consolidation de la blessure ou de l'état de santé consécutif au nouvel accident et la rente antérieure est supprimée.

Section 8. – Des commissions médicales

Art. 37. – La commission médicale de recrutement est chargée de délivrer le certificat médical destiné à attester qu'un postulant à un emploi public remplit les conditions d'aptitude physique et de santé exigées pour l'exercice de la fonction considérée.

Cette commission est composée :

1° du médecin-conseil de l'Administration, qui la préside, avec voix prépondérante en cas de partage ;

2° de deux praticiens de médecine générale, l'un d'eux étant, lorsqu'il y a lieu, remplacé par un praticien spécialiste des affections, selon le cas, tuberculeuses, cancéreuses, neuro-musculaires ou mentales ;

3° d'un praticien de la médecine préventive du travail.

Art. 38. – La commission médicale des congés de maladie et des invalidités est chargée d'émettre des propositions aux effets ci-après :

1° maintenir en congé de maladie le fonctionnaire qui, après avoir obtenu un tel congé sur la proposition du médecin-conseil, n'est pas, à l'expiration de ce congé, en mesure de reprendre l'exercice de ses fonctions ;

2° accorder, pour des périodes visées à l'article 30, un congé de longue maladie ou un congé de maladie de longue durée ou renouveler un tel congé ;

3° autoriser la reprise de service d'un fonctionnaire qui a obtenu un congé de maladie supérieur à six mois, un congé de longue maladie ou un congé de maladie de longue durée ;

4° constater, à l'expiration d'un congé de maladie, d'un congé de longue maladie ou d'un congé de maladie de longue durée, que le fonctionnaire n'est ni en mesure de reprendre l'exercice de ses fonctions, ni susceptible d'obtenir une prolongation de congé ;

5° mettre fin à l'un des congés mentionnés ci-dessus ;

6° attribuer une rente temporaire d'invalidité, la réviser ou la suspendre.

Cette commission est composée :

– du médecin-conseil de l'Administration, qui la préside, avec voix prépondérante en cas de partage ;

– de deux praticiens de médecine générale, l'un d'eux étant, lorsqu'il y a lieu, remplacé par un praticien spécialiste de l'affection ou de l'infirmité dont est atteint le fonctionnaire ;

– d'un praticien de la médecine préventive du travail.

Lorsqu'elle est réunie aux effets visés aux chiffres 4°, 5° et 6° du premier alinéa ci-dessus, la commission s'adjoint, avec voix consultative, un représentant de l'Administration et un représentant des fonctionnaires faisant partie de la commission paritaire correspondant au grade du fonctionnaire intéressé.

Art. 39. – La commission médicale supérieure est chargée de connaître des contestations portant sur des décisions prises sur les propositions du médecin-conseil ou de l'une des deux commissions visées aux articles précédents.

Cette commission est composée :

– du médecin-inspecteur de l'Action sanitaire et sociale, qui la préside, avec voix prépondérante en cas de partage ;

– de deux praticiens de médecine générale ou, lorsqu'il y a lieu, d'un praticien de médecine générale et d'un praticien spécialiste de l'affection ou de l'infirmité dont est atteint le fonctionnaire ;

– d'un praticien de la médecine préventive du travail.

Les praticiens de médecine générale et de la médecine préventive du travail visés ci-dessus ne peuvent être désignés parmi ceux ayant siégé dans la commission dont la proposition est contestée.

La commission supérieure s'adjoint, avec voix consultative :

– lorsque la contestation vise une propositions émanée de la commission médicale mentionnée à l'article 38 et réunie dans la formation prévue à son dernier alinéa, un représentant de l'Administration et un représentant des fonctionnaires faisant partie de la commission paritaire correspondant au grade du fonctionnaire intéressé et n'ayant pas déjà siégé ;

– dans tous les cas, le médecin-conseil de l'Administration.

Art. 40. – La réclamation doit, à peine de forclusion, être introduite, par le fonctionnaire intéressé ou son mandataire, dans les quinze jours suivant la notification de la décision de l'Administration ; elle doit mentionner les motifs sur lesquels elle s'appuie et doit être adressée au directeur de la fonction publique.

La commission doit être convoquée dans les quinze jours suivants au plus tard.

Art. 41. – Les commissions médicales fonctionnent auprès du Service des prestations médicales de l'État qui est chargé de les convoquer et d'en assurer le secrétariat.

Elles peuvent faire effectuer tous examens et analyses nécessaires et requérir la consultation de tous experts qualifiés. Elles doivent entendre le médecin traitant du fonctionnaire, à sa requête ou à celle de son mandataire.

Art. 42. – (1) Les médecins appelés à faire partie des commissions médicales sont pris sur une liste établie, pour des périodes de deux ans, par un arrêté ministériel qui fixe les conditions dans lesquelles ils sont assermentés.

Ils sont tenus de se récuser lorsqu'ils ont à examiner des postulants et des fonctionnaires dont ils sont les médecins-traitants.

Section 9. – Du détachement et de la mise en disponibilité

§ 1. – Du détachement

Art. 43. – Le détachement est prononcé par arrêté ministériel pour une période d'une durée maximale de cinq années susceptible d'être renouvelée.

Il peut être mis fin au détachement à tout moment par l'Administration d'origine soit à son initiative soit à la demande de l'administration publique ou privée auprès de laquelle le fonctionnaire est détaché.

Le fonctionnaire qui fait l'objet d'un détachement peut être remplacé dans son emploi.

Art. 44. – Le fonctionnaire en service détaché est soumis à l'ensemble des règles régissant l'emploi ou la fonction qu'il occupe par l'effet de son détachement.

L'appréciation motivée visée à l'article 16 est portée par le chef de service dont il dépend dans l'emploi ou la fonction où il est détaché.

Art. 45. – Si le détachement a été prononcé d'office, le fonctionnaire peut être réintégré dans l'Administration en surnombre temporaire jusqu'à ce qu'un emploi soit vacant dans son grade.

§ 2. – De la mise en disponibilité

Art. 46. – La mise en disponibilité sur demande du fonctionnaire est prononcée par arrêté ministériel dans les conditions ci-après :

1° pour une période d'une durée de trois mois, susceptible d'être renouvelée dans une limite maximale de deux années, lorsqu'elle est demandée en raison d'une maladie ou d'un accident grave du conjoint ou d'un enfant ;

2° pour une période d'une durée de six ou de douze mois, susceptible d'être renouvelée dans les conditions requises pour l'obtenir, lorsqu'elle est demandée par une femme fonctionnaire en vue d'élever un enfant âgé de moins de cinq ans ou atteint d'une infirmité exigeant des soins continus ;

3° pour une période d'une durée de douze mois, susceptible d'être renouvelée dans une limite maximale de trois années, lorsque la demande est faite :

a) en vue d'études ou de recherches présentant un intérêt général pour la Principauté ;

b) pour convenances personnelles.

Art. 47. – La mise en disponibilité d'office est prononcée, également par arrêté ministériel, dans les conditions ci-après :

1° pour une période d'une durée de douze mois, susceptible d'être renouvelée dans une limite maximale de trois années, lorsque, en raison de son état de santé, un fonctionnaire ne peut reprendre ses fonctions à l'expiration d'un de ses congés de maladie ou de l'une de ces périodes, sans pour autant devoir être mis à la retraite d'office pour invalidité ; il en est de même si le fonctionnaire qui a repris ses fonctions est contraint de les cesser du chef de la même maladie.

2° pour une période d'une durée d'une année, susceptible d'être renouvelée, lorsque, à l'expiration d'une période de détachement, le fonctionnaire a refusé l'emploi qui lui était assigné.

Le fonctionnaire mis en disponibilité en vertu du chiffre 1° ci-dessus perçoit, pendant une période maximale de six mois, une allocation équivalente à la moitié de sa dernière rémunération.

Art. 48. – L'Administration peut, à tout moment, faire procéder aux enquêtes nécessaires en vue de s'assurer que l'activité du fonctionnaire en disponibilité correspond réellement aux motifs pour lesquels il a été mis dans cette position.

(1) V. A. min. nº 78-45, 17 oct. 1978. – NDLR.

Art. 49. – Le fonctionnaire mis en disponibilité doit solliciter sa réintégration deux mois au moins avant l'expiration de la période de disponibilité en cours.

La réintégration a lieu dans les conditions ci-après :

1° si la mise en disponibilité a été prononcée en application des chiffres 1° et 2° de l'article 46 et du chiffre 1 ° de l'article 47, la réintégration est de droit dans l'ancien emploi ou, en cas d'impossibilité, dans un emploi vacant correspondant au grade de l'intéressé. À défaut de vacance, la réintégration est faite en surnombre temporaire.

2° si la mise en disponibilité a été prononcée en application du chiffre 3° de l'article 46, la réintégration est effectuée dans un emploi vacant correspondant au grade de l'intéressé. À défaut de vacance, la réintégration peut être faite dans un emploi correspondant à un grade inférieur et avec la rémunération afférente à cet emploi ; en cas de refus, le fonctionnaire reste en disponibilité jusqu'à ce qu'il soit possible de le réintégrer.

3° si la mise en disponibilité a été prononcée en application du chiffre 2° de l'article 47, la réintégration est effectuée dès qu'une nouvelle vacance est ouverte dans le grade du fonctionnaire intéressé et même si la période de disponibilité n'est pas encore expirée.

Art. 50. – Le fonctionnaire qui, après une mise en demeure restée sans effet pendant quinze jours, n'aura pas sollicité sa réintégration à l'expiration de la période de disponibilité peut être, après avis de la commission paritaire compétente, soit licencié, s'il ne satisfait pas aux conditions pour être admis au bénéfice de la législation sur les pensions de retraite des fonctionnaires, soit mis à la retraite, s'il satisfait à ces conditions.

La mise en demeure est notifiée soit en la forme administrative, soit par pli recommandé à la poste avec demande d'avis de réception.

Dispositions finales

Art. 51. – Les fonctionnaires à qui une rente temporaire d'invalidité a été allouée ou ceux qui sont titulaires d'une rente ayant fait l'objet d'une révision continuent d'en bénéficier et les articles 35 et 36 leur sont applicables.

Art. 52. – Les modalités d'application de la présente ordonnance qui seraient nécessaires pour tenir compte des besoins et caractéristiques propres à certains services seront, s'il y a lieu, déterminées par arrêté ministériel.

Art. 53. – Notre ordonnance n° 293 du 16 octobre 1950, constituant le statut des fonctionnaires et agents de la sûreté publique, ainsi que toutes dispositions contraires à la présente ordonnance sont abrogées.

Loi nº 1.049 du 28 juillet 1982

sur les pensions de retraite des fonctionnaires, des magistrats et de certains agents publics

TITRE Ier. – DES DROITS À PENSIONS

CHAPITRE Ier. – DES PERSONNES AYANT DES DROITS À PENSIONS

Art. 1er. – Les dispositions de la présente loi sont applicables :

1° aux personnes qui en vertu du statut les régissant ont la qualité de fonctionnaire de l'État ou de la commune ;

2° aux magistrats de la cour d'appel, du tribunal de première instance, de la justice de paix et du Ministère public ainsi qu'aux greffiers des tribunaux de l'ordre judiciaire ;

3° aux militaires de la Force publique ;

4° aux fonctionnaires détachés d'une administration étrangère. Les intéressés sont désignés, ci-après, par le terme d' « agent ».

Art. 2. – Tout agent a droit lors de la cessation définitive de ses fonctions et dans les conditions déterminées ci-après :

1° à une pension de retraite principale et, lorsqu'il y a lieu, à une rente d'invalidité ;

2° à une pension de retraite supplémentaire.

Art. 3. – Le décès de l'agent ouvre droit, en faveur des ayants cause, et dans les conditions déterminées ci-après, à pensions de réversion et à pensions d'orphelin.

CHAPITRE II. – DE L'OUVERTURE DES DROITS À PENSIONS ET DE L'ENTRÉE EN JOUISSANCE DES PENSIONS

Section 1. – De l'ouverture des droits à pensions

§ I. – Durée des services

Art. 4. – Les droits à pensions sont ouverts lorsque l'agent a accompli quinze années de services effectifs.

Ils sont toutefois ouverts sans condition de durée de service si l'agent cesse d'exercer ses fonctions :

1° par suite d'invalidité imputable, ou non, au service ;

2° par l'effet de la limite d'âge ;

3° par suite de licenciement pour cause de suppression d'emploi.

Art. 5 *(Mod., L. n° 1.275, 22 déc. 2003)*. – Les services effectifs à prendre en compte pour l'ouverture des droits sont ceux qui sont accomplis :

1° en position d'activité, à temps plein ou à temps partiel, ou de détachement ;

2° en qualité d'agent stagiaire.

Sont également pris en compte, les temps de service public accomplis à une époque où l'intéressé ne relevait pas des dispositions de l'article premier.

Les congés annuels, les absences exceptionnelles autorisées, les congés de maternité, ainsi que les congés de maladie, de longue maladie et de maladie de longue durée sont considérés comme services effectifs. »

§ II. – Limites d'âge

Art. 6 *(L. n° 1.156, 18 déc. 1992)*. – Tout agent est admis d'office à cesser toute fonction et à faire valoir ses droits à pensions lorsqu'il atteint l'âge de soixante-cinq ans.

Cet âge est toutefois fixé à :

1° Soixante ans pour les agents ci-après : officiers supérieurs et officiers de la force publique, directeur de la Sûreté publique, commissaires de police, chef de la police maritime, chef de la police municipale, maîtres de l'enseignement du premier degré.

2° Cinquante-cinq ans pour les agents ci-après : sous-officiers de la force publique et hommes du rang, commandant du corps urbain de la sûreté publique, fonctionnaires du corps en tenue et du corps civil de sûreté publique à l'exception de ceux appartenant au corps administratif, fonctionnaires de la police municipale.

À sa demande, l'agent appartenant à l'une de ces catégories mentionnées au chiffre 2° ci-dessus peut cependant après avoir subi un examen médical d'aptitude pratiqué par le médecin-conseil de l'Administration, être admis à demeurer en fonctions pour une durée d'un an, renouvelable au plus deux fois dans les mêmes conditions.

§ III. – Cotisations pour pensions

Art. 7. – La rémunération de tout agent est assujettie à cotisation à compter de la date d'effet de la décision de nomination ou de titularisation.

La cotisation est précomptée dans les conditions ci-après :

1° six pour cent sur le montant du traitement indiciaire, au titre de la retraite principale ;

2° *(L. n° 1.190, 2 déc. 1996)* six pour cent sur l'indemnité compensatrice représentative d'un complément de traitement et sur l'indemnité de cinq pour cent, au titre de la retraite supplémentaire. La base de cette cotisation est égale à trente pour cent du montant du traitement indiciaire.

L'agent détaché dans un emploi ou une fonction ne relevant pas de l'application de la présente loi est tenu de verser les cotisations mentionnées ci-dessus. Celles-ci sont calculées sur le traitement et la part d'indemnité afférente à son grade et à sa classe ou à son échelon dans le service dont il est détaché.

Lorsque les montants soumis à cotisation sont réduits pour quelque cause que ce soit, les sommes précomptées ou à verser sont calculées sur l'intégralité de ces montants.

Art. 8. – Lorsque les temps de service public visés à l'article 5, alinéa 2, sont pris en compte, la Caisse autonome des retraites des salariés est tenue de reverser, après indexation sur le salaire de base servant au calcul des pensions, le double des cotisations à elle versées par l'État ou la commune au titre de l'agent considéré. Les sommes ainsi reversées valent cotisation au titre tant de la retraite principale que de la retraite supplémentaire.

Art. 9. – Les cotisations sont dues même si, dans le cas de l'article 13, les services rémunérés ne peuvent être pris en compte pour la constitution des droits à pensions.

Aucune pension ne peut être attribuée si les cotisations n'ont pas été précomptées ou versées.

Art. 10. – Les cotisations légalement précomptées ou versées ne peuvent être restituées. Celles qui ont été indûment précomptées ou versées n'ouvrent pas droit à pensions ; elles peuvent toutefois être remboursées sur la demande des ayants droit, avec l'intérêt légal, à moins que l'irrégularité soit imputable à l'agent.

Section II. – De l'entrée en jouissance des pensions

Art. 11. – L'agent perçoit immédiatement ses pensions, et le cas échéant la rente viagère, lorsqu'il cesse d'exercer ses fonctions :

1° par suite d'invalidité imputable, ou non, au service ;

2° par l'effet de la limite d'âge ;

3° par suite de licenciement pour cause de suppression d'emploi.

Art. 12. – Les pensions sont aussi perçues immédiatement lorsque l'agent qui a cessé ses fonctions remplit l'une des conditions ci-après :

1° l'intéressé est âgé d'au moins cinquante ans ;

2° la femme est, à l'époque de la cessation des fonctions, mariée ou mère de famille ou, étant célibataire, veuve, divorcée ou séparée judiciairement de corps, elle a au moins une personne à charge, comme défini par ordonnance souveraine.

Perçoit aussitôt ses pensions, le militaire de la force publique qui, alors qu'il sert sous contrat et a la qualité de sous-officier ou celle d'homme du rang cesse d'exercer ses fonctions par suite d'une décision administrative prise d'office et non motivée par des raisons disciplinaires.

Art. 13. – Lorsque, en raison des exigences particulières tenant aux caractéristiques spécifiques du service, un agent doit nécessairement être maintenu dans ses fonctions alors qu'il atteint la limite d'âge, l'intéressé ne peut percevoir ses pensions que du jour de la cessation effective des fonctions.

Le maintien dans celles-ci, qui ne peut excéder douze mois, n'ouvre pas droit à un supplément de pensions.

La liste des services comportant des caractéristiques spécifiques est fixée par ordonnance souveraine.

Art. 14. – Les ayants cause de l'agent perçoivent les pensions, et le cas échéant la rente d'invalidité, dès que leurs droits sont ouverts.

Toutefois, la jouissance des pensions et le cas échéant de la rente d'invalidité dues au veuf est différée jusqu'à l'âge de soixante-cinq ans, à moins qu'il soit atteint d'une infirmité ou d'une maladie incurable le rendant définitivement inapte à tout travail.

TITRE II. – DE LA PENSION DE RETRAITE PRINCIPALE ET DE LA RENTE D'INVALIDITÉ

CHAPITRE Ier. – DES DROITS DE L'AGENT

Section I. – De la pension de retraite principale

Art. 15 *(Mod., L. n° 1.275, 22 déc. 2003)*. – Le montant de la pension est le produit du nombre des années de service prises en compte et d'une fraction de la moyenne des traitements assujettis à cotisation au cours des six derniers mois d'activité pour les fonctionnaires ayant exercé à temps plein au cours de cette période.

Les traitements des fonctionnaires qui accomplissent des services à temps partiel pendant la période de référence visée à l'alinéa précédent, sont ceux auxquels ils auraient pu prétendre s'ils avaient effectué leur service à temps plein.

Les montants sont ceux en vigueur au jour de la cessation des fonctions.

Pour la détermination du nombre des années de service prises en compte dans le calcul de la pension, les périodes pendant lesquelles le fonctionnaire a exercé un service à temps partiel sont comptées pour la fraction de leur durée. Cette fraction est égale au rapport entre la durée de service à temps partiel autorisée et la durée de service effectuée par le fonctionnaire de même grade ou emploi accomplissant un service à temps plein.

Art. 16. – Les durées de services d'un agent de sexe féminin sont majorées d'une année pour chacun de ses enfants légitimes, naturels ou adoptifs.

Sous réserve que l'enfant ait été élevé pendant neuf ans au moins avant l'âge de la majorité visée à l'article 410-1° du Code civil, l'agent intéressé bénéficie de ces mêmes majorations :

1° pour chaque enfant légitime d'un précédent mariage du conjoint ou pour chaque enfant naturel ou adoptif de celui-ci ;

2° pour chaque enfant qui a fait l'objet en faveur de l'agent ou de son conjoint d'une attribution des droits de puissance paternelle ;

3° pour chaque enfant dont l'agent a assuré la garde effective et permanente alors que l'enfant était placé sous sa tutelle ou celle de son conjoint.

Art. 17. – La fraction, visée à l'article 15, de la moyenne des traitements est fixée à :

1° un quarante-cinquième, lorsque, à l'époque de l'admission à la retraite, l'emploi dans lequel l'agent est nommé est un de ceux aux quels sont applicables les limites d'âge de soixante ans et de cinquante-cinq ans ;

2° un cinquantième, au cas contraire.

Art. 18. – Le montant de la pension ne peut être en aucun cas :

1° ni supérieur aux trois quarts de la moyenne des traitement prise en compte pour le calcul de la pension ;

2° ni inférieur :

a) pour une durée de service d'au moins trente années, à cent cinquante pour cent du traitement afférent à un indice, déterminé pa arrêté ministériel, du classement des gardes ou emplois de la hiérarchie administrative ;

b) pour une durée de service de moins de trente années, à cinq pour cent, par année, du traitement défini ci-dessus.

Art. 19. – Le montant de la pension de retraite varie dans les mêmes proportions que celui des traitements pris en compte pour le calcul des pensions.

Il est, en outre, fonction des modifications qui peuvent affecter, en tout ou en partie, les échelles indiciaires de traitements.

Section II. – De la rente d'invalidité

§ I. – Invalidité imputable au service

Art. 20. – L'agent qui, par suite d'une infirmité causée par, une blessure ou une maladie contractée ou aggravée en service ou à l'occasion du service, est reconnu incapable d'exercer, d'une façon permanente, ses fonctions ou celles de l'emploi dans lequel il aura pu être muté, est admis à la retraite.

Il en est de même de l'agent dont l'infirmité a pour cause un acte de dévouement accompli dans l'intérêt public ou qui l'a conduit à exposer ses jours pour sauver la vie d'autrui.

Art. 21. – L'agent a droit :

1° à sa pension :

2° à une rente viagère d'invalidité dont le montant, calculé et révisé comme en matière d'accidents du travail, est fonction du taux d'invalidité.

La pension et la rente viagère sont cumulables sans que ce cumul puisse faire bénéficier l'intéressé d'une somme supérieure au traitement assujetti à cotisation au cours du dernier mois d'activité.

Dans le cas visé au second alinéa de l'article précédent. et si le taux d'invalidité est au moins égal à soixante pour cent, les montants cumulés de la pension et de la rente ne peuvent être inférieurs à une somme égale à cent cinquante pour cent du traitement défini à l'article 18, chiffre 2°.

§ II. – Invalidité non imputable au service

Art. 22. – L'agent qui, par suite d'une infirmité causée par une blessure ou une maladie non contractée ou aggravée en service ou à l'occasion du service, est reconnu incapable d'exercer. d'une façon permanente, ses fonctions ou celles de l'emploi dans lequel il aura pu être muté, est admis à la retraite.

Art. 23. – L'agent a droit à pension si la blessure ou la maladie a été contractée ou aggravée au cours d'une période prise en compte pour l'ouverture du droit.

§ III. – Dispositions communes

Art. 24. – Le montant de la pension ne peut être inférieur à cinquante pour cent de la moyenne des traitements prise en compte pour son calcul si l'agent est atteint d'une invalidité d'un taux au moins égal à soixante pour cent.

Art. 25. – L'agent admis à la retraite pour cause d'invalidité et qui est dans l'obligation d'avoir recours d'une manière constante à l'assistance d'une tierce personne pour accomplir les actes ordinaires de la vie, reçoit une allocation dont le montant est fixé par arrêté ministériel. Cette allocation est cumulable avec la pension de retraite et la rente d'invalidité.

Art. 26. – Une commission médicale dont les règles d'organisation et de fonctionnement sont fixées par ordonnance souveraine, est chargée de connaître :

1° de l'incapacité permanente d'exercer les fonctions au regard de la gravité des infirmités invoquées ;

2° de l'imputabilité au service des infirmités ou du décès ;

3° de l'appréciation du taux d'invalidité ;

4° de la nécessité d'avoir recours à l'assistance d'une tierce personne.

Lorsqu'il y a aggravation d'infirmités préexistantes, le taux d'invalidité doit être apprécié par rapport à la validité restante.

La décision est prise, sur le rapport de la commission médicale, par l'autorité administrative qui peut, à cette fin, se faire communiquer les renseignements médicaux et pièces médicales utiles.

CHAPITRE II. – DES DROITS DES AYANTS CAUSE

Section I. – Du conjoint survivant et de l'avant droit divorcé

Art. 27. – S'il remplit les conditions ci-après, le conjoint survivant a droit à pension de réversion, et le cas échéant à rente viagère, même si l'agent n'a pas accompli quinze années de services au jour de son décès.

Le droit est ouvert lorsque le mariage a été contracté deux années au moins avant la cessation de fonctions ou si un ou plusieurs enfants sont issus du mariage antérieur à cette cessation.

Toutefois, lorsque la cessation de fonctions est la conséquence :

1° de l'invalidité résultant, ou non, de l'exercice des fonctions, il suffit que le mariage ait été contracté antérieurement à l'événement qui a provoqué la cessation de fonctions ;

2° de l'abaissement de la limite d'âge, il suffit que le mariage soit antérieur à la mise à la retraite, et qu'il ait été contracté deux années au moins avant soit la limite d'âge en vigueur au moment où il a été contracté, soit le décès de l'agent si ce décès survient antérieurement à cette limite d'âge.

Lorsque les conditions d'antériorité ci-dessus ne sont pas remplies, le droit est ouvert si le mariage, antérieur ou postérieur à la cessation de fonctions, a duré au moins quatre années ou si un ou plusieurs enfants sont issus du mariage postérieur à cette cessation.

Art. 28. – Celui qui, divorcé ou séparé de corps d'un agent, a obtenu le jugement à son profit exclusif a droit à pension, sous réserve des dispositions de l'article 35, s'il remplit les conditions déterminées à l'article précédent et si, divorcé, il ne s'est pas remarié avant le décès de l'agent.

Art. 29. – Le conjoint survivant ou l'ayant droit divorcé qui se remarie perd tout droit à pension.

Art. 30. – Le montant de la pension de réversion est égal à soixante pour cent de la pension dont l'agent bénéficiait ou aurait pu bénéficier au jour de son décès.

Il ne peut, en aucun cas, être inférieur à un montant minimal calculé comme mentionné à l'article 18, chiffre 2°.

Le montant de la rente viagère est égal à soixante pour cent de la rente d'invalidité obtenue par l'agent ou qu'il aurait pu obtenir au jour de son décès ; la rente est calculée, dans ce dernier cas, sur la base de la rente d'invalidité au taux de cent pour cent.

Section II. – Des enfants

Art. 31. – Chaque enfant d'agent décédé a droit à pension d'orphelin jusqu'à l'âge de la majorité visée à l'article 410-1° du Code civil, et le cas échéant à rente viagère, même si l'agent n'a pas accompli quinze années de service au jour de son décès.

Le montant de la pension, ou lorsqu'il y a lieu, celui de la rente, est égal à dix pour cent de la pension ou de la rente obtenue par l'agent ou qu'il aurait pu obtenir au jour de son décès ; la rente est calculée, dans ce dernier cas, sur la base de la rente d'invalidité au taux de cent pour cent.

L'enfant naturel reconnu et l'enfant adoptif bénéficient des mêmes droits que l'enfant légitime.

Art. 32. – Lorsque le conjoint de l'agent est décédé ou s'il n'a pas de droit, la pension d'orphelin et, le cas échéant, la rente sont attribuées dans les conditions ci-après :

1° s'il n'existe qu'un enfant, la pension et la rente qui auraient pu être obtenues par le conjoint sont substituées à sa pension d'orphelin ;

2° s'il existe plusieurs enfants, la pension et la rente qui auraient pu être obtenues par le conjoint sont substituées, pour l'un d'eux, à sa pension d'orphelin ; chacun des autres reçoit une pension d'orphelin dont le taux est porté à vingt pour cent. La somme totale représentative de l'ensemble des pensions et rentes est répartie par parts égales entre tous les enfants.

Art. 33. – Lorsque, dans le cas de l'article 14, alinéa 2, le conjoint survivant a droit à pension mais ne peut en jouir, l'article précédent est applicable soit jusqu'à l'extinction des droits à pension d'orphelin, soit jusqu'à l'entrée en jouissance de sa pension par le conjoint.

Art. 34. – Lorsque l'enfant d'un agent est atteint depuis une époque située, soit avant le décès de l'agent, soit après ce décès, mais avant la majorité mentionnée à l'article 31, d'une maladie ou d'une infirmité le rendant inapte à tout travail ou à un travail rémunéré procurant des gains supérieurs à un montant fixé par arrêté ministériel, l'intéressé a droit, quel que soit son âge, à une pension d'orphelin au taux de soixante pour cent, même en présence d'un conjoint survivant ou de plusieurs enfants ayant droit à pension.

Le versement des arrérages de la pension est suspendu si l'inaptitude vient à cesser.

Le montant visé à l'alinéa premier ci-dessus ne peut être inférieur au traitement défini à l'article 18, chiffre 2°.

Section III. – Des droits des ayants cause en cas de mariages successifs

Art. 35. – En cas de pluralité d'ayants cause par suite d'un ou de plusieurs mariages de l'agent les pensions de réversion et d'orphelin sont attribuées dans les conditions ci-après :

1° s'il existe un conjoint survivant et des enfants mineurs issus de deux ou plusieurs lits, la pension de réversion au taux de soixante pour cent est maintenue au conjoint, chacun des enfants recevant la pension d'orphelin au taux de dix pour cent.

2° s'il existe un conjoint survivant et un ayant droit divorcé, le montant de la pension de réversion est réparti au prorata du nombre respectif des années de mariage, sauf la renonciation de l'ayant droit divorcé ou son remariage avant le décès de l'agent ; au décès ou en cas de remariage de l'un des bénéficiaires, sa part accroîtra celle de l'autre, sauf réversion du droit au profit des enfants ;

3° si, en l'absence de conjoint survivant et d'ayant droit divorcé, il y a des enfants issus de deux ou plusieurs lits, la pension qui aurait pu être obtenue par le conjoint est divisée en parts égales entre chaque groupe d'enfants ; la pension d'orphelin est, dans chacun des groupes, attribuée dans les conditions déterminées à l'article 32 ; au cas où un des lits cesse d'être représenté, sa part accroîtra celle du ou des autres lits.

L'article 34 est applicable.

Section IV. – De l'absence ou de la disparition de l'agent ou de l'ayant droit à pension de réversion

Art. 36. – Lorsqu'un agent qui a droit ouvert à pension ou qui est titulaire de celle-ci a cessé de paraître à son domicile ou à sa résidence sans avoir laissé de procureur fondé et ne donne plus de ses nouvelles, les dispositions du présent chapitre sont appliquées, à titre provisoire, à ses ayants cause dès le prononcé du jugement de présomption d'absence.

L'alinéa précédent est applicable à l'égard des enfants si l'ayant droit à pension de réversion ou le titulaire de celle-ci cesse de paraître à son domicile ou à sa résidence dans les conditions mentionnées ci-dessus.

La pension est définitivement attribuée sur présentation soit d'un acte de décès, soit d'un jugement déclaratif de décès après absence ou disparition.

CHAPITRE III. – DE LA CESSATION DE FONCTIONS SANS DROIT À PENSION ET DE LA REPRISE DE SERVICE

Section I. – De la cessation de fonctions sans droit à pension

Art. 37. – L'agent qui, pour quelque cause que ce soit, cesse d'exercer ses fonctions sans avoir droit à pension, peut demander que ses temps de services publics soient pris en compte au titre de l'une des législations ci-après selon qu'il relève de l'une ou de l'autre :

1° législation sur les pensions de retraite des salariés ;

2° législation sur les pensions de retraite des travailleurs indépendants.

Le double du montant des cotisations de l'agent est alors versé à l'organisme de retraite compétent, après indexation sur le salaire de base, selon le cas, de la Caisse autonome des retraites des salariés ou de la Caisse autonome des retraites des travailleurs indépendants.

L'agent qui relève d'un service particulier agréé de retraite peut aussi demander que ses temps de services publics soient pris en compte si les règles régissant le service particulier autorisent cette prise en compte et le reversement des cotisations.

Art. 38. – L'agent qui, pour quelque cause que ce soit, cesse d'exercer ses fonctions sans avoir droit à pension et sans pouvoir se prévaloir des dispositions de l'article précédent peut, par dérogation à l'article 10, prétendre à l'attribution d'une somme représentative de ses cotisations, après indexation sur les traitements annuels de la Fonction publique.

Cette somme peut être perçue dès la cessation des fonctions.

Art. 39. – Les dispositions des deux articles précédents sont applicables à l'agent stagiaire.

Section II. – De la reprise de service

Art. 40. – Celui qui acquiert à nouveau la qualité d'agent peut, sous les conditions ci-après, bénéficier, pour sa pension, des droits résultant des services antérieurement accomplis.

Si l'intéressé a relevé de l'une des législations visées à l'article 37, alinéa premier, l'organisme de retraite compétent doit procéder au reversement des sommes mentionnées à l'alinéa 2 de ce même article, après indexation sur le salaire de base, selon le cas, de la Caisse autonome des retraites des salariés ou de la Caisse autonome des retraites des travailleurs indépendants.

S'il a relevé d'un service particulier agréé de retraite, les règles le régissant doivent autoriser la radiation des droits et le reversement des cotisations.

S'il a bénéficié des dispositions de l'article 38, l'intéressé doit reverser les sommes perçues, après indexation comme mentionné à cet article.

CHAPITRE IV. – DU CUMUL D'UNE PENSION ET D'UNE RÉMUNÉRATION OU DE PLUSIEURS PENSIONS

Section I. – Dispositions générales

Art. 41. – Les dispositions du présent chapitre s'appliquent aux rémunérations des emplois de l'État, de la commune ou d'un établissement public et aux pensions obtenues en vertu soit de la présente loi soit d'une législation ou d'une réglementation particulière aux établissements publics.

Section II. – Du cumul d'une pension et d'une rémunération

Art. 42. – L'agent qui, avant d'avoir atteint la limite d'âge, a été admis à la retraite, sur sa demande ou d'office pour des raisons disciplinaires, ne peut cumuler sa pension avec la rémunération perçue au titre d'un autre emploi public.

Le versement des arrérages de la pension est suspendu jusqu'à ce que l'intéressé ait atteint l'âge correspondant à cette limite, sauf à percevoir. si la pension est supérieure à la rémunération, une somme égale à l'excédent de la pension sur le montant de la rémunération.

Art. 43. – L'agent qui a été admis à la retraite pour une cause autre que celles mentionnées à l'article précédent peut cumuler sa pension et, le cas échéant, la rente d'invalidité avec la rémunération perçue au titre d'un autre emploi public, ce, dans la limite d'un montant égal à cent vingt-cinq pour cent :

1° soit de la moyenne des traitements prise en compte pour le calcul de sa pension ;

2° soit du traitement afférent à l'emploi occupé s'il excède cette moyenne.

En cas de dépassement, le traitement est réduit à due concurrence.

Art. 44. – Le conjoint survivant qui, ayant la qualité d'agent, a obtenu une pension de réversion et le cas échéant une rente d'invalidité, peut les cumuler avec la rémunération afférente à l'emploi occupé.

Section III. – Du cumul de pensions

Art. 45. – L'agent qui, en raison de services successifs, a obtenu, au titre de la présente loi et de l'une ou de plusieurs des législations ou réglementations visées à l'article 41, des pensions dont le montant a été élevé à un taux minimal garanti ne peut les cumuler que dans la limite d'une somme égale au total des pensions rémunérant les services pris en compte pour le calcul de chacune d'elles.

Art. 46. – Les enfants peuvent cumuler les pensions d'orphelin obtenues du chef de leurs deux auteurs.

CHAPITRE V. – DISPOSITIONS PARTICULIÈRES

Section I. – Dispositions applicables aux agents détachés d'une administration étrangère

Art. 47 *(L. n° 1.175, 13 déc. 1994)*. – L'agent détaché d'une administration étrangère en vertu d'une convention internationale peut, à sa demande, bénéficier d'un droit à pension pour la fraction du traitement qui excède le montant de celui soumis à cotisation pour constitution du droit à pension dans l'administration d'origine. La cotisation est prélevée sur cette fraction du traitement.

Dans le cas où l'agent décide de ne pas bénéficier du droit à pension, son traitement ne fait l'objet d'aucune retenue.

La pension est égale à la différence entre le montant de la pension qui, pour les années accomplies au service de l'administration de détachement, prendrait en compte le traitement attribué par celle-ci et le montant de la pension qui, pour les mêmes années, prendrait en compte le traitement soumis à cotisation dans l'administration d'origine.

Si les conditions ne sont pas remplies, l'agent peut prétendre à l'attribution d'une somme représentative de ses cotisations après indexation sur les traitements annuels de la fonction publique. Cette somme peut être perçue dès la cessation du détachement.

Lorsque les conditions prévues par la loi sont remplies, le droit à pension est ouvert du jour de la cessation du détachement ; les arrérages ne sont toutefois versés qu'à compter de la date à laquelle l'intéressé est admis à la retraite dans l'administration d'origine ;

Section II. – Dispositions applicables en cas de décès d'un agent retraité

Art. 48. – Le décès du bénéficiaire d'une pension de retraite ouvre droit au versement en faveur du conjoint survivant et, si celui-ci est prédécédé, du ou des enfants mentionnés à l'article 31, d'une indemnité-décès dont le montant est fixé à la moitié de la pension minimale annuelle de retraite prévue à l'article 18, chiffre 2°, pour trente années de services.

Section III. – Dispositions applicables en cas de licenciement pour cause de suppression d'emploi

Art. 49. – L'agent qui serait licencié pour cause de suppression d'emploi a droit :

1° à sa pension ;

2° à une indemnité de départ d'un montant égal au produit de la totalité de la rémunération mensuelle due au jour de la cessation des fonctions par le nombre d'années prises en compte pour le calcul de la pension.

TITRE III. – DE LA PENSION DE RETRAITE SUPPLÉMENTAIRE

CHAPITRE Ier. – DES DROITS DE L'AGENT ET DES AYANTS CAUSE

Art. 50 *(Mod., L. n° 1.275, 22 déc. 2003)*. – Le montant de la pension de retraite supplémentaire est le produit des années de service prises en compte et d'une fraction de la moyenne des sommes qui, au titre de cette retraite, sont assujetties à cotisation au cours des derniers mois d'activité.

Cette fraction est, selon les cas prévus à l'article 17, de un quarante-cinquième ou de un cinquantième.

Les traitements des fonctionnaires qui accomplissent des services à temps partiel pendant la période de référence visée au premier alinéa, sont ceux auxquels ils auraient pu prétendre s'ils avaient effectué leur service à temps plein.

Les montants sont ceux en vigueur au jour de la cessation des fonctions.

Pour la détermination du nombre des années de service prises en compte dans le calcul de la pension de retraite supplémentaire, les périodes pendant lesquelles le fonctionnaire a exercé un service à temps partiel sont comptées pour la fraction de leur durée. Cette fraction est égale au rapport entre la durée de service à temps partiel autorisée et la durée de service effectuée par le fonctionnaire de même grade ou emploi accomplissant un service à temps plein.

Le montant de la pension ne peut être supérieur aux trois quarts de la moyenne des sommes prises en compte pour le calcul de la pension.

Les dispositions de l'article 19 sont applicables.

Art. 51. – Le conjoint survivant qui remplit les conditions prévues à l'article 27 a droit à une pension de réversion, même si l'agent n'a pas accompli quinze années de service au jour de son décès.

Le montant de la pension est égal à soixante pour cent de la pension dont l'agent bénéficiait ou aurait pu bénéficier au jour de son décès.

Les dispositions des articles 28, 29 et 35 sont applicables.

Art. 52. – Chaque enfant d'agent décédé a droit à pension dans les conditions et selon les taux déterminés aux articles 31 à 35.

Art. 53. – Lorsqu'un agent qui a droit ouvert à pension ou qui est titulaire de celle-ci a cessé de paraître à son domicile ou à sa résidence sans avoir laissé de procureur fondé et ne donne plus de ses nouvelles, l'article 36 est applicable.

Il en est de même si l'ayant droit à pension de réversion ou le titulaire de celle-ci cesse de paraître à son domicile ou à sa résidence dans les conditions mentionnées ci-dessus.

Art. 54 *(L. n° 1.175, 13 déc. 1994)*. – L'agent détaché d'une administration étrangère en vertu d'une convention internationale peut, à sa demande, bénéficier des dispositions du présent chapitre.

Celles de l'article 47, alinéas 3 et 4, sont applicables.

CHAPITRE II. – DE LA CESSATION DE FONCTIONS SANS DROIT À PENSION ET DE LA REPRISE DE SERVICE

Art. 55. – L'agent qui, pour quelque cause que ce soit, a cessé d'exercer ses fonctions sans avoir droit à pension peut, par dérogation à l'article 10, prétendre, dès la cessation des fonctions, à l'attribution d'une somme représentative de ses cotisations, après indexation sur les traitements annuels de la Fonction publique.

Toutefois, si l'intéressé justifie qu'au titre de sa nouvelle activité il relève d'un organisme de retraite complémentaire agréé à cet effet et que cet organisme lui valide ses temps de service public, il peut prétendre à ce qu'une somme maximale égale au double de celle déterminée comme indiqué ci-dessus soit versée à cet organisme.

Art. 56. – Celui qui acquiert à nouveau la qualité d'agent peut bénéficier pour sa pension des droits résultant des services antérieurement accomplis s'il reverse les sommes perçues ou versées, après indexation sur les traitements annuels de la Fonction publique.

Art. 57. – Les dispositions des deux articles précédents sont applicables à l'agent stagiaire.

TITRE IV. – DE L'ADMISSION À LA RETRAITE ET DU SERVICE DES PENSIONS ET DE LA RENTE

Section I. – Du mode de mise à la retraite, de la liquidation et de l'attribution des pensions et de la rente

Art. 58. – **L'admission à la retraite, soit d'office, soit à la demande de l'agent, est prononcée par une décision prise en la même forme que la décision de nomination de l'intéressé.**

Art. 59. – **La liquidation des pensions est effectuée par l'autorité administrative compétente sur la demande écrite de l'agent ; celle-ci n'est toutefois par requise lorsque l'ayant droit est admis d'office à la retraite.**

Le projet détaillé de liquidation est notifié à l'intéressé qui peut aussitôt prendre connaissance du dossier soit personnellement, soit par 'intermédiaire d'un mandataire.

Lorsqu'il est contesté, pour des raisons autres qu'une erreur matérielle, le projet de liquidation est soumis à une commission de cinq membres, dont deux représentants des agents de l'Administration à laquelle appartenait l'intéressé. La composition de cette commission et le mode de nomination de ses membres sont fixés par ordonnance souveraine.

Le projet motivé de liquidation arrêté par la commission est notifié à l'intéressé qui peut, dans les quinze jours suivants, à peine de forclusion, saisir l'autorité administrative compétente d'un mémoire en contestation ; en ce cas, la pension ne peut être attribuée que sur avis conforme du Conseil d'État.

L'attribution est faite par décision de l'autorité administrative qui a procédé à la liquidation de la pension et selon des modalités fixées par ordonnance souveraine.

La rente viagère est liquidée et attribuée dans les mêmes conditions que les pensions de retraite.

Art. 60. – **Les pensions sont définitivement acquises et ne peuvent être soit supprimées ou révisées à l'initiative de l'autorité administrative compétente, soit révisées à la demande de l'intéressé que pour cause d'erreur matérielle ou d'erreur de droit.**

La rectification d'une erreur matérielle peut être effectuée à tout moment.

La suppression ou la révision en raison d'une erreur de droit ne peut intervenir que dans le délai de six mois qui suit la notification de la décision d'attribution des pensions ; il est procédé comme indiqué aux deux articles précédents.

La restitution des sommes payées indûment ne peut être exigée que si le bénéficiaire de la pension était de mauvaise foi.

Les dispositions ci-dessus sont applicables à la rente viagère sous réserve des cas où elle doit être révisée en raison des modifications survenues dans l'état de santé de l'agent.

Section II. – Du paiement des pensions et de la rente

Art. 61. – **Les arrérages des pensions de retraite sont dus à l'agent à compter du premier jour du mois civil qui suit la cessation définitive des fonctions.**

Ceux des pensions de réversion et des pensions d'orphelin sont dus aux ayants cause à compter du premier jour du mois civil qui suit la date du décès de l'agent.

Il en est de même pour les arrérages de la rente viagère.

Jusqu'aux dates prévues ci-dessus, l'agent ou ses ayants cause perçoivent selon le cas :

1° soit la rémunération d'activité dont le montant est diminué, à compter du jour de l'admission à la retraite, des indemnités représentatives de frais ou de celles inhérentes à l'exercice des fonctions ;

2° soit les arrérages des pensions, et le cas échéant de la rente, qui restent dus à l'agent.

Art. 62. – **Les arrérages des pensions et ceux de la rente sont payés à terme échu, selon des modalités fixées par ordonnance souveraine.**

Section III. – De la suspension des droits de l'agent et de ses effets

Art. 63. – **Les droits à pensions et à rente peuvent être suspendus à l'égard de l'agent pour une des causes et durant les temps déterminés ci-après :**

1° condamnation à une peine afflictive ou infamante, pendant la durée de la peine ;

2° révocation ou mise à la retraite d'office pour l'un des faits suivants : détournements de deniers publics ou de dépôts de fonds particuliers versés à la caisse ou encore de matières reçues dont l'agent devait compte, malversation relative au service ; ce, jusqu'à ce que l'intéressé ait atteint l'âge de soixante-cinq ans ;

3° sauf autorisation préalable du ministre d'État, accomplissement, au cours de la période de cinq ans qui suit la cessation des fonctions, de travaux pour le compte d'une quelconque des entreprises soumises au contrôle du service administratif auquel l'agent appartenait ou en relation directe avec lui ; même durant cette période. la prise d'intérêt dans une telle entreprise, sous quelque dénomination que ce soit, par lui-même ou par personne interposée ; ce, jusqu'à ce que cesse le travail ou la prise d'intérêts.

La disposition visée au chiffre 3° ci-dessus n'est toutefois applicable qu'à des agents chargés, en raison même de leurs fonctions, de surveiller de telles entreprises, de les contrôler, d'émettre des avis à leur sujet ou de participer à la conception de ces avis.

Art. 64. – La suspension prévue à l'article précédent est prononcée par l'autorité administrative dont dépendait l'agent, après consultation et sur proposition du conseil de discipline compétent et avis motivé du Conseil d'État.

Pendant sa durée, l'intéressé est déchu de tout droit au versement des arrérages des pensions et de la rente. Toutefois, lorsque la suspension intervient pour la cause visée au chiffre premier de l'article précédent, il est fait application au profit des ayants cause, des dispositions du chapitre II du titre II, ainsi que de celles des articles 51 et 52.

TITRE V. – DISPOSITIONS DIVERSES

Art. 65. – Le montant minimal de la pension de retraite principale résultant de l'application des dispositions de l'article 18, chiffre 2°, éventuellement cumulé avec le montant de la pension de retraite supplémentaire ne peut, en aucun cas, avoir pour effet d'allouer une somme qui excèderait la dernière rémunération de l'agent, compte non tenu des indemnités servies à titre occasionnel ou catégoriel.

Art. 66. – Les sommes perçues à titre de cotisations pour constitution des droits à pensions sont comptabilisées en recettes, selon le cas. au budget de l'État, à celui de la commune ou au budget de l'établissement public concerné pour ce qui est des agents chargés de la gestion administrative et de la gestion comptable.

Les sommes nécessaires au paiement des pensions, rentes ou allocations prévues par la présente loi sont inscrites en dépenses auxdits budgets.

Art. 67. – Les arrérages des pensions de retraite et de la rente d'invalidité sont incessibles. Sauf en cas de créance pour aliments ou pour contribution aux charges du mariage, ces arrérages sont seulement saisissables dans les limites fixées par application de l'article 502 du Code de procédure civile.

Ces arrérages se prescrivent par cinq ans.

Art. 68. – Les demandes de pensions ou de rente, les pièces à produire à l'appui, celles nécessaires pour percevoir les arrérages, ainsi que les mémoires en contestation sont exempts de tout droit de timbre et d'enregistrement.

Art. 69. – Le versement d'une somme en capital représentative des arrérages d'une pension de retraite ou d'une rente d'invalidité ne peut, en aucun cas, être substitué au paiement périodique de ces arrérages.

TITRE VI. – DISPOSITIONS TRANSITOIRES ET ABROGATIONS

Art. 70. – Les agents qui, sous l'empire de la législation en vigueur avant le 23 décembre 1950, ont été admis à la retraite par suite d'une invalidité non imputable au service, alors qu'ils ne comptaient pas cinquante ans d'âge et quinze années de services, perçoivent une allocation viagère annuelle d'un montant égal à trois pour cent, par année de service effectif, du traitement défini à l'article 18, chiffre 2°.

Les conjoints survivants reçoivent une allocation viagère annuelle d'un montant égal à un cinquante pour cent du traitement mentionné ci-dessus.

Art. 71. – Sont relevés de la forclusion pour la validation des années de service qu'ils ont accomplies en qualité d'agents publics, ceux qui en auraient été frappés postérieurement au 6 juin 1970.

Art. 72. – Lorsqu'en vertu de dispositions antérieures, la rémunération de certains agents se trouve assujettie, au jour de la publication de la présente loi, à des cotisations portant à la fois sur des sommes payées à titre de traitement et sur des indemnités diverses ne présentant cependant pas le caractère de remboursement de frais, la pension de retraite principale des intéressés est calculée compte tenu des montants effectivement soumis à cotisation.

Art. 73. – Les magistrats et maîtres de l'enseignement du premier degré en fonction à la date du 15 septembre 1979 et qui seront admis à la retraite en raison des limites d'âge déterminées par la loi n° 1013 du 29 décembre 1978 bénéficieront d'une pension calculée à raison de un cinquantième et compte tenu des services qu'ils auraient accomplis s'ils étaient demeurés en fonction jusqu'aux limites d'âge antérieurement fixées.

Art. 74. – Les dispositions du titre III sont applicables comme suit aux agents à la retraite ou à leurs ayants cause et aux agents en fonction au jour de la publication de la présente loi :

1° les agents à la retraite ou leurs ayants cause qui sont titulaires d'une pension bénéficient, sans avoir à cotiser, de la pension de retraite supplémentaire calculée d'après les années prises en compte pour la liquidation de la pension de retraite principale ;

2° les agents en fonction sont, à compter du jour de la publication de la loi, soumis à l'obligation prévue à l'article 7, chiffre 2°. Les services accomplis antérieurement à ce jour seront pris en compte sans que les intéressés aient à cotiser ;

3° les agents en fonction qui sont détachés d'une administration étrangère sont, à compter du jour de la publication de la loi, soumis à l'obligation prévue à l'article 7, chiffre 2°. Les services accomplis antérieurement à ce jour seront pris en compte sans que les intéressés aient à cotiser si ces services ont donné lieu à cotisations au titre de la pension de retraite principale.

Art. 75. – Les dispositions de la présente loi ne peuvent être une cause de diminution des pensions, rentes ou indemnités perçues en vertu de la loi n° 526 du 23 décembre 1950.

Les avantages résultant des modifications apportées à cette dernière loi par la présente loi bénéficient aux intéressés à compter du 1er juillet 1982.

Art. 76. – Sont abrogées toutes dispositions contraires à la présente loi ainsi que les lois ci-après :

- n° 113 du 18 juillet 1928,
- n° 231 du 7 avril 1937,
- n° 526 du 23 décembre 1950,
- n° 630 du 17 juillet 1957,
- l'ordonnance-loi du 14 décembre 1959,
- la loi n° 896 du 15 décembre 1970,
- la loi n° 958 du 18 juillet 1974,
- la loi n° 1013 du 29 décembre 1978.

Loi nº 1.096 du 7 août 1986

portant statut des fonctionnaires de la Commune

TITRE I. – DISPOSITIONS GÉNÉRALES

Art. 1er. – Le présent statut s'applique aux personnes qui ont la qualité de fonctionnaire de la commune.

Sous l'autorité du maire, le secrétaire général de la mairie, directeur du personnel, veille à son application.

Art. 2. – Ont la qualité de fonctionnaire les personnes nommées dans l'un des emplois permanents de la commune et titularisées dans un grade de la hiérarchie administrative.

Le grade est le titre qui confère au fonctionnaire vocation à occuper l'un des emplois permanents réservés aux titulaires dudit grade.

Art. 3. – Les emplois permanents sont prévus à l'organigramme des services communaux. Ils sont répartis entre les catégories ci-après :

- *Catégorie A :* fonctions de direction, de conception ou d'inspection ;

- *Catégorie B :* fonctions d'application ;
- *Catégories C et D :* fonctions d'exécution.

Les critères servant à définir ces fonctions sont fixés par une ordonnance souveraine prise après avis de la Commission de la fonction communale instituée par l'article 25 (1).

Art. 4. – La nomination dans un emploi et la titularisation dans un grade ne peuvent avoir lieu que dans les conditions prévues au présent statut.

Art. 5. – Toute nomination ou toute promotion de grade n'ayant pas pour objet de pourvoir régulièrement à une vacance est interdite.

Art. 6. – Le fonctionnaire est vis-à-vis de l'administration communale dans une situation statutaire et réglementaire.

Art. 7. – Il est interdit à tout fonctionnaire quelle que soit sa position, d'avoir, par lui-même ou par personne interposée et sous quelque dénomination que ce soit, des intérêts de nature à compromettre son indépendance, dans une entreprise quelconque soumise au contrôle du service administratif auquel il appartient ou en relation directe avec lui.

La même interdiction subsiste, pendant une période de deux ans, pour le fonctionnaire, visé à l'alinéa précédent, qui serait nommé dans un service n'exerçant plus ce contrôle.

Art. 8. – Il est interdit à tout fonctionnaire d'exercer à titre professionnel une activité lucrative, sauf dérogation accordée par le maire.

Lorsque le conjoint d'un fonctionnaire exerce une activité privée lucrative, déclaration doit en être faite au Maire qui en informe le Ministre d'État.

S'il y a lieu, le maire prescrit, après avis de la commission paritaire compétente instituée par l'article 26, les mesures propres à sauvegarder les intérêts de la commune et la dignité de l'administration communale.

Art. 9. – Le fonctionnaire chargé d'assurer la marche d'un service est responsable à l'égard de ses chefs de l'autorité qui lui est conférée à cette fin et de l'exécution des ordres qu'il a donnés. La responsabilité propre de ses subordonnés ne le dégage d'aucune des responsabilités qui lui incombent.

Tout fonctionnaire, quel que soit son grade dans la hiérarchie administrative, est responsable de l'exécution des tâches qui lui sont confiées.

Art. 10. – Indépendamment des règles instituées par le Code pénal en matière de secret professionnel, tout fonctionnaire est lié par l'obligation de discrétion professionnelle pour tout ce qui concerne les faits et informations dont il a connaissance dans l'exercice ou à l'occasion de l'exercice de ses fonctions.

Tout détournement, toute communication contraire aux règlements, de pièces ou documents de service à des tiers sont formellement interdits.

Un fonctionnaire ne peut être délié de cette obligation de discrétion ou relevé de l'interdiction de communication édictée par l'alinéa précédent que par le maire et, lorsque les pièces ou documents visés à l'alinéa précédent émanent de l'État, après l'accord du Ministre d'État.

Art. 11. – Tout fonctionnaire, quelle que soit sa position, doit s'abstenir, soit pour son propre compte, soit pour le compte de toute autre personne physique ou morale, de toute démarche, activité ou manifestation incompatible avec la discrétion et la réserve qu'impliquent ses fonctions.

Art. 12. – Toute faute commise par un fonctionnaire dans l'exercice ou à l'occasion de l'exercice de ses fonctions l'expose à l'une des sanctions disciplinaires visées à l'article 36 sans préjudice, le cas échéant, des peines prévues par la loi.

Art. 13. – Le dossier individuel de chaque fonctionnaire doit contenir toutes les pièces intéressant sa situation administrative, numérotées et classées sans discontinuité. Aucune mention faisant état des opinions politiques, philosophiques ou religieuses de l'intéressé ne pourra figurer au dossier.

(1) V. Ord. n° 16.611, 10 janv. 2005. – NDLR.

Le fonctionnaire a droit à la communication personnelle et confidentielle de son dossier avant l'intervention d'une des sanctions disciplinaires visées aux chiffres 3° à 7° et au dernier alinéa de l'article 36.

Art. 14. – L'administration communale est tenue de protéger le fonctionnaire contre les menaces, outrages, injures, diffamations ou attaques de toute nature dont il peut être l'objet dans l'exercice ou à l'occasion de l'exercice de ses fonctions et de réparer, le cas échéant, le préjudice subi.

L'administration communale est, à cet effet, subrogée aux droits de la victime pour obtenir des auteurs des menaces, outrages, injures, diffamations ou attaques, la restitution des indemnités qu'elle aurait versées à titre de réparation ; elle dispose, en outre, aux mêmes fins, d'une action directe qu'elle peut exercer par voie de constitution de partie civile devant la juridiction pénale.

Art. 15. – Le fonctionnaire peut former, préalablement aux recours contentieux qui lui sont ouverts par la constitution ou par la loi, un recours gracieux ou hiérarchique à l'encontre des décisions administratives qui sont susceptibles de lui faire grief. Il peut demander qu'il ne soit statué sur ce recours qu'après avis de la commission paritaire compétente ; dans ce cas, cette consultation est obligatoire.

Le recours gracieux ou hiérarchique conserve le délai de recours contentieux, à condition qu'il soit formé dans les deux mois de la notification ou de la publication de la décision administrative et que le recours contentieux soit lui-même formé dans les deux mois du rejet explicite ou implicite du recours gracieux ou hiérarchique.

Le défaut de réponse dans le délai de quatre mois vaut décision de rejet.

Art. 16. – En application de l'article 28 de la constitution, les fonctionnaires peuvent défendre leurs droits et intérêts par l'action syndicale ; leurs syndicats, régis par la loi, peuvent ester en justice devant toute juridiction et notamment se pourvoir contre les actes réglementaires concernant le présent statut et contre les décisions individuelles portant atteinte aux intérêts collectifs des fonctionnaires.

Les fonctionnaires peuvent exercer le droit de grève dans le cadre de la loi qui le réglemente.

Art. 17. – Pour l'application du présent statut, aucune distinction n'est faite entre les deux sexes, sous réserve des mesures exceptionnellement commandées par la nature des fonctions.

TITRE II. – RECRUTEMENT

Art. 18. – Nul ne peut être nommé dans l'un des emplois visés à l'article 2 :

1° s'il a été privé de ses droits civils ou politiques ;

2° s'il n'est pas de bonne moralité ;

3° s'il n'a pas satisfait aux conditions prévues aux articles 20 et 21 ;

4° s'il ne remplit pas les conditions d'aptitude physique exigées pour l'exercice de la fonction et s'il n'est reconnu soit indemne, soit définitivement guéri de toute affection tuberculeuse, cancéreuse, neuro-musculaire ou mentale. Dans tous les cas, l'intéressé devra produire un certificat délivré par l'une des commissions médicales prévues par l'article 54.

Art. 19. – Les fonctionnaires sont nommés par arrêté municipal.

Toutefois, sont nommés par ordonnance souveraine, rendue selon les dispositions de l'article 45 de la Constitution, ceux qui doivent remplir les emplois ci-après :

- secrétaire général de la mairie ;
- receveur municipal ;
- secrétaire de mairie ;
- chef d'un service communal.

La nomination du secrétaire général intervient sur la proposition du maire. Celle des autres fonctionnaires visés à l'alinéa précédent est prononcée après avis du maire.

Avant d'entrer en fonction, le fonctionnaire doit prêter le serment prévu par l'ordonnance du 30 mars 1865.

Art. 20. – Les fonctionnaires sont recrutés dans chacune des catégories mentionnées à l'article 3 par voie de concours ouverts aux candidats possédant les diplômes exigés ou justifiant de l'accomplissement d'études déterminées et aux candidats fonctionnaires ou agents en fonction ayant accompli une durée minimale de service public.

Toutefois, les fonctionnaires ayant acquis, dans la catégorie où ils ont été recrutés, une ancienneté de service suffisante pour leur permettre d'être admis à la catégorie supérieure, pourront y accéder soit à la suite d'un examen professionnel, soit au choix après avis de la commission paritaire compétente instituée par l'article 26 et dans des conditions limitativement fixées.

L'organisation générale des concours et des examens professionnels ainsi que les conditions d'application des dispositions ci-dessus seront déterminées par une ordonnance souveraine prise après avis de la commission de la fonction communale.

Art. 21. – Un jury de concours, dont la composition est fixée par arrêté municipal, désigne par ordre de mérite les candidats reconnus aptes.

Les nominations doivent intervenir dans l'ordre de classement arrêté par le jury sous réserve des dispositions de la loi n° 188 du 18 juillet 1934.

La nomination, lorsqu'elle intervient, est prononcée à titre de stagiaire par arrêté municipal.

Toutefois, l'obligation de stage n'est pas applicable aux agents qui ont accompli une année au moins au service de l'administration communale dans un emploi de la même catégorie à la satisfaction de leurs chefs hiérarchiques.

Art. 22. – La durée du stage est fixée par une ordonnance souveraine prise après avis de la commission de la fonction communale.

Les stagiaires sont, pendant toute la durée du stage, régis par le présent statut ; toutefois, les dispositions relatives aux avancements, aux positions de détachement et de disponibilité ainsi que celles concernant les mutations ne leur sont pas applicables et ils ne peuvent faire l'objet que des sanctions disciplinaires visées au premier alinéa, chiffres 1° et 2°, et second alinéa de l'article 36 ; les stagiaires de sexe féminin peuvent cependant bénéficier de la disponibilité spéciale prévue au second alinéa de l'article 61 ; en ce cas, le stage est suspendu pendant toute la période de disponibilité.

Les stagiaires qui ne rempliront pas de façon satisfaisante les conditions d'aptitudes requises seront, avec un préavis d'un mois, licenciés sans indemnité à l'expiration de la durée du stage. Cependant, en cas d'insuffisance professionnelle, le licenciement pourra intervenir dès la fin d'une période minimale de trois mois de stage.

Art. 23. – Nul ne peut être titularisé dans un grade avant d'avoir atteint la majorité civile visée à l'article 410-1° du Code civil. Sous cette réserve, la titularisation prend effet du jour de la nomination à titre de stagiaire ; l'ordonnance souveraine ou l'arrêté municipal portant nomination à l'emploi et titularisation dans le grade fixe le classement, compte tenu, le cas échéant, de l'ancienneté acquise depuis l'admission au stage. Ce classement est, en ce qui concerne le fonctionnaire nommé par arrêté municipal, déterminé, au préalable, en accord avec le Ministre d'État.

Art. 24. – La nomination de fonctionnaires de l'État, détachés auprès de l'administration communale en accord avec le maire ou à sa demande, n'est pas soumise aux dispositions des articles 20 à 23.

N'est pas non plus soumise à ces dispositions, la nomination de fonctionnaires détachés d'une autre administration en vertu des conventions internationales qui, par ordonnance souveraine, sont mis à la disposition de l'administration communale dans les conditions visées à l'alinéa précédent.

TITRE III. – COMMISSION DE LA FONCTION COMMUNALES COMMISSIONS PARITAIRES (1)

Art. 25. – Il est institué une commission de la fonction communale qui, placée sous la présidence du maire ou de son suppléant, comprend des conseillers communaux, des représentants des syndicats de fonctionnaires relevant du présent statut ou, à défaut, des représentants élus des fonctionnaires.

La suppléance du maire est assurée dans les conditions prévues par la loi sur l'organisation communale.

Sans préjudice des dispositions du présent statut, la commission est saisie par le maire de toutes les questions de caractère général intéressant l'organisation des services communaux. Elle est saisie aux mêmes fins par le maire à la demande des représentants syndicaux.

---

(1) V. Ord. n° 11.456, 26 janv. 1995. – NDLR.

Elle est également consultée, dans les mêmes conditions, sur des questions d'ordre individuel dans le cas prévu au deuxième alinéa de l'article 34.

La commission émet des avis motivés et, lorsqu'elle est consultée, en application des dispositions de l'alinéa qui précède, des recommandations motivées.

Sa composition et son fonctionnement sont fixés par une ordonnance souveraine prise après avis du Conseil d'État.

Art. 26. – Il est institué, pour chacune des catégories mentionnées à l'article 3, une commission paritaire qui comprendra un nombre égal de représentants de l'administration communale et de représentants élus des fonctionnaires communaux.

Les commissions paritaires sont obligatoirement saisies des questions d'ordre individuel résultant de l'application des articles 8, 15, 20, 31, 34, 56, 61, 64, 67 et 70.

La composition et les conditions de fonctionnement des commissions paritaires ainsi que les modalités de désignation de ses membres seront fixées par arrêté municipal pris après avis de la commission de la fonction communale.

Les membres des commissions paritaires sont nommés par arrêté municipal.

TITRE IV. – RÉMUNÉRATION – AVANTAGES SOCIAUX

Art. 27. – Les différents grades ou emplois de l'administration communale sont classés hiérarchiquement dans les échelles indiciaires de traitements. Ces échelles, qui pour chaque grade, comportent un nombre de classes ou d'échelons déterminés, sont établies par une ordonnance souveraine prise après l'avis de la commission de la fonction communale et la consultation du conseil communal prévue par la loi sur l'organisation communale (1).

Le traitement indiciaire de base est fixé par arrêté ministériel.

Art. 28. – Tout fonctionnaire a droit, après service fait, à une rémunération comportant un traitement et des indemnités diverses.

Le traitement correspondant au grade du fonctionnaire et à la classe ou à l'échelon auxquels il est parvenu ou, exceptionnellement, à l'emploi dans lequel il a été nommé.

Le traitement du stagiaire est celui correspondant à la classe ou à l'échelon du début de l'échelle indiciaire afférente à l'emploi qu'il occupe.

Art. 29. – Les fonctionnaires ont droit ou ouvrent droit au profit de leurs ayants cause :

1° à des prestations familiales et à des avantages sociaux ;

2° à des prestations médicales, pharmaceutiques et chirurgicales ;

3° à une allocation d'assistance-décès ;

4° à une pension de retraite.

Ces prestations, allocations et pensions sont attribuées dans les mêmes conditions que celles prévues pour les fonctionnaires de l'État.

Le droit aux prestations prévues aux chiffres 1° et 2° ci-dessus est maintenu aux fonctionnaires après leur mise à la retraite à la condition qu'ils n'exercent aucune activité lucrative.

Art. 30. – Les fonctionnaires doivent se soumettre à un contrôle médical périodique dans les conditions qui seront fixées par une ordonnance souveraine prise après avis de la commission de la fonction communale.

TITRE V. – AVANCEMENT

Art. 31. – Chaque année une appréciation motivée doit être portée par les supérieurs hiérarchiques sur les fonctionnaires placés sous leurs ordres.

Les fonctionnaires et les commissions paritaires compétentes peuvent avoir communication de l'appréciation visée ci-dessus. Les conditions dans lesquelles interviendra cette communication seront fixées par ordonnance

(1) V. Ord. n° 1.425, 29 nov. 2007 *(mod., Ord. n° 2.396, 12 oct. 2009 ; Ord. n° 3.104, 26 janv. 2011 ; Ord. n° 4.202, 20 févr. 2013 ; Ord. n° 4.479, 13 sept. 2013).*

souveraine prise après avis de la commission de la fonction communale ; cette ordonnance souveraine déterminera également les critères d'appréciation des mérites des fonctionnaires.

Art. 32. – L'avancement des fonctionnaires comporte l'avancement de classe ou d'échelon qui a lieu de façon continue et l'avancement de grade.

Art. 33. – L'avancement de classe ou d'échelon s'effectue en fonction de l'ancienneté ; toutefois, l'appréciation visée à l'article 31 peut avoir pour effet de réduire l'ancienneté requise pour accéder à la classe ou à l'échelon supérieur. Dans ce dernier cas, la décision d'avancement intervient en accord avec le Ministre d'État.

Les durées d'ancienneté sont fixées par une ordonnance souveraine prise après avis de la commission de la fonction communale.

Art. 34. – L'avancement de grade s'effectue au choix à l'intérieur de chacune des catégories d'emplois mentionnées à l'article 3 ; la commission paritaire compétente doit au préalable être consultée. La décision intervient en accord avec le Ministre d'État.

Lorsque, pendant deux années, l'autorité compétente se sera abstenue de donner suite à des propositions qui avaient fait l'objet d'avis favorable de la commission paritaire concernée, celle-ci pourra demander, sur requête des fonctionnaires intéressés, que la commission de la fonction communale soit saisie.

Art. 35. – Le fonctionnaire accédant à un grade supérieur reçoit le traitement et les indemnités afférents à la classe ou à l'échelon qui lui est attribué par la décision de promotion dans l'échelle indiciaire du nouveau grade.

À défaut, l'intéressé est placé d'office dans la classe ou à l'échelon de l'échelle indiciaire afférente au nouveau grade dont l'indice est égal ou immédiatement supérieur à celui de son ancienne classe ou de son ancien échelon ; en ce cas, la durée maximale des services requis pour l'avancement de classe ou d'échelon est réduite de moitié.

TITRE VI. – DISCIPLINE

Art. 36. – Les sanctions disciplinaires sont :

1° l'avertissement ;

2° le blâme ;

3° l'abaissement de classe ou d'échelon ;

4° la rétrogradation ;

5° l'exclusion temporaire de fonction pour une durée de trois mois à un an ;

6° la mise à la retraite d'office ;

7° la révocation.

Une exclusion temporaire de fonction pour une durée de trois mois au plus peut, en outre, être prononcée à titre de sanction principale ou complémentaire.

Art. 37. – L'avertissement et le blâme avec inscription au dossier sont donnés par le maire sur proposition du chef de service dont relève le fonctionnaire intéressé, après que ce dernier aura été mis en demeure de présenter ses explications.

L'exclusion temporaire de fonction pour une durée de trois mois au plus, l'abaissement de classe ou d'échelon et la rétrogradation, lorsque ces mesures n'impliquent pas une modification du titre de nomination, sont décidés par le maire après consultation du conseil de discipline prévu à l'article 40 et avis du conseil communal réuni en commission plénière.

Les autres sanctions sont prononcées par ordonnance souveraine ou arrêté municipal, selon le titre de nomination du fonctionnaire concerné, sur proposition du conseil de discipline et après avis du conseil communal réuni dans les mêmes conditions que ci-dessus.

La consultation du conseil de discipline n'est pas exigée en cas de condamnation à une peine afflictive ou infamante.

Art. 38. – En cas de faute grave, qu'il s'agisse d'un manquement aux obligations professionnelles ou d'une infraction de droit commun, le fonctionnaire intéressé peut, avant la consultation du conseil de discipline, être immédiatement suspendu par décision du maire.

La décision prononçant la suspension doit, soit préciser que le fonctionnaire conserve, pendant le temps où il est suspendu, le bénéfice de son traitement, soit déterminer la quotité de la retenue qu'il subit, laquelle ne peut être supérieure à la moitié du traitement.

La situation du fonctionnaire suspendu doit être définitivement réglée dans un délai de quatre mois à compter du jour où la décision de suspension a pris effet ; lorsqu'aucune décision n'est intervenue à l'échéance de ces quatre mois, l'intéressé reçoit à nouveau l'intégralité de son traitement sauf s'il est l'objet de poursuites pénales.

Si le fonctionnaire n'a subi aucune sanction ou n'a été l'objet que d'un avertissement ou d'un blâme ou si, à l'expiration du délai de quatre mois, l'administration communale n'a pu statuer sur son cas, l'intéressé a droit au remboursement des retenues opérées sur son traitement.

Toutefois, lorsque le fonctionnaire est l'objet de poursuites pénales, sa situation n'est définitivement réglée qu'après que la décision rendue par la juridiction saisie est devenue définitive.

Art. 39. – Les exclusions temporaires de fonction visées à l'article 36 ainsi que la mesure de suspension prévue à l'article précédent n'emportent pas la suspension des prestations, avantages sociaux, allocation ou pension mentionnés à l'article 29.

Art. 40. – Le conseil de discipline comprend six membres :

– un adjoint autre que celui dont dépend le service dans lequel se trouve placé le comparant, président ;

– deux conseillers communaux élus au scrutin secret en commission plénière du conseil communal ;

– trois fonctionnaires désignés par leurs représentants au sein de la commission paritaire compétente et qui doivent être titulaires d'un grade au moins égal à celui du comparant.

Les membres ainsi nommés doivent présenter toutes garanties d'indépendance et d'impartialité.

Le maire désigne, en outre, un rapporteur qui, s'il n'est pas membre du conseil de discipline, n'assiste pas au délibéré.

En cas de partage, la voix du président est prépondérante.

Art. 41. – La procédure devant le conseil de discipline est contradictoire.

La comparution devant le conseil de discipline est ordonnée par un arrêté municipal qui nomme les membres appelés à en faire partie et fixe la date de comparution de l'intéressé.

Le fonctionnaire déféré au conseil de discipline est mis en demeure, par lettre recommandée avec demande d'avis de réception, de prendre connaissance de son dossier et de toutes les pièces relatives à l'affaire.

Notification concomitante lui est faite, dans la même forme, de l'arrêté municipal visé au deuxième alinéa ci-dessus ; il lui est accordé un délai de trente jours, à compter du lendemain de cette notification, pour présenter sa défense et désigner, le cas échéant, son défenseur.

Le fonctionnaire a le droit de citer des témoins. Ce droit appartient également à l'administration communale.

Art. 42. – Le fonctionnaire qui a fait l'objet d'une sanction disciplinaire, mais qui n'a pas été exclu des cadres, peut, après cinq années, s'il s'agit d'un avertissement ou d'un blâme et dix années s'il s'agit d'une autre sanction, obtenir par simple demande adressée au maire que toute trace de la sanction prononcée soit supprimée du dossier.

Le maire statue après avis de la commission de la fonction communale.

En cas de refus, le fonctionnaire peut former recours auprès du Ministre d'État.

TITRE VII. – POSITION

Art. 43. – Tout fonctionnaire est placé dans une des positions suivantes :

1° l'activité ;

2° le service détaché ;

3° la disponibilité.

A. – ACTIVITÉ ET CONGÉS

Art. 44 *(Rempl., L. n° 1.325, 22 déc. 2006)*. – L'activité est la position du fonctionnaire qui, titulaire d'un grade, exerce, à temps complet ou à temps partiel, les fonctions de l'un des emplois correspondants à ce grade.

Art. 45. – Le fonctionnaire en activité a droit à un congé annuel avec traitement dont la durée, fixée par arrêté municipal, ne peut être inférieure à trente-cinq jours consécutifs pour une année de service accomplie. En cas de nécessité de service, le maire peut imposer un fractionnement de ce congé.

Les congés éventuellement accordés dans le cours de l'année pour convenances personnelles sont déduits du congé annuel.

Les conditions dans lesquelles des autorisations exceptionnelles d'absence peuvent, en outre, être accordées sont déterminées par une ordonnance souveraine prise après avis de la commission de la fonction communale. Ces absences ne seront pas imputées sur le congé annuel.

Art. 46. – Lorsqu'il est mis dans l'impossibilité temporaire d'exercer ses fonctions par suite de maladie dûment constatée, le fonctionnaire est de droit en congé. Son traitement est maintenu pendant les trois premiers mois de ce congé, d'une durée maximale de six mois ; il est réduit de moitié pendant les trois mois suivants.

Si, à l'expiration de cette période de six mois, l'intéressé n'est pas en mesure de reprendre l'exercice de ses fonctions, il peut, sur proposition du médecin-conseil de l'État être maintenu en congé sans toutefois que la durée de ce nouveau congé, pendant lequel il continuera à recevoir un traitement réduit de moitié, puisse excéder un an.

Art. 47. – Le fonctionnaire qui, ayant épuisé la totalité de ses droits à congé de maladie prévus à l'article 46, n'est pas en mesure de reprendre l'exercice de ses fonctions peut, sur proposition de la commission médicale compétente visée à l'article 54, être maintenu en congé, sans toutefois que la durée de ce nouveau congé, pendant lequel il continuera à recevoir un traitement réduit de moitié, puisse excéder deux ans.

Art. 48. – (1) Lorsqu'il est atteint d'une affection, dûment constatée, le mettant dans l'impossibilité d'exercer ses fonctions, qui rend nécessaire un traitement et des soins coûteux et prolongés et qui figure sur une liste établie par arrêté ministériel, le fonctionnaire a droit à un congé de longue maladie d'une durée maximale de trois ans. Il conserve l'intégralité de son traitement pendant un an ; ce traitement est réduit de moitié pendant les deux années qui suivent.

Le fonctionnaire qui a obtenu un congé de longue maladie ne peut bénéficier d'un autre congé de même nature s'il n'a pas auparavant repris l'exercice de ses fonctions pendant au moins un an.

Art. 49. – Le fonctionnaire atteint d'une affection tuberculeuse, cancéreuse, neuro-musculaire ou mentale est, de droit, mis en congé de maladie de longue durée ; ce congé lui est accordé par périodes maximales d'une année.

L'intéressé conserve pendant une durée de trois années l'intégralité de son traitement, lequel est ensuite réduit de moitié pendant les deux années suivantes.

La décision est prise, dans tous les cas, sur proposition de la commission médicale compétente.

Art. 50. – À l'expiration des congés de maladie accordés en application des articles 46, 47, 48 et 49 ou si, sur proposition de la commission médicale compétente, il est mis fin à ces congés, l'intéressé peut être :
- soit muté d'office dans un emploi que son état de santé lui permettra de remplir ;
- soit mis en disponibilité d'office ;
- soit mis à la retraite pour invalidité.

Art. 51. – Le fonctionnaire victime d'un accident survenu dans l'exercice ou à l'occasion de l'exercice de ses fonctions, notamment lors du trajet, est, de droit en congé. Il en est de même en cas de maladie contractée ou aggravée dans ces conditions.

Outre le remboursement intégral des honoraires médicaux et des frais directement entraînés par la maladie ou l'accident, il conserve son traitement :
- soit jusqu'à ce que son état de santé lui permette de remplir son emploi ou, après mutation d'office, un autre emploi pour lequel il serait reconnu apte ;
- soit jusqu'à sa mise à la retraite pour invalidité.

(1) V. A. min. nº 2003-121, 11 févr. 2003. – NDLR.

Lorsque l'intéressé est atteint d'une incapacité permanente ne justifiant pas sa mise à la retraite pour invalidité, il lui est alloué une rente dont le montant, calculé comme en matière d'accidents du travail, est fonction du taux d'incapacité ; cette rente est cumulable, le cas échéant, avec un traitement d'activité.

La décision est prise, dans tous les cas, sur la proposition de la commission médicale compétente.

Art. 52. **– Dans tous les cas de congé de maladie prévus aux articles 46, 47, 48 et 49, avec ou sans réduction de traitement, l'intéressé conserve son droit aux prestations familiales, médicales, pharmaceutiques ou chirurgicales ainsi qu'aux avantages sociaux dont il bénéficie en raison de sa situation de famille.**

Les temps passés en congé de maladie sont pris en compte pour l'avancement et le calcul de la pension de retraite.

Art. 53 ***(Rempl., L. n° 1.311, 29 mai 2006)*** (1). **– Le fonctionnaire de sexe féminin a droit à un congé de maternité dont la durée, fixée par arrêté municipal** (2), **ne peut être inférieure à seize semaines.**

À l'occasion de la naissance de son enfant, le père fonctionnaire a droit à un congé de paternité dans les conditions prévues pour les fonctionnaires de l'État.

Lors du décès de la mère au cours de la période de congé postnatal visé au premier alinéa, le père fonctionnaire bénéficie du droit au congé postnatal de la mère restant à courir.

Durant les périodes de congé de maternité et de congé de paternité visées aux trois alinéas précédents, le fonctionnaire perçoit l'intégralité de son traitement.

Art. 53-1 ***(L. n° 1.311, 29 mai 2006)*** (1). **– Les fonctionnaires autorisés, en application des articles 240 à 297 du Code civil, à accueillir un ou plusieurs enfant à titre d'adoption, ont droit à un congé d'adoption, dans les conditions prévues pour les fonctionnaires de l'État.**

La durée du congé d'adoption est de huit semaines, en cas d'adoption d'un seul enfant, ou de dix semaines, en cas d'adoptions multiples ou si le foyer a déjà des enfants à charge.

Le congé d'adoption peut être réparti dans le temps entre les deux parents ou pris simultanément en totalité ou en partie. Dans tous les cas, la durée cumulée du congé pris par chacun des deux parents ne peut excéder celle fixée à l'alinéa 2.

Lorsque, au sein du couple d'adoptants, l'un des parents relève, au titre de son activité professionnelle, d'un statut ou d'un régime distinct du présent statut et ouvrant également droit au bénéfice d'un congé d'adoption indemnisé, la durée du congé d'adoption dont bénéficie le parent fonctionnaire de la Commune est réduite de la durée du congé pris le cas échéant par l'autre parent, en vertu des dispositions du statut ou du régime qui lui est applicable.

Durant la période du congé d'adoption, le fonctionnaire perçoit l'intégralité de son traitement.

Art. 54. **– Les conditions d'application du régime des congés de maladie et les règles d'organisation et de fonctionnement des commissions médicales compétentes en la matière seront déterminées par une ordonnance souveraine prise après avis de la commission de la fonction communale ; cette ordonnance fixe également les conditions dans lesquelles les avis du médecin-conseil seront, en cas de contestation, soumis à ces commissions.**

B. – DÉTACHEMENT

Art. 55 ***(Rempl., L. n° 1.325, 22 déc. 2006)*****. – Le détachement est la position du fonctionnaire qui, placé hors de l'administration communale, continue à bénéficier des droits et avantages résultant du présent statut, à l'exception du travail à temps partiel. En cas de détachement, le travail à temps partiel ne peut être autorisé, le cas échéant, que conformément aux règles appliquées par la personne publique ou privée auprès de laquelle le fonctionnaire est détaché.**

Art. 56. **– Le détachement peut avoir lieu dans tous les emplois dont les titulaires relèvent du champ d'application de la législation sur les pensions de retraite des fonctionnaires et, exceptionnellement, pour un but d'intérêt général, dans tous les autres emplois ou fonctions. Le détachement est toujours révocable.**

---

(1) Dispositions applicables du fait des naissances et adoptions intervenues à compter du lendemain de leur publication au *Journal de Monaco* du 2 juin 2006.

(2) V. A. mun. n° 2009-0361, 28 janv. 2009.

Il est prononcé soit à la demande du fonctionnaire, soit d'office par arrêté municipal. Lorsque le détachement est prononcé d'office, la commission paritaire compétente est consultée et l'intéressé a droit au maintien d'un traitement égal à celui afférent à son grade et à sa classe ou à son échelon.

Art. 57. – En cas de détachement dans un emploi ou une fonction dont les titulaires ne relèvent pas du champ d'application de la législation sur les pensions de retraite des fonctionnaires, l'intéressé doit verser la cotisation prévue par les dispositions en vigueur pour la constitution du droit à pension ; cette cotisation est calculée sur le traitement d'activité afférent à son grade et à sa classe ou à son échelon dans le service dont il est détaché.

La personne privée auprès de laquelle le fonctionnaire est détaché est redevable à la commune des cotisations dont elle serait tenue s'il s'agissait d'un salarié du régime général.

Art. 58. – À l'expiration du détachement, le fonctionnaire est réintégré dans 1'administration communale à la première vacance se produisant dans son grade. Il est affecté dans un emploi correspondant audit grade ; toutefois, il a priorité pour être affecté à l'emploi qu'il occupait antérieurement à son détachement.

S'il refuse l'emploi qui lui est assigné, il est placé en disponibilité jusqu'à ce qu'une nouvelle vacance soit ouverte dans son grade.

Art. 59. – Les conditions et la durée du détachement sont déterminées par une ordonnance souveraine prise après avis de la commission de la fonction communale.

C. DISPONIBILITÉ

Art. 60. – La disponibilité est la position du fonctionnaire qui, placé hors de l'administration communale, cesse de bénéficier des droits et avantages résultant du présent statut.

Art. 61. – La disponibilité est prononcée soit à la demande de l'intéressé, soit d'office comme prévu aux articles 50 et 58 ; dans le premier cas, la commission paritaire compétente est consultée.

Le fonctionnaire de sexe féminin bénéficie, en outre, d'une disponibilité spéciale.

Art. 62. – La disponibilité sur demande du fonctionnaire peut être prononcée pour maladie grave ou accident du conjoint ou d'un enfant, pour études ou recherches présentant un intérêt général ou pour convenances personnelles.

Art. 63. – Les conditions de la mise en disponibilité, sa durée ainsi que les modalités de la réintégration a l'expiration de la période de disponibilité sont déterminées par une ordonnance souveraine prise après avis de la commission de la fonction communale.

La disponibilité ne fait pas échec aux dispositions relatives à la discipline. Elle est révocable lorsque les conditions dans lesquelles elle a été prononcée cessent d'être remplies.

Art. 64. – Le fonctionnaire mis en disponibilité qui, lors de sa réintégration refuse l'emploi qui lui est assigné, peut être licencié ou mis à la retraite d'office après avis de la commission paritaire compétente.

Art. 64-1 *(L. n° 1.325, 22 déc. 2006)*. – (1) Le fonctionnaire en activité peut, pour convenance personnelle, sur sa demande et pour une période déterminée, être autorisé par le Maire à accomplir des fonctions à temps partiel. Cette autorisation est donnée sous réserve des nécessités de fonctionnement du service.

L'autorisation est accordée de plein droit si la demande est présentée en vue soit d'élever un enfant de moins de cinq ans, soit de donner des soins à un conjoint, un ascendant ou un enfant, atteint d'une infirmité, d'une maladie ou d'une incapacité grave.

L'autorisation d'accomplir des fonctions à temps partiel est donnée pour une durée de six mois ou douze mois. Elle peut être renouvelée sur la demande du fonctionnaire présentée deux mois avant la fin de la période en cours.

La demande d'autorisation d'accomplir des fonctions à temps partiel doit être présentée au minimum deux mois avant la date prévue pour le début de la période de travail à temps partiel.

---

(1) V. Ord. n° 1.649, 20 mai 2008. – NDLR.

Le Secrétaire Général de la Mairie, le Secrétaire de Mairie, les chargés de mission ainsi que les chefs de service et assimilés ne peuvent être admis à l'exercice de leurs fonctions à temps partiel.

Art. 64-2 *(L. n° 1.325, 22 déc. 2006).* – Le fonctionnaire autorisé à accomplir des fonctions à temps partiel perçoit une fraction du traitement et des indemnités afférentes à son grade dans l'emploi auquel il a été nommé. Cette fraction est égale au rapport entre la durée de service à temps partiel autorisée et la durée effectuée par le fonctionnaire de même grade ou emploi accomplissant un service à temps plein.

Art. 64-3 *(L. n° 1.325, 22 déc. 2006).* – L'exercice de fonctions à temps partiel est assimilé à l'exercice de fonctions à temps plein pour la détermination des droits à l'avancement de classe ou d'échelon et à la formation professionnelle.

Art. 64-4 *(L. n° 1.325, 22 déc. 2006).* – Le fonctionnaire autorisé à exercer des fonctions à temps partiel a droit aux mêmes congés que le fonctionnaire de même grade ou emploi exerçant des fonctions à temps plein, selon des modalités de décompte fixées par le Maire.

Pendant une période de formation professionnelle, le fonctionnaire autorisé à exercer des fonctions à temps partiel reste dans cette position même si la durée des enseignements dispensés excède celle du service accompli.

Art. 64-5 *(L. n° 1.325, 22 déc. 2006).* – Le fonctionnaire autorisé à exercer des fonctions à temps partiel conserve les prestations familiales et les avantages sociaux dont il bénéficierait s'il exerçait à temps plein.

Dans tous les cas de congé de maladie prévus aux articles 46 à 49, le fonctionnaire autorisé à assurer un service à temps partiel perçoit une fraction du traitement auquel il aurait eu droit dans cette situation s'il exerçait un service à temps plein. La fraction de traitement est déterminée conformément aux dispositions de l'article 64-2. SI à l'expiration de la période d'exercice des fonctions à temps partiel, il demeure en congé de maladie, il recouvre les droits dont bénéficie le fonctionnaire exerçant des fonctions à temps plein.

L'allocation d'assistance décès prévue au chiffre 3° de l'article 29 est calculée sur l'intégralité du traitement afférent à l'emploi auquel le fonctionnaire décédé a été nommé ou au grade et à la classe ou échelon auxquels il est parvenu.

La période d'activité à temps partiel est suspendue pendant la durée d'un congé de maternité, de paternité ou d'adoption. Les bénéficiaires de tels congés sont, en conséquence, rétablis, durant la durée de ces congés, dans les droits des fonctionnaires exerçant leurs fonctions à temps plein.

Art. 64-6 *(L. n° 1.325, 22 déc. 2006).* – La durée du service à temps partiel que le fonctionnaire peut être autorisé à accomplir, est égale à 5/10ème ou 8/10ème de la durée du service qu'effectue le fonctionnaire exerçant à temps plein les mêmes fonctions.

Le fonctionnaire autorisé à exercer des fonctions à temps partiel ne peut accomplir d'heures supplémentaires.

Art. 64-7 *(L. n° 1.325, 22 déc. 2006).* – Par dérogation aux dispositions du troisième alinéa de l'article 64-1, pour les personnels enseignants et les personnels d'éducation, l'autorisation de travailler à temps partiel ne peut être donnée que pour la durée d'une année scolaire.

La demande doit être présentée quatre mois avant le début de l'année scolaire.

La quotité du temps partiel est aménagée de telle manière que les heures d'enseignement d'une classe ne soient pas fractionnées.

Dans tous les cas, la répartition hebdomadaire des heures de service effectuées est du seul ressort du chef d'établissement.

TITRE VIII. – MUTATION

Art. 65. – L'affectation donnée à un fonctionnaire par sa nomination à un emploi permanent peut être modifiée par voie de mutation dans un autre service communal à un emploi correspondant au grade dont il est titulaire.

La mutation est prononcée soit dans l'intérêt du service, soit sur demande du fonctionnaire si elle n'est pas contraire audit intérêt, soit d'office pour l'une des causes visées aux articles 50 et 51.

Le fonctionnaire intéressé ne peut recevoir un traitement inférieur à celui dont il bénéficiait antérieurement.

TITRE IX. – CESSATION DE FONCTIONS

Art. 66. – La cessation définitive des fonctions entraîne la perte de la qualité de fonctionnaire. Elle résulte :

1° de la démission acceptée ;

2° du licenciement ;

3° de la révocation ;

4° de l'admission à la retraite.

Art. 67. – La démission ne peut résulter que d'une demande écrite du fonctionnaire marquant sa volonté non équivoque de quitter l'administration communale.

La démission est acceptée par ordonnance souveraine ou arrêté municipal, suivant le titre de nomination du fonctionnaire. Elle prend effet à la date fixée par l'autorité compétente, sans que cette date puisse être postérieure à un délai de douze mois à compter de la remise de la demande.

La démission ne peut être refusée que pour d'impérieuses nécessités de service et le refus doit être motivé. La commission paritaire compétente, saisie à la demande du fonctionnaire intéressé, émet un avis, également motivé, qui est transmis au maire.

Le défaut de réponse dans le délai de quatre mois vaut, par dérogation au troisième alinéa de l'article 15, acceptation de la démission à compter de la date d'expiration de ce délai.

Art. 68. – L'acceptation de la démission la rend irrévocable. La démission ne fait cependant pas obstacle à l'exercice de l'action disciplinaire en raison des faits qui n'auraient été révélés à l'administration communale qu'après son acceptation.

Art. 69. – Le fonctionnaire qui cesse ses fonctions avant la date ou avant l'expiration du délai visé à l'article 67 peut faire l'objet d'une sanction disciplinaire ; en ce cas, s'il a droit à pension, il peut subir une retenue sur les trois premiers versements mensuels qui lui sont faits à ce titre, à concurrence d'un cinquième de ceux-ci.

Art. 70. – S'il ne peut être reclassé dans un autre emploi, le fonctionnaire qui fait preuve d'insuffisance professionnelle est admis à la retraite ou licencié ; la décision est prise par ordonnance souveraine ou arrêté municipal, suivant le titre de nomination du fonctionnaire et après avis de la commission paritaire compétente.

S'il est licencié pour insuffisance professionnelle et s'il ne satisfait pas aux conditions pour être admis au bénéfice de la législation sur les pensions de retraite des fonctionnaires, une indemnité de départ, égale aux trois quarts de la rémunération afférente au dernier mois d'activité multipliée par le nombre d'années de service validées pour la retraite, lui est attribuée.

L'indemnité de licenciement est versée par mensualités, qui ne peuvent dépasser le montant de la dernière rémunération perçue par l'intéressé.

Art. 71. – Le fonctionnaire qui a fait preuve au cours de sa carrière d'un zèle et d'un dévouement constants pourra se voir conférer l'honorariat après sa mise à la retraite.

L'honorariat peut être retiré au cas où l'intéressé exercerait une activité incompatible avec le titre de fonctionnaire honoraire ou enfreindrait la réserve que ce titre lui impose.

Art. 72. – Le présent statut entrera en vigueur à compter du 1er octobre 1986.

Art. 73. – Sont abrogées à compter de la date fixée à l'article précédent, l'ordonnance souveraine n° 421 du 28 juin 1951 ainsi que toutes les dispositions contraires à la présente loi.

Ordonnance Souveraine n° 16.611 du 10 janvier 2005

fixant les conditions d'application de la loi n° 1.096 du 7 août 1986
portant statut des fonctionnaires de la Commune
(Journal de Monaco, 14 janv. 2005) (1)

Vu la loi n° 1.096 du 7 août 1986 portant statut des fonctionnaires de la Commune ;

Section 1. – Dispositions générales

§ 1. – Des fonctions afférentes aux catégories d'emplois permanents des services communaux

Art. 1er. – Les emplois permanents prévus à l'organigramme des services communaux sont répartis en quatre catégories désignées, dans l'ordre hiérarchique décroissant, par les lettres « A », « B », « C » et « D ».

Art. 2. – Les fonctions afférentes à chacune des catégories d'emplois mentionnées à l'article premier ci-dessus sont définies ainsi qu'il suit :

1° Les fonctions qui sont exercées dans les emplois de catégorie « A » sont des fonctions de direction, de conception ou d'inspection.

Ces fonctions sont caractérisées, selon le cas :

– par la responsabilité de la gestion d'un service ou d'un ensemble de services conformément aux directives municipales ;

– par la maîtrise de l'instruction des affaires du service en vue de la préparation des solutions appropriées ;

– par le contrôle général de la mise en œuvre des lois, ordonnances souveraines, arrêtés ministériels et municipaux.

2° Les fonctions qui sont exercées dans les emplois de catégorie « B » sont des fonctions d'application.

Ces fonctions sont caractérisées, selon le cas :

– par la mise en application, au moyen de mesures particulières, des lois, ordonnances souveraines, arrêtés ministériels et municipaux ;

– par le contrôle de l'exécution de ces mesures particulières.

3° Les fonctions qui sont exercées dans les emplois de catégories « C » et « D » sont des fonctions d'exécution.

Ces fonctions sont caractérisées par la participation soit à la mise en œuvre des décisions administratives au moyen de mesures d'exécution appropriées, soit au fonctionnement matériel du service public.

Art. 3. – Les emplois permanents prévus à l'organigramme des services communaux sont répartis dans les quatre catégories définies à l'article 2 par ordonnance souveraine.

§ 2. – Des modalités d'exercice de l'action syndicale

Art. 4. – Les organisations syndicales de la fonction publique communale peuvent être admises à tenir, hors des heures de service :

1° dans les locaux mis, dans chaque cas, à leur disposition par l'Administration communale, aux jours et heures déterminés avec son accord, des réunions d'information ou assemblées statutaires ouvertes aux seuls fonctionnaires et agents relevant de la fonction publique communale ;

2° dans des bâtiments communaux, des réunions réservées aux membres de leur bureau, lorsque des locaux peuvent être mis à leur disposition et à la condition que ces organisations n'aient pas elles-mêmes l'usage d'un local syndical.

Art. 5. – Les publications se rapportant à la défense des intérêts des fonctionnaires de la commune peuvent leur être remises dans l'enceinte des bâtiments communaux, hors des lieux ouverts au public, par les membres du bureau des organisations syndicales.

Toutefois, le Secrétaire général de la Mairie doit, au préalable, être informé de la distribution et recevoir en dépôt un exemplaire de chacune de ces publications.

(1) V. Ord. n° 1.425, 29 nov. 2007 *(mod., Ord. n° 2.396, 12 oct. 2009 ; Ord. n° 3.104, 26 janv. 2011 ; Ord. n° 4.202, 20 févr. 2013 ; Ord. n° 4.479, 13 sept. 2013).*

Art. 6. – Les autorisations exceptionnelles d'absence nécessitées par l'exercice d'un mandat syndical sont régies par les dispositions de l'article 32 de la présente ordonnance.

Section 2. – Du recrutement

§ 1. – Des conditions d'aptitude physique

Art. 7. – Indépendamment des cas de maladie interdisant l'accès à tout emploi public communal, des arrêtés municipaux déterminent, le cas échéant, les conditions d'aptitude physique exigées pour certaines fonctions.

§ 2. – Des concours

Art. 8. – Les fonctionnaires de la commune sont recrutés par voie de concours ouverts aux candidats remplissant les conditions d'aptitude qui y sont prévues, compte tenu des besoins des services et des fonctions à exercer.

Il peut, à cet effet, être exigé des candidats qu'ils justifient, selon la fonction considérée :

1° pour les emplois de la catégorie « A » d'un diplôme de l'enseignement supérieur ou bien du titre spécifique afférent à la fonction ou encore d'au moins une formation générale s'établissant au niveau de ces diplômes ;

2° pour les emplois de la catégorie « B » d'un diplôme de l'enseignement du second degré ou bien du titre spécifique afférent à la fonction ou encore d'une formation générale s'établissant au niveau de ce diplôme ;

3° pour les emplois des catégories « C » et « D » d'une formation générale s'établissant au niveau de l'enseignement du premier cycle du second degré ou bien d'une formation technique s'établissant au niveau de l'enseignement technique court ou encore d'une formation pratique.

Art. 9. – Peuvent toutefois être admis à concourir en vue de l'accession à un emploi relevant de la même catégorie ou de la catégorie immédiatement supérieure à celle dans laquelle ils ont été recrutés, les fonctionnaires ou agents en fonction qui, à défaut de remplir les conditions d'aptitude prévues aux chiffres 1°, 2° et 3° de l'article 8, justifient d'une durée minimale de service fixée lors de chaque ouverture de concours.

Art. 10. – Des concours peuvent être réservés aux fonctionnaires recrutés dans la même catégorie ou dans la catégorie immédiatement inférieure à celle de l'emploi à pourvoir et justifiant d'une durée minimale de service fixée lors de chaque ouverture de concours.

Art. 11. – Les concours sont ouverts par des arrêtés municipaux mentionnant notamment :

1° le nombre, la nature et, s'il y a lieu, la catégorie des emplois mis au concours ainsi que les indices hiérarchiques minimaux et maximaux caractérisant les échelles indiciaires y afférentes ;

2° le cas échéant, l'obligation de posséder la nationalité monégasque, l'âge minimal et maximal des candidats ainsi que, pour certaines fonctions, les conditions d'aptitude physique particulières qu'ils doivent remplir ;

3° les conditions minimales d'aptitude dont doivent justifier les candidats ;

4° la durée minimale de service exigée pour l'application, soit de l'article 9, soit de l'article 10 ;

5° les délais impartis pour présenter les candidatures et les pièces à produire à l'appui de celles-ci ;

6° la nature du concours, s'il est sur pièces ou sur épreuves ; dans ce dernier cas, seront précisés le nombre, le programme, l'objet et les conditions des épreuves, les coefficients de notation, les notes maximales et, le cas échéant, les notes éliminatoires ;

7° les noms et qualités des membres composant le jury de concours.

Lorsque le concours est organisé sur épreuves, la première de celles-ci ne peut avoir lieu qu'à l'expiration d'un délai d'au moins vingt jours à compter du lendemain de la date de publication de l'arrêté municipal au *Journal de Monaco*.

Art. 12. – La liste des candidats admis à concourir est fixée, pour chaque concours, par le Maire, compte tenu des dispositions statutaires et de celles des chiffres 2°, 3° lorsque le concours est prévu sur épreuves, 4° et 5° de l'article 11.

Art. 13. – Le jury de concours comprend, outre le président :

1° trois représentants de l'administration communale faisant ou non partie de cette dernière ;

2° un représentant de l'État ;

3° le représentant des fonctionnaires communaux auprès de la section de la commission paritaire concernée par l'emploi mis au concours.

Le président du jury de concours peut demander qu'une ou plusieurs personnes spécialisées lui soient adjointes à titre consultatif.

Art. 14. – Les fonctionnaires peuvent accéder, à la suite d'un examen professionnel ou au choix après avis de la commission paritaire compétente, dans des conditions limitativement fixées par arrêté municipal :

- soit à l'un des emplois de la catégorie « A » s'ils justifient d'une ancienneté de service d'au moins cinq ans dans la catégorie « B » ;
- soit à l'un des emplois de la catégorie « B » s'ils justifient d'une ancienneté de service d'au moins trois ans dans les catégories « C » et « D ».

Art. 15. – Lorsque, pour l'application de l'article précédent, il est recouru à un examen professionnel, la date de cet examen, l'objet des épreuves, leur coefficient et les notes minimales requises ainsi que la composition du jury d'examen sont communiqués aux fonctionnaires intéressés vingt jours au moins avant la date fixée pour la première épreuve.

Le jury comprendra, outre le Maire ou son suppléant, qui le présidera :

1° deux représentants de l'Administration Communale faisant ou non partie de celle-ci et désignés par le Maire ;

2° deux représentants de la commission paritaire compétente désignés par celle-ci parmi ses membres, l'un d'eux devant être un représentant élu des fonctionnaires de la Commune.

Dans les cas visés à l'avant-dernier alinéa de l'article 13, le président et l'un des deux représentants de l'Administration Communale sont désignés conformément aux dispositions dudit alinéa.

§ 3. – Des durées de stage

Art. 16. – La durée du stage prévu à l'article 22 de la loi n° 1.096 du 7 août 1986 portant statut des fonctionnaires de la Commune, est de six mois. Elle est toutefois de douze mois pour les fonctions relevant de l'enseignement et de la Police Municipale.

Art. 17. – La durée du stage fixée à l'article précédent peut être prolongée pour une période de six mois sur proposition du Chef de service.

Art. 18. – À la fin du stage, l'intéressé est, selon le cas, après rapport du Chef de service, titularisé ou licencié ou encore, s'il s'agit d'un fonctionnaire ou agent en fonction, réintégré dans son ancien emploi ou, à défaut, dans un emploi vacant correspondant à son grade.

Section 3. – Du contrôle médical

Art. 19. – L'administration communale organise le contrôle médical périodique des fonctionnaires prévu à l'article 30 de la loi n° 1.096 du 7 août 1986 portant statut des fonctionnaires de la Commune.

Ce contrôle a pour objet, au moyen d'un examen approfondi annuel, de surveiller l'état de santé du fonctionnaire, de constater s'il est médicalement apte à remplir ses fonctions et de déceler, le cas échéant, s'il est atteint d'affections pathologiques en particulier d'affections contagieuses ou dangereuses pour les tiers.

Art. 20. – L'administration communale peut organiser des contrôles médicaux plus fréquents pour les catégories d'agents soumis à des risques particuliers.

Art. 21. – Une surveillance médicale particulière est exercée à l'égard :

- des travailleurs handicapés ;
- des femmes enceintes ;
- des agents réintégrés après un congé de longue maladie ou de longue durée ;
- des agents occupant des postes dans des services comportant des risques spéciaux ;
- des agents souffrant de pathologies particulières.

Le médecin assurant le contrôle médical périodique définit la fréquence et la nature des visites médicales que comporte cette surveillance médicale. Ces visites présentent un caractère obligatoire.

Art. 22. – Des autorisations d'absence sont accordées par l'administration communale afin de permettre aux agents de subir les contrôles médicaux prévus par la présente ordonnance.

Section 4. – De l'avancement

Art. 23. – L'appréciation motivée qui doit être portée chaque année par les supérieurs hiérarchiques sur les fonctionnaires placés sous leurs ordres en application des dispositions de l'article 31 de la loi n° 1.096 du 7 août 1986 portant statut des fonctionnaires de la Commune exprime la valeur professionnelle des intéressés, compte tenu des critères suivants :

- leur sens du service public ;
- leurs connaissances ;
- leur esprit d'initiative ;
- leurs méthodes d'organisation du travail ;
- leur ponctualité ;
- leur comportement dans le service ;
- ainsi que, le cas échéant, des qualités dont ils font preuve dans leurs rapports avec les administrés.

L'appréciation motivée mentionne, éventuellement, les aptitudes susceptibles de justifier l'accession à un grade supérieur. Elle conclut, ou non, à une proposition de réduction de l'ancienneté requise pour accéder à la classe ou à l'échelon supérieur.

Art. 24. – L'appréciation motivée est consignée sur une fiche individuelle d'un modèle déterminé par l'administration communale.

La fiche annuelle de notation figure au dossier du fonctionnaire.

Art. 25. – Lorsqu'elles sont saisies de propositions d'avancement de grade, les commissions paritaires mentionnées à l'article 26 de la loi n° 1.096 du 7 août 1986 portant statut des fonctionnaires de la Commune peuvent obtenir communication des fiches individuelles des fonctionnaires qui font l'objet de ces propositions.

Dans ce même cas, les commissions paritaires peuvent demander, sur requête à elles présentées par ces fonctionnaires, que les fiches individuelles des intéressés soient communiquées à ces derniers.

Les communications prévues ci-dessus sont alors de droit ; elles sont faites par le Secrétaire général de la Mairie.

Art. 26. – Sur le vu de la fiche individuelle et après avis, lorsqu'il y a lieu, de la commission paritaire compétente, l'avancement de grade est proposé par le Maire.

Section 5. – De la discipline

Art. 27. – Le dossier du fonctionnaire déféré devant le conseil de discipline est communiqué à ce conseil. Il est accompagné d'un exposé écrit du Chef de service dont dépend ou a dépendu le comparant. Cet exposé, visé par le Secrétaire général de la Mairie, indique avec précision les faits reprochés et, s'il y a lieu, les circonstances dans lesquelles ils se sont produits.

Si le conseil ne se juge pas suffisamment éclairé sur ces faits ou ces circonstances, il peut ordonner toute mesure d'information estimée utile.

Art. 28. – Au vu des observations écrites et compte tenu, le cas échéant, des déclarations verbales du fonctionnaire comparant et des témoins ainsi que des résultats des mesures d'information auxquelles il a pu être procédé, le conseil de discipline présente au Maire une proposition motivée.

En cas de poursuites devant une juridiction pénale, le conseil peut décider qu'il y a lieu de surseoir à présenter une proposition jusqu'à l'intervention de la décision de justice.

Section 6. – Des congés et des absences exceptionnelles

§ 1. – Des congés annuels

Art. 29 *(Mod., Ord. n° 709, 3 oct. 2006)*. – La durée du congé annuel auquel a droit tout fonctionnaire, pour une année de service accompli, est fixée par décision du Maire conformément aux dispositions statutaires.

Sont considérés comme services accomplis pour l'ouverture de ce droit les congés de maladie, de maternité, de paternité ou d'adoption.

Le fonctionnaire dont le congé annuel est interrompu pour plus de huit jours par suite d'un congé de maladie ou de maternité conserve son droit à congé annuel dans les conditions ci-après :

1° le congé de maladie doit nécessiter la cessation de toute activité et cette contrainte doit être constatée par un certificat médical adressé au Secrétaire général de la Mairie dans les trois jours de cette constatation ;

2° le congé annuel porte alors, soit sur la durée restant à courir à compter du jour de la constatation médicale, soit sur la période de congé de maternité coïncidant ou ayant coïncidé avec le congé annuel, sans que le report de congé puisse, en aucun cas, excéder trente-cinq jours ;

3° les jours de congé annuel dont l'intéressé n'aurait pu bénéficier n'ouvrent aucun droit à indemnité compensatoire.

Les modalités d'application du précédent alinéa sont fixées par décision du Maire.

Art. 30. – Le congé afférent à une année ne peut être reporté sur l'année suivante, sauf autorisation exceptionnelle du Maire.

Art. 31. – Dans l'intérêt du service, l'administration communale peut :

1° imposer le fractionnement du congé annuel d'un fonctionnaire ou s'opposer à ce fractionnement ;

2° échelonner les congés annuels pour l'ensemble ou pour une partie des fonctionnaires d'un même service.

Les fonctionnaires ayant des enfants en âge de scolarité bénéficient d'une priorité pour le choix de périodes de congé annuel.

§ 2. – Des autorisations exceptionnelles d'absence

Art. 32 *(Mod., Ord. n° 4.713, 10 févr. 2014).* – Des autorisations exceptionnelles d'absence peuvent, sur leur demande, être accordées aux fonctionnaires de la Commune pour leur permettre :

1° - d'accomplir des devoirs légaux, de remplir certaines obligations de famille, de prendre soin d'un enfant nouveau-né ou, en cas de maladie d'un enfant à charge, de demeurer auprès de lui ;

2° - d'exercer les fonctions publiques qu'implique le mandat de membre du Conseil National ou du conseil économique ;

3° - de remplir, à Monaco, un mandat syndical ;

4° - de poursuivre des études susceptibles de parfaire des connaissances utiles à l'exercice d'une fonction publique ;

5° - d'accomplir, au titre de la Coopération Internationale, une mission de volontariat civil.

Art. 33 *(Mod., Ord. n° 709, 3 oct. 2006).* – Les autorisations exceptionnelles d'absence visées au chiffre 1° de l'article précédent sont accordées dans les conditions suivantes :

1° Les obligations de famille sont limitées aux cas et durées maximales ci-après :

a) mariage du fonctionnaire : cinq jours ouvrables ;

b) décès du conjoint, des père et mère ou d'un enfant : trois jours ouvrables ;

c) naissance d'un enfant ou arrivée au foyer d'un enfant en vue de son adoption : deux jours ouvrables ;

d) mariage d'un enfant : un jour ouvrable ;

e) décès d'un ascendant, d'un collatéral, des père et mère du conjoint : un jour ouvrable.

Les autorisations visées par le présent chiffre sont délivrées par le Secrétaire général de la Mairie. Les temps de service non accomplis sont rémunérés intégralement.

2° La période pendant laquelle la femme fonctionnaire peut être autorisée à s'absenter pour prendre soin d'un enfant nouveau-né est limitée aux quatre semaines suivant la fin du congé de maternité.

Les autorisations visées par le présent chiffre sont délivrées par le Secrétaire général de la Mairie, sur la proposition du Chef de service. Les temps de service non accomplis donnent lieu à une rémunération réduite de moitié, les prestations familiales restant dues, le cas échéant, dans leur totalité.

3° La présence auprès de l'enfant à charge, au sens des règles sur les prestations familiales, doit avoir été jugée indispensable par le médecin et être justifiée par la remise au Chef de service d'un certificat médical dans les deux jours ouvrables suivant l'interruption des fonctions.

La durée de celle-ci ou de plusieurs interruptions ne peut, au cours d'une même année civile, excéder trente-cinq jours ouvrables.

Les autorisations visées par le présent chiffre sont accordées par le Secrétaire général de la Mairie, sur la proposition du Chef de service. Les temps de service non accomplis donnent lieu à une rémunération réduite de moitié, les prestations familiales restant dues dans leur totalité.

Les modalités d'application de cette disposition seront fixées par décision du Maire.

4° Des autorisations d'absence peuvent être accordées exceptionnellement par le Secrétaire général de la Mairie, sur la proposition du Chef de service, si la demande du fonctionnaire est justifiée par des obligations familiales impérieuses ou des devoirs légaux non prévus par les chiffres 1° et 2° du présent article. Dans ce cas, les temps de service non accomplis ne donnent pas lieu à rémunération, seules les prestations familiales restant dues.

Art. 34. – Les autorisations exceptionnelles d'absence visées au chiffre 2° de l'article 32 sont, en ce qui concerne le nombre et la durée, fonction des obligations qu'implique l'accomplissement du mandat dont sont investis les fonctionnaires intéressés.

Elles sont accordées sous la seule condition que ces obligations aient été, au début du mandat, signalées au Chef de service.

Lorsque les fonctionnaires intéressés doivent remplir les obligations découlant de leur mandat, le Chef de service ne peut requérir leur présence que si celle-ci est exigée par le fonctionnement de l'administration communale ; il doit y avoir été préalablement autorisé par le Secrétaire général de la Mairie.

Les temps de service non accomplis sont rémunérés intégralement.

Art. 35. – Les autorisations exceptionnelles d'absence visées au chiffre 3° de l'article 32 sont accordées dans les conditions suivantes :

1° Lorsqu'il s'agit de permettre à des fonctionnaires, dûment mandatés par leur organisation, de se livrer à leur activité syndicale, des autorisations d'absence peuvent être données à trois membres du bureau de l'organisation concernée, désignés conformément aux statuts de cette dernière. Elles sont limitées à une durée de quatre heures par mois à prendre en dehors des horaires pendant lesquels les intéressés remplissent des fonctions conditionnant la marche normale du service ; des dérogations peuvent toutefois être consenties, selon le cas, par le Maire ou le Secrétaire général de la Mairie dont dépendent les fonctionnaires intéressés.

Les heures utilisées par les représentants syndicaux pour participer aux audiences accordées par les autorités administratives ou aux réunions auxquelles ils sont convoqués par elles ne sont pas imputables sur celles prévues à l'alinéa ci-dessus.

Les autorisations sont délivrées par le Secrétaire général de la Mairie après avis du Chef de service.

2° Lorsqu'il s'agit de permettre à des fonctionnaires investis d'un mandat syndical et spécialement désignés à cet effet conformément aux statuts de leur organisation de participer aux réunions d'un congrès de la fédération syndicale nationale à laquelle appartient l'organisation des autorisations d'absence peuvent être données à raison de trois membres par syndicat ; une dérogation exceptionnelle peut toutefois être consentie.

La liste doit en être communiquée au moins quarante-huit heures à l'avance ; les autorisations fixent les durées maximales d'absence.

Les autorisations sont délivrées par le Secrétaire général de la Mairie.

Lorsque, dans l'un des cas visés aux chiffres 1° et 2° ci-dessus, la désignation d'un fonctionnaire se révèle incompatible avec la bonne marche de l'administration communale, le Maire a le droit d'inviter l'organisation syndicale concernée à désigner un autre fonctionnaire.

Les temps de service non accomplis au titre du présent article sont rémunérés intégralement.

Art. 36. – Les autorisations exceptionnelles d'absence visées au chiffre 4° de l'article 32 sont accordées, après avis du Chef de service, par le Secrétaire général de la Mairie.

L'autorisation fixe la durée et la fréquence maximales des absences.

Les temps de service non accomplis au titre du présent article sont rémunérés intégralement.

Art. 36-1 *(Ord. n° 4.713, 10 févr. 2014)*. – Les autorisations exceptionnelles d'absence visées au chiffre 5° de l'article 32 sont accordées, après avis du Chef de Service, par le Secrétaire Général de la Mairie. L'autorisation fixe les conditions dans lesquelles la mission de volontariat a lieu.

§ 3. – Des congés de maladie

Art. 37. – Le fonctionnaire empêché pour raison de santé de remplir ses fonctions doit, sans délai, en faire informer son Chef de service. Il doit faire remettre à ce dernier un certificat médical au plus tard le troisième jour suivant l'interruption effective des fonctions.

Toute absence pour cause de maladie doit, quelle que soit sa durée, être signalée par le Chef de service au Secrétaire général de la Mairie.

L'Administration communale peut, à tout moment, faire procéder à des contrôles par un médecin-conseil.

Art. 38. – Conformément aux dispositions de l'article 48 de la loi n° 1.096 du 7 août 1986 portant statut des fonctionnaires de la Commune, lorsqu'il est atteint d'une affection, dûment constatée, le mettant dans l'impossibilité d'exercer ses fonctions, qui rend nécessaire un traitement et des soins coûteux et prolongés et qui figure sur une liste établie par arrêté ministériel, le fonctionnaire a droit à un congé de longue maladie d'une durée maximale de trois ans.

L'intéressé conserve pendant une année l'intégralité de son traitement, lequel est ensuite réduit de moitié pendant les deux années suivantes.

L'intéressé conserve pendant une année l'intégralité de son traitement, lequel est ensuite réduit de moitié pendant les deux années suivantes.

Pour sa part, le fonctionnaire atteint d'une affection tuberculeuse, cancéreuse, neuro-musculaire ou mentale est, de droit, en vertu des dispositions de l'article 49 de la loi précitée, mis en congé de maladie de longue durée ; ce congé lui est accordé par périodes maximales d'une année.

L'intéressé conserve pendant une durée de trois années l'intégralité de son traitement, lequel est ensuite réduit de moitié pendant les deux années suivantes.

La décision est prise, dans tous les cas, sur proposition de la commission médicale compétente.

Le congé de longue maladie et le congé de maladie de longue durée peuvent être accordés pour des périodes de trois mois à douze mois susceptibles d'être renouvelées dans les limites maximales prévues par les dispositions statutaires.

La demande de renouvellement doit être adressée quinze jours au moins avant l'expiration de la période du congé en cours.

Lorsqu'une demande de congé de longue maladie ou de congé de maladie de longue durée est présentée alors que le fonctionnaire est déjà en congé de maladie, la première période de congé de longue maladie ou de congé de maladie de longue durée est décomptée du jour de la première constatation médicale ouvrant droit au congé de longue maladie ou au congé de maladie de longue durée.

Art. 39. – Le fonctionnaire en congé de maladie est tenu de cesser toute activité rémunérée, sauf celle autorisée et contrôlée médicalement.

Le fonctionnaire en congé de longue maladie ou en congé de maladie de longue durée doit, en outre, se soumettre, sous le contrôle de la commission médicale compétente, au régime médical que comporte son état.

Les entraves aux contrôles médicaux, la non soumission au régime médical approprié, l'exercice d'une activité rémunérée interdite entraînent soit la suspension du traitement intégral ou réduit, soit celle des prestations dues en raison de la maladie, soit encore l'une et l'autre de ces mesures, le tout sans préjudice, s'il y a lieu, de sanctions disciplinaires.

Art. 40. – Le fonctionnaire qui a obtenu un congé de maladie supérieur à six mois, un congé de longue maladie ou un congé de maladie de longue durée ne peut reprendre l'exercice de ses fonctions que sur avis favorable de la commission médicale compétente.

Art. 41. – Le service du traitement ou du demi-traitement comporte pour le fonctionnaire en congé de maladie l'attribution de la totalité ou de la moitié des indemnités accessoires au traitement, à l'exception de celles qui ont le caractère de remboursement de frais. Les prestations familiales sont dues dans leur totalité.

§ 4. – Congés de paternité et d'adoption
(Ord. n° 709, 3 oct. 2006)

Art. 41-1 *(Ord. n° 709, 3 oct. 2006)*. – Les fonctionnaires ont droit à un congé de paternité et à un congé d'adoption dans les conditions prévues par l'ordonnance souveraine n° 6.365 du 17 août 1978 fixant les conditions d'application de la loi n° 975 du 12 juillet 1975 portant statut des fonctionnaires de l'État, sous réserve de la présentation du justificatif de la naissance ou de l'adoption de l'enfant visée au premier alinéa de l'article 33-1 de ladite ordonnance, laquelle doit être effectuée auprès du Secrétaire général de la Mairie.

Section 7. – De la rente temporaire d'invalidité

Art. 42. – Le service de la rente temporaire d'invalidité due soit en raison d'un accident survenu dans l'exercice ou à l'occasion de l'exercice des fonctions, soit en cas de maladie contractée ou aggravée dans ces conditions, est assuré à compter de la date de consolidation de la blessure ou de l'état de santé du fonctionnaire.

Art. 43. – Celui-ci doit, à cet effet, demander l'attribution de la rente dans le délai de douze mois à compter du jour où, après consolidation, il a repris ses fonctions ; à défaut, la rente ne lui est servie qu'à compter de la date de sa demande.

Lorsque le fonctionnaire a atteint la limite d'âge avant de pouvoir reprendre ses fonctions, le droit à la rente lui est reconnu si la demande est présentée dans l'année qui suit la date de consolidation de sa blessure ou de son état de santé.

Les modalités d'attribution de la rente sont fixées par décision du Maire.

Art. 44. – La réalité des infirmités invoquées par le fonctionnaire, leur imputabilité au service, les conséquences ainsi que le taux d'invalidité qu'elles entraînent sont appréciés par la commission médicale compétente.

Dans le cas d'aggravation d'une infirmité préexistante, le taux d'invalidité à prendre en considération doit être apprécié par rapport à l'aptitude physique restante du fonctionnaire.

Art. 45. – La rente temporaire d'invalidité est révisée et, le cas échéant, suspendue, en cas d'aggravation ou de diminution de l'invalidité dûment constatée, sur avis de la commission médicale compétente.

La rente peut faire l'objet d'une révision à tout moment dans les deux premières années qui suivent la date de consolidation de la blessure ou de l'état de santé ; après l'expiration de ce délai, une nouvelle révision ne peut être faite qu'à des intervalles d'au moins un an, même si un traitement médical est ordonné.

Si, au cours des périodes ci-dessus, une demande de rente est présentée au titre d'une invalidité résultant d'un nouvel accident, le taux d'invalidité est apprécié en fonction de l'ensemble des infirmités ; la rente est accordée à compter de la consolidation de la blessure ou de l'état de santé consécutif au nouvel accident et la rente antérieure est supprimée.

Section 8. – Des commissions médicales

Art. 46. – Sont compétentes, au sens de l'article 54 de la loi n° 1.096 du 7 août 1986 portant statut des fonctionnaires de la Commune, les commissions médicales prévues aux articles 37 à 42 de l'ordonnance souveraine n° 6.365 du 17 août 1978 fixant les conditions d'application de la loi n° 975 du 12 juillet 1975 portant statut des fonctionnaires de l'État.

Leurs règles de fonctionnement et d'organisation sont identiques.

Section 9. – Du détachement et de la mise en disponibilité

§ 1. – Du détachement

Art. 47. – Le détachement est prononcé par arrêté municipal pour une période d'une durée maximale de cinq années susceptible d'être renouvelée.

Il peut être mis fin au détachement à tout moment par l'administration communale, soit à son initiative, soit à la demande de l'administration publique ou privée auprès de laquelle le fonctionnaire est détaché.

Le fonctionnaire qui fait l'objet d'un détachement peut être remplacé dans son emploi.

Art. 48. – Le fonctionnaire en service détaché est soumis à l'ensemble des règles régissant l'emploi ou la fonction qu'il occupe par l'effet de son détachement.

L'appréciation motivée visée à l'article 24 de la présente ordonnance, est portée par le Chef de service dont il dépend dans l'emploi ou la fonction où il est détaché.

Art. 49. – Si le détachement a été prononcé d'office, le fonctionnaire peut être réintégré dans l'administration communale en surnombre temporaire jusqu'à ce qu'un emploi soit vacant dans son grade.

§ 2. – De la mise en disponibilité

I. De la mise en disponibilité sur demande du fonctionnaire

Art. 50. – La mise en disponibilité sur demande du fonctionnaire prévue à l'article 61 de la loi n° 1.096 du 7 août 1986 portant statut des fonctionnaires de la Commune est prononcée par arrêté municipal, après consultation de la commission paritaire compétente.

Dans l'intérêt du service, l'Administration communale peut différer la période de mise en disponibilité d'un délai qui ne pourra excéder trois mois.

Art. 51. – La mise en disponibilité sur demande du fonctionnaire est prononcée dans les conditions ci-après :

1° pour une période d'une durée de trois mois, susceptible d'être renouvelée dans une limite maximale de deux années, lorsqu'elle est demandée, en raison d'une maladie grave ou d'un accident du conjoint ou d'un enfant ;

2° pour une période d'une durée de six ou de douze mois, susceptible d'être renouvelée dans les conditions requises pour l'obtenir, lorsqu'elle est demandée par une femme fonctionnaire en vue d'élever un enfant âgé de moins de cinq ans ou atteint d'une infirmité exigeant des soins continus ;

3° pour une période d'une durée de douze mois, susceptible d'être renouvelée dans une limite maximale de trois années, lorsque la demande est faite :

a) en vue d'études ou de recherches présentant un intérêt général pour la Principauté ;

b) pour convenances personnelles.

Art. 52. – L'Administration communale peut, à tout moment, faire procéder aux enquêtes nécessaires en vue de s'assurer que l'activité du fonctionnaire en disponibilité correspond réellement aux motifs pour lesquels il a été mis dans cette position.

II. De la mise en disponibilité d'office

Art. 53. – La mise en disponibilité d'office du fonctionnaire prévue à l'article 61 de la loi n° 1.096 du 7 août 1986 portant statut des fonctionnaires de la Commune est prononcée par arrêté municipal.

Art. 54. – La mise en disponibilité d'office du fonctionnaire est prononcée par arrêté municipal dans les conditions ci-après :

1° pour une période d'une durée de douze mois, susceptible d'être renouvelée dans une limite maximale de trois années, lorsque, en raison de son état de santé, un fonctionnaire ne peut reprendre ses fonctions à l'expiration d'un de ses congés de maladie ou de l'une de ces périodes, sans pour autant devoir être mis à la retraite d'office pour invalidité. Il en est de même si le fonctionnaire qui a repris ses fonctions est contraint de les cesser du chef de la même maladie ;

2° pour une période d'une durée d'une année, susceptible d'être renouvelée, lorsque, à l'expiration d'une période de détachement, le fonctionnaire a refusé l'emploi qui lui était assigné.

Le fonctionnaire mis en disponibilité en vertu du chiffre 1° du présent article, perçoit, pendant une période maximale de six mois, une allocation équivalente à la moitié de sa dernière rémunération.

Art. 55. – L'Administration communale peut, à tout moment, faire procéder aux enquêtes nécessaires en vue de s'assurer que l'activité du fonctionnaire en disponibilité correspond réellement aux motifs pour lesquels il a été mis dans cette position.

III. De la réintégration du fonctionnaire mis en disponibilité

Art. 56. – Le fonctionnaire mis en disponibilité sur sa demande ou d'office doit solliciter sa réintégration deux mois au moins avant l'expiration de la période de disponibilité en cours.

La réintégration a lieu dans les conditions suivantes :

1° si la mise en disponibilité a été prononcée en application des chiffres 1° et 2° de l'article 51 de la présente ordonnance, la réintégration est de droit dans l'ancien emploi ou, en cas d'impossibilité, dans un emploi vacant correspondant au grade de l'intéressé. À défaut de vacance, la réintégration est faite en surnombre temporaire ;

2° si la mise en disponibilité a été prononcée en application du chiffre 3° de l'article 51 de la présente ordonnance, la réintégration est effectuée dans un emploi vacant correspondant au grade de l'intéressé. À défaut de vacance, la réintégration peut être faite dans un emploi correspondant à un grade inférieur et avec la rémunération afférente à cet emploi. En cas de refus, le fonctionnaire reste en disponibilité jusqu'à ce qu'il soit possible de le réintégrer ;

3° si la mise en disponibilité a été prononcée en application du chiffre 2° de l'article 54 de la présente ordonnance, la réintégration est effectuée dès qu'une nouvelle vacance est ouverte dans le grade du fonctionnaire intéressé et même si la période de disponibilité n'est pas encore expirée.

Art. 57. – Le fonctionnaire qui, après une mise en demeure restée sans effet pendant quinze jours, n'aura pas sollicité sa réintégration à l'expiration de la période de disponibilité peut être, après avis de la commission paritaire compétente, soit licencié, s'il ne satisfait pas aux conditions pour être admis au bénéfice de la législation sur les pensions de retraite des fonctionnaires, soit mis à la retraite s'il satisfait à ces conditions.

La mise en demeure est notifiée soit en la forme administrative, soit par lettre recommandée avec avis de réception.

Dispositions finales

Art. 58. – Les fonctionnaires à qui une rente temporaire d'invalidité a été allouée ou ceux qui sont titulaires d'une rente ayant fait l'objet d'une révision continuent d'en bénéficier et les articles 44 et 45 leur sont applicables.

Art. 59. – Les modalités d'application de la présente ordonnance qui seraient nécessaires pour tenir compte des besoins et caractéristiques propres à certains services seront, s'il y a lieu, déterminées par arrêté ministériel.

Loi nº 983 du 26 mai 1976
sur la responsabilité civile des agents publics

Art. 1er. – Les dispositions de la présente loi s'appliquent aux agents de l'État, de la commune ou d'un établissement public qui sont nommés dans un emploi permanent et titularisés dans un grade ou qui sont chargés de fonctions consistant dans l'exécution même du service public.

Toutefois, la présente loi n'est pas applicable aux juges de tous ordres et aux magistrats du Ministère public visés à l'article 460 du Code de procédure civile, aux officiers ministériels, aux membres du clergé et à toutes les personnes dont la responsabilité est réglée par des textes spéciaux.

Les personnes auxquelles sont applicables les dispositions de la présente loi sont dans les articles suivants, désignées par le terme d'*agent public*.

Art. 2. – Aucun agent public ne peut être déclaré civilement responsable, soit envers l'Administration, soit envers les tiers si ce n'est en raison de sa faute personnelle.

Art. 3. – La faute personnelle est celle qui est dépourvue de tout lien avec le service.

Est également considérée comme faute personnelle celle qui bien que non dépourvue de tout lien avec le service, se détache de celui-ci en raison de son anormale gravité ou de l'intention de nuire ou de l'intérêt personnel dont elle procède.

Art. 4. – Le tiers victime d'une faute personnelle d'un agent public non dépourvue de tout lien avec le service peut, outre son recours contre l'agent, demander réparation du préjudice, pour la totalité, à l'Administration.

Il en est de même dans le cas où une faute de service a concouru avec la faute personnelle de l'agent public à la production du dommage.

L'action dirigée contre l'Administration et celle dirigée contre l'agent peuvent être engagées indépendamment ou concurremment.

L'Administration et l'agent sont tenus *in solidum* envers l'intéressé.

Art. 5. – Lorsque le dommage est imputable à la seule faute personnelle de l'agent public ou lorsque celui-ci ne peut se prévaloir de la faute de service sur le fondement de laquelle l'Administration a été poursuivie par la victime, la charge définitive de la réparation incombe, pour la totalité, à l'agent.

Lorsque le dommage a été produit à la fois par une faute personnelle de l'agent et par une faute de service de l'Administration dont l'agent peut légitimement se prévaloir, la charge définitive de la réparation est répartie au prorata de la part prise par chacune des deux fautes dans la production du dommage.

Art. 6. – Les proportions dans lesquelles l'agent et l'Administration doivent contribuer à la charge définitive de la réparation résultent, le cas échéant, de la décision de justice statuant sur la demande de la victime lorsque l'Administration et l'agent ont figuré dans l'instance et que leurs conclusions ont mis le juge à même de statuer sur lesdites proportions.

À défaut d'une telle décision, il appartient à l'agent comme à l'Administration d'engager l'un contre l'autre les actions récursoires tendant à opérer la répartition de la charge définitive de la réparation.

Art. 7. – Aucune action en responsabilité dirigée contre un membre du Gouvernement en raison d'une faute personnelle non dépourvue ce lien avec ses fonctions n'est recevable si ce n'est avec l'autorisation du Prince sur avis du Conseil d'État ; toutefois, ladite autorisation n'est pas nécessaire à la recevabilité de l'action dirigée contre l'État.

Art. 8. – La responsabilité civile des agents publics est indépendante de leur responsabilité pénale et de leur responsabilité disciplinaire.

Loi nº 884 du 29 mai 1970

sur l'entrée en vigueur et l'opposabilité des ordonnances souveraines, arrêtés ministériels et autres décisions administratives

Art. 1er. – Les ordonnances souveraines acquièrent force exécutoire dans les conditions fixées par l'article 45 de la Constitution ; elles sont enregistrées par le tribunal de première instance siégeant en audience publique.

Elles ne sont opposables aux tiers, y compris leurs destinataires lorsqu'elles ont un caractère non réglementaire, que dans les conditions fixées par l'article 69 de la Constitution.

Art. 2. – Les arrêtés ministériels sont exécutoires dans les conditions fixées par l'article 47 de la Constitution.

Les arrêtés de caractère réglementaire sont opposables aux tiers à compter du lendemain de leur publication au *Journal de Monaco,* sauf urgence ; dans ce cas, dûment constaté dans l'arrêté ministériel, celui-ci est opposable aux tiers dès le lendemain de son affichage à la porte du Ministère d'État : les ampliations dudit arrêté ministériel doivent, à peine d'inopposabilité, mentionner la date d'affichage.

Les arrêtés de caractère non réglementaire sont opposables à leurs destinataires à compter du jour où ceux-ci en ont reçu notification ; ils sont opposables aux autres personnes à partir du jour où elles en ont eu connaissance, à moins que la loi n'organise des mesures particulières de la publicité.

Art. 3. – Les décisions administratives qui ne prennent la forme ni d'une ordonnance souveraine, ni d'un arrêté ministériel sont exécutoires dès leur signature par l'autorité qui les prend.

Elles sont opposables aux tiers, y compris leurs destinataires, dans les mêmes conditions que les arrêtés ministériels ; toutefois, la publicité des décisions de caractère réglementaire sera, en cas d'urgence, effectuée aux lieux où l'autorité qui les prend fait habituellement afficher ses décisions ou informations.

Art. 4. – L'ordonnance-loi n° 329 du 26 novembre 1941 fixant la date d'application des arrêtés ministériels est abrogée.

Loi nº 1.312 du 29 juin 2006
relative à la motivation des actes administratifs
(Journal de Monaco, 30 juin 2006)

Art. 1er. – Doivent être motivées à peine de nullité les décisions administratives à caractère individuel qui :

1° restreignent l'exercice des libertés publiques ou constituent une mesure de police ;

2° infligent une sanction ;

3° refusent une autorisation ou un agrément ;

4° subordonnent l'octroi d'une autorisation à des conditions restrictives ou imposent des sujétions ;

5° retirent ou abrogent une décision créatrice de droits ;

6° opposent une prescription, une forclusion ou une déchéance ;

7° refusent un avantage dont l'attribution constitue un droit pour les personnes qui remplissent les conditions légales pour l'obtenir ;

8° accordent une dérogation, conformément à des dispositions législatives ou réglementaires en vigueur.

Art. 2. – La motivation doit être écrite et comporter, dans le corps de la décision, l'énoncé des considérations de droit et de fait qui constituent son fondement.

La motivation n'a pas à faire état de la teneur des délibérations du Conseil de Gouvernement ou des autorités relevant du pouvoir exécutif, mais uniquement des motifs de la décision qui en découlent.

Art. 3. – Lorsque l'urgence absolue a empêché qu'une décision visée à l'article premier soit motivée, le défaut de motivation n'entache pas cette décision d'illégalité.

Toutefois, sur demande adressée dans le délai du recours contentieux, l'autorité qui a pris la décision est tenue d'en communiquer les motifs au destinataire dans un délai d'un mois à peine de nullité de ladite décision.

Art. 4. – Le destinataire d'une décision implicite peut demander la communication des motifs de cette décision dans les conditions fixées au second alinéa de l'article précédent.

L'autorité qui a pris la décision est tenue de les lui communiquer dans le délai d'un mois à peine de nullité de ladite décision.

Art. 5. – La motivation des actes énoncés à l'article premier n'est pas requise lorsque des raisons de sécurité intérieure ou extérieure de l'État s'y opposent.

Il en est de même lorsque la motivation serait de nature à porter atteinte à la recherche par les services compétents de faits susceptibles d'être poursuivis en matière fiscale, douanière ou au titre de la lutte contre le blanchiment de capitaux ou contre le financement du terrorisme.

Il en est de même s'agissant des actes destinés à être rendus publics lorsque la motivation serait de nature à porter atteinte au respect de la vie privée et familiale, au secret médical, au secret en matière commerciale et industrielle, et de manière générale, à l'ensemble des secrets protégés par la loi.

Art. 6. – Par dérogation aux dispositions du chiffre 3° de l'article premier, le refus d'établissement d'une personne physique sur le territoire de la Principauté n'est pas soumis à l'obligation de motivation.

Art. 7. – Ne sont pas considérées comme des décisions administratives les décisions découlant de l'exercice des droits visés à l'article 15 de la Constitution.

Art. 8. – Les dispositions de la présente loi s'appliquent sous réserve des dispositions prescrites par des textes particuliers et présentant des garanties au moins équivalentes pour l'administré.

Art. 9. – La présente loi entrera en vigueur à l'expiration d'un délai de six mois à compter de sa publication au *Journal de Monaco*.

Loi nº 124 du 15 janvier 1930
sur la délimitation du domaine

Art. 1er. – Le domaine public comprend les biens affectés à l'usage public, à un service public ou à un service d'utilité publique et, généralement, toutes les portions du territoire de la Principauté qui ne sont pas susceptibles de propriété privée. Il se divise en domaine public de l'État et en domaine public de la commune,

Le domaine public est imprescriptible et inaltérable, sauf désaffectation.

La désaffectation est prononcée par la loi ; elle a pour effet le retour des biens désaffectés au domaine privé de l'État ou de la commune.

Art. 2. – **Font partie du domaine public de l'État : les rues, places, routes et chemins affectés à la circulation ; les rivages de la mer, les ports, les havres, les cours d'eau et torrents et généralement, toutes les portions du territoire de la Principauté non susceptibles de propriété privée.**

Toutefois à l'égard des rues, places, routes et chemins visés au premier alinéa du présent article, l'autorité communale exercera, sous réserve des conventions et concessions en cours, les pouvoirs réglementaires en ce qui concerne la police urbaine, l'hygiène et le régime des occupations temporaires dont elle assurera la réglementation dans les formes et conditions prévues par la loi municipale.

Appartiennent également au domaine public de l'État :

Le palais du Gouvernement ;

Le palais de justice ;

La cathédrale et les églises paroissiales de Saint-Martin, de Sainte-Dévote et de Saint-Charles, sans qu'il soit innové aux dispositions de la bulle « Quemadmodum ».

Art. 3. – **Font partie du domaine public de la commune :**

La mairie ;

Les abattoirs ;

Le cimetière et ses dépendances ;

La bibliothèque communale (livres et mobilier) ;

Les moulins communaux ;

Les marchés, à l'expiration de la concession en cours.

Art. 4. – **Tous les meubles meublants et objets mobiliers garnissant les immeubles ci-dessus affectés et dont il sera tenu inventaire auront le caractère d'immeubles par destination.**

Ordonnance-loi n° 2.120 du 16 novembre 1959

concernant l'urbanisme, la construction et la voirie (Règlement général de voirie)

(Mod., Ord. n° 2.211, 10 mars 1960 ; Ord. n° 2.783, 17 mars 1962 ; Ord. n° 2.821, 8 mai 1962 ; Ord. n° 3.002, 25 juin 1963 ; abr. dans ses dispositions contraires à l'ordonnance n° 3.647 du 9 septembre 1966 ; abr., Ord. n° 3.966, 10 oct. 2012. – V. ce texte)

Ordonnance Souveraine n° 3.647 du 9 septembre 1966

concernant l'urbanisme, la construction et la voirie (1)

Vu l'ordonnance-loi n° 674 du 3 novembre 1959 concernant l'urbanisme, la construction et la voirie, modifiée par la loi n° 718 du 27 décembre 1961 ; Vu Notre ordonnance n° 2.120 du 16 novembre 1959 concernant l'urbanisme, la construction et la voirie, modifiée par Nos ordonnances n° 2.364 du 16 novembre 1960, n° 2.783 du 17 mars 1962, n° 2.821 du 8 mai 1962, n° 3.002 du 25 juin 1963 et n° 3478 du 20 janvier 1966 ; Vu Notre ordonnance n° 3.387 du 25 septembre 1965 instituant un comité consultatif pour la construction.

CHAPITRE I. – DES TRAVAUX SOUMIS À AUTORISATION ET DE LA DÉLIVRANCE DES AUTORISATIONS

Art. 1er ***(Mod., Ord. n° 3.966, 10 oct. 2012)*** (2). – **Aucune construction, aucun travail de terrassement ou de démolition ne peuvent être entrepris sur quelque emplacement que ce soit sans une autorisation préalable du gouvernement.**

(1) V. A. min. n° 2012-598, 10 oct. 2012 portant règlement de publicité *(mod., A. min. n° 2013-375, 31 juill. 2013)* puis A. min. n° 2014–612, 24 oct. 2014.

(2) L'ordonnance n° 3.966 du 10 octobre 2012 s'applique aux demandes d'autorisation d'exécuter l'un des travaux visés au présent article déposées auprès de la Direction de la Prospective, de l'Urbanisme et de la Mobilité à compter du 20 octobre 2012, Ord. n° 3.966, 10 oct. 2012, art. 89.

Un projet autorisé ne peut faire l'objet d'aucun changement sans une nouvelle autorisation ; en cas de refus, et si l'intéressé se trouve pour une raison quelconque dans l'impossibilité de mettre en œuvre le projet précédemment autorisé, les parties déjà construites devront être démolies et les terrains remis en état aux frais du propriétaire sur simple sommation administrative, après avis du comité consultatif pour la construction, l'intéressé ou son représentant entendu.

Aucune modification ne peut être apportée sans autorisation préalable dans les aménagements intérieurs ou les dispositions extérieures de constructions existantes.

Il est également interdit d'entreprendre une démolition ou un travail quelconque sur ou dans le sol des voies publiques et de leurs dépendances ou des voies privées sans autorisation préalable du gouvernement.

Une injonction motivée de la Direction de la Prospective, de l'Urbanisme et de la Mobilité ordonnant à un propriétaire de faire des travaux à son immeuble, de le réparer ou de le démolir, ne dispense pas l'intéressé de remplir, avant le commencement des travaux, les formalités prescrites pour la délivrance de l'autorisation prévue ci-dessus.

Art. 2 *(Mod., Ord. n° 15.623, 27 déc. 2002 ; Ord. n° 3.966, 10 oct. 2012).* – Toute demande tendant soit à l'autorisation d'exécuter l'un des travaux désignés à l'article précédent, soit à l'obtention d'un accord préalable, doit être établie conformément au modèle annexé à la présente ordonnance (annexe n° 1).

Elle est signée par le propriétaire, son mandataire ou toute personne intéressée aux travaux agissant avec l'autorisation du propriétaire. Dans le cas d'une société en cours d'autorisation et dès lors qu'elle a acquis la personnalité morale lors de la signature des statuts, elle est signée par le propriétaire et par les associés ou leur mandataire agissant pour le compte et au nom de la société en cours d'autorisation, sur justification du dépôt du dossier de demande d'immatriculation complet auprès de la Direction de l'Expansion Économique. L'autorisation ne peut être délivrée qu'à la société immatriculée.

Elle est adressée au ministre d'État et déposée à la Direction de la Prospective, de l'Urbanisme et de la Mobilité qui en accuse immédiatement réception.

En fait l'objet, dans un délai maximum de 2 mois à partir de la date de ce dépôt, soit d'un récépissé dont la date est le point de départ du délai fixé à l'article 8 ci-après, soit, si le dossier est irrecevable (incomplet, erroné, etc.) d'une lettre recommandée avec avis de réception invitant le pétitionnaire à fournir les pièces complémentaires ou rectifiées.

Dans ce dernier cas, le délai fixé à l'article 8 est suspendu jusqu'au dépôt des documents réclamés qui est constaté dans les mêmes formes que ci-dessus.

Si le pétitionnaire n'a pas reçu le récépissé dans ledit délai, il peut adresser une copie de sa demande au Directeur de la Prospective, de l'Urbanisme et de la Mobilité par lettre recommandée avec demande d'avis de réception, cet avis étant assimilé au récépissé et faisant courir le délai fixé à l'article 8.

Art. 3 *(Rempl., Ord. n° 3.966, 10 oct. 2012* (1) *; mod., Ord. n° 4.652, 20 déc. 2013).* – Les demandes d'autorisation d'exécuter des travaux visés à l'article 1er de la présente ordonnance doivent mentionner les noms, prénoms et domicile de l'intéressé et la justification de sa qualité.

À chaque demande doivent être jointes tout ou partie des pièces ci-dessous nécessaires à son instruction :

– pour les demandes portant sur des modifications dans les aménagements intérieurs des constructions existantes, les pièces prévues aux chiffres 1, 2, 5, 7, 11, 12, 14 et 15 alinéa 2, ci-après visées.

– pour les demandes portant sur des modifications dans les dispositions extérieures des constructions existantes, les pièces prévues aux chiffres 1, 2, 4, 5, 6, 7, 8, 9 tirets 2 et 3, 10, 11, 12, 13, 14, 15 alinéa 2, 17, 18, 19, 20 et 21 ci-après visées.

– pour les demandes portant sur une nouvelle construction, l'ensemble des pièces ci-après visées.

– pour les demandes portant sur une démolition, les pièces prévues aux chiffres 1, 2, 3, 4, 9 tiret 2, 12, 14, 16 et 17 ci-après visées.

À savoir :

1. un justificatif de propriété ;

(1) Les dispositions relatives à la maquette numérique 3D ainsi que les alinéas 2, 3, 4 et 5 de l'article 15 de la présente ordonnance tels que modifiés par l'ordonnance n° 3.966 du 10 octobre 2012 entrent en vigueur 19 avril 2013, Ord. n° 3.966, 10 oct. 2012, art. 89.

2. un plan de situation ;

3. un plan topographique sur lequel sont précisés, s'il y a lieu, les alignements demandés à l'article 6 ;

4. un plan de masse ;

5. les coupes longitudinales et transversales, lorsque les volumes sont modifiés ;

6. les élévations des façades principales et des façades latérales si elles sont créées ou modifiées ;

7. un plan complet de tous les niveaux ou du niveau concerné par le projet ;

8. un plan complet et détaillé de la terrasse de couverture, si elle est créée ou modifiée ;

9. les documents permettant d'apprécier l'insertion du projet dans son environnement :

– une maquette numérique 3D pour les nouvelles constructions,

– un ou plusieurs photomontages et des photographies de l'état des lieux,

– un ou plusieurs échantillons de matériaux lorsque l'aspect extérieur des constructions est modifié ;

10. un dossier technique donnant toutes les indications nécessaires à l'instruction réglementaire du projet ;

11. une notice dite « de sécurité » récapitulant les dispositions prises pour satisfaire aux mesures de sécurité contre les risques d'incendie et de panique conformément aux dispositions fixées par arrêtés ministériels ;

En cas d'installation de dispositifs de production électrique de type photovoltaïque sur une nouvelle construction ou une construction existante, un dossier technique et de sécurité sur l'installation projetée conformément aux dispositions fixées par arrêté ministériel ;

12. une note descriptive donnant toutes les indications et précisions utiles sur les travaux projetés ;

13. une note donnant toutes les précisions sur les besoins du projet en eau potable, en assainissement, en énergie (gaz, électricité et production chaud-froid), en distribution du courrier et en télécommunication ainsi que sur la production autonome d'énergie électrique projetée ;

14. un programme prévisionnel de la marche des travaux ;

15. pour les nouvelles constructions, une note donnant toutes les indications utiles sur la stabilité et la résistance de l'immeuble sous les efforts produits par les séismes conformément aux dispositions fixées par arrêté ministériel.

Pour les travaux portant atteinte à la structure d'un bâtiment existant, une attestation d'un bureau de contrôle indiquant que les travaux envisagés n'affaibliront pas la structure du bâtiment vis à vis de la stabilité et de la résistance aux séismes ;

16. un devis estimatif hors taxes du montant des travaux projetés ;

17. une note mentionnant si les travaux à faire peuvent affecter des installations existantes de service public ;

18. pour tout projet nécessitant des travaux de terrassement, une étude géologique du terrain ;

19. une note accompagnée d'un plan détaillé précisant les dispositions prévues pour l'aménagement des espaces verts, ainsi que la nature et les essences des plantations envisagées ;

20. pour les nouvelles constructions, les réhabilitations et extensions des bâtiments existants, une attestation du maître d'ouvrage formulant l'engagement de respecter la réglementation thermique définie par arrêté ministériel ;

21. à l'exception des demandes portant sur des modifications dans les aménagements intérieurs des constructions existantes sans changement de destination et des demandes portant sur une démolition, un formulaire récapitulatif des données fondamentales du dossier portant la référence « formulaire BATI1 » lorsque la demande porte sur une nouvelle construction et « formulaire BATI2 » lorsque la demande porte sur des modifications d'une construction existante. Ces formulaires sont à retirer auprès de la Direction de la Prospective, de l'Urbanisme et de la Mobilité.

Le contenu détaillé des pièces, énoncées ci-dessus, est défini par arrêté ministériel .

Les dossiers concernant les travaux d'aménagement des bâtiments déjà construits (alinéa 3 de l'art. 1er) ou les modifications à apporter à un projet déjà autorisé et en cours de construction doivent mentionner, de façon précise au moyen des couleurs conventionnelles, lesdits travaux ou lesdites modifications, sur deux plans en regard l'un de l'autre. L'un sur lequel sont figurées les parties supprimées en jaune, et l'autre sur lequel sont figurées les parties nouvellement projetées en rouge. (1)

(1) V. A. min. 2012-595, 10 oct. 2012.

Art. 4 *(Mod., Ord. n° 903, 8 janv. 2007 ; Ord. n° 3.966, 10 oct. 2012).* – La demande d'accord préalable permet de fixer préalablement au dépôt du dossier de demande de permis de construire, l'implantation, la nature, le volume et l'importance des constructions.

La demande d'accord préalable est facultative.

La demande d'accord préalable doit être présentée dans les formes prévues à l'article 3 - 1er alinéa - et assortie d'un dossier sommaire comprenant les pièces prévues aux chiffres 1, 2, 4, 5, 9, 10, 12 dudit article 3.

Si la demande d'accord préalable est accueillie favorablement, le pétitionnaire dispose d'un délai de six mois à partir de la délivrance dudit accord pour demander l'autorisation de construire correspondante et produire les pièces prévues aux chiffres 3, 6, 7, 8, 11, 13, 14, 15, 16, 17, 18, 19, 20 et 21 de l'article 3.

Si la demande d'autorisation de construire correspondante est présentée et si lesdites pièces sont fournies dans le délai ci-dessus, l'autorisation définitive qui sera donnée ne pourra remettre en cause ledit accord préalable en ce qui concerne l'implantation, la nature, le volume et l'importance des constructions.

Si ces pièces n'ont pas été fournies dans le délai ci-dessus, l'accord préalable sera réputé nul et non avenu.

Art. 5 *(Rempl., Ord. n° 3.966, 10 oct. 2012)* (1). – La demande et les pièces jointes doivent être numérotées, datées et rédigées en langue française. Chaque pièce porte un titre bien détaillé.

La demande doit être signée par le pétitionnaire.

Les plans doivent être signés par le pétitionnaire, le propriétaire ou son représentant et par un architecte autorisé à exercer dans la Principauté.

Les autres pièces sont signées par le pétitionnaire et l'architecte.

Un bordereau daté et signé par le pétitionnaire et l'architecte doit les accompagner.

La formalité de recours à l'architecte n'est pas systématiquement exigée pour les demandes de travaux de démolition à exécuter sur un immeuble relevant du domaine de l'État, déposés par l'Administrateur des Domaines en sa qualité de mandataire de l'Administration des Domaines, dans les cas où notamment ces travaux ne dépendent pas d'un projet de construction et/ou ils ne risquent pas de porter atteinte à la stabilité des terres ou aux constructions avoisinantes.

Tous les plans et toutes les pièces annexés à la demande doivent être présentés et déposés en quatre exemplaires, à l'exception des projets visés à l'article 1er alinéa 3 pour lesquels deux exemplaires sont demandés. Le pétitionnaire doit déposer un exemplaire supplémentaire du dossier en version numérique réservé exclusivement à l'usage interne de l'Administration.

Dans le cas d'un dossier particulièrement complexe dont l'instruction exige diverses consultations, la Direction de la Prospective, de l'Urbanisme et de la Mobilité peut inviter le pétitionnaire, en tant que de besoin, à lui faire parvenir un ou plusieurs exemplaires supplémentaires des pièces.

Outre, la maquette numérique 3D mentionnée au point 9 de l'article 3, une maquette volumétrique simple peut être demandée par la Direction de la Prospective, de l'Urbanisme et de la Mobilité, en plus, au pétitionnaire, lorsqu'elle s'avère nécessaire pour apprécier le projet de construction ou de surélévation.

Art. 6 *(Rempl., Ord. n° 3.966, 10 oct. 2012).* – En cas de construction d'un immeuble ou de clôture d'un terrain à la limite d'une voie publique existante ou projetée, le propriétaire doit demander les alignements existants et futurs devant sa propriété avant le dépôt de la demande visée à l'article 3.

À l'appui de sa demande, le propriétaire fournit à la Direction de la Prospective, de l'Urbanisme et de la Mobilité un plan topographique tel que visé à l'article 3 et dont le contenu détaillé est défini par arrêté ministériel. Les alignements sont reportés sur ce plan topographique qui est retourné au propriétaire sous forme numérique et papier.

Art. 7. – Les demandes d'autorisation de construire et d'accord préalable sont examinées par le comité consultatif pour la construction, non seulement du point de vue de l'observation des lois et règlements, mais encore du point de vue des conditions esthétiques du projet et de l'intérêt général.

---

(1) Les dispositions relatives à la maquette numérique 3D ainsi que les alinéas 2, 3, 4 et 5 de l'article 15 de la présente ordonnance tels que modifiés par l'ordonnance n° 3.966 du 10 octobre 2012 entrent en vigueur 19 avril 2013, Ord. n° 3.966, 10 oct. 2012, art. 89.

En particulier, les constructions, par leur situation, leurs dimensions ou l'aspect extérieur des bâtiments ou ouvrages à édifier ou à modifier, ne doivent pas porter atteinte à la salubrité ou à la sécurité publique. au caractère ou à l'intérêt des lieux avoisinants, aux sites, aux paysages naturels, ainsi qu'à la conservation des perspectives monumentales.

Art. 8 *(Mod., Ord. n° 15.623, 7 déc. 2002 ; Ord. n° 3.966, 10 oct. 2012).* – L'Administration dispose d'un délai de quatre mois, à compter de la délivrance du récépissé visé à l'article 2 ci-dessus, pour faire part de sa décision au pétitionnaire, qu'il s'agisse d'une demande d'accord préalable ou d'une demande d'autorisation de construire.

Dans ce dernier cas, si la décision est favorable, l'administration en informe, à titre provisoire, le pétitionnaire et l'invite à déposer dans un délai de deux mois les documents constituant effectivement ses garanties financières dans les formes et selon le modèle de garantie à première demande annexé à la présente ordonnance (annexe n° 2).

Si le pétitionnaire fournit dans le délai ci-dessus lesdits documents et si ceux-ci sont reconnus valables, l'autorisation est accordée ; s'ils ne sont pas reconnus valables, le délai ci-dessus peut être prorogé pour une nouvelle période de deux mois sur demande justifiée du pétitionnaire.

Si à l'expiration de ces délais, des garanties financières valables n'ont pas été fournies, la décision provisoire favorable sera caduque.

L'Administration dispose, pour apprécier la validité des documents constituant les garanties financières, d'un délai qui ne pourra dépasser trente jours.

Par dérogation aux dispositions de l'article 7 ci-dessus, si le projet établi en conformité du présent règlement ne concerne que des aménagements intérieurs, il ne nécessite pas l'avis du comité consultatif pour la construction ; l'autorisation est alors donnée directement dans le délai de quarante-cinq (45) jours par lettre recommandée avec accusé de réception par le Directeur de la Prospective, de l'Urbanisme et de la Mobilité. Il en est de même en ce qui concerne les travaux visés à l'alinéa 4 de l'article 1er ci-dessus.

Le Directeur de la Prospective, de l'Urbanisme et de la Mobilité donne également l'autorisation dans le même délai, en ce qui concerne les dispositions extérieures qui ne modifient pas fondamentalement l'aspect des immeubles y compris les aménagements et modifications des devantures des magasins et boutiques. Ce délai est porté à quatre mois si la Direction de la Prospective, de l'Urbanisme et de la Mobilité estime nécessaire de soumettre le dossier à l'avis du comité consultatif pour la construction ; l'intéressé en est informé avant l'expiration du délai de quarante-cinq jours visé à l'alinéa précédent.

Pour tous les travaux visés à l'article 1er de la présente ordonnance autres que ceux énumérés aux deux alinéas qui précèdent, l'autorisation de construire est délivrée sous forme d'arrêté par le ministre d'État ; l'accord préalable fera l'objet d'une lettre ministérielle qui est adressée sous pli recommandé avec accusé de réception. Pour les travaux à exécuter sur un terrain ou sur un immeuble relevant du domaine de l'État et lorsque la demande d'autorisation de construire est déposée par l'Administrateur des Domaines en sa qualité de mandataire de l'Administration des Domaines, l'autorisation de construire est délivrée sous forme d'Avis par le Ministre d'État.

L'autorisation mentionne, s'il a lieu, les conditions auxquelles son octroi a été subordonné conformément notamment aux dispositions de l'article 7 de la présente ordonnance.

L'observation de ces conditions s'impose aussi bien au pétitionnaire qu'à ses ayants droits, même en cas de cession d'une parcelle non bâtie.

Pour les projets dont l'importance ou la difficulté exige de la part de l'Administration une étude particulièrement délicate ou qui nécessitent la consultation du Conseil communal ou l'avis conforme du Comité supérieur d'urbanisme ainsi que pour ceux à exécuter dans les quartiers faisant l'objet d'études d'urbanisme, le Gouvernement peut décider, après avis du Comité consultatif pour la construction, qu'il sera sursis à statuer : cette décision qui est notifiée par lettre recommandée avec accusé de réception doit intervenir avant l'expiration du délai de un mois prévu au 3e alinéa de l'article 9 ci-dessous.

La durée du sursis à statuer ne pourra excéder un an à dater du jour de sa notification au pétitionnaire ; cette durée pourra, toutefois, faire l'objet, après avis du comité consultatif pour la construction, de prorogations par ordonnances souveraines.

En aucun cas, le sursis à statuer ne pourra excéder une durée totale de deux ans.

Art. 9. – I. Passés les délais de quarante cinq (45) jours et de quatre (4) mois, fixés à l'article 8, le pétitionnaire qui n'a reçu notification d'aucune décision peut informer le ministre d'État, par pli recommandé avec avis de réception, de son intention de bénéficier de l'autorisation prévue au 3e alinéa du présent article.

Le ministre d'État peut, dans le délai de un mois à compter de la réception de ladite lettre, soit accorder l'autorisation, soit la refuser, soit décider de surseoir à statuer.

Si aucune réponse ne lui est parvenue à l'expiration de ce délai de un mois, le pétitionnaire est réputé détenir une autorisation en bonne et due forme. Le ministre d'État est tenu, dans ce cas, et si le pétitionnaire le désire expressément, d'attester, en application du présent article, dans le mois qui suit la réception de ladite demande, que l'autorisation est réputée accordée conformément à la demande et aux derniers plans présentés par l'intéressé.

II. Les autorisations accordées en vertu des dispositions de l'article 8 ci-dessus ne seront valables que pour les personnes qu'elles désignent nominativement.

En cas de transfert du droit de propriété, le nouveau propriétaire doit solliciter le renouvellement de l'autorisation précédemment accordée, en précisant qu'il fait siens le dossier et les plans précédemment déposés : ce renouvellement ne pourra être refusé que dans les cas où les garanties financières ou techniques présentées par le cessionnaire ne sont pas reconnues valables. L'examen de ces garanties et la décision devront intervenir dans un délai de trente (30) jours à compter du dépôt des documents constituant ces garanties.

La nouvelle autorisation qui sera accordée par l'autorité qui a délivré la précédente sera assortie des mêmes obligations, notamment en ce qui concerne les conditions d'esthétique et d'intérêt général ; elle prendre effet à partir de la date de la délivrance de l'autorisation initiale.

III. L'autorisation est toujours accordée sous réserve des droits des tiers et aux risques et périls de tous les intéressés.

IV. En cas de refus de l'autorisation ou de l'accord préalable, il est donné connaissance au pétitionnaire, dans les délais fixés à l'article 8 ci-dessus, des motifs qui l'ont provoqué.

Art. 10 *(Rempl., Ord. n° 16.585, 22 déc. 2004 et Erratum publié au Journal de Monaco, 21 janv. 2005 ; mod., Ord. n° 3.966, 10 oct. 2012)*. – Une ampliation de l'arrêté d'autorisation ou de l'avis d'autorisation doit être affichée au Ministère d'État pendant une durée de deux mois.

Mention de l'autorisation doit être affichée sur le terrain ou aux entrées du chantier, du bâtiment ou du local par les soins du permissionnaire dès notification de la décision d'octroi et pendant toute la durée des travaux. Cette mention doit comporter le nom du permissionnaire, la date et le numéro de l'arrêté d'autorisation ou de l'avis d'autorisation ainsi que la nature des travaux.

Il en est de même de l'attestation délivrée dans les conditions prévues par l'alinéa 3 de l'article 9 ci-dessus.

L'accomplissement de cette formalité est constaté par huissier à la demande du permissionnaire, et une copie dudit constat doit être adressée à la Direction de la Prospective, de l'Urbanisme et de la Mobilité.

Pendant un délai de un an et un mois à dater de l'affichage ou du dernier des deux affichages, le Ministre d'État autorise toute personne justifiant d'un intérêt qui lui en aura présenté la demande, à consulter à la Direction de la Prospective, de l'Urbanisme et de la Mobilité les pièces suivantes du dossier :

1. - arrêté d'autorisation ou Avis d'autorisation,
2. - devis descriptif,
3. - plans d'exécution des travaux,
4. - plans de propriété.

Art. 11 *(Mod., Ord. n° 3.966, 10 oct. 2012)*. – L'autorisation est périmée si les travaux auxquels elle s'applique ne sont pas commencés dans un délai d'un an à compter de sa délivrance.

L'autorisation pourra être révoquée, sur avis du comité consultatif pour la construction, si un retard de plus d'un an est constaté dans la poursuite des travaux par rapport aux indications portées au planning joint au dossier de la demande d'autorisation.

Il en est de même si les travaux sont interrompus pendant douze mois consécutifs ou non.

L'Administration pourra alors faire prendre, aux frais du permissionnaire, à l'expiration du délai de un mois après une mise en demeure infructueuse, toutes mesures qu'elle jugera utiles pour assurer la sécurité, l'hygiène publique ou le respect de l'esthétique.

Sur demande justifiée du permissionnaire, le délai ci-dessus pourra être prorogé une fois pour une nouvelle période d'une année sans instruction nouvelle du dossier mais après avis conforme du ou des comités qui ont donné leur avis avant la délivrance de l'autorisation, s'il s'avère que les prescriptions d'urbanisme et les conditions auxquelles l'octroi de l'autorisation avait été subordonné n'ont pas évolué de façon défavorable à l'égard du projet précédemment autorisé depuis la date de la délivrance de l'autorisation périmée.

CHAPITRE II. – DES CONDITIONS AUXQUELLES EST SUBORDONNÉE LA DÉLIVRANCE DES AUTORISATIONS

§ 1. – De la hauteur et de l'implantation des constructions

Art. 12 *(Ord. n° 5.881, 21 sept. 1976 ; mod., Ord. n° 15.626, 13 janv. 2003 ; Ord. n° 15.954, 16 sept. 2003 ; rempl., Ord. n° 37, 12 mai 2005 ; Ord. n° 551, 29 juin 2006 ; Ord. n° 824, 30 nov. 2006 ; Ord. n° 2.286, 27 juill. 2009* (1) *; Ord. n° 4.481, 13 sept. 2013 ; Ord. n° 5.427, 20 juill. 2015).* **– 12.1 - Le territoire de la Principauté est divisé en trois secteurs :**

A - Le secteur réservé, dont le caractère actuel doit être conservé, qui comprend le quartier de Monaco-Ville et le ravin de Sainte-Dévote.

B - Le secteur des quartiers ordonnancés qui comprend les quartiers suivants, dont la destination ou le caractère justifie un règlement d'urbanisme :

– quartier de la Condamine ;
– quartier de Fontvieille ;
– quartier du Jardin Exotique ;
– quartier du Larvotto ;
– quartier des Moneghetti ;
– quartier de Monte-Carlo ;
– quartier de La Rousse.

Une ordonnance souveraine (2) **portant délimitation et règlement d'urbanisme du secteur des quartiers ordonnancés définit :**

– les dispositions générales applicables à l'ensemble du secteur des quartiers ordonnancés ;

– un plan de zonage du secteur des quartiers ordonnancés fixant les limites des zones de chacun des quartiers ordonnancés et, le cas échéant, la subdivision en îlots de ces zones ;

– un plan de répartition des indices de construction de référence ;

– les dispositions particulières et les plans de coordination correspondants applicables à chacun des quartiers.

Dès sa publication, cette ordonnance ainsi que ses annexes peuvent être consultées par tous les intéressés à la Direction de la Prospective, de l'Urbanisme et de la Mobilité.

C - Le secteur des opérations urbanisées qui comporte :

– une zone à gabarit moyen ;
– une zone à gabarit élevé ;
– une zone frontière.

12.2 - Le plan de zonage PU-ZG-PTE-D9, annexé à la présente ordonnance, en fixe les limites.

12.3 - Toutes les constructions à édifier sur le territoire de la Principauté doivent être établies en conformité des dispositions définies par les articles ci-après, sauf dispositions contraires du règlement d'urbanisme et des plans de coordination relatifs aux quartiers compris dans le secteur des quartiers ordonnancés.

Art. 13 *(Ord. n° 9.527, 21 juill. 1989 ; mod., Ord. n° 3.966, 10 oct. 2012).* **– 1°** ***Du gabarit :*** **Le volume construit doit rester enfermé dans une enveloppe définie en chaque point des limites bâtissables (telles que décrites au 4° du présent article) par un gabarit composé d'une verticale et d'une oblique.**

(1) Dispositions applicables aux demandes d'accord préalable ou d'autorisation de construire déposées à la Direction de la Prospective, de l'Urbanisme et de la Mobilité à compter 7 août 2009 en vertu de l'article 2 de l'ordonnance n° 2.286 du 27 juillet 2009.

(2) V. Ord. n° 4.482, 13 sept. 2013 (*mod., Ord. n° 2014-4.754, 5 mars 2014 ; Ord. n° 2014-4.816, 12 mai 2014*).

La hauteur de la verticale du gabarit ne peut dépasser 25 m. Les étages établis au-dessus de 25 m doivent rester enfermés dans l'oblique faisant avec l'horizontale dans le plan perpendiculaire à la limite du bâtissable un angle de 60°.

Pour la « façade préjudiciable », la hauteur de la verticale du gabarit ne peut dépasser 18,60 m. Les étages établis au-dessus de 18,60 m doivent rester enfermés dans l'oblique faisant avec l'horizontale dans le plan perpendiculaire à l'alignement un angle de 50°.

La « façade préjudiciable » est la façade qui impose au voisinage ou à la voie publique les moins bonnes conditions d'ensoleillement, d'éclairement et d'aération.

En cas de difficulté dans la détermination de la « façade préjudiciable », la décision sera prise sur proposition du comité consultatif pour la construction.

2° *De la hauteur :*

La hauteur totale des constructions est limitée à :

- 35 m dans la zone à gabarit moyen ;
- 50 mètres dans la zone à gabarit élevé et dans la zone frontière.

3° *De l'indice de construction :*

Dans la zone à gabarit moyen, l'indice de construction, tel qu'il est défini ci-après, n'excédera pas 15 m^3 par mètre carré de la surface totale de la propriété.

Dans la zone à gabarit élevé et dans la zone frontière, l'indice n'excédera pas 12 m^3 par mètre carré de la surface totale de la propriété.

L'indice de construction est le quotient du volume total bâti au-dessus du niveau du terrain naturel par la surface totale de la propriété.

Le volume de tous les ouvrages techniques sur terrasse (édicule d'accès, logement des machineries des ascenseurs et monte-charge, chambres d'expansion des gaz brûlés, etc.) n'est pas pris en compte pour le calcul de l'indice.

4° *Des limites bâtissables :*

a) Par rapport à la voie publique

Sur toute voie publique, les constructions doivent être établies à sept mètres au moins de l'axe de la voie publique définie par ses alignements.

Cette obligation peut également être imposée aux constructions édifiées en bordure d'une voie privée, si l'importance et le nombre de constructions y prenant accès la justifient.

b) Par rapport aux autres limites de propriété

Dans la zone à gabarit moyen, les constructions doivent être tenues à quatre mètres au moins des limites de propriétés.

Dans la zone à gabarit élevé, les constructions doivent être tenues à six mètres au moins des limites de propriété.

Dans la zone frontière, les constructions doivent être tenues à huit mètres au moins des limites de propriété.

Des constructions établies sur une même propriété doivent être tenues à huit mètres, douze mètres et seize mètres au moins les unes des autres, respectivement dans les zones à gabarit moyen, élevé et frontière.

Des constructions dans ces espaces de recul pourront être admises après avis du comité consultatif pour la construction.

Les limites bâtissables ci-dessus définies ne s'appliquent pas toutefois aux constructions en sous-sol, à usage de garages, caves et locaux techniques qui pourront être réalisées jusqu'en limite de propriété.

Le niveau supérieur de ces ouvrages doit se tenir à un mètre cinquante au moins sous le niveau de la voie publique la plus basse bordant l'opération pour permettre l'aménagement d'espaces plantés, conformément à l'article 56 ci-après et pour permettre le passage de réseaux publics.

5° *De l'occupation au sol :*

Toutes les constructions doivent permettre la conservation ou la création d'une superficie non bâtie d'importance variable, selon la zone dans laquelle l'immeuble est situé et dont une partie devra être complantée conformément aux dispositions de l'article 56 ci-après.

En conséquence, par rapport à la surface totale de la propriété, la surface bâtie au-dessus du niveau de la voie publique la plus basse bordant l'opération ne devra pas excéder :
- 45 % dans la zone à gabarit moyen ;
- 30 % dans la zone à gabarit élevé ;
- 25 % dans la zone frontière.

Art. 14 *(Mod., Ord. n° 3.966, 10 oct. 2012)*. – Les constructions sont autorisées à la condition que le hors-ligne bordant la voie publique au droit des propriétés intéressées soit aménagé en voie à usage public (trottoirs, chaussées, parkings, jardins, espaces paysagers, etc.). Cette disposition est également applicable aux surélévations lorsque le hors-ligne n'empiète pas sur la construction existante.

Les travaux d'aménagement et d'entretien seront réalisés par les soins et aux frais de l'administration.

Art. 15 *(Ord. n° 4.738, 8 sept. 1971 ; Ord. n° 9.527, 21 juill. 1989 ; Ord. n° 9.542, 10 août 1989 ; rempl., Ord. n° 3.966, 10 oct. 2012)*. – Lors de toute opération de construction, des emplacements de stationnement pour véhicules doivent être aménagés selon les prescriptions énoncées ci-dessous.

Parmi les véhicules à faire stationner, on distingue les vélos, les deux roues motorisés, les voitures.

Chaque emplacement de stationnement pour véhicules, y compris les deux roues, doit être pré-équipé pour permettre la recharge ultérieure des véhicules électriques, par des travaux simples ne touchant ni aux structures, ni aux gaines et réseaux communs des bâtiments. Cet équipement doit être uniquement destiné à la recharge des véhicules électriques.

Le stationnement des vélos et deux roues motorisés doit être aménagé en sous-sol ou au rez-de-chaussée dans des locaux suffisamment dimensionnés.

Les places réservées aux vélos et aux deux roues doivent représenter au minimum 5 % de la surface totale des aires de stationnement affectés aux voitures.

Les accès aux garages en sous-sol doivent être conçus de manière à apporter le moins de gêne à la circulation publique et doivent s'intégrer à l'architecture du bâtiment. La largeur des rampes d'accès et les circulations intérieures ne doivent pas être inférieures à 5 m lorsque ces circulations sont à double sens ; dans le cas contraire, ces mêmes largeurs ne doivent pas être inférieures à 3 m.

L'emprise des garages sur la surface non-bâtie à l'intérieur des alignements doit obligatoirement être traitée en surface verte. À cet effet, la dalle de couverture du garage doit être établie de manière à pouvoir supporter une épaisseur de terre suffisante pour l'aménagement d'un jardin : cette hauteur de terre ne doit pas être inférieure à 1,50 m correspondant à une surcharge de 3 tonnes par m².

Les emplacements et les locaux créés, en vertu du présent article, ne peuvent être affectés qu'à usage de remise de voitures, vélos et deux roues motorisés et ne peuvent être désaffectés sous aucun prétexte, sauf autorisation expresse délivrée par la Direction de la Prospective, de l'Urbanisme et de la Mobilité.

Toute opération de construction doit comporter, pour le pétitionnaire, l'obligation d'aménager une surface permettant de garer un nombre de voitures fixé ainsi qu'il suit :

1°) Locaux d'habitation :
- une voiture par appartement dont la surface est inférieure ou égale à 100 m²,
- deux voitures par appartement dont la surface se situe entre 101 et 150 m²,
- trois voitures par appartement dont la surface est supérieure à 150 m²,

2°) Locaux à usage commercial ou de bureaux :
- une voiture pour 80 m² de surface de plancher.

Aucun emplacement de stationnement n'est exigé pour les locaux à usage commercial ou de bureaux dont la surface de plancher est inférieure ou égale à 50 m².

3°) Locaux à usage industriel ou d'entrepôts :
- une voiture pour 150 m² de surface de plancher.

4°) Hôtels :
- une voiture pour deux chambres jusqu'à 150 chambres,
- une voiture pour trois chambres pour la fraction comprise entre 151 et 250 chambres,
- une voiture pour cinq chambres pour la fraction au-delà de 250 chambres.

5°) pour les constructions et installations nécessaires à un service public ou d'intérêt collectif, le nombre d'emplacement de stationnement doit correspondre aux besoins du projet.

Le nombre d'emplacement de stationnement exigé est arrondi au nombre entier supérieur le plus proche, lorsque la décimale est égale ou supérieure à 0,5.

Dans le cas d'augmentation de la surface de plancher d'un bâtiment existant, les emplacements de stationnement ne sont exigés que pour la surface de plancher supplémentaire.

En cas de changement partiel ou total de destination d'un bâtiment existant, le pétitionnaire est soumis à l'obligation de réaliser des emplacements de stationnement. Le nombre d'emplacement de stationnement est calculé après déduction des stationnements théoriquement exigés en fonction de la destination du bâtiment avant changement de destination.

Le Comité Consultatif pour la Construction apprécie, dans chaque cas, si le pétitionnaire doit aménager ces garages dans la propriété et de préférence en sous-sol ou en dehors de l'immeuble mais sur le territoire national.

Art. 16. – 1° La hauteur de la verticale des gabarits est mesurée :

– soit sur l'alignement au milieu de la façade depuis le niveau de la chaussée pris sur son axe ;

– soit sur la limite de construction définie au 4° de l'article 13, au milieu de la façade et depuis le niveau du terrain naturel.

2° La hauteur totale d'une construction est mesurée depuis le niveau du terrain naturel pris au croisement des deux axes de la construction.

En cas de difficulté, le ministre d'État fixe, sur proposition du comité consultatif pour la construction, lors de la délivrance de l'autorisation de bâtir, le niveau de référence à adopter.

3° Lorsqu'une construction est édifiée à l'angle de deux voies d'inégales largeurs, le gabarit privilégié peut être appliqué au plan coupé et à un retour de 8 m sur la voie la plus étroite.

Art. 17 *(Mod., Ord. n° 3.966, 10 oct. 2012)*. – Aucune surélévation n'est admise si l'immeuble à surélever n'est pas, dans toutes ses parties en conformité avec le présent règlement, sauf dans le cas où il y a lieu d'appliquer les dispositions de Notre ordonnance n° 2.978 du 5 avril 1963 réglementant la surélévation des immeubles à usage d'hôtel.

À la demande d'autorisation de surélévation doit être jointe une déclaration de l'architecte attestant que l'immeuble à surélever est en état de supporter la surélévation projetée.

Ces surélévations soit à usage d'habitation, soit à usage d'hôtel, sont soumises à l'obligation édictée par le premier alinéa de l'article 15 ci-dessus.

Lorsque la surélévation est autorisée, le propriétaire et l'entrepreneur doivent prendre les précautions propres à éviter tout dommage, notamment celui provenant d'infiltrations d'eau dont pourraient souffrir les occupants de l'immeuble.

Art. 18. – Une opération de construction ne peut bénéficier de dérogations aux règles fixées par la présente ordonnance qu'après avis conforme du comité supérieur d'urbanisme, selon les conditions prévues à l'article 12 de l'ordonnance-loi n° 674 du 3 novembre 1959 modifiée par la loi n° 718 du 27 décembre 1961.

L'avis conforme du comité supérieur d'urbanisme ne sera valable que jusqu'à l'expiration soit du délai de un an fixé à l'article 11 pour commencer les travaux autorisés, soit du délai de six mois visé à l'article 4 pour solliciter une autorisation de construire après l'obtention d'un accord préalable.

Sur la proposition du comité consultatif pour la construction, dans le souci d'ordonner les opérations entre elles ou avec des constructions voisines existantes, le gouvernement pourra, après avis du comité supérieur d'urbanisme donné dans les conditions prévues à l'article 12 de l'ordonnance-loi n° 674 du 3 novembre 1959, modifiée par la loi n° 718 du 27 décembre 1961, prescrire ou accepter l'établissement des plans de coordination partiels définissant les dispositions générales et particulières des constructions. Le report des volumes de constructions bâtissables d'un terrain sur un autre inclus dans ces plans pourra alors être permis.

§ 2. – Des toitures

Art. 19. – Les immeubles pourront être couverts soit en toiture, soit en terrasse. Le mode de couverture proposé sera soumis à l'appréciation du comité consultatif pour la construction.

Art. 20 *(Mod., Ord. n° 3.966, 10 oct. 2012)*. – Les dimensions des ouvrages établis sur la terrasse de couverture seront déterminées en fonction des exigences techniques nécessités par lesdites installations et réduites au strict minimum.

Les caisses à eau sur les terrasses de couverture sont interdites, sauf cas exceptionnel où les besoins de l'immeuble l'exigent.

Les terrasses de couverture et les terrasses de recul devront obligatoirement être munies de garde-corps largement ajourés.

Il est permis d'élever au-dessus de la cage d'escalier un édicule d'accès à la terrasse dont la hauteur est limitée à 2,50 m hors tout et dont l'emprise doit correspondre à celle de la cage d'escalier, augmentée éventuellement, sur appréciation du Comité Consultatif pour la Construction, de l'emprise d'un palier.

En outre, le Comité Consultatif pour la Construction peut être appelé à se prononcer sur un éventuel dépassement de cette hauteur, justifié par des impératifs techniques pour l'accessibilité.

L'ensemble des installations nécessaires aux besoins de l'immeuble doit être groupé au mieux et masqué par des plantations. Il est permis de construire sur les terrasses de couverture un local à usage d'abri de jardin ainsi qu'un local à usage sanitaire (douche, cabinet d'aisances, lavabo, etc.) sous réserve des conditions suivantes :

1° la surface de chacun de ces locaux ne peut excéder 9 m² sans que leur surface cumulée ne dépasse le dixième de la surface de la terrasse. La hauteur doit être limitée à 2,50 m hors tout ;

2° Ces locaux doivent être masqués et disposés de manière à gêner le moins possible la vue depuis les immeubles voisins ;

3° Les dessins détaillés et un devis descriptif des dispositions adoptées pour l'aménagement de la couverture en terrasse-jardin devront être soumis à l'appréciation du comité consultatif pour la construction.

Ces terrasses-jardins devront toujours être tenues en parfait état d'entretien. Dans le cas contraire, il sera procédé au retrait de l'autorisation et le propriétaire devra faire procéder à la suppression des ab et de tous les aménagements autorisés, à l'exception de l'édicule d'accès ;

4° Les terrasses de couverture surplombées directement par une voie publique doivent être aménagées en terrasse-jardins : pelouses, décoration florale, arbustes naturels, à l'exception de tous éléments artificiels.

Les plans détaillés et un devis descriptif des dispositions adoptées à cet effet doivent être soumis à l'appréciation du comité consultatif pour la construction ;

5° Des ouvrages à caractère décoratif, laissés à l'appréciation du comité, pourront être autorisés s'ils contribuent à améliorer l'aspect des terrasses.

Les édicules établis en terrasse ne doivent pas communiquer entre eux.

§ 3. – Des façades

Art. 21 *(Mod., Ord. n° 15.954, 16 sept. 2003 ; Ord. n° 3.966, 10 oct. 2012).* – Les façades doivent présenter un aspect particulièrement soigné. Dans le cas de façades revêtues, leur revêtement doit être exécuté en matériaux de qualité.

Un traitement végétalisé peut être proposé.

Un échantillon des matériaux utilisés devra être soumis à l'appréciation du service de l'urbanisme et de la construction pour assurer l'harmonie des diverses parties de chaque façade et des façades voisines entre elles.

Les devantures des magasins et boutiques devront, également, être revêtues de matériaux de qualité ; elles devront être tenues constamment en parfait état d'entretien.

D'une façon générale, la décoration d'ensemble des façades devra être conçue dans l'esprit des constructions du type méditerranéen (reliefs et décrochements en façades, aménagements de jardinières sur balcons, emploi de garde-corps en fer forgé, etc.).

La Direction de l'Aménagement Urbain peut établir des supports et ancrages pour les appareils d'éclairage public ou de signalisation et, s'il y a lieu, pour les canalisations et les appareillages s'y rapportant, soit à l'extérieur des murs ou façades donnant sur la voie publique, soit sur les toits et terrasses des bâtiments à la condition qu'on puisse y accéder par l'extérieur, soit sur tous ouvrages ou saillies sur ou sous la voie publique dépendant des immeubles riverains. L'identification et l'intégration des différents coffrets et émergences techniques doivent faire l'objet d'une attention particulière.

Dans toute construction neuve, quelle que soit son affectation, les climatiseurs et autres appareils de ventilation ne doivent pas être apparents en façade.

Dans les constructions existantes, les appareils apparents en façade doivent être déposés. Toutefois, l'habillage ou l'encoffrement de ces équipements techniques peut être autorisé par la Direction de la

Prospective, de l'Urbanisme et de la Mobilité si le modèle est agréé par la copropriété pour l'ensemble de l'immeuble et si l'appareil respecte la réglementation relative aux bruits de voisinage et ne génère pas des flux de chaleur incommodant le voisinage.

Dans cette hypothèse, l'appareil doit être installé dans des parties non visibles de la voie publique et son habillage ou son encoffrement doit s'intégrer à la construction par un traitement architectural de la façade. Toutefois, une installation de l'appareil dans des parties visibles de la voie publique peut être tolérée, si l'artifice architectural ne dénature pas l'aspect de la façade.

Art. 22 *(Mod., Ord. n° 3.966, 10 oct. 2012)*. – A. - Les façades des constructions en copropriété doivent recevoir une décoration et une teinte harmonisées sur toute leur étendue.

Si un désaccord s'élève à ce sujet, entre les copropriétaires, il peut être soumis à la Direction de la Prospective, de l'Urbanisme et de la Mobilité qui déterminera les dispositions à réaliser.

B. - En cas de surélévation, les façades des immeubles seront pareillement ordonnées :

1° Les dispositions architecturales de la partie surélevée et de la partie existante devront être harmonisées ;

2° L'immeuble devra être entièrement ravalé.

Art. 23 *(Rempl., Ord. n° 3.966, 10 oct. 2012)*. – Les couleurs des façades des immeubles et des menuiseries et ferrures de ces façades, ainsi que celles des murs et des grilles de clôture, doivent être soumises, qu'il s'agisse d'immeubles à construire ou d'immeubles existants à ravaler, à l'agrément préalable de la Direction de la Prospective, de l'Urbanisme et de la Mobilité.

Les couleurs des façades (murs, baies, soubassement...) et de ses accessoires (menuiseries, huisseries, volets, portes...) ainsi que celles des devantures commerciales doivent être agréées par la Direction de la Prospective, de l'Urbanisme et de la Mobilité. Elles sont choisies parmi les teintes référencées dans la palette de couleur de la Principauté et ses palettes ponctuelles.

Les façades des immeubles et des murs de clôture doivent être constamment tenues en bon état de propreté : elles seront, en outre, remises en état tous les 10 ans. Cependant, des dérogations peuvent être accordées après avis du Comité Consultatif pour la Construction pour des raisons techniques, soit que la nature des matériaux n'impose pas une remise en état si fréquente, soit que l'état de dégradation de la façade, constaté par la Direction de la Prospective, de l'Urbanisme et de la Mobilité, l'impose avant l'expiration du délai ci-dessus.

Les menuiseries et ferrures des façades, ainsi que les grilles de clôture des propriétés, doivent être entretenues en bon état de propreté et repeintes au moins tous les cinq ans. Leur teinte est choisie parmi les teintes référencées dans les palettes ponctuelles de la palette de couleur de la Principauté.

Dans les cas prévus par le présent article, le propriétaire ou le syndic dans le cas d'une copropriété est invité par une lettre recommandée adressée par la Direction de la Prospective, de l'Urbanisme et de la Mobilité avec accusé de réception à effectuer les travaux de remise en état dans un délai déterminé.

Si à l'expiration du délai ci-dessus visé, la remise en état n'est pas achevée, la Direction de la Prospective, de l'Urbanisme et de la Mobilité peut y faire procéder aux frais des propriétaires sur ordonnance du Président du Tribunal rendue sur requête formulée par ladite Direction.

Le remboursement du montant des travaux est effectué dans les conditions prévues à l'article 109 ci-dessous.

Les dispositions du présent article ne font pas obstacle à l'application des sanctions pénales prévues à l'article 13 de l'ordonnance-loi n° 674 du 3 novembre 1959

Art. 24. – À l'intersection de deux voies, publiques ou privées, la façade présentera un pan coupé de 4 m de longueur ou une ligne brisée ou courbe inscrite dans le plan coupé.

§ 4. – De la hauteur des étages

Art. 25 *(Ord. n° 4.671, 9 mars 1971 ; Ord. n° 4.872, 15 févr. 1972)*. – La hauteur minimale entre sol et plafond est fixée :

a) à 2,70 m pour les locaux d'habitation ;

b) à 2,50 m pour les locaux industriels, les locaux commerciaux, les locaux à usage de bureaux, les hôtels ;

c) à 2,20 m pour les locaux à usage de remise de voitures ; toutefois, dans les bâtiments à usage industriel, la hauteur devra atteindre 3 mètres pour au moins un quart des emplacements de voitures. Cette proportion pourra cependant être modifiée après avis du comité consultatif pour la construction.

Toutefois, dans les cuisines, les couloirs, et dégagements ainsi que les locaux sanitaires, la hauteur minimale entre sol et plafond pourra être ramenée à 2,10 m à la condition expresse qu'y soit mis en place un système de ventilation mécanique approprié assurant le renouvellement satisfaisant du volume d'air.

§ 5. – Des saillies

Art. 26 *(Rempl., Ord. n° 3.966, 10 oct. 2012)*. – Par saillies, on doit entendre tous les éléments volumétriques et architecturaux dépassant le nu de la façade extérieure, notamment les balcons, les bow-windows, les marquises, les auvents, les corniches, les avant-toits, etc.

Art. 27 *(Mod., Ord. n° 3.966, 10 oct. 2012)*. – Les dimensions des saillies permises sont ainsi fixées :

– Soubassement : 0,10 m

– Socles de devantures de magasins et pièces accessoires :

a) 0,10 m si les trottoirs ont moins de 2,50 m de large ;

b) 0,20 m si les trottoirs ont une largeur égale ou supérieure à 2,50 m.

– Balcons.

La dimension des saillies des balcons, tant sur la voie publique que sur les espaces de recul, tels qu'ils sont définis par l'article 13 ci-dessus, est fixée ainsi qu'il suit dans les rues et espaces de recul mesurant :

– jusqu'à 6 m de largeur entre façades	0,22 m
– au-dessus de 6 m et jusqu'à 7 m entre façades	0,50 m
– au-dessus de 7 m et jusqu'à 8 m entre façades	0,60 m
– au-dessus de 8 m et jusqu'à 9 m entre façades	0,70 m
– au-dessus de 9 m de largeur entre façades	0,10 m
– par mètre supplémentaire de largeur avec maximum de 1,50 m.	
– marquises et auvents.	

Les dispositions du précédent paragraphe ne sont applicables qu'en ce qu'elles concernent les voies et emprises publiques ainsi que les voies ouvertes à la circulation générale. À l'intérieur des propriétés privées les dimensions des saillies des balcons peuvent atteindre 2.50 m par rapport au nu de la façade. Il est également admis, que sur un tiers de la façade, les dimensions des saillies des balcons puissent atteindre 5 m.

Au-delà de cette dimension, la limitation de la saillie est fixée par le Comité Consultatif pour la Construction.

Sur les voies pourvues de trottoirs de plus de 1,30 m de largeur pourra être prévue une saillie supérieure à 0,80 m. Les dimensions et dispositions de ces ouvrages sont fixées par l'autorisation suivant les circonstances.

Art. 28. – Sur les voies publiques ou privées, les balcons et loggias ne peuvent être établis à moins de 3,50 m de hauteur au-dessus du trottoir et à moins de 4,50 m de hauteur au-dessus de la chaussée s'il n'existe pas de trottoir.

Art. 29. – Aucune partie des auvents et marquises ni de leurs supports ne doit être à moins de 3 m au-dessus du trottoir.

La construction des marquises est, en outre, soumise aux conditions suivantes :

Elles doivent être construites en matériaux translucides ; elles ne peuvent recevoir de garde-corps ni être utilisées comme balcons ; les eaux pluviales qu'elles reçoivent ne peuvent s'écouler que par des tuyaux de descente appuyés contre le mur de façade et conduisant les eaux à l'égout. Les parties les plus saillantes doivent être à 0,50 m au moins en arrière du plan vertical passant par l'arête du trottoir ; ou, s'il existe une plantation sur le trottoir, à 0,80 m au moins des arbres les plus voisins.

Art. 30. – Les bow-windows ne sont pas tolérés dans les voies de moins de 10 m de largeur entre façades. Ils sont soumis aux mêmes conditions de saillie et de hauteur que les balcons et leur largeur ne peut dépasser 3,50 m. S'il y a plusieurs bow-windows, leur largeur totale ne devra pas excéder 1/3 de la façade.

Art. 31. – La saillie de la corniche ou de l'avant-toit ne peut être supérieure :
- à 0,20 dans les voies au-dessous de 4 m de largeur entre façades ;
- à 0,40 m dans les voies de 4 à 6 m ;
- à 0,80 m dans les voies de 6 à 8 m.

Dans les voies de plus de 8 m et sur les espaces de recul, la limitation de la saillie est fixée par le comité consultatif pour la construction.

En cas de surélévation d'un immeuble, les corniches intermédiaires et les avant-toits doivent être supprimés.

Art. 32. – Les perrons et marches en saillie sur la voie publique et dans les espaces libres sont interdits.

Quand le propriétaire d'un immeuble pourvu de perron, de marches ou de seuils en saillie sur l'alignement demande à faire des travaux devant amener le remaniement des ouvertures ou la reconstruction du plancher du rez-de-chaussée, il doit supprimer les saillies qui seraient en opposition avec les prescriptions du présent règlement.

Art. 33 *(Rempl., Ord. n° 3.966, 10 oct. 2012 ; Ord. n° 5.026, 24 oct. 2014)*. – L'autorisation d'installer une enseigne, une enseigne temporaire signalant des manifestations exceptionnelles, est délivrée, à titre précaire et révocable, par le Maire, après avis de la Direction de la Prospective, de l'Urbanisme et de la Mobilité.

L'installation des pré-enseignes relève de la compétence de la Direction de l'Aménagement Urbain.

Art. 34 *(Rempl., Ord. n° 3.966, 10 oct. 2012 ; Ord. n° 5.026, 24 oct. 2014)*. – L'autorisation d'installer, sur le domaine public, une publicité est délivrée par le Maire à l'exception de la mise en place d'un éventuel visuel publicitaire sur les palissades et/ou la protection d'échafaudages des opérations de travaux publics, des opérations immobilières de construction, réhabilitation, surélévation ou ravalement de façades.

L'autorisation d'installer, sur le domaine privé, une publicité est délivrée par la Direction de la Prospective, de l'Urbanisme et de la Mobilité.

La mise en place d'un visuel publicitaire sur les palissades et/ou la protection d'échafaudages des opérations de travaux publics, des opérations immobilières de construction, réhabilitation, surélévation ou ravalement de façades doit être agréée au préalable par la Direction de la Prospective, de l'Urbanisme et de la Mobilité.

Lorsque les palissades et/ou la protection d'échafaudages se situent sur le domaine public, la mise en place sur celles-ci d'un visuel publicitaire est soumise à un droit d'affichage perçu par la Commune conformément à la loi n° 959 du 24 juillet 1974 sur l'organisation communale, modifiée.

Art. 35 *(Rempl., Ord. n° 3.966, 10 oct. 2012 ; Ord. n° 5.026, 24 oct. 2014)*. – La demande d'autorisation effectuée en application des articles 33 et 34 doit être constituée d'un dossier dont les pièces sont précisées dans les textes d'application.

Art. 36 *(Rempl., Ord. n° 3.966, 10 oct. 2012)*. – Ce dossier est adressé ou déposé, en deux exemplaires, à la Commune ou auprès de la Direction de la Prospective, de l'Urbanisme et de la Mobilité, selon l'entité délivrant l'autorisation.

D'une manière générale, les autorisations mentionnent les conditions particulières auxquelles leur octroi est subordonné.

La Direction de la Prospective, de l'Urbanisme et de la Mobilité procède à la consultation de l'ensemble des services dont l'avis s'avère nécessaire à l'instruction de la demande. L'avis du Comité Consultatif pour la Construction peut être sollicité si l'installation est de nature à soulever un questionnement sur son intégration dans l'environnement urbain.

En cas de divergence de vues entre le Maire et la Direction de la Prospective, de l'Urbanisme et de la Mobilité, la décision appartient au Département de l'Équipement, de l'Environnement et de l'Urbanisme.

Art. 37 *(Rempl., Ord. n° 3.966, 10 oct. 2012 ; Ord. n° 5.026, 24 oct. 2014)*. – Les dispositions auxquelles doivent répondre les enseignes, les enseignes temporaires signalant des manifestations exceptionnelles et la publicité sur le domaine public sont définies par arrêté municipal.

Les dispositions auxquelles doivent répondre les enseignes temporaires relatives aux opérations de travaux publics, aux opérations immobilières de construction, réhabilitation, surélévation ou ravalement de façades, les pré-enseignes, la publicité sur le domaine privé ainsi que les dispositifs publicitaires sont définies par arrêté ministériel (1).

Art. 38. – Seules les tentes à développement, dites à rouleau, sont permises.

Dans les voies carrossables, elles ne peuvent être posées que devant les façades où il existe un trottoir.

Leurs parties les plus en saillie doivent être à 0,50 m au moins en arrière du plan vertical passant par l'arête du trottoir, ou, s'il existe une plantation sur le trottoir, à une distance telle qu'il n'en résulte aucun inconvénient pour ladite plantation et, en tout cas, à 4 m au plus du nu du mur de façade.

Aucune partie de ces ouvrages, y compris lambrequins, focs, etc. ni de leurs supports, ne doit être à moins de 2,25 m au-dessus du trottoir. Cette dernière prescription ne s'applique pas aux attaches des supports ou autres organes de manœuvres dont la saillie sur le nu du mur de façade ne dépasse pas 0,10 m.

Le rouleau sur lequel l'étoffe est repliée doit être logé, autant que faire se peut, dans l'entablement de la devanture. Dans tous les cas, le logement du rouleau ne peut dépasser en saillie 0,25 m sur le nu du mur de façade, ni celle de la corniche de la devanture ou de la baie quand elle est inférieure à cette dimension.

Sous aucun prétexte, les tentes ne peuvent être supportées par des perches ni retenues par des cordes fixées au sol de la voie publique.

Leur tissu doit être maintenu constamment propre et sans déchirure.

Il est fait exception aux règles précédentes sur le maximum de largeur fixé pour les bannes couvrant les terrasses en avant des cafés, quand l'espace libre entre la façade de l'immeuble et le trottoir de la voie publique est clos par un parapet.

Au droit des entrées des immeubles bordés par un trottoir de 2,50 m de large au moins, il est permis d'installer des dais en tissu à une hauteur d'au moins 2,25 m au-dessus du trottoir ; leur largeur ne doit pas excéder celle de la porte d'entrée. Leurs parties les plus en saillie doivent être à 0,25 m au moins en arrière du plan vertical passant par l'arête du trottoir et ils ne doivent comporter aucun support intermédiaire.

Art. 39. – La saillies des tentes et stores, au droit de chaque croisée non pourvue de balcon, ne doit pas dépasser 60 cm. Au-devant des balcons, les stores ou tentes peuvent avoir la même largeur et la même saillie que ces balcons. Il peut être placé des stores ou tentes au-devant des étages en retrait, à la condition que leur saillie ne dépasse pas le gabarit de l'immeuble.

Les tentes et stores d'un même immeuble auront une teinte uniforme.

Art. 40. – Les tentes, stores ou rideaux placés sous les arcades doivent être établis sur rouleaux mobiles et ne peuvent descendre, y compris les festons, garnitures et lambrequins, à moins de 2,25 m du sol de la galerie.

Art. 41. – Jusqu'à la hauteur de 2,25 m sur la voie publique, aucune porte, persienne ou portail ne peut, dans sa manœuvre, dépasser le mur de façade.

§ 6. – Des évacuations

Art. 42 *(Mod., Ord. n° 3.966, 10 oct. 2012)*. – Toute maison située sur la voie publique doit être munie, pour la conduite des eaux pluviales, de tuyaux de descente dont la partie inférieure, sur deux mètres de haut, doit être constituée par un matériau inoxydable résistant aux chocs et non sensible à la corrosion, et dont le diamètre intérieur doit être fixé en fonction du tube à évacuer.

Les tuyaux de descente doivent être masqués dans la mesure du possible.

Les gouttières, terrasses, balcons et chêneaux, à l'exception des trop-pleins, doivent être raccordés au réseau d'eau pluviale. La mise en place d'un système permettant la récupération, le stockage et la réutilisation éventuelle des eaux de pluie, peut être proposée sous réserve du respect des prescriptions qui seront édictées dans l'autorisation de construire, après avis de la Commission Technique, d'Hygiène, de Sécurité et de Protection de l'Environnement.

---

(1) V. A. min. n° 2012-598, 10 oct. 2012 portant règlement de publicité *(mod., A. min. n° 2013-375, 31 juill. 2013)* puis A. min. n° 2014-612, 24 oct. 2014.

Art. 43 *(Ord. n° 13.582, 28 août 1998).* – Aucun tuyau d'évacuation de gaz brûlés ne peut déboucher sur la hauteur du rez-de-chaussée ou faire saillie sur une façade. Il est également interdit de faire déboucher dans les égouts les tuyaux d'échappement des moteurs.

Il est en outre interdit de rejeter, directement ou non, dans le réseau d'égouts publics, des produits solides, pâteux, liquides ou gazeux susceptibles :

– de nuire directement ou indirectement à la sécurité ou à la santé du personnel d'exploitation des ouvrages d'assainissement et d'épuration ;

– de causer des dégradations auxdits ouvrages ou de compromettre leur fonctionnement ;

– de dégager soit par eux-mêmes, soit après mélange avec d'autres effluents, des gaz ou vapeurs dangereux, toxiques ou inflammables ou des odeurs nauséabondes ;

– d'être la cause d'une quelconque pollution du milieu naturel.

Art. 44 *(Ord. n° 13.582, 28 août 1998).* – Les cours et courettes et les plates-formes des terrasses doivent être aménagées avec des pentes égales ou supérieures à 0,02 m de manière qu'il ne s'y forme aucun dépôt ni cloaque.

Elles doivent toujours être accessibles.

Les sols doivent être aménagés en vue de l'évacuation des eaux vers un dispositif capable de retenir les matières pouvant provoquer des engorgements et de s'opposer au passage des rongeurs. L'évacuation doit être siphonnée avant raccordement sur le réseau d'égouts publics.

Art. 45. – Les grillages et couvertures vitrées au dessus des cours, courettes, etc., doivent être maintenus en parfait état de propreté. En outre, ces couvertures vitrées doivent être protégées ou constituées de verre armé ou matériau équivalent.

Art. 46 *(Ord. n° 13.582, 28 août 1998 ; mod., Ord. n° 3.966, 10 oct. 2012).* – Sur tous les boulevards, dans toutes les rues, avenues, voies publiques ou privées, les propriétaires riverains ont l'obligation de faire procéder au raccordement souterrain de leurs évacuations d'eaux usées et d'eaux pluviales sur le réseau d'égouts publics, conformément aux prescriptions de la présente ordonnance.

Des prescriptions particulières, relatives à certains ouvrages d'assainissement, peuvent en outre être énoncées par arrêté ministériel pris après avis de la Commission Technique, d'Hygiène, de Sécurité et de Protection de l'Environnement (1).

Art. 47 *(Ord. n° 13.582, 28 août 1998 ; mod., Ord. n° 3.966, 10 oct. 2012).* – Chaque immeuble doit être pourvu d'un branchement d'égout particulier régulièrement établi en vertu d'une autorisation de la Direction de l'Aménagement Urbain.

— En outre, tous les travaux touchant le réseau d'égouts publics réalisés par l'intérieur ou par l'extérieur, y compris dans le cas d'installations temporaires, doivent être autorisés par la Direction de l'Aménagement Urbain au vu d'une demande accompagnée :

– d'un plan de situation, d'un plan détaillé et coté des travaux projetés, avec une vue de dessus, une coupe longitudinale et une coupe transversale indiquant les cotes de niveaux, les diamètres de canalisations, les matériaux et le type de tampon de visite utilisés ;

– d'un plan d'occupation sur la voie publique précisant la surface occupée.

Les prescriptions suivantes sont à respecter :

– le lieu d'implantation des ouvrages, tels que regards de visite, chambres siphoïdes, canalisations, doit tenir compte des caractéristiques du terrain et des emplacements des ouvrages privés et publics souterrains que le pétitionnaire se doit de répertorier ;

– une déclaration nominative du personnel effectuant des travaux à l'intérieur des collecteurs publics doit être obligatoirement fournie à la Direction de l'Aménagement Urbain avant le début des travaux.

Dans le respect des normes techniques applicables, la Direction de l'Aménagement Urbain peut imposer la présence d'aménagements végétalisés de surface à l'aplomb des réseaux de viabilité.

(1) V. A. min. n° 98-357, 12 août 1998.

Art. 48 *(Mod., Ord. n° 3.966, 10 oct. 2012).* – Il doit être placé une inflexion siphoïde visitable de chaque côté formant fermeture hydraulique interceptant le collecteur public pour chacun des tuyaux d'évacuation d'eaux usées, d'eaux vannes et d'eaux pluviales.

Les tuyaux de descente des eaux pluviales doivent être munis d'obturateurs interceptant toute communication directe avec l'atmosphère de l'égout.

Art. 49 *(Ord. n° 13.582, 28 août 1998 ; mod., Ord. n° 3.966, 10 oct. 2012).* – Les conduites d'eaux usées, d'eaux vannes et d'eaux pluviales doivent avoir un diamètre fixé à raison du débit à évacuer.

Chaque changement de direction ou de pente d'un branchement d'évacuation doit être assorti d'une tubulure ou d'un regard de visite facilement accessible.

Les regards et les trappes doivent être placés dans l'axe de la canalisation. Lorsqu'un élément à soulever à la main dépasse un poids de 25 kg, un dispositif de levage adapté doit pouvoir être aisément mis en œuvre.

Les ouvertures au sol sont, sauf impossibilité technique, installées en dehors des zones de circulation des véhicules.

L'utilisation de tampons circulaires réglables sur la chaussée publique est recommandée. Les tampons sur trottoirs publics doivent être impérativement étanches et à remplissage. L'emploi des plaques de béton et d'amiante-ciment est interdit sur le domaine public.

Les caractéristiques des tampons mis en place sur le domaine public doivent être, préalablement à leur installation, agréées, par la Direction de l'Aménagement Urbain. L'emploi des plaques de béton et d'amiante-ciment est interdit sur le domaine public.

Art. 50 *(Ord. n° 13.582, 28 août 1998 ; mod., Ord. n° 3.966, 10 oct. 2012).* – Les tuyaux d'évacuation doivent avoir une pente minimum de 0,03 mètre par mètre. La Direction de l'aménagement Urbain peut toutefois autoriser des pentes plus faibles avec addition de réservoirs de chasse ou d'autres moyens d'expulsion.

Le diamètre de ces tuyaux est fixé, sur la proposition des intéressés, à raison des caractéristiques géométriques et hydrauliques du collecteur et du débit à évacuer.

Les caractéristiques techniques (matériaux, lieux de branchement, type de connexion...) des branchements des canalisations privées au collecteur public doivent être agréées par la Direction de l'Aménagement Urbain en fonction de la spécificité des matériaux rencontrés et des dimensions de l'ouvrage.

Chaque tuyau d'évacuation d'eaux usées, d'eaux vannes, d'eaux pluviales doit être raccordé sur une inflexion siphoïde close par un regard étanche et située dans les parties privatives de la propriété intéressée. En cas de contrainte technique majeure, une dérogation peut être accordée par la Direction de l'Aménagement Urbain. Chaque siphon doit être muni d'une tubulure de visite avec fermetures étanches placées, de part et d'autre, sur l'inflexion siphoïde.

Les dispositions adoptées pour la construction de cette chambre siphoïde ainsi que le type du regard doivent être soumis à l'agrément de la Direction de l'Aménagement Urbain.

Le propriétaire est tenu de faire visiter et nettoyer cette chambre suivant une périodicité égale à six mois sauf le cas où la Direction de l'Aménagement Urbain impose une périodicité différente compte tenu de contraintes ou de circonstances particulières. Les justificatifs de visites et nettoiements sont tenus, par le propriétaire, à la disposition des agents de cette direction.

Les joints doivent être étanches et exécutés avec le plus grand soin, sans bavure ou saillies intérieures, depuis le branchement particulier jusqu'à l'aplomb intérieur de l'égout public.

La saillie de la pénétration de la canalisation privée à l'intérieur du collecteur public ne doit, en aucun cas, dépasser un centimètre. Le scellement de la canalisation et le raccord à l'intérieur du collecteur public doivent être effectués dans les règles de l'art et assurer une étanchéité parfaite.

La suppression définitive d'un branchement à l'égout doit être précédée d'une obturation au mortier de ciment de toutes canalisations d'évacuation dans le collecteur public ainsi que d'une opération de dératisation et de désinsectisation.

En vue d'éviter le reflux des eaux d'égouts dans les caves, les sous-sols et les cours lors de l'élévation exceptionnelle de leur niveau jusqu'à celui de la voie publique, le niveau de sortie des évacuations gravitaires des immeubles doit avoir une altimétrie supérieure au niveau de mise en charge du collecteur public (extrados supérieur du collecteur). Les regards situés sur les canalisations vers lesquelles s'effectue l'évacuation doivent être obturés par un tampon étanche. L'installation d'un clapet doit être préalablement autorisée par la Direction de l'Aménagement Urbain.

Art. 51 *(Ord. n° 13.582, 28 août 1998 ; mod., Ord. n° 3.966, 10 oct. 2012).* – Les dispositions qui précèdent doivent être exécutées aux frais, risques et périls du propriétaire d'après les instructions et sous la surveillance des agents de la Direction de l'Aménagement Urbain, sans qu'il puisse être mis empêchement au contrôle de ces agents, sous quelque prétexte que ce soit.

Les plans d'exécution des ouvrages d'évacuation doivent être communiqués à la Direction de l'Aménagement Urbain pour agrément préalable à leur mise en œuvre.

Tout ouvrage d'évacuation ne peut être mis en service qu'après autorisation de la Direction de l'Aménagement Urbain.

Art. 52 *(Ord. n° 13.582, 28 août 1998 ; mod., Ord. n° 3.966, 10 oct. 2012).* – Les permissionnaires sont exclusivement responsables envers les tiers de tous les dommages auxquels peuvent donner lieu les écoulements provenant de leur propriété.

La Direction de l'Aménagement Urbain peut faire réaliser les travaux nécessaires à la préservation ou à la réparation du réseau d'égouts publics et de ses installations annexes, aux frais de la personne responsable de déversements susceptibles d'entraver ou entravant l'évacuation des eaux ou le fonctionnement des stations d'épuration.

Art. 53 *(Mod., Ord. n° 3.966, 10 oct. 2012).* – Il est interdit d'établir plusieurs égouts privés sous le sol d'une voie livrée à la circulation.

Les propriétaires qui, les premiers, ont établi l'égout à leurs frais ne peuvent s'opposer à ce que d'autres propriétaires viennent y brancher les conduites d'évacuation de leurs immeubles en les indemnisant.

Les indemnités sont réglées de gré à gré ou à dire d'experts, sans que la Direction de l'Aménagement Urbain ait jamais à intervenir ou à être mis en cause.

Art. 54 *(Ord. n° 13.584, 28 août 1998 ; mod., Ord. n° 3.966, 10 oct. 2012).* – L'entretien, le curage et le pompage des égouts privés jusqu'au collecteur public ou des branchements particuliers, ainsi que les réparations qui peuvent, du fait de ces travaux ou de ceux de raccordement mentionnés à l'article 46, devenir nécessaires à la voie publique, sont entièrement à la charge des propriétaires. Ceux-ci sont également tenus de faire réparer sans délai toute détérioration susceptible d'incommoder le voisinage, notamment les descentes d'égouts situées en façades.

Les travaux mentionnés au précédent alinéa sont exécutés, pour le compte des intéressés, par des entreprises spécialisées agréées par la Direction de l'Aménagement Urbain et sous sa surveillance.

Les justificatifs d'entretien ainsi que les documents de mise en décharge et de destruction sont tenus à la disposition des agents de cette direction par les propriétaires.

§ 7. – Constructions légères ou de caractère provisoire

Art. 55 *(Ord. n° 13.584, 28 août 1998).* – Tous appentis ou constructions légères ou de caractère provisoire ne pourront être autorisés qu'à titre exceptionnel et après avis du comité consultatif pour la construction.

Toutes installations provisoires raccordées sur le réseau d'égouts publics notamment destinées à desservir des chantiers ou des manifestations temporaires telles que des expositions, des marchés, des foires ou des cirques, ne doivent en aucun cas pouvoir compromettre le fonctionnement dudit réseau.

Tout raccordement provisoire sur le collecteur public doit être supprimé au terme de son utilisation. Les raccords intérieurs et extérieurs conséquents doivent être effectués dans les règles de l'art et assurer une étanchéité parfaite dudit collecteur.

§ 8. – Des plantations

Art. 56 *(Ord. n° 9.527, 21 juill. 1989 ; Ord. n° 3.197, 25 mars 2011).* – En dehors des zones vertes constituées par des parcs ou jardins publics et dans les secteurs visés aux chiffres 2 et 3 de l'article 5 de l'ordonnance-loi n° 674 du 3 novembre 1959, modifié par la loi n° 718 du 27 décembre 1961, une superficie non bâtie déterminée par l'article 13-5° ci-dessus, et dont une partie complantée, devra subsister ou être créée. En conséquence, les opérations de construction comporteront obligatoirement la conservation ou la création « in situ » d'espaces plantés en pleine terre ou sur dalle, dont l'entretien devra être parfaitement assuré, d'une superficie au moins égale en pourcentage par rapport à la surface de la propriété, à 35 % dans la zone à gabarit moyen, à 45 % dans la zone à gabarit élevé et 50 % dans la zone frontière.

Ces pourcentages sont portés respectivement à 45 %, 60 % et 65 % si la propriété fait partie d'une zone verte délimitée par le plan de zonage.

§ 9. – De la qualité des matériaux

Art. 57 *(Mod., Ord. n° 3.966, 10 oct. 2012)*. – Les matériaux utilisé pour la construction des parties apparentes ou communes des immeubles, qu'il s'agisse des façades, des portes-fenêtres, persiennes, marches et rampes d'escalier, etc., énumérées dans le devis descriptif exigé par l'article 3-12°, susvisé, doivent être de premier choix, première qualité.

La nature et la qualité des matériaux de revêtements des locaux privés intérieurs, ainsi que des menuiseries, équipements électriques, sanitaires, ménagers et les dispositions prises pour assurer l'isolation phonique, thermique et hydrique, etc., figurant au même devis descriptif doivent faire l'objet d'une publicité par voie d'affichage dans les bureaux de vente ou de location de l'immeuble.

§ 10. – Des garanties financières

Art. 58 *(Mod., Ord. n° 3.966, 10 oct. 2012)*. – Les garanties financières visées à l'article 8 ci-dessus seront présentées à la Direction de la Prospective, de l'Urbanisme et de la Mobilité.

CHAPITRE III. – DE LA SURVEILLANCE ET DE L'EXÉCUTION DES TRAVAUX

Art. 59 *(Mod., Ord. n° 3.966, 10 oct. 2012)*. – La Direction de la Prospective, de l'Urbanisme et de la Mobilité est chargée de veiller à ce que les conditions et charges imposées dans l'arrêté d'autorisation ou l'Avis d'autorisation soient observées.

Les permissionnaires doivent se conformer strictement à ces conditions.

Toute modification en cours d'exécution doit faire l'objet d'une nouvelle demande dans les formes prescrites au chapitre I ci-dessus.

Art. 60 *(Mod., Ord. n° 3.966, 10 oct. 2012)*. – Alors même que les conditions et charges imposées au constructeur sont observées, la Direction de la Prospective, de l'Urbanisme et de la Mobilité peut ordonner la suspension des travaux, ou prendre toutes mesures nécessaires pour assurer la tranquillité, la sécurité, l'hygiène publique ou le respect de l'esthétique.

Art. 61. – L'acceptation des plans, l'autorisation accordée et la surveillance des travaux n'atténuent en rien la responsabilité qui incombe légalement aux architectes, aux entrepreneurs, aux permissionnaires et aux personnes qui participent à un titre quelconque, directement ou indirectement, à la construction.

Art. 62 *(Mod., Ord. n° 3.966, 10 oct. 2012)*. – Les échafaudages doivent être placés à l'intérieur des clôtures des chantiers.

Les arbres de la voie publique ne peuvent être utilisés pour y appuyer des échafaudages aux abords des constructions ou des démolitions : ils doivent au contraire être protégés à leur base au moyen de forts corsets et planches ou de massifs en maçonnerie.

Si pour le bon déroulement du chantier, il demeure nécessaire d'englober à l'intérieur des palissades de chantier des ouvrages publics ou du mobilier urbain ou des végétaux situés sur le domaine public, une ouverture doit être réalisée afin que les agents de l'Etat puissent intervenir à tout moment en vue de leur entretien.

Art. 63. – Il est formellement interdit de faire subir aux matériaux aucune préparation en dehors de l'enceinte du chantier de construction. La préparation de la chaux, du mortier, la taille de la pierre dure et des fers, ne peuvent jamais être exécutées sur le sol de la voie publique, à moins d'autorisation spéciale dans le cas où la configuration et la situation du terrain à bâtir nécessitent cette occupation partielle.

Art. 64. – Les terres et décombres provenant de déblais ou de démolitions, les matériaux de construction ou d'autres objets y relatifs, doivent être transportés par les moyens usuels et disposés de manière à ne rien laisser tomber sur les voies publiques. À cet effet, les camions doivent être munis du dispositif nécessaire (ridelles, filets, etc.). Le chargement, le déchargement et le transport doivent être faits avec toutes les précautions nécessaires pour ne pas incommoder les voisins ni les passants, ni salir, ni dégrader la voie publique, ni gêner la circulation.

Les matériaux provenant des terrassements et des démolitions devront être transportés aux décharges publiques ou autres emplacements désignés par le service des travaux publics.

Sous réserve des dispositions des articles 66 et 69, il est formellement interdit de déposer des matériaux sur la voie publique.

Art. 65 *(Mod., Ord. n° 3.966, 10 oct. 2012).* – Il est expressément enjoint aux entrepreneurs de démolitions et de constructions de ne laisser à aucun moment sur la voie publique les gravois et autres résidus répandus autour de leurs chantiers et entrepôts.

Les véhicules destinés aux approvisionnements ou à l'enlèvement des terres et gravois doivent entrer dans l'intérieure du chantier, sauf autorisation spéciale de la Direction de la Prospective, de l'Urbanisme et de la Mobilité en cas d'impossibilité constatée par le service.

Dans le cas contraire, ils doivent se placer toujours parallèlement au chantier et jamais en travers de la voie.

Aussitôt après l'achèvement des travaux, la permissionnaire est tenu d'enlever tous les décombres, terre, dépôts de matériaux, gravois, immondices et de les transporter à la décharge publique.

L'entrepreneur, ou à son défaut le propriétaire, est responsable de tous les dommages que ses travaux auront pu causer à la voie publique ou à ses dépendances. La remise de ces ouvrages en leur état primitif constaté contradictoirement sera effectuée par une entreprise spécialisée désignée par la Direction de la Prospective, de l'Urbanisme et de la Mobilité, aux frais exclusifs du responsable.

Les dommages ou les dégradations susceptibles de constituer une gêne grave pour la circulation des véhicules ou des piétons seront réparés sans délai aux frais des responsables, même si l'exécution des travaux nécessités par ces réparations exige l'arrêt du chantier.

Tout réseau public situé dans l'emprise d'une opération de démolition ou de construction doit être signalé à la Direction de l'Aménagement Urbain.

En cas de désordre causé à un réseau public, qui a fait l'objet d'une signalisation préalable soit par la Direction de l'Aménagement Urbain au responsable du chantier, soit par le responsable du chantier à la Direction de l'Aménagement Urbain, la remise en état incombe au responsable du désordre.

Art. 66 *(Ord. n° 10.257, 19 août 1991 ; mod., Ord. n° 3.966, 10 oct. 2012).* – Aussitôt le déchargement des véhicules sur la voie publique effectué, des ouvriers en nombre suffisant doivent être employés à rentrer sans interruption les matériaux dans l'enceinte du chantier.

Toutefois, si, exceptionnellement, par suite de circonstances imprévues, les matériaux doivent rester dehors pendant la nuit, les propriétaires et entrepreneurs sont tenus de pourvoir à l'éclairage et de prendre toutes les précautions nécessaires pour éviter les accidents et pour assurer l'écoulement des eaux.

Tout chantier de construction doit être clôturé hermétiquement du côté de la voie publique.

Les clôtures de chantiers, dont la hauteur ne doit pas être inférieure à deux mètres, doivent être établies en conformité des dispositions prescrites par la Direction de la Prospective, de l'Urbanisme et de la Mobilité. Leur aspect doit être convenable ; elles doivent recevoir un traitement décoratif agréé préalablement par ledit service et toujours être tenues en parfait état d'entretien et de propreté.

Les portes pratiquées dans les clôtures des chantiers doivent ouvrir de l'extérieur vers l'intérieur : en cas d'impossibilité, elles doivent être établies sur coulisses ou être amovibles ; elles doivent être munies de serrures ou cadenas. À la fermeture du chantier, la clôture de celui-ci doit être absolue et les portes cadenassées.

Art. 67. – Le long de la voie publique, les échafaudages doivent être éclairés par un nombre suffisant de feux dont un à chaque extrémité, afin d'éclairer les parties en retour. L'éclairage doit commencer et finir aux mêmes heures que celui de la ville.

Art. 68 *(Ord. n° 10.257, 19 août 1991 ; mod., Ord. n° 3.966, 10 oct. 2012).* – En cas de démolition, il doit être établi, selon les dispositions de l'article 66, une clôture à l'alignement fixé par la Direction de la Prospective, de l'Urbanisme et de la Mobilité, en tenant compte notamment des besoins de la circulation.

La saillie éventuellement autorisée doit être supprimée aussitôt que les démolitions, qui doivent d'ailleurs être opérées dans le délai déterminé par ledit service, sont assez avancées.

Art. 69. – En aucun cas, la hauteur des matériaux accumulés sur la voie publique ne peut dépasser 1,50 m ; ils doivent être arrimés avec soin pour éviter tout accident.

Art. 70 *(Ord. n° 13.582, 28 août 1998 ; rempl., Ord. n° 3.966, 10 oct. 2012 ; mod., Ord. 4.652, 20 déc. 2013).* – Les constructeurs et entrepreneurs de travaux sont tenus de prendre toutes les mesures nécessaires pour éviter les projections ou les chutes de matériaux, de terres, de plâtras ou d'objets quelconques sur la voie publique.

Ils ne doivent, en aucun cas, encombrer les caniveaux de la voie publique ni masquer les bouches d'incendie ou d'arrosage et sont tenus de laisser toujours parfaitement libre la circulation des eaux.

Les chutes de bétons ou de matériaux de construction survenant au cours des livraisons sur chantiers doivent donner lieu à récupération dans des bacs suffisamment dimensionnés pour éviter des éventuels débordements sur la voie publique.

Les chantiers de travaux publics ou privés ne doivent donner lieu à aucun rejet dans les réseaux publics ou privés, d'eaux pluviales ou dans les caniveaux, de sables, ciments, résidus de terre ou de matériaux divers provenant de la mise en œuvre des chantiers ou du lavage des véhicules qui y sont utilisés. À titre exceptionnel, conformément aux dispositions de l'ordonnance souveraine n° 6.535 du 20 avril 1979 fixant les conditions d'application de l'article 3, alinéa *c*, de la loi n° 954 du 19 avril 1974 en ce qui concerne la lutte contre la pollution de l'eau, un rejet peut être autorisé dans le réseau d'eaux pluviales. Ces rejets peuvent s'effectuer dans le réseau d'eaux usées sous réserve du respect des dispositions prévues par l'arrêté ministériel n° 98-357 du 12 août 1998 réglementant l'installation et la maintenance de divers ouvrages d'assainissement.

Les constructeurs et les entrepreneurs de travaux doivent prendre toutes les mesures utiles pour empêcher ces rejets. Une protection des grilles avaloirs de la voie publique avec du géotextile de type « Bidime » doit être mise en place au début du chantier et être régulièrement renouvelée afin d'assurer l'efficacité du dispositif.

Un contrôle systématique de l'absence de ces rejets, par un organisme indépendant, doit avoir lieu, aux frais du permissionnaire, sur les abords des chantiers dont la durée est supérieure à six mois. En cas de dommage, le permissionnaire doit à ses frais procéder à la remise en état des lieux et des réseaux.

Pour les autres chantiers, la Direction de l'Aménagement Urbain se réserve la faculté de faire procéder à ces contrôles dans les mêmes conditions, si elle les estime opportun.

Lorsque des dégradations sont apportées au réseau d'assainissement ou pluvial, il doit être remis en état et nettoyé, aussitôt après l'achèvement des travaux. Un justificatif d'une entreprise spécialisée peut être demandé lors du récolement afin d'attester du nettoyage des réseaux.

Sans préjudice de l'ordonnance souveraine n° 6.535 du 20 avril 1979, susvisée, en cas de pollution constatée par déversement de laitance, bentonite boue ou tout autre matériau en provenance d'un chantier dans un réseau ou dans les eaux superficielles, souterraines ou dans la mer, le responsable doit procéder à ses frais et sans délai au nettoyage du site pollué, selon la méthodologie définie par la Direction de l'Aménagement Urbain.

Les constructeurs et entrepreneurs de travaux doivent prendre toutes dispositions utiles pour éviter l'émission de poussières et notamment, lors des démolitions, par l'utilisation d'un procédé d'arrosage, éventuellement automatique. L'intérieur et les abords des chantiers doivent être constamment tenus en parfait état de propreté. Les constructeurs et entrepreneurs de travaux sont tenus d'établir dans les chantiers un appareil inodore et mobile de fosse d'aisance à l'usage des ouvriers et convenablement entouré, dans l'intérêt de la décence et de la salubrité

Art. 71. – Les entrepreneurs, maçons, couvreurs, etc., qui exécutent aux bâtiments riverains des voies publiques des travaux pouvant faire craindre des accidents ou incommoder les passants, sont tenus de prendre les mesures nécessaires pour assurer la sécurité du public et sa libre circulation.

Art. 72 *(Mod., Ord. n° 3.966, 10 oct. 2012)*. – Lorsque l'exécution de certains travaux oblige à interdire la circulation sur une partie de la voie publique, le maire, sur la demande de l'intéressé et après avis de la de la Prospective, de l'Urbanisme et de la Mobilité et du Service de la circulation, prescrit par arrêté les mesures nécessaires.

Les barrages et palissades indispensables sont exécutés, placés et enlevés par les soins et aux frais du permissionnaire, sous la surveillance de la Direction de la Prospective, de l'Urbanisme et de la Mobilité ; ils ne doivent rester en place que le temps strictement nécessaire et être enlevés aussitôt qu'il n'y a plus d'accidents à craindre.

Art. 73 *(Mod., Ord. n° 3.966, 10 oct. 2012)*. – Les étais qui, en cas de nécessité constatée par la Direction de la Prospective, de l'Urbanisme et de la Mobilité doivent être placés en dehors des barrières pendant les démolitions, doivent faire l'objet d'une autorisation préalable du maire, sauf extrême urgence ; dans ce cas, le propriétaire doit en aviser immédiatement la mairie.

Les étais ne doivent rester en place que pendant le temps voulu.

Art. 74 *(Mod., Ord. n° 3.966, 10 oct. 2012)*. – Le constructeur doit donner aux agents de la Direction de la Prospective, de l'Urbanisme et de la Mobilité toutes facilités pour leur permettre de relever dans les fouilles exécutées la couche géologique du terrain sur lequel les constructions sont édifiées.

Art. 75 *(Mod., Ord. n° 3.966, 10 oct. 2012)*. – Les remblais des fondations doivent être soigneusement exécutés. Si, en cours de construction ou après achèvement de la construction, il se produit, par suite de la mauvaise exécution, des tassements ou glissements entraînant des dégradations de trottoirs, de chaussées, de conduites d'égout, d'eau, d'électricité, de gaz, etc., le propriétaire en est responsable. Les réparations seront faites, le cas échéant, aux frais du propriétaire par la Direction de l'Aménagement Urbain.

Art. 76 *(Mod., Ord. n° 3.966, 10 oct. 2012)*. – Le tir de mines ne peut s'effectuer qu'avec l'autorisation de la Direction de la Prospective, de l'Urbanisme et de la Mobilité qui imposera les mesures de précaution et de sécurité indispensables.

Art. 77. – Un arrêté ministériel détermine les périodes fixes pendant lesquelles aucune ouverture de tranchée ne pourra être pratiquée, sauf en cas d'urgence ou de force majeure dont il devra être justifié.

En outre, de nouvelles interdictions provisoires pourront être prévues par arrêté ministériel en cas de nécessité.

Art. 78. – Lorsque, en cours d'exécution des travaux autorisés, des difficultés s'élèvent sur l'interprétation des conditions générales ou particulières de l'autorisation, ces difficultés peuvent être portées devant le comité consultatif pour la construction.

CHAPITRE IV. – DES VOIES PUBLIQUES ET PRIVÉES DÉPENDANCES ET SERVITUDES

§ 1. – Des trottoirs

Art. 79 *(Mod., Ord. n° 3.966, 10 oct. 2012)*. – Le trottoir doit suivre la pente de la rue et être exécuté conformément aux prescriptions de la Direction de l'Aménagement Urbain.

Art. 80. – Les gargouilles existantes placées dans le trottoir de la voie publique doivent être supprimées dans un délai maximum de cinq ans et l'écoulement des eaux de pluie devra être assuré au moyen d'un tuyau raccordé à l'égout.

En attendant leur suppression définitive, les gargouilles existantes doivent être tenues en parfait état de fonctionnement, afin que les trottoirs ne soient pas inondés.

Art. 81 *(Mod., Ord. n° 3.966, 10 oct. 2012)*. – Lorsque les propriétaires demandent à construire des trottoirs dont le revêtement doit être fait en matériaux spéciaux et non conformes à ceux employés par la Direction de l'Aménagement Urbain, cette autorisation peut être accordée sur l'avis de ladite Direction, mais dans ce cas, non seulement les frais de construction mais encore les frais d'entretien en bon état sont à la charge des propriétaires dont la responsabilité demeure en tout état de cause toujours engagée.

L'autorisation accordée aux propriétaires de construire des trottoirs ne leur donne en aucun cas le droit de les revêtir d'une publicité quelconque.

Art. 82 *(Mod., Ord. n° 3.966, 10 oct. 2012)*. – Toutes les fois que, dans l'intérêt du public, pour activer les travaux ou pour assurer une garantie de la bonne exécution des ouvrages, la Direction de l'Aménagement Urbain le juge nécessaire, les travaux à faire sur ou sous les voies publiques pour le compte des particuliers sont exécutés par le Service des travaux publics aux frais des intéressés.

Art. 83 *(Mod., Ord. n° 3.966, 10 oct. 2012)*. – Lorsqu'il existe vis-à-vis de portes cochères ou de garages un trottoir, un fond de bateau de 2 m de largeur doit être établi sur celui-ci suivant un profil de travers normal.

La bordure du trottoir doit être abaissée dans l'emplacement du passage sur une longueur de 2 m, de manière à conserver une saillie de 0,01 m de hauteur au-dessus du caniveau.

La largeur du plan incliné raccordant, la partie abaissée avec le reste du trottoir est fixée par la Direction de l'Aménagement Urbain. Cette disposition peut également donner lieu à la mise en œuvre d'un avaloir de récupération des eaux pluviales raccordé au réseau.

Ces divers ouvrages qui sont soumis à autorisation sont entièrement à la charge des propriétaires riverains.

Art. 84. – L'existence d'une porte cochère ou de garage étant la condition *sine qua non* de la dépression du trottoir, la suppression de la porte entraîne celle de la dépression.

Le trottoir est établi, dans ce cas, aux frais du propriétaire sans autre formalité qu'un avertissement.

§ 2. – Des lotissements et voies nouvelles

Art. 85. – Tout morcellement d'un fonds doit faire l'objet d'un plan de lotissement.

Les plans de lotissement approuvés par le gouvernement ne peuvent être modifiés sans l'autorisation de ce dernier.

Les autres règles applicables aux propriétés loties seront fixées par une ordonnance souveraine prise sur avis du comité consultatif pour la construction.

Les plans ne peuvent être approuvés qu'à la condition qu'ils observent les dispositions du présent règlement.

Art. 86. – Tout propriétaire du terrain qui veut, soit ouvrir une rue ou une place, soit pratiquer un escalier ou un passage doit adresser au gouvernement une demande d'autorisation en y joignant un dossier complet du projet qu'il désire réaliser, avec plans, profils, cahier de charges, etc.

Art. 87 *(Mod., Ord. n° 3.966, 10 oct. 2012)*. **– Lorsque l'ouverture d'une voie nouvelle est autorisée sans engagement de classement et d'entretien et qu'après sa mise en état de viabilité elle est livrée au public, les propriétaires des terrains riverains sont tenus de pourvoir à son entretien, sous peine de retrait de l'autorisation d'ouverture. À défaut ou en cas d'insuffisance d'entretien, la Direction de l'Aménagement Urbain peut clore immédiatement les débouchés sur les voies publiques de tous les passages non entretenus en état de viabilité.**

Art. 88. – Les passages privés actuellement livrés au public, sans que l'ouverture en ait été régulièrement autorisée, sous soumis aux règlements de police et doivent, en outre, être munis de portes ou grilles fermées le soir aux heures indiquées par lesdits règlements.

L'entretien de ces passages doit être assuré conformément aux dispositions de l'article précédent.

L'entretien de ces passages doit être assuré conformément aux dispositions de l'article précédent.

Art. 89. – Le maire peut prescrire par arrêté la clôture de tout terrain ayant accès à la voie publique. Il peut également ordonner la clôture de toute voie privée débouchant sur la voie publique. Dans les deux cas, le propriétaire conserve le droit d'accéder à son terrain par des portes fermant à clef.

Art. 90 *(Mod., Ord. n° 3.966, 10 oct. 2012)*. **– Sur les voies publiques, les tranchées longitudinales ne peuvent être ouvertes que par tronçons d'une longueur maximum de 30 m sauf impératifs techniques contraires et doivent être comblées au fur et à mesure de la construction de l'aqueduc ou de la pose des tuyaux, des câbles, etc. ; les tranchées transversales ne peuvent être ouvertes que sur la moitié de la largeur de la chaussée et sur un seul trottoir, de manière que l'autre moitié reste libre pour la circulation ainsi que le trottoir opposé. Toute tranchée doit être délimitée par une découpe à la scie du revêtement de surface.**

Le permissionnaire doit prendre les dispositions convenables pour ne porter aucun dommage aux voies d'écoulement, telles qu'égouts, tuyaux, conduites et canalisations, précédemment établies en sous-sol soit par des services publics ou concédés, soit par des particuliers.

L'ouverture d'une tranchée ne peut s'effectuer qu'avec l'autorisation du chef de la Direction de l'Aménagement Urbain.

Le permissionnaire doit se conformer à toutes les mesures prescrites par l'administration.

Il ne peut entreprendre les travaux ni les reprendre s'il les a suspendus sans en prévenir la Direction de l'Aménagement Urbain chargé de la surveillance.

Tous objets trouvés dans les fouilles sous le sol de la voie publique doivent être remis immédiatement à la direction de la sûreté publique qui constate la remise, sans préjudice, s'il y a lieu, des droits attribués à l'auteur de la découverte par l'article 600 du Code civil.

Les parties des tranchées qui ne peuvent être comblées à la fin de la journée doivent être défendues pendant la nuit par des barrières solidement établies et largement éclairées.

Un arrêté ministériel précise les mesures d'application des dispositions qui précédent.

Art. 91 *(Mod., Ord. n° 3.966, 10 oct. 2012)*. **– Les tranchées doivent être remblayées avec des matériaux imposés ou agréés par la Direction de l'Aménagement Urbain.**

Ces matériaux doivent être disposés par couche de 20 cm d'épaisseur, chaque couche étant pilonnée et arrosée avec soin.

Le remblaiement des tranchées, ainsi que leur entretien, sont à la charge des permissionnaires qui demeureront responsables des conséquences pouvant se produire jusqu'au jour de la réception : à cet effet, la surface des tranchées comblées devra être revêtue de matériaux enrobés.

Les permissionnaires doivent veiller notamment à maintenir les niveaux des remblais effectués par leur soins dans un plan continu avec les surfaces avoisinantes.

La date de réception coïncidera avec la date de réfection au compte du permissionnaire par une entreprise spécialisée, désignée par la Direction de l'Aménagement Urbain.

Art. 92. – Un arrêté ministériel déterminera la distance à réserver dans les chaussées entre le niveau de la voie publique et les génératrices supérieures des canalisations d'eau, de gaz, etc.

§ 3. – De l'alignement, des servitudes de ne pas bâtir et des clôtures

Art. 93 *(Mod., Ord. n° 3.966, 10 oct. 2012)*. – Lorsque, par suite de la mise à l'alignement d'une construction projetée ou d'un travail public, une partie de la voie publique se trouve transformée en hors ligne, ce hors-ligne peut être réuni à la propriété riveraine.

Dans ce cas, la Direction de la Prospective, de l'Urbanisme et de la Mobilité procède, contradictoirement avec le propriétaire, au métrage et à l'estimation du terrain à abandonner.

Le propriétaire ne peut occuper le terrain avant d'en avoir acquitté ou consigné le prix.

Art. 94. – Lorsque, par suite de la mise à l'alignement d'un immeuble, une partie du terrain appartenant à un propriétaire doit être réunie à la voie publique, il est procédé, comme ci-dessus, au métrage et à l'estimation qui doivent servir de base au règlement de l'indemnité. Cette indemnité n'est exigible qu'à partir du jour où, sur la demande du propriétaire, il est constaté que son terrain est réuni à la voie publique.

À défaut d'arrangement amiable entre l'administration et le propriétaire, l'acquisition du terrain est réglée conformément aux dispositions des textes en vigueur concernant l'expropriation pour cause d'utilité publique.

Art. 95 *(Mod., Ord. n° 3.966, 10 oct. 2012)*. – Lorsqu'une construction est reculée, les murs mitoyens mis à découvert sont soumis aux mêmes règles que les façades en saillies sur l'alignement.

Le raccordement en retour des façades en saillie avec celles mises à l'alignement ne peut être effectué qu'au moyen de clôtures provisoires dont la nature et les dimensions sont réglées par l'arrêté d'autorisation ou l'Avis d'autorisation.

Art. 96 *(Mod., Ord. n° 3.966, 10 oct. 2012)*. – Lorsqu'un immeuble est construit à l'alignement de la voie publique, l'espace compris, dit « espace libre » entre les clôtures bordant la voie publique et cet alignement est frappé d'une servitude de non bâtir en élévation et ne peut être aménagé qu'en jardin ou éventuellement en terrasse. Il n'y peut être toléré aucun ouvrage ni départ d'escalier, ni perron, ni rampe d'accès. Des constructions en sous-sol pourront y être autorisées après avis du comité consultatif pour la construction, à la condition que la dalle de couverture soit établie à un mètre au moins au-dessous du niveau de la chaussée, de manière à ce qu'elle permette le passage des canalisations et qu'elle puisse supporter le charroi public.

L'étanchéité de ladite dalle sera, dans tous les cas, à la charge du propriétaire du tréfonds ou de ses ayants droit.

Art. 97. – La construction de garages sous les terrasses constituant l'espace libre réglementaire le long de la voie publique peut être autorisée chaque fois que cette voie a une chaussée de 6 m au moins de largeur, à la condition que le garage présente les garanties de sécurité et d'aération nécessaires et soit exclusivement affecté à l'usage des occupants de l'immeuble dont il fait partie.

Dans le cas où la largeur de la chaussée est comprise entre 5 et 6 m, la construction du garage peut être autorisée à la condition que son ouverture ait au moins 4 m de largeur.

Dans les voies ayant une chaussée de 4,50 m à 5 m de large, l'ouverture du garage doit avoir 5 m de largeur.

Sous aucun prétexte, les garages ainsi autorisés ne peuvent être affectés à l'habitation, ni utilisés comme entrepôts ou magasins.

Art. 98 *(Rempl., Ord. n° 3.966, 10 oct. 2012)*. – Le dessus des garages ainsi autorisés doit toujours être aménagé en jardin ou éventuellement en terrasse garnie de plantes en bac d'une hauteur de terre d'au moins un mètre.

Art. 99. – Les autorisations visées aux articles 97 et 98 ci-dessus ne sont délivrées qu'à titre précaire.

Si la nécessité d'élargir la voie publique rend nécessaire la démolition du garage construit, le propriétaire ne peut prétendre à aucune indemnité en raison de la construction et ne peut être indemnisé que compte tenu de la valeur intrinsèque du terrain.

Art. 100 *(Ord. n° 9.527, 21 juill. 1989 ; mod., Ord. n° 3.966, 10 oct. 2012)*. – Les clôtures nouvelles des propriétés doivent être d'un type agréé par la Direction de la Prospective, de l'Urbanisme et de la Mobilité sur avis du comité consultatif pour la construction.

Les murs de soutènement doivent faire l'objet d'un traitement décoratif de qualité, approprié, ou, à défaut, être végétalisés.

Ils doivent avoir un fruit d'au moins 1/10 ; ce fruit peut être récupéré, à la condition qu'il reste une hauteur d'au moins 4,50 m au-dessus du sol de la voie publique.

Derrière la clôture des propriétés ne sont tolérées que des plantations qui ne doivent pas faire saillie sur la voie publique, la Direction de la Prospective, de l'Urbanisme et de la Mobilité pouvant faire procéder, en accord avec la Direction de l'Aménagement Urbain, aux élagages nécessaires aux frais des propriétaires.

Art. 101. – Tous les ouvrages confortatifs sont interdits dans les constructions en saillie sur l'alignement, tant aux étages supérieurs qu'au rez-de-chaussée, et notamment :

- les reprises en sous-œuvre ;
- les tirants, ancres ou équerres et tous ouvrages destinés à relier le mur de façade avec les parties situées en arrière de l'alignement.

Art. 102 *(Mod., Ord. n° 3.966, 10 oct. 2012).* – Certains ouvrages peuvent être autorisés à titre précaire et révocable sans indemnité sur les immeubles en saillie sur l'alignement, lorsqu'il est reconnu par la Direction de la Prospective, de l'Urbanisme et de la Mobilité qu'ils ne peuvent augmenter la solidité du bâtiment, et notamment :

- crépis ou rejointements ;
- établissement d'une devanture de boutique ;
- modification des aménagements intérieurs ;
- revêtement des façades ;
- ouverture ou suppression de baies ;
- réparation totale ou partielle des toitures.

Art. 103. – Tout exhaussement est interdit sur les immeubles en saillie sur l'alignement.

§ 4. – Des constructions existantes non conformes aux dispositions

Art. 104. – Toutes les constructions existantes non conformes aux dispositions du présent règlement sont soumises aux mêmes règles que les constructions en saillie sur l'alignement, et notamment aux articles 101, 102, 103, ci-dessus.

§ 5. – Des édifices menaçant ruine et des talus et rochers dangereux

Art. 105 *(Mod., Ord. n° 3.966, 10 oct. 2012).* – Il appartient au maire, lorsque pour une cause quelconque une construction menace ruine, d'avertir le propriétaire ou toute autre personne intéressée et de saisir le ministre d'État de l'incident, en demandant qu'il soit soumis à l'examen du comité consultatif pour la construction dans le plus bref délai.

En attendant que ce comité ait statué sur les réparations ou démolitions à opérer, le maire peut interdire la circulation devant lesdits bâtiments et maisons et prendre, aux frais des propriétaires, telles mesures de précaution qu'il juge nécessaire pour la sécurité publique.

Dans le cas d'extrême urgence, il peut demander à la Direction de la Prospective, de l'Urbanisme et de la Mobilité de faire procéder sans délai à la démolition.

Art. 106 *(Mod., Ord. n° 3.966, 10 oct. 2012).* – Le comité consultatif pour la construction, après vérification de l'état des bâtiments, délibère sur la possibilité de les réparer ou la nécessité de procéder à leur démolition.

La démolition peut être ordonnée notamment :

1° En cas de mauvais état des structures portantes ;

2° En cas de surplomb de plus du tiers de l'épaisseur du mur d'en face ;

3° En cas d'insuffisance de solidité des fondations.

Sur avis du comité, un arrêté ministériel fixe un délai pour exécuter les réparations ou les démolitions. Cet arrêté est notifié aux intéressés par les soins de la Direction de la Prospective, de l'Urbanisme et de la Mobilité.

Art. 107 *(Mod., Ord. n° 3.966, 10 oct. 2012).* – En cas d'absence du propriétaire ou de retard dans l'exécution, la Direction de la Prospective, de l'Urbanisme et de la Mobilité peut, conformément à l'article 139 du présent règlement, dresser un procès-verbal de contravention à l'encontre des intéressés ou procéder d'office à la démolition de la construction menaçant ruine.

Art. 108. – Lorsque les réparations ou les démolitions intéressent plusieurs propriétaires, il appartient aux propriétaires lésés de se pourvoir devant les tribunaux compétents pour être indemnisés du préjudice à eux causé par le propriétaire négligent ou récalcitrant ou pour demander la fixation de la proportion suivant laquelle chacun des intéressés doit concourir à la dépense totale. Les réparations ou démolitions ne peuvent sous ce prétexte, être arrêtées ni suspendues.

Art. 109 *(Mod., Ord. n° 3.966, 10 oct. 2012).* – Lorsque les travaux sont exécutés d'office sur ordre de la Direction de la Prospective, de l'Urbanisme et de la Mobilité dans les conditions fixées par les articles précédents, le montant des travaux doit être remboursé par le ou les propriétaires intéressés dans le mois qui a suivi l'établissement de la créance.

Art. 110. – Il ne peut être placé d'étais, tant à l'intérieur qu'à l'extérieur des maisons dont la démolition est reconnue nécessaire, que sur autorisation du maire.

Art. 111. – Il est procédé comme il est dit aux articles ci-dessus, lorsque des rochers, des talus ou d'autres obstacles de même nature présentent des dangers d'éboulement.

§ 6. – Dispositions diverses

Art. 112 *(Mod., Ord. n° 3.966, 10 oct. 2012).* – Les ouvrages établis sur ou sous le sol de la voie publique et qui intéressent la viabilité doivent toujours être entretenus en bon état et maintenus conformes aux conditions de l'autorisation, faute de quoi cette autorisation peut être révoquée indépendamment de l'application de toutes autres sanctions administratives et judiciaires. L'État n'assure pas l'étanchéité des voies et des dépendances

Art. 113. – Les autorisations concernant les ouvrages exécutés sur ou sous le sol des voies publiques peuvent toujours être modifiées ou révoquées en tout ou partie, lorsque le service compétent le juge utile à l'intérêt public et le permissionnaire est tenu de se conformer à ce qui lui est prescrit à ce sujet, sans pouvoir réclamer aucune indemnité.

Art. 114. – Toutes les dispositions du présent règlement sont applicables aux travaux quels qu'ils soient à effectuer à l'intérieur des propriétés, alors même qu'ils n'intéresseraient pas la voirie générale.

Art. 115. – Les dispositions du présent règlement ne sont applicables au quartier de Monaco-Ville qu'en tant qu'elles ne sont pas contraires au caractère et à la nature dudit quartier.

Le 4° étage est admis à Monaco-Ville, à la condition qu'il soit établi avec un recul de 2 m par rapport à l'alignement de la façade bordant la voie publique.

CHAPITRE V. – DES MESURES DE SÉCURITÉ ET D'HYGIÈNE

Art. 116 *(Ord. n° 14.298, 15 déc. 1999 ; rempl., Ord., n° 3.966, 10 oct. 2012).* – 1 - La disposition des locaux, les structures, les matériaux et l'équipement des bâtiments doivent permettre la protection des occupants contre l'incendie. Les logements et les locaux accessibles au public ou aux travailleurs doivent être isolés des locaux qui, par leur nature ou leur destination, peuvent constituer un danger d'incendie ou d'asphyxie.

La construction doit permettre aux occupants, en cas d'incendie, soit de quitter l'immeuble sans secours extérieur, soit de recevoir un tel secours.

2 - Des prescriptions particulières, définissant les mesures de sécurité applicables aux constructions, à leurs équipements techniques ainsi qu'aux transformations et aménagements des bâtiments existants, sont énoncées par arrêté ministériel pris après avis du Comité Consultatif pour la Construction.

3 - Les constructeurs, installateurs et exploitants sont tenus, chacun en ce qui les concerne, de s'assurer que les installations ou équipements sont établis, maintenus et entretenus selon les règles fixées par la réglementation propre à chaque local en fonction de sa destination et de la réglementation propre au bâtiment qui l'accueille.

À cet effet, ils font respectivement procéder pendant la construction, périodiquement en cours d'exploitation ou sur mise en demeure aux vérifications nécessaires par les organismes ou personnes agréés dans les conditions fixées par arrêté ministériel.

4 - Certains établissements peuvent, en raison de leur conception ou de leur disposition particulière, donner lieu à des prescriptions exceptionnelles soit en aggravation, soit en atténuation ; dans ce dernier cas, des

mesures spéciales destinées à compenser les atténuations aux règles de sécurité auxquelles il aura été dérogé doivent être imposées.

5 - L'existence, dans un même bâtiment, de plusieurs exploitations de types divers ou de types similaires dont chacune, prise isolément, ne répondrait pas aux conditions d'isolement définies par arrêté ministériel est tolérée. Ce groupement ne doit toutefois être autorisé que si les exploitations sont placées sous une direction et une coordination unique, responsable auprès des autorités publiques de l'observation des conditions de sécurité tant pour l'ensemble des exploitations que pour chacune d'entre elles

Art. 117 *(Mod., Ord. n° 3.966, 10 oct. 2012).* **– Les mesures d'hygiène à observer dans les constructions sont définies par arrêté ministériel après avis de la Commission Technique, d'Hygiène, de Sécurité et de Protection de l'Environnement et du comité consultatif pour la construction.**

Art. 118 *(Rempl., Ord. n° 3.966, 10 oct. 2012)* (1). **– À l'achèvement des travaux de construction ou d'aménagement, le permissionnaire a l'obligation de faire procéder à un récolement des travaux.**

L'Administration peut procéder d'office à un récolement, si la demande correspondante n'est pas présentée dans un délai raisonnable à compter de la date d'achèvement des travaux.

Le récolement a pour but de constater l'observation de toutes les prescriptions réglementaires relatives à l'hygiène, à la sécurité et à la protection de l'environnement, ainsi que de toutes les conditions résultant du présent règlement et de l'autorisation de construire réglementaire. À cet effet, des attestations peuvent être demandées par la Direction de la Prospective, de l'Urbanisme et de la Mobilité.

Dans le cas où ladite autorisation concerne un ou plusieurs bâtiments dont la réalisation s'accompagne d'un échelonnement des travaux, le récolement ne peut être effectué que lors de l'achèvement de la totalité des travaux.

Le permissionnaire peut, toutefois, dès qu'un bâtiment ou un bloc ou une partie de bâtiment est prêt à être occupé, en demander l'autorisation à la Direction de la Prospective, de l'Urbanisme et de la Mobilité qui procède alors à un récolement partiel.

Lors du dernier récolement partiel, il est procédé à un récolement général de l'ensemble des bâtiments ayant fait l'objet d'une seule autorisation de construire pour permettre à la Commission prévue à l'article 119 ci-dessous de s'assurer que toutes les conditions et charges imposées au permissionnaire sont remplies.

Dans le cas où les travaux ne sont pas conformes à tous les points mentionnés à l'alinéa 3, la Direction de la Prospective, de l'Urbanisme et de la Mobilité peut procéder à un récolement provisoire, avec mise en demeure au permissionnaire de mettre les travaux en conformité dans un délai spécifié. La Direction de la Prospective, de l'Urbanisme et de la Mobilité procède, sur demande du permissionnaire ou d'office si la demande n'est pas présentée au terme du délai fixé, au récolement définitif une fois les travaux exécutés.

Dans les cas prévus aux alinéas 1, 2, 3 de l'article 1er, le récolement est assorti d'une autorisation d'occuper les locaux délivrée au permissionnaire par la Direction de la Prospective, de l'Urbanisme et de la Mobilité dans le mois qui suit la visite de récolement, attestant que l'immeuble ou les locaux peuvent être effectivement utilisés pour l'usage auquel ils sont destinés.

Pour toute réalisation sur le domaine public (réseau d'assainissement, aménagements de surface, mobilier urbain) et dans tous les cas pour les espaces verts et/ou surfaces plantées, le permissionnaire est tenu d'établir et de fournir un plan de récolement sous format informatique selon les préconisations de la Direction de l'Aménagement Urbain (format de fichier, système de coordonnées géographiques de la Principauté, etc.) permettant une intégration dans un Système d'Information Géographique (SIG).

Au plus tard le jour du récolement, le permissionnaire doit fournir à la Direction de la Prospective, de l'Urbanisme et de la Mobilité la maquette 3D actualisée correspondant aux bâtiments effectivement construits, les plans actualisés de la construction en version numérique ainsi que les formulaires BATI1 et BATI2 actualisés.

Au plus tard le jour du récolement, le permissionnaire doit fournir à la Direction de la Prospective, de l'Urbanisme et de la Mobilité une attestation des différents concessionnaires certifiant que les conditions de l'avis préalable accompagnant la note visée au point 13 de l'article 3 ont été intégralement respectées.

(1) Les dispositions relatives à la maquette numérique 3D ainsi que les alinéas 2, 3, 4 et 5 de l'article 15 de la présente ordonnance tels que modifiés par l'ordonnance n° 3.966 du 10 octobre 2012 entrent en vigueur 19 avril 2013, Ord. n° 3.966, 10 oct. 2012, art. 89.

Art. 119 *(Rempl., Ord. n° 3.966, 10 oct. 2012).* – Il est procédé au récolement prévu par l'article 118 par une Commission qui peut être composée : d'un représentant de la Direction de la Prospective, de l'Urbanisme et de la Mobilité, d'un représentant du Service des Travaux Publics, d'un représentant de la Direction de l'Action Sanitaire et Sociale, d'un représentant de la Direction du Travail, d'un représentant de la Direction de l'Aménagement Urbain, d'un représentant du Corps des Sapeurs-Pompiers, d'un membre du Comité Consultatif pour la Construction et d'un Conseiller Communal.

La Commission dresse un procès-verbal de récolement des travaux.

Art. 120 *(Rempl., Ord. n° 3.966, 10 oct. 2012).* – Tout logement doit comprendre, d'une part, des pièces destinées au séjour ou au sommeil que l'on qualifie de pièces principales et, d'autre part, les pièces de service.

Tout logement d'au moins deux pièces doit comporter un cabinet d'aisances et un lavabo installés dans une pièce uniquement affectée à cet usage, sauf exception accordée par la Direction de la Prospective, de l'Urbanisme et de la Mobilité pour des motifs relevant d'une impossibilité technique de réalisation liée à l'exiguïté d'un logement existant.

Toutefois, il peut être toléré que :

– la cuisine soit aménagée dans la pièce de séjour ;

– pour les logements comportant au moins une autre salle d'eau, également équipée d'un cabinet d'aisances, la pièce de service dans laquelle est aménagé le cabinet d'aisances imposé par l'alinéa précédent puisse aussi devenir salle d'eau.

Il doit être également établi, pour le service des pièces louées isolement ou par groupe, un cabinet d'aisances pour trois pièces habitables

Art. 121 *(Mod., Ord. n° 3.966, 10 oct. 2012).* – Les cabinets d'aisances, installés à l'intérieur du logement, ne doivent pas communiquer directement avec les cuisines, ni y prendre jour. Ils ne peuvent communiquer avec une chambre à coucher qu'à la double condition que cette pièce soit spacieuse et aérée et qu'il s'agisse d'un cabinet d'aisances secondaire.

Art. 122 *(Mod., Ord. n° 3.966, 10 oct. 2012).* – Chaque pièce principale doit avoir au moins une capacité de 25 m^2.

Pour tout logement d'une seule pièce, cette capacité s'entend hors volume dédié aux préparations cuisinées.

Art. 123. – Sans préjudice des dispositions de l'article 122 ci-dessus, les pièces habitées pendant la nuit doivent avoir au minimum une capacité de 15 m^2 par personne.

Art. 124 *(Mod., Ord. n° 3.966, 10 oct. 2012).* – S'agissant d'un logement, les pièces principales au sens de l'article 120 ainsi que les cuisines, bureaux, pièces de réception, ateliers doivent bénéficier d'un éclairement naturel suffisant pour permettre, par temps clair, l'exercice des activités normales d'habitation sans le secours de la lumière artificielle. Elles bénéficient, en outre, d'une ou plusieurs fenêtres ouvrant sur la rue, sur un espace libre ou sur une cour convenablement aérée et éclairée, ou sont en communication avec ceux-ci.

Sur tout le périmètre de la cour, la distance entre façades ne peut être inférieure à 8 m, les étages établis au-dessus de 14,60 m par rapport au niveau du sol de la cour doivent rester enfermés dans l'oblique faisant avec l'horizontale, dans les plans perpendiculaires aux façades, un angle de 50°.

Art. 125 *(Mod., Ord. n° 3.966, 10 oct. 2012).* – Toute courette servant à aérer et à éclairer des salles de bains, des cabinets d'aisances, des vestibules ou des couloirs, doit être convenablement ventilée et avoir une largeur d'au moins 4 m et une surface d'au moins 16 m^2.

Art. 126 *(Mod., Ord. n° 3.966, 10 oct. 2012).* – Les cabinets d'aisances et salles de bains en position centrale doivent être ventilés dans les conditions fixées par arrêté ministériel.

Art. 127. – Les courettes ne pourront être couvertes qu'en laissant un vide de 40 cm au moins sous la couverture.

Les cours, courettes et autres emplacements libres ne pourront, en aucun cas, être utilisés pour entreposer des matériaux quels qu'ils soient.

Ces espaces libres devront toujours être tenus en parfait état d'entretien et de propreté.

Art. 128. – Tout local destiné à l'habitation doit être établi sur une cave en sous-sol ou avec un vide sanitaire d'au moins 50 cm de hauteur convenablement ventilé.

Art. 129. – Les pièces du sous-sol destinées à l'habitation doivent être aérées directement sur rue ou sur courette par des baies établies dans les conditions prévues à l'article 124.

Ces baies doivent mesurer au moins 1/5 de la surface du sol des pièces. Les murs des sous-sols doivent être protégés de l'humidité du terrain, sans préjudice des dispositions de l'article 128. Les canalisations d'égout doivent être installées dans le vide sanitaire.

Art. 130 *(Mod., Ord. n° 3.966, 10 oct. 2012).* – Les escaliers des immeubles doivent être largement éclairés et suffisamment aérés. leur largeur ne doit pas être inférieure à 1,20 m. Toutefois, si les immeubles collectifs sont dotés d'un deuxième escalier desservant les mêmes logements, la largeur de celui-ci peut être limitée à 0,80 m. Tous les escaliers doivent se prolonger jusqu'au niveau d'évacuation sur l'extérieur. Ils doivent être munis de rampe ou de main courante, ceux d'une largeur au moins égale à 1,40 m en sont dotés de chaque côté.

Si les escaliers comportent des fenêtres, les parties ouvrantes de celles-ci doivent être disposées de façon à pouvoir rester ouvertes sans gêner le passage.

Les escaliers faisant communiquer plus de deux étages et ne comportant pas de baie ouvrant sur l'extérieur doivent recevoir à la partie inférieure de leur cage de l'air frais au moyen d'une gaine horizontale ; cette gaine ne doit pas déboucher dans un passage couvert ou dans une cour inférieure.

En partie haute l'aération doit pouvoir être assurée par une ouverture de section suffisante, communiquant avec l'air libre et pouvant être manœuvrée par une commande facilement accessible.

Art. 131. – Les bâtiments d'habitation de plus de 3 étages au-dessus du rez-de-chaussée doivent être munis d'un ascenseur par cage d'escalier ; lorsque ces bâtiments ont plus de 7 étages sur rez-de-chaussée, il doit être prévu en outre par cage d'escalier, pour permettre notamment le chargement des mobiliers et le transport des personnes malades au moyen de brancards, un monte-charge qui, s'il y a lieu, pourra être traité comme un ascenseur et comportant une cabine dont les dimensions intérieures sont, au minimum, de 2 m de longueur et de 1 m de largeur.

Les immeubles de 6 étages doivent comporter un groupe électrogène ou tout autre moyen permettant, en cas de panne du réseau de distribution du courant électrique, d'assurer au minimum le fonctionnement d'un ascenseur et d'un monte-charge par cage d'escalier, ainsi qu'un éclairage de secours.

Pour l'application du présent article, le rez-de-chaussée à prendre en considération, lorsque l'immeuble est bordé par deux voies publiques à des niveaux différents, est celui qui est situé au niveau de la voie publique inférieure.

Art. 132 *(Mod., Ord. n° 3.966, 10 oct. 2012).* – Pour les immeubles de plus d'un étage sur rez-de-chaussée et comportant plus d'un logement, il doit être prévu des gaines pour le passage des lignes de tout service, telles que télécommunication, radiodiffusion, télévision, etc., ainsi que pour le passage des colonnes montantes d'eau, de gaz et d'électricité.

Les constructions nouvelles devront être munies d'une antenne collective de télévision. Ces installations devront être établies en conformité des prescriptions en vigueur et en accord avec les services publics intéressés.

Pour les nouvelles constructions, le projet doit mentionner la création d'un local « déchets » capable d'accueillir les conteneurs « ordures ménagères » et « tri sélectif » en nombre suffisant. Cet aménagement doit être inclus au dossier de demande d'autorisation de construire.

Pour les constructions de plus de 10 logements, il doit être prévu l'emplacement de conteneurs à « verre » et de conteneurs à « vieux papiers et journaux / magazines ».

Ce local doit être facilement accessible depuis la voie publique.

Art. 133. – Lorsque les cours et les courettes ne servent pas à aérer des sous-sols, elles peuvent être ventilées par un châssis ventilateur à faces verticales, dont le vide doit avoir au moins 1/3 de la surface de la courette et une hauteur de 40 cm.

Art. 134. – Les appareils de chauffage et les conduits de fumée doivent être construits de façon à ne dégager à l'intérieur des pièces habitables ni fumée, ni aucun gaz pouvant compromettre la santé des habitants. Aucun conduit de fumée ne doit traverser les chambres à coucher.

Un arrêté ministériel fixera les conditions d'installation et d'entretien de ces appareils et conduits.

(Ord. n° 15.954, 16 sept. 2004) Dans toute construction neuve, quelle que soit son affectation, les systèmes de chauffage au fioul sont interdits.

Art. 135. – Tout foyer, même à gaz, doit communiquer avec une cheminée destinée à conduire au dehors les produits de la combustion. Aucun conduit de fumée ne doit déboucher sur les façades principales.

Il est interdit d'émettre dans l'atmosphère des fumées, des buées, des suies, des poussières ou des gaz odorants, toxiques ou corrosifs susceptibles d'incommoder le voisinage, de nuire à la santé ou à la sécurité publique, à la bonne conservation des monuments et à la beauté des sites.

Art. 136 *(Ord. n° 13.582, 28 août 1998)*. – Les fosses d'aisances sont interdites.

Le système de cabinets d'aisances comportant un dispositif de désagrégation des matières fécales est interdit dans tout immeuble à construire ou à réhabiliter, quelle que soit son affectation.

Toutefois, en vue de faciliter l'aménagement des cabinets d'aisances dans les logements anciens qui en sont totalement démunis, faute de possibilités techniques de raccordement, un système de cabinets d'aisances comportant un dispositif de désagrégation des matières fécales peut être exceptionnellement installé. Le conduit d'évacuation doit se raccorder directement et uniquement sur une canalisation d'eaux vannes de diamètre suffisant et convenablement ventilée.

L'installation doit comporter une chasse d'eau. Toutes précautions spéciales sont prises notamment pour que ne se manifestent aucun reflux d'eaux vannes, ni aucun désamorçage de joints hydrauliques ou siphons dans les appareils branchés sur la même chute.

Toutes nuisances olfactives et sonores doivent être évitées.

Art. 137 *(Ord. n° 13.582, 28 août 1998 ; mod., Ord. n° 3.966, 10 oct. 2012)*. – Les tuyaux destinés à l'évacuation des eaux pluviales ne doivent pas recevoir les eaux vannes et usées et inversement. Il est interdit de faire cheminer, à l'intérieur d'un collecteur public, une canalisation ou un réseau quelle que soit sa nature.

Aucun réseau privé ne doit traverser les galeries techniques, propriétés de l'État.

Lors de la construction ou de l'aménagement d'une piscine ou d'un bassin, le pétitionnaire doit respecter les prescriptions émises dans l'autorisation de travaux.

Le pétitionnaire indique le type de traitement de l'eau qu'il compte effectuer et les moyens qu'il compte mettre en œuvre pour limiter le débit de rejet à une valeur inférieure ou égale au débit maximum de 3 l/s et pour prévenir le rejet de produits dangereux ou nocifs pour l'environnement et pour les installations de traitement des eaux de la Principauté.

Toute vidange des piscines utilisant un traitement au sel ou de l'eau de mer doit être préalablement autorisée par la Direction de l'Aménagement Urbain.

Art. 138 *(Mod., Ord. n° 3.966, 10 oct. 2012)*. – Toute défectuosité dans le fonctionnement des cabinets d'aisances et dans l'évacuation des eaux vannes et des eaux pluviales doit être réparée dans le plus bref délai.

CHAPITRE VI. – DES SANCTIONS

Art. 139. – Les infractions aux dispositions de la présente ordonnance seront punies conformément à l'article 13 de l'ordonnance-loi n° 674 du 3 novembre 1959.

Art. 140. – Toutes dispositions contraires à la présente ordonnance souveraine sont et demeurent abrogées pour l'avenir.

Les demandes d'autorisations de construire ou d'avis préalable déjà déposées et qui n'auraient fait l'objet d'aucune décision à la date de publication de la présente ordonnance devront être renouvelées en conformité avec les dispositions de cette dernière.

Les avis préalables et les autorisations de principe délivrés sans fixation de délai de validité, en application de la réglementation antérieure et qui n'ont pas, à la date de publication de la présente ordonnance, été suivis du dépôt d'une demande régulière correspondante d'autorisation de construire, ne seront encore valables, pour le dépôt de ladite demande, que durant trois mois à compter de ladite publication.

Les demandes d'autorisation de construire correspondant auxdits avis et autorisations de principe seront instruites dans les conditions prévues par la réglementation antérieure, si elles sont déposées dans ce délai de trois mois.

ANNEXE N° 1
(Ann. rempl., Ord. n° 3.966, 10 oct. 2012)

ANNEXE I

PRINCIPAUTÉ DE MONACO
DÉPARTEMENT DE L'ÉQUIPEMENT, DE L'ENVIRONNEMENT ET DE L'URBANISME

DIRECTION DE LA PROSPECTIVE, DE L'URBANISME ET DE LA MOBILITÉ

Formulaire de demande d'autorisation de travaux
Page n° 1

Règlement Général d'Urbanisme et de Voirie
Ordonnance Souveraine n° 3.647 du 9 septembre 1966, modifiée.

DEMANDE { ❑ D'AUTORISATION DE TRAVAUX
❑ D'ACCORD PRÉLABLE
(Marquer une croix dans la case utile)

N° ____________________
(à remplir par l'Administration)

A SON EXCELLENCE MONSIEUR LE MINISTRE D'ETAT

Je soussigné ....
(nom en lettres majuscules et prénom usuel ou raison sociale)

demeurant à ....

sollicite { ❑ l'autorisation
ou
❑ l'accord préalable

pour des travaux à exécuter { ❑ sur un terrain
❑ sur ou dans un immeuble

situé (n°, rue, boulevard) ....
....

m'appartenant ou
appartenant à ....

Je déclare formuler la présente demande en ma qualité de (*) : ....
....
....

(*préciser : propriétaire, mandataire ou locataire autorisé).

PRINCIPAUTÉ DE MONACO

DÉPARTEMENT DE L'ÉQUIPEMENT,
DE L'ENVIRONNEMENT
ET DE L'URBANISME

Règlement Général d'Urbanisme et de Voirie
Ordonnance Souveraine n° 3.647 du 9 septembre 1966, modifiée.

DIRECTION DE LA PROSPECTIVE,
DE L'URBANISME ET DE LA MOBILITÉ

Formulaire de demande d'autorisation de travaux
Page n° 2

I - Ces travaux, définis au dossier joint, consistent en :

1°/ Travaux destinés à l'habitation ou à ses annexes,
(y compris les clôtures et les garages annexes à l'habitation) :

Marquer une croix
dans la case utile

a) sans partie industrielle ou commerciale .... ❑

b) avec partie industrielle ou commerciale .... ❑

2°/ Travaux non destinés, même partiellement, à l'habitation (ou à ses annexes) .... ❑

II - Au point de vue de leur nature, les travaux à entreprendre consistent en :

• construction .... ❑

• surélévation .... ❑

• modification à la distribution intérieure .... ❑

• annexes et divers .... ❑

• démolition .... ❑

• clôture .... ❑

• modification des dispositions extérieures .... ❑

Monaco, le ....

Le Pétitionnaire,

N.B. : La présente demande, accompagnée d'un dossier établi en conformité de l'article 3 de l'Ordonnance Souveraine n 3.647 du 9 septembre 1966, modifiée, devra être déposée à la Direction de la Prospective, de l'Urbanisme et de la Mobilité, 23, avenue Albert II.

PRINCIPAUTÉ DE MONACO

DÉPARTEMENT DE L'ÉQUIPEMENT,
DE L'ENVIRONNEMENT
ET DE L'URBANISME

DIRECTION DE LA PROSPECTIVE,
DE L'URBANISME ET DE LA MOBILITÉ

Réglement Général d'Urbanisme et de Voirie
Ordonnance Souveraine n° 3.647 du 9 septembre 1966, modifiée.

Formulaire de demande d'autorisation de travaux
Page n° 3

ACCUSE DE RECEPTION

N°.................................

Il est accusé réception de la demande reçue le .... de M ....

• pour des travaux à exécuter { ❑ sur un terrain / ❑ sur ou dans un immeuble

• pour un accord préalable concernant des travaux à exécuter { ❑ sur un terrain / ❑ sur ou dans un immeuble

sis à ....

Monaco, le ....

Le Directeur de la Prospective,
de l'Urbanisme et de la Mobilité.

ACCUSE DE RECEPTION

N°.................................

Il est accusé réception de la demande reçue le .... de M ....

• pour des travaux à exécuter { ❑ sur un terrain / ❑ sur ou dans un immeuble

• pour un accord préalable concernant des travaux à exécuter { ❑ sur un terrain / ❑ sur ou dans un immeuble

sis à ....

Monaco, le ....

Le Directeur de la Prospective,
de l'Urbanisme et de la Mobilité.

ANNEXE N° 2

(Ann. rempl., Ord. n° 3.966, 10 oct. 2012)

Règlement Général d'Urbanisme et de Voirie
Ordonnance Souveraine n° 3.647 du 9 septembre 1966, modifiée.

ANNEXE 2

MODÈLE DE GARANTIE À PREMIÈRE DEMANDE

Article 8 de l'ordonnance

Nous soussignés, (nom de la banque, type de société bancaire, au capital de montant) dont le siège social est sis (adresse complète) et représentée par (nom, prénom, titre) agissant au nom et pour le compte de ladite banque en vertu de (délégation de pouvoirs).

Selon la législation et la réglementation concernant l'Urbanisme, la Construction et la Voirie, et afin de garantir, jusqu'à leur exécution finale les travaux de construction, la société..,
demanderesse d'une autorisation de construire un immeuble sis (adresse), sur une parcelle de terrain sise...,
est tenue d'apporter des garanties financières suffisantes.

Aux fins de garantie, nous nous engageons à payer inconditionnellement et à première demande, à l'Administration, les sommes qu'elle pourra demander, jusqu'à concurrence d'une somme de (en chiffres et en lettres) correspondant à 10 % du montant prévisionnel des travaux HT, dans le cas où ces derniers ne seraient pas exécutés et poursuivis conformément au planning annexé à la demande d'autorisation de construire.

Nous nous engageons à payer, dans la limite de la somme garantie ci-dessus, à la Trésorerie Générale des Finances, les sommes que l'Administration pourrait demander, en cas d'inexécution des travaux conformément au planning prévu.

Nous procèderons au paiement, qui ne pourra être supérieur au montant garanti, sans soulever aucune constatation, dans le délai de un mois suivant la mise en demeure qui nous sera adressé par l'Administration, par lettre recommandée avec demande d'avis de réception.

La présente garantie prend effet au jour de la délivrance de l'autorisation de construire et le garant sera délié de son engagement au lendemain de l'octroi, par l'Administration, de l'autorisation d'occuper les locaux prévue à l'article 118 de l'àrdonnance souveraine n° 3.647 du 9 septembre 1966, modifiée.

Fait à .... le ....

Nom de la banque

....

Signature

ANNEXE N° 3

(Ord. n° 15.626, 13 janv. 2003 ; rempl., Ord. n° 15.954, 16 sept. 2003 ; Ord. n° 37, 12 mai 2005 ; Ord. n° 551, 29 juin 2006 ; Ord. n° 824, 30 nov. 2006 ; Ord. n° 830, 14 déc. 2006.)

– Le **Quartier de Fontvieille** est délimité par :

▷ la frontière franco-monégasque,

▷ la façade Ouest du Thalès et du Lumigean,

▷ la rampe d'accès au parking du Lumigean,

▷ la façade Ouest de l'immeuble de la S.M.A.,

▷ la section de l'avenue de Fontvieille parallèle à l'actuel boulevard Charles III, emprise de l'avenue non comprise,

▷ les Terrasses de Fontvieille,

▷ le Parc Animalier,

▷ la bande bord à quai du port de Fontvieille et le rivage de la mer.

Le Quartier de Fontvieille comprend trois zones :

a) la zone dite du quartier industriel existant de Fontvieille ;

b) la zone dite des parties du terre-plein de Fontvieille non affectées au Domaine Public de l'Etat ;

c) la zone dite des parties du terre-plein de Fontvieille relevant du Domaine Public de l'Etat ;

– Le **Quartier de la Gare** est délimité par :

▷ la frontière franco-monégasque comprise entre l'immeuble le Thalès et le cimetière de Monaco,

▷ le cimetière de Monaco (façade orientée sur le boulevard Charles III),

▷ la limite parcellaire Ouest du n° 5 boulevard Charles III et du parking adjacent,

▷ l'escalier des Salines, emprise de l'escalier comprise, puis l'axe de l'avenue Pasteur depuis le sommet de l'escalier des Salines jusqu'à la falaise du Jardin Exotique,

▷ l'arrête supérieure de la falaise du Jardin Exotique,

▷ la limite parcellaire entre le n° 1 boulevard Rainier III et le n° 18 rue Plati,

▷ l'axe de la rue Plati, entre le n° 18 et le n° 5, prolongé par une droite reliant ce point à la limite d'emprise du boulevard Rainier III la plus proche,

▷ le boulevard Rainier III, emprise du boulevard comprise, entre ce point et le n° 11b,

▷ le carrefour du Castelleretto, emprise du carrefour comprise,

▷ l'escalier du Castelleretto, emprise de l'escalier comprise,

▷ l'axe de la rue des Agaves puis l'axe de la rue Louis Auréglia jusqu'au droit de l'escalier Sainte-Dévote, prolongé par une ligne joignant perpendiculairement cette voie à l'axe de la bretelle Auréglia,

▷ l'axe de la bretelle elle-même jusqu'à l'angle Nord du Panorama,

▷ une droite, parallèle à la façade du Panorama, joignant ce dernier point à l'axe de la rue Grimaldi,

▷ l'axe de la rue Grimaldi puis l'axe du boulevard Charles III jusqu'à la place du Canton,

▷ la place du Canton, emprise de la place comprise,

▷ les Terrasses de Fontvieille, couverture de l'avenue de Fontvieille comprise,

▷ la section de l'avenue de Fontvieille parallèle à l'actuel boulevard Charles III, emprise de l'avenue comprise,

▷ la façade Ouest de l'immeuble de la S.M.A., la rampe d'accès au parking du Lumigean, la façade Ouest du Lumigean et du Thalès.

Le Quartier de la Gare comprend cinq zones :

a) la zone 1, dite Charles III - Pasteur ;

b) la zone 2, dite Canton - Rainier III - Prince Pierre ;

c) la zone 3, dite du Rocher ;

d) la zone 4, dite Castelleretto - Turbie ;

e) la zone 5, dite Auréglia - Grimaldi.

– Le **Quartier de la Condamine** est délimité par :

▷ l'axe de la rue Grimaldi jusqu'à son intersection avec le prolongement de la façade Nord du Panorama,

▷ une droite, issue de ce point et perpendiculaire à la limite d'emprise Est du boulevard Albert 1er, joignant l'axe de la rue Grimaldi à ladite limite d'emprise,

▷ ladite limite d'emprise, depuis le point précédent, jusqu'au droit du sommet de l'escalier situé entre le quai Albert 1er et le quai Antoine 1er,

▷ une droite joignant ce dernier point à la limite d'emprise Sud de l'avenue de la Quarantaine prise à son intersection avec l'avenue du Port,

▷ la limite d'emprise Sud de l'avenue du Port, puis celle du tronçon commun entre l'avenue du Port et l'avenue de la Porte Neuve jusqu'au prolongement de l'axe de la rue Grimaldi.

Le Quartier de la Condamine comprend deux zones :

a) la zone 1, dite Zone Sud, délimitée par la limite d'emprise Est du boulevard Albert 1er, depuis son intersection avec le prolongement de l'axe de la rue Princesse Caroline, ladite limite d'emprise, depuis le point précédent, jusqu'au droit du sommet de l'escalier situé entre le quai Albert 1er et le quai Antoine 1er, une droite joignant ce dernier point à la limite d'emprise Sud de l'avenue de la Quarantaine prise à son intersection avec l'avenue du Port, la limite d'emprise Sud de l'avenue du Port, puis celle du tronçon commun entre l'avenue du Port et l'avenue de la Porte Neuve jusqu'au prolongement de l'axe de la rue Grimaldi, l'axe de la rue Grimaldi depuis le point précédent jusqu'à son intersection avec celui de la rue Princesse Caroline, l'axe de ladite rue, puis son prolongement, jusqu'à l'intersection de ce dernier avec la limite d'emprise Est du boulevard Albert 1er ;

b) la zone 2, dite Zone Nord, délimitée par l'axe de la rue Grimaldi pris à son intersection avec celui de la rue Princesse Caroline jusqu'à son intersection avec le prolongement de la façade Nord du Panorama, une droite issue, de ce point et perpendiculaire à la limite d'emprise Est du boulevard Albert 1er, joignant l'axe de la rue Grimaldi à ladite limite d'emprise, ladite limite d'emprise, depuis le point précédent, jusqu'à son intersection avec le prolongement de l'axe de la rue Princesse Caroline, l'axe de ladite rue jusqu'à son intersection avec celui de la rue Grimaldi.

– Le **Quartier du Port Hercule** est délimité par :

▷ la bande bord à quai Sud-Est du nouveau terreplein Sud, jusqu'au pied du Fort Antoine,

▷ le pied du Fort Antoine, puis l'avenue de la Quarantaine, avenue comprise, jusqu'à son intersection avec l'avenue du Port,

▷ une droite joignant la limite d'emprise Sud de l'avenue de la Quarantaine, prise à son intersection avec l'avenue du Port, au sommet de l'escalier situé entre le quai Albert 1er et le quai Antoine 1er,

▷ la limite d'emprise Est du boulevard Albert 1er,

▷ une droite, perpendiculaire à la limite d'emprise Est du boulevard Albert 1er, joignant ce dernier à l'intersection de l'axe de la rue Grimaldi avec le prolongement de la façade Nord du Panorama,

▷ l'axe de la rue Grimaldi jusqu'à son intersection avec celui de l'avenue d'Ostende, puis l'axe de ladite avenue jusqu'à son intersection avec celui de l'avenue de Monte-Carlo,

▷ l'axe de l'avenue de Monte-Carlo jusqu'à la limite parcellaire Nord-Est du n° 2 de cette avenue, puis la limite parcellaire elle-même,

▷ la limite d'emprise du boulevard du Larvotto jusqu'au droit de l'entrée Ouest du tunnel sur le boulevard du Larvotto,

▷ la limite d'emprise du Complexe des Spélugues, en contre-bas du Casino, puis son prolongement jusqu'à son intersection avec l'axe de l'avenue Princesse Grace,

▷ l'axe de l'avenue Princesse Grace jusqu'à la limite parcellaire Sud du n° 2 de cette avenue (le Sardanapale),

▷ ladite limite parcellaire prolongée jusqu'à l'axe de la bretelle Ouest d'accès au boulevard du Larvotto

▷ l'axe de ladite bretelle jusqu'à son intersection avec celui de l'avenue Princesse Grace,

▷ l'axe de l'avenue Princesse Grace et son prolongement jusqu'au rivage de la mer,

▷ une droite joignant ce dernier point à celui situé environ 15 mètres au Sud-Est du musoir de la Digue du large,

▷ une droite joignant le point précédent à la bande bord à quai Sud-Est du nouveau terre-plein Sud. Le Quartier du Port Hercule comprend huit zones :

a) la zone 1, dite de la Digue du large ;

b) la zone 2, dite du Quai Antoine 1er ;

c) la zone 3, dite du Quai Albert 1er ;

d) la zone 4, dite du Quai des Etats-Unis ;

e) la zone 5, dite du Quai Louis II ;

f) la zone 6, dite du Complexe des Spélugues ;

g) la zone 7, dite de l'Anse du Portier ;

h) la zone 8, dite du plan d'eau.

– Le **Quartier des Spélugues** est délimité par :

▷ l'axe de l'avenue de la Costa, entre le n° 11 et son intersection avec l'axe du passage de la Porte Rouge, puis le dit axe jusqu'au boulevard de Suisse, prolongé jusqu'à l'alignement de la parcelle cadastrée n° 20 boulevard Princesse Charlotte sur le boulevard de Suisse (Le Roqueville),

▷ le dit alignement jusqu'à la limite parcellaire entre le Roqueville et le n° 24 boulevard de Suisse,

▷ la limite parcellaire entre le Roqueville, d'une part, les n° 24 boulevard de Suisse et n° 23 avenue de la Costa, d'autre part,

▷ la limite parcellaire entre le Roqueville et le Park Palace, puis la limite parcellaire entre le Park Palace et le n° 24 boulevard Princesse Charlotte, prolongé jusqu'à l'axe de l'impasse de la Fontaine,

▷ l'axe de cette impasse, depuis le point précédent, jusqu'à l'axe du boulevard Princesse Charlotte pris au droit de son intersection avec l'axe de l'avenue Saint Michel (tronçon situé à l'Ouest du boulevard Princesse Charlotte),

▷ l'axe de ladite avenue (tronçon Ouest), depuis ce dernier point, jusqu'à son intersection avec l'axe de la rue des Lauriers, puis l'axe de ladite rue jusqu'à la frontière franco-monégasque,

▷ la frontière franco-monégasque, depuis le point précédent, jusqu'à l'intersection des axes du boulevard de France et de l'avenue Saint Charles,

▷ l'axe de l'avenue Saint Charles, jusqu'à l'escalier situé entre le n° 35 boulevard Princesse Charlotte et le n° 3 avenue Saint Charles,

▷ une droite reliant l'axe de la partie haute de l'avenue Saint Charles à celui de sa partie basse, passant par le dit escalier, sur l'alignement du n° 3 avenue Saint Charles,

▷ l'axe de ladite avenue, depuis le point précédent, jusqu'à la limite parcellaire du n° 2 avenue Saint Charles,

▷ ladite limite parcellaire, prolongée jusqu'à l'axe du boulevard des Moulins, puis l'axe du dit boulevard, jusqu'à son intersection avec le prolongement de l'alignement de l'immeuble le Montaigne sur l'avenue de la Madone,

▷ l'alignement en question, dans sa partie cadastrée n° 6 boulevard des Moulins, puis la limite parcellaire entre le Montaigne et le n° 1 avenue de Grande Bretagne, prolongée jusqu'à l'axe de ladite avenue,

▷ l'axe de l'avenue de Grande-Bretagne, au droit du Métropole, jusqu'à la limite parcellaire comprise entre les n° 2a et 2 avenue de Grande-Bretagne,

▷ ladite limite parcellaire, prolongée par celle comprise entre le n° 21 avenue des Spélugues et le n° 1 avenue des Citronniers, jusqu'à l'intersection des axes de ces deux avenues,

▷ l'axe de l'avenue des Spélugues, depuis ce dernier point, jusqu'à la limite parcellaire la plus au Sud du Mirabeau,

▷ la droite joignant l'axe de l'avenue des Spélugues à celui de l'avenue Princesse Grace qui tangente ladite limite parcellaire,

▷ l'axe de l'avenue Princesse Grace jusqu'à son intersection avec celui de la bretelle Ouest d'accès au boulevard du Larvotto,

▷ l'axe de ladite bretelle jusqu'à la limite parcellaire Sud du n° 2 avenue Princesse Grace (le Sardanapale), puis ladite limite parcellaire prolongée jusqu'à l'axe de l'avenue Princesse Grace dans sa partie supérieure,

▷ l'axe de ladite avenue, dans sa partie supérieure, jusqu'au droit du prolongement de la limite d'emprise du Complexe des Spélugues,

▷ la limite d'emprise du Complexe des Spélugues, en contre-bas du Casino, jusqu'au droit de l'entrée Ouest du tunnel sur le boulevard du Larvotto,

▷ la limite d'emprise du boulevard du Larvotto, sur une longueur d'environ 10 mètres, jusqu'à la prolongation de la limite parcellaire Nord-Est du n° 2 avenue de Monte-Carlo,

▷ ladite limite parcellaire prolongée jusqu'à l'axe de l'avenue de Monte-Carlo, puis l'axe de ladite avenue jusqu'à son intersection avec celui de l'avenue d'Ostende,

▷ l'axe de l'avenue d'Ostende jusqu'à la limite parcellaire Ouest du n° 7 avenue d'Ostende,

▷ la limite parcellaire entre le n° 5 avenue d'Ostende, d'une part, le n° 7 de la même avenue et le n° 1 de l'avenue de la Costa, d'autre part, prolongée jusqu'au droit de la limite d'emprise opposée du boulevard du Larvotto,

▷ la limite de fond de parcelle du n° 10 b avenue de la Costa prolongée jusqu'à l'axe de l'avenue elle-même.

Le Quartier des Spélugues comprend cinq zones :

a) la zone 1, dite du Métropole ;

b) la zone 2, dite du Casino ;

c) la zone 3, dite de la Costa ;

d) la zone 4, dite de la Crémaillère ;

e) la zone 5, dite de la Madone.

– Le Quartier des Bas-Moulins et du Larvotto est délimité par :

▷ une droite s'inscrivant dans le prolongement de l'axe de l'avenue Princesse Grace, dans sa section comprise entre l'avenue des Spélugues et le carrefour du Portier, et joignant le rivage de la mer à l'axe de ladite avenue,

▷ l'axe de l'avenue Princesse Grace jusqu'à la limite parcellaire la plus au Sud du Mirabeau,

▷ la droite joignant l'axe de l'avenue Princesse Grace à celui de l'avenue des Spélugues qui tangente ladite limite parcellaire, puis l'axe de l'avenue des Spélugues, jusqu'à son intersection avec celui de l'avenue des Citronniers,

▷ l'axe de l'avenue des Citronniers jusqu'à la prolongation de la limite parcellaire comprise entre les n° 2 (le Mirabeau) et n° 4 (le Mirabel) avenue des Citronniers,

▷ ladite limite parcellaire jusqu'à la limite d'emprise de voie de la rue du Portier,

▷ ladite limite d'emprise, depuis ce point jusqu'à la limite parcellaire Nord du n° 33 rue du Portier,

▷ l'alignement Sud de l'escalier situé au Nord du n° 33 rue du Portier et du n° 32 avenue de Grande-Bretagne et reliant ces deux voies, prolongé jusqu'à l'axe de ladite avenue, puis cet axe au droit de la parcelle cadastrée n° 46 boulevard des Moulins,

▷ une droite reliant l'axe de l'avenue de Grande- Bretagne à celui de la section de voie Est de la place des Moulins, et qui tangente la façade Nord du n° 46 boulevard des Moulins,

▷ l'axe de ladite section de voie, depuis le point précédent, jusqu'à son intersection avec celui du boulevard des Moulins au droit de la projection de l'alignement du n° 41 du dit boulevard sur la place des Moulins,

▷ la limite d'emprise de la place des Moulins, au droit du n° 41 boulevard des Moulins, puis la façade en retour de cet immeuble, jusqu'à la limite parcellaire entre le n° 39b boulevard de France et le n° 1 place des Moulins,

▷ ladite limite parcellaire jusqu'à la frontière franco-monégasque,

▷ la frontière elle-même, depuis le point précédent, jusqu'à l'intersection des axes du boulevard de France et de la rue des Orchidées,

▷ l'axe de la rue des Orchidées, au droit de l'immeuble Le Continental, jusqu'à la limite parcellaire entre ce dernier et le n° 4 rue des Orchidées,

▷ ladite limite parcellaire prolongée jusqu'à l'axe du boulevard d'Italie, puis la limite d'emprise de la descente des Moulins (emprise de la descente comprise), prolongée jusqu'à la limite d'emprise de voie du boulevard du Larvotto,

▷ ladite limite d'emprise, comprenant également les liaisons piétonnes publiques (escaliers) situées au droit du vallon de la Rousse permettant la traversée en sous-œuvre du boulevard du Larvotto, entre le point précédent et la limite d'emprise de la descente du Ténao au droit du « Château d'Azur », cadastré n° 44 boulevard d'Italie,

▷ la limite d'emprise Sud-Ouest de la descente du Ténao prolongée par la limite parcellaire Nord-Est du n° 44 boulevard d'Italie, cette dernière étant prolongée jusqu'à la limite d'emprise opposée du boulevard d'Italie, au droit de la limite d'emprise Sud-Ouest de la descente du Ténao, en limite parcellaire Nord-Est du n° 27 boulevard d'Italie,

▷ ladite limite parcellaire, marquant la limite d'emprise Sud-Ouest de l'escalier du Ténao, jusqu'à la limite d'emprise de voie des Lacets Saint-Léon,

▷ une droite joignant ce dernier point à la limite d'emprise du passage piétons, joignant les Lacets Saint-Léon au boulevard du Ténao, au droit de la limite d'emprise de voie des Lacets Saint-Léon,

▷ la limite d'emprise Est du dit passage jusqu'à la frontière franco-monégasque, la frontière elle-même depuis ce dernier point jusqu'à la limite parcellaire Nord-est du n° 1 Lacets Saint-Léon « le Roc Fleuri » prolongée par la limite parcellaire comprise entre les n° 33 et 35 boulevard d'Italie, elle-même prolongée jusqu'à l'axe du boulevard d'Italie,

▷ l'axe du boulevard d'Italie, depuis le point précédent, jusqu'à la prolongation de la limite d'emprise Nord-Est de l'escalier de la Source Marie,

▷ une ligne passant par ladite limite d'emprise, prolongée par la limite parcellaire du Monte-Carlo Sun et reliant l'axe du boulevard d'Italie à la limite d'emprise de voie Nord-Est du boulevard du Larvotto au droit de ladite limite parcellaire,

▷ ladite limite d'emprise de voie, depuis le point précédent, jusqu'à la frontière franco-monégasque, puis la frontière franco-monégasque jusqu'au rivage de la mer, enfin, le rivage de la mer jusqu'au droit du prolongement de l'axe de l'avenue Princesse Grace, dans sa section comprise entre l'avenue des Spélugues et le carrefour du Portier.

Le Quartier des Bas-Moulins et du Larvotto comprend sept zones :

a) la zone 1, dite du Portier ;
b) la zone 2, dite du Terre-plein du Portier ;
c) la zone 3, dite du Vallon de la Noix ;
d) la zone 4, dite des Plages du Larvotto ;
e) la zone 5, dite du Ténao ;
f) la zone 6, dite de Testimonio ;
g) la zone 7, dite du Terre-plein du Larvotto.

– Le **Quartier de « La Colle »** est délimité par :

▷ l'axe du boulevard de Belgique,

▷ l'arrête supérieure de la falaise du Jardin Exotique,

▷ la limite parcellaire entre le n° 1 boulevard Rainier III et le n° 18 rue Plati,

▷ l'axe de la rue Plati,

▷ le boulevard Rainier III, emprise du boulevard non-comprise et l'escalier des Révoires, emprise de l'escalier non-comprise ;

– Le **Quartier de Malbousquet** est délimité par :

▷ la frontière franco-monégasque, depuis son intersection avec la limite parcellaire comprise entre les n° 2 (immeuble « les Ligures ») et 14b de la rue Honoré Labande jusqu'à son intersection avec la limite parcellaire comprise entre le n° 43 du boulevard Jardin Exotique et le n° 2 de l'escalier Malbousquet,

▷ ladite limite parcellaire prolongée jusqu'à l'axe du boulevard du Jardin Exotique,

▷ l'axe dudit boulevard depuis le point précédent jusqu'à son intersection avec le prolongement de l'axe de l'escalier compris entre les parcelles cadastrées n° 55 et 57 boulevard du Jardin Exotique, puis entre les parcelles cadastrées n° 5 et 7 rue Honoré Labande,

▷ l'axe de cet escalier jusqu'à son intersection avec l'axe de la rue Honoré Labande,

▷ l'axe de ladite rue jusqu'à son intersection avec le prolongement de la limite parcellaire comprise entre les n° 4 et 6 de la rue Honoré Labande,

▷ ladite limite parcellaire, puis la limite parcellaire entre le n° 2, d'une part, et les n° 6, 8, 12 et 14b de la rue Honoré Labande, d'autre part.

– Le **Quartier de « La Source »** est délimité par :

▷ L'axe du boulevard Princesse Charlotte, depuis la limite Nord-Est du secteur réservé du vallon Sainte-Dévote, au droit de l'avenue d'Alsace, jusqu'à son intersection avec l'axe de l'avenue du Berceau ;

▷ l'axe de l'avenue du Berceau jusqu'à son intersection avec celui de la rue des Violettes, prolongé par celui de l'escalier reliant la rue Paradis à l'intersection entre l'avenue du Berceau, la rue Bellevue et la rue des Violettes ;

▷ l'axe du « pas d'âne » bordant la rue Paradis et la rue de la Source au Nord-Est, prolongé par l'axe de l'escalier reliant la rue de la Source à l'avenue Maréchal Foch sur la commune de Beausoleil ;

▷ l'axe du dit escalier jusqu'à la frontière francomonégasque, puis cette dernière jusqu'à la limite d'emprise Sud-Ouest de l'avenue d'Alsace en limite Nord- Est du secteur réservé du vallon Sainte-Dévote ;

▷ ladite limite jusqu'à l'axe du boulevard Princesse Charlotte. - Le Quartier des Moneghetti est délimité par :

▷ L'axe du boulevard du Jardin Exotique, depuis la limite Sud-Ouest du secteur réservé du vallon Sainte- Dévote, au droit du n° 35 du dit boulevard, jusqu'à son intersection avec l'axe de l'escalier du square Lamarck ;

▷ l'axe de l'escalier du square Lamarck jusqu'à son intersection avec celui du chemin de la Turbie, jusqu'à la frontière franco-monégasque, puis cette dernière jusqu'à la limite Sud-Ouest du secteur réservé du vallon Sainte-Dévote ;

▷ ladite limite jusqu'à l'axe du boulevard du Jardin Exotique.

Le Quartier des Moneghetti comprend deux zones :

a) la zone 1, dite du Vallon ;

b) la zone 2, dite des Carrières.

– Le **Quartier des Moulins** est délimité par :

▷ la limite d'emprise Ouest du boulevard du Larvotto, puis celle de la rue du Portier, depuis la limite Nord de la parcelle cadastrée n° 32 avenue de Grande-Bretagne et 33 rue du Portier (« l'Hersilia »), jusqu'à la limite séparant les parcelles cadastrées n° 4 avenue des Citronniers et 5 rue du Portier (« le Mirabel »), d'une part, n° 2 avenue des Citronniers (« le Mirabeau ») d'autre part,

▷ ladite limite parcellaire prolongée jusqu'à l'axe de l'avenue des Citronniers, puis ce dernier jusqu'au prolongement de la limite séparative entre les parcelles cadastrées n° 1 avenue des Citronniers et 2 avenue de Grande-Bretagne, d'une part, « le Métropole » d'autre part,

▷ ladite limite parcellaire prolongée jusqu'à l'axe de l'avenue de Grande-Bretagne, puis l'axe de ladite avenue jusqu'au prolongement de la limite parcellaire Sud du « Montaigne »,

▷ ladite limite parcellaire prolongée jusqu'à l'axe du boulevard des Moulins, puis ledit axe jusqu'au prolongement de la limite séparant les parcelles cadastrées n° 11 et le n° 13-15 (« le Regina ») boulevard des Moulins,

▷ ladite limite parcellaire prolongée jusqu'à l'axe de l'avenue Saint Charles, ledit axe jusqu'à l'escalier situé entre le n° 35 boulevard Princesse Charlotte et le n° 3 avenue Saint Charles,

▷ une droite reliant l'axe de la partie basse de l'avenue Saint Charles à celui de sa partie haute, passant par ledit escalier, sur l'alignement du n° 3 avenue Saint Charles,

▷ l'axe de l'avenue Saint Charles jusqu'à son intersection avec celui du boulevard de France, au droit de la frontière franco-monégasque,

▷ la frontière franco-monégasque depuis ce point jusqu'à la limite comprise entre les parcelles cadastrées n° 24 et n° 39b boulevard de France,

▷ ladite limite parcellaire, puis la limite de fond de parcelle du « Casa Bella » (n° 41 boulevard des Moulins), enfin sa limite latérale, correspondant à l'alignement de la place des Moulins, prolongée jusqu'à l'axe du boulevard des Moulins,

▷ ledit axe jusqu'au prolongement de la limite nord de la parcelle cadastrée n° 46 boulevard des Moulins, puis ladite limite parcellaire prolongée jusqu'à l'axe de l'avenue de Grande-Bretagne,

▷ l'axe de ladite avenue jusqu'au prolongement de la limite Nord de la parcelle cadastrée n° 32 avenue de Grande-Bretagne et 33 rue du Portier,

▷ ladite limite jusqu'à la limite d'emprise Ouest du boulevard du Larvotto.

Le Quartier des Moulins comprend deux zones :

a) la zone 1, dite du boulevard des Moulins ;

b) la zone 2, dite du Carnier.

– Le **Quartier du Vallon de la Rousse** est délimité par :

▷ L'axe de la rue des Orchidées au droit de l'immeuble « le Continental », depuis l'intersection des axes du boulevard de France et de la rue des Orchidées, jusqu'au prolongement de la limite parcellaire séparant l'immeuble « le Continental » du n° 4 de la rue des Orchidées ;

▷ ladite limite parcellaire prolongée jusqu'à l'axe du boulevard d'Italie, puis la limite d'emprise de la descente des Moulins (emprise de la descente non comprise), prolongée jusqu'à la limite d'emprise de voie du boulevard du Larvotto ;

▷ ladite limite d'emprise, excluant les liaisons piétonnes publiques (escaliers) situées au droit du vallon de la Rousse (permettant la traversée en sous-œuvre du boulevard du Larvotto), entre le point précédent et la limite d'emprise de la descente du Ténao au droit du « Château d'Azur », cadastré n° 44 boulevard d'Italie ;

▷ la limite d'emprise Sud-Ouest de la descente du Ténao prolongée par la limite parcellaire Nord-Est du n° 44 boulevard d'Italie, cette dernière étant prolongée jusqu'à la limite d'emprise opposée du boulevard d'Italie, au droit de la limite d'emprise Sud-Ouest de la descente du Ténao, en limite parcellaire Nord-Est du n° 27 boulevard d'Italie ;

▷ ladite limite parcellaire, marquant la limite d'emprise Sud-Ouest de l'escalier du Ténao, jusqu'à la limite d'emprise de voie des Lacets Saint-Léon ;

▷ une droite joignant ce dernier point à la limite d'emprise du passage piétons joignant les Lacets Saint-Léon au boulevard du Ténao, au droit de la limite d'emprise de voie des Lacets Saint-Léon ;

▷ la limite d'emprise Est dudit passage jusqu'à la frontière franco-monégasque, la frontière elle-même depuis ce dernier point jusqu'à l'intersection des axes du boulevard de France et de la rue des Orchidées.

Le Quartier du Vallon de la Rousse comprend quatre zones :

a) la zone 1, dite de l'Annonciade ;

b) la zone 2, dite des Orchidées ;

c) la zone 3, dite du boulevard d'Italie Sud ;

d) la zone 4, dite du boulevard d'Italie Nord.

– Le Quartier du Jardin Exotique est délimité par :

▷ la frontière franco-monégasque (avec Cap d'Ail puis La Turbie, enfin Beausoleil), depuis la limite d'emprise du cimetière de Monaco sur le boulevard Charles III jusqu'à la limite parcellaire Nord du bâtiment « les Ligures » cadastré n° 2 rue Honoré Labande ;

▷ ladite limite parcellaire, prolongée par celle du terrain cadastré n° 4 rue Honoré Labande prolongée jusqu'à l'axe de la rue Honoré Labande ;

▷ l'axe de ladite rue jusqu'à son intersection avec celui de l'escalier situé entre les parcelles cadastrées n° 5 et 7 rue Honoré Labande ;

▷ l'axe de cet escalier jusqu'à son intersection avec celui du boulevard du Jardin Exotique au droit des n° 55 et 57 boulevard du Jardin Exotique ;

▷ l'axe du boulevard du Jardin Exotique jusqu'au prolongement de la limite parcellaire située entre les parcelles cadastrées n° 40 et 42 boulevard du Jardin Exotique ;

▷ ladite limite parcellaire prolongée jusqu'à l'alignement opposé de l'avenue J.F. Bosio, puis qui tangente le bâtiment cadastré n° 16b boulevard de Belgique jusqu'à l'axe dudit boulevard ;

▷ l'axe du boulevard de Belgique en direction du Jardin Exotique jusqu'à un point situé à une distance de 20 mètres de l'entrée du tunnel sous le Jardin Exotique ;

▷ l'arrête supérieure de la falaise du Jardin Exotique jusqu'à l'avenue Pasteur ;

▷ l'axe de l'avenue Pasteur jusqu'à son intersection avec celui de l'escalier des Salines ;

▷ la limite d'emprise sud-Ouest de l'escalier des Salines jusqu'à son intersection avec la limite parcellaire Ouest du n° 5 boulevard Charles III et du parking adjacent ;

▷ la limite d'emprise du cimetière de Monaco jusqu'à la frontière franco-monégasque (côté Cap d'Ail).

Le Quartier du Jardin Exotique comprend trois zones :

a) la zone 1, dite des Salines ;

b) la zone 2, dite du Parc ;

c) la zone 3, dite des Révoires.

– Le **Quartier de Saint-Roman** est délimité par :

▷ la limite parcellaire Nord-Est du n° 1 Lacets Saint-Léon « le Roc Fleuri » prenant naissance sur la frontière franco-monégasque prolongée par la limite parcellaire comprise entre les n° 33 et 35 boulevard d'Italie, elle-même prolongée jusqu'à l'axe du boulevard d'Italie,

▷ l'axe du boulevard d'Italie, depuis le point précédent, jusqu'à la prolongation de la limite d'emprise Nord-Est de l'escalier de la Source Marie,

▷ une ligne passant par ladite limite d'emprise, prolongée par la limite parcellaire du Monte-Carlo Sun et reliant l'axe du boulevard d'Italie à la limite d'emprise de voie Nord-Est du boulevard du Larvotto au droit de ladite limite parcellaire,

▷ ladite limite d'emprise de voie, depuis le point précédent, jusqu'à la frontière franco-monégasque, puis la frontière elle-même jusqu'à la limite parcellaire Nord-Est du n° 1 Lacets Saint-Léon « le Roc Fleuri ».

Loi nº 954 du 19 avril 1974

concernant la lutte contre la pollution de l'eau et de l'air

Art. 1er *(Abr., L. n° 1.198, 27 mars 1998. – V. C. mer, art. L. 223 et s.).*

Art. 2. – Sont interdits, hors les limites et dans les conditions déterminées par les ordonnances souveraines prévues par l'article 3 ci-après, tous faits, tels que l'émission dans l'atmosphère, quelle qu'en soit la source, de fumées, suies, poussières, gaz et tous autres produits ou matières, lorsque ces faits sont, en raison de leurs caractéristiques propres, de nature à avoir un ou plusieurs des effets suivants :

- provoquer, accroître ou maintenir la dégradation de l'air ;
- nuire à la sécurité ou à la santé publique ou incommoder, de façon sensible, la population ;
- porter atteinte à la bonne conservation des immeubles ou au caractère du site :
- mettre en cause le développement économique et touristique.

Art. 3. – Des ordonnances souveraines, prises après avis de la commission technique pour la lutte contre la pollution et pour la sauvegarde de la sécurité, de l'hygiène, de la salubrité et de la tranquillité publiques ainsi qu'après consultation, le cas échéant, du comité supérieur de la santé publique, fixeront les conditions d'application de la présente loi.

Elles préciseront notamment :

a) le délai au terme duquel s'appliquera l'interdiction des faits prévus par les articles 1er et 2 et qui sont nés antérieurement à la publication de la présente loi ; ce délai ne pourra toutefois être prévu pour que les faits qui seront la conséquence directe et nécessaire d'une activité économique ;

b) les conditions auxquelles sont assujetties ou dans lesquelles peuvent être interdites l'importation, la fabrication, la diffusion, la mise en vente et l'utilisation d'appareils ou de produits pouvant donner naissance à des pollutions ;

c) les dispositions auxquelles seront subordonnées la construction et la mise en fonctionnement d'ouvrages, l'installation et la mise en service d'appareillages ainsi que l'ouverture ou l'exploitation d'établissements qui peuvent être la source de pollutions (1) ;

d) les conditions dans lesquelles seront effectués les contrôles des caractéristiques physiques, chimiques, biologiques et bactériologiques des eaux et de l'air, ainsi que les prélèvements et analyses d'échantillons (1).

Art. 4. – Au cas où la sécurité ou la salubrité publiques seraient mises en péril par suite des effets de phénomènes polluants ou au cas d'urgence des arrêtés ministériels, réglementaires ou individuels, pourront ordonner l'exécution immédiate de toutes mesures destinées à faire cesser les troubles et à réparer les dégradations lorsqu'un retard dans l'exécution entraînerait une atteinte irrémédiable au milieu ambiant.

Art. 5. – Les fonctionnaires ainsi que les agents assermentés de l'État, de la commune ou d'un établissement public chargés d'effectuer les contrôles ou prélèvements prescrits pour l'application de la présente loi seront spécialement habilités à cet effet par arrêté ministériel : ils constateront les infractions concurremment avec les officiers et agents de police judiciaire.

Art. 6. – Ceux qui auront enfreint les dispositions de la présente loi ou celles des ordonnances souveraines et arrêtés ministériels pris pour son application seront passibles d'un emprisonnement de un à cinq jours et de l'amende prévue au chiffre 3 de l'article 29 du Code pénal ou de l'une de ces deux peines seulement. Si toutefois les infractions aux dispositions susvisées sont commises en raison du fonctionnement d'un ouvrage, de l'exploitation d'un établissement industriel ou commercial ou de l'utilisation d'un appareillage de même

(1) V. Ord. n° 6.535, 20 avr. 1979.

nature, leurs auteurs seront passibles d'un emprisonnement de six jours à un mois et de l'amende prévue au chiffre 1 de l'article 26 du Code pénal ou de l'une de ces deux peines seulement.

Lorsque, dans tous les cas, les infractions auront provoqué des dommages irrémédiables au milieu ambiant, leurs auteurs encourront un emprisonnement de un à six mois et l'amende prévue au chiffre 2 de l'article 26 du Code pénal ou l'une de ces deux peines seulement.

Le tribunal ordonnera, s'il y a lieu et dans le délai qu'il fixera, d'exécuter tous travaux et aménagements ou de prendre toutes mesures nécessaires pour qu'il soit satisfait aux dispositions légales.

Art. 7. – Ceux qui n'exécuteront pas les travaux et aménagements à réaliser ou ne prendront pas les mesures ordonnées en application de l'article précédent seront passibles d'un emprisonnement de trois mois à un an et de l'amende prévue au chiffre 3 de l'article 26 du Code pénal.

Sur réquisition du procureur général et après audition de l'agent qualifié représentant le Ministre d'État, le tribunal pourra, en outre et jusqu'à ce que soient exécutés les travaux et aménagements ou prises les mesures utiles :

– soit prononcer une astreinte dont il fixera le taux ;

– soit interdire d'utiliser les ouvrages et appareils ou d'exploiter les établissements qui sont la source de phénomènes polluants ;

– soit prononcer les interdictions visées ci-dessus et autoriser l'Administration à faire exécuter les travaux et aménagements ou prendre les mesures nécessaires aux frais des contrevenants.

Le tribunal pourra également les obliger à verser, pendant toute la durée des interdictions visées aux deux alinéas précédents, les rémunérations, salaires ou indemnités de toute nature qu'ils payaient jusqu'alors aux travailleurs ainsi que les cotisations sociales y afférentes.

Art. 8. – Seront punis d'un emprisonnement de six mois à trois ans et de l'amende prévue au chiffre 4 de l'article 26 du Code pénal ceux qui, malgré les interdictions visées à l'article précédent, auront utilisé les ouvrages et installations ou exploité les établissements en cause ou qui se seront opposés ou auront tenté de s'opposer aux travaux, aménagements ou mesures que l'Administration aura été autorisée à faire exécuter ou prendre.

Art. 9. – Ceux qui auront mis ou tenté de mettre un obstacle à l'exercice des fonctions des agents visés à l'article 5 seront punis d'un emprisonnement de six mois à trois ans et de l'amende prévue au chiffre 4 de l'article 26 du Code pénal.

Art. 10. – La loi n° 232 du 8 avril 1937 ainsi que toutes dispositions contraires à la présente loi sont abrogées.

Loi nº 841 du 1er mars 1968
relative aux lois de budget

Art. 1er. – Le projet de loi de budget est précédé d'un exposé sur la situation économique et financière de la Principauté, cet exposé définit la politique générale du gouvernement, ses objectifs et ses perspectives pour l'année à venir.

Art. 2. – La loi de budget prévoit et autorise pour chaque année civile, l'ensemble des recettes et des dépenses de l'État en déterminant leur nature, leur montant et, en ce qui concerne les dépenses, leur affectation.

Art. 3. – Le budget est constitué par l'ensemble des comptes qui décrivent, pour une année civile, toutes les ressources et les charges de l'État, quel que soit leur caractère.

Les recettes sont prises en compte au titre du budget de l'année au cours de laquelle elles sont encaissées par un comptable public. Les dépenses sont prises en compte au titre du budget de l'exercice au cours duquel elles ont été engagées et réalisées.

Ces dépenses peuvent être ordonnancées pendant un délai de deux mois à compter de l'expiration dudit exercice, et leur paiement effectué au cours du troisième mois suivant.

La structure du budget est déterminée par l'ordonnance souveraine.

Art. 4. – Au projet de budget est annexé un programme qui arrête les opérations en capital destinées à des investissements en équipement public à réaliser au cours des trois années à venir, et répartit sur chacune de ces années les dépenses afférentes à ces opérations.

Le programme est accompagné d'un échéancier des travaux.

Art. 5 *(Rempl., L. n° 1.324, 22 déc. 2006)* (1). – Le vote du budget emporte l'adoption du programme triennal d'équipement public qui lui est annexé.

Pour les opérations arrêtées par le programme triennal d'équipement public, les crédits ouverts au budget sont constitués de crédits d'engagement et de crédits de paiement.

Les crédits d'engagements constituent la limite supérieure des dépenses pouvant être engagées. Pour une opération donnée, les crédits d'engagement doivent couvrir un ensemble cohérent de nature à pouvoir être mis en service ou exécutés sans dépense complémentaire.

Chaque programme triennal annexé à la loi de budget présente, pour chaque opération en cours, le total des crédits d'engagement nécessaire à sa réalisation ainsi que le montant total des engagements autorisés par les budgets précédents.

Les crédits de paiement constituent la limite supérieure des dépenses pouvant être ordonnancées et payées pendant l'exercice budgétaire considéré pour la couverture des engagements ayant fait l'objet d'une inscription au triennal de l'exercice ou aux programmes triennaux précédents.

Art. 6. – Le budget est voté chapitre par chapitre.

Chaque chapitre ne peut comprendre que des dépenses ayant la même nature ou ayant pour objet l'exercice d'une même fonction publique.

Art. 7 *(Rempl., L. n° 1.316, 29 juin 2006)*. – Le projet de budget énonce le montant des crédits à mettre à disposition de la commune conformément à l'article 87 de la Constitution.

Ce montant est arrêté au titre de la dotation budgétaire communale à inscrire dans la loi de budget primitif de l'année. La dotation budgétaire se compose, d'une part, d'une dotation forfaitaire de fonctionnement et, d'autre part, d'une dotation d'équipement et d'interventions pour le compte de l'État.

Le budget communal comprend l'ensemble des recettes et des dépenses de la commune.

La dotation forfaitaire de fonctionnement est déterminée en appliquant à la dotation de l'année en cours le coefficient dévolution prévisionnelle des dépenses des sections 3 et 4 du budget primitif de l'État pour l'année suivante. Si, à l'issue de l'année suivante, l'évolution constatée des dépenses exécutées dans le cadre du budget réalisé diffère du pourcentage primitivement estimé, la dotation forfaitaire est réajustée d'autant.

Dans le cadre du calcul de la dotation forfaitaire, il est tenu compte de tout transfert de mission de l'État ou de la commune qui conduit à une augmentation ou à une minoration de la dotation. Les charges correspondant à l'exercice des missions transférées font l'objet d'une évaluation préalable au transfert.

Dans le cas où la structure du budget communal est déséquilibrée par la survenance d'un événement extérieur exceptionnel, le Maire peut demander au Ministre d'État le réexamen du montant de la dotation budgétaire.

La dotation d'équipement et d'interventions pour le compte de l'État est arrêtée par le gouvernement en concertation avec la commune. Elle est fixée en tenant compte des contraintes du budget national, de la politique d'investissement de l'État et des nécessités de la commune.

Les crédits mis à disposition de la commune font l'objet d'un chapitre unique, sur lequel et au profit duquel aucun virement ne peut être opéré. Toutefois, en cas de sinistre d'une particulière gravité, une subvention exceptionnelle peut être versée par l'État à la commune afin de faire face aux dépenses impératives et urgentes.

Les dispositions de l'article 6 s'appliquent au vote des crédits inscrits pour la commune dans les lois de budget.

Art. 8. – Seules des lois dites lois de budget rectificatif, peuvent modifier, en cours d'année, la loi de budget.

Elles ont pour but soit d'adapter les inscriptions de crédit primitives aux nécessités impérieuses de dépenses auxquelles il doit être fait face avant la fin de l'exercice, soit d'ouvrir des crédits nouveaux pour la couverture de besoins ordinairement imprévisibles à satisfaire dans le même délai.

(1) Les dispositions issues de la loi n° 1.324 du 22 décembre 2006 sont applicables aux opérations arrêtées par les programmes triennaux d'équipement public adoptés à compter du budget Général Primitif de l'exercice 2006.

Des ouvertures de crédit peuvent être opérées par le Gouvernement dans les seuls cas d'urgence caractérisée et de nécessité impérieuse, à condition qu'elles n'affectent pas l'équilibre financier prévu par la loi du budget.

Elles sont soumises au vote du Conseil national dans le cadre de la plus prochaine loi de budget rectificatif.

Art. 9. – Les évaluations relatives aux opérations prévues au programme triennal d'équipement public font l'objet de révisions, de la part du gouvernement, pour tenir compte exclusivement des modifications techniques qui s'avèrent nécessaires ou des variations de prix.

Toute modification du programme triennal d'équipement public ou du montant des crédits d'engagement ou de paiement votés pour l'exécution de ce programme demeure soumise aux procédures prévues au précédent article.

Les travaux qui ne sont pas entrepris dans le délai d'un an à compter de la date prévue pour leur mise à exécution sont supprimés du programme.

Art. 10 *(Rempl., L. n° 1.324, 22 déc. 2006)* (1). – Les crédits ouverts au titre d'un budget ne créent aucun droit au titre du budget suivant.

Toutefois, les crédits d'engagement triennalisés d'un budget donné ouvrent un droit sur les budgets suivants jusqu'à consommation totale desdits crédits d'engagement.

En outre, les crédits de paiements inscrits aux articles figurant au programme triennal d'équipement public d'un budget donné, et qui n'ont pas été consommés en totalité à la fin de l'exercice correspondant, peuvent faire l'objet d'un report en totalité ou en partie sur l'exercice budgétaire suivant.

À l'issue de la période complémentaire d'ordonnancement fixée au quatrième alinéa de l'article 3, le Gouvernement arrête et transmet au Conseil National un tableau des reports arrêtés accompagné d'un rapport explicitant les motifs de ces reports.

Le report prend la forme d'un arrêté ministériel. Mention est faite des crédits ainsi reportés dans le budget rectificatif de l'exercice en cours.

Art. 11. – Dans le cadre des exceptions prévues à l'article 72 de la Constitution, des virements de crédits peuvent modifier la répartition des dotations entre les chapitres du budget ordinaire.

Ces virements sont autorisés par arrêté ministériel, sous réserve d'intervenir à l'intérieur d'une même section ou, en cas de division de celle-ci, à l'intérieur du même paragraphe et d'être maintenus dans la limite du dixième de la dotation de chacun des articles intéressés.

Ils ne peuvent avoir pour effet de couvrir des dépenses concernant des organismes ou des services nouveaux ou des dépenses dont la nature ou la destination n'est pas prévue par la loi de budget.

Art. 12. – Il est fait recette du montant intégral des produits sans contraction entre les recettes et les dépenses. L'ensemble des recettes assurant l'exécution de l'ensemble des dépenses, toutes les recettes et toutes les dépenses sont imputées à un compte unique, intitulé budget général.

Art. 13. – Les comptes spéciaux du Trésor retracent, en dépenses et en recettes, les opérations de caractère temporaire.

Art. 14. – Le budget approuve l'ouverture des comptes spéciaux du Trésor.

Toute création de compte spécial du Trésor intervenue dans le courant de l'année, doit être régularisée dans le cadre du budget de l'année suivante.

Art. 15. – Les soldes des comptes spéciaux sont repris chaque année en annexe à la loi de budget, et le cas échéant, reportés.

Art. 16. – Une ordonnance souveraine déterminera les modalités de fonctionnement des comptes spéciaux du Trésor, en conformité avec les dispositions des articles ci-dessus.

Art. 17. – Le règlement des comptes budgétaires, ainsi que le règlement des comptes du fonds de réserve constitutionnel, sont prononcés définitivement par le Prince, après accomplissement des formalités prévue

(1) Les dispositions issues de la loi n° 1.324 du 22 décembre 2006 sont applicables aux opérations arrêtée par les programmes triennaux d'équipement public adoptés à compter du budget Général Primitif de l'exercice 200

par l'ordonnance souveraine n° 3.980 du 29 février 1968 sur la commission supérieure des comptes et par l'ordonnance souveraine n° 3.981 du 29 février 1968 sur le fonds de réserve constitutionnel.

Art. 18. – **Le fonds de réserve constitutionnel est constitué par l'actif net (deniers, valeurs et biens) de la trésorerie générale des finances, évalué au premier jour du mois suivant celui de la promulgation de la présente loi, à l'exclusion des excédents budgétaires des exercices non encore clôturés.**

Art. 19. – **Les services votés, visés à l'article 73 de la Constitution, représentent le minimum de dotation indispensable pour poursuivre l'exécution des services publics dans les conditions qui ont été approuvées l'année précédente.**

Les crédits applicables aux services votés sont, au plus égaux :

- pour les dépenses ordinaires, aux crédits de la précédente année diminués des inscriptions non renouvelables par nature ou par destination ;

- pour les opérations en capital, aux montants des dépenses correspondant au programme d'équipement public adopté.

Toutefois, ces crédits pourront, s'il y a lieu, être majorés pour tenir compte de l'incidence en année pleine des mesures législatives intervenues au cours de l'année précédente ainsi que de l'évolution effective des charges.

Art. 20. – **En vue de l'application des dispositions de l'article 73 de la Constitution, le Conseil d'État est saisi par le Gouvernement des projets d'ordonnances souveraines ouvrant les crédits correspondant aux services votés. Le Conseil d'État doit donner son avis dans les dix jours.**

Un projet d'ordonnance souveraine fixant les recettes et les dépenses résultant des traités internationaux est également soumis au Conseil d'État dans les mêmes conditions.

Loi nº 1.334 du 12 juillet 2007
sur l'éducation (1)

TITRE I. – DU SERVICE PUBLIC DE L'ÉDUCATION NATIONALE

Art. 1er. – **L'éducation est un service public national.**

L'État est le garant de l'organisation et du contenu des enseignements, de la définition et de la délivrance des diplômes, du recrutement et de la gestion des personnels qui relèvent de sa responsabilité, de la répartition des moyens, de la régulation de l'ensemble du système éducatif, du contrôle et de l'évaluation des politiques éducatives.

CHAPITRE I. – DE LA LIBERTÉ DE L'ENSEIGNEMENT

Art. 2. – **L'instruction publique et l'enseignement des connaissances et savoirs scolaires ainsi que des éléments de culture générale, de formation professionnelle et technique sont dispensés dans les écoles et établissements publics ou privés d'enseignement.**

À titre exceptionnel, ils peuvent toutefois être dispensés dans les familles, par les parents, l'un d'entre eux, ou toute personne de leur choix.

CHAPITRE II. – DE L'ENSEIGNEMENT OBLIGATOIRE

Art. 3. – **L'enseignement est obligatoire pour tout enfant de l'un ou de l'autre sexe depuis l'âge de six ans usqu'à l'âge de seize ans révolus :**

1° de nationalité monégasque ;

(1) Règlement d'attribution des bourses d'études : V. A. min. n° 2009-420, 10 août 2009 puis A. min. ° 2010-218, 28 avr. 2010 puis A. min. 2011-243, 20 avr. 2011 puis A. min. n° 2012-288, 15 mai 2012 puis . min. n° 2013-498, 30 sept. 2013 puis A. min. n° 2014-439, 30 juill. 2014. – V. aussi A. min. n° 2014-622, nov. 2014 (règlement d'attribution des bourses de perfectionnement et de spécialisation dans la connaissance es langues étrangères).

2° de nationalité étrangère dont les parents, le représentant légal de l'enfant ou la personne physique ou morale en assumant effectivement la garde résident ou sont établis régulièrement à Monaco.

Art. 4. – Les parents, le représentant légal de l'enfant ou la personne en assumant effectivement la garde sont tenus, au cours de l'année civile où l'enfant atteint l'âge de six ans et aux périodes fixées par le directeur de l'Éducation nationale, de le faire inscrire dans un établissement d'enseignement primaire public ou privé. En cas d'inscription dans un établissement scolaire établi hors de la Principauté, les parents doivent en informer la direction de l'Éducation nationale en souscrivant une déclaration auprès de celle-ci.

La déclaration énonce les noms, prénoms et date de naissance de l'enfant, l'adresse où il réside ainsi que les coordonnées de l'établissement scolaire. À l'appui de la déclaration, les parents fournissent toute pièce justificative de l'inscription effective de l'enfant.

Cette déclaration doit être renouvelée chaque année. Si la décision d'inscrire l'enfant dans un établissement scolaire établi hors de la Principauté intervient en cours d'année, la déclaration doit être faite dans les mêmes conditions que ci-dessus, dans les huit jours qui suivent la modification.

Art. 5. – Celui qui entend faire donner à l'enfant soumis à l'obligation scolaire l'instruction dans la famille doit, dans les délais visés à l'article précédent, adresser au directeur de l'Éducation nationale une déclaration qui indique les noms, prénoms et date de naissance de l'enfant, les noms et prénoms des personnes ayant autorité sur lui et leur adresse, l'adresse à laquelle réside l'enfant et, si elle est différente de l'adresse de résidence, celle à laquelle est dispensée l'instruction ainsi que les motifs qui justifient la demande.

Cette déclaration doit être renouvelée chaque année. Si la décision d'instruire l'enfant dans la famille intervient en cours d'année, la déclaration doit être faite dans les mêmes conditions que ci-dessus, dans les huit jours qui suivent la modification.

Le directeur de l'Éducation nationale apprécie le bien-fondé de la déclaration et s'assure, par des inspections pédagogiques, que l'enseignement faisant l'objet de l'obligation scolaire est effectivement dispensé.

Ces inspections ont lieu notamment au domicile des parents.

Une inspection doit intervenir dès la première année de la période d'instruction dans la famille et, dans le cas où cette situation coïncide avec le début de la scolarité obligatoire, dès l'âge de six ans. Elle doit être renouvelée au minimum tous les ans jusqu'à l'âge de seize ans.

Les résultats de ces inspections sont notifiés aux parents, au représentant légal de l'enfant ou à la personne en assumant effectivement la garde avec l'indication du délai dans lequel ils devront fournir leurs explications ou améliorer la situation et des sanctions applicables dans le cas contraire.

Si, au terme d'un nouveau délai fixé par le directeur de l'Éducation nationale, les résultats de l'inspection sont jugés insuffisants, les parents, le représentant légal de l'enfant ou la personne en assumant effectivement la garde sont mis en demeure, dans les quinze jours suivant la notification, d'inscrire leur enfant dans un établissement d'enseignement public ou privé.

Art. 6. – Tout chef d'établissement d'enseignement public ou privé est tenu, au début de chaque année scolaire, de dresser la liste des élèves inscrits sur les registres de son établissement.

Cette liste est adressée au directeur de l'Éducation nationale dans les quinze jours qui suivent la rentrée scolaire. Toute modification apportée à cette liste lui est également communiquée sans délai.

Art. 7. – Tout chef d'établissement d'enseignement public ou privé est tenu de mentionner, sur un registre d'appel et pour chaque classe, les absences des élèves inscrits.

Toute absence non préalablement motivée est immédiatement signalée aux parents, au représentant légal de l'enfant ou à la personne en assumant effectivement la garde qui doivent faire connaître en retour les motifs de l'absence de l'enfant.

Le chef d'établissement adresse à la fin de chaque trimestre au directeur de l'Éducation nationale la liste des élèves dont les personnes responsables n'ont pas fait connaître les motifs d'absence de l'enfant, et de ceux qui ont manqué la classe sans motif légitime ou excuse valable au moins quatre demi-journées par mois.

Art. 8. – En cas d'absences répétées, le chef d'établissement prend l'attache des personnes responsables de l'enfant dans le but d'obtenir un retour à une assiduité scolaire normale.

Si l'absentéisme persiste en dépit de ces diligences, ou si les personnes responsables de l'enfant refusent de faire connaître la justification des absences ou bien fournissent des motifs manifestement inexacts, le ch d'établissement signale la situation de l'élève au directeur de l'Éducation nationale et lui transmet tous éléments d'information pertinents.

Celui-ci, au vu du dossier communiqué par le chef d'établissement, enjoint aux parents, au représentant légal de l'enfant ou à la personne en assumant effectivement la garde de veiller au retour à une assiduité scolaire normale et les informe des peines auxquelles ils s'exposent en application des dispositions du chapitre VI du titre III.

Si cette injonction demeure infructueuse, ses destinataires sont convoqués par le directeur de l'Éducation nationale en vue d'un entretien. Dans le but d'arrêter des mesures efficaces permettant le retour à une assiduité scolaire normale de l'enfant, le directeur de l'Éducation nationale peut également ordonner une enquête sociale ou saisir la commission médico-pédagogique.

Si l'absentéisme persiste en dépit de ces diligences, le directeur de l'Éducation nationale saisit le ministère public. Il en informe le ministre d'État ainsi que les destinataires de l'injonction susmentionnée.

Les dispositions du présent article et de l'article précédent ne s'appliquent aux établissements d'enseignement supérieur qu'en ce qui concerne les étudiants mineurs.

Art. 9. – Lorsqu'un enfant d'âge scolaire est trouvé par un agent de l'autorité publique dans la rue, dans une salle de spectacle ou dans un lieu public sans motif légitime pendant les heures de classe, il est immédiatement soit conduit dans l'établissement d'enseignement au sein duquel il est inscrit ou bien à l'école publique la plus proche si la déclaration prescrite à l'article 5 n'a pas été faite, soit tenu à la disposition de ses parents, du représentant légal ou de la personne en assumant effectivement la garde.

Le directeur de l'Éducation nationale est avisé sans délai.

Art. 10. – Les classes maternelles sont ouvertes aux enfants qui n'ont pas encore atteint l'âge de la scolarité obligatoire.

Tout enfant monégasque, ou né d'un auteur monégasque, doit être accueilli, dès l'âge de trois ans, dans une école maternelle si les personnes responsables de l'enfant en font la demande dans les conditions fixées par arrêté ministériel.

Tout enfant dont les parents résident en Principauté doit pouvoir être accueilli, dans la limite des places disponibles, dès l'âge de trois ans, dans une école maternelle si les parents, le représentant légal de l'enfant ou la personne en assumant effectivement la garde en font la demande dans les conditions fixées par arrêté ministériel.

Si, après attribution des places dans les conditions fixées aux deux alinéas précédents, il reste des places disponibles, ces dernières sont attribuées suivant les conditions fixées par arrêté ministériel.

Art. 11. – Il est satisfait à l'obligation scolaire des enfants et des adolescents présentant un handicap ou un trouble de la santé invalidant en leur donnant une éducation en milieu scolaire ordinaire ou, à défaut, soit une éducation spéciale déterminée en fonction de leurs besoins particuliers au sein d'établissements ou services de santé, médico-sociaux ou spécialisés, soit une instruction dans la famille dans les conditions prévues à l'article 5.

CHAPITRE III. – DE LA GRATUITÉ DE L'ENSEIGNEMENT

Art. 12. – L'enseignement obligatoire est gratuit dans les établissements publics d'enseignement.

Dans les établissements d'enseignement privés sous contrat, la scolarité est payante selon une tarification définie par le contrat qui régit les rapports entre l'État et ces établissements, conformément aux dispositions du chapitre I du titre III.

Dans les établissements d'enseignement privés hors contrat, les frais de scolarité sont libres.

TITRE II. – DE L'ADMINISTRATION DU SYSTÈME ÉDUCATIF

CHAPITRE I. – DU DIRECTEUR DE L'ÉDUCATION NATIONALE

Art. 13. – Le directeur de l'Éducation nationale est le chef du service de l'État, institué par ordonnance souveraine, ayant notamment pour mission :

1° d'organiser la bonne administration de l'enseignement public primaire, secondaire, technique et supérieur ;

2° de surveiller l'enseignement privé ;

3° de contrôler la vie matérielle et morale desdits établissements ;

4° de coordonner l'orientation scolaire ;

5° d'une manière générale, de préparer et concevoir toute mesure d'impulsion ou d'application relative à l'enseignement.

Il dispose de la compétence générale dévolue à tout chef de service en sus de celles qui lui sont conférées par la présente loi et les mesures prises pour son exécution dont il est chargé de contrôler l'application.

Art. 14. – Avec le concours d'autres services ou autorités compétents si nécessaire, le directeur de l'Éducation nationale s'assure notamment du respect de l'obligation scolaire à l'égard de tous les enfants mentionnés à l'article 3.

Il dispose également, en tant que de besoin, des personnels de l'inspection pédagogique et de l'inspection médicale.

Art. 15. – Le directeur de l'Éducation nationale établit un rapport annuel traitant des résultats obtenus par le système éducatif et des actions, projets et expérimentations menés au cours de l'année scolaire écoulée dans les établissements scolaires de la Principauté.

Ce rapport est remis au ministre d'État et aux membres du Gouvernement, au président du conseil national ainsi qu'aux membres du comité de l'Éducation nationale

CHAPITRE II. – DE L'INSPECTION PÉDAGOGIQUE ET MÉDICALE

Section 1. – De l'inspection pédagogique

Art. 16. – L'inspection pédagogique de tout établissement d'enseignement public ou privé est exercée par des inspecteurs d'enseignement dans les conditions fixées par ordonnance souveraine sur avis du Comité de l'Éducation nationale.

Ces inspecteurs peuvent, en outre, à la demande du directeur de l'Éducation nationale, s'assurer que les enfants à qui l'instruction est donnée dans la famille ou au sein d'établissements privés hors contrat d'État reçoivent effectivement l'enseignement faisant l'objet de l'obligation scolaire.

Section 2. – De l'inspection médicale

Art. 17. – Tout enfant qui dépend d'un établissement d'enseignement public ou privé ou à qui l'instruction est donnée dans la famille est obligatoirement soumis à une visite médicale et dentaire annuelle qui s'inscrit dans le cadre de l'inspection médicale des scolaires.

Les élèves ne peuvent se soustraire aux contrôles et examens de santé organisés à leur intention.

Art. 18. – L'inspection médicale des scolaires s'exerce en vue de :

– apprécier l'admissibilité ou le maintien des assujettis dans un établissement d'enseignement public ou privé et surveiller leur santé en procédant au moins annuellement à des examens systématiques ;

– apprécier et suivre le développement général des enfants et leur adaptation à la vie scolaire et communautaire ;

– les orienter vers une activité d'éducation physique et sportive concourant à leur développement harmonieux et à leur équilibre général ;

– envisager et mettre en place, s'il y a lieu, les mesures préventives collectives pour éviter la propagation des maladies contagieuses ou épidémiques ;

– veiller aux bonnes conditions d'hygiène dans les établissements d'enseignement publics ou privés ainsi que dans tous les locaux affectés à l'enseignement.

Les conclusions ou résultats des examens pratiqués sur un élève par l'inspection médicale sont portés à la connaissance de ses parents, de son représentant légal ou de la personne en assumant effectivement la garde ou de l'élève lui-même s'il est majeur.

Art. 19. – Les décisions prises à titre individuel en matière d'inspection médicale peuvent être déférées à une commission médicale spéciale.

Les avis de la commission sont transmis au directeur de l'Éducation nationale qui statue s'il y a lieu et notifie sa décision aux parents, au représentant légal de l'enfant, la personne en assumant effectivement la garde ou à l'élève majeur, par lettre recommandée avec demande d'avis de réception postal.

En cas de désaccord, ces derniers peuvent saisir le directeur de l'Éducation nationale aux fins qu'il rapporte ou modifie sa décision après une nouvelle délibération de la commission. Le directeur de l'Éducation nationale notifie sa décision comme indiqué au deuxième alinéa.

Art. 20. – Une ordonnance souveraine détermine la composition, les conditions de saisine ainsi que de fonctionnement de la commission médicale spéciale et précise ses moyens d'action.

Art. 21. – Il est institué un comité de l'Éducation nationale, présidé par le ministre d'État ou par son représentant, et composé de :

1° l'archevêque ou son représentant ;

2° le conseiller de Gouvernement pour l'Intérieur ou son représentant ;

3° le conseiller de Gouvernement pour les Affaires Sociales et la Santé ou son représentant ;

4° le conseiller de Gouvernement pour l'Équipement, l'Environnement et l'Urbanisme ou son représentant ;

5° trois membres du conseil national désignés par cette assemblée ;

6° deux membres du conseil communal désignés par cette assemblée ;

7° deux membres du conseil économique et social désignés par cette assemblée ;

8° le directeur de l'Éducation nationale, de la jeunesse et des sports, ou son représentant ;

9° deux personnes exerçant ou ayant exercé une activité éducative dans un établissement scolaire, choisies par le ministre d'État ;

10° deux représentants, dont l'un au moins doit être un enseignant, des associations regroupant des personnels des établissements scolaires, présentés par ces associations ;

11° deux représentants des associations de parents d'élèves, présentés par ces associations ;

12° un étudiant de nationalité monégasque choisi par le ministre d'État.

La moitié au moins de la totalité des représentants des associations visées aux chiffres 10°) et 11°) doit être de nationalité monégasque.

Art. 22. – Le comité de l'Éducation nationale peut, soit à la demande du ministre d'État, soit d'office, émettre des avis ou formuler des propositions sur toutes questions relatives à l'éducation et à l'enseignement.

Il peut, à cette fin, entendre toute personne qualifiée.

Art. 23. – Le comité de l'Éducation nationale est obligatoirement consulté sur :

– l'organisation de la scolarité et de l'enseignement, la fixation des rythmes scolaires et des périodes de congés ;

– la détermination des conditions de délivrance des diplômes sanctionnant les études accomplies ;

– la création, l'organisation et, s'il y a lieu, la transformation ou la fermeture des établissements publics d'enseignement ;

– l'ouverture d'établissements d'enseignement privés et les conditions de leur fonctionnement ainsi que, le cas échéant, la transformation ou la fermeture de ces établissements ;

– la conclusion ou la résiliation des contrats ou conventions passés par l'État avec les établissements d'enseignement privés ;

– la détermination et les modifications du règlement intérieur type applicable aux élèves des établissements d'enseignement publics et privés sous contrat ;

– les projets de construction scolaire dressés pour le compte de l'État.

Le comité de l'Éducation nationale entend en outre le rapport annuel du directeur de l'Éducation nationale mentionné à l'article 15 et émet les observations qu'il juge utiles à son sujet.

Art. 24. – Le comité de l'Éducation nationale est réuni chaque année et toutes les fois que le ministre d'État le convoque ou que le tiers de ses membres le demande.

Le directeur de l'Éducation nationale peut s'y faire assister par toute personne choisie à raison de ses compétences. Celle-ci n'a pas voix délibérative.

Lors des délibérations, la voix du président est prépondérante en cas de partage.

Le mode de nomination des membres qui doivent faire l'objet d'une désignation ou d'une présentation, ainsi que les règles de fonctionnement du comité sont fixés par ordonnance souveraine.

Section 3. – De la commission médico-pédagogique

Art. 25. – **Les élèves qui, à un moment de leur scolarité, éprouvent des difficultés tant sur le plan du suivi que de l'orientation scolaire peuvent être présentés à la commission médico-pédagogique.**

Lorsqu'elle est saisie, la commission médico-pédagogique peut proposer :

1° des mesures d'assistance aux élèves dont l'état physique, psychologique ou le comportement nécessite, dans le cadre de l'établissement où ils sont scolarisés, un suivi ou une aide médicale ;

2° une orientation des élèves dont l'état physique, psychique ou le comportement rend manifestement impossible une scolarité dans les conditions habituelles vers un enseignement spécifique ou adapté.

Les propositions de la commission sont transmises au directeur de l'Éducation nationale qui statue s'il y a lieu et notifie sa décision aux parents, au représentant légal de l'enfant, à la personne en assumant effectivement la garde ou à l'élève majeur, par lettre recommandée avec demande d'avis de réception postal.

En cas de désaccord, ces derniers peuvent saisir le directeur de l'Éducation nationale aux fins qu'il rapporte ou modifie sa décision après une nouvelle délibération de la commission. Le directeur de l'Éducation nationale notifie sa décision comme indiqué au troisième alinéa.

Art. 26. – (1) **Une ordonnance souveraine détermine la composition, les conditions de saisine ainsi que de fonctionnement de la commission médico-pédagogique et précise ses moyens d'action.**

TITRE III. – DE L'ORGANISATION DU SYSTÈME ÉDUCATIF

CHAPITRE I. – DES ÉTABLISSEMENTS D'ENSEIGNEMENT SCOLAIRE

Art. 27. – **Les établissements d'enseignement scolaire peuvent être publics ou privés.**

Un arrêté ministériel fixe le ressort géographique de chaque établissement.

Ces établissements comprennent :

1° les établissements dispensant un enseignement général, au sein desquels :

– les écoles maternelles ;

– les établissements d'enseignement primaire comprenant des classes élémentaires et, le cas échéant, des classes maternelles ;

– les établissements d'enseignement secondaire répartis en fonction des cycles entre des collèges et des lycées ; les lycées peuvent, en outre, dispenser une formation supérieure courte, définie par arrêté ministériel ;

2° les établissements dispensant un enseignement spécialisé dans certaines matières ou disciplines spécifiques ou préparant aux professions artistiques et sportives ; ces établissements assurent aux enfants ou adolescents soumis à l'obligation scolaire une formation générale dans le respect des dispositions de la présente loi ;

3° les établissements dispensant un enseignement supérieur.

Art. 28. – **Tout établissement d'enseignement public ou privé sous contrat est placé sous l'autorité d'un chef d'établissement, directeur pour les écoles, principal pour les collèges et proviseur pour les lycées.**

Le chef d'établissement représente l'établissement scolaire, préside le conseil intérieur dont il anime les travaux et exécute les délibérations ainsi que les autres instances collégiales de l'établissement, prépare le budget et a autorité sur le personnel qui y est affecté ou employé.

Les conditions d'organisation et de fonctionnement du conseil intérieur sont déterminées par arrêté ministériel.

Le chef d'établissement met en œuvre les orientations définies au niveau national, sans préjudice des directives propres à l'enseignement catholique.

Sous le contrôle du directeur de l'Éducation nationale, il veille, avec le concours des autorités compétentes s'il y a lieu, à ce que les personnels affectés à son établissement présentent les garanties de moralité et d'aptitude nécessaires au regard des missions qui leur sont confiées, notamment en ce qu'elles impliquent le contact d'enfants et d'adolescents.

Il établit chaque année un rapport sur le fonctionnement pédagogique de l'établissement, les objectifs à atteindre et les résultats obtenus. Ce rapport est adressé au directeur de l'Éducation nationale.

(1) V. Ord. n° 1.992, 11 déc. 2008 *(mod., Ord. n° 4.422, 25 juill. 2013).*

Section 1. – Des établissements publics d'enseignement

Art. 29. – **Tout établissement d'enseignement public est créé par ordonnance souveraine sur avis du comité de l'Éducation nationale.**

La fermeture de l'établissement ou sa transformation intervient dans les mêmes formes.

Art. 30. – **Tout établissement d'enseignement public élabore un projet d'établissement.**

Le projet d'établissement définit les modalités particulières de mise en œuvre des objectifs nationaux en matière d'éducation et des programmes d'enseignement. Il précise les activités scolaires et périscolaires prévues à cette fin. Il indique également les moyens particuliers mis en œuvre pour prendre en charge les élèves en difficulté scolaire et accueillir les enfants atteints d'un handicap moteur, physique ou psychologique, les modalités d'accueil et d'information des parents d'élèves ainsi que leur association au processus d'orientation.

Le projet d'établissement peut prévoir des expérimentations portant sur l'enseignement des disciplines, l'interdisciplinarité, l'organisation pédagogique des classes, la coopération avec des partenaires, les échanges ou jumelages avec des établissements étrangers d'enseignement scolaire.

Les enseignants, les parents d'élèves et les personnels médico-pédagogiques doivent être associés à l'élaboration du projet d'établissement.

Le projet d'établissement ainsi que toute modification dont il fait l'objet sont adressés au directeur de l'Éducation nationale.

Section 2. – Des établissements privés d'enseignement

Art. 31. – **L'ouverture d'un établissement privé d'enseignement est subordonnée à une autorisation délivrée par arrêté ministériel sur avis du comité de l'Éducation nationale.**

Cet arrêté détermine les activités d'enseignement autorisées, les locaux où elles seront déployées et les conditions de fonctionnement de l'établissement.

L'autorisation est personnelle et incessible.

Toute modification des activités d'enseignement, tout changement de titulaire de l'autorisation initiale ou tout changement de locaux doit faire l'objet d'une nouvelle autorisation délivrée dans les formes et conditions prévues aux trois alinéas précédents.

La forme et les modalités de la demande d'autorisation mentionnée au premier alinéa sont fixées par arrêté ministériel.

Art. 32. – **L'autorisation mentionnée à l'article précédent peut être retirée, selon les formes et conditions prévues pour sa délivrance, dans les cas suivants :**

1° si les activités d'enseignement sont déployées hors des limites de l'autorisation ;

2° si les conditions de fonctionnement de l'établissement ou les règles qui lui sont applicables en matière d'hygiène et de sécurité ne sont pas observées ;

3° s'il advient que le titulaire de l'autorisation ne présente plus toutes les garanties de moralité ;

4° si les services compétents acquièrent la certitude d'un risque avéré pour la santé physique ou mentale des élèves.

Préalablement à toute décision de retrait, le titulaire de l'autorisation ou son représentant est entendu en ses explications ou dûment appelé à les fournir.

En cas d'urgence, le ministre d'État peut prescrire la fermeture de l'établissement et la saisie de documents ou du matériel d'exploitation.

Les dispositions du dernier alinéa de l'article 67 sont applicables. Le président du tribunal de première instance, saisi et statuant comme en matière de référé, peut ordonner la levée des mesures prescrites en vertu du précédent alinéa.

Art. 33. – **Les établissements privés d'enseignement peuvent demander à conclure avec l'État un contrat d'association à l'enseignement public, s'ils répondent à un besoin scolaire reconnu et sous réserve de remplir certaines conditions précisées par arrêté ministériel. Ces conditions ont trait notamment à l'ancienneté de l'établissement, à la qualification des maîtres, au nombre d'élèves et à la salubrité et à la sécurité des locaux scolaires.**

Le contrat d'association organise les rapports entre l'établissement privé d'enseignement et l'État, dans les domaines pédagogiques, administratifs et financiers, sans préjudice des dispositions de la présente loi.

L'établissement d'enseignement privé sous contrat bénéficie d'une aide financière de l'État dont le montant est fixé notamment en fonction des effectifs d'élèves accueillis et des types de formations dispensées.

En contrepartie, l'établissement privé sous contrat s'engage :

- à offrir aux élèves des formations dispensées par des personnels qui présentent les qualifications requises telles que visées à l'article 59 ;
- à respecter les programmes d'enseignement définis aux articles 37 et suivants et, dans le cadre de leur projet pédagogique, à préparer les élèves aux diplômes attestant d'une qualification professionnelle ou ceux sanctionnant une fin de cycle ;
- à se prêter aux contrôles administratifs, pédagogiques et financiers de l'État.

Le contrat prévoit, en outre, la participation d'un représentant de l'État aux réunions de l'organe de l'établissement compétent pour délibérer sur le budget.

Un contrôle des établissements privés sous contrat peut être diligenté par le directeur de l'Éducation nationale afin de s'assurer du niveau de l'enseignement et des conditions dans lesquelles il est dispensé. Les résultats de ce contrôle sont notifiés au chef d'établissement par le directeur de l'Éducation nationale avec l'indication du délai dans lequel il est, le cas échéant, tenu de fournir des explications ou d'améliorer la situation ainsi que des mesures auxquelles il s'expose dans le cas contraire et notamment la suppression totale ou partielle du versement de l'aide financière de l'État.

Art. 34. – Les établissements privés qui ne sont pas liés à l'État par un contrat conclu conformément à l'article précédent sont libres dans le choix des méthodes, des programmes et des livres, sous réserve de satisfaire aux prescriptions des arrêtés ministériels pris en vertu de l'article 42.

La progression retenue, dans la mesure compatible avec l'âge de l'enfant et son état de santé et sous réserve des aménagements justifiés par les choix éducatifs effectués, doit avoir pour objet de l'amener, à l'issue de la période d'instruction obligatoire, à un niveau comparable, dans chacun des domaines de l'enseignement scolaire obligatoire, à celui des élèves scolarisés dans les établissements publics ou privés sous contrat.

Art. 35. – Le contrôle de l'État sur les établissements privés mentionnés à l'article précédent se limite aux titres exigés des directeurs et maîtres, à l'obligation scolaire, l'instruction obligatoire, au respect de l'ordre public et des bonnes mœurs, à la prévention sanitaire et sociale.

Le directeur de l'Éducation nationale peut prescrire chaque année un contrôle des établissements privés hors contrat, afin de s'assurer que l'enseignement qui y est dispensé se situe au niveau minimal mentionné au second alinéa de l'article précédent.

Le chef d'établissement en est informé.

Les résultats de ce contrôle sont notifiés au chef d'établissement par le directeur de l'Éducation nationale avec l'indication du délai dans lequel il est, le cas échéant, tenu de fournir des explications ou d'améliorer la situation ainsi que des mesures auxquelles il s'expose dans le cas contraire. Si cette injonction demeure infructueuse, le directeur de l'Éducation nationale avise le procureur général des faits susceptibles de constituer une infraction pénale et peut inviter les parents des élèves concernés à inscrire leurs enfants dans un autre établissement, sans préjudice du prononcé des mesures prévues à l'article 32.

Art. 36. – Les établissements d'enseignement privés doivent rappeler leur caractère privé dans l'information diffusée à l'intention du public.

CHAPITRE II. – DE LA SCOLARITÉ

Section 1. – Des enseignements et des cycles

Art. 37. – Dans les établissements d'enseignement publics et privés sous contrat, la maîtrise de la langue française et la connaissance de deux autres langues font partie des objectifs fondamentaux de l'enseignement.

Dans les écoles maternelles, l'initiation à une langue vivante étrangère est obligatoire.

L'enseignement de la langue française est obligatoire dans les établissements d'enseignement privés.

Art. 38. – Dans les établissements d'enseignement primaire et secondaire, publics et privés sous contrat, sont comprises au nombre des disciplines enseignées :

1° l'instruction religieuse dans la religion catholique, apostolique et romaine, sauf dispense des parents, du représentant légal de l'enfant ou de la personne en assumant effectivement la garde ;

2° l'étude de la langue monégasque, de l'histoire de Monaco (1) et celle de l'organisation politique, administrative, économique et sociale de la Principauté.

Art. 39. – La maîtrise de l'outil informatique et des technologies de l'information et de la communication est enseignée dès la maternelle et jusqu'au terme de la scolarité obligatoire.

L'enseignement de leur usage bénéficie de mesures d'accompagnement adaptées de formation et de contrôle permettant d'assurer la sécurité des élèves et notamment la protection des mineurs.

À ce titre, les établissements précisent, en privilégiant la voie contractuelle, les conditions d'utilisation par les élèves et les personnels éducatifs des services liés aux technologies de l'information et de la communication.

L'enseignement comporte en outre une éducation morale et civique ainsi qu'une éducation à l'hygiène et à la santé.

Art. 40. – Des périodes de formation dans des entreprises, des associations, des administrations de la Principauté ou à l'étranger, peuvent être organisées, au cours de la scolarité, par des établissements d'enseignement ou à l'initiative de la direction de l'Éducation nationale.

Art. 41. – Durant la scolarité, l'appréciation des aptitudes et de l'acquisition des connaissances s'exerce par un contrôle continu assuré par les enseignants sous la responsabilité du chef d'établissement.

Art. 42. – La scolarité primaire et secondaire est organisée en cycles déterminés par arrêté ministériel pris sur avis du comité de l'Éducation nationale (2). Peuvent en outre être précisés, selon la même forme, en complément des dispositions de la présente section, les objectifs et les programmes des enseignements de même que les critères d'évaluation, la durée et les horaires scolaires.

Le calendrier scolaire applicable aux établissements d'enseignement primaire et secondaire, publics et privés sous contrat, est publié par arrêté ministériel.

Section 2. – De l'orientation scolaire

Art. 43. – Les établissements publics ou privés sous contrat doivent constituer un conseil d'orientation dans les conditions fixées par arrêté ministériel pris sur avis du comité de l'Éducation nationale (2).

Le conseil d'orientation est chargé d'examiner les demandes d'orientation formulées par les parents, le représentant légal de l'enfant ou la personne qui en assume effectivement la garde ou encore l'élève lorsque celui-ci est majeur.

Le conseil d'orientation émet des propositions d'orientation à l'intention du chef d'établissement lequel notifie sa décision aux parents, au représentant légal de l'enfant ou à la personne qui en assume effectivement la garde ou à l'élève lorsque celui-ci est majeur.

Toutefois, si les propositions du conseil d'orientation ne sont pas conformes à la demande mentionnée au deuxième alinéa, le chef d'établissement doit, avant de se prononcer, recueillir les observations du ou des auteurs de ladite demande. Si la décision d'orientation du chef d'établissement valide les propositions du conseil d'orientation, elle doit être motivée puis notifiée aux intéressés.

Art. 44. – Les personnes mentionnées au deuxième alinéa de l'article précédent peuvent, dans un délai de trois jours ouvrables à compter de la réception de la décision d'orientation, solliciter du directeur de l'Éducation nationale une nouvelle décision d'orientation.

Celui-ci statue dans un délai maximal de vingt et un jours après avis d'une commission supérieure d'orientation dont la composition et le fonctionnement sont fixés par arrêté ministériel (3).

La commission supérieure d'orientation entend les personnes mentionnées au deuxième alinéa de l'article précédent si elles le demandent, ainsi que toute autre personne dont elle estime l'audition utile.

---

(1) V. A. min. n° 2011-38, 25 janv. 2011.
(2) V. A. min. n° 2009-75, 13 févr. 2009.
(3) V. A. min. n° 2009-77, 13 févr. 2009 puis A. min. n° 2014-542, 24 sept. 2009.

Section 3. – Des aides financières aux études

Art. 45. – **Les bourses d'études ou de perfectionnement et de spécialisation en langues étrangères sont attribuées par la direction de l'Éducation nationale après consultation de la commission des bourses.**

Un arrêté ministériel pris sur avis du comité de l'Éducation nationale fixe les conditions d'attribution des bourses ainsi que la composition et le fonctionnement de la commission.

Section 4. – De l'accueil et de la formation des enfants en situation particulière ou difficile

Art. 46. – **L'inscription d'un enfant présentant un handicap ou un trouble de la santé invalidant dans un établissement d'enseignement scolaire est de droit.**

Les établissements d'enseignement scolaire mettent en œuvre les aménagements nécessaires à la situation des enfants et adolescents présentant un handicap ou un trouble de la santé invalidant dans l'organisation, le déroulement et l'accompagnement de leur scolarité.

À cet effet, ils font appel à des enseignants et à des personnels d'encadrement, d'accueil, techniques et de service qualifiés, mis à leur disposition dans les conditions prévues par arrêté ministériel.

Art. 47. – **Afin que lui soit assuré un parcours de formation adapté, chaque enfant ou adolescent présentant un handicap ou un trouble de la santé invalidant fait l'objet d'une évaluation régulière de ses compétences, de ses besoins et des mesures mises en œuvre dans le cadre de son parcours, selon une périodicité adaptée à sa situation. Cette évaluation est réalisée par la commission médico-pédagogique mentionnée à l'article 25.**

L'enfant ainsi que les parents ou les personnes responsables sont entendus dans le processus d'évaluation.

Art. 48. – **Un enseignement adapté est prévu pour les élèves en grande difficulté scolaire.**

CHAPITRE III. – DES RÈGLES DE LA VIE SCOLAIRE

Section 1. – Du règlement intérieur

Art. 49. – **Outre les dispositions de la présente loi et les textes pris pour son application, chaque établissement public ou privé sous contrat est régi par un règlement intérieur qui traite impérativement :**

– de l'organisation interne de la vie scolaire et des études ;

– de la sécurité des personnes et des biens ainsi que de l'hygiène et de la salubrité de l'établissement ;

– du fonctionnement des organes internes à l'établissement, dont le conseil de discipline ;

– des sanctions et punitions applicables aux élèves ainsi que des procédures disciplinaires y afférentes.

Dans les collèges et les lycées, le règlement intérieur fixe en outre les modalités de désignation de délégués des élèves ainsi que leurs fonctions au sein des organes de l'établissement où ils sont appelés à siéger.

Il fait l'objet d'une publicité par voie d'affichage dans des lieux accessibles aux élèves et à l'ensemble du personnel.

Art. 50. – **Le projet de règlement intérieur est établi par le conseil intérieur et transmis par le directeur de l'établissement au directeur de l'Éducation nationale. Celui-ci transmet le projet au ministre d'État en recommandant des modifications s'il y a lieu.**

Le règlement intérieur est adopté par arrêté ministériel sur avis du comité de l'Éducation nationale.

Un modèle-type de règlement intérieur agréé par le ministre d'État est mis à la disposition des établissements par le directeur de l'Éducation nationale.

Section 2. – Des procédures disciplinaires et de leur application

Art. 51. – **Les faits d'indiscipline ou de manquements des élèves aux règles de la vie scolaire peuvent donner lieu, selon leur gravité, au prononcé soit de punitions scolaires, soit de sanctions disciplinaires.**

Art. 52. – **Constituent des sanctions disciplinaires au sens de la présente loi :**

1° l'avertissement ;

2° le blâme ;

3° l'exclusion temporaire de l'établissement dans la limite d'une durée de 48 heures ;

4° l'exclusion temporaire d'une durée supérieure à 48 heures et dans la limite d'un mois ;

5° l'exclusion définitive.

Art. 53. – Les sanctions disciplinaires mentionnées à l'article précédent sont prononcées par le chef d'établissement.

Celui-ci doit toutefois consulter le conseil de discipline préalablement au prononcé des sanctions disciplinaires mentionnées aux chiffres 4°) et 5°) du même article.

Dans le cas d'un acte d'une particulière gravité et dans l'attente de l'aboutissement de la procédure disciplinaire ou des poursuites pénales s'il y a lieu, un élève peut en outre être immédiatement suspendu par le chef d'établissement. La décision doit être motivée et est exécutoire dès sa signature. Elle est notifiée dans les conditions prévues au second alinéa de l'article suivant.

Art. 54. – Toute décision prise en vertu de l'article 52 doit être individuelle et proportionnée aux faits qu'elle sanctionne.

Elle doit être motivée et notifiée aux parents, au représentant légal de l'enfant ou à la personne qui en assume effectivement la garde ou encore à l'élève lorsque celui-ci est majeur.

Art. 55. – Préalablement à toute décision à prendre en vertu de l'article 52, l'élève mis en cause est entendu en ses explications ou dûment appelé à les fournir.

Devant le conseil de discipline, l'élève doit pour préparer sa défense recevoir sa convocation cinq jours au moins avant la date de sa comparution. Il peut se faire assister d'une personne de son choix.

Les parents, le représentant légal de l'enfant, la personne qui en assume effectivement la garde ou celle mentionnée à l'alinéa précédent, ou l'élève majeur peuvent prendre connaissance du dossier disciplinaire auprès du chef d'établissement.

Art. 56. – L'élève sanctionné ou les personnes mentionnées au second alinéa de l'article précédent peuvent demander au directeur de l'Éducation nationale de retirer ou de réformer la décision prise en vertu de l'article 52 dans le mois suivant sa notification.

Le recours n'est pas suspensif.

La décision du directeur de l'Éducation nationale doit être prise dans le mois suivant la notification du recours. Il peut avant de se prononcer faire prescrire l'examen de l'élève par la commission médico-pédagogique.

Art. 57. – Toutes les sanctions peuvent être assorties d'un sursis total ou partiel.

La récidive n'annule pas le sursis de plein droit. Elle doit donner lieu à l'engagement d'une nouvelle procédure disciplinaire.

Art. 58. – Lorsqu'une sanction d'exclusion définitive est prononcée à l'encontre d'un élève soumis à l'obligation scolaire, le directeur de l'Éducation nationale en est informé sans délai et veille à ce que toutes mesures appropriées soient prises aux fins d'assurer le respect de cette obligation.

CHAPITRE IV. – DES PERSONNELS D'ÉDUCATION

Art. 59. – Nul ne peut exercer des fonctions dans un établissement d'enseignement public ou privé :

– s'il a été privé de ses droits civils ou politiques ;

– s'il n'est de bonne moralité ;

– s'il n'est pas reconnu, dans les conditions prévues, selon les cas, par le statut applicable ou la législation sur la médecine du travail, physiquement et mentalement apte à remplir la fonction envisagée ;

– s'il ne possède les qualifications exigées pour exercer sa fonction au sein de l'établissement telles qu'elles sont définies par arrêté ministériel.

Section 1. – Les enseignants

Art. 60. – Les enseignants des établissements publics et privés sous contrat font l'objet d'inspections pédagogiques régulières.

Les inspections sont exercées par des inspecteurs mandatés par le directeur de l'Éducation nationale.

Les mêmes dispositions sont applicables aux chefs d'établissements.

Les conditions de l'inspection pédagogique sont définies par arrêté ministériel.

Art. 61. – L'exercice de l'enseignement à titre particulier et habituel par des personnes physiques est subordonné à l'obtention d'une autorisation délivrée par le ministre d'État.

À 'appui de la demande d'autorisation, l'intéressé fournit toutes pièces justificatives attestant qu'il satisfait aux conditions prévues à l'article 59.

L'autorisation est personnelle et incessible. Elle peut être retirée, selon les formes et conditions prévues pour sa délivrance, dans les cas suivants :

1° si les activités d'enseignement sont déployées hors des limites de l'autorisation ;

2° s'il advient que le titulaire de l'autorisation ne présente plus toutes les garanties de moralité ;

3° si les services compétents acquièrent la certitude d'un risque avéré pour la santé physique ou mentale des élèves.

Préalablement à toute décision de retrait, le titulaire de l'autorisation est entendu en ses explications ou dûment appelé à les fournir.

Nul enseignant d'un établissement public ou privé sous contrat ne peut exercer à titre particulier une fonction d'enseignement s'il n'a obtenu une dérogation accordée par le ministre d'État.

La liste des personnes habilitées à l'exercice de l'enseignement à titre particulier est tenue à la disposition du public par la direction de l'Éducation nationale.

Les formalités déclaratives ou d'autorisation prévues par la loi n° 1.144 du 26 juillet 1991 ne sont pas exigibles de la part des personnes physiques souhaitant exercer l'enseignement à titre particulier.

Art. 61-1 *(L. n° 1.372, 5 juill. 2010)*. – Tout enseignant est responsable du dommage causé ou subi par ses élèves, du fait de sa faute, pendant le temps qu'ils sont sous sa surveillance en raison de ses fonctions.

Toutefois, lorsque l'enseignant exerce dans un établissement d'enseignement public ou privé sous contrat, la responsabilité de l'État est substituée à la sienne. S'il exerce dans un établissement d'enseignement privé hors contrat, la responsabilité de ce dernier est substituée à la sienne. Dans ces deux cas, l'enseignant ne peut jamais être mis en cause devant les juridictions par la victime, ses représentants ou ses ayants droit. Il demeure néanmoins tenu de sa responsabilité pénale.

Le demandeur doit prouver la faute de l'enseignant conformément au droit commun.

L'action récursoire peut être exercée par l'État ou l'établissement d'enseignement privé hors contrat soit contre l'enseignant, soit contre les tiers, conformément au droit commun.

Art. 61-2 *(L. n° 1.372, 5 juill. 2010)*. – L'action en responsabilité intentée par la victime, ses représentants ou ses ayants droit contre l'État, représenté conformément au premier alinéa de l'article 139 du Code de procédure civile, est portée devant le tribunal de première instance statuant en matière administrative.

Celle intentée contre l'établissement d'enseignement privé hors contrat est portée devant le tribunal de première instance statuant en matière civile.

Section 2. – Les autres personnels

Art. 62. – Les personnels autres que ceux mentionnés à la précédente section comprennent les aumôniers et catéchistes, les personnels sociaux et de santé ainsi que les personnels administratifs, techniques, ouvriers et de service.

CHAPITRE V. – DE LA SÉCURITÉ

Art. 63. – Le directeur de la sûreté publique, à la demande et en coopération avec le directeur de l'Éducation nationale et les chefs d'établissement concernés, prend toutes les mesures nécessaires à la protection des personnes et des biens au sein et à proximité des établissements scolaires.

Art. 64. – Les règles applicables à l'encadrement, au transport dans les activités scolaires ou para-scolaires, y compris les sorties et excursions, sont définies par arrêté ministériel.

CHAPITRE VI. – DISPOSITIONS PÉNALES ET ABROGATIVES

Art. 65. – Sont passibles d'une peine de six mois d'emprisonnement et de l'amende prévue au chiffre 2° de l'article 26 du Code pénal, ou de l'une de ces deux peines seulement, les parents, le représentant légal de l'enfant ou la personne en assumant effectivement la garde qui, sans excuse valable et en dépit d'une mise en demeure du directeur de l'Éducation nationale, ne font pas inscrire l'enfant dans un établissement d'enseignement public ou privé ou ne font pas connaître qu'ils entendent faire donner à l'enfant l'instruction dans la famille mentionnée à l'article 2.

Sont passibles des peines prévues au chiffre 2° de l'article 29 du Code pénal, les parents, le représentant légal de l'enfant ou celui en assumant effectivement la garde qui :

– de manière répétée, ne font pas connaître les motifs d'absence de l'enfant ou donnent des motifs inexacts ou encore laissent l'enfant manquer la classe sans motif légitime ou excuse valable plus de quatre demi-journées dans le mois ;

– méconnaissent les obligations déclaratives mises à leur charge par les articles 4 et 5.

Art. 66. – Dans tous les cas mentionnés à l'article 65, le tribunal peut ordonner la suspension temporaire du versement des allocations familiales et, le cas échéant, la nomination dans les conditions prévues par la loi, d'un tuteur aux allocations familiales.

En cas de récidive, le tribunal peut prononcer l'interdiction en tout ou partie pour un an au moins et cinq ans au plus, des droits civiques, civils et de famille énumérés aux chiffres 4° et 5° de l'article 27 du Code pénal, sans préjudice de la suspension temporaire du versement des allocations familiales et de la nomination éventuelle d'un tuteur auxdites allocations.

Art. 67. – Est passible des peines prévues au chiffre 2° de l'article 26 du Code pénal, celui qui exploite ou dirige un établissement d'enseignement privé, ou exerce des fonctions enseignantes à titre particulier et rémunérées sans avoir obtenu l'autorisation requise en vertu des articles 31 et 61.

En ce cas, le tribunal peut ordonner la fermeture définitive de l'établissement, prononcer la confiscation des documents ou du matériel saisi et, s'il échet, des locaux fermés.

Est passible des peines prévues au premier alinéa :

1° quiconque a exercé des fonctions d'enseignement dans un établissement d'enseignement privé en méconnaissance de l'article 59 ;

2° quiconque a permis à une personne d'enseigner dans un établissement d'enseignement sans avoir satisfait aux obligations prescrites à l'article 59.

La récidive des infractions mentionnées au présent article est punie d'une peine de six jours à un mois d'emprisonnement et de l'amende prévue au chiffre 2° de l'article 26 du Code pénal, ou de l'une de ces deux peines seulement.

Lorsque le tribunal ordonne la fermeture d'un établissement d'enseignement privé, le directeur de l'Éducation nationale réunit sans délai les chefs d'établissements d'enseignement compétents en vue d'assurer la scolarisation des élèves qui fréquentaient l'établissement fermé.

Art. 68. – Est passible des peines prévues au chiffre 1° de l'article 26 du Code pénal, l'enseignant qui refuse de se soumettre aux inspections pédagogiques prévues à l'article 16 de la présente loi.

Art. 69. – Sont passibles des peines prévues au chiffre 1° de l'article 26 du Code pénal, les parents, le représentant légal de l'enfant ou la personne en assumant effectivement la garde qui méconnaissent des obligations prescrites, en matière d'inspection médicale, par l'article 17 et les mesures prises pour son application.

Art. 70. – Les personnes morales peuvent être déclarées pénalement responsables des infractions définies aux articles de la présente loi.

Les peines encourues par les personnes morales sont :

– la dissolution pour les établissements d'enseignement privés,

– la fermeture temporaire ou définitive de l'un ou plusieurs établissements ayant servi à commettre les faits incriminés ;

– l'amende, à hauteur du quintuple du taux de l'amende prévue pour les personnes physiques ;

– l'affichage de la décision prononcée ou la diffusion de celle-ci soit dans des publications de la presse écrite, soit par tout moyen de communication audiovisuelle ou électronique.

Art. 71. – Il est interdit d'effectuer des actes de démarchage ou de mandater des démarcheurs pour le compte d'établissements d'enseignement. Constitue l'acte de démarchage le fait de se rendre au domicile des particuliers ou sur les lieux de travail pour provoquer l'inscription ou la souscription d'un contrat d'enseignement.

Toute méconnaissance des dispositions du présent article est punie de l'amende prévue au chiffre 3° de l'article 26 du Code pénal. En cas de condamnation, le tribunal peut prononcer, pour une durée de cinq ans au plus, l'interdiction de diriger et d'enseigner ainsi que la fermeture de l'établissement.

Art. 72. – Est passible des peines prévues au chiffre 2° de l'article 26 du Code pénal, celui qui pénètre dans l'enceinte d'un établissement scolaire, public ou privé, sans y être habilité en vertu de dispositions législatives ou réglementaires ou y avoir été autorisé par les autorités compétentes.

La récidive de l'infraction mentionnée au présent article est punie d'une peine de six jours à un mois d'emprisonnement et de l'amende prévue au chiffre 2° de l'article 26 du Code pénal, ou de l'une de ces deux peines seulement.

Art. 73. – Sont abrogées la loi n° 826 du 14 août 1967 sur l'enseignement et toutes dispositions contraires à la présente loi.

Loi nº 502 du 6 avril 1949

sur l'expropriation pour cause d'utilité publique (1)

TITRE I. – DES MESURES RELATIVES À L'EXPROPRIATION

Art. 1er. – Les ordonnances souveraines des 22 mai 1858 et 21 avril 1911, l'ordonnance-loin° 173 du 8 avril 1933, la loi n° 208 du 20 juillet 1935 et l'ordonnance-loi n° 383 du 19 avril 1944 sont abrogées et remplacées par les dispositions suivantes :

Art. 2. – Lorsqu'il y aura lieu d'exiger la cession de tout ou partie d'une ou de plusieurs propriétés privées pour l'exécution de travaux entrepris par l'État ou autorisés par lui dans un but d'utilité publique, cette utilité et l'urgence, s'il y a lieu, seront constatées et déclarées par une loi.

Art. 3. – L'administration des Domaines ou les personnes chargées des travaux feront lever le plan parcellaire de ces propriétés. Ce plan, indiquant les noms de chaque propriétaire, restera déposé pendant vingt jours à la mairie afin que chacun puisse en prendre connaissance.

Art. 4. – Un avertissement donné collectivement par le maire aux parties intéressées de prendre connaissance du plan sera affiché aux lieux accoutumés et inséré au *Journal de Monaco* et dans deux quotidiens régionaux.

Le délai de vingt jours fixé à l'article précédent prendra cours à compter du jour où l'avis collectif aura été affiché.

Le même jour, notification individuelle, par pli recommandé, sera faite par le maire aux propriétaires, de prendre communication du plan déposé et de faire leurs observations. Cette notification sera faite au domicile, s'il est connu. Dans le cas contraire, la notification sera faite, le cas échéant, au gardien, régisseur, syndic ou administrateur de la propriété ou au mandataire chargé de l'encaissement des loyers.

Art. 5. – Les fermiers, locataires, ceux qui ont des droits d'usufruit, d'habitation ou d'usage, tels qu'ils sont réglés par le Code civil, et ceux qui peuvent avoir des servitudes ou autres droits à exercer seront mis en demeure, par la publication et l'affiche énoncées à l'article 4, de se faire connaître à la mairie et de formuler leurs réclamations dans le délai de vingt jours fixé par l'article 3, à défaut de quoi ils seront déchus de tous droits à indemnité.

Art. 6. – Pour toutes les notifications et assignations prescrites par la présente loi et mentionnées aux articles suivants, les propriétaires et autres intéressés seront tenus de faire élection de domicile à Monaco, par une déclaration faite à l'administration des Domaines. Dans le cas où cette élection de domicile n'aurait pas eu lieu, les notifications et assignations seront valablement faites en double copie, l'une au maire et l'autre, le cas échéant, aux gardien, régisseur, syndic, administrateur de la propriété ou mandataire chargé de l'encaissement des loyers.

Art. 7. – Pendant les délais ci-dessus indiqués, le maire mentionnera, dans un procès-verbal d'enquête ouvert à cet effet, les observations et réclamations qui lui seront présentées verbalement ou par écrit. Les parties comparaissant seront requises de signer ce procès-verbal, auquel seront annexées les déclarations écrites.

(1) Les expressions « *tribunal de première instance* » et « *président du tribunal de première instance* » sont substituées par la loi n° 1.010 du 18 novembre 1978 à celles de « *tribunal d'expropriation* » et de « *président du tribunal d'expropriation* ».

Art. 8. – À l'expiration du délai mentionné à l'article 3, le plan, le procès-verbal d'enquête et ses annexes, le rapport qui sera dressé par le service des travaux publics, seront communiqués au comité des travaux publics qui donnera, dans les cinq jours, son avis sur le maintien ou le rejet du plan.

Le comité pourra s'adjoindre deux propriétaires non touchés par l'expropriation.

Si le comité des travaux publics propose quelques changements au plan initial et si ces changements rendent nécessaire l'expropriation d'autres immeubles ou parties d'immeuble, le plan modifié sera de nouveau déposé à la mairie pendant un délai de vingt jours ; il sera procédé conformément aux articles 4 et suivants.

L'avis du comité des travaux publics est transmis au Gouvernement dans un délai de cinq jours et une ordonnance souveraine statuant définitivement sur l'exécution du projet et sur l'urgence, s'il y a lieu, détermine les propriétés ou parties de propriété qui doivent être cédées, et l'époque de la prise de possession.

Art. 9. – Toute personne ayant la libre disposition de ses biens peut céder amiablement, soit à l'administration des Domaines, soit au concessionnaire des travaux, ses droits sur les parcelles expropriées.

Tout représentant d'un incapable peut également céder lesdits droits après avoir obtenu 1 autorisation du tribunal de première instance, le Ministère public entendu. Le tribunal de première instance peut, toutefois, subordonner son autorisation à telles mesures de conservation ou de remploi qu'il jugera utiles ou nécessaires.

Ces dispositions seront applicables aux biens dotaux.

Art. 10. – L'Administration fixera, par arrêté ministériel, le montant des offres qu'il y aurait lieu de faire aux divers propriétaires ou autres ayants droit, intervenus dans le délai prévu à l'article 3.

Ces offres seront publiées au *Journal de Monaco*, affichées aux lieux accoutumés et notifiées par lettre recommandée avec accusé de réception ou par acte extrajudiciaire.

Art. 11. – Dans la quinzaine suivante, les intéressés seront tenus de déclarer, également par lettre recommandée avec accusé de réception ou par acte extrajudiciaire, s'ils acceptent les offres faites. S'ils n'acceptent pas, ils seront tenus d'indiquer le montant de leurs prétentions et de désigner la personne chargée de procéder à l'expertise prévue aux articles suivants.

Art. 12. – Les deuxième et troisième alinéas de l'article 9 sont applicables pour l'acceptation des offres.

TITRE II. – DE LA PROCÉDURE RELATIVE À LA DÉPOSSESSION FORCÉE

Art. 13. – L'Administration notifie à son tour la désignation de l'expert qu'elle a choisi. Dans le cas où les intéressés n'auraient pas répondu dans les conditions prévues par l'article 11, cette notification les mettra en demeure de désigner leur expert dans le délai de cinq jours, passé lequel il sera nommé d'office par le président du tribunal de première instance sur requête de l'Administration.

Art. 14. – Les experts ainsi désignés prêtent serment devant le président du tribunal de première instance ou le magistrat par lui désigné. Ils procèdent à l'expertise même en l'absence des parties, celles-ci dûment appelées.

À défaut d'accord de ces deux experts avant l'expiration du délai d'un mois à compter de leur prestation de serment, le président du tribunal de première instance en nommera un troisième à la requête de la partie la plus diligente.

En cas d'empêchement de l'un quelconque de ces experts, il est pourvu à son remplacement par le président du tribunal de première instance à la requête de la partie la plus diligente, à moins que les parties intéressées ne s'entendent pour procéder elles-mêmes à ce remplacement s'il s'agit de leur expert.

Les experts déposent leur rapport au greffe général, soit dans les trente jours de leur prestation de serment s'ils ont pu s'entendre, soit dans les trente jours de la prestation de serment du tiers expert, s'il en a été désigné un.

Les experts qui n'auraient pas déposé leur rapport dans le délai ci-dessus fixé seront déchus de plein droit de la mission qui leur avait été confiée et seront remplacés comme prévu au troisième alinéa du présent article ; ils n'auront droit m au paiement de leurs honoraires, ni au remboursement de leurs frais, sans préjudice de tous dommages-intérêts qui pourraient leur être réclamés par les intéressés.

Art. 15. – Dans les trois mois du dépôt du rapport d'expertise, l'acte de dépôt et le rapport seront signifiés aux parties intéressées, lesquelles seront assignées en même temps à comparaître au tribunal de première instance. Cette assignation sera remise au domicile élu, et dans le cas où cette élection de domicile n'aurait pas eu lieu, en double copie, l'une au maire et l'autre, le cas échéant, aux gardien, régisseur, syndic ou administrateur de la propriété ou mandataire chargé de l'encaissement des loyers.

Art. 16 *(L. n° 1.010, 18 nov. 1978)*. – Le tribunal de première instance connaît de l'expropriation et de toutes les actions s'y rattachant.

Art. 17 *(L. n° 1.010, 18 nov. 1978)*. – Sur la constatation de l'accomplissement des formalités prescrites par les articles 2, 3, 4, 7, 8 et 10, le tribunal prononce le transfert de propriété et l'envoi en possession.

Par jugement séparé, le tribunal statue, le même jour, sur les indemnités à allouer aux expropriés.

Le montant de l'indemnité est fixé sans que le tribunal soit lié par le rapport des experts, même si ceux-ci se sont accordés et sans tenir compte des demandes relatives à des constructions, des plantations ou des améliorations qui auraient été faites sur les parcelles expropriées dans la seule vue d'obtenir une indemnité plus élevée.

L'indemnité tient compte, s'il y a lieu, de la dépréciation de la partie de l'immeuble qui resterait en possession du propriétaire exproprié.

Art. 18 *(L. n° 1.010, 18 nov. 1978)*. – Le jugement prononçant, même par défaut, le transfert de propriété et l'envoi en possession ne peut faire l'objet que d'un pourvoi en révision.

Le jugement statuant sur les indemnités peut, dans les conditions ordinaires, être frappé d'appel ; il n'est pas susceptible d'opposition.

S'il est interjeté appel, l'Administration peut prendre possession moyennant le versement d'une somme d'argent au moins égale aux offres faites par elle.

Dans ce cas, si l'état des lieux doit être modifié avant le prononcé de l'arrêté, le tribunal de première instance, saisi parla partie la plus diligente, ordonne, aux frais de l'Administration, toutes mesures nécessaires à la constatation de cet état.

Art. 19. – Les jugements sont déposés en minute au greffe général, lequel en délivre les grosses et expéditions nécessaires. Ils sont signifiés aux parties intéressées.

Le jugement qui prononce le transfert de propriété est aussitôt transcrit au bureau des hypothèques, conformément à l'ordonnance du 21 février 1862.

Ce jugement est affiché par extrait aux lieux accoutumés et publie au *Journal de Monaco*, avec invitation à tous créanciers de faire inscrire les privilèges et hypothèques conventionnels, judiciaires ou légaux, antérieurs audit jugement, qu'ils peuvent avoir sur les immeubles expropriés.

Si l'inscription n'est pas faite dans les quinze jours de la transcription du jugement, l'immeuble exproprié est affranchi de tous privilèges et de toutes hypothèques sans préjudice du recours des ayants droit sur le montant de l'indemnité aussi longtemps que celle-ci n'aura pas été payée. Les créanciers n'auront, en aucun cas, la faculté de surenchérir.

Art. 20. – Les actions en résolution, en revendication et toutes autres actions réelles ne pourront arrêter l'expropriation ni en empêcher les effets.

Le droit des réclamants sera transporté sur le prix de l'immeuble et l'immeuble en demeurera affranchi.

Art. 21. – Les dispositions de la présente loi relatives aux propriétaires et à leurs créanciers sont applicables à l'usufruitier et à ses créanciers.

Art. 22. – Les règles ci-dessus prescrites pour la purge des privilèges et hypothèques sont communes aux jugements d'expropriation et aux actes d'aliénation volontaire.

Dans ce dernier cas cependant, les créanciers inscrits peuvent exiger que le montant de l'indemnité soit fixé judiciairement. Ils devront exercer ce droit dans le délai de quinzaine prévu par l'article 19.

TITRE III. – DU PAIEMENT DE L'INDEMNITÉ

Art. 23 *(L. n° 1.010, 18 nov. 1978)*. – Le montant de l'indemnité est, à l'expiration d'un délai de quinze jours à compter, soit de la date où le jugement statuant sur les indemnités est devenu définitif, soit de la signification de l'arrêt, payé aux créanciers inscrits, suivant leur rang, ou aux intéressés eux-mêmes.

Dans le cas d'usufruit, le nu-propriétaire et l'usufruitier exercent sur le montant de l'indemnité les droits qu'ils avaient sur le bien.

L'usufruitier est tenu de donner caution ; les père, mère ayant l'usufruit légal pourront seuls en être dispensés.

Est nul de droit tout traité qui aurait pour but de stipuler au profit d'un tiers une quotité de l'indemnité allouée.

Art. 24. – Si les ayants droit refusent de recevoir le paiement de l'indemnité, l'administration des Domaines leur en fera l'offre suivant la procédure prévue par les articles 743 et suivants du Code de procédure civile.

Si quelque obstacle imprévu empêche le paiement immédiat de l'indemnité, son montant sera déposé à la caisse des dépôts et consignations, pour être ultérieurement distribué ou remis à qui de droit.

La prise de possession par le Domaine n'aura lieu qu'après paiement ou consignation de l'indemnité.

Toutefois, lorsque l'urgence aura été constatée, l'Administration pourra se mettre en possession aussitôt après le jugement prononçant l'expropriation ; dans ce cas, le montant de l'indemnité produira intérêt au taux légal, à compter de la prise de possession.

Lorsqu'il s'agira de procéder à l'établissement de voies publiques par incorporation à leur assiette des espaces libres compris dans le nouvel alignement, tel qu'il est déterminé par le plan parcellaire, l'Administration pourra se mettre en possession aussitôt après la première visite des lieux effectuée par les experts ; le règlement de l'indemnité aura lieu comme il est dit ci-dessus.

TITRE IV. – DISPOSITIONS DIVERSES

Art. 25. – Lorsque les travaux d'utilité publique ne nécessiteront que la dépossession partielle d'un immeuble bâti ou non bâti, le ou les propriétaires pourront requérir qu'il soit acquis en entier si, par suite du morcellement, la portion restante n'est plus susceptible d'être utilisée par eux.

Cette requête, faite par lettre recommandée ou par acte extrajudiciaire, devra, pour produire effet, être présentée avant la désignation de l'expert prévu à l'article 11 ou en même temps qu'elle.

Elle contiendra l'indication du montant du prix demandé pour la cession et en cas de refus, par l'Administration, les experts désignés auront, en outre, pour mission de rechercher si cette portion restante n'est réellement plus susceptible d'utilisation par le propriétaire exproprié et d évaluer le prix auquel elle pourrait être acquise par l'Administration.

Au cas où les experts n'arriveraient pas à s'entendre, il sera statué par le tribunal de première instance.

Dans tout projet d'expropriation pour l'élargissement, le redressement ou la formation des voies et places publiques, l'Administration aura, de son côté, le droit de comprendre la totalité des immeubles atteints, lorsqu'elle jugera que les parties restantes ne sont pas d'une étendue ou d'une forme qui permettre d'y élever des constructions salubres, ni des constructions en rapport avec l'importance ou l'esthétique desdites voies et places.

Les parcelles de terrain acquises en dehors des alignements et non susceptibles de recevoir des constructions salubres ou esthétiques pourront être réunies aux propriétés contiguës après réalisation des travaux déclarés d'utilité publique.

La fixation du prix de ces terrains pourra être faite, à défaut d'accord amiable, suivant les mêmes formes et devant la même juridiction que celles des expropriations ordinaires.

Art. 26. – Si l'exécution des travaux entrepris devait procurer une augmentation de valeur immédiate et directe, un avantage réel au restant non exproprié de la propriété, cette augmentation ou cet avantage seront pris en considération dans l'évaluation du prix de l'indemnité.

Art. 27 *(L. 28 déc. 1953)*. – Dans le cas où les terrains ou les édifices acquis pour des travaux d'utilité publique ne recevraient pas cette destination dans un délai de quinze ans après la date du jugement d'expropriation ou de la cession amiable intervenue à la suite de la déclaration d'utilité publique, l'Administration sera tenue de les remettre à leurs anciens propriétaires ou aux ayants droit si elle en est requise.

Le droit de demander la remise des terrains ou édifices s'ouvrira dix ans après la date du jugement ou de la cession amiable ; il ne pourra ensuite s'exercer que pendant un délai de trois ans.

Toutefois, la demande restera sans effet si l'Administration a affecté, dans les formes légales prévues pour la déclaration d'utilité publique, les terrains ou édifices :

- soit à des travaux d'utilité publique ;
- soit à un service public ou d'utilité publique.

Le propriétaire qui aura exercé le droit prévu par le premier alinéa du présent article devra rembourser l'indemnité perçue si les immeubles sont intacts. S'il y a eu changement, le prix, à défaut d'accord amiable, sera fixe par le tribunal de première instance dans les formes ci-dessus prescrites.

Si l'immeuble a acquis une plus-value spéciale par suite de l'exécution de travaux d'utilité publique, l'estimation de cette plus-value sera fixée dans les mêmes formes parle tribunal de première instance.

Art. 28. – Si, pour une raison quelconque, l'Administration décide avant l'expiration du délai de dix ans prévu à l'article précédent ou avant l'expiration des trois années suivantes de ne plus utiliser l'immeuble exproprié, elle fera connaître cette décision par un avis publié au *Journal de Monaco*.

Un avis individuel sera en même temps adressé à l'intéressé, conformément à l'article 4.

L'ancien propriétaire qui voudra réacquérir l'immeuble sera tenu d'en faire la déclaration à l'Administration dans les trois mois qui suivront la publication de l'avis en restituant le montant de l'indemnité ou du prix de la cession.

Les formalités du présent article sont prescrites à peine de déchéance du privilège accordé par l'article précédent.

Art. 29. – Les dispositions des articles 27 et 28 ne seront pas applicables aux terrains et constructions qui auront été acquis sur la réquisition du propriétaire, en vertu de l'article 25 et qui resteraient disponibles après l'exécution des travaux.

Art. 30. – Les frais d'étude, ceux de mesures préliminaires d'expertise amiablement opérée, d'acte de cession volontaire, de purge et de quittance seront supportés par l'Administration.

Les frais de procédure d'expertise et autres nécessités par la dépossession forcée seront supportés par les indemnitaires, lorsque l'indemnité fixée par le tribunal ne dépassera pas les offres de l'Administration ; ces frais seront à la charge de celle-ci, lorsque l'indemnité sera égale à la demande des parties.

Si l'indemnité est à la fois supérieure à l'offre de l'Administration et inférieure à la demande des parties, les dépenses seront compensées de manière à être supportées par les parties et l'Administration proportionnellement à l'écart existant entre, d'une part, leur offre ou leur demande, et d'autre part, l'indemnité fixée par le tribunal de première instance.

Le tribunal de première instance pourra également compenser les frais en tout ou en partie lorsqu'il le jugera convenable d'après les circonstances de la cause ; ceux toutefois antérieurs aux offres de l'Administration seront toujours à la charge de celle-ci.

Les frais d'offres réelles, de consignation et autres qui en dépendent seront à la charge de ceux qui auront refusé de recevoir l'indemnité.

Art. 31. – Les propriétaires seront obligés de permettre aux agents de l'Administration, lorsqu'ils en seront requis, de faire tous travaux d'étude dans leur propriété, sauf l'indemnité pour les dégâts qui pourraient être occasionnés.

Art. 32. – Les concessionnaires de travaux publics exerceront tous les droits conférés à l'Administration et seront soumis à toutes les obligations qui lui sont imposées par la présente loi.

TITRE V. – DE L'EXPROPRIATION CONDITIONNELLE

Art. 33. – L'Administration aura toujours la faculté de ne faire prononcer l'expropriation qu'après avoir fait fixer conditionnellement le montant de l'indemnité d'expropriation.

Le tribunal de première instance fixera dans son jugement le montant de l'indemnité qui serait allouée à l'exproprié au cas où l'Administration ne poursuivrait pas l'expropriation.

Le montant de cette indemnité ne pourra excéder, outre les dépens, 1 % du montant de l'indemnité d'expropriation.

Art. 34. – L'administration expropriante sera tenue de notifier aux intéressés, dans les trois mois de la fixation de l'indemnité, son intention de poursuivre l'expropriation, faute de quoi elle sera considérée comme y renonçant par le seul fait de l'expiration dudit délai et sans qu'il soit nécessaire d'une mise en demeure.

Art. 35. – Si l'Administration déclare qu'elle entend poursuivre l'expropriation, un jugement rendu à la requête de la partie la plus diligente prononcera l'expropriation, déclarera exigible l'indemnité fixée

conditionnellement par le jugement prévu à l'article 33, constatera le transfert de propriété et enverra le Domaine en possession des immeubles expropriés à charge par elle de se conformer aux dispositions des articles 19, 23 et 24.

Art. 36. – **Toutes dispositions contraires à celles de la présente loi sont et demeurent abrogées.**

Ordonnance nº 3.413 du 29 août 2011

portant diverses mesures relatives à la relation entre l'Administration et l'administré (1)

Art. 1er. – **La présente ordonnance a pour objet de fixer diverses règles appelées à régir les relations entre les administrés et les autorités relevant des services exécutifs au sens de l'article 44 de la Constitution.**

TITRE Ier. – DES RECOURS ET DE LA MÉDIATION

Section I. – Des recours administratifs préalables

Art. 2. – **Toute décision administrative prise par le Ministre d'État ou par toute autre autorité relevant des services exécutifs au sens de l'article 44 de la Constitution peut faire l'objet d'un recours administratif préalable.**

Ce recours peut être gracieux ou hiérarchique.

Le recours gracieux est formé devant l'auteur de la décision, le recours hiérarchique devant l'autorité qui en est le supérieur dans la hiérarchie administrative

Toute décision prise par une autorité relevant des services exécutifs susmentionnés peut faire l'objet d'un recours hiérarchique auprès du Ministre d'État.

Art. 3. – **Les recours administratifs préalables sont formés par les personnes justifiant d'un intérêt à l'encontre des décisions qui leur font grief dans les conditions prévues à l'article 15 de l'ordonnance souveraine nº 2.984 du 16 avril 1963, modifiée, susvisée et, s'il y a lieu, par l'article 15 de la loi nº 975 du 12 juillet 1975, modifiée, susvisée.**

Art. 4. – **L'autorité saisie d'un recours administratif préalable peut réformer la décision litigieuse, la retirer ou l'abroger, ou encore rejeter le recours.**

Section II. – De la médiation

Art. 5 à 14 ***(Abr., Ord. nº 2013-4.524, 30 oct. 2013. – V. désormais ce texte).***

TITRE II. – DES ORGANISMES CONSULTATIFS PLACÉS AUPRÈS DES AUTORITÉS ADMINISTRATIVES

Art. 15. – **Les dispositions du présent titre sont applicables, à défaut de dispositions législatives ou réglementaires spécifiques, aux organismes collégiaux dont l'avis est requis préalablement aux décisions à prendre, à l'égard des usagers et des tiers, par le Ministre d'État ou par une autre autorité mentionnée à l'article 2.**

Art. 16. – **Sauf urgence, les membres des organismes consultatifs reçoivent, cinq jours francs au moins avant la date de leur réunion, une convocation écrite comportant l'ordre du jour et, le cas échéant, les documents nécessaires à l'examen des affaires qui y sont inscrites.**

Art. 17. – **Le quorum est égal à la moitié du nombre des membres titulaires composant l'organisme dont l'avis est sollicité.**

Lorsque le quorum n'est pas atteint sur un ordre du jour donné, l'organisme délibère valablement sans condition de quorum après une nouvelle convocation portant sur le même ordre du jour et spécifiant qu'aucun quorum ne sera exigé.

Art. 18. – **Les membres d'un organisme consultatif ne peuvent prendre part aux délibérations lorsqu'ils ont un intérêt personnel à l'affaire qui en fait l'objet. Si tel est le cas, l'autorité compétente pour prendre la décision**

(1) V. A. min. nº 2011-468, 29 août 2011 *(mod., A. min. nº 2012-586, 11 oct. 2012).*

subséquente n'est pas tenue de solliciter une seconde délibération de l'organisme consultatif lorsqu'il est établi que la participation du ou des membres intéressés a été sans influence sur la délibération.

Art. 19. – Le procès-verbal indique le nom et la qualité des membres présents, les questions traitées au cours de la séance et le sens de chacune des délibérations. En outre, tout membre de l'organisme consultatif peut demander qu'il y soit fait mention de son désaccord avec la majorité.

Le procès-verbal est transmis à l'autorité compétente pour prendre la décision. Lorsque la décision doit être motivée en application de la loi n° 1.312 du 29 juin 2006, susvisée, la notification doit être accompagnée des mentions du procès-verbal se rapportant à la question sur laquelle il est statué par cette décision.

Art. 20. – Lorsqu'un organisme dont la consultation est obligatoire n'a pas émis son avis dans un délai raisonnable, l'autorité compétente pour prendre la décision peut légalement y passer outre après avoir invité son président à provoquer, dans un délai qu'elle détermine, l'inscription de l'affaire à l'ordre du jour. Ladite autorité porte cette mise en demeure à la connaissance des membres titulaires et suppléants composant cet organisme.

TITRE III. – DES DOCUMENTS ADMINISTRATIFS

Art. 21. – Sont des documents administratifs, au sens du présent titre, toutes informations, quels que soient leur date, leur forme ou leur support, qui ont été produites, ou reçues de la part de toute personne physique ou morale, par les services mentionnés à l'article 2 dans l'exercice de leur activité.

Section I. – De l'accès aux documents administratifs

Art. 22 *(Rempl., Ord. n° 3.928, 6 sept. 2012)*. – Toute personne physique ou morale peut adresser à une autorité administrative mentionnée à l'article 2 une demande en vue de consulter un document administratif détenu par cette autorité et n'ayant pas donné lieu à une publication au *Journal de Monaco*, ni fait l'objet d'une diffusion publique par tout moyen, y compris électronique.

Art. 23. – La demande est adressée par écrit à l'autorité administrative et comporte tous éléments pertinents permettant l'identification du document administratif concerné. Il en est accusé réception.

L'autorité administrative est tenue de notifier au pétitionnaire les suites qu'elle entend réserver à sa demande dans un délai de quatre mois.

À défaut de réponse dans le délai mentionné au précédent alinéa, la demande est réputée rejetée.

Art. 24. – Il n'est pas fait droit aux demandes trop générales ou trop imprécises pour permettre à l'autorité administrative d'identifier le document administratif recherché, ni aux demandes abusives en particulier par leur nombre ou leur caractère répétitif.

Sont également rejetées les demandes portant sur des documents administratifs dont la consultation porterait atteinte :

a) au secret des délibérations du Gouvernement et des autorités mentionnées à l'article 2 ;

b) à la conduite de la politique extérieure de la Principauté ;

c) à la sûreté de l'État ou à la sécurité des personnes ou des biens ;

d) à la monnaie et au crédit public ;

e) au déroulement de procédures introduites devant des juridictions ou d'opérations préliminaires à de telles procédures ;

f) à la recherche ou à la poursuite de faits susceptibles de donner lieu à des sanctions administratives ou pénales ;

g) au secret de la vie privée, de la correspondance, au secret médical, ou au secret en matière commerciale, industrielle ou professionnelle, lorsque les informations concernent une personne autre que le pétitionnaire ;

h) à tout autre secret ou intérêt légitime légalement protégé.

En outre, ne sont pas communicables les notes personnelles inscrites sur un document administratif, ni les esquisses, ébauches, brouillons, notes préparatoires ou autres pièces de même nature.

Art. 25. – Lorsqu'il est fait droit à une demande, la consultation du document administratif s'effectue selon les modalités déterminées par l'autorité administrative.

À ce titre, elle peut autoriser la consultation d'un document administratif dont sont ôtées, biffées ou disjointes des mentions dont la connaissance par le pétitionnaire entraînerait une atteinte à l'un des secrets ou des intérêts énoncés au deuxième alinéa de l'article précédent.

L'autorité administrative peut, sur le support le plus approprié, délivrer copie du document administratif consulté, aux frais du demandeur, dans la limite des possibilités techniques du service et à la condition que la reproduction ne nuise pas à la conservation dudit document.

Art. 26 *(Rempl., Ord. n° 4.524, 30 oct. 2013)*. – Le refus de consultation d'un document administratif mentionné à l'article 21 est motivé dans les conditions prescrites par la loi n° 1.312 du 29 juin 2006, susvisée.

Il peut donner lieu à un recours administratif préalable formé auprès du Ministre d'État. En ce cas, celui-ci peut en saisir le Haut Commissaire à la protection des droits (1).

Les articles 19 et 20 de Notre ordonnance n° 4.524 du 30 octobre 2013 sont alors applicables.

À des fins de médiation, le Haut Commissaire peut en outre proposer au pétitionnaire de procéder à des vérifications, arrêtées d'un commun accord, sur le document administratif et de lui en rendre compte.

Art. 27 *(Rempl., Ord. n° 4.524, 30 oct. 2013)*. – Au terme de l'instruction du dossier, le Haut Commissaire à la protection des droits adresse au Ministre d'État une recommandation conformément à l'article 23 de Notre ordonnance n° 4.524 du 30 octobre 2013

Art. 28. – Les dispositions de la présente section sont applicables sauf dispositions légales ou réglementaires régissant l'accès à des documents administratifs particuliers.

La communication de documents à caractère contractuel ou pré-contractuel est régie par les dispositions générales ou particulières applicables aux conventions mentionnées à l'article 5.

Section II. – Des archives publiques

Art. 29. – Les archives, au sens de la présente section, sont constituées de documents administratifs et se repartissent en trois catégories :

1. les archives courantes, savoir les documents administratifs utilisés pour le traitement quotidien des affaires par le service détenteur ;
2. les archives intermédiaires, savoir les documents administratifs qui ne sont plus d'usage courant mais dont l'utilité justifie qu'ils demeurent à proximité du service détenteur ;
3. les archives définitives, savoir les documents administratifs à conserver indéfiniment, après tri et élimination, en raison de leur valeur archivistique, en vue de constituer des fonds de référence à des fins historiques, statistiques ou scientifiques.

Art. 30. – Est créé le Service central des archives et de la documentation administrative. Placé sous l'autorité du Ministre d'État, ce service assure la gestion des archives définitives.

À cette fin, il veille à la sélection, au tri, au classement ainsi qu'à la conservation des documents administratifs énoncés au chiffre 3 de l'article précédent et, s'il y a lieu, à leur communication.

Art. 31. – À l'issue de la période nécessaire à la réalisation des objectifs pour lesquels ils ont été collectés et traités, les documents administratifs mentionnés au chiffre 3 de l'article 29 font l'objet d'une sélection, visant à séparer ceux à conserver sans limitation de durée, de ceux dépourvus de valeur archivistique, destinés à l'élimination.

Cette sélection est effectuée conformément à l'article 30 par le Service central des archives et de la documentation administrative, en liaison avec le service détenteur.

Art. 32. – Sans préjudice des dispositions de l'article précédent, lorsque les documents administratifs mentionnés au chiffre 3 de l'article 29 comportent des informations nominatives collectées dans le cadre de traitements automatisés régis par la loi n° 1.165 du 23 décembre 1993, modifiée, susvisée, ces informations font également l'objet, à l'issue de la période prévue à l'article 9 de ladite loi, d'une sélection visant à distinguer

(1) V. Ord. n° 4.524, 30 oct. 2013 instituant un Haut Commissariat à la protection des droits, des libertés et à la médiation.

celles qui sont destinées à être conservées en raison de leur valeur archivistique au sens du chiffre 3 de l'article 29, de celles appelées à être éliminées.

Art. 33. – Les documents administratifs qui, après sélection, sont destinés à être conservés de manière illimitée doivent être versés au Service central des archives et de la documentation administrative. Chaque versement donne lieu à l'émission, par le service détenteur, d'un bordereau visé par le Service central des archives et de la documentation administrative.

Toutefois, lorsqu'un motif légitime fait obstacle à un tel versement, le service détenteur avise le Service central des archives et de la documentation administrative de l'existence des documents administratifs concernés et des conditions de leur conservation, afin que celui-ci soit à même d'accomplir les missions qui lui sont dévolues par la présente ordonnance.

Art. 34. – L'élimination des documents administratifs ne présentant aucune valeur archivistique au sens du chiffre 3 de l'article 29 est effectuée par le Service central des archives et de la documentation administrative.

Art. 35. – Le Service central des archives et de la documentation administrative procède au classement et à l'inventaire des archives publiques dont il reçoit versement.

Il met en place des instruments de recherche afin d'en faciliter l'accès aux utilisateurs.

Art. 36. – Les documents administratifs mentionnés au chiffre 3 de l'article 29 peuvent être communiqués au public à l'expiration d'un délai de protection de trente ans à compter, selon les cas, de leur date ou de la date de clôture du dossier auquel ils se rapportent.

Ce délai peut toutefois être porté à une durée supérieure pour des catégories de documents administratifs déterminées, dans les conditions fixées par arrêté ministériel pris après avis de la Commission consultative des archives de l'État.

Les documents administratifs librement consultables par le public avant leur versement au Service central des archives et de la documentation administrative le demeurent après leur versement.

Art. 37. – Si un motif légitime d'intérêt public ou privé s'oppose à ce que certains documents administratifs mentionnés à l'article précédent soient communiqués, le Ministre d'État peut, par décision motivée, en restreindre ou en refuser la communication.

Art. 38. – Les documents administratifs mentionnés au chiffre 3 de l'article 29 peuvent être exceptionnellement communiqués avant l'expiration du délai de protection prévu à l'article 36, sur autorisation du Ministre d'État et dans les conditions qu'il définit s'il y a lieu.

Art. 39. – La communication des documents mentionnés au chiffre 3 de l'article 29 se matérialise par la délivrance de copies.

Le Service central des archives et de la documentation administrative est seul habilité à délivrer lesdites copies.

Les copies sont faites aux frais du demandeur, dans les conditions fixées au troisième alinéa de l'article 25.

Art. 40 *(Rempl., Ord. n° 3.658, 2 févr. 2012).* – Est instituée une Commission consultative des archives de l'État.

Présidée par le Chef de l'Inspection Générale de l'Administration ou son représentant, cette commission comprend en outre :

- le Contrôleur Général des Dépenses ou son représentant ;
- le Directeur des Affaires Juridiques ou son représentant ;
- l'Administrateur des domaines ou son représentant ;
- le Directeur Informatique ou son représentant ;
- le Directeur de l'Administration Électronique et de l'Information aux Usagers ou son représentant ;
- le Chef du Service central des archives et de la documentation administrative ou son représentant ;
- trois personnes qualifiées désignées par le Ministre d'État.

Le secrétariat de la Commission est assuré par le service central des archives et de la documentation administrative.

La Commission formule, à l'intention du Ministre d'État, toutes propositions ou recommandations de nature à orienter ou à améliorer la gestion des archives publiques. Elle peut être consultée à la demande du Ministre d'État sur toute question ayant trait auxdites archives.

La Commission peut ponctuellement faire appel à l'expertise d'un intervenant extérieur.

Les dispositions du Titre II lui sont applicables.

Art. 41. – L'ordonnance souveraine n° 3.864 du 25 septembre 1967, susvisée, est abrogée.

Dans les ordonnances, arrêtés et règlements actuellement en vigueur, les termes « Chef du service central des archives et de la documentation administrative » et « Service central des archives et de la documentation administrative » sont respectivement substitués à « Chef du service d'archives centrales » et « Service d'archives centrales ».

Les conditions d'application du présent titre pourront être fixées par arrêté ministériel, pris après avis de la Commission consultative des archives de l'État.

Les dispositions du présent titre sont applicables sans préjudice de celles de la loi n° 1.165 du 23 décembre 1993, modifiée, susvisée, et de ses textes d'application.

TITRE IV. – DE L'ADMINISTRATION ÉLECTRONIQUE

Art. 42. – Constitue l'administration électronique l'ensemble des technologies et des usages liés à la possibilité, pour l'usager, qu'il soit personne physique ou personne morale, de s'informer, d'être orienté mais aussi de réaliser des démarches administratives au moyen de services de communication électronique et la possibilité pour les autorités mentionnées à l'article 2 de s'adresser à l'usager au moyen des mêmes services. Constitue également l'administration électronique l'ensemble des relations entre lesdites autorités effectuées par voie électronique.

Constitue un téléservice tout système d'information permettant aux usagers de procéder par voie électronique à des démarches ou formalités administratives ainsi qu'à des paiements.

Constitue un système d'information tout ensemble de moyens destinés à élaborer, traiter, stocker ou transmettre des informations faisant l'objet d'échanges par voie électronique entre les services mentionnés à l'article 2 et les usagers ainsi qu'entre les services de l'Administration.

Constitue l'interopérabilité l'aptitude technique pour les systèmes d'information de l'administration électronique à fonctionner entre eux par voie électronique permettant l'échange, l'exploitation et le partage de données ou d'informations.

Art. 43. – L'autorité compétente est libre de créer, dans le respect des dispositions de la loi n° 1.165 du 23 décembre 1993, modifiée, susvisée, et des règles de sécurité et d'interopérabilité prévues au présent titre, un ou plusieurs téléservices de l'administration électronique.

La création d'un téléservice ne saurait toutefois avoir pour effet de supprimer la possibilité, pour l'usager, d'accomplir les démarches, formalités ou paiements qui en sont l'objet par des voies autres qu'électroniques.

L'autorité compétente ne peut en outre créer un téléservice aux fins d'un traitement mentionné à l'article 11 de la loi n° 1.165 du 23 décembre 1993, modifiée, susvisée.

Art. 44. – L'usager est libre d'utiliser les téléservices de l'administration électronique disponibles. L'usager qui utilise les services de l'administration électronique a les mêmes droits et les mêmes devoirs que tout autre usager.

Art. 45. – Lorsqu'un téléservice le requiert, l'autorité compétente peut définir des règles d'identification et, le cas échéant, d'authentification des usagers, de sécurité, de traçabilité et de confidentialité des échanges et ce, conformément au référentiel général de sécurité défini à l'article 54.

Art. 46. – Lorsqu'elle crée un téléservice, l'autorité compétente rend accessible, depuis ce dernier, la décision portant création de ce téléservice ainsi que ses modalités d'utilisation, notamment les modes de communication possibles. Ces modalités s'imposent aux usagers.

Les modalités d'utilisation du téléservice opposables à l'usager sont celles qui sont accessibles par voie électronique au jour où l'usager utilise ledit téléservice.

Art. 47. – Les autorités mentionnées à l'article 2 peuvent répondre par voie électronique à toute demande d'information qui leur est adressée par cette voie par un usager ou par une autre autorité.

Elles ne sont toutefois pas tenues de répondre à de telles demandes lorsqu'elles sont formulées en l'absence d'un téléservice correspondant à leur objet.

Art. 48. – Lorsqu'un usager transmet par voie électronique à une autorité mentionnée à l'article 2 une demande ou une information et qu'il en a été accusé réception ou enregistrement conformément à l'article 52, l'autorité est régulièrement saisie et traite la demande ou l'information sans demander à l'usager la confirmation ou la répétition de son envoi sous une autre forme.

Un arrêté ministériel fixe les cas dans lesquels, en raison d'exigences particulières de forme ou de procédure, il peut être dérogé à cette règle.

Art. 49. – Une autorité mentionnée à l'article 2 ne peut refuser d'examiner les demandes présentées par les usagers au moyen de formulaires accessibles par voie électronique puis imprimés, dès lors que ces formulaires, dûment renseignés, n'ont fait l'objet d'aucune altération.

La version d'un formulaire opposable à l'autorité dans sa relation avec l'usager est celle accessible par voie électronique au jour de l'envoi dudit formulaire par l'usager.

Un arrêté ministériel fixe les cas dans lesquels, en raison d'exigences particulières de forme ou de procédure, il peut être dérogé à cette règle.

Art. 50. – La mention, dans des dispositions régissant les relations entre les autorités mentionnées à l'article 2, ou entre ces autorités et les usagers, de formalités consistant en un écrit ou une signature ne fait pas obstacle, sauf si ces dispositions l'excluent expressément, à la possibilité de les accomplir par voie électronique.

Art. 51. – Les actes administratifs peuvent faire l'objet d'une signature électronique. Celle-ci n'est valablement apposée que par l'usage d'un procédé conforme aux règles du référentiel général de sécurité mentionné à l'article 54 qui permet l'identification du signataire, garantit le lien de la signature avec l'acte auquel elle s'attache et assure l'intégrité de cet acte.

Art. 52. – Toute demande, déclaration ou production de documents administratifs adressée par un usager à une autorité mentionnée à l'article 2 par voie électronique ainsi que tout paiement opéré dans le cadre d'un téléservice font l'objet d'un accusé de réception électronique et lorsque celui-ci n'est pas instantané, d'un accusé d'enregistrement électronique. Les conditions de délivrance de cet accusé de réception et de cet accusé d'enregistrement sont définies au sein des modalités d'utilisation du téléservice.

Les délais au terme desquels le silence de l'autorité vaut décision implicite ne sont pas opposables à l'auteur d'une demande visée au précédent alinéa auquel l'accusé de réception électronique ou l'accusé d'enregistrement électronique n'a pas été adressé.

Les autorités mentionnées à l'article 2 ne sont pas toutefois tenues d'accuser réception ou enregistrement des envois abusifs, notamment par leur nombre, leur caractère répétitif ou systématique.

Art. 53. – Lorsqu'un usager doit, en vertu d'une disposition législative ou réglementaire, communiquer à une autorité mentionnée à l'article 2 des éléments contenant des informations nominatives le concernant et que ces éléments émanent d'une autre autorité mentionnée à l'article 2, cette communication peut, à condition que l'intéressé l'ait préalablement et expressément accepté, être directement opérée par voie électronique entre lesdites autorités. Un arrêté ministériel précise les informations qui, en raison de leur nature, ne peuvent faire l'objet de cette communication directe.

Les dispositions du précédent alinéa ne sont pas applicables lorsqu'une autorité mentionnée à l'article 2 est légalement habilitée à obtenir, dans le cadre d'une mission particulière ou de l'exercice d'un droit de communication, la transmission directe d'informations par une autre autorité.

Art. 54. – Afin de garantir à l'usager un niveau de protection adéquat des données, les autorités mentionnées à l'article 2 mettent en œuvre un référentiel général de sécurité destiné à définir les fonctions d'identification, de signature électronique, de confidentialité et d'horodatage des téléservices.

Les conditions d'élaboration, d'approbation, de modification, de publication et d'application de ce référentiel sont fixées par arrêté ministériel.

Art. 55. – Un référentiel général fixe les règles techniques permettant d'assurer l'interopérabilité des téléservices. Il détermine notamment les répertoires de données, les normes et les standards qui doivent être utilisés par les autorités mentionnées à l'article 2.

Les conditions d'élaboration, d'approbation, de modification, de publication et d'application de ce référentiel sont fixées par arrêté ministériel.

Art. 56. – Les formulaires dont l'usage est nécessaire pour accomplir une démarche auprès d'une autorité mentionnée à l'article 2 sont tenus gratuitement à la disposition du public, sous forme numérique.

La liste de l'ensemble des formulaires mis à la disposition des usagers est mise à jour en tant que de besoin.

Les modalités d'application du présent article sont déterminées par arrêté ministériel.

Art. 57. – Le « Journal de Monaco » est gratuitement accessible au public sous forme électronique, dans les conditions fixées par arrêté ministériel.

De même, sont gratuitement accessibles au public sous forme électronique, dans les conditions fixées par arrêté ministériel, des données tenant aux lois, règlements ainsi qu'aux décisions des juridictions monégasques.

TITRE V. – DES OBLIGATIONS DÉONTOLOGIQUES DES FONCTIONNAIRES ET AGENTS DES SERVICES EXÉCUTIFS DE L'ÉTAT

Art. 58. – Les obligations professionnelles auxquelles sont assujettis les fonctionnaires et agents des services mentionnés à l'article 2 et ne présentant pas de caractère fondamental au sens de l'article 51 de la Constitution sont déterminées par arrêté ministériel.

Arrêté ministériel nº 2011-468 du 29 août 2011

portant application de l'ordonnance souveraine n° 3.413 du 29 août 2011 portant diverses mesures relatives à la relation entre l'Administration et l'administré

(Journal de Monaco, 2 sept. 2011)

Art. 1er. – Outre les obligations définies aux articles 7 à 11 de la loi n° 975 du 12 juillet 1975, modifiée, susvisée, les fonctionnaires relevant des services exécutifs mentionnés à l'article 44 de la Constitution sont tenus de respecter celles prescrites par les dispositions du présent arrêté.

Art. 2. – Les fonctionnaires ne peuvent se prévaloir de leur qualité pour effectuer, directement ou indirectement, auprès de particuliers, d'associations, de syndicats, d'entreprises, de sociétés ou de tout autre organisme, des collectes ou des démarches en vue de recueillir des fonds ou des dons, de quelque nature qu'ils soient.

Art. 3. – Les fonctionnaires ne peuvent solliciter de cadeaux dans l'exercice ou à l'occasion de l'exercice de leurs fonctions.

Ils ne peuvent en outre accepter de cadeaux susceptibles :

- d'influer sur l'impartialité avec laquelle ils doivent s'acquitter de leur mission de service public ;
- de constituer une récompense ou une contrepartie de prestations accomplies dans le cadre de ladite mission.

Toutefois, à l'occasion d'évènements traditionnels telles que notamment les fêtes de fin d'année, les fonctionnaires peuvent, dans l'exercice ou à l'occasion de l'exercice de leurs fonctions, recevoir des cadeaux d'usage relevant de la courtoisie ou de l'hospitalité.

Art. 4. – Dans le cas où la réception d'un cadeau inacceptable aux termes de l'article précédent ne peut être refusée pour des raisons de service, le fonctionnaire concerné en informe sans délai l'autorité hiérarchiquement supérieure.

Art. 5. – Les cadeaux adressés à une pluralité de fonctionnaires doivent faire l'objet, à l'initiative des intéressés, d'un enregistrement dans un livre d'inventaire coté et prévu à cet effet.

Art. 6 *(Rempl., A. min. n° 2012-586, 11 oct. 2012)*. – La discrétion et le secret professionnels visés à l'article 10 de la loi n° 975 du 12 juillet 1975, modifiée, susvisée, ne font pas obstacle à ce que les fonctionnaires ayant connaissance, à raison de l'exercice ou à l'occasion de l'exercice de leur mission, de faits, pratiques, agissements ou comportements susceptibles d'être constitutifs d'un crime ou d'un délit le signalent à l'autorité hiérarchique, ou à l'autorité judiciaire conformément à l'article 61 du Code de procédure pénale.

Art. 7 *(Rempl., A. min. n° 2012-586, 11 oct. 2012)*. – En application de l'article 14 de la loi n° 975 du 12 juillet 1975, modifiée, susvisée, l'Administration est tenue de protéger le fonctionnaire qui, conformément à l'article précédent, signale, de bonne foi, des faits, pratiques, agissements ou comportements, susceptibles de caractériser un crime ou un délit.

L'intéressé ne saurait pour ce motif encourir de sanctions disciplinaires, ni faire l'objet, de la part de l'autorité hiérarchique, de mesures ayant pour objet ou pour effet d'affecter défavorablement le déroulement de sa carrière.

Art. 8 *(A. min. n° 2012-586, 11 oct. 2012)*. – Il est de la responsabilité des fonctionnaires d'éviter tout conflit d'intérêts, réel ou potentiel.

Se trouvent en situation de conflit d'intérêts, les fonctionnaires qui ont, directement ou indirectement, un intérêt privé susceptible d'influer ou de paraître manifestement influer sur l'exercice impartial et objectif de la mission de service public dont ils ont la charge.

Les fonctionnaires sont tenus de déclarer à l'autorité hiérarchiquement supérieure tout conflit d'intérêts, réel ou potentiel.

Art. 9 *(A. min. n° 2012-586, 11 oct. 2012)*. – Les agents publics des services exécutifs mentionnés à l'article 44 de la Constitution qui ne sont pas régis par les dispositions de la loi n° 975 du 12 juillet 1975, modifiée, susvisée, sont également soumis au respect des obligations prescrites par le présent arrêté.

PERSONNES MORALES ET ACTIVITÉS ÉCONOMIQUES

Loi nº 1.381 du 29 juin 2011

relative aux droits d'enregistrement exigibles sur les mutations de biens et droits immobiliers

(Journal de Monaco, 1er juillet 2011)

Chapitre préliminaire. – Définitions

Art. 1er. – Au sens de la présente loi, il faut entendre par :

1°) « entité juridique » : toute société, toute personne morale ou toute construction juridique tels que notamment les fondations, les fiducies, les trusts, les fonds d'investissement à l'exception des fonds largement répartis dans le public et agréés par la Direction des services fiscaux et, le cas échéant, par la Commission de Contrôle des Activités Financières, ainsi que toute entité liée à une compagnie d'assurance ou agissant pour le compte ou sur mandat de celle-ci dans le cadre de tout contrat d'assurance dont le capital inclut notamment des droits réels immobiliers, y compris une police d'assurance-vie ;

2°) « bénéficiaire économique effectif » : la ou les personnes physiques qui, en dernier lieu, en tout ou en partie, possèdent ou contrôlent, ou encore ont le bénéfice ou une part du bénéfice d'une entité juridique, y compris les souscripteurs et les bénéficiaires de toute police d'assurance visée au chiffre 1° ;

3°) « droits réels sur un bien immobilier » : les droits de propriété, d'usufruit, de nue-propriété, d'usage, les droits nés d'un bail à construction, d'un bail emphytéotique sans que cette liste soit limitative, portant sur un ou des biens immobiliers situés sur le territoire de la Principauté ;

4°) « valeur vénale » : prix auquel un bien immobilier ou des droits réels portant sur un bien immobilier peuvent être vendus par le jeu de l'offre et de la demande, indépendamment de tout passif ou dette grevant ledit bien.

Chapitre I. – De la déclaration de changement ou d'absence de changement de bénéficiaire économique effectif

Art. 2. – Toute entité juridique titulaire de droits réels sur un ou plusieurs biens immobiliers situés sur le territoire de la Principauté, quel que soit le lieu de son siège social ou la législation qui lui est applicable, est tenue à une obligation de déclaration annuelle, auprès de la Direction des services fiscaux, de changement ou d'absence de changement du ou de l'un des bénéficiaires économiques effectifs de ces droits.

Ne sont pas tenues de souscrire cette déclaration :

• les sociétés civiles immatriculées à Monaco, autres que celles ayant la forme anonyme ou en commandite, dont les associés sont exclusivement des personnes physiques agissant pour leur propre compte lorsque leur identité est connue de la Direction des services fiscaux, et dont l'actif social comprend des droits réels sur des biens immobiliers situés sur le territoire de la Principauté ;

• ces mêmes sociétés civiles, lorsqu'elles sont détenues par d'autres sociétés civiles immatriculées à Monaco, autres que celles ayant la forme anonyme ou en commandite, dont les associés sont exclusivement des personnes physiques agissant pour leur propre compte lorsque leur identité est connue de la Direction des services fiscaux ;

• les sociétés dont les titres sont admis à la négociation sur un marché réglementé et qui ont été agréées par les autorités monégasques.

Art. 3. – Chaque année, la déclaration visée à l'article précédent doit être déposée entre le 1er juillet et le 30 septembre, pour la période comprise entre le 1er juillet de l'année précédente et le 30 juin de l'année en cours.

Art. 4. – Le contenu et la forme de la déclaration visée à l'article 2 sont définis par un arrêté ministériel qui établit le formulaire type de cette déclaration annuelle (1).

Chapitre II. – Du mandataire agréé

Art. 5. – Les entités juridiques visées à l'article 2, sont tenues de désigner un mandataire établi à Monaco, dans des conditions et selon une liste établies par arrêté ministériel (1).

Le mandataire ainsi désigné doit être agréé par le Directeur des services fiscaux dans les conditions déterminées par arrêté ministériel (1). Aux fins de cet agrément et sans préjudice des dispositions du premier alinéa, le mandataire doit répondre aux conditions de moralité, d'honorabilité, de qualification et de compétence professionnelle nécessaires à l'accomplissement de sa mission et disposer des structures ainsi que de l'organisation adéquates à son bon fonctionnement.

Art. 6. – La désignation du mandataire agréé doit intervenir concomitamment à l'acte constitutif des droits réels mentionnés à l'article 2.

Lorsque le mandat arrive à échéance ou s'il y est mis fin de manière anticipée, les entités concernées sont tenues de désigner un nouveau mandataire agréé dans un délai de trente jours à compter de la date d'expiration du mandat initial.

Art. 7. – Le mandataire agréé souscrit la déclaration visée à l'article 2 auprès de la Direction des services fiscaux.

Art. 8. – Le mandataire agréé est tenu aux obligations suivantes :

1°) se faire délivrer par le représentant légal de l'entité juridique concernée un mandat préalable relatif à la déclaration dans un délai raisonnable avant la date limite fixée aux articles 3 et 6 mentionnant notamment l'obligation du mandant de l'informer sans délai de tout changement du ou de l'un des bénéficiaires économiques effectifs et l'habilitant à le représenter dans toutes les procédures susceptibles d'être engagées avec la Direction des services fiscaux ;

2°) recueillir auprès de l'entité juridique les documents officiels lui permettant de s'assurer de l'identité et de la qualité du ou des bénéficiaires économiques effectifs ainsi que de tout changement du ou de l'un desdits bénéficiaires ;

3°) faire signer la déclaration annuelle visée à l'article 2 par le représentant légal desdites entités, attestant selon le cas, du changement ou de l'absence de changement des bénéficiaires économiques effectifs ;

4°) signer la déclaration instituée à l'article 2 conjointement avec le représentant légal de l'entité juridique concernée ;

5°) déposer cette déclaration dans les délais impartis à l'article 3 ;

6°) conserver et tenir à jour tout document et élément d'information concernant les obligations susvisées et, plus généralement, toutes pièces justificatives nécessaires au contrôle des renseignements mentionnés sur la déclaration annuelle visée à l'article 2.

Pour l'application de la présente loi, l'entité juridique concernée est tenue d'élire domicile à l'adresse professionnelle de son mandataire.

Art. 9. – En cas de fausse déclaration et, plus généralement de méconnaissance des obligations énoncées à l'article précédent ou des conditions requises pour sa délivrance, l'agrément peut être retiré par décision du Directeur des services fiscaux, l'intéressé préalablement entendu en ses explications ou dûment appelé à les fournir.

La décision est motivée dans les conditions prévues par la loi n° 1.312 du 29 juin 2006 relative à la motivation des actes administratifs.

Elle est notifiée, tant au mandataire qu'à ses mandants, par lettre recommandée avec demande d'avis de réception postal.

Art. 10. – Lorsque le mandataire agréé estime qu'il n'est pas en mesure de procéder à la déclaration visée à l'article 2 faute d'éléments d'information suffisants, il en avise son mandant par écrit. Aucune action en

(1) V. A. min. n° 2011-444, 4 août 2011.

responsabilité contractuelle ne peut alors être engagée à l'encontre du mandataire dès lors qu'il a procédé de bonne foi.

Art. 11. – **En cas de fausse déclaration et sans préjudice des dispositions de l'article 9, le mandataire agréé ainsi que le représentant légal de l'entité juridique concernée sont punis d'une peine d'emprisonnement de un mois à deux ans et de l'amende prévue au chiffre 4° de l'article 26 du Code pénal ou de l'une de ces deux peines seulement.**

Art. 12. – **Sans préjudice des dispositions fixées par ordonnance souveraine, relatives aux droits et obligations des fonctionnaires et agents de la Direction des services fiscaux, le mandataire est tenu au secret professionnel dans les conditions prévues à l'article 308 du Code pénal.**

Chapitre III. – Des droits exigibles

Section I. – Des droits attachés à la déclaration de bénéficiaire économique effectif

Art. 13. – **En cas de changement du ou de l'un des bénéficiaires économiques effectifs, un droit proportionnel au taux de 4,5 % est exigible sur l'entière valeur vénale des biens immobiliers situés sur le territoire de la Principauté et sur lesquels l'entité juridique concernée est titulaire de droits réels.**

Ce droit doit être réglé au Bureau de l'Enregistrement de la Direction des services fiscaux dans la période comprise entre le 1er octobre et le 30 novembre suivant la date de dépôt de la déclaration prévue à l'article 3. Lorsque la déclaration de changement de bénéficiaire économique effectif est déposée postérieurement au délai de règlement visé à l'alinéa précédent, le droit proportionnel et les éventuelles pénalités exigibles conformément aux dispositions de la présente loi doivent être acquittés auprès du Bureau de l'Enregistrement le jour du dépôt de cette déclaration.

Art. 14. – **En l'absence de changement de bénéficiaire économique effectif, un droit fixe de 10 euros est exigible et acquitté lors du dépôt de la déclaration visée à l'article 2.**

Art. 15. – **Le droit de 4,5 % établi à l'article 13 n'est pas exigible lorsque le changement de bénéficiaires économiques effectifs résulte :**

– d'une libéralité ou d'une dévolution successorale légale en faveur du conjoint, des ascendants ou des descendants en ligne directe ;

– d'une cession à titre onéreux de parts de sociétés civiles immatriculées à Monaco taxée au taux proportionnel en application du chiffre 7° de l'article 13 *bis* de la loi n° 580 du 29 juillet 1953 modifiée ;

– de la cession d'une ou plusieurs actions de garantie encore appelées actions de fonction, au sens de l'article 10 de l'ordonnance du 5 mars 1895 sur les sociétés anonymes et en commandite par actions modifiée, sous réserve que ces actions ne représentent pas une proportion supérieure à un pour mille du capital social et à condition qu'aucun droit spécifique ne soit attaché à ces actions ;

– à charge pour celui qui l'invoque d'en apporter la preuve formelle.

Section II. – Des droits d'enregistrement et d'hypothèque

Art. 16 à 28 ***(V. L. n° 580, 29 juill. 1953, art. 8, 12, 13, 13 bis et 29).***

Chapitre IV. – Des pénalités

Art. 29. – **Lorsque la déclaration visée à l'article 2 n'est pas déposée dans les délais prévus à l'article 3, la Direction des services fiscaux invite le mandataire agréé ou, le cas échéant, l'entité juridique concernée, à régulariser cette obligation déclarative dans un délai de trente jours suivant la notification d'une mise en demeure par lettre recommandée avec demande d'avis de réception postal.**

Art. 30. – **Lorsque la déclaration d'absence de changement de bénéficiaire économique effectif est déposée dans le délai de trente jours suivant la réception de la mise en demeure prévue à l'article 29, l'entité juridique concernée est passible d'une amende fiscale de 5.000 euros.**

Le montant de l'amende fiscale est porté à 10.000 euros lorsque la déclaration visée au précédent alinéa est déposée postérieurement à l'expiration du délai de trente jours qui suit la réception de la mise en demeure prévue à l'article 29.

Art. 31. – Lorsque la déclaration de changement de bénéficiaire économique effectif est déposée dans le délai de trente jours qui suit la réception de la mise en demeure prévue à l'article 29, les entités juridiques visées à l'article 2 doivent acquitter le droit proportionnel de 4,5 % majoré d'une amende fiscale de 5.000 euros.

Le montant de l'amende fiscale est porté à 10.000 euros lorsque la déclaration visée au précédent alinéa est déposée postérieurement à l'expiration du délai de trente jours qui suit la réception de la mise en demeure prévue à l'article 29.

Art. 32. – En l'absence de dépôt, dans les délais impartis, de la déclaration annuelle prévue à l'article 2, les entités juridiques concernées sont redevables du droit proportionnel de mutation de 4,5 %, assorti, le cas échéant, de l'une des amendes fiscales prévues aux articles 30 et 31.

Art. 33. – En cas de déclaration inexacte, les entités juridiques visées à l'article 2 sont passibles de la majoration des droits dus dans les conditions suivantes :

a) lorsque le droit exigible a été assis, consécutivement à un changement de bénéficiaire économique effectif, sur une base inférieure à la valeur vénale des droits réels, la quote-part éludée est soumise à un droit proportionnel de 7,50 % ;

b) lorsqu'une déclaration d'absence de changement de bénéficiaire économique effectif a été déposée alors qu'un changement de bénéficiaire économique effectif est intervenu, il est fait application d'un droit proportionnel de 7,50 % sur la valeur vénale des droits réels.

Les insuffisances de valeur ou inexactitudes qui affectent une déclaration déposée postérieurement à l'expiration du délai de trente jours qui suit la réception de la mise en demeure prévue à l'article 29, sont rectifiées suivant la procédure de taxation d'office prévue à l'article 37.

Art. 34. – Le défaut de désignation d'un mandataire agréé dans les délais prévus à l'article 6 donne lieu à l'application d'un droit proportionnel à la charge des entités juridiques visées à l'article 2, au taux de 1,5 % sur la valeur vénale des droits réels dont elles sont titulaires sur des biens immobiliers situés à Monaco.

Les modalités d'évaluation de la valeur vénale des droits réels servant de base à la liquidation de ce droit proportionnel sont notifiées aux entités juridiques concernées par lettre recommandée avec demande d'avis de réception postal.

À l'expiration du délai de trente jours qui suit cette notification, le droit proportionnel de 1,5 % est recouvré par voie de contrainte délivrée en application de l'article 62 de l'ordonnance du 29 avril 1828.

Ce droit est exigible annuellement en l'absence de régularisation, sans préjudice des dispositions des articles 30 à 32.

Art. 35. – Le paiement tardif des droits dus en application de la présente loi rend exigible une indemnité de retard à laquelle s'ajoute, le cas échéant, l'une des amendes fiscales prévues aux articles 30 à 32.

Cette indemnité s'applique sur le montant du droit dont le paiement a été différé.

Elle est fixée au taux de 0,8 % par mois.

Elle est calculée, à compter du premier jour du mois suivant celui au cours duquel ledit droit devait être acquitté et jusqu'au dernier jour du mois du paiement.

Chapitre V. – Des mesures de contrôle

Art. 36. – Lorsque la Direction des services fiscaux estime que la valeur déclarée des droits réels immobiliers est inférieure à leur valeur vénale ou qu'un changement de bénéficiaire économique effectif est intervenu alors qu'une absence de changement a été déclarée, elle notifie par lettre recommandée avec demande d'avis de réception postal au mandataire agréé, une proposition de rectification ou de redressement dûment motivée.

Cette proposition mentionne :

- la possibilité pour l'entité juridique et son mandataire agréé de se faire assister d'un conseil de leur choix pour discuter de la proposition de rectification ou de redressement, ou pour y répondre ;
- les critères d'évaluation de la valeur vénale des droits réels à retenir pour le calcul des droits dus ;
- le montant des droits, amendes et indemnités de retard qui s'attachent à la rectification ou au redressement.

Le mandataire agréé dispose d'un délai de trente jours à compter de la réception de cette notification pour présenter ses observations écrites, ou pour faire connaître son acceptation à la Direction des services fiscaux.

À défaut de réponse dans ce délai, le mandataire agréé est réputé avoir donné son accord à la proposition de rectification.

Lorsque la Direction des services fiscaux abandonne ou modifie son projet de rectification ou de redressement après avoir reçu les observations du mandataire dans le délai visé au 3ème alinéa, elle l'en informe. Le mandataire dispose alors d'un nouveau délai de trente jours pour répondre, à réception dudit projet.

Lorsque la Direction des services fiscaux rejette les observations du mandataire agréé, elle en informe l'intéressé par réponse écrite dûment motivée.

Les échanges prévus aux 3ème et 6ème alinéas ont lieu par lettre recommandée avec demande d'avis de réception postal. En l'absence d'accord survenu au cours de ces échanges, la procédure d'expertise prévue par les dispositions de la loi n° 474 du 4 mars 1948 portant réforme en matière de droit d'enregistrement et de timbre, modifiée, peut être mise en œuvre.

Art. 37. – En cas de défaut de déclaration, par omission ou du fait de l'absence de désignation d'un mandataire, ou en cas de défaut de réponse à une proposition de rectification ou de redressement dans le délai de trente jours énoncé au 3ème alinéa de l'article précédent, la taxation due par application de la présente loi est établie d'office par la Direction des services fiscaux.

La procédure de taxation d'office est applicable à l'expiration d'un délai de trente jours suivant la réception de la mise en demeure visée à l'article 29.

Lorsqu'elle procède à une taxation d'office, la Direction des services fiscaux se fonde sur les renseignements qu'elle détient ou qu'elle peut se faire communiquer.

La Direction des services fiscaux notifie la taxation d'office au mandataire agréé ou, en l'absence de désignation de celui-ci, à l'entité juridique concernée, par lettre recommandée avec demande d'avis de réception postal, trente jours au moins avant la mise en recouvrement par la délivrance de la contrainte prévue à l'article 62 de l'ordonnance du 29 avril 1828, en mentionnant les critères d'évaluation de la valeur vénale des droits réels servant de base au calcul du droit proportionnel.

Art. 38. – Les entités juridiques ayant fait l'objet d'une procédure de taxation d'office en application de l'article précédent et qui estiment les droits mis à leur charge excessifs peuvent adresser une réclamation au Directeur des services fiscaux dans le délai de trente jours à compter de sa notification.

La réclamation comporte l'énoncé des moyens de droit et de fait et tous éléments de preuve destinés à établir le caractère excessif des droits contestés.

Art. 39. – Pour l'application de la présente loi, l'action en recouvrement de la Direction des services fiscaux se prescrit au 31 décembre de la troisième année qui suit celle au titre de laquelle l'imposition est exigible.

La mise en demeure visée à l'article 29, la proposition de rectification ou de redressement visée à l'article 36, la notification prévue à l'article 37, ainsi que la signification d'une contrainte constituent des actes interruptifs de prescription.

Art. 40 *(V. L. n° 474, 4 mars 1948, art. 1er).*

Chapitre VI. – De l'hypothèque légale

Art. 41 et 42 *(V. C. civ., art. 1959 et 1975).*

Chapitre VII. –Dispositions diverses

Art. 43 à 45 *(V. C. civ., art. 1898 et 1899).*

Chapitre VIII. – Dispositions transitoires et abrogatives

Art. 46. – Les dispositions de la présente loi sont applicables aux entités juridiques titulaires de droits réels immobiliers à la date de son entrée en vigueur, sous réserve des dispositions des alinéas ci-dessous.

Pour la période comprise entre la date d'entrée en vigueur de la présente loi et le 30 juin 2012, la première déclaration souscrite en vertu de l'article 2 doit être déposée, par les entités juridiques concernées, à compter du 1er juillet 2012 et au plus tard le 30 septembre 2012.

Pour les entités juridiques visées à l'article 2, titulaires à la date d'entrée en vigueur de la présente loi, de droits réels sur des biens immobiliers situés sur le territoire de la Principauté, le mandataire agréé visé à l'article 5 doit être désigné le 30 juin 2012 au plus tard.

Les dispositions du chiffre 8° de l'article 1899 du Code civil sont applicables aux successions ouvertes à partir de l'entrée en vigueur de la présente loi.

Art. 47 *(Annulé en ce qu'il limite le champ d'application de la loi à une période d'un an à compter de l'entrée en vigueur de la celle-ci, Tribunal suprême, 4 juill. 2012). – (Al. mod., L. n° 1.393, 9 oct. 2012. – Les termes « dans le délai d'un an » sont remplacés par « dans le délai de trois ans »)* À titre exceptionnel, dans le délai de trois ans à compter de l'entrée en vigueur de la présente loi, les opérations réalisées par les entités juridiques visées à l'article 2 qui ont pour objet l'attribution de droits réels portant sur des biens immobiliers situés à Monaco à une ou plusieurs personnes physiques, soit directement en leur nom personnel, soit par l'intermédiaire d'une société civile immatriculée à Monaco, autre que celle ayant la forme anonyme ou en commandite, constituée selon les mêmes modalités de répartition entre ces mêmes personnes physiques, sont assujetties à un droit proportionnel de 1 % sur la valeur vénale de ces droits, si elles ont la qualité de bénéficiaire économique effectif au jour de l'entrée en vigueur de la présente loi.

Il appartient aux personnes physiques qui sollicitent l'application de cette mesure dérogatoire d'apporter la preuve de leur qualité de bénéficiaire économique effectif et de la répartition du capital à la date visée au précédent alinéa.

Art. 48. – Toutes dispositions contraires à la présente loi sont et demeurent abrogées.

Loi nº 1.144 du 26 juillet 1991

concernant l'exercice de certaines activités économiques et juridiques (1)

Section 1. – De l'exercice d'activités artisanales, commerciales, industrielles et professionnelles

Art. 1er. – Les activités artisanales, commerciales, industrielles et professionnelles peuvent être exercées, à titre indépendant, dans les conditions prévues par la présente loi, à l'exception des activités ou des professions dont l'accès est déjà soumis à autorisation.

Section 2. – De la déclaration d'exercer

Art. 2 *(Rempl., L. n° 1.331, 8 janv. 2007).* – Sous réserve des dispositions de l'article 8, les personnes physiques de nationalité monégasque peuvent exercer les activités visées à l'article premier après en avoir fait la déclaration au Ministre d'État ; celui-ci doit en accuser réception.

La déclaration datée du jour de son dépôt au service instructeur énonce les activités à entreprendre, la date de commencement de celles-ci et les locaux où elles seront déployées.

Il est donné récépissé, daté et signé par le Ministre d'État dans le délai de quinze jours à compter du dépôt de la déclaration.

À défaut de délivrance du récépissé dans ce délai, l'accusé de réception prévu au premier alinéa vaut récépissé.

Toutefois, ne peuvent être exercées les activités déclarées qui enfreignent les lois et règlements ou qui portent atteinte aux monopoles de l'État ou aux concessions de ces derniers.

Toute modification des activités exercées ou tout changement de locaux doit faire l'objet d'une nouvelle déclaration au Ministre d'État.

Art. 3. – La personne physique de nationalité monégasque, locataire-gérant d'un fonds de commerce, est soumise aux dispositions de l'article précédent, en sus de celles de la loi sur la gérance libre.

Les effets de la déclaration faite par le bailleur ou de l'autorisation dont est titulaire celui-ci s'il est de nationalité étrangère, sont suspendus pendant la durée du contrat de location-gérance.

Art. 4 *(Rempl., L. n° 1.331, 8 janv. 2007).* – Sont tenus de faire la déclaration visée à l'article 2, s'ils sont de nationalité monégasque :

1° les associés d'une société civile ne revêtant pas la forme anonyme dont l'objet est l'exercice d'une activité professionnelle ;

2° les associés d'une société en nom collectif ou en commandite simple dont l'objet est l'exercice d'une activité commerciale, industrielle ou professionnelle ;

3° les associés et gérants d'une société à responsabilité limitée.

(1) V. T. appl. : A. min. n° 2012-577, 4 oct. 2012 puis A. min. n° 2014-264, 21 mai 2014 ; Ord. n° 4.830, 16 mai 2014 (procédure d'instruction des déclarations d'exercice et des demandes d'autorisation d'exercice formées sur le fondement de la présente loi).

Section 3. – De l'autorisation administrative d'exercer

Art. 5 *(Mod., L. n° 1.331, 8 janv. 2007).* **– L'exercice des activités visées à l'article premier par des personnes physiques de nationalité étrangère est subordonné à l'obtention d'une autorisation administrative.**

L'ouverture ou l'exploitation d'une agence, d'une succursale ou d'un bureau administratif ou de représentation, d'une entreprise ou d'une société dont le siège est situé à l'étranger est également assujettie à autorisation administrative.

Il est donné notification par le Ministre d'Etat par lettre recommandée avec demande d'avis de réception postal, cinq jours ouvrables à compter du dépôt du dossier tendant à l'obtention de l'autorisation d'exercer une des activités visées à l'article premier, soit de la recevabilité de la demande d'autorisation, soit de l'irrecevabilité de la demande lorsque le dossier est incomplet.

L'autorisation d'exercer doit être délivrée par décision du Ministre d'État, dans un délai de trois mois à compter de la notification de la recevabilité de la demande.

Le délai de trois mois peut être suspendu :

1° si l'autorisation est subordonnée, en application d'une convention internationale à une décision préalable d'un organisme étranger ;

2° si l'Administration sollicite par demande motivée la production de pièces complémentaires nécessaires à l'instruction de la demande.

Ce délai peut être prorogé pour une durée maximale de six mois si l'Administration requiert d'un organisme étranger la communication d'informations nécessaires à l'instruction de la demande.

Si aucune réponse n'est notifiée à l'expiration du délai, l'autorisation est réputée avoir été délivrée. L'autorisation, délivrée par décision du Ministre d'État, détermine limitativement les activités qui peuvent être exercées, les locaux où elles seront déployées et mentionne, s'il y a lieu, les conditions de leur exercice.

L'autorisation est personnelle et incessible.

Toute modification des activités exercées ou tout changement de titulaire de l'autorisation initiale ou tout changement de locaux doit faire l'objet d'une nouvelle autorisation délivrée dans les formes et conditions prévues aux deux alinéas précédents.

Art. 6. – La personne physique de nationalité étrangère, locataire-gérant d'un fonds de commerce est soumise aux dispositions de l'article précédent, en sus de celles résultant de la loi sur la gérance libre.

Les effets de la déclaration faite par le bailleur de nationalité monégasque ou de l'autorisation dont est titulaire le bailleur de nationalité étrangère, sont suspendus pendant la durée du contrat de location-gérance.

Art. 7 *(Rempl., L. n° 1.331, 8 janv. 2007).* **– Sont tenus, s'ils sont de nationalité étrangère, d'obtenir une autorisation administrative, délivrée par décision du Ministre d'État, les associés et les gérants visés à l'article 4.**

Art. 8 *(Rempl., L. n° 1.362, 3 août 2009).* **– Les dispositions de la présente section sont également applicables aux personnes physiques de nationalité monégasque qui entendent exercer, à titre onéreux, des activités quelle qu'en soit la forme, de banque ou de crédit, de change manuel de devises, de transmission de fonds, de conseil ou d'assistance dans les domaines juridique, fiscal, financier ou boursier ainsi que de courtage ou de gestion de portefeuilles ou de gestion de patrimoines avec pouvoir de disposition ; elles s'appliquent aux mêmes personnes qui sont associées dans une des sociétés visées à l'article 4 et dont l'objet est l'exercice de ces mêmes activités.**

Section 4. – Des sanctions administratives

Art. 9. – Par décision du Ministre d'État, la déclaration visée aux articles 2, 3 et 4 peut être privée d'effets ou suspendue en ses effets et l'autorisation mentionnée aux articles 5, 6, 7 et 8 suspendue en ses effets ou révoquée dans les cas suivants :

1° si les activités exercées en fait ne respectent pas les énonciations de la déclaration, si elles sont déployées hors des limites de l'autorisation ou enfreignent les conditions qui y sont mentionnées ou si elles sont effectuées en violation de l'objet d'une des sociétés visées à l'article 4 ;

2° si l'auteur de la déclaration, le titulaire de l'autorisation ou la société ne dispose plus de locaux adaptés à l'exercice de ses activités ;

3° s'il est resté, sans motif légitime, plus de six mois sans exercer ;

4° si, sauf le cas de location-gérance, il s'est substitué d'autres personnes dans l'exercice de ses activités ;

5° s'il advient qu'il ne présente plus toutes les garanties de moralité ;

6° si, sous quelque forme et à quelque titre que ce soit, il a admis que soient exercées ou domiciliées dans ses locaux des activités ou des entreprises non déclarées ou non autorisées ou les a sciemment laissées s'exercer ou y être domiciliées ;

7° *(L. n° 1.331, 8 janv. 2007)* si, dans l'exercice de son activité, autorisée ou déclarée, il a méconnu les prescriptions légales ou réglementaires qui lui sont applicables.

Art. 10. – (1) Lorsqu'il y a lieu à application de l'article précédent, l'auteur de la déclaration ou le titulaire de l'autorisation est. préalablement à toute décision, entendu en ses explications ou dûment appelé à les fournir.

(Al. rempl., L. n° 1.331, 8 janv. 2007) La décision privant d'effets ou suspendant les effets d'une déclaration ou d'une autorisation ne peut être prise qu'après avis d'une commission dont la composition et le mode de fonctionnement sont fixés par ordonnance souveraine. Cette décision entraîne, pour l'auteur de la déclaration ou la personne autorisée, pendant le délai imparti, la suspension de la faculté de procéder à toute nouvelle déclaration ou demande d'autorisation pour des activités similaires.

Art. 11. – Dans tous les cas d'inexécution d'obligations fixées aux sections II et III et indépendamment de toute mesure de suspension ou de révocation, la fermeture de l'établissement et la saisie de documents ou du matériel d'exploitation peuvent être prescrites, à titre provisoire, par décision motivée du Ministre d'État.

Le président du tribunal de première instance, saisi et statuant comme en matière de référé, peut ordonner la levée des mesures prescrites en vertu du précédent alinéa.

Section 5. – Des sanctions pénales

Art. 12. – Quiconque se livre ou tente de se livrer aux activités mentionnées à l'article premier sans avoir effectué la déclaration prévue aux articles 2. 3 et 4 ou sans être titulaire de l'autorisation requise en vertu des articles 5, 6, 7 et 8 est puni de l'amende prévue au chiffre 4° de l'article 26 du Code pénal dont le maximum peut être porté jusqu'au montant du profit éventuellement réalisé.

Le tribunal peut, en outre, ordonner la fermeture définitive de l'établissement, prononcer la confiscation des documents ou du matériel saisi et, s'il échet, des locaux fermés.

Art. 13. – Sont punis de l'amende prévue à l'article précédent et des peines accessoires qui y sont portées :

1° ceux qui se livrent ou qui tentent de se livrer aux activités mentionnées à l'article premier, alors que la déclaration effectuée en application des articles 2, 3 et 4 a été privée d'effets, ou suspendue, ou que l'autorisation dont ils étaient titulaires au titre des articles 5, 6, 7 et 8 a été suspendue ou révoquée ;

2° ceux qui se livrent ou qui tentent de se livrer à des activités autres que celles déclarées ou autorisées ou qui excèdent les limites déterminées par l'autorisation ou qui ne sont pas conformes aux conditions mentionnées par celle-ci ;

3° les administrateurs ou gérants, même de fait, d'une société visée à l'article 4 dont les activités ne sont pas exercées conformément à l'objet social ou sont déployées hors des limites de celui-ci ; la société est tenue, solidairement avec les administrateurs ou gérants, au paiement des amendes prononcées à l'encontre de ceux-ci ; le tribunal peut, en outre, ordonner la dissolution de la société.

Art. 14. – Sont punis de l'amende et des peines accessoires prévues à l'article 12 ceux qui, sous quelque forme et à quelque titre que ce soit, ont admis l'exercice ou la domiciliation dans leurs locaux d'activités qui, mentionnées à l'article premier, n'ont été ni déclarées, ni autorisées ou qui ont sciemment laissé ces activités s'y exercer ou y être domiciliées.

Art. 15. – Sans préjudice de l'application des dispositions de l'article 9, sont punis de l'amende et des peines accessoires prévues à l'article 12, ceux qui ont prêté leur nom pour effectuer la déclaration prévue aux articles 2 et 3 ou pour obtenir l'autorisation visée aux articles 5, 6. 7 et 8, ainsi que ceux au profit desquels l'opération de prête-nom est intervenue.

(1) V. Ord. n° 993, 16 févr. 2007.

Art. 16 *(Rempl., L. n° 1.331, 8 janv. 2007)*. – Sont punis de l'amende et des peines accessoires prévues à l'article 12, les associés dans une société civile, dans une société en nom collectif ou en commandite simple, et les associés et les gérants dans une société à responsabilité limitée qui ont enfreint les obligations portées aux articles 4 ou 7.

Art. 17. – Si, dans les cas mentionnés aux articles 12 à 16, il a récidive dans le délai de cinq années, l'amende est celle prévue auxdits articles dont les taux sont élevés au double.

L'alinéa 2 de l'article 12 est applicable.

Section 6. – Dispositions diverses

Art. 18 *(L. n° 1.252, 12 juill. 2002)*. – Le contrôle de l'application de la présente loi et des mesures prises pour son exécution est exercé par les agents habilités de la Direction de l'expansion économique, commissionnés et assermentés à cet effet. Ceux-ci sont soumis à l'obligation de secret professionnel définie à l'article 308 du Code pénal. Dans l'exercice de leur mission, ils sont également soumis aux dispositions de l'article 32 du Code de procédure pénale.

Les agents, munis de leur commission d'emploi faisant état de leur prestation de serment, peuvent, dans les conditions prévues à l'article suivant, accéder à tous locaux ou moyens de transport à usage professionnel, et procéder, sur pièces ou sur place, à toutes opérations de vérification qu'ils jugent nécessaires. Ils peuvent, pour ce faire, demander la communication des livres, factures et tous autres documents professionnels, et en prendre copie s'il échet ainsi que recueillir auprès de toute personne, sur convocation ou sur place, tous renseignements ou justifications utiles.

Les agents ne peuvent emporter l'original d'un document qu'en vertu d'une décision de saisie prise conformément à l'article 11.

Art. 19. – Hormis les cas de flagrance, la visite des locaux ou des moyens de transport et les opérations de vérification sur place, prévues à l'article précédent, ne peuvent avoir lieu qu'entre six et vingt et une heures et en présence de l'occupant des lieux, du propriétaire ou de l'utilisateur des moyens de transport, ou de leur représentant ou, à défaut, d'un officier de police judiciaire requis à la demande des agents.

L'occupant des lieux, le propriétaire ou l'utilisateur des moyens de transport, ou leur représentant peuvent se faire assister par un conseil de leur choix. Les opérations de vérification visées au précédent alinéa ne peuvent excéder trois mois.

À l'issue de la visite et des opérations de vérification visées au premier alinéa, un compte rendu est dressé et signé par les agents. Un exemplaire est remis à l'occupant des lieux, au propriétaire ou à l'utilisateur des moyens de transport ou à leur représentant.

Art. 20. – Lorsqu'ils constatent des faits de nature à entraîner des poursuites pénales, les agents établissent un procès-verbal qu'ils transmettent au Ministre d'État.

Art. 21. – Quiconque met ou tente de mettre obstacle aux contrôles exercés en vertu des articles 18 à 20 est puni d'un emprisonnement de un mois à six mois et de l'amende prévue au chiffre 2° de l'article 26 du Code pénal ou de l'une de ces deux peines seulement.

Art. 22. – L'article 1er de la loi n° 767 du 8 juillet 1964 relative à la révocation des autorisations de constitution des sociétés anonymes et en commandite par actions, est remplacé par les dispositions suivantes :

(V. L. n° 767, 8 juillet 1964, art. 1er)

Art. 23. – L'article 7 de la loi n° 767 du 8 juillet 1964, relative à la révocation des autorisations de constitution des sociétés anonymes et des sociétés en commandite par actions, est remplacé par les dispositions suivantes :

(V. L. n° 767, 8 juillet 1964, art. 7)

Art. 24. – Il est inséré, dans la loi n° 767 du 8 juillet 1964, relative à la révocation des autorisations de constitution des sociétés anonymes et des sociétés en commandite par actions un article 9-1 rédigé ainsi qu'il suit :

(V. L. n° 767, 8 juillet 1964, art. 9-1)

Art. 25. – Sont abrogés l'article 11 de l'ordonnance du 6 juin 1967 sur la police générale ainsi que le premier alinéa de l'article 11 de la loi n° 546 du 26 juin 1951 tendant à réglementer la gérance libre, ainsi que toutes dispositions contraires à la présente loi.

Ordonnance du 5 mars 1895

sur les sociétés anonymes et en commandite par actions (1)

Art. 1er *(L. n° 71, 3 janv. 1924)*. – Les sociétés anonymes ne peuvent être constituées qu'avec l'autorisation du Gouvernement et après l'approbation de leurs statuts.

Elles sont soumises, en ce qui concerne leur fonctionnement, aux dispositions de la présente ordonnance.

Elles sont, en outre, lorsqu'elles bénéficient d'un monopole ou d'un privilège, assujetties au contrôle d'un commissaire spécial, en vue d'assurer l'exécution des charges et conditions auxquelles a été subordonnée la concession de ce monopole ou de ce privilège.

Art. 2 *(Ord.-L. n° 340, 11 mai 1942 ; rempl., L. n° 1.331, 8 janv. 2007)*. – Les sociétés anonymes ne peuvent être formées que par acte notarié.

Il est donné notification par le Ministre d'État par lettre recommandée avec demande d'avis de réception postal, cinq jours ouvrables à compter du dépôt du dossier contenant l'acte en brevet des statuts et tendant à l'obtention de l'autorisation prévue à l'article précédent, soit de la recevabilité de la demande d'autorisation, soit de l'irrecevabilité de la demande lorsque le dossier est incomplet.

L'autorisation est donnée par arrêté du Ministre d'État, après avis du Conseil d'État, le cas échéant, dans un délai de trois mois à compter de la notification de la recevabilité de la demande.

Ce délai peut être suspendu :

1° si l'autorisation est subordonnée, en application d'une convention internationale à une décision préalable d'un organisme étranger ;

2° si le service instructeur sollicite par demande motivée la production de pièces complémentaires nécessaires à l'instruction de la demande ou la modification qu'il y aurait lieu d'apporter aux statuts.

Il peut être prorogé pour une durée maximale de six mois si le service instructeur requiert d'un organisme étranger la communication d'informations nécessaires à l'instruction de la demande.

La décision du Ministre d'État est notifiée aux fondateurs en l'étude du notaire rédacteur, par les soins du secrétariat du département des finances, dans le plus bref délai ; il est fait retour, en même temps, de l'acte déposé, avec, s'il y a lieu, mention de la décision d'approbation et remise d'une ampliation de l'arrêté d'autorisation.

L'autorisation accordée ne produit effet qu'après le dépôt, aux minutes du notaire rédacteur, dudit acte, dont un extrait analytique succinct est adressé de suite au secrétariat du département des finances.

L'arrêté accordant l'autorisation prescrit la publication intégrale des statuts dans le *Journal de Monaco*.

Cette publication doit être faite dans un délai maximum de vingt jours à dater du dépôt des statuts aux minutes du notaire rédacteur.

Si aucune réponse n'est notifiée à l'expiration du délai prévu au deuxième alinéa, l'autorisation est réputée avoir été délivrée.

L'acte en brevet des statuts est retourné au notaire rédacteur afin qu'il soit procédé à leur publication au *Journal de Monaco* dans le délai prévu à l'alinéa précédent.

Art. 3 *(Ord.-L. n° 340, 11 mars 1942)*. – Les sociétés anonymes ne sont constituées qu'après la souscription de la totalité du capital social et le versement, par chacun des actionnaires, du quart au moins des actions par lui souscrites.

La souscription du capital social et les versements sont constatés par une déclaration qui est faite par les fondateurs dans un acte notarié et à laquelle sont annexés les listes des souscripteurs, l'état des versements et une expédition de l'acte de société s'il a été passé devant un notaire autre que celui qui a reçu la déclaration.

(1) V. T. appl. : Ord. n° 4.830, 16 mai 2014 (demandes d'autorisation de constitution de sociétés anonymes ou en commandite par actions formées sur le fondement de la présente ordonnance).

Ladite déclaration est soumise, avec les pièces à l'appui, à une première assemblée générale qui en vérifie la sincérité.

Cette assemblée, convoquée à la diligence des fondateurs, nomme les premiers administrateurs ainsi que les commissaires institués par l'article 19 ci-après.

Ces administrateurs ne peuvent être nommés pour plus de six ans ; ils sont rééligibles, sauf stipulation contraire.

Toutefois, ils peuvent être désignés par les statuts avec stipulation formelle que leur nomination ne sera pas soumise à l'approbation de l'assemblée générale. En ce cas, ils ne peuvent être nommés pour plus de trois ans.

Le procès-verbal de la séance constate l'acceptation des administrateurs et des commissaires présents à la réunion.

La société est constituée à partir de cette opération qui devra être réalisée dans le délai maximum de trois mois à compter de la date de l'arrêté ministériel accordant l'autorisation à peine de nullité de cette autorisation.

Art. 4 *(Ord. 17 sept. 1907)*. – Lorsqu'un associé fait un apport qui ne consiste pas en numéraire, ou stipule à son profit des avantages particuliers, ou lorsque les statuts créent des parts de fondateurs dont ils font ou confient à certaines personnes l'attribution, la première assemblée générale désigne des experts qui peuvent être choisis parmi les souscripteurs, à l'effet d'apprécier la valeur de l'apport ou la cause des avantages stipulés.

Une seconde assemblée générale, à laquelle les fondateurs convoquent les actionnaires, par des lettres individuelles leur notifiant l'objet de la réunion, est appelée plus tard à délibérer sur l'approbation de l'apport ou des avantages. Cette assemblée ne peut statuer qu'après un rapport qui est imprimé et tenu à la disposition des actionnaires cinq jours avant la réunion en un lieu indiqué dans la lettre de convocation.

Les délibérations sont prises par la majorité des actionnaires présents.

Les associés qui ont fait l'apport ou stipulé des avantages particuliers soumis à l'appréciation de l'assemblée n'ont pas voix délibérative.

À défaut d'approbation, la société reste sans effet à l'égard de toutes les parties. Elle n'est définitivement constituée qu'après l'approbation de l'apport ou des avantages donnés dans les formes précédentes.

Les dispositions du présent article relatives à la vérification de l'apport qui ne consiste pas en numéraire ne sont pas applicables au cas où la société à laquelle est fait ledit apport est formée entre ceux seulement qui en étaient propriétaires par indivis.

Art. 5 *(Ord.-L. n° 340, 11 mars 1942)*. – Une expédition de l'acte de société doit être déposée au greffe général dans la quinzaine de la constitution définitive de la société. À cet acte sont annexés : 1° une copie certifiée des délibérations prises par l'assemblée générale dans les cas prévus par l'article 4 ; 2° la liste nominative dûment certifiée, des souscripteurs, contenant les nom, prénoms, qualité, demeure et le nombre d'actions de chacun d'eux.

Dans le même délai, ou, au plus tard, dans les quinze jours suivants, mention est faite dans le *Journal de Monaco* de la date du dépôt fait au greffe général.

En outre, dans les mêmes délais, la société devra demander son inscription à un répertoire des sociétés, tenu par le secrétariat du département des finances.

Un arrêté ministériel déterminera les conditions dans lesquelles sera établi et tenu ledit répertoire.

Toutes modifications survenant ultérieurement dans les indications fournies par la société dans sa demande d'inscription au répertoire, devront être signalées au secrétariat du département des finances dans les quinze jours de la délibération du conseil d'administration ou de l'assemblée générale qui les auront décidées.

Les formalités prescrites par le présent article seront observées à peine de nullité à l'égard des tiers ; mais le défaut d'aucune d'elles ne pourra être opposé aux tiers par les associés. Leur inobservation pourra entraîner le retrait de l'autorisation prévue par l'article premier.

Art. 6 *(Ord. 17 sept. 1907)*. – Toute personne a le droit de prendre communication au greffe de l'acte de société et de s'en faire délivrer à ses frais expédition ou extrait par le greffier ou par le notaire détenteur de la minute.

Toute personne peut également exiger qu'il lui soit délivré au siège de la société une copie certifiée des statuts, moyennant paiement d'une somme qui ne pourra excéder un franc.

Art. 7 *(Ord. 17 sept. 1907)*. – Les actions ou coupons d'actions ne sont négociables qu'après la constitution définitive de la société.

Art. 8 *(Rempl., L. n° 1.282, 7 juin 2004 ; L. n° 1.385, 15 déc. 2011)*. – Les actions émises par les sociétés par actions doivent revêtir la forme nominative.

Les titulaires, les cessionnaires intermédiaires et les souscripteurs sont tenus solidairement du montant de l'action.

En ce qui concerne les titres des sociétés admises aux négociations sur un marché réglementé, leur cession suit, sans préjudice de la loi monégasque, les règles du marché réglementé sur lequel elles sont cotées, sous réserve que la société émettrice puisse procéder à tout moment à l'identification des propriétaires de ses actions, à son initiative ou à la demande de la Direction de l'Expansion Économique. Tous ces renseignements concernant l'identité des propriétaires des actions sont tenus par la société émettrice à la disposition des commissaires aux comptes et de la Direction de l'Expansion Économique.

Art. 9 *(Ord. 17 sept. 1907)*. – Les actions représentant les apports doivent toujours être intégralement libérées au moment de la constitution de la société.

Elles ne peuvent être détachées de la souche et négociées que deux ans après la constitution définitive de la société. Pendant ce temps, elles doivent, à la diligence des administrateurs, être frappées d'un timbre indiquant leur nature et la date de cette constitution.

Les parts de fondateurs ne peuvent également être négociées que deux ans après la constitution de la société.

Art. 10 *(Ord.-L. n° 342, 25 mars 1942 ; rempl., L. n° 1.331, 8 janv. 2007)*. – La société anonyme est administrée par des mandataires à temps, révocables, salariés ou gratuits, pris parmi les actionnaires.

Les statuts peuvent prévoir l'obligation pour les actionnaires d'être propriétaires d'un nombre minimal d'actions affectées à la garantie de tous les actes de gestion. Ces actions sont nominatives, inaliénables, frappées d'un timbre indiquant l'inaliénabilité et déposées dans la caisse sociale.

Les administrateurs peuvent d'un commun accord, si les statuts le permettent, se substituer un mandataire étranger à la société et dont ils sont responsables envers elle.

Exceptionnellement, les administrateurs des sociétés anonymes constituées dans le seul but d'exploiter un monopole concédé par l'État, peuvent, si l'acte de concession l'autorise, être pris en dehors des associés.

Art. 10 *bis* *(L. n° 769, 22 juill. 1964)*. – Nul ne peut faire partie de plus de huit conseils d'administration de sociétés commerciales ayant leur siège à Monaco.

Toute personne qui enfreindra la présente disposition encourra une amende de cinq cents à dix mille francs (1). En prononçant l'amende le tribunal fixera le délai au cours duquel la situation devra être régularisée à peine d'une astreinte qui pourra atteindre mille francs (1) par jour de retard.

Art. 11. – Les statuts déterminent le nombre d'actions qu'il est nécessaire de posséder, soit à titre de propriétaire, soit à titre de mandataire, pour être admis dans l'assemblée générale, et le nombre de voix appartenant à chaque actionnaire eu égard au nombre d'actions dont il est porteur. Les actionnaires peuvent se grouper de manière à réunir le nombre d'actions voulu par les statuts, et déléguer l'un d'eux à l'effet de les représenter à l'assemblée générale.

Art. 12. – Dans toutes les assemblées générales, les délibérations sont prises à la majorité des voix.

Il est tenu une feuille de présence ; elle mentionne les noms et domiciles des actionnaires et le nombre d'actions dont chacun est porteur. Cette feuille, certifiée par le bureau de l'assemblée, est déposée au siège social et doit être communiquée à tout requérant.

Art. 13 *(Abr., L. n° 408, 20 janv. 1945)*.

Art. 14. – L'assemblée annuelle doit être composée d'un nombre d'actionnaires représentant le quart au moins du capital social. Si ce nombre n'est pas réuni, une nouvelle assemblée est convoquée dans les formes et avec les délais prescrits par les statuts, et elle délibère valablement, quelle que soit la valeur du capital représentée par les actionnaires présents.

(1) Conversion en euros : V. Ord. n° 13.827, 15 déc. 1998 : *Journal de Monaco*, 18 déc. 1998.

Art. 15 *(Ord. 17 sept. 1907)*. – Les assemblées qui ont à délibérer sur la vérification des apports, sur la nomination des premiers administrateurs, sur la sincérité de la déclaration faite par les fondateurs aux termes de l'article 3, doivent être composées d'un nombre d'actionnaires représentant la moitié au moins du capital social.

Le capital social, dont la moitié doit être représentée pour la vérification de l'apport, se compose seulement des apports non soumis à la vérification.

Si l'assemblée générale ne réunit pas un nombre d'actionnaires représentant la moitié du capital social, elle ne peut prendre qu'une délibération provisoire. Dans ce cas, une nouvelle assemblée générale est convoquée. Deux avis publiés à huit jours d'intervalle, dans le *Journal de Monaco* font connaître aux souscripteurs les résolutions provisoires adoptées par la première assemblée, et ces résolutions deviennent définitives si elles sont approuvées par la nouvelle assemblée générale composée d'un nombre d'actionnaires représentant le cinquième au moins du capital social.

Art. 16 *(L. n° 71, 3 janv. 1924)*. – L'assemblée appelée à se prononcer sur toute modification aux statuts ou sur l'émission d'obligations doit comprendre un nombre d'actionnaires réunissant la moitié au moins du capital social. Si cette quotité ne se rencontre pas à la première assemblée, il en est convoqué une seconde à un mois au plus tôt de la première. Pendant cet intervalle, il est fait chaque semaine dans le *Journal de Monaco*, et deux fois au moins, à dix jours d'intervalle, dans deux des principaux journaux du département des Alpes-Maritimes, des insertions annonçant la date de la deuxième assemblée et indiquant les objets sur lesquels elle aura à délibérer. Aucune délibération de cette deuxième assemblée ne sera valable si elle ne réunit la majorité des trois quarts des titres représentés, quel qu'en soit le nombre.

L'objet essentiel de la société ne peut jamais être changé.

Art. 17 *(Ord.-L. n° 340, 11 mars 1942)*. – Toute décision de l'assemblée générale relative à l'un des objets indiqués dans l'article précédent, doit être approuvée par le Gouvernement qui peut prendre l'avis du Conseil d'État.

Un arrêté du Ministre d'État déterminera les pièces qui devront être déposées au secrétariat du département des finances à l'appui de la demande d'approbation.

Le procès-verbal de l'assemblée générale doit être déposé, après approbation, avec reconnaissance d'écritures et de signatures, aux minutes du notaire dépositaire des statuts.

Les décisions de l'assemblée générale ne peuvent produire effet qu'après avoir été publiées au *Journal de Monaco* avec mention de leur approbation.

Art. 18. – Les administrateurs sont tenus de convoquer extraordinairement l'assemblée générale dans le délai d'un mois, quand la demande leur en est faite par des actionnaires représentant au moins un dixième du capital social.

Art. 19 à 21 *(Abr., L. n° 408, 20 janv. 1945)*.

Art. 22. – Aucune répétition de dividende ne peut être exercée contre les actionnaires, si ce n'est dans le cas où la distribution en aurait été faite en l'absence de tout inventaire ou en dehors des résultats constatés par l'inventaire.

L'action en répétition, dans le cas où elle est ouverte, se prescrit par cinq ans, à partir du jour fixé pour la distribution des dividendes.

Art. 23. – Il est interdit aux administrateurs de prendre ou de conserver un intérêt direct ou indirect dans une entreprise ou dans un marché faits avec la société ou pour son compte, à moins qu'ils n'y soient autorisés par l'assemblée générale.

Il est, chaque année, rendu à l'assemblée générale, un compte spécial de l'exécution des marchés ou entreprises par elle autorisés aux termes du paragraphe précédent.

Art. 24 *(Ord. 17 sept. 1907)*. – Les dispositions des articles précédents, à l'exception des articles 10, 18, 19 et 20, sont applicables aux sociétés en commandite par actions.

Les obligations imposées aux fondateurs par les articles 2, 3, 4 et 5 seront remplies par le gérant.

Art. 25 à 27 *(Abr., L. n° 408, 20 janv. 1945)*.

Art. 28. – Les sociétés anonymes ou en commandite par actions demeurent au surplus soumises aux dispositions du Code de commerce qui les régissent, à l'exception de l'article 38 dudit Code qui est abrogé.

Art. 29 *(Ord. 17 sept. 1907 ; rempl., L. n° 1.282, 7 juin 2004).* – L'émission et la négociation d'actions ou de coupons d'actions pour lesquelles il n'a pas été satisfait aux dispositions des articles 1, 2, 3 et 8 de la présente ordonnance, sont punies de l'amende prévue au chiffre 2 de l'article 26 du Code pénal.

Sont punies de la même peine :

1° La négociation d'actions ou de coupons d'actions faite contrairement aux dispositions des articles 7, 8 et 9 ainsi que toute participation à ces négociations et toute publication de la valeur desdites actions ;

2° L'émission d'obligations faite sans tenir compte des prescriptions des articles 15 et 17.

Art. 30 *(Rempl., L. n° 1.282, 7 juin 2004).* – Sont punis de l'amende prévue au chiffre 2 de l'article 26 du Code pénal et peuvent même l'être d'un emprisonnement de quinze jours à six mois au plus :

1° Ceux qui, en se présentant comme propriétaires d'actions ou de coupons d'actions qui ne leur appartiennent pas, ont créé frauduleusement une majorité factice dans une assemblée générale, sans préjudice de tous dommages-intérêts, s'il y a lieu, envers la société ou envers les tiers ;

2° Ceux qui ont remis les actions pour en faire l'usage frauduleux.

Art. 31 *(L. n° 408, 20 janv. 1945).* – Sont punis des peines portées par l'article 403 du Code pénal, sans préjudice de l'application de cet article à tous les faits constitutifs du délit d'escroquerie ;

1° Ceux qui auront, à l'aide de manœuvres frauduleuses, fait attribuer à un apport en nature une évaluation supérieure à sa valeur réelle ;

2° Les administrateurs et les gérants qui, en l'absence d'inventaires ou au moyen d'inventaires frauduleux ont opéré entre les actionnaires, la répartition de dividendes fictifs ;

3° Les administrateurs et les gérants qui, même en l'absence de toute distribution de dividende, ont sciemment publié ou présenté aux actionnaires des comptes inexacts en vue de dissimuler la vérité sur la situation de la société ou sur les résultats de son activité.

Les commissaires ne sont pas civilement responsables des délits ci-dessus visés, sauf si, en ayant eu connaissance, ils ne les ont pas révélés dans leur rapport à l'assemblée générale.

L'article 471 du Code pénal est applicable aux faits prévus au présent article.

Art. 32 *(L. n° 1.211, 28 déc. 1998).* – Le montant minimum du capital social des sociétés anonymes et en commandite simple par actions est fixé en euro par ordonnance souveraine.

Les sociétés dont le capital social est inférieur au montant minimum prévu à l'alinéa précédent, disposent d'un délai de trois ans pour procéder à sa mise en conformité.

À défaut, l'autorisation de constitution peut être révoquée par arrêté ministériel après que les représentants de la société ont été entendus en leurs explications ou dûment appelés à les fournir.

Lorsque l'autorisation de constitution est retirée, les articles 5, 6 et 7 de la loi n° 767 du 8 juillet 1964 relative à la révocation des autorisations de constitution des sociétés anonymes et en commandite par actions sont applicables.

Loi nº 1.282 du 7 juin 2004

modifiant certaines dispositions relatives aux sociétés par actions

Art. 1er. – L'article 8 de l'ordonnance du 5 mars 1895 sur les sociétés anonymes et les commandites par actions est modifié comme suit :

(V. Ord. 5 mars 1895, art. 8).

Art. 2. – Les sociétés par actions constituées antérieurement à l'entrée en vigueur de la présente loi sont tenues, dans le délai d'un an après sa promulgation, de procéder à la mise en conformité de leurs statuts avec les dispositions de l'article 8 de l'ordonnance du 5 mars 1895 sur les sociétés anonymes et en commandite par actions modifiée.

Par dérogation à l'article 17 de l'ordonnance du 5 mars 1895, la modification des statuts résultant de leur mise en conformité suivant les dispositions de l'alinéa précédent donne lieu à une déclaration écrite au Ministre d'État, dans les conditions déterminées par arrêté ministériel. Cet arrêté ministériel précise également les conditions dans lesquelles sont effectuées les formalités de dépôt aux minutes du notaire dépositaire des statuts et de publication au « *Journal de Monaco* », de la modification apportée aux statuts.

Au cas où, pour quelque motif que ce soit, l'assemblée des actionnaires ne peut pas se prononcer régulièrement sur la mise en conformité des statuts, les clauses qui y sont afférentes sont soumises à l'homologation du Président du Tribunal de première instance, sur requête de l'un des représentants légaux de la société, du notaire dépositaire des statuts ou de l'un des commissaires aux comptes. Une expédition de l'ordonnance d'homologation est adressée par le greffe au Ministre d'État. Un arrêté ministériel précise les conditions dans lesquelles sont effectuées les formalités de dépôt aux minutes du notaire dépositaire des statuts et de publication au « *Journal de Monaco* », de la modification apportée aux statuts.

À l'expiration du délai de mise en conformité, toute clause contraire est réputée non écrite.

Art. 3. – Lorsque les actions émises au porteur doivent obligatoirement revêtir la forme nominative, elles sont présentées à la société émettrice en vue de leur mise sous forme nominative, dans un délai de trois ans à compter de la date d'entrée en vigueur de la présente loi ou de la date à laquelle elles cessent d'être admises aux négociations sur un marché réglementé.

Passé ce délai, les détenteurs d'actions qui n'ont pas satisfait à leur obligation prévue à l'alinéa précédent ne peuvent exercer les droits attachés aux actions non présentées, et ce jusqu'à présentation des actions concernées à la société émettrice en vue de leur mise sous forme nominative.

À défaut de présentation des actions dans un délai de deux ans suivant l'expiration du délai de trois ans visé au premier alinéa, il est procédé à la vente des droits correspondant aux actions non présentées, dans les conditions fixées par arrêté ministériel. Cet arrêté ministériel détermine également les conditions dans lesquelles le produit de la vente est consigné jusqu'à restitution éventuelle à son bénéficiaire ou à ses ayants droit.

Art. 4. – Les articles 29 et 30 de l'ordonnance du 5 mars 1895 sur les sociétés anonymes et les commandites par actions sont modifiés comme suit :

(V. Ord. 5 mars 1895, art. 29 et 30).

Art. 5. – L'article 42 du Code de commerce est modifié comme suit :

(V. C. com., art. 42).

Art. 6. – L'article 3 de la loi n° 797 du 18 février 1966 relative aux sociétés civiles est modifié comme suit :

(V. L. n° 797, 18 févr. 1966, art. 3).

Art. 7. – Les cessions d'actions de sociétés par actions à objet civil, intervenues antérieurement à l'entrée en vigueur de la présente loi, dans les formes prévues à l'alinéa 3 de la loi n° 797 du 18 février 1966 modifié par l'article 6 ci-dessus, sont validées, sous réserve des décisions de justice passées en force de chose jugée.

Ordonnance n° 993 du 16 février 2007

portant application de la loi n° 1331 du 8 janvier 2007 relative aux sociétés

Art. 1er. – Le capital social minimal des sociétés à responsabilité limitée est fixé à quinze mille euros (15.000 Euros).

Art. 2. – Seuls les gérants associés des sociétés en nom collectif, en commandite simple et des sociétés à responsabilité limitée sont affiliés à la Caisse autonome des retraites des travailleurs indépendants et à la Caisse d'assurance maladie, accident et maternité des travailleurs indépendants.

Art. 3. – La désignation d'un commissaire aux comptes est obligatoire dans les sociétés à responsabilité limitée, les sociétés en nom collectif et les sociétés en commandite simple lorsque leur capital social est supérieur à cent cinquante mille euros (150.000 Euros) ou, lorsque pendant deux années consécutives deux des trois seuils suivants sont remplis :

– le total de leur bilan est supérieur à un million cinq cent mille euros (1.500.000 Euros) ;

– leur chiffre d'affaires hors taxes est supérieur à deux millions cinq cent mille euros (2.500.000 Euros) - le nombre de salariés qu'elles emploient est supérieur à vingt (20).

Le commissaire aux comptes, désigné en application du précédent alinéa, est nommé par l'assemblée générale ordinaire des associés pour une durée renouvelable de trois exercices.

Art. 4. – L'attestation visée à l'article 51-7 du Code de commerce, remise par le gérant au service du répertoire du commerce et de l'industrie, dans les trois mois suivant l'approbation des comptes annuels par l'assemblée générale, comporte les mentions suivantes :

– les noms et adresses des gérants et associés ainsi que, s'il y a lieu, du commissaire aux comptes en exercice ;

– l'indication que les comptes annuels ont été établis conformément aux dispositions de l'article 51-6 du Code de commerce ;

– l'approbation ou le rejet par l'assemblée générale du bilan et du compte de pertes et profits ;

– l'indication du respect des dispositions légales et statutaires et notamment de la conformité de l'activité de la société à son objet social.

Art. 5. – Le visa prévu par l'article 51-9 du Code de commerce, établi par un membre de l'Ordre des Experts Comptables et Comptables agréés, exprime son appréciation sur la vraisemblance et la cohérence des informations fournies par le gérant dans l'attestation visée à l'article 51-7 dudit Code.

Art. 6. – La Commission instituée par le deuxième alinéa de l'article 10 de la loi n° 1.144 du 26 juillet 1991, modifiée, susvisée, est présidée par le Conseiller de Gouvernement pour les Finances et l'Économie, ou son représentant.

Elle est composée :

– du Procureur Général ou son représentant ;

– du Directeur des Services fiscaux ou son représentant ;

– du Directeur de l'Expansion économique ou son représentant ;

– du Président de l'Ordre des Experts-Comptables et comptables agréés ou son représentant, à l'exclusion du commissaire aux comptes, de l'expert comptable ou du comptable agréé de l'auteur de la déclaration ou du titulaire de l'autorisation ou de la société en cause.

La Commission est saisie par le Ministre d'État.

Son secrétariat est assuré par un fonctionnaire du département des Finances et de l'Économie.

Art. 7. – La Commission visée à l'article précédent a les pouvoirs d'appréciation et d'investigation les plus étendus.

Elle peut requérir de l'auteur de la déclaration ou du titulaire de l'autorisation la communication de tous livres, factures ou documents professionnels.

L'auteur de la déclaration ou le titulaire de l'autorisation est dûment convoqué à se présenter devant la Commission par lettre recommandée avec demande d'avis de réception postal ou par lettre remise contre récépissé. La séance de la Commission ne peut, sauf urgence, se tenir moins de quinze jours après la date de notification de la convocation.

L'auteur de la déclaration ou le titulaire de l'autorisation est, s'il le souhaite, entendu en ses explications par la Commission. Elle peut également entendre toute autre personne dont elle juge l'audition utile à éclairer son avis.

L'avis qu'elle émet en vertu du deuxième alinéa de l'article 10 de la loi n° 1.144 du 26 juillet 1991, modifiée, susvisée, est pris à la majorité des voix des membres présents, la voix du président étant prépondérante en cas de partage.

Cet avis est motivé et mentionné dans la décision du Ministre d'Etat privant d'effets ou suspendant les effets d'une déclaration ou d'une autorisation.

Art. 8. – Le siège social des sociétés à responsabilité limitée, des sociétés en nom collectif et des sociétés en commandite simple peut être établi au domicile du gérant pour une durée d'un an, renouvelable une fois, à dater de la publication prévue à l'article 49 du Code de commerce, si :

– aucune disposition législative, réglementaire ou contractuelle ne s'y oppose ;

– l'activité ne nécessite pas la réception d'une clientèle ou le stockage ou l'exposition de marchandises ;

– la société n'emploie aucun salarié.

Art. 9. – Dans le cas où la déclaration prévue à l'article 2 de la loi n° 1.144 du 26 juillet 1991, modifiée, susvisée, ne contient pas les énonciations visées au deuxième alinéa dudit article, le délai prévu au troisième alinéa ne court qu'à compter de la réception, par le service instructeur, des éléments complémentaires ou manquants qu'il aura sollicités.

Ordonnance du 4 août 1899

sur le commerce de la banque

Art. 1er. – Quiconque voudra exercer le commerce de la banque dans la Principauté devra obtenir, au préalable, du gouverneur général, une autorisation qui sera soumise à toutes conditions jugées utiles, sans préjudice des règles spéciales concernant les sociétés.

Art. 2. – L'autorisation accordée en vertu de l'article précédent ne comprendra, en aucun cas, les opérations ci-après, qui demeurent expressément prohibées : achats de matières ouvrées d'or et d'argent, bijoux, pierres précieuses ; prêts ou avances sur ces divers objets ; et généralement toutes opérations du ressort des monts-de-piété.

Ordonnance du 23 juin 1907

sur le nantissement des fonds de commerce

Art. 1er. – Le nantissement d'un fonds de commerce sans dessaisissement du débiteur comprend, sauf convention contraire l'achalandage ou la clientèle, le nom commercial, l'enseigne, le droit au bail, et en général, tous les éléments incorporels qui distinguent ce fonds et en caractérisent l'exploitation.

Il peut comprendre, de plus, en vertu d'une stipulation formelle, le matériel ou le mobilier servant à l'exploitation.

Il ne peut comprendre, en aucun cas, ni les marchandises, ni les créances, lesquelles ne peuvent être données en gage que conformément aux prescriptions du Code civil ou du Code de commerce.

Art. 2 *(L. n° 801, 7 juin 1966)*. – Le nantissement d'un fonds de commerce doit, tant en matière commerciale qu'en matière civile, à peine de nullité à l'égard des tiers, être constaté par acte authentique ou sous seing privé, enregistré et inscrit au service du répertoire du commerce et de l'industrie.

Art. 3 *(L. n° 801, 7 juin 1966)*. – Pour opérer l'inscription, il est représenté au fonctionnaire chargé du service, soit par le créancier lui-même, soit par un tiers, un des originaux du titre constitutif du nantissement, s'il est sous seing privé ou en brevet, ou une expédition s'il en existe minute.

Il y est joint deux bordereaux sur papier timbré signés par le requérant, dont l'un peut être porté sur le titre présenté.

Ils contiennent :

1° Les nom, prénoms, domicile du créancier et du débiteur, et leur profession, s'ils en ont une ;

2° La date et la nature du titre ;

3° Le montant du capital de la créance exprimée dans le titre ou son évaluation ainsi que le montant des accessoires de ce capital et l'époque de l'exigibilité ;

4° Les nom et prénoms du propriétaire du fonds de commerce donné en nantissement, ainsi que la nature et le siège de ce fonds, sans préjudice de toutes autres énonciations propres à le faire connaître ;

5° L'indication que le matériel est compris dans le nantissement, s'il y a lieu ;

6° L'élection d'un domicile dans la Principauté par le créancier, s'il est domicilié à l'étranger.

Art. 4 *(L. n° 801, 7 juin 1966)*. – Le fonctionnaire chargé du service reçoit deux bordereaux et remet au requérant tant le titre ou l'expédition du titre que l'un des bordereaux, au pied duquel il certifie avoir fait l'inscription.

Art. 5 *(L. n° 801, 7 juin 1966)*. – L'inscription ne produit aucun effet si elle est prise plus de trente jours après la date de l'acte constitutif de nantissement.

Art. 5-1 *(L. n° 1.152, 18 déc. 1992)*. – Le créancier inscrit d'un fonds de commerce signifie, par acte extrajudiciaire, son inscription au bailleur des locaux dans lesquels le fonds est exploité.

Le bailleur est tenu, dans ce cas, de signifier, par acte extrajudiciaire, au créancier inscrit, au domicile élu dans l'inscription, la résiliation amiable ou conventionnelle du bail, la demande judiciaire de résiliation ou le refus de renouvellement du bail.

La résiliation amiable ou conventionnelle ne prend effet qu'à l'expiration d'un délai d'un mois à compter de la date de la signification. Dans ce délai, le créancier inscrit peut saisir le fonds ou en poursuivre directement la vente suivant la procédure prévue à l'alinéa 2 de l'article 13.

Lorsqu'il y a demande judiciaire de résiliation ou refus de renouvellement, le créancier inscrit peut intervenir à l'instance. Il peut offrir l'exécution des obligations du locataire au bailleur qui demande ou entend faire constater la résiliation du bail.

Dans tous les cas de résiliation, la créance inscrite devient exigible ; les sommes qui seraient dues au bailleur ou au créancier inscrit seront payées dans l'ordre prévu par la loi.

Art. 5-2 *(L. n° 1.152, 18 déc. 1992)*. – Le titulaire d'un fonds de commerce nanti qui veut céder le bail, avec ou sans déplacement du siège, signifie, par acte extrajudiciaire, un mois auparavant, son intention au créancier inscrit, au domicile élu dans l'inscription, en lui indiquant, lorsqu'il y a lieu, l'adresse du nouveau siège.

Le défaut de signification, par acte extrajudiciaire, rend exigible de plein droit la créance inscrite.

Dans le cas où le siège du fonds doit être déplacé, si le déplacement est effectué sans le consentement du créancier inscrit et s'il en résulte une dépréciation du fonds, le tribunal de première instance, saisi par le créancier, peut déclarer sa créance immédiatement exigible.

Art. 6 *(Mod., L. n° 1.152, 18 déc. 1992)*. – En cas de cessation des paiements du débiteur constituant, les articles 456, 457 et 458 du Code de commerce sont applicables au nantissement du fonds de commerce.

Art. 7. – Lorsque plusieurs nantissements ont été constitué sur le même fonds de commerce, leur rang se détermine par la date des inscriptions.

Toutefois, les nantissements inscrits le même jour viennent en concurrence.

Art. 8. – L'inscription conserve le privilège pendant cinq ans à compter du jour de sa date ; son effet cesse si elle n'a pas été renouvelée en temps utile.

Art. 9. – L'inscription prise pour un capital, avec la mention qu'il est productif d'intérêts ou d'arrérages et l'indication de leur taux, garantit, au même rang que le principal, trois années d'intérêts.

Il ne peut être pris utilement d'inscription pour les années excédant cette période.

Art. 10. – Les inscriptions ne peuvent être rayées que sur le dépôt d'un acte authentique de mainlevée ou d'un jugement passé en force de chose jugée.

(L. n° 1.152, 18 déc. 1992) En cas de pourvoi en révision, l'exécution du jugement ordonnant la radiation est suspendue jusqu'à la publication de l'arrêt de la Cour de Révision, prévue par l'article 457 du Code de procédure civile.

Art. 11. – La radiation est opérée au moyen d'une mention en marge de l'inscription.

Il en est délivré certificat aux parties qui le requièrent.

Art. 12 *(L. n° 801, 7 juin 1966)*. – Le fonctionnaire chargé du service du répertoire du commerce et de l'industrie est tenu de délivrer à tous ceux qui le requièrent copie des inscriptions existantes ou certificats qu'il n'en existe aucune.

Il ne peut refuser ni retarder les inscriptions, ni la délivrance des états ou certificats requis.

Art. 13. – À défaut de paiement à l'échéance, le créancier nanti d'un fonds de commerce ne peut s'approprier le gage, ni en disposer nonobstant toute clause contraire.

Il peut saisir le fonds conformément aux articles 555 et suivants du Code de procédure civile, ou en poursuivre directement la vente aux enchères publiques suivant les formes déterminées par les articles 563 et suivants du même code.

Art. 14 *(L. n° 1.152, 18 déc. 1992)*. – À la demande des parties ou de l'une d'elles, le président du tribunal de première instance peut ordonner, sur requête dans le premier cas, ou en référé dans le second, que tou ou partie du matériel qui ne serait pas compris dans le nantissement, ou des marchandises, seront vendus en même temps que le fonds, sauf à faire déterminer par une ventilation ultérieure la part du prix correspondant audit matériel ou aux marchandises et à l'exclure de la distribution par privilège.

Il en est ainsi même dans le cas où le matériel et les marchandises auraient été saisis séparément par d'autres créanciers.

Art. 15. – Toute personne pourra, dans les huit jours qui suivront l'adjudication, faire une surenchère, pourvu qu'elle soit du sixième au moins du prix principal de la vente.

Art. 16. – L'adjudication aux enchères dans les conditions prévues à l'article 13 opère la purge des nantissements.

Art. 17. – Le prix des enchères est distribué entre les créanciers conformément aux prescriptions des articles 723 et suivants du Code de procédure civile.

Art. 18. – Le privilège et le droit de poursuite dérivant du nantissement régulièrement inscrit subsistent dans tous les cas, nonobstant la faillite du débiteur.

Art. 19. – Si le créancier inscrit et le syndic sont d'accord pour procéder à une vente amiable, cette vente peut avoir lieu avec l'autorisation du juge-commissaire.

Art. 20 *(L. n° 1.152, 18 déc. 1992)*. – En cas de désaccord, si le créancier nanti ne poursuit pas la vente aux enchères publiques, le syndic peut, à toute période de la faillite, demander au tribunal de première instance l'autorisation d'y procéder lui-même.

Art. 21. – L'acquéreur d'un fonds de commerce, qui voudra le purger des nantissements dont il serait grevé, devra notifier aux créanciers inscrits, à leur domicile réel ou élu :

1° Un extrait de son titre, contenant la date et la qualité de l'acte, les nom et prénoms du vendeur, la désignation précise du fonds de commerce, le prix et les charges faisant partie du prix ou l'évaluation du fonds, le cas échéant ;

2° Un état des nantissements prescrits, avec le nom des créanciers et le montant des créances inscrites.

Art. 22. – Sur cette notification, tout créancier dont le nantissement est inscrit pourra requérir la vente du fonds aux enchères publiques à la charge :

1° Que cette réquisition soit signifiée à l'acquéreur dans les dix jours de la notification ;

2° Qu'elle contienne soumission du requérant de faire porter le prix à un dixième en sus de celui qui aura été stipulé dans le contrat ou déclaré par le nouveau propriétaire ;

3° Que la même signification soit faite dans le même délai au précédent propriétaire, débiteur principal ;

4° Que le requérant fournisse caution jusqu'à concurrence du prix promis par lui.

Art. 23. – À défaut par les créanciers inscrits d'avoir requis la mise aux enchères dans le délai prescrit, le prix du fonds de commerce demeure définitivement fixé à la somme stipulée dans le contrat ou déclarée par le nouveau propriétaire, lequel est en conséquence libéré de tous droits dérivant du nantissement en payant ledit prix aux créanciers qui sont en ordre de le recevoir ou en le consignant.

Art. 24 *(L. n° 801, 7 juin 1966 ; mod., L. n° 1.152, 18 déc. 1992)*. – Le droit d'inscription des créances garanties au moyen du nantissement d'un fonds de commerce est fixé à 0,65 F par mille francs (1) du capital de ces créances.

La délivrance de copies d'inscription ou certificats de non-inscription est assujettie à la perception d'un droit fixe selon un tarif déterminé par ordonnance souveraine.

Art. 25 *(Abr., L. n° 801, 7 juin 1966)*.

(1) Conversion en euros : V. Ord. n° 13.827, 15 déc. 1998 (*Journal de Monaco*, 18 déc. 1998).

Ordonnance du 23 juin 1907
sur la vente des fonds de commerce

Art. 1er. – Toute vente ou cession de fonds de commerce sera, à la diligence de l'acquéreur, publiée sous forme d'annonce, dans le *Journal de Monaco.*

Art. 2. – Cette annonce sera insérée à deux reprises, à huit jours d'intervalle.

Elle énoncera les noms et prénoms du vendeur et de l'acheteur ; le domicile de l'acheteur ou, s'il réside à l'étranger, un domicile élu par lui dans la Principauté ; la nature et le siège du fonds de commerce. Elle contiendra, en outre, l'avis aux créanciers du vendeur d'avoir à former opposition sur le prix dans le délai fixé par l'article suivant, sous peine de ne pouvoir critiquer le paiement effectué en dehors d'eux.

Art. 3 *(L. 3 janv. 1925).* – Dans les dix jours, au plus tard, après la seconde insertion, tout créancier du vendeur, que sa créance soit ou non exigible, pourra former, au domicile réel ou au domicile élu de l'acheteur, par simple acte extra judiciaire ou par lettre recommandée avec avis de réception, opposition au paiement du prix.

L'opposition, à peine de nullité, énoncera le chiffre et les causes de la créance et contiendra élection de domicile dans la Principauté, si le créancier opposant réside à l'étranger.

Aucun transport amiable ou judiciaire du prix ne sera opposable aux créanciers qui se seront ainsi fait connaître dans ce délai.

Art. 3 *bis* *(L. 3 janv. 1925).* – En cas d'opposition au paiement du prix, le vendeur pourra, en tout état de cause, après expiration du délai de dix jours prévu à l'article 3 ci-dessus, se pourvoir en référé devant le président du tribunal civil, afin d'obtenir l'autorisation de toucher son prix malgré l'opposition, à la condition de verser à la Caisse des dépôts et consignations ou aux mains d'un tiers commis à cet effet une somme suffisante pour répondre éventuellement des causes de l'opposition, dans le cas où le vendeur se reconnaîtrait ou serait jugé débiteur. Le montant de cette somme sera fixé par le président du tribunal.

Le dépôt ainsi ordonné sera affecté spécialement, aux mains du tiers détenteur, à la garantie des créances pour sûreté desquelles l'opposition aura été faite, et privilège exclusif de tout autre leur sera attribué sur ledit dépôt, sans que, toutefois, il puisse en résulter transport judiciaire au profit de l'opposant ou des opposants en cause, à l'égard des autres créanciers opposants du vendeur, s'il en existe.

L'exécution de l'ordonnance de référé déchargera l'acquéreur et les effets de l'opposition seront, à partir de ce moment, transportés sur le tiers détenteur.

Art. 3 *ter* *(L. 3 janv. 1925).* – L'autorisation prévue ci-dessus ne pourra être accordée que si le vendeur justifie qu'il a payé le dernier terme de son loyer et s'il n'existe sur le fonds aucune inscription d'hypothèque sur le matériel immobilisé, ou s'il produit, dans le cas contraire, les états constatant l'importance de ces créances.

En outre, l'autorisation ne pourra être accordée par le président que s'il est justifié, par une déclaration formelle de l'acquéreur obligatoirement mis en cause, faite sous sa responsabilité personnelle et dont il sera pris acte, qu'il n'existe pas d'autres créanciers opposants que ceux contre lesquels il est procédé.

S'il en existe, le président pourra accorder un court délai pour les mettre en cause ; il en sera de même si un créancier non opposant s'est révélé à l'acquéreur par la sommation de consigner son prix.

L'acquéreur, en exécutant l'ordonnance, ne sera pas libéré de son prix à l'égard des autres créanciers opposants antérieurs à ladite ordonnance.

Art. 3 *quater* *(L. 3 janv. 1925).* – Si l'opposition a été faite sans titre et sans cause, ou est nulle dans la forme et s'il n'y a pas, d'autre part, d'instance engagée au principal, le vendeur pourra être autorisé à toucher son prix malgré l'opposition.

Art. 4. – L'acquéreur qui aura payé le prix, sans avoir procédé aux publications ci-dessus prescrites ou avant l'expiration du délai imparti pour les oppositions ou nonobstant ces oppositions, ne sera pas libéré à l'égard des tiers.

Art. 5. – S'il existe des nantissements inscrits sur le fonds, l'acquéreur qui voudra en opérer la purge devra remplir, en outre, les formalités prescrites à cet effet par l'ordonnance sur le nantissement des fonds de commerce.

En tout cas, l'inscription des nantissements vaudra opposition sur le prix au profit des créanciers inscrits.

Art. 6. – Après l'expiration des délais fixés par les articles précédents, ou, le cas échéant, après la revente du fonds aux enchères publiques sur la réquisition d'un créancier nanti, si les opposants ne s'accordent pas pour la distribution des deniers, il sera procédé conformément aux dispositions du Code de procédure civile.

Art. 7. – Lorsque la vente d'un fonds de commerce aura lieu aux enchères publiques, toute personne pourra, dans les huit jours qui suivront l'adjudication, faire une surenchère, pourvu qu'elle soit du dixième au moins du prix principal de la vente.

Art. 8. – Les dispositions des articles 622 à 628 du Code de procédure civile seront observées pour cette surenchère en tant qu'elles y sont applicables.

Toutefois, l'exploit de dénonciation devra contenir sommation d'assister à la première audience qui suivra l'expiration du délai de huitaine à compter de sa date.

Si la surenchère n'est pas contestée ou si elle est validée, il sera passé outre aux publications prescrites par les articles 565 et 566 dudit Code, lesquelles devront être accomplies huit jours au moins avant la nouvelle adjudication.

Loi n° 214 du 27 février 1936

portant révision de la loi n° 207 du 12 juillet 1935 sur les trusts

TITRE I. – CONSTITUTION DES TRUSTS – RÉGLEMENTATION

Art. 1er. – Les personnes qui, en vertu de leur statut personnel, ont la faculté de régler le sort de leurs biens de leur vivant ou après leur mort, suivant un régime par elles choisi de trusts, peuvent en user dans le territoire de la Principauté, avec le concours et l'appui des institutions locales.

Art. 2 *(Mod., L. n° 1.216, 7 juill. 1999).* – La constitution du trust devra être faite, à peine de nullité, pour les trusts testamentaires, selon les formes prévues par la loi monégasque pour les testaments par acte public ou mystique et, pour les trusts inter-vivos, selon celles prévues pour les donations entre vifs. Une attestation de conformité de l'acte aux prescriptions de fond de la loi étrangère sous l'autorité de laquelle il se place devra être produite. Cette attestation sera donnée par un jurisconsulte qualifié.

La qualification résultera de l'inscription sur une liste dressée et mise à jour par le premier président de la Cour d'appel sur proposition du Procureur général.

Sont de droits inscrits sur cette liste, à leur demande : pour le Royaume-Uni, tout solicitor de la Cour suprême de judicature ; pour les États-Unis d'Amérique, tout attorney at law ;

Art. 3 *(Ord.-L. 18 oct. 1939 ; mod., L. n° 1.216, 7 juill. 1999).* – Seront seules en mesure d'agir comme trustees toutes personnes morales et, éventuellement, à titre de co-trustees ou de représentant local, toutes personnes physiques prises les unes et les autres sur une liste spéciale dressée et mise à jour par le Premier Président de la Cour d'Appel sur proposition du Procureur général.

La loi monégasque est seule compétente, à l'exclusion de la loi étrangère, pour la détermination et la désignation des trustees, et des représentants locaux qui dès lors ne rentrent pas dans les termes de l'attestation prévue à l'article 2, alinéa premier.

Lorsque le trustee n'est pas établi dans la Principauté, il doit désigner un représentant local.

Les conditions d'inscription des trustees et des représentants locaux seront fixées par ordonnance souveraine (1).

Par exception, le co-trustee peut être, aux termes de la loi étrangère choisie, librement désigné par le fondateur du trust sans être inscrit sur la liste prévue à l'article 2, mais à la condition de n'agir, en conformité avec la loi étrangère choisie, que pour ce seul trust.

Art. 4 *(Mod., L. n° 1.216, 7 juill. 1999).* – Le transfert, dans la Principauté, d'un trust constitué au dehors, s'opère de la même manière que la constitution du trust, telle qu'elle est prévue aux articles qui précèdent. Ce transfert est permis à toute personne qui, au jour de la constitution, était étrangère quand bien même elle aurait changé de nationalité, fût-ce pour devenir monégasque.

(1) V. Ord. n° 14.346, 9 mars 2000.

La création à Monaco, conformément à la présente loi, d'un trust nouveau destiné à remplacer un trust antérieurement constitué au dehors, sera considérée, au point de vue du présent article, comme équivalente à un transfert.

Ce transfert sera constaté par le dépôt effectué par le constituant et le trustee au rang des minutes d'un notaire monégasque d'un original de l'acte de création du trust étranger.

Art. 5. – Toutes contestations relatives soit à la constitution ou au transfert, soit au fonctionnement des trusts dans la Principauté, seront soumises aux tribunaux monégasques, qui sans être liés par l'ordre public monégasque, appliqueront ici, conformément à la présente loi, les dispositions de la loi étrangère.

Art. 6 *(Mod., L. n° 1.216, 7 juill. 1999)*. – Les seuls droits auxquels donnent lieu la création, le transfert et le fonctionnement des trusts, sont des droits d'enregistrement, objet du titre II ci-après.

Les personnes morales trustees acquitteront, lors de leur inscription et ensuite tous les trois ans, un droit dont le montant sera précisé par ordonnance souveraine.

TITRE II. – RÉGIME FISCAL

Art. 7. – Les actes portant constitution ou transfert de trusts dans la Principauté, sont soumis à un droit proportionnel d'enregistrement variable suivant le nombre des bénéficiaires successifs du trust et fixé aux taux ci-après :

Un seul bénéficiaire	1,30 %
Deux bénéficiaires	1,50 %
Plus de deux bénéficiaires	1,70 %

Ce droit est converti en une taxe annuelle de 0,20 % si les parties en font la demande dans l'acte de constitution du trust. Le droit ou la taxe est perçu à l'exclusion de tous droits de donation ou de mutation par décès.

Dans l'un et l'autre cas, l'impôt est liquidé sur le montant total de la valeur des biens investis dans le trust, à l'exception des valeurs mobilières monégasques visées à l'article 8.

Pour les valeurs mobilières, le capital servant à la liquidation du droit est déterminé par le cours moyen de la Bourse au jour de la constitution du trust ou au jour du décès du constituant, s'il s'agit d'un trust testamentaire. Ce cours moyen est celui de la Bourse de Londres, lorsque le trust est constitué par une personne de nationalité anglaise, et celui de la Bourse de New York, lorsque le trust est constitué par des personnes de toute autre nationalité.

S'il s'agit de valeurs non cotées à la Bourse, le capital est déterminé parla déclaration estimative du « trustee », sans distraction des charges.

La taxe de 0,20 % est payable d'avance et par annuités. Ces annuités doivent être versées, la première, lors de l'enregistrement de l'acte, et les suivantes, dans les dix premiers jours du mois de janvier de chaque année, sous peine d'une amende égale au quart de la taxe exigible.

Les trustees sont personnellement responsables du versement des annuités autres que la première.

Art. 8. – Le capital des trusts représenté par des valeurs mobilières monégasques, est soumis à un droit proportionnel réduit et fixé de la manière suivante en tenant compte du nombre des bénéficiaires successifs du trust :

Un seul bénéficiaire	0,05 %
Deux bénéficiaires	0,25 %
Plus de deux bénéficiaires	0,45 %

Ce droit, qui est acquitté lors de l'enregistrement de l'acte portant constitution du trust, tient lieu de tous droits de donation ou de mutation par décès.

Il est liquidé dans les conditions prévues à l'article précédent, en ce qui concerne les valeurs mobilières étrangères.

Art. 9. – Les droits et taxes susvisés sont perçus conformément aux dispositions de l'ordonnance souveraine du 29 avril 1928 et des ordonnances subséquentes en tant que ces dispositions ne sont pas modifiées par la présente loi.

TITRE III. – OBLIGATIONS COMPTABLES
(L. n° 1.385, 15 déc. 2011)

Art. 10 *(L. n° 1.385, 15 déc. 2011)*. – Les trusts sont soumis à l'obligation de tenue d'une comptabilité dont les modalités seront précisées par arrêté ministériel (1).

Les documents afférents à la comptabilité ainsi que toutes les pièces justificatives correspondantes, doivent être conservés chez le trustee pendant une durée d'au moins cinq années.

En cas de manquement à cette obligation, le trustee est passible de l'amende prévue au chiffre 4 de l'article 26 du Code pénal.

Loi n° 408 du 20 janvier 1945

complétant l'ordonnance sur les sociétés anonymes et en commandite par actions, du 5 mars 1985, notamment en ce qui concerne la nomination, les attributions et la responsabilité des commissaires

Art. 1er. – Dans toute société anonyme ou en commandite par actions, lorsqu'un associé fait un apport qui ne consiste pas en numéraire ou stipule à son profit des avantages particuliers, ou lorsque les statuts ou une décision de l'assemblée créent des parts de fondateurs, la première assemblée générale prévue par l'article 3 de l'ordonnance souveraine sur les sociétés anonymes et en commandite par actions du 5 mars 1895, désigne un commissaire qui doit obligatoirement être choisi parmi les experts-comptables inscrits au tableau de l'ordre, institué par la loi du 12 janvier 1945, à l'effet d'apprécier la valeur de l'apport ou la cause des avantages particuliers.

Art. 2. – Le commissaire ainsi désigné peut, pour éclairer son jugement, se faire assister par un ou plusieurs experts librement choisis par lui en dehors des souscripteurs et possédant dans les matières de la nature de celles dont relèvent les problèmes d'évaluations soumis à son appréciation, une compétence technique particulière ; il rédige un rapport motivé contenant ses conclusions et dans lequel il est fait mention, le cas échéant, des avis des spécialistes qu'il a consultés.

Art. 3. – Ne peuvent être chargés à titre de commissaire d'apprécier la valeur de l'apport ou la cause des avantages particuliers :

1° Les parents ou alliés jusqu'au quatrième degré inclusivement ou le conjoint :

a) Des apporteurs ;

b) Ou, lors de la constitution de la société, des fondateurs ;

c) Ou, lors des augmentations de capital, des administrateurs, si la société est constituée sous la forme anonyme, ou des gérants, si la société est en commandite ;

2° Les personnes recevant, ou ayant reçu depuis moins de trois ans, sous une forme quelconque, à raison de fonctions autres que celles de commissaire, un salaire ou une rémunération :

a) Des apporteurs :

b) Ou, lors de la constitution de la société, des fondateurs ;

c) Ou, lors des augmentations de capital, des administrateurs ou des gérants ou de la société elle-même ou de toute entreprise dont un associé en nom, ou un administrateur ou un gérant, serait investi des fonctions d'administrateur ou de gérant dans la société ;

3° Le conjoint des personnes susvisées.

Art. 4. – Si l'une des causes d'incompatibilité ci-dessus indiquées survient au cours du mandat, l'intéressé doit cesser immédiatement d'exercer ses fonctions et en informer les fondateurs, les administrateurs ou les gérants, suivant le cas, dans le plus bref délai.

(1) V. A. min. n° 2012-182, 5 avr. 2012 : *Journal de Monaco*, 6 avr. 2012.

Sous réserve des incompatibilités particulières énumérées ci-dessus. le commissaire, investi des fonctions définies à l'article 8 ci-après, peut être désigné également en qualité de commissaire à l'effet de vérifier la valeur de l'apport ou la cause des avantages particuliers.

Art. 5. – Le commissaire qui a fait le rapport prévu à l'article 2 assiste à la réunion de la deuxième assemblée générale prévue à l'article 3 de l'ordonnance du 5 mars 1895, mais sans voix délibérative en cette qualité.

Art. 6. – Dans toute société anonyme ou en commandite par actions, il est tenu chaque année, dans les six mois qui suivent la clôture de l'exercice, au moins une assemblée générale, dite assemblée générale annuelle, à laquelle les administrateurs ou les gérants soumettent les comptes de l'exercice écoulé et présentent un rapport sur la marche des affaires sociales pendant ledit exercice.

Cette assemblée nomme, remplace, révoque ou réélit les administrateurs et les commissaires, s'il y a lieu ; elle discute le bilan et les comptes qui lui sont présentés, les approuve, les redresse ou les rejette ; elle fixe les dividendes à répartir et délibère sur tous autres objets intéressant la marche normale de la société.

Art. 7. – Quinze jours au moins avant la réunion de l'assemblée générale annuelle, tout actionnaire peut prendre au siège social ou dans tout autre lieu indiqué dans l'avis de convocation, communication et copie de la liste des actionnaires, du bilan et du compte de pertes et profits, du rapport du conseil d'administration ou des gérants, des rapports du ou des commissaires et, généralement, de tous les documents qui, d'après la loi, doivent être communiqués à l'assemblée.

À toute époque de l'année, tout actionnaire peut prendre connaissance ou copie au siège social, par lui-même ou par un mandataire, des procès-verbaux de toutes les assemblées générales qui ont été tenues durant les trois dernières années ainsi que de tous les documents qui ont été soumis à ces assemblées.

Art. 8. – Dans toute société anonyme ou en commandite par actions, il est confié à un ou deux commissaires, suivant les règles ci-après fixées, une mission générale et permanente de surveillance, avec les pouvoirs les plus étendus d'investigation, portant sur la régularité des opérations et des comptes de la société et sur l'observation des dispositions légales et statutaires régissant son fonctionnement.

Les commissaires procèdent en vertu d'une action propre, tant au profit des actionnaires que de la collectivité, n'engageant d'autres opinions ni d'autres responsabilités que les leurs.

Art. 9. – Les commissaires sont désignés par les actionnaires pour une période de trois exercices consécutifs. Toutefois, leurs prérogatives ne prennent fin qu'à la date de l'assemblée qui les remplace.

Ils ne peuvent être révoqués que pour faute grave dans l'exercice de leurs fonctions.

Art. 10. – Les commissaires doivent être choisis parmi les experts-comptables inscrits au tableau de l'ordre institué par la loi du 12 janvier 1945.

Art. 11. – Toutefois, ne peuvent être désignés comme commissaires pour exercer les fonctions définies à l'article 8 de la présente loi :

1° Les parents ou alliés, jusqu'au quatrième degré inclusivement, ou le conjoint des administrateurs, si la société est constituée sous la forme anonyme, ou des gérants si la société est en commandite ;

2° Les personnes recevant ou ayant reçu depuis moins de trois ans, sous une forme quelconque, à raison de fonctions autres que celles de commissaire, un salaire ou une rémunération des administrateurs ou des gérants de la société elle-même ou de toute entreprise dont un associé en nom, ou un administrateur ou un gérant serait investi des fonctions d'administrateur ou de gérant dans la société ;

3° Le conjoint des personnes susvisées.

Art. 12. – Si l'une des causes d'incompatibilité ci-dessus indiquées survient au cours du mandat, l'intéressé doit cesser immédiatement d'exercer ses fonctions et en informer le conseil d'administration ou les gérants, suivant le cas, au plus tard quinze jours après la survenance de cette incompatibilité.

Art. 13. – Dans les sociétés dont le montant total du capital nominal augmenté des réserves, des bénéfices non distribués et des emprunts est supérieur à dix millions de francs (1), l'assemblée générale des actionnaires doit nommer deux commissaires. Dans le cas contraire, l'assemblée peut ne désigner qu'un seul commissaire,

(1) Conversion en euros : V. Ord. n° 13.827, 15 déc. 1998 (*Journal de Monaco*, 18 déc. 1998).

mais, dans ce cas, une assemblée subséquente aura toujours la faculté de désigner un deuxième commissaire pour le temps qui reste à courir du mandat du commissaire en exercice.

Si les comptes approuvés par une assemblée au cours du mandat d'un commissaire unique font ressortir que le montant total du capital nominal augmenté des réserves, des bénéfices non distribués et des emprunts s'est élevé au-delà du montant ci-dessus fixé, la nomination d'un deuxième commissaire, dans les mêmes conditions, s'impose à ladite assemblée.

La désignation d'un deuxième commissaire figure implicitement à l'ordre du jour de toute assemblée générale.

Art. 14. – Lorsque deux commissaires sont en fonctions, ils jouissent des mêmes prérogatives et peuvent agir ensemble ou séparément.

L'assemblée a aussi la faculté de désigner un ou deux commissaires suppléants, suivant le nombre de commissaires en exercice, et qui ne peuvent agir qu'en cas d'absence ou d'empêchement de ceux-ci.

Les commissaires suppléants doivent obligatoirement être choisis parmi les experts-comptables inscrits au tableau de l'ordre institué par la loi du 12 janvier 1945.

Art. 15. – Le commissaire dont le mandat est venu à expiration, s'il était seul en fonctions, ne peut être réélu pendant une période de trois ans à compter de la cessation de son mandat ; si deux commissaires étaient en fonctions, l'un d'eux seulement, au choix de l'assemblée, est rééligible pendant la même période.

Les interdictions visées par le présent article, ne s'opposent pas à la désignation du commissaire ainsi écarté pour la vérification d'apports ou d'avantages particuliers dans les conditions prévues à l'article premier de la présente loi.

Art. 16. – En cas de démission d'un commissaire ou d'incompatibilité ou autre empêchement faisant obstacle à l'exercice de ses fonctions, et s'il n'a pas été nommé de commissaire suppléant, les administrateurs ou les gérants sont tenus, si le commissaire était seul en fonctions ou si deux commissaires sont nécessaires en vertu des dispositions de l'article 13, de convoquer extraordinairement l'assemblée générale dans le plus bref délai possible, à l'effet de pourvoir au remplacement.

Le commissaire nommé par l'assemblée en remplacement d'un autre pour une cause quelconque, ne demeure en fonctions que pendant le temps qui reste à courir du mandat de son prédécesseur.

Art. 17. – À défaut de nomination du ou des commissaires par l'assemblée générale ou en cas de désignation ou de maintien en fonctions d'une personne non habilitée, il est procédé à leur nomination ou à leur remplacement par ordonnance du président du tribunal de première instance statuant en référé à la requête de tout intéressé, les administrateurs dûment appelés.

Les pouvoirs et la durée du mandat des commissaires ainsi nommés seront les mêmes que s'ils avaient été désignés par l'assemblée.

Art. 18. – Les commissaires assistent aux assemblées générales des actionnaires quelle qu'en soit la nature ou l'objet, mais sans voix délibérative en cette qualité.

Ils veillent à la régularité des assemblées et contrôlent l'exécution des résolutions approuvées par les actionnaires.

Art. 19. – Dans les sociétés anonymes, une copie du procès-verbal de toute délibération du conseil d'administration doit être portée à la connaissance des commissaires, dans les quinze jours de la réunion, à la diligence du président de la séance.

Les commissaires peuvent, à toute époque de l'année, opérer les vérifications ou contrôles qu'ils jugent opportuns, obtenir à cet effet communication de tous livres, procès-verbaux ou autres documents de la société et exiger de tout administrateur, directeur général ou gérant de la société, toutes explications, justifications et attestations écrites qu'ils estiment utiles.

Art. 20. – Ils peuvent toujours convoquer l'assemblée générale, même extraordinaire, des actionnaires en cas d'urgence. Dans le cas prévu à l'article 18 de l'ordonnance souveraine du 5 mars 1895, si, à l'expiration du délai imparti, les administrateurs ou gérants ont négligé de convoquer l'assemblée, les commissaires doivent faire la convocation dans les huit jours qui suivent.

Art. 21. – Les commissaires vérifient la caisse et les valeurs disponibles ou négociables de la société ainsi que les méthodes suivies pour l'évaluation de l'actif et du passif et pour la discrimination des charges et produits de la société, de manière à s'assurer que le bilan et le compte de pertes et profits qui sont présentés aux actionnaires reflètent, d'une manière sincère, en conformité avec les prescriptions légales et les usages professionnels, le premier, la situation de la société à la clôture de l'exercice écoulé, le second, les résultats de son activité pour ledit exercice.

Art. 22. – Dans les sociétés possédant des biens, notamment des marchandises, dont l'évaluation présente des difficultés techniques, les commissaires peuvent se faire assister par des experts compétents en la matière, librement choisis par eux.

Art. 23. – L'assemblée générale annuelle ne peut être tenue moins de deux mois à compter du jour où le bilan, le compte de pertes et profits ainsi que l'inventaire et tous autres documents ayant servi à leur confection, auront été mis à la disposition des commissaires à moins que ces derniers, ayant achevé leur contrôle avant l'expiration du délai ci-dessus fixé, donnent, par écrit, leur accord aux administrateurs ou aux gérants pour convoquer l'assemblée.

Art. 24. – Les commissaires font un rapport dans lequel ils rendent compte à l'assemblée générale annuelle de l'exécution de leur mission, notamment en ce qui concerne le contrôle des opérations prévues à l'article 23 de l'ordonnance souveraine du 5 mars 1895, accomplies pendant l'exercice écoulé, et les assemblées tenues pendant ledit exercice ; ils doivent signaler les irrégularités qu'ils auraient relevées.

Art. 25. – Ils font, en outre, un rapport sur les comptes soumis à l'approbation de l'assemblée, dans lequel ils doivent formuler toutes réserves ou observations auxquelles peuvent donner lieu le bilan et le compte de pertes et profits, ainsi que les informations données sur les comptes dans le rapport des administrateurs ou des gérants en précisant, s'il y a lieu, les motifs qui s'opposent aux distributions de dividendes proposés.

Toute modification apportée soit au mode de présentation des chiffres, soit aux méthodes d'évaluation du bilan ou du compte de pertes et profits, par rapport à l'exercice précédent, doit être soumise à l'homologation de l'assemblée.

Art. 26. – La délibération de l'assemblée contenant approbation des comptes est nulle si elle n'a pas été précédée des rapports du ou des commissaires, conformes aux dispositions des deux articles précédents.

Art. 27. – À la dissolution de la société, la nomination des liquidateurs, qui met fin aux fonctions des administrateurs, laisse subsister dans leur entier celles des commissaires jusqu'à la réunion de l'assemblée qui approuve définitivement les comptes de liquidation.

Art. 28. – La rémunération du ou des commissaires est fixée pour chaque exercice par l'assemblée générale qui statue sur les comptes dudit exercice, en observant les règles fixées dans le tarif des honoraires des commissaires, approuvé par arrêté ministériel.

Des réductions ne peuvent être apportées au tarif précité que pour des motifs exceptionnels.

En cas de difficulté, le montant de la rémunération sera fixé par le président du tribunal de première instance statuant en référé à la requête de la partie la plus diligente.

Art. 29. – Les ordonnances rendues par le président du tribunal en conformité des dispositions des articles 17 et 28 de la présente loi ne seront susceptibles d'aucun recours.

Art. 30. – Les commissaires ne peuvent pas devenir administrateurs des sociétés qu'ils contrôlent moins de cinq années après l'expiration de leur mandat. Sont assimilées à la société contrôlée, pour l'application de la présente disposition, celles dont l'un au moins des administrateurs est investi des fonctions d'administrateur ou de gérant dans ladite société au moment de la cessation des fonctions du commissaire.

Art. 31. – Les commissaires ne peuvent faire aucun acte de gestion, même en vertu de procuration. Ils n'encourent aucune responsabilité en raison des actes de gestion et de leurs résultats.

Ils ne sont responsables envers la société que de leurs fautes personnelles déterminées d'après les règles du mandat. S'il existe deux commissaires, ils peuvent être poursuivis individuellement ou solidairement suivant les règles de droit commun.

Art. 32 *(L. n° 1.208, 24 déc. 1998)*. – Est puni d'un emprisonnement de un à cinq ans et de l'amende prévue au chiffre 4° de l'article 26 du Code pénal dont le maximum peut être porté au quintuple, ou de l'une de ces deux peines seulement, tout commissaire qui donne ou confirme sciemment des informations mensongères sur la situation d'une société auprès de laquelle il accomplit sa mission ou qui ne révèle pas au Procureur Général les faits délictueux dont il a eu connaissance à l'occasion de l'accomplissement de cette mission.

S'il y a récidive dans un délai de cinq années, son auteur est puni d'un emprisonnement de cinq ans à dix ans et de l'amende prévue au chiffre 4° de l'article 26 dudit Code dont le maximum peut être porté au décuple, ou de l'une de ces deux peines seulement.

L'article 308 du Code pénal est applicable aux commissaires.

Art. 33. – Est puni d'une amende de mille à vingt mille francs (1) quiconque a sciemment accepté ou conservé les fonctions de commissaire, contrairement aux dispositions des articles 1, 3, 4, 10, 11, 12 et 14 de la présente loi.

Les délibérations prises par l'assemblée des actionnaires sur le rapport d'un commissaire nommé ou demeuré en fonctions contrairement aux dispositions précitées ne peuvent être annulées du chef de la violation de ces dispositions.

Art. 34. – Le bilan et le compte de pertes et profits soumis à l'approbation de l'assemblée générale des actionnaires des sociétés anonymes ou en commandite par actions doivent être établis suivant des formules types dont le modèle sera fixé par ordonnance souveraine après avis du conseil de l'ordre des experts-comptables institué par la loi du 12 janvier 1945.

Art. 35 *(L. n° 1.208, 24 déc. 1998)*. – Dans le mois qui suit la réunion de l'assemblée générale visée à l'article 6, le ou les commissaires délivrent aux administrateurs ou aux gérants une attestation, établie en double exemplaire sous la responsabilité personnelle du ou des commissaires, dans laquelle sont mentionnés :

- les noms et adresses des administrateurs ou des gérants ainsi que ceux du ou des commissaires en exercice ;
- l'approbation ou le rejet, par l'assemblée générale, du bilan et du compte des pertes et profits ;
- l'indication que l'activité de la société est conforme à celle pour l'exercice de laquelle sa constitution a été autorisée.

L'attestation mentionne, en outre, si la certification des comptes a été donnée, refusée ou assortie de réserves ainsi que l'avis du ou des commissaires sur la régularité de la tenue de l'assemblée générale au regard des stipulations statutaires et des dispositions législatives et réglementaires en vigueur.

Dans les trois mois suivant la réunion de l'assemblée générale mentionnée à l'article 6, l'attestation, à laquelle est annexé le rapport visé à l'article 25, est adressée, par les administrateurs ou les gérants, au Ministre d'État. À défaut, celui-ci peut enjoindre aux commissaires de lui communiquer ces documents dans un délai de quinze jours à compter de la notification de l'injonction.

Art. 36. – Les sociétés sont tenues d'indiquer au secrétariat du département des finances, en vue de leur inscription au répertoire des sociétés, la date de clôture de leur exercice social ainsi que toute modification, même simplement occasionnelle, de cette date.

Art. 37 *(L. n° 1.208, 24 déc. 1998)*. – Est puni de l'amende prévue au chiffre 3° de l'article 29 du Code pénal, tout administrateur ou gérant qui méconnaît les obligations mises à sa charge par les articles 34, 35, dernier alinéa, et 36.

Est puni de l'amende prévue au chiffre 3° de l'article 29 du Code pénal, tout commissaire qui méconnaît l'obligation mise à sa charge par l'article 35, dernier alinéa.

Art. 38 *(L. n° 1.208, 24 déc. 1998)*. – Lorsqu'à l'expiration du neuvième mois qui suit la clôture de l'exercice, les documents mentionnés à l'article 35 n'ont pas été adressés au Ministre d'État, celui-ci peut, sans préjudice de l'injonction aux commissaires prévue audit article, notifier, au siège de la société, une mise en demeure aux administrateurs ou aux gérants afin qu'ils fournissent toutes justifications utiles.

---

(1) Conversion en euros : V. Ord. n° 13.827, 15 déc. 1998 (*Journal de Monaco*, 18 déc. 1998).

Lorsque la mise en demeure est restée infructueusc au terme du délai qu'elle impartit ou lorsque les justifications présentées apparaissent insuffisantes, le Ministre d'État peut désigner un expert-comptable à l'effet d'établir un rapport sur la situation et sur les opérations de la société.

Art. 39. – Le rapport visé à l'article précédent sera adressé au conseiller du Gouvernement pour les finances et déposé dans un délai de trois mois. Les honoraires de l'expert seront fixés par l'autorité administrative et mis à la charge de la société.

Selon les conclusions du rapport susvisé, l'autorité administrative pourra :

- soit inviter la société à se mettre en règle sans préjudice de l'application de l'amende prévue à l'article 37 ;
- soit prononcer le retrait de l'autorisation de constitution donnée à la société, sans préjudice des poursuites correctionnelles contre les administrateurs ou les gérants au cas où des agissements délictueux auraient été relevés.

Art. 39-1 *(L. n° 1.331, 8 janv. 2007).* – Est puni d'un emprisonnement de six mois et de l'amende prévue au chiffre 4 de l'article 26 du Code pénal, ou de l'une de ces deux peines seulement, le fait pour tout administrateur ou gérant, de ne pas établir, pour chaque exercice, l'inventaire, les comptes annuels et un rapport de gestion, ou de ne pas soumettre lesdits documents à l'approbation de l'assemblée des actionnaires en méconnaissance des dispositions de l'article 6.

Art. 40. – Sont punis d'un emprisonnement d'un an à cinq ans et d'une amende de mille à vingt mille francs (1), ou de l'une de ces deux peines seulement, tout administrateur ou gérant qui, dans le cas d'information ouverte dans les conditions prévues à l'article 38 ci-dessus, aura détruit, soustrait ou dissimulé, ou tenté de détruire, soustraire ou dissimuler, toutes pièces, livres ou documents dont la conservation est prescrite par les lois en vigueur, ou qui aura sciemment donné à l'expert chargé de l'enquête, des informations mensongères sur les opérations de la société.

Art. 41. – *(V. Ord. 5 mars 1895, art. 31).*

Art. 42. – Sont abrogés les articles 13, 19, 20, 21, 25, modifiés par l'ordonnance souveraine du 17 septembre 1907, 26 et 27 de l'ordonnance souveraine du 5 mars 1895 sur les sociétés anonymes et en commandite par actions, ainsi que toutes dispositions contraires à la présente loi.

Dispositions transitoires

Art. 43. – La présente loi est applicable aux sociétés constituées avant sa promulgation.

Art. 44. – Des ordonnances souveraines détermineront, s'il y a lieu, les modalités d'application de la présente loi.

Loi nº 56 du 29 janvier 1922
sur les fondations

Art. 1er. – Les établissements privés, fondés directement ou par l'intermédiaire d'exécuteurs testamentaires, avec affectation perpétuelle ou temporaire d'une dotation spéciale, peuvent acquérir la personnalité civile et la capacité juridique dans les conditions prévues par la présente loi.

Art. 2. – Toute personne capable de disposer entre vifs peut, par une déclaration de volonté reçue, à peine de nullité, par acte notarié en minute, constituer directement une fondation destinée à produire effet de son vivant.

Art. 3. – Toute personne capable de disposer par testament peut, dans la forme ordinaire des testaments, constituer directement une fondation ou charger un ou plusieurs exécuteurs testamentaires de procéder à cette constitution ; dans ce dernier cas, l'acte de réalisation de la fondation doit être passé en la forme prévue par l'article 2 ci-dessus.

---

(1) Conversion en euros : V. Ord. n° 13.827, 15 déc. 1998 (*Journal de Monaco*, 18 déc. 1998).

Art. 4. – Les fondations ne deviennent définitives qu'après avoir été autorisées par ordonnance souveraine, sur la proposition du Gouvernement, après avis de la commission de surveillance prévue à l'article 13 de la Présente loi et du conseil communal et délibération du Conseil d'État.

Art. 5. – Aucune fondation ne peut être autorisée :

1° Si elle poursuit un but contraire à l'ordre public et aux bonnes mœurs ;

2° Si elle ne répond pas à un besoin d'intérêt général ;

3° Si elle dispose d'une dotation insuffisante par rapport au but proposé.

Art. 6. – Les demandes d'autorisation sont adressées au secrétariat général du ministère d'État ; une expédition de l'acte constitutif de la fondation et un double exemplaire des statuts doivent être joints à la demande. Il en est délivré récépissé.

Après le dépôt de la demande et des pièces visées, les fondations entre vifs ne peuvent plus être révoquées.

Art. 7. – Avis du dépôt est immédiatement donné, par les soins du secrétariat général, dans le *Journal de Monaco,* avec invitation aux intéressés de présenter, à peine de forclusion, dans un délai de trois mois, tant les observations visées au présent article que la requête en opposition visée à l'article 8 ci-après.

Jusqu'à l'expiration de ce délai, toute personne peut prendre, au secrétariat général du ministère d'État, sans déplacement, connaissance et copie de la requête en autorisation et des pièces annexées et déposer des observations écrites à l'effet d'appuyer ou de contester la demande d'autorisation.

Art. 8. – Dans le même délai et en cas de fondation testamentaire, l'époux survivant, contre lequel n'existe pas de jugement de séparation de corps devenu définitif, les ascendants et les descendants venant en rang utile, peuvent, chacun en ce qui les concerne, former, au secrétariat général du ministère d'État, opposition à l'autorisation sollicitée, sans préjudice des droits résultant des dispositions du Code civil concernant la quotité disponible.

L'opposition ne peut être fondée que sur les intérêts pécuniaires des opposants ; elle peut tendre soit au refus de l'autorisation, soit à la réduction de la dotation.

Art. 9. – S'il est nécessaire, en vue d'obtenir la délivrance de l'autorisation, d'apporter des modifications aux dispositions constitutives ou statutaires de la fondation, ces modifications ne peuvent, du vivant du fondateur, être réalisées que par lui-même, dans la forme prévue à l'article 2 ci-dessus : son refus emporte révocation de la fondation.

Si le fondateur est décédé sans avoir désigné ni exécuteurs testamentaires, ni administrateurs, les modifications nécessaires peuvent être réalisées par la commission de surveillance prévue à l'article 13.

Dans le cas où il a été procédé par le fondateur à la désignation d'exécuteurs testamentaires ou d'administrateurs, les modifications doivent être acceptées par les exécuteurs et la majorité des administrateurs.

Dans tous les cas, il est accordé aux héritiers visés à l'article 8 pour faire valoir leurs moyens d'opposition, s'ils estiment que les modifications vont à l'encontre des intentions du fondateur, un délai supplémentaire de trente jours, à dater de l'insertion au *Journal de Monaco*, d'un avis faisant connaître le dépôt, au secrétariat général du ministère d'État, des dispositions modifiées.

Il ne peut-être statué définitivement sur la requête en autorisation dans les conditions prévues par l'article 4 ci-dessus, avant l'expiration de ce délai.

Art. 10. – Les demandes sont instruites sans délai par les soins du Gouvernement.

Le secrétariat général du ministère d'État notifie aux demandeurs, par lettre recommandée avec avis de réception, la suite donnée à leur demande, dans les vingt jours de la décision portant autorisation ou rejet.

Art. 11. – Les ordonnances d'autorisation sont publiées au *Journal de Monaco,* en même temps que les statuts approuvés.

Art. 12. – Les fondations autorisées jouissent, à dater de cette publication, de la personnalité civile et de la capacité juridique prévue par la présente loi.

Toutefois, et sous réserve de l'application des règles du droit commun concernant, à l'égard des tiers, le transfert de la propriété et des droits de créance, la transmission des biens composant la dotation s'opère et la capacité de recevoir est rétroactivement acquise aux fondations à la date de l'ouverture de la succession, pour celles qui sont constituées directement par testament ou réalisées entre vifs en exécution d'un testament antérieur, et à la date de l'acte constitutif, pour les autres.

Art. 13. – Les fondations sont administrées conformément aux dispositions des actes qui les ont constituées et de leurs statuts approuvés, sous la surveillance d'une commission composée : du conseiller de gouvernement pour l'intérieur, président, avec voix prépondérante en cas de partage ; d'un magistrat en activité de fonctions ou honoraire désigné par le directeur des services judiciaires ; du directeur des études législatives ; d'un membre du conseil communal, désigné par le conseil ; et d'un représentant du service des finances.

La commission de surveillance se réunit au moins une fois par an. Elle tient un registre sur lequel sont rédigés et signés par tous les membres présents, les procès-verbaux de ses séances.

Elle fait parvenir chaque année, au ministre d'État, un compte rendu sur la situation morale et financière de chaque fondation.

Art. 13-1 *(L. n° 1.373, 5 juill. 2010)*. – Les administrateurs procèdent à l'approbation des comptes de l'année écoulée dans les six mois qui suivent la clôture de l'exercice.

Ils font parvenir, chaque année, dans les trente jours suivant l'approbation des comptes, au président de la commission de surveillance, un compte rendu d'activité de la fondation ainsi que les comptes approuvés de l'exercice écoulé accompagnés des pièces justificatives nécessaires et du rapport du commissaire aux comptes désigné dans les conditions de l'article 13-2.

Ordonnance nº 3.449 du 15 septembre 2011
portant application de l'article 13-1 de la loi n° 56 du 29 janvier 1922 sur les fondations, modifiée

Art. 1er. – Les comptes approuvés visés à l'article 13-1 de la loi n° 56 du 29 janvier 1922, modifiée, susvisée, doivent comporter les éléments suivants :
- un bilan, faisant apparaître notamment les fonds de dotation,
- un compte des pertes et profits,
- le cas échéant, l'évaluation du portefeuille de valeurs mobilières détenues.

Art. 2. – Les documents énoncés à l'article précédent doivent être conservés au siège de la fondation pendant une durée d'au moins cinq années, accompagnés des pièces justificatives correspondantes parmi lesquelles figurent notamment les relevés de compte.

Art. 3. – Toutes dispositions contraires à la présente ordonnance sont et demeurent abrogées.

Art. 13-2 *(L. n° 1.373, 5 juill. 2010)*. – Les fondations dont le patrimoine excède le montant fixé par arrêté ministériel sont tenues de désigner un commissaire aux comptes qui doit être choisi parmi les experts-comptables inscrits au tableau de l'ordre institué par la loi n° 1231 du 12 juillet 2000, relative aux professions d'expert-comptable et de comptable agréé, selon les règles de majorité et de quorum définies par les statuts de la fondation ou, à défaut, à la majorité des administrateurs. Si le patrimoine d'une fondation est inférieur à ce montant, un commissaire aux comptes peut être désigné par les administrateurs, selon les règles de majorité et de quorum ci-avant énoncées.

Le commissaire aux comptes exerce une mission générale et permanente de surveillance, avec les pouvoirs les plus étendus d'investigation, portant sur la régularité des opérations et des comptes de la fondation et sur l'observation des dispositions légales et statutaires régissant son fonctionnement.

Le commissaire aux comptes rédige annuellement, dans les trois mois qui suivent la fin de l'exercice, un rapport dans lequel il rend compte aux administrateurs de l'exécution de sa mission. Il est tenu d'informer la commission de surveillance des fondations des irrégularités qu'il relève dans l'exercice de sa mission.

Il est avisé, au plus tard en même temps que les administrateurs, de la réunion au cours de laquelle sont arrêtés les comptes de l'exercice écoulé. Il participe à cette réunion sans voix délibérative.

Art. 13-3 *(L. n° 1.373, 5 juill. 2010)*. – Ne peuvent être choisis comme commissaires aux comptes d'une fondation, le conjoint, les parents ou alliés jusqu'au quatrième degré inclusivement du fondateur ou des administrateurs.

Si l'une des causes d'incompatibilité visée à l'alinéa précédent survient au cours du mandat du commissaire, celui-ci doit immédiatement cesser d'exercer ses fonctions et en informer les administrateurs au plus tard dans les quinze jours qui suivent la survenance de la cause de l'incompatibilité.

La durée des fonctions du commissaire aux comptes est de trois ans, renouvelable une fois.

Il ne peut être révoqué que pour faute grave dans l'exercice de ses fonctions par décision prise à la majorité des administrateurs.

Pendant les trois années qui suivent la cessation de ses fonctions, il ne peut devenir administrateur de la fondation dont il a assuré la vérification des comptes.

Art. 13-4 *(L. n° 1.373, 5 juill. 2010)*. – Les délibérations prises à défaut de désignation régulière d'un commissaire aux comptes ou sur le rapport d'un commissaire nommé ou demeuré en fonctions contrairement aux dispositions de la présente loi, sont nulles.

Si les administrateurs omettent de désigner un commissaire aux comptes, tout intéressé peut en demander la désignation au Président du Tribunal de Première Instance saisi et statuant comme en matière de référé, les administrateurs dûment appelés.

Art. 13-5 *(L. n° 1.373, 5 juill. 2010)*. – Dans l'hypothèse où les administrateurs ne communiquent pas les documents visés à l'article 13-1 ou si le rapport du commissaire aux comptes révèle des irrégularités graves de gestion, le Ministre d'État peut, sur proposition de la commission de surveillance, enjoindre aux administrateurs de se conformer aux dispositions de la loi et de procéder aux régularisations nécessaires.

À défaut, le Ministre d'État peut solliciter du Président du Tribunal de Première Instance, saisi et statuant comme en matière de référé, d'ordonner, sous astreinte, la mise en conformité aux prescriptions de la loi

Art. 14. – La commission de surveillance, sous le contrôle du ministère d'État, a pour mission :

1° de veiller à ce que les intentions du fondateur soient exécutées et que les revenus des fonds affectés à la fondation soient employés conformément à leur destination ;

2° de prendre, à défaut d'exécuteurs testamentaires ou d'administrateurs désignés par le fondateur, les mesures nécessaires pour assurer la réalisation de la fondation, notamment en procédant, sur les diligences du notaire dépositaire du testament, au dépôt de la requête prévue à l'article 6 ci-dessus ;

3° de contrôler l'observation des prescriptions de la présente loi.

Art. 15 *(Mod., L. n° 1.373, 5 juill. 2010)*. – Les administrateurs doivent être majeurs, jouir de leurs droits civils dans la Principauté, et, s'ils sont étrangers, dans leur pays d'origine, et résider dans la Principauté depuis une année au moins pour les deux tiers d'entre eux.

Les premiers administrateurs sont nommés par la commission de surveillance si le fondateur est décédé sans les avoir désignés ou sans avoir chargé ses exécuteurs testamentaires de leur désignation, ou s'il a désigné des personnes qui ne remplissent pas les conditions prévues à l'alinéa précédent.

Alors même que des administrateurs ou des exécuteurs testamentaires ont été désignés de son vivant par le fondateur, le président de la commission de surveillance a, après mise en demeure adressée auxdits administrateurs ou exécuteurs testamentaires et restée sans effet, qualité pour saisir le Ministre d'État de la requête à fin d'autorisation.

Art. 16 *(Rempl., L. n° 1.373, 5 juill. 2010)*. – En cas de faute grave commise par un administrateur dans l'exercice de ses fonctions de gestion ou d'administration, les autres administrateurs ont le droit de prononcer son exclusion et de désigner un nouvel administrateur, sous réserve de l'agrément du Ministre d'État, après avis de la commission de surveillance.

Lorsque les administrateurs n'exercent pas leur droit, l'exclusion peut être prononcée, sur la demande de la commission de surveillance, par le Ministre d'État. Dans tous les cas, les intéressés sont entendus ou mis en demeure de faire valoir leurs moyens de défense

Art. 17. – La commission de surveillance a le droit de prendre, à tout moment, communication et copie, sans déplacement, au siège de la fondation, de toutes les pièces, décisions et documents intéressant l'administration et la comptabilité de la fondation.

Art. 18. – Les administrateurs ont qualité pour faire, au nom de la fondation, tous les actes de la vie civile qui ne sont pas interdits par les statuts et par la présente loi.

Art. 19. – Les administrateurs peuvent, sans aucune autorisation, procéder à l'acquisition des immeubles nécessaires à la mise en œuvre et au fonctionnement de la fondation.

Ils ne peuvent acquérir d'autres immeubles sans y avoir été spécialement et préalablement autorisés par ordonnance souveraine, après avis de la commission de surveillance et délibération du Conseil d'État.

Ils ne peuvent sans y avoir été autorisés dans les mêmes conditions, aliéner ou hypothéquer les biens composant la dotation initiale de la fondation ou ayant fait l'objet de libéralités postérieures à son profit.

Art. 20 *(Rempl., L. n° 1.373, 5 juill. 2010)*. – Les valeurs mobilières au porteur représentées matériellement par un imprimé doivent, par les soins de l'administrateur désigné à cet effet par la majorité des administrateurs, soit être converties en titres de placements nominatifs, soit faire l'objet d'un dépôt, contre récépissé, entre les mains d'un établissement de crédit installé dans la Principauté.

Toute opération relative aux valeurs déposées ne peut être effectuée que par cet administrateur avec l'accord d'un second administrateur désigné à cet effet par la majorité des administrateurs.

Art. 21 *(Rempl., L. n° 1.373, 5 juill. 2010)*. – Les administrateurs ne peuvent, sans l'autorisation de la commission de surveillance, accepter à titre définitif des dons et legs faits à la fondation.

L'acceptation doit être autorisée par ordonnance souveraine, après avis de la commission de surveillance et délibération du Conseil d'État :

1° lorsque la libéralité porte sur un immeuble ou que sa valeur dépasse un montant fixé par arrêté ministériel ;

2° lorsqu'elle est subordonnée à l'accomplissement de certaines charges ou conditions ;

3° en cas de réclamation émanant d'héritiers au degré successible ; dans ce cas, l'autorisation peut n'être accordée que pour partie. Si la libéralité porte sur des immeubles, l'ordonnance d'autorisation peut en exiger l'aliénation.

En aucun cas, l'autorisation d'accepter un legs ne peut être accordée avant l'expiration d'un délai de trois mois à dater de la publication au *Journal de Monaco* d'un avis invitant les héritiers à prendre connaissance du testament et à donner ou à refuser leur consentement à son exécution

Art. 22. – Les modifications nécessaires au fonctionnement de la fondation peuvent être apportées aux dispositions constitutives ou statutaires. Elles doivent être autorisées, à la requête des administrateurs ou de la commission de surveillance, par ordonnance souveraine, sur avis conforme du Conseil d'État.

Les administrateurs et les membres de la commission de surveillance sont obligatoirement appelés à faire connaître leurs observations lorsque la proposition de modification n'émane pas de leur initiative ou n'a pas reçu leur approbation.

Les modifications autorisées ne produisent effet qu'après publication au *Journal de Monaco*.

Art. 23. – Lorsqu'une fondation est devenue inutile ou se trouve en conflit avec l'intérêt public ou les bonnes mœurs, ou lorsque le but voulu par le fondateur ne peut plus être réalisé, l'autorisation accordée, par application de l'article 4 de la présente loi, doit être retirée, à moins qu'il ne soit possible, après avis des administrateurs et de la commission de surveillance, d'affecter le patrimoine de la fondation à un but analogue à sa destination antérieure et d'adapter les conditions générales de son organisation à cette affectation nouvelle.

Art. 24. – Le retrait d'autorisation est prononcé par ordonnance souveraine, sur avis conforme du Conseil d'État, soit sur la proposition du Gouvernement, soit à la requête des administrateurs, de la commission de surveillance, du fondateur ou, s'il est décédé, de ses exécuteurs testamentaires.

Le fondateur, les exécuteurs testamentaires, les administrateurs et la commission de surveillance sont obligatoirement consultés lorsque la proposition de retrait d'autorisation n'émane pas de leur initiative ou n'a pas reçu leur approbation.

L'ordonnance portant retrait d'autorisation ne produit effet qu'après leur avoir été notifiée et après avoir été publiée au *Journal de Monaco*.

Art. 25. – S'il y lieu de transformer le but de la fondation, il est procédé comme il est dit à l'article 22 ci-dessus.

Art. 26. – Si le patrimoine de la fondation atteint une importance exagérée par rapport au but proposé, la réduction peut en être demandée. Il est procédé, dans ce cas, comme il est dit à l'article 24 ci-dessus.

Art. 27. – En cas de réduction ou de suppression d'une fondation, il est procédé à la liquidation par les administrateurs ou tous autres liquidateurs prévus par les statuts, conformément à ces derniers et sous le contrôle de la commission de surveillance.

Art. 28. – Les liquidateurs prélèvent sur l'actif :

1° Le montant des engagements contractés vis-à-vis des tiers ;

2° Sauf disposition statutaire contraire ou emploi prévu par les fondateurs, donateurs et testateurs, les sommes égales au montant de biens composant la donation initiale de la fondation ou ayant fait l'objet de libéralités postérieures à son profit, lorsque ces biens ne peuvent être remis en nature aux ayants droit.

L'action en paiement des créanciers doit, ainsi que l'action en revendication ou en reprise des fondateurs, donateurs et testateurs ou de leurs héritiers au degré successible, être, à peine de forclusion, introduite dans le délai d'une année, à compter de l'insertion au *Journal de Monaco,* à la requête de la commission de surveillance, d'un avis informant les intéressés de l'ouverture de la liquidation.

La liquidation est homologuée par le tribunal à la diligence des liquidateurs.

Les fonds demeurés libres après la liquidation sont attribués par ordonnance souveraine, sur la proposition du Gouvernement et après avis du Conseil d'État, à une œuvre similaire ou, à défaut, à un établissement public d'assistance ou de bienfaisance de la Principauté, à titre de dotation.

Art. 29 *(L. n° 1.373, 5 juill. 2010 ; mod., L. n° 1.385, 15 déc. 2011).* – Sont punis de l'amende prévue au chiffre 4 de l'article 26 du Code pénal :

1° les administrateurs de fondations qui mettent obstacle aux vérifications ou aux contrôles des commissaires aux comptes ou qui refusent à ceux-ci la communication des pièces utiles à l'exercice de leur mission ;

2° les administrateurs de fondations qui ne transmettent pas au président de la commission de surveillance les documents visés à l'article l3-1 dans les conditions fixées par ledit article.

Loi n° 1.355 du 23 décembre 2008

concernant les associations et les fédérations d'associations

(Journal de Monaco, 2 janv. 2009) (1)

TITRE I. – DE L'ASSOCIATION

CHAPITRE I. – DE LA CONVENTION D'ASSOCIATION

Art. 1er. – L'association est la convention par laquelle deux ou plusieurs personnes décident de mettre en commun de façon permanente leurs activités ou leurs connaissances dans un but autre que de partager des bénéfices.

Cette convention, formalisée par les statuts de l'association, est régie quant à sa validité par les principes généraux du droit applicables aux contrats et obligations.

Art. 2. – Les statuts de l'association doivent obligatoirement mentionner :

1° sa dénomination, son objet, sa durée et son siège social ;

2° les conditions d'admission, de démission ou d'exclusion des sociétaires ainsi que l'étendue de leur droit de vote ;

3° les règles relatives à la composition, à la convocation, au mode de délibération et aux pouvoirs de l'organe délibérant formé par l'assemblée générale des sociétaires ;

4° les règles relatives à la désignation, à la composition, au fonctionnement et aux pouvoirs de l'organe chargé de l'administration ;

5° les conditions de modification des statuts ;

6° les conditions de dissolution volontaire de l'association ainsi que celles de liquidation et de dévolution de son patrimoine.

(1) V. A. min. n° 2009-40, 22 janv. 2009.

Art. 3. – Sous réserve des dispositions de l'article 4, les statuts de l'association doivent être conformes aux conditions ci-après :

1° le siège social doit être établi à Monaco. Il ne peut être transféré hors de la Principauté ;

2° les activités de l'association doivent être principalement exercées à Monaco, à moins qu'en raison de leur nature elles doivent nécessairement être exercées hors de la Principauté ;

3° l'assemblée générale des sociétaires doit être investie des pouvoirs suprêmes et, à ce titre, elle doit élire l'organe d'administration ou approuver les nominations en cas de cooptation ;

4° les administrateurs doivent être majeurs et jouir de leurs droits civils ;

5° la majorité des administrateurs doit être domiciliée dans la Principauté ;

6° en cas de dissolution de l'association et quel que soit le mode de dévolution de son patrimoine, les sociétaires ne peuvent se voir attribuer une part quelconque des biens de l'association en dehors de la reprise des apports.

Art. 4. – Les statuts peuvent déroger aux dispositions de l'article 3 :

1° en ce qui concerne la désignation des administrateurs par l'assemblée générale lorsque l'association, par son objet, est de nature à contribuer au prestige et au rayonnement de la Principauté ; cette désignation peut être opérée par le Prince ;

2° en ce qui concerne la domiciliation des administrateurs lorsque l'association, par son objet, est de nature à contribuer au prestige et au rayonnement de la Principauté et présente, de plus, un caractère international ;

3° en ce qui concerne les pouvoirs de l'assemblée générale et la désignation des administrateurs lorsque l'association, par son objet, est essentiellement ouverte à des mineurs.

Dans ces cas, le Conseil d'État est saisi pour avis.

CHAPITRE II. – DE LA FORMATION DE L'ASSOCIATION ET DE SA PERSONNALITÉ JURIDIQUE

Art. 5. – Les associations se forment librement sans autorisation ni déclaration préalable. Elles jouissent de la personnalité morale et de la capacité juridique dès lors qu'elles se conforment aux dispositions de l'article 7.

Art. 6. – Est nulle et de nul effet l'association dont l'objet est contraire à la loi, porte atteinte à l'indépendance ou aux institutions de la Principauté, aux libertés et droits fondamentaux qui y sont reconnus, à l'ordre public ou aux bonnes mœurs ou a un caractère sectaire.

Doit être considérée comme ayant ce caractère l'association qui poursuit des activités ayant pour finalité ou pour conséquence de créer, de maintenir ou d'exploiter la sujétion psychologique ou physique des personnes qui participent à ces activités.

Art. 7. – Toute association souhaitant acquérir la personnalité morale et la capacité juridique prévues par l'article 5 doit être déclarée et rendue publique.

La déclaration est effectuée auprès du Ministre d'État par lettre recommandée avec demande d'avis de réception postal. Elle mentionne la dénomination et l'objet de l'association, son siège social et les noms, professions, domiciles et nationalités de ceux qui, à un titre quelconque, sont chargés de son administration ou de sa direction. Elle est accompagnée de deux exemplaires des statuts sur papier libre.

Lorsque la déclaration est conforme aux dispositions des articles 2 et 3, il en est donné récépissé dans le délai de vingt jours de la réception. Le récépissé est daté et signé par le Ministre d'État.

Tout refus de délivrance du récépissé est motivé et notifié au déclarant par lettre recommandée avec demande d'avis de réception postal dans ce délai de vingt jours.

À défaut de délivrance du récépissé ou de notification de refus, l'avis de réception postal prévu au deuxième alinéa vaut récépissé.

L'association est rendue publique par une insertion au *Journal de Monaco*, sur production du récépissé ou de l'avis de réception postal dans le cas prévu au précédent alinéa, d'un extrait contenant la date de la déclaration, la dénomination et l'objet de l'association ainsi que l'indication de son siège social.

L'association acquiert la personnalité morale et la capacité juridique le lendemain de la publication au *Journal de Monaco* de l'extrait mentionné au précédent alinéa.

Sauf si le tribunal en décide autrement, le ou les liquidateurs judiciaires exercent les pouvoirs conférés par l'article 694 du Code civil au curateur d'une succession vacante.

Art. 22. – Encourt la dissolution :

1° l'association dont les statuts enfreignent les dispositions de la présente loi ;

2° l'association entachée de nullité, notamment dans les cas énoncés à l'article 6 ;

3° l'association qui déploie une activité non conforme à son objet ; dans ce cas, les actes accomplis par l'association en dehors de son objet social sont nuls et de nul effet ;

4° l'association dont l'objet ou les activités sont de nature à susciter de graves difficultés avec un gouvernement étranger ;

5° celle qui est dépourvue des organes nécessaires à son fonctionnement pendant plus de six mois ou qui, depuis plus de cinq ans, ne s'est livrée à aucune activité.

La dissolution emporte, de plein droit, obligation immédiate de cesser toute activité et de liquider le patrimoine.

Elle est prononcée par le tribunal de première instance, à la diligence du ministère public ou à la demande de tout intéressé. Le tribunal est saisi et statue comme prévu à l'article 850, alinéa 3, du Code de procédure civile. S'il y a lieu, il nomme un ou plusieurs liquidateurs judiciaires. Il peut en outre, sous les sanctions prévues à l'article 33, ordonner, par provision et nonobstant toute voie de recours, la fermeture des locaux et l'interdiction de toute réunion des membres de l'association.

Sauf si le tribunal en décide autrement, le ou les liquidateurs judiciaires exercent les pouvoirs conférés par l'article 694 du Code civil au curateur d'une succession vacante.

La décision judiciaire passée en force de chose jugée est notifiée par le greffier en chef au Ministre d'État qui en assure la publicité au *Journal de Monaco*.

Art. 23. – En cas d'urgence, le Ministre d'État peut procéder par arrêté motivé à la dissolution de toute association ayant pour objet, pour activité ou pour effet de concourir ou d'inciter à la commission de crimes ou de délits ou de susciter de graves difficultés avec un gouvernement étranger.

L'arrêté du Ministre d'État est publié au *Journal de Monaco* et produit les mêmes effets que la dissolution judiciaire. S'il y a lieu, il nomme un ou plusieurs liquidateurs qui exercent les pouvoirs prévus par l'article 694 du Code civil, sauf s'il leur confère d'autres pouvoirs.

TITRE II. – DE LA FÉDÉRATION D'ASSOCIATIONS

Art. 24. – La fédération d'associations est la convention par laquelle deux ou plusieurs associations dûment déclarées et rendues publiques en Principauté ou régulièrement constituées à l'étranger, ou une association dûment déclarée et rendue publique en Principauté et une ou plusieurs personnes physiques décident de se regrouper pour organiser la pratique d'une activité identique ou connexe à leur activité dans un but autre que de partager des bénéfices.

Art. 25. – Elle est régie par les dispositions de la présente loi qui la concernent et celles applicables aux associations. Outre les déclarations prévues aux articles 7, 10 et 11, elle est tenue de faire connaître au Ministre d'État la dénomination, l'objet et le siège des associations qui la composent et de déclarer dans le mois, au Ministre d'État, la dénomination, l'objet et le siège de toute nouvelle association adhérente.

Art. 26. – La fédération déclarée peut être agréée conformément aux dispositions du chapitre 4 du titre I.

Pour être agréée la fédération doit justifier, tant par ses activités que par les membres qui lui sont affiliés, d'une représentativité dans le cadre de l'activité qu'elle souhaite fédérer.

Art. 27. – La fédération est tenue d'accepter l'adhésion de l'association qui, consentant à être régie par ses principes statutaires de fonctionnement, entre dans son domaine d'activité. Elle lui assure une représentation suffisante. Les modalités d'affiliation sont déterminées par arrêté ministériel.

Tout refus d'affiliation doit être motivé. Cette décision de refus peut être déférée au tribunal de première instance par voie d'exploit d'assignation.

Art. 28. – Il ne peut être agréé qu'une seule fédération d'associations par domaine d'activité.

L'agrément confère à la fédération les mêmes droits et obligations que ceux prévus aux articles 16, 18 et 19 pour les associations agréées.

Art. 29. – La fédération agréée est tenue d'assurer, dans l'intérêt général, la promotion, l'organisation et le développement des activités relevant de son objet.

Des conventions conclues entre l'État et les fédérations sportives agréées fixent les objectifs permettant le développement des disciplines sportives ainsi que le perfectionnement et l'insertion professionnelle des athlètes et précisent les engagements souscrits à cet effet.

La fédération sportive agréée est seule habilitée à organiser les compétitions donnant lieu à la délivrance de titres internationaux et nationaux et à procéder aux sélections correspondantes. Dans l'hypothèse où il n'existerait pas de fédération agréée, ces compétitions peuvent être organisées par l'association agréée dans le domaine d'activité considéré.

Art. 30. – Seule la fédération agréée peut utiliser dans sa dénomination et faire figurer dans ses statuts ou autres documents l'appellation « fédération monégasque de », « fédération nationale de » ou « fédération de Monaco » accompagnée de la désignation d'une ou de plusieurs activités.

Art. 31. – L'agrément peut être retiré lorsque la fédération ne justifie plus d'une représentativité suffisante ou lorsqu'elle n'assure pas de manière satisfaisante sa mission d'intérêt général.

Les dispositions de l'article 20 sont applicables.

TITRE III. – DES PÉNALITÉS

Art. 32. – Les administrateurs d'associations ou de fédérations d'associations qui n'observent pas les dispositions du premier alinéa de l'article 12 sont punis de l'amende prévue au chiffre 1° de l'article 29 du Code pénal.

Ils sont punis de l'amende prévue au chiffre 2° de ce même article s'ils ne peuvent présenter le registre de l'association ou s'ils refusent de le produire.

Art. 33. – Quiconque administre ou continue d'administrer une association ou une fédération d'associations qui se maintient ou est reconstituée après le prononcé de sa dissolution, est puni d'un emprisonnement d'un an à cinq ans et de l'amende prévue au chiffre 3° de l'article 26 du Code pénal.

Quiconque, sans en exercer l'administration, se maintient au sein d'une association ou d'une fédération d'associations dissoute ou y prend part, est puni d'un emprisonnement de six mois à trois ans et de l'amende prévue au chiffre 2° de l'article 26 du Code pénal.

Art. 34. – Est puni de l'amende prévue au chiffre 2° de l'article 26 du Code pénal, quiconque se prévaut d'un agrément qu'il n'a pas obtenu ou qui lui a été retiré.

TITRE IV. – DISPOSITIONS DIVERSES

Art. 35. – Les décisions de refus ou de retrait prononcées en application de la présente loi sont motivées dans les conditions prévues par la loi n° 1.312 du 29 juin 2006.

Art. 36. – Une association ou fédération d'associations de droit étranger ne peut exercer à Monaco une quelconque activité sauf autorisation administrative exceptionnelle délivrée par le Ministre d'État pour une durée qui ne peut dépasser un an. Cette autorisation est renouvelable.

Art. 37. – Les associations et les fédérations d'associations constituées en vertu de la législation antérieure sont régies par la présente loi ; elles sont tenues de mettre leurs statuts en conformité avec celle-ci dans le délai d'un an à compter de la publication de la présente loi.

Art. 38. – Pour les demandes d'agrément intervenant dans l'année suivant la publication de la présente loi, le délai d'instruction de la demande est porté à six mois.

Art. 39. – La période probatoire mentionnée au premier alinéa de l'article 14 n'est pas applicable aux associations et aux fédérations d'associations qui, à la date de publication de la présente loi, bénéficient de concours publics destinés à contribuer au financement de manifestations ou d'évènements réitérés annuellement ou à intervalles réguliers.

Art. 40. – Sont abrogées la loi n° 1.072 du 27 juin 1984 concernant les associations ainsi que toutes dispositions contraires à la présente loi.

Arrêté ministériel n° 2009-40 du 22 janvier 2009
portant application de la loi n° 1.355 du 23 décembre 2008
concernant les associations et les fédérations d'associations

(Journal de Monaco, 23 janv. 2009)

Vu la loi n° 1.355 du 23 décembre 2008 concernant les associations et les fédérations d'associations ;

Section 1. – Des modalités de la déclaration de l'association

Art. 1er. – La déclaration de l'association prévue par l'article 7 de la loi n° 1.355 du 23 décembre 2008, susvisée, est signée par au moins deux personnes majeures, jouissant de leurs droits civils et ayant leur domicile à Monaco. Elle est datée et mentionne la dénomination, l'objet et le siège social de l'association.

Elle est effectuée par lettre recommandée avec demande d'avis de réception postal auprès du Secrétariat Général du Ministère d'État et, à peine d'irrecevabilité, est accompagnée des pièces ci-après :

1° les statuts de l'association, établis en double exemplaire, paraphés page par page et signés par les déclarants ;

2° la liste des personnes chargées de son administration ou de sa direction avec l'indication de leurs nom, prénoms, professions, nationalité et domicile.

Section 2. – Des conditions de délivrance du récépissé

Art. 2. – Un exemplaire des statuts, daté et revêtu d'un visa du Ministère d'État, est retourné aux déclarants.

Art. 3. – Lorsque les statuts de l'association déclarante dérogent, en vertu de l'article 4 de la loi n° 1.355 du 23 décembre 2008, susvisée, aux dispositions de l'article 3 de cette dernière, ils sont accompagnés des éléments d'appréciation utiles de nature à permettre au Conseil d'État, saisi pour avis, de se prononcer en toute connaissance de cause.

Art. 4. – Dans ce cas, la prolongation de deux mois du délai de délivrance du récépissé est portée à la connaissance des déclarants par lettre recommandée avec demande d'avis de réception postal dans un délai de quinze jours.

Section 3. – Des modalités de la déclaration modificative

Art. 5. – Toute déclaration de modification de l'adresse du siège social de l'association ou toute déclaration mentionnée aux chiffres 2, 3 et 5 de l'article 10 de la loi n° 1.355 du 23 décembre 2008, susvisée, est signée du président ou d'un administrateur et mentionne les modifications opérées.

Elle est déposée au Secrétariat Général du Ministère d'État et, à peine d'irrecevabilité, est accompagnée d'un extrait certifié sincère et véritable par les déclarants des délibérations, selon le cas, de l'organe d'administration ou de l'assemblée générale ayant pris la décision soumise à déclaration.

Les déclarations par la fédération d'associations de la dénomination, de l'objet et du siège des associations qui la composent ou qui se sont affiliées ultérieurement, prévues au second alinéa de l'article 25 de la même loi, sont effectuées dans des formes identiques.

Art. 6. – Toute déclaration de modification de la dénomination ou de l'objet de l'association, ainsi que de toute autre disposition statutaire est signée par le président ou un administrateur et mentionne les modifications opérées.

Elle est déposée au Secrétariat Général du Ministère d'État et, à peine d'irrecevabilité, est accompagnée des pièces ci-après :

1° les statuts modifiés de l'association établis en double exemplaire, paraphés à chaque page et signés par un administrateur ;

2° l'extrait certifié sincère et véritable de la délibération de l'assemblée générale qui a approuvé la modification.

Art. 7. – Lorsque la déclaration de modification des statuts déroge, en vertu de l'article 4 de la loi n° 1.355 du 23 décembre 2008, susvisée, aux dispositions de l'article 3 de cette dernière, elle est accompagnée des éléments d'appréciation utiles de nature à permettre au Conseil d'État, saisi pour avis, de se prononcer en toute connaissance de cause.

Art. 8. – Dans ce cas, dans les quinze jours de la réception de la déclaration de modification des statuts, il est porté à la connaissance des déclarants par lettre recommandée que l'accusé de réception prévu à l'article 10 de la loi n° 1.355 du 23 décembre 2008, susvisée, ne pourra leur être délivré par le Ministre d'État qu'à l'issue d'un délai de deux mois à compter de la notification de cette information.

Section 4. – De la communication des documents relatifs aux associations

Art. 9. – Toute demande de communication d'une des pièces mentionnées à l'article 13 de la loi n° 1.355 du 23 décembre 2008, susvisée, est effectuée par courrier auprès du Secrétariat Général du Ministère d'État. La délivrance de copies donne lieu à la perception au profit du Trésor d'une somme de 1 euro par page communiquée.

Section 5. – Des conditions d'agrément

Art. 10. – La demande d'agrément prévue aux articles 14 et suivants de la loi n° 1.355 du 23 décembre 2008, susvisée, est présentée par le président de la personne morale.

Art. 11. – À peine d'irrecevabilité, elle est accompagnée, en sus des justifications de l'accomplissement des formalités imposées aux associations par la loi n° 1.355 du 23 décembre 2008, susvisée, des pièces ci-après :

– un exemplaire des statuts à jour de l'association ;

– la copie de l'arrêté ministériel d'autorisation de l'association et des arrêtés qui auraient approuvé les modifications successives pour les groupements constitués antérieurement à la promulgation de la loi n° 1.355 du 23 décembre 2008, susvisée, ainsi que des insertions au *Journal de Monaco* s'y rapportant ;

– la copie du récépissé de déclaration initiale ainsi que celle de l'insertion au *Journal de Monaco* prévue au sixième alinéa de l'article 7 de ladite loi ;

– la copie des accusés de réception des déclarations de modifications statutaires éventuellement intervenues par la suite ;

– le budget de l'exercice en cours ainsi que les comptes des trois années précédant la demande, sous réserve des dispositions du second alinéa de l'article 14 de la loi n° 1.355 du 23 décembre 2008, susvisée ;

– un descriptif des éléments constitutifs du patrimoine de la personne morale ;

– la liste des membres chargés de l'administration avec indication de leurs nom, prénoms, nationalité et domicile ;

– le cas échéant, l'organigramme d'encadrement ou de formation, accompagné des diplômes et qualifications des personnes qui le composent ;

– un extrait de la délibération de l'assemblée générale ayant autorisé la demande d'agrément ;

– un descriptif précis des locaux occupés par l'association ;

– une attestation justifiant de son affiliation à une fédération agréée existant dans son domaine d'activité, dans la mesure où une telle fédération existe.

Ces pièces sont certifiées sincères et véritables par le signataire de la demande.

Elle est également accompagnée d'une note de présentation de l'association indiquant le nombre d'adhérents et retraçant ses principales activités au cours des trois années antérieures, sous réserve des dispositions du second alinéa de l'article 14 de la loi n° 1.355 du 23 décembre 2008, susvisée.

Si la demande émane d'une fédération, celle-ci doit de plus communiquer la liste des associations qui la composent avec l'indication de leur dénomination, objet et siège social ainsi qu'un exposé indiquant l'origine et le développement de la personne morale.

Art. 12. – L'association ou la fédération d'associations dont la demande d'agrément aurait été rejetée ne peut la renouveler avant qu'un délai d'un an ne se soit écoulé.

Art. 13. – La demande et le dossier qui l'accompagne sont adressés au Secrétariat Général du Ministère d'État. Il en est accusé réception.

Art. 14. – À réception, la demande d'agrément est instruite par le service administratif chargé du secteur d'activité considéré. Il peut entendre, à cette fin, tout responsable de la personne morale, se rendre sur les lieux d'activité et se faire communiquer tout élément complémentaire nécessaire à son appréciation.

Art. 15. – Les documents visés à l'article 18 de la loi n° 1.355 du 23 décembre 2008, susvisée, sont adressés au Secrétariat Général du Ministère d'État dans un délai de trois mois à compter de la clôture de l'année sociale considérée.

Art. 16. – La déclaration prévue à l'article 19 de la loi n° 1.355 du 23 décembre 2008, susvisée, est adressée, à la diligence du président de la personne morale, au Secrétariat Général du Ministère d'État.

Art. 17. – La demande d'agrément d'une fédération s'apprécie au regard de la nature de l'activité et du nombre de membres affiliés compte tenu de sa spécificité, ainsi que de ses relations éventuelles avec des instances internationales.

Art. 18. – La décision d'agrément prise par arrêté ministériel en vertu de l'article 14 de la loi n° 1.355 du 23 décembre 2008, susvisée, est notifiée au demandeur par lettre simple.

Art. 19. – Pendant la durée de validité de l'agrément, il peut être procédé à l'enquête ou à l'audit prévu à l'article 18 de la loi n° 1.355 du 23 décembre 2008, susvisée, par le service administratif chargé du secteur d'activité considéré, lequel peut, à ce titre, effectuer des contrôles sur pièces et sur place destinés à vérifier que les conditions qui avaient présidé à sa délivrance sont toujours réunies.

Section 6. – Des modalités d'affiliation aux fédérations agréées

Art. 20. – L'association désirant être affiliée à la fédération agréée dans son domaine d'activité doit à cet effet formuler explicitement sa demande auprès du président de la fédération concernée.

À l'appui de sa demande d'affiliation, elle doit lui communiquer les pièces suivantes :

- un exemplaire des statuts à jour de l'association ;
- la copie de l'arrêté ministériel d'autorisation de l'association et des arrêtés qui auraient approuvé les modifications successives pour les groupements constitués antérieurement à la promulgation de la loi n° 1.355 du 23 décembre 2008, susvisée, ainsi que des insertions au *Journal de Monaco* s'y rapportant ;
- la copie du récépissé de déclaration initiale ainsi que celle de l'insertion au *Journal de Monaco* prévue au sixième alinéa de l'article 7 de ladite loi ;
- la copie des accusés de réception des déclarations de modifications statutaires éventuellement intervenues par la suite ;
- des éléments sur la composition du conseil d'administration en cours ; un document présentant les activités de l'association, son mode de fonctionnement et précisant le nombre de membres.

Le refus d'affiliation prévu par l'article 27 de la loi n° 1.355 du 23 décembre 2008, susvisée, peut être motivé par la contrariété des statuts de l'association demanderesse à ceux de la fédération.

Section 7. – Dispositions diverses

Art. 21. – Les délais prévus par l'article 17 de la loi n° 1.355 du 23 décembre 2008, susvisée, ainsi que par l'article 4 courent à compter de la réception de la demande d'agrément ou de la déclaration.

Ces délais, de même que ceux mentionnés aux troisième et quatrième alinéas de l'article 7 de ladite loi, ne sont pas décomptés en cas de déclaration ou de demande d'agrément incomplète.

Loi n° 490 du 24 novembre 1948

concernant les baux à usage commercial industriel ou artisanal

(Intitulé mod., L. n° 1.287, 15 juill. 2004)

TITRE I. – DU RENOUVELLEMENT DES BAUX

CHAPITRE I. – DU DROIT AU RENOUVELLEMENT

Art. 1er *(Rempl., L. n° 1.287, 15 juill. 2004)*. – Le renouvellement des baux à loyers des locaux et immeubles où s'exploite un fonds depuis au moins trois ans consécutifs, en vertu d'une ou plusieurs conventions écrites ou verbales, que ce fonds appartienne à un commerçant, un industriel ou un artisan, est régi par les dispositions ci-après.

Ces dispositions s'appliquent également aux locaux accessoires dépendant dudit fonds, s'ils appartiennent au même propriétaire, à la condition qu'ils soient nécessaires à l'exploitation artisanale, commerciale ou industrielle, et, s'ils appartiennent à un autre propriétaire, à la condition que la location qui concerne ces locaux accessoires ait été faite en vue de l'utilisation jointe que leur destinait le preneur et que cette destination ait été connue du bailleur au moment de la location.

Art. 2. – Les locataires, les sous-locataires, les cessionnaires dont la cession a été valablement consentie, ou leurs ayants cause, qui n'auront pas renoncé au bénéfice des dispositions de la présente loi trois mois au moins avant l'échéance du contrat de location, auront droit au renouvellement de la location à compter de son échéance sans avoir à accomplir aucune formalité.

Si le bail échu avait une durée déterminée, la durée du nouveau bail sera égale à celle-ci ; elle ne pourra toutefois être inférieure à trois ans ni supérieure à neuf ans.

Si le bail échu n'avait pas de durée déterminée, la durée du nouveau bail sera, dans tous les cas, égale à trois ans.

Les dispositions du présent article seront également applicables au renouvellement des baux :

1° Qui comportent plusieurs périodes, lorsque le bailleur dénonce le bail à l'expiration de l'une de ces périodes autre que la dernière ;

2° Dont la durée est subordonnée à la réalisation d'un événement autorisant le bailleur à demander la résiliation et que notification en est faite au locataire.

Art. 3. – Dans le cas où la sous-location totale ou partielle n'est pas interdite par la convention des parties, le locataire qui voudra sous-louer devra signifier son intention au propriétaire par acte extrajudiciaire.

Dans les quinze jours de la réception de cet avis, le propriétaire devra faire connaître s'il entend concourir à l'acte : s'il refuse ou omet de répondre, il sera passé outre.

Le sous-locataire est recevable à demander le renouvellement de son bail au locataire principal dans la mesure des droits que celui-ci tient lui-même du propriétaire.

À l'expiration du bail principal, le droit du sous-locataire au renouvellement n'est opposable au propriétaire que si ce dernier a, directement ou indirectement, autorisé ou agréé la sous-location et si, matériellement ou dans la commune intention des parties, les lieux faisant l'objet du bail principal ne forment pas un tout indivisible.

CHAPITRE II. – DE LA PROCÉDURE DE RENOUVELLEMENT DE BAIL

Art. 4. – Si, à la date d'expiration du contrat de location, aucun accord n'est intervenu, ou si, antérieurement à cette date, le bailleur a manifesté son intention de s'opposer au renouvellement, les parties comparaîtront, à la requête de la plus diligente d'entre elles, devant le président du tribunal de première instance.

Ce magistrat aura pour mission de concilier les parties en vue du renouvellement, de faire consigner leur accord, ou, le cas échéant, leurs prétentions respectives et, notamment, les motifs de la contestation soulevée par le bailleur.

Le président sera saisi par une déclaration faite au greffe général et signée, par le requérant, sur un registre spécial tenu à cet effet.

Le président convoquera les parties à son audience, huit jours au moins à l'avance, par lettre recommandée avec avis de réception.

Si l'une des parties ne comparaît pas, le président, avant de donner défaut, autorisera l'autre partie à l'assigner par ministère d'huissier, pour telle audience rapprochée qu'il fixera.

Le locataire défaillant sera déchu du bénéfice de la présente loi.

Le propriétaire défaillant sera présumé ne pas s'opposer au renouvellement du bail.

Toutefois, la partie défaillante aura le droit de faire opposition dans les quinze jours qui suivront celui de la signification de l'ordonnance rendue contre elle ; cette signification devra, à peine de nullité, mentionner expressément ce délai.

Les citations, significations et oppositions seront soumises aux règles ordinaires du Code de procédure civile.

Les parties comparaîtront en personne ; elles pourront, toutefois, se faire représenter ou assister par un avocat-défenseur ou se faire assister par un avocat.

Art. 5 *(Rempl., L. n° 1.287, 15 juill. 2004)*. – Lorsqu'il résulte de la tentative de conciliation que le bailleur consent en principe au renouvellement et que le différend porte sur le prix, la durée, les conditions accessoires ou sur l'ensemble de ces éléments, ou lorsque le défaut du propriétaire a été constaté par une ordonnance devenue définitive, le président fixe la date à laquelle les parties seront convoquées devant une commission arbitrale composée de cinq membres, savoir :

– le président du tribunal de première instance ou le magistrat délégué par lui ;

– deux propriétaires et deux locataires commerçants, industriels ou artisans désignés, en qualité de juges assesseurs, par le président, sur une liste de quinze propriétaires et de quinze locataires arrêtée tous les trois ans par le Ministre d'État.

Les règles fixées à l'article précédent sont applicables à la convocation et à la comparution des parties devant la commission arbitrale.

Avant de siéger, les juges assesseurs prêtent serment de remplir fidèlement la mission qui leur est confiée et de garder le secret des délibérations.

Les juges assesseurs peuvent être récusés quand ils ont un intérêt personnel à la contestation ou s'ils sont parents ou alliés d'une des parties.

La partie qui veut récuser un juge assesseur est tenue de former la récusation avant tout débat et d'en exposer les motifs dans une déclaration qu'elle remet, revêtue de sa signature, au greffier.

Les magistrats peuvent être récusés conformément aux dispositions des articles 393 et suivants du Code de procédure civile.

Il est statué sommairement et sans délai par le président de la commission en chambre du conseil, qui prononce également sur les causes d'empêchement que les juges assesseurs proposent.

Les débats sur le fond ont lieu et les jugements sont rendus en audience publique.

Les jugements peuvent être publiés en intégralité ou sous forme d'extraits.

Ils sont expurgés des noms des parties, du nom commercial et de l'enseigne du fonds exploité.

En tout état de cause, chaque jugement de la commission arbitrale des loyers, expurgé des noms des parties, du nom commercial et de l'enseigne du fonds exploité, est consigné en intégralité dans un registre tenu à cet effet au greffe général, où il peut être consulté par tout intéressé qui peut s'en faire délivrer copie à ses frais.

Art. 6 *(Mod., L. n° 969, 21 mars 1975)*. – La commission arbitrale a toute compétence pour statuer sur le différend dont elle a été saisie par le procès-verbal de non-conciliation visé aux articles précédents.

Après avoir entendu les parties ou leurs représentants, elle fixera le prix de location qui ne pourra, en aucun cas, être inférieur à la valeur des locaux évalués en fonction de l'étendue, de la situation, du confort, des aménagements et des facilités d'exploitation qu'ils présentent.

Elle pourra toutefois, avant de statuer, charger un expert, serment préalablement prêté, de rechercher les éléments d'appréciation pouvant permettre de fixer équitablement les conditions du nouveau bail.

La commission arbitrale, en désignant l'expert, lui imposera, pour l'accomplissement de sa mission, un délai qui ne pourra excéder deux mois à compter du jour de la prestation de serment, laquelle devra avoir lieu dans les huit jours de la réception de l'avis de sa désignation qui lui sera adressé par le greffe.

L'expert qui ne prêtera pas serment, ou qui ne déposera pas son rapport dans les délais fixés est aussitôt remplacé par ordonnance du président rendue à la requête de la partie la plus diligente.

Si, après avoir prêté serment, il ne dépose pas son rapport dans le délai qui lui aura été imparti, il ne sera, en outre admis à réclamer ni honoraires, ni remboursement de frais sans préjudice de tous autres dommages-intérêts qui pourraient éventuellement lui être réclamés par les parties.

La notification du dépôt sera faite aux parties dans les huit jours de sa date, par lettre recommandée et par les soins du greffe général.

La commission arbitrale sera à nouveau saisie et les parties convoquées conformément aux dispositions de l'article 5 ci-dessus.

Art. 7. – Les décisions de la commission arbitrale seront motivées.

Elles comporteront la formule exécutoire prévue par les articles 470 et 471 du Code de procédure civile.

Sur la demande du propriétaire ou, le cas échéant, du locataire principal, la commission arbitrale pourra prononcer condamnation au paiement du loyer dû.

Elle pourra accorder des délais pour le paiement des loyers ; elle devra, dans ce cas, édicter que le débiteur, à défaut de paiement aux échéances fixées, perdra, de plein droit, le bénéfice des délais accordés sans qu'il soit besoin d'une mise en demeure.

Le jugement rendu par la commission arbitrale sera susceptible d'appel dans le mois de sa signification. L'affaire sera portée devant la cour à l'audience la plus proche dans les formes et suivant les règles prévues par l'ordonnance du 21 mai 1909.

Le jugement rendu par défaut ne sera pas susceptible d'opposition, mais appel pourra en être relevé conformément aux dispositions des deux alinéas précédents.

Le pourvoi formé, éventuellement, contre l'arrêt de la cour suspendra l'exécution de la décision attaquée.

Art. 8. – **Dans le délai d'un mois à compter du jour où la décision intervenue sera devenue définitive, les parties dresseront le nouveau bail aux conditions convenues ou fixées judiciairement, si mieux n'aime le preneur renoncer au renouvellement, à charge par lui de supporter tous les frais.**

Dans ce cas il devra, dans le même délai, notifier au bailleur, par acte extrajudiciaire, son refus d'accepter le nouveau bail.

Lorsque, à l'expiration du délai d'un mois prévu par le premier alinéa, le projet de bail, conforme à la décision susvisée, n'aura pas été envoyé, par le bailleur, à la signature du preneur, le procès-verbal de conciliation, le jugement ou l'arrêt vaudra bail, à moins que, dans le cas où les conditions auraient été fixées judiciairement, le bailleur n'ait notifié au preneur, dans la forme fixée à l'article 10, son refus de renouvellement.

CHAPITRE III. – DU REFUS DE RENOUVELLEMENT DU BAIL

Art. 9. – **Si le bailleur s'oppose au renouvellement du bail ou s'il refuse le renouvellement aux conditions déterminées par application des articles précédents et si les motifs allégués par lui ne sont pas jugés graves et légitimes à l'encontre du locataire sortant, celui-ci aura droit à une indemnité égale au préjudice causé par le défaut de renouvellement.**

Art. 10. – **Le preneur devra assigner le bailleur devant la commission arbitrale dans le mois de la signification du procès-verbal de non-conciliation ou de la notification intervenue postérieurement, par acte extra-judiciaire, du refus de renouvellement aux conditions déterminées par application des dispositions ci-dessus.**

L'instance sera soumise aux règles prévues par le livre II de la première partie du Code de procédure civile en ce qu'elles n'ont rien de contraire aux dispositions de la présente loi.

La signification et la notification visées au premier alinéa du présent article devront mentionner expressément, à peine de nullité, le délai d'un mois pendant lequel l'assignation est recevable.

Le jugement de la commission arbitrale pourra être frappé d'appel dans les formes et suivant les règles prévues par l'ordonnance du 21 mai 1909.

Art. 11. – **Le bailleur qui aura succombé pourra, néanmoins, dans les quinze jours du commandement signifié en vertu d'une décision devenue définitive, se soustraire au paiement de l'indemnité. à charge par lui de supporter les frais de l'instance et de consentir au renouvellement du bail dont les conditions seront, en cas de désaccord, fixées conformément aux règles déterminées au chapitre II ci-dessus.**

Toutefois, ce droit ne pourra être exercé qu'autant que le preneur sera encore dans les lieux et n'aura pas déjà loué ou acquis un autre local.

CHAPITRE IV. – DU DROIT DE REPRISE

Section 1. – Reprise en vue d'une occupation personnelle

Art. 12 *(L. n° 969, 21 mars 1975 ; rempl., L. n° 1.287, 15 juill. 2004)*. – **Le propriétaire pourra s'opposer, sans être astreint au paiement de l'indemnité prévue à l'article 9, au renouvellement du bail lorsqu'il voudra reprendre les locaux pour les occuper lui-même à usage d'habitation ou pour les faire occuper pour le même usage par ses ascendants, ses descendants ou leurs conjoints, à condition que l'occupation de ces locaux réponde pour lui ou pour le bénéficiaire à un besoin normal.**

Il devra, par acte extrajudiciaire, notifier au locataire, au moins douze mois avant l'expiration du bail ou de chaque période triennale visée au troisième alinéa de l'article 2, qu'il entend reprendre les locaux en vertu des dispositions du présent article ; ce préavis devra mentionner de façon précise le bénéficiaire de la reprise.

L'habitation devra commencer dans l'année du départ effectif du locataire évincé et se poursuivre au moins pendant cinq ans.

Le locataire pourra faire échec à l'exercice du droit de reprise en prouvant que le propriétaire ou le bénéficiaire de celle-ci dispose de locaux affectés à un usage non commercial industriel ou artisanal répondant à ses besoins normaux ou pourrait en recouvrer.

Art. 13 *(L. n° 969, 21 mars 1975 ; rempl., L. n° 1.287, 15 juill. 2004).* – Le propriétaire pourra s'opposer, à condition de payer l'indemnité prévue à l'article 9 et sous réserve des dispositions des articles 14 et 15 ci-après, au renouvellement du bail lorsqu'il voudra reprendre les locaux en vue d'une exploitation commerciale, industrielle ou artisanale directe ou indirecte.

En ce cas, le bénéficiaire de la reprise ne pourra, pendant un délai de trois ans, sauf accord entre les parties, exercer dans les locaux repris un commerce, une industrie ou un artisanat similaire.

Art. 14 *(L. n° 969, 21 mars 1975 ; rempl., L. n° 1.287, 15 juill. 2004).* – Le droit de reprise résultant des articles précédents ne pourra être exercé en aucun cas par le propriétaire ou par les bénéficiaires ci-dessus désignés à l'encontre d'un commerçant, d'un industriel ou d'un artisan à qui ils auraient vendu le fonds.

Au cas de décès dudit locataire, la reprise ne pourra également être exercée à l'encontre d'un cessionnaire des droits, de son conjoint et de ses enfants.

Art. 15 *(L. n° 969, 21 mars 1975 ; rempl., L. n° 1.287, 15 juill. 2004).* – Le droit de reprise prévu aux articles 12 et 13 ne pourra être exercé à l'encontre d'un commerçant, d'un industriel ou d'un artisan établi depuis au moins quinze ans à Monaco que par un propriétaire tenant ses droits soit d'une dévolution successorale, soit d'un acte ayant acquis date certaine cinq ans avant le premier janvier de l'année dans laquelle est exercé le droit de reprise.

Le délai de quinze ans visé à l'alinéa précédent est réduit à cinq ans lorsque le locataire est de nationalité monégasque.

À l'égard de celui-ci, le propriétaire qui exerce le droit de reprise doit justifier, en outre, que ni lui ni le bénéficiaire ne possèdent à Monaco des locaux occupés par un locataire de nationalité étrangère à l'encontre de qui la reprise pourrait être utilement exercée.

Section 2. – Reprise en vue de la transformation ou de la reconstruction de l'immeuble

Art. 16 *(L. n° 969, 21 mars 1975).* – Le propriétaire qui voudra reprendre les locaux, soit pour transformer l'immeuble en partie ou en totalité. soit pour le démolir et le reconstruire ou participer à des opérations d'urbanisme pourra s'opposer au renouvellement du bail, à condition de payer l'indemnité prévue à l'article 9.

Art. 16-1 *(L. n° 969, 21 mars 1975).* – Le propriétaire pourra, pour les mêmes objets et sous la même condition, mettre fin avant son terme à un bail renouvelé par l'effet des seules dispositions de l'article 2, même si ce renouvellement a été formalisé par un écrit entre les parties.

Dans ce cas, il devra, par acte extrajudiciaire, notifier au locataire, au moins douze mois avant la date qu'il fixe pour la fin anticipée du bail, qu'il entend reprendre les locaux en vertu des dispositions du présent article.

Art. 16-2 *(L. n° 969, 21 mars 1975).* – Le propriétaire qui reprendra les locaux en application des deux articles précédents pourra se soustraire au paiement de tout ou partie de l'indemnité prévue à l'article 9 en offrant au locataire de se réinstaller dans d'autres locaux ou dans ceux pouvant être aménagés dans l'immeuble transformé ou reconstruit ou dans le ou les immeubles résultant des opérations d'urbanisme.

Cette offre devra être notifiée, par acte extrajudiciaire et à peine de forclusion, six mois au moins avant la date d'échéance du bail ou celle fixée pour sa fin anticipée ; elle devra comporter des indications suffisantes sur la situation et les caractéristiques des locaux offerts.

Toutefois, si, à l'expiration d'un délai de trois mois suivant la notification mentionnée à l'alinéa précédent, les parties ne sont pas parvenues à un accord, le locataire sera fondé à réclamer le versement de l'indemnité visée ci-dessus.

Art. 17 *(L. n° 969, 21 mars 1975 ; rempl., L. n° 1.287, 15 juill. 2004).* – Lorsqu'il établit que l'immeuble menace ruine ou est en état d'insalubrité constatée et alors même que le bail n'est pas expiré, le propriétaire peut reprendre les locaux sans être astreint au paiement de l'indemnité prévue à l'article 9 ; il ne peut toutefois effectuer cette reprise qu'au terme d'un préavis de six mois notifié au locataire par acte extrajudiciaire.

Le locataire évincé bénéficie d'un droit de priorité pour la location de nouveaux locaux commerciaux, industriels ou artisanaux qui seraient aménagés dans l'immeuble reconstruit. Dans ce cas, à défaut d'accord amiable, les conditions de cette location sont déterminées conformément aux dispositions du titre I, chapitre II de la présente loi.

Pour bénéficier du droit de priorité, le locataire devra, en quittant les lieux, ou, au plus tard dans les trois mois qui suivent, notifier au propriétaire, par acte extrajudiciaire, qu'il demande que les dispositions de l'alinéa précédent lui soient appliquées ; il est tenu de faire élection de domicile à Monaco.

Le propriétaire ou ses ayants droit doivent, avant de louer les nouveaux locaux commerciaux, industriels ou artisanaux, aviser, de la même manière, le bénéficiaire du droit de priorité, à son domicile élu, qu'ils sont prêts à lui consentir le bail afférent à ces locaux ; ils doivent mentionner les conditions et le prix de ce bail.

L'intéressé dispose d'un délai de trois mois pour, dans la même forme, notifier au propriétaire son acceptation ou, en cas de contestation sur les conditions ou le prix du bail, saisir par déclaration faite au greffe général la commission arbitrale qui statue conformément aux dispositions des articles 5 et suivants. Passé ce délai, le propriétaire peut disposer des locaux ; le présent délai et sa conséquence doivent être, à peine de nullité, indiqués dans la notification du propriétaire visée ci-dessus.

Art. 17-1 *(L. n° 969, 21 mars 1975 ; rempl., L. n° 1.287, 15 juill. 2004)*. – Dans les cas visés à l'article précédent, les travaux de démolition en vue de la reconstruction doivent être commencés dans les trois mois du départ du dernier occupant commerçant, industriel ou artisanal.

Lorsque les travaux n'ont pas été commencés dans ce délai et normalement poursuivis, et à moins que le retard ne soit justifié, le locataire évincé peut demander, en contrepartie de la perte du droit de priorité, à bénéficier des dispositions de l'article 20 ci-après.

CHAPITRE V. – DISPOSITIONS GÉNÉRALES

Art. 18 *(L. n° 969, 21 mars 1975 ; rempl., L. n° 1.287, 15 juill. 2004)*. – Tout locataire menacé d'expulsion et susceptible d'avoir droit à une indemnité peut saisir le président du tribunal de première instance conformément aux dispositions de l'article 4.

Ce magistrat, après avoir entendu les parties ou leurs représentants, statue sur le sursis à l'expulsion jusqu'au versement de l'indemnité si le montant de celle-ci est déjà fixé.

Si le montant de l'indemnité reste à fixer, le président arbitre le montant de l'indemnité provisionnelle que le bailleur devra verser au locataire.

Dans la même ordonnance, il peut ordonner l'expulsion du preneur après paiement ; en aucun cas, le preneur ne peut être obligé de quitter les lieux avant d'avoir reçu l'indemnité d'éviction, si son montant a déjà été fixé, ou l'indemnité provisionnelle.

L'exécution provisoire peut être ordonnée.

Art. 19 *(L. n° 969, 21 mars 1975)*. – Pendant la durée d'une instance relative à la fixation des conditions de renouvellement d'un bail le preneur sera tenu de continuer à payer le loyer sur la base antérieure à l'échéance du précédent bail, sauf compte à faire après fixation définitive du nouveau prix, lequel prendra effet à la date de ladite échéance.

Art. 20 *(L. n° 969, 21 mars 1975)*. – Au cas où il viendrait à être établi à l'encontre du bailleur qu'il n'a repris les locaux que pour faire fraude aux droits du locataire évincé, celui-ci pourra prétendre à une indemnité réparant le préjudice causé.

Il pourra en être de même si le bailleur laissait sciemment dégrader l'immeuble pour se trouver dans les conditions prévues à l'article 17.

TITRE II. – RÉVISION DU PRIX DE LOCATION

Art. 21 *(L. n° 969, 21 mars 1975 ; rempl., L. n° 1.287, 15 juill. 2004)*. – Quelle que soit la date du bail écrit ou verbal, intervenu ou à intervenir, nonobstant toute convention contraire et quelles que soient les conditions dans lesquelles le prix a été fixé, celui-ci peut être modifié, tant en hausse qu'en baisse, à la demande d'une partie lorsqu'elle peut justifier que le prix payé ne correspond plus à la valeur locative, telle qu'elle résulte de l'application des dispositions de l'article 6, par suite d'une modification :

– soit dans les conditions économiques générales de la Principauté ;

– soit dans les conditions particulières affectant le fonds.

Cette demande de révision n'est recevable que s'il s'est écoulé trois années au moins depuis la date à laquelle a pris cours le prix précédemment fixé.

Elle est introduite par lettre recommandée avec accusé de réception ou par acte extrajudiciaire, contenant obligatoirement l'énonciation des motifs allégués pour justifier la révision du prix, ainsi que l'indication du nouveau prix proposé.

Art. 22. – À défaut d'accord dans le mois de l'expédition de la lettre recommandée, ou de la signification de l'acte extrajudiciaire visé à l'article précédent, il sera statué dans les formes et suivant les règles établies au chapitre II du titre premier de la présente loi.

Art. 23. – Dans le cas où le prix de la location aurait été fixé par le jeu d'une clause d'échelle mobile fondée sur les indices du coût de la vie, les indices économiques ou les variations des prix, la commission arbitrale adaptera le jeu de l'échelle mobile à la valeur locative équitable en tenant compte de tous les éléments d'appréciation utiles.

Art. 24. – Nonobstant la demande de réduction, le demandeur sera tenu de régler, aux échéances prévues par le bail, un acompte provisionnel de cinquante pour cent sur le prix dont la révision est demandée ; le complément sera versé ultérieurement, s'il y a lieu, ou l'imputation en sera ordonnée, le cas échéant, en tout ou partie, sur les termes à échoir, sans répétition.

TITRE III. – DISPOSITIONS DIVERSES

Art. 25 *(Rempl., L. n° 1.287, 15 juill. 2004)*. – Les dispositions de la présente loi s'appliquent aux baux de terrains nus sur lesquels, avec le consentement du propriétaire, le preneur a, en cours de location, édifié des constructions à usage commercial, industriel ou artisanal, nécessaires à l'exploitation de son fonds.

Art. 26. – Les dispositions du titre premier ne sont pas applicables aux baux emphytéotiques.

Les baux consentis par l'emphytéote bénéficient de ces dispositions sans que. cependant, la durée du renouvellement puisse dépasser la durée du bail emphytéotique.

Art. 27 *(Rempl., L. n° 1.287, 15 juill. 2004)*. – Les dispositions de la présente loi ne sont pas applicables aux loueurs en garni, sauf si l'exploitation en meublé présente, par son affectation, tous les caractères d'un fonds de commerce.

Art. 28. – Seront nuls et de nul effet. quels qu'en soient la forme, les clauses, stipulations et arrangements qui auraient pour conséquence directe de faire échec aux dispositions de la présente loi.

Art. 29. – Le locataire qui ne serait pas en mesure de s'acquitter aura la faculté, huit jours au moins avant l'échéance, de saisir le président du tribunal d'une demande en obtention de délais. lesquels ne pourront excéder la durée du terme en cours.

Le président fera convoquer les parties devant lui, par lettre recommandée, avec avis de réception, expédiée par le greffe général.

Il aura pour mission de concilier les parties.

À défaut de conciliation, il statuera sur la demande de délais.

Son ordonnance sera exécutoire sur minute et sans appel.

Le locataire qui n'aurait pas formulé de demande en obtention de délais huit jours au moins avant l'échéance sera considéré comme y renonçant, et. à défaut de paiement, le propriétaire pourra saisir la commission arbitrale qui devra statuer d'urgence, par jugement exécutoire sur minute et sans appel.

Art. 30. – La présente loi s'applique aux instances qui n'ont pas encore fait l'objet d'une décision déjà exécutée par le départ effectif de l'occupant.

Elle ne s'applique pas aux instances déjà engagées et relatives à un refus de renouvellement pour motif grave ou légitime.

Art. 31 *(Rempl., L. n° 1.287, 15 juill. 2004).* – Toutes les actions exercées en vertu de la présente loi se prescrivent par cinq ans.

Les pourvois en révision sont suspensifs ; il est statué par la cour de révision suivant les règles fixées au titre IV du livre III du Code de procédure civile.

Art. 32. – Les délais de procédure prévus par la présente loi sont comptés et augmentés conformément aux dispositions des articles 157, 158 et 159 du Code de procédure civile.

Les instances auxquelles donnera lieu l'application de la présente loi seront soumises aux dispositions de l'ordonnance n° 3727 du 24 juillet 1948 fixant les émoluments des avocats-défenseurs.

Art. 32 *bis* *(L. 23 juill. 1953 ; rempl., L. n° 1.287, 15 juill. 2004).* – Est nulle et de nul effet, toute clause qui aurait pour objet d'interdire au preneur de céder son bail, ou d'en faire apport à une société.

En cas de cession à titre onéreux du bail en cours ou renouvelé par application des dispositions de la présente loi, comme aussi en cas de cession à titre onéreux du fonds exploité dans les locaux du propriétaire, que cette cession comprenne la totalité ou partie seulement des éléments corporels ou incorporels, il est accordé audit propriétaire un droit de préemption.

Toutefois, ce droit de préemption ne peut être exercé :

1° Au cas où la cession du fonds ne comprend pas le droit au bail ; dans ce cas, le bail en cours ou renouvelé est considéré comme résilié de plein droit et les locaux sont rendus au propriétaire un mois après la date de ladite cession ;

2° Au cas où le fonds fait l'objet d'un apport à une société commerciale ;

3° Au cas où la cession est faite aux enchères ;

4° Au cas où la cession est consentie à titre gratuit ou onéreux aux descendants en ligne directe du propriétaire du fond à son conjoint, à ses collatéraux privilégiés, à ses ascendants en ligne directe ou aux mêmes ascendants de son conjoint ;

5° Au cas de cession de droits indivis entre indivisaires, que cette session mette fin ou non à l'indivision.

Lorsque le fonds cédé comprend plusieurs succursales ou est exploité dans plusieurs locaux, le propriétaire ne peut exercer le droit de préemption que sur l'ensemble du fonds.

La priorité pour l'exercice de ce droit est accordée d'abord au propriétaire du local où le fonds principal est exploité ; ensuite, et aux cas de candidatures multiples, sauf accords de concurrents, à l'établissement le plus important.

Pour permettre au propriétaire l'exercice du droit de préemption, l'occupant doit faire connaître au bénéficiaire de ce droit, par lettre recommandée avec accusé de réception, un mois au moins avant la date envisagée pour la cession, le prix et les conditions demandés, ainsi que les modalités projetées de la vente.

Sauf les cas où il est fait échec au droit de présomption, cette communication vaut offre de vente, aux prix et conditions qui y sont contenus, à laquelle sont applicables les dispositions de l'article 1432 du Code civil, alinéas 1 et 3.

Le bénéficiaire du droit de préemption dispose d'un délai d'un mois pour faire connaître dans les mêmes formes, au vendeur, son acceptation ou son refus d'acheter aux prix et charges communiqués ; son silence équivaut à un refus.

Dans le cas de refus, la vente réalisée au profit d'un tiers doit être faite et consentie aux prix et conditions imposés sous peine de nullité ; cette nullité sera prononcée par le tribunal sur simple demande du bénéficiaire de la préemption, et la juridiction qui prononce la décision doit déclarer ce bénéficiaire acquéreur du fonds aux prix et conditions énoncés dans l'acte frappé de nullité.

En tout état de cause, le propriétaire est autorisé à prendre connaissance de l'acte de vente chez le notaire rédacteur ou à l'administration de l'enregistrement. Il doit, à peine de forclusion, introduire la demande en annulation dans le délai d'opposition prévu par l'ordonnance du 23 juin 1907 sur la vente des fonds de commerce, modifiée par la loi n° 88 du 3 janvier 1925.

Art. 32 *ter* *(L. n° 1.287, 15 juill. 2004).* – Il est accordé au preneur de locaux à usage commercial, industriel ou artisanal, donnés à bail dans les conditions de la présente loi, un droit de préemption en cas de cession à titre onéreux par le propriétaire, en cours de bail ou à son expiration, de tout ou partie de ses droits sur les biens loués.

Toutefois, ce droit de préemption ne peut être exercé :

1° Au cas où la cession est faite aux enchères ;

2° Au cas où la cession est consentie à titre gratuit ou onéreux aux descendants en ligne directe du propriétaire des locaux, à son conjoint, à ses collatéraux privilégiés, à ses ascendants en ligne directe ou aux mêmes ascendants de son conjoint ;

3° Au cas de cession de droits indivis entre indivisaires, que cette cession mette fin ou non à l'indivision ;

4° Au cas où la cession porte globalement sur une pluralité de locaux situés dans un même immeuble, lorsque les locaux occupés par le preneur représentent moins de la moitié de la superficie totale de ces locaux.

Lorsque les locaux occupés par le preneur représentent la moitié ou plus de la superficie totale des locaux dont la cession est projetée, le preneur ne peut exercer son droit de préemption que sur la totalité des locaux. En cas de concours de préemption, la priorité est accordée à chacun des preneurs sur les locaux qu'il occupe.

Pour permettre au preneur l'exercice de son droit de préemption, le propriétaire des locaux est tenu de notifier au preneur, par acte extrajudiciaire, le prix ainsi que les conditions de la cession projetée. Dans les cas visés au deuxième alinéa, la notification est faite par simple lettre recommandée en vue d'assurer l'information du preneur.

Hors les cas visés au deuxième alinéa, le preneur peut, dans le délai d'un mois qui suit cette notification, faire connaître au cédant, par acte extrajudiciaire, qu'il exerce son droit de préemption aux prix et conditions qui lui ont été notifiés.

Dans ce cas, les parties sont tenues de formaliser l'acte de vente devant notaire dans le mois suivant l'exercice par le preneur de son droit de préemption.

Au cas où le propriétaire refuserait de passer cet acte de vente notarié, refus qui devra être dûment constaté par un procès-verbal de carence dressé par le notaire, l'échange des volontés réalisé par les notifications intervenues conformément aux quatrième et cinquième alinéas vaudra promesse de vente et vente par dérogation aux articles 1426 alinéa 2 et 1432 alinéa 2 du Code civil. Dans ce cas, l'article 1426 alinéa 3 du Code civil sera applicable.

En cas de défaut de réponse du preneur à la notification faite par le propriétaire dans le délai visé au cinquième alinéa, ou si le preneur a notifié son intention de ne pas exercer son droit de préemption, la vente réalisée au profit d'un tiers doit être faite et consentie aux prix et conditions notifiées sous peine de nullité ; cette nullité est prononcée par le tribunal sur simple demande du preneur bénéficiaire du droit de préemption, et la juridiction qui prononce la décision déclare le preneur acquéreur des locaux aux prix et conditions énoncés dans l'acte frappé de nullité.

En tout état de cause, le preneur est autorisé à prendre connaissance de l'acte de vente chez le notaire rédacteur ou à l'administration de l'enregistrement. Il doit, à peine de forclusion, introduire la demande en annulation dans un délai de deux ans suivant la réalisation de la vente.

Art. 33. – Les baux expirés et non encore renouvelés à la date de la promulgation de la présente loi sont prorogés jusqu'au prochain terme d'usage qui suivra un délai de six mois à compter de sa promulgation.

Toutefois, cette disposition n'est pas applicable si l'occupation a pris fin par le départ de l'occupant.

La durée de l'occupation depuis l'expiration normale du bail n'entre pas en ligne pour le calcul de la durée du renouvellement. prévu à l'article 2 de la présente loi.

À titre transitoire et pour les baux visés au présent article, le propriétaire qui voudra exercer le droit de reprise prévu au chapitre IV du titre premier de la présente loi, devra faire connaître son intention ou confirmer son intention déjà exprimée, dans le délai de trois mois à compter de la promulgation de la présente loi et dans la forme prévue audit chapitre.

Art. 34. – La présente loi n'est pas applicable aux locations portant sur des établissements appartenant à l'État, sous la condition que le refus de renouvellement corresponde à un intérêt public, que les locations aient été faites de gré à gré ou sous forme d'adjudication.

Art. 35. – Les lois des 27 mai 1923, 15 juin 1927, 30 septembre 1929, 29 juillet 1930. l'ordonnance du 23 mai 1932, les lois des 31 mars 1933. 13 janvier 1934, 7 janvier 1935, 9 mars 1935. 29 décembre 1935. 27 février 1936 (nos 211 et 212), 4 août 1936, 27 septembre 1939, l'ordonnance-loi du 8 septembre 1943, les lois des 7 juin 1945 et 17 août 1946 sont abrogées.

Art. 36. – Toutes dispositions contraires à celles de la présente loi sont et demeurent abrogées.

Loi nº 491 du 24 novembre 1948

sur la protection des œuvres littéraires et artistiques

Dispositions préliminaires

Art. 1er. – Les droits des auteurs sur les œuvres littéraires ou artistiques sont garantis par la loi. L'auteur n'est astreint à aucune formalité pour bénéficier de cette protection.

Art. 2 *(L. n° 512, 17 nov. 1949)*. – Les termes « œuvres littéraires et artistiques » comprenant toutes les productions des domaines littéraire, scientifique et artistique, quel qu'en soit le mode ou la forme d'expression, telles que les livres, brochures et autres écrits ; les conférences, allocutions, sermons et autres œuvres de même nature ; les œuvres dramatiques ou dramatico-musicales ; les œuvres chorégraphiques et les pantomimes dont la mise en scène est fixée par écrit ou autrement ; les compositions musicales avec ou sans paroles ; les œuvres cinématographiques et celles obtenues par un procédé analogue à la cinématographie ; les œuvres de dessin, de peinture, d'architecture, de sculpture, de gravure, de lithographie ; les œuvres photographiques et celles obtenues par un procédé analogue à la photographie ; les œuvres des arts appliqués ; les illustrations, les cartes géographiques, les plans, croquis et ouvrages plastiques relatifs à la géographie, à la topographie, à l'architecture ou aux sciences.

TITRE I. – DROITS PATRIMONIAUX DE L'AUTEUR

CHAPITRE I. – ÉTENDUE DES DROITS

Art. 3. – L'auteur d'une œuvre littéraire ou artistique a seul le droit de la publier, de la reproduire ou de la divulguer de toute autre manière et d'en autoriser la publication, la reproduction ou la divulgation sous quelque forme que ce soit.

Art. 4. – L'auteur jouit, en outre, du droit exclusif de faire ou d'autoriser la traduction de son œuvre ainsi que l'arrangement, l'adaptation ou toute autre transformation de celle-ci.

Art. 5. – L'auteur de traductions, d'arrangements, d'adaptations ou de transformations des œuvres littéraires ou artistiques jouit de la protection instituée par la présente loi sans préjudice des droits de l'auteur de l'œuvre originale.

Art. 6. – Aucune œuvre susceptible d'être exécutée, représentée, récitée ou exhibée en public ne peut faire l'objet d'une de ces utilisations, en tout ou en partie, sans le consentement de l'auteur.

Art. 7. – L'œuvre de collaboration est la propriété commune des auteurs ; toutefois lorsqu'elle ne forme pas un tout indivisible, chacun des co-auteurs pourra exploiter séparément sa contribution personnelle à condition de ne pas porter atteinte à l'exploitation de l'œuvre commune.

Dans tous les cas, chacun des co-auteurs est réputé mandataire des autres vis-à-vis des tiers.

Art. 8. – Les œuvres littéraires et artistiques sont insaisissables tant qu'elles n'ont pas été mises en vente ou publiées au sens de l'alinéa quatrième de l'article 34.

Art. 9. – Toutefois les œuvres des arts figuratifs peuvent être saisies dès qu'elles ont fait l'objet d'une exposition publique ou privée, ou que leur auteur a volontairement cessé de les détenir.

Art. 10. – L'aliénation d'une œuvre d'art n'emporte pas par elle-même aliénation du droit de reproduction. Toutefois, s'il s'agit d'un portrait ou d'un buste commandé, le droit de reproduction est présumé, sauf stipulation contraire, aliéné avec l'œuvre.

Art. 11. – En aucun cas, le propriétaire de l'œuvre d'art n'est tenu de la mettre à la disposition de l'auteur ou de ses ayants droit pour qu'il en soit fait des reproductions.

Art. 11-1 *(L. n° 1.035, 26 juin 1981)*. – Les auteurs d'œuvres graphiques et plastiques ont, nonobstant toute cession de l'œuvre originale, un droit inaliénable de participation au produit de toute vente ultérieure de cette œuvre faite aux enchères publiques.

Ce droit s'exerce par le prélèvement, sur le prix de vente de chaque œuvre, d'un pourcentage fixe représentant 3 % de ce prix. Ce pourcentage est perçu sans aucune déduction à la base, dès lors que le prix de vente a atteint un montant minimal fixé par arrêté ministériel.

Les modalités d'exercice, à l'occasion de chacune des ventes visées au premier alinéa, du droit reconnu par les dispositions du présent article sont fixées par arrêté ministériel.

CHAPITRE II. – DURÉE ET CESSION DES DROITS

Art. 12. – La période de temps pendant laquelle les droits visés au présent titre sont protégés comprend la durée de la vie de l'auteur et cinquante ans après sa mort.

Lorsqu'il s'agit d'une œuvre de collaboration, le point de départ de ce dernier délai est reculé, au profit de tous les ayants droit, à la mort du survivant des collaborateurs.

Lorsqu'il s'agit d'une œuvre posthume, la protection est accordée pendant la période de cinquante années à compter de la publication.

Pour le calcul des cinquante années visées aux alinéas précédents, il est pris, comme date de départ, le premier janvier de l'année qui suit l'événement considéré.

Art. 13. – L'éditeur d'une œuvre anonyme ou pseudonyme est réputé à l'égard des tiers en être l'auteur. Toutefois, si l'identité de l'auteur est établie, ce dernier, ou ses ayants cause, rentrent dans tous leurs droits respectifs.

Art. 14. – Les droits de l'auteur sont cessibles à titre gratuit ou onéreux et transmissibles par succession, en tout ou en partie, conformément aux règles du Code civil.

(L. n° 1.035, 26 juin 1981) Toutefois, le droit concernant les œuvres graphiques et plastiques ne subsiste, pendant la durée prévue à l'article 12, qu'en faveur du conjoint survivant et des héritiers réservataires. suivant les règles de la dévolution successorale *ab intestat* et à l'exclusion de tout légataire.

CHAPITRE III. – RESTRICTIONS À L'EXERCICE DES DROITS

Art. 15. – Les articles d'actualité, de discussion économique, politique ou religieuse peuvent être reproduits par la presse si la reproduction n'en est pas expressément réservée. Toutefois, la source doit toujours être clairement indiquée.

Les courtes citations d'articles de journaux et recueils périodiques sont autorisées même sous forme de revue de presse.

Art. 16. – Il est permis de publier des emprunts faits à des œuvres littéraires ou artistiques, à condition d'en indiquer la source et l'auteur lorsque ces publications ont un caractère scientifique, scolaire ou constituent des chrestomathies.

Art. 17 *(L. n° 512, 17 nov. 1949)*. – L'article 6 n'est pas applicable aux exécutions, représentations et exhibitions publiques organisées ou autorisées par le gouvernement et dont le produit est destiné à une œuvre de bienfaisance sous le patronage direct du Prince Souverain ou de la Famille Souveraine ainsi qu'à celles ayant lieu à l'occasion de solennités civiles ou religieuses.

Art. 18 *(Abr., L. n° 512, 17 nov. 1949 ; rétabli dans la version suivante, L. n° 1.313, 29 juin 2006)*. – La reproduction, aux seules fins de restauration, par un organe dépositaire ou conservateur, d'une œuvre remise en dépôt légal, ne donne pas lieu à autorisation ou rémunération des auteurs ou de tout autre ayant droit

TITRE II. – DROIT MORAL DE L'AUTEUR

Art. 19. – L'auteur jouit du droit de revendiquer la paternité de son œuvre et de s'opposer à toute déformation, mutilation ou autre modification de celle-ci ou à toute autre atteinte à la même œuvre préjudiciables à son honneur ou à sa réputation.

Art. 20. – Le droit visé à l'article précédent est attaché à la personne de l'auteur ; il est perpétuel et inaliénable ; son exercice est imprescriptible et peut être transmis aux héritiers ou conféré à un tiers en vertu des dispositions testamentaires, sans que les prescriptions du chapitre III, titre II, du livre III du Code civil soient applicables.

TITRE III. – ATTEINTES AUX DROITS D'AUTEUR

CHAPITRE I. – ACTION PÉNALE

Art. 21. – Toute publication, reproduction ou autre divulgation, entière ou partielle, d'une œuvre littéraire ou artistique, faite de mauvaise foi, au mépris des droits patrimoniaux ou moraux de l'auteur constitue le délit de contrefaçon.

Est prohibée, notamment à ce titre, la publication des œuvres dites adaptations, arrangements, et, en général, de tous emprunts faits à une œuvre littéraire ou artistique avec des changements, additions ou retranchements qui en laissent subsister les traits caractéristiques, sans présenter le caractère d'une nouvelle œuvre originale.

Art. 22. – L'application frauduleuse, sur une œuvre littéraire ou artistique, du nom d'un auteur ou de tout autre signe distinctif adopté par lui pour désigner son œuvre, est assimilée à la contrefaçon.

Art. 23 *(L. n° 512, 17 nov. 1949 ; L. n° 1.229, 6 juill. 2000)*. – La contrefaçon sera punie de l'amende prévue au chiffre 3 de l'article 26 du Code pénal.

Art. 24. – La même peine sera applicable au débit, à l'exposition, à l'introduction et à l'exportation des œuvres contrefaites.

Art. 25. – Dans les cas prévus aux articles précédents, la confiscation tant des œuvres contrefaites que des planches, moules, matrices ou tout autre dispositif ayant servi à la contrefaçon pourra être prononcée contre les condamnés.

Art. 26 *(L. n° 512, 17 nov. 1949)*. – Toute exécution, représentation, récitation ou exhibition publiques, faite au mépris des dispositions de l'article 6, sera punie d'une amende de 1 000 francs au moins et de 50 000 francs au plus ; la confiscation des recettes pourra être prononcée.

Art. 27. – Lorsque la confiscation sera prononcée, le tribunal pourra ordonner que son produit sera remis à l'auteur ou à ses ayants droit à titre d'indemnité, sans préjudice de plus amples dommages-intérêts s'il y a lieu.

Art. 28. – Les infractions à la présente loi ne seront poursuivies que sur la plainte de l'auteur ou de ses ayants droit ; elles seront constatées, à leur réquisition, par tout officier de police judiciaire.

CHAPITRE II. – ACTION CIVILE

Art. 29. – Toute atteinte aux droits d'auteur donne ouverture à une action civile en réparation du préjudice causé, qui doit être instruite et jugée en la forme ordinaire, sans préjudice de la faculté, pour le titulaire de ces droits, de procéder par la voie pénale si le fait constitue une infraction punissable.

Art. 30. – Le titulaire des droits d'auteur peut aussi, en dehors de toute poursuite pénale, en vertu d'une ordonnance du président du tribunal civil, faire procéder par tous huissiers à la désignation et description détaillées, avec ou sans saisie, des objets prétendus contrefaits.

Art. 31 *(L. n° 512, 17 nov. 1949)*. – L'ordonnance d'autorisation sera rendue sur simple requête. Lorsqu'il y aura lieu à saisie, l'ordonnance pourra imposer au requérant un cautionnement qu'il sera tenu de consigner avant d'y faire procéder.

Le cautionnement, sauf dispositions conventionnelles contraires, sera toujours imposé à l'étranger qui requerra la saisie.

Art. 32. – Il sera laissé copie de l'ordonnance au détenteur des objets décrits ou saisis, à peine de nullité et de dommages-intérêts contre l'huissier.

Art. 33. – À défaut, par le requérant, de s'être pourvu soit par la voie civile, soit par la voie pénale dans le délai de huitaine qui suivra le procès-verbal, la saisie ou description sera nulle de plein droit, sans préjudice des dommages-intérêts qui pourraient être réclamés, s'il y a lieu.

TITRE IV. – DISPOSITIONS GÉNÉRALES

Art. 34 *(L. n° 512, 17 nov. 1949)*. – Les dispositions de la présente loi sont applicables :

1° Aux œuvres publiées ou non et ayant pour auteur ou co-auteur un ressortissant monégasque ;

2° Aux œuvres publiées pour la première fois à Monaco, quelle que soit la nationalité de leur auteur.

Par « œuvres publiées » au sens du présent article, il faut entendre les œuvres éditées, quel que soit le mode de fabrication des exemplaires, lesquels doivent être mis en quantité suffisante, à la disposition du public. Ne constituent pas une publication : la représentation d'une œuvre dramatique, dramatico-musicale, ou cinématographique, l'exécution d'une œuvre musicale, la récitation publique d'une œuvre littéraire, la transmission ou la radiodiffusion des œuvres littéraires ou artistiques, l'exposition d'une œuvre d'art et la construction d'une œuvre d'architecture.

Les œuvres qui ne sont pas comprises dans les catégories ci-dessus bénéficient de la protection qui leur est accordée par les conventions internationales.

Les œuvres des arts appliqués qui ne rentrent pas dans les catégories ci-dessus sont protégées par la présente loi dans la mesure où elles le sont dans leur pays d'origine.

Art. 35. – La présente loi sera mise en vigueur à dater du 1er janvier 1949.

Art. 36. – Elle sera applicable à toutes œuvres littéraires ou artistiques qui ne sont pas audit jour tombées dans le domaine public, dans la même mesure que si elle avait été promulguée déjà au moment de leur publication.

Art. 37 *(L. n° 512, 17 nov. 1949)*. – Des ordonnances souveraines fixeront les conditions d'application de la présente loi.

Elles pourront organiser une société ayant qualité pour intervenir dans la perception des redevances.

Art. 38. – Les lois, ordonnances, arrêtés, décisions et publications administratives, judiciaires ou officielles ne bénéficient pas de la protection instituée par la présente loi.

Art. 39. – Toutes dispositions contraires à celles de la présente loi sont et demeurent abrogées.

Loi nº 546 du 26 juin 1951
tendant à réglementer la gérance libre

Art. 1er. – Tout contrat ayant pour objet la location d'un fonds de commerce, dit de location-gérance ou de gérance-libre, doit être passé, soit par acte authentique devant un notaire de la Principauté, soit par acte sous seing privé dûment enregistré.

Art. 2. – La location-gérance sera publiée, sous forme d'annonce, dans le *Journal de Monaco*.

Cette annonce sera insérée à deux reprises et à sept jours d'intervalle.

Elle énoncera les noms et prénoms du bailleur et du preneur-gérant ; le domicile de celui-ci ou, s'il réside à l'étranger, un domicile par lui élu dans la Principauté ; la nature et le siège du fonds de commerce, tels qu'ils sont définis et prévus à la licence ou aux statuts pour les sociétés, ainsi que la durée du contrat.

Elle indiquera obligatoirement s'il a été, ou non, prévu le versement d'un cautionnement et, dans l'affirmative, en précisera le montant.

Elle contiendra, en outre et le cas échéant, l'avis aux créanciers du bailleur d'avoir à former opposition sur les sommes à verser par le gérant dans le délai fixé par l'article suivant sous peine de ne pouvoir critiquer le paiement effectué en dehors d'eux.

Art. 3. – Dans les dix jours qui suivent celui de la dernière insertion, tout créancier du bailleur pourra former, au domicile réel ou élu du preneur-gérant, opposition sur les sommes à verser par ce dernier.

Art. 4. – Le preneur-gérant qui aura effectué les versements prévus au contrat sans avoir procédé aux publications ci-dessus prescrites ou avant l'expiration du délai imparti pour les oppositions ou nonobstant ces oppositions, ne sera pas libéré à l'égard des tiers.

Art. 5. – Le preneur-gérant devra afficher dans les locaux, et d'une façon très apparente, que le fonds de commerce est exploité en gérance-libre. La même mention devra également figurer sur la correspondance commerciale.

Art. 6. – Le preneur-gérant ne peut ni sous-louer ni transmettre sa location-gérance à un tiers.

Art. 7. – Le preneur-gérant ne peut apporter aucune modification à la destination du fonds de commerce, même si cette modification ne doit entraîner aucun dommage pour le propriétaire de l'établissement ; toutefois, le bailleur peut relever le preneur de cette interdiction par une déclaration expresse et écrite qui sera soumise à la formalité de l'enregistrement si elle n'est pas déjà contenue dans le contrat de location.

Art. 8. – La gérance prendra fin de plein droit :

a) À l'expiration du terme fixé au contrat ; il ne peut y avoir de tacite reconduction ;

b) Au cas de décès du gérant ;

c) Au cas de déclaration de faillite du gérant ;

d) Au cas d'infraction ou de délit entraînant la fermeture du fonds.

Art. 9. – La fin de la gérance fera l'objet, à la diligence du bailleur, d'une publication au *Journal de Monaco* dans les quinze jours de sa date d'expiration.

L'annonce sera faite à deux reprises et à sept jours d'intervalle ; elle énoncera : la nature et le siège du fonds de commerce, les noms, prénoms et domiciles du propriétaire du fonds et du preneur-gérant, ou, s'ils résident tous deux ou l'un ou l'autre à l'étranger, le domicile élu obligatoirement en Principauté ; la date à laquelle la gérance a pris fin ; elle contiendra, en outre, et le cas échéant, l'avis aux créanciers d'avoir à former opposition sur les sommes à verser dans le délai fixé ci-après sous peine de ne pouvoir critiquer les paiements effectués en dehors d'eux.

Art. 10. – Dans les dix jours qui suivent celui de la dernière insertion tout créancier peut former au domicile réel ou élu de la partie intéressée, opposition sur les sommes à verser par le bailleur ou le preneur-gérant à son cocontractant.

Celle des parties qui aura effectué les versements sans avoir procédé aux publications ou avant l'expiration du délai ci-dessus fixé ou nonobstant opposition ne sera pas libérée à l'égard des tiers.

Art. 11 *(Mod., L. n° 1.144, 26 juill. 1991).* – Toute personne se proposant d'exploiter, en vertu d'un contrat de location-gérance, l'un des commerces prévus par les articles 66, 89 et 96 de l'ordonnance du 6 juin 1867 ou par les articles 8, 16 et 25 de l'ordonnance sur la police municipale du 11 juillet 1909 aura l'obligation d'obtenir l'autorisation préalable prévue par chacun desdits articles.

Dans l'un et l'autre cas, la délivrance de l'autorisation n'est valable que pour la durée effective de la gérance. Elle suspend, de plein droit et pendant la même durée, les effets de celle dont le bailleur serait éventuellement titulaire.

Les sanctions des articles 192, 195 et 197 de l'ordonnance du 6 juin 1867 et celles des articles 89, 93 et 95 de l'ordonnance du 11 juillet 1909, seront, selon les espèces, applicables en cas d'infraction aux dispositions du présent article.

Loi n° 767 du 8 juillet 1964

relative à la révocation des autorisations de constitution des sociétés anonymes et en commandite par actions

Art. 1er *(L. n° 1.144, 26 juill. 1991).* – Sans préjudice des dispositions légales en vigueur, les autorisations de constitution des sociétés anonymes et en commandite par actions, accordées en vertu de l'ordonnance du 5 mars 1895, peuvent être révoquées par arrêté ministériel, lorsque :

1° La société ne s'est pas livrée sans motif légitime à une activité notable, conforme à ses statuts, depuis plus de deux ans, même antérieurement à la date de publication de la présente loi ;

2° la société ne dispose pas, sur le territoire monégasque, d'une installation et d'un personnel permettant la poursuite normale de l'objet social statutaire autorisé par le Gouvernement à la création de la société ou à la suite d'un acte modificatif des statuts ;

3° la société, après avoir été déclarée en état de cessation des paiements ou admise au bénéfice de règlement judiciaire, n'a pas obtenu le concordat prévu et organisé par les articles 497 à 521 du Code de commerce ou lorsque ce concordat a été annulé ou résolu par une décision passée en force de chose jugée

4° la société ne se livre pas à une activité conforme à ses statuts ;

5° la société, sous quelque forme et à quelque titre que ce soit, a admis que soient exercées ou domiciliées dans ses locaux des activités non déclarées ou non autorisées, ou les a sciemment laissées s'exercer ou y être domiciliées.

Indépendamment de toute mesure de révocation, le Ministre d'État peut, par décision motivée, prescrire la fermeture des locaux de la société et la saisie, à titre provisoire, de documents ou du matériel d'exploitation.

Le président du tribunal de première instance, saisi et statuant comme en matière de référé, peut ordonner la levée des mesures prescrites en vertu du précédent alinéa.

Art. 2. – L'autorisation de constitution ne peut être révoquée qu'après avis motivé d'une commission spéciale qui est composée et procède ainsi qu'il est dit aux articles 3 et 4.

Art. 3. – La commission est présidée par un conseiller de Gouvernement désigné par ordonnance souveraine.

Elle comprend :

- Un conseiller d'État désigné par le président du Conseil d'État ;
- le procureur général ou son représentant ;
- le directeur des services fiscaux ou son représentant ;
- le directeur du commerce et de l'industrie ou son représentant ;
- le président du conseil de l'ordre des experts-comptables ou son représentant, à l'exclusion des commissaires ou anciens commissaires de la société en cause.

La commission, dont le secrétariat est assuré par un fonctionnaire du département des finances et des affaires économiques, est saisie par le Ministre d'État.

Art. 4. – La commission a les pouvoirs d'appréciation et d'investigation les plus étendus. Elle peut requérir de la société en cause la communication de tous livres, documents et pièces généralement quelconques, détenus à quelque titre que ce soit par ladite société. Elle entend, si faire se peut, ses représentants sur la convocation qu'elle leur adresse au siège social, ainsi que toutes les personnes dont l'audition lui semble utile à l'accomplissement de sa mission.

L'avis qu'elle doit émettre est pris à la majorité des voix des membres présents, la voix du président étant prépondérante en cas de partage. Cet avis doit être expressément visé dans l'arrêté ministériel révoquant l'autorisation ; il sera communiqué aux représentants de la société sur leur demande.

Art. 5. – Les sociétés ayant fait l'objet d'une révocation d'autorisation doivent procéder à leur dissolution et à leur mise en liquidation dans les deux mois de la notification dudit arrêté.

Les opérations de liquidation doivent être terminées dans les six mois de la dissolution.

À l'expiration du délai de liquidation, la licence commerciale qui aurait été délivrée à la société doit être remise au service du répertoire du commerce et de l'industrie.

Toute délibération du conseil d'administration prise postérieurement à la notification de l'arrêté, pour un objet autre que la dissolution et la mise en liquidation de la société sera nulle de plein droit.

Art. 6. – Dans les dix jours de la réunion de l'assemblée générale tenue à cet effet, une copie certifiée du procès-verbal de la délibérations décidant la dissolution et la mise en liquidation sera adressée au ministère d'État (département des finances et affaires économiques), ainsi qu'au service du répertoire du commerce et de l'industrie.

Art. 7 *(L. n° 1.144, 26 juill. 1991)*. – Les membres du Conseil d'administration, ou les gérants, et le liquidateur qui, sauf empêchement reconnu légitime par le tribunal auront contrevenu aux prescriptions mises à leur charge par les articles 5 et 6, sont punis de l'amende prévue au chiffre 3° de l'article 26 du Code pénal.

Les membres du Conseil d'administration ou les gérants, même de fait, d'une société visée à l'article premier dont les activités ne sont pas exercées conformément à l'objet social ou sont déployées hors des limites de celui-ci sont punis de l'amende prévue au chiffre 4° de l'article 26 du Code pénal dont le maximum peut être porté jusqu'au montant du profit éventuellement réalisé. La société est tenue solidairement avec les membres du Conseil d'administration ou les gérants au paiement des amendes prononcées à l'encontre de ceux-ci.

Le tribunal peut, en outre, ordonner la fermeture définitive des locaux de la société et prononcer la confiscation des documents ou du matériel saisi et, s'il échet, des locaux fermés.

Les poursuites sont engagées par le Ministère public à la requête du Ministre d'État.

Art. 8. – La procédure réglée par la présente loi est applicable au cas où la révocation de l'autorisation de constitution est poursuivie en vertu des dispositions de l'article 5 de l'ordonnance du 5 mars 1895, modifiée par l'ordonnance-loi n° 340 du 11 mars 1942, sur les sociétés anonymes et en commandite par actions.

Art. 9. – Les articles 5, 6 et 7 de la présente loi sont applicables dans tous les cas où la dissolution et la liquidation de la société ont été rendues nécessaires par la révocation ou le retrait de l'autorisation de constitution.

Art. 9-1 *(L. n° 1.144, 26 juill. 1991)*. – Le contrôle de l'application de la présente loi est exercé par les agents habilités du service des enquêtes économiques et financières dans les conditions fixées par la législation concernant l'exercice de certaines activités économiques et juridiques.

Art. 10. – Toutes dispositions contraires à la présente loi sont et demeurent abrogées.

Loi nº 797 du 18 février 1966

relative aux sociétés civiles

Art. 1er. – Les sociétés civiles sont soumises aux prescriptions de la présente loi, sans préjudice des dispositions qui leur sont applicables en raison de la forme sous laquelle elles sont constituées.

Art. 2. – Le contrat de société et les modifications dont il fait l'objet donnent lieu à la rédaction d'un acte soumis à la formalité de l'enregistrement, à compter de sa date, dans les dix jours s'il est authentique et dans le délai de un mois s'il est sous seing privé.

Art. 3 *(Rempl., L. n° 1.282, 7 juin 2004)*. – Toute cession de parts ainsi que toute constitution d'usufruit portant sur ces mêmes titres, est constatée par une convention écrite et enregistrée comme il est indiqué à l'article précédent.

Cette convention devra, sous peine de la nullité prévue à l'article 9, mentionner les nom, prénoms, nationalité et adresse des parties.

Les actions émises par les sociétés par actions à objet civil doivent être cédées selon les dispositions prescrites par l'ordonnance du 5 mars 1895 sur les sociétés anonymes et en commandite par actions.

Art. 4. – Les actes sous seing privé visés aux articles 2 et 3 qui ne seront pas enregistrés dans le délai d'un mois seront passibles d'un double droit d'enregistrement.

Art. 5. – Toute société doit, dans les deux mois de sa constitution, faire procéder à son inscription sur un registre spécial tenu par le service du répertoire du commerce et de l'industrie.

La demande d'inscription à adresser par écrit à ce service comportera les indications suivantes :

a) La forme de la société ;

b) La dénomination sociale et les abréviations utilisées ;

c) L'objet de la société ;

d) La nature des activités effectivement exercées par la société à titre principal et, le cas échéant, à titre secondaire ;

e) Le siège social ;

f) Les nom, prénoms et adresse de chacune des personnes ayant qualité pour administrer la société ;

g) Le montant du capital social et le nombre d'actions ou de parts qui le représentent ;

h) La date de la constitution de la société ;

i) La durée de la société ;

La demande d'inscription n'est recevable que si elle est accompagnée des pièces justificatives nécessaires

Art. 6. – Toute modification portant sur l'une des indications contenues dans la déclaration primitive doi faire l'objet, en vue de sa mention sur le répertoire spécial, d'une déclaration complémentaire ou rectificative

Cette déclaration, accompagnée s'il y a lieu des pièces justificatives nécessaires, est notifiée au service d répertoire du commerce et de l'industrie dans les deux mois de la date de la modification.

(L. n° 1.121, 22 déc. 1988) En cas de dissolution, la société est tenue de se faire radier dans les condition et délais prévus ci-dessus.

Art. 7. – Le service du répertoire du commerce et de l'industrie est habilité à donner communication aux tiers intéressés, sous forme d'extraits du répertoire spécial, des seules indications visées aux lettres *a)*, *b)* et *e)* de l'article 5.

Art. 8. – Les formes de la demande d'inscription et des déclarations complémentaires ou rectificatives, la nature et la liste des pièces justificatives à fournir à l'appui de ces demandes et déclarations, ainsi que les montants des droits exigibles seront déterminés par ordonnance souveraine.

Art. 8-1 *(L. n° 1.121, 22 déc. 1988)*. – Le président du tribunal de première instance ou le magistrat délégué à cet effet connaît :

1° des contestations nées à l'occasion de demandes d'inscription, de déclarations complémentaires ou rectificatives ou de demandes en délivrance d'extraits du registre spécial ;

2° des demandes formées en vue soit de faire injonction au représentant statutaire de la société de procéder à son inscription, d'effectuer les déclarations complémentaires ou rectificatives nécessaires ou de corriger des mentions incomplètes ou inexactes, soit de faire radier d'office la société du registre.

Art. 8-2 *(L. n° 1.121, 22 déc. 1988)*. – Le magistrat est saisi par voie de requête présentée, selon le cas, par la personne intéressée ou par le fonctionnaire chargé du registre spécial. L'ordonnance rendue sur requête peut réformer la décision de ce fonctionnaire ou faire obligation à la société d'accomplir toutes formalités utiles dans le délai qu'elle impartit.

Elle peut notamment, le représentant statutaire de la société entendu ou dûment appelé :

1° enjoindre à l'intéressé d'inscrire la société au registre ou de faire les déclarations complémentaires ou rectificatives nécessaires ;

2° lui ordonner de compléter ou de corriger les demandes ou déclarations qui se seront révélées incomplètes ou inexactes ;

3° radier d'office la société du registre.

Expédition de l'ordonnance est notifiée à la diligence du greffe général, par lettre recommandée avec demande d'avis de réception, au représentant statutaire de la société et au fonctionnaire chargé du registre.

L'ordonnance n'est pas susceptible d'opposition.

Appel peut être interjeté devant la cour d'appel dans les quinze jours suivant la notification de l'ordonnance ; il est formé par simple inscription sur un registre spécial tenu au greffe général.

Les parties sont averties qu'elles doivent comparaître à la plus prochaine audience, aux frais avancés par l'appelant ; l'avertissement est donné, par lettre recommandée du greffier en chef, adressée avec demande d'avis de réception.

Art. 9. – Tout contrat de société et toute modification dont il fait l'objet, toute cession d'actions ou de parts ainsi que toute constitution d'usufruit portant sur ces mêmes titres, n'ayant pas donné lieu, dans les délais prescrits, aux formalités prévues aux articles 2 et 3 sera considéré comme nul et de nul effet tant à l'égard des associés que des tiers.

Art. 9-1 *(L. n° 1.385, 15 déc. 2011)*. – Les sociétés civiles sont soumises à l'obligation de tenue d'une comptabilité dont les modalités seront précisées par arrêté ministériel (1).

Les documents afférents à la comptabilité ainsi que toutes les pièces justificatives correspondantes, doivent être conservés au siège social des sociétés civiles pendant une durée d'au moins cinq années.

En cas de manquement à cette obligation, le ou les administrateurs sont passibles de l'amende prévue au chiffre 4 de l'article 26 du Code pénal.

Art. 10. – Toute personne administrant ou gérant une société civile qui aura contrevenu aux dispositions de la présente loi ou des ordonnances prises pour son application ou qui aura fait une déclaration qu'elle savait être mensongère sera, indépendamment de sanctions administratives, punie d'une amende de mille à dix mille francs (2).

---

(1) V. A. min. n° 2012-182, 5 avr. 2012 (*Journal de Monaco*, 6 avr. 2012).
(2) Conversion en euros : V. Ord. n° 13.827, 15 déc. 1998 (*Journal de Monaco*, 18 déc. 1998).

Art. 11. – Sous réserve des dispositions transitoires prévues aux articles 12 et 13, des sociétés civiles constituées avant la publication de la présente loi sont soumises aux prescriptions ci-dessus.

Art. 12. – Les actes de constitution des sociétés visées à l'article précédent, ainsi que les actes modificatifs dont ils ont fait l'objet seront, à peine d'application des articles 4 et 9, soumis, s'ils ne l'ont pas été auparavant, à la formalité de l'enregistrement dans le délai de un mois à compter de la date d'entrée en vigueur de la loi ; chacun de ces actes donnera lieu à la perception d'un droit fixe de cinq francs (1).

Les actes de constitution ou de modification de sociétés civiles, autres que ceux visés à l'alinéa premier, et la dernière des cessions d'actions ou de parts antérieure à la date de mise en vigueur de la présente loi devront être représentés au service de l'enregistrement dans les quatre mois qui suivront cette date, par le gérant de la société.

Les titres éventuellement émis par ces sociétés devront être représentés au même service par leur propriétaire ou son mandataire dans le même délai. Il sera délivré par le receveur un récépissé qui devra rester annexé à l'acte, à la cession ou au titre.

Le défaut de représentation visé ci-dessus entraîne l'application des sanctions prévues à l'article 10.

Art. 13. – Les sociétés visées à l'article 11 sont tenues :

– soit de faire procéder à leur inscription sur le registre spécial, à moins que celle-ci n'ait déjà été opérée en vertu de la loi n° 744 du 25 mars 1963 ; en ce cas, l'inscription conserve son plein effet ;

– soit de souscrire toute déclaration complémentaire ou rectificative nécessaire pour satisfaire aux prescriptions de la présente loi. À peine d'application de l'article 10, ces inscriptions ou déclarations doivent être effectuées dans le délai de quatre mois à compter de la date d'entrée en vigueur de la présente loi.

Art. 14. – Les dispositions qui précèdent entreront en vigueur à compter de la date de la publication de l'ordonnance souveraine visée à l'article 8, laquelle devra intervenir au plus tard dans le mois qui suivra la publication de la présente loi.

La loi n° 744 du 25 mars 1963 sera abrogée à compter de cette même date.

Ordonnance n° 3.573 du 11 mai 1966

portant application de la loi n° 797 du 18 février 1966
relative aux sociétés civiles

Vu la loi n° 797, du 18 février 1966, relative aux sociétés civiles ; Vu Notre ordonnance n° 3.044, du 24 août 1963 fixant les modalités d'application de la loi n° 744, du 25 mars 1963, sur la déclaration des sociétés civiles ;

Art. 1er. – Le répertoire spécial créé par la loi n° 744, du 25 mars 1963 et visé par l'article 5 de la loi n° 797, du 18 février 1966 est constitué par :

a) Un registre d'arrivée qui mentionne, dans l'ordre chronologique, toutes les demandes d'inscription déposées ;

b) Des dossiers individuels : le dossier est constitué par la demande d'inscription initiale de l'intéressé portant le numéro d'inscription au répertoire, à laquelle seront jointes les demandes d'inscription modificative ou complémentaire et les demandes de radiation.

Art. 2. – La demande d'inscription visée à l'article 5 de la loi n° 797, du 18 février 1966, doit être établie sur une formule fournie par le service du répertoire des sociétés (Direction du commerce et de l'industrie) elle est déposée audit service par le demandeur ou son mandataire qui produira, en même temps, les justifications prévues à l'article 5 ci-après.

Art. 3. – La demande d'inscription contiendra les renseignements suivants :

a) La forme de la société ;

b) La dénomination sociale et les abréviations utilisées ;

c) L'objet de la société ;

(1) Conversion en euros : V. Ord. n° 13.827, 15 déc. 1998 (*Journal de Monaco*, 18 déc. 1998).

d) La nature des activités effectivement exercées par la société à titre principal et, le cas échéant, à titre secondaire ;

e) L'adresse du siège social ;

f) Les nom, prénoms et adresse de chacune des personnes ayant qualité pour administrer la société ;

g) Le montant du capital social et le nombre d'actions ou de parts qui le représentent ;

h) La date de la constitution de la société ;

i) La durée de la société.

Art. 4. – Les déclarations complémentaires ou rectificatives prescrites aux articles 6 et 13 (2e alinéa) de la loi n° 797, du 18 février 1966 sont également établies sur des formules fournies par le service et signées par le déclarant.

Chaque modification fera l'objet d'une déclaration distincte.

Art. 5 *(Mod., Ord. n° 15.066, 12 oct. 2001).* – Toute demande d'inscription ou toute déclaration modificative ou rectificative comporte à peine d'irrecevabilité, la production des pièces nécessaires à la justification de :

1° L'identité de chaque personne ayant qualité pour administrer la société et s'il y a lieu du mandataire qui doit fournir en outre tout document attestant de cette qualité.

2° L'exactitude des indications portées sur la demande.

Art. 5 *bis* *(Ord. n° 15.066, 12 oct. 2001).* – Les pièces à fournir pour l'application de l'article précédent sont les suivantes :

1° pour l'identification des personnes visées à l'article 5 :

a) S'il s'agit d'une personne physique, un extrait de l'acte de naissance ou de l'acte de mariage, ou une copie de la carte d'identité ou de la carte de séjour ou du passeport ;

b) S'il s'agit d'une personne morale, un extrait de l'immatriculation au répertoire du commerce et de l'industrie, ou un document équivalent s'il s'agit d'une société étrangère, ou un certificat d'immatriculation au répertoire des sociétés civiles pour les sociétés civiles monégasques.

Pour la personne physique représentant la personne morale, si elle ne figure pas sur l'extrait d'immatriculation de celle-ci, les pièces prescrites au *a)* ci-dessus et, s'il y a lieu, la copie de la décision lui conférant cette qualité accompagnée le cas échéant de sa traduction en langue française.

2° Pour l'exactitude des indications portées sur la demande :

a) La communication des statuts ou de tout acte notarié ou sous seing privé enregistré comportant modification statutaire ;

b) En cas d'augmentation ou de réduction du capital social, la communication en double exemplaire du procès-verbal de l'assemblée générale extraordinaire, auquel est annexée la feuille de présence des associés décidant cette modification statutaire.

En cas de réunion de toutes les parts en une seule main, tout acte en établissant la preuve et, notamment. l'acte de cession de parts ou de donation, ou le procès-verbal de l'assemblée générale des associés approuvant la démission d'un associé.

Art. 6 *(Ord. n° 13.956, 16 avr. 1999 ; mod., Ord. n° 15.118, 23 nov. 2001 ; Ord. n° 767, 13 nov. 2006 ; rempl. à compter du 1er mars 2013, Ord. n° 4.197, 20 févr. 2013 ; à compter du 1er mars 2014, Ord. n° 4.730, 21 févr. 2014).* – À l'occasion de l'accomplissement des formalités d'inscription, de modification ou de complément d'inscription, il est perçu au profit du Trésor :

Pour l'inscription :	65 €
Pour chaque modification et pour les déclarations complémentaires visées au 2ème alinéa de l'article 13 de la loi n° 797 du 18 février 1966 :	15 €

Dans le cas où par application du dernier alinéa de l'article 4, plusieurs demandes de modification d'inscription sont déposées, simultanément pour une même société, il est perçu un droit de 15 € pour la première modification et de 5 € pour chacune des suivantes.

La perception de ces droits est constatée au moyen de l'apposition du timbre unique créé par la loi n° 501 du 20 juillet 1949.

Art. 7 *(Ord. n° 13.956, 16 avr. 1999 ; mod., Ord. n° 15.118, 23 nov. 2001 ; Ord. n° 767, 13 nov. 2006 ; rempl. à compter du 1er mars 2013, Ord. n° 4.197, 20 févr. 2013 ; à compter du 1er mars 2014, Ord. n° 4.730, 21 févr. 2014 et Erratum : Journal de Monaco 14 mars 2014).* – Le service pourra communiquer aux tiers intéressés, sur demande écrite, des extraits d'inscription comportant les renseignements visés à l'article 7 de la loi n° 797 du 18 février 1966.

Il sera perçu un droit de 5 euros pour chaque certificat d'inscription.

Art. 8. – Notre ordonnance n° 3.044, du 24 août 1963, susvisée, est abrogée.

Loi nº 879 du 26 février 1970

relative aux groupements d'intérêt économique

Art. 1er. – Deux ou plusieurs personnes physiques ou morales peuvent constituer entre elles, pour une durée déterminée, un groupement d'intérêt économique, en vue de mettre en œuvre tous les moyens propres à faciliter ou à développer l'activité économique des membres du groupement ainsi constitué et à améliorer ou à accroître les résultats de cette activité.

Art. 2. – Le groupement d'intérêt économique n'a pas directement pour objet la réalisation et le partage de bénéfices et peut être constitué sans capital.

Les droits de ses membres ne peuvent être représentés par des titres négociables. Toute clause contraire est réputée non écrite.

Art. 3. – Le groupement d'intérêt économique jouit de la personnalité morale et de la pleine capacité à dater de son immatriculation au répertoire du commerce et de l'industrie, sans que cette immatriculation emporte présomption de commercialité du groupement.

Art. 4. – Les membres du groupement sont tenus des dettes de celui-ci sur leur patrimoine propre. Ils sont solidaires, sauf convention contraire avec le tiers contractant.

Les créanciers du groupement ne peuvent poursuivre le paiement des dettes contre un membre qu'après avoir vainement mis en demeure le groupement par acte extra-judiciaire.

Art. 5. – Le groupement d'intérêt économique peut émettre des obligations, aux conditions générales d'émission de ces titres par les sociétés, s'il est lui-même composé exclusivement de sociétés anonymes ou en commandite par actions au capital entièrement libéré et si les sociétés qui le composent, ayant deux années d'existence, ont établi deux bilans régulièrement approuvés par les actionnaires.

Art. 6. – Le contrat de groupement d'intérêt économique détermine l'organisation du groupement sous réserve des dispositions de la présente loi. Il est établi par acte authentique.

Il contient notamment les indications suivantes :

1° La dénomination du groupement ;

2° Les nom, raison ou dénomination sociale, la forme juridique, l'adresse du domicile ou du siège social et, s'il y a lieu, le numéro d'immatriculation au répertoire du commerce et de l'industrie de chacun des membres du groupement ;

3° La durée pour laquelle le groupement est constitué ;

4° L'objet du groupement ;

5° L'adresse du siège du groupement.

Art. 7. – Dans les quinze jours de l'immatriculation du groupement au répertoire du commerce et de l'industrie, un avis inséré au « Journal de Monaco » par les soins de l'administration fait connaître :

1° Le numéro de ladite immatriculation ;

2° La dénomination du groupement ;

3° L'adresse de son siège ;

4° Son objet indiqué sommairement ;

5° La durée pour laquelle le groupement a été constitué ;

6° Les noms, prénoms et domiciles des administrateurs, des personnes chargées du contrôle de la gestion et de celles chargées du contrôle des comptes.

Les dispositions du contrat visé à l'article 6 ne sont opposables aux tiers qu'à dater de la publication.

Art. 8. – Les dispositions des articles 6 et 7 sont applicables aux modifications du contrat.

Art. 9. – Le groupement, au cours de son existence, peut accepter de nouveaux membres dans les conditions fixées par le contrat constitutif.

Tout membre du groupement peut se retirer dans les conditions prévues par le contrat sous réserve qu'il ait exécuté ses obligations.

Art. 10. – L'assemblée des membres du groupement est habilitée à prendre toute décision, y compris celles de dissolution anticipée et de prorogation, dans les conditions déterminées par le contrat. Celui-ci peut prévoir que toutes les décisions ou certaines d'entre elles seront prises aux conditions de quorum ou de majorité qu'il fixe : dans le silence du contrat, les décisions sont prises à l'unanimité des membres présents ou représentés.

Le contrat peut aussi attribuer à chaque membre un nombre de voix différent de celui attribué aux autres ; à défaut, chaque membre dispose d'une voix.

L'assemblée est obligatoirement réunie à la demande d'un quart au moins du nombre des membres du groupement.

Art. 11. – Le groupement est administré par une ou plusieurs personnes physiques. Sous cette réserve, le contrat de groupement ou, à défaut, l'assemblée des membres, organise librement l'administration du groupement et nomme les administrateurs dont il détermine les attributions, les pouvoirs et les conditions de révocation.

Dans les rapports avec les tiers, un administrateur engage le groupement par tout acte entrant dans l'objet de celui-ci. Toute limitation de pouvoirs est inopposable aux tiers.

Art. 12. – Le contrôle de la gestion et le contrôle des comptes, qui doivent être confiés à des personnes physiques sont exercés dans les conditions prévues par le contrat constitutif du groupement.

Toutefois, lorsqu'un groupement émet des obligations dans les conditions prévues à l'article 5, le contrôle de la gestion doit être exercé par une ou plusieurs personnes physiques nommées par l'assemblée ; la durée de leurs fonctions et leurs pouvoirs sont déterminés dans le contrat. Le contrôle des comptes doit être exercé par un ou plusieurs commissaires aux comptes choisis parmi les experts-comptables autorisés à exercer leurs fonctions à Monaco et nommés par l'assemblée pour une durée de trois exercices.

Les dispositions de la loi n° 408 du 20 janvier 1945 relatives à la nomination, aux interdictions, aux pouvoirs, aux fonctions, aux obligations, à la responsabilité, à la révocation et à la rémunération des commissaires aux comptes des sociétés anonymes sont applicables aux commissaires des groupements d'intérêt économique, sous réserve des règles propres à ceux-ci.

Art. 13. – Les actes et documents émanant du groupement et destinés aux tiers, notamment les lettres, factures, annonces et publications diverses doivent indiquer lisiblement la dénomination du groupement suivie des mots « groupement d'intérêt économique régi par la loi n° 879 du 26 février 1970 ».

Toute infraction aux dispositions de l'alinéa ci-dessus est punie de l'amende prévue au chiffre 2 de l'article 26 du Code pénal.

Art. 14. – Toute société ou association dont l'objet correspond à la définition du groupement d'intérêt économique peut être transformée en un tel groupement sans donner lieu à dissolution ni à création d'une personne morale nouvelle.

Art. 15. – Le groupement d'intérêt économique est dissous :

1° Par l'arrivée du terme ;

2° Par la réalisation ou l'extinction de son objet ;

3° Par la décision de ses membres dans les conditions prévues à l'article 10 ;

4° Par décision judiciaire, pour de justes motifs ;

5° Par le décès d'une personne physique ou par la dissolution d'une personne morale, membre du groupement, sauf stipulation contraire du contrat.

Art. 16. – Si l'un des membres du groupement est frappé d'incapacité, ou est déclaré en état de faillite, le groupement est dissous, à moins que sa continuation ne soit prévue par le contrat ou que les autres membres ne la décident à l'unanimité.

Art. 17. – La dissolution du groupement d'intérêt économique entraîne sa liquidation. La personnalité du groupement subsiste pour les besoins de la liquidation.

Art. 18. – La liquidation s'opère conformément aux dispositions du contrat. À défaut, un liquidateur est nommé par l'assemblée des membres du groupement ou, si l'assemblée n'a pu procéder à cette nomination, par décision de justice.

Après paiement des dettes, l'excédent d'actif est réparti entre les membres dans les conditions prévues par le contrat ; à défaut, la répartition est faite par parts égales.

Art. 19. – L'appellation « groupement d'intérêt économique » ne peut être utilisée que par les groupements soumis à la présente loi. L'emploi illicite de cette appellation ou de toute autre expression de nature à prêter à confusion avec celle-ci est puni d'un emprisonnement de trois mois à un an et de l'amende prévue au chiffre 3 de l'article 26 du Code pénal ou de l'une de ces deux peines seulement. Le tribunal pourra, en outre, ordonner l'affichage et la publication du jugement conformément aux articles 30 et 31 du même code.

Art. 20. – Les actes de formation de groupements d'intérêt économique entraînent la perception d'un droit d'apport dans les conditions prévues à l'article 29 de la loi n° 223 du 27 juillet 1936, modifiée, concernant les droits d'enregistrement, de timbre et d'hypothèque.

Les actes constatant une cession de parts ou de droits dans un groupement d'intérêt économique sont assujettis au droit fixe de cinq francs (1) prévu à l'article 3 de la loi n° 580 du 29 juillet 1953 concernant les droits d'enregistrement et d'hypothèque.

Art. 21. – Une ordonnance déterminera les conditions d'application de la présente loi et précisera notamment les indications qui devront être fournies et les pièces qui devront être déposées lors de la demande d'inscription du groupement au répertoire du commerce et de l'industrie et également en cas de modifications ultérieures des mentions primitives.

Ordonnance n° 4.528 du 10 août 1970

portant application de la loi n° 879 du 26 février 1970 relative aux groupements d'intérêt économique

Vu la loi n° 721 du 27 décembre 1961, abrogeant et remplaçant la loi n° 598, du 2 juin 1955, instituant un répertoire du commerce et de l'industrie ; Vu la loi n° 879 du 26 février 1970, relative aux groupements d'intérêt économique ; Vu Notre ordonnance n° 2.853, du 22 juin 1962, portant application de la loi n° 721, du 27 décembre 1961, susvisée ;

Art. 1er. – Les groupements d'intérêt économique qui requièrent leur immatriculation au répertoire du commerce et de l'industrie, sont tenus de déposer une demande signée par leur mandataire et indiquant :

1° La dénomination du groupement ;

2° L'adresse du siège du groupement ;

3° L'objet du groupement, mentionné sommairement ;

4° La durée du groupement ;

5° Pour chaque personne physique membre du groupement, les renseignements prévus à l'article 1er (2e alinéa, a, 1°, 3°, 4° et 7°) de Notre ordonnance n° 2.853 du 22 juin 1962, à savoir :

a) les nom, prénoms et domicile personnel ;

b) les date et lieu de naissance ;

c) la nationalité d'origine et, en cas d'acquisition d'une autre nationalité, le mode et la date de cette acquisition ;

d) s'il y a lieu, la date de mariage et le régime matrimonial adopté ; ainsi que, éventuellement, les numéros d'immatriculation au répertoire du commerce et de l'industrie ;

(1) Conversion en euros : V. Ord. n° 13.827, 15 déc. 1998 : *Journal de Monaco*, 18 déc. 1998.

6° Pour chaque personne morale membre du groupement, la raison sociale ou la dénomination sociale, la forme juridique, l'adresse du siège, l'objet mentionné sommairement, et le cas échéant, les numéros d'immatriculation au répertoire du commerce et de l'industrie ou au répertoire spécial des sociétés civiles ;

7° Les nom, prénoms et domicile des administrateurs et des personnes chargées du contrôle de la gestion et du contrôle des comptes, avec les autres renseignements prévus au numéro 5° ci-dessus.

Art. 2. – Sont déposées, en même temps que la demande d'immatriculation, pour être classées en annexe au répertoire du commerce et de l'industrie, les pièces suivantes :

a) deux expéditions du contrat de groupement ;

b) le cas échéant, deux copies des actes de nomination des administrateurs, des personnes chargées du contrôle de la gestion et de celles chargées du contrôle des comptes ;

Art. 3. – Le requérant doit également produire à l'appui de la demande d'immatriculation :

A. – Pour les membres du groupement :

– s'il s'agit de personnes physiques non inscrites au répertoire du commerce et de l'industrie ;

a) un extrait de l'acte de naissance datant de moins de trois mois ;

b) s'ils sont mariés, un extrait de l'acte de mariage datant de moins de trois mois, et s'il existe un contrat de mariage, une expédition de celui-ci ;

c) en cas de divorce ou de séparation de corps, un extrait de l'acte de naissance ou de l'acte de mariage datant de moins de trois mois avec la mention du jugement ayant prononcé le divorce ou la séparation de corps ; s'il s'agit d'un divorce ou d'une séparation prononcés à l'étranger et qui ne doivent être ni transcrits, ni mentionnés sur les registres de l'état civil monégasque tout document délivré par les autorités étrangères compétentes établissant que le divorce ou la séparation de corps sont devenus définitifs ;

– s'il s'agit de personnes morales non inscrites au répertoire du commerce et de l'industrie, une copie certifiée conforme ou une expédition des statuts ;

B. – Pour les administrateurs et pour les personnes chargées du contrôle de la gestion ainsi que pour les personnes chargées du contrôle des comptes, les pièces prévues ci-dessus (paragraphe A) pour les personnes physiques non inscrites au répertoire du commerce et de l'industrie.

Art. 4. – Les groupements d'intérêt économique qui déclarent avoir une activité commerciale doivent produire en outre l'autorisation administrative leur permettant d'exercer ladite activité.

Art. 5. – Doivent être déclarés au répertoire du commerce et de l'industrie dans le délai d'un mois, tous faits et actes entraînant une modification des mentions prescrites à l'article 1er. Les pièces justificatives des faits et actes ci-dessus visés, les actes, délibérations ou décisions modifiant soit le contrat de groupement ou les pièces qui lui sont annexées, soit les actes ou pièces déposés postérieurement, sont remis au service du répertoire du commerce et de l'industrie, dans le délai d'un mois de leur date pour être classés au dossier du groupement. Deux exemplaires du contrat de groupement, tenant compte des actes modificatifs, établis sur papier libre et certifiés conformes par un administrateur sont déposés en même temps pour être classés audit dossier.

Art. 6. – Si l'une des mentions de l'avis prévu à l'article 7 de la loi n° 879, du 26 février 1970, n'est plus exacte, la modification intervenue est publiée au *Journal de Monaco* dans les conditions prévues audit article, le délai courant à partir du jour où a été faite la mention au répertoire du commerce et de l'industrie.

L'avis contient les indications suivantes :

1° La dénomination du groupement ;

2° L'adresse du siège du groupement ;

3° Le numéro d'immatriculation du groupement au répertoire du commerce et de l'industrie ;

4° Les modifications intervenues.

Art. 7. – L'inscription de tout groupement d'intérêt économique au répertoire du commerce et de l'industrie est assortie de la mention suivante : « Inscription dépourvue de la présomption de commercialité (Loi n° 879 du 26 février 1970, article 3) ».

Art. 8 *(Ord. n° 13.957, 16 avr. 1999 ; Ord. n° 15.118, 23 nov. 2001)*. **– À l'occasion de l'accomplissement des formalités d'inscription ou de modification d'inscription, il est perçu au profit du Trésor :**

pour chaque inscription	50 €
– pour chaque modification d'inscription	7 €

Lors de la délivrance des pièces ci-après, il sera perçu :

– pour un certificat d'inscription, de radiation ou de non-inscription d'une mention déterminée	3 €
– pour une copie ou un état de l'immatriculation compte tenu de la dernière modification enregistrée .	17 €

La perception de ces droits est constatée au moyen de l'apposition du timbre unique créé par la loi n° 507 du 20 juillet 1949 ;

Art. 9. – Les frais de publication au *Journal de Monaco* de l'avis prévu à l'article 7 de la loi n° 879, du 26 février 1970, susvisée, sont à la charge du groupement intéressé ; ses administrateurs sont tenus, préalablement à l'insertion de verser une provision égale au montant prévisible de ces frais.

Loi n° 1.056 du 27 mai 1983

concernant la protection du nom ou des titres et de l'image des personnes

Art. 1er. – Toute personne vivante ou décédée a droit, dans les conditions ci-après, à la protection de ses nom, prénoms, surnoms, pseudonymes ou titres ainsi qu'à la protection de son image.

Art. 2. – La personne dont les nom, surnoms, pseudonymes ou titres seraient usurpés peut contester et faire interdire l'usage qui en est fait indûment et réclamer des dommages-intérêts en raison du préjudice subi.

L'action est intentée à son initiative ou à celle de son représentant légal ou, s'il s'agit d'une personne décédée, à la demande de ses ayants droit.

Art. 3. – Nul ne peut utiliser à une fin commerciale ou publicitaire, sans le consentement exprès de la personne concernée ou de son représentant légal ou, si elle est décédée, de ses ayants droit :

1° les nom, surnoms, pseudonymes ou titres de l'intéressée ou même ses prénoms s'ils sont accompagnés d'un autre élément distinctif, ou encore toute dénomination pouvant prêter à confusion ; cette prohibition n'est cependant pas applicable dans les cas d'homonymies, sauf les utilisations faites de mauvaise foi ;

2° l'image ou la reproduction fidèle, supposée ou modifiée de l'image de l'intéressée, quels que soient le lieu où l'image aura été fixée et les conditions ou moyens employés pour la fixer ou la reproduire.

Art. 4. – Toute juridiction ayant à connaître de faits d'usurpation ou d'utilisation illicite visés aux articles 2 et 3 peut, sans préjudice de la réparation du dommage subi, prescrire toutes mesures, telles que séquestre ou saisie, propres à empêcher ou à faire cesser cette usurpation ou utilisation.

Ces mesures peuvent, s'il y a urgence, être ordonnées, à titre provisoire, selon le cas, par le juge des référés ou par le président de la juridiction saisie.

Art. 5. – Sera puni d'un emprisonnement de six mois à trois ans et de l'amende prévue au chiffre 4 de l'article 26 du Code pénal, dont le maximum pourra être élevé au double, celui qui aura enfreint la prohibition portée à l'article 3.

Sera, en outre, prononcée la confiscation des objets, produits ou supports de toute nature qui auraient servi à la commission du délit, ainsi que des sommes provenant de la commercialisation ou de la publicité illicite.

Art. 6. – Lorsque des délits visés à l'article 3 auront été commis par voie de presse, seront poursuivis comme auteurs principaux, sous réserve de l'application des articles 41 et 42 du Code pénal, les chefs d'établissements, quelle que soit leur dénomination, ayant procédé à la publication ou à l'émission ou en ayant

tiré profit ; à leur défaut, l'auteur de la publication ou de l'émission. Si celui-ci n'est pas poursuivi comme auteur principal, il le sera comme complice.

Lorsque des importateurs, exportateurs ou transitaires auront sciemment participé aux délits visés à ce même article 3, ils pourront être poursuivis comme auteurs principaux.

Loi nº 1.338 du 7 septembre 2007
sur les activités financières
(Journal de Monaco, 14 sept. 2007)

Art. 1er. – Est soumis aux dispositions de la présente loi, l'exercice, à titre habituel ou professionnel, des activités ci-après énumérées :

1° la gestion, pour le compte de tiers, de portefeuilles de valeurs mobilières ou d'instruments financiers à terme ;

2° la gestion de fonds communs de placement ou d'autres organismes de placement collectif de droit monégasque ;

3° la réception et la transmission d'ordres sur les marchés financiers, portant sur des valeurs mobilières ou des instruments financiers à terme, pour le compte de tiers ;

4° le conseil et l'assistance dans les matières visées aux chiffres 1) à 3) ;

5° l'exécution d'ordres pour le compte de tiers ;

6° la gestion d'organismes de placement collectif de droit étranger ;

7° la négociation pour compte propre.

Ne sont pas soumises aux dispositions de la présente loi les activités énoncées aux chiffres 1) à 6) lorsqu'elles sont effectuées par des entreprises au seul bénéfice des personnes morales qui les contrôlent directement ou indirectement et des personnes morales que ces dernières contrôlent.

Section 1. – De la procédure d'agrément

Art. 2. – L'exercice des activités mentionnées à l'article précédent est subordonné à l'obtention préalable d'un agrément délivré par la Commission de contrôle des activités financières instituée à l'article 10.

Art. 3. – L'agrément peut exclusivement être délivré à :

1° des sociétés anonymes monégasques ;

2° des établissements de crédit dont le siège social est situé dans un État étranger, qui disposent d'une succursale dans la Principauté.

Art. 4. – L'agrément peut être délivré pour tout ou partie des activités énoncées à l'article premier.

L'agrément délivré pour l'activité mentionnée au chiffre 2) de l'article premier ne peut autoriser, en outre, que l'exercice des activités visées aux chiffres 1), 4) et 6) de l'article premier.

Art. 5. – Pour obtenir l'agrément, les sociétés visées à l'article 3 doivent justifier des conditions ci-après, lesquelles doivent être appréciées par la Commission de contrôle des activités financières :

1° d'une garantie financière suffisante appréciée au regard de la qualité des apporteurs de capitaux, directs ou indirects ;

2° de l'honorabilité, de l'expérience et de la compétence professionnelle de leurs dirigeants ;

3° d'une installation et d'un personnel permettant la mise en œuvre des activités mentionnées dans l'agrément.

Art. 6. – Les sociétés anonymes monégasques qui n'ont pas la qualité d'établissement de crédit doivent également justifier :

1° d'un objet social exclusif visant tout ou partie des activités mentionnées à l'article premier ;

2° d'un capital dont le montant minimal, fixé par ordonnance souveraine, est entièrement libéré en numéraire.

Art. 7. – La composition et le contenu du dossier de demande d'agrément sont définis par ordonnance souveraine.

La Commission de contrôle des activités financières informe les sociétés concernées, dans un délai de six mois dès réception d'un dossier complet de demande d'agrément, de sa décision relative à cette demande.

Art. 8. – Les modifications, postérieures à la délivrance de l'agrément, d'un ou plusieurs éléments caractéristiques figurant au dossier mentionné à l'article précédent doivent être communiquées sans délai à la Commission de contrôle des activités financières qui peut enjoindre à la société de solliciter la délivrance d'un nouvel agrément ou de mettre en œuvre, dans le délai qu'elle détermine, toutes mesures rendues nécessaires par ces modifications.

Art. 9. – L'avis de délivrance d'agrément est publié au *Journal de Monaco*

Section 2. – De la commission de contrôle des activités financières

Art. 10. – Il est institué une Commission de contrôle des activités financières, ci-après dénommée la Commission, chargée de veiller à l'application de la présente loi et de ses textes d'application.

À l'effet d'accomplissement de sa mission, la Commission, en toute indépendance et sous l'autorité de son Président :

1° statue sur les demandes d'agrément après avoir procédé à leur instruction et délivre lesdits agréments dans le délai fixé à l'article 7 ;

2° veille à la régularité des opérations effectuées par les sociétés agréées ;

3° reçoit et instruit les réclamations qui lui sont présentées par toute personne justifiant d'un intérêt ;

4° effectue des contrôles dans les conditions déterminées à la présente section aux fins, s'il y a lieu, de faire cesser les irrégularités constatées ou d'en supprimer les effets conformément à l'article 19 ;

5° prononce les sanctions administratives dans les conditions déterminées à la section IV.

La Commission peut, aux fins d'accomplissement de sa mission, conclure des conventions organisant ses relations avec les autorités étrangères exerçant des compétences analogues aux siennes.

Art. 11. – La Commission est composée :

1° du Président de l'Association Monégasque des Activités Financières ou de son représentant ;

2° du Président de l'Ordre des Experts-comptables ou de son représentant ;

3° de sept membres au moins, choisis en raison de leurs compétences et nommés par ordonnance souveraine pour une période de cinq ans renouvelable. L'ordonnance souveraine qui les nomme désigne également le Président et le Vice-président de la Commission.

Les fonctions de Président de l'Association Monégasque des Activités Financières et de Président de l'Ordre des Experts-comptables sont incompatibles avec celle de Président de la Commission.

Le Bureau comprend le Président et le Vice-président de la Commission ainsi qu'un membre de la Commission élu chaque année par ses pairs.

Les règles de fonctionnement de la Commission sont déterminées par ordonnance souveraine.

Art. 12. – La Commission peut, dans le strict respect de la mission qui lui est confiée et sans que le secret professionnel puisse lui être opposé, si ce n'est par les notaires et autres auxiliaires de justice :

1° obtenir communication de tous documents diffusés par les sociétés agréées ainsi que toutes les pièces qu'elle estime utiles et, notamment, tous contrats, livres, documents comptables et registres de procès-verbaux, ainsi que tous documents et toutes informations relatifs au bénéficiaire final des opérations effectuées par ces sociétés dont elles doivent connaître l'identité conformément à l'article 10 de la loi n° 1.162 du 7 juillet 1993 modifiée ;

2° recueillir les informations utiles à l'exercice de sa mission auprès des tiers ayant accompli des opérations pour le compte des sociétés agréées ;

3° procéder à la convocation et à l'audition des dirigeants ou des représentants des sociétés agréées ainsi que de toutes personnes susceptibles de lui fournir des informations concernant les affaires dont elle est saisie ; les personnes convoquées peuvent se faire assister d'un conseil de leur choix ;

4° accéder à tous les locaux professionnels des sociétés ou succursales contrôlées pour procéder à des enquêtes.

Art. 13. – Aux fins d'accomplissement de la mission de la Commission, son Président peut, sur décision du Bureau, habiliter une ou des personnes en vue de procéder à une enquête.

Il peut décider, sur avis favorable du Bureau, de désigner un expert à l'effet d'assister les personnes habilitées en vertu de l'alinéa précédent. Cet expert doit également faire l'objet d'une habilitation.

À cet effet, ces personnes reçoivent un ordre de mission nominatif, établi et signé par le Président, faisant état de l'habilitation de son titulaire et devant être présenté à la demande des autorités ou des personnes concernées.

Les personnes habilitées peuvent accéder à tous locaux professionnels et procéder, sur pièces ou sur place, à toutes opérations d'enquête qu'elles jugent nécessaires. Elles peuvent, à cette fin, demander la communication de tous documents professionnels, et en prendre copie si nécessaire, ainsi que recueillir auprès de toute personne, sur convocation ou sur place, tous renseignements ou justifications utiles. Les personnes auditionnées peuvent se faire assister d'un conseil de leur choix.

La visite des locaux et les enquêtes sur place ne peuvent avoir lieu qu'entre six et vingt et une heures et en présence des dirigeants ou des représentants des sociétés agréées ou, à défaut, d'un officier de police judiciaire requis à la demande des personnes habilitées.

Lorsque, dans l'exercice des attributions qui leur sont conférées par le Président de la Commission, sur décision du Bureau, les personnes habilitées acquièrent la connaissance de faits susceptibles de recevoir la qualification de crimes ou de délits, elles en avisent sans délai le Président de la Commission, lequel, sur décision du Bureau, en informe le Procureur Général.

Art. 14. – Les membres de la Commission et les personnes habilitées en vertu de l'article précédent sont tenus au secret professionnel dans les conditions prévues à l'article 308 du Code pénal. Ils sont, en outre, liés par l'obligation de discrétion pour tout ce qui concerne les faits et informations dont ils ont connaissance dans l'exercice de leur mission.

Le secret professionnel et l'obligation de discrétion ne peuvent être opposés à l'autorité judiciaire agissant dans le cadre d'une procédure pénale.

Art. 15. – Aucune poursuite fondée sur l'article 308 du Code pénal ne peut être intentée contre l'organisme financier, ses dirigeants, ses préposés ou toute autre personne qui, conformément aux dispositions des articles 12 et 13, ont, de bonne foi, transmis des informations, communiqué des documents ou participé à une audition.

Aucune action en responsabilité civile ne peut être engagée ni aucune sanction professionnelle prononcée contre ces mêmes personnes lorsqu'elles ont agi dans les conditions du précédent alinéa.

Ces dispositions sont applicables même lorsque la preuve du caractère délictueux des faits ayant suscité la transmission, la communication ou l'audition n'est pas rapportée ou lorsque ces faits ont donné lieu à une décision de non-lieu, de relaxe ou d'acquittement.

Art. 16. – Pour les besoins de la surveillance sur base consolidée des sociétés mères des sociétés agréées, la Commission peut, sur demande d'une autorité étrangère de supervision, lui transmettre des informations sur ces dernières ; elle peut, aux mêmes fins, procéder ou faire procéder à des enquêtes, conformément aux dispositions des articles 12 et 13.

La Commission peut également procéder ou faire procéder auxdites enquêtes, à la demande d'autorités étrangères compétentes pour la surveillance des marchés financiers, en vertu d'une convention de coopération et d'échange d'informations conclue entre elle et lesdites autorités.

Dans le cadre des auditions menées en application des deux précédents alinéas, le Bureau peut, le cas échéant, autoriser un représentant de l'autorité étrangère à assister à celles-ci.

Le secret professionnel et l'obligation de discrétion prévus à l'article 14 ne font pas obstacle à la communication, par la Commission, des informations qu'elle détient ou qu'elle recueille, à leur demande, aux autorités étrangères qui ont signé une convention avec elle.

Toutefois, la transmission d'informations à une autorité étrangère de supervision ou l'assistance demandée par une autorité étrangère de surveillance des marchés financiers, avec laquelle une convention de coopération et d'échange d'informations a été signée, peut être refusée lorsque l'exécution de la demande est de nature à porter atteinte à la souveraineté, à la sécurité, aux intérêts économiques essentiels ou à l'ordre public monégasques, ou lorsqu'une procédure pénale quelconque a déjà été engagée à Monaco sur la base des mêmes faits et contre les mêmes personnes, ou bien lorsque celles-ci ont déjà été, pour les mêmes faits, sanctionnées par une décision administrative ou judiciaire.

Art. 17 *(Mod., L. n° 1.362, 3 août 2009)*. – La communication d'informations à des autorités étrangères mentionnées à l'article précédent avec lesquelles une convention de coopération et d'échange d'informations a été signée n'est possible que sous réserve de réciprocité et à condition que ladite autorité soit soumise au secret professionnel avec les mêmes garanties qu'en Principauté. Ces informations ne peuvent être utilisées à d'autres fins que celles pour lesquelles elles ont été communiquées.

Des échanges d'informations peuvent également avoir lieu avec l'autorité centrale nationale en charge de la lutte contre le blanchiment de capitaux, le financement du terrorisme ou la corruption dans les mêmes conditions.

Art. 18. – La Commission de contrôle des activités financières succède dans ses droits et obligations à la Commission de contrôle de la gestion de portefeuilles et des activités boursières assimilées et à la Commission de surveillance des organismes de placement collectif en valeurs mobilières.

Art. 19. – Lorsque la Commission constate que les dispositions législatives ou réglementaires dont elle surveille l'application ne sont pas respectées, elle met en demeure la société agréée concernée afin de faire cesser les irrégularités constatées ou d'en supprimer les effets, dans le délai qu'elle détermine.

Lorsque la mise en demeure est restée infructueuse au terme du délai imparti, le Président de la Commission peut, sur décision du Bureau, demander au Président du Tribunal de Première Instance, saisi et statuant comme en matière de référé, d'ordonner à la société agréée de se conformer à la mise en demeure. Celui-ci peut assortir sa décision d'une astreinte. Il peut également prendre, s'il en est requis, toutes mesures conservatoires nécessaires à la sauvegarde des intérêts des clients de la société agréée.

Art. 20. – L'État est représenté en justice, à raison des activités de la Commission, par le Président de celle-ci.

Copie des exploits concernant la Commission est laissée en ses bureaux.

Section 3. – Des conditions d'exercice de l'activité des sociétés agréées

Art. 21. – Toute société agréée est tenue d'adhérer à l'Association Monégasque des Activités Financières.

Art. 22. – Les sociétés agréées doivent pouvoir justifier, à chaque clôture d'exercice, d'un fonds social dont le montant est au moins égal à celui du capital minimal visé au chiffre 2) de l'article 6.

Art. 23. – Les sociétés agréées sont tenues d'observer les règles prudentielles et de bonne conduite définies par ordonnance souveraine.

Art. 24. – Il est interdit aux sociétés agréées de recevoir de leurs clients des dépôts de fonds, de titres ou de métaux précieux et d'effectuer des opérations entre le compte d'un client et leur propre compte ou des opérations directes entre les comptes des clients.

Sous réserve des dispositions de l'article suivant et des deux derniers alinéas de l'article 26, l'interdiction mentionnée au précédent alinéa ne fait pas obstacle à ce que les sociétés agréées reçoivent mandat d'effectuer des dépôts ou des retraits de titres ou de fonds, pour le compte des clients, à condition qu'une procuration spéciale, renouvelable pour chaque opération, soit établie par écrit par lesdits clients.

Art. 25. – Les sociétés agréées ne peuvent recevoir des clients d'autres mandats que ceux relatifs aux activités mentionnées dans l'agrément délivré en vertu de l'article 2 ou de l'article 8.

Art. 26. – Les mandats donnés par les clients aux sociétés agréées pour l'exercice de l'activité visée au chiffre 1) de l'article premier font l'objet de conventions à exécution successive, écrites, signées par les parties et conformes aux règles définies par ordonnance souveraine.

Les sociétés agréées doivent exercer leurs activités de gestion de portefeuilles au bénéfice exclusif des clients, conformément aux stipulations des mandats susmentionnés.

Elles ne doivent pas utiliser ces mandats à des fins autres que celles à raison desquelles ils leur ont été confiés.

Art. 27. – Les fonds ou titres confiés en gestion sont déposés par le client dans un établissement de crédit qui assure la conservation des titres et la tenue des comptes espèces et titres et comptabilise les interventions sur les divers marchés autorisés.

La Commission peut demander que l'établissement de crédit dépositaire soit situé en Principauté.

L'établissement de crédit dépositaire n'est pas responsable des négociations, menées pour son client, par la société agréée gestionnaire.

Il ne doit pas accepter de dépôt ou de retrait de fonds ou de titres à l'initiative de la société agréée, sauf procuration spéciale établie par le client par écrit et renouvelable pour chaque opération.

L'ouverture du compte fait l'objet d'une convention écrite, signée par les parties.

Art. 28. – Toute société agréée est tenue de communiquer à la Commission les documents relatifs à ses activités et destinés à ses clients ou au public préalablement à leur publication ou à leur diffusion.

Lorsque la Commission constate des inexactitudes ou des omissions dans les publications prévues par les dispositions législatives et réglementaires ou dans les documents visés au précédent alinéa, elle peut interdire la diffusion des publications ou des documents concernés ou ordonner les modifications nécessaires à y apporter.

Art. 29. – Sont interdites les démarches effectuées au domicile ou à la résidence des personnes, sur leurs lieux de travail ou dans les lieux publics, à l'exception des locaux des sociétés agréées, afin de proposer, oralement ou par écrit, par communications téléphoniques ou par des moyens télématiques ou informatiques, les services d'une société agréée.

Ces démarches peuvent toutefois être autorisées par la Commission, selon les modalités déterminées par l'autorisation.

La mention, à des fins publicitaires, de l'agrément mentionné à l'article 2, présenté notamment comme constituant un label de qualité de la gestion, est strictement interdite.

Art. 30. – Dans le délai de six mois à compter de la clôture de l'exercice comptable, la société agréée adresse à la Commission un rapport annuel d'activité, un bilan et une attestation établis conformément aux règles fixées par ordonnance souveraine.

Art. 31. – Les sociétés anonymes monégasques agréées désignent, pour trois exercices consécutifs, deux commissaires aux comptes choisis parmi les experts-comptables inscrits au tableau des membres de l'Ordre prévu par le chiffre 3) de l'article 20 de la loi n° 1.231 du 12 juillet 2000.

Les commissaires aux comptes établissent une attestation sur le rapport annuel d'activité visé à l'article précédent préalablement à sa transmission à la Commission et conformément aux modalités définies par ordonnance souveraine. À cet effet, les sociétés qui exercent leur activité sous la forme de succursales de sociétés étrangères désignent un commissaire aux comptes choisi parmi les professionnels visés au précédent alinéa.

Sans que leur responsabilité puisse être engagée, sauf dans le cas prévu par l'article 307 du Code pénal, les commissaires aux comptes révèlent au Procureur Général les faits délictueux dont ils ont connaissance à l'occasion de l'accomplissement de leur mission.

Ils avisent en outre la Commission lorsqu'ils constatent, à l'occasion de l'accomplissement de leur mission, que l'activité de la société n'est pas conforme à celle pour l'exercice de laquelle l'agrément mentionné à l'article 2 et à l'article 8 lui a été délivré.

Art. 32. – Les obligations imposées aux sociétés agréées par les articles 24, 25, 28, 29 et 41 ne s'appliquent pas aux établissements de crédit.

Art. 33. – Toute personne physique qui, à un titre quelconque, participe à l'administration, à la direction ou à la gestion d'une société agréée ou qui est employée par celle-ci est tenue au secret professionnel dans les conditions et sous les peines prévues à l'article 308 du Code pénal.

Le secret professionnel ne peut être opposé à l'autorité judiciaire agissant dans le cadre d'une procédure pénale.

En outre, les sociétés agréées doivent, s'il y a lieu, communiquer à leurs sociétés mères les informations nécessaires à la surveillance sur base consolidée d'une autorité de supervision étrangère, si elles y sont soumises.

Ces informations ne peuvent être transmises à des tiers, hormis l'autorité de supervision de la société mère, qu'avec l'accord préalable de la société agréée concernée.

Section 4. – Des sanctions administratives et des mesures de sauvegarde

Art. 34. – Sans préjudice des sanctions pénales, lorsqu'elle constate une méconnaissance des obligations prescrites par la présente loi et ses textes d'application, la Commission peut prononcer, à l'encontre d'une société agréée, un avertissement ou un blâme.

Elle peut également prononcer soit la suspension temporaire de l'agrément pour une durée inférieure à six mois, soit son retrait définitif, lorsque la société agréée :

1° ne s'est pas livrée, sans motif légitime, à une activité notable pendant une période de douze mois ou a renoncé expressément à son agrément ;

2° ne dispose plus d'une installation ou d'un personnel permettant la poursuite des activités visées dans l'agrément ;

3° a obtenu son agrément au moyen de fausses déclarations ou par tout autre moyen irrégulier ;

4° ne remplit plus les conditions en vertu desquelles l'agrément a été délivré ;

5° a méconnu les dispositions de la présente loi ou de ses textes d'application de manière substantielle et réitérée ;

6° lorsque la poursuite de son activité est de nature à porter atteinte aux intérêts des clients.

Art. 35. – Une procédure susceptible d'aboutir au prononcé des sanctions administratives ne peut être engagée sur la base de faits remontant à plus de trois ans s'il n'a été fait, pendant ce délai, aucun acte tendant à leur recherche, à leur constatation ou à leur sanction.

Art. 36. – Lorsque la Commission décide d'engager une procédure susceptible d'aboutir au prononcé de sanctions administratives, elle en avise la personne concernée par lettre recommandée avec demande d'avis de réception postal.

Cette lettre précise les motifs pour lesquels la sanction est envisagée et informe en outre l'intéressé de ce qu'il :

– dispose d'un délai de deux mois, à compter de son envoi, pour transmettre au Bureau ses observations écrites ;

– peut prendre connaissance et copie des pièces du dossier auprès de la Commission ;

– peut se faire assister ou représenter par tout conseil de son choix.

Le dossier comprend les pièces sur lesquelles la Commission s'est fondée pour engager la procédure.

Art. 37. – Le Bureau désigne au sein de la Commission un rapporteur. La personne concernée peut être entendue par le rapporteur à sa demande ou si celui-ci l'estime opportun. Le rapporteur peut également entendre toute personne dont l'audition lui paraît utile.

Le rapporteur consigne, dans un rapport, la relation de ses investigations et contrôles ainsi que leur résultat. Ce rapport est communiqué au Bureau ainsi qu'à la personne concernée par lettre recommandée avec demande d'avis de réception postal.

Art. 38. – Au vu du rapport et s'il estime que la procédure doit se poursuivre, le Bureau convoque à une prochaine audience de la Commission la personne concernée par lettre recommandée avec demande d'avis de réception. La date de l'audience ne peut être fixée à moins de trente jours francs à compter de l'envoi de la convocation. Cette lettre précise que la personne concernée dispose d'un délai de vingt et un jours francs pour faire connaître par écrit ses observations sur le rapport.

Art. 39. – Lors de l'audience, le rapporteur présente l'affaire. Le Bureau et la personne concernée peuvent ensuite faire entendre toute personne dont ils estiment l'audition utile. Est enfin entendue la personne concernée et, le cas échéant, son conseil. Si l'une ou l'autre, en dépit de la convocation dûment notifiée conformément à l'article précédent, ne se présente pas à l'audience, il en est fait mention au procès-verbal prévu au quatrième alinéa.

Au terme de l'audience, la commission délibère hors la présence du rapporteur, de la personne concernée et de son conseil. La voix du Président est prépondérante en cas de partage.

En cas d'absence ou d'empêchement du Président, son remplacement est assuré par le Vice-président, la voix de ce dernier étant alors prépondérante lors de la délibération.

Un représentant de la Direction du Budget et du Trésor assure le secrétariat de l'audience et de la délibération. Il en dresse procès-verbal.

Ce procès-verbal mentionne les noms des membres de la Commission qui ont pris part à la délibération, relate succinctement la teneur des auditions et débats à l'audience et précise la décision de la Commission. Si celle-ci consiste en une suspension temporaire ou en un retrait d'agrément, le procès-verbal précise les conditions de délai et de mise en œuvre de la sanction. Le procès-verbal est signé par le Président de la Commission, le rapporteur et le secrétaire de séance.

Il est notifié à la personne concernée par lettre recommandée avec demande d'avis de réception.

Les décisions prononçant des sanctions de suspension ou de retrait d'agrément sont publiées au *Journal de Monaco*.

Art. 40. – Les dispositions des articles 35 à 39 ne s'appliquent pas à la décision de retrait ou de suspension temporaire d'agrément résultant du renoncement exprès de la société visé au chiffre 1) de l'article 34.

Art. 41. – La société monégasque dont l'agrément a été retiré doit être dissoute selon la procédure et dans les délais prévus par les articles 5 à 7 de la loi n° 767 du 8 juillet 1964.

À défaut d'exécution, le Ministre d'État peut demander au Président du Tribunal de Première Instance de prononcer la dissolution de la société et de commettre un mandataire de justice chargé des opérations de liquidation.

Art. 42. – Sans préjudice des sanctions administratives susceptibles d'être prononcées en vertu des dispositions de la présente section, le Bureau peut, si l'urgence le justifie et en cas de méconnaissance d'une ou plusieurs obligations prescrites par la présente loi, suspendre provisoirement, par décision motivée, l'agrément pour une durée d'au plus trois mois.

Le Président du Tribunal de Première Instance, saisi et statuant comme en matière de référé, peut ordonner la levée de la mesure prescrite en vertu du précédent alinéa.

Section 5. – Des sanctions pénales

Art. 43. – Quiconque se livre ou tente de se livrer, en son propre nom ou à quelque titre que ce soit, à tout ou partie des activités définies à l'article premier sans avoir obtenu l'un des agréments nécessaires en vertu de l'article 2 ou de l'article 8, est puni d'un emprisonnement d'un à cinq ans et de l'amende prévue au chiffre 4) de l'article 26 du Code pénal dont le maximum peut être porté jusqu'au montant du profit éventuellement réalisé, ou de l'une de ces deux peines seulement.

Art. 44. – Sont punis des peines prévues à l'article précédent ou de l'une de ces deux peines seulement :

1° les dirigeants des sociétés agréées dont les activités ne sont pas conformes à l'objet social exclusif visé au chiffre 1) de l'article 6 ou qui excèdent, sous réserve d'autres agréments, les limites déterminées par l'agrément délivré en vertu des articles 2 ou 8 ;

2° les dirigeants des sociétés agréées qui exercent tout ou partie des activités définies à l'article premier après que l'agrément, dont ces sociétés étaient titulaires en vertu de l'article 2 ou de l'article 8, ait été totalement ou partiellement retiré ou temporairement suspendu, ou après que le tribunal ait interdit la poursuite de l'activité.

Art. 45. – Sont punis des peines prévues à l'article 43 ou de l'une de ces deux peines seulement :

1° les dirigeants des sociétés agréées qui, en l'absence de la procuration spéciale mentionnée par l'article 24, reçoivent des clients un ou plusieurs dépôts prohibés par cet article ou qui effectuent une ou plusieurs opérations interdites par le même article ;

2° les dirigeants des sociétés agréées qui reçoivent des clients un ou plusieurs mandats autres que ceux prévus par les articles 25 et 26 ;

3° les dirigeants des sociétés agréées qui ne recherchent pas l'intérêt exclusif des clients ou qui utilisent les mandats de gestion détenus à des fins autres que celles visées aux articles 25 et 26 ;

4° les dirigeants des établissements de crédit dépositaires des titres ou espèces confiés en gestion qui acceptent, en l'absence de procuration spéciale, un ou plusieurs dépôts ou retraits prohibés par l'article 27.

Art. 46. – Sont punis d'un emprisonnement de un à cinq ans et de l'amende prévue au chiffre 4) de l'article 26 du Code pénal ou de l'une de ces deux peines seulement :

1° les dirigeants des sociétés agréées qui mettent obstacle aux vérifications ou aux contrôles des commissaires aux comptes ou qui refusent à ceux-ci la communication des pièces utiles à l'exercice de leur mission ;

2° les dirigeants des sociétés agréées qui refusent de communiquer à la Commission ou aux personnes qu'elle habilite en vertu de l'article 13 les pièces utiles à l'accomplissement de leur mission ;

3° les dirigeants des sociétés agréées qui ne procèdent pas à la communication prévue à l'article 28 ou qui publient ou font publier, diffusent ou font diffuser des documents en méconnaissance d'une décision de la Commission en prescrivant la modification ou l'interdiction ;

4° les dirigeants des sociétés agréées qui, en violation des dispositions de l'article 29, procèdent ou font procéder à des démarches, ou font insérer des mentions publicitaires prohibées.

Art. 47. – Sont punis d'un emprisonnement de six mois à deux ans et de l'amende prévue au chiffre 3) de l'article 26 du Code pénal, ou de l'une de ces deux peines seulement, les dirigeants de la société agréée qui ne provoquent pas la désignation des commissaires aux comptes prévue à l'article 31.

Art. 48. – Sont punis de l'amende prévue au chiffre 3) de l'article 26 du Code pénal :

1° les dirigeants des sociétés agréées, convoqués par la Commission ou par les personnes qu'elle habilite conformément à l'article 13 en vue de leur audition, qui, sans motif légitime, ne répondent pas à cette convocation ;

2° les dirigeants des sociétés agréées qui ne transmettent pas à la Commission les documents mentionnés aux articles 8 et 30 ;

3° toute personne, autre que celles visées au chiffre 1) de l'article 46, qui met obstacle aux vérifications ou aux contrôles des commissaires aux comptes ou qui refuse à ceux-ci la communication des pièces utiles à l'exercice de leur mission.

Art. 49. – Est puni de deux ans d'emprisonnement et de l'amende prévue au chiffre 4) de l'article 26 du Code pénal dont le montant peut être porté jusqu'au décuple du montant du profit éventuellement réalisé, sans que l'amende puisse être inférieure à ce même profit, le fait, pour les dirigeants d'une société, et pour les personnes disposant, à l'occasion de l'exercice de leur profession ou de leurs fonctions, d'informations privilégiées sur les perspectives ou la situation d'un émetteur dont les titres sont négociés sur un marché réglementé ou sur les perspectives d'évolution d'une valeur mobilière ou d'un instrument financier à terme admis sur un marché réglementé, de réaliser ou de permettre sciemment de réaliser, soit directement, soit par personne interposée, une ou plusieurs opérations avant que le public ait connaissance de ces informations.

Est puni de six mois d'emprisonnement et de l'amende prévue au chiffre 3) de l'article 26 du Code pénal le fait, pour toute personne disposant, dans l'exercice de sa profession ou de ses fonctions, d'une information privilégiée sur les perspectives ou la situation d'un émetteur dont les titres sont négociés sur un marché réglementé ou sur les perspectives d'évolution d'une valeur mobilière ou d'un instrument financier à terme admis sur un marché réglementé, de la communiquer à un tiers en dehors du cadre normal de sa profession ou de ses fonctions.

Est puni des peines prévues au premier alinéa le fait, pour toute personne, de répandre sciemment dans le public, par des voies et moyens quelconques, des informations fausses ou trompeuses sur les perspectives ou la situation d'un émetteur dont les titres sont négociés sur un marché réglementé ou sur les perspectives d'évolution d'une valeur mobilière ou d'un instrument financier à terme admis sur un marché réglementé, de nature à agir sur les cours.

Art. 50. – Le tribunal, saisi de poursuites relatives à des infractions prévues par la présente loi mettant en cause les dirigeants d'une société agréée peut, en tout état de la procédure, recueillir l'avis de la Commission.

Il peut également décider que la société agréée est tenue, solidairement avec ses dirigeants, au paiement des amendes prononcées à leur encontre. Il peut, en outre, interdire la poursuite de l'activité ou ordonner la dissolution de la société agréée.

Art. 51. – Sans préjudice des dispositions de l'article 40 du Code pénal, la récidive des délits visés aux articles 43 à 47 entraîne le doublement du taux des amendes prévues auxdits articles.

Section 6. – Dispositions finales

Art. 52. – Les sociétés agréées à la date de publication de la présente loi disposent d'un délai d'un an pour se mettre en conformité avec ses dispositions.

Art. 53. – Sont abrogées la loi n° 1.194 du 9 juillet 1997 modifiée, ainsi que toutes dispositions contraires à la présente loi.

Dans tous les textes normatifs en vigueur, les références aux dispositions de la loi n° 1.194 du 9 juillet 1997 sont remplacées, s'il y a lieu, par des références à des dispositions de la présente loi.

Ordonnance n° 1.284 du 10 septembre 2007
portant application de la loi n° 1.338 du 7 septembre 2007
sur les activités financières

(Journal de Monaco, 14 sept. 2007)

Vu l'article 68 de la Constitution ; Vu la loi n° 1.338 du 7 septembre sur les activités financières ;

Section 1. – Du montant minimal en capital

Art. 1er. – Le montant minimal du capital des sociétés anonymes monégasques visées à l'article 6 de la loi n° 1.338 du 7 septembre 2007 est de :

1° 450.000 euros pour les sociétés agréées pour l'exercice de l'activité visée au chiffre 1) de l'article premier de la loi n° 1.338 du 7 septembre 2007 et pour la gestion d'organismes de placement collectif de droit étranger visée au chiffre 6) du même article ;

2° 150.000 euros pour les sociétés agréées pour l'exercice de l'activité visée au chiffre 2) de l'article premier de la loi n° 1.338 du 7 septembre 2007 et dont l'actif des fonds en gestion est inférieur à 250 millions d'euros. Il est exigé 40.000 euros de capital supplémentaire par tranche supplémentaire de 200 millions d'euros d'actifs gérés ;

3° 300.000 euros pour les sociétés agréées pour l'exercice des activités visées aux chiffres 3), 4) et 5) de l'article premier de la loi n° 1.338 du 7 septembre 2007 ;

4° 1,9 millions d'euros pour les sociétés agréées pour l'exercice des activités visées au chiffre 7) de l'article premier de la loi n° 1.338 du 7 septembre 2007.

Les montants visés aux chiffres 1) et 3) peuvent être réduits à 150.000 euros lorsque 50 % du capital est détenu par un établissement de crédit ou par une compagnie d'assurance ou de réassurance, sous réserve que le capital de cet établissement s'élève au moins à 2 millions d'euros.

Art. 2. – Sans préjudice des montants mentionnés à l'article premier, le montant des fonds propres de la société qui souhaite offrir des parts de ses produits en dehors du territoire de la Principauté n'est jamais inférieur à celui du quart des frais d'administration de l'année précédente, tels que définis par l'ordonnance souveraine n° 3.955 du 5 février 1968.

Section 2. – De la constitution du dossier d'agrément

Art. 3. – Le dossier d'agrément visé à l'article 7 de la loi n° 1.338 du 7 septembre 2007 doit être adressé à la Commission. Il comprend notamment, en ce qui concerne l'activité déployée dans la Principauté, les documents relatifs :

1° à l'identité et les qualités de chacun des apporteurs de capitaux, directs ou indirects, personnes physiques ou morales ainsi que le montant de leur participation ; leur qualité est appréciée au regard de la nécessité de garantir une gestion saine et prudente ;

2° à l'immeuble dans lequel l'activité est exercée et la nature du droit de la société sur cet immeuble ;

3° aux différentes activités que la société entend exercer et les instruments et marchés sur lesquels elle désire intervenir, ainsi que la politique commerciale envisagée ;

4° à l'identité de deux au moins des personnes qui déterminent effectivement l'orientation et la gestion de la société ; lorsque ces personnes exercent d'autres activités, soit à titre individuel, soit au travers d'une autre société, la nature et les conditions d'exercice de ces activités devront être indiquées ;

5° au nombre total de salariés ainsi qu'un organigramme détaillé faisant apparaître les responsables des activités exercées et l'organisation hiérarchique de l'entreprise ; dans le cas où des personnes collaborant à la gestion de portefeuilles de la clientèle ne sont pas directement employées par la société, il est fait mention de l'identité de leur employeur ;

6° aux délégations éventuelles auprès d'autres organismes. Une présentation des organismes délégataires sera annexée ;

7° à l'identité des intermédiaires chargés de l'exécution des ordres ;

8° aux procédures de suivi et de contrôle de la gestion mises en place en adéquation avec les activités exercées ;

9° aux modèles de mandats de gestion proposés à la clientèle.

Les sociétés qui entendent exercer la gestion d'organismes de placement collectif de droit étranger doivent, en outre, fournir des éléments d'information sur les organismes de placement collectif en gestion, l'établissement dépositaire des fonds, ainsi que sur leur clientèle.

La Commission de contrôle des activités financières instituée à l'article 10 de la loi n° 1.338 du 7 septembre 2007 peut demander au requérant tous éléments d'informations complémentaires nécessaires pour prendre sa décision.

Section 3. – Des délégations

Art. 4. – Lorsque la société agréée délègue une ou plusieurs de ses activités, elle est notamment soumise aux conditions suivantes :

1° la société ne peut déléguer la totalité de ses activités ;

2° la délégation de l'activité de gestion d'organismes de placement collectif ne peut être consentie à une société d'un pays étranger qu'à la condition que la Commission de contrôle des activités financières et l'autorité de surveillance dudit pays étranger aient signé un accord de coopération ; toutefois cette exigence ne s'étend pas aux sociétés qui ne souhaitent pas offrir des parts de leurs produits en dehors du territoire de la Principauté ;

3° la société délégataire doit justifier des compétences requises pour l'exercice des activités déléguées ;

4° les dirigeants de la société délégante doivent contrôler à tout moment l'exercice, par la société délégataire, des activités déléguées.

La société délégante demeure responsable des activités déléguées.

Art. 5. – La délégation doit préciser :

1° le type de délégation consentie, son champ d'application et sa durée ;

2° l'organisation ainsi que les moyens matériels et financiers de la société délégataire ;

3° le mode de rémunération de la société délégataire ;

4° les modalités de l'information de la société agréée par la société délégataire ;

5° les contrôles mis en place par le délégant ;

6° les conditions de révocation des délégations.

Section 4. – Des règles prudentielles

Art. 6. – Conformément aux dispositions de l'article 23 de la loi n° 1.338 du 7 septembre 2007, les sociétés agréées sont tenues d'observer des règles prudentielles.

Elles doivent notamment :

1° disposer d'une organisation administrative et comptable, ainsi que des mécanismes de sécurité et de contrôle interne et externe adéquats, notamment en ce qui concerne les opérations pour compte propre et les opérations personnelles de leurs salariés ;

2° être structurées et organisées de façon à restreindre au minimum tout risque de conflits d'intérêts.

Section 5. – Des règles de bonne conduite

§ 1. – Dispositions générales

Art. 7 *(Rempl., Ord. n° 4.274, 12 avr. 2013)*. – Conformément aux dispositions de l'article 23 de la loi n° 1.338 du 7 septembre 2007, susvisée, les sociétés agréées sont tenues de respecter des règles de bonne conduite destinées à garantir la protection des investisseurs et la régularité des opérations. Elles doivent notamment :

1°) se comporter avec loyauté et agir avec équité au mieux des intérêts de leurs clients et de l'intégrité du marché ;

2°) exercer leurs activités avec la compétence, le soin et la diligence qui s'imposent, au mieux des intérêts de leurs clients et de l'intégrité du marché ;

3°) s'assurer que les personnes physiques placées sous leur autorité disposent des qualifications et de l'expertise appropriées ainsi que d'un niveau de connaissances suffisant, tel que défini par arrêté ministériel (1) **;**

4°) être dotées des ressources et procédures nécessaires pour mener à bien leurs activités et les mettre en œuvre efficacement ;

5°) s'efforcer d'éviter les conflits d'intérêts et, lorsque ces derniers ne peuvent pas être évités, veiller à ce que leurs clients soient traités équitablement ;

6°) se conformer à toutes les réglementations applicables à l'exercice de leurs activités de manière à promouvoir au mieux les intérêts de leurs clients et l'intégrité du marché.

Art. 8. – **Les sociétés agréées doivent s'abstenir de toute initiative qui aurait pour objet ou pour effet de privilégier leurs intérêts propres au détriment des intérêts de leurs clients.**

Art. 9. – **Les dirigeants de ces sociétés doivent, dans l'exercice de leur activité, conserver leur autonomie de décision afin de faire prévaloir à tout moment l'intérêt de leurs clients.**

§ 2. – Dispositions spécifiques à l'exercice de certaines activités

Art. 10. – **Sans préjudice des dispositions visées aux articles 7 à 9, les sociétés agréées pour exercer les activités visées aux chiffres 1) à 3) et 5) à 7) de l'article premier de la loi n° 1.338 du 7 septembre 2007 doivent obtenir la meilleure exécution possible des ordres.**

Elles doivent notamment veiller à réduire autant que possible le délai total de l'exécution des ordres depuis leur enregistrement initial jusqu'à l'exécution et la comptabilisation des opérations.

Art. 11. – **Les sociétés visées à l'article précédent doivent mettre en place une organisation interne adéquate permettant de justifier en détail l'origine et la transmission des ordres et notamment l'individualisation des opérations effectuées.**

Elles doivent, pour chaque ordre, pouvoir apporter la preuve de la date de sa réception, ainsi que de celle de sa transmission.

Elles sont tenues de mettre en place une procédure d'enregistrement chronologique des ordres, fonctionnelle dès la réception de l'ordre donné, soit par le client, soit par la personne ayant qualité pour le transmettre.

Cette procédure doit permettre d'enregistrer, outre la date de réception de l'ordre et sa nature, la date de sa transmission aux fins d'exécution à des intermédiaires habilités à cet effet.

Toute société agréée mandatée pour transmettre des ordres en vue de leur exécution sur les marchés financiers par un intermédiaire habilité à participer aux négociations, doit en outre pouvoir justifier que chaque ordre a été donné par le mandant.

Art. 12. – **Les conditions de transmission des ordres visées à l'article précédent doivent être portées à la connaissance de la clientèle par les sociétés agréées préalablement à leur mise en œuvre.**

Art. 13. – **Les sociétés agréées pour l'exercice de l'activité visée au chiffre 1) de l'article premier de la loi n° 1.338 du 7 septembre 2007 doivent également :**

1° s'enquérir de la situation financière de leurs clients, de leur expérience en matière d'investissement et de leurs objectifs en ce qui concerne les services demandés ;

2° informer les clients des risques inhérents à la nature des opérations qu'ils envisagent ;

3° communiquer d'une manière appropriée les informations utiles dans le cadre des négociations avec leurs clients.

Art. 14. – **En cas d'exercice conjoint des activités de gestion de portefeuilles et de transmission d'ordres pour un même client, les sociétés visées à l'article précédent doivent demander que des comptes distincts soient ouverts dans les livres du dépositaire teneur de compte.**

(1) V. A. min. n° 2013-209, 12 avr. 2013 puis A. min. n° 2014-168, 19 mars 2014.

Art. 15. – Les sociétés agréées pour l'exercice des activités visées aux chiffres 2) et 6) de l'article premier de la loi n° 1.338 du 7 septembre 2007 doivent exercer les droits attachés aux organismes de placement collectif qu'elles gèrent dans l'intérêt exclusif des actionnaires ou des porteurs de parts de ces organismes et rendre compte de leurs pratiques en matière d'exercice des droits de vote.

Section 6. – Des mandats donnés par les clients

Art. 16. – Les conventions écrites visées au premier alinéa de l'article 26 de la loi n° 1.338 du 7 septembre 2007 définissent les obligations du prestataire vis-à-vis de son mandant.

Ces conventions sont rédigées en deux exemplaires signés par le mandant et par le mandataire. L'un des exemplaires est remis au mandant.

Art. 17. – Préalablement à la signature du mandat visé à l'article précédent, la société doit s'enquérir des objectifs, de l'expérience en matière d'investissement et de la situation financière du mandant. Les prestations proposées doivent être adaptées à la situation financière de ce dernier.

La société agréée communique au mandant toutes informations utiles.

Art. 18. – Le mandat de gestion comporte au minimum les mentions suivantes :

1° les objectifs de la gestion ;

2° les catégories d'instruments financiers que peut comporter le portefeuille ;

3° les modalités d'information du mandant sur la gestion de son portefeuille ;

4° le mode de rémunération du mandataire ;

5° la durée pour laquelle le mandat est accordé et ses modalités de reconduction et de résiliation.

Lorsque le mandat autorise des opérations à effet de levier, un accord spécial et exprès du mandant doit être donné. Il indique les modalités de ces opérations et de l'information du mandant.

Le mandat doit faire état des risques inhérents à certaines opérations.

Art. 19. – Le mandataire peut déléguer une partie des activités de gestion de portefeuilles qu'il exerce pour le compte du mandant à la condition d'avoir obtenu l'accord préalable et exprès de ce dernier sur l'objet et les modalités de la délégation.

Art. 20. – Le mandataire ne peut placer les organismes de placement collectif qu'il gère dans le portefeuille du mandant sans avoir obtenu son accord préalable et exprès.

Art. 21. – Le mandat de gestion peut être résilié à tout moment par l'une des Parties par lettre recommandée avec demande d'avis de réception adressée à l'autre Partie.

La résiliation est notifiée simultanément à l'établissement financier teneur de compte par la Partie qui en a pris l'initiative.

La résiliation sur l'initiative du mandant prend effet dès la réception de la lettre recommandée par le mandataire, qui cesse d'être habilité à prendre l'initiative de nouvelles opérations. Cependant, le mandataire doit dénouer les opérations en cours sur les marchés à terme ou conditionnels, sauf opposition expresse du mandant formée par lettre recommandée avec demande d'avis de réception.

Le mandataire ne peut dénoncer le mandat de gestion avant d'avoir dénoué les opérations engagées sur les marchés à terme ou conditionnels, sauf accord exprès du mandant. La dénonciation prend effet dans un délai de cinq jours après la réception de la lettre recommandée par le mandant, sauf accord écrit du mandant dans un délai plus court.

Au plus tard à la date d'effet de la résiliation, le mandataire établit un relevé de portefeuille et arrête un compte-rendu de gestion faisant apparaître les résultats de la gestion depuis le dernier état du portefeuille ; il est tenu de donner tous les éclaircissements utiles au mandant sur la nature des positions ouvertes.

Section 7. – Du rapport annuel d'activité

Art. 22. – Le rapport annuel d'activité visé à l'article 30 de la loi n° 1.338 du 7 septembre 2007 est établi chaque année, à la clôture de l'exercice, par la société agréée. Ce rapport est visé par le dirigeant responsable de la société.

Il comprend notamment :

1° L'indication de toute modification survenue pendant l'exercice écoulé et relative :

a) à la part respective de chaque activité exercée ;

b) aux moyens techniques ou humains de la société ;

c) aux délégations ou sous-délégations de gestion ;

d) aux dirigeants ;

e) à la répartition de l'actionnariat.

2° Un descriptif et une appréciation des dispositifs mis en place au regard du respect des règles prudentielles et de bonne conduite visées aux sections IV et V.

3° Une analyse détaillée des résultats de la société et de leurs facteurs explicatifs. Les sociétés dont le siège social est situé à l'étranger ne communiquent que les informations relatives aux activités de leurs succursales situées en Principauté.

La sincérité et la régularité du rapport doivent être certifiées par les commissaires aux comptes visés à l'article 31 de ladite loi qui doivent, en outre, analyser et apprécier les dispositifs mis en place par la société agréée au regard du respect des règles prudentielles et de bonne conduite.

Section 8. – De la Commission de contrôle des activités financières

Art. 23 *(Mod., Ord. n° 1.331, 21 sept. 2007).* – Dans l'exercice de leurs attributions, les membres de la Commission de contrôle des activités financières prévue à l'article 10 de la loi n° 1.338 du 7 septembre 2007 ne reçoivent d'instruction d'aucune autorité.

Un magistrat désigné par le Directeur des Services Judiciaires et un Commissaire de Gouvernement assistent aux réunions de la Commission sans voix délibérative.

La Commission de Contrôle des activités financières dispose d'un secrétariat général. Les moyens financiers nécessaires à son fonctionnement sont inscrits au budget de l'État.

Art. 24. – La Commission de contrôle des activités financières se réunit, sur convocation de son Président, aux dates fixées par celui-ci. La convocation précise l'ordre du jour de la réunion et est adressée dix jours au moins avant la date de séance. Les délibérations sont prises à la majorité des membres présents ou représentés. Elles sont consignées dans des procès-verbaux signés du Président et du secrétaire de séance. En cas de partage des voix, celle du Président est prépondérante.

Art. 25. – En cas d'absence ou d'empêchement du Président, son remplacement est assuré par le Vice-Président, la voix de ce dernier étant alors prépondérante lors des délibérations.

En cas d'absence ou d'empêchement de l'un des membres de la Commission, celui-ci peut donner mandat écrit à un autre membre pour le représenter et prendre part en son nom aux délibérations de la Commission.

Art. 26. – La Commission établit son règlement intérieur

Art. 27. – La Commission établit chaque année un rapport sur l'application de la loi et de ses textes d'application.

Ce rapport est adressé au Ministre d'État et tenu à la disposition du public dans les bureaux de la Commission.

Art. 28. – Ne peuvent pas émettre un avis au sein de la Commission :

1° le Président de l'Ordre des Experts-comptables, s'il est commissaire aux comptes ou expert-comptable d'une société ou d'un fonds commun de placement soumis à l'examen de la Commission ;

2° tout membre de la Commission, s'il est actionnaire ou s'il fait partie du conseil d'administration ou du personnel d'une société soumise à l'examen de la Commission.

Art. 29. – Sont abrogées l'ordonnance souveraine n° 13.184 du 16 septembre 1997 portant application de la loi n° 1.194 du 9 juillet 1997 modifiée, ainsi que toutes dispositions contraires à la présente ordonnance.

Dans tous les textes de nature réglementaire, les références à l'ordonnance souveraine n° 13.184 du 16 septembre 1997 sont remplacées par des références à la présente ordonnance.

Loi n° 1.339 du 7 septembre 2007

relative aux fonds communs de placement et aux fonds d'investissement

(Journal de Monaco, 14 sept. 2007) (1)

CHAPITRE I. – DES FONDS COMMUNS DE PLACEMENT

Section 1. – De la formation des fonds communs de placement

§ 1. – Définition

Art. 1er. – Le fonds commun de placement est une copropriété de valeurs mobilières, d'instruments financiers à terme et de dépôts ; il peut également comprendre d'autres éléments dans les conditions fixées par ordonnance souveraine.

Le fonds commun de placement est dépourvu de la personnalité morale et il n'est soumis ni aux dispositions du Code civil relatives à l'indivision, ni à la législation applicable aux sociétés.

Tout fonds commun de placement doit être constitué par deux personnes morales selon les dispositions déterminées par ordonnance souveraine.

L'un des fondateurs est une société agréée pour exercer la gestion collective, l'autre est l'établissement de crédit dépositaire unique des actifs du fonds.

§ 2. – De la procédure d'agrément

Art. 2. – La constitution d'un fonds commun de placement est, à peine de nullité, subordonnée à l'obtention préalable d'un agrément délivré par la Commission de contrôle des activités financières instituée à l'article 10 de la loi n° 1.338 du 7 septembre 2007.

L'avis de délivrance d'agrément est publié au *Journal de Monaco*.

Art. 3. – Pour obtenir l'agrément du fonds, les fondateurs doivent prendre les dispositions propres à assurer la sécurité des opérations.

L'établissement de crédit qui entend exercer l'activité de dépositaire doit en outre présenter des garanties suffisantes en ce qui concerne son organisation et ses moyens techniques et financiers.

Art. 4. – Pour obtenir l'agrément du fonds, les fondateurs d'un fonds commun de placement doivent également établir un prospectus complet, qui comprend le règlement du fonds ainsi qu'un prospectus simplifié, dont les mentions obligatoires sont fixées par ordonnance souveraine.

La Commission de contrôle des activités financières informe les sociétés concernées, dans un délai de trois mois à compter de la réception d'un dossier complet de demande d'agrément, de sa décision relative à cette demande. Ce délai ne s'applique pas aux fonds dont le règlement prévoit de réserver la participation à des personnes physiques ou morales déterminées.

Le règlement peut prévoir de réserver la participation au fonds à des personnes physiques ou morales déterminées. En ce cas :

1° il peut instituer des mesures relatives à l'identité des porteurs de parts, édicter que les cessions de parts s'effectuent par l'intermédiaire de la société de gestion et prévoir le remboursement automatique de ces parts au cours du jour lorsque, par mutation à titre onéreux ou gracieux de quelque nature que ce soit, celles-ci deviennent la propriété d'une personne physique ou morale n'entrant pas dans l'une des catégories visées.

2° il peut prévoir de déroger aux règles de publicité prévues par la loi et ses textes d'application.

3° l'agrément visé à l'article 2 est délivré dans un délai de huit jours ouvrés.

Art. 5. – Toute modification d'un élément caractéristique du prospectus complet est soumise, à peine de nullité, à l'agrément préalable de la Commission de contrôle des activités financières, lequel est publié au *Journal de Monaco*.

Ces modifications, si elles sont agréées et à l'exception de celles prévues à l'article 24, ne prennent effet que trois mois après avoir été notifiées aux porteurs de parts ou à leurs mandataires. Toutefois, des dérogations

(1) V. T. appl. : Ord. n° 1.285, 10 sept. 2007.

peuvent être accordées par la Commission de contrôle des activités financières sous réserve que les modifications du prospectus complet n'emportent pas de changements substantiels dans le régime des parts déjà souscrites.

S'agissant des fonds visés au second alinéa de l'article précédent et par dérogation à l'alinéa précédent, ces modifications prennent effet dès qu'elles ont recueilli l'accord de l'ensemble des investisseurs concernés.

§ 3. – Du prospectus complet et du prospectus simplifié

Art. 6. – La société de gestion, pour chacun des fonds communs de placement qu'elle gère, doit établir un prospectus tel que mentionné à l'article 4.

Le prospectus complet doit contenir les renseignements qui sont nécessaires pour que les investisseurs puissent juger en pleine connaissance de cause l'investissement qui leur est proposé, et notamment les risques inhérents à celui-ci. Ces éléments sont définis par arrêté ministériel (1).

Le prospectus complet doit être intégré dans un document écrit ou dans un support durable. Les éléments essentiels du prospectus complet doivent être tenus à jour.

Le prospectus complet ainsi que toute modification apportée à celui-ci doivent être transmis à la Commission de contrôle des activités financières.

Le prospectus simplifié doit être remis sans frais aux souscripteurs avant la conclusion du contrat ; le prospectus complet est remis sans frais aux porteurs de parts qui en font la demande.

Toute publicité comportant une invitation à acheter des parts de fonds communs de placement doit indiquer l'existence du prospectus complet et les endroits où celui-ci peut être obtenu par le public ou la façon dont le public peut y avoir accès.

§ 4. – De la composition de l'actif du fonds commun de placement

Art. 7. – Le montant minimal des actifs que les fondateurs doivent apporter lors de la constitution du fonds commun de placement est déterminé par arrêté ministériel (1).

Lors de la constitution du fonds, les apports en nature sont évalués conformément au règlement du fonds sous le contrôle du commissaire aux comptes, prévu à l'article 29, qui établit un rapport à ce sujet.

Art. 8. – Sous réserve des dispositions de l'article premier, une ordonnance souveraine peut déterminer les conditions de répartition des actifs compris dans un fonds commun de placement.

Section 2. – Du fonctionnement des fonds communs de placement

§ 1. – Des parts du fonds commun de placement

Art. 9. – La part d'un fonds commun de placement correspond à une fraction des actifs compris dans ce fonds.

Elle peut faire l'objet d'une admission à la négociation sur un marché réglementé, reconnu, en fonctionnement régulier et ouvert au public.

Un fonds commun de placement peut comprendre différentes catégories de parts dans des conditions fixées par son règlement.

Art. 10. – Le nombre de parts s'accroît par souscription de parts nouvelles et diminue du fait du rachat de parts antérieurement souscrites. La souscription de ces parts emporte acceptation du règlement.

À tout moment, les souscriptions sont reçues et les rachats effectués à la prochaine valeur liquidative majorée ou diminuée, selon le cas, des frais et commissions fixés par le règlement. Cette valeur liquidative est déterminée et publiée selon une périodicité fixée par ordonnance souveraine.

Les parts doivent être rachetées sur simple demande des porteurs. Ce rachat s'opère exclusivement en numéraire.

Par dérogation aux dispositions de l'alinéa précédent, le rachat par le fonds commun de placement de ses parts et l'émission de parts nouvelles peuvent être suspendus à titre provisoire par la société de gestion lorsque des circonstances exceptionnelles et l'intérêt des porteurs de parts l'exigent, après que la Commission de contrôle des activités financières en ait été informée et dans des conditions fixées par le règlement du fonds.

(1) V. A. min. nº 2008-50, 4 févr. 2008.

Les autres cas et conditions dans lesquels le règlement du fonds commun de placement peut prévoir, le cas échéant, que l'émission de parts est interrompue de façon provisoire ou définitive sont déterminés par arrêté ministériel.

Art. 11. – Les souscriptions de parts sont dispensées de tout droit d'enregistrement. Les rachats de parts ainsi que la répartition des actifs entre les porteurs sont exonérés de tout droit de partage.

Les mutations à titre gratuit de parts du fonds commun de placement donnent lieu à déclaration à la direction des Services fiscaux, avec mention de la désignation du fonds commun de placement, ainsi que de l'indication du nombre de parts et de leur valeur de rachat à la date de la donation ou du décès, sans qu'il y ait lieu de fournir l'énumération de toutes les valeurs comprises dans le fonds commun de placement et leurs cours de bourse.

Art. 12. – Les porteurs de parts, leurs héritiers, ayants droit ou créanciers ne peuvent provoquer le partage en cours d'existence d'un fonds commun de placement par distribution entre eux des sommes, instruments et autres actifs compris dans ce fonds. Toute stipulation contraire est réputée non écrite.

Art. 13. – Les porteurs de parts ne sont tenus des dettes du fonds commun de placement qu'à concurrence de son actif et proportionnellement à leur quote-part.

Le gage des créanciers du fonds s'étend aux actifs de la copropriété ainsi qu'au montant des souscriptions n'ayant pas été libérées.

Art. 14. – Dans tous les cas où la législation applicable aux sociétés et aux valeurs mobilières exige l'indication des nom, prénoms et domicile du titulaire du titre, ainsi que pour toutes les opérations faites pour le compte des copropriétaires, la désignation du fonds commun de placement peut être valablement substituée à celle de tous les copropriétaires.

§ 2. – De la gestion et de la conservation des fonds communs de placement

Art. 15. – La gestion de tout fonds commun de placement et la conservation de ses actifs sont assurées conformément aux dispositions de la présente loi et de ses textes d'application, ainsi qu'à celles du règlement du fonds.

Art. 16. – La société de gestion et le dépositaire doivent agir indépendamment l'un de l'autre et au bénéfice exclusif des souscripteurs.

Art. 17. – La société de gestion agit pour le compte des porteurs de parts. Elle les représente à l'égard des tiers et peut ester en justice pour défendre ou faire valoir leurs droits ou leurs intérêts.

Elle ne peut, pour le compte du fonds commun de placement, réaliser d'autres opérations que celles nécessaires à la gestion de ce fonds.

Art. 18. – En cas de cessation des activités de la société de gestion, celle-ci est remplacée par une autre société de gestion répondant aux conditions prévues aux articles premier et 3 et désignée par le dépositaire.

Cette désignation est soumise à l'approbation de la Commission de contrôle des activités financières.

Le remplacement de la société de gestion est immédiatement soit notifié par lettre recommandée avec demande d'avis de réception postal par le dépositaire aux porteurs de parts ou à leurs mandataires, soit publié au *Journal de Monaco*.

Art. 19. – Dans les conditions déterminées par ordonnance souveraine, le dépositaire conserve les actifs du fonds commun de placement et s'assure de la régularité des décisions de la société de gestion.

En cas de cessation des activités du dépositaire, il est remplacé par un autre dépositaire choisi parmi les personnes morales répondant aux conditions prévues aux articles premier et 3 et désigné par la société de gestion.

Cette désignation est soumise à l'agrément de la Commission de contrôle des activités financières.

Le remplacement du dépositaire est immédiatement soit notifié par lettre recommandée avec demande d'avis de réception postal par la société de gestion aux porteurs de parts ou à leurs mandataires, soit publié au *Journal de Monaco*.

Art. 20. – La société de gestion et le dépositaire peuvent être déclarés solidairement responsables s'il y a lieu, envers les porteurs de parts, des infractions à la législation et à la réglementation relative aux fonds communs de placement, de la violation du règlement du fonds, et de leurs autres fautes contractuelles.

Art. 21. – Le tribunal saisi d'une action en responsabilité à l'encontre de la société de gestion ou du dépositaire peut ordonner, à la demande de tout porteur de parts, la cessation des activités prévues par la présente loi de la société de gestion ou du dépositaire lorsque leur siège social est situé en Principauté et, dans le cas contraire, la cessation en Principauté desdites activités.

Il peut en outre ordonner, à la demande du dépositaire qui doit en informer au préalable le commissaire aux comptes prévu à l'article 29, la cessation des fonctions des dirigeants de la société de gestion.

Lorsqu'il ordonne la cessation des fonctions des dirigeants de la société de gestion ou celle des activités de cette dernière ou du dépositaire, le tribunal nomme un administrateur provisoire soit jusqu'à la désignation de nouveaux dirigeants au sein de la société de gestion ou la liquidation de cette dernière si cette désignation apparaît impossible, soit jusqu'au remplacement de la société de gestion ou du dépositaire conformément aux dispositions des articles 18 et 19.

Art. 22. – Les créanciers dont le titre résulte de la conservation ou de la gestion des actifs compris dans le fonds commun de placement n'ont d'action que sur ces actifs.

Les créanciers personnels de la société de gestion ou du dépositaire ne peuvent pas poursuivre le paiement de leurs créances sur les actifs compris dans le fonds.

§ 3.– Des opérations réalisées par le fonds commun de placement

Art. 23. – Les opérations que peut réaliser le fonds commun de placement sont détaillées dans une ordonnance souveraine (1). En aucun cas, ces opérations ne doivent amener un fonds commun de placement à s'écarter de ses objectifs d'investissement tels qu'exposés dans son prospectus complet.

Art. 24. – Les opérations de fusion, fusion-scission et scission sont soumises à l'agrément de la Commission de contrôle des activités financières dans des conditions fixées par ordonnance souveraine.

Elles sont toujours limitées aux fonds de même nature et concernent la même catégorie de porteurs de parts telle que désignée par le règlement.

Art. 25. – Les règles applicables à la destination des produits des actifs compris dans un fonds commun de placement sont fixées par ordonnance souveraine.

Art. 26. – Les conditions dans lesquelles un fonds commun de placement peut procéder à des acquisitions et cessions temporaires de titres et à des emprunts d'espèces sont déterminées par ordonnance souveraine.

§ 4. – Du rapport annuel et du rapport semestriel

Art. 27. – À la clôture de chaque exercice, la société de gestion, pour chacun des fonds qu'elle gère, établit un rapport annuel ; à cette fin, elle dresse l'inventaire, certifié par le dépositaire, de l'actif et du passif, le bilan, le compte de résultat et une annexe, selon les modalités déterminées par ordonnance souveraine, et fixe le cas échéant le montant et la date de distribution des produits.

Ces documents sont contrôlés par le commissaire aux comptes visé à l'article 29, qui en certifie la sincérité et la régularité avant leur publication, leur mise à disposition aux porteurs de parts et leur transmission à la Commission de contrôle des activités financières. L'attestation donnée par le commissaire aux comptes et, le cas échéant, ses réserves sont reproduites dans chaque rapport annuel.

La publication, la mise à la disposition des porteurs de parts et la transmission à la Commission de contrôle des activités financières des documents visés au premier alinéa interviennent dans les trois mois qui suivent la clôture de l'exercice.

Art. 28. – Dans un délai de six semaines à compter de la fin du premier semestre de l'exercice, la société de gestion, pour chacun des fonds qu'elle gère, établit un rapport semestriel selon des modalités fixées par ordonnance souveraine. À cette fin, elle dresse l'inventaire de l'actif, lequel est certifié par le dépositaire.

Ces documents sont contrôlés par le commissaire aux comptes visé à l'article 29, qui en certifie la sincérité et la régularité avant leur publication, leur mise à la disposition des porteurs de parts et leur transmission à la Commission de contrôle des activités financières.

---

(1) V. Ord. nº 1.285, 10 sept. 2007.

La publication, la mise à la disposition des porteurs de parts et la transmission à la Commission de contrôle des activités financières des documents visés au premier alinéa interviennent dans les deux mois qui suivent la clôture du premier semestre de l'exercice.

§ 5. – Des commissaires aux comptes

Art. 29. – La société de gestion désigne, pour cinq exercices, le commissaire aux comptes du fonds commun de placement parmi les experts-comptables inscrits au tableau des membres de l'Ordre prévu par le chiffre 3) de l'article 20 de la loi n° 1.231 du 12 juillet 2000.

La désignation et le renouvellement du commissaire aux comptes sont soumis à l'approbation de la Commission de contrôle des activités financières.

Le commissaire aux comptes est tenu d'informer la Commission de contrôle des activités financières des irrégularités qu'il peut relever.

Un commissaire aux comptes suppléant est désigné dans les conditions prévues aux deux premiers alinéas du présent article pour remplacer le commissaire aux comptes titulaire en cas d'empêchement de ce dernier.

En cas de faute du commissaire aux comptes, ce dernier peut, à la demande de la Commission de contrôle des activités financières, de la société de gestion, du dépositaire ou d'un porteur de parts, être relevé de ses fonctions par le tribunal de première instance qui statue conformément aux dispositions du troisième alinéa de l'article 850 du Code de procédure civile.

Dans ce cas, la société de gestion désigne un autre commissaire aux comptes dans les conditions prévues aux deux premiers alinéas.

§ 6. – De la classification des fonds commun de placement

Art. 30. – Une ordonnance souveraine peut définir une classification des fonds communs de placement. La mention de l'appartenance à une catégorie issue d'une telle classification doit être inscrite dans le prospectus complet ou simplifié du fonds commun de placement.

§ 7. – De la dissolution du fonds commun de placement

Art. 31. – Le rachat de toutes les parts, l'expiration de la durée pour laquelle le fonds commun de placement a été constitué lorsqu'une telle durée a été stipulée ou la décision devenue irrévocable prononçant le retrait de l'agrément du fonds commun de placement entraîne sa dissolution.

Le dépositaire ou, le cas échéant la société de gestion, exerce les fonctions de liquidateur ; à défaut, le liquidateur est désigné par le président du tribunal de première instance statuant sur requête de tout intéressé.

Les opérations de liquidation sont soumises à l'approbation de la Commission de contrôle des activités financières.

Section 3. – Des règles relatives aux fonds à compartiments

Art. 32. – Un fonds commun de placement peut comporter deux ou plusieurs compartiments si son règlement le prévoit. Chaque compartiment donne lieu à l'émission d'une catégorie de parts représentatives des actifs du fonds qui lui sont attribués.

Les opérations de fusion, fusion-scission et scission de compartiments sont autorisées dans les conditions prévues à l'article 24.

Les modalités d'application de la présente disposition sont fixées par ordonnance souveraine.

Par dérogation à l'article 1929 du Code civil, et sauf stipulation contraire du prospectus complet du fonds commun de placement, les actifs d'un compartiment déterminé ne répondent que des dettes, engagements et obligations et ne bénéficient que des créances qui concernent ce compartiment.

CHAPITRE II. – DES FONDS D'INVESTISSEMENT

Art. 33. – Les fonds d'investissement sont des copropriétés d'actifs financiers ou non financiers.

La souscription des parts des fonds d'investissement peut être limitée dans certains cas à des catégories d'investisseurs restreintes, définies par ordonnance souveraine.

Un montant d'investissement initial minimal peut être fixé par ordonnance souveraine.

Art. 34. – Les dispositions du chapitre premier sont applicables aux fonds d'investissement à l'exception du premier alinéa de l'article premier, de l'article 8, des deuxième et troisième alinéas de l'article 10.

Toutefois, certains fonds d'investissement déterminés peuvent également déroger aux dispositions de l'article 2, du premier alinéa de l'article 4, et de l'article 24 dans des conditions fixées par ordonnance souveraine.

En outre, en sus des dérogations visées à l'alinéa précédent, les fonds de capital-risque peuvent déroger aux dispositions des articles 5, 6, du deuxième alinéa de l'article 18, du troisième alinéa de l'article 19, des articles 27, 28, du troisième alinéa de l'article 31 et de l'article 39.

Art. 35. – Les modalités de souscription et de rachat des parts ainsi que les modalités de suspension de souscription et de rachat sont précisées par ordonnance souveraine.

Art. 36. – La fréquence de calcul et les modalités de publication de la valeur liquidative sont fixées par ordonnance souveraine.

Art. 37. – Sans préjudice des dispositions des articles 27 et 28, la Commission de contrôle des activités financières peut exiger des fonds d'investissement l'établissement de rapports intermédiaires.

Sans préjudice des dispositions des articles 4, 5 et 23, un programme d'investissement doit être présenté par la société de gestion du fonds lors de la demande d'agrément ; son contenu et les modalités de son suivi sont fixés par ordonnance souveraine.

Art. 38. – Une ordonnance souveraine détermine les conditions de répartition des actifs des fonds d'investissement ainsi que les conditions dans lesquelles ces fonds peuvent procéder à des acquisitions et cessions temporaires de titres et à des emprunts d'espèces.

CHAPITRE III. – DES SANCTIONS ADMINISTRATIVES

Art. 39. – L'agrément d'un fonds commun de placement et d'un fonds d'investissement peut être retiré par la Commission de contrôle des activités financières en cas de violation des dispositions de la présente loi et de ses textes d'application ou de risque pour la protection de l'épargne, dans les conditions prévues par les articles 35 à 39 de la loi n° 1.338 du 7 septembre 2007.

La décision prononçant le retrait de l'agrément est publiée au *Journal de Monaco*.

CHAPITRE IV. – DES SANCTIONS PÉNALES

Art. 40. – Sont punis d'un emprisonnement de six mois à deux ans et de l'amende prévue au chiffre 4) de l'article 26 du Code pénal, dont le maximum peut être porté au décuple, ou de l'une de ces deux peines seulement, les dirigeants de droit ou de fait d'un fonds commun de placement ou d'un fonds d'investissement qui n'a pas obtenu l'agrément visé à l'article 2 ou qui poursuit son activité malgré un retrait d'agrément.

Art. 41. – Sont punis d'un emprisonnement de trois mois à un an et de l'amende prévue au chiffre 4) de l'article 26 du Code pénal, ou de l'une de ces deux peines seulement, les dirigeants de la société de gestion qui donnent des instructions contraires à la loi ou à la réglementation applicable aux fonds communs de placement et aux fonds d'investissement ou au règlement des fonds et les dirigeants du dépositaire qui exécutent ces instructions.

Art. 42. – Sont punis d'un emprisonnement de six mois à deux ans et de l'amende prévue au chiffre 3) de l'article 26 du Code pénal, ou de l'une de ces deux peines seulement, les dirigeants de la société de gestion qui ne provoquent pas la désignation du commissaire aux comptes prévue à l'article 29.

Art. 43. – Sont punis de l'amende prévue au chiffre 3) de l'article 26 du Code pénal les dirigeants de la société de gestion qui n'établissent pas les documents prévus par la loi ou la réglementation dans les conditions et délais fixés par celles-ci.

Art. 44. – Sont punis de l'amende prévue au chiffre 2) de l'article 26 du Code pénal les dirigeants de la société de gestion qui ne tiennent pas à la disposition des porteurs de parts, dans le délai fixé par la loi ou la réglementation, les documents prévus par celles-ci.

Art. 45. – Est puni des peines prévues à l'article 41 tout commissaire aux comptes qui donne ou confirme sciemment des informations mensongères sur la situation d'un fonds commun de placement ou d'un fonds d'investissement auprès duquel il accomplit sa mission ou qui ne révèle pas à la Commission de contrôle des activités financières les faits délictueux dont il a connaissance à l'occasion de l'exercice de cette mission.

Art. 46. – Le tribunal, saisi de poursuites relatives à des infractions prévues par la présente loi mettant en cause les dirigeants de la société de gestion ou du dépositaire d'un fonds commun de placement ou d'un fonds d'investissement, peut, en tout état de la procédure, recueillir l'avis de la Commission de contrôle des activités financières.

Art. 47. – Toute condamnation pénale prononcée irrévocablement en application de la présente section à l'encontre des dirigeants de la société de gestion ou de ceux du dépositaire entraîne de plein droit la cessation de leurs fonctions et l'incapacité de les exercer à nouveau.

Lorsque la décision de condamnation devient irrévocable, le tribunal correctionnel nomme un administrateur provisoire jusqu'à la désignation de nouveaux dirigeants ou la liquidation de la société de gestion ou du dépositaire si cette désignation apparaît impossible.

CHAPITRE V. – DISPOSITIONS FINALES

Art. 48. – Les fonds communs de placement agréés à la date de publication de la présente loi sont dispensés de la demande d'agrément visée à l'article 2.

Les fondateurs doivent se mettre en conformité avec les dispositions de la présente loi par la remise à la Commission de contrôle des activités financières, dans le délai d'un an à compter de la publication de la présente loi, d'une déclaration dont le contenu et les pièces requises sont définis par arrêté ministériel.

Si dans les soixante jours qui suivent le dépôt de la déclaration visée à l'alinéa précédent, les fondateurs n'ont pas reçu d'observations écrites de la part de la Commission de contrôle des activités financières, le fonds commun de placement est réputé agréé.

Art. 49. – Sont abrogées la loi n° 1.130 du 8 janvier 1990 modifiée, ainsi que toutes dispositions contraires à la présente loi.

Dans tous les textes normatifs en vigueur, les références aux dispositions de la loi n° 1.130 du 8 janvier 1990 sont remplacées, s'il y a lieu, par des références à des dispositions de la présente loi.

Ordonnance n° 1.285 du 10 septembre 2007

portant application de la loi n° 1.339 du 7 septembre 2007 relative aux fonds communs de placement et aux fonds d'investissement

(Journal de Monaco, 14 sept. 2007)

Vu l'article 68 de la Constitution ; Vu la loi n° 1.339 du 7 septembre 2007 relative aux fonds communs de placement et aux fonds d'investissement ;

CHAPITRE I. – DES FONDS COMMUNS DE PLACEMENT

Section 1. – De la formation des fonds communs de placement

Art. 1er. – La société de gestion d'un fonds commun de placement doit avoir son administration centrale en Principauté.

Art. 2. – Peuvent seuls être dépositaires de fonds communs de placement les établissements de crédit monégasques ainsi que les établissements de crédit dont le siège social est situé à l'étranger et qui disposent d'une succursale en Principauté.

Le dépositaire doit notamment :

a) s'assurer que la vente, l'émission, le rachat, le remboursement et l'annulation des parts effectués pour le compte du fonds ou par la société de gestion ont lieu conformément à la loi, à la réglementation et au règlement du fonds ;

b) s'assurer que le calcul de la valeur des parts est effectué conformément à la loi, à la réglementation et au règlement du fonds ;

c) exécuter les instructions de la société de gestion, sauf si elles sont contraires à la loi et à la réglementation ou au règlement du fonds ;

d) s'assurer que dans les opérations portant sur les actifs du fonds, la contrepartie lui est remise dans les délais d'usage ;

e) s'assurer que les produits du fonds reçoivent une affectation conforme à la loi, à la réglementation et au règlement du fonds.

Art. 3. – La demande d'agrément d'un fonds commun de placement doit être accompagnée des documents et renseignements prévus par un arrêté ministériel.

Art. 4. – Le règlement d'un fonds commun de placement est établi par les fondateurs. Il doit notamment indiquer :

1° la dénomination du fonds, ainsi que celles de la société de gestion et du dépositaire ;

2° les catégories de valeurs vers lesquelles sont orientés les placements ;

3° la durée du fonds, lorsqu'une durée déterminée a été fixée ;

4° les droits et obligations des porteurs de parts, de la société de gestion et du dépositaire ;

5° le montant des commissions perçues à l'occasion des opérations de souscription et de rachat des parts ;

6° le montant et les modalités de calcul des frais de gestion à la charge du souscripteur ;

7° le montant minimal de l'actif net au-dessous duquel il ne peut être procédé au rachat des parts ; ce montant ne peut être inférieur à celui fixé à l'article 23 ;

8° la durée des exercices comptables, qui ne peut, à l'exception du premier exercice, excéder douze mois, et les dates d'ouverture et de clôture desdits exercices ; la durée du premier exercice ne peut pas excéder dix-huit mois ;

9° les conditions de la liquidation du fonds ainsi que les modalités de répartition des actifs ;

10° les différentes catégories de parts, ainsi que les modalités de souscription et de rachat desdites parts et les circonstances dans lesquelles l'émission de parts peut être suspendue, à titre définitif ou provisoire ;

11° les modalités et la périodicité du calcul de la valeur de la part : le calcul doit être effectué et la valeur publiée et affichée au moins deux fois par mois et à intervalles réguliers. Le rythme de calcul et de publication peut être réduit à une fois par mois, à condition que cette dérogation ne préjudicie pas aux porteurs de parts.

Les fonds dont les parts sont admises à la négociation publient leur valeur liquidative chaque jour ouvrable.

Les règles mentionnées au présent chiffre ne sont pas applicables aux fonds dont le règlement réserve la participation à des personnes physiques ou morales déterminées, visés à l'article 4 de la loi n° 1.339 du 7 septembre 2007 qui calculent, affichent et publient, le cas échéant, la valeur liquidative à intervalles réguliers, selon les modalités prévues par leur prospectus complet ;

12° la nature et la fréquence des informations à fournir aux porteurs de parts ;

13° les modalités de distribution, le cas échéant, aux porteurs de parts, des revenus provenant des avoirs compris dans le fonds ;

14° les modalités d'évaluation de l'actif ;

15° la monnaie de compte choisie ;

16° la possibilité pour les porteurs de parts d'obtenir le rachat de leurs parts sans frais dans certaines circonstances et notamment, en cas de changement du dépositaire, de la société de gestion ou de modification de l'orientation des placements.

Les mentions obligatoires du prospectus simplifié sont définies par arrêté ministériel (1).

Art. 5. – Dès l'agrément du fonds commun de placement, les fondateurs qui, en vertu de l'article 7 de la loi n° 1.339 du 7 septembre 2007 apportent le montant minimal des actifs, établissent la première valeur liquidative.

L'attestation de dépôt correspondante est adressée à la Commission de contrôle des activités financières immédiatement après le dépôt des fonds et au plus tard dans les soixante jours qui suivent la date d'agrément du fonds.

(1) V. A. min. n° 2008-50, 4 févr. 2008.

Section 2. – Du fonctionnement des fonds communs de placement

Sous-section 1. – Dispositions générales

Art. 6. – En fonction de la composition de leur actif et des règles d'information des souscripteurs, les fonds communs de placement peuvent être offerts à tout souscripteur dans les conditions visées dans la présente section. Toutefois l'offre de leurs parts intervient exclusivement sur le territoire de la Principauté lorsque les fonds communs de placement relèvent des dispositions de la Sous-Section 3 du présent chapitre.

Art. 7. – L'actif d'un fonds commun de placement comprend :

1° des valeurs mobilières et des instruments du marché monétaire négociés sur un marché réglementé en fonctionnement régulier, reconnu et ouvert au public.

Sont considérés comme tels les valeurs mobilières ou titres dont l'admission à la négociation sur un tel marché a été demandée. Toutefois, cette assimilation cesse de produire effet un an après l'émission si, à cette date, l'admission à la négociation n'a pas été obtenue.

2° Des dépôts effectués auprès d'établissements de crédit soumis à une surveillance prudentielle. Les dépôts doivent, soit être remboursables sur demande, soit pouvoir être retirés, et leur échéance doit être inférieure ou égale à douze mois.

3° Des instruments du marché monétaire autres que ceux visés au chiffre 1°) pour autant que l'émission ou l'émetteur de ces instruments soient soumis eux-mêmes à une réglementation visant à protéger les investisseurs et l'épargne, dans des conditions fixées par arrêté ministériel.

À défaut de pouvoir justifier que cette détention correspond à un objectif de gestion, un fonds commun de placement ne peut détenir des liquidités qu'à titre accessoire.

Art. 8. – L'actif d'un fonds commun de placement peut également comprendre :

1° des actions ou parts d'organismes de placement collectif en valeurs mobilières relevant des articles 10 et 11 ;

2° des actions ou parts d'autres organismes de placement collectif en valeurs mobilières et d'autres organismes de placement collectif ne relevant pas des dispositions du chiffre 1°), sous réserve que :

– le niveau de protection garantie aux détenteurs de parts de ces organismes soit équivalent à celui garanti aux détenteurs de parts d'un fonds commun de placement de droit monégasque et notamment que les règles relatives à la division des actifs, aux acquisitions et cessions temporaires de titres, aux ventes à découvert de valeurs mobilières et d'instruments du marché monétaire soient équivalentes à celles fixées dans le présent chapitre ;

– si ces organismes relèvent d'un droit étranger, ils soient agréés conformément à une législation les soumettant à une surveillance équivalente à celle prévue par la législation monégasque notamment en ce qui concerne l'établissement de rapports annuels et semestriels et que la coopération entre la Principauté de Monaco et l'État dont ils relèvent soit suffisamment assurée ;

– la proportion des actifs des organismes de placement collectif en valeurs mobilières et des organismes de placement collectif dont l'acquisition est envisagée, et qui conformément à leurs documents constitutifs, peut être investie dans les parts ou actions d'autres organismes de placement collectif ou organismes de placement collectif en valeurs mobilières, ne dépasse pas 10 % ;

3° des instruments financiers dérivés, y compris des instruments assimilables donnant lieu à un règlement en espèces qui sont négociés sur un marché réglementé, en fonctionnement régulier, reconnu et ouvert au public et/ou instruments financiers dérivés négociés de gré à gré selon des modalités définies par arrêté ministériel et pour autant que ces instruments soient employés aux fins d'une gestion efficace du portefeuille ;

4° dans la limite de 10 %, des bons de souscription, des bons de caisse, des billets hypothécaires, des billets à ordre et des actifs autres que ceux qui font l'objet de limites dans les conditions visées au premier chapitre.

Art. 9. – Pour l'application des règles de division des risques, sont considérées comme un même émetteur les entités qui ont ou auraient à procéder à la consolidation de leurs comptes conformément aux normes comptables internationales reconnues.

Art. 10. – 1° Un fonds commun de placement ne peut employer en valeurs mobilières ou instruments du marché monétaire d'un même émetteur plus de 5 % de ses actifs.

2° Toutefois, ce ratio peut être porté à 10 % de l'actif du fonds pour une même entité et 20 % pour un même émetteur.

La valeur cumulée des titres ainsi détenus auprès des mêmes émetteurs dans chacun desquels le fonds commun de placement investit plus de 5 % de son actif ne peut dépasser 40 % de l'actif dudit fonds.

Pendant une période de six mois suivant la date d'agrément du fonds, la limite de 40 % n'est pas applicable.

3° Cette limite ne s'applique pas aux dépôts auprès d'établissements de crédit soumis à une surveillance prudentielle et aux transactions sur instruments dérivés de gré à gré avec ces établissements.

Art. 11. – 1° Un fonds commun de placement peut employer en valeurs mobilières ou instruments du marché monétaire d'une même entité jusqu'à 35 % de son actif si ces titres sont émis ou garantis par un État ou une collectivité territoriale d'un État figurant sur des listes déterminées par arrêté ministériel, ou par un organisme international à caractère public dont un ou plusieurs États prévus par une liste déterminée par arrêté ministériel font partie.

2° Les limites mentionnées à l'article 10 et au chiffre précédent ne sont pas applicables aux fonds communs de placement qui détiennent des valeurs mobilières ou des instruments du marché monétaire provenant d'au moins six émissions différentes d'une des entités mentionnées à l'alinéa précédent, sous réserve que la proportion des titres d'une même émission que détient le fonds n'excède pas 30 % du montant total de son actif.

Dans ce cas, le prospectus complet du fonds doit mentionner que ce dernier est autorisé en vertu de la présente ordonnance à effectuer de tels investissements et indiquer les États, collectivités publiques territoriales ou organismes internationaux à caractère public émettant ou garantissant les titres dans lesquels le fonds envisage de placer plus de 35 % de ses actifs. De plus, le fonds communs de placement qui place son actif dans les conditions visées dans cet alinéa doit inclure dans le prospectus une mention attirant l'attention sur cette autorisation et indiquant les États, les collectivités territoriales et les organismes internationaux à caractère public dans les titres desquels il a l'intention de placer ou a placé plus de 35 % de ses actifs.

Par dérogation à la limite de 5 % prévue à l'article 10, un fonds commun de placement peut employer jusqu'à 25 % de son actif dans des obligations émises par un même établissement de crédit soumis à une surveillance spéciale destinée à protéger les détenteurs d'obligations.

En particulier les sommes découlant de l'émission des obligations doivent être investies dans des actifs qui peuvent garantir suffisamment, pendant toute la durée de validité des obligations, les créances résultant de celles-ci et qui sont affectées par privilège au remboursement du capital et au paiement des intérêts échus en cas de défaillance de l'émetteur.

Lorsqu'un fonds commun de placement investit plus de 5 % dans de telles obligations émises par un même émetteur, la valeur totale de ces investissements supérieurs à 5 % ne peut dépasser 80 % de la valeur de l'actif du fonds.

Les valeurs mobilières et les instruments du marché monétaire évoqués dans le présent article, ne sont pas pris en compte pour l'application de la limite de 40 % mentionnée à l'article précédent.

Art. 12. – Un fonds peut investir jusqu'à 20 % de ses actifs dans des dépôts placés auprès d'une même entité.

Art. 13. – Le risque de contrepartie du fonds commun de placement dans une transaction sur instruments dérivés de gré à gré ne peut excéder :

- 10 % de ses actifs lorsque la contrepartie est un établissement de crédit soumis à une surveillance prudentielle et dont le montant des fonds propres est au moins égal à 3,8 millions d'euros ;
- 5 % de ses actifs dans les autres cas.

Art. 14. – Nonobstant les limites individuelles fixées au chiffre 1 de l'article 10, paragraphe 1 et aux articles 12 et 13, un fonds commun de placement ne peut pas cumuler :

- des investissements dans des valeurs mobilières ou des instruments du marché monétaire émis par une seule entité ;
- des dépôts auprès d'une seule entité ;
- des risques découlant de transactions sur instruments dérivés de gré à gré avec une seule entité,

dès lors que le montant global de ce cumul serait supérieur à 20 % des actifs du fonds.

Art. 15. – Par dérogation aux dispositions prévues à l'article 14, la limite de 20 % est portée à 35 % sur une même entité en cas d'investissements qui comprennent les titres visés à l'article 11.

Art. 16. – Un fonds commun de placement peut détenir une même catégorie de valeurs mobilières d'un même émetteur dans les limites suivantes :

1° 10 % d'une même catégorie de :

a) titres assortis d'un droit de vote d'un même émetteur ;

b) titres donnant accès directement ou indirectement au capital d'un même émetteur ;

c) titres conférant directement ou indirectement un droit de créance général sur le patrimoine d'un même émetteur ;

d) d'instruments du marché monétaire émis par un même émetteur.

2° 25 % des parts ou actions d'un même organisme de placement collectif en valeurs mobilières et/ou autre organisme de placement collectif.

Art. 17. – Si un dépassement des limites d'investissement intervient indépendamment de la volonté de la société de gestion ou consécutivement à l'exercice de droits de souscription, celle-ci doit, dans ses opérations de vente, poursuivre l'objectif prioritaire de régulariser cette situation dans les plus brefs délais tout en tenant compte de l'intérêt des porteurs de parts.

Art. 18. – Un fonds commun de placement peut procéder à des opérations d'acquisitions et de cessions temporaires de titres dans les conditions énumérées ci-après :

1° Un fonds commun de placement peut procéder à des acquisitions temporaires de titres dans la limite de 10 % de ses actifs ou à des emprunts d'espèces dans la même limite.

2° Un fonds commun de placement peut effectuer, dans la limite de 100 % de son actif, des opérations de cessions temporaires de titres.

Les valeurs de souscription et de rachat des parts de fonds communs de placement qui réalisent des cessions temporaires de titres sont déterminées en fonction des variations des titres cédés temporairement, entre leur livraison et leur restitution.

Pour effectuer les opérations visées aux chiffres 1 et 2, un fonds commun de placement doit respecter les conditions déterminées par arrêté ministériel.

Ces opérations doivent être prises en compte dans la détermination des règles générales de composition de l'actif, du ratio d'emprise, de l'exposition au risque de contrepartie visé à l'article 13 et des règles d'engagement visées dans le présent chapitre.

Art. 19. – Un fonds commun de placement ne peut pas effectuer des ventes à découvert de valeurs mobilières, d'instruments du marché monétaire, d'actions ou parts d'organismes de placement collectif en valeurs mobilières ou d'organismes de placement collectif visés au chiffre 1°) de l'article 8 et d'instruments dérivés visés au chiffre 3°) de l'article 8 ou d'instruments du marché monétaire visés à l'article 7.

Art. 20. – Un fonds commun de placement peut recourir aux instruments dérivés. Le risque global lié aux instruments dérivés négociés sur un marché réglementé, reconnu et ouvert au public ou un marché de gré à gré ne doit pas excéder la valeur nette totale de son portefeuille, sous réserve des dispositions des articles 8, 10 et 11.

Un arrêté ministériel fixe les modalités de recours à ces opérations et les limites qui leur sont applicables.

La société de gestion doit employer une méthode de gestion des risques efficace qui lui permette de contrôler et de mesurer à tout moment le risque associé aux positions et la contribution de celles-ci au profil de risque général du fonds.

En aucun cas, ces opérations ne doivent amener un fonds commun de placement à s'écarter de ses objectifs d'investissement tels qu'exposés dans le prospectus complet.

Art. 21. – À l'exception des contrats à terme sur des indices dont le mode de diffusion est reconnu satisfaisant par la Commission de contrôle des activités financières, les investissements sous-jacents aux instruments dérivés sont pris en compte pour l'appréciation des limites prévues aux articles 10 et 11.

Art. 22. – Tout projet de fusion, fusion-scission, scission concernant un ou plusieurs fonds communs de placement est arrêté par le ou les conseils d'administration de la ou des sociétés de gestion du ou des fonds concernés.

Il est communiqué à la Commission de contrôle des activités financières en vue de l'obtention de l'agrément mentionné au premier alinéa de l'article 24 de la loi n° 1.339 du 7 septembre 2007.

Il précise la dénomination du ou des fonds, du siège social de la ou des sociétés de gestion, ainsi que les motifs, les objectifs et les conditions de l'opération.

Le projet fait l'objet d'un avis inséré au *Journal de Monaco* au plus tard un mois avant la date prévue de l'opération.

La ou les sociétés de gestion concernées communiquent le projet au(x) commissaire(s) aux comptes du ou des fonds concerné(s) visé(s) à l'article 29 de la loi n° 1.339 du 7 septembre 2007 au moins quarante-cinq jours avant les dates de leurs conseils d'administration.

L'évaluation des parités d'échange a lieu à la date arrêtée par les conseils d'administration des sociétés de gestion.

L'opération est effectuée par le ou les conseils d'administration des sociétés de gestion ou leurs mandataires, sous le contrôle des commissaires aux comptes respectifs des fonds communs de placement concernés.

Les rapports des commissaires aux comptes sur les conditions de réalisation de l'opération sont tenus à la disposition des porteurs de parts au plus tard quinze jours après la date arrêtée par la ou les sociétés de gestion.

Les créanciers des fonds communs de placement participant à l'opération de fusion et dont la créance est antérieure à la publicité donnée au projet de fusion peuvent former opposition à celui-ci, au plus tard quinze jours avant la date prévue pour l'opération.

L'obligation de racheter ou d'émettre à tout moment les parts peut prendre fin sur décision du conseil d'administration de la société de gestion du fonds, au plus tard quinze jours avant la date prévue pour l'opération.

Les porteurs de parts disposent d'un délai de trois mois pour obtenir sans frais le rachat de leurs parts.

Les porteurs de parts qui n'auraient pas droit, compte tenu de la parité d'échange, à un nombre entier de parts pourront obtenir le remboursement du rompu ou verser en espèces le complément nécessaire à l'attribution d'une part entière. Ces remboursements ou versements ne seront ni diminués, ni majorés des frais et commissions de rachat ou de souscription.

Art. 23. – Lorsque l'actif d'un fonds commun de placement devient inférieur à 150.000 euros, aucun rachat de parts ne peut être effectué.

Lorsque cette situation perdure pendant trente jours, il est procédé à la liquidation du fonds concerné ou à l'une des opérations visées à l'article précédent.

Art. 24. – Lors de la liquidation du fonds commun de placement, le commissaire aux comptes évalue le montant des actifs et établit un rapport sur les conditions de la liquidation. Ce rapport est mis à la disposition des porteurs de parts ; il est transmis à la Commission de contrôle des activités financières dans le délai de trois mois à compter de la désignation du liquidateur, en vue de l'approbation des opérations de liquidation prévue au troisième alinéa de l'article 31 de la loi n° 1.339 du 7 septembre 2007.

Sous-section 2. – Dispositions spécifiques à certains fonds communs de placement

§ 1. – Des règles relatives aux fonds à compartiments

Art. 25. – La constitution de nouveaux compartiments d'un fonds visé à l'article 32 de la loi n° 1.339 du 7 septembre 2007 est subordonnée à l'agrément de la Commission de contrôle des activités financières.

Pour obtenir cet agrément, la société de gestion définit notamment les investissements possibles, l'orientation des placements, les frais et commissions à la charge des souscripteurs.

Art. 26. – Lorsque le fonds commun de placement comporte des compartiments, les dispositions de la première sous-section de la présente section sont applicables à chacun des compartiments.

Art. 27. – Lorsque des compartiments sont constitués au sein d'un fonds régi par les dispositions de l'article 30, chaque compartiment est soumis aux dispositions de la présente ordonnance souveraine.

Art. 28. – Chaque compartiment fait l'objet, au sein de la comptabilité du fonds commun de placement, d'une comptabilité distincte qui peut être tenue en toute unité monétaire.

La valeur liquidative de chaque catégorie de parts est déterminée en fonction de la valeur nette des actifs attribués au compartiment correspondant.

§ 2. – Des règles relatives aux fonds indiciels

Art. 29. – Sont dits fonds indiciels les fonds communs de placement dont l'objectif de gestion porté à la connaissance des porteurs de parts correspond à la reproduction d'un indice d'instruments financiers.

Par dérogation aux dispositions de l'article 10, ces fonds peuvent investir jusqu'à 20 % de leur actif en titres d'une même entité si le mode d'établissement et de diffusion de l'indice mentionné à l'alinéa précédent est reconnu satisfaisant par la Commission de contrôle des activités financières.

Toutefois, la limite prévue à l'alinéa précédent peut être portée jusqu'à un maximum de 35 % lorsque cela s'avère justifié par des circonstances exceptionnelles sur le marché, notamment sur des marchés réglementés, reconnus et ouverts au public où certaines valeurs mobilières ou certains instruments du marché monétaire sont largement dominants. L'investissement jusqu'à cette limite n'est permis que pour un seul émetteur.

§ 3. – Des règles relatives aux fonds communs de placement qui investissent en actions ou parts d'autres organismes de placement collectif

Art. 30. – Un fonds commun de placement peut acquérir des parts ou actions d'organismes de placement collectif en valeurs mobilières ou d'organismes de placement collectif à condition qu'un maximum de 20 % de ses actifs soit placé dans les parts d'un même organisme de placement collectif en valeurs mobilières ou d'un même organisme de placement collectif.

Les placements dans des parts ou actions d'organismes de placement collectif autres que les organismes de placement collectif en valeurs mobilières ne peuvent au total dépasser 30 % des actifs du fonds.

Lorsqu'un fonds commun de placement a acquis des parts d'organismes de placement collectif en valeurs mobilières et d'organismes de placement collectif, les actifs de ces organismes de placement collectif en valeurs mobilières ou de ces autres organismes de placement collectif ne sont pas combinés aux fins des limites prévues à l'article 14.

Les caractéristiques des organismes de placement collectif dans lesquels le fonds est autorisé à investir sont décrites dans le prospectus complet du fonds, les documents d'information destinés aux souscripteurs et les éventuelles publications promotionnelles.

Ces documents comportent aussi une mention attirant l'attention sur le fait que le fonds place tout ou partie de ses actifs dans des parts ou actions émises par d'autres organismes de placement collectif.

§ 4. – Des règles relatives aux fonds à formule

Art. 31. – Un fonds à formule répond aux conditions suivantes :

1° son objectif de gestion est d'atteindre, à l'expiration d'une période donnée, un montant déterminé par application mécanique d'une formule de calcul prédéfinie, faisant référence à des indicateurs de marché ou à des instruments financiers, ainsi que, le cas échéant, de distribuer des revenus déterminés de la même façon.

2° la réalisation de son objectif de gestion est garantie par un établissement de crédit dont le siège est établi dans un État membre de l'Organisation de coopération et de développement économiques ou en Principauté. La garantie est accordée aux porteurs des parts du fonds.

Les modalités de mise en œuvre de la garantie doivent être détaillées dans le prospectus complet du fonds commun de placement et jugées satisfaisantes par la Commission de contrôle des activités financières.

Sous-section 3. – Des dispositions relatives aux fonds communs de placement dont les parts sont offertes exclusivement en Principauté

Art. 32. – La société de gestion qui gère des fonds communs de placement dont les parts sont offertes exclusivement en Principauté peut répondre à des règles de capital différentes de celles fixées à l'article premier de l'ordonnance souveraine 1.284 du 10 septembre 2007 en application de la loi n° 1.338 du 7 septembre 2007 ; elle peut disposer d'un capital qui, en tout état de cause, ne peut être inférieur à 150.000 euros ou à 0,5 % de l'ensemble des actifs gérés par la société, dans la limite de 750.000 euros.

Toutefois le capital minimum de la société de gestion est fixé à 150.000 euros si la moitié du capital est détenu par un établissement de crédit ou une compagnie d'assurances ou de réassurances, sous réserve que cet établissement dispose lui-même d'un capital s'élevant à 2.000.000 euros. Il en est de même si un établissement répondant à ces conditions se porte caution solidaire pour les actes de la société conformes à son objet social, dans la limite minimale du pourcentage prévu à l'alinéa ci-dessus.

Art. 33. – Le prospectus complet d'un fonds commun de placement relevant de la présente sous-section peut prévoir des dispositions relatives à la composition de son actif différentes de celles inscrites aux articles 8, 10, 11, 12, 16, 18 chiffre 1°), ainsi qu'au premier alinéa de l'article 30.

Lorsque le fonds commun de placement déroge aux dispositions du premier alinéa de l'article 30, il peut investir 100 % de son actif dans un organisme de placement collectif en valeurs mobilières unique qui prend le nom de « fonds maître ». Le fonds commun de placement est dénommé « fonds nourricier ».

Cette appellation doit figurer sur le prospectus complet.

Un fonds commun de placement nourricier ne peut pas détenir des parts ou actions d'un autre organisme de placement collectif en valeurs mobilières nourricier.

Les dispositions du présent article sont applicables à chaque compartiment d'un organisme de placement collectif en valeurs mobilières nourricier ou d'un organisme de placement collectif en valeurs mobilières maître.

En fonction des risques encourus au regard des dérogations prévues, la Commission de contrôle des activités financières peut limiter la souscription des fonds visés à l'article 33 à des investisseurs avertis au sens de l'article 47 ou à des investisseurs professionnels au sens de l'article 48.

Une mention spécifique est contenue dans le prospectus complet sur la nature des dérogations sollicitées qui doivent être justifiées au regard des objectifs d'investissement et le cas échéant sur la nature et l'étendue du risque lié au recours à de telles dérogations.

Dans le cas d'une valorisation mensuelle, le règlement peut également prévoir un délai entre la date de passation de l'ordre de souscription ou de rachat et la date d'établissement de la valeur liquidative sur la base de laquelle l'ordre est exécuté. Ce délai ne peut excéder trente-cinq jours.

Sous-section 4. – Des règles comptables et financières relatives aux fonds communs de placement

Art. 34. – La valeur liquidative est obtenue en divisant l'actif net du fonds commun de placement par le nombre de parts. Elle est affichée dans les locaux de la société de gestion et du dépositaire et publiée, le cas échéant, au *Journal de Monaco*.

Art. 35. – Les valeurs et les titres inscrits à l'actif d'un fonds commun de placement ou détenus par lui sont évalués lors de l'établissement de la valeur liquidative dans les conditions fixées par le règlement du fonds.

Les règles de valorisation doivent être identiques pour tous les fonds de la même catégorie gérés dans le cadre d'une même communauté de gestion.

Art. 36. – Tout projet de modification des méthodes d'évaluation est transmis à la Commission de contrôle des activités financières.

Les porteurs de parts sont informés par écrit de cette modification.

Art. 37. – Lorsque le règlement du fonds prévoit la distribution des produits des actifs, celle-ci est faite au prorata des droits des porteurs de parts et réalisée dans les cinq mois suivant la clôture de l'exercice.

Les sommes distribuables sont égales au résultat net augmenté du report à nouveau et majoré ou diminué du solde du compte de régularisation des revenus afférents à l'exercice clos. Elles doivent être intégralement distribuées au cours de l'exercice à l'exception des lots et primes de remboursement qui peuvent être intégralement distribués au titre d'un exercice ultérieur et du produit de la vente des droits de souscription et des valeurs provenant d'attributions gratuites.

Art. 38. – La société de gestion peut décider la mise en distribution d'un ou plusieurs acomptes sur la base de situations attestées par le commissaire aux comptes visé à l'article 29 de la loi n° 1.339 du 7 septembre 2007.

Art. 39. – Le bilan, le compte de résultat ainsi qu'un état annexe qui retrace l'ensemble des engagements hors bilan sont présentés conformément à des modèles fixés par arrêté ministériel.

Le bilan, le compte de résultat, l'annexe, l'inventaire de l'actif et du passif certifié exact par le dépositaire, ainsi que le rapport sur la gestion du fonds visé à l'article 27 de la loi n° 1.339 du 7 septembre 2007 sont mis à la disposition du commissaire aux comptes visé à l'article 29 de la loi n° 1.339 du 7 septembre 2007 au plus tard quarante-cinq jours après la clôture de l'exercice.

Un mois au plus tard après avoir reçu les documents énoncés au paragraphe précédent, le commissaire aux comptes dépose son attestation prévue à l'article 27 de la loi n° 1.339 du 7 septembre 2007, et le cas échéant ses réserves, au siège social de la société de gestion et du dépositaire. Dans le cas où le dépositaire est une succursale, l'attestation du commissaire aux comptes et le cas échéant ses réserves sont déposées auprès de la succursale.

Les rapports visés au deuxième alinéa et l'attestation des commissaires aux comptes sont tenus à la disposition des porteurs de parts. Ils sont adressés à tous les porteurs de parts qui en font la demande.

Art. 40. – Le compte de résultat d'un fonds commun de placement doit faire apparaître notamment :

– le montant des intérêts, arrérages, dividendes, jetons de présence et tous autres produits relatifs aux titres et autres valeurs constituant le portefeuille du fonds ;

– les produits des sommes en dépôt ;

– le montant des lots et primes de remboursement attachés aux obligations ;

– les frais de gestion prévus par le règlement ;

– éventuellement, la charge des emprunts.

Art. 41. – Les rapports prévus aux articles 27 et 28 de la loi n° 1.339 du 7 septembre 2007 ont pour objet de retracer la politique suivie, de présenter des informations sur la gestion et de fournir certains éléments comptables et de hors bilan, selon des modalités déterminées par arrêté ministériel.

CHAPITRE II. – DES FONDS D'INVESTISSEMENT

Section 1. – Dispositions générales

Art. 42. – Les articles 1 à 5 sont applicables aux fonds d'investissement.

Toutefois, le prospectus complet d'un fonds d'investissement relevant des dispositions du présent chapitre peut prévoir des règles d'établissement et de publication de la valeur liquidative dérogatoires au chiffre 11°) de l'article 4, dans des conditions déterminées par arrêté ministériel.

Art. 43 *(Mod., Ord. n° 4.439, 6 août 2013)*. – Les articles 22 à 24 sont applicables aux fonds d'investissement, à l'exception des fonds de capital risque qui font l'objet de dispositions particulières visées aux articles 66 à 81.

Les articles 23 et 24 ne sont pas applicables aux fonds d'investissement immobiliers qui font l'objet de règles particulières aux articles 63 à 65.

Le règlement doit mentionner les règles d'investissement utilisées par les fonds d'investissement en les justifiant, ainsi que les catégories d'investisseurs à qui ils sont réservés.

Art. 44. – Les articles 34 à 41 relatifs aux règles financières et comptables des fonds communs de placement s'appliquent également aux fonds d'investissement.

Art. 45 *(Mod., Ord. n° 4.439, 6 août 2013)*. – Le programme d'investissement mentionné au second alinéa de l'article 37 de la loi n° 1.339 du 7 septembre 2007 fait apparaître de manière claire la méthodologie de gestion, le contrôle des risques et les modalités de valorisation des actifs. Les modalités de distribution des parts des fonds d'investissement doivent y être particulièrement détaillées.

Les souscripteurs doivent être clairement informés de la nature de l'investissement envisagé et des risques spécifiques inhérents à chaque type de fonds afin d'être en mesure de porter une appréciation correcte du produit qui leur est proposé.

Outre les rapports prévus aux articles 27 et 28 de la loi n° 1.339 du 7 septembre 2007, des rapports trimestriels doivent être établis dans les mêmes conditions pour les fonds d'investissement à l'exception des fonds d'investissement immobiliers. Il peut être également exigé de la société de gestion d'établir des états mensuels d'inventaire de l'actif certifiés par le dépositaire.

Art. 46. – La souscription des fonds d'investissement peut être, selon leur niveau de risque, de sophistication et leur liquidité, ouverte à tout public ou réservée à des investisseurs avertis ou à des investisseurs professionnels.

Art. 47. – Un investisseur averti est une personne physique ou morale suffisamment expérimentée pour pouvoir évaluer les mérites, les risques et les caractéristiques de liquidité des placements financiers.

Le montant minimal de l'investissement initial dans un fonds réservé aux investisseurs avertis est de 10.000 euros.

Art. 48. – Sont considérés comme des investisseurs professionnels :
- les entités agréées ou réglementées pour opérer sur les marchés financiers,
- les sociétés réunissant au moins deux des critères suivants : un total de bilan de 20 millions d'euros, un chiffre d'affaires de 40 millions d'euros et des capitaux propres de 2 millions d'euros,
- les investisseurs institutionnels,
- les gouvernements, les banques centrales, les institutions internationales.

Les investisseurs autres que ceux mentionnés à l'alinéa précédent, y compris les personnes physiques, peuvent être considérés comme des investisseurs professionnels si leurs compétences, leur expérience et leurs connaissances leur permettent d'évaluer les mérites et les risques des placements financiers et s'ils ne recherchent pas une liquidité élevée de leurs placements.

Un investisseur professionnel doit répondre en outre à l'un des critères suivants :
- la valeur de son portefeuille titres, augmentée des dépôts bancaires, dépasse 1 million d'euros ;
- l'investisseur occupe depuis au moins un an ou a occupé pendant au moins un an, dans le secteur financier, une position professionnelle requérant une connaissance des transactions ou des services envisagés.

Les investisseurs professionnels doivent notifier par écrit à leur intermédiaire leur souhait d'être traité comme tels et la transaction envisagée.

Le montant minimal de l'investissement initial dans un fonds réservé aux investisseurs professionnels est de 125 000 euros.

Un investisseur professionnel est réputé averti au sens de l'article précédent.

Section 2. – Dispositions spécifiques à certains fonds d'investissements

Sous-section 1. – Des règles relatives aux fonds d'investissement maîtres et nourriciers

Art. 49. – Un fonds d'investissement peut investir 100 % de son actif dans un fonds unique qui prend le nom de « fonds maître ». Le fonds d'investissement est dénommé « fonds nourricier ».

Cette appellation doit figurer sur le prospectus complet. Un fonds d'investissement nourricier ne peut détenir des parts ou actions d'un autre fonds nourricier.

Les dispositions du présent article sont applicables à chaque compartiment d'un fonds d'investissement nourricier ou d'un fonds d'investissement maître.

Les dispositions communes à l'ensemble des fonds d'investissements telles que mentionnées aux articles 42 à 48 du présent chapitre s'appliquent aux fonds d'investissement maîtres et nourriciers. En outre, ces fonds sont également soumis à des dispositions prévues par arrêté ministériel.

Sous-section 2. – Des règles relatives aux fonds de gestion alternative

Art. 50. – Sont dits fonds de gestion alternative les fonds d'investissement qui utilisent des stratégies d'arbitrage ou directionnelles et ont notamment recours aux produits dérivés, à la vente à découvert et à l'effet de levier.

Art. 51. – Les fonds adoptant exclusivement des stratégies d'arbitrage doivent limiter la somme de leurs engagements à 500 % de leur actif net.

Les fonds adoptant exclusivement des stratégies directionnelles doivent limiter la somme de leurs engagements à 300 % de leur actif net.

Art. 52. – Aucune position ou engagement ferme ou optionnel ne peut représenter plus de 20 % de la somme des engagements.

Art. 53. – Les fonds de gestion alternative sont réservés à des investisseurs avertis au sens de l'article 47.

Art. 54. – Les fonds de gestion alternative peuvent déroger aux dispositions des articles 51 et 52 dans des conditions déterminées par arrêté ministériel. Ils sont alors réservés à des investisseurs professionnels au sens de l'article 48.

Le prospectus complet doit fixer la somme maximale des engagements affectant l'actif net.

Sous-section 3. – Des règles relatives aux fonds d'investissement investis dans des fonds de gestion alternative

§ 1. – Des règles communes

Art. 55. – **Le prospectus complet d'un fonds d'investissement investi dans des fonds de gestion alternative ci-après dénommé fonds de fonds de gestion alternative, mentionne que le fonds investit tout ou partie de ses actifs dans des parts émises par de tels fonds, ci-après dénommés fonds cibles.**

Il décrit également les caractéristiques de ces fonds, les stratégies qu'ils emploient, ainsi que les risques afférents à ce type d'investissement.

Art. 56. – **Les fonds de fonds de gestion alternative s'assurent que les fonds cibles présentent des caractéristiques de liquidité appropriées pour leur permettre de faire face à leurs obligations de rachat.**

Art. 57. – **Un fonds de fonds de gestion alternative peut investir jusqu'à 20 % de ses actifs dans un même fonds de gestion alternative relevant des dispositions des articles 51 et 52 et jusqu'à 10 % dans un même fonds de gestion alternative relevant des dispositions de l'article 54 ou étranger.**

Art. 58. – **Un fonds de fonds de gestion alternative peut emprunter jusqu'à 20 % de son actif à titre provisoire pour faire face à des rachats de parts.**

§ 2. – Des règles spécifiques relatives aux fonds de gestion alternative multistratégies

Art. 59. – **Un fonds de fonds de gestion alternative est dit multistratégies lorsque le nombre total de stratégies directionnelles et d'arbitrage qu'il utilise est supérieur ou égal à quatre.**

Le fonds de fonds de gestion alternative multistratégies doit comporter au moins une stratégie d'arbitrage et une stratégie directionnelle.

Art. 60. – **Les fonds de fonds de gestion alternative multistratégies respectant les dispositions des articles 57 et 58 sont ouverts à tous souscripteurs.**

§ 3. – Des règles relatives aux fonds de gestion alternative monostratégie

Art. 61. – **Un fonds de fonds de gestion alternative qui ne remplit pas les conditions fixées à l'article 59 est dit monostratégie.**

Un fonds de fonds monostratégie dont les fonds alternatifs sous-jacents relèvent des articles 51 et 52 est réservé à des investisseurs avertis.

Un fonds de fonds monostratégie dont les fonds alternatifs sous-jacents relèvent de l'article 54 est réservé à des investisseurs professionnels.

Le niveau de risque maximum encouru par les fonds de gestion alternative cibles doit être indiqué dans le prospectus simplifié.

§ 4. – Des règles relatives aux fonds de gestion alternative qui dérogent aux articles 57 et 58

Art. 62. – **Les fonds de fonds de gestion alternative qui dérogent aux dispositions des articles 57 et 58 sont réservés à des investisseurs avertis.**

Le prospectus simplifié doit comporter, a minima, les mentions suivantes :

– le nombre d'organismes de placement collectif sous-jacents ;

– les types de stratégies utilisées ;

– les leviers maximum prévus pour chaque stratégie et par organisme de placement collectif.

Les fonds de fonds de gestion alternative qui envisagent d'emprunter plus de 20 % de leur actif doivent, lors de leur agrément, détailler les moyens mis en œuvre de suivi des engagements. En tout état de cause, un fonds de fonds de gestion alternative ne peut emprunter plus de 100 % de son actif.

En fonction du niveau des risques encourus, la Commission de contrôle des activités financières peut limiter la souscription desdits fonds à des investisseurs professionnels.

Sous-section 4. – Des règles relatives aux fonds d'investissement immobiliers (1)

Art. 63 *(Mod., Ord. n° 4.439, 6 août 2013)*. – **Sont dits fonds immobiliers, les fonds qui placent leurs avoirs en actifs immobiliers directement ou indirectement en respectant le principe de la répartition des risques.**

Ces placements sont évalués par un ou plusieurs experts indépendants, désignés par la société de gestion dans des conditions définies par arrêté ministériel.

Ils sont choisis en considération de leur expérience spécifique dans le domaine des évaluations immobilières. Un ou plusieurs experts suppléants sont désignés dans les mêmes conditions.

Art. 63-1 *(Ord. n° 4.439, 6 août 2013)*. – **En application de l'article 19 de la loi n° 1.339 du 7 septembre 2007 susvisée, le dépositaire d'un fonds d'investissement immobilier a pour mission, outre de s'assurer de la régularité des décisions de la société de gestion, la tenue de position et le contrôle de l'inventaire des actifs immobiliers détenus en direct par le fonds, la conservation et le contrôle de l'inventaire des autres actifs du fonds.**

En particulier, le dépositaire doit être en mesure :

1. d'identifier les actifs immobiliers détenus directement ou indirectement par le fonds ;

2. de s'assurer de l'existence d'un titre attestant de la propriété par le fonds des actifs immobiliers détenus directement ;

3. d'enregistrer les mouvements opérés afin d'assurer la traçabilité des actifs.

La société de gestion veille à ce que le dépositaire dispose des informations nécessaires à l'accomplissement de sa mission.

Les modalités d'exercice de la mission du dépositaire en matière d'actifs immobiliers sont détaillées dans le règlement du fonds.

Art. 63-2 *(Ord. n° 4.439, 6 août 2013)*. – **Lorsque l'actif net du fonds devient inférieur à 5.000.000 d'euros, ou sa contre-valeur dans la devise de référence, si celui-ci est libellé dans une devise autre que l'euro, aucun rachat de parts ne peut être effectué.**

Lorsque l'actif net reste inférieur au seuil mentionné à l'alinéa précédent, pendant douze mois, il est procédé à la liquidation du fonds ou à l'une des opérations visées à l'article 22.

Art. 63-3 *(Ord. n° 4.439, 6 août 2013)*. – **Lorsque le fonds d'investissement entre en période de liquidation, la société de gestion en informe la Commission de contrôle des activités financières.**

À compter de cette date, le liquidateur établit, à la fin de chaque semestre composant l'exercice du fonds, un rapport sur l'évolution des opérations de liquidation. Ce document est contrôlé par le Commissaire aux comptes qui en certifie la sincérité et la régularité, avant sa mise à disposition des porteurs de parts et sa transmission à la Commission de contrôle des activités financières dans les deux mois.

Lorsque le liquidateur est la société de gestion, le rapport est intégré aux rapports annuels et semestriels qui sont établis par la société de gestion conformément aux articles 27 et 28 de la loi n° 1.339 du 7 septembre 2007, susvisée.

Art. 63-4 *(Ord. n° 4.439, 6 août 2013)*. – **Le Commissaire aux comptes établit un rapport sur les conditions de la liquidation à l'issue des opérations de liquidation. Ce rapport est mis à la disposition des porteurs de parts et transmis à la Commission de contrôle des activités financières dans un délai de trois mois à compter de la clôture des dites opérations en vue de leur approbation conformément à l'article 31 de la loi n° 1.339 du 7 septembre 2007 susvisée.**

Art. 64. – **Chaque investissement d'un fonds immobilier ne doit pas, au moment où il intervient représenter plus de 20 % de l'actif dudit fonds.**

Le fonds ne peut pas emprunter plus de 50 % de son actif net.

Art. 65. – **Les fonds immobiliers sont réservés à des investisseurs avertis.**

Ils peuvent toutefois déroger aux dispositions de l'article précédent, auquel cas ils sont réservés à des investisseurs professionnels.

(1) V. A. min. n° 2013-391, 8 août 2013.

Un arrêté ministériel peut prévoir des règles de fonctionnement complémentaires notamment en matière de composition des actifs, de conditions de souscription et de rachat des parts et de règles de valorisation.

Sous-section 5. – Des règles relatives aux fonds de capital risque

Art. 66. – Un fonds est dit de capital risque lorsque son actif est composé principalement de titres permettant d'investir directement ou indirectement dans des sociétés non cotées ou admises aux négociations sur l'un des marchés réglementés de valeurs de croissance de l'Organisation de coopération et développement économiques.

Dans ce cadre, un fonds de capital risque doit respecter les règles suivantes :

– Son actif ne peut être employé qu'à 50 % au plus en titres ou droits d'un même organisme de placement collectif ou d'une même entité constituée dans un État membre de l'Organisation de coopération et de développement économiques dont l'objet principal est d'investir dans des sociétés dont les titres ne sont pas admis aux négociations sur un marché réglementé, reconnu et ouvert au public.

Pour l'appréciation de ce quota de 50 %, mentionné au précédent alinéa :

– le numérateur est constitué par le prix de souscription ou d'acquisition des titres ou droits du portefeuille et la valeur comptable des autres actifs ;

– le dénominateur est constitué par le plus élevé des deux montants suivants : l'actif net du fonds ou le montant total des engagements contractuels de souscription ou d'acquisition reçus par le fonds.

Un arrêté ministériel fixe des règles spécifiques relatives aux conditions et limites de la détention des actifs et précise les modalités de calcul du ratio de 50 %.

– le fonds ne peut détenir plus de 10 % des actions ou parts d'un même organisme de placement collectif en valeurs mobilières, autres que des actions ou parts d'une même entité constituée dans un État membre de l'Organisation de coopération et de développement économiques dont l'objet principal est d'investir dans des sociétés dont les titres ne sont pas admis aux négociations sur un marché réglementé, reconnu et ouvert au public.

§ 1. – De la constitution d'un fonds de capital risque

Art. 67. – La constitution d'un fonds de capital risque n'est pas soumise à l'agrément de la Commission de contrôle des activités financières mais doit lui être déclarée dans des conditions définies par arrêté ministériel, dans le mois qui suit sa réalisation.

L'obligation de déclaration prévue à l'alinéa précédent est satisfaite par la communication à la Commission de contrôle des activités financières dans le mois qui suit la communication de l'attestation de dépôt prévue à l'article 70, d'un dossier comportant les éléments précisés par arrêté ministériel.

La Commission accuse, au moyen d'un récépissé, réception de la déclaration dans les huit jours ouvrés suivant la date à laquelle le dossier lui a été communiqué.

Art. 68. – Le recueil des souscriptions ne peut intervenir qu'après l'établissement du règlement du fonds de capital risque.

Art. 69. – Sans préjudice des dispositions de l'article 4, le règlement du fonds de capital risque indique, de manière explicite, qu'il s'agit d'un fonds bénéficiant d'une procédure déclarative, non soumis à l'agrément de la Commission de contrôle des activités financières pouvant adopter des règles d'investissement dérogatoires.

Un arrêté ministériel précise les rubriques du règlement d'un fonds de capital risque qui s'ajoutent à celles visées à l'article 4 de l'ordonnance souveraine n° 1.284 du 10 septembre 2007.

Art. 70. – Par dérogation aux dispositions du premier alinéa de l'article 42, dès que le montant minimum de l'actif du fonds de capital risque a été atteint, la société de gestion de portefeuille calcule la première valeur liquidative. L'attestation de dépôt correspondante est établie par le dépositaire et est adressée immédiatement à la Commission.

Lorsque le fonds de capital risque est composé de compartiments, le dépositaire établit une attestation de dépôt pour chaque compartiment.

§ 2. – Du fonctionnement d'un fonds de capital risque

Art. 71. – Lorsque l'actif d'un fonds de capital risque devient inférieur à 300 000 euros, les rachats de parts sont suspendus.

Lorsque cette situation se prolonge au-delà de 120 jours, il est procédé à la liquidation du fonds de capital risque concerné, à sa fusion ou sa scission.

Les modalités de l'information des porteurs ainsi que les conditions dans lesquelles ils peuvent obtenir le rachat de leurs parts sont définies par arrêté ministériel.

Art. 72. – Le commissaire aux comptes visé à l'article 29 de la loi n° 1.339 du 7 septembre 2007 apprécie à la fois l'évaluation des apports en nature et leur rémunération.

Le rapport visé au second alinéa de l'article 7 de la loi n° 1.339 du 7 septembre 2007 doit être communiqué à la société de gestion dans un délai de quinze jours à compter de la réalisation de l'apport.

La composition et les modalités d'évaluation des apports en nature d'un fonds de capital risque sont définies par arrêté ministériel.

Art. 73. – Les opérations de fusion, de scission, et de liquidation d'un fonds de capital risque doivent être déclarées à la Commission de contrôle des activités financières.

Les modalités de ces opérations sont définies par arrêté ministériel.

Art. 74. – Les documents adressés à la Commission de contrôle des activités financières en vertu des dispositions des articles 67 et 73 ont un effet purement déclaratif. Leur réception par la Commission n'implique aucune appréciation de sa part relative à leur contenu ou aux opérations auxquelles ils ont trait.

Art. 75. – Les modalités de valorisation des actifs d'un fonds de capital risque sont définies par arrêté ministériel.

Art. 76. – Sans préjudice des articles 34 à 41, les modalités d'établissement, de présentation et de transmission des comptes annuels d'un fonds de capital risque sont définies par arrêté ministériel.

Art. 77. – La société de gestion du fonds de capital risque peut décider la mise en distribution d'un ou plusieurs acomptes sur la base de situations attestées par le commissaire aux comptes.

Art. 78. – La souscription des parts de fonds de capital risque, directement ou par personne interposée, est réservée :

1° aux investisseurs professionnels, ainsi qu'à la société de gestion, ses dirigeants, ses salariés et personnes physiques agissant pour le compte de celle-ci ;

2° aux personnes physiques ou morales, souscrivant initialement un montant minimal de 30.000 euros lorsqu'elles remplissent l'une des trois conditions suivantes :

– elles apportent une assistance dans le domaine technique ou financier aux sociétés non cotées entrant dans l'objet du fonds en vue de leur création ou de leur développement ;

– elles apportent une aide à la société de gestion du fonds dans la recherche des investisseurs potentiels ou contribuent aux objectifs poursuivis par elle à l'occasion de la recherche, de la sélection, du suivi, de la cession des investissements ;

– elles possèdent une connaissance du capital investissement acquise en qualité d'apporteur direct de fonds propres à des sociétés non cotées ou en qualité de souscripteur dans un fonds de capital risque ou dans une société de capital risque non cotée ;

3° aux investisseurs souscrivant initialement un montant minimal de 500.000 euros.

Art. 79. – Les modalités d'établissement et de publication de la valeur liquidative d'un fonds de capital risque sont définies par arrêté ministériel.

En tout état de cause, le règlement du fonds de capital risque peut prévoir que le fonds de capital risque ne publie sa valeur liquidative qu'au moins deux fois par an.

Art. 80. – Les fonds de capital risque établissent des documents selon les indications déterminées dans un arrêté ministériel et selon une périodicité au moins annuelle fixée par le règlement du fonds de capital risque.

Ces documents sont remis sans délai à tout souscripteur ou porteur qui en fait la demande.

Art. 81. – La Commission peut exiger communication de tous les documents établis ou diffusés par un fonds de capital risque.

Elle peut en faire modifier à tout moment la présentation et la teneur et le cas échéant, demander l'arrêt de leur diffusion.

La publicité concernant des fonds de capital risque ou des compartiments doit être cohérente avec l'investissement proposé et mentionner, le cas échéant, les caractéristiques moins favorables et les risques inhérents aux options qui peuvent être le corollaire des avantages énoncés.

Sous-section 6. – Des règles relatives aux autres fonds d'investissement

Art. 82. – Les fonds d'investissement autres que ceux visés aux Sous-Sections précédentes sont réservés à des investisseurs professionnels.

Art. 83. – Sont abrogées les dispositions de l'ordonnance souveraine n° 9.867 du 26 juillet 1990 ainsi que toutes dispositions contraires à la présente ordonnance souveraine.

Dans tous les textes de nature réglementaire en vigueur, les références aux dispositions de l'ordonnance souveraine n° 9.867 du 26 juillet 1990 sont remplacées, s'il y a lieu, par des références à des dispositions de la présente ordonnance.

Arrêté ministériel n° 2013-391 du 8 août 2013
relatif aux fonds d'investissement immobiliers

CHAPITRE Ier. – Dispositions générales

Art. 1er. – Le montant minimal des actifs que les fondateurs doivent apporter lors de la constitution d'un fonds d'investissement immobilier est de 400.000 euros, ou sa contre-valeur dans la devise de référence du fonds, si celui-ci est libellé dans une devise autre que l'euro.

Le montant minimum d'actif net d'un fonds immobilier en cours de vie est de 5.000.000 d'euros, ou sa contre-valeur dans la devise de référence du fonds si celui-ci est libellé dans une devise autre que l'euro. Ce montant minimum d'actif net doit être respecté en permanence, et ce au plus tard douze mois après la constitution du fonds. S'il n'est pas satisfait à cette obligation dans les douze mois, il est procédé à la liquidation du fonds.

Art. 2. – Le fonds d'investissement immobilier souscrit un contrat d'assurance garantissant sa responsabilité civile et un contrat d'assurance dommage-reconstruction du fait des immeubles dont il est propriétaire.

Art. 3. – Le programme d'investissement du fonds décrit l'organisation mise en place par la société de gestion en termes de gestion, de contrôle interne et de prévention des conflits d'intérêts.

CHAPITRE II. – De la composition d'un fonds d'investissement immobilier

Art. 4. – Les fonds d'investissement immobiliers ont pour objet l'investissement dans des immeubles qu'ils détiennent directement ou indirectement, construits ou à construire, acquis en vue de la location ou de la revente, de même que dans des terrains nus, toutes opérations nécessaires à leur usage ou à leur revente, la réalisation de travaux de toute nature dans ces immeubles et dans une moindre mesure la gestion d'instruments financiers et de dépôts.

Art. 5. – Les actifs immobiliers éligibles, détenus directement ou indirectement, sont des immeubles construits ou à construire, des terrains nus, ainsi que les droits réels y afférant.

Art. 6. – L'actif d'un fonds d'investissement immobilier est composé :

1. à hauteur de 60 % au minimum d'actifs immobiliers, détenus directement et, ou indirectement au prorata des participations du fonds dans des sociétés, et, ou dans des véhicules d'investissement en actifs immobiliers

Ce quota d'investissement doit être respecté à chaque arrêté semestriel du fonds, et ce au plus tard douze mois après sa constitution.

L'exigence mentionnée au 1er alinéa de l'article 64 de l'ordonnance souveraine n° 1.285 du 10 sept. 2007 tient compte des actifs immobiliers détenus directement par le fonds immobilier et des actifs immobiliers détenus de manière indirecte au prorata des participations du fonds immobilier dans les sociétés et/ou véhicules d'investissement en actifs immobiliers.

En cas de détention indirecte d'actifs immobiliers, le programme d'investissement du fonds décrit le montage retenu.

2. à hauteur de 40 % maximum d'actifs mentionnés aux articles 7 et 8 de l'ordonnance souveraine n° 1.285 du 10 sept. 2007 susvisée, sous réserve du respect des règles de dispersion des risques figurant aux articles 7 à 21 de ce texte.

Les opérations de cession temporaire d'actifs ne peuvent porter que sur les actifs mentionnés au chiffre 2.

Les investissements effectués au titre des actifs visés au chiffre 2 sont réalisés dans le respect de l'objet du fonds et notamment dans le cadre de la gestion des risques et, ou de la trésorerie du fonds.

Art. 7. – Un fonds d'investissement immobilier dont la dissolution a été décidée par la société de gestion pour le compte de l'intégralité des porteurs, après agrément de la Commission de Contrôle des Activités Financières, n'est plus tenu de respecter le quota d'investissement de 60 % énoncé à l'article 6.

Le prospectus complet d'un fonds peut prévoir que le quota de 60 % énoncé à l'article 6 ne soit pas respecté de manière temporaire, pendant douze mois au plus, si l'objectif stratégique du fonds et l'intérêt des porteurs le justifient. La mise en œuvre de cette dérogation ne peut intervenir qu'après approbation de la Commission de Contrôle des Activités Financières et doit être justifiée dans les rapports visés aux articles 27 et 28 de la loi n° 1.339 du 7 sept. 2007, susvisée.

Art. 8. – Un fonds d'investissement peut procéder à des opérations d'emprunt dans la limite fixée au deuxième alinéa de l'article 64 de l'ordonnance souveraine n° 1.285 du 10 sept. 2007 susvisée, en vue de financer des actifs immobiliers.

Ponctuellement les opérations d'emprunt visées à l'alinéa précédent peuvent avoir pour objet d'honorer des demandes de rachat.

Le niveau maximum d'emprunt autorisé défini au deuxième alinéa de l'article 64 de l'ordonnance souveraine n° 1.285 du 10 sept. 2007, susvisée, doit être respecté en permanence.

Art. 9. – Lorsqu'un fonds réservé aux investisseurs professionnels déroge au niveau d'emprunt maximum autorisé en application du deuxième alinéa de l'article 65 de l'ordonnance souveraine n° 1.285 du 10 sept. 2007, susvisée, le prospectus complet définit le niveau d'emprunt maximum fixé et le programme d'investissement décrit les procédures mises en place pour gérer le risque qui est associé au niveau d'emprunt maximum envisagé, qui doit permettre d'assurer la pérennité du fonds immobilier.

Le niveau maximum d'emprunt dérogatoire visé au précédent alinéa doit être respecté en permanence.

Art. 10. – Le niveau maximum d'emprunt visé aux articles 8 et 9 tient compte des emprunts contractés directement par le fonds immobilier et des emprunts contractés par les sociétés et les véhicules d'investissement en actifs immobiliers au prorata des participations détenues par le fonds immobilier dans ces sociétés et véhicules d'investissement.

Art. 11. – Les opérations d'emprunt réalisées par tout fonds d'investissement immobilier font l'objet d'une information des porteurs de parts dans le rapport annuel du fonds visé à l'article 27 de la loi n° 1.339 du 7 sept. 2007.

CHAPITRE III. – Des conditions de souscription et de rachat de parts d'un fonds d'investissement immobilier

Art. 12. – Le programme d'investissement visé à l'article 45 de l'ordonnance souveraine n° 1.285 du 10 sept. 2007 susvisée, décrit les modalités de gestion de la liquidité du fonds.

Art. 13. – La Commission de Contrôle des Activités Financières peut demander qu'un avertissement sur le niveau restreint de liquidité du fonds soit mentionné dans le prospectus simplifié visé à l'article 4 de la loi n° 1.339 du 7 sept. 2007, susvisée.

Art. 14. – Les conditions de souscription et de rachat de parts d'un fonds d'investissement immobilier sont détaillées dans le prospectus complet du fonds.

Sont notamment précisés :

1. toutes restrictions appliquées aux souscriptions et, ou, aux rachats de parts telles que celles décrites aux articles 15 et 16 ;

2. l'existence, le cas échéant, de préavis incitatifs ;

3. le délai maximal entre la date de centralisation de l'ordre de souscription ou de rachat et la date de livraison ou de règlement des parts, qui ne peut excéder six mois, à l'exception des cas particuliers de suspension d'exécution des ordres de souscription ou de rachat prévus aux articles 15 et 16, décrits dans le prospectus complet du fonds.

Art. 15. – Le prospectus complet mentionne toute condition suspensive d'exécution des ordres de souscription.

Il décrit les situations objectives entraînant la suspension provisoire ou définitive de l'émission de parts, parmi lesquelles :

1 - un nombre maximal de parts est atteint ;

2 - un montant maximal d'actif est atteint ;

3 - une période de souscription initiale a expiré.

La mise en œuvre de la suspension de l'émission de parts ne peut intervenir qu'après information de la Commission de Contrôle des Activités Financières. Elle fait l'objet d'une publication au *Journal de Monaco* par la société de gestion du fonds d'investissement immobilier.

Le prospectus complet décrit également tout régime conditionnel d'exécution des ordres de souscription.

Art. 16. – Le prospectus complet mentionne toute condition suspensive d'exécution des ordres de rachat.

Il décrit notamment toute période de suspension provisoire des rachats, laquelle ne peut dépasser cinq ans, et durant laquelle aucune demande de rachat ne peut être effectuée.

La mise en œuvre d'une période de suspension provisoire des rachats ne peut intervenir qu'après information de la Commission de Contrôle des Activités Financières et des porteurs de parts du fonds.

Le prospectus complet décrit également tout régime conditionnel d'exécution des ordres de rachat.

Art. 17. – Lorsque la souscription à un fonds immobilier s'effectue par apport en nature, la société de gestion du fonds dispose d'un délai de 45 jours ouvrés maximum pour accepter ou refuser les biens apportés. La souscription est réalisée sur la prochaine valeur liquidative.

Les apports en nature sont évalués conformément au règlement et au programme d'investissement du fonds, sous le contrôle du Commissaire aux comptes du fonds qui établit un rapport à ce sujet.

CHAPITRE IV. – De la valorisation et des cas de distribution d'un fonds d'investissement immobilier

Art. 18. – En application du deuxième alinéa de l'article 42 de l'ordonnance souveraine n° 1.285 du 10 sept. 2007, l'établissement et la publication de la valeur liquidative d'un fonds immobilier sont effectués au moins deux fois par an, à intervalle régulier.

Art. 19. – Les modalités d'évaluation de l'actif du fonds immobilier sont fixées par la société de gestion, sous le contrôle du Commissaire aux comptes du fonds. Elles sont décrites dans le règlement et le programme d'investissement du fonds.

Pour l'établissement de la valeur liquidative, la société de gestion, responsable de la valorisation retenue, s'appuie sur l'évaluation des actifs immobiliers réalisée par le ou les experts immobiliers qu'elle a nommés. Les évaluations et leur justification sont fournies au Commissaire aux comptes à l'occasion de ses contrôles.

L'évaluation des actifs immobiliers est réalisée à chaque établissement de la valeur liquidative, à la valeur de marché.

Une expertise immobilière est réalisée au moins une fois par an.

Art. 20. – Les experts immobiliers, titulaire(s) et suppléant(s), mentionnés à l'article 63 de l'ordonnance souveraine n° 1.285 du 10 sept. 2007 sont nommés par la société de gestion pour une durée de trois exercices qui peut être renouvelée. Ces experts sont choisis en considération de leur expérience et de leur compétence en matière d'évaluation immobilière des actifs ciblés par le fonds.

La société de gestion établit une convention écrite avec chaque expert et veille à ce qu'il dispose des informations nécessaires à l'accomplissement de sa mission.

Dans le cadre de la demande d'agrément d'un fonds immobilier, la société de gestion fournit à la Commission le curriculum vitae de chaque expert, la lettre d'engagement signée par chaque expert ainsi qu'une attestation d'assurance garantissant sa responsabilité civile et professionnelle.

Le modèle de lettre d'engagement figure en annexe du présent arrêté ministériel.

Les modalités et la fréquence d'intervention du ou des experts immobiliers ainsi que la méthode appliquée par cet ou ces experts sont détaillées dans le programme d'investissement du fonds.

Art. 21. – Outre la distribution de revenus prévue aux articles 4, 37 et 38 de l'ordonnance souveraine n° 1.285 du 10 sept. 2007, le fonds immobilier peut procéder à la distribution de plus-values de cession d'actifs et, dès lors que le fonds est entré en phase de désinvestissement, de produits de cession d'actifs.

Toute distribution telle que précitée s'effectue dans les conditions fixées dans le règlement du fonds et fait l'objet d'une mention dans le rapport annuel du fonds visé à l'article 27 de la loi n° 1.339 du 7 sept. 2007.

ANNEXE - ENGAGEMENT DES EXPERTS IMMOBILIERS.

Chaque expert immobilier prend l'engagement signé suivant :

« L'expert immobilier soussigné reconnaît avoir une parfaite connaissance de la réglementation monégasque en matière de fonds d'investissement immobilier et notamment de la loi n° 1.339 du 7 septembre 2007, de l'ordonnance souveraine n° 1.285 du 10 septembre 2007 et de l'arrêté ministériel 2013-391 du 8 août 2013.

Il déclare exercer, à titre habituel, une activité d'évaluation d'actifs immobiliers et disposer d'une expérience, d'une compétence et d'une organisation adaptées à l'exercice de ses fonctions.

Il déclare, dans le cadre de la mission confiée, être indépendant de la société de gestion qui le mandate, du dépositaire, et de leurs éventuels délégataires, de toute contrepartie et tout prestataire du fonds, de l'autre (des autres) expert(s) immobilier(s) ainsi que des biens à évaluer. Il agit sous sa totale responsabilité.

La qualité de fondateur ou de porteur de parts du fonds est incompatible avec sa mission d'expert immobilier.

Il s'engage à informer la Commission de Contrôle des Activités Financières de tout obstacle rencontré dans l'accomplissement de sa mission.

Il s'engage à signifier à la société de gestion et à la Commission de Contrôle des Activités Financières toute modification de sa situation ne lui permettant plus de respecter le présent engagement. »

Loi n° 1.314 du 29 juin 2006

relative à l'exercice d'une activité de conservation ou d'administration d'instruments financiers

(Journal de Monaco, 30 juin 2006)

Art. 1er. – Les établissements de crédit sont soumis aux dispositions de la présente loi lorsqu'ils exercent une activité de conservation ou d'administration des instruments financiers ci-après :

1° les actions et autres titres donnant ou pouvant donner accès, directement ou indirectement, au capital ou aux droits de vote, transmissibles par inscription en compte ou tradition ;

2° les titres de créance qui représentent chacun un droit de créance sur la personne morale qui les émet, transmissibles par inscription en compte ou tradition, à l'exclusion des effets de commerce et des bons de caisse ;

3° les parts ou actions d'organismes de placements collectifs ;

4° les titres de même nature que ceux décrits aux chiffres 1° à 3°, émis sur le fondement de droits étrangers.

Art. 2. – L'activité de conservation ou d'administration d'instruments financiers consiste à inscrire en compte les instruments financiers au nom de leur titulaire et à conserver les avoirs correspondants, selon des modalités propres à chaque instrument financier.

Art. 3. – Le teneur de compte-conservateur doit disposer des moyens et procédures nécessaires à l'exercice de son activité, notamment, en ce qui concerne les ressources humaines, les moyens informatiques, la comptabilité, les dispositifs de protection de la clientèle et les contrôles internes, tels que définis par arrêté ministériel.

Art. 4. – Le teneur de compte-conservateur assure la garde et l'administration des instruments financiers qui lui ont été confiés au nom de leurs titulaires. Il apporte tous ses soins à la conservation des instruments financiers et veille à la stricte comptabilisation de ces instruments et de leurs mouvements. Il s'efforce également de faciliter l'exercice des droits qui leur sont attachés.

Il ne peut ni faire usage des instruments financiers inscrits en compte ou des droits qui y sont attachés, ni en transférer la propriété sans l'accord exprès de leur titulaire. Il organise ses procédures internes de manière

à garantir que tout mouvement affectant la conservation des instruments financiers pour compte de tiers, dont il a la charge, est justifié par une opération régulièrement enregistrée dans un compte de titulaire.

Le teneur de compte-conservateur a l'obligation de restituer les instruments financiers qui lui sont confiés. Si ces instruments n'ont pas d'autre support que scriptural, le teneur de compte-conservateur, responsable de leur inscription en compte les vire au teneur de compte-conservateur que le titulaire désigne.

Il doit prendre les mesures nécessaires pour que soient distingués, dans les livres des dépositaires centraux auxquels il adhère, les avoirs des organismes de placement collectif dont il est dépositaire, les avoirs de ses clients et ses avoirs propres.

Lorsque le teneur de compte-conservateur recourt aux services d'un mandataire, il doit dès que possible s'assurer de la mise en ouvre, dans les livres du mandataire, de la distinction prévue à l'alinéa précédent.

Art. 5. – Tout teneur de compte-conservateur doit comptabiliser les instruments financiers qu'il reçoit pour le compte d'un donneur d'ordres dans des comptes ouverts au nom de celui-ci.

Une convention d'ouverture de compte doit être établie préalablement à la comptabilisation desdits instruments financiers. Cette convention, conclue entre le teneur de compte-conservateur et le titulaire du compte, définit les principes de fonctionnement des comptes d'instruments financiers et identifie les droits et obligations respectifs des parties.

Pour la constatation et le suivi des droits des titulaires, les comptes d'instruments financiers sont tenus selon les règles de la comptabilité en partie double. La nomenclature des comptes et leurs règles de fonctionnement font l'objet d'un arrêté ministériel.

Art. 6. – Le teneur de compte-conservateur a une obligation d'information des titulaires de compte d'instruments financiers, selon des modalités que stipule la convention mentionnée à l'article précédent, et doit agir exclusivement dans leur intérêt.

Art. 7. – Le teneur de compte-conservateur s'assure que, sauf application d'une disposition légale ou réglementaire contraire, les mouvements d'instruments financiers qui affectent le compte d'un titulaire sont réalisés exclusivement sur instruction de celui-ci ou de son représentant ou, en cas de mutation, d'un tiers habilité.

Toute opération de nature à créer ou à modifier les droits d'un titulaire de compte fait l'objet d'un enregistrement, dès que le droit est constaté. Lorsque l'opération comprend, d'une part, un mouvement d'espèces ou de droits et, d'autre part, un mouvement correspondant d'instruments financiers, ces mouvements sont comptabilisés de façon concomitante.

Art. 8. – Le teneur de compte-conservateur peut recourir à un mandataire teneur de compte-conservateur pour tout ou partie des tâches liées à son activité de conservation. Il peut, simultanément ou indépendamment de ce mandat, charger un tiers de mettre des moyens techniques à sa disposition. Les mentions du mandat de conservation sont prescrites par arrêté ministériel.

Quand il recourt à un mandataire ou à un tiers mentionné aux alinéas précédents, le teneur de compte-conservateur procède à l'évaluation des moyens et des procédures mis en ouvre et des risques encourus.

La responsabilité du teneur de compte-conservateur vis-à-vis du titulaire du compte d'instruments financiers, n'est pas affectée par le fait qu'il mandate un autre teneur de compte-conservateur ou qu'un tiers mette des moyens techniques à sa disposition.

Art. 9. – La Commission de contrôle de la gestion de portefeuilles et des activités boursières assimilées est chargée de veiller à l'application de la présente loi, en conformité avec les articles 16-I et 16-II de la loi n° 1.194 du 9 juillet 1997, modifiée, relative à la gestion de portefeuilles et aux activités boursières assimilées.

Art. 10. – Lorsque la Commission de contrôle constate que les dispositions législatives ou réglementaires dont elle surveille l'application ne sont pas respectées, elle en informe le Ministre d'État. Dans ce cas, celui-ci peut, sur avis motivé de ladite commission, prononcer, à l'encontre des personnes physiques ou morales concernées :

1° un avertissement ;

2° un blâme ;

3° une sanction pécuniaire dont le maximum ne peut pas excéder 1,5 million d'euros, ou le quintuple du profit éventuellement réalisé pour les personnes physiques, ou le décuple du profit éventuellement réalisé pour les personnes morales ; le produit en est versé au fonds de garantie des investisseurs auquel est affiliée la personne morale teneur de compte-conservateur.

Aucune des mesures prévues au précédent alinéa ne peut être prise sans que les personnes en cause aient été préalablement entendues en leurs explications ou dûment appelées à les fournir par la Commission de contrôle de la gestion de portefeuilles et des activités boursières assimilées.

Art. 11. – Dans les cas prévus au premier alinéa de l'article précédent, le Ministre d'État peut également mettre en demeure l'établissement concerné de faire cesser les irrégularités constatées ou d'en supprimer les effets.

Lorsque la mise en demeure est restée infructueuse au terme du délai imparti, le Ministre d'État peut demander au Président du Tribunal de Première Instance, saisi et statuant comme en matière de référé, d'ordonner à l'établissement de crédit de se conformer à la mise en demeure. Le Président peut assortir sa décision d'une astreinte.

Loi nº 1.383 du 2 août 2011

sur l'Économie Numérique

(Journal de Monaco, 12 août 2011)

TITRE I. – DISPOSITIONS GÉNÉRALES

Art. 1er. – Au sens de la présente loi, on entend par :

– « consentement » : toute manifestation de volonté libre, spécifique et informée par laquelle une personne accepte que des informations nominatives la concernant soient utilisées à fin de prospection directe ;

– « consommateur » : toute personne physique qui, dans les contrats relevant de la présente loi, agit à des fins qui n'entrent pas dans le cadre de son activité professionnelle ;

– « contrat à distance » : tout contrat conclu dans le cadre d'un système de vente ou de prestations de services organisé par le fournisseur qui, pour ce contrat, met en œuvre une ou plusieurs techniques de communication à distance utilisant des moyens électroniques, jusqu'à la conclusion du contrat, y compris la conclusion du contrat elle-même ;

– « courrier électronique » : tout message, sous forme de texte, de voix, de son ou d'image, envoyé par un réseau de communication, stocké sur un serveur du réseau ou dans l'équipement terminal du destinataire ;

– « domaine de premier niveau » : nom de domaine internet situé au sommet de la hiérarchie, correspondant à l'extension suivant le dernier point dans un nom de domaine ;

– « fournisseur » : toute personne morale ou physique proposant dans le cadre de son activité professionnelle la fourniture de biens ou de services par la mise en œuvre d'une ou plusieurs techniques de communication à distance utilisant des moyens électroniques ;

– « nom de domaine » : la dénomination unique à caractère universel permettant d'accéder à un site internet identifiable, le signe distinctif unique et ubiquiste qui, dès lors qu'il est exploité, permet d'accéder à un site internet identifiable sous lequel une personne physique ou morale propose, à titre gratuit ou onéreux, des biens ou des services de natures diverses ;

– « prospection directe » : l'envoi de tout message destiné à promouvoir, directement ou indirectement, des biens, des services ou l'image d'une personne fournissant des biens ou des services ;

– « technique de communication à distance utilisant des moyens électroniques » : tout moyen qui, de manière électronique, sans présence physique et simultanée des parties, peut être utilisé pour la conclusion de contrats entre ces dernières ;

– « support durable » : tout instrument qui permet de stocker des informations d'une manière permettant de s'y reporter aisément à l'avenir pendant un laps de temps adapté aux fins auxquelles les informations sont destinées et qui permet la reproduction à l'identique des informations stockées.

TITRE II. – DU COMMERCE ÉLECTRONIQUE

Art. 2. – Les dispositions du présent titre s'appliquent :

– aux contrats de vente de biens ou de fourniture de services aux consommateurs par une ou plusieurs techniques de communication à distance utilisant des moyens électroniques ;

– aux services tels que ceux consistant à fournir des informations en ligne, des communications commerciales et des outils de recherche, d'accès et de récupération de données, d'accès à un réseau de communication ou d'hébergement d'informations, y compris lorsqu'ils ne sont pas rémunérés par ceux qui les reçoivent.

Les dispositions du présent titre s'appliquent aux relations entre professionnels dans les conditions de l'article 17.

Sont toutefois exclus du champ d'application du présent titre :

– les services financiers, notamment les services d'investissement, les opérations d'assurance et de réassurance, les services bancaires, les opérations ayant trait aux fonds de pension et les services visant des opérations à terme ou en option ;

– les activités de jeux d'argent exercées dans le cadre de jeux de hasard, y compris les loteries et les transactions portant sur des paris, à l'exclusion des concours ou jeux promotionnels qui ont pour but d'encourager la fourniture de biens ou de services et pour lesquels les paiements, s'ils ont lieu, ne servent qu'à acquérir les biens ou les services en promotion ;

– les contrats conclus par le moyen de distributeurs automatiques ou pour les prestations fournies dans les locaux commerciaux automatisés ;

– les contrats conclus avec les opérateurs chargés de l'exploitation des réseaux et des services de télécommunications et de communications électroniques pour l'utilisation des cabines téléphoniques publiques ;

– les contrats qui créent ou transfèrent des droits sur des biens immobiliers à l'exception des droits de location ;

– les activités exercées par les notaires ou les huissiers de justice, dans la mesure où elles comportent une participation directe et spécifique à l'exercice de l'autorité publique ;

– les activités de représentation et d'assistance en justice.

Art. 3. – Lorsqu'il est porté atteinte ou qu'il existe un risque sérieux et grave d'atteinte au maintien de l'ordre et de la sécurité publics, à la protection des mineurs, à la protection de la santé publique, ou à la protection des consommateurs, peuvent être prises des mesures particulières, définies par ordonnance souveraine.

Art. 4. – Sont soumises à la présente loi les activités définies au premier alinéa de l'article 2 si la personne qui l'exerce est établie sur le territoire monégasque, ou si la personne à qui sont destinés les biens ou services est établie sur le territoire de la Principauté.

En cas de conflit entre un fournisseur établi sur le territoire de la Principauté et un consommateur, même établi à l'étranger, à l'occasion d'un contrat à distance mettant en œuvre des moyens électroniques, compétence expresse est attribuée aux cours et tribunaux monégasques. Il en est de même dans l'hypothèse d'un litige entre un fournisseur établi sur un autre territoire que celui de la Principauté et un consommateur établi sur le territoire monégasque.

Art. 5. – En temps utile et avant la conclusion du contrat à distance, le consommateur doit bénéficier d'informations destinées à lui permettre d'identifier le fournisseur responsable de l'offre et de s'engager en toute connaissance de cause.

Le consommateur bénéficie auprès du fournisseur, avant la conclusion du contrat à distance, d'une information sur les garanties commerciales et le service après-vente.

Les informations visées au premier alinéa et les conditions de leur communication sont précisées par ordonnance souveraine.

Art. 6. – Le consommateur doit recevoir en temps utile et au plus tard au moment de la fourniture du bien ou du service, par écrit ou sur un autre support durable à sa disposition ou auquel il a accès, confirmation de toutes les informations visées par ordonnance souveraine.

Art. 7. – Pour que le contrat soit valablement conclu, le destinataire de l'offre doit avoir eu la possibilité de vérifier le détail de sa commande et son prix total, et de corriger d'éventuelles erreurs, avant de confirmer celle-ci pour exprimer son acceptation.

L'auteur de l'offre doit accuser réception sans délai injustifié et par voie électronique de la commande qui lui a été ainsi adressée.

La commande, la confirmation de l'acceptation de l'offre et l'accusé de réception sont considérés comme reçus lorsque les parties auxquelles ils sont adressés peuvent y avoir accès.

Art. 8. – Outre les exigences en matière d'informations visées à l'article 5, le fournisseur doit transmettre ou mettre à disposition, préalablement à la conclusion du contrat à distance, les conditions contractuelles applicables d'une manière qui permette leur conservation et leur reproduction ; celles-ci sont fixées par ordonnance souveraine.

Le fournisseur est tenu par son offre tant qu'elle reste accessible par voie électronique de son fait ou pour la durée de validité de cette offre s'il est expressément prévu une telle durée.

Art. 9. – Sauf si les parties en ont convenu autrement, la commande doit être exécutée au plus tard dans un délai de trente jours à compter du jour suivant celui où le consommateur a transmis sa commande au fournisseur.

En cas d'indisponibilité du bien ou du service commandé, le consommateur doit en être informé au plus tôt et se voir offrir la possibilité d'annuler ou de modifier sa commande.

Le consommateur dispose alors du choix de demander :

a) soit le remboursement des sommes versées dans les trente jours au plus tard de leur versement. En cas de retard, ces sommes dues sont majorées de plein droit de moitié.

b) soit la remise d'un bien ou d'un service de substitution équivalent en termes de qualité et de prix. Dans ce cas, les frais de retour du bien de substitution sont à la charge du fournisseur, le consommateur devant en être dûment et préalablement informé.

Les biens doivent être livrés à l'adresse indiquée par le consommateur.

Art. 10. – Le consommateur dispose d'un délai de sept jours francs pour exercer son droit de rétractation, dans les conditions fixées par ordonnance souveraine.

Le consommateur exerce son droit de rétractation par écrit ou sur un autre support durable à sa disposition ou auquel il a accès.

Le droit de rétractation visé aux alinéas précédents s'exerce sans avoir à justifier de motifs ni à payer de pénalités :

a) pour les biens, à compter du jour de leur réception par le consommateur.

b) pour les services, à compter du jour de l'acceptation de l'offre.

Seuls les frais directs de retour des biens peuvent, le cas échéant, être laissés à la charge du consommateur qui entend exercer son droit de rétractation.

Les biens doivent être retournés au fournisseur dans leur emballage d'origine.

Lorsque les informations prévues à l'article 5 n'ont pas été fournies, le délai d'exercice du droit de rétractation est porté à trois mois. Toutefois, lorsque la fourniture de ces informations intervient dans les trois mois à compter de la réception des biens ou de l'acceptation de l'offre, elle fait courir le délai de sept jours mentionné au premier alinéa.

Lorsque le droit de rétractation est exercé, le fournisseur est tenu de rembourser les sommes versées dans les meilleurs délais et au plus tard dans les trente jours suivant la date à laquelle ce droit a été exercé. Au-delà, les sommes dues sont majorées de plein droit de moitié.

Lorsque le prix d'un bien ou d'un service est, entièrement ou partiellement, financé par un crédit consenti au consommateur par le fournisseur ou par un tiers, sur la base d'un accord conclu entre ce dernier et le fournisseur, l'exercice par le consommateur de son droit de rétractation emporte résiliation sans pénalité du contrat de crédit.

Art. 11. – Est interdite la prospection directe au moyen d'un automate d'appel, d'un télécopieur ou d'un courrier électronique utilisant, sous quelque forme que ce soit, les coordonnées d'un consommateur qui n'a pas exprimé son consentement préalable à recevoir des prospections directes par ce moyen.

Toutefois, la prospection directe par courrier électronique est autorisée si les coordonnées du consommateur ont été recueillies directement auprès de lui, dans le respect des dispositions de la loi n° 1.165 du 23 décembre 1993, modifiée, à l'occasion d'une vente ou d'une prestation de services, si la prospection directe concerne des produits ou services analogues fournis par le même fournisseur, et si le consommateur se voit offrir, de manière expresse et dénuée d'ambiguïté, la possibilité de s'opposer, sans frais, hormis ceux liés à la transmission du refus, et de manière simple, à l'utilisation de ses coordonnées lorsque celles-ci sont recueillies et chaque fois qu'un courrier électronique de prospection lui est adressé.

Dans tous les cas, il est interdit d'émettre, à des fins de prospection directe, des messages au moyen d'automates d'appel, télécopieurs et courriers électroniques, sans indiquer de coordonnées valables auxquelles le consommateur puisse utilement transmettre une demande tendant à obtenir que ces communications cessent sans frais autres que ceux liés à la transmission de celle-ci. Il est également interdit de dissimuler l'identité de la personne pour le compte de laquelle la communication est émise et de mentionner un objet sans rapport avec la prestation ou le service proposé.

Le consentement du consommateur dont les coordonnées ont été recueillies avant la publication de la présente loi, dans les conditions prévues par la loi n° 1.165 du 23 décembre 1993, modifiée, à l'utilisation de celles-ci à fin de prospection directe peut être sollicité, par voie de courrier électronique, deux fois et pendant les six mois suivant la publication de la présente loi. À l'expiration de ce délai, le consommateur est présumé avoir refusé l'utilisation ultérieure de ses coordonnées personnelles à fin de prospection directe s'il n'a pas manifesté expressément son consentement à celle-ci.

Art. 12. – Toute publicité, sous quelque forme que ce soit, accessible par un service de communication à distance utilisant des moyens électroniques, doit pouvoir être clairement identifiée comme telle.

Elle doit rendre clairement identifiable la personne physique ou morale pour le compte de laquelle elle est réalisée.

Art. 13. – La fourniture, par une ou plusieurs techniques de communication à distance mettant en œuvre des moyens électroniques, de biens ou de services sans commande préalable du consommateur est interdite lorsqu'elle est accompagnée d'une demande de paiement.

Aucune obligation ne peut être mise à la charge du consommateur qui reçoit un bien ou un service en violation de cette interdiction.

Le fournisseur doit restituer les sommes qu'il aurait indûment perçues sans engagement exprès et préalable du consommateur ; ces sommes sont productrices d'intérêts au taux légal calculés à compter de la date du paiement indu et d'intérêts au taux légal majoré de moitié à compter de la demande de remboursement faite par le consommateur.

Art. 14. – Le fournisseur qui propose ou assure, par une ou plusieurs techniques de communication à distance utilisant des moyens électroniques, la fourniture de biens ou de services, est responsable de plein droit à l'égard du consommateur de la bonne exécution des obligations résultant du contrat à distance, que ces obligations soient à exécuter par lui-même ou par d'autres prestataires de services, sans préjudice de son droit de recours contre ceux-ci.

Toutefois, il peut s'exonérer de tout ou partie de sa responsabilité en apportant la preuve que l'inexécution ou la mauvaise exécution du contrat à distance est imputable, soit au consommateur, soit au fait, imprévisible et insurmontable, d'un tiers étranger à la fourniture des prestations prévues au contrat à distance, soit à un cas de force majeure.

Art. 15. – La preuve de l'exécution du devoir d'information, de confirmation des informations, du respect des délais et du consentement du consommateur incombe au fournisseur. Toute clause contraire est réputée nulle et non écrite.

Art. 16. – Le consommateur ne peut renoncer aux droits qui lui sont conférés en vertu de la présente loi. Toute clause contraire est réputée nulle et non écrite.

Art. 17. – Il peut être dérogé aux dispositions des articles 7 et au 2ème alinéa de l'article 8 dans les conventions conclues entre professionnels.

Art. 18. – Une lettre simple relative à la conclusion ou à l'exécution d'un contrat peut être envoyée par courrier électronique.

L'apposition de la date d'expédition résulte d'un procédé électronique dont la fiabilité est présumée, jusqu'à preuve contraire, lorsqu'il satisfait à des exigences fixées par ordonnance souveraine.

Art. 19. – Une lettre recommandée relative à la conclusion ou à l'exécution d'un contrat peut être envoyée par courrier électronique à condition que ce courrier soit acheminé par un tiers selon un procédé permettant d'identifier le tiers, de désigner l'expéditeur, de garantir l'identité du destinataire et d'établir si la lettre a été remise ou non au destinataire.

Le contenu de cette lettre, au choix de l'expéditeur, peut être imprimé par le tiers sur papier pour être distribué au destinataire ou peut être adressé à celui-ci par voie électronique.

Dans ce dernier cas, si le destinataire n'est pas un professionnel, il doit avoir accepté expressément l'envoi par ce moyen ou en avoir accepté l'usage au cours d'échanges antérieurs.

Lorsque l'apposition de la date d'expédition ou de réception résulte d'un procédé électronique, la fiabilité de celui-ci est présumée, jusqu'à preuve contraire, s'il satisfait à des exigences fixées par ordonnance souveraine.

Un avis de réception peut être adressé à l'expéditeur par voie électronique ou par tout autre dispositif lui permettant de le conserver.

Les modalités d'application du présent article sont fixées par ordonnance souveraine.

Art. 20. – La zone de nommage géographique « .mc » au sein des domaines de premier niveau relative à une zone géographique déterminée correspond au territoire monégasque.

Le service de l'État en charge de l'attribution des noms de domaine dans la zone de nommage géographique « .mc » ainsi que les missions et les modalités de gestion propres à cette activité sont fixés par ordonnance souveraine.

Les règles concernant l'attribution, l'enregistrement, la gestion et la maintenance des noms de domaine dans la zone de nommage géographique « .mc » sont établies par arrêté ministériel.

Art. 21. – Les obligations d'informations et de transmission des conditions contractuelles visées aux articles 5 et 8 sont satisfaites sur les équipements terminaux de radiocommunication mobile selon des modalités précisées par ordonnance souveraine.

Art. 22. – Sont punis de l'amende prévue au chiffre 2 de l'article 26 du Code pénal ceux qui méconnaissent les obligations prévues aux articles 5, 6, 7, 8, 9, 11 et 12.

Sont punis de l'amende prévue au chiffre 3 de l'article 26 du Code pénal ceux qui méconnaissent les obligations prévues aux articles 10 et 13.

En cas de récidive, le montant de l'amende est doublé.

Les dispositions du présent article ne sont pas applicables aux obligations qui incombent au seul consommateur.

TITRE III. – DE LA PREUVE ET DE LA SIGNATURE ÉLECTRONIQUES

Art. 23. – L'intitulé du paragraphe I de la section 1 du Chapitre VI du Titre III du Livre III du Code civil devient « Des dispositions générales ».

Ce paragraphe comprend désormais les articles 1162 et 1163.

Afin de tenir compte de l'insertion du paragraphe I ainsi modifié, les actuels paragraphes I, II, III, IV, V deviennent respectivement les paragraphes II, III, IV, V et VI. Leurs dispositions demeurent inchangées.

Art. 24 *(V. C. civ., art. 1163).*

Art. 25 *(V. C. civ., art. 1163-1 à 1163-3).*

Art. 26 *(V. C. civ., art. 1164).*

Art. 27 *(V. C. civ., art. 1173).*

Art. 28 *(V. C. civ., art. 963-1, 963-2 et 1172 et CPC, art. 279).*

TITRE IV. – DE LA RESPONSABILITÉ DES PRESTATAIRES TECHNIQUES

Art. 29. – Le prestataire qui fournit un service d'hébergement, à titre exclusif ou non, consistant dans le stockage de signaux, d'écrits, d'images, de sons ou de messages de toute nature fournis par un destinataire du service ne peut pas voir sa responsabilité civile ou pénale engagée du fait des activités ou des informations stockées à la demande d'un destinataire du service s'il n'avait pas effectivement connaissance de leur caractère illicite ou de faits et circonstances faisant apparaître ce caractère ou si, dès le moment où il en a eu cette connaissance, il a agi promptement pour retirer ces informations ou en rendre l'accès impossible.

La connaissance des faits litigieux est présumée acquise par le prestataire désigné au précédent alinéa lorsqu'il lui est notifié les éléments suivants :

– la date de la notification ;

– si le notifiant est une personne physique : ses nom, prénoms, profession, domicile, nationalité, date et lieu de naissance ; si le requérant est une personne morale : sa forme, sa dénomination, son siège social et son représentant légal ;

– les nom et domicile du destinataire ou, s'il s'agit d'une personne morale, sa dénomination et son siège social ;

– la description des faits litigieux et leur localisation précise ;

– les motifs pour lesquels le contenu doit être retiré ;

– la copie du message adressé à l'auteur ou à l'éditeur des informations ou activités litigieuses demandant leur interruption, leur retrait ou leur modification, ou la justification de ce que l'auteur ou l'éditeur n'a pu être contacté.

Ces dispositions ne s'appliquent pas lorsque le destinataire du service agit sous l'autorité ou le contrôle du prestataire.

Art. 30. – Le fait, pour toute personne, de présenter au prestataire mentionné à l'article précédent un contenu ou une activité comme étant illicite dans le but d'en obtenir le retrait ou d'en faire cesser la diffusion, alors qu'elle sait cette information inexacte, est puni d'une peine de six mois à un an d'emprisonnement et de l'amende prévue au chiffre 3 de l'article 26 du Code pénal.

Art. 31. – Le prestataire qui transmet, à titre exclusif ou non, sur un réseau de communication des informations fournies par un destinataire du service ou qui fournit un accès au réseau de communication ne peut voir sa responsabilité civile ou pénale engagée à raison de ces informations que dans les cas où, soit il est à l'origine de la demande de transmission litigieuse, soit il sélectionne le destinataire de la transmission, soit il sélectionne ou modifie les informations faisant l'objet de la transmission.

Il informe ses abonnés de l'existence de moyens techniques permettant de restreindre l'accès à certains services, de prévenir les manquements aux éventuels agissements contrefacteurs réalisés sur un réseau de communication ou de les sélectionner et leur propose au moins un de ces moyens.

Art. 32. – Les personnes mentionnées aux articles 29 et 31 ne sont pas soumises à une obligation générale de surveiller les informations qu'elles transmettent ou stockent, ni à une obligation générale de rechercher des faits ou des circonstances révélant des activités illicites.

Le précédent alinéa est sans préjudice de toute activité de surveillance ciblée et temporaire demandée par l'autorité judiciaire.

Art. 33. – Les personnes dont l'activité est d'éditer un service de communication au public en ligne mettent à la disposition du public :

a) s'il s'agit de personnes physiques, leurs nom, prénoms, domicile et numéro de téléphone et, si elles sont assujetties aux formalités d'inscription au registre du commerce et l'industrie, le numéro de leur inscription ;

b) s'il s'agit de personnes morales, leur dénomination ou leur raison sociale et leur siège social, leur numéro de téléphone et, s'il s'agit d'entreprises assujetties aux formalités d'inscription au registre du commerce et des sociétés ou au répertoire des métiers, le numéro de leur inscription, leur capital social, l'adresse de leur siège social ;

c) le nom du directeur ou du codirecteur de la publication ;

d) le nom, la dénomination ou la raison sociale et l'adresse et le numéro de téléphone du prestataire mentionné à l'article 31.

Les personnes éditant à titre non professionnel un service de communication au public en ligne peuvent ne tenir à la disposition du public, pour préserver leur anonymat, que le nom, la dénomination ou la raison sociale et l'adresse du prestataire mentionné à l'article 31, sous réserve de lui avoir communiqué les éléments d'identification personnelle prévus au *a)*.

Art. 34. – Les personnes mentionnées aux articles 29 et 31 détiennent et conservent les données de nature à permettre l'identification de quiconque a contribué à la création du contenu ou de l'un des contenus des services dont elles sont prestataires.

Une ordonnance souveraine définit les données mentionnées au premier alinéa et détermine la durée et les modalités de leur conservation.

TITRE V. – DE LA SÉCURITÉ DANS L'ÉCONOMIE NUMÉRIQUE

Art. 35. – On entend par moyen de cryptologie tout matériel ou logiciel conçu ou modifié pour transformer des données, qu'il s'agisse d'informations ou de signaux, à l'aide de conventions secrètes ou pour réaliser l'opération inverse avec ou sans convention secrète.

Ces moyens de cryptologie permettent d'assurer la confidentialité des données, leur authentification ou le contrôle de leur intégrité pendant leur période d'archivage ou au moment de leur transmission.

On entend par prestation de cryptologie toute opération visant à la mise en œuvre, pour le compte d'une tierce personne, de moyens de cryptologie.

Art. 36. – L'utilisation des moyens de cryptologie est libre.

La fourniture, le transfert depuis ou vers un autre territoire que celui de la Principauté, l'importation et l'exportation des moyens de cryptologie assurant exclusivement des fonctions d'authentification ou de contrôle d'intégrité sont libres.

La fourniture, le transfert depuis ou vers un autre territoire que celui de la Principauté, l'exportation ou l'importation d'un moyen de cryptologie n'assurant pas exclusivement des fonctions d'authentification ou de contrôle d'intégrité sont soumis à une déclaration préalable auprès du service administratif désigné par arrêté ministériel, sauf dans les cas prévus au *b)* du présent article. Le fournisseur ou la personne procédant au transfert ou à l'importation tiennent à la disposition du service administratif susvisé une description des caractéristiques techniques de ce moyen de cryptologie, ainsi que le code source des logiciels utilisés. Une ordonnance souveraine fixe :

a) les conditions dans lesquelles sont souscrites ces déclarations, les conditions et les délais dans lesquels le service administratif peut demander communication des caractéristiques du moyen, ainsi que la nature de ces caractéristiques ;

b) les catégories de moyens dont les caractéristiques techniques ou les conditions d'utilisation sont telles que, au regard des intérêts de la sécurité intérieure ou extérieure de la Principauté, leur fourniture, leur transfert depuis un autre territoire que celui de la Principauté ou leur importation peuvent être dispensés de toute formalité préalable.

Art. 37. – La fourniture de prestations de cryptologie doit être déclarée auprès du service administratif susvisé. Une ordonnance souveraine définit les conditions dans lesquelles est effectuée cette déclaration et peut prévoir des exceptions à cette obligation pour les prestations dont les caractéristiques techniques ou les conditions de fourniture sont telles que, au regard des intérêts de la sécurité intérieure ou extérieure de la Principauté, cette fourniture peut être dispensée de toute formalité préalable.

Les personnes exerçant cette activité sont tenues au secret professionnel institué par l'article 308 du Code pénal.

Art. 38. – Sauf à démontrer qu'elles n'ont commis aucune faute intentionnelle ou par négligence, les personnes fournissant des prestations de cryptologie à des fins de confidentialité sont responsables au titre de ces prestations du préjudice causé aux personnes leur confiant la gestion de leurs conventions secrètes en cas d'atteinte à l'intégrité, à la confidentialité ou à la disponibilité des données transformées à l'aide de ces conventions.

Elles doivent justifier d'une garantie financière suffisante, spécialement affectée au paiement des sommes qu'elles pourraient devoir aux personnes leur confiant la gestion de leurs conventions secrètes ou d'une assurance garantissant les conséquences pécuniaires de leur responsabilité civile professionnelle.

Art. 39. – La fourniture de service de certification électronique doit être déclarée auprès du service administratif. Une ordonnance souveraine définit les conditions dans lesquelles est effectuée cette déclaration.

Les personnes exerçant cette activité sont tenues au secret professionnel institué par l'article 308 du Code pénal.

Art. 40. – Sauf à démontrer qu'ils n'ont commis aucune faute intentionnelle ou par négligence, les prestataires de services de certification électronique sont responsables du préjudice causé aux personnes qui se sont fiées raisonnablement aux certificats présentés par eux comme qualifiés dans chacun des cas suivants :

a) les informations contenues dans le certificat, à la date de sa délivrance, étaient inexactes ;

b) les données prescrites pour que le certificat puisse être regardé comme qualifié étaient incomplètes ;

c) les données afférentes à la création de signature et celles afférentes à la vérification de signature ne peuvent être utilisées de façon complémentaire, dans le cas où le prestataire de service de certification électronique génère ces deux types de données ;

d) les prestataires n'ont pas fait procéder à l'enregistrement de la révocation du certificat et tenu cette information à la disposition des tiers. Les prestataires ne sont pas responsables du préjudice causé par un usage du certificat dépassant les limites fixées à son utilisation ou à la valeur des transactions pour lesquelles il peut être utilisé, à condition que ces limites figurent dans le certificat et soient discernables par les utilisateurs.

Ils doivent justifier d'une garantie financière suffisante, spécialement affectée au paiement des sommes qu'ils pourraient devoir aux personnes s'étant fiées raisonnablement aux certificats qualifiés qu'ils délivrent, ou d'une assurance garantissant les conséquences pécuniaires de leur responsabilité civile professionnelle.

Art. 41 *(V. L. n° 1.165, 23 déc. 1993, art. 14-3).*

Art. 42. – Lorsqu'un fournisseur de moyens de cryptologie, même à titre gratuit, ne respecte pas les obligations auxquelles il est assujetti en application de l'article 36, le Ministre d'État peut prononcer l'interdiction de mise en circulation du moyen de cryptologie concerné, l'intéressé entendu en ses explications ou dûment appelé à les fournir.

L'interdiction de mise en circulation est applicable sur l'ensemble du territoire de la Principauté. Elle emporte en outre pour le fournisseur l'obligation de procéder au retrait :

a) auprès des diffuseurs commerciaux, des moyens de cryptologie dont la mise en circulation a été interdite ;

b) des matériels constituant des moyens de cryptologie dont la mise en circulation a été interdite et qui ont été acquis à titre onéreux, directement ou par l'intermédiaire de diffuseurs commerciaux.

Le moyen de cryptologie concerné pourra être remis en circulation dès que les obligations antérieurement non respectées auront été satisfaites, dans les conditions prévues à l'article 36.

Art. 43. – Le fait de ne pas satisfaire à l'obligation de déclaration prévue à l'article 36 en cas de fourniture, de transfert depuis ou vers un autre territoire que celui de la Principauté, d'importation ou d'exportation d'un moyen de cryptologie ou à l'obligation de communication au Ministre d'État prévue par ce même article est puni d'un an d'emprisonnement et de l'amende prévue au chiffre 4 de l'article 26 du Code pénal, ou de l'une de ces deux peines seulement.

Le fait de vendre ou de louer un moyen de cryptologie ayant fait l'objet d'une interdiction administrative de mise en circulation en application de l'article 42 est puni de deux ans d'emprisonnement et de l'amende prévue au chiffre 4 de l'article 26 du Code pénal, ou de l'une de ces deux peines seulement.

Le fait de fournir des prestations de cryptologie visant à assurer des fonctions de confidentialité sans avoir satisfait à l'obligation de déclaration prévue à l'article 37 est puni de deux ans d'emprisonnement et de l'amende prévue au chiffre 4 de l'article 26 du Code pénal, ou de l'une de ces deux peines seulement.

Le fait de fournir des prestations de service de certification électronique visant à assurer des fonctions d'authentification et d'intégrité sans avoir satisfait à l'obligation de déclaration prévue à l'article 39 est puni de six mois d'emprisonnement et de l'amende prévue au chiffre 3 de l'article 26 du Code pénal, ou de l'une de ces deux peines seulement.

Les personnes physiques coupables de l'une des infractions prévues au présent article encourent également les peines complémentaires suivantes :

a) l'interdiction d'émettre des chèques autres que ceux qui permettent le retrait de fonds par le tireur auprès du tiré ou ceux qui sont certifiés, et d'utiliser des cartes de paiement ;

b) la confiscation de la chose qui a servi ou était destinée à commettre l'infraction ou de la chose qui en est le produit, à l'exception des objets susceptibles de restitution ;

c) l'interdiction, pour une durée de cinq ans au plus, d'exercer une fonction publique ou d'exercer l'activité professionnelle ou sociale dans l'exercice ou à l'occasion de l'exercice de laquelle l'infraction a été commise ;

d) la fermeture, pour une durée de cinq ans au plus, des établissements ou de l'un ou de plusieurs des établissements de l'entreprise ayant servi à commettre les faits incriminés ;

e) l'exclusion, pour une durée de cinq ans au plus, des marchés publics.

Les personnes morales sont responsables pénalement, dans les conditions prévues par l'article 4-4 du Code pénal, des infractions visées au présent article. Les peines encourues par les personnes morales sont :

a) l'amende, suivant les modalités prévues par l'article 29-2 du Code pénal ;

b) les peines mentionnées à l'article 29-4 du Code pénal.

Art. 44 *(V. C. pén., art. 392-3).*

DROIT SOCIAL - DROIT SANITAIRE

Ordonnance-Loi n° 399 du 6 octobre 1944

autorisant la création de syndicats professionnels

Vu la loi n° 278 du 2 octobre 1939, donnant délégation temporaire du pouvoir législatif ; Vu la loi n° 393 du 3 juillet 1944, renouvelant la délégation de pouvoir législatif donnée à l'autorité souveraine.

Art. 1er ***(L. n° 541, 15 mai 1951).*** **– Les salariés monégasques et les salariés étrangers, régulièrement autorisés à travailler dans la Principauté, peuvent s'affilier aux syndicats qui seront constitués entre eux pour l'étude et la défense de leurs intérêts économiques ou professionnels et la représentation de la profession et de ses membres.**

Il leur est interdit de s'affilier, en même temps, à plusieurs syndicats différents.

CHAPITRE I. – DE LA FORMATION DES SYNDICATS

Art. 2 ***(L. n° 541, 15 mai 1951).*** **– Les syndicats constitués ne pourront grouper que des personnes exerçant la même profession, des métiers similaires ou des professions connexes.**

Art. 3 ***(Abr., L. n° 541, 15 mai 1951).***

Art. 4. – Le syndicat est dirigé et administré par un bureau élu, pour un an, à la majorité des voix, par les adhérents.

Ce bureau est composé :

d'un président,

d'un secrétaire,

d'un trésorier, et d'un nombre de conseillers variable, suivant le nombre d'adhérents.

Ne peuvent faire partie du bureau que les adhérents des deux sexes âgés de vingt et un ans au moins, n'ayant encouru aucune condamnation à une peine afflictive ou infamante, jouissant de leurs droits civils.

La majorité des membres du bureau syndical devra être de nationalité monégasque ou française.

Art. 5. – Les femmes mariées peuvent, sans l'autorisation maritale, adhérer à un syndicat professionnel et participer à sa direction et à son administration.

Les mineurs âgés de plus de seize ans peuvent adhérer à un syndicat professionnel, sauf opposition de leur représentant légal.

Art. 6. – Peuvent continuer à faire partie d'un syndicat les personnes qui ont quitté leur profession, à condition qu'elles l'aient exercée au moins pendant cinq ans dans la Principauté et qu'elles y résident effectivement.

Art. 7. – Les statuts et les règlements des syndicats professionnels devront être soumis à l'approbation du gouvernement (1).

CHAPITRE II. – DE LA FORMATION DES SYNDICATS

Art. 8. – Les syndicats jouissent de la personnalité civile. Ils ont le droit d'ester en justice et d'acquérir sans autorisation, à titre gratuit ou à titre onéreux, des biens meubles ou immeubles nécessaires à leur fonctionnement.

---

(1) V. Ord. n° 2.942, 4 déc. 1944 *(mod., Ord. n° 477, 9 nov.1951 ; Ord. n° 960, 27 avr. 1954).*

Art. 9. – Ils peuvent, devant toutes les juridictions, exercer tous les droits réservés à la partie civile relativement aux faits portant un préjudice direct ou indirect à l'intérêt collectif de la profession qu'ils représentent.

Art. 10. – Ils peuvent, sous réserve des autorisations administratives prévues par les lois en vigueur, créer, administrer, subventionner des institutions de prévoyance, cours et publications intéressant le métier ou la profession, coopératives d'achat ou institutions analogues.

CHAPITRE III. – UNION DES SYNDICATS

Art. 11 *(L. n° 541, 15 mai 1951)*. – Les syndicats régulièrement constitués d'après les prescriptions de la présente ordonnance peuvent librement se concerter pour l'étude et la défense de leurs intérêts professionnels.

Les statuts des fédérations ainsi formées doivent déterminer les règles selon lesquelles les syndicats adhérents seront représentés dans le conseil d'administration et dans les assemblées générales.

Ces statuts ainsi que tous autres règlements, doivent être soumis à l'approbation du gouvernement.

Les fédérations doivent faire connaître à ce dernier le nom et le siège social des syndicats qui les composent.

Art. 12 *(L. n° 541, 15 mai 1951)*. – Chaque fédération de syndicats est dirigée et administrée par un bureau fédéral élu pour un an, à la majorité des voix, par les représentants des syndicats adhérents réunis en assemblée générale.

Les bureau fédéraux se composent :

– d'un secrétaire général,

– d'un trésorier général, qui devront être de nationalité monégasque ;

– d'un nombre variable de conseillers qui pourront être de nationalité autre que la nationalité monégasque, à la condition que la majorité des conseillers soit de nationalité monégasque ou française.

Les membres des bureaux devront remplir les conditions exigées au deuxième alinéa de l'article 4 de la présente ordonnance-loi.

La composition des bureaux fédéraux ainsi que celle de chaque bureau syndical devront être déclarées au ministère d'État dans les huit jours qui suivront leur nomination ou leur renouvellement.

Art. 13 *(L. n° 541, 15 mai 1951)*. – Les fédérations des syndicats jouissent des droits conférés aux syndicats professionnels par le chapitre II de la présente ordonnance-loi.

Il leur est interdit de s'affilier, pour quelque motif que ce soit, à un organisme national étranger.

Loi n° 403 du 28 novembre 1944

autorisant la création de syndicats patronaux

Art. 1er *(L. n° 542, 15 mai 1951)*. – Toutes les personnes physiques ou morales, régulièrement autorisées à exercer une activité commerciale, industrielle ou professionnelle, peuvent s'affilier aux syndicats qui seront formés entre elles pour l'étude et la défense de leurs intérêts économiques, industriels, commerciaux ou professionnels, et pour la représentation de leur profession ou corporation.

Il est interdit de s'affilier, en même temps, à plusieurs syndicats différents.

Les sociétés seront représentées par le président de leur conseil d'administration, leur administrateur-délégué, leur administrateur-gérant ou leur directeur.

Art. 2 *(L. n° 542, 15 mai 1951)*. – Les syndicats constitués ne pourront grouper que des personnes exerçant la même profession ou des professions connexes ou exploitant des commerces ou des industries similaires.

Toutefois, des personnes exerçant des commerces ou des industries diverses pourront se grouper en un syndicat commun lorsqu'elles seront en nombre suffisant pour former des syndicats distincts pour chaque profession.

Art. 3. – Le syndicat est dirigé et administré par un bureau élu, pour un an à la majorité des voix, par les adhérents.

Ce bureau est composé :

d'un président,

d'un secrétaire,

d'un trésorier

et d'un nombre de conseillers variable suivant le nombre d'adhérents.

Ne peuvent faire partie du bureau que les adhérents des deux sexes âgés de 21 ans au moins, n'ayant encouru aucune condamnation à une peine afflictive infamante et jouissant de leurs droits civils. La majorité des membres du bureau syndical devra être de nationalité monégasque ou française.

Art. 4. – Les femmes mariées peuvent, sans l'autorisation maritale, adhérer à un syndicat professionnel et participer à sa direction et à son administration. Les mineurs âgés de plus de 16 ans peuvent adhérer à un syndicat professionnel, sauf opposition de leur représentant légal.

Art. 5. – Les statuts et les règlements des syndicats professionnels devront être soumis à l'approbation du gouvernement.

Art. 6. – Peuvent continuer à faire partie d'un syndicat les personnes qui ont quitté leur profession, à condition qu'elles l'aient exercée au moins pendant cinq ans dans la Principauté et qu'elles y résident effectivement.

Art. 7. – Les syndicats jouissent de la personnalité civile. Ils ont droit d'ester en justice et d'acquérir sans autorisation, à titre gratuit ou à titre onéreux, des biens meubles ou immeubles nécessaires à leur fonctionnement.

Art. 8. – Ils peuvent, devant toutes les juridictions, exercer tous les droits réservés à la partie civile relativement aux faits portant préjudice direct ou indirect à l'intérêt collectif de la profession qu'ils représentent.

Art. 9. – Ils peuvent, sous réserve des autorisations administratives prévues par la loi en vigueur, créer, administrer, subventionner des institutions de prévoyance, cours et publications intéressant le commerce, l'industrie ou la profession, coopératives d'achat ou institutions analogues.

Art. 10 *(L. n° 542, 15 mai 1951)*. – Les syndicats régulièrement constitués d'après les prescriptions de la présente loi peuvent librement se concerter pour l'étude et la défense de leurs intérêts économiques.

Les statuts des fédérations formées doivent déterminer les règles selon lesquelles les syndicats adhérents sont représentés dans le conseil d'administration et dans les assemblées générales.

Ces statuts, ainsi que tous autres règlements, doivent être soumis à l'approbation du gouvernement.

Les fédérations doivent faire connaître à ce dernier le nom et le siège social des syndicats qui les composent.

Art. 11 *(L. n° 542, 15 mai 1951)*. – Chaque fédération de syndicats est dirigée et administrée par un bureau fédéral, élu pour un an, à la majorité des voix, par les représentants des syndicats adhérents réunis en assemblée générale.

Les bureaux fédéraux se composent :

- d'un président,
- d'un secrétaire général,
- d'un trésorier général, qui devront être de nationalité monégasque ;
- d'un nombre variable de conseillers qui pourront être d'une nationalité autre que la nationalité monégasque, à condition que la majorité des conseillers soit de nationalité monégasque ou française.

Les membres des bureaux fédéraux devront remplir les conditions exigées au troisième alinéa de la présente loi.

La composition des bureaux fédéraux, ainsi que celle de chaque bureau syndical, devront être déclarées au ministère d'État dans les huit jours qui suivront leur nomination ou leur renouvellement.

Art. 12 *(L. n° 542, 15 mai 1951)*. – Les fédérations de syndicats jouiront de la capacité reconnue aux syndicats par les articles 7, 8 et 9 de la présente loi.

Il leur est interdit de s'affilier, pour quelque motif que ce soit, à un organisme étranger.

Ordonnance nº 2.951 du 29 décembre 1944

portant réglementation de la formation et du fonctionnement des syndicats

Vu la loi n° 403 du 28 novembre 1944 ;

TITRE I. – DE LA FORMATION DES SYNDICATS

Art. 1er. – En vue d'obtenir l'approbation des statuts et règlements prévue à l'article 5 de la loi n° 403 du 28 novembre 1944, les fondateurs de tout syndicat devront déposer à la direction des services sociaux trois exemplaires desdits statuts et règlements. Il leur en sera délivré récépissé.

Art. 2. – L'approbation est donnée par arrêté ministériel. Un exemplaire des statuts et règlements est retourné aux fondateurs avec une ampliation de l'arrêté.

Art. 3. – Les fondateurs devront convoquer une assemblée générale de fondation dans le mois qui suivra la publication de l'arrêté d'approbation.

Cette assemblée, convoquée par une insertion au *Journal de Monaco*, devra réunir au moins les deux tiers des adhérents.

Art. 4 *(Ord. n° 478, 9 nov. 1951)*. – L'assemblée de fondation nomme un bureau provisoire. Ce bureau demeure en fonction jusqu'à l'élection du bureau par la première assemblée générale ordinaire qui devra être convoquée dans un délai maximum de un mois.

Le procès-verbal de l'assemblée de fondation constitue l'acceptation des membres du bureau.

La liste des membres du bureau provisoire doit être déposée, contre récépissé et en triple exemplaire, à la direction des services sociaux, dans les huit jours qui suivent la tenue régulière de l'assemblée de fondation.

Dans les huit jours de la date dudit récépissé il sera publié, par les soins de la direction des services sociaux, une mention au *Journal de Monaco* constatant la tenue de l'assemblée de fondation et le dépôt de la liste des membres du bureau provisoire.

Art. 5. – Le syndicat ne jouira des droits qui lui sont conférés par la loi du 28 novembre 1944, et, notamment, de la capacité civile prévue à l'article 6 de ladite loi, qu'après l'accomplissement des formalités prévues ci-dessus.

TITRE II. – DU FONCTIONNEMENT DES SYNDICATS

CHAPITRE I. – DES ASSEMBLÉES SYNDICALES

Art. 6. – Le syndicat est représenté par l'assemblée générale de tous ses membres convoqués individuellement.

Art. 7 *(Ord. n° 478, 9 nov. 1951)*. – Il est tenu au moins une assemblée générale ordinaire par an. Cette assemblée prononce les admissions et les exclusions des membres du syndicat, nomme ou révoque les membres du bureau syndical, fixe le montant de la cotisation mensuelle demandée aux adhérents, discute les comptes qui lui sont présentés par le trésorier et délibère sur toutes les questions à l'ordre du jour.

Doivent être obligatoirement présentés à l'assemblée, à peine de nullité, un rapport moral sur l'activité du bureau, ainsi qu'un rapport sur les finances syndicales.

Toute proposition déposée avant l'ouverture de la séance, par un adhérent à jour de ses cotisations pourra, s'il y a lieu, être mise à l'ordre du jour.

Art. 8. – Le bureau syndical peut, quand il le juge opportun, réunir des assemblées extraordinaires.

Sur la demande d'un dixième des membres du syndicat adressée au bureau syndical, une assemblée générale extraordinaire devra être convoquée dans le mois du dépôt de la demande.

Les signataires de cette demande devront faire connaître les motifs de la réunion ainsi que l'ordre du jour proposé.

Art. 9. – L'assemblée ordinaire doit être composée d'un nombre de syndiqués représentant au moins les trois quarts des membres du syndicat. Ne peuvent assister et voter aux assemblées que les membres à jour de leurs cotisations.

Si ce nombre n'est pas réuni, une nouvelle assemblée est convoquée dans le délai d'un mois au plus et elle délibère valablement si elle rassemble au moins un quart des membres.

Art. 10 *(Ord. n° 478, 9 nov. 1951).* – L'assemblée extraordinaire ne peut délibérer valablement que si elle rassemble au moins le quart des membres du syndicat.

L'assemblée extraordinaire ne peut délibérer que sur les questions qui seront à l'ordre du jour et qui auront été portées à la connaissance des intéressés.

Toute assemblée ayant pour objet de proposer une modification aux statuts, l'affiliation à une fédération monégasque ou le retrait de cette affiliation, l'augmentation du montant des cotisations syndicales ou l'accomplissement d'actes juridiques susceptibles de modifier le fonctionnement du syndicat doit, à peine de nullité, réunir au moins les trois quarts des membres du syndicat.

Dans les cas prévus au paragraphe précédent, un rapport spécial doit être présenté par le bureau.

Art. 11. – L'assemblée annuelle et les assemblées extraordinaires sont souveraines ; seule une assemblée ordinaire peut modifier ou annuler les décisions d'une assemblée ordinaire précédente.

CHAPITRE II. – DU BUREAU SYNDICAL

Art. 12. – Le bureau applique les décisions des assemblées, il dirige l'organisation et le fonctionnement du syndicat entre les séances des assemblées. Il administre les biens du syndicat et préside les assemblées.

Le bureau doit se réunir au moins une fois par mois.

Art. 13. – Les membres du bureau syndical sont élus pour un an. Ils sont rééligibles.

Art. 14 *(Abr., Ord. n° 478, 9 nov. 1951).*

Art. 15. – Les fonctions des membres du bureau sont gratuites. Des frais de représentation ou de déplacement peuvent éventuellement leur être alloués par le bureau syndical.

Art. 16. – Les décisions du bureau sont prises à la majorité des voix, un secrétaire ou un trésorier étant obligatoirement présent, à peine de nullité de la réunion du bureau.

Art. 17. – Le président assure la régularité du fonctionnement du syndicat conformément aux lois et aux statuts ; il exécute les décisions du bureau sur mandat formel ; il représente le syndicat dans toutes les manifestations de la vie syndicale tant en justice que dans les relations contractuelles ; il signe les délibérations, convocations et pièces comptables ; aucune manifestation publique, aucune démarche, aucune communication à la presse ne peuvent être faites sans son assentiment écrit.

Dans toutes ses démarches auprès des autorités, le président doit être accompagné d'un membre du bureau.

En cas d'empêchement, il peut se faire remplacer sur simple délégation par un membre du bureau.

Habilité par le bureau, il pourra entreprendre toute action en justice au nom du syndicat et y défendre sans autorisation.

Art. 18. – Le trésorier perçoit les cotisations, il est responsable de la caisse et des fonds du syndicat. Il présente annuellement le compte rendu financier à l'assemblée générale.

Art. 19. – Aucun membre du bureau syndical ou de l'assemblée ne pourra, par ses actes, ses écrits ou ses paroles, engager l'action générale du syndicat sans une décision régulière du bureau syndical ou de l'assemblée.

Art. 20. – Toutes les convocations aux réunions du bureau devront, à peine de nullité de ces réunions, être faites par lettre ou par voie de presse.

CHAPITRE III. – DISPOSITIONS DIVERSES

Art. 21. – Les ressources des syndicats sont constituées par :

1° Les droits d'entrée et les cotisations des adhérents ;

2° Les subventions, dons et legs ;

3° Les intérêts des sommes placées.

Art. 22. – Le taux du droit d'entrée et des cotisations mensuelles sont fixés par l'assemblée générale dans les conditions déterminées ci-dessus. Ils pourront être modifiés par décision du bureau syndical approuvée par l'assemblée générale.

Art. 23. – Tout adhérent en retard de trois mois de cotisation pourra être radié dans les formes et conditions fixées par le règlement intérieur du syndicat.

Art. 24. – L'exclusion d'un membre du syndicat pourra être proposée par le bureau syndical et votée par l'assemblée générale.

Le membre proposé pour l'exclusion aura le droit d'être entendu par le bureau ou par l'assemblée générale.

Art. 25. – Tout membre d'un syndicat peut à tout instant se retirer du syndicat nonobstant toute clause contraire mais sans préjudice du droit pour le syndicat de réclamer la cotisation de l'année en cours.

Art. 26. – Tout membre du syndicat, par le fait de sa demande d'adhésion, déclare avoir pris connaissance des statuts et s'engage à les respecter comme les ayant approuvés entièrement sans restriction ni réserve.

Art. 27. – En cas de dissolution du syndicat pour quelque cause que ce soit, l'assemblée générale a seule qualité pour dire quelle devra être la dévolution des biens appartenant au syndicat.

En aucun cas, ces biens ne pourront être répartis entre les membres du syndicat.

Art. 28. – Lorsque les biens du syndicat auront été acquis contrairement aux dispositions de la loi n° 403 et aux dispositions de la présente ordonnance, la nullité de l'acquisition ou de la libéralité pourra être demandée par le procureur général ou par les intéressés. Dans le cas d'acquisition à titre onéreux, les immeubles seront vendus et le prix en sera versé à la caisse du syndicat.

Art. 29. – Les infractions aux dispositions de la présente ordonnance seront poursuivies conformément à la loi.

Loi n° 416 du 7 juin 1945

sur les conventions collectives de travail

(Mod., L. n° 868, 17 juill. 1969) (1)

Art. 1er *(L. n° 868, 11 juill. 1969 ; L. n° 949, 19 avr. 1974)*. – La convention collective de travail est un accord conclu entre, d'une part, soit un employeur, un ou plusieurs syndicats, fédérations de syndicats ou groupements d'employeurs légalement constitués et, d'autre part, soit un ou plusieurs syndicats de salariés, soit une fédération de syndicats de salariés, légalement constitués, en vue de fixer les conditions de travail et les engagements mutuels des parties pour une ou plusieurs entreprises ou industries, pour toute une profession ou un ensemble de professions.

Cet accord peut notamment organiser la protection des salariés contre les risques sociaux.

Art. 2. – À défaut de clause contraire, les personnes liées par la convention collective de travail sont tenues d'observer les conditions de travail y convenues, même dans leurs rapports avec les tiers.

Art. 3. – La validité des conventions collectives de travail est subordonnée à la validité du titre que les représentants des syndicats présentent pour contracter au nom de la collectivité.

Ce titre peut être une disposition statutaire du syndicat ou une délibération spéciale de l'assemblée générale du syndicat.

À défaut des titres indiqués à l'alinéa précédent, la convention collective peut être validée en vertu d'une délibération de l'assemblée générale du syndicat.

Les syndicats déterminent eux-mêmes leur mode de délibération.

---

(1) Selon la loi n° 868 du 11 juillet 1969 : les expressions « *syndicats d'employeurs* » et « *organisation syndicale patronale* » seront suivies du membre de phrase : « *ou groupement d'employeurs ou fédération de syndicats d'employeurs* » ; l'expression « syndicats de salariés » sera suivie du membre de phrase : « *ou fédération de syndicats de salariés* ».

Art. 4. – La convention collective doit être passée en la forme écrite ; elle doit être signée, à peine de nullité, par les contractants ou par les représentants légaux des syndicats contractants.

Art. 5. – Les rapports de travail qui, en vertu d'une loi, d'un règlement, d'une convention, sont régis par l'autorité publique, ne peuvent donner lieu à la conclusion d'une convention collective.

Il en est de même des rapports de travail relatifs à des services d'un caractère personnel ou domestique.

Les conventions collectives conclues contrairement à cette disposition sont nulles.

Art. 6. – La convention collective, une fois conclue, doit être enregistrée aux soins de la partie la plus diligente et publiée, après sa ratification, le cas échéant, dans le *Journal de Monaco* à frais communs.

Un exemplaire signé devra être déposé à la direction des services sociaux.

Le texte de la convention est affiché visiblement dans les locaux de travail, à deux ou plusieurs endroits. Un exemplaire de ce texte doit être remis à chaque ouvrier qui entre en service.

La publication et le dépôt sont également obligatoires pour toutes modifications apportées à la convention collective.

Art. 7. – La convention collective entre en vigueur à la date de son enregistrement, à moins qu'une autre date ne soit fixée par les parties.

Dans les cas prévus au troisième alinéa de l'article 3, elle ne porte effet qu'après la ratification alors même qu'elle ait déjà été enregistrée.

Art. 8 *(L. n° 868, 11 juill. 1969)*. – La convention collective de travail doit spécifier :

1° L'entreprise ou les entreprises ou les catégories d'entreprises et de travailleurs auxquelles elle s'applique ;

2° Les droits et les obligations réciproques des parties ;

3° La stipulation expresse que la convention lie ou non les parties contractantes vis-à-vis des tiers ;

4° La durée de l'engagement, conformément aux dispositions de l'article 13 ci-dessous ;

5° Le ou les lieux de son application ;

6° Le ou les services qui seront prêtés et les catégories de salariés qui prêteront ces services ;

7° La fixation des salaires et leur mode de paiement ;

8° Les heures de travail ;

9° Les périodes de repos et de congé ;

9° *bis* L'indemnité de congédiement ;

10° La forme et les conditions de rescision, révocation ou modification de la convention ;

11° Les modalités pour la solution pacifique des conflits entre les parties ;

12° Les autres conditions spéciales relatives à l'exécution du travail ou aux clauses des contrats individuels ;

13° Les autres stipulations que les parties estimeront opportunes.

Art. 9. – Lorsqu'un contrat individuel intervient entre un salarié et un employeur qui doivent, aux termes de l'article 10 ci-après, être considérés comme soumis l'un et l'autre aux obligations résultant de la convention collective, les règles déterminées en cette convention s'imposent, nonobstant toute stipulation contraire, aux rapports nés de ce contrat de travail.

Lorsqu'une seule des parties au contrat individuel doit être considérée comme liée par les clauses de la convention collective, ces clauses sont présumées s'appliquer aux rapports nés du contrat de travail, à défaut de stipulation contraire.

Art. 10. – Sont considérés comme tenus par la convention collective de travail :

1° Les employeurs et les syndicats signataires de la convention ;

2° Quiconque est, au moment de la signature de la convention, membre d'un syndicat partie à la convention, à moins que, dans un délai de huit jours, il n'ait notifié sa démission au syndicat ;

3° Les membres d'un syndicat qui adhère ultérieurement à la convention, à moins qu'ils ne se retirent dans les conditions énoncées au paragraphe précédent ;

4° Les nouveaux membres entrés dans le syndicat partie à la convention postérieurement à la publication de la convention collective ;

5° Les employeurs n'appartenant pas à un syndicat contractant et qui adhèrent directement à la convention, conformément aux dispositions de l'article 11.

Art. 11. – Tout employeur, syndicat d'employeurs ou de salariés d'une même branche d'activité professionnelle peut, à tout moment, adhérer à une convention collective de travail, si les parties intéressées y consentent.

Dans ce cas, l'adhésion n'est valable qu'après déclaration à la direction des services sociaux.

Art. 12. – À la demande d'une organisation syndicale patronale ou ouvrière intéressée, ou de sa propre initiative, le ministre d'État peut provoquer la constitution d'une commission paritaire mixte en vue de la conclusion d'une convention collective de travail ayant pour objet la réglementation des rapports entre employeurs et employés.

Si la commission ne peut se mettre d'accord sur une ou plusieurs des dispositions à introduire dans la convention, le ministre d'État ou son représentant intervient pour aider à la solution du différend en prenant, au besoin, l'avis du conseil économique.

Art. 13. – La convention collective du travail peut être conclue soit sans fixation de durée, soit pour une durée déterminée, soit encore pour la durée d'une entreprise ou d'un travail déterminé.

Art. 14. – Une convention collective de travail à durée indéterminée peut prendre fin par la volonté de l'une quelconque des parties qui notifie sa renonciation aux autres parties et à la direction des services sociaux.

Sauf stipulation contraire, cette notification doit être faite au moins un mois à l'avance.

Si l'une des parties comprend plusieurs syndicats, la convention collective reste en vigueur pour le ou les syndicats qui n'y ont pas renoncé et cesse ses effets seulement pour celui ou ceux qui ont notifié leur renoncement. Dans ce cas, les autres parties peuvent, à leur tour, notifier leur renonciation à la convention dans les dix jours qui suivent la notification d'un retrait.

Nonobstant toute convention contraire, la renonciation d'un syndicat entraîne de plein droit celle de ses membres.

Art. 15. – Lorsque la convention collective de travail est conclue pour une durée déterminée, cette durée ne peut être supérieure à une année.

Art. 16. – Lorsque la convention collective de travail est conclue pour une durée de travail ou d'une entreprise, si cette entreprise ou ce travail n'est pas terminé dans l'année, la convention est considérée comme stipulée pour une année.

Art. 17. – À l'expiration du terme prévu, la convention est prorogée par tacite reconduction et pour une durée indéterminée, sauf clause contraire.

La prorogation de la convention collective doit également être enregistrée.

Art. 18. – Tout membre d'un syndicat d'employeurs ou d'employés partie à la convention collective du travail conclue pour une durée indéterminée ou prorogée par tacite reconduction pour une durée indéterminée, peut, à tout moment, se dégager en se retirant du syndicat partie à la convention et en notifiant à la direction des services sociaux.

Cette notification doit être faite au moins un mois à l'avance, nonobstant toute convention contraire.

Lorsque la convention collective de travail est prorogée par tacite reconduction pour une durée déterminée, tout membre peut se dégager dans la huitaine qui suit la prorogation, en se conformant aux prescriptions établies ci-dessus.

Art. 19. – Toute convention collective peut être révisée totalement ou partiellement chaque année, sur demande de l'une des parties.

La demande de révision doit être présentée au moins un mois avant l'expiration de la convention.

Art. 20. – La dissolution d'un syndicat partie à la convention collective ou la révocation de sa reconnaissance légale n'influent pas sur les droits qui découlent de la convention collective.

En cas de dissolution d'un syndicat partie à la convention collective, ou en cas de révocation de sa reconnaissance légale, son patrimoine garantit pour toute la durée de la convention l'accomplissement des obligations qui y sont assumées.

Toutefois, dans le cas de dissolution ou de révocation de reconnaissance d'un syndicat, chaque intéressé peut dénoncer la convention pour ce qui le concerne, et se dégager conformément à l'article 18.

Art. 21. – La convention collective de travail peut être modifiée ou résiliée :

1° Par convention conclue dans les conditions identiques à celles de la convention originaire ;

2° Pour des causes expressément convenues dans la convention ;

3° En raison de la faillite ou de la liquidation judiciaire de l'entreprise, si l'administration de la faillite décide la suspension de toute activité ;

4° Par suite de l'achèvement des travaux qui sont à l'origine de la convention ;

5° Par suite de l'épuisement de la matière dont l'utilisation était l'objet de l'entreprise ;

6° En raison de l'incapacité physique ou morale de l'employeur de nature à rendre impossible l'accomplissement de la convention et la continuation de l'entreprise ;

7° Par arrêté ministériel, sur la demande de l'une des parties et dans les formes prévues à l'article 23 ;

8° Pour un cas fortuit ou de force majeure.

Art. 22 *(L. n° 868, 11 juill. 1969 ; L. n° 949, 19 avr. 1974)*. – Les dispositions d'une convention collective peuvent par arrêté ministériel, être rendues obligatoires pour tous employeurs et salariés des professions comprises dans le champ d'application de la convention. Cette extension des effets se fera pour la durée et aux conditions prévues à ladite convention.

Les deuxième et troisième alinéas de l'article 6 sont applicables à l'arrêté prévu au présent article, ainsi qu'aux clauses de la convention collective étendue.

Lorsqu'une convention collective à caractère interprofessionnel, intervenue entre des fédérations responsables et reconnues, organise la protection des salariés contre des risques sociaux et fait l'objet de l'arrêté ministériel visé à l'alinéa premier, cet arrêté a, sous réserve de ce qui est dit à l'article 5 et nonobstant le champ d'application professionnel de ladite convention, pour effet de la rendre, en outre, obligatoire vis-à-vis des employeurs et des salariés pour toutes les professions qui seront mentionnées dans ledit arrêté.

Art. 23. – Avant de prendre l'arrêté prévu à l'article précédent, un avis sera publié, au *Journal de Monaco*, invitant les organisations professionnelles et toutes personnes intéressées, à faire connaître, à la direction des services sociaux, dans un délai de quinze jours, leurs observations et avis. Le ministre d'État pourra prendre, en outre, l'avis du conseil économique.

Art. 24. – L'arrêté prévu par les articles précédents cessera d'avoir effet lorsque les parties contractantes existantes se seront accordées pour dénoncer, réviser ou modifier la convention qui lui sert de base.

Le ministre d'État pourra rapporter l'arrêté par un arrêté pris dans les formes prévues à l'article 23 quand la convention aura été dénoncée par l'une des parties. Il pourra également rapporter l'arrêté dans les mêmes conditions lorsqu'il apparaîtra que la convention ne répond plus à la situation économique de la branche d'industrie ou de commerce intéressée.

Art. 25. – La transgression des clauses de la convention collective de travail donne lieu aux sanctions prévues dans la convention ou établies par la loi.

L'action peut être exercée contre les syndicats parties à la convention, contre les membres de ces syndicats et contre toute autre entité obligée par la convention.

Art. 26. – Les personnes physiques ou morales liées par la convention collective de travail peuvent intenter une action en dommages-intérêts aux autres personnes ou syndicats liés par la convention et qui en violent les engagements.

Art. 27. – Les syndicats légalement constitués et parties à la convention collective peuvent exercer toutes les actions qui naissent de cette convention en faveur de chacun de leurs membres, sans avoir à justifier d'un mandat de l'intéressé, pourvu que celui-ci ait été averti et n'ait pas déclaré s'y opposer.

L'intéressé peut toujours intervenir dans l'instance introduite par le syndicat auquel il appartient.

Lorsqu'une action dérivant de la convention collective de travail est intentée par une personne ou par un syndicat, les autres syndicats légalement constitués dont les membres sont liés par la convention peuvent toujours intervenir dans l'instance introduite, en raison de l'intérêt collectif que peut présenter la solution du litige.

Art. 28. – L'inspection du travail est chargée de veiller à l'application des conventions collectives de travail.

Art. 29. – Tous les différends qui résultent de l'inobservation de l'une des clauses de la convention collective de travail sont soumis, sauf stipulation contraire de ladite convention, aux commissions de conciliation constituées dans ce but par elle ou par la loi, à la procédure d'arbitrage ou au tribunal de travail.

Art. 30 *(L. n° 868, 11 juill. 1969)*. – Le défaut d'affichage des conventions collectives de travail, des arrêtés ministériels d'extension ou des clauses des conventions collectives étendues sera puni de la peine d'amende prévue au chiffre 2 de l'article 29 du Code pénal.

La récidive sera punie de l'amende prévue au chiffre 1 de l'article 29 du Code pénal.

Art. 31 *(L. n° 868, 11 juill. 1969)*. – Seront passibles de la peine d'amende prévue au chiffre 3 de l'article 29 du Code pénal les employeurs, relevant des professions comprises dans le champ d'application d'une convention collective de travail dont les effets ont été étendus en application de l'article 22, qui auront payé des salaires inférieurs à ceux stipulés par cette convention ou qui auront contrevenu aux dispositions concernant les accessoires du salaire fixées par la convention ou par la législation ou la réglementation.

L'amende sera appliquée autant de fois qu'il y aura de travailleurs rémunérés dans des conditions illégales.

La récidive sera punie de l'amende prévue au chiffre 1 de l'article 26 du Code pénal.

Loi n° 417 du 7 juin 1945
sur la protection du droit syndical

Art. 1er *(L. n° 1.005, 4 juill. 1978)*. – Tout employeur qui entrave ou qui tente d'entraver, directement ou indirectement, l'exercice collectif ou individuel des droits syndicaux des salariés sera puni de l'amende prévue au chiffre 2 de l'article 26 du Code pénal.

En cas de récidive, l'amende sera celle prévue au chiffre 3 dudit article 26 et le délinquant pourra être condamné à un emprisonnement de trois mois à un an.

Art. 2. – Sont notamment considérés comme entraves au libre exercice des droits syndicaux les manœuvres d'un employeur tendant :

1° À congédier, à refuser l'avancement normal ou à léser de toute manière dans les droits résultant du contrat de travail, de la loi ou de l'usage, un salarié qui exerce ses fonctions ou ses activités syndicales ;

2° À porter les mêmes préjudices à un salarié membre d'un syndicat qui cherche à obtenir de meilleures conditions de travail, ou qui, dans ce même but, agit comme délégué ouvrier ou prend part à une commission de conciliation ou à un arbitrage ;

3° À porter les mêmes préjudices à un salarié qui provoque une intervention de l'inspecteur du travail, qui signale aux pouvoirs publics une infraction aux lois et règlements ou qui témoigne en justice dans une instance ou une poursuite engagée contre un employeur à la suite d'inobservations des dispositions légales ou contractuelles sur le travail ;

4° À encourager ou à entraver l'adhésion à une organisation collective, par des moyens de pression dirigés contre le salarié lors de son engagement ou pendant la durée de son emploi ;

5° À refuser de conclure une convention collective avec les représentants qualifiés des salariés lorsqu'il en est normalement sollicité ;

6° À intervenir directement ou indirectement dans l'organisation ou dans l'administration d'une organisation ouvrière ou à la soutenir financièrement ou autrement.

Art. 3. – La menace de faire subir à un salarié les préjudices énumérés au 1° de l'article précédent, en raison des faits énumérés aux 1°, 2°, 3° et 4° du même article, est punie des peines prévues à l'article premier de la présente loi.

Art. 4. – Lorsque, dans une poursuite intentée par application des dispositions de la présente loi, tous les faits et circonstances qui constituent l'infraction sont établis à l'exception du mobile qui a motivé l'acte de l'employeur, il incombera à ce dernier de prouver qu'il n'était pas poussé par le motif allégué par l'inculpation.

Loi nº 455 du 27 juin 1947

sur les retraites des salariés

CHAPITRE I. – DISPOSITIONS GÉNÉRALES

Art. 1er *(L. n° 1.059, 28 déc. 1983 ; L. n° 1.090, 26 déc. 1985).* – **Toute personne ayant exercé à Monaco une activité professionnelle salariée en conformité avec les dispositions légales et réglementaires a droit, dans les conditions définies par la présente loi, à une pension de retraite dite « proportionnelle » pour les périodes de travail postérieures au 1er août 1947 et, en outre, le cas échéant, à une pension de retraite dite « uniforme » pour celles accomplies antérieurement à cette date.**

Ce droit s'ouvre à l'âge de soixante-cinq ans.

Toutefois, l'ouverture du droit à pension de retraite peut être anticipée sans minoration du montant de la pension :

– à l'âge de soixante ans ;

– à l'âge de cinquante-cinq ans s'il s'agit d'une femme qui a effectivement élevé au moins trois enfants jusqu'à l'âge de seize ans.

Le service des pensions liquidées avant l'âge de soixante-cinq ans est suspendu jusqu'à cet âge dans le cas d'exercice d'une activité professionnelle et pendant la durée de cet exercice. Toutefois, cette disposition n'est pas applicable en cas d'activité professionnelle partielle ou épisodique ne présentant qu'un caractère d'appoint.

La décision du directeur de la caisse autonome des retraites suspendant le paiement de la pension peut, dans les conditions visées à l'article 22, être portée devant la commission prévue à l'article 20.

Art. 2 *(L. n° 481, 17 juill. 1948 ; L. n° 960, 24 juill. 1974).* – **L'ouverture du droit à pension de retraite est subordonnée à la double condition :**

1° que l'activité salariée ait été exercée au cours de périodes, continues ou non, s'étendant sur un nombre minimum d'années respectivement fixé à dix pour la pension proportionnelle et à quinze pour la pension uniforme ;

2° que ces périodes d'activité comportent une durée totale minimale de travail effectif de soixante mois.

Est validée, pour le décompte des périodes d'activité visées sous le chiffre 1 de l'alinéa précédent, toute année civile au cours de laquelle l'activité a été effectivement exercée pendant une durée, continue ou discontinue, non inférieure à cent soixante-treize heures pour l'ouverture du droit à pension proportionnelle et à deux cents heures pour l'ouverture du droit à pension uniforme.

Le nombre de mois de travail effectif à prendre en considération pour l'application des dispositions du chiffre 2 de l'alinéa 1er ci-dessus est obtenu en divisant le nombre total d'heures de travail accomplies par cent soixante-treize heures pour l'ouverture du droit à pension proportionnelle et par deux cents heures pour l'ouverture du droit à pension uniforme ; toutefois, le nombre de mois ainsi validés ne pourra excéder celui pendant lesquels l'activité a été effectivement exercée.

Sont assimilées à des périodes d'activité et à des mois de travail effectif, en vue de l'ouverture du droit à pension de retraite, les périodes d'interruption de travail prises en considération pour le service des prestations prévues en cas de maladie, accident, maternité, invalidité et décès. Les modalités de cette assimilation sont fixées par ordonnance souveraine.

Les périodes d'activité accomplies avant et après le 1er août 1947 sont totalisées en vue de l'ouverture du droit à pension proportionnelle et à pension uniforme ; toutefois, les périodes antérieures au 1er août 1947 ne sont prises en compte qu'à concurrence des deux tiers de leur durée dans le calcul du nombre d'années à valider pour l'ouverture du droit à pension proportionnelle.

Les mois de travail effectif, au sens des dispositions du chiffre 2 de l'alinéa 1er ci-dessus, accomplis avant et après le 1er août 1947, se totalisent pour leur entière valeur en vue de l'ouverture du droit à pension proportionnelle et du droit à pension uniforme.

Art. 3 *(L. n° 720, 27 déc. 1961 ; L. n° 960, 24 juill. 1974).* – **Le conjoint survivant du salarié visé à l'article 1er bénéficie d'une pension de réversion égale à soixante pour cent de celle qui était acquise à ce dernier au jour de son décès, à la condition qu'un enfant soit issu de cette union ou que le mariage ait été contracté deux ans avant la date de jouissance effective de sa pension par l'auteur du droit ou, à défaut, qu'il ait eu une durée d'au moins quatre ans au jour du décès.**

Ce droit s'ouvre :

1° pour le veuf, soit à l'âge de soixante-cinq ans ou à celui de soixante ans s'il est atteint d'une infirmité ou d'une maladie le rendant définitivement inapte à tout travail ; soit du jour du décès du conjoint s'il a un enfant à charge et, en ce cas, le service de la pension est suspendu lorsque l'intéressé, âgé de moins de soixante-cinq ans ou de soixante ans, cesse d'avoir au moins un enfant à charge ;

2° pour la veuve, soit à l'âge de cinquante ans, soit du jour du décès du conjoint si elle a au moins un enfant à charge.

Ce droit s'éteint en cas de remariage ou lorsque le conjoint survivant vit en état de concubinage notoire.

Les dispositions du présent article s'appliquent au conjoint survivant divorcé ou séparé de corps, si, lors de l'ouverture du droit, il bénéficie d'une pension alimentaire ; toutefois, le montant de la pension de réversion est décompté en prenant en considération le temps écoulé entre le premier jour du mois où a été contracté le mariage et le premier jour du mois où le divorce ou la séparation de corps a été prononcé.

Lorsque l'auteur du droit décède dans les liens d'un nouveau mariage, les pensions décomptées comme il est dit ci-dessus sont déduites du montant de celles revenant à son conjoint survivant. Cette dernière pension n'est pas susceptible de révision en cas d'extinction du droit des autres bénéficiaires.

Art. 4. – Tout orphelin de père ou de mère a droit au quart de la retraite acquise par son auteur au jour de son décès.

Art. 5. – Tout orphelin de père et de mère a droit à la moitié de la retraite acquise par celui de ses auteurs qui bénéficie de la pension la plus élevée.

Art. 6 *(L. 26 juill. 1956)*. – Le droit à pension de l'orphelin s'ouvre du jour du décès de son auteur, il s'éteint avec l'accomplissement de sa dix-huitième année.

Toutefois, si l'orphelin est placé en apprentissage ou poursuit ses études, ce droit subsiste jusqu'à la fin des études ou de l'apprentissage.

En tout état de cause, le droit de l'orphelin s'éteint à l'âge de vingt ans s'il est placé en apprentissage, à l'âge de vingt et un ans s'il poursuit ses études.

Art. 7. – Le service des pensions est assuré par une caisse autonome des retraites jouissant de la capacité civile.

Sa gestion est confiée à un directeur placé sous le contrôle d'un comité présidé par le ministre d'État ou son représentant.

Ce comité comprendra obligatoirement, en nombre égal, des salariés, des employeurs, des représentants de l'État, tous nommés par arrêté ministériel.

Art. 8. – Le comité de contrôle prévu à l'article précédent a notamment pour mission :

1° De contrôler et d'approuver les comptes présentés annuellement par le directeur, après examen par le comité financier prévu à l'article 32 ci-après ;

2° De donner un avis motivé sur les demandes présentées par les particuliers et les établissements visés à l'article 34 ci-après ;

3° De donner un avis motivé sur l'acceptation ou le refus des dons, legs ou versements, dont la caisse autonome des retraites est appelée à bénéficier ;

4° De surveiller et contrôler les encaissements des cotisations, amendes et droits revenant à la caisse par application des dispositions de la présente loi ;

5° De surveiller et contrôler les paiements des pensions de retraite, d'en vérifier et d'en approuver les montants et les calculs ;

6° De contrôler les décisions du directeur de la caisse relatives aux admissions ou au refus des demandes en liquidation ;

7° De donner un avis motivé et de proposer au comité financier les investissements du fonds de réserve ;

8° D'établir annuellement et de transmettre audit comité l'état provisionnel des dépenses pour le prochain exercice ; de lui proposer éventuellement le recours au fonds de réserve ;

9° De donner un avis sur toutes les questions touchant directement ou indirectement le régime des pensions de retraite qui lui seraient soumises par le Gouvernement.

Art. 8 *bis* *(L. n° 1.059, 28 juin 1983)*. – Tout employeur est tenu de déclarer à la caisse autonome des retraites, selon des modalités fixées par ordonnance souveraine, les périodes d'activité effective de chacun de ses salariés, ainsi que les rémunérations y afférentes. Les éléments composant celles-ci sont déterminés par ordonnance souveraine.

Tout organisme qui est tenu de servir des prestations soit en cas de maladie, accident ou maternité, soit par suite d'accident du travail ou de maladie professionnelle, soit en raison de la privation momentanée et involontaire d'emploi ou de la garantie de ressources, doit déclarer à la caisse, chaque année et pour chacun des bénéficiaires, les périodes au cours desquelles les prestations ont été servies.

À défaut de déclaration par l'organisme concerné, le salarié peut déclarer ses périodes d'inactivité. Il doit produire, à cet effet, toutes justifications utiles.

Art. 8 *ter* *(L. n° 1.059, 28 juin 1983 ; mod., L. n° 1.392, 28 sept. 2012)*. – L'employeur et le salarié sont tenus, chacun, de cotiser aux effets de la retraite dans les conditions définies à l'article suivant.

Le montant de la cotisation est déterminé par application, à l'assiette constituée par la rémunération du salarié, d'un taux de base et d'un taux additionnel variable fixés comme indiqué à l'article 9.

Dans les professions où la rémunération comporte une partie variable, l'assiette de cotisation peut être fixée forfaitairement par arrêté ministériel pris sur l'avis des syndicats intéressés et après consultation du comité de contrôle de la caisse.

Les salaires ou rémunérations supérieurs au quadruple du salaire de base, ne sont compris que pour ce montant dans le calcul de la cotisation.

Le montant du salaire de base est fixé par arrêté ministériel, pris après avis du Comité de Contrôle et du Comité Financier de la Caisse, de sorte que son évolution au cours d'un exercice donné n'excède pas celle de la valeur de la retraite entière annuelle majorée de 1,1 point.

Art. 9 *(L. n° 1.059, 28 juin 1983 ; mod., L. n° 1.392, 28 sept. 2012)*. – Le taux de base est composé d'un taux fixe et d'un taux d'ajustement. Il est appliqué aux rémunérations afférentes aux périodes d'activité effectives.

Le taux de base fixe est établi pour l'employeur et le salarié à 6,15 % chacun.

Le taux de base d'ajustement est fixé préalablement à chaque exercice par arrêté ministériel pris après avis du Comité de Contrôle et du Comité Financier de la Caisse.

Ce dernier taux, qui ne peut avoir une valeur inférieure à 0,80 % pour l'employeur et à 0,40 % pour le salarié ne peut excéder 1,30 % pour l'employeur et 0,70 % pour le salarié.

Les majorations du taux de base d'ajustement sont réparties à due proportion sur l'employeur et le salarié.

La double cotisation correspondant au taux de base est versée par l'employeur qui retient sur la rémunération du salarié le montant de la cotisation dont celui-ci est redevable

Le taux additionnel variable est fixé, préalablement à chaque exercice, par arrêté ministériel pris après avis du comité de contrôle et du comité financier de la caisse, en fonction du compte provisionnel de gestion de façon à assurer une recette d'un montant égal à 12 % des rémunérations à reconstituer en vue de la validation, pour le calcul de la pension de retraite, des périodes d'inactivité visées à l'article 8 *bis*, alinéas 2 et 3. Les modalités de la reconstitution sont fixées par ordonnance souveraine.

La cotisation correspondant au taux additionnel est à la charge exclusive de l'employeur.

Art. 9 *bis* *(L. n° 960, 24 juill. 1974 ; L. n° 1.059, 28 juin 1983)*. – Le bénéficiaire de la pension de retraite qui, ayant dépassé l'âge de soixante-cinq ans, continue à travailler est tenu de cotiser comme il est dit aux articles 8 *ter* et 9, sans qu'il puisse prétendre à une majoration de pension.

Le salarié qui, à l'âge de soixante-cinq ans, ne demande pas la liquidation de sa pension de retraite pourra bénéficier d'une majoration de pension dans les conditions prévues à l'article 28.

Art. 10 *(Abr., L. n° 1.059, 28 juin 1983)*.

CHAPITRE II. – RÉGIME DES RETRAITES PROPORTIONNELLES AU SALAIRE

Art. 11 *(Ord-L. n° 682, 15 févr. 1960 ; L. n° 960, 24 juill. 1974)*. – Sous réserve des dispositions des articles 1er, chiffre 2, et 28, le montant de la pension de retraite proportionnelle est égal au produit du nombre de points-retraite acquis par l'intéressé par la valeur du point-retraite.

Art. 12 *(L. n° 960, 24 juill. 1974)*. – La valeur du point-retraite est égal à un trois cent soixantièmes du montant de la retraite entière visé à l'article 17.

Art. 13 *(L. n° 960, 24 juill. 1974 ; L. n° 1.059, 28 juin 1983 ; mod., L. n° 1.392, 28 sept. 2012)*. – Le nombre de points de retraite acquis par un salarié au cours d'un exercice est déterminé en divisant par le salaire de base visé à l'article 8 *ter*, le montant de sa rémunération mensuelle moyenne, telle que déclarée en vertu de l'article 8 *bis* et des reconstitutions effectuées en application de l'article 9.

Dans le cas où la valeur du salaire de base varie pendant l'exercice considéré, il est établi une valeur mensuelle moyenne du salaire de base.

CHAPITRE III. – RÉGIME DE LA PENSION DE RETRAITE UNIFORME

Art. 14 *(L. 17 juill. 1948 ; L. n° 786, 15 juill. 1965)*. – Les années de travail effectuées antérieurement à la date qui sera fixée par ordonnance souveraine prévue à l'article 2 entrent dans la computation de la pension de retraite uniforme prévue au présent chapitre.

Entrent également dans la computation de la pension de retraite les périodes de cessation de travail résultant de maladies ayant donné lieu aux prestations prévues par l'ordonnance-loi n° 397 ou d'un accident du travail ayant entraîné une incapacité de travail de 66 % au moins.

Art. 15. – Les périodes de chômage involontaire ayant provoqué les prestations en espèces de la caisse de compensation des services sociaux entrent dans le calcul de la retraite.

Art. 16 *(L. n° 960, 24 juill. 1974)*. – Sous réserve des dispositions des articles 1er, chiffre 2, et 28, et sans préjudice de celles de l'article 2 de la loi n° 786 du 15 juillet 1965, le montant de la pension de retraite uniforme est égal à autant de trois cent soixantièmes de la retraite entière que l'intéressé compte de mois de travail à Monaco, sans qu'elle puisse en aucun cas excéder ce montant.

Art. 17. – Le montant de la retraite entière annuelle est fixé par arrêté ministériel.

Il est calculé en fonction du salaire minimum de base sans qu'il puisse en dépasser la moitié et de manière que le montant total des pensions versées au cours de l'exercice précédent reste inférieur ou, au plus, égal au montant total des cotisations perçues, déduction faite du prélèvement prévu à l'article 30 ci-après.

Art. 18 *(Abr., L. n° 720, 27 déc. 1961)*.

Art. 19 *(L. n° 960, 24 juill. 1974)*. – La charge de la preuve des périodes d'activité et des périodes assimilées ainsi que des mois de travail effectifs à prendre en compte pour la liquidation du droit à pension uniforme incombe à l'intéressé.

Seront seuls admis pour justifier des périodes d'activité non déclarées à la caisse autonome des retraites dans les délais fixés par les lois n° 737 du 16 mars 1963 et n° 786 du 15 juillet 1965 :

– les preuves préconstituées établies dans les six mois suivant l'expiration de la période qu'elles visent et dont la date est certaine ou certifiée par l'intervention d'une autorité compétente ;

– les certificats délivrés par les employeurs et corroborés par les mentions des livres de paye, des pièces comptables ou des livres de commerce ;

– les déclarations souscrites par les employeurs aux organismes sociaux.

Le directeur de la caisse autonome des retraites a qualité pour apprécier la recevabilité des demandes. À cet effet, il peut requérir de tout employeur la production des livres de commerce ou de toute autre pièce comptable établissant la sincérité des déclarations.

Art. 20 *(Ord-L. n° 651, 16 févr. 1959)*. – La décision du directeur peut être soumise, par l'intéressé, ou par le comité de contrôle, à une commission administrative contentieuse qui tranche en dernier ressort.

La décision de cette commission doit être motivée.

Art. 21. – La composition de la commission, prévue à l'article précédent, est déterminée par ordonnance souveraine.

Art. 22 *(Ord-L. n° 651, 16 févr. 1959)*. – La décision du directeur est notifiée par lui à l'intéressé, par lettre recommandée, avec avis de réception.

Les recours sont adressés au Ministre d'État dans la même forme et dans les trente jours du retour de l'accusé de réception, à peine de forclusion.

Dans le délai de huit jours, le Ministre d'État saisit la commission, qui statue dans la quinzaine suivante, le directeur ou son représentant et l'intéressé entendus ou dûment convoqués, par lettre recommandée. L'intéressé peut se faire assister par un avocat-défenseur, un avocat ou tout autre personne de son choix.

Art. 23 *(Abr., L. n° 960, 24 juill. 1974).*

Art. 24 *(L. 17 juill.1948).* – Lorsqu'un salarié a travaillé dans un établissement qui assure une retraite à son personnel et chez un ou plusieurs autres employeurs de la Principauté, la pension qui lui est servie par la caisse autonome des retraites ne tient compte que du temps passé au service des employeurs n'assurant pas de retraite à leur personnel.

Toutefois, lorsque ledit salarié a travaillé dans les conditions prévues à l'alinéa précédent, pendant une période supérieure à trois cent soixante mois, la caisse autonome des retraites n'est tenue qu'au versement de la pension afférente au nombre de mois de travail compris entre la durée de trois cent soixante mois, prévue ci-dessus, et celle passée par l'intéressé au service de l'établissement assurant la retraite.

Art. 25. – Les veufs ou veuves, dont le conjoint est décédé à une date antérieure à celle de la présente loi, peuvent bénéficier des dispositions de l'article 3.

Les orphelins, dont les auteurs sont décédés à une date antérieure à celle de la présente loi, peuvent bénéficier des dispositions des articles 4, 5 et 6.

CHAPITRE IV. – DISPOSITIONS COMMUNES AUX PENSIONS DE RETRAITE PROPORTIONNELLES ET AUX PENSIONS DE RETRAITE UNIFORMES

(Intitulé mod., L. n° 960, 24 juill. 1974)

Art. 26 *(L. n° 960, 24 juill. 1974).* – La liquidation du droit à pension doit être demandée par l'intéressé. Les conditions dans lesquelles la demande doit être présentée seront déterminées par ordonnance souveraine.

Art. 27 *(L. n° 960, 24 juill. 1974).* – Lorsque la liquidation du droit à pension est demandée en vertu des dispositions du chiffre 1, lettre *b*, de l'article 1er, le salarié doit produire un certificat, délivré gratuitement à l'intéressé par le médecin contrôleur de la caisse de compensation des services sociaux, constatant l'impossibilité d'accomplir régulièrement une profession ou un travail normal ; les conclusions de ce certificat n'emportent pas obligatoirement la décision du directeur.

Celle-ci peut, dans les conditions visées à l'article 22, être portée devant la commission prévue à l'article 20, laquelle soumet, éventuellement, le requérant à un examen général de santé.

Cet examen est effectué par trois médecins désignés respectivement par l'intéressé, la commission et le président du conseil de l'ordre des médecins.

Les honoraires des praticiens ainsi désignés restent à la charge de la caisse autonome des retraites si la décision du directeur est infirmée ; ils sont supportés par l'intéressé au cas contraire. Le tarif des honoraires est fixé par arrêté ministériel.

Art. 28 *(L. n° 960, 24 juill. 1974).* – Lorsque la liquidation du droit à pension est demandée par l'intéressé après qu'il ait atteint l'âge de soixante-cinq ans, le montant de la pension, tel que déterminé par application des articles 11 et 16, est majoré de 1,50 % par trimestre écoulé à compter du jour où l'intéressé a atteint l'âge de soixante-cinq ans.

Toutefois, il n'est pas tenu compte pour l'application de la majoration prévue à l'alinéa précédent, des trimestres d'activité accomplis par l'intéressé après l'âge de soixante-dix ans.

Art. 29 *(L. n° 960, 24 juill. 1974).* – La décision de liquidation de la pension prend effet :

1° dans les cas prévus aux chiffres 1 et 2 de l'article 1er, au premier jour du trimestre civil au cours duquel la demande est présentée ; elle ne peut cependant rétroagir au-delà des âges visés à ces mêmes chiffres 1 et 2 ;

2° dans les autres cas, à la date à laquelle se trouvent remplies les conditions d'ouverture du droit si la demande est formulée dans les douze mois suivant cette date ; après l'expiration de ce délai, la décision prend effet au premier jour du trimestre civil au cours duquel la demande est présentée.

La décision de liquidation cesse de produire effet au dernier jour du mois au cours duquel survient le décès du retraité.

Art. 29 *bis* *(L. n° 960, 24 juill. 1974)*. – Lorsque les conditions d'ouverture du droit à pension se trouvent remplies, la liquidation arrête définitivement le montant de la pension.

Art. 29 *ter* *(L. n° 960, 24 juill. 1974 ; L. n° 1.059, 28 juin 1983)*. – Lorsque les conditions d'ouverture du droit à pension ne sont remplies au regard ni de la législation interne ni des conventions internationales rendues exécutoires à Monaco, le salarié peut prétendre au remboursement des cotisations à sa charge.

Le remboursement des cotisations ne peut intervenir que du jour où l'intéressé a soixante-cinq ans ; son montant est déterminé en appliquant aux cotisations du salarié une indexation égale à la variation enregistrée par le salaire de base visé à l'article 8 *ter* pour chaque période considérée.

Les dispositions des alinéas précédents ne sont pas applicables dans le cas où les conditions d'ouverture du droit à pension, autres que celles prévues à l'article 2, se sont trouvées remplies antérieurement à la promulgation de la présente loi.

CHAPITRE V. – DISPOSITIONS RELATIVES À LA GESTION FINANCIÈRE

Art. 30 *(L. n° 720, 27 déc. 1961 ; L. n° 1.059, 28 juin 1983 ; mod., L. n° 1.392, 28 sept. 2012)*. – L'ensemble des cotisations versées par application des articles 8 *ter* et 9 est affecté par ordre de priorité :

1) à la couverture des frais de gestion ;

2) au paiement des pensions dans les conditions prévues à l'article 17 ;

3) à la constitution et au financement d'un Fonds d'Action Sociale destiné à permettre l'attribution d'aides exceptionnelles aux bénéficiaires de pension.

Un pourcentage des cotisations peut toutefois être affecté au Fonds de Réserve.

Le taux de pourcentage est fixé par arrêté ministériel à la fin de chaque exercice annuel, pour ledit exercice, sur avis respectifs du comité financier et du comité de contrôle.

Le reliquat est affecté au fonds de roulement.

Art. 31 *(L. n° 720, 27 déc. 1961)*. – Une fraction du fonds de réserve peut, exceptionnellement, être utilisée pour le paiement des pensions de retraite et la couverture des frais de gestion.

Ladite fraction ne peut, en aucun cas, être supérieure au dixième de la valeur réelle dudit fonds, telle qu'elle résulte de son évaluation au début de l'exercice considéré.

L'utilisation du fonds de réserve prévue au premier alinéa du présent article ne peut être autorisée qu'une fois dans l'année et dans les formes et conditions déterminées à l'article 33.

Art. 31 *bis* *(L. n° 720, 27 déc. 1961 ; mod., L. n° 1.392, 28 sept. 2012)*. – Tous les produits du fonds de réserve sont incorporés, en fin d'exercice, audit fonds.

Toutefois, parmi ces produits, ceux qui par leur périodicité participent à la nature des fruits civils peuvent être affectés, en cas de nécessité, dans les conditions prévues à l'article 33 et selon l'ordre de priorité suivant :

1) au paiement des pensions ;

2) au paiement des prestations servies sur le Fonds d'Action Sociale.

Art. 31 *ter* *(L. n° 720, 27 déc. 1961 ; mod., L. n° 1.392, 28 sept. 2012)*. – À la fin de chaque exercice un arrêté ministériel, pris sur avis du Comité Financier et du Comité de Contrôle, fixe le montant des sommes à affecter au Fonds d'Action Sociale lesquelles sont prélevées sur les cotisations en application de l'article 30 et, pour le surplus éventuel, sur les produits civils du Fonds de Réserve en application de l'article 31 *bis*.

Dans le cas où le montant de la dotation excède les disponibilités, le reliquat négatif peut être, à titre exceptionnel, affecté au Fonds de Roulement du Fonds d'Action Sociale.

Les dons et legs qui écherraient à la caisse autonome des retraites seront également affectés au fonds d'action sociale.

La nature, le montant et les conditions d'attribution des aides sociales exceptionnelles seront déterminés par ordonnances souveraines prises après avis du comité financier, du comité de contrôle et consultation du Conseil d'État.

Une allocation visant à garantir une retraite minimale, dont les modalités sont déterminées par ordonnance souveraine prise après avis du Comité Financier et du Comité de Contrôle de la Caisse, est octroyée à toute personne qui, remplissant le critère d'âge fixé à l'article premier, a exercé à Monaco une activité professionnelle salariée en conformité avec les dispositions légales et réglementaires pendant une durée d'activité effective ou assimilée de trente-sept années et demie au moins.

Art. 32. – Il est institué auprès de la caisse autonome des retraites un comité financier placé sous la présidence du ministre d'État ou de son représentant.

Il est composé de cinq personnes au plus, choisies spécialement pour leur compétence financière et nommées par ordonnance souveraine. Ses membres ne peuvent faire partie de la commission de contrôle et réciproquement.

Ce comité a pour mission :

1° De décider de l'investissement du fonds de réserve ;

2° D'évaluer annuellement la valeur réelle du fonds de réserve ;

3° D'examiner les propositions du comité de contrôle sur la réalisation et l'utilisation éventuelle desdits fonds et de donner son avis motivé sur ces propositions ;

4° De fixer le taux de pourcentage du prélèvement à effectuer sur l'ensemble des cotisations destinées à constituer le fonds de réserve ;

5° De donner un avis motivé sur les demandes présentées par les particuliers et les établissements visés à l'article 34 ci-après ;

6° De donner son avis et ses avertissements sur toute question touchant directement ou indirectement aux finances de la caisse autonome des retraites et en particulier sur l'application des articles 18 et 33.

Art. 33. – La réalisation et l'utilisation du fonds de réserve doivent être autorisées par arrêté ministériel.

À cet effet, le directeur de la caisse saisit le ministre d'État d'une demande motivée, à laquelle sont joints les avis du comité de contrôle et du comité financier.

La réalisation, si elle est accordée, est poursuivie à la diligence du directeur sous le contrôle du comité financier.

CHAPITRE VI. – DISPOSITIONS DIVERSES

Art. 34 *(L. 17 juillet 1948)*. – Tout employeur qui n'a pas organisé un service de retraites devra adhérer à la caisse autonome.

Les pensions assurées par les employeurs qui ont institué des régimes de retraites ne pourront, en aucun cas, au jour de l'entrée en application de la présente loi, être inférieures à celles fixées par ses dispositions.

Tout employeur ayant organisé un service de retraites pourra être autorisé à adhérer à la caisse autonome par un arrêté ministériel qui fixera les conditions et modalités de cette adhésion.

L'arrêté sera pris après avis favorable et conforme du comité de contrôle et du comité financier.

Dans le cas d'entreprises, d'établissements ou de services dont l'exploitation a été assurée par plusieurs employeurs successifs, le dernier exploitant, s'il a maintenu un régime particulier de retraites, a la charge, alors même qu'il cesse ou a cessé son exploitation, de la retraite légale à l'égard du personnel ancien, même si celui-ci dépendait des exploitants antérieurs.

Art. 34 bis *(L. 17 juillet 1948)*. – Les services particuliers de retraites n'ayant pas été autorisés à adhérer à la caisse autonome des retraites devront présenter les garanties nécessaires à leurs fonctionnement.

À cet effet, le gouvernement princier pourra exiger de l'employeur le dépôt, à la caisse des consignations, d'un cautionnement dont le montant sera déterminé, sur avis motivé du comité financier, en tenant compte, notamment, des dispositions de l'article 31 ci-dessus.

Art. 35 *(Abr., L. n° 557, 28 févr. 1952)*.

Art. 36. – Sauf le cas prévu à l'article 23, le droit à chaque versement de pension se prescrit par cinq ans, à compter du jour de son exigibilité.

Art. 37. – L'employeur est tenu de justifier, à toute réquisition, aux agents chargés de l'application de la présente loi, de ses versements à la caisse autonome des retraites.

Art. 38. – Les dispositions de la présente loi ne peuvent, en aucun cas, être une cause déterminante d'une majoration ou d'une réduction de salaire ou de prix. Toute disposition contraire est nulle et de nul effet.

Art. 39 *(L. n° 1.059, 28 juin 1983).* – Les infractions aux dispositions des articles 8 *ter*, 9, 10 et 34 de la présente loi sont punies d'une amende de 16 à 200 francs, et d'un emprisonnement de six jours à trois mois, ou de l'une de ces deux peines seulement, sans préjudice, s'il y a lieu, des peines prévues par d'autres dispositions légales.

En cas de récidive, les peines sont portées au double.

Elles ouvrent droit, en outre, au bénéfice de la caisse, à un droit quintuple des sommes dues par application dudit article.

Art. 40. – Toute personne qui obtient ou tente d'obtenir frauduleusement une pension de retraite à laquelle elle n'a pas droit ou qui obtient ou tente d'obtenir frauduleusement une pension supérieure à celle à laquelle elle a normalement droit, est punie d'une amende de 50 à 3 000 francs et d'un emprisonnement de un à cinq ans, ou de l'une de ces deux peines seulement, sans préjudice, s'il y a lieu, de l'application des peines résultant d'autres dispositions légales.

Le tribunal déclare, s'il y a lieu, sa déchéance du droit à la pension lorsqu'il s'agit d'une retraite pour laquelle elle n'a pas cotisé ou réduit proportionnellement la retraite lorsqu'il s'agit d'une pension pour laquelle elle a partiellement cotisé.

La délivrance de faux certificats, fausses attestations ou autres pièces mensongères destinées à prouver le bien-fondé de la demande de pension est punie d'une amende de 1 000 à 10 000 francs et d'un emprisonnement de trois mois à deux ans, ou de l'une de ces deux peines seulement, sans que les articles 471 et 471 *bis* du Code pénal soient applicables à l'amende.

Art. 41. – Les infractions aux dispositions de l'article 37 sont punies d'une amende de 16 à 200 francs.

Art. 42 *(L. n° 1.059, 28 juin 1983).* – Les cotisations déterminées aux articles 8 *ter* et 9 constituent des créances privilégiées, au sens de l'article 1932 du Code civil.

Elles prennent rang avec les salaires et pour la même durée.

Art. 43 *(L. n° 1.059, 28 juin 1983).* – Des ordonnances souveraines fixeront les modalités d'application de la présente loi.

Les dispositions relatives au paiement des pensions prendront effet à l'expiration d'un délai de trois mois à compter de la date à laquelle les dispositions concernant les cotisations auront reçu leur application effective.

Art. 44. – Les présentes dispositions remplacent celles du chapitre III du titre premier de l'ordonnance souveraine n° 2.938 du 1er décembre 1944.

Sont et demeurent abrogées toutes dispositions contraires à celles de la présente loi, notamment celles relatives aux pensions de retraite de l'ordonnance-loi n° 397 du 27 septembre 1944.

Art. 45 *(L. n° 960, 24 juill. 1974).* – La présente loi ne s'applique pas aux fonctionnaires, agents et employés de l'État et de la commune. Cependant, les périodes d'activité et les mois de travail effectif accomplis au service de l'État et de la commune entrent dans la computation des durées fixées à l'article 2.

Art. 46 *(L. n° 1.392, 28 sept. 2012).* – Si l'évolution du régime nécessite un changement des dispositions de la présente loi, il sera procédé sans délai à un réexamen d'ensemble de celle-ci.

En tout état de cause, ce réexamen interviendra sept ans après l'entrée en vigueur de la présente loi. À cette fin, le Ministre d'Etat présentera au Conseil National un bilan d'application.

Loi nº 629 du 17 juillet 1957

tendant à réglementer les conditions d'embauchage et de licenciement en Principauté

Art. 1er. – Aucun étranger ne peut occuper un emploi privé à Monaco s'il n'est titulaire d'un permis de travail. Il ne pourra occuper d'emploi dans une profession autre que celle mentionnée par ce permis.

Cette obligation est indépendante de la forme et de la durée du contrat de travail ainsi que du montant et de la nature de la rémunération.

Tout changement d'employeur, de métier ou de profession devra faire l'objet d'une nouvelle demande de permis de travail.

Art. 2. – La délivrance du permis de travail prévu à l'article premier ci-dessus est subordonnée à la présentation d'un certificat établi par un médecin contrôleur désigné par arrêté ministériel attestant que l'intéressé a satisfait à l'examen médical d'admission au travail dans la Principauté.

Ce certificat n'est pas exigé de l'étranger domicilié à Monaco qui sollicite un renouvellement du permis :

– s'il n'a pas interrompu son travail pendant six mois consécutifs ;

– ou s'il a volontairement subi, dans l'année de la demande, l'examen de santé prévu par l'article 22 de l'ordonnance souveraine n° 92 du 7 novembre 1949.

Art. 3. – Toute offre d'emploi doit être déclarée par l'employeur à la direction de la main-d'œuvre et des emplois qui lui adresse, dans les quatre jours francs de la déclaration, le ou les candidats à l'emploi.

À défaut de présentation dans ce délai, l'employeur peut proposer un autre candidat.

Cependant, en cas d'urgence reconnue par la direction de la main-d'œuvre et des emplois, cette procédure ne sera pas suivie, l'employeur ayant, dans ce cas particulier, après accord préalable de ce service, la possibilité de procéder à l'embauchage, pour une durée limitée, du personnel qui lui fait défaut.

L'embauchage des gens de maison sera assujetti à cette règle d'urgence.

Art. 4. – Tout employeur qui entend embaucher ou réembaucher un travailleur de nationalité étrangère doit obtenir, préalablement à l'entrée en service de ce dernier, une autorisation écrite de la direction de la main-d'œuvre et des emplois.

Tout employeur qui embauche un travailleur de nationalité monégasque doit en faire la déclaration écrite à cette même direction, dès l'entrée en service de l'intéressé.

Art. 5 *(L. n° 1.091, 26 déc. 1985)*. – Pour les candidats possédant les aptitudes nécessaires à l'emploi, et à défaut de travailleurs de nationalité monégasque, l'autorisation prévue à l'article précédent est délivrée selon l'ordre de priorité suivant :

1° étrangers mariés à une Monégasque ayant conservé sa nationalité et non légalement séparés et étrangers nés d'un auteur direct monégasque ;

2° étrangers domiciliés à Monaco et y ayant déjà exercé une activité professionnelle ;

3° étrangers domiciliés dans les communes limitrophes et autorisés à y travailler.

Art. 6 *(L. n° 1.091, 26 déc. 1985)*. – Les licenciements par suppression d'emploi ou compression de personnel ne peuvent être effectués, pour une catégorie professionnelle déterminée, que dans l'ordre suivant :

1° étrangers domiciliés hors de Monaco et des communes limitrophes ;

2° étrangers domiciliés dans les communes limitrophes ;

3° étrangers domiciliés à Monaco ;

4° étrangers mariés à une Monégasque ayant conservé sa nationalité et non légalement séparés et étrangers nés d'un auteur direct monégasque ;

5° Monégasques.

Dans chacune des catégories prévues ci-dessus, il sera tenu compte de l'ancienneté dans l'entreprise ; si l'intéressé y travaille depuis deux ans au moins une bonification d'ancienneté de un an par enfant à charge lui est accordée pour l'application des dispositions du présent article. Cette bonification ne peut excéder cinq ans.

Lorsque le licenciement n'affecte qu'une catégorie professionnelle, le salarié atteint par cette mesure sera versé, s'il le demande, dans une catégorie inférieure aux lieu et place, éventuellement, d'un autre salarié dont le rang de priorité indiqué ci-dessus serait inférieur au sien. Ces mutations ne pourront s'effectuer que si l'intéressé possède les aptitudes nécessaires à son nouvel emploi.

Art. 7. – Le salarié licencié pour cause de suppression d'emploi ou de compression de personnel a droit, pendant six mois, à une priorité de réembauchage, dans le cas où l'employeur recruterait du personnel appartenant à la même catégorie professionnelle.

Les réembauchages ont lieu dans l'ordre inverse des licenciements. Le salarié ainsi réembauché réoccupe le rang d'ancienneté qu'il avait au moment de son congédiement.

L'employeur doit faire connaître à l'intéressé, par lettre recommandée avec accusé de réception, qu'il se propose de le réintégrer dans son ancien emploi ; il l'informe, en même temps, qu'il a un délai de quatre jours

pour lui signifier, dans la même forme, son acceptation. Passé ce délai, l'intéressé ne peut plus se prévaloir des dispositions du présent article.

Si l'intéressé est occupé chez un autre employeur, le délai-congé qu'il est tenu d'observer à l'égard de ce dernier est réduit de moitié et le salarié n'est tenu de réintégrer effectivement son ancien emploi qu'à l'expiration de cette période.

L'employeur qui refuse ou néglige d'observer les dispositions qui précèdent est tenu de verser à son ancien salarié l'indemnité prévue par la loi n° 410 du 4 juin 1945, modifiée par les lois n° 460 et 519 des 19 juillet 1947 et 20 juin 1950, sans préjudice de l'application éventuelle des sanctions prévues par l'article 10.

Toutefois, les dispositions du présent article ne peuvent faire échec à l'ordre de priorité d'embauchage prévu à l'article 5 ci-dessus.

Art. 8. – **Il est institué, auprès du conseiller de gouvernement pour l'intérieur. une commission de débauchage et de licenciement à laquelle les conflits, survenus entre employeurs et salariés, que soulèveraient l'application de la présente loi pourront être soumis.**

Art. 9. – **Toute clause conventionnelle contraire aux dispositions de la présente loi est nulle et de nul effet alors même qu'elle figurerait dans une convention collective ayant fait l'objet d'un arrêté d'extension par application des articles 22 et suivants de la loi n° 416 du 7 juin 1945.**

Art. 10 *(L. n° 1.005, 4 juill. 1978)*. – **Les infractions aux dispositions de la présente loi seront punies d'un emprisonnement de six jours à un mois et de l'amende prévue au chiffre 1 de l'article 26 du Code pénal ou de l'une de ces deux peines seulement.**

En cas de récidive, les infractions seront punies d'un emprisonnement d'un mois à six mois et de l'amende prévue au chiffre 2 dudit article 26 ou de l'une de ces deux peines seulement.

Art. 11. – **Des ordonnances souveraines fixeront, s'il y a lieu, les modalités d'application de la présente loi.**

Art. 12. – **Toutes dispositions contraires à la présente loi, et notamment celles de la loi n° 376 du 21 décembre 1943, de l'ordonnance souveraine n° 2.413 du 1er mars 1940 et de l'ordonnance souveraine n° 3.573 du 6 décembre 1947, sont et demeurent abrogées.**

Loi nº 636 du 11 janvier 1958

tendant à modifier et à codifier la législation sur la déclaration,
la réparation et l'assurance des accidents du travail

Art. 1. – **Sont codifiées et modifiées ainsi qu'il suit, les dispositions des lois n° 445 du 16 mai 1946, n° 462 du 6 août 1947, n° 521 du 21 décembre 1950, n° 539 du 12 mai 1951 et n° 610 du 11 avril 1956.**

TITRE PREMIER. – INDEMNITÉS EN CAS D'ACCIDENTS

Art. 2. – **Les accidents survenus par le fait du travail, ou à l'occasion du travail, en quelque lieu que celui-ci s'effectue, donnent droit, dans les conditions indiquées par la présente loi, au profit de la victime ou de ses représentants, à une indemnité à la charge de l'employeur, quel qu'il soit, dès lors qu'il aura été prouvé, par tous les moyens, que la victime exécutait, à un titre quelconque, même d'essai ou d'apprentissage, un contrat valable ou non de louage de services.**

Est également considéré comme accident du travail, l'accident survenu au travailleur salarié alors qu'il se rend de sa résidence ou du lieu où il prend habituellement ses repas au lieu de son travail et vice-versa, à la condition qu'il ne se soit pas détourné du parcours normal ou qu'il ne l'ait pas interrompu pour un motif étranger à son emploi.

Art. 3 *(Mod., L. n° 790, 18 août 1965 ; L. n° 1.258, 12 juill. 2002)*. – **Les bénéficiaires, désignés à l'article 2, ne peuvent se prévaloir contre leurs employeurs ou les salariés et préposés de ces derniers, d'aucune disposition autre que celle de la présente loi, en raison des accidents dont ils sont victimes dans leur travail, sauf celles d'un statut personnel spécial élevant le taux des indemnités.**

Art. 3-1 *(L. n° 1.258, 12 juill. 2002 ; mod., L. n° 1.270, 3 juill. 2002).* – La rente due à la victime d'un accident de travail atteinte d'une incapacité permanente égale ou supérieure à 10 %, ou aux ayants droit de la victime d'un accident du travail mortel, est calculée d'après le salaire annuel de la victime et sur la base d'un salaire minimum fixé par arrêté ministériel, après avis de la Commission spéciale des accidents du travail et des maladies professionnelles.

Si le salaire annuel de la victime de l'accident est supérieur au salaire minimum prévu à l'alinéa précédent, il n'est pris en compte que dans la limite d'une somme n'excédant pas quinze fois le montant de ce salaire minimum.

Toutefois, lorsque la victime de l'accident est un sportif professionnel, si son salaire annuel est supérieur au salaire minimum prévu au premier alinéa, il n'est intégralement pris en compte pour le calcul de la rente que s'il ne dépasse pas le double de ce salaire minimum. S'il le dépasse, l'excédent n'est compté que pour un tiers. En outre, il n'est pas tenu compte de la fraction excédant huit fois le montant du salaire minimum.

Si le salaire annuel de la victime est inférieur au salaire minimum prévu au premier alinéa, la rente est calculée sur la base de ce dernier.

Art. 4 *(L. n° 790, 18 août 1965 ; L. n° 997, 24 juin 1977).* – Dans les cas prévus à l'article 2, la victime a droit :

1° Pour l'incapacité temporaire, à partir du premier jour qui suit l'accident (la journée de travail au cours de laquelle il s'est produit étant intégralement à la charge du patron), à une indemnité journalière, sans distinction entre les jours ouvrables et les dimanches et jours fériés, égale à 50 % du salaire journalier défini à l'article ci-dessous.

Le taux de l'indemnité journalière est, à partir du 29e jour après celui de l'accident, porté de 50 % à 66,66 % du salaire.

L'indemnité journalière est due jusqu'au jour du décès, ou jusqu'à la consolidation de la blessure, c'est-à-dire jusqu'au jour où la victime se trouve soit complètement guérie, soit définitivement atteinte d'une incapacité permanente.

2° Pour l'incapacité permanente, à une rente égale :

a) pour la partie du taux d'incapacité ne dépassant pas 50 % à la moitié de la réduction que l'accident aura fait subir au salaire annuel défini à l'article 6 de la présente loi ;

b) pour la partie du taux d'incapacité excédant 50 % à la réduction, augmentée de moitié, que l'accident aura fait subir au même salaire.

3° Dans le cas où l'incapacité permanente est totale et oblige la victime à avoir recours à l'assistance d'une tierce personne, pour effectuer les actes ordinaires de la vie, le montant de la rente calculé comme il est dit à l'alinéa précédent, sera majoré d'une somme qui sera fixée par arrêté ministériel, après consultation de la commission spéciale des accidents du travail.

Le taux d'incapacité est déterminé, d'après la nature de l'infirmité, suivant un barème minimum d'invalidité établi par arrêté du ministre d'État, après avis d'une commission spéciale.

La victime a le droit, en outre, de réclamer à son employeur soit la fourniture et le renouvellement des appareils de prothèse nécessaires en raison de son infirmité, soit une indemnité représentative de leur acquisition et de leur renouvellement. La nature, la valeur, ainsi que les époques de renouvellement des appareils seront fixées par un arrêté ministériel, après avis d'une commission spéciale. L'indemnité représentative sera ajoutée, dans les conditions précisées par cet arrêté, au moment même de la rente.

Art. 4-1 *(L. n° 997, 24 juin 1977).* – Lorsque l'accident a causé la mort, le conjoint survivant a droit à une rente viagère égale à 30 % du salaire annuel de la victime s'il n'est ni séparé de corps ni divorcé et si le mariage a été contracté antérieurement à l'accident ou, à défaut, s'il a duré au moins deux ans à la date du décès.

Les conditions d'antériorité et de durée ci-dessus ne sont toutefois pas exigées si un ou plusieurs enfants sont issus du mariage.

Art. 4-2 *(L. n° 997, 24 juin 1977).* – Le taux de la rente viagère est porté à 50 % lorsque le conjoint survivant atteint l'âge de cinquante-cinq ans ou avant cet âge aussi longtemps qu'il est dans l'incapacité, en raison de son état de santé, de se livrer à un quelconque travail lui procurant une rémunération supérieure à un minimum fixé par arrêté ministériel ; cette incapacité doit avoir une durée d'au moins trois mois.

Art. 4-3 *(L. n° 997, 24 juin 1977).* – En cas de séparation de corps ou de divorce, le conjoint survivant séparé ou le conjoint survivant divorcé qui perçoit au moment du décès une pension alimentaire ou a obtenu un jugement pour abandon de famille a droit à la rente viagère ; toutefois, celle-ci sera réduite au montant de la pension lorsqu'elle lui est supérieure.

Si la victime laisse un nouveau conjoint, la rente est partagée entre ce dernier et le conjoint divorcé visé ci-dessus ; dans ce cas, le nouveau conjoint percevra au moins la moitié de la rente.

Le conjoint condamné pour abandon de famille ou qui a abandonné, depuis plus de trois ans, le domicile conjugal sans motif légitime est déchu de tous ses droits.

Art. 4-4 *(L. n° 997, 24 juin 1977).* – En cas de remariage, le conjoint survivant, s'il n'a pas d'enfants, cesse d'avoir droit à la rente viagère ; il lui est alloué, à titre d'indemnité totale, une somme égale à trois fois le montant annuel de la rente perçue au moment du remariage.

S'il y a des enfants, le droit à la rente est maintenu au conjoint survivant et le rachat est différé aussi longtemps que l'un d'eux bénéficie d'une rente d'orphelin par application de l'article 4-6.

Art. 4-5 *(L. n° 997, 24 juin 1977).* – Dans le cas où le remariage est suivi d'une séparation de corps, d'un divorce ou d'un nouveau veuvage, le conjoint survivant recouvre son droit à la rente dans les conditions suivantes :

– si le rétablissement de la rente prend effet moins de trois ans après le remariage, son montant est diminué, le cas échéant, de l'indemnité totale allouée au moment du remariage ;

– si le conjoint reçoit, en raison de son nouveau veuvage, une rente, une allocation ou une pension en application d'un régime légal ou s'il reçoit, en raison d'une séparation de corps ou d'un divorce, une pension alimentaire, le montant de l'avantage dont il bénéficie vient en diminution de sa rente de conjoint survivant.

Art. 4-6 *(L. n° 997, 24 juin 1977).* – L'enfant légitime qui est orphelin d'un père ou d'une mère dont la mort est causée par un accident du travail a droit à une rente égale à 15 % du salaire annuel de la victime tant qu'il peut prétendre au bénéfice des prestations familiales par application de la loi n° 595 du 15 juillet 1954. S'il y a deux enfants la rente est portée à 30 %, s'il y en a trois à 40 %, le taux étant ensuite majoré de dix points par enfant.

Lorsque l'enfant ou les enfants sont orphelins de père et de mère et que la mort de l'un des auteurs a été causée par un accident du travail, la rente est égale, par enfant à 20 % du salaire de la victime.

Les rentes ainsi allouées sont collectives. Elles sont réduites au fur et à mesure que chaque orphelin atteint la limite d'âge qui lui est applicable.

S'il y a des enfants de plusieurs lits, chaque groupe est traité conformément aux dispositions qui précèdent.

Art. 4-7 *(L. n° 997, 24 juin 1977).* – Les dispositions de l'article précédent sont applicables aux enfants naturels reconnus ou dont la filiation est judiciairement établie, ainsi qu'aux enfants adoptifs.

Les autres descendants de la victime et les enfants recueillis par elle bénéficient des mêmes avantages si, privés de leurs soutiens naturels, ils étaient, de ce chef, à sa charge.

Art. 4-8 *(L. n° 997, 24 juin 1977).* – Chacun des ascendants d'une personne dont la mort est causée par un accident du travail a droit à une rente viagère égale à 10 % du salaire annuel de la victime s'il établit :

– dans le cas où celle-ci n'a ni conjoint ni enfant au sens des dispositions qui précèdent, qu'il aurait pu obtenir de la victime une pension alimentaire ;

– dans le cas où la victime a conjoint ou enfant, qu'il était à sa charge.

La condition prévue doit être remplie, au choix du bénéficiaire, soit à la date de l'accident, soit à celle du décès de la victime. Le total des rentes ainsi allouées ne devra pas excéder 30 % du salaire de la victime. Si cette quotité est dépassée, la rente de chacun des ayants droit sera réduite proportionnellement.

Le bénéfice des dispositions qui précèdent ne peut être accordé l'ascendant qui a été reconnu coupable d'abandon de famille ou qui a été privé de la puissance paternelle.

Art. 4-9 *(L. n° 997, 24 juin 1977).* – L'ensemble des rentes allouées aux différents ayants droit de la victime ne peut, en aucun cas, dépasser 85 % du salaire annuel sur le montant duquel elles ont été établies. Si leur total dépasse ce taux, les rentes revenant à chaque catégorie d'ayants droit seront réduites proportionnellement

Art. 5. – Le salaire journalier servant au calcul de l'indemnité de repos s'entend du salaire hebdomadaire divisé par six.

Si le salaire est variable, l'indemnité journalière est égale à la moitié du salaire moyen des journées de travail pendant le mois qui a précédé l'accident.

Si le travail n'est pas continu, l'indemnité journalière sera calculée en divisant par le nombre de jours ouvrables le salaire annuel calculé conformément aux dispositions de l'article 6, paragraphe 3.

(L. n° 1.258, 12 juill. 2002) En aucun cas le montant du salaire journalier calculé en application des alinéas précédents ne pourra excéder le trois cent douzième de la somme définie au deuxième alinéa de l'article 3-1 ci-dessus.

Art. 6 *(Mod., L. n° 1.258, 12 juill. 2002).* – Sous réserve des dispositions de l'article 3-1, le salaire servant de base à la fixation des rentes s'entend, pour l'employé occupé chez le même employeur pendant les douze mois qui ont précédé l'accident, de la rémunération effective totale qui lui a été allouée pendant ce temps, soit en espèces, soit en nature. Toutefois, il n'est pas tenu compte des allocations familiales si la victime ou ses ayants droit bénéficient des dispositions de la loi n° 595 du 15 juillet 1954, modifiée par la loi n° 618 du 26 juillet 1956.

Pour les employés occupés pendant moins de douze mois avant l'accident, le salaire visé à l'alinéa précédent doit s'entendre de la rémunération effective totale qu'ils ont reçue depuis leur entrée chez l'employeur augmentée de la rémunération qu'ils auraient pu recevoir pendant la période de travail nécessaire pour compléter les douze mois, d'après la rémunération moyenne des salariés de la même catégorie pendant ladite période.

Si le travail n'était pas continu ou si, au cours de l'année précédant l'accident, la victime n'a pas effectué chez l'employeur la totalité des journées de travail correspondant aux jours ouvrables légalement prévus pour celle-ci, le salaire annuel est calculé d'après le nombre total de ces jours ouvrables. Toutefois, s'il est constant que, dans la profession exercée par la victime, on ne travaille normalement dans l'année qu'un nombre de jours inférieur au total de jours ouvrables ou un nombre d'heures inférieur à la normale, le salaire annuel est calculé en ajoutant à la rémunération afférente à la période d'activité chez l'employeur, le gain que le salarié a réalisé par ailleurs dans le reste de l'année.

Art. 7. – Le salaire qui servira de base à la fixation des rentes et des indemnités allouées à l'employé âgé de moins de dix-huit ans ou à l'apprenti victime d'un accident ou à leurs ayants droit ne sera pas inférieur au salaire le plus bas des employés valides de la même catégorie occupés par le même employeur et dans la même entreprise.

Toutefois, dans le cas d'incapacité temporaire, l'indemnité évaluée comme ci-dessus due au salarié âgé de moins de dix-huit ans ne pourra dépasser le montant de son salaire.

Art. 8. – L'indemnité journalière est payable aux époques et lieu de paye usités dans l'entreprise, sans que l'intervalle entre deux paiements puisse excéder 16 jours.

Les rentes sont payables par trimestre et à terme échu à la résidence du titulaire.

Tout retard apporté au paiement, soit de l'indemnité temporaire, soit des rentes, donnera droit au créancier, à partir du huitième jour de leur échéance, à une astreinte quotidienne de 1 % du montant des sommes non payées.

Les rentes seront incessibles et insaisissables.

Art. 9. – La rente allouée à la victime de l'accident peut, après l'expiration d'un délai de cinq ans à compter de la date de consolidation, être remplacée en totalité ou en partie, par un capital, à la demande de la victime, mais seulement dans les conditions ci-après indiquées.

Le rachat portant sur la totalité de la rente peut être effectué si le titulaire est majeur et si le degré d'incapacité est au plus égal à 10 %.

Quels que soient le montant de la rente et le taux d'incapacité, le titulaire peut demander que lui soit attribué en espèces le quart au plus du capital correspondant à la valeur de la rente, si le taux d'incapacité est de 50 % au plus ou – s'il est plus élevé – du capital correspondant à la fraction de rente allouée jusqu'à 50 %.

Si la rente est calculée sur un taux d'incapacité au plus égal à 50 %, le titulaire peut demander que le capital représentatif de la rente, ou ce capital réduit du quart au plus comme il vient d'être dit, serve à constituer sur sa tête une rente viagère réversible pour moitié au plus sur la tête de son conjoint. Si le taux d'incapacité est supérieur à 50 %, cette transformation ne peut être demandée que pour la portion de rente correspondant au taux d'incapacité de 50 %. La rente viagère est diminuée de façon qu'il ne résulte de la réversibilité aucune augmentation de charge pour l'employeur ou l'assureur.

Les conversions prévues ci-dessus sont effectuées suivant le tarif arrêté par le ministre d'État.

Le tribunal en chambre du conseil statue sur ces demandes qui doivent lui être adressées dans les trois mois qui suivent le délai de cinq ans visé à l'article premier.

Indépendamment des cas visés ci-dessus, la conversion en capital de certaines rentes pourra être rendue obligatoire par arrêté ministériel.

Art. 10 *(Mod., L. n° 790, 18 août 1965)*. – Quelle que soit la durée de l'interruption du travail occasionnée par l'accident, et même s'il n'y a pas eu interruption, l'employeur supporte en outre : les honoraires de médecins, chirurgiens et dentistes, les frais pharmaceutiques, les frais de transport de la victime, dans les limites du territoire de la Principauté, à sa résidence habituelle ou à l'établissement hospitalier, les frais d'hospitalisation et, d'une manière générale, tous les frais de traitement engagés par la victime d'après les prescriptions du médecin et sous son contrôle.

Ces frais sont taxés par le juge chargé des accidents du travail conformément à un tarif qui sera établi par arrêté du ministre d'État, après avis d'une commission spéciale. L'arrêté fixera, après avis de la commission, la durée d'application du tarif qui ne sera pas inférieure à une année.

En cas d'hospitalisation dans un établissement public, l'employeur ou l'assureur est tenu au paiement du prix de journée applicable aux malades payants dans les salles communes et des honoraires médicaux et chirurgicaux dus aux médecins et chirurgiens, conformément au tarif de responsabilité patronale fixé à l'alinéa précédent.

Dans le cas où l'accidenté est hospitalisé dans une clinique privée, dont les taux et conditions sont plus élevés que dans les établissements hospitaliers publics, l'employeur ou l'assureur ne sera tenu au remboursement des frais que dans les limites des tarifs des établissements hospitaliers publics.

Art. 11. – En cas de décès, l'employeur supporte les frais funéraires et aussi les frais de transport du corps au lieu de sépulture demandé par la famille si c'est à la sollicitation de l'employeur que la victime avait quitté la localité où se trouve cette sépulture ou si le décès s'est produit au cours d'un déplacement effectué par la victime pour son travail hors de sa résidence.

Le taux maximum de remboursement des frais funéraires sera fixé par arrêté ministériel.

Art. 12 *(L. n° 790, 18 août 1965)*. – La victime peut toujours faire choix elle-même du médecin, du pharmacien et de l'établissement de soins.

Le médecin est tenu d'adresser à l'employeur, au plus tard dans les huit jours qui suivent l'accident, un certificat indiquant l'état de la victime et les conséquences de l'accident, ou les suites probables si les conséquences ne sont pas exactement connues.

Faute pour le praticien de se conformer à cette prescription, l'employeur, son assureur et la victime ou ses ayants droit ne sont pas tenus pour responsables des honoraires.

Les praticiens, médecins, pharmaciens et établissements hospitaliers peuvent actionner directement l'employeur ou l'assureur.

L'employeur ou son assureur pourra désigner au juge chargé des accidents du travail un ou plusieurs médecins chargés de le renseigner au cours du traitement sur l'état de ses salariés ou des salariés des employeurs qu'il assure et qui ont été victimes d'accidents du travail. Cette désignation dûment visée par le juge chargé des accidents du travail donnera auxdits médecins accès hebdomadaire auprès des victimes en présence du médecin traitant, prévenu deux jours à l'avance par lettre recommandée.

Faute pour la victime de se prêter à cette visite, le paiement de l'indemnité journalière sera suspendu par décision du juge chargé des accidents du travail qui convoquera la victime par simple lettre recommandée.

Si le médecin contrôleur estime que la victime est en état de reprendre son travail, il devra le lui signifier par lettre recommandée ; si la victime le conteste, elle devra en aviser son employeur dans la même forme. Dans ce cas, ce dernier ou la victime peut requérir du juge chargé des accidents du travail une expertise médicale qui devra avoir lieu dans les cinq jours.

Art. 13. – Indépendamment de l'action résultant de la présente loi, la victime ou ses ayants droit conservent contre les auteurs de l'accident, autres que l'employeur ou ses salariés et préposés, le droit de réclamer la réparation du préjudice causé, conformément aux règles du droit commun.

Si la responsabilité du tiers, auteur de l'accident, est entière, l'indemnité qui sera allouée exonèrera l'employeur des indemnités mises à sa charge ; elle devra comporter, en cas d'incapacité permanente ou de mort, une rente ou des rentes égales à celles fixées par la présente loi, augmentées, s'il y a lieu, des allocations ou majorations qu'elle prévoit et, le cas échéant, d'une rente supplémentaire destinée à rendre la réparation égale au préjudice causé. Cette dernière rente seule pourra être allouée sous forme de capital.

Si la responsabilité du tiers n'est que partielle, l'employeur n'est exonéré que de la fraction des indemnités légales correspondant à la part de responsabilité du tiers, et, pour le surplus, il reste tenu, vis-à-vis de la victime ou de ses ayants droit. L'indemnité due par le tiers devra, en cas d'incapacité permanente, ou de mort, comprendre la fraction de la ou des rentes légales mises à sa charge eu égard à sa fraction de responsabilité augmentée d'une rente supplémentaire pour réparer le préjudice causé.

En outre des rentes, le tiers reconnu responsable pourra être condamné à payer ou à rembourser en tout ou en partie dans les conditions ci-dessus indiquées, à la victime ou à l'employeur les autres indemnités prévues aux articles 4, 10 et 11 ci-dessus.

Cette action contre les tiers pourra même être exercée par l'employeur ou par son assureur pour lui permettre de faire valoir ses droits propres.

La victime ou ses ayants droit devront appeler l'employeur ou son assureur en déclaration du jugement commun.

Le tiers condamné pourra, concurremment avec l'employeur ou l'assureur de ce dernier, exercer l'action de révision prévue à l'article 25 comme il devra subir, le cas échéant, celle de l'ouvrier.

Art. 13 *bis* *(L. n° 858, 7 janv. 1969)*. – Si l'accident dont le travailleur salarié a été victime est survenu dans les conditions prévues au second alinéa de l'article 2 et s'il a été causé par l'employeur, ou l'un de ses préposés ou, plus généralement, par une personne appartenant à la même entreprise que la victime, l'auteur responsable est considéré comme un tiers au sens de l'article précédent.

TITRE II. – DÉCLARATION DES ACCIDENTS

(L. n° 790, 18 août 1965)

Art. 14. – *a)* Tout accident mortel du travail doit être déclaré d'urgence par l'employeur ou ses préposés à la direction de la sûreté publique et un certificat médical doit être joint dans les vingt-quatre heures au plus tard. Il est dressé procès-verbal et récépissé est immédiatement délivré au déclarant.

La déclaration et le procès-verbal doivent notamment indiquer les nom, qualité et adresse de l'employeur et de la victime ; ils mentionnent la compagnie d'assurances, garantissant la responsabilité de l'employeur, le jour, l'heure et la nature de l'accident, les circonstances dans lesquelles il s'est produit, la nature des blessures, les nom et adresse des témoins. Un arrêté ministériel fixe les autres règles applicables à la forme que doivent revêtir ces déclarations et procès-verbal.

b) Tout accident ayant occasionné une incapacité de travail doit être déclaré dans les quarante-huit heures, non compris les dimanches et jours fériés, dans les formes visées ci-dessus.

Dès que les conséquences sont connues, et au plus tard dans les dix jours qui suivent l'accident, si la victime n'a pas repris son travail, l'employeur doit déposer à la direction de la sûreté publique, où lui en est immédiatement délivré récépissé, un certificat médical indiquant l'état de la victime et les conséquences de l'accident ou les suites probables, si les conséquences ne sont pas exactement connues.

Lors de la guérison de la blessure, s'il ne persiste pas d'incapacité permanente, ou au moment de la consolidation, s'il y a incapacité permanente, un second certificat médical indiquant les conséquences définitives, si elles n'avaient pu être antérieurement constatées, sera déposé dans les mêmes formes.

La copie des deux certificats ci-dessus mentionnés sera obligatoirement remise par le médecin à la victime. Sauf le cas de force majeure, d'impossibilité absolue ou de motif légitime, la victime doit, dans la journée où l'accident se produit ou, au plus tard, dans les quarante-huit heures déclarer ou faire déclarer l'accident à son employeur ou à l'un de ses préposés.

c) Indépendamment de cette dernière formalité, la déclaration d'accident prévue aux lettres *a* et *b* du présent article pourra être faite dans les mêmes conditions, par la victime, ses représentants ou ses ayants droit, jusqu'à l'expiration de l'année qui suit l'accident.

Art. 14 *bis*. – Dans les vingt-quatre heures qui suivent la déclaration d'accident, la direction de la sûreté publique avise l'inspecteur du travail en lui précisant les circonstances de l'accident.

Un arrêté ministériel détermine les conditions dans lesquelles devront être faites les déclarations concernant les accidents survenus hors de Monaco.

Art. 15 *(Mod., L. n° 1.229, 6 juill. 2000)*. **– Les employeurs ou les préposés qui méconnaissent les dispositions de l'article 14 sont punis de l'amende prévue au chiffre 3 de l'article 29 du Code pénal.**

En cas de récidive dans l'année, l'amende est celle prévue au chiffre 1 de l'article 26 du Code pénal.

Art. 16. – En cas d'accident mortel du travail, la déclaration doit être transmise d'urgence par la direction de la sûreté publique au juge chargé des accidents du travail. Le certificat médical doit également être transmis dès son dépôt.

Si l'accident a occasionné une incapacité de travail, la déclaration, accompagnée du certificat médical ou de l'attestation qu'il n'a pas été produit de certificat doit être transmise par le commissaire de police au juge dans les vingt-quatre heures du dépôt de ce certificat ou, au plus tard, dans les dix jours qui suivent la déclaration de l'accident. Le greffier lui en accuse réception et mentionne cette déclaration sur un registre spécial dans les formes et conditions déterminées par arrêté ministériel. Le deuxième certificat est transmis dans les mêmes formes.

TITRE III. – JURIDICTION — COMPÉTENCE — PROCÉDURES RÉVISION
(L. n° 790, 18 août 1965)

Art. 17. – Un juge, choisi parmi tous les membres du tribunal de première instance, est spécialement chargé des accidents du travail. Il est désigné après avis du président de ce tribunal, par ordonnance du premier président de la cour d'appel pour une période de trois ans. Il est assisté d'un greffier.

En cas d'indisponibilité, il est remplacé pour la durée de cette indisponibilité par un autre membre du tribunal, ou par le juge de paix, désigné dans les mêmes formes.

Il peut siéger aux audiences où le tribunal est appelé à statuer sur les affaires dont il aura connu.

D'une manière générale, il est investi d'une mission de conciliation au sujet de tous les litiges susceptibles de s'élever entre la victime, ses représentants ou ses ayants droit et la compagnie d'assurances de l'employeur ou l'employeur lui-même.

Sa compétence et la procédure qu'il doit suivre sont régies par les articles ci-après.

Art. 18. – En cas d'accident mortel, le juge chargé des accidents du travail connaît en dernier ressort des contestations relatives aux frais funéraires prévus par l'article 11.

Dans les autres cas, il connaît en dernier ressort jusqu'à trois cents francs (1) **et à charge d'appel si l'intérêt du litige excède ce montant, de toutes les demandes concernant : le paiement de l'indemnité journalière prévue par le chiffre 1 de l'article 4, pendant la période d'incapacité temporaire comprise entre le jour de l'accident et la date de guérison ou de consolidation ; le paiement des frais médicaux, chirurgicaux, pharmaceutiques et accessoires prévus par l'article 10 et, s'il y a lieu, l'application des dispositions relatives à la fourniture des appareils de prothèse conformément aux dispositions réglementaires. L'ordonnance rendue est exécutoire par provision nonobstant opposition ou appel.**

Art. 19. – Quelles qu'aient été les suites de l'accident, le juge chargé des accidents du travail, au vu des certificats médicaux qui lui sont produits, demande par lettre recommandée avec accusé de réception à l'agent agréé par la compagnie d'assurances de l'employeur si l'assureur accepte en principe de régler les conséquences pécuniaires de l'accident.

Si l'employeur a enfreint les dispositions de la présente loi et n'a pas souscrit l'assurance légalement prescrite cette demande est adressée à l'employeur lui-même, sans préjudice de l'application à ce dernier des sanctions et, le cas échéant, des autres mesures prévues en pareil cas.

(1) Conversion en euros : V. Ord. n° 13.827, 15 déc. 1998 : *Journal de Monaco*, 18 déc. 1998.

Art. 20. – En cas de refus ou à défaut de réponse dans la huitaine de l'accusé de réception, comme dans le cas où le juge l'estimerait utile, ce magistrat procède à une enquête, ainsi qu'à toutes les recherches nécessaires à l'effet de déterminer les causes, la nature et les circonstances de l'accident.

Il peut, à cette fin, se transporter sur les lieux avec son greffier, se faire au besoin assister par un expert qu'il commet par ordonnance, ou ordonner une expertise technique.

En cas de décès de la victime, il peut, sans délai, s'il l'estime utile à la manifestation de la vérité, présenter au procureur général une requête aux fins d'autopsie du corps, dans les conditions prévues aux articles 344 et suivants du Code de procédure civile.

En cas de blessures, il peut faire procéder à l'examen de la victime par un médecin qu'il désigne par ordonnance.

Le cas échéant, il se fait remettre une copie de la procédure de police établie à cette occasion ou de la procédure d'information si une instruction a été requise.

Art. 21. – Au cours de l'enquête, le juge procède à l'audition de tous témoins utiles. Cette audition a lieu contradictoirement en présence des parties, ou celles-ci dûment convoquées par lettre recommandée avec accusé de réception. Le juge pourra se transporter auprès de la victime de l'accident lorsqu'elle se trouvera dans l'impossibilité d'assister à l'enquête.

Au jour fixé, les témoins, après avoir indiqué leurs nom, profession, âge et domicile, prêteront serment de dire la vérité et déclareront s'ils sont parents ou alliés des parties et à quel degré, et s'ils sont attachés à leur service.

Chaque témoin sera entendu séparément et sans interruption en présence des parties si elles comparaissent. Après sa déposition, le juge pourra, sur la demande des parties, et même d'office, lui faire les interpellations convenables.

Le greffier dressera procès-verbal de l'audition des témoins. Cet acte devra contenir leurs nom, âge, profession et domicile, leur serment de dire la vérité, leur déclaration s'ils sont parents, alliés ou attachés au service des parties.

Lecture de la déposition sera faite à chaque témoin ; il signera, ou mention sera faite s'il ne sait ou ne veut signer. Le procès-verbal sera, en outre, signé par le juge et le greffier.

Dans tous les cas où la vue des lieux pourra être utile pour l'intelligence des dépositions, le juge se transportera, s'il l'estime nécessaire, sur les lieux et ordonnera que les témoins y soient entendus.

Art. 21 *bis*. – L'enquête terminée, le juge donne, sans délai et par voie de greffe, communication du dossier aux parties qui sont avisées par lettre recommandée avec accusé de réception.

Dans les quinze jours de cette communication, la compagnie d'assurances doit faire connaître, par lettre recommandée avec accusé de réception, si elle maintient son refus de prendre en charge les conséquences pécuniaires de cet accident.

Si elle persiste dans son refus, ou si elle s'abstient de répondre dans le délai ci-dessus fixé, le juge renvoie l'affaire par ordonnance devant le tribunal de première instance. Ce dernier est saisi par une assignation qui vise cette ordonnance et est délivrée à la requête de la partie la plus diligente.

Le tribunal auquel est communiqué le dossier de l'enquête statue d'urgence dans le mois de l'assignation à charge d'appel dans les conditions prévues par l'article 22. S'il juge que l'accident doit être pris en charge par la compagnie d'assurances il renvoie l'affaire devant le juge chargé des accidents du travail afin qu'il soit procédé comme il est dit aux articles 21 *ter*, 21 *quater* et 21 *quinquies*.

Art. 21 *ter*. – Si les conséquences pécuniaires de l'accident incombent à l'assureur, ou, le cas échéant, à l'employeur, le juge procède à la fixation des indemnités et frais visés à l'article 18, ainsi qu'au règlement des rentes dues au cas d'accident mortel ou d'accident suivi d'incapacité permanente. Il se fait remettre par l'employeur, s'il y a lieu, un état en double exemplaire précisant le salaire annuel de la victime et, en cas de décès de celle-ci, la liste des ayants droit.

Art. 21 *quater*. – S'il s'agit d'un accident mortel le juge convoque par lettre recommandée avec accusé de réception l'assureur ou l'employeur et les ayants droit de la victime qui peuvent se faire assister par un avocat ou un avocat-défenseur. À la lettre adressée aux ayants droit est annexé un exemplaire de l'état des salaires.

En cas d'accord sur la rente calculée conformément aux prescriptions de la présente loi, l'indemnité est définitivement fixée par ordonnance du juge qui en donne acte en indiquant sous peine de nullité, le salaire annuel, le pourcentage de la rente dans les conditions fixées à l'article 4, chiffre 4, le montant de cette rente. Dans ce cas, sur le vu de l'ordonnance du juge, le greffier délivre à l'administration de l'enregistrement, contre l'adversaire de l'assisté, sur état taxé par le juge, un exécutoire de dépens qui comprend les avances faites par le Trésor, ainsi que les droits, frais et émoluments dus au greffier et aux officiers ministériels à l'occasion de la procédure.

En cas de désaccord, le juge, par ordonnance, fixe une provision sur la rente qui pourrait être allouée conformément aux prescriptions de la présente loi et renvoie l'affaire devant le tribunal dans les conditions déterminées par l'article 21 *bis*. Le tribunal est saisi dans les formes prévues audit article et statue d'urgence dans le mois.

Art. 21 *quinquies*. – Si l'accident a entraîné une incapacité de travail permanente, totale ou partielle, dès que la consolidation est constatée par un certificat médical qui doit être transmis sans délai au juge, celui-ci désigne, sauf accord des parties sur le taux de l'incapacité, un médecin expert avec mission de fixer ce taux. Les parties sont avisées de cette désignation par lettre recommandée avec accusé de réception.

Le juge surveille les opérations de l'expert afin d'éviter tout retard dans l'accomplissement de sa mission. Il peut, en raison de circonstances spéciales, accorder à l'expert pour exécuter ses opérations un plus long délai que celui de l'article 23.

Dès que le rapport est déposé, ainsi que, le cas échéant, les conclusions de la commission d'invalidité visée à l'article 23 *bis*, le juge convoque la victime ou ses représentants et l'assureur ou l'employeur par lettre recommandée avec accusé de réception en leur donnant connaissance des conclusions prises. À la lettre adressée à la victime est annexé un exemplaire de l'état des salaires. La victime peut se faire assister à l'audience de conciliation comme il est dit à l'article 21 *quater*.

Si les parties s'accordent sur le taux proposé par l'expert, il est procédé comme il est dit au deuxième alinéa de l'article 21 *quater*. Si les parties sont en désaccord sur ce taux, il est procédé comme il est dit au dernier alinéa du même article. Le dossier de l'affaire est, en ce cas, transmis au tribunal.

Art. 21 *sexies*. – Si, en application de l'article 30, la faute inexcusable est invoquée par l'une des parties, le juge, après avoir procédé à l'enquête prévue par les articles 20 et suivants, détermine, s'il y a lieu, par ordonnance assortie de l'exécution provisoire, une provision sur la rente qui pourrait être allouée conformément aux prescriptions de la présente loi et renvoie l'affaire devant le tribunal dans les conditions fixées par l'article 21 *bis*. Le tribunal est saisi dans les formes prévues audit article et statue d'urgence dans le mois de l'assignation.

Le tribunal, auquel est communiqué le dossier de l'enquête, prononce à charge d'appel dans les conditions prévues par l'article 22.

Art. 21 *septies*. – Le juge peut toujours modifier, en cours d'instance par décision contradictoire, les provisions qu'il a allouées. Il est saisi par lettre recommandée avec accusé de réception. Il convoque les parties dans les mêmes formes.

Les arrérages des rentes courent à partir du jour du décès ou de la consolidation de la blessure, sans se cumuler avec l'indemnité journalière ou la provision.

Si la possibilité de reprise du travail n'a pas été contestée en temps utile, dans les conditions fixées à l'article 12, c'est la date de reprise fixée par le médecin contrôleur qui sera adoptée par le juge comme point de départ de la rente.

Dans le cas où le montant de l'indemnité ou de la provision excède les arrérages dus jusqu'à la date de la fixation de la rente, le juge ou le tribunal peut ordonner que le surplus sera précompté sur les arrérages ultérieurs dans la proportion qu'il détermine.

L'ordonnance du juge ou le jugement du tribunal fixant la rente allouée spécifie, s'il y a lieu, que l'assureur est substitué à l'employeur pour le service de la totalité de la rente ou des rentes, nonobstant toute clause contraire de la police d'assurance, dans les termes du titre IV, sans recours de la victime contre ledit employeur.

S'il y a plusieurs assureurs, le principal d'entre eux sera substitué pour la totalité de la rente ; les autres sont tenus de lui verser le montant du capital constitutif de la fraction de rente à leur charge suivant le tarif prévu par la présente loi.

Art. 22. – Les ordonnances prises en application des articles 18 – deuxième alinéa – 26 et 27 et les jugements rendus en vertu de la présente loi, sont susceptibles d'appel suivant les règles du droit commun. Toutefois, l'appel devra être interjeté dans les trente jours de la date de l'ordonnance ou du jugement s'il est contradictoire et, s'il est par défaut, dans la quinzaine à partir du jour où l'opposition ne sera plus recevable. Dans les cinq jours du prononcé de la décision, le greffe, par lettre recommandée avec accusé de réception, avisera les parties de la date de l'ordonnance ou du jugement contradictoire en leur rappelant que l'appel doit être interjeté dans les trente jours de la date de la décision.

Passé le délai de quinze jours à partir de la signification, l'opposition ne sera plus recevable en cas de décision par défaut contre partie, lorsque cette décision aura été signifiée à personne.

La cour statuera d'urgence dans le mois de l'acte d'appel.

Les parties pourront se pourvoir en révision. Le recours sera jugé sur pièces dans les formes prévues pour les affaires urgentes.

Art. 22 *bis*. – Tout expert désigné en application de la présente loi recevra du greffe une lettre l'avisant de sa nomination et de l'objet de sa mission. À cette lettre sera annexée la formule du serment que l'expert prêtera par écrit. La formule remplie et signée sera renvoyée au greffe dans les trois jours de la réception pour être jointe au dossier.

Art. 23. – L'expert médical désigné, soit par le juge chargé des accidents du travail, soit par le tribunal ou la cour d'appel ne sera, en aucun cas, le médecin qui a soigné la victime ni le médecin attaché à l'employeur ou à la compagnie d'assurances ; il pourra être fait appel à un médecin de l'office de la médecine du travail qui, par dérogation aux dispositions du deuxième alinéa de l'article 4 de la loi n° 637, du 11 janvier 1958, sera autorisé à percevoir des honoraires. Le médecin traitant et le médecin conseil ne seront pas admis à assister à l'expertise ; leurs rapports seront simplement soumis à l'expert, dans un délai que celui-ci indiquera, à défaut de quoi il passera outre.

Les honoraires du médecin traitant, du médecin conseil et des experts seront déterminés selon un barème fixé par arrêté ministériel.

Si, pour se rendre à l'expertise, la victime est obligée de quitter sa résidence, ses frais de déplacement seront, suivant le cas, à la charge de l'employeur ou compris dans les frais d'instance.

Les médecins experts désignés pour établir un rapport concernant un accident du travail devront déposer leurs conclusions dans le délai d'un mois ; à défaut, il sera pourvu à leur remplacement, à moins qu'en raison des circonstances spéciales, ils n'aient obtenu un plus long délai.

Le juge ou le président de la juridiction saisie surveille les opérations de l'expert, comme il est dit à l'article 21 *quinquies*.

Art. 23 *bis*. – Toutes les fois qu'une expertise médicale aura été effectuée comme il est dit à l'article précédent, le juge chargé des accidents du travail, le tribunal de première instance ou la cour d'appel pourra, sur le vu du rapport du médecin expert, faire apprécier, en outre, la capacité résiduelle de gain de la victime de l'accident, compte tenu de la situation du marché du travail, du champ des emplois pouvant convenir à la victime et de son rendement théorique dans la nouvelle profession qu'elle peut être contrainte d'exercer.

Il sera procédé à cette appréciation par une commission de cinq membres, y compris le président, dont la composition est fixée par ordonnance souveraine prise après avis du Conseil d'État.

Dès réception de la copie du rapport médical, laquelle lui sera adressée par le greffe général dans les cinq jours de son dépôt, le président de la commission est tenu de la convoquer et de communiquer ses conclusions au greffe général dans le délai maximum de trente jours à compter de sa réunion.

Les conclusions de la commission jointes au rapport du médecin expert viendront ensuite, aux diligences du greffe général, devant la juridiction qui les aura provoquées. Celle-ci ne sera pas liée par ces conclusions.

Art. 24. – L'action en indemnité prévue par la présente loi se prescrit par un an à dater du jour :

1° soit de l'accident, si aucune déclaration n'a été faite par la victime, ses représentants ou ses ayants droit, selon les dispositions de l'article 14, lettre *b* ;

2° soit de la cessation de paiement de l'indemnité temporaire ;

3° soit de l'ordonnance rendue par le juge en application des articles 21 *bis*, troisième alinéa, 21 *quater*, quatrième alinéa et 21 *sexies*.

La prescription ainsi instituée est soumise aux règles du droit commun.

Art. 25 *(Mod., L. n° 997, 24 juin 1977).* – Sous réserve des dispositions du deuxième alinéa du présent article, toute modification dans l'état de la victime, dont la première constatation médicale est postérieure à la date de guérison apparente ou de consolidation de la blessure, peut donner lieu à une nouvelle fixation des réparations. Il en sera de même en cas de variations des éléments ayant servi à apprécier la capacité résiduelle de gain de la victime de l'accident.

Cette nouvelle fixation peut avoir lieu à tout moment, dans les deux premières années qui suivent la date de guérison ou de consolidation de la blessure. Après l'expiration de ce délai de deux ans, une nouvelle fixation des réparations allouées ne peut être faite qu'à des intervalles d'au moins un an. Ces délais subsistent même si un traitement médical est ordonné. Les intervalles peuvent être diminués d'un commun accord.

En cas de décès de la victime, par suite des conséquences de l'accident, une nouvelle fixation des réparations peut être demandée par les ayants droit de la victime, tels qu'ils sont désignés aux articles 4-3 à 4-8.

Sauf preuve contraire à la charge de la compagnie d'assurances, le décès de la victime est présumé résulter des conséquences de l'accident pour l'appréciation de la demande de rente présentée par l'ayant droit qui justifie avoir assisté la victime pendant dix ans, si à la date de son décès celle-ci avait bénéficié durant la même période de la majoration de rente prévue par le premier alinéa du chiffre 3° de l'article 4. Le lien de causalité entre le décès et l'accident est alors réputé établi à l'égard de l'ensemble des ayants droit.

En toute hypothèse le juge chargé des accidents du travail est saisi par voie de simple déclaration au greffe ou par lettre recommandée avec accusé de réception.

Il ordonne une expertise médicale à l'effet d'examiner la victime. En cas de décès, il peut procéder à une autopsie dans les formes prévues au troisième alinéa de l'article 20.

Il communique les conclusions du rapport aux parties, convoquées par lettre recommandée avec accusé de réception.

S'il y a accord entre les parties, conforme aux prescriptions de la présente loi, le chiffre de la rente est fixé par ordonnance du juge, conformément au deuxième alinéa de l'article 21 *quater*. En cas de désaccord, il est procédé comme il est dit au dernier alinéa de cet article.

Art. 26. – Sous réserve de l'observation des délais prévus à l'article précédent, l'employeur ou l'assureur pourra demander la désignation d'un médecin avec mission de le renseigner sur l'état de la victime. Ce médecin sera choisi par le juge chargé des accidents du tribunal sur une liste de trois noms présentée par le demandeur.

Cette désignation, faite par ordonnance, donnera audit médecin accès trimestriel auprès de la victime qui sera informée, au moins quatre jours avant, par lettre recommandée avec accusé de réception, du jour et de l'heure de cette visite.

Dans le cas où la victime refuserait de se prêter à cette visite, l'employeur ou l'assureur pourra demander au juge l'autorisation de suspendre la rente.

Le juge convoque alors la victime par lettre recommandée avec accusé de réception. Si la victime ne se présente pas ou si elle persiste dans le refus de se soumettre à la visite, le juge ordonne la suspension de la rente.

Art. 27. – Dans le cas où l'aggravation de la lésion entraînerait pour la victime une nouvelle incapacité temporaire ou la nécessité d'un traitement médical, l'employeur ou l'assureur est tenu de payer l'indemnité journalière, les frais médicaux, chirurgicaux et pharmaceutiques, ainsi que les frais d'hospitalisation s'il y a lieu. Le service de la rente, s'il en a été alloué une, est suspendu pendant cette période. Le juge chargé des accidents du travail statue par ordonnance sur les contestations qui pourraient s'élever à ce sujet. La décision est exécutoire par provision.

Art. 28. – Les demandes prévues à l'article 9 doivent être portées devant le juge chargé des accidents du travail dans l'année qui suit l'expiration du délai de cinq ans fixé audit article.

À titre exceptionnel, lorsqu'à la suite d'un accident régulièrement déclaré il n'y a pas eu d'interruption de travail ou si la victime, ayant interrompu son travail n'a pas perçu d'indemnité journalière, la victime pourra, dans un délai de deux ans à compter de la déclaration d'accident, intenter une action tendant au paiement des indemnités prévues à la présente loi, à charge par elle de faire la preuve de la matérialité de l'accident et de la relation de cause à effet entre ledit accident et le dommage invoqué.

Art. 29. – Les rentes perçues en application de la présente loi se cumuleront avec les pensions d'invalidité ou de retraite auxquelles les intéressés peuvent avoir droit en vertu de leur statut particulier ou en vertu d'une disposition légale.

Art. 30. – Aucune des indemnités prévues par la présente loi ne peut être attribuée à la victime qui a intentionnellement provoqué l'accident.

Le tribunal a le droit, s'il est prouvé que l'accident est dû à une faute inexcusable du salarié, de diminuer la pension fixée au titre premier.

Lorsqu'il est prouvé que l'accident est dû à une faute inexcusable de l'employeur ou de ceux qu'il s'est substitué dans la direction, l'indemnité pourra être majorée, mais sans que la rente ou le total des rentes allouées puisse dépasser soit la réduction visée à l'article 4, soit le montant du salaire annuel réel.

(L. n° 997, 24 juin 1977) Lorsque l'accident a été causé intentionnellement par un des ayants droit de la victime, celui-ci est déchu de tous ses droits qui sont transférés aux enfants et descendants visés aux articles 4-6 et 4-7 ou, à défaut, aux autres ayants droit.

En cas de poursuites criminelles ou correctionnelles les pièces de procédure seront communiquées à la victime ou à ses ayants droit.

Le même droit appartiendra à l'employeur, à son assureur ou à leurs ayants droit.

Art. 31. – Les parties peuvent toujours, après détermination du montant de l'indemnité due à la victime de l'accident, décider que le service de la rente sera suspendu et remplacé, tant que l'accord subsistera, par tout autre mode de réparation.

Art. 32 *(Rempl., L. n° 1.378, 18 mai 2011)*. – Le bénéfice de l'assistance judiciaire est accordé de plein droit, sur le visa du président du bureau de l'assistance judiciaire, à la victime de l'accident ou à ses ayants droit pour la procédure devant le juge chargé des accidents du travail, le tribunal, la cour d'appel et la cour de révision.

Le bénéfice de l'assistance judiciaire s'étend, de plein droit, aux instances devant le juge chargé des accidents du travail, à tous les actes d'exécution mobilière, à toute contestation incidente à l'exécution des décisions judiciaires et aux instances en révision de rente.

TITRE III BIS. – RÉADAPTATION FONCTIONNELLE ET RÉÉDUCATION PROFESSIONNELLE

(L. n° 790, 18 août 1965)

Art. 32 *bis*. – La victime a le droit de bénéficier d'un traitement spécial en vue de sa réadaptation fonctionnelle.

Ce bénéfice lui est accordé, soit sur sa demande, soit sur l'initiative de la direction du travail et des affaires sociales, après avis du médecin traitant et du médecin conseil de la compagnie d'assurances, dès qu'il apparaît que ce traitement est de nature à favoriser la guérison ou la consolidation de la blessure ou à atténuer l'incapacité permanente.

En cas de désaccord, ou si la victime en fait la demande, il est procédé à une expertise par un médecin de l'office de la médecine du travail, qui bénéficiera, pour l'accomplissement de sa mission, des dispositions prévues à l'article 23.

Au vu de ces avis médicaux, la commission spéciale des accidents du travail statue sur la nature et la durée du traitement nécessité par l'état de la victime.

Art. 32 *ter*. – Le traitement prévu à l'article précédent peut comporter l'admission dans un établissement choisi par la commission spéciale susvisée.

Pendant toute la période du traitement de réadaptation la victime aura droit à l'indemnité journalière prévue à l'article 4 ci-dessus.

Art. 32 *quater*. – Le bénéficiaire des dispositions des articles précédents est tenu :

1° De se soumettre aux traitements et mesures de toute nature qui lui seront prescrits, ainsi qu'aux visites médicales et vérifications demandées par la compagnie d'assurances, avec l'autorisation et sous le contrôle de l'office de la médecine du travail ;

2° De s'abstenir de toute activité non autorisée ;

3° D'accomplir les exercices ou travaux prescrits en vue de favoriser sa rééducation ou son reclassement professionnel, sans préjudice des dispositions des articles 32 *quinquies* et 32 *sexies*.

En cas d'inobservation de ces obligations, la compagnie d'assurances peut demander au juge chargé des accidents du travail l'autorisation de suspendre le service de l'indemnité ou d'en réduire le montant. Il est alors procédé comme il est indiqué aux troisième et quatrième alinéas de l'article 26.

Dans ce même cas, elle cesse d'être tenue au paiement des prestations prévues par les praticiens ou les établissements intéressés. La suspension prendra effet le lendemain du prononcé de l'ordonnance.

Art. 32 *quinquies*. – Si, à la suite d'un accident du travail, la victime devient inapte à sa profession ou ne peut l'exercer qu'après une nouvelle adaptation, elle a le droit, qu'elle ait ou non bénéficié de la réadaptation fonctionnelle prévue à l'article 32 *bis*, d'être admise dans un établissement de rééducation professionnelle ou d'être placée chez un employeur pour y apprendre l'exercice d'une profession de son choix, si elle possède les aptitudes requises.

Elle subira à cet effet un examen psychotechnique préalable.

Les frais de rééducation ou d'enseignement sont supportés par la compagnie d'assurances intéressée.

L'indemnité journalière pour la période visée à l'article 4, ou la rente, est intégralement maintenue à la victime pendant la durée de la rééducation. Elle ne pourra être inférieure au salaire minimum du manœuvre de la profession en vue de laquelle la victime est réadaptée.

La rente du travailleur rééduqué ne peut être réduite du fait de l'exercice de la nouvelle profession.

Art. 32 *sexies*. – Des ordonnances souveraines fixeront les modalités d'application des dispositions du présent titre et notamment la mesure dans laquelle la compagnie d'assurances sera appelée à participer aux frais de rééducation ou de reclassement de la victime.

TITRE IV. – GARANTIES, ASSURANCE OBLIGATOIRE FONDS EXCEPTIONNEL DE GARANTIE

Art. 33. – La créance de la victime de l'accident, ou de ses ayants droit, relative aux frais médicaux, pharmaceutiques et accessoires aux frais funéraires, et aux indemnités allouées à la suite de l'incapacité de travail, est garantie par le privilège de l'article 1938 du Code civil et y est inscrite sous le numéro 8.

(Les dispositions de l'article 33 sont remplacées, quant au rang des créances privilégiées sur la généralité des meubles, par celles de l'ordonnance-loi n° 663 du 23 mai 1959).

Art. 34. – Le paiement des indemnités pour incapacité permanente de travail, ou accident suivi de mort, est garanti conformément aux dispositions des articles suivants.

1. – ASSURANCE OBLIGATOIRE

Art. 35. – Les personnes, quelles qu'elles soient, occupant des salariés susceptibles de bénéficier des dispositions de la présente loi, seront tenues d'assurer leurs ouvriers, employés ou serviteurs, contre les risques de mort ou d'incapacité temporaire ou permanente et de leur garantir, en cas d'accident, le paiement d'indemnités, de rentes ou de pensions au moins aussi élevées que celles prévues au titre premier.

Art. 36 *(L. n° 858, 7 janv. 1969)*. – Les contrats d'assurances devront avoir été passés avec des sociétés ou compagnies préalablement autorisées par arrêté ministériel à pratiquer dans la Principauté l'assurance contre les accidents du travail.

Les contrats devront être signés et gérés par le représentant qualifié de la société ou de la compagnie agréée à Monaco dans les formes et conditions déterminées par la réglementation des assurances.

Les arrêtés ministériels accréditant les sociétés ou compagnies et leurs représentants qualifiés seront publiés au « *Journal de Monaco* ».

Art. 37. – Les contrats régulièrement passés substitueront entièrement les établissements d'assurances aux employeurs assujettis.

Aucune déchéance ne pourra être opposée par ces établissements aux victimes d'accident ou à leurs ayants droit.

Art. 38 *(L. n° 790, 18 août 1965)*. – Les employeurs assujettis à l'obligation d'assurance au moment de l'entrée en vigueur de la présente loi, devront faire connaître à l'inspection du travail, par lettre recommandée avec avis de réception, avant l'expiration du mois qui suivra la date de cette entrée en vigueur, l'établissement d'assurances avec lequel ils auront contracté et la date du contrat passé.

Pareille obligation incombera aux établissements assureurs.

Il leur sera délivré immédiatement récépissé de leur déclaration.

Les employeurs auxquels les dispositions de la présente loi deviendront applicables ultérieurement devront faire la même déclaration dans un délai de dix jours à partir de celui où la loi leur devient applicable.

Les déclarations ci-dessus seront vérifiées au siège des établissements assureurs par l'inspecteur du travail.

(Al. mod., L. n° 1.229, 6 juill. 2000) Les employeurs qui méconnaissent les dispositions du présent article sont punis de l'amende prévue au chiffre 3 de l'article 29 du Code pénal, sans préjudice, s'il y a lieu, de l'application à leur égard des dispositions de l'article 42.

(Al. mod., L. n° 1.229, 6 juill. 2000) En cas de déclaration fausse ou inexacte, l'amende est celle prévue au chiffre 1 de l'article 26 du Code pénal.

Art. 39. – Les résiliations de contrats seront prononcées par les juridictions de droit commun, sauf dans les cas ci-après où elles sont facultatives pour l'établissement assureur :

1° Défaut de paiement des primes ;

2° Fausse déclaration de salaires ;

3° Sinistres excédant le montant total des primes payées.

Les résiliations de contrat devront être notifiées par l'établissement assureur au secrétariat général du ministère d'État par lettre recommandée avec avis de réception.

Si la résiliation émane de l'établissement d'assurances elle devra être notifiée dans les mêmes formes au chef d'entreprise intéressé. En ce cas, nonobstant toutes clauses contradictoires, l'établissement d'assurances demeurera tenu du paiement des rentes, pensions et indemnités qui seraient dues en réparation d'un accident survenant pendant un mois à dater de la notification, à moins qu'un nouveau contrat n'ait été passé avant l'expiration de ce délai.

Art. 40. – À toute époque un arrêté du ministre d'État, pris sur l'avis conforme du Conseil d'État, pourra mettre fin aux opérations de l'établissement qui ne remplira pas les conditions prévues par la présente loi et les dispositions réglementaires prises en vue de son application, ou dont la situation financière n'offrira pas les garanties suffisantes.

Le retrait d'autorisation ne pourra toutefois être prononcé qu'après mise en demeure adressée par le ministre d'État à l'établissement intéressé, de fournir ses observations par écrit dans un délai de quinzaine.

L'arrêté prononçant le retrait d'autorisation ne produira effet qu'après avoir été publié dans le *« Journal de Monaco »*.

En cas de retrait d'autorisation, tous les contrats contre les risques prévus par la présente loi cesseront de plein droit d'avoir effet le dixième jour, à midi, à compter de la publication prévue à l'alinéa précédent ; les primes restant à payer, ou les primes payées d'avance, ne seront acquises à l'assureur qu'en proportion de la période d'assurance réalisée, sauf stipulation contraire dans les polices.

Art. 41. – Dans les trois mois qui suivront la date de la promulgation de la présente loi, les établissements d'assurances auprès desquels auront été souscrites les polices contre les accidents du travail, concernant les employeurs assujettis à la présente loi, antérieurement à sa promulgation, devront, par lettre recommandée avec avis de réception, notifier aux assurés l'augmentation de prime moyennant laquelle ils consentent à couvrir la totalité des risques résultant de la présente loi ; à défaut de quoi, ces risques seraient réputés couverts sans augmentation de prime.

Art. 42 *(L. n° 790, 18 août 1965 ; mod., L. n° 1.229, 6 juill. 2000)*. – Les employeurs qui ne s'assurent pas, dans les délais ci-dessus impartis, ou qui ne renouvellent pas les contrats prescrits ou révolus, sont punis de l'amende prévue au chiffre 1 de l'article 29 du Code pénal par salarié et par jour de retard dans la conclusion et le renouvellement, sans que l'amende prononcée soit inférieure à l'amende prévue au chiffre 2 de l'article 26 du Code pénal, ni supérieure à l'amende prévue au chiffre 3 de l'article 26 précité.

Ils seront de plus, en cas d'accident, tenus de verser à un établissement d'assurances autorisé le capital nécessaire au service, par cet établissement, des rentes et pensions prévues au titre premier.

La juridiction saisie désignera l'établissement chargé du service des rentes et pensions, après avoir déterminé le montant de ces dernières et le capital nécessaire à leur service.

La créance de l'établissement d'assurances en paiement du capital correspondant aux rentes et pensions dont il devra assurer le service sera garantie par le privilège prévu à l'article 33.

Art. 43 *(L. n° 790, 18 août 1965 ; mod., L. n° 1.229, 6 juill. 2000)*. – Les employeurs assujettis qui, par suite du défaut de paiement des primes convenues ou par suite de tout autre fait qui leur serait imputable, provoquent la suspension des effets du contrat d'assurance sont punis de l'amende fixée au chiffre 2 de l'article 26 du Code pénal.

Ils seront en outre, en cas d'accident, tenus au paiement du capital représentatif des rentes et pensions allouées, dans les conditions fixées à l'article précédent.

II. – FONDS EXCEPTIONNEL DE GARANTIE

Art. 44. – En cas d'insolvabilité judiciairement constatée des employeurs et des établissements d'assurances, le service des rentes, pensions et indemnités sera pris en charge et imputé sur le fonds de majoration des rentes prévu à l'article 8 de la loi n° 463 du 6 août 1947.

(L. n° 790, 18 août 1965) Le juge chargé des accidents du travail déterminera, par ordonnance, sur la requête de la victime ou de ses ayants droit, les modalités du paiement des rentes, pensions et indemnités ainsi garanties.

TITRE V. – DISPOSITIONS GÉNÉRALES

Art. 45. – Les procès-verbaux, certificats, actes de notoriété, significations, jugements et autres actes faits ou rendus en vertu ou pour l'application de la présente loi, sont délivrés gratuitement, visés pour timbre, et enregistrés gratis lorsqu'il y a lieu à la formalité de l'enregistrement.

Art. 46 *(L. n° 790, 18 août 1965)*. – Toute convention contraire à la présente loi est nulle de plein droit. Cette nullité, comme la nullité prévue au deuxième alinéa de l'article 21 *quater*, peut être poursuivie par tout intéressé devant le tribunal de première instance.

Toutefois, dans ce cas, l'assistance judiciaire n'est accordée que dans les conditions du droit commun.

La décision qui prononce la nullité fait courir à nouveau, du jour où elle devient définitive, les délais de prescription et de révision.

Sont nulles de plein droit et de nul effet les obligations contractées pour la rémunération de leurs services, envers les intermédiaires qui se chargent, moyennant des émoluments convenus à l'avance, d'assurer aux victimes ou à leurs ayants droit le bénéfice des instances ou des accords prévus par la présente loi.

(Al. mod., L. n° 1.229, 6 juill. 2000) Est puni de l'amende prévue au chiffre 1 de l'article 26 du Code pénal, et en cas de récidive dans l'année de la condamnation, de l'amende prévue au chiffre 2 de l'article 26 précité :

1° Tout intermédiaire convaincu d'avoir offert les services ci-dessus visés ;

2° Tout employeur ayant opéré sur les salaires de ses ouvriers, employés ou serviteurs, des retenues pour l'assurance des périls mis à sa charge par la présente loi ;

3° Toute personne qui, soit par menace de renvoi, soit par refus ou menace de refus de réparation due, en vertu de la présente loi, aura porté atteinte ou tenté de porter atteinte au droit de la victime de choisir son médecin ;

4° Tout médecin ayant, dans les certificats délivrés pour l'application de la présente loi, sciemment dénaturé les conséquences des accidents.

Art. 47 *(L. n° 790, 18 août 1965 ; mod., L. n° 1 229, 6 juill. 2000)*. – Les employeurs sont tenus, sous peine de l'amende prévue au chiffre 1 de l'article 29 du Code pénal, de porter à la connaissance de leurs salariés, quels qu'ils soient, les dispositions de la présente loi et des textes pris pour son application, ainsi que les nom et adresse de leur assureur ou du principal de leurs assureurs s'ils en ont plusieurs.

Ils peuvent s'acquitter de cette obligation, soit par l'affichage dans les locaux affectés au travail, soit par la remise à chaque salarié, contre récépissé, d'un exemplaire complet de ces dispositions.

En cas de récidive dans l'année, l'amende est celle fixée au chiffre 3 de l'article 29 du Code pénal.

Les infractions réprimées tant par le présent article que par l'article 15 pourront être constatées par l'inspecteur du travail.

Art. 48. – Les membres de la commission spéciale qui doit être consultée en vertu des articles 4, 9 et 10 seront nommés par arrêté ministériel.

Art. 49. – Les dispositions réglementaires prises en vertu de la loi n° 141 du 24 février 1930, abrogée, à compter du 1er janvier 1946, par la loi n° 445 du 16 mai 1946, sont maintenues en vigueur en tant qu'elles ne sont pas contraires à celles de la présente loi.

Ordonnance-Loi n° 677 du 2 décembre 1959
sur la durée du travail

Vu l'ordonnance constitutionnelle du 5 janvier 1911, modifiée par les ordonnances des 18 novembre 1917, 12 juillet 1922, 17 octobre 1944 et 16 janvier 1946 ; Vu Notre ordonnance n° 1.933 du 28 janvier 1959, qui suspend temporairement les ordonnances susvisées en tant qu'elles concernent le pouvoir législatif et la commune et qui transfère au Conseil d'État, à titre consultatif, les attributions conférées au Conseil National ;

Art. 1er *(L. n° 1.067, 28 déc. 1983)*. – La durée du travail des salariés employés dans les établissements industriels, commerciaux, artisanaux ou agricoles, les offices ministériels, les professions libérales, les établissements hospitaliers publics ou privés, les sociétés civiles, les syndicats professionnels et les associations sans distinction de forme et d'objet, est fixée, quels que soient le sexe et l'âge des salariés, à trente-neuf heures par semaine.

Art. 2. – La durée du travail s'entend du travail effectif, à l'exclusion du temps nécessaire à l'habillement ou au casse-croûte et aux périodes d'inaction particulières à certains commerces ou industries qui sont déterminés par arrêté ministériel ; ces temps et périodes pourront, toutefois, être rémunérés conformément aux usages ou aux conventions collectives du travail.

Art. 3 *(L. n° 1.067, 28 déc. 1983)*. – Sous réserve des dispositions de l'article 8, l'employeur a la faculté de prolonger la durée du travail jusqu'à quarante-sept heures par semaine.

Exceptionnellement, cette faculté pourra, en cas de chômage extraordinaire et prolongé survenant dans une catégorie professionnelle, être suspendue par arrêté ministériel soit pour l'ensemble de la profession, soit pour les établissements déterminés.

La durée quotidienne du travail effectif ne peut, pour tout salarié, excéder dix heures, sauf autorisation de l'inspecteur du travail.

Dans tous les cas, la période de repos comprise entre deux journées consécutives de travail ne peut être inférieure à dix heures.

Art. 4 *(L. n° 1.067, 28 déc. 1983)*. – La durée du travail peut être, à titre temporaire, prolongée au-delà de quarante-sept heures par semaine, dans les circonstances et conditions suivantes.

1° Travaux urgents dont l'exécution immédiate est nécessaire pour prévenir des accidents imminents, organiser des mesures de sauvetage ou réparer des accidents survenus soit au matériel, soit aux installations, soit aux bâtiments de l'entreprise : faculté illimitée pendant un jour au choix de l'employeur, deux heures les jours suivants.

2° Travaux exécutés dans l'intérêt général ou dans l'intérêt d'un service public, sur ordre du Ministre d'État constatant la nécessité de la dérogation et en fixant la durée.

3° Travaux urgents ou exceptionnels en cas de surcroît de travail : deux heures par jour.

4° Récupération des heures perdues par suite d'interruption collective du travail dans un établissement ou une partie de l'établissement : deux heures par jour.

Art. 5 *(L. n° 836, 28 déc. 1967 ; L. n° 950, 19 avr. 1974 ; L. n° 993, 5 janv. 1977 ; L. n° 1.067, 28 déc. 1983)*. – La durée moyenne hebdomadaire du travail calculée sur une période quelconque de douze semaines consécutives de travail effectif ne peut dépasser quarante-six heures ; au cours d'une même semaine, la durée de travail ne peut dépasser quarante-huit heures.

Toutefois, sous réserve des dispositions du dernier alinéa de l'article 3, des dérogations peuvent être apportées à ces durées de travail dans les conditions ci-après et selon les modalités fixées par une ordonnance souveraine prise après avis du Conseil Économique Provisoire :

1° dans certains secteurs ou entreprises, la limite de quarante-six heures peut être dépassée à titre exceptionnel et pendant des périodes déterminées, sauf application de la limite de quarante-huit heures ;

2° dans certaines entreprises, la limite de quarante-huit heures peut être dépassée en raison de circonstances exceptionnelles et pendant de courtes périodes, sans que ce dépassement puisse avoir pour effet de porter la durée du travail à plus de soixante heures par semaine.

Art. 6. – Le bénéfice des dérogations prévues au chiffre 1 de l'article 4, est acquis de plein droit à l'employeur ; celui-ci, outre l'observation des prescriptions de l'article 5 de la loi n° 638 du 11 janvier 1958, relatives à l'affichage de l'horaire de travail, devra cependant aviser, au plus tôt, l'inspecteur du travail du motif et de la durée probable de la prolongation du travail.

Tout employeur qui veut user de la faculté prévue au chiffre 3 de l'article 4 est tenu, après conférence des délégués du personnel ou, à défaut, du personnel intéressé, d'obtenir l'autorisation de l'inspecteur du travail, en lui adressant une demande datée spécifiant la nature et la cause de la dérogation, le nombre d'ouvriers pour lesquels la durée du travail est prolongée, les jours où il sera fait usage de ladite faculté et les heures de travail et de repos prévues pour ces mêmes ouvriers. L'autorisation délivrée par l'inspecteur du travail devra être affichée dans l'établissement.

La récupération des heures perdues, autorisée par l'article 4, chiffre 4, peut être effectuée, après consultation du personnel, dans les douze mois qui suivent l'interruption collective du travail.

L'inspecteur du travail sera préalablement informé par l'employeur des interruptions collectives de travail autres que celles motivées par le chômage d'un jour férié légal et des modalités de la récupération. Si le travail est interrompu par un événement imprévu, l'avis sera donné immédiatement.

Toutefois, les heures perdues par suite de grève ou de lock-out ne peuvent donner lieu à récupération qu'après accord préalable entre l'employeur et le personnel intéressé et autorisation écrite de l'inspecteur du travail.

Art. 7. – La faculté de récupération et l'utilisation des heures supplémentaires autorisées pour surcroît de travail pourront être, en cas de chômage survenant dans une catégorie professionnelle, suspendues provisoirement par décision de l'inspecteur du travail, soit pour l'ensemble de la profession, soit pour des établissements spécialement déterminés.

Une ordonnance souveraine fixera les conditions de consultation dans lesquelles devra intervenir la décision de l'inspecteur du travail ainsi que la durée et la prolongation éventuelle de la suspension.

Art. 8 *(L. n° 1.067, 28 déc. 1983)*. – Les heures effectuées au-delà d'une durée de travail de trente-neuf heures par semaine, ou de la durée considérée comme équivalente, donneront lieu à une majoration minimale de salaire fixée comme suit :

1° pour les huit premières heures : vingt-cinq pour cent ;

2° pour les heures suivantes : cinquante pour cent.

Toutefois, ces majorations ne seront pas applicables aux heures de travail accomplies dans les cas visés aux chiffres 1° et 4° de l'article 4, qui seront rémunérées comme suit :

1° les heures effectuées comme prévu au chiffre 1° sont payées au tarif normal ;

2° les heures récupérées en vertu du chiffre 4° sont payées sur la base du salaire des heures ayant donné lieu à récupération.

Art. 9. – L'organisation du travail par relais est interdite. Toutefois, elle pourra être autorisée par l'inspecteur du travail dans les industries ou les professions où cette organisation sera justifié par des raisons techniques.

En cas d'organisation du travail par équipes successives, le travail de chaque équipe sera continu, sauf l'interruption pour le repos.

Art. 10 *(L. n° 844, 27 juin 1968)*. – Le travail journalier des femmes doit être interrompu par un ou plusieurs repos dont la durée totale ne peut être inférieure à une heure. Pendant ces repos, l'employeur ne peut exiger aucun travail de ces salariées.

Art. 11 *(L. n° 1.067, 28 déc. 1983)*. – Les femmes ne peuvent être employées à aucun travail de nuit dans les usines, chantiers, ateliers et leurs dépendances sauf si elles occupent des emplois de direction ou à caractère technique et impliquant une responsabilité.

Tout travail entre vingt-deux heures et cinq heures est considéré comme travail de nuit.

Toutefois, une convention collective peut prévoir qu'une autre période de sept heures consécutives, comprises entre vingt-deux heures et sept heures, se substitue à celle fixée ci-dessus.

Lorsque la dérogation ne résultera pas d'une convention collective, elle ne peut être prévue qu'avec l'autorisation de l'inspecteur du travail qui consultera les délégués du personnel, ou, à défaut, le personnel intéressé.

Art. 12. – Pour ces mêmes personnes, le repos de nuit doit avoir une durée consécutive de onze heures au minimum.

Art. 13 *(L. n° 844, 27 juin 1968).* – Des dérogations pourront être accordées par l'inspecteur du travail, à la demande de l'employeur :
– à l'article 10, après accord du personnel ;
– à l'article 11, après consultation des délégués du personnel, ou, à défaut, du personnel intéressé.

Art. 13 *bis* *(L. n° 844, 27 juin 1968 ; L. n° 1.067, 28 déc. 1983).* – Les salariés ou apprentis, de l'un ou de l'autre sexe, âgés de moins de dix-huit ans, ne peuvent être employés à un travail effectif plus de huit heures par jour et de trente-neuf heures par semaine.

Toutefois, à titre exceptionnel, des dérogations aux dispositions de l'alinéa précédent peuvent être accordées, dans la limite de cinq heures par semaine, par l'inspecteur du travail, après avis conforme du médecin du travail dont relève l'établissement.

La durée du travail des intéressés ne pourra, en aucun cas, être supérieure à la durée quotidienne ou hebdomadaire normale du travail des adultes employés dans l'établissement.

Aucune période de travail effectif ininterrompu ne pourra excéder une durée de quatre heures et demie.

Art. 13 *ter* *(L. n° 844, 27 juin 1968).* – Le travail de nuit est interdit pour les salariés ou apprentis, de l'un ou de l'autre sexe, âgés de moins de dix-huit ans. Toutefois, à titre exceptionnel, des dérogations aux dispositions de l'alinéa précédent peuvent être accordées par l'inspecteur du travail après avis conforme du médecin du travail dont relève l'établissement ; pour les professions de la restauration et de l'hôtellerie, un arrêté ministériel pris après avis du conseil économique provisoire déterminera les conditions dans lesquelles des dérogations pourront également être accordées.

Est considéré comme travail de nuit, au sens du présent article, tout travail entre vingt-deux heures et six heures.

Art. 13 *quater* *(L. n° 844, 27 juin 1968).* – La durée minimale du repos de nuit des salariés ou apprentis visés à l'article précédent est fixée à douze heures consécutives.

Un repos continu de douze heures doit être assuré aux intéressés en cas d'application du deuxième alinéa de l'article 13 *ter*.

Art. 13 *quinquies* *(L. n° 844, 27 juin 1968).* – Il peut être dérogé, sur simple préavis, aux dispositions de l'article 13 *ter*, en ce qui concerne les adolescents du sexe masculin âgés de seize à dix-huit ans, en vue de prévenir les accidents imminents ou de réparer les accidents survenus soit au matériel, soit aux installations, soit aux bâtiments de l'entreprise.

Art. 14 *(L. n° 1.005, 4 juill. 1978).* – Tout employeur qui contrevient aux dispositions qui précèdent sera puni de l'amende prévue au chiffre 1 de l'article 26 du Code pénal.

Il sera prononcé autant d'amendes qu'il y aura de personnes indûment employées.

Art. 15. – En cas de récidive, la peine est portée au double.

Il y a récidive lorsque, dans les douze mois antérieurs au fait poursuivi, l'employeur a déjà été condamné pour la même infraction.

En cas de pluralité d'infractions, il est prononcé autant d'amendes qu'il y a d'infractions constatées et de personnes indûment employées.

Art. 16. – Les chefs d'entreprises sont civilement responsables des condamnations prononcées contre leurs directeurs, gérants ou préposés.

Art. 17. – Des ordonnances souveraines fixeront les modalités d'application de la présente ordonnance-loi (1).

Art. 18. – Toutes les dispositions contraires à la présente ordonnance-loi sont abrogées.

---

(1) V. Ord. n° 5.505, 9 janv. 1975 *(mod., Ord. n° 6.017, 23 mars 1977 ; Ord. n° 7.910, 9 févr. 1984.*

Loi n° 729 du 16 mars 1963

concernant le contrat de travail

Art. 1er. – Le contrat de travail est la convention par laquelle une personne s'engage temporairement à exécuter un travail sous l'autorité et au profit d'une autre personne contre paiement d'un salaire déterminé.

Art. 2 *(L. n° 1.261, 23 déc. 2002).* – Le contrat de travail est soumis aux règles du droit commun et peut être stipulé dans les formes qu'il convient aux parties d'adopter.

Le mineur émancipé par mariage peut passer un tel contrat sans l'assistance de son représentant légal.

Les contrats de travail des ouvriers et gens de maison sont exempts de droits de timbre et d'enregistrement.

Art. 3. – On ne peut engager ses services qu'à temps ou pour un travail déterminé.

Art. 4. – La période d'essai est le délai nécessaire pour mettre à l'épreuve le travailleur engagé, compte tenu de la technique et des usages de la profession.

Lorsque sa durée n'est pas établie par le contrat ou par une convention collective, elle est fixé à :

– six jours ouvrables pour le personnel rémunéré à l'heure ;

– un mois pour le personnel rémunéré au mois.

Dans tous les cas, l'engagement à l'essai ne peut excéder trois mois.

Durant la période d'essai les parties peuvent, sauf convention contraire, résilier le contrat sans indemnité et sans qu'il soit nécessaire d'observer un délai de préavis ; le droit au salaire reste acquis pour les jours de travail accomplis.

Art. 5. – Quelle que soit la forme du contrat, l'ouvrier a l'obligation de restituer en bon état à l'employeur les outils et les matières premières restées sans emploi qui lui ont été confiés.

En cas de malfaçon, d'emploi abusif de matériaux, de destruction ou de détérioration de matériel, outillage, matières premières ou produits, il répond de son dol et de sa faute lourde.

Art. 6. – Le contrat de travail à durée indéterminée peut toujours cesser par la volonté de l'une des parties ; il prend fin au terme du préavis.

Art. 7 *(L. n° 843, 27 juin 1968).* – L'existence et la durée du délai de préavis, ou délai-congé, résultent de la loi, du contrat de travail, du règlement intérieur, des conventions collectives de travail ou, à défaut, des usages.

À moins que les conventions collectives de travail ou à défaut, les usages ne prévoient un délai-congé d'une durée supérieure ou une condition d'ancienneté inférieure, les travailleurs ont droit, sauf en cas de faute grave :

a) si l'ancienneté au service d'un même employeur est supérieure à six mois ininterrompus à un délai-congé d'une durée d'un mois ;

b) si l'ancienneté au service d'un même employeur est supérieure à deux années ininterrompues, au choix de l'employeur :

– soit à un délai-congé d'une durée de deux mois,

– soit à un délai-congé d'une durée d'un mois et à une indemnité spéciale dont le montant minimum et les modalités de calcul seront déterminées par arrêté ministériel ; cette indemnité est cumulable avec les indemnités de congédiement ou de licenciement instituées par la loi ou, le cas échéant, avec celles attribuées en vertu du contrat de travail, du règlement intérieur, des conventions collectives de travail ou des usages.

Est nulle de plein droit, toute clause d'un contrat de travail, d'un règlement intérieur ou d'une convention collective de travail fixant une durée de préavis inférieure ou une condition d'ancienneté supérieure à celles prévues par le présent article.

Art. 8. – Par dérogation aux dispositions qui précèdent et sous réserve de l'observation de la règle édictée par l'article 9 ci-après, la durée du délai-congé résultant de l'application du second alinéa de l'article précédent, est réduite de moitié lorsque le travailleur prend l'initiative de dénoncer le contrat.

Toute stipulation contraire est nulle de plein droit.

Art. 9. – Dans les cas prévus à l'alinéa 2 de l'article 7 et à l'alinéa premier de l'article 8, le délai-congé doit être signifié par lettre recommandée avec accusé de réception. La date de présentation de la lettre recommandée fixe le point de départ du délai de préavis.

Art. 10. – Pendant la durée du délai de préavis, l'employeur et le travailleur sont tenus au respect de toutes les obligations réciproques qui leur incombent.

En vue de la recherche d'un autre emploi, le travailleur bénéficie, pendant la durée du préavis, de douze heures de liberté par semaine. Ces absences sont fixées alternativement, un jour au gré de l'employeur, un jour au gré du travailleur à condition que son choix se concilie avec les nécessités du service. Ces heures sont payées sauf si la résiliation du contrat est le fait de l'employé.

Lorsque, avant l'expiration du délai de préavis, le travailleur a trouvé un nouvel emploi, il ne bénéficie plus des heures de liberté prévues ci-dessus.

Les jours pendant lesquels ces obligations n'auront pas été respectées ne compteront pas dans le délai de préavis, sans préjudice des dommages-intérêts que la partie lésée jugerait bon de demander.

Art. 11. – Toute rupture de contrat à durée indéterminée sans préavis ou sans que le délai-congé ait été intégralement observé emporte obligation pour la partie responsable de verser à l'autre une indemnité dont le montant correspond à la rémunération et aux avantages de toute nature dont aurait bénéficié le travailleur durant le délai de préavis prévu à l'article 7, alinéa premier, qui n'aura pas été effectivement respecté.

Cependant la rupture du contrat peut intervenir sans préavis si elle résulte de l'accord des parties, d'une faute grave ou d'un cas de force majeure.

Art. 12. – Le contrat de travail à durée déterminée ne peut cesser avant terme par la volonté d'une seule partie que pour de justes motifs ou dans les cas de faute grave, de force majeure ou dans ceux prévus au contrat ou déterminés par le règlement intérieur.

Art. 13. – Toute rupture abusive d'un contrat de travail peut donner lieu à des dommages-intérêts qui seront fixés par le juge à défaut d'accord des parties. Le jugement devra mentionner expressément le motif allégué par la partie qui aura rompu le contrat.

Ces dommages-intérêts ne se confondent ni avec l'indemnité pour inobservation du préavis, ni avec l'indemnité de licenciement déterminée par l'article premier de la loi n° 410 du 4 juin 1945 ou éventuellement prévue par le contrat ou la convention collective.

Art. 14. – Les parties ne peuvent renoncer par anticipation à leur doit éventuel à des dommages-intérêts prévus aux articles 11 et 13 ci-dessus.

Art. 15. – S'il survient une modification dans la situation juridique de l'employeur, notamment par succession, vente, fusion, transformation de fonds, mise en société, tous les contrats de travail en cours au jour de la modification subsistent entre le nouvel entrepreneur et le personnel de l'entreprise.

Art. 16. – Le contrat de travail est suspendu pendant une durée limitée à six mois en cas d'empêchement du travailleur dû à une maladie ou à un accident médicalement constatés.

Art. 17. – Toutes dispositions contraires à la présente loi sont abrogées.

Loi n° 739 du 16 mars 1963
sur le salaire

Art. 1er. – Le salaire est la rémunération contractuellement due au travailleur placé sous l'autorité d'un employeur, en contrepartie du travail ou des services qu'il a accomplis au profit de ce dernier.

Art. 2. – Le paiement du salaire ne peut être réclamé qu'à l'employeur, hormis les cas prévus par la loi.

Art. 2-1 *(L. n° 948, 19 avr. 1974)* (1). – Tous les salariés, quel que soit leur sexe, doivent recevoir une rémunération égale en contrepartie d'un même travail ou d'un travail de valeur égale ; cette rémunération s'entend du salaire défini à l'article premier, ainsi que de tous les avantages et accessoires, directs ou indirects, en espèces ou en nature, y afférents.

---

(1) Dispositions applicables aux salariés liés à l'État, à la commune ou à des établissements publics par un contrat de droit privé ou public en vertu de l'article 3 de la loi n° 948 du 19 avril 1974.

Les différents éléments composant la rémunération visée à l'alinéa précédent doivent être établis selon des normes identiques pour tout salarié sans distinction de sexe.

Les catégories et les critères de classification et de promotion professionnelle ainsi que toutes les autres bases de calcul de ladite rémunération doivent être communs aux salariés des deux sexes.

Art. 2-2 *(L. n° 948, 19 avr. 1974)* (1). – Est nulle de plein droit toute disposition incluse notamment dans un contrat de travail, une convention collective, un accord de salaires, un règlement ou un barème de salaires résultant de la décision d'un employeur ou d'un groupe d'employeurs et qui, contrairement aux prescriptions de l'article précédent, comporte, pour un ou des salariés de l'un des deux sexes, une rémunération inférieure à celle des salariés de l'autre sexe pour un même travail ou pour un travail de valeur égale.

La rémunération plus élevée dont bénéficient ces derniers salariés est substituée de plein droit à celle que comportait la disposition entachée de nullité.

Art. 2-3 *(L. n° 948, 19 avr. 1974)* (1). – Les deux articles précédents ainsi que, le cas échéant, les ordonnances souveraines ou arrêtés ministériels pris pour leur application doivent être, dans tout établissement employant des femmes, affichés dans les lieux de travail ainsi que dans les locaux où se fait l'embauchage.

Art. 3. – Le salaire en espèces doit être payé en monnaie ayant cours légal, nonobstant toute stipulation contraire.

Art. 4. – Sauf cas de force majeure, le salaire doit être versé au salarié au siège de l'établissement ; si toutefois le lieu de travail s'en trouve trop éloigné, il doit être remis sur ce lieu même.

Ledit versement doit, en principe, avoir lieu, au plus tard, au terme de la dernière heure de travail qui termine la période déterminée par l'article 5 ci-après. Toutefois l'inspecteur du travail peut accorder à l'employeur un court délai toutes les fois qu'il apparaîtra que la règle ci-dessus ne peut être normalement appliquée.

Le paiement du salaire ne peut être imposé au salarié le jour où celui-ci a droit au repos.

Art. 5. – Le salaire doit être versé à intervalles réguliers dans les conditions suivantes :

a) À l'ouvrier du commerce et de l'industrie : au moins deux fois par mois et à seize jours au plus tard d'intervalle ; si le calcul de la rémunération entraîne des complications excessives, l'inspecteur du travail peut autoriser l'employeur, après avis des délégués du personnel ou, à défaut, du personnel intéressé, à n'effectuer qu'un seul décompte mensuel ; dans ce cas, un acompte se rapprochant le plus possible de la moitié de la rémunération mensuelle doit être versé au milieu du mois ;

b) À l'employé au mois : au moins une fois par mois ;

c) Au voyageur ou représentant de commerce rémunéré à la commission : au moins tous les trois mois ;

d) À l'ouvrier aux pièces : à des périodes fixées de gré à gré ; toutefois, le salarié doit recevoir des acomptes chaque quinzaine et être intégralement payé dans la quinzaine qui suit la réception de l'ouvrage.

Art. 6 *(Mod., L. n° 1.231, 23 déc. 2002)*. – Le salaire du mineur est payé à l'intéressé, sauf opposition de son représentant légal. Cette opposition peut être levée par le juge de paix. Elle n'est pas recevable si le mineur est émancipé par le mariage.

Art. 7. – Sous réserve des dispositions des articles 8 et 9 ci-après, l'employeur ne peut retenir sur le salaire revenant aux travailleurs les sommes qui lui seraient dues à lui-même pour quelque cause que ce soit, sauf s'il s'agit de créances relatives, selon les usages de la profession à :

a) La fourniture d'outils et instruments nécessaires au travail ;

b) La fourniture de matières ou de matériaux dont le salarié à la charge ;

c) Des avances d'argent pour l'acquisition de ces mêmes objets.

Dans tous ces cas, et à moins que le salarié n'ait pris l'initiative de dénoncer le contrat, la compensation ne peut se faire, sauf accord des parties ou dispositions contraires de la convention collective, que par des retenues ne dépassant pas le quart du salaire exigible.

Il en sera de même pour les amendes infligées en vertu d'un règlement intérieur d'entreprise.

(1) Dispositions applicables aux salariés liés à l'État, à la commune ou à des établissements publics par un contrat de droit privé ou public en vertu de l'article 3 de la loi n° 948 du 19 avril 1974.

Art. 8. – L'employeur qui fait des avances en espèces autres que celles prévues à la lettre c de l'article précédent ne peut se rembourser qu'au moyen de retenues successives ne dépassant pas le dixième du montant des salaires exigibles.

La retenue opérée de ce chef ne se confond ni avec la partie saisissable, ni avec la partie cessible déterminée à l'article 502 du Code de procédure civile.

Les acomptes sur un travail en cours ne sont pas considérés comme avances.

Art. 9. – Les indemnités ou dommages-intérêts dus en vertu des dispositions de l'article 5 de la loi n° 729 du 16 mars 1963 sur le contrat de travail et fixés par l'accord des parties ou par décision de justice ne pourront être retenus qu'à concurrence du cinquième des salaires exigibles, sauf le cas où le salarié aurait agi par dol ou aurait pris l'initiative de dénoncer le contrat de travail avant la liquidation de l'indemnité.

Art. 10. – Dans les hôtels, cafés, restaurants, brasseries et dans tous les établissements similaires, dans les théâtres, concerts, music-halls, cinémas, cercles, casinos et généralement dans toutes les entreprises de spectacles, ainsi que dans les compagnies de transport, il est interdit, sous réserve des dispositions de l'article 1229 du Code civil, aux employeurs, directeurs, gérants ou concessionnaires de ces établissements et entreprises, d'imposer aux employés et aux ouvriers des versements d'argent ou d'opérer des retenues d'argent sous la dénomination de frais ou sous toute autre dénomination, pour quelque objet que ce soit, à l'occasion de l'embauchage ou du débauchage et à l'occasion de l'exercice normal du travail des ouvriers et des employés.

Art. 11 *(L. n° 1.068, 28 déc. 1983)*. – Sauf les exceptions prévues par la loi, les montants minima des salaires, primes, indemnités de toute nature et majorations autres que celles prévues par les dispositions législatives relatives à la durée du travail, ne peuvent être inférieurs à ceux qui seront fixés par arrêté ministériel.

Sous réserve des dispositions de l'alinéa suivant, ils seront au moins égaux à ceux pratiqués en vertu de la réglementation ou de conventions collectives, pour les conditions de travail identiques, dans les mêmes professions, commerces ou industries de la région économique voisine.

Les montants minima à calculer en fonction de la durée du travail le seront, par application à cette durée, des dispositions qui la réglementent et d'un taux horaire théorique.

Le taux horaire théorique est obtenu en divisant par le nombre d'heures auquel ils correspondent les minima de référence prévus au deuxième alinéa. Déduction faite de leurs majorations pour heures supplémentaires.

Il ne sera pas tenu compte des modifications qui, dans la région de référence, affecteront le salaire, soit directement soit indirectement en raison de changements intervenus dans la durée du travail, lorsque ces modifications trouveront leur cause dans des accords passés par les employeurs avec des contractants autres que leurs salariés ou leurs syndicats.

Art. 11-1 *(L. n° 1.068, 28 déc. 1983)*. – Le classement des salariés dans les diverses catégories professionnelles est déterminé par l'employeur ou son représentant, sous le contrôle de l'inspecteur du travail.

En cas de contestation, le différend est soumis à une commission de classement placée sous la présidence de l'inspecteur du travail et composée paritairement de représentants des employeurs et de représentants des salariés.

La décision de la commission peut, à la requête de l'une des parties intéressées, être déférée au tribunal du travail, siégeant en bureau de jugement ; le tribunal devra être saisi, à peine de déchéance, dans les quinze jours de la décision de la commission par une déclaration au secrétariat.

La commission et les règles de fonctionnement de la commission de classement ainsi que, s'il y a lieu, les conditions du contrôle de l'inspecteur du travail prévu au second alinéa ci-dessus seront fixées par ordonnance souveraine.

Art. 12. – Sauf stipulations contraires des conventions collectives ou des décisions arbitrales les règles particulières au contrôle et à la répartition des pourboires ou des pourcentages exigés de la clientèle au titre du service seront déterminées par arrêté ministériel.

Art. 13 *(L. n° 948, 19 avr. 1974)*. – Les infractions aux dispositions des articles 3, 4, 5, 7 et 8 sont punies de l'amende prévue au chiffre 2 de l'article 29 du Code pénal.

Les infractions aux dispositions des articles 2-1, 2-2, 2-3, 10, 11 et 12 et à celles des arrêtés ministériels pris pour leur application sont punies de l'amende prévue au chiffre 2 de l'article 26 du Code pénal ; en cas de récidive, l'amende est portée au double.

S'il y a pluralité d'infractions, il est prononcé autant d'amendes qu'il y a d'infractions constatées et de salariés rémunérés dans des conditions illégales.

Ces peines sont indépendantes des restitutions et des dommages-intérêts auxquels pourront donner lieu les faits incriminés.

Art. 14. **– Sont abrogées les dispositions relatives à la fixation des salaires minima de l'article 3 de la loi n° 226 du 7 avril 1937, modifiée par la loi n° 247 du 24 juillet 1938, ainsi que les ordonnances souveraines et arrêtés ministériels pris pour leur application ; sont maintenus cependant en vigueur jusqu'à ce qu'il en soit autrement ordonné par arrêté ministériel les articles 1 et 2 de l'arrêté ministériel du 10 juillet 1945 et l'arrêté du 10 avril 1951.**

Loi n° 1.025 du 1er juillet 1980

réglementant l'exercice du droit de grève et assurant la liberté du travail

CHAPITRE I. – DE LA GRÈVE

Section 1. – De la licéité de la grève

Art. 1er. **– Les conditions dans lesquelles s'exerce le droit de grève, reconnu par l'article 28 de la Constitution, sont réglées par la présente loi.**

Celle-ci n'est toutefois pas applicable aux agents de l'État, de la Commune et des Établissements publics.

Art. 2. **– Ne constitue une grève illicite que celle qui est faite en violation des lois en vigueur ou contrairement à l'une des dispositions ci-après :**

1° la grève doit avoir pour objet exclusif la défense des intérêts professionnels des salariés qui y ont recours ;

2° elle doit trouver son motif dans les rapports sociaux internes de la Principauté ;

3° elle doit débuter et se terminer le même jour et à la même heure pour tous les salariés qui y participent ;

4° elle doit être faite hors de l'établissement.

Art. 3. **– Ne constitue pas une grève et est illicite le mouvement revendicatif concerté qui :**

1° consiste, pour le même objet, en des interruptions de travail affectant, par échelonnement successif ou par roulement concerté, les divers secteurs professionnels ou les différentes catégories de salariés d'un même établissement ;

2° se traduit par une exécution défectueuse ou par un ralentissement du travail.

Art. 4. **– La grève illicite est une cause de suspension du contrat de travail.**

Section 2. – Du recours à la grève

Art. 5 ***(Annulé par décision du Tribunal suprême de Monaco du 8 juillet 1981).***

Rédaction antérieure. Art. 5. – Le recours à la grève ou la poursuite de celle-ci doit être décidé à la majorité de la totalité des salariés justifiant d'au moins six mois de travail à Monaco et appartenant :

- soit au même établissement si le conflit affecte l'ensemble des salariés de cet établissement ;

- soit à chaque catégorie intéressée si le conflit affecte seulement une ou plusieurs catégories de salariés d'un même établissement.

Lorsque le conflit affecte plusieurs établissements d'un même secteur professionnel, la décision doit être prise au sein de chacun d'eux et comme mentionné ci-dessus.

Le vote a lieu au scrutin secret.

Nul ne peut voter par procuration ou par correspondance.

Art. 6 ***(Annulé par décision du Tribunal suprême de Monaco du 8 juillet 1981).***

Rédaction antérieure. Art. 6. – Il est procédé aux opérations de vote dans les conditions ci-après :

1° les opérations ont lieu dans un local de l'établissement ou de ses dépendances à Monaco ; en cas d'impossibilité matérielle, le choix du local appartient à l'inspecteur du travail ;

2° elles se déroulent le jour et aux heures préalablement portés à la connaissance de l'inspecteur du travail par les représentants des travailleurs intéressés :

3° pour exprimer son vote, chaque salarié est tenu de se rendre dans le local visé au chiffre 1°) ci-dessus, de placer le bulletin de vote sous enveloppe et de déposer celle-ci dans une urne. La mise sous enveloppe doit être faite dans une partie du local aménagée en isoloir ;

4° les opérations de vote sont contrôlées par l'inspecteur du travail et un contrôleur du travail qui ont la police du local de vote.

En cas d'absence, d'empêchement ou d'impossibilité matérielle, l'inspecteur et le contrôleur peuvent être remplacés par des fonctionnaires dûment habilités à cet effet par le Conseiller du Gouvernement pour les Travaux publics et les Affaires sociales.

Le contrôle prévu ci-dessus ne préjuge en rien la licéité ou l'illicéité de la grève.

Art. 7. – La décision de recourir à la grève ou de la poursuivre ne peut avoir pour effet de supprimer ou de restreindre la liberté du travail des salariés qui n'entendent pas y participer.

Ces derniers peuvent désigner des délégués chargés notamment de les représenter auprès de l'employeur.

Art. 8 ***(Annulé par décision du Tribunal suprême de Monaco du 8 juillet 1981).***

Rédaction antérieure. Art. 8. – La décision prise en application de l'article 5 doit mentionner les motifs de la grève et être notifiée sans délai à l'employeur et au directeur du travail et des affaires sociales par un préavis écrit.

La grève ne peut être prévue et avoir lieu qu'à l'expiration du délai de cinq jours francs à compter de la réception du préavis. Lorsque le point de départ de ce délai est un samedi, un dimanche ou un jour férié, il est reporté au premier jour ouvrable qui suit.

Art. 9. – Les salariés en grève sont tenus d'assurer les services de sécurité indispensables pour prévenir des accidents de personnes, de destructions ou détériorations matérielles notamment des instruments de travail.

Art. 10. – Les entreprises concessionnaires d'un service public ou celles investies d'une mission d'intérêt général et déterminées par arrêté ministériel doivent assurer un service minimal dans les conditions fixées également par arrêté ministériel (1).

Art. 11. – Les salariés tenus d'assurer les services de sécurité ainsi que ceux indispensables pour l'accomplissement du service minimal sont désignés par l'employeur sous le contrôle de l'inspecteur du travail.

CHAPITRE II. – DE LA LIBERTÉ DU TRAVAIL

Art. 12. – La liberté du travail, garantie par l'article 25 de la Constitution est assurée dans les conditions déterminées par la présente loi.

Art. 13. – L'employeur est tenu de prendre toutes mesures à l'effet de faire respecter la liberté du travail.

(Al. annulé par décision du Tribunal suprême de Monaco du 8 juillet 1981).

Rédaction antérieure. Il peut, notamment, à la demande de salariés représentant au moins le dixième de l'effectif de l'établissement, faire procéder à tout vote sur la reprise du travail ; en ce cas, les dispositions des articles 5 et 6 sont applicables.

Art. 14. – Lorsque les salariés ne participant pas à une grève ou un mouvement revendicatif concerté ne peuvent librement accéder aux lieux et instruments de travail, le ministre d'État peut, à la demande de l'employeur, ordonner à la force publique l'expulsion de l'établissement, de ses dépendances et accès, des personnes entravant la liberté du travail.

Art. 15. – Lorsqu'un salarié est, contre son gré, dans l'impossibilité de se livrer normalement à son activité, cette impossibilité, qu'elle soit partielle ou totale, ne peut être ni une cause de suspension, ni un motif de rupture du contrat de travail.

L'intéressé a droit au paiement intégral du salaire afférent aux journées de travail perdues.

CHAPITRE III. – DISPOSITIONS DIVERSES

Art. 16 ***(Annulé par décision du Tribunal suprême de Monaco du 8 juillet 1981).***

Rédaction antérieure. Art. 16. – Lorsque le ministre d'État aura interdit une grève la procédure d'arbitrage sera engagée d'office.

(1) V. A. min. nº 80-392, 8 août 1980 ; A. min. nº 80-393, 28 août 1980 (*mod., A. min. nº 97-242, 7 mai 1997*).

Art. 17. – La participation volontaire soit à un mouvement revendicatif illicite, soit à une grève illicite ou devenue illicite est un motif légitime de rupture du contrat de travail.

Il en est de même s'il est refusé ou négligé d'assurer les services de sécurité ou le service minimal requis par application de la loi.

Art. 18. – Celui qui volontairement aura participé soit à un mouvement revendicatif illicite, soit à une grève illicite ou devenue illicite sera puni de l'amende prévue au chiffre 3°) de l'article 26 du Code pénal.

Art. 19. – Celui qui aura refusé ou négligé d'accomplir les services de sécurité ou le service minimal requis par application de la loi sera puni de l'amende prévue au chiffre 3°) de l'article 26 du Code pénal.

Art. 20. – Quiconque se sera opposé ou aura tenté de s'opposer à la mise en application des mesures prises pour assurer la liberté du travail sera puni d'un emprisonnement d'un mois à six mois et de l'amende prévue au chiffre 2°) de l'article 26 du Code pénal ou de l'une de ces deux peines seulement.

Il en est de même de celui qui se sera opposé ou aura tenté de s'opposer à l'accomplissement des services de sécurité ou du service minimal requis par application de la loi.

L'auteur d'un crime, d'un délit ou d'une contravention commis à l'occasion d'actes d'entrave ou de tentative d'entrave au libre exercice du travail ou à l'accomplissement de l'un des services visés ci-dessus sera puni des peines prévues par le Code pénal.

Art. 21 *(Annulé par décision du Tribunal suprême de Monaco du 8 juillet 1981).*

Rédaction antérieure. Art. 21. – Ceux qui, par voies de faits, violences ou menaces contre un salarié l'auront déterminé ou auront tenté de le déterminer à s'abstenir de voter ou auront influencé ou tenté d'influencer son vote seront punis d'un emprisonnement d'un mois à six mois et de l'amende prévue au chiffre 2°) de l'article 26 du Code pénal ou de l'une de ces deux peines seulement.

Seront punis des mêmes peines ceux qui, par attroupement, clameurs ou démonstrations menaçantes auront troublé les opérations de vote ou porté atteinte à la liberté de vote.

Art. 22 *(Annulé en tant qu'il dispose que« notamment les règles complémentaires devant régir les opérations de vote, seront déterminées par l'ordonnance souveraine » par décision du Tribunal suprême de Monaco du 8 juillet 1981).* – Les modalités d'application de la présente loi, notamment les règles complémentaires devant régir les opérations de vote, seront déterminées par l'ordonnance souveraine (1).

Ordonnance nº 6.911 du 28 août 1980

fixant les modalités d'application de la loi n° 1.025 du 1er juillet 1980
réglementant l'exercice du droit de grève et assurant la liberté du travail

Vu la loi n° 1.025 du 1er juillet 1980, réglementant l'exercice du droit de grève et assurant la liberté du travail :

Art. 1er. – L'inspecteur du travail est prévenu des opérations de vote visées à l'article 6 de la loi n° 1.025, du 1er juillet 1980, par lettre déposée au service de l'inspection deux jours francs au moins avant la date prévue pour le déroulement de ces opérations. Il en est aussitôt délivré récépissé.

Les samedis, dimanches ou les jours fériés n'entrent pas dans la computation du délai fixé ci-dessus.

Art. 2. – La lettre à déposer au service de l'inspection du travail peut être signée soit par les délégués du personnel ou les délégués syndicaux, soit par des membres du personnel choisis par les salariés intéressés de l'établissement ou des établissements du secteur professionnel concerné.

Elle mentionne :

1° le jour et les heures de déroulement des opérations de vote : ces heures doivent être fixées de telle sorte qu'elles précèdent ou suivent immédiatement les horaires habituels de travail tout en tenant compte, lorsqu'il y a lieu, de l'organisation du travail en équipes successives :

2° les locaux de l'établissement ou de ses dépendances dans lesquels doivent se dérouler les opérations de vote ; à défaut, les raisons circonstanciées qui s'opposent à ce qu'il soit procédé au vote dans l'établissement ou ses dépendances :

(1) V. Ord. nº 6.911, 28 août 1980.

3° la ou les catégories de salariés intéressés par les opérations de vote dans l'établissement ou le secteur professionnel concerné.

Art. 3. – Aussitôt après le dépôt de la lettre établie comme prévu à l'article précédent, l'inspecteur du travail se fait communiquer par le ou les employeurs concernés, la liste nominative et à jour de tous les salariés de l'établissement, avec l'indication de leurs dates d'embauchage.

L'employeur et tenu de déférer sur le champ à la demande de l'inspecteur du travail.

Art. 4. – Le bureau de vote est composé de l'inspecteur du travail ou de son remplaçant, qui le préside, et de deux délégués du personnel ou, à défaut, de deux salariés.

Art. 5. – Le président du bureau de vote prend toutes dispositions pour l'organisation matérielle des opérations de vote, notamment, il doit, préalablement à l'ouverture du scrutin, faire placer dans le local de vote :

1° des bulletins de vote qui, à peine de nullité, doivent porter la mention « pour la grève » ou « contre la grève », être en nombre égal dans les deux mentions et ne comporter aucune autre indication ou signe de reconnaissance quelconque ;

2° des enveloppes opaques, toutes d'un même modèle, en nombre au moins égal à celui des salariés portés sur la liste visée à l'article 3, et frappées du timbre à date de l'inspection du travail.

Art. 6. – Le dépouillement du scrutin suit immédiatement sa clôture ; il doit être conduit sans désemparer jusqu'à son achèvement intégral.

Sont nuls :

1° les bulletins multiples, différents ou non, contenus dans la même enveloppe ;

2° les bulletins non réglementaires, ceux non inclus dans une enveloppe réglementaire ou inclus dans une enveloppe non réglementaire, ceux qui portent ou dont les enveloppes portent des signes intérieurs ou extérieurs de reconnaissance ou toute mention quelconque.

N'est pas considéré comme vote l'enveloppe, même réglementaire, ne contenant aucun bulletin.

Art. 7. – Le président du bureau de vote proclame le résultat du scrutin immédiatement après le dépouillement.

Il fait dresser, en triple exemplaire. procès-verbal des opérations de vote et en conserve un exemplaire auquel sont annexés, après paraphe des membres du bureau, la liste des salariés de l'établissement ainsi que tous les bulletins nuls, enveloppes vides ou non réglementaires.

Loi nº 1.039 du 26 juin 1981

concernant le placement et la protection des malades mentaux

CHAPITRE I. – DU PLACEMENT DES MALADES MENTAUX

Section 1. – Du placement par décision judiciaire

Art. 1er. – Nul ne peut, en raison d'un état mental constitutif d'un danger pour lui-même ou pour autrui, être placé dans un service approprié d'un établissement de soins ou dans un établissement spécialisé si ce n'est en vertu d'une ordonnance du président du tribunal de première instance saisi par le procureur général ou par toute personne intéressée.

En cas d'extrême urgence, le malade peut être temporairement hospitalisé si un médecin compétent de l'établissement atteste la nécessite de l'hospitalisation par la délivrance d'un certificat médical. La personne qui demande l'admission doit alors, dans les trois jours suivants, justifier, au directeur de l'établissement, de la saisine du président du tribunal.

Art. 2. – Le président du tribunal de première instance est saisi par voie de requête formée contre prévu par l'article 851 du Code de procédure civile.

La requête contient les renseignements d'identité tant du signataire que de la personne dont le placement est demandé. Elle mentionne le degré de parenté ou, à défaut, la qualité du requérant ainsi que, si possible, l'établissement de placement. Si la demande concerne un incapable, le signataire doit justifier, selon le cas, qu'il en est l'administrateur légal, le tuteur ou le curateur à ce spécialement autorisé par le conseil de famille.

La requête doit être accompagnée :

1° de tout document propre à prouver l'identité des deux personnes intéressées ;

2° d'un certificat du médecin qui a constaté l'état mental du malade, indiquant les particularités de la maladie et la nécessité d'un traitement à pratiquer dans un milieu approprié.

Ce certificat doit être daté de moins de huit jours ; il n'est pas recevable s'il est signé d'un médecin parent ou allié au second degré inclusivement du malade, du requérant ou du directeur de l'établissement.

Art. 3. – Le président du tribunal commet immédiatement un médecin psychiatre avec mission d'examiner le malade et de lui faire rapport dans le délai imparti. Il fait concomitamment communiquer, pour avis, la requête au procureur général.

Au vu du rapport médical et de l'avis du Ministère public, le président statue dans les conditions prévues par l'article 851 du Code de procédure civile, et, s'il y a lieu, autorise le placement dans l'établissement qu'il désigne.

Le greffier en chef adresse aussitôt une expédition de l'ordonnance au ministre d'État, au procureur général ainsi que, aux fins de placement, au signataire de la requête. Il fait parvenir la copie des certificats et rapports médicaux au directeur de l'établissement désigné.

Section 2. – Du placement par décision administrative

Art. 4. – Quiconque risque, en raison de son état mental de troubler l'ordre public ou d'être, dans l'immédiat, un danger pour lui-même ou pour autrui peut être placé, par décision administrative, dans un service approprié d'un établissement de soins ou dans un établissement spécialisé.

La décision est prise par le ministre d'État au vu d'un certificat médical ; elle est motivée et désigne l'établissement de placement. Le certificat médical est joint à la décision.

En cas de risque imminent, le directeur de la sûreté publique peut prendre toutes mesures provisoires à l'égard du malade et notamment, au vu d'un certificat médical, le faire admettre dans un établissement de soins ou dans un établissement spécialisé. Il est tenu, dans les vingt-quatre heures, d'en rendre compte au ministre d'État qui prend, s'il y a lieu, une décision de placement.

Art. 5. – Le ministre d'État fait d'urgence aviser les familles du placement.

Il adresse, en outre, aussitôt le dossier au procureur général pour qu'il soit procédé comme prévu aux articles 2 et 3.

L'ordonnance de placement se substitue, à sa date, à la décision administrative.

CHAPITRE II. – DE LA PROTECTION DES MALADES MENTAUX

Section 1. – De la protection des malades placés

Art. 6. – Lorsqu'une personne fait l'objet d'une décision de placement, le médecin du service dans lequel elle est admise la soumet, après avoir pris connaissance des avis médicaux la concernant, à une période d'observation d'une durée de huit jours.

À l'expiration de cette période, il dresse un certificat détaillé sur l'état mental de la personne et atteste que son placement est médicalement justifié ou exprime l'avis qu'elle peut sortir de l'établissement.

En cas de maintien dans le lieu de placement, le médecin établit tous les mois un certificat décrivant les changements intervenus dans l'état du malade et confirme ou modifie les observations contenues dans les certificats précédents.

À toute époque, le médecin peut, par un certificat dûment motivé, déclarer que le placement n'est plus justifié.

Dans les quarante-huit heures de sa date, chaque certificat médical est adressé par le directeur de l'établissement au président du tribunal de première instance.

Art. 7. – La décision de placement peut être rapportée au reçu d'un des certificats médicaux prévus à l'article précédent et déclarant que le placement n'est pas ou n'est plus justifié.

S'il estime ne pas pouvoir rapporter la décision, le président du tribunal de première instance doit aussitôt désigner deux médecins psychiatres chargés, dans les huit jours de leur désignation, de procéder à une expertise contradictoire.

Lorsque les résultats de l'expertise confirment le certificat médical, le retrait de la décision est de droit

Art. 8. – La décision de placement peut aussi être rapportée à la requête du malade lui-même, de son conjoint, du tuteur ou du curateur, de la personne qui a demandé son placement, ainsi que de tout parent, allié ou ami.

La décision est rapportée sur expertise médicale favorable pratiquée conjointement par un médecin psychiatre désigné par le président du tribunal de première instance, un médecin choisi par le requérant et le médecin du service où se trouve le malade.

Art. 9. – Hors les dispositions prévues aux deux articles précédents, le président du tribunal de première instance peut toujours et doit au moins une fois l'an commettre un ou plusieurs médecins psychiatres à l'effet de vérifier l'état de santé du malade et, s'il y a lieu, de rapporter la décision de placement.

Section 2. – De la protection des malades hospitalisés sur leur demande

Art. 10. – Tout malade admis, sur sa propre demande, dans un service approprié d'un établissement de soins ou dans un établissement spécialisé peut en sortir à toute époque.

Toutefois, si au jour de la demande de sortie, le médecin du service dans lequel se trouve le malade estime que son état mental est constitutif d'un danger pour lui-même ou pour autrui, il fait tenir d'urgence au directeur de l'établissement un certificat médical indiquant les particularités de la maladie et la nécessité d'un traitement.

Le procureur général est aussitôt informé de l'identité du malade par le directeur de l'établissement qui lui transmet le certificat médical mentionné ci-dessus. Il peut, aux fins de placement, saisir le président du tribunal de première instance ou, en cas d'urgence, provoquer une décision administrative de placement.

Section 3. – Dispositions communes

Art. 11. – Le ministre d'État ou son représentant et le procureur général sont chargés de visiter les établissements dans lesquels sont admis les malades mentaux.

Ils reçoivent les réclamations des intéressés et obtiennent communication de tous documents ou informations se rapportant à leur situation ou à leur état de santé.

Art. 12. – Le tribunal de première instance peut, à toute époque, être saisi par le procureur général agissant d'office ou à la demande de toute personne intéressée pour qu'il soit mis fin à l'hospitalisation de toute personne placée ou retenue dans un service approprié d'un établissement de soins ou dans un établissement spécialisé.

Après les vérifications nécessaires, le tribunal se prononce dans les conditions prévues à l'article 850, alinéa 3, du Code de procédure civile ; il ordonne, lorsqu'il y a lieu, la sortie immédiate de la personne intéressée.

CHAPITRE III. – DU PLACEMENT PAR DÉCISION JUDICIAIRE

Art. 13. – Le directeur d'un établissement comportant des services appropriés pour hospitaliser les malades mentaux ou le directeur d'un établissement spécialisé est tenu de recevoir toutes personnes placées conformément aux dispositions du chapitre premier ci-dessus.

Il doit, pour ces malades, faire tenir un registre spécial, coté et paraphé par le juge de paix, et sur lequel doivent être mentionnés tous les renseignements se rapportant à l'entrée de chaque malade, à son identité, à sa situation de famille, à son état de santé notamment par la transcription de tous les certificats ou rapports d'expertise le concernant, à sa sortie et, le cas échéant, à son décès.

Interdiction est faite à tout directeur de supprimer ou de retenir aucune requête ou réclamation adressée par les malades à l'autorité judiciaire ou administrative.

Art. 14. – Le directeur d'un établissement défini à l'article 13 ne peut, sous les peines portées à l'article 75 du Code pénal, retenir une personne qui y a été placée dès lors que sa sortie a été autorisée ou ordonnée, ni s'opposer au départ de celle admise à sa propre demande.

Art. 15. – Les infractions aux dispositions des articles premier, 6 et 13 qui seraient commises par le directeur d'un établissement ou par les médecins y exerçant seront punies des peines prévues par l'article 421 du Code pénal.

Loi nº 1.073 du 27 juin 1984
concernant les prélèvements susceptibles d'être effectués sur le corps humain à des fins thérapeutiques

CHAPITRE I. – DU DROIT DE CONSENTIR OU D'OPÉRER DES PRÉLÈVEMENTS

Art. 1er. – Toute personne civilement capable peut consentir au prélèvement, de son vivant, d'organes ou de tissus de son corps en vue de pratiquer, pour un but thérapeutique, une greffe sur le corps d'autrui. Le consentement est révocable.

Le prélèvement ne peut être pratiqué si le résultat raisonnablement prévisible implique la mort du donneur ou des atteintes particulièrement graves à sa santé.

Le donneur doit, préalablement à toute intervention, être averti des risques physiques et psychologiques encourus. L'avertissement doit être donné par le médecin-chef du service de l'établissement dans lequel doit être effectué le prélèvement, ou par le médecin qu'il a désigné à cet effet.

Art. 2. – Des prélèvements d'organes ou de tissus ne peuvent être effectués aux fins prévues au précédent article sur le corps d'une personne décédée que lorsque celle-ci y a, de son vivant, expressément consenti.

Le consentement peut être exprimé par voie testamentaire. Il peut aussi résulter d'une autorisation souscrite en présence de deux témoins, devant le directeur d'un établissement agréé comme prévu à l'article 3. Le directeur assure la conservation de cet écrit.

Lorsque la personne sur laquelle des prélèvements doivent être effectués est un mineur, ils sont subordonnés à l'autorisation expresse du père et de la mère ou du survivant d'entre eux.

CHAPITRE II. – DES CONDITIONS DANS LESQUELLES PEUVENT ÊTRE EFFECTUÉES LES PRÉLÈVEMENTS

Art. 3. – Les prélèvements visés aux articles précédents doivent être exclusivement effectués dans un établissement agréé par arrêté ministériel.

Ceux qui doivent être opérés sur le corps d'une personne décédée ne peuvent être pratiqués qu'après la constatation du décès effectuée personnellement par trois médecins attachés à l'établissement. Il en est dressé procès-verbal.

Les médecins qui constatent le décès ne peuvent participer ni au prélèvement ni à une éventuelle greffe.

Lorsque le corps d'une personne décédée présente des signes ou indices de mort violente ou suspecte, des prélèvements ne peuvent être opérés sans l'autorisation du procureur général qui recueille au préalable l'avis d'un médecin.

Aucun prélèvement ne peut être effectué si le décès résulte d'un accident du travail ou d'une maladie professionnelle.

Art. 4. – Sans préjudice du remboursement des frais qu'ils peuvent occasionner, les prélèvements visés par la présente loi ne peuvent donner lieu à aucune contrepartie pécuniaire.

CHAPITRE III. – DISPOSITIONS GÉNÉRALES

Art. 5. – La présente loi ne fait pas obstacle à l'application de la loi nº 972 du 10 juin 1975, sur l'utilisation thérapeutique du sang humain, de son plasma et de leurs dérivés.

Art. 6. – Les modalités d'application de la présente loi seront fixées par une ordonnance souveraine prise après avis du comité de la Santé publique.

Art. 7. – Quiconque aura pratiqué des prélèvements visés par la présente loi hors d'un établissement agréé sera puni d'un emprisonnement de six mois à trois ans et de l'amende prévue au chiffre 3° de l'article 26 du Code pénal.

Sera puni d'un emprisonnement de un mois à six mois et de l'amende prévue au chiffre 3° du même article 26 de ce code, ou de l'une de ces deux peines seulement, celui qui aura enfreint les dispositions de l'article 2, de l'article 3, alinéas 2, 3, 4 et 5 ou celles de l'article 4.

Ordonnance nº 8.811 du 11 février 1987
relative aux prélèvements susceptibles d'être effectués
sur le corps humain à des fins thérapeutiques

Vu la loi nº 1.073 du 27 juin 1984 concernant les prélèvements susceptibles d'être effectués sur le corps humain à des fins thérapeutiques, notamment son article 6 ;

Art. 1er. – Lorsque le directeur d'un établissement qui est agréé par arrêté ministériel pour pratiquer des prélèvements d'organes ou de tissus du corps humain à des fins thérapeutiques a reçu, dans les formes prévues à l'article 1er de la loi susvisée, une déclaration emportant autorisation de prélèvement, il informe le déclarant qu'il aura à se soumettre à tous examens médicaux utiles. Il communique, sans délai, la déclaration au médecin-chef du service compétent.

Ce praticien procède ou fait procéder aux examens physiologiques ou psychologiques nécessaires. Il avise le déclarant qu'il est apte à subir le prélèvement ou qu'il ne l'est pas. Il l'avertit, en outre, conformément aux dispositions de l'article 1er de la loi susvisée. par écrit, et dans des termes clairs, des risques encourus et des conséquences prévisibles de l'intervention.

Art. 2. – Lorsque le déclarant au vu de l'information médicale, persiste dans son intention, il doit la confirmer dans les mêmes formes que la déclaration. Le directeur de l'établissement lui remet copie de celle-ci et de l'acte confirmatif.

Le directeur assure, ainsi que prévu à l'article 2 de la loi susvisée, la conservation de ces écrits. Il fait établir une fiche mentionnant l'identité du déclarant ainsi que tous les renseignements d'ordre médical utiles et la fait annexer aux déclarations de l'intéressé.

Art. 3. – La déclaration emportant autorisation de prélèvements peut être révoquée, à toute époque, par acte établi et reçu comme la déclaration elle-même.

Art. 4. – Lorsqu'une personne a consenti, par testament, que des prélèvements d'organes ou de tissus soient effectués sur son corps après décès, celui qui prend connaissance du testament ou qui est chargé de veiller à son exécution est tenu d'en aviser, sans délai, le directeur de l'établissement agréé qui prend toutes dispositions nécessaires.

Art. 5. – Lorsque des prélèvements d'organes ou de tissus concernent une personne mineure, ils ne peuvent être pratiqués que conformément aux dispositions de l'article 2 de la loi susvisée. L'autorisation du père et de la mère ou du survivant d'entre eux est reçue par le directeur de l'établissement agréé.

Loi nº 1.263 du 23 décembre 2002
sur l'utilisation thérapeutique du sang humain, de ses composants
et des produits sanguins labiles

CHAPITRE I. – COLLECTE, PRÉPARATION, CONSERVATION ET DISTRIBUTION DU SANG DE SES COMPOSANTS ET DES PRODUITS SANGUINS LABILES

Art. 1er. – La transfusion sanguine s'effectue dans l'intérêt du receveur et relève des principes éthiques du bénévolat et de l'anonymat du don, et de l'absence de profit, dans les conditions définies par la présente loi.

Art. 2. – La collecte, la préparation, la conservation et la distribution du sang humain, de ses composants et des produits sanguins labiles ne peuvent être effectuées que dans un centre agréé dans les conditions fixées par arrêté ministériel. Ce centre, ci-après dénommé centre agréé, peut être autorisé à distribuer des médicaments dérivés du sang.

Art. 3. – La collecte du sang humain et de ses composants en vue d'une utilisation thérapeutique ne peut être effectuée que dans le centre agréé et ses véhicules agréés à cet effet, par un médecin habilité par arrêté ministériel à exercer audit centre ou sous sa direction et sa responsabilité.

Outre la collecte du sang ou de ses composants, la préparation des produits sanguins labiles et leur distribution ne peuvent être faites que dans le centre agréé, sous la direction et la responsabilité d'un médecin ou d'un pharmacien, habilité par arrêté ministériel à exercer audit centre.

Art. 4. – Par dérogation aux dispositions de l'article 2, les produits sanguins labiles destinés à une utilisation thérapeutique directe peuvent être conservés dans un établissement de santé autorisé à cet effet par le ministre d'État.

Art. 5. – Le centre agréé ou l'établissement dont il dépend assume, même sans faute, la responsabilité des risques encours par les donneurs en fonction des opérations de prélèvement ou de modification des caractéristiques du sang humain exécutées audit centre.

Le centre agréé ou l'établissement mentionné ci-dessus doit contracter une assurance couvrant sa responsabilité du fait de ces risques.

Art. 6. – Le prélèvement ne peut être fait qu'avec le consentement du donneur.

Aucune rémunération ne peut être allouée au donneur, sans préjudice du remboursement des frais exposés, dans les conditions fixées par arrêté ministériel.

Art. 7. – Aucun prélèvement de sang ou de ses composants en vue d'une utilisation thérapeutique pour autrui ne peut avoir lieu sur une personne mineure ou sur une personne majeure faisant l'objet d'une mesure de protection légale.

Toutefois, un prélèvement peut être effectué, à titre exceptionnel, sur des mineurs, lorsque des motifs tirés de l'urgence thérapeutique et de la comptabilité tissulaire l'exigent.

Le prélèvement ne peut alors être opéré qu'à la condition que le titulaire de la puissance paternelle y consente expressément par écrit. Le refus de la personne mineure fait obstacle au prélèvement.

Art. 8. – Le receveur ne peut connaître l'identité du donneur, ni le donneur celle du receveur. Aucune information permettant d'identifier à la fois celui qui a fait don de son sang et celui qui l'a reçu ne peut être divulguée.

Il ne peut être dérogé à ce principe d'anonymat qu'en cas de nécessité thérapeutique.

Art. 9. – Les caractéristiques du sang ne peuvent être modifiées avant le prélèvement en vue d'une utilisation thérapeutique pour autrui que par un médecin habilité et uniquement dans le centre agréé. Cette modification ne peut intervenir qu'avec le consentement écrit du donneur, ce dernier ayant été préalablement averti par écrit des risques qu'il encourt et des conséquences éventuelles du prélèvement. Elle ne peut pas être réalisée sur les personnes visées à l'article 7.

Art. 10. – Le sang, ses composants et leurs dérivés ne peuvent être distribués, ni utilisés sans qu'aient été réalisés des analyses biologiques et des tests de dépistage de maladies transmissibles, dans les conditions définies par arrêté ministériel.

Art. 11. – Peuvent être préparés à partir du sang ou de ses composants :

1° Des produits sanguins labiles, comprenant notamment le sang total, le plasma et les cellules sanguines d'origine humaine, dont la liste et les caractéristiques sont définies par arrêté ministériel ;

2° Des produits stables préparés industriellement, qui constituent des médicaments dérivés du sang et du plasma humain ;

3° Des réactifs de laboratoire, dont les caractéristiques et les conditions de préparation et d'utilisation sont définies par arrêté ministériel ;

4° Des préparations cellulaires réalisées à partir du prélèvement de cellules souches hématopoïétiques et de cellules somatiques mononucléées, par des établissements ou organismes autorisés par le Ministre d'État.

5° Des produits de thérapie cellulaire.

Le sang et ses composants peuvent être utilisés dans le cadre d'une activité de recherche, qu'ils aient été ou non prélevés dans un centre agréé. Les principes mentionnés aux articles 6 à 10 sont également applicables dans ce cas, sans préjudice des dérogations qui peuvent être apportées, par arrêté ministériel, aux obligations définies par l'article 10.

Art. 12. – Le centre agréé doit se doter de bonnes pratiques dont les principes sont définis par arrêté ministériel.

Art. 13. – Le ministre d'État peut, par arrêté ministériel, réglementer les conditions de délivrance et l'utilisation des produits sanguins labiles. Cette délivrance ne peut être faite que sur ordonnance médicale.

Dans l'intérêt de la santé publique, le ministre d'État peut suspendre ou interdire définitivement la distribution et l'utilisation des produits sanguins labiles.

Art. 14. – Le risque d'effets inattendus ou indésirables résultant de l'utilisation thérapeutique des produits sanguins labiles fait l'objet d'une surveillance et d'une évaluation dans les conditions fixées par arrêté ministériel portant réglementation de l'hémovigilance.

Cette dernière consiste dans l'ensemble des procédures de surveillance organisées depuis la collecte du sang et de ses composants jusqu'au suivi des receveurs, en vue de recueillir et d'évaluer les informations sur les effets inattendus ou indésirables résultant de l'utilisation thérapeutique des produits sanguins labiles et d'en prévenir l'apparition.

Les personnes qui ont à connaître de ces informations sont tenues au secret professionnel dans les conditions et sous les peines prévues à l'article 308 du Code pénal.

CHAPITRE II. – IMPORTATION ET EXPORTATION DES PRODUITS SANGUINS LABILES

Art. 15. – Toute importation d'un produit sanguin labile est subordonnée à une autorisation administrative préalable délivrée dans les conditions définies par arrêté ministériel. Ladite autorisation peut être assortie de conditions particulières imposées dans l'intérêt de la santé publique et subordonnée à la conclusion d'une convention avec un autre établissement pour l'exercice d'une activité ou l'utilisation d'un équipement.

L'autorisation d'importation d'un produit sanguin labile issu d'une collecte réalisée hors du territoire monégasque ne peut être accordée que si les besoins de la transfusion sanguine l'exigent et à la condition que le sang ou les produits dérivés en cause présentent des garanties suffisantes au regard de la sécurité de la transfusion sanguine, notamment que soit justifié l'accomplissement des obligations édictées à l'article 10 de la présente loi.

L'exportation de produits sanguins labiles ne peut être effectuée que par le centre agréé après vérification que les besoins nationaux sont satisfaits. Il en informe la direction de l'action sanitaire et sociale.

CHAPITRE III. – DES MODALITÉS DE CONTRÔLE

Art. 16. – La qualité du sang humain, de ses composants et des produits sanguins labiles, de même que les conditions dans lesquelles ces substances sont collectées, préparées, conservées et distribuées font l'objet d'inspections périodiques par un médecin ou pharmacien inspecteur désigné par le ministre d'État.

L'inspecteur mentionné ci-dessus peut procéder à des inspections conjointes avec des agents visés dans le cadre d'accords internationaux et selon les conditions fixées dans ces accords.

Les informations recueillies dans le cadre de la mission d'inspection font l'objet d'un rapport daté et signé transmis au ministre d'État.

Art. 17. – Le centre agréé fournit à la direction de l'action sanitaire et sociale toute information médicale, administrative et financière nécessaire au contrôle de son activité. Cette information peut être recueillie sur pièces ou sur place, dans le respect du secret professionnel.

Le directeur de la direction de l'action sanitaire et sociale détermine la teneur et la périodicité des informations qui doivent lui être régulièrement transmises par ledit centre.

Avant sa distribution, tout nouveau produit sanguin labile doit faire l'objet d'un enregistrement par la Direction de l'action sanitaire et sociale. À cette fin, le centre qui le prépare communique à cette direction les informations relatives aux caractéristiques, à la préparation, au contrôle, à l'efficacité et à la sécurité du produit.

Art. 18. – Les inspecteurs visés à l'article 16 ont accès aux locaux et véhicules du centre agréé. Ils peuvent consulter tout document et en emporte copie. Ils peuvent opérer tout prélèvement nécessaire à l'exercice du contrôle.

Le responsable du centre ou son représentant peut assister à toute opération de vérification ou de prélèvement. Les frais de contrôle incombent à l'État.

Art. 19. – Toute violation constatée dans le centre agréé, et du fait de celui-ci, des prescriptions législatives et réglementaires qui lui sont applicables, peut entraîner la suspension ou le retrait de son agrément.

Le retrait de l'agrément est également encouru en cas de violation des prescriptions qu'il fixe ou de non-respect des bonnes pratiques visées à l'article 12. Le retrait est prononcé par le ministre d'État.

Sauf en cas d'urgence tenant à la sécurité des personnes, le retrait ne peut intervenir qu'après mise en demeure par lettre recommandée avec avis de réception adressée audit centre de prendre toute mesure propre à remédier à la violation ou au manquement constaté, ou de fournir toutes les explications nécessaires. Cette mise en demeure fixe un délai d'exécution ou de réponse qui ne peut excéder un mois.

Art. 20. – Sans préjudice des dispositions qui précèdent, le ministre d'État peut, en cas d'urgence tenant à la sécurité des personnes, suspendre la distribution d'un produit par le centre agréé.

En cas de danger grave ou de suspicion de danger grave pour la santé, le ministre d'État peut en outre interdire les activités pour lesquelles l'agrément a été accordé.

Art. 21. – Les prix des opérations relatives au sang humain, à ses composants et aux produits sanguins labiles, sont fixés par arrêté ministériel.

Art. 22. – Est interdite toute publicité relative à la distribution des substances visées à l'article 3 ; cette interdiction n'est toutefois pas applicable à la publicité destinée à la seule information médicale ou ayant pour objet de signaler l'emplacement des dépôts.

CHAPITRE IV. – DES PENALITÉS ET DISPOSITIONS ABROGATIVES ET TRANSITOIRES

Art. 23. – Quiconque aura effectué une opération en violation des dispositions des articles 1er à 3 et 6 à 8 ou aura modifié les caractéristiques du sang humain en violation des dispositions de l'article 9 sera puni d'un emprisonnement de trois mois à un an et de l'amende prévue au chiffre 3 de l'article 26 du Code pénal.

Sera puni des mêmes peines, quiconque aura importé ou exporté un produit sanguin labile en violation des dispositions de l'article 15 ou n'aura pas respecté les dispositions de l'article 17.

Art. 24. – Quiconque aura distribué un produit labile ne figurant pas sur la liste prévue à l'article 11 ou un produit dont la distribution a été suspendue, interdite ou réglementée en application de l'article 13, est passible d'une peine de deux ans d'emprisonnement et de l'amende prévue au chiffre 4 de l'article 26 du Code pénal.

Est passible des mêmes peines quiconque a utilisé ou distribué des produits sanguins sans qu'il ait été procédé aux analyses biologiques et aux tests de dépistage de maladies transmissibles requis en application de l'article 10 ou fait obstacle à l'exercice des fonctions des personnes visées à l'article 16.

Art. 25. – Les autres infractions à la présente loi, ainsi que la violation des dispositions prises pour son application, seront punies de l'amende prévue au chiffre 1 de l'article 26 du Code pénal.

Art. 26. – Les personnes physiques coupables des infractions prévues au présent chapitre encourent également la peine complémentaire d'interdiction, pour une durée de dix ans au plus, d'exercer l'activité professionnelle ou sociale dans l'exercice de laquelle ou à l'occasion de laquelle l'infraction a été commise.

Art. 27. – La loi n° 972 du 10 juin 1975 sur l'utilisation thérapeutique du sang humain est abrogée ainsi que toutes dispositions contraires à la présente loi.

Les dispositions des arrêtés ministériels pris en application de la loi n° 972 du 10 juin 1975 sur l'utilisation thérapeutique du sang humain non contraires aux dispositions de la présente loi demeurent applicables jusqu'à la promulgation des textes d'application de la présente loi s'y substituant.

Loi n° 1.265 du 23 décembre 2002

relative à la protection des personnes dans la recherche biomédicale

CHAPITRE I. – PRINCIPES GÉNÉRAUX

Art. 1er. – Les essais ou expérimentations organisés et pratiqués sur l'être humain en vue du développement des connaissances biologiques ou médicales, ci-après désignés par les termes « recherche biomédicale », sont autorisés dans les conditions prévues par la présente loi.

Les recherches biomédicales dont est attendu un bénéfice direct pour la personne qui s'y prête sont dénommées recherches biomédicales avec bénéfice individuel direct. Toutes les autres recherches, qu'elles portent sur des personnes malades ou non, sont dénommées sans bénéfice individuel direct.

Art. 2. – La personne physique ou morale qui prend l'initiative d'une recherche biomédicale sur l'être humain est dénommée le promoteur. La ou les personnes physiques qui dirigent et surveillent la réalisation de la recherche sont dénommées les investigateurs.

Lorsque plusieurs personnes prennent l'initiative d'une même recherche, elles peuvent désigner une personne physique ou morale ayant la qualité de promoteur et assumant les obligations correspondantes en application de la présente loi.

Lorsque le promoteur d'une recherche confie sa réalisation à plusieurs investigateurs, il désigne parmi eux un investigateur coordonnateur.

Art. 3. – Aucune recherche biomédicale ne peut être effectuée sur l'être humain :

– si elle ne se fonde pas sur le dernier état des connaissances scientifiques et sur une expérimentation préclinique suffisante ;

– si le risque prévisible encouru par les personnes qui se prêtent à la recherche est hors de proportion avec le bénéfice escompté pour ces personnes ou l'intérêt de cette recherche ;

– si elle ne vise pas à étendre la connaissance scientifique de l'être humain et les moyens susceptibles d'améliorer sa condition.

Art. 4. – Les recherches biomédicales ne peuvent être effectuées que :

– sous la direction et sous la surveillance d'un médecin habilité à exercer à Monaco et justifiant d'une expérience appropriée ;

– dans des conditions matérielles et techniques adaptées à l'essai et compatibles avec les impératifs de rigueur scientifique et de sécurité des personnes qui se prêtent à ces recherches.

Les recherches biomédicales concernant le domaine de l'odontologie ne peuvent être effectuées que sous la direction et la surveillance d'un chirurgien-dentiste et d'un médecin, habilités à exercer à Monaco et justifiant d'une expérience appropriée.

Art. 5. – Pour les recherches biomédicales sans bénéfice individuel direct, le promoteur assume, même sans faute, l'indemnisation des conséquences dommageables de la recherche pour la personne qui s'y prête et celle de ses ayants droit, sans que puisse être opposé le fait d'un tiers ou le retrait volontaire de la personne qui avait initialement consenti à se prêter à la recherche.

Pour les recherches biomédicales avec bénéfice individuel direct, le promoteur assume l'indemnisation des conséquences dommageables de la recherche pour la personne qui s'y prête et celle de ses ayants droit, sauf preuve à sa charge que le dommage n'est pas imputable à sa faute, ou à celle de tout intervenant sans que puisse être opposé le fait d'un tiers ou le retrait volontaire de la personne qui avait initialement consenti à se prêter à la recherche.

La recherche biomédicale exige la souscription préalable, par son promoteur, d'une assurance garantissant sa responsabilité civile telle qu'elle résulte du présent article et celle de tout intervenant, indépendamment de la nature des liens existant entre les intervenants et le promoteur.

Art. 6. – La recherche biomédicale ne donne lieu à aucune contrepartie financière directe ou indirecte pour les personnes qui s'y prêtent, hormis le remboursement des frais exposés et sous réserve de dispositions particulières prévues par l'article 18 relatif aux recherches sans bénéfice individuel direct.

Art. 7. – Le médecin-inspecteur de l'action sanitaire et sociale et les pharmaciens-inspecteurs, dans la limite de leurs attributions, ont qualité pour veiller au respect des dispositions de la présente loi et des textes réglementaires pris pour son application.

Art. 8. – Les modalités d'application des dispositions du présent chapitre sont déterminées par arrêté ministériel.

CHAPITRE II. – DU CONSENTEMENT DE LA PERSONNE

Art. 9. – Préalablement à la réalisation d'une recherche biomédicale sur une personne, le consentement libre, éclairé et exprès de celle-ci doit être recueilli exprès que l'investigateur, ou un médecin qui le représente, lui a fait connaître :

– l'objectif, la méthodologie et la durée de la recherche ;

– les bénéfices attendus, les contraintes et les risques prévisibles, y compris en cas d'arrêt de la recherche avant son terme ;

– l'avis du Comité consultatif d'éthique en matière de recherche biomédicale mentionné à l'article 25 ;

– le cas échéant, son inscription sur le registre national prévu à l'article 17.

Il informe la personne dont le consentement est sollicité de son droit de refuser de participer à une recherche ou de retirer son consentement à tout moment sans encourir aucune responsabilité.

À titre exceptionnel, lorsque dans l'intérêt d'une personne malade le diagnostic de sa maladie n'a pu lui être révélé, l'investigateur peut, dans le respect de sa confiance, réserver certaines informations liées à ce diagnostic. Dans ce cas, le protocole de la recherche doit mentionner cette éventualité.

Les informations communiquées sont résumées dans un document écrit remis à la personne dont le consentement est sollicité.

Le consentement est donné par écrit ou, en cas d'impossibilité, attesté par un tiers. Ce dernier doit être totalement indépendant de l'investigateur et du promoteur.

À l'issue de la recherche, la personne qui s'y est prêtée est informée des résultats globaux de cette recherche.

Toutefois, en cas de recherches biomédicales à mettre en œuvre dans des situations d'urgence qui ne permettent pas de recueillir le consentement préalable de la personne qui y sera soumise, le protocole présenté à l'avis du Comité consultatif d'éthique en matière de recherche biomédicale mentionné à l'article 25 peut prévoir que le consentement de cette personne ne sera pas recherché et que seul sera sollicité celui des membres de sa famille s'ils sont présents, dans les conditions prévues ci-dessus. L'intéressé est informé dès que possible et son consentement lui est demandé pour la poursuite éventuelle de cette recherche.

Art. 10. – Lorsqu'une recherche biomédicale est effectuée sur des mineurs ou des majeurs protégés par la loi :

– le consentement doit être donné, selon les règles prévues à l'article 9, par les titulaires de l'exercice de la puissance paternelle pour les mineurs non émancipés. Pour les mineurs ou les majeurs protégés par la loi, le consentement est donné par le représentant légal pour les recherches avec bénéfice individuel direct ne présentant pas un risque prévisible sérieux et, dans les autres cas, par le représentant légal autorisé par le conseil de famille ou le juge des tutelles ;

– le consentement du mineur ou du majeur protégé par la loi doit également être recherché lorsqu'il est apte à exprimer sa volonté. Il ne peut être passé outre à son refus ou à la révocation de son consentement.

CHAPITRE III. – DES RECHERCHES AVEC BÉNÉFICE INDIVIDUEL DIRECT

Art. 11. – Les personnes privées de liberté par une décision judiciaire ou administrative, les malades en situation d'urgence et les personnes placées dans un service approprié d'un établissement de soins ou dans un établissement spécialisé en application de la loi n° 1.039 du 26 juin 1981 concernant le placement et la protection des malades mentaux et qui ne sont pas protégées par la loi, ne peuvent être sollicités pour se prêter à des recherches biomédicales que s'il en est attendu un bénéfice direct et majeur pour leur santé.

Art. 12. – Les mineurs, les majeurs protégés par la loi et les personnes admises dans un établissement sanitaire ou social à d'autres fins que celle de la recherche ne peuvent être sollicités pour une recherche biomédicale que s'il est possible d'en attendre un bénéfice direct pour leur santé.

Toutefois, les recherches sans bénéfice individuel direct sont admises si les trois conditions suivantes sont remplies :

– ne présenter aucun risque sérieux prévisible pour leur santé ;

– être utiles à des personnes présentant les mêmes caractéristiques d'âge, de maladie ou de handicap ;

– ne pouvoir être réalisées autrement.

CHAPITRE IV. – DES RECHERCHES SANS BÉNÉFICE INDIVIDUEL DIRECT

Art. 13. – Les recherches biomédicales sans bénéfice individuel direct ne doivent comporter aucun risque prévisible sérieux pour la santé des personnes qui s'y prêtent.

Elles doivent être précédées d'un examen médical des personnes concernées. Les résultats de cet examen leur sont communiqués préalablement à l'expression de leur consentement par l'intermédiaire du médecin de leur choix.

Art. 14. – Les recherches sans bénéfice individuel direct sur les femmes enceintes, les parturientes et les mères qui allaitent ne sont admises que si elles ne présentent aucun risque sérieux prévisible pour leur santé ou celle de leur enfant, si elles sont utiles à la connaissance des phénomènes de la grossesse, de l'accouchement ou de l'allaitement et si elles ne peuvent être réalisées autrement.

Art. 15. – Aucune recherche biomédicale ne peut être effectuée sur une personne en état de mort cérébrale sans son consentement exprimé préalablement ou par le témoignage de sa famille. Ces recherches ne peuvent être considérées comme portant atteinte à la personne humaine.

Art. 16. – Toute recherche biomédicale sans bénéfice individuel direct sur une personne qui n'est pas affiliée à un régime de sécurité sociale ou bénéficiaire d'un tel régime est interdite.

L'organisme de sécurité sociale dispose contre le promoteur d'une action en paiement des prestations versées ou fournies.

Art. 17. – Nul ne peut se prêter simultanément à plusieurs recherches biomédicales sans bénéfice individuel direct.

Pour chaque recherche sans bénéfice individuel direct, le protocole soumis à l'avis consultatif du Comité consultatif d'éthique en matière de recherche biomédicale mentionné à l'article 25 détermine une période d'exclusion au cours de laquelle la personne qui s'y prête ne peut participer à une autre recherche sans bénéfice individuel direct. La durée de cette période varie en fonction de la nature de la recherche.

En vue de l'application des dispositions du présent article, un registre national dénommé « registre national des personnes qui se prêtent à des recherches biomédicales sans bénéfice individuel direct » est tenu par la Direction de l'action sanitaire et sociale dans les conditions et formes fixées par arrêté ministériel.

Art. 18. – Dans le cas d'une recherche sans bénéfice individuel direct, le promoteur peut verser aux personnes qui s'y prêtent une indemnité en compensation des contraintes subies. Le montant total des indemnités qu'une personne peut percevoir au cours d'une même année est limité à un maximum fixé par arrêté ministériel.

Les recherches effectuées sur des mineurs, des majeurs protégés par la loi ou des personnes admises dans un établissement sanitaire ou social à d'autres fins que celle de la recherche ne peuvent en aucun cas donner lieu au versement de l'indemnité prévue au premier alinéa du présent article.

Art. 19. – Les recherches biomédicales sans bénéfice individuel direct ne peuvent être réalisées que dans un lieu équipé des moyens matériels et techniques adaptés à la recherche et compatibles avec les impératifs de sécurité des personnes qui s'y prêtent et autorisé, à ce titre, par arrêté ministériel.

Les conditions de cette autorisation sont définies par arrêté ministériel.

CHAPITRE V. – DISPOSITIONS PARTICULIÈRES À CERTAINES RECHERCHES

Art. 20. – Les protocoles d'essais cliniques concernant, d'une part, les produits de thérapie génique, définis comme visant à transférer du matériel génétique, et, d'autre part, les produits de thérapie cellulaire qui concerne les produits biologiques à effet thérapeutique issus de préparations de cellules vivantes humaines ou animales, ne peuvent être réalisés que dans des établissements de santé ou de transfusion sanguine autorisés à cet effet.

La mise en œuvre de ces protocoles est subordonnée à l'autorisation du ministre d'État, après avis du Comité consultatif d'éthique en matière de recherche biomédicale.

L'autorisation est délivrée dans un délai de quatre-vingt-dix jours à compter de la date d'accusé de réception de la demande.

La méconnaissance des dispositions du présent article fonde, à tout moment, les mesures de suspension ou d'interdiction mentionnées au dernier alinéa de l'article 28. L'autorisation est alors suspendue ou retirée.

Art. 21. – L'utilisation à des fins thérapeutiques d'organes, de tissus ou de cellules d'origine animale qui ne sont ni des dispositifs médicaux, ni destinés à des thérapies génique ou cellulaire, ni à des médicaments n'est possible que dans le cadre de recherches biomédicales soumises aux dispositions de la présente loi.

La mise en œuvre des recherches cliniques portant sur l'utilisation thérapeutique de tels organes, tissus ou cellules chez l'être humain est subordonnée à l'autorisation du ministre d'État, après avis du Comité consultatif d'éthique en matière de recherche biomédicale.

L'autorisation est délivrée dans un délai de quatre-vingt-dix jours à compter de la date d'accusé de réception de la demande.

L'autorisation peut être assortie de conditions particulières, portant notamment sur la surveillance à long terme des patients.

Art. 22. – Par dérogation aux dispositions du premier alinéa de l'article 27, les investigations cliniques portant sur des dispositifs médicaux présentant un potentiel élevé de risques pour la santé et dont la liste est fixée par arrêté ministériel ne peuvent être mises en œuvre avant un délai de deux mois à compter de la date d'accusé de réception de la lettre d'intention par le ministre d'Etat.

Art. 23. – Sans préjudice des dispositions de l'article 20, les dispositions du deuxième alinéa de l'article 27 ne s'appliquent pas aux protocoles des essais cliniques concernant les cellules issues du corps humain. Ces protocoles ne peuvent être réalisés que dans des établissements de santé ayant reçu une autorisation à cet effet.

La mise en œuvre des protocoles mentionnés ci-dessus est subordonnée à l'autorisation du ministre d'État, après avis du Comité consultatif d'éthique en matière de recherche biomédicale.

L'autorisation ou le refus d'autorisation est prononcé dans un délai de quatre-vingt-dix jours à compter de la date d'accusé de réception de la demande.

La méconnaissance des dispositions précitées fonde, à tout moment, les mesures de suspension ou d'interdiction mentionnées au dernier alinéa de l'article 28.

L'autorisation est alors suspendue ou retirée.

Art. 24. – Les conditions de délivrance des autorisations prévues aux articles 20, 21 et 23 sont définies par arrêté ministériel.

CHAPITRE VI. – DE L'AUTORISATION DE LA RECHERCHE

Art. 25. – Avant de réaliser une recherche biomédicale sur l'être humain, tout investigateur ou, dans le cas d'une recherche confiée à plusieurs investigateurs, l'investigateur coordonnateur est tenu d'en soumettre le projet à l'avis du Comité consultatif d'éthique en matière de recherche biomédicale institué par la présente loi.

Consulté sur les conditions de validité de la recherche biomédicale au regard de la protection des personnes, le Comité consultatif d'éthique en matière de recherche biomédicale exerce ses missions en toute indépendance.

Sa composition et ses règles de fonctionnement ainsi que la nature des informations devant lui être communiquées par l'investigateur sont déterminées par arrêté ministériel.

Art. 26. – Le Comité consultatif d'éthique en matière de recherche biomédicale est notamment consulté sur les modalités de recueil du consentement des participants, leur protection, leur information avant et pendant la durée de la recherche, les indemnités éventuellement dues et la qualification du ou des investigateurs ainsi que la pertinence générale du projet et l'adéquation entre les objectifs poursuivis et les moyens mis en œuvre.

Dans un délai de cinq semaines à compter de la date d'accusé de réception du projet de recherche, il fait connaître par écrit son avis à l'investigateur. Il communique au ministre d'État tout avis défavorable donné à un projet de recherche.

Art. 27. – Avant la mise en œuvre d'une recherche biomédicale sur l'être humain, le promoteur transmet au ministre d'État une lettre d'intention dont le contenu est déterminé par arrêté ministériel et décrivant les données essentielles de la recherche, accompagnée de l'avis du Comité consultatif d'éthique en matière de recherche biomédicale. Cet avis ne le dégage pas de sa responsabilité.

Les projets ayant donné lieu à un avis défavorable du comité consulté ne peuvent être mis en œuvre avant un délai de deux mois à compter de la date d'accusé de réception de la lettre d'intention par le ministre d'État.

Le ministre d'État peut interdire la recherche.

Art. 28. – Le promoteur informe le ministre d'État, dès qu'il en a connaissance, de tout effet ayant pu contribuer à la survenance d'un décès, provoquer une hospitalisation ou entraîner des séquelles organiques ou fonctionnelles durables et susceptibles d'être dues à la recherche.

Le promoteur transmet également au ministre d'État toute information relative à un fait nouveau concernant le déroulement de la recherche ou le développement du produit ou du dispositif faisant l'objet de la recherche lorsque ce fait nouveau est susceptible de porter atteinte à la sécurité des personnes qui se prêtent à la recherche.

Il l'informe, sans délai, de tout arrêt prématuré de la recherche en indiquant le motif de cet arrêt.

Le ministre d'État peut, à tout moment, demander au promoteur des informations complémentaires sur la recherche. En cas d'absence de réponse du promoteur, de risque pour la santé publique ou de non-respect des dispositions de la présente loi, le ministre d'État peut également, à tout moment, suspendre ou interdire une recherche biomédicale.

Art. 29. – Le Comité consultatif d'éthique en matière de recherche biomédicale peut émettre un avis favorable à la réalisation de la recherche sous réserve de la transmission d'informations complémentaires par l'investigateur pendant le déroulement de celle-ci.

À la suite de cette transmission, le comité peut maintenir ou modifier son avis. Il en informe par écrit l'investigateur dans un délai de cinq semaines. Le ministre d'État en est informé par le promoteur dans un délai d'une semaine à compter de sa réception.

Art. 30. – Lorsque la recherche doit se dérouler dans un ou plusieurs établissements publics ou privés, le promoteur en informe le ou les directeurs de ces établissements avant que cette recherche ne soit mise en œuvre.

CHAPITRE VII. – DISPOSITIONS PÉNALES

Art. 31. – Est passible d'une peine de trois ans d'emprisonnement et de l'amende prévue au chiffre 4 de l'article 26 du Code pénal, quiconque a pratiqué ou fait pratiquer sur une personne une recherche biomédicale sans avoir recueilli le consentement libre, éclairé et exprès de l'intéressé, du titulaire de l'exercice de la puissance paternelle ou du tuteur dans les cas prévus par les dispositions de la présente loi.

Est passible des mêmes peines quiconque a pratiqué une recherche biomédicale alors que le consentement a été retiré.

Art. 32. – Les personnes physiques coupables de l'infraction prévue à l'article 31 encourent également les peines suivantes :

1° L'interdiction des droits civiques, civils et de famille, prévue par l'article 27 du Code pénal ;

2° L'interdiction, pour une durée de cinq ans au plus, d'exercer l'activité professionnelle ou sociale à l'occasion de laquelle ou dans l'exercice de laquelle l'infraction a été commise.

Art. 33. – Est passible d'une peine de trois ans d'emprisonnement et de l'amende prévue au chiffre 4 de l'article 26 du Code pénal, quiconque a pratiqué ou fait pratiquer une recherche biomédicale en infraction aux dispositions des articles 11, 12 et 14 et du dernier alinéa de l'article 9.

Art. 34. – Est passible d'une peine d'un an d'emprisonnement et de l'amende prévue au chiffre 4° de l'article 26 du Code pénal, quiconque a pratiqué ou fait pratiquer une recherche biomédicale :

- sans avoir obtenu l'avis préalable prévu par l'article 25 ;
- dans des conditions contraires aux dispositions des deux premiers alinéas de l'article 17 :
- dont la réalisation a été interdite ou suspendue par le ministre d'État.

L'investigateur qui réalise une telle recherche en infraction aux dispositions de l'article 19 est puni des mêmes peines.

Art. 35. – Est passible d'une peine d'un an d'emprisonnement et de l'amende prévue au chiffre 4° de l'article 26 du Code pénal, le promoteur dont la responsabilité civile n'est pas garantie par l'assurance prévue à l'article 5.

Arrêté ministériel nº 2003-118 du 10 février 2003

fixant les conditions d'application de la loi n° 1.265 du 23 décembre 2002 relative à la protection des personnes dans la recherche biomédicale

Vu la loi n° 1.265 du 23 décembre 2002 relative à la protection des personnes dans la recherche biomédicale ;
Vu l'arrêté ministériel n° 2003-117 du 10 février 2003 fixant la composition et les règles de fonctionnement du Comité consultatif d'éthique en matière de recherche biomédicale

Section 1. – Des informations communiquées par l'investigateur au Comité consultatif d'éthique en matière de recherche biomédicale

Art. 1er. – Avant que soit entreprise une recherche biomédicale sur l'être humain, l'investigateur unique ou le coordonnateur communique au Comité consultatif d'éthique en matière de recherche biomédicale dont il sollicite l'avis :

1. Des renseignements sur la nature et les modalités de la recherche :

***a)* l'identité du promoteur de la recherche et celle du fabricant du médicament, produit, objet ou matériel expérimenté, si ce fabricant est distinct du promoteur ;**

***b)* le titre et l'objectif de la recherche, en précisant s'il s'agit d'une recherche avec ou sans bénéfice individuel direct ;**

***c)* toutes informations utiles sur le médicament, produit, objet, matériel ou méthode expérimenté ;**

***d)* l'identité du ou des investigateurs pressentis, leurs titres, expérience et fonctions ;**

***e)* une synthèse du dernier état des connaissances scientifiques requises pour la mise en œuvre de la recherche, selon sa nature, dans les domaines chimique, technologique, pharmaceutique, biologique, pharmacologique, toxicologique et clinique, dénommées prérequis, accompagnée des références des principaux travaux exploités pour cette synthèse ;**

***f)* les éléments du protocole de la recherche, et notamment la méthodologie clinique, permettant au comité de se prononcer sur la pertinence générale du projet ;**

***g)* les informations sur le ou les lieux où la recherche se déroulera et sur les personnels et équipements, permettant au comité de se prononcer sur l'adéquation entre les objectifs poursuivis et les moyens mis en œuvre ;**

***h)* la nature des informations communiquées aux investigateurs ;**

2. Des renseignements attestant que les garanties prévues pour les personnes qui se prêtent à la recherche sont respectées :

***a)* les références des autorisations ou homologations éventuellement obtenues à Monaco et/ou à l'étranger pour le médicament, produit, objet ou matériel expérimenté, ainsi que les éventuelles décisions de refus, de suspension ou de retrait de telles autorisations ou homologations ;**

***b)* les informations qui seront données en application de l'article 9 de la loi n° 1.265 du 23 décembre 2002 relative à la protection des personnes dans la recherche biomédicale, et notamment :**

1° l'objectif de la recherche, sa méthodologie et sa durée ;

2° les bénéfices attendus, les contraintes et les risques prévisibles, liés soit à la recherche soit au traitement proposé ;

3° le droit pour les personnes sollicitées de refuser de participer à la recherche ou de retirer leur consentement à tout moment sans encourir aucune responsabilité ;

***c)* les modalités de recueil du consentement de ces personnes, y compris le ou les documents qui leur seront remis ;**

***d)* une copie de l'attestation d'assurance souscrite par le promoteur de la recherche et valable pour le territoire monégasque ;**

3. En outre, lorsque la recherche projetée est une recherche sans bénéfice individuel direct ;

***a)* la ou les autorisations accordées pour chaque lieu de recherches ;**

***b)* le montant des indemnités éventuellement dues aux personnes qui se prêteront à la recherche ;**

***c)* la durée de la période d'exclusion.**

Art. 2. – Toute modification du projet de recherche affectant de manière substantielle les informations communiquées au Comité consultatif d'éthique en matière de recherche biomédicale doit faire l'objet d'une demande d'avis complémentaire accompagnée des justifications appropriées.

Art. 3 *(Rempl., A. min. n° 2005-63, 19 janv. 2005).* – Les demandes d'avis mentionnées aux articles premier et 2 du présent arrêté sont adressées en huit exemplaires au Comité consultatif d'éthique en matière de recherche biomédicale par lettre recommandée avec demande d'avis de réception

Section 2. – Du contenu de la lettre d'intention relative à la réalisation d'une recherche biomédicale

Art. 4. – Avant de réaliser ou de faire réaliser une recherche biomédicale sur l'être humain, le promoteur de cette recherche déclare son intention au Ministre d'État.

Dans sa lettre d'intention, le promoteur fait connaître les éléments suivants :

1. Son identité et, s'il s'agit d'une société, sa raison sociale ;
2. Le titre et l'objectif de la recherche, en précisant s'il s'agit d'une recherche avec ou sans bénéfice individuel direct ;
3. L'identité du ou des investigateurs pressentis, leurs titres, expérience et fonctions ;
4. L'identité du fabricant du médicament, produit, objet ou matériel si ce fabricant est distinct du déclarant ;
5. Les références des autorisations ou homologations éventuellement obtenues à Monaco et/ou à l'étranger pour le médicament, produit, objet ou matériel expérimenté, ainsi que les éventuelles décisions de refus, de suspension ou de retrait de telles autorisations ou homologations ;
6. S'il y a lieu, l'identité de l'importateur ;
7. Le ou les lieux où la recherche se déroulera et, le cas échéant, les références de la ou des autorisations accordées pour chaque lieu de recherches sans bénéfice individuel direct.
8. L'avis du Comité consultatif d'éthique pour la protection des personnes dans la recherche biomédicale consulté sur le projet en application de l'article 25 de la loi n° 1.265 du 23 décembre 2002 relative à la protection des personnes dans la recherche biomédicale.

Art. 5. – Si la recherche porte sur un médicament, des générateurs, trousses ou précurseurs tels que définis par la loi n° 1.254 du 12 juillet 2002 sur le médicament à usage humain, un produit insecticide ou acaricide destiné à être appliqué sur l'homme ou un produit ou objet contraceptif, le promoteur indique, outre les informations prévues à l'article premier :

1. La phase d'expérimentation clinique ;
2. Le type d'essai ;
3. S'il y a lieu, l'indication thérapeutique faisant l'objet de l'essai ;
4. La posologie du médicament ou produit étudié et, s'il y a lieu, du médicament ou produit de référence ;
5. La durée du traitement ;
6. Les principaux critères d'inclusion et le nombre prévu des personnes devant se prêter à la recherche ;
7. Pour le médicament ou produit étudié :

a) sa dénomination spéciale ou scientifique ou son nom de code ;

b) sa forme pharmaceutique ;

c) sa composition qualitative et quantitative, en utilisant les dénominations communes internationales lorsqu'elles existent ou, à défaut, les dénominations de la Pharmacopée européenne ou française ;

d) la présence éventuelle d'un principe actif nouveau ;

e) l'indication. si elles sont connues, des classes chimique, pharmacologique et clinique auxquelles appartient le principe actif ;

f) le lieu de fabrication du médicament ou produit.

8. Pour un médicament ou produit de référence :

a) sa dénomination spéciale ou scientifique ;

b) sa forme pharmaceutique ;

c) sa composition qualitative et quantitative en principes actifs ;

d) son lieu de fabrication ;

9. Pour un placebo :

a) sa forme pharmaceutique ;

b) son lieu de fabrication.

Art. 6. – Si la recherche porte sur un matériel ou un objet autre que contraceptif, le promoteur communique, outre les informations prévues à l'article 4 :

1. Les résultats des essais réalisés *in vitro* et chez l'animal ainsi que la synthèse des essais préalables qui auraient pu être effectués chez l'homme ;

2. Un résumé du protocole de la recherche ;

3. Les documents attestant la conformité du matériel ou de l'objet aux exigences essentielles de sécurité et de santé et, selon le cas, aux normes monégasques applicables, aux normes françaises, aux normes des communautés européennes, aux normes internationales ou, à défaut, à toute norme étrangère ;

4. Toutes autres informations utiles relatives au matériel ou à l'objet, à son fonctionnement et à son utilisation.

Art. 7. – Pour toute autre recherche, le promoteur communique, outre les informations prévues à l'article premier, le protocole de la recherche et toutes informations sur le produit ou la méthode expérimentés.

Art. 8. – La lettre d'intention est adressée au Ministre d'État par envoi recommandé avec demande d'avis de réception.

Art. 9. – Toute modification de la recherche affectant de manière substantielle des informations prévues ci-dessus doit faire l'objet d'une communication complémentaire adressée au Ministre d'État dans la forme prévue à l'article 8 ci-dessus.

Section 3. – De l'autorisation des lieux de recherches biomédicales sans bénéfice individuel direct

Art. 10. – Les lieux de recherches biomédicales sans bénéfice individuel direct doivent comporter, en tant que de besoin :

1. Des locaux d'une superficie, d'une distribution et d'un aménagement compatibles avec un bon déroulement des activités de recherche prévues, et consacrés à la recherche pendant toute la durée de ces activités ;

2. Des moyens en équipements et en personnels permettant d'assurer une surveillance clinique constante et des soins d'urgence, ainsi que la possibilité d'effectuer, si nécessaire, un transfert immédiat dans un service de soins approprié ;

3. Un nombre de lits en rapport avec les activités prévues ;

4. Une organisation permettant :

a) de recueillir et de conserver des échantillons biologiques ;

b) d'entreposer les médicaments, produits, substances, objets ou matériels sur lesquels portent les recherches ;

c) d'assurer la maintenance des objets et matériels expérimentés ;

d) d'archiver et de protéger les données et informations relatives aux recherches et aux personnes qui s'y prêtent ;

e) en cas de préparation d'aliments, de disposer de locaux séparés réservés à cet effet.

Dans le cas de recherches pratiquées sous forme ambulatoire, des dispositions doivent être prévues pour assurer les mêmes garanties de sécurité.

Art. 11. – Les modalités d'utilisation. de vérification et d'entretien des équipements ainsi que d'entretien des locaux sont précisées dans un document.

Art. 12. – La demande d'autorisation est adressée au Ministre d'État par lettre recommandée avec demande d'avis de réception.

Elle doit comporter les éléments suivants :

1. Les nom, qualités et fonctions du demandeur ;

2. Le nom, l'adresse et la localisation du lieu de recherches ;

3. La nature des recherches envisagées ;

4. La description précise des éléments mentionnés à l'article 10 du présent arrêté ;

5. La localisation du service de soins auquel il pourra être fait appel en cas d'urgence.

Art. 13. – Lorsque le lieu de recherches relève d'une personne morale, publique ou privée, la demande, pour être recevable, doit être visée par une personne habilitée à engager celle-ci.

Art. 14. – L'autorisation susmentionnée est délivrée par le ministre d'État.

Le silence gardé pendant plus de quatre mois à compter de la réception de l'ensemble des éléments mentionnés à l'article 12 du présent arrêté vaut décision de rejet.

Art. 15. – Tout changement du titulaire de l'autorisation, toute modification dans la nature des recherches ou affectant de façon substantielle les conditions d'aménagement, d'équipement ou de fonctionnement doit faire l'objet d'une déclaration.

Les déclarations de modifications sont adressées au Ministre d'État dans la forme prévue à l'article 12, accompagnées des justifications appropriées.

Art. 16. – L'autorisation peut être retirée par le ministre d'État si les conditions d'aménagement, d'équipement, d'entretien ou de fonctionnement ne sont plus adaptées à la nature des recherches ou compatibles avec les impératifs de sécurité des personnes qui s'y prêtent, après que le titulaire de l'autorisation a été mis à même de présenter ses observations.

En cas d'urgence, le Ministre d'État peut, sans formalité préalable, suspendre l'autorisation.

Section 4. – Du registre national des personnes qui se prêtent à des recherches biomédicales sans bénéfice individuel direct

Art. 17. – Il est créé un registre national dénommé « registre national des personnes qui se prêtent à des recherches biomédicales sans bénéfice individuel direct ». Ce registre est tenu par la Direction de l'action sanitaire et sociale.

Les informations contenues dans le registre ont pour objet d'assurer le respect des dispositions des articles 17 et 18 de la loi n° 1. 265 du 23 décembre 2002 relative à la protection des personnes dans la recherche biomédicale relatives :

a) à l'interdiction de se prêter simultanément à plusieurs recherches biomédicales sans bénéfice individuel direct ;

b) à la période d'exclusion au cours de laquelle la personne ne peut se prêter à aucune autre recherche biomédicale sans bénéfice individuel direct ;

c) au montant total des indemnités perçues par cette personne.

Art. 18. – Le registre comporte, sur chaque personne, ci-après dénommée « volontaire », qui se prête ou s'est prêtée, dans les douze mois écoulés, à une recherche sans bénéfice individuel direct, les données suivantes :

a) l'identification du ou des lieux de recherches ;

b) les trois premières lettres du nom patronymique du volontaire ;

c) les deux premières lettres de son premier prénom ;

d) sa date de naissance ;

e) les dates de début et de fin de sa participation à la recherche ;

f) la date d'expiration de la période d'exclusion en cours, ou de la dernière période écoulée, fixée en application du deuxième alinéa de l'article 17 de la loi n° 1.265 du 23 décembre 2002, précitée ;

g) s'il y a lieu, le montant total des indemnités que le volontaire a pu percevoir au cours des douze derniers mois, ou qu'il doit percevoir, en application de l'article 18 de la loi n° 1.265 du 23 décembre 2002 mentionnée ci-dessus.

Art. 19. – Avant de recruter un volontaire pour une recherche, l'investigateur s'assure, auprès de la Direction de l'action sanitaire et sociale :

a) que cette personne ne sera pas empêchée de participer à ladite recherche par une éventuelle participation ou période d'exclusion concomitante ;

b) que la somme de l'indemnité éventuellement due et des indemnités que l'intéressé a déjà pu percevoir au cours des douze mois précédents n'excède pas le maximum annuel fixé par le présent arrêté.

Art. 20. – Pour appliquer la règle du maximum annuel d'indemnités, les indemnités sont réputées versées aux dates de début de participation de l'intéressé aux essais.

Art. 21. – **Lorsqu'il recrute un volontaire pour une recherche, l'investigateur déclare au directeur de l'action sanitaire et sociale :**

a) **les trois premières lettres du nom patronymique du volontaire, les deux premières lettres de son premier prénom et sa date de naissance ;**

b) **les dates de début et de fin de participation de l'intéressé à la recherche ;**

c) **la date d'expiration de la période d'exclusion prévue ;**

d) **le montant de l'indemnité éventuellement due.**

Art. 22. – **Les volontaires sont informés par l'investigateur de l'exigence du registre national des personnes qui se prêtent à des recherches biomédicales sans bénéfice individuel direct et des données qui y sont contenues. Cette information est rappelée dans le résumé écrit remis aux intéressés en application du quatrième alinéa de l'article 9 de la loi n° 1.265 du 23 décembre 2002 relative à la protection des personnes dans la recherche biomédicale.**

Les volontaires peuvent vérifier auprès de la Direction de l'action sanitaire et sociale l'exactitude des données les concernant portées sur le registre.

Section 5. – Des dispositions financières applicables aux recherches biomédicales

Art. 23. – **Les objets ou matériels ainsi que les médicaments ou produits soumis à l'essai et les éventuels médicaments ou produits de référence ou placebos sont fournis gratuitement ou mis gratuitement à disposition de l'intéressé pendant le temps de l'essai par le promoteur.**

Art. 24. – **Le promoteur prend en charge les frais supplémentaires liés à d'éventuelles fournitures ou d'éventuels examens spécifiquement requis par le protocole de l'essai.**

Si la mise en œuvre du protocole est de nature à entraîner des frais supplémentaires de fonctionnement pour un établissement public ou privé, le promoteur prend ces frais à sa charge.

Art. 25. – **Lorsque l'essai est réalisé dans un établissement public ou privé, la prise en charge des frais mentionnés à l'article 24 fait l'objet d'une convention conclue entre le promoteur et le représentant légal de cet établissement.**

Section 6. – Du montant total des indemnités pouvant être annuellement perçues par une personne pour sa participation à des recherches biomédicales sans bénéfice individuel direct

Art. 26. – **Le montant total des indemnités qu'une personne peut percevoir, au cours d'une période de douze mois consécutifs pour sa participation à des recherches biomédicales sans bénéfice individuel direct, est limité à un maximum de 4 000 €.**

Section 7. – Des modalités d'assurance des promoteurs de recherches biomédicales

Art. 27. – **Les contrats d'assurance garantissant, dans les conditions prévues à l'article 5 de la loi n° 1.265 du 23 décembre 2002 relative à la protection des personnes dans la recherche biomédicale, les conséquences pécuniaires de la responsabilité civile du promoteur et celle de tout intervenant ne peuvent pas déroger aux dispositions définies ci-dessous, sauf dans un sens plus favorable à l'intérêt des victimes ou de leurs ayants droit.**

Art. 28. – **Les contrats mentionnés à l'article 27 ne peuvent prévoir de clauses excluant de la garantie les dommages subis par les victimes ou leurs ayants droit que dans les cas suivants :**

1. Les recherches biomédicales n'ont pas lieu dans les conditions prévues au premier tiret de l'article 4 de la loi n° 1.265 du 23 décembre 2002, précitée ;

2. Le consentement des personnes qui se prêtent à la recherche biomédicale n'est pas recueilli dans les conditions prévues aux articles 9 ou 10 de la même loi ;

3. La recherche est réalisée sans que l'avis du Comité consultatif d'éthique en matière de recherche biomédicale prévu à l'article 25 de la loi n° 1.265 du 23 décembre 2002, précitée ait été obtenu ;

4. Les prescriptions de l'article 27 de la loi n° 1.265 du 23 décembre 2002, susvisée ne sont pas respectées ;

5. Les dispositions de l'article 19 de la même loi ne sont pas respectées dans les conditions fixées par le présent arrêté en ce qui concerne l'autorisation des lieux de recherches biomédicales sans bénéfice individuel direct ;

6. La recherche a lieu en dépit d'une décision d'interdiction ou de suspension prise par le Ministre d'État en application du dernier alinéa de l'article 28 de la loi n° 1.265 du 23 décembre 2002 relative à la protection des personnes dans la recherche biomédicale.

Art. 29. – Les contrats mentionnés à l'article 27 du présent arrêté ne peuvent pas stipuler des garanties d'un montant inférieur à :

1) 760 000 euros par victime ;

2) 4 600 000 euros par protocole de recherche ;

3) 7 600 000 euros pour l'ensemble des réclamations présentées pendant une année d'assurance au titre de plusieurs protocoles de recherche.

Art. 30. – Les contrats mentionnés à l'article 27 du présent arrêté peuvent prévoir une franchise par victime.

Art. 31. – L'assureur ne peut pas opposer à la victime ou à ses ayants droit :

1. Le fait que la recherche a été réalisée alors que le consentement n'avait pas été donné dans les conditions prévues à l'article 9 ou 10 de la loi n° 1.265 du 23 décembre 2002 relative à la protection des personnes dans la recherche biomédicale ou avait été retiré ;

2. La franchise prévue à l'article 30 du présent arrêté ;

3. La réduction proportionnelle de l'indemnité prévue en cas d'omission ou de déclaration inexacte de la part de l'assuré dont la mauvaise foi n'est pas établie ;

4. La déchéance du contrat.

Toutefois, il peut exercer une action en remboursement des sommes versées à la victime ou à ses ayants droit et payées aux lieu et place de l'assuré.

Art. 32. – Les contrats mentionnés à l'article 27 du présent arrêté prévoient que, quelle que soit la date de résiliation, l'assureur prend en charge les réclamations adressées à l'assuré par les victimes ou leurs ayants droit pendant la durée de la recherche biomédicale entreprise et jusqu'à expiration d'une période de dix ans suivant la fin de cette recherche.

Art. 33. – La souscription des contrats mentionnés à l'article 27 du présent arrêté est justifiée par la production d'une attestation délivrée par l'assureur qui vaut présomption de garantie.

Ce document doit nécessairement comporter les mentions suivantes :

1. Les références aux dispositions législatives et réglementaires applicables ;

2. La raison sociale de l'entreprise d'assurance :

3. Le numéro du contrat d'assurance :

4. La dénomination et l'adresse du souscripteur du contrat ;

5. La dénomination précise de la recherche couverte par l'assurance.

Ordonnance nº 4.517 du 22 octobre 2013

relative à l'activité professionnelle de psychologue

Art. 1er. – L'activité professionnelle de psychologue peut être exercée par une personne physique dans les conditions fixées par la présente ordonnance.

Art. 2. – Est considérée comme une activité professionnelle de psychologue, l'activité exercée par les personnes titulaires de l'un des diplômes figurant sur la liste mentionnée à l'article 6 et titulaires de l'autorisation administrative délivrée dans les conditions prévues par la présente ordonnance.

Art. 3. – L'exercice de l'activité mentionnée à l'article 1er, par une personne physique, est subordonné à la délivrance d'une autorisation par le Directeur de l'Expansion Économique.

Art. 4. – Cette autorisation est personnelle et incessible.

L'autorisation porte la mention « psychologue ». Elle mentionne expressément le nom de son bénéficiaire et indique, en outre, les locaux où l'activité sera exercée. Elle détermine, s'il y a lieu, les conditions de son exercice.

Seul le titulaire de l'autorisation est habilité à user du titre de psychologue.

Les personnes autorisées à exercer l'activité de psychologue doivent indiquer, sur leur plaque et tout document professionnel, leur diplôme.

Art. 5. – Peuvent seules être autorisées à exercer l'activité professionnelle de psychologue les personnes physiques offrant toutes les garanties d'honorabilité et de moralité. Ainsi, ne peuvent être autorisées celles notamment qui ont été, à Monaco ou à l'étranger, auteurs : d'agissements ou de comportements soit contraires à l'honneur, à la probité et aux bonnes mœurs ayant, ou non, donné lieu à condamnation pénale, soit de nature à porter atteinte à la sécurité des biens et des personnes, à la sécurité publique ou à la sûreté de l'État ; de faits incompatibles avec l'exercice de l'activité de psychologue ayant, ou non, donné lieu à une sanction disciplinaire ou administrative.

Art. 6. – Peuvent seules être autorisées à exercer l'activité professionnelle de psychologue les personnes physiques :

1°) titulaires de l'un des diplômes figurant sur une liste fixée par arrêté ministériel (1) ;

2°) jouissant de leurs droits civils et politiques ;

3°) justifiant d'une connaissance suffisante de la langue française.

Art. 7. – L'autorisation d'exercer l'activité professionnelle de psychologue ne peut être délivrée qu'aux personnes de nationalité monégasque satisfaisant aux conditions prévues à l'article 5 et aux chiffres 1 à 3 de l'article 6.

Toutefois, cette autorisation peut être délivrée à un ressortissant d'un État étranger sous réserve que les besoins de la population locale ne puissent être entièrement satisfaits par les psychologues déjà autorisés à exercer et s'il satisfait aux conditions prévues à l'article 5 et aux chiffres 1 à 3 de l'article 6.

Art. 8. – L'autorisation mentionnée à l'article 3 peut être suspendue en ses effets ou révoquée dans les cas suivants :

1°) si, dans l'exercice de son activité professionnelle autorisée, le psychologue a méconnu les dispositions législatives ou réglementaires qui lui sont applicables ;

2°) si l'activité exercée en fait ne respecte pas les énonciations de l'autorisation, si elle est déployée hors des limites de l'autorisation ou enfreint les conditions qui y sont mentionnées ;

3°) si le titulaire de l'autorisation ne dispose plus de locaux adaptés à l'exercice de son activité ;

4°) si le psychologue est resté, sans motif légitime, plus d'une année sans exercer ;

5°) s'il advient que le psychologue ne présente plus toutes les garanties de moralité ;

6°) si, sous quelque forme que ce soit et à quelque titre que ce soit, le psychologue a admis que soient exercées ou domiciliées dans ses locaux des activités non autorisées ou les a sciemment laissées s'exercer ou y être domiciliées.

Préalablement à toute décision de révocation ou de suspension prononcée par le Directeur de l'Expansion Économique, le titulaire de l'autorisation est entendu en ses explications ou dûment appelé à les fournir.

Le Directeur de l'Expansion Économique veille à l'application de la présente ordonnance.

Art. 9. – Les personnes autorisées, à la date de promulgation de la présente ordonnance, à faire usage du titre de psychologue dans le cadre d'un exercice libéral, peuvent continuer à exercer l'activité professionnelle de psychologue.

Arrêté ministériel n° 2013-538 du 22 octobre 2013

fixant la liste des diplômes permettant d'exercer l'activité professionnelle de psychologue

Art. 1er. – Peuvent être autorisées, en application de l'article 6 de l'ordonnance souveraine n° 4.157 du 22 oct. 2013, susvisée, à exercer l'activité professionnelle de psychologue les personnes physiques titulaires :

1° De la licence et de la maîtrise françaises en psychologie qui justifient, en outre, de l'obtention :

a) soit d'un diplôme français d'études supérieures spécialisées en psychologie ;

b) soit d'un diplôme français d'études approfondies en psychologie comportant un stage professionnel agréé par le Directeur de l'Action Sanitaire et Sociale ;

c) soit de l'un des diplômes dont la liste figure en annexe.

(1) V. infra A. min. n° 2013-538, 22 oct. 2013.

2° De la licence visée au chiffre 1°) et d'un master français mention psychologie comportant un stage professionnel agréé par le Directeur de l'Action Sanitaire et Sociale ;

3° D'une licence française mention psychologie et d'un master français mention psychologie comportant un stage professionnel agréé par le Directeur de l'Action Sanitaire et Sociale ;

4° De la licence française en psychologie obtenue antérieurement à 1966 et qui justifient en outre de l'obtention de l'un des diplômes mentionnés au *a), b)* ou *c)* du chiffre 1°, au chiffre 2° et au chiffre 3° ;

5° De diplômes étrangers reconnus équivalents aux diplômes mentionnés aux chiffres 1°, 2° et 3° par le Directeur de l'Action Sanitaire et Sociale ;

6° Du diplôme d'État français de psychologie scolaire ;

7° Du diplôme français de psychologue du travail délivré par le Conservatoire national des arts et métiers ;

8° Du diplôme de psychologue délivré par l'école des psychologues praticiens de l'institut catholique de Paris ;

9° Du diplôme d'État français de conseiller d'orientation-psychologue.

Art. 2. – **L'arrêté ministériel n° 2001-66 du 6 février 2001 fixant la liste des diplômes permettant de faire usage professionnel du titre de psychologue est abrogé.**

Loi nº 1.386 du 15 décembre 2011

relative à l'obligation d'introduire des produits issus de l'agriculture biologique dans la restauration collective

(Journal de Monaco, 30 déc. 2011)

Art. 1er. – **Les établissements préscolaires, scolaires, de soins et de santé, situés en Principauté de Monaco, qu'ils soient publics ou privés, offrant à leurs usagers, leurs clients et à leurs personnels des systèmes de restauration collective, ont l'obligation de faire entrer dans la composition des repas des matières premières issues de l'agriculture biologique selon les modalités et les proportions qui seront fixées par arrêté ministériel.**

Art. 2. – **Les fonctionnaires et agents, spécialement habilités de la Direction de l'Action Sanitaire et Sociale, veillent à l'application de la présente loi et procèdent aux contrôles appropriés dans les conditions prévues au Chapitre I du Titre 2 de la loi n° 1.330 du 8 janvier 2007 relative à la sécurité alimentaire.**

Loi nº 1.410 du 2 décembre 2014

sur la protection, l'autonomie et la promotion des droits et des libertés des personnes handicapées (Journal de Monaco du 12 décembre 2014 et Erratum publié au Journal de Monaco du 26 décembre 2014).

Dispositions générales

Chapitre 1er. – De la définition du handicap

Art. 1er. – **Constitue un handicap toute limitation d'activité ou restriction de participation à la vie en société subie dans son environnement par une personne en raison soit d'une altération substantielle, durable ou définitive d'une ou plusieurs de ses fonctions physiques, sensorielles, mentales, cognitives ou psychiques, soit d'un trouble de santé invalidant.**

Chapitre II. – Du statut de personne handicapée

Section I. – De la commission d'évaluation du handicap

Art. 2. – (1) **Est instituée une commission d'évaluation du handicap qui a notamment pour missions :**

1) d'émettre un avis sur l'attribution du statut de personne handicapée après avoir apprécié si le demandeur présente un handicap au sens de l'article premier, ainsi que son taux d'incapacité ;

2) d'émettre un avis sur l'attribution de l'allocation d'éducation spéciale ou de l'allocation aux adultes handicapés et de leurs éventuels compléments visés au titre VI ;

(1) Voir l'ordonnance n° 5.193 du 30 janvier 2015. – NDLR.

3) d'émettre un avis sur l'établissement d'un plan d'aide à la compensation du handicap préconisant les mesures qu'elle estime nécessaires dans l'intérêt de la personne handicapée ;

4) d'émettre un avis sur la nécessité d'une orientation vers un établissement médico-social adapté ;

5) d'émettre un avis sur la délivrance de la carte de stationnement pour personne handicapée instituée par l'article 48 et de la carte de priorité pour personne handicapée instituée par l'article 50 ;

6) de proposer, le cas échéant, à la personne handicapée de saisir la commission d'orientation des travailleurs handicapés instituée par l'article 26 ;

7) d'émettre un avis sur l'attribution du statut d'aidant familial institué par l'article 16.

Art. 3. – **La commission d'évaluation du handicap est présidée par un médecin-inspecteur de la direction de l'action sanitaire et sociale désigné par le directeur de l'action sanitaire et sociale.**

Sa composition est, pour le reste, fixée par ordonnance souveraine.

Art. 4. – **Les règles de fonctionnement de la commission d'évaluation du handicap, et notamment l'organisation des examens médicaux nécessaires, sont fixées par ordonnance souveraine.**

Section II. – De l'attribution du statut de personne handicapée

Art. 5. – **Tout Monégasque ou toute personne régulièrement domiciliée dans la Principauté, ou son représentant légal, peut adresser, au directeur de l'action sanitaire et sociale, une demande en vue de l'attribution du statut de personne handicapée.**

Sa demande doit être accompagnée d'un certificat médical établi par son médecin et de tout autre document permettant d'apprécier la nature et l'importance du handicap.

Art. 6. – **Le demandeur et, le cas échéant, son ou ses représentants légaux peuvent être entendus par la commission d'évaluation du handicap. Il peut être accompagné de son médecin.**

Dans son avis, la commission évalue le handicap du demandeur et estime son taux d'incapacité.

Le président de la commission peut solliciter l'avis de toute personne susceptible d'éclairer utilement les travaux de la commission.

Art. 7. – **Le statut de personne handicapée peut être attribué dès lors que le demandeur présente un handicap au sens de l'article premier et que son taux d'incapacité est au moins égal à 50 %.**

La décision d'attribution est prise par le directeur de l'action sanitaire et sociale sur avis de la commission d'évaluation du handicap.

Art. 8. – **La situation de l'attributaire du statut de personne handicapée est réexaminée au moins tous les cinq ans par le directeur de l'action sanitaire et sociale, après avis de la commission d'évaluation du handicap.**

Ce réexamen peut également être réalisé, en cas d'éléments nouveaux, à la demande de l'attributaire.

Art. 9. – **En cas de recours hiérarchique à l'encontre de la décision prise par le directeur de l'action sanitaire et sociale en vertu de l'article 7 ou 8, le Ministre d'État sollicite l'avis d'un ou plusieurs médecins spécialistes n'ayant pas siégé lors de la délibération de la commission d'évaluation du handicap préalable à ladite décision.**

Art. 10. – **Pour l'application de la présente loi, l'expression « statut de personne handicapée » désigne l'ensemble des règles régissant, en raison de leur handicap tel que défini à l'article premier, les personnes faisant l'objet d'une décision d'attribution prise par le directeur de l'action sanitaire et sociale en application de l'article 7, ainsi que les droits, avantages et obligations y afférents.**

De la santé

Art. 11. – **Toute personne handicapée dispose des mêmes droits et libertés que ceux reconnus aux autres patients, notamment en matière de consentement.**

Art. 12. – **Toute personne handicapée a accès, dans des conditions tarifaires identiques, aux mêmes établissements de santé et à la même qualité de soins que les autres patients.**

Art. 13. – **Lorsqu'un attributaire du statut de personne handicapée ne peut bénéficier d'aucun droit auprès d'une assurance maladie obligatoire au titre d'un régime de sécurité sociale monégasque ou étranger en tan**

qu'assuré ou ayant droit, il peut solliciter sa prise en charge, ainsi que le cas échéant celle de ses ayants droit, au titre de l'aide médicale gratuite servie par l'office de protection sociale dans des conditions prévues par ordonnance souveraine.

Le droit à l'aide médicale gratuite lui permet de bénéficier également du versement des prestations familiales par l'office de protection sociale, selon les conditions prévues par la loi n° 595 du 15 juillet 1954, modifiée.

De l'accueil et de la scolarité de l'enfant handicapé

Art. 14. – **Tout mineur de moins de six ans présentant un handicap et régulièrement domicilié dans la Principauté doit pouvoir être accueilli soit au sein d'un établissement, service ou structure d'accueil collectif des enfants de moins de six ans, soit, le cas échéant, au sein d'un établissement spécifique ou adapté.**

Art. 15. – **Il est satisfait à l'obligation scolaire du mineur présentant un handicap en lui donnant une éducation en milieu scolaire ordinaire ou, à défaut, soit une éducation spéciale déterminée en fonction de ses besoins particuliers au sein d'un établissement ou service de santé, médico-social ou spécialisé, soit une instruction dans la famille dans les conditions prévues par la loi n° 1.334 du 12 juillet 2007, modifiée.**

De l'aidant familial (1)

Chapitre 1er. – De l'attribution du statut d'aidant familial

Art. 16. – **Le statut d'aidant familial peut être attribué à toute personne qui, au sein de sa famille, seule ou en complément de l'intervention d'un professionnel, apporte une aide quotidienne à un proche, attributaire du statut de personne handicapée.**

La demande d'attribution du statut d'aidant familial est adressée au directeur de l'action sanitaire et sociale par l'attributaire du statut de personne handicapée ou par son représentant légal, ou concomitamment à la demande d'attribution de ce statut.

Le statut d'aidant familial est attribué, selon les modalités fixées par arrêté ministériel, par le directeur de l'action sanitaire et sociale sur avis de la commission d'évaluation du handicap, après examen de la nature et de l'importance des besoins, ainsi que des éléments de fait pouvant démontrer que l'aide effectivement apportée dépasse le cadre habituel de l'entraide familiale.

Une ordonnance souveraine détermine les conditions dans lesquelles une formation peut être proposée à tout aidant familial qui en fait la demande.

Art. 17. – **L'aidant familial qui ne peut bénéficier d'aucun droit auprès d'une assurance maladie obligatoire au titre d'un régime de sécurité sociale monégasque ou étranger en tant qu'assuré ou ayant droit, peut solliciter sa prise en charge, ainsi que le cas échéant celle de ses ayants droit, au titre de l'aide médicale gratuite servie par l'office de protection sociale dans des conditions prévues par ordonnance souveraine.**

Dans ce cas, il bénéficie également du versement des prestations familiales par l'office de protection sociale, selon les conditions prévues par la loi n° 595 du 15 juillet 1954, modifiée.

Art. 18. – **L'aidant familial peut être embauché par la personne majeure, attributaire du statut de personne handicapée, à laquelle il apporte son aide conformément aux dispositions de la loi n° 629 du 17 juillet 1957, modifiée, dont la procédure d'urgence prévue par le troisième alinéa de son article 3 est applicable de plein droit.**

Chapitre II. – Du congé de soutien familial

Art. 19. – **Tout salarié justifiant d'une ancienneté minimale de deux ans chez le même employeur a le droit de bénéficier d'un congé de soutien familial non rémunéré dès lors qu'il est attributaire du statut d'aidant familial.**

Le congé de soutien familial est d'une durée de trois mois. Il peut être renouvelé, sans pouvoir excéder la durée d'un an.

(1) Voir l'arrêté ministériel n° 2015-383 du 8 juin 2015. – NDLR.

Art. 20. – La demande d'un congé de soutien familial doit être présentée à l'employeur, au plus tard un mois avant le début du congé sollicité, par lettre recommandée avec avis de réception postal.

L'interruption du travail pendant ce congé suspend le contrat de travail durant la période correspondante.

Art. 21. – Pendant la durée légale du congé de soutien familial, le salarié conserve ses droits d'ancienneté dans l'entreprise.

Cette période est assimilée à du temps de travail effectif pour la détermination de la durée des congés payés annuels.

Art. 22. – L'employeur ne peut résilier le contrat de travail du salarié à compter de la date de notification visée à l'article 20 et jusqu'au terme d'une période de quatre semaines suivant le congé de soutien familial.

Toutefois, l'employeur peut résilier ce contrat s'il peut justifier soit d'une faute grave et indépendante de la prise du congé de soutien familial, soit de la cessation ou de la réduction de l'activité de l'entreprise.

Le licenciement effectué pour l'une des causes mentionnées au précédent alinéa et le non-renouvellement du contrat de travail à durée déterminée du salarié arrivé à échéance, pendant la période visée au premier alinéa, sont préalablement soumis à l'examen de la commission de débauchage et de licenciement instituée par l'article 8 de la loi nº 629 du 17 juillet 1957, modifiée.

En tout état de cause, la résiliation du contrat de travail par l'employeur ne peut prendre effet ou être notifiée pendant la période du congé de soutien familial.

Art. 23. – La méconnaissance des dispositions de l'article 22 entraîne la nullité du licenciement et l'obligation pour l'employeur de verser au salarié, indépendamment de tous autres dommages et intérêts, le montant du salaire qu'il aurait perçu pendant la période couverte par la nullité.

Chapitre III. – De l'aménagement des horaires de travail

Art. 24. – L'aidant familial d'une personne attributaire du statut de personne handicapée peut solliciter de son employeur les aménagements de ses horaires de travail nécessaires à l'accompagnement de cette personne.

Art. 25. – L'employeur ne peut refuser ces aménagements que lorsqu'ils sont de nature à perturber le fonctionnement normal de l'entreprise.

La demande doit être présentée par écrit à l'employeur qui doit y répondre dans les mêmes formes dans les quinze jours suivant la réception de celle-ci.

Du travail

Chapitre 1er. – Du statut de travailleur handicapé

Section I. – De la commission d'orientation des travailleurs handicapés

Art. 26. – (1) Est instituée une commission d'orientation des travailleurs handicapés qui a notamment pour missions d'émettre un avis :

– sur l'attribution du statut de travailleur handicapé ;

– sur les possibilités d'insertion professionnelle du travailleur handicapé et sur les mesures propres à assurer sa mise en œuvre, notamment son accès à la formation professionnelle ;

– sur les caractéristiques de l'emploi que le travailleur handicapé peut occuper, notamment en ce qui concerne les conditions de travail et les horaires ;

– sur l'orientation du travailleur handicapé en milieu ordinaire ou, le cas échéant, vers un établissement adapté à l'emploi de personnes ayant le statut de travailleur handicapé.

Art. 27. – La commission d'orientation des travailleurs handicapés est présidée par un médecin-inspecteur de la direction de l'action sanitaire et sociale désigné par le directeur de l'action sanitaire et sociale.

Sa composition est, pour le reste, fixée par ordonnance souveraine.

---

(1) Voir l'ordonnance nº 5.194 du 30 janvier 2015. – NDLR.

Art. 28. – La commission d'orientation des travailleurs handicapés transmet, lorsqu'elle l'estime nécessaire, ses conclusions et préconisations à l'office de la médecine du travail.

Outre la saisine prévue à l'article 30, l'avis de la commission peut également être sollicité par le directeur de l'action sanitaire et sociale et par la commission prévue par l'article 6 de la loi n° 1.348 du 25 juin 2008.

Art. 29. – Les règles de fonctionnement de la commission d'orientation des travailleurs handicapés, et notamment l'organisation des examens médicaux nécessaires, sont fixées par ordonnance souveraine.

Section II. – De l'attribution du statut de travailleur handicapé

Art. 30. – Tout attributaire du statut de personne handicapée en application de la présente loi, ou son représentant légal, peut adresser, au directeur de l'action sanitaire et sociale, une demande en vue de l'attribution du statut de travailleur handicapé.

Cette demande peut également être adressée, au directeur de l'action sanitaire et sociale, par tout attributaire du statut de personne handicapée en application de sa loi nationale ou de la loi de son lieu de résidence, ou par son représentant légal, à condition que cet attributaire justifie de l'exercice d'une activité professionnelle en Principauté.

Art. 31. – Le demandeur et, le cas échéant, son représentant légal peuvent être entendus par la commission d'orientation des travailleurs handicapés.

Le président de la commission peut solliciter l'avis de toute personne susceptible d'en éclairer utilement les travaux.

Art. 32. – Le statut de travailleur handicapé peut être attribué au demandeur attributaire du statut de personne handicapée en application de la présente loi, dont les possibilités d'exercer ou de conserver une activité professionnelle sont manifestement réduites par son handicap.

Le statut de travailleur handicapé peut également être attribué au demandeur qui est attributaire du statut de personne handicapée en application de sa loi nationale ou de la loi de son lieu de résidence et dont les possibilités de conserver une activité professionnelle en Principauté sont manifestement réduites par son handicap.

La décision d'attribution du statut de travailleur handicapé est prise par le directeur de l'action sanitaire et sociale sur avis de la commission d'orientation des travailleurs handicapés.

En cas de recours hiérarchique à l'encontre de la décision prise en vertu de l'alinéa précédent, le Ministre d'État sollicite l'avis d'un médecin du travail n'ayant pas siégé lors de la délibération de la commission préalable à ladite décision.

Art. 33. – Pour l'application de la présente loi, l'expression « travailleur handicapé » désigne l'ensemble des règles régissant, en raison de leur handicap, les personnes faisant l'objet d'une décision d'attribution prise par le directeur de l'action sanitaire et sociale en application de l'article 32, ainsi que les droits, avantages et obligations y afférents.

Chapitre II. – De l'emploi

Art. 34. – Une personne handicapée ne peut, en raison de son handicap, faire l'objet d'aucune différence injustifiée de traitement, notamment en matière de recrutement, de rémunération, de formation et de promotion professionnelle.

Le travailleur handicapé est soumis aux dispositions législatives, réglementaires et conventionnelles en vigueur pour l'emploi qu'il occupe.

Art. 35. – L'employeur doit prendre, en fonction des besoins résultant d'une situation concrète, les mesures appropriées pour permettre au travailleur handicapé d'accéder à l'emploi dans les conditions préconisées par la commission d'orientation des travailleurs handicapés ou de le conserver dans des conditions satisfaisantes.

Art. 36. – Le refus de prendre les mesures visées à l'article 35 n'est pas constitutif d'une différence injustifiée de traitement lorsque les charges ou inconvénients consécutifs à leur mise en œuvre par l'employeur sont disproportionnés en dépit de l'aide financière susceptible d'être allouée en application de l'article suivant.

Art. 37. – (1) **Une aide financière peut être consentie par l'État aux employeurs afin de faciliter l'accès du travailleur handicapé à l'emploi.**

Cette aide consiste notamment en une contribution au paiement des travaux nécessaires pour l'adaptation des locaux ou du matériel de travail.

Les modalités et les conditions relatives à cette aide sont définies par arrêté ministériel.

Art. 38. – **Le travailleur indépendant attributaire du statut de travailleur handicapé peut également solliciter l'aide financière de l'État visée à l'article précédent.**

Art. 39. – **L'employeur peut solliciter de l'office de protection sociale le remboursement d'une partie de la rémunération brute versée au travailleur handicapé, lequel ne peut excéder 85 % du salaire minimum de référence fixé par arrêté ministériel.**

Chapitre III. – De l'aide par le travail

Art. 40. – **Le travailleur handicapé employé dans un établissement adapté à l'emploi de personnes ayant le statut de travailleur handicapé a la qualité de salarié.**

Le nombre d'heures d'activité d'un travailleur handicapé dans un établissement adapté à l'emploi de personnes ayant le statut de travailleur handicapé ne peut être inférieur au nombre d'heures minimal prévu au titre du régime des prestations dues aux salariés en cas de maladie, accident, maternité, invalidité et décès.

Le début et la fin d'activité du travailleur handicapé au sein d'un établissement adapté à l'emploi de personnes ayant le statut de travailleur handicapé font l'objet d'une décision du directeur de l'action sanitaire et sociale sur avis de la commission d'orientation des travailleurs handicapés.

Art. 41. – **L'office de protection sociale rembourse à l'établissement adapté à l'emploi de personnes ayant le statut de travailleur handicapé 85 % de la rémunération versée au travailleur handicapé.**

Des garanties de ressources

Chapitre 1er. – De l'allocation d'éducation spéciale et de son complément

Art. 42. – **Toute personne qui assume la charge, au sens de la législation sur les prestations familiales, d'un enfant attributaire du statut de personne handicapée perçoit, en complément des allocations familiales, une allocation d'éducation spéciale dont le montant varie suivant le contenu du plan d'aide à la compensation du handicap.**

Chapitre II. – De l'allocation aux adultes handicapes et de son complément

Art. 43. – **Tout attributaire du statut de personne handicapée a droit à une garantie de ressources minimales, sous forme d'une allocation aux adultes handicapés, dès lors que ce minimum ne peut lui être assuré en application d'autres dispositions législatives ou réglementaires et qu'il ne peut bénéficier de l'allocation d'éducation spéciale. Le montant de l'allocation est calculé compte tenu de la composition du foyer et de l'ensemble de ses ressources, y compris les éventuelles indemnités perçues dans le cadre de la législation relative à l'invalidité et aux accidents du travail, dans des conditions et selon des modalités fixées par arrêté ministériel.**

Lorsque le foyer est composé du seul attributaire, le montant de l'allocation lui assure un minimum de ressources mensuelles équivalent à 85 % du salaire minimum de référence net.

Art. 44. – **Un complément à l'allocation aux adultes handicapés est attribué sous condition de ressources afin de permettre la mise en application des mesures préconisées par le plan d'aide à la compensation du handicap.**

Chapitre III. – De l'allocation logement

Art. 45. – **L'attributaire du statut de personne handicapée de nationalité monégasque ou résidant régulièrement, depuis au moins trois ans, dans la Principauté peut, sous condition de ressources, bénéficier d'une allocation logement dont le montant tient compte, le cas échéant, de celui qu'elle perçoit au titre d'une autre prestation ayant la même finalité.**

(1) Voir l'arrêté ministériel nº 2015-381 du 8 juin 2015. – NDLR.

Chapitre IV. – Disposition commune

Art. 46. – **Les conditions d'attribution et les modalités de calcul des allocations prévues par le présent titre, de leurs plafonds, de leurs majorations et de leurs compléments sont fixées par arrêté ministériel.**

De l'accessibilité

Chapitre 1er. – Des transports

Section I. – Des moyens de transport collectif adaptés

Art. 47. – **Dans un délai de dix ans à compter de la date d'entrée en vigueur de la présente loi, tous les services de transport collectif doivent être adaptés aux personnes handicapées. En cas d'impossibilité technique avérée ou de coûts d'une disproportion manifeste, les prestataires de ces services doivent mettre en œuvre les moyens permettant aux personnes handicapées de les utiliser.**

Section II. – Des cartes de stationnement, de transport et de priorité (1)

Art. 48. – **Une carte de stationnement pour personnes handicapées est délivrée à tout attributaire du statut de personne handicapée dont le taux d'incapacité est au moins égal à 80 % à condition que son handicap réduise de manière importante sa capacité et son autonomie de déplacement à pied ou impose qu'il soit accompagné par une tierce personne dans ses déplacements.**

Cette carte permet à son titulaire et au tiers qui l'accompagne d'utiliser les places réservées et aménagées à cet effet. Elle permet, dans les mêmes conditions, de bénéficier des autres dispositions qui peuvent être prises en faveur des personnes handicapées par les autorités compétentes en matière de circulation et de stationnement.

L'usage indu de la carte de stationnement pour personnes handicapées est puni de l'amende prévue au chiffre 2 de l'article 29 du Code pénal.

Art. 49. – **Une carte de transport public gratuit, accompagnée, le cas échéant, d'un dispositif spécifique adapté aux déficients visuels, est délivrée à tout attributaire du statut de personne handicapée.**

Art. 50. – **Une carte portant la mention « priorité pour personne handicapée » est délivrée à tout attributaire du statut de personne handicapée dont le taux d'incapacité est au moins égal à 80 % ou lorsque son incapacité rend la station debout pénible.**

Cette carte permet d'obtenir une priorité d'accès aux places assises dans les transports en commun, dans les espaces et salles d'attente, ainsi que dans les établissements et manifestations accueillant du public. Elle permet également d'obtenir une priorité dans les files d'attente

Art. 51. – **La demande de délivrance de l'une des cartes prévues par le présent chapitre est adressée au directeur de l'action sanitaire et sociale par l'attributaire du statut de personne handicapée ou par son représentant légal, ou concomitamment à la demande d'attribution de ce statut.**

Ces cartes sont délivrées, à titre définitif en cas de handicap de nature irréversible ou, dans les autres cas, pour une durée déterminée qui ne peut excéder cinq années, par le directeur de l'action sanitaire et sociale, après avis de la commission d'évaluation du handicap, selon les modalités fixées par arrêté ministériel.

À titre exceptionnel, elles peuvent être délivrées pour une durée déterminée qui ne peut excéder trois mois à une personne ne pouvant bénéficier du statut de personne handicapée.

Chapitre II. – De la voirie

Art. 52. – **Les autorisations d'occupation du domaine public peuvent être assorties de prescriptions visant à organiser la chaîne du déplacement.**

La chaîne du déplacement est constituée du cadre bâti, de la voirie, des espaces publics, des systèmes de transport et de leurs interfaces.

(1) Voir l'arrêté ministériel n° 2015-382 du 8 juin 2015. – NDLR.

Art. 53. – **Un plan d'accessibilité organisant le déplacement des personnes handicapées sur l'ensemble du territoire de la Principauté, sous réserve des contraintes topographiques, environnementales et urbanistiques, est mis à la disposition du public.**

Chapitre III. – De l'accès des animaux d'assistance

Art. 54. – **L'accès aux transports, aux lieux publics, aux locaux ouverts au public, ainsi qu'à ceux permettant une activité professionnelle, formatrice ou éducative, est autorisé aux animaux éduqués en vue de l'assistance aux personnes handicapées.**

Dispositions pénales

Art. 55. – **Toute différence injustifiée de traitement commise à l'égard d'une personne, que ce soit en raison de son handicap ou, s'il s'agit d'une personne morale, de celui de ses membres, est punie d'un emprisonnement de 10 jours à 2 ans et de l'amende prévue au chiffre 3 de l'article 26 du Code pénal, ou de l'une de ces deux peines seulement, lorsqu'elle consiste : 1**

) à refuser la fourniture d'un bien ou d'un service ;

2) à refuser d'embaucher, à sanctionner, à licencier une personne, ou à lui refuser un stage ou une formation.

Les dispositions du précédent alinéa ne s'appliquent pas aux distinctions opérées entre les personnes lorsqu'elles sont objectivement justifiées par un but légitime et que les moyens pour réaliser ce but sont appropriés.

Art. 56. – **Les personnes morales peuvent être déclarées responsables pénalement, dans les conditions prévues par l'article 4-4 du Code pénal, des infractions définies à l'article précédent. Les peines encourues par les personnes morales sont :**

1) l'amende prévue pour les personnes physiques dont le maximum peut être porté au quintuple ;

2) les peines mentionnées aux chiffres 1, 3, 4 et 8 de l'article 29-4 du Code pénal.

Art. 57 ***(Voir l'article 16 de la loi n° 1.299 du 15 juillet 2005).***

Art. 58. – ***(Erratum publié au Journal de Monaco du 26 décembre 2014)*** **« Le deuxième alinéa de l'article 24 de la loi n° 1.299 du 15 juillet 2005 est modifié comme suit : »*****(Voir l'article 24 de la loi n° 1.299 du 15 juillet 2005).***

Art. 59 ***(Voir l'article 25 de la loi n° 1.299 du 15 juillet 2005).***

Art. 60 ***(Voir l'article 44 de la loi n° 1.299 du 15 juillet 2005).***

Art. 61 ***(Voir l'article 419 du Code pénal).***

Ordonnance nº 5.193 du 30 janvier 2015

relative à la Commission d'évaluation du handicap
(Journal de Monaco du 6 février 2015).

Vu la loi n° 335 du 19 décembre 1941 portant création d'un Office d'assistance sociale, modifiée ;

Vu la loi n° 1.334 du 12 juillet 2007 sur l'éducation, modifiée ;

Vu la loi n° 1.410 du 2 décembre 2014 sur la protection, l'autonomie et la promotion des droits et des libertés des personnes handicapées ;

Vu l'ordonnance souveraine n° 3.509 du 1er mars 1966 créant une Direction de l'Action Sanitaire et Sociale, modifiée ;

Vu l'ordonnance souveraine n° 3.634 du 8 septembre 1966 fixant les attributions du médecin-inspecteur de l'Action Sanitaire et Sociale, modifiée ;

Vu l'ordonnance souveraine n° 15.091 du 31 octobre 2001 relative à l'action sociale en faveur des personnes handicapées ;

Art. 1er. – **La Commission d'évaluation du handicap, instituée par l'article 2 de la loi n° 1.410 du 2 décembre 2014, susvisée, est présidée par un médecin-inspecteur de la Direction de l'Action Sanitaire et Sociale désigné par son Directeur.**

La Commission comprend, en outre, quatre autres membres, savoir :

– un médecin spécialiste désigné par le Directeur de l'Action Sanitaire et Sociale ;

– un médecin conseil désigné par le responsable du régime d'assurance maladie monégasque dont relève le demandeur ou, à défaut, par le Président de la Commission ;

– un travailleur social de la Direction de l'Action Sanitaire et Sociale désigné par son Directeur ;

– selon le cas, un médecin de l'Inspection Médicale des scolaires lorsque la demande concerne une personne mineure ou un médecin du travail, désigné par le Directeur de l'Office de la médecine du travail, lorsque le demandeur est une personne majeure.

Art. 2. – Lorsque le Directeur de l'Action Sanitaire et Sociale est saisi d'une demande d'attribution du statut de personne handicapée, d'attribution du statut d'aidant familial, d'attribution d'allocation d'éducation spéciale, de son complément, d'attribution d'allocation aux adultes handicapés, de son complément, de délivrance d'une carte de stationnement pour personnes handicapées, de délivrance d'une carte de transport public ou de délivrance d'une carte « priorité pour personne handicapée », il transmet un exemplaire du dossier complet au Président de la Commission d'évaluation du handicap.

L'avis de la Commission est transmis par son Président au Directeur de l'Action Sanitaire et Sociale dans un délai de trois mois.

Art. 3. – Le Président de la Commission d'évaluation du handicap peut solliciter l'avis de toute personne susceptible d'éclairer utilement les travaux de la Commission et l'inviter aux séances de celle-ci.

Art. 4. – La Commission d'évaluation du handicap se réunit sur convocation de son Président.

La Commission ne peut valablement délibérer sur une demande d'avis que si la moitié au moins de ses membres assistent à la séance.

Les avis sont adoptés à la majorité des voix exprimées. En cas de partage égal des voix, celle du Président est prépondérante.

Art. 5. – Le secrétariat de la Commission d'évaluation du handicap est assuré par du personnel de la Direction de l'Action Sanitaire et Sociale.

Art. 6. – Toute demande d'attribution du statut de personne handicapée qui n'est pas accompagnée du certificat médical mentionné à l'article 5 de la loi n° 1.410 du 2 décembre 2014, susvisée, est irrecevable.

Ce certificat doit être daté de moins de trois mois et dressé par le médecin du demandeur sur la base d'un formulaire dont le modèle est fixé par arrêté ministériel.

Ce certificat est joint à la demande, sous pli confidentiel portant la mention « certificat médical ». Ce pli est transmis en l'état par le Directeur de l'Action Sanitaire et Sociale au Président de la Commission d'évaluation du handicap, laquelle est tenue d'indiquer dans son avis que le certificat médical satisfait ou non aux conditions prévues par les dispositions de l'alinéa précédent.

Art. 7. – La première demande d'attribution du statut de personne handicapée est accompagnée de tout document nécessaire à l'appréciation des droits de l'intéressé et notamment :

– d'une copie de sa carte d'identité ou de sa carte de résident ou, pour les mineurs de moins de seize ans, de la personne qui en a effectivement la charge ;

– d'une fiche familiale d'état civil ;

– de deux photos d'identité ;

– le cas échéant, de la décision du Tribunal de Première Instance désignant le tuteur.

Art. 8. – Le Président de la Commission d'évaluation du handicap ne peut soumettre le demandeur à un examen médical qu'après avoir recueilli son consentement ou, le cas échéant, celui de son ou de ses représentants légaux.

Cet examen est pratiqué par le Président. Celui-ci ne peut s'adjoindre un ou plusieurs médecins spécialistes sans le consentement préalable du demandeur ou, le cas échéant, celui de son ou de ses représentants légaux.

En cas de refus, la Commission le mentionne dans son avis.

Art. 9. – Le demandeur ou, le cas échéant, son représentant légal peut obtenir, auprès d'un travailleur social de la Direction de l'Action Sanitaire et Sociale, l'aide nécessaire à la constitution de son dossier administratif sur la base d'un formulaire dont le modèle est fixé par arrêté ministériel.

Son aide peut également être obtenue pour constituer le dossier administratif en vue de l'attribution de l'une des allocations prévues par la loi n° 1.410 du 2 décembre 2014, susvisée, ou de la délivrance de l'une des cartes prévues par ladite loi.

Ordonnance n° 5.194 du 30 janvier 2015
relative à la Commission d'orientation des travailleurs handicapés
(Journal de Monaco du 6 février 2015).

Vu la loi n° 335 du 19 décembre 1941 portant création d'un Office d'assistance sociale, modifiée ;
Vu la loi n° 1.334 du 12 juillet 2007 sur l'éducation, modifiée ;
Vu la loi n° 1.410 du 2 décembre 2014 sur la protection, l'autonomie et la promotion des droits et des libertés des personnes handicapées ;
Vu l'ordonnance souveraine n° 3.509 du 1er mars 1966 créant une Direction de l'Action Sanitaire et Sociale, modifiée ;
Vu l'ordonnance souveraine n° 3.634 du 8 septembre 1966 fixant les attributions du médecin-inspecteur de l'Action Sanitaire et Sociale, modifiée ;

Art. 1er. – La Commission d'orientation des travailleurs handicapés, instituée par l'article 26 de la loi n° 1.410 du 2 décembre 2014, susvisée, est présidée par un médecin-inspecteur de la Direction de l'Action Sanitaire et Sociale désigné par son Directeur.

La Commission comprend, en outre, sept autres membres, savoir :

– un médecin du travail désigné par le Directeur de l'Office de la médecine du travail ;

– le Directeur du travail ou son représentant ;

– le Délégué en charge des personnes handicapées ;

– un représentant de l'organisation syndicale représentative du plus grand nombre d'entreprises de la Principauté ;

– le Directeur des Ressources Humaines et de la Formation de la Fonction Publique ou son représentant ;

– un représentant d'un établissement adapté à l'emploi de personnes ayant le statut de travailleur handicapé désigné par le Président de la Commission ;

– un travailleur social de la Direction de l'Action Sanitaire et Sociale désigné par son Directeur ;

– une personne désignée par le Président de la Commission en raison de ses compétences en matière sociale.

Art. 2. – Lorsque le Directeur de l'Action Sanitaire et Sociale est saisi d'une demande d'attribution du statut de travailleur handicapé, il transmet un exemplaire du dossier complet au Président de la Commission d'orientation des travailleurs handicapés.

L'avis de la Commission est transmis par son Président au Directeur de l'Action Sanitaire et Sociale dans un délai de trois mois.

Art. 3. – Le Président de la Commission d'orientation des travailleurs handicapés peut solliciter l'avis de toute personne susceptible d'éclairer utilement les travaux de la Commission et l'inviter aux séances de celle-ci.

Art. 4. – La Commission d'orientation des travailleurs handicapés se réunit sur convocation de son Président.

La Commission ne peut valablement délibérer sur une demande d'avis que si la moitié au moins de ses membres assistent à la séance.

Les avis sont adoptés à la majorité des voix exprimées. En cas de partage égal des voix, celle du Président est prépondérante.

Art. 5. – Le secrétariat de la Commission d'orientation des travailleurs handicapés est assuré par du personnel de la Direction de l'Action Sanitaire et Sociale.

Art. 6. – Toute demande d'attribution du statut de travailleur handicapé est accompagnée d'un certificat médical permettant d'évaluer l'aptitude au travail et les éventuelles restrictions.

Ce certificat doit être daté de moins de trois mois et dressé par le médecin spécialiste assurant le suivi du demandeur.

Ce certificat est joint à la demande, sous pli confidentiel portant la mention « certificat médical ». Ce pli est transmis en l'état par le Directeur de l'Action Sanitaire et Sociale au Président de la Commission d'orientation des travailleurs handicapés, laquelle est tenue d'indiquer dans son avis que le certificat médical satisfait ou non aux conditions prévues par les dispositions de l'alinéa précédent.

Lorsque la demande d'attribution du statut de travailleur handicapé est effectuée en application du deuxième alinéa de l'article 32 de la loi n° 1.410 du 2 décembre 2014, susvisée, le demandeur joint à sa demande tout document permettant d'attester de son statut de personne handicapée en application de sa loi nationale ou de la loi de son lieu de résidence.

Art. 7. – Le Président de la Commission d'orientation des travailleurs handicapés ne peut soumettre le demandeur à un examen médical qu'après avoir recueilli son consentement ou, le cas échéant, celui de son représentant légal.

Cet examen est pratiqué par le médecin du travail, membre de la Commission, qui s'assure, préalablement, du maintien du ou des consentements requis.

Ce médecin ne peut s'adjoindre un ou plusieurs médecins spécialistes sans le consentement préalable du demandeur ou, le cas échéant, celui de son représentant légal.

En cas de refus, la Commission le mentionne dans son avis.

DROIT PÉNAL

Loi n° 740 du 25 mars 1963

relative aux mineurs délinquants

(L'appellation « juge tutélaire » *est substituée à celle de* « juge des enfants » *par la loi n° 894 du 14 juillet 1970).*

Art. 1er. – Lorsqu'une infraction sera imputée à un mineur de dix-huit ans ou conjointement à un mineur de dix-huit ans et à des personnes plus âgées, les lois de procédure pénale et la législation répressive ne seront pas applicables en ce qu'elles ont de contraire aux dispositions de la présente loi.

Art. 2. – Si l'infraction autre qu'un crime a été relevée à la charge d'un mineur présentant des garanties suffisantes de représentation, le procureur général aura la faculté, avant toute décision ou réquisition, d'ordonner les mesures qui paraîtront utiles aux fins d'établir la personnalité du mineur et, le cas échéant, les moyens propres à le rééduquer. Ces mesures auront pour objet de renseigner la justice sur la situation morale et matérielle de la famille du mineur, les conditions dans lesquelles il a été élevé et il a vécu, ses antécédents, son comportement dans le milieu familial, scolaire et social, ses aptitudes physiques et intellectuelles au travail, son état de santé corporel et mental. Elles pourront être les suivantes :

1° Une enquête de police ;

2° Une enquête sociale ;

3° Un examen médical du mineur, sans préjudice des examens médico-psychologique et médico-psychiatrique éventuellement nécessaires.

Art. 3. – Au vu des renseignements recueillis et alors même que l'infraction lui semblerait légalement établie, le procureur général pourra, si l'intérêt du mineur l'exige et si la personne lésée a renoncé à se porter partie civile, soit classer l'affaire purement et simplement, soit se borner à admonester le mineur.

Art. 4 *(L. n° 894, 14 juill. 1970)*. – Aucune poursuite en matière de crime ou de délité ne pourra être exercée contre les mineurs de dix-huit ans, sans une information préalable confiée au juge tutélaire.

Art. 5. – Le juge tutélaire ainsi désigné fera procéder, dans la mesure qui lui paraîtra utile, aux enquêtes et examens prévus à l'article 2 ci-dessus. Les articles 107, 108, 109, 110, 111 et 112 du Code de procédure pénale ne seront pas applicables.

Art. 6. – Si la détention du mineur s'impose, le juge tutélaire pourra :

1° Soit placer le mineur dans un centre d'observation surveillée ;

2° Soit décerner un mandat d'arrêt en précisant dans son ordonnance les motifs justifiant cette mesure.

Art. 7. – Alors même que l'information aurait établi l'existence de l'infraction, le juge tutélaire pourra, sur les réquisitions conformes du Procureur général, si l'intérêt du mineur l'exige et si la personne lésée déclare renoncer à toute constitution de partie civile, rendre, en faveur du mineur inculpé, une ordonnance de non-lieu assortie, le cas échéant, de l'une des mesures prévues au paragraphe 2 de l'article 9.

Art. 8. – S'il est procédé à la mise en jugement du mineur, les débats auront lieu à huis clos, alors même que des majeurs seraient impliqués dans les poursuites. Le juge tutélaire sera toujours entendu par la juridiction de jugement dans ses observations concernant le mineur ; celui-ci pourra, si son intérêt l'exige, être dispensé

de comparaître à tout ou partie des débats. Il sera toujours assisté d'un avocat commis d'office, si besoin est, par le président.

La décision sera rendue en audience publique, en présence du mineur.

Est interdite, à peine d'une amende de mille à cent mille francs (1), la publication, par quelque procédé de diffusion que ce soit, de tout ou partie des débats ou de la décision, alors même que des majeurs seraient impliqués dans les poursuites. En cas de récidive, un emprisonnement de deux mois à deux ans pourra en outre être prononcé.

Art. 9. – Si les faits sont établis à la charge du mineur, la juridiction saisie pourra prendre l'une des décisions suivantes :

1° Faire adresser au mineur, par le président, une simple admonestation ;

2° *(2° mod., L. n° 1.261, 23 déc. 2002)* Rendre le mineur à ses parents ou la personne qui en avait la garde ou encore à une personne indiquée dans la décision, soit purement et simplement, soit sous le régime de la liberté surveillée, jusqu'à ce qu'il ait atteint l'âge de la majorité ou pour une durée moindre.

3° Ordonner, dans les mêmes conditions de temps, le placement du mineur dans un établissement monégasque ou français, habilité à recevoir des délinquants mineurs ;

4° Prononcer contre le mineur, s'il est âgé de treize ans au moins, la peine prévue par le texte pénal réprimant l'infraction, compte tenu tant des nécessités de la répression que des possibilités de relèvement moral et de rééducation du coupable.

Art. 10. – Toutes les mesures ordonnées à l'égard d'un mineur, soit par application de l'article 7, soit en vertu de l'article 9, 2° et 3°, pourront, quelle que soit la juridiction qui les a prononcées, être révisées à tout moment par le tribunal correctionnel, saisi par le procureur général et statuant dans les formes et conditions fixées par l'article 8.

En ce cas, le tribunal aura la faculté d'ordonner un ou plusieurs examens ou enquêtes prévus à l'article 2.

Sa décision, exécutoire par provision, sera susceptible d'appel et de pourvoi en révision. La cour d'appel statuera aux formes et conditions fixées par l'article 8.

Art. 11. – Les modalités d'application de la présente loi et notamment des dispositions énoncées aux articles 2 (2° et 3°), 6 (2°) et 9 (2° et 3°) seront fixées par une ordonnance souveraine dont la publication interviendra dans un délai qui ne devra pas excéder six mois.

Art. 12 à 15 *(Abr., L. n° 829, 28 sept. 1967).*

Art. 16. – Les articles 346, 355, 363 et 408 du Code de procédure pénale sont modifiés ainsi qu'il suit :

....

Art. 17. – Les termes « mineur de dix-huit ans » sont substitués à ceux de « mineur de seize ans » dans tous les textes légaux ou réglementaires concernant la procédure pénale et la législation répressive.

Art. 18. – La présente loi ne régira que les faits postérieurs à la mise en vigueur de l'ordonnance d'application prévue par l'article 11 ci-dessus.

Ordonnance n° 3031 du 12 août 1963

fixant les modalités d'application de la loi n° 740 du 25 mars 1963
relative aux mineurs délinquants

Vu la loi n° 740, du 25 mars 1963, relative aux mineurs délinquants, notamment l'article 11 de ladite loi ;

CHAPITRE I. – DES ENQUÊTES SOCIALES ET DES EXAMENS MÉDICAUX

Section 1. – Des enquêtes sociales

Art. 1er. – Les enquêtes sociales prévues par la loi n° 740, du 25 mars 1963, susvisée, sont confiées, soit à des fonctionnaires spécialisés de la sûreté publique, soit à des personnes habilitées à cet effet et figurant sur une liste établie par arrêté du directeur des services judiciaires.

(1) Conversion en euros : V. Ord. n° 13.827, 15 déc. 1998 : *Journal de Monaco*, 18 déc. 1998.

Art. 2. – Les frais de déplacement des fonctionnaires seront réglés dans les conditions prévues par les règlements de l'administration dont ils dépendent. Les personnes mentionnées à l'article 1er ci-dessus auront droit, en sus du remboursement de leurs frais de déplacement, à une indemnité qui sera fixée par arrêté du directeur des services judiciaires.

Section 2. – Des examens médicaux

Art. 3. – Les examens médicaux prévus par la loi n° 740, du 25 mars 1963, susvisée, sont effectués par des médecins choisis parmi les membres de l'Ordre des médecins de Monaco.

Si la nature de l'examen nécessite qu'il soit confié, faute de spécialiste, à un praticien non autorisé à exercer habituellement sur le territoire monégasque, la décision portant désignation dudit praticien mentionnera expressément cette nécessité.

Art. 4. – Les frais divers et honoraires afférents aux examens visés à l'article ci-dessus seront réglés et le cas échéant recouvrés dans les formes et conditions fixées par l'ordonnance du 2 juillet 1866 et les textes subséquents.

Le montant des honoraires dus aux médecins non autorisés à exercer habituellement à Monaco, sera fixé en conformité des tarifs administratifs en vigueur pour des examens de même nature dans le pays où exerce régulièrement ce praticien.

CHAPITRE II. – DE LA LIBERTÉ SURVEILLÉE

Art. 5. – La rééducation des mineurs soumis au régime de la liberté surveillée, soit sous la garde de leurs parents ou d'une tierce personne, soit dans un centre d'observation surveillée, est assurée, sous la direction du juge désigné à l'article 4 de la loi n° 740, du 25 mars 1963, susvisée, par des délégués permanents et par des délégués bénévoles à la liberté surveillée, désignés par la décision qui a prescrit la mise en liberté surveillée du mineur.

Le placement desdits mineurs dans un centre d'observation surveillée, tel qu'il est prévu à l'article 6 de la loi n° 740, du 25 mars 1963, susvisée, s'effectue obligatoirement à Monaco. Dans l'hypothèse prévue à l'article 9, 3° de la même loi, la désignation de l'établissement monégasque ou français chargé de recevoir le mineur sera faite dans la décision qui aura ordonné le placement.

Art. 6. – Lorsque la mise du mineur en liberté surveillée aura été décidée, le mineur, ses parents, son tuteur, la personne qui en a la garde, seront informés du caractère et de l'objet de cette mesure, ainsi que des obligations qu'elle entraîne.

Le délégué fera rapport au juge chargé des mineurs en cas d'inconduite, de danger moral couru par le mineur, d'entraves apportées à l'exercice de la surveillance ; il proposera les modifications de garde ou de placement qui lui apparaîtront utiles.

Il devra être avisé sans retard par les parents, tuteurs ou gardiens, du décès, de toute maladie grave, de tout déplacement de résidence ou de toute absence non autorisée du mineur.

Le juge chargé des enfants pourra infliger une amende civile de 10 à 500 francs (1) aux parents, tuteurs ou gardiens, à la charge desquels aurait été établi un défaut de surveillance caractérisé du mineur ou une opposition systématique à l'exercice de la mission du délégué.

Art. 7. – Les mesures ordonnées à l'égard du mineur seront révisables à tout moment.

En cas d'urgence absolue, le juge désigné à l'article 4 de la loi n° 740, du 25 mars 1963, susvisée, pourra ordonner, à titre provisoire, les mesures modificatives nécessaires.

Art. 8. – Les parents ou tuteurs ou le mineur lui-même ne pourront former une demande de remise ou de restitution de garde en raison de leur aptitude à élever l'enfant et de l'amendement suffisant de ce dernier que lorsqu'il se sera écoulé un an depuis la mise en exécution de la décision plaçant le mineur hors de sa famille. En cas de rejet, la même demande ne pourra être renouvelée qu'à l'expiration du délai d'un an.

Ces demandes seront présentées au Procureur général qui procèdera conformément aux dispositions des articles 8 et 10 de la loi n° 740, du 25 mars 1963, susvisée.

(1) Conversion en euros : V. Ord. n° 13.827, 15 déc. 1998 : *Journal de Monaco*, 18 déc. 1998.

CHAPITRE III. – DE LA DÉTENTION DES MINEURS

Art. 9. – Le mineur de 18 ans faisant l'objet d'un mandat d'arrêt en application de l'article 6, 2, de la loi n° 740 du 25 mars 1963, susvisée, sera placé sous surveillance dans des locaux appropriés de la maison d'arrêt. Il sera soumis à l'isolement de nuit et soustrait à tout contact avec les détenus majeurs.

Loi n° 1.222 du 28 décembre 1999
relative à l'extradition

Art. 1er. – Les formes et conditions de l'extradition sont régies par les traités conclus entre la Principauté et les puissances étrangères.

En l'absence de ceux-ci ou dans leur silence, il est fait application des dispositions de la présente loi.

Section 1. – Conditions de fond

Art. 2. – Peuvent donner lieu à extradition les faits punis comme crimes ou délits en Principauté et dans l'État requérant :

– en cas de poursuite, d'une peine d'emprisonnement dont le maximum est d'au moins un an ou d'une peine plus sévère,

– en cas de condamnation, d'une peine privative de liberté prononcée ou restant à purger d'au moins quatre mois.

Art. 3. – Les faits de tentative ou de complicité donnent lieu à l'extradition, comme l'infraction elle-même.

Art. 4. – L'extradition est refusée lorsque l'infraction est considérée comme une infraction politique. L'attentat contre un chef d'État ou un membre de sa famille n'est pas considéré comme une infraction politique.

L'infraction est aussi considérée comme politique lorsqu'il y a des raisons de croire que la demande d'extradition motivée par une infraction de droit commun a été présentée aux fins de poursuivre ou de punir un individu pour des considérations de race ou d'origine ethnique, de religion, de nationalité, d'opinions politiques, et plus généralement de considérations portant atteinte à la dignité de cet individu, ou que la situation de cet individu risque d'être aggravée pour l'une ou l'autre de ces raisons.

Art. 5. – L'extradition est également refusée :

1° lorsque. suivant la loi de l'État requérant ou la loi monégasque, la prescription de l'action ou de la peine est acquise ;

2° lorsque les faits ont été poursuivis et jugés définitivement à Monaco ;

3° lorsque l'infraction est d'ordre purement militaire ;

4° lorsque l'infraction est une infraction fiscale ; est réputée telle celle commise en matière d'impôts, de taxes ou autres droits, de douane ou de change.

Art. 6. – L'extradition peut être refusée si l'infraction pour laquelle elle est demandée :

1° a été commise à Monaco, ou

2° est l'objet de poursuites à Monaco, ou

3° a été jugée dans un État tiers.

L'extradition peut être également refusée si l'infraction pour laquelle elle est demandée est punie de la peine capitale par la loi de l'État requérant sauf si ledit État donne des assurances jugées suffisantes par la Principauté que la personne poursuivie ne soit pas condamnée à mort, ou, si une telle condamnation a été prononcée qu'elle ne soit pas exécutée, ou que la personne poursuivie ne soit pas soumise à un traitement portant atteinte à son intégrité corporelle.

Art. 7. – La Principauté n'extrade pas ses nationaux.

Toutefois, en cas de refus d'extradition fondé sur la nationalité de la personne réclamée, l'affaire est, sur demande de l'État requérant, transmise au Procureur général afin que des poursuites soient exercées, s'il y a lieu. À cet effet, les dossiers, informations et objets relatifs à la ou aux infractions sont adressés à cette autorité.

L'État requérant est informé de la suite qui aura été donnée à sa demande.

Section 2. – Procédure

Art. 8. – Les demandes d'extradition sont présentées à la Principauté par la voie diplomatique ou par la voie consulaire.

Le directeur des relations extérieures transmet la demande au directeur des services judiciaires qui y donne telle suite que de droit.

Art. 9. – La demande est assortie de l'original ou de l'expédition authentique, soit d'une décision de condamnation exécutoire, soit d'un mandat d'arrêt ou de tout autre acte ayant la même force et décerné par un juge dans les formes prescrites par la loi de l'État requérant.

Les faits pour lesquels l'extradition est demandée, le temps, le lieu et les circonstances dans lesquels ils ont été commis, la qualification et les références aux dispositions légales applicables sont indiqués. Il est joint une copie de ces dispositions ainsi que, dans toute la mesure du possible, le signalement de la personne réclamée et toute indication de nature à déterminer son identité et sa nationalité.

Les documents sont accompagnés d'une traduction en langue française.

Art. 10. – En cas d'urgence, l'État requérant peut demander l'arrestation provisoire de la personne recherchée, en attendant la présentation de la demande d'extradition.

Cette requête peut être transmise par la voie d'INTERPOL, par la voie postale ou télégraphique ou par tout autre moyen laissant une trace écrite. Elle doit comporter le signalement de la personne recherchée, et dans la mesure du possible, toute indication de nature à déterminer son identité et sa nationalité, indiquer que l'extradition sera demandée par la voie diplomatique ou consulaire, mentionner l'existence et les termes d'un mandat d'arrêt délivré par un juge ou d'un jugement de condamnation à l'encontre de la personne réclamée avec l'indication des peines encourues ou prononcées, l'indication de la nature de l'infraction et un bref exposé des faits qui la constituent.

Il est mis fin à l'arrestation provisoire, si dans un délai de vingt jours après l'arrestation, la demande d'extradition, accompagnée des pièces mentionnées à l'article précédent, n'a pas été reçue. Ce délai peut toutefois être prorogé par la chambre du conseil de la Cour d'appel, à la demande de l'État requérant et sur requête du Procureur général.

La mise en liberté ne fait pas obstacle à une nouvelle arrestation et à l'extradition si la demande parvient ultérieurement.

Art. 11. – Dans les vingt-quatre heures de son interpellation, l'étranger réclamé est, sur réquisition du Procureur général, présenté au juge d'instruction qui procède à son interrogatoire d'identité, lui notifie la teneur des documents en vertu desquels son arrestation provisoire a été demandée et le place sous mandat d'arrêt, s'il y a lieu. Copie de ces documents lui est remise.

Si cette notification est impossible dans le délai prévu ci-dessus, le juge d'instruction peut, si les circonstances le justifient, prescrire, par ordonnance motivée, la détention de l'étranger pendant un délai maximum de cinq jours. À l'expiration de ce délai, l'étranger est mis en liberté d'office, si le juge d'instruction n'est pas en mesure de lui notifier la teneur des documents prévus à l'article 10.

Art. 12. – Dès réception de la demande d'extradition et si l'étranger est déjà détenu à la suite d'une demande d'arrestation provisoire, le Procureur général transmet la demande et les pièces annexes au juge d'instruction qui les notifie à l'intéressé. Il lui est remis copie du titre en vertu duquel son extradition est demandée.

Art. 13. – Dans les autres cas le Procureur général. au vu de la demande, fait déférer l'individu devant lui et le fait présenter au juge d'instruction. Celui-ci, sur réquisitions du Procureur général, procède à l'interrogatoire d'identité, lui notifie la demande et les pièces annexes et le place, s'il y a lieu, sous mandat d'arrêt. Il lui remet copie du titre en vertu duquel son extradition est demandée.

Art. 14. – Le juge d'instruction transmet sans délai le dossier au Procureur général qui en saisit la chambre du conseil de la Cour d'appel : celle-ci procède dans les formes prescrites aux articles 235 et 236 du Code de procédure pénale.

Art. 15. – Dès sa présentation au juge d'instruction, l'étranger peut se faire assister par un défenseur de son choix ou désigné d'office et le cas échéant par un interprète.

L'étranger peut demander sa mise en liberté provisoire en tout état de la procédure. Jusqu'à la saisine de la chambre du conseil, il y est statué par le juge d'instruction.

Les articles du Code de procédure pénale relatifs à la liberté de l'inculpé sont applicables en matière d'extradition.

Art. 16. – La chambre du conseil donne un avis motivé sur la demande d'extradition : il est transmis sans délai au directeur des Services Judiciaires.

Cet avis ne peut être l'objet d'aucun recours.

Art. 17. – Le Prince statue sur la demande d'extradition au vu du rapport du directeur des services judiciaires.

Sa décision est communiquée à l'État requérant par la voie diplomatique ou consulaire. Il en est donné connaissance à l'intéressé qui en cas de refus de l'extradition est aussitôt remis en liberté.

Section 3. – Effets de l'extradition

Art. 18. – Si l'extradition est accordée, l'État requérant est informé du lieu et de la date de la remise de l'individu réclamé, ainsi que la durée de la détention subie.

Lorsque les circonstances le justifient et sur demande présentée en temps utile une nouvelle date et, éventuellement, un nouveau lieu peuvent être fixés pour la remise de l'individu extradé.

Si l'État requérant ne prend pas en charge l'individu au lieu et à la date fixés ci-dessus, celui-ci est mis en liberté à l'expiration d'un délai de huit jours. Sur demande motivée de l'État requérant, ce délai peut être porté à quinze jours.

L'individu mis en liberté ne peut plus être réclamé pour les mêmes faits.

Pour l'application du présent article et du second alinéa de l'article 17 il peut, en tant que de besoin, être fait usage des moyens de communication prévus par l'article 10 de la présente loi.

Art. 19. – La remise de l'étranger dont l'extradition a été accordée peut être différée pour qu'il puisse purger une peine encourue à Monaco à raison d'actes ou d'omissions autres que ceux pour lesquels l'extradition a lieu.

L'État requérant est averti de cet ajournement.

Art. 20. – Les objets qui peuvent servir de pièces à conviction ou qui, provenant de l'infraction, auraient été trouvés au moment de l'arrestation en la possession de l'individu réclamé ou seraient découverts au cours d'une perquisition ordonnée comme en matière de flagrant délit, sont remis à l'État requérant, sur sa demande.

La remise de ces objets est effectuée, même dans le cas où l'extradition déjà accordée ne pourrait avoir lieu par suite de la mort ou de l'évasion de l'individu réclamé.

Lorsque lesdits objets sont susceptibles d'être saisis ou confisqués à Monaco, ils peuvent être gardés temporairement ou remis sous condition de restitution.

Sont toujours réservés les droits de l'État ou des tiers sur les objets demandés. Si de tels droits existent, les objets envoyés à l'État requérant sont renvoyés par celui-ci, aussitôt le procès terminé.

Art. 21. – La personne extradée ne sera, sans le consentement du Prince, ni détenue, ni poursuivie, ni jugée, ni soumise à aucune limitation de sa liberté personnelle sur le territoire de l'État requérant pour un fait quelconque antérieur à la remise et autre que celui pour lequel l'extradition a été accordée.

L'extension de l'extradition obéit aux dispositions de la présente loi, à moins que la personne extradée, ayant eu la possibilité de le faire, n'ait pas quitté le territoire de l'État requérant dans les quarante-cinq jours qui ont suivi son élargissement définitif ou lorsqu'elle est revenue sur ledit territoire après l'avoir quitté.

Art. 22. – Lorsque la Principauté a obtenu l'extradition d'une personne, la privation de liberté subie à l'étranger au titre de cette procédure sera intégralement déduite de la peine qu'aura prononcée le jugement ou l'arrêt à moins que le juge n'ait ordonné, par décision spéciale et motivée, que cette imputation n'aura pas lieu ou n'aura lieu que pour partie.

Art. 23. – La présente loi abroge l'article 200 de l'ordonnance du 2 juillet 1866 sur les tarifs en matière civile, commerciale, criminelle et correctionnelle et l'article 28 de l'ordonnance du 9 mars 1918 organisant la direction des services judiciaires.

Loi nº 1.253 du 12 juillet 2002

modifiant la loi n° 1.162 du 7 juillet 1993 relative à la participation des organismes financiers à la lutte contre le blanchiment de capitaux

Art. 1er à 12 *(V., L. n° 1.162, 7 juill. 1993, abr., L. n° 1.362, 3 août 2009. – V. désormais ce dernier texte).*

Loi nº 1.362 du 3 août 2009

relative à la lutte contre le blanchiment de capitaux, le financement du terrorisme et la corruption

(Journal de Monaco, 7 août 2009)

Voir : Ord. n° 2.318, 3 août 2009.

CHAPITRE I. – DISPOSITIONS GÉNÉRALES

Art. préliminaire. – **Aux fins de l'application de la présente loi, il faut entendre par blanchiment de capitaux, les infractions prévues à la Section VII du Chapitre III du Livre III du Code pénal et par corruption, les infractions prévues au paragraphe IV de la Section II du même Chapitre, ainsi qu'à l'article 6 de l'ordonnance souveraine n° 605 du 1er août 2006.**

De même, le financement du terrorisme s'entend au sens de l'article 2 de l'ordonnance souveraine n° 15.320 du 8 avril 2002 sur la répression du financement du terrorisme et recouvre toutes les sommes et toutes les opérations portant sur des sommes qui pourraient être liées au terrorisme, à des actes terroristes ou à des organisations terroristes ou sont destinées à être utilisées pour le financement de ces derniers.

Les organismes et personnes visés aux articles premier et 2 concourent pleinement à l'application de la présente loi par l'identification de tous les actes de blanchiment de capitaux, de financement du terrorisme ou de corruption.

Art. 1er. – **Sont soumis aux dispositions de la présente loi les organismes et les personnes ci-après énumérés :**

1° les personnes qui effectuent à titre habituel des opérations de banque ou d'intermédiation bancaire ;

2° les personnes exerçant les activités visées à l'article premier de la loi n° 1.338 du 7 septembre 2007 sur les activités financières ;

3° les entreprises d'assurances mentionnées à l'article 3 de l'ordonnance souveraine n° 4.178 du 12 décembre 1968 portant institution du contrôle de l'État sur les entreprises d'assurances de toute nature et de capitalisation et tendant à l'organisation de l'industrie des assurances, les intermédiaires d'assurances, agents et courtiers établis en Principauté lorsqu'il s'agit d'assurance-vie ou d'autres formes d'assurances liées à des placements ;

4° les personnes figurant sur la liste visée à l'article 3 de la loi n° 214 du 27 février 1936 portant modification de la loi n° 207 du 12 juillet 1935 sur les trusts, modifiée ;

5° les personnes effectuant, à titre habituel, des opérations de création, de gestion et d'administration de personnes morales, d'entités juridiques ou de trusts, en faveur de tiers et qui, à ce titre, soit :

– interviennent en qualité d'agent pour la constitution d'une personne morale, d'une entité juridique ou d'un trust ;

– interviennent ou procèdent aux arrangements nécessaires afin qu'une autre personne intervienne en qualité d'administrateur ou de secrétaire général d'une société de capitaux, d'associé d'une société de personnes ou de titulaire d'une fonction similaire pour d'autres personnes morales ou entités juridiques ;

– fournissent un siège, une adresse commerciale ou des locaux, une adresse administrative ou postale à une société de capitaux, une société de personnes ou toute autre personne morale ou entité juridique ;

– interviennent ou procèdent aux arrangements nécessaires afin qu'une autre personne intervienne en qualité d'administrateur d'un trust ;

– interviennent ou procèdent aux arrangements nécessaires afin qu'une autre personne intervienne en qualité d'actionnaire agissant pour le compte d'une autre personne ;

6° les maisons de jeux ;

7° les changeurs manuels ;

8° les transmetteurs de fonds ;

9° les professions relevant de la loi n° 1.252 du 12 juillet 2002 sur les conditions d'exercice des activités relatives à certaines opérations portant sur les immeubles et les fonds de commerce ;

10° les marchands de biens ;

11° les conseils dans les domaines économiques, juridiques ou fiscaux ;

12° les services de surveillance, de protection et de transports de fonds ;

13° les commerçants et personnes organisant la vente de pierres précieuses, matériaux précieux, d'antiquités, d'œuvres d'art et autres objets de grande valeur ;

14° les commissionnaires du concessionnaire de prêts sur gage ;

15° les personnes non mentionnées aux chiffres précédents et à l'article 2 qui, à titre professionnel, réalisent, contrôlent ou conseillent des opérations entraînant des mouvements de capitaux.

Ne sont pas soumis aux dispositions de la présente loi les organismes et les personnes, exerçant une activité financière remplissant les conditions suivantes :

– générer un chiffre d'affaires ne dépassant pas un montant maximal fixé par ordonnance souveraine ;

– être limitée en ce qui concerne les transactions qui ne doivent pas dépasser un montant maximal par client et par transaction, fixé par ordonnance souveraine, que la transaction soit effectuée en une seule opération ou en plusieurs opérations apparaissant comme liées ;

– ne pas constituer l'activité principale et générer un chiffre d'affaires ne dépassant pas un pourcentage du chiffre d'affaires total de l'organisme ou de la personne concernée fixé par ordonnance souveraine ;

– être accessoire d'une activité principale non mentionnée au premier alinéa du présent article et directement liée à celle-ci ;

– être exercée pour les seuls clients de l'activité principale et ne pas être généralement offerte au public.

Art. 2. – Dans la mesure où elles le prévoient expressément, les dispositions de la présente loi sont également applicables aux personnes mentionnées ci-après :

1° les notaires ;

2° les huissiers de justice ;

3° les experts-comptables et comptables agréés ;

4° les avocats-défenseurs, avocats et avocats stagiaires lorsque :

– ils assistent leurs clients dans la préparation ou la réalisation de transactions concernant l'achat ou la vente de biens immeubles ou d'entreprises commerciales, dans l'organisation des apports nécessaires à la constitution, à la gestion ou à la direction de sociétés, ou encore dans la constitution, la gestion ou la direction de fiducies, de sociétés ou de structures similaires ;

– ils agissent au nom de leurs clients et pour le compte de ceux-ci dans toute transaction financière ou immobilière.

CHAPITRE II. – DE L'OBLIGATION D'IDENTIFICATION DES CLIENTS ET DE VIGILANCE

Art. 3. – Les organismes et les personnes visés aux articles premier et 2 doivent, lorsqu'ils nouent une relation d'affaires, identifier leurs clients habituels ainsi que leurs mandataires et vérifier les identités de chacun d'entre eux au moyen d'un document probant, dont ils conservent copie.

Lesdits organismes ou personnes procèdent de la même manière pour les clients occasionnels, lorsque ceux-ci souhaitent réaliser :

– un transfert de fonds ;

– une opération dont le montant atteint ou excède un montant fixé par ordonnance souveraine, qu'elle soit effectuée en une seule ou en plusieurs opérations entre lesquelles semble exister un lien ;

– une opération, même d'une somme inférieure audit montant, dès qu'il y a soupçon de blanchiment de capitaux, de financement du terrorisme ou de corruption.

Les dispositions du premier alinéa s'appliquent également lorsque lesdits organismes ou personnes ont des doutes quant à la véracité ou à l'exactitude des données d'identification au sujet d'un client avec lequel ils sont d'ores et déjà en relation d'affaires.

L'identification et la vérification portent sur le nom, le prénom, et l'adresse pour les personnes physiques.

Pour les personnes morales, les entités juridiques et les trusts, elles portent sur la dénomination sociale, le siège social, la liste des dirigeants et la connaissance des dispositions régissant le pouvoir d'engager la personne morale, l'entité juridique ou le trust, sans préjudice des mesures prévues au premier alinéa de l'article 5.

L'identification porte également sur l'objet et la nature envisagée de la relation d'affaires.

Les modalités d'application du présent article sont précisées par ordonnance souveraine.

Art. 4. – Les organismes et les personnes visés aux articles premier et 2 doivent exercer une vigilance constante à l'égard de la relation d'affaires :

– en examinant les transactions ou opérations conclues pendant toute sa durée et, si nécessaire, sur l'origine des fonds, de manière à vérifier qu'elles sont cohérentes par rapport à la connaissance qu'ont lesdits organismes ou personnes de leurs clients, de leur arrière plan socio-économique, de leurs activités commerciales et de leur profil de risque ;

– en tenant à jour les documents, données ou informations détenus par un examen continu et attentif des opérations ou transactions effectuées.

Lorsque les organismes et les personnes visés aux articles premier et 2 ne peuvent remplir les obligations prescrites à l'article 3 et au premier alinéa du présent article, ils ne peuvent nouer ni maintenir une relation d'affaires. Ils apprécient s'il y a lieu d'en informer le Service d'Information et de Contrôle sur les Circuits Financiers, conformément aux dispositions du Chapitre VI.

Les organismes et les personnes visés aux chiffres 1 à 5 de l'article premier sont autorisés à faire exécuter les obligations prescrites à l'article 3 et au premier alinéa du présent article par un tiers, si celui-ci est un établissement de crédit ou une institution financière répondant aux deux conditions suivantes :

– s'être lui-même acquitté de son devoir de vigilance ;

– être établi dans un État dont la législation comporte des dispositions réputées équivalentes à celles des articles 3 à 5 et faire l'objet d'une surveillance pour le respect de ces obligations.

Les organismes et les personnes visés aux chiffres 6 à 15 de l'article premier, ainsi que les personnes visées à l'article 2, sont autorisés à faire exécuter les obligations prescrites à l'article 3 et au premier alinéa du présent article par un tiers, si celui-ci est un établissement de crédit ou une institution financière soumise à la présente loi ou une des personnes visées à l'article 2, qui s'est lui-même acquitté de son devoir de vigilance.

Les organismes visés à l'article premier dont l'activité couvre les virements et transferts de fonds sont tenus d'incorporer à ces opérations ainsi qu'aux messages s'y rapportant, des renseignements exacts et utiles relatifs à leurs clients donneurs d'ordre.

Ces mêmes organismes conservent tous ces renseignements et les transmettent lorsqu'ils interviennent en qualité d'intermédiaire dans une chaîne de paiement.

Des mesures spécifiques peuvent être prises pour les virements transfrontaliers transmis par lots et les virements et transferts de fonds à caractère permanent de salaires, pensions ou retraites qui ne génèrent pas un risque accru de blanchiment de capitaux, de financement du terrorisme ou de corruption.

Les conditions dans lesquelles ces renseignements doivent être conservés ou mis à disposition des autorités ou des autres institutions financières sont précisées par ordonnance souveraine.

Les organismes visés au chiffre 6° de l'article premier doivent identifier leurs clients et vérifier leur identité, au moyen d'un document probant, dont il est pris copie, lorsque ceux-ci achètent ou échangent des plaques ou jetons pour des montants égaux ou supérieurs à des montants fixés par ordonnance souveraine ainsi que lorsque ceux-ci souhaitent réaliser toute autre opération financière en relation avec le jeu, sans préjudice de l'application des mesures prévues à l'article 5.

Les modalités d'application des obligations prescrites au présent article en fonction du risque que représente le client, la relation d'affaires ou l'opération sont fixées par ordonnance souveraine.

Art. 5. – Les organismes et les personnes visés aux articles premier et 2 doivent identifier et prendre toutes les mesures raisonnables pour vérifier l'identité de la ou des personnes au profit de laquelle ou desquelles l'opération ou la transaction est effectuée :

1° lorsqu'ils doutent qu'un client avec lequel ils sont d'ores et déjà en relation d'affaires agisse pour son propre compte ;

2° lorsque le client est une personne morale, une entité juridique ou un trust.

Dans ce dernier cas, les mesures incluent l'identification de la ou des personnes physiques qui, en dernier ressort, possèdent ou contrôlent le client.

Les conditions d'application des obligations prescrites au présent article, en fonction du risque que représentent le client, la relation d'affaires, l'opération ou la transaction, sont fixées par ordonnance souveraine.

Art. 6. – Toute transaction anonyme au moyen de bons du Trésor ou de bons de caisse est interdite.

Les dispositions de l'article 3 s'appliquent aux souscripteurs de bons du Trésor définis à l'article 3 de l'ordonnance n° 1.105 du 25 mars 1955 concernant l'émission de bons du Trésor, et de bons de caisse définis par la loi n° 712 du 18 décembre 1961 réglementant l'émission par les entreprises commerciales ou industrielles de bons de caisse.

Toutes les informations relatives à l'identité et à la qualité du souscripteur doivent être portées sur un registre qui est obligatoirement conservé dans les conditions prévues à l'article 10.

Art. 7. – Tous les renseignements et documents relatifs aux transactions sur l'or, l'argent, le platine ou tout autre métal précieux, tels que la nature, le nombre, le poids et le titre des matières et ouvrages d'or, d'argent, de platine ou tout autre métal précieux, achetés ou vendus, ainsi que les noms et adresses des personnes les ayant cédés et celles pour le compte desquelles les personnes visées à l'article premier les ont achetés, doivent être inscrits sur un registre conservé dans les conditions prévues à l'article 10.

Tous les renseignements et documents relatifs aux opérations de change manuel dont le montant total atteint ou excède une somme fixée par ordonnance souveraine doivent être inscrits sur un registre conservé dans les conditions prévues à l'article 10. Ces renseignements incluent l'identité du client, la nature de l'opération, la ou les devises concernées, les sommes changées ainsi que les cours pratiqués.

Art. 8. – Les organismes et les personnes visés aux articles premier et 2 ne sont pas soumis aux obligations des articles 3 à 5 lorsque le client est :

– un organisme ou une personne visés aux chiffres 1 et 2 de l'article premier ;

– un établissement de crédit ou une institution financière établis dans un État dont la législation comporte des dispositions réputées équivalentes à celles de la présente loi et qui fait l'objet d'une surveillance pour la conformité à ces obligations ;

– une société cotée, dont les valeurs sont admises à la négociation sur un marché réglementé, établie dans un État dont la législation comporte des dispositions réputées équivalentes à celles de la présente loi et qui fait l'objet d'une surveillance pour la conformité à ces obligations ;

– une autorité publique nationale.

À cette fin, ils recueillent en toutes circonstances des informations suffisantes pour établir si le client remplit ces conditions.

Les dispositions du premier alinéa ne s'appliquent pas en cas de soupçon de blanchiment de capitaux, de financement du terrorisme ou de corruption.

CHAPITRE III. – DES OBLIGATIONS D'ORGANISATION INTERNE

Art. 9. – Les organismes et personnes visés aux articles premier et 2 prennent les dispositions spécifiques et adéquates qui sont nécessaires pour faire face au risque accru de blanchiment de capitaux, de financement du terrorisme et de corruption qui existe lorsqu'ils nouent des relations d'affaires ou effectuent une transaction avec un client qui n'est pas physiquement présent aux fins de l'identification, notamment dans le cadre de l'utilisation des nouvelles technologies.

Les conditions d'application de l'obligation prescrite au présent article sont fixées par ordonnance souveraine.

Art. 10. – Les organismes et les personnes visés aux articles premier et 2 sont tenus de :

– conserver pendant cinq ans au moins, après avoir mis fin aux relations avec leurs clients habituels ou occasionnels désignés à l'article 3, une copie de tous les documents probants ayant successivement servi à l'identification et à la vérification de l'identité, ainsi que de tous les documents recueillis ayant permis l'identification prescrite à l'article 5 ;

– conserver pendant une période d'au moins cinq ans à partir de l'exécution des opérations, une copie des enregistrements, des livres de comptes, de la correspondance commerciale et des documents relatifs aux opérations effectuées de façon à pouvoir les reconstituer précisément ;

– enregistrer les opérations effectuées de manière à pouvoir répondre aux demandes de renseignements visées à l'article 27, dans le délai prescrit ;

– être en mesure de répondre de manière rapide et complète à toute demande d'information du Service d'Information et de Contrôle sur les Circuits Financiers tendant à déterminer s'ils entretiennent ou ont entretenu au cours des cinq années précédentes une relation d'affaires avec une personne physique ou morale donnée et la nature de cette relation.

Le Service d'Information et de Contrôle sur les Circuits Financiers peut demander la prorogation des délais de conservation dans le cadre d'une investigation en cours.

Art. 11. – Les organismes et les personnes visés aux articles premier et 2 sont tenus de soumettre à un examen particulier toute opération qu'ils considèrent, particulièrement susceptible, de par sa nature ou de par son caractère complexe ou inhabituel au regard des activités du client ou de par l'absence de justification économique ou d'objet licite apparent, d'être liée au blanchiment de capitaux, au financement du terrorisme ou à la corruption.

Cet examen s'accomplit selon l'appréciation du risque associé au type de client, de la relation d'affaires, du produit ou de la transaction. Ces organismes et ces personnes doivent être en mesure de prouver aux autorités de contrôle désignées au Chapitre VII que l'étendue de ces mesures est approprié au vu des risques de blanchiment de capitaux, de financement du terrorisme ou de corruption.

Ils établissent un rapport écrit des résultats de cet examen portant sur l'origine et la destination des sommes et sur l'objet de l'opération et son bénéficiaire ; ce rapport et tous les documents relatifs à l'opération sont transmis aux personnes visées à l'article 13 aux fins d'être conservés durant le délai prescrit à l'article 10 et tenus à la disposition du Service d'Information et de Contrôle sur les Circuits Financiers.

Les mesures prévues au présent article s'appliquent également aux opérations impliquant une contrepartie ayant des liens avec un État ou un territoire dont la législation est reconnue insuffisante ou dont les pratiques sont considérées comme faisant obstacle à la lutte contre le blanchiment des capitaux, le financement du terrorisme ou la corruption.

Un arrêté ministériel détermine l'État ou le territoire concerné ainsi que le montant minimal de ces opérations.

Art. 12. – Les organismes et les personnes visés aux articles premier et 2 prennent les mesures appropriées pour former et sensibiliser ceux de leurs préposés qui sont concernés par les dispositions de la présente loi. Ces mesures peuvent comprendre la participation des intéressés à des programmes spéciaux afin de les sensibiliser aux opérations et aux faits qui peuvent être liés au blanchiment de capitaux, au financement du terrorisme ou à la corruption et de les instruire sur la manière de procéder en pareil cas.

Art. 13. – Les organismes et les personnes visés à l'article premier dont l'effectif de salariés est supérieur à un seuil fixé par ordonnance souveraine désignent, en leur sein, une ou plusieurs personnes responsables de l'application de la présente loi dont ils communiquent l'identité au Service d'Information et de Contrôle sur les Circuits Financiers.

Ces personnes responsables, exerçant en Principauté sont chargées principalement de l'établissement de procédures de contrôle interne, de communication et de centralisation des informations, afin de prévenir, repérer et empêcher la réalisation d'opérations liées au blanchiment de capitaux, au financement du terrorisme ou à la corruption.

Les organismes et les personnes visées à l'article premier qui ne remplissent pas les conditions mentionnées au premier alinéa du présent article, ainsi que les personnes visées à l'article 2, sont également tenues de se doter de procédures de contrôle interne, de communication et de centralisation des informations, afin de prévenir, repérer et empêcher la réalisation d'opérations liées au blanchiment de capitaux, au financement du terrorisme ou à la corruption.

Les procédures de contrôle interne prennent spécifiquement en compte le risque accru de blanchiment de capitaux, de financement du terrorisme ou de corruption en cas d'opérations à distance visées à l'article 9.

Un exemplaire en langue française des procédures prévues aux précédents alinéas est communiqué au Service d'Information et de Contrôle sur les Circuits Financiers. Les modalités d'application des obligations prescrites au présent article sont fixées par ordonnance souveraine.

CHAPITRE IV. – DE LA LIMITATION DES PAIEMENTS EN ESPÈCES

Art. 14. – Le prix de la vente par un commerçant d'un article dont la valeur totale atteint ou excède un montant de 30 000 euros ne peut être acquitté en espèces.

CHAPITRE V. – DU SERVICE D'INFORMATIONS ET DE CONTRÔLE SUR LES CIRCUITS FINANCIERS

Art. 15. – Le Service d'Information et de Contrôle sur les Circuits Financiers (SICCFIN) est l'autorité centrale nationale chargée de recueillir, analyser et transmettre les informations en lien avec la lutte contre le blanchiment de capitaux, le financement du terrorisme et la corruption.

À ce titre, il est chargé de recevoir, d'analyser et de traiter les déclarations transmises par les organismes et les personnes visés à l'article premier et au chiffre 3 de l'article 2, conformément aux dispositions du Chapitre VI.

Le Service est chargé, sous réserve de réciprocité, de répondre aux demandes de renseignements émanant de services étrangers qui exercent des compétences analogues, sous réserve que ceux-ci soient soumis aux mêmes obligations de secret professionnel et dès lors que les renseignements fournis ne peuvent être utilisés à d'autres fins que celles de la lutte contre le blanchiment de capitaux, le financement du terrorisme et la corruption.

Les attributions du Service sont précisées par ordonnance souveraine.

Art. 16. – Le Service d'Information et de Contrôle sur les Circuits Financiers procède à l'examen des déclarations et des demandes mentionnées à l'article précédent et, dans ce cadre, peut demander tout renseignement complémentaire, conformément à l'article 27.

Dès que cet examen fait apparaître un indice sérieux de blanchiment de capitaux, de financement du terrorisme ou de corruption, le Service établit un rapport qu'il transmet au Procureur Général, accompagné de tout document pertinent, à l'exception de la déclaration elle-même qui ne doit figurer en aucun cas dans les pièces de procédure, sous peine des sanctions prévues à l'article 308 du Code pénal.

Lorsque le Service saisit le Procureur Général, il en informe l'organisme ou la personne qui a effectué la déclaration.

Art. 17. – Les agents du Service d'Information et de Contrôle sur les Circuits Financiers sont commissionnés et assermentés pour l'exercice de leur mission. Ils ne peuvent utiliser ou divulguer les renseignements recueillis dans le cadre de cet exercice à d'autres fins que celles prescrites par la présente loi, sous peine des sanctions prévues à l'article 308 du Code pénal.

Le Service tient des statistiques détaillées et publie un rapport annuel de ses activités.

CHAPITRE VI. – DE LA DÉCLARATION DE SOUPÇON (1)

Art. 18. – Les organismes et les personnes visés à l'article premier et au chiffre 3° de l'article 2 sont tenus de déclarer au Service d'Information et de Contrôle sur les Circuits Financiers, en considération de leur activité, toutes les sommes inscrites dans leurs livres et toutes les opérations qui pourraient être liées au blanchiment de capitaux, au financement du terrorisme ou à la corruption.

Cette déclaration effectuée sur la base de raisons suffisantes de soupçonner, doit être accomplie par écrit, avant que l'opération soit exécutée, et préciser les faits qui constituent les indices sur lesquels lesdits organismes ou les personnes se fondent pour effectuer la déclaration. Elle indique, le cas échéant, le délai dans lequel l'opération doit être exécutée. Si les circonstances le nécessitent, la déclaration peut éventuellement être anticipée par télécopie ou par un moyen électronique approprié.

Toute information recueillie postérieurement à la déclaration et susceptible d'en modifier la portée doit être communiquée sans délai au Service d'Information et de Contrôle sur les Circuits Financiers.

Art. 19. – Dès réception de la déclaration, le Service d'Information et de Contrôle sur les Circuits Financiers en accuse réception.

Si, en raison de la gravité ou de l'urgence de l'affaire, le Service d'Information et de Contrôle sur les Circuits Financiers l'estime nécessaire, il peut faire opposition à l'exécution de toute opération pour le compte du client concerné par la déclaration.

Cette opposition est notifiée par écrit ou, à défaut, par télécopie ou par un moyen électronique approprié, avant l'expiration du délai prévu à l'article précédent. Elle fait obstacle à l'exécution de toute opération pendant une durée maximale de trois jours ouvrables à compter de la notification.

(1) Concernant le formulaire des déclarations d'opération suspecte : V. A. min. n° 2010-175, 1er avr. 2010.

À défaut d'opposition notifiée dans le délai prescrit, l'organisme ou la personne concernés sont libres d'exécuter l'opération.

Art. 20. – L'opposition peut être prorogée en ses effets au delà de la durée légale par ordonnance du Président du Tribunal de Première Instance sur réquisition du Procureur Général, saisi par le Service d'Information et de Contrôle sur les Circuits Financiers, conformément aux articles 851 et 852 du Code de procédure civile, qui peut, à toute fin de sauvegarde, placer sous séquestre les fonds, titres ou matières concernés par la déclaration.

L'ordonnance est exécutoire sur minute après son enregistrement, ou même avant l'accomplissement de cette formalité, si le Président du Tribunal de Première Instance l'ordonne exceptionnellement à raison de l'urgence.

Les organismes ou les personnes visés à l'article premier détenant les fonds, titres ou matières objet de la mesure conservatoire sont chargés d'assurer les fonctions de gardien.

Lorsque l'opération n'a pas fait l'objet d'opposition, les dirigeants ou les préposés des organismes financiers ne peuvent, sauf concertation frauduleuse avec le propriétaire des sommes ou l'auteur de l'opération, être poursuivis du chef des infractions visées par la loi n° 890 du 1er juillet 1970 sur les stupéfiants et les articles 218-2 et 339 du Code pénal.

Art. 21. – Dans l'hypothèse où les organismes ou les personnes visés à l'article premier savent ou soupçonnent qu'une opération est liée au blanchiment de capitaux, au financement du terrorisme ou à la corruption, mais ne peuvent effectuer de déclarations prévues à l'article 18 avant d'exécuter cette opération, soit parce que son report n'est pas possible, soit parce qu'il serait susceptible d'empêcher la poursuite des bénéficiaires d'infractions présumées de blanchiment de capitaux, de financement du terrorisme ou de corruption, ces organismes ou ces personnes procèdent à cette déclaration immédiatement après avoir exécuté l'opération.

Dans ce cas, ils indiquent également la raison pour laquelle il n'a pu être procédé à la déclaration préalablement à l'exécution de l'opération.

Les dispositions du dernier alinéa de l'article 18 sont applicables aux obligations du présent article.

Art. 22. – Hors les cas prévus aux articles 18 et 21, lorsque les organismes ou les personnes visés à l'article premier et au chiffre 3° de l'article 2 ont connaissance d'un ou de plusieurs faits qui pourraient être l'indice d'une infraction de blanchiment de capitaux, de financement du terrorisme ou de corruption, ils en informent immédiatement le Service d'Information et de Contrôle sur les Circuits Financiers par une déclaration.

Ils sont également tenus à cette même obligation dans l'hypothèse où une opération est refusée ou ne peut être menée à terme par la faute du client.

Cette déclaration doit être effectuée par écrit, selon les mêmes modalités que celles prévues à l'article 18, et préciser les faits constitutifs dudit indice.

Art. 23. – Les notaires et huissiers de justice qui, dans l'exercice de leur profession, ont connaissance de faits qu'ils savent ou soupçonnent être liés au blanchiment de capitaux, au financement du terrorisme ou à la corruption sont tenus d'en informer immédiatement le Procureur Général.

Il en est de même pour les avocats-défenseurs, avocats et avocats stagiaires lorsque, dans l'exercice des activités énumérées au chiffre 4° de l'article 2, ils ont connaissance de tels faits.

Ils ne sont toutefois pas tenus d'aviser le Procureur Général si les informations sur ces faits ont été reçues d'un de leurs clients ou obtenues à son sujet lors d'une consultation juridique, lors de l'évaluation de sa situation juridique ou dans l'exercice de leur mission de défense ou de représentation de l'intéressé en justice, également lorsqu'il s'agit de conseils relatifs à la manière d'engager, de conduire ou d'éviter une action, que ces informations soient reçues ou obtenues avant, pendant ou après une procédure y afférente.

Le Procureur Général informe le Service d'Information et de Contrôle sur les Circuits Financiers des faits qui lui sont ainsi signalés.

Art. 24. – Les obligations de déclarations du présent Chapitre peuvent être étendues aux opérations et aux faits concernant des personnes physiques ou morales domiciliées, enregistrées ou établies dans un État ou un territoire dont la législation est reconnue insuffisante ou dont les pratiques sont considérées comme faisant obstacle à la lutte contre le blanchiment des capitaux, le financement du terrorisme ou la corruption.

Un arrêté ministériel détermine l'État ou le territoire, les faits, le type et le montant minimal des opérations qui sont concernés.

Art. 25. – Les déclarations et les transmissions de renseignements du présent Chapitre sont effectuées, selon le cas, par la ou les personnes désignées au sein des organismes ou des personnes visés à l'article premier, conformément à l'article 13, ou par les personnes visées à l'article 2.

Les règles relatives aux modalités de ces déclarations et transmissions sont fixées, notamment en ce qui concerne leur forme et leur contenu, par arrêté ministériel.

Art. 26. – Les personnes visées à l'article premier, dont le siège social est situé dans la Principauté et qui disposent à l'étranger d'une succursale ou d'une filiale, doivent veiller à ce que celle-ci respecte des mesures au moins équivalentes aux dispositions de la présente loi, et lui communiquent les mesures et procédures pertinentes à cet effet.

Si la législation étrangère fait obstacle à l'application de telles mesures ou procédures, elles doivent en informer le Service d'Information et de Contrôle sur les Circuits Financiers.

Ces personnes ne peuvent ni ouvrir une succursale ou un bureau de représentation domicilié, enregistré ou établi dans l'un des États ou territoires désignés par arrêté ministériel en application de l'article 24, ni acquérir ou créer, directement ou indirectement, une filiale exerçant l'activité d'un établissement de crédit ou d'une entreprise d'investissement ou d'une entreprise d'assurances, domiciliée, enregistrée ou établie dans l'un de ces États ou territoires.

Art. 27. – Aux fins d'application de la présente loi, le Service d'Information et de Contrôle sur les Circuits Financiers peut se faire communiquer, dans les plus brefs délais, tous les renseignements en leur possession, de la part :

1° de tout organisme ou personne visé aux articles premier et 2 ;
2° des services de police, notamment en ce qui concerne les informations d'ordre judiciaire ;
3° des autres services de l'État ;
4° du Procureur Général ;
5° des organismes nationaux remplissant des fonctions de supervision.

Les autorités judiciaires, les services de police, les autorités de contrôle ainsi que les autres services de l'État peuvent communiquer d'initiative au Service d'Information et de Contrôle sur les Circuits Financiers toute information qu'ils jugent utiles à l'exercice de sa mission.

Le Procureur Général informe le Service des décisions, des jugements et des ordonnances de non-lieu rendues conséquemment à la transmission des rapports prévus à l'article 16.

Art. 28. – Sous réserve de réciprocité et à condition qu'aucune procédure pénale ne soit déjà engagée devant les juridictions monégasques pour les même faits, le Service d'Information et de Contrôle sur les Circuits Financiers peut communiquer aux autorités centrales étrangères en charge de la lutte contre le blanchiment de capitaux, le financement du terrorisme et la corruption les informations relatives à des opérations paraissant relever de ces domaines.

Aucune information n'est communiquée si ces autorités ne sont pas soumises à des obligations de secret professionnel équivalentes à celles auxquelles le Service est légalement tenu ou ne présentent pas de garanties suffisantes que les informations fournies ne pourront être utilisées à d'autres fins que celles de la lutte contre le blanchiment de capitaux, le financement du terrorisme et la corruption.

Dans le cadre de l'analyse des déclarations prévu au 2ème alinéa de l'article 15, le Service peut solliciter tout renseignement complémentaire nécessaire à l'accomplissement de sa mission auprès de ses homologues étrangers.

Art. 29. – Une déclaration effectuée de bonne foi en vertu du présent Chapitre ne peut faire l'objet de poursuites sur le fondement de l'article 308 du Code pénal.

Aucune action en responsabilité civile ne peut être intentée, ni aucune sanction professionnelle prononcée contre un organisme ou une personne visés aux articles premier et 2, ses dirigeants ou ses préposés habilités, qui font de bonne foi une telle déclaration.

Ces dispositions sont applicables même lorsque la preuve du caractère délictueux des faits qui ont suscité la déclaration n'est pas rapportée ou lorsque ces faits ont fait l'objet d'une décision de non-lieu, de relaxe ou d'acquittement.

Art. 30. – L'interdiction énoncée à l'article 43 n'empêche pas la divulgation entre les organismes et personnes visés aux chiffres 1 et 2 de l'article premier, qu'elles soient établies en Principauté ou dans un État tiers, soit :

- lorsqu'elles appartiennent au même groupe ;
- dans les cas concernant le même client et la même opération faisant intervenir au moins deux établissements. Dans ce cas, ces organismes et personnes doivent relever de la même catégorie professionnelle et être soumis à des obligations équivalentes en matière de secret professionnel et de protection des données à caractère personnel.

Les personnes établies dans le pays tiers doivent remplir les conditions fixées par le 2e tiret du 1er alinéa de l'article 8.

Les informations échangées sont utilisées exclusivement à des fins de prévention du blanchiment de capitaux, du financement du terrorisme et de la corruption.

CHAPITRE VII. – AUTORITÉS DE CONTRÔLE

Art. 31. – Le contrôle de l'application des Chapitres II, III et VI et des mesures prises pour leur exécution par les personnes visées à l'article premier et au chiffre 3 de l'article 2 est exercé par les agents du Service d'Information et de Contrôle sur les Circuits Financiers, spécialement commissionnés et assermentés.

Les modalités de ce contrôle sont définies par ordonnance souveraine.

Le Service d'Information et de Contrôle sur les Circuits Financiers peut se faire assister d'un expert tenu au secret professionnel selon les dispositions de l'article 308 du Code pénal et qui prête serment de le respecter.

Les agents dudit service disposent de pouvoirs identiques à ceux conférés aux agents commissionnés et assermentés du service des enquêtes économiques et financières par les articles 18 et 19 de la loi n° 1.144 du 26 juillet 1991 concernant l'exercice de certaines activités économiques et juridiques.

Art. 32. – Le contrôle de l'application des Chapitres II, III et VI et des mesures prises pour son exécution par les notaires, les huissiers de justice, les avocats-défenseurs, les avocats et avocats stagiaires est exercé par le Procureur Général qui peut se faire assister d'agents du Service d'Information et de Contrôle sur les Circuits Financiers.

Art. 33. – Les personnes visées aux chiffres 3 à 5 et 7 à 15 de l'article premier sont tenues de faire établir par un expert-comptable ou un comptable agréé inscrit au tableau de l'Ordre un rapport annuel permettant d'évaluer l'application de la présente loi et des mesures prises pour son exécution.

Sans préjudice des dispositions de l'article 31, sont exonérées de l'obligation prévue au premier alinéa, les sociétés de personnes et les entreprises en nom personnel, dont le chiffre d'affaires et l'effectif de salariés sont inférieurs à un seuil fixé par ordonnance souveraine.

Une copie de ce rapport est adressée au Service d'Information et de Contrôle sur les Circuits Financiers et à la direction de ces personnes.

Art. 34. – Dans le cadre de l'application du présent Chapitre, le Service d'Information et de Contrôle sur les Circuits Financiers peut collaborer et échanger des informations, avec des services étrangers ou avec des organismes nationaux remplissant des fonctions de supervision.

Cette coopération n'est possible que sous réserve de réciprocité et que si ces entités sont soumises à des obligations de secret professionnel analogues à celles du Service en vue de l'accomplissement de leur mission et présentent des garanties suffisantes que les informations fournies ne pourront être utilisées à d'autres fins que celles de la lutte contre le blanchiment de capitaux, le financement du terrorisme et la corruption.

CHAPITRE VIII. – TRANSPORT TRANSFRONTALIER D'ESPÈCES ET D'INSTRUMENTS AU PORTEUR

Art. 35. – Toute personne physique entrant ou sortant du territoire de la Principauté en possession d'espèces ou d'instruments au porteur dont le montant total est supérieur à un montant fixé par ordonnance souveraine doit, sur demande de l'autorité de contrôle, faire une déclaration au moyen du formulaire prévu à cet effet.

Sont considérés comme instruments au porteur au sens de la présente loi :

- les instruments négociables au porteur tels que les chèques de voyage ;
- les autres instruments négociables, y compris les chèques, billets à ordre et mandats, qui sont :
  • soit endossables sans restriction ;

• soit établis à l'ordre d'un bénéficiaire fictif ou qui se présentent sous une forme opérant transfert de la propriété de l'instrument au moment de sa cession ;

– les instruments incomplets, y compris les chèques, billets à ordre et mandats, signés mais sur lesquels le nom du bénéficiaire n'a pas été indiqué.

L'autorité de contrôle et le contenu du formulaire mentionnés au premier alinéa sont déterminés par ordonnance souveraine.

Art. 36. – L'autorité de contrôle transmet les déclarations visées au présent Chapitre au Service d'Information et de Contrôle sur les Circuits Financiers qui les enregistre, les traite et établit les statistiques qui y sont relatives.

Art. 37. – Les agents de l'autorité de contrôle sont chargés de recueillir et de contrôler sur place les déclarations. Ils ne peuvent utiliser les déclarations à d'autres fins que celles prévues par la présente loi, sous peine de l'application des sanctions prévues à l'article 308 du Code pénal.

S'il existe des indices permettant de soupçonner une déclaration frauduleuse ou que les espèces ou instruments au porteur déclarés sont en lien avec le blanchiment de capitaux, le financement du terrorisme ou la corruption, ces agents peuvent exiger la présentation des pièces établissant l'identité des personnes physiques concernées et les soumettre à des mesures de contrôle, ainsi que leurs bagages et leurs moyens de transport.

Art. 38. – En cas de fausse déclaration ou s'il a été satisfait à cette obligation de déclaration mais qu'il existe l'un des indices spécifiés à l'article précédent, les espèces ou instruments au porteur sont retenus par l'autorité de contrôle qui établit un procès-verbal transmis aux autorités judiciaires compétentes, et dont une copie est adressée au Service d'Information et de Contrôle sur les Circuits Financiers.

La durée de la rétention ne peut pas excéder 14 jours calendaires. Au terme de cette période, les espèces ou instruments au porteur sont remis à la disposition de la personne physique qui les transportait sans préjudice de la possibilité d'une saisie ultérieure par les autorités judiciaires.

CHAPITRE IX. – SANCTIONS

Section 1. – Sanctions administratives

Art. 39. – Sans préjudice des sanctions pénales, la méconnaissance, par les personnes visées à l'article premier, des dispositions de la présente loi et de ses textes d'application, est passible d'un avertissement prononcé par décision du directeur du Service d'Information et de Contrôle sur les Circuits Financiers.

En cas de manquement grave à ces mêmes obligations, le Service d'Information et de Contrôle sur les Circuits Financiers peut saisir le Ministre d'État afin qu'il prononce, à l'encontre du contrevenant, l'une des sanctions suivantes :

– un blâme ;

– une sanction pécuniaire proportionnelle à la gravité des manquements et dont le montant maximal ne peut excéder un million et demi d'euros ;

– l'interdiction d'effectuer certaines opérations ;

– la suspension temporaire de son autorisation d'exercer ;

– le retrait de cette autorisation.

Préalablement à toute décision de sanction, l'intéressé doit être informé, par écrit, des griefs formulés à son encontre et entendu en ses explications, ou dûment appelé à les fournir, par le Service d'Information et de Contrôle sur les Circuits Financiers. Lors de son audition, il peut être assisté d'un conseil de son choix. Ses explications sont consignées dans un rapport établi par ledit Service.

Toute sanction prononcée en vertu du présent article, à l'exception de l'avertissement peut être publiée au *Journal de Monaco*.

L'exercice de poursuites pénales n'ayant pas abouti à une décision de justice passée en force de chose jugée ne fait pas obstacle à l'application du présent article.

Section 2. Sanctions pénales

Art. 40. – **Quiconque met ou tente de mettre obstacle au contrôle exercé en vertu des articles 31 et 32 est puni d'un emprisonnement de un à six mois et de l'amende prévue au chiffre 2 de l'article 26 du Code pénal ou de l'une de ces deux peines seulement.**

Art. 41. – **Quiconque, par méconnaissance des obligations professionnelles de diligence mises à sa charge par la présente loi, contrevient aux dispositions des articles 18 à 24, est puni de l'amende prévue au chiffre 3 de l'article 26 du Code pénal.**

Quiconque contrevient aux dispositions des articles 6, 7 et 10, est puni de l'amende prévue au chiffre 2 de l'article 26 du Code pénal.

Art. 42. – **Quiconque contrevient à l'obligation déclarative énoncée à l'article 35 est puni d'une amende égale au quart de la somme sur laquelle aura porté l'infraction ou la tentative d'infraction, sans préjudice de l'éventuelle saisie et confiscation des espèces ou instruments au porteur concernés, prononcée dans les conditions prévues à l'article 12 du Code pénal.**

Art. 43. – **Sont punis de l'amende prévue au chiffre 4 de l'article 26 du Code pénal, les dirigeants ou les préposés des organismes financiers qui ont :**

– informé sciemment le propriétaire des sommes, l'auteur de l'une des opérations, ou un tiers de l'existence de la déclaration ou de la transmission de renseignements prévus au Chapitre VI ;

– divulgué à quiconque des informations sur les suites données à la déclaration.

Art. 44 *(C. pén., art. 218).*

Art. 45 *(C. pén., art. 219).*

Art. 46. – **La tentative des délits prévus par la présente loi est punie des mêmes peines que les délits eux-mêmes.**

CHAPITRE X. – DISPOSITIONS DIVERSES

Art. 47 *(V. L. n° 1.338, 7 sept. 2007, art. 17).*

Art. 48 *(V. L. n° 1.144, 26 juill. 1991, art. 8).*

Art. 49. – **Les conditions et modalités d'application de la présente loi sont fixées et précisées par ordonnance souveraine.**

La loi n° 1.162 du 7 juillet 1993 relative à la participation des organismes financiers à la lutte contre le blanchiment de capitaux et le financement du terrorisme, modifiée, ainsi que toute disposition contraire à la présente loi et à ses textes d'application sont abrogées.

Dans tous les textes légaux ou réglementaires en vigueur, les références aux dispositions de la loi n° 1.162 du 7 juillet 1993 susvisée sont remplacées, s'il y a lieu, par les références des dispositions de la présente loi.

Ordonnance nº 2.318 du 3 août 2009

fixant les conditions d'application de la loi n° 1.362 du 3 août 2009 relative à la lutte contre le blanchiment de capitaux, le financement du terrorisme et la corruption

(Journal de Monaco, 7 août 2009 ; Erratum Journal de Monaco, 21 août 2009)

Vu la Constitution ; Vu la loi n° 1.144 du 26 juillet 1991 concernant l'exercice de certaines activités économiques et juridiques, modifiée ; Vu l'ordonnance souveraine n° 11.160 du 24 janvier 1994 fixant les conditions d'application de la loi n° 1.162 du 7 juillet 1993 relative à la participation des organismes financiers à la lutte contre le blanchiment de capitaux et le financement du terrorisme, modifiée ; Vu l'ordonnance souveraine n° 11.246 du 12 avril 1994 constituant un Service d'Information et de Contrôle sur les Circuits Financiers (S.I.C.C.F.I.N.), modifiée ; Vu l'ordonnance souveraine n° 16.552 du 20 décembre 2004 créant un Comité de liaison de la lutte contre le blanchiment de capitaux et le financement du terrorisme, modifiée ; Vu la loi n° 1.362 du 3 août 2009 relative à la lutte contre le blanchiment de capitaux, le financement du terrorisme et la corruption ;

CHAPITRE I. – DÉFINITIONS

Art. 1er *(Mod., Ord. n° 4.104, 26 déc. 2012)*. – Pour l'application de la présente ordonnance, on entend par :

1°) « la loi » : la loi n° 1.362 du 3 août 2009 relative à la lutte contre le blanchiment de capitaux, le financement du terrorisme et la corruption ;

2°) « professionnel » : un organisme ou une personne morale ou physique relevant d'une des catégories énumérées aux articles 1 et 2 de la loi ;

3°) « opération occasionnelle » : opération visée au second alinéa de l'article 3 de la loi ;

4°) « bénéficiaire économique effectif » : la ou les personnes physiques qui in fine possèdent ou contrôlent le client et/ou la personne physique pour laquelle une transaction est effectuée. Ceci comprend également les personnes physiques qui exercent en dernier ressort un contrôle effectif sur une personne morale ou une construction juridique ;

5°) « opération atypique » : une opération particulièrement susceptible, de par sa nature, de par la qualité des personnes impliquées, de par son caractère complexe ou inhabituel au regard des activités du client, de son profil de risque, ou de par l'absence de justification économique ou d'objet licite apparent, d'être liée au blanchiment de capitaux ou au financement du terrorisme au sens du premier alinéa de l'article 11 de la loi ;

6°) « donneur d'ordre » : la personne physique ou morale qui, soit est le titulaire d'un compte à partir duquel elle donne instruction de procéder à un virement ou transfert de fonds, soit, en l'absence de compte, donne l'ordre d'effectuer un virement ou transfert de fonds ;

7°) « virement et transfert de fonds » : toute opération effectuée par voie électronique pour le compte d'un donneur d'ordre par l'intermédiaire d'une institution financière en vue de mettre des fonds à la disposition d'un bénéficiaire auprès d'une institution financière, le donneur d'ordre et le bénéficiaire pouvant être ou non la même personne ;

8°) « virement et transfert de fonds transfrontalier » : un virement pour lequel l'institution financière du donneur d'ordre et celle du bénéficiaire sont situées dans des pays différents, ce terme désignant également toute chaîne de virements électroniques qui comporte au moins un élément transfrontalier ;

9°) « virement et transfert de fonds national » : un virement pour lequel l'institution financière du donneur d'ordre et celle du bénéficiaire sont situées dans un même pays. Ce terme désigne donc toute chaîne de virements électroniques qui est entièrement exécutée à l'intérieur des frontières d'un même pays, même si le système utilisé pour effectuer l'opération est situé dans un autre pays ;

10°) « numéro d'identification unique » : un numéro formé par une combinaison de lettres, de chiffres ou de symboles déterminée par le prestataire de services de paiement conformément aux protocoles du système de paiement et de règlement ou du système de messagerie utilisé pour effectuer le virement de fonds ;

11°) « fonds » : tous types d'avoirs, matériels ou immatériels, corporels ou incorporels, meubles ou immeubles, ainsi que les actes juridiques ou documents attestant la propriété de ces avoirs ou des droits qui y sont relatifs ;

12°) « Système CORE » : Système qui assure l'échange, la compensation et le règlement de l'ensemble des moyens de paiement de masse entre les banques ;

13°) « transmetteur de fonds » : toute personne qui propose à titre de profession habituelle un service financier acceptant les espèces, les chèques ou tout autre instrument de paiement ou dépôt de valeurs dans un lieu donné et payant une somme équivalente en espèces ou sous toute autre forme à un bénéficiaire situé dans une autre zone géographique au moyen d'une communication, d'un message, transfert ou d'un système de compensation auquel le service de transmission de fonds appartient. Les transactions effectuées par le biais de ce service peuvent impliquer un ou plusieurs intermédiaires et une tierce partie réceptrice du paiement final ;

14°) « arrière plan économique » : la connaissance qu'a le professionnel de son client, de ses activités, de son profil de risque et, lorsque cela est nécessaire, de l'origine des fonds.

CHAPITRE II. – IDENTIFICATION ET VÉRIFICATION DE L'IDENTITÉ DES CLIENTS

Art. 2. – Une relation d'affaires est nouée au sens de l'article 3, de la loi lorsque :

– un professionnel et un client concluent un contrat en exécution duquel plusieurs opérations successives seront réalisées entre eux pendant une durée déterminée ou indéterminée, ou qui crée des obligations continues ;

– un client sollicite de manière régulière et répétée l'intervention d'un même professionnel pour la réalisation d'opérations financières distinctes et successives.

Art. 3. – En exécution de leurs obligations d'identification des clients en vertu de l'article 3 de la loi, les professionnels ne doivent pas tenir de comptes anonymes, ni de comptes sous des noms manifestement fictifs.

L'utilisation de comptes à numéros ou avec un intitulé conventionnel est admise uniquement dans les communications et opérations internes au professionnel, à condition que l'identité du client et du bénéficiaire économique effectif soit parfaitement connue du responsable du contrôle de la lutte contre le blanchiment de capitaux et le financement du terrorisme ainsi que de toute autre personne appropriée au sein de l'établissement, et puisse être communiquée à toute réquisition des agents du Service d'Information et de Contrôle sur les Circuits Financiers.

Les intitulés conventionnels retenus ne doivent en aucun cas être susceptibles de prêter à confusion avec une quelconque personne physique ou morale.

L'intitulé conventionnel d'un compte ne doit pas figurer sur les moyens de paiements scripturaux qui y sont rattachés, ni sur aucune correspondance commerciale ou aucun autre document relatif aux opérations effectuées adressés par le professionnel.

Art. 4. – Lorsqu'un client avec lequel une relation d'affaires est déjà nouée souhaite procéder à une des opérations visées au deuxième alinéa de l'article 3 de la loi, son identification n'est pas requise.

Art. 5. – L'identification d'un client est requise en vertu du troisième alinéa de l'article 3 de la loi lorsque :

– postérieurement à l'identification du client apparaissent des raisons de croire que les données d'identification qu'il a fournies étaient inexactes ou mensongères ;

– il existe des raisons de douter que la personne qui souhaite réaliser une opération dans le cadre d'une relation d'affaires antérieurement nouée est effectivement le client identifié en vue de cette relation d'affaires ou son mandataire autorisé et identifié.

Art. 6. – Lors de l'identification de clients personnes physiques, la vérification de leur identité conformément à l'article 3 de la loi, doit être opérée, en leur présence au moyen de tout document officiel en cours de validité portant leur photographie.

Lorsque l'adresse du client n'est pas mentionnée sur le document probant qu'il présente, ou en cas de doute quant à l'exactitude de l'adresse mentionnée, le professionnel est tenu de vérifier cette information au moyen d'un autre document susceptible de faire preuve de son adresse réelle et dont il est conservé copie.

Art. 7 *(Mod., Ord. n° 4.104, 26 déc. 2012).* – Lors de l'identification des clients personnes morales, la vérification de leur identité conformément à l'article 3 de la loi, doit être opérée au moyen des documents suivants :

– l'original, l'expédition ou la copie certifiée conforme d'un acte ou d'un extrait de registre officiel mentionnant la dénomination, la forme juridique et le siège social de la personne morale ;

– les statuts de la personne morale ;

– tout document probant permettant d'établir la liste des dirigeants ;

– en cas de représentation légale de la personne morale, tout document attestant des pouvoirs de représentation du mandataire social.

S'il l'estime nécessaire le professionnel, demande leur traduction en français.

Les professionnels doivent également comprendre la nature de l'activité de la personne morale ainsi que sa structure de propriété et de contrôle.

Art. 8 *(Mod., Ord. n° 4.104, 26 déc. 2012).* – Lors de l'identification des clients qui sont des entités juridiques ou des trusts, les professionnels prennent connaissance de l'existence, de la nature, des finalités poursuivies et des modalités de gestion et de représentation de l'entité juridique ou du trust concerné. Cette identification inclut également la prise de connaissance et la vérification de la liste des personnes autorisées à exercer l'administration ou la représentation de ces clients.

Lesdits professionnels vérifient ces informations au moyen de tous documents écrits probants dont ils conservent une copie.

Les professionnels doivent également comprendre la structure de propriété et de contrôle de l'entité juridique ou du trust.

Lorsque le client est une entité juridique ou un trust, les obligations d'identification du client et de vérification de son identité conformément à l'article 3 de la loi portent également sur le ou les constituants de l'entité juridique ou du trust ainsi que, le cas échéant, sur le ou les protecteurs de l'entité juridique ou du trust.

Art. 9 *(Rempl., Ord. n° 4.104, 26 déc. 2012)*. – Pour les activités d'assurance vie, les obligations d'identification du client et de vérification de son identité conformément à l'article 3 de la loi portent sur :

- la ou les personnes physiques ou morales qui sont bénéficiaires du contrat d'assurance vie ;
- la ou les personnes physiques ou morales qui souscrivent le contrat d'assurance vie ;
- la ou les personnes physiques ou morales qui procèdent au paiement de primes afférant au contrat d'assurance vie ;
- la ou les personnes physiques assurées au titre du contrat d'assurance vie.

Lorsque le client est une indivision, les obligations d'identification du client et de vérification de son identité conformément à l'article 3 de la loi portent sur chaque indivisaire.

Art. 10. – En vue de l'identification de l'objet et de la nature envisagés de la relation d'affaires, les professionnels prennent connaissance et consignent les types d'opérations pour lesquelles le client les sollicite, ainsi que toute information utile pour déterminer la finalité de cette relation. Ces informations, qui incluent notamment des renseignements concernant l'origine du patrimoine du client et son arrière plan économique, doivent être étayées au moyen de documents, données ou sources d'informations fiables.

Art. 11. – Sans préjudice de l'identification du client, l'identification des personnes agissant au nom et pour le compte du client dans les relations de ce dernier avec le professionnel doit être opérée conformément à l'article 3 de la loi et aux dispositions du présent Chapitre.

Les professionnels prennent, en outre, connaissance des pouvoirs de représentation de la personne agissant au nom du client dans les relations de ce dernier avec les professionnels et procèdent à leur vérification au moyen de documents probants dont ils conservent copie.

Sont notamment visés au présent article :

- les représentants légaux de clients incapables ;
- les personnes autorisées à agir au nom des clients en vertu d'un mandat général ou spécial ;
- les personnes autorisées à représenter les clients qui sont des personnes morales, des entités juridiques ou des trusts.

Art. 12. – Les professionnels appliquent les procédures d'identification et de vigilance à l'égard de la clientèle prévues aux articles 3 et 4 de la loi à tous leurs nouveaux clients, mais également à leur clientèle existante.

CHAPITRE III. – IDENTIFICATION DES BÉNÉFICIAIRES ÉCONOMIQUES EFFECTIFS

Art. 13 *(Erratum, Journal de Monaco du 21 août 2009 ; rempl., Ord. n° 4.104, 26 déc. 2012)*. – L'identification des bénéficiaires économiques effectifs conformément à l'article 5 de la loi porte sur les éléments d'identification suivants :

- nom,
- prénom,
- date de naissance,
- adresse.

Les professionnels prennent toutes les mesures raisonnables pour vérifier l'identité des bénéficiaires économiques effectifs conformément aux dispositions de l'article 6.

Lorsque la propriété ou le contrôle du client est exercé par le biais d'une chaîne de propriété ou par toute autre forme de contrôle autre que direct, outre la ou les personnes physiques bénéficiaires économiques effectifs, le professionnel doit identifier l'ensemble des personnes composant cette chaîne.

Lorsque la vérification de l'identité des personnes bénéficiaires économiques effectifs ne peut pas être opérée, les professionnels ne peuvent nouer ni maintenir une relation d'affaires avec le client concerné.

Ils déterminent alors s'il y a lieu d'en informer le Service d'Information et de Contrôle sur les Circuits Financiers conformément aux dispositions du Chapitre VI de la loi.

Art. 14 *(Rempl., Ord. n° 4.104, 26 déc. 2012).* – Lorsque le client est une personne morale, il faut entendre par bénéficiaires économiques effectifs :

– les personnes physiques qui, en dernier ressort, possèdent ou contrôlent directement ou indirectement au moins 25 % des actions ou des droits de vote de la personne morale ;

– les personnes physiques qui exercent effectivement le pouvoir de contrôle sur le capital ou sur la direction de la personne morale.

En cas de démembrement de propriété entre un nu-propriétaire et un usufruitier, il convient de considérer comme bénéficiaires économiques effectifs :

– les personnes physiques ayant la qualité de nu-propriétaires qui, en dernier ressort, possèdent directement ou indirectement au moins 25 % des actions ou des droits de vote de la personne morale ;

– les personnes physiques ayant la qualité d'usufruitiers qui, en dernier ressort, jouissent de l'usage et contrôlent directement ou indirectement au moins 25 % des actions ou des droits de vote de la personne morale ;

– les personnes physiques qui exercent effectivement le pouvoir de contrôle sur la direction de la personne morale.

Lorsque le client ou le détenteur d'une participation de contrôle est une société cotée en bourse sur un marché réglementé ou pouvant faire publiquement appel à l'épargne, située dans un État qui respecte et applique les recommandations internationalement reconnues en matière de lutte contre le blanchiment de capitaux et le financement du terrorisme et soumise à des obligations d'information publique, il n'est pas requis d'identifier les actionnaires de cette société ni de vérifier leur identité.

Cette exception ne s'applique pas en cas de soupçons de blanchiment de capitaux, de financement du terrorisme ou de corruption.

Les professionnels prennent les mesures raisonnables pour vérifier la liste des bénéficiaires économiques effectifs visés au premier tiret du premier alinéa au moyen de tout document probant.

Art. 15 *(Rempl., Ord. n° 3.450, 15 sept. 2011 ; Ord. n° 4.104, 26 déc. 2012).* – Lorsque le client est une entité juridique ou un trust, il faut entendre par bénéficiaires économiques effectifs :

– lorsque le ou les futurs bénéficiaires ont déjà été désignés, la ou les personnes physiques qui sont bénéficiaires des biens de l'entité juridique ou du trust ;

– lorsque le ou les futurs bénéficiaires n'ont pas encore été désignés, le groupe de personnes dans l'intérêt principal duquel l'entité juridique ou le trust a été constitué ou produit ses effets ;

– la ou les personnes physiques qui exercent un contrôle sur les biens d'une entité juridique ou d'un trust ;

– le ou les constituants de l'entité juridique ou du trust ;

– le cas échéant, la ou les personnes ayant qualité de protecteur.

Lorsque le ou les futurs bénéficiaires sont nommément désignés, ils doivent être identifiés dès que possible et leur identité vérifiée au plus tard lorsqu'ils ont l'intention d'exercer leurs droits sur les biens de l'entité juridique ou du trust. Dans tous les cas, ces vérifications doivent intervenir préalablement à toute entrée en jouissance de quelque manière que se soit des biens de l'entité juridique ou du trust.

Lorsque le ou les futurs bénéficiaires ne sont désignés que par des caractéristiques ou des catégories, les professionnels sont tenus d'obtenir des informations suffisantes pour avoir l'assurance qu'ils seront en mesure d'identifier et de vérifier l'identité de ces bénéficiaires au plus tard lorsqu'ils ont l'intention d'exercer les droits sur les biens de l'entité juridique ou du trust et dans tous les cas, préalablement à toute entrée en jouissance de quelque manière que se soit des biens de l'entité juridique ou du trust.

Les professionnels prennent toute mesure raisonnable :

– pour vérifier la liste des bénéficiaires économiques effectifs visés aux premier, quatrième et cinquième tirets du premier alinéa au moyen de l'acte constitutif de l'entité juridique ou du trust, ou de tout autre document probant ;

– afin de déterminer la liste des bénéficiaires économiques effectifs visés aux deuxième et troisième tirets du premier alinéa au moyen de toute information disponible à laquelle il est raisonnable de donner foi.

Art. 16 *(Rempl., Ord. n° 4.104, 26 déc. 2012).* – L'identification et la vérification de l'identité des bénéficiaires des contrats d'assurances vie prévues à l'article 5 de la loi doivent être opérées dès que possible, et au plus tard lorsque ces derniers font valoir leur droit au paiement de la prestation résultant du contrat, et, dans tous les cas, préalablement à ce paiement.

CHAPITRE IV. – IDENTIFICATION DES CLIENTS ET DES BÉNÉFICIAIRES ÉCONOMIQUES EFFECTIFS PAR UN TIERS

Art. 17. – L'intervention d'un tiers conformément aux alinéas 3 et 4 de l'article 4 de la loi est soumise aux conditions suivantes :

– le professionnel vérifie préalablement que le tiers répond aux conditions fixées par l'alinéa 3 de l'article 4 de la loi et conserve la documentation sur laquelle il s'est fondé ;

– le tiers s'engage par écrit, préalablement à l'entrée en relation, à fournir au professionnel les informations d'identification des clients ou des bénéficiaires économiques effectifs qu'il identifiera, ainsi qu'une copie des documents au moyen desquels il aura vérifié leur identité ;

– le tiers doit avoir personnellement procédé à l'identification du client, et en présence de ce dernier ;

– le professionnel doit être en mesure de procéder aux déclarations prévues au Chapitre VI de la loi et de répondre aux demandes du Service d'Information et de Contrôle sur les Circuits Financiers en application de l'article 27 dudit Chapitre ;

– il ne doit pas exister de relation contractuelle d'externalisation ou d'agence entre le professionnel et le tiers ; au cas contraire, le fournisseur du service externalisé ou l'agent est considéré comme une partie du professionnel.

Art. 18 *(Mod., Ord. n° 4.104, 26 déc. 2012).* – Lorsqu'une personne gérant des fonds communs de placement ou d'autres organismes de placement collectif reçoit les ordres de souscription et de rachat, elle doit identifier les porteurs de parts ou d'actions y relatifs conformément à l'article 3 de la loi.

Lorsqu'une personne gérant des fonds communs de placement ou d'autres organismes de placement collectif ne reçoit pas les ordres de souscription et de rachat, elle s'assure que l'établissement de crédit ou l'institution financière qui recueille ces ordres réponde aux conditions fixées par l'alinéa 3 de l'article 4 de la loi. Elle conserve la documentation sur laquelle elle s'est fondée pour vérifier que ces conditions sont remplies.

L'établissement de crédit dépositaire des actifs de fonds communs de placement ou d'autres organismes de placement collectif s'assure que la société de gestion remplit les obligations prévues aux précédents alinéas. Il conserve la documentation sur laquelle il s'est fondé pour vérifier que ces conditions sont remplies.

Lorsqu'un professionnel recueille les ordres de souscription et de rachat pour le compte de fonds communs de placement ou d'autres organismes collectif, il doit identifier les porteurs de parts ou d'actions y relatifs conformément à l'article 3 de la loi.

Art. 19. – *(Erratum publié au Journal de Monaco, 21 août 2009)* Pour l'application de l'alinéa 3 de l'article 4 et de l'article 8 de la loi ainsi que de l'article 27 de la présente ordonnance, afin de déterminer si un État dispose d'une législation pouvant être considérée comme imposant des obligations équivalentes à celles prévues par la loi, il convient de prendre en compte les éléments suivants :

– existence d'un système de surveillance du respect de l'application de la législation de lutte contre le blanchiment de capitaux et le financement du terrorisme ;

– adhésion de l'État à une instance internationale dont le mandat impose de s'assurer que les standards de lutte contre le blanchiment de capitaux et le financement du terrorisme soient mis en œuvre par ses membres ;

– déclarations ou rapports émanant d'organisations internationales, d'instances internationales de concertation et de coordination ou de sources publiques spécialisées dans la lutte contre le blanchiment de capitaux, le financement du terrorisme ou la corruption ;

– toutes informations utiles, publiquement disponibles, relatives à la conformité au regard des recommandations internationalement reconnues en matière de lutte contre le blanchiment de capitaux, le financement du terrorisme et la corruption, des dispositifs légaux et réglementaires et des mécanismes de lutte contre le blanchiment de capitaux, le financement du terrorisme et la corruption de cet État.

Art. 20 *(Rempl., Ord. n° 4.104, 26 déc. 2012).* – Les professionnels peuvent faire exécuter par un tiers dans les conditions fixées au premier alinéa de l'article 17 :

– leurs obligations d'identification et de vérification de l'identité des clients et leurs obligations d'identification de l'objet et de la nature envisagée de la relation d'affaires conformément aux articles 3 et 4 de la loi ;

– leurs obligations d'identification et de vérification de l'identité des bénéficiaires économiques effectifs conformément à l'article 5 de la loi ;

– leurs obligations de collecte des autres informations visées à l'article 10.

Les professionnels ne peuvent faire exécuter par un tiers leurs obligations de vigilance constante à l'égard de la relation d'affaire, à l'exception de leurs obligations de mise à jour des données d'identification et autres informations définies à l'article 29.

Les professionnels qui nouent des relations d'affaires ou réalisent des opérations occasionnelles avec des clients identifiés par un tiers requièrent que celui-ci leur communique les informations ainsi que, le cas échéant, les documents visés au deuxième tiret du premier alinéa de l'article 17, et s'assurent du bon accomplissement de cette communication.

Art. 21. – Lorsque le tiers est un établissement de crédit ou une institution financière de droit étranger, le professionnel est réputé avoir rempli ses obligations d'identification et de vérification de l'identité des clients introduits dès lors que le tiers introducteur y a procédé conformément à la législation qui lui est applicable.

Les documents au moyen desquels le tiers introducteur effectue valablement la vérification de l'identité de ses propres clients, conformément à la législation qui lui est applicable, sont réputés être des documents probants au sens de l'article 3 de la loi.

Art. 22. – En cas de recours à un tiers dans les conditions fixées au premier alinéa de l'article 17, il relève de la responsabilité du professionnel de contrôler que l'identification du client ou du bénéficiaire économique effectif et la vérification de leur identité ont été complètement et correctement opérées par le tiers conformément à la législation qui lui est applicable.

Il appartient au professionnel de procéder, si nécessaire, aux éventuels compléments d'identification et de vérification, et le cas échéant à une nouvelle identification et à une nouvelle vérification de l'identité du client ou du bénéficiaire économique effectif. Dans ces hypothèses, il procède conformément aux dispositions de la loi et de la présente ordonnance.

Le professionnel ayant eu recours à un tiers reste responsable de l'identification du client et de la vérification de son identité.

Art. 23. – Lorsqu'un client souscrit à un contrat d'assurance-vie auprès d'une entreprise d'assurances par le biais d'un intermédiaire d'assurances, agent ou courtier, visé au chiffre 3 de l'article premier de la loi, l'identification du client et la vérification de son identité peuvent être opérées par ce dernier simultanément pour son propre compte et pour le compte de l'entreprise d'assurances. Il en va de même concernant l'identification et la vérification de l'identité du bénéficiaire économique effectif d'un contrat d'assurance-vie, lorsque celui-ci s'adresse à un tel intermédiaire en vue d'obtenir le paiement par l'entreprise d'assurances de la prestation prévue par un contrat d'assurance-vie.

Dans ces hypothèses, l'intermédiaire d'assurances, agent ou courtier, communique sans retard à l'entreprise d'assurances les données d'identification du client ou du bénéficiaire économique effectif, ainsi qu'une copie des documents probants sur la base desquels l'identité du client ou du bénéficiaire économique effectif a été vérifiée.

Lorsque, conformément aux précédents alinéas, un intermédiaire d'assurances, agent ou courtier, intervient, il relève de la responsabilité de l'entreprise d'assurances de contrôler que l'identification du client ou du bénéficiaire économique effectif et la vérification de leur identité ont été complètement et correctement opérées par l'intermédiaire d'assurances. Au besoin, l'entreprise doit procéder elle-même aux compléments nécessaires d'identification et de vérification, ainsi que, le cas échéant, à une nouvelle identification et à une nouvelle vérification de l'identité du client ou du bénéficiaire économique effectif.

CHAPITRE V. – POLITIQUE ET PROCÉDURES PRÉALABLES À TOUTE RELATION D'AFFAIRES

Art. 24. – Les professionnels arrêtent et mettent en œuvre une politique et des procédures préalablement à l'ouverture de toute relation d'affaires. Elles doivent être adaptées aux activités qu'ils exercent, et leur permettre de concourir pleinement à la prévention du risque de blanchiment de capitaux, de financement du terrorisme et de corruption par une prise de connaissance et un examen adéquat des caractéristiques des nouveaux clients qui les sollicitent et/ou des services ou opérations envisagées.

Cette politique et ces procédures établissent des distinctions et des exigences de niveaux différents sur la base de critères objectifs fixés par chaque professionnel en tenant compte, notamment, des caractéristiques des services et produits qu'il offre et de celles de la clientèle à laquelle il s'adresse, afin de définir une échelle appropriée des risques.

Les professionnels doivent être à même de prouver que l'étendue des mesures qu'ils prennent est adaptée au risque de blanchiment de capitaux, de financement du terrorisme ou de corruption.

Art. 25. – Lorsque des personnes politiquement exposées souhaitent nouer avec les professionnels des relations d'affaires ou les sollicitent pour la réalisation d'opérations occasionnelles, l'acceptation de ces clients est soumise à un examen particulier et doit être décidée à un niveau hiérarchiquement approprié. Ladite acceptation requiert de prendre toute mesure appropriée afin d'établir l'origine de leur patrimoine ainsi que celle des fonds qui sont ou seront engagés dans la relation d'affaires ou dans l'opération occasionnelle envisagée.

Sont considérées comme politiquement exposées, qu'elles soient clientes, bénéficiaires économiques effectifs ou mandataires, les personnes qui exercent ou ont exercé au cours des trois dernières années, dans un pays étranger, des fonctions publiques importantes, savoir, notamment :

- les chefs d'État ;
- les membres de gouvernements ;
- les membres d'assemblées parlementaires ;
- les membres des cours suprêmes, des cours constitutionnelles ou d'autres hautes juridictions dont les décisions ne sont pas susceptibles de recours, sauf circonstances exceptionnelles ;
- les responsables et dirigeants de partis politiques ;
- les membres des cours des comptes et des conseils des banques centrales ;
- les ambassadeurs, les chargés d'affaires et les officiers supérieurs des forces armées ;
- les membres des organes d'administration, de direction ou de surveillance des entreprises publiques ;
- les hauts responsables politiques et les hauts fonctionnaires d'organisations internationales ou supranationales.

Les conjoints et ascendants ou descendants directs de ces personnes doivent être traités comme s'ils étaient eux-mêmes des personnes politiquement exposées.

Doivent également être considérées comme des personnes politiquement exposées les personnes connues pour être étroitement associées à l'une de celles visées aux deux précédents alinéas et notamment :

- toute personne physique connue pour être conjointement avec l'une d'elles, le bénéficiaire économique effectif d'une personne morale ou d'une entité juridique ou pour entretenir toute autre relation d'affaires étroite avec celles-ci ;
- toute personne physique qui est le seul bénéficiaire économique effectif d'une personne morale ou d'une entité juridique connue pour avoir été, de facto, créée au profit d'une des personnes précitées.

La politique d'acceptation des clients précise les critères et les méthodes permettant de déterminer s'ils sont des personnes politiquement exposées.

Les professionnels entretenant une relation d'affaires avec des personnes politiquement exposées sont tenus de soumettre celles-ci à une surveillance renforcée continue.

Les mesures de vigilance s'appliquent également lorsqu'il apparaît ultérieurement qu'un client existant est une personne politiquement exposée ou qu'il le devient.

Ces mesures de vigilance s'appliquent que les personnes politiquement exposées soit clientes, bénéficiaires économiques effectifs ou mandataires.

Art. 26. – L'acceptation des clients susceptibles de présenter des niveaux particuliers de risque est soumise à un examen spécifique. Elle est décidée à un niveau hiérarchique approprié. Ces clients sont notamment ceux :

- qui sollicitent l'ouverture de comptes à intitulé conventionnel visés à l'article 3 ;
- qui résident ou ont leur domicile dans un pays ou un territoire qualifié de pays ou territoire non coopératif par les instances internationales de concertation et de coordination spécialisées dans la lutte contre le blanchiment de capitaux, le financement du terrorisme ou la corruption ;
- dont l'identification a été opérée à distance sur la base d'une copie de document probant ;
- qui, par application des critères visés au 2e alinéa de l'article 24, sont considérés comme susceptibles de présenter un niveau particulier de risque.

Art. 27 *(Mod., Ord. n° 4.104, 26 déc. 2012).* – Lorsque le client est un établissement de crédit ou une institution financière de droit étranger autres que ceux visés à l'article 8 de la loi, la politique d'acceptation doit :

– exclure de nouer une relation d'affaires ou de réaliser une opération occasionnelle avec un établissement ou une telle institution ;

• qui n'a aucune implantation effective dans l'État où est situé son siège statutaire et qui n'est pas affiliée à un groupe financier soumis à une réglementation répondant aux recommandations internationalement reconnues en matière de lutte contre le blanchiment de capitaux et le financement du terrorisme et à une supervision consolidée effective ;

• ou qui peut nouer des relations d'affaires ou réaliser des opérations avec des établissements ou institutions visées au point précédent.

– fonder la décision de nouer la relation d'affaires ou de réaliser l'opération occasionnelle envisagée sur un dossier contenant :

• l'identification complète de l'établissement de crédit ou de l'institution financière de droit étranger, comprenant la description de la nature de ses activités ;

• les éléments sur la base desquels le professionnel a vérifié que l'établissement de crédit ou l'institution financière de droit étranger n'est pas visée au premier tiret ;

• toutes informations utiles publiquement disponibles sur lesquelles se fonde l'évaluation par le professionnel de la réputation de l'établissement de crédit ou de l'institution financière de droit étranger, comprenant le cas échéant, celles concernant d'éventuelles enquêtes ou mesures des autorités locales compétentes en relation avec des manquements de l'établissement ou de l'institution en matière de lutte contre le blanchiment de capitaux et le financement du terrorisme ;

• toutes informations utiles, publiquement disponibles, relatives à la conformité, au regard des recommandations internationalement reconnues en matière de lutte contre le blanchiment de capitaux et le financement du terrorisme, des dispositifs légaux et réglementaires et des mécanismes de lutte contre le blanchiment de capitaux et le financement du terrorisme du pays où est situé l'établissement de crédit ou l'institution financière de droit étranger.

– n'autoriser à nouer des relations de banque correspondante que si :

• l'objet et la nature des relations envisagées ainsi que les responsabilités respectives du professionnel et de l'établissement de crédit ou de l'institution financière de droit étranger dans le cadre de ces relations sont préalablement convenus par écrit ;

• la décision de nouer des relations d'affaires se fonde sur une évaluation satisfaisante des contrôles mis en place par l'établissement de crédit ou par l'institution financière de droit étranger en vue de la prévention du blanchiment de capitaux et du financement du terrorisme ;

• lorsque des comptes de passage sont ouverts par l'établissement de crédit ou l'institution financière de droit étranger, celui-ci a préalablement garanti par écrit qu'il a vérifié et mis en œuvre des mesures de vigilance requises vis-à-vis des clients ayant un accès direct à ces comptes, d'une part, et qu'il est en mesure de communiquer sans retard, sur demande, les données pertinentes d'identification de ces clients, d'autre part ; l'établissement de crédit ou l'institution financière de droit étranger s'engage à communiquer ces données.

– soumettre à un pouvoir de décision d'un niveau hiérarchique approprié l'acceptation de nouer des relations d'affaires ou de conclure l'opération occasionnelle envisagée avec l'établissement de crédit ou l'institution financière de droit étranger.

Les professionnels entretenant des relations d'affaires avec des établissements de crédit ou des institutions financières de droit étranger visés au paragraphe précédent sont tenus de procéder :

– à un examen périodique, en fonction du risque, et, le cas échéant, à la mise à jour des informations sur la base desquelles la décision a été prise de nouer lesdites relations ;

– à un réexamen de ces relations lorsque des informations nouvelles sont de nature à mettre en doute la conformité des dispositifs légaux et réglementaires de lutte contre le blanchiment de capitaux et le financement du terrorisme du pays de l'établissement financier client, ou l'efficacité des contrôles mis en place par ce dernier sur le plan de la lutte contre le blanchiment de capitaux et le financement du terrorisme ;

– à des vérifications et des tests périodiques, en fonction du risque, pour s'assurer du respect par l'établissement financier client des engagements auxquels il a souscrit, notamment, en ce qui concerne la communication sans retard sur demande des données pertinentes d'identification de ses clients ayant un accès direct aux comptes de passage qui lui ont été ouverts.

CHAPITRE VI. – DISPOSITIONS SPÉCIFIQUES RELATIVES AUX RELATIONS D'AFFAIRES ET OPÉRATIONS OCCASIONNELLES AVEC LES CLIENTS IDENTIFIÉS À DISTANCE

Art. 28 *(Rempl., Ord. n° 4.104, 26 déc. 2012)*. – Sans préjudice des dispositions du Chapitre VII relatives aux devoirs de vigilance à l'égard des relations d'affaires et des opérations occasionnelles, les professionnels qui nouent des relations d'affaires ou réalisent des opérations occasionnelles avec un client, personne physique, qu'ils ont identifié à distance, mettent en œuvre des procédures qui :

– interdisent de nouer une relation d'affaires ou de réaliser une opération occasionnelle avec ce client, lorsqu'il existe des raisons de croire qu'il cherche à éviter un contact physique afin de dissimuler plus aisément sa véritable identité, ou lorsqu'ils soupçonnent son intention de procéder à des opérations de blanchiment de capitaux, de financement du terrorisme ou de corruption ;

– imposent, en fonction du risque, de procéder dans un délai aussi bref que possible à la vérification de l'identité des clients au moyen d'un document probant conformément au premier alinéa de l'article 6 ;

– visent à améliorer progressivement la connaissance du client ;

– garantissent une première opération effectuée au moyen d'un compte ouvert au nom du client auprès d'un établissement de crédit.

CHAPITRE VII. – DEVOIRS DE VIGILANCE À L'ÉGARD DES RELATIONS D'AFFAIRES ET DES OPÉRATIONS OCCASIONNELLES

Art. 29. – Le devoir de vigilance constante des professionnels prévu par le premier alinéa de l'article 4 de la loi inclut celui de vérifier et, le cas échéant, de mettre à jour, dans un délai déterminé en fonction du risque, les données d'identification et les autres informations visées à l'article 10, lorsqu'ils ont des raisons de penser que ces données ne sont plus actuelles.

La mise à jour des données d'identification visées à l'article 3 de la loi requiert que les nouvelles données soient vérifiées au moyen d'un document probant au sens de cet article et des dispositions de la présente ordonnance, dont une copie doit être conservée.

Art. 30. – Les professionnels précisent par écrit à l'intention de leurs préposés en contact direct avec le client les critères appropriés leur permettant de déterminer les opérations atypiques, auxquelles ils doivent attacher une attention particulière, et qui doivent faire l'objet d'un rapport écrit, conformément au deuxième alinéa de l'article 11 de la loi. Cet examen inclut, notamment, celui de leur justification économique et de leur légitimité apparente.

Ils précisent également la procédure relative à la transmission des rapports écrits au responsable de la prévention du blanchiment de capitaux et du financement du terrorisme visé à l'article 13 de la loi, ainsi que les délais requis pour l'accomplir.

Art. 31. – Les personnes visées aux chiffres 1 à 5 de l'article premier de la loi adoptent un système de surveillance permettant de détecter les opérations atypiques.

Le système de surveillance doit :

– couvrir l'intégralité des comptes des clients et de leurs opérations ;

– être basé sur des critères précis et pertinents, fixés par chaque professionnel en tenant compte, notamment, des caractéristiques des services et produits qu'il offre et de celles de la clientèle à laquelle il s'adresse, et suffisamment discriminants pour permettre de détecter effectivement les opérations atypiques ;

– permettre une détection rapide de ces opérations ;

– produire des rapports écrits décrivant les opérations atypiques détectées et les critères prévus au deuxième tiret du présent alinéa sur lesquels il se fonde. Ces rapports sont transmis au responsable de la prévention du blanchiment de capitaux, du financement du terrorisme et de la corruption désigné à l'article 13 de la loi

– être automatisé, sauf si le professionnel peut démontrer que la nature et le volume des opérations à surveiller ne le requièrent pas ou les moyens alternatifs mis en œuvre ne le requièrent pas, lesdits moyens devant avoir été préalablement agréés par le Service d'Information et de Contrôle sur les Circuits Financiers

– faire l'objet d'une procédure de validation initiale et d'un réexamen périodique de sa pertinence en vue de l'adapter, au besoin, en fonction de l'évolution des activités, de la clientèle ou de l'environnement.

Les critères déterminés au deuxième tiret de l'alinéa précédent tiennent compte notamment du risque particulier au regard du blanchiment de capitaux, du financement du terrorisme ou de la corruption qui peut être lié aux opérations :

– réalisées par des clients, personnes physiques, non physiquement présents au moment de l'opération ;

– *(Erratum publié au Journal de Monaco, 21 août 2009)* réalisées par les clients dont l'acceptation a été soumise à des règles renforcées en vertu de la politique d'acceptation des clients décrite au Chapitre V ;

– qui portent sur des montants inhabituels, que ce soit en termes absolus ou au regard des habitudes du client considéré dans ses relations avec le professionnel.

Constitue une opération atypique au sens du présent article, un virement ou un transfert de fonds reçu au profit d'un client et pour lequel les renseignements exacts et utiles relatifs au donneur d'ordre, prévus au cinquième alinéa de l'article 4 de la loi, font défaut.

Art. 32. – Les professionnels mettent en œuvre des procédures appropriées afin de procéder dans les plus brefs délais à l'analyse, sous la coordination du responsable de la prévention du blanchiment de capitaux et du financement du terrorisme, des rapports écrits conformément au deuxième alinéa de l'article 11 de la loi, afin de déterminer s'il y a lieu de procéder à la communication de ces opérations ou de ces faits au Service d'Information et de Contrôle sur les Circuits Financiers, en application du Chapitre VI de la loi.

Le rapport écrit, son analyse et, le cas échéant, la déclaration de soupçon à laquelle cette analyse a conduit sont conservés conformément aux modalités définies à l'article 10 de la loi et tenus à la disposition du Service d'Information et de Contrôle sur les Circuits Financiers.

CHAPITRE VIII. – DÉSIGNATION ET RÔLES DU RESPONSABLE DE LA PRÉVENTION DU BLANCHIMENT DE CAPITAUX, DU FINANCEMENT DU TERRORISME ET DE LA CORRUPTION

Art. 33 *(Mod., Ord. n° 4.104, 26 déc. 2012)*. – Le ou les responsables de la prévention du blanchiment de capitaux, du financement du terrorisme et de la corruption désignés à l'article 13 de la loi sont nommés par l'organe de direction effective de chaque professionnel, qui doit préalablement s'assurer qu'ils répondent aux conditions d'honorabilité nécessaires à l'exercice intègre de leurs fonctions et que leur nombre et leur qualification, ainsi que les moyens mis à leur disposition, sont adaptés aux activités, à la taille et aux implantations du professionnel.

Ce ou ces responsables doivent disposer de l'expérience professionnelle, du niveau hiérarchique et, au sein de l'établissement qui les emploie, des pouvoirs nécessaires pour assurer un exercice effectif et autonome de leurs fonctions.

D'une manière générale, ils doivent veiller au respect par le professionnel de l'ensemble de ses obligations de prévention du blanchiment de capitaux, du financement du terrorisme et de la corruption, et, notamment, à la mise en place d'une organisation administrative et d'un contrôle interne adéquats. À cet effet, ils disposent du pouvoir de proposer à la direction du professionnel toutes mesures nécessaires ou utiles.

En particulier, ils organisent et mettent en application, sous leur autorité, les procédures d'analyse des rapports écrits, établis conformément au deuxième alinéa de l'article 11 de la loi, ainsi que les procédures de déclaration au Service d'Information et de Contrôle sur les Circuits Financiers, effectuées conformément au Chapitre VI de la loi.

Ils veillent à la formation et à la sensibilisation du personnel conformément à l'article 12 de la loi et à l'article 34 de la présente ordonnance.

Ils sont les correspondants désignés du Service d'Information et de Contrôle Sur les Circuits Financiers pour toutes questions relatives à la prévention du blanchiment de capitaux, du financement du terrorisme et de la corruption.

Une fois par an au moins, ils établissent et transmettent un rapport d'activité à l'organe de direction du professionnel sur les conditions dans lesquelles la prévention du blanchiment de capitaux, du financement du terrorisme et de la corruption est assurée.

Ce rapport doit, notamment, permettre de :

– apprécier les tentatives présumées de commission des infractions qui ont été détectées ;

– émettre un jugement sur l'adéquation de l'organisation administrative, des contrôles internes mis en œuvre et de la collaboration des services du professionnel à la prévention de ces infractions, en tenant compte des activités, de la taille et des implantations du professionnel ;

– connaître les principales actions effectuées en matière de contrôle interne des dispositions de lutte contre le blanchiment de capitaux, le financement du terrorisme et la corruption et de présenter celles qui sont projetées ;

– décrire les modifications significatives réalisées dans le cadre des contrôles pendant la période de référence, en particulier pour prendre en compte l'évolution de l'activité et des risques.

Une copie de ce rapport annuel d'activité est systématiquement adressée au Service d'Information et de Contrôle sur les Circuits Financiers et, le cas échéant, au commissaire aux comptes du professionnel.

Dans le cas où, par application de l'article 13 de la loi, aucun responsable de la prévention du blanchiment de capitaux, du financement du terrorisme et de la corruption n'est désigné, le professionnel est néanmoins tenu d'établir un rapport annuel d'activité sur les conditions dans lesquelles la prévention du blanchiment de capitaux, de financement du terrorisme et de la corruption est assurée.

CHAPITRE IX. – FORMATION ET SENSIBILISATION DU PERSONNEL

Art. 34. – L'obligation de formation et de sensibilisation à la prévention du blanchiment de capitaux, du financement du terrorisme et de la corruption visée à l'article 12 de la loi, concerne les membres du personnel des professionnels dont les tâches :

– en relation avec les clients ou les opérations les exposent au risque d'être confrontés à des tentatives de blanchiment de capitaux, de financement du terrorisme ou de corruption ;

– ou consistent à développer des procédures ou des outils informatiques ou autres applicables à des activités sensibles du point de vue de ce risque.

La formation, la sensibilisation et l'information régulière du personnel ont notamment pour objectif de :

– acquérir les connaissances et développer l'esprit critique nécessaires pour détecter les opérations atypiques ;

– acquérir la connaissance des procédures qui est nécessaire pour réagir de manière adéquate à de telles opérations ;

– intégrer la problématique de prévention du blanchiment de capitaux, du financement du terrorisme et de la corruption dans les procédures et outils développés pour être appliqués à des activités sensibles au regard d'un tel risque.

CHAPITRE X. – LE SERVICE D'INFORMATION ET DE CONTRÔLE SUR LES CIRCUITS FINANCIERS

Art. 35 *(Mod., Ord. n° 4.104, 26 déc. 2012)*. – Le Service d'Information et de Contrôle sur les Circuits Financiers peut proposer toute évolution légale ou réglementaire qu'il estime nécessaire en matière de lutte contre le blanchiment de capitaux, le financement du terrorisme et la corruption.

Il peut diffuser toute instruction ou recommandation qu'il estime nécessaire concernant l'application des mesures prévues par la loi et la présente ordonnance.

Dans l'exercice de ses missions, le Service d'Information et de Contrôle sur les Circuits Financiers agit en toute indépendance et ne reçoit d'instruction d'aucune autorité.

Art. 36. – Le Service d'Information et de Contrôle sur les Circuits Financiers est désigné en tant qu'autorité spécialisée dans la lutte contre la corruption au sens de la Convention pénale sur la corruption du Conseil de l'Europe du 27 janvier 1999.

Art. 37 *(Rempl., Ord. n° 4.104, 26 déc. 2012)*. – Le Service d'Information et de Contrôle sur les Circuits Financiers est chargé de veiller au respect par les professionnels des dispositions de la loi et des mesures d'application prises pour son exécution.

À cette fin, il peut effectuer des contrôles sur pièces et sur place, sans que le secret professionnel puisse lui être opposé, et notamment :

– accéder à tous locaux à usage professionnel ;

– procéder à toutes les opérations de vérification qu'il juge nécessaires, et s'assurer de la mise en place des procédures décrites au Chapitre VII, du système de surveillance prévu à l'article 31 et des mesures de formation et de sensibilisation du personnel détaillées à l'article 34 ;

– se faire communiquer tous contrats, livres, documents comptables, justificatifs, registres de procès-verbaux rapports d'audit et de contrôle et tous documents professionnels, et en prendre copie s'il échet ;

– recueillir auprès des dirigeants ou des représentants des professionnels ainsi que de toute personne, tous renseignements ou justificatifs utiles pour l'exercice de la mission dont il est saisi.

Art. 37 *bis* *(Ord. n° 4.104, 26 déc. 2012).* – En cas de contrôle sur place, le Service d'Information et de Contrôle sur les Circuits Financiers établit un rapport en suivant les étapes suivantes :

– Un avant-projet de rapport, sur lequel un débat peut être engagé, est communiqué à l'établissement lors d'une réunion au cours de laquelle le chef de mission restitue oralement les principaux constats qu'il a effectués aux dirigeants ou des représentants du professionnel. Le professionnel peut demander au chef de mission, au vu de l'avant-projet de rapport, de corriger d'éventuelles erreurs factuelles, de faire valoir des éléments dont ce dernier n'a pas eu connaissance ou de faire état de points de vue divergents.

– Le chef de mission, après avoir procédé à un examen complémentaire des faits tenant compte des éléments complémentaires apportés par le professionnel, rédige un projet de rapport et le lui adresse. Le professionnel dispose d'un délai de 15 jours calendaires pour faire valoir ses observations écrites. À titre exceptionnel, sur demande écrite et motivée du professionnel, un délai supplémentaire peut être accordé. Le chef de mission apporte ses réponses aux observations formulées par le professionnel.

– Les observations écrites du professionnel et les réponses du chef de mission sont annexées au projet de rapport préalablement envoyé. L'ensemble constitue le rapport définitif, lequel est signé par le chef de mission et adressé aux dirigeants ou aux représentants du professionnel.

Le cas échéant, la procédure décrite aux alinéas précédents peut être simplifiée sur décision du Directeur du Service d'Information et de Contrôle sur les Circuits Financiers.

En cas d'urgence ou d'autre nécessité de procéder sans délai à des relevés de constatations pour des faits ou agissements susceptibles de constituer une méconnaissance ou des manquements graves aux dispositions de la loi et de ses textes d'application, les agents du Service d'Information et de Contrôle sur les Circuits Financiers peuvent dresser des procès-verbaux. Ces procès-verbaux, dressés par le chef de mission, énoncent les constatations susceptibles de constituer une méconnaissance ou des manquements graves aux dispositions applicables au professionnel contrôlé. Ils énoncent la nature, la date et le lieu des constatations opérées et sont signés par le chef de mission et le dirigeant ou représentant du professionnel. En cas de refus de celui-ci, mention en est faite au procès verbal.

Art. 38 *(Rempl., Ord. n° 4.104, 26 déc. 2012).* – Sans préjudice de l'éventuelle application des dispositions de l'article 39 de la loi, lorsque le Service d'Information et de Contrôle sur les Circuits Financiers constate, dans le cadre de ses missions, une méconnaissance ou des manquements graves aux dispositions de la loi ou ses textes d'application, il adresse au professionnel concerné une lettre lui enjoignant de prendre les mesures appropriées pour y pallier, le cas échéant dans un délai déterminé, et peut demander que des rapports réguliers sur l'avancement de leur mise en œuvre soient présentés.

À défaut de mise en place des mesures demandées, les dispositions de l'article 39 de la loi s'appliquent.

CHAPITRE XI. – INFORMATIONS DEVANT ACCOMPAGNER LES VIREMENTS ÉLECTRONIQUES

Art. 39. – Les professionnels sont tenus d'accompagner les virements et transferts de fonds qu'ils effectuent, ainsi que les messages qui s'y rapportent, de renseignements exacts et utiles relatifs au client donneur d'ordre de ces opérations.

Art. 40. – Les virements et transferts de fonds transfrontaliers émis par les professionnels vers une institution financière installée dans un autre pays doivent être accompagnés des informations suivantes sur le donneur d'ordre :

– son nom ;

– son numéro de compte ;

– s'il n'existe pas de numéro de compte en raison de l'activité du professionnel, un numéro de référence unique ;

– son adresse ou un numéro d'identification du client ou sa date et son lieu de naissance.

Art. 41. – Les virements et transferts de fonds nationaux ou transitant par le Système CORE doivent inclure les informations relatives au donneur d'ordre, conformément à l'article précédent, à moins que ces informations puissent être mises à la disposition de l'institution financière du bénéficiaire et du Service d'Information et de Contrôle sur les Circuits Financiers par d'autres moyens dans un délai n'excédant pas trois jours ouvrables à réception de la demande. Dans ce cas, les professionnels doivent seulement inclure le numéro de compte ou un numéro d'identification unique permettant d'assurer la traçabilité de la transaction jusqu'au donneur d'ordre.

Cette règle s'applique même si le système utilisé pour effectuer ces opérations est situé dans un autre pays.

Art. 42. – Dès lors qu'un même donneur d'ordre procède à plusieurs virements et transferts de fonds transfrontaliers ou virements par lots, chaque opération peut ne comporter que des renseignements simplifiés, à savoir le numéro de compte ou numéro d'identification unique, conformément à l'article précédent, sous réserve que le virement par lots comprenne des informations complètes sur le donneur d'ordre.

Le cas échéant, et après avoir vérifié qu'ils ne génèrent pas un risque accru de blanchiment de capitaux, de financement du terrorisme ou de corruption, les virements et transferts de fonds à caractère permanent de salaires, pensions ou retraites, même non groupés, peuvent être effectués selon les règles mentionnées au présent article. Dans ce cas, les informations complètes concernant le donneur d'ordre sont transmises avec le premier virement, lors de la mise en place du transfert à caractère permanent, et doivent être actualisées en cas de modification sensible des caractéristiques de l'opération.

Art. 43. – Les professionnels qui interviennent en qualité d'intermédiaires dans une chaîne de paiement doivent veiller à la conservation et à la retransmission des renseignements contenus dans les virements et les transferts de fonds nationaux et transfrontaliers, ainsi que dans les messages qui s'y rapportent.

Art. 44. – Lorsque l'organisme financier du donneur d'ordre est situé à l'étranger et le professionnel intervenant en qualité d'intermédiaire en Principauté, ce dernier est tenu aux dispositions du présent article.

1° Le professionnel intervenant en qualité d'intermédiaire peut utiliser, pour transmettre les virements de fonds à l'organisme financier du bénéficiaire, un système de paiement avec des limites techniques qui empêche les informations sur le donneur d'ordre d'accompagner le virement de fonds, à moins qu'il ne constate, au moment de la réception du virement de fonds, que les informations requises sur le donneur d'ordre en vertu de la présente ordonnance sont manquantes ou incomplètes.

Lorsqu'il constate des informations manquantes ou incomplètes, le professionnel agissant en qualité d'intermédiaire n'utilise un tel système de paiement que s'il peut en informer l'organisme financier du bénéficiaire, soit dans le cadre d'un système de messagerie ou de paiement qui prévoit cette communication, soit par une autre procédure, à condition que la modalité choisie ait été acceptée ou convenue entre les deux parties.

Dans les cas visés aux deux précédents alinéas, le professionnel intervenant en qualité d'intermédiaire conserve pendant cinq ans toutes les informations reçues.

2° Lorsqu'il utilise un système de paiement avec des limites techniques, le professionnel intervenant en qualité d'intermédiaire met à la disposition de l'organisme financier du bénéficiaire, sur demande de ce dernier et dans les trois jours ouvrables suivant la réception de la demande, toutes les informations qu'il a reçues sur le donneur d'ordre, qu'elles soient complètes ou non.

Art. 45 *(Mod., Ord. n° 4.104, 26 déc. 2012)*. – Lorsqu'un professionnel reçoit des virements et transferts de fonds comportant des informations concernant le donneur d'ordre manquantes ou incomplètes et que les vérifications complémentaires auxquelles il a procédé ne se sont pas avérées satisfaisantes, celui-ci doit refuser les fonds. Ce défaut d'information peut constituer un élément d'appréciation du caractère suspect des opérations et, de ce fait, entraîner une déclaration de soupçon conformément aux dispositions du Chapitre V de la loi.

Lorsqu'un organisme financier omet régulièrement de fournir les informations requises sur le donneur d'ordre le professionnel prend des dispositions qui peuvent, dans un premier temps, comporter l'émission d'avertissements et la fixation d'échéances, avant soit de rejeter tout nouveau virement de fonds provenant de cet organisme financier, soit de décider, s'il y a lieu ou non, de restreindre sa relation commerciale avec cet organisme financier ou d'y mettre fin. Il en informe le Service d'Information et de Contrôle sur les Circuits Financiers.

Art. 46. – Les renseignements afférents aux virements et transferts de fonds indiqués au présent Chapitre doivent être tenus à la disposition du Service d'Information et de Contrôle sur les Circuits Financiers et lui être transmis immédiatement sur sa demande.

CHAPITRE XII. – COMITÉ DE LIAISON

Art. 47 *(Mod., Ord. n° 4.104, 26 déc. 2012)*. – Sous l'autorité du Ministre d'État, il est institué un Comité de liaison de la lutte contre le blanchiment de capitaux et le financement du terrorisme.

Ce Comité a pour objet d'assurer une information réciproque entre les services de l'État concernés par la lutte contre le blanchiment de capitaux, le financement du terrorisme et la corruption et les professionnels, ainsi que de connaître de toute question d'intérêt commun afin d'améliorer l'efficacité du dispositif mis en place, notamment, par l'échange d'informations relatives aux tendances et aux évolutions des méthodes et techniques de blanchiment de capitaux, de financement du terrorisme et de corruption.

Ce Comité présidé par le Conseiller de Gouvernement pour les Finances et l'Économie assisté du Directeur du Service d'information et de Contrôle sur les Circuits Financiers, comprend :

– le Directeur des Services Judiciaires ou son représentant ;

– le Procureur Général ou son représentant ;

– le Conseiller de Gouvernement pour l'Intérieur ou son représentant ;

– le Directeur de la Sûreté Publique ou son représentant plus spécialement chargé de la lutte contre le blanchiment de capitaux et le financement du terrorisme ;

– le Directeur du Budget et du Trésor ou son représentant plus spécialement chargé de recevoir les informations relatives aux gels de fonds aux fins de lutte contre le terrorisme et/ou de mise en œuvre de sanctions économiques ;

– le Directeur du Service d'Information et de Contrôle sur les Circuits Financiers ou son représentant ;

– le Chef du Service de Contrôle des Jeux ou son représentant ;

– des représentants de chaque catégorie de professionnels visés aux deux premiers articles de la loi, désignés pour une durée de trois années par arrêté ministériel à raison de leur compétence et, le cas échéant, sur proposition de l'organisation professionnelle ou ordinale dont ils dépendent.

En cas d'empêchement ou d'absence du Conseiller de Gouvernement pour les Finances et l'Économie, le Directeur du Service d'information et de Contrôle sur les Circuits Financiers assure la présidence du Comité.

Art. 48. – Le Service d'Information et de Contrôle sur les Circuits Financiers assure le secrétariat du Comité.

Le Comité peut s'adjoindre, en tant que de besoin, toute personne qualifiée intervenant ou exerçant une activité dans le domaine de la lutte contre le blanchiment de capitaux et le financement du terrorisme.

Les représentants de chaque catégorie de professionnels énoncée au 7ème tiret du troisième alinéa sont chargés de diffuser, auprès des professionnels qu'ils représentent, les informations communiquées lors des réunions du Comité.

Le Comité de liaison se réunit au minimum deux fois par an sur convocation du Président qui fixe l'ordre du jour. Il peut pour cela recueillir l'avis des autres membres.

Ceux-ci peuvent lui demander de tenir une réunion extraordinaire sur une question importante et urgente.

Art. 48 *bis* *(Ord. n° 4.104, 26 déc. 2012)*. – Sous l'autorité du Directeur des Services Judiciaires, il est institué un Groupe de contact de lutte contre le blanchiment de capitaux et le financement du terrorisme.

Ce Groupe a pour objet d'assurer une information réciproque entre les autorités de poursuite pénale et les services de l'État concernés par la lutte contre le blanchiment de capitaux, le financement du terrorisme et la corruption, ainsi que de connaître toute question d'intérêt commun afin d'améliorer l'efficacité des mécanismes de coopération et de coordination mis en place au niveau opérationnel.

Ce Groupe présidé par le Directeur des Services Judiciaires comprend :

– le Directeur des Services Judiciaires ou son représentant, éventuellement assisté de membres de la Direction des Services Judiciaires ;

– le Procureur Général ou son représentant, éventuellement assisté de membres du Parquet Général ;

– les Juges d'Instruction ;

– le Directeur de la Sûreté Publique ou son représentant, éventuellement assisté de membres de la Direction de la Sûreté Publique plus spécialement chargés de la lutte contre le blanchiment de capitaux et le financement du terrorisme ;

– le Directeur du Service d'Information et de Contrôle sur les Circuits Financiers ou son représentant, éventuellement assisté de membres du Service d'Information et de Contrôle sur les Circuits Financiers.

En cas d'empêchement ou d'absence du Directeur des Services Judiciaires, le Procureur Général assure la présidence du Groupe.

Le Groupe de contact peut s'adjoindre, en tant que de besoin, toute personne qualifiée intervenant ou exerçant une activité dans le domaine de la lutte contre le blanchiment de capitaux et le financement du terrorisme.

La Direction des Services Judiciaires assure le secrétariat de ce Groupe.

Le Groupe de contact se réunit au minimum deux fois par an sur convocation du Président qui fixe l'ordre du jour. Il peut pour cela recueillir l'avis des autres membres. Ceux-ci peuvent lui demander de tenir une réunion extraordinaire sur une question importante et urgente.

CHAPITRE XIII. – DISPOSITIONS DIVERSES

Art. 49 *(Mod., Ord. n° 4.104, 26 déc. 2012)*. – Le montant prévu au premier tiret du deuxième alinéa de l'article premier de la loi est fixé à la somme de 750.000 euros.

Le montant prévu au deuxième tiret du deuxième alinéa de l'article premier de la loi est fixé à la somme de 1.500 euros.

Le pourcentage prévu au troisième tiret du deuxième alinéa de l'article premier de la loi est fixé à 3 %.

Le montant prévu au deuxième tiret du deuxième alinéa de l'article 3 la loi est fixé à la somme de 15.000 euros.

Les montants prévus au neuvième alinéa de l'article 4 de la loi sont fixés à la somme de 3.000 euros pour les jeux de table et pour les machines à sous.

Le montant prévu au deuxième alinéa de l'article 7 de la loi est fixé à la somme de 1.500 euros.

L'effectif de salariés prévu au premier alinéa de l'article 13 de la loi est fixé à une personne.

Le montant prévu au deuxième alinéa de l'article 33 de la loi est fixé à 400.000 euros.

L'effectif de salariés prévu au deuxième alinéa de l'article 33 de la loi est fixé à 3 personnes.

Le montant prévu à l'article 35 de la loi est fixé à la somme de 10.000 euros.

Art. 50. – La Direction de la Sûreté Publique est désignée comme étant l'autorité de contrôle mentionnée à l'article 35 de la loi.

La déclaration prévue à l'article 35 de la loi doit être réalisée au moyen d'un formulaire tenu à la disposition du public et conforme au modèle figurant en annexe.

Art. 51. – Sont abrogées :

– l'ordonnance souveraine n° 11.160 du 24 janvier 1994 fixant les conditions d'application de la loi n° 1.162 du 7 juillet 1993 relative à la participation des organismes financiers à la lutte contre le blanchiment de capitaux et le financement du terrorisme, modifiée ;

– l'ordonnance souveraine n° 11.246 du 12 avril 1994 constituant un Service d'Information et de Contrôle sur les Circuits Financiers (S.I.C.C.F.I.N.), modifiée ;

– l'ordonnance souveraine n° 16.552 du 20 décembre 2004 créant un Comité de liaison de la lutte contre le blanchiment de capitaux et le financement du terrorisme, modifiée.

Annexe

Département des Finances et de l'Economie

DECLARATION DE TRANSPORT D'ESPECES ET D'INSTRUMENTS AU PORTEUR POUR UNE VALEUR TOTALE EXCEDANT 10 000,- EUROS

Déclaration faite à l'autorité monégasque compétente en application de l'article 35 de la loi n° 1.362 du 3 août 2009 relative à la lutte contre le blanchiment de capitaux, le financement du terrorisme et la corruption

Notice explicative au verso

Type de déclaration : ☐ Entrée en Principauté de Monaco
☐ Sortie de la Principauté de Monaco

Déclarant[1] :

Nom : .... Prénom : ....
Date de naissance : .... / .... / .... Lieu de Naissance : ....
Nationalité : .... Numéro de Passeport : ....
Adresse Principale : ....
....
....
....
....

Donneur d'ordre (en cas de transfert pour compte de tiers)[2] **: sont**

Nom ou Raison Sociale : ....Prénom : ....
Adresse Principale ou Siège Social : ....
....
....
....
....

Bénéficiaire des espèces et instruments au porteur[3] :

Nom ou Raison Sociale : ....Prénom : ....
Adresse Principale ou Siège Social : ....
....
....
....
....

Mode de transport : ☐ Air – Vol n° …………
☐ Mer – Nom du navire : .... Pavillon : ....
☐ Route – Immatriculation du véhicule : ....
☐ Train – Numéro du train : ....

Itinéraire de transport des espèces et instruments au porteur :

Pays de départ : …..............................Pays de destination : ……...........................

Nature et montant des espèces et instruments au porteur transportés[4] :

Type (espèces, chèques, autres instruments au porteur)	Devise	Montant	Contre-valeur en Euros
		TOTAL :	

Source et utilisation des espèces et instruments au porteur transportés :

Provenance économique[5] :

…………………...……

Usage prévu[6] :

....
....
....
....

Je soussigné déclare être porteur des sommes, titres ou valeurs énumérés ci-dessus. Cette déclaration est exacte et complète. L'obligation de déclaration n'est pas réputée exécutée si les informations fournies sont incorrectes ou incomplètes. Toute non déclaration, déclaration incorrecte ou incomplète, est passible des sanctions prévues à l'article 42 de la loi n° 1.362 du 3 août 2009 relative à la lutte contre le blanchiment de capitaux, le financement du terrorisme et la corruption.

Fait à …..............................., le .... / .... / ....

Signature

NOTICE EXPLICATIVE

[1] Il s'agit de la personne physique faisant la déclaration, c'est à dire la personne physique qui transporte les espèces et instruments au porteur.

[2] A ne pas remplir s'il s'agit d'un transfert pour compte propre.

[3] Le bénéficiaire des espèces et instruments au porteur est la personne physique ou morale à laquelle ces espèces et instruments au porteur sont destinés à être remis, dans le cadre d'une transaction commerciale ou non. Si cette personne n'est pas connue, indiquer « pas encore connu ». Si le déclarant conserve les espèces et instruments au porteur, il indique son nom une deuxième fois.

[4] Par instruments au porteur », il y a lieu d'entendre les instruments négociables au porteur tels que les chèques de voyage, les instruments négociables (y compris les chèques, billets à ordre et mandats) qui sont soit au porteur, soit endossables sans restriction, soit établis à l'ordre d'un bénéficiaire fictif ou qui se présente sous toute autre forme telle que la propriété de l'instrument est transférée au moment de la cession de celui-ci, et les instruments incomplets (y compris les chèques, billets à ordre et mandats) signés mais sur lesquels le nom du bénéficiaire n'a pas été indiqué.

Exemple de tableau complété :

Type (espèces, chèques, autres instruments au porteur)	Devise	Montant	Contre-valeur en Euros
Espèces	EUR	7.500,-	7.500,-
Espèces	USD	3.000,-	2.300,-
Chèques de voyage	EUR	2.000,-	2.000,-
		TOTAL :	11.800,-

[5] Il ne s'agit pas de la provenance géographique, mais de la provenance économique. Par exemple : économies, héritage, produit d'une vente, fonds de roulement, etc.

[6] Par exemple : achat, paiement d'un service, etc.

ATTENTION

Si vous avez des questions ou que vous éprouvez des difficultés afin de compléter ce formulaire, veuillez vous renseigner auprès des agents compétents avant de déposer votre déclaration signée.

Le dépôt de cette déclaration auprès des autorités monégasques ne vous exempte pas d'une éventuelle obligation de déclaration dans l'Etat dans lequel vous vous rendez.

HABITATION ET COPROPRIÉTÉ

Loi n° 1.235 du 28 décembre 2000

relative aux conditions de location de certains locaux à usage d'habitation construits ou achevés avant le 1er septembre 1947

TITRE I. – DES LOCAUX CONCERNÉS

Art. 1er ***(Rempl., L. n° 1.256, 12 juill. 2002 ; mod., L. n° 1.377, 18 mai 2011).*** **– Les locaux à usage d'habitation construits ou achevés avant le 1er septembre 1947 sont soumis aux dispositions de la présente loi à l'exception :**

– de ceux qui relèvent de la loi n° 887 du 25 juin 1970,

– de ceux qui, antérieurement à l'entrée en vigueur de la présente loi, ont été libérés par le départ du dernier occupant, lorsque plus de deux ans avant le jour où son occupation a pris fin, celui-ci en était propriétaire par dévolution successorale ou les avait acquis à titre gratuit ou onéreux et n'était pas entré dans les lieux par l'exercice d'un droit de rétention ou de reprise ;

– de ceux nouvellement affectés, depuis le 25 juin 1970, à la location à usage d'habitation ;

– de ceux ayant fait l'objet d'une compensation conformément aux dispositions de l'article 42 de l'ordonnance-loi n° 669 du 17 septembre 1959. Ceux offerts en compensation demeurant quant à eux soumis aux dispositions de la présente loi.

Art. 2 ***(Rempl., L. n° 1.377, 18 mai 2011).*** **– Les locaux soumis à la présente loi peuvent être partiellement affectés à l'exercice d'une activité associative ou professionnelle non commerciale. L'exercice de l'une de ces activités est soumis à l'accord préalable du propriétaire et ne doit pas être interdit par le règlement de copropriété.**

TITRE II. – DES PERSONNES PROTÉGÉES

Art. 3 ***(Rempl., L. n° 1.291, 21 déc. 2004 ; L. n° 1.377, 18 mai 2011 ; annulé dans sa version résultant de la loi n° 1.377 du 18 mai 2011)*** (1). **– Sont protégées au titre de la présente loi, dans l'ordre de priorité indiqué :**

1° les personnes de nationalité monégasque ;

2° les personnes nées d'un auteur monégasque ; les conjoints, veufs ou veuves de Monégasques ; les personnes divorcées de Monégasques, pères ou mères d'enfants nés de cette union ;

3° les personnes nées à Monaco, qui y résident depuis leur naissance, à la condition que l'un de leurs auteurs ait également résidé à Monaco au moment de celle-ci ; peuvent toutefois être dispensées de la condition de naissance à Monaco les personnes qui, tout en remplissant les autres conditions visées au présent chiffre, seraient nées hors de la Principauté en raison d'un cas fortuit ou pour des raisons médicales ou de force majeure ;

4° les personnes qui résident à Monaco depuis au moins quarante années sans interruption.

---

(1) Le Tribunal suprême dans sa décision du 16 avril 2012 a annulé l'article 3 de la loi n° 1.377 du 18 mai 2011 modifiant l'article 3 de la loi n° 1.235 du 28 décembre 2000. Il a en effet jugé que « *l'article 3 de la loi attaquée, même s'il ajoute une condition de durée de résidence pour certains d'entre eux, étend la liste des attributaires prioritaires à des personnes n'ayant pas de liens étroits avec la Principauté ; que la modification ainsi opérée porte à l'exercice du droit de propriété une atteinte excédant celle qui peut lui être apportée au regard des règles et principes constitutionnels ci-dessus rappelés [art. 24 de la Constitution]* ».

Rédaction antérieure. Art. 3 *(Rempl., L. n° 1.291, 21 déc. 2004 ; L. n° 1.377, 18 mai 2011)* (1). – Sont protégées au titre de la présente loi, dans l'ordre de priorité indiqué :

1° les personnes de nationalité monégasque ;

2° les personnes nées d'un auteur monégasque ou ayant fait l'objet d'une adoption légitimante par un Monégasque, à condition qu'elles justifient d'au moins dix années de résidence à Monaco ; le père ou la mère d'enfant monégasque ; le conjoint, veuf ou veuve d'un Monégasque ; la personne divorcée d'un Monégasque, père ou mère d'enfant né de cette union ;

3° les personnes nées à Monaco ou ayant fait l'objet d'une adoption légitimante, qui y résident depuis leur naissance ou leur adoption, à la condition que l'un de leurs auteurs ou adoptants ait également résidé à Monaco au moment de celle-ci ; peuvent toutefois être dispensées de la condition de naissance à Monaco les personnes qui, tout en remplissant les autres conditions visées au présent chiffre, seraient nées hors de la Principauté pour un motif légitime ; les personnes qui résident à Monaco depuis au moins cinquante années sans interruption ; les personnes handicapées ou âgées de plus de 65 ans qui résident à Monaco depuis au moins quarante années sans interruption ;

4° les personnes qui résident à Monaco depuis au moins quarante années sans interruption.

Par dérogation aux dispositions qui précèdent, le Ministre d'État peut, pour motif légitime, autoriser le reclassement d'une personne dans l'une des catégories supérieures à celle à laquelle elle appartient, à l'exception de la catégorie 1.

Art. 4 *(Mod., L. n° 1.291, 21 déc. 2004)* (1). – **Conservent également la qualité de protégées, concurremment avec les personnes visées au chiffre 4° de l'article 3, les personnes qui, à la date de la promulgation de la présente loi, sans appartenir à l'une des catégories prévues à l'article 3, étaient locataires ou occupants à titre principal d'un local d'habitation soumis à l'ordonnance-loi n° 669 du 17 septembre 1959 ou à la loi n° 1.118 du 18 juillet 1988, modifiée. Leur conjoint à cette même date bénéficie également de ces dispositions.**

Cette qualité leur est reconnue leur vie durant, à titre personnel et intransmissible.

Art. 5 *(Rempl., L. n° 1.291, 21 déc. 2004)* (1). – **Pour l'application de l'article 3, ne constituent pas des interruptions les périodes passées à l'étranger pour suivre des études, une formation, recevoir des soins médicaux ou remplir des obligations militaires.**

Rédaction antérieure. Art. 5 *(Rempl., L. n° 1.291, 21 déc. 2004 ; L. n° 1.377, 18 mai 2011)* (1). – Pour l'application des chiffres 3 et 4 de l'article 3, ne constituent pas des interruptions les périodes passées à l'étranger pendant la minorité ou pour suivre des études, une formation, recevoir des soins médicaux ou remplir des obligations militaires.

Ne constituent pas non plus des interruptions les périodes passées à l'étranger dont la durée cumulée n'excède pas dix-huit mois.

Art. 6 *(Mod., L. n° 1.291, 21 déc. 2004)* (1). – **Les personnes protégées au sens des articles 3 et 4 doivent, en outre, pour bénéficier des dispositions de la présente loi, justifier que leur logement ou leur relogement répond à un besoin normal qui ne peut être autrement satisfait et être inscrites sur un registre tenu dans des conditions fixées par arrêté ministériel.**

La qualité de personne protégée au sens des articles 3 et 4 ne peut être reconnue aux personnes étrangères dont les ressources dépassent un plafond dont le montant est fixé chaque année par ordonnance souveraine.

La qualité de personne protégée au sens des articles 3 et 4 ne peut être reconnue aux personnes étrangères dont les ressources dépassent un plafond dont le montant est fixé chaque année par ordonnance souveraine (2).

Art. 7 *(Rempl., L. n° 1.377, 18 mai 2011)*. – **Ne peuvent être inscrites sur le registre visé à l'article précédent les personnes qui, à Monaco ainsi que, si elles sont de nationalité étrangère, dans les communes limitrophes, disposent, au titre d'un droit de propriété, d'usufruit ou d'usage ou d'habitation, d'un logement correspondant à leurs besoins normaux, qu'elles occupent déjà ou pourraient légalement occuper.**

---

(1) Le Tribunal suprême dans sa décision du 16 avril 2012 a annulé l'article 3 de la loi n° 1.377 du 18 mai 2011 modifiant l'article 3 de la loi n° 1.235 du 28 décembre 2000. Il a en effet jugé que « *l'article 3 de la loi attaquée, même s'il ajoute une condition de durée de résidence pour certains d'entre eux, étend la liste des attributaires prioritaires à des personnes n'ayant pas de liens étroits avec la Principauté ; que la modification ainsi opérée porte à l'exercice du droit de propriété une atteinte excédant celle qui peut lui être apportée au regard des règles et principes constitutionnels ci-dessus rappelés [art. 24 de la Constitution]* ».

(2) V. Ord. n° 5.493, 16 sept. 2015.

TITRE III. – DU CONTRAT DE LOCATION

CHAPITRE I. – DISPOSITIONS GÉNÉRALES

Art. 8 *(Rempl., L. n° 1.291, 21 déc. 2004 ; L. n° 1.377, 18 mai 2011)*. – Les locaux visés à l'article premier ne peuvent être loués qu'aux personnes protégées au sens des articles 3 et 4, dans l'ordre de priorité indiqué auxdits articles, sauf disposition contraire de la présente loi.

Art. 9 *(Mod., L. n° 1.377, 18 mai 2011)*. – Le contrat de location est établi par écrit.

Il doit préciser :

– sa date de prise d'effet et son terme ;

– la désignation des locaux et équipements d'usage privatif dont le locataire a la jouissance exclusive et, le cas échéant, celle des parties, équipements et accessoires de l'immeuble qui font l'objet d'un usage commun ;

– le montant du loyer, ses modalités de paiement et, le cas échéant, ses règles de révision ;

– le montant du dépôt de garantie, s'il en est prévu un ;

– la désignation, le cas échéant, des pièces affectées à l'exercice d'une activité associative ou professionnelle non commerciale.

Un état des lieux, établi contradictoirement par les parties lors de la remise des clefs ou, à défaut, par huissier de justice à l'initiative de la partie la plus diligente et aux frais partagés du propriétaire et du locataire, est annexé au contrat.

Art. 10 *(Mod., L. n° 1.377, 18 mai 2011)*. – Est réputée non écrite toute clause :

a) qui prévoit la résiliation de plein droit du contrat en cas d'inexécution des obligations du locataire pour un motif autre que le non-paiement du loyer, des charges, du dépôt de garantie, la non-souscription d'une assurance des risques locatifs, l'inoccupation du local loué au titre de l'habitation ;

b) qui autorise le bailleur à diminuer sans contrepartie équivalente des prestations stipulées au contrat ;

c) qui autorise le bailleur à percevoir des amendes en cas d'infraction aux clauses d'un contrat de location ou d'un règlement intérieur à l'immeuble.

CHAPITRE II. – DE LA DURÉE DU CONTRAT

Art. 11 *(Mod., L. n° 1.291, 21 déc. 2004)*. – Le contrat de location des locaux visés à l'article premier est d'une durée de six ans.

À l'issue de chaque durée de six ans, et à défaut de congé donné conformément aux dispositions de la présente loi, le bail est renouvelé de plein droit aux mêmes conditions, sauf en ce qui concerne le montant du loyer si le bailleur notifie au locataire, par lettre recommandée avec demande d'avis de réception ou acte extrajudiciaire, une proposition d'augmentation conforme à l'article 19, six mois au moins avant l'échéance du bail.

À défaut de contestation de la proposition d'augmentation notifiée par le locataire dans les mêmes formes dans les trois mois de la notification visée à l'alinéa précédent, la proposition d'augmentation est considérée comme acceptée.

En cas de désaccord sur le montant du nouveau loyer proposé, le bailleur peut saisir la Commission arbitrale des loyers instituée à l'article 24, dans un délai de trois mois à compter de la notification adressée par le locataire. À défaut, la proposition d'augmentation est caduque et le bail est renouvelé sur la base du dernier loyer applicable, après application le cas échéant de la clause d'indexation annuelle prévue au contrat.

Art. 12 *(Abr., L. n° 1.291, 21 déc. 2004)*.

Art. 13 *(Rempl., L. n° 1.291, 21 déc. 2004)*. – Le contrat peut être résilié par le locataire en cours de bail ou à son échéance, avec un préavis de trois mois, par notification faite au bailleur par lettre recommandée avec demande d'avis de réception ou acte extrajudiciaire. Le délai court à compter de la date de l'envoi de la lettre recommandée, le cachet de la poste faisant foi, ou de la signification de l'acte.

Le contrat peut également être résilié en cours de bail par le propriétaire qui entend faire jouer son droit de reprise dans les conditions prévues au chapitre II *bis* de la présente loi.

Art. 14. – (1) **Peut donner congé à son locataire dans les conditions de forme et de délai prévues à l'article 15 le bailleur qui, régulièrement autorisé, entend :**

1° démolir son immeuble pour reconstruire, sur le même terrain, un autre immeuble, d'une surface habitable au moins égale ;

2° surélever son immeuble ;

3° apporter à son immeuble des modifications afin de créer de nouvelles surfaces habitables ;

4° apporter à son immeuble des réparations ou améliorations nécessaires à la salubrité, à l'hygiène ou à la sécurité publique :

lorsque, dans ces trois derniers cas, la totalité des locaux que le locataire occupe est rendue inutilisable par l'exécution des travaux.

Dans ces cas, comme dans celui où la totalité des locaux n'est pas rendue inutilisable, les dispositions de l'article 1564 du Code civil sont applicables.

En outre, le contrat de location en cours est résilié de plein droit dans le cas où la démolition de l'immeuble serait ordonnée dans les conditions fixées par les textes législatifs ou réglementaires en vigueur, soit qu'il ait été déclaré insalubre, soit qu'il menace ruine.

Rédaction antérieure. Art. 14 ***(Rédaction antérieure à l'annulation de l'article 9 de la loi n° 1.377 du 18 mai 2011 par décision du Tribunal suprême du 16 avril 2012). – (Rempl., L. n° 1.377, 18 mai 2011)*** (1). – Le propriétaire, régulièrement autorisé, peut démolir l'intégralité de son immeuble pour reconstruire, sur le même terrain, un autre immeuble.

À l'issue des travaux, il peut disposer et jouir librement des locaux reconstruits.

Lorsque l'immeuble visé au premier alinéa est occupé, le propriétaire doit donner congé au locataire par lettre recommandée avec demande d'avis de réception postal ou par acte extrajudiciaire. Le préavis applicable est de six mois à compter du jour de l'expédition de la lettre recommandée, le cachet de la poste faisant foi, ou de la signification de l'acte. Il doit indiquer les motifs du congé et comporter une offre de relogement en précisant les caractéristiques du local de remplacement.

Le relogement doit être assuré, pour la période du bail restant à courir, dans un local en bon état d'habitabilité situé à Monaco, sans que le montant du loyer puisse excéder celui résultant du bail en cours. Ce local doit correspondre au besoin normal du locataire évincé et présenter des qualités comparables à celles du local initial. Les frais normaux de déménagement sont à la charge du propriétaire. Lorsque le locataire est relogé dans un local non soumis aux dispositions de la présente loi, il bénéficie, ainsi que les personnes mentionnées à l'article 16, de ses dispositions protectrices, sous réserve de l'exercice du droit de reprise par le propriétaire.

Le locataire qui entend accepter l'offre de relogement notifie son accord dans les trois mois de la notification par lettre recommandée avec demande d'avis de réception postal ou de la signification de l'acte, sous peine d'être considéré comme déclinant ladite offre.

Le locataire évincé est tenu de mettre le local qu'il occupe à la disposition effective du propriétaire à l'époque indiquée. En cas de contestation, le président du tribunal de première instance, statuant en la forme des référés et saisi à la requête de la partie la plus diligente, est compétent pour statuer et ordonner, s'il y a lieu, l'expulsion.

Art. 14-1 *(L. n° 1.377, 18 mai 2011).* **– Le propriétaire, régulièrement autorisé, peut effectuer des travaux ayant pour effet de créer des locaux indépendants des logements existants par surélévation ou addition de construction. Ces nouveaux locaux indépendants ne sont pas soumis aux dispositions de la présente loi.**

Lorsque le local occupé par son locataire est rendu impropre à l'habitation par l'exécution des travaux, le propriétaire doit le reloger provisoirement dans les conditions prévues à l'article précédent.

Dans le mois qui suit l'issue des travaux, le locataire est réintégré dans le local qu'il occupait. Les frais normaux de déménagement sont à la charge du propriétaire.

Art. 15 *(Mod., L. n° 1.291, 21 déc. 2004 ; L. n° 1.377, 18 mai 2011).* **– Peut donner congé à son locataire le propriétaire qui, régulièrement autorisé, entend effectuer des travaux autres que ceux visés aux articles 14 et 14-1, lorsque le local que le locataire occupe est rendu impropre à l'habitation par l'exécution des travaux. Ce congé obéit aux mêmes règles de fond et de forme que celles prévues à l'article 14. Le locataire évincé**

---

(1) Le Tribunal suprême dans sa décision du 16 avril 2012 a annulé l'article 9 de la loi n° 1.377 du 18 mai 2011 modifiant l'article 14 de la loi n° 1.235 du 28 décembre 2000, *« Considérant que l'article 9 impose au propriétaire, pour le relogement du locataire évincé en cas de démolition intégrale de l'immeuble avant reconstruction, des obligations qui, eu égard aux caractères particuliers, notamment géographiques, de la Principauté, portent à l'exercice du droit de propriété une atteinte excédant celle qui peut lui être apportée au regard des règles et principes constitutionnels ci-dessus rappelés [art. 24 de la Constitution]. »*

est relogé provisoirement dans les mêmes conditions que celles fixées à l'article 14. Dans le mois qui suit l'issue des travaux, le locataire est réintégré dans le local qu'il occupait.

(Trois al. annulés par décision du Tribunal suprême du 16 avril 2012). (1)

Un lot ne peut faire l'objet d'une scission ou d'une réunion plus d'une fois par décennie, sauf dérogation ministérielle accordée pour motif légitime.

Art. 16 ***(Mod., L. n° 1.291, 21 déc. 2004 ; L. n° 1.377, 18 mai 2011)*** (1). **– En cas de divorce ou de séparation de corps, le contrat de location se poursuit jusqu'à son terme au profit du conjoint auquel a été attribué le domicile conjugal.**

En cas de décès, d'abandon de domicile ou de départ définitif pour raison de santé du titulaire du bail, le contrat de location se poursuit également jusqu'à son terme au profit du conjoint non séparé, de l'enfant, du père, de la mère ou de la personne protégée au sens des articles 3 et 4, vivant dans les lieux au jour du décès, de l'abandon ou du départ.

Ces personnes bénéficient des dispositions protectrices de la présente loi.

CHAPITRE II *BIS*. – DU DROIT DE REPRISE
(L. n° 1.291, 21 déc. 2004).

Art. 16-1 ***(L. n° 1.291, 21 déc. 2004).*** **– Nonobstant les dispositions de l'article 11, le propriétaire a le droit de reprendre le local pour l'occuper lui-même ou le faire occuper par ses ascendants ou descendants ou leur conjoint, par ses frères ou sœurs ou leurs descendants, ou par les ascendants ou descendants de son conjoint, dans les conditions fixées par les articles suivants.**

Art. 16-2 ***(L. n° 1.291, 21 déc. 2004 ; partiellement annulé par décision du Tribunal suprême du 16 janvier 2006*** (2) ***; rempl., L. n° 1.377, 18 mai 2011).*** **– Le propriétaire qui veut exercer le droit de reprise doit, à peine de nullité de la procédure, notifier au locataire au moins six mois à l'avance, par lettre recommandée avec demande d'avis de réception postal ou acte extrajudiciaire, son intention de reprendre le local en vertu des dispositions de l'article 16-1.**

Lorsque le locataire est handicapé ou âgé de plus de 65 ans, le droit de reprise ne peut être exercé durant les six premiers mois du bail. La notification, qui emporte résiliation du bail à la date fixée pour la reprise, doit indiquer d'une façon précise le bénéficiaire de la reprise.

Dans les quinze jours et dans les mêmes formes, le propriétaire doit transmettre au Ministre d'État une copie de la notification.

Art. 16-3 ***(L. n° 1.291, 21 déc. 2004 ; annulé par décision du Tribunal suprême du 16 janvier 2006)*** (3). **– Le droit de reprise ne peut être exercé à l'encontre d'un locataire de nationalité monégasque, à moins que le bénéficiaire de la reprise n'ait lui-même cette nationalité ou ne soit ascendant, frère ou sœur ou descendant de Monégasque, et à condition que ni ce dernier ni le propriétaire n'aient, à Monaco, un locataire de nationalité étrangère à l'encontre duquel la reprise pourrait être utilement exercée.**

Art. 16-4 ***(L. n° 1.291, 21 déc. 2004 ; annulé par décision du Tribunal suprême du 16 janvier 2006)*** (3). **– Le droit de reprise ne peut être exercé à l'encontre d'un locataire de nationalité étrangère faisant partie des personnes protégées énumérées aux articles 3 et 4 que si le bénéficiaire de la reprise bénéficie d'un rang de protection au moins égal ou est ascendant ou frère ou sœur de Monégasque.**

---

(1) Le Tribunal suprême dans sa décision du 16 avril 2012 a annulé les deuxième à cinquième alinéas de l'article tel qu'issu de la loi n° 1.377 du 18 mai 2011 au motif que ces dispositions « *[ont] porté au droit de propriété une atteinte excédant celles qui peuvent lui être apportées au regard des règles et principes constitutionnels sus rappelés [art. 24 de la Constitution]* ».

(2) Le Tribunal suprême, par décision du 16 janvier 2006, a annulé l'article 16-2 en ce qu'il porte à **douze mois** le délai imposé au propriétaire pour aviser le locataire de son intention d'exercer le droit de reprise. Il a été jugé que l'article 16-2 tel qu'issu de la loi n° 1.291 du 21 décembre 2004 portait une atteinte excessive à l'exercice du droit de propriété. Ce délai était antérieurement fixé à trois mois par l'article 13 de la présente loi dans sa version antérieure à la loi du 21 décembre 2004.

(3) Les articles 16-3 et 16-4 ont été annulés par décision du 16 janvier 2006 du Tribunal suprême, qui a jugé « *[qu']en privant certains propriétaires, pendant une période indéterminée, de leur droit de reprise, les articles 16-3 et 16-4 portent à l'exercice du droit de propriété une atteinte excédant celles qui peuvent lui être apportées [...]* ».

Art. 16-5 *(L. n° 1.291, 21 déc. 2004 ; annulé par décision du Tribunal suprême du 16 janvier 2006)* (1). – Si le propriétaire qui exerce la reprise possède dans la Principauté plusieurs immeubles ou fractions d'immeubles et qu'il ait déjà exercé la reprise prévue par le présent chapitre, en vue d'assurer un logement à l'un de ses bénéficiaires visés à l'article 16-1, il ne peut exercer à nouveau un droit de reprise au profit du même bénéficiaire.

Art. 16-6 *(L. n° 1.291, 21 déc. 2004 ; mod., L. n° 1.377, 18 mai 2011)*. – Si le bailleur ou le bénéficiaire de la reprise est propriétaire dans la Principauté d'un logement, vacant ou rendu vacant par l'exercice du droit de reprise, le locataire a le droit de l'occuper, à condition de lui faire connaître son intention d'occuper, par lettre recommandée avec demande d'avis de réception postal ou par acte extrajudiciaire, dans le mois qui suit le congé donné. Lorsque le locataire est relogé dans un local non soumis aux dispositions de la présente loi, il bénéficie à titre personnel de ses dispositions protectrices, sous réserve de l'exercice du droit de reprise par le propriétaire. Lorsque le bailleur ou le bénéficiaire de la reprise démontre qu'il n'est pas en mesure d'assurer le relogement du locataire et que celui-ci se trouve en situation de dépendance telle qu'il nécessite d'être aidé pour l'accomplissement des actes essentiels de la vie ou requiert une surveillance régulière, ou âgé de plus de 70 ans, le relogement doit être effectué par l'État dans un délai de six mois à compter de la reprise. L'État ne peut toutefois y procéder que dans les immeubles soumis au droit de préemption en vertu de l'article 38.

Le congé doit, à peine de nullité, contenir toutes indications utiles pour permettre au locataire congédié d'exercer le droit qui lui est reconnu par le présent article.

Si les parties ne s'entendent pas sur la fixation du prix de location, il est procédé conformément aux articles 23 et suivants.

Art. 16-7 *(L. n° 1.291, 21 déc. 2004 ; partiellement annulé par décision du Tribunal suprême du 16 janvier 2006 ; rempl., L. n° 1.377, 18 mai 2011)*. – Tout bénéficiaire du droit de reprise qui, dans un délai de trois mois à compter du départ du locataire congédié, n'a pas lui-même effectivement occupé le local, est puni d'une amende administrative prononcée par le Ministre d'État, dont le montant ne peut excéder 50.000 euros.

Le bénéficiaire est en outre tenu de verser au locataire congédié une indemnité dont le montant est fixé par le président du tribunal de première instance, saisi et statuant en la forme des référés. Ce montant ne peut être inférieur à une année de loyer du local précédemment occupé, sauf si le locataire congédié demande et obtient sa réintégration dans le local dont il a été évincé.

Les mêmes sanctions s'appliquent lorsque le local ayant fait l'objet de la reprise ne demeure pas occupé par le bénéficiaire pendant une durée de trois ans au moins à compter du départ du locataire congédié.

Ces sanctions sont écartées si le bénéficiaire justifie d'un motif légitime.

CHAPITRE III. – DU LOYER ET DES CHARGES

Art. 17. – Le locataire est tenu au paiement du loyer et des charges locatives, exigibles sur justifications. Le loyer est payable d'avance par mois ou par trimestre.

Le bailleur est tenu de délivrer gratuitement au locataire une quittance distinguant le loyer et les charges. En cas de paiement partiel, il est délivré un reçu.

Art. 18 *(Rempl., L. n° 1.291, 21 déc. 2004)*. – Le loyer est établi par référence aux loyers appliqués dans le même secteur d'habitation pour des locaux comparables relevant du même régime juridique à la date de promulgation de la présente loi, situés dans le même quartier ou un quartier voisin, dans des immeubles de qualité similaire et présentant des prestations équivalentes.

La liste des références ayant servi à déterminer le loyer est portée à la connaissance du locataire avant la conclusion du contrat de bail.

En cas de désaccord sur le montant du loyer, le Ministre d'État ou la partie la plus diligente peut saisir la commission arbitrale des loyers instituée à l'article 24, au plus tard dans un délai de trois mois suivant la conclusion du contrat

(1) L'article 16-5 a été annulé par décision du Tribunal suprême du 16 janvier 2006, qui a jugé que « *l'article 16-5 apporte au droit du propriétaire de jouir de son bien une restriction qui ne trouve son fondement dans aucune règle ou aucun principe de valeur constitutionnelle [...]* ».

Art. 19 *(Rempl., L. n° 1.291, 21 déc. 2004)*. – Les dispositions du premier alinéa de l'article 18 sont applicables à toute proposition d'augmentation de loyer notifiée au locataire lors du renouvellement du bail conformément à l'article 11. La notification mentionne la liste des références ayant servi à déterminer le montant du nouveau loyer proposé.

Toutefois, l'augmentation de loyer calculée conformément au premier alinéa ne peut excéder le triple de la variation de la moyenne sur quatre trimestres de l'indice des prix à la consommation (hors tabac) pour l'ensemble des ménages (France entière) publié par l'Institut National de la Statistique et des Études Économiques français.

Art. 20. – Le montant du loyer ne peut être modifié en cours de bail qu'annuellement en application d'une clause d'indexation usuelle insérée dans le bail.

(L. n° 1.291, 21 déc. 2004) Toutefois, l'augmentation annuelle du montant du loyer ne peut excéder la variation de la moyenne sur quatre trimestres de l'indice des prix à la consommation (hors tabac) pour l'ensemble des ménages (France entière) publié par l'Institut National de la Statistique et des Études Économiques français.

Art. 21. – Lorsque les parties conviennent d'un dépôt de garantie pour assurer l'exécution de ses obligations locatives par le locataire, le montant de ce dépôt ne peut excéder trois mois de loyer en principal et peut être actualisé en cas de renouvellement du bail.

Le dépôt de garantie est restitué au locataire sortant au plus tard deux mois après la remise des clefs, déduction faite, le cas échéant, des sommes dues au bailleur et des sommes dont celui-ci pourrait être tenu aux lieu et place du locataire, sous réserve qu'elles soient dûment justifiées.

Art. 22. – Toute clause prévoyant la résiliation de plein droit du contrat de location pour manquement aux clauses substantielles mentionnées au paragraphe *a)* de l'article 10 ne produit effet que trois mois après un commandement de payer demeuré infructueux ou une mise en demeure non suivie d'effet.

Art. 23 *(Rempl., L. n° 1.291, 21 déc. 2004 ; mod., L. n° 1.377, 18 mai 2011)*. – La Commission arbitrale instituée à l'article 24 est compétente pour statuer sur la fixation du loyer, en cas de désaccord sur le montant du loyer demandé à la conclusion du bail ou sur l'augmentation de loyer proposée lors du renouvellement.

La Commission arbitrale, saisie par lettre recommandée avec demande d'avis de réception postal, selon le cas en application du troisième alinéa de l'article 11 ou du troisième alinéa de l'article 18, tente de concilier les parties sur le montant du loyer.

À défaut de conciliation, elle fixe ce montant comme indiqué à l'article 18, s'agissant d'une nouvelle location, ou à l'article 19, s'agissant d'un renouvellement de bail.

Toutefois, lorsque la Commission est saisie en application du troisième alinéa de l'article 18, le montant du loyer fixé par la commission conformément au précédent alinéa ne peut excéder celui qui résulte de l'application d'un coefficient égal à cinq fois la variation de la moyenne sur quatre trimestres de l'indice des prix à la consommation (hors tabac) pour l'ensemble des ménages (France entière) publié par l'Institut National de la Statistique et des Études Économiques français, au montant du dernier loyer applicable aux termes du précédent contrat de bail, lorsque celui-ci a pris fin depuis moins de cinq ans.

La Commission arbitrale doit permettre à chacune des parties d'avoir accès à toutes informations utiles à la fixation du loyer ou au fondement de ses prétentions, au besoin en ordonnant leur communication.

Art. 24. – La Commission arbitrale des loyers est composée de quatre membres, à savoir :

– le président du tribunal de première instance ou le magistrat par lui délégué, qui a voix prépondérante en cas de partage ;

– un propriétaire et un locataire de locaux à usage d'habitation désignés par le président sur une liste de vingt propriétaires et de vingt locataires arrêtée par le Ministre d'État pour six ans ;

– un membre de l'Ordre des architectes ou toute autre personne qualifiée choisie par le président du tribunal de première instance sur une liste établie par le Ministre d'État pour six ans.

Les parties sont citées par lettre recommandée avec accusé de réception ou exploit d'huissier. Le délai d'assignation est au moins de six jours francs si la partie assignée ou son représentant a son domicile, sa résidence ou son siège à Monaco ou dans le département français des Alpes-Maritimes et de trente jours francs dans les autres cas.

Art. 25. – Les assesseurs prêtent serment devant le tribunal de première instance de remplir fidèlement la mission qui leur est confiée et de garder le secret des délibérations.

Les assesseurs sont récusables quand ils ont un intérêt personnel à la contestation ou qu'ils sont parents ou alliés de l'une des parties.

La partie qui veut récuser un assesseur est tenue de former la récusation avant tout débat et d'en exposer les motifs dans une déclaration qu'elle remet, revêtue de sa signature, au greffe général.

Il est statué sommairement et sans délai par le président de la commission qui se prononce également sur les causes d'empêchement que les assesseurs proposent.

Les parties peuvent comparaître en personne, se faire assister ou représenter devant la commission par un avocat ou un avocat-défenseur inscrit au tableau de l'Ordre monégasque.

Art. 26. – Une expertise peut être ordonnée par la Commission arbitrale.

La Commission énonce les chefs de mission, désigne l'expert et fixe une date pour le dépôt du rapport.

S'il accepte sa mission, dans les huit jours de la réception de l'avis de désignation qui lui a été adressé par le Greffe général, l'expert renvoie, par lettre recommandée, la formule de serment dûment signée.

Le délai imparti pour le dépôt du rapport ne doit pas dépasser deux mois après l'acceptation de sa mission par l'expert.

L'expert qui n'accepte pas sa mission ou qui ne dépose pas son rapport dans les délais fixés est aussitôt remplacé par ordonnance du président rendue à la requête de la partie la plus diligente.

S'il ne dépose pas son rapport dans le délai imparti, il n'est, en outre, admis à réclamer ni honoraires ni remboursement de frais, sans préjudice de tous autres dommages et intérêts qui pourraient éventuellement lui être réclamés par les parties.

L'expert dépose son rapport au greffe général.

Le Greffe général constate le dépôt en faisant mention sur le rapport du jour où il l'a reçu et avise les parties du dépôt.

Art. 27 *(Rempl., L. n° 1.291, 21 déc. 2004)*. – Si la décision est rendue par défaut, l'opposition peut être formée par assignation, à la diligence de la partie intéressée, dans les trente jours de la signification par huissier laquelle doit, à peine de nullité, mentionner expressément ce délai.

Art. 28. – Les décisions rendues par la Commission arbitrale sont motivées ; elles sont susceptibles d'appel auprès de la cour d'appel dans les délais et conditions fixés par le Code de procédure civile. Une expédition est adressée sans frais par le greffe général à la Direction de l'habitat où elle pourra être consultée.

Art. 29 *(Rempl., L. n° 1.291, 21 déc. 2004)*. – Pendant la durée de l'instance, le preneur est tenu de payer son loyer entre les mains du bailleur, sur la base du prix figurant au contrat s'il s'agit d'un nouveau bail et sur la base du dernier prix payé s'il s'agit d'un renouvellement de bail, sauf compte à faire après la fixation définitive du montant du loyer.

TITRE IV ANCIEN. – DES DISPOSITIONS TRANSITOIRES

(Titre abr., L. n° 1.377, 18 mai 2011).

TITRE IV. – DES DISPOSITIONS DIVERSES

(Ancien titre V dénum., L. n° 1.377, 18 mai 2011)

Art. 30 *(Mod., L. n° 1.291, 21 déc. 2004 ; rempl., L. n° 1.377, 18 mai 2011)*. – La direction de l'habitat, si elle l'estime nécessaire, peut réclamer au propriétaire, par lettre recommandée avec demande d'avis de réception postal, une preuve d'occupation de ses locaux. Si ce dernier n'est pas en mesure d'apporter une telle preuve dans un délai de quinze jours à compter de la réception de la demande, la direction de l'habitat en informe le Ministre d'État aux fins de mise en œuvre des sanctions prévues à l'article 37.

Art. 31 *(Abr., L. n° 1.377, 18 mai 2011)*.

Art. 32 *(Abr., L. n° 1.291, 21 déc. 2004)*.

Art. 33 *(Abr., L. n° 1.377, 18 mai 2011)*.

Art. 34 *(Rempl., L. n° 1.377, 18 mai 2011).* – Une allocation différentielle de loyer est versée aux locataires des locaux soumis à la présente loi dont l'insuffisance des ressources le justifie, dans des conditions définies par ordonnance souveraine.

Art. 35 *(Rempl., L. n° 1.291, 21 déc. 2004 ; L. n° 1.377, 18 mai 2011).* – Tout local régi par la présente loi et qui devient vacant doit faire l'objet, par le propriétaire ou son représentant, d'une déclaration de vacance auprès de la direction de l'habitat dans le délai d'un mois, dans les conditions fixées par arrêté ministériel.

Toutefois, le propriétaire peut, antérieurement à la déclaration de vacance et à compter de la délivrance du congé ou du préavis, faire procéder à la visite anticipée des locaux appelés à devenir vacants. Il en informe préalablement la direction de l'habitat qui procède aux formalités appropriées.

Ce local doit être offert à la location dans le mois suivant la déclaration de vacance, sauf nécessité particulière de remise en état ou aux normes ou en cas de congé délivré conformément aux articles 14, 14-1 ou 15. Dans ce cas, la direction de l'habitat est informée de la nature et de la durée prévisible des travaux envisagés, ainsi que de la date de fin des travaux, lesquels, sauf motif légitime, ne sauraient excéder dix-huit mois.

L'offre de location est transmise à la direction de l'habitat. Elle comporte les caractéristiques du local mis en location, le montant du loyer et des charges et doit être accompagnée d'une attestation datant de moins d'un an délivrée par un organisme vérificateur choisi parmi une liste arrêtée par ordonnance souveraine, établissant que les normes de sécurité et de confort définies par ordonnance souveraine sont respectées.

La direction de l'habitat vérifie l'exactitude des mentions de l'offre relatives aux caractéristiques du local en procédant au besoin à une visite des lieux. Elle publie cette offre au *Journal de Monaco* dans les quinze jours de sa réception, sauf en cas de désaccord sur son contenu, notifié dans le même délai. À défaut de résolution amiable du litige, la partie la plus diligente saisit le président du tribunal de première instance, statuant en la forme des référés.

Le délai de réponse à l'offre de location est de quinze jours suivant la publication au *Journal de Monaco*.

Les personnes protégées au sens des articles 3 et 4 qui sont intéressées par l'offre font connaître leur candidature à la direction de l'habitat par lettre recommandée avec demande d'avis de réception postal, laquelle en avise le propriétaire ou son représentant au terme de la période visée à l'alinéa précédent. Dans les quinze jours suivants, le propriétaire fait connaître son choix à la direction de l'habitat.

La location doit être consentie dans l'ordre de priorité résultant des dispositions des articles 3 et 4. À rang de protection égal, le propriétaire est libre de choisir son locataire parmi les candidats qui se sont manifestés.

Si aucune location n'est intervenue malgré une publication de l'offre dans le *Journal de Monaco* à trois reprises et à un mois d'intervalle au plus tard et que le loyer figurant dans cette offre a été établi conformément à l'article 18 et après fixation par la commission instituée à l'article 23 saisie spécialement à cet effet par le propriétaire, celui-ci peut consentir un bail à une personne non protégée au sens des articles 3 et 4. Ce bail, qui doit être conclu dans un délai de six mois, ne peut être consenti pour une durée supérieure à six ans et ne peut ouvrir droit au versement de l'allocation visée à l'article 34. Au terme du bail ou en cas de départ anticipé du locataire, les dispositions de la présente loi sont applicables. À défaut de location, il est procédé conformément aux alinéas quatre et suivants du présent article.

Le contrat de bail doit, avant sa conclusion, être soumis au visa de la direction de l'habitat, délivré dans les trois jours de la demande.

Une copie du contrat de bail est transmise à la direction de l'habitat dans les huit jours de sa conclusion.

Art. 35-1 *(L. n° 1.377, 18 mai 2011).* – Lors de la déclaration de vacance prévue à l'article précédent, le propriétaire peut faire savoir qu'il entend conserver son local pour l'occuper ou le faire occuper par ses ascendants ou descendants ou ceux de son conjoint, par ses frères et sœurs ou leurs descendants, ou pour reloger un locataire évincé dans le cadre de l'article 14 ou 15.

Sauf motif légitime, le local doit être effectivement occupé avant l'expiration d'un délai de trois mois à compter de la date de la déclaration. À défaut, les dispositions de l'article 35 retrouvent application.

Art. 36 *(Rempl., L. n° 1.377, 18 mai 2011).* – Est nulle et de nul effet toute location d'un local à usage d'habitation consentie en méconnaissance des dispositions de la présente loi.

La nullité est constatée par le tribunal de première instance saisi par le ministère public à la demande du Ministre d'État ou par tout tiers justifiant d'un intérêt à agir. Le tribunal ordonne, sous astreinte, l'expulsion de toute personne occupant indûment les lieux.

Art. 37 *(Rempl., L. n° 1.256, 12 juill. 2002 ; L. n° 1.291, 21 déc. 2004 ; L. n° 1.377, 18 mai 2011)*. – Tout propriétaire ne respectant pas les dispositions de l'article 35 est passible d'une amende administrative, prononcée par le Ministre d'État, dont le montant ne peut excéder 50.000 euros.

Art. 38 *(Rempl., L. n° 1.256, 12 juill. 2002 ; L. n° 1.291, 21 déc. 2004 ; L. n° 1.377, 18 mai 2011)*. – Les aliénations volontaires à titre onéreux et apports en société, sous quelque forme que ce soit, portant sur un ou plusieurs locaux à usage d'habitation construits ou achevés avant le 1er septembre 1947 doivent, à peine de nullité, faire l'objet par les propriétaires ou les notaires instrumentaires d'une déclaration d'intention au Ministre d'État. Le Ministre d'État en avise le Conseil National. Ne sont pas concernées les cessions de droits indivis entre indivisaires et les aliénations portant uniquement sur les locaux accessoires tels que caves, parkings ou débarras.

Cette déclaration, qui vaut offre de vente irrévocable pendant un délai d'un mois à compter de sa notification, doit comporter le prix et les principales caractéristiques de l'opération envisagée.

Dans ce délai, le Ministre d'État peut faire connaître sa décision de se porter acquéreur aux conditions fixées dans la déclaration.

Lorsque le Ministre d'État décide de se porter acquéreur, la vente doit intervenir dans un délai d'un mois à compter de la notification de cette décision.

Lorsque l'aliénation ou l'apport porte sur un ou plusieurs immeubles ou parties d'immeubles partiellement soumis aux dispositions du présent article, la déclaration d'intention doit néanmoins les viser dans leur ensemble. Le Ministre d'État ne peut alors se porter acquéreur que de cet ensemble, et notamment par priorité au droit de préemption prévu par l'article 32 *ter* de la loi n° 490 du 24 novembre 1948 concernant les baux à usage commercial, industriel ou artisanal.

En cas de réponse négative ou à défaut de réponse du Ministre d'État dans le délai qui lui est imparti, le propriétaire doit, lorsque le local dont la cession est envisagée est donné à bail, faire connaître, par lettre recommandée avec demande d'avis de réception postal ou acte extrajudiciaire, au titulaire du contrat de bail les prix et conditions demandés et les modalités projetées de l'aliénation ou de l'apport.

Cette notification vaut offre de vente irrévocable pendant un délai de quinze jours à compter de sa date de réception.

Dans ce délai, le titulaire du contrat de bail peut faire connaître au propriétaire, par lettre recommandée avec demande d'avis de réception postal ou acte extrajudiciaire, sa décision de se porter acquéreur aux conditions fixées dans la déclaration d'intention, le cas échéant sous condition suspensive de l'obtention d'un ou plusieurs prêts de la part d'une banque, d'un établissement financier ou des services de l'État. Dans ce cas, la condition suspensive doit être réalisée dans les deux mois à compter de la notification adressée par le titulaire du bail, à défaut de quoi la préemption est réputée caduque. La vente doit intervenir au plus tard dans un délai de trois mois suivant la notification.

En cas de réponse négative ou à défaut de réponse du titulaire du contrat de bail dans le délai qui lui est imparti, le propriétaire dispose d'un délai de six mois pour parfaire la vente ou l'apport en société aux prix et conditions fixés. Au-delà de ce délai, toute nouvelle aliénation ou apport en société est soumise aux dispositions du présent article. Les actions relatives à l'exercice de ce droit se prescrivent par six mois à compter de l'enregistrement de l'acte.

Art. 39 *(V. L. n° 887, 25 juin 1970, art. 3)*.

Art. 40. – Sont abrogés :

– la loi n° 26 du 26 janvier 1920 sur l'affichage des logements à louer ;

– l'ordonnance-loi n° 394 du 1er août 1944 sur la déclaration des locaux à usage d'habitation ;

– les titres II et III de l'ordonnance n° 77 du 22 septembre 1949 relative au classement et au prix de location des immeubles d'habitation ;

– l'ordonnance-loi n° 669 du 17 septembre 1959 modifiant et codifiant la législation relative aux conditions de location des locaux à usage d'habitation, à l'exception des dispositions relatives à la déclaration d'insalubrité des logements prévues au chiffre 5° de l'article 11 ;

– la loi n° 1.118 du 18 juillet 1988 relative aux conditions de location de certains locaux à usage d'habitation, modifiée par les lois n° 1.126 du 26 mai 1989, n° 1.159 du 29 décembre 1992, n° 1.212 du 29 décembre

1998 – à l'exception de l'article 4 de celle-ci instituant une allocation différentielle de loyer – et n° 1.226 du 28 décembre 1999.

Sont également abrogées toutes dispositions contraires à la présente loi.

Art. 41. – **En tant que de besoin et sous réserve qu'elles ne soient pas contraires aux dispositions de la présente loi, demeurent applicables, jusqu'à la promulgation des textes d'application de la loi, les dispositions des ordonnances souveraines et arrêtés ministériels pris en vertu des normes législatives abrogées aux termes de l'article précédent.**

Art. 42 *(Rempl., L. n° 1.291, 21 déc. 2004)*. – **Les dispositions de la présente loi sont d'ordre public.**

Les clauses ou stipulations existant dans les baux en cours, et qui seraient contraires aux dispositions de la présente loi, sont nulles et de nul effet.

Art. 43 *(L. n° 1.377, 18 mai 2011)*. – **Des textes réglementaires fixent, en tant que de besoin, les modalités d'application de la présente loi.**

Ordonnance nº 16.590 du 29 décembre 2004

portant application de la loi n° 1.291 du 21 décembre 2004
modifiant la loi n° 1.235 du 28 décembre 2000 relative aux conditions de location
de certains locaux à usage d'habitation construits ou achevés
avant le 1er septembre 1947 et définissant les normes d'habitabilité

Vu la Constitution ; Vu la loi n° 1.291 du 21 décembre 2004 modifiant la loi n° 1.235 du 28 décembre 2000 relative aux conditions de location de certains locaux à usage d'habitation construits ou achevés avant le 1er septembre 1947 ; Vu Notre ordonnance n° 3.647 du 9 septembre 1966, modifiée, concernant l'urbanisme, la construction et la voirie ;

Art. 1er. – **Les normes de sécurité et de confort, dont l'organisme vérificateur doit attester du respect conformément à l'article 35 de la loi n° 1.235 du 28 décembre 2000, modifiée, sont définies aux articles ci-après.**

TITRE I. – PROTECTION DE LA SÉCURITÉ PHYSIQUE ET DE LA SANTÉ DES LOCATAIRES

Art. 2. – **Le local à usage d'habitation doit être dans un bon état d'entretien et de solidité et protégé contre les eaux de ruissellement et les remontées d'eau.**

Les menuiseries extérieures et, s'il y a lieu, la couverture, avec ses raccords et accessoires, assurent la protection contre les infiltrations d'eau dans l'habitation.

Art. 3. – **Les dispositifs de retenue des personnes dans le local à usage d'habitation, tels que les garde-corps, les fenêtres, les escaliers intérieurs ainsi que les loggias et balcons, doivent être dans un état conforme à leur usage.**

Il en est de même des portes d'entrée, volets, persiennes et autres menuiseries extérieures ainsi que des dispositifs en assurant la fermeture.

Art. 4. – **La nature ainsi que l'état de conservation et d'entretien des matériaux de construction, des canalisations et des revêtements du local ne doivent présenter aucun risque manifeste pour la santé et la sécurité physique des locataires.**

L'organisme vérificateur contrôle notamment que la présence d'amiante y a été recherchée conformément aux dispositions réglementaires en vigueur.

Art. 5. – **Les réseaux et branchements d'électricité et de gaz et les équipements de chauffage et de production d'eau chaude doivent être en bon état d'usage et de fonctionnement et conformes aux normes de sécurité.**

Art. 6. – **Les dispositifs d'ouverture et de ventilation du local doivent permettre un renouvellement de l'air adapté aux besoins d'une occupation normale du logement et au fonctionnement des équipements.**

Les pièces destinées au séjour ou au sommeil doivent bénéficier d'un ouvrant donnant à l'air libre ou sur un volume vitré donnant à l'air libre.

TITRE II. – ÉQUIPEMENT ET CONFORT DES LOGEMENTS

Art. 7. – Le local à usage d'habitation comporte les éléments d'équipement et de confort suivants :

1) une installation de chauffage adaptée aux caractéristiques du logement, munie des dispositifs d'alimentation en énergie ainsi que d'évacuation des produits de combustion ;

2) une installation d'alimentation en eau potable assurant, à l'intérieur du local, une distribution suffisante pour l'utilisation normale de ses locataires ;

3) des installations d'évacuation des eaux ménagères et des eaux-vannes empêchant le refoulement des odeurs et des effluents et munies de siphons ;

4) une cuisine ou un coin cuisine pouvant recevoir un appareil de cuisson et comprenant un évier raccordé à une installation d'alimentation en eau chaude et froide et à une installation d'évacuation des eaux usées ;

5) une installation sanitaire intérieure au local comprenant un water-closet, séparé de la cuisine et de la pièce où peuvent être pris les repas, ainsi qu'un équipement pour la toilette corporelle, en bon état d'usage et de fonctionnement, comportant une baignoire ou une douche, aménagé de manière à garantir l'intimité personnelle, alimenté en eau chaude et froide et muni d'une évacuation des eaux usées ;

6) un réseau électrique permettant l'éclairage suffisant de toutes les pièces et des accès ainsi que le fonctionnement des appareils ménagers courants indispensables à la vie quotidienne ;

7) une ou plusieurs portes d'entrée dotées d'une serrure à clef ou d'un dispositif de fermeture gouvernant l'accès du local, en bon état d'usage et de fonctionnement.

Art. 8. – La liste des organismes vérificateurs habilités à attester du respect des normes édictées par la présente ordonnance est fixée par arrêté ministériel.

Loi nº 1.329 du 8 janvier 2007

relative à la copropriété des immeubles bâtis

(Journal de Monaco, 12 janv. 2007

et Erratum, Journal de Monaco, 26 janv. 2007)

CHAPITRE I. – ORGANISATION DE LA COPROPRIÉTÉ

Art. 1er. – La présente loi s'applique à tous les immeubles bâtis dont la propriété est répartie, entre plusieurs personnes physiques ou morales, par lots comprenant chacun une partie privative et une quote-part de parties communes.

Les parties privatives sont la propriété exclusive de chaque copropriétaire.

Les parties communes et les droits qui leur sont accessoires appartiennent indivisément à l'ensemble des copropriétaires ou à certains d'entre eux. Ils ne peuvent faire l'objet, indépendamment des parties privatives, d'un acte de partage ou d'une licitation forcée.

Chacun des copropriétaires peut user des parties communes suivant leur destination et sans faire obstacle aux droits des autres copropriétaires.

Art. 2. – Sont privatives les parties des bâtiments et des terrains affectées à l'usage exclusif d'un copropriétaire déterminé.

Sont communes, les parties des bâtiments et des terrains affectées à l'usage ou à l'utilité de tous les copropriétaires ou de certains d'entre eux.

Dans le silence ou la contradiction des titres sont réputées parties communes le sol, les voies d'accès, les cours et jardins, le gros œuvre des bâtiments, y compris l'étanchéité, les éléments d'équipement commun, y compris les parties de canalisations communes y afférentes qui traversent des locaux privatifs, les locaux des services communs, les passages et corridors, les coffres, gaines et têtes de cheminées à l'exclusion de celles qui sont à usage exclusivement privatif.

Dans le silence ou la contradiction des titres sont réputés droits accessoires aux parties communes le droit de surélever un bâtiment affecté à l'usage commun, ou d'en affouiller le sol, le droit d'édifier des bâtiments nouveaux dans les cours et jardins constituant des parties communes, le droit d'affouiller de tels cours et jardins et le droit de mitoyenneté afférent aux parties communes.

Les cloisons ou murs séparant des parties privatives et non compris dans le gros œuvre sont présumés mitoyens entre les lots qu'ils séparent.

Art. 3 *(Mod., L. n° 1.391, 2 juill. 2012)*. – Dans le silence ou la contradiction des titres, la quote-part des parties communes afférente à chaque lot est proportionnelle à la valeur relative de chaque partie privative par rapport à l'ensemble des valeurs desdites parties, telles que ces valeurs résultent lors de l'établissement de la copropriété, de la consistance, de la superficie et de la situation des lots, sans égard à leur utilisation.

À défaut de répartition des quotes-parts des parties communes, tout copropriétaire peut saisir le tribunal de première instance à l'effet d'y faire procéder.

Tout copropriétaire peut également saisir le tribunal à l'effet de faire rectifier l'erreur matérielle affectant cette répartition lorsque la procédure prévue par le chiffre 2 de l'article 17 n'a pas permis d'y procéder.

Art. 4. – Un règlement de copropriété doit être établi préalablement à toute division de la propriété de l'immeuble ; il oblige tous les copropriétaires et détermine la quote-part des parties communes afférente à chaque lot, la destination de l'immeuble, celle de chaque lot et celle des parties communes, les conditions de leur jouissance et l'administration des parties communes.

Le règlement ne peut imposer aucune restriction aux droits des copropriétaires, en dehors de celles justifiées par la destination de l'immeuble.

Le règlement de copropriété et les modifications qui peuvent lui être apportées ne sont opposables aux ayants cause à titre particulier des copropriétaires qu'après avoir été transcrits sur les registres du conservateur des hypothèques.

Le règlement de copropriété et les actes qui les ont modifiés, même s'ils n'ont pas été transcrits sur les registres du conservateur des hypothèques, s'imposent à l'acquéreur ou au titulaire du droit s'il est expressément constaté aux actes visés au présent alinéa qu'il en a eu préalablement connaissance et qu'il a adhéré aux obligations qui en résultent.

La clause compromissoire est admise dans le règlement de copropriété en vue de résoudre les litiges nés de son application.

Art. 5. – Les copropriétaires sont réunis en syndicat, doté de la personnalité civile, qui est chargé de la conservation de l'immeuble et de l'administration des parties communes.

S'il y a lieu, le syndicat établit et modifie le règlement de copropriété dans les conditions prévues à l'article 16.

Le syndicat est responsable des dommages causés aux copropriétaires et aux tiers par le vice de construction des parties communes ou par leur défaut d'entretien, sans préjudice de toutes actions récursoires.

Il a qualité pour ester en justice en vue de la sauvegarde des droits afférents à l'immeuble.

Tout copropriétaire peut néanmoins exercer seul les actions qui concernent la propriété ou la jouissance de son lot. Il en informe le syndic.

Art. 6 *(Rempl., L. n° 1.391, 2 juill. 2012)*. – Lorsqu'un ensemble immobilier comporte plusieurs corps de bâtiments, les copropriétaires dont les lots composent l'un de ces bâtiments peuvent, réunis en assemblée spéciale, décider à la majorité des voix exprimées de ces copropriétaires présents ou représentés, la constitution entre eux d'un syndicat, dit secondaire, ayant pour objet d'assurer la gestion, l'entretien et l'amélioration de ce bâtiment, sous réserve des droits résultant, pour les autres copropriétaires, des clauses du règlement de copropriété.

L'assemblée générale des copropriétaires peut, dans les conditions de majorité prévues à l'article 14, décider que des parties communes seront affectées à l'usage ou à l'utilité de certains copropriétaires uniquement. Dans ce cas, indépendamment des dispositions de l'alinéa précédent, les décisions qui portent sur la gestion, l'amélioration ou l'entretien de ces parties communes spéciales sont prises par ces copropriétaires uniquement.

Art. 7. – Chaque copropriétaire est tenu de participer aux charges afférentes à la conservation, à l'entretien et à l'administration des parties communes proportionnellement aux valeurs relatives des parties privatives comprises dans leurs lots, telles que ces valeurs résultent des dispositions de l'article 3.

Il est tenu de participer aux charges entraînées par les services collectifs et les éléments d'équipement commun en fonction de l'utilité, telle que déterminée par le règlement de copropriété, lorsque ce dernier en donne définition, que ces services et éléments présentent à l'égard de son lot.

Art. 8 *(Rempl., L. n° 1.391, 2 juill. 2012)*. – En dehors des cas prévus à l'article 15, aux chiffres 2 et 4 de l'article 16 et au chiffre 1 de l'article 17, la répartition des charges ne peut être modifiée qu'à l'unanimité des copropriétaires présents ou représentés des lots qui en seraient affectés.

CHAPITRE II. – ADMINISTRATION DE LA COPROPRIÉTÉ

Art. 9 *(Mod., L. n° 1.391, 2 juill. 2012)*. – L'administration de la copropriété est assurée par un syndic professionnel ou par un copropriétaire, syndic bénévole, désigné par l'assemblée générale des copropriétaires qui représente le syndicat visé à l'article 5. Un conseil syndical peut également être désigné par l'assemblée générale.

Dans le cas où l'immeuble est administré par un syndic bénévole qui n'est pas soumis aux dispositions de la loi n° 1.252 du 12 juillet 2002, toutes sommes ou valeurs reçues au nom et pour le compte du syndicat doivent être versées par le syndic bénévole sans délai à un compte bancaire ouvert au nom du syndicat. La méconnaissance par le syndic bénévole de cette obligation emporte la nullité de plein droit de son mandat à l'expiration du délai de trois mois suivant sa nomination.

Toutefois, les actes qu'il aurait passés avec des tiers de bonne foi demeurent valables.

L'assemblée générale peut, à la majorité des voix des copropriétaires présents ou représentés, dispenser le syndic bénévole d'ouvrir un compte bancaire séparé ou fixer le montant maximal des fonds que le syndic bénévole peut être dispensé de verser sur ce compte. L'assemblée générale fixe la durée pour laquelle la dispense est donnée. Cette dispense est renouvelable et prend fin de plein droit en cas de désignation d'un autre syndic.

Art. 10. – L'assemblée générale des copropriétaires est convoquée au moins une fois par an, à la diligence du syndic. Elle se réunit à Monaco.

La convocation de l'assemblée générale est de droit lorsqu'elle est demandée par un ou plusieurs copropriétaires représentant au moins un quart des voix de tous les copropriétaires ou par le conseil syndical s'il en existe un.

S'il n'existe pas de conseil syndical ou si les membres de ce conseil n'ont pas été désignés, tout copropriétaire peut, après mise en demeure au syndic restée infructueuse pendant plus de huit jours, convoquer l'assemblée après autorisation à cette fin donnée par le Président du Tribunal de Première Instance par ordonnance sur requête.

Art. 11 *(Rempl., L. n° 1.391, 2 juill. 2012)*. – La convocation contient l'indication des lieu, date et heure de la réunion, ainsi que l'ordre du jour qui doit préciser chacune des questions soumises à l'assemblée. Elle est notifiée à chaque copropriétaire vingt jours au moins avant la date de réunion.

Lorsque l'assemblée est appelée à délibérer sur les comptes, sont notifiés au plus tard en même temps que l'ordre du jour le compte des recettes et des dépenses de l'exercice écoulé, l'état des dettes et des créances, la situation de trésorerie et le budget prévisionnel.

En cas d'urgence, le syndic peut tenir l'assemblée générale huit jours après la notification de la convocation.

Art. 11-1 *(L. n° 1.391, 2 juill. 2012)*. – À tout moment, tout copropriétaire ou le conseil syndical peut notifier au syndic les questions dont il demande l'inscription à l'ordre du jour d'une assemblée générale. Le syndic porte ces questions à l'ordre du jour de la convocation de la prochaine assemblée générale.

Toutefois, si les questions notifiées ne peuvent être inscrites à cette assemblée compte tenu de la date de réception de la demande par le syndic, elles le sont à l'assemblée suivante.

Art. 12. – Au début de chaque réunion, l'assemblée générale désigne un bureau de séance composé d'un président et, au moins, d'un assesseur.

Le secrétariat de la réunion est assuré par le syndic ou, en son absence, par un membre du bureau. Le secrétaire tient une feuille de présence émargée par chaque copropriétaire ou son mandataire et certifiée exacte par le président de l'assemblée.

Le secrétaire établit un procès-verbal de séance, signé, à la fin de la séance, par lui-même, le président et le ou les assesseurs, comportant le texte de chaque délibération, le résultat de chaque vote et les noms des copropriétaires qui se sont opposés à la décision de l'assemblée et de ceux qui se sont abstenus.

Les procès-verbaux des séances sont inscrits, à la suite les uns des autres, sur un registre spécialement ouvert à cet effet.

Art. 13. – Tout copropriétaire peut déléguer son droit de vote à un mandataire de son choix.

Le syndic, son conjoint et ses préposés ne peuvent ni présider l'assemblée ni recevoir délégation de vote.

En cas d'indivision ou de démembrement, sous quelque forme que ce soit, du droit de propriété d'un lot, les intéressés sont représentés à l'assemblée générale par un mandataire commun, désigné, à défaut d'accord, par le président du tribunal de première instance sur requête de l'un d'eux ou du syndic.

Art. 14 *(Rempl., L. n° 1.391, 2 juill. 2012).* – Sous réserve des dispositions prévues aux articles 6 et 8, au quatrième alinéa de l'article 9, aux articles 15, 16, 17 et aux premier et deuxième alinéas de l'article 20, les décisions de l'assemblée générale sont prises à la majorité des voix exprimées des copropriétaires présents ou représentés, à l'exclusion des voix des abstentionnistes, chacun d'eux disposant d'un nombre de voix correspondant à sa quote-part dans les parties communes.

Lorsqu'un copropriétaire possède une quote-part de parties communes supérieure à la moitié, le nombre de voix dont il dispose est réduit à la somme des voix de tous les autres copropriétaires. Les différentes majorités requises sont calculées en tenant compte de cette réduction.

Si l'assemblée générale ne peut adopter une décision, pour laquelle est requise une majorité autre que qualifiée ou l'unanimité, en raison dún partage égal des voix, il est immédiatement procédé à un deuxième vote.

Lorsque le règlement de copropriété met à la charge de certains copropriétaires seulement les dépenses d'entretien d'une partie de l'immeuble ou celles d'entretien et de fonctionnement d'un élément d'équipement, ledit règlement peut prévoir que ces copropriétaires seuls prennent part au vote sur les décisions qui concernent ces dépenses. Chacun d'eux vote avec un nombre de voix proportionnel à sa participation auxdites dépenses.

Art. 15 *(Mod., L. n° 1.391, 2 juill. 2012).* – L'assemblée générale peut, à la majorité des voix des copropriétaires présents ou représentés, dans les conditions et aux charges d'indemnités qu'elle détermine, autoriser, aux frais des copropriétaires qui en font la demande, des travaux ou installations affectant les parties communes ou l'aspect extérieur de l'immeuble, et conformes à la destination de celui-ci. Néanmoins, lorsqu'elle s'y oppose sans juste motif, ces copropriétaires ou l'un d'eux peuvent saisir le président du tribunal de première instance, statuant en la forme des référés, à l'effet de se faire autoriser à exécuter à leurs frais ces travaux ou installations qui leur sont utiles s'ils ne sont pas de nature à nuire à la solidité ou à l'esthétique de l'immeuble, ou à gêner les autres copropriétaires.

L'assemblée générale peut également, à la majorité des voix des copropriétaires présents ou représentés, donner au syndic le mandat spécial d'autoriser, aux frais des copropriétaires qui en feraient la demande, la réalisation de travaux ou installations affectant des parties communes comprises dans un ou plusieurs lots leur appartenant lorsque ces travaux ou installations leur sont utiles et ne sont pas de nature à nuire à la solidité ou à l'esthétique de l'immeuble, ou à gêner les autres copropriétaires. Le syndic, dès la tenue de la première assemblée générale suivant sa désignation ou son renouvellement, soumet au vote de cette assemblée la décision de lui donner ce mandat pour une durée ne pouvant excéder celle pour laquelle il a été nommé conformément à l'article 20. Ce vote peut avoir lieu lors de l'assemblée générale ayant désigné ou renouvelé le syndic. Le syndic qui autorise les travaux ou installations susmentionnés notifie, dans un délai de dix jours et aux frais du demandeur, l'autorisation à tous les copropriétaires.

L'assemblée générale peut, à la majorité prévue par l'alinéa précédent, décider des conditions dans lesquelles sont réalisés les actes de disposition portant sur les parties communes ou sur les droits accessoires aux parties communes lorsque ces actes résultent d'obligations légales ou réglementaires.

Art. 16 *(Mod., L. n° 1.391, 2 juill. 2012).* – Sont adoptées à la majorité des copropriétaires représentant au moins les deux tiers des voix de tous les copropriétaires, les décisions concernant :

1°) l'établissement ou la modification du règlement de copropriété,

2°) les actes d'acquisition immobilière et les actes de disposition portant sur les parties communes ou sur les droits accessoires aux parties communes autres que ceux visés aux articles 15 et 17,

3°) les travaux comportant transformation, addition ou amélioration substantielles des parties communes et des éléments d'équipement commun, tels que la transformation ou la destruction d'un ou de plusieurs éléments d'équipement existants, l'adjonction d'éléments nouveaux, l'aménagement de locaux affectés à l'usage commun ou la création de tels locaux,

4°) la reconstruction de l'immeuble en cas de sinistre lorsque la destruction affecte plus de la moitié du bâtiment.

Les modalités de réalisation et d'exécution des travaux rendus obligatoires en vertu de dispositions législatives ou règlementaires sont décidées à la majorité prévue à l'article 14.

Art. 17 *(Rempl., L. n° 1.391, 2 juill. 2012).* – Sont décidés à l'unanimité des copropriétaires présents ou représentés représentant au moins les deux tiers des voix de tous les copropriétaires :

1) les travaux de surélévation, d'affouillement ou de construction en vue de créer de nouveaux locaux privatifs ;

2) l'aliénation de parties communes ou de droits accessoires aux parties communes dont la conservation est nécessaire au respect de la destination de l'immeuble ;

3) la modification de la répartition des tantièmes de copropriété, à moins que cette modification soit rendue nécessaire par une décision de l'assemblée générale, auquel cas elle est décidée par celle-ci à la même majorité que celle requise pour ladite décision ;

4) la modification de la destination de l'immeuble.

Art. 18. – L'assemblée générale ne peut imposer à un copropriétaire une modification de la destination de ses parties privatives ou des modalités de leur jouissance, telles qu'elles résultent du règlement de copropriété. Notamment, l'installation d'un dispositif de fermeture de l'immeuble doit permettre l'exercice des activités professionnelles autorisées par ce règlement.

Art. 19 *(Mod., L. n° 1.391, 2 juill. 2012).* – Les actions qui ont pour objet de contester les décisions de l'assemblée générale doivent, à peine de déchéance, être introduites devant le tribunal de première instance par les copropriétaires opposants ou défaillants dans le délai de deux mois à compter de la notification desdites décisions qui leur est valablement faite, à la diligence du syndic. Le syndic dispose d'un délai de deux mois à partir de la tenue de l'assemblée générale pour envoyer les procès-verbaux.

Les actions personnelles nées de l'application de la présente loi entre des copropriétaires ou entre un copropriétaire et le syndicat se prescrivent par un délai de cinq ans.

Art. 20 *(Mod., L. n° 1.391, 2 juill. 2012).* – Le syndic est nommé par l'assemblée générale, à la majorité prévue par l'article 15, pour un mandat dont la durée ne peut excéder trois exercices annuels et jusqu'à la tenue de l'assemblée générale ordinaire statuant sur les comptes du troisième exercice. Toutefois, ce mandat est renouvelable dans la même limite de durée.

Il peut être révoqué, dans les mêmes conditions, par l'assemblée générale.

Les dispositions du troisième alinéa de l'article 15 sont applicables dans les cas visés aux deux alinéas précédents.

Lorsqu'une personne a été désignée par le règlement de copropriété ou tout autre accord des parties pour exercer les fonctions de syndic, ces fonctions cessent, nonobstant toute clause contraire, à la première assemblée générale, laquelle nomme le syndic.

Toutefois, pendant le délai prévu par l'article 1630 du Code civil, la durée des fonctions ne peut dépasser une année lorsque le syndic, son conjoint, leurs commettants ou employeurs, leurs préposés, leurs parents ou alliés jusqu'au troisième degré inclus, ont directement ou indirectement, à quelque titre que ce soit, même par personne interposée, participé à la construction de l'immeuble.

La rémunération du syndic est fixée par l'assemblée générale à la majorité prévue par l'article 14.

En cas de non renouvellement du mandat du syndic par l'assemblée générale, ce mandat est, le cas échéant, prorogé de droit jusqu'à ce qu'un successeur ait été désigné par celle-ci. Cette désignation intervient au plus tard dans un délai de quatre mois à compter de la décision de non renouvellement. Ce délai se renouvelle tant qu'un successeur n'a pas été désigné.

En cas d'absence de syndic ou de carence de celui-ci, le Président du Tribunal de Première Instance, saisi à la requête d'un copropriétaire, désigne un administrateur provisoire de la copropriété.

Art. 21. – Outre les pouvoirs qui peuvent lui être conférés par une délibération de l'assemblée générale, le syndic est chargé d'assurer le respect des clauses du règlement de copropriété et l'exécution des décisions de l'assemblée générale, de pourvoir à l'administration, à la conservation, à la surveillance, à l'entretien et à l'amélioration de l'immeuble, d'établir le projet de budget, et de tenir une comptabilité séparée pour chaque syndicat de copropriété qui fait apparaître la position de chaque copropriétaire à l'égard du syndicat ainsi que la situation de trésorerie du syndicat.

Le syndic représente le syndicat dans tous les actes civils et en justice ; toutefois, il ne peut agir en justice, au nom du syndicat, qu'après y avoir été autorisé par l'assemblée générale. Cette autorisation n'est pas nécessaire pour les mesures conservatoires, les actions en recouvrement de créances, les demandes en référé et pour défendre aux actions intentées contre le syndicat.

En cas d'urgence, il est chargé de prendre, de sa propre initiative, les mesures provisoires nécessaires.

Seul responsable de la gestion, il ne peut se faire substituer par d'autres personnes que par ses préposés. L'assemblée générale peut seule autoriser, à la majorité prévue à l'article 14, une délégation de pouvoir à une fin déterminée.

Le syndic détient les archives du syndicat, notamment une expédition ou une copie du règlement de copropriété, ainsi que toutes conventions, pièces, correspondances, plans, registres, documents et décisions de justice relatifs à l'immeuble et au syndicat. Il détient, en particulier, les registres contenant les procès-verbaux des assemblées générales des copropriétaires et les pièces annexes.

Sur simple demande des copropriétaires, il délivre des copies ou extraits, qu'il certifie conformes, des pièces visées à l'alinéa précédent.

Art. 22. – À défaut de stipulation contraire dans le règlement de copropriété, les membres du conseil syndical, s'il est décidé d'en constituer un, sont choisis parmi les copropriétaires par l'assemblée générale qui fixe leur nombre, détermine les conditions de fonctionnement de ce conseil et la durée de son mandat, qui ne peut excéder trois années. Toutefois, ce mandat est renouvelable dans la même limite de durée.

Le conseil syndical élit son président parmi ses membres.

Le syndic, son conjoint et ses préposés, même s'ils sont copropriétaires, ne peuvent être membres du conseil syndical.

Lorsqu'une personne morale est nommée en qualité de membre du conseil syndical, elle peut s'y faire représenter, à défaut de son représentant légal ou statutaire, par un fondé de pouvoir spécialement habilité à cet effet.

Toute personne physique peut se faire représenter par un mandataire de son choix.

Le conseil syndical assiste le syndic et contrôle sa gestion. Il donne son avis au syndic et à l'assemblée générale sur toutes les questions sur lesquelles il est consulté ou dont il se saisit lui-même.

Art. 23. – Les créances certaines, liquides et exigibles du syndicat à l'encontre d'un copropriétaire, ainsi que les appels de fonds ou provisions votés par l'assemblée générale, sont garantis par une hypothèque légale qui peut être inscrite sur le lot d'un copropriétaire défaillant un mois après un commandement de payer resté infructueux.

Le syndic a qualité pour faire inscrire cette hypothèque au profit du syndicat ; après extinction de la dette, il peut en consentir la mainlevée et en requérir la radiation sans intervention de l'assemblée générale.

Le copropriétaire défaillant peut, même en cas d'instance principale, sous condition d'une offre de paiement suffisante ou d'une garantie équivalente, demander une mainlevée totale ou partielle au Président du Tribunal de Première Instance statuant comme en matière de référé.

Aucune inscription ne peut être requise pour des créances exigibles depuis plus de cinq ans.

En outre, les créances du syndicat sont garanties par le privilège prévu par le chiffre 1er de l'article 1939 du Code civil, portant sur tous les meubles garnissant les lieux, sauf si ceux-ci font l'objet d'une location non meublée, auquel cas le privilège est reporté sur les loyers dus par les locataires.

En cas d'adjudication d'un lot de copropriété, l'acquéreur sera tenu, en sus de son prix, d'acquitter les charges de copropriété dues par le vendeur.

Art. 24 *(Erratum, Journal de Monaco, 26 janv. 2007)*. – L'obligation de participer aux charges mentionnées à l'article 7 et aux travaux engagés par la copropriété est garantie par le privilège immobilier prévu à l'article 1940 du Code civil, selon les modalités prévues par ordonnance souveraine.

Art. 25. – Lors de la mutation à titre onéreux d'un lot, si le cédant n'a pas présenté au notaire un certificat du syndic de l'immeuble ayant moins d'un mois de date attestant qu'il est libre de toute obligation à l'égard du syndicat, avis doit être donné au syndic, à la diligence du notaire qui reçoit l'acte.

Pendant un délai de quinze jours à compter de la réception de cet avis, le syndic peut former entre les mains du notaire, par acte extrajudiciaire ou lettre recommandée avec demande d'avis de réception postal, opposition au versement des fonds pour obtenir paiement des sommes dues par le cédant. Cette opposition énonce le montant et les causes de la créance à peine de nullité. Les effets de l'opposition sont limités au montant ainsi énoncé.

Aucun paiement ou transfert amiable de tout ou partie du prix n'est opposable au syndic ayant fait opposition dans ledit délai.

L'opposition régulière vaut au profit du syndicat mise en œuvre du privilège mentionné à l'article 24. Dans un délai de trois mois, le syndic devra saisir le tribunal compétent au fond afin de faire constater sa créance. A défaut, l'opposition sera caduque.

Art. 25-1 *(L. n° 1.391, 2 juill. 2012)*. – Toutes les notifications et mises en demeure prévues par la présente loi sont faites par lettre recommandée avec demande d'avis de réception postal. Le délai qu'elles font courir, le cas échéant, a pour point de départ le lendemain du jour de l'expédition de la lettre recommandée au domicile du destinataire.

En vue de l'application de l'alinéa précédent, chaque copropriétaire notifie au syndic, par lettre recommandée avec demande d'avis de réception postal ou par remise contre récépissé ou émargement, son domicile dans la Principauté ou, s'il est domicilié à l'étranger, son domicile élu dans la Principauté.

Les notifications et mises en demeure visées par le premier alinéa du présent article sont valablement faites au dernier domicile notifié au syndic.

En l'absence de toute notification de domicile conforme au deuxième alinéa, les notifications et mises en demeure visées par le premier alinéa sont valablement faites au dernier domicile connu par le syndic ou, au choix du syndic, par leur publication au *Journal de Monaco*. Dans ce dernier cas, le délai qu'elles font courir, le cas échéant, a pour point de départ le lendemain du jour de leur publication.

Toutefois, la notification des convocations aux assemblées peut valablement résulter d'une remise contre récépissé ou émargement.

Art. 26 et 27 *(C. civ., art. 1940 et 1944)*.

Art. 28 *(Mod., L. n° 1.369, 20 mai 2010 ; L. n° 1.391, 2 juill. 2012)*. – Toutes clauses contraires aux dispositions de la présente loi, à l'exception de celles des troisième et quatrième alinéas de l'article 2, du premier alinéa de l'article 3 et du premier alinéa de l'article 22, sont réputées non écrites.

L'entrée en vigueur de la présente loi ouvre un délai de sept ans pendant lequel les copropriétés créées antérieurement sont tenues de se mettre en conformité avec ses dispositions.

Les dispositions de l'article 26 s'appliquent aux créances nées antérieurement à l'entrée en vigueur de la présente loi.

Dès la tenue de la première assemblée générale suivant l'entrée en vigueur de la présente loi, le syndic soumet au vote de cette assemblée la décision de lui donner le mandat spécial prévu par le deuxième alinéa de l'article 15.

Art. 29. – L'ordonnance-loi n° 662 du 23 mai 1959 réglementant le statut de la copropriété des immeubles divisés par étages ou par appartements est abrogée.

Loi n° 887 du 25 juin 1970

portant limitation du champ d'application de l'Ordonnance-loi n° 669 du 17 septembre 1959 modifiant et codifiant la législation relative aux conditions de location des locaux à usage d'habitation

Art. 1er. – À compter du 1er octobre 1970, les dispositions des articles 3, 4, 5 et 14 à 23 inclus de l'ordonnance-loi n° 669 du 17 septembre 1959 modifiant et codifiant la législation relative aux conditions de location des locaux à usage d'habitation cesseront d'être applicables, sous réserve de l'article 3 ci-après, aux locaux qui, à la date de la publication de la présente loi seront classés dans la première catégorie prévue à l'article 2 de l'ordonnance souveraine n° 77 du 22 septembre 1949, lorsque ces locaux seront vacants :

1° S'ils sont nouvellement affectés à la location ;

2° Si la vacance résulte soit du décès ou du départ volontaire du locataire ou de l'occupant, soit de son expulsion en raison du non-paiement régulier du loyer ou de l'inobservation d'autres obligations légales ou conventionnelles.

Art. 2. – Les mêmes dispositions recevront effet à compter du 1er octobre 1971 en ce qui concerne les locaux qui à la date de la publication de la présente loi seront classés dans la deuxième catégorie, sous-catégorie A et sous-catégorie B prévues à l'article 3 de l'ordonnance souveraine n° 77 du 21 septembre 1949.

Art. 3 *(L. n° 1.235, 28 déc. 2000)*. – Sous les peines prévues au chiffre 4 de l'article 26 du Code pénal, les locaux à usage d'habitation visés aux articles précédents ne pourront, à compter des dates indiquées auxdits articles, faire l'objet d'une location qu'en faveur :

– des ascendants ou descendants, ou leur conjoint, du propriétaire ou de son conjoint ;

– des personnes de nationalité monégasque ;

– des personnes domiciliées à Monaco depuis au moins cinq ans et y exerçant une activité professionnelle depuis plus de six mois ;

– des personnes travaillant à Monaco depuis au moins cinq ans.

Dans les cas visés aux quatre alinéas précédents, et sous les peines prévues au premier alinéa du présent article, le bailleur aura l'obligation de consentir au preneur un bail de six ans, résiliable annuellement selon la seule volonté de ce dernier ; une clause d'indexation de loyer peut être insérée dans le bail.

Une ordonnance souveraine déterminera les modalités selon lesquelles ces locations pourront intervenir.

Art. 4. – Cessent d'être applicables aux locaux visés aux articles 1 et 2 et aux dates mentionnées auxdits articles toutes les dispositions de l'ordonnance-loi n° 669 du 17 septembre 1959 incompatibles avec celles de la présente loi.

Loi nº 1.357 du 19 février 2009

définissant le contrat « habitation-capitalisation » dans le secteur domanial

(Journal de Monaco, 27 févr. 2009)

TITRE I. – DOMAINE D'APPLICATION DU CONTRAT « HABITATION-CAPITALISATION »

CHAPITRE I. – CARACTÈRES GÉNÉRAUX DU CONTRAT « HABITATION-CAPITALISATION »

Art. 1er. – Est qualifiée de contrat « habitation-capitalisation », et soumise aux dispositions de la présente loi, la convention de droit privé qui présente les caractères généraux énoncés ci-après :

– l'engagement de l'État de conférer au titulaire du contrat un droit personnel d'habitation d'un appartement mentionné à l'article 2, à titre onéreux, et pour une durée de 75 ans à l'issue de laquelle un nouveau contrat peut être conclu dans les conditions prévues par la présente loi ;

– l'indication d'un prix dont les modalités de calcul et le mode de versement sont fixés par la présente loi ;

– la faculté pour le titulaire d'opter à tout moment pour la renonciation au bénéfice du contrat, et d'obtenir alors le paiement, dans les conditions prévues par la présente loi, d'un capital correspondant aux sommes par lui investies en exécution du contrat ;

– au décès du titulaire, l'attribution du bénéfice du contrat « habitation-capitalisation » à son conjoint de nationalité monégasque et à ses descendants en ligne directe de nationalité monégasque.

CHAPITRE II. – BIENS OBJET DU CONTRAT

Art. 2. – Les dispositions de la présente loi s'appliquent aux contrats « habitation-capitalisation » portant sur tout appartement situé dans un immeuble dépendant du domaine de l'État.

Toutefois, ne peuvent faire l'objet de contrats « habitation-capitalisation » :

1° les appartements ou les immeubles voués à la destruction, la reconstruction, la rénovation ou l'extension, pour des opérations arrêtées par les programmes triennaux d'équipement public annexés aux lois de budget ;

2° les logements destinés à maintenir un parc locatif à but social dans les conditions fixées par ordonnance souveraine.

CHAPITRE III. – SOUSCRIPTEURS DU CONTRAT

Art. 3. – Peut seule souscrire un contrat « habitation-capitalisation », conformément aux dispositions de la présente loi, la personne physique de nationalité monégasque, locataire ou attributaire d'un appartement mentionné à l'article 2, à la condition que ni elle-même ni son conjoint non séparé de corps ne soient propriétaires, dans la Principauté, d'un local affecté à l'habitation et correspondant aux besoins du logement de leur foyer, ni titulaires de droits mobiliers ou immobiliers pouvant leur conférer la jouissance d'un tel local.

Au cours du mariage, le conjoint non séparé de corps du titulaire peut, avec l'accord de celui-ci et de l'État, devenir cotitulaire du contrat « habitation-capitalisation » en cours d'exécution, par voie d'avenant souscrit dans les conditions prévues aux articles 3 et 4.

Art. 4. – Les personnes qui entendent souscrire un contrat « habitation-capitalisation » doivent justifier d'une capacité financière suffisante et de garanties de solvabilité, dans les conditions fixées par ordonnance souveraine.

TITRE II. – FORMATION DU CONTRAT « HABITATION-CAPITALISATION »

CHAPITRE I

Art. 5. – La conclusion d'un contrat « habitation-capitalisation » portant sur un appartement mentionné à l'article 2, qu'il soit occupé, neuf, libre à la location ou rendu vacant par le départ de ses locataires, est précédée d'une information préalable des éventuels souscripteurs.

Art. 6. – Il appartient au locataire ou à l'attributaire d'un appartement mentionné à l'article 2 de manifester auprès de l'Administration des Domaines son intérêt pour la conclusion d'un contrat « habitation-capitalisation », notamment pour donner suite à l'information mentionnée à l'article précédent.

Une offre de conclusion d'un contrat « habitation-capitalisation » lui est alors individuellement notifiée. Elle le renseigne sur les conditions générales de l'habitation-capitalisation et le régime du contrat ; sont joints à l'offre un état descriptif de l'appartement mentionnant la surface habitable contractuelle et une fiche individuelle précisant le prix pour lequel serait conclu le contrat ainsi que son mode de calcul.

Les modalités de calcul de la surface habitable contractuelle sont fixées dans des conditions prévues par ordonnance souveraine.

Le locataire ou l'attributaire n'est pas tenu de contracter.

Il peut toutefois, dans les trois mois, notifier à l'Administration des Domaines une demande d'établissement d'un contrat définitif. À défaut, l'offre devient caduque.

Cette caducité ne fait pas obstacle à ce que le locataire ou l'attributaire manifeste à nouveau son intérêt auprès de l'Administration des Domaines dans les formes et conditions prévues au présent article.

CHAPITRE II

Art. 7. – Le contrat « habitation-capitalisation » est établi et notifié au souscripteur par les services compétents de l'État, dans les trois mois de la demande du locataire ou de l'attributaire.

Les formalités de signature du contrat « habitation-capitalisation » sont accomplies auprès de l'Administration des Domaines.

CHAPITRE III

Section 1. – Mentions obligatoires

Art. 8. – Le contrat « habitation-capitalisation » comporte :

1° la description précise de l'appartement faisant l'objet du contrat qui mentionne notamment la surface habitable contractuelle ;

2° le prix du contrat, sa méthode de calcul, ses modalités de paiement et son mode de financement ;

3° le mode de calcul du capital exigible en cas d'extinction du contrat pour une cause de rupture anticipée ou l'arrivée du terme ;

4° la date d'effet du contrat, son terme ainsi que la date d'entrée en jouissance du titulaire ;

5° la part du capital exigible à l'extinction du contrat constitutive de la retenue de garantie dont le montant ne peut être supérieur à deux mois de loyer moyen de l'appartement ayant servi de référence à la détermination du prix ;

6° un tableau d'amortissement en cas de crédit de la part de l'État.

Le contrat « habitation-capitalisation » indique en outre :

1° la faculté pour le titulaire de se libérer, par anticipation et sans pénalité, du paiement des sommes restant dues, dans les conditions prévues par la présente loi ;

2° la stipulation que le conjoint de nationalité monégasque et les descendants en ligne directe de nationalité monégasque bénéficieront du contrat « habitation-capitalisation » au décès du titulaire du contrat ;

3° le droit, pour le titulaire, en cas de renonciation au bénéfice du contrat « habitation-capitalisation » à sa demande, de conclure un contrat de location aux conditions applicables, lors de l'extinction du contrat, aux immeubles domaniaux à usage d'habitation ;

4° l'obligation de justifier d'une assurance couvrant les risques dont le titulaire doit répondre au titre de son habitation.

Section 2. – Calcul et paiement du prix

Art. 9. – Le prix indiqué dans le contrat « habitation-capitalisation » est calculé sur la base de 1,5 fois le loyer moyen au mètre carré dans l'immeuble, hors charges, arrêté au jour de l'offre contractuelle individuelle, sur une durée de 20 ans, en tenant compte des paramètres usuels relatifs à la détermination du loyer.

Art. 10. – Le prix indiqué dans le contrat « habitation-capitalisation » est immédiatement payé en totalité par le souscripteur.

Toutefois, et à condition de verser un apport personnel minimal, dont le pourcentage est fixé par ordonnance souveraine sans pouvoir excéder 15 % du prix du contrat, le souscripteur peut bénéficier d'un crédit amortissable de la part de l'État à un taux effectif global de 3 % l'an. Le paiement du solde du prix s'effectue alors par versements de montant égal et échelonnés sur des durées maximales variables, savoir 10 ans, 15 ans, 20 ans, 25 ans ou 30 ans.

Le taux d'intérêt auquel l'État consent un crédit amortissable aux futurs souscripteurs peut être modifié dans les conditions prévues par ordonnance souveraine.

Toutefois, dès lors qu'il se trouve inscrit au contrat « habitation-capitalisation » du souscripteur, le taux auquel celui-ci doit s'acquitter de ses versements périodiques est fixe.

Art. 11. – Le titulaire peut se libérer par anticipation, et sans pénalité, du paiement des sommes restant dues auxquelles n'est plus appliqué de taux d'intérêt, dans les conditions prévues par la présente loi.

Art. 12. – Le titulaire d'un contrat « habitation-capitalisation » ne peut être admis au bénéfice de l'Aide Nationale au Logement pour le paiement échelonné du prix.

TITRE III. – EFFETS DU CONTRAT « HABITATION-CAPITALISATION »

CHAPITRE I. – OBLIGATIONS ET DROITS DU BÉNÉFICIAIRES

Art. 13. – Le contrat « habitation-capitalisation » emporte pour son titulaire les obligations suivantes :

– payer le prix du contrat « habitation-capitalisation » à la signature ou aux termes convenus ;

– user personnellement du logement en bon père de famille et l'occuper de manière effective, suivant la destination qui lui a été donnée par le contrat « habitation-capitalisation » et payer les charges locatives y afférentes ;

– répondre des dégradations et des pertes qui surviennent pendant la durée du contrat « habitation-capitalisation » dans les locaux dont il a la jouissance exclusive, à moins qu'il ne prouve qu'elles ont eu lieu par cas de force majeure, par la faute de l'État propriétaire du logement ou par le fait d'un tiers qu'il n'a pas introduit dans le logement ;

– prendre à sa charge l'entretien courant du logement ainsi que l'ensemble des réparations locatives définies par arrêté ministériel, sauf si elles sont occasionnées par vétusté, malfaçon, vice de construction ou cas fortuit ;

– remettre, lors de l'extinction du contrat, les lieux en l'état où ils se trouvaient lorsqu'il en a pris possession soit en qualité de locataire ou d'attributaire, soit en qualité de titulaire, à l'exclusion des travaux ou des aménagements régulièrement autorisés par l'autorité administrative compétente ;

– s'assurer contre les risques dont il doit répondre au titre de son habitation et en justifier lors de la signature du contrat puis, chaque année, à la demande de l'État.

Art. 14. – Le contrat « habitation-capitalisation » confère à son titulaire le droit de :

consentir un bail, avec l'accord de l'Administration des Domaines et aux conditions en vigueur pour les immeubles domaniaux à usage d'habitation, à un membre de sa famille ou à un locataire de nationalité monégasque lorsque pour raison professionnelle ou familiale, il est, lui-même ou son conjoint, contraint à un éloignement de la Principauté en dehors du département français limitrophe ou de la province italienne la plus proche ;

réaliser tous travaux de transformation, d'adjonction, d'amélioration, de modification à l'intérieur des volumes dans le respect des règles d'urbanisme en vigueur et de celles afférentes à l'immeuble ;

renoncer à tout moment au bénéfice du contrat « habitation-capitalisation » et obtenir le versement du capital exigible en cas d'extinction du contrat selon les modalités prévues par la présente loi ;

en cas d'extinction du contrat « habitation-capitalisation », rester dans les lieux, objet de ce contrat, en qualité de locataire et selon les conditions applicables, lors de l'extinction du contrat, aux immeubles domaniaux à usage d'habitation.

CHAPITRE II. – ENGAGEMENTS ET ATTRIBUTIONS DE L'ÉTAT

Art. 15. – Par le contrat « habitation-capitalisation », l'État s'engage à :

assurer au titulaire la jouissance paisible du logement ;

– entretenir les locaux en sa qualité de propriétaire et y faire toutes les réparations autres que les réparations locatives telles que définies par arrêté ministériel ;

– ne pas s'opposer aux aménagements ou transformations réalisés par le titulaire dès lors que ceux-ci sont conformes aux règles d'urbanisme et à celles afférentes à l'immeuble ;

– tenir un compte individuel ouvert au profit du titulaire sur lequel sont inscrits les versements correspondants au prix du contrat « habitation-capitalisation », les dates des versements et leur évolution ;

– informer au moins annuellement le titulaire de la situation de son compte individuel et de l'état de son contrat ;

– verser au titulaire le capital exigible, dans tous les cas où il est mis fin au contrat « habitation-capitalisation », selon les modalités prévues par la présente loi.

Art. 16. – Par le contrat « habitation-capitalisation », l'État est en droit de :

– percevoir le paiement du prix dû par le titulaire au titre du contrat « habitation-capitalisation » ;

– faire procéder, en cas de défaillance du titulaire dans ses obligations d'entretien ou de remise en état des lieux, aux réparations et travaux nécessaires, par un tiers et aux frais du titulaire ;

– prélever sur la part du capital à verser dans la limite mentionnée à l'article 8, constitutive de la retenue de garantie, une provision calculée sur la base d'une estimation du coût des travaux nécessaires à la remise en état des lieux ;

– prononcer la résiliation du contrat lorsque celle-ci intervient de plein droit dans les conditions prévues à la première section du chapitre III du titre IV.

TITRE IV. – EXTINCTION DU CONTRAT « HABITATION-CAPITALISATION »

Art. 17. – Le contrat « habitation-capitalisation » s'éteint par l'expiration du temps pour lequel il a été conclu ou par la renonciation du titulaire à poursuivre le contrat jusqu'à son terme.

Le contrat « habitation-capitalisation » peut également cesser par l'effet de sa résiliation dans les conditions prévues au chapitre III du présent titre.

CHAPITRE I. – DE LA SURVENANCE DU TERME

Art. 18. – La survenance du terme du contrat « habitation-capitalisation » rend exigible le capital au profit du titulaire.

Le versement du capital intervient dans le mois de la réception des pièces nécessaires au paiement telles que définies par ordonnance souveraine.

Le montant du capital payé par l'État au titulaire correspond à celui des sommes antérieurement versées en exécution du contrat « habitation-capitalisation », arrêtées au jour de la survenance du terme, déduction faite de la retenue de garantie mentionnée à l'article 8 et réactualisées à partir du jour du premier versement selon un taux identique à celui en vigueur pour l'évolution des loyers des appartements mentionnés à l'article 2 et dans des conditions prévues par ordonnance souveraine en fonction de l'évolution du coût de la vie, le montant des intérêts versés, en cas de paiement du prix à crédit, restant acquis à l'État.

Art. 19. – Un an au moins avant le terme du contrat « habitation-capitalisation », l'Administration des Domaines notifie au titulaire qu'il lui appartient de se déterminer en faveur de l'une des options suivantes :

– soit conclure, immédiatement et pour le même appartement, un nouveau contrat « habitation-capitalisation » dans les formes et conditions prévues par la présente loi ;

– soit ne pas conclure de nouveau contrat « habitation-capitalisation » mais prétendre à la qualité de locataire, dans les conditions prévues au second alinéa de l'article 21.

Le choix du titulaire est notifié au Ministre d'État trois mois au moins avant le terme du contrat.

Au-delà de ce délai, et à défaut d'option de sa part, le titulaire est considéré comme ayant renoncé à son droit de conclure un nouveau contrat « habitation-capitalisation ».

Art. 20. – Lorsque le titulaire opte pour la conclusion d'un nouveau contrat « habitation-capitalisation », l'État ne peut s'y opposer que pour des motifs d'utilité publique ou dans les cas prévus au chiffre 1°) du deuxième alinéa de l'article 2.

En vue du paiement du prix afférent au nouveau contrat « habitation-capitalisation », le titulaire peut solliciter que les sommes exigibles au titre du précédent contrat, sans lui être versées, soient affectées au paiement de ce prix.

Art. 21. – Lorsque le titulaire décide de ne pas conclure un nouveau contrat « habitation-capitalisation », il perçoit le capital exigible dans les conditions de forme et de délai prévues à l'article 18.

L'Administration des Domaines lui propose alors de conclure un contrat de location pour un appartement mentionné à l'article 2, aux conditions applicables, lors de l'expiration du contrat « habitation-capitalisation », aux immeubles domaniaux à usage d'habitation.

CHAPITRE II. – DE LA RENONCIATION AU BÉNÉFICE DU CONTRAT

Section 1. – Dispositions générales

Art. 22. – Le titulaire peut, à tout moment, renoncer de manière non équivoque au bénéfice du contrat « habitation-capitalisation ».

Toutefois, pendant le mariage, le consentement de son conjoint est requis.

La renonciation est notifiée à l'Administrateur des Domaines. Elle est accompagnée des pièces définies par ordonnance souveraine.

Elle est effective dans les quinze jours à compter de sa réception par le Ministre d'État et rend alors le capital exigible.

Art. 23. – Lorsque la renonciation au bénéfice du contrat « habitation-capitalisation » intervient, soit postérieurement au paiement intégral du prix, soit en cas de divorce ou de décès du titulaire, soit encore dans les situations prévues au cinquième alinéa de l'article 34, le montant du capital exigible correspond à celui des sommes antérieurement versées en exécution du contrat, arrêtées au jour de l'extinction du contrat, déduction faite de la retenue de garantie mentionnée à l'article 8 et réactualisées à partir du jour du premier versement selon un taux identique à celui en vigueur pour l'évolution des loyers des appartements mentionnés à l'article 2 et dans des conditions prévues par ordonnance souveraine en fonction de l'évolution du coût de la vie, les intérêts versés, en cas de paiement du prix à crédit, restant acquis à l'État.

Le versement du capital intervient dans le mois de la réception des pièces nécessaires au paiement telles que définies par ordonnance souveraine.

Art. 24. – Lorsque la renonciation intervient entre la date à laquelle a été payée la moitié du prix et la date à laquelle est prévu le paiement intégral de ce prix, le montant du capital exigible est celui prévu à l'article précédent, déduction faite du total des loyers moyens ayant servi à la détermination du prix du contrat ; ce total est toutefois réactualisé en fonction de l'évolution du coût de la vie dans des conditions prévues par ordonnance souveraine.

Lorsque la renonciation intervient antérieurement à la date à laquelle a été payée la moitié du prix, le montant du capital exigible est réduit comme le prévoit l'alinéa précédent. En outre, le titulaire se voit privé du droit de conclure un nouveau contrat « habitation-capitalisation » pour quelque appartement mentionné à l'article 2 que ce soit au cours des dix années qui suivent sa renonciation.

Art. 25. – Dans tous les cas de renonciation de sa part, le titulaire de nationalité monégasque peut demander à conclure un contrat de location d'un appartement mentionné à l'article 2 dans les conditions applicables, lors de l'extinction du contrat « habitation--capitalisation », aux immeubles domaniaux à usage d'habitation.

Section 2. – Dispositions particulières

Sous-section 1. – Du décès du titulaire du contrat « habitation-capitalisation »

Art. 26. – Le décès du titulaire du contrat « habitation-capitalisation » transfère le bénéfice de celui-ci au conjoint de nationalité monégasque ainsi qu'aux descendants en ligne directe de nationalité monégasque dudit titulaire, en qualité de bénéficiaires désignés, dès la notification du décès au Ministre d'État.

Art. 27. – Le bénéfice du contrat « habitation-capitalisation » au profit d'un bénéficiaire désigné échappe aux règles de droit commun applicables à la succession du titulaire décédé.

Le bénéficiaire désigné est réputé avoir eu droit au bénéfice du contrat dès sa conclusion.

Lorsque le bénéficiaire désigné a également la qualité d'héritier du titulaire décédé, il conserve le droit au bénéfice du contrat « habitation-capitalisation » même en cas de renonciation de sa part à la succession.

Les sommes dues au bénéficiaire désigné et aux personnes mentionnées à l'article 30 en exécution du contrat « habitation-capitalisation » échappent aux poursuites des créanciers du titulaire décédé.

Art. 28. – Au décès du souscripteur initial ou du conjoint monégasque survivant cotitulaire du contrat avec son époux prédécédé, tout bénéficiaire désigné devient titulaire du contrat « habitation-capitalisation » et exerce les droits nés de celui-ci en lieu et place du précédent titulaire ; il est également tenu des obligations du contrat et doit s'acquitter des versements restant dus pour le paiement du solde du prix.

Il peut toutefois choisir de renoncer au bénéfice du contrat « habitation-capitalisation ». Dans ce cas, sa renonciation est notifiée dans les formes prévues à l'article 22. Le versement du capital exigible intervient alors aux conditions de forme et de délai prévues à l'article 23.

Lorsque, au décès du titulaire, plusieurs personnes sont bénéficiaires désignés du contrat, leurs droits s'exercent en indivision d'un commun accord dans les conditions prévues aux deux alinéas précédents.

Si elles décident de renoncer au bénéfice du contrat, le capital exigible est alors partagé en autant de parts égales que de personnes pouvant y prétendre au moment du décès.

En cas de désaccord entre les bénéficiaires désignés, le bénéfice du contrat « habitation-capitalisation » peut être attribué, en considération des intérêts sociaux et familiaux en cause, par le tribunal de première instance, saisi par la partie la plus diligente, et statuant en matière contentieuse conformément aux dispositions de l'article 850 du Code de procédure civile, au profit exclusif de l'un d'eux, sous réserve d'un partage du capital résultant des sommes déjà versées, à parts égales, entre toutes les personnes pouvant y prétendre au moment du décès.

Au cours de l'indivision, les bénéficiaires désignés sont codébiteurs solidaires de leurs obligations envers l'État, nées du contrat « habitation-capitalisation ».

Art. 29. – Lorsque le bénéfice du contrat « habitation-capitalisation » revient à un ou plusieurs descendants mineurs, les règles de droit commun en ce qui concerne leur capacité sont applicables, et notamment les dispositions concernant le régime d'administration légale de leurs biens et le contrôle du juge tutélaire.

Art. 30. – Le conjoint non séparé de corps et les descendants en ligne directe de nationalité étrangère du titulaire ne peuvent prétendre à la qualité de bénéficiaire désigné.

Ils peuvent toutefois prétendre à une part du capital résultant des sommes antérieurement versées en exécution du contrat « habitation-capitalisation » et calculé dans les conditions prévues à l'article 23.

Cette part s'obtient en divisant le montant du capital par le nombre de bénéficiaires désignés et des personnes visées au premier alinéa pouvant y prétendre au moment du décès.

Le versement par l'État de la part du capital revenant aux personnes visées au premier alinéa intervient dans le mois de la réception des pièces nécessaires au paiement telles que définies par ordonnance souveraine.

Dans ce cas, lors de l'extinction du contrat, le capital à verser aux bénéficiaires désignés sera réduit de la part du capital ayant donné lieu au paiement au profit des personnes visées au premier alinéa.

Sous-section 2. – Du divorce et de la séparation de corps

Art. 31. – Lorsque deux époux sont titulaires d'un contrat « habitation-capitalisation », leur divorce ou leur séparation de corps n'est pas une cause d'extinction dudit contrat.

Toutefois, ils peuvent, d'un commun accord, décider d'y mettre fin en renonçant à son bénéfice dans les formes prévues à l'article 22. Le versement du capital exigible intervient alors aux conditions prévues à l'article 23.

En cas de désaccord entre les époux, le bénéfice du contrat « habitation-capitalisation » peut être attribué à l'un d'eux selon la procédure prévue à l'article 28.

CHAPITRE III. – DE LA RÉSILIATION DU CONTRAT

Section 1. – De la résiliation de plein droit

Art. 32. – Le contrat « habitation-capitalisation » est résilié de plein droit par l'État :

1° en cas d'absence de bénéficiaire désigné au décès du titulaire du contrat ;

2° en cas d'inexécution par le titulaire de ses obligations relatives soit au paiement du prix du contrat, soit aux conditions prévues par la loi pour consentir un bail sur le logement ou y réaliser des travaux et des aménagements ;

3° en cas de destruction totale du logement, objet du contrat ;

4° en cas d'attribution au titulaire d'un nouvel appartement mentionné à l'article 2 ;

5° faute d'occupation effective du logement, objet du contrat, sauf le cas visé au premier tiret de l'article 14.

La résiliation intervient dans les conditions prévues aux articles suivants.

Art. 33. – En l'absence de bénéficiaire désigné au décès du titulaire du contrat, le Ministre d'État prononce la résiliation du contrat.

L'État verse alors aux personnes mentionnées au premier alinéa de l'article 30 la part du capital leur revenant. Le versement du capital intervient dans le mois de la réception des pièces nécessaires au paiement telles que définies par ordonnance souveraine.

En l'absence de bénéficiaire désigné et de personne mentionnée au premier alinéa de l'article 30, le capital exigible reste acquis à l'État.

Art. 34. – Lorsque le Ministre d'État constate l'inexécution par le titulaire de ses obligations relatives, soit au paiement du prix du contrat, soit aux conditions prévues par la loi pour consentir un bail sur le logement ou y réaliser des travaux et des aménagements, il notifie au titulaire une mise en demeure de se conformer aux prescriptions légales et lui impartit, pour ce faire, un délai de trois mois à compter de la notification.

Le titulaire est, si nécessaire, entendu en ses explications ou dûment appelé à les fournir.

Si la mise en demeure n'est pas suivie d'effet dans le délai imparti, le Ministre d'État peut prononcer la résiliation du contrat.

Le montant du capital exigible est alors réduit du total des loyers moyens ayant servi à la détermination du prix du contrat, comme le prévoit l'article 24.

Toutefois, cette réduction n'a pas lieu lorsque la défaillance du titulaire est d'ordre financier et résulte d'une baisse de revenus consécutive à une perte d'emploi indépendante de sa volonté, par suite de maladie, d'accident grave, d'invalidité, de l'état de cessation des paiements de son entreprise ou d'un licenciement pour motif économique ou par suppression d'emploi ou compression de personnel.

Dans les deux cas, le versement du capital intervient dans le mois de la réception des pièces nécessaires au paiement telles que définies par ordonnance souveraine.

Art. 35. – Lorsque le Ministre d'État constate que le logement sur lequel porte le contrat « habitation-capitalisation » est détruit en totalité par cas fortuit, il prononce la résiliation du contrat de plein droit.

Dans ce cas, l'État verse au titulaire le capital prévu à l'article 23. Le versement du capital intervient dans le mois de la réception des pièces nécessaires au paiement telles que définies par ordonnance souveraine.

En outre, si un contrat « habitation-capitalisation » est conclu pour un nouvel appartement mentionné à l'article 2, le titulaire conserve pour cet appartement la durée d'habitation acquise dans le logement détruit ; le nouveau contrat « habitation-capitalisation » est réputé conclu à la date du premier.

Art. 36. – Le titulaire d'un contrat « habitation-capitalisation » peut obtenir l'attribution d'un nouvel appartement mentionné à l'article 2 en fonction de l'évolution de ses besoins de logement.

Une telle attribution emporte la résiliation de plein droit du contrat « habitation-capitalisation » qui est prononcée par le Ministre d'État.

Cette résiliation intervient à la date d'effet, soit du contrat de location, soit du contrat « habitation-capitalisation », signé pour le nouveau logement.

Lorsqu'un nouveau contrat « habitation-capitalisation » est signé, et en vue du paiement du prix y afférent, le titulaire peut solliciter que les sommes exigibles au titre du précédent contrat, sans lui être versées, soient affectées au paiement de ce prix.

Art. 37. – Toute personne qui occupe, en exécution d'un contrat « habitation-capitalisation », un appartement mentionné à l'article 2, et qui devient, par l'effet de la présente loi, titulaire d'un autre contrat « habitation-capitalisation », est tenue, dans les trois mois de la titularité du second contrat, de notifier au Ministre d'État son choix en faveur de l'un ou l'autre de ces contrats.

Le choix ainsi exprimé en faveur de l'un des contrats « habitation-capitalisation » emporte la résiliation de plein droit de l'autre. Celle-ci est prononcée par le Ministre d'État.

Le versement du capital exigible au titre du contrat résilié intervient alors aux conditions prévues à l'article 23.

À défaut de choix exprimé par le titulaire dans le délai prévu au premier alinéa, le Ministre d'État lui notifie une mise en demeure de se conformer aux prescriptions légales et lui impartit, pour ce faire, un délai d'un mois à compter de la notification.

Si la mise en demeure n'est pas suivie d'effet dans le délai imparti, le Ministre d'État prononce la résiliation du second contrat « habitation-capitalisation » laquelle entraîne le versement du capital exigible y afférent aux conditions prévues à l'article 23.

La même procédure est applicable lorsque la personne qui devient titulaire d'un contrat « habitation-capitalisation » occupe déjà un appartement mentionné à l'article 2 en qualité de locataire. Dans ce cas, il lui appartient alors de se déterminer en faveur, soit du maintien de son contrat de location, soit du bénéfice du contrat « habitation-capitalisation ».

Art. 38. – Dans tous les cas de résiliation de plein droit prévus aux articles 32 à 37, le président du tribunal de première instance, saisi et statuant comme en matière de référé, peut ordonner qu'il soit sursis à l'exécution de la décision de résiliation.

Il appartient alors à la partie la plus diligente de saisir le tribunal de première instance au fond.

La décision de sursis cesse de produire effet dès lors que l'instance introduite au fond a abouti au prononcé d'une décision passée en force de chose jugée.

Section 2. – De la résiliation par voie judiciaire

Art. 39. – Sans préjudice des résiliations prononcées de plein droit prévues à la section 1 du présent chapitre, l'une des parties au contrat « habitation-capitalisation » peut toujours demander en justice la résiliation pour inexécution de ses obligations par l'autre partie, en application du droit commun des contrats et de l'article 1039 du Code civil.

TITRE V. – DISPOSITIONS FINALES

Art. 40. – Toute notification prescrite par la présente loi est faite par lettre recommandée avec demande d'avis de réception postal.

Art. 41. – Les dispositions de la présente loi sont applicables aux locaux accessoires, tels que caves ou combles, ayant, le cas échéant, fait l'objet d'un contrat « habitation-capitalisation ».

Elles ne sont pas applicables aux emplacements de stationnement de véhicules.

Art. 42 *(V. C. civ., art. 1939).*

Art. 43. – Sont insaisissables, avant qu'il ne les ait perçues de l'État, les sommes dues au titulaire en exécution d'un contrat « habitation-capitalisation ».

Art. 44. – La présente loi entrera en vigueur le 1er juillet 2009.

Le délai prévu à l'article 7 est porté à six mois pour toutes les demandes de locataires ou d'attributaires notifiées dans l'année de la date d'entrée en vigueur de la présente loi.

Art. 45. – **Les dispositions de la présente loi sont d'ordre public.**

Sont nuls et de nul effet, quelle qu'en soit la forme, les conventions, clauses, stipulations et arrangements, qui ont pour conséquence de faire échec aux dispositions de la présente loi.

Ordonnance n° 2.249 du 1er juillet 2009

fixant les conditions d'application de la loi n° 1.357 du 19 février 2009 définissant le contrat « habitation-capitalisation » dans le secteur domanial

Vu la Constitution ; Vu la loi n° 1.357 du 19 février 2009 définissant le contrat « habitation-capitalisation » dans le secteur domanial ;

TITRE I. – DOMAINE D'APPLICATION DU CONTRAT « HABITATION-CAPITALISATION »

CHAPITRE I. – MAINTIEN DU PARC LOCATIF À BUT SOCIAL

Art. 1er. – **Afin de maintenir un parc locatif à but social, le nombre total des contrats « habitation-capitalisation » ne peut excéder la moitié de celui des logements domaniaux disponibles à la location, classés par type en fonction du nombre de pièces, sans préjudice de l'application de l'article 11.**

Entrent en compte pour le calcul de cette moitié, les appartements relevant d'immeubles dépendant du domaine de l'État et construits avant le 1er septembre 1947.

N'entrent pas en compte pour ce calcul, les logements relevant d'immeubles destinés à une démolition ou une restructuration et qui, lors de la demande d'établissement d'un contrat définitif formulée par le locataire ou l'attributaire, soit sont inscrits au programme triennal d'équipement public en cours, soit doivent être inscrits au plus prochain programme.

Sont réputés destinés à maintenir un parc locatif à but social et ne peuvent, à ce titre, faire l'objet de contrats « habitation-capitalisation » les appartements visés au deuxième alinéa.

CHAPITRE II. – CAPACITÉS FINANCIÈRES ET GARANTIES DE SOLVABILITÉ

Art. 2. – **La personne qui entend souscrire un contrat « habitation-capitalisation », et qui envisage de payer le prix du contrat de manière échelonnée en raison d'un crédit accordé par l'État, doit justifier de ce que son engagement à ce titre, ajouté à l'ensemble de ses charges fixes, ne représente pas plus de 33 % de ses revenus mensuels.**

Pour l'appréciation des revenus de l'éventuel souscripteur, et à l'exclusion de ses ressources incertaines en leur principe ou de caractère exceptionnel, sont pris en compte les salaires nets, les bénéfices provenant d'activités non salariées, les revenus de toute nature et notamment financière, les rentes et pensions perçues, les aides et allocations sociales versées de manière périodique par les organismes sociaux.

Pour l'appréciation des charges fixes de l'éventuel souscripteur, sont pris en compte le remboursement de ses dettes, de tous les crédits en cours et le versement de pensions à des tiers s'il y a lieu.

Art. 3. – **Préalablement à la signature du contrat « habitation-capitalisation », le souscripteur doit s'acquitter de la totalité de ses dettes d'habitation enregistrées auprès de l'Administration des Domaines.**

Art. 4. – **Le souscripteur doit, lors de la conclusion du contrat « habitation-capitalisation », fournir à l'Administration des Domaines les pièces suivantes :**

• justificatifs du nombre de personnes constituant le foyer, destinés à établir la liste des personnes pouvant légalement tirer avantage du contrat et mentionnées aux articles 3, 26 et 30 de la loi n° 1.357 du 19 février 2009 susvisée :

– fiche individuelle ou familiale d'état civil ;

– copie intégrale de la carte d'identité (recto verso) ou du passeport en cours de validité ;

– certificat de nationalité monégasque ;

– le cas échéant, certificat de grossesse.

• justificatifs des revenus :

– copie des douze derniers bulletins de salaire ;

– attestation des revenus des valeurs et capitaux mobiliers pour l'année civile précédente établie par l'établissement bancaire dans lequel le souscripteur dispose de comptes ;

– extraits ou copie des contrats de prêts en cours comprenant les renseignements suivants : nom de l'emprunteur, établissement prêteur, nature de l'opération, type de prêt, montant, durée ;

– relevé d'identité bancaire ou postal ;

– pour les commerçants et titulaires de parts de sociétés :

– 1°) un bilan et un compte de résultas par activité certifiés conformes par un expert comptable ou un comptable agréé dans la Principauté, pour le dernier exercice d'exploitation du commerce ou de la société.

– 2°) une attestation complémentaire, par activité, établie par un expert comptable, précisant le détail des apports et des prélèvements réalisés personnellement ;

– pour les professions libérales, une attestation sur l'honneur du montant des revenus perçus au cours des douze derniers mois ;

– chèque de banque du montant de l'apport personnel ou du montant global du prix du contrat « habitation-capitalisation » en cas de paiement au comptant.

● attestation d'assurance habitation.

● déclarations sur l'honneur :

– déclaration sur l'honneur par laquelle le souscripteur atteste que ni lui ni son conjoint non séparé de corps ne sont propriétaires, dans la Principauté, d'un local affecté à l'habitation et correspondant aux besoins du logement de leur foyer, ni titulaires d'autres droits réels ou parts de société pouvant leur conférer la jouissance d'un tel local ;

– déclaration sur l'honneur par laquelle le souscripteur certifie, sous peine des sanctions prévues à l'article 103 du Code pénal, l'exactitude de la totalité des informations requises, communiquées à l'Administration des Domaines.

Art. 5. – Afin que l'Administration des Domaines dispose d'informations à jour, le titulaire d'un contrat « habitation-capitalisation » est tenu de déclarer tout changement intervenu dans sa situation personnelle, familiale ou financière susceptible d'avoir des répercussions sur les droits et obligations nés du contrat ou de remettre en cause la liste des personnes visées à l'article 4.

Les changements à signaler sont, notamment, ceux énoncés ci-après :

● Déménagement hors de la Principauté :

– le titulaire ou un membre de sa famille s'établit hors de la Principauté.

● Composition de la famille :

– naissance d'un enfant ;

– départ d'un enfant du foyer ;

– adoption d'un enfant ;

– décès du titulaire ou d'un membre de sa famille.

● Revenus :

– changement dans la situation professionnelle ;

– attribution de nouveaux avantages sociaux (allocations familiales, prestations sociales) ;

– changement de la domiciliation bancaire.

● Vie commune :

– mariage ;

– séparation de corps ;

– divorce.

● Nationalité :

– perte de la nationalité monégasque par le titulaire ou un membre de sa famille ;

– acquisition de la nationalité monégasque par un membre de sa famille.

CHAPITRE III. – COTITULARITÉ DU CONJOINT ET AVENANT AU CONTRAT

Art. 6. – Le conjoint non séparé de corps du titulaire d'un contrat « habitation-capitalisation » déclare à l'Administration des Domaines, par lettre recommandée avec demande d'avis de réception postal, son intention de souscrire le contrat en qualité de cotitulaire.

Il joint à sa déclaration les pièces justifiant de l'accord de son époux titulaire du contrat et de ce qu'il possède la nationalité monégasque.

En cas d'accord de l'Administration des Domaines, celle-ci informe les intéressés, par lettre recommandée avec demande d'avis de réception postal, de l'établissement d'un avenant au contrat « habitation-capitalisation » dont les formalités de signature sont accomplies conformément au contrat initial.

TITRE II. – FORMATION DU CONTRAT « HABITATION-CAPITALISATION »

CHAPITRE I. – INFORMATION PRÉALABLE DES SOUSCRIPTEURS

Art. 7. – En réponse à la demande d'information du locataire ou de l'attributaire, l'Administration des Domaines établit une offre de conclusion d'un contrat « habitation-capitalisation » comportant les éléments de renseignement énoncés ci-après :

• conditions générales de l'habitation-capitalisation et régime du contrat :

L'offre de contracter comporte, en annexe, un tableau synthétique appelant l'attention du souscripteur sur les conditions générales de l'habitation-capitalisation et les dispositions essentielles du contrat, notamment :

- sa nature ;
- sa durée ;
- les options ouvertes à son terme ;
- la désignation des personnes pouvant tirer avantage du contrat ;
- la situation du conjoint non titulaire ;
- les événements affectant le sort du contrat.

• descriptif de l'appartement et surface habitable :

La surface habitable contractuelle est obtenue à partir de la surface de plancher construite, après déduction des surfaces occupées par les murs, cloisons, gaines, marches et cages d'escalier, embrasures de portes et de fenêtres.

En outre, il n'est pas tenu compte des planchers et parties de locaux d'une hauteur inférieure à 1,80 m.

Les balcons, terrasses, loggias, jardins ou jardinières entrent dans le calcul de la surface habitable contractuelle selon la pondération suivante, à appliquer à la somme des surfaces privatives :

- 1/2 jusqu'à 50 m^2 ;
- 1/3 pour le surplus.

• la fiche individuelle précisant le prix et son mode de calcul :

La fiche indique :

- le montant global pour un paiement au comptant ;
- le montant global, à titre indicatif, pour un paiement échelonné, sur la base de l'apport personnel minimal prévu à l'article 13 et de mensualités durant une période de 20 ans.

Art. 8. – L'offre indique à l'éventuel souscripteur qu'elle est établie sous réserve de la disponibilité de l'appartement commandée par le maintien d'un parc locatif à but social et appréciée dans les conditions prévues à l'article premier, à la date de réception, par l'Administration des Domaines, de la demande d'établissement d'un contrat définitif.

CHAPITRE II. – CONCLUSION DU CONTRAT

Art. 9. – Si, à la date de réception de la demande d'établissement d'un contrat définitif, l'appartement du locataire ou de l'attributaire est disponible en vue d'un tel contrat, l'Administration des Domaines établit et notifie, dans les délais prévus par la loi, un contrat définitif.

La notification indique les formalités qu'implique la signature et rappelle les pièces encore manquantes ou nécessaires.

Art. 10. – Si, à la date de réception de la demande d'établissement d'un contrat définitif, l'appartement du locataire ou de l'attributaire n'est pas disponible en vue de la conclusion d'un tel contrat, l'Administration des Domaines notifie à l'intéressé qu'il est inscrit sur une liste d'attente.

Le courrier, adressé à cet effet par lettre recommandée avec demande d'avis de réception postal, indique également que le jour où son appartement deviendra disponible pour une opération d'habitation-capitalisation, le locataire ou l'attributaire se verra notifier un contrat définitif, le prix du contrat pouvant, compte tenu du délai d'attente, être alors réajusté par rapport à celui qui figurait dans l'offre individuelle de contracter, en fonction des paramètres de calcul en vigueur à la date de disponibilité.

La notification du contrat définitif informe le locataire ou l'attributaire des formalités de signature et du délai de réflexion pour se déterminer compte tenu, le cas échéant, de la différence du prix.

Art. 11. – Lorsque le contrat « habitation-capitalisation » résulte de l'application de l'alinéa premier de l'article 20, de l'article 35 ou de l'article 36 de la loi n° 1.357 du 19 février 2009 susvisée, sa conclusion ne donne lieu à aucune appréciation de la disponibilité de l'appartement de la part de l'Administration des Domaines.

CHAPITRE III. – CONTENU DU CONTRAT

Art. 12. – Le prix du contrat est calculé à partir d'un prix de référence qui est le loyer moyen de l'immeuble par mètre carré.

Ce loyer moyen est égal au total des loyers facturés aux locataires et des loyers arrêtés pour les appartements vides de l'immeuble considéré, divisé par le montant total en mètre carré des surfaces, pondérées, de l'immeuble. La pondération des surfaces se mesure en fonction des coefficients d'étage et de situation qui sont usuellement applicables au calcul des loyers domaniaux.

Pour déterminer le loyer moyen de l'appartement concerné, le prix de référence ainsi calculé est multiplié par la surface habitable contractuelle du logement en mètre carré et par les coefficients tenant aux paramètres de situation et d'étage applicables.

Le prix du contrat s'obtient en multipliant le loyer moyen de l'appartement ainsi calculé par 1,5 (coefficient d'augmentation) et par 240 (durée de référence exprimée en mois).

Art. 13 *(Rempl., Ord. n° 3.681, 23 févr. 2012)*. – L'apport personnel minimal auquel est conditionné le bénéfice d'un crédit amortissable de la part de l'État est fixé à 10 % du prix du contrat.

Art. 14. – Le taux d'intérêt auquel l'État peut accorder aux futurs souscripteurs un crédit pour le paiement échelonné des contrats qui seront souscrits peut être modifié en fonction de la conjoncture économique appréhendée par référence à l'évolution du taux de l'inflation.

Art. 15. – Lorsque le prix est payé de manière échelonnée, le titulaire ne peut se libérer par anticipation qu'au moyen d'un seul versement devant correspondre à la totalité, en principal, des sommes restant dues.

Art. 16. – Pour l'application de l'article 12 de la loi n° 1.357 du 19 février 2009 susvisée, lorsqu'un bénéficiaire de l'Aide Nationale au Logement devient titulaire d'un contrat « habitation-capitalisation », il est tenu, dans le mois suivant la date d'effet de son contrat, d'informer la Direction de l'Habitat du changement ainsi opéré dans sa situation locative.

Art. 17. – En application de l'article 989 du Code civil, les cocontractants de l'État, doivent, de bonne foi, informer l'Administration des Domaines de toute circonstance de droit ou de fait de nature à influer sur l'exécution et l'issue du contrat.

Une clause du contrat mentionne cette obligation.

Art. 18. – Lorsque le souscripteur d'un contrat « habitation-capitalisation » est locataire d'un appartement domanial, l'État procède, lors de la conclusion de ce contrat « habitation-capitalisation », au remboursement du dépôt de garantie qu'il avait perçu au titre du bail.

Une clause prévoyant ce remboursement est insérée dans le contrat « habitation-capitalisation », qui rappelle les dates de prise d'effet et de résiliation du bail.

Art. 19. – Outre les clauses générales du contrat « habitation-capitalisation », et dans l'intérêt légitime du Trésor, l'Administration des Domaines stipule à la charge du titulaire et des bénéficiaires désignés qu'au cas où l'un d'eux occuperait l'appartement après paiement anticipé par l'État d'une partie du capital exigible, cet occupant devra déposer auprès de l'Administration des Domaines, jusqu'à l'expiration du contrat, une somme d'un montant égal à la part du capital payée par l'État.

TITRE III. – EFFETS DU CONTRAT « HABITATION-CAPITALISATION »

CHAPITRE I. – OBLIGATIONS ET DROITS DU TITULAIRES

Art. 20. – Le titulaire d'un contrat « habitation-capitalisation » qui souhaite louer son appartement est tenu de notifier une demande en ce sens à l'Administration des Domaines.

Il joint à sa notification les pièces qui établissent la cause de son éloignement de la Principauté en dehors du département des Alpes-Maritimes ou des provinces italiennes de Cuneo et Imperia ainsi que l'identité de l'éventuel locataire lequel, s'il n'a pas de lien de parenté ou d'alliance avec le titulaire, doit posséder la nationalité monégasque.

L'Administration des Domaines peut autoriser, par lettre recommandée avec demande d'avis de réception postal, le titulaire du contrat « habitation-capitalisation » à conclure un contrat de location dans les conditions prévues à l'article 21.

Elle indique le montant du loyer auquel elle autorise la location et son mode d'indexation.

Art. 21. – Une fois l'accord de l'Administration des Domaines obtenu, le contrat de location est établi par écrit, dans les formes et conditions du droit commun, et signé entre le titulaire du contrat « habitation-capitalisation » et le locataire.

Une copie du contrat de location, enregistré, est transmise à l'Administration des Domaines.

Outre les clauses d'extinction prévues par le Code civil, le contrat de location conclu par le titulaire du contrat « habitation-capitalisation » et son locataire mentionne qu'il prend également fin lorsque cesse l'éloignement du titulaire du contrat « habitation-capitalisation » ou de son conjoint pour raison professionnelle ou familiale.

Le titulaire du contrat « habitation-capitalisation » est tenu d'informer l'Administration des Domaines de la résiliation du contrat de location.

Art. 22. – Quelles que soient leur nature et leur ampleur, tous travaux de transformation, d'adjonction, d'amélioration, de modification à l'intérieur des volumes de l'appartement que le titulaire envisage de réaliser, doivent faire l'objet d'une autorisation préalable de travaux notifiée par l'Administration des Domaines.

La demande d'autorisation préalable de travaux doit être effectuée directement auprès de l'Administration des Domaines.

Elle comporte une description des travaux.

CHAPITRE II. – ENGAGEMENTS ET ATTRIBUTIONS DE L'ÉTAT

Art. 23. – Tant que dure l'exécution du contrat « habitation-capitalisation », l'Administration des Domaines tient informé le titulaire des sommes qu'il a investies.

À cet effet, elle lui adresse, chaque année, un relevé de situation précisant l'état du contrat (sommes déjà versées, capital réactualisé, temps restant à courir).

À tout moment, le titulaire du contrat peut en outre se renseigner sur la situation de son contrat auprès de l'Administration des Domaines.

Art. 24. – Pour le paiement échelonné du prix du contrat « habitation-capitalisation » en raison d'un crédit accordé par l'État, la périodicité des versements est mensuelle. Seuls les versements par prélèvement automatique ou par chèque sont autorisés.

Les modalités de versement choisies lors de la conclusion du contrat « habitation-capitalisation » ne peuvent être modifiées sans l'accord exprès de l'Administration des Domaines.

TITRE IV. – EXTINCTION DU CONTRAT « HABITATION-CAPITALISATION »

CHAPITRE I. – RENONCIATION VOLONTAIRE DU TITULAIRE

Art. 25. – Pour exercer sa faculté de renoncer à son contrat « habitation-capitalisation », le titulaire adresse à l'Administration des Domaines, un courrier, par lettre recommandée avec demande d'avis de réception postal.

En cas de cotitularité, chacun des cotitulaires du contrat « habitation-capitalisation » est tenu de respecter ce formalisme.

Lorsqu'il est marié, le titulaire doit joindre à son courrier une attestation établie par son conjoint, justifiant de son accord quant à l'exercice du droit de renonciation.

Un arrêté ministériel fournit un modèle pour les courrier et attestation susvisés.

CHAPITRE II. – TRANSFERT DU CONTRAT « HABITATION-CAPITALISATION » AU DÉCÈS DE SON TITULAIRE

Art. 26. – En cas de décès du titulaire, une déclaration écrite et signée doit, dès que possible, être adressée au Ministre d'État, par lettre recommandée avec demande d'avis de réception postal, par l'une des personnes mentionnées aux articles 3, 26 et 30 de la loi n° 1.357 du 19 févr. 2009 susvisée.

Accompagnée de la copie intégrale de l'acte de décès du titulaire ainsi que de la copie de la carte d'identité ou du passeport en cours de validité du déclarant, la déclaration notifiée au Ministre d'État est transmise, sans délai, à l'Administration des Domaines.

Celle-ci adresse, au déclarant et à chacune des personnes figurant sur la liste des personnes pouvant légalement tirer avantage du contrat, un courrier type présentant les conséquences juridiques du décès du titulaire et les invitant, le cas échéant, à la production de toutes pièces complémentaires nécessaires à la prise en compte de la nouvelle situation contractuelle.

CHAPITRE III. – CONDITIONS D'ACTUALISATION DES SOMMES VERSÉES PAR LE TITULAIRE EN EXÉCUTION DE SON CONTRAT « HABITATION-CAPITALISATION »

Art. 27. – Dans le cadre de la réactualisation des sommes constitutives du capital exigible, l'évolution du coût de la vie se mesure en fonction de la variation de l'écart existant entre la valeur de l'indice des prix à la consommation appliqué par l'Administration des Domaines tel que mentionnée dans le contrat Q habitation-capitalisation » et la valeur du dernier indice des prix à la consommation connu au jour de l'extinction du contrat.

Art. 28. – La déduction prévue en application des articles 24 et 34 de la loi n° 1.357 du 19 février 2009 susvisée est égale à la somme des loyers moyens de l'appartement correspondant à la durée d'occupation du logement, indexés annuellement en fonction du taux applicable à l'évolution des loyers des appartements domaniaux.

Art. 29. – Le montant de la retenue de garantie est soumis aux mêmes conditions d'actualisation prévues à l'article 27 pour les sommes constitutives du capital exigible.

CHAPITRE IV. – PAIEMENT PAR L'ÉTAT DU CAPITAL EXIGIBLE

Art. 30. – Toute personne qui prétend à la perception d'une part du capital exigible doit justifier auprès de l'Administration des Domaines qu'elle en a le droit, notamment en rapportant la preuve de sa titularité du contrat « habitation-capitalisation », d'un lien matrimonial ou de descendance avec le titulaire du contrat, et de la possession ou non de la nationalité monégasque.

Art. 31. – Le versement du capital intervient dans le mois suivant la remise à l'Administration des Domaines des pièces suivantes :

• dans tous les cas :

– une demande de paiement présentée sur papier libre, adressée à l'Administration des Domaines par lettre recommandée avec demande d'avis de réception postal, mentionnant les circonstances dans lesquelles s'exerce le droit au paiement du capital (arrivée du terme, renonciation pour l'une des causes visées au cinquième alinéa de l'article 34 de la loi n° 1.357 du 19 février 2009 susvisée ; à ce titre, la demande de paiement pourra être jointe au courrier de renonciation tel que prévu à l'article 25) ;

– copie de la carte d'identité ou du passeport en cours de validité ;

– copie intégrale de l'acte de naissance ;

– copie du livret de famille ;

– certificat de nationalité pour les personnes de nationalité monégasque ;

– relevé d'identité bancaire ou relevé d'identité postal.

• selon les cas :

– copie intégrale du certificat de décès du titulaire ;

– copie de la décision définitive prononçant le divorce des époux ;

– toutes pièces justifiant de la perte d'emploi par suite de maladie, d'accident grave, d'invalidité, de l'état de cessation des paiements de l'employeur ou d'un licenciement pour motif économique ou par suppression d'emploi ou compression de personnel ;

– certificat d'hérédité délivré par le service de l'état civil établissant la descendance du titulaire décédé ;

– justificatif de l'accord de l'occupant au dépôt prévu par l'article 19.

L'Administration des Domaines peut en outre demander aux personnes qui prétendent bénéficier d'un droit au capital toute pièce complémentaire permettant d'apporter la preuve de leur qualité.

CHAPITRE V. – SUITES DE L'EXTINCTION DU CONTRAT « HABITATION-CAPITALISATION »

Art. 32. – Lors de l'extinction du contrat « habitation-capitalisation », pour quelque cause que ce soit, le titulaire peut demander à conclure un contrat de location pour un appartement domanial, aux conditions qui sont alors applicables aux immeubles domaniaux à usage d'habitation.

Si l'appartement, objet du contrat venu à expiration, correspond à la composition de son foyer, le titulaire peut, s'il le souhaite, se voir proposer un contrat de location y afférent, à la condition que ses revenus lui permettent d'en payer le loyer sans recourir à l'Aide Nationale au Logement.

Si l'appartement, objet du contrat venu à expiration, ne correspond pas à la composition de son foyer ou si ses revenus ne lui permettent pas d'en payer le loyer demandé, le titulaire peut être autorisé par l'Administration des Domaines à y demeurer contre paiement d'une indemnité d'occupation.

Le loyer et l'indemnité d'occupation sont calculés à partir du loyer de référence de l'appartement qui était en vigueur à la date de l'expiration du contrat « habitation-capitalisation ».

Le débiteur d'une indemnité d'occupation ne peut prétendre au bénéfice de l'Aide Nationale au Logement.

Art. 33. – Dans les 6 mois de l'extinction du contrat « habitation-capitalisation », il est proposé à l'occupant de l'appartement, objet de ce contrat, un appartement domanial correspondant aux besoins normaux de son foyer.

À cet effet, sa situation fait l'objet d'un examen lors du plus prochain appel à candidatures.

Toutefois, si la date de cet appel devait conduire à ce que sa situation soit examinée au-delà du délai prévu au premier alinéa, l'autorité compétente prend les mesures nécessaires pour réunir en urgence une Commission d'Attribution des Logements Domaniaux.

Lorsqu'il ne peut bénéficier d'aucune proposition de logement domanial correspondant aux besoins normaux de son foyer, l'occupant peut être maintenu dans les lieux, dans l'attente de la disponibilité d'un appartement correspondant à ses besoins et aux conditions déterminées par la Commission d'Attribution des Logements Domaniaux.

En cas de refus non motivé de sa part ou faute de répondre à une proposition de logement domanial correspondant aux besoins normaux de son foyer, l'occupant peut être expulsé de l'appartement dans les formes et conditions du droit commun.

TITRE V. – DISPOSITIONS FINALES

Art. 34. – Des arrêtés ministériels détermineront les autres dispositions nécessaires à la mise en œuvre des contrats « habitation-capitalisation ».

Art. 35. – Toute notification prescrite par la présente ordonnance est faite par lettre recommandée avec demande d'avis de réception postal.

Arrêté ministériel nº 2010-426 du 4 août 2010

portant mise en œuvre de l'article 12 de l'ordonnance souveraine n° 2.249 du 1er juillet 2009 fixant les conditions d'application de la loi n° 1.357 du 19 février 2009 définissant le contrat « Habitation-Capitalisation » dans le secteur domanial

(Journal de Monaco, 13 août 2010)

Vu la Constitution, Vu la loi n° 1.357 du 19 février 2009 définissant le contrat « Habitation-Capitalisation » dans le secteur domanial, notamment son article 9 ; Vu l'ordonnance souveraine n° 2.249 du 1er juillet 2009 fixant les conditions d'application de la loi n° 1.357 du 19 février 2009 définissant le contrat « Habitation-Capitalisation » dans le secteur domanial, notamment ses articles 12 et 34 ;

Art. 1er. – En vue de la détermination du loyer moyen au mètre carré de l'immeuble prévue à l'article 12 de l'ordonnance souveraine n° 2.249 du 1er juillet 2009 précitée, dans les immeubles au sein desquels un ou plusieurs appartements font l'objet d'un contrat « Habitation-Capitalisation » en cours d'exécution, le dernier loyer facturé pour chacun de ces appartements est pris en compte dans le cadre de ce loyer moyen.

Art. 2. – Lors de ce calcul, il est toutefois fait application de l'indexation usuellement appliquée pour la détermination des loyers des appartements relevant des immeubles domaniaux à usage d'habitation.

TABLE DES TEXTES CITÉS

Cette table regroupe l'ensemble des textes cités qu'ils soient intégralement reproduits ou qu'ils modifient les textes existants.

Textes codifiés

TEXTES CODIFIÉS REPRODUITS — **PAGES**

TEXTES CODIFIÉS REPRODUITS — **PAGES**

Textes non codifiés

Index alphabétique

A

D

E

I

J

L

N

O

S

T

W

Traitement informatique
Composé par MAURY IMPRIMEUR
Zone Industrielle, 45330 Malesherbes

Cet ouvrage a été achevé d'imprimer en décembre 2015
sur les presses de Normandie Roto Impression s.a.s.
61250 Lonrai
N° d'impression : 1505300
Dépôt légal : décembre 2015

Imprimé en France